Dr. Jason Fung
Mit Rezepten von Alison Maclean

DIABETES RÜCKGÄNGIG MACHEN

DAS KOCHBUCH

Dr. Jason Fung
Mit Rezepten von Alison Maclean

DIABETES RÜCKGÄNGIG MACHEN
DAS KOCHBUCH

Wie Sie mit kohlenhydratarmer Ernährung den Blutzuckerspiegel ins Gleichgewicht bringen und Diabetes Typ 2 natürlich heilen

riva

Bibliografische Information der Deutschen Nationalbibliothek
Die Deutsche Nationalbibliothek verzeichnet diese Publikation in der Deutschen Nationalbibliografie. Detaillierte bibliografische Daten sind im Internet über http://dnb.d-nb.de abrufbar.

Für Fragen und Anregungen
info@rivaverlag.de

Wichtiger Hinweis
Dieses Buch ist für Lernzwecke gedacht. Es stellt keinen Ersatz für eine individuelle medizinische Beratung dar und sollte auch nicht als solcher benutzt werden. Wenn Sie medizinischen Rat einholen wollen, konsultieren Sie bitte einen qualifizierten Arzt. Der Verlag und die Autoren haften für keine nachteiligen Auswirkungen, die in einem direkten oder indirekten Zusammenhang mit den Informationen stehen, die in diesem Buch enthalten sind.

Ausschließlich zum Zweck der besseren Lesbarkeit wurde auf eine genderspezifische Schreibweise sowie eine Mehrfachbezeichnung verzichtet. Alle personenbezogenen Bezeichnungen sind somit geschlechtsneutral zu verstehen.

1. Auflage 2022

Türkenstraße 89
80799 München
Tel.: 089 651285-0
Fax: 089 652096

Die englische Originalausgabe erschien 2021 bei Greystone Books unter dem Titel *The Diabetes Code Cookbook*

Übersetzung: Birgit Gläser
Redaktion: Ulrike Reinen
Umschlaggestaltung: Sonja Vallant
Umschlagabbildungen und Abbildungen im Innenteil: Gabriel Cabrera, Shutterstock.com: S. 24: Viktor.G; S. 58: Nopparat Promtha; S. 82: Jiri Hera; S. 104: Ihor Berkyta; S. 128: xpixel, AmyLv; S. 146: New Africa; S. 170: Bozena Fulawka; S. 192: joker1991; iStock.com: S. 85: dkidpix
Foodstyling: Bri Beaudoin, Sophie Mackenzie
Satz: Satzwerk Huber, Germering
Druck: Florjancic Tisk d.o.o., Slowenien
Printed in the EU

ISBN Print 978-3-7423-2069-8
ISBN E-Book (PDF) 978-3-7453-1834-0
ISBN E-Book (EPUB, Mobi) 978-3-7453-1835-7

Für Hannah und Charlie,
anspruchsvolle Esser und wohlmeinende Kritiker.
Und für Russ, der mir sagt, dass alles,
was ich zubereite, überaus lecker ist.
AM

INHALT

Vorwort

In den letzten Jahrzehnten hat sich Diabetes Typ 2 als zeitnahe Folge einer Adipositas-Epidemie seuchenartig ausgebreitet, mit zahlreichen Konsequenzen für die Gesundheit. Diabetes Typ 2 erhöht das Risiko für das Auftreten der meisten chronischen Erkrankungen signifikant; hierzu zählen Herzerkrankungen, Schlaganfälle, bestimmte Krebsarten, Erblindung, Amputation, Nierenleiden, Nervenschäden und Infektionen. Aber hierzu muss es nicht kommen.

Obwohl die meisten Menschen und sogar einige Mediziner glauben, dass es sich bei Diabetes Typ 2 um eine chronische und irreversible Krankheit handelt, ist diese Sicht der Dinge weitgehend unbegründet. Die meisten Gesundheitsdienstleister sind sich dahingehend einig, dass ein Gewichtsverlust diese Erkrankung und all ihre Begleitumstände signifikant verbessern und sogar rückgängig machen kann. Der Schlüssel liegt also darin, unsere Essgewohnheiten so zu verändern, dass eine Gewichtsreduktion erleichtert und unsere Gesundheit verbessert wird. Um dieses Ziel zu erreichen, haben wir neue, leckere Rezepte entwickelt, die dabei helfen sollen, die Erkenntnisse und Lehren aus meinem Buch *Diabetes rückgängig machen* umzusetzen.

Sie werden bei diesen Rezepten weder Informationen zu Kalorien- noch Kohlenhydratgehalt finden, auch keine Angaben zum Nährwert – und einige Leser werden sich fragen, warum das so ist. Die Antwort ist einfach: Ich möchte, dass meine Leser erkennen, was gute Ernährung ausmacht, nämlich natürliche, unverarbeitete und gesunde Lebensmittel. Einige dieser Nahrungsmittel haben weniger oder eben auch mehr Kalorien, andere einen niedrigeren oder höheren Kohlenhydratgehalt – aber wir dürfen sie trotzdem mit Genuss verzehren. Schließlich haben sich viele Zivilisationen über lange Zeit hinweg von kalorien- und kohlenhydratreichen traditionellen Speisen ernährt – und kein Diabetes Typ 2 entwickelt.

Das Geheimnis besteht darin, natürliche, unverarbeitete Lebensmittel zu konsumieren und so viel zu essen, bis man satt ist. Wer isst, bis die Sättigung erreicht ist, vermeidet es, konstant zu snacken oder zu naschen. Der zeitlose Ratschlag von Großmüttern an Kinder, die nach einem Betthupferl verlangen, lautet: »Ihr hättet mehr zum Abendbrot essen sollen.« Das war ein super Ratschlag.

Habt Spaß!

Beste Grüße

JASON FUNG

Einführung

Bis zum Jahr 2040 wird jeder zehnte Erwachsene weltweit an Diabetes Typ 2 leiden, einer Krankheit, die in der Regel als chronisch und fortschreitend betrachtet wird. Die Annahme, dass Diabetes Typ 2 kontinuierlich schlimmer wird und man irgendwann unweigerlich Insulin spritzen muss, ist jedoch nichts anderes als eine riesengroße Lüge – exzellente Neuigkeiten für jeden, der die Diagnose Prädiabetes oder Diabetes Typ 2 erhalten hat.

Stellen Sie sich vor, Sie hätten einen Freund, der an Diabetes Typ 2 leidet, was bedeutet, dass der Glukosespiegel in seinem Blut höher als normal ist. Nachdem der Betroffene hart an sich gearbeitet hat, um 45 Pfund abzunehmen, kann er die blutzuckersenkenden Medikamente absetzen, da sich seine Blutzuckerwerte normalisiert haben. Es ist völlig eindeutig, dass sich die Diabetes-Typ-2-Erkrankung zurückgebildet hat, weil der Freund so viel an Gewicht verloren hat. Und das ist der springende Punkt: *Diabetes Typ 2 ist eine reversible Erkrankung.*

Adipositas und Diabetes Typ 2 sind eng miteinander verbunden. Generell steigert eine Gewichtszunahme das Krankheitsrisiko, die Korrelation ist jedoch mehrschichtig. Die meisten Medikamente, die bei Diabetes Typ 2 verabreicht werden, führen nicht zu einem Gewichtsverlust. Ganz im Gegenteil. Insulin ist beispielsweise dafür bekannt, eine *Gewichtszunahme* herbeizuführen. Da der Gewichtsverlust jedoch der Schlüssel für die Schubumkehr bei Diabetes Typ 2 ist, helfen Medikamente bei dieser Erkrankung nicht. Sie verbessern zwar die Blutzuckerwerte, gehen jedoch den Ursachen der Krankheit nicht auf den Grund. Wir geben nur vor, dass sie hier ansetzen – aus diesem Grund sind einige Ärzte der Meinung, Diabetes Typ 2 sei eine chronische und fortschreitende Erkrankung.

Es gibt heute eine Tendenz zu behaupten, Diabetes Typ 2 wäre eine unvermeidliche Folge des modernen Lebens, doch das ist nicht wahr. Nicht Medikamente, sondern *ausschließlich* Veränderungen in Ernährungsgewohnheiten und Lebensstil können diese Erkrankung rückgängig machen, ganz einfach, weil Diabetes Typ 2 in erster Linie auf falsche Ernährung zurückgeht. Und der wichtigste Baustein bei der Bekämpfung ist die Gewichtsreduktion. Dieselben Grundsätze, die Diabetes Typ 2 rückgängig machen können, helfen auch dabei, diese Krankheit gar nicht erst zu entwickeln.

DIE DIABETES-EPIDEMIE

»Diabetes mellitus« ist die Bezeichnung für eine Gruppe von Stoffwechselerkrankungen, die durch permanent erhöhte Blutzuckerwerte (Hyperglykämie) gekennzeichnet wird. Die Vorsilbe »Hyper« bedeutet so viel wie »übermäßig«, die Nachsilbe »ämie« steht für »im Blut« – übersetzt man den Ausdruck Hyperglykämie also wörtlich, kommt man zu »übermäßig viel Glukose im Blut«.

Es gibt, grob gesprochen, vier Typen von Diabetes mellitus: Diabetes Typ 1, Diabetes Typ 2, Schwangerschaftsdiabetes (schwangerschaftsbedingter hoher Blutzuckerspiegel) und »weitere Diabetesformen«. Die weitaus häufigste Form ist Diabetes Typ 2. Bei dem Schwangerschaftsdiabetes handelt es sich per Definition nicht um eine chronische Krankheit, obwohl er das Risiko erhöht, irgendwann Diabetes Typ 2 zu entwickeln.

Diabetes Typ 1 ist eine häufig Kinder betreffende Autoimmunerkrankung, bei der das körpereigene Immunsystem die Inselzellen in der Bauchspeicheldrüse schädigt, die das Hormon Insulin freisetzen. Im Gegensatz dazu ist Diabetes Typ 2 früher bei älteren Erwachsenen aufgetreten (Altersdiabetes), doch heutzutage breitet sich diese Erkrankung mit hohem Tempo weltweit auch unter Kindern aus und spiegelt die Zunahme von Adipositas in dieser Altersgruppe. Insgesamt beträgt der Anteil von Diabetes Typ 2 an allen global auftretenden Diabeteserkrankungen 90–95 Prozent. In der Regel schreitet die Krankheit schleichend über viele Jahre hinweg voran und entwickelt sich von normalen Blutzuckerwerten über einen Prädiabetes bis hin zum voll ausgeprägten Krankheitsbild des Diabetes Typ 2.

Im Grunde sind Diabetes Typ 1 und Diabetes Typ 2 diametral entgegengesetzte Erkrankungen: Während Typ 1 sehr niedrige Insulinspiegel aufweist, wird Typ 2 durch sehr hohe gekennzeichnet. Merkwürdigerweise zielen jedoch die derzeitigen Behandlungsmethoden in beiden Fällen darauf ab, den Blutzuckerspiegel zu senken, indem man den Insulinspiegel erhöht – auch wenn hohe Blutzuckerwerte lediglich das *Symptom* der Erkrankung sind und nicht die Erkrankung selbst. Bei Diabetes Typ 1 hilft das Insulin, da hierbei das Grundproblem darin besteht, dass es dem Körper von Natur aus an dieser Substanz mangelt. Bei Diabetes Typ 2 liegt die Ursache der Erkrankung dagegen in der Insulinresistenz, die durch die medikamentöse Standardmedikation jedoch nahezu unbehandelt bleibt.

Das Diabetes-Typ-2-Problem ist alles andere als harmlos. In den USA sind 14,3 Prozent aller Erwachsenen daran erkrankt und 38 Prozent der Bevölkerung leiden an Prädiabetes, insgesamt betroffen sind also 52,3 Prozent. Das heißt, dass es zum ersten Mal in der Geschichte der USA mehr an Diabetes erkrankte als davon nicht tangierte Menschen gibt. Prädiabetes und Diabetes sind zum Normalfall geworden. Noch bedenklicher ist die Tatsache, dass sich Diabetes Typ 2 erst während der letzten 40 Jahre derart stark ausgebreitet hat. Damit wird deutlich, dass diese Epidemie keine genetisch bedingte Erkrankung oder Teil des normalen Alterungsprozesses ist. Es handelt sich um eine Lifestyle-Krankheit. Schauen wir uns also an, wie sich Diabetes Typ 2 entwickelt!

Diabetes Typ 2 wird durch zu viel Zucker ausgelöst

Alle Lebensmittel bestehen aus drei Hauptkomponenten, den Makronährstoffen. Hierzu zählen Eiweiß, Fett und Kohlenhydrate, und alle werden auf unterschiedliche Weise verdaut. Das, was wir gegessen haben, wird im Anschluss in kleinere Bausteine zerlegt, die leichter aufgenommen werden können. Proteine werden zu Aminosäuren abgebaut, Fette zu Fettsäuren. Kohlenhydrate, die aus Zuckerketten aufgebaut sind, werden in kleine Zuckermoleküle gespalten, zu denen auch die Glukose gehört. Aminosäuren, Fettsäuren und Glukose werden mit dem Blutstrom durch den Körper transportiert.

Wenn wir Zucker essen, setzt der Körper das Hormon Insulin frei. Es hilft dabei, Zucker aus dem Blut in die Zellen zu schleusen, wo es für die Energiegewinnung benötigt wird. Wenn wir diesen Zucker nicht in ausreichendem Maße durch körperliche Aktivität verbrennen, speichern wir im Lauf der Jahrzehnte so viel Zucker in den Zellen, dass kein neuer mehr aufgenommen werden kann. Und wenn das Insulin keinen Zucker mehr in die bereits überfüllten Zellen schleusen kann, läuft das System bildlich gesprochen über und der überschüssige Zucker gelangt wieder ins Blut. Dort zirkuliert der Zucker in Form von Glukose, und zu große Mengen davon – bekannt als hohe Blutzuckerwerte – sind das primäre Symptom von Diabetes Typ 2.

Stellen Sie sich Ihren Körper als große Zuckerdose vor. Bei der Geburt ist diese Dose leer. Im Lauf der Jahrzehnte füllt sich diese Dose allmählich, falls Sie zu viel Zucker und raffinierte Kohlenhydrate zu sich nehmen. Ist die Zuckerdose voll, läuft sie bei der nächsten Nahrungsaufnahme über: Der Zucker wird zwar hineingepresst, quillt aber am Rand wieder heraus und rieselt an den Seiten herab.

Die hohen Blutzuckerwerte sind nur ein Teil des Problems. Wenn zu viel Glukose im Blut zirkuliert, scheint das Insulin auf den ersten Blick seiner Aufgabe, den Zucker in die Zellen zu transportieren, nicht gerecht zu werden. Wir sprechen dann von einer Insulinresistenz. Aber im Grunde liegt es gar nicht am Insulin. Das grundlegende Problem besteht darin, dass die Zellen bereits komplett mit Glukose gesättigt sind. Es ist nicht nur zu viel Glukose im Blut, sondern auch in allen Zellen. Diabetes Typ 2 ist daher ganz simpel das Ergebnis von zu viel Glukose im *gesamten Körper*, die bildlich gesprochen einfach überläuft.

Als Antwort auf den Glukoseüberschuss im Blut setzt der Körper sogar noch mehr Insulin frei, um die Insulinresistenz zu überwinden. Zunächst klappt dies auch und die schon überfüllten Zellen werden dazu gebracht, noch mehr Glukose aufzunehmen, damit die Blutzuckerwerte im gesunden Bereich bleiben. Das funktioniert allerdings nur kurzzeitig. Das Problem des Zuckerüberschusses im ganzen Körper wird dadurch nicht gelöst, der Zucker wird lediglich vom Blut in die Zellen verschoben, wodurch sich die Insulinresistenz noch verschlimmert. Irgendwann ist der Punkt erreicht, an dem der Körper es einfach nicht mehr schafft, noch mehr Glukose in die Zellen zu stopfen, selbst wenn noch mehr Insulin produziert wird.

Was passiert, wenn die überschüssige Glukose nicht aus dem Körper abtransportiert wird? Zunächst wird immer mehr Insulin freigesetzt, um mehr und mehr Zucker in die Zellen zu pressen. Doch diese *Hyperinsulinämie* führt zu nichts anderem als zu zunehmender Insulinresistenz und setzt einen Teufelskreis in Gang. Ist der Insulinspiegel irgendwann nicht mehr in der Lage, mit der immer stärker werdenden Insulinresistenz Schritt zu halten, schießen die Blutzuckerwerte in die Höhe. In diesem Stadium wird die Diagnose Diabetes Typ 2 gestellt.

Vielleicht verschreibt der Arzt eine medikamentöse Behandlung wie beispielsweise Insulininjektionen, um den Blutzuckerspiegel zu senken. *Aber Insulin befreit den Körper nicht von der überschüssigen Glukose.* Stattdessen stopft dies weiterhin Glukose aus dem Blut in die Körperzellen. So gelangt der Zucker in alle anderen Organe – Nieren, Nervensystem, Augen und Herz. Das zugrunde liegende Problem bleibt dabei ungelöst.

Die Zuckerdose ist immer noch so voll, dass sie überläuft. Das Insulin hat lediglich den Zucker vom Blut, wo man ihn nachweisen kann, in die Körperzellen transportiert, wo er unsichtbar bleibt. Bei der nächsten Mahlzeit tritt wiederum Zucker ins Blut über, und die Insulinspritze sorgt dafür, dass er in die Körperzellen gepresst wird. Dieser Prozess wiederholt sich wieder und immer wieder.

Je mehr Zucker mithilfe des Insulins in die bereits überfüllten Zellen gestopft wird, desto stärker wird die Insulinresistenz. *Mehr Insulin führt zu wachsender Insulinresistenz.* Reicht das, was der Körper auf natürliche Weise an Insulin bereitstellen kann, nicht mehr aus, greift man zu entsprechenden Medikamenten. Am Anfang wird nur ein einziges Präparat benötigt (etwa Metformin), doch irgendwann werden daraus zwei (etwa Metformin und DPP-4-Hemmer) und schließlich drei (etwa Metformin, DPP-4-Hemmer und Sulfonylharnstoff). Gleichzeitig werden die verabreichten Dosen größer. Und jetzt kommt das Interessante daran: Wenn Sie mehr und mehr Medikamente brauchen, um den Blutzuckerspiegel auf stabilem Niveau zu halten, wird Ihr Diabetes immer schlimmer!

Das Symptom, nämlich der hohe Blutzuckerspiegel, hat sich durch das Insulin verbessert, doch die *Krankheit* (Diabetes) hat sich verschlechtert. Die Medikamente sind nur in der Lage, den Blutzucker zu verstecken, indem sie ihn in die bereits verstopften Zellen leiten. Der Diabetes *scheint* dadurch besser zu werden, hat sich aber tatsächlich verschlimmert.

Wenn sich überschüssige Glukose über zehn oder zwanzig Jahre hinweg im Körper anreichert, *wird jede einzelne Körperzelle geschädigt* – und genau aus diesem Grund wirkt sich Diabetes Typ 2 im Gegensatz zu nahezu jeder anderen Krankheit auf alle unsere Organe aus. Die Augen werden angegriffen, und Sie werden blind. Die Nieren werden geschädigt, und Sie müssen an die Dialyse. Das Herz leidet, und Sie bekommen einen Herzinfarkt oder eine Herzinsuffizienz. Durch Schäden am Gehirn wird Alzheimer begünstigt. Auch die Leber leidet, die Folge können Fettleberkrankheit und Leberzirrhose sein. Selbst die Beine werden in Mitleidenschaft gezogen, und Sie bekommen diabetische Fußgeschwüre. Kein Körperteil wird ausgespart.

Im Kern kann man Diabetes Typ 2 als Krankheit beschreiben, die durch einen Überschuss des Hormons Insulin verursacht wird – und dieser Überschuss wiederum geht darauf zurück, dass zu viel Zucker konsumiert wird. Insulin wirkt wie ein Schlüssel, der genau in das Schloss passt, das sich an jeder Körperzelle befindet. Das Insulin schließt die Zellen quasi auf und lässt die Glukose herein. Das Problem auf diese Art zu betrachten, ist enorm hilfreich, da die Lösung dann auf einen Blick erkennbar wird. Wenn der Insulinspiegel zu hoch ist, muss er abgesenkt werden. Aber wie? Indem wir unsere Aufnahme von Zucker reduzieren, insbesondere die von zugesetztem Zucker und raffinierten Kohlenhydraten.

Diabetes Typ 2 ist auch eine Erkrankung des Energiehaushaltes

Die Glukose liefert die notwendige Energie für Muskeln und Gewebe, und der Überschuss wird in der Leber gespeichert. Mithilfe von Aminosäuren werden Proteine hergestellt, die wir etwa in den Muskeln, der Haut und dem Bindegewebe finden. Was davon nicht benötigt wird, baut der Körper in der Leber zu Glukose um, da Aminosäuren nicht ohne Umwege gespeichert werden können. Ist der Energiebedarf gedeckt, signalisiert das Insulin dem Körper, die restliche aus der Nahrung stammende Energie für eine spätere Verwendung zu speichern.

Der Körper speichert Energie in zwei Formen: als Glykogen und als Körperfett. Überschüssige Glukose – ganz gleich, ob sie aus Eiweiß oder aus Kohlenhydraten stammt – wird zu langen Ketten umgebaut (dem Molekül Glykogen) und in der Leber gespeichert. So leicht, wie es entsteht, kann Glykogen auch wieder in Glukose umgewandelt und in den Blutstrom eingespeist werden, wenn sie von irgendwelchen Körperzellen benötigt wird.

Die Leber kann jedoch nur eine begrenzte Menge an Glykogen aufnehmen. Ist der Speicher voll, wird die überschüssige Glukose in Fett umgewandelt, durch einen Prozess, den man als De-Novo-Lipogenese (DNL) bezeichnet. *De Novo* heißt so viel wie »aus Neuem«, und Lipogenese bedeutet »Fett herstellen«. Wörtlich interpretiert heißt De-Novo-Lipogenese demnach »neues Fett herstellen«. Das Insulin baut überschüssige Glukose also in neue Fettmoleküle um, die aber nicht in der Leber verbleiben müssen, sondern längerfristig in sogenannten Adipozyten (Fettzellen) gespeichert werden können.

Der Begriff »Fasten« beschreibt beliebig lange Zeitabschnitte, in denen wir nichts essen und unser Körper von der gespeicherten Energie zehrt: also von Glykogen und Fett. Wenn wir Nahrung aufnehmen, steigt unser Insulinspiegel und signalisiert dem Körper, dass er aufhören soll, Zucker und Fett zu verbrennen und stattdessen mit der Energiespeicherung beginnen soll.

Nahrungsaufnahme	→	Insulin steigt an	→	Zucker wird in der Leber gespeichert, Fett wird in der Leber produziert

Ein paar Stunden nach dem Essen sinkt der Blutzuckerspiegel ab und auch der Insulinspiegel fängt an, abzusinken. Um Energie zu liefern, beginnt die Leber, das gespeicherte Glykogen in seine Bausteine, nämlich Glukosemoleküle, zu zerlegen und diese in den zirkulierenden Blutstrom zu entlassen. Im Grunde handelt es sich hier nur um die Umkehr des Prozesses der Glykogen-Speicherung. In der Regel geschieht dies in der Nacht, vorausgesetzt, dass Sie während dieser Zeit nichts essen.

Glykogen ist leicht verfügbar, doch nur in begrenzter Menge. Wird nur kurzzeitig gefastet (24–36 Stunden), liefert das Glykogen die gesamte Glukose, die für die normalen Körperfunktionen notwendig ist. Ist der Glykogenvorrat verbraucht, was bei längeren Fastenperioden der Fall ist, verbrennt der Körper Fett zur Energiegewinnung. Auch hierbei handelt es sich im Grunde um eine Umkehr des Prozesses der Fettspeicherung.

In der Leber gespeicherter Zucker wird verbrannt, Fett in der Leber wird verbrannt	←	Insulin nimmt ab	←	Keine Nahrungsaufnahme, »Fastenperiode«

Die Speicherung und Freisetzung von Energie ist ein Prozess, der jeden Tag abläuft. Normalerweise reguliert sich dieses perfekt austarierte System von selbst. Wir essen, das Insulin steigt an und wir speichern Energie in Form von Glykogen und Fett. Wir fasten, das Insulin sinkt und wir verbrauchen das gespeicherte Glykogen und Fett. So lange sich Essen (hoher

Insulinspiegel) und Fasten (niedriger Insulinspiegel) die Waage halten, wird kein Körperfett aufgebaut. Bleiben die Insulinwerte jedoch längerfristig hoch, wird dem Körper konstant signalisiert, die über die Nahrung aufgenommene Energie in Form von Körperfett zu speichern.

Diabetes Typ 2 lässt sich ohne Medikamente rückgängig machen und verhindern

Wenn der Insulinspiegel zu lange zu hoch bleibt, produziert die Leber über DNL (De-Novo-Lipogenese) mehr neues Fett, als in den Körper abtransportiert werden kann. In der Folge reichert sich das Fett in der Leber an. Dies ist oftmals das erste Anzeichen von Hyperinsulinämie/Insulinresistenz.

Schlussendlich sammelt sich das Fett auch in anderen Organen, darunter Muskulatur und Bauchspeicheldrüse. Die durch Fett blockierte Bauchspeicheldrüse ist bald nicht mehr in der Lage, die hohen Insulinmengen zu produzieren, die benötigt werden, um den Blutzuckerspiegel im Normbereich zu halten, was zu der Diagnose Diabetes Typ 2 führt.

Die übermäßige Insulinproduktion ist die treibende Kraft hinter der ektopen Fettablagerung und der Infiltration der Organe mit Fett. Dies wiederum geht auf den übermäßigen Verzehr von Zucker zurück, in erster Linie von Glukose und Fruktose. *Diabetes Typ 2 ist also eine Krankheit, die ausschließlich durch ein Zuviel an Zucker verursacht wird.*

Haben wir erst einmal verstanden, dass bei Diabetes Typ 2 einfach zu viel Zucker im Körper ist, liegt die Lösung auf der Hand. Wir müssen den Zucker loswerden. Nicht verstecken – loswerden. Es gibt de facto nur zwei Wege, um dieses Ziel zu erreichen.

1. Lassen Sie den Zucker weg.
2. Verbrennen Sie Zucker.

Es ist wie bei einem Waschbecken, das gleich überläuft: Entweder hören Sie auf, zusätzliches Wasser hineinlaufen zu lassen, oder Sie lassen etwas davon abfließen.

SCHRITT 1: Lassen Sie den Zucker weg

Der erste Schritt besteht darin, jeglichen Zucker und alle raffinierten Kohlenhydrate vom Speiseplan zu streichen. Zugesetzter Zucker hat keinen Nährwert und kann problemlos weggelassen werden. Komplexe Kohlenhydrate sind ganz einfach lange Zuckerketten. Hochraffinierte Kohlenhydrate wie etwa Mehl werden beim Verdauungsprozess schnell zu Glukose abgebaut. Die optimale Strategie besteht darin, Brot, Pasta, weißen Reis, Kartoffeln und anderes stärkehaltiges Gemüse zu reduzieren oder wegzulassen.

Als weitere Marschroute bei der Zuckervermeidung empfiehlt es sich, eine angemessene – nicht hohe – Aufnahme von Eiweiß beizubehalten. Beim Verdauungsprozess wird das Nahrungseiweiß (etwa Fleisch) zu Aminosäuren abgebaut. Damit wir gesund bleiben, ist eine adäquate Versorgung mit Eiweiß notwendig, doch kann der Körper überschüssige Mengen an Aminosäuren nicht speichern und baut diese in der Leber zu Glukose um. Essen wir also zu viel Eiweiß, führen wir unserem Körper dadurch wieder Zucker zu. Meiden Sie hoch verarbeitete, konzentrierte Eiweißquellen wie Protein-Shakes, -Riegel und -Pulver.

Und was ist mit dem Nahrungsfett? Natürliche Fette, wie wir sie etwa in Avocados, Nüssen und Olivenöl – Hauptbestandteile der Mittelmeer-Diät – finden, haben nur einen minimalen Effekt auf unseren Blutzucker- und Insulinspiegel. Stattdessen wirken sie sich bekanntermaßen positiv auf Herzerkrankungen und Diabetes aus. Eier und Butter sind ebenfalls hervorragende Quellen für natürliche Fette und mit der Nahrung aufgenommenes Cholesterin, ganz ohne negative Auswirkungen für die Gesundheit. Nahrungsfette führen nicht zu Diabetes Typ 2 oder Herzerkrankungen. Ganz im Gegenteil können sie hier positive Wirkungen entfalten, da sie keinen Zucker in den Körper schleusen.

Um Ihrem Körper möglichst keinen Zucker zuzuführen, setzen Sie auf vollwertige, natürliche und unverarbeitete Lebensmittel. Halten Sie eine Diät, die wenig raffinierte Kohlenhydrate, maßvolle Mengen an Eiweiß und hohe Mengen natürlicher Fette umfasst.

SCHRITT 2: Verbrennen Sie Zucker

Körperliche Aktivität kann sicherlich bei Diabetes Typ 2 helfen, ist aber viel weniger wirkungsvoll als das Fasten – dies ist die einfachste und sicherste Methode, um den Körper dazu zu bringen, Zucker zu verbrennen.

Fasten ist schlicht und einfach das Gegenteil von essen: Wenn Sie nicht essen, fasten Sie. Wenn wir essen, *speichert* unser Körper die mit der Nahrung aufgenommene Energie. Fasten wir, *verbrennt* unser Körper diese Energie. Glukose ist die für uns am leichtesten zugängliche Energiequelle, daher wird umso mehr im Körper gespeicherter Zucker verbrannt, je länger wir fasten.

Die Vorstellung des Fastens mag beängstigend erscheinen, doch ist es definitiv die älteste Ernährungstherapie, die wir kennen – sie wurde in der Geschichte der Menschheit durchgehend praktiziert, ohne dass dabei Probleme auftraten. Wenn Sie verschreibungspflichtige Medikamente einnehmen, sollten Sie jedoch vorher einen Arzt um Rat fragen. Unter dem Strich sieht es so aus:

Wenn Sie nichts essen, sinken dann Ihre Blutzuckerwerte? Natürlich.

Wenn Sie nichts essen, nehmen Sie dann ab? Natürlich.

So, wo ist das Problem? Ich kann keins erkennen.

Eine beliebte Strategie, um die Zuckerverbrennung anzukurbeln, besteht darin, 24 Stunden lang zu fasten, und dies zwei- oder dreimal pro Woche. Alternativ kann man auch 16 Stunden fasten, fünf- bis sechsmal pro Woche. Das ist alles. Mehr brauchen wir nicht zu tun. Das Beste daran? Es ist alles natürlich und komplett kostenlos. Keine Medikamente. Keine Operationen. Keine Ausgaben. Diabetes Typ 2 ist eine ernährungsbedingte Krankheit, die sich folglich mit der richtigen Ernährung effektiv bekämpfen lässt. Der erste Schritt ist die Festlegung, was man essen soll. Schritt 2 klärt, wann man essen soll.

WAS MAN ESSEN SOLL

Das Fasten ist lediglich ein Teil der Lösung. Es ist ebenso von Bedeutung, die richtigen Lebensmittel zu kennen. Hier kommen unsere drei wichtigsten Ernährungsregeln, um den Blutzucker zu senken, die Menge an Insulin zu reduzieren und Diabetes Typ 2 rückgängig zu machen.

Regel #1: Eliminieren Sie jeglichen zugesetzten Zucker und verzichten Sie komplett auf Fruktose (= Fruchtzucker)

Die wichtigste Regel zielt darauf ab, jeglichen zugesetzten Zucker vom Speisezettel zu streichen. Rufen Sie sich in Erinnerung, dass Insulinresistenz das Ergebnis einer Fettleber ist, die so mit Glukose übersättigt ist, dass nicht mehr davon angenommen werden kann. Der wichtigste Einflussfaktor bei einer Fettleber ist die Fruktose, die in Saccharose (Haushaltszucker) und Maissirup mit hohem Fruchtzuckergehalt versteckt ist. Haushaltszucker besteht zu 50 Prozent aus Glukose und zu 50 Prozent aus Fruktose. Maissirup mit hohem Fruchtzuckergehalt enthält sogar 55 Prozent Fruchtzucker.

Jede einzelne Zelle im Körper kann dabei helfen, Glukose zu verteilen, aber die Leber ist das einzige Organ, das Fruchtzucker verstoffwechseln kann. Daher ist es weitaus wahrscheinlicher, dass eine Fettleber auf ein Zuviel an Fruktose als an Glukose zurückzuführen ist. Reiner Fruchtzucker versteckt sich gern in verarbeiteten Lebensmitteln. Lassen Sie sich nicht täuschen: Maltose, Dextrose, Molasse, hydrolysierte Stärke, Honig, Invertzucker, Rohrzucker, Glukose-Fruktose, Maissirup mit hohem Fruchtzuckergehalt, brauner Zucker, Maissüße, Reissirup, Maissirup, Zuckerrohrsaft, Ahornsirup, Malzsirup, Zuckerrohrsirup, Palmsirup und Agavendicksaft bezeichnen nichts anderes als unterschiedliche Arten von Zucker. Da sie keinen Nährwert haben, kann man getrost auf sie verzichten.

Bei einigen Lebensmitteln liegt es auf der Hand, sie vom Speisezettel zu streichen. Hierzu zählen mit Zucker gesüßte Getränke wie etwa Limonaden, Eistees, Sportgetränke, alkoholische Mischgetränke, Fruchtsäfte, Smoothies, aromatisierte Kaffeegetränke und mit irgendwelchen Zutaten angereichertes Wasser. Diese Getränke sind mit Zucker überfrachtet. Dasselbe gilt natürlich für Kuchen, Kekse, Muffins, Cupcakes, Eiscreme und die meisten Desserts – all dies ist ebenfalls zu meiden.

Nahezu alle verarbeiteten Lebensmittel enthalten zugesetzten Zucker, da dieser Geschmack und Konsistenz verbessert – und das fast zum Nulltarif. Studieren Sie die Lebensmitteletikettierung bei Fleischerzeugnissen, hier steckt der Zucker oft in der Soße oder wird bei der Verarbeitung zugesetzt. Häufig verbirgt sich der Zucker in Würzsoßen (Ketchup, Relish), Spaghetti-Tomatensoßen, Fruchtjoghurt oder aromatisiertem Joghurt, Salat-Dressings, Grillsoßen, Apfelmus und Gewürzmischungen. Frühstückscerealien und Müsliriegel weisen meisten ebenfalls einen sehr hohen Zuckergehalt auf. Und beim Restaurantbesucht ist Zucker ein häufiger Bestandteil pikanter Gerichte: ein preisgünstiger Weg, alle Lebensmittel schmackhafter zu machen.

Und was ist mit Obst? Es gibt keinen chemischen Unterschied zwischen der von Natur aus in Obst enthaltenen Fruktose und der Fruktose, die im Haushaltszucker steckt. Wie bei allem, macht auch hier die Dosis das Gift. Mein Ratschlag lautet, nicht zu viel Obst zu essen. Das gilt insbesondere, weil viele moderne Spielarten heutzutage das ganze Jahr über verfügbar und infolge züchterischer Bemühungen zudem süßer als in früheren Zeiten sind. Getrocknete Früchte bergen in der Regel sehr viel Zucker, aus diesem Grund sollten Datteln, Rosinen, getrocknete Cranberrys und Fruchtleder am besten gemieden werden.

Und was ist mit künstlichem Süßstoff? Ich rate meinen Patienten dazu, jegliche Süßungsmittel zu vermeiden, ob sie nun Kalorien enthalten oder nicht. Obwohl es von der Logik her hilfreich erscheint, Zucker durch kalorienfreie Süßstoffe zu ersetzen, spricht die Realität auf der Grundlage von Erfahrungswerten eine andere Sprache. Wären kalorienfreie Süßstoffe tatsächlich in der Lage, Diabetes und Fettleibigkeit zu reduzieren, hätten wir es diesbezüglich nicht mit einer Epidemie zu tun. Wir bräuchten den Zucker nur durch Süßstoffe zu ersetzen, und die Diabetes-Epidemie wäre Geschichte. Doch so ist es leider nicht. Wann hat Ihnen das letzte Mal jemand gesagt: »Seit ich angefangen habe, Süßstoff zu verwenden, ist mein Diabetes verschwunden«? Wir greifen schon seit Jahrzehnten zu diesen Chemikalien und können getrost schlussfolgern: Künstliche Süßungsmittel sind nicht besser als Zucker. Lassen Sie sie weg.

So, und wie verhält es sich mit dem Nachtisch? Ein kleiner Teller mit Nüssen und Käse ist ein hervorragender Abschluss für eine Mahlzeit, ohne dass man sich mit zusätzlichem Zucker belastet. Die meisten Nüsse stecken voller gesunder einfach ungesättigter Fette, haben nur wenig oder gar keine Kohlenhydrate, dafür jedoch einen hohen Ballaststoffgehalt, was zu ihren gesundheitlichen Vorteilen beiträgt. Viele Studien zeigen einen Zusammenhang zwischen dem gesteigerten Verzehr von Nüssen und einer besseren Gesundheit auf, hierzu zählen ein reduziertes Risiko für Herzerkrankungen und Diabetes. Wie bei jedem anderen Nahrungsmittel ist jedoch auch hier ein vernünftiges Maß der Schlüssel zur Gesundheit.

Und was kann man überhaupt noch trinken?

Wasser

Das beste Getränk ist wirklich einfach stilles oder mit Kohlensäure versetztes Wasser. Wenn Sie Zitronen-, Limetten- oder Orangenscheiben hineingeben, kommt eine erfrischende Note ins Spiel. Mit Geschmack anreichern lässt sich das Wasser auch ausgezeichnet, indem man Obst (etwa Erdbeeren), Kräuter (etwa Minze) oder Gemüse (zum Beispiel Gurke) hinzufügt und die Mischung über Nacht stehen lässt. Mithilfe eines Trinkwassersprudlers wie SodaStream können Sie ganz leicht Ihr eigenes Mineralwasser herstellen. Verschiedene weitere Getränke sind ebenso köstlich und treiben das Insulin nicht in die Höhe (siehe unten).

Tee

Nach Wasser ist Tee das beliebteste Getränk auf der ganzen Welt. Von dem global konsumierten Tee entfallen fast 75 Prozent auf Schwarztee. Die Blätter werden nach der Ernte vollständig fermentiert, wodurch der Tee seine charakteristische dunkle Färbung bekommt. Schwarztee neigt zu höheren Koffeingehalten als andere Sorten. Oolong ist ein halbfermentierter Tee, das heißt, er wird kürzer fermentiert.

Grüner Tee ist unfermentiert. Er enthält von Natur aus viel weniger Koffein als Kaffee und die in ihm enthaltenen Polyphenole können dazu beitragen, den Stoffwechsel anzukurbeln, wodurch wiederum die Fettverbrennung angeregt wird. Darüber hinaus soll grüner Tee bei körperlicher Aktivität die Fettverbrennung steigern, den Grundumsatz erhöhen und das Risiko für verschiedene Krebsarten senken. Grüner Tee ist eine besonders gute Quelle für Katechine, von denen man annimmt, dass sie vor Stoffwechselerkrankungen schützen.

Kräutertees sind Aufgüsse von Kräutern, Gewürzen und anderen pflanzlichen Substanzen mit heißem Wasser. Hierbei handelt es sich nicht um echten Tee, da keine Teeblätter enthalten sind. Nichtsdestotrotz gelten Kräutertees als hervorragende Getränke und enthalten keinen zugesetzten Zucker.

Kaffee

Aufgrund seines hohen Koffeingehaltes wird Kaffee mitunter als ungesund klassifiziert. Jüngere Studien legen jedoch nahe, dass sowohl koffeinfreier als auch »normaler« Kaffee vor Diabetes Typ 2 schützen. Laut einem Forschungsbericht von 2009 senkt jede Tasse Kaffee das Diabetesrisiko um 7 Prozent – bis zu einer Menge von sechs Tassen pro Tag (hierbei reduziert sich das Risiko um 42 Prozent). Kaffee schützt eventuell auch vor der Alzheimer-Krankheit, Parkinson-Krankheit, Leberzirrhose und Leberkrebs. Diese Studien haben zwar keine durchschlagende Beweiskraft, sie legen jedoch nahe, dass Kaffee nicht so schädlich ist, wie lange angenommen wurde. (Aber denken Sie daran, ihn ohne Zucker zu trinken!)

Fleischbrühe

Zum traditionellen kulinarischen Repertoire fast jeder Kultur zählt eine nahrhafte und köstliche Fleischbrühe – bei der Zubereitung werden Knochen mit Gemüse, Kräutern und geschmacksgebenden Gewürzen geköchelt. Durch die lange Kochzeit (zwischen 4 und 48 Stunden) wird der Großteil der in den Knochen enthaltenen Mineralstoffe, der Gelatine und der Nährstoffe freigesetzt. Durch die Zugabe von ein wenig Essig beim Kochen werden die gespeicherten Mineralstoffe leichter zugänglich. Fleischbrühe zeichnet sich durch einen sehr hohen Gehalt an Aminosäuren aus, etwa Prolin, Arginin und Glycin. Reichlich darin enthalten sind auch Mineralstoffe wie Kalzium, Magnesium und Phosphor.

Regel #2: Folgen Sie einer Ernährung, die wenig raffinierte Kohlenhydrate, aber viele natürliche Fette enthält

Komplexe Kohlenhydrate sind nicht per se schlecht. Viele traditionelle Gesellschaften setzen auf unverarbeitete Nahrungsmittel, die voller unraffinierter Kohlenhydrate stecken – etwa Süßkartoffeln – und gedeihen prächtig dabei. Das Hauptproblem ist der Prozess der Veredlung. Werden Kohlenhydrate wie Weizen, Reis und Mais »veredelt«, indem man sie vermahlt, bleicht und verarbeitet, werden sie während des Verdauungsprozesses umso schneller zu Glukose umgebaut. Wenn man die natürlichen Fette und Eiweißbestandteile entfernt und nur die reinen Kohlenhydrate zurückbehält, ist das alles andere als natürlich, und unser Körper ist mit der Insulinantwort auf derartige Nahrungsmittel überfordert.

Von allen Lebensmittelkategorien verursachen die raffinierten Kohlenhydrate den stärksten Anstieg des Insulinspiegels, daher liegt es auf der Hand, weniger davon zu essen. Reduzieren oder vermeiden Sie raffinierte Weizenprodukte wie Brot, Pasta, Waffeln, Muffins, Cupcakes und Donuts. Begrenzen Sie den Verzehr verarbeiteter Maisprodukte wie Popcorn, Nachos und Tortillas. Dasselbe gilt für verarbeitete Kartoffelprodukte wie Pommes frites oder Kartoffelchips. Und essen Sie weißen Reis, der ebenfalls zu den raffinierten Kohlenhydraten zählt, nur in kleinen Mengen. Selbst viele Produkte aus Weizenvollkorn oder Vollkorn sind stark verarbeitet. Großartige Alternativen zu raffiniertem Getreide sind Samen und Hülsenfrüchte.

Quinoa

Technisch gesehen gehört Quinoa zu den Samen, wird in der Küche jedoch häufig wie Getreide eingesetzt und sogar »als Mutter aller Getreide« bezeichnet. Das ursprünglich von den Inka in Südamerika angebaute Pseudogetreide ist heute in drei Spielarten verfügbar: rot, weiß und schwarz. Quinoa hat einen hohen Gehalt an Ballaststoffen, Eiweiß und Vitaminen und punktet mit einem niedrigen glykämischen Index. Zudem enthält es jede Menge Antioxidantien wie Quercetin und Kaempferol, denen man antientzündliche Eigenschaften nachsagt.

Chiasamen

Diese seit Jahrhunderten bekannten Samen stammen aus Süd- und Mittelamerika und können bis zu den Azteken und Maya zurückverfolgt werden. Ihr Name leitet sich von dem alten Maya-Wort für Stärke ab. Chiasamen sind unabhängig von ihrer Farbe reich an Ballaststoffen, Vitaminen, Mineralstoffen, Omega-3-Fettsäuren, Eiweiß und Antioxidantien.

Bohnen

Trockenbohnen und -erbsen sind ein vielseitiges ballaststoff- und kohlenhydratreiches Grundnahrungsmittel vieler traditioneller Küchen und gleichzeitig eine ausgezeichnete Eiweißquelle. Sie sind in einer großen Auswahl an Farben, Geschmacksrichtungen und Konsistenzen erhältlich; ihre Palette reicht von grünen Linsen über Augenbohnen und roten Kidneybohnen bis hin zu dunkelbraunen Kichererbsen. Dosenbohnen eignen sich auch hervorragend, sie müssen jedoch vor der Verwendung gründlich abgespült werden.

Olivenöl

Die Mittelmeerdiät, weithin als gesund anerkannt, ist reich an Oleinsäure – eins der einfach ungesättigten Fette, die im Olivenöl stecken. Zudem enthält Olivenöl große Mengen an Antioxidantien, darunter Polyphenole und Oleocanthal, die eine antientzündliche Wirkung haben. Es steht im Ruf, Entzündungen zu reduzieren, Cholesterin zu senken, Blutgerinnsel zu vermindern und den Blutdruck zu verringern. Insgesamt können diese Eigenschaften dazu beitragen, das Risiko für Herz-Kreislauf-Erkrankungen herabzusetzen, wozu auch Herzinfarkte und Schlaganfälle zählen.

Es gibt verschiedene Methoden, um Olivenöl zu gewinnen, und diese Unterschiede spiegeln sich in der Klassifizierung. Um an das Öl zu kommen, werden die reifen Oliven zu einer Paste zerdrückt und dann kalt gepresst. Die sicherlich beste Wahl ist »natives Olivenöl extra«, das ausschließlich mithilfe dieser mechanischen Verfahren gewonnen wird. Andere Qualitäten werden mithilfe chemischer Methoden und/oder starker Hitze extrahiert, was der Neutralisierung unerwünschter Geschmacksnuancen dient, und sollten vermieden werden. Aber passen Sie auf: Die Bezeichnung »reines Olivenöl« bezieht sich häufig auf diese raffinierten Öle.

Avocados

Als gesunde und leckere Ergänzung jeder Diät punkten Avocados mit ihrem hohen Gehalt an Vitaminen und ganz besonders an Kalium. Avocados sind einzigartig unter den Früchten, da ihr Kohlenhydratgehalt sehr niedrig liegt und sie große Mengen an Oleinsäure, einer einfach ungesättigten Fettsäure, enthalten. Des Weiteren sind sie reich an löslichen sowie unlöslichen Ballaststoffen.

Nüsse

Aufgrund ihres hohen Fettgehaltes waren sie lange verpönt, doch mittlerweile schätzt man Nüsse gerade wegen ihrer gesunden Fette. Außerdem bergen sie von Natur aus viele Ballaststoffe und haben nur wenige Kohlenhydrate. Sie schmecken roh und geröstet lecker; vermeiden Sie jedoch Produkte mit zugesetztem Zucker, etwa in Honig geröstete Nüsse. Insbesondere Walnüsse sind reich an Omega-3-Fettsäuren, was der Herzgesundheit zuträglich sein kann. Nussmilchgetränke ohne zugesetzten Zucker sind ebenfalls köstlich.

Vollfette Milchprodukte

Milch, Sahne, Joghurt, Butter und Käse sind ausgesprochen schmackhaft und können ohne Bedenken hinsichtlich des

Fettgehaltes verzehrt werden. Die Auswertung von 29 Zufallskontrollversuchen hat gezeigt, dass ihr Genuss weder zu Gewichtszunahme noch zu Gewichtsverlust führt. Wer vollfette Milchprodukte konsumiert, verringert sein Risiko für Diabetes Typ 2 um 62 Prozent. Greifen Sie also zu vollfetten Milchprodukten, wenn Sie mögen, auch gern zu Rohmilch- oder Bio-Produkten. Jegliche Milch ist gesund, auch die von Schafen und Ziegen.

Eier

Aufgrund ihres Cholesteringehaltes wurden Eier lange Zeit skeptisch beäugt. Inzwischen sind diese Bedenken ausgeräumt und Eier – unverfälschte, natürliche Lebensmittel – lassen sich auf verschiedenste Art genießen. Das Eiweiß enthält viel Protein und das Eigelb viele Vitamine und Mineralstoffe, darunter auch Cholin und Selen. Eier sind hervorragende Quellen für Lutein und Zeaxanthin – Antioxidantien, die möglicherweise vor Augenerkrankungen wie Makuladegeneration und Grauem Star schützen können. Das in den Eiern enthaltene Cholesterin baut eventuell die Cholesterinpartikel in Ihrem Blut zu größeren, weniger schädlichen Partikeln um. Umfangreiche epidemiologische Studien haben keinen Zusammenhang zwischen einem erhöhten Konsum von Eiern und einer gesteigerten Rate an Herzerkrankungen gefunden. Vor allem sollten Sie Eier essen, weil es sich dabei um köstliche, vollwertige, unverarbeitete Lebensmittel handelt.

Fette

Ersetzen Sie raffinierte Kohlenhydrate durch natürliche Fette, wie sie etwa in fetthaltigem Fisch, Olivenöl, Avocados und Nüssen vorhanden sind. Ebenfalls zu den gesunden Fetten zählen die natürlichen gesättigten Fette aus Rindfleisch, Schweinefleisch, Bacon, Butter, Sahne und Kokosnüssen. Auch Eier stellen eine exzellente Wahl dar, ebenso wie die meisten Fische und Meeresfrüchte.

Aber nicht alle Fette sind der Gesundheit förderlich. *Nicht empfohlen* werden industriell verarbeitete, stark veredelte Samenöle, die reich an Omega-6-Fettsäuren sind: Sie können Entzündungsprozesse auslösen und die Gesundheit nachteilig beeinflussen. Zu diesen Ölen gehören Sonnenblumenöl, Maisöl, Rapsöl, Distelöl und Pflanzenöl. Besonders wichtig ist es, diese Pflanzenöle nicht stark zu erhitzen, da hierbei schädliche chemische Substanzen, die Aldehyde, freigesetzt werden. Lassen Sie auch die Finger von frittierten Lebensmitteln und allen gehärteten (Trans-)Fetten.

Die Ernährung, die ich empfehle, ist arm an Kohlenhydraten und reich an gesunden Fetten und wird als LCHF-Diät (= low carb, high fat) bezeichnet. Sie zielt darauf ab, den Blutzucker und damit die Insulinwerte niedrig zu halten und auf diese Weise mehr Fett zu verbrennen. Das Ergebnis? Gewichtsverlust und eine Verbesserung des Diabetes.

Regel #3: Essen Sie naturbelassene Lebensmittel

Es gibt gute Fette und schlechte Fette. Es gibt gute Kohlenhydrate und schlechte

Kohlenhydrate. Was ist das zentrale Unterscheidungskriterium? Veredlung und Verarbeitung.

Unser Körper hatte Tausende von Jahren Zeit, um sich an die jeweils vorhandenen Lebensmittel in ihrem Naturzustand anzupassen. Daher ernähren sich einige traditionelle Gesellschaften, etwa Menschen im hohen Norden, fast ausschließlich von Fleisch. Andere Gesellschaften, beispielsweise die Menschen auf den japanischen Okinawa-Inseln, nehmen große Mengen an Kohlenhydraten zu sich. Da diese Lebensmittel jedoch nicht raffiniert oder verarbeitet sind und nur wenig oder keinen Zucker enthalten, hatte traditionell keine der beiden Gruppen mit erhöhtem Blutzucker, Fettleibigkeit oder Diabetes Typ 2 zu tun. Fangen diese Gesellschaften mit bislang traditioneller Ernährung jedoch an, hochverarbeitete Lebensmittel und Zucker zu konsumieren, lassen Adipositas und Diabetes Typ 2 nicht lange auf sich warten.

Die wichtigste Regel von allen besteht darin, *einfach naturbelassene Lebensmittel zu verzehren*. Wenn das, was Sie essen möchten, so aussieht, wie die Natur es geschaffen hat, ist es vermutlich gut für Sie.

Und wenn das alles nicht reicht?

Wenn man Fruchtzucker vermeidet, der LCHF-Diät folgt und sich an naturbelassene Lebensmittel hält, ist dies definitiv ein guter Anfang. Aber da sich Diabetes Typ 2 mitunter über Jahrzehnte hinweg entwickelt, kann der Teufelskreis aus Hyperinsulinämie und Insulinresistenz persistieren, obwohl Sie sich an alle Ernährungsregeln halten. Was ist zu tun, wenn die vorgestellten einfachen Änderungen im Ernährungsverhalten nicht ausreichen?

Wie bei vielen anderen Fällen ist die Antwort auch hier nicht neu. Es handelt sich um die älteste der Menschheit bekannte Diätmaßnahme, deren natürliche reinigende Kraft von nahezu allen Religionen in der Welt genutzt wurde. Sie kostet nichts und kann überall angewendet werden. Wovon reden wir? Von der Macht des Fastens.

WANN MAN ESSEN SOLL

Fasten, die freiwillige Nahrungskarenz, wird schon seit knapp 100 Jahren als Heilmittel bei Diabetes eingesetzt. Doch durch die folgenschwere Entdeckung des Insulins geriet die Ernährungstherapie bei Diabetes ins Hintertreffen. Während sich Insulin tatsächlich als Wundermittel für die Behandlung von Diabetes Typ 1 entpuppte, war es kein Allheilmittel für Diabetes Typ 2. Das Interesse am Fasten verschwand, als sich die Ärzte auf das versteiften, was ihr Behandlungsmantra für das nächste Jahrhundert werden sollte: Medikamente, Medikamente und noch mehr Medikamente. Wenn Ärzte sagen, dass es keine Heilung für Diabetes Typ 2 gibt, reden sie von nichts anderem als einer *Heilung durch Medikamente*.

Wir wissen seit Langem, dass die Adipositas-Chirurgie Diabetes Typ 2 rückgängig machen kann, indem sie ein plötzliches, gravierendes Kaloriendefizit herbeiführt, wodurch der Insulinspiegel sinkt. Im Grunde handelt es sich um nichts anderes als ein *chirurgisch erzwungenes Fasten*. Aber eine Operation ist nicht der einzige Weg, um ein abruptes, massives Kaloriendefizit herbeizuführen. Wir können auch einfach aufhören zu essen. Damit sind wir bei der bewährten, uralten Heiltradition des Fastens. Erinnern Sie sich daran, dass Diabetes Typ 2 im Kern nur bedeutet, dass zu viel Zucker im Körper ist. Durch das Fasten gelangt schlicht und einfach kein neuer Zucker mehr in den Körper und die Zuckerverbrennung wird erleichtert. Das Fasten ist das wirkungsvollste Naturheilverfahren, das uns bei Diabetes Typ 2 zur Verfügung steht.

Intervallfasten (= Intermittierendes Fasten) ist keine Kalorienrestriktion

Eine *dauerhafte* leichte Einschränkung der Kalorienzufuhr ist etwas völlig anderes als eine *periodische* gravierende Restriktion. Wenn Sie 1000-mal von einem 30 Zentimeter hohen Mäuerchen springen, ist das etwas komplett anderes als der einmalige Sprung von einer 300 Meter hohen Mauer. Der Unterschied zwischen den beiden Beispielen ist buchstäblich der Unterschied zwischen Leben und Tod. Ähnlich ist es mit dem Fasten: Wenn man sieben Tage lang 300 Kalorien pro Tag weniger als normal zu sich nimmt (konstante Kalorienrestriktion), ist das nicht dasselbe wie an einem einzigen Tag auf 2100 Kalorien zu verzichten (Intervallfasten). Jedes der beiden Szenarien führt zu deutlich voneinander abweichenden Hormon-Antworten. Dieser Unterschied entscheidet darüber, ob es gelingt, Diabetes Typ 2 rückgängig zu machen – oder eben nicht.

Wenn man die Kalorienzufuhr dauerhaft einschränkt, führt dies zu einem gesteigerten Hungergefühl und einem sinkenden Grundumsatz. Dieser Effekt macht die Bemühungen, Gewicht zu verlieren, oftmals zunichte und endet schlussendlich in einem Misserfolg. Das Intervallfasten führt dagegen zum Erfolg, da hierdurch vorteilhafte Hormonveränderungen ausgelöst werden, die bei einer ständigen Kalorienbeschränkung nicht auftreten. Während Sie fasten, fährt Ihr Körper das Hungergefühl zurück und hält den Grundumsatz auf gewohntem Niveau, indem er auf eine andere Energiequelle umschaltet, nämlich Ihr Körperfett.

Hierdurch sinkt der Insulinspiegel und die Insulinresistenz, die auch davon abhängt, *wie lange* der Spiegel erhöht bleibt, wird vermindert. Das intermittierende Fasten verhindert die Entwicklung einer Insulinresistenz, da es zu ausgedehnten Perioden niedriger Insulinwerte führt und auf diese Weise die Sensitivität des Körpers gegenüber Insulin aufrechterhält. Isst man dagegen die ganze Zeit über, schraubt sich der Insulinspiegel in die Höhe, auch wenn die Mahlzeiten und Snacks verhältnismäßig kalorienarm sind. Wenn Sie nichts essen, bleiben die Insulinwerte auf niedrigem Niveau. Das ist der Schlüssel zur erfolgreichen Umkehr von Prädiabetes und Diabetes Typ 2.

Intervallfasten erhält den Grundumsatz aufrecht

Der Geheimtipp beim langfristigen Abnehmen besteht darin, den Grundumsatz aufrechtzuerhalten – damit gemeint ist die Energie, die notwendig ist, damit das Herz pumpt, die Lungen arbeiten, das Gehirn denkt, die Nieren die Schadstoffe aus dem Körper abtransportieren und so weiter. Das Fasten provoziert zahlreiche hormonelle Anpassungen, die bei einer simplen Kalorienreduktion *nicht* auftreten. Das Insulin sinkt stark ab und verhindert so eine Insulinresistenz. Gleichzeitig steigt die Menge bestimmter anderer Hormone beim Fasten an, etwa das Noradrenalin, das den Grundumsatz auf entsprechend hohem Niveau hält. Die Menge an Somatotropin, einem Wachstumshormon, wird ebenfalls erhöht und hält die fettfreie Körpermasse konstant.

Das Fasten funktioniert, weil der Grundumsatz dabei hoch bleibt. Warum? Weil es sich um einen Überlebensmechanismus handelt. Stellen Sie sich vor, wir wären steinzeitliche Höhlenbewohner. Es wäre Winter, die Nahrung knapp. Wenn unser Körper jetzt in den Hunger-Modus gehen würde, hätten wir nicht mehr genug Energie, um die Höhle zu verlassen und Nahrung zu finden. Die Lage würde von Tag zu Tag schlimmer werden, und schließlich würden wir sterben. Führe unser Körper jedes Mal, wenn wir ein paar Stunden nichts zu essen hätten, seine Energie herunter, wäre die Menschheit schon längst ausgestorben.

Während wir fasten, besinnt sich der Körper auf seinen großzügig bemessenen Energievorrat: unser Körperfett! Der Grundumsatz bleibt hoch, doch anstatt frisch zugeführte Nahrung als Brennstoff zu nutzen, greifen wir auf unsere eingelagerten Vorräte, nämlich das Körperfett, zurück. Letzten Endes ist das genau der Grund, warum wir überhaupt Fett einlagern und es mit uns umherschleppen. Jetzt haben wir genug Energie, um die Höhle zu verlassen und ein paar Wollhaarmammuts zu jagen.

Beim Fasten verbrennen wir zuerst das in der Leber gespeicherte Glykogen. Ist dieses verbraucht, schalten wir auf unsere Körperfettreserven um. Oh, und hier gibt es beruhigende Neuigkeiten: Dort ist jede Menge Fett gespeichert. Also nichts wie ran ans Verbrennen. Und da es Brennstoff im Überfluss gibt, hat der Grundumsatz keine Veranlassung abzusinken. Und das macht den Unterschied zwischen langfristigem Gewichtsverlust und lebenslanger Verzweiflung aus. Das ist die Gratwanderung zwischen Erfolg und Scheitern. Im Wesentlichen sorgt das Fasten für vorteilhafte hormonelle Veränderungen, die bei konstanter Nahrungsaufnahme komplett ausbleiben, auch wenn die Kalorienmenge hierbei reduziert wird. Gerade das *Periodische, Unstetige* beim Fasten ist die Größe, die es so viel wirksamer macht.

Was ist besser, Fasten oder eine kohlenhydratarme (Low-Carb-)Diät? Oder beides?

Sowohl das Intervallfasten als auch die LCHF-Diät (arm an Kohlenhydraten und reich an gesunden Fetten) senken den Insulinspiegel wirksam ab und führen daher zu Gewichtsverlust und der Umkehr von Diabetes Typ 2.

Da der Insulinspiegel durch das Fasten maximal abgesenkt wird, ist dies einfach die schnellste und effizienteste Methode. Das Fasten ermöglicht es uns, auf ganz natürliche Weise den Zucker aus unseren Körperzellen (der Zuckerdose) zu entfernen. Sind diese Zellen erst einmal leer, schwappt neu aufgenommener Zucker nicht länger zurück ins Blut und die Kriterien für Diabetes Typ 2 sind nicht länger gegeben. Wir haben die Krankheit rückgängig gemacht.

Je mehr hochverarbeitete, insulinstimulierende Nahrungsmittel wir zu uns nehmen, desto intensiver müssen wir fasten, um den Insulinspiegel wieder abzusenken. Und um das Insulin zu reduzieren, gibt es einfach *nichts* Besseres als das Fasten. Aber sollten wir nun fasten oder eine LCHF-Diät befolgen? Das ist keine Frage von entweder/oder. Um maximal zu profitieren, können wir *sowohl* das Fasten *als auch* die LCHF-Diät in unsere Ernährung einbinden.

WISSENSWERTES ÜBER DAS FASTEN UND HÄUFIG GESTELLTE FRAGEN ZU DIABETES TYP 2

Für das Fasten bei Diabetes Typ 2 gibt es bestimmte allgemeine Grundsätze. Wie lange es dauert, die Krankheit rückgängig zu machen, hängt von der Intensität der Fastenkur und der Dauer der Erkrankung ab. Je intensiver gefastet wird, desto schneller stellen sich Erfolge ein, doch wenn der Diabetes bereits seit 20 Jahren besteht, ist es unwahrscheinlich, dass er sich innerhalb weniger Monate zurückbildet. In diesem Fall dauert der Gesundungsprozess länger, die genaue Zeitdauer variiert jedoch von Patient zu Patient.

Grundlagen des Fastens

Wenn Sie Medikamente einnehmen, müssen Sie Ihren Arzt zurate ziehen, bevor Sie mit dem Fasten beginnen. Medikamente gegen Diabetes werden unter Berücksichtigung Ihrer derzeitigen Ernährungsweise verschrieben. Wenn Sie Ihre tägliche Ernährung ändern, ohne die Medikamente anzupassen, riskieren Sie hypoglykämische Reaktionen, die extrem gefährlich sein können. Eventuell fühlen Sie sich zittrig, beginnen zu schwitzen oder Ihnen wird übel. Im Extremfall können Sie das Bewusstsein verlieren oder sogar sterben. Es ist absolut notwendig, die medikamentöse Behandlung zu überwachen und anzupassen.

Wenn Sie Diabetes-Medikamente einnehmen – und nochmals, sprechen Sie unbedingt mit Ihrem Arzt, bevor Sie zu fasten beginnen – , ist es wichtig, die Blutzuckerwerte regelmäßig mithilfe eines Blutzuckermessgerätes für zu Hause zu überprüfen. Messen Sie Ihren Blutzucker mindestens zweimal und im Idealfall bis zu viermal pro Tag, und zwar sowohl an Fastentagen als auch an Nicht-Fastentagen. Wenn Sie keine Medikamente einnehmen, ist dies nicht notwendig. Die Blutzuckerwerte können in diesem Fall leicht abfallen, sollten jedoch im Normbereich bleiben. Ihr Arzt wird Ihnen erklären, ob und wie Sie Ihre Diabetes-Medikamente, insbesondere Insulin, während der Fastentage reduzieren sollen oder ob Sie sie einfach weiternehmen können.

Wenn Sie wiederholt niedrige Blutzuckerwerte messen, sind Ihre Medikamente eventuell überdosiert, besprechen Sie mit Ihrem Arzt, ob die Dosis angepasst werden muss. Sinken die Werte extrem ab, müssen Sie etwas Zucker oder Saft zu sich nehmen, um den Blutzucker zurück in den Normalbereich zu bringen, auch wenn dies bedeutet, dass Sie das Fasten für diesen Tag beenden müssen. Das langfristige Ziel liegt darin, die Medikamente erfolgreich zu reduzieren und die Einnahme schlussendlich ganz zu beenden, weil es gelingt, die Blutzuckerwerte auch ohne medikamentöse Intervention stabil im Normbereich zu halten.

Sie sollten auch Ihren Blutdruck regelmäßig kontrollieren, vorzugsweise einmal pro Woche. Besprechen Sie unbedingt mit Ihrem Arzt, ob routinemäßig ein Blutbild (inklusive Messung der Elektrolyte) gemacht werden sollte. Falls Sie sich aus irgendeinem Grund unwohl fühlen sollten, hören Sie sofort auf zu fasten und holen Sie medizinischen Rat ein.

Während der Fastenzeiten, die ich empfehle, sind kalorienfreie Getränke wie schwarzer Kaffee, klare Brühe, Wasser und Tee erlaubt, um den Appetit zu zügeln und einer Dehydrierung vorzubeugen. Das Fasten hat keine standardisierte Dauer oder festgelegten Intervalle, Fastenperioden können zwölf Stunden dauern oder auch bis zu drei Monate oder länger, unterbrochen von wöchentlichen, monatlichen oder jährlichen Fastenpausen. Beim Intervallfasten geht es dagegen um kürzere Zeiten der Nahrungskarenz, die regelmäßig und vergleichsweise häufig wiederholt werden. Die drei gängigsten Fastenperioden, die ich empfehle, umfassen 16 Stunden, 24 Stunden oder 36 Stunden. Das 30-stündige Fasten kann ein Sprungbrett vom 24-stündigen hin zum 36-stündigen Fasten sein.

- 16-stündiges Fasten bedeutet, dass Sie Ihre Mahlzeiten in einem Zeitfenster von acht Stunden einnehmen. Wenn Sie zum Beispiel um 19 Uhr mit dem Fasten beginnen, essen Sie erst um 11 Uhr am nächsten Vormittag wieder etwas. Sie verzehren ab diesem Zeitpunkt zwei oder drei Mahlzeiten und nehmen das Fasten um 19 Uhr wieder auf.
- Beim 24-stündigen Fasten essen Sie beispielsweise am ersten Tag nach dem Abendessen um 19 Uhr nichts mehr und nehmen die nächste Mahlzeit, das Abendessen, erst am nächsten Tag um 19 Uhr ein.
- Beim 36-stündigen Fasten essen Sie beispielsweise am ersten Tag nach dem Abendessen um 19 Uhr nichts mehr und nehmen die nächste Mahlzeit, das Frühstück, erst am übernächsten Tag um 7 Uhr ein.

Längere Fastenperioden führen bei Diabetes-Typ-2-Patienten zu geringeren Insulinspiegeln, einem größeren Gewichtsverlust und einer stärkeren Absenkung des Blutzuckers. Bei einem Klinikaufenthalt empfehle ich in der Regel 24- oder 36-stündiges Fasten, und zwar zwei bis dreimal pro Woche (siehe Mahlzeitenpläne, Seite 213–215).

Sind Sie bereit zu einem Versuch, haben aber noch Fragen? Hier finden Sie Antworten auf einige der am häufigsten gestellten.

Häufige Fragen zum Thema Fasten

Was darf ich an Fastentagen zu mir nehmen?

Alle kalorienhaltigen Nahrungsmittel und Getränke sind beim Fasten verboten. Sie müssen jedoch darauf achten, während des Fastens gut mit Flüssigkeit versorgt zu bleiben. Wasser – still oder mit Kohlensäure – ist immer eine gute Wahl. Versuchen Sie, täglich 2 Liter Wasser zu trinken. Um Geschmack hineinzubringen, dürfen Sie einen Spritzer Zitronen- oder Limettensaft zufügen. Probieren Sie auch verdünnten Apfelessig aus (verdünnen Sie ihn ganz nach Geschmack), das könnte hilfreich für Ihren Blutzuckerspiegel sein. Tee und Kaffee – ohne Milch, Zucker und andere Zusätze – sind in Ordnung. Selbst gemachte Fleischbrühe (Seite 60–63) aus Rindfleisch, Schweinefleisch, Hühnerfleisch oder Fischgräten, dazu eine ordentliche Prise Salz, ist ebenfalls eine gute Wahl an Fastentagen. Gemüsebrühe ist eine passende Alternative, obwohl Fleischbrühe mehr Nährstoffe enthält. Meiden Sie Fertigbrühe aus der Dose oder Brühwürfel, darin enthalten sind jede Menge künstlicher Aromastoffe und Mononatriumglutamat. Während des Fastens sind jegliche Form von Zucker, künstliche Aromen oder Süßungsmittel tabu.

Ich nehme meine Medikamente mit den Mahlzeiten ein. Wie soll ich das machen, wenn ich faste?

Bestimmte Medikamente können Probleme verursachen, wenn sie auf leeren Magen eingenommen werden. So kann beispielsweise Aspirin Magenschmerzen oder sogar Geschwüre verursachen. Eisenpräparate können Übelkeit und Erbrechen hervorrufen, Metformin Übelkeit oder Durchfall. Sprechen Sie die Einnahme Ihrer Medikamente vor dem Fastenbeginn immer mit Ihrem Arzt durch.

Mein Blutzuckerspiegel schießt am frühen Morgen in die Höhe. Was kann ich machen?

Nichts. Kurz vor dem Aufwachen (gegen 4 Uhr morgens) setzt der Körper größere Mengen bestimmter Hormone frei, um uns für den kommenden Tag vorzubereiten. Eines dieser Hormone, nämlich Glucagon, hilft dabei, die gespeicherte Glukose zurück ins Blut zu schicken, damit uns Energie zur Verfügung steht. Dieses Dawn-Phänomen (DP, Blutzuckeranstieg am frühen Morgen) ist durch unseren Biorhythmus bedingt. Bei Nicht-Diabetikern ist dieses Phänomen völlig normal, doch bekommen die meisten Menschen davon nichts mit, weil der Blutzuckeranstieg bei ihnen sehr gering ist.

Bei etwa 75 Prozent der Typ-2-Diabetiker macht sich das Dawn-Phänomen jedoch in den frühen Morgenstunden in Form einer deutlichen Blutzuckerspitze bemerkbar. Die Intensität unterliegt dabei breiten Schwankungen und hängt nicht davon ab, ob Patienten mit Insulin behandelt werden oder nicht. Der Grund dafür liegt darin, dass die vergrößerte Fettleber verzweifelt versucht, sich zu entleeren. Sobald das hormonelle Signal gesendet wird, schießt der Zucker von der Leber ins Blut. Dasselbe Phänomen tritt bei längerem Fasten auf. Da das Insulin absinkt, setzt die Leber einen Teil des in ihr gespeicherten Zuckers und Fetts frei. Hierbei handelt es sich um einen natürlichen Vorgang und um nichts Schlechtes. Es bedeutet einfach nur, dass Sie sich mehr anstrengen müssen, um all den im Körper gespeicherten Zucker zu verbrennen. Bleibt der Blutzucker jedoch den ganzen Tag über hoch, informieren Sie Ihren Arzt.

Was soll ich machen, wenn ich beim Fasten Hunger bekomme?

Das ist vermutlich die größte Sorge aller Fastenden. Der gängigen Vorstellung zufolge werden wir dabei vom Hunger übermannt und sind nicht mehr in der Lage, uns zu kontrollieren. In Wahrheit ist der Hunger jedoch kein konstantes Gefühl, sondern bricht in Wellen über uns herein. Wenn Sie Hunger bekommen, seien Sie gewiss, dass er bald wieder verschwinden wird. Wer an einem Fastentag für ausreichend Beschäftigung sorgt, kann der Versuchung zu essen leichter widerstehen. Hat sich Ihr Körper erst einmal an das Fasten gewöhnt, wird er das gespeicherte Fett umso effektiver verbrennen und das Hungergefühl wird nachlassen. Während längerer Fastenperioden stellen viele Leute fest, dass ihr Hungergefühl ab dem zweiten oder dritten Tag komplett verschwindet.

Kann ich während des Fastens Sport machen?

Definitiv. Es gibt keinen Grund, Ihr Übungsprogramm zu unterbrechen. Alle Arten von Sport, inklusive Gewichts- und Kardiotraining, sind ausdrücklich erwünscht. Es ist ein allgemein verbreiteter Irrtum, dass man essen muss, um den Körper bei physischer Belastung ausreichend mit Energie zu versorgen. Das ist definitiv falsch. Ihr Körper hat großzügig bemessene Energievorräte. Während längerer Fastenperioden gewinnt die Muskulatur die notwendige Energie ohne Umwege direkt aus Fettsäuren. Tatsächlich sind Fastentage bestens für sportliche Betätigungen geeignet, da Ihr Adrenalinspiegel während dieser Tage ohnehin höher liegt. Der Anstieg der Wachstumshormone, der ebenfalls mit dem Fasten einhergeht, fördert potenziell auch den Muskelaufbau.

Wird mich das Fasten ermüden?

Wahrscheinlich nicht. Meiner Erfahrung nach ist das Gegenteil der Fall. Viele Leute stellen fest, dass sie während des Fastens mehr Energie haben – vermutlich aufgrund des erhöhten Adrenalinspiegels. Der Grundumsatz fällt während des Fastens nicht ab, vielmehr steigt er. Sie werden feststellen, dass Sie an Fastentagen problemlos allen normalen Alltagsaktivitäten nachgehen können. Anhaltende oder extreme Erschöpfung ist keine normale Begleiterscheinung des Fastens. Falls Sie davon betroffen sind, hören Sie sofort auf zu fasten und holen Sie medizinischen Rat ein.

Wird mich das Fasten vergesslich oder verwirrt machen?

Beim Fasten sollten keine Anzeichen von Vergesslichkeit oder Konzentrationsschwierigkeiten auftreten. Die alten Griechen glaubten sogar, das Fasten würde die kognitiven Fähigkeiten signifikant steigern und den großen Philosophen dabei helfen, zu mehr Klarheit und Scharfblick zu kommen. Auf lange Sicht kann das Fasten das Gedächtnis verbessern. Einer Theorie nach wird durch das Fasten eine bestimmte Form der Zellreinigung angestoßen, die man als Autophagie bezeichnet und die dazu beitragen kann, altersbedingtem Gedächtnisschwund entgegenzuwirken.

Wenn mir schwindelig wird, was kann ich dagegen tun?

Falls Sie Benommenheit oder Schwindel verspüren, sind Sie vermutlich dehydriert. Achten Sie darauf, viel zu trinken, und geben Sie zusätzlich Salz in Ihre Brühe oder das Mineralwasser, damit die Flüssigkeit länger im Körper verbleibt. Es ist auch möglich, dass Ihr Blutdruck zu niedrig ist, insbesondere, wenn Sie Medikamente gegen Bluthochdruck einnehmen. Konsultieren Sie Ihren Arzt, um gegebenenfalls die Dosis anzupassen. Anhaltende Benommenheit, Übelkeit oder Erbrechen sind beim Intervallfasten oder längerfristigem Fasten nicht normal. Leiden Sie dauerhaft unter diesen Symptomen, hören Sie auf zu fasten und holen Sie medizinischen Rat ein.

Was kann ich tun, wenn ich Muskelkrämpfe bekomme?

Ein niedriger Magnesiumspiegel ist bei Diabetikern besonders häufig und kann zu Muskelkrämpfen führen. Um hier entgegenzuwirken, können Sie ein frei verkäufliches Magnesiumpräparat einnehmen oder in Bittersalz (Epsom-Salz), einem Magnesiumsalz, baden. Geben Sie 250 Milliliter davon ins warme Badewasser und legen Sie sich eine halbe Stunde lang in die Wanne. Das Magnesium wird durch Ihre Haut aufgenommen.

Was kann ich tun, wenn ich Kopfschmerzen bekomme?

Versuchen Sie, Ihre Salzaufnahme zu steigern, indem Sie Ihrer Fleischbrühe oder dem Mineralwasser ein oder zwei Prisen Salz zufügen. Wenn Sie mit dem Fasten beginnen, sind Kopfschmerzen bei den ersten Malen ein recht häufiges Phänomen. Man nimmt an, dass sie auf die Umstellung von einer relativ salzreichen Diät auf eine sehr niedrige Salzmenge während der Fastentage zurückzuführen sind. In der Regel sind die Kopfschmerzen ein vorübergehendes Symptom, und haben Sie sich erst einmal an das Fasten gewöhnt, verschwinden sie oft von selbst. Sind Sie wegen der Kopfschmerzen besorgt, konsultieren Sie Ihren Arzt.

Was kann ich tun, wenn ich unter Verstopfung leide?

Verstopfung ist nichts Ungewöhnliches, wenn man mit dem Fasten beginnt. Es kann hilfreich sein, während der Tage, an denen man nicht fastet, mehr Ballaststoffe, Obst und Gemüse zu sich zu nehmen. Man kann auch Metamucil einnehmen, um die Ballaststoff- und Stuhlmenge zu vergrößern. Lässt sich das Problem nicht lösen, fragen Sie Ihren Arzt, ob er Ihnen ein Abführmittel verschreibt.

Wie soll ich das Fasten beenden?

Achten Sie darauf, das Fasten sanft zu brechen, etwa mit einer Handvoll Nüsse oder einem kleinen Salat. Wenn Sie gleich nach dem Fasten zu viel essen, kann sich dies in Form von Magenbeschwerden oder Sodbrennen äußern. Auch wenn dies nicht bedrohlich ist, kann es doch sehr unangenehm sein. Vermeiden Sie es, sich gleich nach der Mahlzeit hinzulegen, bleiben Sie stattdessen mindestens für eine halbe Stunde aufrecht. Bekommen Sie nachts Sodbrennen, erhöhen Sie das Kopfende Ihres Bettes durch untergelegte Holzkeile, damit Sie nicht ganz so flach liegen. Wenn nichts von diesen Ratschlägen fruchtet, konsultieren Sie Ihren Arzt.

Ich nehme nicht ab. Was läuft schief?

Wenn Sie durch das Intervallfasten auch abnehmen möchten, sind Geduld und Ausdauer gefragt. Das Ausmaß des Gewichtsverlustes ist individuell sehr verschieden. Je länger Sie schon mit Ihrer Adipositas kämpfen, desto schwerer ist es für Sie, Gewicht zu verlieren. Auch bestimmte Medikamente erschweren den Kampf mit den Pfunden. Und vermutlich erreichen Sie irgendwann einen Punkt, an dem Sie nicht weiter abnehmen. Hier kann es helfen, Ihre Fasten- und Ernährungsroutine zu verändern. Einige Patienten verlängern dann die Fastenzeit vom 24-stündigen zum 36-stündigen oder sogar 48-stündigen Fasten. Andere versuchen, jeden Tag nur noch eine Mahlzeit zu sich zu nehmen. Und wieder andere legen eine Fastenkur von einer ganzen Woche ein. Sie können die Fastentage auch strenger gestalten, indem Sie zum Beispiel statt Fleischbrühe nur noch Wasser trinken. Wenn man die Fastenroutine verändert, führt das oftmals zum Erfolg, falls man trotz aller Bemühungen nicht weiter abnimmt und quasi ein Plateau erreicht ist. Besprechen Sie jedoch auf jedem Fall mit Ihrem Arzt, welche Strategie für Sie richtig ist.

Tipps für Ihren Erfolg

Mit unserem Programm für gelungenes Intervallfasten (Fasting Method Program) helfen wir Jahr für Jahr Hunderten von Menschen jeden Alters und mit unterschiedlichsten Gesundheitsproblemen beim erfolgreichen Fasten. Hier kommen einige Tipps, die Ihnen dabei helfen können.

1. **Wasser trinken:** Beginnen Sie jeden Tag morgens mit einem Glas Wasser.
2. **Aktiv bleiben:** Arbeit, Haushalt, Sport und Hobbys werden Sie vom Gedanken ans Essen abhalten. Wenn Sie fasten möchten, suchen Sie sich dafür einen voll ausgefüllten Arbeitstag aus.

3. **Kaffee trinken:** Kaffee ist ein milder Appetitzügler. Probieren Sie auch grünen Tee, Schwarztee und Fleischbrühe aus.
4. **Auf der Welle surfen:** Der Hunger kommt in Wellen, er ist nicht ständig da. Bleiben Sie geduldig und lenken Sie sich ab.
5. **Nicht jedem auf die Nase binden, dass Sie fasten:** Es kann sein, dass Ihre Gesprächspartner versuchen, Sie vom Fasten abzubringen, weil sie die gesundheitlichen Vorzüge nicht kennen.
6. **Sich 30 Tage geben:** Es dauert seine Zeit, bis sich Ihr Körper an das Fasten gewöhnt hat. Lassen Sie sich durch einen Einbruch nicht entmutigen. Mit der Zeit wird es leichter.
7. **An Nicht-Fastentagen einer Diät folgen:** Intermittierendes Fasten ist kein Freibrief, das heißt, Sie dürfen auch an Nicht-Fastentagen nicht alles essen, was das Herz begehrt. Halten Sie sich an eine nährstoffreiche Kost, die nur wenig Zucker und raffinierte Kohlenhydrate enthält.
8. **Kein Gelage abhalten:** Verhalten Sie sich nach dem Fasten so, als hätte es gar nicht stattgefunden. Essen Sie so normal, als hätten Sie nie gefastet.
9. **Das Fasten ins Leben integrieren!** Das ist der letzte und wichtigste Tipp. Planen Sie Ihre Fastentage so, dass sie in Ihr Leben passen, und ziehen Sie sich nicht von sozialen Aktivitäten zurück, nur weil Sie fasten. Es gibt Zeiten, in denen das Fasten unmöglich ist, zum Beispiel im Urlaub, an Feiertagen oder bei Hochzeiten. Versuchen Sie nicht, Ihre Fastenzeiten bei diesen Anlässen krampfhaft durchzuziehen, Sie sollen sich während dieser Zeiten entspannen und Spaß haben. In Anschluss nehmen Sie Ihre Fastenroutine einfach wieder auf.

Es kann eine große Herausforderung sein, die eigenen Ernährungsgewohnheiten zu verändern. Doch seien Sie versichert: Allein schon durch die Entscheidung dafür haben Sie den ersten Schritt auf dem Weg zu mehr Gesundheit getan.

Rezepte

VORRÄTE

Die Rezepte in diesem Buch setzen auf gesunde Fette in ihrer natürlichen Form und vernachlässigen raffinierte Kohlenhydrate, insbesondere Zucker, und hochverarbeitete Lebensmittel. Stattdessen nehmen wir in Sachen Zutaten und Kochtechniken Anleihen bei den internationalen Küchen auf. Um leckere, angenehm sättigende Mahlzeiten zu kreieren, bedienen wir uns sowohl traditioneller als auch neuerer Konzepte. Keines unserer Rezepte ist anspruchsvoll oder schwierig zuzubereiten. Und immer wieder finden Sie Vorschläge für alternative Zutaten, damit Sie einen ganz auf Ihre Vorlieben zugeschnittenen Speiseplan aufstellen können. Eine gut bestückte Speisekammer ist der Schlüssel, um Ihre kulinarische Kreativität zu wecken. Die Vorräte brauchen nicht besonders umfangreich zu sein - und schon gar nicht teuer! Hier sind einige Grundvorräte, die immer zur Hand sein sollten.

Kaffee und Tee

Kaffee und Schwarztee sind milde Appetitzügler. Geben Sie während des Fastens nicht zu viel Milch oder Sahne hinein – und verzichten Sie auf jegliche Süßungsmittel.

- Kaffee: koffeinhaltig und entkoffeiniert
- Tee: Schwarztee, grüner Tee, Oolong, Kräutertee

Würzsoßen

Die im Handel erhältlichen Würzsoßen enthalten oftmals zugesetzten Zucker. Seien Sie auf der Hut vor allen Zutaten, die auf »-ose« enden: Hier könnte es sich um versteckten Zucker handeln. Prüfen Sie insbesondere bei Balsamico-Essig die Zutatenliste auf zugesetzten Zucker.

- Chilipasten: Harissa und Sambal Oelek
- Currypasten: gelb, grün und rot
- Dijonsenf
- Chilisoße
- Misopaste
- Tahini (Sesampaste)
- Tamari (Sojasoße)
- Essig: Apfelessig, Rot- und Weißweinessig, Reisweinessig, Sherryessig

Milchprodukte

Vollfette Milchprodukte sind hier die beste Wahl. Ganz gleich, ob Milchprodukte von Kuh, Schaf oder Ziege – sie sind alle gesund. Vermeiden Sie fertig gekauften Fruchtjoghurt, sogar als zuckerfrei deklarierte Produkte können künstliche Süßstoffe enthalten.

- Butter
- Käse
- Sahne
- Milch
- Joghurt

Öle

Greifen Sie zu nativem Olivenöl extra, da es nur minimal verarbeitet ist. Vermeiden Sie verarbeitete Pflanzenöle wie etwa Maisöl, Distelöl und Rapsöl.

- Kokosöl
- Natives Olivenöl extra
- Ghee (geklärte Butter)
- Geröstetes Sesamöl
- Walnussöl

Eiweiß (tierisches)

Bei Fleisch und Fisch empfehlen sich fettreichere Stücke beziehungsweise Arten wegen der enthaltenen gesunden Fette. Eier bergen jede Menge Eiweiß und sind nährstoffreich. Wenn Sie Eier in der Speisekammer haben, ist auch gleich eine Mahlzeit vorrätig.

- Rindfleisch
- Eier
- Fisch und Meeresfrüchte
- Lammfleisch
- Schweinefleisch
- Geflügel

Eiweiß (pflanzliches)

Bohnen, Nüsse und Samen sind von Natur aus reich an Ballaststoffen und arm an Kohlenhydraten. Nüsse und Samen bergen gesunde Fette. Dosenbohnen müssen vor der Verwendung gut abgespült werden.

Bohnen

- Borlotti-Bohnen
- Lima-Bohnen
- Cannellini-Bohnen
- Kichererbsen
- Kidneybohnen
- Linsen
- weiße Bohnen

Nüsse

- Mandeln
- Paranüsse
- Cashewkerne
- Walnüsse

Samen

- Chia
- Quinoa
- Sesam

Gewürze

Getrocknete Gewürze und Kräuter verlieren schnell an Aroma. Kaufen Sie nur kleine Mengen davon ein und verbrauchen Sie sie möglichst innerhalb von drei Monaten.

- Schwarzer Pfeffer
- Cayennepfeffer
- Chiliflocken und Chilipulver
- Chipotle-Chili-Pulver
- Zimtstangen
- Kreuzkümmel, gemahlen oder ganze Samen
- Currypulver
- Kräuter der Provence: Basilikum, Lavendel, Rosmarin, Fenchel, Thymian, Estragon (getrocknet)
- Muskatnüsse, ganze
- Kurkuma

Gemüse

Bedienen Sie sich aus einer breiten Palette an Gemüse, aber vermeiden Sie Kartoffeln. Diese enthalten viel Stärke, was den

Blutzucker tendenziell in die Höhe treibt. Die beste Wahl stellt frisches Gemüse oder TK-Ware dar – es ist aber immer gut, für alle Fälle auch Dosentomaten zur Hand zu haben.

- Rucola
- Avocados
- Brokkoli
- Rosenkohl
- Kohl
- Möhren
- Blumenkohl
- Zitrusfrüchte: Zitronen, Limetten
- Knoblauch
- Grüne Bohnen
- Grünkohl
- Lauch
- Zwiebeln
- Spinat
- Kürbis
- Mangold
- Tomaten

Weizenfreies Mehl

Mithilfe dieser Weizenmehl-Alternativen lassen sich Suppen und Eintöpfe andicken, bei anderen Gerichten fungieren sie als Bindemittel, etwa beim Kichererbsen-Pfannkuchen (Seite 48). Obwohl die unten genannten Mehle besser für Sie sind als Weizenmehl, sollten Sie nicht zu viel davon essen. Nutzen Sie sie gelegentlich, nicht täglich.

- Mandelmehl
- Pfeilwurzstärke
- Kichererbsenmehl
- Kokosnussmehl

Ein Dutzend Eier

Gefüllte Eier mit Bacon-Stückchen

Einst waren sie Stammgäste bei jedem Picknick oder kalten Vorspeisenbüffet, doch mittlerweile sind gefüllte Eier aus der Mode gekommen. Doch wann immer wir sie auf den Tisch bringen, sind die Gäste ganz verrückt danach! Traditionell kennen wir gefüllte Eier mit pikanten roten Gewürzen wie Cayennepfeffer oder Paprika. Auch dieses Rezept setzt auf eine gewisse Schärfe, die hier aber auf das Senfpulver zurückgeht. Haben Sie kein Senfpulver zur Hand, nehmen Sie einfach fertigen Senf, zum Beispiel Dijonsenf.

Ergibt 12 Ei-Hälften

6 Eier
6 Scheiben Bacon
2 EL weiche Butter
2 TL Senfpulver
Salz und Pfeffer

1. Eier vorsichtig in einen Topf mit kochendem Wasser gleiten lassen. Um die Eier hart zu kochen, den Timer auf 8 Minuten einstellen.
2. Während die Eier kochen, den Bacon in eine kalte Bratpfanne legen. Die Pfanne bei mittlerer Hitze auf die Kochstelle setzen und den Bacon von jeder Seite etwa 5 Minuten braten, bis er gut durchgegart, aber nicht angebrannt ist. Die Baconscheiben auf Küchenpapier abtropfen und abkühlen lassen und mit den Fingern zerkrümeln oder mit einem Messer zerkleinern.
3. Eier unter fließend kaltem Wasser von der Schale befreien. Halbieren und das Eigelb behutsam herauslösen, dabei das Eiweiß nicht verletzen. Eigelbe mit Butter, Senfpulver, Salz und Pfeffer vermischen und die Masse mit einem Löffel zurück in die ausgehöhlten Ei-Hälften geben. Halten Sie sich nicht mit kunstvollen Verzierungen auf, wir kochen hier Hausmannskost! Zum Schluss den Bacon über die gefüllten Eier streuen.
4. Zum Servieren die Eier auf einer Platte anrichten – hier gibt es Modelle, die speziell für gefüllte Eier gedacht sind und entsprechende Vertiefungen haben.

Hart gekochte Eier mit Pesto

Dieses vielseitige Pesto ist mild im Geschmack und lässt sich hervorragend über jedes Gericht träufeln, das ansonsten schlicht daherkommt. Und die clevere Idee? Sie kochen nicht nur ein Ei hart, sondern gleich vier oder sechs, damit Sie ein paar vorrätig haben. Servieren Sie diese Eier mit Gemüse oder Salat, das ergibt eine leichte Mahlzeit.

Ergibt 6 Eier und etwa 80 ml Pesto

6 Knoblauchzehen
1 Bund Basilikum, Koriander oder glatte Petersilie
6 große Eier
80 ml Olivenöl, aufgeteilt
55 g Parmesan
Salz und Pfeffer

1. Den Knoblauch in eine mittelgroße Kasserolle geben. Mit kaltem Wasser bedecken, alles zum Kochen bringen und abgießen. Diese Schritte noch einmal wiederholen, dann den Knoblauch beiseitestellen. Die Kasserolle zur Hälfte mit Wasser füllen und dieses bei starker Hitze zum Kochen bringen. Nun eine Schüssel mit Eiswasser vorbereiten. Den Basilikum 10 Sekunden lang ins kochende Wasser geben, dann mit einer Küchenzange herausnehmen und in das Eiswasser tauchen. Anschließend auf einem Küchentuch abtropfen lassen.
2. Die Eier behutsam in die mit heißem Wasser gefüllte Kasserolle gleiten lassen. Das Wasser erneut zum Kochen bringen und den Timer auf 8 Minuten einstellen.
3. Während die Eier kochen, 3 Knoblauchzehen in eine Küchenmaschine geben, dann den Basilikum und einen Löffel Olivenöl zufügen. Den Parmesan reiben und zugeben, dann mit Salz und Pfeffer würzen. Alles zu einer weichen Paste verarbeiten. Anschließend das restliche Olivenöl in einem langsamen Strahl bei laufendem Motor einarbeiten. Abschmecken und bei Bedarf nachwürzen. Nach Geschmack noch eine oder mehr Knoblauchzehen zufügen. Erscheint das Pesto zu dick, 1–2 Löffel warmes Wasser zugeben.
4. Die Eier, die benötigt werden, unter fließend kaltem Wasser schälen, die restlichen halten sich im Kühlschrank bis zu 5 Tage.
5. Zum Anrichten die Eier halbieren und mit Pesto beträufeln.

Himmlische Wolken-Eier

Diese fantasievollen sogenannten Cloud Eggs sind die perfekte Lösung, wenn Sie mehrere Eier auf einmal zubereiten möchten. Gebackene Eier sind ein Segen für jeden, der einen Brunch vorbereiten muss, da sie viel einfacher herzustellen und weniger knifflig sind als pochierte oder Spiegeleier. Dieses Rezept lässt sich zudem leicht verdoppeln.

Ergibt 4 Portionen

- 4 große Eier
- 110 g Parmesan
- 4 Scheiben ausgelassener Bacon
- Salz und Pfeffer
- frische Kräuter (optional)

1. Eier trennen, dabei das Eiweiß in eine Schüssel geben und die Eigelbe auf 4 kleine Schalen verteilen. Den Parmesan reiben und den Bacon fein zerkrümeln. Nach Wunsch frische Kräuter fein hacken. Den Ofen auf 220 °C Ober-/Unterhitze vorheizen. Ein Backblech mit Backpapier auslegen.
2. Mit dem Schneebesen-Aufsatz des Standmixers, einem Handmixer oder einem simplen Schneebesen (hier ist Muskelkraft gefragt) das Eiweiß mit einer Prise Salz so lange schlagen, bis sich steife Spitzen herausbilden. Nun Käse und Bacon unterheben.
3. Die Masse in Form von 4 Nestern auf dem Backpapier verteilen. Jedes Nest in der Mitte mit einer ausgeprägten Vertiefung versehen und 6–8 Minuten im Ofen backen, bis die Masse fest geworden ist.
4. In jede Vertiefung behutsam ein Eigelb gleiten lassen und darauf die gehackten Kräuter (falls verwendet) und frisch gemahlenen Pfeffer streuen. Stören Sie sich an der Optik des dunklen Pfeffers, greifen Sie einfach zu weißem Pfeffer. Backen Sie die Eiernester nochmals 3–5 Minuten, bis das Eigelb so fest ist, wie Sie es mögen.
5. Die Eier zum Servieren auf 4 Tellern anrichten.

Eier in Prosciutto-Taschen

Diese Zubereitung ist so einfach, dass Sie sich fragen werden, warum Sie nicht schon immer Eier mit Schinken auf diese Art und Weise gegessen haben. Wenn Sie gern Chilisoße zu Ihren Eiern mögen, greifen Sie hier zu Aleppo-Pfeffer oder Chiliflocken: Würzen Sie in diesem Rezept ganz nach Ihrem Geschmack. Für eine frische Note sorgen fein gehackte Kräuter wie Basilikum, Thymian oder Estragon. Halten Sie ein Muffinblech mit 6 großen Mulden bereit oder verdoppeln Sie die Menge auf ein Dutzend Prosciutto-Eier – was übrig bleibt, hält sich problemlos ein paar Tage lang im Kühlschrank.

Ergibt 6 Portionen

1 EL Olivenöl
12 Scheiben Prosciutto
6 große Eier
Aleppo-Pfeffer oder Chiliflocken (optional)
Salz und Pfeffer
frische Kräuter, gehackt (optional)

1. Den Ofen auf 190 °C Ober-/Unterhitze vorheizen. Ein Muffinblech leicht mit Olivenöl fetten.
2. Jede Muffin-Mulde mit Öl bestreichen und mit 2 über Kreuz angeordneten Scheiben Prosciutto auskleiden – am besten so, dass die Mulden vollständig bedeckt sind und die Eier nicht am Blech anhaften können.
3. In jede Prosciutto-Tasche ein Ei schlagen. Mit Aleppo-Pfeffer oder Chiliflocken (falls verwendet) bestreuen. Mit Salz und Pfeffer würzen.
4. Die Eier 15–18 Minuten backen, bis das Eiweiß nicht mehr glasig aussieht und sich der Schinken am Rand gebräunt hat.
5. Zum Servieren die Prosciutto-Eier auf 6 Tellern anrichten und mit Kräutern (falls verwendet) bestreuen. Reste halten sich im Kühlschrank in einem luftdicht verschlossenen Gefäß bis zu 5 Tage. Vor dem Anrichten auf Raumtemperatur erwärmen lassen oder kurz in der Mikrowelle erhitzen.

Cocotte bedeutet auf Französisch so viel wie feuerfeste Kasserolle beziehungsweise in der Kindersprache auch »Hühnchen«. Bei den Cocotte-Eiern handelt es sich jedoch schlicht und einfach um Eier aus dem Ofen – ein Gericht, das sich perfekt variieren lässt, ganz gleich, wie weich oder durchgebacken Sie Ihre Eier mögen und welche Gewürzzutaten Sie bevorzugen. Experimentieren Sie mit gekochtem, klein gewürfeltem Gemüse, geriebenem Käse, gehacktem Bacon oder Räucherlachs und probieren Sie verschiedene frische Kräuter und Varianten für die cremige Grundlage aus. Bringen Sie die Eier mit einem einfachen grünen Salat auf den Tisch, etwa dem Kräuter-Salat von Seite 86.

Cocotte-Eier

Ergibt 4 Portionen

1 EL weiche Butter
4 Scheiben gekochter Schinken
1 Handvoll frische Kräuter (Estragon, Schnittlauch oder glatte Petersilie)
60 ml Streichkäse wie etwa Boursin, Sauerrahm oder Crème fraîche
4 Eier
Salz und Pfeffer

1. 4 kleine feuerfeste Förmchen mit Butter ausfetten und in eine ofenfeste Auflaufform stellen. Den Schinken in schmale Streifen schneiden. Die frischen Kräuter fein hacken, Sie brauchen etwa 4 TL davon. Den Ofen auf 220 °C Ober-/Unterhitze vorheizen. Wasser in einem Kessel oder Wasserkocher zum Kochen bringen.
2. In jedes Förmchen 1 EL Boursin (alternativ Sauerrahm oder Crème fraîche) geben und darauf die Schinkenstreifen verteilen. Nun ein Ei in jedes Förmchen schlagen und mit Salz und Pfeffer würzen.
3. Die Auflaufform mit den Förmchen in den Ofen stellen. So viel von dem kochenden Wasser in die Auflaufform gießen, dass die Förmchen bis zur Hälfte im Wasser stehen. Die Cocotte-Eier 12–15 Minuten backen, bis die Eigelbe so fest geworden sind, wie Sie es am liebsten mögen.
4. Zum Servieren jedes gebackene Ei mit Kräutern bestreuen und die heißen Förmchen auf 4 Teller verteilen. Sofort auf den Tisch bringen und darauf hinweisen, dass die Förmchen noch heiß sind!

Olivenöl mag zwar reich an antientzündlich wirkender Oleinsäure sein, doch ist das nicht der Grund, aus dem wir es hier verwenden. Seinen Start-Auftritt verdankt es der Tatsache, dass es einfach köstlich schmeckt! Greifen Sie bei diesem Rezept zu Ihrem Lieblingsolivenöl. Ein Hauch von Gewürzen und ein Bett aus Blattsalat runden das cremige Olivenöl und das zartschmelzende Eigelb perfekt ab. Braten Sie die Eier nicht zu lange: Das Eigelb sollte nicht zu fest sein, damit es auf köstliche Weise mit dem Olivenöl verschmelzen kann.

In Olivenöl gebratene Eier

Ergibt 4 Portionen

4 reichliche Handvoll zarte Salatblätter (Kopfsalat, Feldsalat oder Rucola)
4 EL Olivenöl, aufgeteilt
4 Eier
Salz und Pfeffer
4 Prisen Chiliflocken

1. Die Salatblätter gründlich waschen und gut trocknen. Eine schwere Pfanne mit Deckel auf mittlerer bis hoher Stufe erhitzen. Wenn die Pfanne heiß ist, 2 EL Olivenöl hineingeben und die Pfanne durchschwenken, damit sich das Öl erhitzt. Die Eier in die Pfanne schlagen und mit Salz, Pfeffer und Chiliflocken würzen. Die Eier so lange braten, bis sich das Eiweiß gesetzt hat und die Ränder beginnen, sich zu bräunen. Deckel auflegen und die Spiegeleier nochmals 2 Minuten braten, bis das Eiweiß ganz fest geworden ist.
2. Während die Eier braten, den Salat auf 4 Teller verteilen. Zum Servieren jeweils ein Spiegelei auf dem Salat anrichten, jede Portion großzügig mit Olivenöl beträufeln und nochmals mit Salz und Pfeffer würzen.

Spiegeleier auf Kichererbsen-Pfannkuchen

Ergibt 4 Portionen

1 Zwiebel
1 Bund glatte Petersilie
5 EL Olivenöl, aufgeteilt, mehr nach Bedarf
1 EL Butter
Salz und Pfeffer
100 g Kichererbsenmehl
4 Eier
Petersilie zum Garnieren

1. Die Zwiebel in dünne halbmondförmige Scheiben schneiden. Die Petersilie hacken und ein Backblech mit Küchenpapier auslegen.
2. Um die Zwiebel zu garen, eine schwere Pfanne auf mittlerer bis hoher Stufe erwärmen. 1 EL Olivenöl und die Butter in die Pfanne geben und so lange erhitzen, bis die Mischung aufschäumt. Dann die Zwiebelscheiben hineingeben und 10 Minuten ohne Umrühren dünsten, bis sie anfangen, sich zu bräunen. Die Hitze zurücknehmen, bevor die Zwiebel anbrennen kann. Im Ergebnis sollte sie goldbraun aussehen und langsam gegart sein. Die Zwiebel durchrühren, mit Salz und Pfeffer würzen und nochmals 10 Minuten garen lassen, ohne erneut umzurühren. Nun probieren: Wenn die Zwiebelstücke weich und lecker schmecken, die Pfanne vom Herd nehmen. Sollte dies nicht der Fall sein, umrühren und nochmals 5–10 Minuten ohne Umrühren weiterdünsten, bis die Zwiebel weich ist. Zwiebelscheiben aus der Pfanne nehmen und beiseitestellen.
3. Während die Zwiebel gart, den Kichererbsenteig zubereiten. Hierfür in einer kleinen Schüssel 250 ml warmes Wasser mit dem Kichererbsenmehl verrühren. 2 EL Olivenöl und 1 Prise Salz unterrühren. Die Schüssel bis zu 5 Minuten ruhen lassen, damit der Teig etwas andicken kann. Falls er zu dick wird, zusätzlich 60 ml warmes Wasser und einen Löffel Olivenöl einarbeiten.

Kichererbsen sind eine gute Quelle für Eiweiß und Ballaststoffe. Zudem sind sie glutenfrei und nahrhaft - eine super Wahl, wenn Ihnen der Sinn nach Herzhaftem steht. In diesem Rezept bildet das Kichererbsenmehl die wichtigste Zutat für einen kräftigen Pfannkuchen (Socca), der die Basis für langsam gegarte Zwiebeln und gebratene Eier darstellt. Wenn Sie gern in der Küche experimentieren, rühren Sie einen Teelöffel Kreuzkümmel, Cayennepfeffer oder Currypulver in den Teig.

4. In der für die Zwiebel verwendeten Pfanne 1 EL Olivenöl auf mittlerer Stufe erhitzen. Mit einem großen Löffel oder einer Kelle 60 ml Kichererbsenteig in die Pfanne geben, glatt streichen und 3 Minuten braten, bis sich die Unterseite des Pfannkuchens golden gefärbt hat. Pfannkuchen wenden und weitere 2 Minuten braten, dann auf das vorbereitete Backblech gleiten lassen. Mit Salz bestreuen, solange der Pfannkuchen noch warm ist. Diese Arbeitsschritte wiederholen, bis insgesamt 6–8 Pfannkuchen zubereitet sind. Dabei falls nötig etwas mehr Öl hinzugeben.
5. Eine antihaftbeschichtete Pfanne auf mittlerer bis hoher Stufe erhitzen. 1 EL Olivenöl zufügen und die Eier in die Pfanne schlagen. Mit Salz und Pfeffer würzen und so lange garen, bis das Eiweiß fest zu werden beginnt. Einen Deckel auflegen und die Spiegeleier nochmals 2 Minuten braten, bis das Eiweiß komplett durch ist. Oder die Eier wenden und noch kurz von der anderen Seite anbraten.
6. Zum Servieren jeweils einen Pfannkuchen auf einen Teller legen, mit Zwiebelscheiben bestreuen und mit einem Spiegelei krönen. Mit Petersilie garniert zu Tisch bringen.

Frittata

Eine Frittata ähnelt einem gebratenen Omelett, doch ist die Füllung hier nicht in einer Hülle aus Ei versteckt, sondern gleichmäßig in die Eiermasse eingearbeitet. So ergibt sich ein einfaches, vielseitiges Gericht, das zu jeder Tageszeit schmeckt und gut zum Fastenbrechen geeignet ist. Fügen Sie Ihre Lieblingszutaten hinzu und genießen Sie die Frittata kalt, warm oder heiß - sie ist immer lecker, es sei denn, man lässt sie zu lange im Ofen. Daher nicht vergessen, den Küchenwecker zu stellen!

Ergibt 6 Portionen

10 Eier
1 kleine Zwiebel
2 Knoblauchzehen
1 großer Bund Spinat
160 ml sonnengetrocknete Tomaten in Öl
1 EL Olivenöl
Salz und Pfeffer
1 Prise Kräuter der Provence
225 g Feta, zerkrümelt, aufgeteilt
1 Prise Chiliflocken
125 ml Vollmilch

1. Die Eier in eine Schüssel schlagen. Die Zwiebel würfeln und den Knoblauch fein zerkleinern. Die Spinatblätter grob hacken und die getrockneten Tomaten dünn schneiden. Den Ofen auf 220 °C Ober-/Unterhitze vorheizen. Eine Auflaufform oder Kasserolle leicht ausfetten.
2. Das Olivenöl in einer Pfanne auf mittlerer Stufe erwärmen. Zwiebel und Knoblauch zufügen und 5–7 Minuten dünsten, bis die Zwiebelwürfel glasig und weich geworden sind. Die Pfanne vom Herd nehmen und alles mit Salz und Pfeffer würzen. Die Zwiebelwürfel und den Knoblauch in die vorbereitete Auflaufform gleiten lassen und gleichmäßig verteilen.
3. Die Hitze auf mittlere bis niedrige Stufe zurücknehmen. Nun den Spinat in die Pfanne geben und etwa 3 Minuten garen lassen, bis die Blätter zusammenfallen. Den Spinat gut abtropfen lassen und in die Auflaufform geben. Mit Kräutern der Provence bestreuen. Die getrockneten Tomaten und drei Viertel des Fetas gleichmäßig über dem Spinat verteilen. Alles mit Chiliflocken, Salz und Pfeffer würzen.
4. Die Eier mit der Milch verquirlen. Die Mischung über Gemüse und Feta in die Auflaufform gießen und darauf achten, dass alle Zutaten von der Eier-Milch benetzt sind. 30–35 Minuten im Ofen backen, bis die Frittata aufgegangen ist und sich an der Oberfläche braun gefärbt hat.
5. Zum Servieren den restlichen Feta über die Frittata streuen.

Fluffiges Rührei mit Ziegenkäse

Lockeres Rührei, das mit cremigem Käse verschmilzt: Das ist genau das Richtige, wenn Sie sich oder die Menschen, die Sie bekochen, verwöhnen wollen! Bei unserer Art der Zubereitung entsteht ein Mittelding zwischen herkömmlichem Rührei und Omelett – achten Sie aber unbedingt darauf, die Eier nicht zu lange zu braten. Ein schlichter Rucola-Salat, angemacht mit Olivenöl und Zitronensaft, ist die perfekte Beilage zu diesem Gericht.

Ergibt 4 Portionen

8 Eier
Salz und Pfeffer
225 g cremiger Ziegenkäse
3 Zweige Dill
2 EL Butter

1. Die Eier mit Salz und Pfeffer leicht verschlagen, bis sich Eiweiß und Eigelb vermischt haben – nicht zu lange verquirlen. Den Ziegenkäse in kleine Stücke zerkrümeln oder zerteilen. Den Dill mit einer Küchenschere in kleine Schnipsel schneiden.
2. Eine mittelgroße Pfanne auf mittlerer bis hoher Stufe erhitzen. Die Butter zufügen und aufschäumen lassen, erst danach die Eier in die Pfanne geben. Die Eiermasse mit einem Holzlöffel vom Pfannenrand zur Mitte schieben. Die Eier weder umrühren noch zerteilen, es dürfen sich ruhig größere Falten bilden. Nach 3 Minuten sind die Eier an der Unterseite durch, schimmern an der Oberseite jedoch noch leicht feucht.
3. Den Käse gleichmäßig über dem Rührei verteilen. Noch 1 oder 2 Minuten garen lassen, bis der Käse zu schmelzen beginnt. Mit Salz und Pfeffer würzen.
4. Zum Servieren das Rührei auf 4 Teller verteilen, mit Dill bestreuen und auf den Tisch bringen.

Omelett mit Fontina und Schinken

Ein Omelett ist eine einfache und vielseitige Option für eine Mahlzeit. Sie brauchen es nicht im Haute-Cuisine-Stil beim Wenden akrobatisch in die Luft zu werfen. Was die Füllung betrifft, ist jegliche Mischung aus Käse, gekochtem Fleisch und Gemüse köstlich. Der Fontina-Käse ist mild und schmilzt sehr schnell – beste Voraussetzungen für ein üppiges, cremiges Omelett.

Ergibt 4 Portionen

8 Eier
Salz und Pfeffer
225 g Fontina
225 g gekochter Schinken
1 Bund Schnittlauch
8 TL Butter, aufgeteilt

1. Die Eier mit 60 ml Wasser verschlagen und mit Salz und Pfeffer würzen. Den Käse reiben. Den Schinken in Streifen oder kleine Würfel schneiden. Den Schnittlauch hacken.
2. In einer kleinen antihaftbeschichteten Sautépfanne 2 TL Butter auf mittlerer bis hoher Stufe erhitzen. Ein Viertel der Eier-Mischung hineingeben und die Pfanne durchschwenken, damit sich die Masse gleichmäßig verteilt. Mithilfe eines Holzlöffels die Ränder des Omeletts ein wenig anheben, damit die noch flüssige Eier-Masse von der Mitte zum Rand läuft und dort fest werden kann.
3. Wenn die Unterseite des Omeletts fest geworden, die Oberseite aber noch flüssig ist, jeweils ein Viertel des Käses und des Schinkens mit einem Löffel in die Mitte des Omeletts geben. Mit Salz und Pfeffer würzen. Nun mit einem Pfannenwender das Omelett so falten, dass etwa ein Drittel übergeklappt wird. Die Pfanne über eine Servierplatte halten und das Omelett vorsichtig auf die Platte gleiten lassen.
4. Diese Arbeitsschritte wiederholen und 3 weitere Omeletts zubereiten. Die Eierspeise warm servieren und mit Schnittlauch bestreut auf den Tisch bringen.

Pochierte Eier auf Blumenkohl-boden

In der Welt des Gemüses ist Blumenkohl ein Allroundgenie. Er bietet sich als weniger stärkehaltige Alternative zu Reis und Kartoffelpüree oder als Pizzaboden an. Wenn Sie die Verarbeitungstricks kennen, haben Sie eine ganze Fülle von Optionen zur Hand. Nutzen Sie den Blumenkohlboden als Basis für Parmesanspäne mit Tomatensoße oder für einen Belag aus würzigem Spinat und gerösteten Pinienkernen. Oder – wie hier – als Grundlage für eine leckere Kreation aus Eiern und Schinken!

Ergibt 4 Portionen

1 kg Blumenkohl
225 g Cheddar, Gruyère oder Mozzarella
5 große Eier, aufgeteilt
Salz und Pfeffer
4 Scheiben Prosciutto (optional)

1. Den Blumenkohl in Röschen zerteilen und kurz in einer Küchenmaschine zu Partikeln von Reiskorngröße zerkleinern. Den Käse reiben oder raspeln. Den Ofen auf 200 °C Ober-/Unterhitze vorheizen und ein Backblech mit Backpapier auslegen.
2. Eine schwere Bratpfanne auf hoher Stufe erhitzen. Den Blumenkohlreis unter Rühren 5–7 Minuten sautieren. Dabei sollte so viel Feuchtigkeit wie möglich aus dem Blumenkohl verdampfen. Das Gemüse abkühlen lassen, dann den Blumenkohlreis mithilfe eines Seihtuchs oder eines sauberen Küchentuchs abseihen und die Feuchtigkeit herauspressen.
3. Den abgeseihten Blumenkohl mit Käse, 1 Ei, Salz und Pfeffer mischen. Aus der Masse 4 runde Böden formen und auf das Backblech legen. 17–20 Minuten im Ofen backen, bis die Ränder knusprig und braun sind.
4. 2 kleine Töpfe oder eine mittelgroße Kasserolle mit Wasser füllen und dieses zum Kochen bringen. Die Hitze zurücknehmen, mit einem Holzlöffel das Wasser umherwirbeln und die 4 Eier nacheinander aufschlagen und sanft ins Wasser gleiten lassen (2 Eier pro Topf, wenn kleinere Töpfe verwendet werden). Wenn die Eier pochiert sind, vorsichtig herausnehmen und auf einen Teller legen.
5. Zum Servieren jeden Blumenkohlboden auf einen Teller geben, mit 1 Scheibe Prosciutto und einem pochierten Ei krönen. Die Eier mit Salz und Pfeffer würzen.

Englisches Frühstück

Dieses herzhafte Gericht eignet sich nach dem Fasten perfekt als Start in den Tag, wenn Sie Aktivitäten planen, die eine gute Energieversorgung erfordern. Das traditionelle Englische Frühstück setzt in starkem Maße auf Eiweiß, diese Variante sorgt durch saftige gebratene Tomaten und kurz angedünsteten Spinat für mehr Ausgewogenheit. Greifen Sie bei der Zubereitung zu zwei Pfannen: eine antihaftbeschichtete für die Eier und eine schwere, große aus Edelstahl oder Gusseisen, um Bacon, Würstchen und Gemüse zu braten.

Ergibt 4 Portionen

2 mittelgroße Tomaten
110 g Champignons (weiß oder braun)
1 großer Bund Spinat (kein Baby-Spinat)
8 Scheiben Bacon
8 milde Würstchen
Salz und Pfeffer
2 TL Olivenöl
4 große Eier

1. Die Tomaten halbieren. Mit einem feuchten Papiertuch Schmutz von den Pilzen entfernen und diese in Viertel schneiden. Spinat abspülen und die Blätter mit einem Küchentuch trocken tupfen.
2. Die Bratpfanne auf mittlerer bis hoher Stufe erhitzen und den Bacon zufügen, bevor die Pfanne heiß ist. Wenn nach etwa 3 Minuten Fett austritt, Würstchen der Länge nach halbieren und mit der Schnittseite nach unten ebenfalls in die Pfanne setzen. Nochmals 5 Minuten braten, dann wenden.
3. Würstchen und Bacon zur Seite schieben und die Pilze in die Pfanne geben. 2–3 Minuten dünsten, bis die Pilze ihre Flüssigkeit freisetzen. Mit Salz und Pfeffer würzen. Nun auch die Pilze auf die Seite schieben und die Tomaten mit der Schnittseite nach unten in die Pfanne legen. Die Hitze auf mittlere bis niedrige Stufe zurücknehmen.
4. In der Antihaftpfanne 1 TL Olivenöl auf mittlerer Stufe erhitzen. Die Eier in das Öl schlagen und 2 Minuten braten, bis das Eiweiß beginnt, sich zu setzen. Mit Salz und Pfeffer würzen. Deckel auflegen und so lange braten, bis das Eigelb die gewünschte Konsistenz hat. Nun die Tomaten wenden, die Rundung liegt jetzt unten. Mit Salz und Pfeffer würzen.
5. Eier auf 4 Teller verteilen. Das restliche Olivenöl in die Antihaftpfanne gießen, hochdrehen und den Spinat in die Pfanne geben. Durchrühren und mit Salz und Pfeffer würzen. Zum Servieren alles auf Tellern verteilen.

Huevos Rancheros

Diese würzig-frische Variation eines herzhaften mexikanischen Frühstücksklassikers regt Sie vielleicht dazu an, Ihre eigene Pico-de-gallo-Soße - alias Salsa - herzustellen. Wenn Sie Zeit sparen möchten, können Sie auch eine fertige Salsa im Laden kaufen, doch achten Sie auf die Zutatenliste, da viele dieser Produkte Zucker enthalten. Passen Sie die Menge an Jalapeño- und Chipotle-Schoten in Adobo-Soße sowie die Menge an Koriander ganz nach Ihrem Geschmack an - Sie bestimmen über Schärfe und Zing!

Ergibt 4 Portionen

1 kleine Zwiebel
1 rote Paprikaschote
2 mittelgroße Tomaten oder 1 kleine Dose (à 400 ml) gewürfelte Tomaten
2 Knoblauchzehen
1 Jalapeño-Schote
1 Dose (à 400 ml) schwarze Bohnen
1 Avocado
1 Limette
1 Bund Koriander
2 EL Olivenöl
1 EL Chipotle-Schoten in Adobo-Soße
Salz und Pfeffer
4 Eier
Chilisoße (optional, zum Servieren)

1. Die Zwiebel hacken. Paprikaschote und Tomaten in Würfel schneiden. Knoblauch und Jalapeño-Schote fein zerkleinern. Schwarze Bohnen abgießen und abspülen. Avocado in Scheiben und die Limette in Viertel schneiden. Korianderblättchen und -stängel hacken.
2. Eine große Pfanne auf mittlerer bis hoher Stufe erhitzen und das Olivenöl zufügen. Zwiebel und Paprika 5 Minuten dünsten, bis sie weich sind und aromatisch duften. Dann Tomaten, Knoblauch, Jalapeño-Schote und Chipotle-Schoten in Adobo-Soße zugeben. 125 ml Wasser oder, bei Verwendung von Dosentomaten, die entsprechende Menge Dosenflüssigkeit zugießen. Alles mit Salz und Pfeffer würzen und 5 Minuten leise simmern lassen. Nun die schwarzen Bohnen unterrühren.
3. In das Gemüsebett – die Salsa – 4 Vertiefungen drücken. Die 4 Eier hineinschlagen, einen Deckel auf die Pfanne legen und die Eier 5 Minuten garen lassen.
4. Zum Servieren die Eier und die Salsa auf 4 breite, flache Schalen verteilen. Mit den Avocado-Scheiben und dem gehackten Koriander garnieren. Zusätzlich Chilisoße und Limetten-Viertel auf den Tisch stellen.

ES GIBT SUPPE

Rindfleisch-brühe

Heute ist es nicht mehr selbstverständlich, im Lebensmittelgeschäft Rindsknochen zu bekommen. Am besten fragen Sie direkt beim Metzger nach, dort erhalten Sie in der Regel frische oder auch eingefrorene Knochen. Lassen Sie sich nicht davon abhalten, dass die Zubereitung der Brühe ihre Zeit braucht – sie kann einfach vor sich hin simmern, während Sie andere Dinge im Haushalt erledigen. Und das köstliche Endprodukt wird Ihnen mit Sicherheit schmecken, insbesondere, wenn Sie fasten!

Ergibt etwa 2 Liter

2 Möhren
2 Stangen Sellerie
1 Zwiebel
4 Knoblauchzehen
1,5 kg Rindsknochen
Salz und Pfeffer
2 Lorbeerblätter
2 EL Apfelessig

1. Möhren, Sellerie und Zwiebel hacken. Die Knoblauchzehen zerdrücken.
2. Möhren, Sellerie, Zwiebel, Knoblauch und Rindsknochen in einen großen Suppentopf geben und großzügig mit Salz und Pfeffer würzen. So viel Wasser zufügen, dass alles gut bedeckt ist, dann die Lorbeerblätter hineingeben und den Apfelessig zugießen. Die Brühe zum Kochen bringen, dann die Hitze auf niedrige Stufe zurücknehmen und die Brühe ohne Deckel mindestens 10 Stunden simmern lassen. Bei Bedarf kaltes Wasser zufügen, sodass die Knochen stets bedeckt sind.
3. Die Brühe durch ein feinmaschiges Sieb in einen sauberen Topf abgießen und die festen Bestandteile entsorgen. Die Rindfleischbrühe zurück in den Suppentopf geben, abschmecken und bei Bedarf nachwürzen.
4. Sofort auf den Tisch bringen oder kühl stellen und bei der späteren Verwendung auf niedriger Stufe oder in der Mikrowelle erhitzen, dabei den Deckel auflegen.

Diese Brühe ähnelt der guten alten Hühnersuppe – sie ist üppig, herzhaft und steckt voller Heilkraft. Die klare, köstliche Hühnerbrühe ist die perfekte Grundlage für Suppen und bestens dazu geeignet, während einer Fastenkur den Hunger in Schach zu halten. Man kann sie leicht abwandeln, indem man die frischen Kräuter durch drei ganze Sternanis-Früchte ersetzt und beim Servieren einen Esslöffel Tamari-Soße zugibt.

Traditionelle Hühnerbrühe

Ergibt etwa 3 Liter

1 Zwiebel
2 Möhren
2 Stangen Sellerie
2 Knoblauchzehen
2,5 kg ungekochte Hühnerknochen (von Flügeln, Rücken, Füßen oder Genick)
2 Lorbeerblätter
4 Zweige frischer Thymian
1 kleiner Bund glatte Petersilie
Salz und Pfeffer
1 EL Tamari-Soße zum Servieren

1. Zwiebel, Möhren und Sellerie hacken. Knoblauchzehen zerdrücken. Ofen auf 230 °C Ober-/Unterhitze vorheizen.
2. Die Knochen in einen großen Bräter geben, 45 Minuten rösten und anschließend in einen großen Suppentopf legen. Den Bräter mit Wasser ablöschen und die kleinen braunen, am Boden haftenden Stückchen mit einem Holzlöffel lösen. Die Flüssigkeit im Bräter über die Knochen im Suppentopf gießen.
3. Zwiebeln, Möhren, Sellerie, Knoblauch, Lorbeerblätter, Thymian und Petersilie zu den Knochen geben und alles großzügig mit Salz und Pfeffer würzen. So viel kaltes Wasser zufügen, dass die Flüssigkeit etwa 2,5 cm über dem Kochgut steht. Alles auf hoher Stufe zum Kochen bringen, dann die Hitze auf niedrige Stufe zurücknehmen und die Brühe ohne Deckel 2 Stunden simmern lassen. Hierbei den Schaum, der sich eventuell auf der Oberfläche bildet, abschöpfen. Bei Bedarf Wasser zufügen, sodass die Knochen stets bedeckt sind.
4. Die Brühe durch ein feinmaschiges Sieb in einen sauberen Topf abgießen und die festen Bestandteile entsorgen. Die Hühnerbrühe zurück in den Suppentopf geben, abschmecken und bei Bedarf nachwürzen. Die Tamari-Soße unterrühren.
5. Sofort auf den Tisch bringen oder kühl stellen und bei der späteren Verwendung auf niedriger Stufe oder in der Mikrowelle erhitzen, dabei den Deckel auflegen.

Rindfleisch-Hühnerbrühe

Für diese Brühe eignet sich jegliche Mischung von Rinds- und Hühnerknochen. Achten Sie nur darauf, dass die Knochen insgesamt 2,7 kg wiegen.

Ergibt etwa 3 Liter

2 Zwiebeln
3 Möhren
3 Stangen Sellerie
6 Knoblauchzehen
1,8 kg Hühnerknochen (von Flügeln, Rücken oder Genick)
900 g Rindsknochen (von Schienbein oder Rippe)
Salz und Pfeffer
1 Bund Petersilie
1 Bund Thymian
2 Lorbeerblätter

1. Zwiebeln, Möhren und Sellerie hacken. Die Knoblauchzehen zerdrücken.
2. Die Knochen in einen großen Suppentopf legen und großzügig mit Salz und Pfeffer würzen. So viel kaltes Wasser zufügen, dass die Flüssigkeit 5 cm über dem Kochgut steht. Alles zum Kochen bringen, dann die Hitze auf niedrige Stufe zurücknehmen und die Brühe 1 Stunde simmern lassen. Hierbei den Schaum, der sich eventuell auf der Oberfläche bildet, abschöpfen.
3. Zwiebeln, Möhren, Sellerie, Knoblauch, Petersilie, Thymian und Lorbeerblätter zufügen. Die Brühe nochmals 6 Stunden simmern lassen, dabei immer wieder den Schaum von der Oberfläche abschöpfen. Bei Bedarf Wasser zufügen, sodass die Knochen stets bedeckt sind. Die Brühe durch ein feinmaschiges Sieb in einen sauberen Topf abgießen und die festen Bestandteile entsorgen.
4. Die Hühnerbrühe zurück in den Suppentopf geben, abschmecken und bei Bedarf mit Salz und Pfeffer nachwürzen.
5. Sofort heiß auf den Tisch bringen oder in einem luftdicht verschlossenen Behälter in den Kühlschrank stellen (Haltbarkeit bis zu 2 Wochen) oder einfrieren (Haltbarkeit bis zu 4 Wochen).

Garnelen-brühe

Dieses Rezept liefert eine gute Alternative zu Fischbrühe, zudem ist es oftmals einfacher, Garnelenschalen zu bekommen als rohe Fischgräten und -köpfe. Wenn Sie Garnelen essen, sammeln Sie die Schalen einfach in einem Gefrierbeutel und bereiten die Brühe erst zu, wenn Sie einen entsprechenden Vorrat haben.

Ergibt etwa 2 Liter

3 Knoblauchzehen
3 Zweige frischer Thymian
2 EL Olivenöl
Schalen von 36–48 Garnelen (entspricht etwa 900 g Garnelen)
1 Lorbeerblatt
Salz und Pfeffer

1. Knoblauchzehen hacken. Thymianblättchen von den Zweigen zupfen, die Zweige entsorgen.
2. In einem Suppentopf das Olivenöl auf mittlerer Stufe erwärmen. Garnelenschalen, Knoblauch und Thymian zugeben. Unter konstantem Rühren etwa 5 Minuten garen lassen, bis alles aromatisch duftet, aber noch nicht gebräunt ist. Bei Bedarf die Hitze anpassen.
3. So viel kaltes Wasser zufügen, dass die Garnelenschalen gut bedeckt sind, und das Lorbeerblatt hineingeben. Alles zum Kochen bringen, dann die Hitze sofort auf niedrige Stufe zurücknehmen und die Brühe 30 Minuten simmern lassen.
4. Die Brühe durch ein feinmaschiges Sieb in einen sauberen Topf abgießen und die festen Bestandteile entsorgen. Die Brühe zurück in den Suppentopf geben und mit Salz und Pfeffer würzen. Anschließend abschmecken – ist die Brühe noch zu fad, so lange weitersimmern lassen, bis die gewünschte Geschmacksintensität erreicht ist.
5. Sofort auf den Tisch bringen oder kühl stellen und bei der späteren Verwendung auf niedriger Stufe oder in der Mikrowelle erhitzen, dabei den Deckel auflegen.

Diese gekühlt servierte Suppe kommt ohne Kochen aus und ist an heißen Tagen eine Wohltat. Obwohl sie kein Eiweiß enthält, ist sie überraschend sättigend und liefert jede Menge Energie. Wird sie in Gläser gefüllt zum Essen gereicht, ist die Gazpacho Salat und Getränk in einem! Der Sherryessig ist eine Hommage an die kulinarischen Wurzeln der Gazpacho in der Spanischen Küche, aber Sie können stattdessen natürlich auch Zitronensaft nehmen.

Gazpacho

Ergibt 4 kleine Portionen

- 1 Salatgurke
- 6 mittelgroße Tomaten (etwa 900 g)
- 1 rote, orangefarbene oder gelbe Paprikaschote
- 1 Schalotte
- 2 Knoblauchzehen
- 1 Zitrone
- Schnittlauch, zum Garnieren
- 1 EL Sherryessig
- Salz und Pfeffer
- 4 EL Olivenöl

1. Eine große Schüssel aus Glas oder einem anderen nicht-reaktivem Material bereitstellen. Die Gurke schälen und klein würfeln, dabei 4 EL für die Garnitur in eine kleine Schüssel geben und beiseitestellen. 5 Tomaten in Keile schneiden. Die noch übrige Tomate klein würfeln und mit den für die Garnitur reservierten Gurkenwürfeln mischen. Die Paprikaschote hacken, Schalotte und Knoblauch fein zerkleinern. Die Zitrone auspressen und den Schnittlauch in kleine Stücke schneiden. Den Sherryessig zur Gurken-Tomaten-Garnitur geben und bis zum Servieren kühl stellen.
3. Die übrigen Gurkenwürfel in einer Schüssel mit Tomaten, Paprika, Schalotte, Knoblauch und 1 EL Zitronensaft mischen. Mit Salz und Pfeffer würzen, Schüssel abdecken und bei Zimmertemperatur 1 Stunde lang durchziehen lassen, damit sich die Aromen entfalten können.
5. Die Gemüsemischung kurz in einem Mixer pürieren. Das Olivenöl bei laufendem Motor langsam zugeben und so lange pürieren, bis die Gazpacho flüssig geworden ist. Mit Salz und Pfeffer würzen. Abschmecken und mehr Zitronensaft zufügen, wenn Sie den Geschmack noch spritziger haben möchten. Die Suppe in einen Krug oder eine Schüssel aus Glas füllen und im Kühlschrank mindestens 1 Stunde, maximal 24 Stunden durchziehen lassen.
6. Zum Servieren die Gazpacho auf 4 separate Schüsselchen, Trink- oder Dessertgläser verteilen. Mit der Gurken-Tomaten-Salsa und einem Hauch Schnittlauch garnieren.

Tomatensuppe mit »Parm«-Chips

Üppiger als üblich kommt dieses Rezept für Tomatensuppe daher – es ist perfekt, wenn frische Tomaten gerade Saison haben, eignet sich aber auch für ganze, abgegossene Dosentomaten. Ergänzen Sie die Suppe entweder mit Parmesan- oder mit Prosciutto-Chips – vielleicht ja auch mit beidem! Unter Parm-Chips versteht man einerseits gebackene Parmesan-Späne (aus *Parm*igiano-Reggiano), andererseits krosse Prosciutto-Crisps (aus *Parm*aschinken).

Ergibt 4 Portionen

- 900 g frische Tomaten oder 2 Dosen (540 ml) ganze Tomaten
- 4 Knoblauchzehen
- 1 gelbe Zwiebel
- 110 g Parmesan (optional)
- 4 Scheiben Prosciutto (etwa 55 g, optional)
- Salz und Pfeffer
- 3 EL Olivenöl, aufgeteilt
- 1 l Hühnerbrühe (Seite 61), selbst gemacht oder gekauft
- 125 ml Sahne (35 % Fett)

1. Die Tomaten halbieren. Die Knoblauchzehen fein zerkleinern. Die Zwiebel würfeln. Den Parmesan zu feinen Spänen hobeln und/oder den Prosciutto in feine Streifen schneiden (je nachdem, was verwendet wird). Den Ofen auf 180 °C Ober-/Unterhitze vorheizen. 2 Backbleche mit Backpapier und einen großen Teller mit Küchenpapier auslegen.
2. Lassen Sie den folgenden Schritt aus, falls Sie Dosentomaten verwenden. Ansonsten die frischen Tomatenhälften auf einem Backblech verteilen, mit 2 EL Olivenöl beträufeln und alles so durchmischen, dass die Tomaten rundum mit dem Öl benetzt sind. Mit Knoblauch bestreuen und mit Salz und Pfeffer würzen. 45–55 Minuten im Ofen backen, bis die Tomaten anfangen zu bräunen.
3. Auf einem zweiten Backblech die Parmesanspäne zu 8 Häufchen anordnen (falls verwendet) und die Prosciutto-Streifen locker auf dem Blech verteilen (falls verwendet). Das Blech zu den Tomaten in den Ofen schieben, wenn die Tomaten nur noch eine restliche Garzeit von 15 Minuten haben.
4. Beide Backbleche aus dem Ofen nehmen. Mit einem schmalen Pfannenwender die Parmesan-Chips zum Abkühlen vorsichtig auf ein Kuchengitter legen (Achtung, sie brechen leicht). Die Prosciutto-Chips auf dem mit Küchenpapier ausgelegten Teller abtropfen lassen.

5. Den noch übrigen EL Olivenöl in einem Suppentopf mit schwerem Boden auf mittlerer Stufe erwärmen. Die Zwiebelwürfel zufügen und 8–10 Minuten dünsten, bis sie glasig und sehr weich sind und kaum noch klare Konturen zeigen. Nun die gerösteten Tomaten oder Dosentomaten mitsamt ihrem Saft in den Topf geben und die Hühnerbrühe zugießen. Alles 15–20 Minuten simmern lassen, damit sich die Aromen mischen können.
6. Die Suppe portionsweise in einen Mixer geben und zu einem seidigen Püree verarbeiten. Dann in den Suppentopf zurückgeben, die Sahne zugießen und alles so lange erhitzen, bis erste Dampfwölkchen aufsteigen. Die Suppe nicht kochen lassen! Abschmecken und bei Bedarf nachwürzen.
7. Die Tomatensuppe portionsweise in Schälchen füllen und entweder pur oder mit Parmesan-Chips und/oder Prosciutto-Chips garniert servieren.

Callaloo (Karibische Spinatsuppe)

Ergibt 4 Portionen

Wenn Sie das Glück haben, frisches Callaloo-Blattgemüse aufzutreiben, können Sie die Suppe ganz authentisch im karibischen Stil zubereiten. Ansonsten greifen Sie zu Spinat – aber lassen Sie die Finger von Baby-Spinat, der zu weich und zu mild ist, um den kräftigen, scharfen Geschmackskomponenten in diesem Gericht Paroli bieten zu können. Unser Rezept legt den Schwerpunkt auf Gemüse, aber Sie können die Suppe natürlich mit gegartem Krabbenfleisch oder zerkleinertem Hähnchenfleisch noch herzhafter machen.

1 gelbe Zwiebel
3 Knoblauchzehen
4 Frühlingszwiebeln
1 Scotch-Bonnet-Chili oder eine andere scharfe Chilischote (optional)
1 Butternusskürbis
450 g Okraschoten, frische oder aufgetaute TK-Ware
2 große Bund Callaloo oder dunkelgrüner Spinat
2 EL Oliven- oder Kokosöl
1 TL Piment
3 Zweige Thymian
Salz und Pfeffer
750 ml Hühnerbrühe (Seite 61), selbst gemacht oder gekauft
500 ml Kokosmilch

1. Die Zwiebel würfeln. Knoblauch und Frühlingszwiebeln fein hacken. Chilischote fein zerkleinern. Den Kürbis schälen, entkernen und in Würfel zerteilen. Die Okraschoten klein schneiden. Die Callaloo-Blätter (oder Spinatblätter) zusammen mit den Stängeln hacken.
2. Einen Suppentopf auf mittlerer bis hoher Stufe erhitzen und das Oliven- oder Kokosöl zufügen. Zwiebel und Knoblauch 1 Minute andünsten, dann Frühlingszwiebeln, Chilischote (falls verwendet), Piment und Thymian in den Topf geben. Unter Rühren etwa 2 Minuten garen, bis sich das Aroma entfaltet hat. Mit Salz und Pfeffer würzen.
3. Nun Kürbisfleisch und Okra zufügen. Nochmals 3–5 Minuten garen, bis das Gemüse bräunt, aber nicht anbrennt. Mit Salz und Pfeffer würzen, dann Callaloo oder Spinat, Brühe und Kokosmilch zugeben. Gut umrühren und die Suppe zum Köcheln (kleine Bläschen) bringen. Den Deckel auflegen und alles 45 Minuten simmern lassen, bis der Kürbis weich und die Suppe angedickt ist.
4. Zum Servieren die Suppe auf 4 separate Suppenschalen verteilen.

Minestrone

Dieses klassische Rezept eignet sich perfekt zur Verwertung jeglicher Gemüsereste im Kühlschrank – mit Ausnahme von Brokkoli oder Blumenkohl, deren Geschmack zu dominant wird, wenn sie erst einmal gekocht und abgekühlt sind. Als Hommage an die italienischen Wurzeln der Minestrone verwenden wir in diesem Rezept Cannellini-Bohnen, Sie können aber auch jederzeit gern zu Ihren Lieblingsbohnen greifen. Kidneybohnen oder weiße Bohnen funktionieren gleichermaßen gut.

Ergibt 6–8 Portionen

- 1 Zwiebel
- 1 Möhre
- 2 Stangen Sellerie
- 2 Zucchini (etwa 450 g)
- 225 g grüne Bohnen
- 450 g Wirsingkohl (oder Weißkohl)
- 500 ml gekochte Cannellini-Bohnen (oder aus der Dose)
- 125 ml Olivenöl, mehr zum Servieren
- 2 EL Butter
- Salz und Pfeffer
- 1,5 l Hühnerbrühe (Seite 61) oder Rindfleischbrühe (Seite 60), selbst gemacht oder gekauft
- 500 g frische Flaschentomaten (oder aus der Dose), Saft aufgefangen
- 1 Parmesanrinde (optional)
- 45 g Parmesan, gerieben, zum Servieren

1. Die Zwiebel hacken. Möhre, Sellerie und Zucchini klein würfeln. Grüne Bohnen in Stücke schneiden. Den Wirsing fein hobeln (oder sehr fein schneiden). Bei Verwendung von Dosenbohnen diese gut abtropfen lassen und abspülen.
2. Olivenöl und Butter in einem Suppentopf auf mittlerer bis hoher Stufe erhitzen. Wenn die Butter aufschäumt, die Zwiebel zugeben und die Hitze zurücknehmen. Unter gelegentlichem Rühren 20 Minuten garen, bis die Zwiebel golden und weich ist.
3. Nun Möhre und Sellerie zufügen. Alles nochmals 3–5 Minuten dünsten, bis das Gemüse weich ist. Zucchini, grüne Bohnen und Wirsing in den Topf geben, mit Salz und Pfeffer würzen.
4. Die Brühe und die Tomaten mitsamt ihrem Saft zufügen, ebenfalls die Käserinde (falls verwendet). Die Suppe zum Köcheln bringen, einen Deckel auflegen und 1 Stunde leise blubbern lassen. Dann die Cannellini-Bohnen hineingeben und nochmals 15–30 Minuten köcheln, je nachdem, wie dick die Suppe werden soll.
5. Wenn das Gemüse weich ist und die Suppe aromatisch duftet, die Käserinde herausnehmen.
6. Zum Servieren auf separate Suppenschalen verteilen und mit einem Hauch von geriebenem Käse und einigen Tropfen Olivenöl anrichten.

Dieses Gericht liefert eine komplette Mahlzeit aus der Suppenschale. Die Pilze steuern in diesem Rezept jede Menge Geschmack bei, insbesondere, wenn Sie verschiedene Arten mischen. Durch die großzügige Zugabe von Sahne wird das Aroma zusätzlich abgerundet. Um Zeit zu sparen, kochen Sie den Wildreis - eine eiweißreiche, glutenfreie, in Nordamerika heimische Reispflanze -, während Sie die aromatisch duftenden Zutaten klein schneiden.

Pilz-Wildreis-Suppe

Ergibt 4 Portionen

1 Zwiebel
3 Stangen Sellerie
450 g Pilze, jegliche Art oder mehrere Arten kombiniert
3 Knoblauchzehen
250 ml Wildreis
1 EL Olivenöl
Salz und Pfeffer
2 Zweige Thymian
250 ml Weißwein
1 l Hühnerbrühe (Seite 61), selbst gemacht oder gekauft
250 ml Sahne (18 % Fett)
1 EL Dijonsenf

1. Zwiebel und Sellerie würfeln. Pilze in Stücke schneiden. Knoblauchzehen fein zerkleinern.
2. 1 l Salzwasser zum Kochen bringen, den Wildreis hineingeben und die Hitze so weit zurücknehmen, dass alles nur noch leise simmert. Den Deckel auflegen und 40–45 Minuten gar ziehen lassen, bis der Reis weich ist. Durch ein feinmaschiges Sieb abgießen und beiseitestellen.
3. Das Olivenöl in einem Suppentopf auf mittlerer bis hoher Stufe erwärmen. Zwiebel und Sellerie zufügen. Mit Salz und Pfeffer würzen und unter Rühren etwa 5 Minuten andünsten, bis das Gemüse weich geworden ist. Nun die Pilze zugeben und 3–5 Minuten garen, bis der Saft austritt. Knoblauch und Thymian in den Topf geben und 30 Sekunden mitdünsten, bis sich der Knoblauchduft entfaltet, dabei den Knoblauch nicht anbrennen lassen. Mit Salz und Pfeffer würzen.
4. Den Weißwein zugießen und die Suppe 7–10 Minuten köcheln lassen, bis die Flüssigkeit zur Hälfte reduziert ist. Dann Brühe und gekochten Wildreis in den Topf geben. Bei halb aufgelegtem Deckel 20 Minuten simmern lassen. Nun die Sahne zugießen, alles nochmals 10 Minuten köcheln lassen und dann vom Herd nehmen.
5. Mit dem Dijonsenf abschmecken und nach Wunsch nachwürzen. Zum Servieren die Suppe auf 4 Suppenschalen verteilen.

Italienische Weisse-Bohnen-Suppe

Heben Sie übrig gebliebene Parmesanrinden einfach im Gefrierschrank auf, bis Sie Zeit finden, diese Suppe zuzubereiten. Ich nehme dafür am liebsten Trockenbohnen, da diese sich beim Einweichen so einfach und effektiv mit Geschmack anreichern lassen. Achten Sie darauf, beim Würzen nicht zu viel Salz zu verwenden – der Bacon und die Parmesanrinde enthalten ja schon eine Menge davon.

Ergibt 6 Portionen

Bohnen
- 155 g getrocknete weiße Bohnen oder Cannellini-Bohnen (oder 1 Dose à 400 ml)
- Salz und Pfeffer
- 1 Lorbeerblatt
- 1 EL Olivenöl
- 1 Prise rote Paprikaflocken oder geräucherte Paprika

Suppe
- 1 mittelgroße Zwiebel
- 3 Knoblauchzehen
- 170 g Bacon
- 1 großer Bund Spinat
- 2 EL Olivenöl
- Salz und Pfeffer
- 1 EL Tomatenmark
- 1 Dose (à 400 g) gewürfelte Tomaten
- 1 TL Paprikapulver
- 1 TL Kräuter der Provence
- 2 Parmesanrinden

1. Wenn Sie Trockenbohnen verwenden, diese in etwa 750 ml Wasser und mit einer großzügigen Prise Salz versehen mindestens 8 Stunden einweichen. Anschließend die Bohnen mit dem Einweichwasser in einen Suppentopf geben. Lorbeerblatt, Olivenöl, rote Paprikaflocken oder Paprikapulver sowie Pfeffer zufügen und alles bei starker Hitze zum Kochen bringen. Sobald das Wasser sprudelnd aufkocht, die Hitze auf mittlere Stufe zurücknehmen und alles etwa 45 Minuten leise köcheln lassen, bis die Bohnen weich, aber noch fest sind. Das Wasser abgießen und das Lorbeerblatt entsorgen.
2. Für die Suppe die Zwiebel würfeln. Knoblauchzehen fein zerkleinern. Bacon in Würfel schneiden. Spinat grob hacken.
3. Den Bacon in eine kalte Kasserolle geben und auf mittlerer Stufe erwärmen. So lange garen, bis er gebräunt ist. Dann den Bacon aus der Kasserolle nehmen, dabei 1–3 EL ausgetretenes Fett im Topf lassen. Öl, Zwiebel und Knoblauch zugeben und bei mittlerer Hitze 5–7 Minuten dünsten, bis die Zwiebel glasig ist und der Knoblauch verführerisch duftet. Mit Salz und Pfeffer würzen und die Bohnen zusammen mit Tomatenmark, gewürfelten Tomaten, Paprikapulver und Kräutern der Provence sowie den Parmesanrinden in die Kasserolle geben. So lange umrühren, bis alle Zutaten gut vermischt sind, und das Gemüse ein paar Minuten simmern lassen, damit die aus dem Gemüse austretenden Säfte teilweise verkochen.

500 ml Gemüsebrühe
1 Spritzer Zitronensaft

4. Nun die Gemüsebrühe und zusätzlich etwa 250 ml Wasser zugießen. Die Suppe auf mittlerer bis hoher Stufe zum Kochen bringen, dann die Hitze zurücknehmen und alles ohne Deckel etwa 30 Minuten lang leise köcheln lassen, bis die Brühe etwas dicker geworden ist. Mit Salz und Pfeffer würzen.
5. Kurz vor dem Servieren den Topf vom Herd nehmen und Spinat und Bacon unterrühren. Einen Spritzer Zitronensaft zufügen. Die Suppe auf 6 Suppenschalen verteilen und auf den Tisch bringen.

Caldo Verde (Portugiesische Grünkohl-suppe)

Traditionell zubereitet ist Caldo Verde eine dicke Suppe, die auf Kartoffeln basiert. Unsere Version setzt auf reichhaltige, pikante Hühnerbrühe und enthält deutlich weniger Stärke. Durch die großzügige Verwendung von Olivenöl bei Zubereitung und Abrundung bekommt diese Suppenmahlzeit einen seidigen Touch und ist zudem gehaltvoll. In Lissabon würde man dazu einen oder zwei (oder sechs!) Spritzer Piri-Piri-Soße nehmen, aber jede andere Chilisoße tut es auch.

Ergibt 4 Portionen

1 große oder 2 kleine Zwiebeln
3 Knoblauchzehen
225 g Lacinato-Grünkohl
3 EL Olivenöl
2 Zweige Thymian
Salz und Pfeffer
1,2 l Hühnerbrühe (Seite 61), selbst gemacht oder gekauft
225 g frische Chorizo-Würstchen
Piri-Piri- oder eine andere Chilisoße (optional)

1. Zwiebeln hacken. Die Knoblauchzehen fein zerkleinern. Die Grünkohlblätter vom Strunk befreien und in feine Streifen schneiden, den Strunk entsorgen.
2. Das Olivenöl in einem Suppentopf auf mittlerer bis hoher Stufe erwärmen. Zwiebeln und Knoblauch hineingeben und unter Rühren 3–5 Minuten dünsten, bis die Zwiebeln glasig, aber noch nicht braun sind. Damit der Knoblauch nicht anbrennt, die Hitze reduzieren. Mit Salz und Pfeffer würzen.
3. Grünkohlstreifen und Thymianzweige zugeben. Alles mit Salz und Pfeffer würzen, dabei daran denken, dass die Chorizo-Würstchen bereits viel Salz enthalten. Die Hühnerbrühe zugießen und die Suppe zum Köcheln bringen. Den Deckel auflegen und 8–10 Minuten weiter simmern lassen, bis der Grünkohl völlig weich ist. Die Kochstelle ausschalten.
4. Während der Grünkohl gart, eine Grillpfanne oder schwere Bratpfanne auf mittlerer bis hoher Stufe erhitzen. Die Chorizo-Würstchen scharf anbraten, dann die Hitze zurücknehmen und die Würstchen unter häufigem Wenden durchgaren, damit nichts ansengt. Die fertigen Würstchen der Länge nach in Viertel schneiden, dann in kleine Stücke zerteilen.
5. Die Thymianzweige aus dem Grünkohl nehmen und entsorgen. Die Chorizo-Stückchen zufügen und alles gut verrühren. Zum Servieren die heiße Suppe auf separate Suppenschalen verteilen. Zum individuellen Würzen Schälchen mit Olivenöl und/oder Chilisoße (falls verwendet) auf den Tisch stellen.

Palerbsensuppe mit Kassler

Erbsensuppe ist oftmals so dick, dass sie einem Porridge ähnelt. Dieses simple Rezept ist deutlich leichter, aber dennoch sättigend und herzhaft. Statt Kassler können Sie auch Rippchen mit Knochen verwenden.

Ergibt 8–10 Portionen

- 700 g gelbe oder grüne getrocknete Palerbsen (Schälerbsen)
- 2 Stangen Sellerie
- 2 Möhren
- 1 Zwiebel
- 2 EL Olivenöl
- 2 TL Chiliflocken
- 1 TL getrockneter Thymian
- Salz und Pfeffer
- 2 Lorbeerblätter
- 1 Kasslerkotelett mit Knochen oder 225 g Rippchen mit Knochen

1. Die Palerbsen abspülen und von etwaigem Schmutz befreien. Sellerie, Möhren und Zwiebel würfeln.
2. In einem großen Suppentopf die Palerbsen mit 3 l Wasser zum Kochen bringen. Die Kochstelle ausschalten, den Schaum abschöpfen (falls gebildet), den Deckel auflegen und die Palerbsen 1 Stunde lang im Wasser ruhen lassen.
3. Während die Palerbsen quellen, das Olivenöl in einer Pfanne auf mittlerer Stufe erhitzen. Sellerie, Möhren, Zwiebel, Chiliflocken und Thymian zugeben. Mit Salz und Pfeffer würzen. Etwa 8 Minuten garen, bis das Gemüse weich geworden, aber noch nicht gebräunt ist.
4. Die eingeweichten Palerbsen wieder zum Kochen bringen. Den Schaum abschöpfen (falls vorhanden), dann das Gemüse aus der Pfanne zusammen mit Lorbeerblättern und Kassler oder Rippchen zugeben. Die Hitze zurücknehmen und die Suppe 1,5–2 Stunden simmern lassen, bis die Palerbsen ganz weich geworden sind und die Suppe angedickt hat. Die Lorbeerblätter und Kassler oder Rippchen herausnehmen.
5. Das Fleisch fein zerkleinern und wieder in die Suppe geben. Abschmecken und mit Salz und Pfeffer würzen, dann die Suppe auf separate Suppenschalen verteilen. Übrig gebliebene Suppe hält sich in einem luftdicht verschlossenen Behälter mit Deckel im Kühlschrank bis zu 3 Tage.

Ein Fest für die Sinne ist die aromatische, goldgelb schimmernde und wohltuend wärmende Mulligatawny-Suppe. Achten Sie darauf, wirklich Hähnchenschenkel und kein Brustfleisch zu verwenden – die Schenkel sind fetter und liefern deutlich mehr Geschmack, was die anderen komplexen Aromen in diesem Gericht harmonisch ergänzt. Die Suppe lässt sich gut im Voraus zubereiten, sie hält sich zugedeckt im Kühlschrank drei Tage lang.

Mulligatawny-Suppe

Ergibt 6 Portionen

1 Zwiebel
2 Möhren
2 Stangen Sellerie
3 Knoblauchzehen
1 Stück frischer Ingwer (2,5 cm)
1 kleine rote Chilischote
60 ml Olivenöl
1 EL gelbes Currypulver
1 TL gemahlener Kreuzkümmel
1 TL gemahlener Zimt
½ TL gemahlener Kurkuma
¼ TL gemahlener Kardamom
Salz und Pfeffer
500 ml Hühnerbrühe (Seite 61), selbst gemacht oder gekauft
700 g Hähnchenschenkel ohne Haut und Knochen
50 g rote Linsen

1. Zwiebel, Möhren und Sellerie fein hacken. Knoblauch und Ingwer fein zerkleinern. Chilischote aufschneiden, die Kerne entfernen und so fein wie möglich schneiden.
2. In einem Suppentopf mit schwerem Boden das Olivenöl auf mittlerer Stufe erwärmen. Currypulver, Kreuzkümmel, Zimt, Kurkuma, und Kardamom zufügen und die Gewürze etwa 1 Minute erwärmen, bis sich ihr Aroma entfaltet. Nun Zwiebel, Möhren und Sellerie zufügen. Unter Rühren etwa 5 Minuten köcheln lassen, bis das Gemüse etwas weicher, aber nicht breiig geworden ist. Dann Knoblauch, Ingwer und Chili zufügen und alles mit Salz und Pfeffer würzen.
3. Die Hühnerbrühe und 500 ml Wasser zugießen. Hähnchenschenkel in den Topf geben und die Flüssigkeit zum Simmern bringen. Den Deckel halb auflegen und die Suppe etwa 20 Minuten kochen lassen, bis das Hähnchenfleisch durch ist. Um dies zu kontrollieren, in einen Schenkel mit einem Messer stechen. Wenn das Hähnchenfleisch gar ist, die Schenkel auf einen Teller legen und abkühlen lassen.
4. Die Linsen in den Topf geben. 25–30 Minuten köcheln lassen, bis sie weich sind. Das Fleisch von den Hähnchenschenkeln lösen, klein schneiden und zurück in die Suppe geben. Abschmecken und mit Salz und Pfeffer nachwürzen.
5. Die Suppe auf separate Suppenschalen verteilen und heiß auf den Tisch bringen.

Scotch Broth

In Schottland bereitet man diese Traditionssuppe mit Hammelnacken und geschmortem Lamm zu - und geben Sie gern Lammknochen dazu, wenn Sie vom letzten Lammgericht noch welche übrig haben. Schottische Köche würzen zudem mit jeder Menge frisch gemahlenem schwarzen Pfeffer und runden die Suppe mit einem Schuss Scotch Whisky ab. Nehmen Sie von diesen Zutaten so viel, wie es Ihnen schmeckt! In der Regel findet man auch Graupen - ein Vollkorngetreide - in der Suppe, doch falls Sie auf jegliches Getreide verzichten möchten, lassen Sie sie einfach weg.

Ergibt 6-8 Portionen

450 g gekochtes Lammfleisch oder 700 g rohes Lammfleisch ohne Knochen
1 Stange Lauch
1 Zwiebel
2 Möhren
2 Stangen Sellerie
2 Knoblauchzehen
1 kleine Steckrübe
2-3 EL Olivenöl, aufgeteilt
Salz und Pfeffer
3 l Rindfleischbrühe (Seite 60), selbst gemacht oder gekauft
60 ml Graupen
Lammknochen (optional)
1 Schuss Scotch Whisky (optional)

1. Das Lammfleisch in Würfel schneiden (egal, ob rohes oder gekochtes verwendet wird). Den Lauch von den harten grünen Enden befreien, dann die weißen und zarten grünen Teile hacken. Zwiebel, Möhren und Sellerie würfeln. Den Knoblauch fein zerkleinern und die Steckrübe in Würfel schneiden.
2. Wird rohes Lammfleisch verwendet, 1 EL Olivenöl in einem großen Topf mit schwerem Boden auf mittlerer bis hoher Stufe erhitzen. Das Fleisch von allen Seiten etwa 10 Minuten scharf anbraten. Mit Salz und Pfeffer würzen. Dann 1 l Brühe zugießen und die Flüssigkeit zum Kochen bringen. Die Hitze zurücknehmen und alles 30 Minuten leise simmern lassen. (Wenn Sie gekochtes Lammfleisch verwenden, lassen Sie diesen Arbeitsschritt aus).
3. In einem großen Topf mit schwerem Boden 2 EL Olivenöl auf mittlerer bis hoher Stufe erhitzen. Lauch, Zwiebel, Möhren und Sellerie zufügen, die Hitze auf mittlere bis niedrige Stufe zurücknehmen und das Gemüse 15–20 Minuten garen, bis es sehr weich ist.

4. Knoblauch und Steckrübe zufügen und das gewürfelte Lammfleisch zusammen mit den Graupen in den Topf geben. Auch die Lammknochen zufügen (falls verwendet). 3 l Rindfleischbrühe zugießen – oder (bei Verwendung von rohem Lammfleisch) 2 l Rindfleischbrühe plus die Flüssigkeit (1 l), in der das Lammfleisch gegart wurde. Alles 45–55 Minuten simmern lassen, bis alle Zutaten sehr weich sind. Nun die Knochen aus der Suppe nehmen (falls verwendet) und entsorgen.
5. Großzügig mit Salz und Pfeffer würzen und mit dem Scotch Whisky (falls verwendet) abrunden. Anschließend in Suppenschalen füllen und servieren.

Würzige Kürbissuppe

Diese schnelle und einfache Suppe kommt fast vollständig mit Zutaten aus dem Vorratsregal aus. Der Hokkaido-Kürbis ist auch unter dem Namen »Red Kuri« bekannt. Es handelt sich um einen kleineren Kürbis mit dicker Schale und weichem Fruchtfleisch, der sich gut im Ganzen rösten lässt. Daher ist es nicht notwendig, ihn in rohem Zustand zu schälen oder zu versuchen, ihn in Würfel zu schneiden. Der Eichelkürbis oder eine andere Sorte mit dicker Schale liefert eine gute Alternative zum Hokkaido-Kürbis.

Ergibt 4-6 Portionen

- 1 Hokkaido-Kürbis oder Eichelkürbis (etwa 1,3 kg)
- 1 Zwiebel
- 4 Knoblauchzehen
- 1 Stück frischer Ingwer (2,5 cm)
- 3-4 EL Olivenöl, aufgeteilt
- Salz und Pfeffer
- 1 EL grüne Thai-Currypaste
- 500 ml Gemüsebrühe
- 1 Dose (à 400 ml) Kokosmilch

1. Den Kürbis halbieren und die Kerne herauskratzen (oder mit 1 EL Olivenöl und Salz vermischen und auf einem separaten Backblech im Ofen rösten). Die Zwiebel würfeln. Knoblauch und Ingwer fein zerkleinern und den Ofen auf 220 °C Ober-/Unterhitze vorheizen.
2. Die Kürbishälften in einen Bräter setzen, die Schnittflächen zeigen nach oben. Das Fruchtfleisch mit 2 EL Olivenöl beträufeln und mit Salz und Pfeffer würzen. Den Kürbis 30 Minuten lang backen, bis das Fruchtfleisch sehr weich ist und sich leicht von der Schale löst. Etwa 10 Minuten abkühlen lassen, dann das Kürbisfleisch mit dem Löffel auslösen und in eine Schüssel geben.
3. 1–2 EL Olivenöl in einem Suppentopf auf mittlerer Stufe erwärmen. Zwiebel, Knoblauch und Ingwer hineingeben und 5–7 Minuten dünsten, bis die Zwiebel glasig ist. Mit Salz und Pfeffer würzen. Nun die Currypaste und das Kürbisfleisch zugeben und alles gut verrühren.
4. Die Gemüsebrühe zufügen und die Suppe etwa 10 Minuten simmern lassen. Wenn Sie einen Pürierstab haben, pürieren Sie die Kürbissuppe im Topf. Wenn nicht, füllen Sie sie portionsweise in einen Mixer um. Vorsicht – die Suppe ist heiß! Die Suppe pürieren und zurück in den Suppentopf geben.
5. Nun die Kokosmilch einrühren und alles mit Salz und Pfeffer würzen. In Suppenschalen servieren und optional mit Kürbiskernen garnieren.

Tom Kha

In dieser Thai-Suppe verbindet die Kokosmilch auf magische Weise Üppigkeit mit Frische. Es ist immer gut, ein oder zwei Dosen Kokosmilch im Vorrat zu haben, um Suppen und Eintopfgerichte anzureichern und die verschiedenen Geschmackskomponenten zu vereinen. Achten Sie darauf, für dieses Gericht nur frische, pralle Zitronengrasstängel zu verwenden. Erscheinen sie papierähnlich oder trocken, lassen Sie sie weg!

Ergibt 6–8 Portionen

- 1 Stück frischer Ingwer (2,5 cm)
- 2 Stängel Zitronengras
- 3 Limetten
- 700 g Hähnchenschenkel ohne Knochen oder besonders schnittfesten Tofu
- 225 g Shiitake- oder Austernpilze
- 6 Zweige Koriander zum Servieren
- 1,5 l Hühnerbrühe (Seite 61), selbst gemacht oder gekauft
- 500 ml Kokosmilch
- 2 EL Fischsoße
- Salz und Pfeffer
- Chiliöl zum Servieren

1. Den Ingwer reiben. Zitronengras mit dem Messerrücken zerdrücken und in Stücke schneiden. Die Schale von 2 Limetten abreiben und eine davon auspressen. Die Limette mit Schale in Keile schneiden. Hähnchenfleisch oder Tofu in 2,5 cm große Würfel zerteilen. Pilze grob hacken. Die Korianderblättchen von den Stängeln abpflücken.
2. Ingwer, Zitronengras, Limettenschale, Limettensaft und Hühnerbrühe in einen großen Suppentopf geben und auf mittlerer bis hoher Stufe erhitzen. Nach dem Aufkochen die Hitze zurücknehmen und die Suppe 15 Minuten leise köcheln lassen. Dann durch ein feinmaschiges Sieb abgießen und die festen Bestandteile entsorgen. Die Suppe in den Topf zurückgießen.
3. Hähnchenfleisch (oder Tofu) zugeben und die Suppe erneut zum Kochen bringen. Sofort danach die Hitze zurücknehmen, die Pilze zufügen und alles nochmals 15–20 Minuten simmern lassen, bis das Fleisch durch ist. Bei Verwendung von Tofu nur 10–15 Minuten simmern lassen.
4. Kokosmilch und Fischsoße einrühren und durcherhitzen. Mit Salz und Pfeffer würzen. Zum Servieren die Suppe in separate Schalen füllen und mit Chiliöl und Koriander garnieren.

SALAT-TAGE

Grundrezepte für Dressings

Mischen Sie die säurehaltige Zutat Ihrer Wahl, etwa Zitronensaft oder Essig, im Verhältnis von 1:3 mit Öl, um ein köstliches Salat-Dressing herzustellen – Sie brauchen dafür kein extra Rezept! Einige Köche gießen die Zutaten direkt auf den Salat, doch wir bevorzugen ein emulgiertes Dressing, das besser auf den Salatblättern haftet. Vermischen Sie die Zutaten für die Vinaigrette in einem Krug, schütteln Sie sie in einem Einmachglas durch oder verschlagen Sie sie auf dem Boden einer großen Schüssel, bevor Sie den Salat hineingeben und alle Bestandteile gut miteinander vermengen.

Ergibt 125 ml pro Rezept, ausreichend für 8–10 Handvoll Blattsalat

Dijon-Vinaigrette

2 EL Weißweinessig
1 EL Dijonsenf
6 EL Olivenöl
Salz und Pfeffer
frische Kräuter nach Geschmack, gehackt (optional)

Zitrus-Sesam-Vinaigrette

2 EL frischer Orangen-, Limetten- oder Zitronensaft (oder eine Mischung)
1 EL Weißweinessig
1 TL geröstetes Sesamöl
6 EL Olivenöl
Salz und Pfeffer

Crème fraîche

- 125 ml Crème fraîche oder Sauerrahm
- 2 EL Olivenöl
- 2 EL Apfelessig
- 1 TL Selleriesamen
- Salz und Pfeffer

Cremiges Joghurt-Knoblauch-Dressing

- 1 Knoblauchzehe, gerieben
- 1 EL frischer Zitronensaft
- 2 EL vollfetter Naturjoghurt
- 6 EL Olivenöl
- Salz und Pfeffer

Dieser Salat feiert die Aromen zarter Salatblätter und frischer Kräuter. Nehmen Sie mindestens drei verschiedene Salate und zwei Kräuter, um einen Spannungsbogen aufzubauen, eine Mesclun-Mischung oder ein Mix aus dem Supermarkt sind ebenfalls gute Optionen. Verzichten Sie aber bitte in diesem Rezept auf Eisbergsalat! Nehmen Sie Olivenöl und Essig von der bestmöglichen Qualität, die Ihr Budget hergibt.

Kräuter-Salat

Ergibt 4-6 Portionen

- 6 reichliche Handvoll Salatblätter, etwa Rucola, Feldsalat, Frisee, Romana, Radicchio, Eskariol, Eichblatt
- 2 Bund Kräuter, etwa Petersilie, Basilikum, Bohnenkraut, Kerbel, Estragon, Sauerampfer
- 2 EL Weißwein- oder Rotweinessig
- 6 EL Olivenöl
- Salz und Pfeffer

1. Salatblätter und Kräuter behutsam, aber gründlich waschen und in einer Salatschleuder trocken schleudern, alternativ lassen sie sich auch mit Küchentüchern oder Küchenpapier trocken tupfen. Den Salat in mundgerechte Stücke zerpflücken. Die Kräuter zusammen mit den Stielen grob hacken.
2. In einer großen Schüssel aus Holz oder Glas den zerpflückten Salat mit den Kräutern mischen. Mit Essig beträufeln, dann mit Olivenöl. Mit Salz und Pfeffer würzen. Den Salat mit den Händen so lange durchmischen, bis alle Zutaten gut benetzt sind.
3. Diesen leckeren Salat sofort auf den Tisch bringen, damit Salat und Kräuter nicht im Dressing zusammenfallen.

Salat aus zerdrückten Gurken mit Sesam

Für dieses Rezept ist es wichtig, die Gurken zu zerbrechen. Hierdurch wird ihre Struktur an einigen Stellen zerstört, an anderen bleiben sie knackig – beste Voraussetzungen, um das leckere Soja-Dressing optimal aufzunehmen. Am besten geeignet sind die kleinen Gurken mit sehr dünner Schale, die es heutzutage in vielen Lebensmittelgeschäften gibt.

Ergibt 4 reichliche Portionen

900 g Salatgurken (englische oder kleine)
2 EL Sesamkörner
1 Knoblauchzehe
1 Stück frischer Ingwer (2,5 cm)
3 TL Reisessig
2 TL geröstetes Sesamöl
1 TL Tamari-Soße
Salz

1. Die Gurken auf ein großes Schneidbrett legen. Mit dem Boden einer schweren Bratpfanne, einem Nudelholz oder der flachen Seite eines Hackmessers beherzt auf die Gurken schlagen, sodass sie aufbrechen. Die zerdrückten Gurken in große Stücke schneiden, leicht salzen und in ein feinmaschiges Sieb geben, das über eine Schüssel gehängt wird. Die Gurken bis zu 30 Minuten in den Kühlschrank stellen, mindestens aber 10 Minuten. In einer Antihaftpfanne die Sesamkörner ohne Öl 3 Minuten rösten, bis sie sich hellbraun gefärbt haben. Knoblauch und Ingwer fein zerkleinern.
2. Kurz vor dem Servieren die Gurken abspülen und die Flüssigkeit herauspressen. In einer großen Schüssel Knoblauch, Ingwer, Reisessig, Sesamöl und Tamari-Soße miteinander verrühren. Die Gurken hineingeben und alles gut durchmischen. Mit den gerösteten Sesamkörnern bestreuen, auf separate Salatschüsselchen verteilen und sofort auf den Tisch bringen.

Fenchel und Orangen auf Rucola

Es ist vielleicht ein bisschen kompliziert, die Orangen zu filetieren, doch abgesehen davon ist dieses Rezept sehr einfach. Falls Sie Bedenken haben, die Orangenfilets über einer Schüssel herauszulösen, nehmen Sie einfach ein Schneidebrett mit Abtropfrinne, damit nichts von dem kostbaren Saft verloren geht. Wenn Sie die Zwiebel im Zitrusdressing ziehen lassen, wird ihre Schärfe gemildert. Lieben Sie dagegen rohe Zwiebeln, lassen Sie diesen Schritt einfach aus.

Ergibt 4 Portionen

2 Navel-Orangen
1 Fenchelknolle
½ rote Zwiebel
1 Bund glatte Petersilie
1 EL Olivenöl
1 EL körniger Senf
Salz und Pfeffer
4 reichliche Handvoll Rucola

1. Die Orangen mit einem scharfen Gemüsemesser von der Schale befreien. Nun die Filets herauslösen: Dafür die Orangen über eine Schüssel halten, um den Saft aufzufangen. Mit dem Messer zwischen trennende Häutchen und Fruchtfleisch fahren und die Filets herausschneiden. Die weiße Haut und die zarten Trennhäutchen entsorgen. Die Orangenfilets in eine große Schüssel aus Glas oder Holz legen. Den aufgefangenen Orangensaft beiseitestellen. Den Fenchel in schmale Halbmonde und die Zwiebel in papierdünne Halbkreise schneiden. Petersilie (Blätter und Stängel) grob hacken.
2. In einer kleinen Schüssel Olivenöl, Senf und Orangensaft miteinander verschlagen. Um die gewünschte Konsistenz zu erzielen, mit 1–2 TL Olivenöl andicken oder mit 1–2 TL Wasser verdünnen. Mit Salz und Pfeffer würzen.
3. Fenchel und Zwiebel in die Schüssel mit den Orangenfilets geben. Mit dem Dressing vermischen und 30 Minuten bei Zimmertemperatur durchziehen lassen.
4. Zum Servieren den Rucola auf 4 Teller verteilen. Das Salatbett mit dem Fenchel-Orangen-Salat krönen und diesen mit Petersilie bestreuen.

Grilltomaten-Zucchini-Salat mit Mozzarella

Bereiten Sie diesen Salat im Spätsommer zu, wenn Tomaten und Zucchini die volle Reife erlangt haben. Das Gemüse kann gegrillt oder auch in einer Grillpfanne auf dem Herd oder im Ofen geröstet werden, falls Sie keinen Gartengrill haben. Wir empfehlen dazu Burrata – ganz frischer Mozzarella, der in der Mitte noch cremig ist. Am besten ist Burrata aus Büffelmilch: Er ist noch cremiger und üppiger als seine Verwandten aus Kuhmilch.

Ergibt 6 Portionen

450 g reife Strauchtomaten
1 große Zucchini (oder 2 kleine)
½ rote Paprikaschote
½ rote Zwiebel
1 Bund Basilikum
125 g frischer Mozzarella (im Idealfall Burrata!)
6 EL Olivenöl, aufgeteilt
Salz und Pfeffer
1 EL Weißweinessig
1 Knoblauchzehe
1 TL Dijonsenf
45 g Pinienkerne oder Mandelblättchen

1. Die Tomaten vierteln. Zucchini längs in Scheiben und dann in etwa 2,5 cm lange Stäbchen schneiden. Paprikaschote in mundgerechte Streifen zerteilen. Zwiebel in dünne Scheiben schneiden. Die Basilikumblättchen abpflücken und hacken, die Stiele entsorgen. Den Mozzarella von Hand in mundgerechte Stücke teilen. Den Ofen oder Grill auf 200 °C vorheizen.
2. Tomaten, Zucchini und Paprika mit 2 EL Olivenöl mischen und mit Salz und Pfeffer würzen. Für die Zubereitung im Ofen das Gemüse in einen Bräter legen und 25 Minuten rösten.
3. Bei Verwendung eines Grills das Gemüse etwa 10 Minuten rösten. Dann umdrehen und nochmals 10 Minuten grillen, bis das Gemüse bräunt. Das Gemüse auf eine Platte legen und auf Zimmertemperatur abkühlen lassen. Überschüssige Feuchtigkeit aus dem Gemüse entfernen.

4. In einer kleinen Küchenmaschine oder einem Mixer 4 EL Olivenöl, Weißweinessig, Basilikum, Knoblauch, Dijonsenf, Salz und Pfeffer zu einem Dressing mit glatter Konsistenz verarbeiten. Dieses über die Zwiebeln gießen, alles gut vermischen und etwa 30 Minuten durchziehen lassen.
5. Pinienkerne oder Mandeln in einer Pfanne ohne Öl auf mittlerer Stufe etwa 2 Minuten anrösten. Dabei häufig durchrühren, damit sie gleichmäßig bräunen. Gut aufpassen, dass nichts anbrennt.
6. Zum Servieren das geröstete Gemüse in eine große Servierschüssel geben. Mozzarella, Dressing, Pinienkerne und Zwiebel zugeben und alle Zutaten behutsam miteinander vermengen. Nach Geschmack mit Salz und Pfeffer würzen und auf separaten Tellern anrichten.

Avocado mit Thunfischsalat

Es macht Spaß, den Thunfischsalat in leckeren, essbaren »Avocado-Schiffchen« zu servieren, doch wenn Sie es eleganter lieben, können Sie ihn auch neben Avocado-Scheiben oder auf in Stücke geschnittener Avocado anrichten. Dieses Gericht enthält viel gesundes Fett und Eiweiß und sorgt dafür, dass Sie sich über Stunden hinweg gesättigt fühlen. Wenn das Gericht noch gehaltvoller werden soll, servieren Sie es auf einem Bett aus unkompliziert angemachtem Rucola oder Baby-Spinat und bestreuen es mit gehackten Mandeln.

Ergibt 4 Portionen

- 2 Stangen Sellerie
- ¼ rote Zwiebel
- 6 Stängel glatte Petersilie
- 2 Dosen (à 170 g) Thunfisch in Öl oder in Wasser
- 80 ml vollfetter Sauerrahm
- Salz und Pfeffer
- 2 große, perfekt reife Avocados
- Zitronenschnitze, zum Servieren

1. Sellerie, Zwiebel und Petersilie fein zerkleinern – von jeder dieser Zutaten sollten Sie danach etwa 2 EL haben. Bei Verwendung von Thunfisch in Wasser, dieses abgießen.
2. In einer Schüssel, die groß genug ist, um darin alle Zutaten mischen zu können, den Thunfisch mit einer Gabel blättrig zerteilen. Den Sauerrahm zusammen mit Sellerie, Zwiebel und Petersilie leicht unterheben. Hierbei nicht zu ambitioniert vorgehen – Sie wollen ja keine Thunfischpaste herstellen! Mit Salz und Pfeffer würzen. Sie können den Thunfischsalat abgedeckt im Kühlschrank bis zu 24 Stunden aufheben, bevor er auf den Tisch kommt.
3. Kurz vor dem Servieren die Avocados halbieren und jeweils den Kern entfernen. Die Vertiefungen mit Thunfischsalat füllen, einen Spritzer Zitronensaft darüberträufeln und mit einem Zitronenschnitz auf dem Teller anrichten.

Hummersalat auf Blattgemüse

Dieses Genießer-Rezept holt das Beste aus dem von Natur aus süßlichen Hummerfleisch heraus und setzt den Geschmack zusätzlich durch mediterrane Zutaten wie Olivenöl, Zitronensaft, Basilikum und Kapern in Szene. Mitunter ist gefrorener Hummer im Sonderangebot erhältlich – wenn dies der Fall ist, stocken Sie die Vorräte in Ihrer Tiefkühltruhe damit auf.

Ergibt 4 Portionen

450 g gegartes Hummerfleisch (gern TK-Ware)
1 Zitrone
2 Stangen Sellerie
2 Zweige Basilikum
6 EL fruchtiges Olivenöl
Salz und Pfeffer
1 EL Kapern
5 reichliche Handvoll grünes Blattgemüse, etwa Spinat, Rucola, junger Grünkohl

1. Bei Verwendung von TK-Ware den Hummer im Kühlschrank 24 Stunden auftauen lassen. Eventuell vorhandene Schalenreste sorgsam entfernen. Die Zitronenschale abreiben und die Zitrone auspressen. Den Sellerie hacken und die Basilikumblättchen und -stängel fein hacken.
2. 1 EL Zitronensaft mit Olivenöl sowie Salz und Pfeffer mischen. Sellerie, Basilikum und Kapern hinzugeben. Abschmecken und bei Bedarf nachwürzen, dann vorsichtig das Hummerfleisch unterheben.
3. Zum Servieren das Blattgemüse mit Zitronensaft beträufeln und durchmischen – 1–2 TL sind bereits eine großzügige Menge – und auf 4 Teller verteilen. Mit dem Hummersalat krönen und mit abgeriebener Zitronenschale bestreuen.

Hühner-Curry-Salat auf Rucola

Dieser herzhafte Salat kann als Hauptgericht zubereitet werden. Er ist in weniger als 30 Minuten fertig und gerade im Sommer, wenn man keine Lust hat, täglich zu kochen, eine gute Wahl. Sie können die Hähnchenbrust am Morgen oder Abend vorbereiten, wenn es draußen kühler ist, und auch das Dressing im Voraus anrühren. Beide Komponenten halten sich getrennt voneinander im Kühlschrank bis zu drei Tage.

Ergibt 4 Portionen

- 1 Apfel (Granny Smith oder ein anderer säuerlicher Apfel)
- ½ Zitrone
- 2 Möhren
- 1 Bund Koriander
- 35 g geröstete Cashewkerne oder Mandeln
- 2 EL Olivenöl, aufgeteilt
- 450 g Hähnchenbrust ohne Knochen
- Salz und Pfeffer
- 2 TL Currypulver oder mehr/weniger nach Geschmack
- 250 ml vollfetter Griechischer Naturjoghurt
- 4 reichliche Handvoll Rucola

1. Den Apfel würfeln. Damit er nicht braun wird, die Zitronenhälfte darüber auspressen. Die Möhren raspeln oder reiben. Den Koriander hacken und die Cashewkerne oder Mandeln fein zerkleinern.
2. In einer flachen Pfanne mit Deckel 1 EL Olivenöl auf mittlerer Stufe erwärmen. Die Hähnchenbrust mit Salz und Pfeffer würzen, dann etwa 2 Minuten von jeder Seite scharf anbraten, bis sie sich goldbraun gefärbt hat. So viel Wasser zufügen, dass das Fleisch gerade bedeckt ist. Das Wasser zum Kochen bringen, dann die Hitze zurücknehmen, den Deckel auflegen und 15–18 Minuten simmern lassen. Das Fleischthermometer sollte nun eine Temperatur von 71 °C zeigen. Die Pfanne vom Herd nehmen und das Fleisch darin in der Kochflüssigkeit abkühlen lassen. Anschließend herausnehmen und in mundgerechte Stücke zerteilen.
3. Currypulver mit Joghurt, dem restlichen Olivenöl und einem Spritzer Zitronensaft mischen. Mit Salz und Pfeffer würzen.
4. Zum Servieren den Rucola mit dem Koriander mischen und auf 4 Teller verteilen. Fleisch, Apfel und Möhren ins Joghurt-Dressing geben und alles behutsam unterheben. Den Hähnchen-Curry-Salat auf dem Rucola-Bett anrichten und mit den gehackten Cashews oder Mandeln bestreuen.

Frisée mit pochierten Eiern und Speckstreifen

Würde man dieses traditionelle französische Bistro-Gericht einfach als Eier-Speck-Salat bezeichnen, wären die damit verbundenen Assoziationen nicht halb so inspirierend. Doch im Grunde handelt es sich genau darum! Frisée-Salat hat eine robuste, wellige Konsistenz und eignet sich daher gut als knackig bleibende Unterlage für die Bacon-Streifen. Er verträgt auch eine größere Menge davon und ist daher ideal für dieses Rezept.

Ergibt 4 Portionen

1 große Schalotte
4 Köpfe Frisée-Salat
4 dicke Scheiben Bacon
60 ml Rotweinessig
2 EL weißer Essig oder Zitronensaft
4 Eier
Salz und Pfeffer

1. Die Schalotte würfeln. Den Frisée-Salat in mundgerechte Stücke zerpflücken. Den Bacon in dünne Streifen schneiden. Einen Teller mit Küchenpapier auslegen.
2. In einer Pfanne die Bacon-Streifen 6–8 Minuten auf mittlerer Stufe braten, bis sie gebräunt sind und das Fett ausgetreten ist. Die Schalotte zufügen und 5 Minuten andünsten, bis sie anfängt, glasig zu werden. Die Pfanne vom Herd nehmen und den Rotweinessig einrühren.
3. Eine Kasserolle zu zwei Dritteln mit Wasser füllen, den weißen Essig oder Zitronensaft zufügen und alles zum Köcheln bringen. Die Eier nacheinander in eine Suppenkelle oder kleine Schüssel schlagen und vorsichtig in das simmernde Wasser gleiten lassen. Mit einem Löffel dafür sorgen, dass sich das Eiweiß um die Eier legt und diese möglichst nicht auseinanderfallen. 5–8 Minuten köcheln lassen, bis das Eiweiß völlig fest geworden ist. Die pochierten Eier mit einem Schaumlöffel aus dem Wasser nehmen und auf dem vorbereiteten, mit Küchenpapier ausgelegten Teller abtropfen lassen.
4. In einer großen Salatschüssel den Frisée mit der Mischung aus Rotweinessig, Schalotte und Bacon so lange vermengen, bis alle Salatblätter gut benetzt sind.
5. Zum Servieren den angemachten Frisée auf 4 Salatschalen verteilen und jeweils mit einem pochierten Ei krönen. Mit Salz und Pfeffer würzen und sofort auf den Tisch bringen.

Wer sich an schnelle Pickles wagt, gilt oft als Meister in der Küche – dabei ist es so einfach! Sie benötigen nur ein paar große Einmachgläser mit weiter Öffnung. Da Sie die Pickles nicht wirklich einkochen, brauchen Sie sich nicht damit aufzuhalten, die Behälter zu sterilisieren und die gefüllten Gläser in kochendes Wasser zu stellen. Reinigen Sie die Einmachgläser einfach in heißem Seifenwasser und spülen Sie sie danach gründlich ab. Wenn Sie eine Mischung verschiedener Gemüsearten einlegen, ähnelt das Ergebnis der italienischen *Giardiniera*.

Schnelle Pickles

Ergibt 1 Liter Pickles

- 450 g knackiges Gemüse (jegliche Kombination aus Möhren, roten Zwiebeln, Spargel, Gurke, Brokkoli oder Ihrem Lieblingsgemüse)
- 4 Knoblauchzehen
- 8 Zweige Thymian oder Dill (oder 4 Zweige von jedem)
- 1 EL schwarze Pfefferkörner
- 250 ml Apfel- oder Weinweißessig
- 1 EL grobes Salz
- 2 Einmachgläser mit Deckel (à 500 ml)

1. Gemüse schälen und putzen; falls notwendig, in lange, schlanke Stücke schneiden. Die Zwiebel in Scheiben schneiden und in Ringe trennen. Knoblauchzehen zerdrücken.
2. Gemüse, Kräuter, Pfefferkörner und Knoblauch gleichmäßig auf die beiden Einmachgläser verteilen.
3. In einer kleinen Kasserolle 500 ml Wasser, Essig und Salz zum Kochen bringen, nur so lange, bis sich das Salz aufgelöst hat.
4. Das heiße Essigwasser über das Gemüse gießen. Den Sud abkühlen lassen, dann den Deckel zuschrauben und die Gläser mindestens 24 Stunden in den Kühlschrank stellen. Die schnellen Pickles halten sich in verschlossenen Gläsern im Kühlschrank bis zu 2 Wochen.

Zusammen mit dem Feta-Käse ergibt dieses an Risotto erinnernde Rezept eine sättigende und wohltuende Mahlzeit. Passen Sie die Menge an Harissa Ihrem Geschmack an – je nachdem, wie würzig Sie essen möchten und wie scharf Ihre Harissa-Paste ist. Wenn Sie hier die Marke »Le Phare du Cap Bon« verwenden, wird der Quinoa-Salat relativ mild ausfallen. Und verzichten Sie keinesfalls auf die frischen Kräuter, mit denen das Gericht zum Schluss abgerundet wird.

Würziger Quinoa-Salat mit Tomaten und Pinienkernen

Ergibt 4–6 Portionen

1 mittelgroße Zwiebel
3 Knoblauchzehen
375 g Quinoa
225 g Feta
100 g Pinienkerne (oder Mandelstifte), einige für die Garnitur zurückbehalten
1 Bund glatte Petersilie, einige Blättchen für die Garnitur zurückbehalten
1 Bund Minze, einige Blättchen für die Garnitur zurückbehalten
2 EL Olivenöl
Salz und Pfeffer
½ TL gemahlener Koriander
¼ TL edelsüßes Paprikapulver
1 TL Harissa-Paste (oder mehr)
4 Streifen Zitronenschale
1 Dose (à 540 ml) gewürfelte Tomaten
250 ml Gemüsebrühe

1. Zwiebel würfeln. Knoblauch fein zerkleinern. Quinoa in ein feinmaschiges Sieb geben und abspülen. Feta in Würfel schneiden. Pinienkerne in einer Pfanne ohne Öl etwa 3 Minuten rösten, bis sich der Duft entfaltet. Kräuter fein hacken.
2. In einer Kasserolle das Olivenöl auf mittlerer Stufe erwärmen. Zwiebel und Knoblauch zufügen und 5–7 Minuten dünsten, bis die Zwiebel glasig ist und der Knoblauch aromatisch duftet. Mit Salz, Pfeffer, Koriander und Paprikapulver würzen, dann Harissa-Paste, Zitronenschale und Quinoa zugeben und verrühren.
3. Quinoa so lange garen, bis sie zu rösten beginnt, dann die Dosentomaten und die Gemüsebrühe zugeben. Die Hitze auf mittlere bis hohe Stufe einstellen und die Flüssigkeit aufköcheln lassen (es bilden sich kleine Blasen). 20 Minuten unter häufigem Umrühren simmern lassen, bis die Quinoa weich, aber noch nicht breiartig ist. Mit Salz und Pfeffer abschmecken.
4. Die Kasserolle vom Herd nehmen. Die Zitronenschale herausnehmen und Feta, Pinienkerne und frische Kräuter zugeben. Sofort auf den Tisch bringen, dabei mit den für die Garnitur zurückbehaltenen Pinienkernen sowie den Petersilien- und Minzeblättchen bestreuen.

Leckeres aus dem Einmachglas

Diese geschichteten Salate lassen sich perfekt im Voraus zubereiten – in Einmachgläsern oder jedem anderen nicht-reaktiven Behälter mit Deckel. Die Zutaten kommen erst mit dem Dressing in Berührung, wenn Sie den Salat essen, daher bleiben sie knackig-frisch und behalten ihr individuelles Aroma. Geben Sie einfach einige Esslöffel Dressing (Grundrezepte Seite 84–85) auf den Boden jeden Glases, schichten Sie dann die Zutaten ein – und das war's auch schon. Die Einmachglas-Salate halten sich vor dem Servieren bis zu drei Tage im Kühlschrank.

Jedes Rezept ergibt 4 Einmachgläser mit Salat

TEA

450 g Cocktail- oder Kirschtomaten
2 Avocados
1 Limette
1 Kopf Endiviensalat
4 Eier
4 reichliche Handvoll Baby-Spinat
2 EL Sesamkörner

TEA (Tomate, Endive, Avocado)

1. Tomaten halbieren. Avocados ebenfalls halbieren, das Fruchtfleisch auslösen und in mundgerechte Stücke schneiden. Die Limette über dem Avocado-Fruchtfleisch auspressen, damit es nicht braun wird. Den Endiviensalat in schmale Streifen schneiden.
2. In einer kleinen Kasserolle die Eier mit kaltem Wasser bedecken und bei starker Hitze zum Kochen bringen. 5 Minuten kochen, dann sofort vom Herd nehmen, das Wasser abgießen und die Eier behutsam auf der Arbeitsfläche hin und her rollen, damit die Schale bricht. Die Eier unter fließend-kaltem Wasser schälen und beiseitelegen. Wenn sie abgekühlt sind, in kleine Stücke zerteilen.
3. Die Zutaten in folgender Reihenfolge in die Gläser schichten: Dressing, Tomaten, Avocado, Endivie, Eier, Spinat, Sesamkörner. Vor dem Essen im (geschlossenen) Glas durchschütteln und genießen.

PBJ

350 g Jicama
55 g Walnüsse oder Mandeln
1 Dose (à 540 ml) Cannellini-Bohnen
1 Bund glatte Petersilie
1 Kopf Radicchio
4 reichliche Handvoll Rucola

PBJ (Petersilie, Bohnen, Jicama)

1. Jicama schälen und in kleine Würfel schneiden. Nüsse hacken. Cannellini-Bohnen abgießen und abspülen. Petersilienblättchen und -stängel hacken. Den Radicchio klein schneiden.
2. Die Zutaten in folgender Reihenfolge in die Gläser schichten: Dressing, Jicama, Nüsse, Cannellini-Bohnen, Petersilie, Radicchio, Rucola. Vor dem Essen einfach im (geschlossenen) Glas durchschütteln und genießen.

Rechts: PBJ mit Dijon-Vinaigrette (Seite 84)

Jedes Rezept ergibt 4 Einmachgläser mit Salat

TSG

8 Radieschen
1 Salatgurke
3 Möhren
4 reichliche Handvoll Eichblattsalat
450 g zarte grüne Bohnen
3 Dosen (à 170 g) Thunfisch in Olivenöl

GRB

110 g junger Gouda, Beemster oder ein anderer halbfester Schnittkäse
8 Radieschen
2 Köpfe Friséesalat
4 reichliche Handvoll Feldsalat oder ein anderer sehr zarter grüner Salat
4 Scheiben Bacon

TSG (Thunfisch, Salat, Gurke)

1. Radieschen hauchdünn schneiden. Salatgurke würfeln. Möhren reiben. Salat in mundgerechte Stücke zerpflücken. Grüne Bohnen putzen und in mundgerechte Stücke zerschneiden.
2. Eine große Schüssel mit Eiswasser füllen. In einer kleinen Kasserolle Salzwasser zum Kochen bringen, die Bohnen hineingeben und etwa 4 Minuten blanchieren, bis sie knackzart sind. Sofort ins Eiswasser tauchen, um den Kochprozess zu unterbrechen, dann abgießen.
3. Die Zutaten in folgender Reihenfolge in die Gläser schichten: Dressing, Radieschen, Gurke, Möhren, Bohnen, Thunfisch, Salat. Vor dem Essen einfach im (geschlossenen) Glas durchschütteln und genießen.

GRB (Gouda, Radieschen, Bacon)

1. Käse reiben. Radieschen hauchdünn schneiden. Friséesalat hacken. Feldsalat mundgerecht zerpflücken. Einen Teller mit Küchenpapier auslegen.
2. Den Bacon in einer Pfanne 12–15 Minuten bei niedriger Hitze braten. Auf dem vorbereiteten Teller mit Küchenpapier abtropfen lassen. Den abgekühlten Bacon zerkrümeln.
3. Die Zutaten in folgender Reihenfolge in die Gläser schichten: Dressing, Radieschen, Käse, Frisée, Bacon, Feldsalat. Vor dem Essen einfach im (geschlossenen) Glas durchschütteln und genießen.

GEMÜSE-BEILAGEN

Blumenkohlreis

Superfein zerkleinerte Blumenkohlstückchen - nämlich Blumenkohlreis – sind eine hervorragende Low-Carb-Alternative zu stärkehaltigen Lebensmitteln wie Reis, Kartoffeln und Brot. Verarbeiten Sie Blumenkohl am besten ganz frisch, denn sein Geschmack wird mit zunehmender Lagerung immer intensiver. Dasselbe gilt auch für viele andere Kreuzblütler wie Kohl, Brokkoli, Grünkohl und Pak Choi. Möchten Sie Blumenkohlreis im Voraus zubereiten, kochen Sie ihn und frieren ihn dann ein, so hält er sich bis zu einem Monat lang.

Ergibt 4-6 Portionen, abhängig von der Grösse des Blumenkohls

1 Kopf Blumenkohl
1 EL Olivenöl, Butter oder Brühe (Seite 60-63)
Salz und Pfeffer

1. Mithilfe einer Standreibe oder der Reibscheibe einer Küchenmaschine den Blumenkohl in kleine Stücke von der Größe eines Reiskorns verarbeiten. Den harten Strunk entsorgen.
2. Olivenöl, Butter oder Brühe in einer großen Pfanne mit schwerem Boden auf mittlerer bis hoher Stufe erhitzen. Den Blumenkohl in die Pfanne geben und unter gelegentlichem Umrühren 5–7 Minuten garen, bis er durchsichtig wird. Mit Salz und Pfeffer würzen.
3. Zum Servieren auf jedem Teller ein Bett aus Blumenkohlreis anrichten und mit Ihrem Lieblings-Pfannengericht, einem Eintopf, einem Chili, gebratenem Fisch oder jedem anderen cremigen, würzigen Gericht krönen. Oder reichen Sie den Blumenkohlreis als Alternative zu gekochtem Reis zu einem Pfannengericht.

Pürierte Steckrüben und Pastinaken

Steckrüben haben einen intensiveren Geschmack als ihre süßer schmeckenden Verwandten, die Pastinaken. In Kombination ergeben die beiden ein köstliches Püree, das sich gut als Beilage zu einem Hauptgericht mit Soße eignet. Doch auch ein reines Steckrüben- oder Pastinakenpüree ist lecker, wenn man auf nur eine Geschmacksnote setzen möchte.

Ergibt 6 Portionen

1 kg Steckrüben und/oder Pastinaken
1 Schalotte
1 Knoblauchzehe
4 Stängel glatte Petersilie zum Garnieren
3 EL Butter
1 EL Olivenöl
Salz und Pfeffer

1. Steckrüben und/oder Pastinaken in Würfel schneiden. Schalotte und Knoblauchzehe fein zerkleinern. Petersilienblättchen hacken.
2. Die Butter in einer Pfanne mit schwerem Boden und Deckel auf mittlerer Stufe schmelzen. Steckrüben und/oder Pastinaken, Schalotte und Knoblauch zugeben. Unter gelegentlichem Umrühren 5 Minuten garen. Mit Salz würzen.
3. So viel Wasser zugießen, dass das Gemüse gerade eben bedeckt ist, und alles zum Kochen bringen. Die Hitze zurücknehmen, bis das Kochgut nur noch leise simmert (kleine Blasen), und 10–15 Minuten köcheln lassen – dann sollte das Gemüse weich sein. Die Pfanne vom Herd nehmen, die Flüssigkeit abgießen und die restliche Feuchtigkeit verdunsten lassen.
4. Das Gemüse in einen Mixer oder eine Küchenmaschine geben, das Olivenöl zufügen und alles zu einem sehr glatten Püree verarbeiten. Wenn Sie es stückiger mögen, zerstampfen Sie das Gemüse einfach in einer großen Schüssel. Abschmecken und mit Salz und Pfeffer würzen.
5. Das zerstampfte oder pürierte Gemüse auf einer Servierplatte anrichten und sofort heiß oder auf Zimmertemperatur abgekühlt servieren. Am besten schmeckt das Püree frisch zubereitet, also am Tag seiner Herstellung.

Diese klassische Beilage – cremig, üppig und nach Knoblauch duftend – passt gut zu jeglichem gebratenen Fleisch, Geflügel oder Fisch. Und das Beste: Sie schmeckt jedem. Glücklicherweise lässt sich das Rezept ganz einfach verdoppeln oder verdreifachen und Sie können es ein oder zwei Tage vor dem Servieren zubereiten. Stellen Sie den Spinat in einer Auflaufform zugedeckt in den Kühlschrank und schieben Sie ihn zum Aufwärmen 30 Minuten lang bei 160 °C in den Ofen. Wenn der Spinat zu dick erscheint, einfach ein oder zwei Löffel Wasser zugeben.

Cremiger Spinat

Ergibt 4 Portionen

1 Schalotte
2 Knoblauchzehen
450 g TK-Spinat
1 EL Butter
1 Prise Muskat, gerieben
Salz und Pfeffer
250 ml Sahne (35 % Fett)

1. Schalotte und Knoblauchzehen fein zerkleinern. Den Spinat bei Zimmertemperatur oder in einem Dämpfeinsatz, der 5 Minuten lang über einen Topf mit kochendem Wasser gehängt wird, auftauen lassen. Auf jeden Fall den Spinat anschließend sehr gut abtropfen lassen.
2. In einer Pfanne die Butter auf mittlerer bis niedriger Stufe schmelzen. Schalotte und Knoblauch 2–4 Minuten andünsten, bis die Schalotte glasig, aber noch nicht gebräunt ist. Nun den Spinat einrühren. Mit Muskat, Salz und Pfeffer würzen.
3. Die Sahne zugießen, die Hitze höher drehen und den Spinat 3–5 Minuten in der Sahne simmern lassen, bis er leicht angedickt hat. Das Gericht sollte nicht zu wässrig geraten, daher die Pfanne nicht aus den Augen lassen und geduldig rühren.
4. Vor dem Servieren abschmecken und bei Bedarf nachwürzen, dann auf 4 Teller verteilen. Heiß auf den Tisch bringen.

Wirsing in Butter

Viele Leute bringen Kohl mit dem intensiven Geruch und Geschmack in Verbindung, der sich entwickelt, wenn er gedämpft, gekocht oder geschmort wird. Falls Sie dieses strenge Aroma nicht mögen, garen Sie ihn zunächst in einer nicht zu knappen Menge Olivenöl, Butter oder Entenschmalz (köstlich!). In diesem Rezept verwenden wir leckeren krausen Wirsing und kombinieren ihn mit Kümmel - doch wenn Sie kein Kümmel-Fan sind, können Sie dieses Gewürz auch einfach weglassen.

Ergibt 6-8 Portionen

1 großer Kopf Wirsing
1 Schalotte
1 EL Butter
1 TL Kümmelsamen (optional)
Salz und Pfeffer

1. Den Wirsing in feine Streifen schneiden. Schalotte fein hacken.
2. In einer Pfanne mit schwerem Boden und Deckel die Butter bei mittlerer Hitze schmelzen. Wirsingstreifen und Schalotte zufügen und unter konstantem Rühren 5–7 Minuten garen, bis der Wirsing weich zu werden beginnt und die Schalotte glasig wird. Nun Kümmel (falls verwendet) zugeben und mit Salz und Pfeffer würzen.
3. Dem Wirsing 1 großen Löffel Wasser zufügen, den Deckel schließen und den Kohl etwa 2 Minuten dämpfen, bis er weich, aber noch nicht zusammengefallen ist.
4. Den Wirsing heiß auf den Tisch bringen.

Erbsen mit Minze und Zitrone

Tiefkühl-Erbsen haben nicht den besten Ruf, doch wenn sie auf dem Höhepunkt der Erntezeit eingefroren werden, sind sie einfach unübertroffen süß und zart. Im Gegensatz zu frischen Erbsen braucht man sie nicht zu palen - und sie haben durchaus noch Biss, was bei Dosenerbsen in der Regel nicht mehr der Fall ist. Erbsen werden gern mit frischer Minze serviert. In diesem Rezept fügen wir noch Zitronenschale und Butter hinzu: beste Voraussetzungen für einen Geschmack, der Ihnen den Frühling auf den Teller bringt.

Ergibt 4 Portionen

450 g kleine TK-Erbsen
1 Zitrone
4-6 Stängel frische Minze
2 EL Butter
Salz und Pfeffer

1. Erbsen im Kühlschrank oder bei Zimmertemperatur auftauen lassen, alternativ kann man sie auch in heißem Wasser blanchieren. Zitronenschale abreiben, dann Zitrone entsaften. Minzeblättchen abschneiden, aufeinanderstapeln und in feine Streifen schneiden.
2. In einer mittelgroßen Kasserolle 1 l Wasser zum Kochen bringen. Das kochende Wasser leicht salzen, dann die Hitze zurücknehmen und die Erbsen 2 Minuten im Wasser simmern lassen. Anschließend die Erbsen über einem Sieb abgießen.
3. In derselben Kasserolle die Butter auf niedriger Stufe schmelzen. 1 EL Zitronensaft zufügen, dann die Erbsen zur Butter-Zitronen-Mischung geben. Topf vom Herd nehmen und Minze unterrühren.
4. Die Erbsen auf einer Servierplatte anrichten und mit der abgeriebenen Zitronenschale bestreuen. Sofort auf den Tisch bringen.

Grüne Bohnen mit Zuckerschoten aus der Pfanne

Knackig, würzig, sättigend – für diese Beilage wird eine Methode genutzt, die irgendwo zwischen der Zubereitung im asiatischen Wok und in der französischen Sautépfanne liegt. Die Entscheidung, wie viel Knoblauch Sie zufügen und ob Sie das Gemüse mit Sriracha-Soße servieren oder nicht, liegt ganz bei Ihnen. Doch warum nicht mutig würzen und mit den Aromen spielen? Mit ein wenig Zitronenschale lässt sich dieses Gericht ebenfalls perfekt abrunden, gerade dann, wenn Sie es nicht zu scharf oder würzig mögen.

Ergibt 4–6 Portionen

225 g Zuckerschoten
450 g grüne Bohnen
1–2 Knoblauchzehen
60 ml Ghee
Salz und Pfeffer
1 TL geröstetes Sesamöl
Sriracha-Soße zum Servieren (optional)

1. Zuckerschoten von den Fäden befreien und die Enden der grünen Bohnen abschneiden. Knoblauchzehe(n) fein zerkleinern. Eine große Schüssel mit Eiswasser vorbereiten und 2 saubere, trockene Küchentücher bereitlegen.
2. Einen großen Topf mit Salzwasser sprudelnd aufkochen lassen. Die grünen Bohnen 3–5 Minuten blanchieren, sie sollten in der Mitte noch fest sein. Um dies zu testen, in eine Bohne beißen. Nun die Zuckerschoten zufügen und 60 Sekunden blanchieren. Anschließend die Zuckerschoten und Bohnen sofort herausnehmen und ins Eiswasser legen. Das Wasser abgießen und das Gemüse mit einem Küchentuch abtupfen. Dann Zuckerschoten und Bohnen auf dem zweiten Küchentuch auslegen und völlig trocknen lassen.
3. Ghee in einer Sautépfanne mit schwerem Boden auf hoher Stufe erhitzen. Wenn es kochend heiß ist, Bohnen und Zuckerschoten zugeben und 1 Minute sautieren. Die Außenhaut fängt an, Blasen zu bilden und schwarz zu werden. Nun Knoblauch zugeben und alles nochmals 1 Minute sautieren. Mit Salz und Pfeffer würzen.
4. Mit geröstetem Sesamöl und Sriracha-Soße beträufeln. Auf separaten Tellern heiß servieren.

Hier kommt ein wagemutiges Rezept mit ebensolchen Geschmacksnoten - aber Sie entscheiden, wie viel Knoblauch und Schärfe Sie riskieren wollen. Achten Sie darauf, wirklich Lacinato-Grünkohl zu verwenden, eine dunkelgrüne Sorte mit gekräuselten Blatträndern, die auch unter dem Namen Dinosaurier-Grünkohl bekannt ist. Sein markanter Geschmack harmoniert perfekt mit dem von Knoblauch, Chili und Olivenöl. Die heller gefärbten, sanfteren Spielarten des Grünkohls haben einen feineren Geschmack und eine zartere Konsistenz, womit sie in diesem Gericht untergehen würden. Die Beilage passt besonders gut zu unserem *Huhn aus dem Ofen* (Seite 181).

Grünkohl mit Chili aus der Pfanne

Ergibt 4 Portionen

225 g Lacinato-Grünkohl
1 große oder 2 kleine Knoblauchzehen
1 oder 2 Thai-Chilischoten (Bird's Eye)
Salz und Pfeffer
1 EL kräftiges Olivenöl, mehr zum Servieren

1. Den Grünkohl von Strunk und Blattrippen befreien und die Blätter in schmale Streifen (Julienne) schneiden. Knoblauch fein zerkleinern. Chilischoten längst aufschneiden und Samen entfernen.
2. Das Olivenöl in einer großen Pfanne mit schwerem Boden auf mittlerer bis hoher Stufe erwärmen. Den Grünkohl zugeben und 4–6 Minuten sautieren, bis er dunkelgrün glänzt und zusammenfällt. Nun Knoblauch und Chilis zugeben und unter ständigem Rühren 2 Minuten garen.
3. Zum Servieren auf einer Servierplatte anrichten, mit Salz und Pfeffer würzen und nach Belieben mit Olivenöl beträufeln. Heiß auf den Tisch bringen.

Einst war Spargel ein Frühlingsbote, heute ist er jedoch über weite Strecken des Jahres erhältlich, da er nicht nur im Freiland, sondern auch im Gewächshaus und Folientunnel gezogen werden kann. Der frische, grüne Geschmack weckt immer noch die Assoziation von Frühling - auch wenn Sie den Spargel im Februar auf den Tisch bringen! Selbstverständlich können Sie Spargel dämpfen, doch wenn man wie in diesem Rezept Olivenöl, Knoblauch und Zitronenschale hinzufügt, wird daraus eine deutlich spannendere und den Gaumen vewöhnende Beilage.

Grüner Spargel aus der Pfanne

Ergibt 4 Portionen

450 g grüner Spargel
1 Zitrone
1 Knoblauchzehe
2 EL Olivenöl
Salz und Pfeffer

1. Die harten Enden der Spargelstangen entfernen und den Spargel schräg in 5 cm lange Stücke schneiden. Zitronenschale abreiben, dann Zitrone entsaften. Knoblauchzehe fein zerkleinern.
2. In einer Bratpfanne mit schwerem Boden das Olivenöl auf mittlerer bis hoher Stufe erwärmen. Spargel zufügen und etwa 1 Minute anbraten, damit sich die Unterseite bräunt. Spargelstücke währenddessen nicht durchrühren oder wenden. Nun Knoblauch zufügen, mit Salz und Pfeffer würzen und unter Rühren alles nochmals 4–5 Minuten garen, bis der Spargel so weich ist, wie Sie ihn am liebsten mögen.
3. 1 EL abgeriebene Zitronenschale und 1 EL Zitronensaft unterrühren.
4. So zügig wie möglich auf den Tisch bringen, da sich gekochter Spargel nicht lange hält – entweder heiß oder auf Zimmertemperatur abgekühlt.

Sesam-Brokkoli aus dem Ofen

Brokkoli hat seinen ganz eigenen, kräftigen Geschmack und nimmt die Aromen aller Zutaten auf, mit denen er kombiniert wird. In diesem Rezept balanciert er die kraftvollen Noten von Ingwer und Sesam perfekt aus. Wir punkten hier gleich doppelt und setzen sowohl auf Sesamöl als auch auf Sesamkörner. Knackig, lecker und gesund!

Ergibt 4 Portionen

1 großer Kopf Brokkoli
1 Stück frischer Ingwer (5 cm)
2 EL geröstetes Sesamöl
2 EL Tamari-Soße
Salz und Pfeffer
4 EL Sesamkörner

1. Den Brokkoli in Röschen schneiden, dabei die Stiele nicht komplett abschneiden. Den Strunk in schmale Scheiben schneiden. Den Ingwer fein hacken. Den Ofen auf 220 °C Ober-/Unterhitze vorheizen. Ein Backblech mit Backpapier auslegen.
2. Den Brokkoli in einer Schüssel mit Sesamöl und Tamari-Soße vermengen und anschließend nebeneinander in nur einer Lage auf dem Backblech verteilen. Leicht mit Salz und Pfeffer würzen und 20 Minuten im Ofen backen. Dann die Röschen wenden und nochmals 5–8 Minuten backen, bis sich der Brokkoli an einigen Stellen tiefbraun gefärbt hat und knackig-zart geworden ist.
3. Während der Brokkoli im Ofen röstet, eine kleine Antihaftpfanne auf mittlerer Stufe erwärmen. Die Sesamkörner hineingeben und 2–3 Minuten ohne Fett rösten, bis sie hellbraun sind. Achtung – Sesamkörner brennen leicht an.
4. Zum Servieren den Brokkoli auf einer großen Servierplatte anrichten und großzügig mit gerösteten Sesamkörnern bestreuen. Sofort auf den Tisch bringen.

Gebackener Butternusskürbis

Der Butternusskürbis verfügt über eine natürliche Süße. Wie schon sein Name ausdrückt, ist er üppig und mild und lässt sich hervorragend im Ofen backen und anschließend zerstampfen oder in Scheiben schneiden. Möchte man den Kürbis vor dem Garen von der Schale befreien, ist dies eine mühevolle Arbeit - in diesem Rezept verzichten wir auf diesen lästigen Schritt und backen ihn einfach mit Schale.

Ergibt 6 Portionen

1 Butternusskürbis
2 EL Butter
Salz und Pfeffer
1 EL Olivenöl (optional)

1. Den Kürbis längs halbieren und mit einem Löffel die Samen und das faserige Material herauskratzen. Die Butter schmelzen. Den Ofen auf 200 °C Ober-/Unterhitze vorheizen. Einen Bräter oder ein Backblech mit Backpapier auslegen.
2. Die Kürbishälften mit der Schnittseite nach oben in den Bräter oder auf das Backblech setzen. Mit geschmolzener Butter bestreichen und großzügig mit Salz und Pfeffer bestreuen. 45–55 Minuten im Ofen backen, bis der Kürbis weich und oben gebräunt ist. Mit der Spitze eines scharfen Messers einstechen, um zu kontrollieren, ob das Fruchtfleisch durch ist.
3. Vor dem Servieren das Fruchtfleisch mit einem Löffel aus der Schale lösen und in einer Schüssel mit ein wenig Olivenöl (falls verwendet) zerstampfen. Alternativ den Kürbis mit Schale in Scheiben oder Keile schneiden.

Regenbogen-Beten mit Ziegenkäse

Rainbow-Beten oder Ringelbeten (Chioggia) sehen in diesem Gericht fantastisch aus, aber wenn es nicht gelingt, diese farbenfrohen Varianten aufzutreiben, können Sie auch einfach Rote Beten nehmen. Ganz gleich, wie sie aussehen: Beten sind aus der Palette der Wurzelgemüse eine perfekte Wahl. Sie stecken voller Vitamine, Mineral- und Ballaststoffe und sorgen dadurch für eine angenehme Sättigung. Hierzu trägt auch der in diesem Rezept verwendete cremige Ziegenkäse bei.

Ergibt 4 Portionen

8 kleine oder mittlere Beten (bunte Sorten wie Rainbow, Ringelbeten oder purpurfarbene Rote Beten)
55 g Walnusshälften oder -stücke
1 EL Apfelessig
3 EL Olivenöl
110 g cremiger Ziegenkäse
Salz und Pfeffer

1. Die Beten schrubben. Den Ofen auf 180 °C Ober-/Unterhitze vorheizen.
2. Die Beten in eine Auflaufform setzen, die so groß ist, dass sie gerade eben hineinpassen, aber nicht zu dicht gedrängt stehen. Die Form gut mit Alufolie verschließen und 90 Minuten im Ofen lassen, bis man die Beten leicht mit einer Gabel einstechen kann. So weit abkühlen lassen, bis sie sich gut anfassen lassen, dann die Schale abreiben und die Beten in große Stücke schneiden.
3. Während die Beten im Ofen backen, die Walnüsse in einer Pfanne mit schwerem Boden auf mittlerer Stufe unter gelegentlichem Rühren etwa 3 Minuten anrösten, bis die Nüsse duften, aber noch nicht schwarz geworden sind. Nüsse anschließend hacken.
4. Zum Servieren die Betenstücke auf eine Servierplatte oder in eine flache Schüssel geben und mit Apfelessig und Olivenöl beträufeln. Mit Salz und Pfeffer würzen. Dann den Käse zerkrümeln und mit den Nüssen gleichmäßig über die Beten streuen. Warm auf den Tisch bringen.

Fenchel mit Parmesan aus der Pfanne

Fenchel besitzt einen frischen Geschmack, der ein wenig an Lakritz erinnert und hervorragend zu jeglichem Fisch passt. Möchten Sie ihn lieber im Ofen zubereiten, backen Sie ihn 35-40 Minuten bei 200 °C und geben den Parmesan während der letzten 5 Minuten der Backzeit dazu. Oder lassen Sie den Parmesan weg, wenn Sie lieber auf den üppigen Käsegeschmack verzichten wollen.

Ergibt 4-6 Portionen

3 Fenchelknollen
4 EL Olivenöl
Salz und Pfeffer
45 g Parmesan, gerieben, gehobelt oder in Spänen (optional)

1. Fenchelknollen halbieren, dann in 6 oder 8 Keile schneiden.
2. In einer großen, schweren Sautépfanne das Olivenöl auf mittlerer bis hoher Stufe erwärmen. Die Fenchelkeile nebeneinander in die Pfanne legen und (ohne sie umzudrehen) 10–12 Minuten sautieren, bis der Fenchel Farbe annimmt, aber nicht anbrennt. Nun die Keile wenden und nochmals 8–10 Minuten garen. Wenn der Fenchel zu schnell bräunt, die Hitze zurücknehmen.
3. Den Fenchel großzügig mit Salz und Pfeffer würzen, den Deckel halb auflegen und nochmals 5–7 Minuten garen, bis er vollständig weich ist. Mit der Spitze eines scharfen Messers einstechen, um zu kontrollieren, ob er wirklich durch ist.
4. Zum Servieren den Fenchel auf eine große Platte geben, mit Parmesan (falls verwendet) bestreuen und entweder heiß oder auf Zimmertemperatur abgekühlt auf den Tisch bringen.

Blumenkohl verändert sich, wenn man ihn ohne Zugabe von Fett bei hoher Temperatur im Ofen backt: Sein Geschmack wird milder, was ihn zur perfekten Grundlage für eine Mahlzeit macht. In diesem Rezept kombinieren wir ihn mit kräftigem Käse, der auch gut zu Rindfleisch passen würde, doch Sie können auch zu jedem anderen gut schmelzenden Käse greifen, etwa zu mildem Fontina oder Mozzarella. Gruyère ist ebenfalls ein klassischer Partner. Denken Sie einfach an Käsefondue, dann kann nichts schiefgehen.

Blumenkohlsteaks mit Käse

Ergibt 4 Portionen

1 Kopf Blumenkohl
1 Zitrone
110 g reifer Cheddar oder pikanter Blauschimmelkäse
1 Knoblauchzehe
60 ml Olivenöl
1 TL Cayenne- oder Espelette-Pfeffer
Salz und Pfeffer
Chilisoße, zum Servieren (optional)

1. Den Blumenkohl in 4 dicke Scheiben schneiden. (Die Ränder sind zu kleinteilig, um sie zu Scheiben zu schneiden, machen Sie daraus einfach Blumenkohlreis, Seite 106). Zitronenschale abreiben und Zitrone auspressen. Den Cheddar reiben oder den Blauschimmelkäse zerkrümeln. Den Knoblauch fein zerkleinern. Den Ofen auf 220 °C Ober-/Unterhitze vorheizen. Ein Backblech mit Backpapier oder Alufolie auslegen.
2. In einer kleinen Schüssel 1 EL abgeriebene Zitronenschale, 1 EL Zitronensaft, Knoblauch, Olivenöl, Cayenne- oder Espelette-Pfeffer, Salz und Pfeffer mischen. Die Blumenkohlsteaks auf das Backblech legen und auf der Oberseite großzügig mit der Hälfte der Olivenöl-Mischung bestreichen. 15 Minuten backen, bis sich der Blumenkohl dunkelbraun gefärbt hat und beginnt, nussig zu duften.
3. Blech aus dem Ofen nehmen, die Blumenkohlsteaks wenden und nun von der anderen Seite mit der restlichen Olivenöl-Mischung bestreichen. Nochmals für 12–15 Minuten in den Ofen schieben. Der Blumenkohl färbt sich dunkelbraun, doch sollten die Ränder nicht schwarz werden.
4. Die Steaks aus dem Ofen nehmen, mit Käse bestreuen und nochmals 2–3 Minuten backen, bis der Käse schmilzt.
5. Warm servieren und Chilisoße auf den Tisch stellen, wenn Ihre Familie oder Freunde würzig-scharfes Essen lieben.

Gefüllte Tomaten mit Ziegenkäse

Diese Tomaten sind eine fantastische Beilage zu jedem einfachen Fleisch- oder Geflügelgericht, insbesondere zu Hähnchen. Bitte beachten: Die Käsefüllung ist ganz weich und geschmolzen, wenn Sie die Tomaten aus dem Ofen nehmen. Haben Sie vor dem Servieren noch ein oder zwei Minuten Geduld, damit sich die Füllung setzen kann. Dann lassen sich die Tomaten zum einen leichter anrichten, zum anderen verbrennen Sie sich beim Essen nicht den Gaumen!

Ergibt 4 Portionen

2 Zwiebeln
55 g Walnusshälften
8 Roma-Tomaten (Flaschentomaten)
1 Bund glatte Petersilie
1 EL Olivenöl
Salz und Pfeffer
110 g Ziegenfrischkäse
1 TL Weißweinessig

1. Die Zwiebeln dünn schneiden. Die Walnüsse grob hacken. Tomaten halbieren und Fruchtfleisch mit einem Löffel herausnehmen. Petersilienblättchen hacken.
2. Olivenöl in einer Pfanne auf mittlerer Stufe erwärmen. Zwiebeln hineingeben und 35–40 Minuten dünsten, bis sie sich goldbraun färben. Dabei gelegentlich umrühren, damit nichts anbrennt. Zwiebeln vom Herd nehmen, abkühlen lassen und mit Salz und Pfeffer würzen.
3. In einer Schüssel Ziegenkäse, Zwiebeln, Walnüsse und Weißweinessig miteinander verrühren.
4. Den Ofen auf 180 °C Ober-/Unterhitze vorheizen. Die ausgehöhlten Tomatenhälften mit der Öffnung nach oben in eine Auflaufform setzen. Die Ziegenkäse-Walnuss-Füllung vorsichtig einfüllen, dabei darauf achten, die Tomaten nicht zu überfüllen. Tomaten 30 Minuten im Ofen backen, bis sie oben leicht gebräunt sind. Aus dem Ofen nehmen und fast auf Zimmertemperatur abkühlen lassen, damit sich die Käsefüllung setzen kann.
5. Die Tomaten zum Servieren auf einer Platte anrichten und mit Petersilie bestreuen.

Crudités mit Pesto (Seite 126)

Crudités mit vier Dips

Bei gedämpftem Gemüse handelt es sich streng genommen nicht um »Crudités«, was im Französischen so viel wie »Rohkost« bedeutet. Aber es ist dennoch eine gute Idee, bestimmte Gemüse zu blanchieren oder zu dämpfen, insbesondere, wenn es sich um Kreuzblütler wie Blumenkohl und Brokkoli handelt. Sie werden dadurch nicht nur besser verdaulich, sondern können auch ihren natürlichen, köstlichen Geschmack besser entfalten. Die hier vorgestellten Dips sind cremig oder relativ dickflüssig und bleiben dadurch gut an den Veggies haften. Im Kühlschrank halten sich die Dips und das Gemüse in einem verschlossenen Gefäß bis zu drei Tage.

Jeder Dip ergibt etwa 125 ml

Gemüse-Optionen:

Endiviensalat, Blätter abgetrennt
Paprikaschoten (rot oder gelb), der Länge nach in Streifen geschnitten
Brokkoli, 3 Minuten blanchiert
Möhren, in Stifte geschnitten
Blumenkohl, 3 Minuten blanchiert
Stangensellerie, in Stifte geschnitten
Jicama, in Stifte geschnitten
Zucchini, in Stifte geschnitten

Aioli

2 Knoblauchzehen
1 EL Zitronensaft

Nr. 1: Aioli

1. Knoblauch fein zerkleinern und mit Zitronensaft mischen. 5 Minuten durchziehen lassen.
2. In einer kleinen Schüssel die Knoblauch-Zitronen-Mischung mit der Mayonnaise vermischen. Espelette- oder Cayennepfeffer zufügen und mit Salz und Pfeffer würzen.
3. Sofort servieren oder in einem Gefäß mit Deckel im Kühlschrank bis zu 3 Tage aufheben.

Nr. 2: Blauschimmelkäse-Dip

1. Blauschimmelkäse zerkrümeln.
2. In einer kleinen Schüssel den Blauschimmelkäse behutsam mit dem Sauerrahm und der Mayonnaise verrühren. Zitronensaft einrühren und mit Salz und Pfeffer würzen.
3. Sofort servieren oder in einem Gefäß mit Deckel im Kühlschrank bis zu 3 Tage aufheben.

→

125 ml Mayonnaise
1 reichliche Prise Espelette- oder Cayenne-Pfeffer
Salz und Pfeffer

Blauschimmelkäse-Dip

110 g pikanter Blauschimmelkäse
60 ml Sauerrahm
60 ml Mayonnaise
1 EL Zitronensaft
Salz und Pfeffer

Pesto

1 Bund Basilikum, Petersilie oder Koriander (oder eine Mischung)
1 Knoblauchzehe
3 EL Zitronensaft, aufgeteilt
1 EL Pinienkerne
2 EL Olivenöl
Salz und Pfeffer

Tsatsiki

1 (englische) Salatgurke oder 4 kleine Gurken
1 Bund frischer Dill
4 Stängel frische Minze
1 Knoblauchzehe
1 EL Zitronensaft
250 ml vollfetter Naturjoghurt
Salz und Pfeffer

Nr. 3: Pesto

1. Die frischen Kräuter hacken. Den Knoblauch fein zerkleinern.
2. In einer Küchenmaschine die Kräuter mit dem Knoblauch und 1 EL Zitronensaft verarbeiten. Die Pinienkerne zugeben und stückig zerkleinern – nicht zu sehr, sonst bekommen Sie Nussbutter! Bei gleichmäßig laufendem Motor das Olivenöl langsam in dünnem Strahl zugeben, anschließend den restlichen Zitronensaft. Hat das Pesto die gewünschte Konsistenz, mit Salz und Pfeffer würzen.
3. Sofort servieren oder in einem Gefäß mit Deckel im Kühlschrank bis zu 3 Tage aufheben.

Nr. 4: Tsatsiki

1. Die Gurke(n) reiben. Dill und Minze mitsamt den Stängeln grob hacken. Den Knoblauch fein zerkleinern und mit dem Zitronensaft verrühren.
2. Die geriebene Gurke in ein feinmaschiges Sieb geben, leicht salzen und 10 Minuten ziehen lassen. Mit der Rückseite eines Holzlöffels so viel Flüssigkeit wie möglich aus den Gurken pressen.
3. In einer kleinen Schüssel die Gurke mit dem Joghurt verrühren. Dill, Minze und Knoblauch-Zitronen-Mischung zugeben. Alles mit Salz und Pfeffer würzen.
4. Tsatsiki in einem Gefäß mit Deckel mindestens 1 Stunde im Kühlschrank durchziehen lassen und maximal 3 Tage lang gekühlt aufheben.

Vielleicht möchten Sie das Gemüse zu verschiedenen Formen schneiden, damit die Optik noch schöner wird - aber dieses üppige goldgelbe Curry sieht immer appetitlich aus. Das Gericht passt wunderbar zu einem Kichererbsen-Pfannkuchen (Seite 48) als Beilage. Wenn Sie sich zu dieser Kombination entschließen, rechnen Sie einen Pfannkuchen pro Kopf und reduzieren die im Curry angegebene Menge an Kichererbsen um die Hälfte.

Goldenes Gemüse-Curry

Ergibt 6 Portionen

- 1 Zwiebel
- 2 Knoblauchzehen
- 450 g Butternusskürbis
- 450 g Blumenkohl
- 1 gelbe oder grüne Zucchini
- 1 Thai-Chilischote (Bird's eye)
- 6 Stängel Koriander oder glatte Petersilie
- 4 reichliche Handvoll Spinat
- 1 Dose (à 400 ml) Kichererbsen
- 2 EL Olivenöl oder Ghee
- Salz und Pfeffer
- 5 EL gelbe Currypaste
- 1 Dose (à 400 ml) Kokosnusscreme

1. Die Zwiebel würfeln. Knoblauch fein zerkleinern. Kürbis schälen und in mundgerechte Stücke schneiden. Blumenkohl in mundgerechte Röschen teilen. Zucchini längs halbieren, dann grob in Halbkreise schneiden. Chilischote in kleine Stückchen zerteilen. Koriander oder Petersilie grob hacken. Spinat abspülen. Die Kichererbsen abgießen und abspülen.
2. In einer großen Pfanne mit schwerem Boden Olivenöl oder Ghee auf mittlerer Stufe erhitzen. Zwiebel und Knoblauch zufügen und unter Rühren etwa 5 Minuten andünsten, bis die Zwiebel anfängt, Farbe anzunehmen. Nun Kürbis, Blumenkohl, Zucchini und Chili in die Pfanne geben. Alles gut durchrühren und mit Salz und Pfeffer würzen.
3. Spinat, Koriander oder Petersilie sowie die Kichererbsen zufügen. In einem Messbecher aus Glas die Currypaste mit 500 ml warmem Wasser verrühren und die Mischung zum Gemüse geben. Gut durchrühren, den Deckel auflegen und 10–12 Minuten garen, bis das Gemüse weich ist. Erscheint das Curry zu trocken, ein bisschen mehr Wasser zugeben. Wirkt es zu flüssig, den Deckel abnehmen und bis zur gewünschten Konsistenz einkochen lassen.
4. Wenn das Gemüse weich ist, die Kokosnusscreme einrühren – das Curry nur so lange auf dem Herd lassen, bis sich die Creme erwärmt und mit dem Gemüse verbunden hat. Sofort in Schalen servieren oder über Nacht in den Kühlschrank stellen. Das Aroma des Currys intensiviert sich, wenn es Zeit zum Durchziehen hat.

PFLANZLICHES EIWEISS

Dieses einfach herzustellende Topping bereichert jedes Gemüsegericht mit knackigem Biss, intensiviert den Geschmack und verstärkt das Sättigungsgefühl – ganz zu schweigen von der netten Extraportion an Eiweiß und Ballaststoffen. Dank der darin enthaltenen Nährhefe schmeckt das pikante Topping nach Käse, ohne jedoch dabei pampig zu werden. Streuen Sie es einfach über gekochtes Gemüse oder Salate.

Walnuss-Topping

Ergibt 250 ml

110 g Walnuss-Stückchen
1 EL Olivenöl oder zerlassenes Kokosöl
Salz und Pfeffer
2 TL Nährhefe
2 EL Leinsamen

1. Den Ofen auf 200 °C Ober-/Unterhitze vorheizen. Ein Backblech leicht fetten.
2. Walnuss-Stückchen mit Oliven- oder Kokosöl mischen. Mit Salz und Pfeffer würzen und die Nüsse nebeneinander auf dem Backblech verteilen. 5–7 Minuten im Ofen rösten, dabei nach ein paar Minuten wenden, damit die Nüsse nicht anbrennen. Die Walnüsse anschließend auf dem Blech vollständig auskühlen lassen.
3. In einer großen Schüssel die Nährhefe mit den Leinsamen und den gerösteten Walnüssen mischen. Abschmecken und bei Bedarf nachwürzen. Übrig gebliebenes Walnuss-Topping hält sich in einem verschlossenen Glasgefäß im Kühlschrank bis zu einer Woche.

Siehe Foto auf Seite 132

Hummus

In Kombination mit knackigem Gemüse wird eine kleine Portion Hummus zu einer eigenständigen Mahlzeit. Sie können den Hummus auch als Dip zu Rohkost (Seite 125) oder zu Körnercrackern (Seite 133) reichen. Er ist einfach herzustellen und zu transportieren, herzhaft und enthält neben gesunden Fetten aus Olivenöl und Tahini (Sesampaste) auch jede Menge Ballaststoffe aus den Kichererbsen.

Ergibt etwa 500 ml

- 1 Dose (à 540 ml) Kichererbsen
- 2 Knoblauchzehen
- 1 Zitrone, Saft und Zesten
- 2 EL Tahini
- ½ TL gemahlener Kreuzkümmel
- Salz und Pfeffer
- 1 TL Espelette-Pfeffer zum Servieren (optional)
- 1 EL Olivenöl

1. Kichererbsen abgießen und abspülen. Knoblauch fein zerkleinern. Zitronenschale abreiben, danach die Zitrone auspressen.
2. In einer Küchenmaschine mit Schnitzelwerk Kichererbsen, Knoblauch, 2 EL Zitronensaft, Tahini und Kreuzkümmel zu einer seidig-glatten Konsistenz verarbeiten. Dies dauert ein paar Minuten. Den Hummus bei Bedarf mit weiterem Zitronensaft oder Wasser verdünnen, bis er die gewünschte Textur hat, dabei die Flüssigkeit nur teelöffelweise zugeben. Mit Salz und Pfeffer würzen.
3. Den Hummus zum Servieren in einer Schüssel oder auf einem Servierteller mit Rand anrichten. Mit Zitronenschale und Espelette-Pfeffer (falls verwendet) bestreuen und mit Olivenöl beträufeln.

Diese Cracker sind knusprig, leicht salzig und sättigend. Sie runden Suppen, Salate oder Rohkost mit Eiweiß ab. Da sie frei von Stärke oder verarbeiteten Kohlenhydraten sind, eignen sie sich perfekt als Ersatz für handelsübliche Cracker – es lohnt sich also, stets einen Vorrat davon zur Hand zu haben.

Körnercracker

Ergibt 20–24 Cracker, abhängig von der Grösse

- 60 ml Kokosöl
- 60 g ganze rohe Sonnenblumenkerne
- 80 g ganze rohe Leinsamen
- 2 EL gemahlene Leinsamen
- 40 g rohe Chiasamen
- 40 g rohe Sesamsamen
- Salz und Pfeffer

1. Das Kokosöl in einer kleinen Kasserolle auf niedriger Stufe schmelzen. Den Ofen auf 180 °C Ober-/Unterhitze vorheizen. Ein Backblech mit Rand leicht fetten oder mit Backpapier auslegen.
2. In einer Schüssel Sonnenblumenkerne, Leinsamen, Chiasamen und Sesam mit dem geschmolzenen Kokosöl und 250 ml kochendem Wasser vermengen. Die Masse mit einem Teigschaber auf das Backblech geben und zu einem groben Rechteck formen. Den Teig mit den Händen flach drücken, er sollte etwa 6 mm dick sein. Mit Salz und Pfeffer würzen und 25 Minuten im Ofen backen.
3. Das Blech aus dem Ofen nehmen. Den Körnercracker mit einem Pfannenwender aus Metall vom Boden lösen und wenden. Zurück in den Ofen schieben und nochmals 10 bis 15 Minuten backen, bis sich der Cracker hellbraun gefärbt hat. Den Ofen ausschalten und den Cracker im Ofen etwa 1 Stunde abkühlen lassen.
4. Den erkalteten Körnercracker in Stücke brechen. Nach Geschmack die Stücke vor dem Servieren noch mit ein wenig Salz bestreuen.

Gebackener Tofu

Ergibt 4 Portionen

Dank seines milden Geschmackes und seiner unterschiedlichen Konsistenzen lässt sich Tofu nahezu endlos variieren. Sehr beliebt ist die Zubereitung in der Pfanne (siehe Tofu aus der Pfanne, Seite 144), ebenso gut lässt sich Tofu aber im Ofen backen – er passt sich so vielen verschiedenen Geschmacksrichtungen an. Anstelle des Olivenöls in diesem Rezept können Sie auch mit Chili-Knoblauch-Öl, geröstetem Sesamöl oder Zitronen-Basilikum-Öl experimentieren. Als Ersatz für die Fischsoße bieten sich Tamari-Soße, Chilisoße oder mit etwas Misopaste verrührter Reisweinessig an. Spielen Sie mit dem Gegensatz von Schärfe und Säure und entdecken Sie die Mischung, die Ihnen am besten schmeckt.

560 g fester Tofu
2 Knoblauchzehen
1 EL frischer Zitronensaft
2 EL Fischsoße
60 ml Olivenöl (oder aromatisiertes Öl)
Salz und Pfeffer

1. Den Tofu-Block auf einer doppelten Lage Küchenpapier abtropfen lassen. Die Oberfläche mit Küchenpapier bedecken und ein paar Sekunden lang Druck ausüben. Dann den Tofu entlang der kurzen Seite in etwa 1 cm dicke Scheiben schneiden. Den Knoblauch fein zerkleinern. Den Ofen auf 230 °C Ober-/Unterhitze vorheizen. Ein Backblech leicht fetten oder mit Backpapier auslegen
2. Den Tofu nebeneinander auf dem Backblech anordnen. In einer Schüssel Knoblauch, Zitronensaft, Fischsoße und Olivenöl verrühren. Die Mischung mit einem Backpinsel großzügig auf den Tofu streichen. Mit Salz und Pfeffer würzen. Den Tofu 15–18 Minuten im Ofen backen.
3. Das Blech aus dem Ofen nehmen, die Tofu-Scheiben wenden und mit der restlichen Soße bestreichen. Nochmals 8–10 Minuten in den Ofen schieben, bis der Tofu an den Rändern knusprig wird und komplett durchgewärmt ist.
4. Zum Servieren mit der Soße beträufeln, die sich auf dem Backblech gebildet hat, und entweder heiß oder auf Zimmertemperatur abgekühlt auf den Tisch bringen. Übrig gebliebener gebackener Tofu hält sich im Kühlschrank in einem verschlossenen Gefäß bis zu 3 Tagen.

Weisse Bohnen in Kräuterbutter

Ergibt 4 Portionen

Eine überraschende Tatsache in Sachen weißer Bohnen: Es handelt sich hier um nichts anderes als um reife Lima-Bohnen. Das waren die viel geschmähten blassgrünen Bohnen, die in unserer Kindheit oftmals auf den Tisch kamen. Diese Babyversion ist nur ein schwacher Abklatsch der üppigen weißen Bohnen, die mitunter auch als Butterbohnen bezeichnet werden. Vielleicht schmecken Sie Ihnen heute besser? Dieses Rezept hier funktioniert mit jeglichen weißen Bohnen, ganz gleich ob mit Cannellini- oder Kidneybohnen.

- 170 g getrocknete weiße dicke Bohnen oder 1 Dose (à 540 ml)
- Salz und Pfeffer
- 1 Zweig Rosmarin oder 1 reichliche Prise getrocknete Kräuter der Provence
- 2 EL Butter
- 1 EL Olivenöl

1. Bei Verwendung von getrockneter Ware die Bohnen in einen Topf geben, mit Wasser bedecken und 2 Minuten aufkochen lassen. Den Topf vom Herd nehmen und die Bohnen 2 Stunden einweichen. Dann abgießen, abspülen, abtropfen lassen und mit frischem Wasser bedecken. Die Bohnen wiederum zum Kochen bringen, danach die Hitze zurücknehmen und alles 60–90 Minuten simmern lassen. Nach 30 Minuten prüfen, ob die Bohnen anfangen weich zu werden. Ist dies der Fall, 1 TL Salz zufügen. Weiter köcheln lassen, bis die Bohnen aufgequollen und zart, aber noch nicht breiig sind. Im Anschluss abgießen.
2. Wird frischer Rosmarin verwendet, die Blättchen abpflücken und fein hacken. Bei Verwendung von Bohnen aus der Dose die Bohnen abspülen und abtropfen lassen.
3. Die Butter in einem Topf auf mittlerer Stufe schmelzen. Nach Geschmack Rosmarin oder Kräuter der Provence zufügen. Die Bohnen unterrühren, dabei einige mit einem Holzlöffel zerdrücken und so lange weiterrühren, bis sie durcherhitzt sind.
4. Zum Servieren die Bohnen auf separate Schalen verteilen, mit Olivenöl beträufeln und mit Salz und Pfeffer würzen.

Kichererbsen haben einen milden, leicht nussigen Geschmack, der gut zu bitterem Blattgemüse passt. Eine überaus leckere Variante ist die Zubereitung mit Löwenzahnblättern – falls Sie welche auftreiben können. Da der Löwenzahn nur zu bestimmten Zeiten wächst, schnappen wir uns die Blätter, wann immer sie zu bekommen sind. Auch asiatische Blattgemüse wie Pak Choi passen hervorragend in diesen warmen Salat.

Kichererbsen mit Bittersalat

Ergibt 4 Portionen

- 55 g Mandelstifte
- 2 Möhren
- 1 Zitrone
- 8–10 reichliche Handvoll Bittersalat (z. B. Eskariol, Chicorée, Frisée)
- 1 Bund glatte Petersilie
- 1 Dose (à 400 ml) Kichererbsen
- 7 EL Olivenöl, aufgeteilt
- Salz und Pfeffer
- ½ TL edelsüßes Paprikapulver
- 2 EL Dijonsenf

1. Die Mandelstifte in einer Pfanne ohne Fettzugabe auf mittlerer Stufe rösten, bis sie gebräunt sind, dabei darauf achten, dass sie nicht anbrennen. Die Möhren reiben und die Zitrone entsaften. Den Bittersalat in mundgerechte Stücke zerpflücken. Die Petersilie grob hacken. Die Kichererbsen abspülen und abtropfen lassen, dann mit Küchenpapier trocken tupfen. Den Ofen auf 220 °C Ober-/Unterhitze vorheizen.
2. Kichererbsen mit 2 EL Olivenöl, Salz, Pfeffer und Paprikapulver mischen. Die Kichererbsen nebeneinander in nur einer Lage auf einem Backblech verteilen und 20 Minuten im Ofen rösten, bis sie außen kross sind. Beiseitestellen und abkühlen lassen.
3. In einer kleinen Schüssel Zitronensaft, Dijonsenf, 4 EL Olivenöl sowie Salz und Pfeffer verschlagen.
4. In einem großen Topf oder Schmortopf das restliche Olivenöl auf mittlerer bis hoher Stufe erwärmen, bis es zu schimmern beginnt. Den Bittersalat hineingeben und so lange mit dem Olivenöl durchmischen, bis das Grünzeug zusammenfällt. Anschließend vom Herd nehmen und abkühlen lassen.
5. In einer großen Salatschüssel Bittersalat, Petersilie, Kichererbsen, Möhren, Mandeln und die Vinaigrette gut durchmischen. Sofort auf den Tisch bringen.

Eintopf mit Cranberry-Bohnen

Cranberry-Bohnen kennt man auch unter der Bezeichnung Borlotti-Bohnen. Sie sind gehaltvoll, rötlich-braun gefärbt und haben den Vorteil, viele Ballaststoffe und pflanzliches Eiweiß zu liefern, dabei aber durchaus preisgünstig zu sein. Wie bei den meisten anderen Bohnen können Sie auch hier zu Dosenware greifen, wenn dies bequemer für Sie ist. Frische Bohnen haben jedoch einen nussigeren Geschmack. Überdies wissen Sie dann bestens über den Natriumgehalt Bescheid - er hängt davon ab, wie viel Salz Sie beim Kochen zufügen.

Ergibt 4 Portionen

170 g getrocknete Cranberry-Bohnen oder 1 Dose (à 540 ml)
1 Zwiebel
3 Knoblauchzehen
1 Möhre
1 Stange Sellerie
1 gelbe oder grüne Zucchini
2 EL Olivenöl, aufgeteilt
2 Zweige frischer Salbei, Rosmarin oder Oregano
250 ml Hühnerbrühe (Seite 61), selbst gemacht oder gekauft
Salz und Pfeffer

1. Getrocknete Bohnen in einen Topf geben, mit Wasser bedecken und 2 Minuten aufkochen lassen. Den Topf vom Herd nehmen und die Bohnen 2 Stunden einweichen. Abgießen, abspülen, abtropfen lassen und mit frischem Wasser bedecken. Bohnen wiederum zum Kochen bringen, danach die Hitze zurücknehmen und 60–90 Minuten simmern lassen. Nach 30 Minuten den weichen Bohnen 1 TL Salz zufügen. Weiter köcheln lassen, bis sie aufgequollen und zart sind. Dann abgießen.
2. Die Zwiebel würfeln. Knoblauch fein zerkleinern. Möhre, Sellerie und Zucchini hacken.
3. In einer schweren Pfanne oder einem Schmortopf 1 EL Olivenöl erhitzen. Zwiebel, Knoblauch und Möhre zufügen. Unter Rühren etwa 10 Minuten andünsten, bis die Möhre weich wird. Sellerie und Zucchini zugeben und alles nochmals 5 Minuten garen. Kräuterzweige und Brühe zufügen. Mit Salz und Pfeffer würzen.
4. Den Eintopf zum Kochen bringen, dann die Hitze zurücknehmen und alles bei halb aufgelegtem Deckel 30 Minuten simmern lassen, bis das Gemüse weich ist. Die gekochten Bohnen einrühren und 3–5 Minuten durcherhitzen, bis die Bohnen heiß sind. Die Kräuterzweige herausnehmen.
5. Den Eintopf auf Schalen verteilen und heiß auf den Tisch bringen, dabei jede Portion mit etwas Olivenöl beträufeln.

Mediterrane dicke Bohnen aus dem Ofen

Dieses Rezept eignet sich perfekt für eine Mahlzeit im Tapas-Stil, bei der viele kleine Gerichte auf den Tisch kommen. Unsere dicken Bohnen lassen sich gut im Voraus zubereiten und schmecken heiß und kalt gleichermaßen gut. Im Kühlschrank halten sie sich bis zu 3 Tage. Vor dem Essen sollten sich die Bohnen auf Zimmertemperatur erwärmt haben.

Ergibt 4 Portionen

2 Möhren
2 Stangen Sellerie
1 Stange Lauch
1 Bund glatte Petersilie
1 Dose (à 800 ml) dicke Bohnen (Saubohnen)
125 ml Olivenöl, aufgeteilt
Salz und Pfeffer
500 ml Gemüsebrühe
1 Dose (à 400 ml) gewürfelte Tomaten
1 EL Kräuter der Provence

1. Möhren und Sellerie würfeln. Die dunkelgrünen Teile vom Lauch entfernen und entsorgen. Die Lauchstange längs halbieren und zerkleinern, dabei das harte Endstück abschneiden und wegwerfen. Petersilie grob hacken. Bohnen abspülen und abtropfen lassen. Den Ofen auf 150 °C Ober-/Unterhitze vorheizen.
2. In einer großen Pfanne 1 EL Olivenöl auf mittlerer bis hoher Stufe erwärmen. Möhren, Sellerie und Lauch zufügen. Unter gelegentlichem Rühren etwa 7 Minuten andünsten, bis der Lauch glasig schimmert und das Gemüse zu dampfen beginnt. Großzügig mit Salz und Pfeffer würzen. Noch 1 Minute weiter garen, dann vom Herd nehmen.
3. In einer Kasserolle die Brühe so lange erhitzen, bis Dampfschwaden aufsteigen, aber nicht aufkochen lassen.
4. Das Gemüse in eine große, flache Auflaufform geben. Die Bohnen, die Hälfte der Petersilie und die Dosentomaten zugeben und alles durchrühren. Nun die Gemüsebrühe und das restliche Olivenöl zugießen und mit den Kräutern der Provence würzen.
5. Die Auflaufform ohne Deckel in den Ofen schieben und etwa 3 Stunden dort belassen, bis die Flüssigkeit ziemlich stark eingedickt ist. Beim Abkühlen wird sie noch dicker. Die restliche Petersilie einrühren und das Gericht auf den Tisch bringen.

Cannellini-Bohnen, Blattgemüse und Tomaten mit brauner Butter

Braune Butter ist ein einfaches (!) Geheimrezept, um ein Gericht gehaltvoller zu machen und ihm einen intensiveren Geschmack zu verleihen. Greifen Sie immer dann zu brauner Butter, wenn Sie anderenfalls Olivenöl nehmen würden. Sie können die braune Butter für ein Dressing mit ein wenig Dijonsenf und frischem Zitronensaft mischen oder einfach mit dem Löffel über die schlichtesten Zutaten geben. Haben Sie erst einmal mit brauner Butter gekocht, werden Sie von nun an immer Ihre Gemüsegerichte damit abrunden. Versuchen Sie es einmal mit gedämpftem Grünkohl oder Brokkoli, Sie werden den Geschmack nicht wiedererkennen! Übrig gebliebene braune Butter hält sich im Kühlschrank in einem luftdicht verschlossenen Behälter wochenlang, genau wie Ghee oder Butterschmalz.

Ergibt 4 Portionen

- 1 Dose (à 540 ml) Cannellini-Bohnen
- 300 g Cocktail- oder Kirschtomaten
- 6 reichliche Handvoll Rucola, Mangold, Löwenzahn oder Rübengrün
- 110 g gesalzene Butter
- Salz und Pfeffer

1. Die Bohnen abspülen und abtropfen lassen. Tomaten halbieren. Blattgemüse abspülen und trocken schleudern oder tupfen.
2. In einem kleinen Topf mit schwerem Boden die Butter auf niedriger bis mittlerer Stufe erwärmen. Die Butter wird aufschäumen, sollte aber nicht überschwappen. Den Schaum immer wieder von der Oberfläche abschöpfen und die Butter durchschwenken, damit sie gleichmäßig bräunt. Die festen Milchbestandteile werden sich am Boden absetzen, an der Oberfläche bildet sich Schaum und die Flüssigkeit dazwischen färbt sich dunkelbraun. Dieser Prozess dauert 5–8 Minuten, je nachdem, welche Butter Sie verwenden. Nochmals den Schaum von der Oberfläche abschöpfen.
3. Zum Servieren das Blattgemüse auf 4 Schalen oder Teller verteilen. Die Tomaten und Cannellini-Bohnen auf dem Gemüsebett verteilen. Jede Portion mit 2–3 EL brauner Butter veredeln. Nach Geschmack mit Salz und Pfeffer würzen. Sofort auf den Tisch bringen, solange die Butter noch heiß ist.

Siehe Foto auf Seite 142-143

Tofu aus der Pfanne

Dieses gerührte Pfannengericht ist weniger ein Ersatz für Rührei als vielmehr ein Beleg für die Vielseitigkeit von Tofu. Schnittfester Tofu ist mild, aufnahmefähig, von elastischer Konsistenz und passt sich gut an verschiedene Geschmacksrichtungen an. Vorschläge dazu finden Sie weiter unten. Garen Sie immer zuerst das Gemüse und fügen Sie den Tofu nur während der letzten paar Minuten zu, damit er kurz durcherhitzt wird. Wenn Sie Tofu zu lange in Topf oder Pfanne lassen, wird daraus eine gummiartige, wässrige Masse.

Ergibt 4 Portionen

- 450 g schnittfester Tofu
- 1 große oder 2 kleine Schalotten
- 1 großer Bund Spinat
- 110 g Champignons
- 2 Zweige frischer Estragon oder 1 TL getrockneter Estragon
- 1-2 EL Olivenöl
- Salz und Pfeffer

1. Den Tofu auf einer doppelten Lage Küchenpapier abtropfen lassen. Die Oberfläche mit Küchenpapier bedecken und ein paar Sekunden lang Druck ausüben, um so jegliche Feuchtigkeit herauszupressen. Den Tofu mit einer Gabel in mundgerechte Stücke zerkleinern, ganz gleich, welche Größe Sie bevorzugen. Schalotte(n) fein zerkleinern. Spinat grob hacken. Pilze in Scheiben schneiden. Die Blättchen vom Estragon (falls verwendet) abzupfen und hacken.
2. In einer großen Pfanne 1 EL Olivenöl erhitzen. Die Schalotte(n) 3–5 Minuten sautieren, bis sie glasig, aber noch nicht gebräunt sind. Nun Spinat und Pilze zugeben. Unter konstantem Rühren alles nochmals 3 Minuten garen, bis die Pilze ihre Flüssigkeit freigesetzt haben und diese verdunstet ist.
3. Falls die Mischung zu trocken wird, noch ein klein wenig Olivenöl zugeben. Nun Tofu und Estragon zufügen. Nochmals 2–3 Minuten unter Rühren weitergaren, bis der Tofu durcherhitzt ist. Mit Salz und Pfeffer würzen.
4. Das Gericht auf Tellern anrichten und heiß servieren.

Alternativen zu Spinat, Pilzen und Estragon:

- Gewürfelte rote Paprikaschoten, frische Tomatenwürfel und Chilipulver
- TK-Erbsen, Kichererbsen und Currypulver
- In Streifen geschnittener Baby-Pak-Choi, frisch geriebener Ingwer und Tamari-Soße

Dieses fleischlose Rezept ist ein vielseitiger Klassiker. Fügen Sie einfach eine zweite Dose Tomaten hinzu, passen Sie die Gewürze an - und heraus kommt eine Bohnensuppe. Mit einer knappen Handvoll Quinoa wird aus dem Chili eine Art Eintopf. Mögen Sie es nicht ganz so scharf, lassen Sie die Chilis in Adobo-Soße weg. Sie lieben die Schärfe? Dann nichts wie hinein mit den vier Chilischoten! Unser Chili schmeckt gut zu unserem Blumenkohlreis von Seite 106. Servieren Sie es mit Beilagen Ihrer Wahl oder den hier vorgestellten.

Chili mit roten und weissen Bohnen

Ergibt 4 Portionen

- 1 gelbe Zwiebel
- 1 rote Paprikaschote
- 3 Knoblauchzehen
- 2–4 Chilischoten in Adobo-Soße (optional)
- 1 Dose (à 400 ml) Cannellini-Bohnen
- 1 Dose (à 400 ml) rote Kidneybohnen
- 2 EL Olivenöl
- 2 EL Tomatenmark
- 1 EL Chilipulver
- 1 TL gemahlener Kreuzkümmel
- 1 TL gemahlener Koriander
- 1 Dose (à 540 ml) gewürfelte Tomaten
- Salz und Pfeffer
- Zum Servieren: geriebener Käse, Sauerrahm, Chilisoße, frischer Koriander, Guacamole, Avocado-Scheiben

1. Die Zwiebel würfeln. Paprika klein schneiden. Knoblauch fein zerkleinern. Chilis in Adobo (falls verwendet) fein hacken. Cannellini- und Kidneybohnen abspülen und abtropfen lassen.
2. In einem großen Topf mit schwerem Boden das Olivenöl auf mittlerer Stufe erwärmen. Zwiebel, Paprika, Knoblauch und Chilis (falls verwendet) zugeben. Unter gelegentlichem Rühren etwa 5 Minuten dünsten, bis die Zwiebel glasig und weich wird und sich bräunt. Nun Tomatenmark einrühren und nochmals 30 Sekunden garen.
3. Cannellini- und Kidneybohnen zusammen mit Chilipulver, Kreuzkümmel und Koriander in den Topf geben. Die Tomaten mitsamt der Flüssigkeit unterrühren und alles mit Salz und Pfeffer würzen.
4. Das Chili zum Kochen bringen, dann die Hitze zurücknehmen und das Gericht ohne Deckel 45 Minuten leise simmern lassen. Erscheint das Chili zu trocken, Wasser zufügen – immer nur 125 ml auf einmal, bis die gewünschte Konsistenz erreicht ist.
5. Zum Servieren das Chili auf separate Schalen verteilen und mit geriebenem Käse, Sauerrahm, Chilisoße, gehacktem Koriander, Guacamole und/oder Avocado-Scheiben krönen.

Fisch und Meeres-früchte

Pochierter Weissfisch mit Gremolata

Traditionell wird die Gremolata ohne Olivenöl hergestellt, doch hier schenkt das Öl der Würzmischung eine soßenartige Konsistenz und sorgt dafür, dass sie sich leichter auf dem Fisch verteilen lässt. Seezunge oder Kabeljau eignen sich gut für dieses Rezept, doch lässt sich auch jeder andere feste weißfleischige Fisch so zubereiten. Durch das langsame Garziehen im Ofen trocknet der Fisch nicht aus und zudem bekommt man eine leckere Soße.

Ergibt 8 Portionen

1 Zitrone
8 Stängel glatte Petersilie
1 Knoblauchzehe
1 Stange Lauch
115 g Butter
Salz und Pfeffer
250 ml trockener Weißwein
8 Weißfischfilets (Gesamtgewicht 1,8 kg)
2 EL Olivenöl

1. Zitronenschale abreiben und Zitrone entsaften. Petersilie fein hacken. Knoblauch fein reiben. Die dunkelgrünen Teile vom Lauch abschneiden und entsorgen. Die Lauchstange längs halbieren und dünn schneiden, dabei das harte Ende abschneiden und wegwerfen. Den Ofen auf 150 °C Ober-/Unterhitze vorheizen.
2. In einem Kochtopf mit weiter Öffnung die Butter auf mittlerer Stufe erhitzen und den Lauch darin anschwitzen, bis er glasig wird. Mit Salz und Pfeffer würzen. Den Wein zugießen und alles zum Simmern bringen, dann den Topf von der Kochstelle nehmen.
3. Die Fischfilets nebeneinander in eine Auflaufform legen. Die Lauch-Wein-Mischung über die Filets gießen und den Zitronensaft zufügen (1 EL davon für die Gremolata aufheben). Die Flüssigkeit sollte so hoch stehen, dass mindestens die untere Hälfte der Fischfilets bedeckt ist. Ist dies nicht der Fall, etwas mehr Wein oder Wasser zugeben. Die Auflaufform mit Alufolie verschließen und 17–20 Minuten in den Ofen stellen, bis sich die Filets an der dicksten Stelle leicht mit einer Gabel blättrig zerteilen lassen.
4. Während der Fisch gar zieht, die Gremolata zubereiten. Dafür in einer Schüssel Petersilie, Knoblauch, Zitronenschale, 1 EL Zitronensaft und Olivenöl miteinander verquirlen. Mit Salz und Pfeffer würzen.
5. Die Fischfilets aus der Flüssigkeit nehmen, auf einer Servierplatte anrichten und mit Gremolata beträufeln.

Schnelles Fischgericht vom Blech

Bei einem schnellen Gericht vom Backblech denken Sie in der Regel an Hühnchen? Wir empfehlen Ihnen, das Repertoire um Fisch zu erweitern. Feste Weißfischfilets funktionieren bestens in Gerichten, bei denen alle Zutaten zusammen gegart werden – insbesondere dann, wenn man auch Hähnchenbrust verwenden könnte –, allerdings ist der Fisch deutlich schneller gar. Achten Sie darauf, dass die Filets in etwa gleich dick sind, am besten zwischen 2,5 und 4 cm.

Ergibt 4 Portionen

1 rote Zwiebel
450 g zarte grüne Bohnen
4 EL Mayonnaise
4 TL Dijonsenf
4 Schellfisch-, Kabeljau-, Heilbutt- oder Schwertfischfilets (à 170 g)
30 g Mandelstifte
Salz und Pfeffer
450 g Cocktail- oder Kirschtomaten
2 EL Olivenöl

1. Ein Backblech mit Rand mit Backpapier auslegen. Die Zwiebel in grobe Stücke schneiden. Die grünen Bohnen putzen. In einer kleinen Schüssel die Mayonnaise mit dem Dijonsenf verquirlen. Den Ofen auf 260 °C Ober-/Unterhitze vorheizen.
2. Die Fischfilets auf dem Backblech verteilen, dabei viel Platz zwischen den Filets lassen. Den Fisch mit Küchenpapier trocken tupfen. Die Mayonnaise-Senf-Mischung auf den Filets verstreichen und die Mandelstifte darüberstreuen. Mit Salz und Pfeffer würzen.
3. In einer großen Schüssel Bohnen, Zwiebel und Tomaten mit dem Olivenöl vermengen, bis alles gleichmäßig überzogen ist. Das Gemüse mit einem großen Löffel um die Fischfilets herum auf dem Backblech anordnen. Mit Salz und Pfeffer würzen. 10–12 Minuten im Ofen backen, dabei nach 8 Minuten überprüfen, wie weit der Fisch ist. Das Gemüse wenden, damit es nicht anbrennt. Der Fisch ist fertig, wenn er sich mit einer Gabel leicht blättrig zerteilen lässt.
4. Zum Servieren Fischfilets und Gemüse auf 4 Teller verteilen und sofort auf den Tisch bringen.

Garam Masala ist eine delikate Mischung aus Gewürzen, Kräutern und Chilischoten und entstammt der Küche Indiens. Es handelt sich um eine wärmende, aromatische, leicht süßliche Gewürzmischung, die zu eigentlich allen Rezepten passt. Garam Masala eignet sich auch gut, um einem Gericht den letzten Schliff zu verleihen – nutzen Sie es einfach so wie den Hauch Salz, mit dem Sie das Essen abrunden. Dieses einfache Rezept soll Sie ermutigen, Ihr eigenes Garam Masala herzustellen.

Lachs-Masala

Ergibt 4 Portionen

Garam Masala

- 2,5 cm Zimtstange
- 1 Lorbeerblatt
- 25 g Koriandersamen
- 25 g Kreuzkümmelsamen
- 1 EL grüne Kardamomkapseln
- 1 EL schwarze Pfefferkörner
- 2 TL ganze Nelken
- 1 getrocknete Chilischote
- ½ TL geriebene Muskatnuss
- 1 Prise geriebene Muskatblüte

Garam Masala

1. In einer Pfanne ohne Fettzugabe Zimtstange, Lorbeerblatt, Koriander- und Kreuzkümmelsamen, Kardamomkapseln, schwarze Pfefferkörner, Nelken und Chilischote 2–3 Minuten auf mittlerer bis hoher Stufe anrösten, bis die Gewürze ihren Duft entfalten und anfangen zu bräunen.
2. Die angerösteten Gewürze in eine Gewürzmühle oder eine saubere (!) Kaffeemühle geben. Muskatnuss und Muskatblüte zufügen und alles zu einem feinen Pulver vermahlen. Garam Masala hält sich in einem luftdicht verschlossenen Glasbehälter bis zu 3 Monaten, sollte aber dennoch rasch verbraucht werden, damit die Gewürze nicht an Aroma verlieren.

Lachs-Masala
2 EL Butter
4 Lachsfilets (Gesamtgewicht 700 g), auf Wunsch mit Haut
Salz und Pfeffer
4 EL Garam Masala (siehe oben), selbst gemacht oder gekauft

Lachs-Masala

1. Die Butter schmelzen und abkühlen lassen. Den Ofen auf 230 °C Ober-/Unterhitze vorheizen. Eine Auflaufform leicht mit geschmolzener Butter ausfetten, sie sollte so groß sein, dass die Lachsfilets nebeneinander hineinpassen.
2. Die Lachsfilets in die Auflaufform legen, mit der Hautseite nach unten, falls die Haut am Filet belassen wurde. Mit der restlichen geschmolzenen Butter bestreichen und mit Salz und Pfeffer würzen. Den Fisch 5 Minuten im Ofen backen, dann die Form herausnehmen und jedes Filet mit 1 EL Garam Masala bestreuen. Die Form wieder in den Ofen schieben und den Lachs nochmals 5–7 Minuten garen, die Filets sollten in der Mitte noch tiefrosa sein.
3. Die Lachsfilets warm auf den Tisch bringen.

Kabeljau mit Paranusskruste

Dieses würzige Nuss-Topping ist der perfekte Ersatz für den Teigmantel, den man bei im Ofen zubereitetem Fisch oft findet. Paranüsse gehören zu den gesündesten Vertretern ihrer Art und punkten mit reichlich gesunden natürlichen Fetten, Ballaststoffen und anderen Nährstoffen. Mithilfe einer Küchenmaschine lässt sich aus Paranüssen und Sesamkörnern im Nu ein buttriges Topping herstellen. Sie können anstelle von Butter auch Olivenöl nehmen, doch schenkt die Butter der Kruste einen bemerkenswert üppigen und leckeren Geschmack.

Ergibt 4 Portionen

- 75 g Butter
- 135 g Paranüsse
- 40 g Sesamkörner
- 1 EL Kichererbsenmehl
- Salz und Pfeffer
- 1 TL scharfes Paprikapulver, Cajun-Gewürzmischung oder Chilipulver, mehr nach Geschmack
- 4 Kabeljau- oder Heilbuttfilets (oder jeder andere gehaltvolle Weißfisch), Gesamtgewicht 700 g
- Zitronenschnitze zum Servieren

1. Die Butter schmelzen und abkühlen lassen. Den Ofen auf 230 °C Ober-/Unterhitze vorheizen. Eine Auflaufform leicht ausfetten, sie sollte so groß sein, dass die Filets nebeneinander Platz haben.
2. Paranüsse und Sesamkörner mit einem Löffel geschmolzener Butter in eine Küchenmaschine geben. Kurz durcharbeiten, um die Nüsse zu zerkleinern. Nun restliche geschmolzene Butter, Kichererbsenmehl, Salz und Pfeffer zufügen. Alles zu groben Krümeln verarbeiten, dabei jedoch nicht übertreiben: Wir wollen keine Nussbutter herstellen! Scharfes Paprikapulver oder andere Gewürze zufügen und durchrühren. Abschmecken und bei Bedarf nachwürzen, wenn die Masse schärfer werden soll.
3. Die Fischfilets in die gefettete Auflaufform legen, in den Ofen schieben und 5 Minuten garen. Dann die Form herausnehmen und die Nussmischung gleichmäßig auf den Fischfilets verteilen. Nochmals 7–10 Minuten in den Ofen schieben, bis sich der Fisch leicht blättrig zerteilen lässt.
4. Den Fisch noch 10 Minuten ruhen lassen, damit die Kruste fest werden kann. Warm auf den Tisch bringen und mit Zitronenschnitzen servieren.

Würzige Knoblauch-Shrimps

Beim Genuss dieser würzigen Shrimps kann es ein wenig rustikal zugehen, daher sollten Sie dieses Gericht vielleicht nicht auf den Tisch bringen, wenn Sie neue Bekannte das erste Mal zu Gast haben. Auf der anderen Seite macht es Spaß, ganz locker mit den Fingern zu essen, daher eignet sich dieses Rezept perfekt, um das Eis zu brechen! Halten Sie kleine Fingerschalen mit warmem Wasser und darin schwimmenden Zitronenstückchen bereit - nicht jeder ist willens, sich die Finger bei Tisch abzuschlecken. Reichen Sie zu den Shrimps einen einfachen grünen Salat.

Ergibt 4 Portionen

4 Knoblauchzehen
1 Zitrone
2 Thai-Chilischoten (Bird's eye)
4 Stängel glatte Petersilie
2 EL Olivenöl
1 EL Butter
900 g große ungeschälte Shrimps, am besten vorgepult (»easy peel«)
Salz und Pfeffer

1. Den Knoblauch fein zerkleinern. Zitrone halbieren, eine Hälfte auspressen und die andere Hälfte für die Fingerschalen klein schneiden. Chilischoten sehr fein schneiden. Petersilienblätter hacken.
2. Olivenöl und Butter auf mittlerer Stufe in einer großen Pfanne mit schwerem Boden erhitzen. Knoblauch und Chili hineingeben und 1 Minute unter Rühren anschwitzen, bis sich der Duft entfaltet hat. Darauf achten, den Knoblauch nicht anbrennen zu lassen.
3. Die Shrimps zufügen und je nach Größe 3–5 Minuten sautieren. Sie sind fertig, wenn sie opak werden und sich die Schwänze C-förmig biegen. Mit Salz und Pfeffer würzen und immer wieder mit dem buttrigen, knoblauch-würzigen Saft aus der Pfanne begießen.
4. Die Shrimps auf einer Servierplatte anrichten und mit der gehackten Petersilie bestreuen. Stellen Sie eine Schüssel für die Shrimps-Schalen auf den Tisch und für jeden Gast eine Fingerschale mit Zitronenwasser.

Lachs mit Antipasto-Topping

Die kräftigen und salzigen mediterranen Aromen in diesem schnell und einfach zubereiteten Antipasto verstärken den vollmundigen Geschmack des Lachses. Wenn Sie dieses Gericht für Menschen kochen, die Salziges eher nicht mögen, verzichten Sie auf das Antipasto und runden den Lachs mit ein paar Spritzern Vinaigrette und ein wenig Zitronenschale ab. Erscheint Ihnen das Aufbacken der Lachshaut zu aufwendig, lassen Sie diesen Schritt einfach weg - der Lachs schmeckt auch so köstlich.

Ergibt 4 Portionen

- 1 Glas (à 170 ml) Artischockenherzen in Olivenöl
- 170 ml eingelegte Pilze
- 170 ml schwarze oder grüne Oliven (nicht aus Glas oder Dose)
- 1 Zitrone
- 4 Sardellenfilets
- 2 EL Kapern
- 80 ml Dijon-Vinaigrette (Seite 84)
- 2 EL Olivenöl, aufgeteilt
- 4 Lachsfilets (Gesamtgewicht 900 g) mit Haut
- Salz und Pfeffer

1. Die Artischockenherzen und die eingelegten Pilze abtropfen lassen und grob zerkleinern. Die Oliven grob hacken. Die Zitronenschale abreiben und die Zitrone entsaften. Die Sardellen hacken.
2. In einer nicht-reaktiven Schüssel Gemüse, Sardellen, Kapern und Vinaigrette mit 1 EL Olivenöl und 1 EL Zitronensaft mischen. Die Schüssel beiseitestellen, damit sich die Aromen entfalten und mischen können, während Sie den Lachs zubereiten.
3. Den Ofengrill anschalten. Ein Backblech mit Backpapier oder einer Silikonmatte auslegen. Die Lachsfilets mit 1 EL Olivenöl bestreichen und mit Salz und Pfeffer würzen. Die Filets auf das Backblech legen und je nach Dicke 8–10 Minuten grillen. Der Lachs sollte in der Mitte noch durchscheinend rosa und nicht opak sein.
4. Die Fischfilets auf 4 Tellern anrichten, die Haut bleibt auf dem Backblech zurück. Das Blech nochmals etwa 3 Minuten in den Ofen schieben, damit die Haut knusprig wird. Dann das Blech aus dem Ofen nehmen und die Haut fein zerkleinern.
5. Zum Servieren den Lachs mit dem Antipasto krönen und mit der knusprigen Haut und etwas Zitronenschale bestreuen.

Graved Lachs

Will man Lachs zu Hause selbst beizen, braucht man Zeit – nämlich genau 3 Tage. Belohnt wird man mit einer zarten, milden Delikatesse, die bestens mit Eiern harmoniert oder einen kräftigen winterlichen Salat perfekt krönt. Zerkleinerter Graved Lachs, der mit Dill und ein wenig Sauerrahm kombiniert und auf einem Bett aus ganzen Endivienblättern serviert wird, ergibt einen köstlichen ersten Gang oder eine eigenständige leichte Mahlzeit. Die üblichen Rezepte für Graved Lachs (auch: Gravlax) enthalten in der Regel raffinierten Zucker, der in unserer Variante durch eine kleine Menge Orangensaft ersetzt wird.

Ergibt etwa 700 g Graved Lachs

- 700 g Lachsfilets, mit Haut
- 1 Zitrone, zusätzlich dünne Schnitze zum Servieren
- 1 Bund Dill, mehr zum Servieren
- 1 TL Wacholderbeeren
- 2 EL frisch gepresster Orangensaft
- 3 EL grobes Salz
- 1 TL gemahlener weißer Pfeffer
- Sauerrahm zum Servieren

1. Die Lachsfilets trocken tupfen. Die Zitronenschale abreiben. Den Dill fein hacken. Eine Auflaufform mit einem Stück Frischhaltefolie auslegen. Es sollte so groß sein, dass Sie den Lachs später komplett darin einwickeln und luftdicht verschließen können.
2. Mit Mörser und Stößel Wacholderbeeren, Orangensaft, Zitronenschale, Dill, Salz und weißen Pfeffer vermahlen. Ist kein Mörser vorhanden, die Wacholderbeeren zunächst in einer Gewürzmühle oder sauberen (!) Kaffeemühle grob zerkleinern. Dann mit Orangensaft, Zitronenschale, Dill, Salz und weißem Pfeffer mischen.
3. Die Lachsfilets mit der Hautseite nach unten in die Auflaufform legen. Die Wacholderbeeren-Beize ringsum in den Lachs einarbeiten. Dann den Fisch eng in die Frischhaltefolie wickeln und mit einem kleinen Holzbrett oder einem Teller bedecken. Mit ein paar Dosen aus dem Vorratsregal beschweren.

4. Den Lachs 24 Stunden lang in den Kühlschrank stellen, dann wenden und erneut beschweren und wieder kühl stellen. Diese Prozedur nochmals wiederholen, insgesamt wird der Fisch 3 Tage lang gebeizt.
5. Zum Servieren die Frischhaltefolie entfernen und überschüssige Beize entfernen und entsorgen. Den Fisch trocken tupfen und in hauchdünne Scheiben schneiden. Auf einer Servierplatte mit frischem Dill, dünnen Zitronenschnitzen und Sauerrahm anrichten.

In Olivenöl pochierter Thunfisch mit Kapernsalsa

Das Pochieren ist eine praktische Methode, mit deren Hilfe Lebensmittel beim Garen saftig bleiben. Wenn die Temperatur stimmt (also entsprechend niedrig ist) und Sie die Garzeit beachten, kann beim Pochieren eigentlich nichts schiefgehen. In diesem Rezept verwenden wir Thunfisch in Sushi-Qualität, der auf keinen Fall trocken und zäh werden sollte. Behalten Sie die Uhr im Auge! Mit dem eleganten Topping aus Kapernsalsa macht dieses Gericht bei jeder Dinnerparty Eindruck – es schmeckt aber auch ohne die Salsa.

Ergibt 4 Portionen

Kapernsalsa
- 4 Stängel glatte Petersilie
- 1 Knoblauchzehe
- 90 g schwarze Oliven
- 2 EL Kapern
- 2 TL Rotweinessig
- 80 ml Olivenöl
- Salz und Pfeffer

In Olivenöl pochierter Thunfisch
- 2 Knoblauchzehen
- 6 ganze schwarze Pfefferkörner
- 4 Thunfischsteaks in Sushi-Qualität (Gesamtgewicht 700 g)
- Salz und Pfeffer
- 750 ml Olivenöl
- Kapernsalsa zum Servieren (optional)

Kapernsalsa

1. Petersilie und Knoblauch grob hacken. Oliven entsteinen und grob zerkleinern.
2. Petersilie, Knoblauch, Oliven, Kapern, Essig und Olivenöl in eine Küchenmaschine geben. Mit Salz und Pfeffer würzen. So lange durcharbeiten, bis sich Essig und Öl zu einer Emulsion verbunden haben. Die Salsa hält sich in einem luftdicht verschlossenen Behälter im Kühlschrank bis zu 5 Tagen.

In Olivenöl pochierter Thunfisch

1. Die Knoblauchzehen zerdrücken. Pfefferkörner grob in einer Gewürzmühle oder mit Mörser und Stößel zerkleinern. Den Thunfisch aus der Kühlung nehmen und 20–30 Minuten bei Zimmertemperatur ruhen lassen, damit die Steaks in der Mitte nicht zu kalt sind. Thunfisch großzügig mit Salz und Pfeffer würzen.
2. In einer tiefen Sautépfanne – sie sollte so groß sein, dass die Thunfischsteaks nebeneinander hineinpassen – das Olivenöl auf mittlerer Stufe auf 55 °C erwärmen. Dann die Hitze auf niedrige Stufe zurücknehmen und den zerdrückten Knoblauch sowie die zerkleinerten Pfefferkörner hineingeben. Die Thunfischsteaks behutsam in die Pfanne legen.

3. Den Thunfisch 5 Minuten pochieren, dann die Steaks wenden und mit Öl begießen. Die Pfanne vom Herd nehmen und den Fisch im warmen Öl nochmals 10 Minuten ziehen lassen. Der Thunfisch ist fertig, wenn er an der Oberfläche weiß, in der Mitte aber noch rosig ist.
4. Auf Zimmertemperatur abgekühlt servieren und mit einem Löffel Kapernsalsa (falls verwendet) oder ein wenig Pochierflüssigkeit krönen.

Gemischte Fischplatte vom Grill

Dieses leckere Rezept stellt Ihnen eine ganz simple Zubereitungsart für Fisch und Meeresfrüchte vor – einfacher geht es wirklich nicht! Der Reiz liegt hier in der Vielfalt und Qualität der Zutaten. Wenn Ihr Budget keine Jakobsmuscheln zulässt, nehmen Sie einfach mehr Tintenfisch. Erscheint Ihnen Kohlenfisch zu üppig, greifen Sie zu Kabeljau. Wichtig ist nur, dass der ausgewählte Fisch so frisch wie irgend möglich ist. Tiefgefrorene Meeresfrüchte sind kein Problem, greifen Sie zu, wenn Sie nichts anderes bekommen oder Ihr Budget schonen möchten.

Ergibt 6 Portionen

- 1 Zitrone
- 1 Bund Dill
- 225 g Baby-Tintenfische
- 2 EL Olivenöl, aufgeteilt
- 225 g Kohlenfisch-, Makrelen- oder Doradenfilets
- 225 g Kabeljau-, Schellfisch- oder Wolfsbarschfilets
- Salz und Pfeffer
- 225 g Jakobsmuscheln oder Shrimps ohne Schale

1. Zitrone vierteln. Dill hacken. Die Tentakel vom Tintenfisch abschneiden und beiseitestellen. Die Tintenfischkörper längs halbieren. Stellen Sie eine flache Schüssel mit Deckel zum Warmhalten bereit.
2. Eine schwere Grillpfanne (ohne Lochboden) auf mittlerer bis hoher Stufe auf dem Gartengrill oder auf dem Herd erhitzen. 1 EL Olivenöl darin erwärmen. Zitronenviertel, Fischfilets und Tintenfischtentakel zugeben und mit Salz und Pfeffer würzen. Alles 2–3 Minuten kräftig anbraten, dann wenden. Nun die Muscheln und die halbierten Tintenfischkörper zufügen und alles nochmals für 2–3 Minuten grillen. Bereits fertig gegarte Fischfilets in die bereitgestellte flache Schüssel legen und warm halten.
3. Wenn Fisch und Muscheln durchgegart in der Schüssel liegen, den Saft aus der Grillpfanne darübergießen. Die gegarten Zitronenhälften über Fisch und Meeresfrüchten auspressen, alles mit dem restlichen Olivenöl beträufeln und nach Belieben mit Dill bestreuen.
4. Unverzüglich oder auf Zimmertemperatur abgekühlt auf den Tisch bringen. Dieses Gericht hält sich nicht lange, essen Sie es am besten am Tag der Zubereitung.

Jakobsmuscheln mit Zitronenbutter

Bei den elegant anmutenden und einfach zuzubereitenden großen Jakobsmuscheln muss man nur sorgsam darauf achten, sie nicht zu lange zu garen. Beherzigt man diese Regel, schmecken sie einfach großartig - ein echter Klassiker. Nehmen Sie die schwerste Pfanne, die Sie haben, und sorgen Sie dafür, dass die Muscheln wirklich trocken sind, bevor Sie sie ein paar Minuten lang in Butter und Olivenöl scharf anbraten. Mehr brauchen sie nicht, um mit festem, auf den Punkt gegartem Fleisch und natürlicher Süße zu punkten.

Ergibt 4 Portionen

450 g Jakobsmuscheln
1 Knoblauchzehe
1 Zitrone
1 EL Butter
3 EL Olivenöl, aufgeteilt
Salz und Pfeffer
80 ml trockener Weißwein
250 ml Hühnerbrühe (Seite 61), selbst gemacht oder gekauft
1 EL Dijonsenf

1. Muscheln mit Küchenpapier trocken tupfen. Knoblauch fein zerkleinern. Zitronenschale abreiben und Zitrone auspressen. Ofen auf 95 °C Ober-/Unterhitze vorheizen.
2. In einer Pfanne mit schwerem Boden (sie sollte so groß sein, dass die Muscheln nebeneinander hineinpassen) die Butter in 2 EL Olivenöl auf mittlerer Stufe schmelzen. Jakobsmuscheln zugeben und mit Salz und Pfeffer würzen. Die Muscheln 3 Minuten anbraten, ohne sie zu bewegen, erst dann wenden, um die andere Seite zu garen. Wieder mit Salz und Pfeffer würzen. Nochmals 1–2 Minuten braten, die Muscheln immer wieder mit dem in der Pfanne gebildeten Saft übergießen. Auf eine ofenfeste Platte geben, locker mit Alufolie bedecken und im Ofen warm halten.
3. Das restliche Olivenöl und den Knoblauch in die Pfanne geben. Den Knoblauch 1 Minute anschwitzen, bis sich der Duft entfaltet. Dabei darauf achten, dass er nicht anbrennt – hierdurch würde die Soße bitter werden. Nun den Wein in die Pfanne gießen und auf die Hälfte einkochen lassen. Brühe, Zitronenschale und 2 EL Zitronensaft zugeben und nochmals 8–10 Minuten köcheln lassen, bis die Soße wiederum zur Hälfte eingekocht ist. Die Pfanne vom Herd nehmen und den Dijonsenf einrühren.
4. Zum Servieren die Jakobsmuscheln auf 4 Teller verteilen und mit der Zitronen-Butter-Soße beträufeln.

Jakobs-muschel-Ceviche

Ähnlich wie beim Graved Lachs (Seite 158) werden die fleischigen Jakobsmuscheln in diesem Rezept gebeizt, und zwar diesmal mit Zitrusaroma. Lassen Sie dem Limettensaft ein bis zwei Stunden Zeit, um seine Wirkung zu entfalten, und kaufen Sie die frischesten Jakobsmuscheln, die Sie auftreiben können. Jalapeño-Schoten bringen eine würzig-scharfe Note ins Spiel, und die cremige Avocado steht in perfektem Kontrast zu der knackigen Gurke. Bereiten Sie die Jakobsmuschel-Avocado-Mischung und das Tomaten-Gurken-Relish in zwei getrennten Schüsseln zu und bringen Sie die beiden Komponenten erst beim Servieren zusammen. Wenn Sie eine englische Gurke verwenden, ist die Schale so dünn und zart, dass sie nicht geschält werden muss.

Ergibt 4 kleine Portionen

- 12 Jakobsmuscheln
- 3 Limetten
- 4 Flaschentomaten
- 1 Salatgurke (im Idealfall 1 englische Gurke)
- 4 Zweige Koriander
- 1 Avocado
- 3 Jalapeño-Schoten
- 1 Knoblauchzehe
- Salz und Pfeffer

1. Jakobsmuscheln mit Küchenpapier trocken tupfen und waagrecht halbieren. Die Schale von einer Limette abreiben und alle 3 Limetten auspressen. Die Tomaten würfeln. Die Gurke schälen, falls gewünscht, und ebenfalls würfeln. Korianderblättchen und -zweige hacken. Die Avocado in Würfel schneiden. Die Jalapeño-Schoten von den Kernen befreien und klein schneiden. Den Knoblauch fein zerkleinern.
2. In einer kleinen Schüssel Tomaten, Gurke, Koriander und 1 TL Limettensaft miteinander vermengen. Alles mit Salz und Pfeffer würzen. Schüssel zudecken und kühl stellen, während die Jakobsmuscheln zubereitet werden.
3. In einer zweiten Schüssel Jakobsmuscheln, Avocado, Jalapeño-Schoten, Knoblauch, Limettenschale und den restlichen Limettensaft mischen. Alles mit Salz und Pfeffer würzen. Schüssel zudecken und mindestens 1–2 Stunden lang kühl stellen.
4. Zum Servieren jeweils ein Viertel vom Tomaten-Gurken-Relish auf einen Teller geben und mit einem Viertel der Jakobsmuschel-Ceviche krönen.

In Frankreich kennt man das Gericht unter der Bezeichnung *moules mouclade*. In unserem Rezept verfeinern wir die Miesmuscheln mit ein wenig Currypulver und Sahne - eine gelungene Kombination. Sie können statt zur Sahne ebenso gut zu Kokosnusscreme oder Milch greifen, nehmen Sie das, was Ihnen am besten schmeckt. Entsorgen Sie aber bitte auf jeden Fall alle Muscheln, die sich nicht schließen, wenn man vor dem Kochen sanft dagegen klopft. Das gilt auch für Exemplare, die sich beim Kochen nicht vollständig öffnen - dies signalisiert, dass die Muscheln nicht mehr frisch sind und nicht verzehrt werden dürfen.

Muscheln in Currysahne

Ergibt 4 Portionen

1,8 kg Miesmuscheln mit Schale
2 Schalotten
3 Knoblauchzehen
125 ml trockener Weißwein
4 EL Butter
1 TL Currypulver
180 ml Sahne (35 % Fett), Crème fraîche oder Kokosnusscreme
Salz und Pfeffer

1. Muscheln schrubben und vom Bart befreien. Klopfen Sie mit jeder einzelnen gegen die Arbeitsplatte und prüfen Sie, ob sich die Muschel fest schließt. Ist dies nicht der Fall, werfen Sie die betreffende Muschel weg. Die Schalotten fein zerkleinern, ebenso die Knoblauchzehen.
2. In einem großen Topf mit Deckel den Weißwein und 2 EL kaltes Wasser aufkochen lassen. Die Muscheln hineingeben, den Deckel auflegen und 3–5 Minuten kochen lassen. Den Topf gelegentlich rütteln, damit die Muscheln gleichmäßig gegart werden. Anschließend den Topf vom Herd nehmen und alle Muscheln wegwerfen, die sich nicht geöffnet haben. Die Miesmuscheln über einem Durchschlag abgießen, dabei die Kochflüssigkeit in einer Schüssel auffangen. Den Topf auswischen, dabei darauf achten, jeglichen Schmutz zu entfernen, der sich gegebenenfalls am Boden abgesetzt hat.
3. In dem Topf, in dem zuvor die Muscheln gekocht wurden, nun die Butter auf niedriger bis mittlerer Stufe schmelzen. Schalotten, Knoblauch und Currypulver zufügen und 3 Minuten anschwitzen, bis die Schalotten glasig sind. Darauf achten, dass sie keine Farbe annehmen. Nun die aufgefangene Muschel-Kochflüssigkeit zurück in den

Topf gießen. Alles zum Kochen bringen, dann die Hitze zurücknehmen, die Sahne einrühren und 2 Minuten leise simmern lassen. Abschmecken und mit Salz und Pfeffer nachwürzen. Den Topf vom Herd nehmen.

4. Die Muscheln in die Currysahne geben, damit sie sich nochmals erwärmen, die Kochstelle jedoch ausgeschaltet lassen. Sofort mit Löffeln servieren, damit kein Tropfen von der leckeren Soße verloren geht.

Wir kommen den Puristen zuvor und verraten gleich, was an diesem Gericht nicht authentisch ist: Wir haben beim Andicken auf die traditionelle Mehlschwitze verzichtet. Aber das ist in Ordnung! In diesem Rezept machen wir den Eintopf mithilfe von Kichererbsenmehl und Okra schön sämig. Wenn es Ihnen gelingt, Andouille-Würstchen aufzutreiben, bekommen Sie eine würzige, ein wenig ungewöhnliche Variante, die nahe an das Original herankommt. Servieren Sie das Gericht auf Blumenkohlreis (Seite 106) - ein lohnender Versuch.

Louisiana Gumbo

Ergibt 6 Portionen

- 1 Stange Sellerie
- 1 Zwiebel
- 1 rote Paprikaschote
- 2 Knoblauchzehen
- 450 g würzige Würstchen
- 450 g mittelgroße Shrimps
- 80 ml plus 1 EL ausgelassenes Speckfett oder Olivenöl, aufgeteilt
- 35 g Kichererbsenmehl
- Salz und Pfeffer
- 1 EL Cajun-Gewürzmischung
- 1 Lorbeerblatt
- 1 l Hühnerbrühe (Seite 61), selbst gemacht oder gekauft
- 225 g Okraschoten (TK-Ware), klein geschnitten oder gehackt

1. Sellerie, Zwiebel und Paprikaschote klein schneiden. Knoblauch fein zerkleinern. Würstchen in Scheiben schneiden. Shrimps schälen und von den Schwänzen befreien.
2. In einem großen Topf mit schwerem Boden 80 ml Speckfett oder Olivenöl auf mittlerer Stufe erwärmen. Das Kichererbsenmehl einrühren und unter häufigem Rühren 25–30 Minuten anschwitzen, bis sich die Einbrenne dunkelbraun gefärbt hat. Mit Salz und Pfeffer würzen.
3. Während die Einbrenne gart, 1 EL Speckfett oder Olivenöl in einer breiten Pfanne auf mittlerer bis hoher Stufe erhitzen. Cajun-Gewürz, Lorbeerblatt, Sellerie, Zwiebel, Paprika und Knoblauch einrühren. Alles unter häufigem Umrühren 7–10 Minuten köcheln, bis das Gemüse weich geworden ist. Nun das Gemüse in eine Schüssel geben und die Würstchen in die Pfanne gleiten lassen. Auf jeder Seite etwa 3 Minuten bräunen, anschließend zum Gemüse geben. Nun die Shrimps 2 Minuten in der Pfanne kräftig anbraten.
4. Die Brühe in einem Topf zum Simmern bringen. Die Einbrenne mit 250 ml Brühe glatt rühren. Dann die restliche Brühe unter Rühren zugießen und darauf achten, dass sich keine Klumpen bilden. Alles so lange erhitzen, bis sich überall Blasen bilden.

1 Dose (à 400 ml) passierte Tomaten
Chilisoße zum Servieren

5. Nun Okra, gebräuntes Gemüse, Würstchen und Shrimps in die blubbernde Einbrenne geben. Die Tomaten unterrühren, abschmecken und mit Salz, Pfeffer und Cajun-Gewürz nachwürzen. 30 Minuten lang gleichmäßig simmern lassen.
6. Zum Servieren auf separate Schalen verteilen und mit reichlich Chilisoße auf den Tisch bringen.

GEFLÜGEL

Asiatische Salat-Wraps mit Hähnchen

Diese Salat-Wraps sind frisch und knackig – und die Fischsoße schenkt ihnen einen Hauch von Umami. Sie ist kaum herauszuschmecken, bringt hier aber das gewisse Etwas hinein. Fischsoße bekommen Sie in größeren Lebensmittelgeschäften oder in Asia-Läden. Sie können das Hühnerhackfleisch auch durch Schweinehack, Rinderhack oder gemischtes Hack ersetzen.

Ergibt 6–8 Salat-Wraps

1 kleine rote Zwiebel
½ Salatgurke
2 Knoblauchzehen
1 Bund Koriander
1 Bund Minze
1 Limette
2 EL Reisweinessig
1 TL Olivenöl
450 g Hühnerhackfleisch
Salz und Pfeffer
½ TL Chiliflocken
2 TL Fischsoße
6–8 Kopfsalatblätter

1. Rote Zwiebel in dünne Halbmonde schneiden. Gurke in feine Stifte schneiden (Julienne). Den Knoblauch schälen und reiben. Koriander und Minze grob hacken. Die Limette in Keile schneiden.
2. In einer flachen Schüssel Zwiebel und Reisweinessig vermischen und mit Salz würzen. Mindestens 20 Minuten lang durchziehen lassen, dann die Gurke untermengen.
3. Während Zwiebel und Gurke marinieren, das Olivenöl in einer Pfanne auf mittlerer bis hoher Stufe erhitzen. Hühnerhackfleisch, Knoblauch, Salz, Pfeffer und Chiliflocken zufügen. Die Hitze auf mittlere Stufe zurücknehmen und alles unter Rühren 12 Minuten braten, bis das Hackfleisch durch ist. Die Pfanne vom Herd nehmen, die Fischsoße einrühren und zum Abkühlen beiseitestellen.
4. Um die Salat-Wraps zusammenzusetzen, die Salatblätter auf eine große Platte legen. Mit einem Löffel ein wenig von der Zwiebel-Gurken-Mischung auf die tiefste Stelle der Salatblätter geben – so, als würden Sie ein kleines Schälchen füllen. Etwas Hack darübergeben und dieses mit den gehackten Kräutern bestreuen. Mit einem großzügigen Spritzer Limettensaft würzen.
5. Zum Genießen die Salatblätter mit den Fingern um die Füllung wickeln und versuchen, die Enden so einzuschlagen, dass möglichst nichts herauslaufen kann. Ein Essen, das Spaß macht und lecker schmeckt – bitte reichen Sie die Servietten herüber!

Wenn Sie kein Fan von würzig-scharfer Kost sind, können Sie das Bad der krossen Hähnchenflügel in Chilisoße auch weglassen oder diese einfach als Dip auf den Tisch stellen. Als Beilage zu einem rustikalen Finger-Food-Essen empfehlen sich auch unsere Crudités mit vier Dips (Seite 125), insbesondere der Dip mit Blauschimmelkäse.

Hähnchenflügel mit Chilisosse

Ergibt 4 Portionen

900 g Hähnchenflügel
1 EL Butter
80 ml Chilisoße
1 TL Worcestershire-Soße
1 TL Weißweinessig
Salz und Pfeffer

1. Wenn die Hähnchenflügel noch zusammenhängen, die Oberflügel von den Unterflügeln trennen. Ein Backblech mit Küchenpapier auslegen.
2. Einen großen, mit Salzwasser gefüllten Topf zum Kochen bringen. Die Hähnchenflügel hineingeben und die Hitze zurücknehmen, bis alles nur noch leise simmert. Die Flügel 10 Minuten ankochen, dann zum Abtropfen in einen Durchschlag geben und auf dem Backblech verteilen. Etwa 15 Minuten warten, bis die restliche Feuchtigkeit verschwunden ist und die Flügel abgekühlt sind. Die Hähnchenteile vor dem Backen im Ofen nochmals gründlich mit Küchenpapier trocken tupfen.
3. Den Ofen auf 230 °C Ober-/Unterhitze vorheizen. Die komplett trockenen Flügel nebeneinander auf das nackte Backblech legen und 10–12 Minuten backen. Wenn die Unterseiten gebräunt sind, Flügel wenden und nochmals 10–12 Minuten rösten, bis sie knusprig-braun sind.
4. Während die Hähnchenteile im Ofen backen, Butter, Chilisoße, Worcestershire-Soße, Essig, Salz und Pfeffer in einer kleinen Kasserolle auf mittlerer Stufe erwärmen. So lange durchrühren, bis die Butter geschmolzen ist, dann vom Herd nehmen.
5. In einer großen Schüssel die Hähnchenflügel mit dem Chilisoßenmix vermischen. Heiß oder auf Zimmertemperatur abgekühlt servieren.

In Rotweinessig geschmorte Hähnchen-schenkel

Diese klassische Zubereitung hat große Ähnlichkeit mit dem *coq au vin*, verwendet aber Rotweinessig anstelle von Rotwein. Die Zwiebel wird langsam gegart, um ihre natürliche Süße zu betonen, die perfekt durch die Soße aus Rotweinessig ergänzt wird. Legen Sie Geduld an den Tag, wenn Sie die Zwiebel garen und die Hähnchenschenkel bräunen: Die leckeren Teilchen, die sich dabei am Topfboden absetzen und während des Ablöschens gelöst werden, schenken dem fertigen Gericht Kraft und Würze.

Ergibt 4 Portionen

½ kleine Zwiebel
225 g Pancetta
2 Knoblauchzehen
2 EL Olivenöl
900 g Hähnchenschenkel, mit Haut und Knochen
Salz und Pfeffer
180 ml Rotweinessig
250 ml Hühnerbrühe (Seite 61), selbst gemacht oder gekauft
1 Lorbeerblatt

1. Die Zwiebel in sehr dünne Halbmonde schneiden (benötigt werden etwa 50 g). Pancetta würfeln und Knoblauch fein zerkleinern.
2. In einem großen Topf mit schwerem Boden das Olivenöl auf mittlerer Stufe erwärmen. Pancetta und Zwiebel sanft andünsten, bis die Zwiebel nach etwa 20–25 Minuten weich und gebräunt ist. Das Kochgut aus der Pfanne nehmen und beiseitestellen.
3. Hähnchenschenkel großzügig mit Salz und Pfeffer würzen. Das Fleisch mit der Hautseite nach unten in den Topf legen und 12–15 Minuten anbraten, dabei nach 7 Minuten wenden, um auch die Unterseiten zu bräunen. Den Knoblauch zugeben und ein paar Sekunden mit garen lassen. Hähnchen und Knoblauch aus dem Topf nehmen und zusammen mit Zwiebel und Pancetta beiseitestellen.
4. Den Topf mit Rotweinessig ablöschen und die braunen Teilchen, die sich am Boden abgesetzt haben, für den Fond mit einem Holzlöffel lösen. Nun Hühnerbrühe, Lorbeerblatt, Zwiebel, Pancetta, Hähnchenschenkel und Knoblauch zufügen. Alles zum Kochen bringen, dann die Hitze zu einem leisen Simmern zurücknehmen. Das Gericht 30–35 Minuten schmoren lassen, bis das Hähnchenfleisch durch ist.
5. Zum Servieren die Hähnchenschlegel auf 4 Teller verteilen und mit dem Saft aus dem Schmortopf begießen.

Hähnchenschenkel mit Rosenkohl und Kürbis

Diese klassische Kombination aus gerösteten Hähnchenfleisch und einer kräftigen, sättigenden Gemüsemischung kommt im Gegensatz zu ähnlichen Rezepten ganz ohne Süßungsmittel aus. Rosenkohl und Butternusskürbis erhalten durch die hohe Ofentemperatur ein intensives Aroma und eine leichte Bräunung.

Ergibt 4–6 Portionen

- 450 g Rosenkohl
- 450 g Butternusskürbis
- 1 Zwiebel
- 4 Knoblauchzehen
- 1 Zitrone
- 4 EL Olivenöl, aufgeteilt
- Salz und Pfeffer
- 2 EL Apfelessig
- 1 TL Cayennepfeffer
- 2 TL Paprikapulver
- 8 Hähnchenschenkel, mit Haut und Knochen

1. Rosenkohl putzen und die Röschen halbieren. Kürbis schälen und in Stücke zerteilen. Zwiebel in Keile schneiden. Knoblauch fein zerkleinern. Zitrone in dünne Scheiben schneiden. Den Ofen auf 230 °C Ober-/Unterhitze vorheizen. Einen Bräter, der so groß ist, dass alle Zutaten nebeneinander darin Platz finden, mit 1 EL Olivenöl ausfetten.
2. In einer großen Schüssel Rosenkohl, Kürbis, Zwiebel, Knoblauch und Zitronenscheiben mit 1 EL Olivenöl mischen. Alles mit Salz und Pfeffer würzen. Das Gemüse in den Bräter geben und 10 Minuten im Ofen braten.
3. Während das Gemüse schmort, das restliche Olivenöl mit Apfelessig, Cayennepfeffer, Paprikapulver, Salz und Pfeffer mischen. Die Hähnchenschenkel mit der Mischung überziehen. Die Ofenhitze auf 200 °C herunterregeln. Die Hähnchenschenkel auf das Gemüse legen und 35–40 Minuten im Ofen rösten. Das Fleisch ist durch, wenn beim Einstechen fast bis auf den Knochen klarer Saft austritt.
4. Zum Servieren die Hähnchenschenkel und das Gemüse auf separate Teller verteilen und mit dem Saft aus dem Bräter begießen.

Hähnchen mit vierzig Knoblauchzehen

Vierzig Zehen – ja, das klingt wirklich nach einer ganzen Menge an Knoblauch. Doch dieses klassisch französische Rezept liefert eine üppige, herzhafte Soße, die durchaus nicht zu intensiv oder dominant ist. Obwohl viele Köche den Knoblauch nicht schälen, raten wir dazu, die Schale zu entfernen. So lässt sich der Knoblauch leichter zerdrücken und in der Soße schwimmen keine unerwünschten Schnipsel umher. Sie brauchen die Zehen nicht akribisch zu zählen: Alles zwischen 40 und 100 Knoblauchzehen funktioniert bestens. Verwenden Sie für dieses Gericht vorzugsweise einen emaillierten Topf aus Gusseisen, falls Sie einen zur Hand haben.

Ergibt 4–6 Portionen

3 Knollen Knoblauch
4 Zweige Estragon
4 ganze Hähnchenschenkel (Gesamtgewicht 1,8 kg)
Salz und Pfeffer
2 EL Olivenöl
125 ml weißer Wermut
250 ml Hühnerbrühe (Seite 61), selbst gemacht oder gekauft

1. Mit dem Boden eines kleinen Topfes oder einer Bratpfanne kurz und kräftig auf die Knoblauchknollen schlagen, um diese aufzubrechen. Die Zehen mit der flachen Seite eines großen Küchenmessers leicht zerdrücken. Hierbei platzt die Haut auf und die Zehen lassen sich einfacher schälen. Zehen von der Schale befreien. Estragonblätter hacken.
2. Hähnchenschenkel mit Salz und Pfeffer würzen. In einem feuerfesten Topf mit schwerem Boden das Olivenöl auf mittlerer Stufe erwärmen. Das Fleisch 12–15 Minuten anbraten, dabei nach 7 Minuten wenden, um auch die Unterseiten zu bräunen. Die Hähnchenschenkel anschließend auf einen Teller legen und beiseitestellen.
3. Die Knoblauchzehen in dem Saft, der sich im Topf gebildet hat, unter Rühren 5–7 Minuten anschwitzen, bis sie sich goldbraun gefärbt haben. Ein Drittel des Knoblauchs auf den Teller mit den Hähnchenteilen geben.

4. Wermut in den Topf geben und beim Ablöschen die braunen Teilchen vom Topfboden lösen. Hühnerbrühe zufügen und alles zum Kochen bringen. Die Hitze zurücknehmen, bis alles nur noch leise simmert. Die Knoblauchzehen in der Soße zerdrücken. Nun das beiseitegestellte Fleisch mit den Knoblauchzehen zurück in den Topf geben und mit der Soße begießen.
5. Den Ofen auf 180 °C Ober-/Unterhitze vorheizen. Den Topf in den Ofen stellen, einen Deckel auflegen und das Gericht 25–30 Minuten schmoren lassen. Ein in den Hähnchenschenkel gestochenes Fleischthermometer sollte dann 74 °C anzeigen.
6. Zum Servieren die Hähnchenschenkel auf separaten Tellern anrichten, mit der Soße aus dem Topf begießen und mit Estragon bestreuen.

Die Küchenchefin und Kochbuchautorin Julia Child beschreibt ein Frikassee als »etwas zwischen einem Sauté und einem Eintopf«. Die Hühnerteile werden zuerst in Fett angebraten, mitunter - aber nicht immer - gebräunt und im Anschluss geschmort. Für unsere häusliche Küche sind diese Feinheiten nicht entscheidend. Wir ziehen es vor, das Fleisch nicht zu bräunen, da es dann leichter in Anmutung und Geschmack wird. Wenn Sie auch dieser Meinung sind, achten Sie darauf, dass Gemüse oder Fleisch beim Sautieren nicht bräunen. Mögen Sie es aber lieber kräftig braun angebraten, wählen Sie diese Option!

Hühnerfrikassee

Ergibt 4 Portionen

1 Zwiebel
1,3 kg Hühnerteile, mit Haut und Knochen
Salz und Pfeffer
2 EL Olivenöl
1 EL Butter
250 ml spritziger Weißwein
500 ml Hühnerbrühe (Seite 61), selbst gemacht oder gekauft
4 Zweige Estragon
1 Lorbeerblatt
125 ml Sahne (35 % Fett)

1. Zwiebel würfeln. Hühnerteile mit Salz und Pfeffer würzen. Olivenöl und Butter in einem feuerfesten Topf mit schwerem Boden auf niedriger bis mittlerer Stufe erhitzen. Die Zwiebel 10 Minuten sautieren, bis sie glasig und weich geworden ist. Dann auf einen Teller legen und beiseitestellen.
2. In demselben Topf die Hühnerteile portionsweise jeweils 10–12 Minuten sautieren. Nicht zu viele Teile auf einmal in den Topf legen, ansonsten wird das Fleisch zäh. Die gegarten Hühnerteile auf den Teller mit den Zwiebeln geben.
3. Den Weißwein in den Topf geben, die Hitze auf mittlere Stufe einstellen und die Flüssigkeit 5–7 Minuten köcheln lassen, bis sie zur Hälfte eingekocht ist. Hühnerbrühe, Estragon und Lorbeerblatt zufügen. Zwiebel und Hühnerteile zurück in den Topf geben und ohne Deckel 30–35 Minuten simmern lassen, dabei darauf achten, dass die Flüssigkeit nicht sprudelnd aufkocht. Wenn das Fleisch weich ist, Hühnerteile auf eine Servierplatte legen. Wer möchte, entfernt Haut und Knochen. Lorbeerblatt und Estragon aus dem Topf nehmen.
4. Die Sahne in den Topf gießen und ein paar Minuten simmern lassen, damit die Soße ein wenig andickt. Die Soße zum Servieren über das Hühnchen gießen.

Huhn aus dem Ofen

Vielleicht haben Sie schon bemerkt, dass im Lebensmittelhandel oder beim Metzger vermehrt abgepackte, flach gedrückte ganze Hähnchen angeboten werden. Diese »platten Hühner«, die am Rücken aufgeschnitten und auf diese Weise geöffnet werden, garen gleichmäßiger und schneller. Die Kochbuchautorin Melissa Clark hat eine Variante ins Spiel gebracht, bei der die Brusthöhle intakt bleibt und deshalb wunderbar mit aromatischen Zutaten wie der hier verwendeten Zitrone gefüllt werden kann. Statt den Rücken aufzuschneiden, werden bei dieser Zubereitung die Hüftgelenke aufgedreht. Das so zubereitete Hähnchen wird schnell gar und sein Fleisch bleibt feucht und saftig.

Ergibt 4 Portionen

1 ganzes küchenfertiges Hähnchen (Gesamtgewicht 1,8 kg)
1 Zitrone
1 EL Olivenöl
1 EL Butter
Salz und Pfeffer

1. Das Hähnchen zum Flachdrücken auf die Arbeitsfläche legen. Die Haut an der Verbindung zwischen Keulen und Körper einschneiden. Nun die Hähnchenschenkel nach unten drücken, um die Gelenke auszurenken. Die Zitrone halbieren. Den Ofen auf 230 °C Ober-/Unterhitze vorheizen. Einen Bräter oder eine Auflaufform mit Olivenöl ausfetten.
2. Das Hähnchen flach gedrückt in den Bräter oder die Auflaufform legen. Den Saft aus den Zitronenhälften in die Bauchhöhle pressen, dann die ausgedrückten Zitronenhälften hinzufügen. Mit den Händen die Haut des Hähnchens rundum mit Butter einreiben. Das Hähnchen von innen und außen mit Salz und Pfeffer würzen.
3. Das Hähnchen 45–50 Minuten im Ofen rösten, dabei alle 10 Minuten mit dem ausgetretenen Bratensaft begießen. Nach der Garzeit sollte ein in den Schenkel gestochenes Fleischthermometer eine Temperatur von 74 °C zeigen. Das Hähnchen vor dem Zerteilen 5 Minuten ruhen lassen.
4. Zum Servieren die Hähnchenbrust herauslösen und aufschneiden. Die Beine abtrennen und in Ober- und Unterkeulen teilen. Die Hähnchenteile auf einer Servierplatte anrichten, mit Bratensaft begießen und auf den Tisch bringen.

Hähnchen Piri-Piri,
Siehe Rezept auf Seite 184

Siehe Foto auf Seite 182–183

Hähnchen Piri-Piri

Stellen Sie Ihre eigene Piri-Piri-Soße her. Das traditionelle portugiesische Rezept verwendet Portwein, der aber genau wie die meisten anderen Südweine viel Zucker enthält. Daher nehmen wir Scotch Whisky, was der Soße geschmackliche Tiefe verleiht, sie aber nicht zusätzlich mit Zucker belastet. Sie können natürlich auch fertige Piri-Piri-Soße im Supermarkt kaufen und diese mit Zitronensaft und Olivenöl verlängern. Das macht aber nicht so viel Spaß! Als ideale Beilage zu diesem Gericht schlagen wir einen einfachen Tomaten-Gurken-Salat vor, der mit gehackter glatter Petersilie bestreut wird.

Ergibt 4 Portionen

2 Zitronen
6 Knoblauchzehen, aufgeteilt
1 TL Oregano
1 TL geräuchertes Paprikapulver
8 Hähnchenschenkel, mit Haut und Knochen
Salz und Pfeffer
6 getrocknete Piri-Piri-Chilischoten oder 3 frische Thai-Chilischoten (Bird's eye)
3 EL Butter
2 EL Olivenöl
4 EL Scotch Whisky

1. Zitronen auspressen und die ausgequetschten Hälften beiseitelegen. 3 Knoblauchzehen fein hacken.
2. In einer großen Schüssel den Saft von 1 Zitrone, die Zitronenhälften und die 3 gehackten Knoblauchzehen mit Oregano und Paprikapulver zu einer Marinade vermischen. Die Hähnchenschenkel mit Salz und Pfeffer würzen und in die Marinade legen. Die Schüssel abdecken und bis zu 2 Stunden lang in den Kühlschrank stellen, mindestens jedoch 30 Minuten.
3. In einer Küchenmaschine den restlichen Knoblauch mit den Chilischoten zu einer stückigen Paste verarbeiten. In einer kleinen Kasserolle mit schwerem Boden Butter und Olivenöl erwärmen. Die Chilipaste zufügen und 1–2 Minuten durchrühren, bis sich der Duft entfaltet. Den Saft von 1 Zitrone und den Whisky zugießen. Alles mit Salz und Pfeffer würzen und gut durchrühren. Die Soße 5 Minuten simmern lassen (es bilden sich viele kleine Bläschen), damit sie etwas einkocht und der Alkohol verkochen kann.

4. Eine Grillpfanne oder den Gartengrill auf mittlerer bis hoher Stufe erhitzen. Die Hähnchenschenkel aus der Marinade nehmen und 25–35 Minuten grillen, dabei ab und zu wenden und immer wieder mit der Piri-Piri-Soße bestreichen. Das Fleisch ist durch, sobald klarer Saft austritt, wenn man mit der Spitze eines Messers hineineinsticht.
5. Die gegarten Hähnchenschenkel vor dem Servieren mindestens 30 Minuten bei Zimmertemperatur abkühlen lassen. Der Piri-Piri-Geschmack wird umso intensiver, je stärker das Fleisch abkühlt.
6. Die Hähnchenschenkel zum Servieren auf separaten Tellern anrichten.

Hähnchen und Gemüse aus der Pfanne

Die meisten in der Pfanne gerührten Gerichte setzen auf Speisestärke, damit die Soße glänzt und ein wenig andickt. Sie brauchen aber keine Speisestärke, um ein schnelles, leckeres Pfannengericht auf den Tisch zu bringen. Tauschen Sie die von uns vorgeschlagenen Gemüsearten durch diejenigen aus, die Sie besonders gern mögen oder gerade im Kühlschrank vorrätig haben. Achten Sie aber darauf, das Gemüse so klein zu schneiden, dass es in wenigen Minuten gar ist. Reichen Sie dieses Gericht mit Blumenkohlreis (Seite 106).

Ergibt 4 Portionen

3 Knoblauchzehen
1 Stück frischer Ingwer (2,5 cm)
2 Frühlingszwiebeln
450 g Hähnchenbrust ohne Haut und Knochen
225 g Champignons
2 Möhren
2 Stangen Sellerie
1 TL Chili-Öl
4 EL Tamari-Soße
2 EL Ghee
75 g Cashewkerne oder Erdnussstückchen
1 EL geröstetes Sesamöl

1. Knoblauch fein zerkleinern. Ingwer reiben. Frühlingszwiebeln in Ringe schneiden, dabei die weißen Teile von den grünen Spitzen trennen. Hähnchenbrust in dünne Streifen schneiden. Pilze in Scheiben schneiden. Möhren diagonal und möglichst fein schneiden. Sellerie in Scheiben schneiden.
2. In einer kleinen Schüssel Chili-Öl, Knoblauch, Ingwer, weiße Teile der Frühlingszwiebeln, Tamari-Soße und 125 ml kaltes Wasser gut vermischen. Die Soße beiseitestellen.
3. Ghee in einem Wok oder einer Pfanne mit breitem Boden auf mittlerer bis hoher Stufe erhitzen. Das Fleisch 5 Minuten unter Rühren kräftig anbraten, dann aus Wok oder Pfanne nehmen und beiseitestellen. Cashewkerne oder Erdnuss-Stückchen 1 Minute unter Rühren anrösten, dann auf einen separaten Teller legen und beiseitestellen.
4. Sesamöl in den Wok oder die Pfanne geben. Das Gemüse 5 Minuten unter Rühren kräftig anbraten. Die beiseitegestellte Soße zugeben, dann die Hähnchenbrust zurück ins Kochgeschirr geben. Alles zusammen nochmals 5 Minuten garen, bis das Gemüse knackig zart ist, dabei immer wieder gut durchrühren.
5. Zum Servieren das Gericht auf separate Schalen verteilen und mit Cashewkernen oder Erdnüssen und den restlichen Frühlingszwiebeln bestreuen. Sofort auf den Tisch bringen.

Puten-Scallopini

Putenschnitzel fallen in die Kategorie »weißes Fleisch«, was bedeutet, dass sie schnell gar sind und sich gut mit anderen Aromen vertragen. Sie können Pute in allen Scallopini-Rezepten anstelle von Kalb- oder Hähnchenfleisch verwenden. Da unsere knusprigen, im Ofen gebackenen Schnitzel relativ mager sind, passen sie gut zu dem üppigen Cremigen Spinat (Seite 108) oder zu einem schlichten Spinatsalat.

Ergibt 4–6 Portionen

1 Ei
25 g Mandelmehl
45 g Parmesan, gerieben
2 TL getrocknete italienische Gewürzmischung oder getrockneter Oregano
Salz und Pfeffer
1 EL Olivenöl
4–6 Putenschnitzel (Gesamtgewicht 450–700 g)

1. In einer flachen Schüssel das Ei mit 1 EL kaltem Wasser verschlagen. In einer zweiten flachen Schüssel Mandelmehl, Parmesan, italienische Gewürzmischung oder Oregano, Salz und Pfeffer miteinander vermengen. Die Schüsseln sollten jeweils so groß sein, dass ein Putenschnitzel darin reichlich Platz hat. Den Ofen auf 190 °C Ober-/Unterhitze vorheizen. Ein Backblech leicht mit Olivenöl fetten.
2. Die Putenschnitzel nacheinander zunächst in das verschlagene Ei tauchen, dann in der gewürzten Mandelmehl-Mischung hin und her wenden. Die so panierten Schnitzel nebeneinander auf das Backblech legen. Jedes Schnitzel mit einem Löffel der Mehlmischung bestreuen, wenn noch etwas davon übrig ist.
3. Etwa 10 Minuten im Ofen backen, dann wenden und nochmals 8 Minuten garen, bis die Schnitzel in der Mitte nicht mehr rosa sind. Nehmen Sie ein scharfes Messer, um damit in ein Schnitzel zu stechen und dies zu kontrollieren.
4. Die Putenschnitzel heiß oder auf Zimmertemperatur abgekühlt servieren. Am besten isst man sie am Tag der Zubereitung.

Putenhackfleisch-Bällchen

Wir reichern hier den Fleischteig mit Zucchini an - aber nicht, um Sie ganz dezent dazu zu bringen, mehr Gemüse zu essen, sondern damit die Putenhackfleisch-Bällchen nicht zu trocken werden. Putenfleisch liefert einen wunderbaren Geschmack, ist aber ziemlich mager. Die Feuchtigkeit der Zucchini trägt in Kombination mit ein wenig Butter dazu bei, dass die Hackbällchen zart und saftig werden. Servieren Sie sie mit Ihrer Lieblingstomatensoße.

Ergibt 20-24 Hackbällchen

1 Zwiebel
1 Knoblauchzehe
2 Stängel glatte Petersilie
1 Zucchini
1 EL Butter
900 g Putenhackfleisch
1 EL Kokosnussmehl oder Mandelmehl
Salz und Pfeffer

1. Zwiebel fein hacken. Knoblauch fein zerkleinern. Petersilie fein hacken. Zucchini hobeln. Butter schmelzen. Den Ofen auf 200 °C Ober-/Unterhitze vorheizen. Ein Backblech mit Rand mit Backpapier auslegen.
2. In einer großen Schüssel das Putenhackfleisch behutsam mit Zwiebel, Knoblauch, Petersilie, Zucchini, Kokosnussmehl oder Mandelmehl und geschmolzener Butter vermengen. Mit Salz und Pfeffer würzen.
3. Die Masse rasch, aber dennoch sanft zu walnussgroßen Kugeln rollen und diese nebeneinander auf dem Backblech anordnen. Die Hackbällchen 25–30 Minuten backen, die Temperatur im Inneren der Bällchen sollte dann bei 74 °C liegen.
4. Die Fleischbällchen zum Servieren auf separaten Tellern anrichten. Übrig gebliebene Putenhackbällchen halten sich gegart und abgedeckt im Kühlschrank bis zu 2 Tage. Zum Erwärmen eignet sich die Methode des Dämpfens am besten.

Dieses Gericht ist elegant genug für ganz besondere Anlässe, gleichzeitig aber so unkompliziert, dass Sie es auch an einem ganz normalen Wochenende zubereiten können. Mühen Sie sich nicht zu sehr damit ab, die Putenbrust zu einer perfekten Rolle zu formen und kunstvoll mit Küchengarn zu umwickeln. Die Rolle lässt sich zusätzlich gut mit Holzspießen fixieren, die vorher 30 Minuten in warmes Wasser gelegt wurden. Wenn Sie unsicher sind, ob Ihre Putenrolle auch ansprechend genug aussieht, schauen Sie sich im Internet Videos an, die zeigen, wie man einen Braten richtig bindet.

Mit Gruyère gefüllte Putenbrust

Ergibt 6-8 Portionen

- 1 Zwiebel
- 4 reichliche Handvoll Spinat
- 225 g Gruyère
- 1 EL Butter
- 1,3 kg Putenbrust ohne Haut und Knochen
- 1 EL Olivenöl
- 1 Prise Muskatnuss, gerieben
- Salz und Pfeffer

1. Zwiebel fein zerkleinern. Spinat hacken. Gruyère reiben. Butter schmelzen. Putenbrust horizontal tief einschneiden, aber nicht komplett durchschneiden. Anschließend die Hälften wie ein Buch aufklappen. Das Fleisch mit Wachspapier bedecken und mit dem Boden einer schweren Pfanne oder einem Nudelholz so lange bearbeiten, bis es nur noch etwa 1 cm dick ist. Küchengarn und Holzspieße bereitlegen. Den Ofen auf 200 °C Ober-/Unterhitze vorheizen.
2. In einer großen Pfanne das Olivenöl auf mittlerer bis hoher Stufe erwärmen. Zwiebel darin 3–5 Minuten anschwitzen, bis sie durchsichtig und weich geworden ist. Nun den Spinat zufügen, zuerst nur 1 Handvoll. Ist er zusammengefallen, die zweite Handvoll in die Pfanne geben. Diese Arbeitsschritte wiederholen, bis der gesamte Spinat verarbeitet und zusammengefallen ist. Alles mit Muskatnuss, Salz und Pfeffer würzen.
3. Die Spinatmischung gleichmäßig auf der aufgeklappten Putenbrust verteilen, dabei an jeder Seite 2,5 cm frei lassen. Den Käse auf den Spinat streuen. Nun die Putenbrust so eng wie möglich aufrollen, mit Küchengarn umwickeln und mit Holzspießen fixieren. Die Putenrolle mit der geschmolzenen Butter bestreichen. Mit Salz und Pfeffer würzen.

4. Putenrolle in einen Bräter oder eine Auflaufform legen und 20 Minuten im Ofen backen. Die Ofentemperatur auf 163 °C herunterregeln und die Putenbrust nochmals 20 Minuten rösten. Die Rolle sollte im Inneren eine Temperatur von 74 °C erreichen. Anschließend das Fleisch aus dem Ofen nehmen, locker mit Alufolie bedecken und 10 Minuten ruhen lassen.
5. Zum Servieren die gefüllte Putenrolle in dicke Scheiben schneiden (dünnere könnten auseinanderfallen) und auf separaten Tellern anrichten.

FLEISCH

Diese Burger schmecken mit einem Salat aus reifen Tomaten fantastisch. Wenn Sie kein Bisonhack auftreiben können, greifen Sie einfach zu Rinderhack. Aber bereiten Sie das Gericht bei nächster Gelegenheit mit Bisonhack zu – der Geschmack ist wunderbar und deutlich intensiver. Da Büffel in der Regel weder Wachstumshormone noch Antibiotika erhalten, profitieren Sie außerdem von der Abwesenheit dieser unerwünschten Zusätze. Und auch die aus dieser Mischung hergestellten Fleischbällchen sind überaus köstlich.

Bison-Burger

Ergibt 4 Burger

1 kleine Zwiebel
2 Stängel Salbei
2 EL Olivenöl, aufgeteilt, mehr zum Anmachen des Rucolas
565 g Bison-/Büffelhackfleisch
Salz und Pfeffer
80 ml Mayonnaise zum Servieren (optional)
1 EL Chilisoße zum Servieren (optional)
4 Handvoll pfeffriger Rucola (optional)

1. Zwiebel in Würfel schneiden. Salbeiblättchen abpflücken und dünn schneiden, die Stängel entsorgen.
2. 1 EL Olivenöl in einer schweren Pfanne auf mittlerer Stufe erhitzen. Die Zwiebel 10–12 Minuten sautieren, bis sie tiefbraun gefärbt ist. Zwiebelwürfel auf einen Teller geben und vollständig abkühlen lassen.
3. Hackfleisch, Zwiebel, Salbei, Salz und Pfeffer in eine große Schüssel geben. Alles vorsichtig mit den Fingerspitzen vermischen. Den Fleischteig nicht zusammendrücken oder zu intensiv durchmischen, damit die Burger nicht zäh werden.
4. 1 EL Olivenöl in der für die Zwiebel benutzten Pfanne oder einer Grillpfanne erhitzen. Die Burger 7 Minuten anbraten, dann wenden und nochmals 5 Minuten braten (Garstufe »medium«). Die Pfanne vom Herd nehmen, locker mit Alufolie bedecken und die Burger 5–10 Minuten ruhen lassen.
5. In einer Schüssel Mayonnaise und Chilisoße verschlagen.
6. Zum Servieren auf jeden Teller eine Handvoll Rucola (falls verwendet) geben. Mit Olivenöl beträufeln und mit Salz und Pfeffer würzen. Die Burger auf das Rucola-Bett legen und mit einem Klecks würziger Mayonnaise krönen.

Über das, was in ein klassisches Chili gehört – oder nicht hineingehört –, werden leidenschaftliche Debatten geführt. In Texas nennt man das Gericht übrigens *bowl o' red*. Nimmt man dafür gewürfeltes Rindfleisch oder Rinderhack? Kidneybohnen, schwarze Bohnen oder gar keine Bohnen? Chiliflocken oder Chilipulver oder beides? Meine bessere Hälfte gab mir den Tipp, starken aufgebrühten Kaffee ins Chili zu kippen – und die Dosentomaten einer Spaghettisoße vorzubehalten. Ich habe es ausprobiert – Chili mit Kaffee und ohne Tomaten – und ich liebe es. Ist das nun ein neuer Klassiker? Bestreuen Sie das Chili vor dem Essen mit Ihren Lieblingszutaten.

Chili con Carne

Ergibt 4 Portionen

- 2 Zwiebeln
- 4 Knoblauchzehen
- 1 rote Paprikaschote
- 3 ganze Chipotle-Chilis in Adobo-Soße
- 1 Dose (à 540 g) rote Kidneybohnen
- 2–3 EL Olivenöl
- Salz und Pfeffer
- 3 EL Tomatenmark
- 450 g Rinderhackfleisch
- 2 EL Chipotle-Chilipulver oder mexikanisches Chilipulver
- 1 EL gemahlener Kreuzkümmel

1. Zwiebeln würfeln. Knoblauch hacken. Paprikaschote entkernen und klein schneiden. Chipotle-Chilis hacken, die Adobo-Soße auffangen und beiseitestellen. Kidneybohnen abgießen und abspülen, die Konservenflüssigkeit wird entsorgt.
2. In einem großen Topf mit schwerem Boden 2 EL Olivenöl auf mittlerer Stufe erwärmen. Zwiebelwürfel, Knoblauch und Paprika unter häufigem Rühren 5–7 Minuten andünsten, bis die Zwiebeln glasig und die Paprika weich geworden ist. Mit Salz und Pfeffer würzen. Nun Tomatenmark, Chilis und beiseitegestellte Adobo-Soße einrühren. Alles 30 Sekunden garen lassen, dann das Gemüse in eine Schüssel geben und beiseitestellen.

→

500 ml Rindfleischbrühe (Seite 60), selbst gemacht oder in guter Qualität gekauft
250 ml starker Kaffee
Käse, gerieben, zum Servieren (optional)
Frühlingszwiebeln, in Ringe geschnitten, zum Servieren (optional)
Koriander, gehackt, zum Servieren (optional)
Chilisoße zum Servieren (optional)
Sauerrahm oder Crème fraîche zum Servieren (optional)

3. Die Hitze auf mittlere bis hohe Stufe einstellen und, falls notwendig, noch 1 EL Olivenöl in den für das Gemüse benutzten Topf geben. Das Hackfleisch zugeben und beim Anbraten fein zerteilen. Achten Sie darauf, dass der Topf so heiß ist, dass das Fleisch wirklich bräunt, es soll nicht gedämpft werden. Nach 10–12 Minuten, wenn das Hackfleisch schön braun ist, Chilipulver und Kreuzkümmel zugeben. Kurz durchrühren, um die Gewürze anzurösten. Mit Salz und Pfeffer würzen.
4. Die Hitze auf niedrige bis mittlere Stufe herunterregeln. Das Gemüse zurück in den Topf geben und die Rindfleischbrühe sowie den Kaffee zugießen. Den Deckel auflegen und alles 30 Minuten simmern lassen. Dann die Kidneybohnen in den Topf geben, abschmecken und bei Bedarf nachwürzen. Nochmals 15 Minuten köcheln lassen. Soll das Chili dünner werden, kochendes Wasser zufügen, aber immer nur 60 ml auf einmal. Soll es dicker werden, einfach die Kochzeit verlängern. Lassen Sie das Chili nicht sprudelnd aufkochen, da es hierdurch an Geschmack verlieren würde.
5. Zum Servieren das Chili auf 4 Suppenschalen verteilen und den Gästen verschiedene Toppings anbieten, die sie ganz nach Wunsch kombinieren können. Zu den traditionellen Varianten zählen geriebener Käse, in Ringe geschnittene Frühlingszwiebeln, gehackter Koriander, Chilisoße und Sauerrahm oder Crème fraîche – aber vielleicht haben Sie ja noch andere Ideen.

Würziges Rindfleisch mit Orange

Wenn Sie dieses Gericht kochen, durchziehen berauschende Aromen von Knoblauch, Ingwer und Orangenschale Küche und Wohnung. Es riecht so gut, dass Sie Ihre Lieben locker dazu bringen können, Ihnen in der Küche zu helfen – oder zumindest nachher den Abwasch zu machen. Grüner Spargel aus der Pfanne (Seite 114) ist eine geniale Beilage zu diesem Rezept.

Ergibt 4–6 Portionen

2 Knoblauchzehen
1 Stück frischer Ingwer (5 cm)
1 kleine rote Chilischote
3 Frühlingszwiebeln
1 kleine Navel-Orange
700 g Flankensteak (aus dem Bauchlappen)
60 ml Tamari-Soße
1 EL Reisweinessig
2 EL Pfeilwurzstärke
Salz und Pfeffer
2 EL Kokosöl

1. Knoblauch fein zerkleinern. Ingwer reiben. Chili klein schneiden. Frühlingszwiebeln in Scheiben schneiden, dabei grüne und weiße Teile voneinander trennen. Orangenschale abreiben und Orange auspressen.
2. Das Steak in dünne Scheiben schneiden und in einer Glasschüssel mit Tamari-Soße und Essig vermengen. Das Fleisch 15 Minuten marinieren lassen, dann herausnehmen, abtropfen lassen und die Marinade entsorgen. Die Steakscheiben mit Pfeilwurzstärke bestreuen und damit ummanteln, anschließend die panierten Steakscheiben mit Salz und Pfeffer würzen.
3. Kokosöl in einem großen Wok oder einer großen Pfanne mit schwerem Boden auf mittlerer bis hoher Stufe erhitzen. Das Fleisch unter Rühren 3–5 Minuten anbraten, bis es so weit durchgebraten ist, wie Sie es mögen. Die Steakscheiben anschließend auf einen Teller legen und beiseitestellen.
4. Knoblauch, Ingwer, Chili und die weißen Teile der Frühlingszwiebeln in den Wok oder die Pfanne geben. 60–90 Sekunden andünsten, dann mit 60 ml Orangensaft ablöschen und 2 EL Orangenschale zufügen. Die Soße ein paar Minuten lang blubbern und andicken lassen, dann vom Herd nehmen. Steakscheiben in die Soße gleiten lassen und alles kurz und behutsam durchrühren.
5. Das Gericht zum Servieren in separaten Suppenschalen anrichten und mit den restlichen Frühlingszwiebeln und einem Hauch Orangenschale krönen.

Das Flankensteak ist ein muskulöses Stück Fleisch aus dem Bauchlappen des Rindes. Es ist mager, steckt voller Geschmack und hat einen angenehmen Biss. Die Säure des Roqueforts, ein pikanter, üppiger Blauschimmelkäse aus Schafsmilch, rundet das Steak perfekt ab. Wem der Roquefort zu intensiv schmeckt, nimmt einen etwas sahnigeren Käse, etwa einen cremigen Danablu oder den Alleskönner Stilton.

Flankensteak mit Roquefort-sosse

Ergibt 6-8 Portionen

60 ml Rotweinessig
60 ml Olivenöl
2 EL Tamari-Soße
Salz und Pfeffer
900 g Flankensteak (aus dem Bauchlappen)
110 g Roquefort oder pikanter Danablu (dänischer Blauschimmelkäse)
80 ml Buttermilch

1. In einer kleinen Schüssel Essig, Olivenöl, Tamari-Soße und Pfeffer mischen. Das Steak in eine flache Auflaufform aus Glas legen (sie muss so groß sein, dass das Steak darin flach liegen kann) und mit der Marinade begießen. Die Form mit Frischhaltefolie verschließen und das Fleisch bei Zimmertemperatur 30 Minuten marinieren lassen.
2. Eine Grillpfanne auf mittlerer bis hoher Stufe erhitzen. Das Steak aus der Marinade nehmen, trocken tupfen und mit Salz und Pfeffer würzen. Die Marinade wegschütten. Das Steak 6 Minuten lang grillen, dann wenden und von der anderen Seite nochmals 4 Minuten grillen, bis es der Garstufe »medium« entspricht. Pfanne vom Herd nehmen, das Fleisch locker mit Alufolie bedecken und 10 Minuten ruhen lassen.
3. Während der Ruhezeit den Blauschimmelkäse in einer kleinen Schüssel zerkrümeln. Die Buttermilch zugießen und mithilfe einer Gabel den Käse grob mit der Buttermilch vermengen, es sollen dabei ruhig Käsekrümel sichtbar bleiben.
4. Zum Servieren das Steak in dünne Scheiben schneiden, auf separate Teller verteilen und die Käse-Buttermilch-Soße über das Fleisch geben.

Dies ist eher eine Zubereitungsmethode als ein Rezept, doch wenn Sie diese erst einmal ausprobiert haben, werden Sie immer wieder darauf zurückkommen. Es ist die perfekte Strategie, um ein relativ kostengünstiges Stück Rindfleisch in einen zarten, saftigen Genuss zu verwandeln – und zwar mit so minimalem Aufwand, dass Ihnen viel Zeit für andere Dinge bleibt. Reichen Sie dieses Roastbeef zu: Grünkohl mit Chili aus der Pfanne (Seite 113) oder Sesam-Brokkoli aus dem Ofen (Seite 116).

Warmes Roastbeef

Ergibt 6–8 Portionen

1,3–1,8 kg Rinderhüftfilet oder ein Stück aus der Schwanzrolle
Salz und Pfeffer

1. Den Ofen auf 260 °C Ober-/Unterhitze vorheizen.
2. Das Fleisch großzügig mit Salz und Pfeffer würzen, dann in einen Bräter legen und in den Ofen schieben. Sofort die Hitze auf 245 °C zurücknehmen. 21–28 Minuten braten; man rechnet etwa 8 Minuten pro Pfund Fleisch. Im Anschluss den Ofen ausschalten und den Schmortopf 2,5 Stunden im geschlossenen Ofen stehen lassen. *Die Ofentür hierbei kein einziges Mal öffnen.*
3. Den Braten aus dem Ofen nehmen, locker mit Alufolie bedecken und nochmals 10 Minuten ruhen lassen.
4. Zum Servieren in dünne Scheiben schneiden. Reste halten sich in Folie gewickelt im Kühlschrank bis zu 5 Tage.

Gebackene Lammkeule

Cremiger Spinat (Seite 108) ist eine klassische Beilage zu Lamm. Sie können aber auch Wurzelgemüse zusammen mit dem Lamm im Ofen rösten. Pastinaken, Möhren, weiße Rüben oder Steckrüben, in grobe Stücke geschnitten, in Olivenöl gewälzt, mit Salz und Pfeffer gewürzt und eine Stunde im Ofen gebraten - mehr braucht es nicht! Wenn vom gebackenen Lamm etwas übrig bleibt, reichern Sie ein Curry damit an oder krönen Sie einen Salat.

Ergibt 6-8 Portionen

3 Knoblauchzehen
6 Zweige Rosmarin
1 Zitrone
2 EL Olivenöl, aufgeteilt
1,8–2 kg Lammkeule, mit Knochen
Salz und Pfeffer

1. Knoblauch hacken. Von 2 Rosmarinzweigen die Blättchen abpflücken und hacken. Zitronenschale abreiben und Zitrone auspressen. Den Ofen auf 200 °C Ober-/Unterhitze vorheizen. Einen Bräter leicht mit Öl ausfetten.
2. Mit Mörser und Stößel (oder kurz in der Küchenmaschine) Knoblauch, gehackten Rosmarin, Zitronenschale, 1 EL Olivenöl und 1 EL Zitronensaft miteinander vermengen.
3. Die 4 noch intakten Rosmarinzweige in den Bräter legen. Die Lammkeule auf den Rosmarin platzieren. Das Fleisch mit Salz und Pfeffer würzen, dann die Knoblauch-Rosmarin-Mischung mit den Händen von allen Seiten in die Keule reiben. Das Lamm 75 Minuten (Garstufe »englisch«) oder 90 Minuten (Garstufe »medium «) im Ofen rösten. Anschließend aus dem Ofen nehmen und locker mit Alufolie bedecken. Die Keule mindestens 15 Minuten, maximal jedoch 30 Minuten ruhen lassen, bevor man sie zerteilt und serviert.
4. Die Keule zum Servieren in individuelle Portionen zerlegen. Übrig gebliebene gegarte Lammkeule hält sich in einem luftdicht verschlossenen Behälter im Kühlschrank bis zu 5 Tage.

Lamm-Burger mit Sumach-Joghurt-Sosse

Sumach ist ein säuerlich-herbes Gewürz, das aus den zerriebenen roten Beeren verschiedener Sumach-Varietäten gewonnen wird. Halten Sie danach in gut sortierten Gewürzabteilungen oder in Lebensmittelgeschäften mit Waren aus dem Nahen Osten oder dem Iran Ausschau, als Bezugsquelle kommt auch das Internet infrage. Gelingt es gar nicht, gemahlenen Sumach aufzutreiben, ersetzen Sie ihn durch abgeriebene Zitronenschale – dann bekommt die Joghurt-Soße ein kräftiges Zitrusaroma.

Ergibt 4 Portionen

1 Zitrone
15–20 Minzeblättchen
2 Schalotten
450 g Lammhackfleisch
Salz und Pfeffer
250 ml vollfetter Naturjoghurt
1 TL gemahlener Sumach

1. Zitronenschale abreiben und Zitrone entsaften. Minzeblättchen fein hacken. Schalotten würfeln. Den Ofen auf 190 °C Ober-/Unterhitze vorheizen.
2. In einer Schüssel das Lammhackfleisch mit Zitronenschale, Minzeblättchen und Schalotten mischen. Mit Salz und Pfeffer würzen. 2 EL der Mischung abstechen und mit den Händen zu einer Kugel rollen, dann in eine flache feuerfeste Form legen. Diese Arbeitsschritte mit dem restlichen Fleischteig wiederholen. Mit den Fingern oder einer Gabel leicht auf die Oberfläche der Hackfleischbällchen drücken und sie so zu dicken Frikadellen formen. Die Burger etwa 15 Minuten im Ofen backen, bis sie in der Mitte nur noch ganz zart rosa sind.
3. Während die Burger im Ofen braten, eine Schüssel bereitstellen und darin Joghurt, Sumach, 1 EL Zitronensaft, Salz und Pfeffer mischen.
4. Die fertig gegarten Lamm-Burger zum Servieren auf einer großen Platte anrichten und jeweils mit einem Klecks Joghurt-Soße krönen. Die restliche Soße in einer kleinen Schüssel auf den Tisch stellen, damit sich die Gäste nach Wunsch bedienen können.

Lamm-Moussaka

Wichtig bei diesem Rezept sind die Vorbereitung der Zutaten und deren Kombination. Bei guter Organisation lässt sich das Gericht in etwas mehr als einer Stunde zubereiten. Geht man lockerer an die Sache heran, dauert dies eher 2 Stunden – aber vielleicht ist das während der Tage, an denen Sie das Fasten mit dem Abendessen brechen möchten, eine gute Ablenkung. Das cremige Blumenkohl-Kokos-Topping ist leckerer als die traditionelle Béchamelsoße – versprochen!

Ergibt 4–6 Portionen

- 1 Zwiebel
- 5 Knoblauchzehen
- 1 mittelgroße Aubergine
- ½ Blumenkohl
- 1 Zitrone
- 6 EL Olivenöl, aufgeteilt
- Salz und Pfeffer
- 450 g Lammhackfleisch
- 1 EL getrockneter Oregano
- 2 TL gemahlener Zimt
- 1 EL Tomatenmark
- 60 ml trockener Weißwein
- 1 Dose (à 400 ml) ganze Tomaten
- 250 ml Kokosnusscreme
- 2 EL Mandelmehl

1. Zwiebel hacken. Knoblauch fein zerkleinern. Aubergine in Scheiben schneiden. Blumenkohl in Röschen zerteilen. Zitrone halbieren und 1 Hälfte auspressen. Den Ofen auf 200 °C Ober-/Unterhitze vorheizen. Ein Backblech mit Rand und eine feuerfeste Kasserolle oder Form leicht mit Öl ausfetten
2. Die Auberginenscheiben nebeneinander auf dem Backblech anordnen. Die Oberflächen mit Olivenöl bestreichen und mit Salz und Pfeffer würzen. Auberginenscheiben 15 Minuten im Ofen backen, dann umdrehen, wiederum mit Olivenöl bestreichen und nochmals 10–15 Minuten in den Ofen schieben. Die Scheiben sollten in der Mitte eine dunkle, braungrüne Färbung angenommen haben und nicht mehr das blasse Grün der rohen Aubergine zeigen. Wenn die Auberginen durch sind, das Gemüse aus dem Ofen nehmen und beiseitestellen. Den Ofen angeschaltet lassen.
3. Während die Aubergine gart, den Blumenkohl dämpfen. Dazu einen Topf etwa 2,5 cm hoch mit Wasser füllen, einen Dämpfeinsatz einhängen (oder einen Dampfgarer mit Deckel verwenden) und die Blumenkohlröschen 8–10 Minuten dämpfen, bis sie weich sind. Den Topf vom Herd nehmen, den Deckel auflegen und beiseitestellen.
4. Während Aubergine und Blumenkohl garen, die Fleischfüllung zubereiten. 2 EL Olivenöl in einer großen Pfanne

mit schwerem Boden auf mittlerer bis hoher Stufe erhitzen. Die Zwiebel zufügen und 5–7 Minuten sautieren, bis sie glasig und weich geworden ist. Den Knoblauch in die Pfanne geben und 1 Minute unter Rühren anbraten, bis sich der Duft zu entfalten beginnt. Das Gemüse in eine Schüssel geben und beiseitestellen.

5. Nun das Lammhack in die Pfanne geben und so lange anbräunen, bis die rosa Färbung komplett verschwunden ist. Mit Salz und Pfeffer würzen. Zwiebel und Knoblauch zurück in die Pfanne geben. Oregano, Zimt und Tomatenmark einrühren. Den Wein zugießen und leicht reduzieren lassen. Die Dosentomaten zufügen und die Soße 8–10 Minuten simmern lassen, bis der Großteil der Flüssigkeit eingekocht ist.
6. Während die Fleischsoße simmert, das Blumenkohl-Kokos-Topping zubereiten. Dafür die Kokosnusscreme mit 1 EL Zitronensaft sowie Salz und Pfeffer in einen Mixer oder eine Küchenmaschine geben. In einer kleinen Schüssel 60 ml warmes Wasser mit dem Mandelmehl vermischen, dafür eine Gabel zur Hilfe nehmen. Die Mixtur ebenfalls in den Mixer geben. Alles kurz in der Maschine durcharbeiten, dann den Blumenkohl zufügen und die Zutaten gründlich zu einer glatten Soße verarbeiten.
7. Den Boden der vorbereiteten ofenfesten Form mit einer Lage Auberginenscheiben bedecken, die sich nicht überlappen sollten. Die Hälfte der Fleischsoße darauf verteilen. Nun eine zweite Lage Auberginenscheiben in die Form und darauf wiederum Fleischsoße geben. Diese Arbeitsschritte wiederholen, bis alle Auberginenscheiben und die Soße aufgebraucht sind. Die Oberfläche mit der cremigen Blumenkohlsoße überziehen und den Auflauf 35–40 Minuten im Ofen backen.
8. Die Moussaka vor dem Servieren 20 Minuten ruhen lassen, dann erst portionieren. Moussaka-Reste halten sich zugedeckt im Kühlschrank bis zu 2 Tage.

Ein schneller und herzhafter Eintopf für kalte Tage. Die Grundlage besteht aus schlichtem Suppengemüse: ein Mix aus Möhren, Staudensellerie und Lauch zu etwa gleichen Teilen, der als aromatische Basis für verschiedenste Gerichte dienen kann. Wenn Sie Ihre Küche gern perfekt durchorganisieren, schneiden Sie die doppelte Menge Suppengemüse klein und frieren Sie den Überschuss ein, um ihn für schnelle Suppen und Eintöpfe zur Hand zu haben.

Linseneintopf mit Würstchen

Ergibt 4 Portionen

- 2 Möhren
- 2 Stangen Sellerie
- 1 Stange Lauch
- 450 g milde italienische Würstchen
- 1 Bund glatte Petersilie
- 1 EL Olivenöl
- Salz und Pfeffer
- 1 EL Tomatenmark
- 1 Prise Chiliflocken
- 1 Prise Kräuter der Provence
- 1 Dose (à 400 ml) gewürfelte Tomaten
- 190 g braune oder grüne Linsen
- 625 ml Hühnerbrühe (Seite 61), selbst gemacht oder gekauft

1. Möhren und Sellerie würfeln. Den Lauch von den dunkelgrünen Blättern und den harten Enden befreien und diese wegwerfen. Lauchstange längs halbieren und in dünne Halbkreise schneiden. Die Würstchen in 1 cm breite Scheiben schneiden. Die Petersilie grob hacken.
2. Olivenöl in eine große Kasserolle geben und auf mittlerer bis hoher Stufe erhitzen. Möhren, Sellerie und Lauch zufügen und alles rasch durchrühren. Etwa 5 Minuten garen, bis der Lauch durchsichtig wird und das Gemüse Feuchtigkeit abgibt und zu dämpfen beginnt, dabei gelegentlich umrühren. Alles großzügig mit Salz und Pfeffer würzen und noch 1 Minute weitergaren.
3. Tomatenmark, Chiliflocken, Kräuter der Provence, zerkleinerte Würstchen, Dosentomaten und Linsen zufügen. Etwa 15 Minuten simmern lassen, bis die Linsen die Flüssigkeit fast vollständig aufgesogen haben. Nun die Brühe zugießen und alles ohne Deckel nochmals 15 Minuten köcheln lassen, bis die Linsen weich sind und der Eintopf so weit eingedickt ist, dass er die von Ihnen gewünschte Konsistenz hat.
4. Den Eintopf kurz vor dem Servieren nach Geschmack mit Salz und Pfeffer abschmecken und etwa zwei Drittel der Petersilie einrühren. In Suppenschalen füllen und mit der restlichen Petersilie bestreuen.

Gefülltes Schweinefilet

In diesem leicht nachzukochenden Rezept kommen mediterrane Aromen zum Einsatz. Da das im Lebensmittelhandel erhältliche Schweinefleisch in der Regel sehr mager ist und beim Garen trocken werden kann, brauchen wir zusätzliches Fett, um Geschmack und Feuchtigkeit hineinzubringen. Der Feta ist hier die Rettung! Achten Sie zusätzlich darauf, das Fleisch nicht zu lange im Ofen zu lassen. Die Tage, in denen das Fleisch grau aussehen musste, um bedenkenlos verzehrt werden zu können, sind längst vorbei. Heute garen wir Fleisch bei einer geringeren inneren Temperatur und lassen es abschließend 5 Minuten ruhen, sodass es zart und saftig auf den Tisch kommt.

Ergibt 4–6 Portionen

700 g Schweinefilet
2 Knoblauchzehen
2 Stängel Basilikum
60 ml sonnengetrocknete Tomaten in Öl (6–8 Stück)
100 g cremiger Feta
1 Zitrone
Salz und Pfeffer
3 EL Olivenöl, aufgeteilt
1 TL rote Paprikaflocken
1 EL Dijonsenf

1. Das Filet horizontal tief ein-, aber nicht komplett durchschneiden. Anschließend die Hälften wie ein Buch aufklappen. Den Knoblauch fein zerkleinern. Vom Basilikum die Stängel und Blätter hacken. Die sonnengetrockneten Tomaten hacken. Den Feta zerkrümeln oder klein schneiden. Die Zitronenschale abreiben und die Zitrone auspressen. Küchengarn bereitlegen. Den Ofen auf 220 °C Ober-/Unterhitze vorheizen.
2. Für die Füllung in einer kleinen Schüssel 1 EL Olivenöl mit Knoblauch, Basilikum, sonnengetrockneten Tomaten, Feta und 1 TL Zitronenschale vermengen. Mit Salz und Pfeffer würzen und beiseitestellen.
3. Für den Überzug in einer zweiten kleinen Schüssel 2 EL Olivenöl, rote Paprikaflocken, Dijonsenf und 1 EL Zitronensaft mischen. Mit Salz und Pfeffer würzen und beiseitestellen.
4. Die Füllung auf das Filet streichen, dabei am Rand einen Streifen frei lassen. Das Filet über der Füllung zu einer Rolle formen und dabei leicht zusammendrücken, damit die Ränder fixiert werden. Es ist kein Problem, wenn da-

bei ein wenig Füllung herausquillt oder die Ränder nicht dicht schließen – umwickeln Sie die Rolle einfach mit Küchengarn, wenn Sie möchten.

5. Das gefüllte Filet in einen Bräter legen und ringsum mit der Dijon-Mischung bestreichen. 15 Minuten bei 220 °C backen, dann die Temperatur auf 180 °C einstellen und das Fleisch nochmals 25–30 Minuten rösten. Das Fleischthermometer sollte dann eine Temperatur von 63 °C anzeigen.
6. Vor dem Servieren das Filet 5 Minuten ruhen lassen, dann in dicke Scheiben schneiden.

Portugiesisches Schweinefleisch mit Venusmuscheln

Wenn Sie dieses wunderbare, unter der Bezeichnung *carne de porco à Alentejana* bekannte portugiesische Eintopfgericht noch nicht kennen, wird es Zeit, Ihr Kochrepertoire zu erweitern. Obwohl sie ungewöhnlich erscheinen mag, ist die Kombination von Schweinefleisch und Muscheln typisch portugiesisch. Die Weißen Bohnen in Kräuterbutter (Seite 135) empfehlen sich hier als leckere Beilage. Nehmen Sie zum Kochen am besten leichten, spritzigen portugiesischen Weißwein wie Vinho Verde.

Ergibt 4 Portionen

- 450 g Schweineschulter oder -filet
- 1 Zwiebel
- 4 Knoblauchzehen
- 1 Zitrone
- 4 Stängel glatte Petersilie
- 60 ml Olivenöl
- 1 EL mildes oder würzig geräuchertes Paprikapulver
- Salz und Pfeffer
- 125 ml Vinho Verde oder ein anderer spritziger Weißwein
- 700 g Venusmuscheln mit Schale

1. Das Schweinefleisch in mundgerechte Würfel schneiden. Zwiebel und Knoblauch hacken. Die Zitronenschale abreiben und Zitrone entsaften. Petersilie hacken.
2. Das Olivenöl in einem großen Topf mit Deckel auf mittlerer bis hoher Stufe erhitzen. Die Fleischwürfel zufügen und 15–18 Minuten von allen Seiten gut anbräunen. Mit Paprikapulver, Salz und Pfeffer würzen.
3. Die Zwiebel zugeben und 5–7 Minuten sautieren, bis sie weich wird und bräunt. Nun den Knoblauch in den Topf geben und 1 Minute anschwitzen, bis sich der Duft entfaltet. Den Weißwein zugießen und 5 Minuten köcheln lassen, bis er etwas eingekocht ist. Dann 250 ml kaltes Wasser zugießen und aufkochen lassen. Die Hitze zurücknehmen, den Deckel auflegen und das Gericht 1 Stunde lang simmern lassen. Gelegentlich umrühren und bei Bedarf Wasser zufügen.
4. Wenn das Fleisch weich ist, Muscheln, 2 EL Zitronensaft sowie Salz und Pfeffer zugeben. Bei geschlossenem Deckel die Muscheln 8–10 Minuten dämpfen, bis sie sich geöffnet haben. Exemplare, die sich nicht öffnen, wegwerfen.
5. Das Gericht in separate Suppenschalen füllen und mit Zitronenschale und Petersilie garniert servieren.

Wildeintopf nach Jägerart

Fleisch von frei lebendem Wild oder Tieren aus der Zucht ist nicht leicht zu bekommen, doch funktioniert dieses einfache Eintopfrezept genauso gut mit Rinderkamm. Wenn Sie Wildbret verwenden, ist es wichtig, das Fleisch 8 Stunden lang zu marinieren, bei Rindfleisch können Sie auf diesen Arbeitsschritt verzichten.

Ergibt 4–6 Portionen

900 g Wildbret oder Rinderkamm
4 Scheiben Bacon
1 Zwiebel
3 Möhren
1 Pastinake
110 g Champignons
2 Zweige Rosmarin
1 Lorbeerblatt
500 ml trockener Rotwein
250 ml Rindfleischbrühe (Seite 60), selbst gemacht oder gekauft
1 EL Tomatenmark
Salz und Pfeffer

1. Wildbret oder Rindfleisch in Würfel schneiden. Bacon zerkleinern. Zwiebel hacken. Möhren und Pastinake klein schneiden. Champignons von den Stielen befreien und halbieren.
2. Bei Verwendung von Wildbret Fleisch, Zwiebel, Möhren, Pastinake, Rosmarinzweige und Lorbeerblatt in eine nichtreaktive Schüssel geben. Rotwein und Rindfleischbrühe über das Fleisch und Gemüse in der Schüssel gießen. Einen Deckel auflegen und 8 Stunden lang in den Kühlschrank stellen (bei Verwendung von Rindfleisch entfällt dieser Schritt).
3. Die Marinade abgießen und auffangen, dann beiseitestellen. In einem großen Schmortopf mit schwerem Boden und Deckel oder einem ähnlichen Topf den Bacon 5 Minuten braten, bis das Fett ausgetreten ist. Bacon aus dem Topf nehmen und beiseitestellen. Nun Wildbret (oder Rindfleisch) und Gemüse in den Schmortopf geben. Tomatenmark zufügen und 2 Minuten lang durchrühren, damit die Säure reduziert und der Geschmack intensiviert wird. Mit Salz und Pfeffer würzen.
4. Die Marinade aus Wein und Brühe mit Lorbeerblatt und Rosmarin in den Topf gießen und aufkochen lassen. Die Hitze zurücknehmen, bis alles nur noch leise simmert. Die Pilze zugeben und den Eintopf bei halb geschlossenem Deckel 60–75 Minuten simmern lassen, bis das Fleisch weich ist.
5. Zum Servieren Lorbeerblatt und Rosmarin entfernen und den Eintopf in separate Suppenschalen füllen. Reste halten sich im Kühlschrank abgedeckt bis zu 3 Tage.

DANKSAGUNG

Ein ganz besonderer Dank geht von Alison Maclean an Dr. Jason Fung. Sein medizinisches Wissen und seine Kompetenz sowie die überaus verständlichen Erklärungen in seinem Ratgeber *Diabetes rückgängig machen* haben meinen Vater dazu gebracht, komplett auf Zucker zu verzichten, was dazu geführt hat, dass sich seine Diabetes-Typ-2-Erkrankung dauerhaft zurückgebildet hat.

Die im Folgenden genannten begeisterten Köche, Testesser, Versuchskaninchen und wagemutigen Esser haben unschätzbare Beiträge zu den Rezepten in *Diabetes rückgängig machen – Das Kochbuch* geliefert. Ein besonders dickes Dankeschön geht an dich, Julia, für deine wunderbare Arbeit und Kreativität *dans la cuisine*.

Julia Chanter
Moira French
Charlie Johnston
David Johnston
Hannah Johnston
Scott Lewis
Drummond Maclean
Sandra Maclean
Diane Morch
John Morch
Marilou Roth
Russ Seton

ANHANG

BEISPIELHAFTE MAHLZEITENPLÄNE FÜR 16-, 24-, 30- UND 36-STÜNDIGES FASTEN

16-stündiges Fasten, 6 Tage/Woche

Mahlzeit	Montag	Dienstag	Mittwoch	Donnerstag	Freitag	Samstag	Sonntag
Frühstück 7:00 Uhr							Frittata
Mittagessen 12:00 Uhr	Mulligatawny-Suppe	Avocado mit Thunfischsalat ——— Tomatensuppe	Omelett mit Fontina und Schinken ——— Kräuter-Salat	Leckeres aus dem Einmachglas	Körnercracker ——— Hummus ——— Regenbogen-Beten mit Ziegenkäse	Eier in Prosciutto-Taschen	Crudités mit vier Dips ——— Hähnchenflügel mit Chilisoße
Abendessen 19:00 Uhr	Kabeljau mit Paranusskruste ——— Grüner Spargel aus der Pfanne	In Rotweinessig geschmorte Hähnchenschenkel ——— Cannellini-Bohnen und Blattgemüse mit brauner Butter	Muscheln in Currysahne ——— Frisée mit pochierten Eiern und Speckstreifen	Chili mit roten und weißen Bohnen	Schnelles Fischgericht vom Blech	Hähnchenschenkel mit Rosenkohl und Kürbis	Warmes Roastbeef ——— Gefüllte Tomaten mit Ziegenkäse ——— Sesam-Brokkoli aus dem Ofen

24-stündiges Fasten, 3 Tage/Woche

Mahlzeit	Montag	Dienstag	Mittwoch	Donnerstag	Freitag	Samstag	Sonntag
Frühstück 7:00 Uhr	Fluffiges Rührei mit Ziegenkäse		In Olivenöl gebratene Eier Kräuter-Salat		Himmlische Wolken-Eier		Englisches Frühstück
Mittagessen 12:00 Uhr	Hühner-Curry-Salat auf Rucola		Würziger Quinoa-Salat mit Tomaten und Pinienkernen		Leckeres aus dem Einmachglas		Italienische Weiße-Bohnen-Suppe
Abendessen 19:00 Uhr	Graved Lachs Grilltomaten-Zucchini-Salat	Louisiana Gumbo	Lachs-Masala Gebackener Butternusskürbis	Hühnerfrikassee Pürierte Steckrüben und Pastinaken	Putenhackfleisch-Bällchen Cremiger Spinat	Bison-Burger Goldenes Gemüse-Curry	Gebackene Lammkeule Grünkohl mit Chili aus der Pfanne

24-stündiges Fasten, 3 Tage/Woche

Mahlzeit	Montag	Dienstag	Mittwoch	Donnerstag	Freitag	Samstag	Sonntag
Frühstück 7:00 Uhr	Spiegeleier auf Kichererbsen-Pfannkuchen		Frisée mit pochierten Eiern und Speckstreifen Fluffiges Rührei mit Ziegenkäse	Asiatische Salat-Wraps mit Hähnchen	Tofu aus der Pfanne Gefüllte Tomaten mit Ziegenkäse		Omelett mit Fontina und Schinken
Mittagessen 12:00 Uhr	Würzige Knoblauch-Shrimps Wirsing in Butter	Pochierte Eier auf Blumenkohlboden	Bison-Burger Cannellini-Bohnen, Blattgemüse und Tomaten mit brauner Butter	In Olivenöl pochierter Thunfisch mit Kapernsalsa Mediterrane dicke Bohnen aus dem Ofen	Mulligatawny-Suppe	Mit Gruyère gefüllte Putenbrust Grünkohl mit Chili aus der Pfanne	Huhn aus dem Ofen Gebackener Butternusskürbis Erbsen mit Minze und Zitrone
Abendessen 19:00 Uhr		Hähnchen und Gemüse aus der Pfanne				Portugiesisches Schweinefleisch mit Venusmuscheln Fenchel mit Parmesan aus der Pfanne	

30-stündiges Fasten, 3 Tage/Woche

Mahlzeit	Montag	Dienstag	Mittwoch	Donnerstag	Freitag	Samstag	Sonntag
Frühstück 7:00 Uhr	Huevos Rancheros		Cocotte-Eier Kräuter-Salat		Eier in Prosciutto-Taschen		Gefüllte Eier mit Bacon-Stückchen Tomatensuppe mit »Parm«-Chips
Mittagessen 12:00 Uhr	Kichererbsen mit Bittersalat Gebackener Tofu		Tom Kha Crudités mit vier Dips		Leckeres aus dem Einmachglas		Hähnchen mit vierzig Knoblauchzehen Cremiger Spinat
Abendessen 19:00 Uhr		Gemischte Fischplatte vom Grill Sesam-Brokkoli aus dem Ofen		Lamm-Burger mit Sumach-Joghurt-Soße Würziger Quinoa-Salat mit Tomaten und Pinienkernen		Warmes Roastbeef Pürierte Steckrüben und Pastinaken Grüner Spargel aus der Pfanne	

36-stündiges Fasten, 3 Tage/Woche

Mahlzeit	Montag	Dienstag	Mittwoch	Donnerstag	Freitag	Samstag	Sonntag
Frühstück 7:00 Uhr	Hart gekochte Eier mit Pesto Graved Lachs		Pochierte Eier auf Blumenkohlboden		Himmlische Wolken-Eier		Omelett mit Fontina und Schinken
Mittagessen 12:00 Uhr	Italienische Weiße-Bohnen-Suppe		Blumenkohlsteak mit Käse		Caldo Verde (Portugiesische Grünkohlsuppe)		Hühner-Curry-Salat auf Rucola
Abendessen 19:00 Uhr	Schnelles Fischgericht vom Blech Erbsen mit Minze und Zitrone		Gefülltes Schweinefilet Fenchel und Orangen auf Rucola		Würziges Rindfleisch mit Orange Sesam-Brokkoli aus dem Ofen Blumenkohlreis		Lamm-Moussaka Wirsing in Butter

Register

I

J

K

L

M

P

Q

R

Die Autoren, mit den Arbeitsschwerpunkten im Buch:

Rolf Kümmerer, Dr.-Ing., Prof., Aalen: *Konstruktionsmethodik und Konstruktionssystematik, Entwerfen und Gestalten*

Dietmar Schmid, Dr.-Ing., Prof., Essingen: *Einzelbeiträge in allen Kapiteln*

Markus Bürger, Dipl.-Ing. (FH), Studiendirektor, Schwetzingen: *Maschinenelemente*

Michael Dambacher, Dipl.-Ing., Studiendirektor, Aalen: *Festigkeitslehre*

Rupert Zang, Dr.-Ing., Prof., Großostheim: *Geometrische Produktspezifikation GPS*

Wolfgang Schäfer, Dr. rer. nat., Bermatingen: *Kunststoffgerechte und FVK-gerechte Gestaltung*

Burkhard Heine, Dr. rer. nat. Prof., Aalen: *Werkstoffvorauswahl*

Wolfgang Rimkus, Dr. Dipl.-Ing. (FH), Aalen: *Computer und Konstruktion*

Andreas Hartmann, Dipl.-Ing., Stadtbergen: *Rapid Prototyping, FMEA*

Hans Kaufmann, Dipl.-Ing. (FH), Studiendirektor, Aalen: *Pneumatik und Hydraulik*

Lektorat und Leitung des Arbeitskreises: Prof. Dr.-Ing. Dietmar Schmid, Essingen

Bildbearbeitung: Grafische Produktionen Jürgen Neumann, 97222 Rimpar
Agathe Schmid-König, Technische Illustration und Gestaltung, 64668 Rimbach

Betreuung der Bildbearbeitung: Zeichenbüro des Verlags Europa-Lehrmittel, Ostfildern

Dem Buch wurden die neuesten Ausgaben der Normen und Gesetze zugrunde gelegt. Verbindlich sind jedoch nur die Normblätter selbst und die amtlichen Gesetzestexte. Wie in Lehrbüchern üblich, werden etwa bestehende Patente, Gebrauchsmuster oder Warenzeichen meist nicht erwähnt. Das Fehlen eines solchen Hinweises bedeutet daher nicht, dass die dargestellten Produkte davon frei sind. Die Bilder sind von den Autoren entworfen bzw. entstammen aus deren Arbeitsumfeld. Soweit Bilder, insbesondere Fotos, einem Copyright Dritter unterliegen, sind diese mit dem ©-Symbol und dem Urhebernamen versehen und im Quellenverzeichnis aufgelistet.

7. Auflage 2021

Druck 5 4 3 2 1

Alle Drucke derselben Auflage sind parallel einsetzbar, da sie bis auf die Behebung von Druckfehlern identisch sind.

ISBN 978-3-7585-1400-5

Satz: Grafische Produktionen Jürgen Neumann, 97222 Rimpar
Umschlag: braunwerbeagentur, 42477 Radevormwald
Umschlagfotos: SKF, Göteborg: Skizze eines Wälzlagers von *Sven Wingquist,* um 1907
Druck: Plump Druck & Medien GmbH, 53619 Rheinbreitbach

EUROPA LEHRMITTEL

Bibliothek des technischen Wissens

Rolf Kümmerer
Michael Dambacher
Andreas Hartmann
Wolfgang Schäfer
Dietmar Schmid
Burkhard Heine
Hans Kaufmann
Markus Bürger
Wolfgang Rimkus
Rupert Zang

Konstruktionslehre Maschinenbau

7., überarbeitete Auflage

VERLAG EUROPA-LEHRMITTEL • Nourney, Vollmer GmbH & Co. KG,
Düsselberger Straße 23 • 42781 Haan-Gruiten

Europa-Nr.: 14009

1.3.2 Kern der Aufgabe, Problemkern, Gesamtfunktion

Für die Lösungssuche ist es unumgänglich, das Problem der Aufgabe in seinem Kern zu erkennen. Die dazu notwendige Analyse und das *Abstrahieren* soll von allem einengenden Beiwerk befreien, das Wesentliche vom Unwesentlichen trennen, das Notwendige und Wichtige herausheben. Es hat sich als zweckmäßig erwiesen, in einem ersten Schritt die *Gesamtaufgabe* zur *Gesamtfunktion* zu abstrahieren.

Der notwendige und hinreichende Abstraktionsgrad hängt vom Allgemeinheitsgrad der jeweiligen Konstruktionsaufgabe ab. Je spezieller ein Problem gestellt ist, desto weniger abstrakt wird dessen Kern zu formulieren sein.

Technische Erzeugnisse, wie z. B. Maschinen und Bauteile kann man stets auch als **Systeme** auffassen. Jedes dieser Systeme hat eine ganz bestimmte Gesamtfunktion zu erfüllen, die wiederum aus mehreren Teilfunktionen bestehen kann.

Jede Funktion, insbesondere eine Gesamtfunktion (und damit das System) lässt sich abstrakt in Form einer **Black Box** (Schwarzer Kasten) darstellen. Über die Vorgänge innerhalb der Black Box macht man sich zunächst keine Gedanken, sondern betrachtet nur den Zustand des zu beschreibenden Systems und die Schnittstellen zu seiner Umgebung. Daraus resultiert eine meist verbale, textlich formulierbare Beschreibung der Gesamtfunktion, die das System erfüllen soll mit den Eingangs- und Ausgangsgrößen an den Schnittstellen. Sie werden gegliedert in das Stoffliche, den Energieaustausch und die Kommunikation bzw. die CPS-Vernetzung[1] und durch quantitative und qualitative Angaben beschrieben bzw. eingegrenzt (**Bild 1, Bild 2, Bild 3**).

[1] Ein **Cyber-Physisches System (CPS)** vernetzt mechanische und elektronische Komponenten bzw. deren Funktionen, z. B. mithilfe des Internets. Ziele sind *smarte* (= geschickte) Produkte und Produktionssysteme. Smarte Produkte sind selbsterklärend, z. B. für den Kunden, selbstorganisierend, z. B. für die Wartung und dialogfähig, z. B. für erweiterte Nutzungen. Forciert wird die Entwicklung durch die Initiative **Industrie 4.0**.

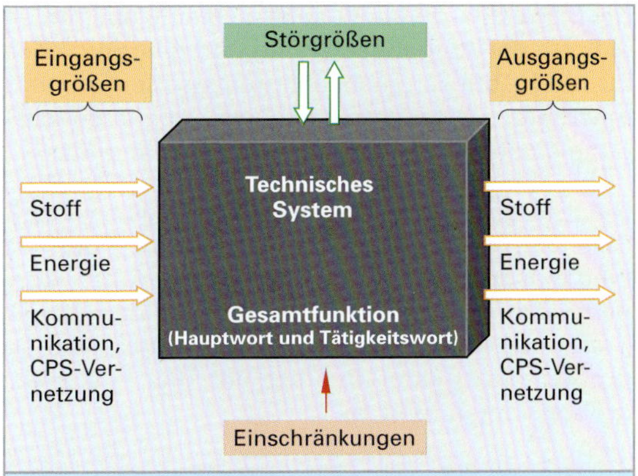

Bild 1: Allgemeine Black Box-Darstellung für ein technisches System

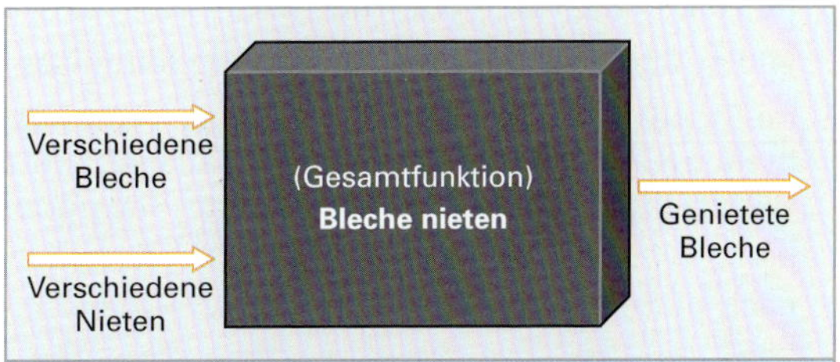

Bild 2: Black Box für eine Nietvorrichtung (vereinfacht)

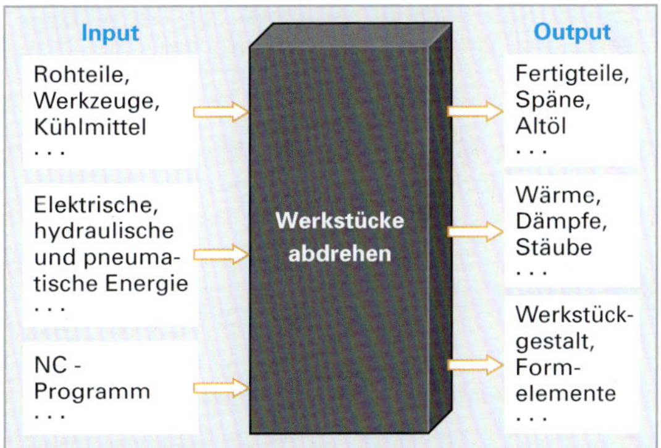

Bild 3: Black Box für eine Drehmaschine (vereinfacht)

Funktion: Eine Funktion ist der abstrakt beschriebene allgemeine Wirkzusammenhang zwischen Eingangs-, Ausgangs- und Zustandsgrößen eines Systems zum Erfüllen einer Aufgabe.
Im Allgemeinen ist es zweckmäßig, eine Funktion durch ein *Hauptwort und ein Tätigkeitswort* auszudrücken wie z. B. „Last heben", „Bleche nieten", „Wäsche waschen".

Stofflichkeit: Materielle Gegenstände wie z. B. Rohprodukt, Halbzeug, Endprodukt, Bauteil, Flüssigkeit, Granulat, Gas, Staub, Prüfgegenstand.

Energie: Mechanische, thermische, elektrische, chemische, optische Energie, Kernenergie, Kraft, Strom, Wärme, usw. Es ist nicht bei allen Aufgabenstellungen sinnvoll, insbesondere wenn diese schon sehr konkret sind, als Eingangs- und Ausgangsgrößen Energiegrößen zu benutzen. In sehr vielen Fällen wird man eher z. B. Leistungen, Kräfte, Momente nennen.

Kommunikation und CPS-Vernetzung: Alle Informationseinheiten, die dem Steuern, Beobachten und Bewerten von Vorgängen dienen wie z. B. Messdaten, Programme, Störungsmeldungen.

Die Black-Box-Darstellung ist also eine abstrahierte Form der Aufgabenstellung und gibt durch den Zu- und Abfluss der beteiligten Größen an, was innerhalb des technischen Systems zur Bewältigung dieser Aufgabe umgesetzt werden muss.

Die Störgrößen bzw. Einschränkungen (Bild 1, Seite 23), die von außen oder auch über die Eingangsgrößen auf das System einwirken, können Störungen im System selbst und damit auch Störungen nach außen hervorrufen oder als Störgrößen direkt oder indirekt auf die Ausgangsgrößen wirken (**Bild 1**).

Störgrößen sind z. B.

- bei Eingangsgrößen: Drehzahlschwankungen, Belastungsschwankungen, Abmessungstoleranzen, Werkstofftoleranzen, ...
- von außen: Erschütterungen, Umwelteinflüsse,
- im System: Abweichungen von idealen physikalischen Gesetzen, unvollkommen ausgebildete Wirkflächen, nicht exakt ablaufende Bewegungen, ...
- nach außen: Abgase, Geräusche, Wärmestrahlung, ...

Es ist im Allgemeinen sinnvoller, die Ursachen erkannter Störungen zu bekämpfen als die Wirkung von Störungen kompensieren zu wollen.

Eine andere Möglichkeit, den Problemkern bzw. die Gesamtfunktion zu erkennen ist, die Anforderungsliste auf die geforderte Funktion und auf wichtige Bedingungen hin zu analysieren und zu *abstrahieren*[1].

Folgendes Vorgehen ist dabei zweckmäßig (**Bild 2**):

1. Wünsche weglassen
2. Forderungen weglassen, die die Funktion und wichtige Bedingungen nicht unmittelbar betreffen.
3. Quantitative Angaben in qualitative Angaben umsetzen und dabei auf wesentliche Aussagen reduzieren. Zahlenangaben sind für die Lösungssuche nicht wichtig!
4. Problem lösungsneutral formulieren (Hauptwort und Tätigkeitswort).

Je nach Aufgabe und/oder dem Umfang der Anforderungsliste können auch Schritte weggelassen werden. In **Tabelle 1** ist das Vorgehen am Beispiel einer Nietvorrichtung gezeigt.

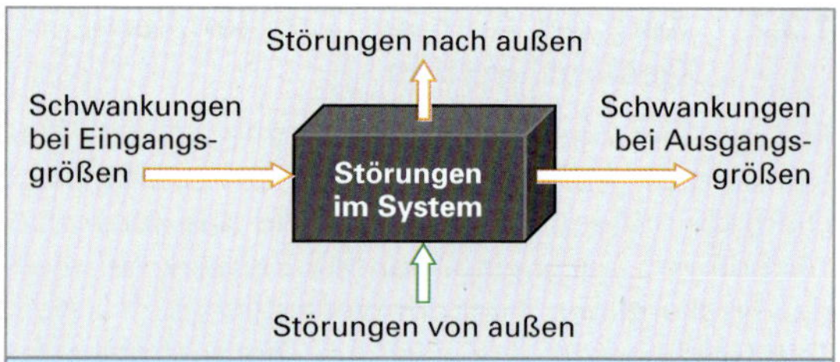

Bild 1: Störgrößen

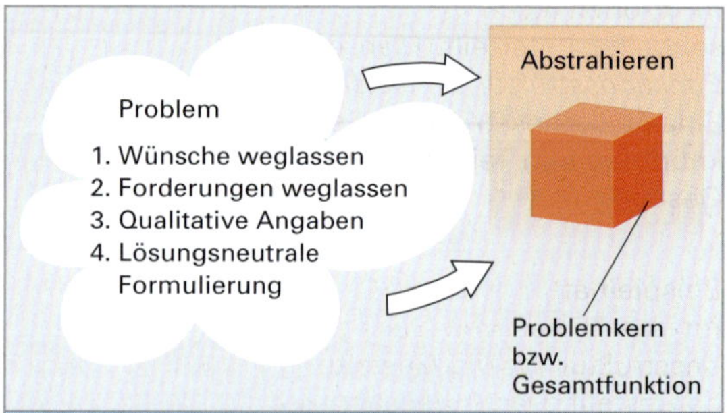

Bild 2: Schritte zur Abstraktion

Tabelle 1: Vorgehen bei der Abstraktion am Beispiel Nietvorrichtung

Schritt
1. Schritt: Wünsche weglassen
2. Schritt: Weniger wichtige Forderungen weglassen Ergebnis nach dem 2. Schritt: - Bleche: Breite 30 - 300 mm, Dicke 2 - 10 mm, Länge 200 - 1000 mm - Abstand Nietlöcher vom Blechrand 10 - 50 mm - Niete: Vollniete $\leq$ ø6 mm, Hohlniete $\leq$ ø8 mm - Handkraft: < 250 N - Fußkraft: < 400 N
3. Schritt: Umsetzen in qualitative Angaben Ergebnis nach dem 3. Schritt: - Unterschiedliche Bleche - Unterschiedliche Nieten - Verschiedene Nietabstände - Muskelkraftbetätigung
4. Schritt: Lösungsneutrale Formulierung Ergebnis nach dem 4. Schritt: - Unterschiedliche Bleche sind mit unterschiedlichen Nieten muskelkraftbetätigt zu nieten. Daraus ergibt sich, mit einem Hauptwort und einem Tätigkeitswort ausgedrückt: „Bleche nieten“.

[1] Abstrahieren, von lat. abstrahere = abziehen, wegnehmen: etwas gedanklich verallgemeinern, es zum Begriff erheben oder auch von etwas absehen bzw. auf etwas verzichten.

1.3.3 Aufgliedern der Gesamtfunktion in Teilfunktionen

Im Sinne einer späteren rationellen Lösungssuche ist anzustreben, zunächst prinzipielle Lösungsvorstellungen für die Gesamtfunktion zu entwickeln. Dies wird erleichtert – vor allem bei sehr komplexen Aufgaben – indem die Gesamtfunktion in Teilfunktionen geringerer Komplexität aufgeteilt wird und dann nach Lösungen für die einzelnen Teilfunktionen gesucht wird. Falls einige Teilfunktionen noch zu komplex sind, werden diese weiter unterteilt. Man erhält so eine einfache *Funktionsstruktur in Kästchen-Darstellung* (**Bild 1**). Eine Funktionsstruktur ist somit die sinnvolle Verknüpfung von Teilfunktionen zu der angestrebten Gesamtfunktion.

Beispielhaft ist in **Bild 2** die Funktionsstruktur für das Nieten von Blechen, in **Bild 3** die Funktionsstruktur für die Gestaltung einer Seiltrommel dargestellt. Das Aufsuchen prinzipieller Lösungsmöglichkeiten wird für die Teilfunktionen getrennt vorgenommen.

Bei der Aufgliederung einer Gesamtfunktion in Teilfunktionen wird hier von einer Verknüpfung durch Stoff-, Energie- und Informationsflüsse abgesehen, was in vielen Fällen, z. B. für die Aufstellung eines morphologischen Kastens (Abschnitt 1.4) auch nicht erforderlich ist und zudem eine Vereinfachung bedeutet. Die Darstellung einer *verknüpften Funktionsstruktur* wird hier also bewusst nicht erläutert.

Die Lösungssuche wird erleichtert, indem man die Gesamtfunktion in Teilfunktionen geringerer Komplexität aufteilt und nach Lösungen für die einzelnen Teilfunktionen sucht.

1.3.4 Darstellung des Problemkerns

Das Erkennen des Kerns der Aufgabe und seine Darstellung hat den Zweck, das Problem so weit zu abstrahieren und vorzubereiten, dass anschließend mithilfe von Methoden zur Lösungssuche möglichst viele Lösungsalternativen erarbeitet werden können.

Von der späteren Wahl einer dieser Lösungsmethoden hängt es ab, welche Problemkern-Darstellung jeweils am geeignetsten ist.

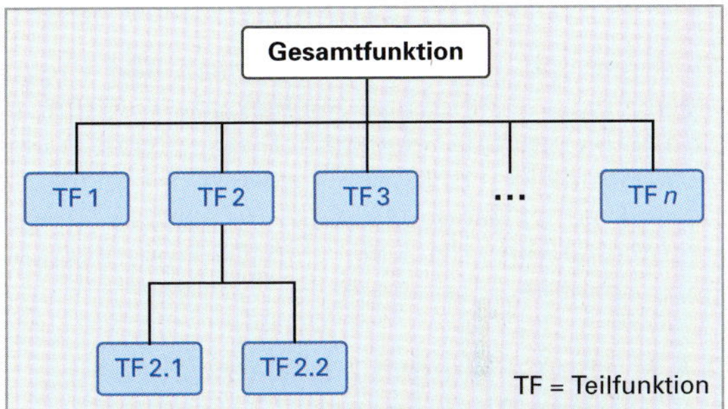

Bild 1: Funktionsstruktur in Kästchendarstellung

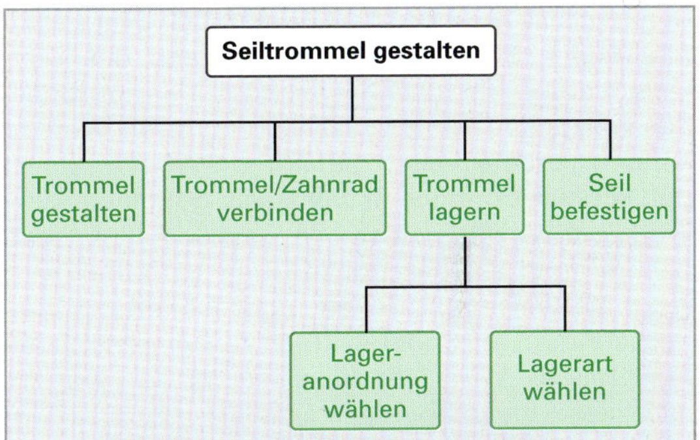

Bild 3: Funktionsstruktur zur Gestaltung einer Hubwerk-Seiltrommel (Auszug)

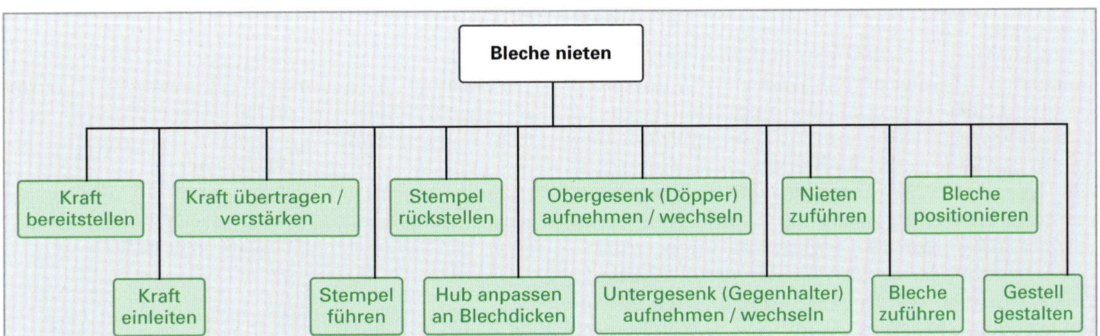

Bild 2: Funktionsstruktur für das Nieten von Blechen

1.4 Systematische Lösungssuche

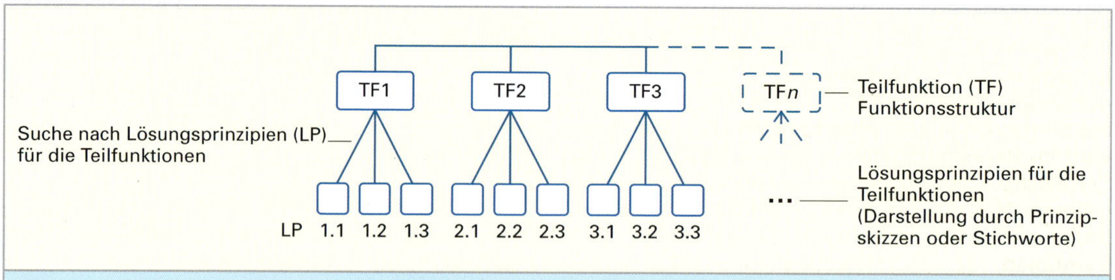

Bild 1: Ablaufplan, Teilaufgabe: „Konzipieren, Lösungssuche"

Entsprechend des Ablaufplanes nach **Bild 1** folgt als nächster Schritt das Suchen nach Lösungsprinzipien und/oder Bausteinen zum Erfüllen der Gesamtfunktion bzw. der Teilfunktionen. Bevor hierauf näher eingegangen wird, sollen einige allgemeine Bemerkungen zum Denkprozess angesprochen werden.

1.4.1 Bemerkungen zur Methodik und zum Denkprozess

Für die systematische Lösungssuche ist das methodische Denken von großer Bedeutung. Der Denkprozess kann bewusst oder unbewusst ablaufen (**Bild 1, Seite 27**). Einzelne Inhalte des Denkens werden als Ideen bezeichnet. Es gibt Ideen, die willkürlich ins Bewusstsein gerufen werden können, andere liegen tief im Unterbewusstsein und können kaum ins Bewusstsein geholt werden. Trotzdem wirken sich solche unbewussten Ideen bestimmend auf das Denken und Verhalten aus. Normalerweise sind Ideen nicht isoliert vorhanden, sondern mit anderen Ideen verbunden (Ideenassoziation). Wird eine Idee aktiviert, so werden assoziierte Ideen ebenfalls aktiviert.

Man unterscheidet zwei Arten des Denkens:

- Intuitives[1] (einfallsbetontes) Denken,
- Diskursives[2] (bewusst schrittweises) Denken.

Intuitives Denken liegt vor, wenn eine Erkenntnis schlagartig ins Bewusstsein einfällt und keine Rechenschaft darüber abgelegt werden kann, wie sie zustande gekommen ist. Das intuitive Denken ist in einer Gehirnhälfte[3], bei den meisten Menschen in der rechten Gehirnhälfte platziert (R-Modus). Hier werden z. B. Wahrnehmungen zu einem Ganzen zusammengefügt bzw. als Ganzes verarbeitet. Ähnlichkeiten werden wahrgenommen, räumliche Beziehungen werden einem bewusst (**Bild 2**). Durch Intuition werden Erkenntnisse, die auf unvollständigen Mustern, Ahnungen, Gefühlen oder bildlichen Erlebnissen beruhen, sprunghaft ins Bewusstsein gerückt.

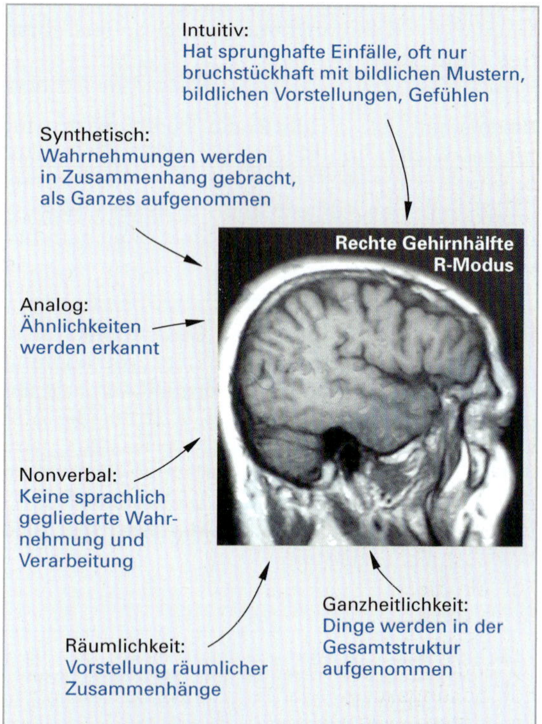

Bild 2: Denkprozesse im R-Modus (rechte Gehirnhälfte)

Das Trainieren des intuitiven Denkens wird in der schulischen Bildung meist vernachlässigt, sieht man mal von dem Bereich der Kunsterziehung ab.

> Für Kreativität und damit für „den großen Wurf" einer Neukonstruktion ist das intuitive Denken maßgeblich.

[1] lat. intueri = ansehen, betrachten (unmittelbar).
[2] lat. discurrere = hin- und herlaufen, erörtern.
[3] Erkenntnisse aus der Neurophysiologie, u. a. beschrieben von *Corbalis, M. und I. Bale* in *The Psychology of Left and Right.*

Diskursives Denken liegt vor, wenn bewusst verschiedene Ideen analysiert und kombiniert werden und so eine Gedankenkette schrittweise durchlaufen wird. Das Zustandekommen ist nachvollziehbar und mitteilbar. Das diskursive Denken findet in der anderen Gehirnhälfte statt, also bei den meisten Menschen in der linken Gehirnhälfte (**Bild 2**). Es wird im Bereich der schulischen Bildung, z. B. mit der Mathematik und mit den Sprachen besonders trainiert. Hierzu gehört das Analysieren, d. h. das Zergliedern, das Benutzen und das Arbeiten mit Symbolen, z. B. Buchstaben, Silben, Wörtern, das Abstrahieren, das Benutzen und das Arbeiten mit dem Computer bzw. des Computercodes, das logische „Schlussfolgern", das sinnreiche Verketten von Elementen.

Das diskursive Denken besteht seinerseits aus einzelnen intuitiven Erkenntnissen. Ein diskursiver Denkprozess steht daher nicht im Gegensatz zu einem intuitiven. Beide Denkprozesse müssen von einem guten Konstrukteur oder Designer beherrscht werden. Man sagt daher auch, er muss „querdenken" können.

Der diskursive Prozess ist leichter trainierbar als der intuitive. Intuitionen können aber durch diskursives Vorgehen angeregt werden. Dadurch vergrößert sich die Chance, neue Erkenntnisse intuitiv zu finden.

Ein bewusster Denkprozess verläuft jederzeit mehr oder weniger diskursiv, gestützt auf einzelne intuitive Denkakte. Er kann durch den Einsatz geeigneter Methoden auf ein Ziel ausgerichtet (zielgerichtet) werden. Wichtig ist dabei, dass die Ziele klar und deutlich formuliert sind.

Für ein zielgerichtetes Denken und zur Vermeidung von Denkfehlern ist es notwendig, während der Lösungssuche Kreativität und Kritik weitestgehend zu trennen. Durch vorzeitige „Kritik" bei der Lösungssuche werden Schranken errichtet, das Unterbewusstsein wird blockiert. Damit werden häufig neue Lösungsideen verhindert. *Kritik ist also erst nach der Lösungssuche zulässig*[1]. Beim systematischen Vorgehen erfolgt die Bewertung der Lösungs*ideen* deshalb auch erst in den nachfolgenden Schritten.

Für das Lösen der verschiedenartigsten Konstruktionsaufgaben gibt es kein allgemeingültiges Rezept oder einen einzigen Algorithmus, wohl aber viele Methoden, die die systematische Vorgehensweise unterstützen. Einige dieser Methoden sollte der Konstrukteur beherrschen.

[1] Ebenso sollte bei der Lösungssuche nicht an die Forderungen und Bedingungen der Anforderungsliste gedacht werden, da sonst – wenn auch unbewusst – ein Abwägen/Bewerten stattfindet. Die Kreativität, das kreative Arbeiten ist gestört.

In den Ideenfindungsprozess bringt der Konstrukteur sein gesamtes Wissen sowie alle ihm zugänglichen (von ihm recherchierten) Informationen ein. Sein Wissen besteht aus Allgemeinwissen und fachlichem Grund- und Expertenwissen, dazu kommt Erfahrung, Intuition, Gefühl und Kenntnis diskursiver Methoden.

Bild 1: Der Denkprozess

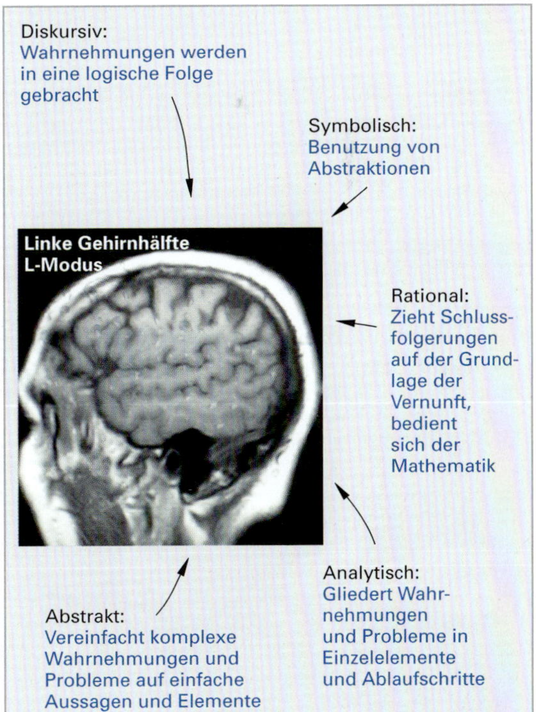

Bild 2: Denkprozesse im L-Modus (linke Gehirnhälfte)

Zeichenübungen zur Konzentration und zur Förderung des intuitiven Arbeitens

Sie benötigen für jede Übung einen weichen Bleistift (z. B. B2), jeweils ein Blatt weißes Papier (z. B. Kopierpapier) und etwa 10 Minuten Zeit. Die Übungen können öfter wiederholt werden. Legen Sie nach 10 Minuten das gezeichnete Blatt einfach beiseite, ohne Wertung oder Begutachtung und arbeiten Sie an Ihrer Konstruktionsaufgabe. Es ist eine Übung zur Konzentration und zum ganzheitlichen Sehen (nicht zur Entwicklung von Zeichenfertigkeiten!). Ihre Konzentrationsleistung und Ihre Fähigkeit zum Umschalten in den intuitiven Denkmodus können Sie bei mehrmaliger Wiederholung der Übungen erkennen.

Übung 1:
Halbieren Sie das Blatt, verknüllen Sie die eine Hälfte, nicht zu heftig, etwa so wie in **Bild 1** dargestellt, und zeichnen Sie dieses verknüllte Objekt aus ihrer Perspektive durch Linien möglichst exakt ab (keine Schraffuren!).

Übung 2:
Nehmen Sie eine Büroklammer, biegen Sie diese zu einem Drahtgestell auf, etwa so wie es **Bild 2** zeigt, und zeichnen Sie dieses Drahtgestell. Achten Sie auf die räumliche Perspektive. Man sollte bei der Zeichnung gut erkennen können, welche Drahtpartien im vorderen Bereich sind und welche nach hinten weggehen. Wenn das Drahtgestell Schatten zeigt, so zeichnen Sie diese auch.

Übung 3:
Dies ist eine sogenannte „Blindtastübung“. Sie zeichnen nicht, was Sie sehen, sondern was Sie fühlen. Legen Sie das Zeichenblatt vor sich auf den Tisch, schließen Sie die Augen und tasten Sie als Rechtshänder mit der linken Hand Ihre Gesichtsmitte und die linke Gesichtshälfte ab und zeichnen Sie in Form von Linien mit der rechten Hand das, was Sie fühlen. Sie können dabei weiche Gesichtselemente mit weniger Aufdruck zeichnen.

Übung 4:
Nehmen Sie einen handgroßen Gegenstand, ohne diesen bewusst anzuschauen, z. B. einen Locher, Klebebandabroller o. Ä., decken Sie diesen Gegenstand mit einem Stück Tuch ab und versuchen Sie diesen durch Ertasten zu skizzieren (**Bild 3**).

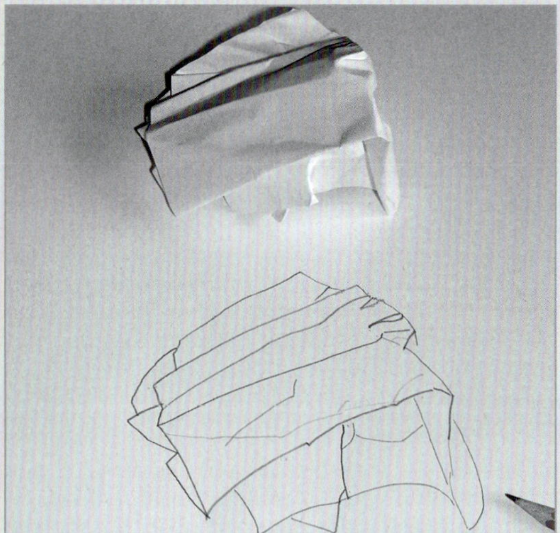

Bild 1: Konzentrationsübung 1

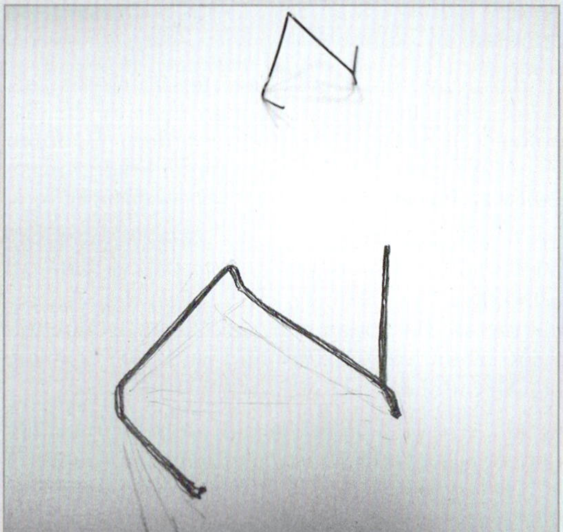

Bild 2: Konzentrationsübung 2

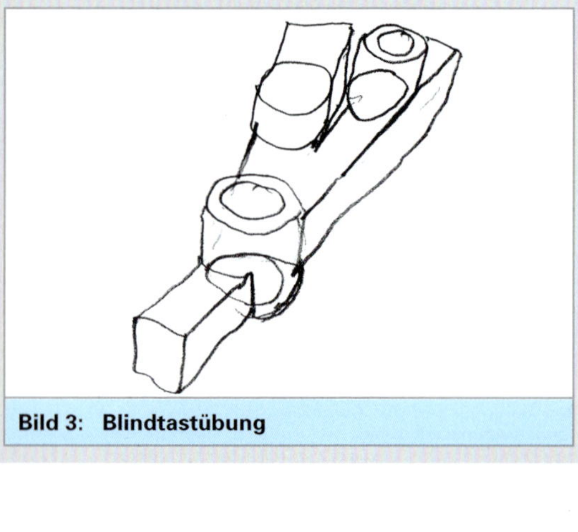

Bild 3: Blindtastübung

1.4.2 Methoden zur Ideenfindung

Unter den Konstruktionsmethoden unterscheidet man recherchierende, intuitive sowie diskursive Methoden (**Bild 1**).

Recherchierende Methoden sind z. B.:

- Literaturrecherchen und Patentrecherchen,
- Analyse ähnlicher, bekannter technischer Systeme,
- Analyse natürlicher Systeme, Vorbild Natur, Bionik,
- Analyse von Modellversuchen und Messungen,
- Verwendung von Katalogen.

Recherchierende Methoden werden meist mithilfe von Datenbanken, insbesondere von Datenbanken, die über das Internet (**Tabelle 1**), in Unternehmen über das Intranet zugänglich sind.

Intuitive Methoden sind z. B.:

- Brainstorming[1]
- Brainwriting[2] wie Methode 635, Brainwriting-Pool, Kärtchen-Technik, Galerie-Technik, Delphi-Methode[3],
- Checkliste zur Ideengewinnung,
- Reizwort-Analyse,
- Synektik[4].

Diskursive Methoden sind z. B.:

- Black Box,
- Verwendung von Ordnungsschemata, z. B. Morphologischer[5] Kasten,
- systematische Untersuchung physikalischer Effekte und Wirkprinzipien,
- Verwendung von Katalogen.

Mit den intuitiven Methoden werden vor allem Lösungsprinzipien für die Teilfunktionen gesucht. Zum Erfüllen der Gesamtfunktion müssen daraus dann Gesamtlösungen zusammenkombiniert werden. Zur übersichtlichen Darstellung und zur Kombination eignet sich sehr gut der Morphologische Kasten.

Im Rahmen dieser Darstellung können nur die wichtigsten Methoden erläutert werden. Es wurden solche Methoden ausgewählt, die grundlegend sind und von Studierenden relativ leicht erlernbar und anwendbar sind.

Es gibt eine Reihe weiterer Methoden, die zur Problemlösungssuche, zur Fehlervermeidung oder zur Qualitätssicherung angewendet werden:

- **FMEA** (Fehlermöglichkeits- und Einflussanalyse), siehe Kapitel 1.9,
- **Wertanalyse** nach VDI 2800, DIN EN 12973,
- **TRIZ**, von russ. Teorija Rezhenija Jzobretatelskich Zadach = Theorie des erfinderischen Problemlösens,
- **ASIT**, Advanced Structured Inventive Thinking, nach *Horowitz* (vereinfachte TRIZ-Methode),
- **Mizenboushi**, Konzept nach *Yoshimura* (jap. QM-Methode),
- **Poka Yoke**, Ansatz nach *Shingo* (unnötige Fehler vermeiden).

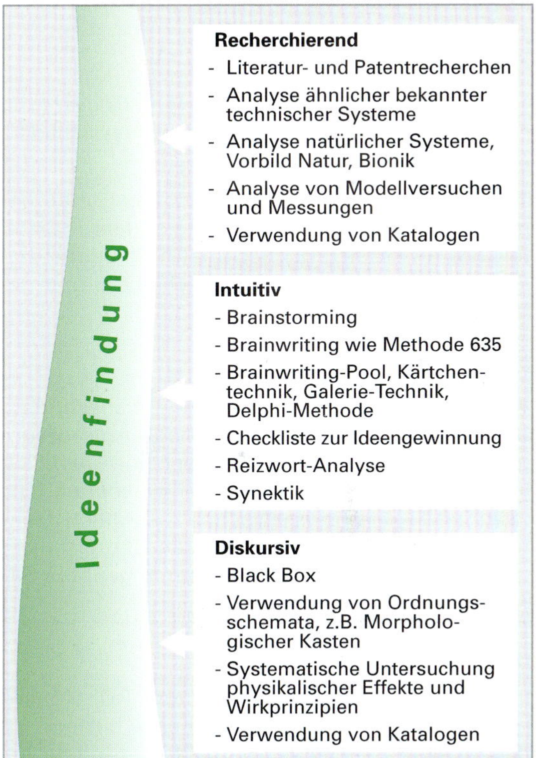

Bild 1: Methoden zur Ideenfindung

Tabelle 1: Datenbanken im Internet (Beispiele)

http://www.hvbg.de/bgvr Berufsgenossenschaftliches Vorschriften- und Regelwerk
http://www.produktdatenbank.de/ Guss- und Kunststoffindustrie Produktdatenbank
http://roboter.industrienet.de/ Industrieroboter-Datenbank
http://www.stahleisen.de/html/home.php?langua... Jahrbuch Stahl
http://bfr.zadi.de/kse/ Kunststoffempfehlungen
http://www.dvslit.de/ Literaturdatenbank Werkstoffe – Fertigung – Anwendung

[1] Engl. brainstorm = geistige Verwirrung, verrückter Einfall, brainstorming = Problemlösung durch Sammeln spontaner Einfälle.

[2] Engl. brainwriting = aus dem Kopf (schnell) notieren.

[3] Delphi-Methode ist eine mehrstufige Befragungsmethode, benannt nach der „rätselhaften Befragung des altgriechischen Orakels von Delphi".

[4] Synektikaus griech. synektikos = zusammenfassend, ähnlich dem Brainstorming, Lösungssuche unter Verfremdung des gestellten Problems.

[5] Morphologie = Wissenschaft von den Gestalten und Formen, von griech. morphe = Gestalt, Form und logos = Wort, als Wortbildungselement ... logie = Wissenschaft, Lehre.

1.4.3 Problemlösungs-Sitzungen

Keine Problemlösungs-(Ideenfindungs-)Sitzung ist wie die andere! Jede bringt ihre eigenen Probleme für den Veranstalter, den Sitzungsleiter und/oder die Teilnehmer mit sich.

Bei der Anwendung intuitiver Methoden ist es besonders wichtig, dass für erfolgreiche Problemlösungen

- die Probleme systematisch angegangen und
- stufenweise bzw. schrittweise behandelt werden,
- der Frust der Team-Teilnehmer vermieden wird,
- die Phasen Ideenfindung und Bewertung streng voneinander getrennt werden (**Bild 1**)!

Zusammensetzung der Gruppe

- Teilnahme nicht widerwillig, sondern freiwillig,
- keine zu großen hierarchischen Unterschiede,
- breite Streuung des Fachwissens.

Teilnehmer aus allen Bereichen des Unternehmens können zur Problemlösung aus ihrer Sicht, mit ihrem Wissen und ihrer Erfahrung beitragen. Eine gesunde Mischung von Fachleuten und gebildeten Laien hat sich bewährt.

Protokollführer

An den Protokollführer werden – insbesondere bei Brainstorming-Sitzungen – hohe Anforderungen gestellt. Er muss die Vorschläge inhaltlich verstehen und richtig wiedergeben können. Die geäußerten Ideen müssen schnell schriftlich dokumentiert werden. Gute Schreibkraft ist meist nicht geeignet! Dokumentierung oft durch geübten Sitzungsleiter selbst.

Bekanntgabe des Problems

In der Einladung zur Sitzung ist den Teilnehmern neben Zeit und Ort nur das Thema bekannt zu geben. Wird den Teilnehmern (insbesondere bei Fachleuten) vorab zuviel mitgeteilt, machen sie sich viele Gedanken und kommen mit vorgefassten Meinungen in die Sitzung; der freie Ideenfluss findet nicht statt.

Anders zu Beginn der Sitzung! Jetzt ist eine klare, eindeutige Formulierung des Problems erforderlich.

> Die Aufgabe sollte gemeinsam analysiert und definiert werden, jeder Teilnehmer kann sie dann auch akzeptieren.

Vorbereitung des Sitzungsraumes

- Fernhalten von äußeren Störeinflüssen:
  - Keine Telefonate,
  - keine eifrigen Sekretärinnen,
  - keine Neugierigen.

  Am besten an einem „externen Tagungsort".
- Erforderliche Hilfsmittel müssen vorbereitet und griffbereit sein:
  Wandtafel, Pinnwand, Projektor (Beamer), Flipcharts, Karten, Papier, Formulare, Schreibzeug, Nadeln, Magnete, Klebepunkte.
- Vorbereitung von Kaffee und Erfrischungen, um eine zwanglose Atmosphäre zu schaffen.

1.4.4 Einzelne Methoden

1.4.4.1 Brainstorming

Brainstorming ist wohl die bekannteste und auch die am häufigsten angewendete Methode der Ideenfindung im Team (Bild 1).

Ihre Spielregeln zielen darauf ab, die negativen Erscheinungen von Konferenzen wie Rivalität der Gesprächspartner, Verzettelung in Nebensächlichkeiten, vor allem aber Kritik an vorgebrachten Äußerungen der anderen zu beseitigen und damit den Wirkungsgrad der Sitzung zu erhöhen.

Mit Brainstorming können Probleme jeder Art – nicht nur Konstruktionsaufgaben – im Team durch kreatives Denken gelöst werden. Es wird das Unterbewusstsein auf direktem Wege angesprochen. Durch gegenseitiges Anregen wird der Gedankenfluss gefördert; ein Gedanke zündet gewissermaßen den nächsten und löst auf diese Weise eine Kette von „Geistesblitzen" und neuen Ideen aus.

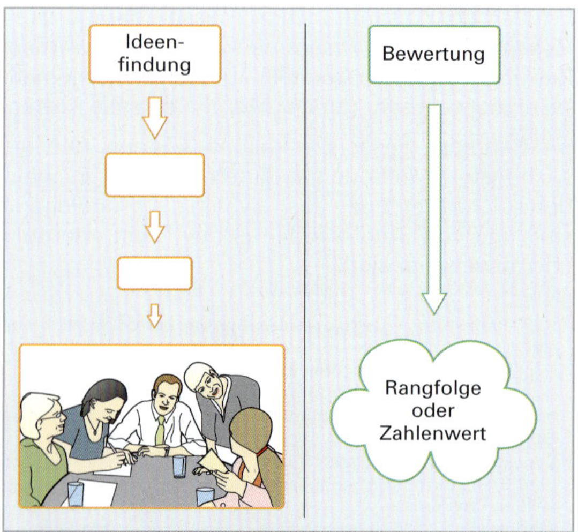

Bild 1: Brainstorming-Sitzung

Folgende Spielregeln müssen unbedingt eingehalten werden:

- Einfälle/Ideen sollen spontan und frei geäußert werden, auch wenn sie ungewöhnlich, absurd oder sinnlos erscheinen.
- Ideen anderer Teilnehmer sollen aufgegriffen und weitergeführt werden.
- Es gibt keinen Anspruch auf einzelne Urheberrechte.
- Es sollen so viele Ideen wie möglich geäußert werden.
- Bewertung oder Kritik während der Sitzung ist verboten!
  Dies gilt ganz besonders für sog. „Killer-Phrasen“, wie „Geht nicht“, „Alles graue Theorie“, „War schon da“, „Zu teuer“, „Haben wir früher schon probiert“ usw.

Häufig werden in ca. 20 bis 30 Minuten 60 bis 80 Ideen produziert.

Erst nach Abschluss der intuitiven Phase erfolgt – evtl. in einer zusätzlichen Sitzung – die Auswertung.

Zwei Meinungen sind vorhanden:

- dieselben Mitglieder wie bei der Sitzung werten aus,
- der Fachmann – der Konstrukteur – wertet aus.

Von einer Brainstorming-Sitzung darf man keine großen Überraschungen oder gar Wunder erwarten. Die meisten Vorschläge sind nämlich entweder technisch oder wirtschaftlich nicht realisierbar.

Das Brainstorming soll in erster Linie Anstoß zu neuen Ideen geben, kann aber keine fertigen Lösungen produzieren, weil die Probleme meist zu komplex und zu schwierig sind. Wenn aber aus den Äußerungen ein bis zwei brauchbare Gedanken entspringen, die es wert sind, weiterverfolgt zu werden, ist schon viel erreicht.

Bild 1 zeigt das prinzipielle Vorgehen bei der Ideenfindung durch Brainstorming und Brainwriting.

Bei der Lösungssuche:

- Keine Kritik,
- keine Bewertung,
- nicht an die Forderungen und Bedingungen der Anforderungsliste denken.

Für die Vorbereitung und die Organisation gelten folgende Grundsätze:

- Sitzungsleiter (Moderator) benötigt Erfahrung mit der Methode und sollte kein „großes Tier“ sein,
- Teilnehmerzahl zwischen 4 und 7, möglichst nicht mehr,
- Teilnahme an Sitzung nicht widerwillig, sondern freiwillig,
- keine großen hierarchischen Unterschiede, aber
- breite Streuung von Fachwissen und Erfahrung,
- Teilnehmer müssen vom Moderator auf Zielrichtung und Aufgabenstellung der Sitzung und die Notwendigkeit der Beachtung der Spielregeln hingewiesen werden,
- alle Ideen/Vorschläge sind ohne Kommentar und Bewertung möglichst sichtbar zu dokumentieren,
- Bekanntgabe des Problems (hier gibt es zwei Meinungen):
  - Vor der Sitzung,
  - erst zu Beginn der Sitzung,
- Dauer der Sitzung: 15 bis 30 (40) Minuten.

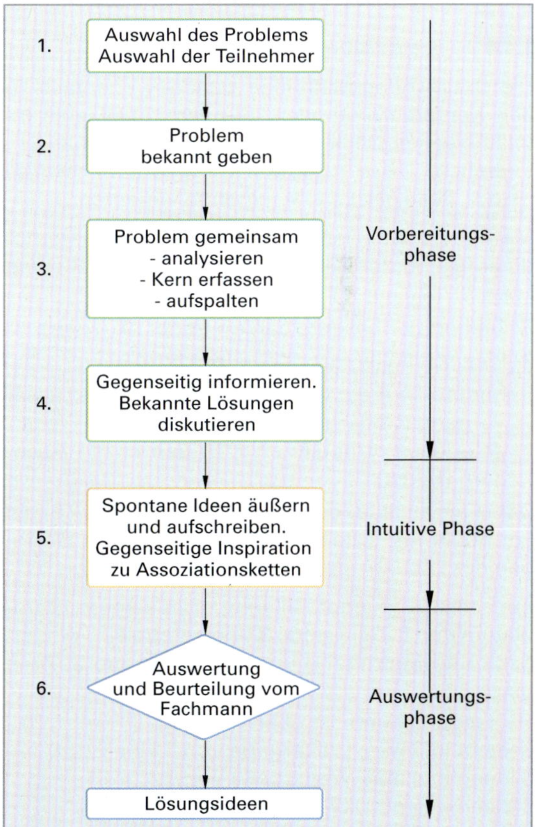

Bild 1: Ablaufphasen bei Brainstorming und Brainwriting

Übung zu einer Brainstormingsitzung

Ermitteln Sie alternative Ideen für Vorschubmechanismen eines handlichen Geräts/Behältnisses zum Bemalen und Befeuchten von Lippen mittels Einhandbedienung (Hinweis: eine allseits bekannte Lösung für Zweihandbedienung ist der Lippenstift mit innenliegendem Gewinde, **Bild 1**). Lösungsideen: **Bild 2**.

Bild 1: Üblicher Lippenstift mit zweihändiger Betätigung durch Drehen

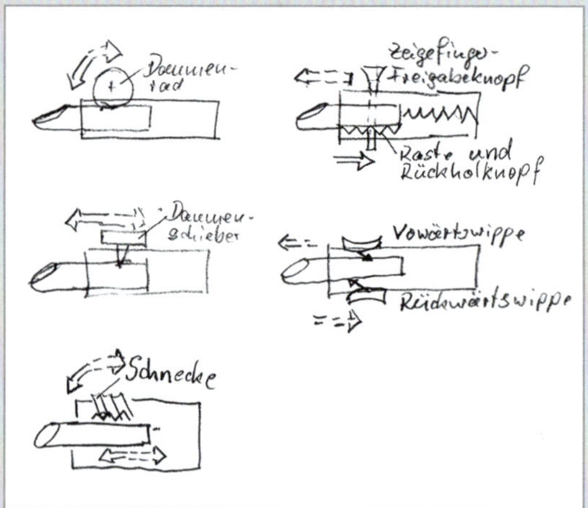

Bild 2: Lösungsideen

1.4.4.2 Brainwriting-Methoden

Die Brainwriting-Methoden gehören ebenfalls zu den Konferenzmethoden. Sie vereinigen eine intuitiv-kreative Denkweise mit einer systematisch-logischen, also diskursiven Vorgehensweise (Bild 1, Seite 31). Es gibt folgende Varianten:

Methode 6 3 5. Den Namen erhielt diese Methode aufgrund der Regeln, nach denen die Sitzung abläuft:

6 Teilnehmer beschreiben und/oder skizzieren
3 Ideen/Einfälle/Vorschläge im Mittel in ca.
5 Minuten auf ein vorbereitetes Formular. Dieser Vorgang wiederholt sich fünfmal durch Weitergabe des Formulars an z. B. den linken Nachbarn (**Bild 3**).

Dabei erhält jeder der 6 Teilnehmer (T1 bis T6) ein Formblatt mit 3 Spalten und 6 Zeilen zum Eintragen der Lösungsideen (**Bild 4**).

Zunächst trägt jeder Teilnehmer in seinem Formblatt in der 1. Zeile seine 3 Vorschläge ein. Weitergabe und Eintragung von 3 Ideen in die 2. Zeile usw.

Folgende Variante ist üblich (Bild 3):
3 Ideen in 3 min, Weitergabe von T1 zu T2,
3 Ideen in 4 min, Weitergabe von T2 zu T3,
3 Ideen in 5 min, Weitergabe von T3 zu T4,
3 Ideen in 6 min, Weitergabe von T4 zu T5,
3 Ideen in 7 min, Weitergabe von T5 zu T6,
3 Ideen in 8 min, Weitergabe von T6 zu T1.

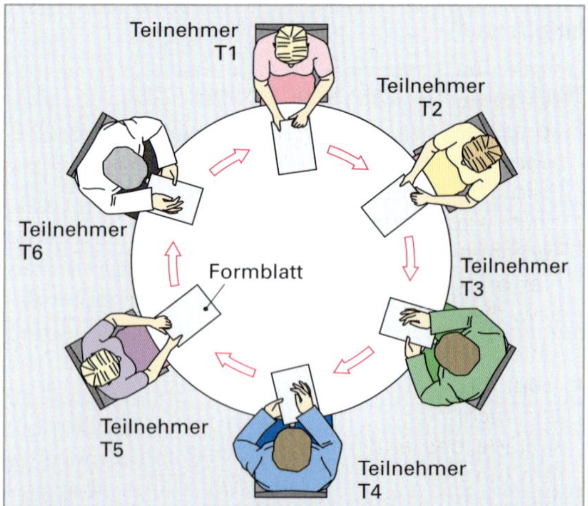

Bild 3: Prinzipielle Anordnung für die Methode 6 3 5

Aufgabe/
Problem:

Datum:

EUROPA AG

	Lösungsideen			Teilnehmer (Name)
1				
…				
6				

Bild 4: Formblatt für die Methode 6 3 5 (Beispiel)

Nach 33 Minuten sind theoretisch 6x3x6 = 108 Vorschläge auf den Formularen. In der Praxis sind es häufig nur 60 bis 80, da nicht immer 3 Ideen aufgeschrieben (gefunden) werden und Doppelnennungen auftreten.

Vorteile:

- Eine Idee wird systematischer ergänzt und weiterentwickelt.
- Der Urheber der Idee kann ermittelt werden.
- Die Problematik der Gruppenleitung entfällt weitgehend.

Nachteile:

- Es stehen nicht immer 6 Teilnehmer zur Verfügung.
- Nicht immer fallen jedem Teilnehmer 3 Vorschläge in jeder Runde ein. Wenn ein Teilnehmer aber sieht, dass die anderen Teilnehmer schreiben, verkrampft er. Die Folge ist Frustration, Verärgerung, Aggression, Blockade.

Brainwriting-Pool. Diese Methode wurde entwickelt, um Nachteile der Methode 6 3 5 auszugleichen.

Die Sitzung läuft wie folgt ab:

- Jeder Teilnehmer (empfohlen: 4 bis 6) erhält einige Formulare und wird gebeten, Lösungsvorschläge untereinander auf die Blätter zu schreiben, und zwar nur 2 bis 4 Stück pro Blatt (**Bild 1**). Dann sind die Blätter in die Mitte des Tisches zu legen. So kann jeder Teilnehmer entsprechend seinem Arbeitstempo Ideen zu Papier bringen und wird nicht durch die anderen bzw. den Rotationsschritt gedrängt.
- Fallen einem Teilnehmer keine eigenen Ideen mehr ein, greift er nach einem Blatt im „Pool", *das nicht von ihm stammt* und liest die Vorschläge des anderen Teilnehmers durch. Fällt ihm ein neuer Vorschlag ein, dann schreibt er ihn auf dieses Blatt unter die anderen Vorschläge. Auf diese Weise erfolgt ein ständiger Austausch der Blätter aus dem Pool, die Formulare füllen sich langsam mit Ideen.
- Die Sitzung ist beendet, wenn keine Ideen mehr vorhanden sind.

Kärtchen-Technik. Die Teilnehmer (**Bild 2**) sitzen um einen Tisch und schreiben/skizzieren ihre Ideen auf die Kärtchen (jeweils ein Vorschlag pro Kärtchen). Die beschriebenen Kärtchen werden von den Teilnehmern vereinbarungsgemäß z. B. nach links abgelegt. Wenn einem Teilnehmer nichts mehr einfällt, kann er sich rechts ein Kärtchen holen, dieses lesen und nach links ablegen.

Bekommt er beim Lesen neue Anregungen, schreibt er diese auf neue Kärtchen und legt sie wieder links ab. So kommen alle Kärtchen im Uhrzeigersinn in Umlauf und jeder Teilnehmer liest *alle* Vorschläge/Ideen der anderen Teilnehmer. Kommen die eigenen Kärtchen wieder bei den Teilnehmern an, werden sie auf dem Tisch abgelegt. Die Sitzung ist dann beendet. Die Kärtchen werden dann anschließend z. B. auf einer Pinnwand befestigt und die Ideen bewertet.

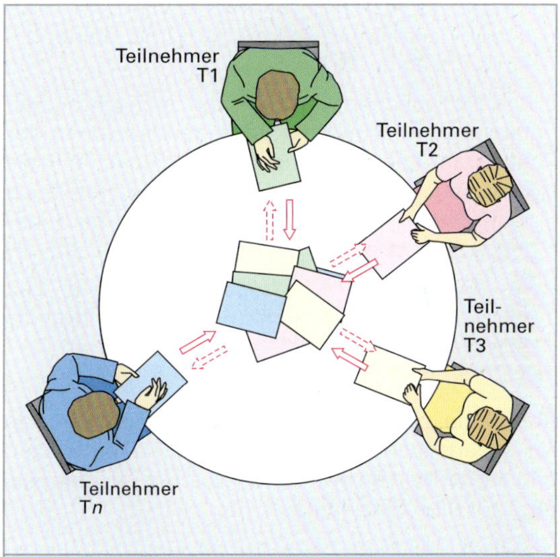

Bild 1: Prinzipielle Anordnung für Brainwriting-Pool

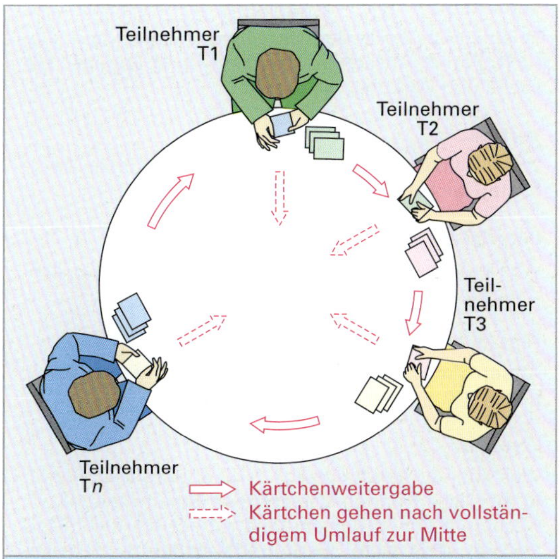

Bild 2: Prinzipielle Anordnung für Kärtchen-Technik

Notizbuch-Technik

Bei dieser Methode arbeiten die Teilnehmer zeitlich und räumlich getrennt an der Ideenfindung und haben damit mehr Zeit, sich mit dem Problem auseinanderzusetzen.

Voraussetzung ist eine genaue Beschreibung des Problems in verbaler Form oder in Form von Skizzen.

Folgender Ablauf ist üblich:

- Jeder Teilnehmer bekommt jeweils ein Notizbuch mit der Aufgabenstellung.
- Jeder Teilnehmer schreibt/skizziert seine Lösungsideen ins Notizbuch.
- Die Notizbücher werden dann zyklisch ausgetauscht. Aufgrund der vorliegenden Ideen der anderen Teilnehmer entwickelt jeder Teilnehmer weitere Ideen und hält sie im Notizbuch fest. Dies wiederholt sich so lange, bis jeder jedes Notizbuch hatte.
- Nach Ablauf einer vorher fest vereinbarten Zeit werden die Notizbücher eingesammelt und die Ideen ausgewertet.

Checkliste zur Ideengewinnung. Diese Methode zur Ideensuche wurde von Osborne entwickelt und eignet sich sowohl zum Arbeiten im Team als auch für eine Einzelperson.

Folgende Fragestellungen können zur Ideenfindung führen.

Verändern:

Ist eine neue Form denkbar? Zweck, Bewegung, Geruch, Farbe, Aussehen oder Sonstiges ändern? Ursache und Wirkung vertauschen?

Verkleinern:

Was ist entbehrlich? Kleiner, niedriger, kürzer, kompakter, leichter, aerodynamischer machen?

Vergrößern:

Was kann man hinzufügen? Widerstandsfähiger, größer, schwerer, länger, dicker machen?

Anders einsetzen:

Andere Anwendungsmöglichkeiten? Anderer Personenkreis?

Ersetzen:

Was könnte man ersetzen? Sind andere Bestandteile möglich? Können Bestandteile zusammengefasst werden? Können Bestandteile zerlegt werden? Sind andere Werkstoffe, Fertigungsverfahren, Energiequellen möglich?

Reizwort-Analyse

Diese Methode wird meist im Team angewendet, eignet sich aber auch für Einzelpersonen. Hier werden Begriffe, die scheinbar nichts mit dem vorliegenden Problem zu tun haben, benützt, um das Team

- vorübergehend vom eigentlichen Problem abzulenken und aus eingefahrenen Bahnen zu entfernen,
- durch neue Denkinhalte auf neue Ideen zu bringen.

Dabei geht die Gruppe folgendermaßen vor:

- Man sucht ein beliebiges Reizwort und dann
- analysiert man dieses Reizwort auf Strukturen, die sich als Lösungsansätze auf das anstehende Problem anwenden lassen,
- man greift Lösungsansätze heraus und erarbeitet daraus Lösungsvorschläge.

Bei der Analyse des Reizwortes können folgende Fragestellungen helfen:

- Woraus besteht es?
- Welche Eigenschaften besitzt es?
- Was sind seine Merkmale?
- Was bedeutet es?
- Wozu kann man es gebrauchen?

Diese Methode führt oft zu originellen Ideen. Neben der Verwendung eines Reizwortes können auch andere Elemente wie z. B. Bilder eingesetzt werden.

Die Reizwort-Methode nutzt das Spontane und den Zufall. Dabei können sehr überraschende Ergebnisse gefunden werden. Für manchen ungeübten Teilnehmer mag es aber schwierig sein, Zufälligkeiten und vermeintlich Abwegiges auf die Aufgabenstellung zu übertragen. Der typische kreative Querdenker wird sich jedoch bei dieser Methode wohlfühlen.

Lösungsideen findet man am besten im Team.

1.4.4.3 Morphologischer Kasten

Im Morphologischen Kasten wird versucht, alle gefundenen Lösungsideen zu einem Problem in einem Ordnungsschema darzustellen und durch Kombination der vielen Ideen untereinander zu neuen, bisher noch nicht angedachten Lösungen zu kommen.

Jeder Parameter (z. B. jede Teilfunktion) wird in einer Zeile dargestellt (**Bild 1**). Die verschiedenen Parameter (Teilfunktionen) sind untereinander in der ersten Spalte angeordnet und erhalten in den Spalten rechts daneben die Ausprägungen (die Lösungsideen für die jeweiligen Teilfunktionen, die z. B. mit den oben geschilderten Methoden gefunden wurden).

Die Darstellung der Lösungsideen erfolgt möglichst in Form von Prinzipskizzen (**Bild 2**), sonst mit Stichworten (**Tabelle 1, Seite 36**). Die einzelne Lösung (z. B. für die Gesamtfunktion) ist ein Linienzug, der von oben nach unten durch je eine Ausprägung der einzelnen Parameter gezogen wird (Bild 1 und Bild 2 sowie Übung 3 in Kapitel 1.7).

Bei einer vollständigen Matrix sind bei n Teilfunktionen und m Ausprägungen $Z = m^n$ Lösungen theoretisch möglich. In vielen Fällen ist allerdings die Matrix des Morphologischen Kastens unvollständig, da nicht immer gleich viele Lösungsideen für alle Teilfunktionen gefunden werden.

Teilfunktionen	Lösungsprinzipien LP					
TF1	LP1.1	LP1.2	LP1.3	LP1.4	...	LP1.*m*
TF2	LP2.1	LP2.2	LP2.3	...		
TF3	LP3.1	LP3.2	LP3.3	LP3.4	...	
⋮						
TF*n*	LP*n*.1	LP*n*.2	LP*n*.3	LP*n*.4		LP*n*.*m*

TF1 Teilfunktion 1,
TF*n* Teilfunktion *n*,
LP 1.1 Lösungsprinzip 1 für TF1,
LP *n*.1 Lösungsprinzip 1 für TF*n*

→ Mögliche Gesamtlösung

Bild 1: Formale Anordnung und Darstellung der Lösungsprinzipien im Morphologischen Kasten

Teilfunktion	Lösungsprinzipien			
Trommel gestalten **Trommel/Zahnrad verbinden**	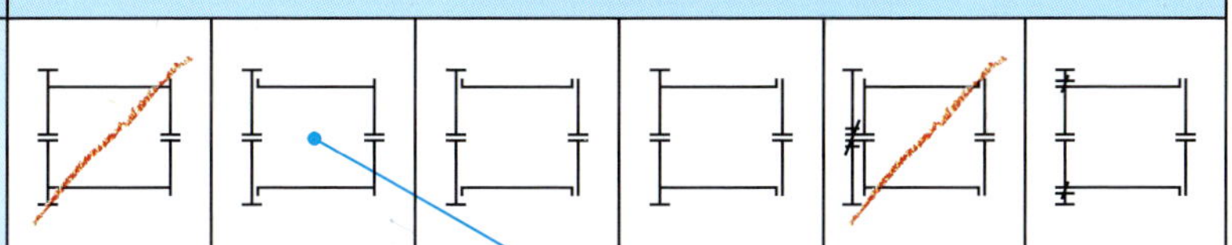			
Trommel lagern	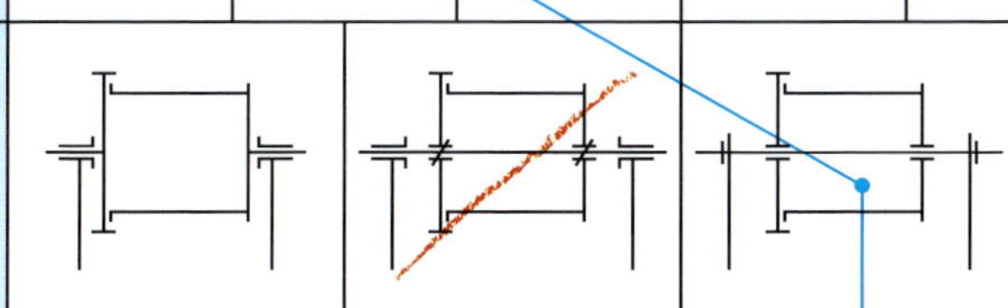			
Lageranordnung wählen	Festlager/Loslager Lagerung	Angestellte Lagerung	Schwimmende Lagerung	
Lagerart wählen	Gleitlager	Wälzlager		
Herstellung	Gussausführung	Schweißausführung	Schraubausführung	Kombination

Ungünstiges Lösungsprinzip — Mögliche Gesamtlösung

Bild 2: Morphologischer Kasten für eine Hubwerks-Seiltrommel (Auszug)

Tabelle 1: Morphologischer Kasten für Roboter-Greifer, verbale Form

Teilfunktion		**Lösungsalternativen**				
Anzahl Greifer / Arm		Einfachgreifer	Zweifachgreifer	Mehrfachgreifer	Doppelgreifer	Revolvergreifer
Greifprinzip		mechanisch	magnetisch	pneumatisch	elektrisch	adhäsiv
Krafteinteilung		kraftschlüssig	stoffschlüssig	formschlüssig	kombiniert	
Greiferkinematik Einleitung d. Bewegung		ohne eigene Kinematik	rotatorisch	translatorisch	schwenken	kombiniert
Energieversorgung		ohne eig. Energiev.	pneumatisch	elektr., magnetisch	hydraulisch	elektrostatisch
Finger	Anzahl	keine	1	2	> 2	mehrgliedrig
	Bewegung	keine	1	2	> 2	
	Führung	parallel	schwenken	kombiniert		
	Ausbildung	starr	elastisch	beweglich		
	Form	gerade	gekröpft	gebogen		
Fingerspitzen	Form	backenförmig	prismenförmig	löffelförmig	gabelförmig	nadelförmig
	Ausbildung	starr	elastisch	beweglich		
	Greifflächen	Zweipunkt (z. B. Backe/Backe)	Dreipunkt (z. B. Backe/Prisma)	Vierpunkt (z. B. Prisma/Prisma)	flächig (z. B. Sauggreifer)	Umfanggriff (z. B. Abformbacken)
Bewegungssystem (Getriebe)	Betätigung	mechanisch	elektrisch	pneumatisch	hydraulisch	kombiniert
	Art	kein	Hebelgetriebe	Kniehebelgetriebe	Kulissengetriebe	Keilgetriebe
		Schraubengetriebe	Rädergetriebe	Zahnstange	Zugmittelgetriebe	Kurvengetriebe
Spannkraft (Greifkraft)		einstellbar	nicht einstellbar	selbstregelnd		
Spannkraftverlauf mit zunehmender Spannweite		konstant	abnehmend	zunehmend	selbstregelnd	
Verhalten bei Energieausfall		Greifer öffnet sofort	Greifer öffnet verzögert	keine Änderung durch Selbsthemmung	keine Änderung durch Steuerung	
Überwachung		Auf/Zu	Fingerstellung	Greifkraft	sonstige	
Anschluss an IR		starr	elastisch			
Anwendung		Werkstück-Handhabung	Werkzeug-Handhabung	Bearbeitunug	Kombination	
Flexibilität		manuell	automatisch	halbautomatisch		
		Werkzeugtausch	Greifertausch	Fingertausch	Backentausch	Umstellung
Werkzeugwechsel Greiferwechsel Fingerwechsel Backenwechsel		manuell	automatisch			
		Selbstbetätigung	Eigenbetätigung	Fremdbetätigung		
		kein	Steckverbindung	Schraubenverbindung	Bajonett	Gewinde
		Spreizbuchsen	Elektromagnet	Schnapp-Verbindung	Klemm-Verbindung	sonstige

Es ergibt sich oft eine unübersehbar große Zahl von Lösungen für die Erfüllung der Gesamtfunktion. Darin sind jedoch auch Lösungsideen enthalten, die Festforderungen nicht erfüllen bzw. die Toleranzgrenzen von Mindestforderungen nicht erreichen oder die von vorneherein als ungeeignet erkannt werden können, da die Lösungsideen miteinander unverträglich sind oder ihre Verwirklichung aus wirtschaftlichen Gründen nicht infrage kommt. Man wird also zweckmäßigerweise zunächst ungünstig erscheinende Lösungsideen aus dem Schema streichen (siehe auch Kapitel 1.5).

Der große Vorteil des Morphologischen Kastens liegt darin, dass er alle gefundenen Lösungsideen übersichtlich darstellt. Liegen später ähnliche Aufgabenstellungen mit anderen Anforderungen und Randbedingungen vor (z. B. bei Anpassungskonstruktionen), können mit diesem Kasten neue Gesamtlösungen ausgewählt werden.

Für die Auswahl der Lösungskombinationen sollten folgende Regeln beachtet werden:

- Die theoretisch mögliche Gesamtzahl an Lösungen muss auf eine geringere Zahl realisierbarer Konzepte beschränkt werden.
- Lösungsideen, die Festforderungen nicht erfüllen bzw. die Toleranzgrenzen von Mindestforderungen nicht erreichen, sind zu streichen.
- Teilfunktionen und Lösungsideen nur dann miteinander kombinieren, wenn sie miteinander verträglich sind.
- Lösungsideen, die einen sehr großen Aufwand erwarten lassen, sind zu streichen.

Diese Methode bietet sowohl dem einzelnen Konstrukteur als auch einem Team die Möglichkeit, die Gedankengänge mit verhältnismäßig geringem Aufwand zu objektivieren.

1.4.4.4 Verwendung von Katalogen

Das Nachschlagen bereits gelöster Aufgaben bzw. bekannter Lösungsprinzipien und Bausteine ist die am wenigsten aufwendige Methode. Voraussetzung ist, dass dem Konstrukteur die entsprechenden Nachschlagewerke (Kataloge) als Informationsquelle zur Verfügung stehen. In ihnen können z. B. physikalische Effekte, prinzipielle Lösungsideen für bestimmte Aufgabenstellungen, Maschinenelemente, Werkstoffe, Normteile usw. gespeichert sein.

In der Literatur wird zwischen tabellarischen Lösungssammlungen und Konstruktionskatalogen unterschieden (**Bild 1**):

- Tabellarische Lösungssammlungen (**Bild 2**) sind nicht unbedingt vollständige und nicht durchstrukturierte Zusammenstellungen von Lösungen, von Objekten, von Bauelementen oder Vorgehensweisen (Regeln) für bestimmte Funktionen, Teilfunktionen oder Aufgabenstellungen.
- Konstruktionskataloge sind Wissenssammlungen mit verbindlichen Anforderungen bezüglich Inhalt, Aufbau und Vollständigkeit. Auswahlerleichternde Zugriffsmerkmale sollten vorhanden sein.

Bei den Konstruktionskatalogen wird je nach Verwendungszweck unterschieden zwischen

- Objektkatalogen,
- Operationskatalogen und
- Lösungskatalogen (Bild 1).

Objektkataloge sind aufgabenunabhängig und enthalten Informationen über Sachverhalte (allgemeines Fachwissen) wie:

- Geometrische Angaben zu Körpern (Fläche, Volumen, Schwerpunktlage, Trägheitsmoment, **Tabelle 1, Seite 38**),
- Lieferformen von Profilen,
- physikalische Effekte,
- Wälzlagerkataloge,
- Periodensystem für chemische Elemente.

Operationskataloge sind objektbezogen und enthalten Angaben über

- Verfahren (Regeln) und Verfahrensschritte zur Durchführung von Tätigkeiten wie
  - Regeln zur Erzeugung von Gestaltvarianten (z. B. Gestaltungsrichtlinien, siehe Kapitel 2.3),
  - Verfahren zur Lösungsauswahl.

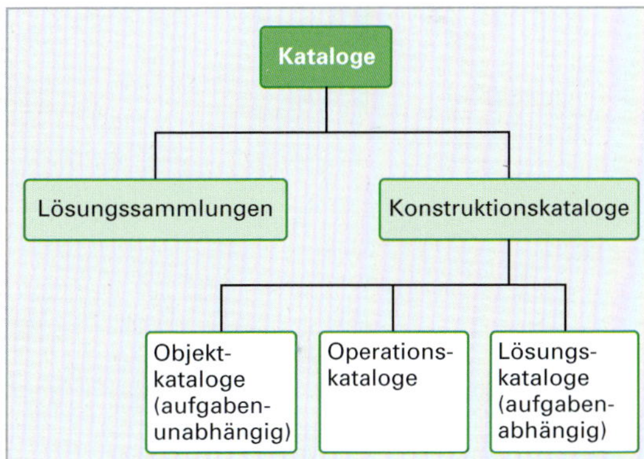

Bild 1: Einteilung von Katalogen

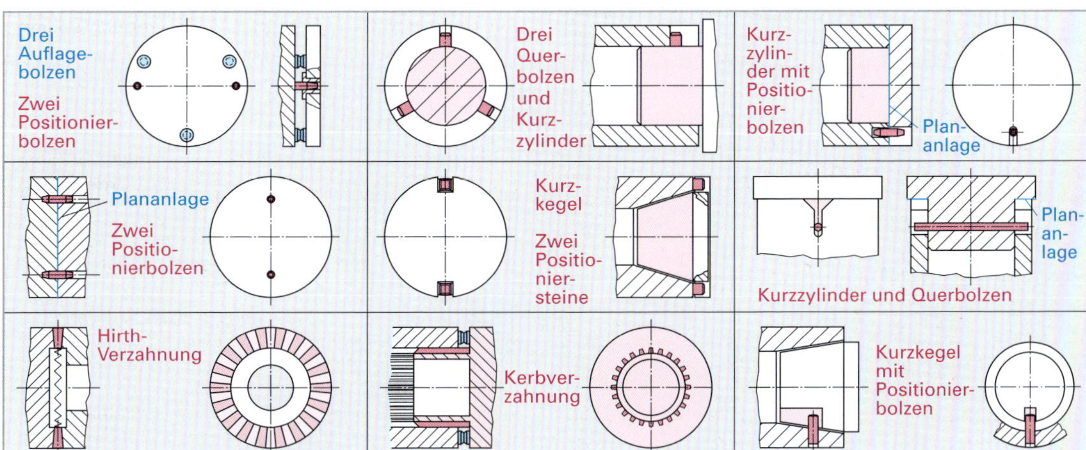

Bild 2: Tabellarische Lösungssammlung am Beispiel einer Zentrierung (Beispiele)

Tabelle 1: Beispiel Objektkatalog mit Flächen, Schwerpunktabständen, Trägheitsmomenten, Widerstandsmomenten (Auszug)

Querschnitt	Fläche A	Schwerpunktsabstand e	Trägheitsmomente I_x	Trägheitsmomente I_y	Widerstandsmomente W_x	Widerstandsmomente W_y
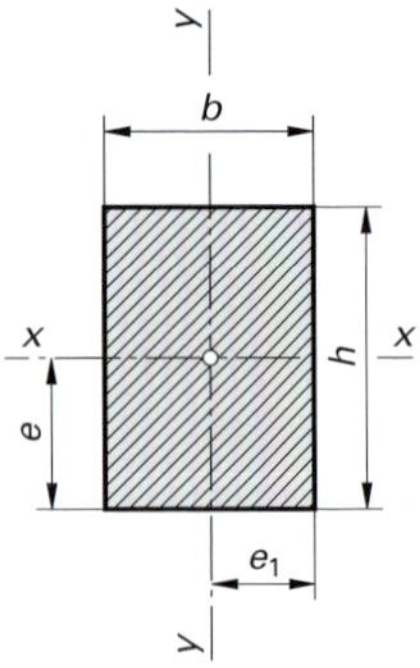	$b \cdot h$	$e = \frac{h}{2}$ $e_1 = \frac{b}{2}$	$\frac{b \cdot h^3}{12}$	$\frac{h \cdot b^3}{12}$	$\frac{b \cdot h^2}{6}$	$\frac{h \cdot b^2}{6}$
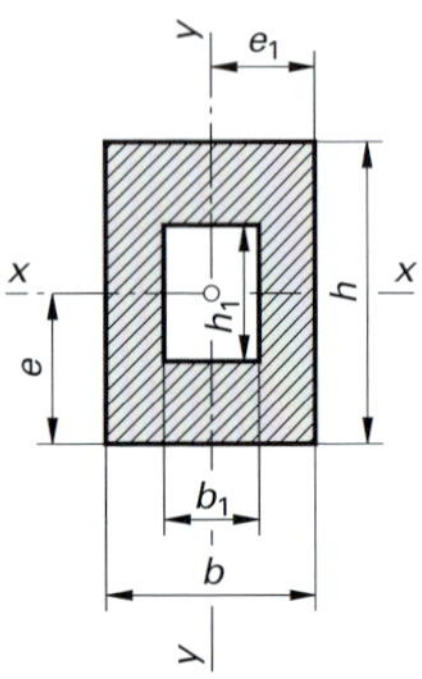	$b \cdot h - b_1 \cdot h_1$	$e = \frac{h}{2}$ $e_1 = \frac{b}{2}$	$\frac{b \cdot h^3 - b_1 \cdot h_1^3}{12}$	$\frac{h \cdot b^3 - h_1 \cdot b_1^3}{12}$	$\frac{b \cdot h^3 - b_1 \cdot h_1^3}{6 \cdot h}$	$\frac{h \cdot b^3 - h_1 \cdot b_1^3}{6 \cdot b}$
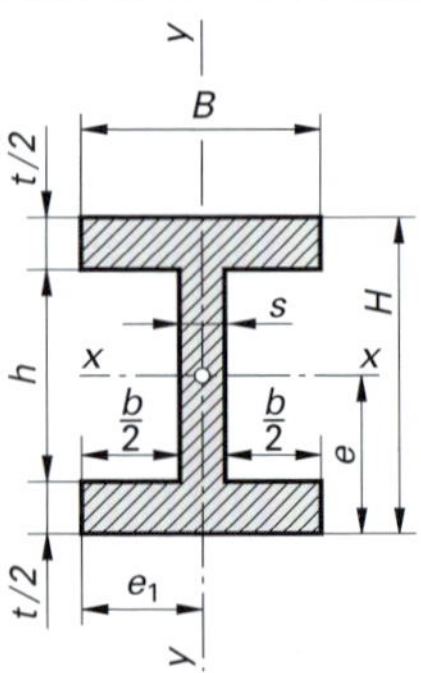	$B \cdot H - b \cdot h$	$e = \frac{H}{2}$ $e_1 = \frac{B}{2}$	$\frac{B \cdot H^3 - b \cdot h^3}{12}$	$\frac{t \cdot B^3 + h \cdot s^3}{12}$	$\frac{B \cdot H^3 - b \cdot h^3}{6 \cdot H}$	$\frac{t \cdot B^3 + h \cdot s^3}{6 \cdot B}$
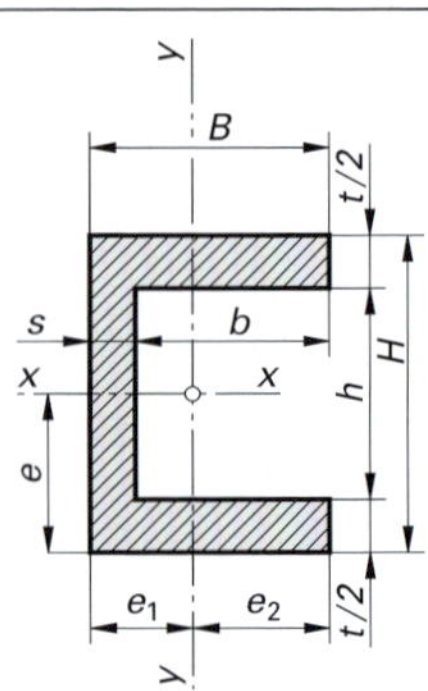	$B \cdot H - b \cdot h$	$e = \frac{H}{2}$ $e_1 = \frac{H \cdot s^2 + b \cdot t \cdot (b + 2s)}{2 \cdot (H \cdot s + b \cdot t)}$ $e_2 = B - e_1$	$\frac{B \cdot H^3 - b \cdot h^3}{12}$	$\frac{1}{12} \cdot (H \cdot s^3 + t \cdot b^3) + H \cdot s \cdot (e_1 - \frac{s}{2})^2 + t \cdot b\,(e_2 - \frac{b}{2})^2$	$\frac{B \cdot H^3 - b \cdot h^3}{6 \cdot H}$	$W_y = \frac{I_y}{e_1}$ $W_{y1} = \frac{I_y}{e_2}$

Lösungskataloge sind Sammlungen von konkreten Lösungen für bestimmte Funktionen und Aufgaben wie z. B.

- Kraft erzeugen (**Tabelle 1**),
- Drehmoment verstärken,
- Drehbewegung in Schubbewegung umwandeln,
- Welle und Nabe drehstarr verbinden.

Tabelle 1: Lösungskatalog zur Krafterzeugung (Beispiel)

Gliederung			Physik		Bemerkung, Kenngrößen			
Krafttyp	Physikalisches Gesetz	Effekt	Beispiel	Gleichung	Bedingungen	Erzeugende Größe	Energiezufuhr	Beispiele
Federkräfte	Hookesches Gesetz	Presskraft	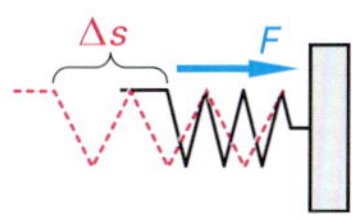	$F = c \cdot \Delta s$	Festkörper und Schraubenfeder	Elastische Verformung	ständig	Kugelschreiber
		Schubkraft	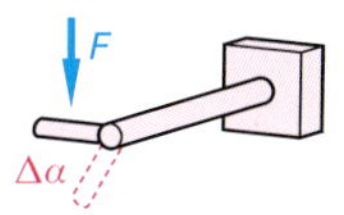	$F = c \cdot \Delta\alpha$	Fixierter Drehstab		ständig	Querlenker
Schwerkräfte	Gravitationsgesetz	Massenanziehung	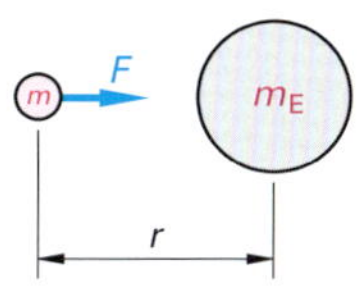	$F = \sqrt{\frac{m_E \cdot m}{r^2}}$	zwei Masseträger	Schwerefeld	ständig	Satellit
		Gewicht	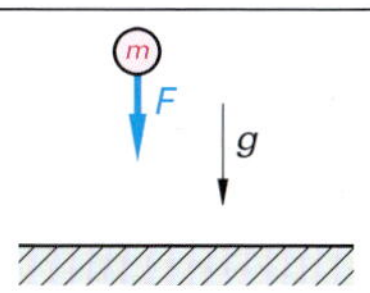	$F = m \cdot g$				Waage
		Auftrieb	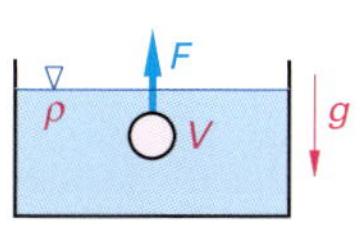	$F = \rho \cdot g \cdot V$	Masseträger in Fluid			Schiffe
Trägheitskräfte	Newtonsches Gesetz	Beschleunigung		$F = m \cdot a$	träger Festkörper oder Fluid	Geschwindigkeit	fallweise	Beschleunigungsmesser
		Zentrifugalkraft	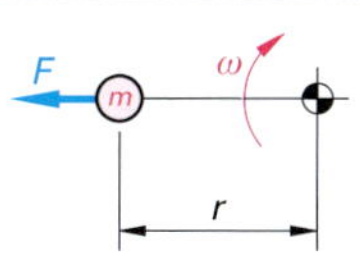	$F = m \cdot r \cdot \omega^2$				Zentrifuge
		Staudruck	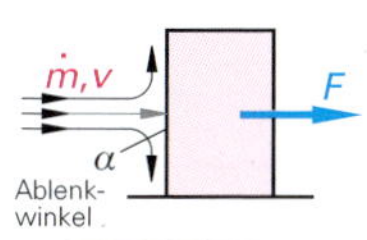	$F = \dot{m} \cdot v (1 - \cos\alpha)$	Festkörper und Fluid	Massestrom (Geschwindigkeit)	fallweise	hydrostatische Lager

Hilfsmittel[1] sind z. B.:

- Fachbücher,
- Firmenkataloge, Datenblätter,
- Prospektsammlungen,
- Normblätter, Richtlinien, Vorschriften,
- Bauelementebücher, Maschinenelementebücher,
- Systematiken, wie z. B. Pumpenbauarten (**Bild 1**) oder Abformbacken (**Bild 2**).

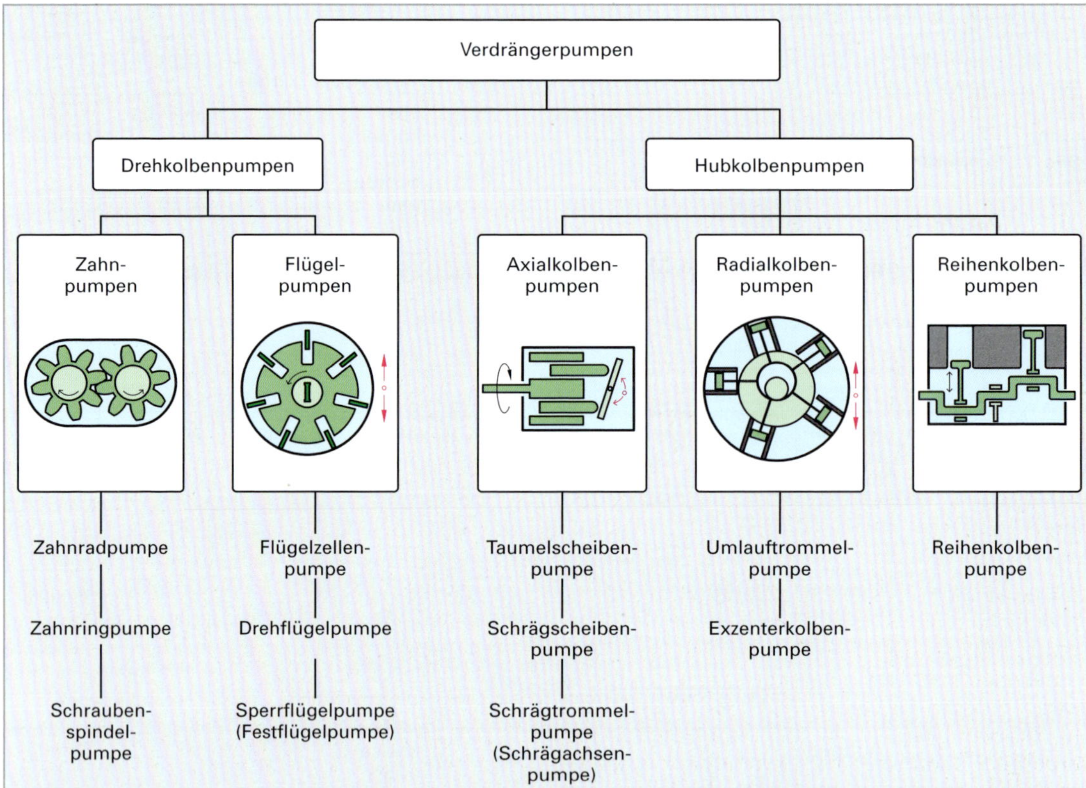

Bild 1: Bauarten von Verdrängerpumpen

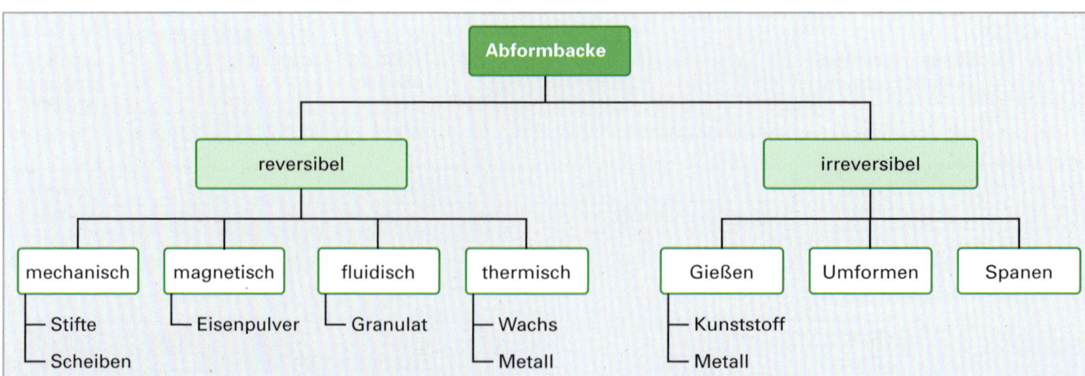

Bild 2: Gliederung von Abformbacken für Greifer

[1] Siehe auch: *K. Roth*: Konstruieren mit Konstruktionskatalogen; *Koller R.* und *N. Kastrup*: Prinziplösungen zur Konstruktion technischer Produkte; VDI-Richtlinie 2222, Bl. 2: Morphologische Kästen (siehe auch Kapitel 1.7).

1.5 Bewertung und Auswahl

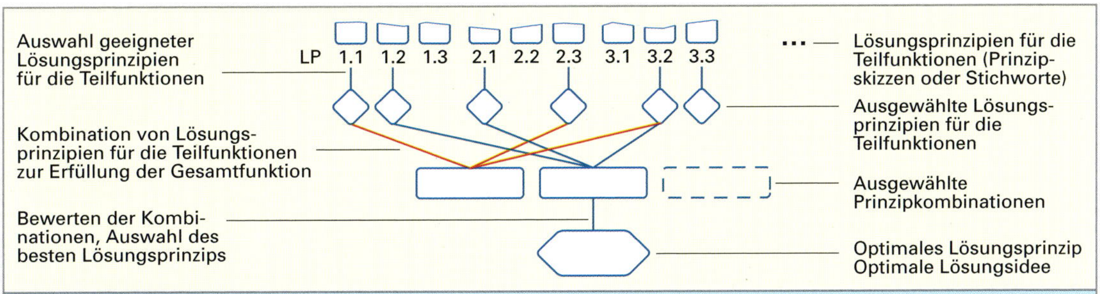

Bild 1: Bewerten und Auswahl

1.5.1 Allgemeines zum Wertbegriff

Sind mithilfe der zuvor geschilderten Methoden genügend Lösungsideen (Lösungskatalog) gefunden, dann gilt es, hieraus geeignete Lösungsprinzipien auszuwählen (**Bild 1**).

Die einzelnen Ideen müssen auf ihre Brauchbarkeit untersucht werden. Dabei gilt es, durch eine Bewertung den „Wert", den „Nutzen" bzw. den „Nutzwert" oder die „Stärke" jeder Lösungsidee zu ermitteln.

Was versteht man aber unter dem Begriff „Wert". Im täglichen Leben reicht folgende einfache Definition häufig aus: „Wert ist die Wichtigkeit (Bedeutsamkeit), die *jemand* einer Sache beimisst". Betrachtet man **Bild 2** und **Bild 3** und die Vielzahl der Faktoren, die sich hinter dem Begriff Wert verbergen, dann stellt man schnell fest, dass jeder etwas anderes darunter verstehen kann. Dem einen ist die Automarke (Geltungswert) wichtiger, einem anderen geringer Kraftstoffverbrauch oder geringer CO_2-Ausstoß (Gebrauchswert).

Für die Beurteilung technischer Erzeugnisse bzw. technischer Lösungsideen ist diese Definition ungeeignet. Ziel der Konstruktion ist es ja, dem Kunden eine Lösung anzubieten, welche die Forderungen und Bedingungen der Anforderungsliste möglichst gut erfüllt und dabei möglichst wenig Kosten verursacht, sowohl bei der Herstellung als auch im Gebrauch.

Formelmäßig geschrieben heißt dies:

$$\textit{Wert bzw. Nutzen} = \frac{\textit{Funktionserfüllung}}{\textit{Aufwand}}$$

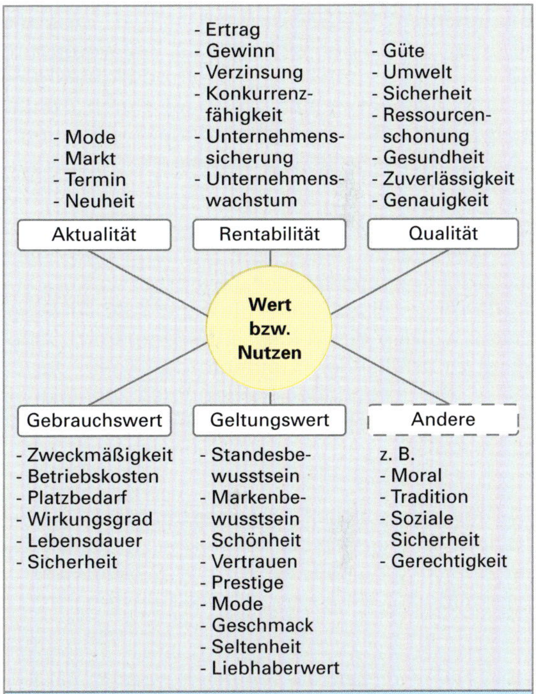

Bild 2: Wertbegriffe und Wertinhalte

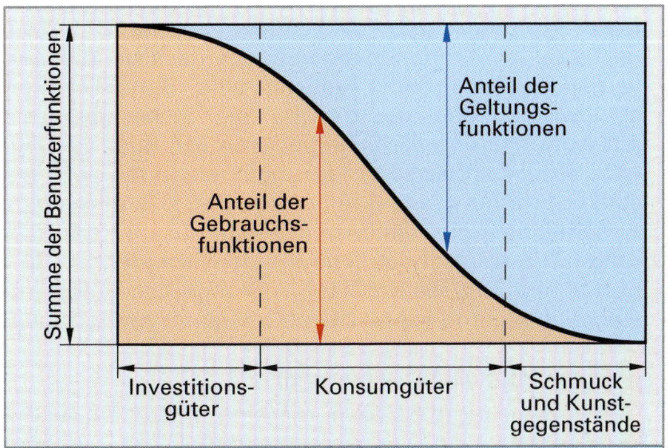

Bild 3: Benutzerfunktionen

Ziel von Bewertungen muss es also sein, sowohl die Funktion als auch den anfallenden Aufwand möglichst *objektiv* und nachvollziehbar zu beschreiben, um so die Lösungsidee mit dem höchsten „Wert bzw. Nutzen" (optimale Lösung) herauszufinden, für die dann in der Phase „Entwerfen" ein Entwurfskonzept erarbeitet wird.

So umschließt z. B. die Kugel bei gleicher Oberfläche (= Materialaufwand) das größte Volumen (**Bild 1**). Die Kugelform hat aber auch Nachteile, siehe Beispiel.

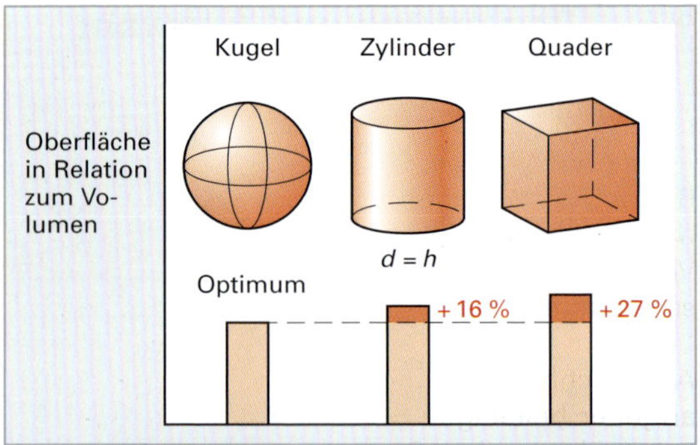

Bild 1: Nutzen als Funktion der Geometrie eines Behälters

Produkte sind stets an den Kundenforderungen auszurichten. Hierbei ist zu beachten, dass die Kundenforderungen sich mit der Zeit verändern können und so unterliegen die Produktmerkmale in ihrer Wichtigkeit einem Wandel. Durch Trends, z. B. „Umweltbelastung", „Klimaveränderung", „Mode" können diese Merkmale sich rasch verändern.

Beispiel: Konzeption eines Warmwasserspeichers.

Der Materialaufwand und der Herstellungsaufwand sollten bei vorgegebenem Speichervolumen möglichst gering sein. Der Warmwasserspeicher muss in üblichen Einfamilienhäusern im Keller aufstellbar sein und dort einen möglichst geringen Platz einnehmen.

Lösungsideen:

a) **Kugelform**
positiv: geringster Materialaufwand; negativ: Herstellungsaufwand, Stellplatzbedarf, Sperrigkeit (passt nur bei geringem Volumen durch eine Tür).

b) **Zylinderform**
positiv: günstiger Materialaufwand, günstiger Herstellungsaufwand, günstige Strömungsverhältnisse für Temperaturschichtung. Negativ: Nicht optimale Raumnutzung.

c) **Quaderform**
positiv: günstigste Raumnutzung; negativ: ungünstige Strömungsverhältnisse (Verwirbelung in den Ecken), erhöhter Materialaufwand.

In vielen Fällen genügt zur Sichtung und Übersicht die Gruppierung der gesammelten Kundenforderungen durch eine einfache **ABC-Analyse**. Dabei würden der *A-Klasse* die primären, unbedingt zu erfüllenden Kundenforderungen, der *C-Klasse* die unwichtigen Forderungen zugeordnet. Die übrig gebliebenen Forderungen kommen in die *B-Klasse*.

Die unterschiedliche Bedeutung der Merkmale bei Kunden untersuchte der japanische Wissenschaftler *Noriaki Kano* und fasste seine Erkenntnisse in einem Modell, dem *Kano-Modell* zusammen.

Die Anforderungen, die von den Kunden an ein Produkt gestellt werden, teilt ***Kano*** in **3 Kategorien** ein:

A) Die Basisanforderungen

Diese Anforderungen sind Selbstverständlichkeiten, bei denen ein Kunde davon ausgeht, dass sie in jedem vergleichbaren Produkt realisiert sind. Bei einem Personenwagen sind dies zum Beispiel Sicherheitsgurte mit Aufrollautomatik, Scheibenbremsen oder verstellbare Sitze. Die Basisanforderungen erzeugen auch bei starker Erhöhung des Erfüllungsgrads, z. B. durch eine wesentliche Konstruktionsänderung, die zur Verbesserung führt, kaum zusätzliche Kundenzufriedenheit. Der Kunde nimmt diese Basisanforderungen als selbstverständlich hin und achtet beim Kauf kaum mehr darauf.

B) Die Leistungsanforderungen

Diese sind Anforderungen, die einem Kunden besonders wichtig sind und auch direkt von ihm genannt werden. Bei einem Wettbewerbervergleich spielen diese Anforderungen eine entscheidende Rolle. Dies können zum Beispiel bei einem PKW Airbags auf der Fahrer- und Beifahrerseite, eine höhenverstellbare Lenksäule oder eine Zentralverriegelung sein. Diese Leistungsanforderungen beeinflussen die Kunden direkt und ihr Erfüllungsgrad beeinflusst die Kaufentscheidung am stärksten.

C) Die Begeisterungsanforderungen

Diese Anforderungen erwarten die Kunden noch nicht. Es können z. B. technische Neuerungen an einem Produkt sein, die noch unbekannt oder noch zu wenig bekannt sind. Entdecken die Kunden solch eine besondere Eigenschaft eines Produkts, löst diese eine Begeisterung aus und kann entsprechend ihrem Erfüllungsgrad wesentlich zu einer Steigerung der Kaufentscheidung beitragen. Bei einem PKW können dies zum Beispiel Verkehrszeichenerkennung, Rückfahrkamera oder Spurhalteassistent sein.

Bei einfachen, überschaubaren Aufgaben reicht oft der immer aktive Bewertungsvorgang im Gehirn des Konstrukteurs aus, um eine akzeptable Lösung zu finden.

Bei komplexen Problemen ist dies nicht mehr möglich und erfordert deshalb eine systematische Vorgehensweise bei der Erarbeitung von Entscheidungshilfen.

Aber nicht nur bei der Lösungsfindung, sondern an jeder beliebigen Stelle des Konstruktionsprozesses kann eine Bewertung erforderlich sein, nämlich immer dann, wenn Entscheidungen zu treffen sind. Hierfür sind nicht alle Bewertungsverfahren gleich gut geeignet und es sind nicht immer dieselben Bewertungskriterien sinnvoll.

So lassen sich z. B. zur Bewertung von Lösungsprinzipien keine technisch-quantitativen Bewertungskriterien heranziehen, da Prinzipskizzen sowohl masselos als auch dimensionslos sind und deshalb nicht quantitativ beschrieben werden können.

Ebenso ist eine wirtschaftliche Bewertung von Lösungsideen nicht möglich, da auch hier weder Abmessungen noch Werkstoffe oder Herstellverfahren bekannt sind.

Man kann hier versuchen, über technische Kriterien Kosten grob abzuschätzen. Solche Kriterien sind z. B.

- Zahl der erforderlichen Teile,
- Zahl der Bearbeitungen,
- Zahl der Montageoperationen,
- Wartungsaufwand.

Um den Bewertungsaufwand möglichst gering zu halten, sind von den gefundenen Lösungsideen zunächst die zu streichen, welche die Festforderungen (Ja/Nein-Forderungen) nicht erfüllen und welche die Toleranzgrenzen der Mindestforderungen nicht erreichen. Die übrig bleibenden Lösungsideen werden dann der Bewertung unterzogen, wobei die Bewertungskriterien sich aus den Mindestforderungen ergeben. Der Wert einer Lösungsidee entspricht dem Grad der Erfüllung der Mindestforderungen.

Der manchmal hohe Aufwand für eine Bewertung ist dann gerechtfertigt, wenn dadurch die Entscheidung bewusst durchgeführt und das Ergebnis nachvollziehbar und begründbar wird.

Für einen objektiven Bewertungsvorgang sind neben einem geeigneten Bewertungsverfahren vor allem die richtigen Bewertungskriterien entscheidend. **Die Kriterien sind wichtiger als das Verfahren**!

Beispiel: Flachriemen-Vorgelege

Für ein Flachriemen-Vorgelege mit zwei Riemenscheiben mit verschiedenen Durchmessern (**Bild 1**) sollen prinzipielle Lösungsideen beurteilt und dann solche Ideen gestrichen werden, die von vornherein Festforderungen nicht erfüllen oder zu kompliziert und zu teuer erscheinen.

An Forderungen sind u. a. zu berücksichtigen:

- Einfache Herstellung,
- einfache und wenige Bearbeitungen,
- geringe Zahl von Teilen,
- einfache Montage,
- einfaches Auswechseln der Riemen.

Bild 1 zeigt einige Lösungsideen für ein Flachriemen-Vorgelege. Solche Ideen, die die oben angegebenen Forderungen nicht oder im Vergleich zu anderen Ideen schlechter erfüllen, sind gestrichen.

Die verbleibenden Ideen können dann mit einem Bewertungsverfahren bewertet werden.

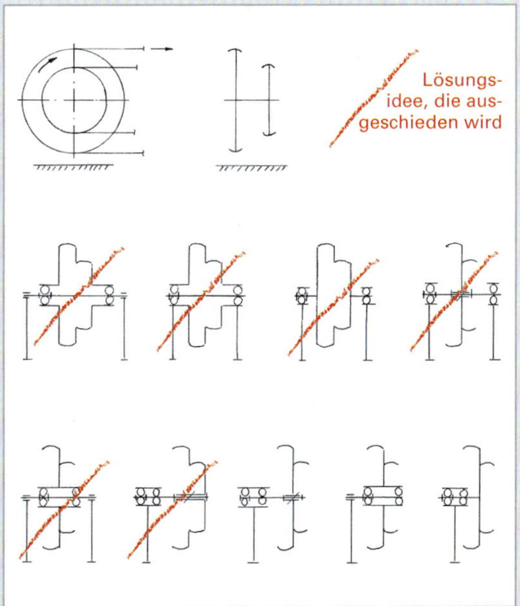

Bild 1: Lösungsideen für Flachriemen-Vorgelege

1.5.2 Bewertungskriterien

Prinzipiell gelten für Bewertungskriterien u. a. folgende Voraussetzungen:

- Die Bewertungskriterien müssen weitestgehend unabhängig voneinander sein, damit das Ergebnis nicht verfälscht wird.
- Alle Kriterien sollten entscheidungsrelevant sein, d. h. die entsprechenden Eigenschaften müssen beurteilbar sein.
- Die Kriterien sollen möglichst quantitativ angegeben sein, d. h. die Kriterien sollten möglichst zähl-, mess-, wäg- oder vergleichbar sein.
- Qualitative Kriterien sollten in quantitative umgewandelt werden oder zumindest rangmäßig beurteilbar sein (sehr gut, gut, ...).
- Die gewählten Kriterien sollen vollständig sein, damit alle wichtigen Gesichtspunkte bewertet werden.

Vorteilhaft ist es häufig, die Kriterien in folgende Gruppen einzuteilen:

- technische Kriterien,
- wirtschaftliche Kriterien,
- psychologische Kriterien.

Quellen für die Bewertungskriterien:

Wichtigste Quelle für die Zusammenstellung der Bewertungskriterien ist natürlich die schon vorhandene Anforderungsliste, speziell dann, wenn sie nach den zuvor geschilderten Hinweisen aufbereitet ist.

Weitere Kriterienlieferanten können sein:

- Erkunden des „Standes der Technik", z. B. mithilfe von Firmenschriften, Prospekten und/oder Unterlagen der Konkurrenz, sofern nicht schon in der Anforderungsliste enthalten,
- neue Veröffentlichungen, Fachzeitschriften,
- Erfahrungen im Unternehmen.

Oft sind Kriterien (zu bewertende Eigenschaften) wahllos aneinandergereiht. Haben einige dieser Kriterien besondere Bedeutung, so sind diese zu gewichten.

Eine einfache Möglichkeit, wichtigere von weniger wichtigen Kriterien zu unterscheiden ist, sie gegeneinander abzuwägen. Dies erfolgt z. B. in einer sogenannten Vorrangmatrix (**Bild 1** und **Bild 2**).

Jedes Kriterium wird mit jedem anderen pauschal verglichen und der Buchstabe des „wichtigeren" Kriteriums in das entsprechende gemeinsame Feld der Matrix eingetragen. Anschließend addiert man die Häufigkeit der eingetragenen Buchstaben und trägt das Ergebnis in eine Auswertetabelle ein. Aus der Häufigkeit der Eintragungen der Buchstaben ergibt sich die Rangfolge der Kriterien. Sie sagt aber nichts darüber aus, wie nahe zwei Ergebnisse beieinanderliegen.

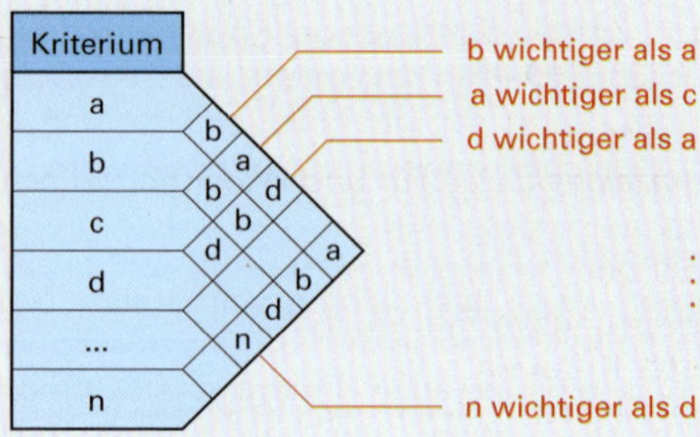

Kriterium	a	b	c	d	...	n
Häufigkeit	2	4	0	3	...	1
Rangfolge	3	1	5	2	...	4

Bild 1: Vorrangmatrix und Auswertetabelle (formales Beispiel)

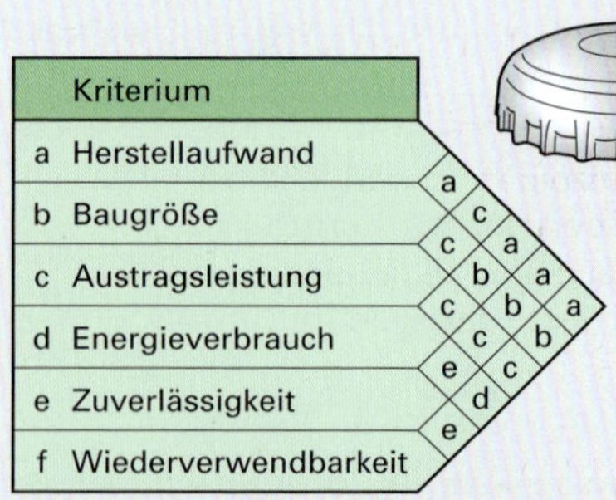

Kriterium	a	b	c	d	e	f
Häufigkeit	4	3	5	1	2	0
Rangfolge	2	3	1	5	4	6

Bild 2: Vorrangmatrix und Auswertetabelle am Beispiel „Austragen von Verschlussdeckeln"

1.5.3 Bewertungsverfahren

Zur Bewertung und Auswahl gibt es eine ganze Reihe von Methoden und Verfahren, die sich aber sehr unterscheiden bezüglich

- Einarbeitungszeit,
- Aufwand für die Bewertung,
- Anforderungen an den Benutzer.

Bei den Methoden können folgende Gruppen unterschieden werden:

- Methoden der intuitiven Komplexbewertung. *Kennzeichen: Bewertung des Vorschlags „als Ganzes"; spontane Abgabe des Urteils.*
- Argumentative Verfahren zur Vorbereitung der Bewertung. *Kennzeichen: Das Für und Wider der Vorschläge wird aufgelistet und argumentativ verglichen; mehr qualitativ als quantitativ.*
- Bewertungsverfahren auf der Basis differenzierter Kriterien. *Kennzeichen: Bewertung der Lösungsideen unter Berücksichtigung verschiedener Kriterien; z. T. hoher Formalisierungsgrad.*
- Wirtschaftlichkeitsrechnungen. *Kennzeichen: Alle Bewertungsaspekte werden in „Geld" ausgedrückt. Eine solche Bewertung ist erst im Entwurfsstadium möglich.*

Im Folgenden werden die Verfahren behandelt, die relativ leicht erlernbar sind und verhältnismäßig geringen Zeitaufwand benötigen.

1.5.3.1 Rangfolgeverfahren

Ähnlich dem Vorgehen zur Bestimmung der Rangfolge von Bewertungskriterien mithilfe der Vorrangmatrix lässt sich auch für die gefundenen Lösungsideen eine Rangfolge bestimmen, wenn man die einzelnen Lösungsideen bezüglich der einzelnen Bewertungskriterien in eine Rangfolge bringt. Dabei legt man zunächst die Rangfolge für Kriterium 1 fest, dann erst für Kriterium 2 usw. und trägt die Rangfolge in eine Matrix ein (**Bild 1**).

Zur Auswertung addiert man für jedes Lösungsprinzip LP die erzielten Ränge I. Das Prinzip mit den meisten Rängen I ist das beste (in Bild 1 ist es das Prinzip LP1). Haben mehrere Lösungsprinzipien gleich viele Ränge I, wird als Kriterium zusätzlich die Summe der Ränge II usw. herangezogen. LP2 und LP3 haben jeweils einmal Rang I. LP2 ist trotzdem besser als LP3, da dieses Lösungsprinzip zweimal Rang II hat.

Die so erzielte Rangfolge sagt aber nichts darüber aus, um wie viel ein Lösungsprinzip besser ist als ein anderes.

Lösungsprinzip / Kriterium	LP 1	LP 2	LP 3	LP 4	LP 5	...
1	II	I	IV	V	III	
2	II	III	I	IV	V	
3	I	III	II	IV	V	
4	I	II	IV	III	V	
5	I	II	V	IV	III	
⋮						
Σ Rangfolge I	3	1	1	0	0	
Σ Rangfolge II	2	2	1	0	0	

Bild 1: Rangfolgeverfahren mit Auswertung (formal)

1.5.3.2 Klassenbildung, Notengebung

Die zu bewertenden Alternativen werden von den Bewertern in Klassen eingeteilt bzw. benotet wie z. B.

++ sehr interessant (sehr gut)
\+ interessant (gut)
0 bedingt interessant (befriedigend)
– kaum interessant (gerade noch tragbar)
–– total uninteressant (unbefriedigend)
? Information über Kriterium unzureichend.

1.5.3.3 Punktebewertungen

Eine einfache Punktebewertung, wie sie hier beschrieben wird, geht auf Kesselring zurück und wird auch in der VDI-Richtlinie 2225 angewendet.

Für eine solche Bewertung wird als Bezugsgröße z. B. ein Erzeugnis angenommen, das alle Bewertungskriterien ideal verwirklicht (technische Ideallösung). Die zur Beurteilung vorliegenden Lösungsideen / Konstruktionen werden dann mit dieser Ideallösung verglichen. Der jeweilige Grad der Annäherung an die ideale Verwirklichung wird durch eine Punktzahl festgelegt. Die Ideallösung selbst stellt keinen absoluten Bezugspunkt dar, denn sie ist an den jeweiligen Stand der Technik gebunden. Da es sich jedoch um einen Vergleich relativer und nicht absoluter Zahlen handelt, ist dies ohne Belang.

Bei dieser Art der Bewertung haben alle Kriterien dieselbe Wichtigkeit bzw. die gleiche „Gewichtung". Nach VDI-Richtlinie 2225 werden zur Bewertung 0 bis 4 Punkte vergeben. Bei der Nutzwertanalyse werden üblicherweise 0 bis 10 Punkte vergeben (**Tabelle 1**).

Bei Erst-Bewertungen hat sich i. Allg. das Vier-Punkte-Schema, bei späteren Bewertungen das Zehn-Punkte-Schema als geeignet erwiesen. Für die Bewertung von Lösungsideen[1] bedeutet dies: Die Vielzahl möglicher Gesamtlösungen aus dem Morphologischen Kasten werden zunächst mit dem 4-Punkte-Schema grob bewertet. Die dabei besser abschneidenden Ideen können dann nochmals genauer mit dem 10-Punkte-Schema bewertet werden.

Der Hauptvorteil, den eine sorgfältige Punktebewertung mit sich bringt, besteht darin, dass klar zum Ausdruck kommt, welche Kriterien gut und welche schlechter verwirklicht sind. Dadurch wird der Konstrukteur angeregt, die sogenannten „Schwachstellen" auszumerzen (**Bild 1**). Wird für eine Lösungsalternative ein Kriterium mit null Punkten bewertet, muss diese Alternative ausscheiden, da sie ein Kriterium (eine Forderung) nicht erfüllt!

Tabelle 1: Punkteschemata zur Bewertung von Eigenschaften technischer Erzeugnisse

4-Punkte-Schema	
Bedeutung	Punktzahl
sehr gute Lösung (Ideal)	4
gute Lösung	3
ausreichende Lösung	2
gerade noch tragbare Lösung	1
unbefriedigende Lösung	0
10-Punkte-Schema	
Bedeutung	Punktzahl
Ideallösung	10
hervorragende Lösung	9
sehr gute Lösung	8
gute Lösung	7
gute Lösung mit geringen Mängeln	6
befriedigende Lösung	5
ausreichende Lösung	4
noch tragbare Lösung	3
mangelhafte Lösung	2
ungenügende Lösung	1
unbrauchbare Lösung	0

Lfd. Nr.	Technische Eigenschaft / Lösungsprinzip	LP 1	LP 2	LP 3	…	Ideallösung
1	Lagerbeanspruchung	3	4	3	…	4
2	Gewicht	2	3	3	…	4
3	Raumbedarf	2	3	0	…	4
4	Einfache Herstellung	3	3	4	…	4
5	Einfache Montage	2	3	3	…	4
6	Einfache Bearbeitung	3	2	3	…	4
7	Einfache Wartung	3	3	2	…	4
	Σ Punkte	18	21	0	…	28
	Technische Wertigkeit $x = \frac{\Sigma \text{ Punkte}}{\Sigma \text{ Punkte (ideal)}}$	**0,64**	**0,75**	**0**	…	**1,0**

○ Lösungsprinzip LP3 scheidet aus

□ Schwachstelle

Technisch beste Lösungsidee (LP 2)

Bild 1: Technische Bewertung mit dem 4-Punkte-Schema (formales Beispiel)

[1] Nach Kapitel 1.1.1 werden anstelle des Begriffs Lösungsidee auch die Begriffe Lösungsprinzip (LP) oder Lösungsalternative (A) verwendet. Für Lösungsidee 1 auch LP1 oder A1.

1.5.3.4 Punktebewertung nach Wertefunktionen

Wenn Punkte nach anderen Wertevorstellungen vergeben werden sollen, z. B. bei quantitativen Kriterien, sind entsprechende Wertefunktionen festzulegen. Diese können entweder empirisch oder mathematisch (z. B. e-Funktionen) oder aber in Absprache mit dem Auftraggeber (Kunden) aufgestellt werden.

Ob dabei maximal 4 oder 10 Punkte vergeben werden ist unerheblich. Für alle Kriterien innerhalb einer Bewertung muss aber die gleiche Punkteskala verwendet werden.

Die Wertefunktionsverläufe nach **Bild 1** sind z. B. möglich. Die Verläufe müssen dabei nicht an der Abszisse bzw. Ordinate beginnen oder enden.

1.5.3.5 Nutzwertanalyse

Bei diesem Bewertungsverfahren werden für die einzelnen Lösungsalternativen (Lösungsideen) Nutzwerte ermittelt, indem die *gewichteten* Kriterien (vgl. 1.5.2) einer Punktebewertung (ggf. nach Wertefunktionen) unterzogen werden. Dieses Verfahren wird durch folgende Beziehung beschrieben:

$$N_{Aj} = \sum_{i=1}^{n} g_i \cdot p_{ij} = g_1 \cdot p_1 + g_2 \cdot p_2 + \ldots + g_n \cdot p_n \qquad p_{ij} > 0$$

- N_{Aj} Nutzwert der Lösungsalternative A_j
- j Zählindex der Lösungsalternative
- i Zählindex der Bewertungskriterien
- n Anzahl der Bewertungskriterien
- g_i Gewichtungsfaktor des Bewertungskriteriums i
- p_{ij} vergebene Punktzahl für die Alternative A_j

Die für die Bewertung anstehenden Kriterien werden zunächst nach ihrer Bedeutung mit Faktoren $g_1 \ldots g_n$ gewichtet, wobei $\Sigma g_i = 1$ bzw. 100 % sein soll.

Anschließend werden alle Lösungsalternativen beginnend mit Kriterium 1 mit Punkten bewertet (hier meist das 10-Punkte-Schema). Durch Multiplikation des ermittelten Punktwertes p_i mit dem zugehörigen Gewichtungsfaktor g_1 erhält man einen Teilnutzwert $g_1 \cdot p_i$ für Kriterium 1. Dies wird nun nacheinander für die Kriterien 2 ... n wiederholt.

Danach wird für alle Alternativen der Gesamtnutzwert N_{Aj} durch Addition der Teilnutzwerte $g_i \cdot p_i$ ermittelt. Die Idee mit dem höchsten Nutzwert ist die beste. **Tabelle 1** zeigt das formale Vorgehen.

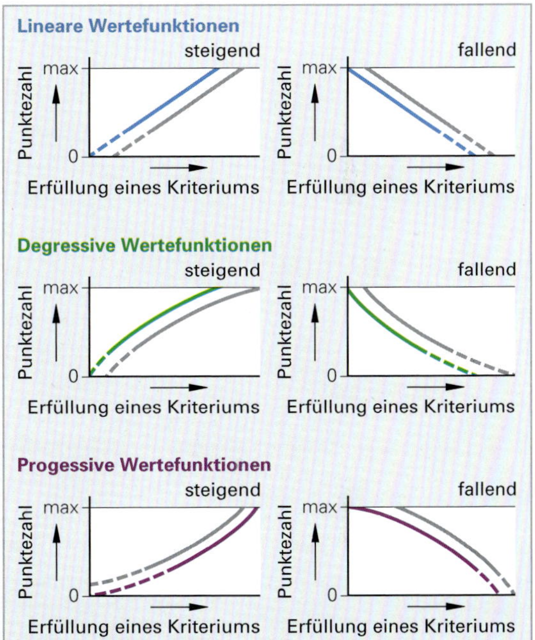

Bild 1: Wertefunktionen (Beispiele)

Tabelle 1: Formales Vorgehen bei der Nutzwertanalyse

Bewertungskriterien i	Gewichtungsfaktor g_i	Lösungsalternative A1		Lösungsalternative A2		...
		p_{i1}	$g_i \cdot p_{i1}$	p_{i2}	$g_{i2} \cdot p_{i2}$	
Kriterium 1 Kriterium 2 . . . Kriterium n	g_1 g_2 . . . g_n	p_{11} p_{21} . . . p_{n1}	$g_1 \cdot p_{11}$ $g_2 \cdot p_{21}$ . . . $g_n \cdot p_{n1}$	p_{12} p_{22} . . . p_{n2}	$g_1 \cdot p_{12}$ $g_2 \cdot p_{22}$ . . . $g_n \cdot p_{n2}$	
$N_{Aj} = \sum_{i=1}^{n} g_i \cdot p_{ij}$	$\Sigma g_i = 1$		$N_{A1} = \sum_{i=1}^{n} g_i \cdot p_{i1}$		$N_{A2} = \sum_{i=1}^{n} g_i \cdot p_{i2}$	

Beispiel: Nutzwertanalyse für Einrichtungen zum Austragen von Verschlussdeckeln

i	Bewertungskriterien	Gewicht der Kriterien g_i	Wertefunktionen	Lösungsalternativen						
				..	A 2.1		A 2.4		A 6.1	
					p_{ij}	$g_i \cdot p_{ij}$	p_{ij}	$g_i \cdot p_{ij}$	p_{ij}	$g_i \cdot p_{ij}$
1	Austragsleistung	0,30	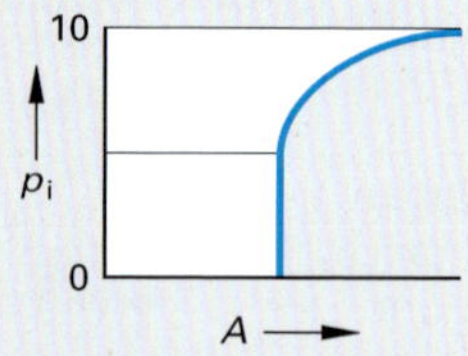		8	2,4	10	3,0	0	0
2	Herstellungsaufwand	0,25	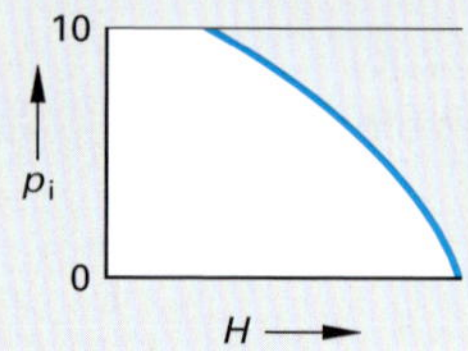		6	1,5	7	1,75	5	1,25
3	Baugröße	0,20	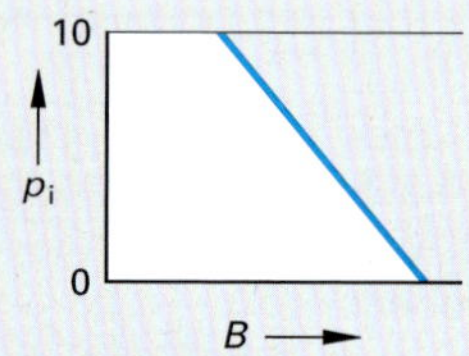		5	1,0	5	1,0	4	0,8
4	Zuverlässigkeit	0,15	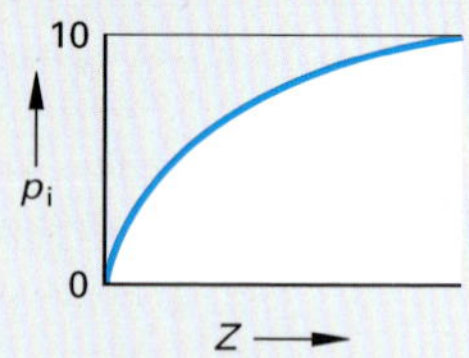		3	0,45	9	1,35	5	0,75
5	Energieverbrauch	0,05	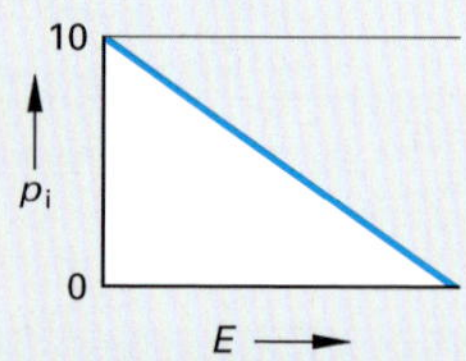		4	0,2	5	0,25	3	0,15
6	Wiederverwendbarkeit	0,05	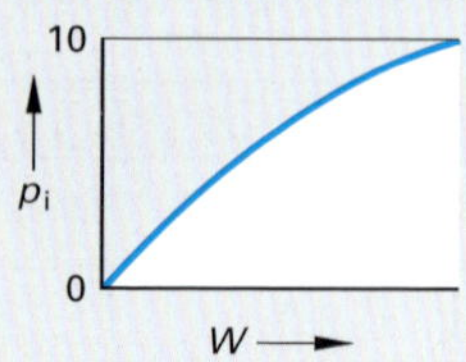		6	0,3	5	0,25	8	0,4
Nutzwert $N_{Aj} = \sum_{i=1}^{6} g_i \cdot p_{ij}$		$\Sigma\, g_i = 1$				5,85		7,6		0

1.5.3.6 Technisch-wirtschaftliche Bewertung nach VDI 2225

Bei diesem Verfahren wird zur Bewertung vorwiegend von Entwürfen und vollständigen technischen Erzeugnissen die „technische Wertigkeit" und die „wirtschaftliche Wertigkeit" getrennt bestimmt und im sogenannten S-Diagramm (**Bild 1**) als „Stärke" S der Lösung dargestellt (zweidimensionale Bewertung).
Wertigkeit bedeutet hier, dass eine durch Bewertung erreichte Punktezahl auf die maximal mögliche Punktzahl einer Ideallösung bezogen wird.

(1) Technische Bewertung

Zur Bestimmung der technischen Wertigkeit *x* wird das Vier-Punkte-Schema verwendet und die ermittelte Summe der Punkte, z. B. eines Entwurfs, zur maximal möglichen Punktezahl der Ideallösung in Beziehung gesetzt.

Bezeichnet man mit $p_1, p_2, ..., p_n$ die jeweiligen Punktezahlen für das 1., 2., ..., *n*. Kriterium, wobei *n* also die Anzahl der bewerteten Kriterien ist, mit $\bar{p}$ den arithmetischen Mittelwert der Punktezahlen $p_1, p_2, ..., p_n$ und mit p_{max} die maximale Punktezahl, welche allen Eigenschaften der Ideallösung zukommt, so bestimmt sich die technische Wertigkeit zu

$$x = \frac{p_1 + p_2 + ... + p_n}{n \cdot p_{max}}$$

$$x = \frac{\sum_{i=1}^{n} p_i}{n \cdot p_{max}} = \frac{\bar{p}}{p_{max}} \leq 1$$

- p_1 Punktezahl für das Kriterium 1
- p_i Punktezahl für das Kriterium *i*
- p_{max} maximale Punktezahl
- $\bar{p}$ Mittelwert der Punktezahlen
- n Anzahl der Kriterien
- x Technische Wertigkeit

Bei einer ersten überschlägigen Bewertung sollten nicht zu viele (ca. 10) Kriterien zur Beurteilung herangezogen werden, da sonst die Übersicht über die wichtigen Eigenschaften (Kriterien) verloren geht.

Anzustreben ist eine möglichst hohe technische Wertigkeit, wobei aber zu beachten ist, dass dies nicht auf Kosten der wirtschaftlichen Wertigkeit geschieht.

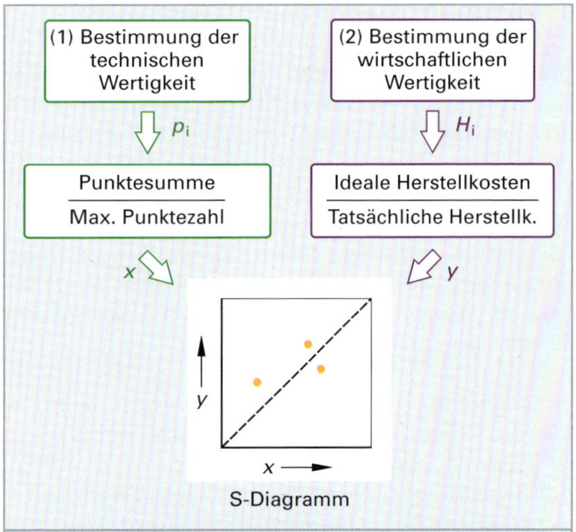

Bild 1: S-Diagramm zur Bewertung von Konstruktionen

Eine technische Wertigkeit über 0,8 ist als sehr gut, von 0,7 als gut und unter 0,6 als nicht befriedigend anzusehen.

Etwa 2,5 Punkte entsprechen einer Durchschnittslösung. Schwachstellen einer Lösung lassen sich im Bewertungsschema daran erkennen, dass bei der Bewertung 2 Punkte vergeben wurden.

Haben bei der Bewertung die Kriterien unterschiedliche Bedeutung („Gewicht"), so kann man die einzelnen Kriterien gegeneinander abwägen, indem man sie zusätzlich mit einem Gewichtungsfaktor *g* bewertet (s. Nutzwertanalyse).

Man erhält dann eine gewichtete Wertigkeit x_g gemäß nachstehender Beziehung (der Ausdruck im Zähler entspricht der Nutzwertanalyse-Bewertung):

$$x_g = \frac{g_1 \cdot p_1 + g_2 \cdot p_2 + ... + g_n \cdot p_n}{(g_1 + g_2 + ... + g_n) \cdot p_{max}} \leq 1$$

- g_1 Gewichtungsfaktor für das Kriterium 1
- p_1 Punktezahl für das Kriterium 1
- n Anzahl der Kriterien
- x_g Technische Wertigkeit, gewichtet

Anmerkung: Die geschilderte Vorgehensweise ist keineswegs auf die Bewertung von Konstruktionsentwürfen und technischen Erzeugnissen usw. beschränkt. Sie kann auch für die technische Bewertung von Bauwerken, Werkstoffen, Verfahren usw. angewendet werden.

(2) Wirtschaftliche Wertigkeit[1] (Auszug)

Bei der wirtschaftlichen Bewertung wird ausschließlich der Aufwand für die Herstellung des Erzeugnisses berücksichtigt, also nur Herstellkosten.

Wirtschaftliche Vorteile wie z. B. höherer Wirkungsgrad, geringere Wartung, wenige Bearbeitungs- oder Montageoperationen usw. sind soweit als möglich durch die technische Bewertung zu erfassen.

Im Gegensatz zur technischen Bewertung werden hier die Kosten als alleiniger Maßstab benutzt.

Zur Bestimmung der wirtschaftlichen Wertigkeit y ist es erforderlich, eine wirtschaftliche Ideallösung zu definieren, deren Herstellkosten als „ideal" angenommen werden.

Die für die Realisierung einer Konstruktion zulässigen Herstellkosten H_{zul} ergeben sich aufgrund einer Marktuntersuchung aus dem niedrigsten ermittelten Marktpreis gleichwertiger Erzeugnisse. VDI-Richtlinie 2225 empfiehlt, die idealen Herstellkosten H_i zum 0,7-fachen von H_{zul} anzusetzen:

$$H_i = 0{,}7 \cdot H_{zul}$$

H_i ideale Herstellkosten
H_{zul} zulässige Herstellkosten

Daraus ergibt sich die wirtschaftliche Wertigkeit zu:

$$y = H_i/H = 0{,}7 \cdot H_{zul}/H \le 1$$

H tatsächliche Herstellkosten

Hierin sind H die tatsächlichen Herstellkosten, die sich aus Materialkosten + Fertigungskosten zusammensetzen.

Wird eine wirtschaftliche Wertigkeit $y = 0{,}7$ erreicht, so bedeutet dies, dass $H = H_{zul}$ ist, was als gutes Ergebnis gelten kann.

Zur groben Ermittlung der Herstellkosten wird auf die VDI-Richtlinie 2225 verwiesen.

[1] Eine scharfe Trennung der technischen und wirtschaftlichen Bewertung lässt sich nicht durchführen, da technische Änderungen sich z. T. auch wirtschaftlich auswirken können. Z. B. hat die Änderung der technischen Eigenschaft „Anzahl der Bearbeitungsstellen" auch Einfluss auf die Herstellkosten.

Der Konstrukteur war es gewohnt, für eine gestellte Aufgabe eine technisch optimale Lösung zu suchen. Eine endgültige Kostenermittlung erfolgte häufig erst nach Abschluss der Konstruktion durch die Kalkulationsabteilung. Zeigte sich erst hier, dass die Kosten zu hoch sind, musste der Konstrukteur zeitraubende und kostenintensive Änderungen an der Konstruktion vornehmen – sofern dies überhaupt noch möglich war.

Dieses Vorgehen ist nicht mehr zeitgemäß. Im harten, weltweiten Wettbewerb werden heute Vorteile im Konstruktionsbereich dann erarbeitet, wenn Produkte konstruiert werden, die nicht nur im Hinblick auf die Funktion, also technisch, sondern auch im Hinblick auf Kosten, also wirtschaftlich, optimiert sind.

Dies gelingt nur, wenn eine Kostenbeurteilung schon möglichst früh in der Entwurfsphase der Konstruktion erfolgt. Die Kostenkontrolle bzw. Kostenabschätzung wird damit integrierter Bestandteil des Konstruktionsprozesses.

Aus Zeitgründen wird der Konstrukteur versuchen, die erforderliche Kostenschätzung mit möglichst geringem Aufwand durchzuführen. Mit den genauen Kalkulationsverfahren der Kaufleute können Konstrukteure meist wenig anfangen. Sie benötigen *einfach* zu handhabende Verfahren der Schätzkalkulation und Vergleichskalkulation (vgl. Kapitel 2.3.5).

Weiterführend sei auf einige VDI-Richtlinien und Bücher hingewiesen, die diesbezüglich in einem engen Zusammenhang stehen. Es sind dies:

VDI 2225 Technisch – wirtschaftliches Konstruieren
- Blatt 1: Vereinfachte Kostenermittlung
- Blatt 2: Tabellenwerk
- Blatt 3: Technisch – wirtschaftliche Bewertung
- Blatt 4: Bemessungslehre.

VDI 2234 Wirtschaftliche Grundlagen für den Konstrukteur

VDI 2235 Wirtschaftliche Entscheidungen beim Konstruieren
- Methoden und Hilfsmittel.

Literatur

- ***Ehrlenspiel, K.***: Kostengünstig Konstruieren. Springer Verlag
- ***Ehrlenspiel, K.***: Integrierte Produktentwicklung. Hanser Verlag
- ***Ehrlenspiel, K.; Kiewert, A.; Lindemann, U.***: Kostengünstig Entwickeln und Konstruieren. Springer Verlag
- ***Warnecke, H.-J.***: Kostenrechnung für Ingenieure. Hanser Verlag
- ***Conrad, K.-J.***: Taschenbuch der Konstruktionstechnik. Fachbuchverlag Leipzig

(3) Stärke-Diagramm (S-Diagramm)

Zur graphischen Darstellung technisch-wirtschaftlicher Vergleiche wird das sogenannte S-Diagramm benutzt.
Die „Stärke" S einer Lösung n ist hier durch den Punkt S_n mit den Koordinaten x_n (technische Wertigkeit) und y_n (wirtschaftliche Wertigkeit) gekennzeichnet (**Bild 1**).

Die Ideallösung ist durch den Punkt S_i mit $x_i = 1$ und $y_i = 1$ bestimmt. Die gestrichelte Linie von 0 zu S_i wird als Entwicklungslinie bezeichnet und entspricht Punkten gleicher technischer und wirtschaftlicher Wertigkeit. Mit zunehmender Reife einer Lösung verschiebt sich der Punkt S_n in Richtung auf S_i.

Durch Eintragung der Stärken S verschiedener Lösungen erhält man ein anschauliches Bild von der jeweiligen technisch-wirtschaftlichen Wertigkeit dieser Lösungen.

Eine wirtschaftliche Wertigkeit, die etwas geringer als $y = 0,7$ ausfällt, kann u. U. durch eine höhere technische Wertigkeit x kompensiert werden.

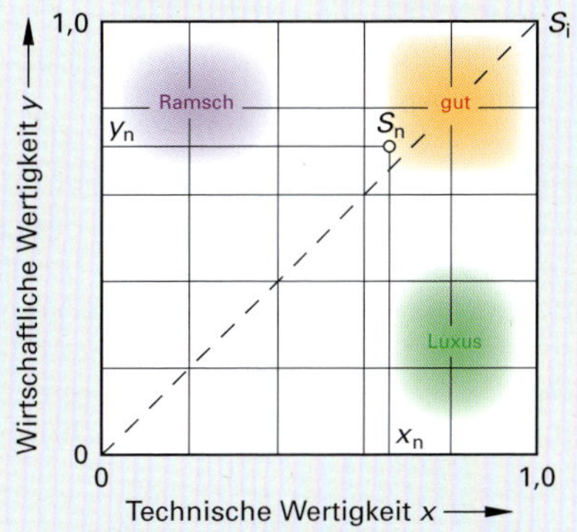

Bild 1: Bewertung von Konstruktionen mithilfe des S-Diagramms

Beispiel 1: Einfacher Flugdrachen als Kinderspielzeug

Lustiger Drachen mit Gesichtsaufdruck
Einfache Ausführung: aus Draht und Nylonfolie, nicht langlebig, selten funktionserfüllend

Maße: 100 cm × 60 cm
Gewicht: ca. 180 g

Preis: 1 € bis 5 €

Beispiel 2: Lenkbarer Flugdrachen

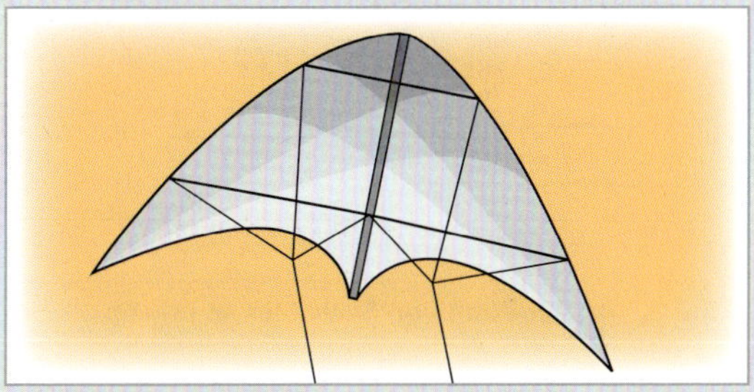

Stabile Ausführung: Aluminiumrahmen, Fiberglasstäbe, reißfeste Nylon-Gewebespannung

Maße: 190 cm × 80 cm
Gewicht: ca. 400 g

Preis: 10 € bis 50 €

Beispiel 3: Großer Kastendrachen

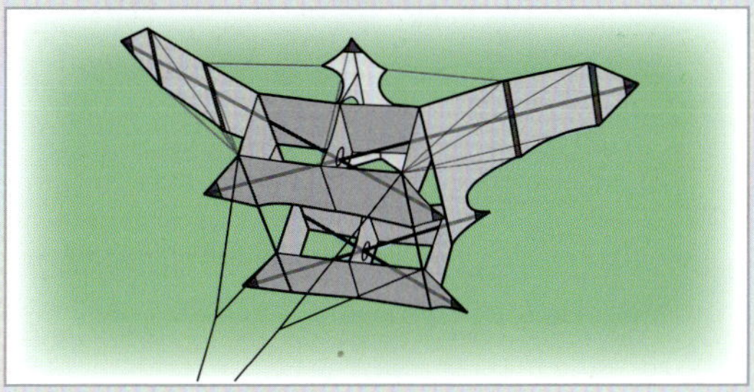

Mit modernen Werkstoffen nach historischem Vorbild hergestellt (z. B. nach *Samuel Franklin Cody*, 1901 patentiert)

Spannweite ca. 3 m

Preis: auf Anfrage, ca. 600 €

1.6 Darstellung von Lösungsideen während der Lösungssuche

Wie im vorigen Kapitel gezeigt, werden Lösungsprinzipien bzw. Lösungsideen z. B. auf intuitivem Wege gesucht. Spontan geäußerte Ideen müssen dokumentiert werden. Doch wie?

Hier sind **Prinzipskizzen** (Strichskizzen) erforderlich, welche Gestalt oder die Funktion der Lösungsidee einfach, schnell und eindeutig beschreiben. In manchen Fällen ist sicherlich auch eine stichwortartige Beschreibung (verbale Darstellung) angebracht. Dies ist aber oft nicht ausreichend, um z. B. einen Bewegungsablauf zu beschreiben.

Merke: Eine bildliche Darstellung sagt mehr als tausend Worte.

Die Prinzipskizzen stellen vereinfacht die Konstruktionsidee dar:

- Entweder in Anlehnung an die geplante Gestalt/Ausführung (**Bild 1**) oder
- vor allem bei funktionellen Konstruktionen mithilfe einfacher Elementsymbole bzw. durch genormte Symbole und Sinnbilder (**Bild 2** und **Bild 3**).

Die Prinzipskizzen werden schnell, freihändig und spontan gemacht. Sie müssen das Wesentliche leicht erkennbar wiedergeben. Sie müssen nicht maßstäblich und auch nicht „schön" sein. Aus diesen Prinzipskizzen müssen keine Abmessungen oder Formen hervorgehen, sondern lediglich die prinzipielle Bauart oder Wirkungsweise. Bauteilflächen und Bauteilquerschnitte werden meist vereinfacht eindimensional durch Striche dargestellt.

Bild 1, Seite 53 zeigt einige Beispiele für Elementsymbole und Sinnbilder.

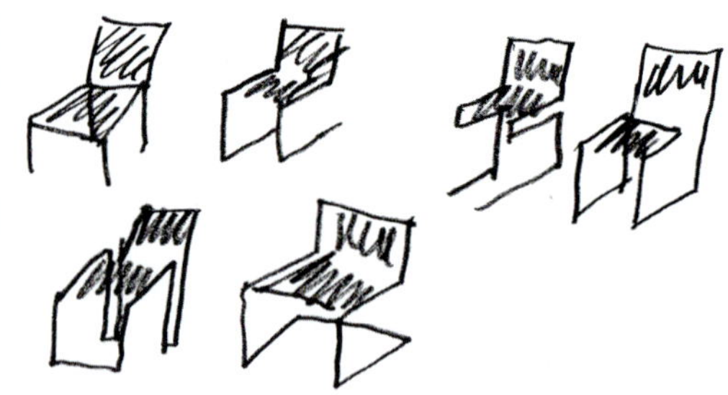

Bild 1: Konstruktionsideen für einen Stuhl aus Stahlrohren

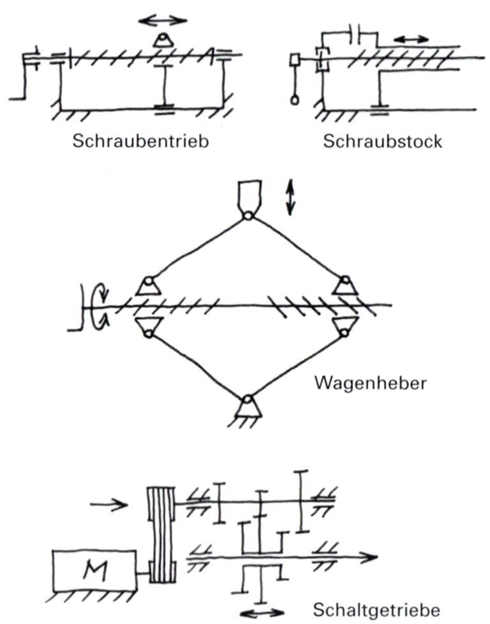

Bild 2: Anwendung von Symbolen in Prinzipskizzen

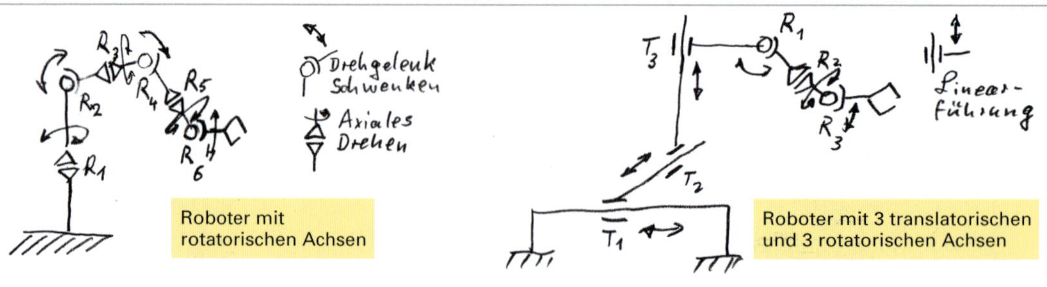

Bild 3: Roboterprinzipskizzen

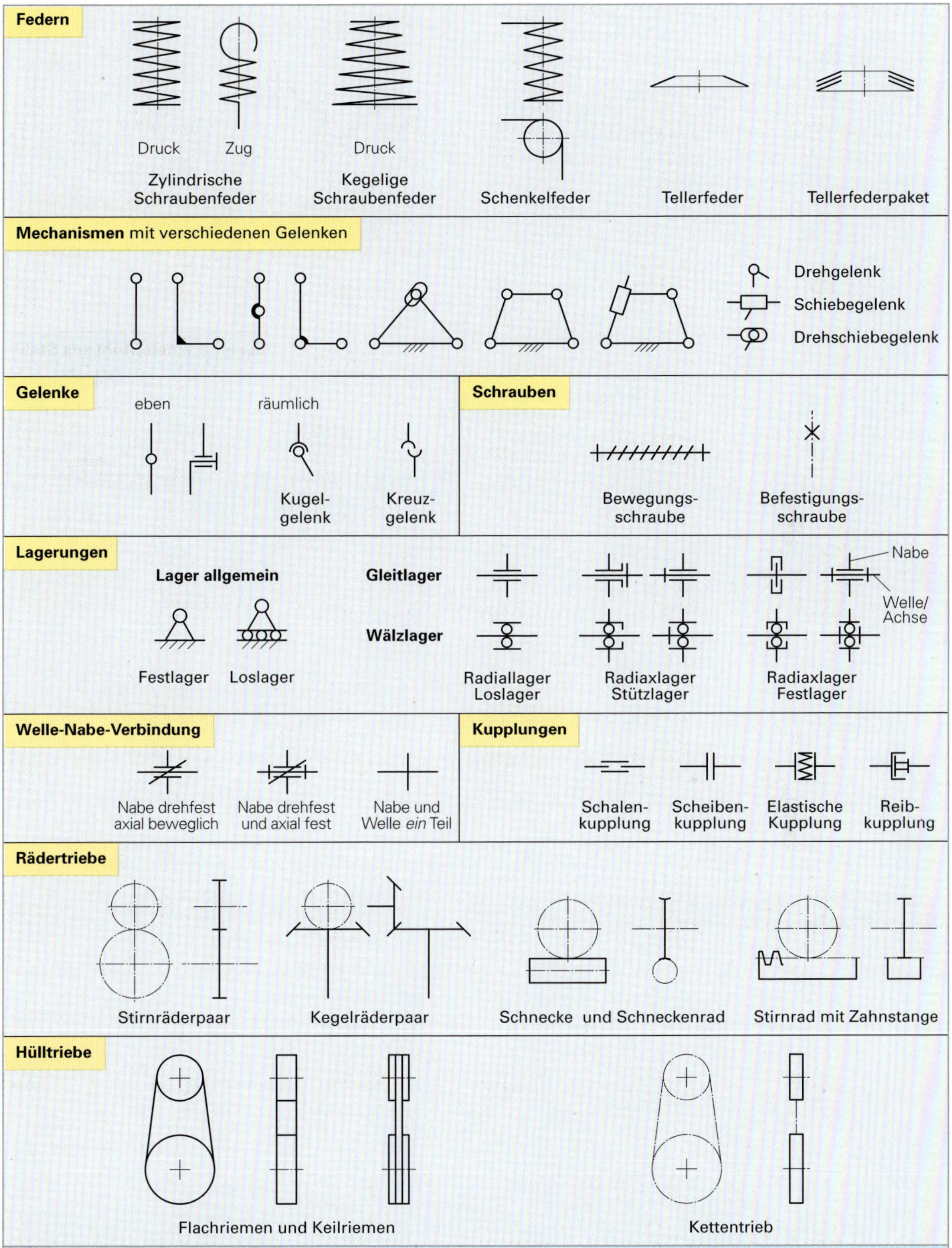

Bild 1: Beispiele für Elementsymbole und Sinnbilder[1]

[1] Weitere vereinfachte Zeichnungsdarstellungen findet man in folgenden Normen: DIN ISO 2162 Federn; 2203 Zahnräder; 3952 Prinzipdarstellung mechanischer Gebilde; 5261 Stäbe und Gebilde; 5845 Verbindungselemente für Zusammenbau; 6413 Keilwellen und Kerbverzahnungen.

Im Gegensatz dazu werden in der späteren Phase „Entwerfen“ zunächst *Konstruktionsskizzen* gefertigt, aus denen Abmessungen, Formen, Querschnitte, teilweise Werkstoffe und Herstellungsart (z. B. Gestalt eines Gussteils) hervorgehen (**Bild 1**). Diese enthalten also schon alle wesentlichen Konstruktionsdetails. Solche Skizzen können auch perspektivische Darstellungen sein.

Backenbremse:

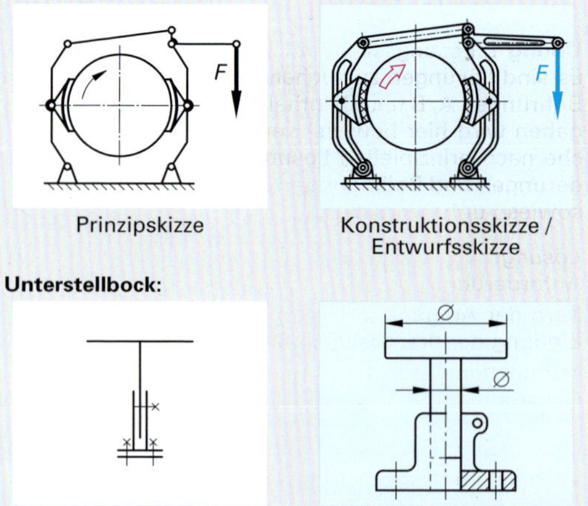

Bild 1: Gegenüberstellung: Prinzipskizze – Konstruktionsskizze

Übung 1: Skizzieren Sie fünf Ideen für einen Tisch mit Stahlrohrgestell.

Übung 2: Skizzieren Sie zwei weitere Aufbauformen für Roboter, in denen Sie für die ersten 3 Achsen die translatorischen Achsen (T) und die rotatorischen Achsen (R) in einem anderen Zahlenverhältnis und in anderer Reihenfolge kombinieren. Betrachten Sie die Wirkungen auf den Roboterbewegungsraum.

Lösungen (Beispiele) zur Übung 1

Lösungen (Beispiele) zur Übung 2

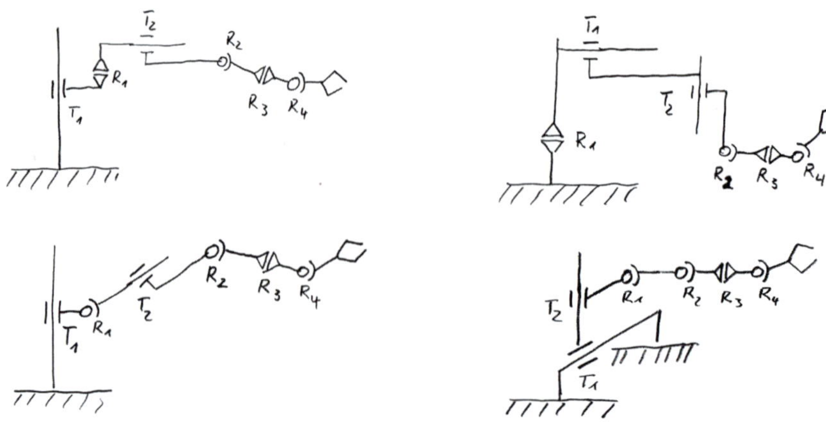

1.7 Übungen und Beispiele zur Lösungssuche

Übung 1: Lösungssuche für einen einfachen Hebel.
Es sind Lösungen zu suchen für einen Hebel, der drei Bohrungen A, B und C enthält (**Bild 1**). (Auf weitere Angaben wird hier bewusst verzichtet, da ja bei der Suche nach prinzipiellen Lösungsmöglichkeiten die Forderungen und Bedingungen aus der Anforderungsliste sowieso unberücksichtigt bleiben.)

Lösung:
Anforderungsliste: Entfällt hier.

Kern der Aufgabe (= Gesamtfunktion): Materielle Verbindung der drei Stellen: „Stellen verbinden".

Teilfunktionen: Da die Aufgabe so einfach ist, kann die Gesamtfunktion nicht weiter aufgespaltet werden.

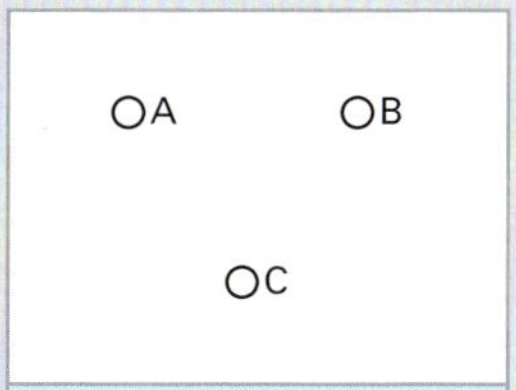

Bild 1: Hebel mit 3 Bohrungen

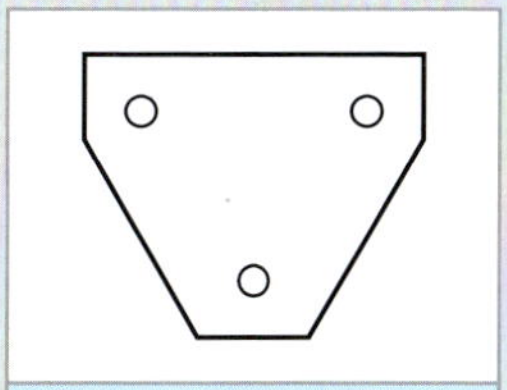

Bild 2: Lösungsprinzip a)

Lösungsprinzipien:

a) Aus dem „Vollen", wobei die Außenkontur noch beliebig variiert werden kann (**Bild 2**).

b) Verbinden der drei Stellen (**Bild 3**). Die Verbindungslinien müssen nicht geradlinig verlaufen.

c) Bei spezieller Lage der drei Bohrungen zueinander (**Bild 4**).

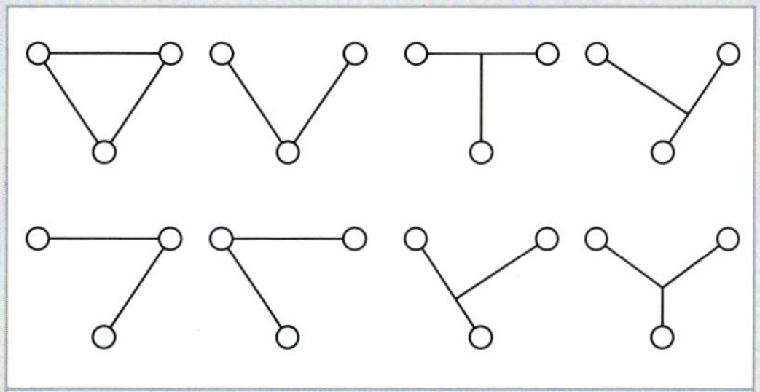

Bild 3: Lösungsprinzip b)

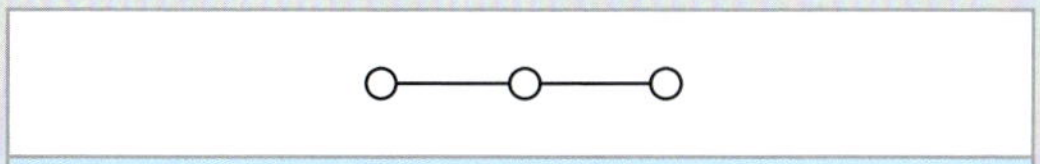

Bild 4: Lösungsprinzip c)

Nach Abschluss der Lösungssuche kann anhand von Forderungen und Bedingungen der Anforderungsliste z. B. mit einem geeigneten Bewertungsverfahren die bestgeeignete „Idee" ausgewählt werden.

Für jedes Lösungsprinzip sind in einer nachfolgenden Entwurfs- bzw. Gestaltungsphase (hier nicht behandelt) sehr viele Varianten möglich durch Wahl:

- Unterschiedlicher Werkstoffe,
- unterschiedlicher Herstellverfahren in Abhängigkeit von der Stückzahl,
- unterschiedlicher Querschnitte und Wandstärken, entsprechend unterschiedlicher Beanspruchungen, Werkstoffe, Herstellverfahren, Betriebsbedingungen.

Übung 2: Lösungssuche für einen Fahrradrahmen
Es ist ein Fahrradrahmen zu konstruieren, der die Montage von Hinterrad, Tretlager, Sattel und Lenker mit Vorderrad gestattet (**Bild 5**). Auf weitere Angaben wird auch hier wieder bewusst verzichtet.

Welche Lösungsmöglichkeiten gibt es prinzipiell?

Lösung:
Anforderungsliste: Entfällt hier.
Kern der Aufgabe (= Gesamtfunktion): Materielle Verbindung der vier Stellen: „Stellen verbinden".
Teilfunktionen: Da die Aufgabe wieder sehr einfach ist, lässt sich die Gesamtfunktion nicht weiter aufspalten.

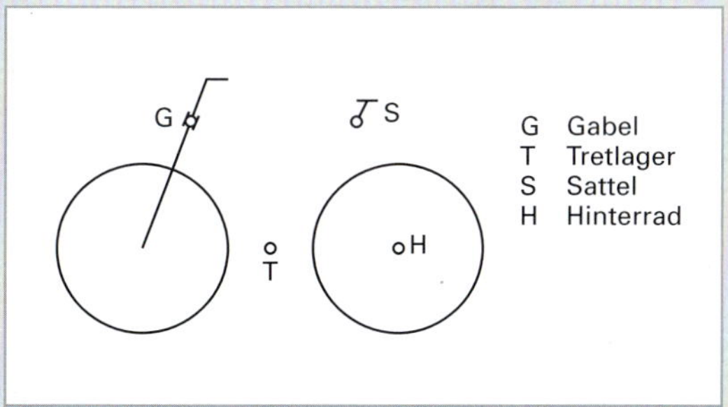

Bild 5: Fahrradrahmen

Lösungsprinzipien:

6 Verbindungsstäbe:

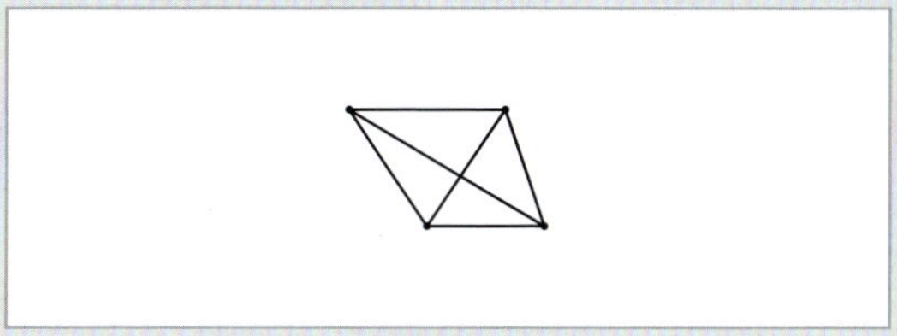

5 Verbindungsstäbe:

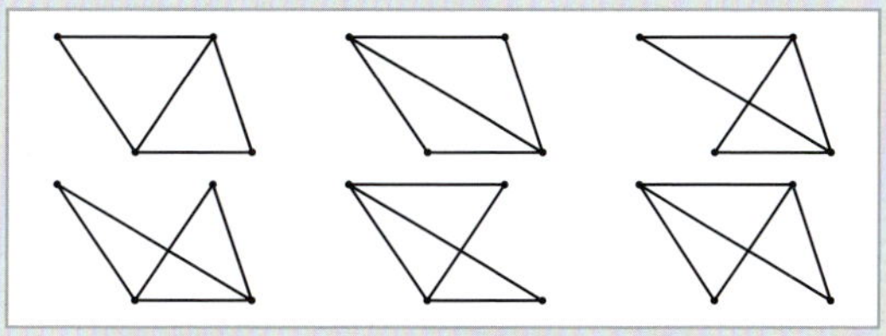

Lösungsprinzipien zu Übung 2 (Fortsetzung 1)

4 Verbindungsstäbe:

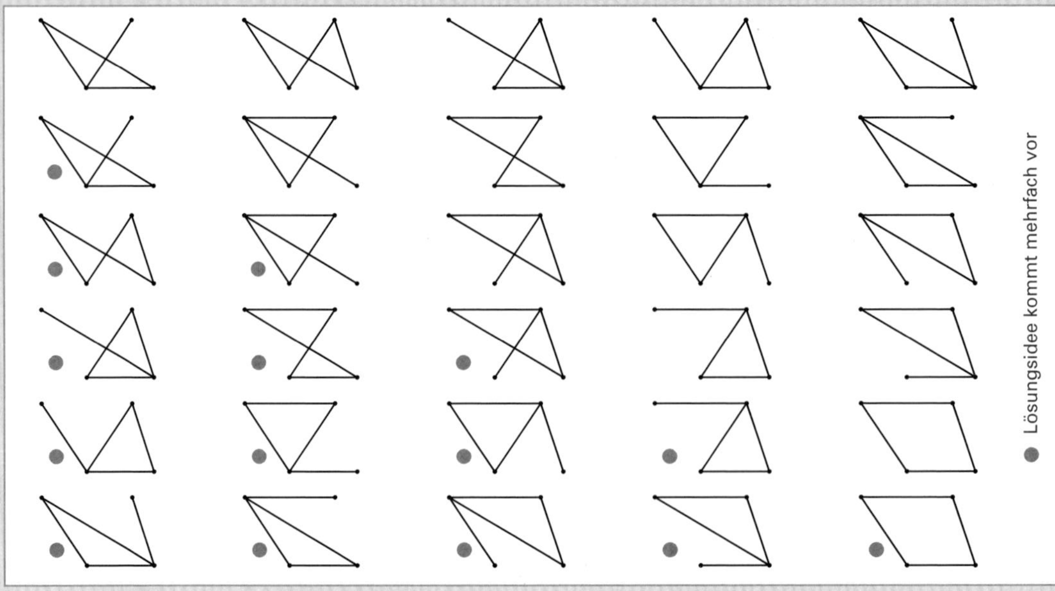

3 Verbindungsstäbe:

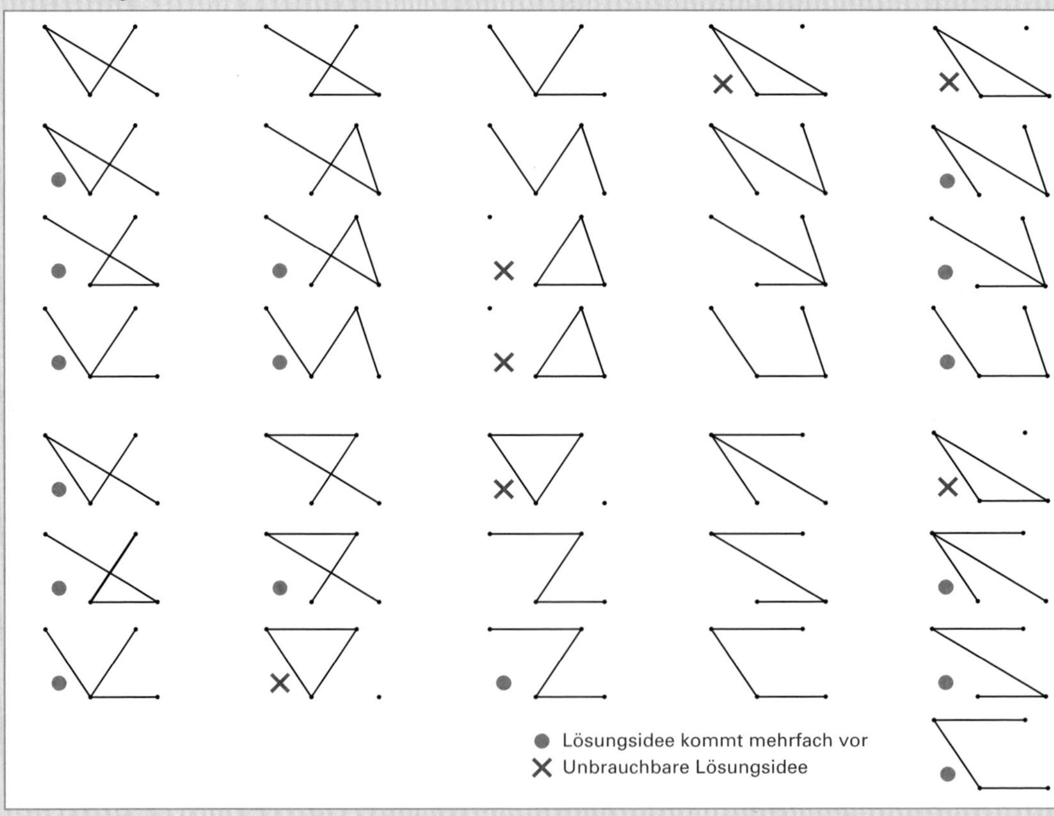

Lösungsprinzipien zu Übung 2 (Fortsetzung 2)

3 Verbindungsstäbe:

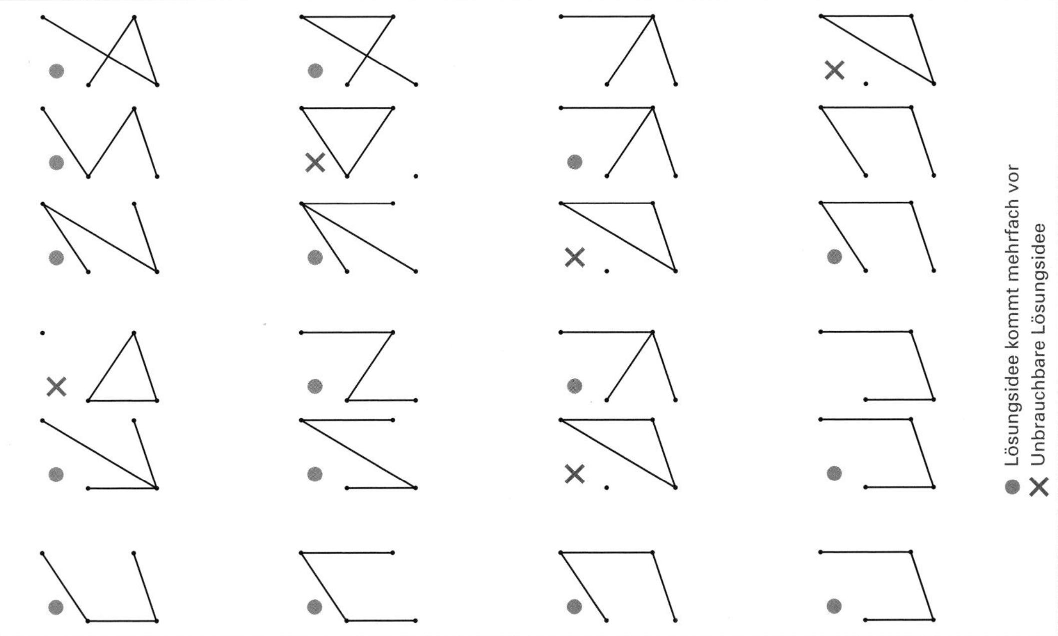

2 Verbindungsstäbe:

Viele weitere Varianten sind möglich, falls

- bei Vorhandensein der zwei Diagonalstäbe $\overline{GH}$ und $\overline{ST}$ diese abwechselnd „halbiert" werden[1], wie z. B.

[1] nur soweit alle 4 Punkte verbunden sind

- die Stäbe nicht direkt auf die Punkte G, S, H, T, sondern etwa auf die Stabmitten geführt werden, wie z. B.

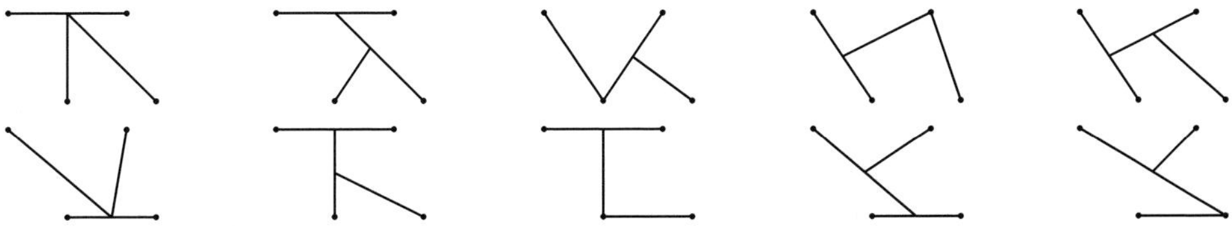

- Parallelstäbe, Versteifungsstäbe oder abgeknickte Stäbe usw. verwendet werden, wie z. B.

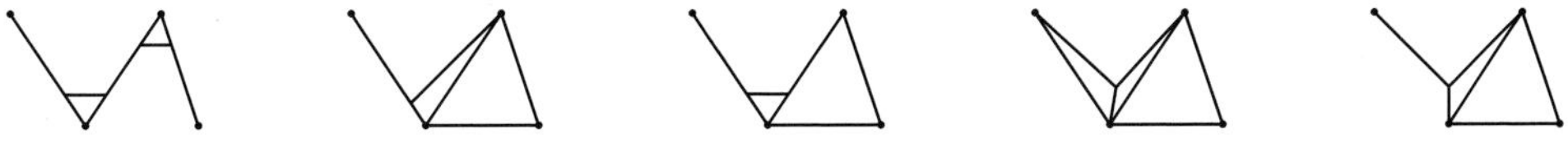

In der späteren Entwurfsphase können verschiedene Stabquerschnitte, verschiedene Werkstoffe usw. gewählt werden. So gibt es „unzählige" Konstruktionsvarianten.

Übung 3: Morphologischer Kasten für Menüplan

Dieses Beispiel stammt aus einem nichttechnischen Bereich, macht aber dem Studierenden die Methode in einfacher Form deutlich. Außerdem kann gezeigt werden, dass die hier geschilderte Systematik auch in anderen Bereichen bei der Problemlösung angewendet werden kann.

Aufgabe 1: Für einen längeren Zeitraum soll ein Plan (textlich) für ein komplettes Menü zusammengestellt werden.

Lösung zu Aufgabe 1:
Gesamtfunktion, Teilfunktionen:
Funktionsstruktur in Kästchendarstellung
Lösungsprinzipien: Siehe morphologischer Kasten.

Lösungsauswahl: ——— (rot)

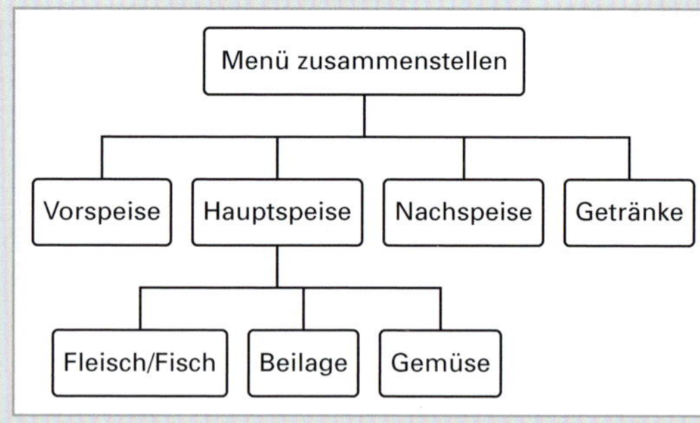

Aufgabe 2: Variieren Sie den Linienzug, passend für einen Diabetiker (unter höchst möglichem Verzicht auf Kohlehydrate, d. h. keine Beilage und keine Nachspeise).

Lösung zu Aufgabe 2:
Lösungsauswahl: ——— (blau)

Teilfunktionen	Lösungsprinzipien							
Vorspeise	Suppe	Salat	Pastete	...				
Hauptgericht								
Fleisch/Fisch	Braten	Schnitzel	Steak	Gulasch	Fisch	Leber	Bratwurst	...
Beilage	Spätzle	Nudeln	Reis	Kartoffel	Püree	Kroketten	Knödel	Pommes ...
Gemüse	Bohnen	Erbsen	Rotkohl	Spinat	Grünkohl	Tomaten	Salat	...
Nachspeise	Käse	Obst	Kompott	Eis	Kaffee	Kuchen	...	
Getränke	Wasser	Bier	Wein	Sekt	Aperitif	Digestif	...	

Übung 4: Morphologischer Kasten für eine Tischkonstruktion

Entwickeln Sie einen Morphologischen Kasten in Textform für einen Tisch mit Varianten zur Tischplatte, dem Gestell, dem Nutzungsstandort und der Belastungsfähigkeit.

Lösung:

Teilfunktionen	Lösungsprinzipien					
Platte						
Form	rund	rechteckig	oval	dreieckig	beliebig	...
Größe	konstant		variabel			
		ausziehen	einlegen	klappen		
Höhe	konstant		verstellbar			
		in Stufen	stufenlos			
Material	Holz	Metall	Kunststoff	Flechtware	...	
Oberfläche	gebeizt	lackiert	beschichtet	unbehandelt	...	
Verstellung	starr	schwenkbar	drehbar	kippbar	neigbar	...
Gestell/Beine						
Befestigung	fest	schraubbar	klappbar	steckbar	...	
Anzahl	0	1	2	3	4	...
Material	Holz	Metall	Kunststoff	Flechtware	...	
Ablagen	0	1	2	...		
Unterbau	0	1	2	...		
Schubladen	0	1	2	...		
Standort	Wohnraum	Küche	Büro	Terrasse	Werkstatt	...
Einsatz	ortsfest	fahrbar	tragbar	...		
Belastung/Umwelt	haushaltsüblich	industriell	...			

Übung 5: Morphologischer Kasten für Lösungsprinzipien für das Austragen von Verschlussdeckeln aus Bunkern.

Entwickeln Sie Lösungsprinzipien für das Austragen von Verschlussdeckeln aus Bunkern.

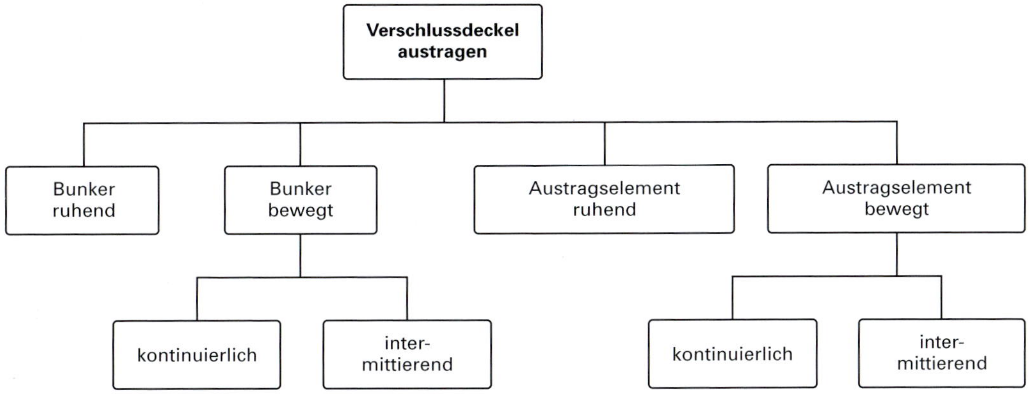

Bild 1: Funktionsstruktur für das Austragen von Verschlussdeckeln

Lösungsprinzipien:

Krafteinleitung		Lösungsprinzipien			
Ruhender Bunker mit ruhenden Austragselementen		LP 1.1 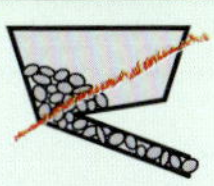			
Ruhender Bunker mit bewegten Austragselementen	Kontinuierliche Arbeitsweise	LP 2.1 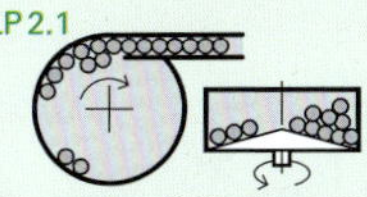	LP 2.2 	LP 2.3 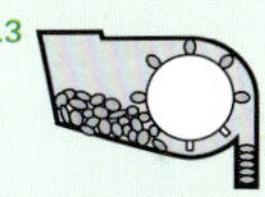	LP 2.4 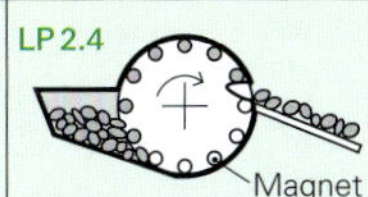
	Intermittierende Arbeitsweise	LP 3.1 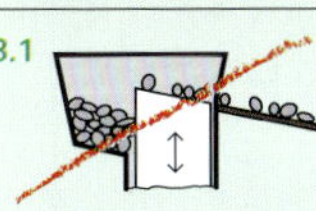	LP 3.2 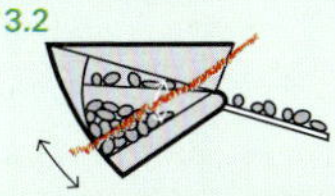	LP 3.3 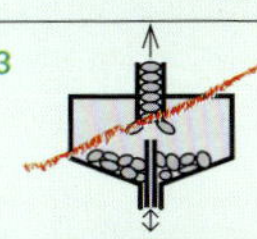	
Bewegter Bunker mit ruhenden Austragselementen	Kontinuierliche Arbeitsweise	LP 4.1  Kraftschlüssige Mitnahme	LP 4.2 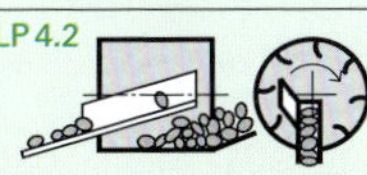 Formschlüssige Mitnahme	LP 4.3 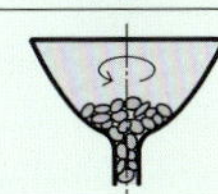	
	Intermittierende Arbeitsweise	LP 5.1 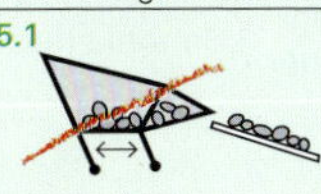	LP 5.2 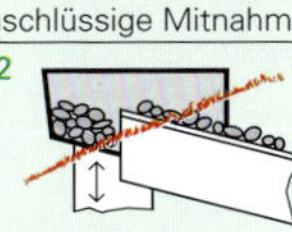		
Bewegter Bunker mit bewegten Austragselementen	Kontinuierliche Arbeitsweise	LP 6.1 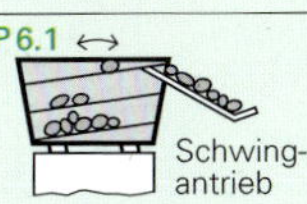	LP 6.2 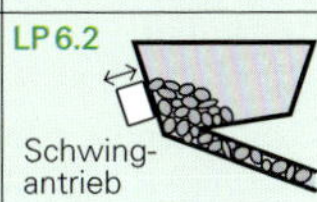	Erfüllen Festforderungen nicht	
	Intermittierende Arbeitsweise	LP 7.1 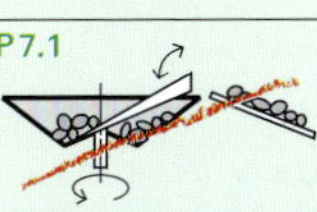			

Bild 2: Morphologischer Kasten für Lösungsprinzipien am Beispiel für das Austragen von Verschlussdeckeln aus Bunkern

Übung 6: Morphologischer Kasten für eine Nietvorrichtung

Erstellen Sie die Funktionsstruktur in Kästchendarstellung.

Entwickeln Sie Lösungsvarianten mit Funktionsskizzen für die Krafteinleitung, Kraftübertragung, Stempelführung, Stempelrückstellung, Blechdickenanpassung, Gegenhalteraufnahme, Döpperaufnahme, Gestellgestalt.

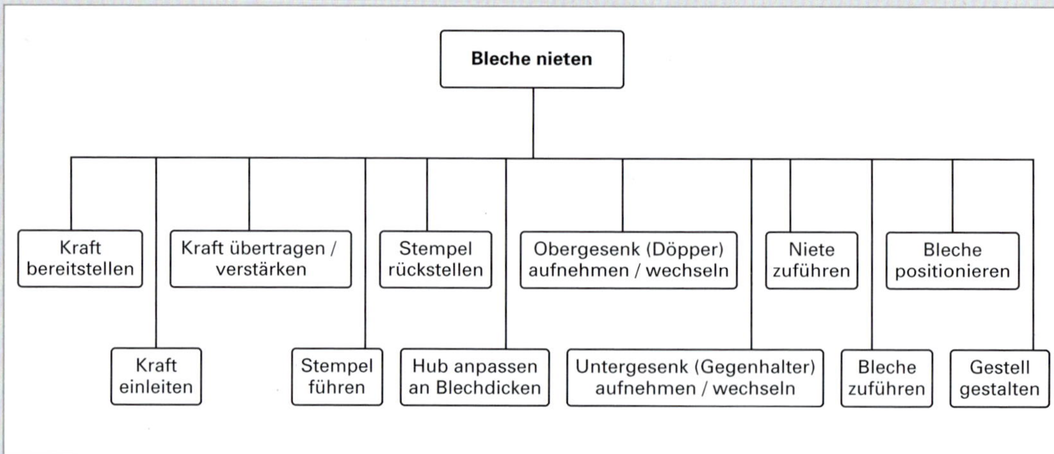

Bild 1: Funktionsstruktur für eine Nietvorrichtung

Lösungsprinzipien

Teilfunktionen	Lösungsprinzipien / Lösungsideen						
Kraft einleiten	Hebel	Handrad	Kurbel	...			
Kraft übertragen/ verstärken	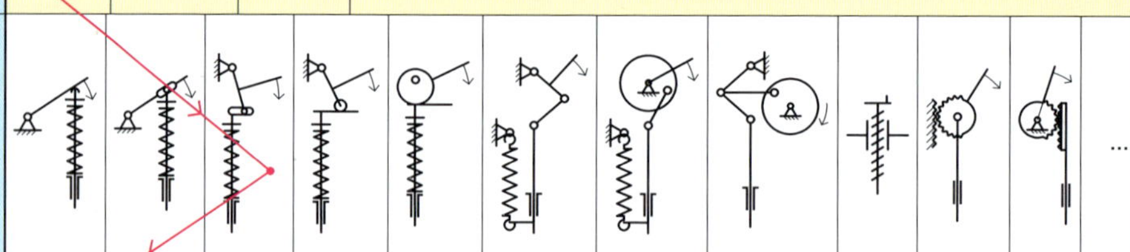						
Stempel führen	Rund	Flach	Mehrkant	Schwalbenschwanz	Kugelkäfig	...	
Stempel rückstellen	Druckfeder am Stempel	Zugfeder am Stempel	Druckfeder am Hebel	Zugfeder am Hebel	Schenkelfeder	Gegengewicht	
Hub verstellen	Höhenverstellung des Pressenkopfes über Gewindespindel	Höhenverstellung der Auflage	Verschieden hohe Auflagen	Verlängerbarer Stempel	Unterschiedlich hohe Nieteinsätze	...	
Döpper aufnehmen	Einschrauben	Bajonett-Verschluss	Stecken	Klemmen	Magazin	...	
Gegenhalter aufnehmen	Einlegen	Einstecken	Magazin	...			
Gestell gestalten	Schweiß-Ausführung	Schraub-Ausführung	Guss-Ausführung	Kombination	...		

Bild 2: Morphologischer Kasten für eine Nietvorrichtung

1.8 Die Geometrische Produktspezifikation GPS

1.8.1 Einleitung

Die Begriffe „Forschen", „Entwickeln" und „Konstruieren" werden eingangs in diesem Buch definiert. Technische Zeichnungen **(Bild 1)** sind demnach ein Teil der Fertigungsunterlagen, die als Ergebnisse nach dem abgeschlossenen Konstruktionsprozess vorliegen. Sie sind Bestandteil des Produktdatenmodells und enthalten über-wiegend die geometrischen Anforderungen an das zu fertigende Bauteil (siehe Bild 2, Seite 9).

Die Beschreibung der Bauteileigenschaften erfolgt in der technischen Zeichnung fast ausschließlich über bildliche Darstellungen und Symbole, deren Bedeutung und Interpretation in Regelwerken hinterlegt werden. Dies ermöglicht eine kompakte Darstellung mit einer sehr hohen Informationsdichte.

Das ISO-GPS-Normensystem ist das größte und komplexeste Normensystem in der konstruktiven Technik. Es wurde Mitte der 1990er Jahre entwickelt, um einen weltweiten Austausch von Informationen zu geometrischen Bauteileigenschaften zwischen Auftraggebern und Auftragnehmern zu schaffen. Das ISO-GPS-Normensystem ist vergleichbar mit einer weltweit einheitlichen technischen Sprache, die sich aufgrund der technologischen Herausforderungen permanent weiterentwickelt und somit eine kontinuierliche Weiterbildung aller Bediensteten im Unternehmen im Hinblick auf Aktualisierungen dieser „geometrischen Sprache" erfordert.

Die konsequente Umsetzung des ISO-GPS-Normensystems ermöglicht Unternehmen, ihre Fertigungskosten und Prüfkosten zu minimieren, die Produkthaftungsrisiken zu mindern und die Entwicklungszeiten bis zum Markteintritt durch eine Optimierung der internen und externen Kommunikation und Koordination zu reduzieren. Diese langfristige Sicherung der Wettbewerbsfähigkeit der Unternehmen setzt jedoch ein teilweises Umdenken in den Prozessabläufen und Verantwortlichkeiten voraus.

> Das ISO-GPS-Normensystem ist deutlich mehr als „nur neue Symbole" für die Zeichnungserstellung. Es ist die Basis für ein Toleranzmanagementsystem, das gleichermaßen als Grundlage für eine fortlaufende Verbesserung der Produktqualität und Produktwertigkeit und einer wirtschaftlichen Produkterzeugung steht.

Vor dem Hintergrund dieser komplexen und umfangreichen Zusammenhänge kann in diesem Abschnitt nur ein Teilausschnitt aus dem ISO-GPS-Normensystem dargestellt werden. Die Fokussierung liegt deshalb auf den wesentlichen Grundlagen des Normensystems, die durch Beispiele aus der täglichen Konstruktionspraxis vertieft werden.

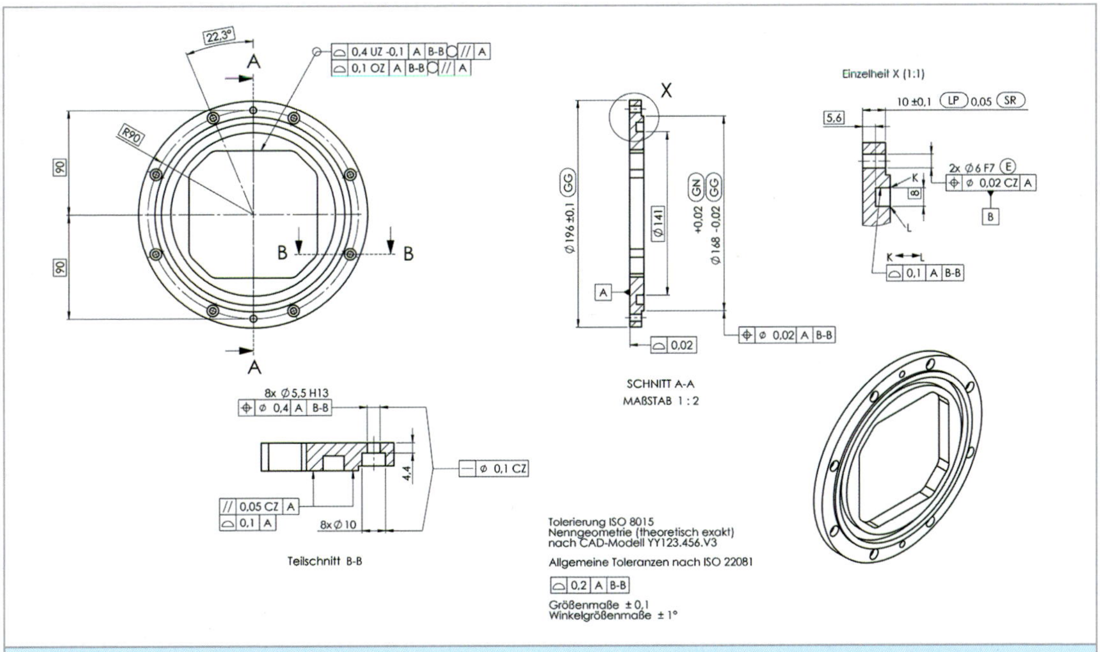

Bild 1: Beispiel für eine technische Zeichnung

1.8.2 Aufbau des ISO-GPS-Normensystems

1.8.2.1 Hintergrund

Die zunehmende Arbeitsteilung und Globalisierung hat in den letzten Jahren deutliche Veränderungen in den Unternehmen hervorgerufen. Der deutsche Mittelstand in der industriellen Fertigung war in den 1980er Jahren noch sehr stark durch eine hohe Fertigungstiefe im eigenen Unternehmen und die Zusammenarbeit mit überwiegend regional agierenden Zulieferern geprägt. Eine intensive Kommunikation zwischen den Unternehmensbereichen in Verbindung mit einer ausgezeichneten Facharbeiterausbildung und einem technologisch hohen Niveau der eingesetzten Fertigungsanlagen hat es ermöglicht, wirtschaftliche Bauteile mit einer hohen Funktionsanforderung herzustellen. Die technische Zeichnung als „grundlegende Definition der geometrischen Bauteilanforderungen" wurde in vielen Fällen nur begleitend eingesetzt. Wesentliche funktionsrelevante geometrische Bauteilmerkmale wurden sehr häufig durch eine nicht dokumentierte Informationsübermittlung zwischen Konstruktion und Fertigung festgelegt.

Diese über viele Jahre sehr erfolgreiche Arbeitsweise hat dazu geführt, dass die Anforderungen an die Erstellung technischer Zeichnungen nicht in gleichem Maße weiterentwickelt wurden wie die technologischen Anforderungen an die Bauteile. Der Unterschied zwischen Präzisionsanforderungen der Bauteile einerseits und der Definition der Bauteilanforderungen in technischen Zeichnungen andererseits wurde zunehmend größer. Viele aktuelle technische Zeichnungen basieren deshalb auch heute noch auf den Zeichnungsstandards aus den 1980er Jahren **(Bild 1)**.

Aufgrund immer feiner werdender funktionaler Toleranzanforderungen, die durch sehr präzise Werkzeugmaschinen und hochgenaue Messsysteme zur Erfassung der realen Bauteilgeometrie auch umsetzbar sind, liegen heute Längen- und Durchmessertoleranzen im Bereich üblicher Form- und Lagetoleranzen von Bauteilen **(Bild 2)**. Somit werden die Messergebnisse für z. B. einem Wellendurchmesser viel stärker als früher von der Formgenauigkeit (Rundheit und/oder Zylindrizität) der Wellenoberfläche mitbestimmt. Eine ideal-geometrische Betrachtung (so wie z.B. im CAD-Modell festgelegt) ist für die Beurteilung der Funktionsfähigkeit eines Bauteils deshalb heute nicht mehr ausreichend.

Ein internationaler Beschaffungsmarkt, die Sicherstellung der Wettbewerbsfähigkeit von Unternehmen und die Vermeidung von Produkthaftungsrisiken gegenüber Kunden und Lieferanten erfordern heute eindeutige, fertigungsgerechte und prüfgerechte technische Zeichnungen sowie eindeutige Vorgaben für die Verifikation (siehe Seite 63) der Bauteileigenschaften.

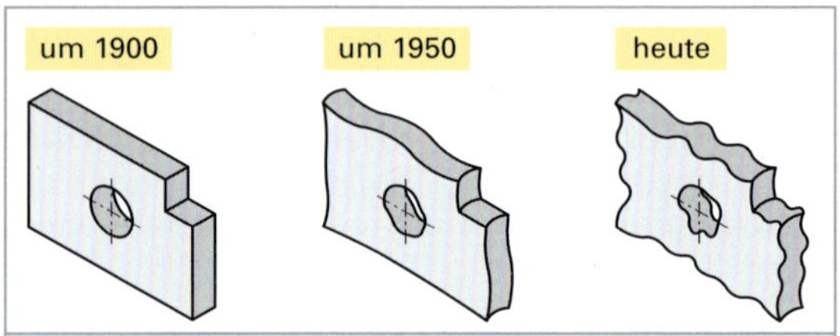

Bild 2: Reale Bauteilgeometrie infolge erhöhter Toleranzgenauigkeit

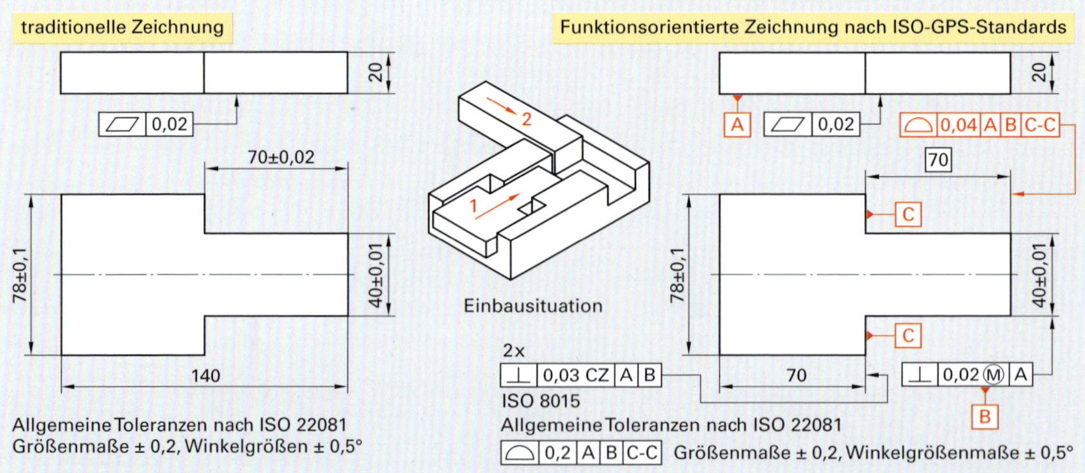

Bild 1: Vergleich einer typischen Zeichnung aus den 1980er Jahren mit einer Zeichnung nach dem ISO-GPS-Normensystem

1.8.2.2 Zielsetzung

Zur Sicherstellung einer weltweit einheitlichen, über Kulturgrenzen hinweg verständlich geometrischen Sprache, sind zwei wesentliche Ziele zu erfüllen:

- Die Bereitstellung widerspruchsfreier Regeln zur vollständigen und eindeutigen Beschreibung geometrischer Merkmale einschließlich der zugehörigen Symbole
- Die Bereitstellung entsprechender Regeln für den eindeutigen Nachweis der Übereinstimmung des gefertigten Produktes mit den spezifizierten Anforderungen einschließlich der zugehörigen Messmittel, deren Kalibrierung und dem Umgang mit Messunsicherheiten.

1.8.2.3 Spezifikation und Verifikation

Im Konstruktionsprozess werden funktionale Anforderungen durch eindeutig definierte Prozessschritte in Bauteile umgesetzt. Die detaillierte geometrische Festlegung der Bauteile (Produktgestaltung) sichert somit in Verbindung mit den Werkstoffeigenschaften die Funktionserfüllung.

Der Grundgedanke des ISO-GPS-Normensystem besteht darin, dass jedes geometrische Merkmal eines Werkstücks (d.h. jede geometrische Eigenschaft) durch eine Spezifikation festgelegt werden kann. Zusätzlich ist es erforderlich, die Eigenschaft zu messen (verifizieren) und mit der Spezifikation zu vergleichen **(Bild 1)**.

„Spezifikation" und „Verifikation" bilden im Grunde die Verantwortlichkeiten im Unternehmen ab:

- Entwicklung und Konstruktion: Spezifikation
- Produktion und Qualitätssicherung: Verifikation.

1.8.2.4 GPS-Normenmatrix

ISO 14638 definiert eine Matrix, die den Aufbau des ISO-GPS-Normensystems abbildet **(Bild 2)**. In den Zeilen der Matrix sind insgesamt 9 Merkmale (Kategorien) zur Beschreibung der Bauteilgeometrie definiert. Die ersten 3 Spalten enthalten Spezifikationskriterien, die letzten 3 Spalten Verifikationskriterien. Die mittlere Spalte ist für Vergleichskriterien reserviert. Somit lässt sich für jedes geometrische Merkmal eine Normenkette aus insgesamt 7 Feldern aufbauen, die vollständige und widerspruchsfreie Regeln für die Spezifikation (z. B. Proportionen von Symbolen und Angaben) bis zur Verifikation (z. B. Kalibrierung des zur Verifikation erforderlichen Messgerätes) und den Vergleich der definierten Merkmale enthalten.

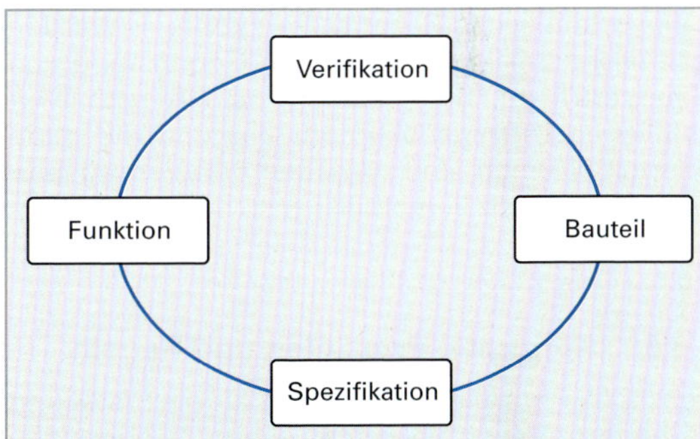

Bild 1: Spezifikation und Verifikation zur Sicherstellung der Bauteilfunktion

Matrix-Modell für ISO-GPS-Normen	A	B	C	D	E	F	G
	Symbole und Angaben	Anforderungen an Geometrieelemente	Merkmale von Geometrieelementen	Übereinstimmung und Nicht-Übereinstimmung	Messung	Messgeräte	Kalibrierung
Größenmaß							
Abstand							
Form	Normenkette						
Richtung							
Ort						Kettenglied	
Lauf							
Oberflächenbeschaffenheit: Profil							
Oberflächenbeschaffenheit: Fläche							
Oberflächenunvollkommenheiten							

Bild 2: Matrix-Modell des ISO-GPS-Normensystems nach ISO 14638

Die Matrix (Bild 2, Seite 63) enthält zwei weitere (hier nicht dargestellte) komplementäre Kategorien für Herstellprozesse und Maschinenelemente, (siehe Bild 1, Seite 65).

Kettenglied A: ISO-GPS-Normen, die die Form und Proportionen von Symbolen, Angaben und Modifikatoren sowie die Regeln für ihre Anwendung festlegen.

Kettenglied B: ISO-GPS-Normen, die die Toleranzmerkmale, Toleranzzonen, Einschränkungen und Parameter festlegen. Schließt Normen ein, die geometrische Merkmale, Größenmerkmale, Parameter für die Oberflächenbeschaffenheit, die Form, das Größenmaß und den Ort von Toleranzzonen sowie die Definitionen von Parametern festlegen.

Kettenglied C: ISO-GPS-Normen, die die Merkmale und Bedingungen von Geometrieelementen eines Werkstücks festlegen, einschließlich Normen der Prozesse der Partitionierung, Extraktion, Filterung, Assoziation, Kollektion und Konstruktion.

Kettenglied D: ISO-GPS-Normen, die die Anforderungen an den Vergleich von Anforderungen der Spezifikation mit den Verifizierungsergebnissen festlegen.

Kettenglied E: ISO-GPS-Normen, die Anforderungen an die Messung von Geometrieelementen und Bedingungen festlegen.

Kettenglied F: ISO-GPS-Normen, die Anforderungen an die für die Messung verwendeten Geräte festlegen.

Kettenglied G: ISO-GPS-Normen, die die Anforderungen an die Kalibrierung festlegen.

1.8.2.5 Rechtsverbindlichkeit von Normen

Normen sind nicht rechtsverbindlich, da die Organisationen, die Normen erstellen, kein allgemeinverbindliches Recht setzen können. Werden technische Zeichnungen jedoch Gegenstand von Lieferverträgen, dann stellen sie ein rechtsverbindliches Vertragsdokument dar und die darin zitierten Normen sind zwischen den Vertragsparteien verbindlich vereinbart.

1.8.3 Konzepte, Prinzipien und Regeln

Konzepte, Prinzipien und Regeln für die Erstellung und Interpretation von technischen Zeichnungen werden in insgesamt 13 Grundsätzen in der ISO 8015 definiert. Aufgrund ihrer Bedeutung für die Erstellung und Interpretation von technischen Zeichnungen werden diese Grundsätze nachfolgend vorgestellt und teilweise mit Beispielen verdeutlicht.

1.8.3.1 Grundsatz des Aufrufens

Werden in einer technischen Zeichnung Normen aus dem ISO-GPS-Normensystem verwendet („aufgerufen"), so ist das gesamte ISO-GPS-Normensystem auf die jeweilige Produktspezifikation verpflichtend anzuwenden. Beispiel: Die Kennzeichnung der Allgemeintoleranzen nach ISO 22081 **(Bild 1)** ruft das ISO-GPS-Normensystem auf. Somit wird für diese Zeichnungen unter anderem die Referenztemperatur nach ISO 1 (siehe auch Grundsatz der Referenztemperatur) verbindlich festgelegt, obwohl kein direkt erkennbarer Hinweis hierzu auf der Zeichnung vorhanden ist. Ausnahmen von dieser Regelung müssen explizit in der Zeichnung angegeben werden (z. B. durch den Verweis auf Werksnormen o. Ä.).

1.8.3.2 Grundsatz der Normenhierarchie

Alle ISO-GPS-Normen sind entsprechend ISO 14638 hierarchisch aufgebaut **(Bild 1, Seite 65)**. Sie werden unterteilt in:

- fundamentale ISO-GPS-Normen
- allgemeine ISO-GPS-Normen
- komplementäre ISO-GPS-Normen.

Regeln und Prinzipien, die in Normen einer höheren Hierarchie festgelegt sind, gelten auch in allen darunterliegenden Ebenen, sofern keine abweichenden Regeln vereinbart werden.

Diese hierarchische Struktur erleichtert die Lesbarkeit und reduziert den Umfang von Normen. Andererseits bedeutet dies jedoch auch für den Anwender von technischen Zeichnungen, dass er die wesentlichen Regeln des ISO-GPS-Normensystems kennen muss, um ein Symbol korrekt interpretieren zu können.

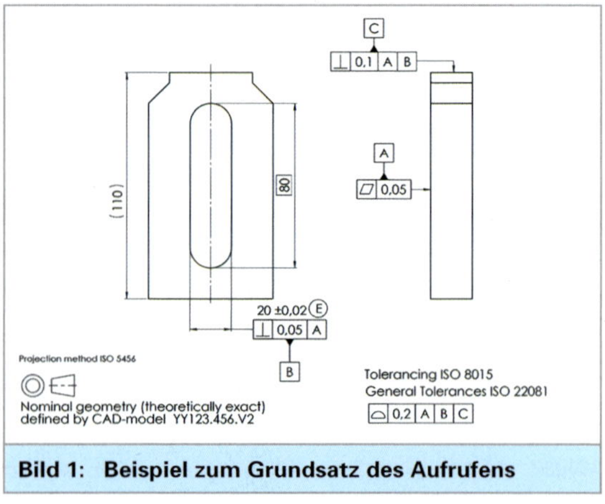

Bild 1: Beispiel zum Grundsatz des Aufrufens

1.8.3.3 Grundsatz der bestimmenden Zeichnung

Die Zeichnung (und alle in diesem Sinne zugehörigen Produktdatendokumentationen zur Spezifikation eines Bauteils) sind bestimmend. Infolgedessen können Anforderungen, die nicht auf der Zeichnung angegeben sind, nicht geltend gemacht werden. Der Konstrukteur trägt die Verantwortung, unter Verwendung von GPS-Symbolen, zugeordneten Standardregeln und/oder Verweisungen auf nationale, regionale oder firmenspezifische Regelwerke, die Anforderungen an Bauteile zu definieren.

Eine Zeichnung kann Anforderungen enthalten, die sich auf unterschiedliche Zustände der Fertigstellung des Bauteils beziehen. Sofern es sich nicht um den endgültigen Fertigungszustand handelt, ist anzugeben, auf welchen Fertigungszustand sich die jeweilige Angabe bezieht.

Beispiel: Bild 2 zeigt eine beschichtete Welle mit einer Chromschicht von 50 µm Dicke. Da keine weitere Angabe vorhanden ist, gilt die Maßspezifikation für das endgefertigte Bauteil, also nach der Beschichtung.

1.8.3.4 Grundsatz des Geometrieelementes

Ein Werkstück besteht aus einer Anzahl von Geometrieelementen. Beispiel: Das zylindrische Geometrieelement in Bild 2 mit dem Nenndurchmesser ø30 mm wird durch zwei Fasen (kegelförmige Geometrieelemente) auf beiden Seiten begrenzt. Standardmäßig gilt jede GPS-Spezifikation nur für ein Geometrieelement oder nur für eine Beziehung zwischen einzelnen Geometrieelementen. Diese Standard-Festlegung kann nur durch eine ausdrückliche Angabe auf der technischen Zeichnung außer Kraft gesetzt werden.

Beispiel: Das Maß „40 ±0,2" in **Bild 3** gilt nur für das linke Geometrieelement. Erst durch die Angabe „2x" vor der Maßzahl wird definiert, dass die Spezifikation für beide Seiten des Bauteils gilt. Die Mittellinie ist nicht ausreichend, um die Standardfestlegung des Geometrieelementes aufzuheben.

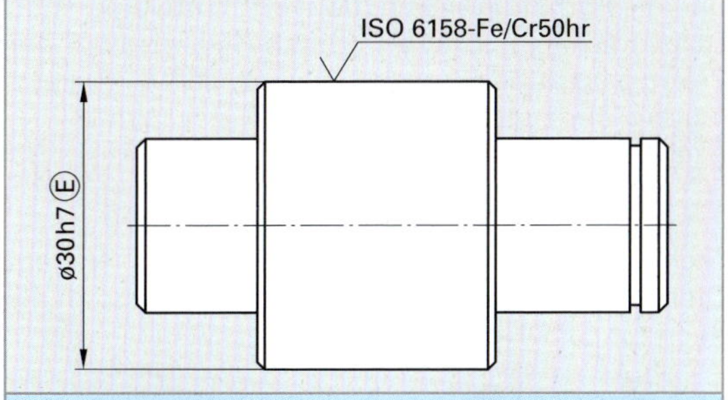

Bild 2: Beispiel zum Grundsatz der bestimmenden Zeichnung

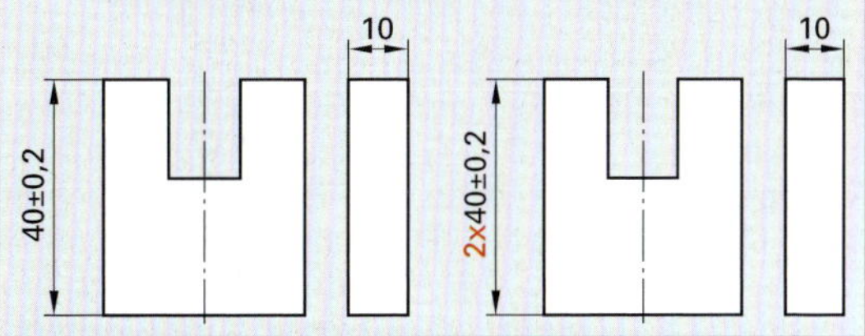

Bild 3: Verdeutlichung des Grundsatzes des Geometrieelementes

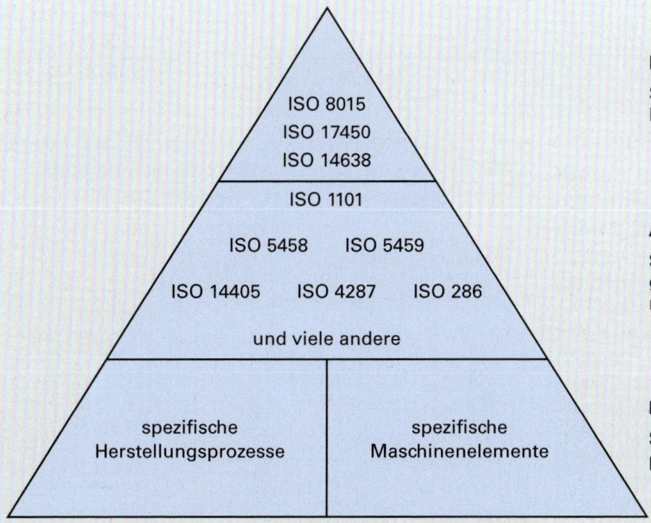

Fundamentale GPS-Normen
Sie gelten für alle Kategorien geometrischer Merkmale und alle Kettenglieder.

Allgemeine GPS-Normen
Sie gelten für eine oder mehrere Kategorien geometrischer Merkmale und für eine oder mehrere Kettenglieder.

Komplementäre GPS-Normen
Sie beziehen sich auf spezifische Herstellprozesse oder spezifische Maschinenelemente.

Bild 1: Arten von ISO-GPS-Normen und Normenhierarchie

1.8.3.5 Grundsatz der Unabhängigkeit

Jede Anforderung an ein Geometrieelement bzw. an eine Beziehung zwischen Geometrieelementen muss unabhängig von anderen Forderungen erfüllt werden. Das Unabhängigkeitsprinzip gilt nach Aufruf einer Norm aus dem ISO-GPS-System unabhängig von einer Zeichnungseintragung.

Diese Regelung hat einen sehr großen Einfluss auf die Kennzeichnung von Passungsbauteilen, z. B. Bolzen in einer Bohrung, bei denen das Maß und die Form für die Funktionserfüllung eine hohe Relevanz haben. Sie kann durch Hinweise auf der Zeichnung außer Kraft gesetzt werden (z. B. Festlegung der Hüllbedingung durch das Symbol Ⓔ (siehe Beispiel in **Bild 1**).

1.8.3.6 Grundsatz der Dezimaldarstellung

Nicht angegebene Dezimalstellen sind Nullen. Dieser Grundsatz gilt sowohl für Zeichnungen als auch für GPS-Normen.

Beispiel: ± 0,2 bedeutet ± 0,200 000 000 ... ...
1 bedeutet 1,000 000 000 ... ...

1.8.3.7 Grundsatz der Standardfestlegung

Die ISO-GPS-Normen legen für jede grundlegende GPS-Spezifikation einen Standard-Spezifikationsoperator fest. Der Grundsatz der Standardfestlegung definiert, dass eine Bauteileigenschaft nach den festgelegten Standard-Spezifikationen zu interpretieren ist, sofern keine weitere Angabe für eine Spezifikation auf der Zeichnung vorliegt. Diese Standard-Spezifikationen („Default-Regeln") gelten auch ohne unmittelbare Kennzeichnung auf der technischen Zeichnung.

Beispiel: Standardmäßige Festlegung der Ermittlung eines Längenmaßes nach der Zweipunktmethode **(Bild 2)**. Der Standard-Spezifikationsoperator kann durch individuelle Festlegungen (Kennzeichnungen) aufgehoben werden **(Bild 3)**.

Der Standard-Spezifikationsoperator wird immer durch die letzte, zum Zeitpunkt der Zeichnungserstellung verfügbare ISO-Norm definiert, sofern auf der Zeichnung kein Verweis auf eine vorangegangene Ausgabe der jeweiligen Norm erfolgt.

Achtung: Das ISO-GPS-Normensystem macht keinen Unterschied zwischen dem Zeitpunkt der Zeichnungserstellung und dem Zeitpunkt der Bestellung für ein Bauteil (Vertragsabschluss). Weiterhin ist zu beachten, dass in vielen Unternehmen eine Änderung einer Zeichnung eine Änderung des Zeitpunktes der Zeichnungserstellung bewirkt. Viele Unternehmen gehen deshalb dazu über, wesentliche Normen mit dem jeweiligen Veröffentlichungsdatum zu kennzeichnen, z. B.: ISO 14405-1:2011.

Beispiel: Der Wellendurchmesser und die Zylindrizität sind im oberen Teil des Bildes (Bild 1) nach dem Grundsatz der Unabhängigkeit einzeln zu betrachten und unabhängig voneinander einzuhalten. Hieraus ergibt sich der erforderliche Durchmesser des „Gegenstücks" (Bohrung). Im unteren Teil des Bildes wurde durch die Kennzeichnung Ⓔ das Unabhängigkeitsprinzip für den Zylinderdurchmesser aufgehoben. Jetzt ist die Zylindrizität der Welle nicht mehr unabhängig vom Durchmesser der Welle.

Diese Regelung ist nicht nur in der Konstruktionsphase wichtig. Sie hat auch eine wichtige Bedeutung für die Messtechnik, da jede Spezifikation einzeln geprüft werden kann (muss).

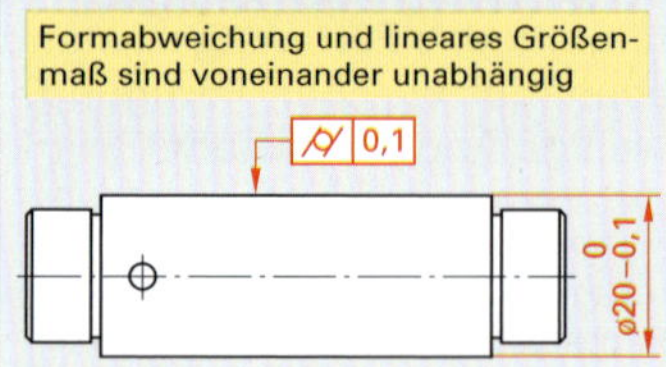

Zweipunkt-durchmesser	Zulässige Zylindrizitätsabweichung
ø19,90 mm	0,10 mm
ø19,95 mm	0,10 mm
ø20,00 mm	0,10 mm

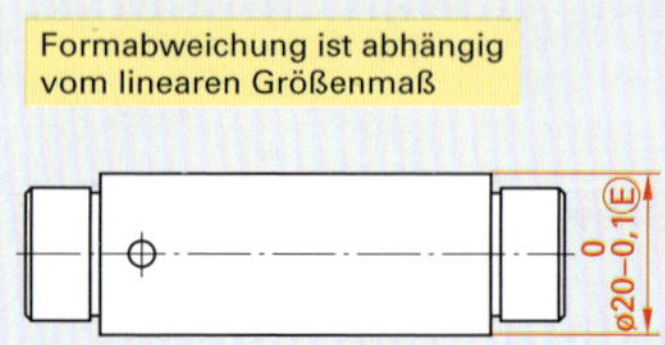

Zweipunkt-durchmesser	Zulässige Zylindrizitätsabweichung
ø19,90 mm	0,10 mm
ø19,95 mm	0,05 mm
ø20,00 mm	0

Bild 1: Beispiel zum Grundsatz der Unabhängigkeit

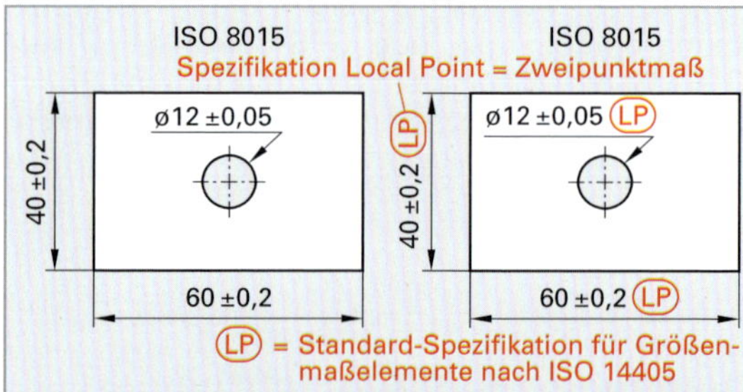

Bild 2: Beispiel zum Grundsatz der Standardfestlegung

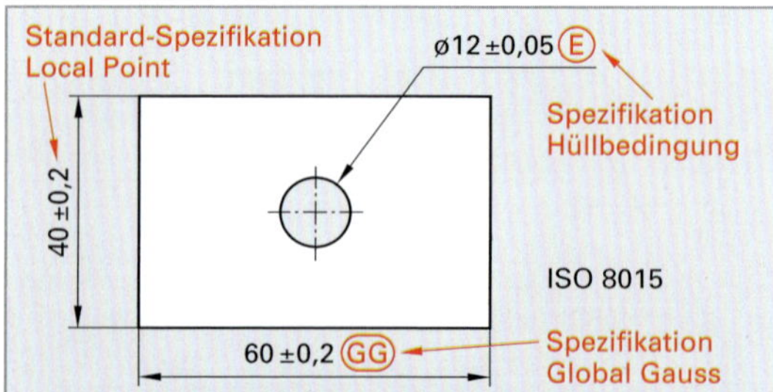

Bild 3: Beispiele für die individuelle Festlegung von Größenmaßmerkmalen

Werden in einer Zeichnung grundsätzliche Festlegungen getroffen, die vom Standard-Spezifikationsoperator abweichen, so sind diese Sondervereinbarungen in der Nähe des Schriftfeldes mit dem Hinweis auf eine Änderung der allgemeinen Spezifikation zu kennzeichnen **(Bild 1)**.

Einige ISO-Normen bieten die Möglichkeit, den ISO-GPS-Standardspezifikator durch besondere Kennzeichnungen abzuwandeln, z. B. ISO 14405-1. In diesem Fall ist die Angabe des Symbols (AD) nicht erforderlich. Das Symbol (AD) wird nur verwendet, wenn Sonderregeln angewendet werden, die keine ISO-Normen sind.

1.8.3.8 Grundsatz der Referenzbedingungen

Alle GPS-Spezifikationen gelten grundsätzlich bei Referenzbedingungen, die die in ISO 1 festgelegte Raumtemperatur von 20 °C einschließen. Das Werkstück muss frei von Verunreinigungen sein. Jede weitere Bedingung wie z. B. Feuchtigkeits- oder Konditionierungsbedingungen müssen separat auf der Zeichnung festgelegt werden.

1.8.3.9 Grundsatz des starren Werkstücks

Standardmäßig wird ein Werkstück so betrachtet, als hätte es eine unendlich große Steifigkeit. Alle GPS-Spezifikationen gelten für den freien, d. h. unverformten Zustand frei von äußeren Kräften einschließlich der Schwerkraft.

Jede andere Bedingung muss auf der Zeichnung angegeben werden. Als Beispiel wird hier auf die ISO 10579 verwiesen, die z. B. für leicht verformbare Bauteile wie dünne Blechbiegeteile oder Elastomerteile Anwendung findet. In dieser Norm wird zwischen Eigenschaften im freien und eingespannten Zustand unterschieden.

1.8.3.10 Grundsatz der Dualität

Der Grundsatz der Dualität definiert die Unabhängigkeit der beiden Prozesse „Spezifikation" und „Verifikation". Er ist für eine wirtschaftliche Bauteiltolerierung ein wesentlicher Grundsatz **(Bild 2)**.

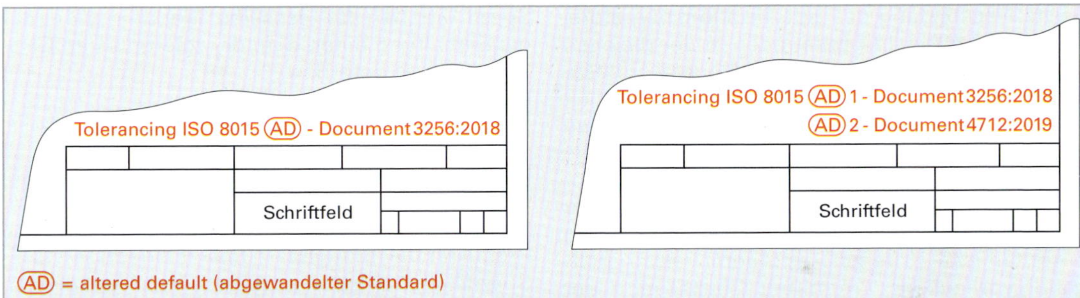

Bild 1: Beispiele für abgewandelte Standardspezifikationen

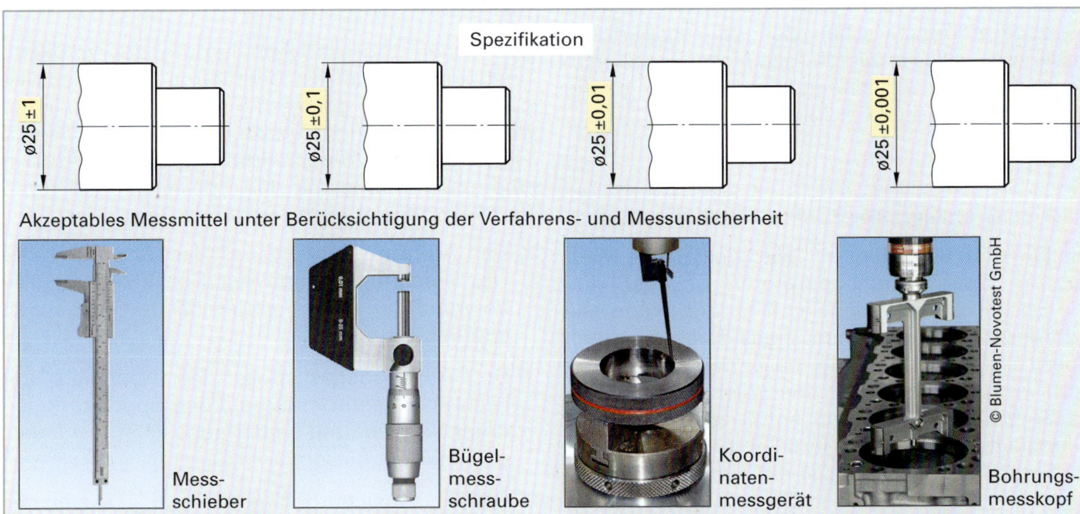

Bild 2: Erläuterung des Grundsatzes der Dualität

Ein Spezifikationsoperator definiert die gewünschten Eigenschaften eines Bauteils durch eine Menge von vorgeschriebenen Operationen in einer definierten Reihenfolge. Spezifikationsoperatoren sind unabhängig von einem Messverfahren oder einer Messeinrichtung. Sie werden vollständig und eindeutig durch die Konstruktion vorgegeben, so dass Mehrdeutigkeiten in der Interpretation möglichst beseitigt sind.

Beispiel: Rechtwinkligkeit einer Bohrungsachse zu einer Grundfläche. Die Bohrungsachse muss sich innerhalb einer zylinderförmigen Toleranzzone befinden, die zu einer ideal geometrischen Grundfläche senkrecht steht.

Die praktische Umsetzung erfolgt durch Verifikationsoperatoren, die durch die Prüfplanung festgelegt werden und beschreiben, in welcher Reihenfolge und mit welchen Prüfmitteln die Einhaltung der Spezifikationsoperatoren verifiziert werden. Der Verifikationsoperator ist somit die messtechnische Nachbildung des Spezifikationsoperators. Er kann die gleichen Operationen in der gleichen Reihenfolge wie der Spezifikationsoperator besitzen (in diesem Fall ist die Verfahrensunsicherheit gleich Null), oder unterschiedliche Operationen besitzen oder diese in einer anderen Reihenfolge durchführen (in diesem Fall ist die Verfahrensunsicherheit ungleich Null). Die Festlegung der Verifikationsoperatoren wird sehr häufig durch wirtschaftliche Kriterien (erforderlicher Prüfaufwand, vorhandene Prüfmittel, Qualifikation der Prüfer etc.) beeinflusst. Es ist deshalb für kritische Bauteileigenschaften sinnvoll, nicht nur die Spezifikationsoperatoren, sondern auch die Verifikationsoperatoren zwischen den Vertragspartnern festzulegen. Dies erfolgt jedoch nicht zwingend in der technischen Zeichnung, sondern sehr häufig durch begleitende Prüfvorschriften.

1.8.3.11 Grundsatz der Funktionsbeherrschung

Die Funktion eines Bauteils wird durch eine Menge von Spezifikationsoperatoren nachgebildet. Die Spezifikation ist dann vollständig, wenn alle erforderlichen Funktionen eines Bauteils durch Spezifikationen eindeutig beschrieben (kontrolliert) werden. Fehlende oder nicht ausreichende Spezifikationen führen somit zu einer Mehrdeutigkeit, die ein nicht funktionierendes Bauteil zur Folge haben kann. Es ist die Aufgabe der Konstruktion, alle Funktionsanforderungen an das Bauteil durch eindeutige Spezifikationsoperatoren zu beschreiben. Dies bedeutet im Umkehrschluss nicht, dass alle geometrischen Merkmale eines Bauteils eindeutig zu spezifizieren sind. Dies würde zu einer „Übertolerierung" an funktionsunkritischen Bereichen und damit zu einem wirtschaftlichen Nachteil führen.

1.8.3.12 Grundsatz der allgemeinen Spezifikation

Allgemeine GPS-Spezifikationen gelten für das Merkmal eines Geometrieelementes (oder eine Beziehung zwischen Geometrieelementen), sofern keine individuelle GPS-Spezifikation der gleichen Art angegeben ist. Individuelle GPS-Spezifikationen können mehr oder weniger einschränkend sein, als die allgemeine GPS-Spezifikation vorgibt.

Die Normen ISO 22081 oder ISO 1302 stellen Werkzeuge zur Zeichnungseintragung von allgemeinen Spezifikationen an. Allgemeine Spezifikationen müssen im oder in der Nähe des Schriftfeldes angegeben sein.

Im Falle von widersprüchlichen allgemeinen GPS-Spezifikationen für dasselbe Merkmal wird nur die Einhaltung einer, d. h. der tolerantesten GPS-Spezifikation gefordert.

1.8.3.13 Grundsatz der Verantwortlichkeit

Im Hinblick auf die beiden Grundsätze der Dualität und der Funktionsbeherrschung liegt es in der Verantwortung der Konstruktion, die funktionalen Produktanforderungen durch eindeutige GPS-Spezifikationen zu beschreiben. Mehrdeutigkeiten in der Beschreibung der Funktion und Mehrdeutigkeiten in der Festlegung der Spezifikationen gehen somit klar zu Lasten der Konstruktion.

Die Genauigkeit der Annäherung der Verifikationsoperatoren an die definierten Spezifikationsoperatoren, also die Messunsicherheit, liegt in der Verantwortung des Vertragspartners, welche den Nachweis der Übereinstimmung oder der Nichtübereinstimmung mit den Spezifikationen führt. ISO 14253-1 legt hierzu folgende Regeln fest:

- Der Auftragnehmer muss den Nachweis der Übereinstimmung mit der Spezifikation unter Verwendung seiner abgeschätzten Messunsicherheit erbringen.
- Der Auftraggeber muss den Nachweis der Nichtübereinstimmung mit den Spezifikationen unter Verwendung seiner abgeschätzten Messunsicherheit führen.
- Die Messunsicherheit geht immer zu Lasten des Vertragspartners, der die Messungen durchführt.

1.8.4 Dimensionelle Bauteiltolerierung

Die oben beschriebenen Konzepte, Prinzipien und Regeln der geometrischen Produktspezifikation bauen sehr stark auf den Standardspezifikatoren für geometrische Bauteileigenschaften auf. Die in der ISO-GPS-Normenmatrix aufgeführten neun geometrischen Eigenschaften (Kategorien) lassen sich in drei Blöcke zusammenfassen, die in der Standardliteratur unter folgenden Begriffen zusammengefasst werden:

- Maßtoleranzen (dimensionelle Tolerierung)
- Form- und Lagetoleranzen (geometrische Tolerierung)
- Oberflächenkenngrößen

Größenmaße und Abstände werden unter dem Begriff „dimensionelle Tolerierung" zusammengefasst. Sie unterscheiden sich jedoch im Hinblick auf die Eindeutigkeit der Bauteilspezifikation. Größenmaße sind eindeutig spezifiziert. Abstände sind mehrdeutig.

Größenmaße sind Eigenschaften (Parameter) von Größenmaßelementen. Sie lassen sich nach linearen Größenmaßelementen und Winkelgrößenmaßelementen unterscheiden **(Bild 1)**.

1.8.4.1 Lineare Größenmaße

Lineare Größenmaßelemente sind Geometrieelemente, die ein oder mehrere intrinsische Merkmale besitzen, von denen nur eines veränderlich sein darf. Dieses Merkmal muss zusätzlich Mitglied einer „einparametrigen Familie" sein und die Eigenschaft des monotonen Verhaltens aufweisen (ISO 17450-1).

Beispiele von Typen von linearen Größenmaßelementen:

- Parallelebenenpaar, Parallellinienpaar
- Zylinder und Kreis,
- Kugel,
- Torus.

Winkelgrößenmaßelemente sind Geometrieelemente der rotationssymmetrischen Invarianzklasse, deren Mantellinien nominell mit einem anderen Winkel als 0° oder 90° geneigt sind, oder Geometrieelemente der prismatischen Invarianzklasse, die aus zwei Flächen derselben Gestalt bestehen, deren Winkel zwischen den beiden Situationselementen zweier Flächen ungleich 0° ist. Beispiele: Keil und Kegel.

Größenmaße sind somit Parameter von Größenmaßelementen. Bei linearen Größenmaßelementen sind die Begriffe „Durchmesser", „Breite" und „Dicke" Synonyme für das lineare Größenmaß.

Größenmaße können nach verschiedenen Merkmalen ausgewertet werden **(Bild 2)**.

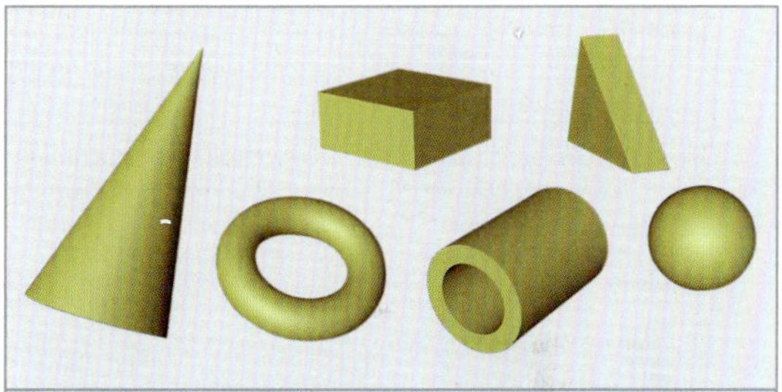

Bild 1: Beispiele für lineare Größenmaßelemente und Winkelgrößenmaßelemente

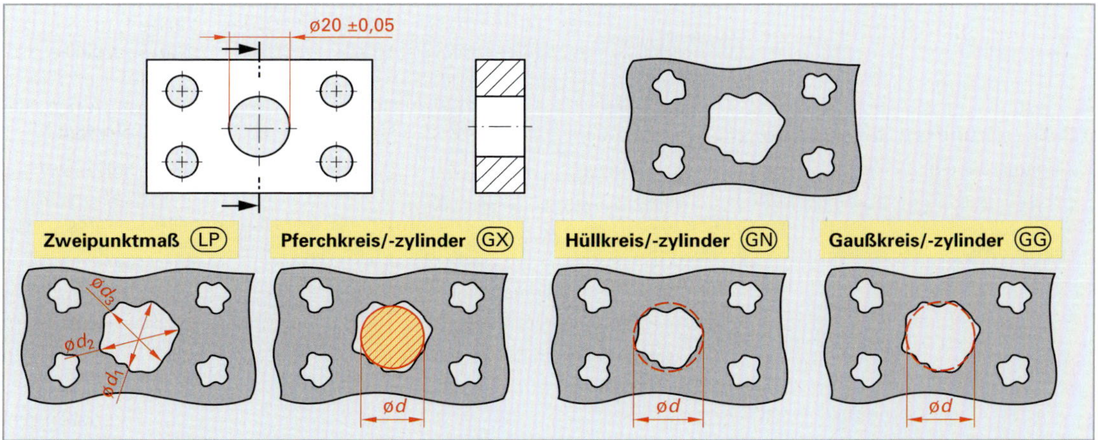

Bild 2: Merkmale von linearen Größenmaßen (Auswahl)

ISO 14405-1 definiert insgesamt 16 unterschiedliche Merkmale von Größenmaßen, die durch entsprechende Spezifikationsmodifikatoren gekennzeichnet werden **(Bild 1)**.

Nachfolgend werden einige wichtige Spezifikationsmodifikatoren im Detail erläutert. Für die vollständige Erläuterung aller Spezifikationsmodifikatoren für lineare Größenmaße wird auf ISO 14405-1 verwiesen.

Zweipunktgrößenmaß

Die Standard-Spezifikation für lineare Größenmaße ist das Zweipunktgrößenmaß „Local Point". Das Zweipunktgrößenmaß gilt bei Aufruf des ISO-GPS-Normensystems, wenn keine andere Vereinbarung getroffen wurde.

Das „Zweipunktgrößenmaß" ist ein lokales (örtliches) Größenmaß. Es ist definiert als der örtliche Abstand eines gegenüberliegenden Punktepaares des Größenmaßelementes, wobei am Beispiel eines Kreisquerschnittes die Abstandslinie durch den zugeordneten Kreismittelpunkt geht, der mittels der Gauß-Methode gebildet wird **(Bild 2)**.

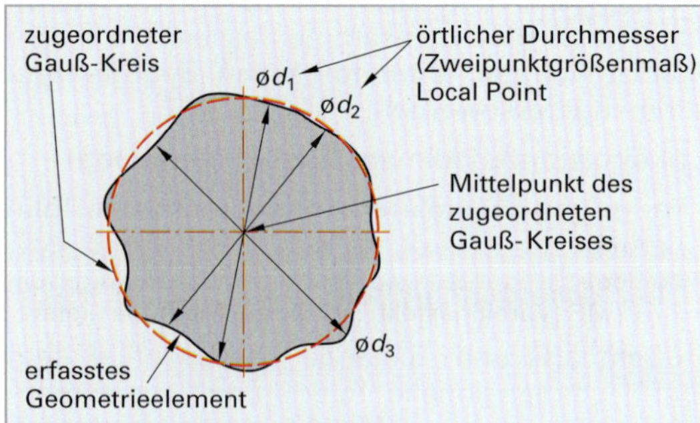

Bild 2: Zweipunktgrößenmaß

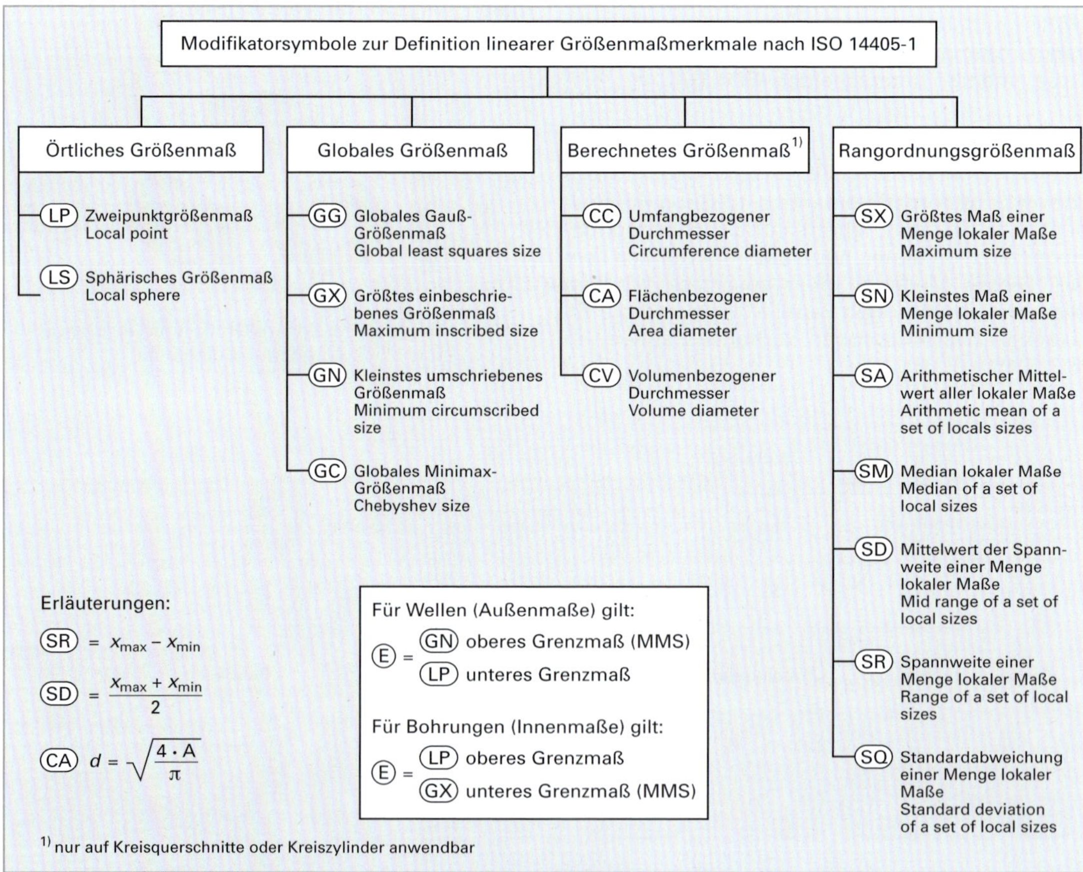

Bild 1: Spezifikationsmodifikatoren für lineare Größenmaßelemente

Gauß-Größenmaß

Direktes globales Größenmaß, das für ein ideales Geometrieelement nach dem Kriterium der Gauß[1]-Methode aus der erfassten Punkteschar eines realen, extrahierten Geometrieelementes bestimmt wird. Die Gauß-Methode minimiert die Quadrate der Abstände zwischen dem assoziierten und dem extrahierten Geometrieelement. Das gesamte Geometrieelement wird somit durch ein einziges Größenmaß beschrieben **(Bild 1)**.

Durch den Einsatz von Koordinatenmessgeräten (KMG) werden heute von vielen Messtechnikern Größenmaßelemente (z. B. Wellen) nach der Gauß-Methode vermessen, die häufig standardmäßig auf den KMG voreingestellt ist. Diese Methode liefert ein „stabiles" und reproduzierbares Messergebnis. Diese Art der Verifikation verursacht jedoch Abweichungsfehler gegenüber der standardmäßigen Spezifikation durch das Zweipunktmaß.

Eine Abstimmung zwischen Konstruktion und Qualitätssicherung kann in vielen Fällen dazu führen, dass der Standardspezifikationsoperator für eine Zeichnung geändert wird **(Bild 2)**.

Größtes einbeschriebenes Größenmaß

Direktes globales Größenmaß, das für ein ideales Geometrieelement nach dem Assoziationskriterium des größten einbeschriebenen Elementes aus der erfassten Punkteschar eines realen, extrahierten Geometrieelementes bestimmt wird **(Bild 3)**.

Diese häufig auch als „Pferch-Methode"[2] bezeichnete Assoziation erfolgt durch die Begrenzung des idealen Geometrieelementes durch den Kontakt von „außerhalb des Materials" an das reale, extrahierte Geometrieelement. Bei einer Bohrung lässt sich diese Methode durch den größten einbeschriebenen „Pferchzylinder" vorstellen **(Bild 4)**.

[1] *Johann Carl Friedrich Gauß*, Mathematiker und Physiker, 1777 bis 1855.

[2] Mit einem Pferch werden Tierweiden rundum abgegrenzt und zwar so, dass man möglichst wenig Zaunelemente benötigt.

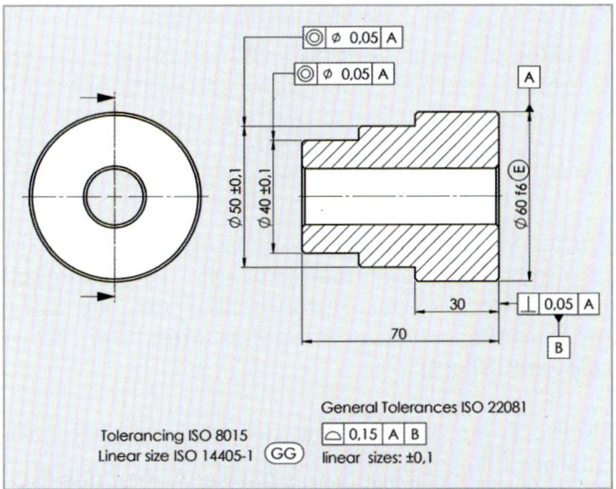

Bild 2: Kennzeichnung des „Gauß-Maßes" als Standardspezifikationsmodifikator

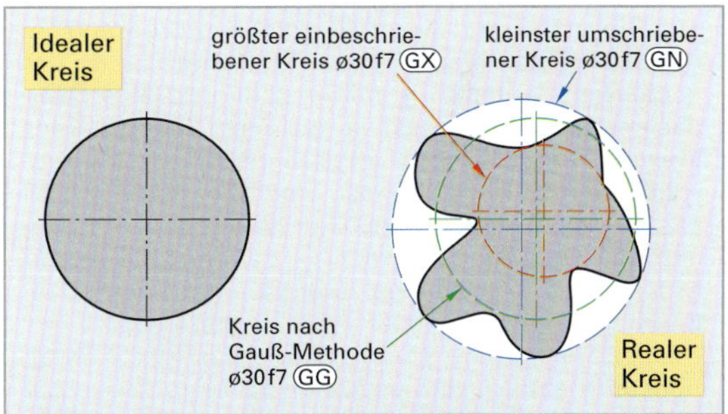

Bild 3: Beispiel für Maß-Spezifikatoren

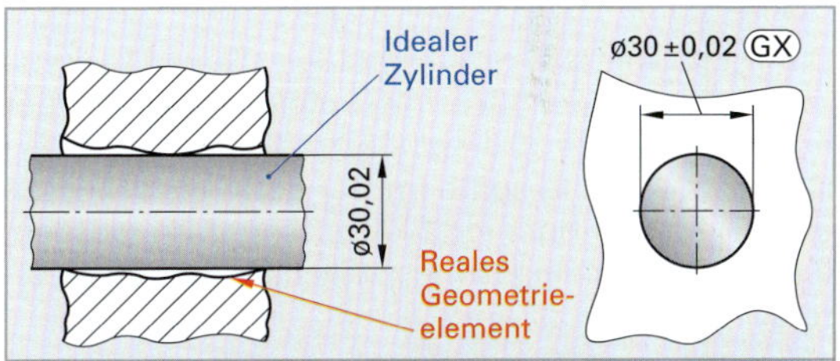

Bild 4: Größtes einbeschriebenes Größenmaß am Beispiel einer Bohrung

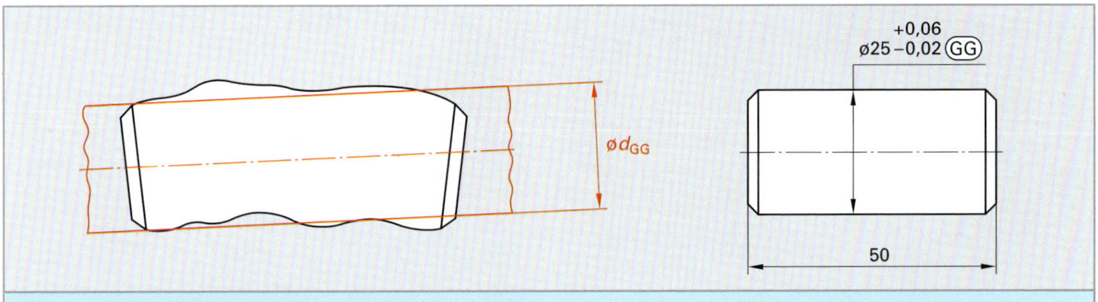

Bild 1: Größenmaß ermittelt nach der Gauß-Methode

Kleinstes umschriebenes Größenmaß

Direktes globales Größenmaß, das für ein ideales Geometrieelement nach dem Assoziationskriterium des kleinsten umschriebenen Elementes aus der erfassten Punkteschar eines realen, extrahierten Geometrieelementes bestimmt wird.

Früher wurde dieses Maßkriterium als „Hüllkriterium" gekennzeichnet. Für die Fügefähigkeit einer Welle ist der Durchmesser des kleinsten umschriebenen Geometrieelementes der Welle relevant **(Bild 1)**.

Hüllbedingung: Kombination zweier Spezifikationsmodifikatoren. Die Sicherstellung einer prismatischen Führung **(Bild 2)** erfordert die Einhaltung eines Mindestspiels und eines Höchstspiels.

Zur Sicherstellung dieser Funktionsanforderung ist neben der Maßtoleranz auch die **Formtoleranz** der gepaarten Bauteile zu berücksichtigen. Das **Mindestspiel** wird sichergestellt, wenn bei Erreichen des Maximum-Material-Grenzmaßes (**MML**) die Formabweichung Null beträgt. Diese Eigenschaft wird durch das kleinste umschriebene Geometrieelement (beim äußeren Größenmaßelement) bzw. das größte einbeschriebene Geometrieelement (beim inneren Größenmaßelement) definiert. Die Sicherstellung des Höchstspiels erfolgt jeweils durch das lokale Zweipunktgrößenmaß, das die Minimum-Material-Grenze (**LML**) niemals unterschreiten (beim äußeren Größenmaßelement) bzw. überschreiten (beim inneren Größenmaßelement) darf.

Die Kombination dieser beiden Spezifikationsmodifikatoren ist für eine **Spielpassung** immer erforderlich. Das Ⓔ steht stellvertretend für diese Konstellation und sollte immer dann als individueller Spezifikationsmodifikator eingefügt werden, wenn eine Spielpassung zwischen Bauteilen erforderlich ist.

Umfangsbezogener Durchmesser

Das Merkmal des Innendurchmessers eines elastischen Dichtrings, der auf eine Welle aufgesetzt werden soll, ist im Hinblick auf eine einwandfreie Funktion der Umfang des Innendurchmessers des Dichtrings, der mit dem Umfang des Außendurchmessers der Welle korrespondieren muss. Die Funktion des Dichtrings wird somit über den Innenumfang sichergestellt. Der entsprechende Spezifikationsmodifikator ist der umfangsbezogene Durchmesser (CC) **(Bild 3)**.

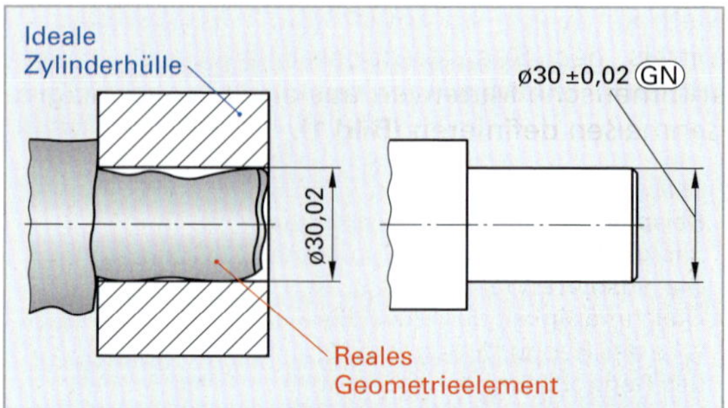

Bild 1: Kleinstes umschriebenes Größenmaß am Beispiel einer Welle

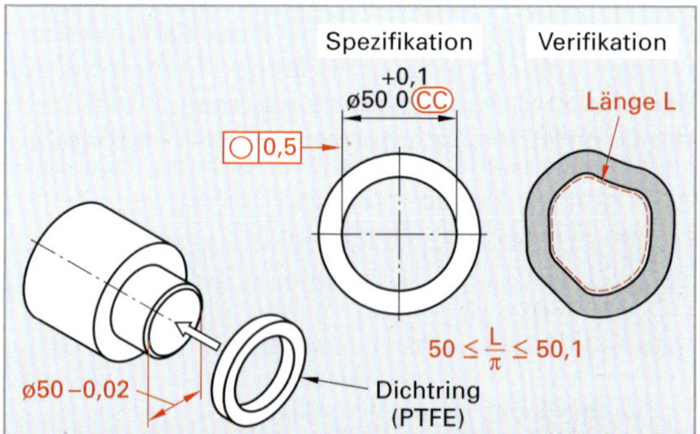

Bild 3: Beispiel für umfangsbezogenen Durchmesser

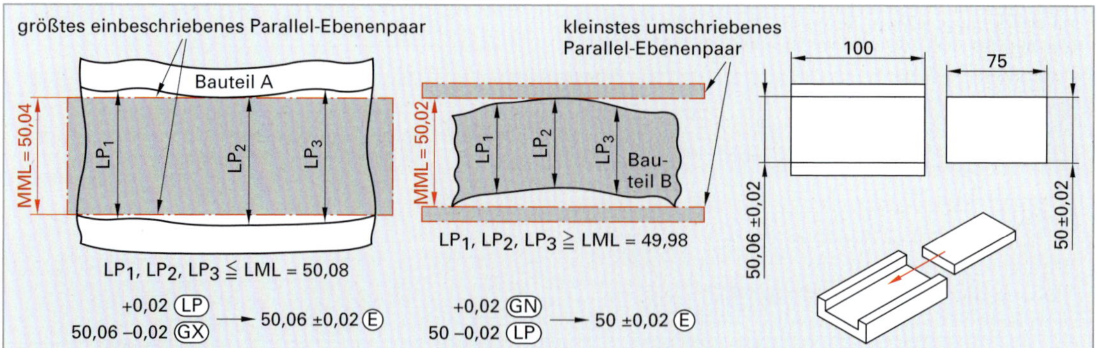

Bild 2: Hüllbedingung als Kombination zweier Spezifikationsmodifikatoren

Rangordnungsgrößenmaße

Globale Maße kennzeichnen das relevante Merkmal durch einen Wert, der für das gesamte Geometrieelement ermittelt wurde. Lokale Maße, wie das Zweipunktgrößenmaß, können von Ort zu Ort an einem Geometrieelement unterschiedliche Werte annehmen. Ein einzelnes Zweipunktgrößenmaß ist also nur eines von vielen Zweipunktgrößenmaßen, die an einem Werkstück aufgenommen werden können. Rangordnungsgrößenmaße bieten nun die Möglichkeit, diese vielen lokalen Maße nach einer statistischen Methode weiter auszuwählen. So lässt sich z. B. mittels des Spezifikationsmodifikators (SA) der arithmetische Mittelwert aus allen Zweipunktgrößenmaßen definieren **(Bild 1)**.

Beispiel: Eine Zylinderbuchse **(Bild 2)** soll mit einer gleichmäßigen Wandstärke hergestellt werden. Die absolute Wanddicke ist weniger kritisch als die Gleichmäßigkeit der Wanddicke. Die Tolerierung mithilfe des Rangordnungsgrößenmaßes (SR) („Spanne" des Rangordnungsgrößenmaßes) lässt eine Wanddickentoleranz von 0,02 mm bei einer maximalen Differenz von 0,002 mm zwischen dem größten und dem kleinsten gemessenen Zweipunktgrößenmaß zu.

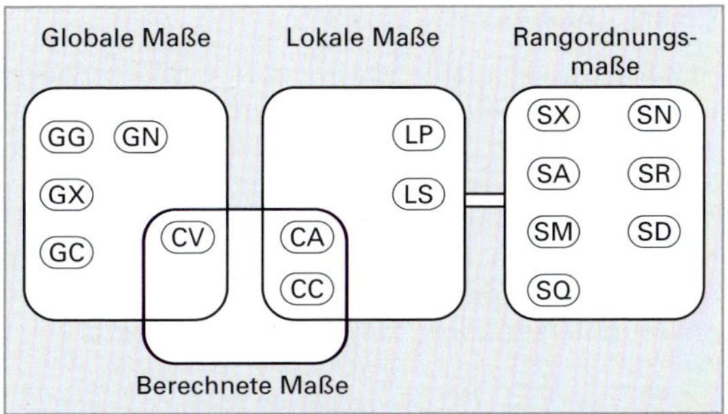

Bild 1: Rangordnungsgrößenmaße nach ISO 14405

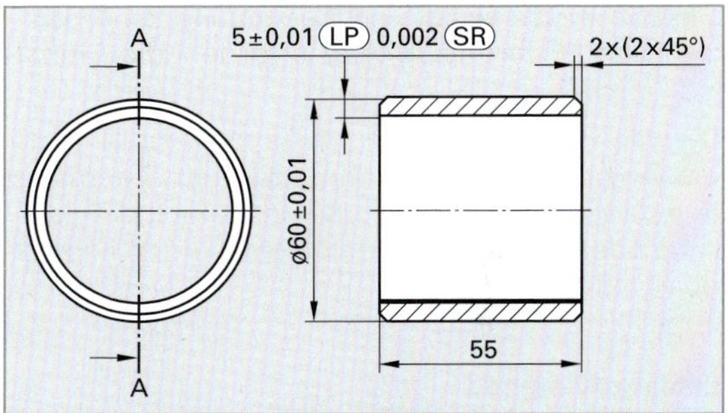

Bild 2: Beispiel für die Anwendung eines Rangordnungsgrößenmaßes

1.8.4.2 Winkelgrößenmaße

Winkelgrößenmaße sind Merkmale der Winkelgrößenmaßelemente Kegel und Keil. Seit der Veröffentlichung der ISO 14405-3 im Dezember 2016 gibt es Regeln zur eindeutigen Spezifikation von Winkelgrößenmaßelementen. Dies wurde möglich durch die eindeutige Festlegung einer Schnittebene, in der die Winkel zwischen z. B. zwei Keilflächen erfasst werden **(Bild 3)**.

An die beiden realen extrahierten Keilflächen werden nach der Gauß-Assoziation ideale Ebenen angenähert, die eine eindeutige gemeinsame Schnittgerade besitzen. Senkrecht zu dieser Schnittgeraden wird an einer beliebigen Stelle eine Ebene aufgespannt, die mit den beiden Keilflächen zwei gegenüberliegende reale Linien erzeugt. An beide Linien werden standardmäßig nach dem *Chebyshev-Kriterium*[1] (Minimax-Kriterium) ideale Ausgleichsgeraden angelegt, deren Zwischenwinkel dem Zwei-Linien-Winkelgrößenmaß entspricht.

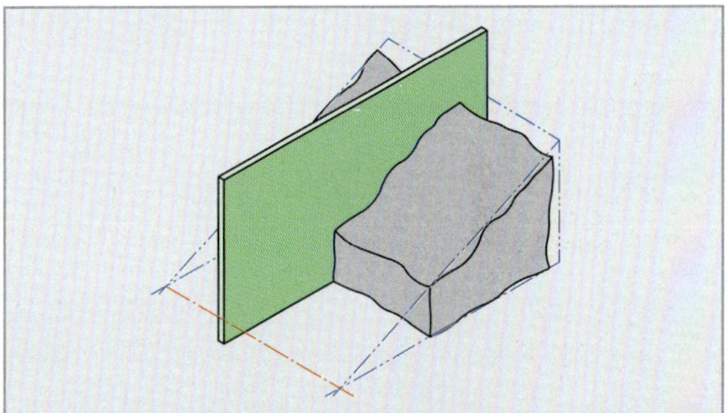

Bild 3: Schnittebene zur Ermittlung des Zwei-Linien-Winkelgrößenmaßelementes

Analog zu den linearen Größenmaßelementen sind auch bei den Winkelgrößenmaßelementen mehrere Auswerteverfahren möglich, die die Annäherung des idealen Geometrieelementes an die realen Schnittlinien beschreiben **(Bild 4)**.

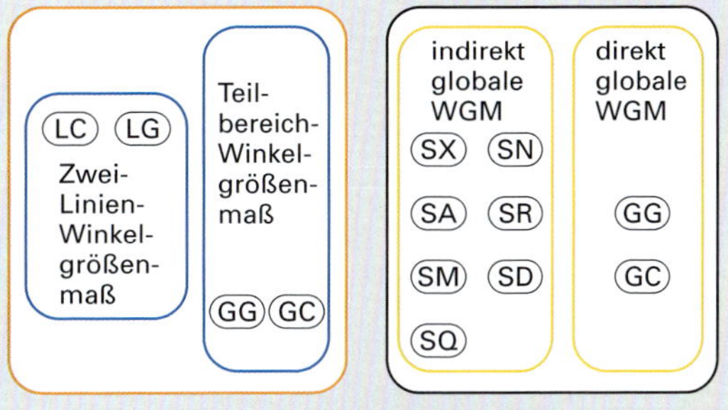

Bild 4: Merkmale für Winkelgrößenmaße

[1] *Chebyshev* (alternative Schreibweise *Tschebyschow*), russ. Mathematiker, 1821 bis 1894.

1.8.4.3 Abstände

Alle Maße, die nicht den linearen Größenmaßen und/oder den Winkelgrößenmaßen zugeordnet werden können, definiert ISO 14405-2 als Abstände. Abstände sind Maße zwischen parallelen, aber versetzten Flächen (Geraden) oder zwischen den Mittellinien von Bohrungen bzw. zwischen Bohrungsachsen und Flächen **(Bild 1)**. Auch Radien an Bauteilen gehören zur Gruppe der Abstände.

> Abstände sind grundsätzlich mehrdeutig und sollten deshalb vermieden werden, da sich aufgrund von Formabweichungen des gefertigten Werkstücks vielfältige Lösungsansätze für die Interpretation der Bauteilanforderungen und der Prüfung der Eigenschaften ergeben.

Die Mehrdeutigkeit von Abständen kann durch die Anwendung von geometrischen Toleranzen in eine eindeutige und funktionsgerechte Tolerierung überführt werden. Beispiele werden nachfolgend aufgezeigt.

Lineare Abstände

Abstände zwischen versetzten parallelen Geometrieelementen. Maße an parallelen, aber versetzten Geometrieelementen mit ±Toleranzen sind nicht eindeutig spezifiziert und lassen sich deshalb am realen Bauteil nicht eindeutig verifizieren **(Bild 2)**. Die Funktionsanforderungen sind somit nicht eindeutig definiert und können deshalb auch nicht sichergestellt werden.

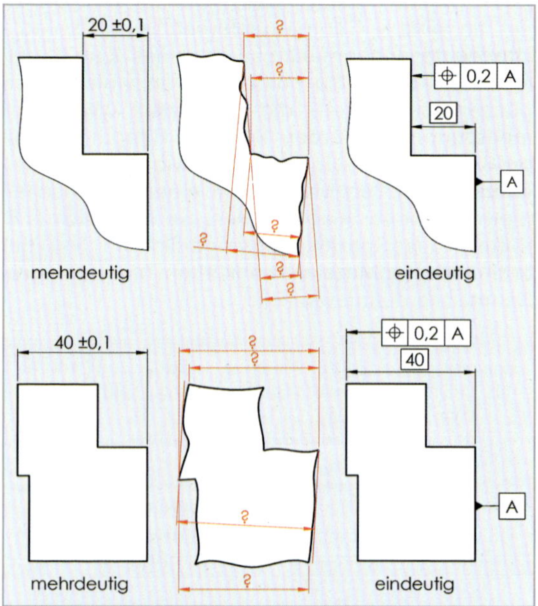

Bild 2: Mehrdeutiger linearer Abstand und eindeutige geometrische Tolerierung am Beispiel versetzter paralleler Flächen

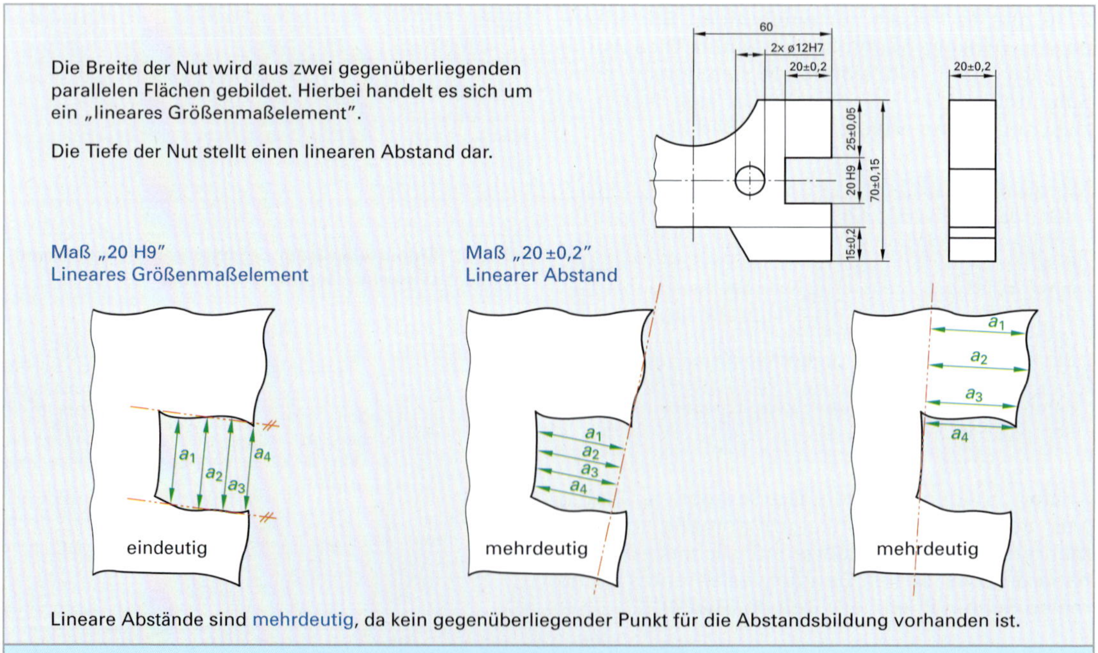

Bild 1: Vergleich zwischen linearem Größenmaß und linearem Abstand

Maße mit ±Toleranzen sind in Verbindung mit wichtigen Bauteileigenschaften möglichst zu vermeiden und durch eine geometrische Tolerierung zu ersetzen (Bild 2, Seite 74).

Lineare Abstände zwischen Bohrungsachsen. Abstände zwischen Bohrungsachsen zueinander oder von Bohrungsachsen zu Körperkanten sind mehrdeutig. Für die Ableitung der Bohrungsachse aus der Mantelfläche eines Zylinders gibt es unterschiedliche Auswerteverfahren, die zu unterschiedlichen Orten der Bohrungsachse führen. Somit ist die Eindeutigkeit der Bohrungsachsen zueinander oder zu Bauteilkanten nicht gewährleistet.

> Abstände zwischen Bohrungsachsen zueinander oder von Bohrungsachsen zu Körperkanten sind mehrdeutig. Diese Art der Bauteiltolerierung ist möglichst zu vermeiden und durch eine geometrische Tolerierung mit Hilfe von Positionstoleranzen zu ersetzen **(Bild 1)**.

Werden die Positionstoleranzen mit zylindrischen Toleranzzonen versehen (ø-Zeichen vor dem Toleranzwert), so kann der Toleranzwert bei nahezu gleicher Abweichungsgenauigkeit von der idealen Lage der Bohrungsachse erweitert werden (kreisförmige gegenüber quadratischer Toleranzzone). Durch diese geometrische Tolerierung wird eine eindeutige, nachvollziehbare Toleranzrechnung möglich.

> Die Anwendung einer eindeutigen Positionstolerierung von Bohrungsachsen setzt ein funktionsorientiertes eindeutiges Bezugssystem voraus (siehe Kapitel 1.8.5.4).

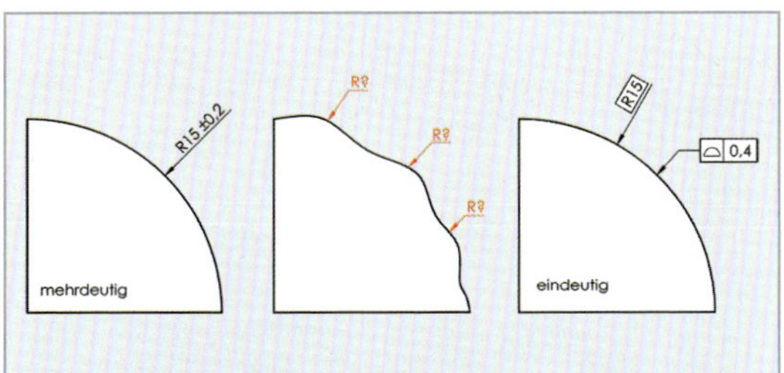

Bild 2: Mehrdeutigkeit von Radien und eindeutige geometrische Tolerierung

Radien. Die Spezifikation von Radien ist mehrdeutig. In Abhängigkeit vom gewählten Ersatzelement **(Bild 2)** lassen sich unterschiedliche Radienmittelpunkte definieren.

Die Messunsicherheit wird bei einem kleinen Zentriwinkel des Radius-Elementes noch weiter vergrößert. Funktionsrelevante Radius-Konturen sind deshalb mittels geometrischer Tolerierung eindeutig zu spezifizieren.

Winkelabstände

Analog zu den Aussagen der linearen Abstände lassen sich mehrdeutige Winkelabstände erkennen und durch eine eindeutige geometrische Tolerierung an funktionswichtigen Bauteileigenschaften ersetzen **(Bild 3)**.

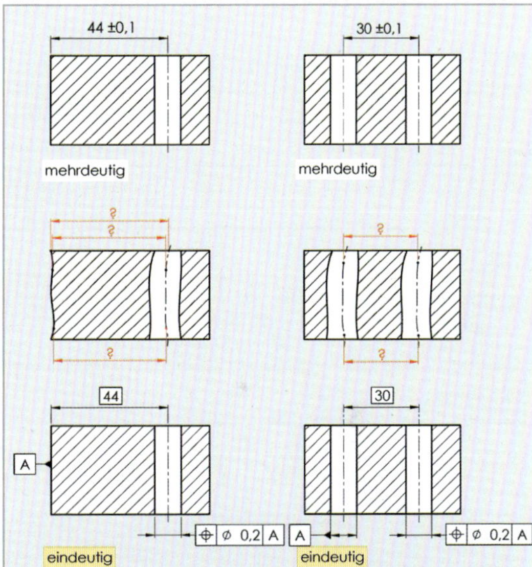

Bild 1: Mehrdeutiger linearer Abstand und eindeutige geometrische Tolerierung am Beispiel von Bohrungsachsen

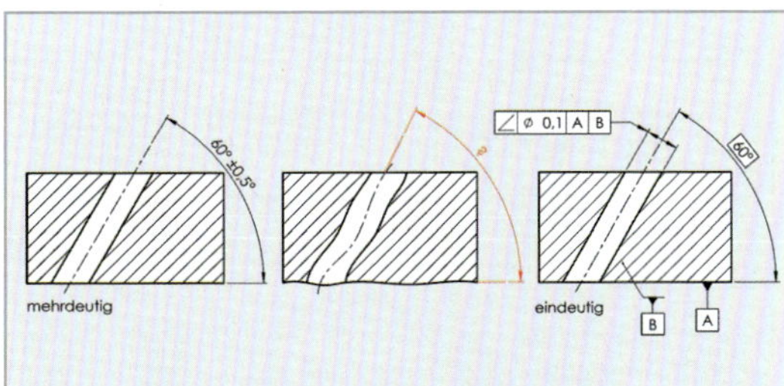

Bild 3: Mehrdeutiger Winkelabstand und eindeutige geometrische Tolerierung am Beispiel geneigter Bohrungsachsen

1.8.5 Geometrische Bauteiltolerierung

1.8.5.1 Grundlagen der Form- und Lagetolerierung

Im vorangegangenen Kapitel wurde aufgezeigt, dass Abstände durch die Verwendung von geometrischen Toleranzen eindeutig und funktionsgerecht in technischen Zeichnungen umgesetzt werden sollen.

ISO 1101 (Tolerierung von Form, Richtung, Ort und Lauf) regelt die grundlegenden Zusammenhänge der geometrischen Toleranzen. Die Ausgabe vom Februar 2017 hat den Anwendungsbereich der geometrischen Toleranzen gegenüber den Vorgängerversionen deutlich erweitert.

In der ISO-GPS-Matrix[1] nach ISO 14638 werden die Kategorien „Form", „Richtung", „Ort" und „Lauf" als eigenständige geometrische Merkmale definiert. Diese Merkmale werden in vielen Fachbüchern unter den Sammelbegriffen „Form- und Lagetoleranzen" oder „geometrische Toleranzen" zusammengefasst **(Bild 1)**.

Eine Besonderheit der geometrischen Toleranzen stellen die Profiltoleranzen dar. Sie sind sehr vielseitig verwendbar und haben deshalb in den letzten Jahren einen sehr starken Einzug in die Bauteiltolerierung gehalten. Aus diesem Grunde werden in Bild 1 die Profiltoleranzen als eigenständige Gruppe dargestellt, obwohl dieser Sachverhalt in den aktuellen Normen nicht abgebildet ist.

[1] siehe Bild 2 auf Seite 63

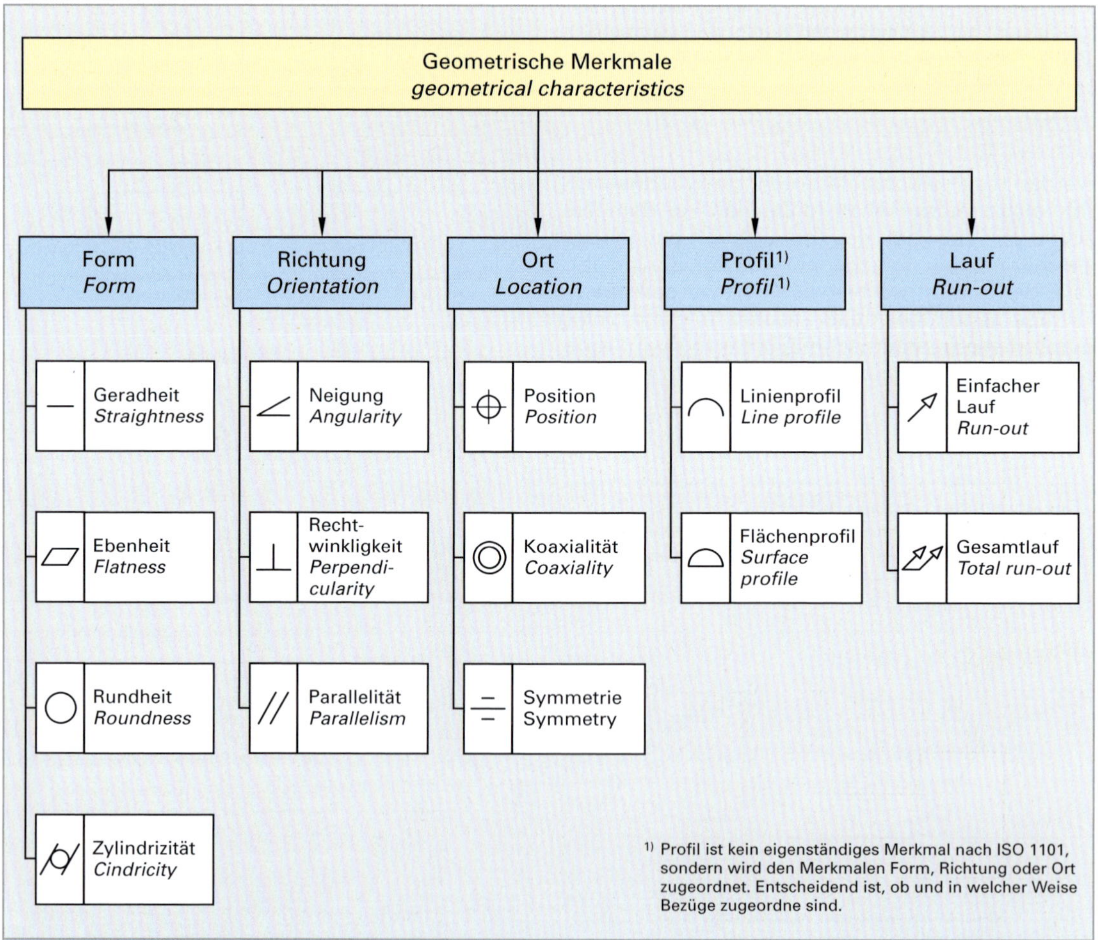

Bild 1: Kategorisierung der geometrischen Merkmale

Bild 1 verdeutlicht den Unterschied zwischen Form-, Richtungs- und Ortstoleranzen, indem die Toleranzzonen und die Freiheitsgrade der Toleranzzonen vergleichend gegenübergestellt werden.

Die Toleranzzone, also der Raum, in dem sich das tolerierte Geometrieelement befindet, wird definiert durch die Form der Toleranzzone, deren Weite und Orientierung. Form und Weite der Toleranzzone ist in diesem Beispiel in allen Fällen gleich. Die Toleranzzone wird gebildet aus zwei parallelen Flächen im einem definierten Abstand von 0,05 mm. Der Unterschied besteht in der Orientierung, also dem Freigeben oder dem Blockieren von Freiheitsgraden der Toleranzzone.

Während bei einer Formtoleranz alle Freiheitsgrade „frei" sind („grüne" Kennzeichnung), werden bei einer Richtungstoleranz zwei Freiheitsgrade der Rotation blockiert („rote" Kennzeichnung). Bei einer Ortstoleranz wird zusätzlich der Abstand der Toleranzzone zu einer Referenzfläche (Bezug A) und damit ein weiterer translatorischer Freiheitsgrad blockiert.

Diese grundsätzlichen Merkmale können auf alle Einzeltoleranzen der Form-, Richtungs- und Ortstoleranzen übertragen werden. Somit haben Formtoleranzen niemals einen Bezug (alle Freiheitsgrade sind frei), während Richtungs- und Ortstoleranzen immer einen Bezug im Toleranzindikator aufweisen müssen. Von dieser Regel gibt es nur sehr wenige Ausnahmen.

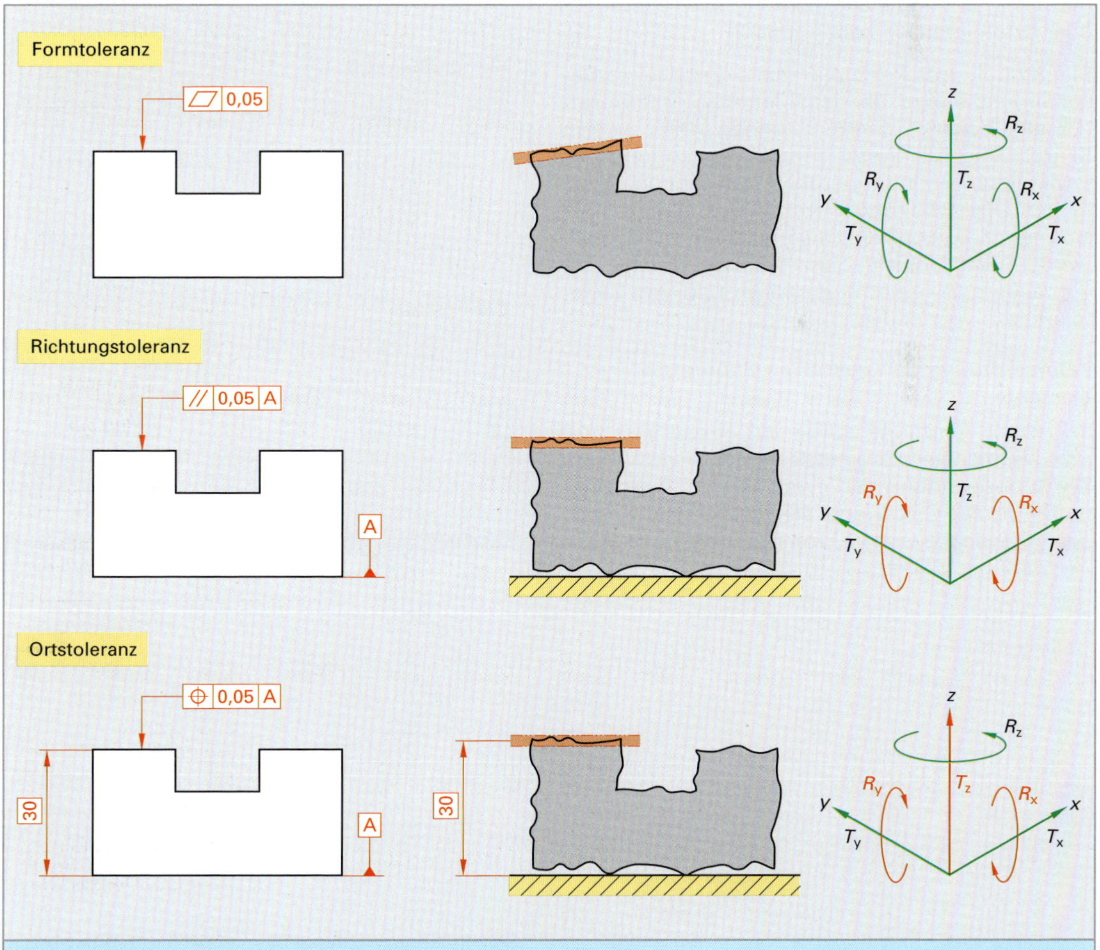

Bild 1: Unterschiede zwischen Form-, Richtungs- und Ortstoleranzen

Besonderheiten der Profiltoleranzen

Profiltoleranzen werden nach Linienprofiltoleranzen und Flächenprofiltoleranzen unterschieden. Die Toleranzzone von Profiltoleranzen wird gebildet, indem auf das Nennprofil der tolerierten Geometrieelemente (im CAD-System oder durch theoretisch genaue Maße definiert) Kreise (bei Linienprofiltoleranzen) bzw. Kugeln (bei Flächenprofiltoleranzen) angeordnet werden. Die Mittelpunkte der Kreise bzw. Kugeln liegen exakt auf dem Nennprofil. Die Toleranzzone wird nun durch einhüllende Linien/Flächen an die Kreise/Kugeln gebildet, so dass die Toleranzzone immer „symmetrisch" zum Nennprofil aufgebaut ist **(Bild 1)**.

Die Besonderheit der Profiltoleranzen besteht darin, dass Profiltoleranzen die einzige Toleranzart sind, die sowohl mit als auch ohne Bezüge oder Bezugssystem verwendet werden darf. Profiltoleranzen ohne Bezüge haben die gleiche Wirkung wie Formtoleranzen, während Profiltoleranzen mit Bezügen die gleiche Wirkung wie Richtungs- oder Ortstoleranzen haben **(Bild 2)**.

Bild 3 zeigt, dass Profiltoleranzen durch diese Besonderheit einige der traditionellen Toleranzarten gleichwertig ersetzen können. Dies ist die Begründung für die vielseitige Verwendung der Profiltoleranzen in modernen Zeichnungen. In aktuellen Überarbeitungen von Allgemeintoleranz-Normen, z. B. ISO 22081 als Ersatz für ISO 2768-2, werden Flächenprofiltoleranzen zur Festlegung von allgemeinen Formtoleranzen und von Lagetoleranzen verwendet.

Kennzeichnung der tolerierten Geometrieelemente

Im letzten Abschnitt wurde auf „integrale" und auf „abgeleitete" Geometrieelemente verwiesen. Die Kennzeichnung der jeweiligen Geometrieelemente in der Zeichnung erfolgt durch die Lage des Hinweispfeils vom Toleranzindikator relativ zur Maßlinie **(Bild 4)**.

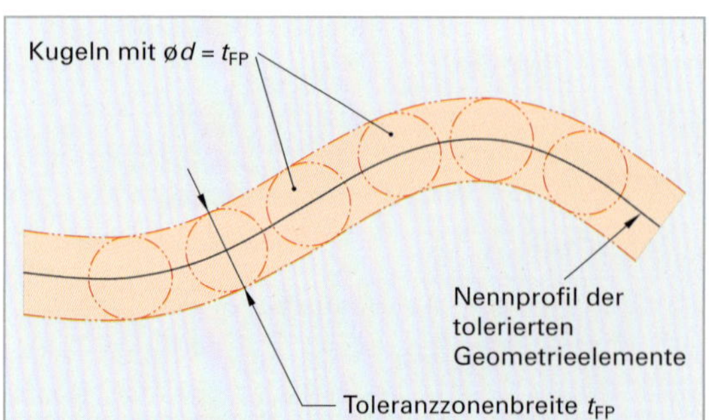

Bild 1: Toleranzzone für Flächenprofiltoleranzen

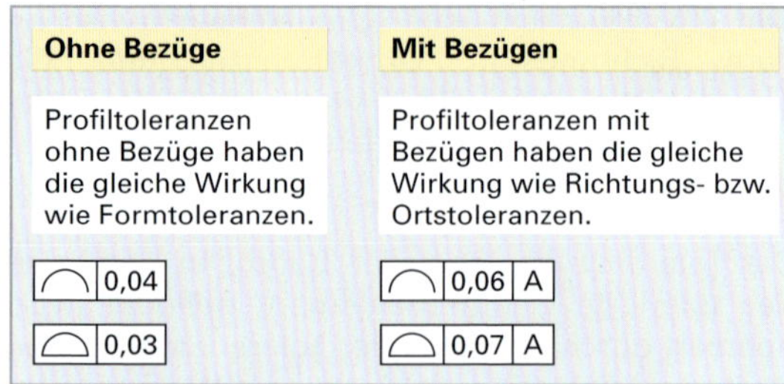

Bild 2: Profiltoleranzen mit und ohne Bezüge

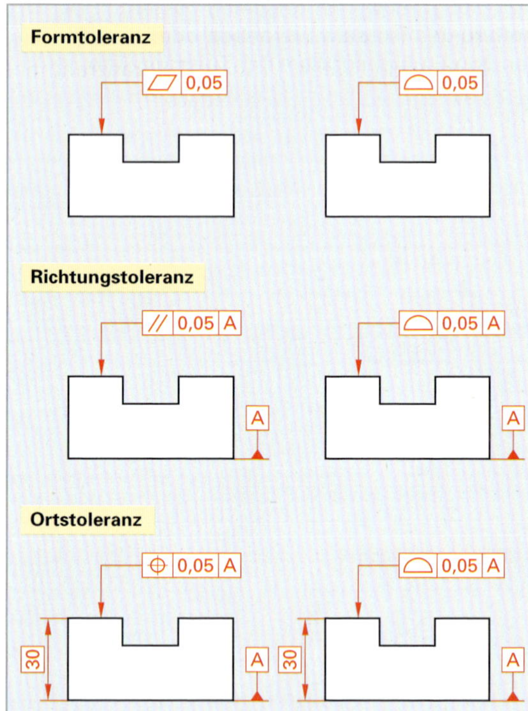

Bild 3: Vergleichbarkeit von Profiltoleranzen

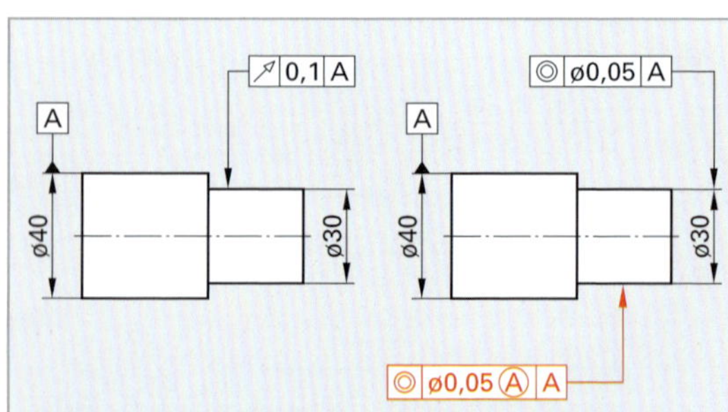

Bild 4: Kennzeichnung des tolerierten Geometrieelementes

Wird ein integrales Geometrieelement toleriert, so steht die Hinweislinie erkennbar von der Maßlinie entfernt **(Bild 4, Seite 78)**. Wird ein abgeleitetes Geometrieelement toleriert, so steht die Hinweislinie unmittelbar in Verlängerung der Maßlinie des Geometrieelementes, von dem die Achse, der Mittelpunkt oder die Mittelebene abzuleiten ist. Der Modifikator Ⓐ am äußersten rechten Rand des zweiten Feldes des Toleranzindikators kennzeichnet das abgeleitete Geometrieelement, obwohl der Hinweispfeil nicht in Verlängerung der Maßlinie steht. Diese Regel gilt nur für rotationssymmetrische Elemente und wurde primär für die 3D-Tolerierung erstmals mit der ISO 1101 im Jahr 2014 eingeführt.

Aufbau des Toleranzindikators

Der Toleranzindikator (früher: Toleranzrahmen) kennzeichnet das tolerierte Geometrieelement und beschreibt dessen Eigenschaften **(Bild 1)**. Er besitzt mindestens zwei, maximal fünf Felder, in denen geometrische Merkmale, Kenngrößen der Toleranzzone, Eigenschaften des tolerierten Geometrieelementes und evtl. Bezüge oder Bezugssysteme festgelegt werden. Der Toleranzindikator ist somit ein zentrales Element der geometrischen Tolerierung.

Die Symbole für die geometrischen Merkmale stehen im ersten Feld des Toleranzindikators.

Das zweite Feld des Toleranzindikators enthält wesentliche Informationen über die Toleranzzone, das tolerierte Geometrieelement und weitere Merkmale. **Bild 2** zeigt einen Ausschnitt der möglichen Symbole, die in diesem zweiten Feld verwendet werden können. ISO 1101 gibt einen vollständigen Überblick über die derzeitigen Möglichkeiten.

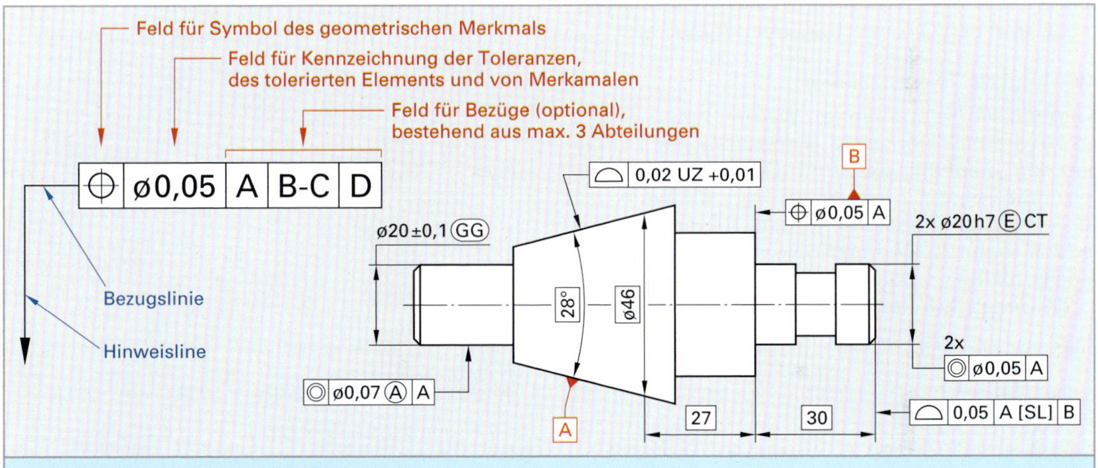

Bild 1: Aufbau des Toleranzindikators

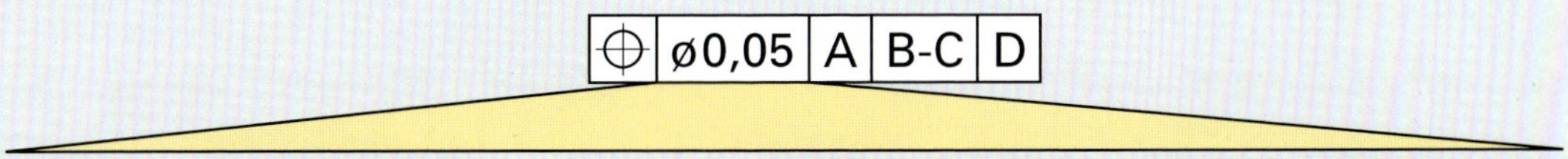

Toleranzzone *Tolerance zone*					Toleriertes Geometrieelement *Toleranced feature*				Merkmal *Characteristic*		Material *Material*	Zustand *State*
Form *Shape*	Weite *Width*	Kombination *Combination*	Versatz *Offset*	Nebenbedingung *Constraint*	Filter *Filter*		Zuordnungskriterium *Ass. toleranced feature*	abgeleitetes Element *Derived feature*	Zuordnung *Association*	Parameter *Parameter*		
					Typ *Filter*	Grenzen *Indices*						
ø	0,02	CZ	UZ +0,1	OZ	G	0,02	Ⓒ	Ⓐ	C CE CI	P	Ⓜ	Ⓕ
Sø	0,01-0,02	CZR	UZ −0,1	VA	S	0,01 - 0,02	Ⓖ	Ⓟ	G GE GI	V	Ⓛ	
	0,1/50	SZ	UZ +0,1: +0,2	><	…	0,1/50	Ⓝ		X	T	Ⓡ	
	0,1/50×50		UZ +0,1: −0,1		…	0,1/50×50	Ⓣ		N	Q		
	0,2/ø 50						Ⓧ					
	…											
	…											

Bild 2: Mögliche Symbole im zweiten Feld des Toleranzindikators (Ausschnitt)

1.8.5.2 Merkmale der Toleranzzone

Die Toleranzzone ist ein zwei- oder dreidimensionaler Bereich, in dem sich das reale, extrahierte tolerierte Geometrieelement befinden muss. Die Toleranzzone ist sehr gut für die visuelle Vorstellung der zulässigen Bauteilabweichungen geeignet.

Das tolerierte Geometrieelement muss immer innerhalb der Toleranzzone liegen. Es darf die Begrenzung der Toleranzzone berühren, aber nicht durchstoßen. **Bild 1** zeigt ein Beispiel für die Visualisierung der Toleranzzone und deren Kennzeichnung in der technischen Zeichnung.

Indikatoren zur Orientierung der Toleranzzone

Seit ISO 1101:2014 sind ergänzende Symbole definiert, die eine detaillierte Ausrichtung der Toleranzzone an Referenzelementen ermöglichen. **Bild 2** zeigt die Symbole für den Richtungselement- und den Orientierungsebenenindikator.

Kombinierte Toleranzzonen

Kombinierte Toleranzzonen werden heute vielfältig zur Bauteiltolerierung eingesetzt. Der Grundsatz der Unabhängigkeit im ISO-GPS-Normensystem gibt vor, dass eine Spezifikation jeweils nur für ein Geometrieelement gilt. Häufig müssen jedoch mehrere Geometrieelemente gemeinsam eine Funktion und deshalb auch gemeinsame Anforderungen erfüllen. Das Spezifikationselement „CZ" (combined zone) im zweiten Feld des Toleranzindikators kombiniert mehrere Toleranzzonen hinsichtlich Richtung und Ort.

Bild 3 zeigt eine kombinierte Toleranzzone für drei Auflageflächen eines Bauteils.

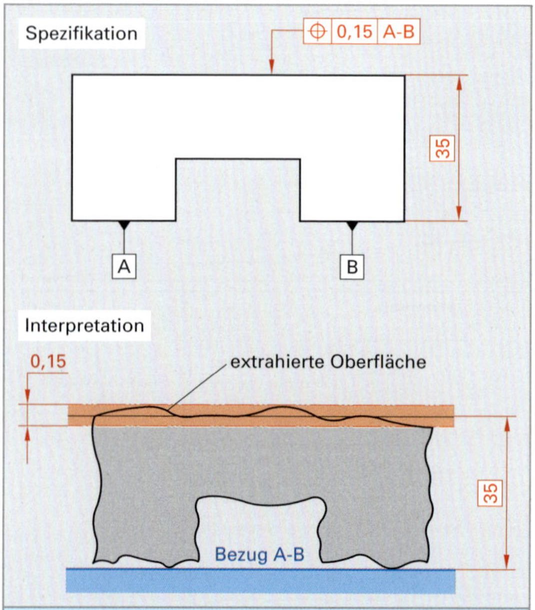

Bild 1: Beispiel für Kennzeichnung und Visualisierung der Toleranzzone

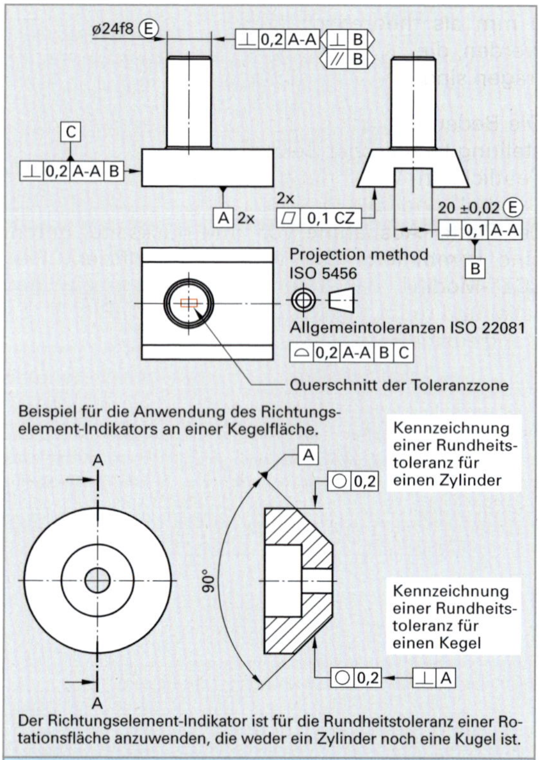

Bild 2: Indikatoren zur Ausrichtung der Toleranzzone

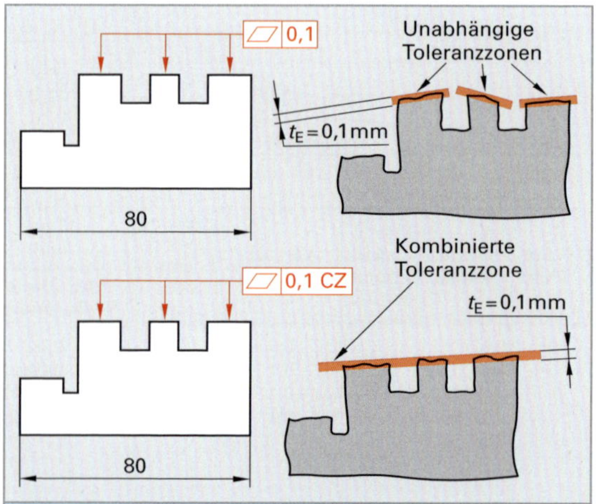

Bild 3: Erläuterung der kombinierten Toleranzzone CZ

Die Kombination der grundsätzlich unabhängigen Toleranzzonen erfolgt nach Richtung (alle Toleranzzonen sind parallel) und Ort (alle Toleranzzonen haben den Abstand Null zueinander). Die Nebenbedingungen der Richtung und des Ortes sind dem Nennmodell zu entnehmen. Hierbei können die Winkel 0°, 90°, 180°, 270° und der Abstand 0 mm als theoretisch genaue Maße betrachtet werden, die nicht explizit in der Zeichnung einzutragen sind (implizite Maße).

Die Bedeutung des „CZ"-Modifikators für die Erstellung technischer Zeichnungen wird aus **Bild 1** deutlich. In Verbindung mit einem „Rundum"-Symbol sind alle äußeren Begrenzungsflächen der Platte (Ausnahme Vor- und Rückseite) durch eine kombinierte Toleranzzone spezifiziert. Der „CZ"-Modifikator richtet die 4 Toleranzzonen parallel und rechtwinklig und im vorgegebenen Abstand zueinander aus.

Hinweis: Der Kollektionsebenen-Modifikator in Bild 1 legt fest, welche Flächen des Bauteils toleriert sind. In diesem Fall sind es die Geometrieelemente rundum in einer Betrachtungsebene parallel zur Bezugsfläche A. Der Kollektionsebenen-Modifikator ist stets bei der Verwendung eines Rundum-Symbols anzugeben.

Bild 2 zeigt die Anwendung eines CZ-Modifikators auf drei Flächen, die jeweils durch den Buchstaben „B" gekennzeichnet sind. Hier lauten die explizit eingetragenen Nebenbedingungen:

Nebenbedingung der Richtung: jeweils 60° zueinander

Nebenbedingung des Ortes: Abstand zur Bezugsachse „A": 20 mm

1.8.5.3 Toleriertes Geometrieelement

Das tolerierte Geometrieelement wird durch die Lage des Hinweispfeils vom Toleranzindikator relativ zur Maßlinie gekennzeichnet (siehe Bild 4, Seite 78). Die aktuelle Ausgabe der ISO 1101 bietet weitere Charakterisierungsmerkmale für das tolerierte Geometrieelement. In diesem Abschnitt wird auf eine Möglichkeit näher eingegangen, die in der Vergangenheit nur sehr umständlich definiert werden konnte.

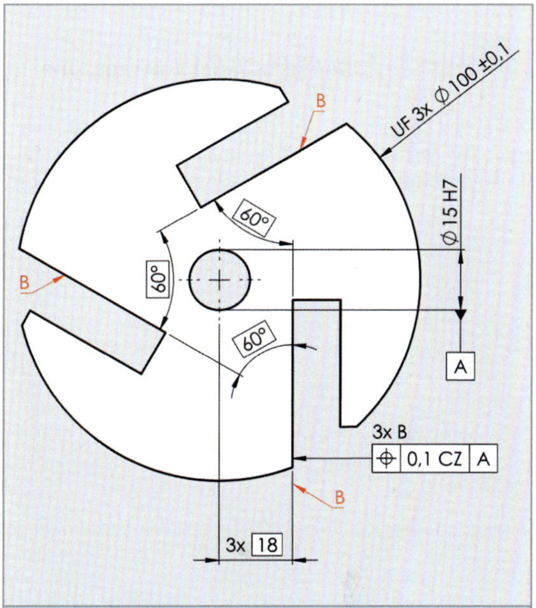

Bild 2: Anwendung eines CZ-Modifikators auf drei Flächen

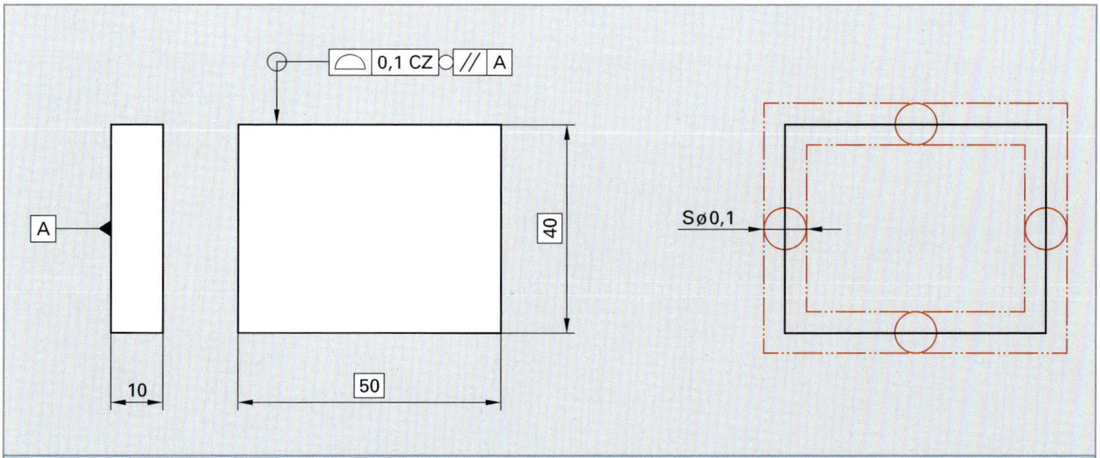

Bild 1: Anwendung eines CZ-Modifikators und „Rundum-Symbols" auf eine ebene Platte

United Feature UF

Die Kennzeichnung „UF“ (United Feature) über dem Toleranzindikator gibt an, dass mehrere Geometrieelemente zu einem „zusammengesetzten Geometrieelement“ vereinigt werden. Dies bedeutet, dass es zwischen den „zusammengesetzten Geometrieelementen“ keine Unterbrechung gibt **(Bild 1)**. Die Außenkontur besteht aus 8 einzelnen Zylindersegmenten, die hinsichtlich der Zylindrizität wie ein geschlossener Zylinder betrachtet werden.

Hinweis: Im Gegensatz zum „CZ“-Symbol, das im Toleranzindikator steht, wird das „UF“-Symbol oberhalb des Toleranzindikators angebracht.

Die Kennzeichnung „UF“ (United Feature) kann auch in Verbindung mit zusammengesetzten Bereichen eines Bauteils verwendet werden, die wie ein einziges Geometrieelement zu betrachten sind. Die Geometrieelemente, die zusammengesetzt werden, sind durch das „Rundum“-Symbol oder das „Zwischen“-Symbol zu kennzeichnen.

Die Anwendung einer Linienprofiltoleranz erfolgt z. B. auf die Mittelachse eines dreidimensional gekrümmten Rohres. Die Mittellinien der einzelnen Rohrabschnitte werden durch den „UF“-Modifikator zu einer „vereinigten Mittellinie“ zusammengefasst.

1.8.5.4 Bezüge und Bezugssysteme

Im vorangegangenen Kapitel wurde die Richtung von Toleranzzonen über ihre Lage zu Bezügen oder Bezugssystemen definiert. In diesem Kapitel werden die Grundlagen zur Kennzeichnung und Bildung von Einzelbezügen, gemeinsamen Bezügen und Bezugssystemen erläutert.

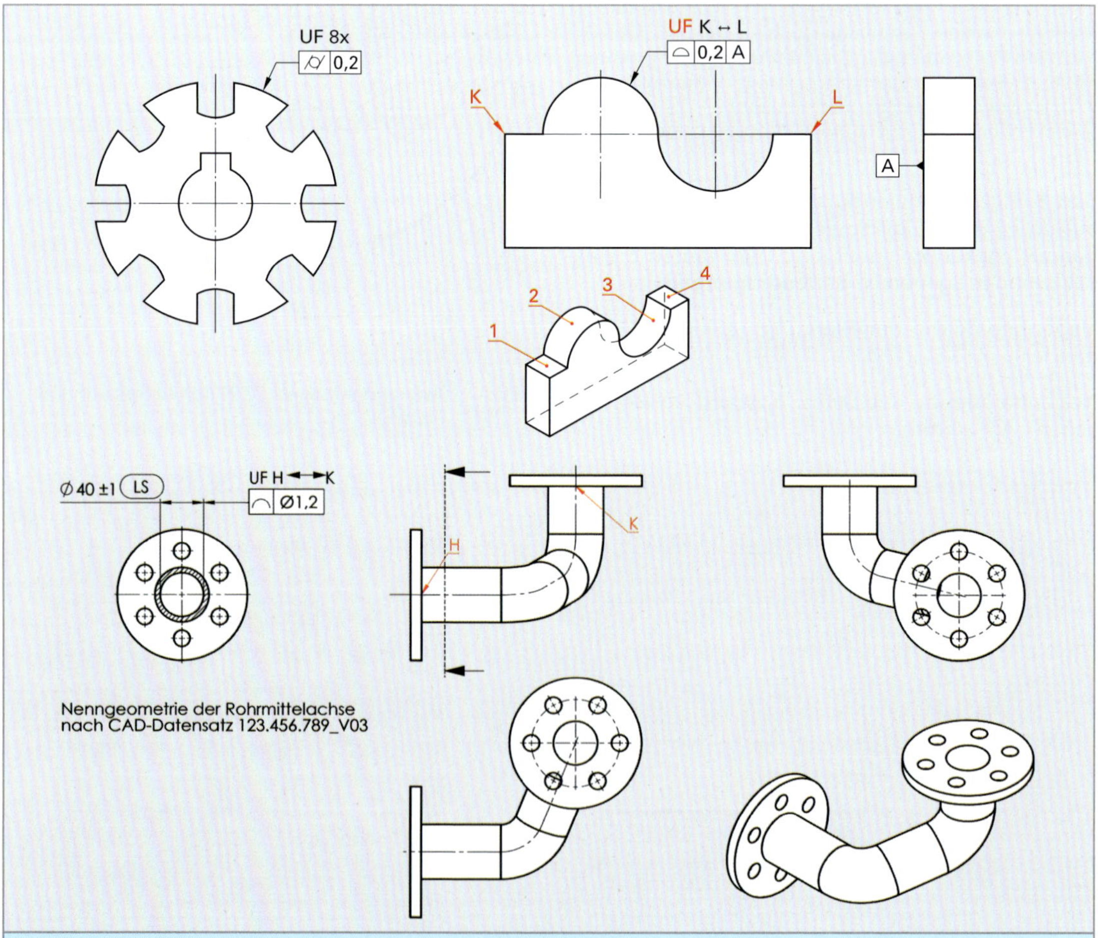

Bild 1: Anwendungsbeispiele des Modifikators „United Feature“

Bezüge sind theoretisch exakte Geometrieelemente, die die Freiheitsgrade von Toleranzzonen blockieren.

Zusätzlich dienen Bezüge zur Festlegung der Richtung von Schnitt-, Orientierungs- und Kollektionsebenen und weiteren Festlegungen der geometrischen Tolerierung. Bezüge und Bezugssysteme sind in ISO 5459 definiert.

Bezüge simulieren in der Regel die Schnittstellen zum angrenzenden, als ideal angenommenen Nachbarbauteil. Sie sind deshalb funktionsorientiert in die Zeichnung einzutragen. In der Messtechnik werden Bezüge herangezogen, um Richtungs-, Orts- und Laufabweichungen zu ermitteln. Sie dienen in der Messtechnik deshalb häufig zum Aufbau von Koordinatensystemen.

Bild 1 zeigt ein Beispiel für eine funktionsgerechte Bezugsbildung. Die Verwendung des tolerierten Bauteils wird im linken Bild dargestellt. Die Fluchtung der mittleren Bohrung mit der Bohrung im unteren Bauteil ist lediglich von der Bohrung und dem Langloch im oberen Bauteil abhängig. Die Ausrichtung an den Bauteilkanten (siehe obere Darstellung in Bild 1) wird zwar häufig von den Fertigungstechnikern gewünscht, ist jedoch nicht funktionsrelevant.

Grundsätzlich erfolgt die Kennzeichnung des Bezugselementes analog zur Kennzeichnung des tolerierten Elementes. Das Bezugsdreieck steht immer senkrecht auf dem Bezugselement oder auf einer Maßhilfslinie. Das Bezugsdreieck ist überwiegend geschwärzt. Es ist aber auch ohne Schwärzung zulässig. Die Bezugslinie verbindet den quadratischen Bezugsrahmen mit dem Bezugsdreieck.

Beispiele für die Eintragung von Bezügen in technischen Zeichnungen enthält **Bild 2**.

Bildung eines Einzelbezugs

Die Bildung eines Bezugs wird nachfolgend am Beispiel einer ebenen Fläche erläutert. Es wird zwischen Bezug und Bezugselement differenziert **(Bild 3)**. Der Bezug ist immer das am Bezugselement anliegende Nachbarbauteil in idealer Gestalt. Das Bezugselement, also das reale Geometrieelement am Werkstück, besitzt durch den Fertigungsprozess Abweichungen, die bei der Bezugsbildung berücksichtigt werden müssen, um eine eindeutige und reproduzierbare Anpassung an das reale Bezugselement zu erhalten.

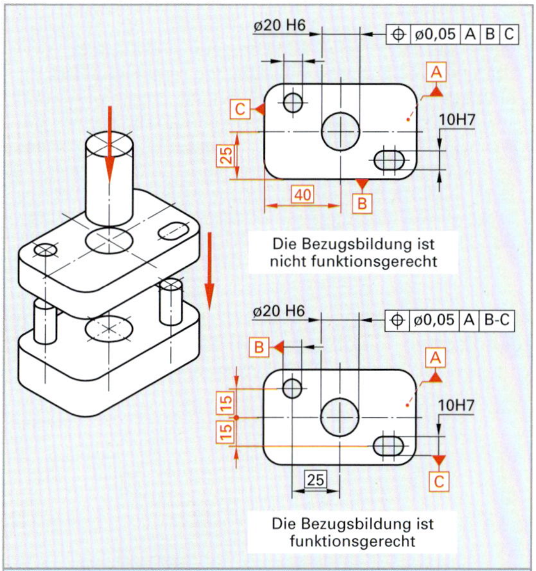

Bild 1: Beispiel für eine funktionsgerechte Bezugsbildung

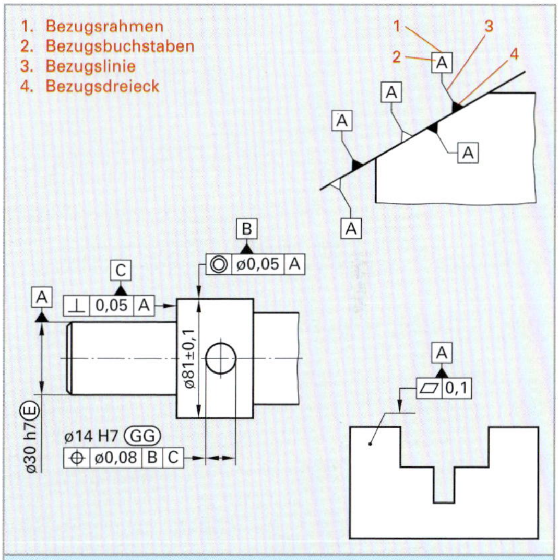

Bild 2: Kennzeichnung von Bezügen

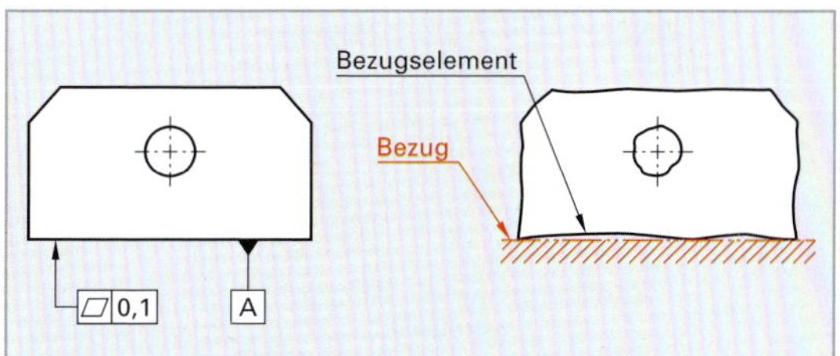

Bild 3: Bezugselement und Bezug

Für diese Anpassung (Assoziation) stellt die Norm verschiedene Zielfunktionen zur Verfügung. Das Standardverfahren, das ohne weitere Hinweise für eine ebene Fläche heranzuziehen ist, ist die Minimax-Assoziation oder auch Chebyshev-Assoziation genannt. Das Chebyshev-Kriterium definiert, dass der betragsmäßig größte Abstand senkrecht zum assoziierten Geometrieelement zwischen jedem Punkt des assoziierten idealen Geometrieelementes zum realen Bezugselement minimiert wird **(Bild 1)**.

Mit dem Eintragen des Bezugssymbols in der technischen Zeichnung wird durch die Festlegungen im ISO-GPS-Normensystem die Chebyshev-Bedingung für die Bezugsbildung für ebene Flächen oder Kegel und Keile standardmäßig vereinbart.

Für Zylinder und parallel gegenüberliegende Flächen wird das größte einbeschriebene bzw. kleinste umschriebene Geometrieelement als Standardvorgabe festgelegt **(Bild 2)**.

ISO 5459 lässt neben der Chebyshev-Assoziation als Standardverfahren auch noch andere Assoziationsverfahren zu, die jedoch durch entsprechende Kennzeichnungen auf der Zeichnung vereinbart werden müssen.

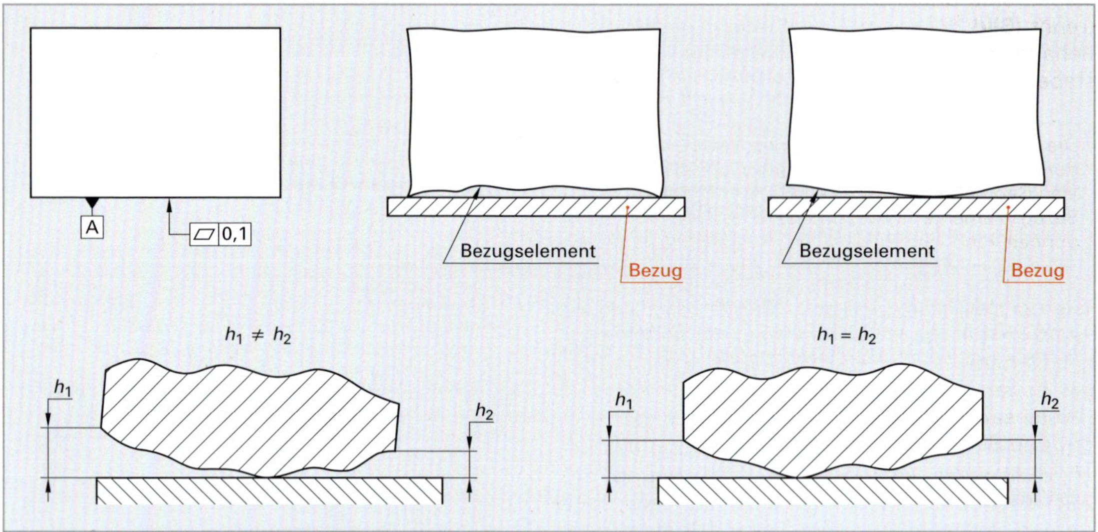

Bild 1: Bildung eines Einzelbezugs am Beispiel einer ebenen Bauteilfläche

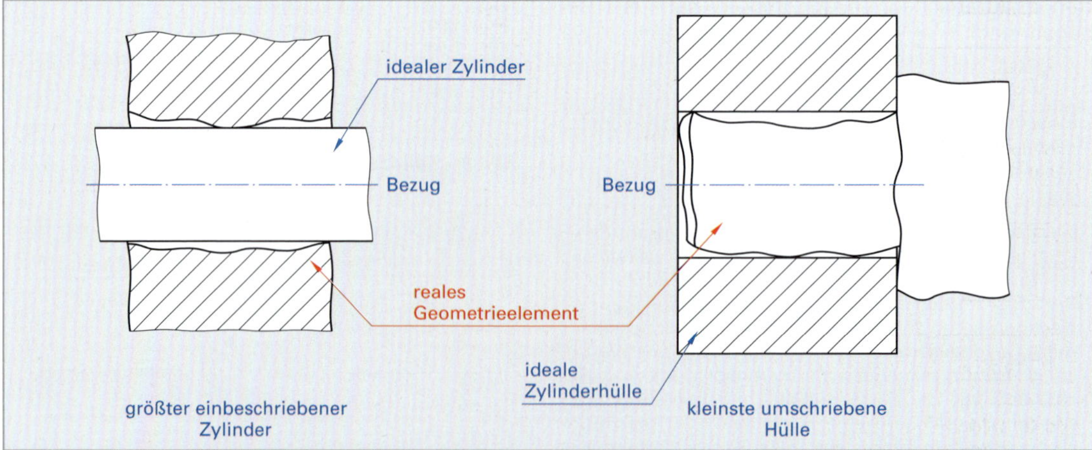

Bild 2: Bildung eines Einzelbezugs am Beispiel einer Bohrungsachse und einer Wellenachse

Gemeinsamer Bezug

Oft wird die Lage eines Bauteils durch mehr als ein Geometrieelement definiert z. B. Lagerung einer Getriebewelle, Schlitten bewegt sich auf zwei Gleitbahnen **(Bild 1)**. In diesen Fällen handelt es sich um gleichberechtigte Geometrieelemente, die gemeinsam wie ein Bezug wirken.

Die Bildung von gemeinsamen Bezügen erfolgt durch ideale Geometrieelemente, die gleichzeitig an mehrere Bezugselemente assoziiert werden (Bild 1).

Die Kennzeichnung des gemeinsamen Bezugs erfolgt durch eine Folge von Großbuchstaben in einer Abteilung des Toleranzindikators. Die Buchstaben sind durch Bindestriche voneinander getrennt **(Bild 2)**. Da alle Einzelbezüge gleichwertig behandelt werden, ist die Reihenfolge der Buchstaben nicht relevant.

> Die Bildung eines gemeinsamen Bezugs entsteht durch die simultane Assoziation von mehreren idealen Geometrieelementen an die zugehörigen realen Bezugselemente unter Beachtung der Nebenbedingungen von Richtung und Ort.

Wie bei der kombinierten Toleranzzone CZ ergeben sich die Nebenbedingungen implizit durch das Nennmodell oder durch explizite Eintragungen in der Zeichnung. **Bild 3** zeigt ein Beispiel für gemeinsamen Bezug aus zwei fluchtenden Achsen und **Bild 4** gibt ein Beispiel für gemeinsamen Bezug aus zwei parallelen Flächen und Vergleich mit Einzelbezug.

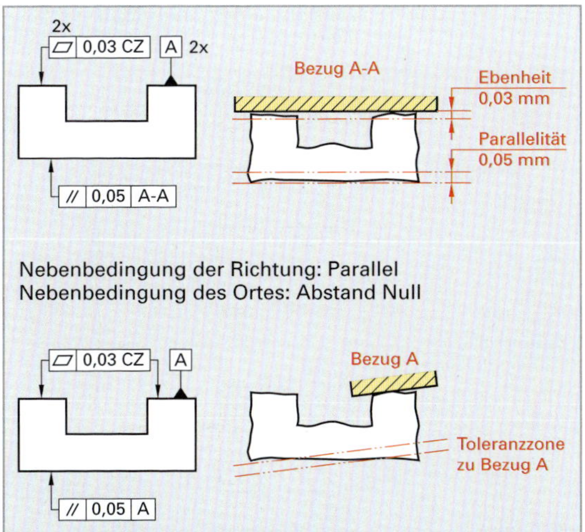

Bild 4: Bildung eines gemeinsamen Bezugs aus zwei parallelen Flächen und Vergleich mit einem Einzelbezug

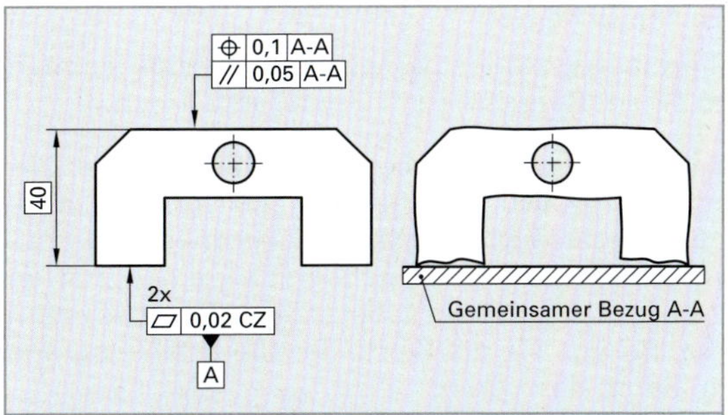

Bild 1: Gemeinsamer Bezug aus zwei parallelen Flächen

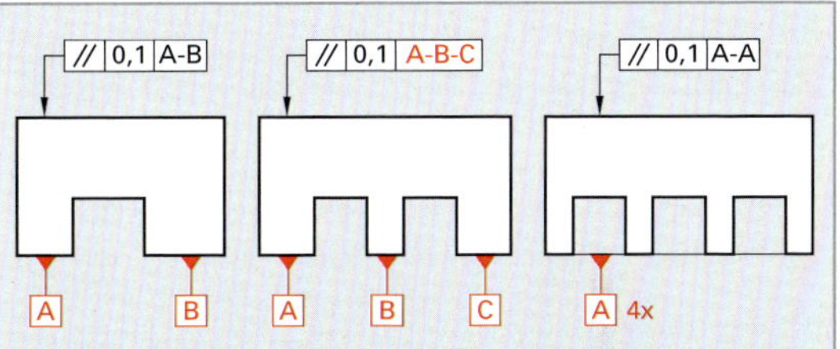

Bild 2: Kennzeichnung eines gemeinsamen Bezugs aus mehreren Flächen

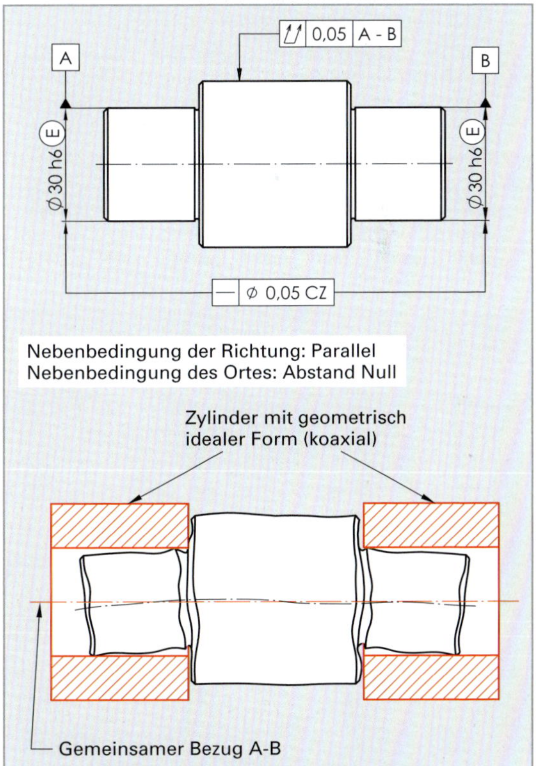

Bild 3: Bildung eines gemeinsamen Bezugs aus zwei fluchtenden Wellenachsen

Bezugssysteme

Einzelbezüge oder gemeinsame Bezüge können zu einem Bezugssystem verknüpft werden.

Bezugssysteme bestehen aus zwei oder drei Bezügen, die nicht gleichberechtigt, sondern in einem hierarchischen System geordnet sind. Entsprechend den 6 Freiheitsgraden eines starren Werkstücks muss ein vollständiges Bezugssystem drei Bezüge für die Blockade aller Freiheitsgrade im Raum definieren.

Analog zur Rangfolge werden die Bezüge wie in **Bild 1** bezeichnet und im Toleranzindikator eingetragen.

Ein Bezugssystem beinhaltet die folgenden Regeln **(Bild 2)**:

1. Im Bezugssystem werden die theoretisch exakten Geometrieelemente sequentiell an ihre realen Bezugselemente angepasst. Die Reihenfolge wird im Toleranzindikator festgelegt (Primär-, Sekundär- und Tertiärbezug).
2. Die standardmäßige Assoziation der theoretisch exakten Geometrieelemente wird durch die Default-Regelung im ISO-GPS-Normensystem für die Einzelbezüge vorgegeben (z. B. Chebyshev-Bedingung für ebene Flächen).
3. Der Primärbezug definiert die Nebenbedingung der Richtung des Sekundärbezugs. Der Tertiärbezug erhält seine Nebenbedingungen der Richtung sowohl vom Primär-, als auch vom Sekundärbezug.
4. Es werden nur die Nebenbedingungen der Richtung zwischen den Situationselementen der assoziierten Flächen definiert. Die Nebenbedingungen des Ortes sind nicht festgelegt.

Sekundäre und tertiäre Bezüge dürfen nur festgelegt werden, wenn sie zusätzlich zum primären bzw. sekundären Bezug weitere Freiheitsgrade einschränken **(Bild 3)**. In Bild 3 wird für die Profiltoleranz der rechten Bauteilseite ein Sekundärbezug „B" verwendet, der im Vergleich zum Primärbezug keine weiteren Freiheitsgrade der Toleranzzone einschränkt. Diese Tolerierung ist nicht zulässig.

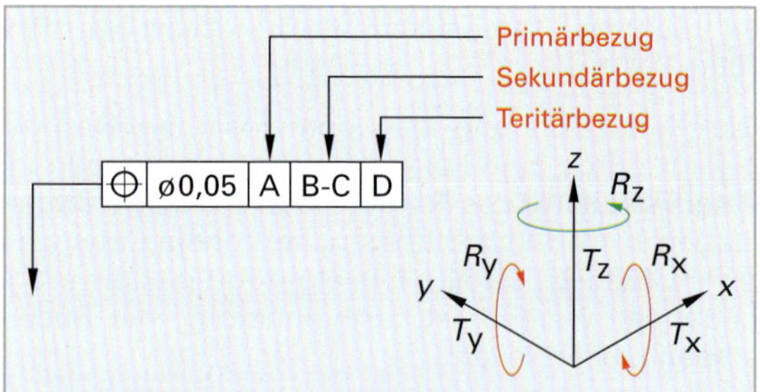

Bild 1: Eintragung eines Bezugssystems im Toleranzindikator

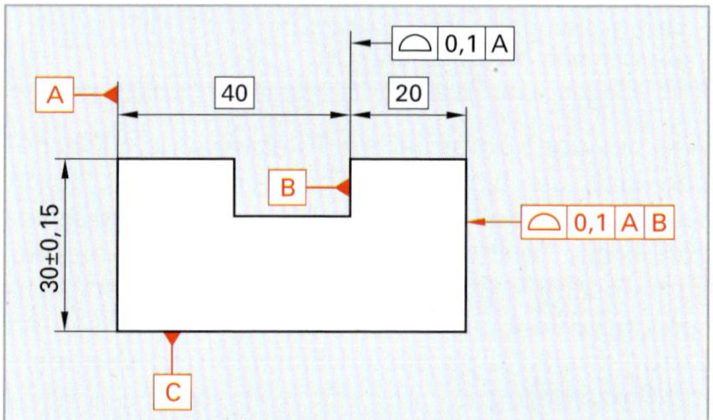

Bild 3: Falsche Verwendung eines Sekundärbezuges

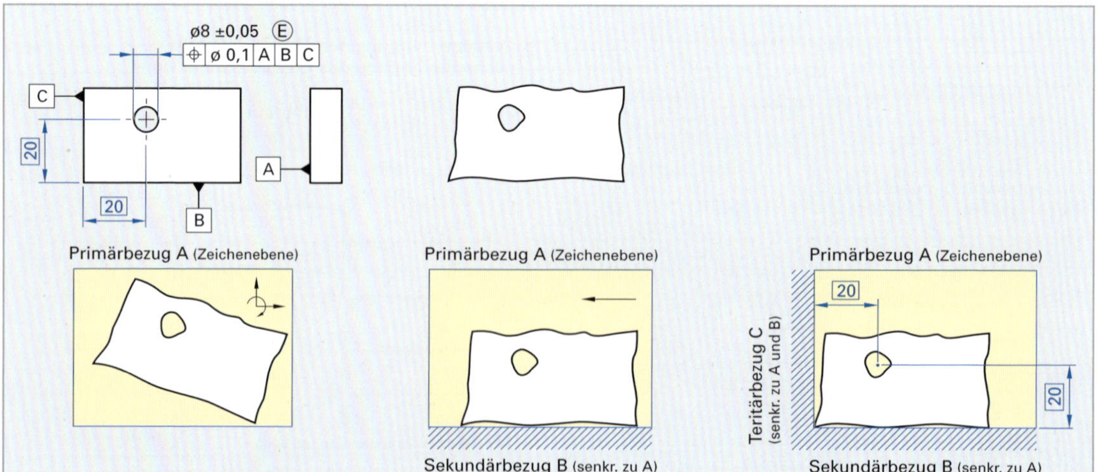

Bild 2: Aufbau eines vollständigen Bezugssystems

Die Festlegung der Reihenfolge von Primär-, Sekundär- und Tertiärbezug sollte sich an funktionalen Kriterien orientieren und hat einen entscheidenden Einfluss auf die Bauteileigenschaften **(Bild 1)**.

Beispiel (Bild 1): Die Bezüge sind drei ideale Flächen, die unter einem Winkel von 90° zueinander angeordnet sind. Im linken und mittleren Beispiel ist die Reihenfolge der Bezüge unterschiedlich, während im rechten Beispiel die Bezüge B und C gleichberechtigt sind und einen „gemeinsamen Bezug" bilden. Die Achse der Bohrung liegt in allen drei Beispielen innerhalb des „Koordinatensystems" an der gleichen Stelle, jedoch relativ zu den Plattenrändern in Abhängigkeit von den Form- und Lageeigenschaften der Plattenränder an unterschiedlichen Stellen.

Beispiel (Bild 2): Die Achse des Zylinders mit dem Durchmesser ø18 f7 soll mit einer Genauigkeit von 0,05 mm koaxial zur Achse des linken Zylinders (ø30 f6) sein. Die Tolerierung in der linken Zeichnung ist nicht zu empfehlen, da die Bezugsachse sehr kurz ist und somit die Verifizierung von der Genauigkeit der Bezugsbildung abhängt und in diesem Fall mit einer großen Messunsicherheit verbunden ist (siehe untere Darstellungen in Bild 2).

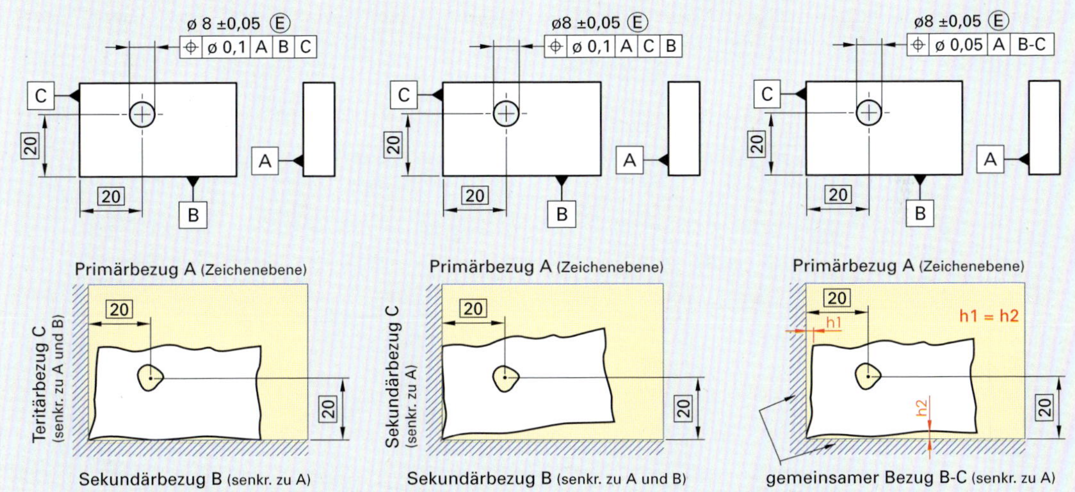

Bild 1: Anwendung unterschiedlicher Bezugssysteme

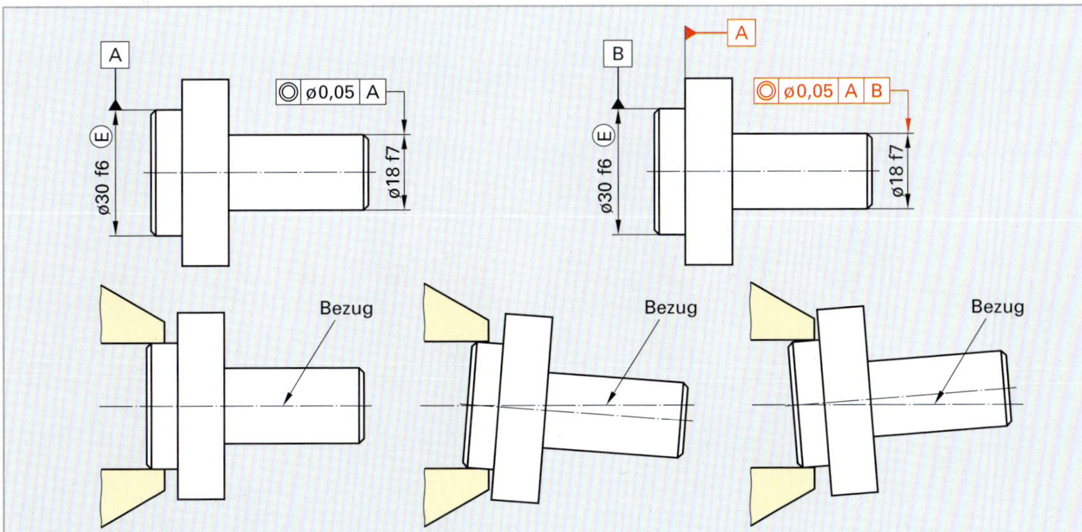

Bild 2: Beispiel für die Anwendung eines Bezugssystems

Es wird empfohlen, die Tolerierung rechts oben aus Bild 2, Seite 87, zu verwenden. Durch die Verwendung des Primärbezuges aus der großen Stirnfläche des Zylinders wird der Sekundärbezug (Achse „B") senkrecht zur Fläche „A" ausgerichtet. Diese Tolerierung bildet auch die Einbausituation am Nachbarbauteil funktionsgerecht ab. Die Achse des Zylinders ø18 f7 ist somit koaxial zur Bezugsachse „B", die sich zunächst senkrecht an der Stirnfläche „A" orientiert.

Beispiel (Bild 1): Abschließend wird nochmals der Unterschied zwischen der Tolerierung mit Einzelbezügen und einem Bezugssystem dargestellt. In der oberen Darstellung von Bild 1 wird die Toleranzzone für die Bohrungsachse an zwei Einzelbezügen ausgerichtet. Die Bezüge (ideale Flächen) werden nach der Chebyshev-Regel an die realen Seitenflächen (Bezugselemente) assoziiert. Eine Rechtwinkligkeitsabweichung der beiden realen Flächen zueinander wirkt sich deshalb auf die Form der Toleranzzone und deren Lage aus.

Im unteren Teil von Bild 1 wird ein Bezugssystem aus „A" und „B" verwendet, wobei der Sekundärbezug „B" seine Ausrichtung durch den Primärbezug (in diesem Fall rechtwinklig) erhält. Die Nebenbedingung der Ausrichtung des Sekundärbezuges am Primärbezug ist durch die Rechtwinkligkeit der beiden Flächen zueinander im idealen CAD-Modell verankert. Durch das „ø"-Symbol vor dem Toleranzwert im zweiten Feld des Toleranzindikators wird zudem die Toleranzzone zu einem idealen Zylinder.

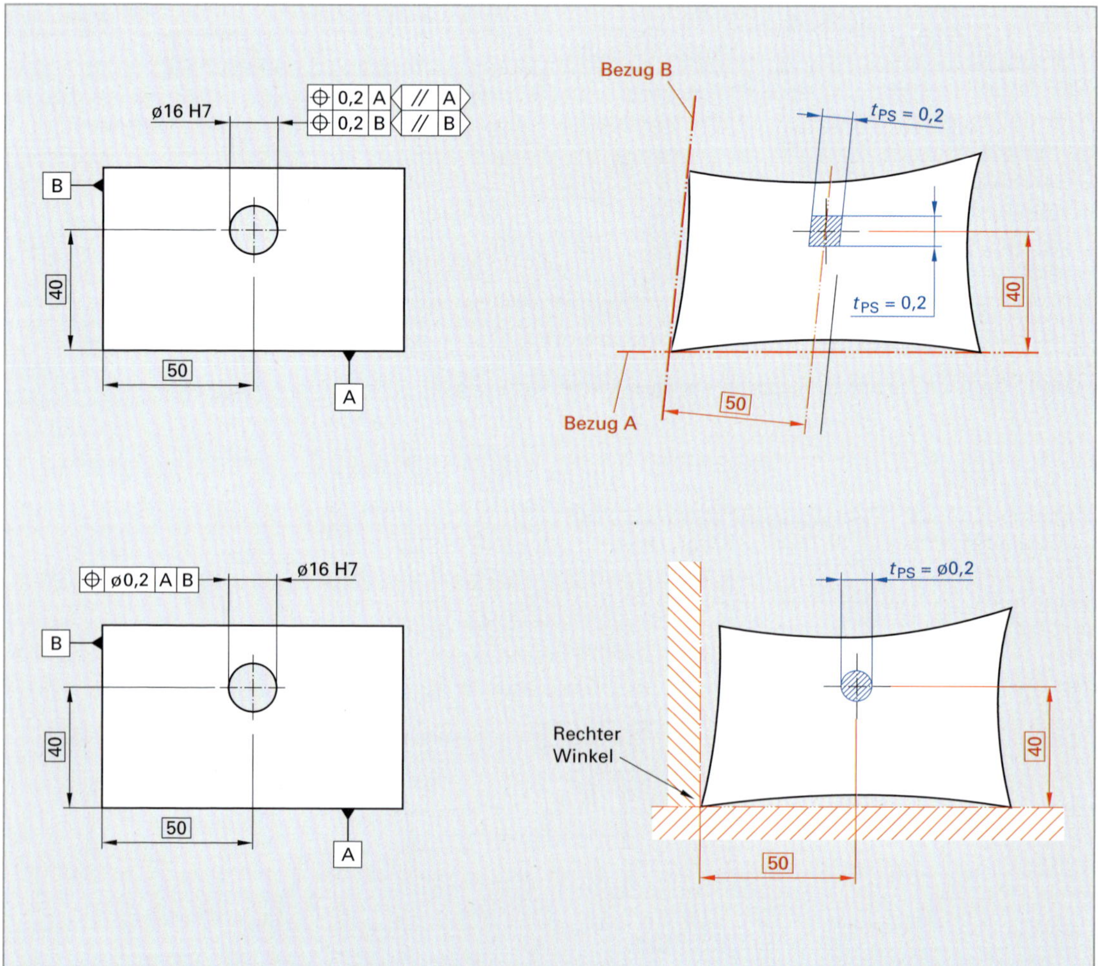

Bild 1: Vergleich zwischen Einzelbezug und Bezugssystem

1.9 FMEA – Failure Mode and Effect Analysis[1]

1.9.1 Die Auswirkungen von Fehlern

Sowohl der Konsumgütermarkt als auch der Investitionsgütermarkt fordert ständig neue Produkte mit einer Vielzahl zusätzlicher und neuer Funktionen. Damit entstehen immer komplexere und schwieriger beherrschbare Systeme. Der Wettbewerb zwingt die Produktionsunternehmen zu einer frühen Markteinführung und damit gleichzeitig zu einer Verkürzung der Entwicklungs- und Testlaufzeiten.

Diese Umstände begünstigen die Wahrscheinlichkeit von Fehlfunktionen bzw. Funktionsausfällen und bergen so ein enormes Risiko für die Sicherheit und Zufriedenheit des Anwenders.

Die Fehler bilden nicht nur ein Sicherheitsrisiko, sie können für den Kunden bzw. Hersteller auch hohe Kosten verursachen, z. B. durch

- Produktionszeitverluste bei Fehlern im Herstellungsprozess,
- Garantie- und Kulanzleistungen,
- Schadenersatzleistungen und Geldstrafen,
- Fehlerbehebung.

Es gilt: je später der Fehler in der Produktentstehungskette entdeckt wird, desto höher sind die Kosten für seine Beseitigung **(Bild 1)**.

Gelangen Fehler z. B. durch Rückrufaktionen an die Öffentlichkeit, droht ein erheblicher und ein lang anhaltender Imageverlust und zwar noch bevor die Fehler tatsächlich aufgetreten sind.

Betrachtet man unter all diesen Umständen den hohen Kostendruck, die wachsenden Produktionszahlen und die zunehmend strengeren gesetzlichen Auflagen, bedarf es einer effizienten Methode zur frühzeitigen Erkennung von Fehlern.

Die FMEA ist ein vorbeugendes Werkzeug zur systematischen Aufdeckung von Fehlern, zur objektiven Bewertung und Vorbeugung potentieller Fehlerquellen an einem Produkt oder in einem Prozess.

[1] Failure Mode and Effects Analysis = Fehlermöglichkeits- und Einflussanalyse.

Konstruktions-FMEA/Produkt-FMEA

In der Konstruktions-FMEA (Design-FMEA) prüfen Konstrukteure einzelne Komponenten oder bestehende Konstruktionen auf mögliche Funktionsfehler, Stabilität und Herstellbarkeit.

Erkenntnisse, z. B. über Dimensionierung, Werkstoffe, Umgebungseinflüsse und Herstellrisiken für Fertigung und Montage fließen direkt in die Anforderungsliste und damit in die Detailkonstruktion ein. Erkenntnisse über Sicherheitsrisiken können in die Risikobeurteilung der CE-Konfirmitätserklärung übernommen werden. Anstelle der Konstruktions-FMEA tritt bei Zukaufkomponenten die Produkt-FMEA.

Die Prozess-FMEA

In der Prozess FMEA untersucht ein Produktionsteam den Produktionsprozess zur Herstellung eines Produkts.

Dabei sollen Schwachstellen bei Fertigung, Montage und Inbetriebnahme noch vor Produktionsanlauf aufgedeckt und Maßnahmen zur Prozessbeherrschung entwickelt werden. So können Produktionszeiten optimiert und Ausfälle verhindert werden. Die Prozess-FMEA kann auch Erkenntnisse für die Konstruktions-FMEA liefern.

Die System-FMEA

Die System-FMEA befasst sich nicht nur mit den einzelnen Komponenten oder Prozessen, sondern betrachtet ein Produkt als ganzes System.

Das System umfasst dabei alle Schritte der Produktentstehung von der Idee bis zur Inbetriebnahme sowie alle dazugehörigen Schnittstellen, auch die zur Umgebung bzw. zur Umwelt. So werden auch umfangreiche und komplexe Systeme gezielt analysiert.

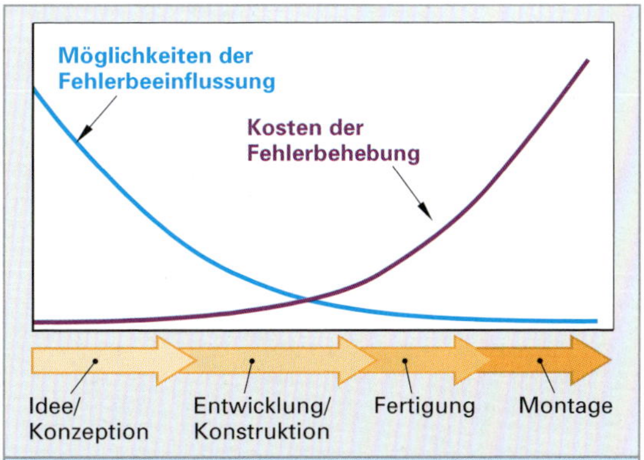

Bild 1: Möglichkeiten der Fehlerbeeinflussung und Kosten

1.9.2 Durchführung einer Konstruktions-FMEA

Die FMEA wird in einem Team aus z. B. 4 bis 6 Experten der beteiligten Fachbereiche, z. B. Konstruktion, Software-Entwicklung und Produktion durchgeführt und zwar in 5 Schritten (**Bild 1**):

1. Strukturanalyse,
2. Funktionsanalyse,
3. Fehleranalyse,
4. Risikobewertung,
5. Optimierung.

In der **Strukturanalyse** werden zunächst die Produktstruktur und die dazugehörigen Systemelemente definiert und in einem hierarchischen Baumdiagramm **(Bild 2)** dargestellt. An oberster Stelle des Baumdiagramms steht das Produkt sowie ein eingegrenztes Teilsystem.

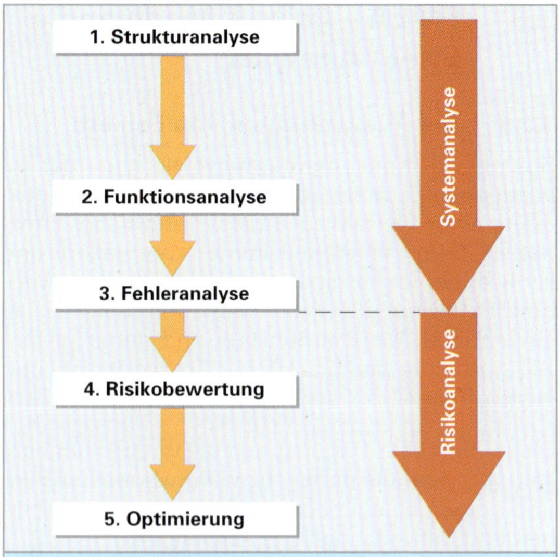

Bild 1: Fünf Schritte der FMEA

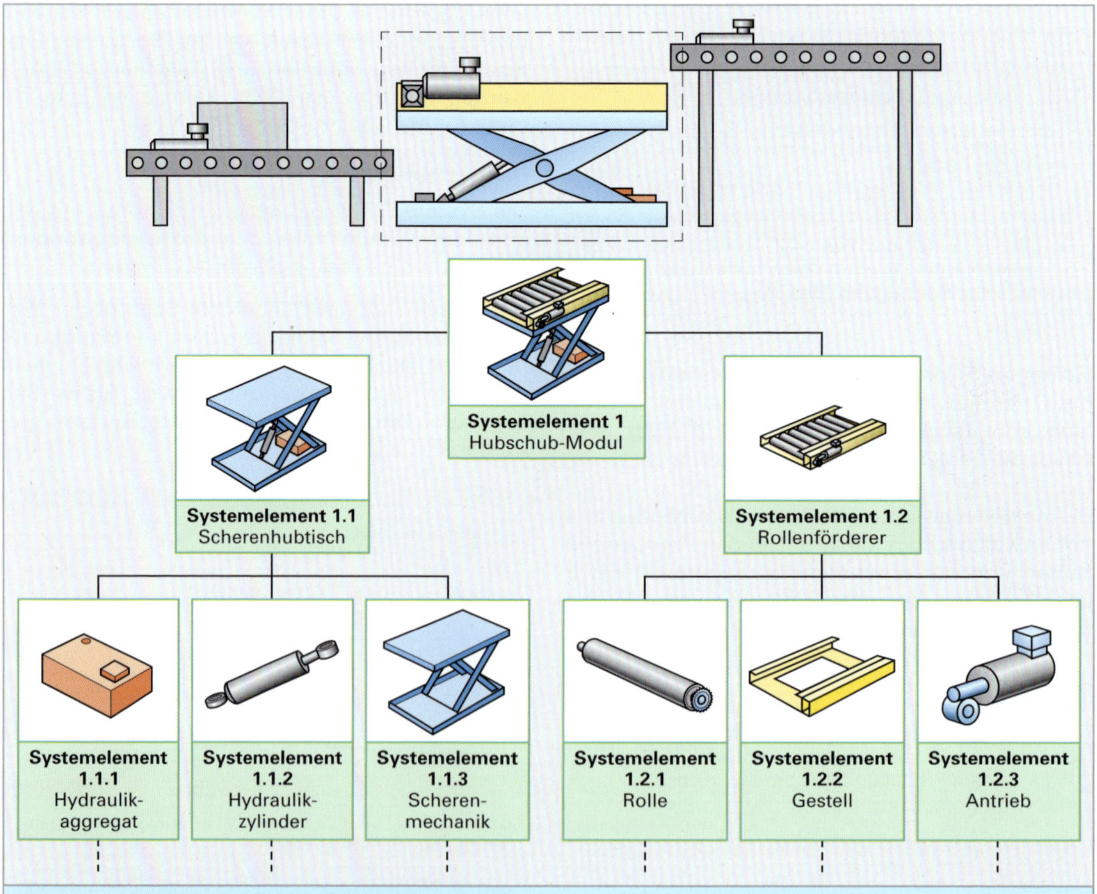

Bild 2: Strukturanalyse mit Systemeingrenzung

In der **Funktionsanalyse (Bild 1)** werden den Systemelementen Funktionen zugeordnet. Funktionen, aber auch deren Merkmale, werden durch Spezifikationen aus dem Lastenheft oder dem Pflichtenheft vorgegeben.

Die Darstellung der Schnittstellen macht die Ursache-Wirkungskette deutlich.

In der **Risikoanalyse** führt das Team eine **Fehleranalyse** (Bild 1) durch. Dabei bestimmt das Team sowohl die kritischen Komponenten als auch die kritischen Funktionen eines Systems.

Anschließend wird jede Funktion als Fehler betrachtet und deren Bedeutung bewertet. Ein als bedeutend eingestufter Fehler wird im Baumdiagramm in beiden Richtungen auf Fehlerursachen und Fehlerauswirkung untersucht – ausgehend von der Systemebene, in der er erkannt wird.

Die während der Fehleranalyse eingestuften Fehler werden anhand des FMEA-Formblatts (**Bild 1, Seite 92**) mithilfe von Bewertungszahlen einer **Risikobewertung** unterzogen. Die Ergebnisse werden im FMEA-Formblatt eingetragen. Darin werden drei Fehlerkriterien mit Bewertungszahlen im Wertebereich zwischen 1 und 10 versehen (**Tabelle 1, Seite 92**):

- **B**: Bewertungszahl für die Fehlerbedeutung,
- **A**: Bewertungszahl für die Auftretenswahrscheinlichkeit des Fehlers,
- **E**: Bewertungszahl für die Entdeckungswahrscheinlichkeit des Fehlers.

Sodann wird eine **Risikoprioritätszahl (*RPZ*)** als Produkt aus den drei Bewertungszahlen ermittelt:

Risikoprioritätszahl: $$RPZ = B \cdot A \cdot E$$

Die Zahlen B, A, E können zwischen 1 und 10 liegen und somit RPZ zwischen 1 und 1000. Bei RPZ >100 müssen Verbesserungen vorgenommen werden.

Abschließend wird das System in Bezug auf Fehler optimiert.

Zur **Optimierung** gibt es folgende Möglichkeiten:

- Konstruktive Behebung der Fehlerursache und der Fehlerfolgen (Dimensionierung, Materialwahl, Entkopplung von Systemen)
- Änderung der Randbedingungen (Lastgrenzen, Einschaltdauer, Frequenz)
- Genaue Analyse der Wahrscheinlichkeit eines Fehlerauftritts durch Nachrechnung, Simulation, Prototypen, Testläufe und Null-Serien.

Nachdem eine Maßnahme zur Fehlerbehebung festgelegt wurde, wird das System neu bewertet.

Literatur

FMEA – Fehlermöglichkeits- und Einflussanalyse, DGQ-Band 13-11, Hrsg.: Deutsche Gesellschaft für Qualität e. V. (DGQ), Frankfurt/Main.

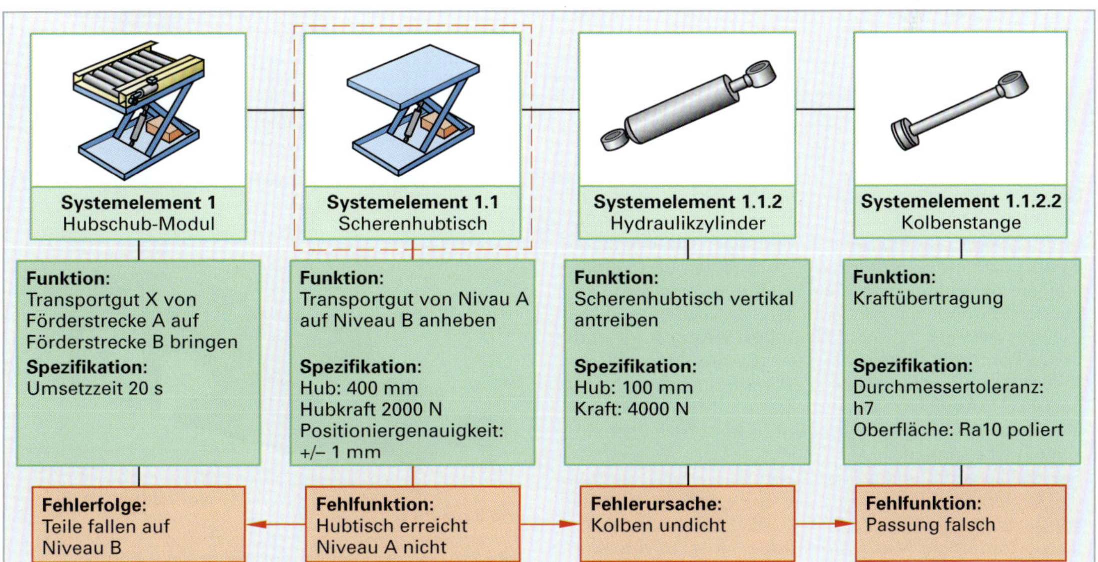

Bild 1: Funktionsanalyse und Fehleranalyse (Beispiel)

EUROPA LEHRMITTEL	**Fehlermöglichkeits- und Einfluss-Analyse** ☐ System-FMEA Produkt ☐ System-FMEA Prozess									FMEA-Nr.: Seite: von:
Typ / Modell / Fertigung / Charge:				Sach-Nr. / Änderungsstand		Verantw. / Firma:				Abt. / Datum
System-Nr. / Systemelement; Funktion / Aufgabe:				Sach-Nr. / Änderungsstand		Verantw. / Firma:				Abt. / Datum
Mögliche Fehlerfolgen	B	Möglicher Fehler	Mögliche Fehlerursachen	Vermeidungsmaßnahmen	A	Entdeckungsmaßnahmen	E	RPZ		V / T
										Formblatt nach VDA

E: Bewertungszahl für die Entdeckungswahrscheinlichkeit
B: Bewertungszahl für die Bedeutung
A: Bewertungszahl für die Auftretenswahrscheinlichkeit
T: Termin für die Erledigung
V: Verantwortlichkeit
Risikoprioritätszahl RPZ = B · A · E

Bild 1: FMEA-Formblatt (Beispiel)

Tabelle 1: Bewertungszahlen

B: Bedeutung der Fehlerwirkung	B	A: Auftretenswahrscheinlichkeit	A	E: Entdeckungswahrscheinlichkeit	E
gefährlich, gesetzeswidrig	10	immer	10	Nie, verdeckter Fehler	10
kritisch, Systemausfall	9	fast immer	9	sehr selten, kaum bemerkbar	9
gravierend, Reparatur notw.	8	sehr oft	8	selten, bemerkbar	8
schwerwiegend, Störung	7	oft	7	gelegentlich feststellbar	7
bedeutend	6	regelmäßig	6	wiederholt bemerkbar	6
beträchtlich	5	wiederholt	5	regelmäßig, wird bemerkt	5
erkennbar	4	manchmal	4	oft, bei systematischen Test	4
gering	3	selten	3	sehr oft	3
vernachlässigbar	2	sehr selten	2	fast immer, bei Tests	2
keine	1	nie	1	immer, funktioneller Fehler	1

Beispiel: Die Weitergabevorrichtung (**Bild 2**) einer Förderanlage ist einer FMEA zu unterziehen. In der Strukturanalyse erfolgt eine Aufgliederung in die einzelnen Systemelemente. In der Funktionsanalyse und Fehleranalyse betrachtet man die Einzelfunktionen und ordnet diesen mögliche Fehler zu (Bild 1, Seite 91).
Zur **Auswertung** bzw. zur **Risikobewertung** trägt man in das Formblatt (**Bild 1**) die Bewertungszahlen und die Maßnahmen ein: B = 7 für „Fehlerwirkung ist schwerwiegend", A = 3 für „die Auftretenswahrscheinlichkeit ist selten" und E = 7 für „die Entdeckungswahrscheinlichkeit ist gegeben".
Für die zusammenfassende Risikobewertung werden die Zahlen A, B, E multipliziert. Sie ergeben die Risikoprioritätszahl RPZ = 7 · 3 · 5 = 105. Maßnahmen sind also erforderlich. Man wird künftig hin z. B. die Toleranzangabe aufzeichnen und bei der Montage prüfen.

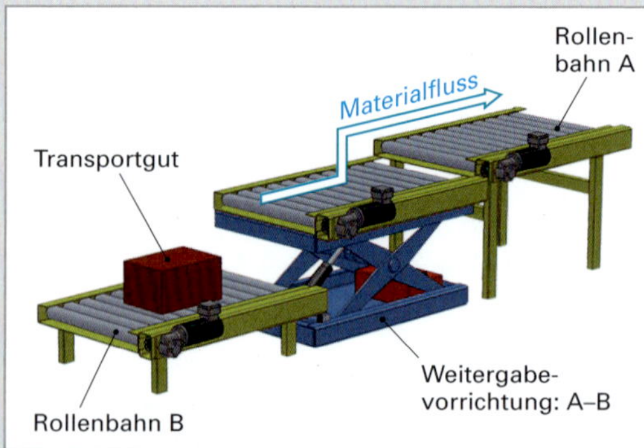

Bild 2: Weitergabevorrichtung in einer Förderanlage

1.10 Von der Konstruktion zur Fertigung

Die Konstruktion wird aus der Erzeugnisbeschreibung abgeleitet und besteht aus technischen Zeichnungen und Stücklisten. Damit werden *technologische, geometrische* und *organisatorische* Informationen zusammengefasst **(Bild 1)**. Der Zeichnungssatz und der Stücklistensatz sind nach der Folge des Zusammenbaus der einzelnen Baugruppen zum Gesamterzeugnis aufgebaut. Während die Zeichnung die Informationen für die Bauteilherstellung und Montage beinhaltet, sind die Stücklisten die wichtigsten Dokumente zur organisatorischen Abwicklung eines Fertigungsauftrags.

Stücklisten sind Grundlage

1. für den **Einkauf** zur Bestellung von Rohteilen, Werkstoffen, Fertigteilen und zur Kontrolle der Lieferung,
2. für die **Lagerverwaltung** zum Bereitstellen der Teile zur Fertigung, zur Montage und zur Verpackung,
3. der **Mengenplanung** zur Ermittlung der Materialbedarfe,
4. zur **Arbeitsplanung** in der Fertigung,
5. zur **Fertigungsauslösung** und **Fertigungsplanung**,
6. zur **Kostenrechnung** und **Rechnungsstellung**.

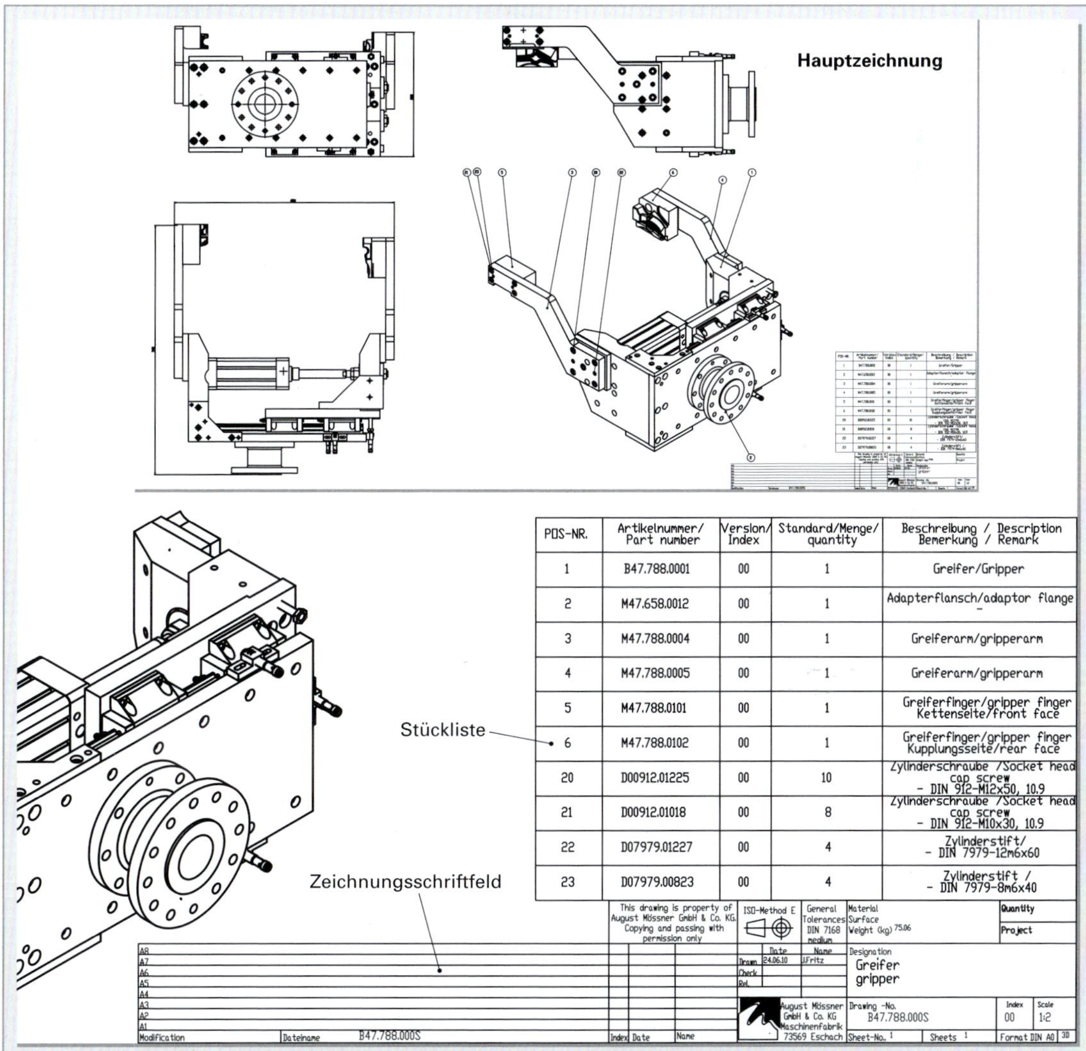

POS-NR.	Artikelnummer/ Part number	Version/ Index	Standard/Menge/ quantity	Beschreibung / Description Bemerkung / Remark
1	B47.788.0001	00	1	Greifer/Gripper
2	M47.658.0012	00	1	Adapterflansch/adaptor flange
3	M47.788.0004	00	1	Greiferarm/gripperarm
4	M47.788.0005	00	1	Greiferarm/gripperarm
5	M47.788.0101	00	1	Greiferfinger/gripper finger Kettenseite/front face
6	M47.788.0102	00	1	Greiferfinger/gripper finger Kupplungsseite/rear face
20	D00912.01225	00	10	Zylinderschraube /Socket head cap screw - DIN 912-M12x50, 10.9
21	D00912.01018	00	8	Zylinderschraube /Socket head cap screw - DIN 912-M10x30, 10.9
22	D07979.01227	00	4	Zylinderstift/ - DIN 7979-12m6x60
23	D07979.00823	00	4	Zylinderstift / - DIN 7979-8m6x40

Bild 1: Technische Zeichnung (Ausschnitt) mit Konstruktionsstückliste

1.10.1 Stücklisten und Erzeugnisgliederung

Bei den Stücklisten unterscheidet man meist zwischen der Mengenübersichtsstückliste, der Strukturstückliste und der Baukastenstückliste.

Mengenübersichtsstückliste. Sie ist unstrukturiert und liefert eine Auflistung der Einzelteile. Man findet sie als **Konstruktionsstückliste** auf den Zeichnungen. Für jede Teilenummer wird die Gesamtmenge darin aufgelistet (Bild 1, Seite 93).

Strukturstückliste. Die Strukturstückliste enthält alle Bauteile, **gegliedert nach Baugruppen** in der Abfolge der Fertigungsstufen bzw. Montagestufen **(Bild 1)**.

Damit kann man zur Teilebereitstellung für einen Fertigungsauftrag, z. B. zur Montage eines Robotergreifers, alle Teile herrichten und farblich kennzeichnen (grün: Teile sind vorhanden, rot: Teile fehlen). Die Strukturstückliste ist geeignet, Fertigungsvorgänge auszulösen und zu kontrollieren.

Baukastenstückliste. Die Baukastenstückliste **(Bild 2)** listet nur die Bauteile und die Baugruppen der nächst tieferen Fertigungs- bzw. Montagestufe auf.

Die gelisteten Baugruppen haben wieder ihre eigenen Baukastenstücklisten, soweit diese wiederum aus Einzelbaugruppen bestehen. Die Baukastenstückliste ist somit orientiert am Erzeugnisbaum des Produkts **(Bild 3)** und hierarchisch gegliedert. Sie ist die meist übliche Stückliste. Setzt sich ein Produkt aus bekannten Einzelbaugruppen zusammen, so sind deren Baukastenstücklisten nur aneinanderzureihen. Aus der Baukastenstückliste kann über die EDV sowohl eine Mengenstückliste als auch eine Strukturstückliste abgeleitet werden. Die daraus abgeleitete Mengenstückliste ermöglicht dem Einkauf oder dem Lager, Bestellungen auszulösen und die Lieferungen zu kontrollieren **(Bild 4)**.

Häufig werden auch noch eine Gleichteileliste und eine Variantenstückliste erstellt.

Gleichteileliste. Hier werden all diejenigen Gegenstände aufgelistet, die mit gleicher Sachnummer und gleicher Menge in mehreren Varianten einer Konstruktion vorkommen.

Variantenstückliste. Sie fasst mehrere Stücklisten auf einem Vordruck zusammen. So können Konstruktionsvarianten, die ja meist einen hohen Anteil identischer Teile haben, bezüglich ihrer Gemeinsamkeiten übersichtlich dargestellt werden.

Baugruppe → Pos 0

□ fehlt
□ eingetroffen
□ am Lager

Pos	Art-No.	Qty	Unit	Description
	B07.687.000S	**0**	**pcs**	**Fixture**
1	B35.605.000S	1	pcs	locking bolt
2	M07.687.0001	1	pcs	angle
3	M07.687.0002	1	pcs	stopper
4	M07.687.0003	2	pcs	stopper
5	M07.687.0004	2	pcs	contour part
6	M07.687.0005	1	pcs	frame
7	M07.687.0006	2	pcs	bolt
8	M07.687.0007	2	pcs	stopper
9	M07.687.0008	1	pcs	ridge
10	M07.687.0009	1	pcs	actuator
11	M07.687.0010	1	pcs	angle

Bild 1: Strukturstückliste für Fixierbaugruppe (Auszug)

Baugruppen

Pos	Art-Nr. alte Art-Nr.	Me	Einh.	Beschreibung Bemerkung	Z-Datum Index	Hersteller
1	B01.692.000S	1	Stk	Montagerack 40 l Behälter/10 l container	28.04.2003	
2	B01.720.000S	1	Stk	Kamera-Gestell	02.08.2010	
3	B01.1046.000S	1	Stk	Unterbau Roboterschrank	09.12.2010	
4	B28.729.000S	1	Stk	Frässtation V6 4xmilling spindle MP 320 HSK 100, Axis 1400 mm lift	26.04.2010	
5	B28.731.000S	2	Stk	Frässtation	21.06.2010	
6	B29.681.000S	1	Stk	Fräswerkzeug HSK-A100	24.06.2010	

Bild 2: Baukastenstückliste (Auszug)

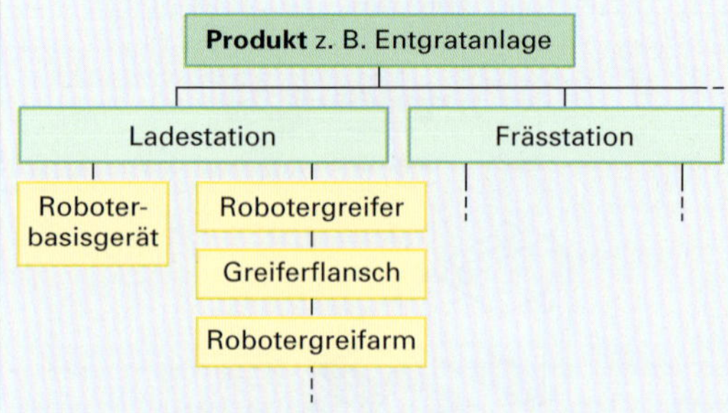

Bild 3: Erzeugnisbaum

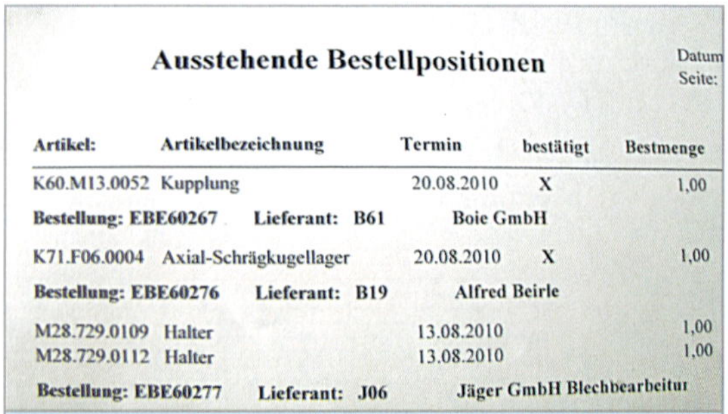

Ausstehende Bestellpositionen

Datum
Seite:

Artikel:	Artikelbezeichnung	Termin	bestätigt	Bestmenge
K60.M13.0052	Kupplung	20.08.2010	X	1,00
Bestellung: EBE60267	Lieferant: B61	Boie GmbH		
K71.F06.0004	Axial-Schrägkugellager	20.08.2010	X	1,00
Bestellung: EBE60276	Lieferant: B19	Alfred Beirle		
M28.729.0109	Halter	13.08.2010		1,00
M28.729.0112	Halter	13.08.2010		1,00
Bestellung: EBE60277	Lieferant: J06	Jäger GmbH Blechbearbeitu		

Bild 4: Lieferkontrolle

Übung für eine Erzeugnisgliederung

Für ein einfaches Produkt, einen handelsüblichen Schuko-Stecker, soll die Erzeugnisgliederung erstellt werden.

Man zerlegt das Produkt in alle Einzelteile T **(Bild 1)**. Es besteht aus acht unterschiedlichen Teilen (T1) ... (T8). Man legt die Teile aus und zwar in der Reihenfolge, wie sie verbaut werden müssen. Die Montagefolge kann mit gerichteten Pfeilen dargestellt werden. So erhält man ein Pfeildiagramm, auch *Gozintograph*[1] (rot gedruckt) genannt. Die Erzeugnisstruktur stellt man mit den Baustufen 1 ... 5 dar (Bild 1 rechts). Aus dieser Erzeugnisstruktur können die Mengenstückliste **(Tabelle 1, Seite 96)**, die Strukturstückliste **(Tabelle 2, Seite 96)** und die Baukastenstückliste **(Tabelle 3, Seite 96)** abgeleitet werden. Bei den Kontakten wird davon ausgegangen, dass diese aus der Fertigung kommend vorliegen.

Will man die Erzeugnisstruktur und Mengenstückliste für die Halbzeuge erweitern, so ist für das Stanzteil (T3) die erforderliche Blechgröße zu bestimmen und aus der geplanten Produktionsstückzahl der Blechbedarf zu errechnen. Der Kontakt (T1) ist ein Drehteil, gefertigt auf einem Drehautomat. Aus Bauteillänge und der geplanten Stecker-Produktionsstückzahl (x 2) ist der Bedarf an Stangenmaterial zu bestimmen.

Anmerkung:
Die Identnummern sind im Beispiel beliebig gewählt.

[1] Benannt nach einem Fantasiewissenschaftler *Gozinto*, als eine Lautmalerei für „goes into".

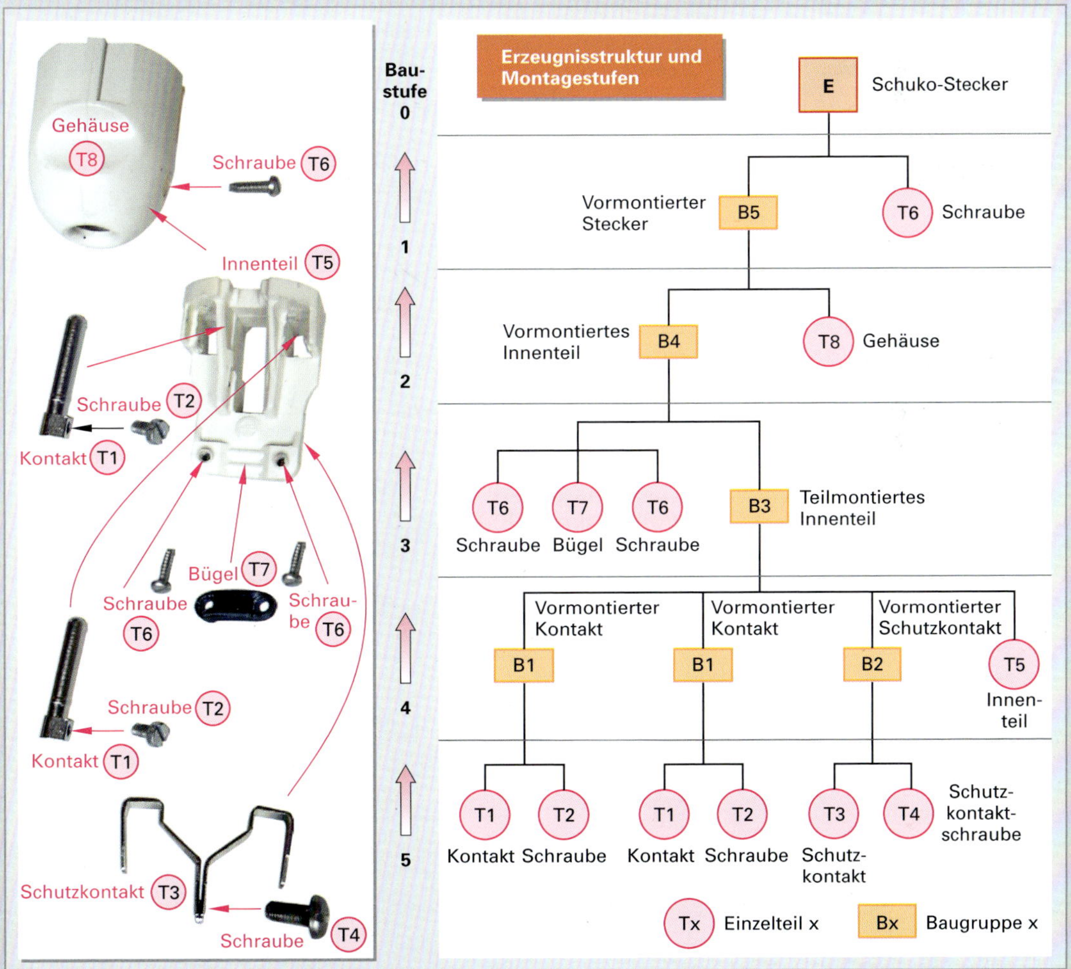

Bild 1: Schuko-Stecker in allen Einzelteilen

Tabelle 1: Mengenstückliste

Schuko-Stecker 2000 0000 01

Lfd. Nr.:	Identnummer	Menge	Benennung	(Kennung)
1	4000 0001 01	2	Kontakt	T1
2	7000 1002 01	2	Schraube M3 × 5 DIN EN ISO 1580	T2
3	4000 0002 01	1	S-Kontakt (Schutzkontakt)	T3
4	7000 1003 01	1	Schraube M3,5 × 5 DIN EN ISO 1580	T4
5	2000 0001 01	1	Innenteil PA 6 (Polyamid)	T5
6	7000 1001 01	3	Schraube ST3 × 10 DIN EN ISO 1548	T6
7	3000 0001 01	1	Bügel PA 12	T7
8	2000 0002 01	1	Gehäuse PA 6	T8

Tabelle 2: Strukturstückliste

Schuko-Stecker 2000 0000 01

Baustufe	Identnummer	Menge	Benennung
1	2001 0003 01	1	Vormontierter Stecker (B5)
1	7000 1001 01	1	Schraube (T6)
2	2001 0002 01	1	Vormontiertes Innenteil (B4)
2	2000 0003 01	1	Gehäuse (T8)
3	7000 1001 01	2	Schraube (T6)
3	3000 0001 01	1	Bügel (T7)
3	2001 0001 01	1	Teilmontiertes Innenteil (B3)
4	4001 0001 01	2	Vormontierter Kontakt (B1)
4	4001 0002 01	1	Vormontierter S-Kontakt
5	4000 0001 01	2	Kontakt (T1)
5	7000 1002 01	2	Schraube (T2)
5	4000 0002 01	1	S-Kontakt (T3)
5	7000 1003 01	1	Schraube (T4)

Tabelle 3: Baukastenstückliste

Schuko-Stecker 2000 0000 01

Position	Identnummer	Benennung	Menge
2001 0003 01 Vormontierter S-Stecker (B5)			
1	2002 0001 01	Vormontiertes Innenteil (B4)	1
2	2000 0002 01	Gehäuse (T8)	1
2001 0002 01 Vormontiertes Innenteil (B4)			
1	2001 0001 01	Teilmontiertes Innenteil (B3)	1
2	7000 1001 01	Schraube (T6)	2
3	3000 0001 01	Bügel (T7)	1
2001 0001 01 Teilmontiertes Innenteil (B3)			
1	4001 0001 01	Vormontierter Kontakt (B1)	2
2	4001 0002 01	Vormontierter S-Kontakt (B2)	1
3	2000 0001 01	Innenteil (T5)	1
4001 0001 01 Vormontierter Kontakt (B1)			
1	4000 0001 01	Kontakt (T1)	1
2	7000 1002 01	Schraube (T2)	1
4001 0002 01 Vormontierter S-Kontakt (B2)			
1	4000 0002 01	S-Kontakt (T3)	1
2	7000 1003 01	Schraube (T4)	1

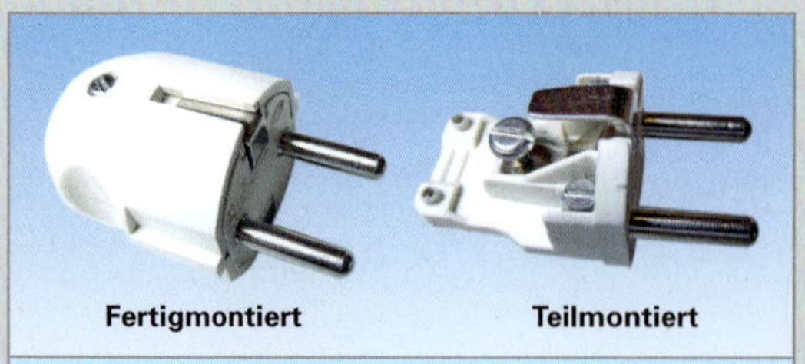

Bild 1: Schuko-Stecker

1.10.2 Erzeugnisstrukturierung

Produkte werden bereits bei der Konstruktion in Baugruppen gegliedert, z. B. damit mehrere Konstrukteure ein Produkt parallel laufend konstruieren können. Fertige Konstruktionen werden zu ihrer Herstellung und vor allem zur Montage wiederum nach Baugruppen, Bauteilen und Stoffen gegliedert, jetzt aber nach ihrem konsekutiven (aufeinanderfolgenden) Aufbau oder Abbau, also nach der Reihenfolge, wie sich die Einzelteile „tragen", z. B. das Unterste zuerst und dann das Nächstfolgende. Das ist dann auch oft die Reihenfolge in der Montage. Man spricht von der **Erzeugnisgliederung**[1].

Eine Produktgliederung in Baugruppen mit exakten Schnittstellen zu den anderen Baugruppen ermöglicht neben der Verteilung der Konstruktionsaufgaben auf mehrere Konstrukteure oder Konstruktionsbüros auch die Verteilung auf mehrere Fertigungslinien/Fertigungsinseln und Montagelinien/Montageinseln/Montagegruppen. Die Produktgliederung erleichtert die Aufteilung der Fremdvergaben bis hin zur Fremdfinanzierung und die Abspaltung von Gewährleistungen. Eine Baugruppengliederung erbringt Vorteile im Einkauf, in der Lagerhaltung und in der Kalkulation, falls Einzelbaugruppen in mehreren Produkten sich wiederholen.

Eine gewisse Strukturierung ergibt sich bereits beim Anlegen der Stücklisten.

Eine Erzeugnisstrukturierung **(Bild 1)** orientiert sich an den Montageebenen und zwar in der Reihenfolge der Demontage: Das Enderzeugnis ist in der obersten Ebene, der *Ebene 0*. Darunter befindet sich die *Ebene 1* mit den Hauptbaugruppen, darunter liegt die Ebene der Unterbaugruppen, ergänzt gegebenenfalls mit Einzelteilen und so fort. Die unterste Ebene in einem Ast des Erzeugnisbaums enthält nur noch Einzelteile.

[1] DIN 6789-1990-09: Dokumentationssystematik; Aufbau Technischer Produktdokumentationen (Die Norm ist zurückgezogen).

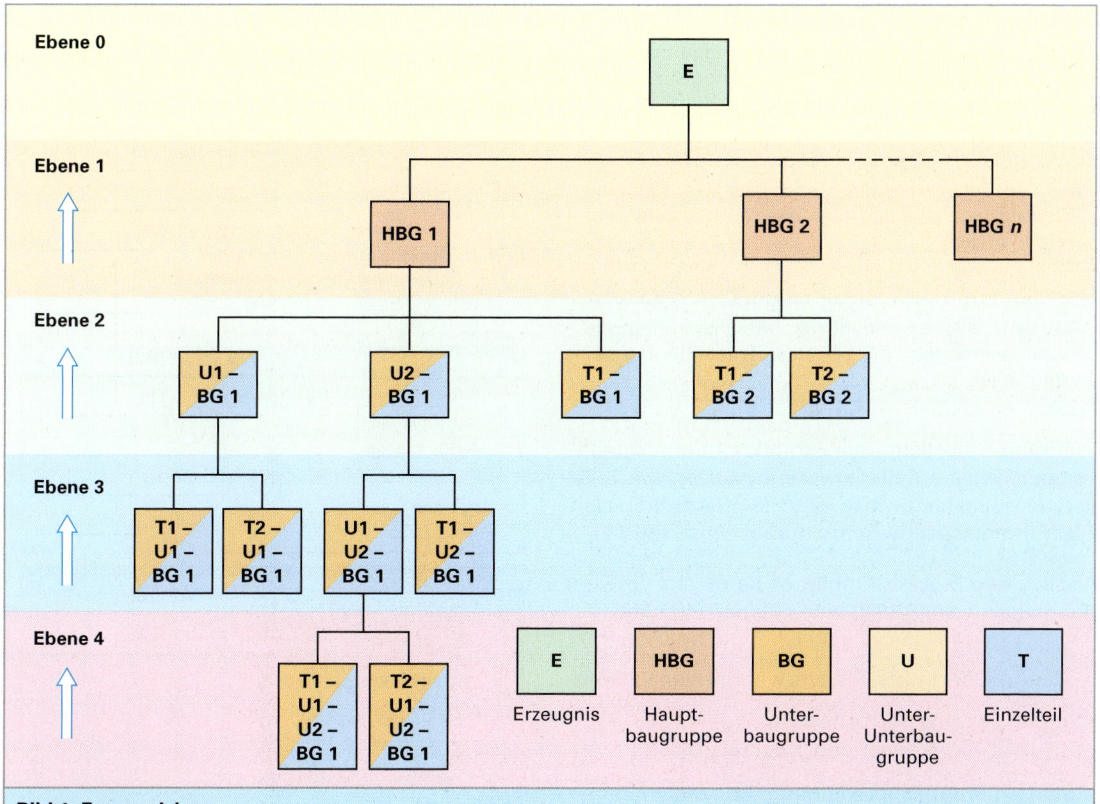

Bild 1: Erzeugnisbaum

1.10.3 Teileverwendungsnachweis

Der Teileverwendungsnachweis stellt fest, in welchen Baugruppen oder in welchen Produkten insgesamt ein bestimmtes Teil vorkommt, z. B. eine Zylinderschraube mit Gewinde M12 nach DIN 912.

So kann der Einkauf über den Teileverwendungsnachweis leicht feststellen, welche Menge von diesem Teil je Produkt benötigt wird, d. h. auch wie viele Stücke z. B. pro Monat benötigt werden. Dementsprechend können Rabatte mit Lieferanten vereinbart werden. Der Lagerist kann anhand des Teileverwendungsnachweises den Abgang eines Teiles vorherbestimmen und für den nötigen Zugang sorgen **(Bild 1)**.

Bei Teilen, die gefertigt werden, erkennt der Fertigungsleiter anhand des Teileverwendungsnachweises, wie viele Teilprodukte zu fertigen sind und kann daraus die Losgrößen ableiten.

Aus dem Teileverwendungsnachweis lässt sich ableiten wie sich ein Produkt verteuert oder verbilligt, wenn sich der Preis eines bestimmten Teiles ändert.

Aus dem Teileverwendungsnachweis kann man ableiten, welche Produkte oder Baugruppen betroffen sind, wenn für das Teil der Lieferant oder die Produktionsanlage ausfällt.

Aus dem Teileverwendungsnachweis lässt sich eine Rückrufaktion ableiten, falls das Teil ausgetauscht werden muss.

Aus dem Teileverwendungsnachweis kann man die Produkte ermitteln, die bei einer Teileänderung betroffen sind.

Während Stücklisten die Produkte in einer analytischen Weise aufgliedern, unterstützen die Teileverwendungsnachweise eine synthetische, also zusammenfassende Betrachtungsweise **(Bild 2)**.

Ähnlich den Stücklisten gibt es beim Teileverwendungsnachweis **(Bild 3)** eine Gliederung nach

- der Menge: Mengenübersichts-Teileverwendungsnachweis,
- der im Produkt verbauten Struktur: Struktur-Teileverwendungsnachweis,
- dem im Produkt verwendeten Baukasten: Baukasten-Teileverwendungsnachweis.

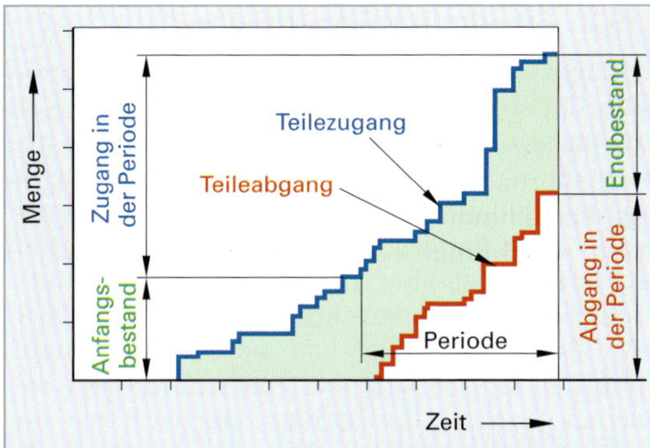

Bild 1: Zu- und Abgang eines Bauteils (Beispiel)

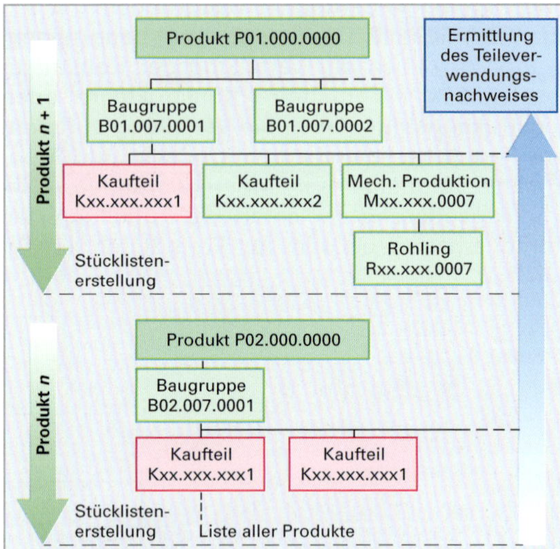

Bild 2: Struktur zur Ermittlung des Teileverwendungsnachweises

Mengenübersichts-Teileverwendungsnachweis	
Teilenummer: Kxx.xxx.xxx1	
Produkt-Nr.	Mengenfaktor
P01.000.0000	7
P02.000.0000	4
⋮	
P11.000.0000	2
gesamt	**148**

Baukasten-Teileverwendungsnachweis	
Teilenummer: Kxx.xxx.xxx1	
Baugruppe	Mengenfaktor
⋮	
B01.007.0001	14
⋮	
B02.007.0001	10
⋮	
gesamt	**47**

Bild 3: Teileverwendungsnachweis (Beispiel)

1.10.4 Nummernsysteme

In der Produktionstechnik verwendet man Nummern für die kurze und eindeutige Benennung von Sachen, z. B. von Produkten, von Personen, von Mitarbeitern, von Kunden, von Lieferanten, von Bestellungen oder von Aufträgen. Entsprechend spricht man von

- Produktnummern,
- Personalnummern,
- Kundennummern,
- Lieferantennummern,
- Bestellnummern und
- Auftragsnummern.

Die Nummern haben den Zweck der

- Identifizierung → *Identnummer* und/oder der
- Klassifizierung → *Klassifizierungsnummer*.

Ein Nummernsystem muss eindeutig sein und soll einprägsam, aussagefähig und erweiterbar sein.

Zur **Identifizierung** vergibt man eine fortlaufende lückenlose oder lückende Identnummer, meist eine ausschließlich numerische Nummer, d. h. eine Nummer, die nur aus Ziffern besteht, z. B. 100, 200, 300, ... Zur Erweiterung des Nummernbereichs verwendet man wie beim Zählen weitere Stellen im linken Zahlenbereich oder auch mit Punkten getrennte Zahlenerweiterungen im rechten Zahlenbereich, z. B. Bauteil 00003456.01.

Zur **Klassifizierung** bekommen die Nummern eine Merkmalscodierung, häufig in Verbindung mit Buchstaben und/oder Sonderzeichen und sind damit alphanumerische Nummern, z. B. *D.00912.12030* mit der Bedeutung: Normteil nach DIN (D) nach DIN-Nr. 912: Zylinderschraube mit Durchmesser 12 mm und Länge 30 mm.

Die Klassifizierungsnummer ist zum Teil eine „sprechende" Nummer. Man ersieht nach kurzer Einweisung, was sich dahinter an Information verbirgt **(Bild 1)**. Weitere Kennbuchstaben sind z. B. *K* für Kaufteil, *M* für mechanisches Konstruktionsteil. Die Unternehmen handhaben dies sehr unterschiedlich.

Nummern, die einen Identifikationsteil in Verbindung mit einem Klassifikationsteil haben, nennt man **Verbundnummer (Bild 2)**, z. B. *D.00912.12030.3456* (Schraube nach DIN 912 mit Durchmesser 12 mm und Länge 30 mm).

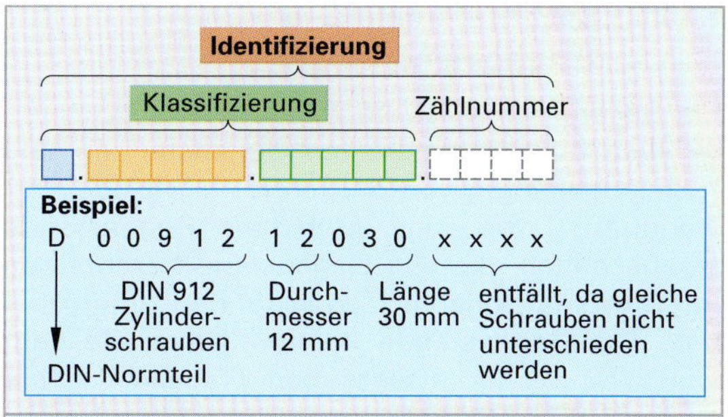

Bild 1: Klassifizierungsnummer

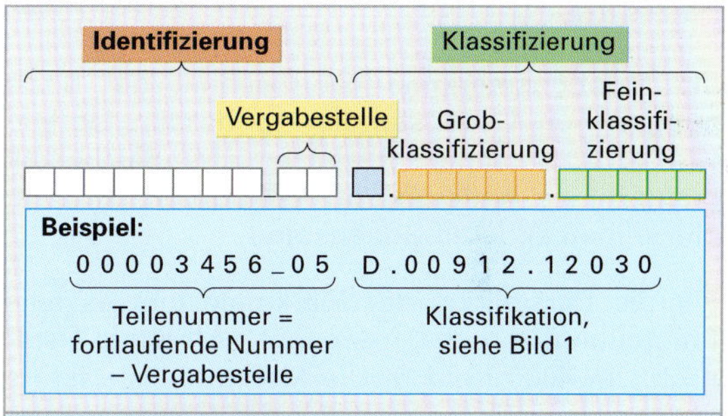

Bild 2: Verbundnummer

Bei der **Parallelnummer** sind Identifikationsteil und Klassifikationsteil getrennte Nummernsysteme, z. B. *00003456_05 D.00912.12030* (Teile-Nr. *00003456*_Produktionsstandort *05*. Art des Teils: Schraube: nach DIN 912 mit Durchmesser 12 mm und Länge 30 mm). Bei Parallelnummern kann man die Nummern voneinander getrennt handhaben und z. B. den Kennzeichnungsbereich beliebig erweitern.

Damit für die Nummernvergabe eine nicht zu große Bürokratie entsteht, erhält z. B. jeder Produktionsstandort eine eigene Vergabeberechtigung. Die Vergabestelle wird mit einer zusätzlichen Markierung (05) deutlich gemacht. Für die Handhabung in EDV-Anlagen ist dies ein geschicktes System.

Bei den Verbundnummern hingegen muss man sich an ein festes Format halten, z. B. Zahl der Stellen und Abfolge der Zeichen. Die Verbundnummer ist meist kürzer als die Parallelnummer.

Mit **Nummerung** bezeichnet man das Bilden, Erteilen, Verwalten und Anwenden von Nummern.

1.10.5 Sachmerkmale und Relationsmerkmale

Ein **Sachmerkmal** ist ein *Eigenmerkmal* von materiellen oder immateriellen Gegenständen und zwar unabhängig von dessen Herkunft oder Verwendung. Dabei sind *Merkmale* Gegenstandseigenschaften, die den Gegenstand beschreiben und ihn von anderen Gegenständen unterscheiden. Die Gegenstände können Normteile sein, wie z. B. Sechskantschrauben **(Tabelle 1)**, aber auch nicht genormte Gegenstände wie z. B. Bauteile oder Programme aus einem Lieferanten-Katalog. Eine Änderung der *Merkmalsausprägung*, z. B. der Schraubenlänge, ergibt einen anderen Gegenstand.

Ein **Relationsmerkmal** kennzeichnet die Beziehungen von Gegenständen zu dessen Umfeld, wie z. B. Hersteller, Lieferzeit, Mindestbestellmenge. Eine Änderung im Relationsmerkmal ergibt keinen anderen Gegenstand.

Für die Darstellung der Merkmale gibt es eine Darstellungsvorgabe, genannt *Merkmal-Liste*[1], nach DIN 4000 **(Bild 1)**. Die Merkmal-Liste ist gegliedert in einen Kopfteil mit der Überschrift für die Bezeichnung (DIN 4000-xx-1) und textlicher Benennung des Gegenstandes. Es folgen:

- Merkmalkennung,
- ID-Nummer (aus www.DINsml.net),
- Merkmalbenennung,
- bevorzugtes Symbol,
- physikalische Einheit,
- Format,
- Merkmaldefinition.

Merkmal-Listen ermöglichen das Auswählen, das Abgrenzen oder auch das Zusammenfassen ähnlicher Gegenstände. Mithilfe der Merkmal-Liste können Gegenstände zweckmäßig EDV-gerecht dokumentiert, gespeichert, verwaltet, gesucht und gefunden werden. Das DIN-Merkmallexikon umfasst alle gängigen Merkmal-Listen.

Tabelle 1: Merkmal-Listen, Auswahl

Norm	Benennung
DIN 4000-4	Sachmerkmal-Leisten für Halbzeug
DIN 4000-5	Sachmerkmal-Leisten für Kondensatoren
DIN 4000-6	Sachmerkmal-Leisten für Widerstände
DIN 4000-7	Sachmerkmal-Leisten für Dichtungen
...	...
DIN 4000-76	Sachmerkmal-Leisten – Teil 76: Schneidplatten, geklemmt
DIN 4000-77	Sachmerkmal-Leisten – Teil 77: Schneidkörper, geklemmt, zur Stech- und Gewindebearbeitung
DIN 4000-78	Sachmerkmal-Leisten – Teil 78: Schneidplatten gelötet
DIN 4000-80	Sachmerkmal-Leisten – Teil 80: Gewindebohrer, Gewindefurcher und Schneideisen
DIN 4000-81	Sachmerkmal-Leisten – Teil 81: Bohr- und Senkwerkzeuge mit nicht lösbaren Schneiden

Das **DIN-Merkmallexikon** (www.DINsml.net) ist eine branchenübergreifende Produktmerkmal-Datenbank mit dem Ziel genormte Merkmale zur Verfügung zu stellen. Handel, Industrie und Verbände erarbeiten in einer Online-Datenbank gemeinsam im NSM genormte Merkmale und stellen diese in einer Online-Datenbank zur Verfügung. Diese Merkmale und Anwendungsklassen können im gesamten Produktlebenszyklus durchgängig verwendet werden. Sie dienen:

- der Verkürzung der Entwicklungszeiten,
- der Steigerung der Qualität der zu entwickelnden Produkte,
- der Kostenreduktion durch herstellerübergreifende Vergleichbarkeit von Produktinformationen.

Die Vorteile für den Hersteller/Lieferant sind:

- Grundlagen für die Implementierung neuer Vertriebskanäle,
- Unterstützung bei kooperativen Entwicklungsprozessen,
- Marktvorsprung durch direkten, umfassenden und globalen Marktzugang.

[1] Die Vorgängernorm DIN 4000-1:1992-09 verwendet anstelle des Begriffs *Merkmal-Liste* bzw. *Sachmerkmal-Liste* den Begriff *Sachmerkmal-Leiste*.

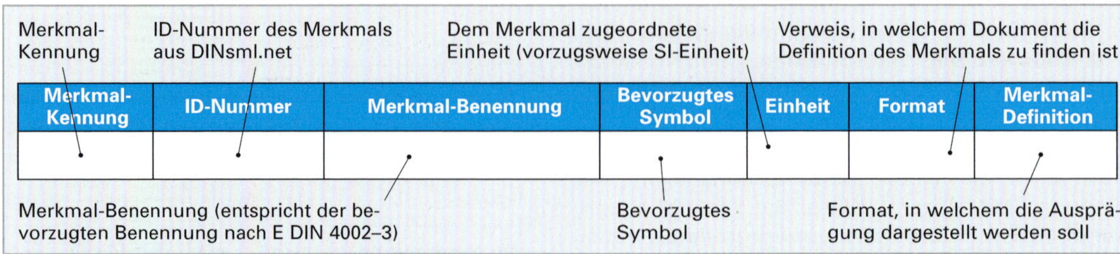

Bild 1: Genereller Aufbau einer Merkmal-Liste

2 Entwerfen und Gestalten

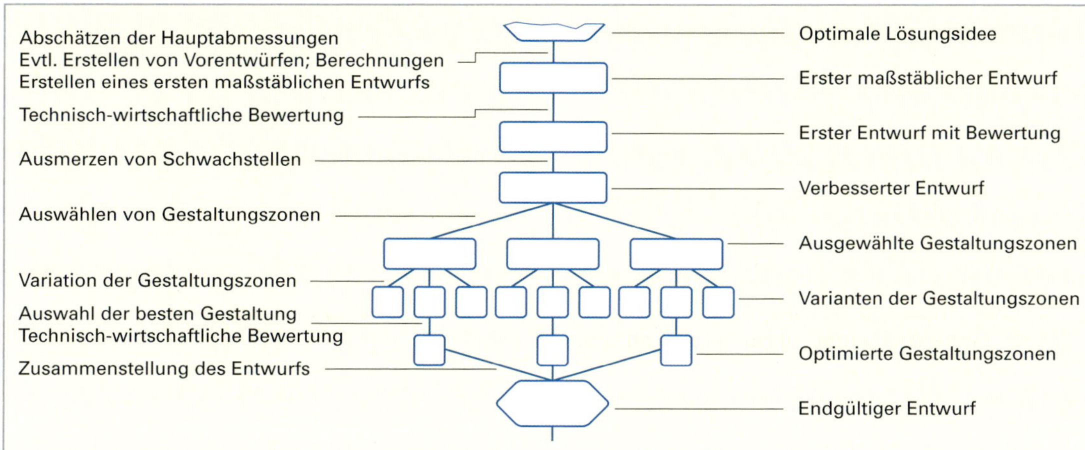

Bild 1: Entwerfen

Das Entwerfen ist die dritte Phase des Konstruierens (**Bild 1**). Von der optimalen Lösungsidee ausgehend wird für ein technisches Gebilde die Baustruktur vor allem nach technischen und wirtschaftlichen Gesichtspunkten eindeutig und vollständig erarbeitet.

2.1 Prinzipielles Vorgehen

Die Arbeitsschritte

Ein strenger Ablaufplan wie in den ersten beiden Hauptschritten des Konstruierens ist beim Entwerfen nur begrenzt aufstellbar, da der Entwurfsvorgang sehr komplex ist:

- Viele Tätigkeiten, z. B. Gestalten, Berechnen, Informieren müssen parallel ausgeführt werden.
- Viele Arbeitsschritte sind – abhängig vom Ergebnis – oft mehrmals wiederholt auszuführen (iteratives Arbeiten).
- Änderungen beeinflussen schon gestaltete Zonen.

Trotzdem wurde im Ablaufplan (Kapitel 1.2) – und nachfolgend näher beschrieben – ein prinzipieller Vorgehensplan mit aufeinanderfolgenden Arbeitsschritten dargestellt. Abweichungen und evtl. weitere Arbeitsschritte sind denkbar und oft nicht im Einzelnen vorhersehbar.

Die oben erwähnten Wiederholungen (Iterationsschritte) sind im Ablaufplan aus Darstellungsgründen nicht enthalten.

Entwerfen ist also ein Optimierungsprozess, bei dem die Gestalt der Bauteile ständig verändert und optimiert wird. Die nachfolgend beschriebenen Gestaltungsgrundregeln, die allgemeinen Gestaltungsregeln, die Gestaltungsprinzipien und die Gestaltungsrichtlinien können den Lernenden und den Konstrukteur beim Entwerfen hilfreich unterstützen.

Folgende Arbeitsschritte sind in der Regel sinnvoll:

- Wichtige Anforderungen für die Gestaltung aus der Anforderungsliste erfassen.
- Klären räumlicher Bedingungen.
- Abschätzen der Hauptabmessungen der funktionsbestimmenden Elemente (evtl. durch Überschlagsrechnung oder frühere Erfahrungswerte).
  Normzahlen bevorzugen!
- Maßstäbliche Vorentwürfe anfertigen (Grobgestaltung). Gestalt und Werkstoff vorläufig festlegen; Vorentscheidung über Fertigung treffen.
- Gefährdete Querschnitte und kritische Beanspruchungen suchen.
- Festigkeitsberechnungen durchführen.
- Vorentwürfe bewerten. Ausgewählten Vorentwurf weiterbearbeiten.
- Festlegung von Fertigungsverfahren.
- Feingestaltung aller Bauteile und Baugruppen unter Berücksichtigung der Gestaltungsrichtlinien (Kapitel 2.3) sowie möglicher Katalogteile, Wiederholteile, Normteile.
- Technisch-wirtschaftliche Bewertung.
- Festlegen des vorläufigen Gesamtentwurfes.
- Schwachstellen analysieren und beseitigen.
- Kontrolle: Ist der Entwurf „...-gerecht" gestaltet? Bei negativem Ergebnis wieder entsprechend weit nach oben gehen.
- Endgültigen Gesamtentwurf festlegen für das anschließende AUSARBEITEN.

> Der Entwurf wird dabei von innen nach außen fortschreitend Zug um Zug aufgebaut.
> Die Skizze geht der Berechnung voraus.

Der endgültige Entwurf muss also bezüglich vieler Eigenschaften und Anforderungen *„...gerecht“* sein (**Bild 1**). Die nachfolgend behandelten Gestaltungsregeln und Gestaltungsrichtlinien insgesamt sollen dem Konstrukteur dabei Grundkenntnisse auf vielen Gebieten vermitteln.

Man darf und kann aber nicht erwarten, dass er auf allen Gebieten Fachmann ist. Er muss in der Entwurfsphase oft den Rat von Fertigungsspezialisten (z. B. Gießereifachmann, Schmiedefachmann, Werkstofffachmann) einholen und benötigt weitere Unterstützung durch Normenstelle, Arbeitsvorbereitung, Qualitätskontrolle, Kalkulation, Einkauf usw.

2.2 Allgemeine Gestaltungsgrundlagen

2.2.1 Gestaltungsgrundregeln

Die folgenden Grundregeln stellen Vorschriften zur Gestaltung dar und gelten stets. Ihre Einhaltung führt zu besseren Ergebnissen bei fast allen Gestaltungsarbeiten, Fehler und Schäden werden vermieden.

Die Grundregeln „eindeutig“, „einfach“ und „sicher“ sind in **Tabelle 1** übersichtlich zusammengestellt und werden nachfolgend beschrieben. Die später behandelten Gestaltungsrichtlinien (Kapitel 2.3) beinhalten weitestgehend diese Forderungen nach Eindeutigkeit, Einfachheit und Sicherheit.

Ferner sollen Produkte zunehmend *smart* (=geschickt) sein. Das bedeutet bei komplexen Systemen, dass diese als **CPS** (Cyber-Physisches System) vernetzt sind, z. B. mit dem Internet, und sich „intelligent“ (im angloamerikanischen Sinne *erkennend*) verhalten. Sie sind dann selbsterklärend und selbstorganisierend und erfüllen die Zielsetzungen der **Industrie 4.0.**

Tabelle 1: Grundregeln für die Gestaltung

Grundregel	Zielsetzung
Eindeutig	Sichere Erfüllung der technischen Funktion
Einfach	Wirtschaftlichkeit in der Herstellung und im Gebrauch
Sicher	Sicherheit für Mensch, Sachen und Umwelt
Smart	Selbsterklärend, selbstorganisierend, kommunizierend

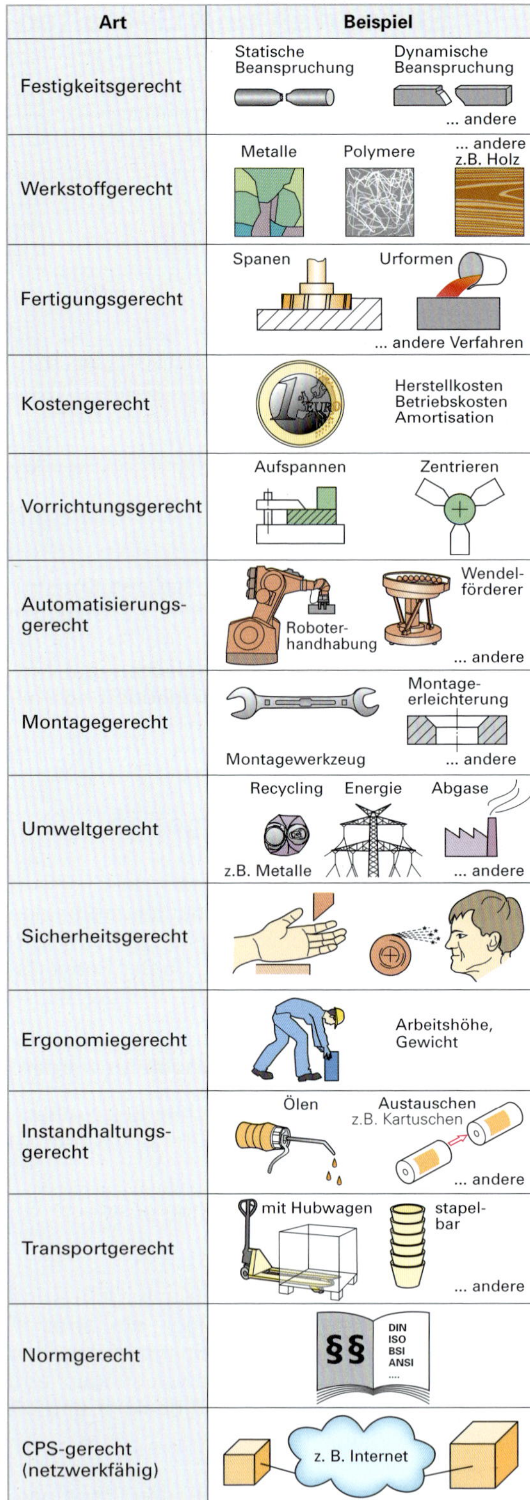

Bild 1: Wichtige Grundforderungen der Gestaltung

Grundregel „eindeutig"

Die Grundregel *„eindeutig"* sollte für alle Eigenschaften eines Produktes angewendet werden.

Beispiele:
- Eindeutige Funktionsbeschreibung,
- eindeutige Belastungsart für die Auslegung und Dimensionierung,
- eindeutige Montage- und Demontagevorgänge,
- eindeutige Fertigung,
- eindeutige Gebrauchseigenschaften,
- eindeutige Aussagen über Instandhaltung und Recycling,
- eindeutige Aussagen über Ergonomie und Sicherheit.

An einigen Beispielen (**Bild 1**) wird dies erläutert.

Vermeidung von Überpositionierungen oder Doppelpassungen

Das Werkstück (**Bild 1a**) kann wegen Fertigungstoleranzen im Maß *h* nicht auf den beiden Flächen gleichzeitig aufliegen. Entweder liegt das Werkstück schräg oder die obere Fläche liegt frei.
Lösung: die obere Fläche mit einem einstellbaren Element *abstützen.*

Das runde Werkstück mit Abflachung (**Bild 1b**) kann wiederum wegen Fertigungstoleranzen im Durchmesser d nicht beidseitig im Prisma und gleichzeitig auf der Fläche unten aufliegen. Bei Höchstmaß im Durchmesser *d* liegt das Werkstück im Prisma aber nicht unten auf, bei Mindestmaß liegt es unten auf und evtl. an einer Seite des Prismas an.
Lösung: Die untere Fläche mit einem federnd zurückweichenden Element positionieren.

Die konische Nabe (**Bild 1c**) kann aufgrund von Fertigungstoleranzen nicht gleichzeitig auf dem Kegel und axial am Bund anliegen.
Lösung: Nur Kegelsitz oder aber zylindrischer Sitz mit Axialanlage am Bund.

Die Wellen-Naben-Verbindung (**Bild 1d**) mit Übermaßpassung H7/r6 und Passfeder ist nicht eindeutig.
Lösung: Passfeder weglassen.

Eindeutige Wellenlagerungen vorsehen: Eine Wellenlagerung in „Festlager-Loslager-Anordnung" ist eindeutig[1]. Das Festlager nimmt Radialkräfte und allein die Axialkräfte auf, das Loslager nur Radialkräfte.

„Angestellte Lagerung" bzw. „Schwimmende Lagerung" sind nicht eindeutig, da die Axialbelastung der Lager von der Anstellung bzw. der Kraftrichtung abhängt.

[1] Siehe Kapitel 3.4.1.8.

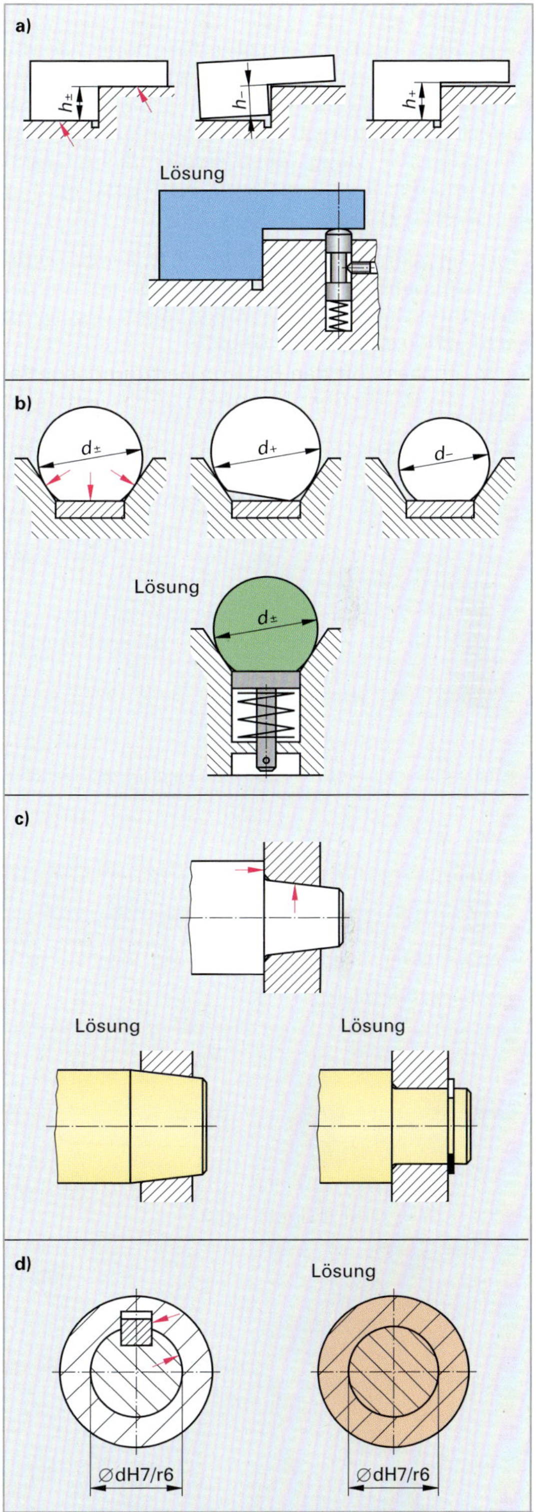

Bild 1: Vermeiden von Überpositionierungen

Grundregel „einfach"

Auch diese Grundregel sollte für möglichst alle Eigenschaften eines Produktes angewendet werden, d. h. der Konstrukteur sollte ein möglichst einfaches Funktionsprinzip auswählen, so dass mit möglichst wenig Teilen eine einfache Gestaltung und damit eine wirtschaftliche Lösung möglich ist (**Bild 1**).

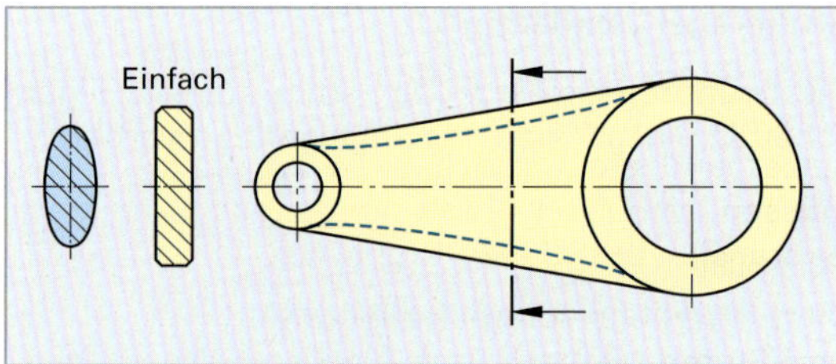

Bild 1: Einfache Gestaltung (Beispiel Gussteil)

Einfache geometrische Formen, z. B. Kreise, Zylinder, Kegel und Kegelstümpfe werden gegenüber verschnörkelten Formen meist auch als ästhetisch[1] *schön* empfunden (**Bild 2**).

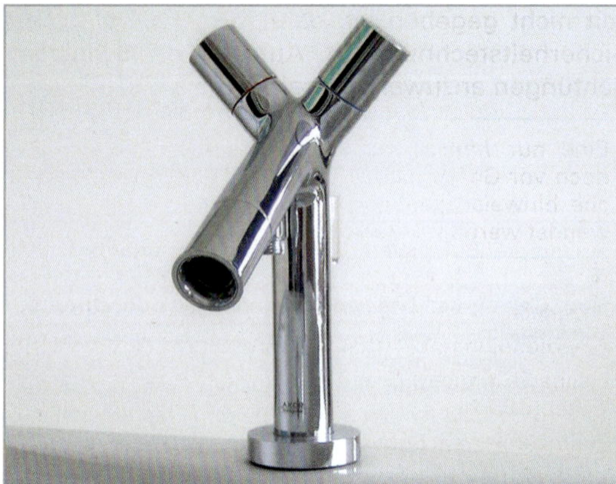

Bild 2: Einfache Formen (Beispiel Wasserhahn, Design Philippe Starck)

Beispiele:

Einfache geometrische Grundformen verwenden, dadurch ergeben sich:

- Einfache Berechnungsmöglichkeiten,
- einfache Fertigung (wenige Bearbeitungen, wenige Umspannungen),
- einfache Kontrolle bei einfachen Formen,
- einfache Montage- und Demontagevorgänge,
- einfache Bedienung, Wartung, Instandhaltung, Reinigung,
- einfache Recyclingvorgänge.

[1] Ästhetik = Wissenschaft vom Schönen, Lehre von der Harmonie, von griech. aisthetes = Mensch mit Schönheitssinn.

Übung:

Geben Sie den nachfolgenden Gebrauchsgegenständen eine neue Gestalt, die sich nur aus einfachen geometrischen Elementen zusammensetzt (z. B. Quader, Zylinder, Kegel, Kugel und Abschnitte davon). Übergangsverrundungen sind zulässig. Machen Sie Skizzen.

Lösungen (Beispiele):

z. B.

z. B.

z. B.

Grundregel „sicher"

Diese Regel betrifft die Forderung, dass technische Erzeugnisse und ihr Gebrauch für den Benutzer und die Umwelt sicherheitsgerecht sein müssen, sicher im Sinne der Arbeits-, Verkehrs-, Gebrauchs- und Umweltsicherheit.

Die Sicherheitstechnik ist in DIN 31000 als eine Drei-Stufen-Methode beschrieben und in **Tabelle 1** dargestellt. Anzustreben ist, die geforderte Sicherheit *unmittelbar* durch konstruktive Maßnahmen zu erreichen. Wenn eine solche Möglichkeit nicht gegeben ist, dann wird die *mittelbare* Sicherheitstechnik, d. h. Aufbau von Schutzeinrichtungen anzuwenden sein.

Eine nur *hinweisende* Sicherheitstechnik, die nur noch vor Gefahren warnt und auf gefährdete Bereiche hinweist, sollte vom Konstrukteur nicht angewendet werden.

Beispiele:
- Bedienelemente zugänglich und sicher gestalten,
- scharfe Kanten, Ecken, vorstehende Teile vermeiden (**Bild 1**),
- vermeiden von Scher- und Quetschstellen (**Bild 2**),
- Schutz vor Spänen,
- Sicherungen gegen falsches Einlegen von Teilen,
- Emissionen reduzieren,
- Schutzsysteme (z. B. Temperaturüberwachung) vorsehen,
- Schutzeinrichtungen (z. B. Verkleidungen, **Bild 3**) vorsehen,
- Schilder für Gefahrenstelle anbringen.

Geräte- und Produktsicherheitsgesetz, GPSG
§ 4 Inverkehrbringen und Ausstellen (Auszug): Ein Produkt darf nur in den Verkehr gebracht werden, wenn es so beschaffen ist, dass bei bestimmungsgemäßer Verwendung oder vorhersehbarer Fehlanwendung Sicherheit und Gesundheit von Verwendern oder Dritten nicht gefährdet werden.

Grundregel „smart"

Diese Regel ist neu und greift die Anstrengungen um Industrie 4.0 auf: Produkte werden *smart* z. B. durch Vernetzung mit dem Internet.

Beispiele:
- Produkte können fernbeobachtet und fernbedient werden, z. B. Rollläden, Beleuchtungen,
- Produkte können sich selbst melden, z. B. bei Notdiensten und im Gefahrenfalle auch Polizei und Feuerwehr rufen,
- Produkte führen selbst Updates und Sicherheitstests durch,
- Produkte organisieren sich selbst in Netzwerken.

Tabelle 1: Drei-Stufen-Methode

Sicherheitstechnik nach DIN 31000	Merkmal
Unmittelbare	Gefahr ganz vermeiden. Konstruktive Maßnahmen.
Mittelbare	Vor Gefahr schützen. Schutzeinrichtungen.
Hinweisende	Vor Gefahr warnen, z. B. Hinweisschilder.

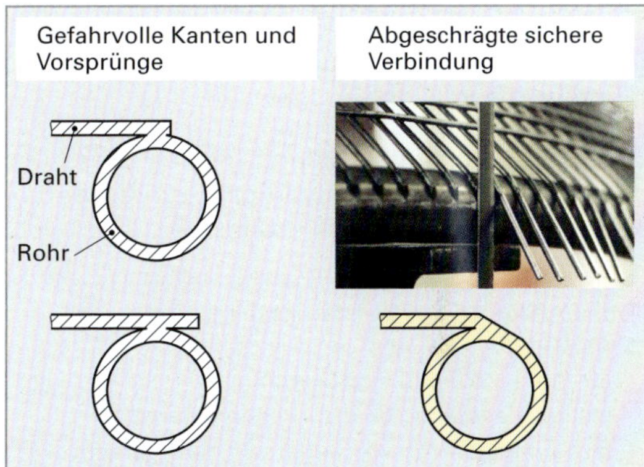

Bild 1: Abtrennen scharfer Drahtvorsprünge an einer Parkbank-Konstruktion

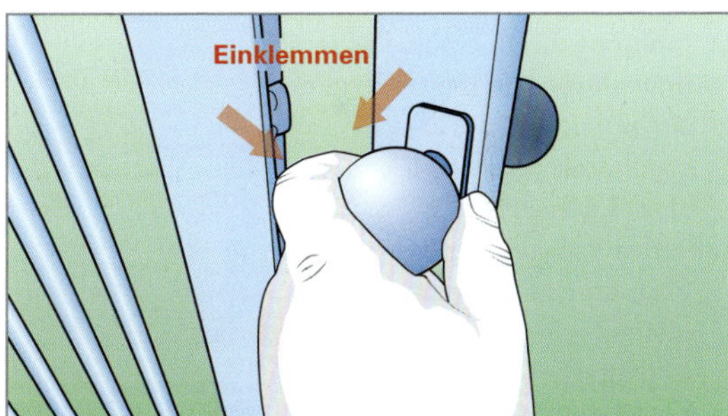

Bild 2: Türknauf

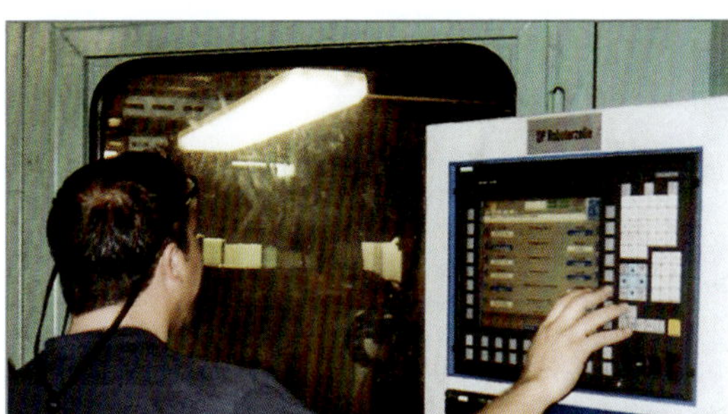

Bild 3: Schutzfenster an einem Roboterarbeitsplatz

2.2.2 Allgemeine Gestaltungsregeln

2.2.2.1 Grundforderungen bei der Gestaltung

Neben den Grundregeln „eindeutig“, „einfach“ und „sicher“ sind weitere Grundforderungen beim Entwerfen zu berücksichtigen. Die wohl wichtigste Grundforderung lautet, dass das Produkt *funktionsgerecht* gestaltet wird. Dies bedeutet, dass eine vollständige Erfüllung der Anforderungen aus der Anforderungsliste gegeben ist. Zu diesem Zweck wurde ja im zweiten Hauptschritt *Konzipieren* die Aufgabe zur Gesamtfunktion abstrahiert, diese in Teilfunktionen aufgespaltet, dafür Lösungsideen gesucht und schließlich eine optimale Lösungsidee ausgewählt.

Neben der Funktionserfüllung gibt es aber noch viele weitere, fast gleichwertige Grundforderungen an die Gestaltung des Produktes.

Ohne Anspruch auf Vollständigkeit sind die wichtigsten Grundforderungen:

- fertigungsgerecht, stoffgerecht,
- festigkeitsgerecht, beanspruchungsgerecht,
- fertigungsgerecht, kostengerecht, stoffgerecht,
- bearbeitungsgerecht,
- vorrichtungsgerecht,
- blechgerecht,
- automatisierungsgerecht,
- montage- und demontagegerecht,
- umweltgerecht, recyclinggerecht,
- sicherheitsgerecht,
- ergonomiegerecht,
- akustikgerecht,
- verschleiß- und korrosionsschutzgerecht,
- prüf- und kontrollgerecht,
- instandhaltungs- und wartungsgerecht,
- transportgerecht,
- normgerecht,
- CPS-gerecht.

In Kapitel 2.3 werden für die wichtigsten Grundforderungen Gestaltungs*richtlinien* angegeben.

2.2.2.2 Einfache Gestaltungselemente und Formelemente

Wie schon in der Grundregel „einfach“ ausgeführt, sollen Bauteile aus möglichst einfachen geometrischen Formen bestehen oder sich aus solchen zusammensetzen lassen. Einfache geometrische Formen sind durch einfach herstellbare Oberflächen begrenzt. Diese sind: Quader, Zylinder, Kegel, Prisma, Kugel, Torus (**Bild 1**).

Aus der Grundform Quader werden je nach Seitenabmessungen:

- Stangen, Platten, Bleche, Folien.

Aus der Grundform Zylinder werden je nach Verhältnis Durchmesser zu Länge:

- bei Vollkörpern: Stangen, Stäbe, Achsen, Wellen, Bolzen, Rollen, Ronden,
- bei Hohlkörpern: Rohre, Buchsen, Hülsen, Scheiben (**Bild 2**), Ringe.

Solche Formen findet man oft als genormte oder handelsübliche Profile und Halbzeuge (**Bild 3**).

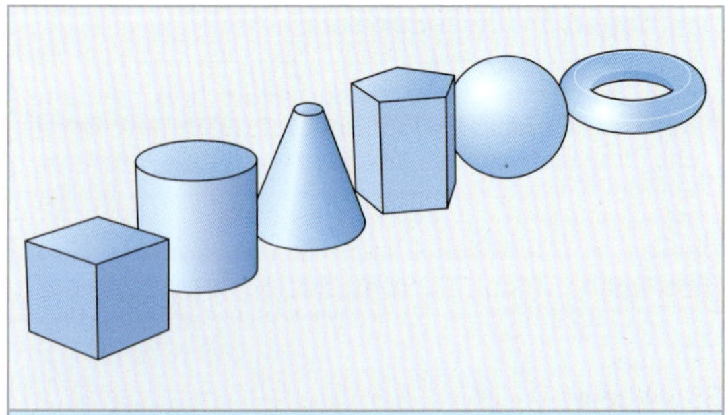

Bild 1: Volumengrundkörper

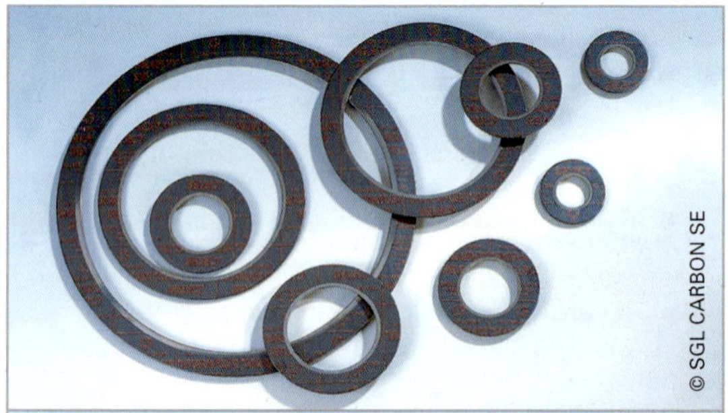

© SGL CARBON SE

Bild 2: Dichtungsscheiben

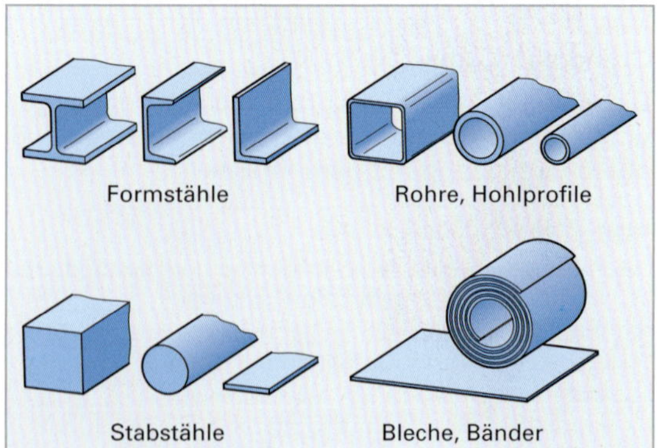

Bild 3: Halbzeuge

Diese Gestaltungselemente sind einfach herzustellen, da die gebräuchlichen Werkzeugmaschinen translatorische und rotatorische Bewegungen von Werkzeug und/oder Werkstück ausführen (**Bild 1**).

Durch Kombination von Translations- und Rotationsbewegungen (**Bild 2**) bzw. mehreren Rotationsbewegungen sind noch relativ einfach herstellbar:

- Schraubenflächen,
- Evolventenflächen,
- Zykloidenflächen.

Für kompliziertere Formen (**Bild 3**) stehen numerisch gesteuerte Maschinen zur Verfügung. Aus Kostengründen sollte man sich jedoch auf geometrisch einfache Formen beschränken.

Bild 4 zeigt in der Gegenüberstellung links einen Prellbock aus gekrümmten, komplizierten Konturen und rechts aus einfachen Elementen gestaltet. Unvermeidbare komplizierte Formen sind durch generative Fertigungsverfahren herzustellen (**Bild 5**).

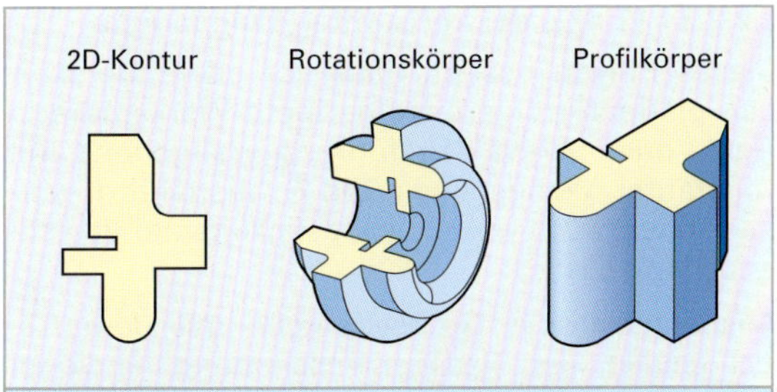

Bild 1: Werkstückherstellung durch rotatorische oder translatorische Werkzeug-/Werkstückbewegung

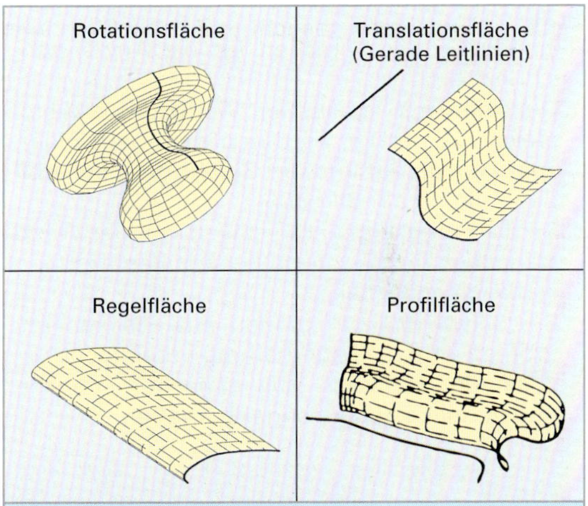

Bild 2: Räumliche Regelflächen

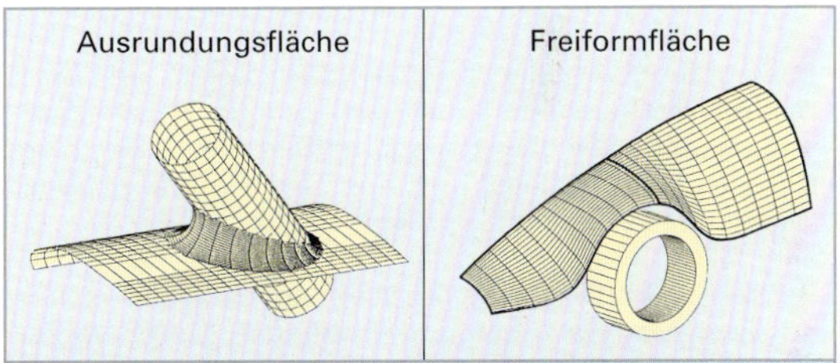

Bild 3: Freiformflächen und Ausrundungsflächen

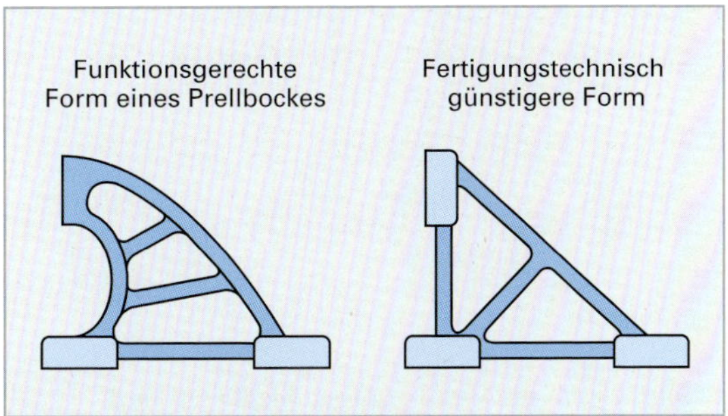

Bild 4: Einfache Formelemente

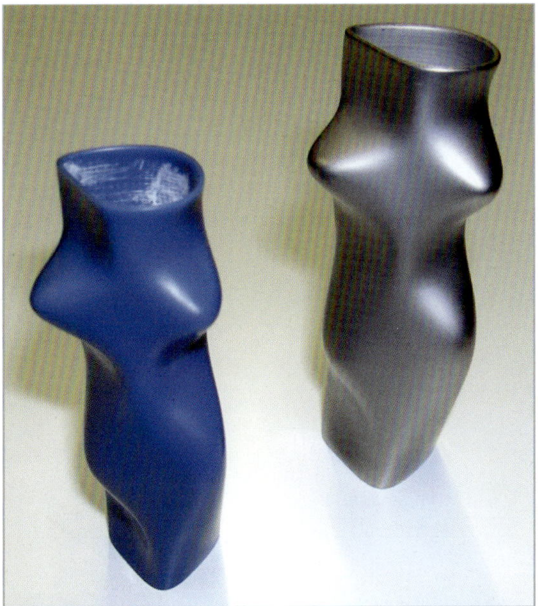

Bild 5: Hohlformen, durch Lasersintern hergestellt

2.2.2.3 Prinzip der konstanten Wandstärke

Dieses Prinzip besagt, dass vor allem Hohlkörper, plattenförmige oder gerippte Werkstücke in Guss- oder Schweißausführung weitgehend mit konstanter Wandstärke (**Bild 1**) ausgeführt werden sollen, auch wenn dies festigkeitsmäßig nicht erforderlich ist.

Ausnahmen sind Großserienteile mit dem Gesichtspunkt der Ressourcenschonung und/oder Teile mit der Forderung nach möglichst geringem Gewicht.

Anwendung des Prinzips der konstanten Wanddicke

Folgende Gründe sprechen für die Anwendung des Prinzips:

- Gussteile mit konstanter Wandstärke kühlen gleichmäßiger ab, es treten geringere Eigenspannungen auf und die Gefahr der Lunkerbildung nimmt ab (**Bild 2**).
- Da die Festigkeit bei Gussteilen von der Wandstärke abhängt, ist diese bei konstanter Wandstärke einheitlicher.
- Bei Schweißkonstruktionen aus Blechen und Profilen wird die Lagerhaltung vereinfacht.
- Zeichnungen lassen sich einfacher, schneller und damit kostengünstiger bemaßen.

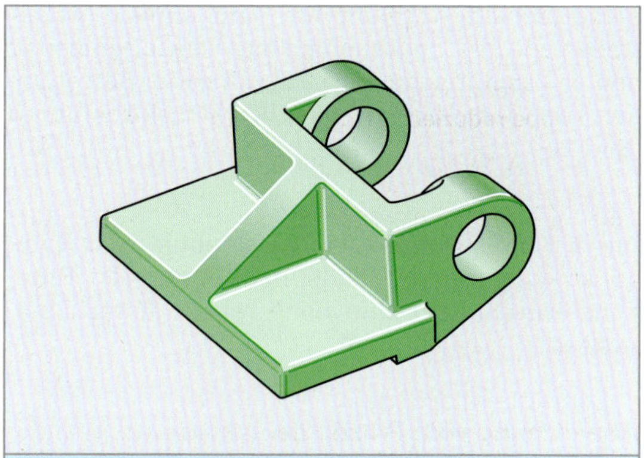

Bild 1: Konsole mit weitgehend konstanter Wandstärke

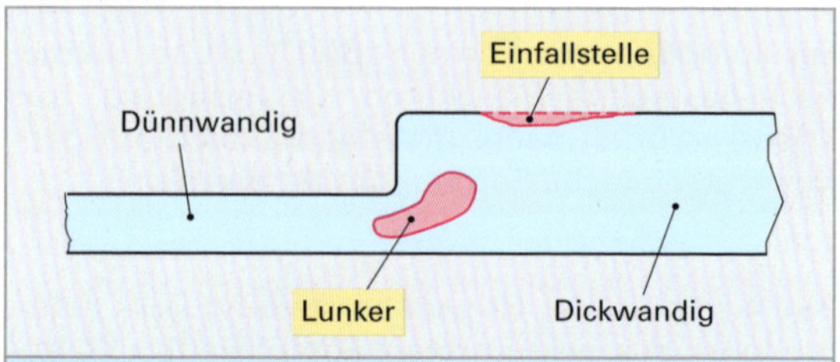

Bild 2: Lunkerbildung bei Wandstärkenänderung

Beispiele:

Die unterschiedliche Wandstärke von Gurt und Steg (**Bild 3**) ist ungünstig. Durch die unterschiedlichen Abkühlungszeiten ergeben sich Gusseigenspannungen σ_{ei}.

Das auf Biegung beanspruchte Werkstück ist im eingezeichneten Querschnitt oben am höchsten beansprucht und deshalb dort dicker gestaltet (**Bild 4a**). Die stärkere Dimensionierung lässt sich aber auch mit konstanter Wandstärke erreichen (**Bild 4b**).

Bei dem in **Bild 5a** gezeigten Wandanschluss ist die ungünstige Materialanhäufung vorhanden. Durch Versetzen einer Wand wird die Materialanhäufung verringert (**Bild 5b**).

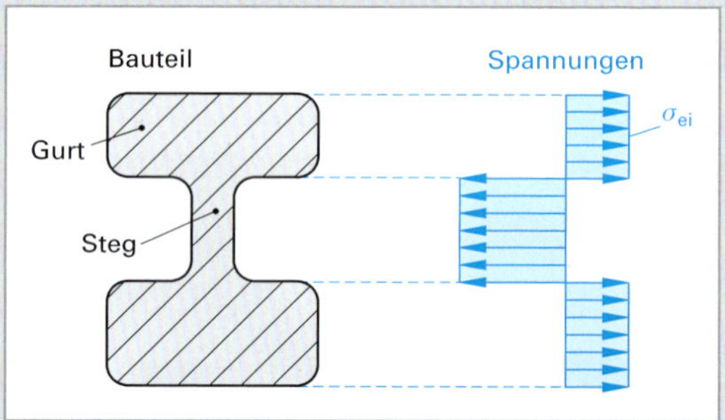

Bild 3: Gusseigenspannungen infolge unterschiedlicher Wandstärke

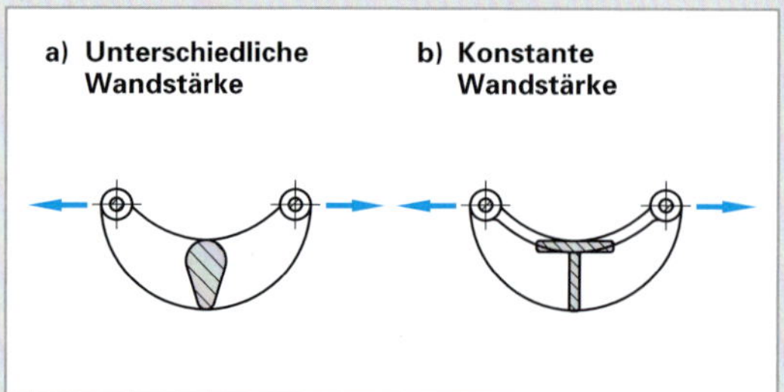

Bild 4: Werkstück mit unterschiedlicher und gleicher Wandstärke

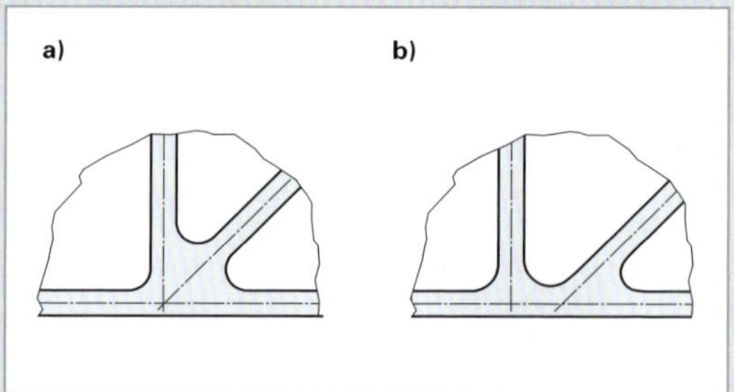

Bild 5: Wandanschluss

Bei der Rippenzusammenführung nach **Bild 1a** kommt es ebenfalls zu stark unterschiedlichen Wandstärken. Diese Materialanhäufung kann durch Gestaltung einer Ringrippe reduziert werden (**Bild 1b**).

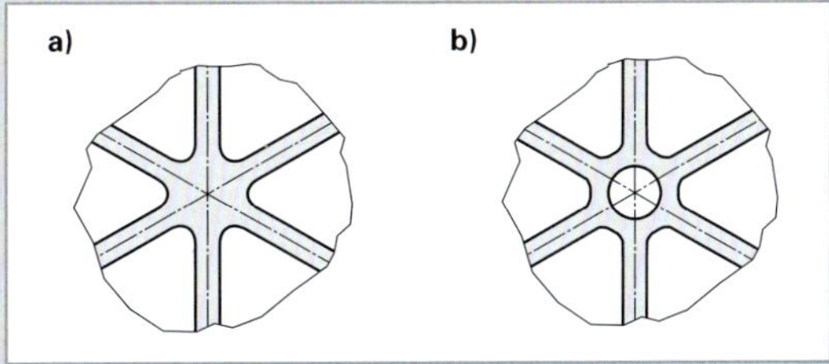

Bild 1: Rippenzusammenführung

Abweichung vom Prinzip der konstanten Wandstärke

Doch keine Regel ohne Ausnahmen. Es gibt Fälle, wo Bauteile an verschiedenen Stellen unterschiedlich stark beansprucht werden. Es wäre oft unwirtschaftlich, kaum belastete Zonen genau so dick zu gestalten wie hochbelastete. Man weicht also in bestimmten Fällen bewusst vom Prinzip ab.

Beispiele für ungleiche Wanddicken:

Der in **Bild 2** dargestellte, auf Biegung beanspruchte Balken könnte bei Belastung ausknicken. Um dies zu verhindern werden zur Stabilisierung der Gurte die Rippen eingefügt. Die Wandstärke der Rippen ist geringer, da sie quer zur Kraftrichtung stehen.

In **Bild 3** ist der Kolben eines Motors dargestellt. Im Betrieb läuft der Kolben viele tausendmal pro Minute vom unteren zum oberen Totpunkt und wieder zurück und wird dabei entsprechend beschleunigt und verzögert. Bei so schnell bewegten Teilen versucht man natürlich, die Masse möglichst klein zu halten. Dies gelingt einmal durch geeignete Werkstoffwahl (geringe Dichte bei Leichtmetallen), zum anderen durch Einsparung von Werkstoff. Dies bedeutet, dass der Kolbenboden aufgrund der hohen Gasdrücke und hohen Temperaturen hoch beansprucht wird und deshalb dickwandig ausgeführt wird. Der untere Teil des Kolbens dient lediglich zur Führung, ist gering belastet und damit dünnwandig gestaltet.

In **Bild 4** ist ein Tiefziehteil, eine PKW-Wagentüre, dargestellt. Sie wird aus einem Blechband unterschiedlicher Dicke (Tailored Blank = maßgeschneidertes Blech) hergestellt und zwar so, dass die höher beanspruchten Zonen der Türe im dickeren Blechbereich liegen.

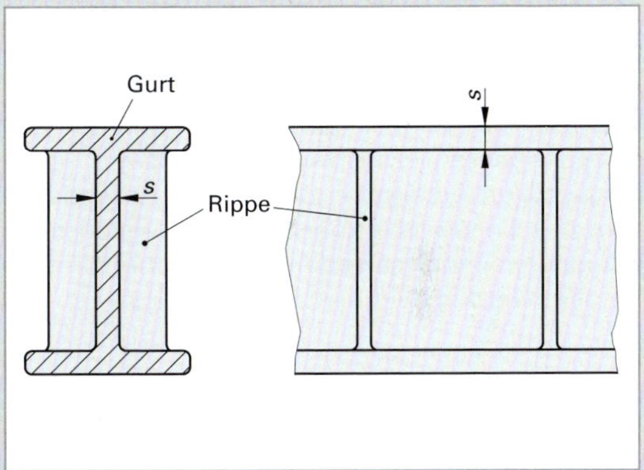

Bild 2: Stabilisierungsrippen eines Biegebalkens

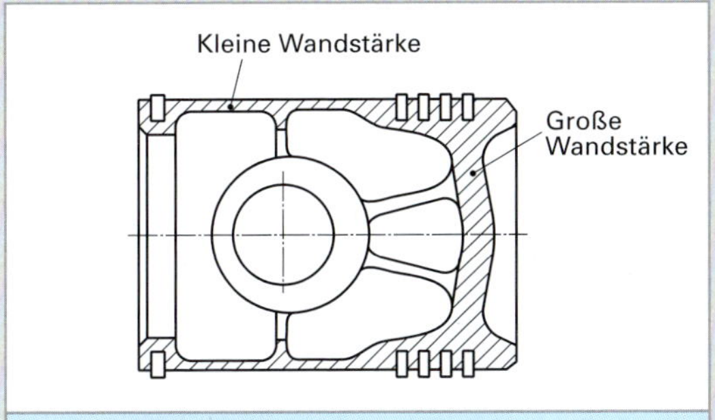

Bild 3: Motorkolben

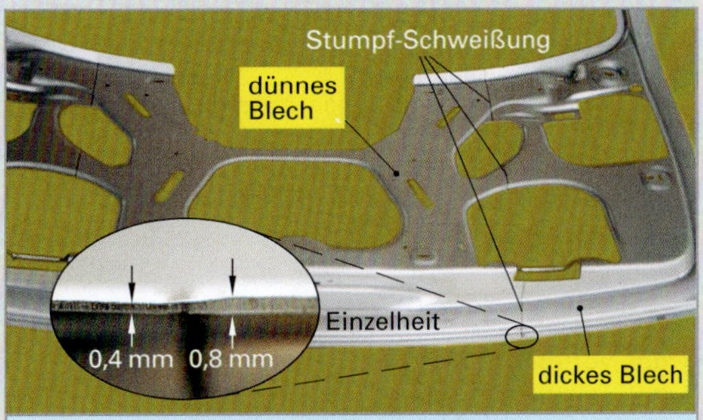

Bild 4: Tiefziehteil mit Tailored Blank

2.2.2.4 Prinzip der Kraftleitung – Der Kraftfluss

Der Begriff Kraftleitung bzw. Kraftfluss ist in der Festigkeitslehre nicht exakt definiert. Der Konstrukteur verknüpft damit die Vorstellung, dass eine von außen auf ein Bauteil einwirkende Kraft und/oder ein einwirkendes Moment durch das Bauteil hindurch „fließen" muss bis zu einer Stelle, an der diese durch eine entsprechende Reaktionskraft und/oder ein entsprechendes Reaktionsmoment aufgenommen wird. Die Wege, die eine Kraft oder ein Moment in einem Bauteil durchlaufen, werden durch Kraftflusslinien dargestellt.

Bei Zug- und Druckbeanspruchung in einem glatten Stab sind die Kraftflusslinien über den Querschnitt gleichmäßig verteilt, wenn man genügend weit weg ist von den Krafteinleitungsstellen (**Bild 1**). Beim gekrümmten Stab verlaufen die Kraftflusslinien oben dichter als unten. Das bedeutet eine Erhöhung der Beanspruchung oben infolge zusätzlicher Biegebeanspruchung.

Mit den nachfolgend beschriebenen Merkmalen dieses Kraftflusses und den daraus abgeleiteten Gestaltungsregeln lassen sich zwar keine quantitativen Aussagen über die Beanspruchung eines Bauteils machen, aber qualitativ lassen sich Stellen mit höherer Beanspruchung und mit Spannungsspitzen erkennen. Gerade im Anfangsstadium des Entwerfens können diese Stellen ohne Festigkeitsrechnungen erkannt und daher sinnvoll gestaltet werden (siehe auch Kapitel 2.3.1).

Mithilfe der Merkmale des Kraftflusses lassen sich Gestaltungsregeln aufstellen, die insbesondere im Anfangsstadium des Entwerfens nützlich sind.

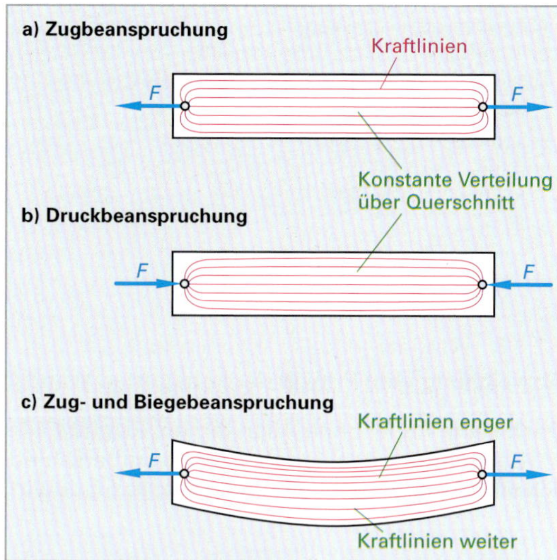

Bild 1: Verlauf der Kraftlinien

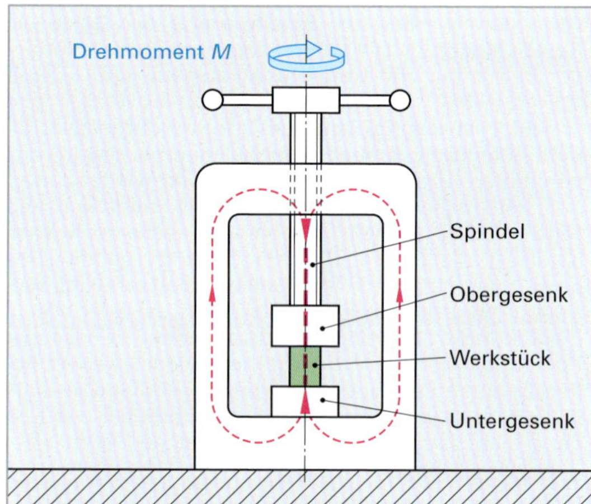

Bild 2: Kraftfluss an einer Presse

Merkmale des Kraftflusses

- Der Kraftfluss ist ein in sich geschlossenes System (**Bild 2**).

  Der Kraftfluss an der Presse ist geschlossen. Die erzeugte Druckkraft verläuft über Obergesenk, Werkstück, Pressenrahmen, Spindel wieder zum Obergesenk.

- Der Kraftfluss zieht die kurzen Wege den langen Wegen vor (**Bild 1, Seite 111**).

  Bei gleicher Querschnittsfläche *S* wird der größte Teil der Kraft oben auf kurzem Wege übertragen, unten ist der Kraftfluss geringer.

- Der Kraftfluss lässt sich nur widerwillig verdrängen (**Bild 2, Seite 111**).

  Wird der Kraftfluss an der Einschnürung (Kerbe) zusammengedrängt, so entstehen dort höhere Beanspruchungen (Spannungsspitzen).

- Wird der Kraftfluss umgeleitet, so wird er größer (**Bild 3a** und **Bild 3b, Seite 111**).

  Der Kraftfluss wird bei der Gestaltung (Bild 3b, Seite 111) umgelenkt und damit größer. Aufgrund zusätzlicher Biegebeanspruchung ist das Bauteil stärker zu dimensionieren.

Aufgrund der Merkmale des Kraftflusses lassen sich einige Gestaltungsregeln aufstellen:

1. Symmetrische Formen sind besser als asymmetrische Formen.
2. Kraft auf kurzem Wege übertragen.
3. Schlanke, fließende Linienführung ist für den Kraftfluss günstiger.
4. Kraftfluss nicht um scharfe Ecken und Einschnürungen leiten.

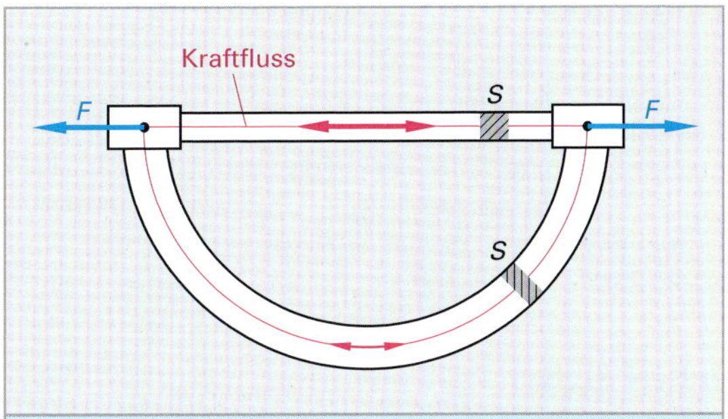

Bild 1: Verzweigter Kraftfluss

2.2.2.5 Wirkung von Kerben auf den Kraftfluss

Wie oben gezeigt, werden Kraftflusslinien, wenn sie an Kerben vorbeigeführt werden, umgelenkt. Das bedeutet, dass dort Spannungsspitzen vorhanden sind. Je krasser die Umlenkung, desto höher die Spannungsspitzen.

Solche Spannungsspitzen infolge Kerbwirkung sind insbesondere bei *dynamischer* Beanspruchung gefährlich. Bei *statischer* Beanspruchung sind sie bei spröden Werkstoffen zu beachten, bei zähen Werkstoffen lässt man teilweise örtliches Fließen (plastische Verformungen) an der Kerbe zu.

Man muss zwischen inneren und äußeren Kerben unterscheiden.

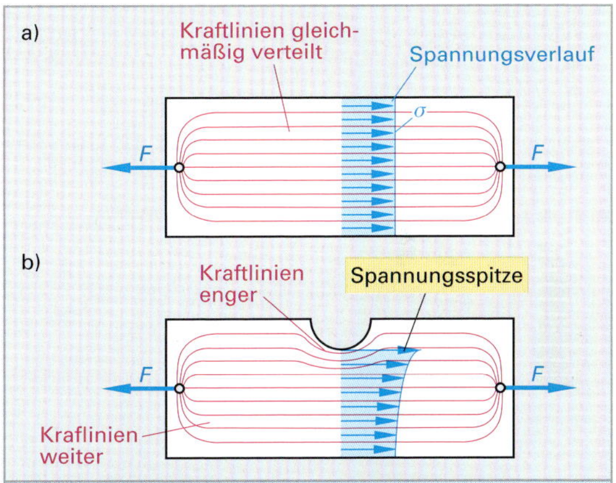

Bild 2: Kraftfluss an einer Einschnürung

Innere Kerben

Innere Kerben sind z. B. Querbohrungen, Aussparungen o. Ä. Oft sind sie von außen gar nicht sichtbar und dann meist nicht funktionsbedingt z. B. Hohlräume (**Bild 4**), Lunker (**Bild 5**), Seigerungen[1], nicht vollständige Durchschweißungen. Sie sind dann vom Konstrukteur selbst produziert und werden oft sträflicherweise nicht beachtet.

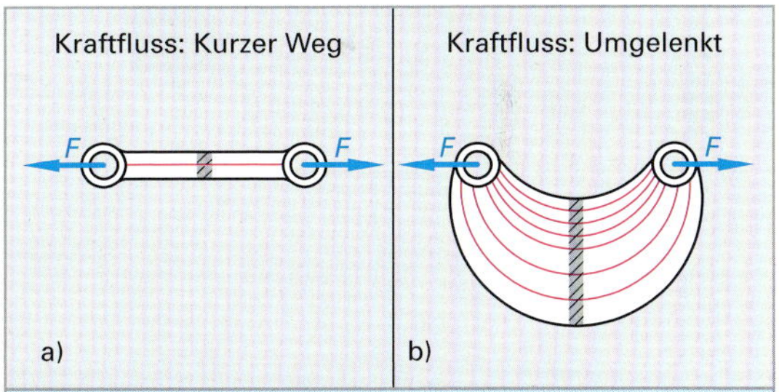

Bild 3: Kraftflussleitung

[1] Seigerungen sind Ausscheidungen beim Erstarren von Metallschmelzen.

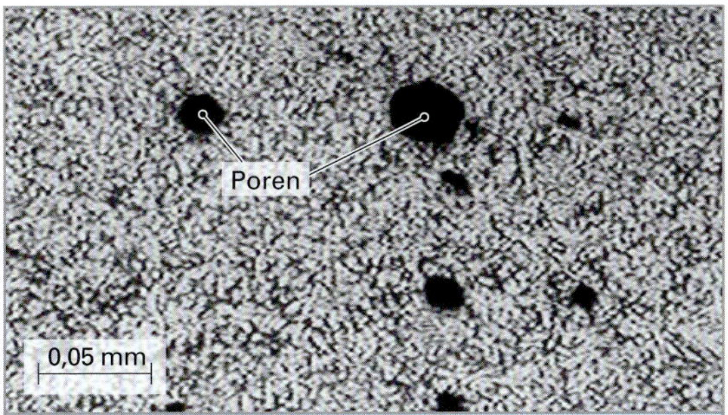

Bild 4: Gussteil mit Poren

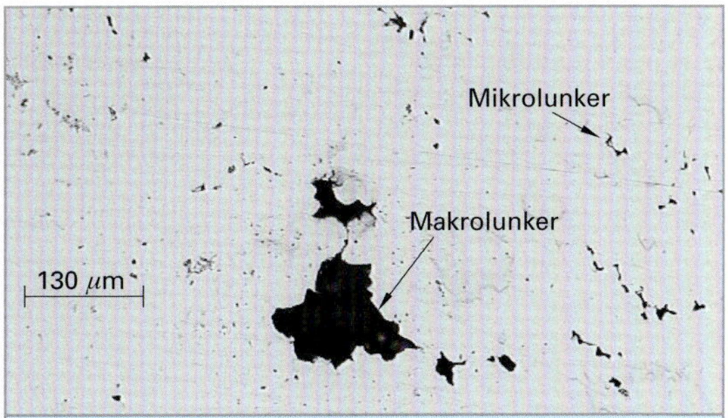

Bild 5: Gussteil mit Lunker

In **Bild 1** ist der Einfluss der Kerbform auf die Größe der Spannungsspitze am Beispiel eines Zugstabes gezeigt. Je schärfer/spitzer die Kerbe, desto krasser (auf kürzerem Wege) werden die Kraftflusslinien umgelenkt und umso größer sind die Spannungsspitzen.

Bild 2 zeigt an zwei Beispielen, wie bei Schweißkonstruktionen innere Kerben entstehen können und wie man sie vermeiden kann.

Äußere Kerben

Äußere Kerben sind sehr häufig funktionsbedingt und können daher nicht immer vermieden werden. Jede Querschnittsänderung wie z. B.

- Wellenabsätze, Einstiche, Nuten und Rillen jeder Art,
- Gewinde, Nadelmarkierung **(Bild 3)**
- Fehlstellen an der Oberfläche **(Bild 4)**, Oberflächenrauigkeiten, Kratzer, Riefen

stellen äußere Kerben dar.

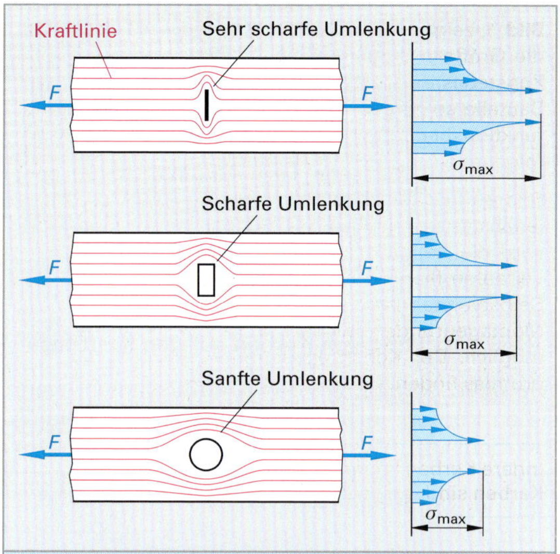

Bild 1: Einfluss der Kerbform auf die Größe der Spannungsspitzen

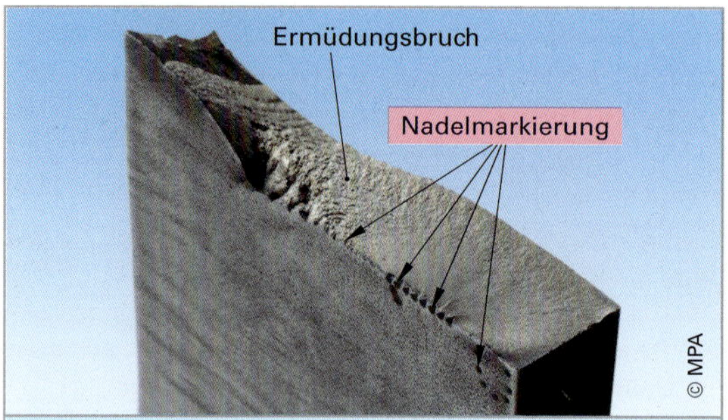

Bild 3: Kerbe einer Nadelmarkierung

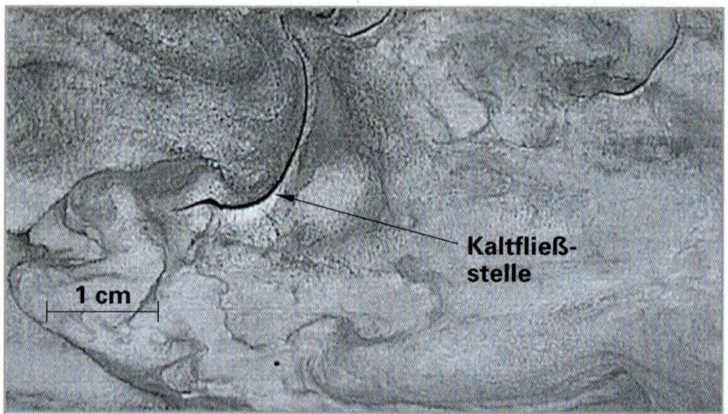

Bild 4: Oberflächenfehler durch eine Kaltfließstelle

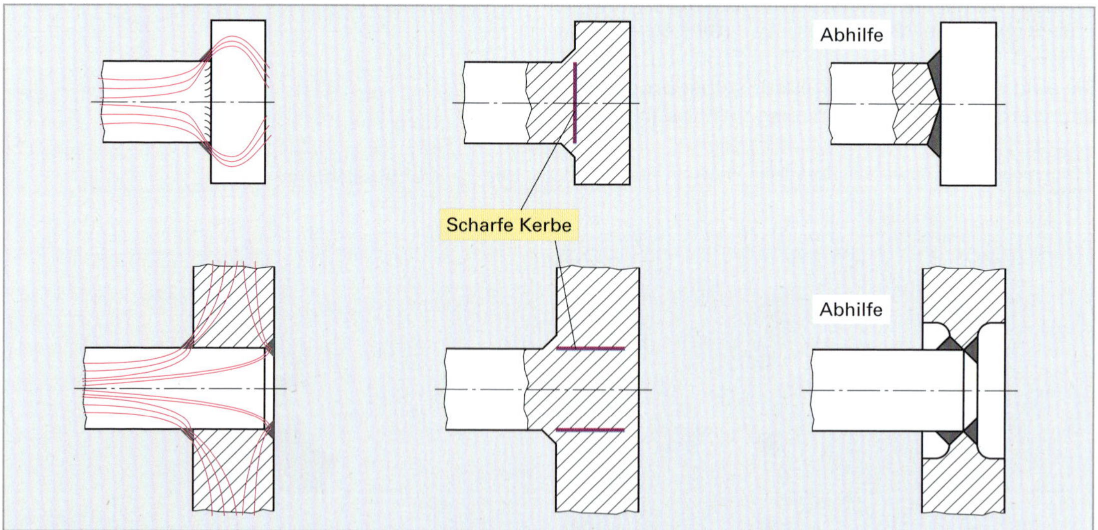

Bild 2: Entstehung und Vermeidung scharfer Kerben bei Schweißkonstruktionen

Bild 1 zeigt wieder den Einfluss der Kerbform auf die Größe der Spannungsspitzen am Beispiel eines Zugstabes. Aufgabe des Konstrukteurs ist es nun, die Bauteile so zu gestalten, dass die negative Wirkung funktionsbedingter Kerben reduziert wird. Die nachfolgenden Beispiele sollen hierzu Anregung geben.

Bild 2 zeigt verschiedene Möglichkeiten, einen Wellenabsatz zu gestalten. In der Bildfolge fortschreitend wird die Kerbwirkung reduziert, die Kraftflusslinien verlaufen fließender, die Umlenkungen sind sanfter. Selbstverständlich sind z. B. aus Funktions- oder Montagegründen nicht immer alle Gestaltungen möglich. Der Konstrukteur muss den besten Kompromiss finden.

Innere Kerben können oft vermieden werden, äußere Kerben sind meist funktionsbedingt.

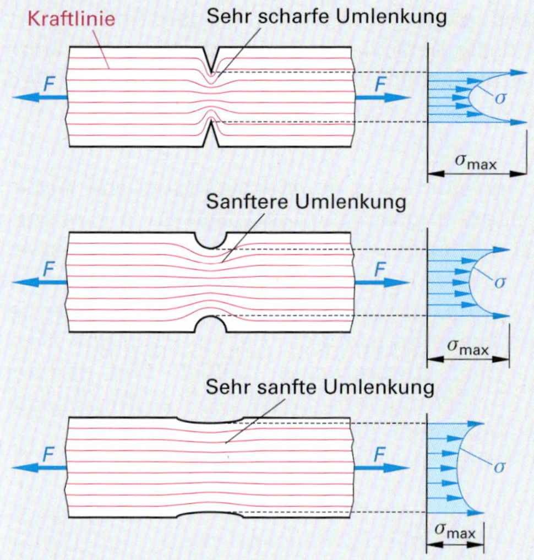

Bild 1: Einfluss der Kerbform auf die Größe der Spannungsspitzen

Entlastungskerben

Eine weitere Möglichkeit, die Kerbwirkung zu mildern, besteht darin, zusätzliche Kerben, so genannte **Entlastungskerben** anzubringen. Sie müssen so gestaltet und angeordnet sein, dass sie den Kraftfluss sanfter um die gefährlichen Kerben lenken. Nachteilig ist, dass sie einen zusätzlichen Bearbeitungsaufwand und damit Kosten verursachen.

In **Bild 3** ist gezeigt, wie durch solche Entlastungskerben die Kerbwirkung eines scharfen Wellenabsatzes gemildert werden kann.

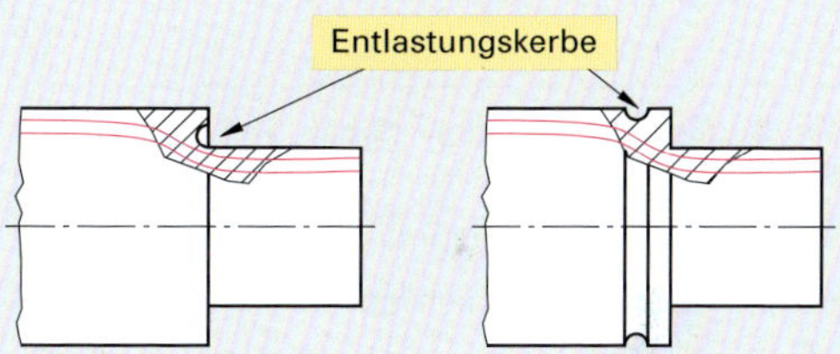

Bild 3: Entlastungskerben für einen Wellenabsatz

Innere und äußere Kerben ergeben Spannungserhöhungen im Bauteil. Sie sollten daher möglichst vermieden werden. Die Wirkung von Kerben lässt sich durch Entlastungskerben mildern.

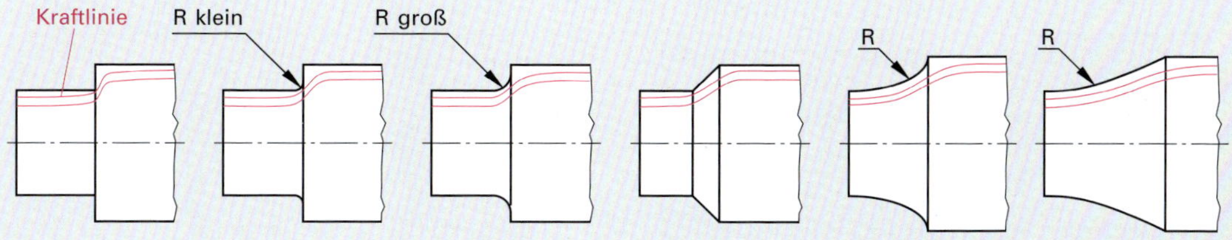

Bild 2: Konstruktive Gestaltung eines Wellenabsatzes

Durch scharfe, rechteckige Kerben an einem Bauteil entstehen hohe Spannungsspitzen. Die **Bilder 1 und 2** zeigen, wie durch geeignete Entlastungskerben die Kerbwirkung gemildert werden kann. Die Kraftflusslinien werden sozusagen an der scharfen Kerbe vorbeigeleitet.

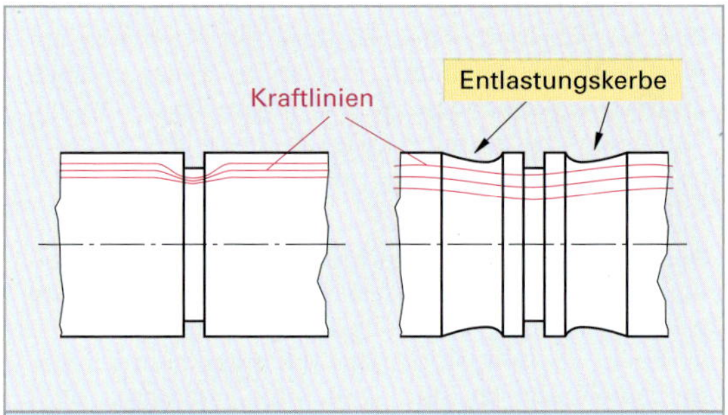

Bild 1: Entlastungskerbe für eine Nut

Eine Verminderung der Kerbwirkung und Abbau von Spannungsspitzen lässt sich auch erreichen durch vorheriges Erzeugen von Druckeigenspannungen, wie dies z. B. beim Rollen von Gewinde oder beim Glattwalzen (**Bild 3**) geschieht. Bei gerollten Gewinden wird der Faserverlauf des Werkstoffs nicht unterbrochen (**Bild 4**) und dadurch die Kerbwirkung vermindert. Die Kerbform beeinflusst wesentlich die Kerbwirkung (**Bild 5**).

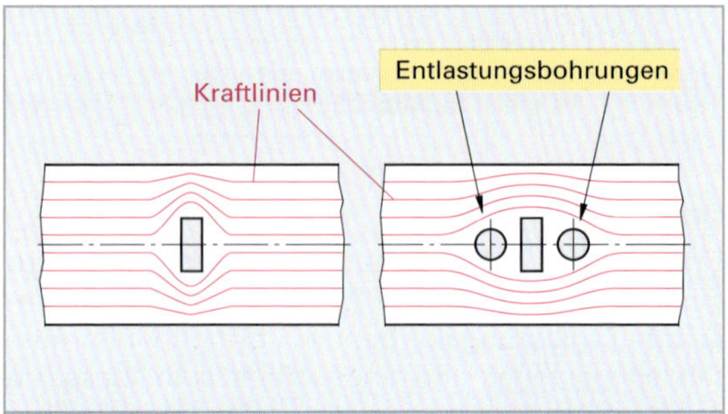

Bild 2: Entlastungsbohrungen für eine innere Kerbe

Abschließend sei nochmals auf die eingangs erwähnte *dynamische* Beanspruchung von Bauteilen hingewiesen. Eine raue, unsaubere Oberfläche, Kratzer, Riefen oder Kaltfließstellen an Gussteilen wirken auf den Kraftfluss wie Kerben. Diese sind Ausgangspunkte für Schwingbrüche. Bei dynamischer Belastung ist also unbedingt auf saubere, glatte Oberfläche zu achten. Mit geeigneten Bearbeitungsverfahren lässt sich dies erreichen.

Gestaltungsregeln für den Abbau von Spannungsspitzen:

- Weiche, sanfte Querschnittsübergänge gestalten.
- Bei Schweißkonstruktionen innere Kerben vermeiden.
- Bei Gusskonstruktionen Lunker o. Ä. vermeiden.
- Entlastungskerben anbringen.
- Bei dynamischer Belastung auf saubere Oberflächen achten.
- Kerbunempfindliche Werkstoffe wählen.
- Vorheriges Erzeugen von Druckeigenspannungen.

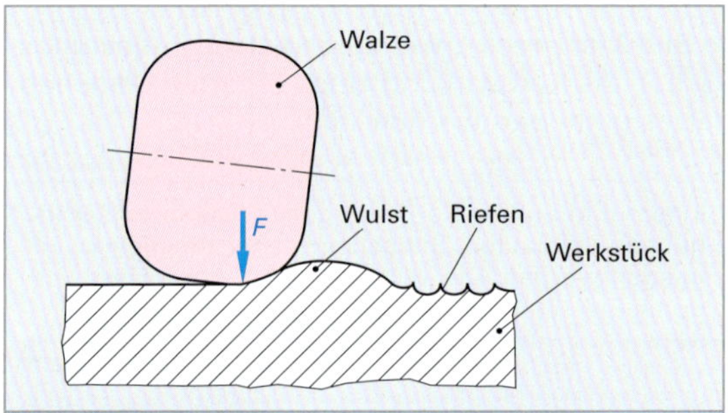

Bild 3: Glattwalzen

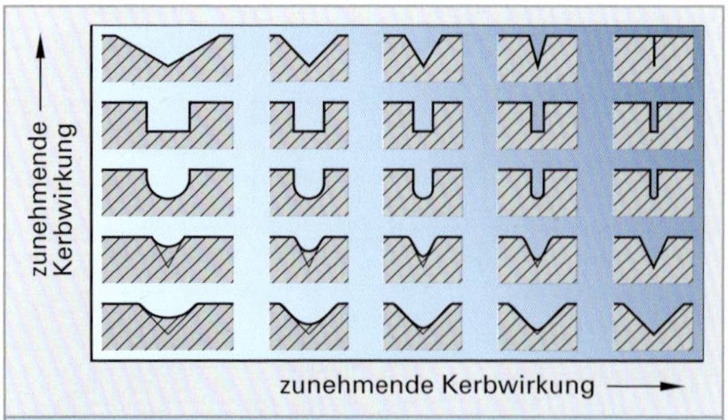

Bild 5: Kerbwirkung

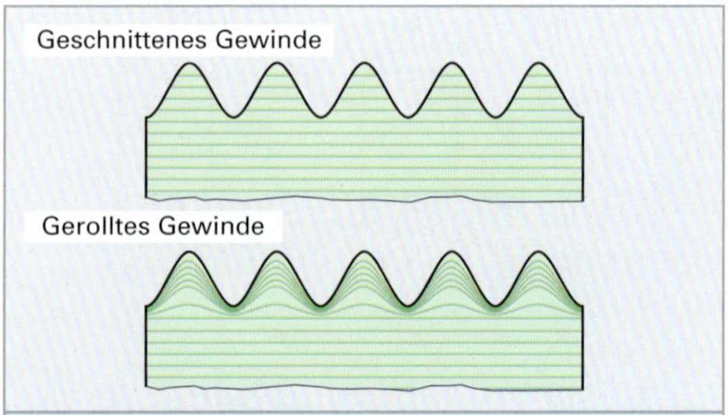

Bild 4: Faserverlauf bei Gewinden

2.2.2.6 Berücksichtigung der Gefügestruktur bei Umformverfahren

Viele Werkstücke und Halbzeuge werden spanlos, z. B. durch Umformen gefertigt. Es sind dies vor allem Verfahren wie

- Walzen,
- Schmieden,
- Drücken,
- Tiefziehen,
- Fließpressen,
- Biegen.

Bei diesen Umformvorgängen erhalten die Kristalle eine Vorzugsorientierung. Der Werkstoff verhält sich anisotrop[1], also hinsichtlich seiner Eigenschaften richtungsabhängig.

Man spricht bei dieser Orientierung auch von der Ausbildung einer Walzfaser, Schmiedefaser (**Bild 1**), Ziehfaser usw.

> In Richtung der Vorzugsorientierung sind Festigkeitswerte, Verformungseigenschaften und Kerbschlagzähigkeit höher als quer dazu. Dieses Verhalten sollte der Konstrukteur kennen und bei der Gestaltung berücksichtigen.

Werden z. B. Blechteile aus gewalzten Tafeln oder Streifen aus- oder abgeschnitten, dann sollte die Walzrichtung beachtet werden. In **Bild 2** sind Kettenglieder dargestellt, die auf Zug und Biegung beansprucht werden. Sie sollten dann so im Blechstreifen angeordnet werden, wie rechts im Bild dargestellt.

Auch beim Biegen oder Abkanten von Blechen sind in Walzrichtung deshalb kleinere Abkantradien möglich **(Bild 3)**.

Bei abgesetzten Wellen aus Rundmaterial wird beim Abdrehen die Faser zerschnitten. Hochbeanspruchte Wellen werden deshalb häufig geschmiedet; der Faserverlauf im Innern bleibt beim Abdrehen erhalten **(Bild 4)**.

[1] Isotrop = nach allen Richtungen mit gleichen Eigenschaften, von griech. iso = gleich und trope = Wendung (Richtung); anisotrop = nicht isotrop, griech. a ... bzw. an ... = nicht (verneinend).

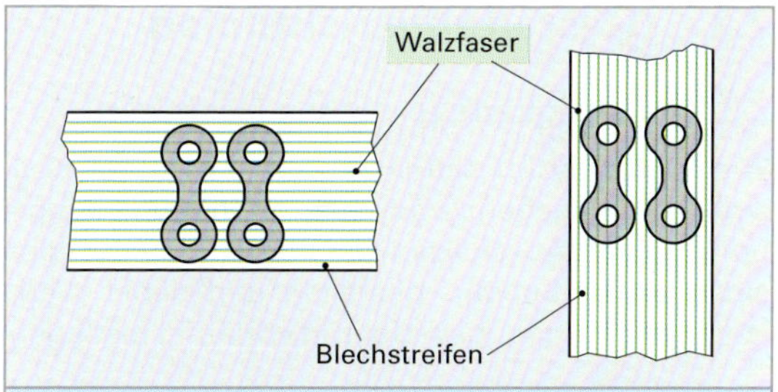

Bild 2: Berücksichtigung der Walzfasern beim Ausschneiden von Kettengliedern

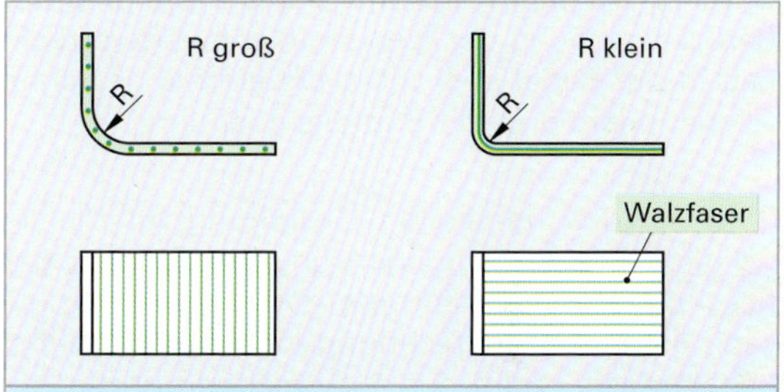

Bild 3: Berücksichtigung der Walzfasern beim Abkanten

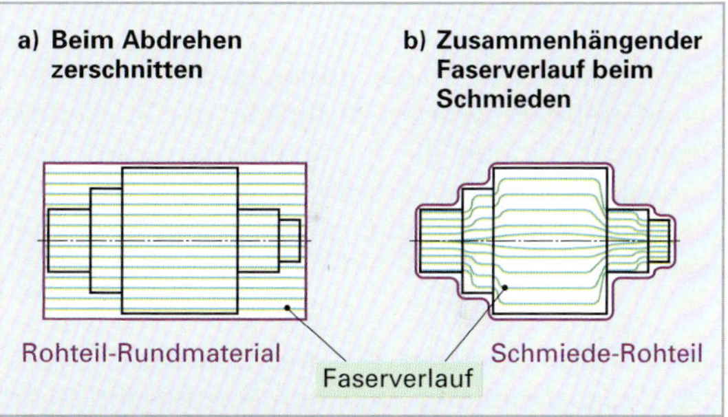

Bild 4: Faserverlauf bei einer Welle

Bild 1: Faserverlauf bei einer geschmiedeten Kurbelwelle

2.3 Gestaltungsrichtlinien

2.3.1 Festigkeitsgerechtes Gestalten

Wie in Kapitel 2.1 schon erwähnt, wird der Konstrukteur ausgehend vom ausgewählten Lösungsprinzip nach Abschätzen der Hauptabmessungen einen ersten Entwurf gestalten und dabei Werkstoffe und Fertigungsverfahren vorläufig festlegen.

Erst dann wird nach kritischen Stellen gesucht und mithilfe einer Festigkeitsrechnung nachgerechnet und dimensioniert. Bei dieser Rechnung werden also nur erforderliche Dimensionen unter Berücksichtigung der Werkstoffkennwerte errechnet, in der Regel aber nicht die einmal gewählte Gestalt oder Form der Bauteile geändert.

Sind nun bei der ersten Gestaltung für die jeweiligen Beanspruchungen ungünstige oder gar falsche Querschnittsformen gewählt worden, so kann die Festigkeitsrechnung diesen Fehler nicht beheben; sie ergibt nur entsprechend große Abmessungen, d. h. viel Materialaufwand, hohes Gewicht und hohe Kosten – auch für angrenzende Bauteile.

Der Konstrukteur muss daher in der Lage sein, schon beim Entwerfen aufgrund der wirkenden Beanspruchungen die festigkeitsmäßig richtigen Querschnittsformen zu wählen. Mithilfe der nachfolgenden Betrachtungen soll dies näher erläutert werden.

Bild 1 zeigt zunächst in „nachfühlbarer" Form den Zusammenhang zwischen Gestalt und Beanspruchbarkeit bzw. Tragfähigkeit.

Die äußere Belastung eines Bauteils durch Kräfte und/oder Momente führt auf folgende elementare Beanspruchungsarten (**Bild 2**):

- Zug,
- Druck,
- Biegung,
- Schub,
- Torsion.

Zugkräfte und Druckkräfte *F senkrecht* zu einer Fläche *S* ergeben *Normalspannungen*, durch Kräfte *in* einer Fläche *S* entstehen *Tangentialspannungen*. Durch schräge Kräfte entstehen sowohl Normalspannungen als auch Tangentialspannungen.

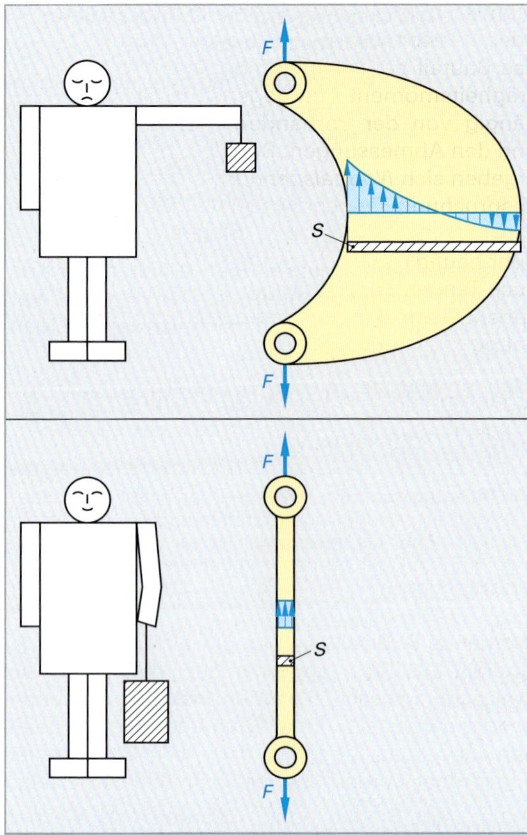

Bild 1: Zusammenhang zwischen Gestalt und Beanspruchbarkeit

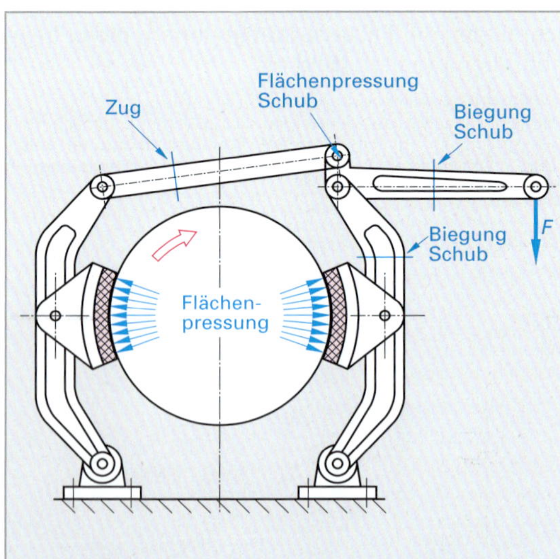

Bild 2: Beanspruchungsarten, dargestellt an einer Backenbremse

Momente *M* erzeugen Biegebeanspruchungen oder Torsionsbeanspruchungen (**Bild 1**), denen das Bauteil ein Widerstandsmoment *W* bzw. ein Trägheitsmoment *I* entgegensetzt. Diese sind abhängig von der vorhandenen Querschnittsform und den Abmessungen. Bei Biegebeanspruchung ergeben sich *Normalspannungen*, bei Torsionsbeanspruchung *Tangentialspannungen*.

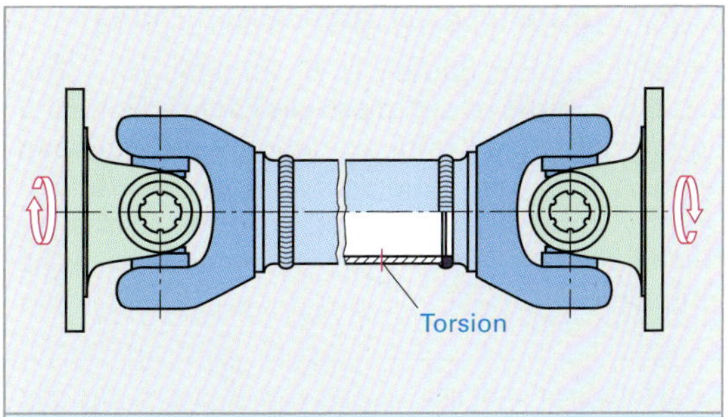

Bild 1: Torsionsbelastung

Sehr häufig treten sowohl Normalspannungen als auch Tangentialspannungen gleichzeitig auf. Man spricht dann von *zusammengesetzter Beanspruchung*.

Ergänzend dazu ist bei Druckbelastung noch mit
- Flächenpressung,
- *Hertz'scher*[1] Pressung (**Bild 2**) bzw. *Stribeck'scher*[2] Pressung,
- Knicken,
- Beulen oder
- Kippen

zu rechnen (**Bild 3**).

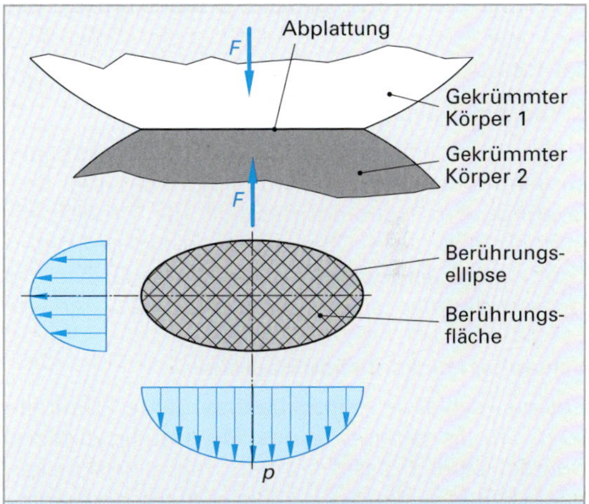

Bild 2: Hertz'sche Pressung bei gewölbten Flächen

Des Weiteren können Bauteile durch Innendruck oder Außendruck belastet sein (**Bild 4**).

[1] *Heinrich Rudolf Hertz*, geb. 1857 in Hamburg; gest. 1894 in Bonn, deutscher Physiker, Professor in Karlruhe.

[2] *Richard Stribeck*, geb. 1861 in Stuttgart; gest. 1950, deutscher Maschinenbau-Ingenieur.

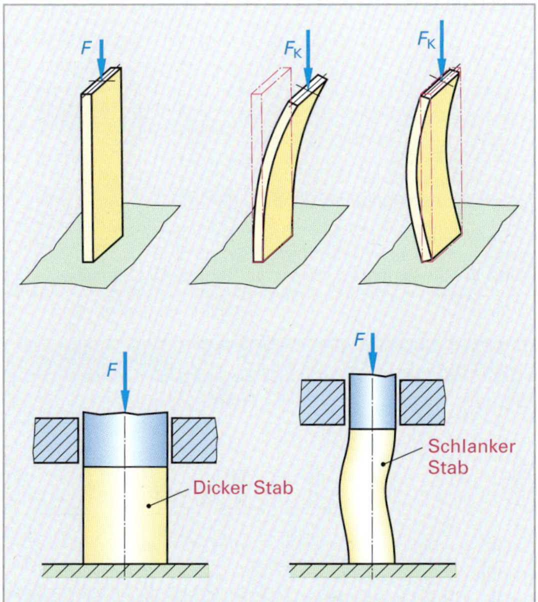

Bild 3: Mögliche Wirkungen bei einer Druckbelastung

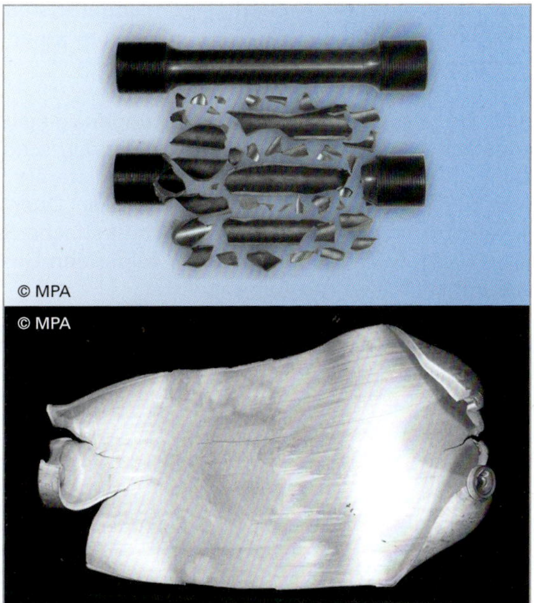

Bild 4: Belastung durch Innendruck und Außendruck

2.3.1.1 Gestaltung bei Zugbeanspruchung

Treten in einem Bauteil (z. B. Zugstab) nur Zugbeanspruchungen auf, dann sind in hinreichender Entfernung vom Kraftangriffspunkt die Zugspannungen über den Querschnitt konstant (**Bild 1**). Deren Größe wird also nur von der Größe der Fläche *S* und nicht von der Querschnittsform beeinflusst!

> **Gestaltungsrichtlinie:**
> Bei rein zugbeanspruchten Bauteilen kommt es nicht auf die Querschnittsform, sondern allein auf die Größe der Querschnitts*fläche S* an.

2.3.1.2 Gestaltung bei Druckbeanspruchung

Kurze, knicksichere Bauteile

Treten in einem solchen Bauteil nur Druckbeanspruchungen auf, dann sind in hinreichender Entfernung vom Kraftangriffspunkt die Druckspannungen über den Querschnitt konstant. Deren Größe wird also wieder nur von der Größe der Querschnitts*fläche S* beeinflusst (**Bild 2**).

Schlanke, knickanfällige Bauteile

Solche schlanke, druckbeanspruchte Bauteile (z. B. Kolbenstange eines Hydraulikzylinders, Spindel einer Presse) können durch Ausknicken oder Beulen versagen. Der Querschnittsform kommt hier eine wichtige Bedeutung zu. Die kleinste Kraft F_k, die zum Ausknicken des Bauteils führt, ist proportional abhängig vom äquatorialen Flächenträgheitsmoment I der gewählten Querschnitts*form* (**Bild 3**).

Soll ein Bauteil nach allen Richtungen gleich knicksicher sein, dann ist eine *vollsymmetrische* Querschnitts*form* erforderlich. In der Literatur wurde die Knicksteifigkeit verschiedener Querschnittsformen mit gleicher Querschnittsfläche *S* untersucht. Das Ergebnis ist in der folgenden Gestaltungsrichtlinie zusammengefasst.

> **Gestaltungsrichtlinie:**
> Für druckbeanspruchte, knickgefährdete Bauteile sind vor allem dünnwandige, symmetrische Querschnittsformen geeignet wie dünnwandiges Vierkantrohr und dünnwandiges Rundrohr. (Kontrolle gegen Versagen durch Beulen ist erforderlich). Symmetrische, dickwandige Hohlprofile oder symmetrische Vollprofile mit quadratischem oder rundem Querschnitt sind weniger geeignet. Andere Formen wie I-, T-, L-, U- oder Rechteckprofile sind **nicht** geeignet (**Tabelle 1**).

$$\sigma_z = \frac{F}{A}$$

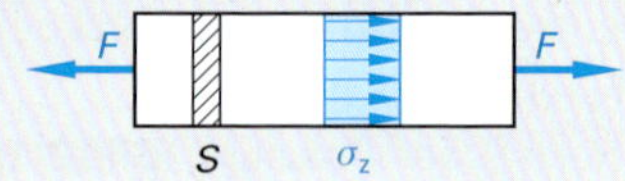

σ_z Zugspannung
F Kraft
S Fläche

Bild 1: Spannungsverteilung bei Zugbeanspruchung

$$\sigma_d = \frac{F}{S}$$

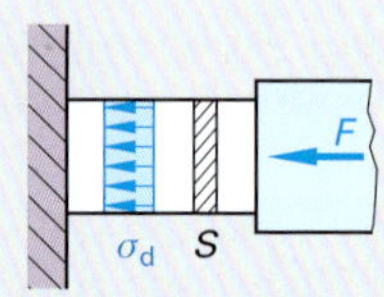

σ_d Druckspannung
F Kraft
S Fläche

Bild 2: Spannungsverteilung im kurzen Druckstab

$$F_K \sim I$$

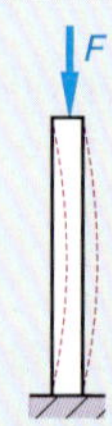

F_K Knickkraft
I Äquatoriales Flächenträgheitsmoment

Bild 3: Ausknicken langer schlanker Druckstäbe

Tabelle 1: Querschnittsformen gleicher Fläche knickgefährdeter Bauteile und ihre Eignung

Gut geeignet		Weniger geeignet		Nicht geeignet
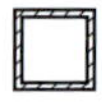	Vierkantrohr dünnwandig		Dickwandiges Rohr	
	Rundrohr dünnwandig	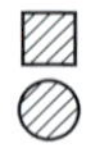	Vollprofile	

2.3.1.3 Gestaltung bei Biegebeanspruchung

Bei Biegebeanspruchung ist zunächst zwischen *reiner Biegung* und der sogenannten *Querkraftbiegung* zu unterscheiden (**Bild 1**).

Bei der Querkraftbiegung treten neben den Biegebeanspruchungen noch zusätzlich Querkräfte auf, die im Bauteil *Schubspannungen* hervorrufen. Bei langen Bauteilen sind diese im Vergleich zu den Biegespannungen sehr klein und können meist vernachlässigt werden; sie werden hier daher nicht weiter berücksichtigt.

Bild 2 zeigt die Biegespannungsverteilung an einem Balken mit Rechteckquerschnitt. Die Spannungsverteilung im Balken ist linear, sie nimmt von der Schwerachse zu den Randzonen hin zu. Im oberen Bereich treten Zugspannungen, im unteren Bereich Druckspannungen auf.

Betrachtet man die Spannungsverteilung genauer, dann stellt man fest, dass im Bereich der Schwerachse die Spannungen klein sind, im Bereich der Randzonen oben und unten sind die Spannungen groß. Der Balken mit Rechteckquerschnitt wird innen wenig belastet, ist aber genauso breit wie außen. Die Materialbeanspruchung ist hier sehr unterschiedlich. Der Rechteckquerschnitt ist sicher nicht optimal.

Der gesunde Menschenverstand legt nahe, innen Material wegzunehmen und in die Zonen höherer Beanspruchung zu legen (**Bild 3**). Dabei entsteht ein I-Profil, bei dem das Material gleichmäßiger beansprucht wird und eine Querschnittsform, die bei gleicher Fläche ein wesentlich höheres Widerstandsmoment W_b bzw. Trägheitsmoment I hat. (Anmerkung: Mithilfe des Satzes von *Steiner*[1] lässt sich dies rechnerisch belegen).

Dadurch wird bei vorgegebenem Moment M_b die Biegespannung σ_b kleiner. Oder im Umkehrschluss: Ist durch einen gewählten Werkstoff eine bestimmte Biegespannung zulässig, dann können die Abmessungen (Wandstärke, Querschnittsfläche) des I-Profils reduziert werden und damit spart man Material, Gewicht und Kosten.

Gestaltungsrichtlinie:

Durch günstige Werkstoffverteilung in Richtung der Randfaser entstehen günstige Querschnittsformen mit hohen Widerstands- bzw. Trägheitsmomenten, was zu einer Material-, Gewichts- und Kosteneinsparung führt.

Günstige Querschnittsformen sind I- und C-Profile, aber auch Rohrquerschnitte (**Bild 4**).

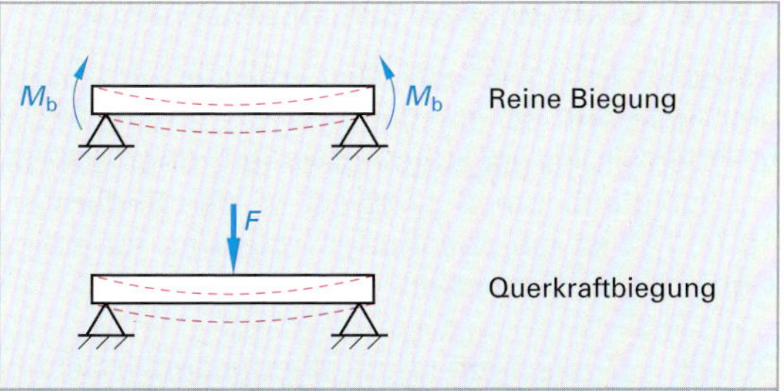

Bild 1: Belastungsarten beim Biegen

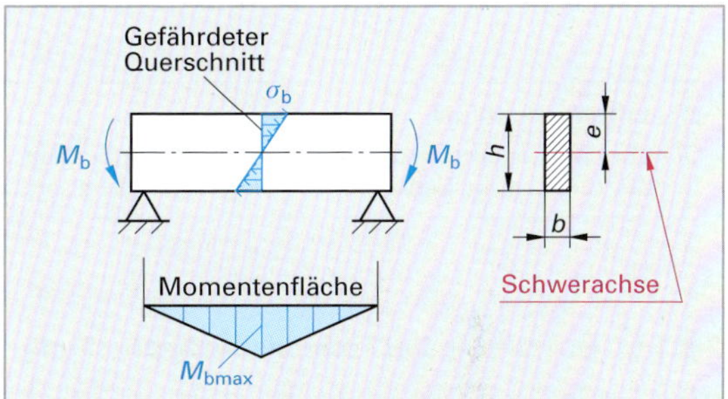

$$\sigma_b = \frac{M_b}{W_b} = \frac{M_b}{I/e}$$

σ_b Biegespannung
M_b Biegemoment
W_b Widerstandsmoment
I Trägheitsmoment
e Maximaler Randfaserabstand
h Höhe
b Breite

Bild 2: Biegespannungsverteilung

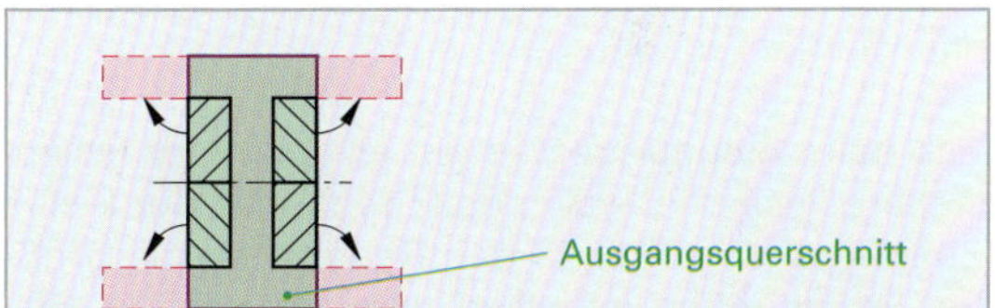

Bild 3: Suche nach günstiger Querschnittsform

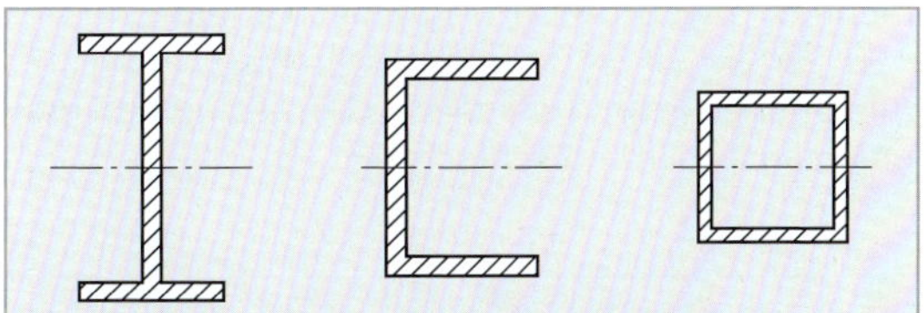

Bild 4: Günstige Querschnittsformen bei Biegebeanspruchung

[1] Benannt nach *Jakob Steiner* (1796 bis 1863), Schweizer Mathematiker.

2.3.1.4 Gestaltung bei Schubbeanspruchung

In Verbindung mit dem Biegebalken wird meist eine mittlere Schubspannung τ_m errechnet. In Wirklichkeit ist die Schubspannung über die Fläche nicht gleichmäßig verteilt. In den **Bildern 1a, 1b** und **1c** ist die Spannungsverteilung für einige Querschnitte dargestellt.

Bei allen Querschnitten tritt die maximale Schubspannung im Bereich der Schwerachse auf, zu den Randzonen fällt die Schubspannung auf Null ab. Daraus lässt sich Folgendes ableiten:

> **Gestaltungsrichtlinie:**
> Schubbeanspruchte Bauteile sollen nach Möglichkeit in der Zone um die Schwerachse viel Material haben.

Schubspannung infolge Querkraft:

$$\tau_m = \frac{F_Q}{S}$$

τ_m mittlere Schubspannung
F_Q Querkraft
S Fläche

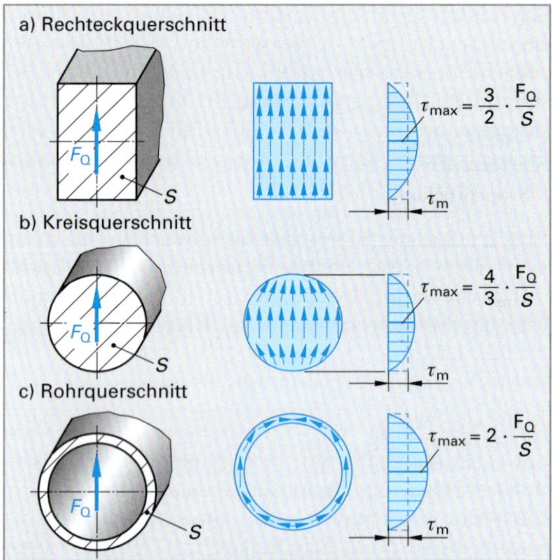

Bild 1: Schubspannungsverteilung

2.3.1.5 Gestaltung bei Torsionsbeanspruchung

Wird ein Bauteil durch ein Torsionsmoment M_t beansprucht, ergibt sich bei einem Kreisquerschnitt eine lineare Verteilung der Torsionsspannungen über den Querschnitt mit größter Spannung außen (**Bild 2a**). Die Torsionsspannungen in der Querschnittsfläche verlaufen parallel zur Umfangskontur.

Für ein Bauteil mit rechteckförmigem Querschnitt ist die Spannungsverteilung in **Bild 2b** dargestellt. Auch hier ist die Spannung in der Drehachse Null, ebenso an den Ecken. Die größte Spannung tritt in der Mitte der langen Seite auf.

Wie beim Biegeträger, so gilt es auch hier festzustellen, dass im Bereich der Drehachse nur kleine Spannungen, außen in den Randzonen die größten Spannungen auftreten. Um Material zu sparen, verlegt man Werkstoff nach außen und macht die Querschnitte innen hohl (**Bild 2c**). Dies ergibt Querschnittsformen mit großem Widerstandsmoment W_t bzw. großem Trägheitsmoment I_t.

Alle offenen Profile wie z. B. I, C, T, U sind bei Torsionsbeanspruchung schlecht.

> **Gestaltungsrichtlinie:**
> Auf Torsion beanspruchte Bauteile sollen nach Möglichkeit als dünnwandige, geschlossene Hohlquerschnitte gestaltet sein.
> **Achtung:** Die Hohlquerschnitte dürfen auf keinen Fall geschlitzt, also offen sein!

Torsionsspannung infolge Torsionsmoment:

$$\tau_t = \frac{M_t}{W_t} = \frac{M_t}{I_t / e}$$

τ_t Torsionsspannung
M_t Torsionsmoment
W_t Widerstandsmoment
I_t Trägheitsmoment
e maximaler Randfaserabstand

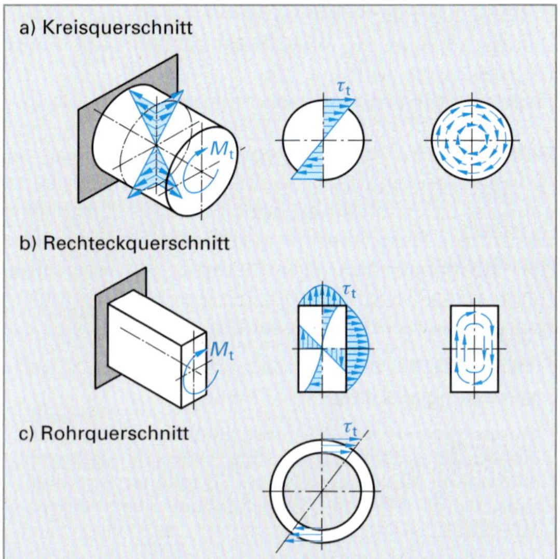

Bild 2: Torsionsspannungsverteilung

2.3.1.6 Gestaltung bei zusammengesetzter Beanspruchung

Bei zusammengesetzter Beanspruchung lassen sich mit den oben angegebenen Gestaltungsrichtlinien sinnvolle Querschnittsformen ableiten.

Sehr häufig werden Bauteile sowohl auf Biegung als auch auf Torsion beansprucht. Der bei Biegebeanspruchung optimale I-Querschnitt ist für Torsionsbeanspruchung sehr schlecht.

Man findet aber schnell, dass dünnwandige Hohlprofile bei Biegung gut und bei Torsionsbeanspruchung sehr gut sind und hat damit mögliche Querschnittsformen gefunden.

In **Tabelle 1** sind nochmals die wesentlichen Aussagen dieses Kapitels zusammengestellt.

Tabelle 1: Bewertete Querschnittsformen für verschiedene Grundbeanspruchungen

Beanspruchung		**Querschnittsformen** gute	**Querschnittsformen** schlechte	**Gestaltungsrichtlinie**
Zug		beliebig		Maßgebend ist Querschnitts*fläche*
Druck	Kurze Bauteile	beliebig		Maßgebend ist Querschnitts*fläche*
Druck	Schlanke Bauteile	 Dünnwandiges Rohr		Symmetrische, dünnwandige Hohlkörper
Biegung		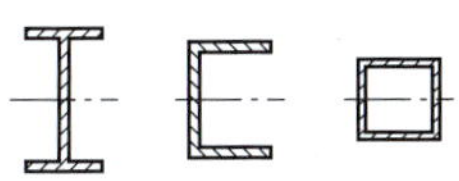	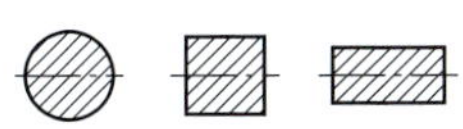	Randfaserversteifte Querschnittsformen
Schub		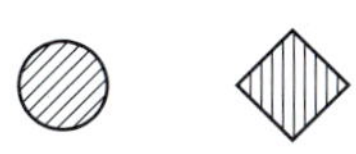	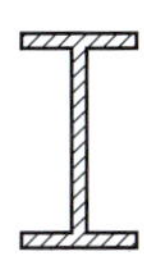	Mittenversteifte Querschnittsformen
Torsion		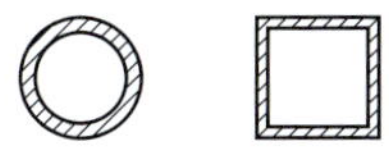		Symmetrische, dünnwandige, geschlossene Hohlprofile

Tabelle 2: Widerstandsmomente für einige Querschnittsformen

Querschnittsform	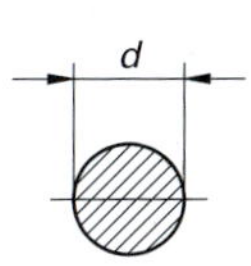	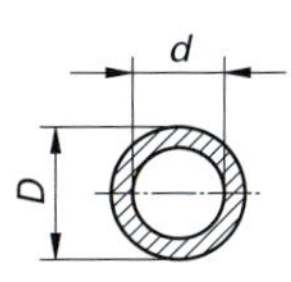	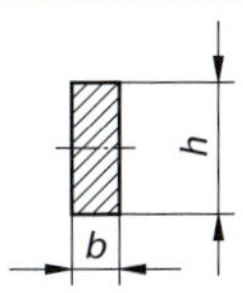	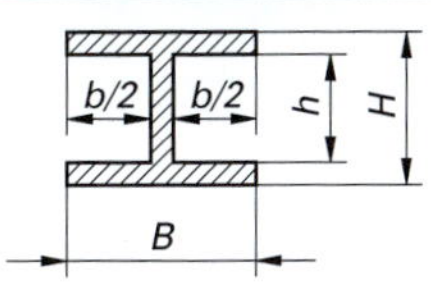
Widerstandsmoment	$W_b = \frac{\pi \cdot d^3}{32}$	$W_b = \frac{\pi \cdot (D^4 - d^4)}{32 \cdot D}$	$W_b = \frac{b \cdot h^2}{6}$	$W_b = \frac{B \cdot H^3 - b \cdot h^3}{6 \cdot H}$

Aufgabe 1:
Ein eingespannter Träger wird durch ein Biegemoment M_b belastet. Zur Auswahl stehen die vier Querschnittsformen a bis d mit gleicher Querschnittsfläche. Welche Querschnittsform ist geeignet (rechnerischer Nachweis)?

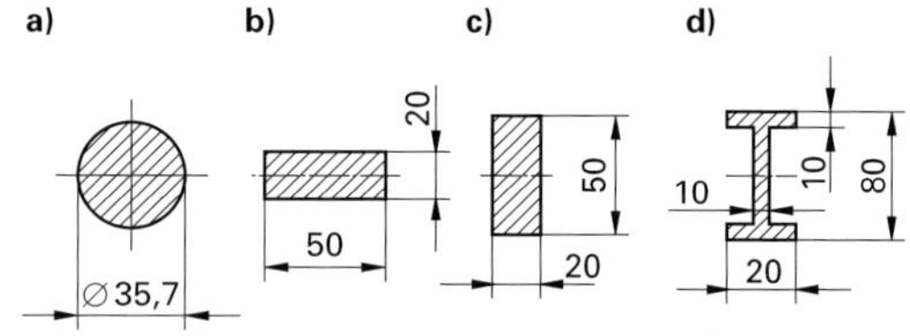

Erläuterung zur Lösung:
Nach Seite 119 ergibt sich die Biegespannung zu $\sigma_b = M_b \,/\, W_b$. Bei vorgegebenem Biegemoment M_b hängt die Biegespannung von dem im Nenner stehenden Widerstandsmoment ab. Je größer dieses Widerstandsmoment ist, desto geringer ist die Biegespannung. Formeln für W_b siehe **Tabelle 2, Seite 121**.

Ergebnis:
Der I-Querschnitt hat das größte Widerstandsmoment und damit die kleinste Biegespannung.

Anmerkung:
Gleiche Querschnittsfläche bei obigen Formen bedeutet gleiches Gewicht der Träger und gleichen Materialbedarf.

Lösung:

a) $W_b = \dfrac{\pi \cdot d^3}{32} = \dfrac{\pi \cdot 35{,}7^3}{32} = 4466{,}9\ \text{mm}^3$

b) $W_b = \dfrac{b \cdot h^2}{6} = \dfrac{50 \cdot 20^2}{6} = 3333{,}3\ \text{mm}^3$

c) $W_b = \dfrac{b \cdot h^2}{6} = \dfrac{20 \cdot 50^2}{6} = 8333{,}3\ \text{mm}^3$

d) $W_b = \dfrac{B \cdot H^3 - b \cdot h^3}{6 \cdot H} = \dfrac{20 \cdot 80^3 - 10 \cdot 60^3}{6 \cdot 80} = \underline{16833{,}3\ \text{mm}^3}$

Aufgabe 2:
Vergleichen Sie für ein biegebeanspruchtes Bauteil die beiden Querschnittsformen a und b bezüglich Querschnittsfläche S und Widerstandsmoment W_b.

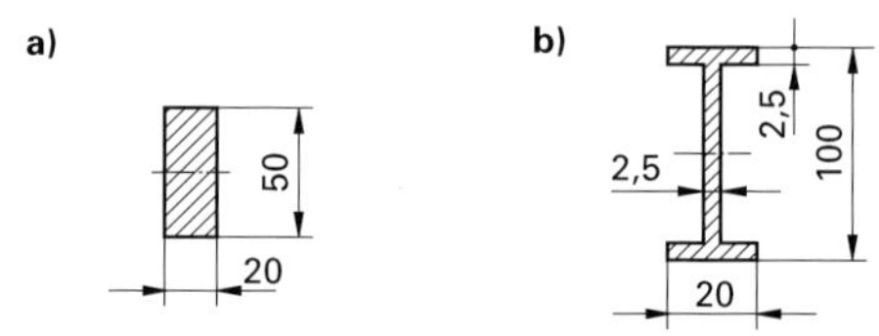

Ergebnis:
Beide Querschnittsformen haben nahezu das gleiche Widerstandsmoment und damit nahezu die gleich hohe Biegespannung. Die Querschnittsfläche des I-Querschnitts beträgt nur etwa ein Drittel der Fläche des Rechteckquerschnittes. Dies bedeutet, dass das Gewicht und damit der Materialbedarf des I-Querschnittes nur ein Drittel beträgt und damit wesentlich geringere Materialkosten anfallen.

Lösung:

a) $S = 20 \cdot 50 = 1000\ \text{mm}^2$

$W_b = \dfrac{b \cdot h^2}{6} = \dfrac{20 \cdot 50^2}{6} = 8333{,}3\ \text{mm}^3$

b) $S = 20 \cdot 100 - 17{,}5 \cdot 95 = 337{,}5\ \text{mm}^2$

$W_b = \dfrac{B \cdot H^3 - b \cdot h^3}{6 \cdot H} = \dfrac{20 \cdot 100^3 - 17{,}5 \cdot 95^3}{6 \cdot 100} = \underline{8326{,}6\ \text{mm}^3}$

Aufgabe 3:
Das skizzierte Bauteil wird durch die Kräfte F_1 und F_2 beansprucht. Wo tritt die höchste Beanspruchung auf?

Lösung:
Aufgrund der Kraft F_1 treten im Bauteil Biegespannungen σ_b auf, durch die Kraft F_2 zusätzlich Zugspannungen σ_z. Da beides Normalspannungen sind, können sie addiert werden.

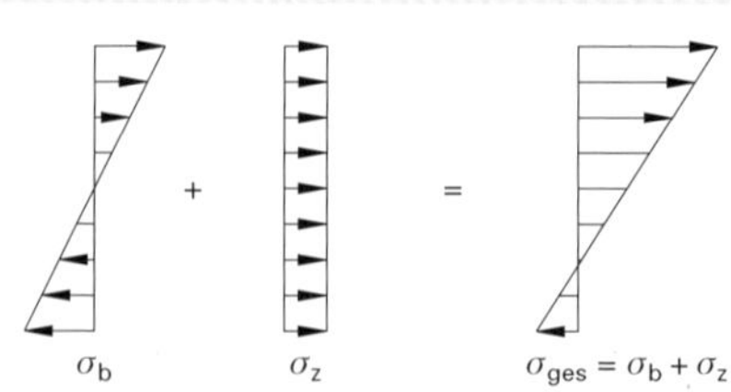

Ergebnis:
Die höchste Beanspruchung ist an der oberen Randfaser des beanspruchten Querschnitts (an der Einspannstelle).

2.3.2 Werkstoffgerechtes Gestalten

Unter werkstoffgerechter Gestaltung versteht man die Berücksichtigung der positiven Eigenschaften und die Vermeidung bzw. Kompensierung nachteiliger Eigenschaften eines Werkstoffes für die gestellte Konstruktionsaufgabe. Dies erfordert vom Konstrukteur entsprechende Kenntnisse über die Werkstoffeigenschaften[1].

2.3.2.1 Allgemeines

Die Bestimmung des optimalen Werkstoffes für ein Konstruktionselement gehört mit zu den schwierigsten Aufgaben des Konstrukteurs, allein schon wegen der Vielzahl von Einflussfaktoren sowie der großen Zahl verfügbarer Werkstoffe und der Vielzahl von Fertigungsverfahren **(Bild 1)**.

Die Wahl des Werkstoffes hat entscheidenden Einfluss auf

- die Masse der Bauteile **(Bild 2** und **Bild 3)**,
- die Form und die Formgebungsverfahren,
- die Bearbeitbarkeit,
- die Oberflächengüte,
- das Verschleißverhalten,
- die Korrosionsbeständigkeit,
- die Kosten.

Sie darf daher nicht isoliert betrachtet werden, sondern orientiert sich gleichzeitig an

- festigkeitsgerechtem,
- fertigungsgerechtem,
- kostengerechtem,
- bearbeitungsgerechtem,
- korrosionsgerechtem,
- recyclinggerechtem Gestalten.

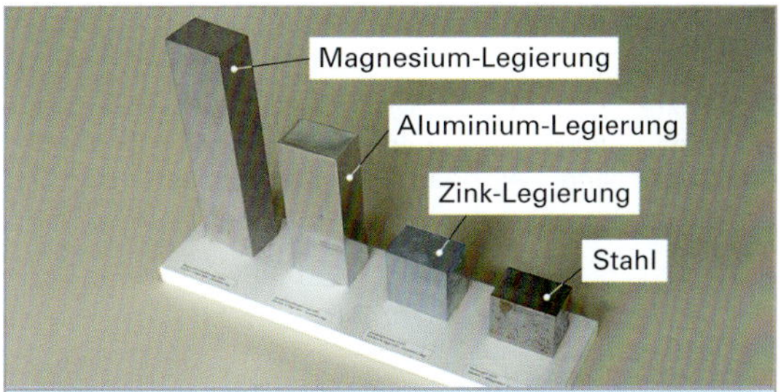

Bild 2: Unterschiedliche Volumina einiger Metalle bei gleicher Masse

Bild 3: Leichtbauwerkstoffe

[1] Umfassend, und in Relation zueinander, werden die Werkstoffeigenschaften: Elastizitätsmodul, Versagensspannung, Bruchzähigkeit, Wärmeausdehnung, Wärmeleitfähigkeit, Temperaturleitfähigkeit, Verlustfaktor und Dichte im Kapitel **Werkstoffvorauswahl, Anhang 2** dargestellt. Hierzu gibt es eine Vielzahl von Übungen mit Lösungen in der EUROPATHEK (siehe vordere Umschlaginnenseite).

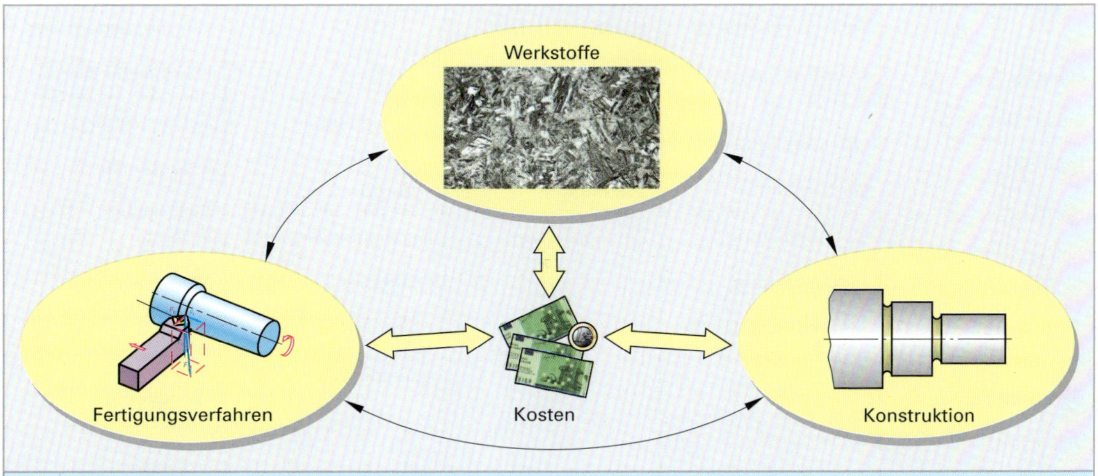

Bild 1: Die Beziehungen zwischen Werkstoff, Konstruktion, Fertigung und Kosten

Jede Werkstoffwahl stellt daher eine Kompromisslösung dar. Es geht heute in der Regel nicht mehr darum, den Werkstoff einfach aus einer Tabelle auszuwählen, in welcher die Verwendungsart des Werkstoffes angegeben ist. Zu umfangreich sind die zu berücksichtigenden Einflussfaktoren wie z. B.

- Werkstoffeigenschaften (**Tabelle 1**),
- Art der Fertigung,
- Bauteilvielfalt,
- Größe,
- Masse,
- Stückzahl,
- Kosten,
- Termin,
- Verfügbarkeit,
- Recycling.

Manche Kriterien erscheinen fast abwegig, so z. B. die olfaktorischen[1] Eigenschaften eines Werkstoffs, d. h. es wird überprüft wie Werkstoffe riechen (**Bild 1**). Für Teile, die im Innenbereich eines Fahrzeugs verbaut werden, ist eine olfaktorische Überprüfung nicht unüblich. Geprüft wird mit der Nase[2].

Bild 1: Riechprobe von Fahrzeugteilen

[1] Lat. olfactorius = den Riechnerv betreffend, riechend.

[2] Aus einer Pressemeldung der Daimler AG .... *Damit ein neuer Mercedes-Benz angenehm riecht, „beschnuppert" die Olfaktorik-Expertin jedes einzelne Material im Innenraum. ... Die Bewertung des Geruchs erfolgt nach dem Schulnotensystem. Note Eins steht für „nicht wahrnehmbar" (zum Beispiel Glas, Metalle, Steine), die Drei für „deutlich wahrnehmbaren Eigengeruch, aber noch nicht störend" und die Sechs für „unerträglich".*

Tabelle 1: Wichtige Stoffeigenschaften von Werkstoffen

Mechanisch	Thermisch	Technologisch	Chemisch	Physikalisch
Statische Festigkeitswerte, Dynamische Festigkeitswerte, Elastizitätswerte, Dehnung, Härte, Dichte, Verschleißfestigkeit, Gleitverhalten, Dämpfung, Viskosität, Wärmefestigkeit, ...	Hohe Temperaturen, Tiefe Temperaturen, Große Temperaturdifferenzen, Umwelteinflüsse, UV-Strahlung, Ozonbelastung, Industrieklima, Meeresklima, ...	Eignung für die verschiedenen Herstellverfahren, Schwindung, Verzug, Oberflächeneigenschaften, Zerspanbarkeit, ...	Beständigkeit gegen • Säuren, • Laugen, • Wasser, • Öle, Fette, • Seifen, • Benzin, ... Korrosionsverhalten, Oxydation, Elementbildung, Verschleiß, ...	Wärmeleitfähigkeit, Wärmeausdehnung, Spezifische Wärme, Schmelzpunkt, Siedepunkt, Elektrisches Verhalten, Magnetisches Verhalten, Optisches Verhalten, Verhalten bei Unterdruck, Isolationsverhalten, ...

2.3.2.2 Einteilung der Werkstoffe

Für den Konstrukteur ist zunächst folgende Frage von Bedeutung: Welche Werkstoffe stehen insgesamt zur Verfügung? Hier gibt es in der Literatur verschiedene Klassifizierungssysteme.

Häufig werden die wichtigsten Konstruktionswerkstoffe in vier Kategorien unterteilt (**Tabelle 1**).

In **Tabelle 2** sind charakteristische Werkstoffeigenschaften aufgeführt.

Tabelle 1: Wichtige Konstruktionswerkstoffe
Metalle
• Stahl, • Eisengusswerkstoffe, • Nichteisenmetalle.
Polymere (Kunststoffe)
• Thermoplaste, • Duroplaste, • Elaste.
Keramiken und Gläser
• Oxidkeramik, • Nichtoxidkeramik, • Silikatkeramik, • anorganische nichtmetallische Gläser, • hydratisierte Silikate, Zement, Beton.
Sonstige Werkstoffe/Verbundwerkstoffe
Zu diesen gehören alle oben nicht erwähnten Werkstoffe wie Silikone, Schmierstoffe, Öle, Fette, Kautschuk, Hydraulikflüssigkeiten, Luft, Hölzer, Textilien, leitfähige Polymere, Halbleiter, Verbundwerkstoffe. Eine besondere Stellung nehmen dabei die Verbundwerkstoffe ein.

Tabelle 2: Charakteristische Werkstoffeigenschaften
Metalle
• Gute elektrische Leiter, • reflektieren Licht, • chemisch meist nicht sehr beständig, • gut verformbar, auch bei tiefen Temperaturen.
Polymere (Kunststoffe)
• Schlechte elektrische Leiter, • chemisch bei Raumtemperatur an Luft beständig, • bei tiefen Temperaturen spröde, • bei erhöhter Temperatur meist plastisch verformbar, • schmelzen oder zersetzen sich bei verhältnismäßig niederer Temperatur, • geringe Dichte.
Keramische Stoffe
• Meist schlechte elektrische Leiter, • chemisch sehr beständig, • oft durchsichtig, • hohe Sprödigkeit, • zeigen häufig Rissbildung bei schnellen Temperaturwechseln (Thermoschock).

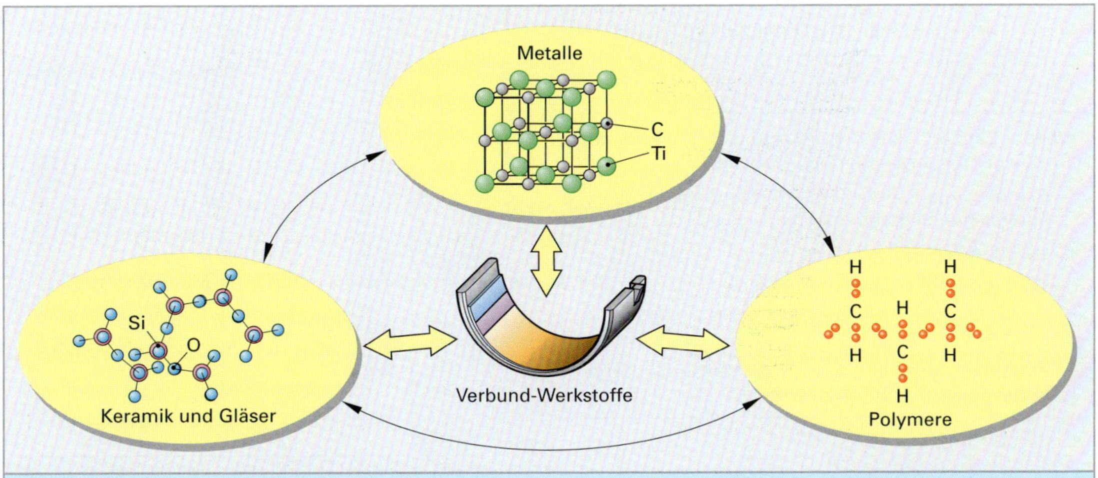

Bild 1: Einteilung der Werkstoffe in Gruppen

2.3.2.3 Metallische Werkstoffe

Sie spielen bei den Konstruktionswerkstoffen eine vorherrschende Rolle. Man unterteilt sie in

- Eisenwerkstoffe
- Nichteisenmetalle

Eisenwerkstoffe

Stahl. Nach DIN EN 10020 werden als Stahl Werkstoffe bezeichnet, deren Massenanteil an Eisen größer ist als der jedes anderen Elementes und die im Allgemeinen weniger als 2 % C aufweisen und andere Elemente enthalten. Der Wert von 2 % wird im Allgemeinen als Grenzwert für die Unterscheidung zwischen Stahl und Gusseisen betrachtet.

Stahlsorten werden nach unterschiedlichen Gesichtspunkten zu Gruppen zusammengefasst.

DIN EN 10020 unterscheidet nach **Grenzwerten für Phosphor und Schwefel**

- Qualitätsstähle (weniger für Wärmebehandlung geeignet) und
- Edelstähle (für Wärmebehandlung geeignet).

Eine weitere Gliederung erfolgt nach den **Gehalten an Legierungselementen** in:

- Unlegierte Stähle.
- Nichtrostende Stähle (maximal 1,2 % C-Gehalt und mindestens 10,5 % Cr),
- korrosionsbeständige Stähle,
- hitzebeständige Stähle,
- warmfeste Stähle.
- Andere legierte Stähle (alle übrigen Stähle).

Weitere Einteilungsmerkmale sind z. B. die **Eignung** für bestimmte Verwendungen **(Tabelle 1)**:

- Bauteile, wie Federstähle, Werkzeugstähle, Wälzlagerstähle, Schraubenstähle,
- Vergütungsverfahren, wie Nitrier-, Einsatz-, Vergütungsstähle,
- Anforderungen, wie warmfeste, kaltfeste, korrosionsbeständige Stähle,
- Fertigungsverfahren, wie Automatenstähle, Stähle zur Kaltumformung, zum Schweißen.

In **Tabelle 2** und **Bild 1** sind die Festigkeitswerte von Eisenwerkstoffen im Vergleich dargestellt.

Tabelle 1: Bau- und Konstruktionsstähle

Norm	Verwendungszweck*
DIN EN 10025-2	Unlegierte Baustähle
DIN EN 10025-6	Feinkörnige Baustähle
DIN EN 10028-2	Warmfeste Stähle
DIN EN 10028-4	Kaltzähe Stähle
DIN EN 10083	Vergütungsstähle
DIN EN 10084	Einsatzstähle
DIN EN 10085	Nitrierstähle
DIN EN 10087	Automatenstähle
DIN EN 10088	Nichtrostende Stähle
DIN EN 10089	Federstähle
DIN EN 10268 DIN EN 10346	Höherfeste Stähle für den Leichtbau

* Nach *V. Läpple* u. a.: Werkstofftechnik-Maschinenbau 2010, S. 274, Verlag Europa-Lehrmittel.

Tabelle 2: Vergleich der Festigkeitswerte von Eisenwerkstoffen

Eisenwerkstoffe	Festigkeit R_m in N/mm²	Festigkeit $R_{p0,2}$ in N/mm²
Stahl	250 … 1450	190 … 1050
GJL	100 … 350	–
GJS	350 … 1500	200 … 1200
GJM	350 … 700	200 … 500
GS	350 … 1200	180 … 950

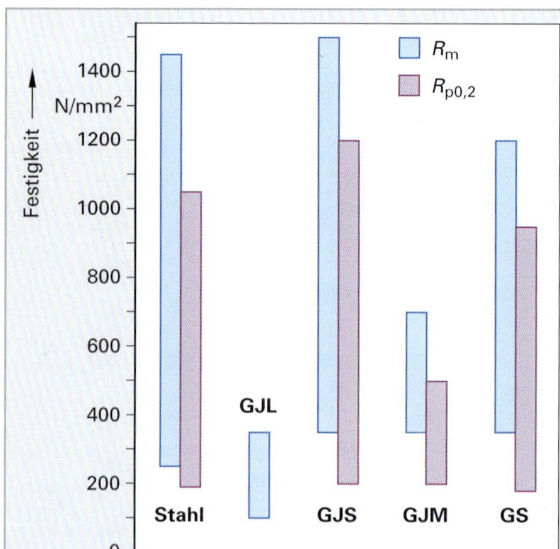

Bild 1: Festigkeitswerte von Eisenwerkstoffen

Eisengusswerkstoffe

Stahlguss ist grafitfreier, in Formen vergossener Stahl. Er wird verwendet, wenn die Eigenschaften der anderen Eisengusswerkstoffe nicht ausreichen, wie z. B.

- wenn höhere Zähigkeit oder
- Warmfestigkeit verlangt wird,
- bei hohen Korrosions- und Verschleißbeanspruchungen,
- bei tiefen Temperaturen.

Gusseisen wird nach der **Grafitform** in verschiedene Sorten eingeteilt **(Tabelle 1)**.

Gusseisen mit Lamellengrafit (GJL)

- Ist gut gießbar und
- gut zerspanbar,
- hat hohe Druckfestigkeit und
- geringe Dehnung und
- ausreichende Korrosionsbeständigkeit.

Gusseisen mit Kugelgrafit (GJS)

- Ist gut gießbar,
- hat geringeres Dämpfungsvermögen als GJL,
- hat stahlähnliche Eigenschaften.

Temperguss (GJMW/GJMB)

- Ist wenig kerbempfindlich und damit für
- schwingungs- und stoßbeanspruchte Bauteile günstiger als hochfeste Stähle,
- ist gut geeignet für dünnwandige Bauteile und
- komplizierte Formen.

Tabelle 2 zeigt den Vergleich der Festigkeitswerte verschiedener Eisengusswerkstoffe.

> Gusswerkstoffe haben durch ihre Grafiteinlagerungen im Gefüge meist sehr gutes Dämpfungsvermögen.

Tabelle 1: Einteilung der Gusswerkstoffe nach Grafitform

Grafitform	Benennung
lamellar 	Gusseisen mit Lamellengrafit Grauguss GJL
kugelig 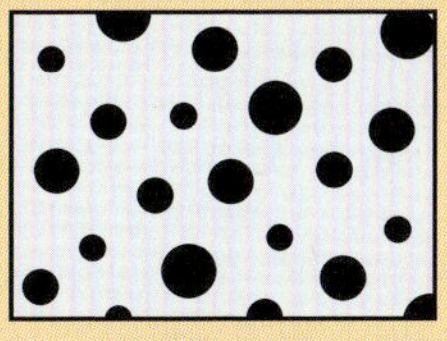	Gusseisen mit Kugelgrafit Sphäroguss GJS
flockig 	Temperguss weiß GJMW Temperguss schwarz GJMB
wurmförmig 	Gusseisen mit Vermiculargrafit GJV
grafitfrei	Stahlguss GS

Tabelle 2: Vergleich verschiedener Eisengusswerkstoffe*

GJV ist günstiger als	
GJL bezüglich	**GJS bezüglich**
• Festigkeit • Zähigkeit • Steifigkeit • Langzeitwechselfestigkeit • Temperaturwechselfestigkeit • Oxidationsbeständigkeit	• Gießeigenschaften • Zerspanbarkeit • Dämpfungsfähigkeit • Formbeständigkeit bei Temperaturwechseln

* nach *Weißbach*

Nichteisenmetalle

NE-Metalle sind zum Teil sehr teuer und kommen dann zum Einsatz, wenn ihre besonderen Eigenschaften **(Tabelle 1)** im Vergleich zu Stahl benötigt werden.

Man unterteilt sie in

- Leichtmetalle und deren Legierungen,
- Buntmetalle wie Kupfer und dessen Legierungen,
- Edelmetalle,
- sonstige Schwermetalle.

Leichtmetalle und deren Legierungen. Es sind dies Aluminium-, Magnesium- und Titanwerkstoffe. Am häufigsten werden Aluminium und Magnesium und deren Legierungen verwendet. Wie aus Tabelle 1 und aus **Tabelle 2** zu erkennen, haben sie eine geringe Dichte, zeichnen sich durch gute Formbarkeit und gute Gießbarkeit sowie durch hohe thermische und elektrische Leitfähigkeit aus.

Daneben gewinnen Titan und Titanlegierungen zunehmend an Bedeutung wegen ihrer hohen Festigkeit bei relativ geringer Dichte und guter Korrosionsbeständigkeit.

Da Titan keine immunologische Abstoßungsreaktion verursacht, wird Titan für Implantate **(Bild 1)** in der Medizintechnik insbesondere in der Zahnheilkunde und in der Orthopädie, z. B. bei Hüftgelenksprothesen eingesetzt. Die Titan-Oxidschicht ermöglicht das feste Anwachsen von Knochen an das Implantat (Osseointegration) und ermöglicht damit den festen Einbau des künstlichen Implantates in den menschlichen Körper. Auch bei Zahnkronen und Zahnbrücken wird es wegen geringerer Kosten im Vergleich zu Goldlegierungen verwendet.

Kupfer und Kupferlegierungen (Messing, Bronze, Neusilber). Diese Werkstoffe haben eine sehr gute elektrische und thermische Leitfähigkeit, zum Teil hervorragende Gleiteigenschaften sowie hohe Korrosionsbeständigkeit. Sie lassen sich gut bearbeiten und können in der Regel durch Löten verbunden werden. Tabelle 2 zeigt die Leitfähigkeit einiger Werkstoffe.

Edelmetalle (Gold, Silber, Platin). Diese Werkstoffe sind sehr beständig gegen Chemikalien und haben gute elektrische und thermische Leitfähigkeit. Nachteilig ist auch hier der sehr hohe Preis.

Sonstige Schwermetalle (Nickel, Zinn, Zink, Blei und deren Legierungen). Sie sind korrosionsbeständig gegenüber chemischen Einflüssen und werden daher oft zur Oberflächenbehandlung eingesetzt. Außerdem werden sie als Lote und als Legierungselemente verwendet.

Bild 1: Titanimplantat

Tabelle 2: Relative Leitfähigkeit einiger Reinmetalle (bezogen auf Kupfer)

Relative Leitfähigkeit	Cu	Ag	Al	Au	Fe
Elektrizität	1,0	1,06	0,62	0,72	0,17
Wärme	1,0	1,08	0,56	0,76	0,17

Tabelle 1: Besondere Eigenschaften der NE-Metalle*

Eigenschaften	Metalle und Legierungen
Niedrige Dichte in kg/dm^3	Mg (1,74), Al (2,7), Ti (4,5)
Niedriger Schmelzpunkt (Gießbarkeit) in °C	Pb (327), Zn (419), Mg (649), Al (660)
Korrosionsbeständigkeit	Al, Cu, Ni, Ti und Legierungen
Warmfestigkeit, Hitzebeständigkeit	Wo, Co, Ni, Cr, Mo und ihre Legierungen
Leitfähigkeit für Wärme und Elektrizität	Ag, Cu, Al
Gleiteigenschaften (Lagermetalle)	Pb, Sn, Cu, Al

* nach *Weißbach*

2.3.2.4 Polymere (Kunststoffe)

Polymere sind nichtmetallische, organische Werkstoffe aus Kohlenstoffverbindungen, d. h. Riesen- oder Makromolekülen mit einem Gerüst aus überwiegend C-Atomen mit angehängten H-Atomen. Die Molekülstruktur legt die Haupteigenschaften fest, nach denen die Polymere eingeteilt werden **(Tabelle 1)**.

Aufgrund ihrer charakteristischen Eigenschaften haben Polymere viele klassische Werkstoffe ersetzt:

- Gute Korrosionsbeständigkeit gegen Säuren, Laugen, Salze und andere Chemikalien,
- geringe Dichte (0,9 kg/dm^3 ... 2 kg/dm^3),
- hohe elektrische Isolierfähigkeit,
- niedrige thermische Leitfähigkeit,
- sehr niedriger E-Modul, stark temperaturabhängig,
- gute Dämpfungseigenschaften,
- geringe Wärmebeständigkeit,
- hohe Wärmedehnung,
- kostengünstige Herstellung und Verarbeitung,
- große Gestaltungsfreiheit,
- vielseitige Anwendungsmöglichkeiten.

Tabelle 2 zeigt einige Anwendungsmöglichkeiten.

Tabelle 1: Einteilung der Polymere nach der Molekülstruktur*

Thermoplaste 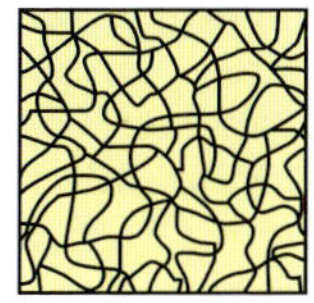	Ketten- oder Fadenmoleküle mit schwacher Bindung zwischen den Ketten. Das Polymer ist plastisch verformbar und schweißbar. Es hat thermoplastische Eigenschaften, wird bei Erwärmung weich und kehrt bei Abkühlung wieder in den Ausgangszustand zurück. Diese Polymere sind meist schmelzbar und in Lösungsmitteln löslich.
Duromere 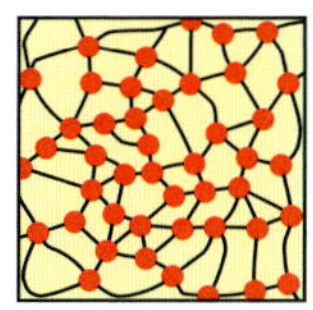	Durch starke Bindungen der engmaschig miteinander vernetzten räumlichen Moleküle sind diese nicht gegeneinander beweglich. Dieses Polymer bleibt in der Wärme formbeständig und erweicht nicht mehr. Es ist unschmelzbar, in Lösungsmitteln unlöslich und härter. Es hat duroplastische Eigenschaften.
Elastomere 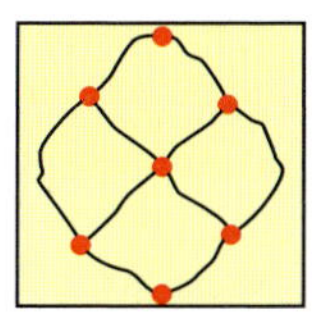	Kettenmoleküle werden durch starke Bindungen vernetzt. Eine Verschiebung der Ketten ist unmöglich, jedoch ein Strecken zwischen den Vernetzungspunkten. Das Polymer ist gummi-elastisch mit hohem Rückstellvermögen. Es hat elastische Eigenschaften.

* nach Weißbach

Tabelle 2: Anwendungsbeispiele einiger Polymere

Thermoplaste	
Polyamid (PA)	Lagerschalen, Laufrollen, Zahnräder, Kettenräder, Armaturenteile
Polyethylen (PE)	Rohre, Behälter, Pumpenteile; chemikalienbeständige Teile
Polypropylen (PP)	Armaturen, Lüfterräder, Behälter, Gehäuse
Polystyrol (PS)	Tiefziehteile, Spritzgussteile
Duromere	
Polyesterharz (UP)	Tanks, Schutzhelme, Motorhauben, Bootsrümpfe, Propeller
Epoxidharz (EP)	Matrix für Verbundwerkstoffe, Boote, Fahrradrahmen, Kfz-Teile, Lagerschalen
Phenolharz	Isolatoren, Stecker, Gehäuse, Sicherungskästen
Elastomere	
Acrylkautschuk (ACM)	Dichtungen
Butylkautschuk (IIR)	Membrane, Schläuche
Chloroprenkautschuk (CR)	Manschetten, Schläuche, Förderbänder
Isoprenkautschuk (IR)	Federn, Reifen
Nitrilkautschuk (NBR)	Dichtungen, Schläuche

Thermoplaste

Durch Erwärmung werden diese Kunststoffe weich und leicht formbar **(Bild 1)**. Man kann sie vergießen, z. B. in Spritzgießmaschinen. Nach dem Erkalten behalten sie ihre Form. Durch Wiedererwärmen werden die Teile neu formbar, man kann sie gut mit anderen Thermoplast-Teilen verschweißen. Produktionsabfälle können wie bei den Metallen wiederverwendet werden. Die meistverwendeten Kunststoffe sind Thermoplaste.

Duroplaste (Duromere)

Das Ausgangsmaterial für Duroplaste ist flüssig oder schmelzbar und erhärtet, z. B. durch Erhitzen oder durch UV-Strahlung irreversibel durch eine chemische Vernetzungsreaktion. Die Nutzung der Duroplaste liegt im hart-elastischen Bereich **(Bild 2)**. Bei Übertemperatur zersetzt sich das Duromer. Bauteile aus Duroplaste können durch Erhitzen nicht formbar gemacht werden. Bakelit ist einer der ältesten Kunststoffe. Man fertigte daraus z. B. die früheren schwarzen Wähltelefone (Bild 2).

Elastomere

Elastomere sind weitmaschig vernetzte Kunststoffe mit hohem elastischem Dehnvermögen **(Bild 4)**. Im Übertemperaturbereich zersetzt sich das Elastomer **(Bild 3)**. Im stark unterkühlten Bereich wird es hart und spröd. Elastomere sind nach der Vernetzung (Formgebung) nicht mehr umformbar, schmelzbar oder schweißbar. Elastomere widerstehen den meisten Lösungsmitteln. Man verwendet sie z. B. als gummielastische Textilien, Latexhandschuhe zur Abdichtung (BR, Butadien-Rubber).

Thermoplastische Elastomere

Thermoplastische Elastomere sind Polymerisate aus Thermoplasten und Elastomeren **(Bild 5)**. Sie sind bei Erwärmung schmelzbar. Die Verwendung liegt im Temperaturbereich von etwa – 50 °C bis + 150 °C.

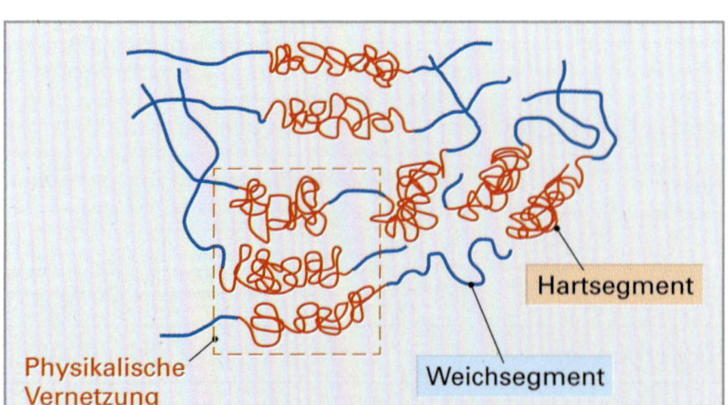

Bild 5: Struktur der thermoelastischen Elastomere

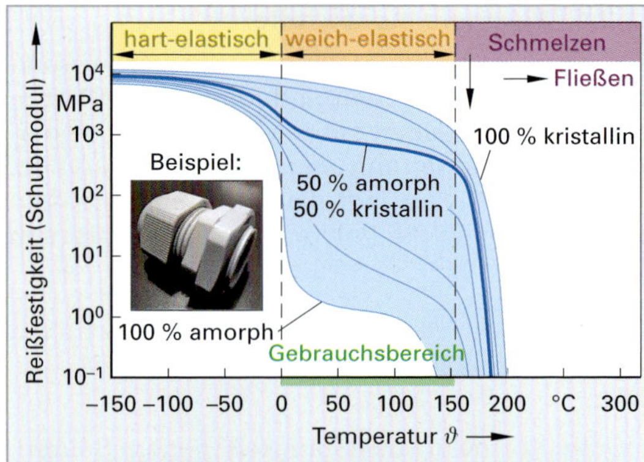

Bild 1: Mechanisch-thermisches Verhalten der Thermoplaste

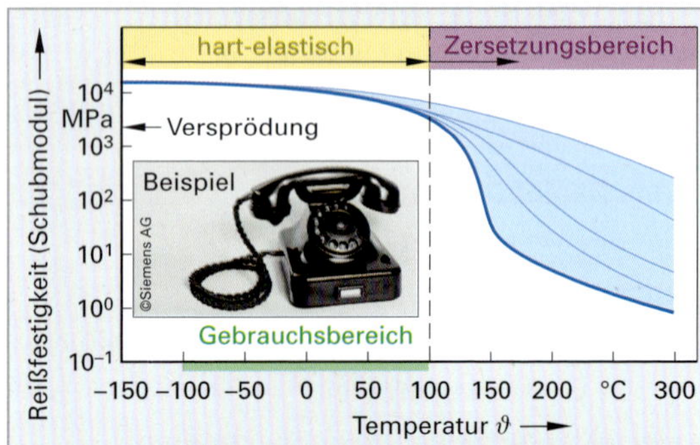

Bild 2: Mechanisch-thermisches Verhalten der Duroplaste

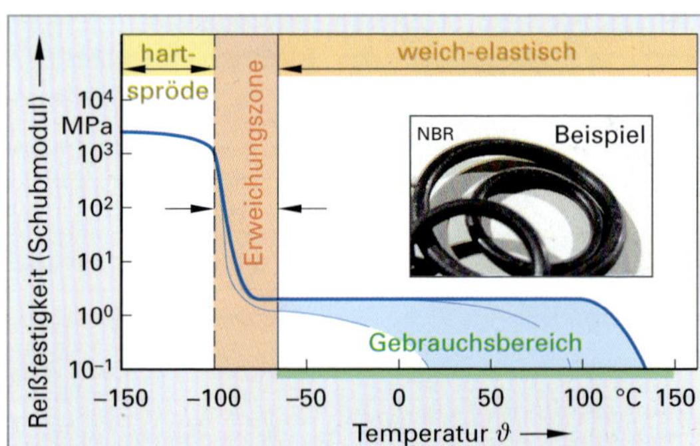

Bild 3: Mechanisch-thermisches Verhalten der Elastomere

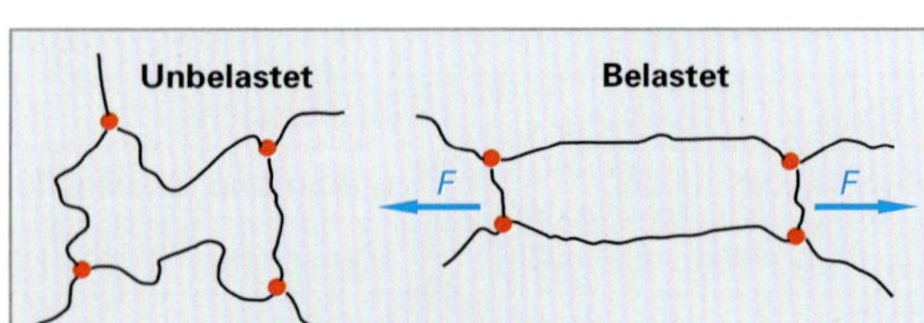

Bild 4: Dehnung der Elastomere

2.3.2.5 Keramiken und Gläser

Keramische Werkstoffe sind nichtmetallisch-anorganischer Natur. Aufgrund ihres Aufbaus haben sie sowohl vorteilhafte als auch nachteilige Gebrauchseigenschaften.

Positive Eigenschaften sind hohe Steifigkeit, Festigkeit, Härte, Verschleißfestigkeit **(Bild 1)**, Korrosionsbeständigkeit, Isolierwirkung.

Nachteilige Eigenschaften sind geringe Zähigkeit, Umformbarkeit, Wärmeleitfähigkeit, Temperaturwechselbeständigkeit.

Meist werden sie in folgende Gruppen eingeteilt:

- Oxidkeramik,
- Nichtoxidkeramik,
- Silikatkeramik.

Oxidische Werkstoffe sind Aluminiumoxid, Magnesiumoxid, Zirkonoxid und Aluminiumtitanat. Aluminiumoxid (Al_2O_3) wird am häufigsten verwendet. Es hat

- hohe Stabilität bei hohen Temperaturen,
- Korrosions- und Verschleißbeständigkeit,
- hohe Biegefestigkeit,
- hohe Härte.

Aluminiumoxid wird verwendet bei Schutzrohren für Thermoelemente, Brennerdüsen, Feinschleifwerkzeuge, Schneidplatten.

Zirkonoxid (ZrO_2) gibt es in verschiedenen Sorten. Vollstabilisiert (FSZ[1]) ist es sehr warmfest (2200 °C) und wird z. B. für λ-Sonden zur Abgaskontrolle verwendet. Teilstabilisiert (PSZ[2]) wird es u. a. für Ventilführungen, Brennkammern, Turbinenschaufeln, Zieh- und Umformwerkzeuge und als Schneidkeramik verwendet. TZP[3] findet Anwendung in der Dentaltechnik und bei Hüftgelenkprothesen.

Aluminiumtitanat (Al_2TiO_5) hat einen niedrigen E-Modul und geringe Wärmeleitung und geringe Wärmeausdehnung. Dies bedeutet eine hohe Beständigkeit gegen Thermoschockbeanspruchung. Es findet z. B. Anwendung bei Einsätzen für Kolbenböden, als Auskleidung von Auspuffkrümmern.

Nichtoxidische Werkstoffe sind Carbide und Nitride von Silicium, Bor und Aluminium.

Siliciumcarbid (SiC) wird u. a. verwendet bei Gleitringdichtungen, Lagern in aggressiven Medien, Läufer für Abgasturbinen.

Borcarbid (B_4C) ist ein Stoff mit sehr hoher Härte und höchstem Widerstand gegen abrasiven Verschleiß. Es wird u. a. verwendet für Düsen, als Schleifscheibenabrichter, als Läppkorn, für Panzerplatten.

Siliciumnitrid (Si_3N_4) verwendet man bei Rotoren für Abgasturbolader, für Ventile in PKW-Motoren, als Schneidkeramik, als Schutzrohre für Thermoelemente, für Wälzlager.

Aluminiumnitrid (AlN) zeigt höchste Wärmeleitfähigkeit und hohen elektrischen Isolationswiderstand und ist damit der ideale Isolierwerkstoff für die Elektrotechnik.

Bornitrid (BN) gibt es in zwei Formen. Als hexagonales Bornitrid (HBN – weißer Grafit) wird es z. B. als Pulver und Spritzmittel für Warmumformwerkzeuge eingesetzt. Kubisches Bornitrid (CBN) wird für Wendeschneidplatten und zur Beschichtung von Hartmetallwerkzeugen verwendet.

Kohlenstoff wird als Werkstoff in Form von Kohlenstoffprodukten, Grafit und Diamant eingesetzt.

Silikatkeramik kommt im Maschinenbau selten zur Anwendung.

Silikatgläser sind nichtmetallisch-anorganischer sowie nichtkristalliner Natur. Aufgrund ihres Aufbaus weisen auch sie sowohl vorteilhafte als auch nachteilige Gebrauchseigenschaften auf.

Positive Eigenschaften sind hohe Transparenz, Steifigkeit, Festigkeit, Härte, Korrosionsbeständigkeit, Isolierwirkung.

Nachteilige Eigenschaften sind geringe Zähigkeit, Umformbarkeit, Wärmeleitfähigkeit, Temperaturwechselbeständigkeit.

Bild 1: Keramische Schutzschicht auf Turbinenschaufeln

[1] FSZ: Fully Stabilized Zirkonia

[2] PSZ: Partially Stabilized Zirkonia

[3] TZP: Tetragonal Zirkonia Polycrystal

2.3.2.6 Verbundwerkstoffe

Bei Verbundwerkstoffen (Composites[1]) werden in der Regel Metalle mit Polymeren oder Keramiken und Gläsern bzw. Polymere mit Keramiken und Gläsern kombiniert **(Bild 1)**. **Tabelle 1** zeigt Kombinationsmöglichkeiten mit Beispielen.

Die nach Masse, Volumen oder Dicke überwiegende Komponente ist die Matrix, auch Grundmasse, Kernwerkstoff oder Substrat genannt. Darin ist die verstärkende Phase eingebettet, die bestimmte Eigenschaften des Matrixwerkstoffes verbessern oder erst hervorrufen soll. Diese Verstärkung kann aus Metallen, Polymeren, Keramiken oder Glas sein, die in vier verschiedenen Strukturen möglich sind **(Tabelle 2)**.

Als Matrixmaterial kommen infrage

- Duroplaste,
- zunehmend Thermoplaste,
- Metalle wie Aluminium.

Als Fasermaterial kommen infrage

- Haarkristalle (Whisker), z. B. Kristalle aus Metall oder Keramik,
- keramische Fasern wie Korundfasern,
- Fasern aus Metalllegierungen wie Wolframfasern,
- Glasfasern,
- Aramidfasern (Kevlar),
- Kohlenstofffasern **(Bild 2)**.

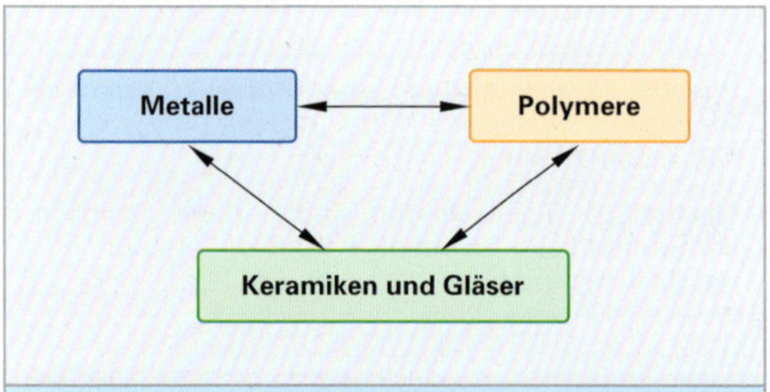

Bild 1: Kombinationsmöglichkeiten für Verbunde

[1] Engl. composite = zusammengesetzt, composite metal = Verbundmetall.

Bild 2: Kohlestofffasergewebe in Leinenbindung

Tabelle 1: Kombinationsmöglichkeiten von Werkstoffen bei Faserverstärkung

Matrix	Faser	Beispiele
Keramik	Metall	Stahlbeton; metalldrahtverstärktes Glas
Metall	Keramik	Korundfaserverstärktes Aluminium
Metall	Polymer	Hartfaserverstärktes Aluminium
Polymer	Metall	Metallfaserverstärktes Gummi
Keramik	Polymer	Kunststoffgebundener Beton
Polymer	Glas	Glasfaserverstärkter Kunststoff (GFK)
Polymer	Keramik	Kohlefaserverstärkter Kunststoff (CFK)

Tabelle 2: Übersicht über Verbundstrukturen

Verbundart	Schicht-Verbund	Faser-Verbund	Teilchen-Verbund	Durchdringungs-Verbund
Schematische Darstellung	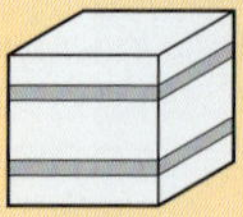	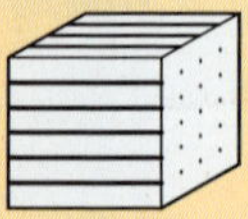	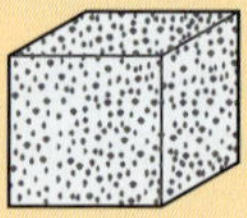	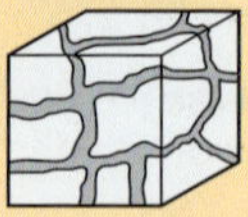
Beispiele	Sandwichplatten, Kunstharzpressholz	Glas- oder kohlenstofffaserverstärkte Kunststoffe	Werkzeuge mit Diamant zur Steinbearbeitung	Lagerwerkstoff, Schleifscheiben

Die Glasfasern haben einen Durchmesser von 7 µm bis 13 µm. Z. B. 200 dieser Fasern werden zu Spinnfäden zusammengefasst (Glasseide), daraus wiederum werden Stränge (Rovings), Gewebe oder Matten hergestellt. Als Gießharze werden meist ungesättigte Polyesterharze, Epoxidharze, Phenole sowie Polykarbonat oder Polystyrol verwendet.

Kohlenstoff- und Kevlar-Faserverstärkungen zeigen Vorteile gegenüber herkömmlichen Glasfasern für Polymer-Matrix-Verbundwerkstoffe. Der Durchmesser von Kohlenstofffasern liegt zwischen 4 µm und 10 µm, wobei der Kohlenstoff aus kristallinem Grafit und nichtkristallinen Regionen besteht. Kevlar ist der Handelsname der Firma Du Pont für ein **Aramid** (**ar**omatisches Poly**amid**).

In **Bild 1** sind die Zugfestigkeit und die Dichte einiger Werkstoffe gegenübergestellt. Bezüglich der Zugfestigkeit ist Stahl deutlich überlegen. Betrachtet man aber zusätzlich die Dichte der Werkstoffe und bezieht die Zugfestigkeit auf die jeweilige Dichte (spezifische Festigkeit), dann erkennt man die Vorteile der faserverstärkten Kunststoffe.

Die Festigkeit und die Steifigkeit ist in Faserrichtung wesentlich höher als quer zur Faserrichtung **(Bild 2)**. Quer zur Faser ist die Festigkeit geringer als bei einer unverstärkten Matrix. Deshalb werden einzelne Faserlagen in Abhängigkeit von der Beanspruchung oder den gewünschten Eigenschaften vom Konstrukteur in verschiedenen Richtungen unter bestimmten Faserwinkeln gezielt festgelegt.

Mögliche Faserkonfigurationen **(Tabelle 1)** für die Verstärkung von Verbundwerkstoffen sind:

- Durchgehende Fasern
  - parallel verlaufend,
  - senkrecht verlaufend oder
  - unter einem bestimmten Winkel,
- Kurzfasern,
- Fasergewebe.

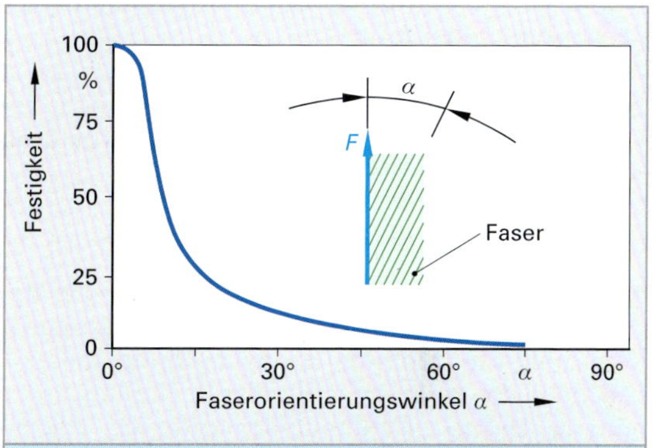

Bild 2: Festigkeitsabnahme mit zunehmendem Faserorientierungswinkel (qualitativ)

Tabelle 1: Faserkonfigurationen

Faserverlauf	Faserorientierung
Durchgehende Fasern	(parallel, senkrecht, unter Winkel – Darstellung)
Kurzfasern	(Darstellung)
Fasergewebe	(Darstellung)

[1] CFK: Kunstwort für carbonfaserverstärkten Kunststoff, engl. Carbon-fiber-reinforced plastic (CFRP); GFK: Kunstwort für glasfaserverstärkten Kunststoff, engl. Glass-fibre-reinforced plastic (GFRP).

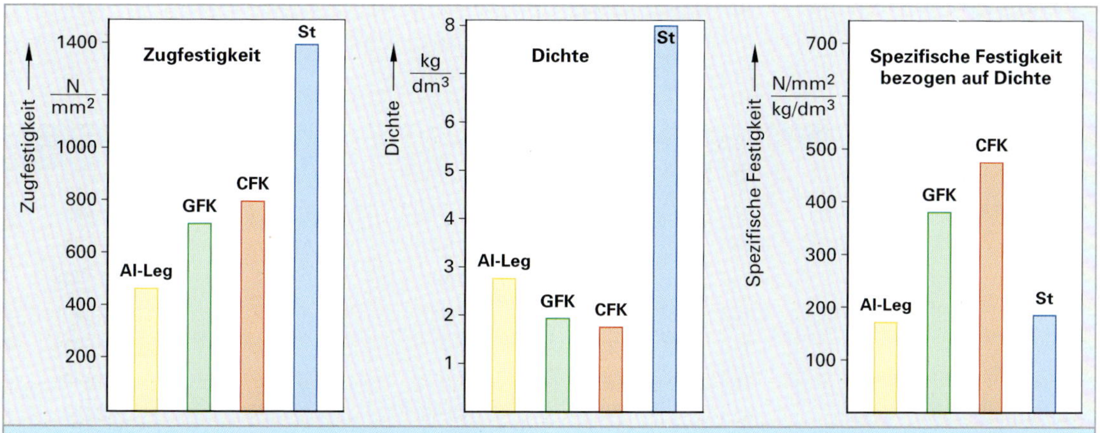

Bild 1: Eigenschaften einiger Werkstoffe im Vergleich[1]

2.3.2.7 Werkstoffe für den Leichtbau

Leichtbau ist in der Luft- und Raumfahrtindustrie schon lange üblich. Für Landfahrzeuge gewinnt der Leichtbau u. a. in Verbindung mit dem Elektroantrieb verstärkt an Bedeutung.

Historisch bedingt, denkt man zunächst nur an die Verwendung von Werkstoffen mit geringer Dichte wie Aluminium, Magnesium, Titan **(Tabelle 1)** und an faserverstärkte Kunststoffe. Leichtbau ist aber mehr: Er benötigt bei vorgegebener Beanspruchung

- eine optimale Gestaltung des Produktes,
- die bestgeeignete Bauweise,
- den optimalen Werkstoff,
- das günstigste Herstellverfahren und
- geringe Kosten.

Außerdem ist nach Produktgebrauch an das Recycling zu denken. Wichtig ist, gewichtsbezogene Kennzahlen für einzelne Beanspruchungsfälle zu beachten. So kann es sein, dass z. B. Stahl trotz höherer Dichte Leichtbauwerkstoffe wie Aluminium und Magnesium an Gewichtseinsparung übertrifft. Aufgrund wesentlich höherer Festigkeitswerte können Stahlkonstruktionen wesentlich dünnwandiger ausgeführt werden.

Werkstücke mit niedriger Dichte führen nicht zwangsweise zu leichteren Bauweisen.

Verbundwerkstoffe mit textilen Komponenten wie Fasern, Fäden, Matten sind in technischen Anwendungen ebenso bekannt wie Aluminium-Verbunde **(Bild 1)**. Auch Stahl-Schäume **(Bild 2)** oder Stahl-Hohlkugel-Werkstoffe **(Bild 3)** sind in Anwendung.

Bild 1: Aluminium-Verbundwerkstoff (Wabe)

Bild 2: Stahlschaum

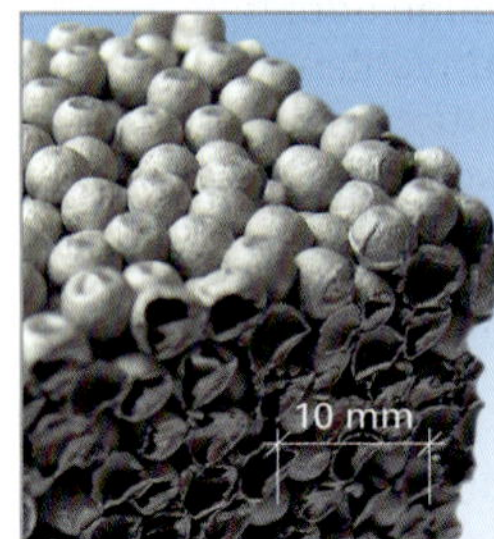

Bild 3: Stahlhohlkugelwerkstoff

Tabelle 1: Daten einiger Metalle

Metalle Name, Symbol	Dichte δ kg/dm³	E-Modul E GPa	Leitfähigkeit		Wärmeausdehnung α 10^{-6}/K	Schmelzpunkt ϑ °C
			λ (thermisch) W/mK	κ (elektrisch) $10^6/\Omega m$		
Aluminium, Al	2,7	72	237	37,66	23,8	660
Chrom, Cr	7,2	190	93,7	7,7	8,4	1860
Cobalt, Co	8,9	213	10	16,02	18,1	1495
Eisen, Fe	7,87	210	80,2	10,29	12	1538
Iridium, Ir	22,65	530	147	18,83	6,5	2446
Kupfer, Cu	8,93	12,5	401	59,77	17	1083
Magnesium, Mg	1,74	45	156	22,67	25,8	649
Mangan, Mn	7,44	201	7,8	0,54	22,8	1244
Molybdän, Mo	10,28	336	138	19,2	5,2	2633
Nickel, Ni	8,9	210	90,7	14,6	13	1453
Tantal, Ta	16,68	188	57,5	8	6,5	2996
Titan, Ti	4,5	110	21,9	7	8,2	1668
Vanadium, V	6,09	150	30,7	5	8,3	1890
Wolfram, W	19,25	415	174	17,69	4,5	3422
Zink, Zn	7,13	94	116	16,9	29	419

Neuere Entwicklungen sind Stahlblech-Mehrschicht-Verbundsysteme. Sie bestehen aus zwei dünnen Hüllschichten aus Metall und einer variablen Kernschicht aus Textilien und Klebstoff. Dieser Verbundwerkstoff zeichnet sich durch hohe Festigkeit *und* große Schwingungsdämpfung (Körperschalldämpfung) aus. Dies ist speziell im modernen Fahrzeugbau von großer Bedeutung.

2.3.2.8 Praktische Werkstoffwahl

In der Praxis gibt es sicherlich Fälle, bei denen die Werkstoffwahl[1] relativ einfach ist. Dies kann eintreten, wenn ganz spezielle Anwendungen vorliegen oder eine *herausragende* Anforderung an den Werkstoff gestellt wird.

Dies ist z. B. der Fall, wenn ein Werkstoff für Werkzeuge oder für ein bestimmtes Maschinenelement zu wählen ist. Dann kommen Werkstoffe aus den Gruppen der Werkzeugwerkstoffe oder der Wälzlager-, Feder- oder Lagerwerkstoffe infrage.

Sind Werkstoffe für extreme Anforderungen zu suchen, wie z. B.

- hohe Verschleißfestigkeit,
- hohe Korrosionsbeständigkeit,
- extreme Temperaturen,
- hohe Wärmeleitfähigkeit,
- hoher Isolationswiderstand,

lässt sich die Zahl der möglichen Werkstoffe ebenfalls stark eingrenzen.

Anders sieht es aus, wenn viele Anforderungen an den Werkstoff vorliegen. Hier kann man zunächst versuchen, Werkstoffgruppen auszusondern, die wesentliche Anforderungen nicht erfüllen. Damit lässt sich die Zahl der möglichen Werkstoffe aber nicht wesentlich reduzieren, die Werkstoffwahl bleibt komplex.

Dann hilft nur, die Werkstoffwahl systematisch durchzuführen, d. h. die vielfältigen Einflussfaktoren und Anforderungen an den Werkstoff müssen in systematischer Weise berücksichtigt werden **(Bild 1)**. Dazu gehören:

- Analyse der Anforderungen an den Werkstoff, Aufstellen einer Anforderungsliste,
- Suche nach möglichen Werkstoffen,
- systematische Bewertung dieser Werkstoffe anhand der Anforderungen,
- Auswahl des bestgeeigneten Werkstoffes.

Diese systematische Vorgehensweise wurde in Kapitel 1 für die Lösungssuche und Lösungsauswahl beschrieben. Die dort geschilderten Bewertungsverfahren können analog angewendet werden, wobei für die Bewertungskriterien nun die gestellten Anforderungen an den Werkstoff treten.

Tabelle 1 zeigt beispielhaft ein formales Bewertungsschema.

Tabelle 1: Bewertungsschema (formal)

Anforderung	Werkstoff				
	1	2	...	n	ideal
Festigkeit					4
E-Modul					4
Korrosionsverhalten					4
Verschleiß					4
Gewicht					4
Kosten					4
...					
...					
Σ Punkte					

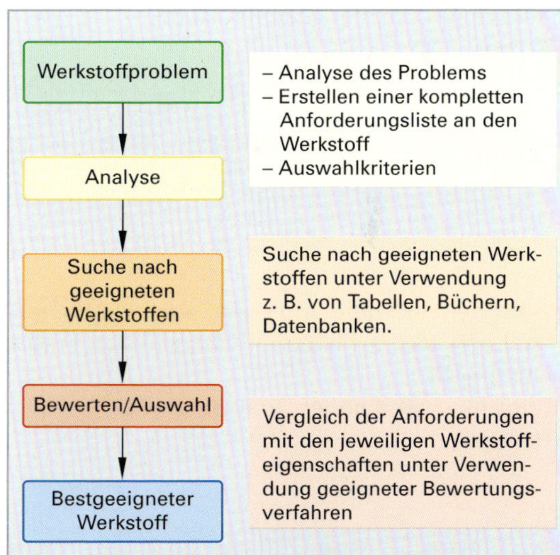

Bild 1: Systematik zur Werkstoffauswahl

[1] Der Konstrukteur benötigt entsprechende Grundkenntnisse der Werkstoffkunde und sollte erforderliche Informationen über Werkstoffe durch Werkstoffkataloge oder Werkstoffdatenbanken erhalten. Aufgrund der angesprochenen gegenseitigen Beeinflussungen von Konstruktion, fertigungstechnischer und werkstofftechnischer Gesichtspunkte und Gegebenheiten ist für eine optimale Werkstoffwahl eine enge Zusammenarbeit zwischen Konstrukteur, Fertigungsingenieur und Werkstofffachmann erforderlich (siehe auch Anhang 2).

2.3.3 Fertigungsgerechtes Gestalten

Einführung

Mit der Gestaltung der Bauteile im Entwurfsstadium legt der Konstrukteur weitgehend folgende Punkte fest:

- Mögliche Fertigungsverfahren (**Seite 138/139**),
- verwendbare Werkzeugmaschinen,
- verwendbare Werkzeuge und Messzeuge,
- Eigenfertigung oder Fremdfertigung,
- Verwendung von Normteilen oder Katalogteilen,
- Verwendung von Halbzeugen.

Der Konstrukteur beeinflusst damit die Fertigungsmöglichkeiten, die Fertigungskosten und die Fertigungszeiten.

Die Fertigungsverfahren ergeben sich andererseits häufig aus der Losgröße. Es werden spanende Techniken, wie das Fräsen oder Drehen vorzugsweise für Bauteile in kleinen Stückzahlen vorgesehen oder für Endbearbeitungen, während die Verfahren des Druckgießens (**Bild 1**), des Spritzgießens, des Stanzens und des Feinschneidens (**Bild 2**) mit sehr hohen Werkzeugkosten nur für die Serienproduktion geeignet sind.

In Ausnahmefällen wird eine spanende Herstellung „aus dem Vollen" auch bei hohen Spanvolumina gewählt. So können Genauigkeitsforderungen auch eine Zerspanung von über 90 % des Rohteilvolumens rechtfertigen. Dies kommt z. B. bei Bauteilen in der optischen Industrie (**Bild 3**) und in der Flugzeugbranche vor.

Die Art der Fertigung und damit auch die Bauteilgestaltung wird auch beeinflusst von den Forderungen nach

- gleichbleibend hoher Qualität,
- Leichtbau,
- Umweltverträglichkeit.

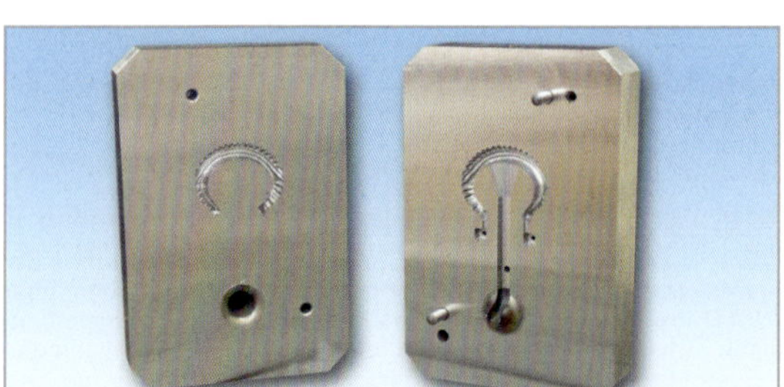

Bild 1: Einfaches Druckgießwerkzeug zur Herstellung eines Armreifs

Bild 2: Komplexes Werkzeug zum Feinschneiden/ Kompaktieren von Blechen für Motorläufer

Bild 3: Herstellung eines dünnwandigen optischen Bauteils „aus dem Vollen"

Bild 4: Laser-Sinterbauteil, direkt aus dem CAD-Modell erzeugt

In der Einzelstückherstellung oder für Kleinserien kommen zunehmend die *generativen* Fertigungsverfahren z. B. das *Lasersintern* infrage. Diese bieten

1. die Möglichkeit, direkt aus der CAD-Konstruktion das Bauteil als Fertigteil (**Bild 4, Seite 136**) abrufen zu können und
2. Formen, insbesondere Hohlformen und Integralbauteile herzustellen, welche mit herkömmlicher Technik gar nicht möglich sind (**Bild 1**).

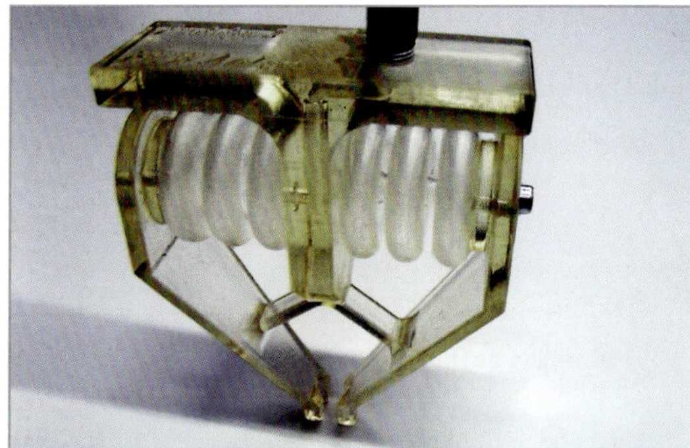

Bild 1: Robotergreifer mit integriertem pneumatischem Antrieb

Um fertigungsgerecht gestalten zu können, sind hinreichend genaue Kenntnisse über die möglichen Fertigungsverfahren notwendig (siehe die Zusammenstellung auf den folgenden Seiten).

Die Fertigungsverfahren stehen selbst häufig in gegenseitigem Wettbewerb und bereits geringfügige Fortentwicklungen eines Verfahrens machen einen Wechsel in eine andere Technologie und damit eine andere Konstruktion notwendig.

So können z. B. Karosserieteile, die üblich durch Umformen aus Blechen hergestellt werden, nun auch als Aluminium-Druckgussteile oder Magnesium-Druckgussteile produziert werden mit dem Vorteil, dass die sonst anzufügenden Kleinteile, wie z. B. Schraubhülsen, schon angegossen sind **(Bild 2)**.

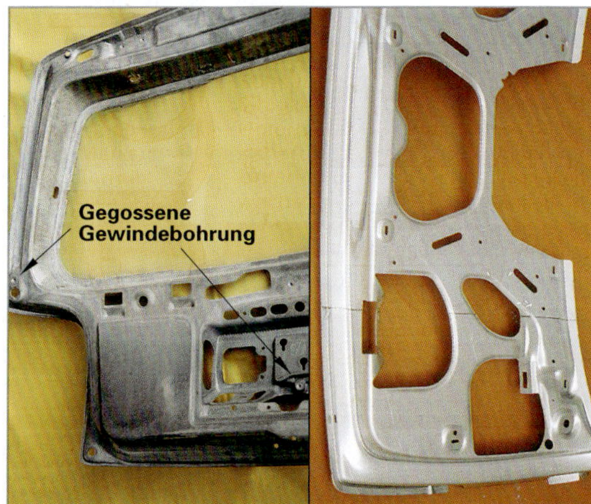

Bild 2: Magnesium-Druckguss-Karosseriebauteil, im Vergleich zu einem Tiefzieh-Blechteil

Die Technologie des Innenhochdruckumformens (IHU) ermöglicht die Konstruktion von Hohlteilen, z. B. mit besonders strömungsgünstigen Verrundungen oder als verwindungssteife Trägerbauteile **(Bild 3)**. Wo mit herkömmlicher Technik sehr aufwendige Konstruktionen notwendig oder gar nicht möglich wären, können in dieser Technologie Bauteile in einem oder in wenigen Arbeitsvorgängen hergestellt werden.

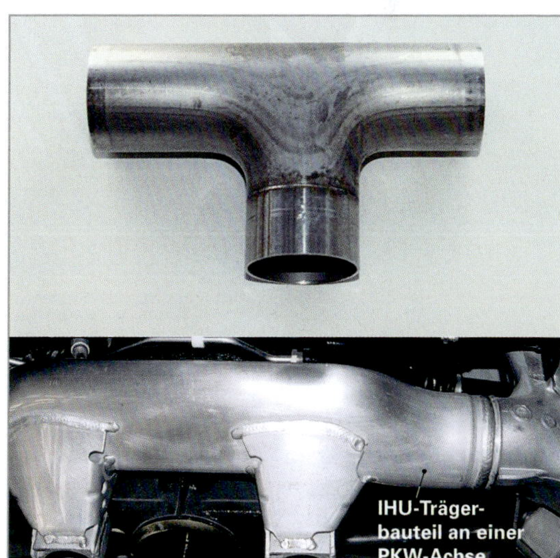

Bild 3: IHU-Rohrverbindung und IHU-Hohlform an einer PKW-Achse

Für einige wichtige Verfahren werden nachfolgend Gestaltungsrichtlinien angegeben. Für nicht erwähnte Verfahren wird auf die einschlägige Literatur[1] verwiesen.

Wie die nachfolgenden Ausführungen zeigen, können sich einzelne Gestaltungsrichtlinien widersprechen. In diesen Fällen muss der Konstrukteur, ausgehend von der späteren Funktion des Bauteils, abwägen, welchen Forderungen bzw. welcher Richtlinie die größere Bedeutung zukommt.

Fertigungsgerechte Gestaltung von Bauteilen, Baugruppen und Erzeugnissen ist also immer ein Kompromiss.

[1] *Industrielle Fertigung- Fertigungsverfahren*, Verlag Europa-Lehrmittel. Hier sind die Fertigungsverfahren umfassend dargestellt.

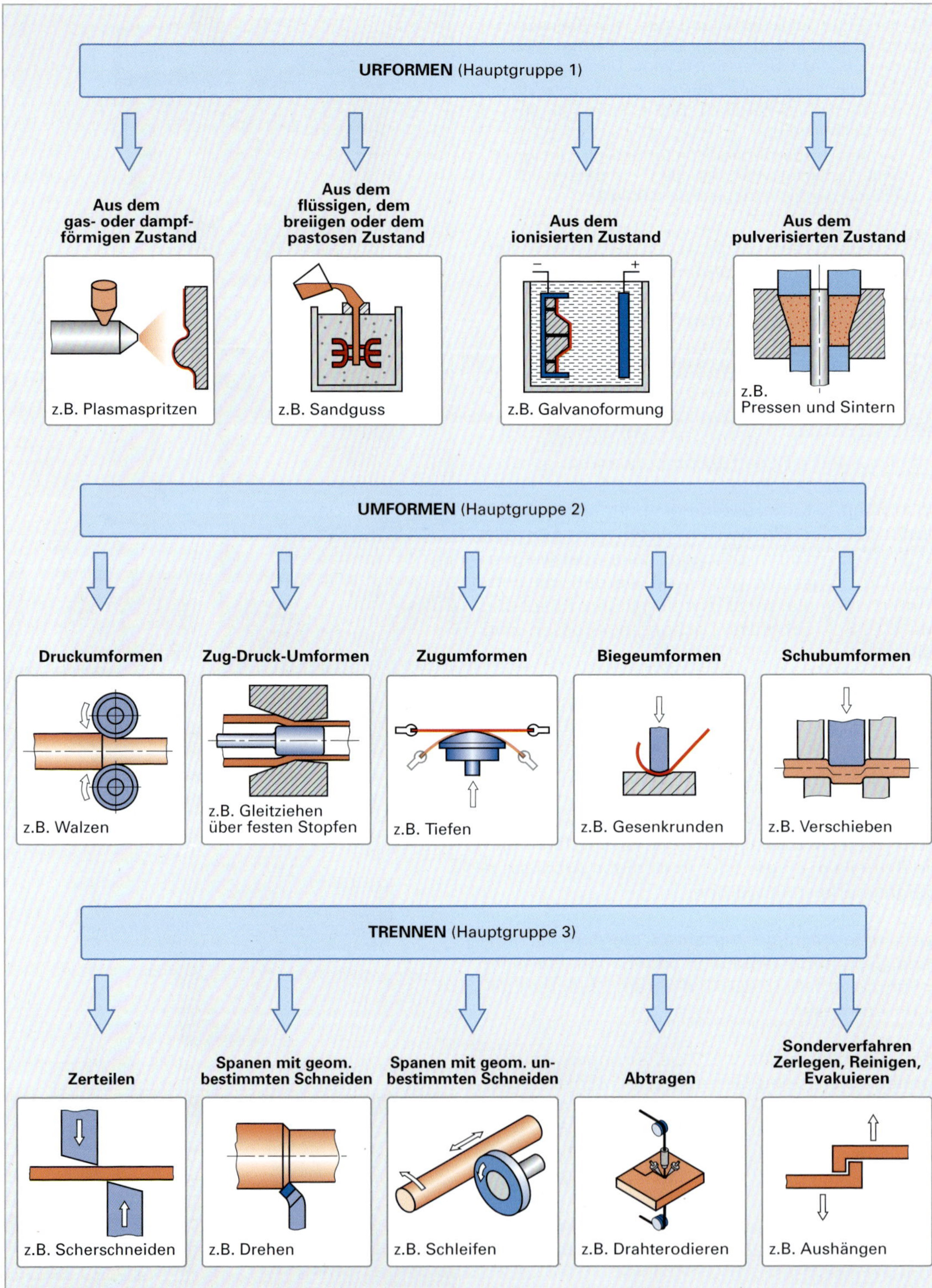

Bild 1: Die sechs Hauptgruppen der Fertigung

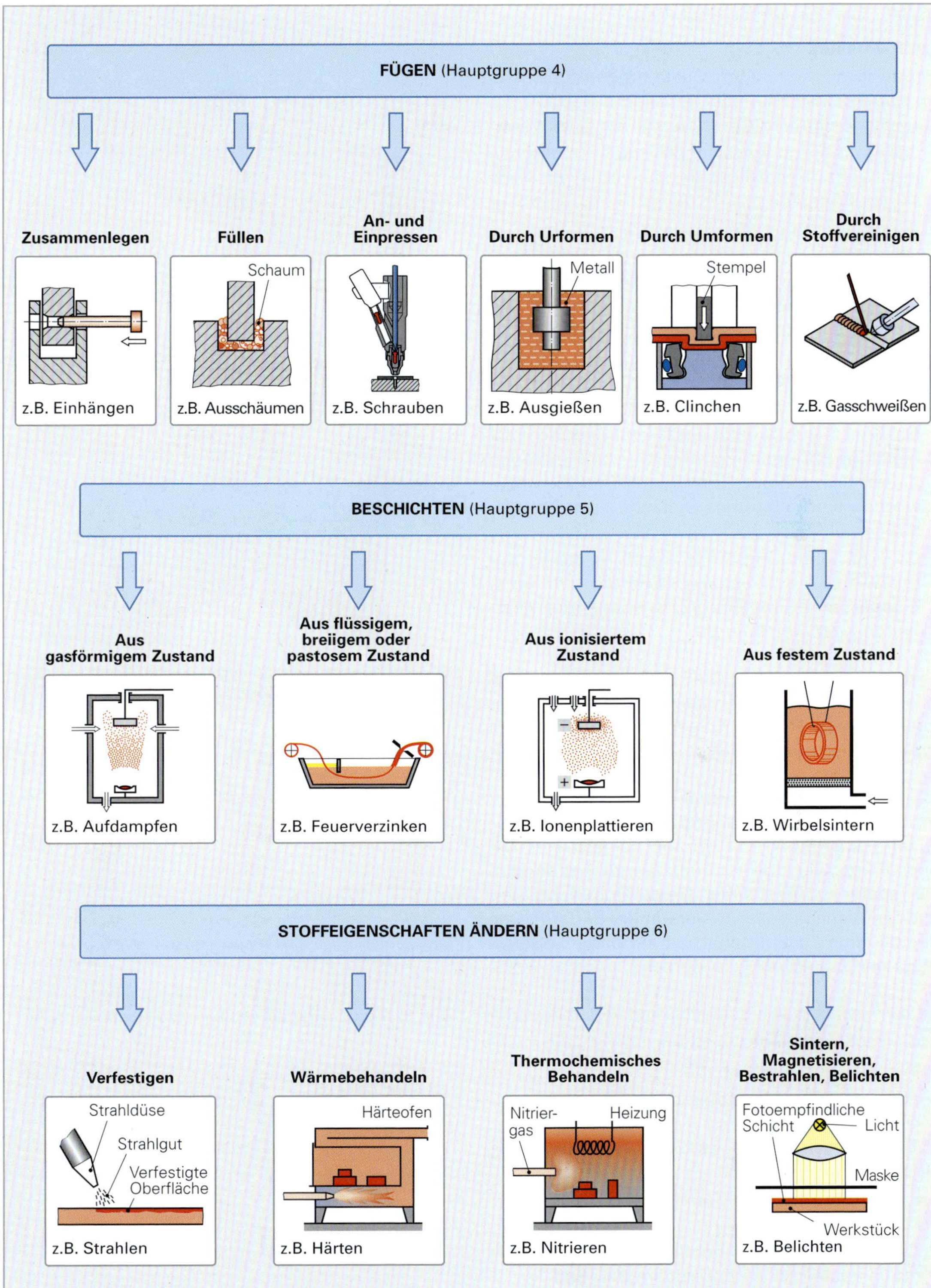

Bild 1: Die sechs Hauptgruppen der Fertigung (Forts.)

2.3.3.1 Gussgerechtes Gestalten

1. Allgemeines

Wegen ihren vielfältigen Gestaltungsmöglichkeiten haben Gussteile eine besondere Bedeutung. Gegossene Bauteile kommen zum Einsatz, wenn

- andere Fertigungsverfahren nicht einfacher, preiswerter, energiesparender oder umweltschonender sind,
- die Eigenschaften der Gusswerkstoffe den Einsatz fordern,
- durch konstruktive Zusammenfassung von Bauteilen zu *einem* Bauteil (Integralbauweise) die Herstellung möglich und sinnvoll ist (**Bild 1**).

Vorteile des Gießens sind:

- Kürzester Weg vom Rohstoff zum Fertigprodukt.
- Größte Freizügigkeit in der Gestaltgebung. Fast beliebige Formgebung möglich, vor allem auch hinsichtlich innerer Hohlräume (**Bild 2**). Anzustreben sind allerdings einfache Formen (vgl. Kapitel 2.2.2.2).
- Große Annäherung des Gussteils an das Fertigteil ist möglich (net shape = Endform); dadurch Einsparung an Material, Zeit, spanender Bearbeitung, Kosten, Energie.

Beim Urformen durch Gießen werden aus Metallen, Porzellan, Gläsern und Kunststoffen Gussstücke erzeugt. Die nachfolgenden Betrachtungen beziehen sich ausschließlich auf Metalle.

Es ist nicht Inhalt dieses Buches, die Gießereitechnik hier vorzustellen. Damit der Konstrukteur aber keine Gestaltungen mit groben Fehlern erzeugt, sind einige wichtige Grundlagen zu behandeln. Die später vorgestellten Gestaltungsrichtlinien sind dann auch besser zu verstehen. In der Praxis ist eine enge Zusammenarbeit mit dem Gießereifachmann unbedingt erforderlich.

Für das Gestalten von Bauteilen sind von Bedeutung

- die Technologie des Gießens,
- die Werkstoffeigenschaften,
- die anschließende spanende Bearbeitung.

Im Einzelnen sind folgende Gesichtspunkte zu berücksichtigen:

- Einformbarkeit des Modells bzw. Herstellbarkeit der Form,
- Aushebbarkeit des Modells bzw. des Gussteils durch ausreichende Formschrägen (**Bild 3**),
- Fließvermögen der Schmelze (**Bild 4**),
- Bearbeitung der Passflächen.

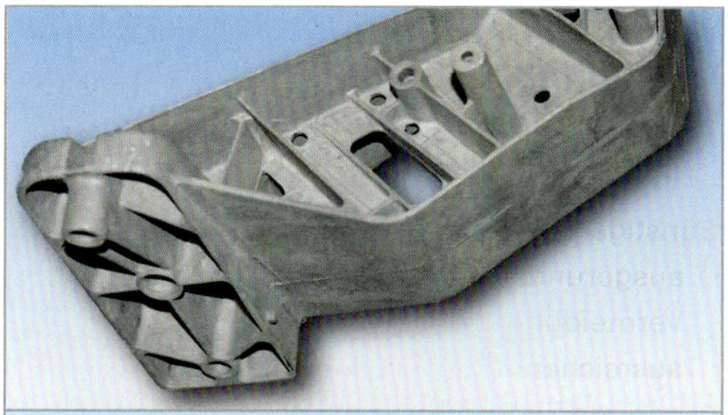

Bild 1: Integralbauweise (Beispiel)

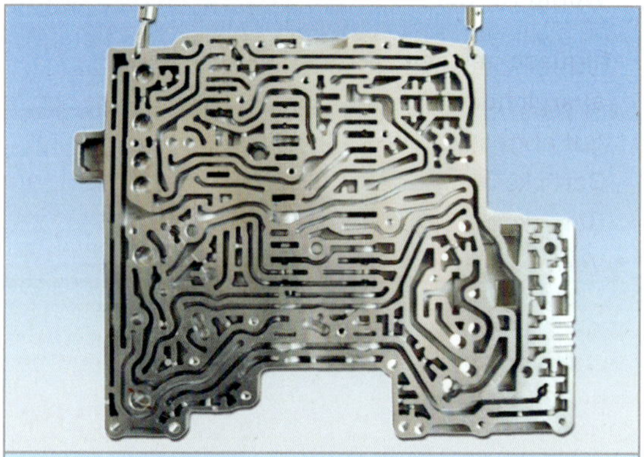

Bild 2: Gusswerkstück, hydraulischer Steuerblock mit vielen Hohlräumen

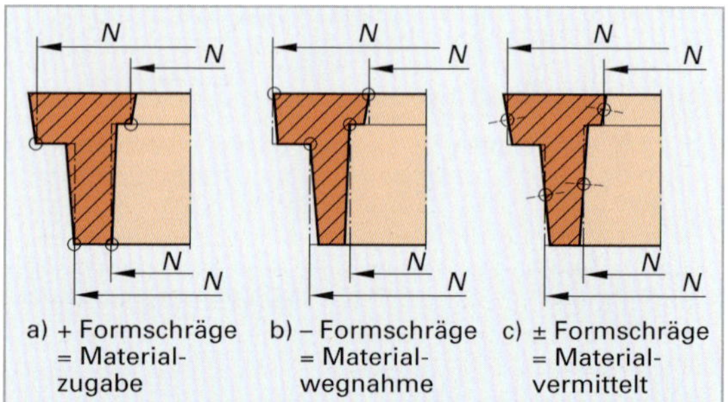

Bild 3: Formschrägen, bezogen auf Nennmaß *N*

Bild 4: Fließvermögen, abhängig von der Al-Legierung

Günstige Modellkosten erzielt man durch
- einfache Grundformen,
- ungeteilte Ausführungen,
- wenige und einfache Kerne (**Bild 1**).

Günstige Formkosten erreicht man durch
- ausgerundete Übergänge und Kanten,
- Vermeidung von Hinterschneidungen,
- ausreichende Formschrägen,
- geringe Einformhöhe,
- wenig Formkästen,
- wenig Kerne.

Fehlgüsse vermeidet man durch
- ausreichende Zuflussquerschnitte im Bauteil,
- gut abgestützte Kerne,
- Berücksichtigung des Gasens,
- Berücksichtigung des Schwindens (**Tabelle 1**),
- Vermeidung scharfer Ecken und Kanten.

Je nach verwendetem Formverfahren werden auf verschiedene Weise Hohlräume geschaffen, die über ein entsprechendes Gießsystem mit flüssigem Metall (Schmelze) verschieden hoher Temperatur gefüllt werden.

Alle metallischen Schmelzen kühlen nach dem Eingießen in die Form von der Gießtemperatur T_G auf die Erstarrungstemperatur T_E ab und schwinden dabei. Die Volumenreduzierung der Schmelze beträgt dabei ΔV_1 (**Bild 2**).

Beim Übergang der Schmelze flüssig-fest verändert sich bei reinen Schmelzen und Legierungen das Volumen meist sprunghaft (ohne Temperaturänderung) um ΔV_2; man spricht auch von der Erstarrungsschwindung.

Im festen Zustand kühlt das Gussteil weiter ab bis auf die Raumtemperatur T_R und schwindet dabei um ΔV_3. Für diese Volumenänderung des festen Teils verwendet man in der Praxis auch den Begriff „Schwindmaß". Einzelne Bereiche des Gussteils können dabei durch die Form selbst oder durch unterschiedliche Wandstärken, Querschnittsformen usw. in ihrer Schwindung behindert werden, was zu Gusseigenspannungen führt.

Die Gesamtvolumenreduzierung $\Delta V_{ges} = \Delta V_1 + \Delta V_2 + \Delta V_3$ ist konstant und lässt sich nicht vermeiden. Durch das Anbringen von sogenannten Speisern kann im eigentlichen Gussteil der Anteil ΔV_1 und ΔV_2 ausgeglichen werden, indem aus den Speisern solange flüssige Schmelze nachfließt, bis die Schmelze im Gussteil völlig erstarrt ist.

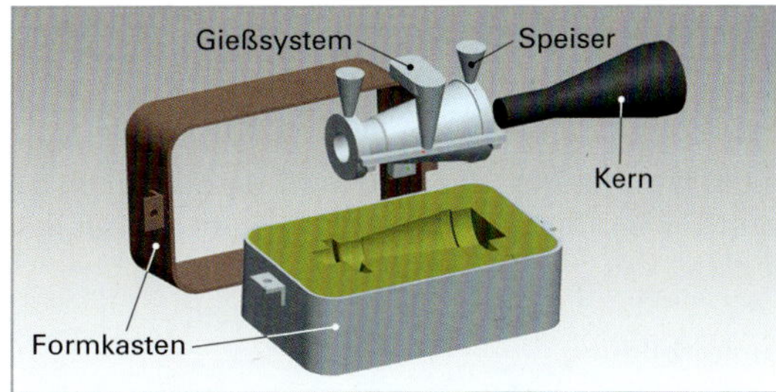

Bild 1: Gießform, Werkstück und Kern

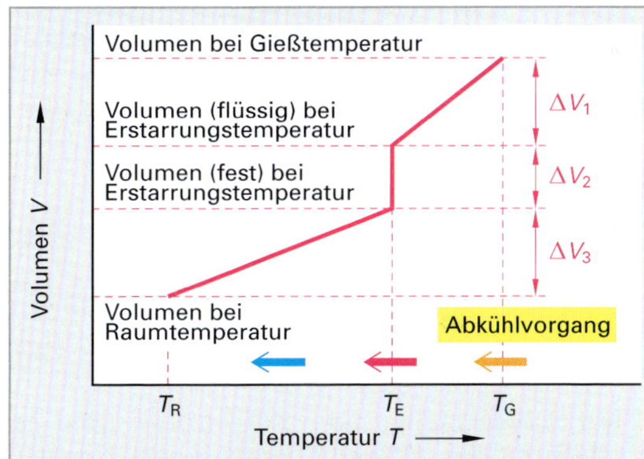

Bild 2: Volumenschwindung bei Abkühlung

Tabelle 1: Schwindmaße

Sandguss	Richtwert in %	Mögliche Abweichung in %
Gusseisen mit Lamellengrafit mit Kugelgrafit, ungeglüht mit Kugelgrafit, geglüht	 1,0 1,2 0,5	 0,5 ... 1,3 0,8 ... 2,0 0,0 ... 0,8
Stahlguss Manganhartstahl	2,0 2,3	1,5 ... 2,5 2,3 ... 2,8
Temperguss weiß (GJMW) schwarz (GJMB)	1,6 0,5	1,0 ... 2,0 0,0 ... 1,5
Aluminium- Gusslegierungen	1,2	0,8 ... 1,5
Magnesium- Gusslegierungen	1,2	1,0 ... 1,5
Kokillenguss und Druckguss	**Schwindmaße in % für**	
	Kokillenguss	**Druckguss**
Reinaluminium	0,7 ... 1,2	
Aluminium-Legierungen: G-Al Si 12, G-Al Si 10 Mg G-Al Si 5 Mg, G-Al Si 6 Cu 4	0,6 ... 0,8	0,5 ... 0,7
Magnesium-Legierungen	0,8 ... 1,2	0,8 ... 1,2
Kupfer-Legierungen: Guss-Zinnbronze, Rotguss Guss-Messing	 1,0 ... 1,4 0,8 ... 1,2	 0,7 ... 1,2
Zinn-Legierungen	0,3 ... 0,6	0,2 ... 0,5
Zink-Legierungen	0,6 ... 1,0	0,4 ... 0,6

Wird nicht genügend Schmelze nachgespeist, entsteht in dem Bereich des Gussteils, in dem die Schmelze zuletzt erstarrt, schwindungsbedingt ein Hohlraum, ein sogenannter *Lunker*. Lunker entstehen häufig dann, wenn Wandstärkenunterschiede oder Materialanhäufungen vorhanden sind.

Lunkerbildung

Die Erstarrung geht vom Formrand aus. Dünne Partien erstarren schneller als dicke. Wenn das Innere des dicken Teils erstarrt, sind der Rand und die dünnen Wände schon fest; es kann also keine Schmelze mehr nachfließen. Die Folge sind Innenlunker oder wenn die äußere Kruste nicht standhält Außenlunker (**Bild 1**).

Abhilfe:

- Möglichst konstante Wandstärke gestalten (**Bild 2a**)
- Steiger zu einem Speiser vergrößern (**Bild 2b**). Nachteilig ist der größere Materialverbrauch und das Abtrennen des Speisers.
- Mit Schreckplatten oder Kühlkokillen (**Bild 2c**) gleichmäßige Abkühlung erzwingen. Nachteilig ist der Mehraufwand beim Formenbau.

Ursache für das Auftreten von Spannungen und Rissen in Gussteilen ist vor allem die Behinderung der Schwindung im festen Zustand z. B. durch unterschiedliche Wandstärken. Sie führt zu Verformungen, die mit inneren Spannungen verbunden sind. Übersteigen diese die Werte der $R_{P0,2}$-Dehngrenze, wird der Werkstoff plastisch verformt. Erreichen die Spannungen die Werte der Zugfestigkeit, entstehen Risse.

Eigenspannungen

Das in **Bild 3** dargestellte Demonstrationsbauteil weist außen zwei dünne Stege, innen einen dicken Steg und oben und unten dünne Querverbindungen auf. Die dünnen Bereiche kühlen schnell ab und erstarren zuerst; das Maß *L* liegt früh fest. Der stärkere Steg erstarrt wesentlich später, ist noch warm und wird erst jetzt seine feste Schwindung erfahren. Das bedeutet, dass er sich dabei verkürzt und Spannungen erzeugt. Die Schwindung ist behindert.

Es entstehen ohne äußere Belastungen in den dünnen Stegen Druckspannungen und Biegespannungen, im dicken Steg Zugspannungen und in den Querverbindungen Biegespannungen. Die Folge ist, dass sich das Bauteil verformt (wie übertrieben dargestellt). Im Extremfall kann der dicke Steg durch Eigenspannungen einen Riss bekommen.

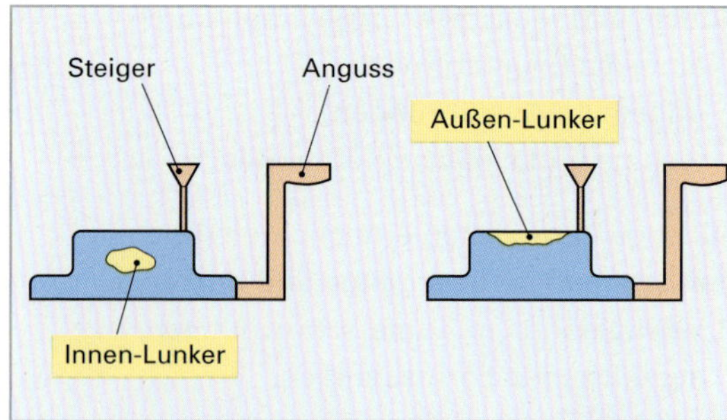

Bild 1: Lunkerbildung infolge Materialanhäufung

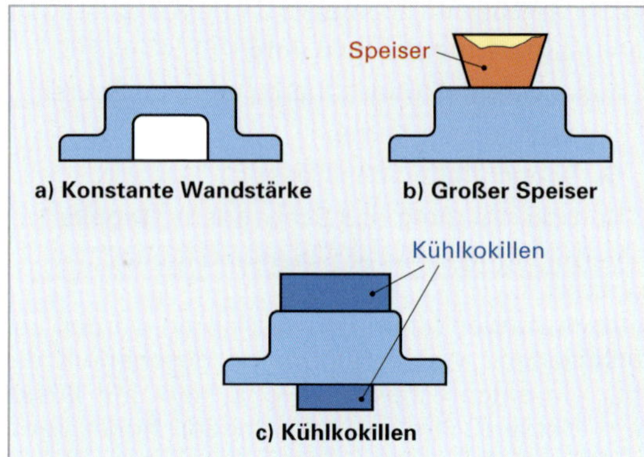

Bild 2: Vermeiden von Lunkern

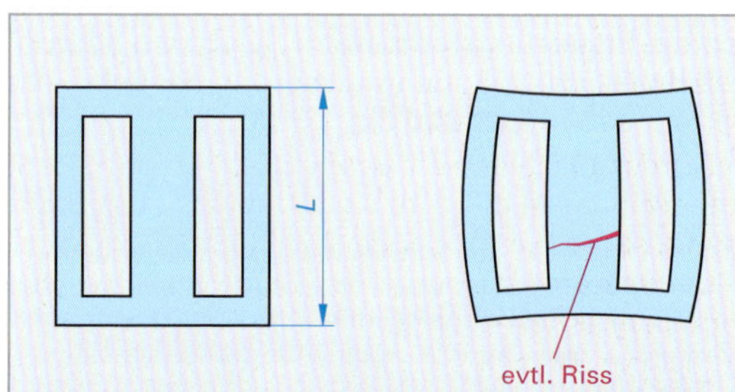

Bild 3: Eigenspannungen und Verzug infolge unterschiedlicher Wandstärken

Tabelle 1: Zugfestigkeit und Druckfestigkeit für Gusseisen mit Lamellengrafit

Werkstoff	Zugfestigkeit R_m in N/mm²	Druckfestigkeit σ_{dB} in N/mm²
EN-GJL-150	**150** bis 250[1]	600
EN-GJL-200	**200** bis 300	720
EN-GJL-250	**250** bis 350	840
EN-GJL-300	**300** bis 400	960
EN-GJL-350	**350** bis 450	1080

[1] Die fettgedruckten Zahlen geben die Mindestzugfestigkeit an, der das Kurzzeichen der Sorte zugeordnet ist.

Ein weiterer wichtiger Gesichtspunkt ist, dass bei Grauguss und Temperguss die Druckfestigkeit viel höher ist als die Zugfestigkeit (**Tabelle 1, Seite 142**). Dies muss bei der Gestaltung unbedingt berücksichtigt werden.

Maßhaltigkeit

Man unterscheidet bei Gusswerkstücken

- die formgebundenen Maße und
- die nicht formgebundenen Maße (**Bild 1**).

Die Maße, die durch die Gravur der Form, insbesondere bei Kokillenguss und Druckguss, mit Metallformen vorgegeben sind, sind sehr eng toleriert. Bei zu starker Schwindung hat man allenfalls das Problem, dass das Gussteil nicht aus der Form gestoßen wird.

Maße, welche über die Formteilung hinwegreichen, sind weniger eng toleriert. So können Dickenmaße an der Formteilung frei schwinden und Formversätze können die Maßhaltigkeit beeinträchtigen.

Maßbeständigkeit

Durch Alterungseffekte können sich bei Gussteilen die Maße verändern, z. B. dadurch dass die Eigenspannungen abgebaut werden. Um etwaige spätere Effekte vorwegzunehmen, werden eng tolerierte Gussteile spannungsarm geglüht.

Bei Druckgussteilen ist häufig sehr feinporig Luft eingeschlossen mit dem Nachteil, dass bei Erwärmung, sei es bei der spanenden Bearbeitung oder in der späteren Nutzung, das Bauteil *wächst*. Das kann sehr erheblich sein und das Bauteil wird unbrauchbar (**Bild 2**).

Einfluss der Wandstärke auf die Werkstoffeigenschaften

Der Einfluss der Gussstückwandstärke auf die Werkstoffeigenschaften ist zu beachten. Dünne Wände kühlen schneller ab als dicke Wände und ergeben bei Gusseisen ein feinkörnigeres Gefüge mit einer deutlich höheren Zugfestigkeit (**Bild 3**). Dadurch können ebenfalls Eigenspannungen verursacht werden. Auf der anderen Seite kann man in der Außenhaut auch hohe Härten erzielen mit geringem Verschleiß, z. B. bei Hartgusswalzen.

Nachfolgend sind die wichtigsten Gestaltungsrichtlinien ohne Rangfolge zusammengestellt.

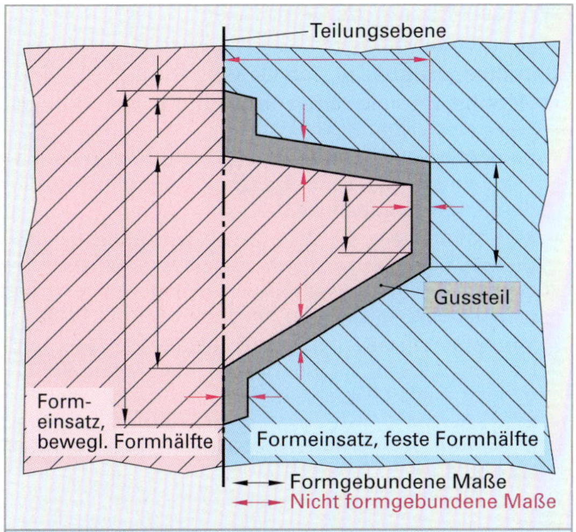

Bild 1: Formgebundene und nicht formgebundene Maße

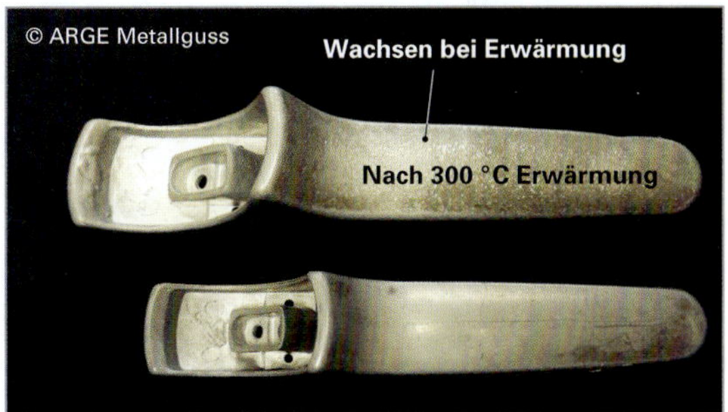

Bild 2: „Wachsen" eines Druckgussbauteils infolge von Gasporen nach einer Erwärmung

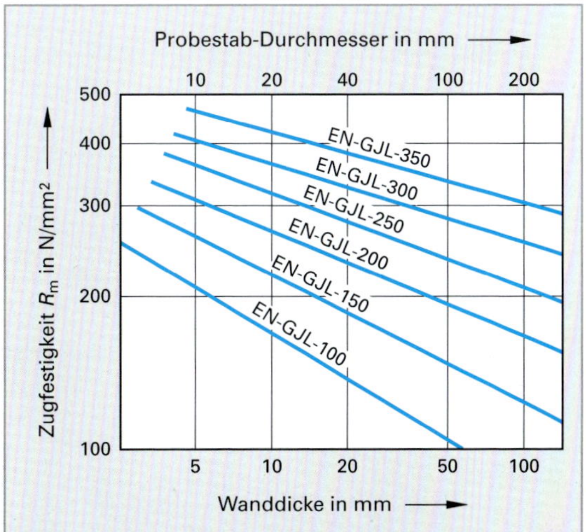

Bild 3: Einfluss der Wandstärke auf die Werkstoffeigenschaften

2. Werkstoffbedingte Gestaltung

Gestaltungsrichtlinien (Tabelle W):

- Vermeiden von scharfen Ecken und Kanten (Rissgefahr); diese ausrunden (**W1**).
- Sind Wandstärkenunterschiede nicht zu vermeiden, dann sind sanfte, konische Übergange und Ausrundungen zu gestalten (**W2**).
- Man kontrolliere die Wanddickengestaltung mit der Heuver´schen Kreismethode. Gelenkte, lunkerfreie Erstarrung ist dann gewährleistet, wenn die einbeschriebenen Kreise zum Speiser hin größer werden (**W3**).
- Vermeiden großer Wandstärkenunterschiede und krasser Querschnittsänderungen. Materialanhäufungen vermeiden (Gefahr der Lunkerbildung) (**W4**).
- Man gestalte so, dass Wände nicht spitzwinklig aufeinandertreffen. Infolge Materialanhäufung Lunkerbildung (**W5**).
- Spannungen, Warm- und Kaltrisse durch entsprechende Gestaltung vermeiden (**W6**).
- Große, beim Gießen waagerecht liegende Flächen möglichst vermeiden wegen Luftblasen oder Gasblasen (**W7**).
- Vermeide enge Fugen an Gussteilen. Sandkanteneffekte und Vererzen vermeiden (**W8**).
- Berücksichtige die Wanddickenabhängigkeit der Werkstoffeigenschaften bei GJL (**W9**).
- Sperrige Teile aufteilen und später verschweißen (**W10**).

Tabelle W: Werkstoffbedingte Gestaltungsrichtlinien

Nicht gussgerecht	Gussgerecht	Erläuterungen
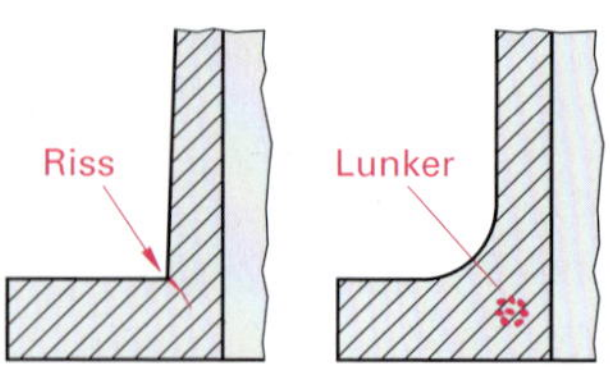	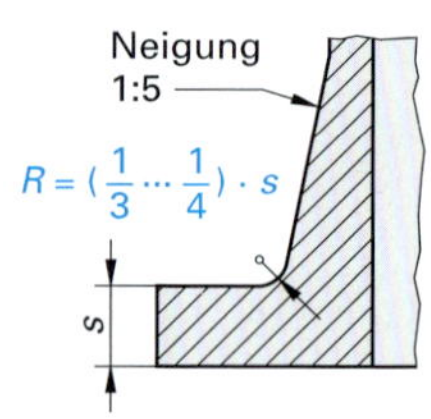	**(W1), (W2)** Ungleichmäßiges Wachsen der Kristalle an Ecken und Kanten führt zur Bildung von Schwachstellen und Rissen. Bei zu großen Radien treten Lunker auf.
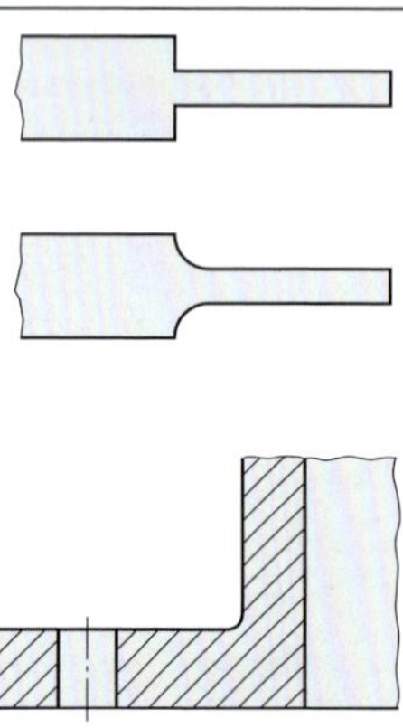	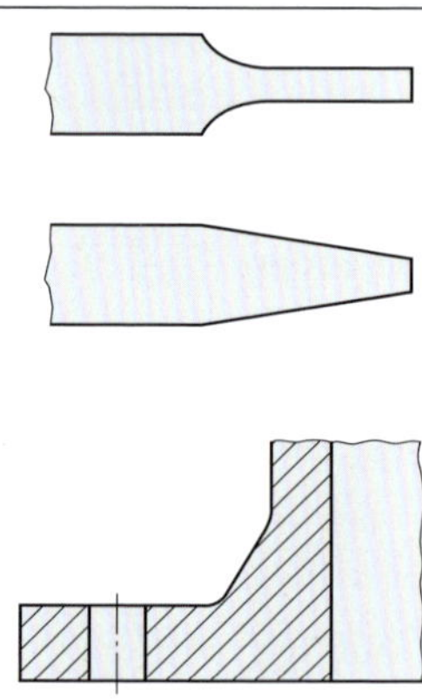	**(W2)** Bei notwendigen Wandstärkenunterschieden sind sanfte, konische Übergänge mit Ausrundungen zu gestalten.
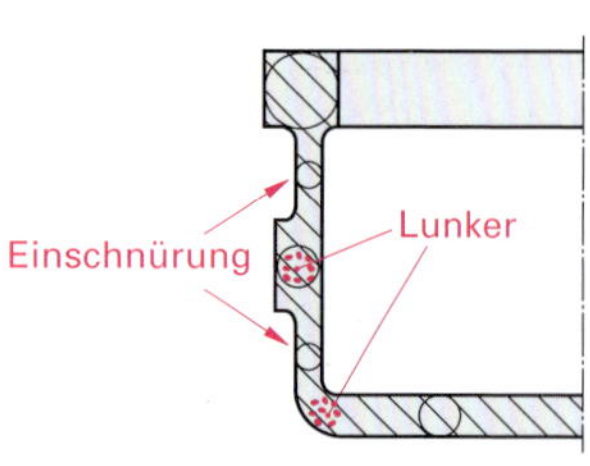	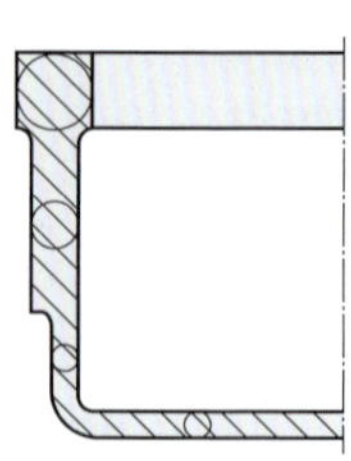	**(W3)** Mithilfe der Heuver´schen Kreismethode lässt sich die richtige Wanddickenführung kontrollieren. Werden die eingezeichneten Kreise zum Speiser hin kleiner, sind Einschnürungen vorhanden (Lunkerbildung).

Tabelle W, Forts.: Werkstoffbedingte Gestaltungsrichtlinien

Nicht gussgerecht	Gussgerecht	Erläuterungen
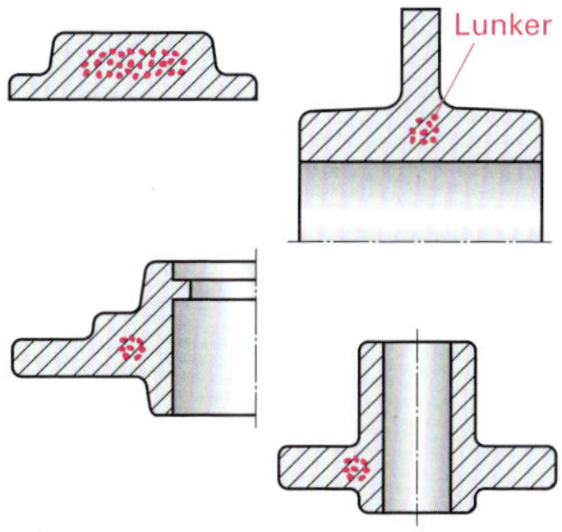	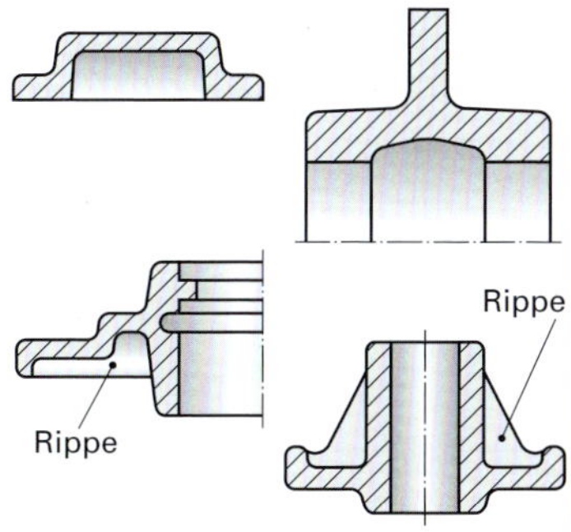	**(W4)** Materialanhäufungen lassen sich oft durch Aussparungen oder Rippen vermeiden.
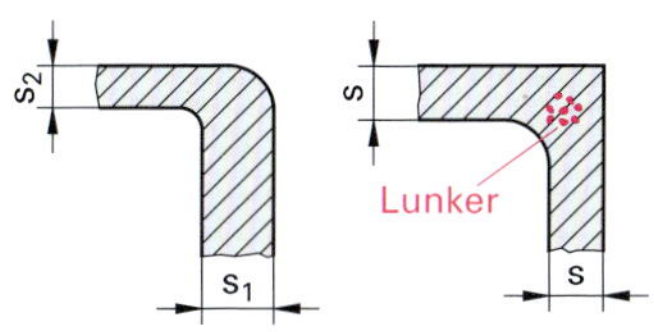	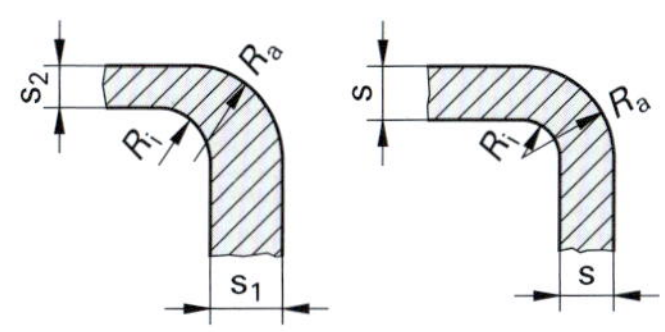	**(W2)** Für Übergänge mit Rundungen gelten folgende Anhaltswerte: Ungleiche Wanddicken: $R_i = \frac{1}{2}\ (s_1 + s_2)$ $R_a = s_1 + s_2$ Gleiche Wanddicken: $R_i = (0{,}5 \ldots 1) \cdot s$ $R_a = R_i + s$
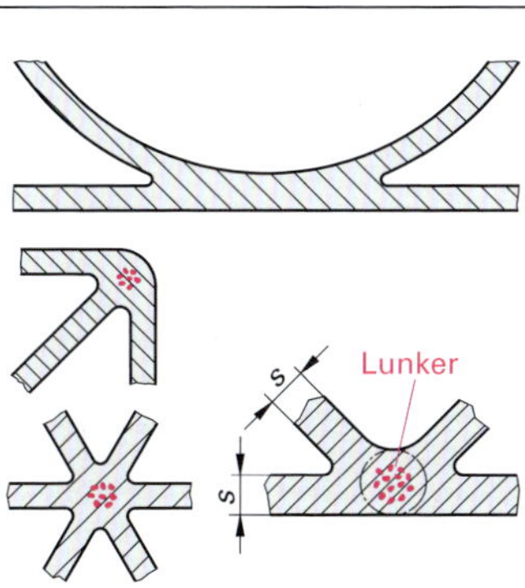	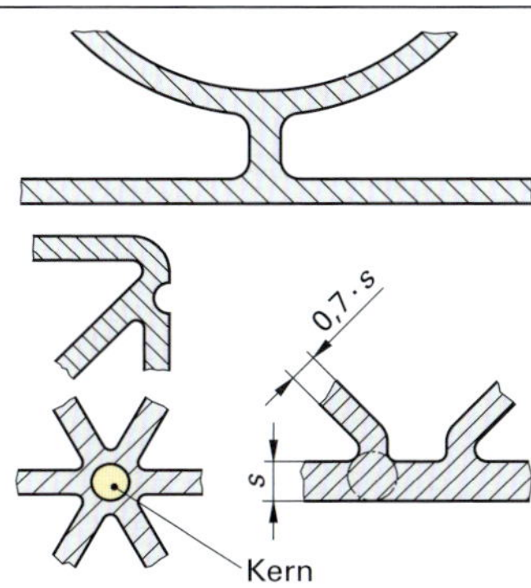	**(W5), (W4)** Wandanschlussstellen durch spitzwinklig aufeinandertreffende Wände oder Rippen bilden Materialanhäufungen. Diese lassen sich durch Auseinanderziehen der Wände oder durch Rippen oder durch das Einlegen eines Kerns vermeiden.
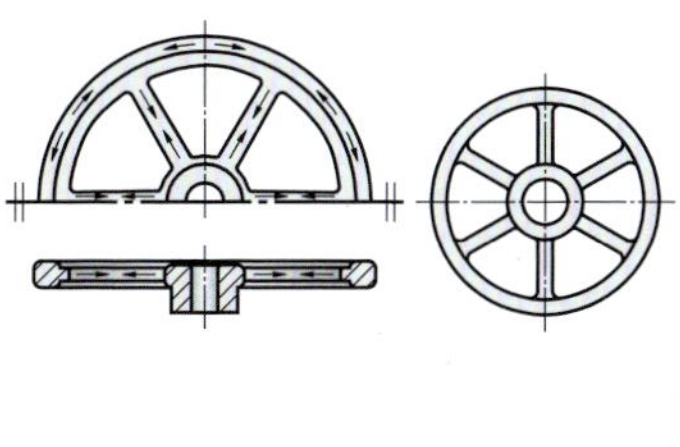	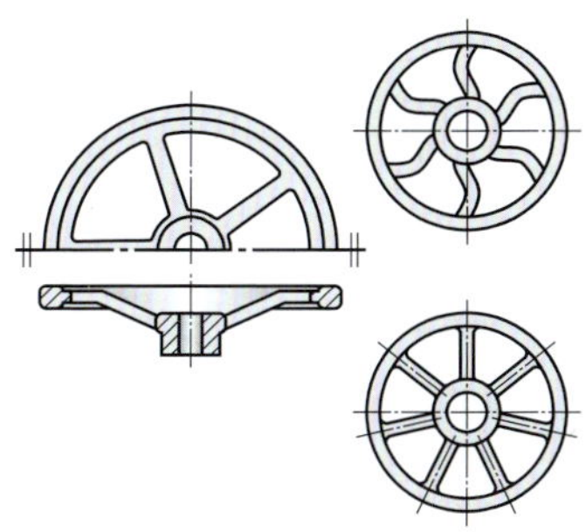	**(W6)** Spannungsabbau an Handrädern durch axialen Versatz der Nabe, durch geschweifte Speichen und ungerade Speichenzahl.

Tabelle W, Forts.: Werkstoffbedingte Gestaltungsrichtlinien

Nicht gussgerecht	Gussgerecht	Erläuterungen
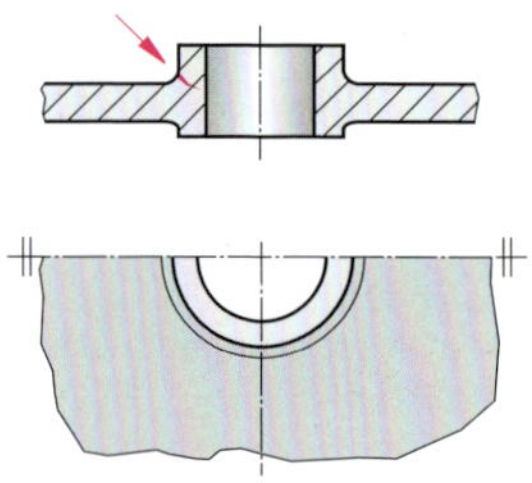	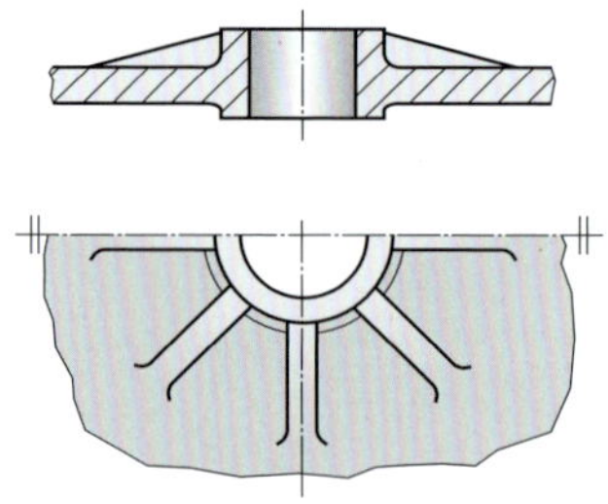	**(W6)** Verminderung der Rissgefahr durch Rippen zwischen Wand und Nabe.
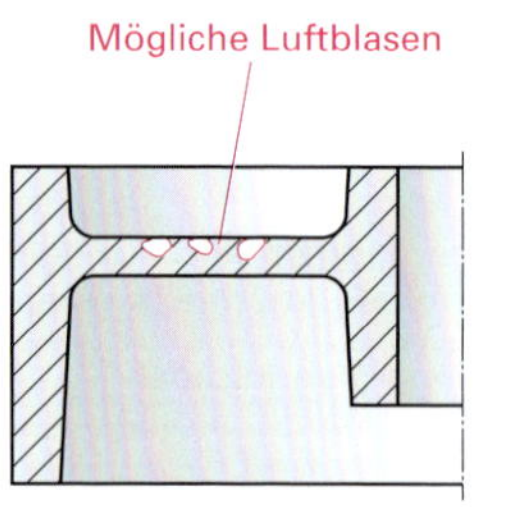	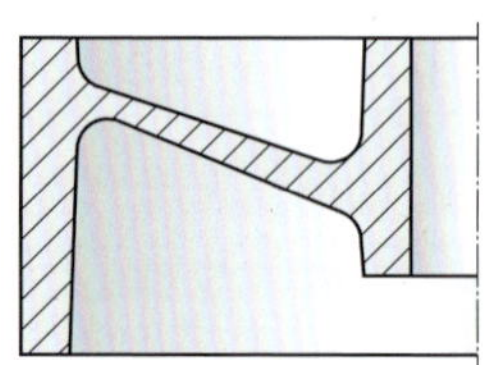	**(W7)** An großen waagerecht liegenden Flächen können Luft- oder Gasblasen hängen. An der schrägen Fläche können die Blasen nach oben entweichen.
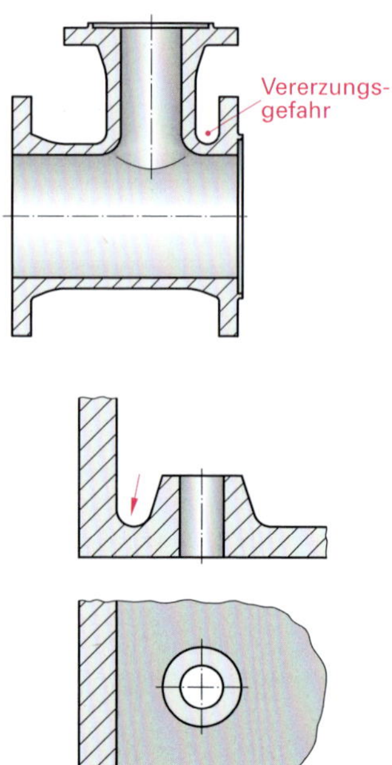	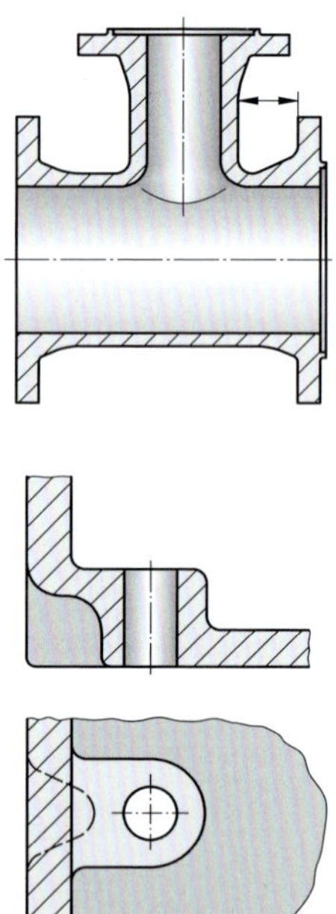	**(W8)** Dünne Sandpartien der Form werden beim Gießen stark erhitzt. Gase aus dem Formstoff können in das Gießmetall eindringen. Umgekehrt dringt auch Gießmetall in die Poren zwischen den Körnern des Formstoffes (Vererzen), was zu schwer zu beseitigenden Verdickungen am Gussstück führt. Vermeide dünne Sandpartien und Materialanhäufungen.
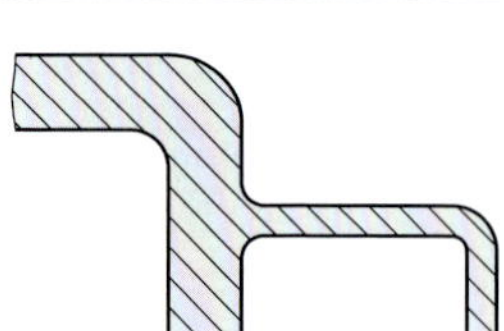	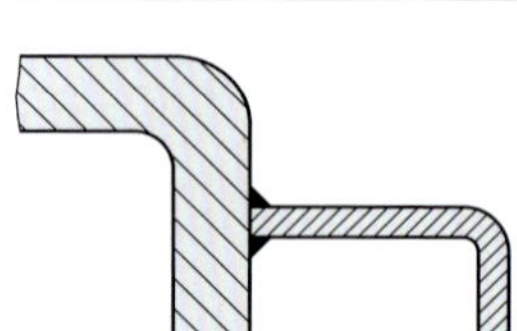	**(W10)** Sperrige Teile mit unterschiedlicher Wandstärke aufteilen und später verschweißen.

3. Festigkeitsbedingte Gestaltung

Gestaltungsrichtlinien (Tabelle F):

- Auf Druckbeanspruchung gestalten. Bei Grauguss und Temperguss ist die Druckfestigkeit deutlich höher als die Zugfestigkeit (**F1**).
- Querschnitte nach den wirkenden Beanspruchungen wählen (siehe Kapitel 2.3.1) (**F2**).
- Spannungsrisse vermeiden (**F3**).
- Bei schwingender Beanspruchung von Bauteilen dämpfungsfähige Gusswerkstoffe verwenden, insbesondere Gusseisen mit Lamellengrafit (**F4**).
- Berücksichtige die Wanddickenabhängigkeit der Werkstoffeigenschaften bei Grauguss (**F5**).

Tabelle F: Festigkeitsbedingte Gestaltungsrichtlinien

<table>
<tr><th>Nicht gussgerecht</th><th>Gussgerecht</th><th>Erläuterungen</th></tr>
<tr><td>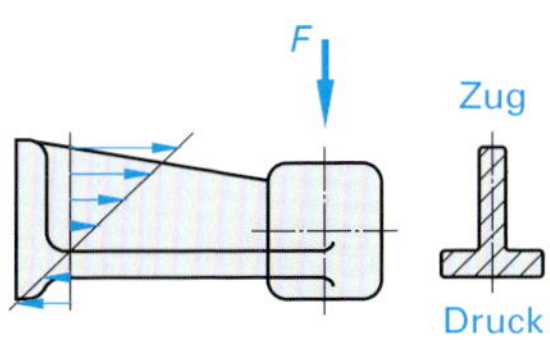
</td><td>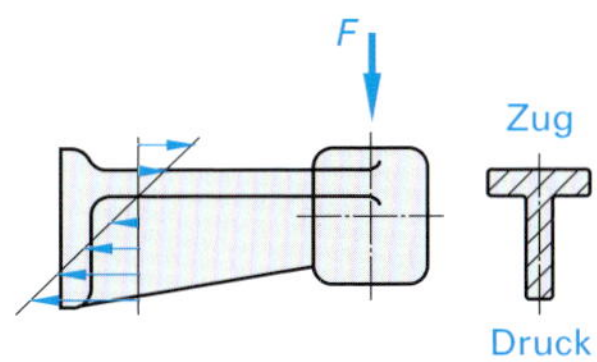
</td><td>(F1), (F2)
Der Lagerbock wird durch die Kraft F auf Biegung beansprucht, ein I-Profil wäre die richtige Querschnittswahl. Aufgrund der höheren Druckfestigkeit bei Gusswerkstoffen kann auf der Druckseite Material eingespart werden. Dies führt zu dem asymmetrischen T-Profil.</td></tr>
<tr><td>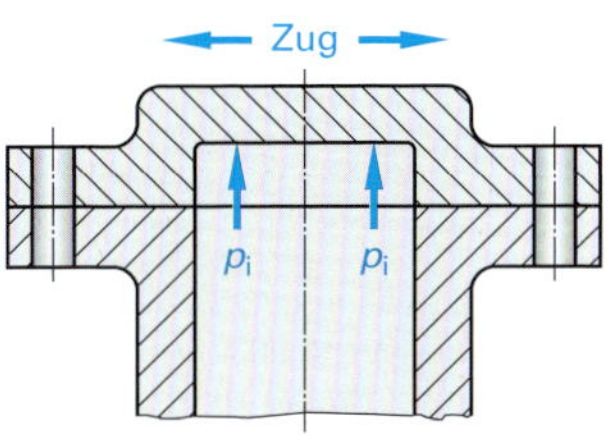
</td><td>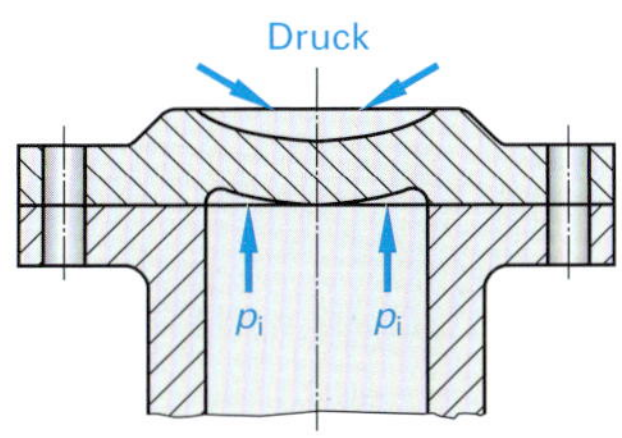
</td><td>(F1)
Im linken Deckel werden durch den Innendruck Zugspannungen erzeugt. Durch Umgestaltung entsteht Druckbeanspruchung.</td></tr>
<tr><td>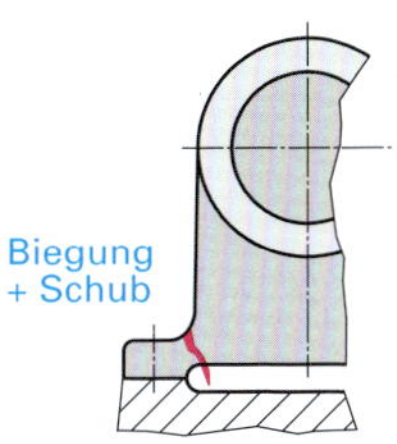
</td><td>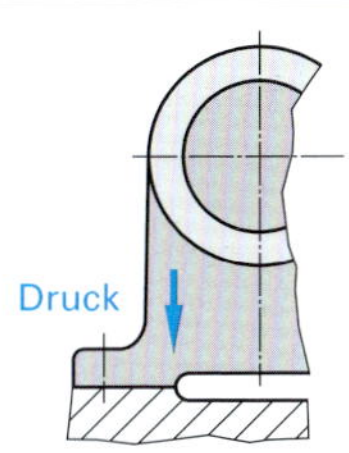
</td><td>(F1)
Durch Umgestaltung des Fußes am Lagerbock entsteht aus Biegebeanspruchung Druckbeanspruchung.</td></tr>
<tr><td>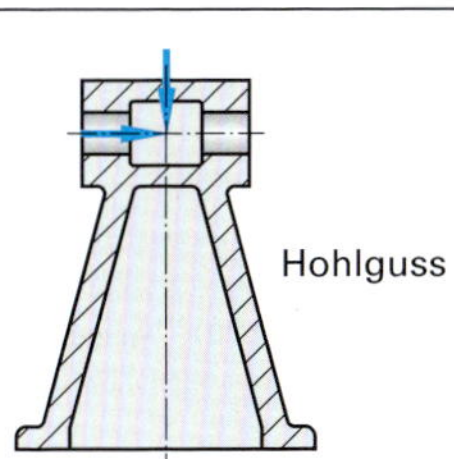
</td><td>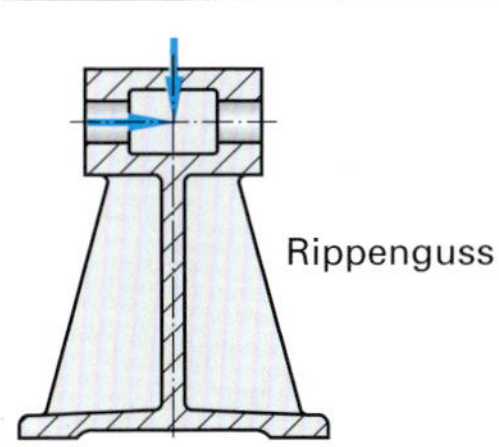
</td><td>(F1), (F2)
Der dargestellte Lagerbock wird nicht auf Torsion beansprucht, es ist deshalb kein geschlossenes Hohlprofil notwendig. Durch die Rippenbauweise kann der Kern eingespart werden.</td></tr>
<tr><td>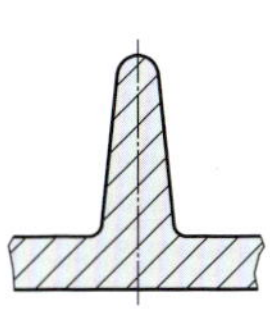</td><td>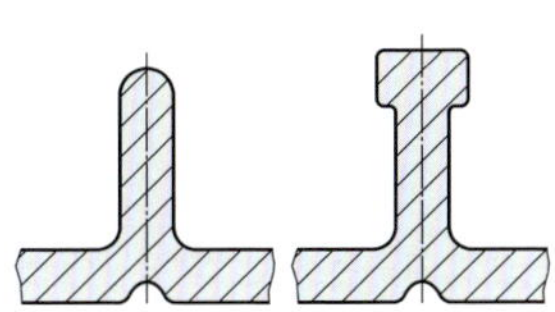</td><td>(F3)
Rippen mit konisch auslaufender runder Form sind bei Biegewechselbeanspruchung anrissgefährdet. Durch Wülste werden Spannungsspitzen abgebaut.</td></tr>
</table>

4. Verfahrensbedingte Gestaltung

Gestaltungsrichtlinien (Tabelle V):

- Nach Möglichkeit so gestalten, dass Form und Modell des Gussteils **einfach** hergestellt werden können (**V1**).
- Möglichst keine Kerne bzw. möglichst wenig Kerne und diese aus **einfachen** Formen (**V2**).
- Gussteile so gestalten, dass Kerne sicher gelagert werden können (**V3**).
- Das Kreuzen von Kernen möglichst vermeiden (**V4**).
- Es ist eine geringe Anzahl möglichst ebener Formteilungen anzustreben (**V5**).
- Gussteile mit Aushebeschrägen bzw. Formschrägen versehen (**V6**).
- Hinterschneidungen möglichst vermeiden (**V7**).
- Formteilungen so legen, dass einfaches Entgraten möglich ist (**V8**).
- Kernöffnung zur Entlüftung günstig anordnen (**V9**).
- Radien in der Teilungsebene vermeiden, da dadurch die Formherstellung erschwert wird (**V10**).

Tabelle V: Verfahrensbedingte Gestaltungsrichtlinien

Nicht gussgerecht	Gussgerecht	Erläuterungen
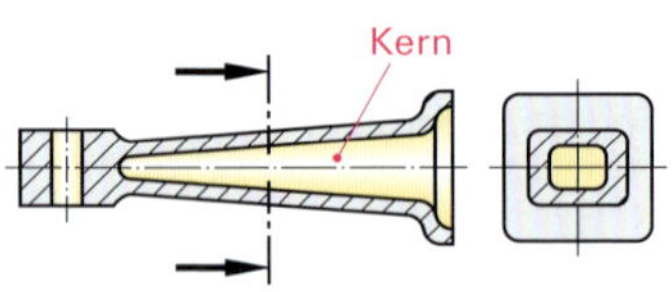	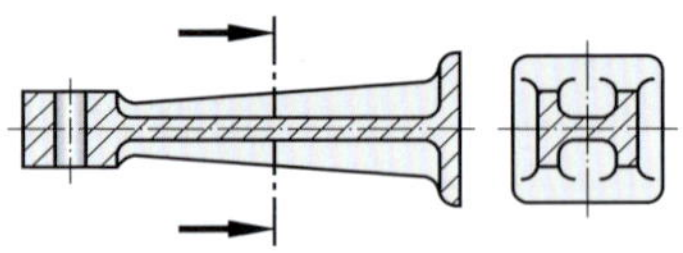	**(V2)** Der Kern kann entfallen, wenn in Rippenbauweise gestaltet wird.
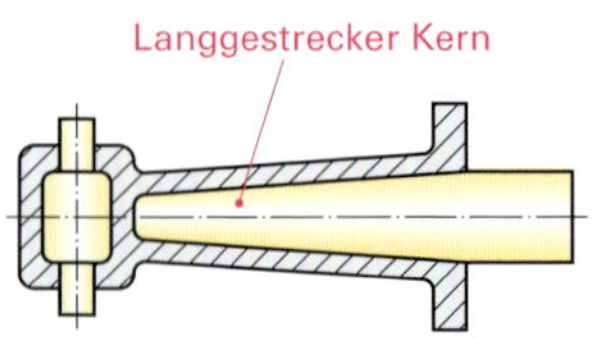	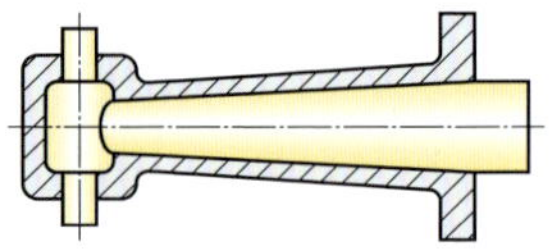	**(V3)** Die einseitige Lagerung des langgestreckten Kerns ist ungünstig. Rechts sind 2 Kerne zu einem größeren Kern zusammengefasst. Die Stabilität des Kerns ist verbessert.
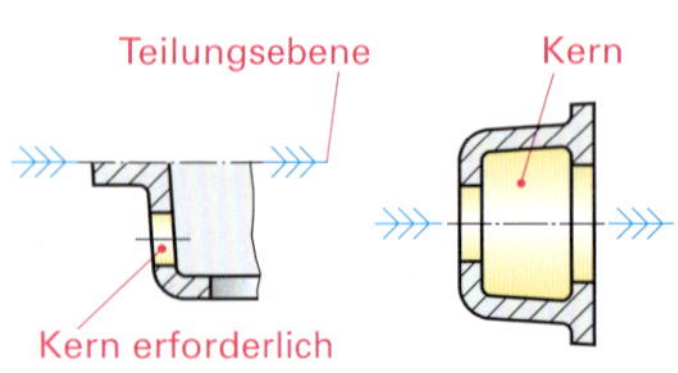	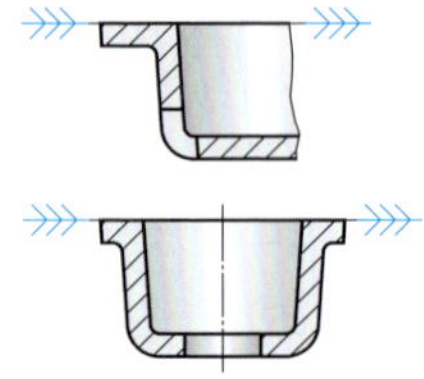	**(V2)** Kerne sind teuer und erschweren das Einformen. Bei den Umgestaltungen sind keine Kerne erforderlich.
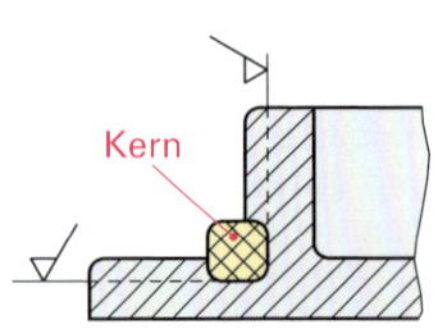	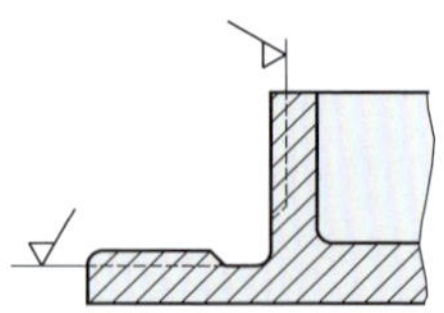	**(V2)** Bearbeitungsleisten werden häufig so gestaltet, dass Kerne notwendig sind. Oft kann auf die Arbeitsleisten verzichtet werden, wenn ins Volle gearbeitet wird.
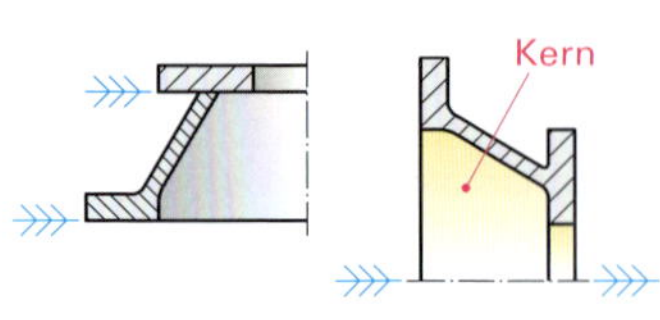	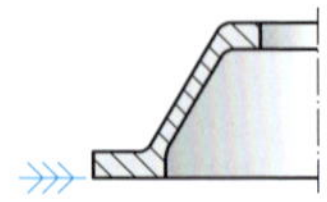	**(V2), (V5)** Komplizierte Gussstücke erfordern oft mehrere Teilungsebenen oder Kerne. Durch bessere Gestaltung kann man Teilungsebenen und Kerne einsparen.

Tabelle V, Forts.: Verfahrensbedingte Gestaltungsrichtlinien

Nicht gussgerecht	Gussgerecht	Erläuterungen
	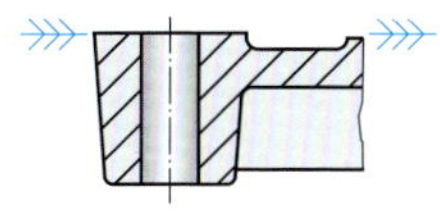	**(V5)** Teilungsebenen sollen so gelegt werden, dass Flächen, die unbearbeitet bleiben und maßhaltig sein sollen, nicht durch die Formteilung getrennt werden. Außerdem vermeidet man dadurch einen möglichen Versatz.
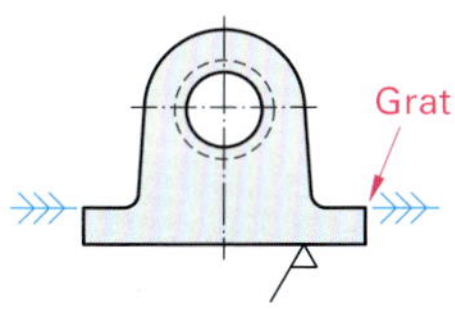	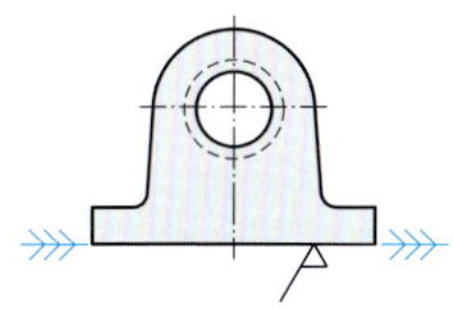	**(V5), (B3)** Teilungsebenen sollen so liegen, dass der Grat an spanend zu bearbeitenden Flächen liegt (weniger Putzarbeit).
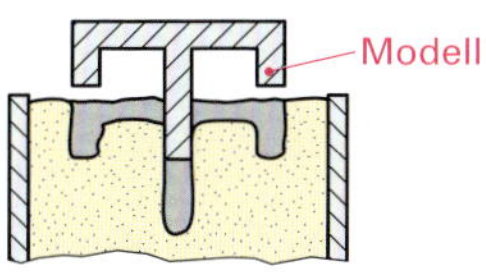	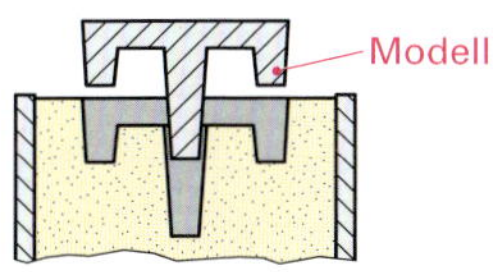	**(V6)** Wände müssen mit Formschrägen versehen werden, damit die Form beim Ausheben der Modelle nicht beschädigt wird.
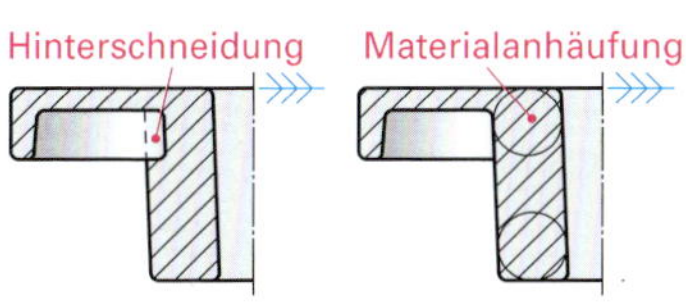	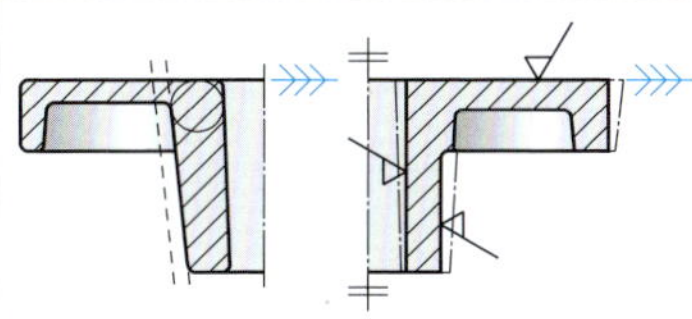	**(V7), (V6), (W2), (W4)** Vorteilhafte Anordnung der Aushebeschrägen zur Vermeidung von Hinterschneidungen und Materialanhäufung.
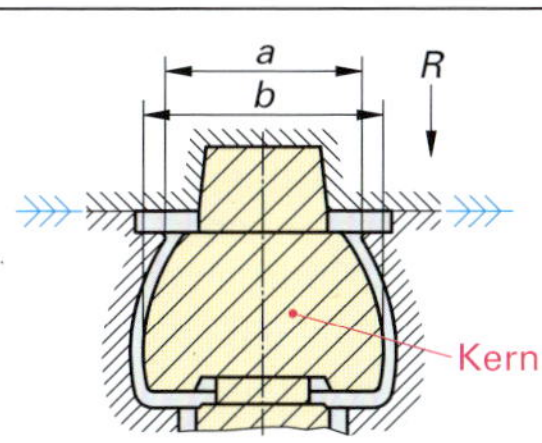	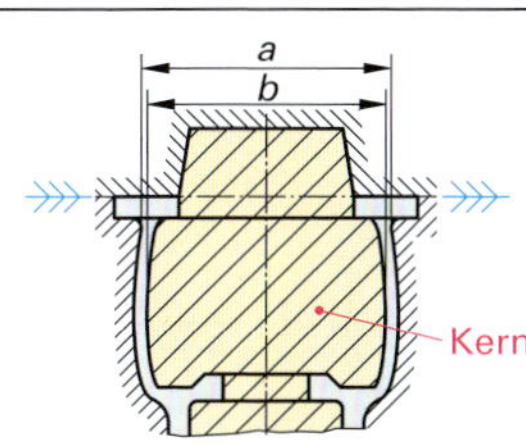	**(V7)** Hinterschneidungen möglichst vermeiden. In der linken Ausführung lässt sich der Kern in Pfeilrichtung *R* ohne weitere Formteilung nicht einsetzen, da *b* größer ist als *a*. Die Änderung der Gestalt bewirkt, dass der Kern eingeführt werden kann.
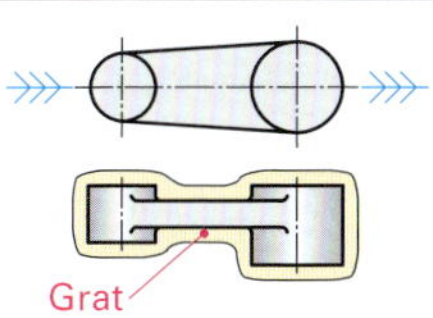	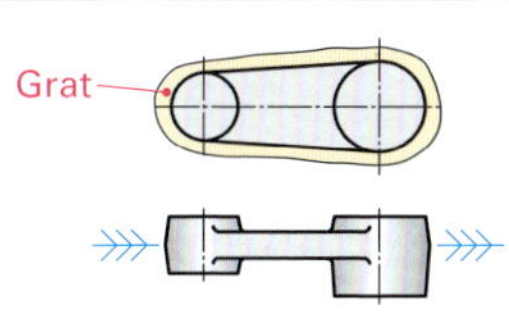	**(V8), (B3)** Formteilung so legen, dass das Entgraten leicht möglich ist.
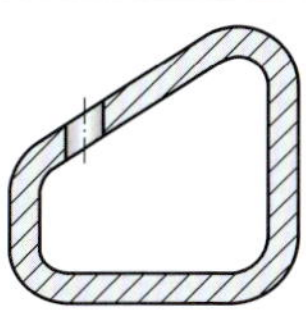	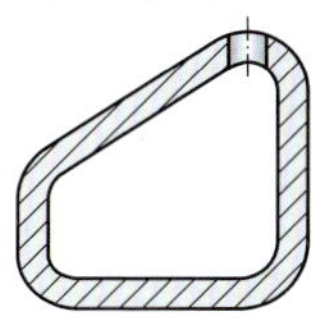	**(V9)** Kernöffnung zur Entlüftung günstig anordnen.
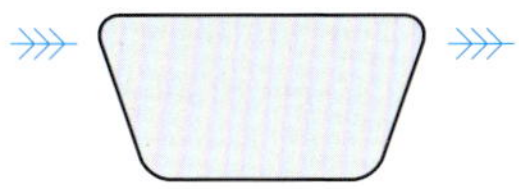	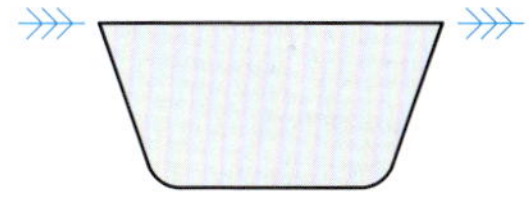	**(V10)** Radien in der Teilungsebene vermeiden, da dadurch Formherstellung erschwert wird.

5. Bearbeitungsbedingte Gestaltung

Gestaltungsrichtlinien (Tabelle B):

- Gussteile so gestalten, dass sie anschließend einfach und möglichst mit konventionellen Maschinen bearbeitet werden können (**B1**).
- Teile so gestalten, dass sie für die Bearbeitung positioniert und gespannt werden können (**B2**).
- Teile so gestalten, dass sie leicht geputzt und entgratet werden können (**B3**).
- Bearbeitungszugaben richtig gestalten. Bearbeitungsflächen absetzen und möglichst in eine Ebene legen (**B4**).
- Werkzeugauslauf für Trennwerkzeuge vorsehen (**B5**).
- Zerspanungsaufwand reduzieren (**B6**).
- Einwandfreies Anschneiden, geringes Verlaufen und einen ungehinderten Auslauf der Werkzeuge gewährleisten. Bohrungen an schrägen Wänden vermeiden (**B7**).
- Große Flächen aufteilen, um Bearbeitung zu sparen (**B8**).

Tabelle B: Bearbeitungsbedingte Gestaltungsrichtlinien

Nicht bearbeitungsgerecht	Bearbeitungsgerecht	Erläuterungen
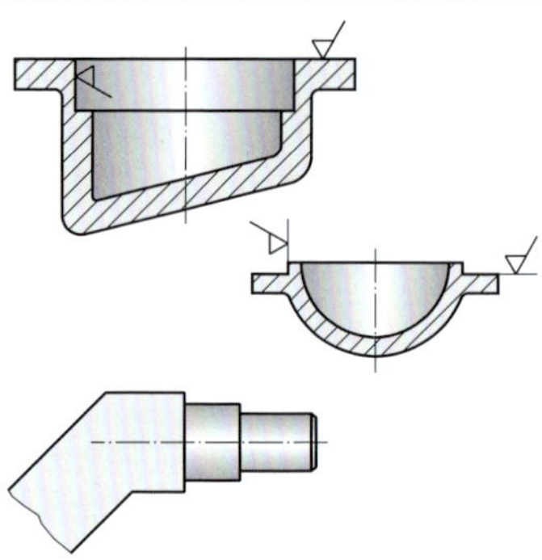	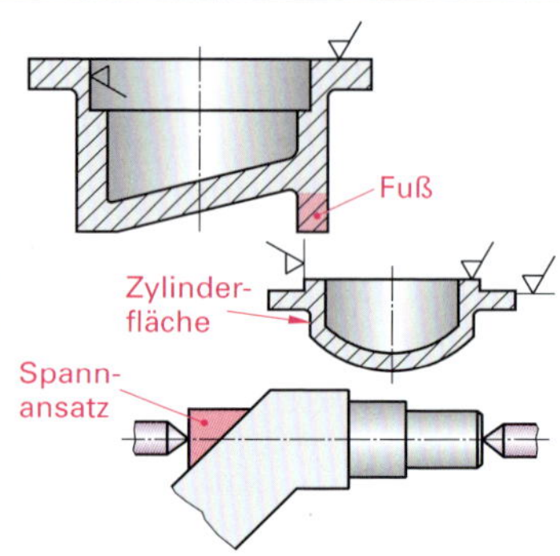	**(B2)** Teile so gestalten, dass sie für de nachfolgende Bearbeitung positioniert und gespannt werden können. Der Spannansatz bzw. der Fuß können ggf. nach der Bearbeitung abgetrennt werden.
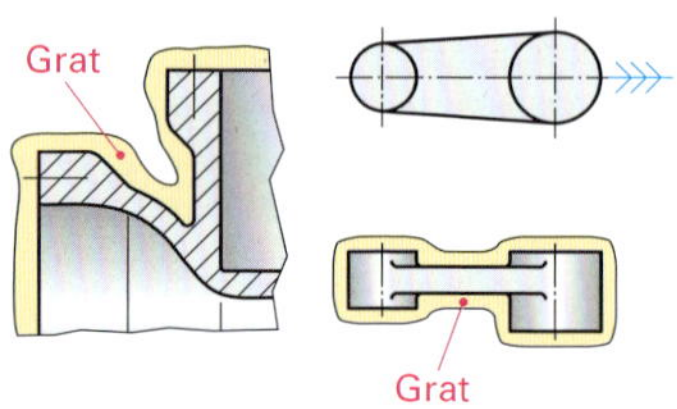	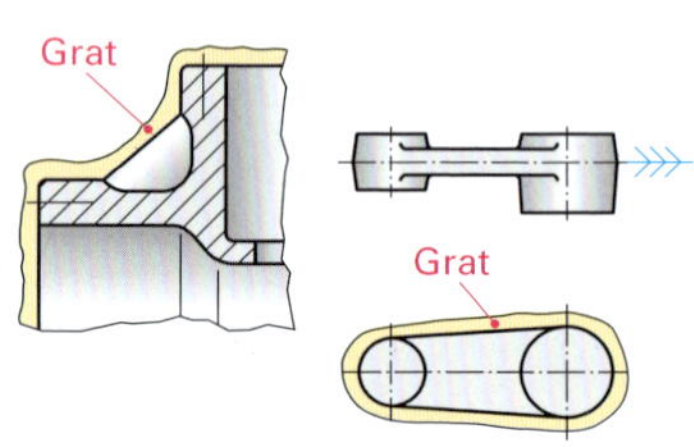	**(B3), (V8)** Bei der Wahl der Teilungsebene ist zu berücksichtigen, dass das Werkstück entgratet werden muss. Teile so gestalten, dass sie leicht entgratet werden können. Links: Scharf einspringende Umrisskanten vermeiden. Entgraten ist schwierig. Rechts: Das Entgraten ist einfacher.
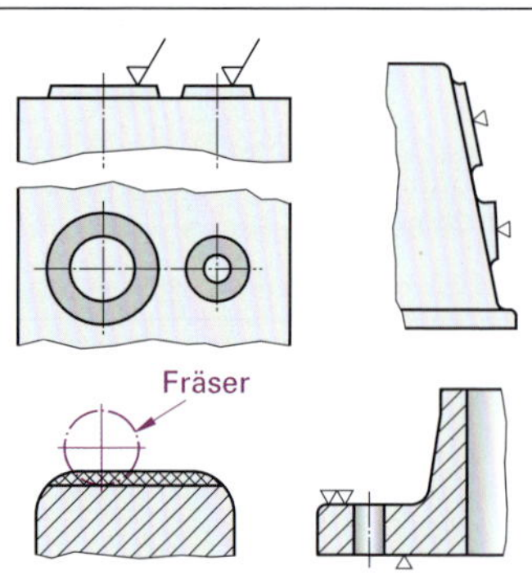	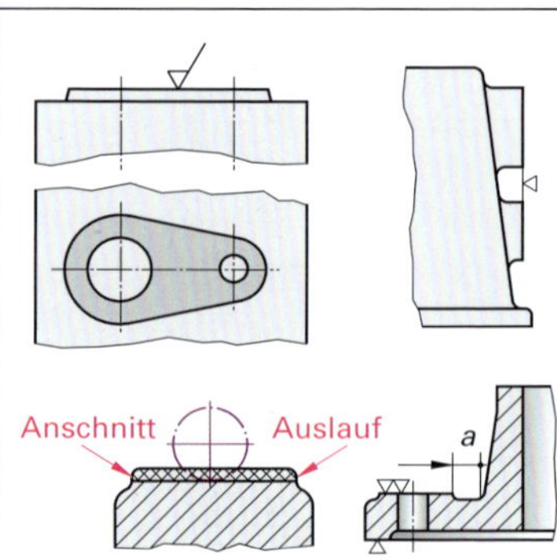	**(B4), (B5)** Bearbeitungsflächen möglichst in eine Ebene legen. Schräg liegende Bearbeitungsflächen vermeiden. Bearbeitungsflächen nicht durch Radien begrenzen, sondern absetzen mit Bearbeitungszugabe. Werkzeugauslauf vorsehen.

Tabelle B, Forts.: Bearbeitungsbedingte Gestaltungsrichtlinien

<table>
<tr><th>Nicht bearbeitungsgerecht</th><th>Bearbeitungsgerecht</th><th>Erläuterungen</th></tr>
<tr><td>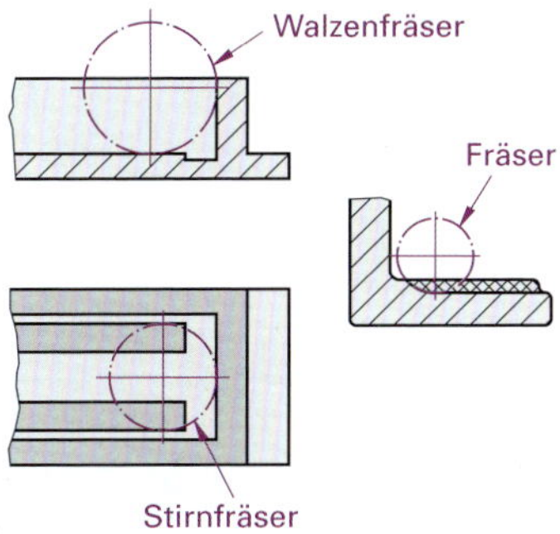
</td><td>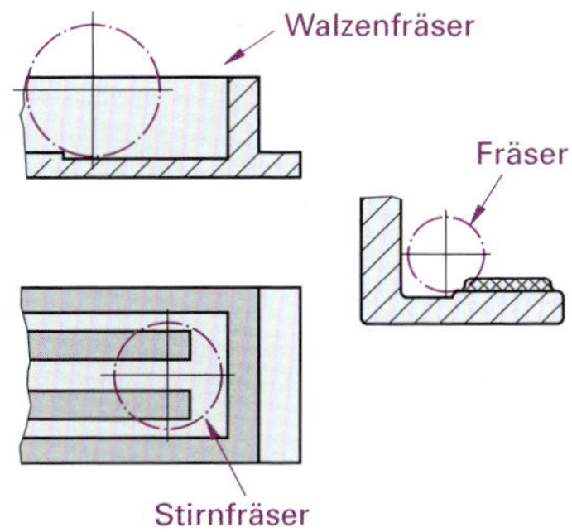
</td><td>(B5)
Werkzeugauslauf für Trennwerkzeuge vorsehen.</td></tr>
<tr><td>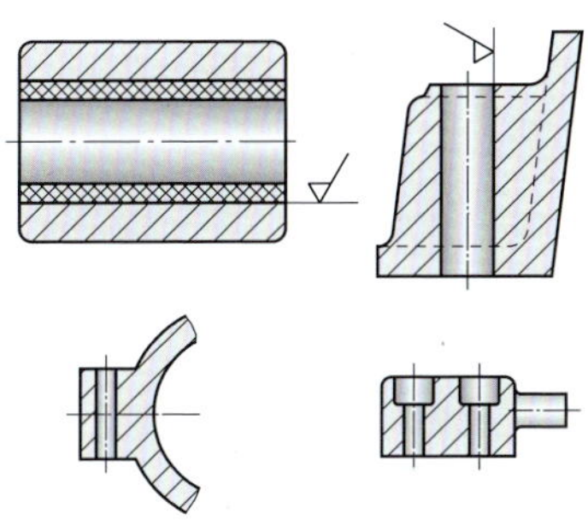</td><td>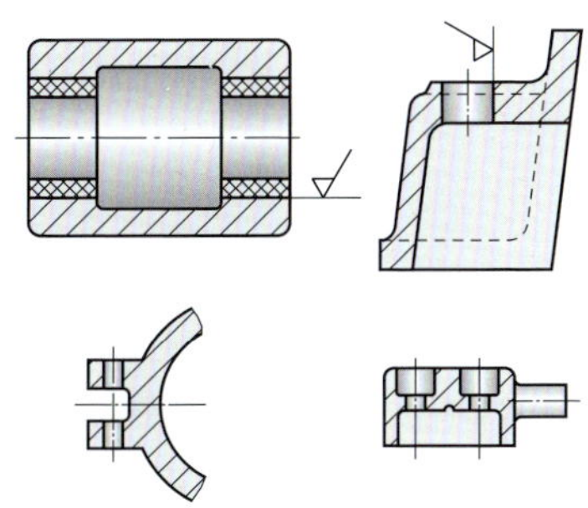</td><td>(B6), (W2), (W4)
Zerspanungsaufwand reduzieren. Lange Bohrungen wenn möglich kürzen.
Materialanhäufungen vermeiden.</td></tr>
<tr><td>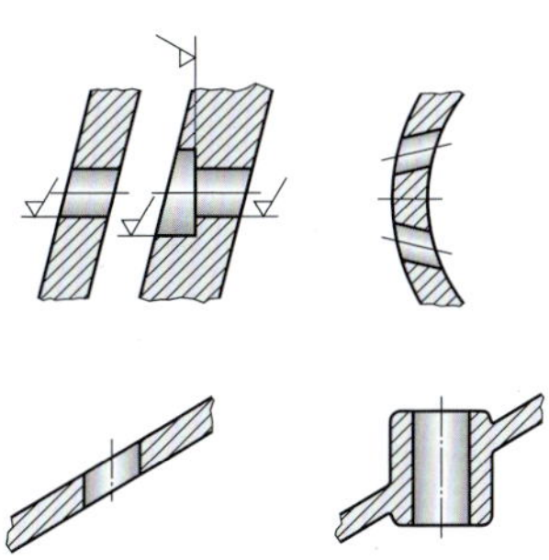</td><td>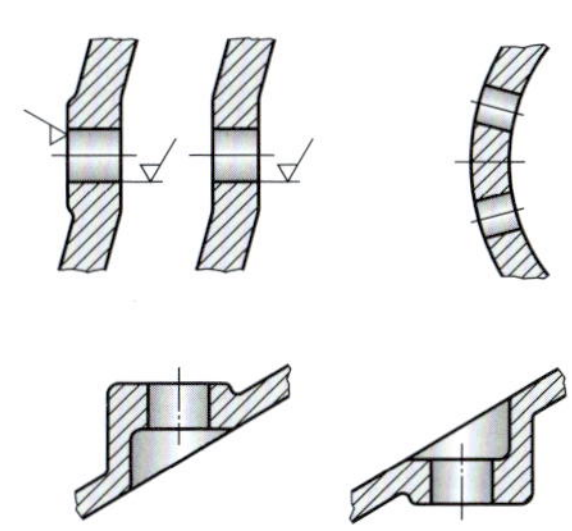</td><td>(B7), (W2), (W4)
Bohrungen an schrägen Flächen vermeiden. Ein einwandfreies Anschneiden, kein Verlaufen und ein ungehinderter Auslauf des Werkzeugs ist nicht gewährleistet. Die Bohrer verlaufen leicht oder brechen.
Dünne Bohrungen wegen harter Gusshaut nicht vorgießen.</td></tr>
<tr><td>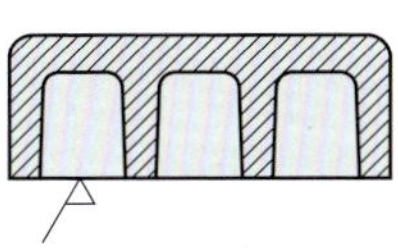</td><td>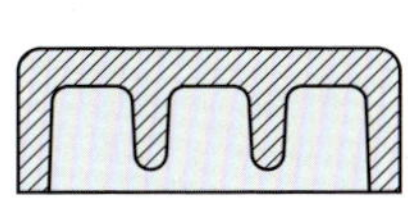</td><td>(B6)
Rippen niedriger als die Wand ausführen, um die Bearbeitung ihrer Stirnflächen zu sparen.</td></tr>
<tr><td>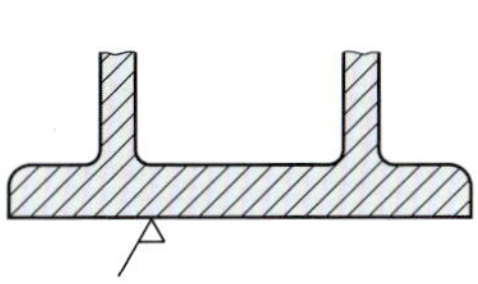</td><td>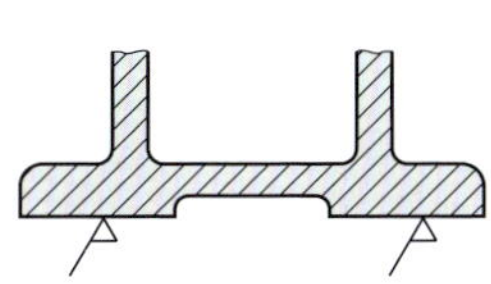</td><td>(B8)
Große Flächen aufteilen, um Bearbeitung zu sparen.</td></tr>
</table>

2.3.3.2 Schweißgerechtes Gestalten

1. Allgemeines

Schweißen ist das am häufigsten angewendete Fügeverfahren für unlösbare Verbindungen. Das Verfahren gestattet den Aufbau komplizierter Teile bis zu sehr großen Abmessungen. Zur Vermeidung des Transports sehr großer Bauteile kann auch am Aufstellungsort geschweißt werden.

Schweißen ist oft eine gute Alternative zum Gießen und ergibt in der Regel leichtere Konstruktionen und wird deshalb im Leichtbau, aber auch bei Einzelfertigung oder Reparaturfertigung eingesetzt.

Geschweißt werden z. B.

- Gestelle für Werkzeugmaschinen (**Bild 1**) und Gestelle im Apparatebau,
- Rohrleitungen,
- Karosserien (**Bild 2**),
- Schiffe,
- Hebel, Fahrzeugachsen (**Bild 3**), Wellen, Getriebekästen, Blechkonstruktionen.

Durch Schweißen lassen sich Teile aus unlegiertem und legiertem Stahl, Stahlguss, Gusseisen, Nichteisenmetalle und thermoplastische Kunststoffe verbinden. Prinzipiell sind alle Werkstoffe, die schmelzbar sind, auch schweißbar.

Nachfolgend werden einige wichtige Grundlagen angesprochen, die der Konstrukteur kennen sollte. In der Praxis ist eine enge Zusammenarbeit mit dem Schweißfachmann erforderlich.

Begriffe, Definitionen

Schweißen ist das stoffschlüssige Verbinden von Bauteilen unter Anwendung von Wärme und/oder Kraft mit oder ohne Zusatzwerkstoff. Der Schweißvorgang kann durch Hilfsstoffe wie Pulver, Pasten und Schutzgase ermöglicht oder unterstützt werden.

Bauteile aus metallischen Werkstoffen sind dann gut **schweißbar**, wenn folgende Punkte erfüllt werden (**Bild 4**):

- Schweißeignung der Werkstoffe,
- Schweißsicherheit,
- Schweißmöglichkeit.

Die **Schweißeignung** hängt von den metallurgischen und mechanisch/physikalischen Eigenschaften der Werkstoffe ab.

Bild 1: Gestelle für große Bandsägemaschinen

Bild 2: Schweißen an PKW-Karosserien

Bild 3: Geschweißte Radachse für einen Radlader

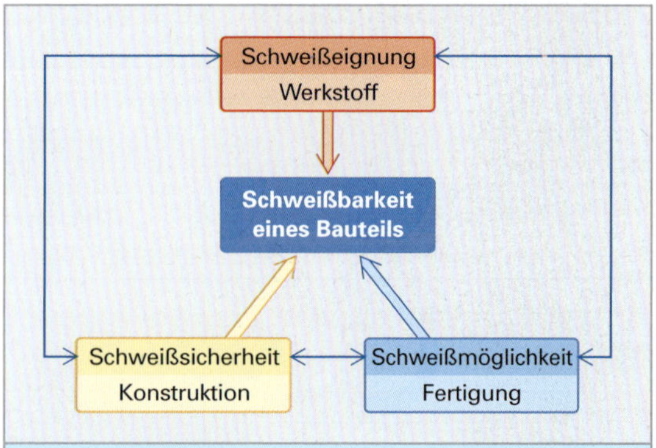

Bild 4: Einflussfaktoren auf die Schweißbarkeit

Die **Schweißsicherheit** hängt vor allem von der konstruktiven Gestaltung (Kraftfluss, Anordnung der Schweißnähte, Werkstückdicke, Kerbwirkung usw.) und der Beanspruchung (Art und Höhe der Spannungen, Mehrachsigkeit der Spannungen, Beanspruchungsgeschwindigkeit) ab.

Die **Schweißmöglichkeit** hängt von der Fertigung ab (Nahtvorbereitung, Ausführung und Nachbehandlung der Schweißstelle, Zugänglichkeit für das Schweißwerkzeug).

Man teilt metallische Konstruktions*werkstoffe* in

- gut,
- bedingt und
- schlecht schweißgeeignet ein.

Wesentlichen Einfluss auf die Schweißeignung von Stählen hat der Kohlenstoffgehalt. Stähle mit weniger als 0,25 % C sind in der Regel gut schweißbar. **Tabelle 1** zeigt die wichtigsten im Maschinenbau verwendeten Stähle im Hinblick auf ihre Schweißeignung.

Die Schweißbarkeit bedingt schweißbarer Stähle kann durch Sondermaßnahmen günstig beeinflusst werden. Dies sind z.B.

- Vorwärmen der Bauteile,
- Einsatz spezieller Zusatzwerkstoffe, z. B. beim WIG-Schweißen (**Bild 1**),
- Verwendung von Flussmitteln,
- Schweißnaht mit Kupferplatten unterlegen,
- Schweißen im Vakuum,
- Schweißen unter Schutzgas (**Bild 2**).

Bild 3 zeigt das Anschweißen von Edelstahlmatten.

Tabelle 1: Schweißgeeignete Stähle (alte Bezeichnungen in Klammern)

Werkstoffe	Gut schweißgeeignete Stähle	Bedingt schweißgeeignete Stähle
Baustähle	S235JR (St 37-2) S235JO (St 37-3 U) S235J2G3 (St 37-3 N) S275JR (St 44-2) S275JO (St 44-3 U) S275J2G3 (St 44-3 N) S355JO (St 52-3 U) S355J2G3 (St 52-3 N)	E295 (St 50-2) E335 (St 60-2) E360 (St 70-2)
Vergütungsstähle	C10 C15 C22 C10E (Ck 10) C15E (Ck 15) C22E (Ck 22)	C35, C45 C35E (Ck35) C45E (Ck45) 15CrNi6 16MnCr5 25CrMo4
Feinkornstähle	S275N (St E 285) S355N (St E 355) S420N (St E 420)	
Stahlguss	GS-38 GS-45	GS-52

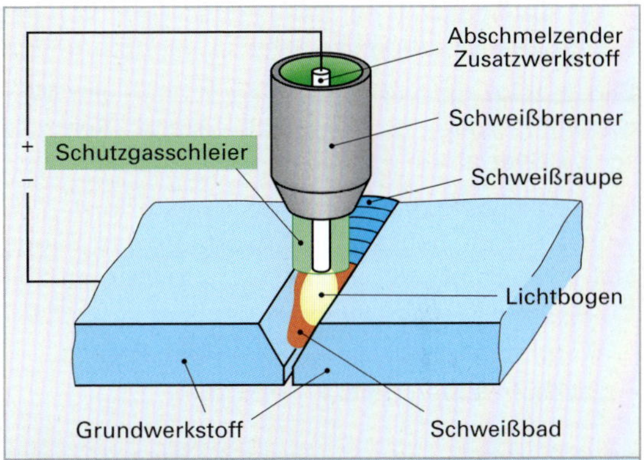

Bild 2: Schutzgasschweißen

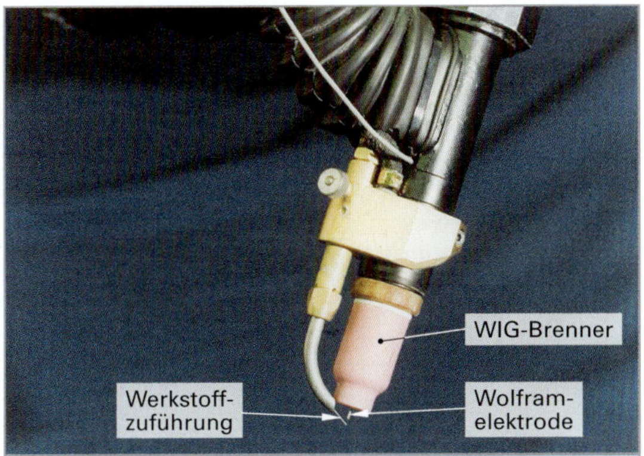

Bild 1: WIG-Schweißen mit Zusatzwerkstoff

Bild 3: WIG-Schweißen von Edelstahlmatten

Schweißverfahren

Wird zum Fügen ausschließlich Wärme und keine Kraft angewendet, dann spricht man von **Schmelzschweißen**. Beispiele sind:

- Lichtbogenschweißen (**Bild 1**),
- Gasschmelzschweißen,
- Unterpulver-Schweißen.

Die Wärmequelle des jeweiligen Schweißverfahrens schmilzt den Grundwerkstoff in einer bestimmten Tiefe (Einbrand) auf. Beim Schweißen mit Zusatzwerkstoff wird dieser zum Füllen des Nahtquerschnittes abgeschmolzen. Dabei spielen sich in der flüssigen Schmelze metallurgische Vorgänge ab, die von entscheidender Bedeutung für die Schweißnahtgüte sind. Außerdem treten in der benachbarten wärmebeeinflussten Zone des Grundwerkstoffes (**Bild 2**) thermische Beeinflussungen auf, die die Eigenschaften dort stark verändern können. Dies sind z. B.

- die Aufhärtung höher gekohlter oder legierter Stähle unter oder neben der Schweißnaht oder
- die Abhängigkeit der Langzeitfestigkeit von der Gefügeausbildung der Schweißnahtübergänge.

Bild 3 zeigt die verschiedenen Breiten der Wärmeeinflusszone für unterschiedliche Schmelzschweißverfahren.

Ist zum Fügen dagegen eine Kraft erforderlich, wobei örtlich begrenztes Erwärmen das Fügen erst ermöglicht oder erleichtert, spricht man von **Pressschweißen**. Beispiele sind:

- Widerstandspunktschweißen (**Bild 4**) und
- Reibschweißen (**Bild 1, Seite 155**).

Beim **Punktschweißen** werden die Werkstücke an der Schweißstelle mit geeigneten Schweißelektroden durch einen starken Strom erhitzt und im flüssigen Zustand durch Zusammenpressen vereinigt.

Bild 1: Lichtbogenschweißen

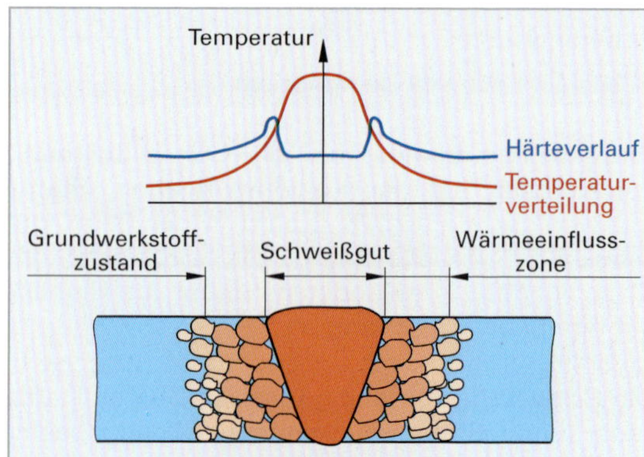

Bild 2: Temperaturverteilung und Härteverlauf

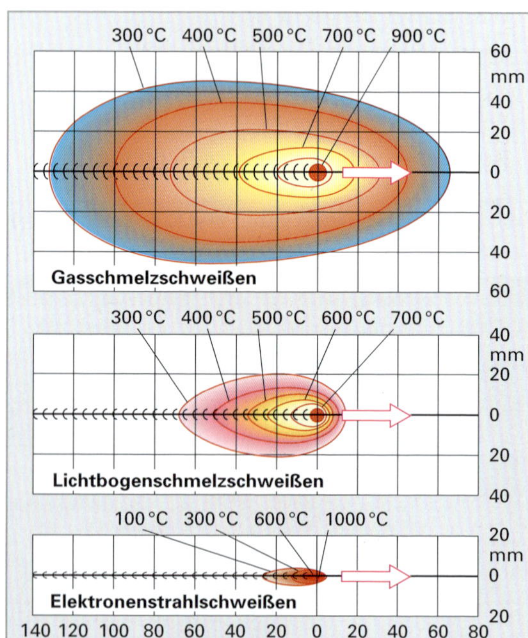

Bild 3: Wärmeeinflusszonen

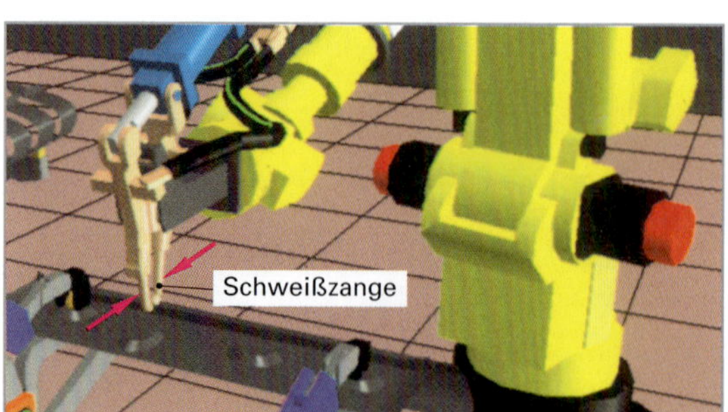

Bild 4: Widerstandspunktschweißen

Bild 2 zeigt schematisch die typische Temperaturverteilung. Die Temperatur an der Schweißstelle überschreitet im Allgemeinen die Schmelztemperatur T_s der Grundwerkstoffe. Das Ergebnis der Schweißung ist ein linsenförmig ausgebildeter Schweißpunkt, die Schweißlinse.

Die Güte der Schweißpunkte wird durch folgende Faktoren beeinflusst:

- Schweißstrom, Schweißdauer, Elektrodenkraft, Durchmesser der Elektroden
- Zustand der Werkstückoberflächen und der Elektrodenspitzen.

Beim **Kaltpressschweißen** werden die Werkstücke bei Raumtemperatur nur durch Kräfte miteinander verbunden, indem eine hinreichend große plastische Verformung erzeugt wird (**Bild 3**).

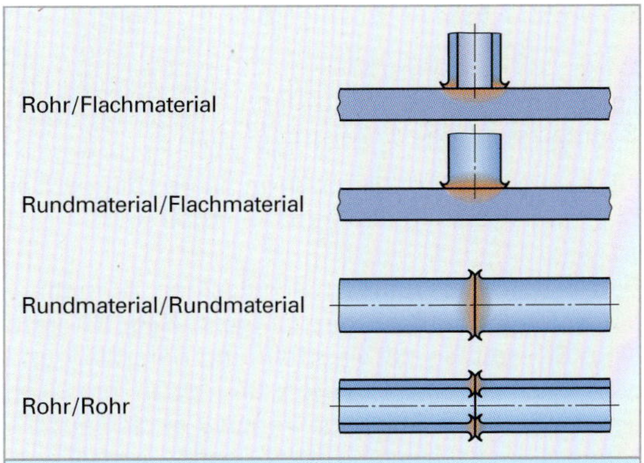

Bild 1: Reibschweißverbindungen

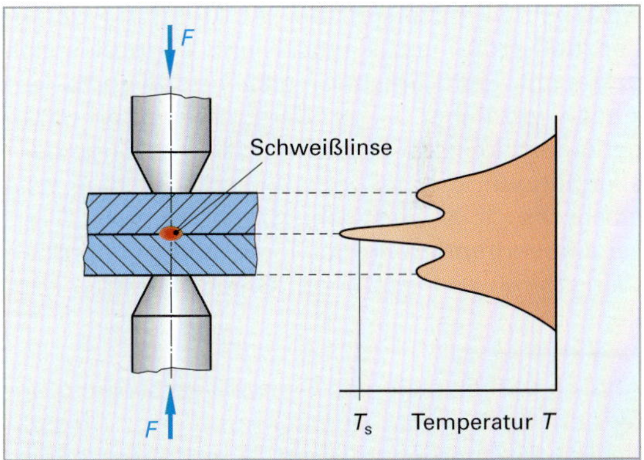

Bild 2: Temperaturverteilung beim Punktschweißen

Auswirkungen der Schweißwärme

Wie oben erwähnt, treten beim Schweißen in den Bauteilen Temperaturen vom Schmelzpunkt des Metalls bis zur Raumtemperatur auf. Entsprechend dem jeweiligen Ausdehnungskoeffizienten des Werkstoffes versuchen sich die Bauteile beim Erwärmen auszudehnen und beim Abkühlen zu schrumpfen.

Bild 4 zeigt am Beispiel einer Stumpfnahtverbindung zweier Blechteile die auf die Schweißnaht bezogenen Schrumpfrichtungen:

- Längsschrumpfung,
- Querschrumpfung oder Winkelverzug (**Bild 3, Seite 156**),
- Dickenschrumpfung.

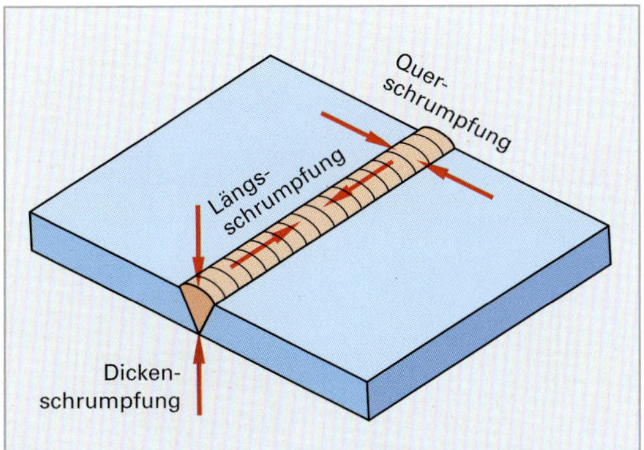

Bild 4: Schrumpfung in einer Schweißverbindung

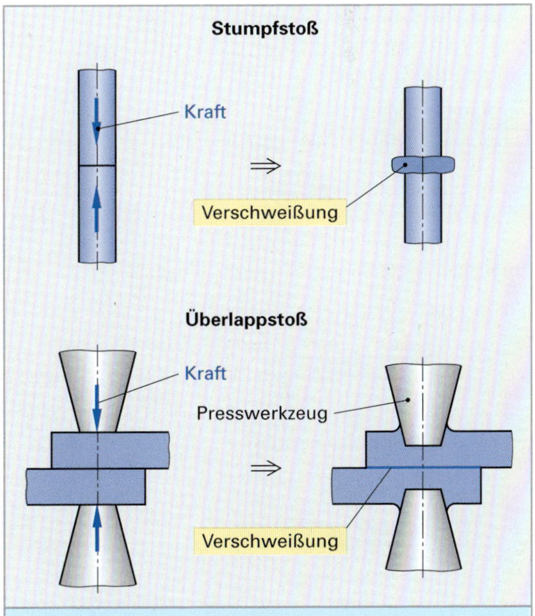

Bild 3: Kaltpressschweißen

In vereinfachter Form zeigt **Bild 1** mögliche Folgen der Behinderung beim Ausdehnen und beim Schrumpfen in Längsrichtung eines Stabes. Der frei aufliegende Stab der Länge l (**Bild 1a**) dehnt sich beim Erhitzen um Δl und verkürzt sich beim Erkalten wieder auf die ursprüngliche Länge l. Der Stab ist nach Abkühlung spannungsfrei.

Der in einer starren formschlüssigen Aufnahme frei aufliegende Stab der Länge l (**Bild 1b**) wird beim Erhitzen an der Ausdehnung gehindert und wird deshalb erst elastisch und dann plastisch gestaucht. Beim Abkühlen verkürzt er sich auf die Länge l_1. Im Endzustand ist er spannungsfrei.

Der an beiden Enden eingespannte Stab (**Bild 1c**) wird beim Erhitzen an der Ausdehnung gehindert und daher erst elastisch und dann plastisch gestaucht. Beim Erkalten versucht er sich zu verkürzen, wird aber wegen der Einspannung daran gehindert. Im Stab entstehen dadurch Zugeigenspannungen, die bei zähem Werkstoff eine teils elastische, teils plastische Dehnung und Querschnittsverminderung bewirken und bei spröden Werkstoffen zu Rissen oder Brüchen führen können.

Ähnlich verhält sich eine Schweißverbindung unter dem Einfluss der Querschrumpfung. Wird ein Bauteil in Querrichtung am Schrumpfen gehindert, kann dies ebenfalls zu Dehnungen (**Bild 2a**) bzw. zu Rissen oder Brüchen führen (**Bild 2b**).

Gleichfalls quer zur Schweißnahtrichtung wirkt der Winkelverzug (Schrumpfung ist nicht behindert), wie er in **Bild 3** dargestellt ist.

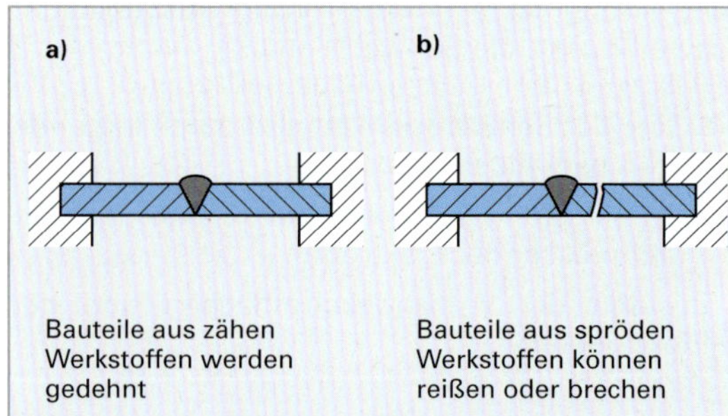

Bild 2: Auswirkungen behinderter Querschrumpfung

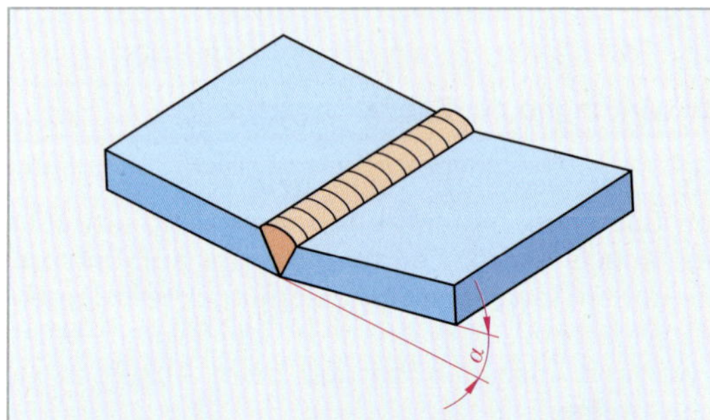

Bild 3: Winkelverzug (Winkelschrumpfung) bei unbehinderter Schrumpfung

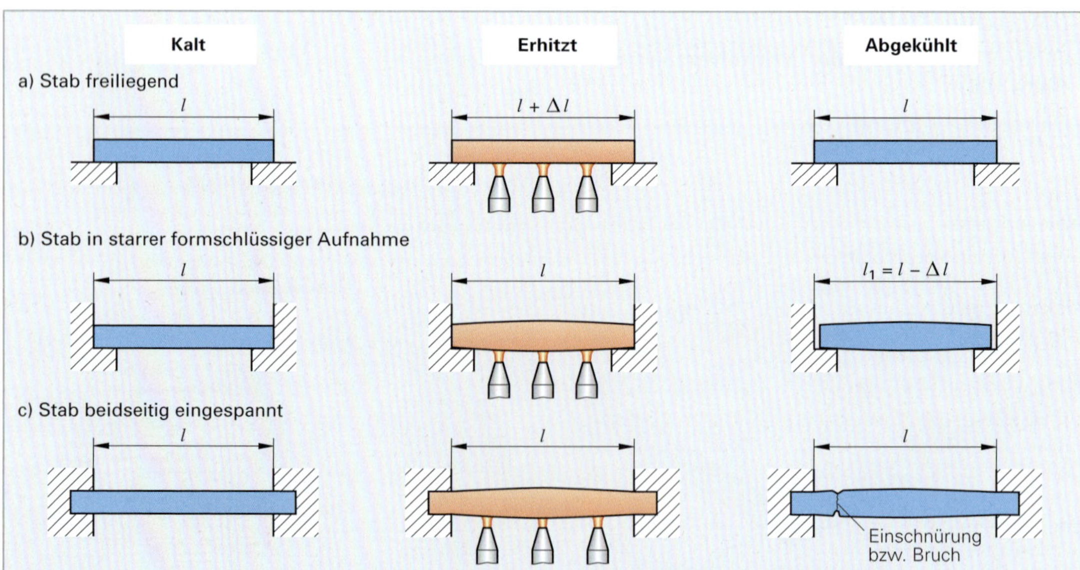

Bild 1: Auswirkungen behinderter Dehnung und Schrumpfung in Längsrichtung eines Stabes

Erhebliche Eigenspannungen in Bauteilen entstehen also, wenn das Schrumpfen behindert wird. Bei fast allen Schweißprozessen wird Wärme örtlich eingebracht und das Schrumpfen durch den angrenzenden kalten Grundwerkstoff oder durch Einspannungen oder durch benachbarte steife Bauteile mehr oder weniger behindert. Das Entstehen von Eigenspannungen lässt sich also grundsätzlich nicht vermeiden.

Allgemein kann gesagt werden: Je größer die sichtbaren Verformungen (Verwerfungen oder Verzug) sind, desto geringer sind die nicht sichtbaren Schweißeigenspannungen und umgekehrt.

Bild 1 zeigt die Eigenspannungsverteilung längs und quer zur Naht am Beispiel einer Stumpfnaht.

Ein Abbau der Eigenspannungen kann durch *Spannungsarmglühen* erreicht werden. Bauteile, die Verwerfungen zeigen, können durch Krafteinwirkung oder mit der Flamme (**Bild 2**) gerichtet werden.

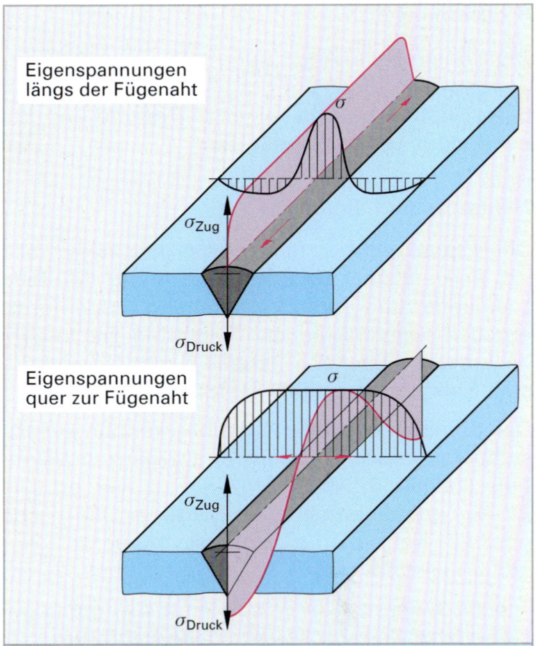

Bild 1: Verteilung der Eigenspannungen bei einer Stumpfnaht

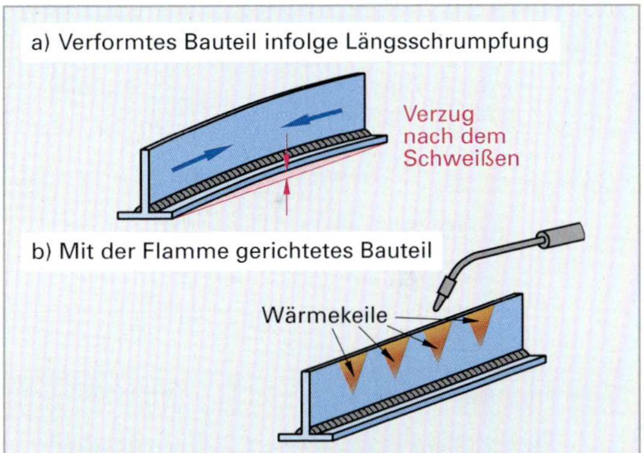

Bild 2: a) Verformtes Bauteil infolge Längsschrumpfung b) Mit der Flamme gerichtetes Bauteil

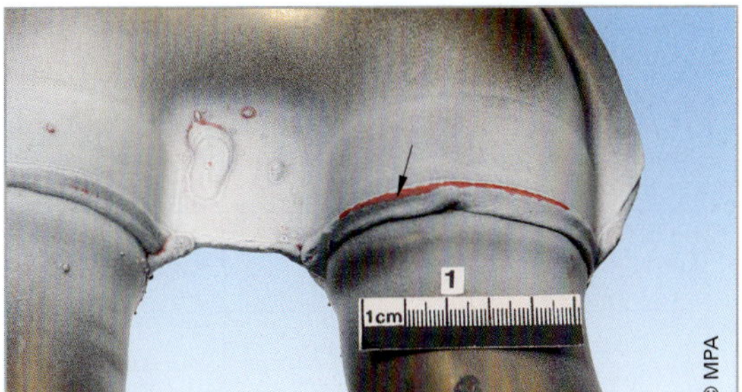

Bild 3: Rissanzeige mit Farbeindringprüfung an PKW-Abgasrohr

Sprödbruch, Alterung, Ermüdungsbruch

Hochbeanspruchte Schweißverbindungen sollten möglichst durch plastische Verformungen und nicht durch verformungslose Brüche (Sprödbrüche) reagieren.

Die Neigung zu Sprödbruch wächst mit

- abnehmender Temperatur,
- steigender Beanspruchungsgeschwindigkeit,
- zunehmender Mehrachsigkeit der Beanspruchung,
- zunehmender Blechdicke.

Weiter wird die Sprödbruchneigung durch solche Legierungsbestandteile im Stahl erhöht, die die Aufhärtung oder die Alterung im Stahl verstärken. Dies sind insbesondere Schwefel, Phosphor, Stickstoff und Kohlenstoff, die die sogenannten Seigerungen hervorrufen.

Die Alterung kann auch durch Kaltverformung verstärkt werden, wie dies beim Biegen oder Abkanten von Blech der Fall ist.

Mehrachsige Spannungszustände, das Aufeinandertreffen von mehreren Schweißnähten und schwingende Beanspruchung sind häufig Ursache für Ermüdungsbrüche an Schweißnähten (**Bild 3**).

Stoßformen

Die konstruktive Anordnung der zu verschweißenden Teile zueinander ergibt den sogenannten Schweißstoß. Es sind folgende Begriffe und Benennungen üblich (**Tabelle 1**).

Nahtarten und Sinnbilder

Die Schweißnaht verbindet zwei oder mehr Teile am Schweißstoß. Je nach Anordnung der Teile zueinander und deren Vorbereitung (Fugenform) ergeben sich verschiedene Nahtarten. Die folgende Zusammenstellung (**Tabelle 2**) gibt die wichtigsten Nahtarten nach DIN EN ISO 2553 wieder.

Den Sinnbildern für die Nahtarten können Zusatzsymbole (**Tabelle 3, oben**) und Ergänzungssymbole (**Tabelle 3, Mitte**) hinzugefügt werden. Die Zusatzsymbole beschreiben Form der Oberfläche oder der Naht, die Ergänzungssymbole den Verlauf und Art der Naht.

Tabelle 3, unten zeigt Beispiele für zusammengesetzte Sinnbilder für verschiedene Nahtarten.

Tabelle 3: Sinnbilder

Zusatzsymbole (Auszug)

Form der Oberfläche oder Art der Naht	Sinnbild
Flach	—
Konvex (gewölbt)	⌒
Konkav (hohl)	◡
Gegenlage	⌓

Ergänzungssymbole

Verlauf und Art der Naht	Sinnbild
Ringsum verlaufende Naht	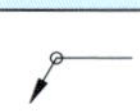
Baustellennaht (Montagenaht)	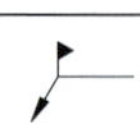

Beispiele für zusammengesetzte Sinnbilder

Benennung der Naht	Sinnbild	Bildliche Darstellung
Gewölbte V-Naht		
Doppelte Hohlkehlnaht		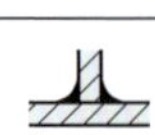
Flache V-Naht mit Gegenlage		

Tabelle 1: Arten von Schweißstößen

Stoßart	Anordnung	Erläuterungen
Stumpfstoß		Die Teile liegen in einer Ebene und stoßen stumpf gegeneinander.
Eckstoß	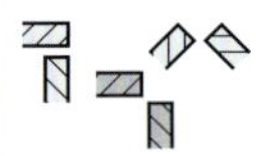	Zwei Teile stoßen unter einem beliebigen Winkel aneinander und bilden eine Ecke.
T-Stoß	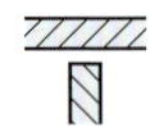	Die Teile stoßen rechtwinklig (T-förmig) gegeneinander.
Doppel-T-Stoß, Kreuzstoß	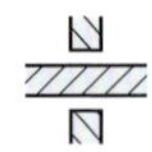	Zwei Teile, die in einer Ebene liegen, stoßen rechtwinklig auf ein drittes Teil.
Schrägstoß	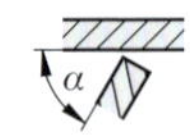	Zwei Teile stoßen schräg aufeinander. $\alpha > 60°$ üblich.
Parallelstoß	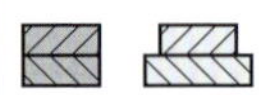	Die Teile liegen parallel aufeinander.
Überlappstoß	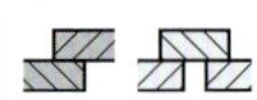	Die Teile liegen parallel aufeinander und überlappen sich.
Kreuzstoß	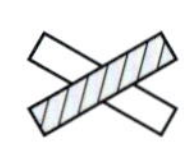	Die Teile liegen kreuzend übereinander.
Mehrfachstoß	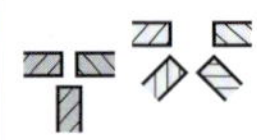	Drei oder mehr Teile stoßen unter beliebigem Winkel aneinander.

Tabelle 2: Nahtarten und Sinnbilder (Auszug)

Nahtart	Sinnbild	Bildliche Darstellung
Kehlnaht	◺	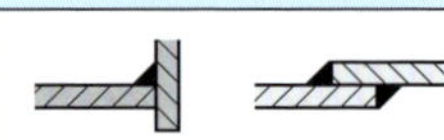
Stumpfnähte V-Naht	V	
I-Naht	ǁ	
Y-Naht	Y	
HV-Naht	|/	
Stirnflachnaht	|||	
Punktnaht	○	

Schweißposition, Schweißzusatz

Die Arbeitspositionen werden durch die Lage der Schweißnaht und die Arbeitsrichtung bestimmt. Es besteht die Möglichkeit, diese Arbeitspositionen durch den Neigungswinkel und den Drehwinkel der Naht genau zu beschreiben. Die Hauptpositionen sind in **Tabelle 1** angegeben. Ausführlichere Angaben sind in DIN 1912 bzw. DIN EN ISO 6947 vorhanden.

Wenn irgend möglich, sollte die Wannenlage[1] (w, PA) genutzt werden. In der Regel sollte der Konstrukteur die Festlegung der Position den Schweißfachleuten überlassen. Dies trifft auch für die Festlegung der Schweißzusätze zu.

Tabelle 1: Benennung und Kurzzeichen der Schweißpositionen (Auszug)

Benennung	Kurzzeichen DIN 1912 (alt)	Kurzzeichen DIN EN ISO 6947	Bildliche Darstellung
Wannenposition	*w*	*PA*	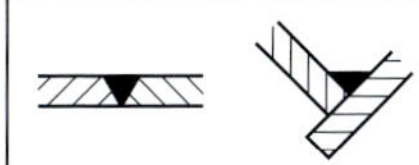
Horizontalposition	*h*	*PB*	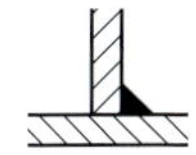
Querposition	*q*	*PC*	
Horizontal-Überkopfposition	*hü*	*PD*	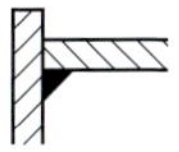
Überkopfposition	*ü*	*PE*	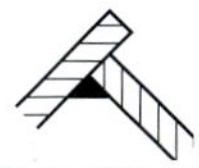
Steigposition	*s*	*PF*	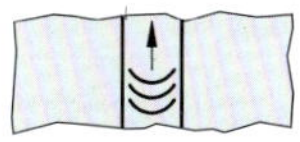
Fallposition	*f*	*PG*	

Zeichnungsangaben (Auszug)

Zur Bemaßung der Schweißnähte sieht DIN EN ISO 2553 ein Bezugszeichen vor (**Bild 1a**). Dieses besteht aus

- Pfeillinie (1),
- Bezugs-Volllinie (2),
- Bezugs-Strichlinie (3),
- Gabel (4).

Die Strichlinie (3) kann unter oder über der Volllinie (2) eingezeichnet werden. Bei symmetrischen Nähten kann die Strichlinie entfallen.

Das Symbol für die Nahtart ist nun auf die Volllinie (2) oder auf die Strichlinie (3) zu setzen nach folgender Vorgabe:

- Wenn das Symbol für die Naht auf die Seite der Volllinie (2) gesetzt wird, dann befindet sich die Schweißnaht (die Nahtoberfläche) auf der Pfeilseite des Schweißstoßes (**Bild 1b**).
- Wenn das Symbol für die Naht auf die Seite der Strichlinie (3) gesetzt wird, dann befindet sich die Schweißnaht auf der Gegenseite des Schweißstoßes (**Bild 1c**).
- Bei symmetrischen Nähten kann die Strichlinie entfallen (**Bild 1d**).

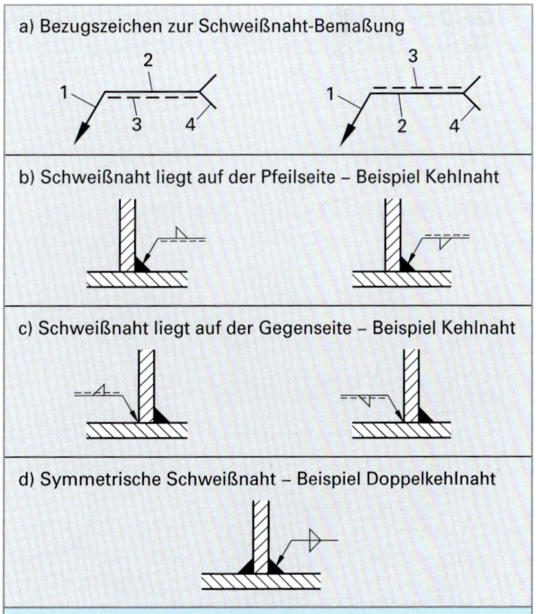

Bild 1: Zeichnungsangaben

[1] Eine waagrechte Wannenlage erzielt man z. B. stets mit einem 6-Achsen-Schweißroboter, wenn das Bauteil auf einem Dreh-Schwenktisch aufgespannt wird und die Gesamtanordnung als 8-Achseneinheit synchron gesteuert wird.

Zur vollständigen Bemaßung einer Schweißnaht sind gegebenenfalls folgende Angaben auf dem Bezugszeichen erforderlich (**Bild 1**):

Es sind anzugeben an Stelle

(1): Bei Schweißnähten: Nahtdicke *s* in mm, falls Querschnitt nicht voll durchgeschweißt. Bei Kehlnähten (**Bild 2**): Nahtdicke *a* in mm, Nahtdicke *z* (USA).

(2): Symbol für die Naht.

(3): Nahtbreite soweit erforderlich.

(4): Bei unterbrochenen Nähten: Anzahl *n* der Nähte × Nahtlänge *l* (**Bild 3**).

(5): Nahtabstand *e* bei unterbrochenen Nähten.

(6): Zusätzliche Angaben in folgender Reihenfolge, wobei die einzelnen Angaben durch Schrägstriche zu trennen sind:

- Schweißverfahren (Lötverfahren),
- Bewertungsgruppe, Nahtgüte,
- Schweißposition (Lötposition),
- Schweißzusatzwerkstoff (Lötzusatzwerkstoff).

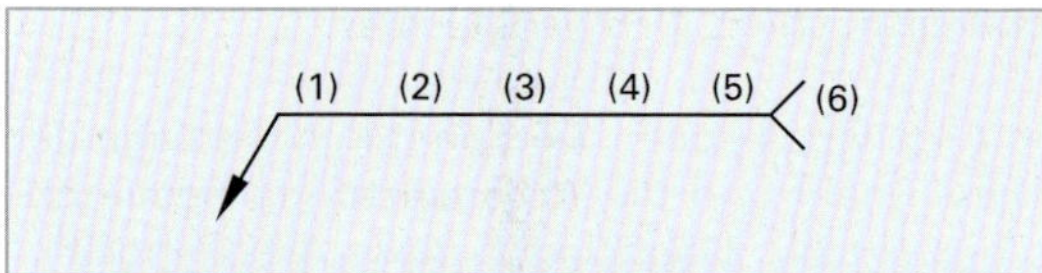

Bild 1: Angaben am Bezugszeichen

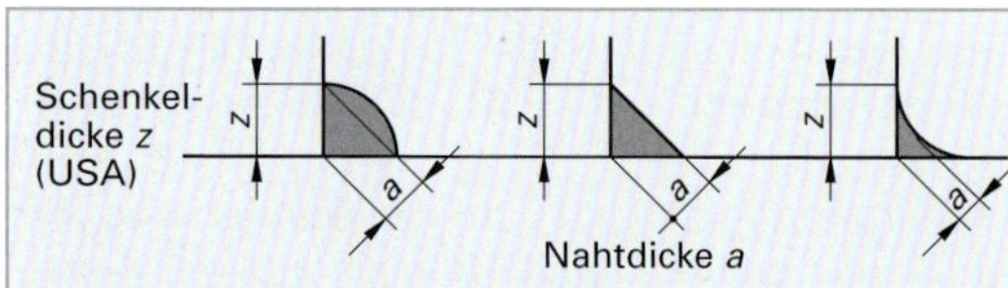

Bild 2: Nahtdicken bei Kehlnähten

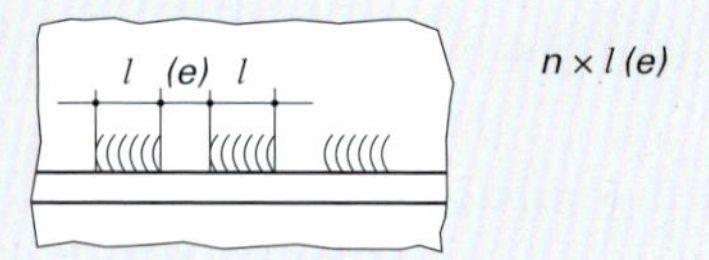

Bild 3: Bemaßung unterbrochener Kehlnähte

2. Werkstoffbedingte Gestaltung

Gestaltungsrichtlinien (Tabelle W):

- Die Bauteilwerkstoffe müssen mit dem gewählten Schweißverfahren schweißgeeignet sein (**W1**).
- In Hohlkehlen von Walzprofilen wegen der dort vorhandenen Seigerungszonen (Alterung, Sprödbruch) nicht schweißen (**W2**).
- Schweißnähte in stark kaltverformten Bereichen vermeiden (**W3**).

Tabelle W: Werkstoffbedingte Gestaltungsrichtlinien

Nicht schweißgerecht	Schweißgerecht	Erläuterungen
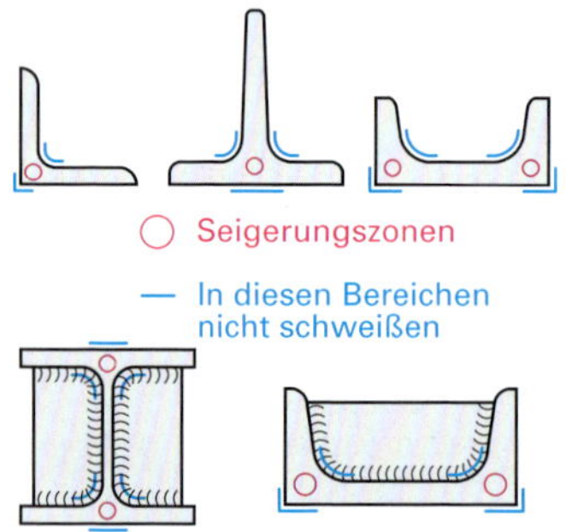	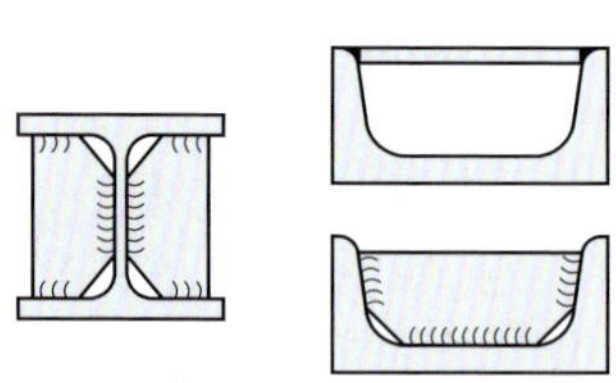	**(W2), (V2)** Wegen Sprödbruchgefahr an Seigerungszonen (Anreicherung von Phosphor und Schwefel) nicht schweißen. Schweißnahtanhäufungen vermeiden.
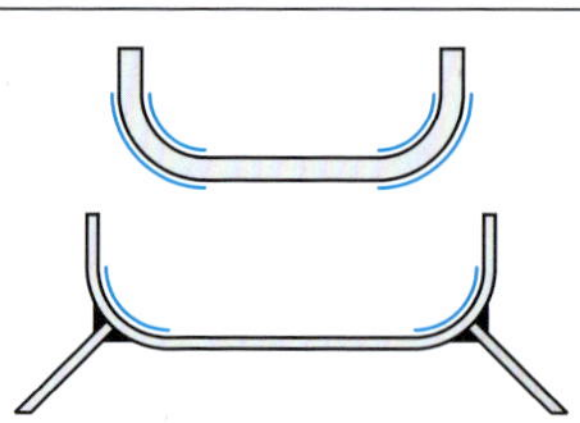	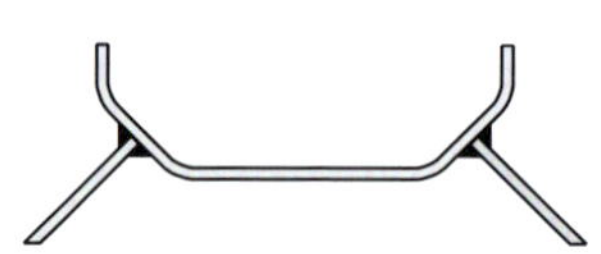	**(W3)** An den stark kaltverformten Bereichen nicht schweißen, da das gerichtete Gefüge zerstört wird (Rissgefahr).

3. Festigkeitsbedingte Gestaltung

Gestaltungsrichtlinien (Tabelle F):

- Nicht anders hergestellte Konstruktionen, z. B. Guss- oder Nietkonstruktionen, nachahmen (**F1**).
- Schweißnähte möglichst dorthin legen, wo der Kraftfluss nicht umgelenkt wird (Kerbwirkung, erhöhte Beanspruchung) (**F2**).
- Wegen des geradlinigen Kraftflusses Stumpfnähte bevorzugen (**F3**).
- Schweißnähte nicht in Zonen höchster Beanspruchung legen (**F4**).
- Nahtwurzeln nicht in die Zugzone legen (Kerbwirkung). Naht nicht schwächen (**F5**).
- Bei dynamisch hochbeanspruchten Konstruktionen besser Stumpfnähte als Kehlnähte verwenden. Auf Durchschweißen achten (keine inneren Kerben!). Falls Kehlnähte, dann doppelseitige Hohlkehlnähte ausbilden (**F6**).
- Steifigkeitssprünge vermeiden (**F7**).
- Zur Biegeebene unsymmetrische Profile nur im Schubmittelpunkt belasten, um Torsion zu vermeiden (**F8**).
- An Schweißnähten sparen. Anzahl, Länge und Querschnitt der Schweißnähte nur so bemessen, wie es die Festigkeit der Verbindung erfordert (**F9**).
- Durch Einschweißen von Schmiedeteilen oder Stahlgussteilen können Schweißnähte eingespart werden (**F10**).
- Unterbrochene Nähte sparen Kosten. Sie ergeben geringeren Verzug des Bauteils, aber Nahtanfang und Nahtende (Endkrater) ergeben Kerben. Durchlaufende dünne Nähte sind manchmal günstiger (**F11**).
- Schweißnähte gegebenenfalls korrosionsschutzgerecht gestalten (einteilige Profile, geschlossene Vollprofile, geschlossene Schweißnähte) (**F12**).
- Bleche nicht senkrecht zur Walzebene (Walzfaser) auf Zug belasten, da das Blech terrassenförmig reißt (Lamellenrisse) (**F13**).
- Um Eigenspannungen und Verformungen klein zu halten, ist ein Schweißfolgeplan durch einen Schweißfachmann aufzustellen (**F14**).

Tabelle F: Festigkeitsbedingte Gestaltungsrichtlinien

Nicht schweißgerecht	Schweißgerecht	Erläuterungen
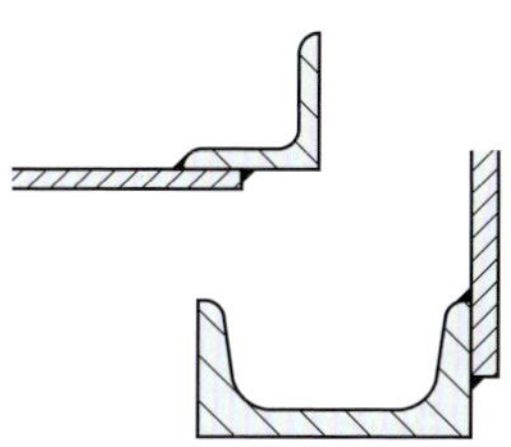	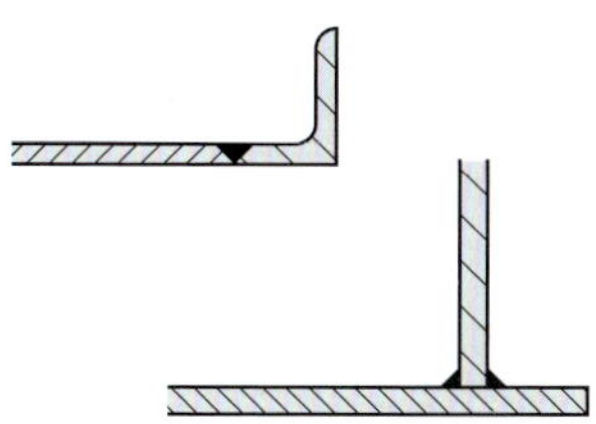	**(F1)** Schweißgerecht gestalten und nicht z.B. eine Nietkonstruktion nachahmen.
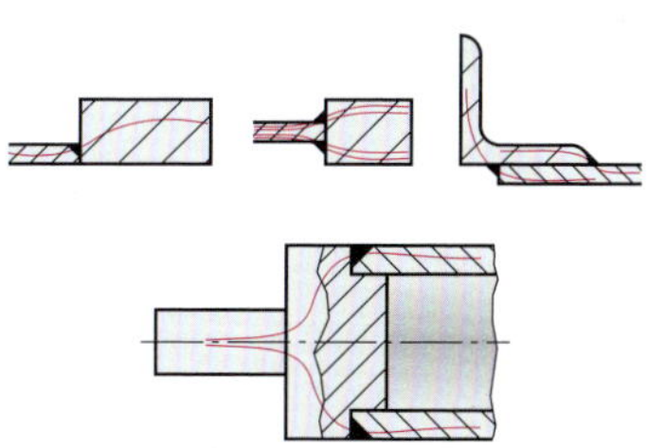	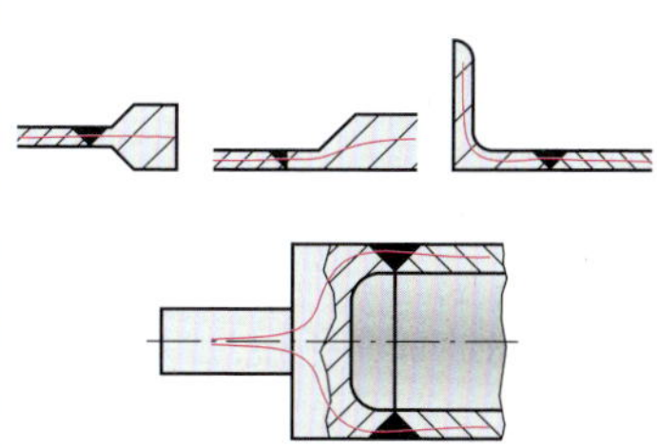	**(F2), (F3)** Schweißnähte möglichst nicht an Stellen legen, wo der Kraftfluss umgelenkt wird (Kerbwirkung). Stumpfnähte bevorzugen.
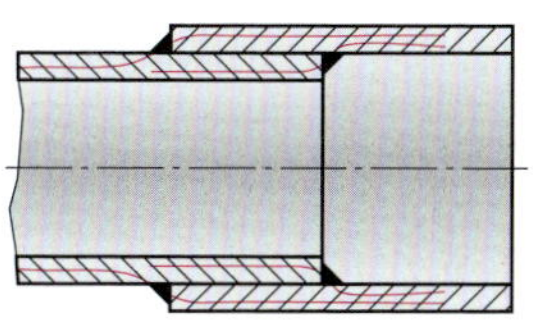	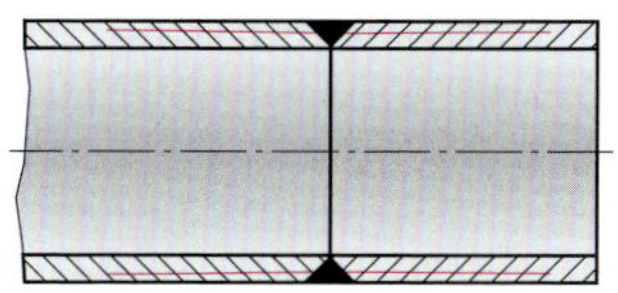	**(F3)** Stumpfnähte wegen des geradlinigen Kraftflusses bevorzugen.

Tabelle F, Forts. 1: Festigkeitsbedingte Gestaltungsrichtlinien

Nicht schweißgerecht	Schweißgerecht	Erläuterungen
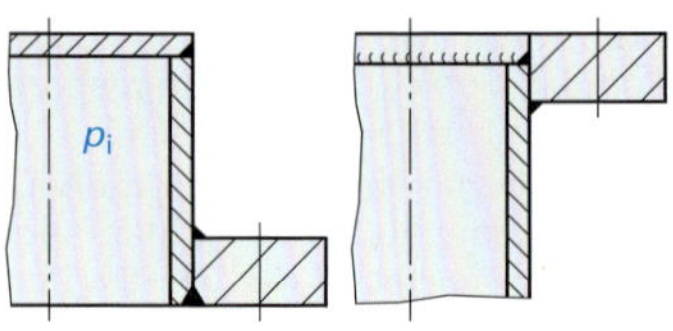	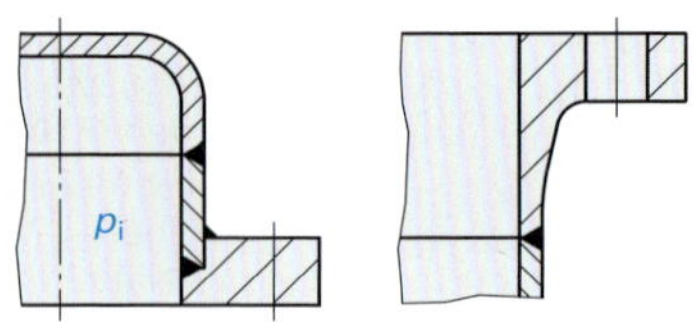	**(F4), (F10), (V7)** Schweißnähte nicht in Zonen höchster Beanspruchung legen. Genormte Vorschweißflansche einschweißen.
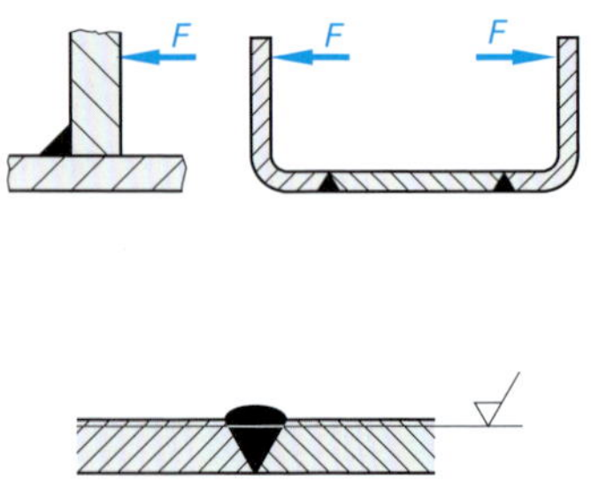	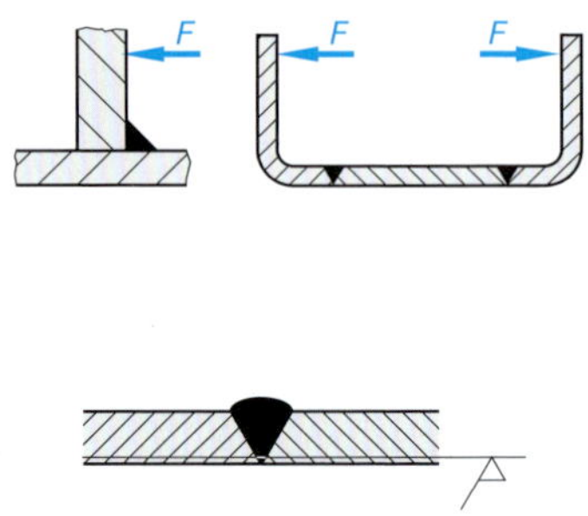	**(F5)** Nahtwurzeln nicht in die Zugzone legen. Schweißnähte nicht durch Bearbeitung schwächen. Ist an Nähten abzuarbeiten, dann möglichst an der Nahtwurzel. Oft genügt freihändiges Überschleifen der Oberseite.
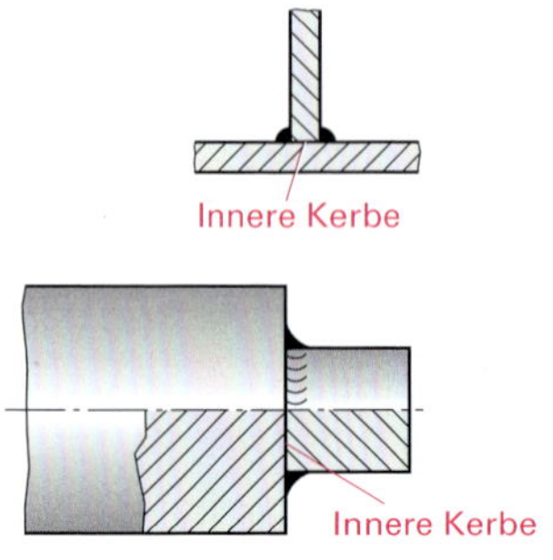	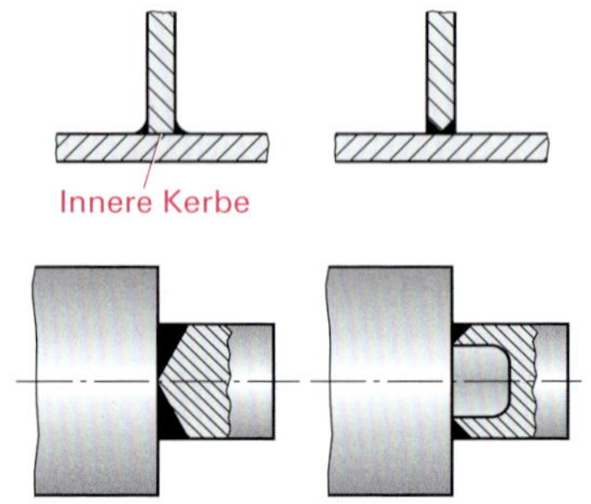	**(F6)** Dynamisch beanspruchte Kehlnähte als doppelseitige Hohlkehlnaht ausbilden (Achtung: innere Kerbe!) oder besser durchschweißen.
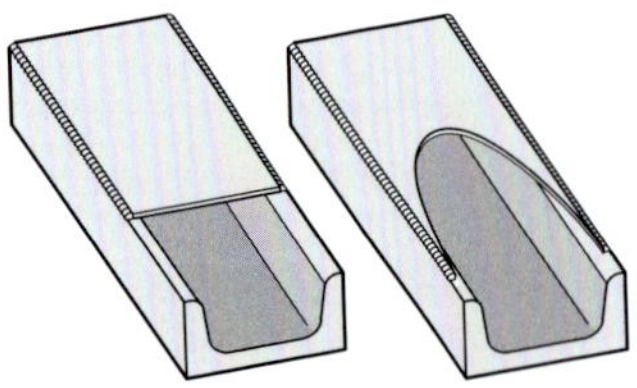	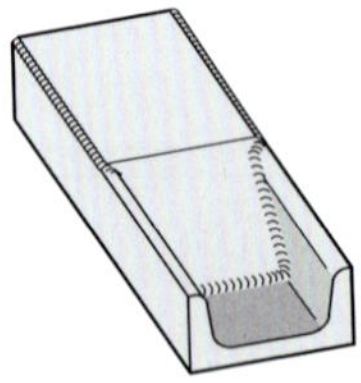	**(F7)** Steifigkeitssprünge vermeiden. Krasse Querschnittsänderungen verursachen Spannungsspitzen.

Tabelle F, Forts. 2: Festigkeitsbedingte Gestaltungsrichtlinien

Nicht schweißgerecht	Schweißgerecht	Erläuterungen
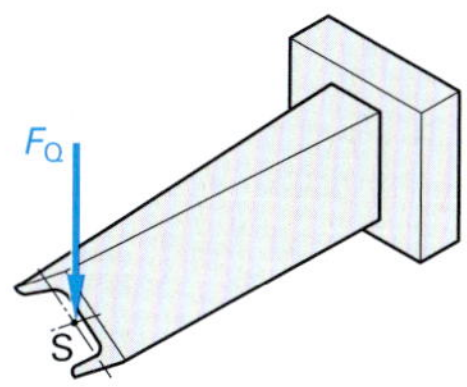	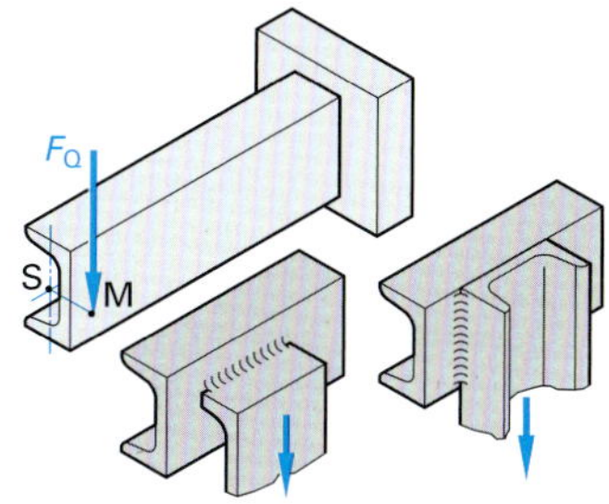	**(F8)** Werden unsymmetrische Profile im Schwerpunkt S belastet, liegt Torsionsbeanspruchung vor. Nur im Schubmittelpunkt M belasten.
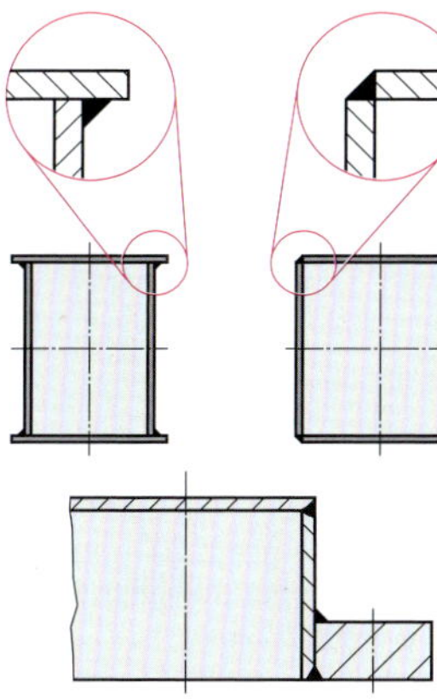	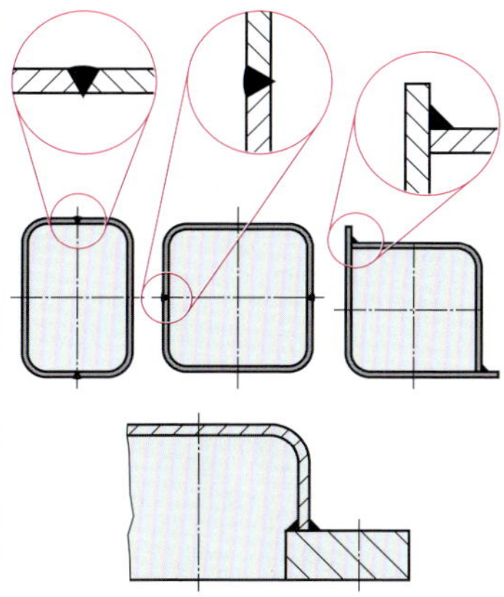	**(F9), (B2)** An Anzahl, Länge und Querschnitt der Schweißnähte sparen. Bleche biegen ist billiger als schweißen. Schweißnähte nicht in Passflächen oder Dichtflächen legen.
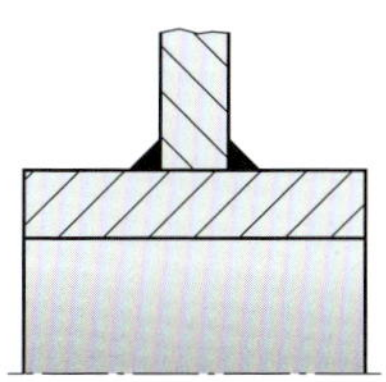	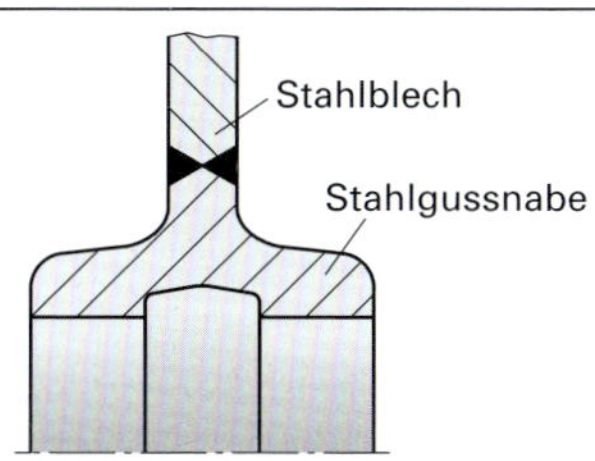	**(F10), (V7)** Durch Einschweißen von Stahlgussteilen oder Schmiedeteilen können oft Schweißnähte eingespart werden. Außerdem wird oft der Kraftflussverlauf verbessert.
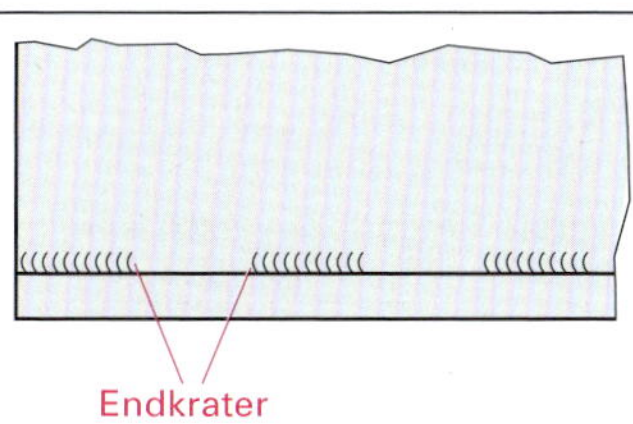	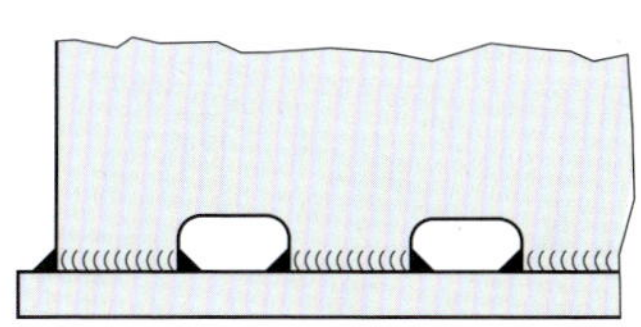	**(F11), (F12)** Unterbrochene Nähte sparen Kosten und ergeben geringeren Verzug des Bauteils. Endkrater ergeben Kerben. Korrosionssichere Nähte sollten geschlossen sein.
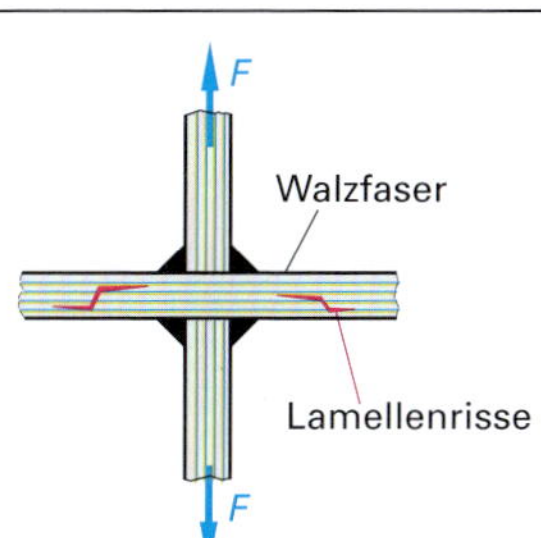	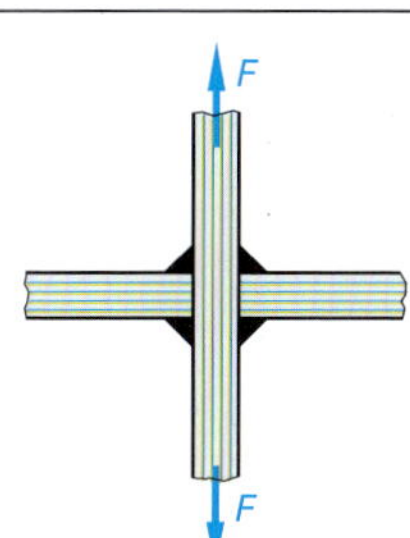	**(F13)** Bleche nicht senkrecht zur Walzfaser auf Zug belasten, da das Blech terrassenförmig reißt (Lamellenrisse).

4. Verfahrensbedingte Gestaltung

Gestaltungsrichtlinien (Tabelle V):

- Schweißnähte gut zugänglich anordnen (**V1**).
- Schweißnähte möglichst so anordnen, dass in Wannenlage oder horizontal geschweißt werden kann (**V2**).
- Einfache, kostengünstige Vormaterialien (Halbzeuge, Bleche, Rohre usw.) verwenden (**V3**).
- Schweißnahtanhäufungen vermeiden, da sie ein Verziehen des Bauteils oder hohe Schrumpfspannungen zur Folge haben (**V4**).
- Verschweißen unterschiedlicher Wandstärken möglichst vermeiden (**V5**).
- Anrisse und Abbrennen von Spitzen vermeiden (**V6**).
- Schweißnähte einsparen durch Verbundkonstruktion (Einschweißen von Schmiede- oder Stahlgussteilen) (**V7**).
- Schweißen der Nähte möglichst in einer Aufspannung in der Schweißvorrichtung (**V8**).
- Hohlräume entlüften, da sonst beim Spannungsarmglühen Verformungen auftreten (**V9**).
- Falls Schweißnähte geprüft werden müssen, müssen diese zugänglich sein (**V10**).

Tabelle V: Verfahrensbedingte Gestaltungsrichtlinien

Nicht schweißgerecht	Schweißgerecht	Erläuterungen
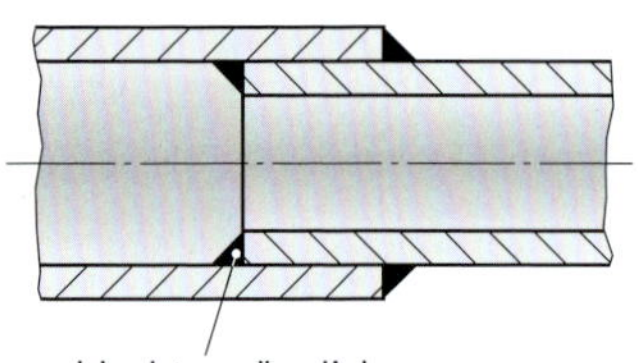	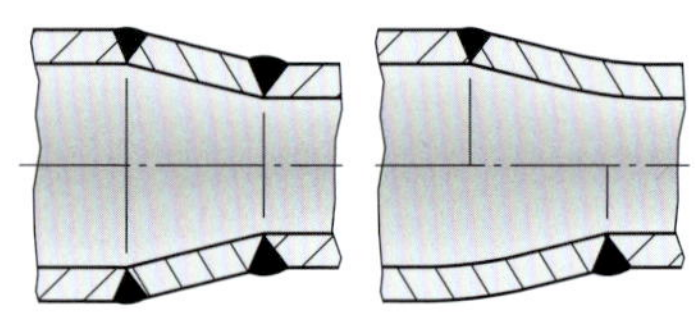	**(V1)** Schweißnähte gut zugänglich anordnen. Sie sollen möglichst einfach herstellbar sein.
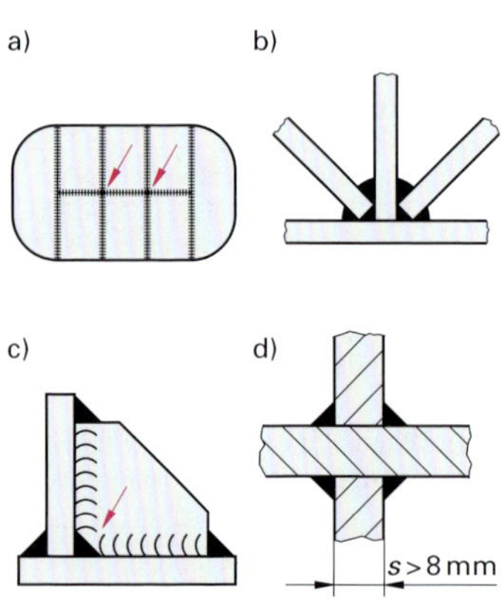	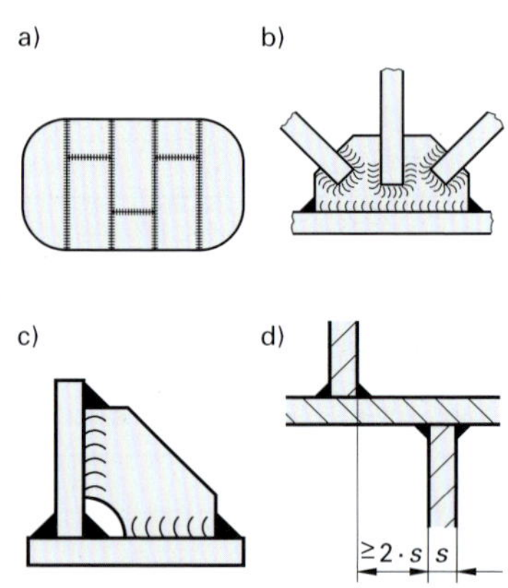	**(V4)** Nahtanhäufungen möglichst vermeiden. a) Bei Behälterschweißung Längsnähte versetzen. b) Nahtanhäufung z. B. durch Knotenblech aufheben. c) Versteifungsrippe aussparen, um mehrachsigen Spannungszustand zu vermeiden (Sprödbruchgefahr). d) Versetzte Verrippung bei $s < 8$ mm.
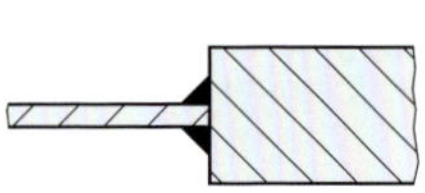	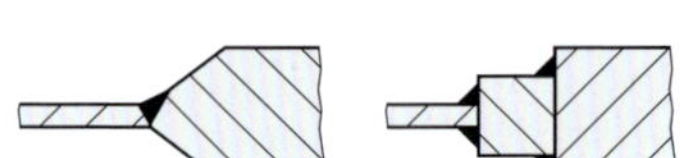	**(V5)** Verschweißen unterschiedlicher Wandstärken möglichst vermeiden.

Tabelle V, Forts.: Verfahrensbedingte Gestaltungsrichtlinien		
Nicht schweißgerecht	**Schweißgerecht**	**Erläuterungen**
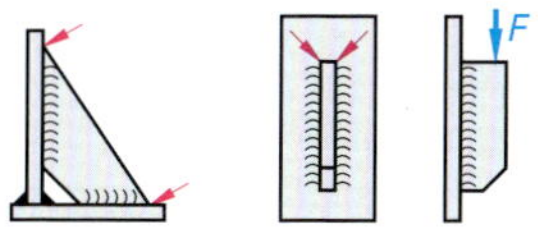	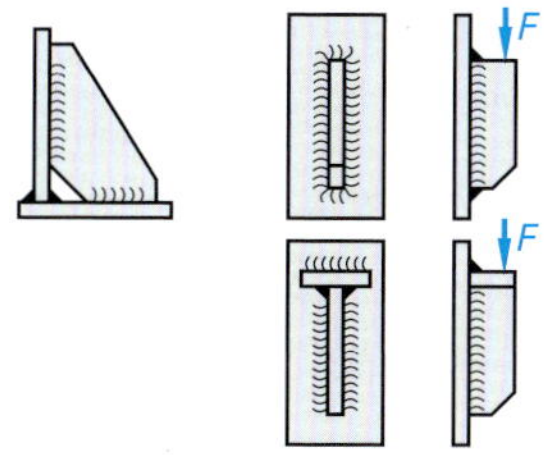	**(V6)** Abbrennen von Spitzen vermeiden. Anrisse können auftreten, wenn hohe Zugbeanspruchungen im Bereich des Nahtendes auf den Endkrater wirken.
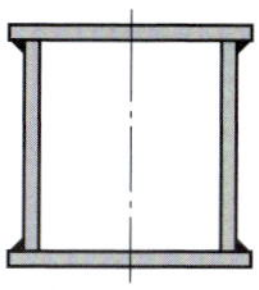	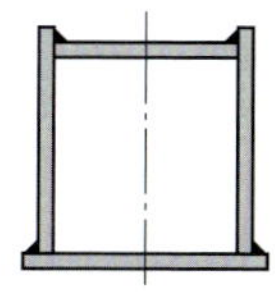	**(V8)** Alle Schweißnähte möglichst in einer Aufspannung in der Schweißvorrichtung schweißen.
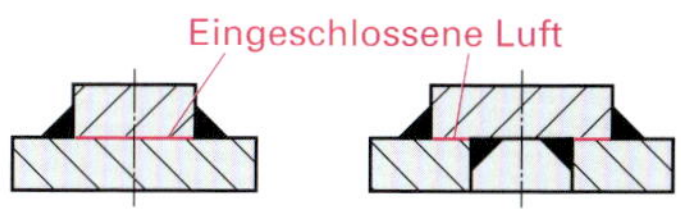	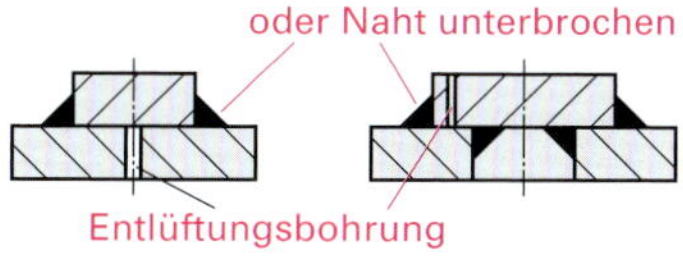	**(V9)** Hohlräume entlüften, da sonst beim Spannungsarmglühen Verformungen auftreten.

5. Bearbeitungsbedingte Gestaltung

Gestaltungsrichtlinien (Tabelle B):

- Schweißnähte nicht durch Bearbeitung schwächen. Wenn doch, dann an der Nahtwurzel abarbeiten (**B1**).
- Schweißnähte nicht in Passflächen legen (**B2**).
- Spanende Vorarbeiten einsparen oder vermeiden. Einfache Vorrichtungen sind oft billiger (**B3**).

Tabelle B: Bearbeitungsbedingte Gestaltungsrichtlinien		
Nicht schweißgerecht	**Schweißgerecht**	**Erläuterungen**
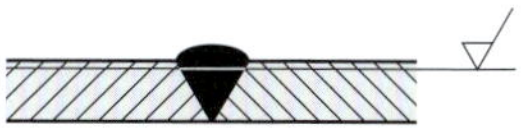	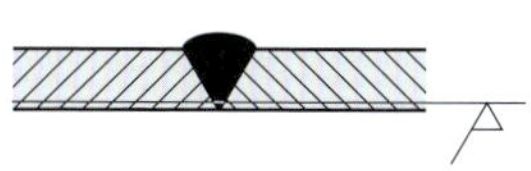	**(B1)** Schweißnähte nicht durch Bearbeitung schwächen. Ist an Nähten abzuarbeiten, dann möglichst an der Nahtwurzel. Oft genügt freihändiges Überschleifen der Oberseite.
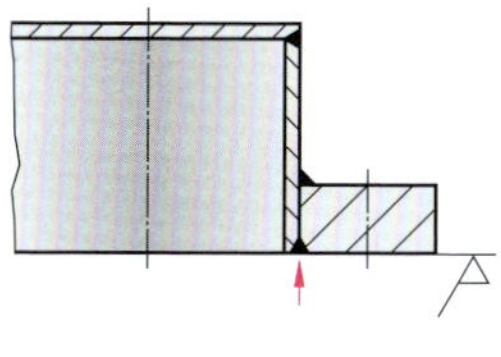	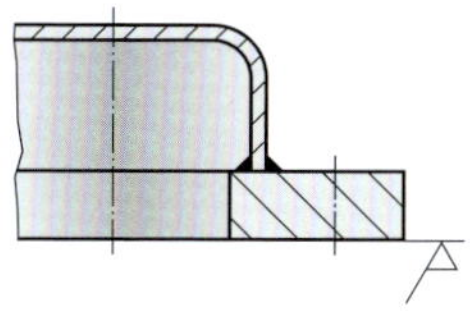	**(B2), (B1)** Schweißnähte nicht in Passflächen oder Dichtflächen legen und nicht durch Bearbeitung schwächen. Zahl der Schweißnähte reduzieren.
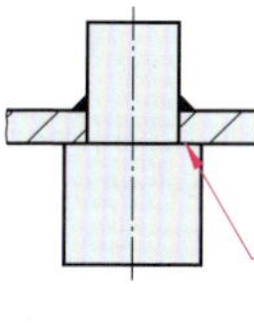	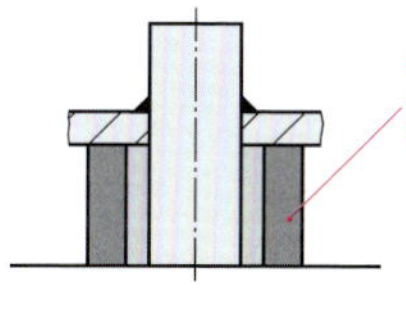	**(B3)** Spanende Bearbeitung (Anschlag) möglichst vermeiden. Sie erleichtert die Montage, erhöht jedoch die Herstellkosten (Einfache Vorrichtung oft billiger). Bei Einzelfertigung sind Anschläge manchmal sinnvoll.

6. Weitere Gestaltungsbeispiele

Die nachfolgende Skizzen zeigen weitere Gestaltungsmöglichkeiten einzelner Bereiche (**Bild 1**).

Die Beurteilung der einzelnen Skizzen z. B. bezüglich

- Eignung für geringe/hohe Beanspruchung, Art der Beanspruchung (Biegung, Torsion),
- Eignung für statische/dynamische Beanspruchung (beachte Kerbwirkung),
- Kraftfluss,
- Schweißen mit/ohne Vorrichtung, spanende Vorbearbeitung erforderlich,
- Aufwand für Schweißen, Zahl der Nähte, Nahtvorbereitung,
- Zugänglichkeit der Nähte,
- erforderliche Biegearbeiten usw.,

kann mithilfe obiger Gestaltungsrichtlinien vorgenommen werden.

z. B. Eckstöße mit Flachstahl oder Blechen

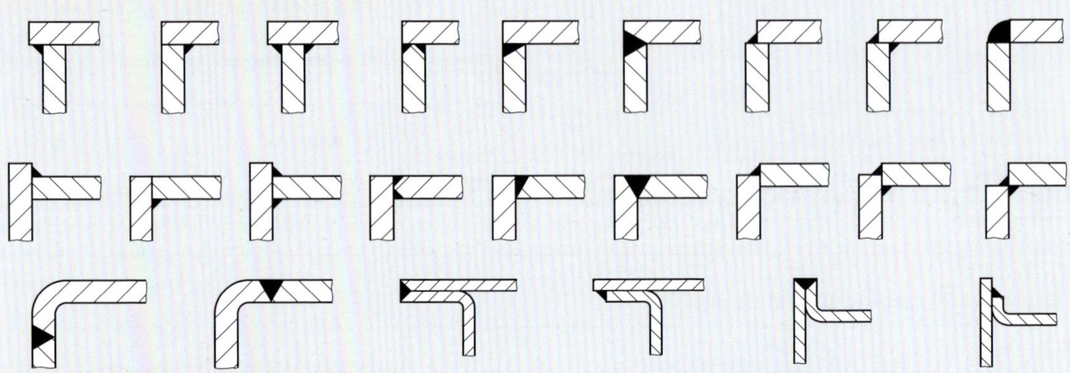

z. B. T-Stöße mit Flachstahl oder Blechen

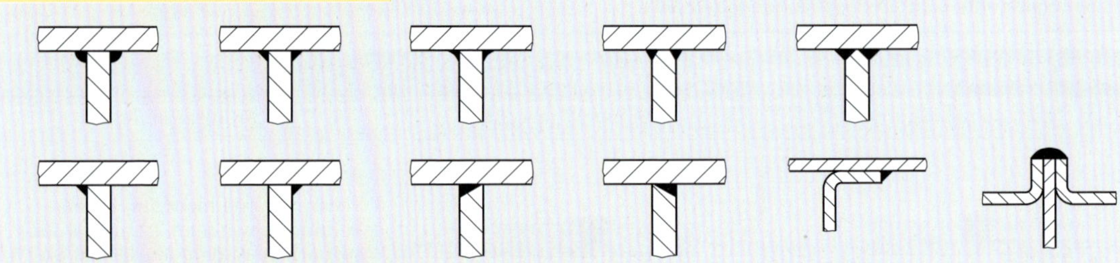

z. B. Versteifungsrippen mit Flachstahl, Halbzeugen oder Blechen

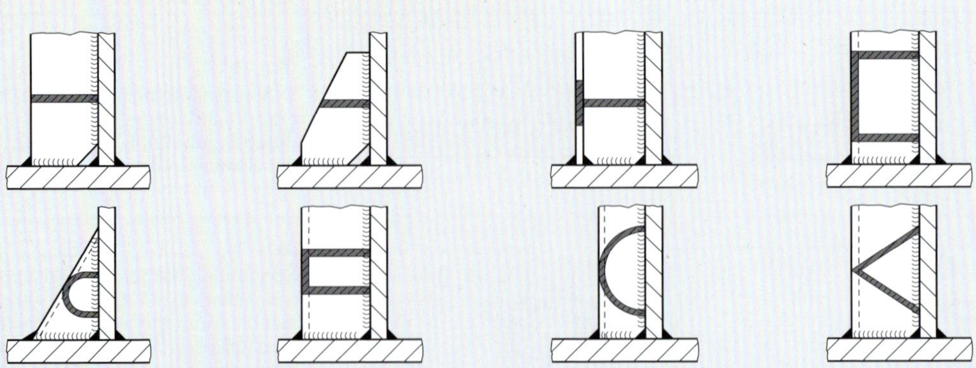

Bild 1: Weitere Gestaltungsbeispiele

z. B. Flansche

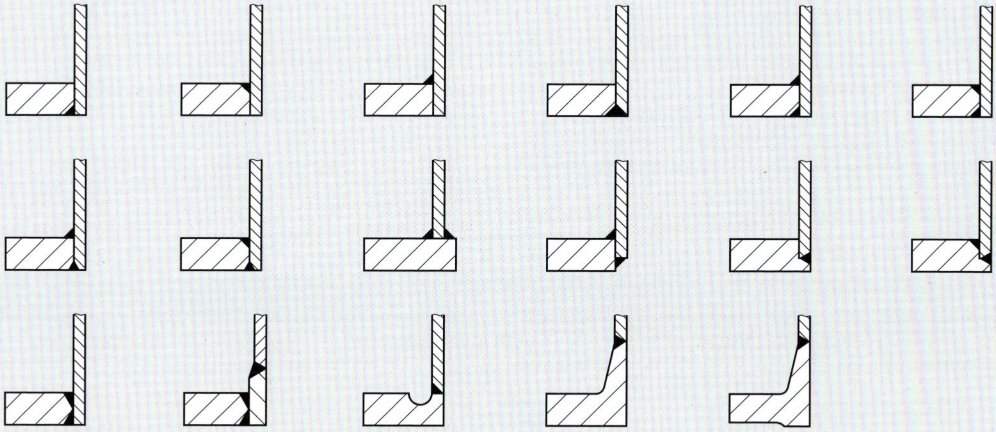

z. B. Knotenstellen mit Stäben, Rohren und L-Profilen

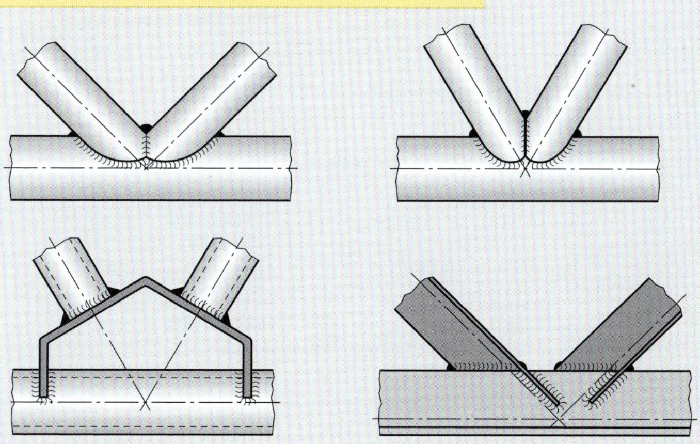

z. B. Kastenprofile (Hohlprofile) mit Flachstahl, Halbzeugen oder Blechen

Bild 1: Weitere Gestaltungsbeispiele (Forts.)

7. Gestaltung von Punktschweißverbindungen

Gestaltungsrichtlinien (Tabelle P):

- Punktschweißverbindungen möglichst so gestalten, dass sie auf Abscheren (Überlappverbindungen) und nicht auf Abschälen beansprucht werden (**P1**).
- Bei dicken Blechen sind zweireihige Überlappverbindungen oder Laschenverbindungen vorzuziehen (**P2**).
- Wenige große Schweißpunkte sind besser als viele kleine (**P3**).
- Für zuverlässige Schweißpunkte sind ausreichend große, möglichst ebene und parallele Auflageflächen für die Elektroden vorzusehen (**P4**).
- Schweißpunktabstände sind werkstoffabhängig genügend groß vorzusehen, um Stromnebenschluss zu vermeiden (**P5**).
- Auf gute Zugänglichkeit der Elektroden achten. Möglichst gerade und keine gekröpften Elektroden vorsehen (**P6**).

Tabelle P: Gestaltungsrichtlinien für Punktschweißverbindungen

	Nicht schweißgerecht	Schweißgerecht	Erläuterungen
P1	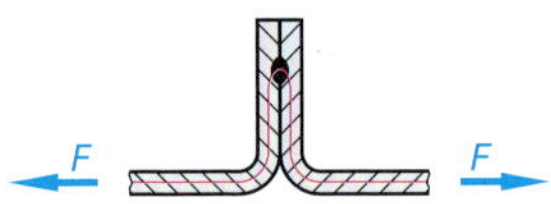	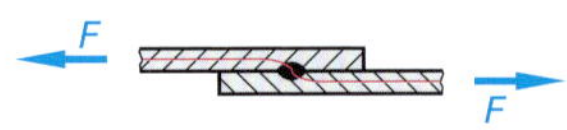	**(P1)** Punktschweißverbindungen möglichst auf Abscheren beanspruchen und nicht auf Abschälen.
P2	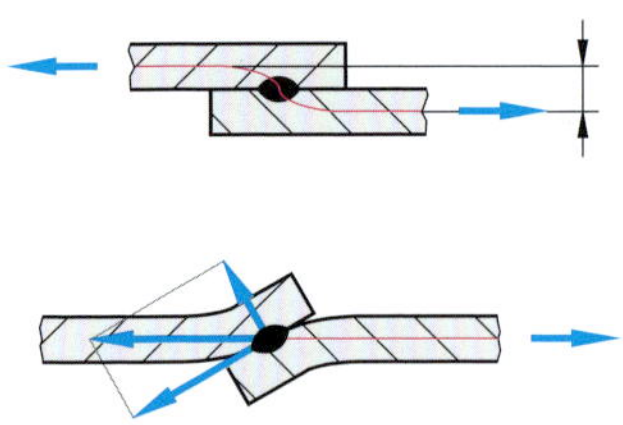 Einreihige Überlappverbindung	Zweireihige Überlappverbindung: 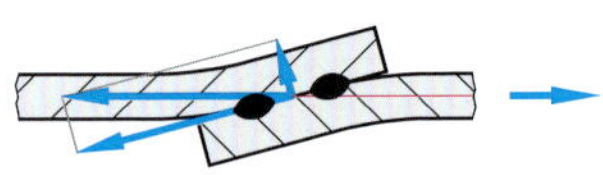 Laschenverbindung: 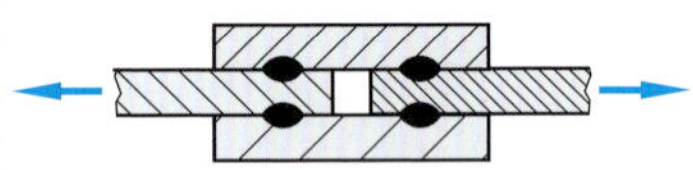	**(P2)** Bei dicken Blechen ist eine einreihige Überlappverbindung wegen Biegeanteil schlecht. Abhilfe: Zweireihige Punktschweißung oder Laschenverbindung.
P3	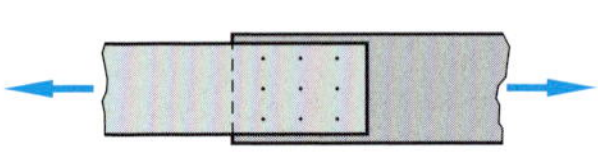	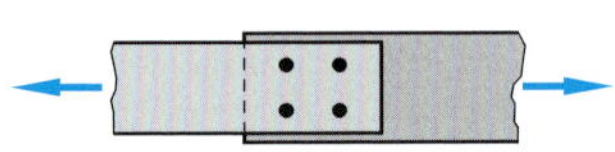	**(P3)** Wenige große Schweißpunkte sind besser als viele kleine Punkte.
P4	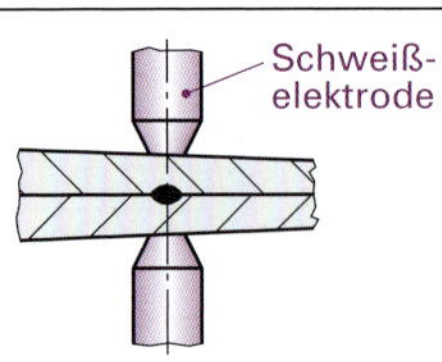	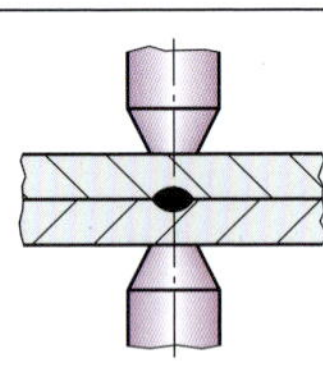	**(P4)** Für zuverlässige Schweißpunkte sind ausreichend große, möglichst ebene und parallele Auflageflächen für die Elektroden vorzusehen.
P5	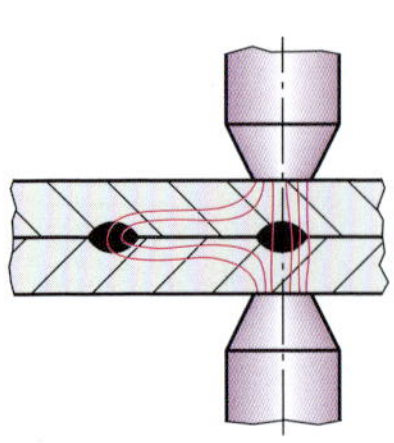	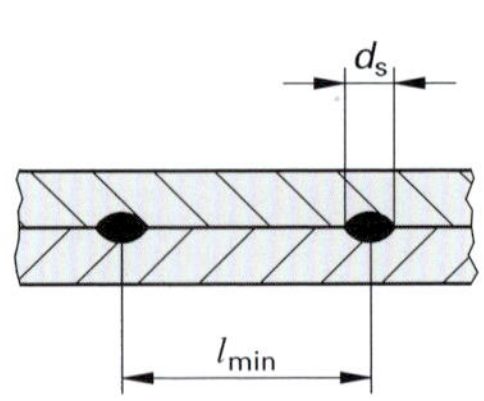	**(P5)** Schweißpunktabstände genügend groß, um Stromnebenschluss zu vermeiden. Für Stahl: $l_{min} = (4 \dots 5) \cdot d_s$ Al: $l_{min} = (8 \dots 10) \cdot d_s$

2.3.3.3 Lötgerechtes Gestalten

1. Allgemeines

Löten ist ein Fügeverfahren, mit dem sich Bleche, Stäbe, Rohre, Flansche usw. auch aus unterschiedlichen Werkstoffen miteinander verbinden lassen (**Bild 1**). Gelötet werden z. B.: Faltenbälge, Einfüllstutzen, Wärmetauscher, Kühler, Behälter, Dosen, Rohrflansche, Werkzeuge, Kochtöpfe, Operationsbestecke, Brillengestelle, elektrische Kontakte (**Bild 2**).

Begriffe, Definitionen

Löten ist ein thermisches Verfahren zum *stoffschlüssigen Fügen* und zum *Beschichten* von Werkstoffen, wobei die festen Grundwerkstoffe durch ein geschmolzenes Zusatzmetall (Lot) verbunden werden, dessen Schmelztemperatur unterhalb derjenigen der Grundwerkstoffe liegt.

Die Grundwerkstoffe werden benetzt, ohne geschmolzen zu werden. Die hierfür maßgeblichen Vorgänge sind Grenzflächenreaktionen:

- Benetzungs- und Ausbreitungsvorgänge von Lot und von Flussmittel,
- Bindung zwischen Lot und Grundwerkstoff durch wechselseitige Diffusion von Lotatomen und von Grundwerkstoffatomen (**Bild 3**).

Es existieren also zwischen Lot und den gefügten Bauteilen chemische Bindungen.

Bauteile aus metallischen Werkstoffen sind dann gut *lötbar*, wenn folgende Punkte erfüllt werden (**Bild 4**):

- Löteignung der Werkstoffe,
- Lötsicherheit,
- Lötmöglichkeit.

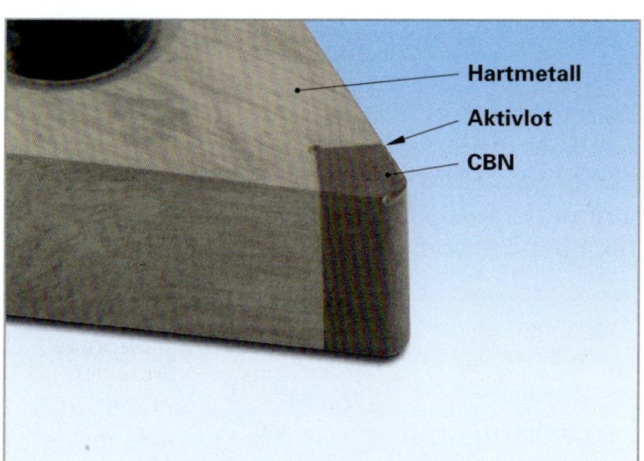

Bild 1: Keramik (CBN) mit Hartmetall verlötet

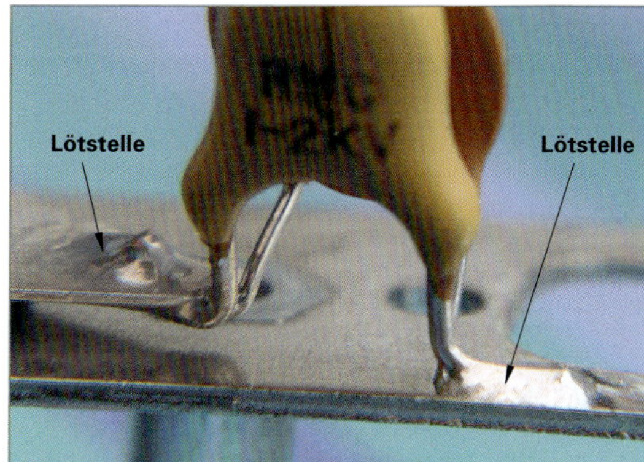

Bild 2: Löten elektrischer Kontakte

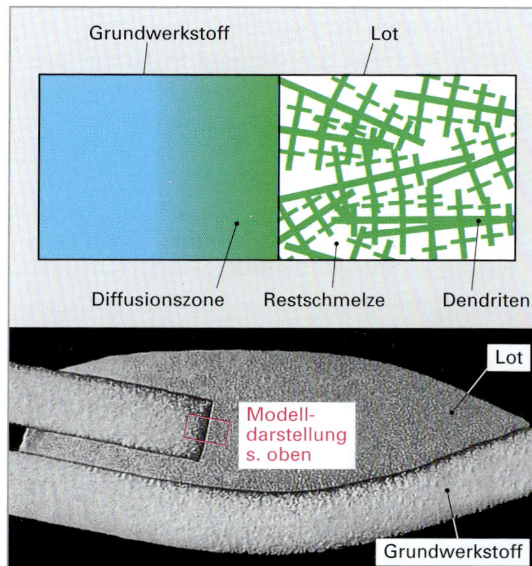

Bild 3: Grundwerkstoff und Lot

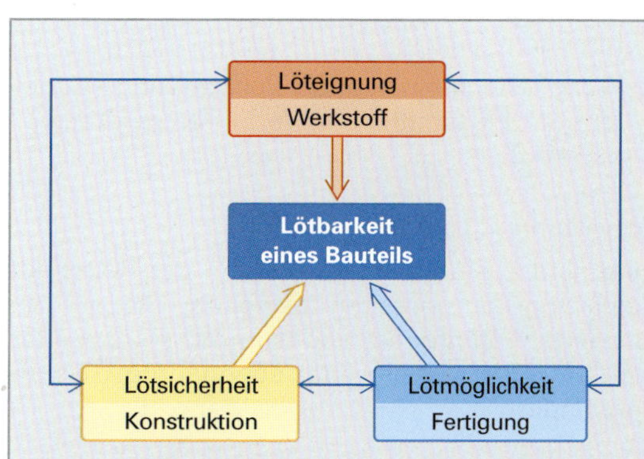

Bild 4: Einflussfaktoren auf die Lötbarkeit von Bauteilen

Die **Löteignung** hängt ab von den

- chemischen Eigenschaften der Werkstoffe wie z. B. chemische Zusammensetzung, Diffusionsverhalten, Löslichkeitsverhalten,
- metallurgischen Eigenschaften wie z. B. Gefügezustände, Kaltverfestigungen, Desoxidationszustand,
- mechanisch/physikalischen Eigenschaften wie z. B. Schmelztemperatur und Schmelzbereich, Festigkeitseigenschaften, Ausdehnungsverhalten, Wärmeleitfähigkeit.

Die **Lötsicherheit** hängt vor allem ab von der

- konstruktiven Gestaltung wie Kraftfluss, Form der Lötstelle, Ausbildung der Lötspalte oder Lötfugen, Überlappungen, Kerbwirkungen, Maßhaltigkeit der Bauteile,
- Beanspruchung wie Art und Höhe der Beanspruchungen, Art, Größe und Richtung der Spannungen, Betriebstemperatur.

Die **Lötmöglichkeit** hängt ab von der Fertigung:

- Vorbereitung zum Löten wie chemische oder mechanische Vorbehandlung der Oberflächen, Positionierung der Bauteile,
- Durchführung des Lötens wie Art der Wärmezufuhr oder des Abkühlens, Oxidbeseitigung während des Lötens,
- Nachbehandlung wie Entfernen von Flussmittel, Oxidschichten, Zunder.

Man kann metallische Konstruktions*werkstoffe* (**Tabelle 1**) einteilen in:

- Werkstoffe, die mit universellen Loten und Flussmitteln und mit allen üblichen Verfahren gelötet werden können,
- Werkstoffe, die spezielle Lote und/oder spezielle Flussmittel, jedoch keine speziellen Verfahren benötigen,
- Werkstoffe, die nur unter Verwendung spezieller Lote, Flussmittel und Verfahren gelötet werden können.

Lötverfahren, Lote, Flussmittel

Lote sind Zusatzwerkstoffe, die in der Regel aus Legierungskomponenten bestehen, die auf die jeweilige Lötaufgabe abgestimmt sind. Selten werden reine Metalle oder sogenannte Glaslote verwendet.

[1] Liquidustemperatur, von lat. liquidus = flüssig, kennzeichnet die Temperatur, ab welcher das Lot vollständig flüssig vorliegt.

Tabelle 1: Löteignung von Werkstoffen

Werkstoffgruppe	Werkstoffe
Werkstoffe, die mit universellen Loten und Flussmitteln und mit allen üblichen Verfahren gelötet werden können.	Cu und Cu-Legierungen, Ni und Ni-Legierungen, Stähle, Eisenwerkstoffe, Edelmetalle.
Werkstoffe, die spezielle Lote und/oder spezielle Flussmittel, jedoch keine speziellen Verfahren benötigen.	Al- und Al-Legierungen, Hartmetalle, Cr, Mo, W, Ta, Nb, weichlotähnliche Werkstoffe.
Werkstoffe, die nur unter Verwendung spezieller Lote, Flussmittel und Verfahren gelötet werden können.	Ti, Zr, Be, Metalloxidkeramiken.

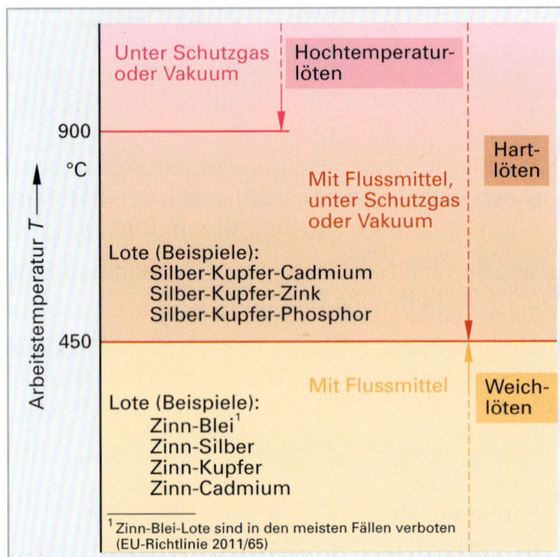

Bild 1: Löttemperaturbereiche und Lötverfahren

Flussmittel sind nichtmetallische Stoffe, die vorhandene Oxide von den zu lötenden Flächen beseitigen und ihre Neubildung verhindern. Je nach Löttemperatur gibt es spezielle Flussmittel in fester, flüssiger oder pastenförmiger Form.

Orientiert an der Liquidustemperatur[1] des Lotes werden folgende Lötverfahren unterschieden **(Bild 1)**:

- Weichlöten < 450 °C,
- Hartlöten > 450 °C,
- Hochtemperaturlöten > 900 °C (im Vakuum oder unter Schutzgas).

Eine Einteilung nach Art der Erwärmung oder nach Form der Lötstelle wird hier nicht näher erläutert.

Damit die Benetzungs- und Diffusionsvorgänge stattfinden können, müssen die Oberflächen der zu verbindenden Teile blank und frei von Oxiden und Verschmutzungen sein. Um dies zu erreichen, werden Flussmittel aufgetragen, die die Oberflächen entoxidieren. Die Lote benetzen, verlaufen und binden nur auf metallisch reinen Oberflächen. Die Auswahl der Flussmittel erfolgt nach den Grundwerkstoffen und nach der Arbeitstemperatur des Lotes. Viele Flussmittel müssen nach der Lötung wieder beseitigt werden, da sie Korrosion verursachen können.

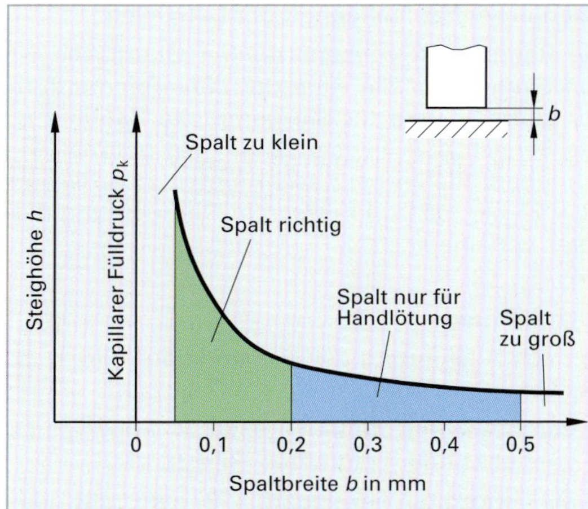

Bild 1: Kapillarer Fülldruck p_k/Steighöhe h in Abhängigkeit von der Spaltbreite b

Arbeitstemperatur

Die Arbeitstemperatur ist die niedrigste Oberflächentemperatur an den zu verbindenden Grundwerkstoffen, bei der das Lot benetzen, sich ausbreiten und binden kann. Sie kann auch der Liquidustemperatur entsprechen oder über ihr liegen, sie liegt jedoch nie unter der Solidustemperatur[1], weil dort das Lot noch fest ist.

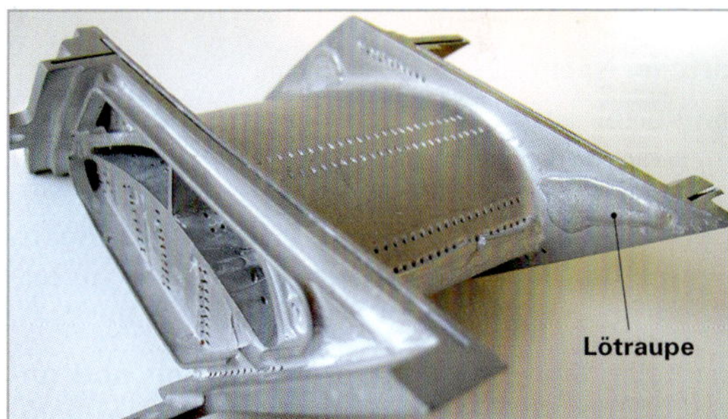

Bild 2: Reparaturlöten von Turbinenschaufeln

Lötspaltbreite

Flüssige Lote breiten sich nicht nur auf den Grundwerkstoffen aus, sondern sie fließen auch in enge Spalte entgegen der Schwerkraft nach oben. Diese Eigenschaft wird durch den kapillaren Fülldruck p_k oder anschaulicher durch die Steighöhe h des flüssigen Lotes beschrieben (**Bild 1**).

- Spaltbreiten bei Arbeitstemperatur von b = 0,05 bis 0,2 mm sind gut (auch für das Maschinenlöten),
- Spaltbreiten von b = 0,2 bis 0,5 mm sind für das Handlöten noch möglich,
- bei Spaltbreiten von b > 0,5 mm ist der Kapillardruck so gering, dass der Lötspalt nicht mehr ausgefüllt wird; hier wird dann das Fugenlöten angewendet.

Aber nicht nur die Spaltbreite selbst ist wichtig, sondern auch, dass die Spaltbreite möglichst konstant bleibt oder sich verengt. Eine Breitenzunahme in Fließrichtung des Lotes führt zu einer starken Abnahme des kapillaren Fülldruckes, d. h. das Lot fließt nicht weiter.

[1] Solidustemperatur, von lat. solidus = fest, kennzeichnet die Temperatur, bei der das Lot in die feste Phase übergeht.

Eine besondere Löttechnik ist z. B. erforderlich beim Verlöten von Superlegierungen, wie sie im Gasturbinenbau vorkommen (Chrom-Nickel-Kobalt-Molybdän-Tantal-Rhenium-Vanadium-Legierungen). Hier verwendet man zur Absenkung der Schmelztemperatur des Lotpulvers, das in den Lötspalten eingebracht wird, eine erhöhte Beimengung von Tantal und Titan. Beim Lötvorgang wird das Werkstück mit dem Lot bis zu einer Temperatur nur wenig unterhalb der Schmelztemperatur des Werkstückwerkstoffes erwärmt und zwar so, dass der Diffusionsprozess der beteiligten Werkstoffe in Gang kommt und gleichzeitig der Temperaturverlauf so gewählt ist, dass die entstehenden Moleküle im Diffusionsgebiet dieselbe Richtung annehmen wie im Werkstück. Damit erreicht man weitgehend homogene Festigkeitseigenschaften. Lötungen dieser Art finden z. B. als Reparaturlötung statt (**Bild 2**). Die entstehende Lötraupe wird durch Schleifen eingeebnet.

Oberflächenbeschaffenheit der Lötstellen

Die Rauheit der zu benetzenden Oberfläche ist von Einfluss auf die Güte der Lötverbindung. In der Literatur wird für die gemittelte Rautiefe R_z der Bereich von 1,6 bis 25 µm als optimal beschrieben. Riefen bei geschruppten Oberflächen (R_z = 25 bis 100 µm) müssen in Fließrichtung des Lotes verlaufen.

Lotzuführung

Je nach Ausführung der Konstruktion (**Bild 1**) ist das Lot

- von Hand zuzuführen, z. B. in Form eines Lotstabes oder Lotdrahtes (**Bild 2**).
- als Lotformteil anzulegen, z. B. als Draht oder Ring,
- als Lotformteil in ein Depot einzulegen,
- in einem Behälter als Bad vorhanden; die Teile werden eingetaucht.

Vorteile, Nachteile

Von Vorteil ist, dass sich das Löten sowohl in der Einzelfertigung als auch in der Massenfertigung einsetzen lässt. Wegen der verhältnismäßig niedrigen Arbeitstemperaturen gibt es kaum Eigenspannungen oder Verzug. Bauteile aus unterschiedlichen Werkstoffen lassen sich fügen.

Nachteilig sind die geringere Festigkeit und geringere Temperaturbelastung der Lötstellen z. B. gegenüber dem Schweißen, außerdem die hohen Lotkosten sowie die Korrosionsgefahr durch restliche Flussmittel oder durch Potenzialunterschiede zwischen Lot und Grundwerkstoff.

Zeichnungsangaben

Für die Angaben in Zeichnungen gelten die Ausführungen in Kapitel 2.3.3.2 entsprechend.

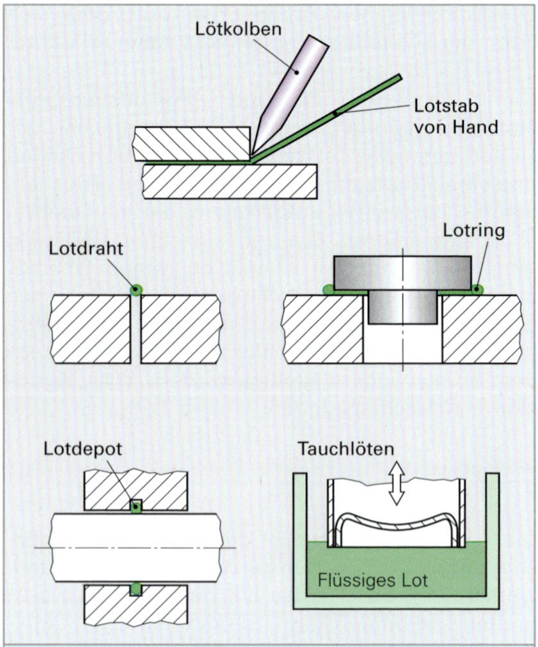

Bild 1: Möglichkeiten der Lotzufuhr (Beispiele)

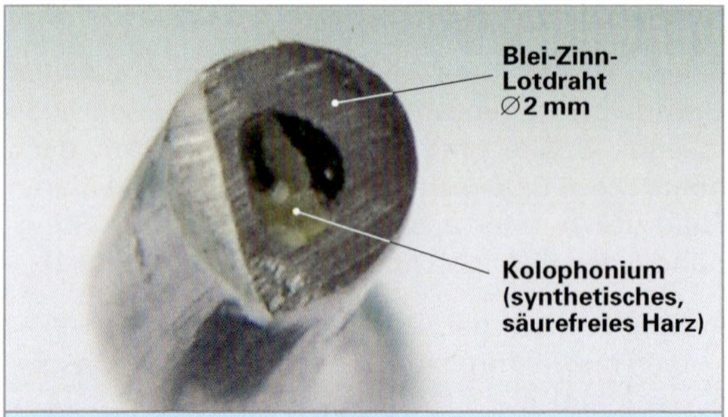

Bild 2: Lotdraht mit Flussmittel

2. Gestaltung von Lötverbindungen

Gestaltungsrichtlinien (Tabelle L):

- Lötnähte möglichst auf Schub beanspruchen (**L1**).
- Stumpflötungen möglichst vermeiden; bei Hartlöten jedoch möglich (**L2**).
- Steifigkeitssprünge vermeiden, sanfte Übergänge gestalten (**L3**).
- Ausreichende Lötfläche vorsehen: Überlappung $l = (3 \ldots 6) \cdot s$ (s = kleinste Blechdicke) (**L4**).
- Eckverbindungen überlappend ausführen (**L5**).
- Hoch beanspruchte Lötverbindungen durch Formschluss entlasten (**L6**).
- Möglichst konstante Spalte gestalten. Spalterweiterungen sind nicht zulässig (**L7**).
- Lötstellen so gestalten, dass Flussmittel entweichen kann (**L8**).
- Absätze zur Lotaufnahme zweckmäßig (**L9**).
- Lotdepots günstig anbringen, um den Weg für den Lotfluss zu verkleinern (**L10**).

Tabelle L: Gestaltung von Lötverbindungen

Nicht lötgerecht	Lötgerecht	Erläuterungen
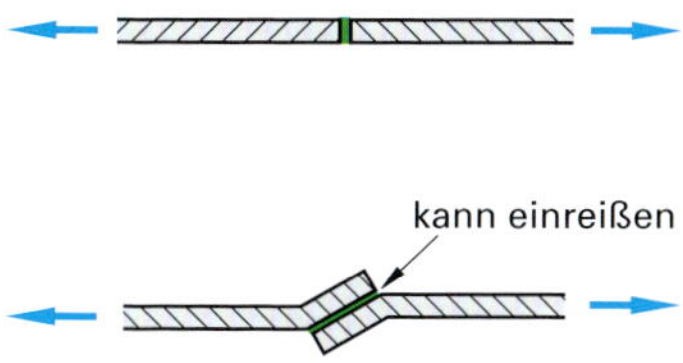	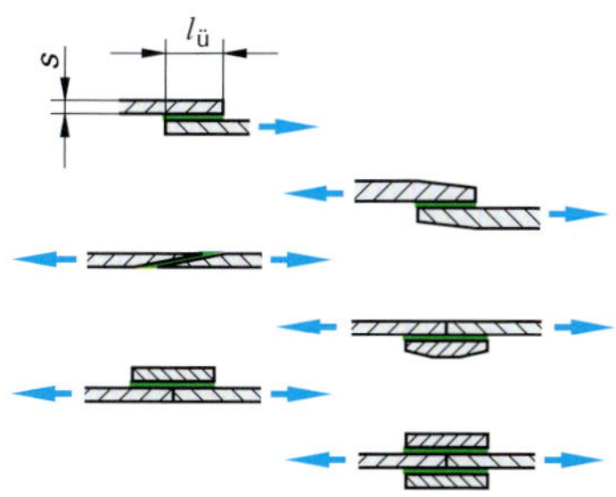	**(L1), (L2), (L3), (L4)** Lötnähte möglichst auf Schub beanspruchen. Stumpflötungen bei Hartlöten jedoch möglich. Steifigkeitssprünge vermeiden; allmähliche Übergänge gestalten. Überlappverbindungen oder Laschenverbindungen bevorzugen. Überlappung $l_{ü} = (3 \dots 6) \cdot s$.
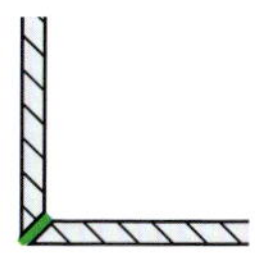	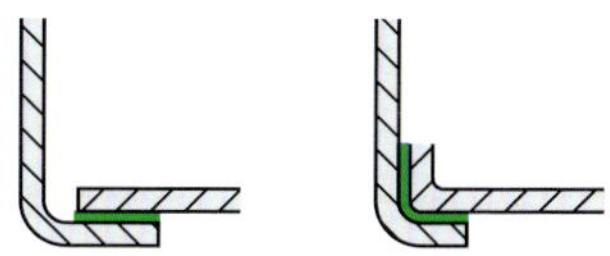	**(L5)** Eckverbindungen überlappend ausführen.
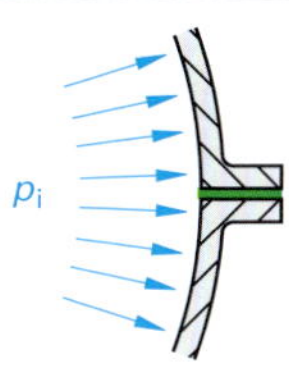	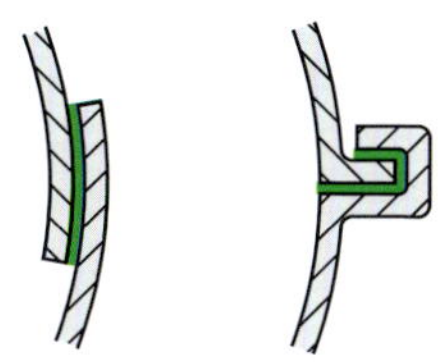	**(L4), (L6)** Bei dünnwandigen Behältern Überlappnaht vorsehen oder Naht entlasten.
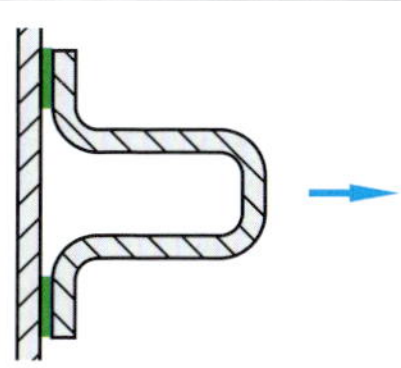	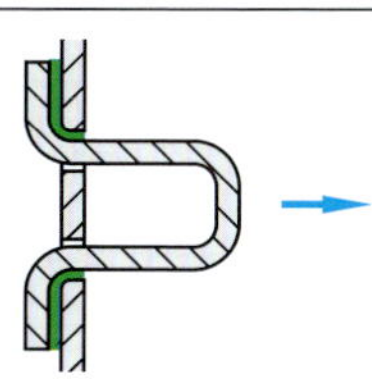	**(L6)** Hoch beanspruchte Lötverbindungen durch Formschluss entlasten.
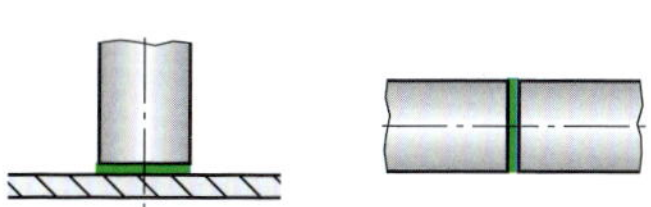	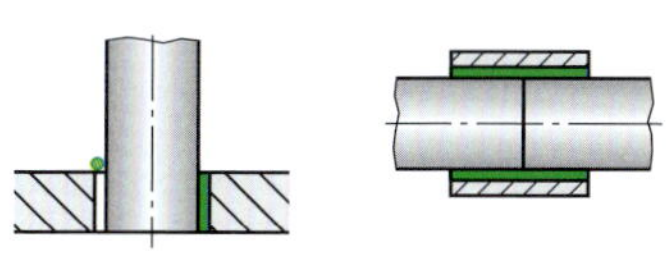	**(L2), (L4)** Stumpfstöße vermeiden; Steckverbindungen ermöglichen.
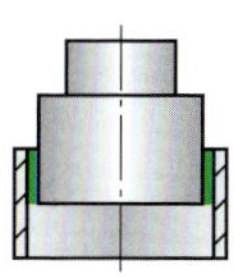	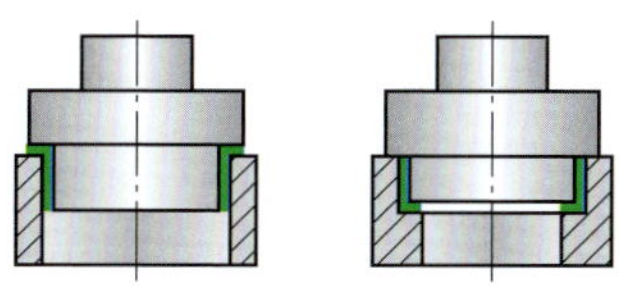	**(L9)** Bolzen in Buchsen möglichst mit Absätzen einlöten.
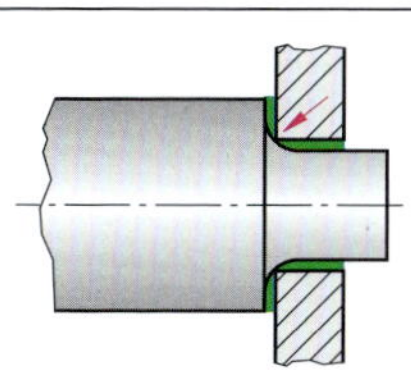	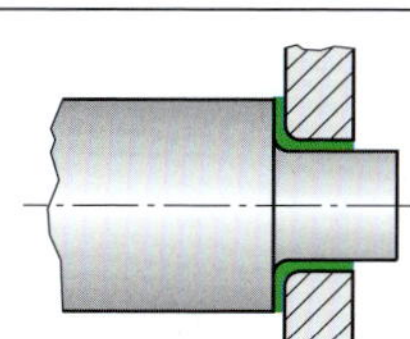	**(L7)** Erweiterungen des Spalts nach Verengungen werden nicht mit Lot gefüllt. Auch in Rundungen muss der Spalt parallel sein.

Tabelle L, Forts.: Gestaltung von Lötverbindungen

Nicht Lötgerecht	Lötgerecht	Erläuterungen
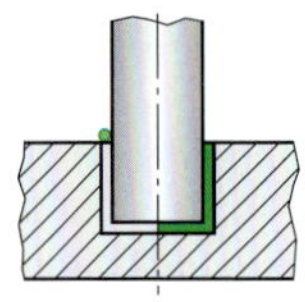	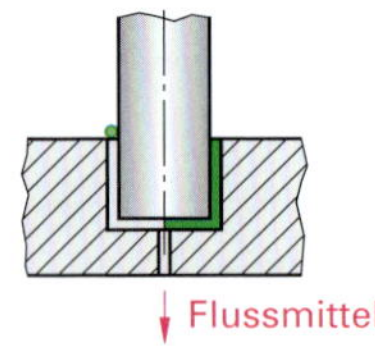	**(L8)** Bohrung erforderlich, damit Flussmittel entweichen kann.
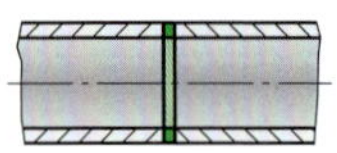	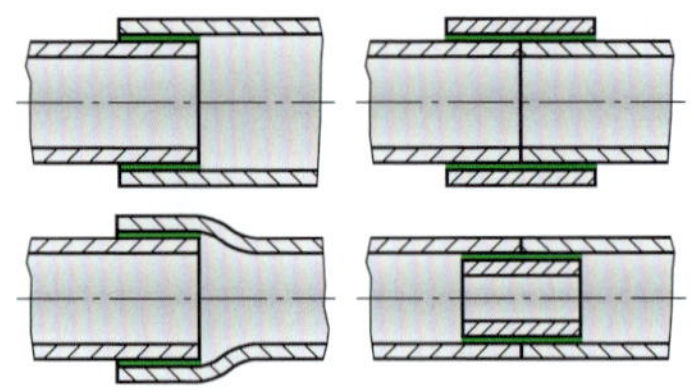	**(L2), (L4)** Stumpfstöße vermeiden. Steckverbindungen ergeben große Lötflächen.
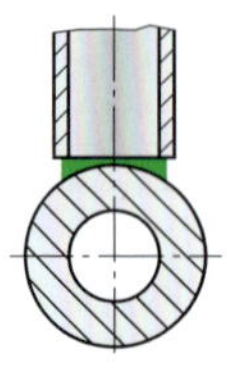	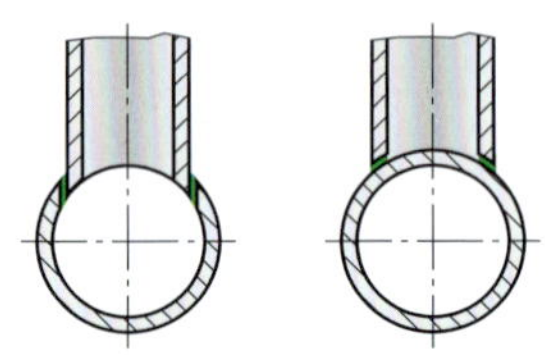	**(L9)** Lotanhäufungen vermeiden. Rohre einpassen oder anpassen ergeben bessere Verbindung.
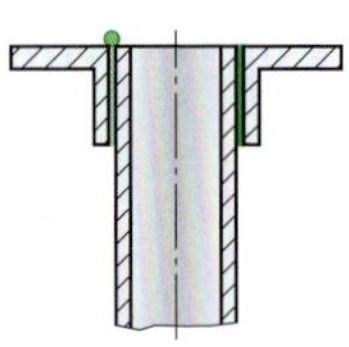	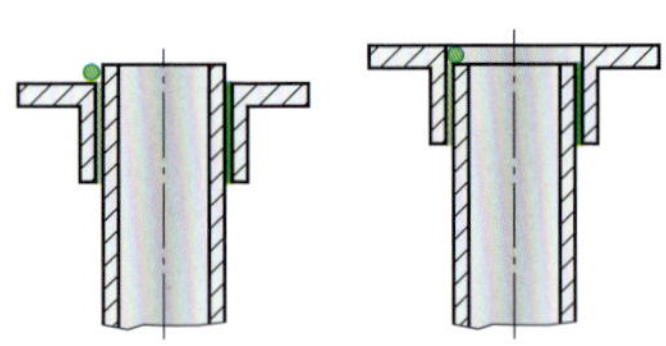	**(L9)** Absätze zur Lotaufnahme zweckmäßig.
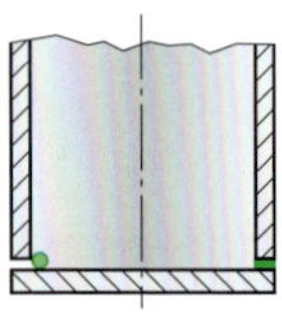	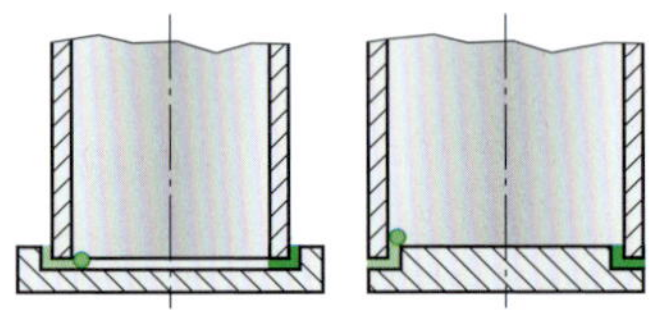	**(L2), (L9)** Behälterböden nicht stumpflöten. Absätze zur Lotaufnahme zweckmäßig.
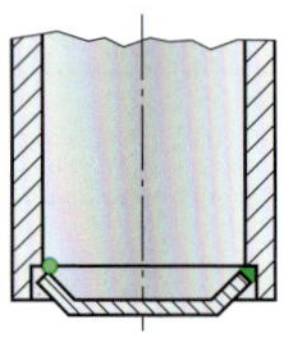	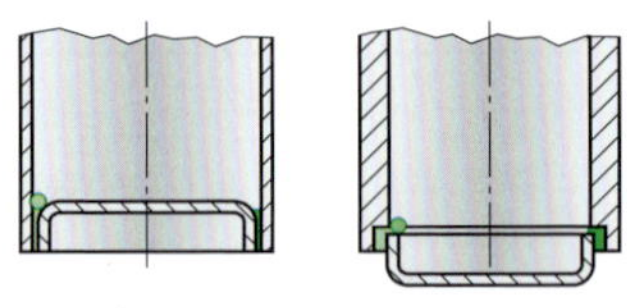	**(L7)** Spalterweiterung vermeiden. Zylindrische, parallele Spalte gestalten.
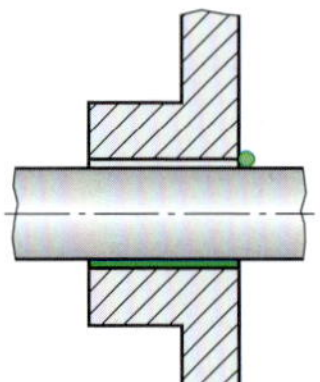	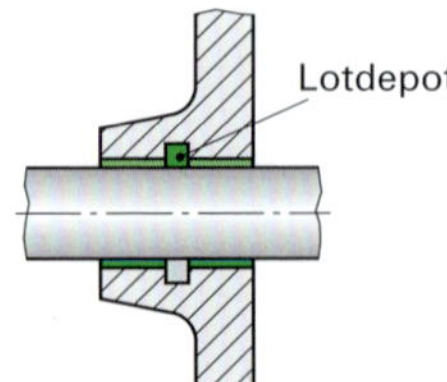	**(L10)** Zweckmäßiges Anbringen eines Lotdepots kann den Weg für den Lotfluss verkleinern. Steifigkeitssprünge vermeiden.

2.3.3.4 Klebegerechtes Gestalten

1. Allgemeines

Kleben ist ein Fügeverfahren, das auch dem Laien aus dem täglichen Leben bekannt ist. Es lassen sich Bauteile aus gleichen und aus unterschiedlichen Werkstoffen miteinander verbinden. Mit den modernen, leistungsfähigen Klebstoffen ist die Klebetechnik ein sehr flexibles Verbindungsverfahren, das in fast allen Bereichen Anwendung findet (**Bild 1**):

- Maschinenbau,
- Fahrzeugbau (z. B. Scheiben, Karosserieteile),
- Luft- und Raumfahrt (**Bild 2**),
- Elektronik (z. B. Leit- bzw. Kontaktklebungen),
- Feinmechanik,
- Optik,
- Holzindustrie,
- Schmuckindustrie,
- Medizin (z. B. Gewebeklebungen, Implantate, Endoprothesen).

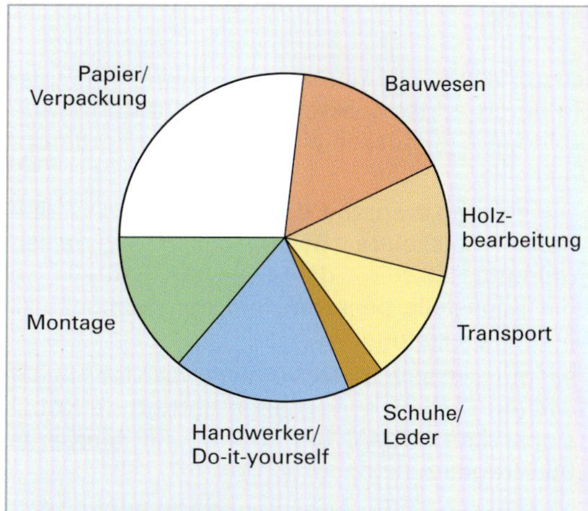

Bild 1: Klebstoffanwendungen

Bild 2: Klebestellen bei Aluminiumwaben

Begriffe, Definitionen

Kleben ist ein Verfahren zum stoffschlüssigen Fügen von Bauteilen aus gleichartigen oder verschiedenartigen Werkstoffen mithilfe eines Klebstoffes bzw. eines Lösungsmittels oder Lösungsmittelgemisches.

Beim *nicht anlösenden Kleben* (z. B. Metallkleben) entsteht die Verbindung durch einen härtenden oder trocknenden Klebstoff und beruht auf der Oberflächenhaftung (Adhäsion) und der inneren Festigkeit des Klebstoffes selbst (Kohäsion). Das Gefüge und die Eigenschaften der Fügeteile werden nicht wesentlich beeinflusst.

Beim *anlösenden Kleben* entsteht die Verbindung aufgrund von Anlösen der Fügeteile durch Lösungsmittel oder Lösungsmittelgemische. Die ursprüngliche Trennfuge zwischen den Fügeteilen wird beseitigt.

Klebbare Werkstoffe

Grundsätzlich sind alle formfesten metallischen und nicht metallischen Werkstoffe klebbar. Im Haftvermögen der Klebstoffe auf den verschiedenen Werkstoffen bestehen jedoch Unterschiede. **Tabelle 1** zeigt Beispiele klebbarer Werkstoffe.

Tabelle 1: Klebbare Werkstoffe (Beispiele)

Werkstoffgruppe	Werkstoffe
Metalle	Stähle, Grauguss, Leichtmetalle (Al, Ti, Mg, ...), Buntmetalle (Cu, Ms, ...), Schwermetalle (Zn, Sn, ...), Edelmetalle (Au, ...).
Nichtmetalle	Duroplaste (PF), Thermoplaste (PE, PP, PVC, PS, PA, PMMA), Elastomere (Gummi, Kautschuk), Papier, Holz, Textilien, Keramik, Glas, Beton.

Klebstoffe

Klebstoffe sind nichtmetallische Stoffe, die Fügeteile durch Adhäsionskräfte und Kohäsionskräfte verbinden. Sie müssen einige wichtige Forderungen erfüllen:

- Sie müssen während des Fügevorganges eine hohe molekulare Beweglichkeit aufweisen (dünnflüssig sein), damit sie die Bauteile an der Fügestelle benetzen und den Stoffschluss herstellen können,
- sie müssen sich in der verfestigten Klebschicht wie ein Festkörper verhalten und große Kohäsionskräfte haben, um Kräfte und Momente übertragen zu können,
- sie müssen große Adhäsionskräfte aufweisen,
- sie sollen beim Verfestigen eine möglichst geringe Volumenabnahme haben, um Eigenspannungen gering zu halten,
- sie sollen alterungsbeständig, umweltbeständig und ungiftig sein.

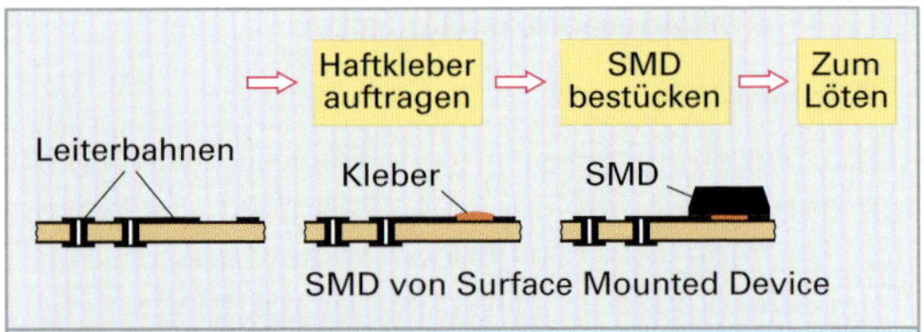

Bild 1: Haftkleber, zum Anheften von Elektronikbauteilen vor dem Löten

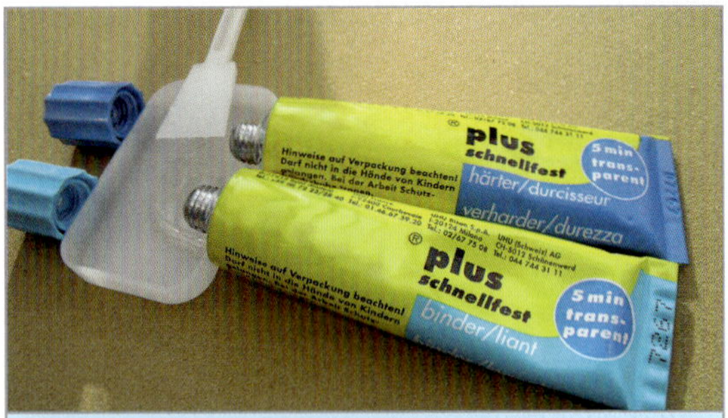

Bild 2: Zweikomponentenkleber

Bezeichnung und Einteilung

Die Bezeichnung und Einteilung der Klebstoffe erfolgt nach vielen Gesichtspunkten, nämlich nach der

- Natur der Grundstoffe: organisch / anorganisch,
- Art des Abbindens
  - nicht abbindend, z. B. Haftklebstoff (**Bild 1**),
  - chemisch abbindend (Reaktionsklebstoffe), z. B. kaltvernetzte Klebstoffe,
  - physikalisch abbindend, z. B. Dispersionskleber, Schmelzkleber,
  - physikalisch abbindend mit chemischer Nachvernetzung,
- Abbindetemperatur oder Abbindegeschwindigkeit, z. B. Sekundenkleber,
- Art des Vernetzens, z. B. kaltvernetzend, anaerob[1],
- Anzahl der Komponenten, z. B. Zweikomponentenkleber (**Bild 2**),
- Beschaffenheit des nicht abgebundenen Klebstoffes, z. B. Leim, Pulverklebstoff, Klebeband,
- Auftragsart, z. B. Einseitklebstoff.

Tabelle 1 enthält eine Auswahl an Metallklebstoffen.

Tabelle 1: Metallklebstoffe (Auswahl)

Name	Festigkeit	Verformbarkeit	Wärmebeständigkeit
Epoxidharz (2 Komponenten)	sehr gut	gut	80 °C
Epoxidharz	sehr gut	gut	200 °C
Epoxid-Phenolharz	sehr gut	mäßig	250 °C
Phenolharz	sehr gut	mäßig	200 °C
Diacrylsäureester, schnellhärtend	gering	gut	120 °C
Heissschmelzklebstoff	gering	gut	100 °C

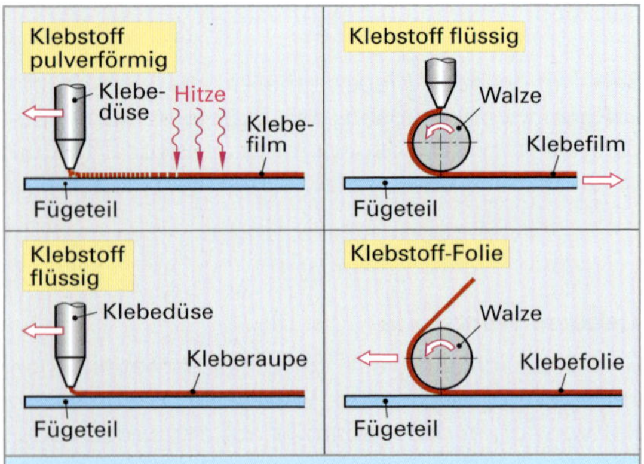

Bild 3: Kleberauftragsverfahren

[1] Anaerob = ohne Luft, von griech. a(n) = nicht, aer = Luft.

Oberflächenbehandlung

Um ausreichend feste und beständige Klebeverbindungen zu erhalten, ist unbedingt eine geeignete Oberflächenbehandlung der Fügeflächen erforderlich. Diese gliedert sich bezüglich der Fügeflächen meist in eine

- **Vorbereitung:**
  - Grobentfettung,
  - Reinigen von Schmutz, Rost, Zunder, Farben, Lacke,
  - Feinentfettung.
- **Vorbehandlung:**
  - mechanische Verfahren: Sandstrahlen, Schleifen, Schmirgeln, Bürsten,
  - chemische Verfahren: Beizen, Ätzen,
  - elektrochemische Verfahren: Anodisieren.
- **Nachbehandlung** (vor allem nach chemischer Vorbehandlung):
  - Spülen mit vollentsalztem oder destilliertem Wasser,
  - Trocknen,
  - Überzug zum Schutz der Flächen auftragen.

Herstellung der Klebung

Die Klebstoffe in Form von Flüssigkeiten, Pasten, Pulver, Folien usw. werden entsprechend dosiert auf die Kontaktflächen aufgebracht. Dafür ist ein geeignetes Auftragsverfahren zu wählen (**Bild 3, Seite 176**):

- Pinseln, Streichen, Tauchen, Tropfen, Walzen, Spritzen (**Bild 1**), Legen, Schmelzen, Streuen.

Anschließend sind die zu fügenden Teile zu positionieren und zu fixieren. Gegebenenfalls ist noch Druck auf die gesamte Klebefläche auszuüben.

Die erforderliche Abbindezeit (Härtezeit) hängt u. a. von der Abbindetemperatur ab. Hier sind die Herstellerangaben genau zu beachten. Die anschließende Abkühlung auf Raumtemperatur soll langsam und gleichmäßig erfolgen, um ein Verwerfen zu vermeiden.

Von Nachteil ist der hohe Aufwand für die Oberflächenbehandlung sowie die meist geringe Festigkeit und geringe Temperaturbelastung z. B. gegenüber Schweißverbindungen. Aufgrund der geringeren Klebstofffestigkeit sind große Klebeflächen erforderlich. Die thermische Beständigkeit und die Zeitstandfestigkeit sind begrenzt.

Vorteile, Nachteile

Vorteilhaft ist, dass Bauteile aus unterschiedlichen Werkstoffen gefügt werden können. Wegen der im Allgemeinen niedrigen Abbindetemperatur gibt es keine nennenswerte thermische Beeinflussung der Bauteile. Durch Kleben lassen sich sehr dünne Teile, z. B. Folien verbinden. Kleben ist ein sehr wirtschaftliches Fügeverfahren.

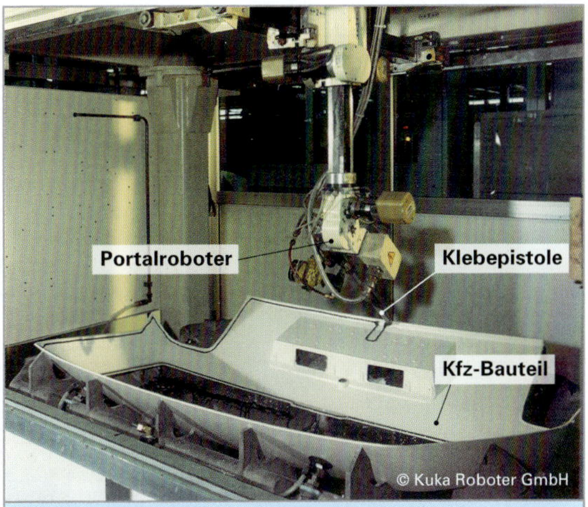

Bild 1: Klebstoffauftrag an Karosserieteilen

2. Gestalten von Klebeverbindungen

Gestaltungsrichtlinien (Tabelle K):

- Klebeverbindungen auf Schub oder Druck beanspruchen. Zug-, Biege- und Schälkräfte vermeiden (**K1**).
- Stumpfstöße vermeiden. Überlappungen oder Laschenverbindungen gestalten (**K2**).
- Steifigkeitssprünge vermeiden, sanfte Übergänge gestalten (**K3**).
- Ausreichende Klebeflächen und Überlappungen vorsehen (**K4**).
- Eckverbindungen überlappend gestalten (**K5**).
- Hoch beanspruchte Klebeverbindungen durch Formschluss entlasten (**K6**).
- Abstreifen des Klebstoffes durch scharfe Kanten vermeiden (**K7**).
- Klebeverbindungen, die der Witterung ausgesetzt sind, sollten durch Lacküberzüge o. Ä. geschützt werden (**K8**).

Tabelle K: Gestalten von Klebeverbindungen

Nicht klebegerecht	Klebegerecht	Erläuterungen
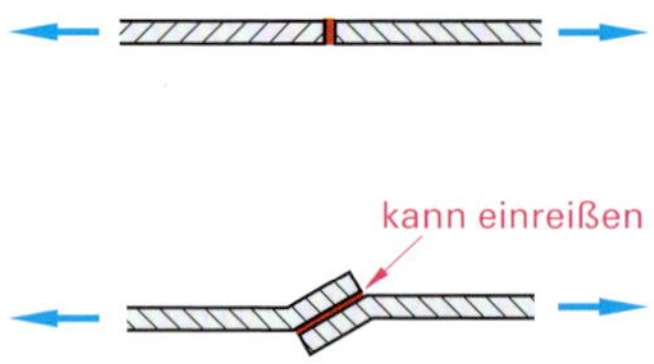	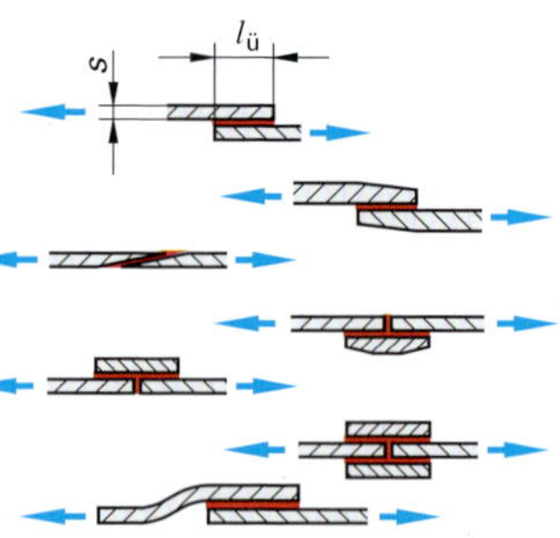	**(K1), (K2), (K3), (K4)** Klebeverbindungen auf Schub oder Druck beanspruchen. Zug-, Biege- und Schälkräfte vermeiden. Stumpfstöße vermeiden. Steifigkeitssprünge vermeiden; allmähliche Übergänge gestalten. Überlappverbindungen oder Laschenverbindungen bevorzugen. Überlappung $l_ü = (10 \ldots 20) \cdot s$. Ausreichende Klebeflächen und Überlappungen vorsehen.
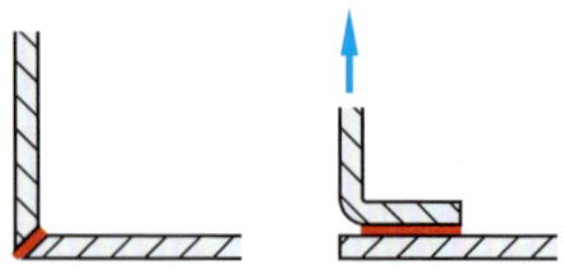	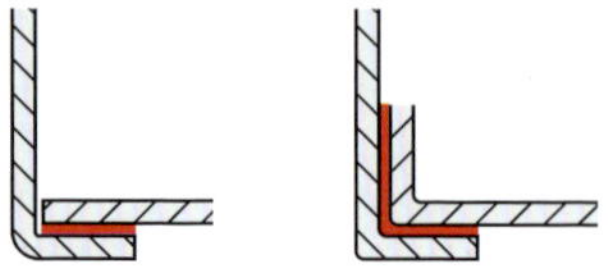	**(K5), (K1)** Eckverbindungen überlappend gestalten. Abschälen vermeiden.
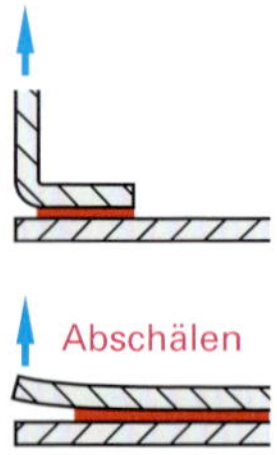	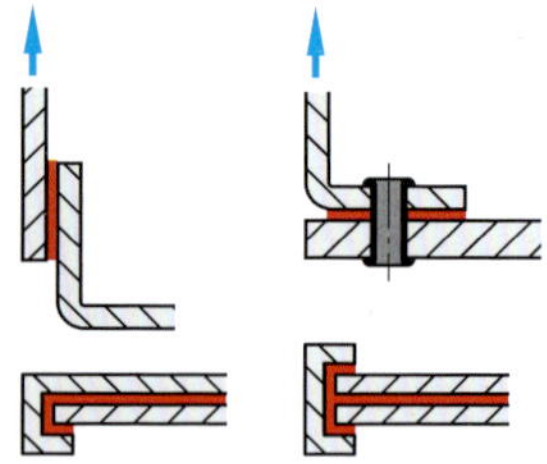	**(K1), (K6)** Abschälen vermeiden. Klebeverbindung auf Schub beanspruchen. Hoch beanspruchte Klebeverbindungen durch Formschluss (z. B. Hohlniet) entlasten.
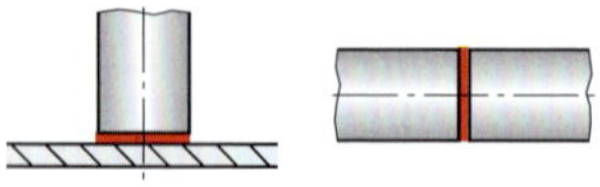	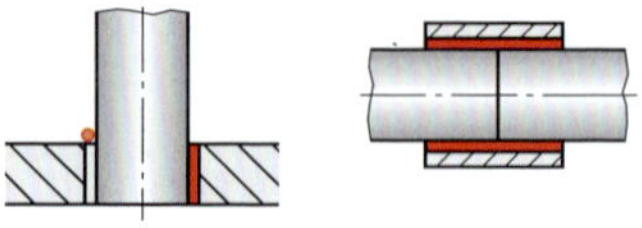	**(K1), (K2)** Stumpfstöße vermeiden. Steckverbindungen ermöglichen. Auf Schub beanspruchen.
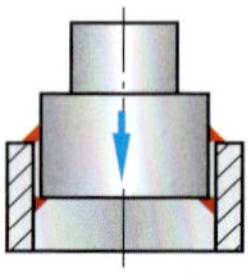	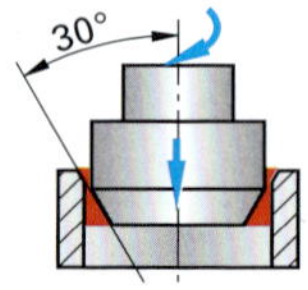	**(K7)** Abstreifen des Klebstoffes durch scharfe Kanten vermeiden.
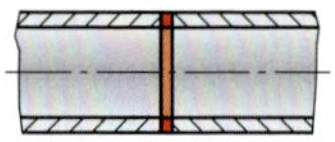	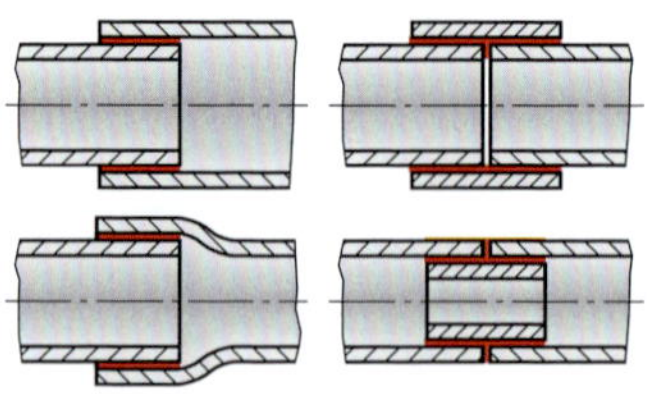	**(K2), (K4)** Stumpfstöße vermeiden. Steckverbindungen (Überlappungen) ergeben große Klebefläche.
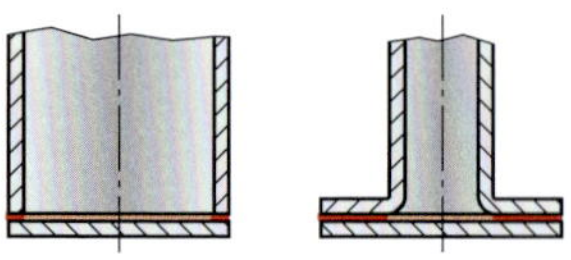	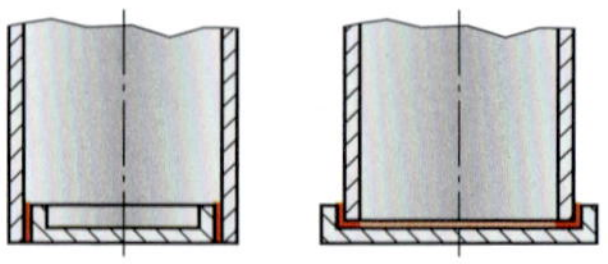	**(K2)** Stumpfstöße bei Behälterböden vermeiden.

2.3.3.5 Schmiedegerechtes Gestalten

1. Allgemeines

Freiformschmieden bzw. Freiformen und Gesenkschmieden bzw. Gesenkformen gehören nach DIN 8580 innerhalb der Hauptgruppe Umformen zu den Verfahren des Druckumformens (vgl. Seite 138).

Da die Rohlinge vor der Umformung auf Temperaturen oberhalb der Rekristallisationstemperatur erhitzt werden, spricht man auch von Warmmassivumformen.

Mit den Verfahren der Warmformgebung lassen sich mit relativ geringen Kräften große Formänderungen erzielen.

Die Vorteile geschmiedeter Bauteile sind:

- Schmiedestücke sind meist poren- und lunkerfrei,
- sie haben ein dichtes und homogenes Gefüge,
- einen günstigen Faserverlauf (**Bild 1**),
- glattere Oberflächen als Gussteile,
- hohe Festigkeits- und Dehnungseigenschaften und sind damit – auch dynamisch – hoch beanspruchbar,
- haben gute Materialausnutzung durch fertigteilnahe Konturen und damit
- geringen Aufwand für spanabhebende Nachbearbeitung.

Nachteilig sind beim Gesenkschmieden die sehr hohen Gesenkkosten, so dass dieses Verfahren im Regelfall nur für sehr hohe Stückzahlen geeignet ist.

Durch Schmieden werden Werkstücke hergestellt:

- Im gesamten Fahrzeugbau z. B. Achsschenkel, Querlenker, Kegelzahnräder mit Welle (**Bild 2**), Pleuel, Kipphebel,
- im Maschinenbau z. B. Schrauben, Bolzen, Muttern, Wellen, Achsen,
- im Apparatebau z. B. Ventile, Schieber, Gehäuse, Flansche,
- bei Werkzeugen z. B. Hämmer, Zangen, Scheren (**Bild 3**), Schraubenschlüssel, Hacken.

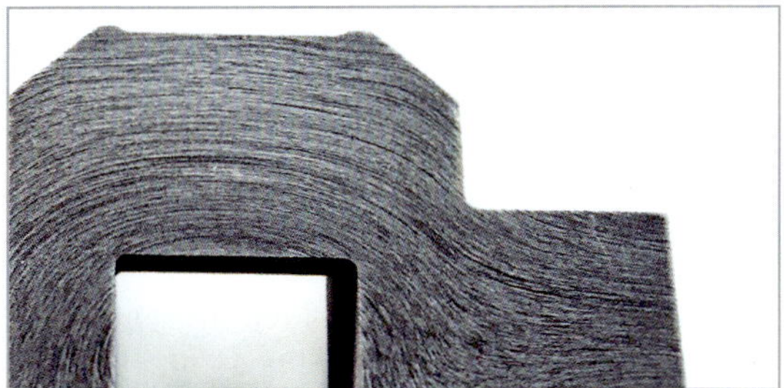

Bild 1: Faserverlauf bei einer Kurbelwelle (Ausschnitt)

Bild 2: Rohlinge für Kegelzahnräder mit Welle

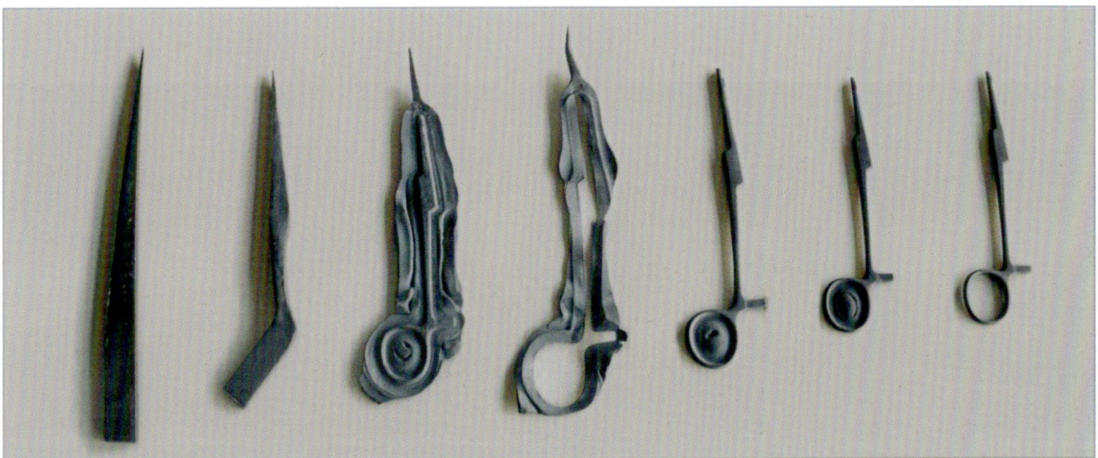

Bild 3: Werdegang einer Schere durch Schmieden

Die nachfolgende, kurze Abhandlung über das Schmieden und die Angabe einiger allgemeiner Gestaltungsrichtlinien soll in erster Linie dem Leser bei der Gestaltung von Schmiedeteilen eine erste Hilfe sein. Weiterführend wird auf die Fachliteratur und die Vielzahl von Normen verwiesen. Die fertigungsgerechte und kostengerechte Gestaltung von Schmiedeteilen ist so komplex, dass eine enge Zusammenarbeit mit dem Schmiedefachmann schon im Entwurfsstadium unbedingt erforderlich ist.

Begriffe, Definitionen

Beim **Freiformschmieden** wird der Rohling ohne begrenzende Werkzeuge umgeformt, der Werkstoff kann frei fließen.

Für den Konstrukteur hat das Freiformschmieden wenig Bedeutung; es wird nur bei geringen Stückzahlen angewendet. Das Schmiedeteil weicht im Allgemeinen sehr stark vom gewünschten Fertigteil ab und erfordert daher einen hohen Nachbearbeitungsaufwand.

Beim **Gesenkschmieden** werden dem Rohling durch Obergesenk und Untergesenk (**Bild 1**) die Fließrichtung und die Fertigform aufgezwungen. Nur bei sehr einfachen Werkstücken werden die Schmiedeteile in einem einzigen Umformvorgang geformt, für kompliziertere Teile sind meist mehrere Umformschritte erforderlich (**Bild 2**). In der Vorformung werden dabei die Fertigungsschritte Massenverteilung, Biegen und Querschnittsvorbildung mit speziellen Stauch-, Reck- und Biegewerkzeugen auf anderen Maschinen durchgeführt.

In Verbindung mit anderen Umformverfahren wie Fließpressen, Querwalzen, Ringwalzen, Gesenkwalzen, Biegen usw. lässt sich die Formenvielfalt der Schmiedestücke wesentlich erweitern.

Bild 1: Obergesenk und Untergesenk

Bild 2: Schmieden einer Kurbelwelle

Schmiedetemperatur

Die Schmiedetemperatur der Werkstücke ist abhängig vom Werkstoff und liegt bei den verschiedenen Stahlsorten zwischen 800 °C bis 1200 °C (**Bild 1**). Mit steigender Temperatur nehmen die Oberflächengüte und die Maßgenauigkeit ab. Ursachen dafür sind thermisch bedingte Spannungen und Dehnungen im Werkstück und der zunehmende Werkzeugverschleiß.

Schmiedbare Werkstoffe

Prinzipiell sind alle knetbaren Eisenmetalle und Nichteisenmetalle und deren Legierungen schmiedbar. Die Schmiedbarkeit von Stählen nimmt mit zunehmendem Kohlenstoffgehalt und anderen Legierungsgehalten ab. Je geringer der Kohlenstoffgehalt ist, desto größer ist der Bereich, in dem geschmiedet werden kann und desto höher ist die Anfangsschmiedetemperatur (Bild 1).

Mit riesigem Abstand ist Stahl der am häufigsten verwendete Werkstoff. Die Gründe sind:

- Es stehen eine Vielfalt von genormten Stahlsorten mit den unterschiedlichsten Eigenschaften zur Verfügung,
- diese Eigenschaften lassen sich durch Umformen und Wärmebehandlung in weiten Grenzen beeinflussen und den verschiedensten Anforderungen anpassen,
- es bestehen keine Entsorgungs- und Recyclingprobleme.

Tabelle 1 zeigt einen Auszug der wichtigsten Stahlsorten.

Folgende Nichteisenmetalle sind auch schmiedbar:

- Al und Al-Legierungen,
- Mg und Mg-Knetlegierungen,
- Cu und Cu-Knetlegierungen,
- Ti und Ti-Legierungen,
- Ni, Co, W und deren Legierungen.

Bei der Werkstoffwahl dürfen nicht nur die Festigkeitseigenschaften beachtet werden, sondern es müssen auch wirtschaftliche Gesichtspunkte berücksichtigt werden. So sind z. B. beim geplanten Einsatz von Werkstoffen höherer Festigkeit die Vorteile und Nachteile gegeneinander abzuwägen:

- Vorteile: höhere Beanspruchbarkeit, kleinere Abmessungen, geringeres Gewicht, geringere Materialkosten
- Nachteile: höherer Umformwiderstand, größerer Gesenkverschleiß, teurere spanende Nachbearbeitung.

Maßtoleranzen

Die Norm DIN EN 10243 enthält Angaben für Gesenkschmiedeteile im Lieferzustand aus Kohlenstoffstahl und legiertem Stahl,

- Teil 1: die in Hämmern und in Pressen warm geschmiedet sind,
- Teil 2: die in Waagerecht-Stauchmaschinen warm hergestellt sind.

Die Normen beinhalten:

- Angaben zur Bestimmung der Toleranzen,
- Toleranzarten,
- Tabellen zur Bestimmung der Toleranzen und deren Anwendung,
- Angaben zur Konstruktion von Gesenkschmiedeteilen wie:
  - vom Hersteller benötigte Angaben,
  - Angaben von Maßen und Toleranzen in der Schmiedeteil-Zeichnung.

In den Anhängen wird jeweils anhand von Anwendungsbeispielen die Vorgehensweise beschrieben, um die Maßtoleranzen für typische Schmiedestücke zu bestimmen.

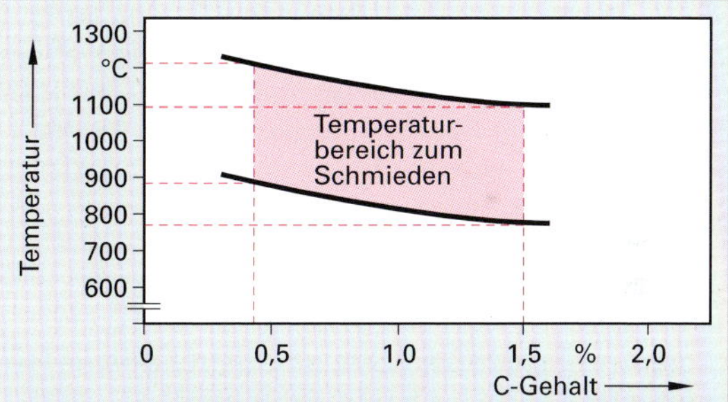

Bild 1: Schmiedetemperaturbereich für unlegierte Stähle

Tabelle 1: Stahlsorten für Schmiedeteile (Auszug)

Stahlsorte	Norm
Unlegierte Baustähle	DIN EN 10025
Vergütungsstähle	DIN EN 10083
Feinkornbaustähle	DIN EN 10222-4
Einsatzstähle	DIN EN 10084
Nitrierstähle	DIN EN 10025
Wälzlagerstähle	DIN EN ISO 683-17
Warmfeste Stähle für Schrauben und Muttern	DIN EN 10269
Kaltzähe Stähle	DIN EN 10028-4
Nichtrostende Stähle	DIN EN 10088-3

Oberflächengüte

Oberflächen von Gesenkschmiedeteilen sind entweder

- schmiederoh (verzundert) (**Bild 1**),
- reinigungsgestrahlt (**Bild 2**),
- umformend nachbehandelt und/oder
- spanend (**Bild 3**) bearbeitet.

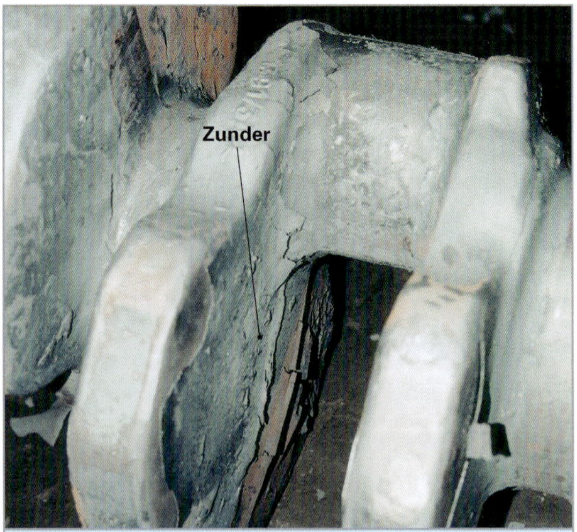

Bild 1: Schmiedeteil, roh mit Verzunderung

Bild 2: Schmiedeteil, sandgestrahlt

Bild 3: Roboterbearbeitung einer geschmiedeten Propellerschaufel mit Bandschleifer

Weitere Angaben

Die Norm DIN 7523, T2 enthält für Schmiedestücke aus Stahl Richtwerte und Gestaltungshinweise für:

- Bearbeitungszugaben für spanende Bearbeitung,
- Seitenschrägen für Innen- und Außenflächen,
- Kantenrundungen,
- Rundungen an Hohlkehlen,
- Bodendicken,
- Wanddicken, Rippenbreiten, Rippenkopfradien.

Gesenkteilung

Unter Gesenkteilung versteht man die Fläche zwischen Obergesenk und Untergesenk. Der Verlauf und die Lage dieser Gesenkteilung haben einen großen Einfluss auf die Wirtschaftlichkeit der Herstellung und die Beanspruchbarkeit der Werkstücke.

Die Wahl der Gesenkteilung beeinflusst

- das Schmiedeverfahren und damit die Art und Größe der Schmiedemaschine,
- die Anzahl, Größe, Form und damit Kosten der Gesenke,
- die Seitenschrägen am Schmiedeteil,
- die Größe der Kantenrundungen und Hohlkehlen,
- die Masse der Schmiedeteile.

Nachfolgend werden einige wichtige Gestaltungsrichtlinien genannt. Bei deren Nichtbeachtung ist mit folgenden Nachteilen zu rechnen:

- Zu hoher Umformwiderstand (hoher Arbeitsbedarf),
- schnelles Abkühlen der Teile (steigender Umformwiderstand),
- ungünstiger Werkstofffluss,
- größerer Werkzeugverschleiß,
- größere Ausschussgefahr wegen nicht ausgefüllter Hohlräume.

2. Werkstoffbedingte Gestaltung

Gestaltungsrichtlinien (Tabelle W):

- Werkstoffauswahl nach technischen und wirtschaftlichen Kriterien vornehmen (**W1**).
- Hohe und/oder dünne Rippen bzw. tiefe Gesenkeinarbeitungen vermeiden (großer Umformwiderstand, **W2**).
- Sanfte, gerundete Querschnittsübergänge gestalten (besseres Fließverhalten, **W3**).
- Querschnitte der Bauteile schmiedegerecht gestalten. Möglichst rotationssymmetrische Formen wählen (**W4**).
- Möglichst große und einheitliche Kantenrundungen vorsehen (**W5**).
- Hohlkehlen ausreichend ausrunden (**W6**).

Tabelle W: Werkstoffbedingte Gestaltungsrichtlinien

Nicht schmiedegerecht	Schmiedegerecht	Erläuterungen
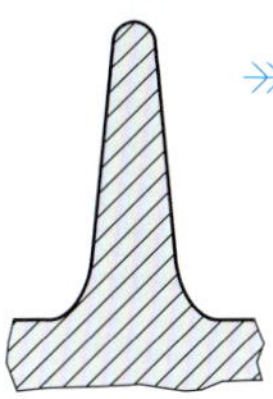	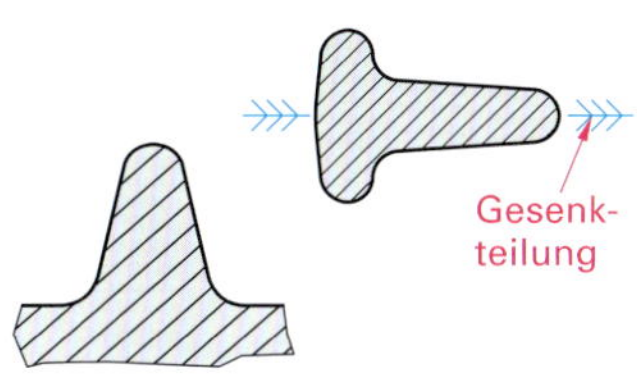	**(W2)** Hohe dünne Rippen bzw. tiefe Gravuren vermeiden (schlechter Werkstofffluss). Ausreichende Schrägen vorsehen (DIN 7523).
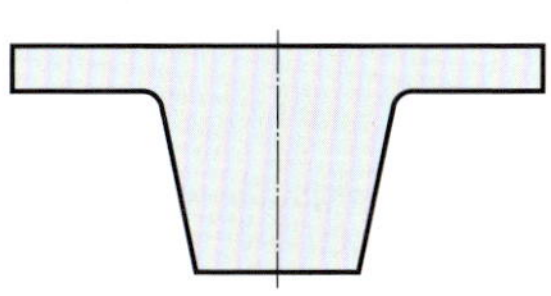	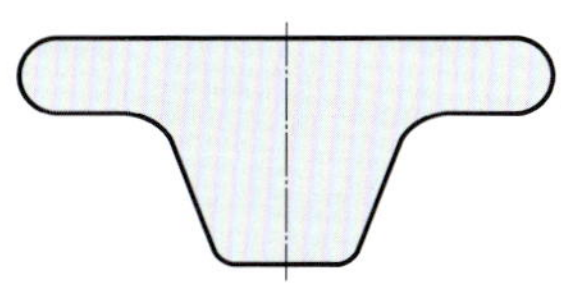	**(W3)** Sanfte gerundete Querschnittsübergänge gestalten (besseres Fließverhalten).
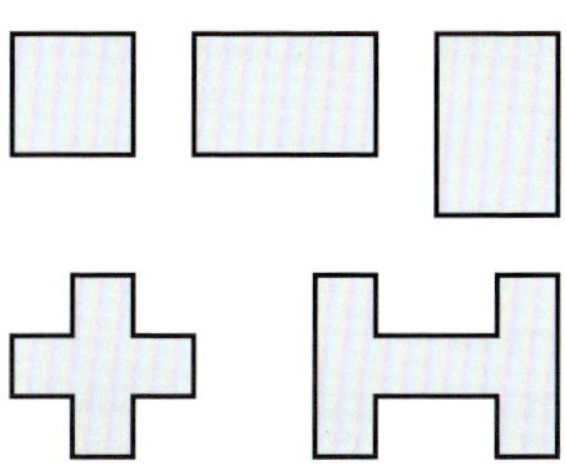	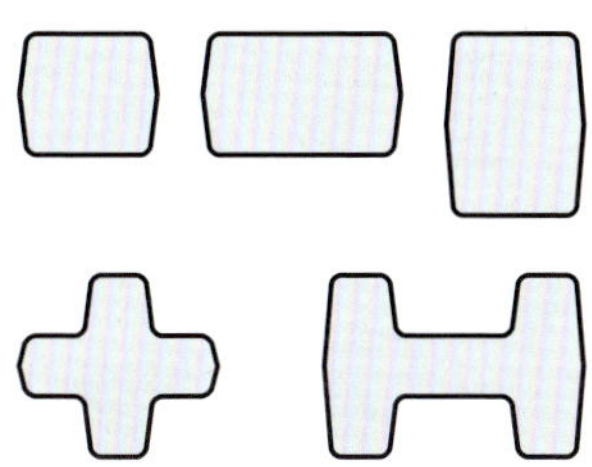	**(W4)** Querschnitte schmiedegerecht gestalten. Übergänge ausrunden.
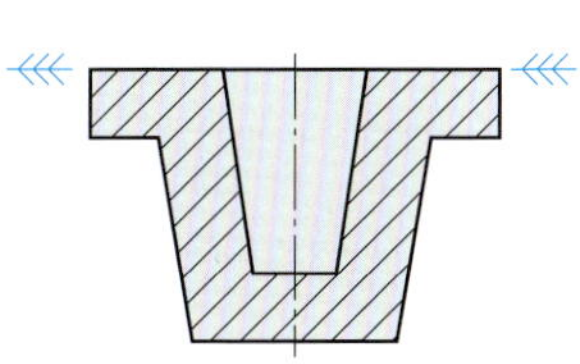	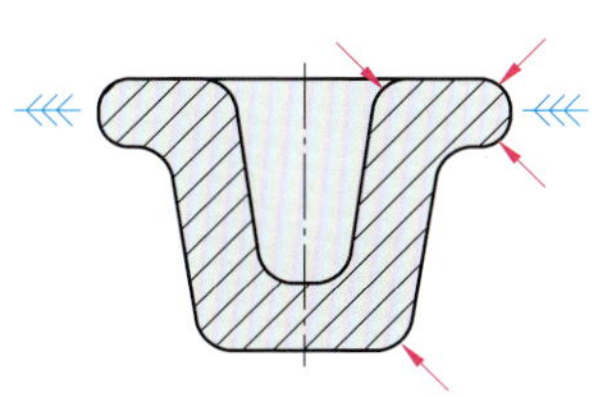	**(W5)** Möglichst große und einheitliche Kantenrundungen vorsehen (DIN 7523).
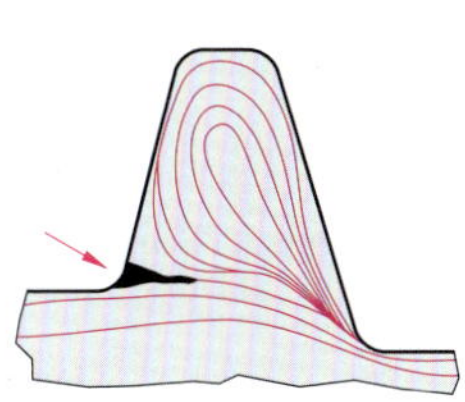	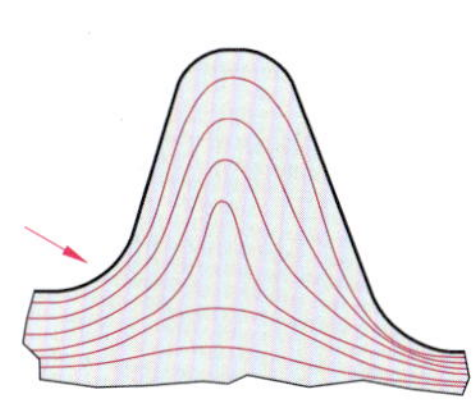	**(W6)** Hohlkehlen ausreichend ausrunden (Schmiedefehler vermeiden DIN 7523).

3. Verfahrensbedingte Gestaltung

Gestaltungsrichtlinien (Tabelle V):

- Schmiedeteile aus möglichst einfachen Formen aufbauen und symmetrisch gestalten (**V1**).
- Gesenkteilung möglichst eben und waagerecht legen. Gekröpfte Teilung vermeiden. Lage des Grates beachten (**V2**).
- Ausreichend große Gesenkschrägen innen und außen vorsehen (**V3**).
- Ausreichend große Radien innen und außen vorsehen (**V4**).
- Hinterschneidungen vermeiden (**V5**).
- Gesenkteilungen an Stirnflächen/Körperkanten vermeiden (Gratversatz, **V6**).
- Keine kegeligen Übergänge bei Freiformschmiedestücken gestalten (**V7**).
- Runde Außenkonturen bei Freiformschmiedestücken vermeiden (**V8**).

Tabelle V: Verfahrensbedingte Gestaltungsrichtlinien

Nicht schmiedegerecht	Schmiedegerecht	Erläuterungen
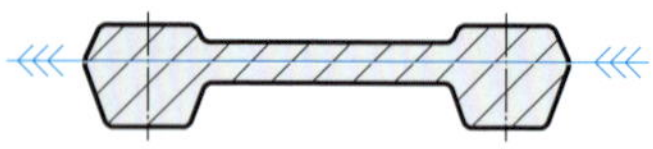	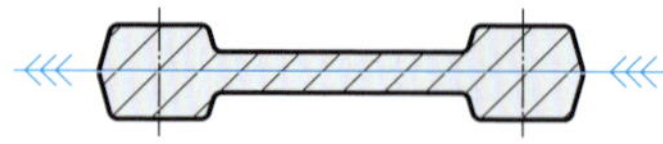	**(V1)** Schmiedeteile aus möglichst einfachen Formen aufbauen und symmetrisch gestalten.
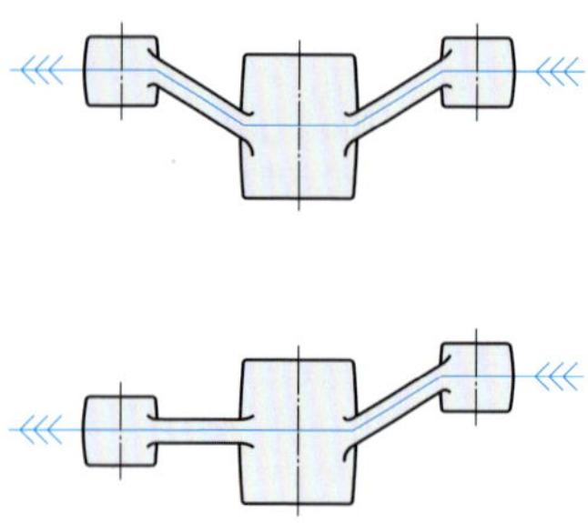	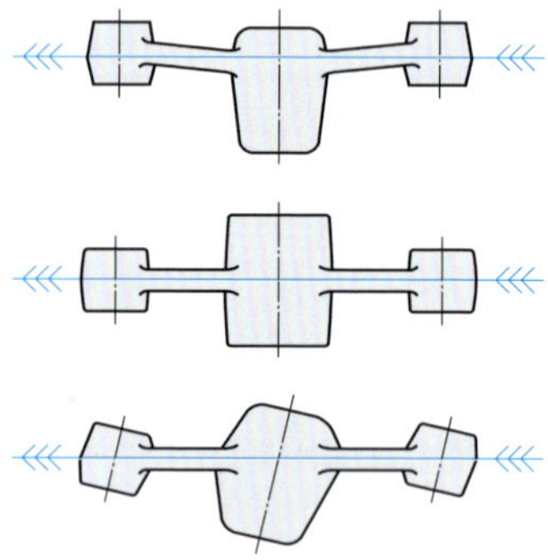	**(V2)** Gesenkteilungsebene möglichst eben und waagerecht legen (geringere Gesenkkosten). Gekröpfte Gesenkteilung vermeiden. Lage des Grates beachten.
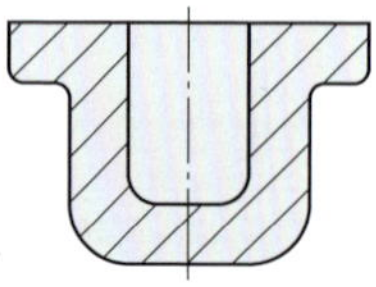	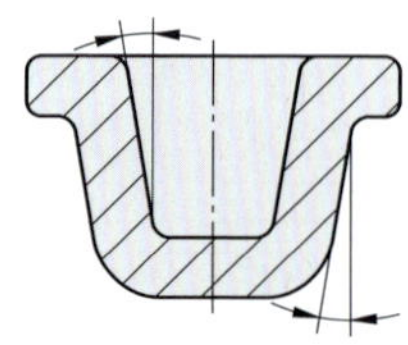	**(V3), (V4)** Ausreichend große Gesenkschrägen außen und innen vorsehen (DIN 7523). Ausreichend große Radien innen und außen vorsehen (DIN 7523).
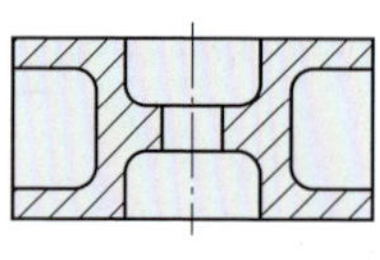	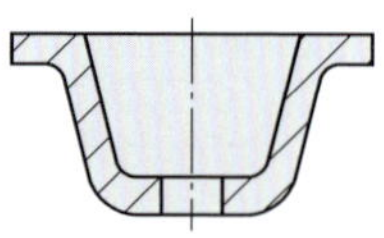	**(V5)** Hinterschneidungen vermeiden.
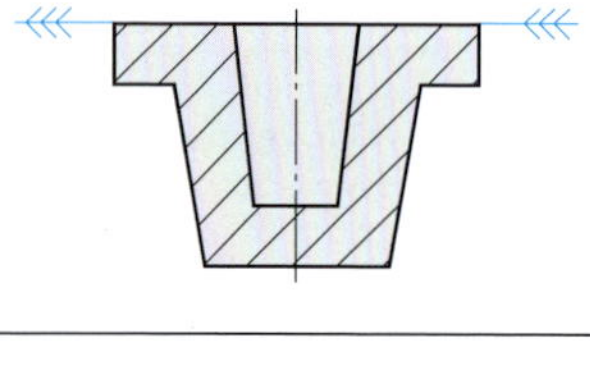	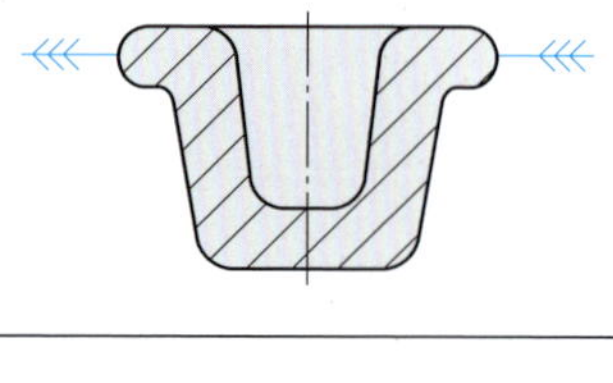	**(V6)** Gesenkteilung an Stirnflächen/Körperkanten vermeiden (Gratversatz).

4. Bearbeitungsbedingte Gestaltung

Gestaltungsrichtlinien (Tabelle B):

- Zerspanungsaufwand auf ein Minimum reduzieren. Endnahe Kontur anstreben (**B1**).
- Zu bearbeitende Stellen abheben. Werkzeugauslauf vorsehen. Bearbeitungsflächen möglichst auf gleiche Höhe legen (**B2**).
- Ausreichend große Bearbeitungszugaben **(Tabelle 1)** vorsehen (**B3**).
- Einfaches Entgraten ermöglichen. An Stirnflächen möglichst keine Gesenkteilung (**B4**).
- Positioniermöglichkeiten und Spannmöglichkeiten für die Nachbearbeitung vorsehen (**B5**).

Tabelle B: Bearbeitungsbedingte Gestaltungsrichtlinien

Nicht bearbeitungsgerecht	Bearbeitungsgerecht	Erläuterungen
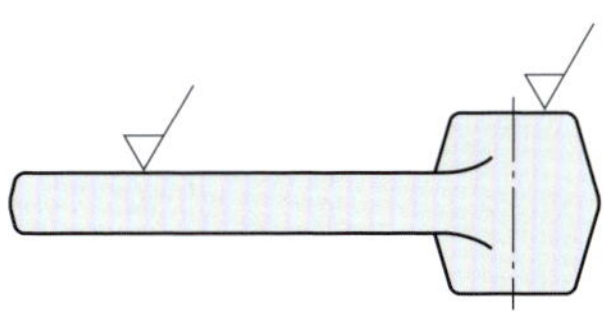	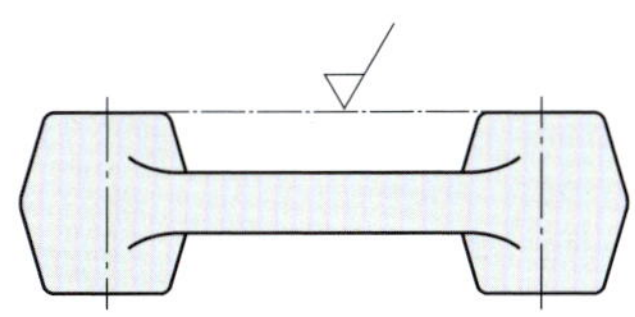	**(B2), (B3)** Zu bearbeitende Stellen abheben. Werkzeugauslauf vorsehen. Ausreichende Bearbeitungszugaben vorsehen (DIN 7523). Bearbeitungsflächen möglichst auf gleiche Höhe.
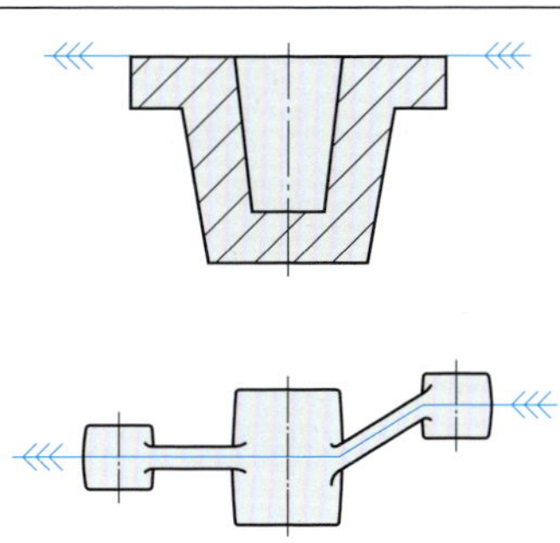	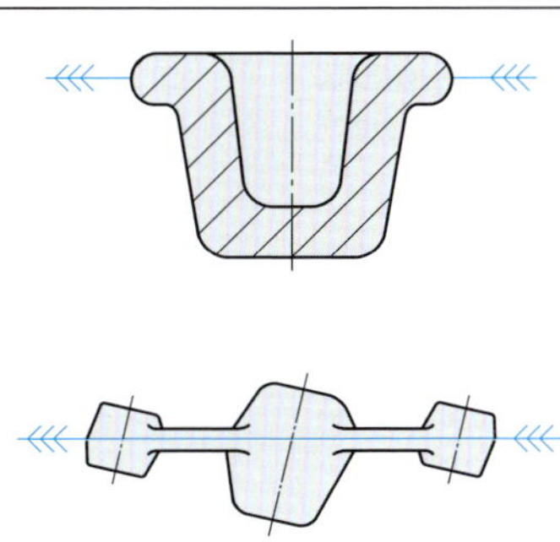	**(B4), (V2)** Einfaches Entgraten ermöglichen. An Stirnflächen möglichst keine Gesenkteilung. Gekröpfte Gesenkteilung wegen Grat vermeiden.
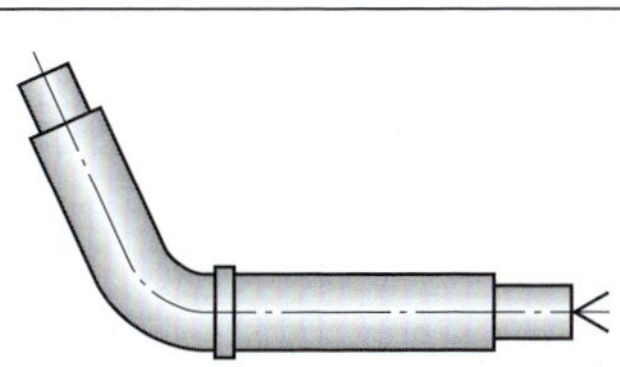	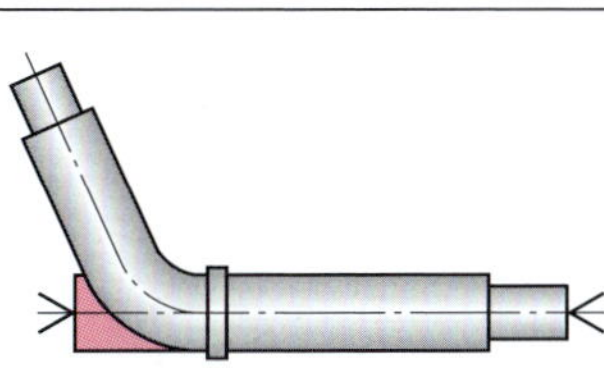	**(B5)** Positioniermöglichkeiten und Spannmöglichkeiten für die Nachbearbeitung vorsehen.

Tabelle 1: Bearbeitungszugabe für Flächen an Gesenkschmiedewerkstücken (Auszug)

Größte Breite oder größter Durchmesser der zu bearbeitenden Fläche in mm		Größte Höhe oder Länge der zu bearbeitenden Fläche in mm							
		bis 40	über 40 bis 63	über 63 bis 100	über 100 bis 160	über 160 bis 250	über 250 bis 400	über 400 bis 630	über 630 bis 1000
über	bis	Bearbeitungszugabe in mm							
	40	1,5	1,5	2	2	2,5	3	4	5
40	63	1,5	2	2	2,5	3	3,5	4,5	5,5
63	100	2	2	2,5	3	3	3,5	4,5	5,5
100	160	–	2,5	3	3	3,5	4	5	6
160	250	–	–	3	3,5	4	5	6	7
250	400	–	–	–	4	5	6	7	8

2.3.3.6 Zerspangerechtes Gestalten

1. Allgemeines

Werkstücke, die z. B. durch Umformen, Urformen, Schweißen hergestellt wurden, entsprechen oft noch nicht dem gewünschten Fertigzustand bezüglich

- spezieller Formelemente,
- Abmessungen,
- Toleranzen und
- Oberflächengüte.

Sie müssen häufig noch an funktionswichtigen Stellen spanend nachbearbeitet werden. Einzelwerkstücke und Kleinserienteile werden meist aus dem „Vollen" spanend erzeugt. Dabei kann es vorkommen, dass das zu zerspanende Volumen mehr als 90% des Fertigteilvolumens ausmacht (**Bild 1**). Dies gilt vor allem für die Herstellung von Flugzeugbauteilen und Bauteilen der optischen Industrie, sowie im Werkzeugbau und im Vorrichtungsbau.

Bild 1: Optisches Einzelwerkstück, 96 % Zerspanung

Mikrogeometrien können ebenfalls spanend hergestellt werden (**Bild 2**).

Bild 2: Mikrozerspanung bei Formelementen

Von den in DIN 8580 genannten Trennverfahren werden nachfolgend nur das „Spanen mit geometrisch bestimmter Schneidform" (Drehen, Bohren, Fräsen) und das „Spanen mit geometrisch unbestimmten Schneiden" (Schleifen) betrachtet (**Bild 3**).

Bild 3: Fertigschleifen einer Nockenwelle

Da diese Verfahren allgemein bekannt sind, wird auf eine Beschreibung verzichtet und es werden nur die wichtigsten Gestaltungsrichtlinien angegeben.

2. Generelle Gestaltung

Gestaltungsrichtlinien (Tabelle G):

- Optimales Spanverfahren verwenden. Dreh- und Bohroperationen gegenüber Fräsoperationen bevorzugen (**G1**).
- Zerspanarbeit auf ein Minimum beschränken. Stark abgesetzte Drehteile evtl. mehrteilig ausführen (**G2**).
- Vorschubwege der Werkzeuge minimieren (**G3**).
- Werkzeugauslauf beachten (**G4**).
- Teile so gestalten, dass mehrere Flächen in einem Durchgang bearbeitet werden können (**G5**).
- Nach Möglichkeit in einer Aufspannung fertig bearbeiten (**G6**).
- Auf ausreichende Spannmöglichkeiten achten (**G7**).
- Genormte und handelsübliche Werkzeuge einsetzen; möglichst keine Sonderwerkzeuge verwenden (**G8**).
- Möglichst einfache und vorhandene Fertigungsmittel einsetzen (**G9**).
- Auf Zugänglichkeit der Werkzeuge achten (**G10**).
- Genormte Gestaltungselemente berücksichtigen (Freistiche, Gewindefreistiche, Gewindeauslauf, Senkungen, Zentrierungen (**G11**).

Tabelle G: Generelle Gestaltungsrichtlinie für spanende Herstellung

Nicht zerspangerecht	Zerspangerecht	Erläuterungen
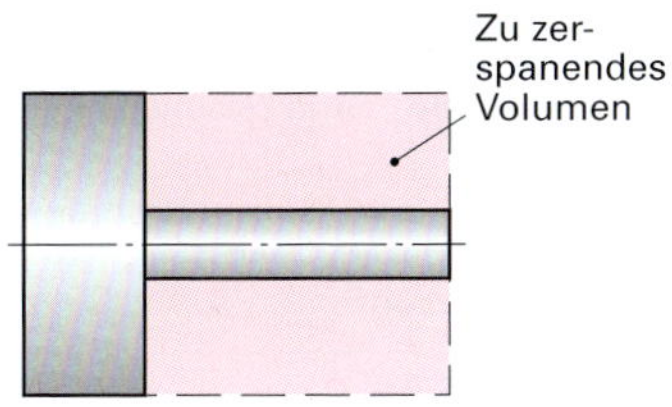	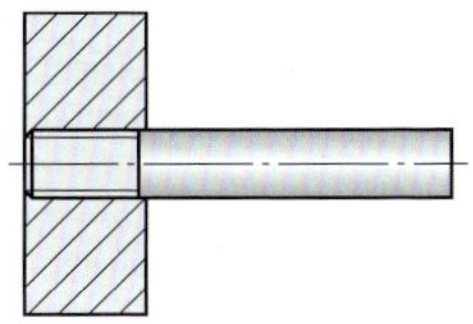	**(G2)** Zerspanungsarbeit auf ein Minimum beschränken. Stark abgesetzte Drehteile mehrteilig ausführen.
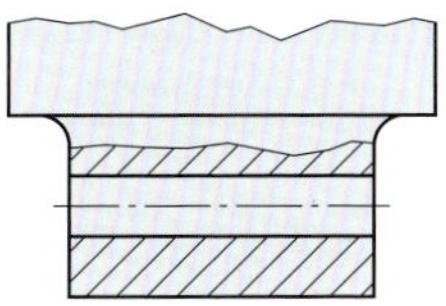	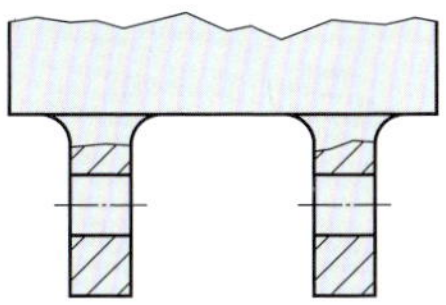	**(G3)** Vorschubwege des Werkzeugs minimieren (kürzere Bearbeitungszeit).
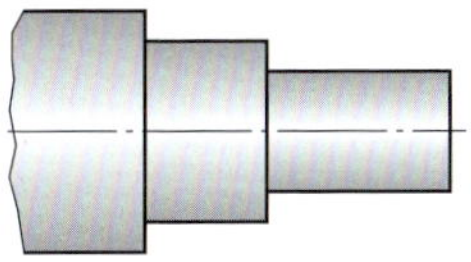	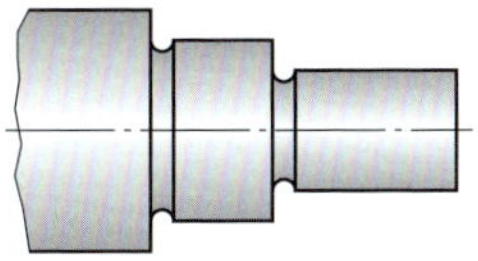	**(G4)** Auf Werkzeugauslauf achten.
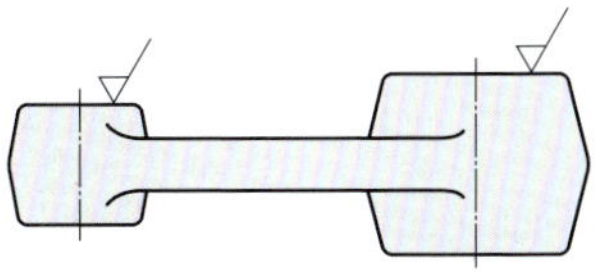	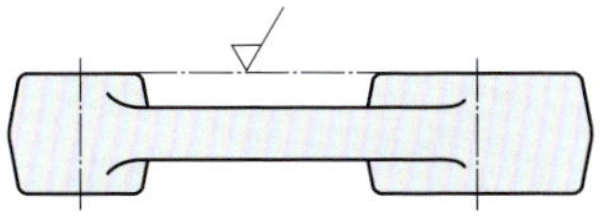	**(G5)** Teile so gestalten, dass mehrere Flächen in einem Durchgang bearbeitet werden können.
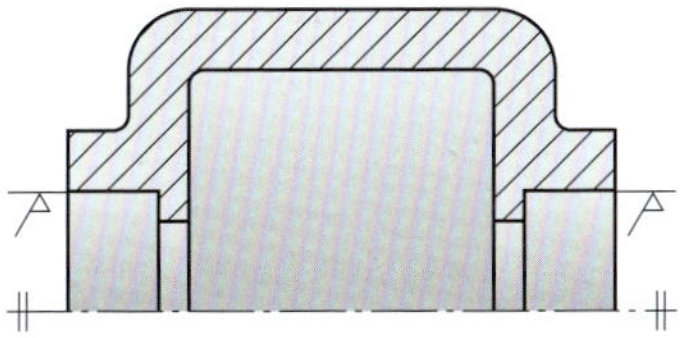	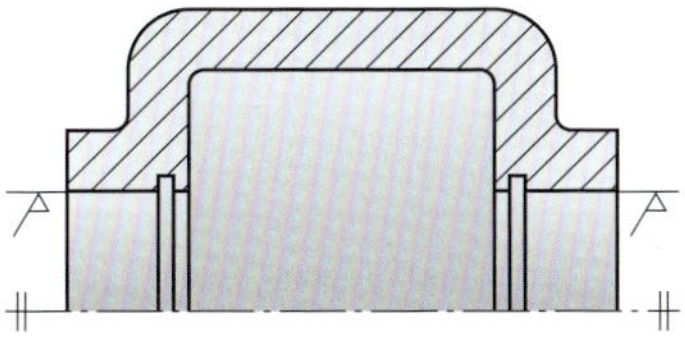	**(G6)** Nach Möglichkeit in einer Aufspannung fertig bearbeiten.
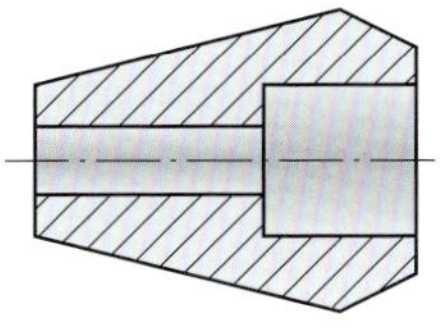	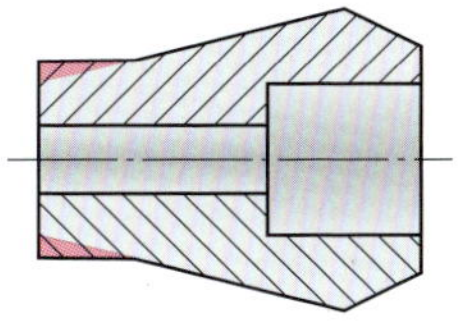	**(G7)** Auf ausreichende Spannmöglichkeiten achten.

3. Drehgerechte Gestaltung

Gestaltungsrichtlinien (Tabelle D):

- Großen Zerspanungsaufwand vermeiden. Bauteile evtl. mehrteilig ausführen (**D1**).
- Möglichst aufsteigenden Außendurchmesser und fallende Innendurchmesser zur Spannfläche hin vorsehen (**D2**).
- Außenkanten nicht runden sondern ggf. anfasen (**D3**).
- Werkzeugauslauf vorsehen (**D4**).
- Auf Spannflächen bzw. ausreichend große Spannflächen achten (**D5**).
- Bundbegrenzungen möglichst vermeiden (**D6**).
- Sind Wellenabsätze zu runden, dann möglichst mit gleichem Radius (**D7**).
- Bearbeitung von Nuten sind am Außendurchmesser einfacher und billiger als in der Bohrung. Noch einfacher ist es, eine Fase anzubringen (**D8**).

Tabelle D: Drehgerechte Gestaltungsrichtlinien

Nicht drehgerecht	Drehgerecht	Erläuterungen
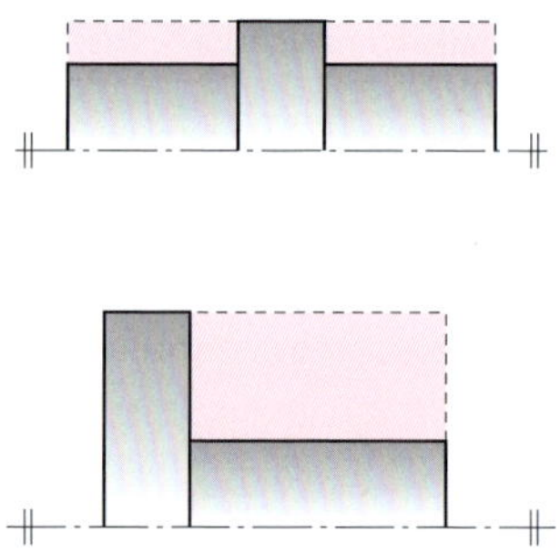	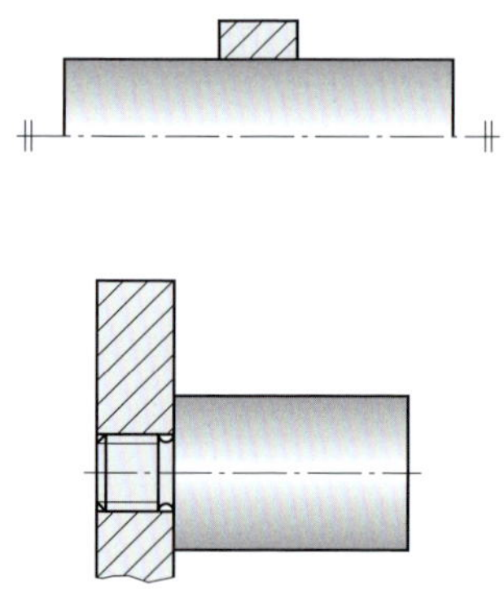	**(D1), (G2)** Großen Zerspanungsaufwand vermeiden. Bauteile eventuell mehrteilig ausführen.
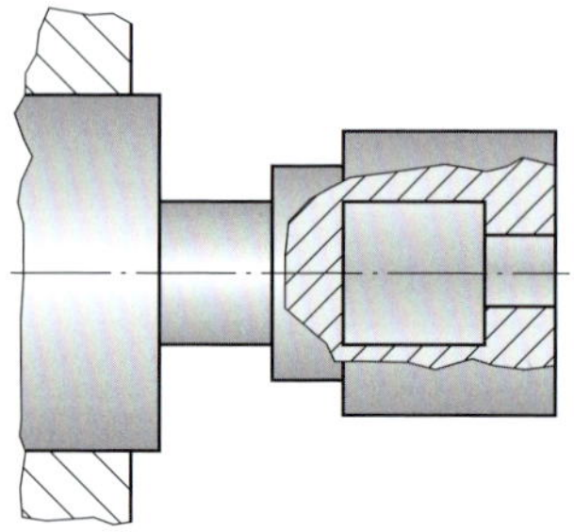	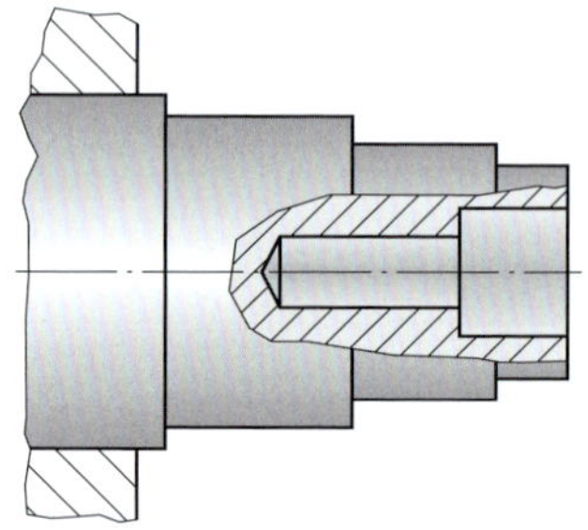	**(D2)** Möglichst aufsteigende Außendurchmesser zur Spannfläche hin vorsehen. Möglichst fallende Innendurchmesser zur Spannfläche hin vorsehen.
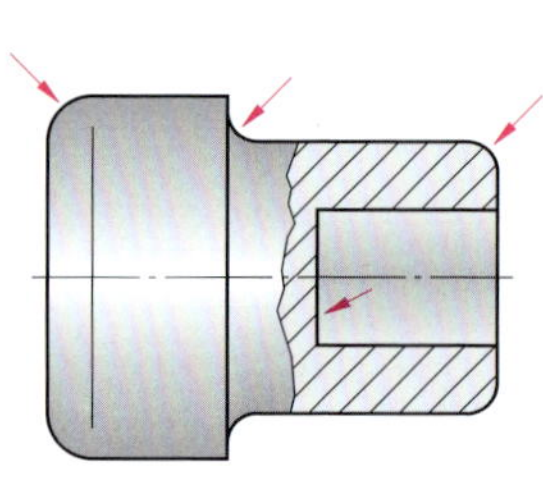	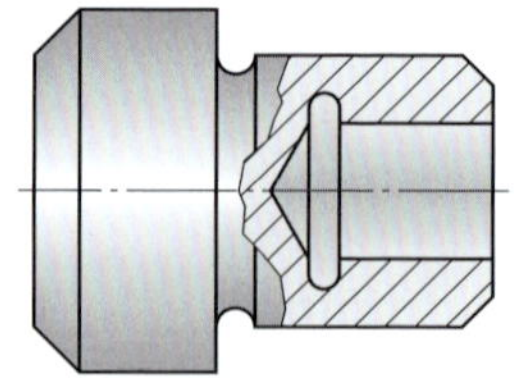	**(D3), (D4)** Außenkanten nicht runden sondern anfasen. Werkzeugauslauf vorsehen. Möglichst kein planes Ende an Bohrungen.

Tabelle D, Forts.: Drehgerechte Gestaltungsrichtlinien

Nicht drehgerecht	Drehgerecht	Erläuterungen
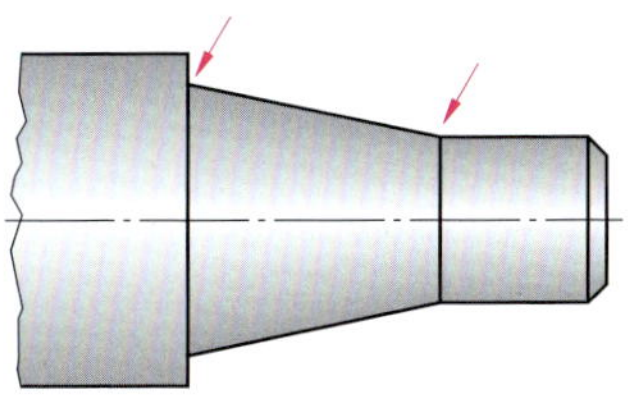	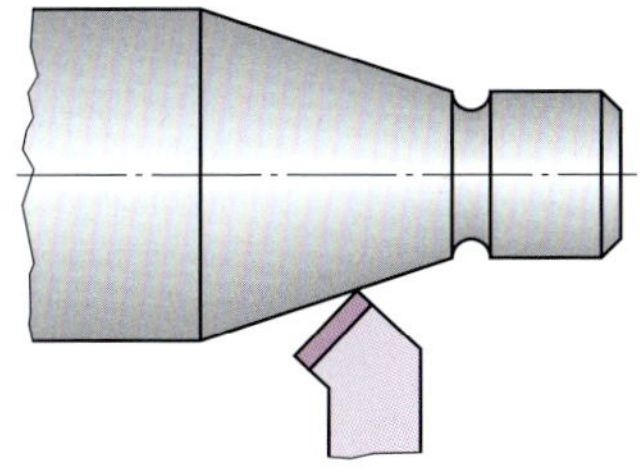	**(D4), (G4)** Auf Werkzeugauslauf achten.
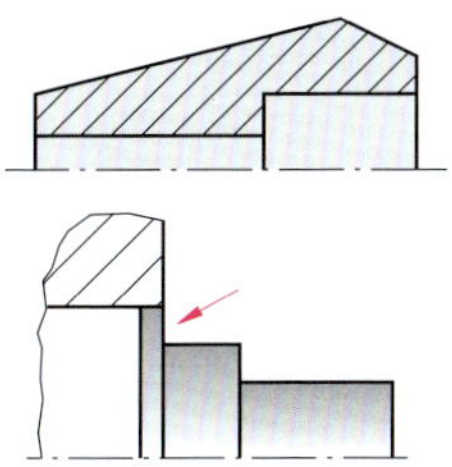	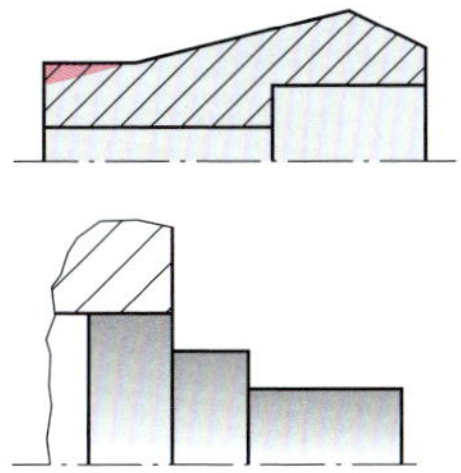	**(D5), (G7)** Auf Spannflächen bzw. ausreichend große Spannflächen achten.
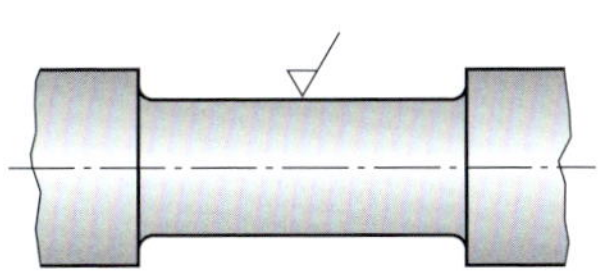	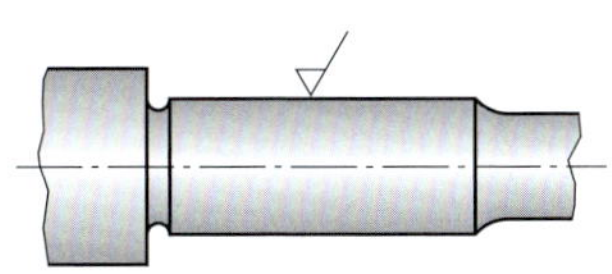	**(D6), (D4), (G4)** Bundbegrenzungen möglichst vermeiden. Werkzeugauslauf vorsehen.
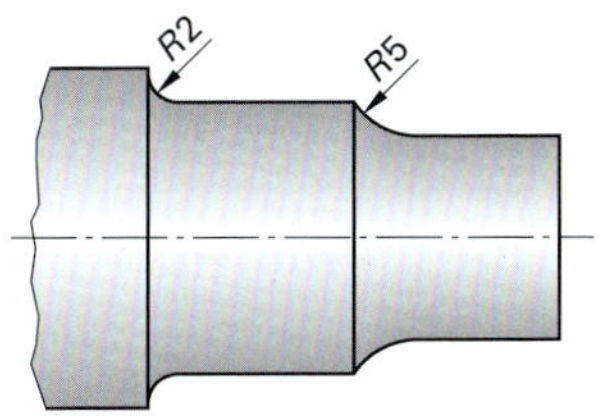	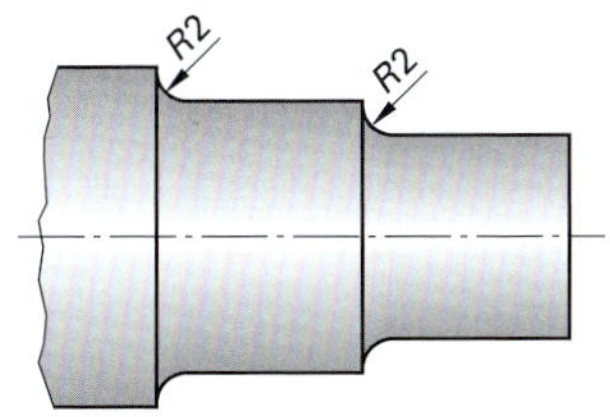	**(D7)** Sind Wellenabsätze zu runden, dann möglichst mit gleichem Radius.
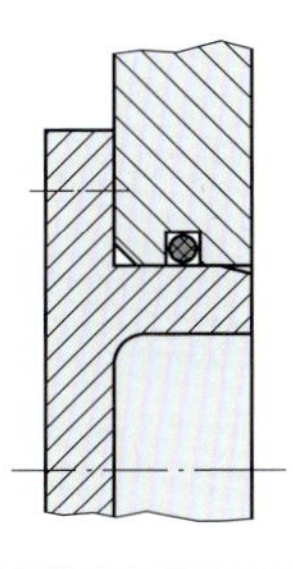	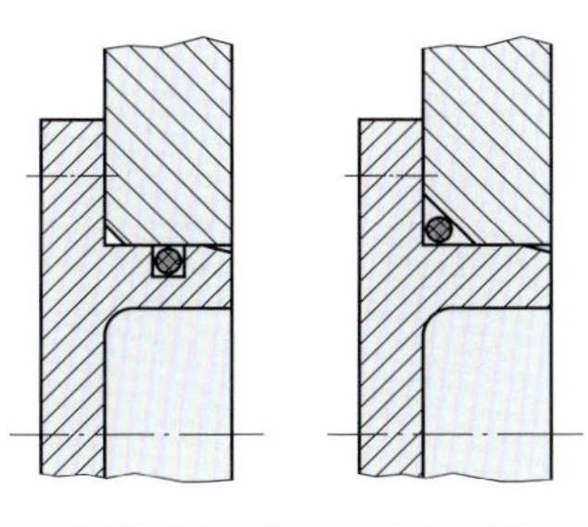	**(D8)** Bearbeitung von Nuten sind am Außendurchmesser einfacher und billiger als in der Bohrung. Noch einfacher ist es, eine Fase anzubringen.

4. Bohrgerechte Gestaltung

Gestaltungsrichtlinien (Tabelle B):

- Bohrungen an Schrägen vermeiden. Ggf. vorher Fläche ansenken (**B1**).
- Bohrungen mit planflächigem Ende möglichst vermeiden. Bohrerabhängige Kegelfläche ist billiger (**B2**).
- Gewindeauslauf beachten. Gewindedurchgangslöcher sind Gewindesacklöchern vorzuziehen (**B3**).
- Auf Werkzeugauslauf achten (**B4**).
- Möglichst gleiche Bohrungsdurchmesser vorsehen (**B5**).
- Möglichst handelsübliche Bohrwerkzeuge verwenden (**B6**).
- Bohrungsüberschneidungen vermeiden, da sie zum Verlaufen des Bohrers führen können (**B7**).
- Große Bohrerlängen vermeiden; Bohrer kann verlaufen (**B8**).

Tabelle B: Bohrgerechte Gestaltungsrichtlinien

Nicht bohrgerecht	Bohrgerecht	Erläuterungen
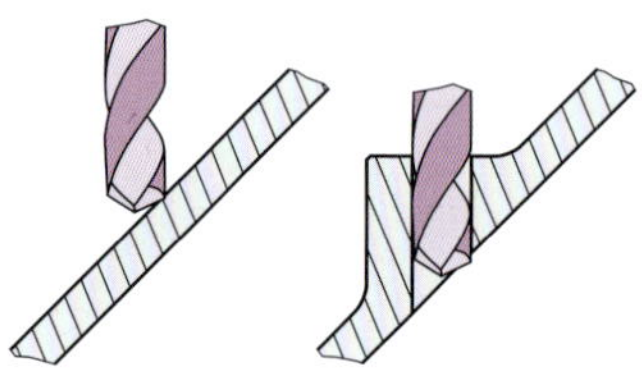	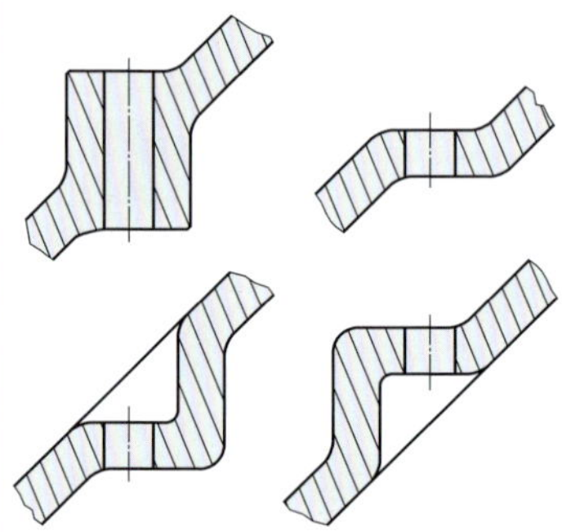	**(B1)** Bohrungen an Schrägen, am Anschnitt und am Auslauf vermeiden (Bohrer verläuft oder bricht).
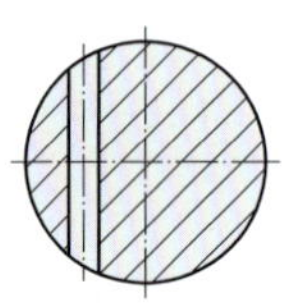	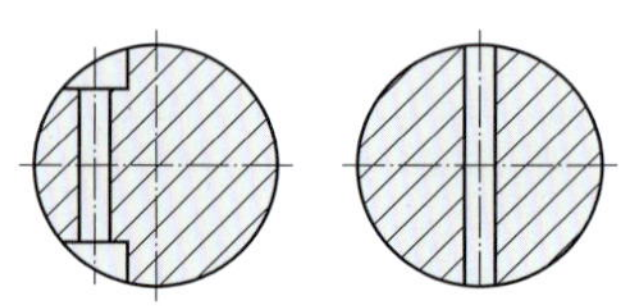	**(B1)** Bei schrägen Bohrungen ist ggf. vorher anzusenken.
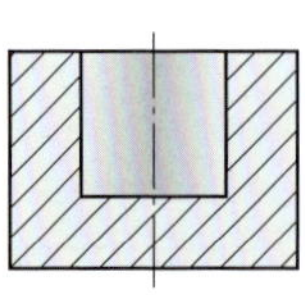	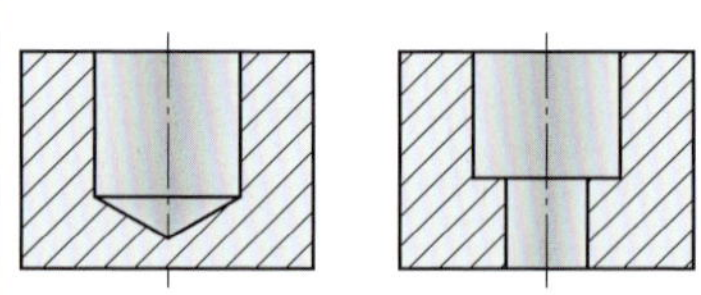	**(B2)** Bohrungen mit planflächigem Ende möglichst vermeiden (Nacharbeit). Bohrerabhängige Kegelfläche ist besser.
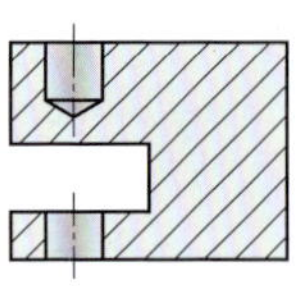	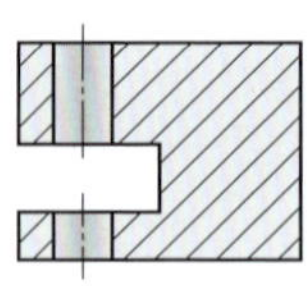	**(B3)** Durchgangslöcher statt Sacklöcher vorsehen.

Tabelle B, Forts.: Bohrgerechte Gestaltungsrichtlinien

Nicht bohrgerecht	Bohrgerecht	Erläuterungen
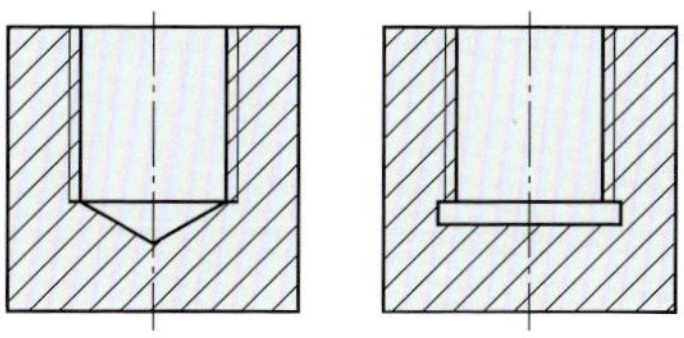	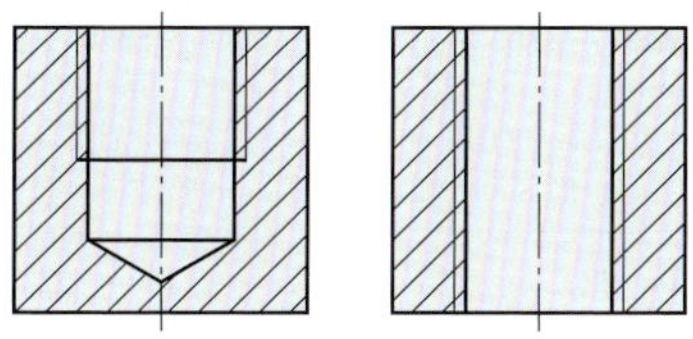	**(B3)** Gewindeauslauf beachten. Gewindedurchgangslöcher sind Gewindesacklöchern vorzuziehen.
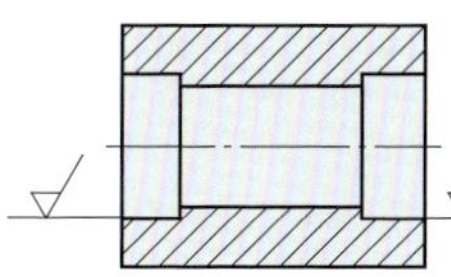	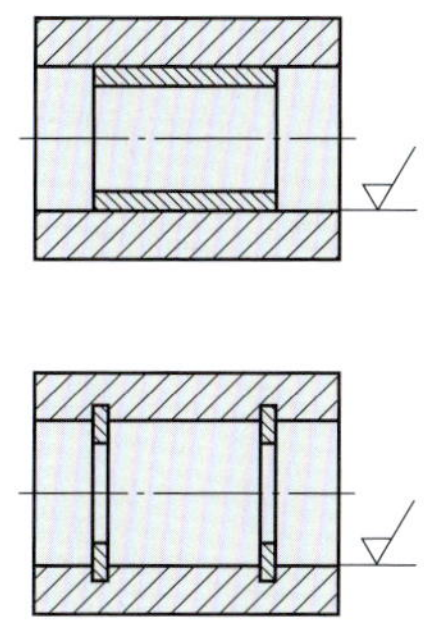	**(B4)** Auf Werkzeugauslauf achten. Bohrungen im Bild rechts können durchgehend bearbeitet werden.
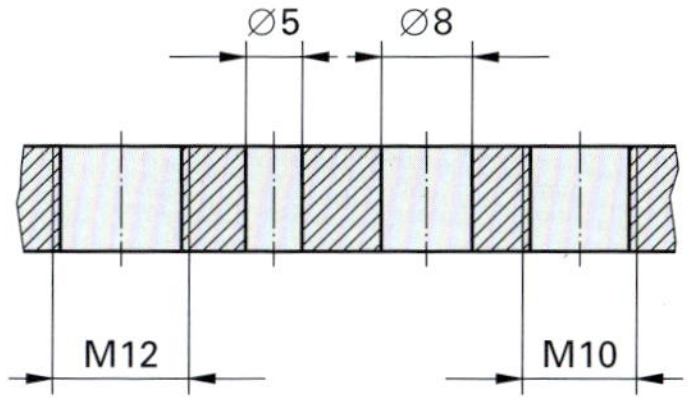	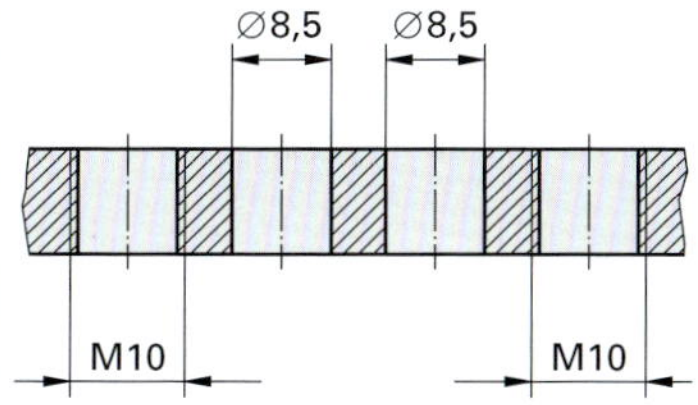	**(B5)** Möglichst viele gleiche Bohrungsdurchmesser vorsehen. Hinweis: Der Kerndurchmesser für M10 wird mit ø8,5 gebohrt.
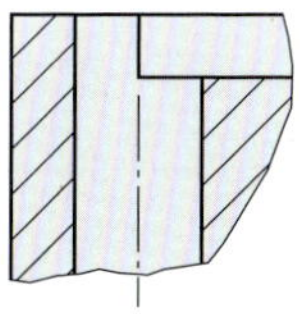	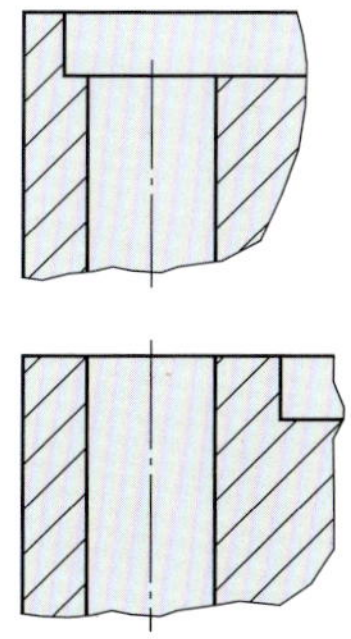	**(B7)** Bohrungsüberschneidungen vermeiden, da sie zum Verlaufen oder Brechen des Bohrers führen können.
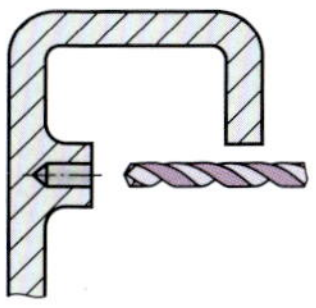	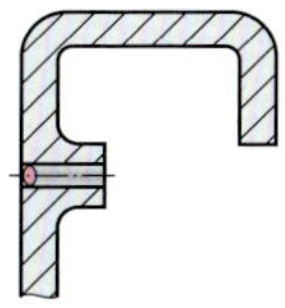	**(B8)** Große Werkzeuglängen vermeiden. Von links bohren und Bohrung evtl. verschließen.

5. Fräsgerechte Gestaltung

Gestaltungsrichtlinien (Tabelle F):

- Möglichst gerade, ebene Flächen oder einfach herstellbare Formen gestalten (**F1**).
- Zu fräsende Flächen möglichst auf gleiche Höhe legen (**F2**).
- Nuten möglichst mit Scheibenfräser herstellen; Fingerfräser vermeiden (**F3**).
- Vorschubweg des Fräsers minimieren (**F4**).
- Auf Werkzeugauslauf achten (**F5**).
- Auf ausreichende Spannmöglichkeit achten (**F6**).

Tabelle F: Fräsgerechte Gestaltungsrichtlinien

Nicht fräsgerecht	Fräsgerecht	Erläuterungen
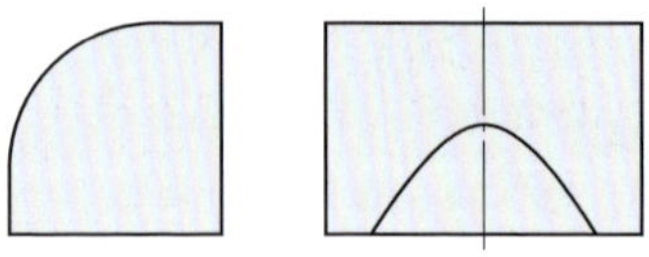	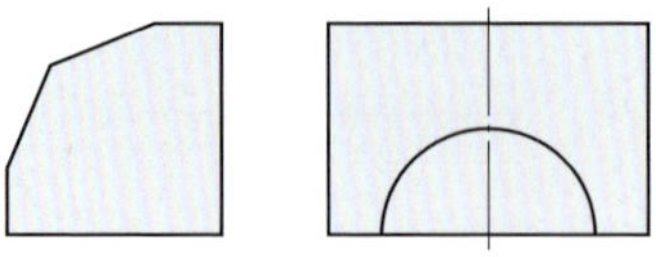	**(F1)** Möglichst gerade, ebene Flächen oder einfach herstellbare Formen gestalten.
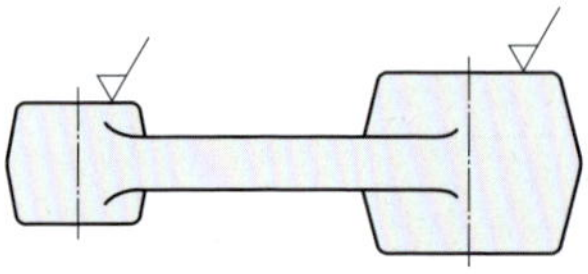	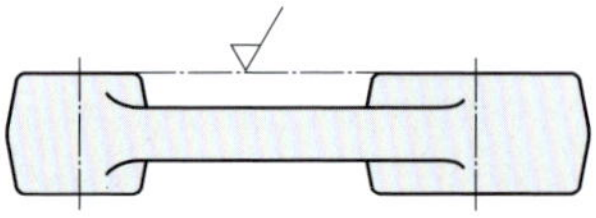	**(F2), (G5)** Zu fräsende Flächen möglichst auf gleiche Höhe legen.
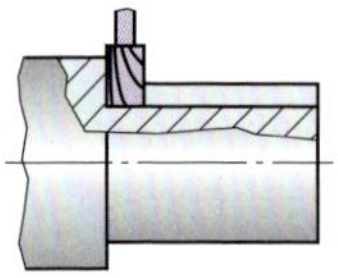	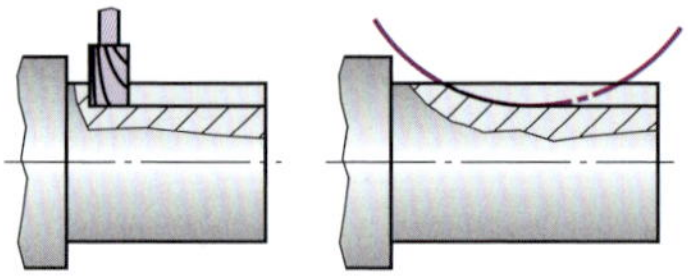	**(F3), (G4)** Nuten möglichst mit Scheibenfräser herstellen. Fingerfräser vermeiden. Werkzeugauslauf beachten.
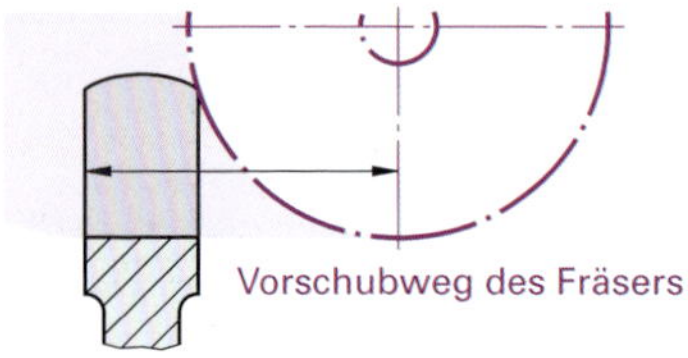	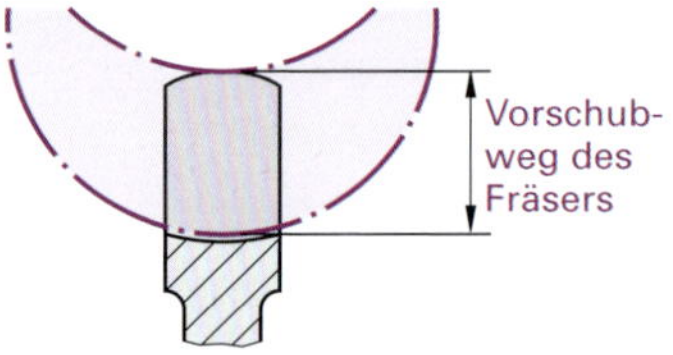	**(F4), (G3)** Vorschubweg des Fräsers minimieren.
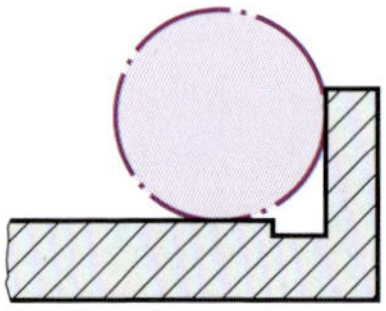	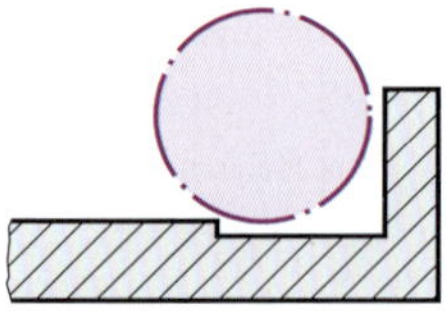	**(F5), (G4)** Auf Werkzeugauslauf achten.
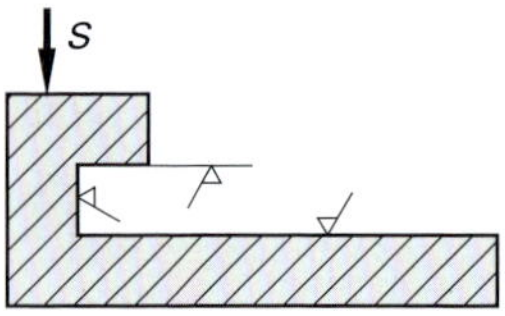	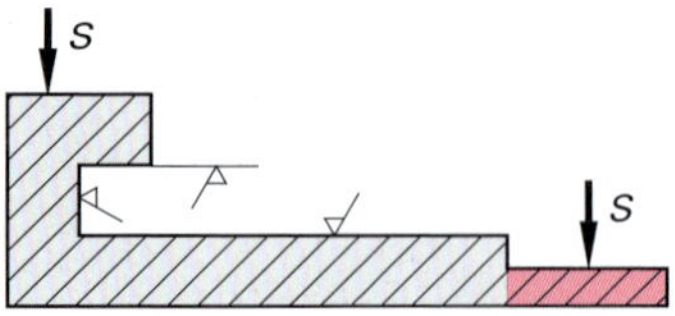	**(F6)** Auf ausreichende Spannmöglichkeit achten.

6. Schleifgerechte Gestaltung

Gestaltungsrichtlinien (Tabelle S):

- Radien an Wellenabsätzen vermeiden. Freistiche gestalten wegen Werkzeugauslauf (**S1**).
- Sind an abgesetzten Wellen und Achsen Radien erforderlich, so sind diese möglichst gleich groß zu gestalten (**S2**).
- Flächen bzw. Durchmesser so gestalten, dass in einem Durchlauf geschliffen werden kann (**S3**).
- Bundbegrenzungen möglichst vermeiden. Werkzeugauslauf vorsehen (**S4**).
- Werkzeugauslauf vorsehen (**S5**).

Tabelle S: Schleifgerechte Gestaltungsrichtlinien

Nicht schleifgerecht	Schleifgerecht	Erläuterungen
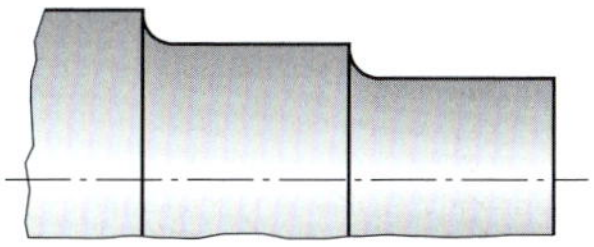	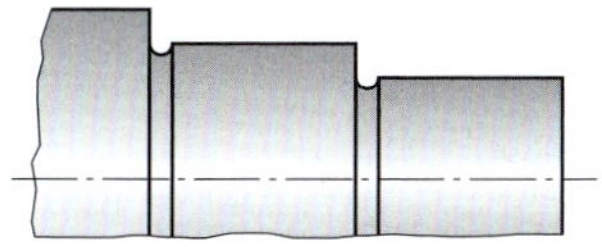	**(S1), (S5)** Radien an Wellenabsätzen vermeiden. Freistiche gestalten wegen Werkzeugauslauf.
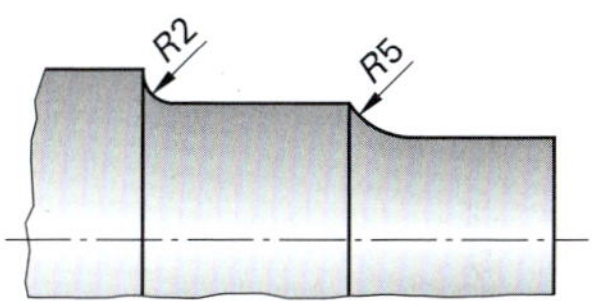	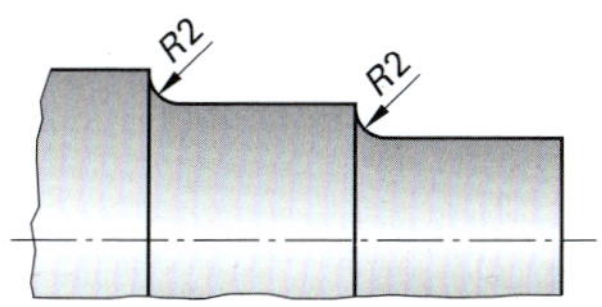	**(S2)** Sind an abgesetzten Wellen und Achsen Radien erforderlich, so sind diese möglichst gleich groß zu gestalten.
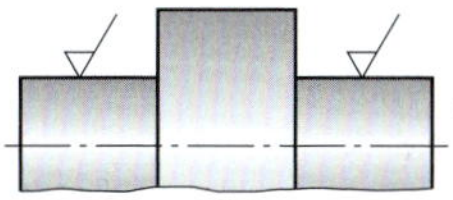	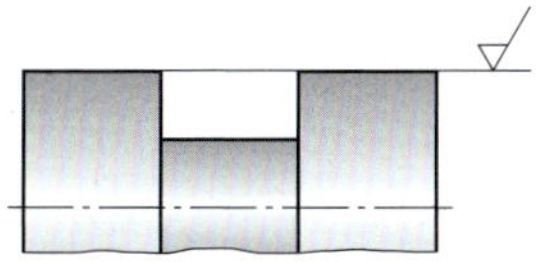	**(S3), (G5)** Flächen bzw. Durchmesser so gestalten, dass in einem Durchlauf geschliffen werden kann.
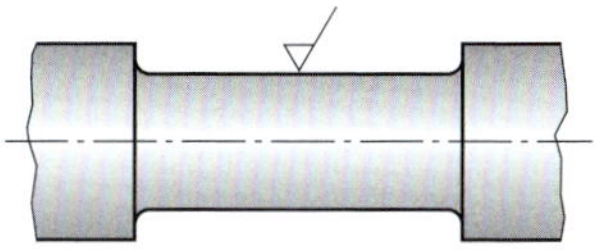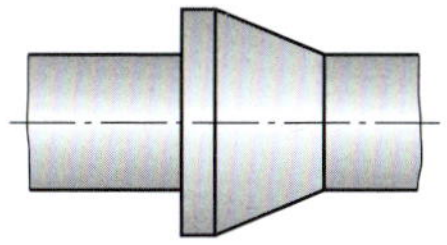	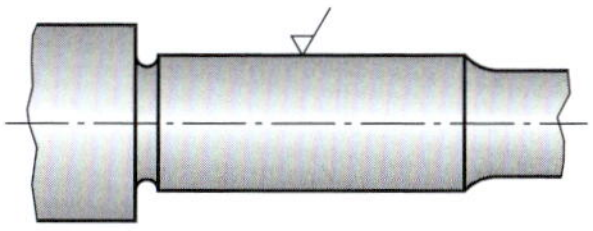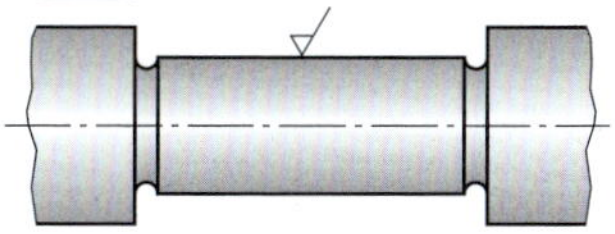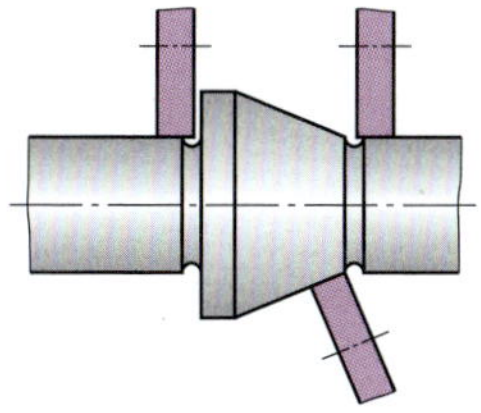	**(S4), (S5)** Bundbegrenzungen möglichst vermeiden. Werkzeugauslauf vorsehen.
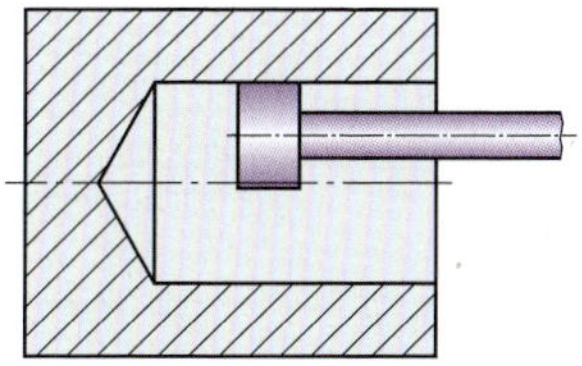	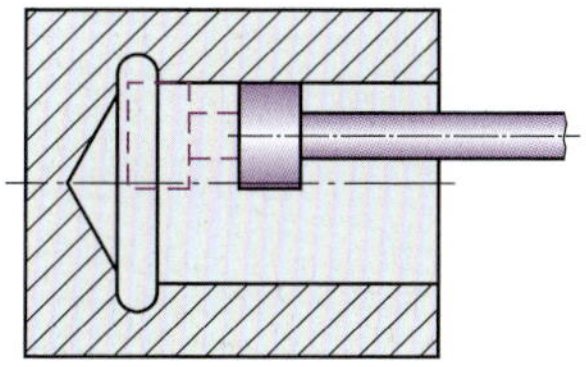	**(S5)** Werkzeugauslauf vorsehen.

2.3.3.7 Vorrichtungsgerechtes Gestalten

1. Allgemeines

Um Werkstücke wirtschaftlich, rationell und in entsprechender Qualität herzustellen, werden nicht nur in der Einzel- und Kleinserienfertigung, sondern auch in der Großserien- und Massenfertigung sehr häufig Vorrichtungen verwendet. Ihr Einsatz hat den Zweck,

- die Austauschbarkeit der Werkstücke ohne Nacharbeit zu sichern,
- die Fertigung zu verbilligen,
- eine bestimmte Fertigungsgüte mit geringstem Fertigungsaufwand zu erreichen, sowie
- die Durchführung der Arbeitsgänge leichter und sicherer zu gestalten.

Damit tragen sie wesentlich zur Steigerung der Produktivität und zur Verbesserung der Arbeitsbedingungen bei.

Vorrichtungen – auch Werkstückspanner genannt – zählen zu den Fertigungsmitteln, die unmittelbar zur Herstellung und Kontrolle von Werkstücken benötigt werden. Ihre Aufgabe ist es, Werkstücke für die Bearbeitung oder Kontrolle richtig zu spannen und in manchen Fällen außerdem Werkzeuge zu führen.

Im Einzelnen ergeben sich folgende wesentliche **Vorteile**:

- Verkürzung der Herstellzeiten und damit Verringerung der Herstellkosten
  - durch Wegfall von Nebenarbeiten wie Anreißen, Ankörnen, Anpassen usw.,
  - durch Verkürzung oder Beseitigung von Nebenzeiten für das Positionieren, Spannen usw.,
- Verkürzung der Durchlaufzeit des Werkstückes vermindert die Fertigungsgemeinkosten; Kapitalbindung wird verringert,
- bessere und vielseitigere Nutzung der Werkzeugmaschinen,
- Verwendung von einfachen, älteren und/oder Universal-Werkzeugmaschinen möglich anstelle von teuren und hochwertigen Sondermaschinen,
- Einsatz angelernter Arbeitskräfte für hochwertige Arbeiten,
- Erhöhung der Fertigungsgüte bzw. Verringerung der Ausschussquote,
- Bedarf an Messzeugen wird verringert,
- Verminderung der Kontrollkosten,
- Austauschfähigkeit der Werkstücke ist besser garantiert,
- Entlastung des Personals von körperlichen Anstrengungen,
- Mehrmaschinenbedienung ist möglich.

Die Vorteile kommen dann voll zum Tragen, wenn die Werkstücke vorrichtungsgerecht gestaltet sind.

Unter dem Begriff **„vorrichtungsgerecht"** versteht man Merkmale von Werkstücken, die nicht mit der Funktion zusammenhängen, sondern sich im Wesentlichen auf das

- Eingeben in die Vorrichtung,
- Positionieren,
- Spannen (**Bild 1**),
- Unterstützen,
- Entspannen und
- Herausnehmen der Werkstücke

aus der Vorrichtung auswirken – auch im Hinblick auf die Kosten (z. B. Genauigkeit, Zeitaufwand).

Der in **Bild 2** dargestellte Hebel wurde umgestaltet, weil zum einen die Mittelebene schlecht zu positionieren war und zum zweiten die Bearbeitung der Planfläche am Durchmesser *d* einen zweiten Arbeitsgang mit seitlichem Verfahren erforderte.

Bild 1: Gusswerkstück mit Spannnocken

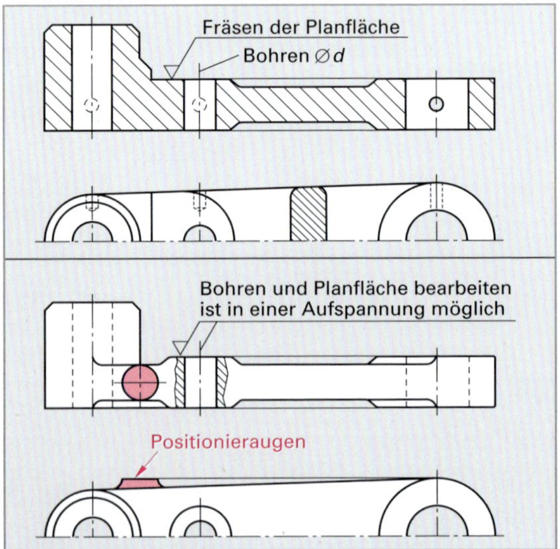

Bild 2: Hebel vor und nach der Umgestaltung

2. Vorrichtungsbedingte Gestaltung

Gestaltungsrichtlinien (Tabelle V):

- Ähnliche Teile möglichst gleich gestalten (**V1**).
- Bei der Gestaltung von Werkstücken sind vorhandene Vorrichtungen möglichst zu berücksichtigen (**V2**).
- Teile so gestalten, dass evtl. mehrere Werkstücke gleichzeitig bearbeitet werden können (**V3**).
- Möglichst wenig verschiedene Bohrungsdurchmesser vorsehen (**V4**).
- Lage und Abstufung der Bohrungen so gestalten, dass ihre Bearbeitung von einer Seite in einer Aufspannung und ohne Teil-Vorrichtung möglich ist (**V5**).
- Werkstücke so gestalten, dass einfaches Positionieren und Spannen in einer Vorrichtung möglich ist. Dies bedeutet auch, dass die Bezugsmaße in der Zeichnung richtig festgelegt sein müssen (**V6**).
- Spannmöglichkeiten und ausreichend große Spannflächen vorsehen (**V7**).
- Geeignete Hilfsflächen bzw. Hilfsbasen (z. B. Füße, Zapfen, Laschen, Nocken, Zentrierungen) zum Positionieren und/oder Spannen vorsehen. Diese Formen können u. U. am fertigen Werkstück verbleiben oder müssen nach erfolgter Bearbeitung aus Funktionsgründen entfernt werden (**V8**).
- Greifmöglichkeiten für schwere Teile vorsehen (**V9**).

Tabelle V: Vorrichtungsbedingte Gestaltungsrichtlinien

Nicht vorrichtungsgerecht	Vorrichtungsgerecht	Erläuterungen
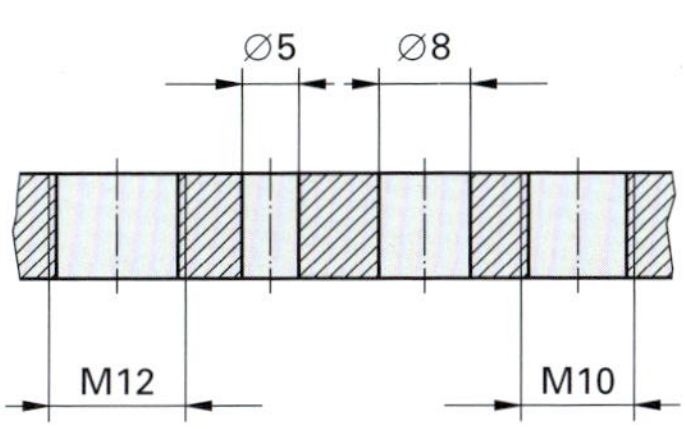	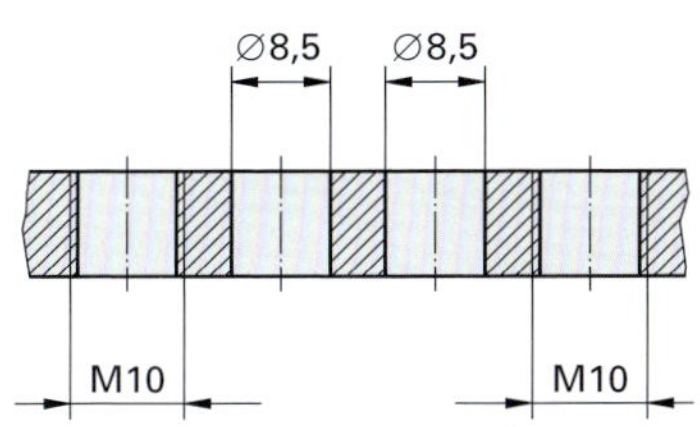	**(V4)** Wenn ein Werkstück mehrere Bohrungen aufweist, so sind möglichst wenig verschiedene Durchmessergrößen vorzusehen. Hinweis: Der Kerndurchmesser für M10 wird mit ø8,5 gebohrt.
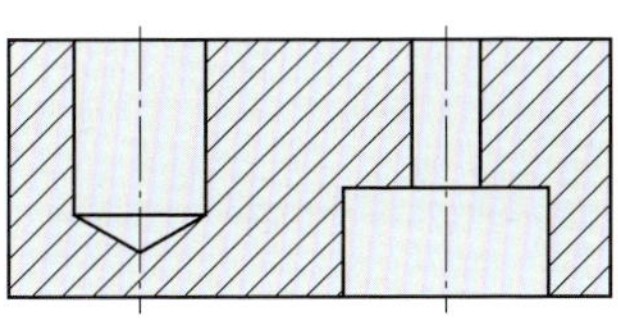	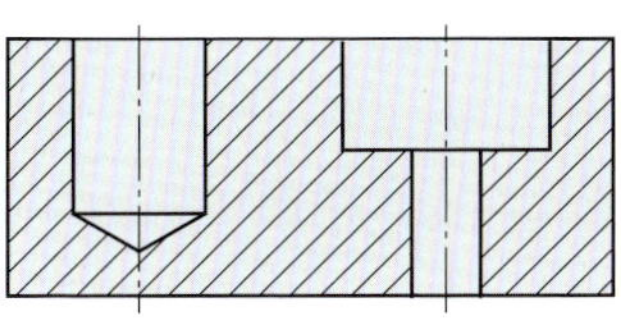	**(V5)** Lage und Abstufung der Bohrungen so gestalten, dass die Bearbeitung der Bohrungen von einer Seite in einer Aufspannung und ohne Teil-Vorrichtung erfolgen kann.
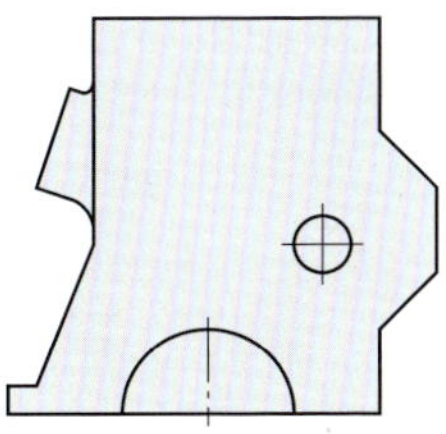 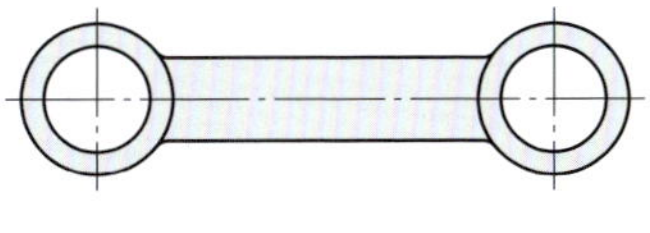	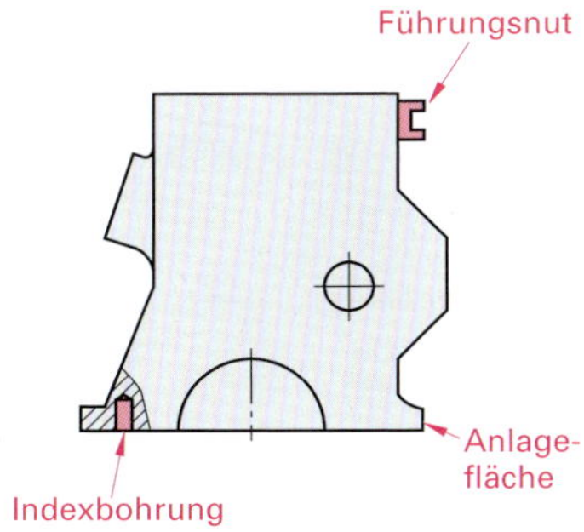 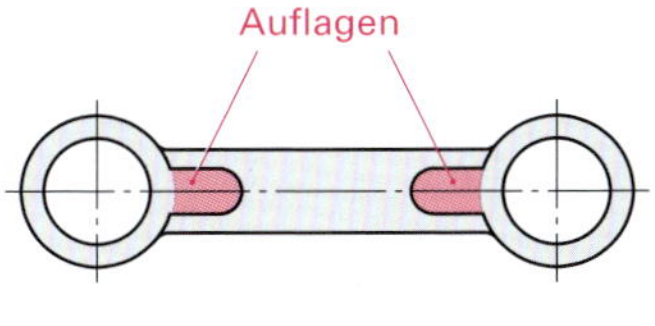	**(V6)** Ausreichend Positioniermöglichkeiten an Rohteilen für die Transferbearbeitung vorsehen. Auf ausreichend große Positionier- und Auflageflächen achten. Hier verlängerte Auflagen.

Tabelle V, Forts.: Vorrichtungsbedingte Gestaltungsrichtlinien

Nicht vorrichtungsgerecht	Vorrichtungsgerecht	Erläuterungen
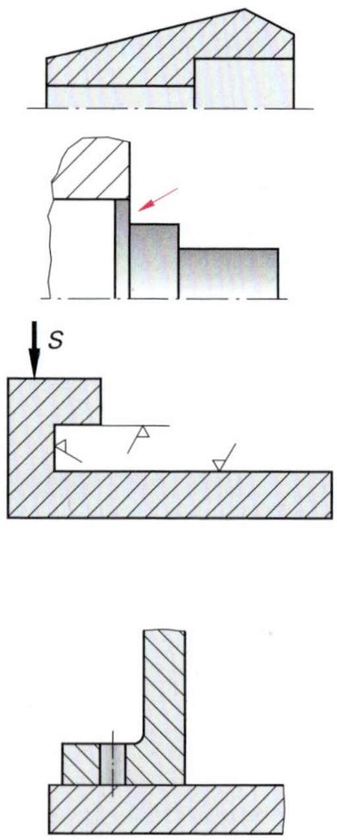	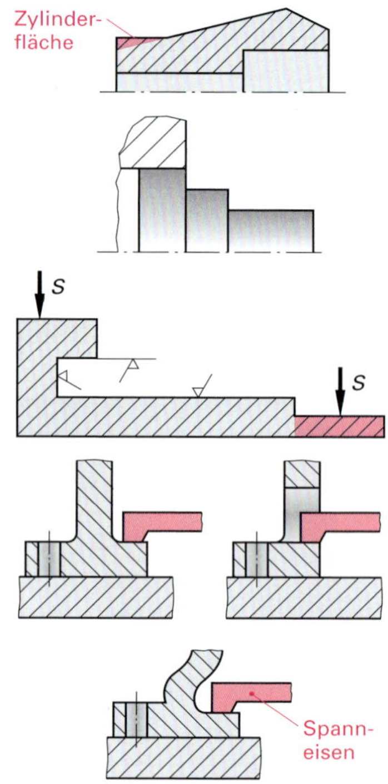	**(V7)** Spannmöglichkeiten und ausreichend große Spannflächen vorsehen.
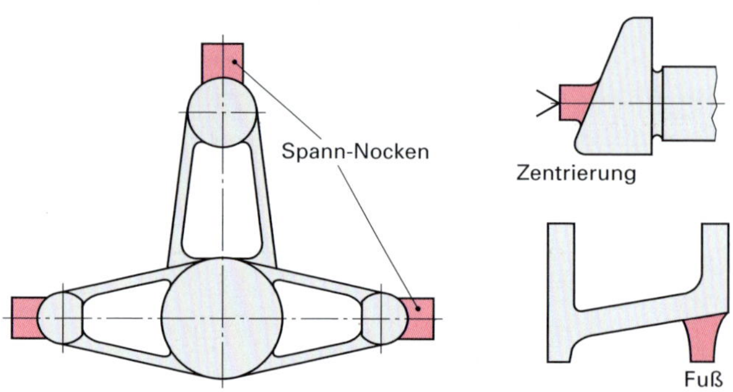		**(V8)** Ggf. geeignete Hilfsflächen bzw. Hilfsbasen (Füße, Zapfen, Laschen, Nocken, Zentrierungen usw.) zum Positionieren und/oder Spannen vorsehen. Diese Formen können u. U. am fertigen Werkstück verbleiben oder müssen nach erfolgter Bearbeitung aus Funktionsgründen entfernt werden.
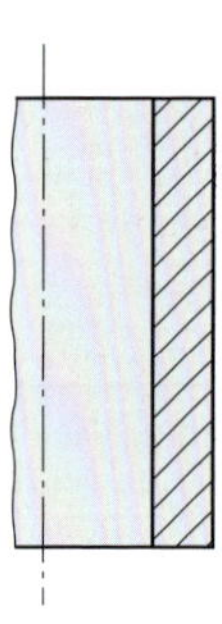	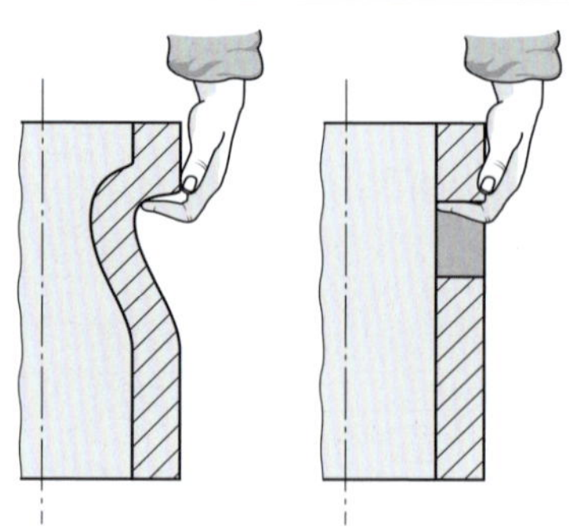	**(V9)** Greifmöglichkeiten für schwere Teile vorsehen.

2.3.3.8 Blechgerechtes Gestalten

1. Allgemeines

Aus Blechen lassen sich die vielfältigsten klein- und großflächigen Produkte herstellen. Obwohl Blech in der Regel dünn ist, lassen sich bei richtiger Gestaltung hoch beanspruchbare Werkstücke mit geringem Gewicht fertigen, die dadurch auch kostengünstig sind.

Für den industriellen Einsatz stehen viele verschiedene Werkstoffe zur Verfügung. **Tabelle 1** zeigt die wichtigsten Werkstoffe und typische Anwendungsbereiche.

Bleche können zwischen 0,02 mm und 150 mm dick sein (**Bild 1** und **Bild 2**). Man unterscheidet:

- Feinstblech: < 0,5 mm,
- Feinblech: 0,5 mm ... 3 mm,
- Grobblech: > 3 mm.

Maximale Blechtafelabmessungen sind 4 m Breite und 10 m Länge. Handelsübliche Blechformate sind:

- Kleinformat: 1 m x 2 m.
- Mittelformat: 1,25 m x 2,5 m,
- Großformat: 1,5 m x 3 m.

Handelsübliche Coilabmessungen (Bänder auf Rolle (**Bild 3**)) sind:

- Breite bis 2 m,
- Durchmesser bis circa 2,3 m,
- Dicke der Bänder meist < 3 mm, selten bis 10 mm.

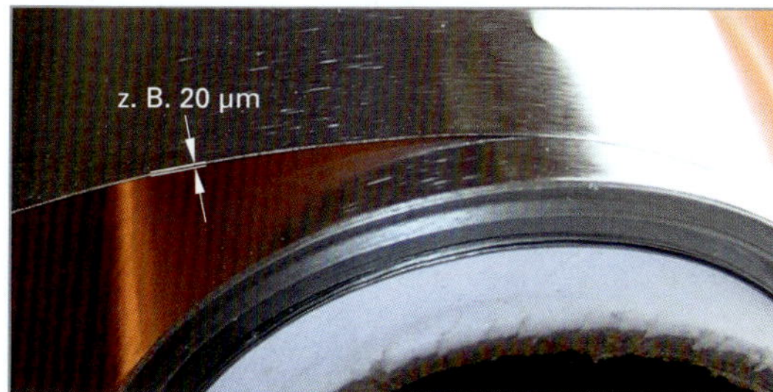

Bild 1: Al-Folie (20 µm dick)

Bild 2: Herstellung von Dickblech

Bild 3: Blechcoil

2. Fertigungsablauf

Blech wird in der Regel vom Walzwerk in Form von Tafeln oder Bändern angeboten. Hieraus werden dann die Rohlinge (Platinen) ausgestanzt, ausgenibbelt oder mit dem Laser ausgeschnitten. Durch z. B. freies Biegen oder Prägebiegen (**Bild 4**), Abkanten, Falzen, Walzprofilieren, Zudrücken wird die gewünschte Endform des Blechteils hergestellt.

Bei komplexeren Produkten werden verschiedene Blechteile entsprechend positioniert und anschließend verbunden bzw. gefügt.

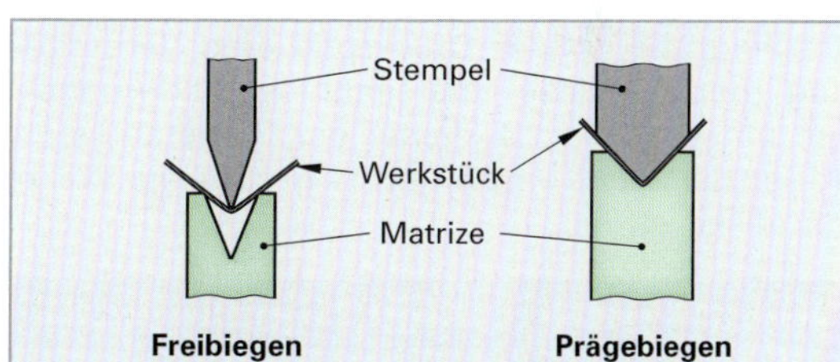

Bild 4: Freibiegen und Prägebiegen

Tabelle 1: Anwendungsbereiche für Blechwerkstoffe

Werkstoff	Typische Anwendungsbereiche
Baustähle	Maschinenbau, Automobilbau, Landmaschinenbau, Schiffsbau
Qualitätsstähle	Maschinenbau, Automobilbau, Landmaschinenbau
Nichtrostende Stähle	Lebensmittelindustrie
Edelstähle	Lebensmittelindustrie, Einrichtungsgegenstände
Hochfeste Stähle	Werkzeugbau, Leichtbau
Leichtmetalle und Legierungen	Flugzeugbau, Raumfahrt, Automobilbau
Buntmetalle und Legierungen	Elektrotechnik, Leitungen, Schmuckindustrie
Edelmetalle	Schmuckindustrie

Tabelle 1 zeigt die verschiedenen Möglichkeiten des Verbindens. Welches Verfahren optimal ist, hängt von folgenden Faktoren ab:

- Art der Beanspruchung,
- Kraftfluss durch die Fügestelle,
- dichte oder undichte Verbindung,
- Werkstoff, Werkstoffkombination,
- Zugänglichkeit der Fügestelle,
- geforderte Genauigkeit,
- Verzug,
- Lebensmittelechtheit,
- Blechdicken,
- Toleranzen,
- Kosten,
- Zeitaufwand.

Falls erforderlich, schließt sich nach dem Biegen und Fügen noch eine spanende Bearbeitung wie Bohren oder Fräsen an. Schließlich erfolgt die Endbearbeitung.

Dazu gehören zum Beispiel:

- Verputzen von Schweißnähten,
- Härten,
- Beschichten,
- Beschriften,
- Qualitätsprüfung.

3. Biegevorgang

Beim Biegen wird der äußere Bereich des Werkstückes auf Zug beansprucht (Zugzone) und dadurch gestreckt, der innere Bereich wird auf Druck beansprucht (Druckzone) und dadurch gestaucht. Somit wird der Ausgangsquerschnitt verändert. In der Zugzone entsteht durch die Längung eine Einschnürung, in der Druckzone eine Verbreiterung (**Bild 1**). Diese Querschnittsveränderungen sind umso größer, je kleiner der Biegeradius, je größer der Biegewinkel und je größer die Werkstückdicke ist.

Durch die Verbreiterung in der Druckzone können Quetschfalten, durch die Einschnürung in der Zugzone können Risse entstehen (**Bild 2**). Um solche Risse zu vermeiden, kann der Biegeradius (**Tabelle 2**) nicht beliebig klein gewählt werden.

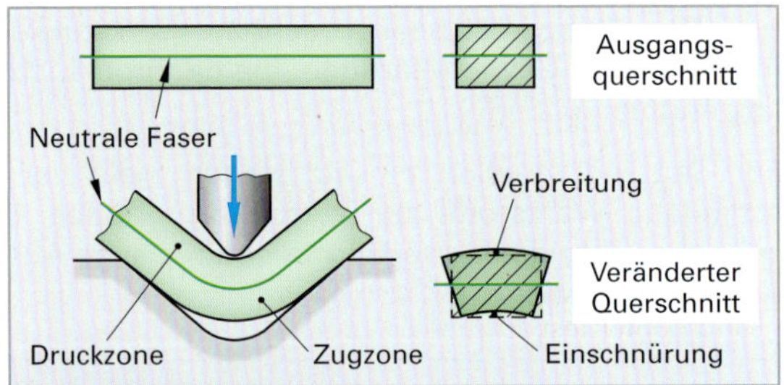

Bild 1: Verformung beim Biegevorgang

Bild 2: Fehler bei zu kleinem Biegeradius

Tabelle 1: Beispiele für Fügeverfahren bei Blechen

Lösbare Verbindung	Unlösbare Verbindung	
Schrauben, Clipsen, Einrasten	• Nieten	• Durchsetzfügen
	• Toxen	• Clinchen
	• Falzen	• Kleben
	• Löten	• Heften
	• Schweißen	• Punktschweißen

Tabelle 2: Kleinster zulässiger Biegeradius R_{min} für Stahl (nach DIN 6935)

Stahlsorten	Biegen quer oder längs zur Walzrichtung	Blechdicke s in mm														
		bis 1	über 1 bis 1,5	über 1,5 bis 2,5	über 2,5 bis 3	über 3 bis 4	über 4 bis 5	über 5 bis 6	über 6 bis 7	über 7 bis 8	über 8 bis 10	über 10 bis 12	über 12 bis 14	über 14 bis 16	über 16 bis 18	über 18 bis 20
		Biegeradius R_{min}[1] in mm														
S 235 JR S 235 J0 S 235 J2	quer	1	1,6	2,5	3	5	6	8	10	12	16	20	25	28	36	40
	längs	1	1,6	2,5	3	6	8	10	12	16	20	25	28	32	40	45
S 275 JR S 275 J0 S 275 J2	quer	1,2	2	3	4	5	8	10	12	16	20	25	28	32	40	45
	längs	1,2	2	3	4	6	10	12	16	20	25	32	36	40	45	50
S 355 JR S 355 J0 S 355 J2	quer	1,6	2,5	4	5	6	8	10	12	16	20	25	32	36	45	50
	längs	1,6	2,5	4	5	8	10	12	16	20	25	32	36	40	50	63

[1] Die Radien entsprechen den Rundungen nach DIN 250.

Die Größe dieses Mindestbiegeradiuses R_{min} hängt ab von

- der Dicke des Blechs,
- dem Dehnverhalten des Werkstoffes,
- der Größe des Biegewinkels,
- dem Verlauf der Walzfaser.

In DIN 6935 (Kaltbiegen von Flacherzeugnissen aus Stahl) sind für verschiedene Stahlsorten kleinste zulässige Biegehalbmesser angegeben. DIN 5520 gibt Biegeradien für Bleche und Bänder aus Aluminium und Aluminium-Knetlegierungen für Schienenfahrzeuge an (**Tabelle 1**). DIN 5508 legt Biegeradiusmindestwerte für Rohre aus Stahl, Aluminium und Kupfer fest.

Durch das Walzen wird das Gefüge in Walzrichtung ausgerichtet, man spricht auch von der Walzfaser. In Richtung des Faserverlaufs sind die Festigkeitswerte, die Verformungseigenschaften und die Kerbschlagzähigkeit höher als quer zum Faserverlauf. Dies sollte beim Ausschneiden des Teils berücksichtigt werden. Liegt die Biegekante senkrecht zur Walzrichtung, sind kleinere Biegeradien möglich. Liegt die Biegekante in Walzrichtung, können sich beim Biegen Risse bilden (**Bild 1**). Nach DIN 6935 liegen die Werte für den Mindestbiegeradius um 0,5 x Blechdicke höher als beim Biegen senkrecht zur Walzrichtung.

Nach dem Biegen federn die Werkstücke etwas zurück. Um den gewünschten Biegewinkel α_2 zu erhalten, muss das Werkstück um den Winkel α_1 (Winkel am Werkzeug) gebogen werden (**Bild 2**).

Beim Ausschneiden oder Abschneiden von Blechteilen entsteht ein Schnittgrat auf der Ausbruchseite. Beim Biegen sollte dieser Grat auf der Innenseite (in der Druckzone) liegen, da hier die Möglichkeit der Rissbildung geringer ist.

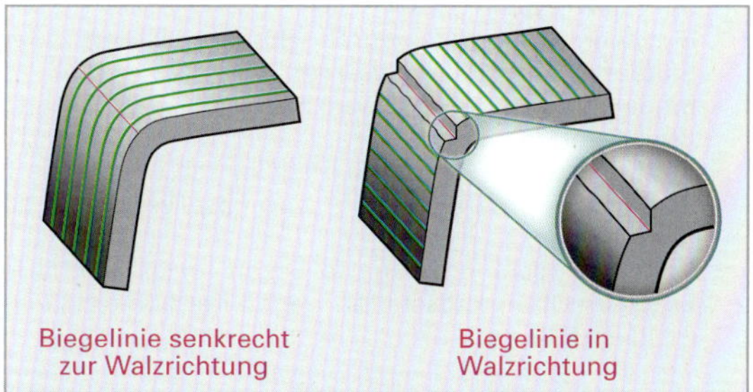

Bild 1: Berücksichtigung der Walzfaser beim Abkanten

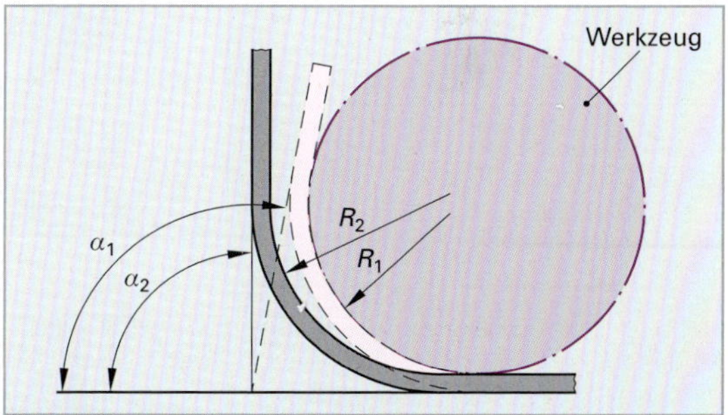

Bild 2: Rückfederung beim Biegen

Tabelle 1: Kleinster zulässiger Biegeradius R_{min} für Aluminium und Aluminiumlegierungen (nach DIN 5520)

Werkstoff nach DIN EN 485-2: 1995-03	Zustandshinweis	Blechdicke *s* in mm												
		bis 0,8	über 0,8 bis 1	über 1 bis 1,5	über 1,5 bis 2	über 2 bis 3	über 3 bis 4	über 4 bis 5	über 5 bis 6	über 6 bis 7	über 7 bis 8	über 8 bis 10	über 10 bis 12	über 12 bis 15
		Biegeradius R_{min}[1] in mm												
EN AW-5754-H111	weichgeglüht gerichtet	0,4	0,6	1	2	3	4	6	8	10	14	–	–	–
EN AW-5754-H112	warmgewalzt	–	–	–	–	–	–	–	–	–	–	25	36	48
EN AW-5754-H12	kaltverfestigt	1,2	1,6	2,5	4	6	10	14	18	–	–	–	–	–
EN AW-5754-H22	kaltverfestigt und rückgeglüht	0,8	1	1,5	3	4,5	6	8	10	–	–	–	–	–
EN AW-5083-H111	weichgeglüht gerichtet	0,6	1,0	1,5	2,5	4	6	8	10	14	20	25	36	48
EN AW-5083-H22	kaltverfestigt und rückgeglüht	1,2	1,6	2,5	4	6	10	16	20	25	32	40	56	80
EN AW-6082-T6	lösungsgeglüht und warm ausgelagert	2,5	4	5	8	12	16	23	28	36	44	60	–	–

[1] Möglichst nur Radien nach DIN 250 Vorzugsreihe verwenden.

4. Festigkeitsbedingte Gestaltung

Gestaltungsrichtlinien (Tabelle F):

- Großflächige Werkstücke werden durch Knicke, Sicken, Verstrebungen usw. stabiler (**F1**).
- Kanten und damit die Blechteile selbst werden stabiler, wenn man den Rand umformt, z. B. abkantet oder falzt (**F2**).
- Blechwinkel können durch Rippen, Sicken oder Seitenflächen verstärkt werden (**F3**).
- Biegekanten möglichst senkrecht zur Walzrichtung (Walzfaser) legen (**F4**).
- Sind zwei um 90° versetzte Biegekanten zu gestalten, dann Biegekanten unter 45° zum Faserverlauf legen (**F5**).
- Kraftfluss nicht um scharfe Ecken lenken. Scharfe Ecken an Übergangsstellen wegen Kerbwirkung vermeiden (**F6**).
- Kräfte auf Bauteile möglichst verteilt einleiten (**F7**).
- Bei Torsionsbeanspruchung geschlossene Querschnitte gestalten (**F8**).
- Lange Bauteile mit kleinen Querschnitten auf Zug beanspruchen. Bei Druckbeanspruchung besteht Knickgefahr (**F9**).
- Blechteile an hoch beanspruchten Stellen verstärken (**F10**).
  - Bei kleinen bis mittleren Stückzahlen: Blechdicke erhöhen z. B. durch Aufschweißen,
  - bei Großserien: Großflächige Teile aus Tailored Blanks fertigen.
- Bleche nicht senkrecht zur Walzfaser auf Zug belasten, da das Blech terrassenförmig reißt (Lamellenrisse) (**F11**).

Tabelle F: Festigkeitsbedingte Gestaltungsrichtlinien

Nicht blechgerecht	Blechgerecht	Erläuterungen
	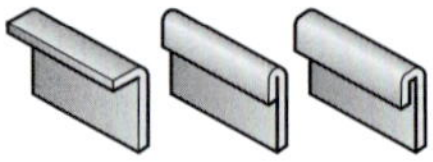	**(F2)** Wird der Blechrand abgekantet oder gefalzt, wird die Kante und damit das Blechteil stabiler.
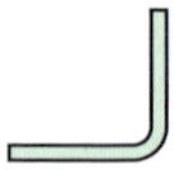	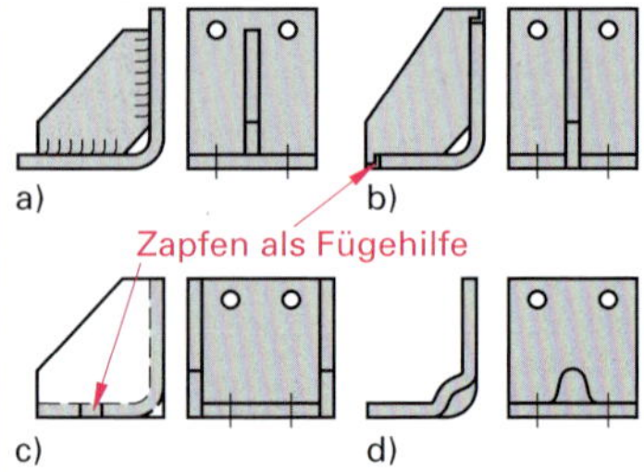	**(F3)** Möglichkeiten der Winkelverstärkung a) eingeschweißte Rippe, b) Rippe mit Zapfen als Fügehilfe, c) Seitenflächen mit Zapfen, d) Sicke.
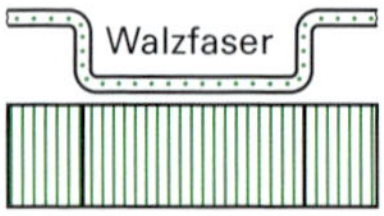	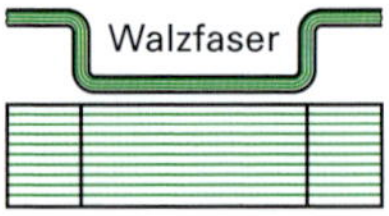	**(F4)** Biegekante möglichst senkrecht zur Walzrichtung legen.
		**(F5)** Sind zwei um 90° versetzte Biegekanten vorhanden, dann Biegekanten unter 45° zum Faserverlauf legen.
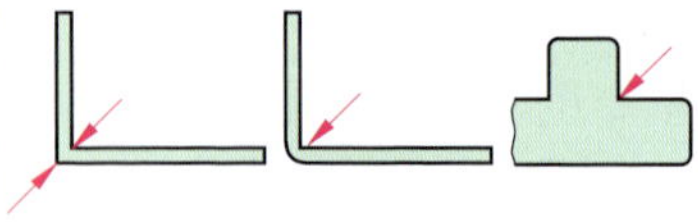	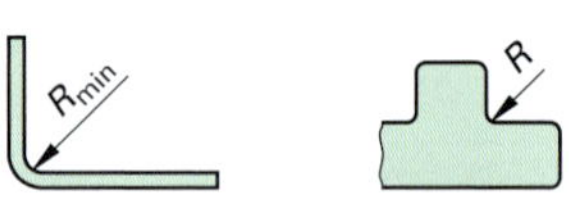	**(F6)** Kraftschluss nicht um scharfe Ecken lenken. Scharfe Ecken an Übergangsstellen wegen Kerbwirkung vermeiden.
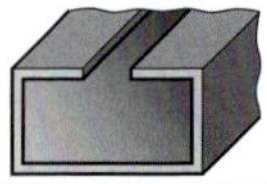	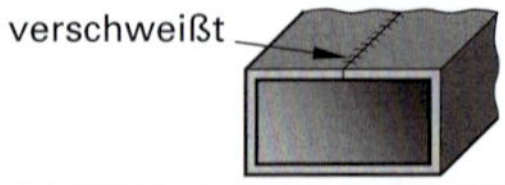	**(F8)** Bei Torsionsbeanspruchung geschlossene Querschnitte gestalten.
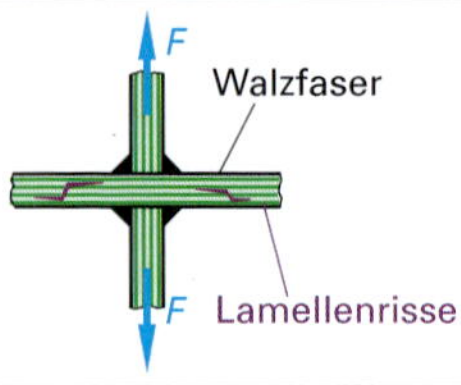	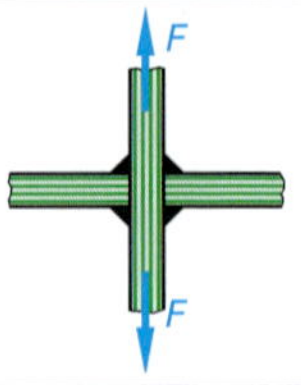	**(F11)** Bleche nicht senkrecht zur Walzfaser auf Zug belasten, da das Blech terrassenförmig reißt (Lamellenrisse).

5. Verfahrensbedingte Gestaltung

Gestaltungsrichtlinien (Tabelle V):

- Scharfkantiges Biegen möglichst vermeiden. Mindestbiegeradien beachten (**V1**).
- Bei maschinellem Abkanten von Blechen kleinste Schenkellänge beachten: $l \approx 4 \times R$ (**V2**).
- Biegekante möglichst senkrecht zur Walzrichtung (**V3**).
- Spitze Winkel an Schnittteilen vermeiden, ebenso Schrägen an Biegekanten (**V4**).
- Mindestabstände bei Lochkanten/Ausklinkungen/Durchbrüchen zur Biegekante einhalten; Geometrie wird sonst verändert: $x \geq R + (1{,}5 \ldots 2) \times s$. (**V5**).
- Ausklinkungen an Nasen und Ösen vorsehen (**V6**).
- Beim Laserschneiden von Blechteilen die Außen- und Innenkanten abrunden oder abschrägen, um die Fertigungszeit zu verkürzen (**V7**).
- Falls Wulst in der Druckzone stört, ist an der Biegekante freizuschneiden (**V8**).
- Biegezonen an einer Ecke (zwei Kanten stoßen zusammen) werden freigeschnitten, damit sich schöne Ecken bilden (**V9**).
- Beim Biegen sollte der Schnittgrat in der Druckzone (Innenseite) liegen, da Möglichkeit der Rissbildung geringer (**V10**).
- Keine ovalen Aussparungen vorsehen wegen Werkzeugen (**V11**).
- Überlappungen ausschließen. Blechflächen dürfen sich in der Abwicklung nicht überlappen (**V12**).
- Kollisionen beim Biegen ausschließen. Blechteil darf beim Biegen nicht an Maschine oder Werkzeug anstoßen (**V13**).

Tabelle V: Verfahrensbedingte Gestaltungsrichtlinien

Nicht blechgerecht	Blechgerecht	Erläuterungen
	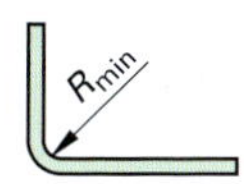	**(V1), (F6)** Scharfkantiges Biegen vermeiden. Mindestbiegeradius beachten.
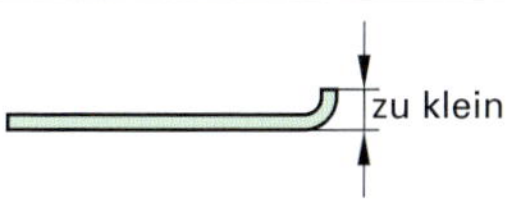	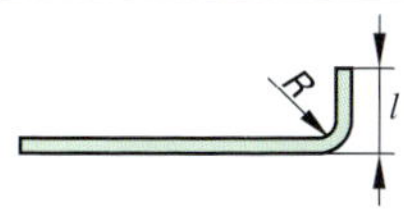	**(V2)** Erforderliche kleinste Schenkellänge beachten: $l \approx 4 \cdot R$
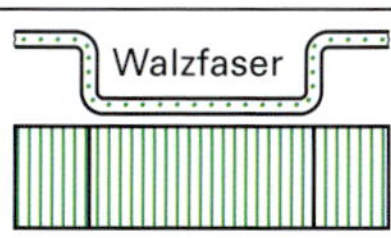	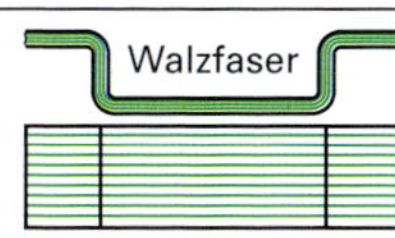	**(V3), (F4)** Biegekante möglichst senkrecht zur Walzrichtung legen.
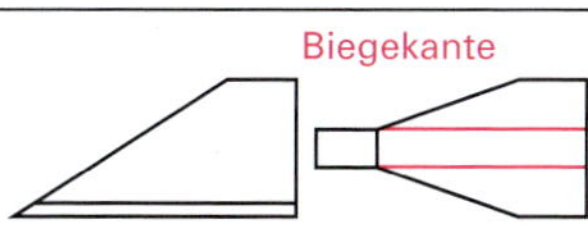	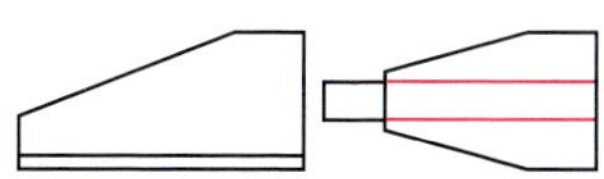	**(V4)** Spitze Winkel an Schnittteilen vermeiden, ebenso Schrägen an Biegekanten.
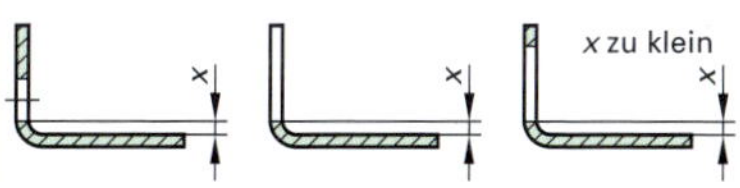	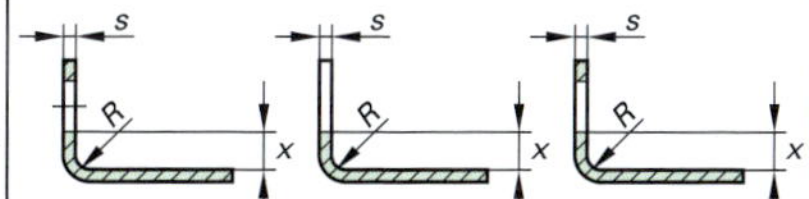	**(V5)** Mindestabstand x bei Lochkanten, Ausklinkungen und Durchbrüchen zu Biegekante einhalten.
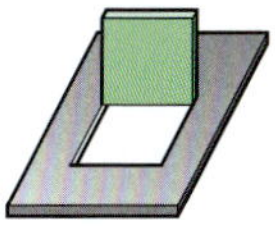	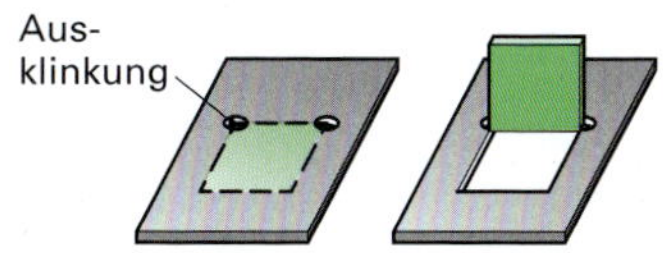	**(V6)** Ausklinkungen an Nasen oder Ösen vorsehen.
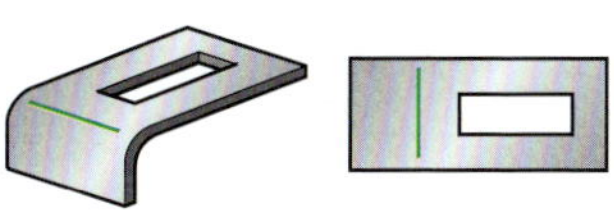	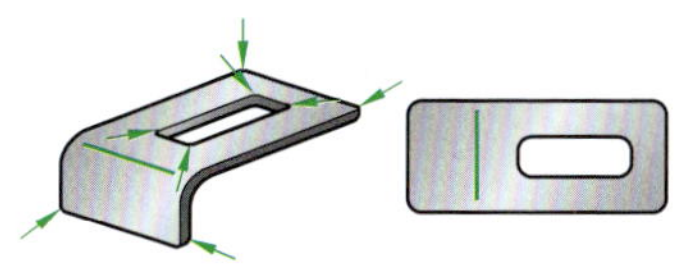	**(V7), (K7)** Außen- und Innenkanten abrunden oder anschrägen. Beim Laserschneiden Verkürzung der Fertigungszeit durch kürzeren Weg.
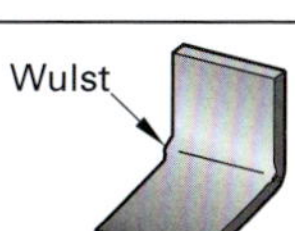	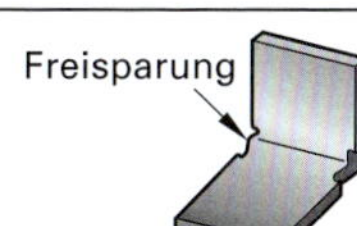	**(V8)** Falls Wulst in der Druckzone stört, ist an der Biegekante freizuschneiden.

6. Kostenbedingte Gestaltung

Gestaltungsrichtlinien (Tabelle K):

- Möglichst geringe Blechdicken wählen: Wenig Material, geringes Gewicht, kürzere Fertigungszeiten, geringere Kosten (**K1**).
- Möglichst gleiche Blechdicken wählen: Verschiedene Teile aus derselben Blechtafel (**K2**).
- Wegen optimaler Tafelausnutzung handelsübliche Tafelmaße beachten (**K3**).
- Abfallloses Abschneiden bevorzugen (**K4**).
- Großflächige Schnittteile mit Durchbrüchen versehen. Verschnitt für kleinere Teile verwenden (**K5**).
- Gleiche Teile für verschiedene Einsatzfälle verwenden: Größere Stückzahlen, vereinfachte Lagerhaltung (**K6**).
- Gemeinsamer Trennschnitt benachbarter Teile auf der Blechtafel: Verkürzung der Fertigungszeit (**K7**).
- Beim Laserschneiden von Blechteilen die Außen- und Innenkanten abrunden oder abschrägen, um die Fertigungszeit zu verkürzen (**K8**).
- Umformen (Abkanten, Sicken) meist billiger als Anschweißen (**K9**).
- Positionier- und Fügehilfen (Einschnitte, Schlitze) für einfache Montage anbringen. Wegfall des Positionierens mit Vorrichtung, des Spannens und eventuellen Heftens (**K10**).
- Verputzarbeiten reduzieren. Schweißnähte einsparen oder nach innen verlegen (**K11**).
- Keine ovalen Aussparungen vorsehen wegen Werkzeugen (**K12**).
- Vorhandene Werkzeuge nutzen (**K13**).
- Daten über Werkzeuge und Maschinen bereitstellen (**K14**).

Tabelle K: Kostenbedingte Gestaltungsrichtlinien

Nicht kostengerecht	Kostengerecht	Erläuterungen
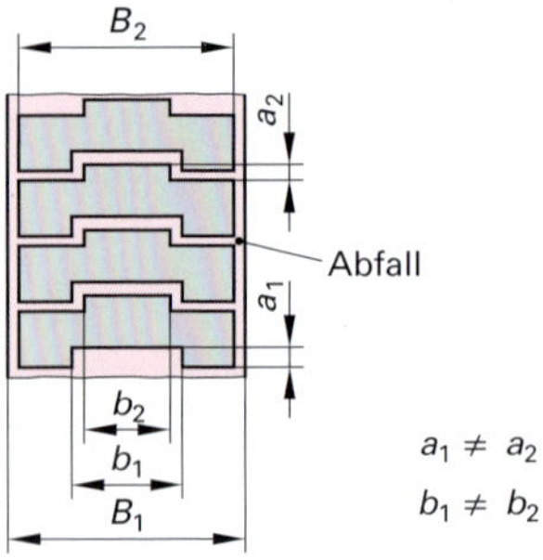	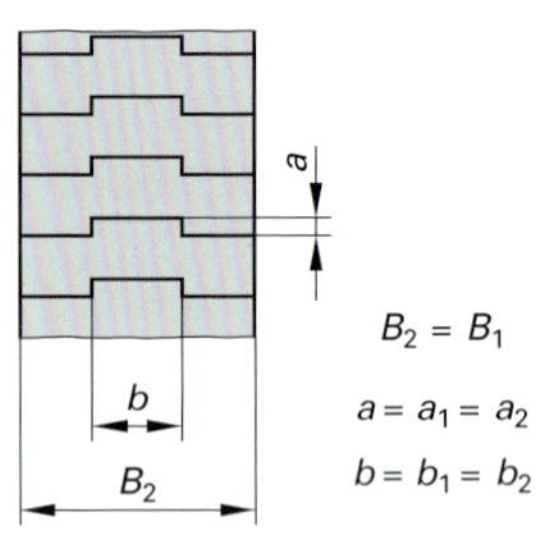	**(K4)** Werkstoffersparnis und damit Kosteneinsparung durch abfallloses Abschneiden statt Ausschneiden.
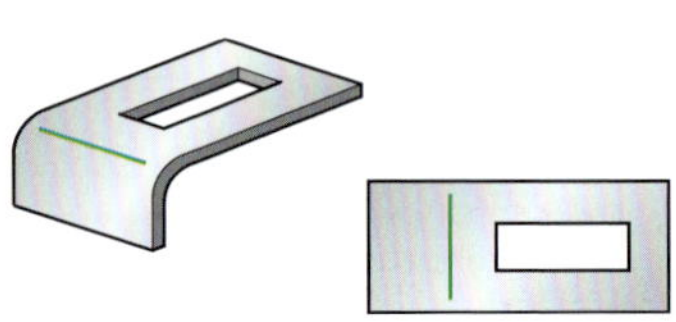	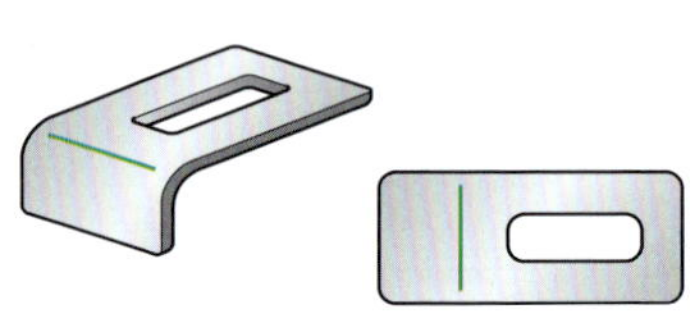	**(K7), (V7)** Außen- und Innenkanten abrunden oder anschrägen. Beim Laserschneiden Verkürzung der Fertigungszeit durch kürzeren Weg.
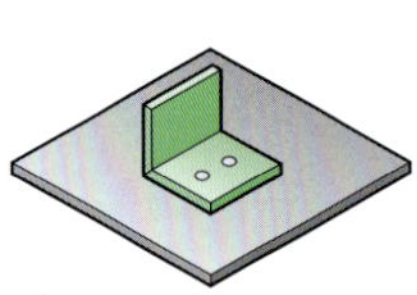	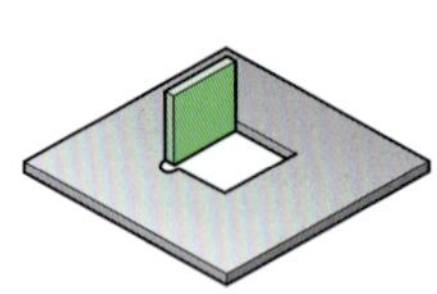	**(K8)** Einsparung von Positionierung und Anschweißen.
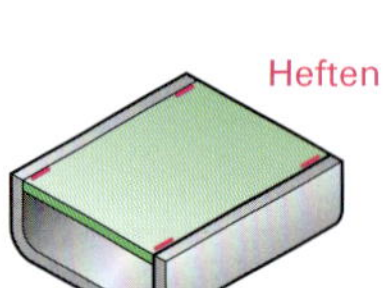	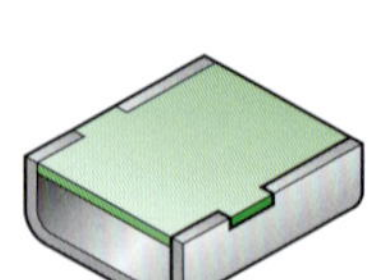	Herstellen der Schlitze und der Gegenflächen ist billiger als umständliches Positionieren.

2.3.3.9 Korrosionsschutzgerechtes Gestalten

1. Allgemeines, Begriffe

Nach DIN EN ISO 8044:15-12 handelt es sich bei Korrosion um eine „physikochemische Wechselwirkung zwischen einem Metall und seiner Umgebung, die zu einer Veränderung der Eigenschaften des Metalls führt und die zu erheblichen Beeinträchtigungen der Funktion des Metalls, der Umgebung oder des technischen Systems, von dem diese einen Teil bilden, führen kann.

Hierbei versteht man unter technischem System das System, das aus einem oder mehreren Metallen und jenen Teilen der Umgebung (z. B. Beschichtungen, Oberflächenschichten) besteht, die die Korrosion beeinflussen. Man spricht also nur dann von Korrosion, wenn eine Schädigung oder Beeinträchtigung im System vorliegt.

Korrosion kann erfolgen durch

- chemische,
- metallphysikalische oder
- elektrochemische Reaktionen.

Tabelle 1: Normalspannung wichtiger Werkstoffe

Werkstoff	Normalspannung in Volt	Werkstoff	Normalspannung in Volt
$+Pt/Pt^{2+}$	+ 1,60	Pb/Pb^{2+}	– 0,13
Au/Au^{3+}	+ 1,38	Sn/Sn^{2+}	– 0,16
Hg/Hg^{2+}	+ 0,86	Ni/Ni^{2+}	– 0,25
Ag/Ag^{+}	+ 0,81	Co/Co^{2+}	– 0,29
Cu/Cu^{2+}	+ 0,35	Cd/Cd^{2+}	– 0,40
H^2/H_3O^+	0,00	Fe/Fe^{2+}	– 0,44
		Cr/Cr^{2+}	– 0,51
		Zn/Zn^{2+}	– 0,76
		Mn/Mn^{2+}	– 1,10
		Al/Al^{3+}	– 1,69
		Mg/Mg^{2+}	– 2,40
		Na/Na^{+}	– 2,71
		Ca/Ca^{2+}	– 2,76
		K/K^{+}	– 2,92

(Pfeil edel ↑ / unedel ↓)

Ablesebeispiel für Cu/Zn:

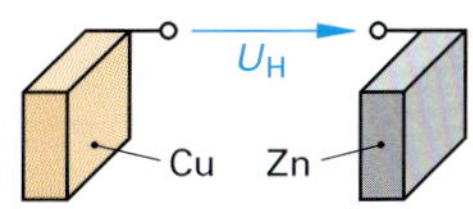

$U_H = U_{HCu} - U_{HZn}$
$= 0{,}35\,V - (-0{,}76\,V) = 1{,}11\,V$

Nahezu alle Korrosionsvorgänge laufen auf der Basis des elektrochemischen Elementes ab.

Dieses erfordert:

1. Einen Potentialunterschied zwischen Anode und Katode (Spannungsreihe der Metalle).
2. Einen Elektrolyt.
3. Eine leitende Verbindung.

Für die Beurteilung von Korrosionsvorgängen hat die elektrochemische Spannungsreihe der Metalle **(Tabelle 1)** eine große Bedeutung. Je höher das Standardpotential eines Metalls ist, desto edler ist es und umso weniger unterliegt es der Korrosion.

Korrosion lässt sich meist nicht vermeiden, sondern nur mindern. Für den Konstrukteur ist es wichtig zu wissen, wo die Konstruktion zum Einsatz kommt und welche Umgebungseinflüsse vorliegen, um entsprechende konstruktive oder andere Schutzmaßnahmen vorzusehen.

Korrosionsbeeinflussende Medien sind z. B.

- Feuchtigkeit,
- Wasser, Kondensat,
- Sauerstoff,
- Ruß, Staub, Schmutz, Abrieb,
- korrosive Gase, Dämpfe,
- Säuren, Salze,
- chlorierte Kohlenwasserstoffe,
- Erdölprodukte,

die direkt oder indirekt Korrosion verursachen.

Besonders gefährlich sind korrosionsgefährdete Stellen, wenn weitere Einflüsse und Beanspruchungen einwirken, wie z. B.

- chemischer Angriff,
- hohe Temperaturen,
- Abrasion,
- mechanische Spannungen,
- Schwingungen.

2. Korrosionsschutz

Unter Korrosionsschutz versteht man nicht die Vermeidung der Korrosion, sondern die Vermeidung von Korrosionsschäden. Schutzmaßnahmen bestehen darin, während der vorgesehenen Lebensdauer eines Korrosionssystems (Bauteil und Medium) die Funktionsfähigkeit aufrechtzuerhalten.

Man unterscheidet drei Schutzmaßnahmen:

1. Beeinflussung der Eigenschaften der Reaktionspartner und/oder Ändern der Reaktionsbedingungen (z. B. Werkstoffwahl).
2. Trennen des Werkstoffes vom Korrosionsmedium (z. B. Verbundsysteme, Auskleidungen, Beschichtungen).
3. Elektrochemische Schutzmaßnahmen.

3. Gestaltungsregeln für korrosionsgefährdete Stellen.

Gestaltungsrichtlinien (Tabelle K):

- Vermeiden von Restfeuchtigkeit, Feuchtigkeitssammelstellen, ungünstigen Profillagen **(K1)**.
- Spalte und Fugen vermeiden, da Feuchtigkeit eindringen kann. Schweißnahtwurzel schützen **(K2)**.
- Auf unterbrochene Schweißnähte und Punktschweißverbindungen verzichten **(K3)**.
- Möglichst wenig Überlappungen, Kanten, Ecken gestalten **(K4)**.
- Einfache Formen mit geringer Oberfläche vorziehen, da weniger Korrosion und wirtschaftlichere Oberflächenbehandlung **(K5)**.
- Bei Vorratsbehältern Feuchtigkeitssammelstellen vermeiden und so gestalten, dass sie vollständig geleert und gereinigt werden können **(K6)**.
- Schweiß- und Lötverbindungen den Schraub- oder Nietverbindungen vorziehen (weniger Spalte) **(K7)**.
- Hohlräume, Taschen möglichst vermeiden. Sonst Hohlräume abdichten oder Belüftungs- und Drainageöffnungen vorsehen **(K8)**.
- Niete, Bolzen, Schrauben, Schweiß- oder Lötwerkstoffe sollten edler sein als die zu verbindenden Teile **(K9)**.
- Artverschiedene metallische Werkstoffe gegeneinander und gegen Elektrolyten (!) isolieren (oft hoher Aufwand). Organische Anstriche meist billiger **(K10)**.
- Kontaktkorrosion durch unterschiedliche Metalle notfalls steuern durch gezielten Abtrag am unedleren „Fressmaterial"; sogenannte Opferanode vorsehen **(K11)**.
- Teile so gestalten, dass gefährdete Stellen für Instandhaltung, Wartung, Inspektion, Reinigung, Instandsetzung zugänglich sind **(K12)**.

Tabelle K: Gestaltungsrichtlinien

Nicht korrosionsschutzgerecht	Korrosionsschutzgerecht	Erläuterungen
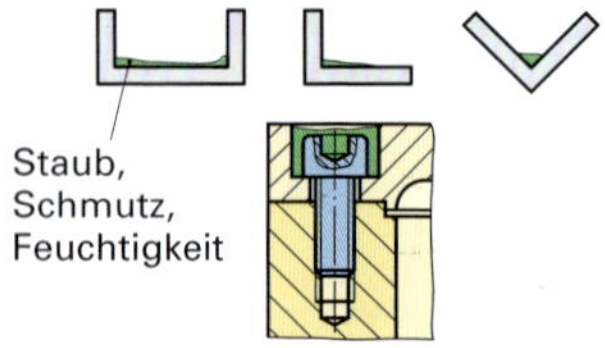	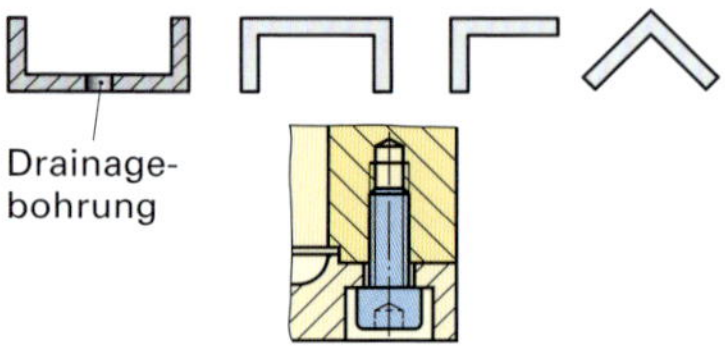	**(K1)** Sammelstellen für Staub, Schmutz, Feuchtigkeit vermeiden.
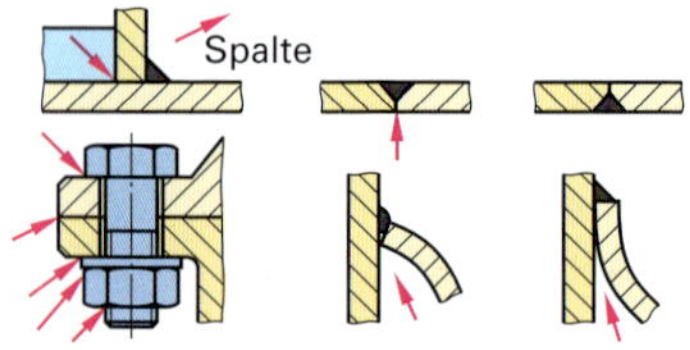	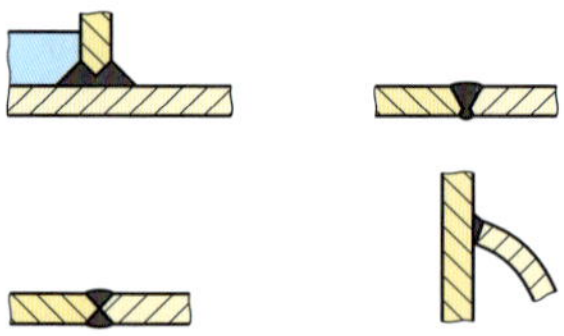	**(K2)** Spalte und Fugen vermeiden. Schweißnahtwurzel schützen.
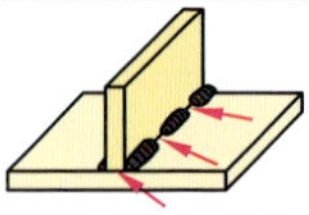	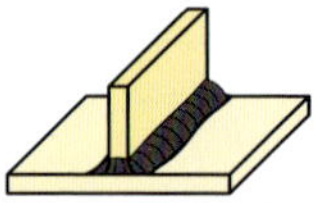	**(K3)** Auf unterbrochene Schweißnähte und Punktschweißverbindungen verzichten.
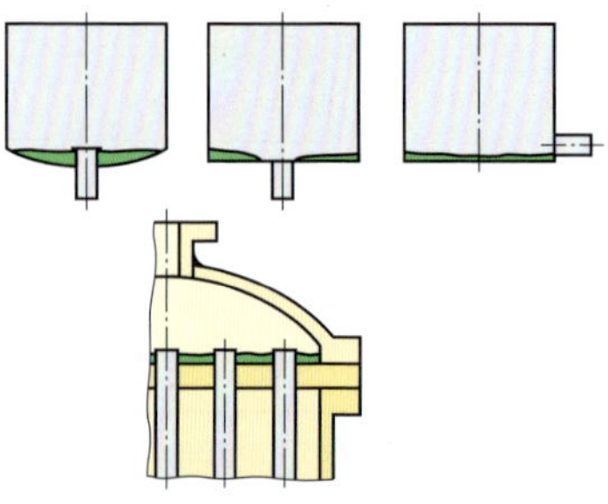	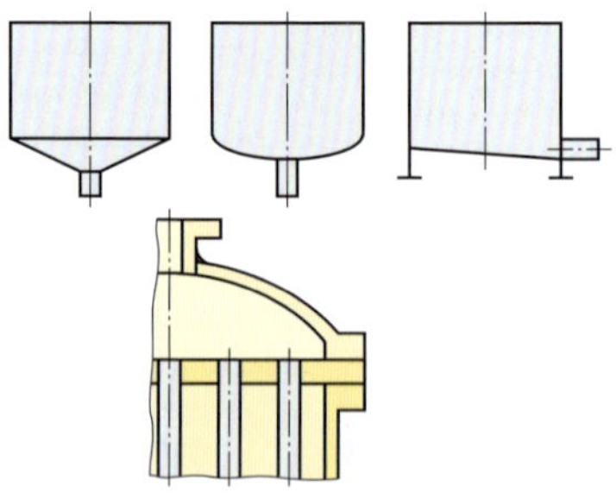	**(K3)** Sammelstellen für Flüssigkeiten, Stäube und Schmutz vermeiden. Vollständige Entleerung und Reinigung ermöglichen.
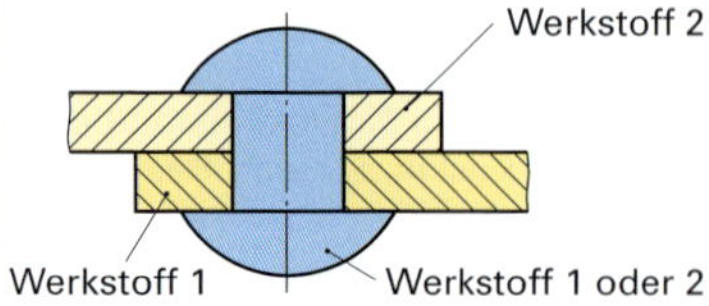	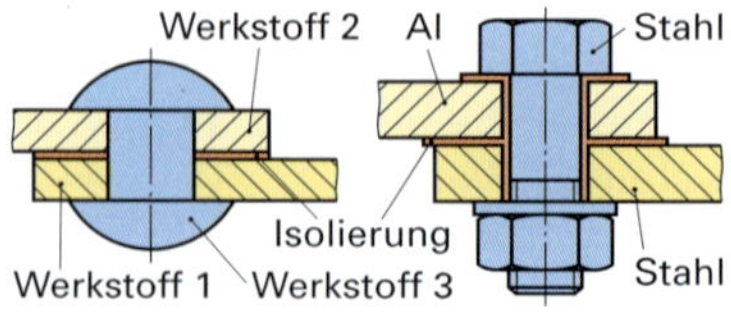	**(K9), (K10)** Nietwerkstoff 3 ist edler als 1 und 2 oder entspricht dem edleren Werkstoff von 1 und 2. Teile aus verschiedenen Werkstoffen isolieren.

2.3.4 Kunststoffgerechte Gestaltung

2.3.4.1 Allgemeines

Technische Eigenschaften, Qualität und Kosten von Produkten hängen von dem Werkstoff, dem Fertigungsverfahren und der Bauteilgestaltung **(Bild 1)** ab. Sie müssen den allgemeinen Anforderungen einer Konstruktion genügen.

Die wichtigsten Gesichtspunkte der Bauteilgestaltung sind:

- **Herstellbarkeit**
Verfahrensbedingte Anforderungen an Größe, Minimal- und Höchstwandstärken, Entformbarkeit, Formfüllung, Abkühlung,
- **Berücksichtigung der geometrischen Verhältnisse**
Dies gilt in Bezug auf Abmessungen, Form und Anordnung von Rundungen, Radien, Kanten, Wölbungen, Bohrungen, Rippen, Entformungsschrägen **(Bild 2)**,
- **Verfahrensbedingte Markierungen**
Dies sind z. B. Werkzeugtrennlinie und Anguss **(Bild 3)**,
- **Verfahrenstypische Möglichkeiten**
Einzelne Fertigungsverfahren ermöglichen typische gestalterische Problemlösungen, z. B. Filmscharniere bei den Verfahren des Spritzgießens und Prägens sowie die Integration vieler Funktionselemente zu einem einzigen Bauteil.

Kunststoffe unterscheiden sich von Metallen in vielen Werkstoffeigenschaften **(Tabelle 1)**, wie z. B. Dichte, Festigkeit, und Elastizitätsmodul **(Bild 4)**. Dementsprechend gibt es besondere Möglichkeiten bezüglich Leichtbau oder Funktionsintegration. Andererseits sind Einschränkungen bei der mechanischen Belastbarkeit zu beachten, speziell, wenn Kunststoffe nicht mit Fasern verstärkt sind.

Tabelle 1: Kunststoffeigenschaften

Eigenschaft	günstig	ungünstig
Geringer Elastizitätsmodul	Nachgiebigkeit, z. B. für Filmscharnier	Verformung unter mechanischer Last
Geringe Festigkeit	Leichtes Öffnen von Verpackungen	Geringe mechanische Belastbarkeit
Geringe Temperaturformbeständigkeit	Bauteilherstellung durch Thermoformen	Begrenzte maximale Nutzungstemperatur
Geringe Dichte	Kl. Bauteilgewicht, kleine Massenkräfte	Selten von Nachteil
Hohe thermische Ausdehnung	Schließen von Spalten bei erhöhter Temperatur	Eigenspannungen nach Verbinden mit Metallen
Geringe Wärmeleitfähigkeit	Hohe Wärmeisolation (z. B. Pfannengriffe)	Wärmestau bei Elektronik
Kleiner Reibungskoeffizient	Gute Gleiteigenschaften	Kraftschluss problematisch
Geringe elektrische Leitfähigkeit	Gute elektrische Isolationswirkung	Gefahr elektrostatischer Aufladung

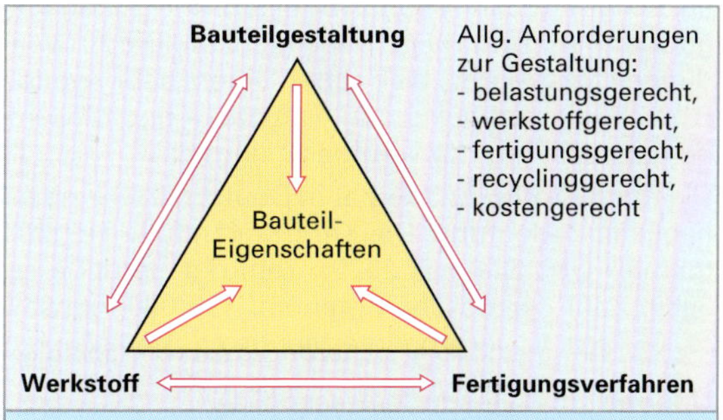

Bild 1: Zusammenwirken von Werkstoff, Fertigungsverfahren und Bauteilgestaltung

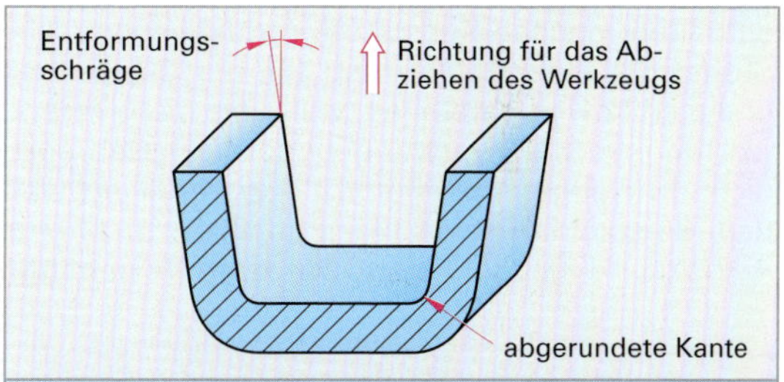

Bild 2: Entformungsschräge und Rundungen (Beispiel)

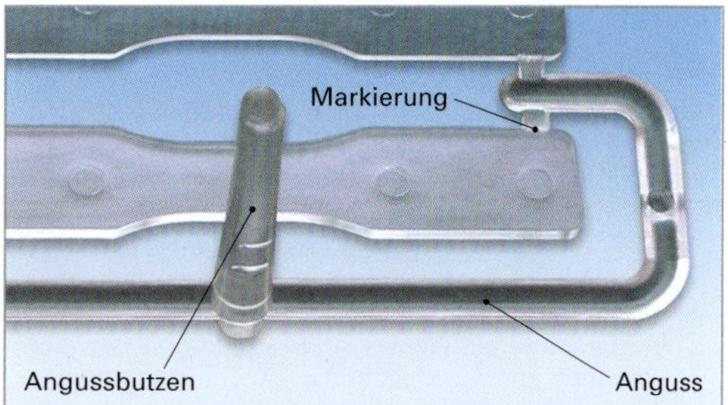

Bild 3: Angussbutzen und Angusskanal

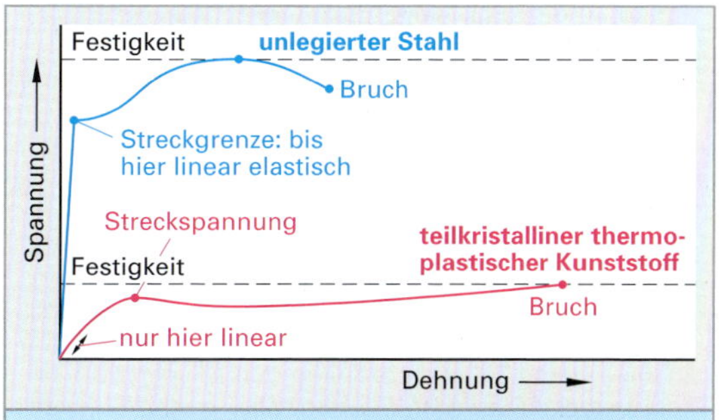

Bild 4: Verhalten von Stahl und Kunststoff unter Zugspannung

Kunststoffprodukte

Kunststoffprodukte aus **Thermoplasten, Duroplasten und Elastomeren (Tabelle 1)** sind aufgrund der herausragenden Eigenschaften etabliert und aus unzähligen technischen Produkten und Alltagsgegenständen nicht mehr wegzudenken. Die Anwendungen erstrecken sich über einen sehr weiten Bereich wie Verpackungen, Fahrzeug- und Maschinenbauteile, um nur wenige zu nennen.

Die **Kunststoffindustrie** hat in Deutschland eine erhebliche Bedeutung. Die Kennzahlen für 2019 sind (gemäß GKV-Statistik 2020): Zahl der Betriebe ca. 3050, Zahl der Beschäftigten ca. 336 000, Umsatz ca. 65 Mrd. €, verarbeitete Menge ca. 14,6 Mio t.

Umwelt- und Gesundheitsaspekte

Kunststoffe sind im Allgemeinen synthetische Werkstoffe, die durch chemische Verfahren hergestellt werden. Je nach ihrer Zusammensetzung enthalten manche Kunststoffprodukte chemische Stoffe, die eine Gefährdung für die Gesundheit und die Umwelt darstellen, wenn sie nicht verantwortungsbewusst verwendet oder nach Gebrauch nicht umweltgerecht entsorgt bzw. rezykliert werden. Beispielhaft seien hier Phthalate, Bisphenol A (BPA) und halogenhaltige Zusatzstoffe genannt.

Phthalate werden als Weichmacher verwendet, um Kunststoffe besonders flexibel zu machen. Sie stehen jedoch im Verdacht, wenn sie aus Kunststoffprodukten ausgewaschen werden oder verdampfen, krebserregend zu sein und hormonähnliche Eigenschaften zu haben. Sie sind in Europa für Spielwaren und Lebensmittelverpackungen verboten, aber z. B. in Kabelisolierungen oder Fußböden aus Polyvinylchlorid enthalten.

BPA ist ein chemischer Grundstoff, aus dem einige Kunststoffe, wie z. B. Polycarbonat hergestellt werden. Die synthetisierten Kunststoffe enthalten teilweise noch geringe Reste von BPA, das, wenn es in den menschlichen Körper gelangt, in den Hormonhaushalt eingreift. Für Anwendungen als Lebensmittelbehälter oder Lebensmittelgefäße sind BPA-haltige Kunststoffe verboten, aber für viele andere Anwendungen noch in der Anwendung.

Halogenhaltige Zusatzstoffe werden vielen Kunststoffen als Flammschutzmittel hinzugefügt, um einen Brand, z. B. durch einen elektrischen Kurzschluss zu vermeiden. Sie wirken einerseits sehr effektiv, andererseits sind sie ein Gift für fast alle Mikroorganismen, wenn sie in die Umwelt gelangen.

Mikroplastik besteht aus Kunststoffteilchen, deren Abmessungen weniger als 5 mm betragen. Hiervon werden weltweit jährlich 3,2 Mio t in die Umwelt eingetragen, davon etwa die Hälfte in die Meere (wwf.de). Verursacher sind z. B. der Reifenabrieb von Fahrzeugen sowie die Kunststoffabfälle, die nicht sachgemäß entsorgt worden sind und in der Natur langsam in viele kleine Teilchen zerfallen. Sie können von Tieren, insbesondere von Fischen, aber auch von Menschen mit der Nahrung aufgenommen werden. Die negativen Auswirkungen werden noch untersucht.

Kunststoffverwertung nach dem Gebrauch

Die Verwertung erfolgt durch

1. Werkstoffrecycling: Hierbei werden Kunststofferzeugnisse geschreddert, gereinigt und nach unterschiedlichen Kunststoffsorten getrennt. Das gewonnene Material (Rezyklat) kann als Rohstoff neu zu produzierende Granulate ersetzen **(Bild 1)**.

2. Rohstoffverwertung: Die Polymerketten werden durch die Einwirkung von Wärme aufgespalten. Hierdurch entstehen Monomere oder Öle oder Gase, die für die Produktion neuer Kunststoffe oder andere Zwecke genutzt werden können. Das Verfahren hat wegen zu geringer Wirtschaftlichkeit bisher nur eine geringe Bedeutung.

3. Energetische Verwertung: Durch Verbrennung von Kunststoffen wird Energie als Strom, Dampf oder Prozesswärme zurückgewonnen.

Tabelle 1: Kunststoffteile, Beispiele mit Eigenschaften

Thermoplaste	Duroplaste	Elastomere
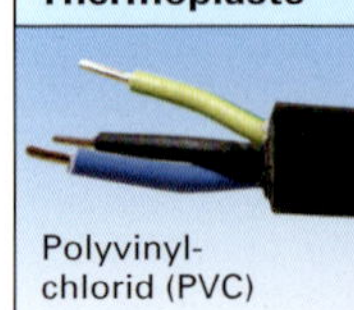 Polyvinylchlorid (PVC)	UP-Harz 	Styrol-Butadien-Kautschuk (SBR) 
Verfügbar als Hart-PVC und Weich-PVC; schwer entflammbar, witterungs- und UV-beständig.	Farblos, chemikalienbeständig, geeignet für Vergussmassen und Faserverbundkunststoffe	Preiswerter Gummiwerkstoff, abriebfest, von – 40 °C bis + 90 °C universell einsetzbar.
 Polyamid (PA)	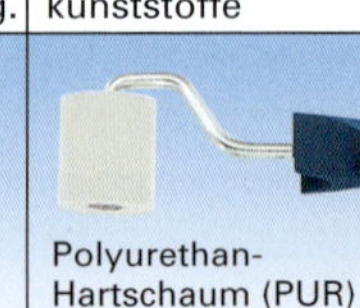 Polyurethan-Hartschaum (PUR)	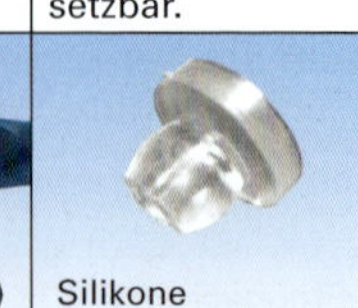 Silikone
Abriebfest, reißfest, zäh, temperaturbeständig bis 160 °C. universell verwendbar, viele Varianten.	Ein- oder zweikomponentig aushärtend, chemikalienbeständig, porös, leicht, wärmeisolierend.	Gummielastisch, gießfähig, schwer entflammbar, bis 300 °C stabil, chemikalienbeständig.

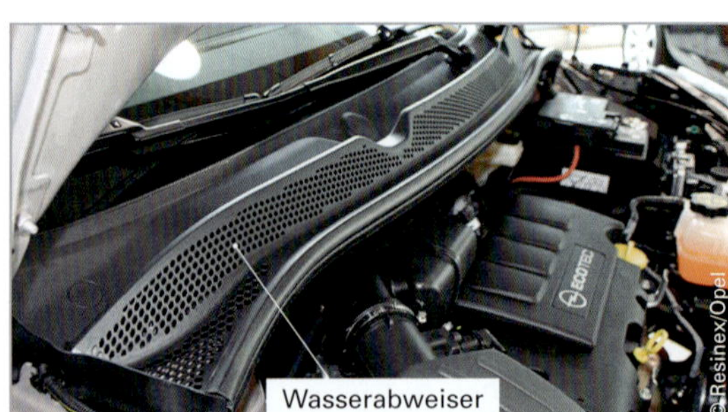

Bild 1: Wasserabweiser im Motorraum aus rezykliertem Polypropylen

2.3.4.2 Grundregeln

Die Grundregeln der Gestaltung sind in **Tabelle 1** zusammengefasst:

(1) Konstante Wanddicken wählen.

(2) Abrupte Wanddicken- oder Durchmesseränderungen vermeiden. Diese führen zu lokalen Spannungsspitzen in der Anwendung.

(3) Materialansammlungen vermeiden. Diese führen zu Eigenspannungen und Lunkern.

(4) Außen- und Innenecken zur Vermeidung von Rissbildung gerundet ausführen ($r > 0{,}6\ d$); die Verdickung von Rundungen erhöht die Steifigkeit.

(5) Scharfe Kanten an der Umrandung der Teile vermeiden. Besser ist die Kanten durch Fasen oder Rundungsradien zu entschärfen, um somit Spannungsspitzen mit Rissbildung und ein Ausbrechen der Kanten zu verhindern.

(6) Deckel- oder Bodenflächen nicht eben, sondern gewölbt, nach außen oder innen ausführen oder mit Rippen gestalten.

(7) Teilungsebenen (mit zwangsläufiger Gratentstehung) so legen, dass daraus eine bewusste Sichtkante entsteht.

(8) Außenwände geneigt mit Entformungsschrägen versehen. Dadurch wird die Stabilität erhöht und das Entformen erleichtert.

(9) Hinterschneidungen aus Entformungsgründen nur auf der Außenseite anordnen.

(10) Löcher und Durchbrüche nur mit genügend Abstand zum Rand vorsehen, um ein Ausbrechen Lochrandes zu vermeiden.

Tabelle 1: Kunststoffgerechte Gestaltung, Fehler und ihre Behebung

Nicht kunststoffgerecht	Kunststoffgerecht
Keine konstante Wanddicke 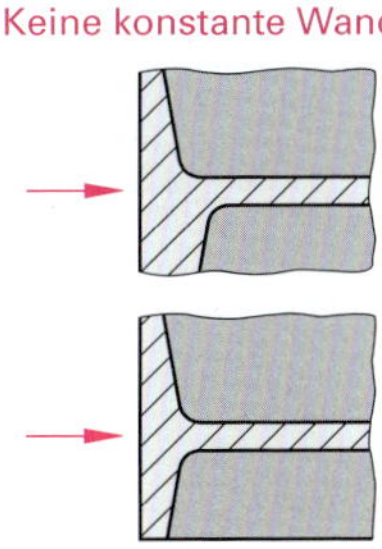	(1) 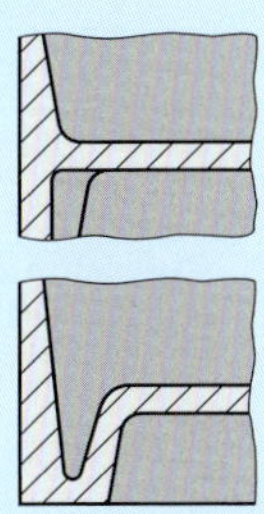
Abrupte Dickenänderung 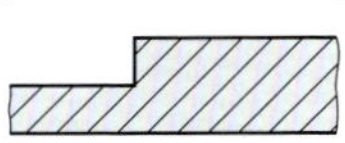	(2) 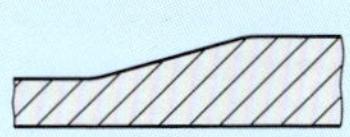
Materialanhäufung 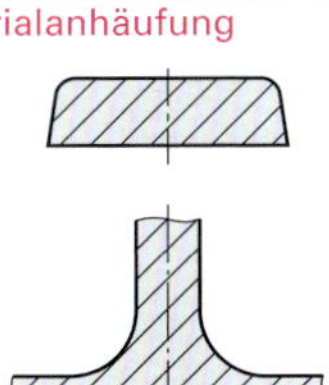	(3) 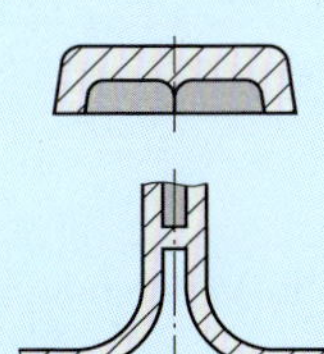
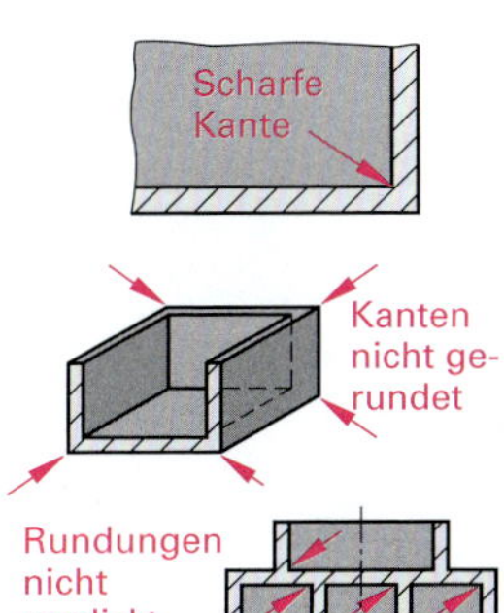	(4) 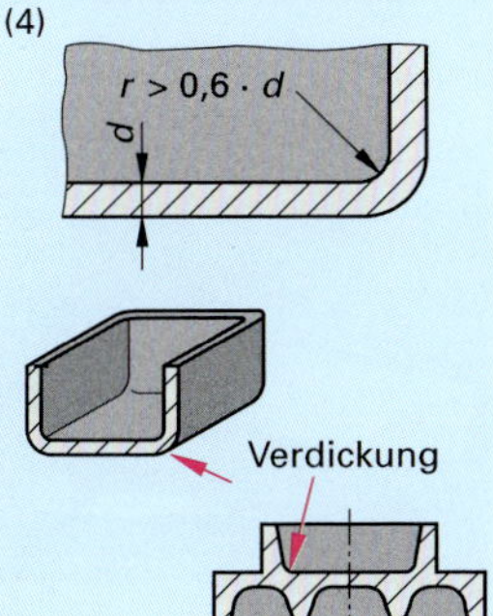

Nicht kunststoffgerecht	Kunststoffgerecht
Scharfe Kante 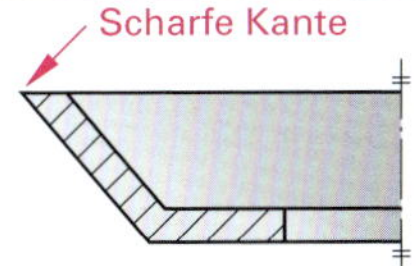	(5) 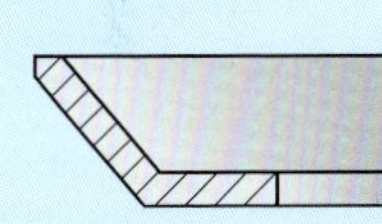
Geringe Stabilität 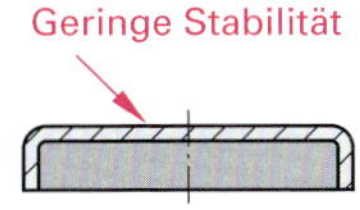	(6) 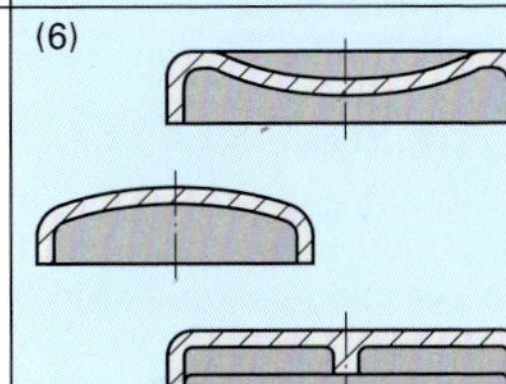
Grat am Bauteil 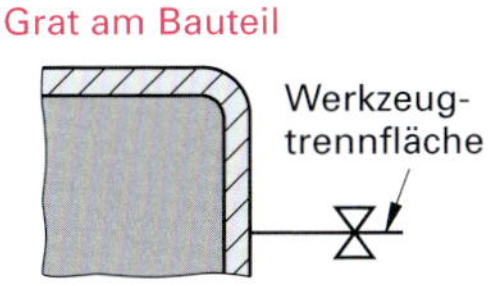	(7) 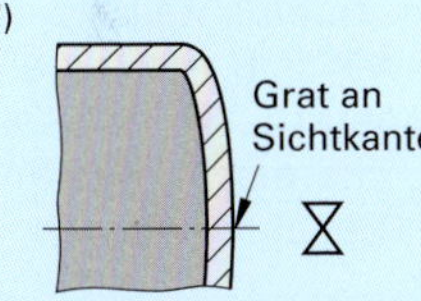
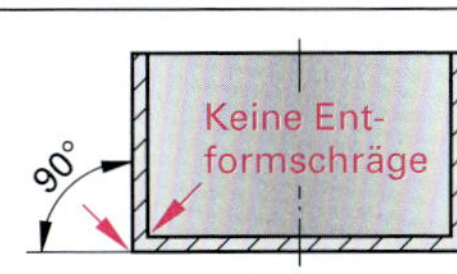	(8) 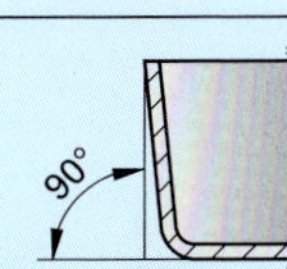
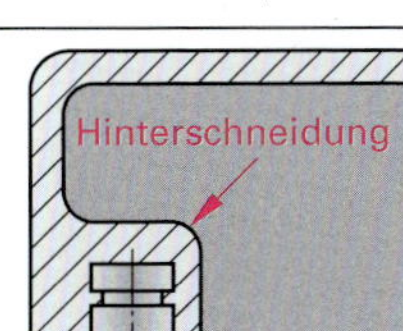	(9) 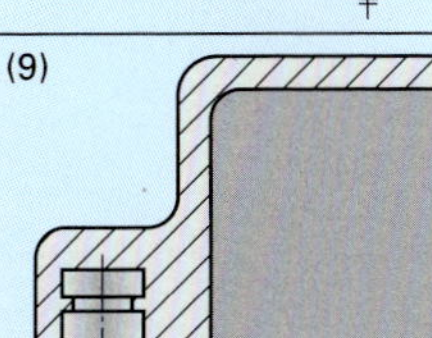
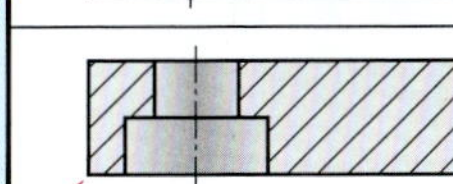 Zu nahe am Rand	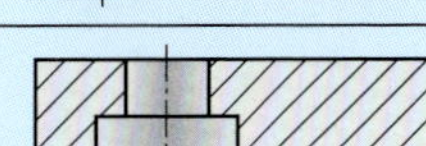 (10)

2.3.4.3 Belastungsgerecht und werkstoffgerecht

Für die Bauteildimensionierung sind die maximal zulässigen mechanischen Spannungen und Verformungen von entscheidender Bedeutung (siehe Hinweise zur Festigkeitslehre im Anhang 1). Als entscheidende Kriterien werden Kennwerte aus dem Spannungs-Dehnungs-Diagramm unter Berücksichtigung eines Sicherheitsfaktors herangezogen.

Bei spröden Kunststoffen, die keine ausgeprägte Streckspannung im Spannungs-Dehnungs-Diagramm zeigen **(Bild 1)**, ist die Festigkeit (= Bruchspannung) dividiert durch den Sicherheitsfaktor für die statische Bauteilauslegung relevant. Bei zähen Kunststoffen mit ausgeprägter Streckspannung **(Bild 2)** wird diese durch den Sicherheitsfaktor dividiert und der Quotient verwendet. Als Sicherheitsfaktor gegen Bruch wird häufig S = 2 gewählt.

Bei plattenförmigen Bauteilen wird die mechanische Stabilität durch zusätzliche Rippen, Sicken, Stufen, Wellen, Krümmungen und Stege wirksam verstärkt **(Bild 3)**. Bei allen diesen Bauweisen wird das Flächenträgheitsmoment erhöht und zwar mit einer geringeren Massenzunahme als einer vollflächig dickeren Platte.

Der Versteifungseffekt wirkt bei den in Bild 3 gezeigten Anordnungen bevorzugt in eine Richtung. Mit Stegen ist es relativ leicht, die Steifigkeit für alle Richtungen in der Plattenebene zu erzeugen. Hierfür werden sie rechtwinklig zueinander angeordnet **(Bild 4)**. Je enger die Stege positioniert sind, umso steifer und fester wird die Struktur. Ein Beispiel, wie ein kastenförmiges Bauteil an allen Flächen mit Sicken versehen werden kann, wird in **Bild 5** gezeigt.

Um die Bauteilfunktion insgesamt sicherzustellen, müssen eine Reihe weiterer Werkstoffeigenschaften wie z. B. Verhalten bei geringer oder hoher Temperatur, Kriechfestigkeit und Langzeitfestigkeit, chemische Beständigkeit in Umgebungsmedien beachtet werden.

[1] Für Kunststoffe wird statt des Begriffs „Bruchdehnung" im Diagramm teilweise auch die Bezeichnung „Reißdehnung" verwendet.

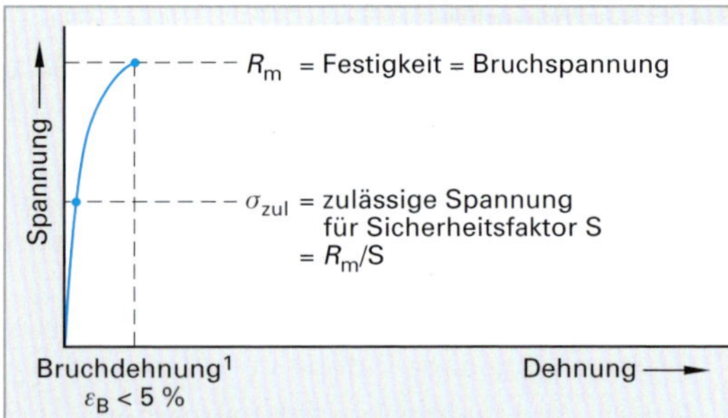

Bild 1: Zulässige Zugspannung für einen spröden Kunststoff

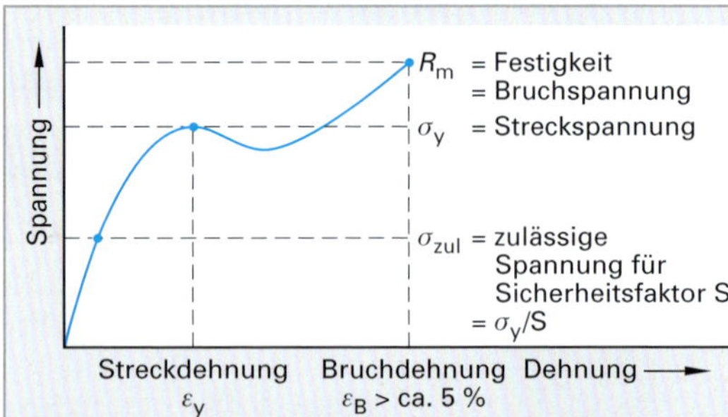

Bild 2: Zulässige Zugspannung für einen zähen Kunststoff

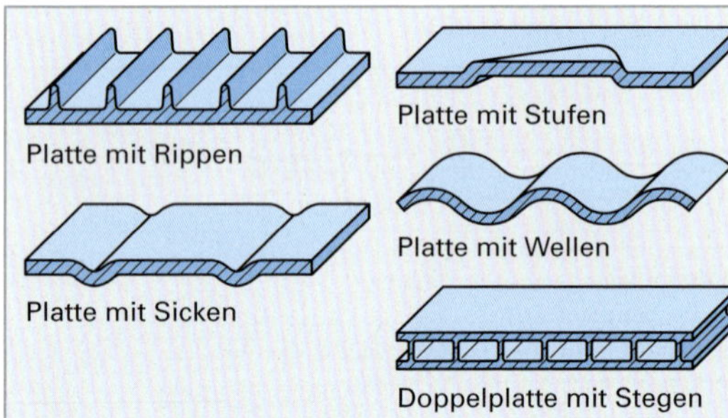

Bild 3: Versteifung von flächigen Bauteilen

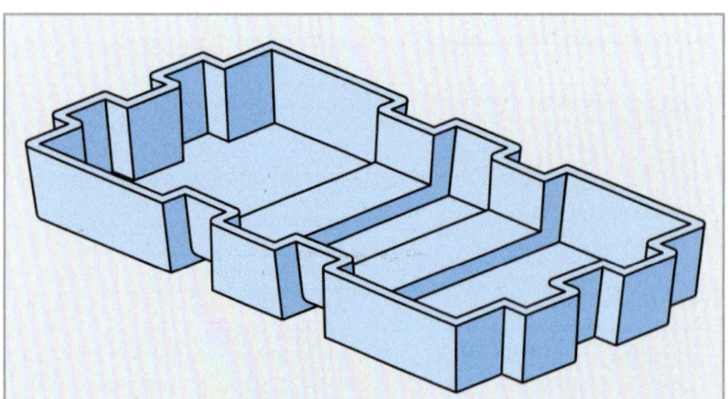

Bild 5: Sickenverstärkte Bauteilwände

© ARBURG GmbH

Bild 4: Kreuzrippen an Elektronikgehäuse

Kunststoffschäume

Ein besonders günstiges Verhältnis von Steifigkeit bzw. Festigkeit zu Masse erreichen Strukturen mit Kunststoffschäumen. Diese enthalten sehr viele Poren und haben deshalb eine geringe Dichte[1]; für Polyurethanschäume z. B. liegt sie im Bereich zwischen 5 kg/m^3 bis 150 kg/m^3.

Kunststoffschäume werden als sogenannte *Integralschäume* oder in *Sandwichelementen* verwendet.

Integralschäume haben im Kernbereich sehr viele Poren und eine geringe Steifigkeit, wohingegen die oberflächennahen Zonen keine Poren enthalten **(Bild 1)**. Die porenfreien Zonen bewirken mit ihrer höheren Steifigkeit und Festigkeit die mechanische Stabilität des Integralschaums (in gewisser Weise ähnlich wie bei einem I-Profil).

Beim **Sandwich** ist der Kunststoffschaum zwischen einer oberen und einer unteren Deckschicht mit jeweils hoher Steifigkeit und Festigkeit angeordnet **(Bild 2)**. Für die Deckschichten können unterschiedliche Werkstoffe eingesetzt werden: Im Leichtbau werden faserverstärkte Kunststoffe bevorzugt; sofern eine hohe Druckfestigkeit und Härte gefordert werden, sind Metalle gut geeignet.

Mit **Sandwich-Waben-Elementen**, deren Kern aus sechseckigen, dünnwandigen Waben (Honeycomb[2]) besteht (Bild 2), wird eine besonders hohe Plattensteifigkeit bei minimalem Gewicht erreicht. Als Wabenwerkstoff dienen z. B. Polypropylen, Aramidpapier, faserverstärkte Kunststoffe, Papier (und Aluminium, siehe Seite 134). Diese Strukturen haben eine relativ hohe Druckfestigkeit und Schubfestigkeit **(Tabelle 1)**. Sie erreichen eine hohe Biegesteifigkeit und werden häufig in der Luftfahrttechnik, im Bootsbau und in der Bauindustrie verwendet.

Maßnahmen zur Stabilitätserhöhung:
Biegesteifigeit erhöhen → größere Wabenkernstärke
Festigkeit erhöhen → Laminatstärke erhöhen

Einleitung von Kräften und Momenten bei Honeycomb
In eine Honeycomb-Platte leitet man Kräfte möglichst in Ebenenrichtung, also durch Schubbelastung ein. Die Waben werden im Bereich der Krafteinleitung und der Klemmkräfte, insbesondere in der Näher von Bohrungen oft mit einem Harz, das Glas-Mikrohohlkugeln enthält, verstärkt. Verschraubungen werden großflächig angelegt. Auch kann man die Decklaminate, z. B. an Rändern, mit zusätzlichen Laminatlagen verstärken. Stoßbelastungen, noch in unterschiedlichen Belastungsrichtungen, stellen an die Krafteinleitungspunkte besondere Anforderungen. Man kann partiell einerseits zusätzlich stabilisieren, z. B. mit Verstärkung des Laminats, aber auch andererseits durch Elastizitätserhöhung, indem man in diesen Bereichen eine reduzierte Wabenstärke vorsieht.

Zur Einleitung von Momenten oder zur Wabenebene senkrechter Kräfte ersetzt man das Wabenmaterial z. B. partiell durch Laminatvollmaterial.

Ecken und Kanten
Im Kantenbereich und um Ecken spart man den Wabenkern aus und legt zusätzliche Gewebelagen ein (Bild 3).

[1] Zum Vergleich: Ungeschäumtes Polyurethan hat eine Dichte von rund 1200 kg/m^3.
[2] engl. Honeycomb = Bienenwabe

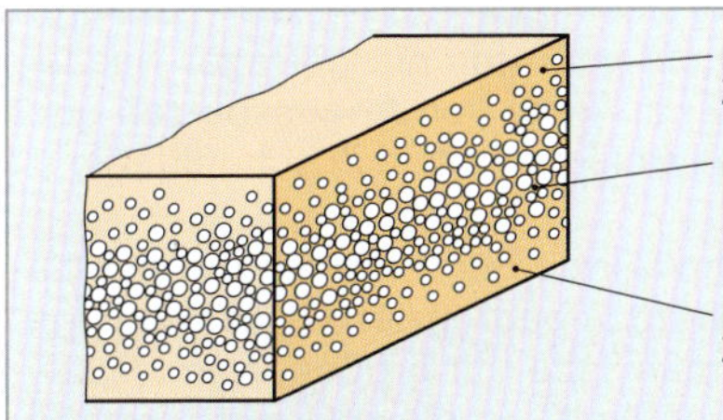

Bild 1: Integralschaum

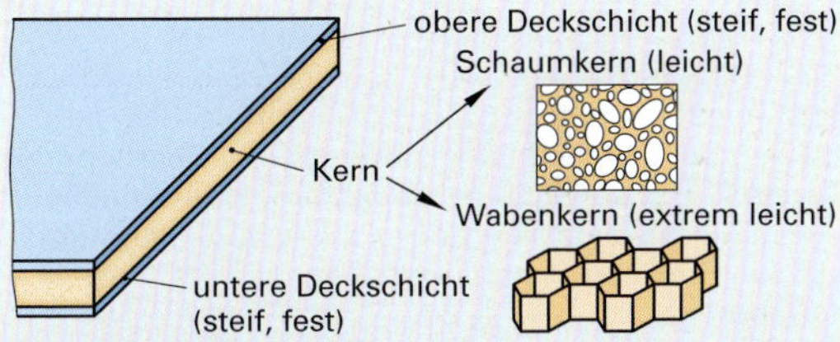

Bild 2: Sandwichplatten

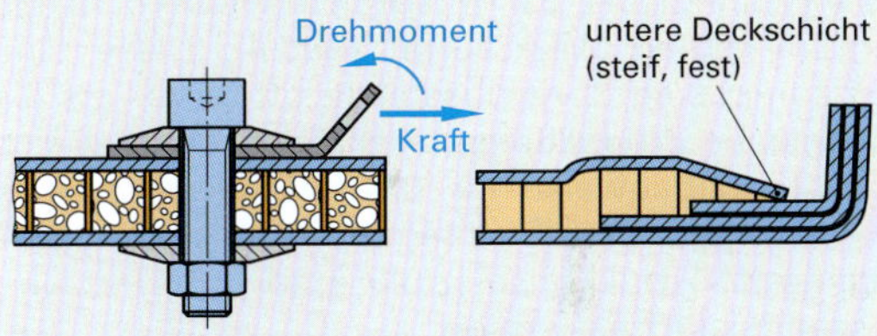

Bild 3: Einleitung von Kräften und Gestaltung von Ecken

Tabelle 1: Polypropylen-Waben-Leichtbauplatten, typische Daten

Eigenschaften	Bemerkung
Kernmaterial	Polypropylen
Standardkaschierung (beidseitig)	50 µm Polypropylen-Sperrfolie
Kernhöhe	3,0 mm in Schritten bis 30 mm
Zellweite	3,0 mm in Schritten bis 10 mm
Dichte	ca. 30 kg/m^3 bis 140 kg/m^3
Druckfestigkeit	1,2 MPa
Schubfestigkeit längs und quer	0,3 MPa bis 0,5 MPa
Temperaturbelastbarkeit	kurzzeitig bis 140 °C
Wärmeleitfähigkeit	0,065 W/m · K

2.3.4.4 Integralbauweise

Die Kunststofftechnik ermöglicht mit ihren vielfältigen Formgebungsmöglichkeiten, insbesondere durch Spritzgießen **(Bild 1)**, durch Blasformen **(Bild 2)**, durch Extrudieren **(Bild 3)** das Herstellen von *Integralbauteilen*.

Integralbauteile sind meist fertige bzw. endkonturnahe Bauteile und bedürfen nur geringer Nacharbeit, z. B. des Entfernens von Angussbutzen oder bei Profilen des Ablängens und Zuschneidens.

Der wesentliche Vorteil der Integralbauweise besteht in der nahezu unbegrenzten Gestaltungsfreiheit. So kann man Teile mit großen Wanddickenunterschieden und mit komplexen Innenkonturen, passend zur Beanspruchung herstellen.

Eine **Differentialbauweise**, bei der man Einzelteile aus Kunststoffplatten und Kunststoffblöcken durch trennende, spanende und umformende Bearbeitung herstellt, um sie dann zu montieren, ist eher selten. Allenfalls werden Werkstücke aus komplexen extrudierten Profilen zusammengesetzt, wie z. B. bei Fensterrahmen.

Das Problem bei der Integralbauweise sind die extrem teuren Werkzeuge[1] **(Bild 4)**. Diese sind bei komplexen Spritzgussteilen oft teurer als die eigentliche Produktionsmaschine. So eignet sich die Integralbauweise nur für Großserienprodukte. Der Werkzeugbau für Integralbauweisen ist eine eigene Konstruktionsdisziplin und erfordert umfassendes Prozesswissen.

[1] siehe auch beispielhaft das komplexe Werkzeug, Seite 470

Eine Konstruktion in Integralbauweise führt bei Großserien zu Einsparung von Kosten, Gewicht, Bearbeitungsschritten, Fügeoperationen und gibt dem Konstrukteur große Gestaltungsfreiheit.

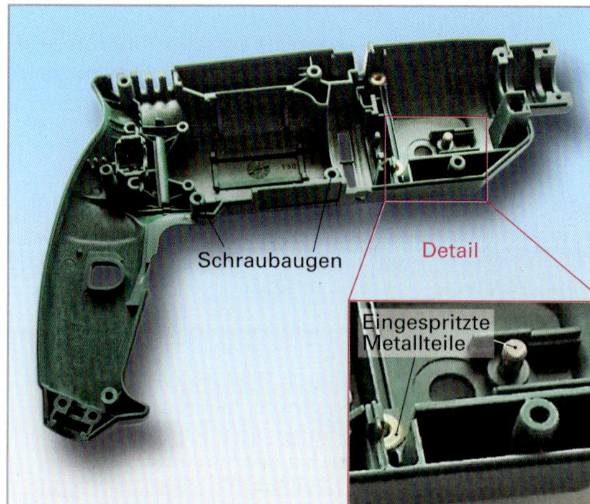

Bild 1: Integralbauteil hergestellt durch Spritzgießen

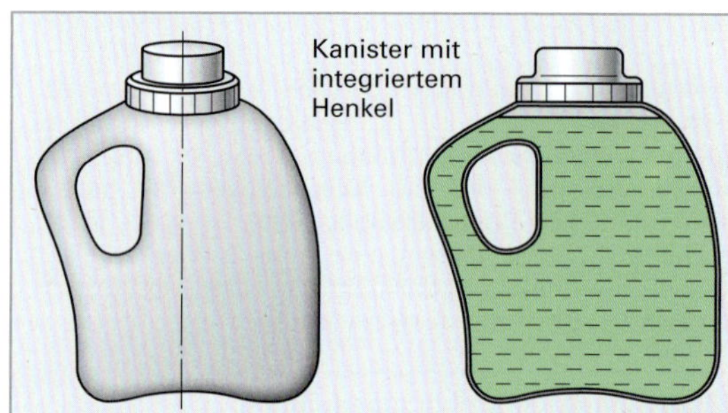

Bild 2: Integralbauteil hergestellt durch Blasformen

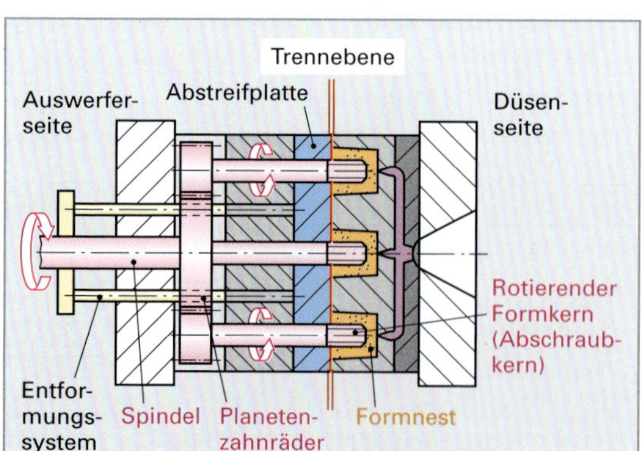

Bild 4: Spritzgießwerkzeug (Beispiel)

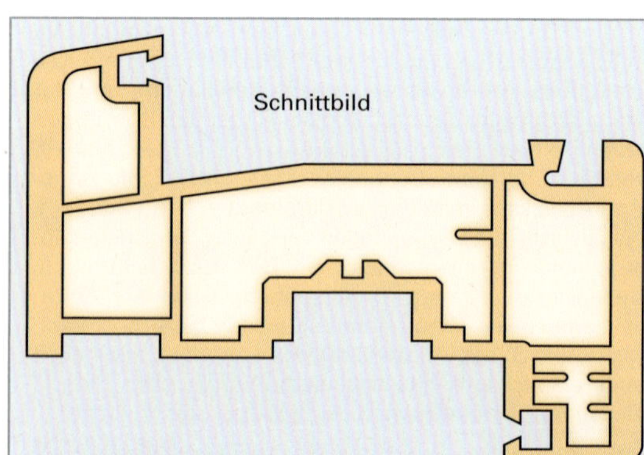

Bild 3: Mehrkammriges extrudiertes Integralbauteil

2.3.4.5 Funktionsintegration

Die Integralbauweise ermöglicht es, Produkte direkt mit mechanischen Elementen, z. B. Scharnieren, Federn, Schnappverbindungen zu versehen und zwar ohne zusätzliche Fügeprozesse. Diese Art der Funktionsintegration ist fast nur mit Kunststoffen realisierbar.

Filmscharniere und Filmgelenke

Für ein bewegliches Scharnier bzw. Gelenk **(Bild 1)** wird der Formänderungswiderstand lokal durch eine reduzierte Wanddicke verringert **(Bild 2)**.

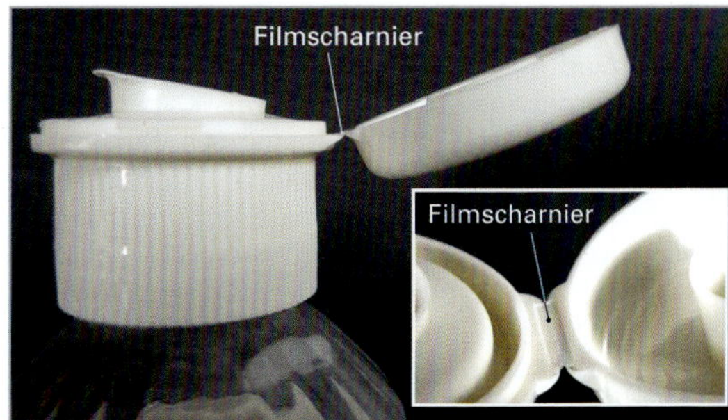

Bild 1: Filmscharnier an Verschlussdeckel

Kennzeichnende Auslegungsgröße ist der durch Biegung maximal auftretende Wert der Dehnung ε_B:

$$\varepsilon_B = \frac{d}{2R} = \frac{d \cdot \alpha}{2\,l}$$

d Filmdicke
l Filmlänge
α Biegewinkel (im Bogenmaß)

Häufig verwendete Abmessungen sind:

Filmdicke in mm:	0,3 bis 0,8
Filmlänge in mm:	1 bis 6
Rundungsradien in mm:	0,5 bis 1

Der maximal erlaubte Wert für ε_B hängt von der Zahl der zu erwartenden Scharnierbewegungen und vom Kunststofftyp ab. Bei einem nur einmal als Montagehilfe betätigten Scharnier kann die halbe Bruchdehnung als Richtwert dienen. Bei Mehrfachbetätigung sind zur Dimensionierung und Werkstoffauswahl Biegewechselversuche mit der Scharniergeometrie erforderlich. Hierbei gehen die festigkeitssteigernde Verstreckung des Werkstoffs bei der Erstbetätigung und dessen Ermüdung bei zyklischer Belastung in das Versuchsergebnis ein. Aus dem Ergebnisdiagramm **(Bild 3)** kann die maximale Biegewechseldehung ε_a als Funktion der Lastwechselanzahl N bestimmt werden.

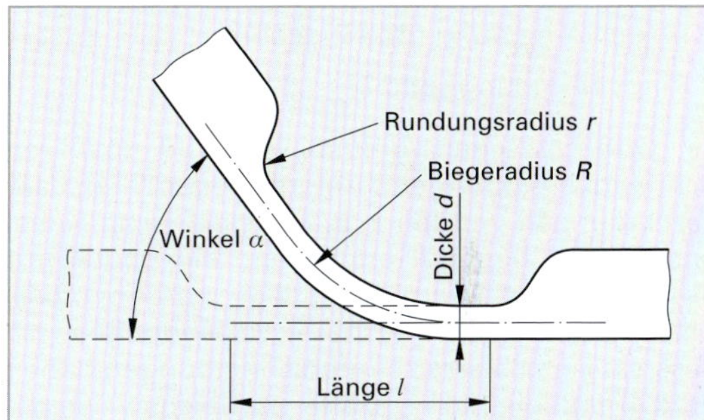

Bild 2: Querschnitt eines einfachen Filmscharniers

Beispiel. Gegeben sei ein Filmscharnier aus Ultraform vom Typ N 2320 003 **(Bild 3)** mit l = 3 mm. Der maximale Biegewinkel α beträgt 180 ° (d. h. α [rad] = π) und es sind N = 5000 Betätigungen bis zum Produktlebensende vorgesehen. Mit $\varepsilon_a \approx 35$ % aus Bild 3 und einem Sicherheitsfaktor S = 1,5 ergibt sich die Filmdicke:

$$d = \frac{2\,\varepsilon_a \cdot l}{\alpha \cdot S} = \frac{2 \cdot 0{,}35 \cdot 3\ \text{mm}}{\pi \cdot 1{,}5} = 0{,}446\ \text{mm}$$

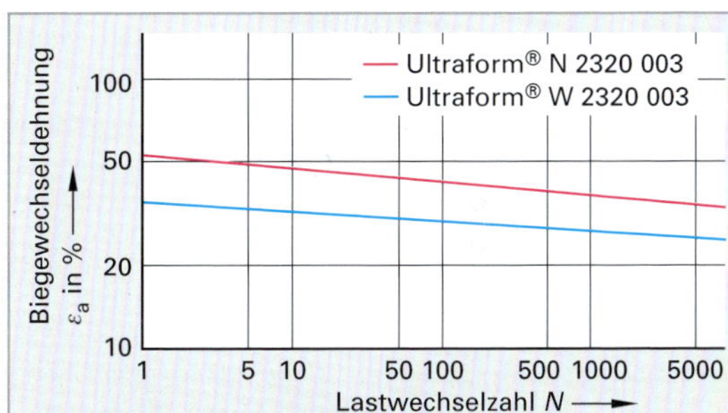

Bild 3: Maximale Biegewechseldehnung für zwei Polyoxymethylen-Typen der BASF AG

Die zähen, teilkristallinen Kunststoffe aus Polyoxymethylen (POM) oder aus Polypropylen (PP) sind für Bauteile mit Filmscharnieren und Filmgelenken besonders geeignet. Aus ihnen werden z. B. Boxen mit unverlierbaren Deckeln, Verbindungsmuffen für Elektrokabel, verschließbare Behälter hergestellt. Die in Bild 2 gezeigte Scharnier-Geometrie ist nur eine von vielen Möglichkeiten. Varianten haben z. B. Doppel-Scharniere mit zwei Drehachsen wie in **Bild 4** oder sie besitzen zusätzliche Federelemente, um die Teile nach dem Umklappen in der Endposition zu fixieren.

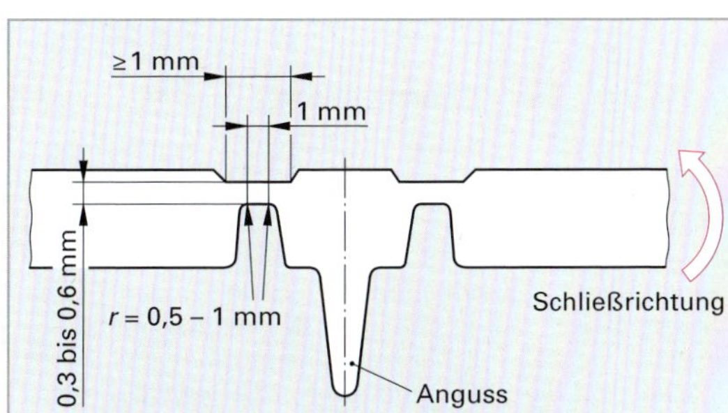

Bild 4: Film-Doppelscharnier, vgl. Technische Information der BASF AG

Schnappverbindungen

Schnappverbindungen nutzen den relativ geringen Verformungswiderstand von Kunststoffen, um zwei oder mehr Teile zu verbinden. Sie enthalten Kunststoffelemente in Haken-, Noppen- oder Wulstform, die in Vertiefungen des Fügepartners einschnappen können. Mit ihrer Hilfe werden formschlüssige Verbindungen zwischen Einzelteilen hergestellt, wobei die entsprechenden Fügeprozesse einfach und wirtschaftlich gestaltet werden können **(Bild 1)**.

Die wichtigsten Typen sind:

- Kugelverbindung **(Bild 2, links)**
- Hakenverbindung **(Bild 2, rechts)**
- Ringverbindung **(Bild 3)**.

Es wird zwischen unlösbaren und lösbaren Schnappverbindungen unterschieden. Lösbare Verbindungen werden z. B. für elektrische Kabel und Stecker benötigt oder wenn ein Bauteil für Reparatur bzw. Wartung zerlegt werden muss. Charakteristisch für lösbare Verbindungen ist, dass sie keine starren Hinterschneidungen haben **(Bild 4)** und die Klemmkräfte vergleichsweise gering sind. In manchen Fällen wird ein spezielles Werkzeug zum Öffnen benötigt.

Um Schnappverbindungen zu dimensionieren, sind folgende Daten notwendig:

- Werkstoffkennwerte des Kunststoffs,
- Kraft zum Klemmen, ggf. zum Lösen,
- zur Verfügung stehender Bauraum,
- sofern Lösbarkeit gefordert wird: Anzahl der Betätigungen.

Ein Schnapphaken hat – mechanisch gesehen – eine gewisse Analogie zu einem Biegebalken. Zwischen für die Auslenkung y notwendiger Kraft F, Balkenlänge L, Flächenträgheitsmoment I und Elastizitätsmodul E gilt folgende Beziehung:

$$y = \frac{F \cdot L^3}{3 \cdot E \cdot I}$$

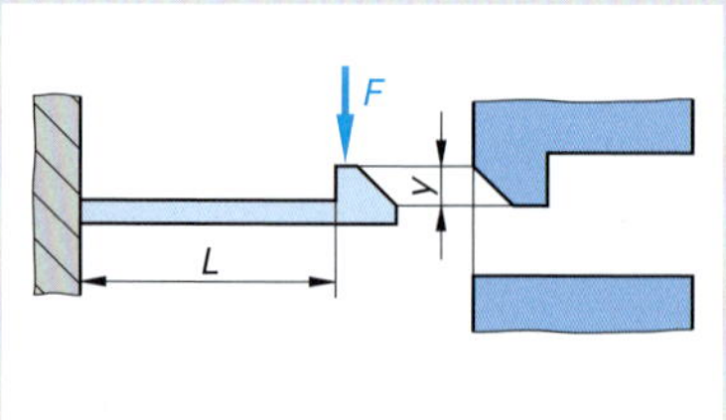

Durch Wahl des Kunststoffs und damit des Elastizitätsmoduls, der Länge und der Querschnittsgeometrie, die das Flächenträgheitsmoment bestimmt, lassen sich die Eigenschaften an die jeweiligen Anforderungen anpassen. (Für einen rechtwinkligem Querschnitt mit Höhe h und Breite b gilt beispielsweise $I = b \cdot h^3/12$).

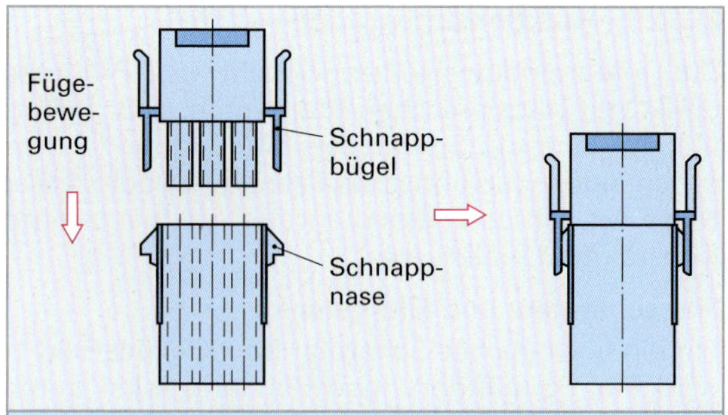

Bild 1: Montage mit Schnappverbindung

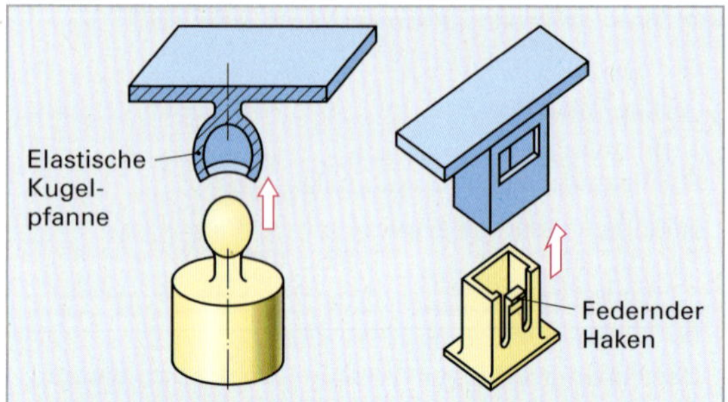

Bild 2: Schnappverbindung mit Kugel (links) und mit Haken (rechts)

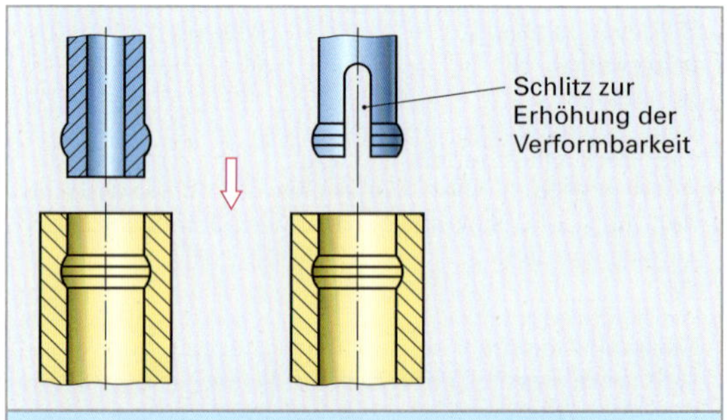

Bild 3: Schnappverbindung mit Ring (links) und mit geschlitztem Ring (rechts)

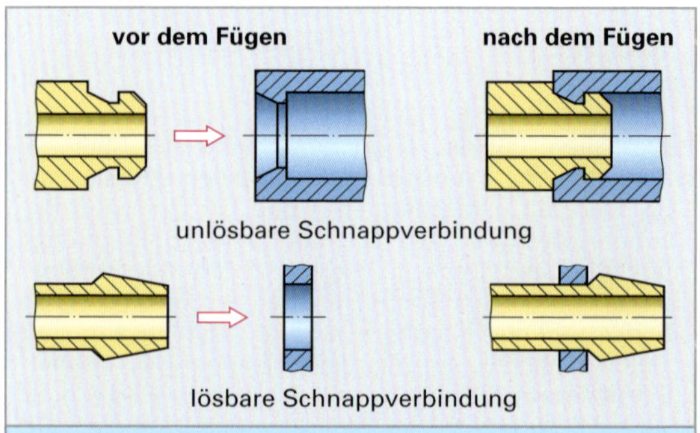

Bild 4: Unlösbare und lösbare Schnappverbindungen

Die maximal zulässige Dehnung wird aus dem Spannungs-Dehnungs-Diagramm unter Berücksichtigung eines Sicherheitsfaktors bestimmt. Bei lösbaren Verbindungen wird ein Sicherheitsfaktor von mindestens S = 2 empfohlen, d. h. die maximale Dehnung soll weniger als 50 % der Streckdehnung betragen.

Zur Dimensionierung und Belastungssimulation gibt es Programme auf Basis der Finiten-Elemente-Methoden **(Bild 1)**. Als Grenzwert für die zulässige Dehnung im Kunststoff wurde in diesem konkreten Fall 1,9 % ermittelt, bei 4 % Dehnung kommt es zum Bruch. Schnappverbindungen in allen technischen Bereichen haben eine große Bedeutung, insbesondere bei Kraftfahrzeugen, z. B. Clips **(Bild 2)** für die Montage von Verkleidungen und von Kabeln.

Kippscharniere

Kippscharniere dienen zur scharnierartigen Gelenkverbindung zweier Konstruktionsteile mit zwei verschiedenen stabilen Lagen **(Bild 3)**. Dabei sind alle Teilelemente wie Federn, Gelenke, Hebelarme, die zur Erfüllung der Scharnierfunktion erforderlich sind, zu einem einzigen Element integriert. Kippscharniere finden überall dort Anwendung, wo zwei Bauteilhälften z. B. in den Positionen „offen" und „geschlossen" stabil gehalten werden müssen.

Federelemente

Federelemente spielen in der integralen Bauweise eine wichtige Rolle. Es können dabei sowohl klassische als auch recht unkonventionelle Federarten verwendet werden **(Bild 4)**. Bewährt hat sich die Ausnützung der Biegebeanspruchung für die Federfunktion, und zwar auch für die Realisierung von Zug- und Druckfedern (Bild 4). Grundelement der Biegefedern ist das Kniegelenk, das zwar einen geringeren Winkelausschlag gestattet als ein Filmgelenk, dafür aber weit bessere Federeigenschaften aufweist.

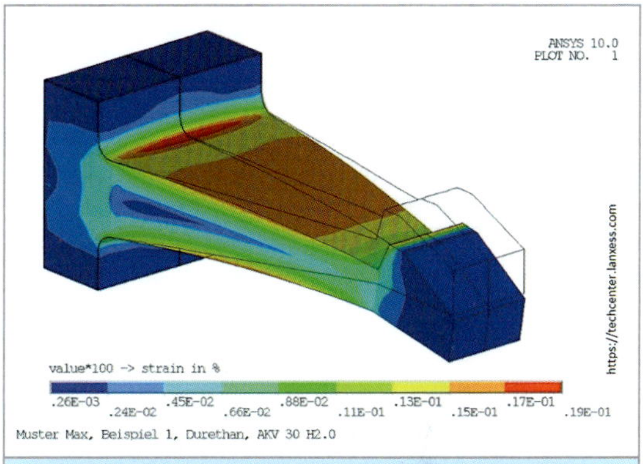

Bild 1: Dehnungsberechnung für einen Schnapphaken

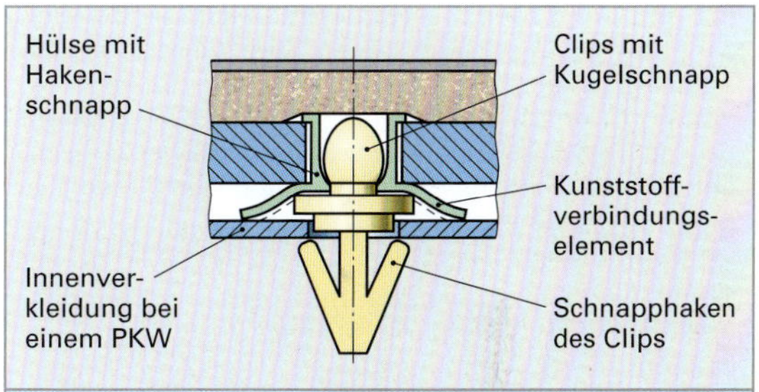

Bild 2: Clipsverbindung für PKW-Innenraum

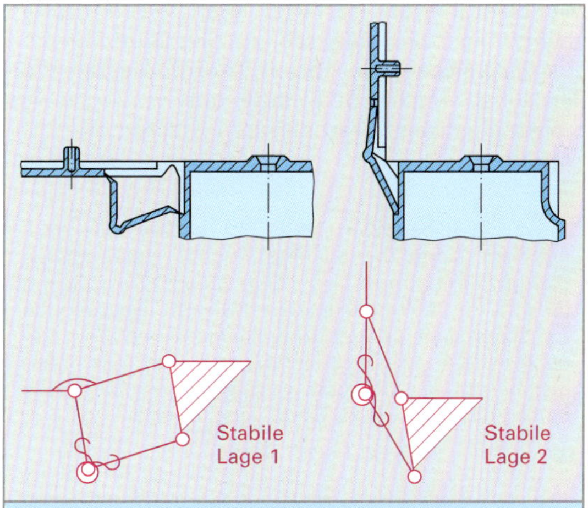

Bild 3: Verschluss mit bistabilen Kipplagen

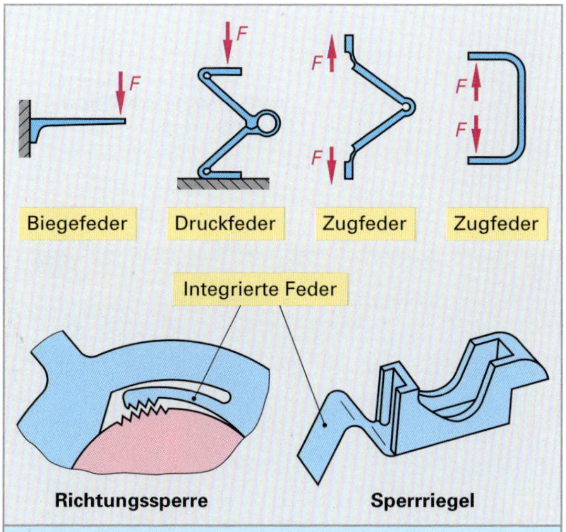

Bild 4: Ausführungen von Federelementen

2.3.4.6 Multimaterialbauteile

Durch so genanntes Mehrkomponenten-Spritzgießen können Bauteile hergestellt werden, in denen zwei oder mehr Komponenten aus unterschiedlichen Werkstoffen vereinigt werden. Charakteristisch für diese Technik ist, dass das Fügen der Komponenten innerhalb des Spritzgießwerkzeugs stattfindet. Hierdurch werden u. a. realisiert:

- Optisch lokal unterschiedliche Eigenschaften,
- Hart-Weich-Kombinationen,
- Kunststoff-Metall-Verbunde.

Voraussetzung für diese Technik ist, dass die verschiedenen Werkstoffe aneinanderhaften. Außerdem sollten die thermischen Ausdehnungskoeffizienten nicht stark voneinander abweichen, um das Entstehen von inneren Spannungen zu vermeiden.

Kunststoffbauteile mit lokal unterschiedlichen optischen Eigenschaften. Im Hinblick auf das Design oder spezielle Funktionen werden manche Kunststoffteile lokal mit unterschiedlichen optischen Eigenschaften versehen. Dementsprechend werden Segmente mit unterschiedlichen Farben erzeugt oder Bereiche mit und ohne optische Transparenz kombiniert. Bei der Herstellung wird im ersten Spritzgießschritt ein Segment erzeugt, das quasi zu einem Bestandteil des Formwerkzeugs für das Spritzen des zweiten Segments dient. Hierdurch werden die zwei optisch unterschiedlichen Teile zu einer Einheit verbunden.

Bild 1 und **Bild 2** zeigen Beispiele, die durch Mehrkomponentenspritzgießen hergestellt wurden. Wenn wie hier zwei Komponenten miteinander verbunden werden, wird das Verfahren auch als 2K-Spritzgießen bezeichnet.

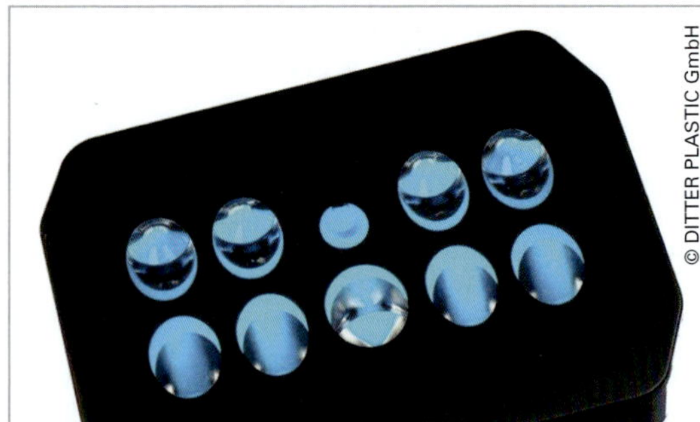

Bild 1: Schwarzes PKW-Regensensorgehäuse mit zehn optisch transparenten Sensorfenstern (Polycarbonat)

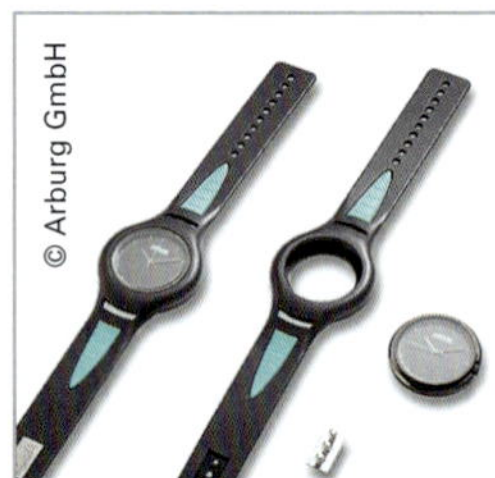

Bild 2: Zweifarbiges Uhrarmband

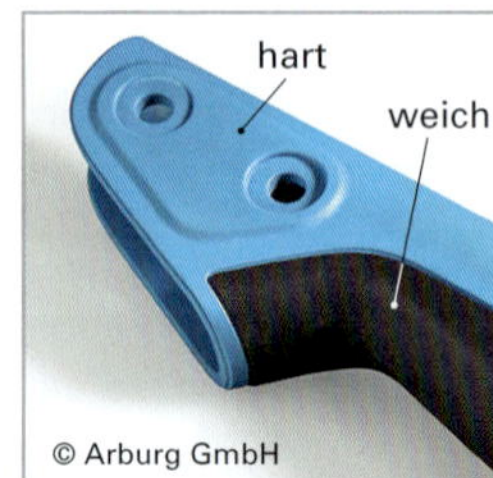

Bild 3: Werkzeuggriff mit schwarzem Weichsegment

Hart-Weich-Kombinationen

Mit Elastomeren gestaltet man Außenflächen nachgiebig bzw. elastisch. In die Grundstruktur aus vergleichsweise harten Thermoplasten werden lokal weiche Segmente aus vorzugsweise thermoplastisch verarbeitbaren Elastomeren[1] integriert.

Anwendungsbereiche sind Rohre und Behälter mit fest verbundenen Dichtungen, Bedientasten und Werkzeuggriffe mit „Soft-Touch"-Oberflächen **(Bild 3)**. Im PKW werden Hart-Weich-Kombinationen für Innenverkleidungen und Instrumententafeln genutzt **(Bild 4)**. Mit dieser Bauweise **(Bild 5)** werden gleichermaßen Stabilität, geringe Masse und eine berührungsfreundliche Oberfläche realisiert.

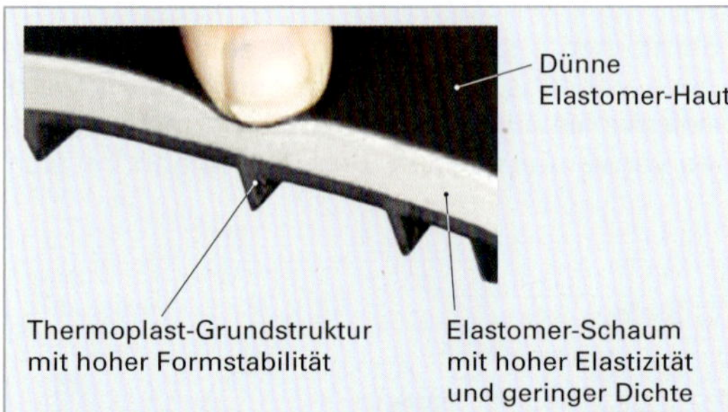

Bild 4: Hart-Weich-Bauteil für den Fahrzeuginnenraum

Bild 5: Werkstoffkombination für KFZ-Innenraum

[1] Thermoplastische Elastomere lassen sich hierfür mit geringerem Aufwand verarbeiten und rezyklieren als chemisch vernetzte Elastomere (Kautschuke).

Kunststoff-Metall-Verbunde

Die Inserttechnik macht es möglich, Metallkomponenten funktionell in Kunststoffteile zu integrieren. Hierzu werden beim Spritzgießen die metallischen Teile in das Formwerkzeug eingelegt und anschließend mit dem erstarrenden Kunststoff fest verbunden. Die Werkzeuge werden sehr komplex, wenn die Metallkomponenten automatisiert zugeführt werden. Typische Anwendungsbeispiele sind elektrische Stecker und Buchsen **(Bild 1)**, Kunststoffräder auf Metallachsen, Kunststoffteile mit Gewindeeinsätzen und Bolzen (siehe auch Bild 1, Seite 210).

Bei der konstruktiven Auslegung sind folgende Aspekte zu beachten:

- Rein kraftschlüssige Verbindungen (durch chemische Adhäsion und Reibung zwischen Metall und Kunststoff) sind mechanisch nur schwach belastbar. Für die Metalleinlegeteile sind deshalb eine raue Oberflächenstruktur oder eine formschlüssige Geometrie mit Hinterschneidungen empfehlenswert **(Bild 2)**.
- Die Masse der Kunststoffkomponenten soll deutlich größer sein als die der Metalleinlegeteile, damit die Abkühlrate und die Volumenschwindung beim Spritzgießen nicht zu stark vom Metall beeinflusst werden.
- Bei der Metallkomponente sind scharfkantige Ecken und Kanten zu vermeiden, die im Kunststoff zu lokalen Spannungsspitzen führen. Aus demselben Grund darf die Überdeckung durch den Kunststoff nicht zu dünnwandig sein.

Metall-Elastomer-Verbindungen **(Bild 3)** werden zur Schwingungsdämpfung, Geräuschminderung und als Ausgleichselemente bei mechanischen Verspannungen verwendet (siehe auch Kapitel 3.6.4.9). Beispiele sind Lager für Maschinen, Motoren und Bauwerke sowie Laufräder an Sägemaschinen **(Bild 4)**. Die Elastomere, häufig ist es Gummi, werden zur innigen Verbindung auf die Metallteile vulkanisiert.

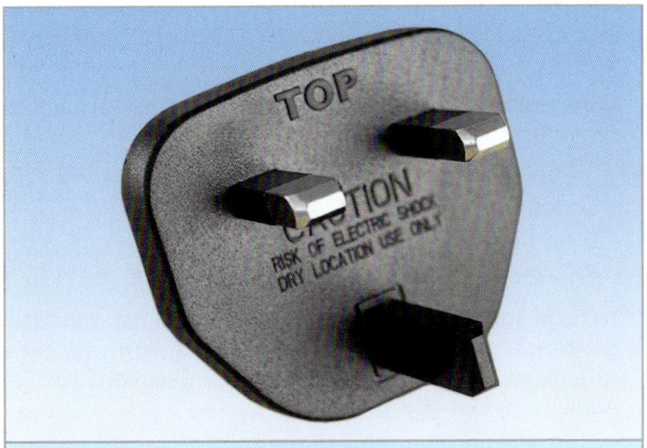

Bild 1: Elektrosteckverbindung

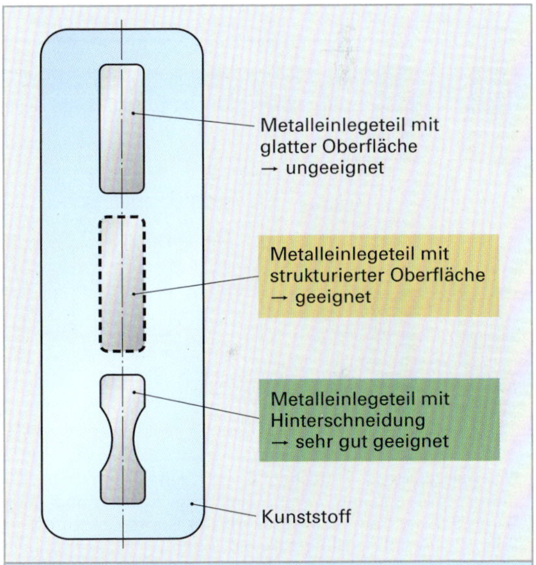

Bild 2: Gestaltung von Metalleinlegeteilen

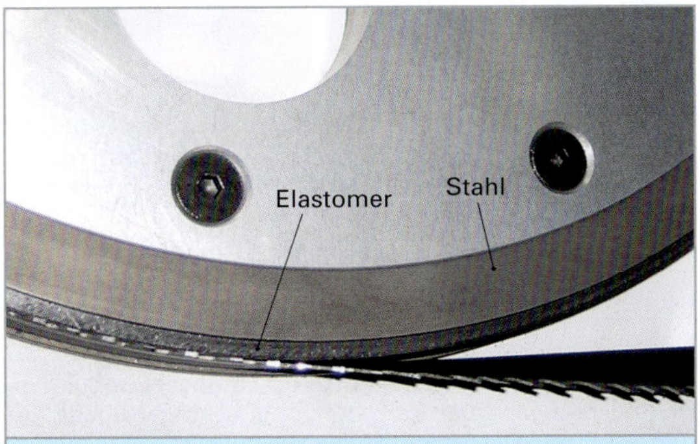

Bild 4: Elastomer an Sägebandlaufrad

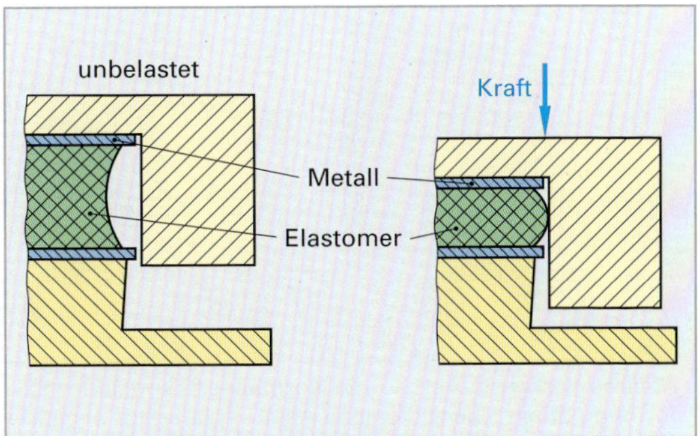

Bild 3: Aufbau eines Metall-Elastomer-Lagers

2.3.4.7 Werkzeuge

Bei der Gestaltung eines Kunststoff-Serienbauteils, z. B. eines Spritzgussteils, ist das erforderliche Formwerkzeug stets mitzugestalten, zumindest gedanklich – auch wenn der Werkzeughersteller für die Detailausführung verantwortlich ist.

Zu klären sind:

Werkstoffart. Je nach gewählter Werkstoffart unterscheidet man zwischen:

- Thermoplast-Werkzeugen,
- Duroplast-Werkzeugen,
- Elastomer-Werkzeugen und
- Thermoplastschaum-Werkzeugen.

Trennebenen. Ihre Anzahl ergibt sich aus den Einflussgrößen: Geometrie des Formteiles, Formnestzahl, Angussart und Entformungsprinzip. Die konstruktive Auslegung **(Tabelle 1)** erfolgt als

- Normalwerkzeug mit 2-Platten
- Schieberwerkzeug bzw.
- Abstreifwerkzeug oder
- Backenwerkzeug.

Entformung. Die Art der Entformung ist abhängig von der Geometrie des Spritzgussteils, dem Kunststofftyp, der Stückzahl und der Position der Trennebene relativ zum Bauteil. Je nach Anforderung enthalten die Werkzeuge eines oder mehrere der folgenden Elemente:

- Schieber,
- Schrägführung,
- Abstreifplatte,
- Abschraubvorrichtung (bei Bauteilen mit Gewinde).

Die weitere Klärung der Werkzeuggestaltung, wie z. B. die Art der Angusstemperierung und die Art der Kraftaufnahme obliegt dann dem Werkzeugkonstrukteur. Der Bauteilkonstrukteur muss aber über die unterschiedlichen Werkzeugarten Basiskenntnis verfügen **(Tabelle 1)**.

Tabelle 1: Die wichtigsten Arten der Spritzgießwerkzeuge

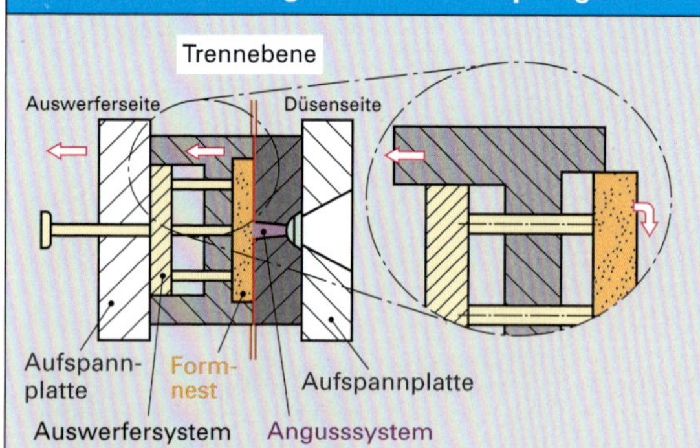

Normalwerkzeug: Einfachste Bauart, eine Trennebene, Öffnungsbewegung nur in eine Richtung, Entformung meist durch Schwerkraft, Auswerfer oft mit Rückdrückstiften (für Teile aller Art ohne Hinterschneidungen).

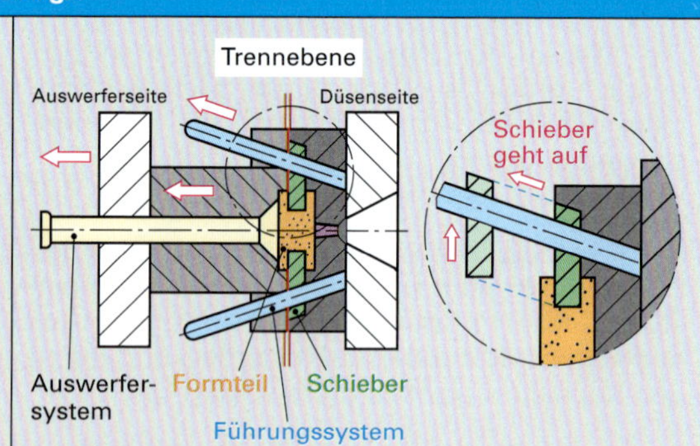

Schieberwerkzeug: Eine Trennebene, Öffnungsbewegung in Hauptrichtungen und quer dazu geführte Schieber (für flache Teile mit nicht zu tiefen seitlichen Hinterschneidungen).

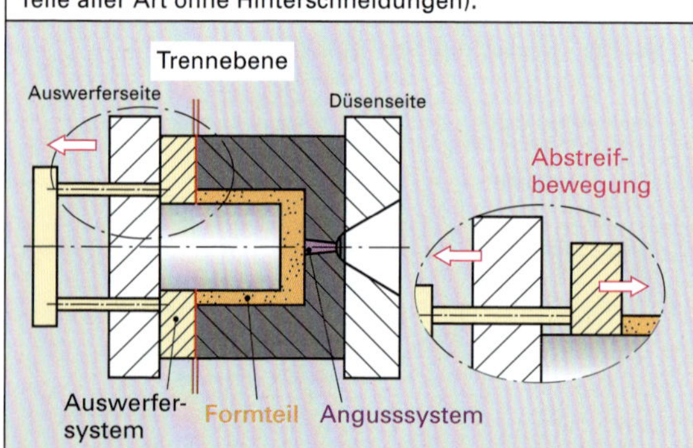

Abstreifwerkzeug: Aufbau wie Normalwerkzeug, jedoch Entformung durch eine zusätzliche Abstreifplatte (für becherförmige, dünnwandige Teile ohne Hinterschneidungen).

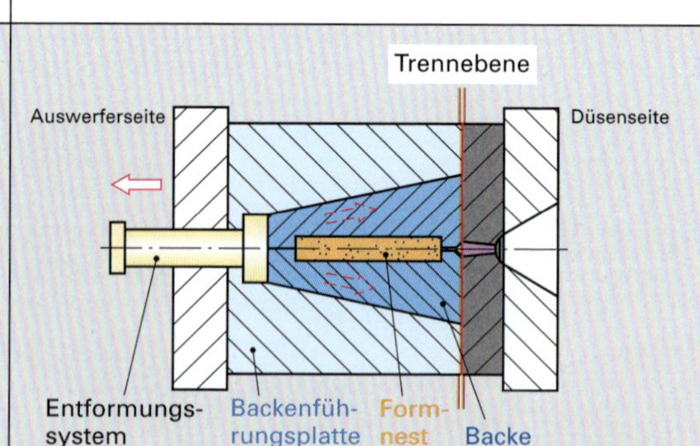

Backenwerkzeug: Eine Trennebene, Öffnungsbewegung in Hauptrichtungen quer dazu durch auf schräger Ebene geführte Backen. Die Backen können Seitenkräfte aufnehmen (für längliche Teile mit Hinterschneidungen).

2.3.4.8 Fügeverfahren

Schraubverbindungen

Man unterscheidet Kunststoffdirektverschraubungen und das Anschrauben mit Zylinderschrauben.

Zur Kunststoffdirektverschraubung verwendet man spezielle *selbstschneidende* Schrauben **(Bild 1)**. Diese werden in die angegossenen, hinreichend langen *Einschraubaugen* des Kunststoffteils eingedreht (siehe auch Bild 1, Seite 210). Dabei schneiden sie das Gewinde selbst.

An Kunststoffbauteile, z. B. extrudierten Fensterrahmenprofilen mit Blecheinlagen, müssen häufig vielfältige Dinge, wie z. B. Jalousiekästen oder Erweiterungsprofile, direkt angeschraubt werden. Hierzu verwendet man *Gewindeprägeschrauben* **(Bild 2, links)** oder *gewindefurchende Kunststoff-Metall-Bohrschrauben* **(Bild 2, rechts)**. Mit den Schneiden an der Bohrspitze wird sowohl beim Kunststoffteil als auch beim Blechteil aufgebohrt.

Bei Verschraubungen mit Zylinderschrauben werden zum Vermeiden von Materialquetschungen Schraubenköpfe oder Unterlegscheiben mit großem Durchmesser verwendet **(Bild 3, links)**. Man kann auch zur Kraftaufnahme geschlitzte Metallbuchsen vor der Verschraubung in die Bohrungen des Kunststoffbauteils einpressen **(Bild 3, rechts)**. Mit eingegossenen Buchsen (= Insert-Technik = teuer) erreicht man natürlich ebenfalls gute Schraubverbindungen **(Bild 4)**.

Schweißverbindungen

Die gängigen Fügeverfahren des Kunststoffschweißens sind: Heizelementschweißen, Warmgasschweißen, Laserschweißen, Reibschweißen, Vibrationsschweißen (lineares Reibschweißen), Ultraschallschweißen **(Tabelle 1)**.

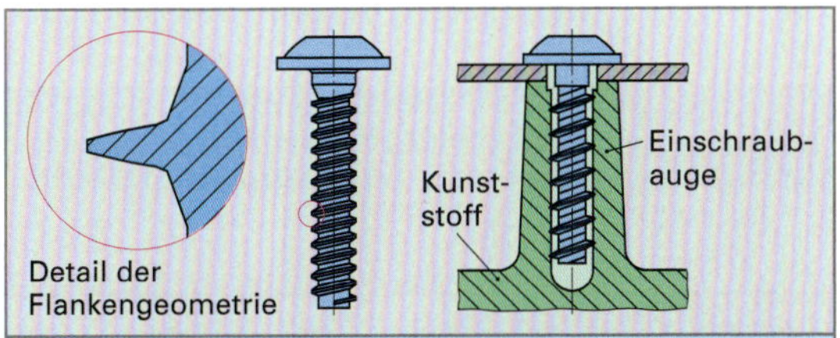

Bild 1: Kunststoffdirektverschraubung (EJOT-Schraube)

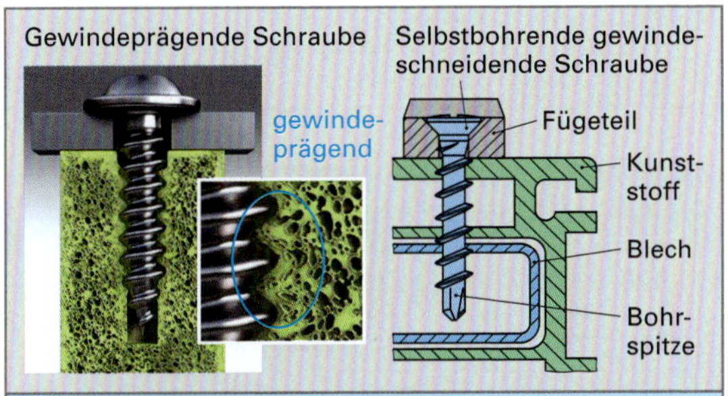

Bild 2: Verschraubungen mit Bohrschrauben (EJOT-Schrauben)

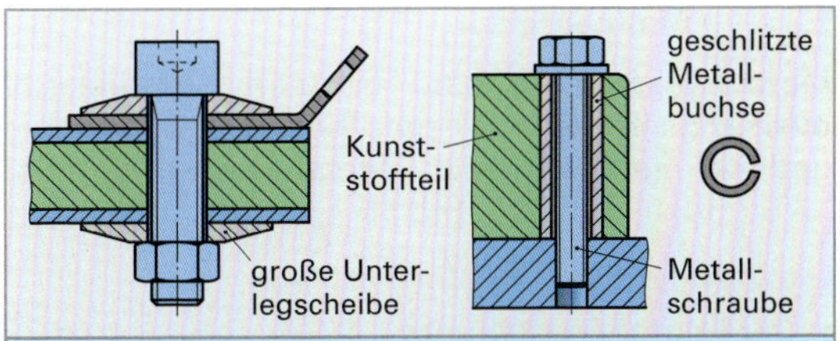

Bild 3: Verschraubungen mit Zylinderschrauben

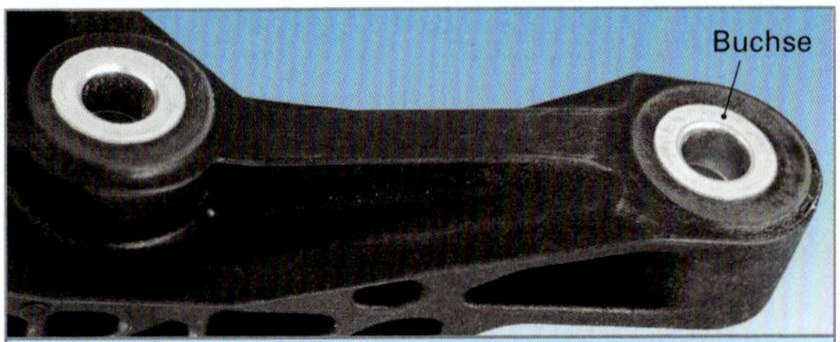

Bild 4: Metallzylinderbuchsen für Verschraubungen

Tabelle 1: Schweißen von Kunststoffen

Verfahren	Darstellung
Heizelementschweißen. Mit PTFE-beschichteten Heizelementen werden die Fügeflächen angeschmolzen. PTFE verhindert ein Ankleben.	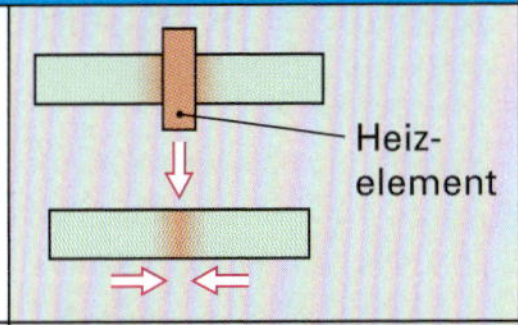
Reibschweißen. Ein Fügepartner rotiert und wird gegen den ruhenden gepresst. Ist Schmelzflüssigkeit erreicht, wird gestoppt und die Fügeteile werden aneinandergepresst.	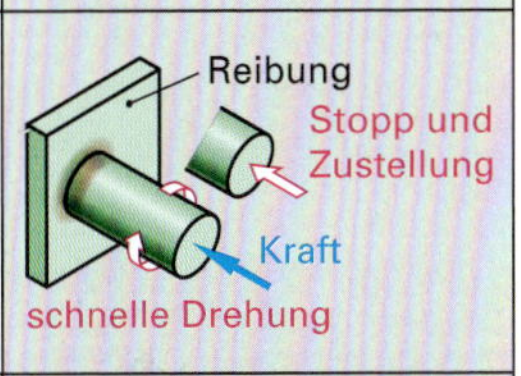
Warmgasschweißen. Die Fügestellen werden mit Warmluft plastifiziert. Ein plastischer Zusatzwerkstoff wird zugefügt.	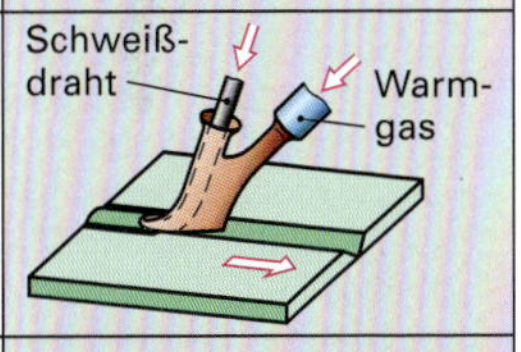
Vibrationsschweißen. Die Fügeteile werden unter Vibration gegeneinandergepresst, durch Reibung erwärmt und verschweißen bei Stillstand	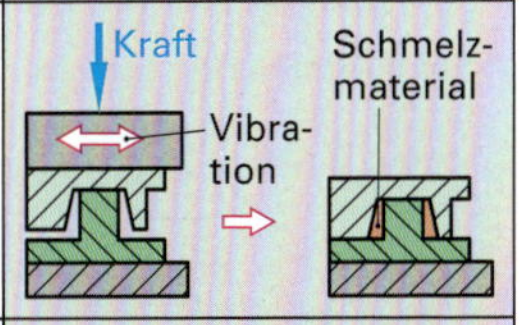
Laserschweißen. Meist mit Festkörperlaser bis ca. 300 W. Vorteil ist der punkt- oder liniengenaue Wärmeeintrag.	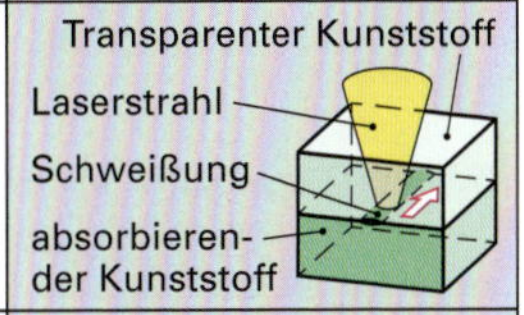
Ultraschallschweißen. Die Fügepartner werden übereinandergelegt und mit einer Ultraschall-Sonotrode auf den Amboss gedrückt.	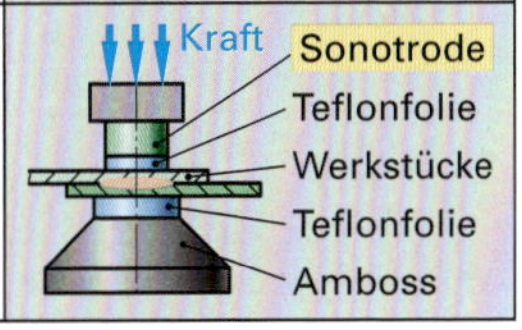

2.3.4.9 Maßhaltigkeit

Maßabweichungen sind definiert als die Abmessungsdifferenzen zwischen Formwerkzeug und Kunststoffteil nach dessen Lagerung über 16 Stunden bei 23 °C und 50 % Luftfeuchtigkeit.

Die Maßhaltigkeit ist abhängig von

- Der Formteilgestaltung,
- Der Festlegung der Maße für das Bauteil und dementsprechend für das Formwerkzeug sowie dessen Tolerierung,
- Der chemischen Zusammensetzung und der molekularen Struktur des Kunststoffs sowie
- den Verfahrensprozessen **(Tabelle 1)**.

Die Verfahrensprozesse sind komplex und die Hersteller arbeiten vor allem mit ihren empirisch gesammelten Erkenntnissen.

Verarbeitungsschwindung
Aus **Bild 1** wird ersichtlich, dass eine geringe Verarbeitungsschwindung und damit eine bessere Maßhaltigkeit für dünnwandige Bauteile leichter realisierbar sind als für dickwandige. Außerdem sind schwindungsarme Kunststoffe wie z. B. PC (Polycarbonat) und ABS (Acrylnitril-Butadien-Styrol) von Vorteil. Schwindungserhöhend wirken geringer bzw. vorzeitig zurückgenommener Nachdruck bis zum Entformen, hohe Entformungstemperatur bzw. kurze Kühlzeit, hohe Konturtemperatur und ein großer Wärmeausdehnungskoeffizient.

Für Kunststoffbauteile lassen sich meistens nicht dieselben Toleranzen wie für metallische Präzisionsbauteile erreichen. Statt der allgemeinen Toleranzen IT8 bis IT18 (nach DIN EN ISO 286-1) werden für Kunststoffprodukte die Toleranzgrade TG1 bis TG9 angewendet **(Tabelle 2)**. Man unterscheidet zwischen *werkzeuggebundenen Maßen (W)* und *nicht werkzeuggebundenen Maßen (NW)*. Bei nicht werkzeuggebundenen Maßen sind die erlaubten Abweichungen weniger eng bemessen **(Tabelle 3)**.

Man versteht unter werkzeuggebundenen Maßen die Maße eines Spritzgussteiles, die in einer Werkzeughälfte (Formhälfte) liegen. Unter nicht werkzeuggebundenen Maßen versteht man diejenigen Maße, die über die Teilungsebene hinweggehen bzw. durch zwei zueinander bewegliche Werkzeugbereiche, z. B. auch Schieber, bestimmt werden **(Bild 1, Seite 219)**.

Tabelle 1: Einflussfaktoren für Maßhaltigkeit

Fertigungsverfahren: Abweichungen von Verfahrensparametern, wie z. B. Werkzeuginnendruck, Temperatur der Schmelze, Werkzeugkonturtemperatur, Prozesszeit, Werkzeugzuhaltekraft, Einspritzgeschwindigkeit, Zentrierpräzision, Relaxationen durch „eingefrorene" Eigenspannungen, Anisotropie der Erstarrungsschwindung.
Formwerkzeug: Präzision der Werkzeuge, Wahl und Lage der Trennebenen, Standzeit.
Kunststoff: Reinheit, Viskosität im Verarbeitungszustand.

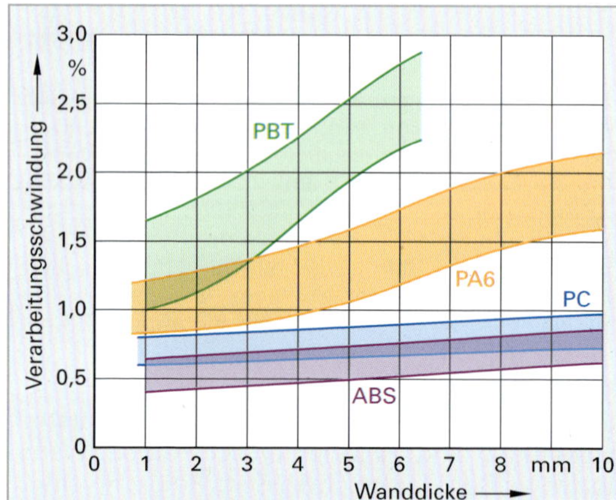

Bild 1: Verarbeitungsschwindung in Abhängigkeit von der Wanddicke

Tabelle 2: ISO-Grundtoleranzgrade (IT) für werkzeuggebundene Maße (W)

Nennmaß in mm	TG1	TG2	TG3	TG4	TG5	TG6	TG7	TG8	TG9
1 bis 6	8	9	10	11	12	13	14	15	16
> 6 bis 120	9	10	11	12	13	14	15	16	17
> 120 bis 500		11	12	13	14	15	16	17	18
> 500 bis 1 000			13	14	15	16	17	18	NN

Tabelle 3: Bauteiltoleranzen, Grenzabmaße (GA) für Nenngrößenmaßbereiche N in mm, Toleranzgrad TG 6 (häufige Praxis)

N	1 bis 3	> 3 bis 6	> 6 bis 10	>10 bis 18	> 18 bis 30	> 30 bis 50	> 50 bis 80	> 80 bis 120	> 120 bis 180	> 180 bis 250	> 250 bis 315	> 315 bis 400	> 400 bis 500	> 500 bis 630	> 630 bis 800	> 800 bis 10^3
W	±0,07	±0,12	±0,18	±0,22	±0,26	±0,31	±0,37	±0,57	±0,80	±0,93	±1,05	±1,15	±1,60	±2,20	±2,50	±2,80
NW	±0,12	±0,18	±0,22	±0,26	±0,31	±0,37	±0,57	±0,80	±0,93	±1,05	±1,15	±1,60	±2,20	±2,50	±2,80	±3,10

Form-, Lage- und Winkelabweichungen

Form-, Lage- und Winkelabweichungen entstehen durch Verzug der Bauteile infolge Schwindungsanisotropie und ggf. durch Ausgleich elastischer Spannungen nach der Entformung im Zusammenwirken mit der Bauteilgestalt.

Ein weiterer Gesichtspunkt ist, ob die Teile in ihrer Schwindung nach der Erstarrung der Schmelze bei Abkühlen auf Entnahmetemperatur behindert sind oder ob sie in der Form frei schwinden können. Die Schwindungsbehinderung führt zu Eigenspannungen im Bauteil. Sie können einerseits relaxieren, aber auch andererseits zum Bauteilverzug führen.

Dickenmaße können frei schwinden, während bei vorgegossenen Bohrungen die Schwindung teilweise oder ganz behindert ist.

Teilungsgrat/Werkzeugversatz

Die Werkzeugteilungsebenen sind als Trennlinien im Bauteil stets sichtbar. Die Lage der Trennlinien wird durch die Konstruktion des Werkzeugs festgelegt. Man unterscheidet den Teilungsgrat (Trenngrat) und Grat durch Werkzeugversatz **(Bild 2)**. Beide Gratausprägungen überlagern sich. Für den Werkzeugversatz ist einerseits die Präzision bei der Werkzeugerstellung maßgeblich und andererseits die Zentrierpräzision der Kunststoffspritzmaschine.

Die Gratausprägung kann *funktional störend* oder *ästhetisch störend* sein. Ist ein Entgraten erforderlich, so führt dies zu erheblichen Zusatzkosten.

Die Ausprägung des Teilungsgrats wird beeinflusst von
- der Bauteilkonstruktion,
- der Viskosität der Kunststoffe im Verarbeitungszustand,
- den Verarbeitungsparametern (Schmelzetemperatur, Werkzeugkonturtemperatur, Einspritzgeschwindigkeit, Werkzeuginnendruck, Werkzeugzuhaltekraft),
- der Genauigkeit des Werkzeugs,
- der Starrheit der konturgebenden Werkzeugelemente und
- der Standzeit des Werkzeuges. Mit zunehmendem Werkzeugverschleiß nimmt die Gratausprägung zu.

Relaxation

Das Rückverformungsverhalten (Relaxation) der Kunststoffe nach der Entformung beeinflusst die Gestalt des Bauteils, insbesondere die Längenmaße. Hauptursache ist eine Art Kriechverformung, die durch nachträgliche Umlagerungen der riesigen Kunststoffmoleküle ausgelöst wird.

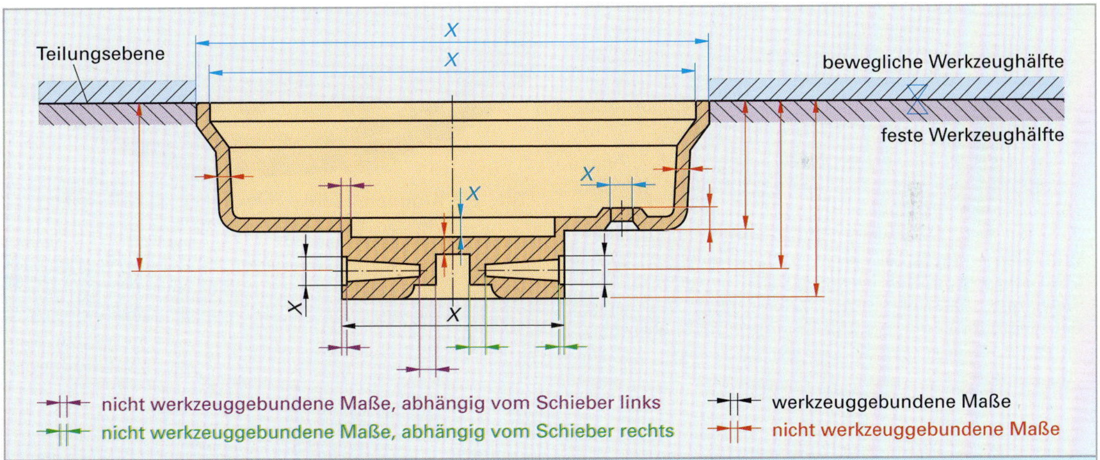

Bild 1: Werkzeuggebundene Maße (W) und nicht werkzeuggebundene Maße (NW)

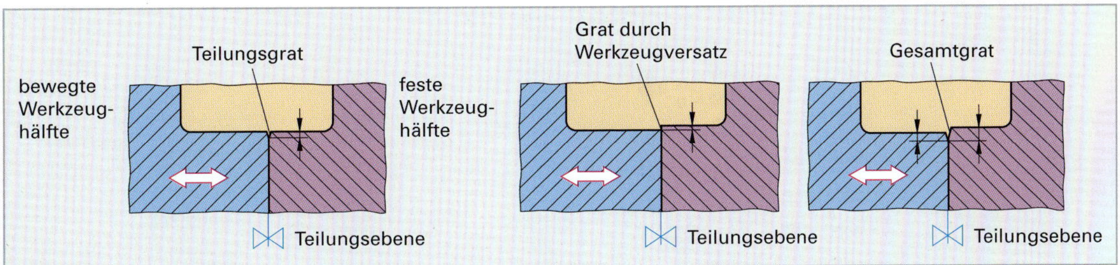

Bild 2: Gratausprägung

2.3.4.10 Recyclinggerecht

Produkte sollen im Sinne des Kreislaufwirtschaftsgesetzes[1] so hergestellt und genutzt werden, dass durch Fertigung und Verwendung möglichst kein Abfall entsteht **(Bild 1)**. Dies bedeutet, dass Kunststoffbauteile nach ihrer Nutzung werkstofflich rezykliert werden müssen, sofern sie nicht energetisch verwertet werden. Für manche Industriezweige gibt es verpflichtende Verwertungsquoten, z. B. für PKWs beträgt sie 95 % (seit 2015).

Am besten lassen sich Altbauteile rezyklieren, wenn bei der Konstruktion Folgendes beachtet wird:

- Sortenreine Kunststoffe verwenden.
- Jedes Bauteil mit dem Recyclingcode[2] **(Tabelle 1)** versehen bzw. mit einer eindeutigen Werkstoffbezeichnung **(Bild 2)**.
- Demontage und Trennung von Bauteilen aus verschiedenen Werkstoffen ermöglichen.
- Thermoplastische Kunststoffe bevorzugen, da ihrer Schmelzbarkeit das Recycling erleichtert.

Diese Vorgaben lassen sich nicht immer vollständig umsetzen, da manche technischen Anforderungen nur mit Werkstoffverbunden, Duroplasten oder chemisch vernetzten Elastomeren erfüllt werden können. Ein Beispiel hierfür ist der Autoreifen, der einen komplexen Werkstoffverbund darstellt und zu einem großen Teil aus chemisch vernetzten, d. h. nicht schmelzbaren Elastomeren besteht. Deshalb ist seine Entsorgung bzw. Verwertung vergleichsweise aufwendig.

Wurde aus thermoplastischen Altbauteilen ein i. Allg. kostengünstiger Recyclingkunststoff erzeugt **(Bild 3)**, muss der Konstrukteur prüfen, ob mit ihm genau die gleichen Bauteileigenschaften wie mit einem Neukunststoff erreicht werden können. Dies ist bei dynamischer Langzeitbelastung nicht immer der Fall. Aus Recyclingkunststoff werden bisher noch bevorzugt Bauteile hergestellt, die keinen hohen mechanischen Belastungen ausgesetzt und die auch nicht sicherheitskritisch sind.

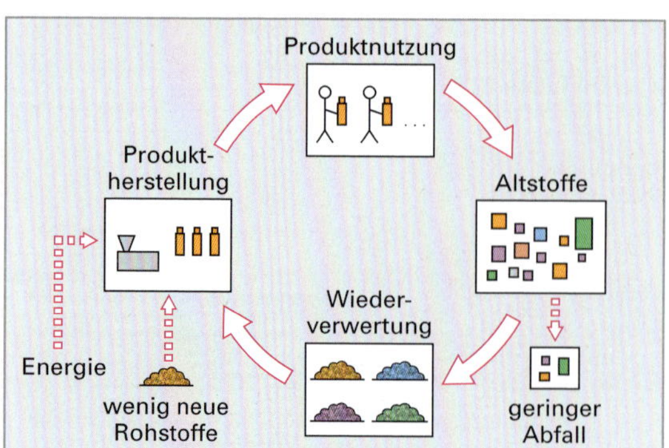

Bild 1: Schema der Kreislaufwirtschaft

Tabelle 1: Recyclingcode

Kennung	Werkstoffname (Kurzzeichen)
01	Polyethylenterephthalat **(PET)**
02	Polyethylen High-Density **(PE-HD)**
03	Polyvinylchlorid **(PVC)**
04	Polyethylen Low-Density **(PE-LD)**
05	Polypropylen **(PP)**
06	Polystyrol **(PS)**
07	Andere **(o)**

Beispiel: Polyethylenterephtalat **(PET)**, aufgedruckt auf einer Sprühflasche für Haushalts-Glasreiniger

[1] siehe digitales Zusatzmaterial in der EUROPATHEK

[2] Der Recyclingcode besteht aus dem Recyclingsymbol (drei einem Kreislauf folgenden Pfeilen) und einer materialkennzeichnenden Zahl. Er wird für die so genannten Standardkunststoffe angewendet. Bei technisch höherwertigen Kunststoffen muss die chemische Zusammensetzung analog zu Bild 2 benannt werden.

Bild 2: Turbinenrädchen mit Codierung: PPS-GF40 (Polyphenylensulfid mit 40 % Glasfasern)

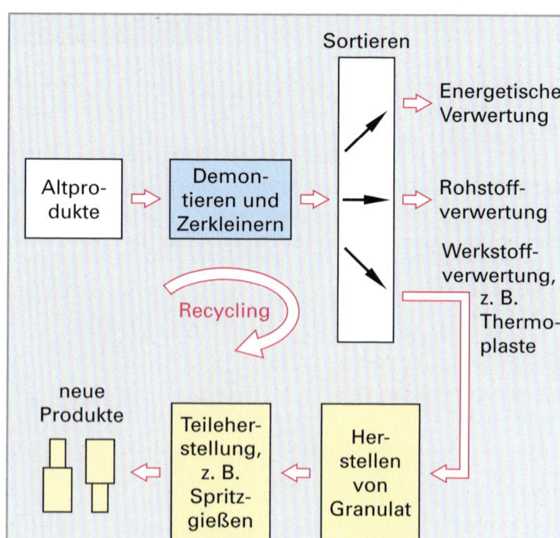

Bild 3: Werkstoffliches Kunststoff-Recycling

2.3.5 FVK-gerechte Gestaltung

2.3.5.1 Werkstoffeigenschaften

Faserverstärkte Kunststoffe (FVK) haben

- im Vergleich zu nicht verstärkten Kunststoffen erhöhte Werte für Festigkeit und Elastizitätsmodul
- im Vergleich zu Metallen eine geringere Dichte.

Tabelle 1 zeigt die mechanischen Kennwerte für eine Auswahl von faserverstärkten Kunststoffen. Inwieweit sie einen Beitrag zum Leichtbau leisten können, lässt sich grob abschätzen: Man dividiert die Werkstofffestigkeit R_m durch die Dichte ρ und erhält die spezifische Festigkeit R_m/ρ **(Tabelle 2)**. Im Vergleich mit Stahl und Aluminium sind die Vorteile deutlich erkennbar, insbesondere wenn endlose Fasern verwendet werden. Sehr hoch ist das Leichtbaupotenzial mit Endloscarbonfasern, jedoch verhindern ihre hohe Kosten oft die Anwendungen in Großserienprodukten. Mengenmäßig dominieren glasfaserverstärkte Bauteile.

Faserorientierung und Bauteilfestigkeit

Bei Kunststoffbauteilen, die mit Lang- oder Endlosfasern verstärkt sind, hängen Festigkeit, Steifigkeit und andere Eigenschaften von der Faserausrichtung ab. Hierdurch wird es möglich, Bauteile für die jeweiligen mechanischen Anforderungen „maßzuschneidern", was bei der Konstruktion und Berechnung einen erhöhten Aufwand bedeutet.

Die Richtungsabhängigkeit **(Bild 1)** der Festigkeit ist bei unidirektionaler Orientierung von Endlosfasern am ausgeprägtesten, d. h. wenn alle Faserbündel parallel liegen (blaues Diagramm). Eine derartige Faserorientierung ist nur bei einachsiger Zugspannung sinnvoll, die aber in der Technik selten vorkommt z. B. bei Zugstreben. Mit Endlosfasern in 0°/90°-Orientierung wird eine gleichmäßigere Festigkeit in der Faserebene erreicht (gelbes Diagramm). Bei der so genannten quasiisotropen Anordnung mit 0°/45/°90°/-45°-Faserlagen verschwindet die Richtungsabhängigkeit fast vollständig, jedoch ist der Maximalwert geringer (lila Diagramm). In den o. g. Fällen ist die Zugfestigkeit senkrecht zur Ebene der Fasern vergleichsweise gering, was für die flächigen Bauteile jedoch selten kritisch ist.

Tabelle 2: Spezifische Festigkeit im Vergleich

Werkstoff	R_m in N/mm²	ρ in g/cm³	R_m/ρ in N · m/g
Polyamid mit 60Gew% Glaslangfasern	270	1,7	**159**
Epoxidharz mit 50Vol% Glasfasergewebe (0°/90°)	460	2	**230**
Epoxidharz mit 50Vol% Carbonfasergewebe (0°/90°)	520	1.5	**375**
Hochfester Stahl 1.7734, vergütet	1080	785	**138**
Al-Legierung EN-AW7021, ausgehärtet	400	2,8	**142**

R_m = Zugfestigkeit, ρ = Dichte, R_m/ρ = spezifische Festigkeit, Gew% = Gewichtsprozent, Vol% = Volumenprozent.

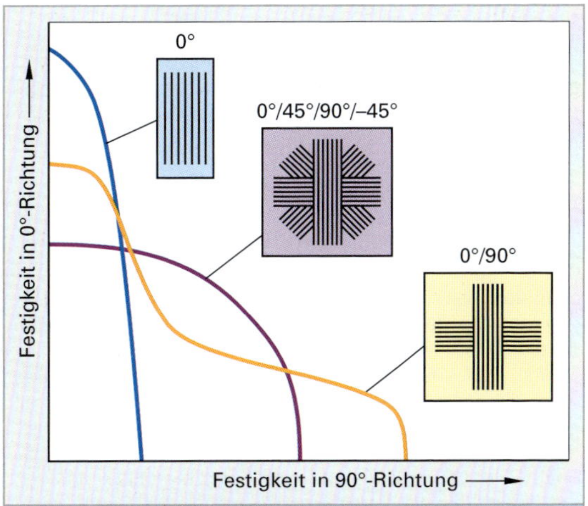

Bild 1: Richtungsabhängige Festigkeit im Polardiagramm

Tabelle 1: Kennwerte von faserverstärkten Kunststoffen

Werkstoff	Dichte in g/cm³	Festigkeit in N/mm²	E-Modul in kN/mm²
Kurzfaserverstärkte Kunststoffe	richtungsunabhängige Werte		
Polypropylen mit 30 Gew% Glasfasern	1,1	90	6,7
Polyamid 66 mit 30 Gew% Glasfasern	1,4	148	5,2
Polyamid 66 mit 20 Gew% Carbonfasern	1,2	197	16,9
Langfaserverstärkte Kunststoffe	Werte in Faserebene		
Polypropylen mit 50 Gew% Glasfasern	1,3	135	12,5
Polyamid 66 mit 60 Gew% Glasfasern	1,7	270	21,2
Polyphenylensulfid mit 50 Gew% Glasfasern	1,5	155	18,2
0°/90°-Endlosfaserverstärkte Kunststoffe	Werte in Faserrichtung		
Polyphenylensulfid mit 50 Vol% Glasfasern	1,92	374	23
Polyetheretherketon mit 50 Vol% Carbonfasern	1,30	963	60
Epoxidharz mit 50 Vol% Glasfasern	2,00	460	23
Epoxidharz mit 50 Vol% Carbonfasern	1,50	520	67
UD-Endlosfaserverstärkte Kunststoffe*	Werte in Faserrichtung		
Epoxidharz mit 50 Vol% Glasfasern	2	1070	46
Epoxidharz mit 50 Vol% Carbonfasern	1,5	1450	138
andere Werkstoffe zum Vergleich	richtungsunabhängige Werte		
Polyamid 66 ohne Fasern	1,14	60	1,6
Hochfester Stahl 1.7734, vergütet	7,85	1080	210
Baustahl 1.0037	7,85	360	210
Aluminiumleg. EN-AW 7021, ausgehärtet	2,8	400	71

* UD, von unidirektional = alle Fasern liegen parallel

Bezüglich der Verstärkungswirkung durch die Fasern ist auch die Faserlänge von Bedeutung **(Tabelle 1)**.

Bei **kurzfaserverstärkten Bauteilen** (Faserlängen bis 3 mm) sind Festigkeit und Elastizitätsmodul gegenüber nicht verstärkten Kunststoffen erhöht, jedoch nicht um Zehnerpotenzen. Die Bruchdehnung ist dagegen geringer. Da die Werkstoffeigenschaften nur geringfügig von der Raumrichtung abhängen, kann man bei der Bauteilkonstruktion vorgehen wie bei nicht verstärkten Kunststoffen.

Langfaserverstärkte Bauteile (Faserlänge von 3 mm bis 50 mm) werden meist durch Presstechniken hergestellt, weshalb die Fasern parallel zur Oberfläche orientiert sind, sonst jedoch regellos liegen. Bei der Konstruktion müssen die unterschiedlichen Werkstoffkennwerte parallel und senkrecht zur Oberfläche berücksichtigt werden. Diese Technologie verwendet man z. B. im Fahrzeugleichtbau für plattenförmige und schalenförmige Bauteile.

Endlosfaserverstärkte Bauteile werden schichtweise aufgebaut, wobei jede Schicht einer Lage der Faserhalbzeuge (z. B. Gewebe oder Gelege) entspricht. Um thermisch bedingte Bauteileigenspannungen zu vermeiden, sind die Faserlagen symmetrisch zur Wandmitte zu stapeln **(Bild 1)**.

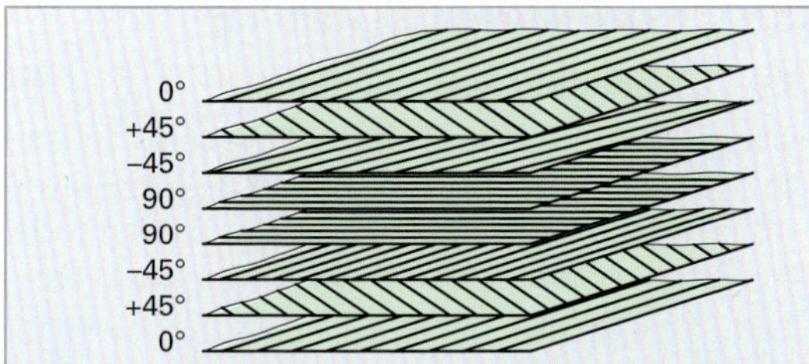

Bild 1: Symmetrischer Lagenaufbau mit Endlosfasern

Mechanische Bauteilanbindung

Zur mechanischen Anbindung von FVK-Teilen an übrige Konstruktionen, wie z. B. Trägergerüste von Flugzeugen oder Booten, werden Fügetechniken verwendet, welche den Schichteigenschaften der FVK-Bauteile gerecht werden müssen. Die wichtigsten Verbindungstechniken hierfür sind: Schrauben, Nieten, Kleben, Integrieren von Inserts (Inlays), Aufkleben von Befestigungselementen und durch Einschlaufen **(Tabelle 2)**.

Die Schnittstellen hierzu müssen konstruktiv so gestaltet werden, dass einerseits das Fügen möglich ist und andererseits möglichst keine Bauteilschwächungen im Fügebereich entstehen, z. B. durch Bohrungen oder Kerben. Das Kleben ist relativ unproblematisch und ähnelt dem Kleben mit anderen Materialien.

Man unterscheidet bei den Verfahren das

- nachträgliche Anbringen von Fügehilfsmitteln, z. B. von Gewindeeinsätzen, und
- Einbettungen während der FVK-Herstellung.

Die Bauteilgestaltung zur Einleitung von Kräften und Momenten muss der Faserorientierung angepasst werden oder die Faserorientierung muss für die Aufnahme von Kräften und Momenten speziell gestaltet werden. Fügetechniken, bei denen der Faserverlauf unterbrochen wird, sind besonders zu beachten.

Tabelle 1: Kriterien zur Faserverstärkung

Faserart	kurz	lang	endlos
Eignung für Bauteile	beliebige Geometrie	platten-, schalen-förmig	platten-, schalen-, balkenförmig, oder Hohlkörper
Verstärkungs-effekt	**steigend**	→	→
Fertigungs-aufwand	**steigend**	→	→

Tabelle 2: Anbau und Einbau von Metallbauteilen (Beispiele)

Gewindeeinsatz zum Einschrauben, Einpressen oder Einkleben

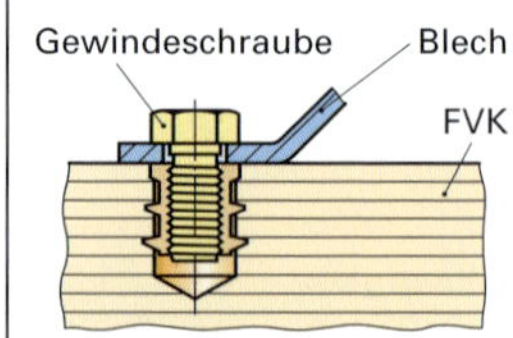

Schraubverbindung an einem Schraubauge

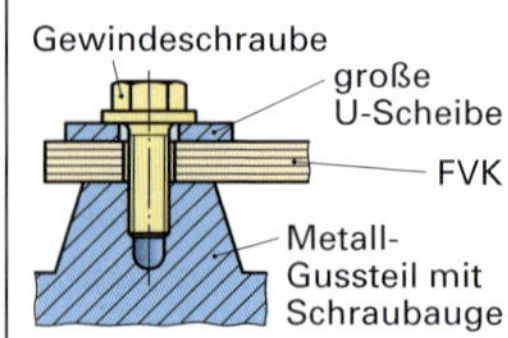

Eingeklebte Metall-Lamellen im Schraubbereich

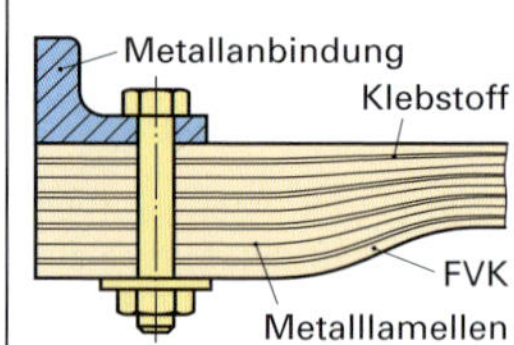

Verbindung mit Klemmhülsen

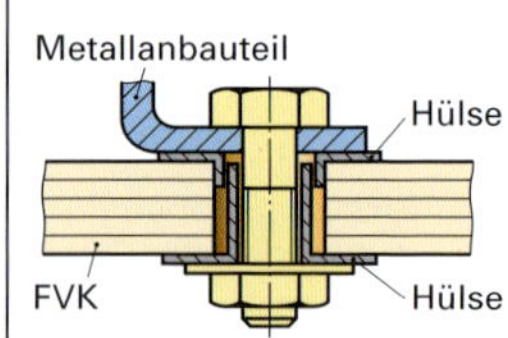

Insert mit Anschraub

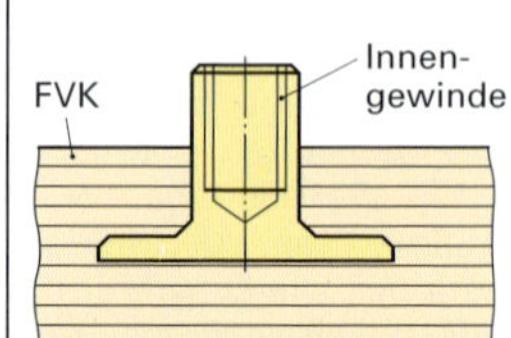

Insert mit Schraubbolzen

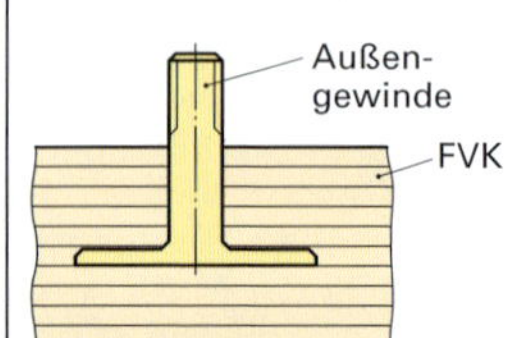

Angeklebtes Befestigungs-element mit Gewinde

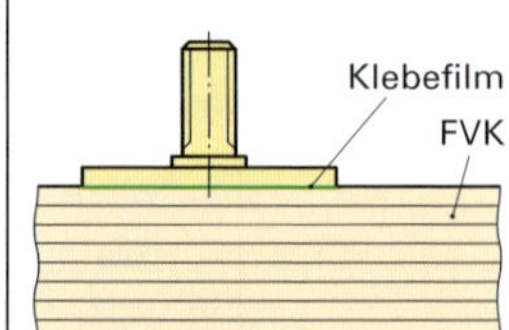

Gewindeeinsatz mit Klebeschulter

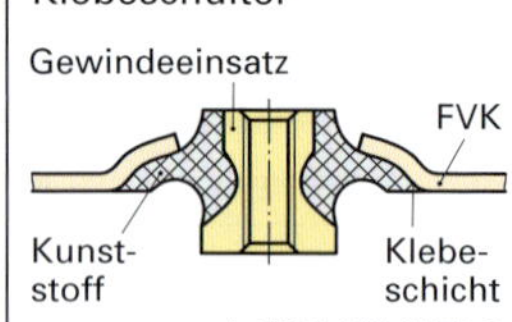

vgl. EP 1447 205A2

Einschlaufen von Rundmaterial

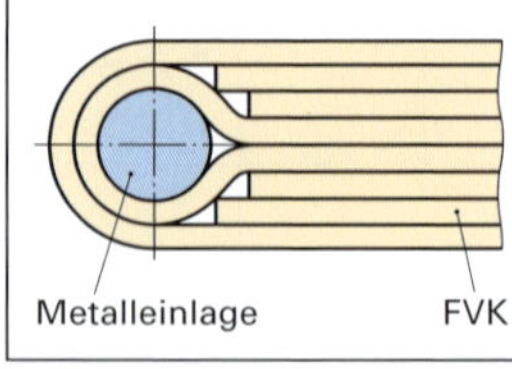

Randverstärkung mit Rundstab

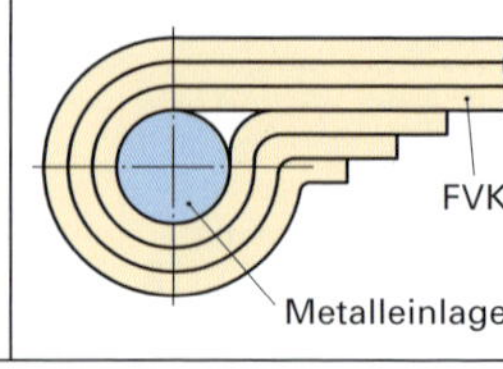

2.3.6 Kostengerechtes Gestalten

2.3.6.1 Allgemeines

Es ist die Aufgabe des Konstrukteurs, für ein gestellte Aufgabe eine optimale Lösung bezüglich Funktion *und* Kosten zu finden.

Aus Untersuchungen im Maschinenbaubereich ist bekannt, dass der Konstrukteur etwa 70 % der Produktkosten festlegt bzw. verantwortet. Die Kosten der Konstruktionstätigkeit selbst betragen aber nur etwa 7 % (**Bild 1**); bei Konstruktionen von Sondermaschinen können sich diese Werte stark verschieben. Der Grad der Kostenfestlegung und der Kostenentstehung in den anderen Unternehmensbereichen ist ebenfalls in Bild 1 eingetragen.

Der Konstrukteur verantwortet also zum überwiegenden Teil die Herstellkosten, z. B. durch Festlegung

- der Gestalt und Güte der Produkte über
  - Zeichnung,
  - Bemaßung,
  - Tolerierung,
  - Oberflächenangaben,
  - Materialauswahl,
  - Fertigungshinweise,
- der Fertigungsverfahren,
- der Montage,
- der Fertigungsmittel wie Werkzeuge, Vorrichtungen.

Zusätzlich trägt der Konstrukteur teilweise die Verantwortung für die anfallenden Kosten beim späteren Einsatz des Produktes beim Anwender.

Eine endgültige Kostenermittlung kann erst nach Abschluss der Konstruktion erfolgen, indem die Fertigungsunterlagen (Zeichnungen, Stücklisten usw.) an die Kalkulationsabteilung weitergegeben werden. Zeigt sich erst hier, dass die Kosten zu hoch sind, muss der Konstrukteur zeitraubende und kostenintensive Änderungen am Produkt vornehmen – sofern dies überhaupt noch möglich ist (**Bild 2a**).

Diese Vorgehensweise ist nicht mehr zeitgemäß. Eine Kostenbeurteilung muss schon in der Entwurfsphase erfolgen. Die Kostenkontrolle wird damit integrierter Bestandteil des Konstruktionsprozesses (**Bild 2b**).

Kosten möglichst frühzeitig abschätzen.

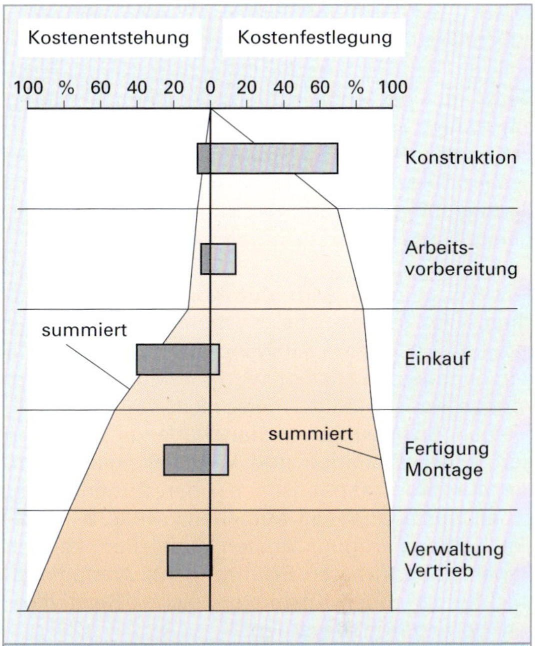

Bild 1: Kostenfestlegung und Kostenentstehung in den verschiedenen Unternehmensbereichen

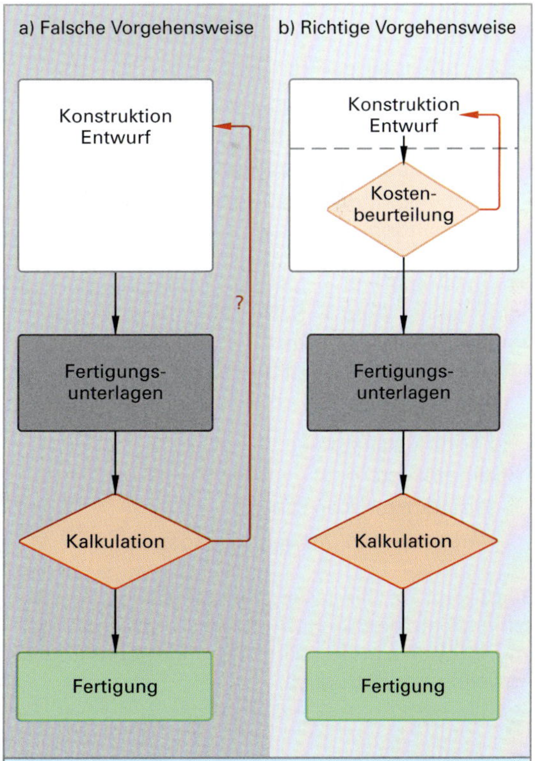

Bild 2: Vorgehensweisen zur Kostenbeurteilung

Werden Entscheidungen über Lösungen sehr früh im Konstruktionsprozess getroffen, ist die Sicherheit, die richtige Entscheidung zu treffen, gering. So ist auch die Möglichkeit der Kostenbeurteilung am Anfang des Konstruierens (Konzipierens) am geringsten **(Bild 1)**. Sie steigt mit dem Werdegang des Produktes und ist nach Ausarbeitung der Fertigungsunterlagen am höchsten; jetzt können die Herstellkosten exakt ermittelt werden.

Aus Zeitgründen wird der Konstrukteur versuchen, die erforderliche Kostenabschätzung mit möglichst geringem Aufwand durchzuführen. Mit den genauen Kalkulationsverfahren der Kaufleute können Konstrukteure meist nicht viel anfangen. Sie benötigen *einfach* zu handhabende Verfahren der Schätzkalkulation und Vergleichskalkulation, die auf produktspezifischen oder firmenspezifischen Kostenangaben aufbauen, wie z. B. Material-, Lohn-, Fertigungskosten. Außerdem können Regeln (aus früheren Erfahrungen), Analogiebetrachtungen oder Kostenvergleiche (Relativkosten) herangezogen werden.

Nachfolgend werden einige einfache Möglichkeiten der Kostenbeurteilung bzw. Kostenabschätzung aufgezeigt.

2.3.6.2 Kostenbegriffe

Die Gesamtkosten für den Anwender eines Produktes **(Bild 2)** ergeben sich aus

- dem Verkaufspreis des Herstellers,
- den Investitionskosten, Betriebskosten und Instandhaltungskosten des Anwenders.

Den größten Einfluss hat der Konstrukteur auf die Selbstkosten **(Bild 1, Seite 225)**, die sich wiederum zusammensetzen aus

- Herstellkosten
  - Materialkosten,
  - Fertigungskosten.
- Gemeinkosten
  - Einzelkosten Konstruktion,
  - Vertriebs- und Verwaltungskosten.

Bild 3 zeigt die Gliederung der Selbstkosten im Maschinenbau mit Durchschnittswerten nach VDMA[1]. Im Einzelfall sind je nach Unternehmen deutliche Abweichungen möglich.

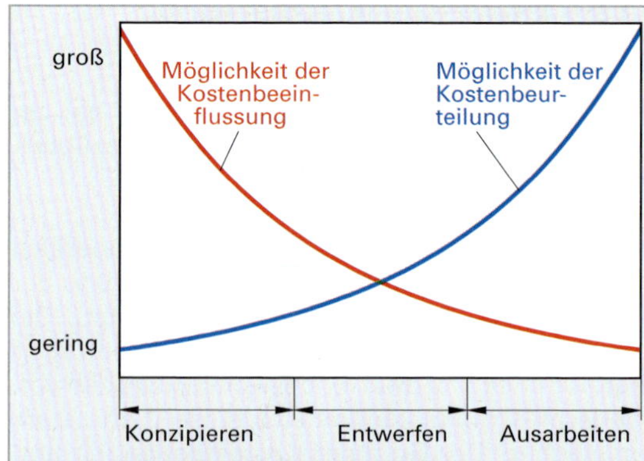

Bild 1: Kostenbeeinflussung und Kostenbeurteilung beim Konstruieren

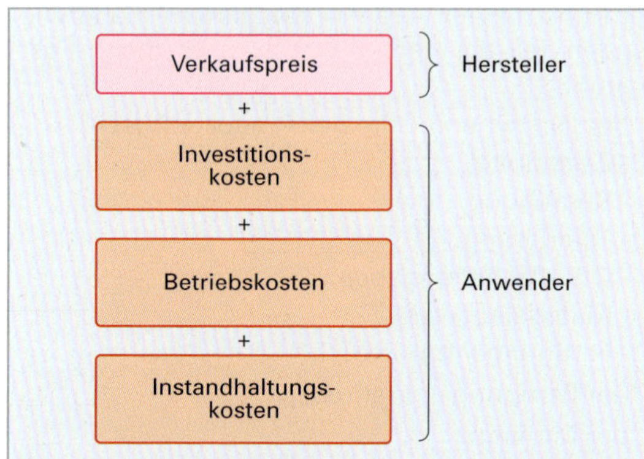

Bild 2: Produkt-Gesamtkosten des Anwenders

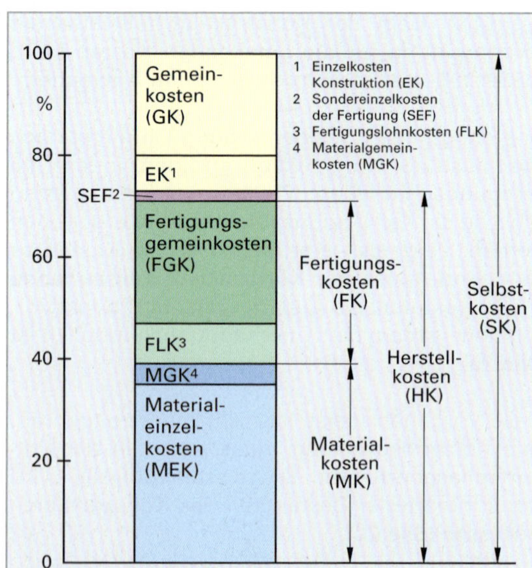

Bild 3: Gliederung der Selbstkosten im Maschinenbau nach VDMA

[1] VDMA, Verband Deutscher Maschinen- und Anlagenbau e.V.

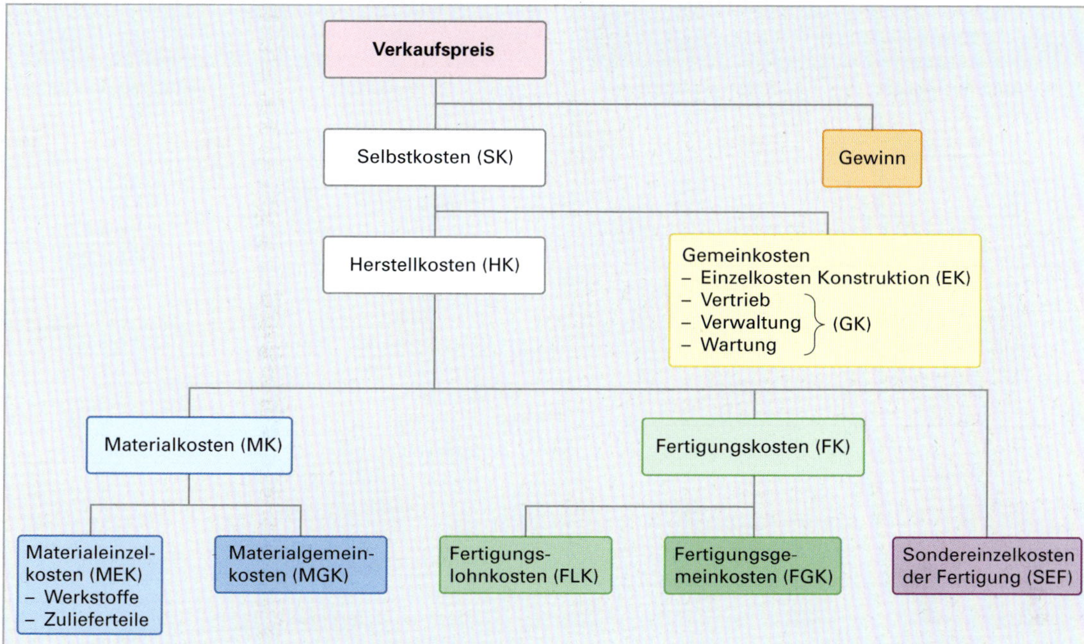

Bild 1: Kostengliederung für ein Erzeugnis

Die größten Anteile, die im Einflussbereich des Konstrukteurs liegen, sind dabei die

- Materialeinzelkosten
  ca. 35 % der SK bzw. 49 % der HK,
- Fertigungsgemeinkosten
  ca. 24 % der SK bzw. 33 % der HK,
- Fertigungslohnkosten
  ca. 8 % der SK bzw. 11 % der HK,
- Einzelkosten Konstruktion ca. 7 % der SK.

2.3.6.3 Relativkosten

Relativkosten sind dem Konstrukteur eine große Hilfe beim kostengerechten Gestalten. Sie sind Bewertungszahlen zum Kostenvergleich von

- Lösungsvarianten,
- Werkstoffen,
- Halbzeugen,
- Normteilen,
- Oberflächenzuständen.

Eine Lösung, *ein* Werkstoff usw. wird als Bezug gewählt und die Kosten anderer Lösungen, anderer Werkstoffe usw. werden zu den Kosten des Bezugsobjektes ins Verhältnis gesetzt und als Relativkosten angegeben.

Relativkosten eignen sich in der Regel *nicht* für Kalkulationen. Sie dienen grundsätzlich nur zum Vergleich verschiedener Möglichkeiten und haben das Ziel, dem Konstrukteur schnell und zuverlässig die kostengünstigste Möglichkeit aufzuzeigen.

Die in der Literatur beschriebenen Beispiele sind infolge erheblicher Unterschiede in der Fertigung und der Kostenermittlung in den verschiedenen Unternehmen oft firmenspezifisch und häufig nur innerbetrieblich nutzbar und müssen daher in jedem Betrieb eigenständig erarbeitet werden. Relativkosten von Werkstoffen, Halbzeugen, Norm- und Kaufteilen sind dagegen überbetrieblich nutzbar, sofern sie auf einheitlichen Marktpreisen beruhen.

Die **Tabellen 1, 2, 3 (Seite 226)** zeigen beispielhaft Relativkostenblätter.

Manchmal werden auch Anhaltswerte (Regeln) aus durchgeführten Kostenanalysen angegeben, wie z. B. „Die Preise pro kg Guss verhalten sich bei Grauguss : Sphäroguss : Stahlguss = 1 : 1,5 : 2".

Konstrukteure benötigen in der Entwurfsphase einfache Verfahren zur Kostenbeurteilung. Relativkosten zum Kostenvergleich sind dabei sehr hilfreich.

Tabelle 1: Relativkosten für verschiedene Bolzenausführungen

Ausführungsart	Relativkostenfaktor
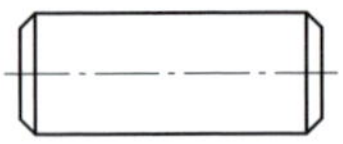	1
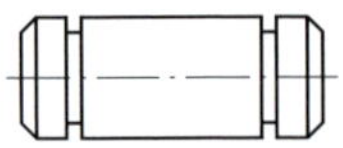	1,8
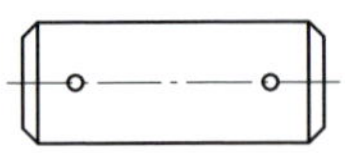	3,8
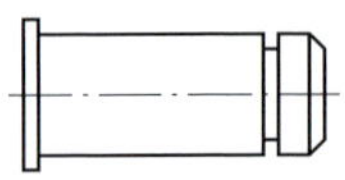	5,4
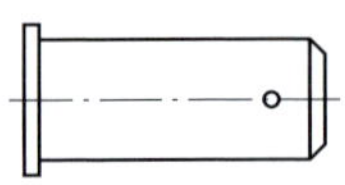	7,2

Tabelle 2: Relativkosten einiger Werkstoffe für Rundmaterial (nach VDI 2225, Bl. 2)

Werkstoff	Relativkostenfaktor
Stähle	
S235JR (St 37)	1
Allg. Baustähle	1 bis 1,1
Einsatzstähle	1,1 bis 2,3
Vergütungsstähle	1,2 bis 2,7
Warmfeste Stähle	2,0 bis 2,9
Nitrierstähle	2,6
Nichtmagnetische Stähle	6,1
Nichtrostende Stähle	3,2 bis 5,8
Hochwarmfeste Stähle	5,1 bis 9,2
NE-Metalle	
Messing	6,8 bis 8,0
Elektrolytkupfer	9,5 bis 10,0
Kupfer-Zinn-Legierungen	17,3
Kupferknetlegierungen	17,1 bis 27,0
Reinaluminium	2,3
Alu-Knetlegierungen	2,9 bis 3,9
Reintitan	37,7
Titanknetlegierungen	39,6
Kunststoffe	
PVC	1,0
Polyamid	3,3
Plexiglas	3,9
Hartgummi	4,5
Hartgewebe	6,8
PTFE (Teflon)	15,0
Holz	
Fichte	0,06
Buche	0,1

Tabelle 3: Relativkosten für Gewindeherstellung in Teile aus S235JR (St 37)

	Relativkostenfaktor												
Durchmesser *d* in mm	M5	M6	M8	M10	M12	M16	M20	M24	M30	M36	M42	M48	M52
Gewindetiefe *b* in mm	6,5	7,5	10	12	15	20	25	30	38	45	52	60	65
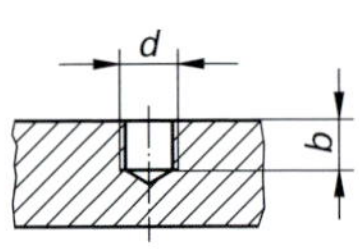	2,1	1,8	1,7	1,8	2,0	2,3	2,7	3,4	4,3	5,5	7,0	9,0	11
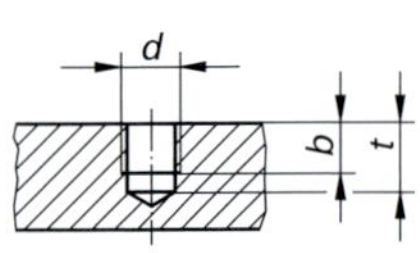	1,6	0,7	0,7	0,8	0,9	1,0	1,3	1,7	2,3	3,0	3,8	5,0	6,3
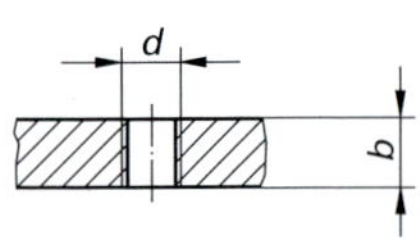	1,4	0,5	0,5	0,6	0,7	0,9	1,2	1,5	2,0	2,6	3,4	4,4	5,4

Anmerkung: Gewinde ohne Auslauf und Gewinde < M6 können nicht mit der Maschine geschnitten werden.

2.3.6.4 Konstruktionskosten

Die Konstruktionskosten werden positiv beeinflusst, wenn die geforderte Konstruktion bei entsprechender Qualität in kurzer Zeit geschaffen wird. Dazu tragen bei:

- Arbeitsweise (Qualität) des Konstrukteurs
  - Systematische Vorgehensweise,
  - Beachtung von Normen, Richtlinien, Vorschriften,
  - Schulung und Weiterbildung der Konstrukteure.
- Jegliche Form der Standardisierung wie
  - Einsatz von Katalogteilen und Wiederholteilen, Halbzeugen,
  - Verwendung spiegelbildlicher Teile,
  - Anwendung nationaler, internationaler und werksinterner Normen,
  - Anwendung von Baureihen und Baukästen,
  - Einsatz vorhandener Fertigungsmittel und Standardwerkzeuge.
- Jegliche Form der Rationalisierung:
  - Systematische Vorgehensweise,
  - Informationsbereitstellung jeglicher Art wie
    - Datenbanken,
    - Relativkostenblätter,
    - Kalkulationsunterstützung,
  - Computer- und CAD-Einsatz,
  - vereinfachte Zeichnungserstellung und vereinfachte Bemaßung (falls sinnvoll).

2.3.6.5 Materialkosten

Die Materialkosten sind u. a. abhängig von der

- benötigten Menge / Masse,
- Form der Bauteile,
- Art und Qualität der Werkstoffe,
- Ausnutzung des Werkstoffes,
- Größe der Bearbeitungszugaben, Annäherung an Endkontur,
- Lagerhaltung,
- Mengenrabatte, Mindermengenzuschläge, Lieferant.

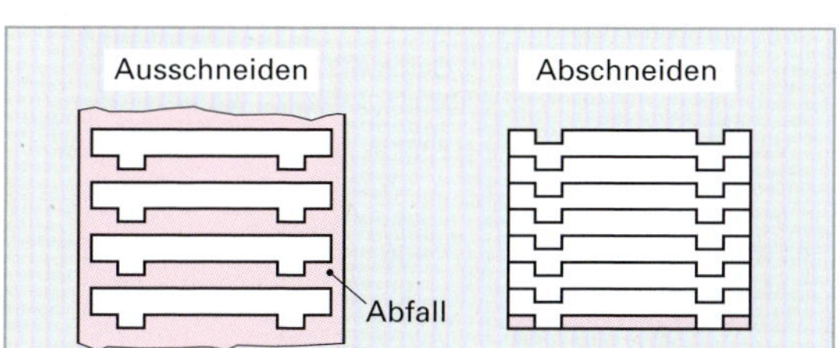

Bild 3: Volle Werkstoffausnutzung durch abfallloses Abschneiden nach Umkonstruktion

Materialkosten lassen sich einsparen, wenn

- bei Kenntnis der wirkenden Beanspruchungen eine optimale Querschnittsform gewählt wird (**Bild 1**, siehe auch Kapitel 2.3.1),
- Werkstoffkosten bekannt sind und verglichen werden (**Tabelle 2, Seite 226**). Ggf. Werkstoffänderung,
- hochfesteres Material verwendet wird: kleinere Abmessungen, auch der angrenzenden Teile (Einzelfallentscheidung),
- Teile fertigungsgerecht gestaltet sind (siehe Kapitel 2.3.3),
- nicht oder wenig zerspant werden muss (**Bild 2**, siehe auch Kapitel 2.3.3.6); endnahe Konturen anstreben, geeignetes Halbzeug wählen,
- Blechteile (**Bild 3**) abgeschnitten und nicht ausgeschnitten werden (bessere Ausnutzung des Ausgangswerkstoffes, weniger Abfall, **Bild 4**). Sternförmige, gabelförmige, U-förmige Blechteile vermeiden,
- auf lagerhaltige Werkstoffe zurückgegriffen wird.

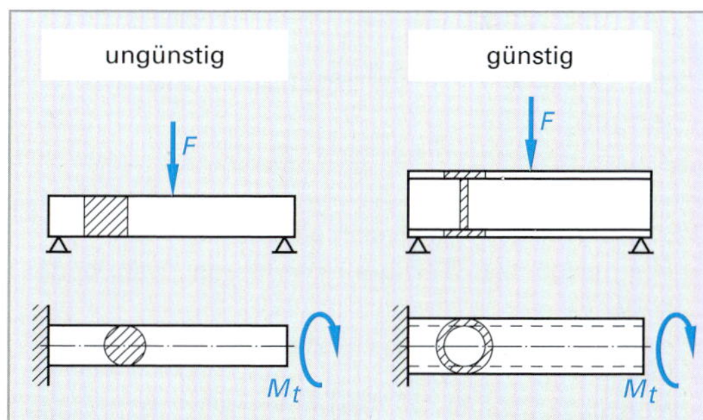

Bild 1: Beanspruchungsgerechte Querschnittswahl

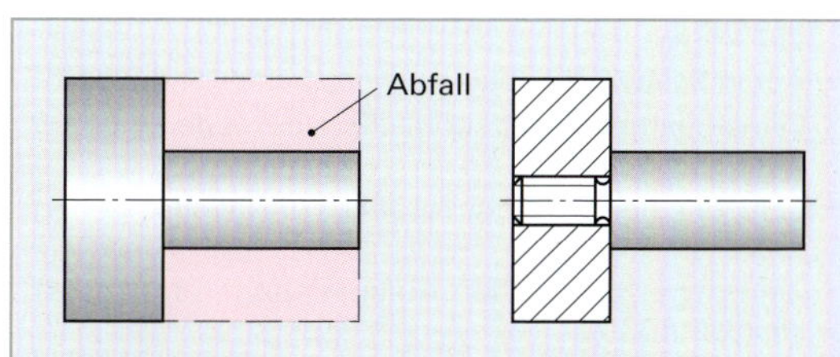

Bild 2: Einsparung von Materialkosten

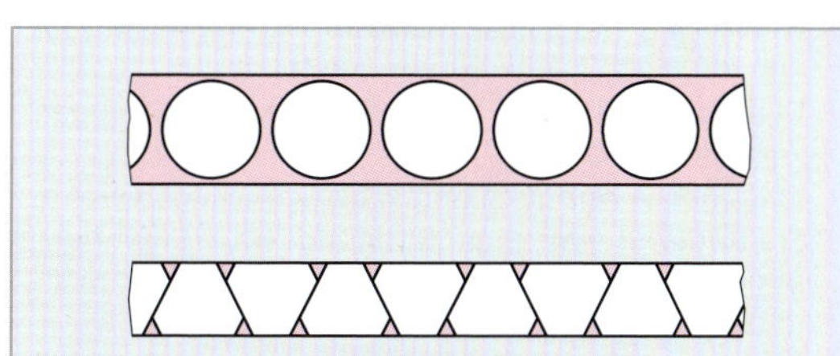

Bild 4: Abfallverminderung durch Umkonstruktion einer Abdeckscheibe

2.3.6.6 Fertigungskosten

Die Fertigungskosten sind u. a. abhängig von:

- Gestaltung der Werkstücke,
- Form, Abmessungen, Toleranzen, Oberflächenzustand der Teile,
- Fertigungsverfahren,
- Verwendung von Normteilen, Kaufteilen, Wiederholteilen, Halbzeugen,
- Stückzahl, Losgröße,
- Zahl der Bearbeitungsvorgänge,
- Zahl der erforderlichen Aufspannungen,
- Zahl der Einzelteile,
- Aufwand für Montage / Demontage,
- Handhabung der Teile,
- vorhandenen und erforderlichen Fertigungsmitteln,
- Auslastung der Fertigungsmittel,
- Mehrstückfertigung,
- erforderlichen Messvorgängen und Prüfvorgängen.

Fertigungskosten lassen sich einsparen, wenn:

- bestgeeignetes Fertigungsverfahren verwendet wird,
- Bauteile fertigungsgerecht gestaltet sind (siehe Kapitel 2.3.3),
- Normteile, Kaufteile, Wiederholteile, Halbzeuge verwendet werden,
- Maße so grob wie möglich toleriert werden (**Bild 1**),
- nur die erforderliche Oberflächengüte vorgeschrieben wird,
- wenig Sonderbehandlungen vorgesehen sind (**Bild 2**),
- Feinstbearbeitungen möglichst vermieden werden (**Bild 3**),
- Zahl der Bearbeitungsvorgänge möglichst gering sind,
- Zahl der erforderlichen Aufspannungen möglichst klein sind,
- die Teile leicht zu handhaben sind (siehe Kapitel 2.3.6),
- Teilezahl reduziert wird (**Bild 4**),
- wenig und möglichst einfache Montageoperationen vorliegen (siehe Kapitel 2.3.7),
- Standardwerkzeuge und Standardvorrichtungen verwendet werden,
- vorhandene Fertigungsmittel berücksichtigt werden,
- Fremdbezug statt Eigenfertigung, bzw. Eigenfertigung statt Fremdbezug in Erwägung gezogen wurde,
- bestgeeignete Verbindungselemente verwendet werden,
- wenig Kontrollvorgänge erforderlich sind.

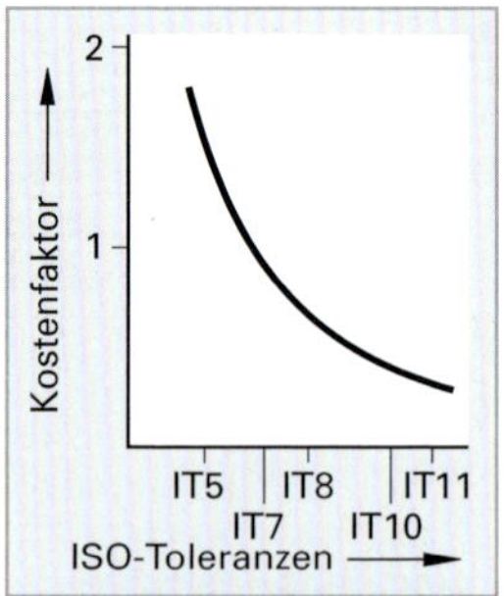

Bild 1: Einfluss der Toleranzen auf die Fertigungskosten

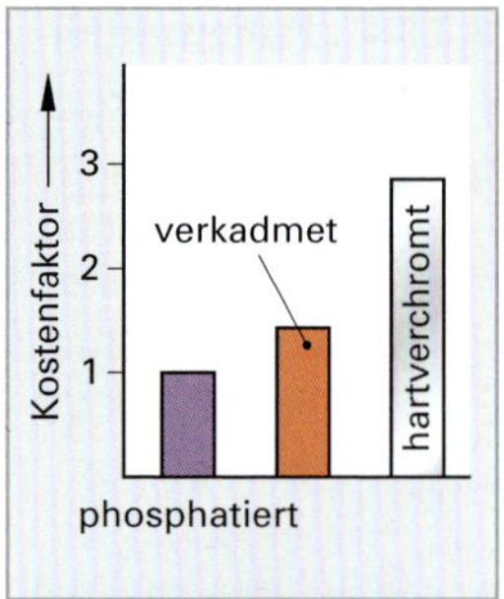

Bild 2: Einfluss von Sonderbehandlungen auf die Fertigungskosten

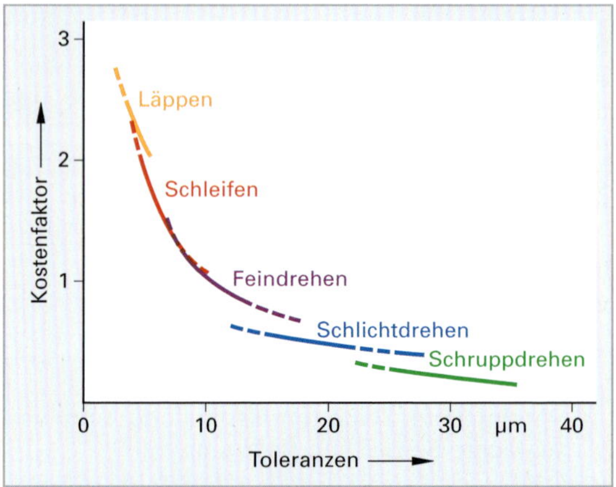

Bild 3: Kostenfaktor in Abhängigkeit vom Fertigungsverfahren

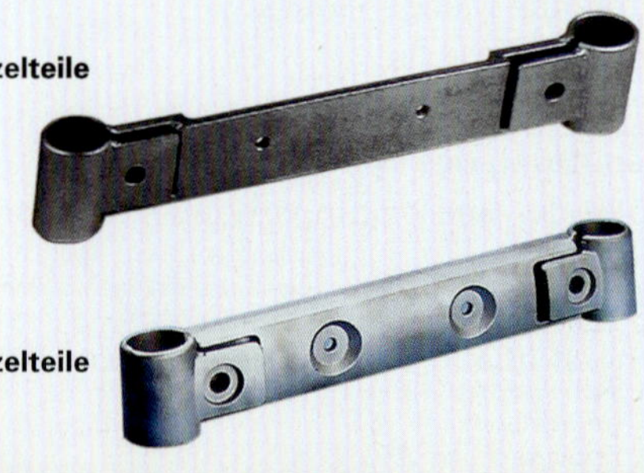

Fertigung als:	Schweiß-konstruktion	Guss-konstruktion
Werkstoff	S235 JR+AR	GJMW-360-12W
Gewicht	3,5 kg	3,5 kg
Materialkosten	39 %	100 %
Fertigungskosten	100 %	5 %
Mechanische Bearbeitung	100 %	0 %
Herstellkosten	100 %	50 %

Bild 4: Reduzierung der Teile

2.3.7 Automatisierungsgerechtes Gestalten

2.3.7.1 Allgemeines

Um auf den in- und ausländischen Märkten konkurrenzfähig zu bleiben und mit den Produkten der Niedriglohnländer in Wettbewerb treten zu können, müssen die Unternehmen auf allen Gebieten verstärkt rationell und wirtschaftlich arbeiten. Dies trifft insbesondere für die Fertigung und Montage der Produkte zu. Innerhalb dieses Bereiches gewinnt die Automatisierung einen immer höheren Stellenwert.

Die Gestalt der Werkstücke wird überwiegend von der Funktion bestimmt. Häufig ließe sich jedoch die Form der Teile so gestalten, dass das Handhaben und damit die Automatisierung möglich bzw. erleichtert wird ohne die Funktion zu beeinträchtigen. Die Beachtung von Regeln für das automatisierungsgerechte Gestalten können dazu beitragen, wenn sie im Konstruktionsablauf schon mit berücksichtigt werden.

In der Fertigung und Montage geht es u. a. darum, vor allem Werkstücke, aber auch Werkzeuge und Messzeuge, seltener andere Fertigungsmittel zu handhaben. Nach VDI-Richtlinie 2860 gliedert sich das Handhaben in folgende Teilfunktionen:

- Speichern,
- Menge verändern,
- Bewegen,
- Sichern,
- Kontrollieren.

Die weitere Untergliederung ergibt Elementarfunktionen und zusammengesetzte Funktionen (**Bild 1**).

Wenn es nun darum geht, die Fertigung und/oder die Montage zu automatisieren, dann müssen diese Teilfunktionen automatisch ablaufen.

Die wohl schwierigste Unterfunktion ist das Ordnen, wenn beliebig gestaltete Teile aus einer zufälligen, unbestimmten Lage in eine bestimmte, vorgegebene Orientierung und Position automatisch gebracht werden müssen.

Dies gelingt häufig nur, wenn – wie oben erwähnt – schon in der Entwurfsphase die automatisierungsgerechte Gestaltung der Teile mit berücksichtigt wird. Einige Beispiele sollen dies erläutern.

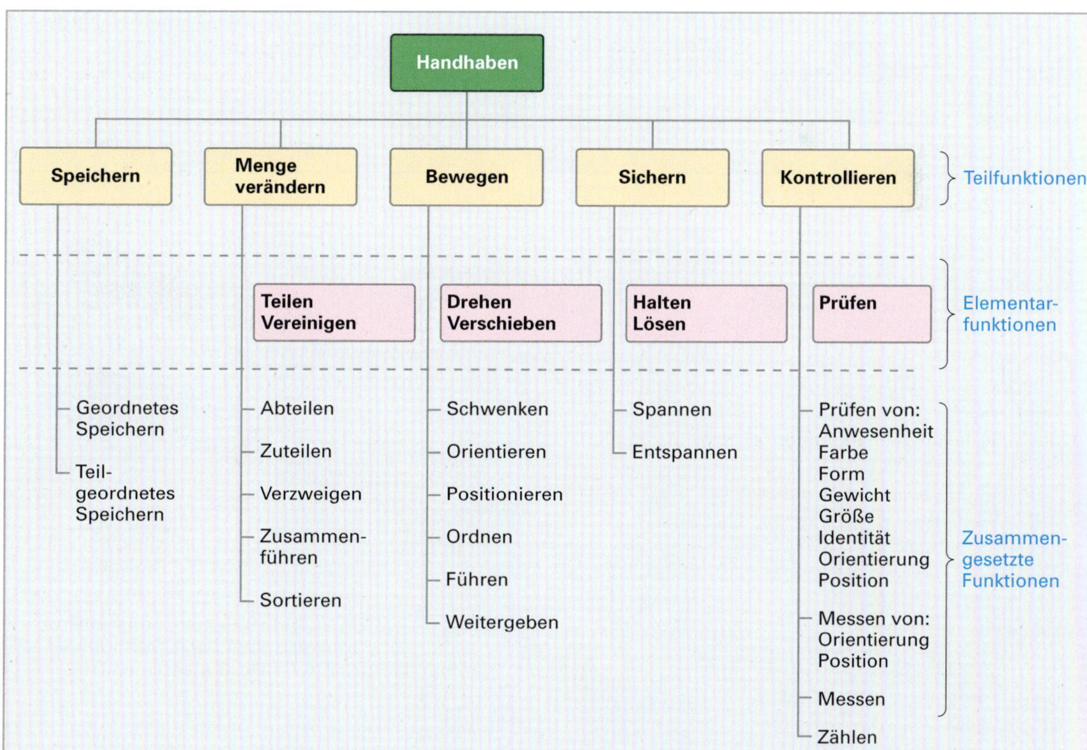

Bild 1: Handhaben mit Teilfunktionen und deren Gliederung (nach VDI-Richtlinie 2860)

2.3.7.2 Automatisierungsgerechte Gestaltung

Gestaltungsrichtlinien (Tabelle A):

- Eine einmal durch Ordnen der Teile erreichte Orientierung unbedingt aufrechterhalten (**A1**).
- Möglichst eindeutige Gestaltmerkmale vorsehen: Völlig symmetrisch oder deutlich asymmetrisch gestalten (**A2**).
- Deutliche Gestaltmerkmale für das Ordnen und Lageprüfen vorsehen (**A3**).
- Merkmale an Innenkonturen, Bohrungen, Schlitzen, Aussparungen o.Ä. sind schwer erkennbar. Erkennungsmerkmal an die Außenkontur verlegen (**A4**).
- Werden Teile durch Hängen weitergegeben, ist die Schwerpunktlage und das Verkeilen zu beachten (**A5**).
- Auflageflächen und Anlageflächen für das Weitergeben schaffen. Verklemmen vermeiden (**A6**).
- Ausreichend große Standflächen und niedrige Schwerpunktlage für das Weitergeben und Magazinieren vorsehen (**A7**).
- Werkstücke wegen Platzbedarf stapelfähig gestalten (**A8**).
- Teile so gestalten, dass sie sich nicht verhaken (Vorsprünge in Aussparungen, dünne Teile in Schlitzen usw.). Wirrteile vermeiden. Verhakende Federn oder Blechteile sind sehr schwer zu handhaben (**A9**).
- Automatisches Fügen von Teilen in Bohrungsnuten schwer möglich (**A10**).
- Asymmetrische Schwerpunktlage der Teile für einfaches Ordnen beachten (**A11**).

Tabelle A: Automatisierungsbedingte Gestaltungsrichtlinien

Nicht automatisierungsgerecht	Automatisierungsgerecht	Erläuterungen
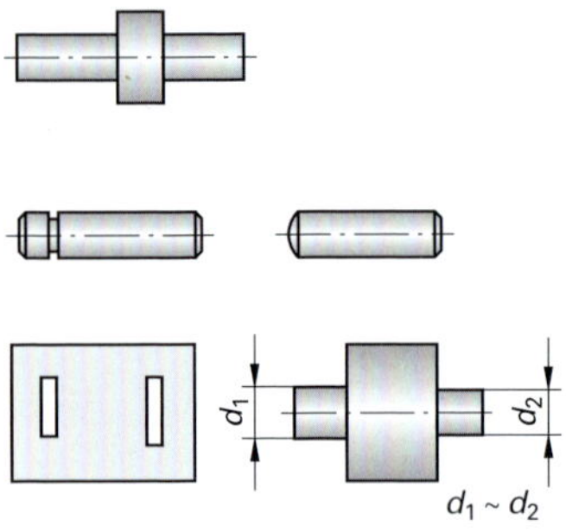	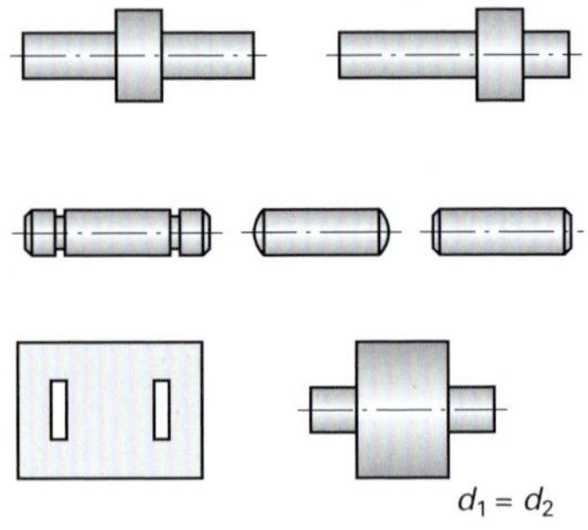	**(A2)** Möglichst eindeutige Gestaltmerkmale vorsehen: Entweder völlig symmetrisch oder deutlich asymmetrisch.
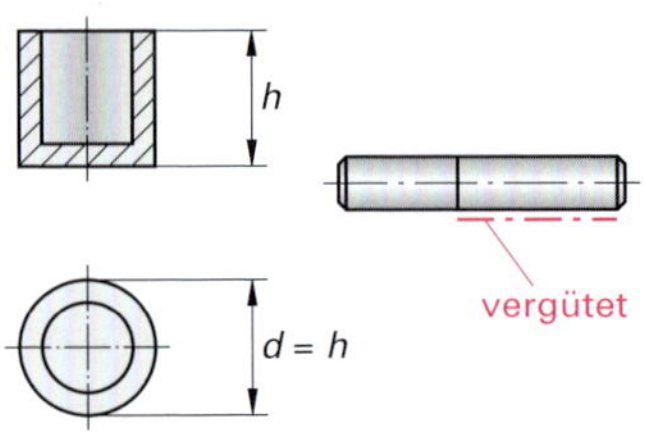	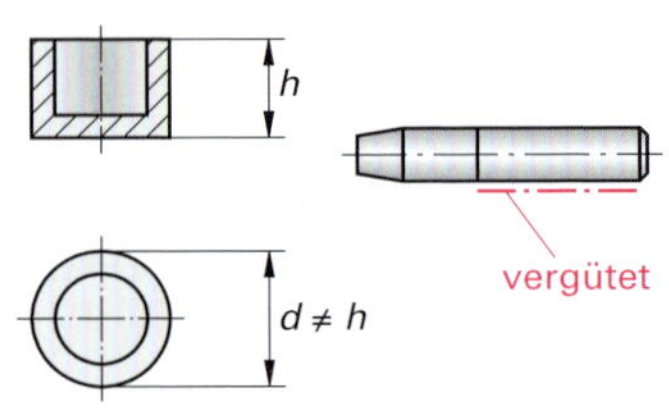	**(A3)** Deutliche Gestaltmerkmale für das Ordnen und Lageprüfen vorsehen.
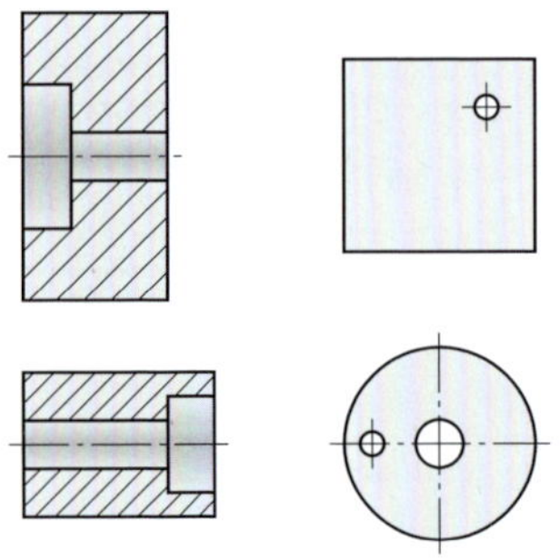	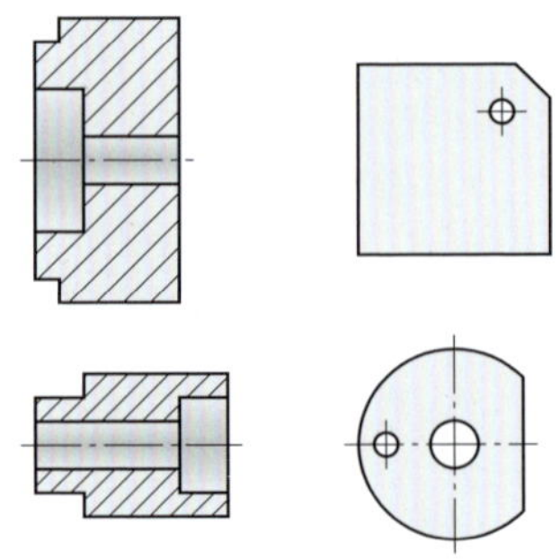	**(A4)** Merkmale an Innenkonturen sind schwer erkennbar. Erkennung an die Außenkontur verlegen.

Tabelle A, Forts.: Automatisierungsbedingte Gestaltungsrichtlinien

Nicht automatisierungsgerecht	Automatisierungsgerecht	Erläuterungen
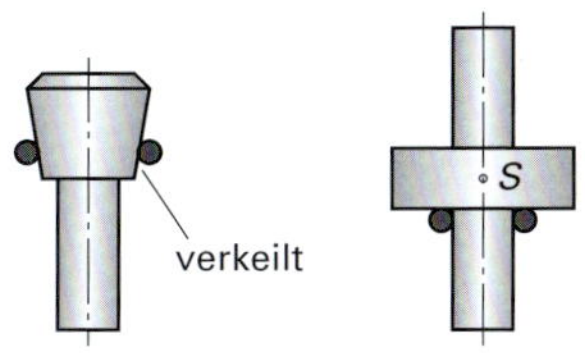	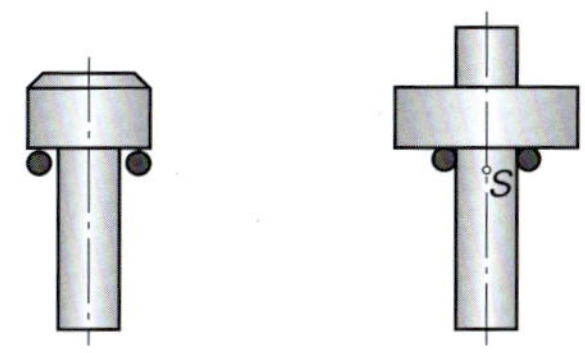	**(A5)** Werden Teile durch Hängen weitergegeben, ist die Schwerpunktlage und mögliches Verkeilen zu beachten.
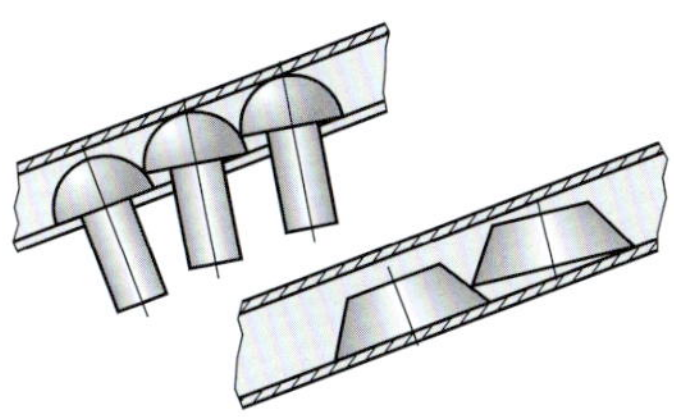	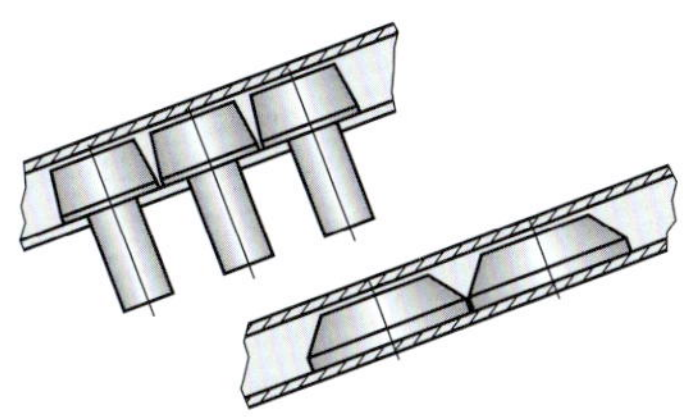	**(A6)** Für das Weitergeben sind geeignete Auf- und Anlageflächen zu gestalten. Auflaufen und Verklemmen ausschließen.
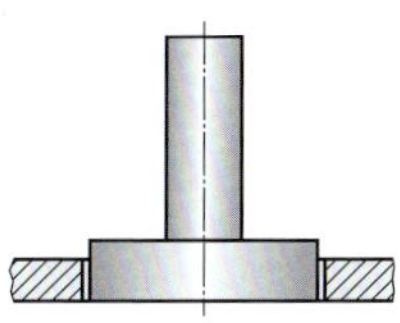	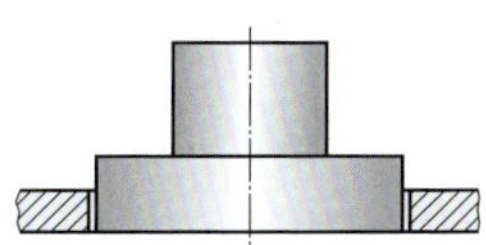	**(A7)** Für das sichere Weitergeben und Magazinieren sind ausreichend große Standflächen und niedrige Schwerpunkte von Vorteil.
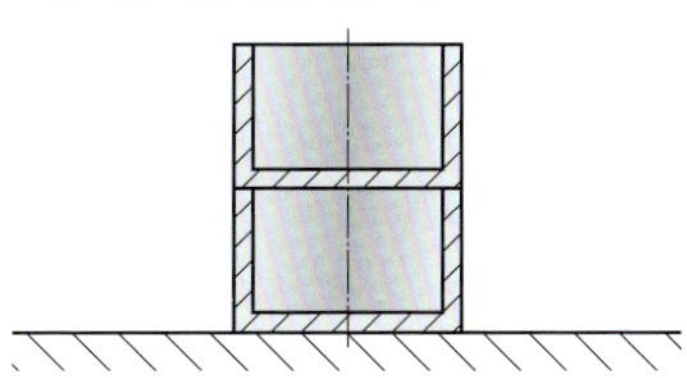	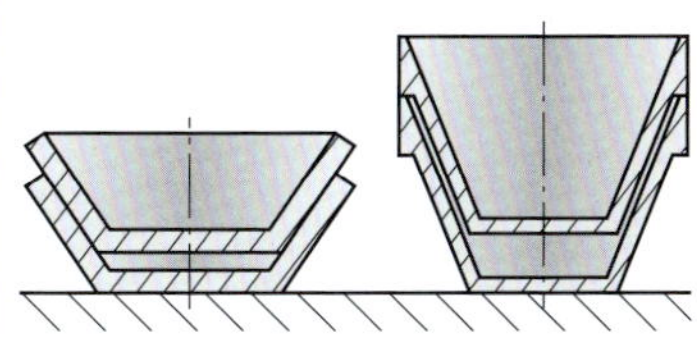	**(A8)** Werkstücke stapelfähig gestalten (Platzbedarf in Magazinen). Verklemmen vermeiden.
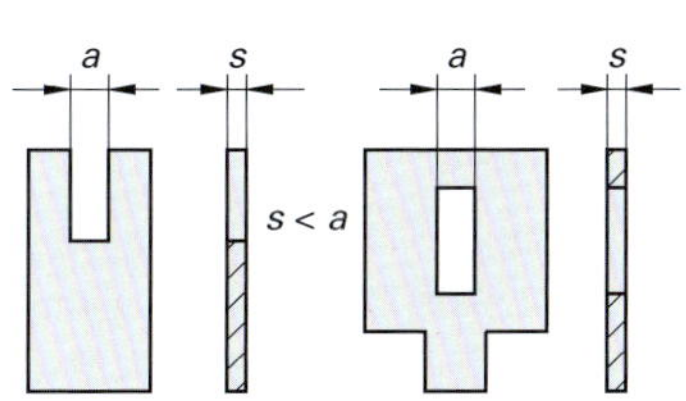	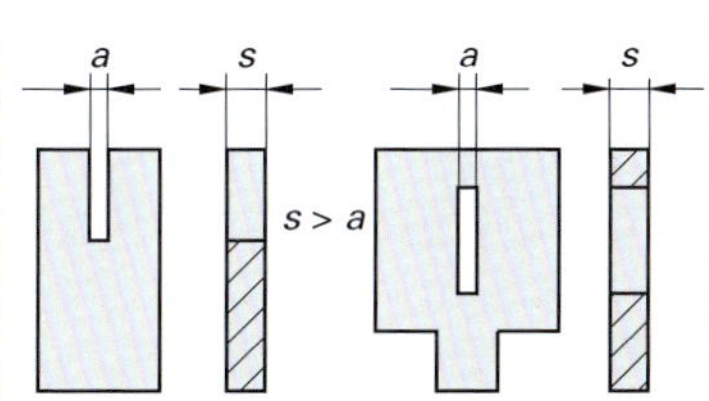	**(A9)** Teile so gestalten, dass sie sich nicht verhaken. (Vorsprünge in Aussparungen; dünne Teile in Schlitzen). Wirrteile vermeiden. Verhakende Federn oder Blechteile sind schwer zu handhaben.
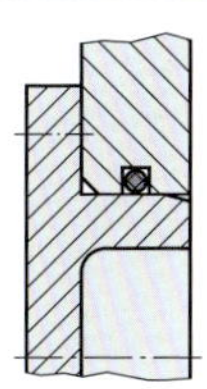	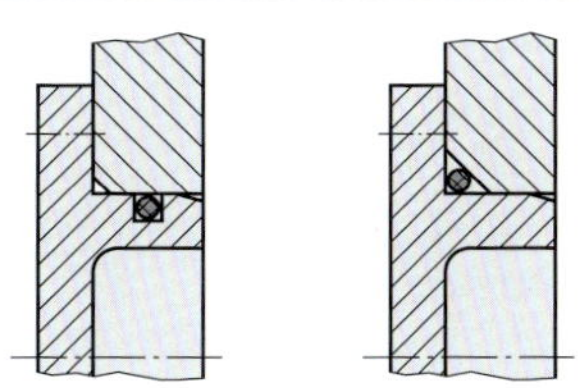	**(A10)** Automatisches Fügen von Teilen in Bohrungsnuten schwer möglich.
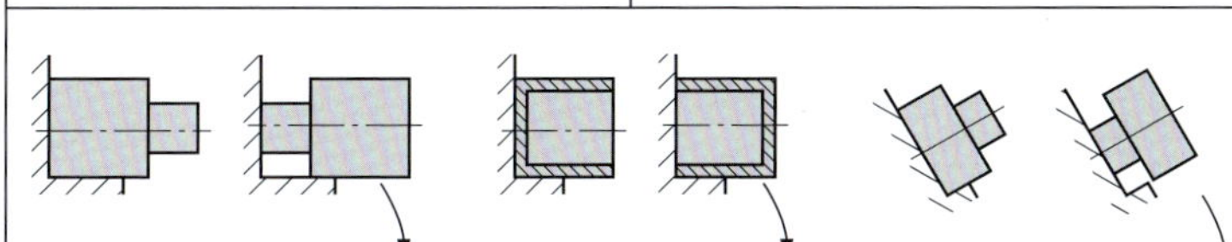		**(A11)** Schwerpunkte für das Ordnen von Teilen beachten.

2.3.8 Montagegerechtes und demontagegerechtes Gestalten

2.3.8.1 Allgemeines

Im Bereich der Montage gibt es vielfach Rationalisierungsmöglichkeiten. Der Automatisierungsgrad ist noch bei weitem nicht so hoch wie bei der Fertigung der Teile.

Auch hier beeinflusst der Konstrukteur mit der Gestaltung der Bauteile, der Baugruppen und des ganzen Erzeugnisses die Montagemöglichkeiten. Es werden u. a. festgelegt:

- die Gestalt,
- der Aufbau,
- die Montagemethode,
- die Teilezahl,
- das Material,
- die Größe der Toleranzen und
- die Oberflächenbeschaffenheit.

Dies sind wichtige Punkte für die Montage.

2.3.8.2 Montage

Der Begriff Montage ist leider nicht eindeutig definiert und von Unternehmen zu Unternehmen bzw. von Branche zu Branche wird er verschieden verwendet. Man versteht darunter Tätigkeiten wie

- Fügen durch
  - Schrauben, Verstiften,
  - Übermaßpassungen wie z. B. Aufschrumpfen (**Bild 1**),
  - Umformen (**Tabelle 1, Seite 233**),
  - Stoffvereinigung wie Schweißen, Löten, Kleben,
- Zusammenlegen (**Bild 2**),
- Zusammensetzen (Nähen von Textilteilen),
- Aufbauen, Aufstellen (Bauindustrie, Hallenbau),
- Füllen und Verschließen (Verpackungsindustrie),
- Installieren (z. B. Leitungen).

Nachfolgend wird der Begriff so verwendet, wie er im Maschinenbau oder der Elektroindustrie üblich ist.

Aufgabe der Montage ist es, fertige Einzelteile und Komponenten zu kleinen Baugruppen, diese unter Verwendung weiterer Einzelteile und Komponenten zu größeren Baugruppen und schließlich zu fertigen Erzeugnissen (Geräte, Apparate, Maschinen) zusammenzubauen (**Bild 3**).

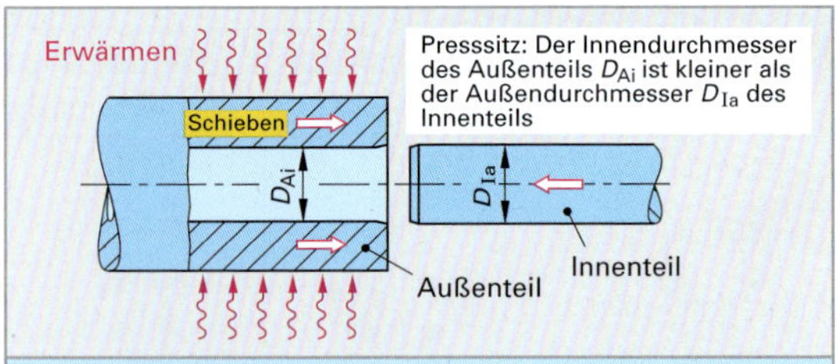

Bild 1: Schrumpfen

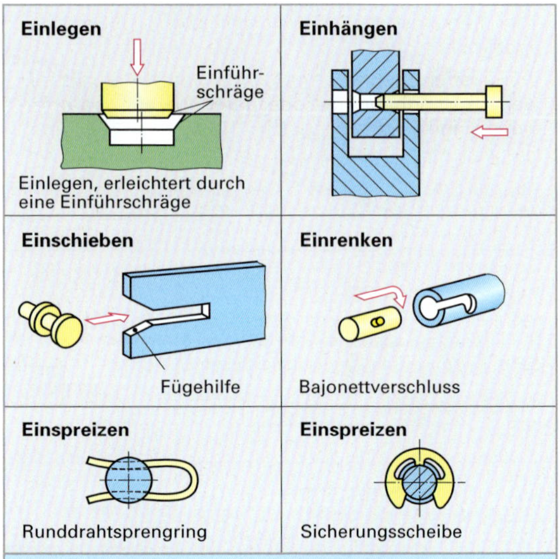

Bild 2: Fügen durch Zusammenlegen

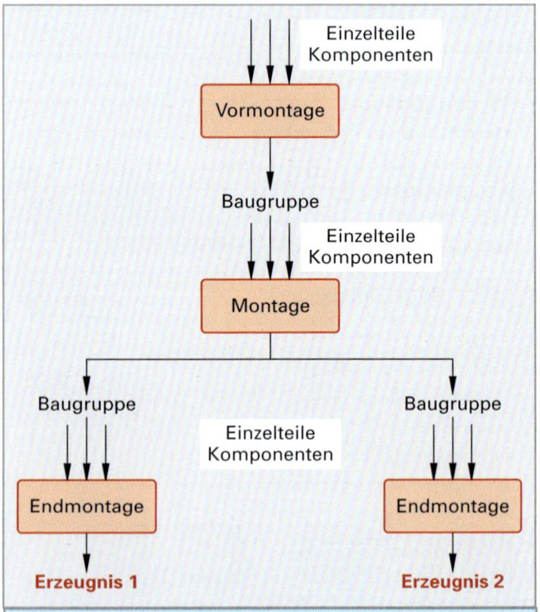

Bild 3: Montageablauf mit Variantenbildung vor der Endmontage (Beispiel)

Hauptfunktionen für die Einzelteile, Komponenten oder Baugruppen sind dabei

- Handhaben,
- Fügen, z. B. durch Umformen (Tabelle 1),
- Prüfen,
- Justieren,
- Sichern und
- Sondertätigkeiten ausführen.

> Die Funktion **Handhaben** wurde im vorigen Kapitel 2.3.7 behandelt; es sind dort Gestaltungsrichtlinien angegeben.
>
> Von **Justieren** spricht man, wenn nach dem Prüfen weitere Handhabungs- oder Fügeoperationen erforderlich sind. Es dient z. B. dazu, Toleranzen auszugleichen oder ein bestimmtes Spiel herzustellen.
>
> Das **Sichern** der Montageteile soll selbstständiges Verändern der Position unter späteren Betriebsbedingungen verhindern.
>
> **Sondertätigkeiten** können z. B. auftreten, wenn während der Montage „angepasst" werden muss. Dies bedeutet häufig die Demontage einiger Teile, Austausch von Passteilen oder Nachbearbeitung und dann erneute Montage dieser Teile.

2.3.8.3 Demontage

Demontage erfolgt in der Regel in umgekehrter Richtung. Demontageaufgaben gibt es

- wenn bei Montage „angepasst" werden muss,
- bei Wartungs- und Reparaturarbeiten,
- bei Ersatz oder Austausch von Teilen,
- beim Recycling.

Produkte mit leichter und zerstörungsfreier Demontage ermöglichen

- kostengünstigen Austausch oder kostengünstige Reparatur von Teilen oder Baugruppen,
- Wieder- und Weiter*verwendung* von Teilen und Baugruppen,
- beim Recycling Wieder- und Weiter*verwertung* wertvoller Teile und Stoffe.

2.3.8.4 Rationalisierung

Zur Rationalisierung der Montage und Demontage können u. a. beitragen

- organisatorische Maßnahmen wie z. B. Verbesserung des Montageablaufs,
- optimale ergonomische Gestaltung des Handmontage-Arbeitsplatzes.
- Montage vereinfachen oder vermeiden,
- Montagegerechte und demontagegerechte Gestaltung der Produkte.

Dieser letzte Gesichtspunkt ist von zentraler Bedeutung – auch für die anderen genannten Maßnahmen.

Tabelle 1: Umformendes Fügen

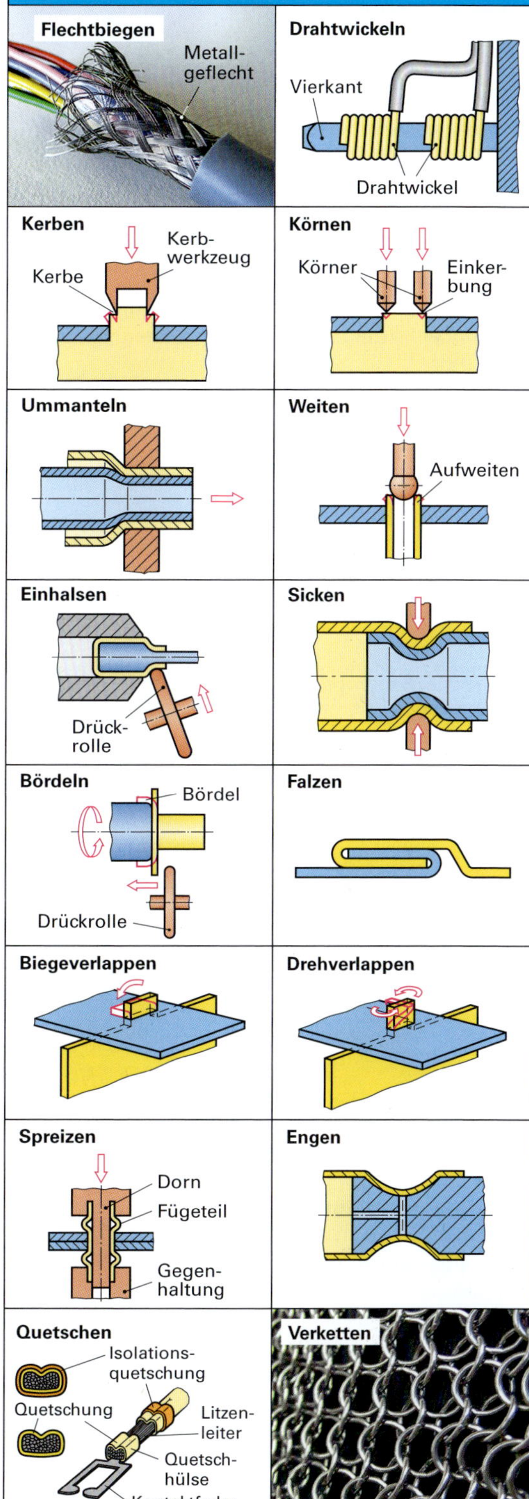

2.3.8.5 Gestaltung

Generelle Gestaltung

Gestaltungsrichtlinien (Tabelle G)

- Gestaltung eindeutig, einfach und sicher ausführen (vgl. Kapitel 2.2.1) (**G1**).
- Bestgeeignete Verbindungstechnik einsetzen (**G2**).
- Montage möglichst ganz vermeiden oder zumindest vereinfachen (**G3**).
- Anzahl der zu montierenden Teile reduzieren. Zusammenfassung von Teilen durch Integralbauweise (**G4**).
- Varianten nach Möglichkeit vermeiden, dadurch größere Losgrößen (**G5**).
- Gestalten des Produktes aus Baugruppen möglichst variantenneutral (**G6**).
- Falls Varianten erforderlich, diese möglichst erst in der Endmontage bilden (**G7**).
- Modularen Aufbau der Baugruppen anstreben (**G8**).
- Gleiche Baugruppen für verschiedene Produkte verwenden (**G9**).
- Verwendung eines geeigneten Basiswerkstückes oder einer Montageplattform (**G10**).
- Anpassarbeiten vermeiden. Wenn erforderlich, dann anpassen möglichst durch standardisierte Passteile ohne Demontage (**G11**).
- Gute Zugänglichkeit gewährleisten (**G12**).
- Verbundkonstruktionen wegen Demontage bei Recycling vermeiden (**G13**).
- Schlaffe Teile (Textilteile, Schläuche, dünne Drähte usw.) vermeiden (**G14**).
- Vor Freigabe der Entwürfe an die Zeichnungserstellung Montagefachleute befragen (**G15**).

Montagebedingte Gestaltung

Gestaltungsrichtlinien (Tabelle M)

- Fügeoperationen möglichst vermeiden oder reduzieren. Teilezahl reduzieren. Integralbauweise anwenden (**M1**).
- Zahl der Verbindungselemente reduzieren (**M2**).
- Fügen eindeutig machen. Überpositionieren und doppeltes Fügen vermeiden (**M3**).
- Einfache translatorische und einheitliche Fügebewegungen vorsehen. Senkrechtes Fügen bevorzugen. Gekrümmte Fügebewegungen vermeiden (**M4**)
- Schraubbewegungen vermeiden (**M5**).
- Wenn Schraubverbindungen erforderlich, dann möglichst automatisierungsgerecht gestalten (Kreuzschlitz, konisches Gewindeende) (**M6**).
- Selbstschneidende Schrauben machen Muttern überflüssig. Zusammenfassung von Fertigungs- und Montageoperationen (**M7**).
- Fügeerleichterungen vorsehen. Schrägen, Fasen, Kegel, Kugelkuppen usw. erleichtern das Fügen (**M8**).
- Vorführungsflächen verhindern das Verkanten von Fügeteilen (**M9**).
- Lange Fügewege vermeiden (**M10**).
- Zeitliche Zusammenfassung von Fügeoperationen erwägen (**M11**).
- Möglichst gleiche Verbindungselemente vorsehen (**M12**).
- Luftpolster vermeiden und Demontage ermöglichen (**M13**).
- Möglichst einfache und gleiche Standardwerkzeuge vorsehen (**M14**).
- Gute Zugänglichkeit gewährleisten (**M15**).
- Montage von z. B. Dichtungen in Bohrungsnuten möglichst vermeiden (**M16**).

Demontagebedingte Gestaltung

Gestaltungsrichtlinien (Tabelle D)

- Verwendung leicht demontierbarer Verbindungs- und Sicherungselemente (**D1**).
- Verwendung leicht zerstörbarer Verbindungs- und Sicherungselemente (**D2**).
- Verringerung der Zahl der Verbindungselemente (**D3**).
- Verwendung gleicher Verbindungselemente (**D4**).
- Lange Demontagewege vermeiden (**D5**).
- Möglichst einfache und gleiche Standardwerkzeuge vorsehen (**D6**).
- Zeitliche Zusammenfassung von Demontagevorgänge ermöglichen (**D7**).
- Gute Zugänglichkeit gewährleisten (**D8**).
- Vermeiden von Verbundkonstruktionen wegen Werkstofftrennung bei Recycling (**D9**).

Tabelle GMD: Gestaltungsrichtlinien zur Montage und Demontage

Nicht montagegerecht bzw. nicht demontagegerecht	Montagegerecht bzw. demontagegerecht	Erläuterungen
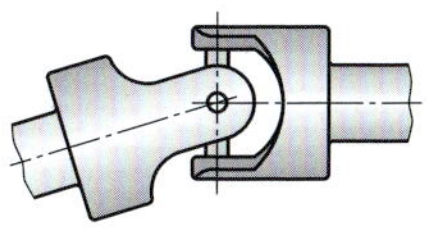	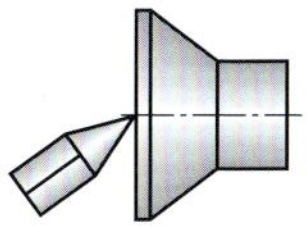	**(M1), (M2), (G3), (G4), (D3)** Fügeoperationen möglichst ganz vermeiden oder aber reduzieren. Teilezahl reduzieren. Integralbauweise anwenden. Zahl der Verbindungselemente verringern.
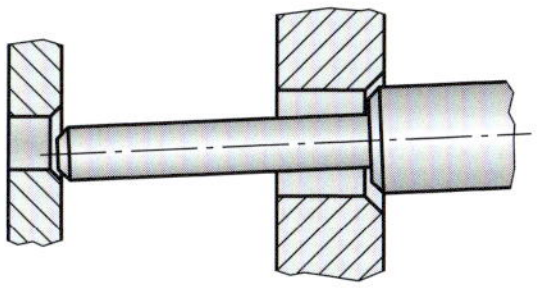	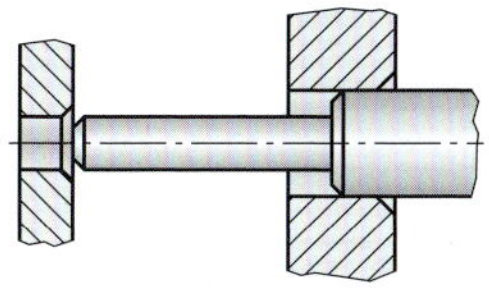	**(M3), (G3)** Fügen eindeutig machen. Überpositionieren und doppeltes Fügen vermeiden.
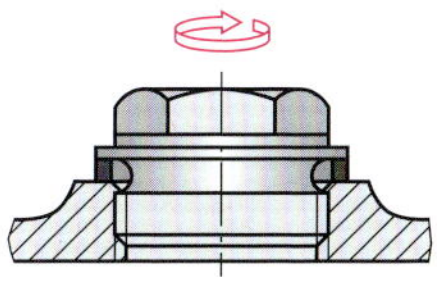	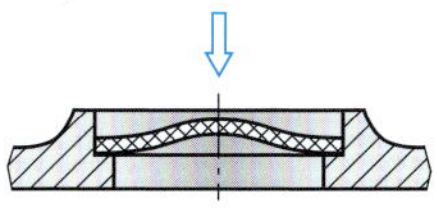	**(M4), (M5)** Möglichst einfache translatorische Fügebewegung vorsehen. Senkrechte Fügebewegung bevorzugen. Gekrümmte Fügebewegungen vermeiden. Schraubbewegungen vermeiden.
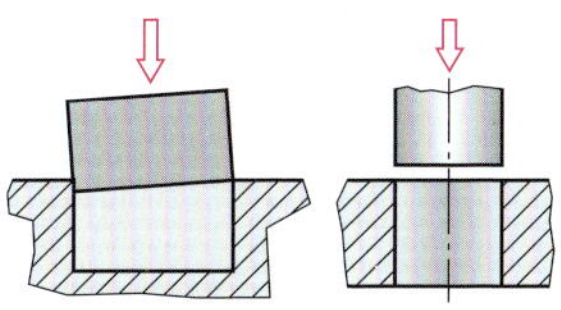	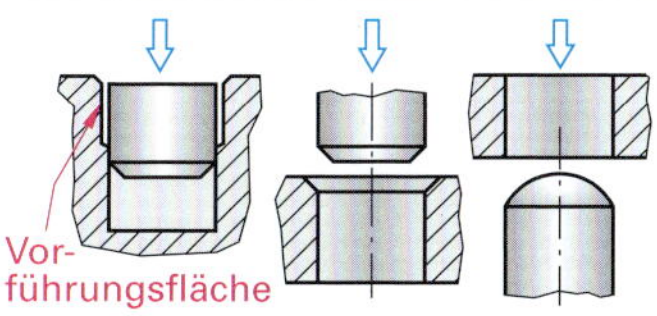	**(M8), (M9)** Fügeerleichterungen vorsehen: Schrägen, Fasen, Kegel, Kugelkuppen erleichtern das Fügen. Vorführungsflächen verhindern ein Verkanten.
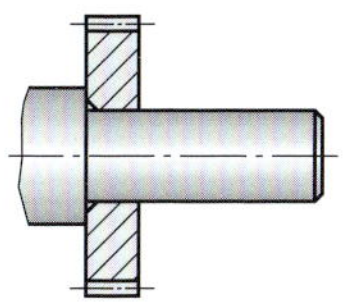	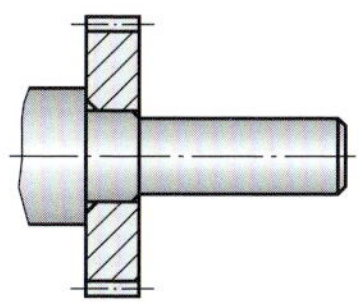	**(M10), (D5)** Lange Fügewege vermeiden.
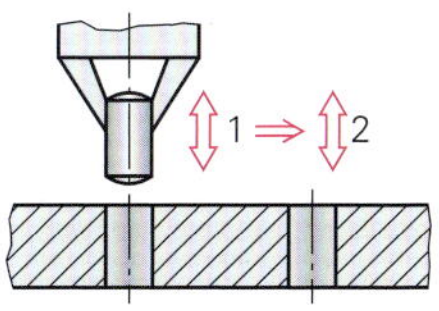	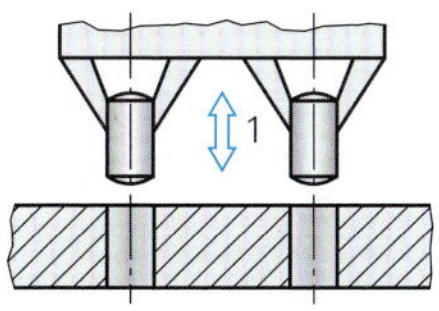	**(M11), (D7)** Zeitliches Zusammenfassen von Montageoperationen erwägen.
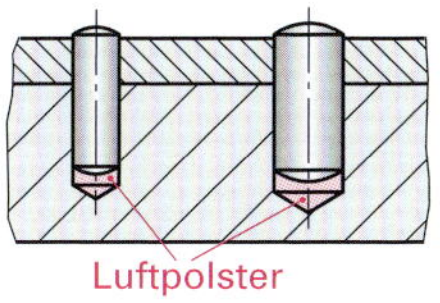	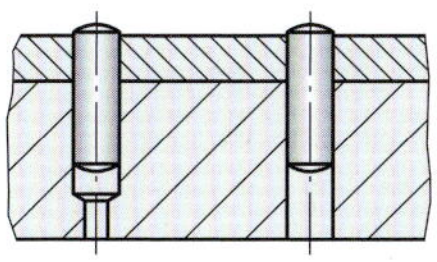	**(M12), (M13), (D4)** Möglichst gleiche Verbindungselemente verwenden. Luftpolster vermeiden und Demontage ermöglichen.
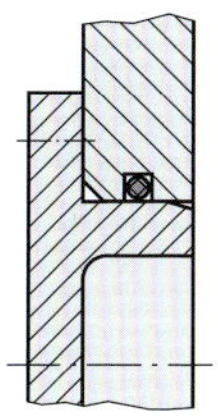	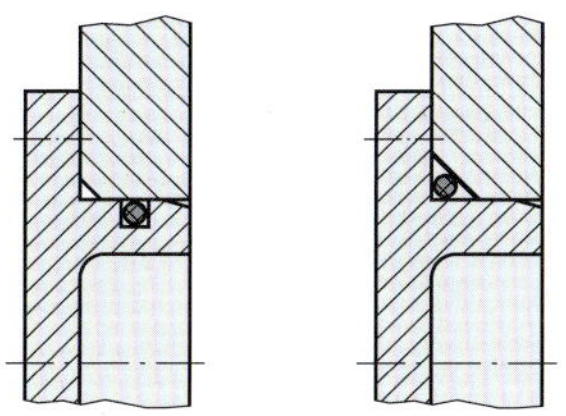	**(M16)** Montage von z. B. Dichtungen in Bohrungsnuten vermeiden.

Tabelle GMD, Forts.: Gestaltungsrichtlinien zur Montage und Demontage

Nicht montagegerecht bzw. nicht demontagegerecht	Montagegerecht bzw. demontagegerecht	Erläuterungen
Differenzialbauweise 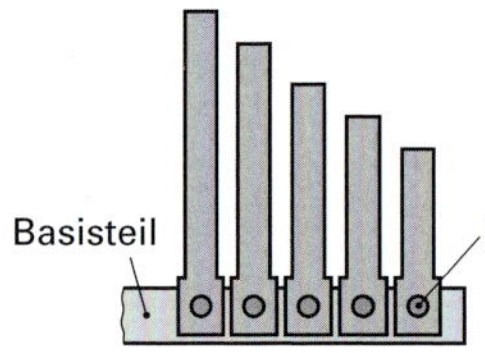	**Integralbauweise** 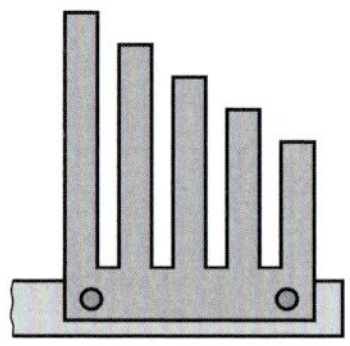	(G4), (M1), (M2) Zahl der Fügeoperationen reduzieren. Integralbauweise bevorzugen.
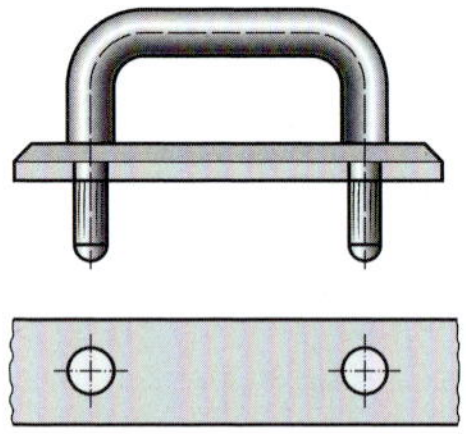	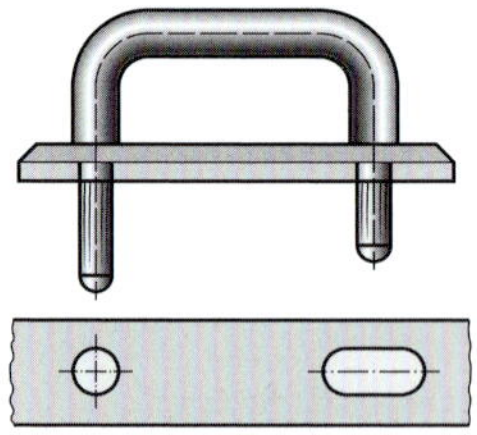	(M3), (M8) Überpositionieren und doppeltes Fügen vermeiden.
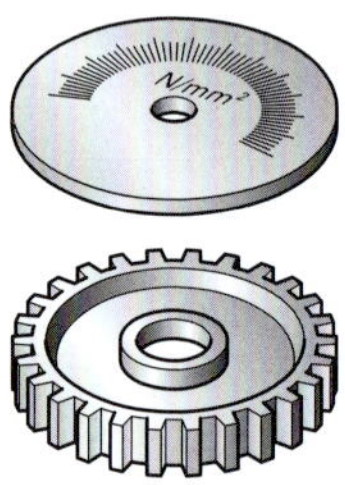	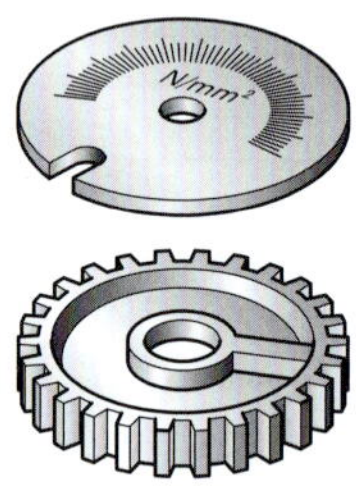	(M3), (M8) Deutliche Gestaltungsmerkmale vorsehen, die die Zuordnung erleichtern.
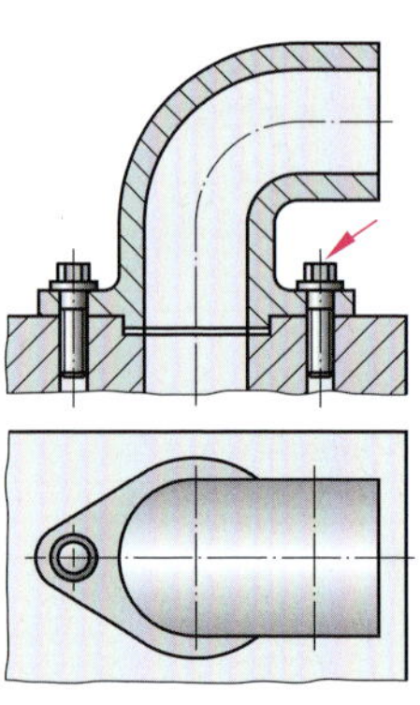	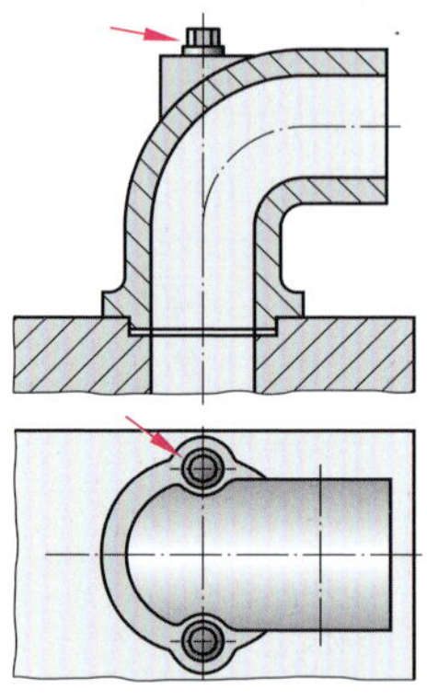	(M15), (D8), (G12) Gute Zugänglichkeit gewährleisten.
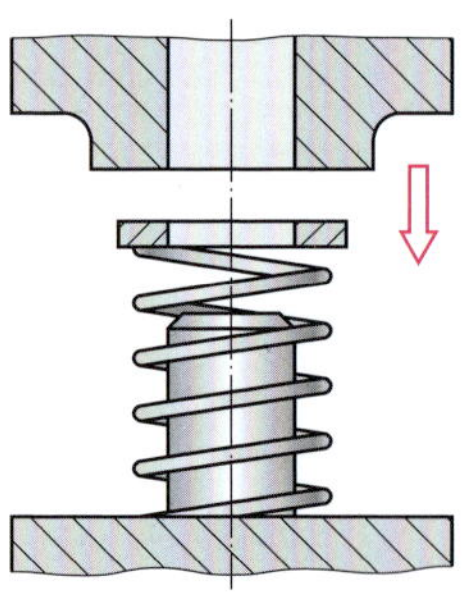	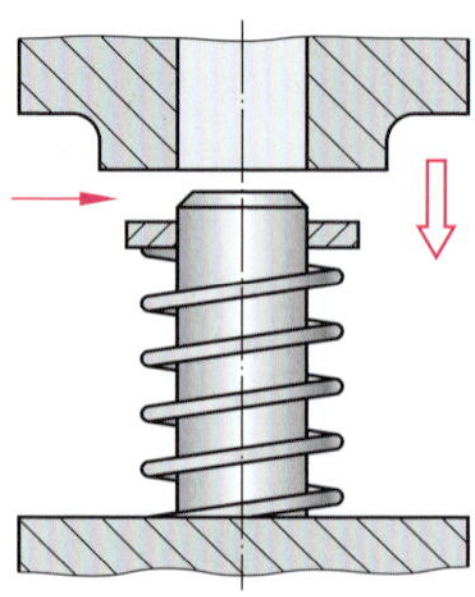	(M8), (M9) Eine ausreichende Länge des Führungsbolzens macht den Fügevorgang sicherer und ermöglicht die Zentrierung der Scheibe.

2.3.9 Ergonomiegerechtes Gestalten

2.3.9.1 Der Mensch ist das Maß

Unter Ergonomie[1] versteht man die Bestanpassung der Arbeitsumgebung und der Arbeitsmittel an den Menschen. Der Mensch ist das Maß[2] (**Bild 1**).

Nicht der Mensch soll sich an die Art und Gestalt der Produkte anpassen müssen, sondern diese sollten menschengerecht konstruiert sein, also ergonomisch gestaltet sein.

> Die ergonomische Gestaltung von Arbeitsmitteln dient dem Abbau von Belastungen und verbessert das Arbeitsergebnis.

Anthropometrie[3]. Zur ergonomischen Gestaltung der Arbeitsmittel, der Arbeitsumgebung und der Gebrauchsgegenstände ist die Kenntnis der Körpermaße und der Körperkräfte in unterschiedlichen Posen erforderlich und in einer Reihe von Normen festgelegt. Dabei sind die Maße in ihrer Häufigkeit statistisch verteilt zwischen groß und klein (**Bild 2**). Die angegebenen Maße sind Normmaße und entsprechen etwa deutschen erwachsenen Personen. Für die Konstruktion von Maschinen und Gebrauchsgütern, z. B. für Kinder und Jugendliche gibt es altersabhängig Maßtabellen, ebenso für Personen aus anderen Ländern, wie z. B. für Asiaten.

Anthropometrische Maßtabellen sind auch integriert in den CAD-Systemen zur Ergonomie, z. B. in dem System RAMSIS. Es ist ein Simulationssystem mit branchenspezifischen Modulen, z. B. für die Fertigungstechnik, für die Fahrzeugindustrie oder die Bekleidungstechnik.

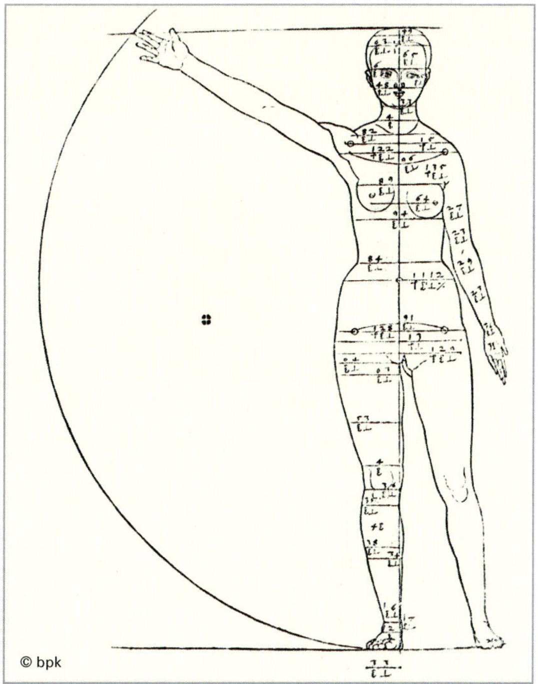

Bild 1: Zeichnung von Albrecht Dürer

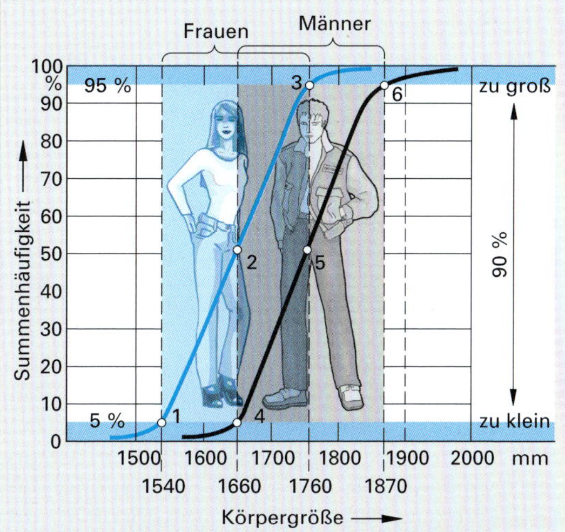

1	1535 mm **kleine Frauen** 5 % sind kleiner (5. Perzentil)	**4**	1650 mm **kleiner Mann** 5 % sind kleiner (5. Perzentil)
2	1625 mm **mittelgroße Frauen**; 50 % sind kleiner bzw. größer (50. Perzentil)	**5**	1750 mm **mittelgroßer Mann**; 50 % sind kleiner bzw. größer (50. Perzentil)
3	1720 mm **große Frauen** 5 % sind größer (95. Perzentil)	**6**	1855 mm **großer Mann** 5 % sind größer (95. Perzentil)

Bild 2: Körpermaße (vgl. DIN 33402-2)

---

[1] von griech. ergon = Arbeit, Werk; davon abgeleitet sind Ergonomie = Wissenschaft von den Leistungsmöglichkeiten des arbeitenden Menschen sowie der besten Anpassung der Arbeitsumgebung an den Menschen. Ergographie = Aufzeichnung der Muskelarbeitsleistung mithilfe eines Ergometers. Ergonomie im Sinne der Norm DIN EN 614 bedeutet (Zitat): „Multidisziplinäres wissenschaftliches Gebiet sowie dessen Anwendung unter Berücksichtigung fachübergreifender Kenntnisse der menschlichen Fähigkeiten, Grenzen und Bedürfnisse im Zusammenwirken von Mensch-Technologie-Umwelt bei der Gestaltung von Arbeitssystemen".

[2] Der griech. Philosoph *Protagoras* (490–411 v. Chr.) prägte den berühmten Spruch: *„Der Mensch ist das Maß aller Dinge, der Seienden, dass sie sind und der Nichtseienden, dass sie nicht sind."* Die Kunstschaffenden der Renaissance wie *Leonardo da Vinci* (1452–1519) oder *Albrecht Dürer* (1471–1528) befassten sich intensiv mit der Gestalt und den Maßen des Menschen.

[3] griech. anthropeios = menschlich, irdisch, Anthropometrie = Wissenschaft von den Maßverhältnissen am menschlichen Körper und deren Bestimmung

Körpermaße

Bei den Maßen des Menschen unterscheidet man zwischen

- den Körperbaumaßen und
- den Körperbewegungsmaßen.

Bei den **Körperbaumaßen** ermittelt man vielerlei Abmessungen: Gesamtgröße. Hüfthöhe, Schulterhöhe, Brustumfang, Brusttiefe. Diese Maße werden dann in Perzentile (Prozentklassen) eingeteilt:

- dem 5. Perzentil,
- dem 50. Perzentil und
- dem 95. Perzentil (Bild 2, Seite 237).

Das 50. Perzentil entspricht dem Mittelwert der statistisch verteilten Maße, das 95. Perzentil berücksichtigt 95 % (nur 5 % sind größer) und das 5. Perzentil besagt: nur 5 % sind kleiner (**Bild 1**).

Die **Körperbewegungsmaße** sind *Funktionsmaße* und bestimmen in der ergonomischen Gestaltung

- die Sicherheitsmaße,
- die Bewegungswinkel, z. B. bei sitzender und stehender Arbeitsposition,
- den Bewegungsraum: Körperfreiraum, Greifweite,
- Wirkraum,
- den Sichtbereich und
- die Körperkräfte in unterschiedlichen Richtungen und bei unterschiedlichen Körperhaltungen.

Anwendungsbeispiel: Bei der Konstruktion eines Schaltschrankes mit der Innenhöhe von 1870 mm könnten noch 95 % der Monteure stehend montieren (Bild 2, Seite 237). Würde man den Schrank nach der Durchnittsgröße (50. Perzentil) der Männer mit 1750 mm Innenhöhe dimensionieren, so müsste sich die Hälfte aller Monteure bei der Arbeit bücken.

Die Körpermaße gewinnt man durch ein automatisiertes 3D-Scannen (**Bild 2**). Hieraus wird dann der „virtuelle Computermensch" gebildet (Avatar[1]), welcher voll animierbar (belebbar) ist und den man dann z. B. in die CAD-Simulationen hineinsetzen kann (**Bild 3**). Er nimmt dort Platz und bedient das System, völlig virtuell.

Körperhaltung

Die Gestaltung von Maschinen, Arbeitsmitteln und Gebrauchsgegenständen sollte so sein, dass unnatürliche Körperhaltungen, wie z. B. Verdrehen, weites Strecken und Bücken, vermieden werden.

[1] Avatar, aus Sanskrit avatara: das Herabsteigen, die Herabkunft, die Inkarnation (Bezeichnung für die Verkörperung eines Gottes auf Erden), hier: Verkörperung eines menschlichen Individuums in der Computerwelt.

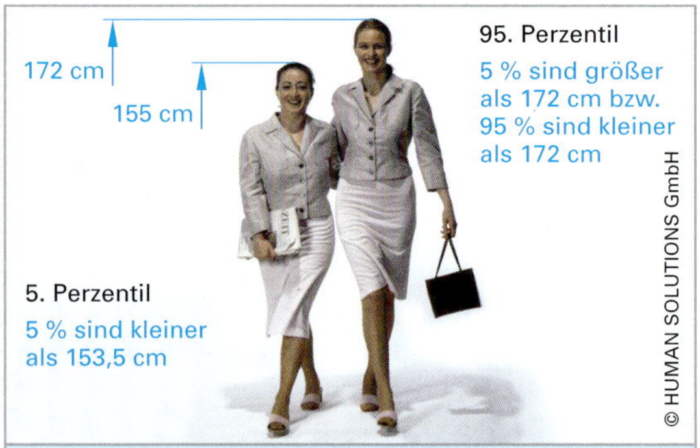

Bild 1: 5. Perzentil und 95. Perzentil

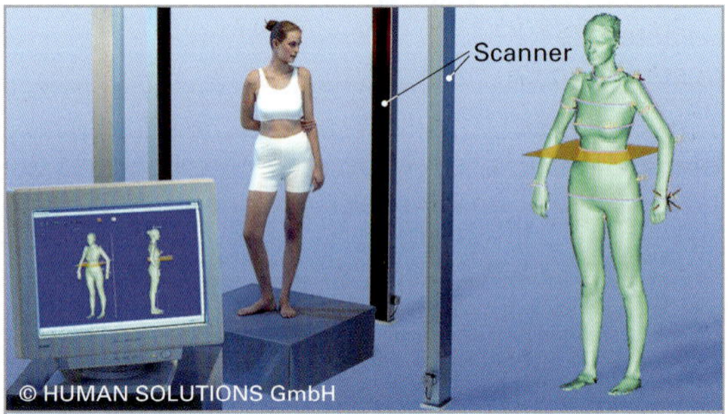

Bild 2: Vermessen der Menschen mit 3D-Scanner

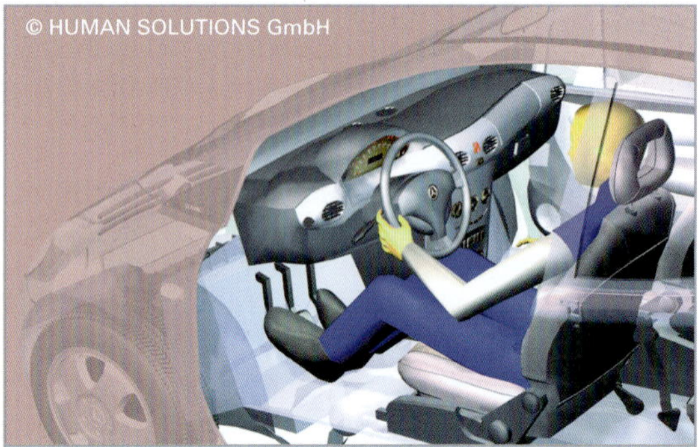

Bild 3: Ergonomische Untersuchung für ein Fahrzeug

Bild 4: Optimale Positionierung des Werkstücks

Ein gelegentlicher Wechsel der Körperhaltung ist dagegen erwünscht. Die Montagestation in **Bild 4, Seite 238** ermöglicht eine arbeitsgerechte Montage durch motorische Höhenverstellung, Neigung und Drehung des Werkstücks in eine optimale Arbeitslage.

Sitzen und Stehen

Sitzende Arbeitspositionen sind den stehenden vorzuziehen. Gleichwohl sollte aber bei der Gestaltung von Arbeitsplätzen darauf geachtet werden, dass sowohl Sitzposen als auch Stehposen möglich sind, so dass der Nutzer nach Belieben wechseln kann (**Bild 1**). Reine Steharbeitsplätze belasten den Körper sehr einseitig und führen zu besonderen Belastungen der Wirbelsäule (**Bild 2**).

Greifräume und Reichweiten

Die Abmessung des Wirk- und Greifraumes ist durch die Länge und Beweglichkeit der Arme gegeben; aber nicht alle Zonen im Raum lassen einen harmonischen Bewegungsfluss zu. Günstige und weniger günstige Gelenkstellungen schränken den Bewegungsraum ein (**Bild 3**).

Bei der Gestaltung der Arbeitsplätze sollen alle Stellteile, Werkstücke und Werkzeuge innerhalb des maximalen Greifraumes angeordnet sein. Ist dies nicht möglich, sollten die selten genutzten Teile so angeordnet sein, dass sie durch eine einfache Rumpfbewegung erreichbar sind. Bei stehender Arbeit wird der Wirkraum deutlich erweitert (**Bild 4**).

Reine Steharbeitsplätze sind für die Wirbelsäule stark belastend.

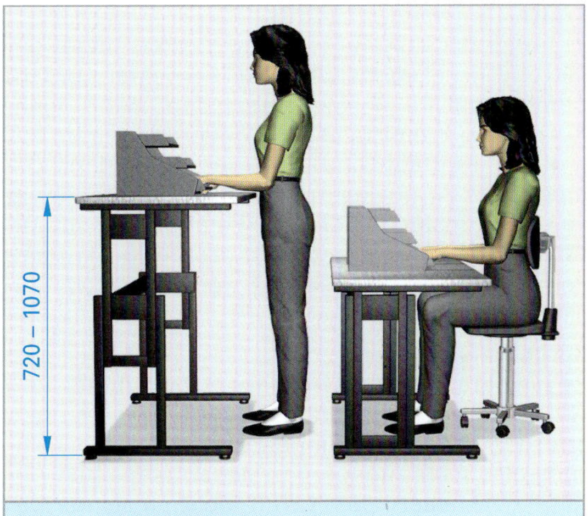

Bild 1: Sitz-Steh-Arbeitsplatz

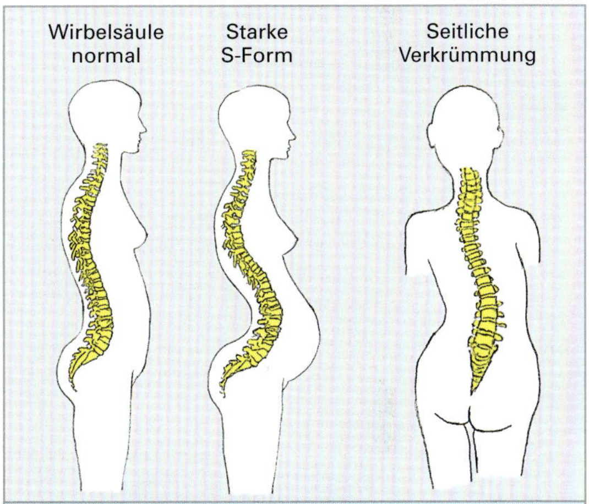

Bild 2: Verformung der Wirbelsäule bei Nur-Steh-Arbeitsplätzen

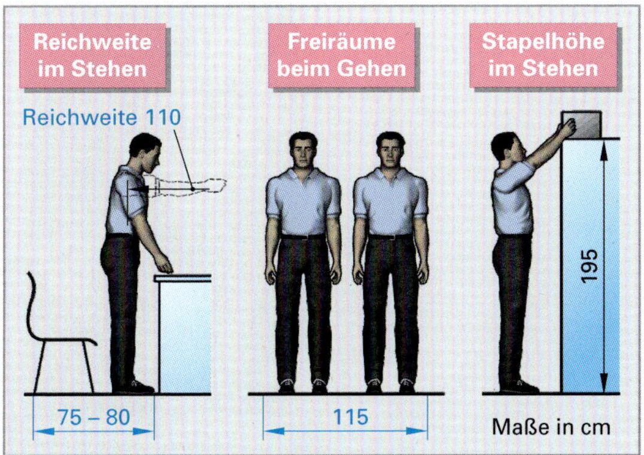

Bild 4: Bewegungsräume

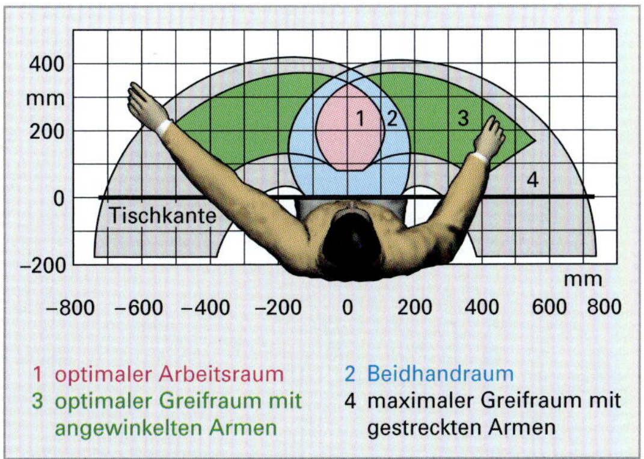

Bild 3: Greifräume

Kräfte

Je höher der Kraftaufwand ist, desto weniger genau und sicher können Arbeiten verrichtet werden. Dementsprechend sind Hebehilfen, Führungen, Aufzüge u. Ä. einzuplanen. Armverdrehungen mit großem Kraftaufwand sind zu vermeiden. Die möglichen Armbelastungen sind stark abhängig von der Armstellung und der Betätigungsrichtung (**Bild 1**). Es können natürlich große und kräftige Personen stärker in Anspruch genommen werden als zierliche (**Bild 2**).

Körperbewegungen

Es ist darauf zu achten, dass Arbeitsmittel und Arbeitsplätze keine unnatürlichen Bewegungen erfordern. Die Bewegungen sollten sich abwechseln, also nicht monoton in genau derselben Abfolge geschehen, damit sich nicht einseitige Belastungen ergeben.

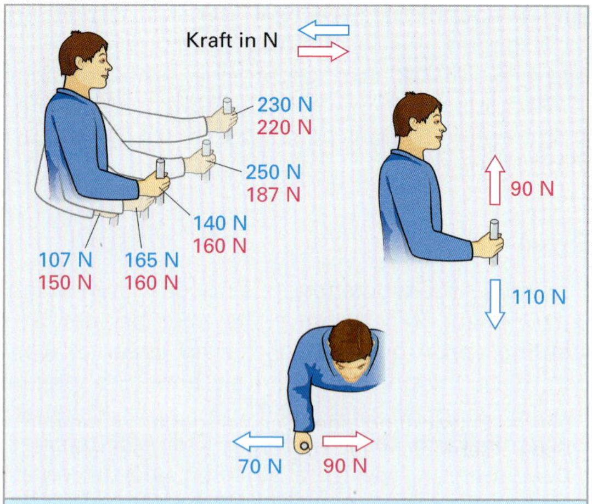

Bild 1: Verfügbare Kräfte für Stellaufgaben

Motographie (Bewegungsaufzeichnung)
Eine geeignete Beobachtungs- und Aufzeichnungsmethode ist das fotografische Festhalten von Handhabungsmustern und Bewegungsmustern. Die räumliche Aufzeichnung von Bewegungsvorgängen mit der Ableitung von Bewegungswegen und von Bewegungsgeschwindigkeiten ist die Motographie (Bewegungsaufzeichnung).

Hat man früher den Probanden mit einem blinkenden Lämpchen ausgestattet und durch Stereofotografie oder Stereofilmaufnahmen den räumlichen Bewegungsablauf aufgenommen sowie aus dem Blinkabstand die Geschwindigkeit abgeleitet, so macht man dieses heute mit computergesteuerten Trackingsystemen.

Trackingsysteme
Für das Tracking sind mehrere Systeme in der Anwendung:

Optische Triangulation. Laufende Positionserfassung (3 Koordinaten) oder laufende Positions- und Orientierungserfassung (6 Koordinaten) erfolgt durch optische Triangulation[1] (**Bild 3**). Der Proband erhält an eine Körperstelle Kugeln angeheftet, welche in seiner, mit Infrarotlicht bestrahlten Umgebung hell leuchten und über mindestens zwei im Raum fixierte Kameras beobachtet werden. Die Kamerabilder werden über einen Computer ausgewertet. Mit dem Aufnahmebildpunkt einer der Kugeln und den beiden Kamerapositionen wird ein Dreieck aufgespannt aus dem sich die Dreieckkoordinaten bestimmen lassen.

Radiometrische Triangulation. Ähnlich dem GPS (General Positioning System) wird wie bei den Navigationssystemen die Signallaufzeit zu fixierten Sendern ermittelt und daraus die Position berechnet.

Laser-Tracking-System. Beim Lasertracking erhält der Proband einen speziellen Reflektor angeheftet, über einen, auf diesen Reflektor gerichteten Laserstrahl wird die Entfernung des Reflektors zur Strahlquelle durch eine Laufzeitbestimmung ermittelt. Bewegt sich der Proband, so wird von dem dreh- und schwenkbar gesteuerten Laser der Reflektor verfolgt und über den Dreh- und Schwenkwinkel die Reflektorposition erfasst.

[1] lat. triangulare = zu einem Dreieck machen

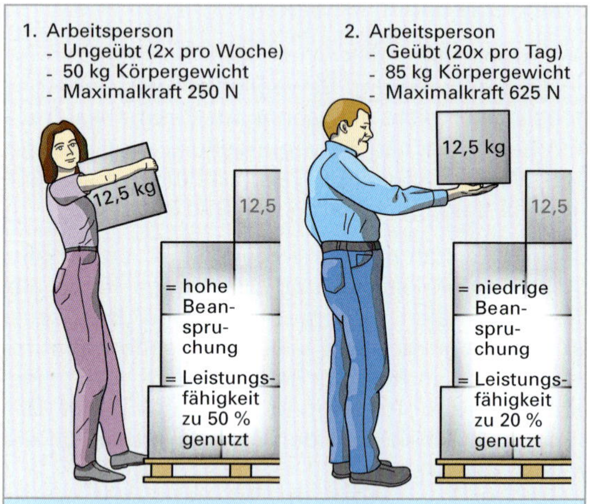

Bild 2: Unterschiedliche Belastung

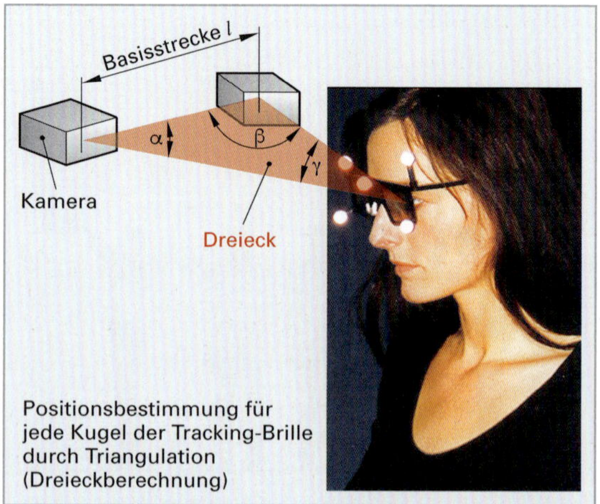

Bild 3: Optisches Tracking für Kopfposition und Blickrichtung

2.3.9.2 Methodik zur Ergonomie

Die wichtigste Regel zur ergonomischen Gestaltung ist die Beobachtung der Arbeits- und Handlungsweisen der Betroffenen und die Kommunikation mit den Betroffenen.

> Es geht nicht an, dass der Konstrukteur sich nur vorstellt „wie wird man wohl ein Werkzeug oder einen Arbeitsplatz" nutzen, sondern er muss die Arbeitshandlungen und die Bewegungen der Nutzer scharfsinnig beobachten, diese aufzeichnen und mit den tatsächlichen Nutzern sprechen. Also z. B. bei der Entwicklung eines Schweißgeräts ist mit den Schweißern (nicht nur mit deren Chefs) zu sprechen. Diese sind dann auch nach Ermüdungen und Befindlichkeiten zu befragen und Lösungsvorschläge sind mit den unmittelbar Betroffenen zu diskutieren.

Bild 1: Tragegurt zur Entlastung beim Halten

Vorgehensweise

Die Vorgehensweise ist wie bei anderen Aufgabenstellungen auch:

1. Festlegung und Erläuterung der Aufgabe (Aufgabenanalyse mit Gliederung in einzelne Teilaufgaben, bzw. Tätigkeiten unter Beteiligung von Nutzern).
2. Festlegung der ergonomischen Daten, z. B. Bewegungsraum, Körperkräfte, Körperhaltung.
3. Auswahl eines Bewertungsschemas unter Beachtung einer etwaig notwendigen Weiterqualifizierung zukünftiger Nutzer.
4. Bewertung der erstellten Konstruktion unter Einbeziehung der Nutzer anhand von Modellen (Maßstab 1:1).
5. Optimierung und erneute Bewertung nach Punkt 4, in mehreren Schleifen.
6. Realisierung der Konstruktion, Einweisung der Nutzer und erneute Bewertung.

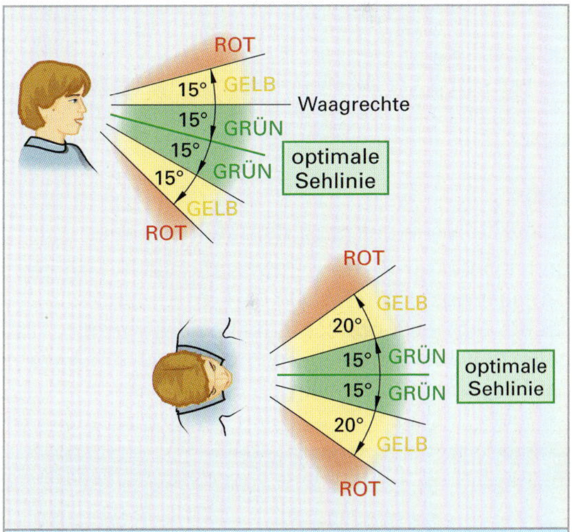

Bild 2: Vertikaler und horizontaler Sichtbereich

Gestaltungskriterien

Die wichtigsten Faktoren sind:

- Körpermaße, Körperhaltungen, Körperbewegungen,
- Kraftaufwand bei statischer Belastung, z. B. für Halten (**Bild 1**), Heben und Stellen,
- Kraftaufwand, dynamisch, z. B. mit hoher Frequenz in identischen Bewegungsabfolgen,
- Kraftaufwand in Zwangshaltungen oder mit ungünstigen Armstellungen,
- günstige und ungünstige Blickrichtungen (**Bild 2**).

> Die Beurteilung einer Konstruktion unter ergonomischen Gesichtspunkten erfolgt nach einem 3-Zonen-Bewertungssystem:
>
> 1. GRÜN (akzeptabel). Das Risiko einer Krankheit oder Verletzung ist sehr gering. Weitergehende Maßnahmen sind nicht erforderlich.
> 2. GELB (bedingt akzeptabel). Es gibt ein nicht zu vernachlässigendes Risiko einer durch die Konstruktion verursachten Krankheit oder Verletzung. Hier muss die Konstruktion geändert werden und eine erneute Bewertung durchlaufen.
> 3. ROT (nicht akzeptabel). Das Risiko für gesundheitliche Schäden ist offensichtlich. Die Konstruktion darf nicht zur Anwendung kommen.

2.3.9.3 Gestaltung von Griffen, Stellteilen und Bediengeräten

Eine wichtige Aufgabe bei der Konstruktion von Maschinen, insbesondere von handgeführten Werkzeugen und von Gebrauchsgegenständen betrifft die Gestaltung der Griffe.

Sie leitet sich ab aus

- der Greifaufgabe (**Bild 1**),
- der erforderlichen Greifkraft,
- der Greifhöhe,
- der Betätigungshäufigkeit,
- der Betätigungsart: Einhandbetätigung oder Zweihandbetätigung.

Am Beispiel des Griffs einer Schneiderschere sieht man die geeignete Griffgestaltung für die angepasste Handhabung beim Stoffschneiden in Tischhöhe (**Bild 2**). Bei einer Schere für das Haarschneiden (**Bild 3**) hingegen ist die Handhabungssituation eine andere: die Schere der Frisöre wird höher gehalten, mit relativ wenig Kraft betätigt, dafür aber in sehr schneller Folge und in häufig wechselnder räumlicher Orientierung. Entsprechend der anderen Handhabung sind diese Scherengriffe auch anders gestaltet.

Griffe

Man unterscheidet nach der Greifaufgabe:

Den Kontaktgriff, den Zufassungsgriff und den Umfassungsgriff (**Tabelle 1**) und dementsprechend gibt es unterschiedliche Griffformen (**Tabelle 2**). Dabei unterscheidet man noch die Anzahl der beim Greifen beteiligten Finger.

Tabelle 2: Griffformen (Beispiele)

Art	Handbetätigung		Fingerbetätigung	
Kontaktgriff	Pilztaster 	Tastfläche (Schalter) 	Stellrädchen 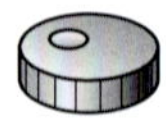	Ring 
Zufassungsgriff	Koffergriff 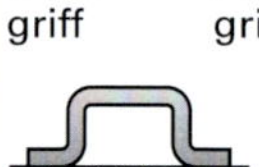	Fenstergriff 	Rändelschraube 	Drehschalter 
Umfassungsgriff	Schwertgriff 	Drehgriff 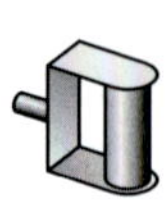	Multifunktionsschalter am Auto: Licht/Wischer 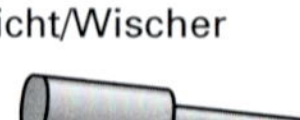	

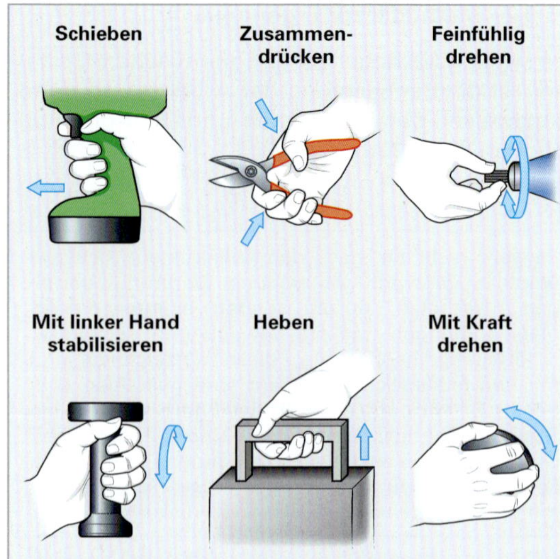

Bild 1: Greifaufgaben mit zugehöriger Griffgestaltung

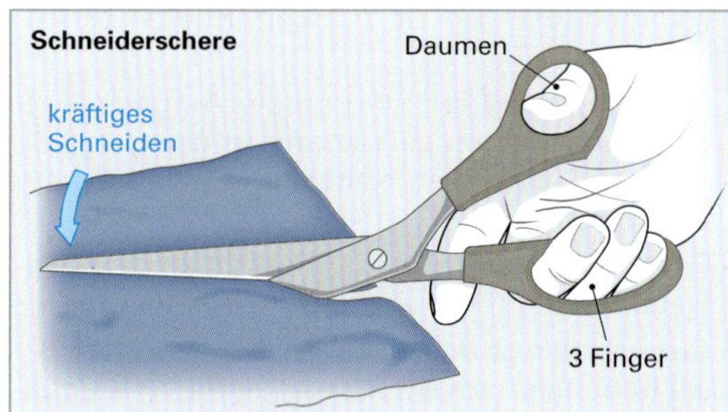

Bild 2: Schneiderschere

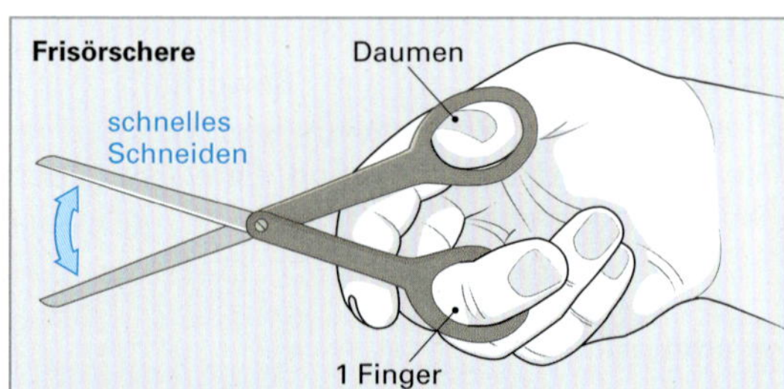

Bild 3: Frisörschere

Tabelle 1: Greifarten

Kontaktgriff	Zufassungsgriff	Umfassungsgriff
1 Finger	2 Finger	2 Finger
Daumen	3 Finger	3 Finger
Flache Hand	Hand	Hand

Stellteile

Bei den Stellteilen gibt es die Hauptgruppen: Taster, Schalter, Druck- und Zugschalter, Drehschalter, Rädchen, Handräder. Für alle diese Betätigungselemente sind stets Überlegungen anzustellen, wie sie gegen zufälliges Betätigen geschützt werden können (**Tabelle 1**).

Bedienfelder und mobile Bediengeräte.

Bedienfelder, z. B. *alphanumerische Tastaturen*, wie beim PC, finden sich an vielen Maschinen und Geräten. Hiermit hat man eine universelle Eingabemöglichkeit. Der Nachteil ist jedoch, dass zur Eingabe eine größere Anzahl von Tastenbetätigungen notwendig sind. Eine schnelle und sichere Eingabe erhält man mit *Funktionstasten*.

Dementsprechend haben die Eingabefelder an NC-Maschinen Funktionstasten für die meist genutzten Funktionen (**Bild 1**). Diese Tasten sind dem Werkstattbetrieb angepasst, nämlich entsprechend groß und robust ausgeführt. Sie werden auch als „Softkeys" entlang der Displaykanten angeordnet und können so je nach Aufgabenbearbeitung unterschiedlichen Funktionen zugeordnet sein.

Für die mobilen Bediengeräte sind relativ großformatige Geräte mit Daumentasten (**Bild 2**) günstiger als die aus dem TV-Bereich bekannten Fernbedienungen, die nur mit „spitzem Finger" unter Blickkontrolle genutzt werden können.

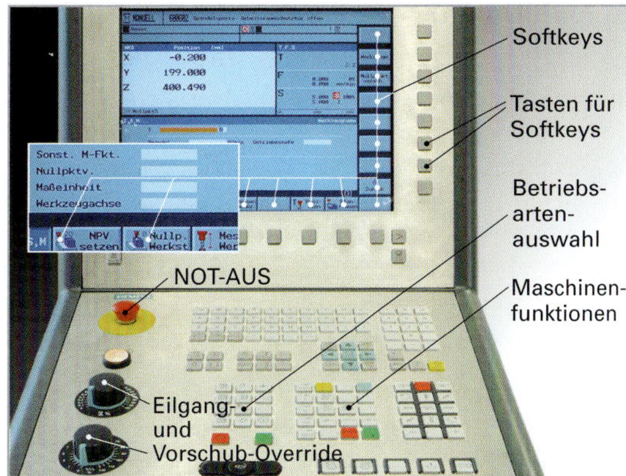

Bild 1: Eingabefeld für NC-Maschine

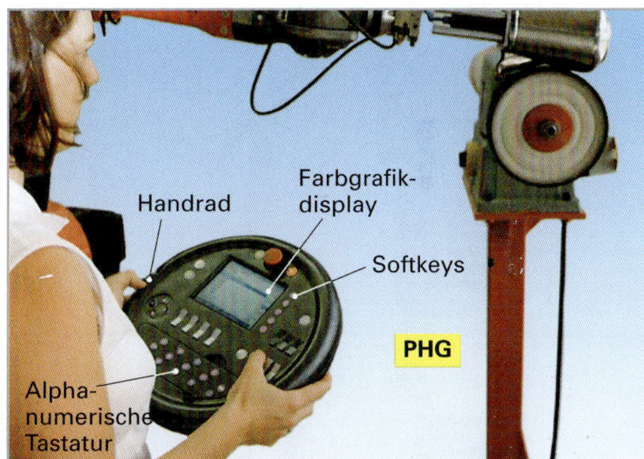

Bild 2: Programmier-Hand-Gerät (PHG)

Tabelle 1: Stellelemente

Kontinuierliche Verstellung		Schalter		Schutz gegen zufälliges Betätigen	
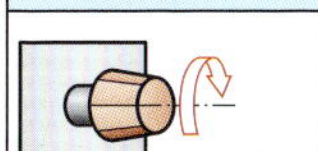	Potentiometerdrehknopf Zeigefinger-Daumen-Betätigung	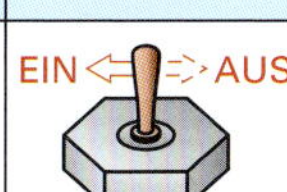	Kippschalter Daumen: EIN Mittelfinger: AUS		Einbau in Vertiefung
	Potentiometerdrehrad Mittelfinger-Betätigung	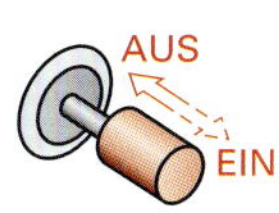	Push-Pull-Schalter Finger oder Hand: AUS 3 Finger: EIN		Drahtgerüst-abschirmung
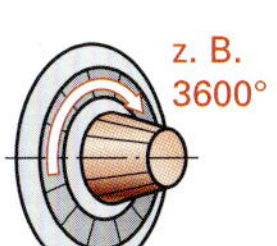	Mehrumdrehungsknopf, z. B. 10-Gang Potentiometer Zeigefinger-Mittelfinger-Daumen-Betätigung		EIN-AUS-Taster mechanisch verriegelt Mittelfinger: EIN Mittelfinger: AUS	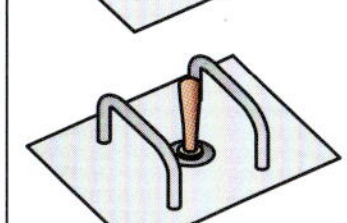	Drahtbügel-abschirmung
	Ziehgriff Ziehen: 4-Finger-Betätigung Schieben: Handballen-Betätigung	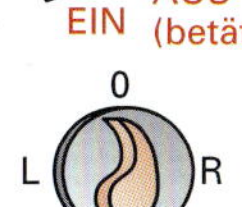	3-Stellungsdrehschalter 3 Finger		Abschirmung mit Schutzblech
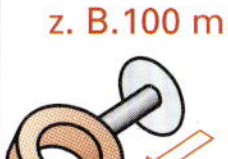	Ziehring Zeigefinger-Betätigung	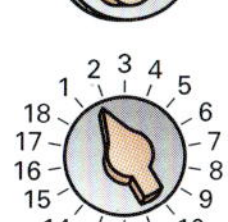	18-Stellungsschalter 3 Finger mit Umgreifen	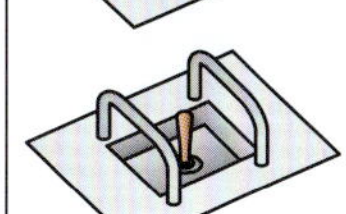	Besonders geschützt, tiefe Anordnung

2.3.9.4 Projektbeispiel PHG

Ein Programmier-Hand-Gerät (PHG) für Industrieroboter soll unter Beachtung ergonomischer Gesichtspunkte entwickelt werden.

Die Forderungen umfassen u. a.: Programmieren, Steuern, kundenspezifische Spezialfunktionen, Maschinendateneingabe, sowohl als ortsfeste Steuertafel als auch als mobile Station, Hauptfunktionen sollen „blind" bedienbar sein, Anzeigen nutzerprogrammierbar, mehrsprachig, leicht, für Rechtshänder und Linkshänder, stabil, kippsicher, gut handhabbar ohne starke Ermüdung auch bei stundenlanger Nutzung.

In einer Studie sollen mehrere geeignete Gehäuseformen mit den Hauptbedienelementen entworfen werden.

Generelle Lösung: Das PHG hat z. T. große Tasten (Blindbedienung), Tasten für Daumenbetätigung, Handrad für kontinuierliche Parameterveränderung, z. B. für Prozessgeschwindigkeit, es kann als Bedienfeld am Schaltschrank angedockt werden, es kann als Tischgerät aufgestellt werden, es kann umgehängt werden, es hat ein programmierbares Farbdisplay, es hat Softkeys oder einen Touch-Screen, ein Mikrocomputer ist Bestandteil, es ist über Funknetz kommunizierbar. Die nachfolgenden Lösungsvorschläge (2 bis 6, **Bild 1**) erfüllen die Forderungen. Diese Geräte können angedockt, aufgestellt oder umgehängt werden, sind daumenbedienbar und haben einen symmetrischen Griffwulst oder Griffring. Ausgeführt wurde das Beispiel 4, siehe **Bild 2, Seite 243**.

Bild 1: Gestaltungsalternativen und Nutzungsbeispiele

2.3.10 Sicherheitsgerechtes Gestalten von Maschinen

Bereits mit dem Entwurf, aber vor allem mit der Gestaltung eines Gebrauchsgegenstandes oder einer Maschine wird neben der Funktionssicherheit auch die Sicherheit in Bezug auf Gefährdungen bei der Nutzung und beim Transport festgelegt.

Die Gefährdungen werden allgemein unterteilt in:

1. Mechanische Gefährdungen,
2. Elektrische Gefährdungen,
3. Gefahrstoffe,
4. Brand- und Explosionsgefährdung,
5. Gefahren durch Kälte und Hitze, Klima,
6. Beleuchtung,
7. Lärm und Vibration,
8. Strahlung,
9. Handhabung, Steuerung,
10. Physisch schwere Arbeit,
11. Psychische Belastung, Stress.

Für den Konstrukteur sind generell alle diese Gefährdungen zu beachten. Besonderes Augenmerk gilt den mechanischen Gefährdungen, insbesondere gilt dies für Maschinen (**Bild 1**). Die EU-Maschinenrichtlinie (siehe Abschnitt 2.3.10.6) schreibt für den Maschinenhersteller zwingend die Herstellung „gefahrloser Maschinen" vor.

Notwendige Nachbesserungen zum Erreichen einer gefahrlosen Maschine, wenn diese schon fertig konstruiert oder gar hergestellt ist, sind sehr aufwendig, sehr zeitraubend und machen eine vermeintliche Genialität der Konstruktion meist total zunichte. Für Gebrauchsgegenstände gelten die Sicherheitsüberlegungen sinngemäß.

Die mechanischen Gefährdungen gliedern sich in:

- Gefahren durch Bauteilversagen und mangelnde Stabilität,
- ungeschützt bewegte Maschinenteile,
- Teile mit gefährlicher Oberfläche,
- Transport und bewegte Teile,
- Sturz- und Absturzgefährdungen (**Bild 2**).

> Das sicherheitsgerechte Gestalten ist beim Konstruieren von Anfang an zu beachten.

Bild 1: Gefährdungen

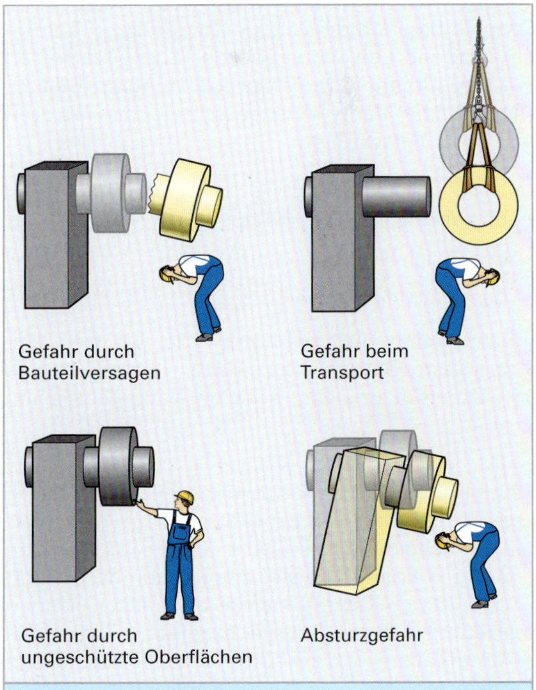

Bild 2: Gefahrengruppen

2.3.10.1 Bauteilversagen und mangelnde Stabilität

Jede Konstruktion muss hinsichtlich eines Versagens von Bauteilen sicher sein. Es ist die erste und wichtigste Aufgabe, Bauteile so zu konstruieren, dass sie den Betriebsbelastungen durch Drücke, Kräfte, Momente und Schwingungsanregungen standhalten (**Bild 1**). Dementsprechend ist für alle Maschinenelemente und für die Gesamtkonstruktion ein Festigkeitsnachweis zu erstellen. Für Normteile, wie z. B. Schrauben gibt es häufig gesicherte Festigkeitsangaben, so dass diese bei der Auswahl meist ohne weitere Nachrechnung berücksichtigt werden können. Hier sind die in der Norm oder in den Herstellerangaben geltenden Kriterien anzuwenden.

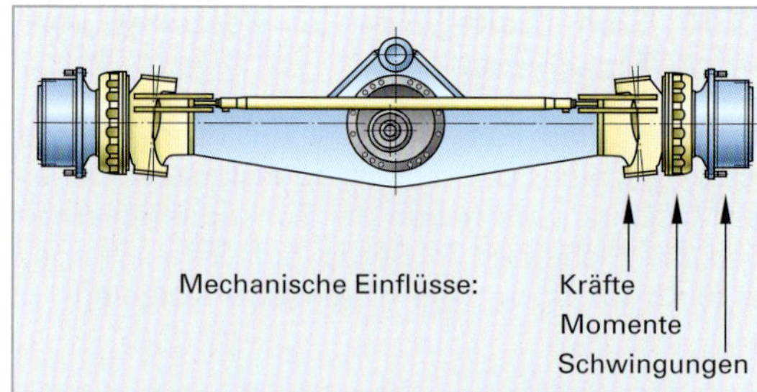

Bild 1: Mechanische Einflüsse auf Bauteile

In vielen Fällen sind für den Festigkeitsnachweis aber eigenständige Berechnungen anzustellen. Sie beruhen meist auf allgemeinen physikalischen Gesetzen oder sind in Normwerken als Richtlinien erfasst. Für viele Konstruktionen liegen aber keine allgemeingültigen Bestimmungen und Erfahrungen vor. In diesen Fällen werden Belastungsanalysen anhand von Simulationsrechnungen, z. B. mit Finite-Element-Methoden (FEM) vorgenommen, um zumindest kritische Bauteile hinsichtlich ihrer Festigkeit zu überprüfen.

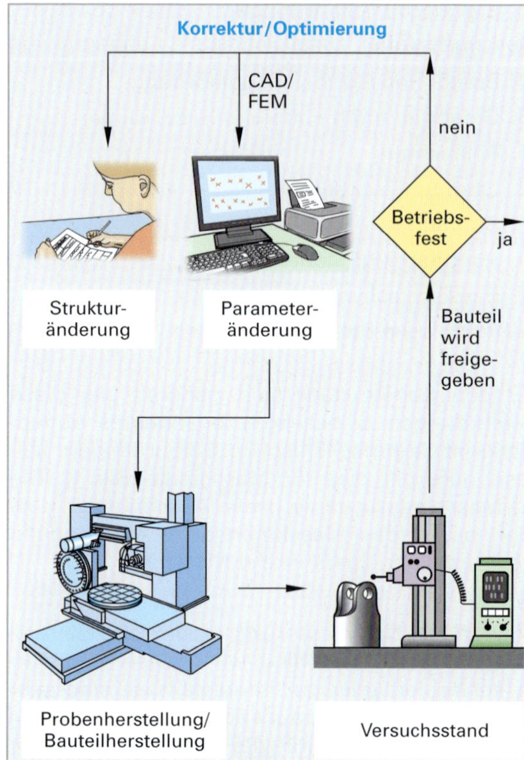

Bild 2: Bauteilprüfung und Bauteiloptimierung

Oftmals begibt man sich als Konstrukteur aber in ein Neuland und man kann das Bauteilverhalten nur experimentell in Erfahrung bringen (**Bild 2**). Hierfür sind dann Versuchsstände einzurichten und Tests hinsichtlich

- des Tragverhaltens,
- des Verformungsverhaltens,
- des Bruchverhaltens und
- des Schwingungsverhaltens

vorzunehmen und zwar entweder an den Originalkonstruktionen, d. h. nach Herstellung des konstruierten Bauteils, oder an bauteilähnlichen Proben.

Es gibt aber auch sehr schwierige Fälle, in denen erst die betriebliche Erprobung dem Konstrukteur entscheidende Hinweise über Problemstellen gibt. So können, z. B. strömungsbedingt, Schädigungen durch Kavitationsfraß an Wasserturbinen auftreten: Aus der Oberfläche brechen beim Zusammenfallen mikroskopisch kleiner Gasblasen Partikel aus der hochfesten Bauteilwand heraus (**Bild 3**).

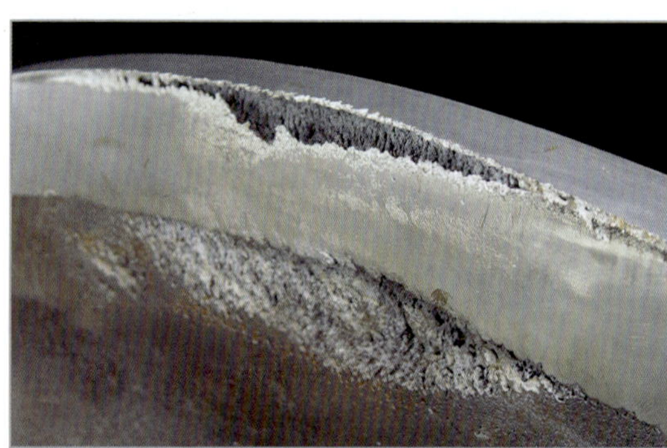

Bild 3: Kavitation an einer Kaplan-Turbinenschaufel

Dabei sind neben den üblichen Betriebsbelastungen auch Testungen vorzunehmen unter dem Einfluss von

- Korrosion.
- Verschleiß,
- Ermüdung,
- Kriechen,
- Überlastung und
- Alterung.

Hinsichtlich der **Bauteilermüdung** ist neben den Werkstoffeigenschaften auch die Art der Belastung, ob einachsig, mehrachsig und mit Schwingungen überlagert, von Wichtigkeit. So ist die Zug-Druck-Wechselfestigkeit eines Werkstoffs wohl eng verknüpft mit der Zugfestigkeit R_m des Werkstoffs, aber zusätzlich stark abhängig von der Bauteiloberfläche (**Bild 1**).

Weiter sind hinsichtlich der Bauteilermüdung Eigenschaften des Herstellungsprozesses von großer Bedeutung, wie z. B. Poren, Lunker, Grate, Oberflächennarben, Riefen, Randentkohlungen.

Ermüdungsrisse in einem Bauteil verursachen häufig schwere Folgeschäden. Um solche Ermüdungsrisse zu erkennen, werden Langzeitschwingversuche durchgeführt. Dabei unterscheidet man

- die Druckschwellbeanspruchung,
- die Wechselbeanspruchung und
- die Zugschwellbeanspruchung (**Bild 2**).

Langzeitfestigkeit

Der wichtigste Versuch ist die Bestimmung der Langzeitfestigkeit (früher genannt Dauerfestigkeit) an Hand der *Wöhlerlinie*[1], DIN 50100: 2016-12. Man unterwirft die Probe einer schwingenden Belastung bis die Probe bricht (siehe auch Seite 522ff). Man ermittelt also den Zusammenhang zwischen Belastung und Bruchschwingspielzahl. Im Diagramm nach *Wöhler* stellt man diesen Zusammenhang in doppelt logarithmischem Maßstab dar **(Bild 3)**.

Der typische Verlauf dieser sogenannten Wöhlerlinie ist im Bereich der *Kurzzeitfestigkeit* (LCF, Low Cycle Fatigue), z. B. bis 10^2 Schwingspiele, fast waagrecht verlaufend. Dann folgt eine gleichmäßig abfallende Linie im Bereich der *Zeitfestigkeit* (HCF, High Cycle Fatigue), z. B. von 10^2 bis $2 \cdot 10^6$ Schwingspielen. Wieder eine waagrechte Linie kennzeichnet den Bereich der *Langzeitfestigkeit* (LLF, Long Life Fatigue), z. B. > $2 \cdot 10^6$ Schwingspiele.

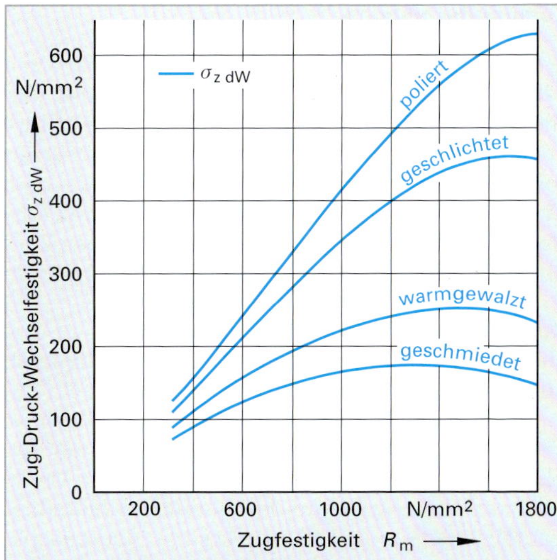

Bild 1: Zug-Druck-Wechselfestigkeit in Abhängigkeit des Oberflächenzustandes

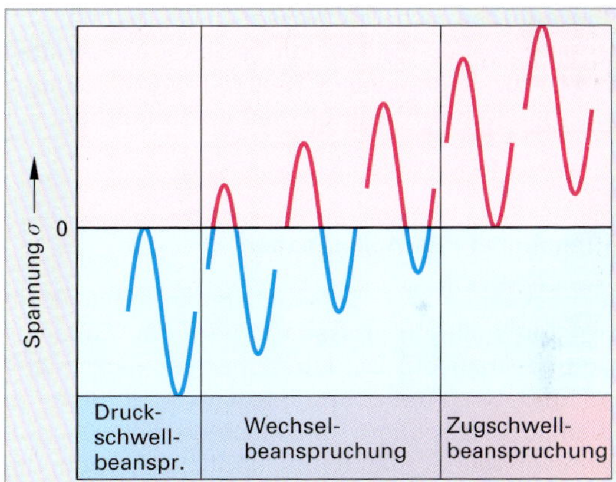

Bild 2: Spannungen beim Schwingversuch

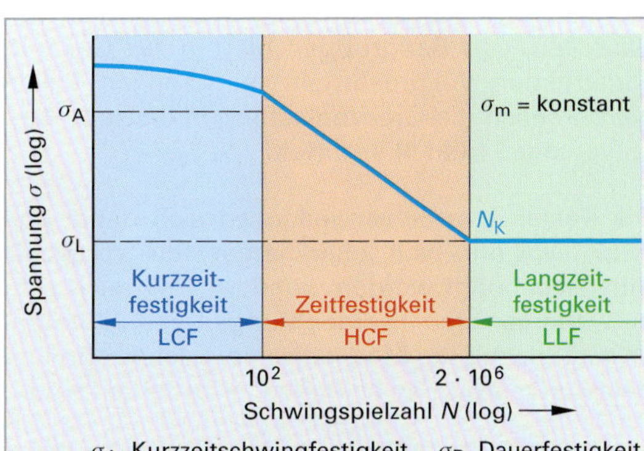

Bild 3: Langzeitfestigkeit (Wöhlerlinie)

[1] Zu Ehren von *August Wöhler* (1819 bis 1914), der um 1870 erstmalig systematische Untersuchungen zum Zusammenhang zwischen Belastung und Bruchschwingspielzahl an Eisenbahnachsen durchführte, wird der Schwingversuch häufig Wöhlerversuch und die entsprechende Auswertung Wöhlerlinie genannt.

Zeitstandsversagen

Sind Bauteile hohen Temperaturen unterworfen oder ergeben sich aufgrund von Verschleiß und Reibung hohe Bauteiltemperaturen, so stellt sich keine begrenzte Bauteildehnung bzw. Bauteilverformung ein. Das Bauteil beginnt zu kriechen. Man spricht von *Kriechdehnung* (**Bild 1**). Das Festigkeitsverhalten ist also zeitabhängig. Diese Zeitabhängigkeit wird im Zeitstandsversuch ermittelt.

Kunststoffe beginnen bereits bei etwa 50 °C zu kriechen, Leichtmetallwerkstoffe ab 100 °C, Stähle ab 400 °C und Hochtemperaturlegierungen ab 600 °C.

Bei dem Bauteilverhalten unterscheidet man den Bereich der Kriechdehnung mit reversiblen Werkstoffveränderungen und den Bereich irreversibler Bauteilschädigung. Die irreversible Bauteilschädigung geht einher mit Werkstoffveränderungen, z. B. durch Porenbildung (**Bild 2**). An den Korngrenzen kommt es dabei zu Diffusionsvorgängen und Mikroschäden. Bei sich fortsetzender Belastung ergeben sich Mikrorisse, Risse bis hin zum Bauteilversagen (**Bild 3**). Für gesicherte Aussagen sind Langzeitversuche (> 1000 h) mit Entlastungsphasen und mit Abkühlphasen vorzunehmen.

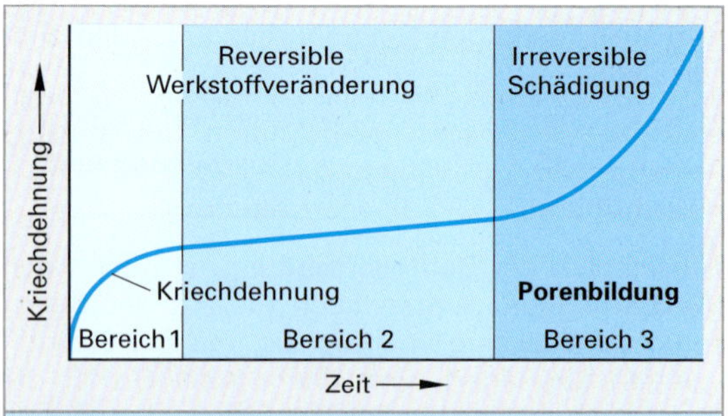

Bild 1: Verlauf der Dehnung im Zeitstandversuch

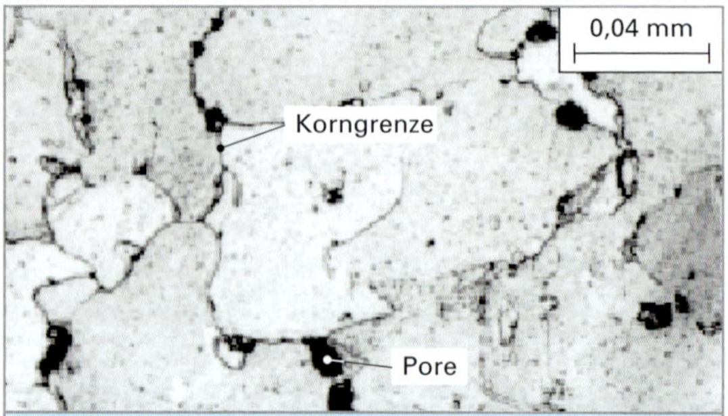

Bild 2: Kriechporen im Stahl 13CrMo4-4

Erkennen von Bauteilversagen

Das Erkennen der Schwachstellen einer Konstruktion stellt ein großes Problem dar. Zunächst versucht man die Betriebssicherheit nachzuweisen und zwar mit Bauteilproben in abgestufter Qualität: z. B. poliert, geschlichtet, gekerbt. Sodann verwendet man bauteilähnliche Proben, um Aussagen mit höherer Sicherheit zu gewinnen.

Um wirklich sicher zu sein, sind Versuche unter möglichst wirklichen Betriebsbelastungen an den Bauteilen, den Baugruppen bis hin zur Gesamtkonstruktion vorzunehmen. In manchen Fällen werden auch die Grenzbelastungen bis zum Bauteilversagen (**Bild 4**) ermittelt.

Die Kosten hierfür vervielfachen sich dabei und zwar nicht nur, weil teuer hergestellte Versuchsmuster benötigt werden, sondern weil auch sehr aufwendige Versuchseinrichtungen, z. B. Motorenprüfstände mit der Möglichkeit, typische Fahr- und Belastungsprofile zu erzeugen, erforderlich sind.

Versuche zum Bauteilversagen sind langwierig und teuer.

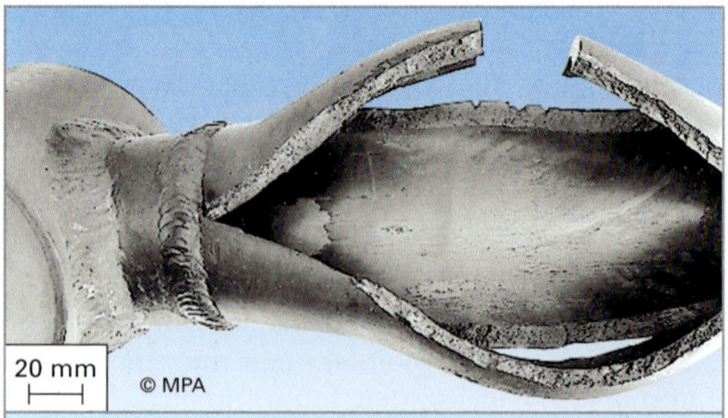

Bild 3: Zeitstandsversagen einer Druckleitung

Bild 4: Bauteilversagen bei einem Kegelrad

2.3.10.2 Ungeschützt bewegte Maschinenteile

Mechanische Gefährdungen gibt es häufig durch ungeschützt bewegte Teile an Maschinen oder bewegte Werkstücke, z. B. durch Stoßstellen, Schneid- und Stichstellen, Quetschstellen, Scherstellen, Schlag- und Fangstellen, Einzugsstellen (**Bild 1**).

Die Schutzeinrichtungen sind:

- Umzäunungen (**Bild 2**), Abdeckungen, Verkleidungen,
- bewusst hergestellte Zugangshindernisse, Fingerabweiser,
- Zweihandschalter, Näherungssensoren, Schaltmatten.

Es sind Maßnahmen vorzusehen, dass diese Schutzeinrichtungen nicht zu umgehen sind und dass sie stets sicher funktionieren, z. B. elektrisch überwachte Schutztüren.

Dabei ist zu beachten, dass auch bei Energieausfall, Drahtbruch, Bruch einer Hydraulikleitung keine Gefahren entstehen, z. B. durch Lösen und Wegschleudern von Werkstücken. So wird man hydraulisch betätigte Bremsen so einrichten, dass sich diese durch den Hydraulikdruck gegen eine Federkraft lösen (**Bild 3**). Bei Hydraulikausfall erfolgt über die Federn ein sicheres Bremsen.

Bei erforderlichem Aufenthalt im Gefahrenbereich, z. B. bei der Teach-in-Programmierung von Robotern, sind nur reduzierte Robotergeschwindigkeiten und Roboterkräfte zuzulassen. NOT-Halt-Schalter müssen in schnell erreichbarer Nähe sein, z. B. auf dem Handsteuergerät (**Bild 4**).

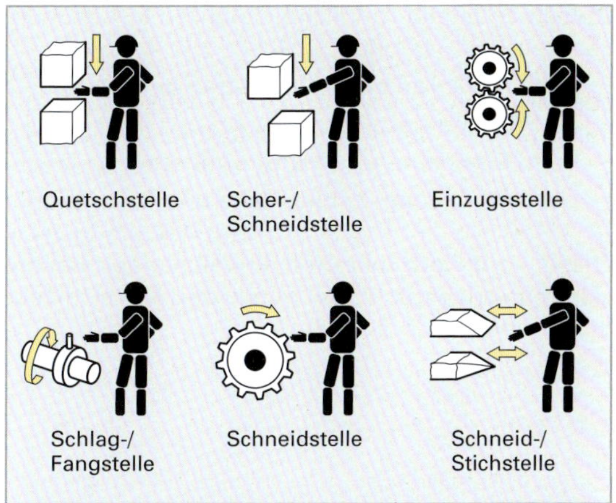

Bild 1: Gefahrenstellen durch bewegte Maschinenteile

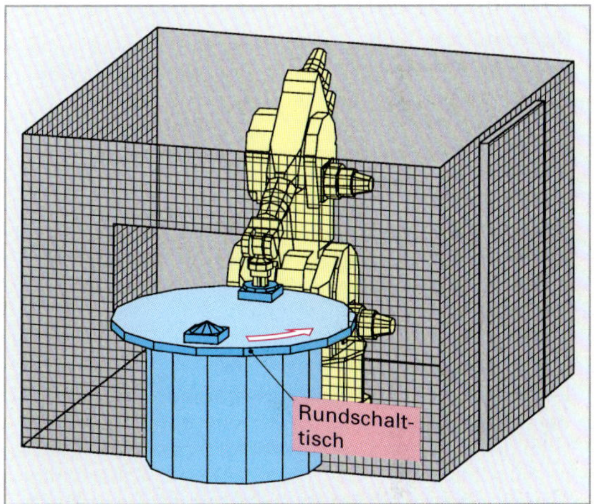

Bild 2: Umzäunung bei einem Roboter

Bild 3: Bremse, hält durch Federkraft

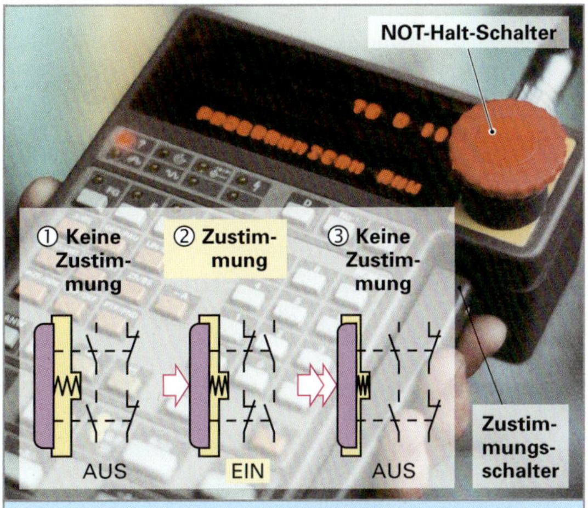

Bild 4: NOT-Halt-Taster bei einem Handsteuergerät

Zu achten ist auf mögliche Gefahren in besonderen Betriebszuständen, z. B.

- beim Anfahren oder Abschalten einer Anlage,
- im Probebetrieb,
- beim Einrichten und Programmieren,
- bei der Wartung, Fehlersuche und Inspektion.

Diese, vom Normalbetrieb abweichenden besonderen Betriebszustände muss der Konstrukteur stets bedenken.

Bild 1: Schließhaken an einem Kofferraumdeckel

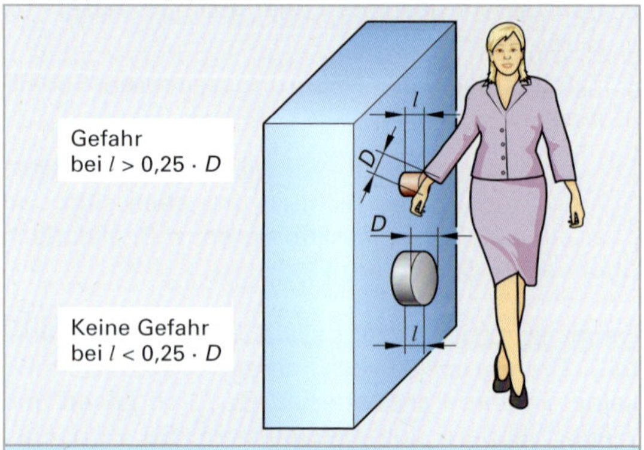

Bild 2: Fangstellen an Maschinen

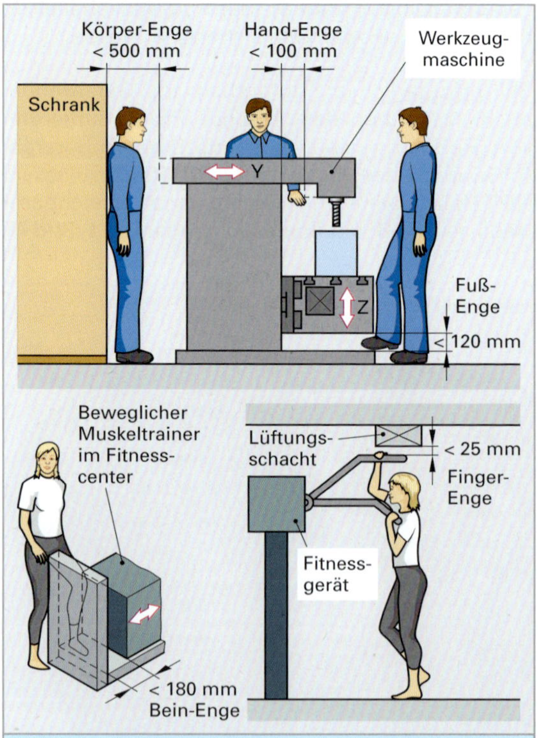

Bild 3: Engstellen

Aufgrund der Vielfältigkeit von Maschinen gibt es nur für wenige Konstruktionsteile präzise Gestaltungsvorgaben. Beispiele sind:

Kraftbetätigte Teile.

Bei Türen und Klappen sollte die Schließkraft weniger als 150 N sein. Schließhaken sollten nicht herausstehen (**Bild 1**).

Abtrennungen an bewegten Maschinenteilen sind in der Regel nicht erforderlich, wenn die Maximalkraft dieser Teile weniger als 150 N beträgt und der Kontaktdruck kleiner als 50 N/cm^2 ist. Die Rückstellgeschwindigkeit kraftbetriebener und trennender Schutzeinrichtungen soll kleiner als 5 cm/s sein (DIN EN 12203).

Geschwindigkeiten bewegter Teile.

Für Maschinen in Fertigungssystemen, z. B. bei Förderanlagen beschränkt man zum gefahrlosen Betrieb die Bewegungsgeschwindigkeit auf maximal 25 cm/s, sofern keine Quetschgefahr und Schergefahr besteht, sonst ist eine Reduktion auf 3,3 cm/s notwendig.

Oberflächengestalt bewegter Teile.

Auch hier ist mangels exakter Vorgaben an das Verantwortungsbewusstsein und das Vorausschauen des Konstrukteurs zu appellieren. Ecken, Spitzen, Kanten und Schneiden sind an bewegten Maschinenteilen im Zugänglichkeitsbereich von Menschen zu vermeiden. Fangstellen für Kleidungsstücke gibt es, wenn z. B. Wellenenden um mehr als 25 % ihres Durchmessers hervorstehen (**Bild 2**).

Engstellen und Quetschstellen.

Engstellen und Quetschstellen gibt es nach DIN EN 349, DIN EN 811 bei bewegten Maschinenteilen in Bezug auf den menschlichen Körper. So unterscheidet man

- Körper-Enge,
- Bein-Enge,
- Fuß-Enge, Zehen-Enge,
- Arm-Enge,
- Hand-Enge, Finger-Enge (**Bild 3**).

Sicherheitsabstände

Für Gefahrenstellen, die nicht abgedeckt sind, üblicherweise auch nicht erreichbar sind, gelten Zugangsbehinderungen in Verbindung mit Sicherheitsabständen (**Bild 1** und **Tabelle 1**).

Hier ist zu beachten, dass für Öffnungen in Schutzabtrennungen bei Geräten, die auch für Kinder sind oder von Kindern benutzt werden könnten, besondere Abmessungen gelten.

Anlagen und Maschinen mit gefährlichen Bewegungen, z. B. Industrieroboter, welche in nicht hermetisch abgetrennten Bereichen aufgestellt sind, müssen bei Annäherung von Personen sich selbsttätig stillsetzen. Dabei wird davon ausgegangen, dass die Annäherungsgeschwindigkeit für Teilkörperbewegungen (Hände, Arme, Beine) 2 m/s und für Ganzkörperbewegungen 1,6 m/s sein kann. Der erforderliche Sicherheitsabstand *s* berechnet sich wie folgt:

$$s = k \times t_A + c$$

s Mindestsicherheitsabstand in m
k Annäherungsgeschwindigkeit in m/s
t_A Ansprechzeit der Schutzeinrichtung in s
c zusätzlicher Sicherheitsabstand in m

Sicherheits-Checkliste:

- Gibt es bewegte Maschinenteile mit der Gefahr des Stoßens, Quetschens, Schneidens, Stechens, Aufwickelns, Einziehens, Fangens?
- Gibt es Gefahren in besonderen Betriebszuständen, z. B. beim Einrichten, Programmieren, Warten.
- Sind Sicherheitsabstände in Engstellen vorhanden, auch bei besonderen Betriebszuständen, z. B. beim Säubern der Maschine.
- Sind Gefahrstellen gut wahrnehmbar, z. B. durch Beleuchtung.

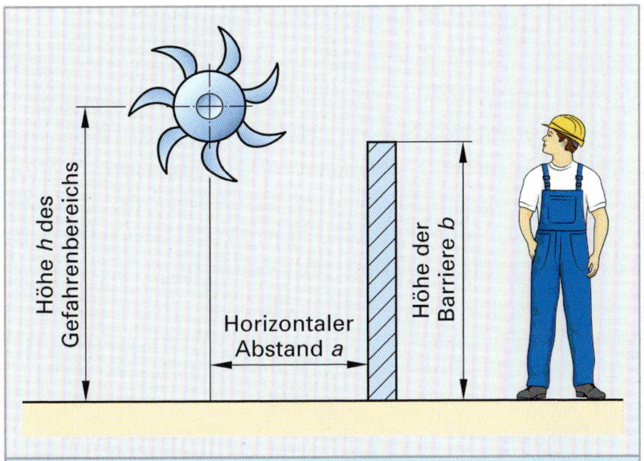

Bild 1: Abstände und Barrierehöhe

Tabelle 1: Sicherheitsabstände und Barriere-höhe bei geringem Risiko[1]

Höhe des Gefahrbereiches *h*	Höhe des festen Hindernisses oder der schützenden Konstruktion *b*			
	1000	1400	1800	2200
	Horizontaler Abstand zum Gefahrbereich *a*			
2400	100	100	100	100
2200	600	500	400	250
2000	1100	700	500	-
1800	1100	900	600	-
1600	1300	900	500	-
1400	1300	900	100	-
1200	1400	900	-	-
1000	1400	900	-	-
800	1300	600	-	-
600	1200	-	-	-
400	1200	-	-	-
200	1100	-	-	-
0	1100	-	-	-

[1] Geringes Risiko: z. B. Reibstellen, Stoßstellen; Hohes Risiko: Einzugsstellen
Alle Angaben in Millimeter

Neben den mechanischen Abtrennungen, wie z. B. Schutzzäunen, kann der Zugang zu Gefahrenquellen auch mit elektronischen Sicherheitsvorrichtungen abgesichert werden. Solche sind z. B.:

- Lichtschrankenflächen,
- Lichtschrankenschirme,
- Raumabtastsysteme,
- Ein- und Mehrstrahl-Sicherheitssysteme,
- Sicherheitsmatten.

Für **Sicherheitslichtschrankenflächen/-schirme** sind zur Funktionserfüllung die Anforderungen nach ISO 61496 zu erfüllen und darüber hinaus müssen diese Systeme gekennzeichnet sein durch: die maximale Ansprechzeit, den maximalen Beobachtungswinkel, die minimale Objektempfindlichkeit, die geschützte Höhe.

Für **Raumabtastsysteme** gelten ähnliche Anforderungen, darüber hinaus müssen noch Angaben über das Erkennungsvermögen hinsichtlich der Reflexität eines Objekts in Bezug auf die Objektentfernung gemacht werden.

Für **Ein- und Mehrstrahlsicherheitssysteme** gelten entsprechende Anforderungen wie für Raumabtastsysteme.

Sicherheitsmattensysteme müssen nach ISO 13 856 geschaffen sein. Der Mattenbereich muss erkennbar markiert sein. Die minimale Objektempfindlichkeit muss so ausgelegt sein, dass an jeder Stelle der Matte ein Gewicht von 30 kg auf einer Kreisfläche von 80 mm Durchmesser erkannt wird.

2.3.10.3 Teile mit gefährlicher Oberfläche

Gefährliche Oberflächen sind: Ecken, Kanten, Schneiden und Oberflächenrauigkeiten. Gefahren können entstehen bei vorgesehener Handhabung oder auch unbeabsichtigtem Berühren durch Verletzungen mit Schneid- und Schürfwunden, durch Prellungen, Verhaken und Hängenbleiben. Direkte Konstruktionsvorgaben gibt es nicht.

> Der Konstrukteur kann vorbeugend dafür Sorge tragen, dass gefährliche Oberflächen (**Bild 1**) vermieden werden durch:
>
> - Abrunden,
> - fasen,
> - entgraten,
> - Schneidenschutz (Bild 1),
> - Kantenschutz,
> - Abdeckungen,
> - Abpolsterungen,
> - große Kontaktflächen und damit kleine Flächenpressungen.

2.3.10.4 Transportmittel und bewegte Arbeitsmittel

Für Transportgeräte gelten besondere Vorschriften, u. a. das Produktsicherheitsgesetz (ProdSG), eine Reihe berufsgenossenschaftlicher Vorschriften (BGV) und Normen: DIN EN 1757 (Sicherheit von Maschinen – Flurförderzeuge), DIN 15026 (Hebezeuge), DIN 15019 (Krane).

Die Transportgeräte müssen gesichert sein gegen Überlastung, gegen Kippen und Abrutschen. Einstiege und Ausstiege müssen sicher begehbar sein, z. B. mit ausreichend tiefen und breiten sowie rutschhemmenden Trittflächen (**Bild 2**). Haltegriffe müssen griffgünstig angebracht sein und hinreichend stabil sein. Lasten und Ladungen müssen sicher verankert sein. Für die Lastaufnahme sind Lasthaken bzw. Lastösen vorzusehen und Hinweisschilder zur Benutzung vorzusehen (**Bild 3**).

2.3.10.5 Geprüfte Sicherheit

Ein Produkt darf nach dem Produktsicherheitsgesetz (**ProdSG**) nur auf dem Markt bereitgestellt werden, wenn es bei bestimmungsgemäßer oder vorhersehbarer Verwendung die Sicherheit und Gesundheit von Personen nicht gefährdet. Dabei sind zu berücksichtigen:

1. die Eigenschaften des Produkts einschließlich seiner Zusammensetzung, seine Verpackung, die Anleitungen für seinen Zusammenbau, die Installation, die Wartung und die Gebrauchsdauer,
2. die Einwirkungen des Produkts auf andere Produkte, soweit zu erwarten ist, dass es zusammen mit anderen Produkten verwendet wird,
3. die Aufmachung des Produkts, seine Kennzeichnung, die Warnhinweise, die Gebrauchs- und Bedienungsanleitung, die Angaben zu seiner Beseitigung sowie alle sonstigen produktbezogenen Angaben oder Informationen,
4. die Gruppen von Verwendern, die bei der Verwendung des Produkts stärker gefährdet sind als andere.

Die Möglichkeit, einen höheren Sicherheitsgrad zu erreichen, oder die Verfügbarkeit anderer Produkte, die ein geringeres Risiko darstellen, ist kein ausreichender Grund, ein Produkt als gefährlich anzusehen.

> Ein verwendungsfertiges Produkt darf mit dem GS-Zeichen nach **Bild 4** versehen werden, wenn das Zeichen von einer GS-Stelle dem Hersteller zuerkannt worden ist.
>
> Die GS-Zertifizierung ist nicht notwendig, wenn das Produkt bereits mit der CE-Kennzeichnung versehen ist.

Bild 1: Schneidenschutz an einer Kreissäge

Bild 2: Rutschhemmende Trittflächen

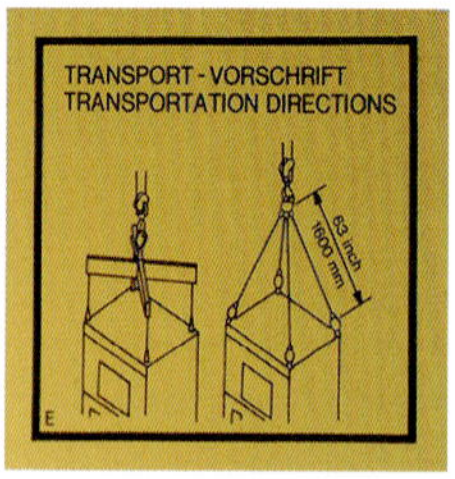

Bild 3: Hinweisschild zur Lastaufnahme

Bild 4: GS-Zeichen

2.3.10.6 EU-Maschinenrichtlinie

Die Maschinenrichtlinie der Europäischen Union vom 17. Mai 2006 gilt für alle ihre Mitgliedsstaaten und wurde in Deutschland als 9. Verordnung zum Gerätesicherheitsgesetz erlassen. Sie gilt für alle Maschinen und Maschinenanlagen. Zu den Maschinen zählen auch Sicherheitsbauteile und auswechselbare Ausrüstungen.

Unter einer Maschine versteht man die Gesamtheit von miteinander verbundenen Teilen oder Vorrichtungen, von denen mindestens eines beweglich ist.

Die Maschinenrichtlinie umfasst 29 Artikel und hat 12 Anhänge (**Tabelle 1**). Die Vorgaben der Maschinenrichtlinie sind vom Maschinenhersteller, dem Maschinenbetreiber und dem Maschinenbenutzer zwingend einzuhalten. Im Anhang I der Maschinenrichtlinie sind die grundlegenden Sicherheits- und Gesundheitsanforderungen formuliert.

Es gilt:
1. Gefahren zu beseitigen oder zu minimieren.
2. Schutzmaßnahmen gegen nicht zu beseitigende Gefahren zu ergreifen.
3. Den Benutzer der Maschine über Restgefahren zu unterrichten.

Man muss also möglichst eine gefahrlose Maschine bauen und wenn das nicht geht, den Benutzer vor der Gefahr schützen, z. B. durch Kapselung, und wenn das nicht alle Gefahren ausschließt, ihn davon in Kenntnis setzen (**Bild 1**).

Tabelle 1: Aufbau der Maschinenrichtlinie

Richtlinie 2006/42/EG, vom 17. Mai 2006	
Artikel 1	Anwendungsbereich
Artikel 2	Begriffsbestimmungen
Artikel 3	Spezielle Richtlinien
Artikel 4	Marktaufsicht
Artikel 5	Inverkehrbringen und Inbetriebnahme
Artikel 6	Freier Warenverkehr
Artikel 7	Konformitätsvermutung und harmonisierte Normen (Ist eine Maschine nach einer Norm EN .... hergestellt, so wird unterstellt, dass sie die Sicherheits- und Gesundheitsanforderungen der Maschinenrichtlinie erfüllt.)
Artikel 8	Spezifische Maßnahmen
Artikel 9	Maschinen mit besonderem Gefahrenpotenzial
Artikel 10	Anfechtung einer harmonisierten Norm
Artikel 11	Schutzklauseln
Artikel 12	Konformitätsbewertungsverfahren
Artikel 13	Unvollständige Maschinen
Artikel 14	Stellen für die Konformitätsverfahren
Artikel 15	Installation und Verwendung der Maschinen
Artikel 16	CE-Kennzeichnung
Artikel 17-29	Administrative Vorgaben
ANHANG I	**Grundlegende Sicherheits- und Gesundheitsanforderungen für Konstruktion und Bau von Maschinen** (Umfangreiche Beschreibung, siehe EUROPATHEK)
ANHANG II	Erklärung zur EG-Konformität und zur unvollständigen Maschine
ANHANG III	CE-Kennzeichnung
ANHANG IV	Liste der erfassten Maschinen
ANHANG V	Liste der erfassten Sicherheitsbauteile
ANHANG VI	Montageanleitung für unvollständige Maschinen
ANHANG VII	Technische Unterlagen
ANHANG VIII	Interne Fertigungskontrolle
ANHANG IX	EG-Baumusterprüfung
ANHANG X	Konformität bei umfassender Qualitätssicherung
ANHANG XI	Mindestkriterien für Prüfungsstellen zur Konformität
ANHANG XII	Querverweisliste zur alten EU-Richtlinie

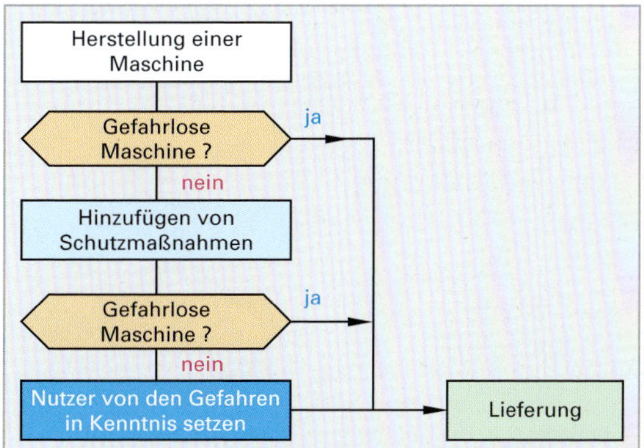

Bild 1: Minimieren der Gefahr

Vorsichtsmaßnahmen

Materialien. Die verwendeten Materialien einer Maschine dürfen nicht zur Gefährdung der Sicherheit und der Gesundheit führen. Sie dürfen also z. B. nicht giftig sein und nicht brüchig werden und dabei eine Gefahr bilden. Man muss also Materialermüdung, Korrosion, Alterung und Verschleiß berücksichtigen und entsprechende Wartung bzw. Instandsetzung vorsehen.

Die Wahl der Werkstoffe muss Sicherheit bieten und darf die Gesundheit nicht beeinträchtigen.

Artikel 1

Anwendungsbereich

(1) Diese Richtlinie gilt für die folgenden Erzeugnisse: a) Maschinen; b) auswechselbare Ausrüstungen; c) Sicherheitsbauteile; d) Lastaufnahmemittel; e) Ketten, Seile und Gurte; f) abnehmbare Gelenkwellen; g) unvollständige Maschinen.

Artikel 2

Begriffsbestimmungen

Im Sinne dieser Richtlinie bezeichnet der Ausdruck „Maschine" die in Artikel 1 Absatz 1 Buchstaben a bis f aufgelisteten Erzeugnisse.

Ferner bezeichnet der Ausdruck

a) „Maschine"

- eine mit einem anderen Antriebssystem als der unmittelbar eingesetzten menschlichen oder tierischen Kraft ausgestattete oder dafür vorgesehene Gesamtheit miteinander verbundener Teile oder Vorrichtungen, von denen mindestens eines bzw. eine beweglich ist und die für eine bestimmte Anwendung zusammengefügt sind;
- eine Gesamtheit im Sinne des ersten Gedankenstrichs, der lediglich die Teile fehlen, die sie mit ihrem Einsatzort oder mit ihren Energie- und Antriebsquellen verbinden;
- eine einbaufertige Gesamtheit im Sinne des ersten und zweiten Gedankenstrichs, die erst nach Anbringung auf einem Beförderungsmittel oder Installation in einem Gebäude oder Bauwerk funktionsfähig ist;
- eine Gesamtheit von Maschinen im Sinne des ersten, zweiten und dritten Gedankenstrichs oder von unvollständigen Maschinen im Sinne des Buchstabens g, die, damit sie zusammenwirken, so angeordnet sind und betätigt werden, dass sie als Gesamtheit funktionieren;
- eine Gesamtheit miteinander verbundener Teile oder Vorrichtungen, von denen mindestens eines bzw. eine beweglich ist und die für Hebevorgänge zusammengefügt sind und deren einzige Antriebsquelle die unmittelbar menschliche Kraft ist;

b) „auswechselbare Ausrüstung"

eine Vorrichtung, die der Bediener einer Maschine oder Zugmaschine nach deren Inbetriebnahme selbst an ihr anbringt, um ihre Funktion zu ändern oder zu erweitern, sofern diese Ausrüstung kein Werkzeug ist;

c) „Sicherheitsbauteil"

ein Bauteil,

- das zur Gewährleistung einer Sicherheitsfunktion dient,
- gesondert in Verkehr gebracht wird,
- dessen Ausfall und/oder Fehlfunktion die Sicherheit von Personen gefährdet und
- das für das Funktionieren der Maschine nicht erforderlich ist oder durch für das Funktionieren der Maschine übliche Bauteile ersetzt werden kann.

Eine nicht erschöpfende Liste von Sicherheitsbauteilen findet sich in Anhang V, der gemäß Artikel 8 Absatz 1 Buchstabe a aktualisiert werden kann;

d) „Lastaufnahmemittel"

ein nicht zum Hebezeug gehörendes Bauteil oder Ausrüstungsteil, das das Ergreifen der Last ermöglicht und das zwischen Maschine und Last oder an der Last selbst angebracht wird oder das dazu bestimmt ist, ein integraler Bestandteil der Last zu werden, und das gesondert in Verkehr gebracht wird; als Lastaufnahmemittel gelten auch Anschlagmittel und ihre Bestandteile;

e) „Ketten, Seile und Gurte"

für Hebezwecke als Teil von Hebezeugen oder Lastaufnahmemitteln entwickelte und hergestellte Ketten, Seile und Gurte;

f) „abnehmbare Gelenkwelle"

ein abnehmbares Bauteil zur Kraftübertragung zwischen einer Antriebs- oder Zugmaschine und einer anderen Maschine, das die ersten Festlager beider Maschinen verbindet. Wird die Vorrichtung zusammen mit der Schutzeinrichtung in Verkehr gebracht, ist diese Kombination als ein einziges Erzeugnis anzusehen;

g) „unvollständige Maschine"

eine Gesamtheit, die fast eine Maschine bildet, für sich genommen aber keine bestimmte Funktion erfüllen kann. Ein Antriebssystem stellt eine unvollständige Maschine dar. Eine unvollständige Maschine ist nur dazu bestimmt, in andere Maschinen oder in andere unvollständige Maschinen oder Ausrüstungen eingebaut oder mit ihnen zusammengefügt zu werden, um zusammen mit ihnen eine Maschine im Sinne dieser Richtlinie zu bilden;

h) „Inverkehrbringen"

die entgeltliche oder unentgeltliche erstmalige Bereitstellung einer Maschine oder einer unvollständigen Maschine in der Gemeinschaft im Hinblick auf ihren Vertrieb oder ihre Benutzung;

i) „Hersteller"

jede natürliche oder juristische Person, die eine von dieser Richtlinie erfasste Maschine oder eine unvollständige Maschine konstruiert und/oder baut und für die Übereinstimmung der Maschine oder unvollständigen Maschine mit dieser Richtlinie im Hinblick auf ihr Inverkehrbringen unter ihrem eigenen Namen oder Warenzeichen oder für den Eigengebrauch verantwortlich ist. Wenn kein Hersteller im Sinne der vorstehenden Begriffsbestimmung existiert, wird jede natürliche oder juristische Person, die eine von dieser Richtlinie erfasste Maschine oder unvollständige Maschine in Verkehr bringt oder in Betrieb nimmt, als Hersteller betrachtet;

j) „Bevollmächtigter"

jede in der Gemeinschaft ansässige natürliche oder juristische Person, die vom Hersteller schriftlich dazu bevollmächtigt wurde, in seinem Namen alle oder einen Teil der Pflichten und Formalitäten zu erfüllen, die mit dieser Richtlinie verbunden sind;

k) „Inbetriebnahme"

die erstmalige bestimmungsgemäße Verwendung einer von dieser Richtlinie erfassten Maschine in der Gemeinschaft;

l) „harmonisierte Norm"

eine nicht verbindliche technische Spezifikation, die von einer europäischen Normenorganisation, nämlich dem Europäischen Komitee für Normung (CEN), dem Europäischen Komitee für Elektrotechnische Normung (Cenelec) oder dem Europäischen Institut für Telekommunikationsnormen (ETSI), aufgrund eines Auftrags der Kommission nach den in der Richtlinie 98/34/EG des Europäischen Parlaments und des Rates vom 22. Juni 1998 über ein Informationsverfahren auf dem Gebiet der Normen und technischen Vorschriften und der Vorschriften für die Dienste der Informationsgesellschaft (1) festgelegten Verfahren angenommen wurde.

Artikel 5

Inverkehrbringen und Inbetriebnahme

(1) Der Hersteller oder sein Bevollmächtigter muss vor dem Inverkehrbringen und/oder der Inbetriebnahme einer Maschine

a) sicherstellen, dass die Maschine die in **Anhang I** aufgeführten, für sie geltenden grundlegenden **Sicherheits- und Gesundheitsschutzanforderungen erfüllt**;

b) sicherstellen, dass die in Anhang VII Teil A genannten technischen Unterlagen verfügbar sind;

c) insbesondere die erforderlichen Informationen, wie die Betriebsanleitung, zur Verfügung stellen;

d) die zutreffenden Konformitätsbewertungsverfahren gemäß Artikel 12 durchführen;

e) die EG-Konformitätserklärung gemäß Anhang II Teil 1 Abschnitt A ausstellen und sicherstellen, dass sie der Maschine beiliegt;

f) die CE[1]-Kennzeichnung (**Bild 1**) gemäß Artikel 16 anbringen.

(2) Vor dem Inverkehrbringen einer unvollständigen Maschine stellen der Hersteller oder sein Bevollmächtigter sicher, dass das in Artikel 13 genannte Verfahren abgeschlossen worden ist.

(3) Der Hersteller oder sein Bevollmächtigter muss im Hinblick auf das in Artikel 12 genannte Verfahren über die notwendigen Mittel verfügen oder Zugang zu ihnen haben, um sicherzustellen, dass die Maschine die in Anhang 1 aufgeführten grundlegenden Sicherheits- und Gesundheitsschutzanforderungen erfüllt.

(4) Fällt eine Maschine unter weitere Richtlinien, die andere Aspekte regeln und ebenfalls das Anbringen einer CE-Kennzeichnung vorschreiben, so bedeutet die CE-Kennzeichnung, dass diese Maschine auch den Bestimmungen dieser anderen Richtlinien entspricht.

Hat jedoch der Hersteller oder sein Bevollmächtigter nach einer oder mehrerer dieser Richtlinien während einer Übergangszeit die Wahl der anzuwendenden Regelung, so wird durch die CE-Kennzeichnung lediglich die Konformität mit den Bestimmungen der von ihm angewandten Richtlinien angezeigt. Die Nummern der jeweils angewandten Richtlinien laut Veröffentlichung im Amtsblatt der Europäischen Union sind in der EG-Konformitätserklärung anzugeben.

[1] CE von franz. Conformité Européenne = Übereinstimmung mit EU-Richtlinien

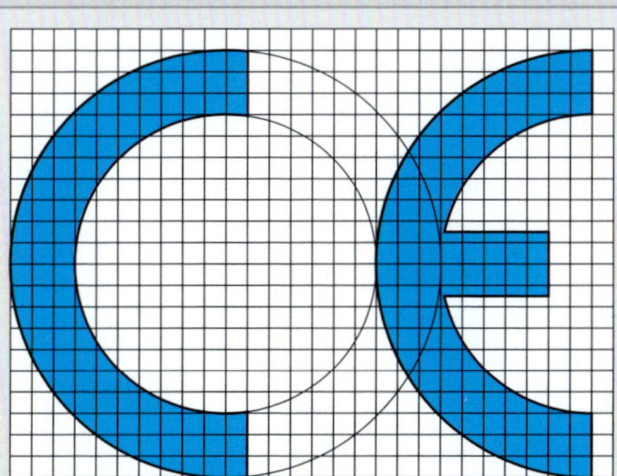

Bild 1: CE-Symbol

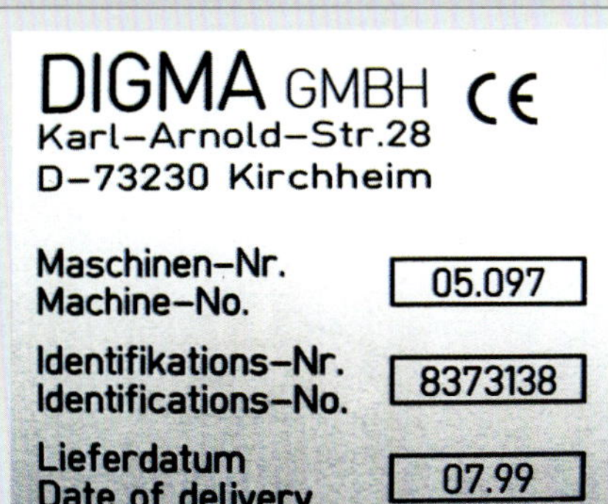

Bild 2: Maschinenkennzeichnung (Beispiel)

2.3.10.7 Europäische Sicherheitsnormen

Übersicht

Die Europäischen Sicherheitsnormen sind gegliedert nach A-Normen (Grundnormen), B-Normen (Gruppennormen) und C-Normen (Produktnormen).

A-Normen enthalten grundsätzliche Begriffe und Festlegungen. Hierzu gehören: DIN EN 12100-1 Sicherheit von Maschinen – Grundbegriffe und allgemeine Gestaltungsgrundsätze und DIN EN 14121-1 Sicherheit von Maschinen, Leitsätze zur Risikobeurteilung.

B-Normen leiten sich aus den A-Normen für die verschiedenen Aufgabenbereiche ab. Zu den B-Normen gehört z. B. DIN EN 60204-1 Elektrische Ausrüstung von Maschinen.

Die **C-Normen** enthalten Aussagen über Sicherheitsaspekte, z. B. zu Werkzeugmaschinen und Robotern. Die C-Normen sind vielfach noch in Arbeit. Hersteller, Lieferanten und Nutzer von Maschinen müssen daher häufig anhand der A-Normen und der B-Normen die geforderte Maschinensicherheit garantieren. Etwa 650 C-Normen sind für Maschinen vorhanden oder vorgesehen.

Risikoanalyse

Maschinen bergen aufgrund ihres Aufbaus und ihrer Aufgaben Risiken (**Bild 1**). Die EU-Maschinenrichtlinie verlangt daher eine Risikobeurteilung. Die A-Normen sind Hilfen für die Risikobewertung. Dabei beschreibt DIN EN 12100-1 die zu betrachtenden Risiken und die Gestaltungsgrundsätze zur Risikominderung. DIN EN 14121-1 beschreibt die Vorgehensweise zur Risikobeurteilung und zur Risikominderung zum Erreichen der Sicherheit. Diese Vorgehensweise ist ein iterativer[1] Prozess mit gegebenenfalls mehreren Schleifen der Wiederholung des Verfahrens (**Bild 2**).

Die Risikoanalyse umfasst:

1. Bestimmung der Grenzen der Maschine,
2. Identifizierung der Gefährdungen,
3. Verfahren der Risikoeinschätzung.

Risikobewertung

Die Risikobewertung geschieht durch Bestimmung der Risikoelemente **S, F, W** und **P (Bild 3)**. Mit DIN EN ISO 13849-1 ermittelt man daraus einen **Performance Level PL**, mit DIN EN 61508-1 einen **Sicherheits-Integritätslevel SIL**.

Der Hersteller einer Maschine ist verpflichtet, eine Gefahrenanalyse vorzunehmen, um alle mit der Maschine verbundenen Gefahren zu ermitteln.

Bild 1: Risikoanalyse

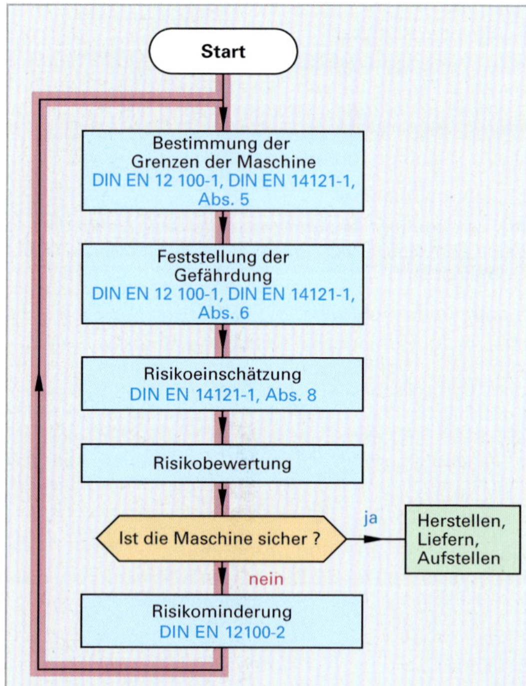

Bild 2: Risikominimierung (vereinfachter Ablaufplan)

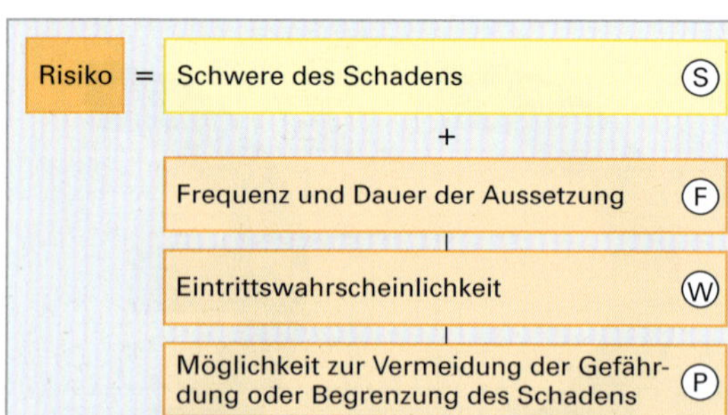

Bild 3: Risikoeinschätzung

[1] lat. Iteratio = Wiederholung, schrittweise Annäherung an die ideale Lösung

Performancelevel (PL) DIN EN ISO 13849-1

DIN EN ISO 13849-1 wird auf sicherheitsbezogene Teile von Maschinen und Steuerungen aller Art (elektrisch, hydraulisch, pneumatisch, mechanisch) angewendet. Ermittelt wird der Performancelevel $PL_a \ldots PL_e$ **(Bild 1)**.

Man unterscheidet dabei

- die Schwere von möglichen Verletzungen,
- die Häufigkeit der Risiko-Exposition und
- die Vermeidbarkeit von Risiken.

Sicherheits-Integritätslevel SIL

Din EN 61508-1 (VDE 0803-1) verwendet man für elektrische/elektronische/programmierbare elektronische Systeme (E/E/PE-Systeme) in sicherheitsrelevanten Funktionen. Ermittelt werden die Sicherheits-Integritätslevel SIL1 bis SIL 3. Beispielhaft zeigt **Bild 2** die Bestimmung der SIL-Werte.

Bei der Schwere von Verletzungen unterscheidet man **S1**: Leichte Verletzung (üblich heilbar) und **S2**: Schwere Verletzung (bleibende Schädigung). Bei der Häufigkeit der Risiko-Exposition wird unterschieden zwischen **F1**: Selten bis öfter und/oder von kurzer Dauer und **F2**: Häufig bis dauernd und/oder lange Dauer. Die Vermeidbarkeit wird unterschieden nach **Performancelevel (PL) P1**: Vermeidbar bzw. vermeidbar unter bestimmten Bedingungen, und **P2**: kaum vermeidbar.

Ergebnis ist der **Performancelevel (PL_a, PL_b, PL_c, PL_d, PL_e)** für die einzelnen Risiken. Anhand der Performancelevels werden in weiteren Schritten der Risikobewertung Maßnahmen unternommen, um das Eintreten des Risikos zu vermeiden oder hinreichend zu reduzieren. Der Aufwand zur Bestimmung der Performancelevels ist beachtlich, da auch umfassend statistische Kennwerte vorliegen müssen. Es gibt für einzelne Technikbereiche, z. B. für Elektrische Steuerungen spezielle Softwarepakete.

Häufigkeit und/oder Aufenthaltsdauer F	
≤ 1 Stunde	5
> 1 Stunde bis ≤ 1 Tag	5
> 1 Tag bis ≤ 2 Wochen	(4)
> 2 Wochen bis ≤ 2 Wochen	3
> 1 Jahr	2

Eintrittswahrscheinlichkeit des Gefährdungsereignisses W	
häufig	5
wahrscheinlich	4
möglich	(3)
selten	2
vernachlässigbar	1

Möglichkeit der Vermeidung P	
unmöglich	5
möglich	(3)
wahrscheinlich	1

Klasse: K = F + W + P — Beispiel: K = 4 + 3 + 3 = (10)

Auswirkungen	S	Schadensausmaß 3-4	5-7	(8-10)	11-13	14-15
Tod, Verlust von Auge oder Arm	4	SIL2	SIL2	SIL2	SIL3	SIL3
Permanent, Verlust von Fingern	3	andere Maßnahmen		SIL1	SIL2	SIL3
Reversibel, medizinische Behandlung	2				SIL1	SIL2
Reversibel, Erste Hilfe	1					SIL1

Bild 2: Ermittlung des Sicherheits-Integritätslevels (SIL)

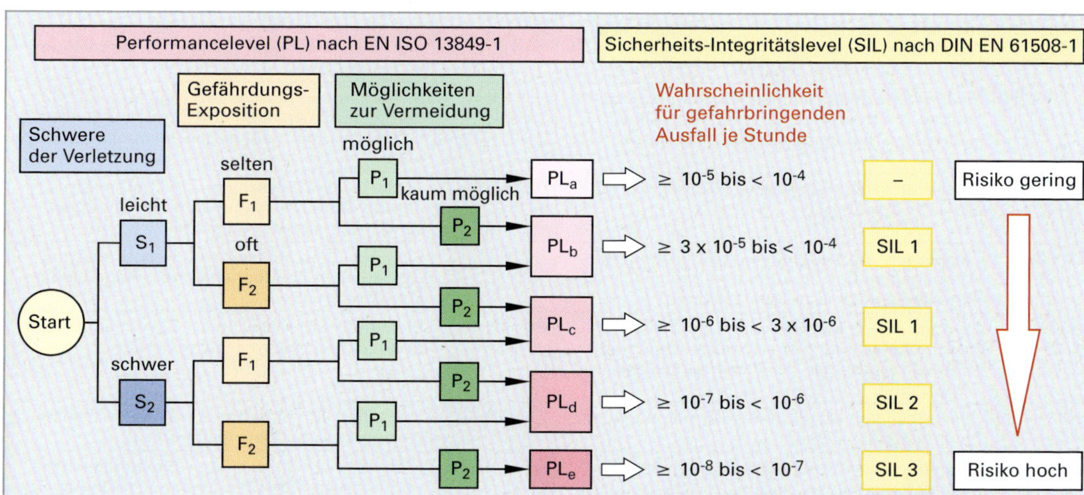

Bild 1: Risikograph für Performancelevel (PL) und Sicherheits-Integritätslevel (SIL)

Tabelle 1: Wichtige Normen

Norm	Benennung	Norm	Benennung
DIN EN 12100-1	Sicherheit von Maschinen – Grundbegriffe, allgemeine Gestaltungsleitsätze – Teil 1: Grundsätzliche Terminologie, Methodologie	DIN EN 1093-1 bis 11	Sicherheit von Maschinen – Bewertung der Emission von luftgetragenen Gefahrstoffen
DIN EN 12100-2	Sicherheit von Maschinen – Grundbegriffe, allgemeine Gestaltungsleitsätze – Teil 2: Technische Leitsätze	DIN EN 1265	Sicherheit von Maschinen – Geräuschmessverfahren für Gießereimaschinen und -anlagen
DIN EN 349	Sicherheit von Maschinen – Mindestabstände zur Vermeidung des Quetschens von Körperteilen	DIN EN 1746	Sicherheit von Maschinen – Anleitung für die Abfassung der Abschnitte über Geräusche in Sicherheitsnormen
DIN 547-1 bis 3	Sicherheit von Maschinen – Körpermaße des Menschen	DIN EN 1760-1 bis 3	Sicherheit von Maschinen – Druckempfindliche Schutzeinrichtungen
DIN EN 574	Sicherheit von Maschinen – Zweihandschaltungen – Funktionelle Aspekte – Gestaltungsleitsätze	DIN EN 1837	Sicherheit von Maschinen – Maschinenintegrierte Beleuchtung
DIN EN 614-1 bis 2	Sicherheit von Maschinen – Ergonomische Gestaltungsgrundsätze	DIN EN 12198-1 bis 3	Sicherheit von Maschinen – Bewertung und Verminderung des Risikos der von Maschinen emittierten Strahlung
DIN EN 626-1 bis 2	Sicherheit von Maschinen – Reduzierung des Gesundheitsrisikos durch Gefahrstoffe, die von Maschinen ausgehen	DIN EN 12786	Sicherheit von Maschinen – Anleitung für die Abfassung der Abschnitte über Schwingungen in Sicherheitsnormen
DIN EN 710	Sicherheit von Maschinen – Sicherheitsanforderungen an Gießereimaschinen und -anlagen der Form- und Kernherstellung und dazugehörige Einrichtungen	DIN EN 12921-4	Maschinen zur Oberflächenreinigung und -vorbehandlung von industriellen Produkten mittels Flüssigkeiten oder Dampfphasen
DIN EN 842	Sicherheit von Maschinen – Optische Gefahrensignale – Allgemeine Anforderungen, Gestaltung und Prüfung	DIN EN 13478	Sicherheit von Maschinen – Brandschutz
DIN EN 869	Sicherheit von Maschinen – Sicherheitsanforderungen an Metall-Druckgießanlagen	DIN EN 13675	Sicherheit von Maschinen – Sicherheitsanforderungen an Rohrform- und -walzwerke und ihre Adjustageanlagen
DIN EN 894-1 bis 4	Sicherheit von Maschinen – Ergonomische Anforderungen an die Gestaltung von Anzeigen und Stellteilen	DIN EN 13861	Sicherheit von Maschinen – Leitfaden für die Anwendung von Ergonomie-Normen bei der Gestaltung von Maschinen
DIN EN 953	Sicherheit von Maschinen – Trennende Schutzeinrichtungen – Allgemeine Anforderungen an Gestaltung und Bau von feststehenden und beweglichen trennenden Schutzeinrichtungen	DIN EN 14656	Sicherheit von Maschinen – Sicherheitsanforderungen an Strangpressen für Stahl und NE-Metalle
DIN EN 981	Sicherheit von Maschinen – System akustischer und optischer Gefahrensignale und Informationssignale	DIN EN 14673	Sicherheit von Maschinen – Sicherheitsanforderungen an hydraulisch angetriebene Warm-Freiformschmiedepressen zum Schmieden von Stahl und NE-Metallen
DIN EN 982	Sicherheit von Maschinen – Sicherheitstechnische Anforderungen an fluidtechnische Anlagen und deren Bauteile – Hydraulik	DIN EN 14677	Sicherheit von Maschinen – Sekundärmetallurgie – Maschinen und Anlagen zur Behandlung von Flüssigstahl
DIN EN 983	Sicherheit von Maschinen – Sicherheitstechnische Anforderungen an fluidtechnische Anlagen und deren Bauteile – Pneumatik	DIN EN 14681	Sicherheit von Maschinen – Sicherheitsanforderungen für Anlagen und Einrichtungen zur Erzeugung von Stahl mittels Elektrolichtbogenofen
DIN EN 1005-1 bis 5	Sicherheit von Maschinen – Menschliche körperliche Leistung	DIN EN 14753	Sicherheit von Maschinen – Sicherheitsanforderungen für Maschinen und Einrichtungen zum Stranggießen von Stahl
DIN EN 1010-1 bis 5	Sicherheit von Maschinen – Sicherheitsanforderungen an Konstruktion und Bau von Druck- und Papierverarbeitungsmaschinen	DIN EN 15061	Sicherheit von Maschinen – Sicherheitsanforderungen an Bandbehandlungsanlagen und Einrichtungen
DIN EN 1034-1 bis 22	Sicherheit von Maschinen – Sicherheitstechnische Anforderungen an Konstruktion und Bau von Maschinen der Papierherstellung und Ausrüstung	DIN EN 15093	Sicherheit von Maschinen – Sicherheitsanforderungen an Warmflachwalzwerke
DIN EN 1037	Sicherheit von Maschinen – Vermeidung von unerwartetem Anlauf	DIN EN 15094	Sicherheit von Maschinen – Sicherheitsanforderungen an Kaltflachwalzwerke
DIN EN 1088	Sicherheit von Maschinen – Verriegelungseinrichtungen in Verbindung mit trennenden Schutzeinrichtungen – Leitsätze für Gestaltung und Auswahl	DIN EN 15949	Sicherheit von Maschinen – Sicherheitsanforderungen an Stab-, Formstahl- und Drahtwalzwerke

2.3.11 Umweltgerechtes Gestalten

2.3.11.1 Lärm

Grundlagen zum Lärm und zum Hörempfinden

Lärm ist störender Schall. Da Lärm grundsätzlich stört, verursacht er Stress mit allen negativen Aspekten. Ab einer gewissen Stärke ist Lärm gesundheitsgefährdend oder gar gehörschädigend (**Tabelle 1**).

> Grundsätzlich gilt: In Arbeitsräumen ist der Schallpegel so niedrig zu halten, wie es nach Art des Betriebes möglich ist (Arbeitsstättenverordnung, Schutz gegen Lärm).

Die wichtigsten Normen zur Schallmessung und zu Schallemissionen sind in **Tabelle 2** zusammengestellt.

Lärmemission. Lärmemission ist Lärm, der von einer Schallquelle, z. B. von einer Maschine abgegeben wird (**Bild 1**). Dieser Schall ist eine Maschineneigenschaft und ist unabhängig von seiner Umgebung.

Man kennzeichnet die Schallemission durch:

- den Schallleistungspegel L_W und durch
- den Schalldruckpegel L_p an der Schallquelle.

> *LärmVibrationsArbSchV*[1], § 7 (gekürzt):
> Die Lärmemission muss am Entstehungsort verhindert oder so weit wie möglich verringert werden. Technische Maßnahmen haben Vorrang vor organisatorischen Maßnahmen.

Lärmimmission. Die Lärmimmission beschreibt die Schalleinwirkung der Schallquellen an einer Schallsenke, z. B. dem Arbeitsplatz.

Kenngröße für die Schallimmission ist der Beurteilungs-Schalldruckpegel L_r.

Der Beurteilungs-Schalldruckpegel ist ein gemittelter Schalldruckpegel. Die Schallimmission ist umso geringer, je geringer die Schallemissionen der Schallverursacher sind und je mehr Schall durch die Umgebung absorbiert wird.

Schallabsorbierende Materialien sind generell weich und grob strukturiert. Glatte und harte Oberflächen, wie z. B. Glaswände, reflektieren den Schall und vermindern ihn nur wenig. Mit dem Abstand von der Schallquelle vermindert sich die Schallimmission etwa quadratisch.

Tabelle 1: Schalldruckpegel

Art des Schalls	Schalldruckpegel in dB(A)	Bemerkung
Hörschwelle	0	Sicherer Bereich
Blätterrauschen	20	
Flüstern, Lärmpegel in ruhigen Wohnungen	30	
Normale Unterhaltung	40	
Zimmerlautstärke	50 55	
Bürolärm	60	Belästigungsbereich
Mittlerer Verkehrslärm	70	
Lauter Fabriklärm	80 85	
Großes Sinfonieorchester	100	Schädigungsbereich
Presslufthammer	125 130	
Niethammer	135	Schmerzbereich
Düsentriebwerk	140	

Tabelle 2: Normen (Auszug)

DIN 45635-1 und weitere:
Geräuschmessungen an Maschinen

VDI 3760:
Berechnung und Messung der Schallausbreitung in Arbeitsräumen

DIN EN ISO 3747:
Akustik – Bestimmung der Schallleistungspegel und der Schallenergiepegel von Geräuschquellen aus Schallintensitätsmessungen

DIN EN ISO 11205:
Akustik – Geräuschabstrahlung von Maschinen und Geräten

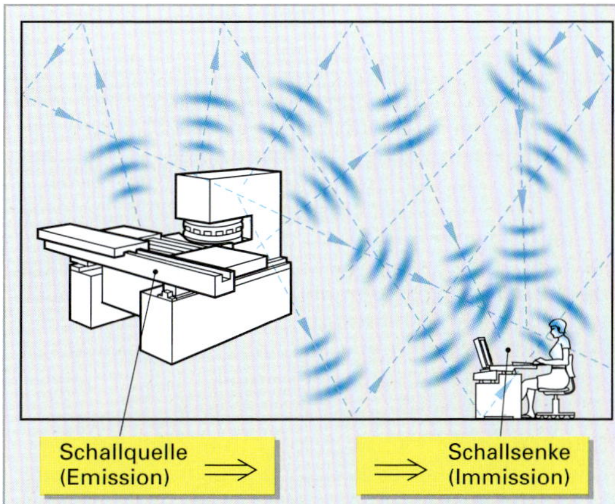

Bild 1: Schallemission und Schallimmision

[1] Verordnung zum Schutz der Beschäftigten vor Gefährdungen durch Lärm und Vibrationen (Lärm- und Vibrations-Arbeitsschutzverordnung) vom 6. März 2007, geändert vom 18. Dezember 2008.

Schallmaßangaben. Die Maßangaben erfolgen meist als Pegel in dB(A), das heißt in „Dezibel", Kurzzeichen Bel[1] mit der Hörbewertung nach Kennlinie „A" (**Bild 1**). Diese Kennlinie berücksichtigt das Hörvermögen des Menschen: Die tiefen Töne im Schall werden geringer bewertet als die hohen Töne, da man diese weniger stark empfindet.

Der Pegel-Maßstab ist ein logarithmischer Maßstab und bewertet das Verhältnis von Schallintensität oder Schalldruck oder Schallleistung zu physikalisch definierten Bezugsschallgrößen.

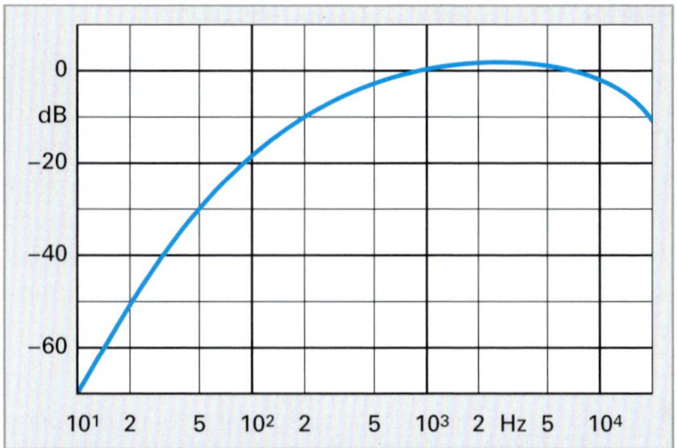

Bild 1: Schall-Bewertung A, nach DIN EN 61672-1

Schalldruck p ist der Effektivwert des durch Schallschwingungen hervorgerufenen Wechseldrucks am Messort (**Bild 2**). Einheit: Pa (1 Pa = 1 N/m²).

$$L_p = 20 \lg \cdot \frac{p}{p_0}$$

L_P Schalldruckpegel in dB
p Schalldruck in Pa
p_0 Bezugsschalldruck $p_0 = 20 \cdot 10^{-6}$ Pa

Schallleistung P ist die von einer Schallquelle abgegebene akustische Leistung (**Tabelle 1**). Sie wird aus dem Schalldruckpegel und der Messfläche ermittelt. Der Schallleistungspegel L_w gibt logarithmiert das Verhältnis der Schallleistung P zu P_o an:

$$L_W = 10 \lg \cdot \frac{P}{P_0}$$

L_W Schallleistungspegel in dB
P Schallleistung in W
P_0 Bezugsschallleistung $P_0 = 10^{-12}$ W

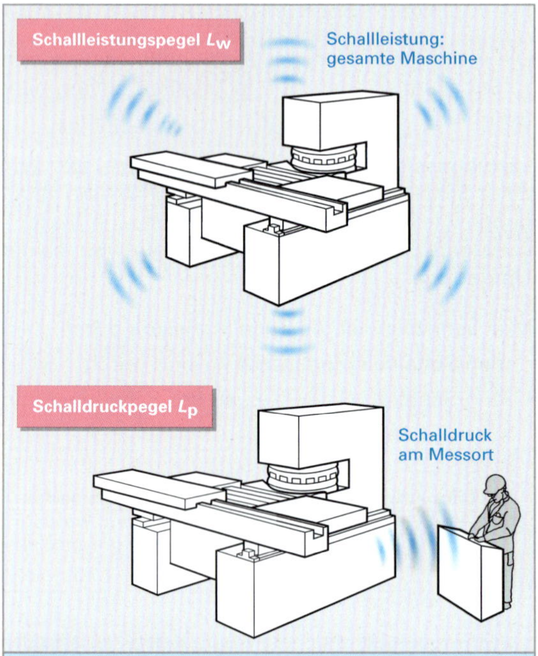

Bild 2: Schalldruck und Schallleistung

Bedingt durch die Logarithmierung bedeutet eine Erhöhung des Schalldruckpegels um 20 dB(A) tatsächlich eine Vervielfachung (Multiplikation) mit dem 10-fachen (lg10 = 1, da $10^1 = 10$ ist ⇒ 20 = 20 · lg10). Eine Veränderung um - 6dB(A) ist gleichbedeutend mit der Halbierung des Schalldrucks (lg0,5 = –0,3, da $10^{-0,3} \approx 0{,}5$ ist ⇒ - 6 · = 20 lg0,5). Allerdings ist das subjektive Hörempfinden des Menschen auch etwa logarithmisch gestuft, d. h. eine Halbierung der Schallemission wird nur als eine relativ geringe Verringerung empfunden.

Die Vorsilbe „dezi" zeigt an, dass der logarithmische Schallpegel mit 10 bzw. mit 2 · 10 multipliziert wird. Damit erhält man statt kleinen Bruchteilwerten besser benennbare größere Werte. Die Multiplikation beim Schalldruck mit 2 · 10 = 20 rührt von dem quadratischen Einfluss des Schalldrucks auf die Schallleistung her (ein Exponent n im Argument eines logarithmischen Ausdrucks ist gleichwertig mit der Multiplikation n des logarithmischen Ausdrucks: $\lg x^n = n \lg x$).

Tabelle 1: Schallleistung (Beispiele)

Schallquelle	Schallleistung	Schallleistungspegel
Strahltriebwerk	10 000 W	160 dB
Lautsprecher, Rockkonzert	100 W	140 dB
Presslufthammer	1 W	120 dB
Motorsäge	0,01 W	100 dB
Verkehrslärm	0,0001 W	80 dB

[1] Die Angabe Bel ist eine Benennung nach *Alexander A. Bell* (1847 bis 1922), amerik. Erfinder und Wegbereiter der Telephonie. Er setzte eine abgegebene Leistung ins Verhältnis zur empfangenen Leistung und logarithmierte diesen Quotienten.

Gestalterische Maßnahmen gegen Lärmentstehung

Geräusche entstehen durch
- Stöße,
- Reibung,
- Wechselkräfte, wie z. B. Unwucht,
- Strömungen (Flüssigkeiten, Luft, Gase),
- Verbrennungsvorgänge,
- Explosionen.

Bei der Konstruktion ist dies zu beachten. Die Stärke des zu erwartenden Lärms ist häufig erst im Nachhinein genau feststellbar. So sind Abhilfemaßnahmen notwendig. Nachfolgende Fallbeispiele zeigen mögliche Abhilfen. Für ähnliche Fälle kann man auch vorausschauend lärmarm konstruieren.

Fallbeispiele:

Beispiel 1, Schmiedepresse:

Stöße gibt es z. B. an einer Schmiedepresse, wenn Schmiederohlinge auf eine Blechrutsche fallen (**Bild 1**). Abhilfe schaffen kann man z. B., indem man den Boden der Rutsche doppelwandig herstellt und den Zwischenraum mit Sand befüllt[1]. Die Lärmminderung ist mit 8 dB(A) beachtlich.

Beispiel 2, Transport-Pufferstrecke:

Beim Materialtransport mit einer Pufferstrecke gibt es Stoßgeräusche, wenn Bauteile aufeinanderstoßen (**Bild 2**). Eine Geräuschminderung erhält man mithilfe von Transportkreuzen[2]. Erreicht wurde eine Pegelminderung um 20 dB(A).

Beispiel 3, Bandsägemaschine:

Laufräder bei Bandsägemaschinen verursachen unbeschichtet starke Laufgeräusche. Abhilfe schafft man mit einer aufvulkanisierten Gummilaufschicht (**Bild 3**). Der Schalldruckpegel vermindert sich um fast 20 dB(A).

Beispiel 4, Zahnradgetriebe:

Bedingt durch die Zahneingriffsfrequenz entsteht bei offenen Zahnradgetrieben Lärm, welcher durch die Eigenfrequenzen der Räder verstärkt werden kann. Durch Bedämpfung der Zahnradseitenflächen im Zwischenraum von Nabe und Zahnkranz (**Bild 4**) wird eine deutliche Minderung des Schalldruckpegels erzielt[3].

[1-3] Die Beispiele sind in den Schriften „Arbeitswissenschaftliche Erkenntnisse- Forschungsergebnisse für die Praxis", Herausgeber Bundesanstalt für Arbeitsschutz, Dortmund, ausführlich beschrieben.

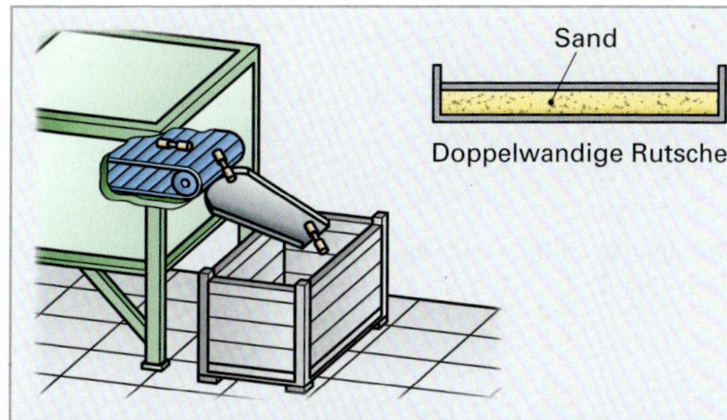

Bild 1: Doppelwandige Rutsche

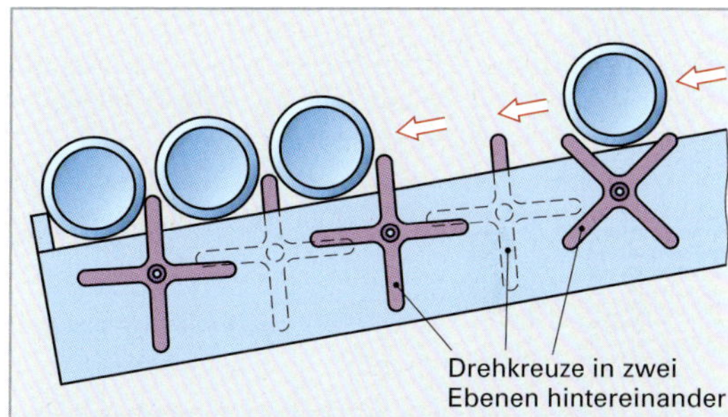

Bild 2: Pufferstrecke mit Drehkreuzen

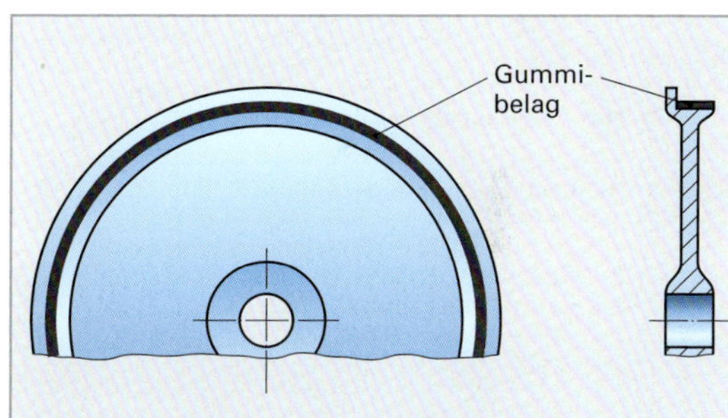

Bild 3: Gummibelag an Laufrädern

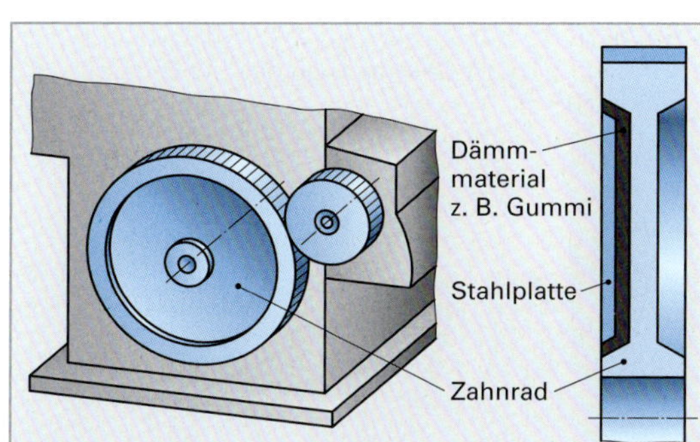

Bild 4: Bedämpfung von Radscheiben

Beispiel 5, Schnellläuferpresse:
Bei einer Schnellläuferpresse gibt es einen hohen Geräuschpegel, z. B. 101 dB(A), durch die einlaufenden Bleche an den U-Führungsprofilen (**Bild 1**). Durch eine Hartholzbeplankung konnte der Schalldruckpegel um 9 dB(A) gesenkt werden[1].

Beispiel 6, Zerspanungsprozess:
Bei der Zerspanung entsteht durch den Schneidvorgang in Verbindung mit der Spanbildung ein erheblicher Lärm. Er ist wesentlich von der Spanform abhängig und diese ist wiederum von den Zerspanungsbedingungen und somit von der Schnittgeschwindigkeit und dem Vorschub abhängig. Von Einfluss ist auch der Bearbeitungswerkstoff und ob die Bearbeitung an einem Hohlkörper oder an Teilen aus weitgehend vollem Material erfolgt. Besonders lärmträchtig sind Scheibenfräser mit großem Durchmesser und kleiner Fräsbreite. Sie nähern sich dem starken Geräuschverhalten von Kreissägen an und können selbst in Schwingungen geraten.

Da man keinen wesentlichen Einfluss auf oben genannte Parameter nehmen kann (manche Werkstattmeister legen bei dünnwandigen Hohlformen Sandsäckchen zur Schwingungsminderung auf), hilft hier meist nur eine Kapselung der Werkzeugmaschine oder die Kapselung der gesamten Fertigungsinsel, natürlich nur soweit diese vollautomatisiert ist (**Bild 2**).

Beispiel 7, Entdröhnung von Maschinengestellen:
Eine Geräuschverstärkung gibt es, wenn übliche Maschinengeräusche der Antriebe und der Bearbeitungsprozesse durch Körperschallleitung auf Hohlkörper, wie z. B. Maschinengestelle geleitet werden. Hier leisten Entdröhnungsmaßnahmen Abhilfe. Gussgestelle, insbesondere Gussgestelle mit zurückgelassenen Sandkernen sind weniger dröhnanfällig als aus Blechen geschweißte Gestelle. Geschweißte Hohlgestelle kann man mit angeschraubten Stahlleisten merklich entdröhnen[2]. Zwischen den Stahlleisten und dem Hohlkörper wird eine weiche dämpfende Schicht gelegt (**Bild 3**).

[1-2] Die Beispiele sind in den Schriften „Arbeitswissenschaftliche Erkenntnisse- Forschungsergebnisse für die Praxis", Herausgeber Bundesanstalt für Arbeitsschutz, Dortmund, ausführlich beschrieben.

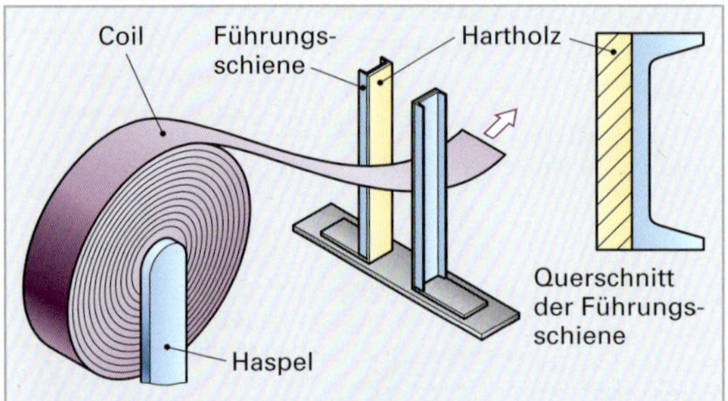

Bild 1: Beplankung mit Hartholz

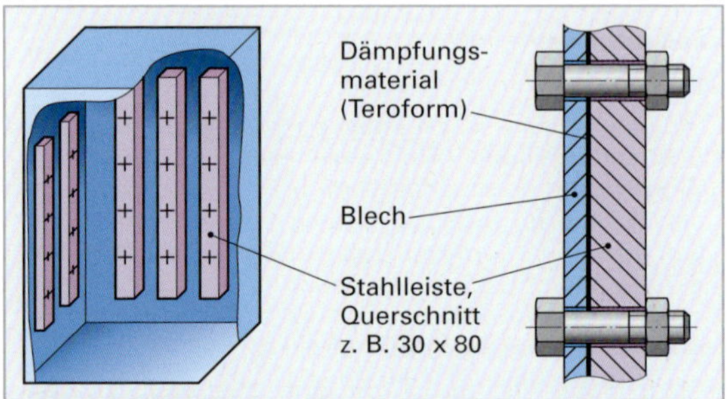

Bild 3: Entdröhnen mit Stahlleisten

Bild 2: Kapselung einer vollautomatisierten Sägezelle mit einer Lärmschutzkabine

Lärm bei Druckluftzylindern. Bei Druckluftzylindern erfolgt die Hubbegrenzung meist durch Anschlag des Kolbens im Zylinder. Schäden und Lärm vermeidet man durch eine *Endlagendämpfung*. Konstruktiv wird das so gelöst, dass kurz vor Hubende ein Dämpfungszapfen in eine Bohrung am Zylinderboden eintaucht und das schnelle Ausströmen der restlichen Luftmenge zwischen Zylinderboden und Kolben verhindert (**Bild 1**). Diese Luftmenge wird durch den noch bewegten Kolben verdichtet und bremst ihn kurz vor Hubende ab. Damit die Endlage erreicht werden kann, wird das Luftpolster über eine Drosselbohrung und ein Drosselrückschlagventil langsam entlüftet.

Strömungsgeräusche. Strömungsgeräusche entstehen bei turbulenten Strömungen. Turbulenz ist, neben der Abhängigkeit von der Viskosität des Mediums, vor allem beeinflusst von der Strömungsgeschwindigkeit und von der Geometrie der umströmten Bauteile. Je höher die Strömungsgeschwindigkeiten sind und je „kantiger“ die umströmten Bauteile oder die Bauteilwände sind, desto größer ist die Gefahr der Ausbildung von Turbulenzen (**Bild 2**). Eine Reduzierung der Strömungsgeschwindigkeit erreicht man durch Vergrößern der durchströmten Querschnitte.

Das Entspannen von unter Druck stehenden Gasen sollte in mehreren Stufen erfolgen. Vorteilhaft ist z. B. das Entspannen über ein Zyklon (**Bild 3**), vor allem wenn das Medium Partikel enthält, so werden diese im Zyklon abgeschieden. Konstruktiv sollten die umströmten Bauteile so gestaltet werden, dass sie „stromlinienförmig“ sind.

Strömungsbedingte Geräusche gibt es auch bei Druckschwankungen, insbesondere bei „schlagartigem“ Zuschalten oder besonders beim Abschalten von Druckleitungen. Es gibt dabei häufig „richtige Schläge“. Beim Zuschalten weiten sich die durchströmten Bauteile, z. B. die Öldruckleitungen, und verursachen dabei Geräusche. Beim Abschalten von Verbrauchern entstehen in Leitungen aufgrund der kinetischen Energie des Mediums Druckspitzen, die sich oft wie „Schläge“ anhören. So gibt es vor allem bei pulsierenden Strömungen oder ständigem Schalten der Medien starken Lärm.

Abhilfe schafft man durch Maßnahmen bei der Ventilansteuerung und der Ventilauswahl, z. B. indem man Ventile mit negativer Überdeckung wählt, d. h. solche, die nicht ganz dicht schließen (**Bild 4**). Soweit man Stoppsituationen, Wechselkräfte und Wechselbewegungen vermeiden kann, sollte das angestrebt werden. Ein kontinuierlicher Fertigungs- oder Transportprozess ist grundsätzlich weniger lärmträchtig als ein kurzzyklisch arbeitendes Verfahren.

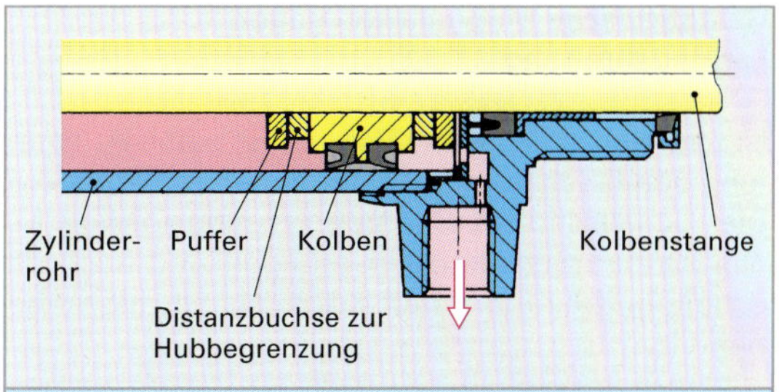

Bild 1: Dämpfung bei Pneumatikzylindern

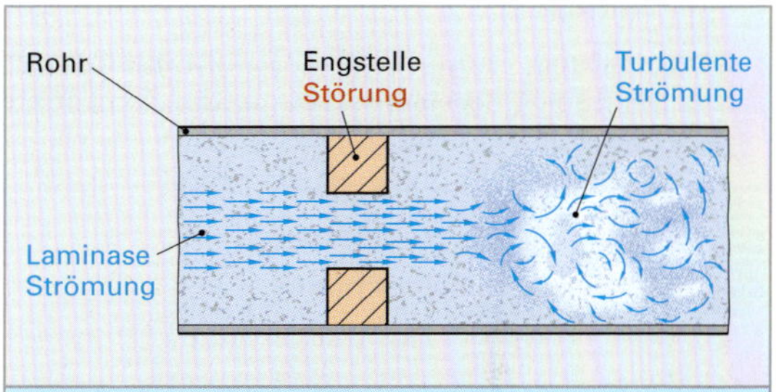

Bild 2: Turbulente Strömung

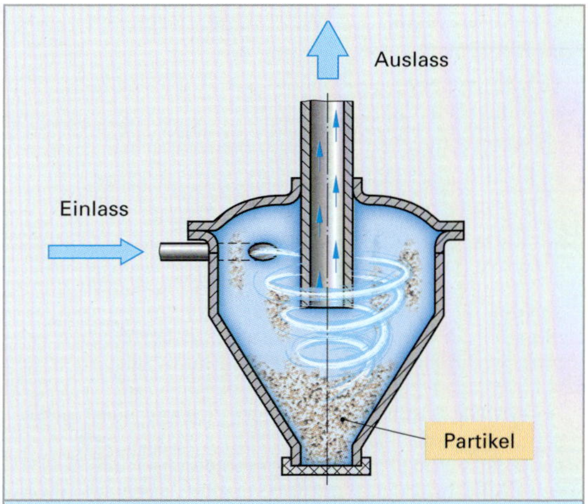

Bild 3: Zyklon

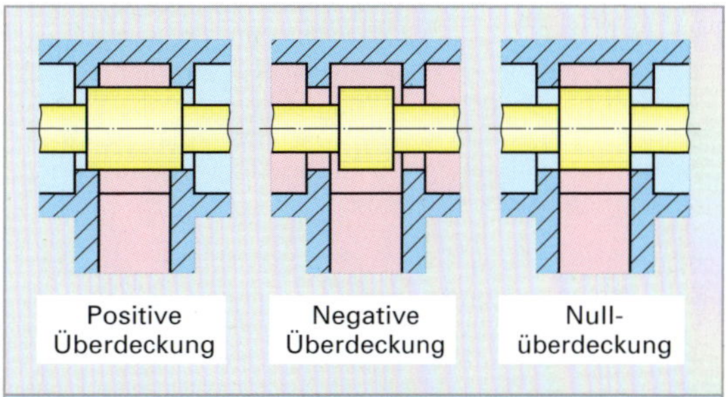

Bild 4: Ventilüberdeckungen

Gestalterische Maßnahmen gegen Lärmausbreitung

Ist Lärm nicht zu vermeiden, so ist seine Ausbreitung durch Schallschutzmaßnahmen zu behindern. Die Schallschutzmaßnahmen sollten möglichst nah an den Schallquellen erfolgen und auch die Schallübertragung durch Körperschall mit einbeziehen.

Schallschutz erfolgt durch

- Schallisolierte Befestigung von Hydraulikleitungen (**Bild 1**),
- Verwendung von Metall-Gummi-Elementen bei der Lagerung schallerzeugender Aggregate (**Bild 2**),
- Verwendung schalldämpfender Doppelbleche,
- Entdröhnung von Hohlkörpern,
- Abkapselung von Maschinen,
- Abkapselung von automatisierten Fertigungszellen.

Schallschutzwand. Der Aufbau einer typischen Schallschutzwand bei Werkzeugmaschinen besteht meist (von innen nach außen) aus:

- Lochblech,
- Polyäthylenfolie,
- Steinwolle,
- Entdröhnschicht,
- Stahlblech (**Bild 3**).

Man erreicht mit einer Schallschutzwand eine Lärmminderung um etwa 20 dB(A). Man muss aber dafür sorgen, dass die Verkapselung vollständig ist. Das gilt auch für den Zu- und Abtransport der Werkstücke und der Abfälle bzw. des Kreislaufmaterials.

Sofern der lärmverursachende Prozess nicht abgeschaltet werden kann, löst man das Ein- und Ausschleusen von Waren bzw. Werkstücken bei gekapselten Fertigungszellen am besten über schallgeschützte Drehtüren.

Schallabsorption. Durch Belegen von Wänden, Decken und Fußböden mit weichen, porigen oder zerklüfteten Materialien erreicht man eine Schallabsorption und eine Verminderung der Schallreflexion. Für Decken haben sich z. B. Magnesit-Holzwolle-Platten (**Bild 4**, Heraklith-Platten), Faserstoffplatten u. Ä. bewährt. Reflexionen an Fußböden vermeidet man durch Teppichbodenbeläge.

Hinsichtlich Dämmung und Absorption verhalten sich alle glatten und harten Oberflächen sehr schwierig, wie z. B. Glasfronten und glatte Betonwände. Der Konstrukteur von Maschinen und Anlagen sollte diesbezüglich auch mit den Architekten Kontakt aufnehmen.

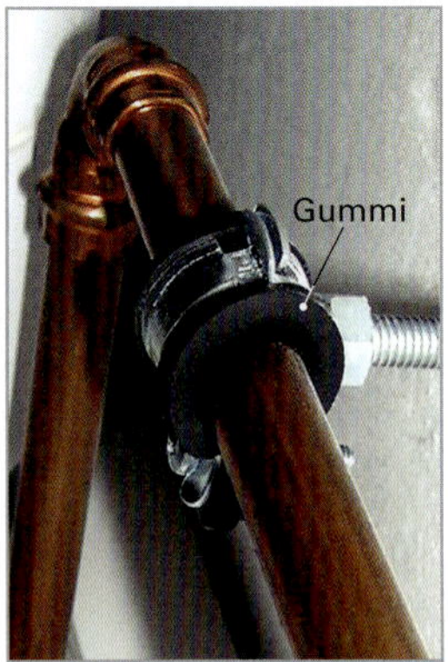

Bild 1: Schallisolierte Befestigung

Bild 4: Magnesit-Holzwolle-Platte

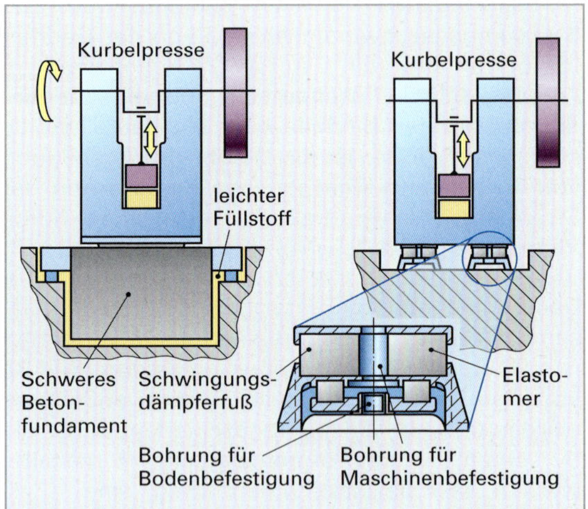

Bild 2: Schallisolierte Aufstellung von Maschinen

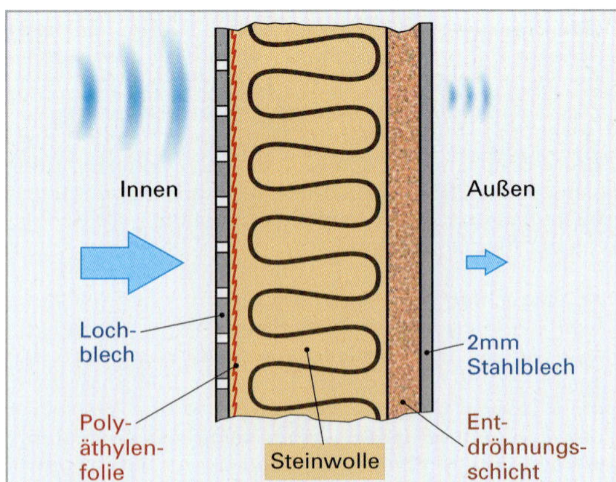

Bild 3: Aufbau einer Schallschutzwand

2.3.11.2 Vibration

Vermeiden von Vibrationen

Mechanische Schwingungen[1] bzw. Vibrationen beeinträchtigen die Umwelt, wirken belastend auf den Menschen (ISO 2631-1) und vermindern durch Materialermüdung die Lebensdauer von Maschinen und Geräten. Ungewollt entstehen sie meist durch Unwucht, durch Reibung in Verbindung mit Ruckgleiten (Stick-Slip-Effekt) oder durch Rückkopplungen mit verstärkend arbeitenden Aggregaten, wie z. B. in Regelkreisen.

Gestalterische Maßnahmen

Abhilfen erreicht man durch genaue rotationssymmetrische Herstellung aller rotierenden Bauteile, unwuchtfreie Wellen-Naben-Verbindungen und durch Verhindern von Rückkopplungen.

Für funktional nicht rotationssymmetrisch realisierbare Bauteile, wie z. B. Kurbeln, Kurbelwellen, Exzenterwellen sind entsprechende Ausgleichsgewichte konstruktiv hinzuzuplanen (**Bild 1**). Durch Auswuchten, ähnlich dem Auswuchten von Kraftfahrzeugrädern, können verbleibende Unwuchten bei rotierenden Bauteilen im Nachhinein beseitigt oder zumindest stark verkleinert werden.

Der Konstrukteur sollte dies beachten, indem er entweder für die Anbringung von Zusatzgewichten am Umfang der rotierenden Teile Fügestellen vorsieht oder indem er Materialbereiche einplant, die zum Zweck des Wuchtens abgebohrt werden können (**Bild 2**).

Zur Unterbindung von Rückkopplungen geht man gleichermaßen vor wie zur Dämpfung von Schwingungen.

Gewollte Vibrationen, Schwingungen und Stöße

Schwingungen bzw. Vibrationen benötigt man z. B. bei Schwingförderern (**Bild 3**), Rüttelsieben, Trichterbunkern mit Vibrationsaustrag und bei Vibrationsschleifgeräten sowie in Hydraulikanlagen zur Verminderung von Haftreibung (Dithersignal[2]), bei Schüttgutbunkern zum Egalisieren der Schüttung, zum Verdichten von Sanden oder von Pulvern bei der Formherstellung (**Bild 4**).

[1] Bodenschwingungen (Vibrationen) treten insbesondere bei umformenden Maschinen, wie z. B. bei Pressen und Schmiedehämmern auf.
Nach ISO 2631-1: *Mechanical vibration and shock – Evaluation of human exposer to whole-body vibration* liegt eine Gefährdung vor, wenn Menschen Vibrationen oberhalb eines gemittelten Grenzwerts von 0,1 m/s^2 ausgesetzt sind.

[2] engl. to dither = bibbern, zittern

Bild 1: Kurbelwelle mit Ausgleichsgewichten

Bild 2: Wuchtbohrungen an einem Hochgeschwindigkeits-Werkzeugflansch

Bild 3: Schwingförderer

Bild 4: Verdichten von Sanden für Gießformen

In all diesen Fällen sollen sich die mechanischen Schwingungen bzw. Vibrationen aber nicht auf den Menschen oder die Umwelt übertragen.

Beim Menschen unterscheidet man

- die Einwirkung auf das Hand-Arm-System, z. B. durch rotierend arbeitende oder durch schlagend arbeitende Handwerkzeuge und
- die Einwirkung auf den ganzen Körper, z. B. bei Fahrzeugen.

Gewollte Vibrationen und Stöße gibt es bei Bohrhämmern, Meiseln, Schlagbohrmaschinen und Schraubern. Bei Montagearbeiten mit Schraubern entsteht häufig beim Festdrehen ein schlagartiger Kraftimpuls, welcher über das Hand-Arm-System aufgefangen werden muss.

Vibrationen und Schläge können bei langjähriger Tätigkeit zu degenerativer Veränderung der Knochen und Gelenke führen. Besonders betroffen sind das Handgelenk, Ellenbogengelenk und Schultergelenk, verbunden mit Schmerzen und Bewegungseinschränkungen. Warnzeichen sind Durchblutungsstörungen in Verbindung mit Kribbeln und Taubheit in den Fingern.

Gestalterische Maßnahmen

Bei Handwerkzeugen, z. B. druckluftbetriebenen Hämmern und Meißeln, sind bei der Konstruktion die schwingenden und die vibrierenden Teile zu dämpfen bzw. zu isolieren (**Bild 1**). Dies geschieht z. B. durch Metall-Gummi-Verbindungselemente (**Bild 2**), Elastomerfedern (**Bild 3**) oder Luftfedern (**Bild 4**).

Auch zur Schonung der Gelenke und der Getriebe von Robotern werden im Roboterhandwurzelflansch schwingungsisolierende Elemente eingesetzt.

Gummi-Metall-Elemente und die Elastomerfedern gibt es in sehr vielfältigen Ausführungsformen, so dass diese konstruktiv zwischen den aufgabengemäß schwingenden Bauteilen und den beruhigten Bereichen, z. B. einem Handgriff gut eingepasst werden können. Die Federsteifigkeiten sind geeignet zu wählen, wobei ein Problem besteht, wenn man von unterschiedlichen Erregerfrequenzen, d. h. Betriebsdrehzahlen des Schwingungserzeugers ausgehen muss. Im Unterschied zur linearen Federkennlinie der Stahlfedern haben diese Elemente eine progressive Federkennlinie, also eine mit der Belastung zunehmende Federsteifigkeit c. Die Schwingungsisolierung erreicht man nur im Resonanzbereich und im Frequenzbereich oberhalb der Resonanzfrequenz bzw. Eigenfrequenz.

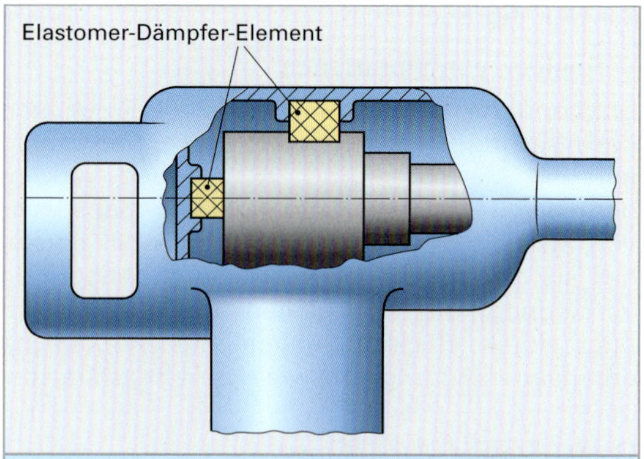

Bild 1: Bohrhammer, Handgriff, schwingungsisoliert

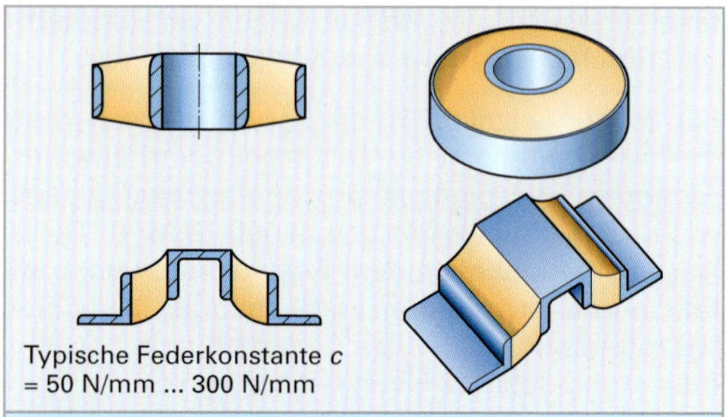

Bild 2: Gummi-Metall-Elemente

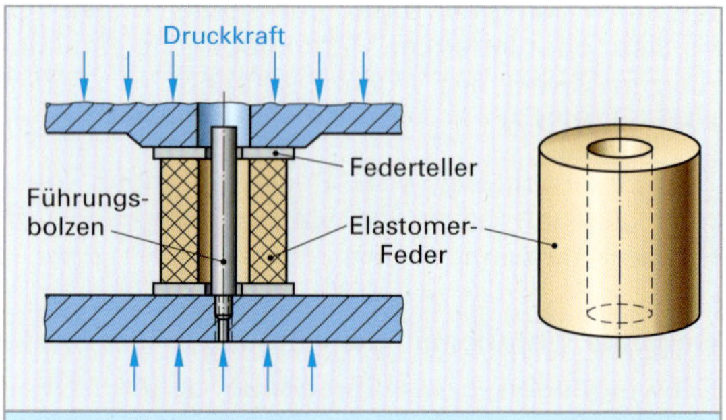

Bild 3: Elastomerfeder

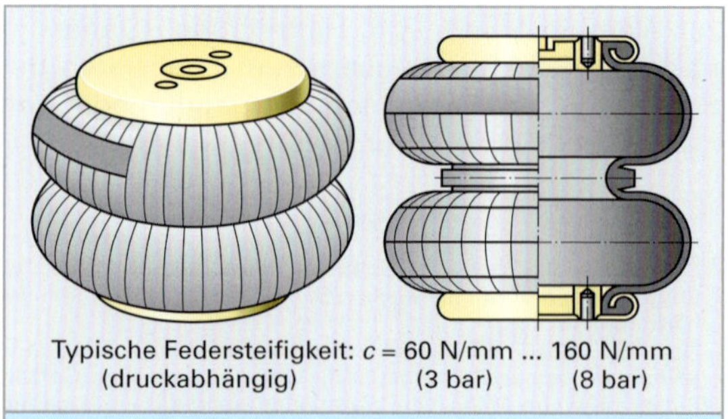

Bild 4: Luftfeder

Parallel- und Reihenanordnung. Häufig werden mehrere Elemente eingesetzt. Durch Parallelanordnung (**Bild 1**) der Elemente erhöht sich die resultierende Federsteifigkeit $c_{res} = c_1 + c_2 + ...$ Durch eine Reihenanordnung (Bild 1) vermindert sich die Federsteifigkeit $1/c_{res} = 1/c_1 + 1/c_2 + ...$

Der **Schwingungsisoliergrad** wird bestimmt mit:

$$\eta = 1 - 1 / [(f_{err}/f_e)^2 - 1]$$

f_{err} Erregerfrequenz
f_e Eigenfrequenz

$$f_e = \frac{1}{2\pi}\sqrt{\frac{c}{m}}$$

m Masse
c Federsteifigkeit

Bezogen auf das Frequenzverhältnis ergibt sich so ein Isoliergrad von:

η in %	0	0,66	0,88	0,96	0,98	0,99
f_{err}/f_e	1,41	2	3	5	8	10

Bei den Luftfedern kann durch den Füllungsgrad mit Luft bzw. über den Luftdruck die Federsteifigkeit reguliert werden. Dies ist auch kontinuierlich möglich. So kann die Federsteifigkeit den Erfordernissen angepasst werden, z. B. durch eine Regelungseinrichtung in Verbindung mit einem Vibrationssensor.

Bei Gummimetallelementen und bei Elastomerfedern ist zu beachten, dass diese im Unterschied zu den Stahlfedern auch gewisse Kriecheigenschaften haben, d. h. sie verändern ihre Längen nicht nur aufgrund der Belastungskräfte, sondern auch abhängig von der Lasteinwirkungszeit. Bei Luftfedern steigt mit zunehmender Temperatur der Druck und somit die Federsteifigkeit. Die Temperaturerhöhungen ergeben sich wiederum aus der Dämpfungseigenschaft. Die Dämpfung entzieht dem schwingungsfähigen Gebilde Energie und wird zunächst den Dämpfer erwärmen. Über etwaige Dämpferkühlung ist vor allem bei Langzeitbetrieb stets nachzudenken.

Maschinen mit typisch schnelllaufenden Arbeitszyklen, wie z. B. mechanische Pressen, sollten stets ein eigenes Fundament haben und es sollten Fundamentdämpfer eingeplant werden. Ist die Schwingungsemission nicht hinreichend reduzierbar, so können auch die Arbeitsplätze schwingungsgedämpft eingerichtet werden **(Bild 2)**.

Die Schwingungsdämpfung auf der Empfängerseite (Vibrationsimmission) ist aber auch bei Maschinen vorzusehen, die in ihrer Funktionalität durch Vibrationen beeinträchtigt werden, z. B. bei Messmaschinen. Gestalterisch erreicht man dies mit Konstruktionen hoher Masse z. B. mit einem Beton- oder Granitmaschinenbett, das weich aufgestellt wird, z. B. auf Luftlagern **(Bild 3)**.

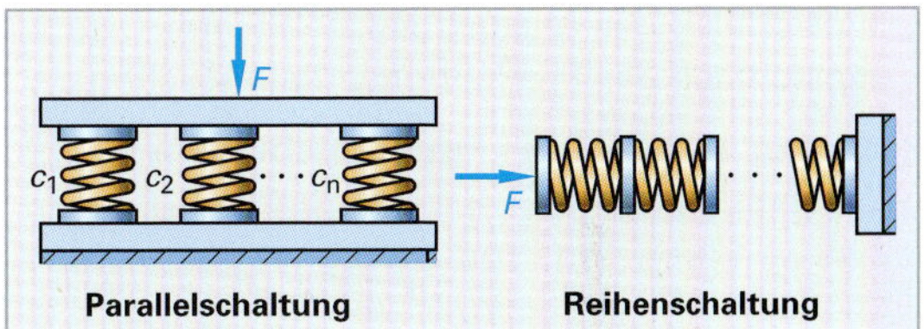

$c_{res} = c_1 + c_2 + ... c_n$

$\frac{1}{c_{res}} = \frac{1}{c_1} + \frac{1}{c_1} + \cdots \frac{1}{c_n}$

Bild 1: Federn in Parallelanordnung und in Reihenanordnung

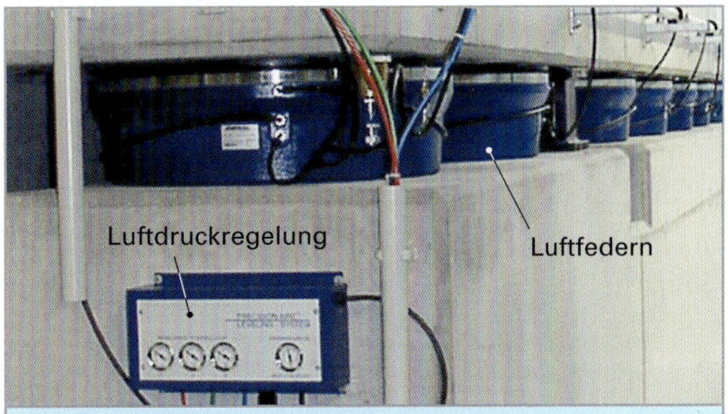

Bild 3: Luftlagerung einer Messmaschine

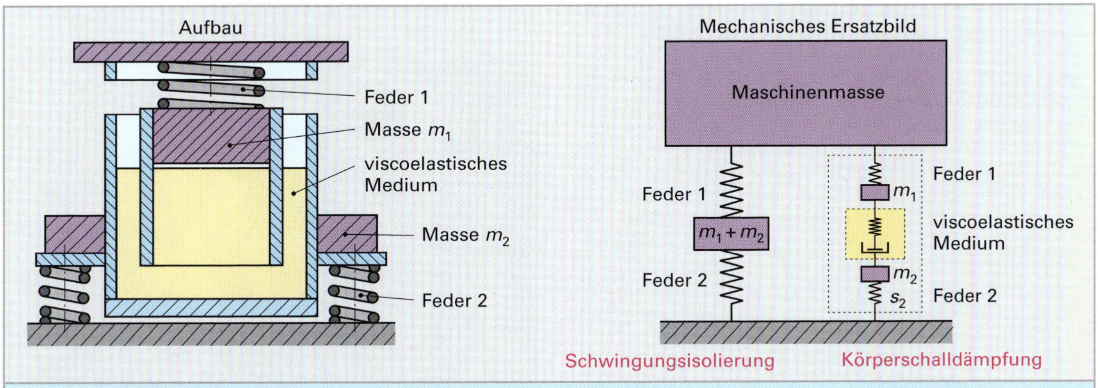

Bild 2: Dämpfungssystem für umformende Maschinen

2.3.11.3 Recyclinggerechte Konstruktion

Die recyclinggerechte Konstruktion hat die *Wiederverwendung* oder die *Weiterverwertung* zum Ziel und bezieht sich auf das zu konstruierende Produkt, aber auch auf die Abfallstoffe bei der Produktion.

Der Konstrukteur trägt maßgeblich dazu bei, inwieweit ein Produkt recycelbar ist, durch:

- Die geometrisch-mechanische Konstruktion,
- die Werkstoffauswahl und
- die daraus resultierende Art der Fertigung.

Produktverantwortung. Der Konstrukteur trägt die Hauptverantwortung zur Erfüllung der Umweltverträglichkeit seines Produkts **(Bild 1)** und zwar

- während des Produktgebrauchs,
- hinsichtlich des Altstoffrecyclings und
- hinsichtlich des Produktionsabfallrecyclings.

Recycling während des Produktgebrauchs

Die wohl effizienteste Recyclingart ist die Wiederverwendung von Produkten oder Baugruppen durch eine *Wiederaufarbeitung* auf ein vollwertiges Produkt mit gleichen oder ähnlichen Leistungsdaten wie das Neuprodukt. Dies ist vor allem bei sehr teuren Produkten lohnenswert. Meist sind dann diese Produkte auch sehr komplexe Produkte. Beispiele hierfür sind Aggregate (**Bild 2**) von Kraftfahrzeugmotoren, Motoren insgesamt, Flugzeugturbinenschaufeln (**Bild 3**).

Bei den Motoren kennt man die Wiederverwendung in Form von „Austauschmotoren“. Der defekte Motor wird nicht als Metallschrott entsorgt, er wird auch nicht kundenbezogen repariert, sondern läuft zurück in die industriell organisierte Wiederaufarbeitung. Dort werden die Verschleißteile ersetzt und der Motor wird „überholt“ und als ein hochwertiges Produkt mit Garantieleistungen, ähnlich den Neumotoren, wiederverwendet.

Ähnlich ist es bei der Flugzeug-Turbinenschaufel (Bild 3). Diese ist ein sehr teures Einzelbauteil mit einer sehr komplexen Geometrie und einem sehr komplexen Fertigungshintergrund. Ein solches Einzelteil kostet etwa gleich viel wie ein kompletter Kfz-Motor. Turbinenschaufeln benötigt man in relativ großen Stückzahlen, mehrere Hundert pro Reiseflugzeug. Aufgrund der hohen Beanspruchungen durch Kräfte bei gleichzeitig sehr hohen Temperaturen sowie aggressiven Gasen ist die Lebensdauer eng begrenzt. Diese Schaufeln bekommen regelmäßig Risse. Sie werden im Bereich der Risse mit Lötpulverraupen versehen und in der Geometrie nachgearbeitet. So durchlaufen diese Schaufeln in ihrem Produktleben mehrmals einen Erneuerungszyklus.

Schmiedegesenke, z. B. Abgratgesenke, erfahren einen besonders starken Verschleiß an den Kanten der Teilungsnaht. Diese Gesenke (**Bild 4**) werden durch Auftragsschweißen mit anschließender spanender Bearbeitung und durch Härten wieder zu vollwertigen Werkzeugen.

§23 Produktverantwortung

(1) Wer Erzeugnisse entwickelt, herstellt, be- oder verarbeitet oder vertreibt, trägt zur Erfüllung der Ziele der Kreislaufwirtschaft die Produktverantwortung. Erzeugnisse sind möglichst so zu gestalten, dass bei ihrer Herstellung und ihrem Gebrauch enstandenen Abfällen umweltverträglich verwertet oder beseitigt werden. Beim Vertrieb der Erzeugnisse ist dafür zu sorgen, dass deren Gebrauchstauglichkeit erhalten bleibt und diese nicht zu Abfall werden.

Bild 1: Kreislaufwirtschaftsgesetz (KrWG)

Bild 2: Motor-Starter als eine Austauschkomponente

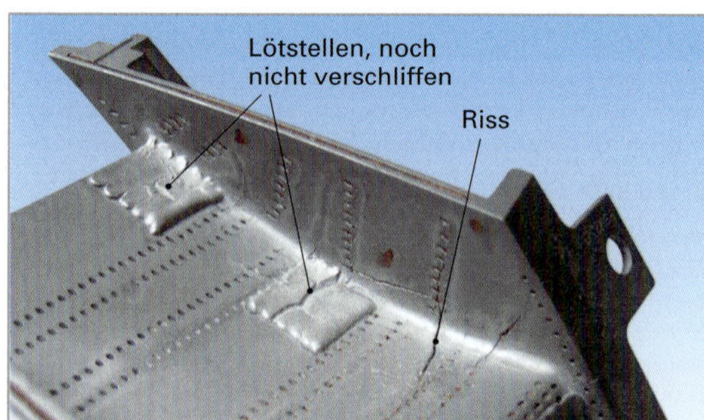

Bild 3: Flugzeugturbinenschaufel als Austauschbauteil

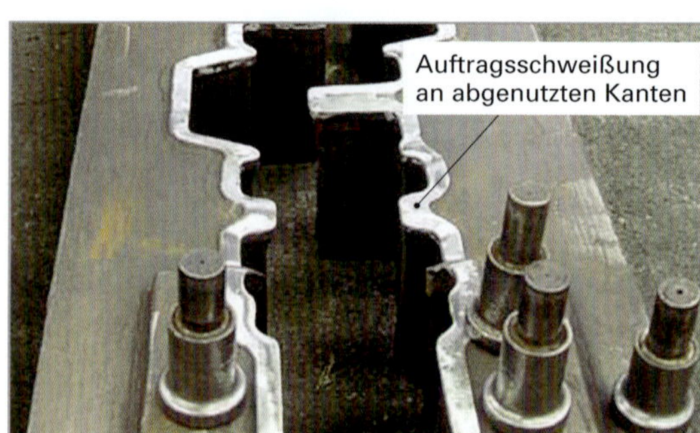

Bild 4: Wiederaufarbeitung eines Abgratgesenks

Voraussetzungen für die Produktwiederverwendung. Voraussetzung für die ein- oder mehrfache Wiederverwendung von Produkten ist, dass diese in relativ großen Stückzahlen vorkommen, relativ teuer sind und dass eine relativ lange Produktlaufzeit vorliegt. Sind diese Voraussetzungen erfüllt, dann leiten sich daraus nachfolgende Gestaltungsmaßnahmen ab **(Bild 1)**.

Bedingungen zur Wiederverwendung

- Die Konstruktion muss **demontagegerecht** sein. Die Fügevorgänge der ursprünglichen Montage müssen also umkehrbar sein und auch weitgehend automatisiert ausgeführt werden können, wenn die ursprüngliche Montage automatisiert war. Sonst wird das Austauschprodukt zu teuer. Für die Konstruktion bedeutet dies, dass z. B. Schweiß- und Lötverbindungen eher nicht infrage kommen können. Bei Pressverbindungen müssen Vorkehrungen getroffen sein, um z. B. mit Drucköl den Presssitz entlasten und damit lösen zu können (**Bild 2**). Das Produkt muss ferner so konstruiert sein, dass auch zur Demontage eine hinreichend gute Zugänglichkeit gegeben ist.
- Die Konstruktion muss **reinigungsgerecht** sein. Die in Gebrauch befindlichen Erzeugnisse sind regelmäßig verschmutzt und müssen zur Wiederaufarbeitung gründlich gereinigt werden können. Die Reinigung darf das Bauteil nicht beschädigen, die Reinigungsmittel sollten selbst kein eigenes Umwelt- oder Entsorgungsproblem darstellen.
- Die Konstruktion muss **prüfgerecht** sein. Für die Aufarbeitung sollte es eindeutig und offensichtlich sein, welche Teile oder Bereiche aufzuarbeiten sind. Zur Feststellung von Verschleiß können die Teile z. B. Verschleißmarkierungen besitzen, wie diese bei Autoreifen für die Profiltiefe üblich sind. Zum Vermessen der Werkstücke und zum lagegenauen Aufspannen für die Aufarbeitungs-Bearbeitungen sollten vom Konstrukteur Messflächen oder Messbohrungen vorgesehen werden. Diese sind möglicherweise zusätzlich oder an anderer Stelle zu platzieren als es für die Erstbearbeitung gemacht wird.
- Die Teile, welche bei der Demontage anfallen, sollten **sortiergerecht** sein. Bei der Montage hat man die Teilezuführung meist entsprechend dem Montageverlauf mit Bauteilen, die geprüft und geordnet vorliegen. Bei der Demontage fallen häufig die Teile ungeordnet an und müssen sortiert werden. Das Sortieren vereinfacht sich stark, wenn die Einzelteile entweder identisch gleich sind oder total verschieden. Geringfügig unterschiedliche Teile sind eher schwer sortierbar.
- Durch **Verschleißlenkung** erhält man Erzeugnisse, bei denen gezielt eine Aufarbeitung machbar ist. Wenn es aufgrund von Verschleiß zur Aufarbeitung kommt, dann sollten sich die Verschleißbereiche dort konzentrieren, wo sich das Teil leicht abtrennen lässt. Der Konstrukteur sollte den Verschleißbereich eingrenzen und einen problemlosen Austausch ermöglichen.

  Beispiele hierfür sind Fräser mit Schneidplatten oder alternativ Vollhartmetallfräser. Bei den Fräsern mit Schneidplatten werden nur die Schneidplatten ersetzt. Der Fräsergrundkörper bleibt dagegen erhalten.

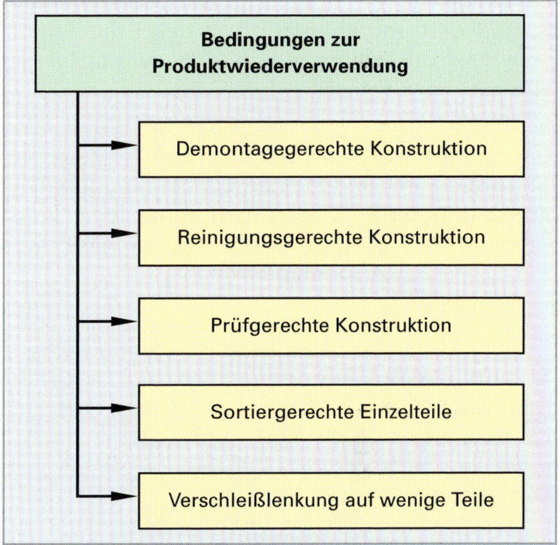

Bild 1: Produktwiederverwendung

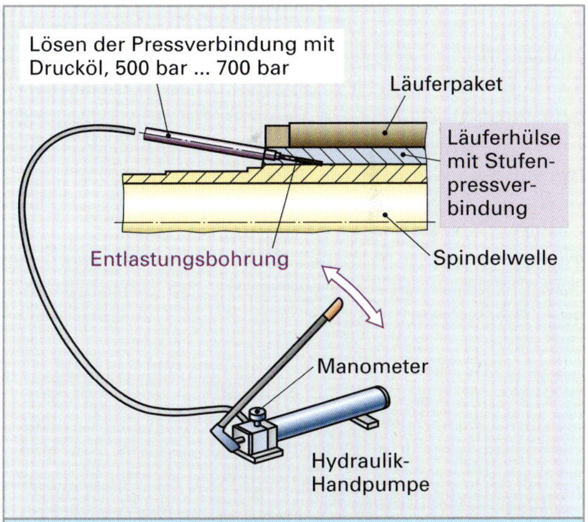

Bild 2: Lösen einer Pressverbindung am Beispiel eines Spindelmotors

Recycling durch Weiterverwendung mit anderer Nutzung ist in manchen Fällen möglich. Häufig wird hier zitiert, dass man z. B. ein Senfglas (nach dem ursprünglichen Gebrauch als ein Behältnis für Senf) auch als ein Trinkglas verwenden kann. Ein anderes Beispiel sind große Verpackungskisten für Maschinen, welche in die frühere UdSSR geliefert wurden. Sie mussten so gestaltet sein, dass daraus einfach Bauhütten gezimmert werden konnten. Auch sieht man manchmal Eisenbahnschwellen als Trittstufen in Gärten oder alte Dachziegel als Dekorationselemente. Eine solche Art der Weiterverwendung mag in einzelnen Fällen charmant sein, eine echte Konstruktionsaufgabe ist das aber nicht.

Altstoffrecycling, Produktionsabfallrecycling

Produktionsabfälle sind z. B. häufig Verschnittabfälle, Späne (**Bild 1**), abgetrennte Gießsysteme u. Ä.. Diese Abfälle fallen sortenrein an, werden am Entstehungsort getrennt gesammelt, gegebenenfalls kompaktiert und können oft in den Produktionsablauf mit oder ohne weitere Aufbereitung wieder eingeschleust werden.

Das gilt nahezu für die gesamten Gießsystem-Abtrennungen (**Bild 2**). Man spricht hier auch von **Kreislaufmaterial**. Dieses wird sogar legierungskonform zurückgeführt und wieder eingeschmolzen.

Schwierig können Abfälle aus *Verbundwerkstoffen* und *beschichteten Werkstoffen* sein, da hier die Stofftrennung meist nicht ohne Weiteres möglich ist. So sollte z. B. die Beschichtung von Blechen möglichst nicht vor dem Zuschnitt erfolgen, sondern erst danach.

Altstoffrecycling ist die übliche **Weiterverwertung**. Erzeugnisse mit hohem Metallanteil, wie z. B. Autos, Maschinen, Bleche, Schienen u. Ä. werden nach dem Gebrauch geschreddert. Der so entstandene Metallschrott wird als ein hochwertiges Erzeugnis den Stahlwerken zum Einschmelzen zugeführt. Andere Werkstoffe wie Glas, Hölzer und Papiere werden ebenfalls zu einem hohen Anteil weiterverwertet (**Bild 3**).

Kunststoffe, so man sie nicht sortenrein trennen kann, dienen als Ölersatzstoffe, da sie einen hohen Brennwert haben.

Bei der Konstruktion sind generell Stoffe zu vermeiden, die bei einer Weiterbearbeitung, bei der Verbrennung oder bei der Deponierung zu nachhaltigen Umweltbelastungen führen, wie z. B. krebserzeugende Stoffe, Schwermetalle und radioaktive Stoffe. Hier muss der Konstrukteur die Gefahrstoffverordnung mit der Einzelauflistung aller Gefahrstoffe beachten.

Verordnung zum Schutz vor Gefahrstoffen (Gefahrstoffverordnung – GefStoffV)

GefStoffV

Ausfertigungsdatum: 23.12.2004

Vollzitat:

„Gefahrstoffverordnung vom 23. Dezember 2004 (BGBl. I S. 3758, 3759)".

Bild 1: Recycling von Aluminiumspänen

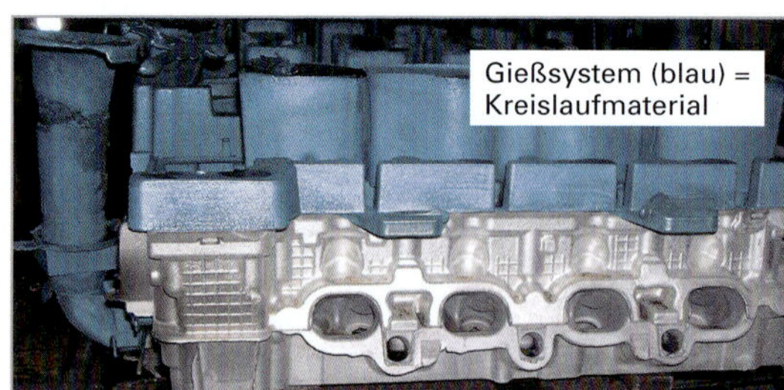

Bild 2: Kreislaufmaterial bei Zylinderkopfguss

Bild 3: Wertstoffverarbeitung

2.3.12 Transportgerechtes und lagergerechtes Gestalten

Für Maschinen und Anlagen gilt es die möglichen Maximalabmessungen in Länge, Breite und Höhe zu beachten bzw. entsprechende Trennstellen vorzusehen, damit ein Transport mit Lkw, Schiff oder Flugzeug vom Hersteller bis zum Kunden möglich ist.

Die meisten Güter werden auf Paletten (**Bild 1**) oder in Gitterboxen (**Bild 2**) verladen, mit einem Hubstapler aufgenommen und eingelagert. Die Abmessungen der Paletten, Gitterboxen, Container sind weitgehend genormt, wie auch die Ladeflächen der Lkw (**Tabelle 1**).

Für Serienfabrikate, vor allem im Konsumbereich, kommt es darauf an, dass diese beim Transport und zur Lagerung möglichst wenig Platz einnehmen und dass sie einfach verpackt werden können.

Hier gilt es die Produkte so zu gestalten, dass sie nach Möglichkeit

- ineinandergestellt (**Bild 3**),
- gefaltet (**Bild 4**) oder
- zusammengeklappt (**Bild 5**)

werden können[1].

[1] Weniger gut ist es, die Produkte als Einzelteile oder teilmontiert auszuliefern und dem Kunden die Montage zu überlassen, auch wenn Montageanleitung und Montagewerkzeuge mitgeliefert werden.

Tabelle 1: Ladeflächen und Containermaße

Sattelzug (Euro-Lastzug)
Außenmaße: Länge: bis 16,5 m; Breite: bis 2,6 m; Höhe: bis 4,0 m Ladevolumen: Länge: bis 13.6 m; Breite: bis 2,4 m; Höhe (meist): 2,4 m Die Beladung berechnet sich nach Lademeter. 1 Lademeter = 1 m x 2,4 m = 5,76 m^2 Auf 1 Lademeter können 2,5 Europaletten oder Eurogitterboxen geladen werden.
20′ Container (Außenmaße)
Länge: 6 m (20′4″); Breite: 2.4 m; Höhe: 2,6 m Nutzlast: 21,7 t
40′ Container (Außenmaße)
Länge: 12 m (40′); Breite: 2,4 m; Höhe: 2.6m Nutzlast: 26,7 t
Luftfrachtcontainer (Auswahl)
Länge (z. T. abgeschrägt): 120/158 bis 244/318 cm; Breite: 153 cm; Höhe: 163 cm
Luftfrachtpaletten
Länge: 244 oder 318 cm; Breite 153 cm
Luftfracht mit Frachtflugzeug Antonow
max. Länge: 36 m, max. Breite: 6,4 m; max. Höhe: 4.4 m

Bild 1: Palettentransport

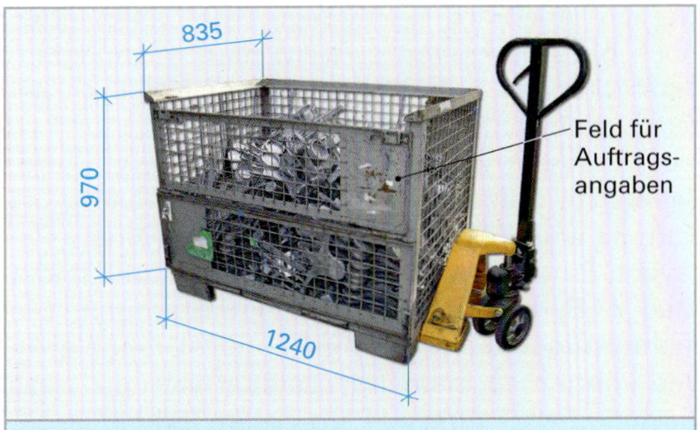

Bild 2: Eurogitterbox

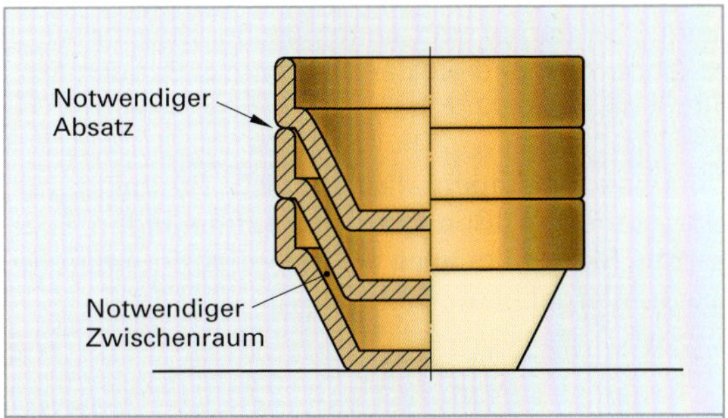

Bild 3: Ineinanderstellen von Tontöpfen

Bild 4: Faltschachtel

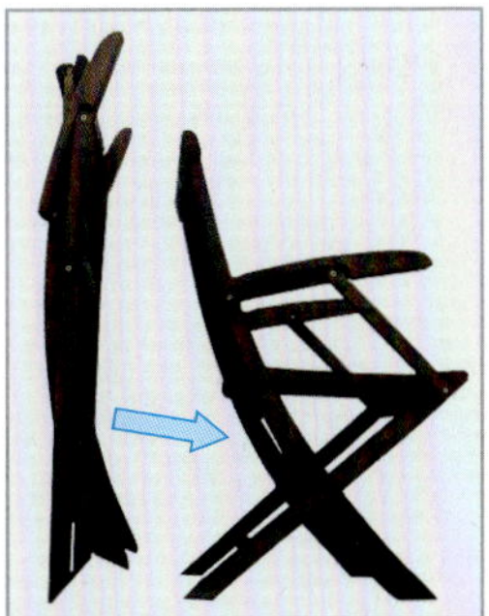

Bild 5: Klappstuhl

Ineinanderstellen durch konisch verjüngende Form. Die Möglichkeit des Ineinanderstellens wird vor allem bei offenen Behältnissen, bei Stühlen und bei Tischen realisiert durch Formen, die sich konisch verjüngen oder erweitern (**Bild 1**).

Hierbei ist darauf zu achten, dass distanzhaltende Elemente eingeformt sind, damit ein Verklemmen ausgeschlossen wird.

Ineinanderstellen durch kleinere Abmessungen. Bei Teleskopfernrohren kann man die Tuben aufgrund unterschiedlicher Durchmesser ineinanderschieben (**Bild 2**). Bei den Feuerwehrleitern stecken mehrere Leitersegmente ineinander. Auch bei Autokranen erreicht man mit ineinandersteckenden Rohren große Ausfahrlängen bei relativ kleinem Platzbedarf.

Falten. Die Falttechnik nutzt man regelmäßig bei Kartons und bei Gestellen, wie z. B. bei einem Paravent. Eine sehr ausgeklügelte Falttechnik findet man z. B. bei den Betontransportpumpen. Die mehrarmigen Pumpenrohre haben Drehgelenke und können so ineinandergefaltet werden, dass sie auf einem Fahrzeug Platz haben (**Bild 3**).

Zusammenklappen. Die Klapptechnik ist bei Stühlen, Bänken und Tischen (z. B. Bierzeltgarnituren), beim Zylinderhut und beim Taschenmesser wohl bekannt. Auf- und einklappbar sind z. B. auch Monitore an Mobiltelefonen und Fotoapparaten.

Übereinanderstapeln lassen sich Produkte mit einrastenden Füßen oder mit einrastenden Fußleisten. Man sollte auch an Eingriffsöffnungen für die Staplergabel denken (**Bild 4**).

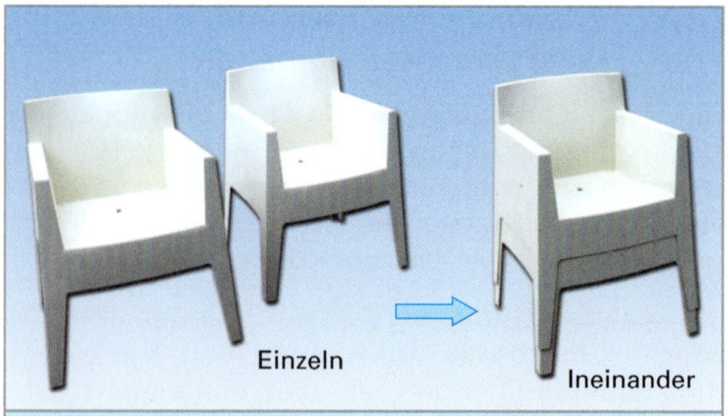

Bild 1: Ineinanderstapeln von Sesseln

Bild 2: Ineinanderschieben von Rohren (Tuben) beim Fernrohr (historisches Teleskop)

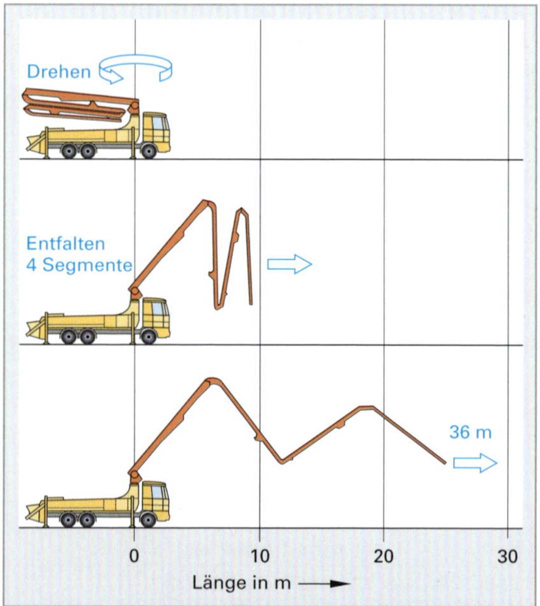

Bild 3: Zusammenfalten großer Gestelle am Beispiel einer Auto-Betonpumpe

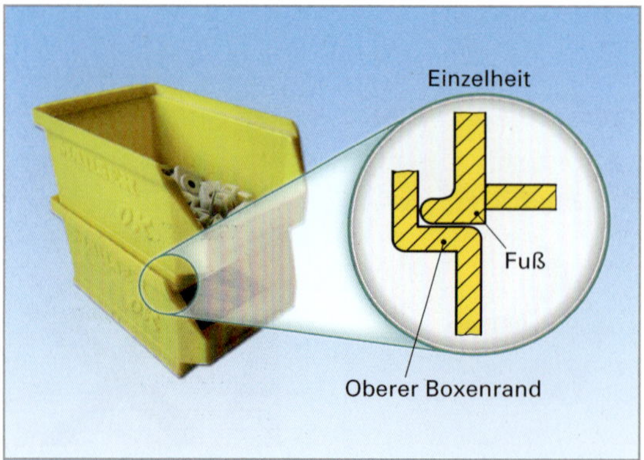

Bild 4: Stapelboxen

2.3.13 Formgerechtes und ästhetisches Gestalten

Das *Design* bestimmt wesentlich den Erfolg und den Wert der Produkte. Das gilt nicht nur für Gebrauchsgüter, sondern auch für Investitionsgüter. Auch diese haben eine ästhetische[1] Ausstrahlung.

Der Konstrukteur sollte daher neben der Funktionserfüllung und den vielen Attributen zur Gestaltung, wie kostengerecht, fertigungsgerecht, auch die ästhetische Wirkung im Auge behalten und gestalterisch Einfluss nehmen. Für viele Produkte ist das Design natürlich essentiell und es kümmern sich heutzutage geschulte und erfahrene Designer darum, wie z. B. bei der Gestaltung der Kraftfahrzeuge.

Bild 1: PKW im Glanz der Lichter

Die Schönheit der Technik

Es gibt Produkte, die durch ihr Design geschmacksbildend für Generationen geworden sind und die einfach gesagt schön sind und Schönheit widerspiegeln (**Bild 1**). Umgekehrt ändert sich auch das Sehempfinden der Betrachter und Nutzer und das Design kann sich dem nicht verschließen.

Nun gibt es Maschinen und Anlagen und ihre Teile, von denen man als Konstrukteur nicht gerade eine ästhetische Gestaltung erwartet oder gar für wichtig hält, z. B. eine *Kabelverschraubung* oder eine *Welle mit Ritzel* (**Bild 2**). Die Kabelverschraubung hat die Aufgabe, die Kabeleinführung in Schaltkästen dicht und zugentlastet zu gewährleisten. Kann und soll eine solche Kabeleinführung auch schön sein? Ja, sie kann und sie soll. Die Kabeleinführung ist nicht nur als ein exzellentes Funktionsteil anzusehen, sondern wirkt mit ihrem Aussehen, ihrer Haptik[2], ihrer Farbe und ihrer Form auf den Anwender und Betrachter.

Bild 2: Kabeleinführung und Welle mit Ritzel

Die Welle mit Ritzel ist ein reines Funktionsteil, in manchen Anwendungen vielleicht sichtbar, im Regelfall ist aber ein solches Bauteil in ein Getriebegehäuse eingebaut. Es hat von sich aus eine ästhetische Ausstrahlung – ohne dass dies gewollt ist. Man muss es nur sehen.

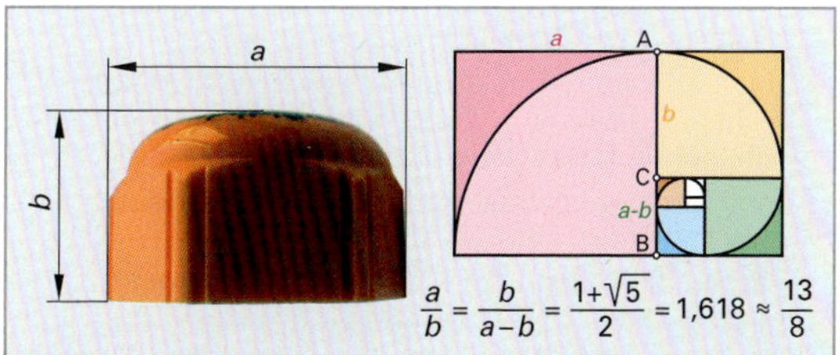

Bild 3: Der Goldene Schnitt

> Griechische Philosophen und Mathematiker, z. B. *Platon* (427 v. Chr. bis 347 v. Chr.) und *Euklid* (365 v. Chr. bis 300 v. Chr.) befassten sich ausführlichst mit den Proportionen und der Harmonie der Körper und beschrieben u. a. das Teilungsverhältnis 1,6: 1 als ein Besonderes. Seit der Renaissance ist das Teilungsverhältnis (1,6180 : 1) als der „Goldene Schnitt" genau berechnet[3] und kann zeichnerisch wie in **Bild 3** dargestellt in unendlich weiterer Teilung gebildet werden.

[1] Ästhetik = Wissenschaft vom Schönen, Lehre von der Harmonie. von griech. aisthetes = Mensch mit Schönheitssinn.

[2] *Haptik* = Lehre vom Tastsinn, von griech. haptein = heften, berühren, anfassen.

[3] Im Zeitalter der Renaissance formuliert *Luca Pacioli* den Goldenen Schnitt als das Verhältnis, das sich ergibt, wenn man eine Linie AB durch einen Punkt C so teilt, dass sich $\overline{AB}$ zu $\overline{AC}$ so verhält wie $\overline{AC}$ zu $\overline{CB}$.

Die Schönheit der Maschinen

Das beginnende Industriezeitalter brachte wunderbare Maschinen hervor. Sie waren oft in tempelähnlichen Gebäuden installiert und verlangten von Betreibern und Nutzern größten Respekt. Als Museumsmaschinen strahlen sie auch heute noch Schönheit aus (**Bild 1**).

Diese Maschinen waren sicher in erster Linie an der Funktionalität orientiert. Gleichwohl haben die damaligen Konstrukteure bildnerische Elemente, insbesondere bei Gussteilen mit eingefügt. Für die heutigen Produkte ist uns oftmals der Blick versperrt, sie auch als schöne Produkte zu empfinden (**Bild 2**) – vielleicht weil sie Massenware sind.

Produkte, die sich ausschließlich an der Funktionalität orientieren, wie z. B. eine Turbinenleitschaufel, werden zu einem schönen und wunderbaren Gebilde, wenn sie durch die technische Evolution der kontinuierlichen Optimierung von einer einfachen Brettform zu einer geschwungenen Form sich entwickelt haben (**Bild 3**). Die funktionale Optimierung erbringt eine Angleichung an eine Gestalt, die mit einem Vogelflügel Verwandtschaft hat. Heutige CAD/CAM-Systeme ermöglichen eine solche Formgebung. Man spricht von *Bionik*[1] (siehe Kapitel 4).

Formgerechtes Gestalten kann man nicht einfach mit einer Auflistung von „gut" und „schlecht" erlernen. So führt z. B. das Teilungsverhältnis des Goldenen Schnittes nicht immer zu einer gelungenen Form.

Betrachten Sie Ihre Konstruktion unter folgenden Gesichtspunkten:

- Stehen die einzelnen Volumen zueinander in einem ausgewogenen Verhältnis?
- Hat man das Gefühl, da kippt etwas, ist also instabil, auch wenn Stabilität abgeprüft ist?
- Hat man das Gefühl, da sticht etwas oder ist spitzig, nicht im Sinne von körperverletzend und gefährlich, sondern das Sehgefühl verletzend?
- Sind Ecken verrundet und gehen Linien ineinander über?
- Passen die Teile in der Fluchtung zueinander?
- Sind Kantenverläufe durchgehend oder sind sie unbegründet versetzt oder abgewinkelt?
- Sind Kurvenübergänge harmonisch, z. B. so, dass man einen Stahldraht ohne zu Knicken daran anschmiegen könnte (Splines[2])?

Häufig kann man nicht genau angeben und mit dem Finger drauf zeigen, was ein Produkt als „formvollendet" erscheinen lässt. Es ist die Gesamtheit der Formelemente, der Texturelemente, der Spiegelungen, der Glanzeffekte, der matten Stellen und auch der Farben.

Bild 1: Regler einer historischen Dampfmaschine

Bild 2: Laser-Drucker (hp)

Bild 3: Turbinenschaufel

[1] Bionik, Kurzwort aus Biologie und Technik, Wissenschaft zur Lösung technischer Aufgaben mit Anlehnungen oder Hilfen aus der Biologie.

[2] engl. spline = dünner Stab, um damit z. B. gleichmäßige Kurven an Schiffsrümpfen zu erhalten.

3 Maschinenelemente

3.1 Einführung

Maschinenelemente[1] sind elementare Basiskonstruktionen, wie z. B. Schraubverbindungen, Wellen und Lager, die sich als Standardaufgaben für den Konstrukteur häufig stellen und die er direkt oder in methodischer Abwandlung in seine Konstruktion einbindet (**Bild 1**).

Die Maschinenelemente, als Standardelemente, geben dem Konstrukteur Sicherheit, da sie in ihrer Art wohlerprobt sind. Darüber hinaus gibt es für die meisten Maschinenelemente gesicherte Berechnungsverfahren, um hinsichtlich ihrer Größe und ihrer Abwandlungen auch bei neuartigen Anwendungen die Funktionssicherheit mit vorhersagbarer Lebensdauer gewährleisten zu können.

Die CAD-Systeme halten die am meisten vorkommenden Maschinenelemente als einbaubare Konstruktionselemente in parametrierbarer Weise, d. h. zur Anpassung an die Konstruktionsaufgabe verfügbar.

Die Maschinenelemente gliedern sich in:

- Verbindungselemente, z. B. Schraubenverbindungen, Welle-Nabenverbindungen,
- Antriebselemente, z. B. Wellen, Achsen, Wälzlager, Gleitlager,
- Sonstige, z. B. Dichtungen, Rohrleitungen, Gehäuse.

Bild 1: Wichtige Maschinenelemente bei einem Fahrzeuggetriebe

[1] Das Lehrgebiet „Maschinenelemente" ist einerseits geprägt von der Vermittlung der Maschinenelemente, wie z. B. den Verbindungselementen und zwar hinsichtlich deren Art, deren Funktion, deren Montage, deren Betriebsverhalten, deren Kosten und deren Umwelteigenschaften. In diesem Sinne sind die Maschinenelemente in diesem Buch behandelt. In manchen Unterrichtseinheiten ist es Tradition, die Maschinenelemente „zu berechnen", z. B. um einen Sicherheitsnachweis zu führen, und dies wird dann auch oft als Hauptaufgabe gesehen. Hier ist zu bemerken: Die Maschinenelemente sind allermeist

- **Normteile** und in der Norm hinreichend spezifiziert (dem Konstrukteur wird empfohlen, die Norm im Original als Grundlage zu verwenden)

oder es sind

- **Zukaufteile**, z. B. die Wälzlager. Hier ist es die Aufgabe, anhand der Auswahlprogramme der Hersteller, die geeigneten Elemente auszusuchen (und in diesem Sinne „zu berechnen"). Die Grundlagen hierzu haben die Hersteller auf Basis umfassender experimenteller Prüfungen und/oder komplexer Berechnungen mit Gewährleistungen ermittelt

oder es sind

- **Neuschöpfungen**, die einer qualifizierten Untersuchung bedürfen. Sofern es sich dabei um Elementarelemente, wie z. B. um einen homogenen runden Stab handelt, kann man die Berechnungen mit den einfachen Formeln aus der Festigkeitslehre oder aus der Technischen Mechanik durchführen. Sind es aber – wie meist – komplex strukturierte Elemente, z. B. mit Kerben, Taschen und Verkrümmungen, so ist eine Betrachtung mit Finiten Elemente-Methoden (FEM) unumgänglich. Gute CAD-Systeme unterstützen diese Aufgabenstellungen.

So ist es also heute meist nicht mehr angezeigt, auf der Basis universeller „Näherungs-Formeln" „genaue" Berechnungen auszuführen um dann sicherheitshalber darauf noch Zuschläge zu verteilen.

Die Grundlagen und Randbedingungen der Formeln sind ohnehin nur selten transparent und nicht im mathematischen Sinne beweisbar. Ihre Übertragung auf eine nur ähnliche, aber andere konstruktive Ausführung ist häufig problematisch.

3.2 Achsen und Wellen

3.2.1 Übersicht

Mithilfe einer **Achse** werden umlaufende oder schwingende Maschinenelemente, z. B. ein Rad an einem Wagen aufgenommen (**Bild 1**). Achsen werden vor allem auf Biegung beansprucht. Sie sind häufig feststehend (**Bild 2**).

Wellen sind Antriebselemente. Sie sind drehbar gelagert und übertragen Rotationsenergie (**Bild 3**). Somit sind sie insbesondere auf Torsion beansprucht und beinhalten, meist am Wellenende, Formelemente zur Kraftübertragung auf Naben, z. B. eine Kerbung (**Bild 4**), um drehsteif ein Zahnrad bewegen zu können.

Bei Wellen unterscheidet man:

- Antriebswellen,
- Getriebewellen,
- Gelenkwellen,
- Vorschubspindeln und Hauptspindeln und
- Sonderformen wie z. B.: Kurbelwellen, Nockenwellen, biegsame Wellen und Zapfen.

Die **Antriebswelle** dient der Drehmomentübertragung von einem Antrieb, z. B. von einem Motor, zu einer Maschine. Sie kann im einfachsten Fall, ohne eigene Lagerung, nur als ein zylindrisches Zwischenstück hergestellt sein und verbindet die motorseitig gelagerte Motorabtriebswelle mit der fluchtend gelagerten Maschinenantriebswelle. Die Verbindung erfolgt häufig über Muffen mit Bolzen oder Keilen bzw. mit den Methoden der Welle-Naben-Verbindungen (WNV).

So sind die Wellen hinsichtlich ihrer Gestaltung einerseits im Zusammenhang mit den von ihr getragenen Naben zu sehen und andererseits im Zusammenhang mit der Wellenlagerung. Die Länge einer Welle ist abhängig von ihrer Aufgabe und beträgt bei Kleinstmaschinen, wie z. B. einem Uhrwerk weniger als 1 mm und erreicht bei Generatoren in Kraftwerken und Schiffen über 20 m. Die zu übertragenden Drehgeschwindigkeiten haben ebenfalls eine sehr weite Spanne und reichen von wenigen Umdrehungen pro Minute, z. B. bei einem Schiffspropellerantrieb, bis zu mehreren hunderttausend Umdrehungen pro Minute bei einem Zahnarztbohrer.

Achsen sind feststehende oder umlaufende Bauteile, die vorwiegend auf Biegung beansprucht werden. Wellen laufen stets um und werden auf Biegung und auf Torsion beansprucht.

Bild 1: Historischer Votivkarren, 2. Jh. v. Chr.

Bild 2: Starrachse mit integriertem Antrieb für Schwerlastfahrzeuge

Bild 3: Welle einer Kraftwerksturbine

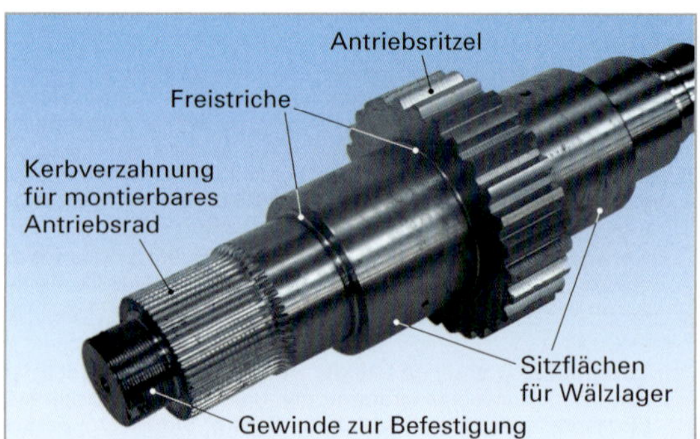

Bild 4: Getriebewelle

Getriebewellen sind vor allem geprägt von den Forderungen nach kleinem Bauraum, extrem hoher Steifigkeit sowohl hinsichtlich Biegung und Torsion, hoher Laufruhe und der Aufnahme von meist mehreren Radelementen. Die Wellendimensionierung geschieht nicht nur nach den möglichen Belastungen, sondern auch nach ihrem Verhalten in Bezug auf Eigenschwingungen.

Besondere Herausforderungen gibt es bei Kraftfahrzeugschaltgetrieben mit der Aufgabe, Zahnradbewegungen zuzuschalten, umzuschalten oder zu sperren (**Bild 1**). Hier hat die Welle auch die Aufgabe einer Linearführung für Schiebebewegungen von Rad- und Kupplungselementen.

Gelenkwelle. In häufigen Fällen ist ein erheblicher Achsversatz zwischen dem Abtrieb und dem Antrieb auszugleichen. Dann verwendet man Gelenkwellen, meist in der Ausführung als Kardanwelle[1] mit einem Kreuzgelenk an den Enden (**Bild 2**), z. B. beim Kfz zum Antrieb der Hinterachse.

Gelenkwellen sind oftmals hohl und werden z. B. in ihrem Mittelteil aus Rohren gefertigt. Die an den Enden meist befindlichen Elemente zur Drehmomentübertragung, wie z. B. Gelenkgabeln, werden separat hergestellt und vielfach durch Schweißen oder Kleben stoffschlüssig mit dem zylindrischen Wellenteil verbunden.

Die Abtriebswinkelgeschwindigkeit, wird abhängig vom Winkelversatz (Bild 2), mehr oder weniger ungleichförmig, d. h. sie ist innerhalb einer Umdrehung zu- und abnehmend.

An die **Hauptspindeln** bei Werkzeugmaschinen zur Werkzeugaufnahme (**Bild 3**) oder zur Werkstückaufnahme, wie bei Drehmaschinen, werden besonders hohe Ansprüche gestellt und zwar hinsichtlich:

- Rundlaufgenauigkeit, auch bei hohen einseitig axialen Belastungen,
- weitem Auskragen der Spindel,
- großem Drehzahlbereich,
- geringer Wärmeausdehnung,
- gleichzeitiger Übertragung von Kühlschmierstoffen, elektrischer und hydraulischer Energie.

Bei Stangendrehmaschinen muss im Zentrum ferner Platz sein, um Stangen zu transportieren (**Bild 4**).

[1] benannt nach *Hieronymus Cardanus*, it. Arzt, Philosoph und Mathematiker (1501 bis 1576)

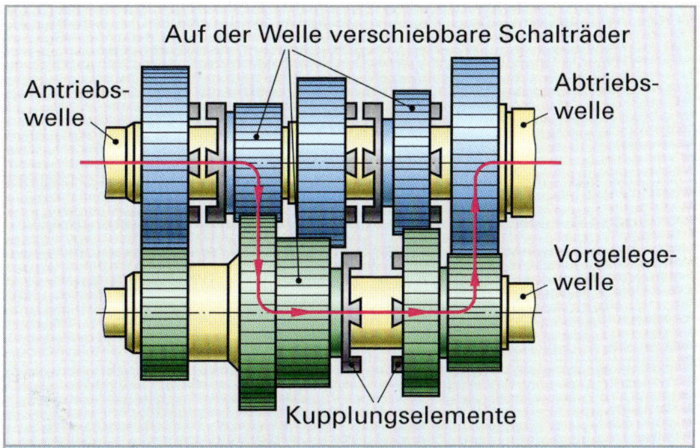

Bild 1: Schaltgetriebe

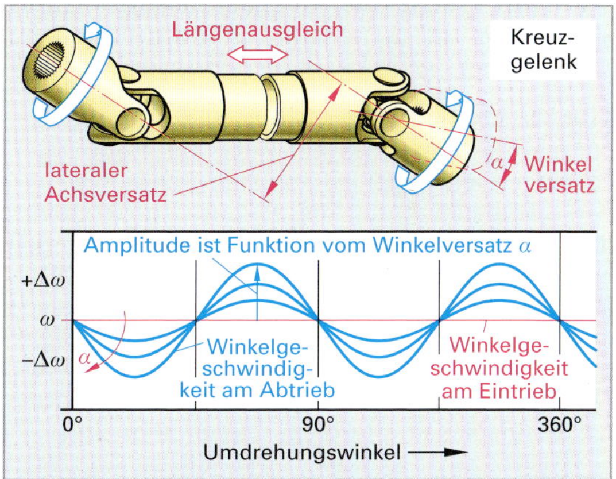

Bild 2: Gelenkwelle

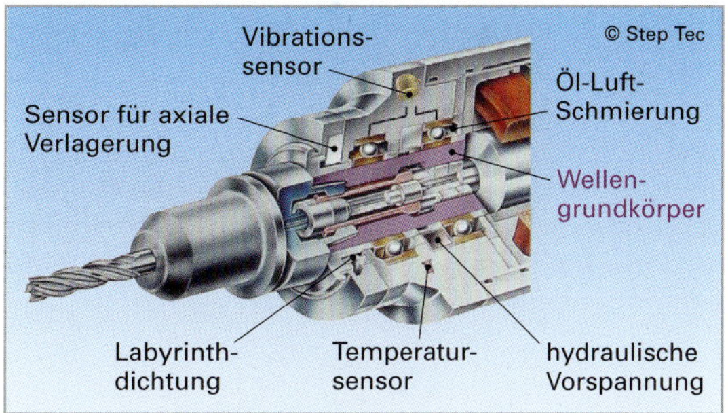

Bild 3: Hauptspindel einer Fräsmaschine

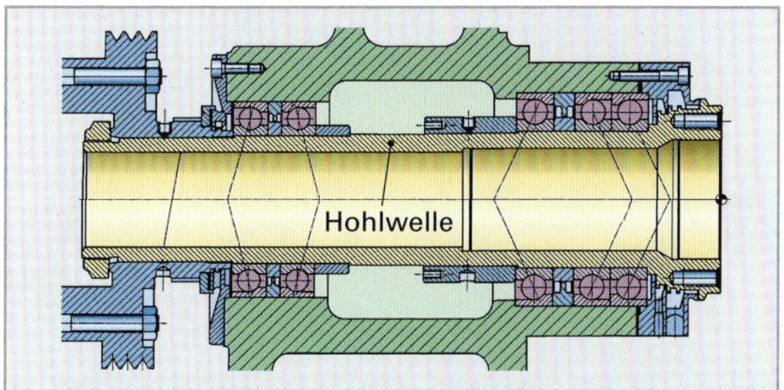

Bild 4: Welle bei einer Drehmaschine

Vorschubspindeln sind Wellen mit einem Gewinde. Sie sind bei NC-Maschinen zur Verbesserung der Steifigkeit bzw. Erhöhung der Eigenfrequenzen oft über zwei Lager vorgespannt (**Bild 1**).

Die Auslegung erfolgt ganz nach dynamischen Gesichtspunkten, d. h. die Vorschubspindel und die zugehörigen Lager werden nach den auftretenden Beschleunigungs- und Ruckwerten dimensioniert und erscheinen dadurch dem Betrachter bei einem ersten Blick mit Bezug auf die angetriebenen Werkzeuge im Durchmesser viel zu dick. Die hohe Steifigkeit wird benötigt, um hohe, lastunabhängige und beschleunigungsunabhängige Fertigungsgenauigkeiten zu erzielen.

Bei sehr langen Vorschubantrieben verwendet man diese Spindeln im Sinne von Achsen, indem man sie fest einspannt und die Getriebemutter antreibt (**Bild 2**).

Kurbelwellen sind je nach Anzahl der Motorzylinder mehrfach abgekröpfte Wellen mit Hauptlager, Passlager (Festlager zur axialen Fixierung) und den Lagerstellen für die Pleuel (Kurbelzapfen) (**Bild 3**). Es sind komplizierte Gebilde mit Wangen bzw. Gegengewichten und Schwungkörpern. Hergestellt werden sie durch Gießen aus Gusseisen oder Schmieden aus Vergütungsstahl. Die Lagerbearbeitung erfolgt durch Drehfräsen, Härten und Schleifen. Kurbelwellen sind in der Anwendung bei Schiffsdieselmotoren z. T. über 10 m lang.

Exzenterwellen. Bei Exzenterwellen ist die Abtriebwelle exzentrisch zur Antriebswelle angeordnet und trägt eine Kurbel zur Umsetzung in eine Hubbewegung (**Bild 4**). Die Mittellinien der Wellen sind um die Exzentrizität versetzt.

Exzenterwellen nutzt man z. B. bei schnelllaufenden mechanischen Pressen und führt damit die Hubbewegung der Presswerkzeuge oder der Schneidwerkzeuge aus. Bei Membranpumpen wird die Membrane über Exzenterwellen in eine schwingende Bewegung versetzt.

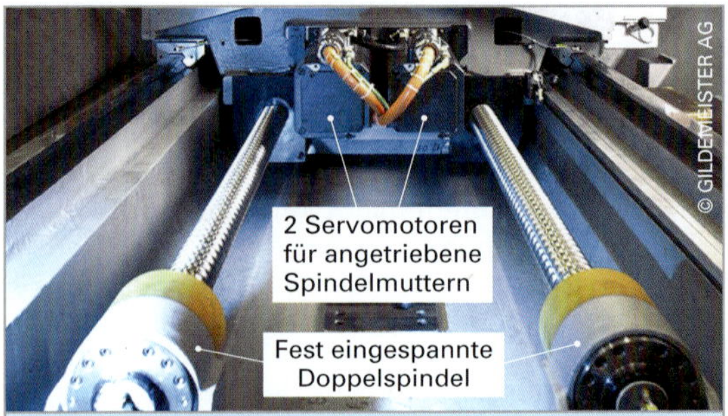

Bild 2: Zwei feststehende Spindeln mit angetriebenen Spindelmuttern

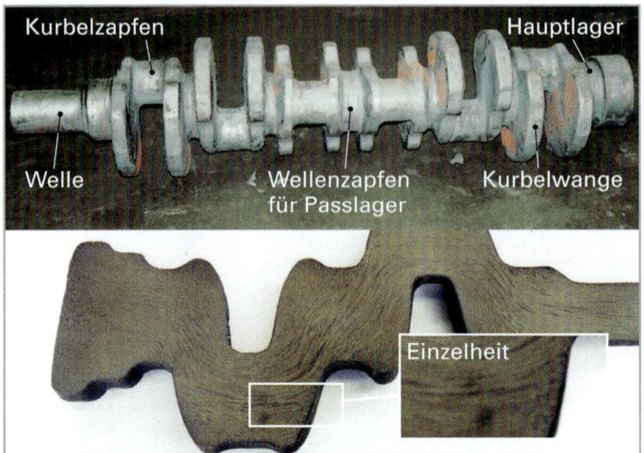

Bild 3: Kurbelwelle und Schmiederohling

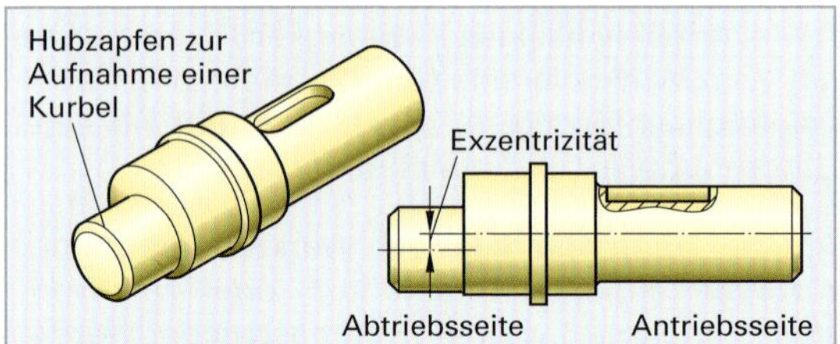

Bild 4: Exzenterwelle

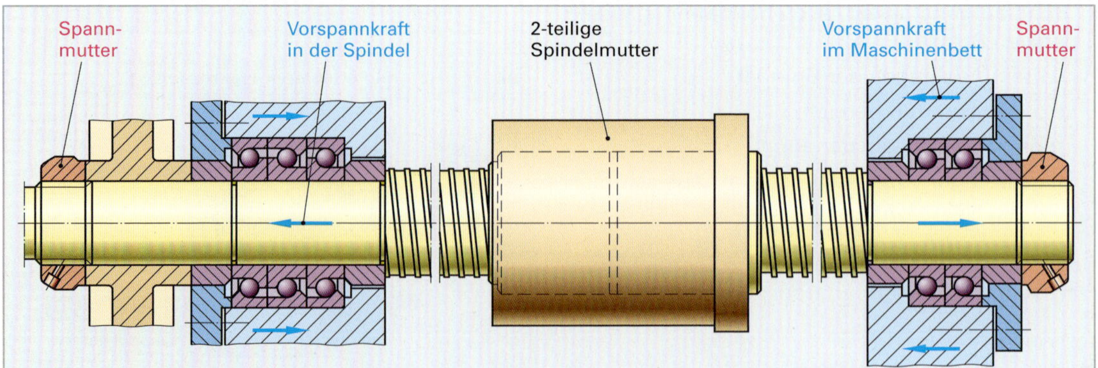

Bild 1: Vorgespannte Vorschubspindel

Nockenwellen dienen der Ventilsteuerung von Verbrennungsmotoren (**Bild 1**). Die Zahl der Nocken hängt von der Ventilzahl des Motors ab. Nockenwellen werden entweder mit den Nocken als Schalenhartgussteile gegossen oder sie werden „gebaut".

Gebaute Nockenwellen bestehen aus einem Präzisionsstahlrohr als Welle, auf das die Nocken, z. B. als Sintergussteile positions- und winkelgenau aufgeschrumpft werden. Nockenwellen haben ebenso wie Kurbelwellen mehrere Lagerstellen.

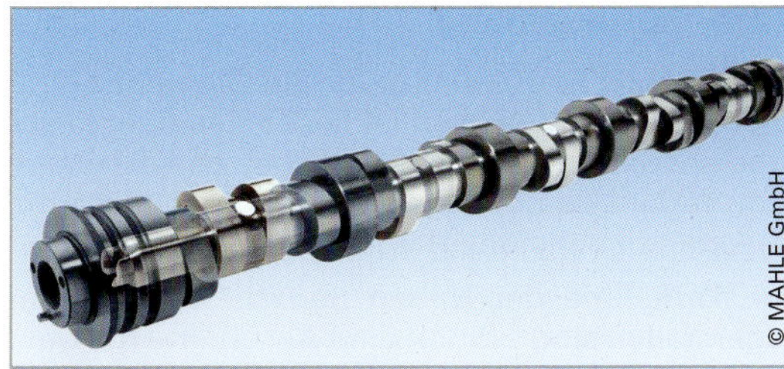

Bild 1: Nockenwelle

Biegsame Wellen verwendet man z. B. für Werkzeugantriebe, wenn die Motorgewichte eine große Last bei der Handhabung sind oder wenn die Motorgröße die Zugänglichkeit behindert. Sie bestehen aus mehrgängigen linksdrehenden und rechtsdrehenden, schraubenförmigen Stahldrahtwickeln in mehreren Lagen, eingebettet in einen Schutzschlauch (**Bild 2**). Sie werden mit Fett geschmiert.

Biegsame Wellen besitzen eine Vorzugsdrehrichtung, abhängig von der Windungsrichtung der obersten Drahtlage. Bei entgegengesetzter Drehrichtung können nur etwa 40 % bis 70 % der Leistung übertragen werden. Die Anschlussmaße sind in DIN 42995 genormt[1].

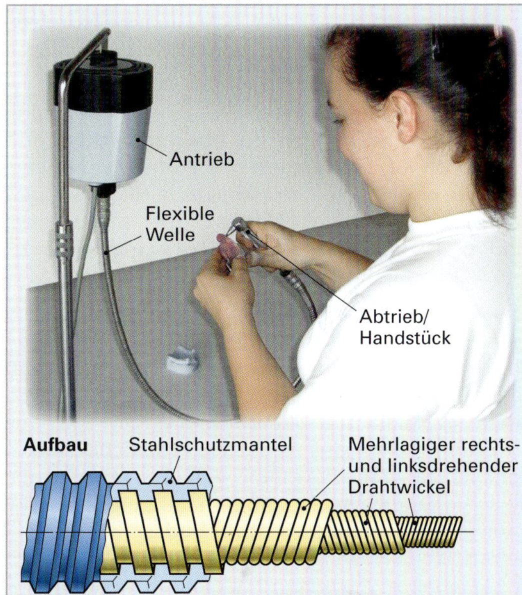

Bild 2: Biegsame Welle

Hohlwellen sind innen hohl und meist aus Rohren gefertigt. Gegenüber Vollwellen zeichnen sie sich durch ein wesentlich geringeres Gewicht aus, bei nur unwesentlich verminderter Biegesteifigkeit und Torsionssteifigkeit. Es gibt Hohlwellen, bei denen zwei und mehr Wellen ineinandergesteckt sind und dabei auch mit unterschiedlichen Drehrichtungen (**Bild 3**) laufen. Man benötigt solche Lösungen, z. B. zum Antrieb von Roboterhandgelenken mit weit im Roboterarm zurückliegenden Antrieben.

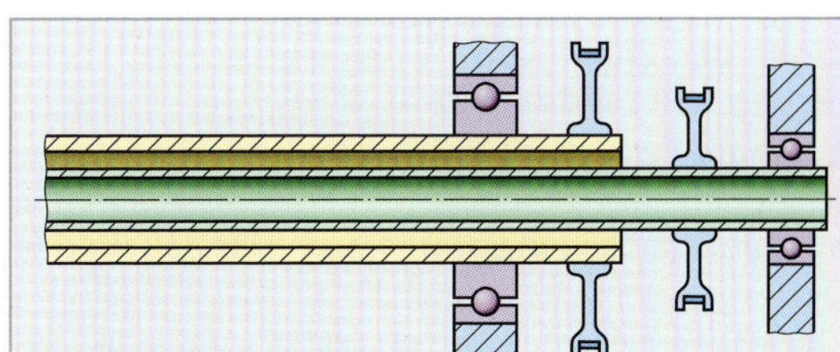
Bild 3: Hohlwellen

Zapfen sind Teilstücke einer Welle oder Achse. Man unterscheidet zwischen *Stirnzapfen*, *Halszapfen*, *Stützzapfen* und *Spur-* oder *Kammzapfen* (**Bild 4**).

Die Stirnzapfen und Halszapfen sind Tragzapfen mit einer Lagerung parallel zur Wellenachse. Die Stirnzapfen sind Lager am Ende einer Welle oder Achse, die Halszapfen sind innerhalb. Die Stützzapfen und Kammzapfen befinden sich am Wellenende und nehmen axiale Kräfte auf. Für die Dimensionierung der Zapfen ist die Flächenpressung zu beachten.

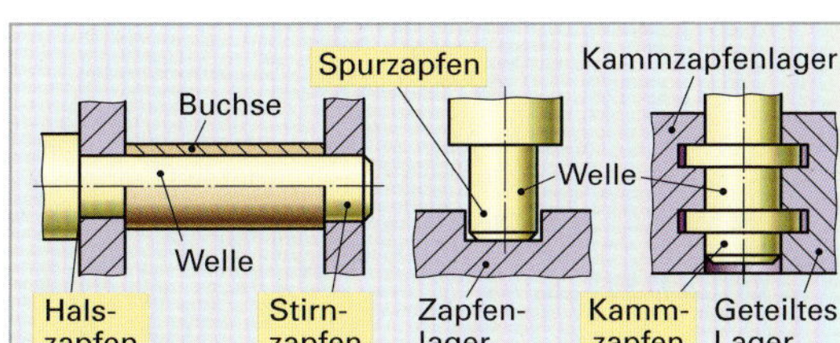

Bild 4: Zapfen

[1] Norm ist zurückgezogen

3.2.2 Formgebung

Die optimale Formgebung für auf Biegung belasteter Wellen und Achsen ist bei beidseitiger Lagerung so, dass die Welle oder Achse entsprechend zum Verlauf des Biegemoments in der Mitte am stärksten dimensioniert wird.

Zur Aufnahme der Naben und zur Bildung der Lagerstellen sind zylindrische Abschnitte notwendig. Die Durchmesser dieser Abschnitte werden in Stufen von der Mitte aus reduziert. **Bild 1** zeigt die typische Gestalt einer Getriebewelle. Die Durchmesser sind so zu wählen, dass übliche Normteile, Werkzeuge und Prüfmittel Verwendung finden können.

Absätze. Zur Bildung der Stufen mit den seitlichen Anlageflächen ist zu beachten, dass aufgrund von Kerbwirkungen die Stufung möglichst moderat erfolgen soll, mit Absätzen, die zum Übergang auf den kleineren Durchmesser ausgerundet sind mit Radien zwischen $d/20$ bis $d/10$ des kleineren Wellendurchmessers d (**Bild 2**).

Freistiche sind bei Wellenabsätzen dann vorzusehen, wenn der Absatz zum axialen Anschlagen von Naben dient und die Welle oder Achse geschlichtet werden muss. Die Freistiche ermöglichen ein Auslaufen der Bearbeitungswerkzeuge im Eckenbereich des Absatzes. Freistiche sind in der DIN 509 in die Formen E, F, G und H unterteilt. Zu schleifende Wellen sollten nach den Formen E oder F freigestochen werden (**Bild 3**). Für Gewindefreistiche an Wellen gilt DIN 76 (**Bild 4**).

Einstiche z. B. für Sicherungsringe gegen axiales Verschieben bilden in extremer Weise Kerbstellen und sind in dem durch Biegung belasteten Bereich zu vermeiden. Die Einstiche gibt es somit nur an den Enden von Wellen und Achsen zur Fixierung von Lagern (**Bild 5**).

Zentrierbohrungen dienen der Bauteilaufnahme bei der Herstellung, Montage und Prüfung. Sie gibt es in unterschiedlichen Formen nach DIN 332 (**Bild 6**).

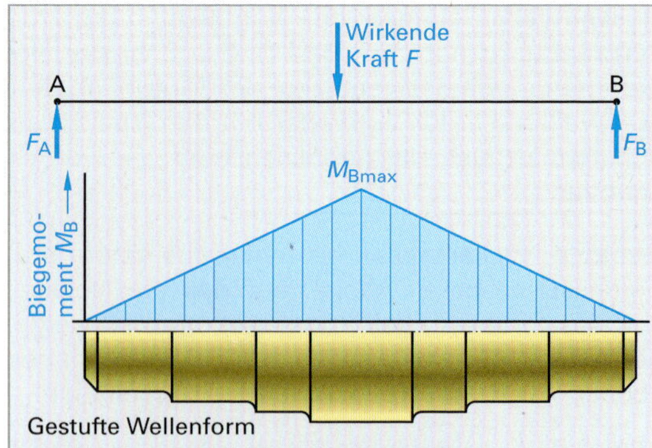

Bild 1: Welle mit Stufung

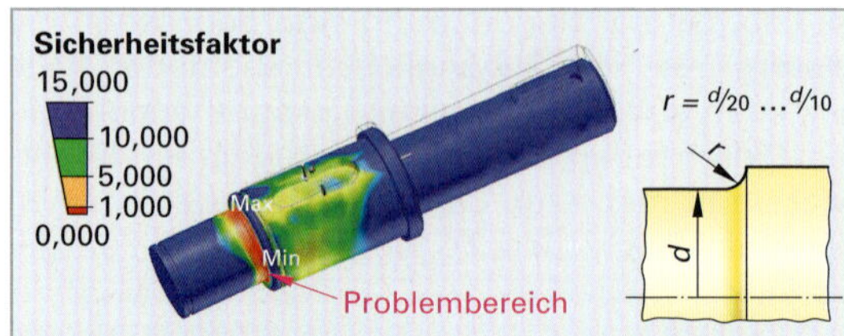

Bild 2: Ausbildung und Wirkung von Absätzen

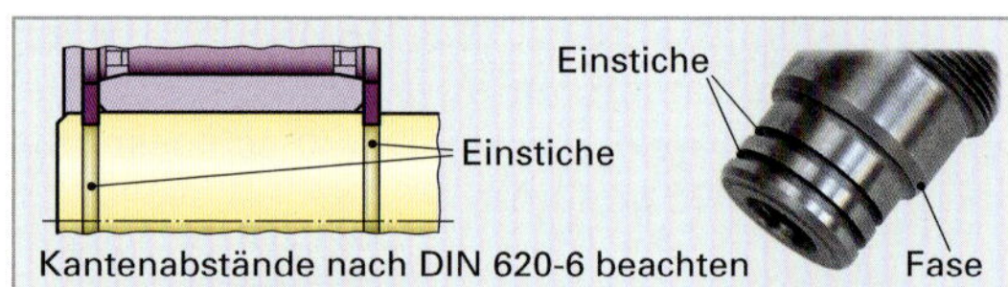

Bild 5: Einstiche

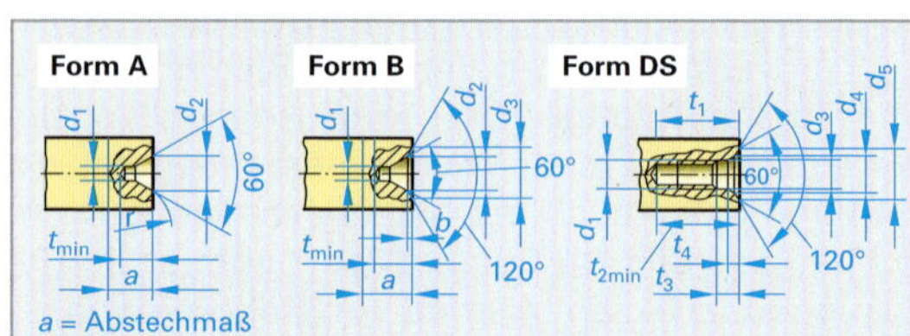

Bild 6: Zentrierbohrungen

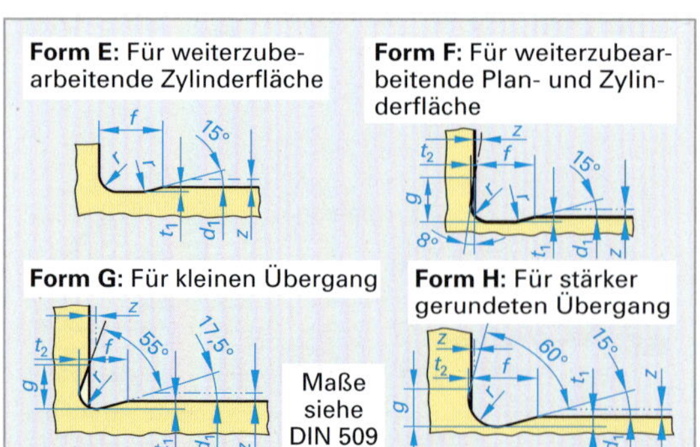

Bild 3: Freistiche

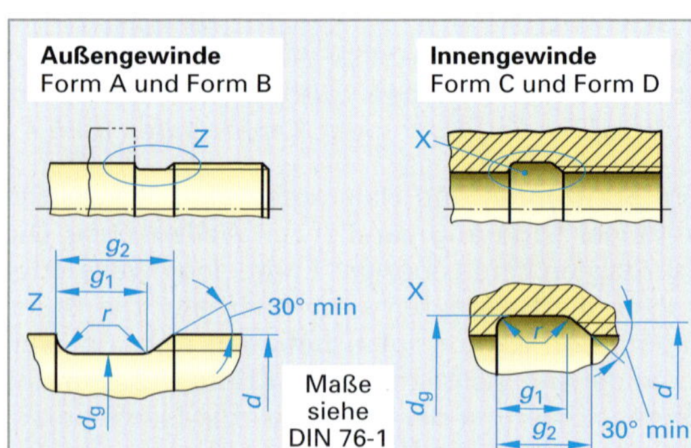

Bild 4: Gewindefreistiche an Wellenenden

Durchmesser-Dimensionierung von Wellen

Biegespannung:

$$\sigma_b = \frac{M_b}{W_b}$$

σ_b Biegespannung
M_b Biegemoment
W_b Widerstandsmoment gegen Biegung

$$\sigma_b = \frac{M_b}{\frac{\pi}{32} \cdot d^3} \quad \Rightarrow \quad d = \sqrt[3]{\frac{32 \cdot M_b}{\pi \cdot \sigma_b}}$$

Das Biegemoment M_b wird an dieser Stelle durch das angreifende Vergleichsmoment M_v ersetzt. Die Biegespannung σ_b wird mit der zulässigen Spannung $\sigma_{b,zul}$ ersetzt. Zur Ermittlung des erforderlichen Wellenquerschnittes bei überlagerter Belastung gilt:

$$d_{erf} = \sqrt[3]{\frac{32 \cdot M_v}{\pi \cdot \sigma_{b,zul}}}$$

d_{erf} erforderlicher Bauteildurchmesser
M_v Vergleichsmoment
$\sigma_{b,zul}$ zulässige Biegespannung

$$\sigma_{zul} = \frac{\sigma_D}{s_D}$$

σ_{zul} zul. Spannung im Bauteil
σ_D Langzeitfestigkeit
S_D Sicherheit gegen Schwingbruch

Dimensionierung für eine Hohlwelle:

$$d_{a,erf} = \sqrt[3]{\frac{32 \cdot M_v}{\pi \cdot (1 - k^4) \cdot \sigma_{b,zul}}}$$

$d_{a,erf}$ erforderlicher Außendurchmesser
M_v Vergleichsmoment
$\sigma_{b,zul}$ zulässige Biegespannung

Nach Ermittlung des erforderlichen Durchmessers sind die Konstruktionsfaktoren zu bestimmen und mit der Abschätzung zu vergleichen.

Beispiel: Welle mit Passfedernut

Der Querschnitt einer Welle an einer Passfedernut soll grob festgelegt werden. Folgende Daten sind bereits ermittelt. M_b = 80 Nm, M_t = 145 Nm, Werkstoff C45, feingeschlichtet, Sicherheitsfaktor $s_D = 4$

Lösung:
Zunächst muss das Vergleichsmoment bestimmt werden:

$$M_v = \sqrt{M_b^2 + 0{,}75\,(\alpha_0 M_t)^2}$$

$$M_v = \sqrt{(80\ \text{Nm})^2 + 0{,}75\,(0{,}7 \cdot 145\ \text{Nm})^2} = 118\,850\ \text{Nmm}$$

Die Langzeitfestigkeit beträgt: $\sigma_D\ (\text{C45}) = 310\ \frac{\text{N}}{\text{mm}^2}$

Die zulässige Biegespannung ist:

$$\sigma_{b,zul} = \frac{\sigma_D}{s_D} = \frac{310\ \frac{N}{\text{mm}^2}}{4} = 77{,}5\ \frac{N}{\text{mm}^2}$$

Man erhält für den erforderlichen Querschnitt:

$$d_{erf} = \sqrt[3]{\frac{32 \cdot M_v}{\pi \cdot \sigma_{b,zul}}} = \sqrt[3]{\frac{32 \cdot 118\,850\ \text{Nmm}}{\pi \cdot 77{,}5\ \frac{\text{N}}{\text{mm}^2}}} = 24{,}99\ \text{mm}$$

Bei einer Passfedernuttiefe von 4 mm wird ein Nenndurchmesser von d = 29 mm gewählt.

$$k = \frac{d_i}{d_a}$$

k Durchmesserverhältnis
d_a Außendurchmesser
d_i Innendurchmesser

Vorzugsweise wählt man k = 0,5 ... 0,6.

Normung

DIN 743 Tragfähigkeitsberechnung von Wellen und Achsen. Laut Einführungsbeitrag in DIN 743 ist eine große Anzahl von Ausfällen im Maschinenbau auf Schäden an Achsen und Wellen zurückzuführen. Die häufigste Ursache hierfür sind Schwingbrüche (Ermüdungsbrüche, Schwingungsbrüche). Neben der optimalen konstruktiven Gestaltung stellt die Berechnung der Sicherheit gegen das Auftreten von Schwingbrüchen und Schäden infolge Maximalbelastung (bleibende Verformung, Anriss) eine erforderliche Maßnahme dar. Diese Norm enthält die Grundgleichungen und das methodische Vorgehen beim Tragfähigkeitsnachweis für Wellen und Achsen. Die Normenreihe DIN 743 – Tragfähigkeitsberechnung für Wellen und Achsen besteht aus: – **Teil 1: Einführung, Grundlagen; – Teil 2: Formzahlen und Kerbwirkungszahlen; – Teil 3: Werkstoff-Festigkeitswerte; – Teil 4: Zeitfestigkeit, Langzeitfestigkeit – Schädigungsäquivalente Spannungsamplitude;** – Beiblatt 1: Anwendungsbeispiele zu Teil 1 bis 3; – Beiblatt 2: Anwendungsbeispiele zu Teil 4.

Beispiel: Festigkeitsberechnung eines Wellenabsatzes[1]

Gegeben ist der in **Bild 1** dargestellte Wellenabsatz mit folgenden Daten:
Maße: D = 35 mm, d = 30 mm, r = 2 mm, R_Z = 6,3 µm
Werkstoff: C45
Gesucht sind die Bauteilwechselfestigkeiten.

Rechengang

a) Gesamteinflussfaktor für Biegung K_{Db}:

Formzahl nach Bild 9, DIN 743-2	$\alpha_\sigma = 1{,}9$
Kerbwirkungszahl nach DIN 743-2	$\beta_k = 1{,}9\ (\sim\alpha_\sigma)$
Technologischer Größeneinfluss	$K_T = 0{,}91$
Geometrischer Größeneinfluss	$K_G = 0{,}89$
Oberflächenrauheitseinfluss	$b_1 = 0{,}93$

Gesamteinflussfaktor nach Gleichung (8) DIN 743-1:

$$K_{Db} = \frac{\beta_k}{K_G} + \frac{1}{b_1} - 1$$

$$K_{Db} = \frac{1{,}9}{0{,}89} + \frac{1}{0{,}93} - 1 = 2{,}21$$

b) Gesamteinflussfaktor für Torsion K_{Dt}:

Formzahl nach Bild 10, DIN 743-2	$\alpha_\tau = 1{,}4$
Kerbwirkungszahl nach DIN 743-2	$\beta_k = 1{,}4\ (\sim\alpha_\tau)$
Technologischer Größeneinfluss	$K_T = 0{,}91$
Geometrischer Größeneinfluss	$K_G = 0{,}89$
Oberflächenrauheitseinfluss	$b_1 = 0{,}93$

Gesamteinflussfaktor nach Gleichung (9) DIN 743-1:

$$K_{Dt} = \frac{\beta_k}{K_G} + \frac{1}{b_1} - 1$$

$$K_{Dt} = \frac{1{,}4}{0{,}89} + \frac{1}{0{,}93} - 1 = 1{,}65$$

Bauteilwechselfestigkeiten nach Gl. (6) und (7) DIN 743-1:

$$\sigma_{bWK} = \sigma_{bW} \cdot \frac{K_T}{K_{Db}} = 350\ \text{N/mm}^2 \cdot \frac{0{,}91}{2{,}21}$$

$$\boldsymbol{\sigma_{bWK} = 144{,}1\ \text{N/mm}^2}$$

$$\sigma_{tWK} = \tau_{tW} \cdot \frac{K_T}{K_{Dt}} = 210\ \text{N/mm}^2 \cdot \frac{0{,}91}{1{,}65}$$

$$\boldsymbol{\sigma_{tWK} = 115{,}8\ \text{N/mm}^2}$$

[1] nach DIN 743

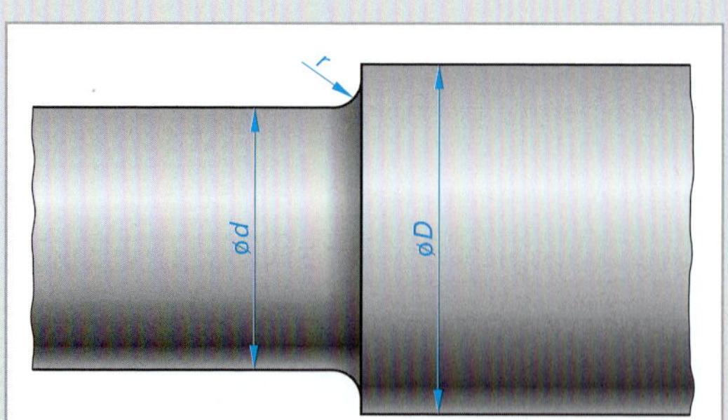

Bild 1: Wellenabsatz

Diagramme nach DIN 743

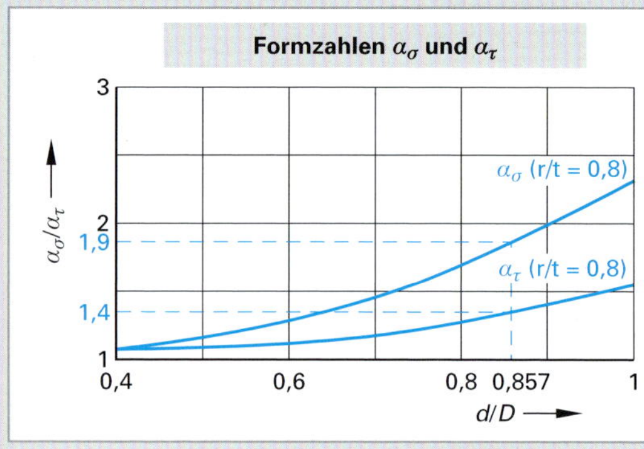

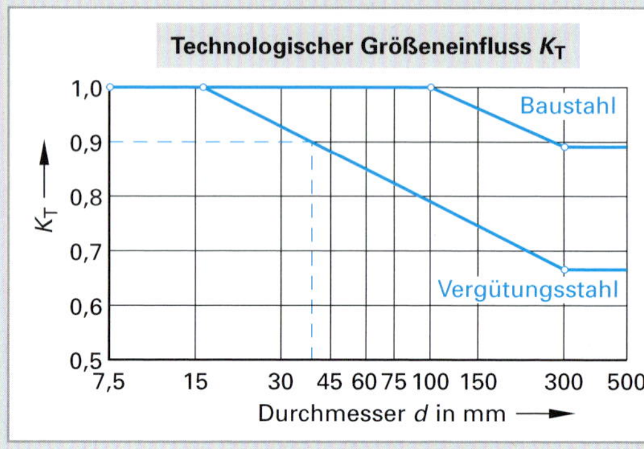

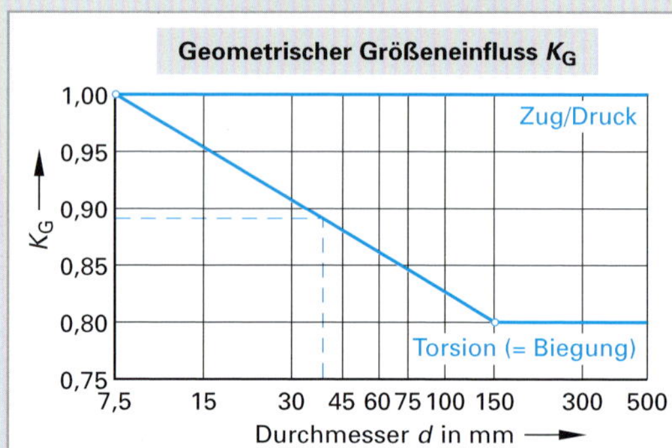

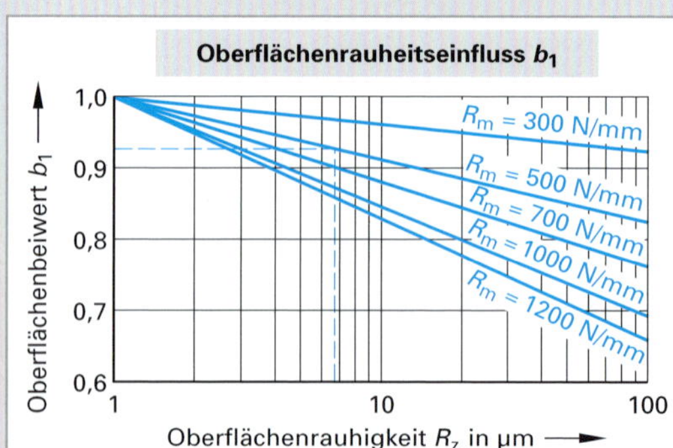

3.3 Naben und Verbindungen zu Wellen

3.3.1 Die Nabe

Die Nabe[1] ist der zentrische Teil eines Rades, welcher die Welle oder Achse umschließt. Im einfachsten Fall ist die Nabe lediglich die Radmitte mit einer zentrischen Bohrung, z. B. bei einem scheibenförmigen Zahnrad (**Bild 1**).

Bild 1: Nabe bei einem Scheiben-Zahnrad

Im Falle einer Fahrradnabe (**Bild 2**) ist die Nabe bereits ein recht komplexes Gebilde, mit der Aufgabe den Radreifen über Speichen drehbar auf einer Achse zu halten. In diesem Fall muss die Nabe nicht nur radiale Achskräfte aufnehmen, sondern ist auch vielfältigen Biegemomenten ausgesetzt.

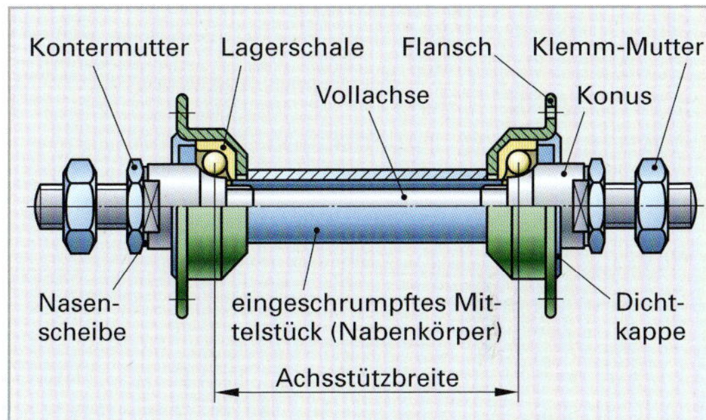

Bild 2: Fahrradnabe

Ferner gibt es etliche Zusatzfunktionen, z. B. die konstruktive Einbeziehung eines Getriebes zur Drehmomentübertragung mit schaltbaren Übersetzungsverhältnissen, mit der Funktion „Freilauf" und mit der Aufgabe, auch Bremsmomente beherrschen zu können.

Für die Gestaltung der Naben ist die Form des Nabenfußes von Bedeutung. Zur Verminderung der Flächenpressung auf die Achse bzw. Welle wird der Nabenfuß, auch wenn nur radiale Belastungen vorkommen, häufig breiter ausgeführt als die Radscheibe dick ist (**Bild 3a**).

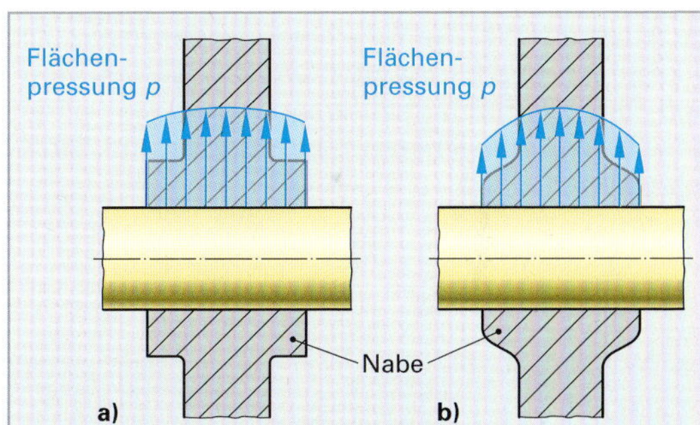

Bild 3: Flächenpressung an Naben

Eine lokal sprunghaft erhöhte Flächenpressung auf einer Welle oder Achse kommt einer Kerbwirkung gleich und birgt die Gefahr eines Schwingbruchs. So ist es zweckmäßig, den Nabenfuß zur Welle hin abzusenken, also aus axialer Sicht mit sanftem Übergang zu gestalten (**Bild 3b**).

Sind über das gelagerte Rad erhebliche axiale Lasten, insbesondere Wechsellasten und Stöße aufzunehmen, wie z. B. bei Fahrzeugen, dann ist der Radnabe besondere Aufmerksamkeit in der Dimensionierung und Werkstoffwahl zu schenken. Die Radnabe geht bei Kraftfahrzeugen in einen Flansch mit Zentrierrand über (**Bild 4**). An diesem Nabenflansch wird das Rad zentriert und verschraubt. So bleibt bei einem Radwechsel die Nabe auf der Welle.

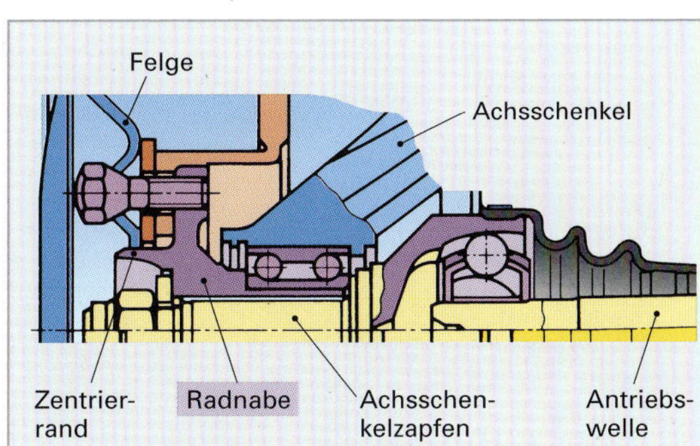

Bild 4: Radnabe bei einem PkW

[1] Nabe von indogermanisch *nebh* = Nebel, Mittelteil des Rades

3.3.2 Welle-Nabe-Verbindungen (WNV)

In den meisten Fällen werden Räder und Wellen separat gefertigt und somit besteht die Aufgabe Wellen mit Naben zu verbinden (**Bild 1**). Nur in seltenen Fällen werden z. B. Zahnräder mit zugehöriger Welle aus einem Rohling gefertigt (**Bild 2**). Der Vorteil ist, dass eine innige Verbindung gegeben ist und dass keine Montage anfällt. Von Nachteil ist, dass der Materialverbrauch hoch ist, der Einbau in ein Getriebe schwierig ist und dass Einschränkungen bei der Werkstoffwahl vorliegen.

Die Wirkungsweise der WNV wird unterschieden nach *kraftschlüssiger Verbindung*, nach *formschlüssiger Verbindung* und nach *stoffschlüssiger Verbindung* (**Bild 3**). Formschlüssige Verbindungen und auch die meisten kraftschlüssigen Verbindungen sind lösbare Verbindungen mit der Möglichkeit einer Wiederverwendung der Nabe bzw. der Welle.

Bei kraftschlüssiger Verbindung sind es Reibkräfte, z. B. bei einer Pressverbindung, welche die Nabe auf der Welle fixiert halten. Bei Formschlüssigkeit greifen Formelemente, z. B. Zahnflanken ineinander. Stoffschlüssige Verbindungen erhält man durch eine stoffliche Verbindung, z. B. durch ein Verlöten von Nabe und Welle.

Die Arten der WNV unterscheiden sich wesentlich hinsichtlich des Fertigungsaufwandes, des Montage- und Demontageaufwandes und vor allem hinsichtlich des sicheren Übertragens von Stoßbelastungen.

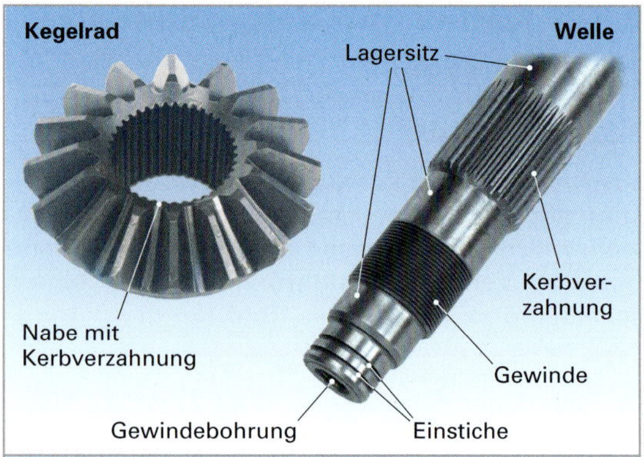

Bild 1: Welle und Rad als *zwei* Bauteile

Bild 2: Welle und Rad als *ein* Bauteil

Kraftschlüssig | **Formschlüssig** | **Stoffschlüssig**

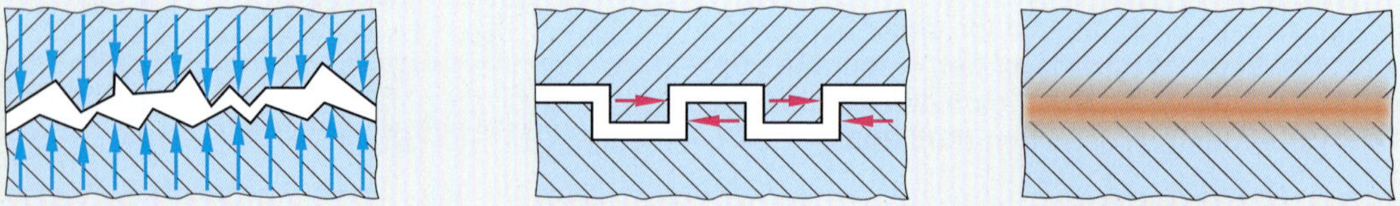

Klemmverbindung
- geschlitzte Nabe
- geteilte Nabe
- Hohlkeil

Pressverbindung
- Öldruck
- Spannbüchse
- Kegel
- Kegelspannring
- Federspannsatz
- Sternscheiben
- Spannhülse
- Schrumpfscheibe

- Stifte*
- Scheibenfeder*
- Passfeder*
- Gleitfeder*
- Keilwelle (Zahnwelle)
- Kerbzahnung
- Kegelstift
- Scheibenkeil
- Flachkeil
- Nasenkeil
- Polygonverbindung

- Lötverbindung
- Klebeverbindung
- Schweißverbindung

* bei stoßartiger Last eher nicht geeignet

Bild 3: Welle-Nabe-Verbindungen

3.3.2.1 Kraftschlüssige WNV

Die Drehzahl- bzw. Drehmomentübertragung erfolgt hierbei durch die Reibkräfte aufeinandergepresster Flächen.

Klemmverbindung. Klemmverbindungen gehören zu den einfachsten WNV. Grundlagen für Klemmverbindungen sind entweder geteilte oder geschlitzte Naben. Die Klemmkräfte werden mithilfe von Schrauben erzeugt oder durch Eintreiben eines Keils (**Bild 1**). Klemmverbindungen dieser Art sind meist nicht selbstzentrierend und neigen zu Unwucht. Der Vorteil liegt in ihrer Einfachheit und der leichten Lösbarkeit.

Die konische Schaftklemmung (**Bild 2**) ist selbstzentrierend, ebenso die Klemmverbindung mit konischen Spannzangen (**Bild 3**). Letztere ermöglichen eine leicht lösbare und ausgezeichnet zentrierte Verbindung, so dass diese Technik z. B. zum Aufnehmen von Werkzeugen bis zu höchsten Drehzahlen (> 50 000 min^{-1}) genutzt wird.

Der Reibungsschluss ist bei Klemmverbindungen hinreichend, wenn die Reibungskraft bzw. Haftkraft F_H der Umfangskraft F_u und bei Axiallasten der Axialkraft F_a widersteht (**Bild 4**). Geht man von einer gleichmäßiger Flächenpressung p aus und von einer eng anliegenden Nabe (unter Vernachlässigung des Nabenteilungsschlitzes), so erhält man die Haftkraft:

$$F_H = \mu \cdot F_N = \mu \cdot p \cdot S = \mu \cdot p \cdot \pi \cdot D \cdot l$$

F_H Haftkraft
F_N Normalkraft
p Flächenpressung
D Wellendurchmesser
l Nabenlänge
μ Reibungszahl

Die Haftkraft muss größer als die Umfangskraft sein, die einerseits aus dem Widerstandsmoment des Rades resultiert und zuzüglich um Beschleunigungs- und Stoßmomente vergrößert ist. Das übertragbare Drehmoment bzw. Torsionsmoment ist somit:

$$M_t = F_u \cdot \frac{D}{2} < F_H \cdot \frac{D}{2}$$

M_t Drehmoment
F_u Umfangskraft

Die notwendige Anpresskraft bzw. Flächenpressung liefern die vorgespannten Schrauben.

Klemmverbindungen mit konischen Spannzangen haben hervorragende Rundlaufeigenschaften.

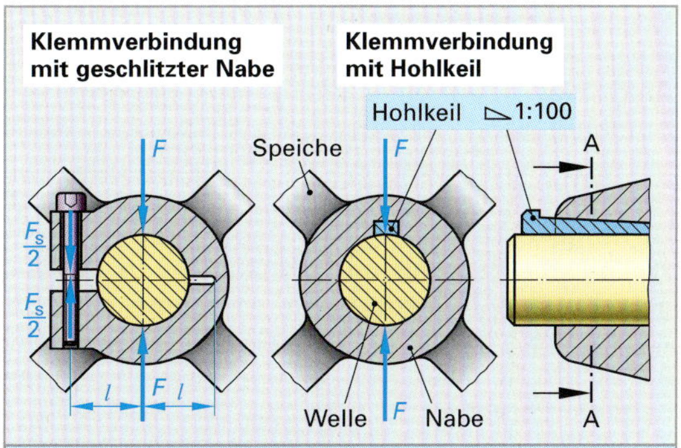

Bild 1: Klemmverbindungen

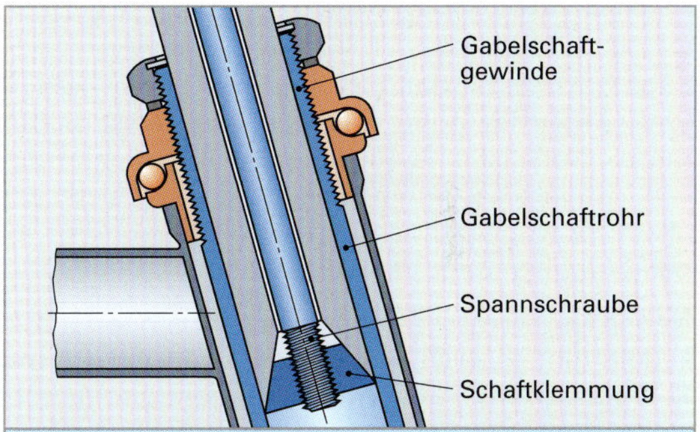

Bild 2: Klemmverbindung bei einer Fahrradgabel

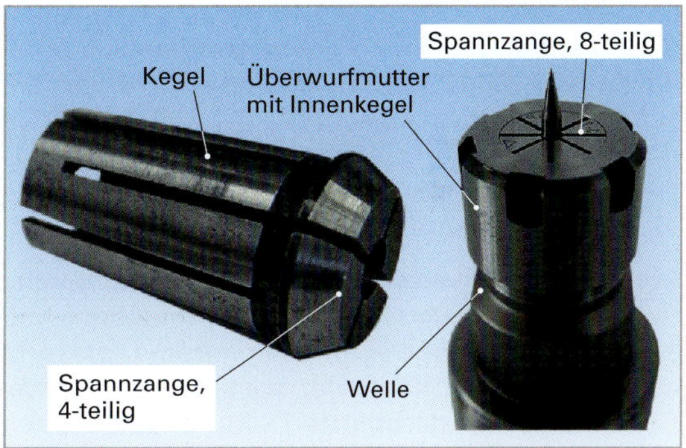

Bild 3: Klemmverbindung mit Spannzange

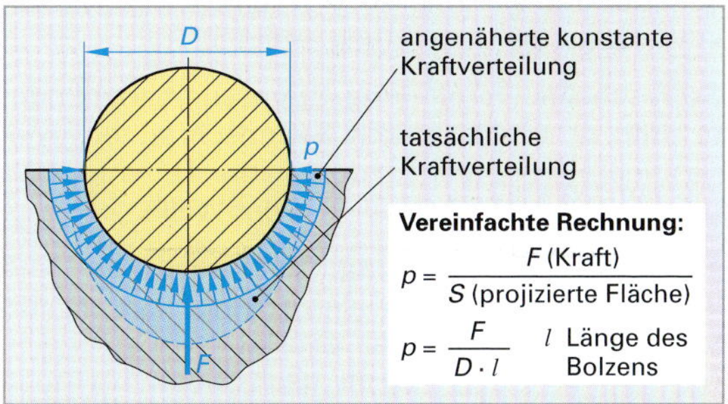

Bild 4: Flächenpressung

Kegelpressverbindung. Diese Art der WNV wird durch axiales Aufpressen der Nabe mit Kegelbohrung (**Bild 1**), auf einer Welle mit kegelförmigem Aufnahmeabschnitt oder bei zylindrischer Welle mit einer Kegelspannbüchse (Ringspannbüchse) realisiert (**Bild 2**). Die erforderliche Axialkraft ist umgekehrt proportional dem Reibwert μ der Welle-Nabe-Paarung und abhängig von der Kegelgeometrie (Winkel, Breite, Durchmesser). Bei Verwendung eines Normkegels 1:10 (nach DIN), bei einem Reibwert μ = 0,1 und einem mittleren Kegeldurchmesser D_m gilt:

$$F_a \approx 3 \cdot \frac{M_t}{D_m}$$

F_a Axiale Druckkraft
M_t Übertragbares Drehmoment
D_m Mittlerer Kegeldurchmesser

Kegelpressverbindungen sind selbstzentrierend und sorgen für hohe Laufruhe. Bei der kegelförmigen Welle ist eine axiale Justierung nicht möglich. Kegelpressverbindungen eignen sich vor allem für Nabenaufnahmen an Wellenenden z. B. bei Radnaben oder Schwungscheiben.

Neben Kegelpressverbindungen mit runden Kreiskegeln gibt es auch Kegelpressverbindungen mit **Polygonalprofil** (P3G-Profil). Hier genügen bereits kleine Kräfte für einen spielfreien Haftsitz, bei vergleichsweise kleinen Kegellängen. Diese Verbindungen sind leicht lösbar.

Spannverbindung mit Kegelspannringen. Kegelspannringe (**Bild 3, links**) bestehen aus zwei gegenseitig aufgelegten konischen Ringen. Diese bilden durch Aufeinanderschieben und anschließendes Gegeneinanderpressen zwischen Welle und Nabe eine kraftschlüssige, lösbare Verbindung.

Ringfederspannverbindung. Ringfederspannelemente (**Bild 3, rechts**) sind in ihrer Funktionsweise ähnlich den Kegelspannelementen. Diese gibt es als kompakte Kaufteile, bestehend aus zwei Grundkörpern, geschlitzten Kegelspannringen und zugehörigen Spannschrauben. Durch Verschrauben der Grundkörper wird der Außenring gedehnt und der Innenring gestaucht, wobei eine kraftschlüssige Verbindung entsteht.

Sternscheibenverbindung. Sternscheibenelemente (**Bild 4**) werden durch Spannschrauben axial gestaucht, verändern dadurch ihre Durchmesser und verspannen die Nabe mit der Welle.

Spannbuchsenverbindung. Spannbuchsen sind wellenförmige Spannhülsen (**Bild 5**). Durch Verschrauben werden diese axial gestaucht und in radialer Richtung sowohl nach innen als auch nach außen gedrückt. Dadurch werden Welle und Nabe miteinander verspannt.

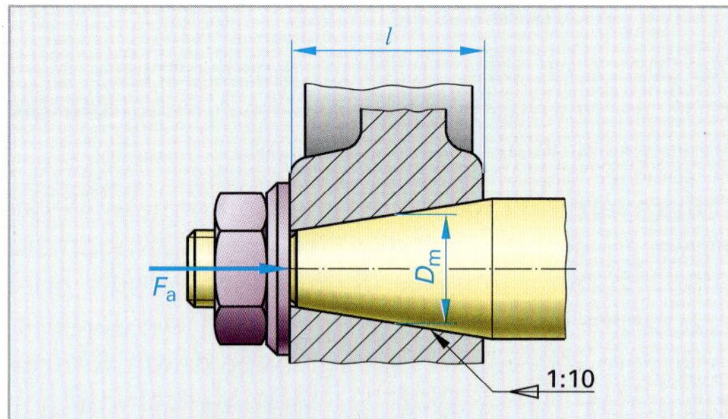

Bild 1: Kegelpressverbindung

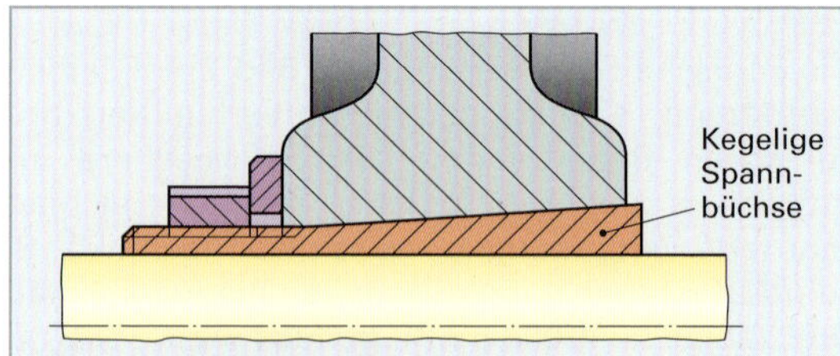

Bild 2: Kegelspannbüchse

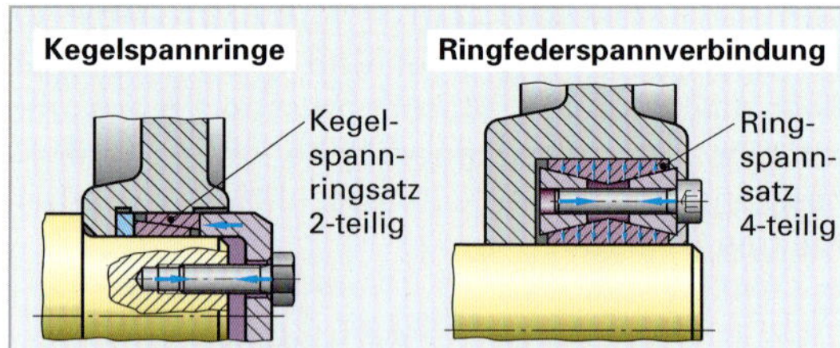

Bild 3: Spannen mit Kegelspannringen und mit Ringspannelementen

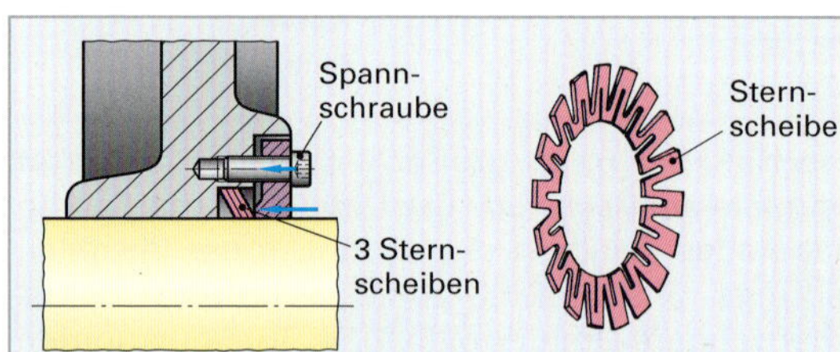

Bild 4: Sternscheibenverbindung

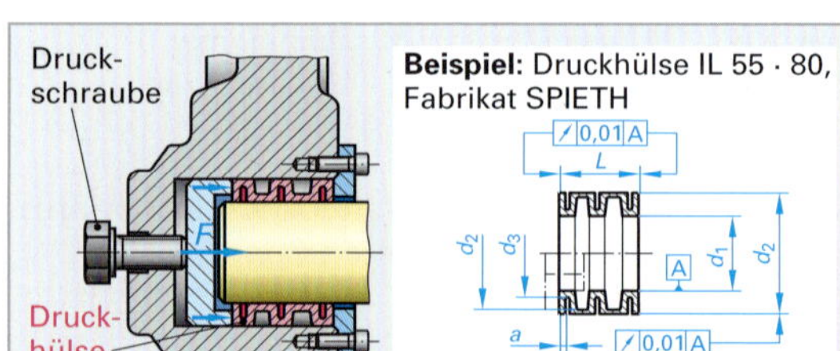

Bild 5: Spannbuchsenverbindung mit Druckhülse

Hydraulische Hohlmantelverbindung. Hydraulische Hohlmantelhülsen (**Bild 1**) bestehen aus einer Hülse mit einer oder mit mehreren radial umlaufenden Hohlraumtaschen, die mit einem Druckfluid gefüllt sind. Sie weiten sich bei Druckbeaufschlagung in radialer Richtung. Dieses Aufweiten führt zu einer Pressverbindung von Welle und Nabe. Die Druckbeaufschlagung kann über eine Druckschraube in der Zuleitung des Fluids erfolgen oder auch durch Einpressen eines Spannflansches (Bild 1). Hohlmantelelemente sind separate Hülsen oder auch integriert, entweder in die Nabenkonstruktion oder in die Wellenkonstruktion (**Bild 2**).

Es ist das Wärmeausdehnungsverhalten des Fluids zu beachten. Zu hohe Betriebstemperaturen können u. U. zu Problemen führen.

Zylindrische Pressverbindung. Presspassungen entstehen dann, wenn Wellen mit Übermaß und Naben mit Untermaß miteinander gefügt werden.

Man unterscheidet je nach Art des Fügens zwischen einem

- Längspresssitz (**Bild 3**) und
- Querpresssitz (**Bild 4**).

Bei dem **Längspresssitz** wird eine Nabe mit Untermaß auf eine Welle kalt aufgepresst. Dabei entsteht an den Oberflächen der Bauteilpaarung eine plastische Deformation. Längspresssitze sind nur schwierig wieder lösbar, z. B. mithilfe von Drucköl in Taschen oder Ringnuten in der Welle, über welche die Nabe geweitet werden kann.

Bei dem **Querpresssitz** wird die Nabe so weit erwärmt oder die Welle so stark abgekühlt, dass sich die Teile ohne Zwang fügen lassen.

Beim System Einheitsbohrung ist z. B. eine Passung H7 / s6, beim System Einheitswelle z. B. eine Passung h6 / S7 anzuwenden. Presspassungen sind dann anzuwenden, wenn eine hohe Rundlaufgenauigkeit verlangt wird.

Beim *Wärmeverfahren* (Schrumpfverbindung) wird die Nabe z. B. auf 140 °C erwärmt, während die Welle bei Raumtemperatur verbleibt. Nach dem Fügevorgang lässt man die Nabe abkühlen. Sie schrumpft. Beim *Kälteverfahren* (Dehnverbindung) wird die Welle gekühlt, z. B. mit flüssigem Stickstoff (-195 °C), während die Nabe bei Raumtemperatur verbleibt. Nach dem Fügevorgang nimmt die Welle die Raumtemperatur wieder an und dehnt die Nabe.

Zylindrische Presspassungen finden in der Werkzeugspanntechnik Anwendung, aber auch z. B. bei „gebauten Nockenwellen". In diesem Fall sitzen gesinterte Nocken mit zylindrischer Bohrung lage- und winkelgenau auf einem Präzisionsstahlrohr (**Bild 5**).

Der Festigkeitsnachweis für zylindrische Pressverbindungen ist relativ komplex. So basiert die Dimensionierung vor allem auf betrieblichen Erfahrungen aufgrund von Versuchen.

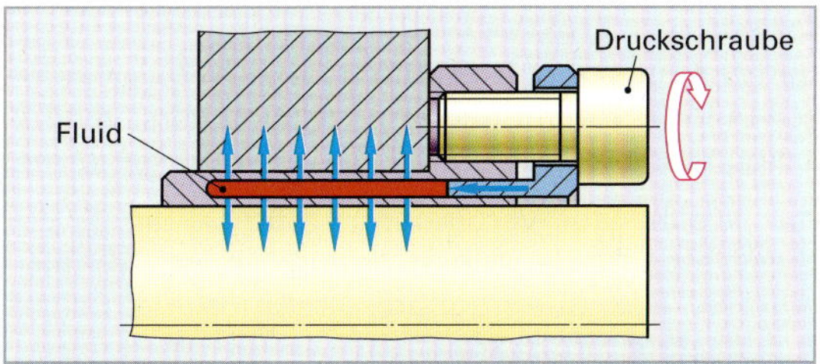

Bild 1: Hydraulisches Hohlmantelelement

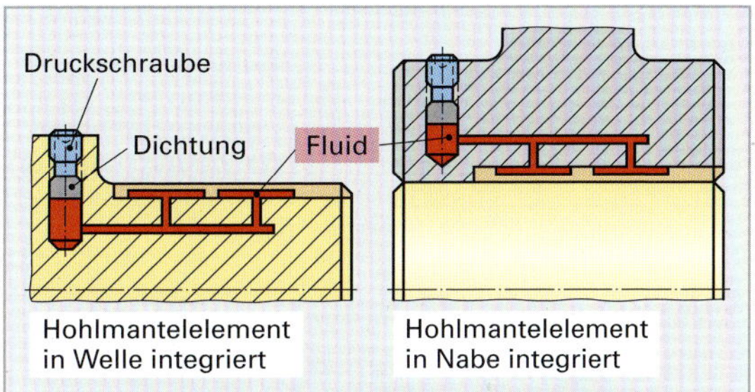

Bild 2: In Welle oder Nabe integrierte Hohlmantelelemente

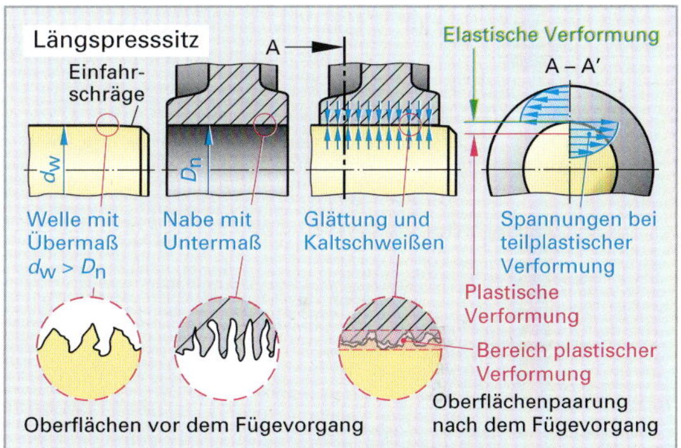

Bild 3: Längspresssitz

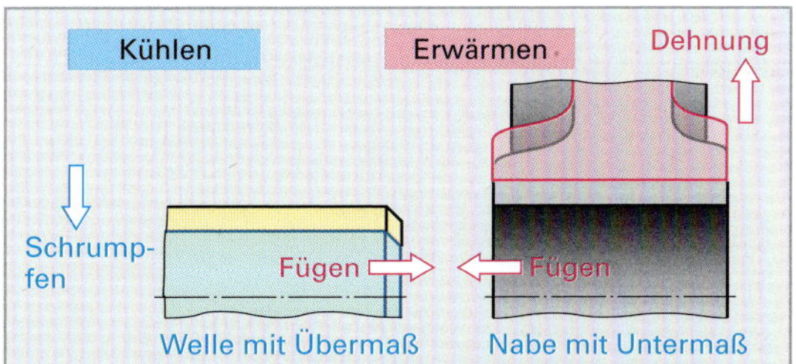

Bild 4: Querpresssitz

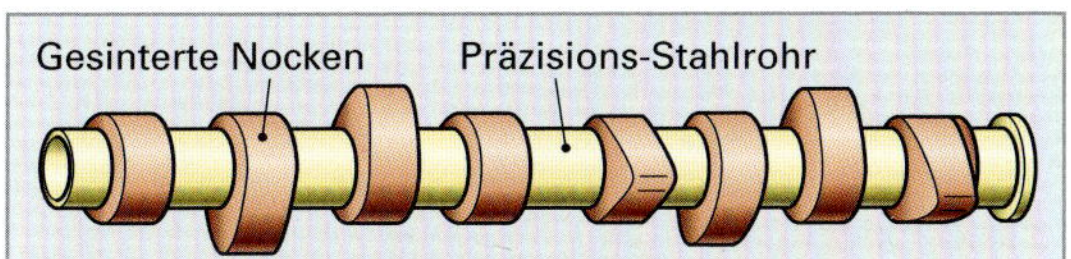

Bild 5: Gebaute Nockenwelle

Zylindrische Pressverbindungen

Berechnungs- und Gestaltungsregeln von zylindrischen Pressverbindungen oder auch von zylindrischen Presspassungen sind in DIN 7190 genormt.

Als Welle-Nabe-Verbindung (**Bild 1**) dient der Pressverband der Übertragung eines Drehmomentes. Das übertragbare Drehmoment richtet sich nach der Presskraft.

Die Presskraft bezogen auf die Nabenmantelfläche ergibt die erforderliche Flächenpressung in der Fuge.

$$p = \frac{M_t \cdot 2}{D_F^2 \cdot L \cdot \mu_0 \cdot \pi}$$

p Flächenpressung
M_t Drehmoment
D_F Fugendurchmesser (Wellendurchmesser)
L Nabenlänge
μ_0 Reibwert

Gleichungen zur Auslegung von Pressverbänden nach DIN 7190 (anwendungsbezogene Darstellung)

Das Mindestübermaß zwischen Bohrungsdurchmesser und Wellendurchmesser ist abhängig von der Rauheit der Mantelflächen.

$$U_{min} = U_w + 0{,}8 \cdot (Rz_A + Rz_I)$$

U_{min} Mindestübermaß des Pressverbandes unter Berücksichtigung der Rauheit
U_w wirksames Übermaß Rz Oberflächenrauheit

$$U_w = \xi_w \cdot D_F \qquad \xi_w = K \cdot \frac{p}{E_A})$$

ξ_w Mindestübermaß des Pressverbandes unter Berücksichtigung der Rauheit
p wirksames Übermaß
K Oberflächenrauheit E_A E-Modul Außenteil

Zur Berechnung des wirksamen spezifischen Übermaßes wird eine Hilfsgröße (K) eingeführt, welche je nachdem ob eine Vollwelle oder eine Hohlwelle mit einer Nabe gefügt wird, zu berechnen ist.

Bei Hohlwellen

$$K = \frac{E_A}{E_I} \cdot \left| \frac{1 + Q_I^2}{1 - Q_I^2} - v_I \right| + \frac{1 + Q_A^2}{1 - Q_A^2} + v_A$$

Bei Vollwellen

$$K = \frac{E_A}{E_I}(1 - v_I) + \frac{1 + Q_A^2}{1 - Q_A^2} + v_A$$

E E-Module Q Durchmesserquotienten
v Querdehnzahl (Poisson-Zahl) nach **Tabelle 1**

mit $Q_A = \frac{D_F}{D_{Aa}}$ $Q_I = \frac{D_{Ii}}{D_F}$

D_{Aa} Außendurchmesser Nabe (Außenteil)
D_{Ii} Innendurchmesser Welle (bei Vollwelle $D_{Ii} = 0$)
D_F Fugendurchmesser ($D_{Ia} = D_{Ai}$)

Zylindrische Pressverbände werden als Übermaßpassungen mittels ISO-Passungssystem nach DIN 286 hergestellt.

Bevorzugt werden hierfür Passungen nach dem System Einheitsbohrung. Die Nabe wird hierbei mit einer Einheitsbohrung (H-Bohrung) versehen, welche dann mit einer entsprechend tolerierten Welle gepaart wird.

Die Verwendung einer h-Welle wird nicht empfohlen, da die Herstellung einer Welle einfacher ist als die Herstellung einer Bohrung. Somit kann man sich eine überschaubare Anzahl von Fertigungs- und Messmitteln für die Herstellung der Bohrung halten. H-Bohrungen werden je nach Nennmaß als H7- oder H8-Bohrung (**Tabelle 2**) ausgeführt. Das Grundmaß der Welle wird nach dem Nennmaß im Toleranzgrad nach IT6 oder IT7 bestimmt.

Für die Herstellung eines Pressverbandes bei Warmmontage (Aufschrumpfen) ist die Erwärmtemperatur der Nabe zu bestimmen.

$$\Delta T = \frac{\Delta d}{\alpha_I \cdot d_0}$$

ΔT Temperaturdifferenz
Δd Durchmesservergrößerung
d_0 Ausgangsdurchmesser
d_I Längenausdehnungskoeffizient Nabe

$$\Delta d = P_{ÜH} + s$$

$Ü$ Übermaß
s Montagespiel (i. d. R. 0,2 ... 0,3 mm)

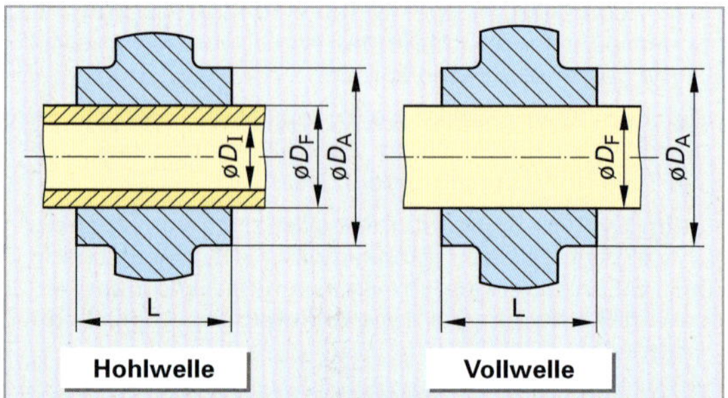

Bild 1: Zylindrischer Pressverband

Tabelle 1: Querdehnzahlen v (Poisson-Zahlen) – Auswahl

Werkstoff	Stahl	Guss	Aluminium	Kupfer
Querdehnzahlen v	0,3	0,25	0,34	0,35

Tabelle 2: Passungsempfehlungen bei zylindrischen Pressverbänden

	$D \leq 500$ mm	$D > 500$ mm
Nabentoleranz	H7	H8
Wellentoleranz	IT 6 (gem. U_{min})	IT 7 (gem. U_{min})

Beispiel: Presspassung

Die Darstellung in **Bild 1** zeigt die Verbindung einer Welle mit der Nabe einer Scheibenkupplung mittels Pressverband. Die Verbindung soll für ein Drehmoment von $M = 18000$ Nm ausgelegt werden. Die Oberflächengüten sind mit *Rz* 6,3 angegeben. Die Tolerierung der Nabenbohrung beträgt H7. Als Reibwert zwischen den beiden Elementen wird $\mu_0 = 0{,}2$ als gängiger Wert angenommen.

Aufgabe: Die Tolerierung der Welle des zylindrischen Pressverbands ist zu bestimmen.

Lösung:

Die nötige Flächenpressung ist:

$$p = \frac{M_t \cdot 2}{D_F^2 \cdot L \cdot \mu_0 \cdot \pi} = \frac{18000000 \text{ Nmm} \cdot 2}{(90 \text{ mm})^2 \cdot 150 \text{ mm} \cdot 0{,}2 \cdot \pi}$$

$$= 47{,}2 \frac{\text{N}}{\text{mm}^2}$$

$$Q_A = \frac{D_F}{D_{Aa}} = \frac{90 \text{ mm}}{160 \text{ mm}} = 0{,}5625$$

$$K = \frac{E_A}{E_I}(1 - \nu_I) + \frac{1 + Q_A^2}{1 - Q_A^2} + \nu_A$$

$$= \frac{170000 \frac{\text{N}}{\text{mm}^2}}{210000 \frac{\text{N}}{\text{mm}^2}}(1 - 0{,}3) + \frac{1 + 0{,}5625^2}{1 - 0{,}5625^2} + 0{,}25$$

$$= 2{,}74$$

$$\xi_w = K \cdot \frac{p}{E_A} = 2{,}74 \cdot \frac{47{,}2 \frac{\text{N}}{\text{mm}^2}}{210000 \frac{\text{N}}{\text{mm}^2}} = 0{,}76 \cdot 10^{-3}$$

$$U_w = \xi_w \cdot D_F = 0{,}76 \cdot 10^{-3} \cdot 90 \text{ mm} = 0{,}068 \text{ mm}$$

$$U_{min} = U_w + 0{,}8 \cdot (Rz_A + Rz_I) = 68\ \mu\text{m} + 0{,}8 \cdot (6{,}3\ \mu\text{m} + 6{,}3\ \mu\text{m}) = 78\ \mu\text{m}$$

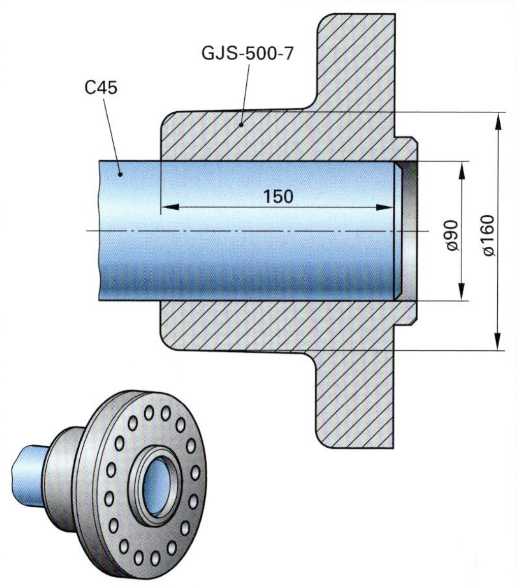

Bild 1: Pressverband einer Kupplungsnabe

Werte für ν ermittelt man nach Tabelle 1, vorhergehende Seite. E-Module verwendet man für Stahl und Kugelgraphitguss.

Die Bohrung nach H7 liegt im Bereich 90,000 mm ... 90,035 mm. Nach Anwendung der Gleichung $P_{ÜM} = G_{oB} - G_{uW}$ ergibt sich für das kleinste Wellenmaß (G_{uW}) 90,061 mm ($P_{ÜM}$ muss negativ eingegeben werden!).

Eine brauchbare Passung im Toleranzgrad 6 (IT6) ergibt sich mit u6 (+146/+124). Somit wird das Mindestübermaß um 10 µm überschritten.

Wärmedehnung (Warmmontage)

Der Querpressverband erfolgt z. B. durch eine Warmmontage. Zu ermitteln ist die erforderliche Flanschtemperatur.

Für die Wärmedehnung:

$$\Delta d = d_0 \cdot \alpha \cdot \Delta T$$

Δd	Durchmesserdifferenz (Weitung)
d_0	Ausgangsdurchmesser
α	Wärmedehnungskoeffizient
ΔT	Temperaturdifferenz

Der Montagespalt sollte etwa $s = 0{,}1 \ldots 0{,}2$ mm betragen.

Durchmesserdifferenz beträgt somit:

$$\Delta d = |P_{ÜH}| + s$$

Δd	Durchmesserdifferenz (Weitung)
$P_{ÜH}$	Höchstübermaß
s	Montagespiel

Das Höchstübermaß ist hierbei anzusetzen, da damit jede mögliche Passungskombination erreicht wird.

Lösung:

Mit $\Delta d = d_0 \cdot \alpha \cdot \Delta T$ folgt $\Delta T = \frac{\Delta d}{d_0 \cdot \alpha}$

$$\Delta d = |P_{ÜH}| + s$$

$$P_{ÜH} = G_{uB} - G_{oW}$$

$$P_{ÜH} = 90{,}000 \text{ mm} - 90{,}146 \text{ mm} = -0{,}146 \text{ mm}$$

$$\Delta d = 0{,}146 \text{ mm} + 0{,}1 \text{ mm} = 0{,}246 \text{ mm}$$

$$\Delta T = \frac{\Delta d}{d_0 \cdot \alpha}$$

$$\Delta T = \frac{0{,}246 \text{ mm}}{90{,}000 \text{ mm} \cdot 10{,}5 \cdot 10^{-6} \frac{1}{\text{K}}} = 257 \text{ K}$$

Der Wärmeausdehnungskoeffizient für Gusseisen ist z. B. dem Tabellenbuch Metall, Verlag EUROPA-Lehrmittel zu entnehmen.

Ausgehend von einer Raumtemperatur 20 °C werden für die Fügetemperatur der Nabe etwa 280 °C ausreichen.

3.3.2.2 Formschlüssige WNV

Die Drehzahl- und Drehmomentübertragung erfolgt hierbei durch ineinandergehende Formen und Flächen.

Stiftverbindungen. Durch Welle und Nabe wird der Stift, welcher gegenüber der Bohrung ein Übermaß hat, eingedrückt **(Bild 1)**. Die Verbindung ist formschlüssig und kraftschlüssig. Diese Art der Verbindung ist relativ einfach. Zu beachten ist, dass die Bohrung für die Welle eine Schwächung bedeutet. Man unterscheidet Zylinderstifte, Kegelstifte und Kerbstifte (siehe auch Seite 378ff).

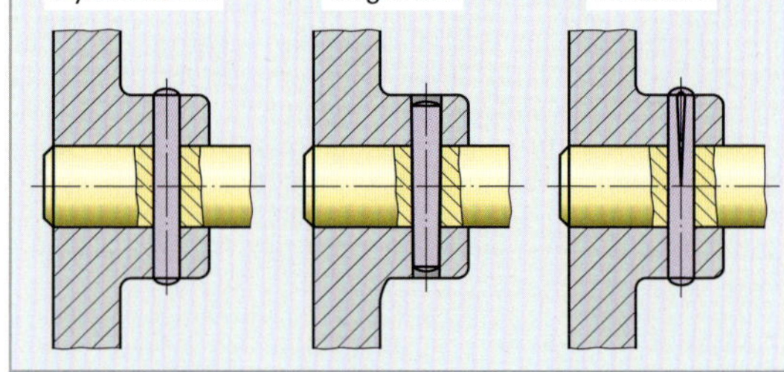

Bild 1: Stiftverbindungen

Der Stift wird an der Übergangsstelle Welle-Nabe auf Scherung beansprucht **(Bild 2)** und überträgt sowohl Kräfte in Umfangsrichtung als auch axiale Kräfte. Stifte mit Kerben als Sollbruchstellen setzt man bei WNV auch zur Drehmomentbegrenzung ein, um Schäden zu vermeiden, z. B. wenn der Antriebsstrang blockiert ist.

$$\tau = \frac{F_u}{A} = \frac{M}{d/2 \cdot 2\pi d^2/4}$$

τ Schubspannung
A Stiftquerschnitt
d Wellendurchmesser
M Drehmoment am Handrad
F_u Umfangskraft

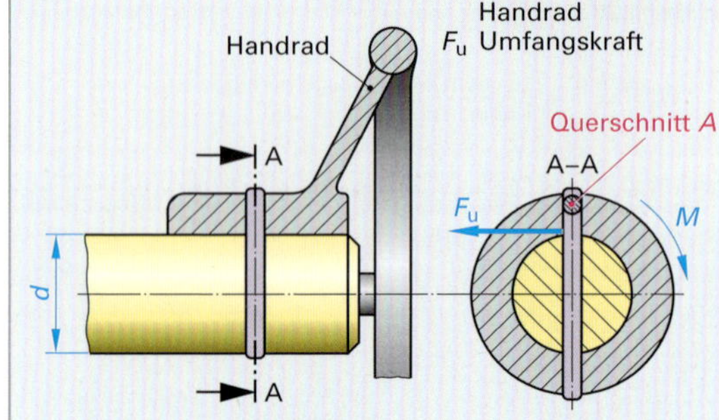

Bild 2: Stiftverbindung für Handrad

Passfederverbindung. Die gängigste und bekannteste formschlüssige WNV ist die Passfederverbindung gemäß DIN 6885-1 (**Bild 3**). Diese Norm unterscheidet sechs verschiedene Ausführungen einer Passfeder (**Bild 1, Seite 291**). Passfedern werden auf Scherung und auf Flächenpressung (Bild 2) belastet.

Zylinderstifte. Die Zylinderstifte sind meist nichtgehärtet aus nichtrostendem Stahl oder bei hoher Belastung durchgehärtet bzw. einsatzgehärtet. Die Bohrung für den Stift muss aufgerieben werden.

Kegelstifte. Kegelstifte mit Kegel 1:50 sind meist nicht gehärtet. Sie sorgen für hohe Passgenauigkeit, auch nach mehrmaligem Lösen der Nabe. Die Kegelform wirkt ausgleichend auf etwaige Abnutzung. Für eine hohe Passgenauigkeit muss die kegelige Bohrung aufgerieben werden (siehe auch Beitrag unten).

Kerbstifte. Kerbstifte sind aus Stahl oder nichtrostendem Stahl. Sie haben drei Kerben am Umfang. Beim Einpressen erfolgt eine elastische Verformung der Kerbflanken und sie sind daher auch rüttelfest. An die Bohrung werden keine besonderen Ansprüche gestellt. So ist diese Art der WNV besonders kostengünstig.

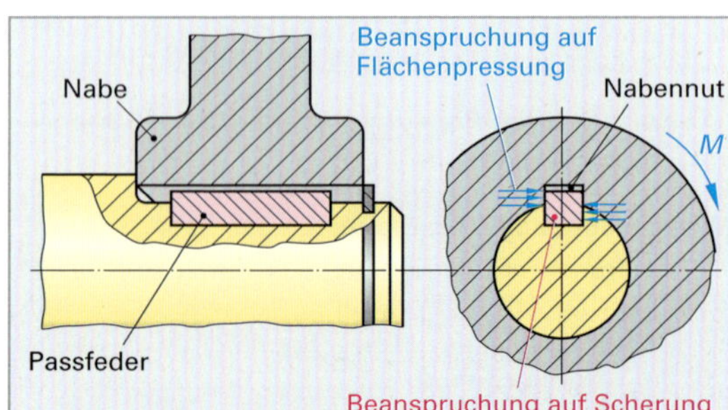

Bild 3: Passfederverbindung

Zur Geschichte der DIN-Normen

Der Kegelstift, mit Kegel 1:50 wurde als erstes Industrieprodukt in Deutschland genormt. Im März 1918 erschien die erste Deutsche Industrie-Norm: **DI Norm 1: Kegelstifte.** Sie enthält die Maße und die Benennung für eine logarithmisch gestufte Kegelstift-Durchmesserreihe von 1 mm bis 50 mm und hatte Gültigkeit bis 1992. Die damalige Bezeichnung **DI-Norm** wurde später abgewandelt in DIN. Das Kurzzeichen **DIN** gilt seit 1975 als Kennung für „**D**eutsches **I**nstitut für **N**ormung e. V."

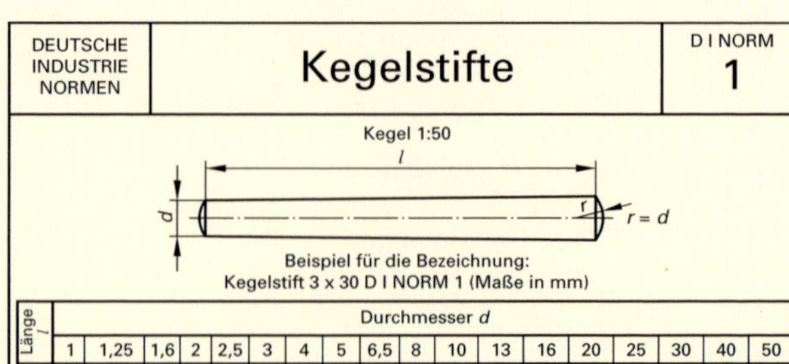

DEUTSCHE INDUSTRIE NORMEN | Kegelstifte | D I NORM 1

Beispiel für die Bezeichnung:
Kegelstift 3 x 30 D I NORM 1 (Maße in mm)

Länge l	Durchmesser d																	
	1	1,25	1,6	2	2,5	3	4	5	6,5	8	10	13	16	20	25	30	40	50
10	1x10	1,25x10																

Zum Fixieren der Passfeder in der Wellennut können diese Senkbohrungen haben. Am weitesten verbreitet sind die Formen A und E **(Bild 1)**.

Das Herstellen der Nut in der Welle erfolgt durch Fräsen, entsprechend der Passfedergeometrie. Bei einer Passung nach h7 für die Passfederbreite *b* ergibt sich ein fester Sitz in der Nut, wenn diese nach P9, und ein leichter Sitz, wenn diese nach N9 toleriert ist. In beiden Fällen erhält man eine Übermaßpassung. Die Passfeder nach Form E kann auch eine Gewindebohrung besitzen, um mit einer Abdrückschraube (Bild 1, rechts) die Demontage zu erleichtern.

Passfederverbindungen werden als Mitnehmer für Wellen verwendet, bei denen ein stationäres Drehmoment vorhanden ist. Bei Stößen und Schlägen eignet sich die Passfeder eher nicht, da Beschädigungen an der vergleichsweise kleinen Seitenfläche der Passfeder zu Schwingbrüchen führen können. Die Passfeder ist leicht montier- und demontierbar.

Passfederverbindungen werden z. B. in Zahnradgetrieben, für Riemenscheiben und Kupplungen eingesetzt. Ausgangswellen von stationären Elektromotoren besitzen häufig Passfedernuten.

WNV mit Scheibenfedern. Scheibenfedern nach DIN 6888 sind halbmondförmige Scheiben (**Bild 2**), die ähnlich wie Passfedern in eine dafür hergestellte Nut gelegt werden. Sie weisen ähnliche Eigenschaften auf und haben ähnliche Anwendungsgebiete wie Passfederverbindungen. Das Fertigen der Scheibenfedernut mit einem Scheibenfräser ist einfacher als das Fertigen einer Passfedernut mit einem Schaftfräser.

Scheibenfedern werden überwiegend in Verbindung mit Kegelwellen (Bild 2) eingesetzt. Wird die Nabe aufgezogen, so „wippt sich die Scheibenfeder in Position“ und ein genauer Sitz ist gewährleistet.

Keilwellenverbindungen. Bei einer gedachten Vielzahl von Passfedern, die gleichmäßig um eine Welle angeordnet sind, ergibt sich das Keilwellenprofil (**Bild 3**). Hierbei entsteht eine drehstarre Verbindung. Keilwellen werden in DIN ISO 14 als leichte und mittlere Reihe, sowie in DIN 5464 als schwere Reihe geführt. Das zu übertragende Drehmoment verteilt sich auf die Keile am Wellenumfang.

Die Selbstzentrierung der Nabe auf der Keilwelle wird entweder durch Innenzentrierung oder durch Flankenzentrierung erreicht (Bild 3). Es können wechselnde, schwellende und stoßartige Drehmomente übertragen werden. Für stoßende Drehmomente wird die Flankenzentrierung bevorzugt, für besonders ruhigen Lauf die Innenzentrierung. Keilwellenverbindungen finden sich z. B. in Kfz-Getrieben.

Keilwellenprofile verwendet man als drehstarre und als längsbewegliche WNV.

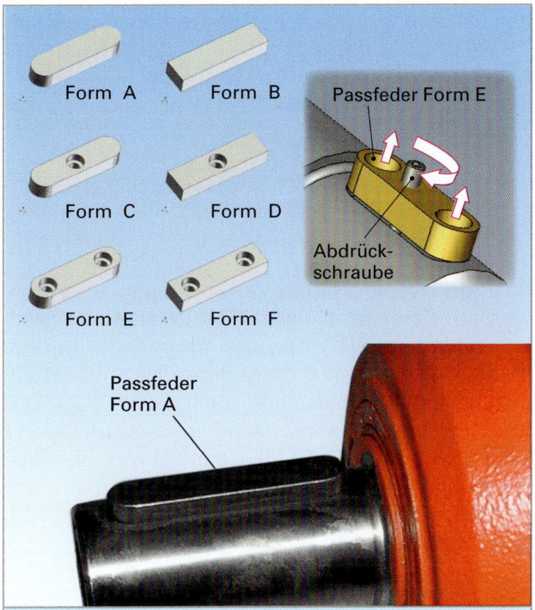

Bild 1: Passfederarten

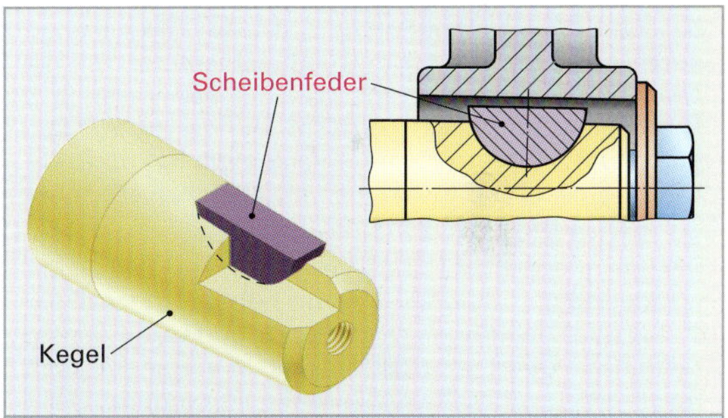

Bild 2: WNV mit Scheibenfeder

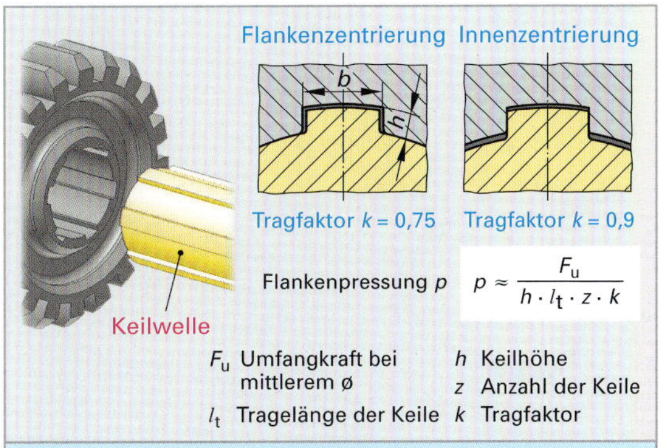

Bild 3: Keilwellenverbindung

Zahnwellenverbindungen. Bei besonders hohen schwellenden, wechselnden und stoßenden Belastungen werden Zahnwellenverbindungen verwendet (**Bild 1**). Die Aufnahmefähigkeit der hohen Belastung basiert auf der hohen Anzahl der Zähne und der dadurch großen Flankenfläche mit entsprechend großer Tragfähigkeit. Für die Entwurfsberechnung ist die Flächenpressung an den Zähnen maßgeblich.

Zahnwellenprofile sind flankenzentrierte Kerbzahnprofile gemäß DIN 5481 oder Evolventenzahnprofile gemäß DIN 5480.

Polygon[1]-Wellen-Naben-Verbindungen. Hierbei werden gerundete, aber nicht kreisrunde Wellenprofile bzw. Nabenprofile miteinander gefügt. Es handelt sich um Profile, deren Grundform ein gleichschenkliges Dreieck nach Form P3G DIN 32711 oder ein Quadrat nach Form P4C DIN 32712 (**Bild 2**) ist. Das P4C-Profil, gefertigt mit Spielpassung, ermöglicht einen spielarmen Gleitsitz, bei dem sich die Nabe auf der Welle in axialer Richtung bewegen kann (**Bild 3**).

Die Polygon-Wellen-Naben-Verbindungen sind selbstzentrierend (**Bild 4**) und weisen sehr hohe Steifigkeit auf. Die Besonderheit ist, dass es nur eine geringe Kerbwirkung gibt: β_{kt} = 1,2 ... 1,5.

Bei dem Drei-Seiten-Polygon werden drei Zonen durch eine Normalkraft mit unterschiedlicher Stärke beansprucht (Bild 4, rechts). Die Flächenpressung p beginnt an der „Ecke", erreicht etwa nach 20° das Maximum und verschwindet nach etwa 50° (in Drehrichtung gesehen). Sie ist also im Vergleich zu einem Presssitz nicht gleichbleibend.

Die Polygon-Wellen-Naben-Verbindungen (Bild 2) verwendet man immer dann, wenn hohe und vor allem stoßartige Drehmomente vorliegen und wenn gleichzeitig hohe Übertragungssteifigkeit in Verbindung mit Spielfreiheit verlangt wird und die Verbindung leicht montierbar und demontierbar sein soll. Man findet Polygon-Wellen-Naben-Verbindungen z. B. bei Werkzeugmaschinen, Kraftfahrzeugen und Flugzeugen.

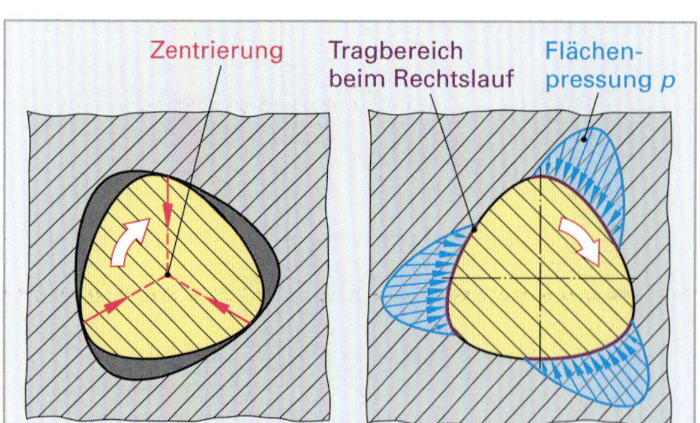

Bild 4: Drei-Seiten-Polygon

Schiebewellen realisiert man sehr vorteilhaft mit Polygonprofilwellen. Hier kommen neben den Normprofilen auch Sonderpolygonprofile, wie z. B. solche mit konzentrisch überarbeiteten Ecken zur Anwendung (Bild 3).

[1] Polygon, von griech. polygonos = vielwinklig, polygonal = vieleckig

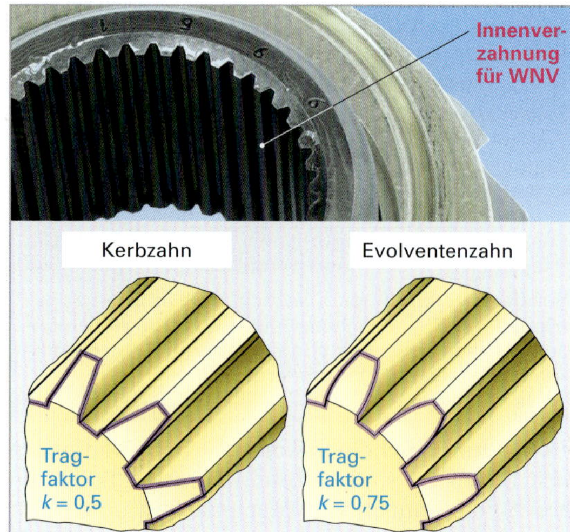

$$p \approx \frac{F_u}{h \cdot l_t \cdot z \cdot k}$$

F_u Umfangkraft in Zahnprofilmitte
F tragende Zahnhöhe
l_t tragende Zahnhöhe
z Anzahl der Zähne
k Tragfaktor

Bild 1: Nabe mit Zahnwellenprofil

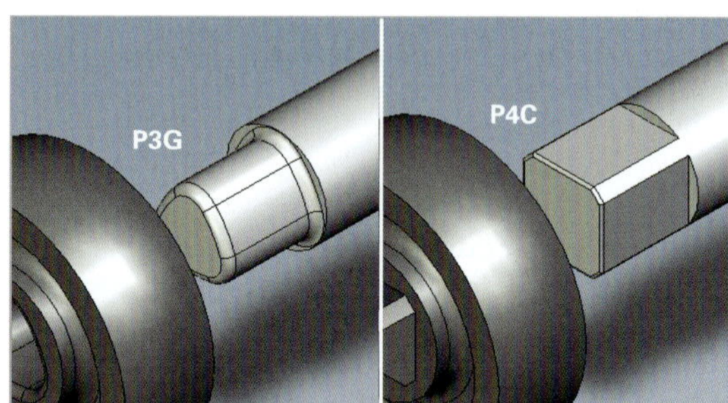

Bild 2: Polygon-Wellen-Naben-Verbindungen

Bild 3: Schiebesitz mit Viereck-Polygonprofil

Berechnung von Passfederverbindungen

Eine Passfeder wird aufgrund des zu übertragenden Drehmoments auf Flächenpressung belastet. Bei normgerechter Wahl der Passfedergröße aufgrund des Wellendurchmessers und bei Verwendung zum Übertragen eines ruhenden Drehmoments kann meist auf einen Festigkeitsnachweis verzichtet werden.

1. Berechnung nach dem zu übertragenden Drehmoment

Das zulässige zu übertragende Drehmoment wird in Abhängigkeit der kleinsten Streckgrenze zwischen Welle, Nabe und Passfeder wie folgt bestimmt.

$$M_{zul} \geq \frac{0{,}9 \cdot R_e \cdot (h - t_1) \cdot l_{tr} \cdot d}{2}$$

- M_{zul} zulässiges zu übertragendes Drehmoment
- R_e minimale Streckgrenze aus Welle, Nabe, Passfeder
- h Passfederhöhe nach DIN 6885
- t_1 Wellennuttiefe nach DIN 6885
- l_{tr} tragende Passfederlänge (abzüglich gerundete Stirnflächen)
- d Nenndurchmesser der Welle

2. Berechnung nach der minimalen Streckgrenze

Durch Umstellen der Gleichung kann die geringste Streckgrenze aus Naben-, Wellen- und Passfederwerkstoff bestimmt werden.

$$R_e \geq \frac{2 \cdot M}{0{,}9 \cdot (h - t_1) \cdot l_{tr} \cdot d}$$

- R_e erforderliche Streckgrenze aus Welle, Nabe, Passfeder
- M zu übertragendes Drehmoment
- h Passfederhöhe nach DIN 6885
- t_1 Wellennuttiefe nach DIN 6885
- l_{tr} tragende Passfederlänge (abzüglich gerundete Stirnflächen)
- d Nenndurchmesser der Welle

Beispiel:

Eine Welle aus 42CrMo4 mit dem Nenndurchmesser d = 42 mm soll ein Drehmoment von M = 780 Nm übertragen. Das verwendete Zahnrad ist aus 50CrMo4 gefertigt. Die Passfeder wird nach Norm verwendet und besteht aus E335

Es ist die Mindestlänge der Passfeder nach Faustregel und anschließend nach der Festigkeit zu bestimmen.

Lösung:

1. nach Faustregel:

$l_{min} \geq 1{,}3 \cdot d = 1{,}3 \cdot 42 \text{ mm} = 54{,}6 \text{ mm}$,

gewählt wird eine Länge l = 56 mm (nach DIN 6885-1)

2. nach Festigkeit:

Die geringste Streckgrenze besitzt E335 mit

$R_e = 335 \text{ N/mm}^2$

Mit $R_e \geq \frac{2 \cdot M}{0{,}9 \cdot (h - t_1) \cdot l_{tr} \cdot d}$ erhält man

$$l_{tr} = \frac{M \cdot 2}{0{,}9 \cdot R_e \cdot (h - t_1) \cdot d}$$

$$l_{tr} = \frac{780\,000 \text{ Nmm} \cdot 2}{0{,}9 \cdot 335 \frac{\text{N}}{\text{mm}^2} \cdot (8 \text{ mm} - 5 \text{ mm}) \cdot 42 \text{ mm}}$$

$$= 41{,}06 \text{ mm}$$

Da die abgerundeten Enden nicht tragen, muss die Passfederbreite hinzugezählt werden.

$l_{min} = 41{,}06 \text{ mm} + 12 \text{ mm} = 53{,}06 \text{ mm}$

Gewählt wird auch hier die Länge l = 56 mm nach DIN 6885-1.

Berechnungsbeispiel für Polygonwelle[1]: Zu ermitteln ist das maximal übertragbare Torsionsmoment einer Polygonwelle mit D_i = 30mm Profil-Innenkreisdurchmesser. Werkstoff C45 E: Streckgrenze R_e = 370 N/mm².

$$M_t = \tau \cdot W_p$$

$$W_p \approx \frac{\pi \cdot D_i^3}{16}$$

$$\tau \approx 0{,}7\, R_e$$

- M_t Torsionsmoment
- τ Torsionsspannung
- D_i Profil-Innenkreisdurchmesser
- R_e Streckgrenze
- W_p polares Widerstandsmoment

$M_t = 0{,}7 \cdot 370 \text{ N/mm}^2 \cdot \pi \cdot (30 \text{ mm}^3)/16$

$M_t = 1\,377\,000 \text{ Nmm} = 1377 \text{ Nm}$

Normen

- **DIN 5464** Keilwellen-Verbindungen mit geraden Flanken
- **DIN 5466** Tragfähigkeitsberechnung von Zahn- und Keilwellen-Verbindungen
- **DIN 5472** Werkzeugmaschinen; Keilwellen- und Keilnaben-Profile mit 6 Keilen, Innenzentrierung
- **DIN 5480** Zahnwellen-Verbindungen mit Evolventenverzahnung
- **DIN 6885-1** Mitnehmerverbindung ohne Anzug, Passfedern, Nut, Hohe Form
- **DIN 6888** Mitnehmerverbindung ohne Anzug, Scheibenfedern, Abmessungen und Anwendungen
- **DIN 6892** Mitnehmerverbindung ohne Anzug, Passfedern, Berechnung und Gestaltung

[1] Berechnung nach Fa. Polygona (s. Quellenverzeichnis)

3.3.2.3 Stoffschlüssige WNV

Die Stoffschlüssigkeit erreicht man durch Kleben, Löten oder Schweißen. Beim Löten und Kleben ist eine relativ breite Nabe erforderlich, da diese Verbindungen nur durch Tangentialspannungen belastet werden dürfen.

Löten. Bei der Herstellung der Lötverbindung müssen Welle und Nabe mit einem gleichmäßigen Spalt exakt zentriert werden. Für das Löten muss für die Wahl der Spaltweite die Nabenlänge beachtet werden (0,05 mm bis 0,2 mm), damit das Lot in den Lötspalt durch Kapillarwirkung hineingezogen wird (**Bild 1, links**).

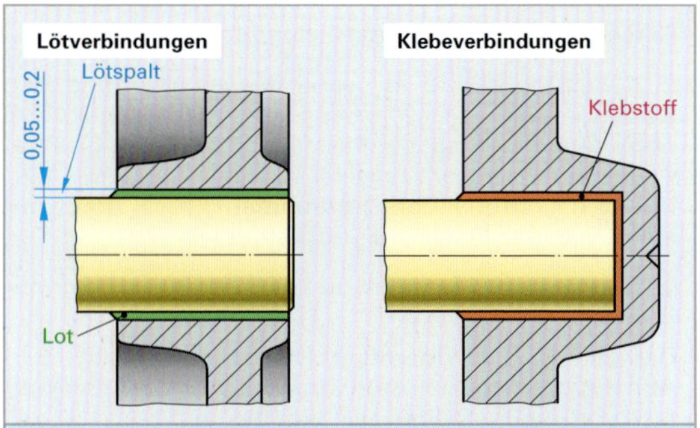

Bild 1: Lötverbindung und Klebeverbindung

Das Löten ermöglicht auch eine sehr gute Verbindung bei sehr unterschiedlichen Werkstoffpaarungen auch von metallischen Werkstoffen mit Nichtmetallen z. B. für metallische Wellen mit Naben bzw. Rädern aus Keramik, Diamant und Glas. Man verwendet hierbei sogenannte Aktivlote mit grenzflächenaktiven Elementen wie Titan und Zirkon. Die Naben und Wellen müssen z. T. vorbehandelt werden. An den Phasengrenzen kommt es zu Interdiffusionsprozessen und Reaktionen mit einer innigen Verbindung.

Kleben. Es können unterschiedliche Werkstoffpaarungen von Wellen und Naben verklebt werden (**Bild 1, rechts**). Eine zentrische Justage ist für den Klebevorgang notwendig. Nachteilig kann sein:

- Dass die Klebeverbindung weniger lasttragfähig ist als es die Fügepartner sind,
- dass der Klebstoff temperaturabhängig, bei schon relativ geringen Temperaturen (häufig ab 60 °C) sich in seinen Eigenschaften nachteilig verändert, z. B. zu Kriechen beginnt und
- dass Lösemittel und UV-Strahlung einen negativen Einfluss auf die Haltbarkeit haben.

Beim Löten und Kleben von Wellen-Naben-Verbindungen müssen Welle und Nabe mit gleichmäßigem Spalt exakt zentriert werden.

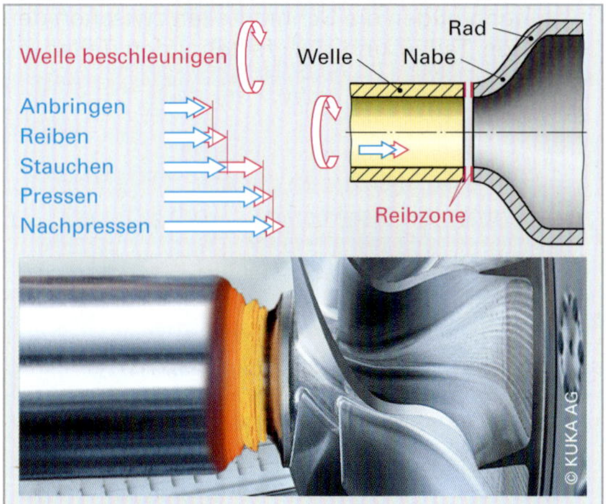

Bild 2: Reibschweißen

Schweißen. An Wellen werden Naben meist durch Reibschweißen stumpf gefügt (**Bild 2**). Das Verfahren wendet man insbesondere bei Stahlbauteilen (**Bild 3**), aber auch bei Kunststoffbauteilen an.

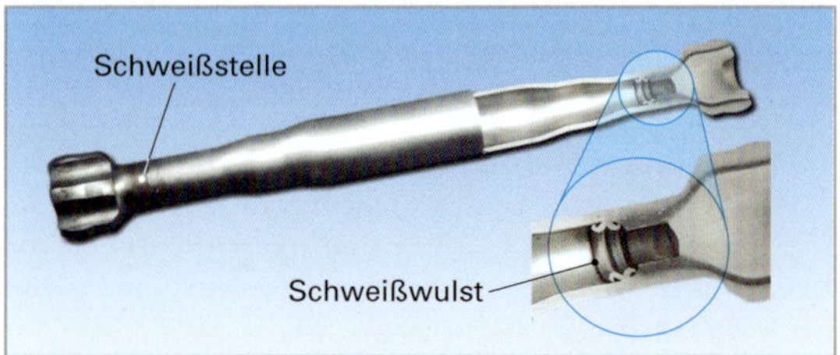

Bild 3: Reibgeschweißtes Wellenbauteil mit Ritzel

Der Vorgang ist so, dass eine in Drehbewegung versetzte Welle auf den Nabenflansch aufgesetzt wird, bis der Werkstoff von Nabe und Welle an der Fügestelle durch Reibungswärme aufschmilzt. Sodann wird die Welle abbremsend auf die Nabe gedrückt. Prinzipiell können auch alle anderen Schweißverfahren infrage kommen, z. B. auch das Laserschweißen (**Bild 4**).

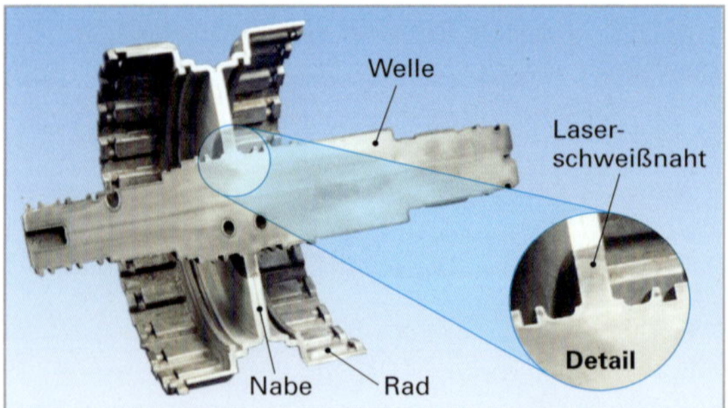

Bild 4: Lasergeschweißtes Bauteil

3.4 Drehlager und Führungen

Eine Maschine ist als *ein* System mit *beweglichen Teilen* definiert und dadurch gekennzeichnet, dass zumindest Teile der Maschine Drehbewegungen oder Schiebebewegungen ausführen.

Drehbewegungen erfolgen allgemein mithilfe von Wellen, die gelagert, d. h. aufgenommen werden müssen (**Bild 1**). Für Schiebebewegungen sind es Schlitten, die in Führungen Aufnahme finden. So gehören die Drehlager, oft nur Lager genannt und die Führungen zu den grundlegenden Elementen einer Maschine. Sowohl die Lager als auch die Führungen bilden die Schnittstellen zwischen den bewegten Teilen und den festehenden Teilen einer Maschine.

Wichtigste Zielsetzungen sind in beiden Fällen:

- Die Beweglichkeit der Maschinenteile sollte möglichst leichtgängig sein.
- Die Abnutzung bzw. der Verschleiß sollte möglichst gering sein und
- die Genauigkeit der Aufnahme sollte dauerhaft, auch unter Belastung, erhalten bleiben.

Bei Lagern und Führungen unterscheidet man zwischen

- Wälzlagern bzw. Wälzführungen,
- Hydrodynamischen Gleitlagern und Gleitführungen,
- Hydrostatischen Gleitlagern und Gleitführungen,
- Aerostatischen[2] Gleitlagern und Gleitführungen, sowie
- Magnetlagern und Magnetführungen (**Tabelle 1**).

Man verwendet auch einen Mix aus diesen Lagern bzw. Führungen, um die positiven Eigenschaften der Lagerarten zu kombinieren.

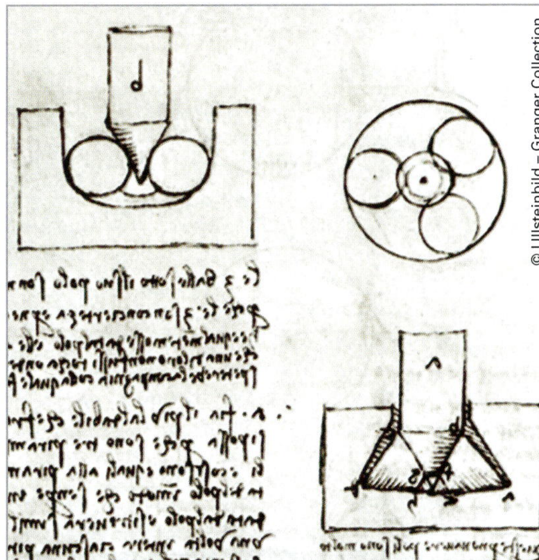

Bild 1: Rollen- und Kugellagerskizzen von *Leonardo da Vinci*[1]

Tabelle 1: Eigenschaften der Lagerarten

Eigenschaft	Wälzlager	Hydrodyn. Gleitlager	Hydrostat. Gleitlager	Aerostat. Gleitlager	Magnetlager
Hoher Drehzahlkennwert ($D \cdot n$)	gut	befriedigend	befriedigend	sehr gut	sehr gut
Lebensdauer	hoch	hoch	unbegrenzt	unbegrenzt	unbegrenzt
Reibung	gering	gering	sehr gering	sehr gering	keine
Laufgenauigkeit	gut	gut	sehr gut	sehr gut	sehr gut
Schwingungsdämpfung	gering	gut	gut	gut	sehr gut
Steifigkeit	hoch	hoch	sehr hoch	gut	hoch
Kosten inkl. Betriebskosten	sehr günstig	günstig	günstig	günstig	hoch

[1] *Leonardo da Vinci* (1452 bis 1519), Maler, Bildhauer, Architekt, Mechaniker, Ingenieur, Naturphilosoph und Erfinder

[2] griech. aer = Luft, Aerostatik = Wissensgebiet der nichtbewegten Luft

Wichtige zusätzliche, zu beachtende Eigenschaften der Lager und Führungen sind:

- Das Langzeitverhalten bzw. die Lebensdauer oder Laufleistung,
- die Nachgiebigkeit,
- das Temperaturverhalten,
- das Drehzahl- bzw. Geschwindigkeitsverhalten,
- die Empfindlichkeit auf Stöße,
- die Notlaufeigenschaften,
- der Raumbedarf,
- der Kühl- und Schmierbedarf,
- die Geräuschemission.

3.4.1 Wälzlager

3.4.1.1 Einführung

Bei den Wälzlagern rollen Wälzkörper zwischen zwei Laufbahnen, z. B. einer äußeren und einer inneren Laufbahn und ermöglichen so ein leichtgängiges Gegeneinanderbewegen der beiden Laufbahnen. Meist werden diese Laufbahnen mitsamt den Wälzkörpern und gegebenenfalls einem sogenannten Käfig zum Abstandhalten der Wälzkörper als genormtes Kompletteinbauteil, z. B. als Kugellager oder als Sonderanfertigung von einem Zulieferer bezogen. Die Wälzlager gibt es auch mit sehr großen Durchmessern[1], z. B. für Anwendungen bei Windkraftanlagen (**Bild 1**).

Bild 1: Wälzlager (Beispiele)

In der Konstruktion und Herstellung der Wälzlager steckt sehr viel Know-How, so dass diese selbst nicht mehr als eine Konstruktionsaufgabe angegangen werden. Für die Auswahl und Berechnung stellen die Hersteller der Wälzlager meist umfangreiches Material in Form von Software, Tabellen und Diagrammen zu Verfügung.

Nach Art der überwiegenden Belastung unterscheidet man:

- Radiallager und
- Axiallager (**Bild 2**).

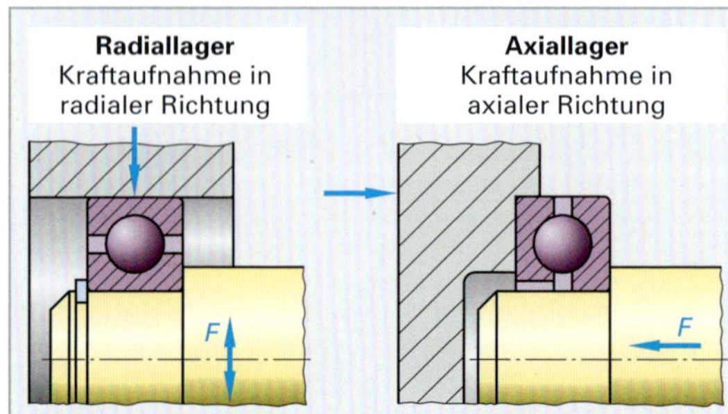

Bild 2: Radiallager und Axiallager

Nach Art der Wälzkörper unterscheidet man

- Kugellager,
- Zylinderrollenlager,
- Kegelrollenlager,
- Nadellager und
- Tonnenlager (**Bild 3**).

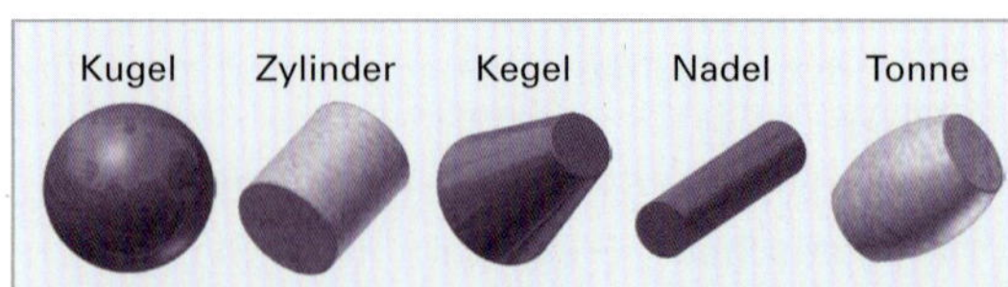

Bild 3: Wälzkörper

Bei den Kugeln liegt unter Annahme einer Idealgeometrie eine Punktberührung vor, wohingegen die Rollen bzw. Nadeln sich längs einer Linie berühren (**Bild 4**). Unter Belastung verformen sich die Wälzkörper und die Laufbahnen. So entsteht eine flächige Berührung, allerdings unterschiedlicher Art.

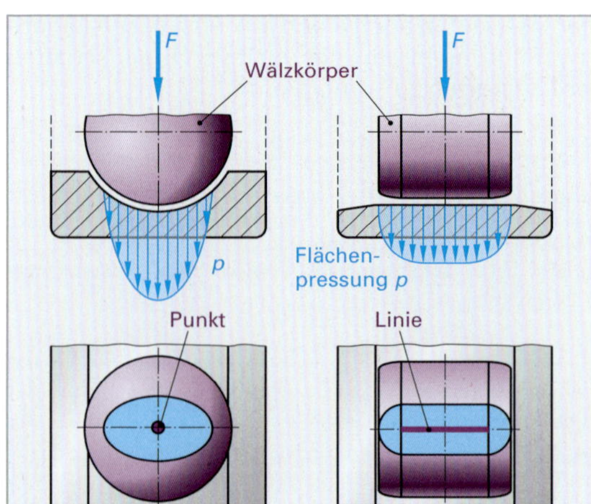

Bild 4: Punktberührung und Linienberührung

Die Flächenpressung ist bei der Kugel größer als bei der Rolle, gleicher Radius vorausgesetzt, und so ist es verständlich, dass das Rollenlager entweder höhere Kräfte tragen kann oder die Lagerbaugröße kleiner ausfällt als bei einem Kugellager. Auch ist leicht einsehbar, dass die Steifigkeit bei den Lagern mit Linienkontakt höher ist als bei denen mit Punktkontakt.

[1] Bei sehr kleinen Kugellagern (Durchmesser z. B. weniger als 10 mm) werden die Kugeln sehr klein und verursachen hohe Flächenpressungen auf den Laufbahnen.

Schrägkugellager können radiale Kräfte und einseitig axiale Kräfte aufnehmen und zwar abhängig vom Druckwinkel α (**Bild 1**). Die Druckwinkel sind meist 15°, 20° und 25°. In dieser Richtung werden Kräfte vom Innenring auf den Außenring übertragen.

> Mit zunehmendem Druckwinkel nimmt
> - die Drehzahlgrenze ab (Druckwinkel > 25° verwendet man daher selten)
> - die axiale Steifigkeit zu und
> - die radiale Steifigkeit ab.

Vierpunktlager haben vier Berührpunkte (**Bild 2**). Sie können Axialbelastungen in beiden Richtungen aufnehmen. Die radiale Belastung ist geringer als bei üblichen Zweipunktlagern. Zur Lastaufnahme in beiden Richtungen bauen Vierpunktlager schmaler als die zweireihigen Lager.

Damit die Wälzkörper sich bei ihrer Drehbewegung nicht gegenseitig reiben und Verluste verursachen, sind zum Abstandhalten Käfige (**Bild 3**) vorhanden. Die Käfige sind zumeist aus Blech geformt oder es sind massive Metallbauteile oder Kunststoffbauteile.

Nach Art der Konfektionierung unterscheidet man *selbsthaltende* Lager und *nichtselbsthaltende* Lager. Die nichtselbsthaltenden Lager werden zur Montage in mehreren Teilen geliefert, z. B. beim Kegelrollenlager als Außenring, Innenring mit Wälzkörper und Käfig. Die selbsthaltenden Lager sind jeweils eine Komponente, z. B. das übliche Rillenkugellager.

3.4.1.2 Bezeichnungen

Die Benennungen von Wälzlagern sind in Normen festgelegt, z. B. in DIN 625 für die Rillenkugellager.

Kennzeichnung der Lagerart. Die erste Ziffer kennzeichnet die Lagerart, es folgt 2-stellig die Maßreihe und dann 2-stellig die Bohrungskennzahl (**Tabelle 1**). Die **Maßreihe** stellt eine kombinierte Information aus der Breite und dem Außendurchmesser des Lagers dar (**Bild 4**).

Die **Bohrungskennzahl (BKZ)** gibt Aufschluss über den Innendurchmesser des Lagers, also den Durchmesser der Welle, auf die das Lager aufgezogen wird (**Tabelle 2**).

Beispiel: Lagerkurzbezeichnung 30306.

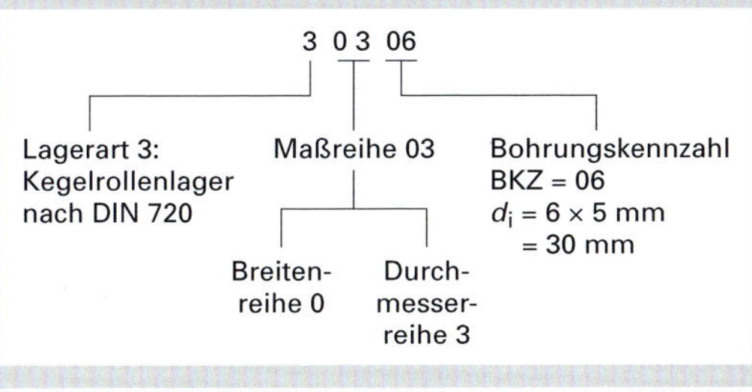

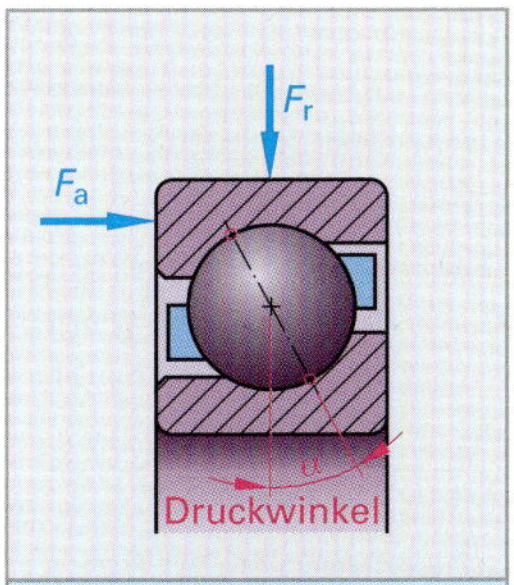

Bild 1: Schrägkugellager

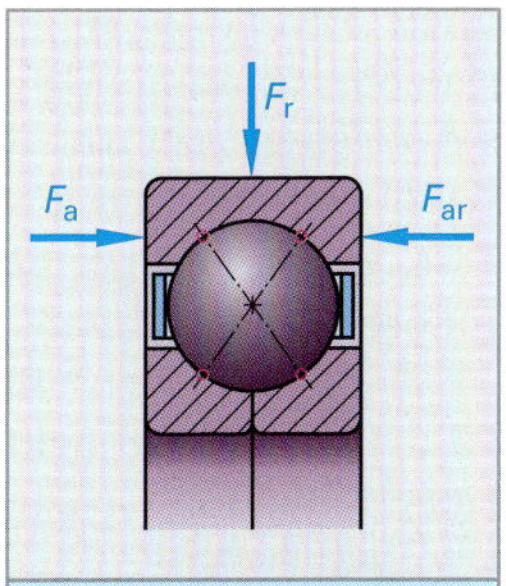

Bild 2: Vierpunktlager

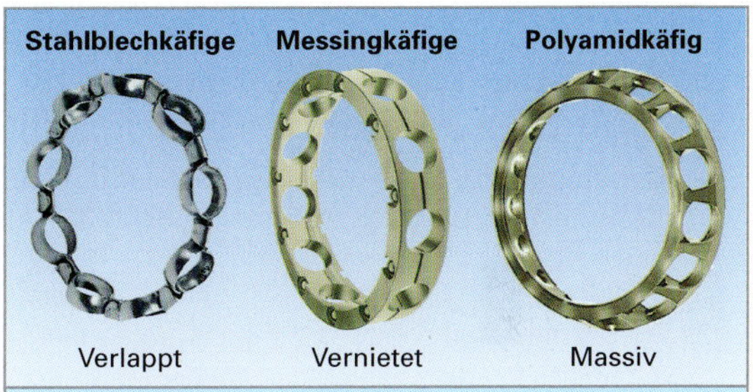

Bild 3: Käfige

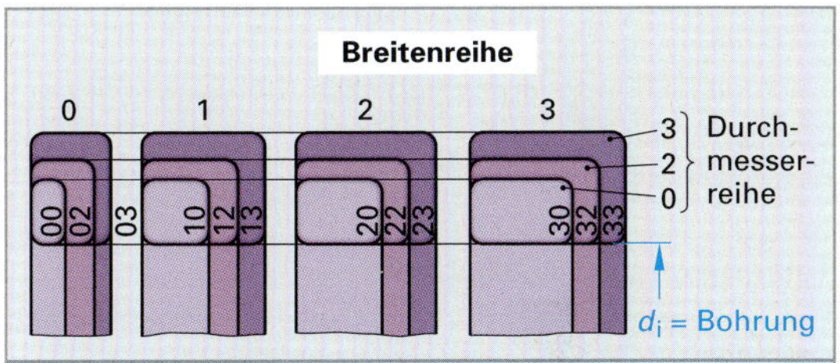

Bild 4: Maßreihe

Tabelle 1: Lagerart (Auswahl)

Kurzzeichen	Lagerart	Kurzzeichen	Lagerart
33	Schrägkugellager, zweireihig	N	Zylinderrollenlager ohne Außenbord
3	Kegelrollenlager		
6	Rillenkugellager, einreihig	NU	ohne Innenbord
7	Schrägkugellager, einreihig	NUP	mit beidseitigem Bord

Tabelle 2: Bohrungskennzahl

BKZ	ø d_i	BKZ	ø d_i
00	10 mm	02	15 mm
01	12 mm	03	17 mm
ab 04 d_i = BKZ · 5 mm			

Viele Lagerbezeichnungen besitzen innerhalb der Kurzbezeichnung noch weitere sogenannte **Nachsetzzeichen**, die an die Kurzbezeichnung angehängt werden. Diese sind z.B.:

Z Lager besitzt einseitig eine Deckscheibe (meist aus Blech, **Bild 1**) zum Schutz gegen Schmutz und Staub.

2Z Lager besitzt beidseitig Deckscheiben.

RS Lager besitzt eine Dichtscheibe, meist aus PTFE (**Bild 2**) zum Schutz gegen Schmutz, Staub und Feuchtigkeit.

2RS Lager besitzt beidseitig Dichtscheiben. Die Fettfüllung der Lager wird nicht ausgetauscht.

K: Lager besitzt eine kegelige Bohrung 1:12.

K30: Lager besitzt eine kegelige Bohrung 1:30.

S: Lager besitzt eine Schmiernut und eine Schmierbohrung am Außenring (**Bild 3**).

Beispiel:
Lagerbezeichnung nach DIN 635: **2 40 28-S-K30-MB**
- zweireihiges Pendelrollenlager (2 40) der Maßreihe 40,
- Bohrungsdurchmesser 140 mm (28),
- Schmierbohrung und umlaufende Schmiernut am Außenring (S),
- kegelige Innenringmantelfläche (Bohrung) mit der Steigung 1:30 (K30),
- Massivkäfig aus Messing (MB).

Toleranzen von Wälzlagern

Die Genauigkeit der Wälzlager entspricht nach DIN 620 der Toleranzklasse PN. Werden höhere Genauigkeiten verlangt, sind auch Lager mit Toleranzen nach P6, P5, P4 und P2 beziehbar (**Bild 4**). Die Toleranzklassen PN, P6, P5, P4, P2 beziehen sich auf Wälzlager. Sie legen die Maßgenauigkeiten der Bauteile fest (**Tabelle 1**).

Beim Fügen der Wälzlager sind nur die Toleranzen der Bohrung und der Welle relevant und zwar abhängig von den Belastungen und den Umlaufbedingungen.

Tabelle 1: Wälzlagertoleranz (Auswahl)

Toleranzklasse	d_i über 18 bis 30	d_i über 30 bis 50
PN	0 / –10 µm	0 / –12 µm
P6	0 / –8 µm	0 / –10 µm
P5	0 / –6 µm	0 / –8 µm
P4	0 / –5 µm	0 / –6 µm
P2	0 / –2,5 µm	0 / –2,5 µm

d_i Innendurchmesser Wälzlagerbohrung (Nennmaß in mm)

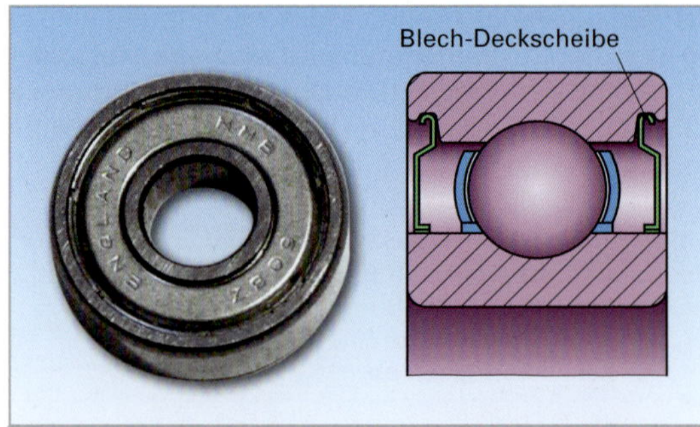

Bild 1: Deckscheibe (Z-Scheibe)

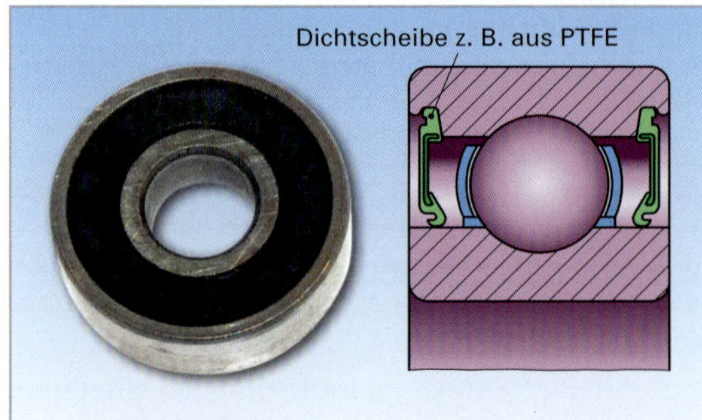

Bild 2: Dichtscheibe (RS-Scheibe)

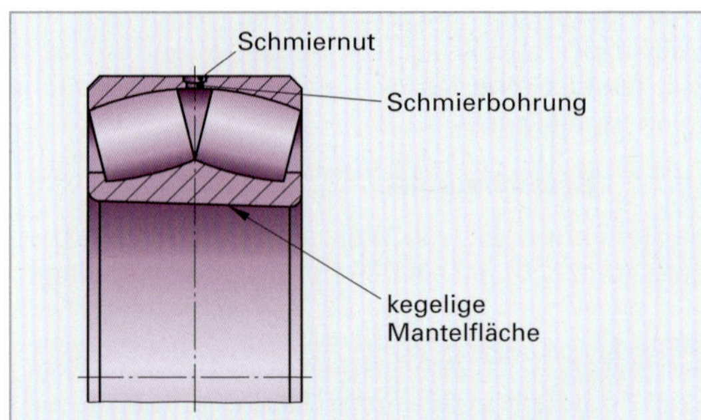

Bild 3: Kegelige Bohrung und Schmiernuten

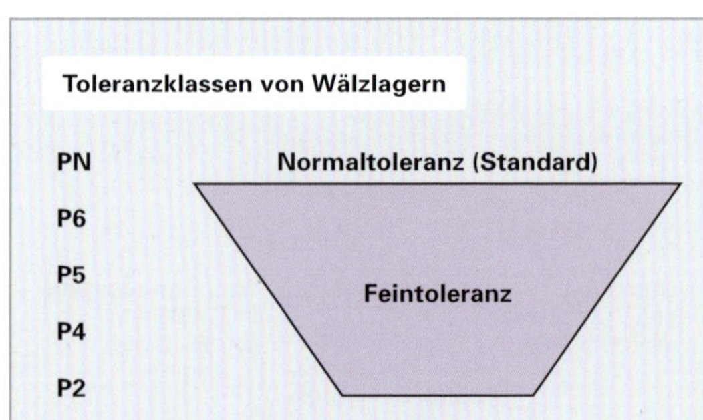

Bild 4: Wälzlager-Toleranzklassen

3.4.1.3 Lagerarten (Auswahl)

	Lagerart[1]	Merkmale
Radiallager	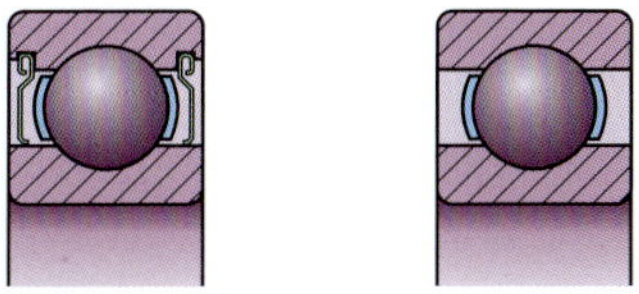 Rillenkugellager	Sehr vielseitige, preisgünstigste Lagerbauart. Selbsthaltend (nicht zerlegbar), unempfindlich und wartungsfreundlich. Zuverlässiger Lauf, vor allem bei hohen Drehzahlen. Rillenkugellager sind radial und beidseitig axial belastbar. Nicht bei Fluchtungsfehlern der Wellenbohrungen verwendbar. **Aufbau:** Außenring, Innenring, Käfig, Kugeln, mit und ohne Dichtung. **Bauformen:** Einreihig und zweireihig.
	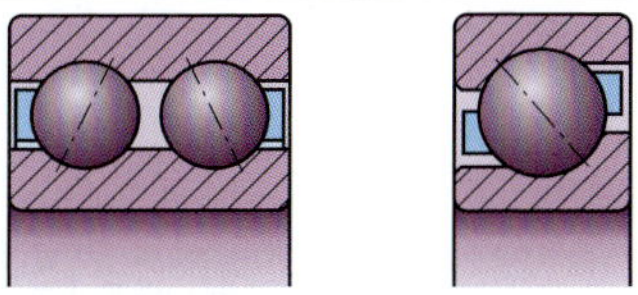 Schrägkugellager	Selbsthaltende Bauteile, Belastbarkeit höher als bei Rillenkugellager, hohe axiale Belastung ist nur in eine Richtung möglich. Bei paarweiser Verwendung in X- oder O-Anordnung ist hohe axiale Belastung in beide Richtungen möglich. Für angestellte Lagerung verwendbar. **Aufbau:** Außenring, Innenring, Käfig, Kugeln, mit und ohne Dichtung. **Bauformen:** Einreihig und zweireihig in O-Anordnung.
	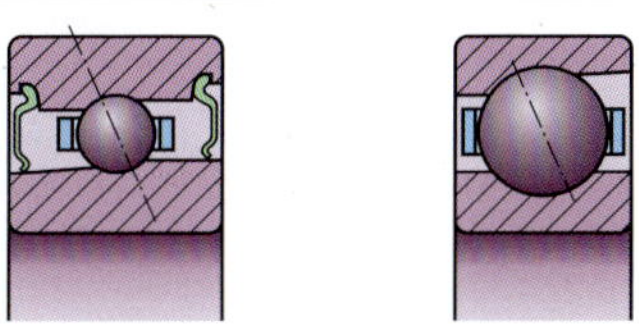 Schulterkugellager (Spindellager)	Im Prinzip einseitige Schrägkugellager. Selbsthaltende Bauteile, engere Toleranzen, eignen sich als Präzisionslagerungen vor allem von Werkzeugmaschinenspindeln. Axiale Belastung nur in eine Richtung möglich, bei paarweiser Anordnung in beide Richtungen möglich. Als Hochgeschwindigkeits-Spindellager mit kleineren Stahlkugeln lieferbar für noch höhere Drehzahlen und geringere Reibungsverluste einsetzbar. **Aufbau:** Außenring, Innenring, Käfig, Kugeln, mit und ohne Dichtung, sind als Hybridlager mit Keramikkugeln lieferbar. **Bauformen:** Einreihig.
	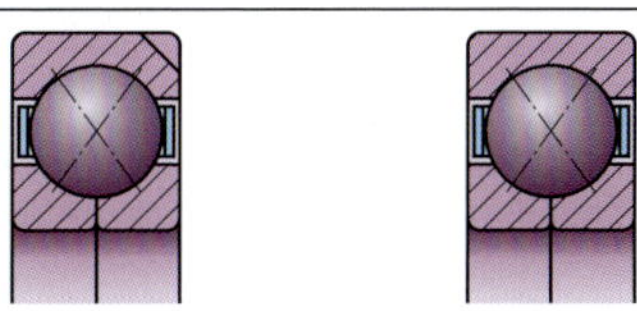 Vierpunktlager	Gehören zu den einreihigen Schrägkugellagern. Durch den zweiteiligen Innenring ist die Aufnahme von viel mehr Kugeln als bei anderen einreihigen Kugellagern möglich. Die Laufbahnschultern sind höher ausgebildet als bei anderen Kugellagern. Beide Aspekte realisieren eine höhere axiale und radiale Belastbarkeit. **Aufbau:** Außenring, zweiteiliger Innenring, Käfig, Kugeln. **Bauformen:** Einreihig.
	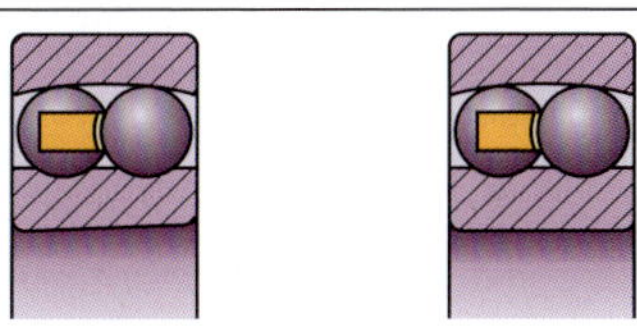 Pendelkugellager	Stets zweireihige selbsthaltende Bauteile. Können axiale Belastungen in beide Richtungen aufnehmen. Sehr gut geeignet bei winkeligen Fluchtungsfehlern, von bis zu 4°. Pendelkugellager sind auch mit kegeliger Spannhülse und daher auch wahlweise mit kegeligem Innenring beziehbar, geeignet zur kraftschlüssigen, leicht lösbaren Welle-Nabe-Verbindung. **Aufbau:** Außenring, Innenring, Käfig, Kugeln, mit und ohne Dichtung. **Bauformen:** Zweireihig.
	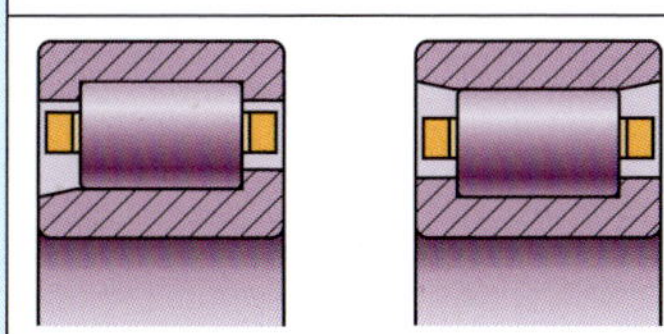 Zylinderrollenlager	Zylinderrollenlager sind u.a. in den Ausführungen N, NU, NJ, NUP lieferbar. Die unterschiedlichen Ausführungen beruhen auf der Gestaltung der Borde. Zylinderrollenlager sind hoch radial belastbar und bedingt auch axial belastbar. Sie sind sehr gut für hohe Drehzahlen geeignet. Die Anwendung als Loslager ist zu bevorzugen. **Aufbau:** Außenring, Innenring, Käfig, Zylinderrollen, mit und ohne Dichtung. **Bauformen:** Einreihig und zweireihig.
	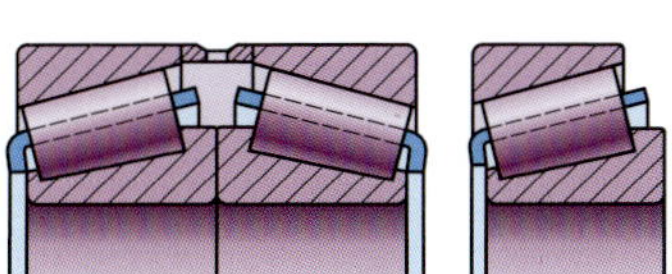 Kegelrollenlager	Kegelrollenlager bestehen aus Innenring und Außenring, welche kegelmantelförmige Laufbahnen für die Wälzkörper aufweisen. Die Wälzkörper sind Kegelstümpfe. Die Mittelachsen der Wälzkörper sowie die Neigungen der Laufbahnen schneiden sich in einem Punkt. Kegelrollenlager sind nicht selbsthaltend, sie können hohe radiale und einseitig auch hohe axiale Belastungen aufnehmen. Kegelrollenlager werden pro Welle immer paarweise angewendet, wobei die Lager spiegelbildlich, d. h. in X- oder in O-Anordnung als angestellte Lager eingebaut sind. **Aufbau:** Außenring, Innenring, Käfig, Kegelrollen. **Bauformen:** Einreihig.

[1] Bildelemente zu den Wälzlagern nach Wälzlager-Katalog INA FAG (SCHAEFFLER-Gruppe).

	Lagerart	Merkmale
Radiallager	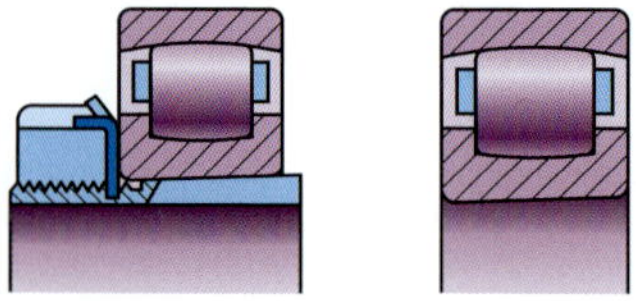 Tonnenlager	Tonnenlager sind Rollenlager mit konkav, kreisrund gestalteter Laufbahn am Außenring, womit eine hervorragende Winkeleinstellbarkeit ermöglicht wird. Die Innenringe sind mit Borden versehen. Tonnenlager sind selbsthaltend. Zusätzlich sind Tonnenlager mit kegeliger Innenringbohrung, Kegelring und Nutmutter als Spannhülse zur kraftschlüssigen Verbindung erhältlich. Diese Lager nehmen sehr hohe radiale, aber nur geringe axiale Belastungen auf. **Aufbau:** Außenring, Innenring, Käfig, konvexe Tonnenrollen. **Bauformen:** Einreihig.
	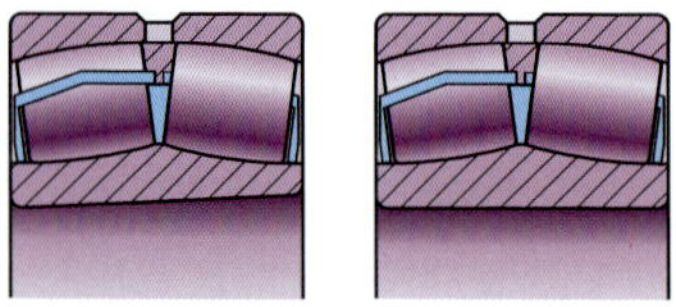 Pendelrollenlager	Pendelrollenlager sind wie zweireihige Tonnenlager und somit am Außenring ebenfalls mit konkaver, kreisrunder Laufbahn ausgestattet. Auch hierbei sind Winkelfehler, z. B. bei sich durchbiegenden Wellen, sehr gut ausgeglichen. Pendelrollenlager werden ebenfalls mit kegeliger Innenringbohrung geliefert, wobei auch hier der Einsatz einer Spannhülse möglich ist. Sie sind sowohl radial als auch axial hoch belastbar. **Aufbau:** Außenring, Innenring, Käfig, Tonnenrollen in zweireihiger Ausführung. **Bauformen:** Zweireihig.
	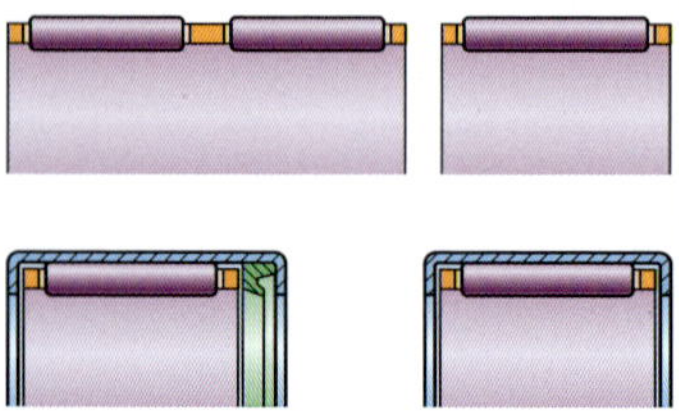 Nadellager, Nadelkränze	Wälzlager, deren Wälzkörper als Nadeln, also als Zylinderrollen mit einem großen Länge/Durchmesser-Verhältnis ausgeführt sind, sind in unterschiedlichen Bauformen erhältlich. *Nadelkränze* sind Baueinheiten, die lediglich aus einem Käfig und den Wälzkörpern bestehen. *Nadelhülsen* besitzen sehr dünnwandige Außenringe. *Nadellager* sind Baueinheiten mit Außenring und mit Innenring. Der große Vorteil aller Varianten ist der extrem geringe radiale Bauraum. Bei der Verwendung der Einheiten ohne Innenring müssen die Wellen gehärtet und geschliffen sein. Nadellager sind insbesondere für hohe Drehzahlen geeignet. **Aufbau:** Käfig mit Nadeln, mit und ohne Außenring, mit und ohne Innenring, evtl. mit Dichtung. **Bauformen:** Einreihig und zweireihig.
Axiallager	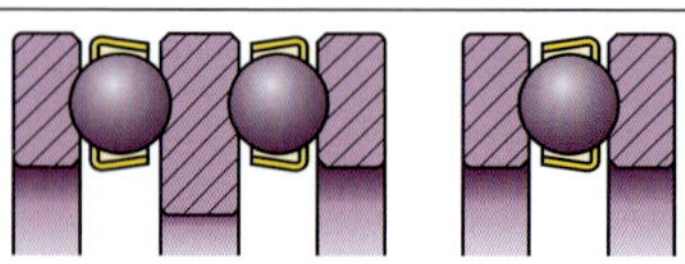 Axial-Rillenkugellager	Axial-Rillenkugellager sind nicht selbsthaltende Baueinheiten. Sie bestehen aus zwei Ringen, wobei einer eine größere Bohrung besitzt (Gehäusescheibe) als der andere (Wellenring) und den Kugeln. Sie sind hoch axial belastbar, radiale Belastungen müssen weitestgehend vermieden werden. **Aufbau:** Wellenring, Gehäusering, Käfig, Kugeln. **Bauformen:** Einreihig und zweireihig.
	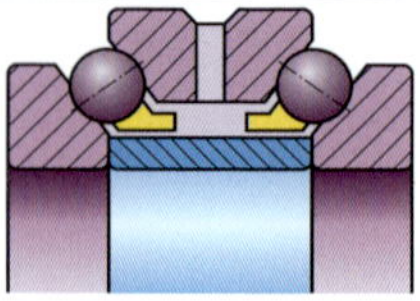 Axial-Schrägkugellager	Axial-Schrägkugellager sind komplexe und hochpräzise Baueinheiten. Sie sind nicht selbsthaltend. Einzelne Bauteile von Axial-Schrägkugellagern gleicher Größe dürfen aufgrund der aufeinander abgestimmten Genauigkeit nicht vertauscht werden. **Aufbau:** Wellenscheiben, Abstandsring, Gehäusescheibe, Massivkäfige, Kugeln. **Bauformen:** Zweireihig.
	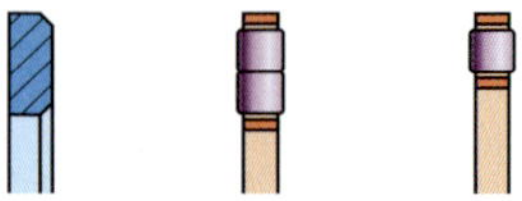 Axial-Zylinderrollenlager	Axial-Zylinderrollenlager sind Baueinheiten mit sehr niedriger axialer Bauhöhe. Sie sind axial sehr hoch belastbar. Die Käfige sind aus Kunststoff oder aus einem metallischen Werkstoff. **Aufbau:** Wellenscheibe, Gehäusescheibe, Käfig, Zylinderrollen. **Bauformen:** Einreihig und zweireihig.
	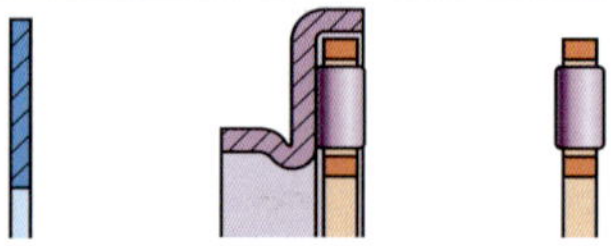 Axial-Nadelkränze	Wie auch bei den radialen Ausführungen sind axiale Nadellager nur als Baueinheit aus Käfig und Nadeln oder mit Gehäusering und auch Wellenring beziehbar. Die axiale Bauhöhe ist extrem niedrig. Die axiale Belastbarkeit ist hoch. Radiale Belastungen dürfen nicht vorhanden sein. **Aufbau:** Wellenscheibe, Gehäusescheibe, Käfig, Zylinderrollen. **Bauformen:** Einreihig.
	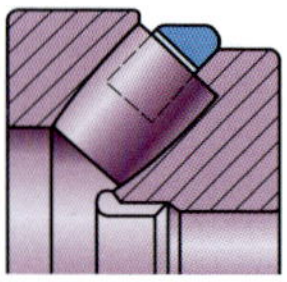 Axial-Pendelrollenlager	Axial-Pendelrollenlager bestehen aus kegelförmigen Tonnenrollen, welche sich zwischen Wellenscheibe und Gehäusescheibe abwälzen. Axial-Pendelrollenlager sind nicht selbsthaltend. Jedoch sind Käfig und Wellenscheibe miteinander verbunden. Diese Lager sind hoch axial belastbar und bei hohen Drehzahlen einsetzbar. Sogar eine radiale Belastung ist möglich. **Aufbau:** Wellenscheibe, Gehäusescheibe, Käfig, kegelförmige Tonnenrollen. **Bauformen:** Einreihig.

Schrägkugellager für satzweisen Einbau
Schrägkugellager können sowohl radiale als auch axiale Last aufnehmen. Für den satzweisen Einbau sind sie so abgestimmt, dass bei nebeneinanderliegenden Lagern eine definierte Lagerluft bzw. eine gleichmäßige Lastaufnahme sichergestellt ist, ohne dass Passscheiben o. Ä. benötigt werden. Die axiale Tragfähigkeit nimmt mit der Größe des Berührungswinkels (Druckwinkel) α zu (**Bild 1**). Der Berührungswinkel ist der Winkel, den die Verbindungslinie der beiden Berührungspunkte zwischen Kugel und Laufbahnen mit der Radialebene einschließt. Unter diesem Winkel wird die Belastung von einer Laufbahn auf die andere übertragen. Einseitig wirkende Schrägkugellager haben z. B. einen Berührungswinkel von 15° und 25°. Ist eine hohe axiale Steifigkeit gefordert, wählt man den großen Berührungswinkel. Zweiseitig wirkende Schrägkugellager haben z. B. Berührungswinkel von 30° oder 40°.

Bei **O-Anordnung** (Bild 1) laufen die Berührungslinien entlang der Lagerachse auseinander. Axialbelastungen werden in beiden Richtungen, aber jeweils nur von einem Lager aufgenommen. Diese Anordnung eignet sich durch den relativ großen Abstand zwischen den wirksamen Lagermitten gut für das Aufnehmen von Momentbelastungen.

Bei **X-Anordnung** laufen die Berührungslinien entlang der Lagerachse aufeinander zu. Axialbelastungen werden in beiden Richtungen nur von einem Lager aufgenommen. Durch den kürzeren Abstand zwischen den effektiven Lagermitten ist diese Anordnung weniger günstig für die Aufnahme von Momentbelastungen als Lager in O-Anordnung.

Bei der **Tandem-Anordnung** verlaufen die Berührungslinien parallel zueinander. Die Axial- und Radialbelastung verteilt sich auf beide Lager. Die **Tandem-Anordnung** bietet eine erhöhte axiale und radiale Tragefähigkeit als Einzellager. Der Lagersatz kann nur einseitig wirkende Axialbelastungen aufnehmen.

Hybridlager

Bei Hybridlagern bestehen die Laufringe aus Stahl und die Wälzkörper aus Keramik: Siliziumnitrid Si_3N_4. Die Lagerringe sind z. B. aus einem besonders hochaufgestickten, rostfreien Stahl mit sehr feinem Gefüge. In Bezug auf die Korrosionsbeständigkeit und Warmhärte werden übliche Wälzlagerstähle deutlich übertroffen.

Ursprünglich für Werkzeugmaschinenspindeln in der Hochgeschwindigkeitszerspanung entwickelt, werden diese Lager als Präzisionslager in vielen Bereichen eingesetzt, insbesondere im hohen Drehzahlbereich. Im Unterschied zu Stahl-Wälzlagern neigen Hybrid-Wälzlager auch bei schlechter Schmierung nicht zu adhäsivem Verschleiß im Wälzkontakt. Bei zu hohen Flächenpressungen kann ein metallischer Wälzkontakt zu Kaltverschweißungen an der Oberfläche führen. Auch wird der Schmierstoff beim Hybridlager weniger belastet. Der Schmierstoff wird weniger geschert. Die Druckellipsen sind kleiner ausgebildet. Die geringere Schmierstoffbelastung geht einher mit einer geringeren Wärmeentwicklung.

Keramikwälzkörper haben gegenüber Stahlwälzkörpern:

- eine geringere Dichte (etwa 50 %: 3,24 g/cm³) und erzeugen so geringere Fliehkräfte. Höhere Beschleunigungen sind möglich.
- einen niedrigeren Wärmeausdehnungskoeffizienten (etwa 30 %: $3{,}4 \cdot 10^{-6}$/K) und verändern dadurch die Lagervorspannung bei Temperaturänderung in geringerem Maße. Längere Laufzeiten sind die Folge.
- Die Reibungskräfte und damit die Wärmeentwicklung (**Bild 2**) sind geringer. Das tribologische Verhalten von Keramik zu Stahl ist günstiger als von Stahl zu Stahl. Die Fettgebrauchsdauer (= Lagergebrauchsdauer) ist dadurch länger. Meist sind die Lager abgedichtet und werkseitig befettet.
- Bei zu hoher Flächenpressung und schlechter Schmierung kann es bei einer Stahl-Stahl-Paarung zu Kaltverschweißungen mit Lagerausfall kommen, nicht bei Keramik.
- Keramik ist antimagnetisch, chemisch sehr beständig und elektrisch nicht leitend.

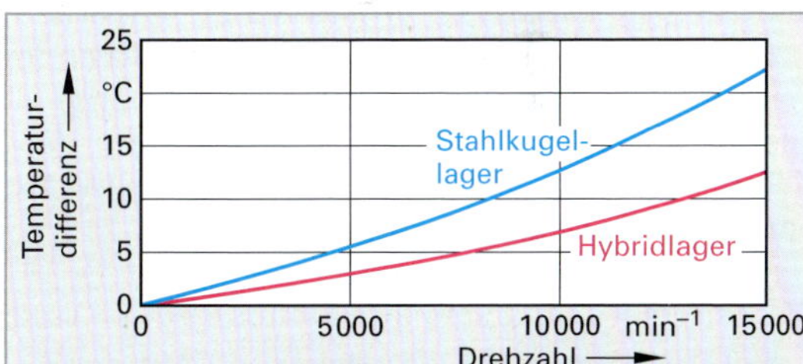

Bild 2: Temperaturdifferenz zum Außenring, Beispiel

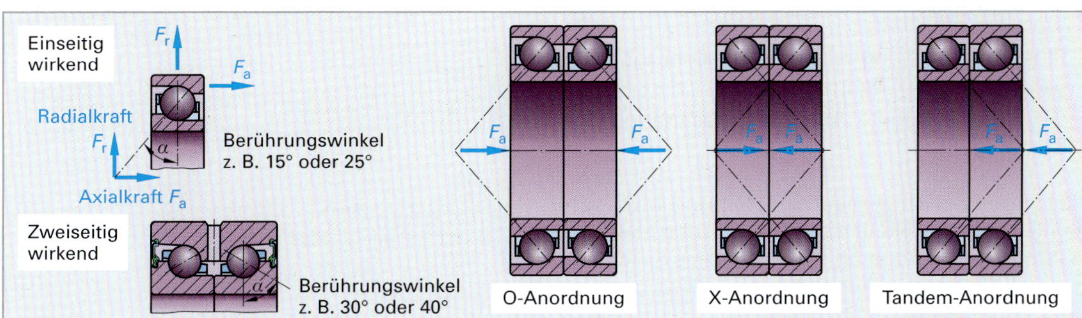

Bild 1: Lager für radiale und axiale Last

3.4.1.4 Einsatz

Die Vorteile von Wälzlagern sind:

- Geringe Reibung,
- geringes Anlaufmoment,
- geringer Schmiermittelbedarf,
- kein Stick-Slip-Effekt[1].

Wälzlager garantieren einen betriebssicheren und wartungsarmen Lauf. Sie eignen sich sehr gut, um in Getrieben, Werkzeugmaschinen, Fahrzeugen und Antrieben eingesetzt zu werden.

Aufgrund mancher Nachteile wie

- sehr hoher Stoßempfindlichkeit, vor allem bei geringen Drehzahlen,
- begrenzter Lebensdauer,
- höherem Abdichtungsaufwand,
- keine Notlaufeigenschaft

gibt es Einschränkungen.

So werden Wälzlager bevorzugt in Systemen eingesetzt, in denen die Lager keiner Stoßbelastung ausgesetzt sind. Generell sind jedoch sehr hohe Lagerbelastungen möglich. Eine Anwendung von Wälzlagern in Dauerläufern, wie z. B. in Zirkulationspumpen ist problematisch.

3.4.1.5 Reibung und Schmierung

Die Verlustleistung innerhalb einer Lagerung, aufgrund von Reibung und daraus resultierender Erwärmung ist schwierig und nur annähernd zu bestimmen. Dies hängt damit zusammen, dass sich die Reibung aus mehreren, meist schwierig berechenbaren Anteilen zusammensetzt.

Die Reibungsanteile und ihre Einflussgrößen sind:

- Rollreibung – Höhe der Belastung auf das Lager,
- Gleitreibung – Höhe und Richtung der Belastung, Schmierung,
- Flüssigkeitsreibung – Lagerart, Drehzahl, Eigenschaften des Schmiermittels,
- Dichtungsreibung – Art und Vorspannung der Dichtung.

Die in ihrer Vielfalt vorhandene Reibung wirkt sich als Wärmeentwicklung auf eine Lagerung aus. Diese Wärme muss abgeführt werden. Dies geschieht in erster Linie durch den Schmierstoff.

[1] engl. to stick = stoßen, to slip = gleiten; siehe auch Seite 265

Schmierung und Schmierstoffauswahl

Neben der Wärmeabfuhr muss ein Schmierstoff, je nach Lageranforderung weitere wichtige Aufgaben innerhalb einer Lagerstelle übernehmen:

- Schutz vor Verschleiß und Korrosion,
- Laufgeräusche dämpfen,
- gegen das Eindringen von Schmutz abdichten.

Die Schmierung kann demnach von verschiedenen Schmierstoffen, die unterschiedlichen Anforderungen gerecht werden können, übernommen werden:

- Schmierfett,
- Schmieröl,
- in Sonderfällen auch Festschmierstoffe,
- Öl-Nebel-Schmierung,
- Öl-Luft-Schmierung.

Bei der Wahl des Schmierstoffes und der Schmierungsart sind folgende Kriterien von Bedeutung:

- Betriebsbedingungen,
- Größe und Bauart des Lagers,
- Schmierstoffleitung,
- Anschlusskonstruktion.

Zur Gestaltung der Schmierstoffleitungen gelten folgende Grundsätze:

- Jedes Lager soll eine eigene Schmierstoffleitung erhalten,
- Leitungen sind so kurz wie möglich zu gestalten,
- Leitungen sind zu entlüften.

Zur Erleichterung der Schmierstoffauswahl wird eine Kenngröße eingeführt, der Drehzahlkennwert k_n:

$$k_n = n \cdot d_M$$

k_n Drehzahlkennwert
d_M mittlerer Lagerdurchmesser
n Drehzahl

$$d_M = \frac{D + d}{2}$$

d_M mittlerer Lagerdurchmesser
D Lageraußendurchmesser
d Lagerbohrungsdurchmesser

Beispiel:

Für das Lager 7206B nach DIN 628 ist bei einer Drehzahl n = 1200 1/min der Drehzahlkennwert k_n zu bestimmen.

Lösung:

D = 62 mm, d = 30 mm
(z. B. aus Tabellenbuch Metall)

$$d_M = \frac{D + d}{2} = \frac{62\ \text{mm} + 30\ \text{mm}}{2} = 46\ \text{mm}$$

$$k_n = n \cdot d_M = 1200 \cdot 46 = 55\,200\ \text{mm/min}$$

Fettschmierung

Schmierfette bestehen in der Regel aus mineralischen Ölen und aus Metallseifen als Verdicker, aus Fetten und aus diversen Zusatzstoffen (Additiven).

Bei der Verwendung von Fetten als Schmierstoffe sind die Vor- und Nachteile zu beachten.

Fettschmierung	
Vorteile:	**Nachteile:**
• Kostengünstig hinsichtlich Konstruktion und Fertigung, • Dichtungswirkung, • Depotwirkung, • Geringer Wartungsaufwand, • ggf. lebensdauergebräuchlich.	• Erschwerte Wärmeabfuhr, • Kein Ausspülen von Verschleiß- und Schmutzpartikeln.

Die Gebrauchsdauer eines Schmierfettes ist nur näherungsweise bestimmbar.

Wesentlich für die Fettgebrauchsdauer ist die Grundfettgebrauchsdauer. Sie wird von der Lagerbauart (**Tabelle 1**) und dem Drehzahlkennwert beeinflusst (**Bild 1**). Der gesamte Rechengang zur Bestimmung der Fettgebrauchsdauer wird in Technischen Schriften führender Wälzlagerhersteller erläutert.

Gestaltung einer Fettschmierung

Das freie Lagervolumen sollte stets zu 30 % bis 100 % mit Fett gefüllt sein. Schmierfett kann in einem Depot angelegt werden, welches die Fettgebrauchsdauer und die Wartungsintervalle verlängert. Diese sogenannte **Fettdepotschmierung** kann einseitig und zweiseitig (**Bild 2**) ausgeführt sein. Das Fettdepot sollte dem Volumen zwischen Innenring und Außenring ohne Wälzkörper entsprechen.

Eine weitere vorteilhafte Eigenschaft von Schmierfett ist die Dichtwirkung gegen Schmutzpartikel von außen. Fettgeschmierte Lager können in Verbindung mit berührungslosen Dichtungen (Labyrinthdichtung[1]) nahezu als hermetische Dichtungen wirken (**Bild 3**).

[1] Unter einem Labyrinth, griech. labyrinthos, versteht man einen Weg mit zahlreichen Richtungsänderungen. In der griechischen Mythologie gab es ein Labyrinth als Irrgarten. Der Sage nach fand der Gott Theseus mithilfe des *roten Fadens*, gelegt von der Göttin Ariadne, aus dem Irrgarten heraus.

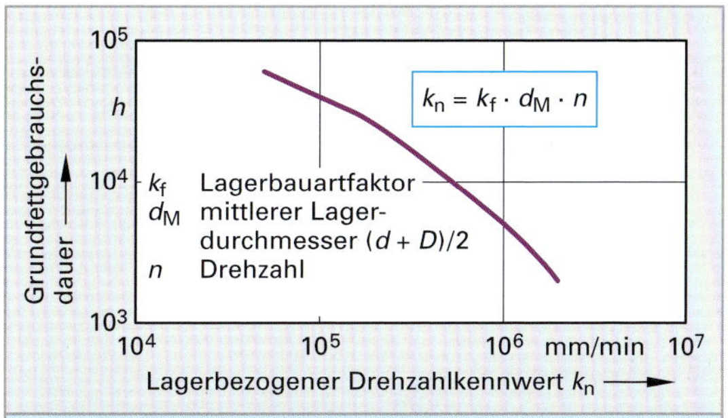

Bild 1: Grundfettgebrauchsdauer

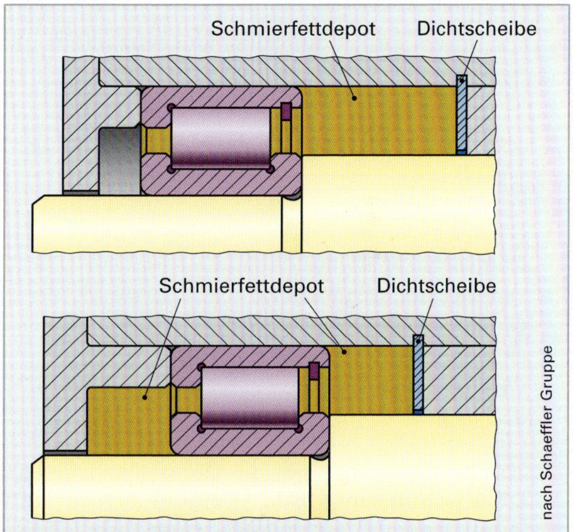

Bild 2: Fettdepotschmierung

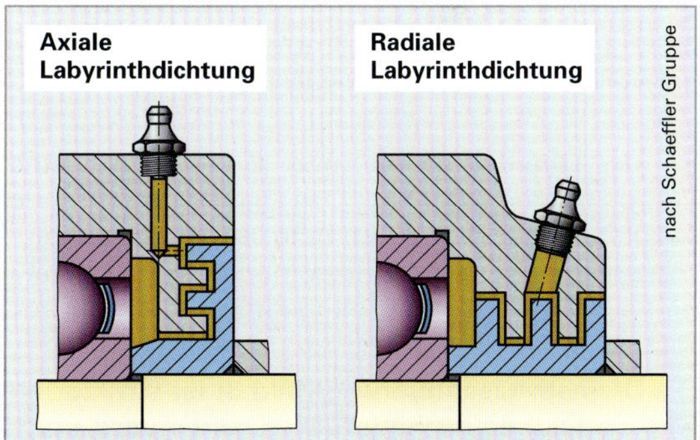

Bild 3: Berührungslose Dichtung bei Fettschmierung

Tabelle 1: Lagerbauarten

Lagerbauart	k_f	Lagerbauart	k_f
Rillenkugellager	1	Schrägkugellager	1,6
Pendelkugellager	1,45	Zylinderrollenlager	2 ... 3
Kegelrollenlager	4	Pendelrollenlager	8 ... 10

Ölschmierung

Die Ölschmierung ist vor allem bei Lagern im hohen Drehzahlbereich erforderlich. Sie ist aufwendiger als die Fettschmierung. Es muss stets größte Sorgfalt bei der Montage und Ölreinheit gegeben sein. Bereits kleinste Fremdkörper im µm-Bereich können Lagerschäden verursachen.

Zur Anwendung kommen Mineralöle oder synthetische Öle, meist mit unterschiedlichen Additiven, z. B. EP-Additive (Extreme-Pressure-Additive), damit sich reibende Metallflächen nicht kaltverschweißen. Zur Auswahl geben die Lagerhersteller Hinweise. Abgestimmt auf das Schmierverfahren ist die Viskosität in einem weiten Bereich von 40 mm^2/s bis 1000 mm^2/s (bei 40 °C) zu wählen.

Man unterscheidet die:

- Ölbadschmierung,
- Ölumlaufschmierung,
- Öleinspritzungschmierung,
- Ölminimalmengenschmierung,
- Öl-Luft-Schmierung,
- Ölnebelschmierung.

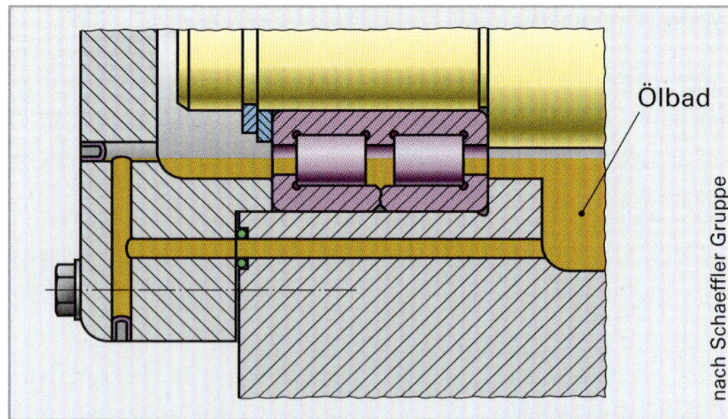

Bild 1: Ölbadschmierung

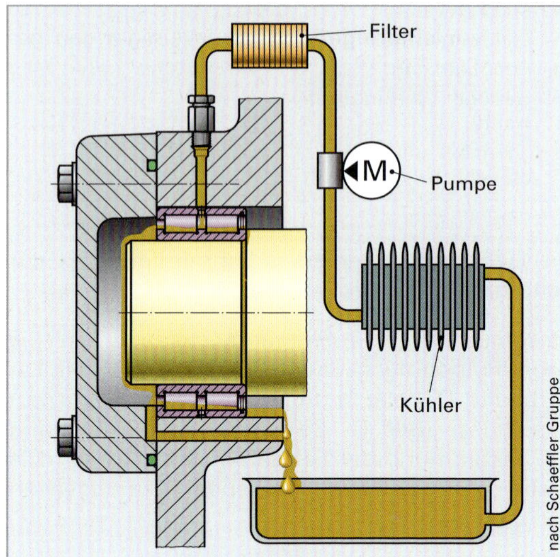

Bild 2: Ölumlaufschmierung

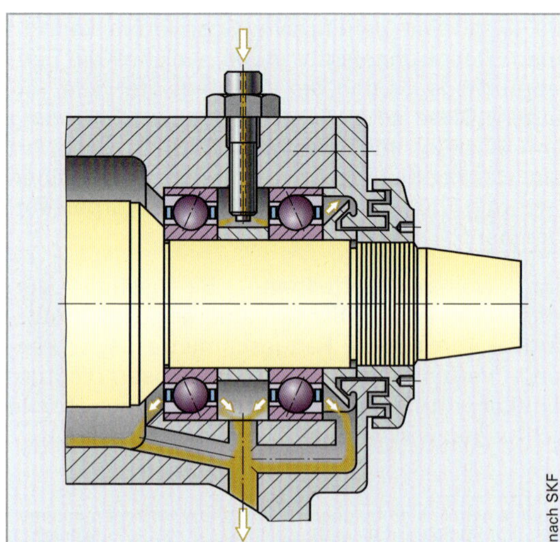

Bild 3: Öleinspritzschmierung

Die **Ölbadschmierung (Bild 1)** eignet sich für den niederen Drehzahlbereich. Bei hohen Drehzahlen kommt zu viel Öl in das Lager und erwärmt dieses stark. Der untere Lagerteil liegt bis zur Mitte des untersten Wälzkörpers im Öl. Dieses wird von den umlaufenden Wälzkörpern aufgenommen, im Lager verteilt und fließt in die Wanne zurück.

Bei der **Ölumlaufschmierung (Bild 2)** sorgt eine Pumpe für den Ölumlauf. Das Öl wird gefiltert und gekühlt. Es altert dadurch langsamer. Der Ölvolumenstrom wird auf die einzelnen Lager aufgeteilt und auf deren Ölbedarf abgestimmt.

Die **Öleinspritzschmierung (Bild 3)** ist strukturiert wie die Ölumlaufschmierung. Das Öl wird unter hohem Druck und hoher Geschwindigkeit seitlich in das Lager gespritzt. Verwendet wird diese Technik bei hohen Drehzahlen, wenn das Lager sich nicht wesentlich erwärmen darf.

Bei der **Ölminimalmengenschmierung** wird über ein Dosiergerät dem Lager in definierten Abständen eine dosierte kleine Ölmenge zugeführt. Diese Schmierung ist für hohe und höchste Drehzahlen geeignet.

Die **Öl-Luft-Schmierung** (**Bild 1**) wird generell bei sehr hohen Betriebsdrehzahlen und bei Hochgenauigkeitsanwendungen, z. B. bei Werkzeugmaschinenspindeln, eingesetzt. Das Lager erwärmt sich kaum. Entstehende Lagerverlustwärme wird über das Öl-Luftgemisch abgeführt. Die notwendigen Ölmengen sind äußerst gering (0,5 und 5 mm^2/min).

Bei der Öl-Luftschmierung wird eine dosierte Ölmenge in Form kleiner Tröpfchen über einen kontinuierlichen Druckluftstrom in einem langen, meist mehrfach gewendelten Rohr auseinandergezogen transportiert und dem Lager zugeführt. Das Lagergehäuse steht dadurch unter leichtem Überdruck und ist vor eindringenden Verunreinigungen geschützt. Die Trägerluft verlässt das Lager nahezu frei von Öl. Es bildet sich kein gesundheitsbelastender Ölnebel. Für einen unkomplizierten kompakten Aufbau gibt es Mikrodosiersysteme.

Jedes Lager hat eine eigene Düse mit Zufuhrrohr, Ø ca. 2,5 mm; Pro 150 mm Teilkreisumfang eine Düse; Flexibles und transparentes Kunststoffrohr, mindestens 1 m bis über 5 m. Länge gewendelt; Ölabläufe Ø > 5 mm, beidseitig des Lagers; Alle Ablaufbohrungen führen in einen Kanal; Bei vertikalen Wellen darf das Öl von den oberen Lagern nicht in die unteren gelangen, sonst erhalten diese zu viel Schmierstoff. Die Öldüsen sind so auszurichten, dass das Öl in die Kontaktzone zwischen Wälzkörper und Laufbahnen gelangt, ohne die Funktion des Käfigs zu beeinträchtigen.

Bei der **Ölnebelschmierung** werden durch Zerstäubung mit Luft feinste Öltröpfchen gebildet und sehr vorteilhaft zur Schmierung in Lagern und Getrieben bei sehr geringem Ölverbrauch verwendet.

Feinste Stäube sind grundsätzlich gesundheitsgefährdend und so ist darauf zu achten, dass nur nichttoxische Öle zur Anwendung kommen und dass der Ölnebel nicht nach außen gelangen kann.

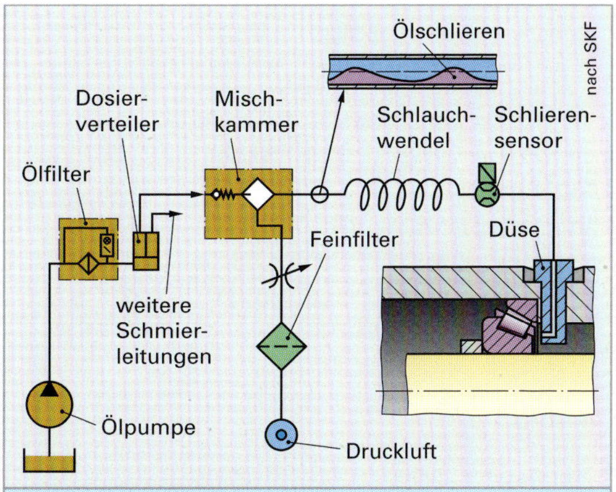

Bild 1: Öl-Luft-Schmierung

3.4.1.6 Einbau und Ausbau

Das Aufziehen von Wälzlagern auf Wellen erfolgt meist durch Aufschrumpfen oder Einpressen.

Die Fixierung eines Wälzlagers in radialer Richtung erfolgt durch Reibschluss.

Gemäß DIN 620 sind verschiedene Toleranzklassen für Wälzlagerbohrungen (Δ_{dmp}) und Wälzlageraußendurchmesser (Δ_{Dmp}) definiert. Die dabei verwendete Normaltoleranz wird PN bezeichnet. Diese Toleranzbezeichnungen sind nicht mit ISO-Toleranzen nach DIN-ISO 286 zu verwechseln. Nach PN tolerierte Innenringabmaße (Δ_{dmp}) bei einem Lager 6206 (d_i = 30 mm) liegen z. B. bei 29,990 mm ... 30,000 mm. Die Toleranz (Δ_{Dmp}) des Außenrings (d_a = 62 mm) liegt bei 61,887 mm ... 62,000 mm. Das Nennmaß ist bei PN-Tolerierung stets das obere Abmaß. Eine mit Übermaßpassung gefügte Welle wird z. B. nach k6 (gemäß ISO-Passsung) toleriert.

Zum Aufziehen des Lagers erwärmt man dieses ein wenig. So erhält man eine leichte Übermaßpassung nach dem Abkühlen. Weitere Möglichkeiten sind das Aufziehen mit mechanischen oder mit hydraulischen Montageeinrichtungen (**Bild 2**).

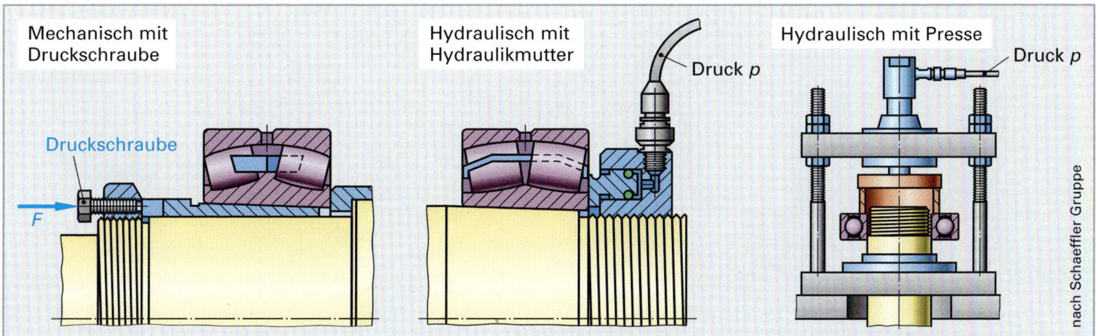

Bild 2: Aufpressen von Wälzlagern

Axiale Sicherung von Wälzlagern

In axialer Richtung soll ein Festlager mit Umfangslast des Innenrings auf einer Welle gesichert sein. Hierzu reicht eine Übermaßpassung jedoch nur bedingt aus. Neben dem Anschlag des Lagerinnenrings gegen einen Wellenabsatz muss ein zweiter axialer Anschlag vorhanden sein. Dieser kann verschiedenartig ausgeführt werden. Am häufigsten wird der Lagerinnenring mittels Sicherungsring nach DIN 471 gesichert. Auch kann mit einer Nutmutter nach DIN 981 gesichert werden. Erforderlich ist hierfür ein Außengewinde am Wellenende.

Ausbau

Kleine Lager werden meist mit mechanischen *Dreiarm-* oder *Zweiarm-Abziehvorrichtungen* ausgebaut **(Bild 1)**. Die Vorrichtungen werden so angesetzt, dass die Ausziehkraft nicht über die Wälzkörper übertragen wird. Vorteilhaft sind Abziehnuten, welche bereits bei der Wellenkonstruktion vorgesehen werden. Mit *Thermo-Abziehringen*, welche zuvor erwärmt werden, können kleine bis mittelgroße Lager sowohl ausgebaut als auch eingebaut werden. Große Lager baut man *hydraulisch durch Drucköl* mit Hilfe einer Handpumpe aus. Die Ölzuführkanäle und die Ölverteilungsnuten müssen bereits bei der Wellenkonstruktion vorgesehen werden.

3.4.1.7 Passungen beim Einsatz von Wälzlagern

Bei der Paarung einer Welle mit einem Wälzlager oder der Paarung eines Wälzlagers mit einer Gehäusebohrung muss abhängig von der Belastungsart eine definierte Passung vorhanden sein (leichte Übergangspassung bis Übermaßpassung).

Da die Toleranzen der Wälzlager, wie z. B. Außenringdurchmesser und Bohrungsdurchmesser (Innenring) festgelegt sind, müssen die angrenzenden Elemente so in den Toleranzen gewählt werden, dass die richtige Passung erreicht wird (**Tabelle 1**).

Tabelle 1: Toleranzen bei Wälzlagern

Lagerart	Tolerierung Wellen-ø	Toleranz
Punktlast Innenring und Umfangslast Außenring		
alle	alle	g6 / h6 / j6
Umfangslast Innenring und Punktlast Außenring		
Kugellager	< 50 mm	j6
	50 ... 100 mm	j6 / k6
	> 100 ... 200 mm	k6 / m6
	> 200 mm	m6 / n6
Rollenlager	< 60 mm	j6
	60 ... 200 mm	j6 / k6
	> 200 ... 500 mm	k6 / m6
	> 500 mm	m6 / n6
Nadellager	< 50 mm	k6 / m6
	50 ... 120 mm	m6 / n6
	> 120 ... 250 mm	n6 / p6
	> 250 ... 500 mm	p6 / r6
	> 500 mm	r6 / s6
Einbaubedingungen	**Tolerierung Bohrungs-ø**	**Toleranz**
Punktlast Außenring und Umfangslast Innenring		
Gehäuse ungeteilt	alle	H6 / H7 / G7
Gehäuse geteilt		H7 / H8 / G8
Umfangslast Außenring und Punktlast Innenring		
keine Belastung	alle	K7
normale Belastung		M7
hohe Belastung		N7
hohe stoßartige und höchste Belastung		P7

[1] nach Schaeffler Gruppe

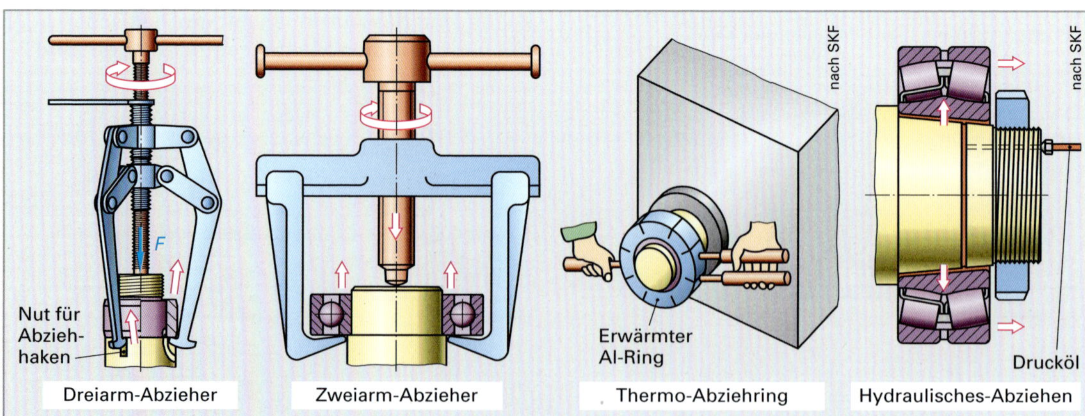

Bild 1: Ausbau von Wälzlagern

3.4.1.8 Gestaltung

Zur Lagerung von Achsen und umlaufenden Wellen sind mindestens zwei Lager erforderlich. Wird z. B. eine Welle schräg belastet, dann treten radiale und axiale Lagerkräfte auf (**Bild 1**). Die Anordnung der Lager sollte möglichst statisch bestimmt sein, aber auch Lagerart, den jeweiligen Belastungsfall und die Montage berücksichtigen. Grundsätzlich lassen sich drei verschiedene Lageranordnungen verwirklichen:

- Fest-Loslagerung,
- Angestellte Lagerung,
- Schwimmende Lagerung.

Es ist ferner zu beachten, ob eine Punktlast oder eine Umfangslast vorliegt (**Bild 2**).

Punktlast liegt vor, wenn ein Lagerring relativ zur Belastungsrichtung still steht. Es treten keine Kräfte auf, die den Ring relativ zu seiner Sitzfläche verschieben. Die Gefahr, dass die Sitzfläche beschädigt wird, besteht nicht und eine Spielpassung ist möglich.

Umfangslast liegt vor, wenn Kräfte auftreten, die den Ring relativ zu seiner Sitzfläche verschieben wollen. Bei einer Umdrehung des Lagers wird jeder Punkt am Lagerumfang belastet. Die Gefahr, dass die Sitzfläche beschädigt wird, ist vorhanden. Der jeweilige Ring muss fest eingebaut werden. Bild 2 zeigt Beispiele für Punktlast und Umfangslast.

1. Festlager-Loslager-Anordnung

Bei der eindeutigen[1], statisch bestimmten Fest-Loslagerung (**Bild 3**) soll das Festlager die axiale Führung übernehmen und nimmt somit sowohl die Axialkräfte als auch Radialkräfte auf. Das Loslager nimmt nur Radialkräfte auf und muss eine axiale Verschiebung zulassen, um z. B. Fertigungstoleranzen oder Wärmedehnungen auszugleichen.

Als **Festlager** sind alle Bauarten geeignet, die Radialkräfte und Axialkräfte aufnehmen können. So können auch Kegelrollenlager und Schrägkugellager verwendet werden, wenn sie satzweise und spiegelbildlich eingebaut werden. Konstruktiv muss der jeweilige Innenring auf der Welle und der jeweilige Außenring in der Gehäusebohrung axial befestigt sein (Bild 3).

Wellen mit mehr als zwei Lagern erhalten ebenfalls nur *ein* Festlager, um Axialverspannungen zu vermeiden.

Für die radiale Festlegung ist die Passung[2] zwischen Innenring/Welle bzw. Außenring/Gehäuse maßgebend. Für die axiale Fixierung werden oft Bunde und Schultern, Sicherungsringe, Nutmuttern oder Deckel verwendet. **Bild 4** zeigt einige konstruktive Gestaltungsmöglichkeiten zur Festlegung von Innenring und Außenring.

[1] siehe Kapitel 2.2.1,

[2] Wellen- und Gehäusetoleranzen nach Angaben der jeweiligen Lagerhersteller.

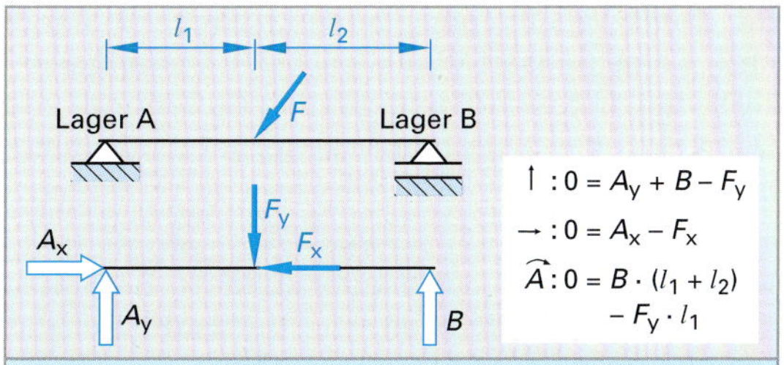

Bild 1: Lagerkräfte bei statisch bestimmter Lagerung

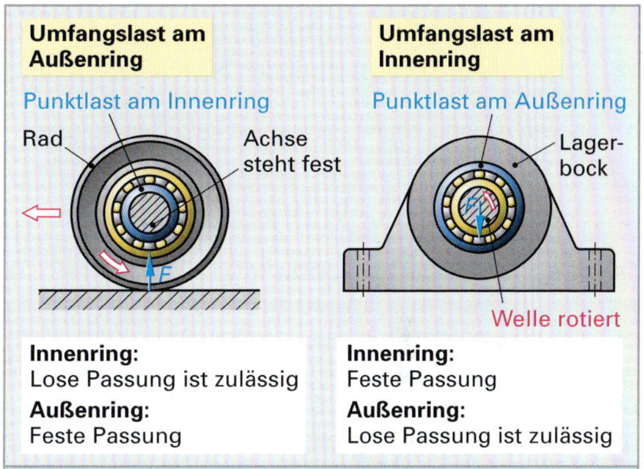

Bild 2: Punktlast und Umfangslast (Beispiele)

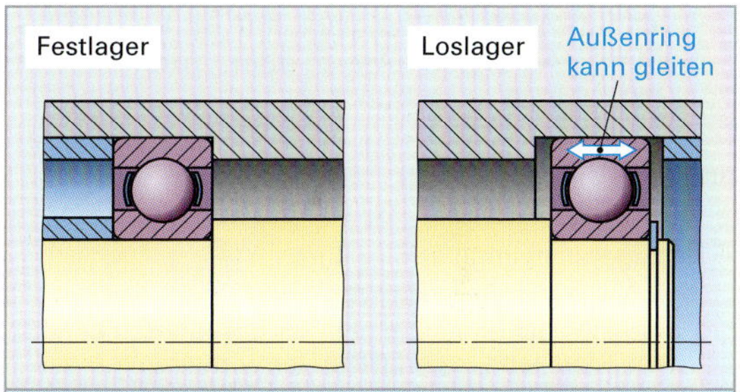

Bild 3: Festlager und Loslager mit Kugellagern

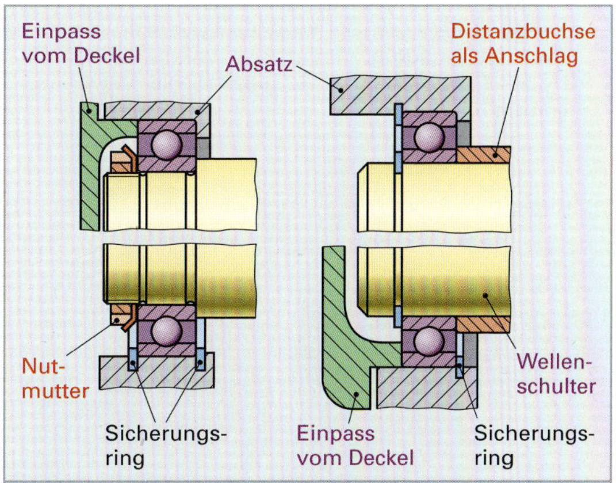

Bild 4: Gestaltungsmöglichkeiten zur Festlegung von Innenring und Außenring

Die axiale Verschiebung beim **Loslager** erfolgt je nach Belastungsart (Punktlast oder Umfangslast) zwischen Innenring und Welle, Außenring und Gehäuse oder zwischen Wälzkörper und Innen- bzw. Außenring.

Ideale Loslager sind Zylinderrollenlager mit Käfig N oder NU sowie Nadellager (**Bild 1**). Bei ihnen kann sich der Rollenkranz auf der Laufbahn des schulterlosen Laufrings verschieben.

Vorteile:
- Eindeutige, statisch bestimmte Lagerung,
- Keine Pass- und Einstellarbeiten bei Montage erforderlich,
- Lagerabstände können mit relativ großen Toleranzen gefertigt werden.

2. Angestellte Lagerung

Durch eine Lagervorspannung, *angestellte Lagerung*, tragen alle Lager zur Steifigkeit bei. Es erhöht sich zusätzlich die Laufgenauigkeit. Wärmedehnungen werden ausgeglichen. Vorspannungen führen aber zu höheren Betriebstemperaturen. Eine angestellte Lagerung besteht z. B. aus spiegelbildlich angeordneten Schrägkugellagern oder Kegelrollenlagern (**Bild 2**).

Bei der Einzelanstellung wird mit Muttern, Pass-Scheiben, Abstandshülsen oder mithilfe von Zwischenringen zwischen den Außen- und Innenringen der Vorspannweg bzw. die Vorspannkraft erzeugt (**Bild 3**).

Die Lageranstellung erfolgt durch:
- Montage mit **Vorspannweg**,
- Starre Anstellung mit einem **vorgespannten Lagersatz** (Vorspannungsklassen für mittlere Vorspannung und für hohe Vorspannung). Durch eine hohe Vorspannung verdoppelt sich fast die Steifigkeit.
- Anstellung über **Federn**, mit Tellerfedern, Schraubenfedern (**Bild 4**) oder federnden Abstandsbuchsen.
- Drehzahlabhängig steuerbare Vorspannung mit Hydraulikzylindern, z. B. genutzt bei Werkzeugspindeln.

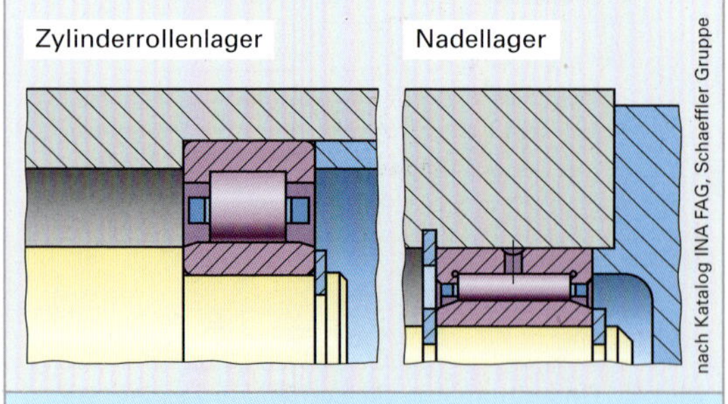

Bild 1: Loslager (Beispiele)

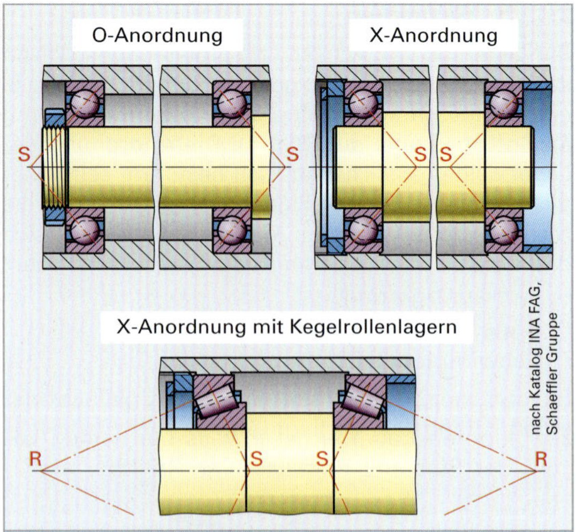

Bild 2: Angestellte Lagerung

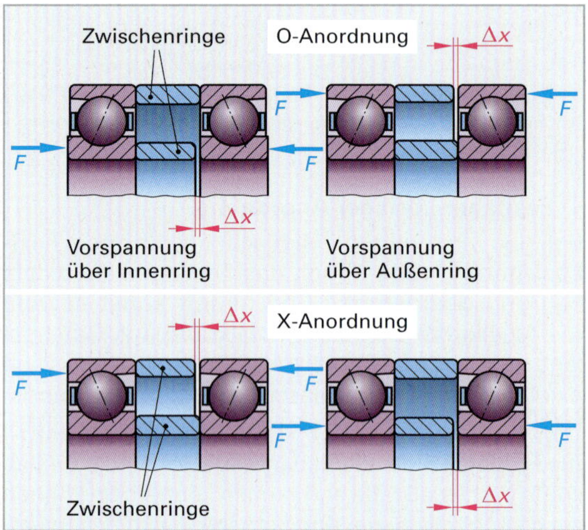

Bild 3: Vorspannung mit Zwischenringen

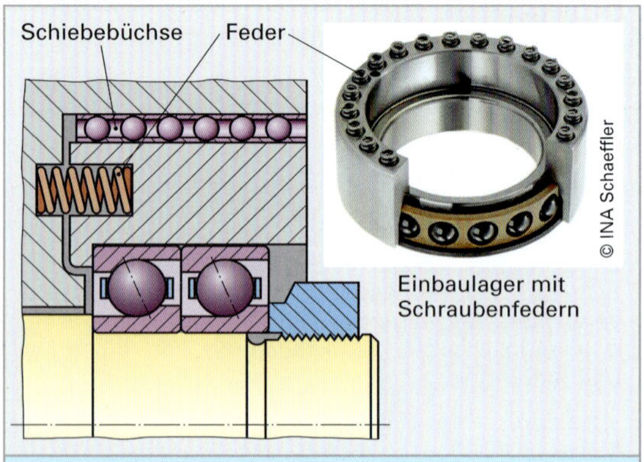

Bild 4: Federvorspannung

3. Schwimmende Lagerung

Der Aufbau der schwimmenden Lagerung ähnelt der angestellten Lagerung. Die Welle kann sich um ein vorgeplantes Spiel *s* (**Bild 1**) gegenüber dem Gehäuse bewegen.

Geeignete Lagerbauarten sind z. B.

- Rillenkugellager,
- Pendelkugellager,
- Pendelrollenlager,
- Zylinderrollenlager, Form NJ.

Bei den Zylinderrollenlagern, Form NJ findet der Längenausgleich in den Lagern selbst statt. Bei den anderen Bauarten ist jeweils bei beiden Lagern der Ring mit Punktlast verschiebbar einzubauen.

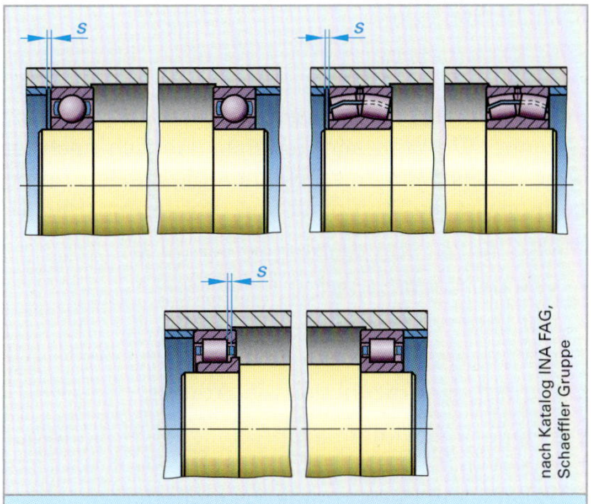

Bild 1: Schwimmende Lagerung (Beispiele)

Vorteile:
- Kostengünstigste Montage,
- Kein Verspannen durch mechanische oder thermische Längenänderungen.

Nachteile:
- Axiale Lage ist nicht definiert,
- Ungeeignet bei axialer Wechsellast.

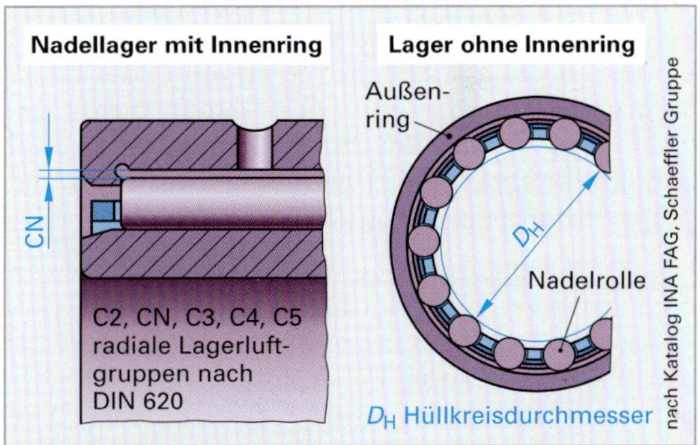

Bild 2: Lagerluft und Hüllkreis

3.4.1.9 Lagerluft und Betriebsspiel

Eine „Lagerluft", d. h. ein gewisses Spiel in radialer Richtung ist bei Wälzlagern üblich, wenn keine besonderen Steifigkeits- und Genauigkeitsforderungen vorliegen bzw. die Lager nicht vorgespannt werden müssen. Bei Lagern mit Innenring ermittelt man mit der radialen Lagerluft den Abstand, um den sich ein Lagerinnenring gegen einen Lageraußenring von einer Grenzstellung zur gegenüberliegenden verschieben lässt (**Bild 2**). Bei Lagern ohne Innenring ist als Alternative zur Lagerluft der Durchmesser des Hüllkreises relevant (Bild 2). Von ihm wird der Ist-Wellendurchmesser subtrahiert, um eine analoge Größe der Lagerluft zu bestimmen.

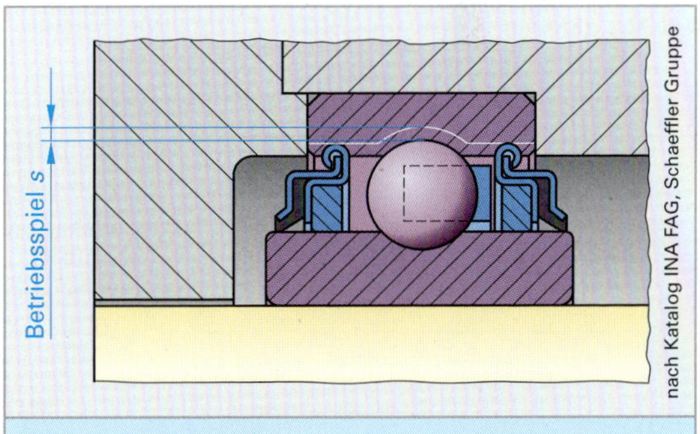

Bild 3: Betriebsspiel

Betriebsspiel. Die Lagerluft ist maßgeblich für die Bestimmung des Lager-Betriebsspiels. Das Betriebsspiel (**Bild 3**) ist der Abstand, um den sich ein Innenring gegenüber dem Außenring in radialer Richtung von einer Grenzstellung zur gegenüberliegenden verschieben lässt. Er ist allerdings nicht identisch mit der radialen Lagerluft. Das Betriebsspiel hängt auch von den

- Passungsübermaßen und von
- thermischen Einflüssen ab.

Das Betriebsspiel ist eine wichtige Größe. So sollte bei einer zu erwartenden hohen Wärmeentwicklung oder bei einer großen Durchbiegung der gelagerten Welle ein höheres Betriebsspiel gewählt werden. Auch bei Fluchtungsfehlern zwischen Lagerbohrungen sollte das Betriebsspiel höher sein. Eine genaue Lagerung, z. B. für eine Spindellagerung einer Werkzeugmaschine, hat kein Betriebsspiel. Diese Lager werden vorgespannt.

3.4.1.10 Steifigkeit

Eine Lagerbelastung führt zu einer elastischen Verformung der Wälzkörper und zu einem elastischen Eingraben der Wälzkörper in die Wälzlagerringe. Ein Wälzlager ist also elastisch nachgebend. Je größer diese Nachgiebigkeit ist, umso geringer ist die Steifigkeit und umgekehrt (**Bild 1**).

Die Steifigkeit von Wälzlagern hängt ab

- von der Lagerbauart,
- der Lagervorspannung,
- der Lagergröße und
- der Art und Anzahl der Wälzkörper.

Wälzlager mit Linienberührung, z. B. Rollenlager besitzen in der Regel eine höhere Steifigkeit als Wälzlager mit Punktkontakt (Kugellager).

Bei Lagern von Hauptspindeln und von Vorschubspindeln an Werkzeugmaschinen ist eine möglichst hohe Steifigkeit Vorraussetzung für eine hohe Genauigkeit. Ein Nachgeben der Lager aufgrund einer statischen oder dynamischen Belastung (z. B. von Beschleunigungskräften oder Schnittkräften) ist gleichbedeutend mit einer Verschlechterung der Fertigungsgenauigkeit.

Lager mit kleineren Kugeln (**Bild 2**) erbringen, verbaut in mehrreihiger Anordnung (**Bild 3**), eine weit höhere Steifigkeit als Lager mit großen Kugeln bei gleicher Einbaulänge: Es sind sehr viel mehr Kugeln vorgespannt im Einsatz. Der satzweise Einbau, z. B. von 4 Schrägkugellagern in Tandem-O-Anordnung (Bild 3), mit definierter Vorspannung als Kompettlagersatz ist in der Montage einfach, da keine Passscheiben o. Ä. verbaut werden müssen.

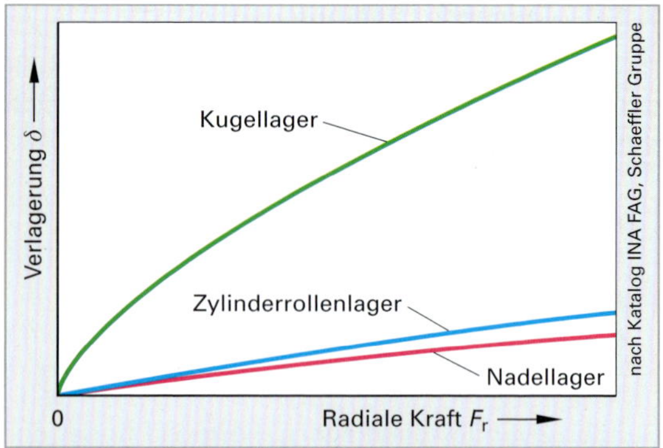

Bild 1: Nachgiebigkeit von Wälzlagern

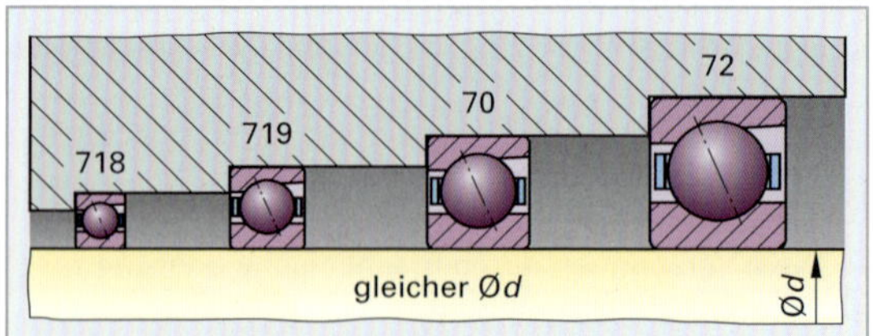

Bild 2: Unterschiedliche Kugelgröße

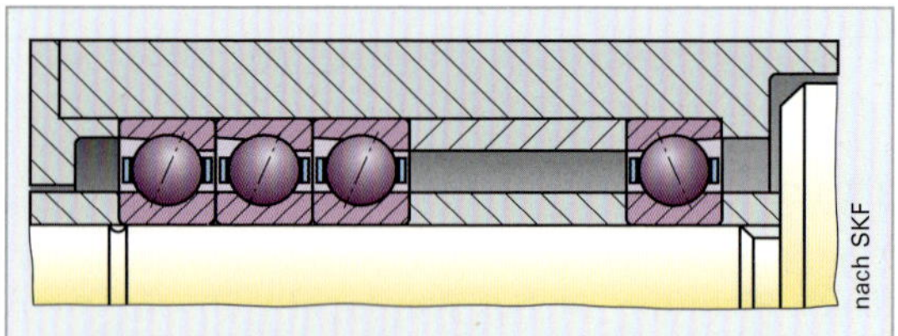

Bild 3: Vorgespannte Lagersätze

Berechnung der axialen und radialen Verlagerung:

$$\delta_r = \frac{1}{c_s} \cdot F_r^{0,84} + \frac{s}{2}, \quad c_s = K_c \cdot d^{0,65}$$

$$\delta_a = \frac{1}{c_s} \cdot \left[(F_{av} + F_{av})^{0,84} - F_{av}^{0,84}\right]$$

c_s Steifigkeitskennzahl in $N^{0,84}/\mu m$

d Bohrungs-ø des Lagers in mm

δ_r Radiale Verlagerung in µm (**Bild 4**)

δ_a Axiale Verlagerung in µm (**Bild 5**)

F_r Radiale Lagerbelastung in N

F_a Axiale Lagerbelastung in N

F_{av} Axiale Vorspannkraft in N

K_c Beiwert, siehe Tabellen der Hersteller

s Radiales Betriebsspiel in µm

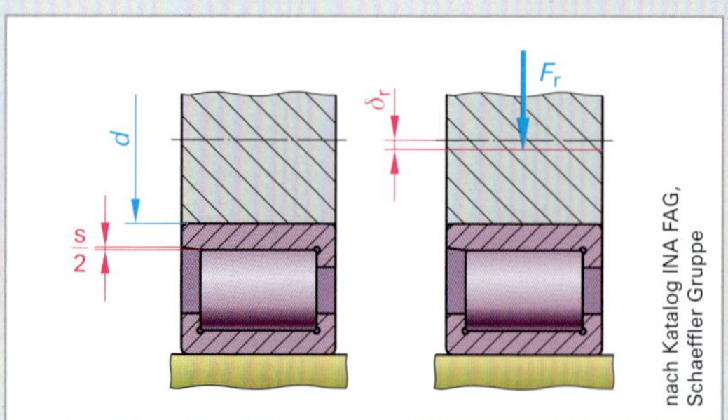

Bild 4: Radiale Verlagerung

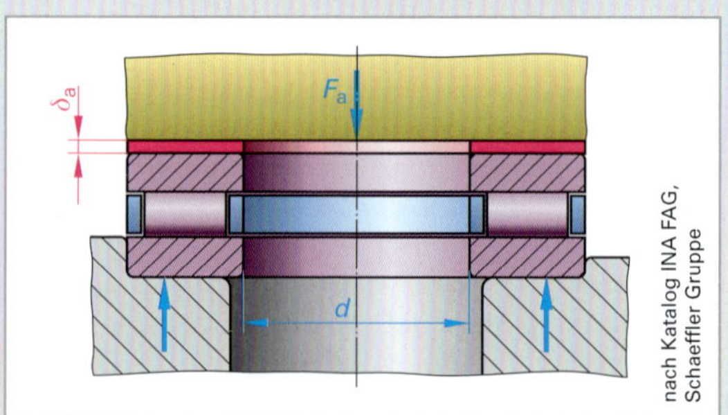

Bild 5: Axiale Verlagerung

3.4.1.11 Lebensdauer und Tragfähigkeit

Die Tragfähigkeit eines Wälzlagers ist das Maß für seine Belastbarkeit. Kennzeichen hierfür ist die dynamische Tragzahl *C*. Sie ist einschlägigen Tabellen z. B. der Lagerhersteller zu entnehmen. Die Tragfähigkeit bestimmt in Verbindung mit der tatsächlichen Belastung die Lagerlebensdauer.

Die übliche Lebensdauergarantien sind für die Produktbereiche unterschiedlich (**Bilder 1** bis **4**). Dabei setzt man für Rollenlager meist etwa 10 % höhere Werte an als für Kugellager.

Die Bestimmung der Lebensdauer setzt voraus, dass die Belastungen und die Drehzahlen bekannt sind. Für konstante Belastungen und Drehzahlen sind Lebensdauervorhersagen einfacher möglich als bei wechselnden Betriebsverhältnissen. Hier gibt nur eine langjährige Erfahrung eine hinreichende Voraussagesicherheit.

Abweichungen von der errechneten Lebensdauer ergeben sich durch:

- Abweichende Betriebsdaten,
- Fluchtungsfehler,
- Verschmutzung der Lagerstelle,
- nicht ausreichende Schmierung,
- zu hohe Betriebstemperatur,
- sehr hohe stoßartige Belastung,
- unsachgemäße Montage.

Die Lebensdauer[1] eines Wälzlagers endet generell mit der Bildung kleiner Beschädigungen (Mikrorisse, Pittings bzw. Grübchenbildung, **Bild 5**) an den Wälzkörperlaufbahnen. Sie führen dann schnell zu erheblicher Laufunruhe und zur völligen Unbrauchbarkeit.

[1] Vollständige Informationen sind den Katalogen der Wälzlagerhersteller zu entnehmen.

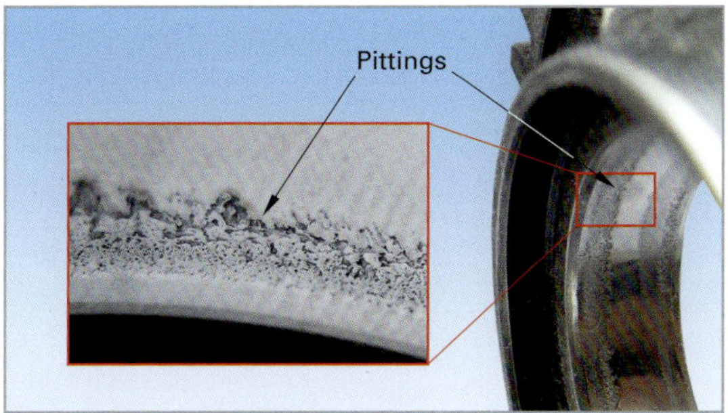

Bild 5: Pittings bei einem Nadellager

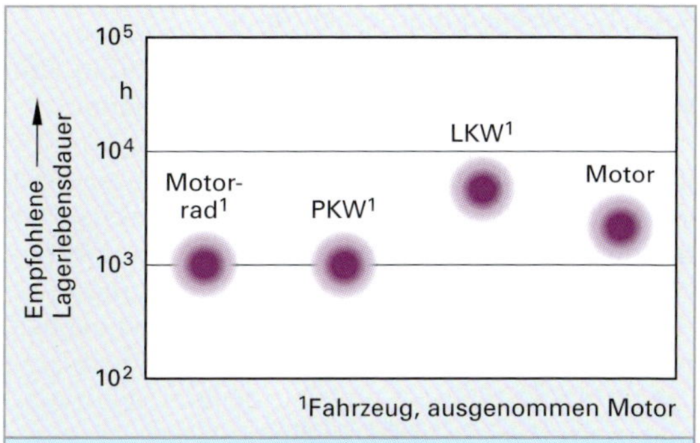

Bild 1: Lagerlebensdauer bei Kfz

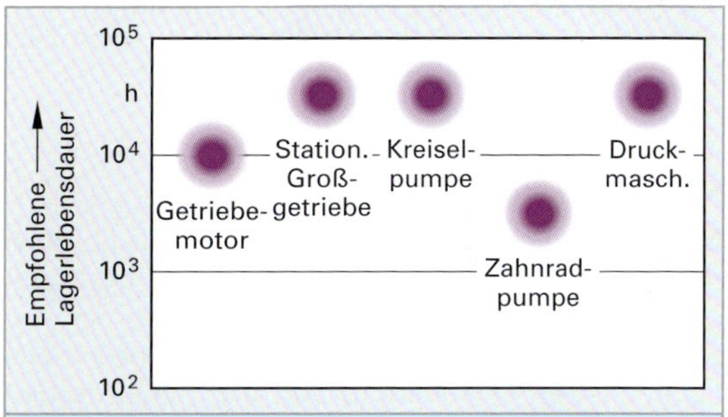

Bild 2: Lagerlebensdauer im allg. Maschinenbau

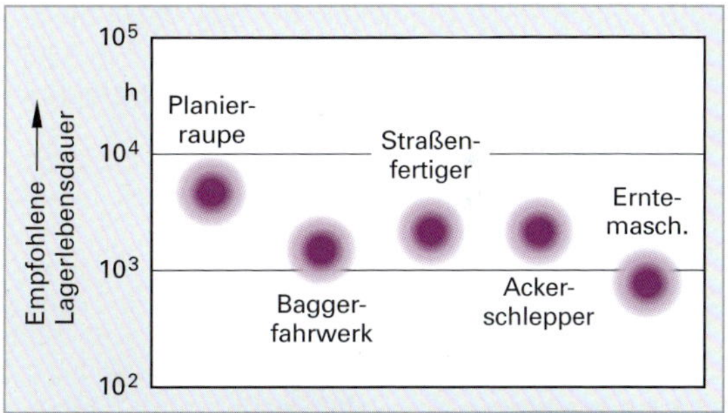

Bild 3: Lagerlebensdauer bei Baumaschinen und Landmaschinen

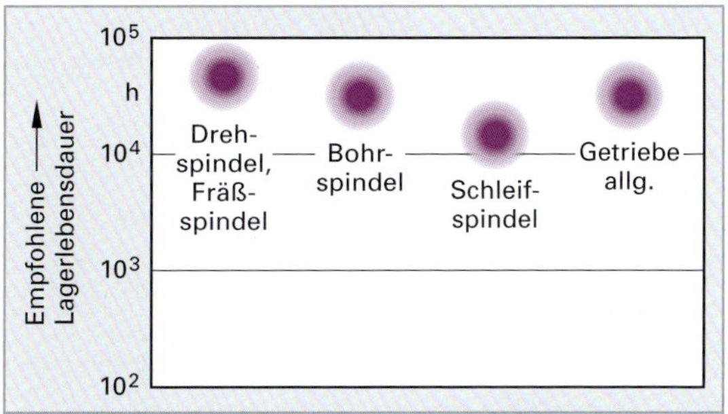

Bild 4: Lagerlebensdauer bei Werkzeugmaschinen

3.4.1.12 Lebensdauerberechnung

Die wichtigste Frage bei der Verwendung von Wälzlagern bezieht sich auf die Lebensdauer.

Ein Bauteil wird dann als langzeitfest bezeichnet, wenn es wenigstens 10^6 bis 10^7 Lastwechsel ertragen kann. In Versuchsreihen wurden von den Herstellern für die Wälzlager die Belastungen ermittelt, die eine Lebensdauer von 10^6 Lastwechsel erlauben. Diese Belastung wird als *dynamische Tragzahl C* bezeichnet und ist für jede Wälzlagerbauart und Größe individuell.

Einige dynamischen Tragzahlen von Rillenkugellagern nach DIN 625, von Schrägkugellagern nach DIN 628 und von Zylinderrollenlagern nach DIN 5412 sind der **Tabelle 1** zu entnehmen.

Tabelle 1: Dynamische Tragzahlen (Auszug)

Lager	*C* in kN	Lager	*C* in kN
Rillenkugellager nach DIN 625			
6000	4,55	6210	36,5
6010	20,8	6300	8,15
6200	5,1	6310	62
Schrägkugellager nach DIN 628			
7200-B	4,9	7310-B	70
7210-B	35	3300-B	5,7
7300-B	10,6	3310-B	81,5
Zylinderrollenlager nach DIN 5412 (N / NU / NJ / NUP)			
204	32,5	304	36,5
208	53	308	95
210	75	310	130

Nominelle Lebensdauer

Die nominelle Lebensdauer beschreibt die Lebensdauer eines Lagers in der Anzahl von Umdrehungen (L_{10}) oder bei bekannter Drehzahl in der Anzahl der Betriebsstunden (L_{10h}). Diese nominelle Lebensdauer ist abhängig von der dynamischen Tragzahl und der tatsächlichen Lagerbelastung.

Tabelle 2: Lebensdauerexponent

Wälzkörper	Rillenkugel, Schrägkugel je einreihig oder zweireihig	Zylinderrolle, Tonne je einreihig oder zweireihig Kegelrolle, Nadel
		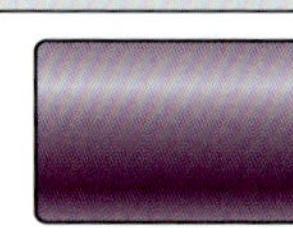
p	3	10/3

Die reine Proportionalität dieser beiden Faktoren wird jedoch noch durch die Art des Wälzkörpers beeinflusst (**Tabelle 2**). Die Lebensdauer in Millionen Umdrehungen eines Wälzlagers berechnet sich wie folgt:

$$L_{10} = \left(\frac{C}{P}\right)^p$$

L_{10} Lebensdauer in 10^6 Umdrehungen
C dynamische Tragzahl in kN
P äquivalente Lagerbelastung in kN
p Lebensdauerexponent (Tabelle 2)

Mithilfe der Drehzahl kann die Lebensdauer, angegeben in 10^6 *Umdrehungen* (L_{10}) in die Lebensdauer, angegeben in *Betriebsstunden* (L_{10h}) umgerechnet werden. Dieser Wert ist in *Umdrehungen pro Minute* in folgende normierte Gleichung einzusetzen:

$$L_{10h} = L_{10} \cdot \frac{10^6}{n \cdot 60}$$

$$L_{10h} = \left(\frac{C}{P}\right)^p \cdot \frac{10^6}{n \cdot 60}$$

L_{10h} Lebensdauer in Betriebsstunden
L_{10} Lebensdauer in 10^6 Umdrehungen
n Drehzahl in 1/min
C Dynamische Tragzahl in kN
P äquivalente Lagerbelastung in kN
p Lebensdauerexponent (Tabelle 2)

Beispiel:

Es ist die Lebensdauer in der Zahl der Umdrehungen und in Betriebsstunden des Lagers N208 nach DIN 5412 zu bestimmen. Die Drehzahl wird mit 1240 1/min angegeben. Die rein radial wirkende Lagerbelastung beträgt 21 kN.

Lösung:

Äquivalente Lagerbelastung: $P = 21$ kN

Dynamische Tragzahl: $C = 53$ kN (Tabelle 1)

Lebensdauerexponent: $p = 10/3$ (Rolle, Tabelle 2)

$$L_{10} = \left(\frac{C}{P}\right)^p$$

$$L_{10} = \left(\frac{53}{21}\right)^{\frac{10}{3}} = 21{,}89$$

Die nominelle Lebensdauer beträgt im vorliegenden Lastfall $21{,}89 \cdot 10^6$ Umdrehungen.

$$L_{10h} = L_{10} \cdot \frac{10^6}{n \cdot 60}$$

$$L_{10h} = 21{,}89 \cdot \frac{10^6}{1240 \cdot 60} = \mathbf{294{,}18\ h}$$

Äquivalente Lagerbelastung *P*

Zusammengesetzte Lagerbelastungen aus Radial- und Axialbelastung werden zur Berechnung der Tragfähigkeit durch die *äquivalente Lagerbelastung P* ersetzt.

Abhängig von der Art der Belastung eignen sich unterschiedliche Lagerbauformen. So ist ein Schrägkugellager beispielsweise sehr viel besser zur Aufnahme axialer Kräfte geeignet als ein Rillenkugellager. Demzufolge muss eine axiale Belastung mitunter als höhere Belastung für das Lager angesehen werden als eine radiale Belastung. Das Verhältnis aus axialer und radialer Komponente gibt Aufschluss über den Grad der axial auftretenden Last. Dieser Grad ist maßgeblich für die Bestimmung der äquivalenten Lagerbelastung *P*, also der Frage, wie sehr dem vorliegenden Radiallager die axiale Belastung zusetzt.

Die äquivalente Lagerbelastung *P* bestimmt man zu:

$$P = X \cdot F_r + Y \cdot F_a$$

F_r Radiallast
F_a Axiallast
X radialer Wertigkeitsfaktor
Y axialer Wertigkeitsfaktor

Der radiale Wertigkeitsfaktor *X* ist gemäß Lagerart in der Regel fix. Der axiale Wertigkeitsfaktor *Y* bestimmt sich individuell.

Neben der dynamischen Tragzahl *C*, welche die Langzeitfestigkeit des Lagers im Lauf beurteilt, ist bei der Lebensdauerbestimmung, insbesondere von Rillenkugellagern auch die statische Tragzahl C_0 von Interesse. Hiermit wird die Aufnahmefähigkeit von statischen, stoßartigen oder sehr geringen dynamischen Beanspruchungen quantifiziert. Von Bedeutung sind vor allem etwaige plastische Verformungen, welche die Laufruhe und somit indirekt die Langzeitfestigkeit des Lagers beeinflussen.

Die statische Tragzahl C_0 charakterisiert die Art der Belastung.

Die Ermittlung der äquivalenten Lagerbelastung *P*[1]

P bei Rillenkugellagern

Zunächst wird der Quotient aus Axiallast und statischer Tragzahl gebildet:

$$f_0 \cdot \frac{F_a}{C_0} = k$$

f_0 Korrekturfaktor
F_a Axiallast
C_0 statische Tragzahl
k Übertragungsfaktor

Dieser Quotient *k* wird nun in den Wert *e* gemäß dem Diagramm in **Bild 1** umgerechnet.

Die Faktoren *X* und *Y* ergeben sich dann nach zwei Möglichkeiten wie folgt (**Tabelle 1** und **Bild 2**):

Tabelle 1: *P* für Rillenkugellager

Fall I	Fall II
$\frac{F_a}{F_r} \leq e^*$	$\frac{F_a}{F_r} > e$
$P = F_r$	$P = 0{,}56 \cdot F_r + Y \cdot F_a$
*siehe Bild 1	

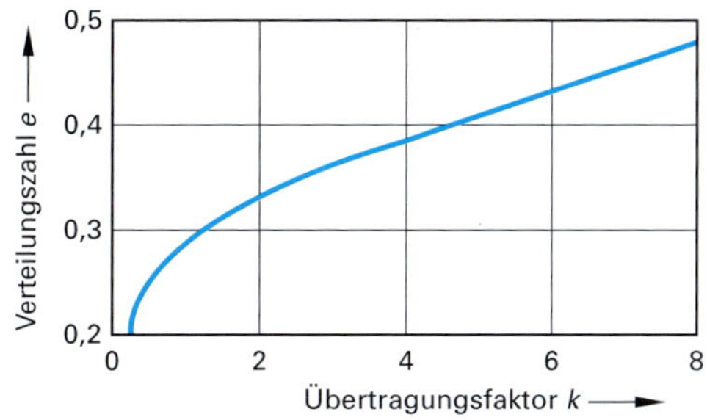

Bild 1: Umrechnung *k* in *e*

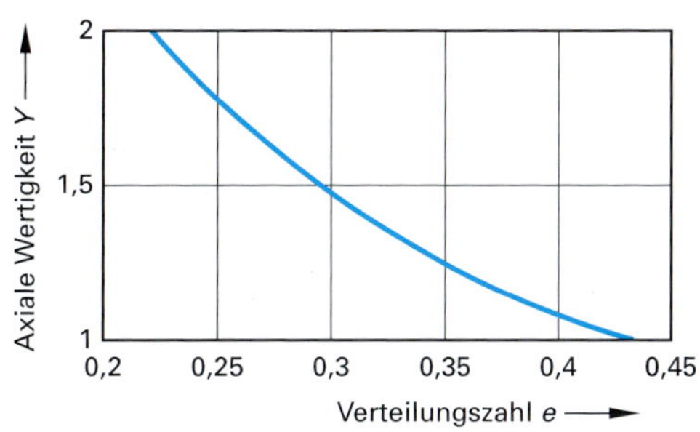

Bild 2: Ermittlung von *Y* im Fall II

[1] Die Berechnung lehnt sich an die Vorgaben von INA an (siehe Quellenangaben).

P bei Schrägkugellager

Hierbei ist von Bedeutung, ob die Lagerung als Einzellager oder als Lagerpaar vorliegt. Die Faktoren X und Y sind je nach Gegebenheit zu verwenden (**Tabelle 1**).

Tabelle 1: *P* für Schrägkugellager	
Einzellager	
Fall I	**Fall II**
$\frac{F_a}{F_r} \leq 1{,}14$	$\frac{F_a}{F_r} > 1{,}14$
$P = F_r$	$P = 0{,}35 \cdot F_r + 0{,}57 \cdot F_a$
Lagerpaar O-, X- oder Tandemanordnung	
Fall I	**Fall II**
$\frac{F_a}{F_r} \leq 1{,}14$	$\frac{F_a}{F_r} > 1{,}14$
$P = F_r + 0{,}55 \cdot F_a$	$P = 0{,}57 \cdot F_r + 0{,}93 \cdot F_a$
P äquivalente Lagerbelastung F_r Radiallast	F_a Axiallast

P für Pendelkugellager

Die Ermittlung der äquivalenten Lagerbelastung *P* (**Tabelle 2**) ist bei Pendelkugellagern abhängig von der Verteilungszahl *e*. Diese ist jedem Lager individuell beigefügt und einschlägigen Maßtabellen zu entnehmen.

Tabelle 2: *P* für Pendelkugellager	
Fall I	**Fall II**
$\frac{F_a}{F_r} \leq e$	$\frac{F_a}{F_r} > e$
$P = F_r + Y_1 \cdot F_a$	$P = 0{,}56 \cdot F_r + Y_2 \cdot F_a$
P äquivalente Lagerbelastung e Verteilungszahl Y_1 axialer Wertigkeitsfaktor 1	Y_2 axialer Wertigkeitsfaktor 2 F_r Radiallast F_a Axiallast

[1] Die Berechnungen lehnen sich an die Vorgaben nach INA FAG an (siehe Quellenangaben).

P bei Zylinderrollenlagern

Zylinderrollenlager sollen generell nur als Loslager ausgeführt werden. Daher erübrigt sich die Ermittlung einer äquivalenten Lagerbelastung *P*. Die Lagerbelastung *P* ist:

$$P = F_r$$

P äquivalente Lagerbelastung
F_r Radiallast

P bei Kegelrollenlagern

Bei Kegelrollenlagern ist die Verteilungszahl e, ähnlich wie bei Pendelkugellagern zur Bestimmung von *P* relevant. Die Verteilungszahl e sowie der axiale Wertigkeitsfaktor *Y* ist einschlägigen Maßtabellen zu entnehmen.

Tabelle 3: *P* für Kegelrollenlager	
Fall I	**Fall II**
$\frac{F_a}{F_r} \leq e$	$\frac{F_a}{F_r} > e$
$P = F_r$	$P = 0{,}4 \cdot F_r + Y \cdot F_a$

P bei Tonnenlagern

Für die Ermittlung der äquivalenten Lagerbelastung *P* gilt bei Tonnenlagern:

$$P = 0{,}4 \cdot F_r + 9{,}5 \cdot F_a$$

P äquivalente Lagerbelastung
F_r Radiallast
F_a Axiallast

Beispiel für Kegelrollenlager:

Es ist die äquivalente Lagerbelastung des Kegelrollenlagers 30212 nach DIN 5418 zu bestimmen. Die Lagerkraftkomponenten betragen:
$F_r = 3{,}8$ kN und $F_a = 2{,}9$ kN

Lösung:

$\frac{F_a}{F_r} = \frac{2{,}9}{3{,}8} = 0{,}763$ $e = 0{,}4$ (**Tabelle 1, Seite 315**)

Fall II: $\frac{F_a}{F_r} > e$ $P = 0{,}4 \cdot F_r + Y \cdot F_a$

$P = 0{,}4 \cdot F_r + Y \cdot F_a = 0{,}4 \cdot 3{,}8\ \text{kN} + 1{,}48 \cdot 2{,}9\ \text{kN}$
$P = 5{,}812\ \text{kN}$

Tabelle 1: Faktoren[1] *e* und *Y* bei Kegelrollenlagern (Auswahl)

Bohrungs-kennzahl	Lagerreihe 302		Lagerreihe 303		Lagerreihe 323	
	e	*Y*	*e*	*Y*	*e*	*Y*
02	0,35	1,73	0,29	2,11	0,29	2,11
03	0,35	1,74	0,29	2,11	0,29	2,11
04	0,35	1,74	0,3	2	0,3	2
05	0,37	1,6	0,3	2	0,3	2
06	0,37	1,6	0,31	1,9	0,31	1,9
07	0,37	1,6	0,31	1,9	0,31	1,9
08	0,37	1,6	0,35	1,74	0,35	1,74
09	0,4	1,48	0,35	1,74	0,35	1,74
10	0,42	1,43	0,35	1,74	0,35	1,74
11	0,4	1,48	0,35	1,74	0,35	1,74
12	0,4	1,48	0,35	1,74	0,35	1,74
13	0,4	1,48	0,35	1,74	0,35	1,74
14	0,42	1,43	0,35	1,74	0,35	1,74
15	0,44	1,38	0,35	1,74	0,35	1,74

[1] nach INA

Beispiel

Eine Welle wird von zwei Zahnrädern belastet.

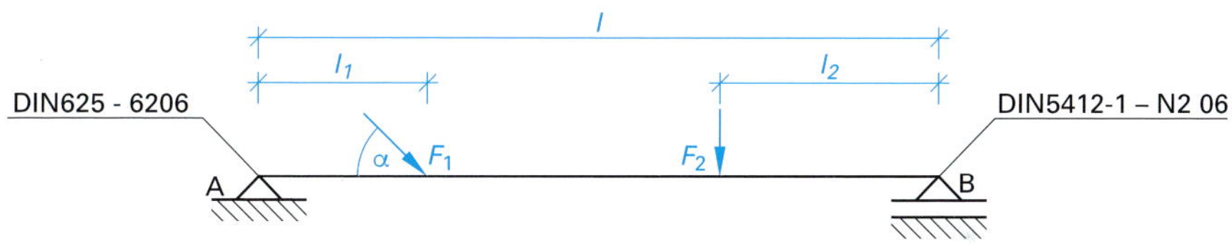

$l = 320$ mm $F_1 = 2{,}2$ kN $\alpha = 65°$ $l_1 = 100$ mm $F_2 = 2{,}4$ kN $l_2 = 115$ mm

a) Bestimmen Sie die äquivalente Lagerbelastung des Lagers A und des Lagers B.

b) Bestimmen Sie die Lebensdauer in Mio. Umläufen **beider** Wälzlager.

Lösung:

a) Die Freistellung der Kräfte (Freischnitt) liefert: $B = 2{,}15$ kN $A_y = 2{,}23$ kN $A_x = 0{,}9$ kN

Lager A:

$F_{Ar} = A_y = 2{,}23\text{ kN} \rightarrow F_{Aa} = A_x = 0{,}9\text{ kN} \rightarrow C_A = 19{,}3\text{ kN} \rightarrow C_{0A} = 11{,}2\text{ kN}$

$f_0 \cdot \frac{F_a}{C_0} = 13{,}8 \cdot \frac{0{,}9}{11{,}2} = 1{,}104 = k$ aus Bild 248/1: e = 0,29 $\rightarrow \frac{F_a}{F_r} \cdot \frac{0{,}9}{2{,}23} = 0{,}4 > e$

Fall II: $X = 0{,}56$ $Y = 1{,}5$ (aus Bild 248/2)

$P_A = X \cdot F_r + Y \cdot F_a = 0{,}56 \cdot 2{,}23\text{ kN} + 1{,}5 \cdot 0{,}9 = 2{,}6\text{ kN}$

Lager B: $P_B = B = 2{,}15$ kN

b)

Lager A: Mit $p = 3$ folgt: $L_{10A} = \left(\frac{C}{P}\right)^p = \left(\frac{19{,}3}{2{,}6}\right)^3 = 409{,}03$

Lager B: Mit $C_B = 39$ kN und $p = \frac{10}{3}$ folgt: $L_{10B} = \left(\frac{C}{P}\right)^p = \left(\frac{39}{2{,}15}\right)^{\frac{10}{3}} = 15682{,}69$

Tabelle 1: Statische und dynamische Tragzahlen (Auswahl)

Rillenkugellager Reihe 60			Schrägkugellager Reihe 72			Schrägkugellager Reihe 73		
Lager	*C* in kN	C_0 in kN	Lager	*C* in kN	C_0 in kN	Lager	*C* in kN	C_0 in kN
6000	4,550	1,960	7200-B	4,900	2,600	7300-B	–	–
6001	5,100	2,360	7201-B	6,900	3,550	7301-B	10,600	5,300
6002	5,600	2,850	7202-B	7,800	4,450	7302-B	13,200	7,200
6003	6,000	3,250	7203-B	9,800	5,700	7303-B	16,300	9,000
6004	9,300	5,000	7204-B	13,000	7,800	7304-B	18,900	11,100
6005	10,000	5,850	7205-B	14,200	9,000	7305-B	26,000	15,800
6006	12,700	8,000	7206-B	20,200	14,100	7306-B	33,000	22,100
6007	16,000	10,200	7207-B	26,000	19,000	7307-B	40,000	27,500
6008	16,600	11,600	7208-B	31,500	23,500	7308-B	49,500	34,500
6009	20,000	14,300	7209-B	31,500	23,500	7309-B	61,000	43,000
6010	20,800	15,600	7210-B	35,000	27,000	7310-B	70,000	50,000
6011	28,500	21,200	7211-B	36,000	28,500	7311-B	80,000	61,000
6012	29,000	23,200	7212-B	45,500	38,500	7312-B	89,000	69,000
6013	30,500	25,000	7213-B	54,000	45,000	7313-B	103,000	82,000

Beispiel:

Für einen Lastfall sind zwei identische Wälzlager nach DIN 628 Lagerreihe 72 oder 73 auszuwählen. Die dargestellte Welle befindet sich in einem Bearbeitungszentrum. Die Arbeitszeit beträgt im Zwei-Schichtbetrieb 7 Stunden pro Schicht. Gearbeitet wird an 5 Tagen pro Woche. Das Wartungsintervall soll 1 Jahr nicht unterschreiten.

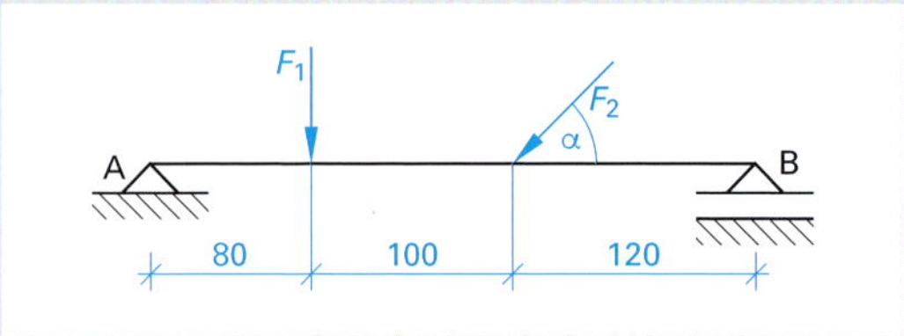

$F_1 = 3{,}4$ kN

$F_2 = 4{,}8$ kN

$\alpha = 60°$

$n = 1340$ 1/min

Lösung:

Zunächst ist die Lagerlebensdauer in Stunden L_{10h} über die Arbeitszeitinformationen zu ermitteln:

$$L_{10h} = 2\,\frac{\text{Schichten}}{\text{Tag}} \cdot 7\,\frac{\text{h}}{\text{Schicht}} \cdot 5\,\frac{\text{Tage}}{\text{Woche}} \cdot 52 \text{ Wochen} = 3640 \text{ h}$$

Die Lagerlebensdauer in Mio. Umläufen ergibt sich mit: $L_{10} = L_{10h}\,\dfrac{n \cdot 60}{10^6} = 3640 \cdot \dfrac{1340 \cdot 60}{10^6} = 292{,}66$

Das für die Untersuchung relevante Lager muss nun bestimmt werden. Es handelt sich hierbei um das stärker beanspruchte Lager. Die Freistellung (Freischnitt) der statischen Belastungen liefert für die Lager A und B folgende Größen: $A_y = 3{,}14$ kN; $B = 4{,}15$ kN; $A_x = 2{,}4$ kN

Das zur Bestimmung relevante Lager ist Lager A, da es augenscheinlich insgesamt stärker belastet wird als Lager B.

Es muss nun die erforderliche Tragzahl C bestimmt werden. Mit $L_{10} = \left(\dfrac{C}{P}\right)^p$ erhält man: $C = \sqrt[p]{L_{10}} \cdot P$

$P = X \cdot F_r + Y \cdot F_a$

Für Schrägkugellager gilt generell: $e = 1{,}14$

$\dfrac{F_a}{F_r} \cdot \dfrac{2{,}4 \text{ kN}}{3{,}41 \text{ kN}} = 0{,}704 < e$

Fall I: $P = F_r$

$P = 3{,}41$ kN,

$p = 3$ (Wälzkörper Kugel!)

$C = \sqrt[p]{L_{10}} \cdot P = \sqrt[3]{292{,}66} \cdot 3{,}41 \text{ kN} = 22{,}64$ kN

Gesucht wird demnach ein Schrägkugellager, welches mindestens die Tragzahl $C = 23{,}72$ kN aufweist.

Gewählt: Schrägkugellager nach DIN 628 wird das Lager 7207B ($C = 26{,}0$ kN) oder das Lager 7305 ($C = 26{,}0$ kN).

3.4.2 Hydrodynamische Lager

3.4.2.1 Einführung

Bei hydrodynamischen Lagern, den *Gleitlagern*, gleitet das bewegliche Bauteil auf einem durch die Gleitbewegung erzeugten, also dynamisch erzeugten Flüssigkeitsfilm bzw. Schmierfilm.

Das *radiale Gleitlager* besteht aus einer Gleitschicht oder einer Gleitbuchse (**Bild 1**) in einem Lager, in der eine Welle läuft. Das *axiale Gleitlager* stützt sich über eine Gleitscheibe (**Bild 2**) auf dem anderen Gleitpartner ab.

Mit beginnender Relativbewegung entwickelt sich ein Schmierfilm, der die Gleitflächen trennt. Die Gleitpartner „schwimmen" aufeinander. Im Schmierspalt (**Bild 3**) entsteht ein Tragdruck, der, über die beteiligte Lagerfläche integriert, der Lagerkraft entspricht. So ermöglicht dieser Schmierfilm eine reibungsarme und verschleißarme Gegeneinanderbewegung.

Beim Drehen der Welle (Bild 3) aus dem Stillstand ist die Reibung noch relativ groß. Die Welle sitzt berührend auf der Gleitbuchse auf, lediglich ein Schmierfilm in molekularer Stärke ist zwischen den Gleitpartnern. Die Reibung wird von den Werkstoffen und den Oberflächenrauigkeiten bestimmt. Man spricht von *Festkörperreibung* (**Bild 4**). Mit zunehmender Drehgeschwindigkeit wird der viskose Schmierstoff in den Gleitspalt geschleppt und es kommt zu einer starken Reibungsverminderung. Es ist der Bereich der *Mischreibung*. In diesem Bereich hat die Reibungsfunktion (*Stribeck*[1]-Kurve) eine negative Steigung! Mit Erreichen der *Flüssigkeitsreibung*, also dem vollständigen Aufschwimmen der Welle auf dem Schmierfilm, wird die minimale Reibung erreicht (Bild 4).

Bei zunehmender Relativgeschwindigkeit erhöht sich der Bewegungswiderstand durch die zunehmende Flüssigkeitsreibung des Schmierfilms.

Aufgrund des Schmierdruckes im Schmierfilm fließt Schmiermittel vor allem seitwärts ab. Dieses muss dem Gleitlager wieder zugeführt werden. Hierfür werden in die Gleitlageroberflächen Schmiernuten unterschiedlicher Geometrien, z. B. bei Radiallagern in Form einer umlaufenden Ringnut, eingearbeitet (**Bild 1, Seite 318**). Bei Axiallagern ist es z. B. eine Spiralnut (Bild 2).

[1] *Richard Stribeck* (1861 bis 1950), deutscher Ingenieur, Dozent für Maschinenbau an der TU Dresden und Technischer Direktor der Deutz-Werke, Köln. Er beschrieb 1902 das Reibungsverhalten geschmierter gleitender Lager.

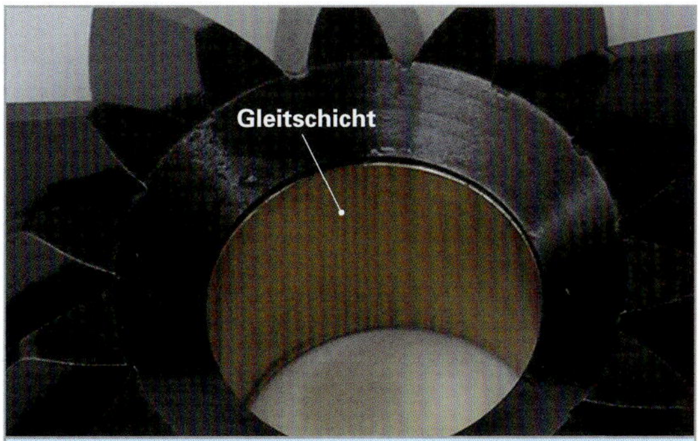

Bild 1: Radiales Gleitlager

Bild 2: Axiales Gleitlager

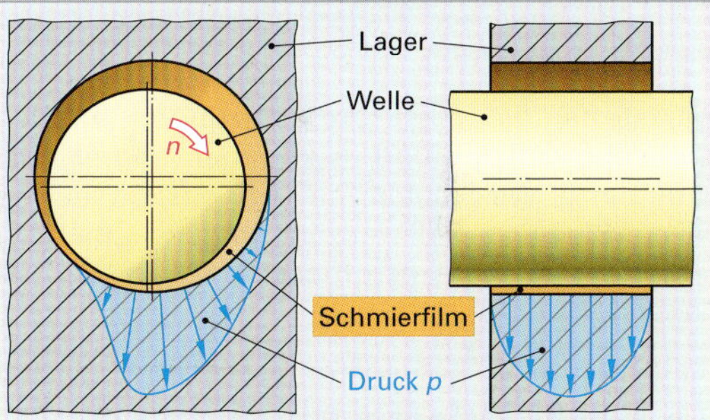

Bemerkung: Die Durchmesserunterschiede sind überproportional gezeichnet.

Bild 3: Druckverteilung im Radiallager bei Bewegung

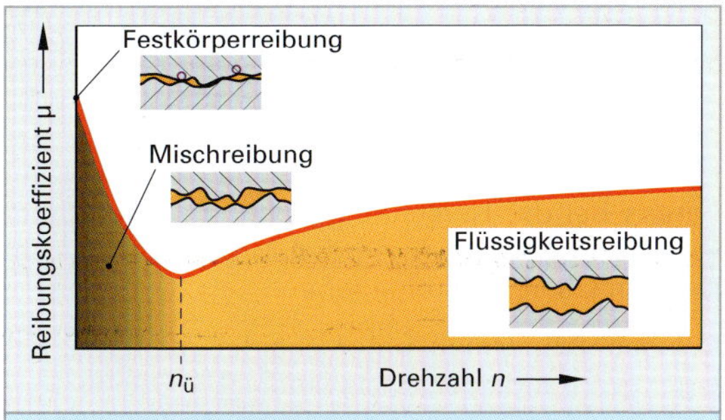

Bild 4: Stribeck-Kurve

Der Schmiermittelumlauf sorgt auch für den Wärmetransport. Die Wärme wird dann meist ohne weitere Maßnahmen über das Lagergehäuse an die Umgebung abgegeben. Es ist aber auch möglich, in Öltaschen bzw. in einem Ölsumpf das Schmiermittel zu speichern und mit einem Wärmetauscher, z. B. einer Wasserkühlung zu entwärmen.

Segmentlager. Für besonders große Wellendurchmesser, z. B. im Bereich von 300 mm, werden die Lagerschalen in z. B. fünf Segmente aufgeteilt (**Bild 2**). Die Ölschmierung erfolgt über den Spalt zwischen den Segmenten. Bei großen, stark mit Punktlast beaufschlagten Lagern wird zum leichteren Start der Drehbewegung die Welle durch Hochdruckhydraulik über Öltaschen in der Lagerschale angehoben. So schwimmt die Welle von Anfang an auf einem Ölfilm und das Lager bleibt unbeschädigt.

3.4.2.2 Werkstoffe und Bauformen

An die Lagerwerkstoffe werden die Anforderungen gestellt:

- Gute Benetzbarkeit für den Schmierstoff,
- hohe Widerstandsfähigkeit gegen Verschleiß, Korrosion und Kavitation[1],
- Notlaufeigenschaften und gutes „Einbettungsverhalten", d. h. eine selbsttätige Anpassung an die Lager- und Wellengeometrie bei Beginn der Lagernutzung.

Werkstoffe, die diese Anforderungen erfüllen, sind sehr vielfältig und es kommen immer noch neue hinzu: Weißmetall[2] auf Zinnbasis, Weißmetall auf Bleibasis, Bleibronzen, Rotguss, Zinnbronzen, Messing, Kohlenstofffasern, Keramiken und Kunststoffe.

Gleitlager aus Kohlenstofffasern ermöglichen z. B. die Stromleitung über das Gleitlager, ohne dass Korrosion zu befürchten ist.

Keramikgleitlager weisen sehr geringen Abtrag auf und eignen sich daher für Reinraumanwendungen.

Kunsstoffgleitlager kommen ganz ohne zusätzliche Schmierung aus und es besteht bei ihnen auch keine Gefahr des Festfressens. Sie sind wartungsfrei. Sie sind allerdings nicht so hoch belastbar wie Metall-Gleitlager. In die Lager werden bereits bei der Herstellung Schmierstoffe eingelagert und bedingt durch den Mikroverschleiß in kleinem Quantum freigegeben.

Bei den Bauformen unterscheidet man Massivlager, Verbundlager, Dickwandlager, Dünnwandlager und Sinterlager. Letztere haben viele Poren zur Aufnahme von Schmierstoffen.

Bild 1: Gleitlager mit Ringnut

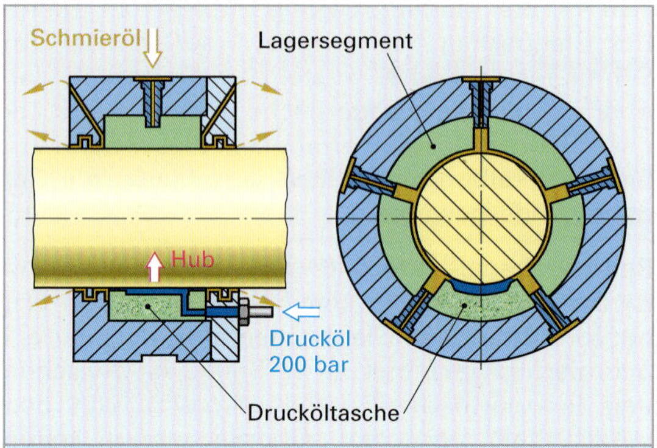

Bild 2: Segmentgleitlager mit hydrostatischem Hub

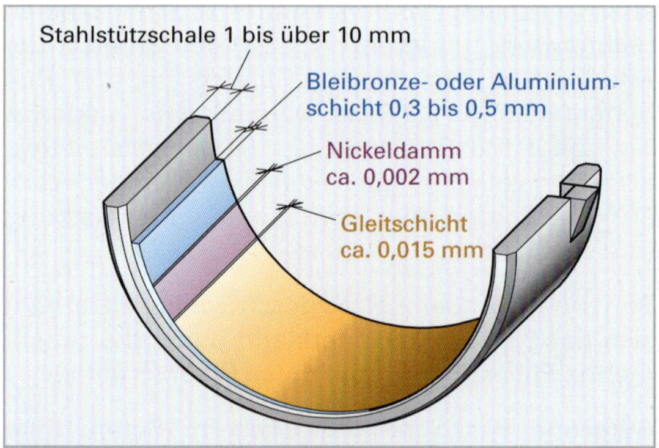

Bild 3: Aufbau eines Gleitlagers

Die Lagermetalle werden z. B. auf eine Stahlstützschale oder direkt auf das Stahlwerkstück in einer Dicke von ca. 0,5 mm aufplattiert oder aufgegossen (**Bild 3**).

[1] Kavitation = Hohlraumbildung, von lat. cavus = hohl

[2] Weißmetalle sind Legierungen auf Zinnbasis mit unterschiedlichen Beimischungen, z. B. mit Blei und Antimon.

3.4.2.3 Normung, Ausführungsformen und Einbau

Normen. Gleitlagerbuchsen aus Kupferlegierungen sind in DIN ISO 4379 beschrieben, Gleitlager aus Sintermetall sowie aus Duroplasten und Thermoplasten in DIN 1850.

Besondere Ausführungen. Über die genormten Gleitlagerbuchsen hinaus sind Gleitlager in höherwertiger Qualität und in erweiterten Anwendungsmöglichkeiten erhältlich (**Bild 1**). Z. B. gibt es zweiteilige Gleitlagerschalen zur Lagerung von Kurbelwellen (**Bild 2**).

Einbau. Gleitlagerbuchsen aus Kupferlegierungen (DIN ISO 4379) werden in dafür präparierte Gehäuse gesetzt. Bei der Tolerierung des Buchsenaußendurchmessers mit s6 ergibt sich beim Fügen in eine mit H7 tolerierte Bohrung eine Übermaßpassung zwischen Gleitlager und Gehäuse (**Bild 3**).

Spielpassung. Eine Gleitlagerbuchse, z. B. toleriert nach E6, ergibt mit einer Welle, toleriert nach h6, eine Spielpassung (**Bild 4**). Eine solche Spielpassung sorgt für Beweglichkeit zwischen Welle und Lager. Die Gleitlagerbuchsen aus Sintermetall (DIN 1850-3) und diejenigen aus Duroplasten (DIN 1850-5) oder Thermoplasten (DIN 1850-6) sind ähnlich toleriert.

Einbaubeispiel. Die Lagerung im Getriebe nach **Bild 5** ist statisch bestimmt. Das linke Lager ist als Loslager, das rechte Lager als Festlager ausgeführt.

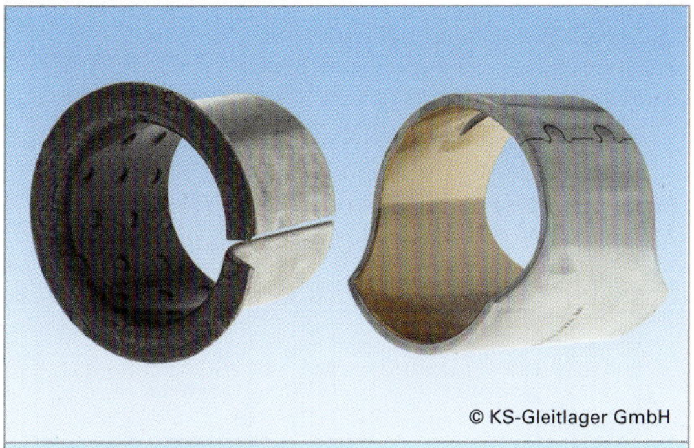

Bild 1: Gleitlagerbuchsen

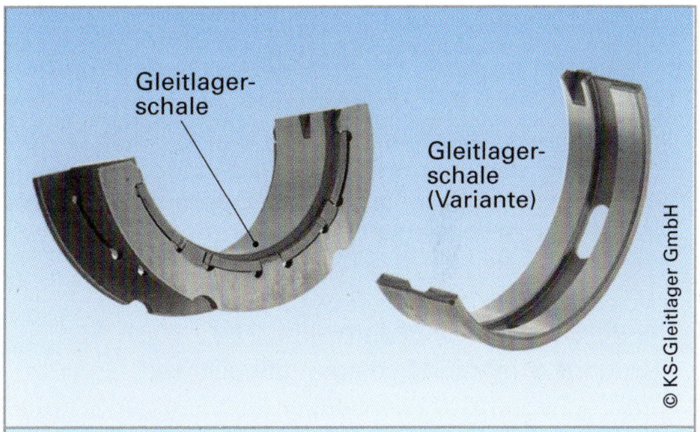

Bild 2: Gleitlagerhalbschalen

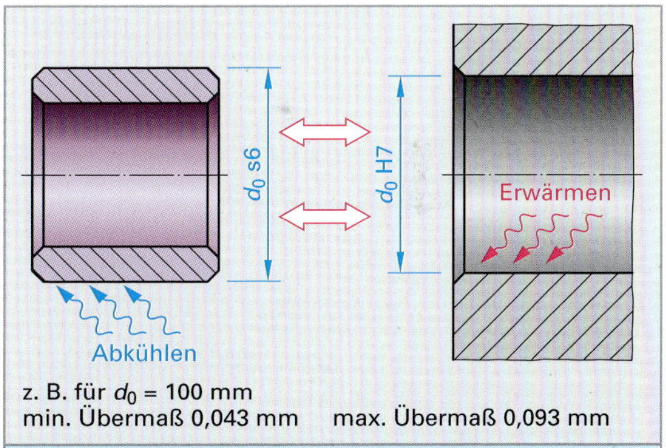

Bild 3: Übermaßpassung für Buchse

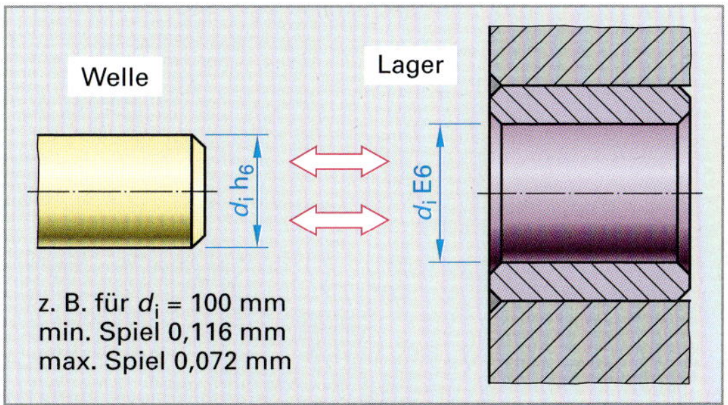

Bild 4: Spielpassung für Gleitlager

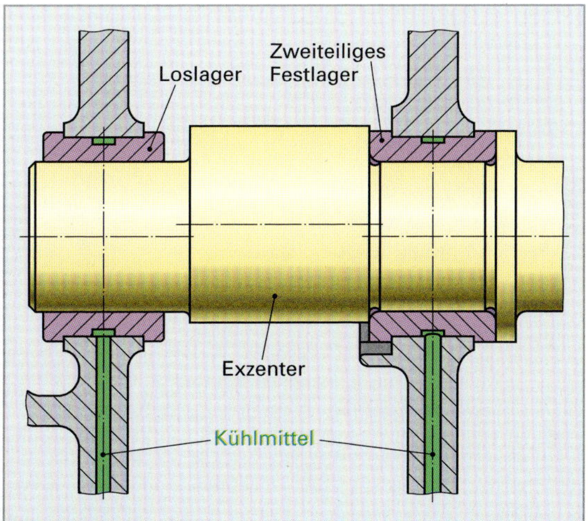

Bild 5: Einbaubeispiel

Beispiel: Schleifspindelstock*

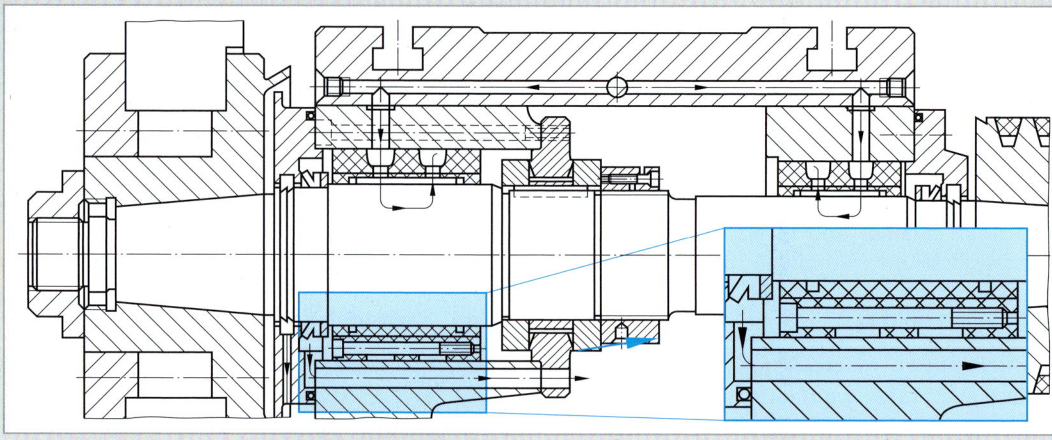

Die stellbaren Radialgleitlager GLM sind direkt in den Bohrungen des Spindelstocks eingebaut. Die Axialführung ist zwischen den Radiallagern angeordnet, auf gewünschtes Laufspiel abgestimmt und mit einer SPIETH-Stellmutter gegen den Spindelansatz gezogen. V-Ringe übernehmen die Abdichtung gegen Ölaustritt.

* Mit freundlicher Genehmigung der Fa. SPIETH-MASCHINENELEMENTE GmbH & Co KG, Esslingen.

Die Vorteile von Gleitlagern sind:

- Geringe Stoß- und Schlagempfindlichkeit,
- fast unbegrenzte Lebensdauer (bei richtiger Schmierung).

Gleitlager werden bei hohen Drehzahlen, hohen Belastungen sowie hohen geforderten Lebensdauern bevorzugt eingesetzt, z. B. in Zirkulationspumpen (Dauerläufer), zur Lagerung von Schiffswellen und Kurbelwellen und Pleueln.

Bei geringen Drehzahlen und bei stoßartigen Belastungen bevorzugt man auch Gleitlager, z. B. in Pressen.

Eine weitere Verwendung finden Gleitlager in Geräten und Anlagen mit geringer Belastung oder sehr geringen Bewegungen, auch bei sehr beschränkten Einbauverhältnissen oder bei denen auch geringe Kosten im Vordergrund stehen, z. B. in Haushaltsgeräten oder in Armaturen.

Die Dimensionierung eines individuellen Gleitlagers ist verhältnismäßig aufwendig. In DIN 31652 sind für häufig vorkommende Fälle Berechnungsalgorithmen angegeben.

Bei der Dimensionierung sind u. a. folgende Eigenschaften zu berücksichtigen:

- Austrittstemperatur des Öls bzw. Betriebstemperatur,
- Dichte des Schmieröls,
- Eintrittstemperatur des Öls,
- Exzentrizität,
- Flächenpressung im Lager,
- Gehäusebreite,
- Gehäusedurchmesser,
- Lagerbreite,
- Lagerdurchmesser,
- Lagerkraft,
- Ölviskosität,
- Ölzuführdruck,
- Reibleistung,
- Reibzahl,
- relative Exzentrizität,
- relative Spaltbreite,
- relatives Lagerspiel,
- Reynoldszahl[1],
- Schmieröldurchsatz,
- Sommerfeldzahl[2],
- Spaltbreite,
- Umgebungstemperatur,
- Wärmeabgabe durch abfließendes Öl,
- Wärmeabgebende Oberfläche,
- Wärmefluss durch Konvektion,
- Wärmeübergangszahl zwischen Gehäuse und Umgebung.

[1] *Osborne Reynolds* (1842 bis 1912), irischer Physiker. Die Reynolds-Zahl (Formelzeichen: *Re*) ist eine dimensionslose Kennzahl. Sie wird in der Strömungsmechanik, z. B. bei der Berechnung von Flugzeugprofilen verwendet und stellt das Verhältnis von Trägheitskräften zu Zähigkeitskräften dar. Dabei werden auch geometrische Größen der umströmten Bauteile berücksichtigt.

[2] *Arnold Sommerfeld* (1868 bis 1951), deutscher Mathematiker und Physiker. Professor an den Hochschulen in Aachen und München. Arbeitete u.a. auf dem Gebiet der Strömungsmechanik und der hydrodynamischen Gleitlager. Die Sommerfeldzahl ist hilfreich zur Abschätzung der Gleitlagereignung. Sie ist abhängig von der Lagerbelastung, dem relativen Lagerspiel, der Winkelgeschwindigkeit und der dynamischen Viskosität des Öls.

3.4.2.4 Wartungsfreie Trockenlaufgleitlager

Diese hochtechnologischen Gleitlager bestehen aus einem Stahlrücken und einer porösen (bis 40 %) Sinter-Bronze-Gleitschicht mit Festschmierstoffeinschlüssen (**Bild 1**). Dieses in die Porositäten eingebrachte, meist PTFE-haltige Festschmierstoffgemisch bildet wellenseitig eine geringe Einlaufschicht. Diese Einlaufschicht überträgt sich nach dem Einbau des Lagers auf die zu lagernde Welle und gleicht Oberflächenunebenheiten aus (**Bild 2**).

Bild 1: Aufbau der Gleitschicht beim Trockengleitlager

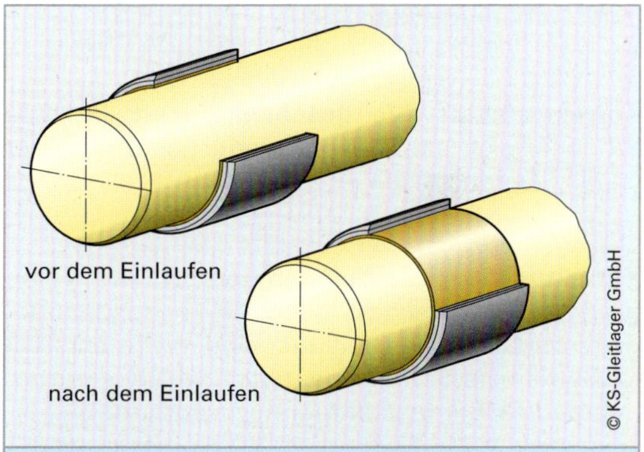

Bild 2: Einlaufen des Trockengleitlagers

Lebensdauerberechnung

Gleitlager[1] sind einer großen Zahl von Einflüssen ausgesetzt. Die Lebensdauerberechnung berücksichtigt dies durch eine Vielzahl von Korrekturfaktoren.

Es wird folgende Gleichung als Näherung verwendet:

$$L_h = \frac{400}{(v \cdot p)^{1,2}} \cdot k_p \cdot k_A \cdot k_v \cdot k_T \cdot k_W \cdot k_R$$

- L_h Nominelle Lebensdauer
- v Umfangsgeschwindigkeit in m/s
- p Lagerbelastung in N/mm²
- k_p Korrekturfaktor Lagerbelastung
- k_A Korrekturfaktor Belastungsfall
- k_v Korrekturfaktor Gleitgeschwindigkeit
- k_T Korrekturfaktor Betriebstemperatur
- k_W Korrekturfaktor Gleitpartnerwerkstoff
- k_R Korrekturfaktor Gleitpartnerrautiefe

Lagerbelastung

$$p = \frac{F}{D \cdot B}$$

- p Lagerbelastung
- F Radialkraft auf das Lager
- D Lagerinnendurchmesser
- B Lagerlänge

Umfangsgeschwindigkeit

$$v = D \cdot \pi \cdot n$$

- v Umfangsgeschwindigkeit
- D Lagerinnendurchmesser
- n Drehzahl

Beispiel:

Ein Trockenlaufgleitlager (D = 28 mm, B = 32 mm) wird bei n = 500 1/min mit der radialen Kraft F = 1200 N durch die umlaufende Welle belastet.

Die Betriebstemperatur steigt auf max. 120 °C an, die Welle ist aus C34 mit $Rz = 4\ \mu m$ gefertigt.

Es ist die Lagerlebensdauer des Lagers zu bestimmen.

Lösung:

$$L_h = \frac{400}{(v \cdot p)^{1,2}} \cdot k_A \cdot k_p \cdot k_v \cdot k_T \cdot k_W \cdot k_R$$

$$v = D \cdot \pi \cdot n = 28\ \text{mm} \cdot \pi \cdot 8{,}333\ \frac{1}{\text{s}} = 733\ \frac{\text{mm}}{\text{s}}$$

$$p = \frac{F}{D \cdot B} = \frac{1200\ \text{N}}{28\ \text{mm} \cdot 32\ \text{mm}} = 1{,}34\ \frac{\text{N}}{\text{mm}^2}$$

Die Korrekturfaktoren sind (siehe Seite 322):

k_A = 1 k_T = 0,5
k_p = k. A. k_W = 1
k_v = 0,9 k_R = 0,6

$$L_h = \frac{400}{(0{,}73 \cdot 1{,}34)^{1,2}} \cdot 1 \cdot 0{,}9 \cdot 0{,}5 \cdot 1 \cdot 0{,}6 = \mathbf{110\ h}$$

[1] Die nachfolgenden Ausführungen beziehen sich auf Permaglide®-Gleitlager der Firma KS Gleitlager GmbH in St. Leon-Rot.

Einflussfaktoren auf die Lebensdauer

Korrekturfaktor Lagerbelastung (k_p). Die Lagerbelastung beeinflusst in Verbindung mit der Gleitgeschwindigkeit unmittelbar die Lebensdauer eines Trockenlaufgleitlagers (**Bild 1**).

Korrekturfaktor Belastungsfall (k_A). Ein umlaufendes Lager, welches durch eine auf eine Achse wirkende, richtungskonstante Kraft belastet wird und somit eine Umfangslast erfährt, erträgt diese länger als ein punktbelastetes Lager.

Für ein punktbelastetes Gleitlager (rotierende Welle) ist $k_A = 1$. Für ein umfangsbelastetes Gleitlager (rotierende Nabe) ist $k_A = 2$.

Korrekturfaktor Gleitgeschwindigkeit (k_v). Je schneller sich ein Lager bewegt, desto geringer ist die Lagerlebensdauer (**Bild 2**).

Korrekturfaktor Betriebstemperatur (k_T). Aufgrund der unterschiedlichen Wärmeausdehnungen von Gehäuse, Gleitlager und Welle entsteht im Betrieb ein Betriebslagerspiel, welches mit zunehmender Betriebstemperatur zunimmt (**Bild 3**).

Korrekturfaktor Gleitpartnerwerkstoff (k_W). Die Auswirkungen der Festigkeitseigenschaften unterschiedlicher Werkstoffe auf oder in denen Trockenlaufgleitlager eingesetzt werden, beeinflussen die Lebensdauer, z. B. aufgrund ihres Abrasionsverhaltens (**Tabelle 1**).

Korrekturfaktor Gleitpartnerrautiefe (k_R). Je rauer die Oberfläche zweier aufeinander abgleitender Bauteile ist, desto größer ist die Reibung. Nicht nur der Wirkungsgrad, auch die Lebensdauer wird hierbei in Mitleidenschaft gezogen (**Bild 4**).

Tabelle 1: Korrekturfaktor Gleitpartner Werkstoff

Werkstoff der Gleitpartner	k_W
Phosphatierter oder verzinkter Stahl	0,2
Eloxiertes Al, Kupfer-Basislegierungen	0,4
Stahl, nitrierter Stahl, Grauguss	1
Korrosionsarmer, hartverchromter Stahl, harteloxiertes Al	2

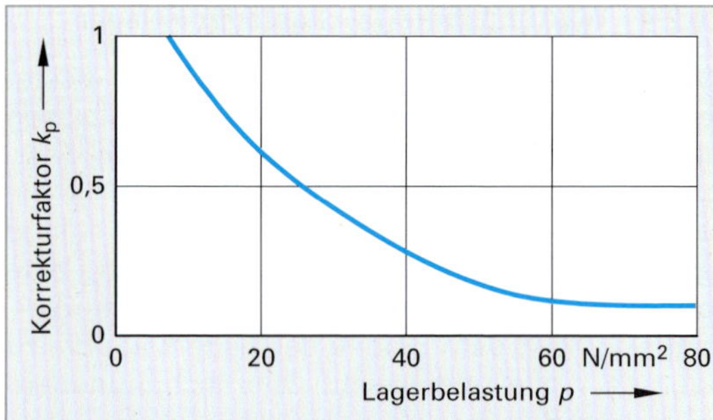

Bild 1: Korrekturfaktor Lagerbelastung

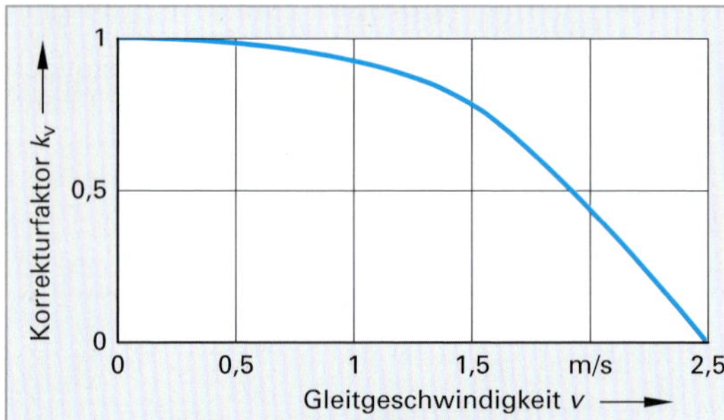

Bild 2: Korrekturfaktor Gleitgeschwindigkeit

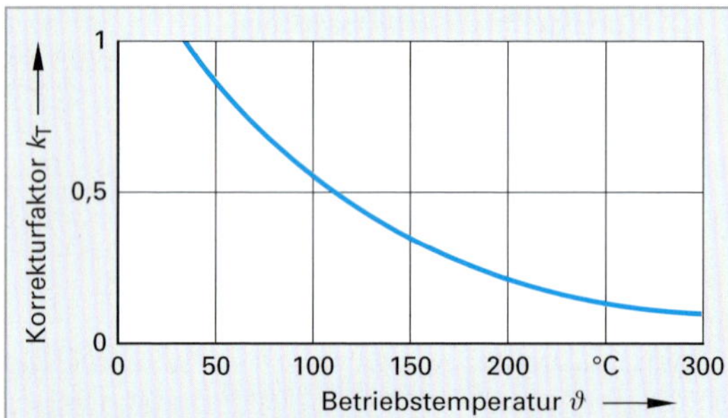

Bild 3: Korrekturfaktor Betriebstemperatur

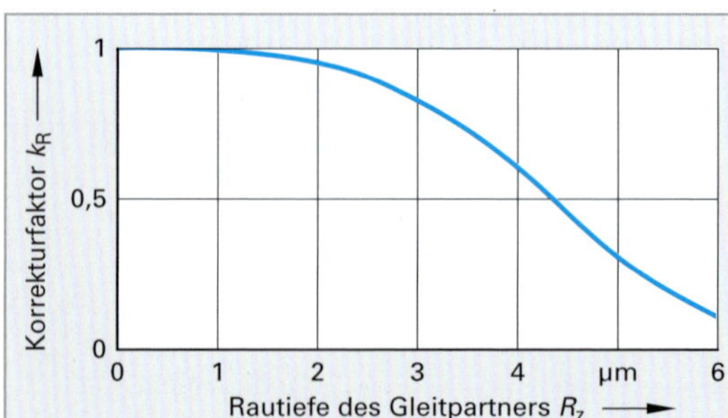

Bild 4: Korrekturfaktor Rautiefe

3.4.3 Hydrostatische Gleitlager

Radiallager. Hydrostatische Radialgleitlager (**Bild 1**) besitzen auf der Lagerbohrungsfläche Öltaschen bzw. Schmiermitteltaschen, die mit einem Fluid (z. B. Öl) unter Druck über eine Pumpe versorgt werden und so die Welle „schwimmend" tragen und sie dabei zentrieren. In den Taschen herrscht weitgehend unabhängig von der Bewegung der Welle ein gleichbleibender (statischer) Druck.

Die einzelnen Taschen (Tiefe z. T. wenige zehntelmillimeter) werden über je eine Drossel (Kapillare) mit Öl versorgt (**Bild 2**). Durch die Kapillare entsteht im Falle abfließenden Öls eine Druckdifferenz, so dass die anderen Öltaschen den statisch vorgesehenen Druck nahezu unvermindert behalten können. Kommt die Welle der Tasche näher, so verringert sich der Ölfluss, es baut sich ein Druck bis zur Höhe des Pumpendrucks auf und so wird die Welle sicher und ohne mechanische Berührung getragen.

Beim *hydrostatischen* Lager schwimmt, im Unterschied zu den *hydrodynamischen* Gleitlagern, die Welle auch im Ruhezustand auf dem Ölfilm. Reibungskräfte gibt es nur bei einer Drehbewegung der Welle. Dabei ist die Reibung, bedingt durch die Scherkräfte im Öl, eine reine Flüssigkeitsreibung. Diese ist proportional zur Drehgeschwindigkeit (**Bild 3**). Bei kleinen Geschwindigkeiten ist daher auch die Reibung sehr klein (geringer als bei Wälzlagern!) und es gibt keinen Anlaufwiderstand. Dies ermöglicht einen sehr ruhigen Lauf, ohne Stick-Slip-Effekt, auch bei kleinsten Drehzahlen (z. B. auch bei 1 Umdrehung pro Tag!).

Für genaue Drehlagenregelungen ist das hydrostatische Lager ideal. Die mit der Drehzahl linear ansteigende Reibung führt zu einer guten und drehzahlunabhängigen Dämpfung. Man verwendet sie vorzugsweise bei Schwerlastlagern, die gleichzeitig hochgenau sein müssen, z. B. bei Spiegelteleskopen und großen Werkzeugmaschinen.

Axiallager sind in gleicher Weise wie Radiallager aufgebaut (**Bild 4**). Die Öltaschen befinden sich im ruhenden Teil des Lagers.

Berechnung. Für die Berechnung der Lager gibt es komfortable Rechenprogramme, welche nicht nur die Geometrien, sondern auch die Viskositäten unterschiedlicher Fluids berücksichtigen. So können, z. B. hydrostatische Lager in Kältemaschinen auch mit Kältemittel anstelle von Öl betrieben werden.

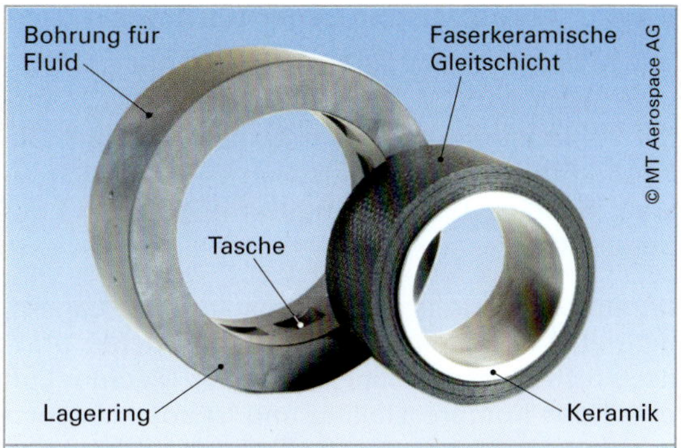

Bild 1: Hydrostatisches Hochtemperatur-Radiallager (bis 1600 °C)

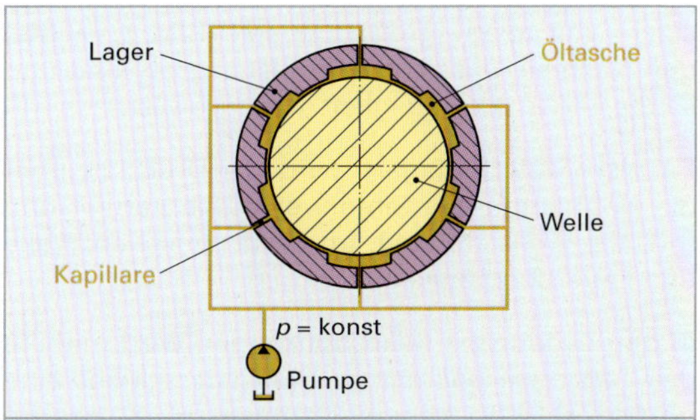

Bild 2: Aufbau eines hydrostatischen Radiallagers

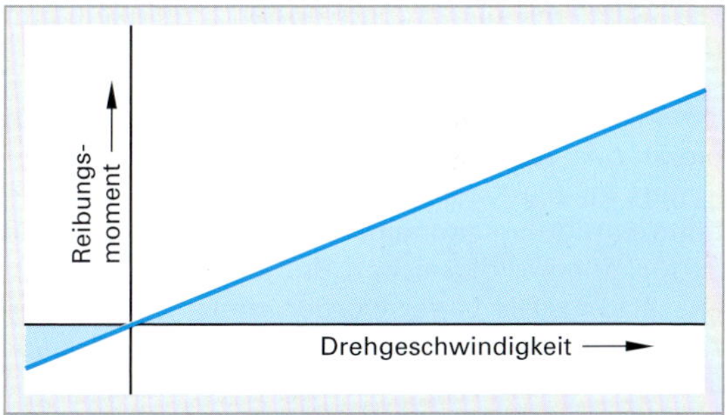

Bild 3: Reibung abhängig von der Drehbewegung

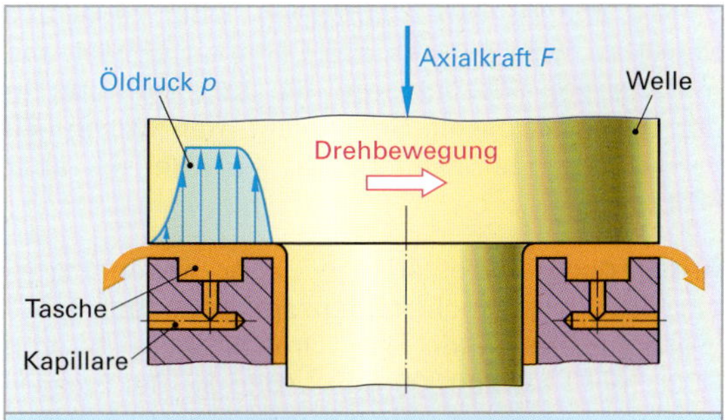

Bild 4: Hydrostatisches Axiallager

3.4.4 Aerostatische Lager (Luftlager)

Aerostatische Lager sind Gleitlager. Sie sind den hydrostatischen Lagern ähnlich. Das Medium, das die Welle berührungsfrei trägt, ist Druckluft. Die Kenngrößen der aerostatischen Lager sind Tragkraft, Steifigkeit, Dämpfungsvermögen und Luftdurchsatz.

Im Unterschied zu den hydrostatischen Lagern, die mit Drucköl betrieben werden, welches praktisch nicht kompressibel ist, hat das Medium Luft eine hohe Kompressibilität und ist somit äußerst nachgiebig. Dies ist für die Tragschicht in einem Lager prinzipiell eine schlechte Voraussetzung. So haben Luftlager, früher mit Lufttaschen aufgebaut, wie hydrostatische Lager (**Bild 1, links**), oder solche mit relativ großen Düsen (**Bild 1, rechts**) den Nachteil, dass die Luftpolster groß sind und so die Lagernachgiebigkeit auch groß ist.

Bei den Sinterluftlagern wird die Druckluft über die Hohlräume des Sinterwerkstoffs verteilt und tritt, die Welle tragend, im Spalt zwischen Welle und Lageroberfläche aus.

In den Lagern mit Mikrobohrungen wird mithilfe des *Mikrolaserbohrens* in die Lagerschicht eine große Zahl von Mikrobohrungen (ø ca. 30 µm) zur Luftbeförderung eingebracht. So bleibt das Luftvolumen klein und man erreicht hohe Traglastzahlen bei gleichzeitig hoher Steifigkeit und relativ geringem Luftverbrauch (**Bild 2**).

Durch die Drosselwirkung der Mikrobohrungen bleibt das dahinterliegende große Druckluftvolumen für die Nachgiebigkeit unbeachtlich. Eine hohe Fertigungsgenauigkeit für Lager und Welle ist für einen erfolgreichen Betrieb allerdings Voraussetzung. Die Lager werden meist kundenspezifisch vom Luftlagerhersteller gefertigt und zuvor anwendungsbezogen berechnet.

Neben den nichtgesteuerten *passiven Luftlagern* gibt es auch in der Position und Steifigkeit geregelte Luftlager (*aktive Luftlager*). Über kapazitive Sensoren wird der aktuelle Luftspalt erfasst und mithilfe von Piezoaktoren die Luftströmung in der Düse gedrosselt. So erreicht man wesentlich verbesserte Steifigkeiten. Der Aufwand ist aber erheblich.

Anwendung. Aerostatische Lager werden z. B. eingesetzt in Hochfrequenzspindeln bei HSC-Werkzeugmaschinen im Drehzahlbereich von 8 000 min^{-1} bis 200 000 min^{-1} (**Bild 3**). Bei Fräsern mit Durchmessern von 0,5 mm bis ca. 0,1 mm sind solch hohe Drehzahlen notwendig.

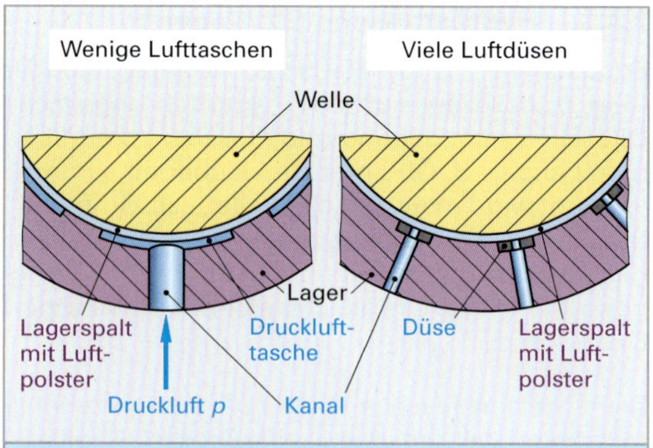

Bild 1: Prinzip des Luftlagers

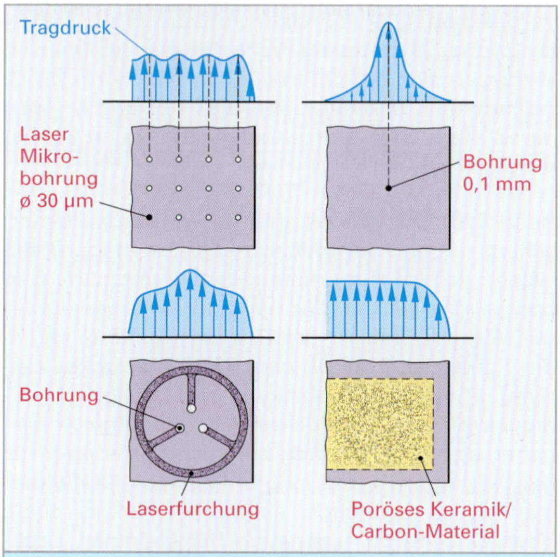

Bild 2: Luftlagerbauarten

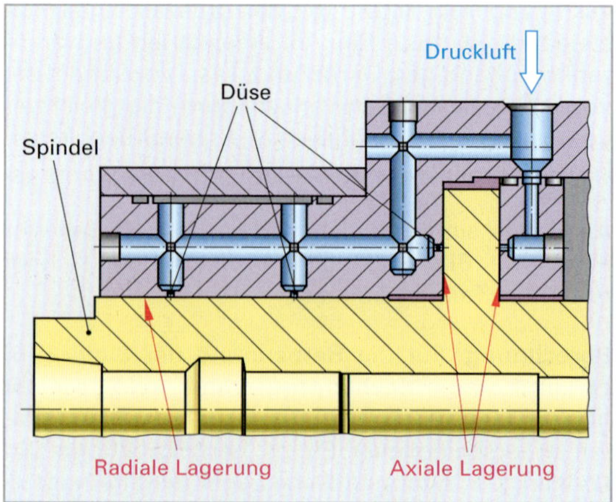

Bild 3: Lager einer Hochfrequenzspindel

3.4.5 Magnetlager

Bei den Magnetlagern nützt man die magnetische Anziehungskraft eines Elektromagneten auf einen ferromagnetischen Körper aus. Dabei sind mehrere Elektromagnete über den Umfang des Lagers verteilt (**Bild 1**) und wirken anziehend auf die ferromagnetische Welle. Eine Zentrierung der Welle wird allerdings nur mithilfe reaktionsschneller Regelungen eines jeden der Elektromagnete mithilfe von abstandsmessenden Sensoren erreicht.

Wie man es aus allgemeiner Erfahrung kennt, wirken Magnete überproportional stärker, je kleiner die Luftspalte werden. So lässt sich ungeregelt magnetisch kein Körper in der Schwebe halten (**Bild 2**). Bringt man den Körper in ein Kräftegleichgewicht, so ist dies instabil: nähert sich der Körper dem einen Magnet, so wird seine Kraftwirkung verstärkt und die des gegenüberliegenden abgeschwächt, also wird die Annäherungsbewegung verstärkt fortgesetzt. Erst eine kontinuierliche Abstandsmessung, hier im µm-Bereich, in Verbindung mit einer reaktionsschnellen PID^2-Regelung[1] (**Bild 3**) ermöglicht eine stabile Lagerung.

Bild 1: Magnetlager für Großmaschinen

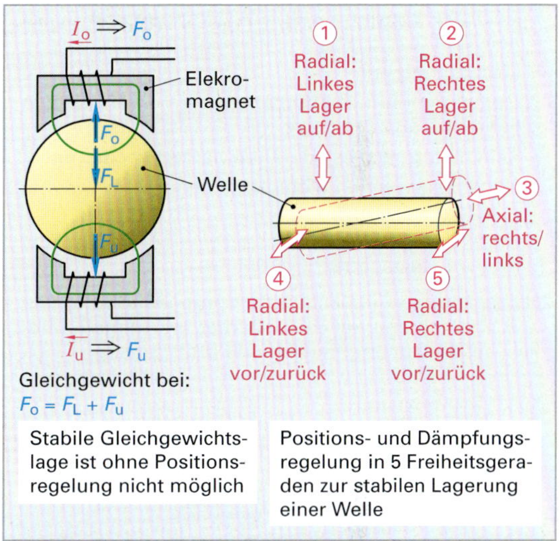

Bild 2: Prinzip eines Magnetlagers

Mit den integrierten Abstandssensoren werden auch etwaige Schwingungen der rotierenden Welle erfasst und können durch Gegensteuern gedämpft werden. Das Magnetlager läuft berührungslos und verschleißfrei. Das Widerstandsmoment ist relativ gering. Es wird durch induzierte Wirbelströme bei Drehung der Welle bzw. des Rotors verursacht. Hierdurch erwärmt sich auch das Magnetlager.

Die Merkmale der Magnetlagerung sind:

- Berührungsfreie und damit verschleißfreie Lagerung,
- geringes Widerstandsmoment,
- geeignet für hochreine Betriebsbedingungen, frei von Kohlenwasserstoffen bzw. Schmierstoffen und Abrieb,
- geeignet für schnelllaufende Systeme, z. B. für Zentrifugen ($n > 100\,000$ min^{-1}) und Kompressoren im obersten Leistungsbereich.

Dimensionierung. Die Dimensionierung erfolgt mit Herstellerunterstützung anhand von Berechnungsprogrammen. Hierbei geht es im Regelfall um eine Dimensionierung der gesamten Welle mit insgesamt 5 Freiheitsgraden (3 für die räumliche Lage und 2 für die Orientierung: Neigungswinkel und Schwenkwinkel). Der einzig nichtgeregelte Freiheitsgrad ist die Drehung der Welle.

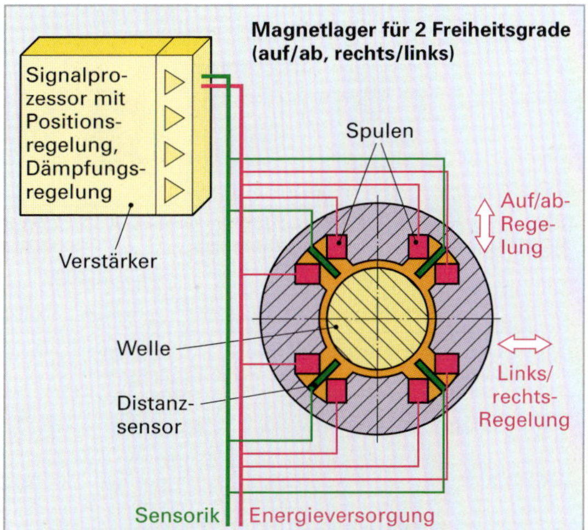

Bild 3: Magnetlager mit Regelung (Prinzip)

[1] Bei der PID^2-Regelung wird zweimalig differenziert (D^2).

3.4.6 Führungen

3.4.6.1 Allgemeine Anforderungen

Führungen haben die Aufgabe, die Bewegungen der Maschinen zu gewährleisten. Z. B. werden die Maschinenschlitten auf Schienen translatorisch bewegt. Sie bilden die Linearachsen X, Y, Z,... der Werkzeugmaschine (**Bild 1**). Rundtische bzw. Karussell-Tische sowie Schwenktische und Werkzeugschwenkachsen sind mit Drehlagern bzw. Rundführungen ausgestattet und ermöglichen rotatorische Bewegungen. Sie bilden die Drehachsen A, B, C,.... der Werkzeugmaschine.

Die allgemeinen Anforderungen an die Führungen und Drehlager sind:

- Höchste Präzision bezüglich Geradheit und Rundheit, geringes oder kein Führungsspiel,
- Leichtgängigkeit,
- Gutes Dämpfungsverhalten in Tragrichtung und in Fahrrichtung,
- Kein mechanisches oder thermisches Verklemmen,
- Hohe Lastaufnahmefähigkeit statisch und dynamisch,
- Hinreichende Bewegungsgeschwindigkeiten bei langer Lebensdauer (> 10 000 h).

Hinzu kommen übliche Anforderungsattribute, wie z. B. montagefreundlich, justierbar, wartungsfreundlich, schmutzunempfindlich und preisgünstig.

Nach der Art der Führungselemente bzw. Tragkräfte unterteilt man in Gleitführungen und Wälzführungen (**Tabelle 1**).

Bei **Gleitführungen** untergliedert man nach Art der Bildung der Tragkräfte:

- hydrodynamische Führungen,
- hydrostatische Führungen,
- aerostatische Führungen und
- magnetische Führungen.

Bei **Wälzführungen** unterscheidet man:

- Wälzführungen mit Profilschienen,
- Wälzführungen mit Laufrollen und
- Wälzführungen für Wellen.

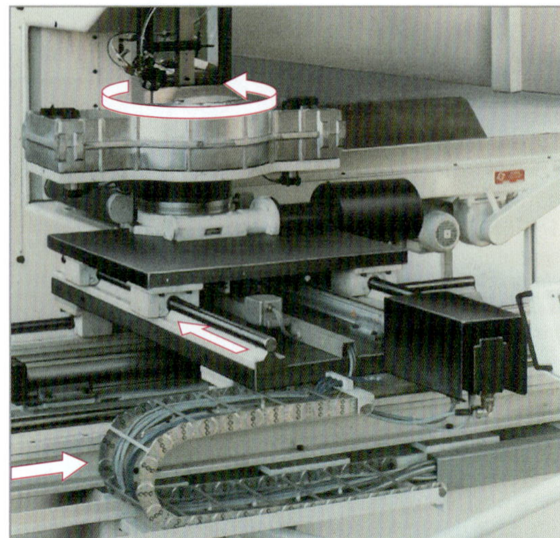

Bild 1: Translatorische Achsen und rotatorische Achsen

Tabelle 1: Eigenschaften von Führungen

Eigenschaften	Kugelführung	Rollenführung	Laufrollenführung	Hydrodyn. Führung	Kunststoff-Gleitführung	Hydrostat. Führung	Aerostat. Führung	Magnetführung
	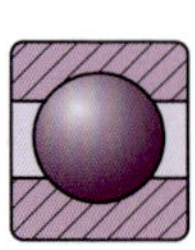	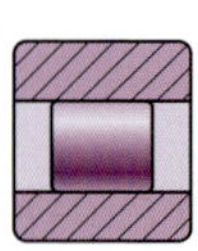	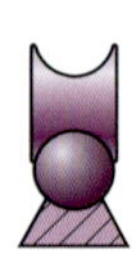	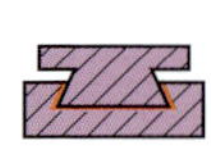	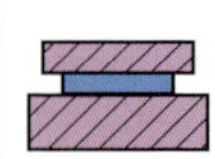	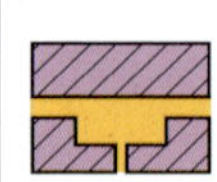	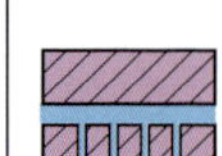	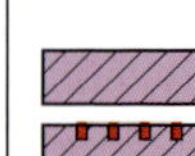
Dyn. Steifigkeit	hoch	hoch	gering	mäßig	mäßig	hoch	gering	gering
Reibung	gering, nichtlinear	gering, nichtlinear	gering, nichtlinear	mittel, nichtlinear	mittel, nichtlinear	gering, linear	sehr gering	sehr gering
Dämpfung	befriedigend	befriedigend	befriedigend	gut	gut	sehr gut	geregelt gut	geregelt gut
Geschwindigkeit	hoch	hoch	hoch	gering	gering	hoch	hoch	hoch
Verschleiß	gering-mäßig	gering-mäßig	gering-mäßig	mäßig	mäßig	kein	kein	kein
Betriebsaufwand	gering	gering	gering	mäßig	gering	hoch	sehr hoch	sehr hoch

3.4.6.2 Wälzführungen

Für Geradführungen, z. B. von Maschinentischen, aber auch für Rundführungen, z. B. von Drehtischen, kommen Wälzführungen, ähnlich den Wälzlagern, als

- Kugelumlaufführungen,
- Rollenumlaufführungen,
- Nadelführungen,
- Kugelbüchsenführungen und
- Laufrollenführungen

infrage.

Die Wälzführungen gibt es meist mit Führungswagen und passenden Profilschienen, welche z. B. als komplette Zukaufteile an die Maschinengestelle angeschraubt werden können **(Bild 1)**. Die Führungswagen enthalten Rücklaufkanäle für die Wälzkörper. So können diese zu erneutem Abwälzen gebracht werden.

Man kann die Führungen vorspannen, so dass sie eine höhere Steifigkeit quer zur Verschieberichtung haben. Es tragen dann immer auch die gegenüberliegenden verspannten Wälzkörper mit. Mit Rollenführungen erreicht man meist höhere Steifigkeiten, wegen des Linienkontakts, als mit Kugelführungen (mit Punktkontakt). Die Laufschienen sind wegen den hohen Flächenpressungen gehärtet und geschliffen. Zur Schmierung werden Öle oder Fette verwendet.

Je nach Bauart weisen die Führungen unterschiedliche Steifigkeitswerte bzw. Belastungskennwerte hinsichtlich der Belastungsrichtung auf. So haben die Laufrollenführungen in radialer Rollenrichtung eine höhere Tragzahl als in axialer Rollenrichtung **(Bild 2)**. Laufschienen, eingebettet in Kunststoffe, sind besonders lärmarm. Die Laufeinheiten haben als Zubehörteile Schmutzabstreifer und sind durch Dichtungen, meist durch Manschettendichtungen, geschützt.

Mit einem Holzschlitten, der auf Metallkugeln über Holzschienen rollte, wurde 1769/70 ein 1800 t schwerer Steinmonolith für eine Reiterstatue nach St. Petersburg gebracht. Der Kugelrücklauf wurde manuell durch Arbeiter ausgeführt.

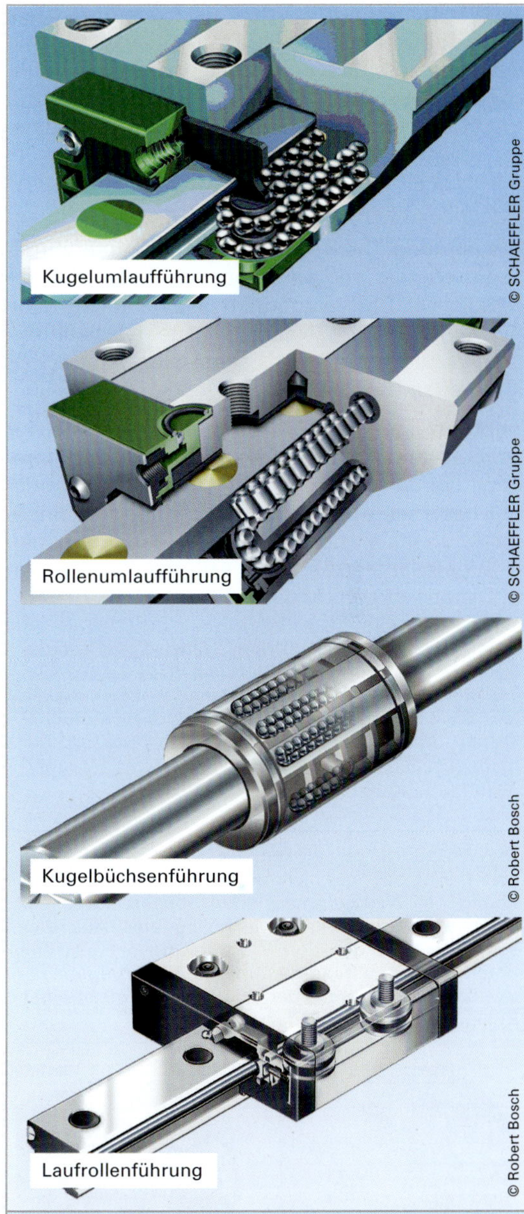

Bild 1: Linearführungen mit Führungswagen

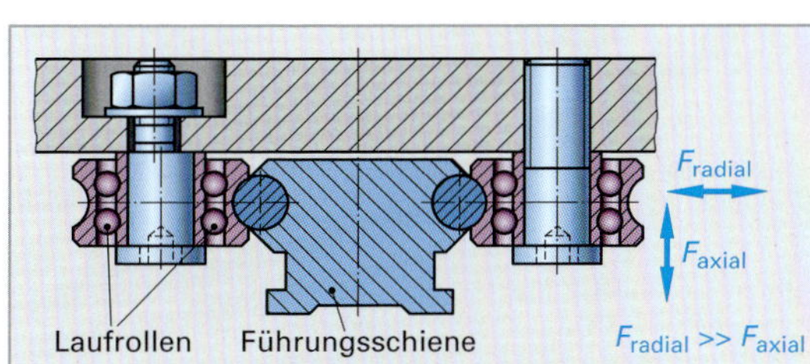

Bild 2: Belastung bei Laufrollenführungen

Die Wälzführungen werden als Flachführungen, als Kugelführungen, als Kreuzrollenketten mit wechselnder Achslage oder als prismatische Führungen ausgebildet (**Bild 1**). Da die Flachführung nur Druckkräfte aufnehmen kann, sind zur sicheren Schlittenführung weitere Flachführungen in gedrehter Anordnung oder z. B. als prismatische Führungen zu ergänzen (**Bild 2**).

Vorspannung. Die Käfigführungen können vorgespannt werden und sind dann bei hoher Steifigkeit spielfrei. Das Verspannen geschieht alternativ mit: Stellschrauben, Nachstellleiste, Nachstellkeilen, Nachstellzylindern, Längskeilen, doppelten Längskeilen **(Bild 3)**.

Rundführungen. Rundführungen, wie sie z. B. für Computertomographie-Geräte (CT oder MRT) benötigt werden, sind wie Kugellager ausgebildet oder bestehen aus Aluminiumprofilen mit eingelegten, geschliffenen Stahllaufringen, in denen die Kugeln laufen können. Sie ähneln Kugellagern mit Distanzkäfigen (**Bild 4**).

Durch Lagerung der Laufringe in Elastomer–Profilringen wird ein besonders geräuscharmer Lauf erreicht, bei gleichwohl sehr hohen Umlaufgeschwindigkeiten. Die Laufbahnen gibt es auch aus nichtmagnetischen Stahllegierungen, so dass eine Störung der magnetischen Felder bei den MRT-Geräten (Magnet-Resonanz-Tomographie) unterbleibt.

Die Wälzführungen wirken auf Schwingungen nur sehr gering oder gar nicht dämpfend. Dies wirkt sich häufig bei Werkzeugmaschinen, insbesondere bei Präzisionsbearbeitungen, nachteilig aus. Aus diesem Grund werden dort Wälzführungen meist nur unterstützend zu hydrodynamischen Führungen verwendet. Der Traganteil der Wälzführung, meist einer Rollenführung, beträgt dann z. B. 60 %.

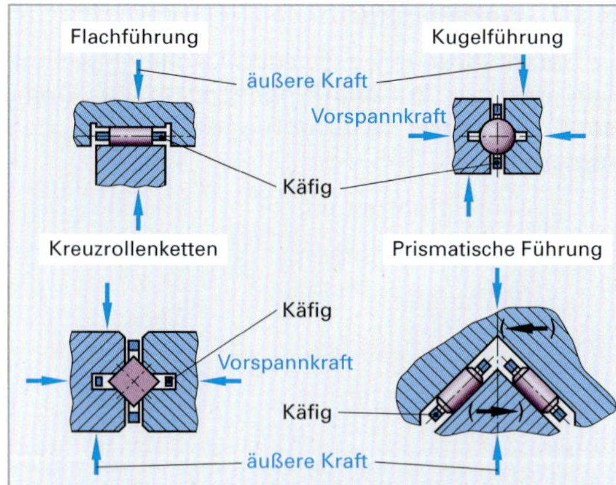

Bild 1: Anordnung von Wälzführungen

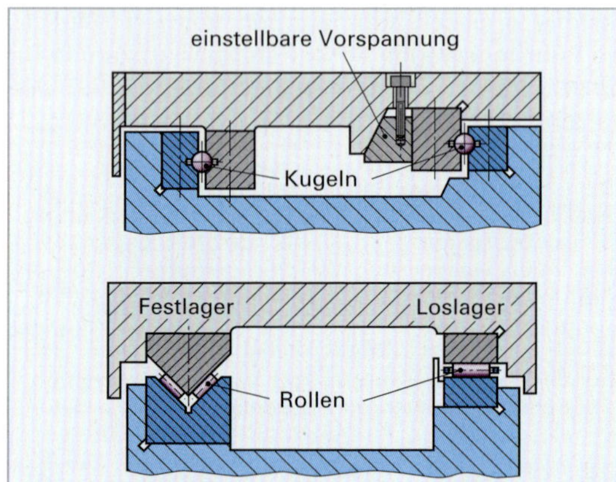

Bild 2: Festlager und Loslager

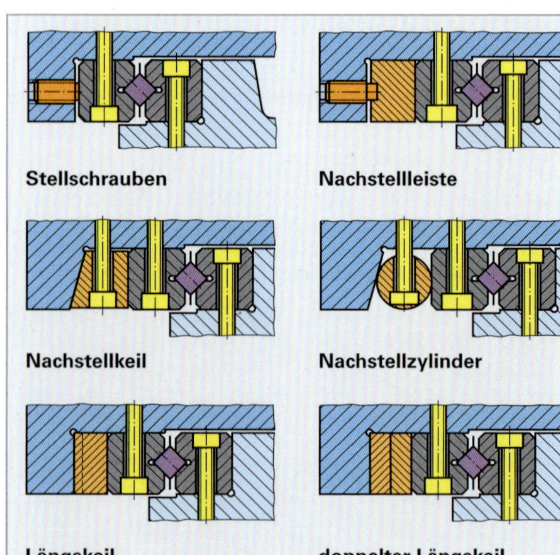

Bild 3: Vorspannungsvarianten

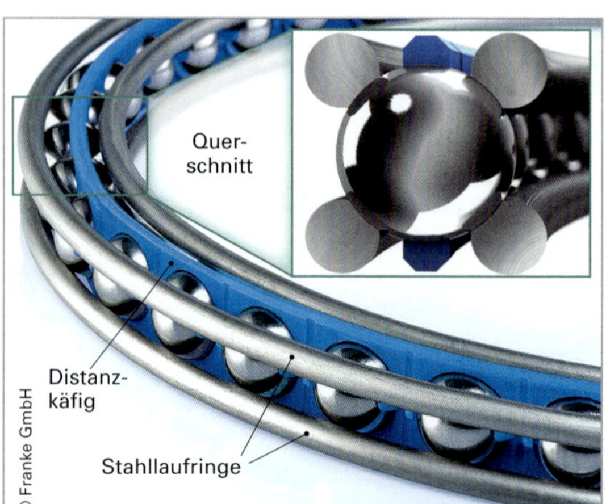

Bild 4: Aufbau einer Rundführung

3.4.6.3 Hydrodynamische Führungen

Die hydrodynamischen Gleitführungen sind die meist üblichen Führungen bei sogenannten „konventionellen" Werkzeugmaschinen (**Bild 1**), also bei Werkzeugmaschinen ohne numerisch gesteuerte Bewegungsachsen. Sie sind auch meist üblich für Verschiebeeinheiten an Maschinen aller Art, wie z. B. Reitstock, Pinole oder Pressenstößel. Die Vorteile der hydrodynamischen Führungen sind:

- Hohe Genauigkeit,
- gute Dämpfung,
- geringe Reibung, vor allem bei Kunststoffbeschichtung,
- günstig in der Herstellung,
- robust mit langer Lebensdauer.

Die Funktionsweise ist analog zu den hydrodynamischen Drehlagern und gekennzeichnet durch die *Stribeck-Kurve*. Hier bemerkt man allerdings den fallende Kennlinienteil der Stribeck-Kurve meist deutlicher in Form des Stick-Slip[1]-Effektes. Der Stick-Slip-Effekt umschreibt das „Ruckgleiten" bei kleinen Gleitgeschwindigkeiten (**Bild 2**).

Beim Anlegen einer Vorschubkraft verspannen sich die elastischen Teile im Antriebsstrang und bringen beim Übersteigen der Grenz- bzw. Haftkraft des Maschinenschlittens diesen in Bewegung. Sobald dieser sich aber losreißt, fällt die Reibkraft ab und die nun überschüssige Antriebskraft beschleunigt den Maschinenschlitten. Die verspannten Antriebselemente entspannen sich. Die Antriebskraft geht zurück. Der Schlitten bleibt stehen und der Zyklus beginnt von Neuem, sobald die elastischen Antriebselemente sich wieder verspannt haben und die Haftkraft überwinden können.

Der Stick-Slip-Effekt tritt auf,

- wenn kleine Verfahrgeschwindigkeiten gefordert werden,
- wenn der Antriebsstrang nachgiebig ist und zwar in der Stärke der Nachgiebigkeit bei Erreichen der Haftkraft.

Abhilfe gelingt durch:

- Reduzieren der Haftkraft, z. B. bessere Schmierung, z. B. durch Schmierriefen quer zur Verfahrrichtung, oder Verwendung von Kunststoffleisten als ein Gleitpartner,
- geeignetere Gleitpaarungen,
- Überlagerung von Mikrobewegungen, z. B. einer Vibration.

[1] engl. to stick = stoßen, to slip = gleiten

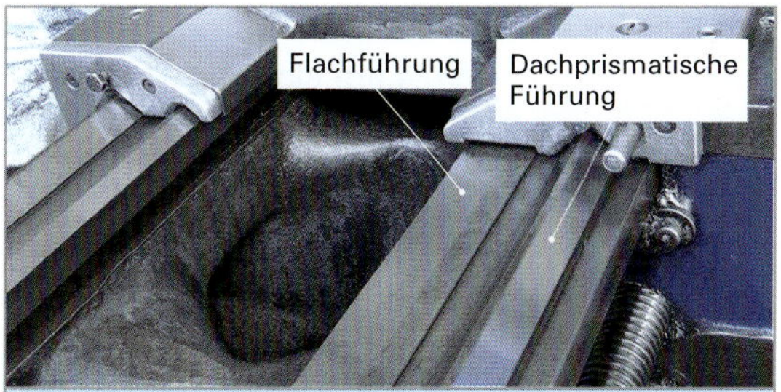

Bild 1: Werkzeugmaschinenbett mit hydrodynamischer Gleitführung

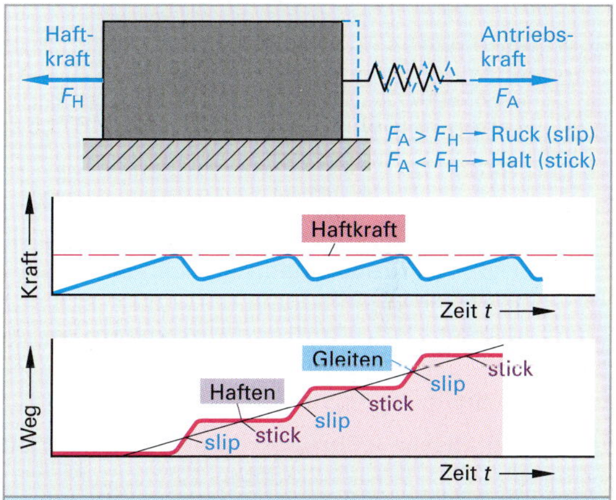

Bild 2: Der Stick-Slip-Effekt

Die hohe Haftreibung bei hydrodynamischen Führungen wirkt sich in Verbindung mit den elastischen Komponenten im Antriebsstrang, z. B. der Spindellagerung, beim Anfahren und vor allem bei Richtungsumkehr als *Umkehrspanne* in fataler Weise aus. Dies bemerkt man z. B. beim Kreisbahnfahren mit NC-Maschinen. Beim Fahren sehr kleiner Kreise mit einer X/Y-Vorschubeinheit entsteht eine „zipflige" Bahnverformung (**Bild 3**).

Anmerkung: In der Wirkung ähnlich ist das Erscheinungsbild von Spiel im Antriebsstrang. Dadurch werden häufig die Ursachen verwechselt!

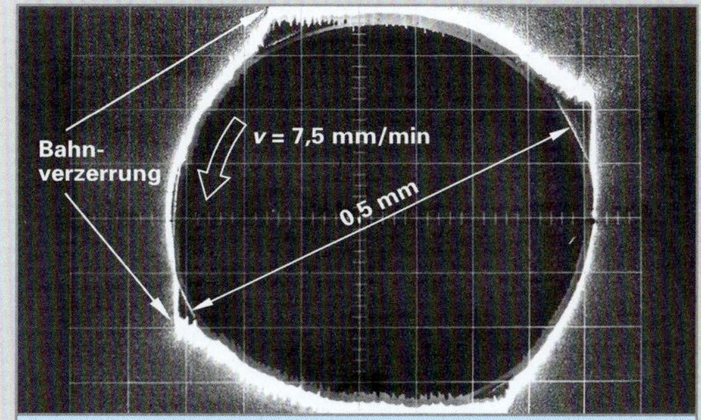

Bild 3: Bahnveränderung durch Haftreibung und Elastizität

Führungsbahngestaltung

Flachführungen sind die am einfachsten herstellbaren Führungen. Sie können hohe Kräfte senkrecht zur Führungsbahn aufnehmen (**Bild 1a**).

Schwalbenschwanzführungen (**Bild 1b**) findet man häufig bei einfachen Werkzeugmaschinen. Sie benötigen nur einen kleinen Bauraum. Mit nur 4 Führungsflächen ist eine allseitige Kraftaufnahme möglich. Eine seitliche Nachstellleiste ermöglicht eine spielarme Tischführung. Das Sauberhalten der Führung in den Innenecken ist stets schwierig (Bild 1b).

Rundführungen sind günstig zu fertigen bzw. man kauft die Schienen als Stangenware bereits geschliffen. Bei Verwendung von zwei oder mehr Rundführungen, z. B. als Vier-Säulenführung (**Bild 1c** und **Bild 2**) an Pressen oder an Druckgießmaschinen erzielt man hohe Führungsgenauigkeiten, auch bei hohen Verfahrgeschwindigkeiten und einer sehr großen Kraftaufnahme in Längsrichtung. Allerdings sind Mehrsäulenführungen statisch überbestimmt und erfordern, um klemmfrei zu sein, einen Lageausgleich, z. B. durch Nachgiebigkeit in den Führungsbohrungen.

Dachprismatische Führungen und V-Führungen können außer den senkrechten Gewichtskräften eines Maschinenschlittens auch seitliche Kräfte aufnehmen (**Bild 1d**). Sie sind ohne Führungsspiel. Man verwendet sie häufig in Verbindung mit einer Flachführung. In dieser Kombination erhält man eine statisch definierte Anordnung. Die dachprismatische Führung ist auch günstig hinsichtlich des Abgleitens von Schmutz bzw. sie kann leicht gereinigt werden.

Verdrehsichere Linearführungen realisiert man auch sehr vorteilhaft mit **Polygonprofil-Schienen**. Hier kommen neben den Normprofilen P3G und P4C auch Sonderpolygonprofile, wie z. B. solche mit konzentrisch überarbeiteten Ecken, zur Anwendung (vergl. Seite 230).

Reibverschleiß

Der Reibverschleiß ist abhängig von

- der Werkstoffpaarung (**Bild 3**) und
- der Oberflächenbearbeitung (**Bild 4**).

Man erkennt die große Bedeutung feingeschliffener bzw. geschabter Gegenflächen für ein günstiges Verschleißverhalten. Bei den Werkstoffpaarungen schneiden Paarungen mit Kunststoffauflagen besonders günstig ab. Bei einer solchen Reibpaarung gibt es kaum einen Stick-Slip-Effekt, da die Reibungskurve keinen fallenden Kurvenanteil aufweist, d. h. die Grenzreibung ist etwa so groß wie die Gleitreibung. Allerdings ist der Reibverschleiß hier relativ hoch.

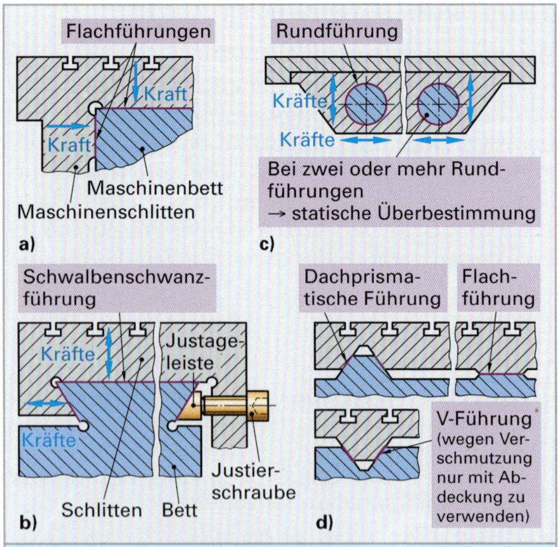

Bild 1: Führungsbahngestaltung

Bild 2: Säulenführung einer Presse

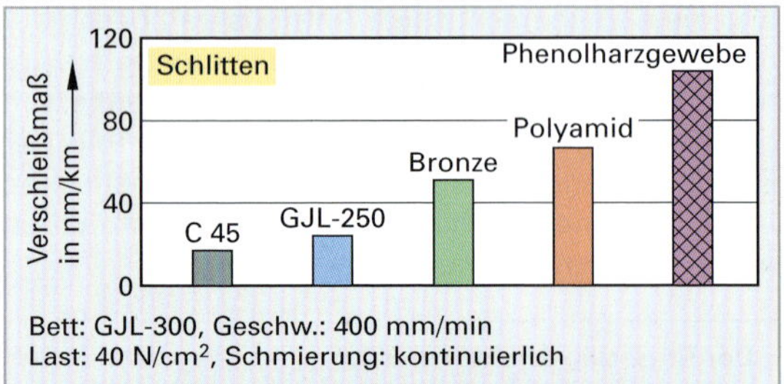

Bild 3: Reibverschleiß bei unterschiedlichen Schlittenwerkstoffen gegen EN-GJL-300 (Bett)

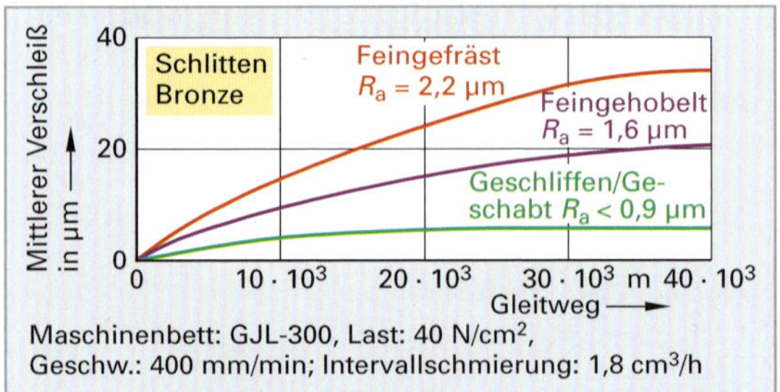

Bild 4: Reibverschleiß am Beispiel Bronze (Schlitten) gegen EN-GJL-300 (Bett)

3.4.6.4 Hydrostatische Führungen

Hydrostatisch kann man bei einer hohen Lastaufnahme, bei hoher Steifigkeit, bei guter Dämpfung leichtgängige Führungen realisieren. So finden wir diese Technik bei hochwertigen, großen Werkzeugmaschinen. Der Werkzeugmaschinenschlitten schwimmt auf einem Ölfilm. Das Öl wird unter Druck in die Öltaschen der Führungsbahn gepresst (**Bild 1**).

Hydrostatische Führungen haben einen Führungsspalt von ca. 10 µm bis 50 µm. Die Öltaschen werden mit Öl bei 5 bar bis 50 bar versorgt. Sie erzeugen die notwendige Tragkraft.

Über Drosselstellen, z. B. ungesteuert über *Kapillardrosseln* wird das Öl, von einer Pumpe ausgehend, auf die einzelnen Taschen verteilt. Bei einseitiger Belastung verringert sich geringfügig der beteiligte Führungsspalt, so dass der Ölfluss abnimmt, der Druckabfall in der Kapillare nimmt ebenfalls ab, der Druck in der stärker belasteten Tasche nimmt zu und kann so die einseitige Last gut aufnehmen. Bei der weniger belasteten Führungsbahn geschieht Gegenteiliges (**Bild 2**). Anstelle der nicht steuerbaren und nicht einstellbaren Kapillardrosseln werden auch einstellbare Membrandrosseln und Blendendrosseln verwendet. Sie sorgen für einen weitgehend konstanten Ölfluss zur Tasche hin. Aufgebaut sind sie wie Stromregelventile.

Die Herstellung der Taschen ist unproblematisch, sowohl was die Geometrie als auch die Oberflächenqualität im Taschengrund betrifft. Es ist eine einfache Geometrie ohne besondere Anforderungen (**Bild 3**). Auch an die Führungsbahnen und an die beteiligten Werkstoffe werden keine hohen Anforderungen gestellt, da ja keine metallische Berührung erfolgt.

Die Widerstandskraft beim Gleiten der Führungspartner ist ausschließlich durch die Scherkräfte des Öls bedingt und diese sind lastunabhängig. Sie nehmen linear mit der Verfahrgeschwindigkeit zu. Letzteres sorgt für ein ausgezeichnetes Dämpfungsverhalten. Stick-Slip-Effekte gibt es nicht. Zur Aufnahme allseitiger Belastungen werden die Führungen auch in den seitlichen Führungsbahnen und im Untergriff mit Öltaschen ausgestattet (Bild 3).

Es gibt marktgängige Linearführungen mit Führungswagen (**Bild 4**), ähnlich den linearen Wälzführungen und z. T. auch in deren Abmessungen, so dass hierzu eine wahlfreie Austauschmöglichkeit besteht. Im Laufwagen sind Drosseln auf der Druckseite integriert. Die Öltaschen sind im Laufwagen im Aufgriff und im Untergriff der beiden seitlichen Führungen und fixieren somit allseitig.

Hydrostatische Führungen haben beste Eigenschaften hinsichtlich: Steifigkeit, Tragfähigkeit, Dämpfung, Leichtgängigkeit, Bauaufwand und Maschinenintegrierbarkeit. Die erforderlichen Zusatzaggregate: Hydraulikpumpe und Steuerung, sind sperrig, geräuschemittierend, teuer und wartungsintensiv.

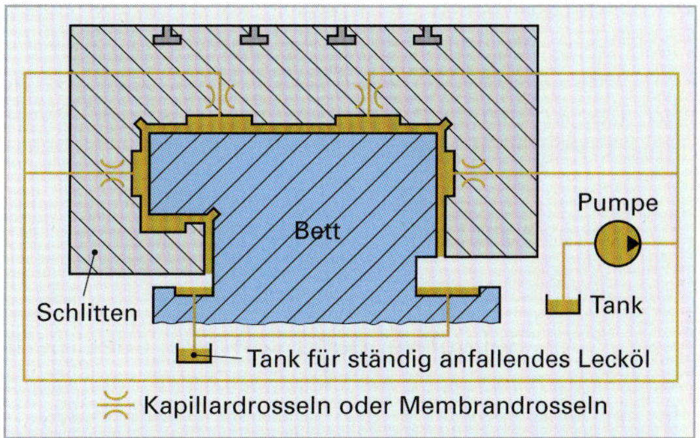

Bild 1: Hydrostatisch geführter Maschinenschlitten

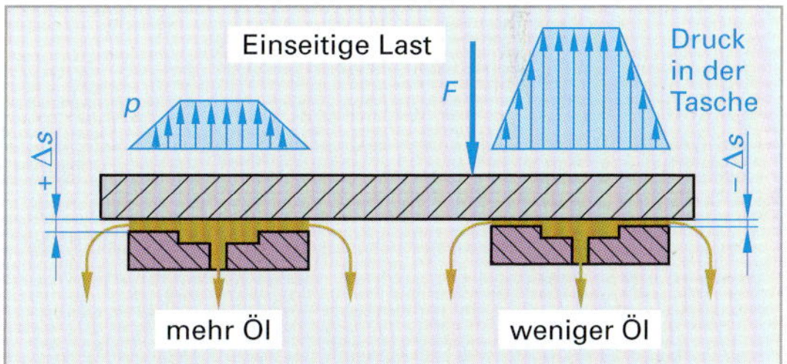

Bild 2: Druckverteilung bei einseitiger Last

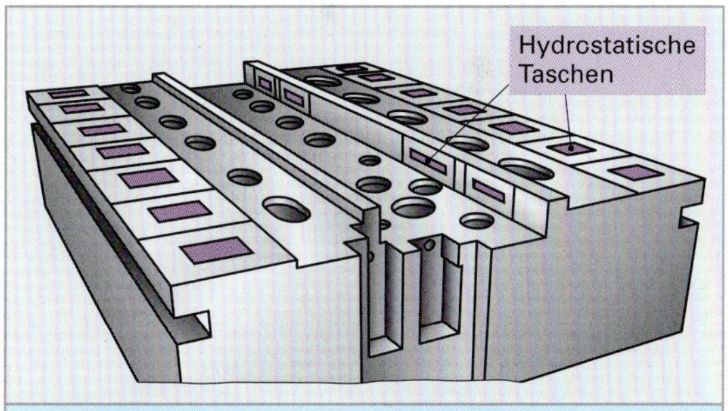

Bild 3: Beispiel für ein Maschinenbett

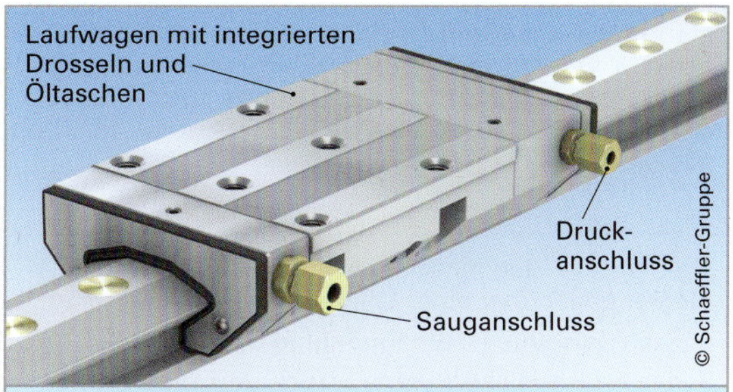

Bild 4: Hydrostatische Linearführung

Mengenregelung und Spalthöhe

Bei Belastung, insbesondere **einseitiger Belastung** und gemeinsamer Ölversorgung aller Taschen verringert sich, so man keine besonderen Maßnahmen trifft, die Spalthöhe *h* und damit der Volumenstrom *Q*. Das Öl fließt dorthin, wo der Widerstand am geringsten ist. Es gilt nun die Spalthöhe möglichst lastunabhängig zu halten, d. h. der Öldruck in der Tasche sollte sich erhöhen, der Volumenstrom ansteigen und der Spalt dabei konstant bleiben.

Einzelpumpe je Tasche. Versorgt man jede Tasche mit einer eigenen Pumpe (**Bild 1**), z. B. mit Zahnradpumpenkaskaden, dann erreicht man zumindest, dass alle Taschen etwa mit gleichem Volumenstrom versorgt werden und der Schlitten auf der Führung schwimmt. Die Spalthöhe *h* bleibt aber lastabhängig. Es sei denn, man baut eine wirkliche Spalthöhen*regelung* mit *Spaltmessung* und Volumensteuerung auf (sehr aufwendig).

Steuerung mit Kapillaren. Über Drosselstellen, nämlich eine Kapillare pro Öltasche, wird das Öl von *einer* Pumpe ausgehend auf die einzelnen Taschen verteilt (**Bild 2**). Je höher der Pumpendruck ist, umso größer ist der Volumenstrom und Taschendruck p_T. Der Volumenstrom wird wesentlich durch die starke Drosselung in der Kapillare bestimmt. Eine sich verändernde Spalthöhe hat nur geringen Einfluss. Bei einseitiger stärkerer Belastung (Kraft *F*) einzelner Taschen verringert sich geringfügig der beteiligte Spalt. Ein Volumenstrom bleibt bis zur Grenzbelastung erhalten. Bei Entlastung einer Tasche geschieht Gegenteiliges. Damit diese Steuerung funktioniert, ist in den Kapillaren ein durchschnittlicher Druckabfall von ca. 30 % des Pumpendrucks erforderlich.

Steuerung mit Membran-Drossel (Bild 3). Steigt der Taschendruck aufgrund einer äußeren Kraft, so hebt sich die Membrane, die Drosselstelle weitet sich und der Volumenstrom nimmt zu. Die Spalthöhe verringert sich nur gering. In spezieller Ausführung der Membran-Drossel wird erreicht, dass der Volumenstrom mit zunehmendem Taschendruck proportional (progressiv) ansteigt. Diese Membran-Drosseln werden auch als **Progressive-Mengen-Regler (PM-Regler)** bezeichnet. So verbleibt die Spalthöhe auf fast konstantem Niveau (Bild 3). Die hydrostatische Führung erreicht im statischen Zustand eine unendlich hohe Steifigkeit. Die PM-Regler sind ohne Elektronik, es gibt sie kaskadierbar für eine große Anzahl von Taschen.

Die Vorteile der hydrostatischen Führung mit **PM-Regler** gegenüber einer Lösung mit Kapillaren sind:

- Fast konstante lastunabhängige Spalthöhe,
- der erforderliche Pumpendruck und die Pumpenleistung sind geringer.

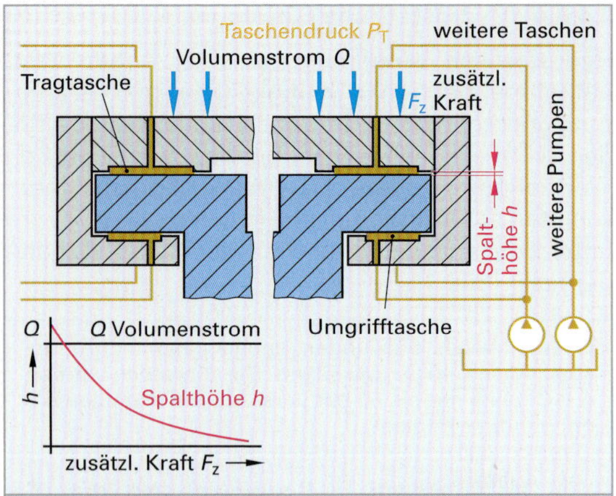

Bild 1: Gemeinsame Ölversorgung der Taschen mit Einzelpumpen

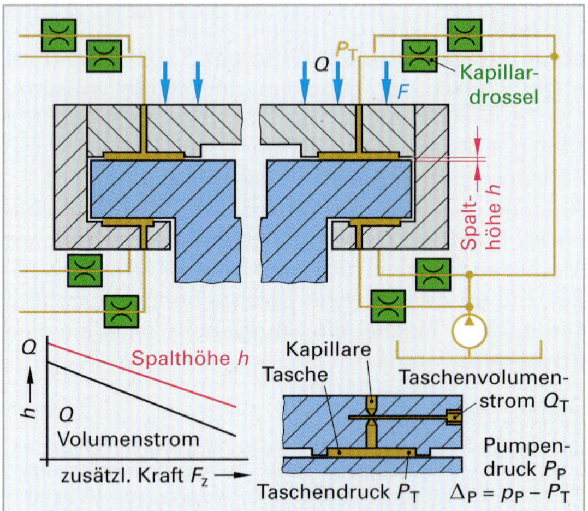

Bild 2: Steuerung mit Kapillar-Drosseln

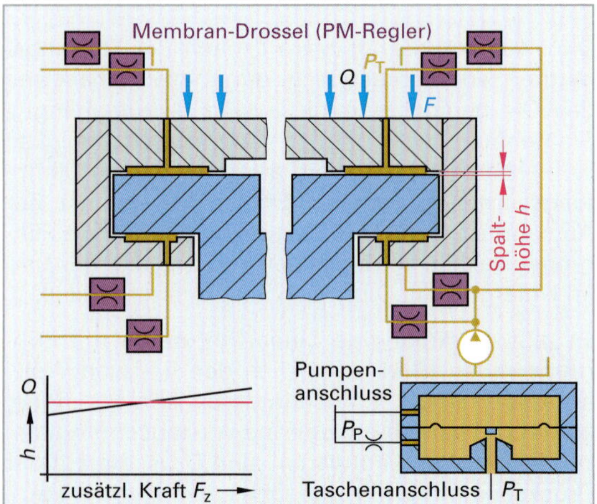

Bild 3: Steuerung mit PM-Drosseln

Dimensionierung

Tragkraft pro Tasche. Die Tragkraft F_T einer Tasche bestimmt sich in erster Näherung aus dem Druck p_T des Öls in der Tasche und der Taschenfläche A_T:

$$F_T = A_T \cdot p_T$$

F_T Tragkraft
p_T Taschendruck
A_T Taschenfläche

Der Taschendruck p_T ist gegenüber dem Pumpendruck p_P um die Druckabfälle in der Kapillardrossel bzw. Membran-Drossel und im Spalt vermindert. Das sind üblicherweise ca. 30 %. Andererseits ist die effektive Taschenfläche größer als die geometrische, da der wohl abnehmende aber gleichwohl vorhandene Druck im Spalt, welcher die Tasche umgibt, auch tragend wirksam ist. Der Taschendruck liegt meist im Bereich von 5 bar bis 50 bar. Für den Pumpendruck p_p wählt man 20 bar bis 80 bar.

Tragkraft gesamt. Die gesamte Tragkraft ist die Summe der Tragkräfte pro Tasche abzüglich der Eigengewichtskraft $F_{gewicht}$ des Schlittens und abzüglich der Taschenkräfte F_{Tu}, die im Umgriff der Schlittenführung in Gegenrichtung wirken. Sie dienen wesentlich zur Stabilisierung der Tischführung, da sie als Vorspannkraft wirken. So schwimmt der Maschinentisch rundum eingespannt in einem Ölfilm.

$$F_{ges} = \sum_1^n F_{Tn} - \sum_1^j F_{Tu\,j} - F_{gewicht}$$

Volumenstrom. Zur Versorgung der Öltaschen bedarf es eines kontinuierlichen Volumenstroms. Er wird bestimmt durch den Pumpendruck und begrenzt durch die Drosselung in den Kapillaren und im Spalt. Dabei ist die Drosselwirkung durch die Kapillare erheblich stärker, z. B. 5-fach, als die Drosselung im Spalt. So gesehen kann man mit dem Gesetz von *Hagen-Poiseuille*[1] den Volumenstrom (bei einer laminaren stationären Strömung eines homogenen *Newton'schen* Fluids durch eine Kapillare) beschreiben.

Für eine Tasche mit einer Kapillaren mit Länge l und Radius r gilt:

$$Q_T = \frac{d_V}{d_t} = \frac{(\pi \cdot r^4 \cdot \Delta p)}{(8 \cdot \eta \cdot l)}$$

Q_T Volumenstrom
r Radius
Δp Druckdifferenz
η Viskosität
l Länge

Näherungsweise kann man Δ_p mit p_P, abzüglich etwa 20 % für die Spaltdrosselung ansetzen: $\Delta_p \approx p_P \cdot 0{,}8$. Formelmäßig lässt sich ein Volumenstrom für laminare Strömung in einem planparallelen Spalt (unendlicher Breite) berechnen. Allerdings ist diese Berechnung sehr problematisch, da die realen Strömungsverhältnisse dem zugrunde liegenden Modell kaum entsprechen.

Gesamter Volumenstrom. Der gesamte Volumenstrom Q_{ges} ist die Summe der Einzelvolumenströme der Taschen.

$$Q_{ges} \approx \sum_1^n Q_{Tn} + \sum_1^j Q_{T\,gegen\,j)}$$

Pumpenleistung. Die erforderliche Pumpenleistung P_P ist das Produkt aus Pumpendruck p_P und Volumenstrom Q_{ges} unter Beachtung des Wirkungsgrads η.

$$P_P = p_P \cdot \frac{Q_{ges}}{\eta}$$

p_P Pumpendruck
Q_{ges} gesamter Volumenstrom
η Wirkungsgrad der Pumpe

Dämpfung. Der Dämpfungsgrad ist optimal, wenn sich bei sprunghafter Belastung oder Entlastung ein schneller Einschwingvorgang zeigt (→ $D \approx 0{,}5$). Man erreicht dies durch kleine Spalthöhe (< 50 µm), relativ großer Spaltlänge und langem Abströmungskanal.

[1] nach *Gotthilf Heinrich Ludwig Hagen*, 1797 bis 1884 und *Jean Léonard Marie Poiseuille*, 1797 bis 1869

3.4.6.5 Aerostatische Führungen

Aerostatische Führungen sind den hydrostatischen Führungen im Prinzip ähnlich. Anwendungsbeispiele sind Drehtische (**Bild 1**) und kompakte X-Y-Verfahreinheiten (**Bild 2**).

Die Luftzuführung erfolgt über sehr feine Kapillarkanäle. Hierbei wird der Luftdruck gedrosselt. Das sorgt für einen sich wenig ändernden Führungsspalt: Weitet sich dieser, so will mehr Luft nachströmen, das hat eine stärkere Drosselung (Druckabfall in den Kapillaren) zur Folge, so nimmt der Druck in der Führung ab und der Drosselspalt nicht weiter zu. Um ein steifes Führungssystem zu bekommen, muss man dafür sorgen, dass das Luftvolumen nach den Kapillaren klein ist. Im Unterschied zu den hydrostatischen Führungen mit dem nahezu inkompressiblen Medium Öl ist Luft sehr kompressibel und so kommen für aerostatische Führungen keine Lufttaschen infrage. Vielmehr werden viele feinster Kapillaren in die Führungsbahn durch Laserbohren eingebracht. **Bild 3** zeigt beispielhaft die Tragkraft und die Steifigkeit in Abhängigkeit von der Spalthöhe.

3.4.6.6 Magnetische Führungen

Magnetische Führungen sind wie magnetische Lager berührungslos und basieren auf den Anziehungs- oder Abstoßungskräften von Magneten, in diesem Fall von Elektromagneten (**Bild 4**), auf ferromagnetische Materialien, also auf Eisenwerkstoffe.

Da die magnetische Kraftwirkung stark nichtlinear mit dem Abstand der zu tragenden Maschinenschlitten zusammenhängt, ist ein natürliches Gleichgewicht nicht möglich. Mithilfe von Abstandssensoren und der elektronischen Bildung einer 1. und einer 2. Ableitung des Abstandssignals oder mit zusätzlichen Beschleunigungssensoren beim beweglichen Führungspartner gelingt eine zuverlässige stabile Spalthöhenregelung mit konstanter Führungsspalthöhe.

Die Nachgiebigkeit auf statische Kräfte ist Null bzw. die statische Steifigkeit ist im Rahmen der zulässigen Belastung unendlich. Die Dynamik der Regelung wirkt allerdings als eine dynamische Nachgiebigkeit. Sie hängt ab von den Regelkreisparametern, den Sensoren und vor allem von den Zeitkonstanten der Elektromagnete. So erreicht man dynamische Steifigkeiten bei Werkzeugmaschinen im Bereich von etwa 10 µm/kN.

Da der Maschinentisch insgesamt auf einem Magnetpolster liegt, ist nicht nur eine Lagerung und Regelung gegen die Schwerkraft erforderlich, sondern eine Regelung in insgesamt 5 Freiheitsgraden, mit entsprechend 5 entkoppelten Regelkreisen. Lediglich die Vorschubachsrichtung mit eigenständigem Vorschubantrieb ist von der Regelung ausgenommen.

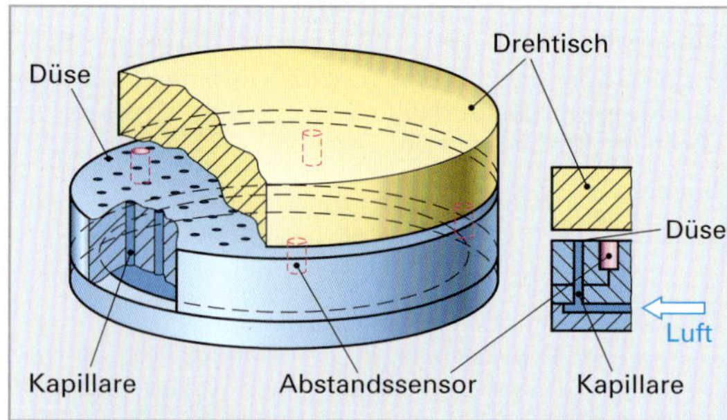

Bild 1: Aerostatisch gelagerter Drehtisch

Bild 2: Aerostatisch gelagerte X-Y-Verfahrenseinheit mit Linearschrittmotoren

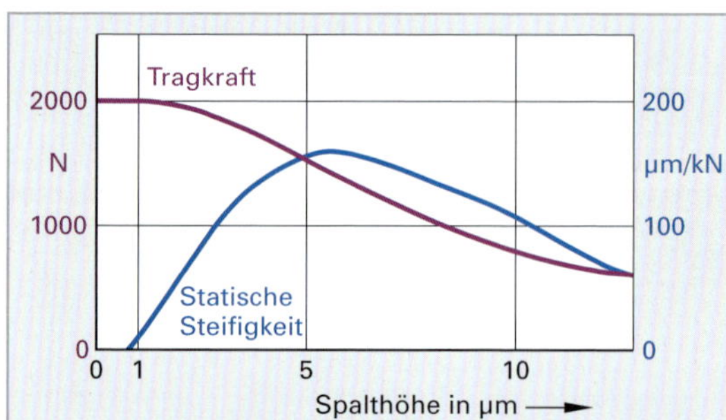

Bild 3: Tragkraft und Steifigkeit eines aerostatischen Drehtisches

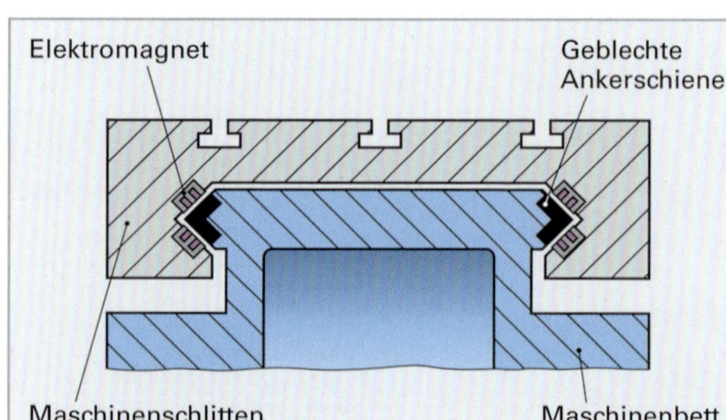

Bild 4: Magnetlagerung eines Maschinenschlittens

3.5 Dichtungen

Dichtungen sind Bauteile oder in Bauteilen integrierte Konstrukte, welche das Austreten oder Eindringen von Flüssigkeiten, Gasen oder festen Stoffen an Trennstellen verhindern oder verringern. Dichtungen trennen Innenräume von Außenräumen, welche mit unterschiedlichen Fluids, z. B. hinsichtlich deren Zusammensetzung, Temperatur und Druck, erfüllt sind **(Bild 1)**. Dabei können die inneren Gebilde und die äußeren Gebilde zueinander unbewegt (statisch) sein oder aber bewegt (dynamisch) sein. Bei der Beweglichkeit unterscheidet man Drehbewegungen und Linearbewegungen.

3.5.1 Allgemeines

Die Anforderungen an Dichtungen sind neben der Hauptaufgabe Dichtigkeit zu gewährleisten häufig noch Folgende:

- Temperaturbeständigkeit, z. T. bis in sehr hohe Temperaturbereiche,
- Alterungsbeständigkeit,
- Verschleißfestigkeit,
- Druckfestigkeit,
- chemische Neutralität oder chemische Beständigkeit,
- elektrochemische Neutralität,
- Anschmiegsamkeit an Dichtflächen,
- keine Partikelabgabe, kein Ausgasen.

Einteilung

Entsprechend der Einteilung nach **Bild 2** unterscheidet man:

- **Statische Dichtungen** (Dichtungen an ruhenden oder gering bewegten Bauteilen),
- **Dynamische Dichtungen** (Dichtungen an bewegten Bauteilen) und
- **Hermetische Dichtungen** (umschließende Dichtungen).

> Mit Dichtungen vermeidet man das Eindringen von Schmutz und das Austreten von Flüssigkeiten oder von Gasen.

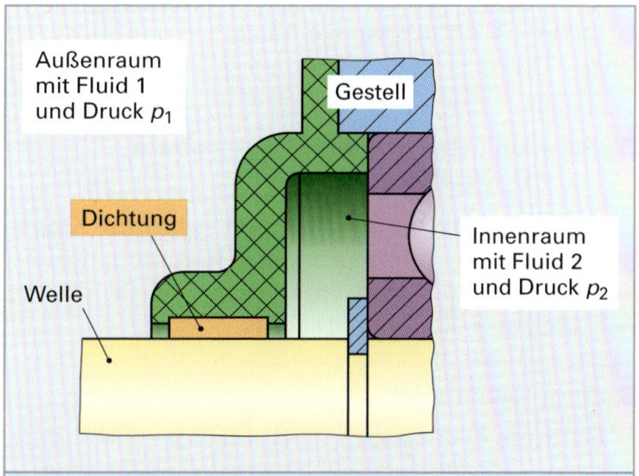

Bild 1: Funktion einer Dichtung

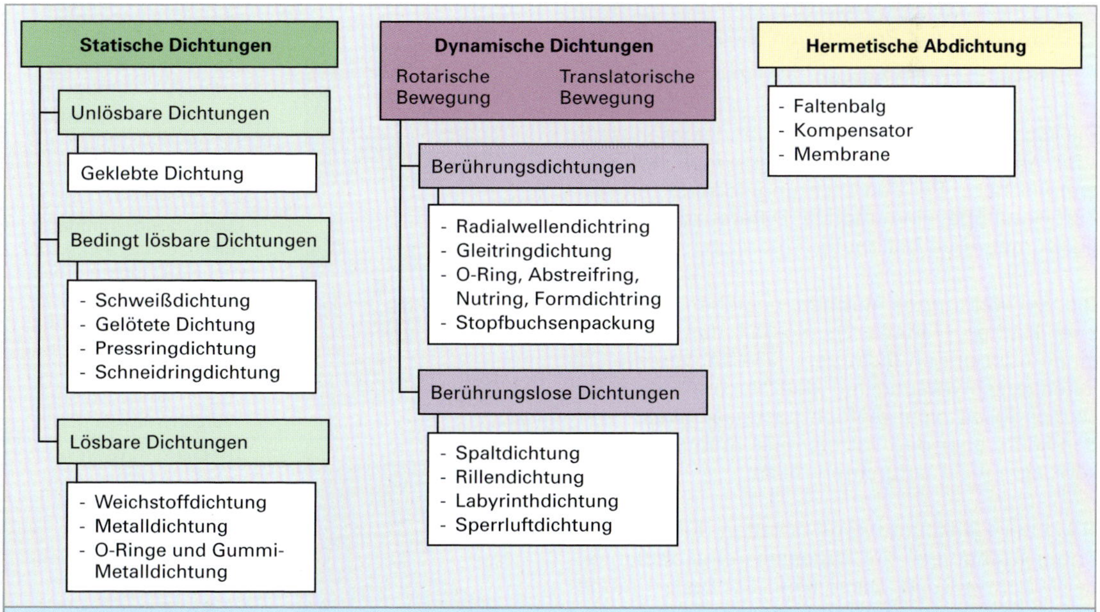

Bild 2: Einteilung der Dichtungen

3.5.2 Statische Dichtungen

Mit statischen Dichtungen werden nicht bewegte oder nur geringfügig bewegte Bauteile abgedichtet, z. B. Rohrverbindungen, Druckbehälter und Deckel. Statische Dichtungen schützen den Innenraum vor dem Eindringen von Schmutz und Umgebungsatmosphäre und den Außenraum vor dem Austreten innerer Medien, wie Flüssigkeiten und Gase, die u. U. unter besonders hohen Temperaturen und Drücken stehen. An der Nahtstelle zwischen den Bauteilen werden die berührenden Dichtungen platziert. Man unterteilt statische Dichtungen in

- unlösbare und bedingt lösbare Dichtungen sowie in
- lösbare Dichtungen.

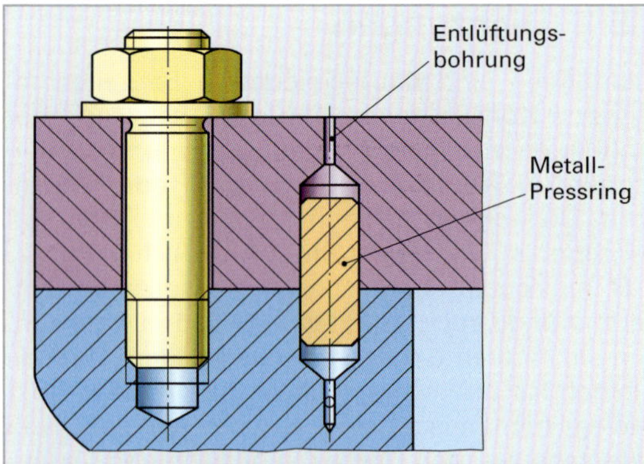

Bild 1: Dichtung mit Pressring

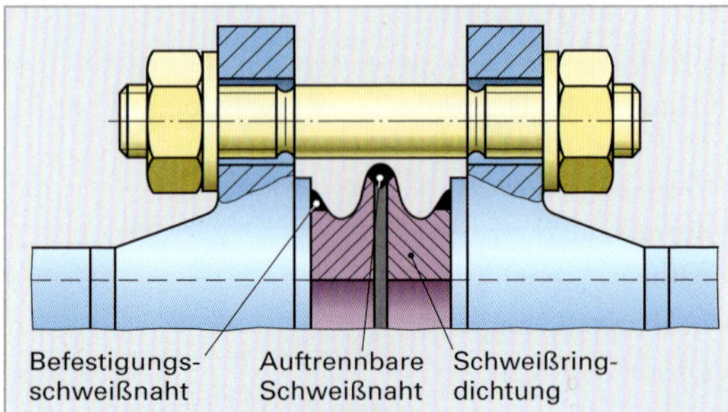

Bild 2: Schweißringdichtung

3.5.2.1 Unlösbare und bedingt lösbare Dichtungen

Zu den **unlösbaren** Dichtungen gehören **Klebedichtungen** mit aushärtendem Klebstoff, häufig angewendet zum Verbinden von PVC-Rohren in der Wasser-Installationstechnik.

Bedingt lösbar sind:

- **Gelötete Dichtungen**, z. B. für Rohrverbindungen,
- **Schneidringdichtung** für Rohrverbindungen (siehe Bild 3, Seite 441),
- **Dichtungen mit Pressringen** (**Bild 1**) und
- **Schweißringdichtungen** (**Bild 2**).

Die Schweißringdichtung verwendet man z. B. zum Ausgleich von Wärmedehnungen bei Wärmetauschern. Bei den Dichtungsformen mit großer Hohllippe sind radiale Differenzdehnungen bis zu mehreren Millimetern möglich.

Die Schweißringdichtungen bestehen stets aus zwei Hälften (**Tabelle 1**), die mit den Bauteilen innen oder außen dicht verschweißt werden. Die Innenverschweißung hat den Nachteil, dass bei Undichtigkeit nicht einfach nachgeschweißt werden kann, aber den Vorteil, dass man eine Spaltkorrosion nicht befürchten muss.

Nach der Flanschmontage erhalten die Schweißringdichtungen an der Fügestelle eine abdichtende Verschweißung. Diese kann bei Bedarf aufgetrennt und meist mehrmals wieder verschweißt werden.

Tabelle 1: Schweißringdichtung

Art	Bemerkung
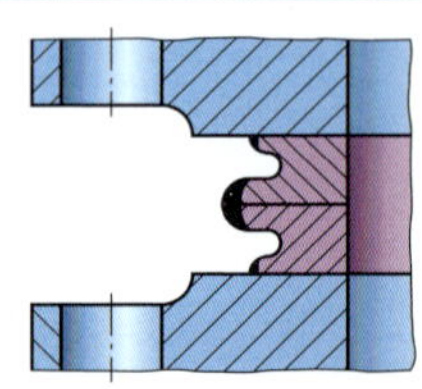	- Befestigungsnähte sind außen. Nachschweißen ohne Demontage ist möglich. - Radiale Differenzdehnung nicht möglich. - Bis zu 3 mal wiederverschweißbar.
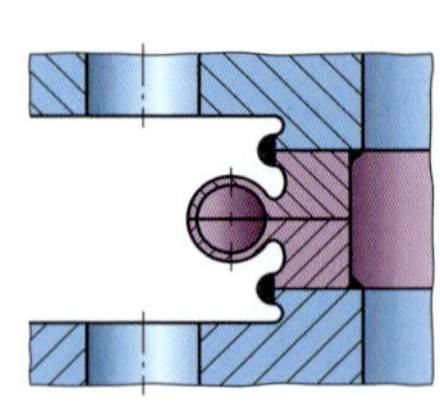	- Befestigungsnähte sind außen, evtl. Hilfsschweißpunkte innen. - Radiale Differenzdehnung, abhängig von Torusduchmesser bis 5 mm. - Bis zu 3 mal wiederverschweißbar.
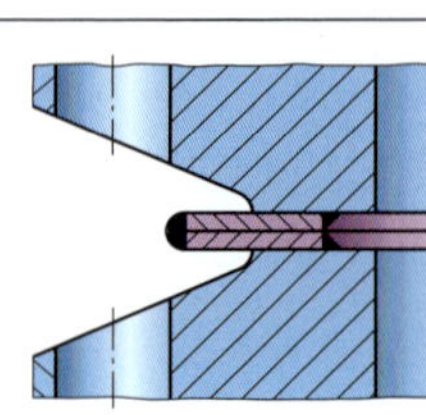	- Befestigungsnähte sind innen. - Auftrennbar mit Trennscheibe. - Radiale Differenzdehnungen bis 0,3 mm. - Bis zu 4 mal wiederverschweißbar.

3.5.2.2 Lösbare Berührdichtungen

Die lösbaren Berührdichtungen (**Tabelle 1**) teilt man ein in

- Weichstoffdichtungen,
- Metall-Weichstoffdichtungen,
- Metalldichtungen,
- O-Ringe,
- Gummi-Metalldichtungen,
- Sonderformen, z. B. Deckeldichtungen.

Die Dichtung muss den geometrischen Gegebenheiten, den Drücken, den Temperaturen und dem Medium hinsichtlich einer chemischen Aggressivität gerecht werden. Dementsprechend sind die Werkstoffe und die Dichtungsformen sehr unterschiedlich.

Flanschdichtungen. Für eine hinreichende Dichtfunktion müssen die Rautiefen der Flansche mit Dichtmaterial gefüllt werden. Leicht formbare Weichstoffdichtmaterialien fließen dabei gut in die raue Oberfläche hinein und dichten auch nicht exakt fluchtende Flansche ab. Problematisch kann das Setzverhalten dieser Dichtungen sein, so dass die Flanschschrauben intervallweise nachgezogen werden müssen. Andererseits besteht bei glatten Flanschoberflächen und dicken Weichstoffdichtungen die Gefahr, dass die Dichtung bei hohem Innendruck nach außen gedrückt wird. Bei Metall-Weichstoffdichtungen und bei Metalldichtungen sind geringe Oberflächenrautiefen erforderlich (R_z < 100 µm). Die Breite bzw. die Auflagefläche der Dichtungen bestimmt sich nach deren zulässiger Flächenpressung. Diese ist für die einzelnen Dichtungsarten und Dichtungswerkstoffe sehr unterschiedlich und den Herstellertabellen zu entnehmen.

Die wichtigsten **Dichtungswerkstoffe**[1] sind:

- Metalle: Aluminium, Kupfer, Bronze, Stahl, (alle in vielfältigen Legierungen),
- Naturkautschuk (NR, von Natural Rubber),
- PTFE, (Polytetrafluorethylen),
- NBR, (Nitril-Butadien-Rubber),
- Aramid, bzw. Aramidfasern,
- Kohlenstoff bzw. Kohlenstofffasern,
- Graphit bzw. Graphitpulver und graphitierte Fasern,
- FKM Flour Kautschuk Monomer,
- EPDM Ethylene Propylene Diene Monomer.

Diese Dichtungswerkstoffe (siehe Seite 338) werden in ihrer Reinform, aber vor allem im Verbund miteinander verwendet. So haben viele Dichtungen Metalle als Trägermaterial oder in Umbördelungen zur Berandung.

[1] Früher hat man sehr häufig Asbest für Abdichtungen verwendet. Dies ist wegen der Gefahr von Krebserkrankungen untersagt.

Tabelle 1: Lösbare Berührdichtungen (Auswahl)

Weichstoffdichtungen

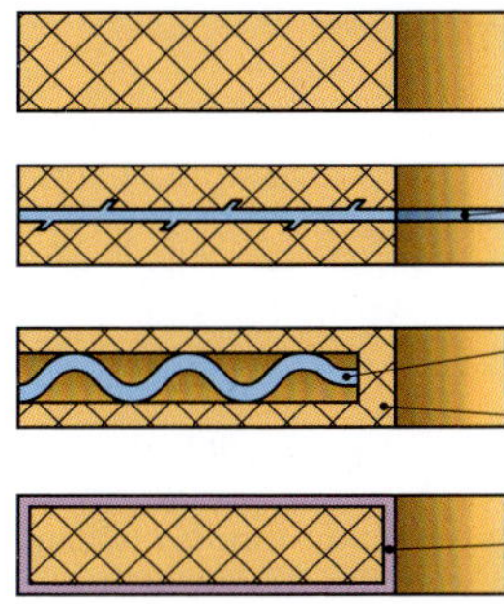

Metall-Weichstoffdichtungen

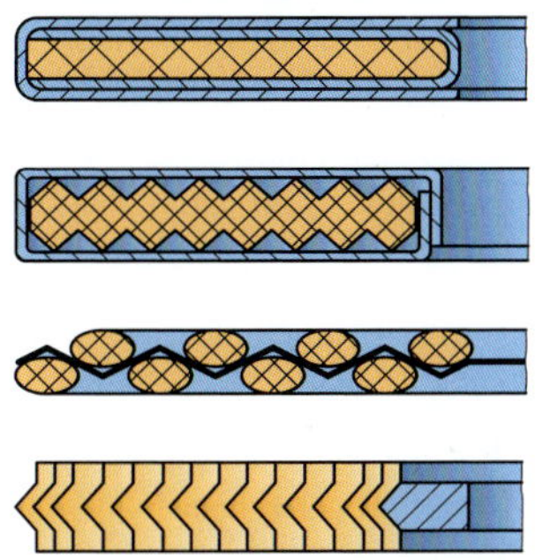

Metalldichtungen

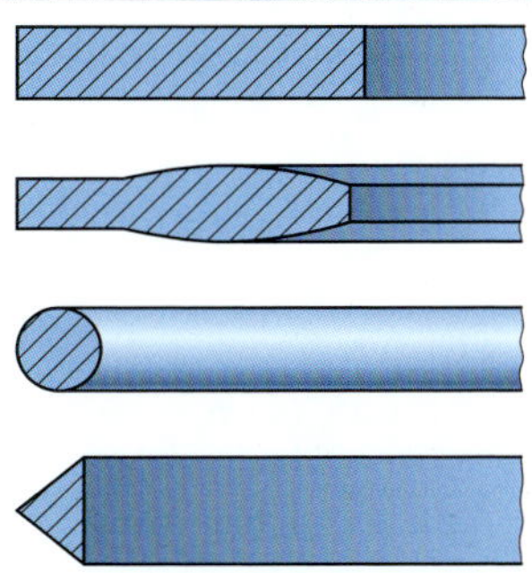

O-Ringe und Gummi-Metalldichtungen

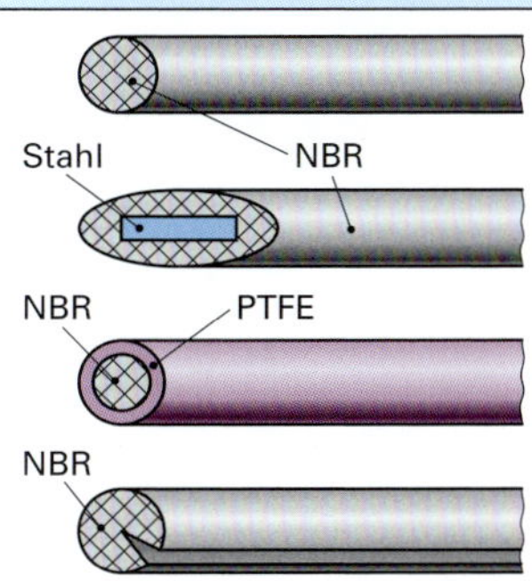

PTFE, Polytetrafluorethylen

Polytetrafluorethylen ist ein Kunststoff (Polymer) und gehört zu den Thermoplasten. Die Handelsnamen sind u. a. Teflon, Dyneon, Gore-Tex.

PTFE reagiert nicht mit üblich vorkommenden Substanzen, ist also beständig gegen Säuren, Laugen, Alkohole, Öle, Benzine u. v. a.. Unbeständig ist PTFE allerdings gegen Ammoniak, Fluor und Alkaliverbindungen. Die Bindung der Kohlenstoffatome an die Fluoratome ist extrem stabil.

PTFE hat einen sehr kleinen Reibungskoeffizient und weist somit allerbeste Gleiteigenschaften auf. Es gibt keinen Stick-Slip-Effekt, da die Haftreibung nicht größer als die Gleitreibung ist. An PTFE bleibt nichts haften. Die Dichte beträgt 2,10 ... 2,30 g/cm^3, die Shore-Härte liegt bei etwa 60.

Die Anwendungstemperaturen sind im Bereich von −200 °C bis +260 °C. Über ca. 400 °C zerfällt PTFE in giftige Fluorverbindungen. Die Anwendung von PTFE ist sehr vielfältig (Antihaftbeschichtungen, optische Linsen, Piercing-Schmuck, Textilien, Zahnseide u. v. m.).

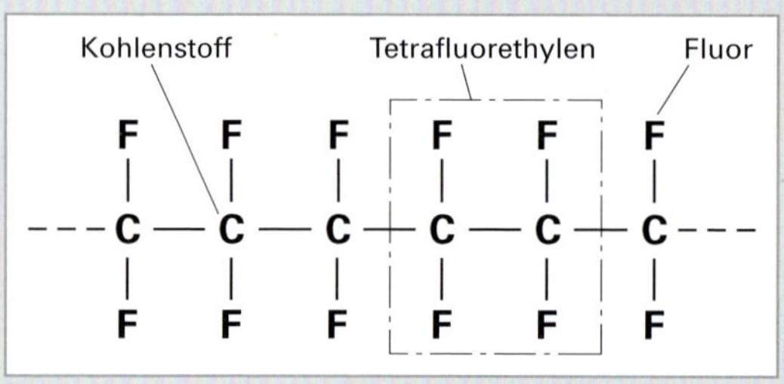

NBR, Nitrile Butadiene Rubber

NBR ist ein Polymer aus Butadien und Acrylnitril und kann wie Naturkautschuk (NR, Natural Rubber) vulkanisiert werden. Die Handelsnamen sind: Perbunan, Hycar, Krynac, Elaprim, JSR-N, Chemigum. Als Dichtungswerkstoff zeichnet sich NBR durch seine hohe Beständigkeit gegen Mineralöle, Fette, Kraftstoffe und Heißwasser aus.

NBR ist ein idealer Dichtungswerkstoff in der Hydraulik und der Wasserinstallationstechnik. Bei Temperaturen über 130 °C wird NBR spröde. NBR ist sehr elastisch, auch bei Kälte und nicht plastisch verformbar. Wellendichtringe und O-Ringe sind häufig aus NBR.

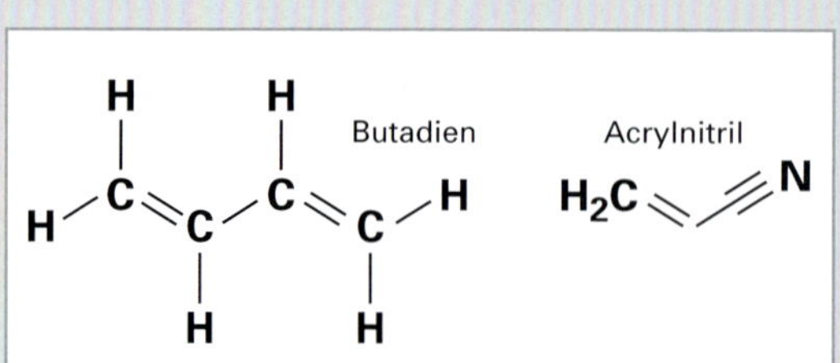

Aramide

Aramide sind langkettige synthetische Polyamide. Man fertigt daraus Halbzeuge, Folien oder Fasern. Markennamen sind Kevlar, Nomex, Twaron u. a.. Aramidfasern haben eine sehr hohe Festigkeit, Schlagzähigkeit und Bruchdehnung. Sie sind hitzebeständig bis etwa 400 °C und sie sind beständig gegen Säuren und Laugen. Die Dichte liegt bei etwa 1,45 g/cm^3, die Zugfestigkeit bei 2900 N/mm^2.

Aramid verwendet man bei Dichtungen in Gewebeform und als Packung. Außer zu Dichtungen verwendet man Aramid sehr vielfältig, z. B. für Reibbeläge, Gleitschirme, Seile und schusssichere Westen.

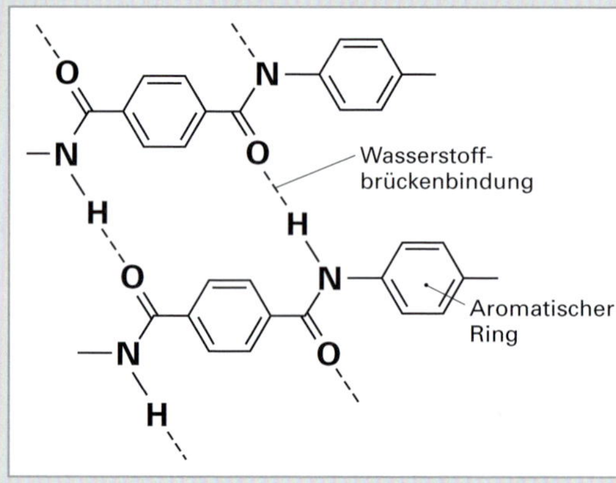

Graphit

Graphit ist ein mineralischer Werkstoff und besteht aus hexagonalen oder rhomboedrischen Kohlenstoffkristallen. Er ist säurebeständig und vor allem hitzebeständig (bis zu einer Temperatur von 3850 °C). Für Dichtungen wird Graphit häufig in Form von Fasern eingesetzt, z. B. als Packungsdichtung. Im Verbund mit anderen Dichtungswerkstoffen und bei dynamischen Dichtungen zeichnet sich Graphit durch seine Schmierwirkung aus.

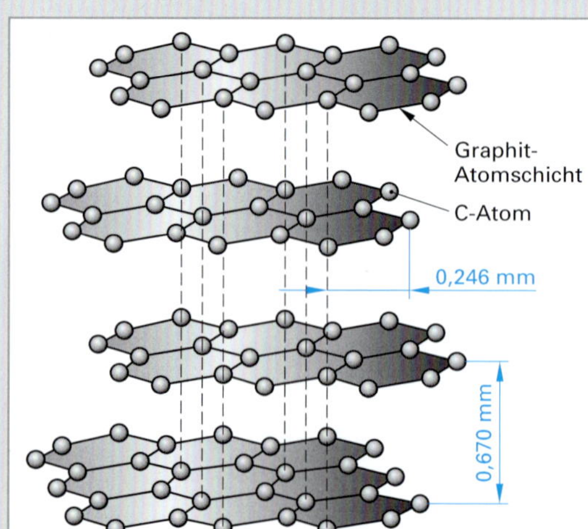

Weichstoffdichtungen
Weichstoffdichtungen eignen sich für Medientemperaturen bis etwa 500 °C, bei mittleren Drücken. Die Dichtungswerkstoffe sind meist Graphit-Metall-Schichtwerkstoffe. Daneben finden Naturkautschuk (NR), NBR, PTFE, Aramidfasern sowie Glimmer, Filz, Hanffasern, Kork, Glasfaserplatten und Moosgummi Anwendung. Zur Erhöhung der mechanischen Stabilität werden die Dichtungen vielfach mit *Glattblecheinlagen*, *Spießblecheinlagen* und *Klettblecheinlagen* versehen. In **Tabelle 1, Seite 337** sind gängige Weichstoffdichtungen abgebildet.

Flachdichtungen werden zwischen den Flanschen von Rohrleitungen und Kesseln eingelegt (**Bild 1**). Man unterscheidet dabei glatte Dichtflächen, Feder-Nut-Dichtflächen und Vor-Rücksprung-Dichtflächen.

Metall-Weichstoffdichtungen
Metall-Weichstoffdichtungen sind Kombinationen aus Metallen in Verbindung mit Graphit, PTFE oder Aramidfasern in Form von Geweben und Geflechten. Man unterscheidet:

- Kammprofilierte Dichtungen,
- metallummantelte Dichtungen,
- Gummi-Stahl-Dichtungen,
- gewellte Dichtungen und
- Spiraldichtungen (Tabelle 1, Seite 337).

Eine spezielle Flachdichtung ist die **Zylinderkopfdichtung** beim Kraftfahrzeug **(Bild 2)**. Sie wird eingebaut zwischen Zylinderkopf und Motorblock und dichtet die Brennräume ab. Neben den Bohrungen für die Brennräume gibt es diverse Durchgänge für Öl, Wasser bzw. Frostschutzmittel.

Zylinderkopfdichtungen können aus mehreren Schichten, Beschichtungen und speziell geformten Innenblechen und Blecheinfassungen bestehen (**Bild 3**).

Die Anforderungen sind extrem: Sichere Abdichtung bei Beständigkeit gegen Öl, Wasser mit Frostschutzmittel, hohe, stoßartige Verbrennungsdrücke, hohe Temperaturdifferenzen, Widerstand gegen große Zug- und Schubbelastungen im Bereich der Stege zwischen den Zylindern und Aufnahme der Verschraubungskräfte. Dies alles bei langer Lebensdauer. Bedingt durch die Mikrolunker bei Aluminium- und Magnesiummotorblöcken wird z. B. partiell eine weiche Deckschicht aufgespritzt, welche die Mikroporen auffüllt. So sind Zylinderkopfdichtungen äußerst komplexe Gebilde.

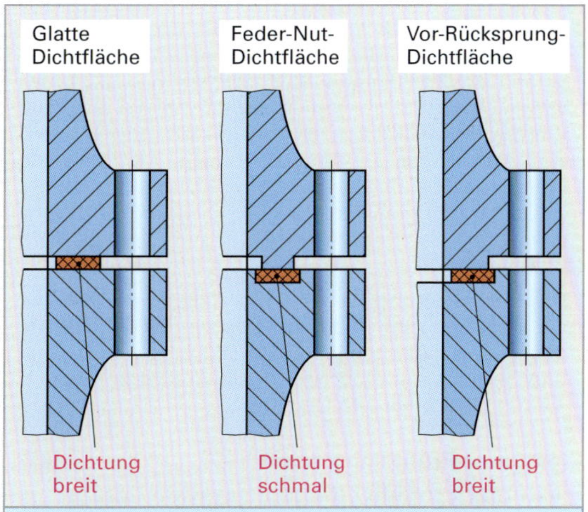

Bild 1: Flanschbauarten für Flachdichtungen

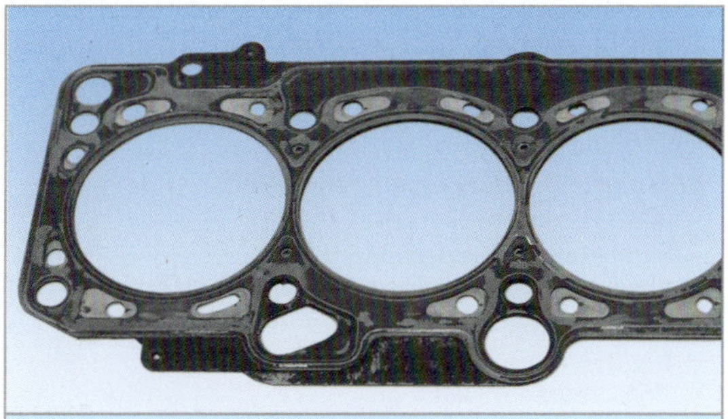

Bild 2: Zylinderkopfdichtung

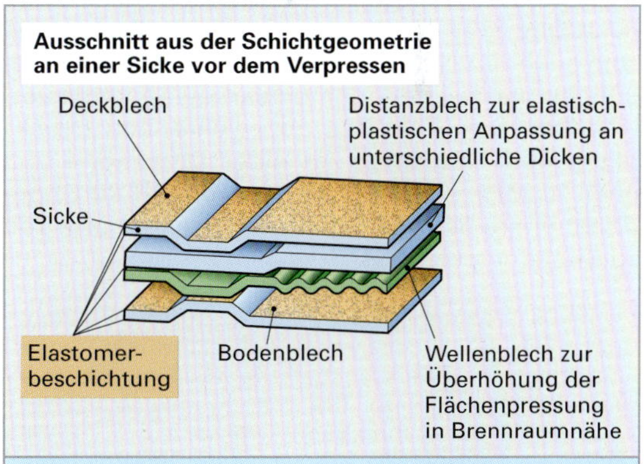

Bild 3: Aufbau einer Zylinderkopfdichtung (Beispiel)

Metalldichtungen
Metalldichtungen eignen sich im Temperaturbereich von –200 °C bis 600 °C zur Abdichtung von Medien mit besonders hohen Drücken. Metalldichtungen stellen aber hohe Ansprüche an die Oberflächengüte und an die Ebenheit der Dichtflächen. Je besser diese sind, umso dünner kann die Metalldichtung gewählt werden.

Weiche Werkstoffe als Dichtmetalle, wie z. B. Al und Ag benötigen geringe Flächenpressungen und erlauben größere Rautiefen: R_z = 6 µm bis 12 µm im Vergleich zu Stahlflachdichtungen mit 1,6 µm. Die Werkstoffpaarung von Dichtwerkstoff und Bauteilwerkstoff ist für die Auswahl bedeutsam. Schmale Dichtungen benötigen geringere Dichtpresskräfte als breite Dichtungen. Bei balligen Dichtungen **(Bild 1, links)** und bei Runddrahtdichtungen sind größere Rautiefen möglich.

Die **Deltadichtung** ist eine Metalldichtung, die besonders zum Abdichten von Deckeln **(Bild 1, rechts)** geeignet ist. Als Edelstahldichtung ist eine bearbeitete Ringnut mit einer Oberflächenrautiefe (R_z) von 1,6 µm bis 3,2 µm erforderlich.

Elastomer-Profildichtungen

Elastomer-Profildichtungen werden durch die Fügeteile gepresst. Die Dichtpressung bewirkt der Systemdruck *p*. Häufigste Art der Weichstoffdichtungen sind O-Ringe mit kreisrundem Querschnitt. Daneben gibt es Weichstoffdichtungen, welche dem Querschnitt und der geometrischen Ausdehnung der Einlegenut angepasst sind.

Wichtigste Dichtungsmaterialien sind:
- Nitril-Butadien-Kautschuk (NBR)
- Fluor-Karbon-Kautschuk (FPM)
- Ethylen-Propylen-Dien-Kautschuk (EPDM)
- Acrylat-Kautschuk (ACM)
- Methyl-Vinyl-Silikon-Kautschuk (MVQ)
- Polyurethan (PU)
- Poly-Tetra-Fluor-Ethylen (Teflon, PTFE).

O-Ringe. Am weitesten verbreitetet sind O-Ringe nach DIN 3771, und meist aus NBR **(Bild 2)**. Sie sind auch zum Abdichten bei geringen Drehbewegungen und bei geringen Linearbewegungen verwendbar. Die Höhe des abzudichtenden Drucks reicht über 100 MPa. Ab einer Druckhöhe von über 10 MPA sollte die Härte des NBR 80 Shore bis 90 Shore betragen, darunter ist eine Härte von 70 Shore ausreichend.

O-Ringe werden meist in rechteckförmige Nuten, nach DIN 3771, seltener in dreieckförmige Nuten eingelegt. Die Querschnittsfläche des Einlegeraums muss größer sein als die des O-Rings, etwa das 1,25-fache. Der O-Ring kann sich nach Beaufschlagung mit Druck in die Nut schmiegen und dadurch seine Dichtwirkung entfalten **(Bild 3)**. Das Elastomer muss der Dichtsituation bezüglich Temperatur und Kontaktfluid gerecht werden. NBR ist für viele Fluids beständig, aber nicht z. B. gegen Bremsflüssigkeit. Hier verwendet man EPDM. Dichtungen für die Bremsanlage versagen also im Kraftstoffbereich und umgekehrt.

Das Elastomer des O-Rings muss beständig gegenüber dem Kontaktfluid sein.

Elastomer-Dichtungen mit Metalleinlagen gibt es in sehr unterschiedlichen Querschnittsformen. Gegenüber den O-Ringen ist diese Dichtung formstabil, leicht handhabbar und hat eine erhöhte Sicherheit gegen ein etwaiges Herausdrängen bei sehr hohen Drücken.

O-Ring-Montage. Grundsätzlich soll das gesamte System, mit dem der O-Ring in Berührung kommt, gesäubert sein. Es ist darauf zu achten, dass der O-Ring bei der Montage nicht über scharfe Kanten gezogen wird. Er soll in keinem Fall verdrillt liegen. Eine kurze Dehnung des O-Rings bei der Montage ist unbedenklich, jedoch sollte dem O-Ring vor der Weitermontage Zeit zur Rückverformung gegeben werden. Eine dauerhafte Dehnung aufgrund eines zu großen Nutdurchmessers muss vermieden werden.

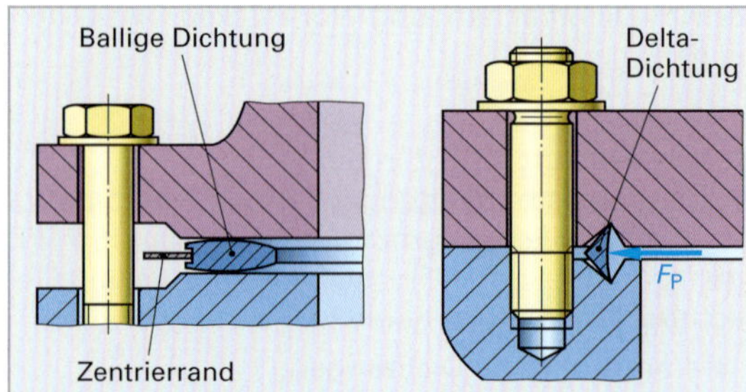

Bild 1: Metalldichtungen (Beispiele)

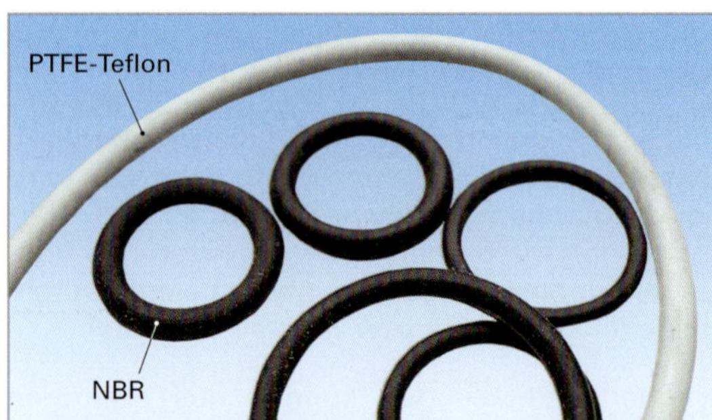

Bild 2: O-Ringe (Beispiele)

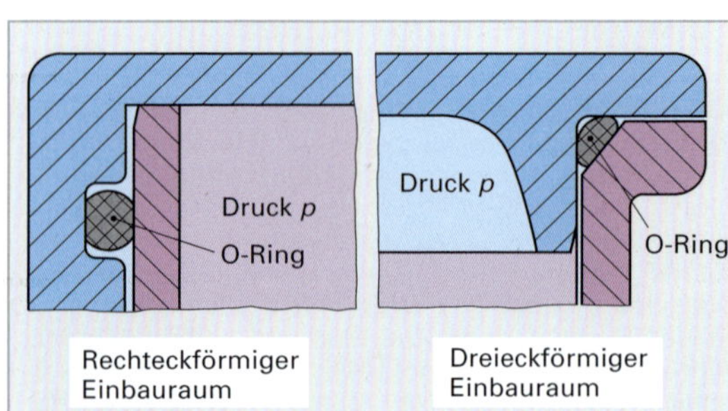

Bild 3: Einbaubeispiele für O-Ringe

3.5.3 Dynamische Dichtungen

Dynamische Dichtungen dichten Bauteile ab, die sich gegeneinanderbewegen. Eine 100%ige Dichtigkeit findet oft nicht statt. Meist tritt eine kleine Menge des abzudichtenden Mediums aus. Im Falle von Öl oder anderen Schmierstoffen ist das auch durchaus erwünscht, da damit die Lebensdauer der Dichtung erhöht wird.

Dynamische Dichtungen werden in

- Berührungsdichtungen (**Bild 1**) und in
- berührungslose Dichtungen (**Bild 2**) eingeteilt.

Bei den Berührungsdichtungen unterscheidet man zwischen Dichtungen für Linearbewegungen und für Drehbewegungen.

Für Drehbewegungen bei Linearspindeln eignen sich im Besonderen *Abstreifringe* oder *Nutringe*. Man kann auch *Stopfbuchspackungen* verwenden. Mit *Radialwellendichtringen* dichtet man vor allem Getriebewellen ab. *Gleitringdichtungen* dienen der Abdichtung bei hohen Drücken. Sie stellen immer eine Kombination aus Abstreifdichtungen bzw. Nutringdichtungen und O-Ringen dar.

Berührungslose Dichtungen werden meist durch *Labyrinthdichtungen* realisiert. Sie werden in der Regel individuell konstruiert und gefertigt.

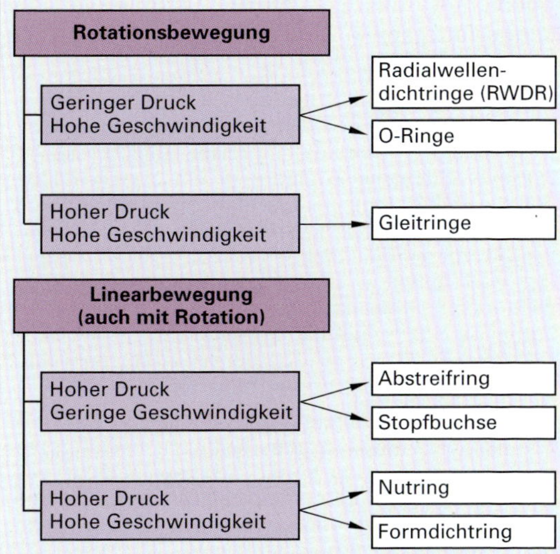

Bild 1: Dynamische Berührungsdichtungen

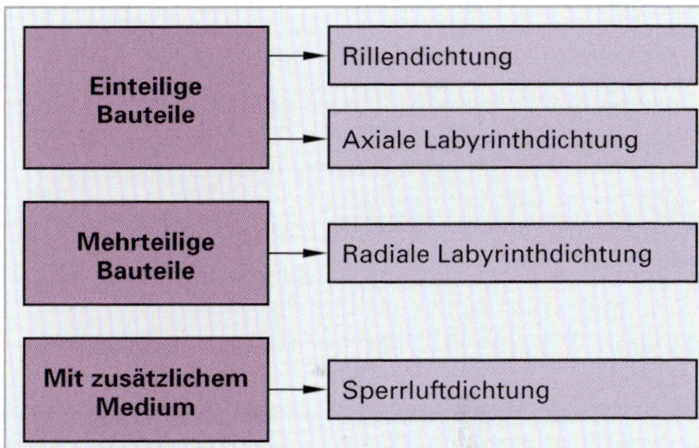

Bild 2: Dynamische berührungslose Dichtungen

3.5.3.1 Berührungsdichtungen

Radialwellendichtringe (RWDR)

Radialwellendichtringe (**Bild 3**) gibt es nach DIN 3760[1] in der Form A und in der Form AS (mit Schutzlippe). Sie werden zum Abdichten drehender Wellen eingesetzt **(Bild 1, Seite 342)**. Daher findet man Radialwellendichtringe z. B.

- in Motoren zur Abdichtung von Kurbelwellen und von Nockenwellen,
- im Antriebsstrang der PKW und NFZ (Getriebe, Differenzial, Radnaben, Achsen),
- in Industriegetrieben, Getriebemotoren und Pumpen zur Abdichtung von Antriebs- und Abtriebswellen.

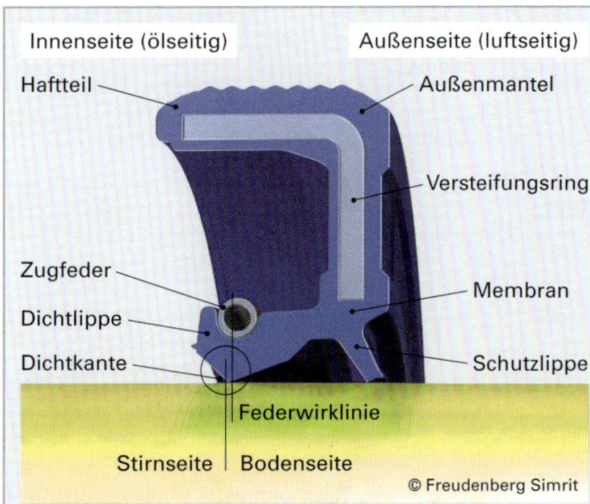

Bild 3: Radialwellendichtring

[1] Die zugehörige internationale Norm ist 5-teilig. **ISO 16589**: Rotary shaft lip-type seals incorporating thermoplastic sealing elements
- Part 1: Nominal dimensions and tolerances
- Part 2: Vocabulary
- Part 3: Storage, handling and installation
- Part 4: Performance test procedures
- Part 5: Identification of visual imperfections.

Abgedichtet werden meist Schmieröle und Schmierfette sowie andere flüssige Medien **(Tabelle 1)**.

Radialwellendichtringe werden mit der offenen Seite nach innen (ölseitig) eingebaut **(Bild 2)**. Die im RWDR vorhandene Zugfeder drückt die Dichtlippe auf die Welle. Eine Beaufschlagung mit geringem Druck, der sich innerhalb des Dichtrings ausbreiten kann, verbessert die Dichtwirkung. Der Dichtring legt sich nach außen an die Kammer und die Dichtlippe nach innen an die Welle an **(Bild 3)**. Eine wahlweise vorhandene Schutzlippe (Radialwellendichtring nach DIN 3760 Form AS) schützt zusätzlich vor dem Eindringen von Schmutzkörpern (Bild 3).

Reibung und Schmierung. Die Radialkraft und die Schmierverhältnisse an der Dichtlippe beeinflussen die Reibleistung und somit die Lebensdauer des Dichtrings. Vor der Montage eines Dichtrings ist eine ausreichende Versorgung von Dichtring und Welle mit Schmiermittel sicherzustellen.

Die Mindestanpressung der Dichtlippe auf die Welle bestimmt die Mindestreibleistung und somit auch den Wirkungsgrad des abgedichteten Systems. Dieser vermindert sich um bis zu 2 %. Die Reibleistung ist abhängig von der Umfangsgeschwindigkeit und dem Wellendurchmesser **(Bild 4)**.

Verwendung. Radialwellendichtringe werden verwendet bis Betriebstemperaturen von 180 °C. Sie eignen sich besonders zum Einsatz in Systemen mit geringer oder keiner Druckbeaufschlagung. Die Grenze liegt hierbei etwa bei p_{max} = 0,5 MPa[1].

Die zulässigen Umfangsgeschwindigkeiten sind abhängig vom Wellendurchmesser und dem Dichtungswerkstoff **(Bild 1, Seite 343)**.

Tabelle 1: Materialien für RWDR

Bezeichnung		Eigenschaften
NBR	Nitril-Butadien-Kautschuk	Beständig gegen Hydrauliköle, Wasserglykole, Mineralöle, Benzin, hitzebeständig bis ca. 70 °C (Luft bis 90 °C)
MVQ	Methyl-Vinyl-Silikon-Kautschuk	Für hohe Temperaturen, Heißluft bis + 210 °C, Kältebeständigkeit bis ca. – 55 °C
FPM	Fluor-Karbon-Kautschuk	Hitzebeständig: bis etwa + 200 °C, kurzzeitig höher, Kältebeständig: bis etwa – 25 °C Beständig gegen: Ozon, Sauerstoff, Mineralöle, synthetische Hydraulikflüssigkeiten, Kraftstoffe, Aromate, geringe Gasdurchlässigkeit

[1] Sonderbauformen, wie z. B. der Simmerring®, Bauform BABSL der Firma Freudenberg Simrit GmbH & Co KG, Weinheim (Bild 3, Seite 341) können durchaus in Bereichen bis 1 MPa eingesetzt werden.

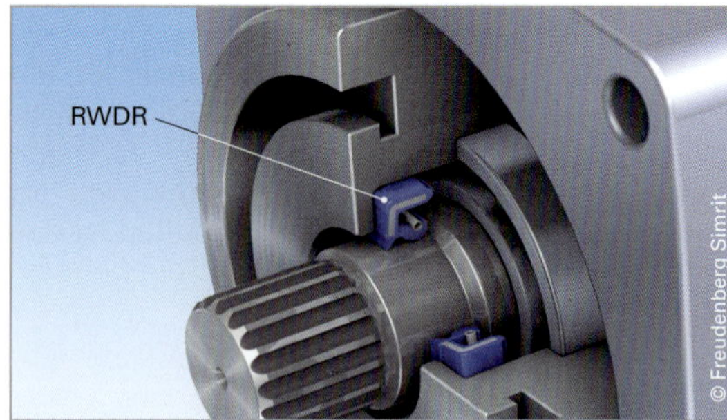

Bild 1: Radialwellendichtung

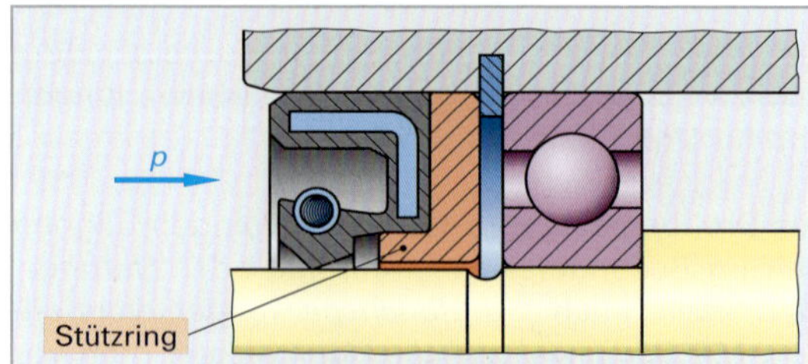

Bild 2: Radialwellendichtung mit Stützring

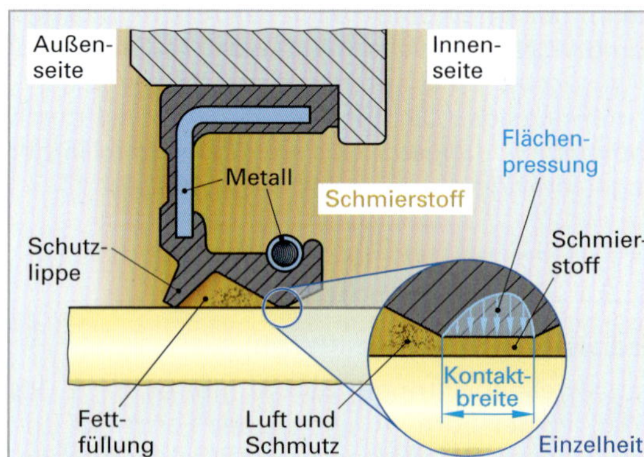

Bild 3: Dichtwirkung

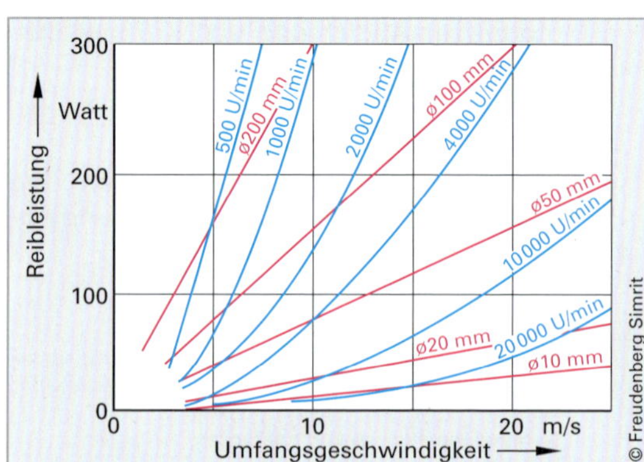

Bild 4: Reibleistung abhängig von Umfangsgeschwindigkeit

Neben dem Einsatz von Sonderbauformen, kann der zulässige Druck mithilfe von Stützringen erhöht werden (Bild 2, Seite 342). Hierbei wird die druckabgewandte Seite des Dichtrings bis kurz vor der Dichtlippe so abgestützt, dass kein zu starkes Aufpressen der Dichtlippe entsteht. Die Reibleistung und damit die Gefahr von zu starkem Verschleiß mit einhergehendem frühzeitigen Versagen des Dichtrings sinkt.

Montage. Dichtringe werden mit mechanischen, pneumatischen oder hydraulischen Einpressstempeln von außen über die Welle in die Bohrung eingeschoben. Bei hohen Drücken sollte eine axiale Sicherung auf der druckabgewandten Seite, z. B. in Form eines Sicherungsrings erfolgen. Eine Montage durch Hämmern mit Schonhammer und Montageplatte ist zulässig **(Bild 2)**. Die Wellendrehzahl und der zulässige Druck im abzudichtenden System stehen in unmittelbarem Zusammenhang (Bild 2).

Anforderungen an die Welle. Für eine optimale Dichtwirkung sollte die Welle folgende Anforderungen erfüllen:

- Welle nach h11 toleriert,
- Rundlauf nicht über IT 8
- Härte der Wellenoberfläche mindestens 45HRC,
- Oberflächengüte der Welle zwischen $R_z = 1$ µm und $R_z = 4$ µm, drallfrei.

Anforderungen an die Bohrung. Die Bohrung für die Aufnahme der Radialwellendichtung **(Bild 4)** sollte folgenden Anforderungen genügen:

- Bohrung nach H8 toleriert,
- Oberflächengüte der Bohrung maximal $R_z = 25$ µm,
- Bohrung mit ca. 15° bis 20° angefast,
- Bohrungstiefen und Fasentiefen nach Dichtringbreite mit $t_{1min} = 0{,}8\,b$ und $t_{2min} = 0{,}3$ mm + b ausgeführt.

Wartung von RWDR. Bei der Reparatur oder Wartung werden generell die Dichtungen erneuert. Bei Wellendichtringen achtet man darauf, dass die Dichtlippe der neuen Dichtung an anderer Stelle auf dem Austauschring und nicht auf der Welle anliegt. Dies erreicht man mit einer Distanzscheibe **(Bild 5)** oder mit einer Vertiefung der Bohrung.

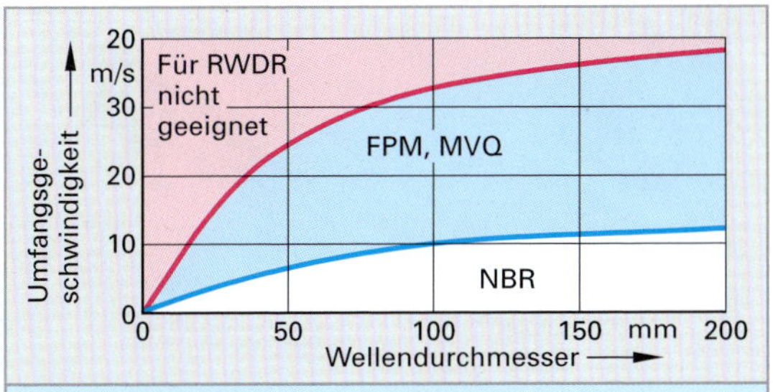

Bild 1: Einsatzgrenzen von RWDR

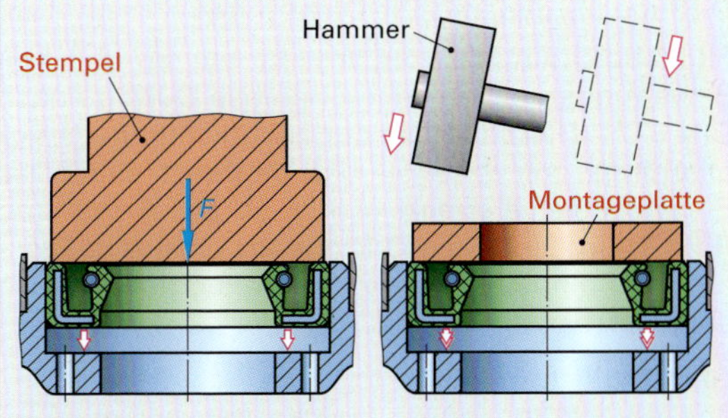

Bild 2: Dichtringmontage

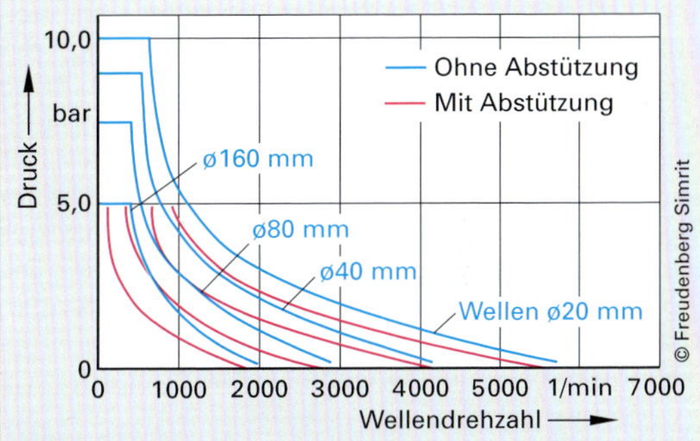

Bild 3: Zulässiger Innendruck

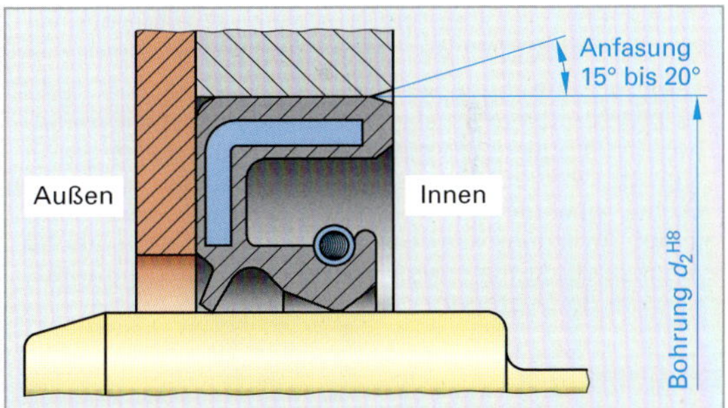

Bild 4: Anforderungen an die Dichtungsbohrung

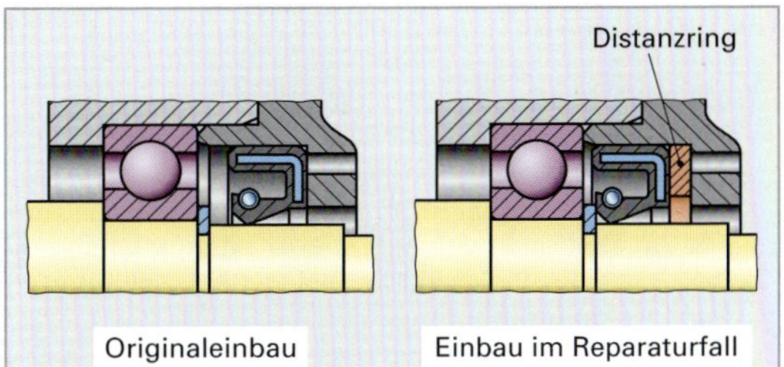

Bild 5: Maßnahmen bei der Wartung

O-Ringe als dynamische Dichtungen

Für Abdichtungen von Wellen mit erheblichen Bewegungen eignen sich ebenfalls O-Ringe nach DIN 3771. Hierbei muss der abzudichtende Druck allerdings auf etwa 50 bar begrenzt sein. Das Einsatzgebiet erstreckt sich z. B. auf Armaturen (**Bild 1**), in denen die O-Ringe als Standard-Dichtung in Spindelbuchsen oder Wellengleitbuchsen eingesetzt sind.

Gleitringdichtungen

Zur Abdichtung hoher Drücke (bis 450 bar) im *Rundlauf* einer Welle eignen sich besonders Gleitringdichtungen (**Bild 2**).

Ein Gleitring, der gemeinsam mit einem Wellenring auf der Welle fixiert ist, bewegt sich wellenstationär im Gehäuse. Ein zweiter Ring, der Gegenring, ist am Gehäuse fixiert. Der Gleitring gleitet an einer axialen Fläche am Gegenring entlang. Der nötige Anpressdruck des Gegenrings an den umlaufenden Gleitring wird mittels einer Druckfeder realisiert, die stirnseitig, jenseits des Gleitrings, am Grundring angebracht ist. Die Dichtaufgabe erfüllen die aufeinandergleitenden Metallflächen von Gegenring und Gleitring (die O-Ringe haben nur statische Dichtaufgaben).

Die Gleitflächen am Gegenring und Gleitring sind mit höchster Präzision und einer polierten Oberflächengüte von maximal R_z = 1,5 µm zu fertigen. Werkstofftechnisch werden die Gleitflächen beiderseits mit Kunststoffen, Metallkarbiden oder Keramiken realisiert, wobei eine Paarung hart/weich anzustreben ist, um ein sattes Einlaufverhalten zu gewährleisten.

Gleitringdichtungen werden zwischen –200 °C und 450 °C, sowie bei Drücken bis 450 bar und für Umlaufgeschwindigkeiten bis über 100 m/s eingesetzt. Somit sind die Einsatzgebiete allen anderen berührenden Dichtungsbauteilen im Rotationsbereich weit überlegen. Trotzdem wird der Gleitring nicht sehr häufig eingesetzt, da die komplexe Fertigung des Gleitrings und die dafür präparierten Wellen teuer sind.

Abstreifring

Abstreifringe, wie in **Bild 3** an einem Pneumatik-Zylinder dargestellt, eignen sich nur bedingt zum Abdichten. Sie haben eher die Aufgabe, Staub und Schmutz vor dem Eindringen in den Zylinderraum zu hindern.

Normen
- **DIN 3771:** Fluidtechnik; O-Ringe
- **DIN 3760:** Radial-Wellendichtringe
- **DIN 3780:** Dichtungen; Stopfbuchsen-Durchmesser und zugehörige Packungsbreiten, Konstruktionsblatt
- **DIN 3869:** Profildichtringe DIN 4000-7 Sachmerkmal-Leisten für Dichtungen
- **DIN 2696:** Flanschverbindungen mit Dichtlinse
- **DIN EN 1514:** Dichtungen (Abmessungen) für Flanschverbindungen mit PN-Bezeichnung

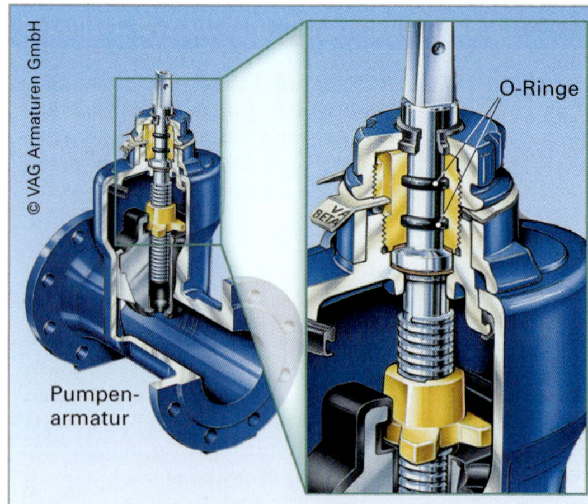

Bild 1: O-Ringe als dynamische Dichtungen

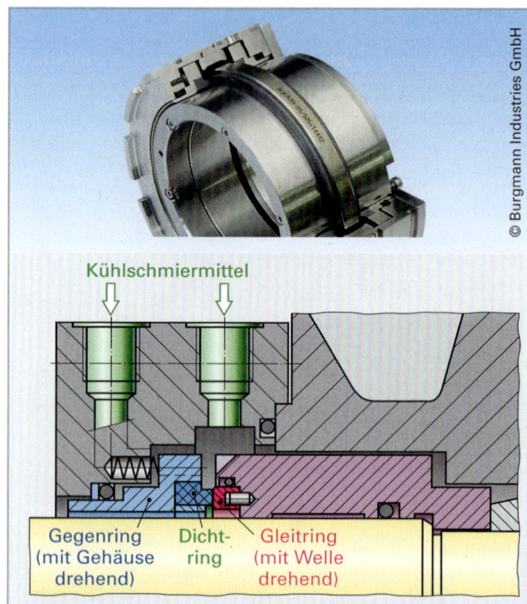

Bild 2: Rundlaufdichtung mit Gleitringen

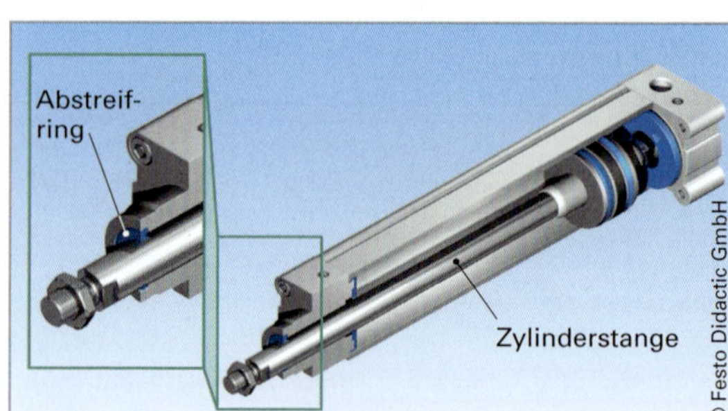

Bild 3: Abstreifring

Stopfbuchspackungen

Die älteste Dichtungsart für linear bewegte Bauteile ist die Stopfbuchse. Es ist eine Geflechtpackung bzw. eine Weichstoffpackung (**Bild 1**). Diese Packungen bestehen aus Weichstoff-Einzelringen oder sind schraubenförmig gewickelt. Die Querschnitte haben Quadratform, V-Form oder Keilform. Sie werden mittels einer Flanschbrille verspannt.

Stopfbuchsen eignen sich zum Einsatz in Systemen, bei denen hohe Drücke und eher geringe Bewegungsgeschwindigkeiten vorliegen. Stopfbuchsen findet man z. B. bei Kolbenstangen und in Ventilspindeln. Die Weichstoffpackungen gibt es aus Aramid-Fasern, PTFE-Fasern, Graphit-Fasern, Kohlenstoff-Fasern und Mischgeweben. Eine etwaige Schmierung muss den Geweben angepasst werden.

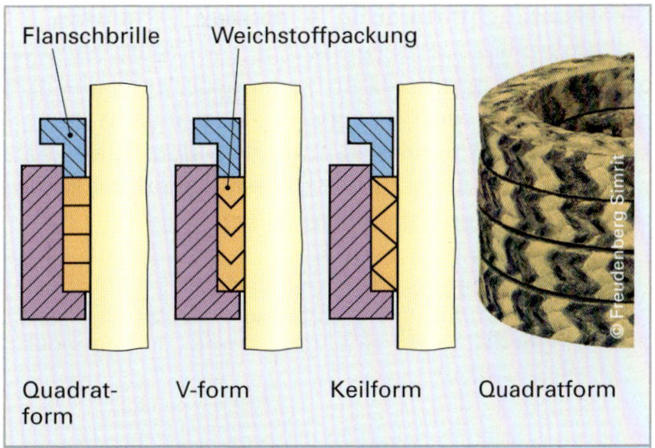

Bild 1: Stopfbuchspackung

Formdichtringe

Formdichtringe (**Bild 2**) sind die im Bereich der Pneumatik und Hydraulik am meisten eingesetzten Dichtungen. Sie bestehen aus NBR oder aus NBR mit PTFE-Beschichtung. Dichtlippen können auch mit Federspannung gegen die linearbewegte Kolbenstange gedrückt werden. Das Einsatzgebiet ist beschränkt auf geringe Drücke. Formdichtringe gibt es auch angepasst an die Bauteilgeometrie, z. B. bei Armaturen.

Bild 2: Formdichtring

Nutringe

Ein Nutring (**Bild 3, mitte**) ist eine Lippenformdichtung. Im Betrieb legt sich die äußere Lippe an die Nutringkammer des Einbauraums an und die Innenlippe wird an die Kolbenstange angedrückt. Der Betriebsdruck erhöht die Dichtwirkung.

Dichtungskombinationen

Die Kombination aus einem Abstreifring, einem Führungselement, ein bis zwei Nutringen und evtl. einem PTFE-Ring stellt ein Dichtungssystem (**Bild 3**) dar, welches z. B. in der Lage ist, Drücke bis 400 bar bei Kolbengeschwindigkeiten bis 1,5 m/s abzudichten.

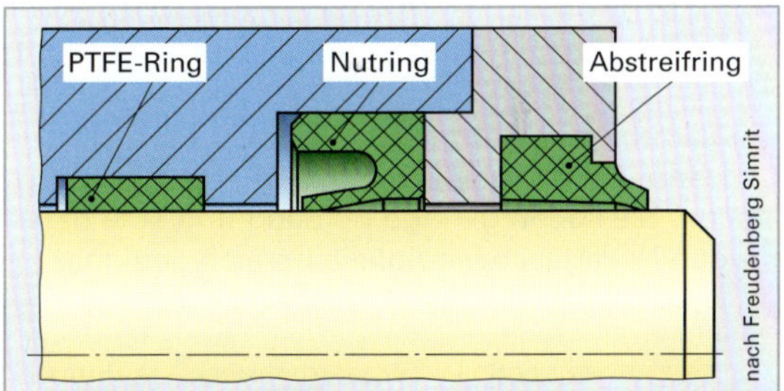

Bild 3: Dichtungssystem

3.5.3.2 Berührungslose Dichtsysteme

Berührungslose **Spaltdichtungen** dichten aufgrund eines engen Spaltes (**Bild 4 links**). Hierbei ist die Art der Spaltgestaltung, die Viskosität des Mediums und die Strömungssituation maßgeblich für die Dichtwirkung.

Berührungslose Dichtaufgaben gibt es z. B. an Wellen bei sehr hohen Drehzahlen, bei Turbinen zwischen den Turbinenschaufeln und den Gehäusen. Diese Dichtsysteme werden in Verbindung mit der Bauteilkonstruktion als integrierte Konstruktionslösung realisiert. Da kein Reibschluss vorhanden ist, sind berührungslose Dichtsysteme meist langlebig.

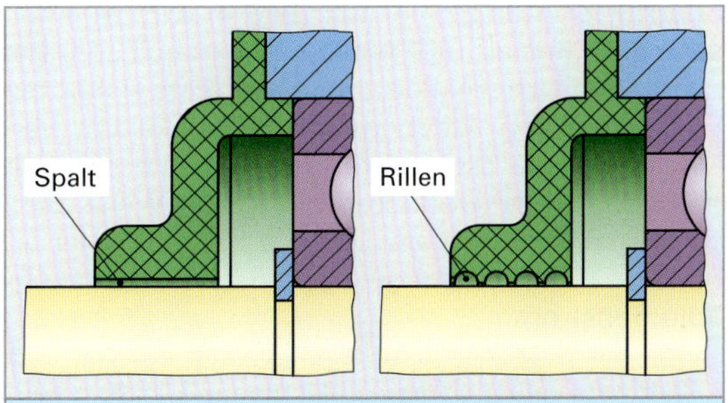

Bild 4: Spaltdichtung und Rillendichtung

Die **Rillendichtung** (**Bild 4 rechts, Seite 345**), ist die einfachste berührungsfreie Dichtung und hat axial umlaufende Rillen oder schraubenförmig nach innen fördernde Rillen. Diese sorgen in Verbindung mit hochviskosem Fett in den Rillenkammern für eine Abdichtung bei geringen Druckdifferenzen zwischen innen und außen.

Das Fett der Lagerschmierung verteilt sich aufgrund von Kapillarwirkungen im Spalt und dichtet so gegen eindringende Verunreinigungen und austretendes Schmiermittel ab.

Mit Fett gefüllt, haben mäanderförmige Labyrinthe eine bessere Dichtwirkung als Spaltdichtungen. Bei starkem Schmutzanfall muss Fett nachgepresst werden.

Die **radiale Labyrinthdichtung** (**Bild 1, links**) ist nur dann montierbar, wenn wenigstens der Außenring zweiteilig gestaltet ist. Die mit Fett aufgefüllten Spalte verhindern das Eindringen von Schmutz und Fremdkörpern in die Lagerung.

Die **axiale Labyrinthdichtung** ist mit einteiligen Bauteilen realisierbar (**Bild 1, rechts**). Der Nachteil besteht darin, dass durch Fliehkräfte, das in den Spalten befindliche Fett nach außen getragen werden kann. Die axiale Labyrinthdichtung ist somit vom „Leerlaufen“ bedroht.

Als Kaufteile sind einzelne Stahlblechlamellen erhältlich, mit denen in vielzahliger Anordnung eine Labyrinthdichtung realisiert werden kann **(Bild 2)**.

Die **Lammellendichtringe** (**Bild 3**) sind metallische Labyrinth-Dichtungen, die aus mehreren Ringen bestehen. Sie haben geringe Reibung und sind daher für den Hochgeschwindigkeitsbereich geeignet.

Als Metalldichtung sind sie auch im hohen Temperaturbereich verwendbar. Sie werden auch als Primärdichtung zum Schutz vor grobem Schmutz eingesetzt. Andere Dichtungen dienen dann als Sekundärdichtungen zum Abweisen der feinen Partikel.

Sperrluftdichtung. Sperrluft (**Bild 4**) wird in einen schmalen Radial- und Axialspalt eingeblasen. Die nach außen strömende Luft verhindert sicher ein Eindringen von Stäuben und Flüssigkeiten. Verstärkt wird die Dichtwirkung in den Axialspalten noch durch Fliehkräfte bei rotierender Welle. Besser als mit konstantem Druck, z. B. 0,05 MPa arbeitet man mit einem geregelten konstanten Luft-Volumenstrom.

Sperrluftdichtungen verwendet man regelmäßig bei Werkzeugspindeln in Werkzeugmaschinen.

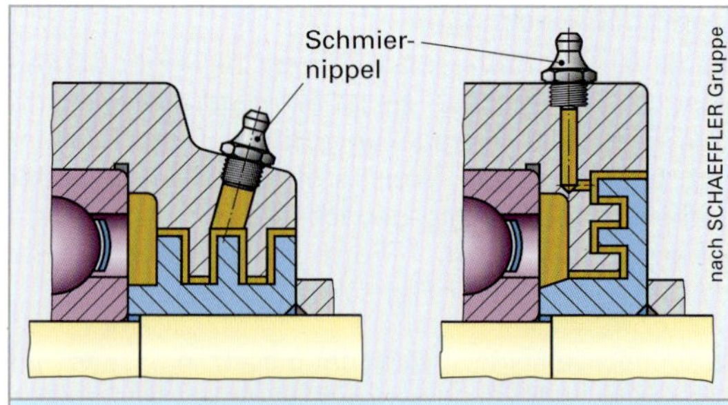

Bild 1: Labyrinthdichtung

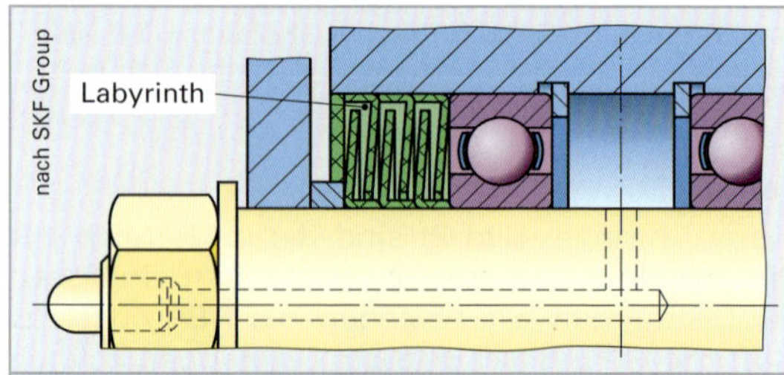

Bild 2: Labyrinth aus Kaufteilen

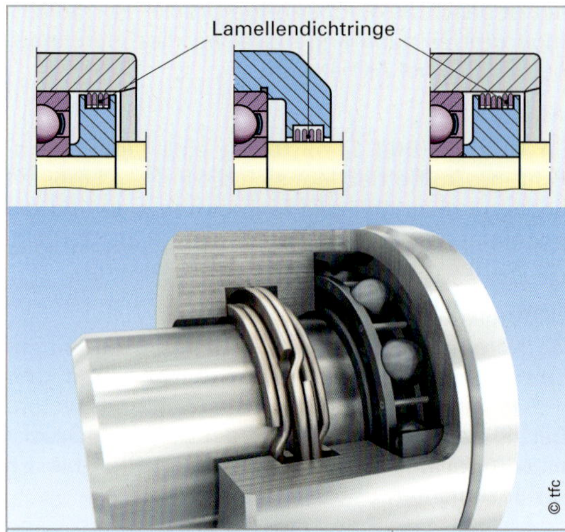

Bild 3: Lamellendichtring

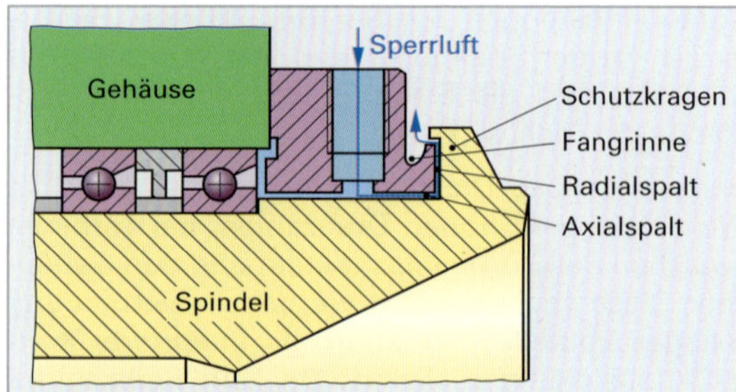

Bild 4 : Sperrluftdichtung

3.5.3.3 Hermetische Abdichtungen

Mit Faltenbälgen, wie eine Ziehharmonika geformt, werden großräumig bewegte Systeme abgedichtet (**Bild 1**). *Kompensatoren* für Rohrleitungen sind den Faltenbälgen ähnlich. Sie ermöglichen radiale, axiale und winklige Kompensationen (**Bild 2**).

Faltenbälge bestehen z. B. aus Chlor-Butadien-Kautschuk (CR) als Basiswerkstoff. Dieser zeichnet sich durch hohe Widerstandsfähigkeit gegen Alterungseinflüsse und gegen Witterungseinflüsse aus. Im Temperaturbereich von –40 °C bis +100 °C sind diese Faltenbälge einsetzbar.

Auch NBR-Faltenbälge, PTFE-Faltenbälge und textile Aramidfaser-Faltenbälge sind üblich. Der Temperaturbereich richtet sich nach den Eigenschaften dieser Werkstoffe.

Kompensatoren. Kompensatoren gibt es in spitzer Faltenform für geringe Drücke und größter Längendehnung, in gerundeter Faltenform für mittlere Drücke und in rechteckiger Faltenform für hohe Drücke sowie in Mehrfach-U-Form und in Rollform (**Bild 3**).

Kompensatoren in Faltenform werden durch mehrfaches Umformen oder durch Zerspanung hergestellt. Sie bestehen meist aus PTFE und sind mit radialen Stahlringen versehen. Es sind Drücke über 10 bar bei Temperaturen bis 210 °C möglich.

Membrane. Membrane (meist aus NBR) bilden eine flexible und dichte Trennwand zwischen separaten Bauteilräumen. Die Membranen sind geeignet, Volumenänderungen der Bauteilräume zu kompensieren.

Neben der einfachen Dichtfunktion können Membranen auch weitere Funktionsaufgaben übernehmen. So ist es z. B. möglich, sie als Kompressionsbauteil in Membranpumpen einzusetzen (**Bild 4**). Durch die Hubbewegung des Stößels wird der Bauraum oberhalb der Membrane verdichtet und das Fluid wird gefördert.

Normen

- **DIN EN 1591-1 bis 5:** Flansche und Flanschverbindungen – Regeln für die Auslegung von Flanschverbindungen mit runden Flanschen und Dichtung; Teil 1: Berechnungsmethode; Teil 2: Dichtungskennwerte; Teil 3: Berechnungsmethode für Flanschverbindungen mit Dichtungen im Kraft-Nebenschluss; Teil 5: Berechnungsmethode für Verbindungen mit vollflächiger Dichtung.
- **DIN EN 13555:** Flansche und ihre Verbindungen – Dichtungskennwerte und Prüfverfahren für die Anwendung der Regeln für die Auslegung von Flanschverbindungen mit runden Flanschen und Dichtungen.

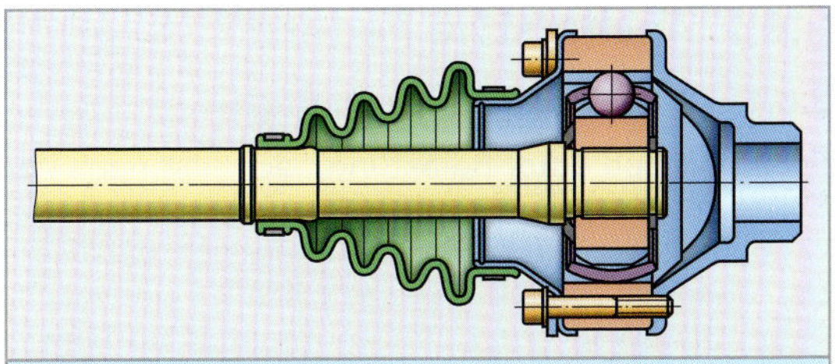

Bild 1: Abdichtung mit Faltenbalg

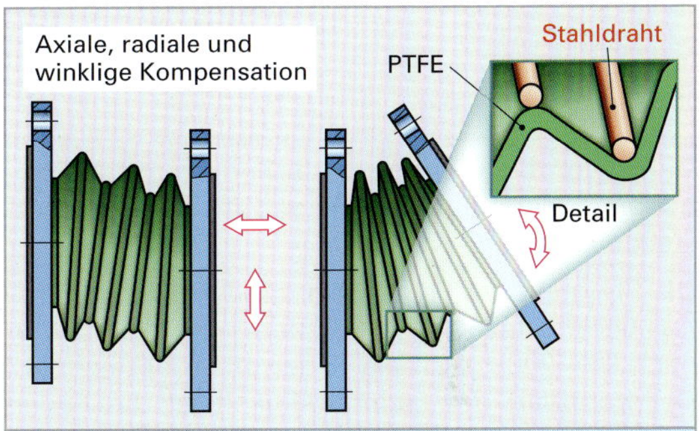

Bild 2: Kompensator für Leitungen

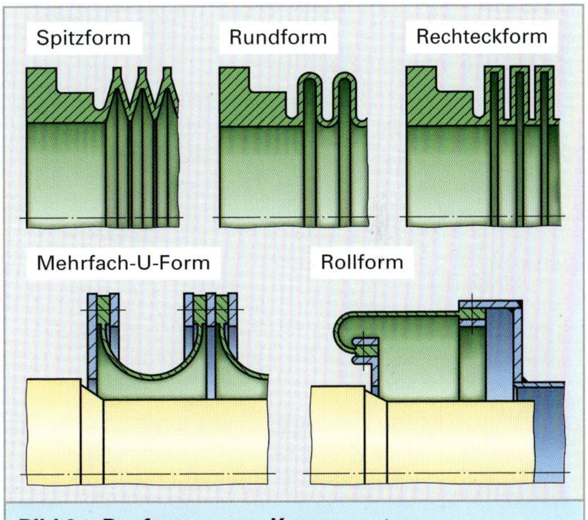

Bild 3: Bauformen von Kompensatoren

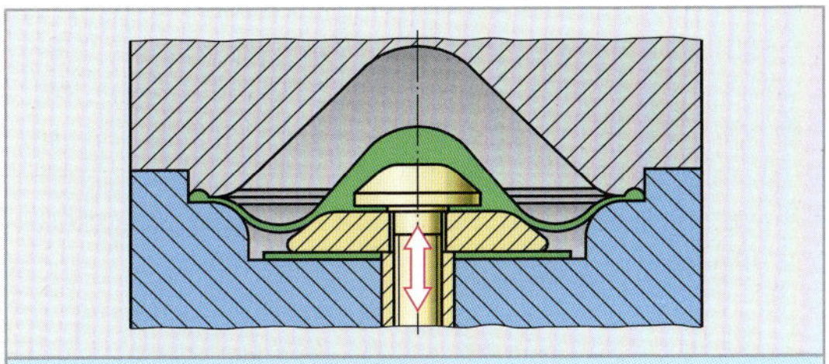

Bild 4: Membrandichtung

3.6 Technische Federn

3.6.1 Physikalische Grundlagen

Federn geben unter Belastung nach und nach der Entlastung kehren sie weitgehend zur ursprünglichen Gestalt zurück. Sie verhalten sich *elastisch*. Der Zusammenhang zwischen Kraft F und nachgebendem Weg x bzw. Drehmoment M_t und nachgebendem Drehwinkel φ wird als Federkennlinie dargestellt (**Bild 1**).

Man unterscheidet Federkennlinien mit
- linearem,
- progressivem,
- degressivem und
- nahezu konstantem

Verlauf (**Bild 2**).

Durch Kombination mehrerer Federn mit wegabhängiger Wirkung (**Bild 3**) kann man auch Knickstellen erhalten.

Die Steigung der Federkennlinie $\Delta F/\Delta s$ bzw. $\Delta M_t/\Delta\varphi$ bezeichnet man als Federsteifigkeit c (wird nach DIN 2089 auch als Federrate R bezeichnet). Der Kehrwert der Federsteifigkeit ist die *Federnachgiebigkeit* δ.

Bei einer linearen Federcharakteristik steigt die Kraft proportional zur Auslenkung der Feder. Dieser Zusammenhang ist als **Hooke'sches**[1] Gesetz bekannt.

Das Hooke'sche[1] Gesetz:

$$F = c \cdot s \rightarrow c = \frac{F}{s}$$
$$(F = R \cdot s)$$

c Federsteifigkeit
R Federrate
s Weg
F Kraft

Federsteifigkeit bei nichtlinearer Kennlinie:

$$c(s) = \frac{\mathrm{d}F(s)}{\mathrm{d}s}$$

„Harte Federn" haben steile F-s-Kennlinien, „weiche" Federn haben flache F-s-Kennlinien.

Die Federwirkung metallischer Federn, z. B. von Stahlfedern, erfolgt durch eine elastische Kristallgitterverformung (**Bild 4**). Der äußeren Federkraft entspricht im Werkstoff die Schubspannung τ, der Weg entspricht der Schiebung γ und die Federsteifigkeit dem Schubmodul G: $F \rightarrow \tau$, $s \rightarrow \gamma$, $c \rightarrow G$. Allgemein besteht zur Festigkeitslehre folgende Zuordnung: $F \rightarrow \sigma$, $s \rightarrow \varepsilon$, $c \rightarrow E$ (E-Modul).

Federn nehmen bei Krafteinwirkung Energie auf. Und geben sie bei der Rückkehr in die Ausgangslage, abzüglich der Verlustenergie, wieder ab:

$$dW = F \cdot ds \rightarrow W = \int_0^{s_0} F \cdot ds$$

Diese Energie beträgt bei einem Federweg s_0 mit der Federkraft F_0 (linearer Federcharakteristik):

$$W = \frac{1}{2} F_0 \cdot s_0 = \frac{1}{2} c \cdot s_0^2$$

s_0 Federauslenkung
F_0 Kraft
W Arbeit bzw. Energie

Achtung: Gespannt eingebaute Federn können sich bei der Demontage gefahrvoll entspannen.

[1] Das linearelastische Verhalten von Körpern entspricht dem Hooke'schen Gesetz (benannt nach *Robert Hooke*, 1635 bis 1702, engl. Physiker). Dieses Verhalten ist typisch für Metalle. Erst nach Verlassen der Hooke'schen Gerade werden die Metalle plastisch.

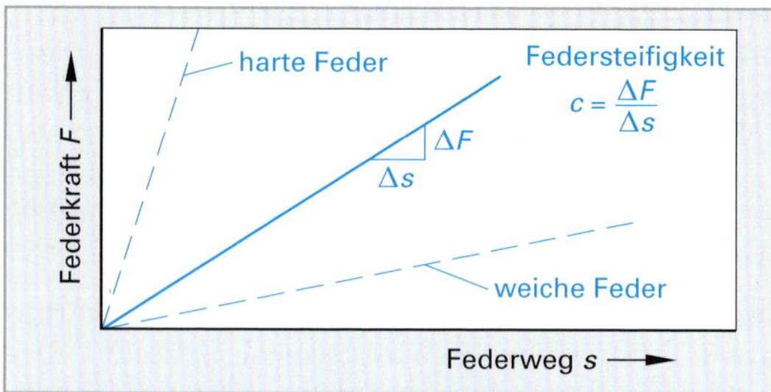

Bild 1: Die lineare Federkennlinie

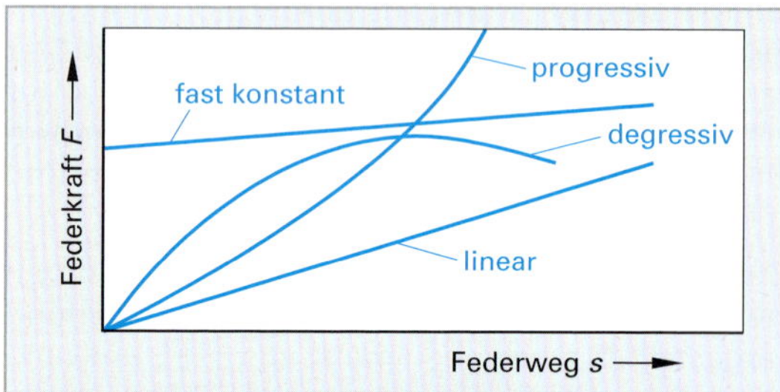

Bild 2: Kennliniencharakteristika

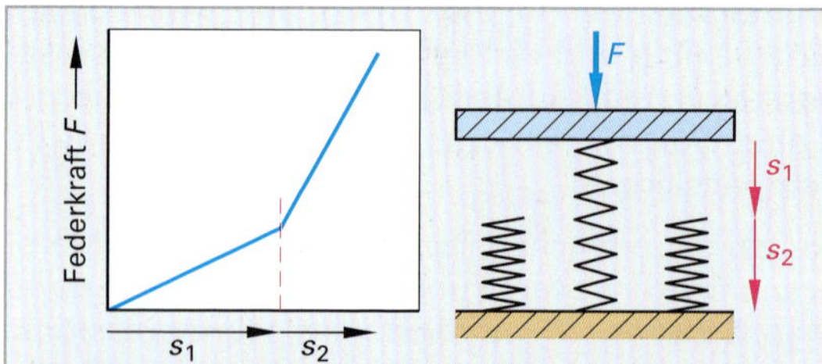

Bild 3: Kennlinie mit Knick

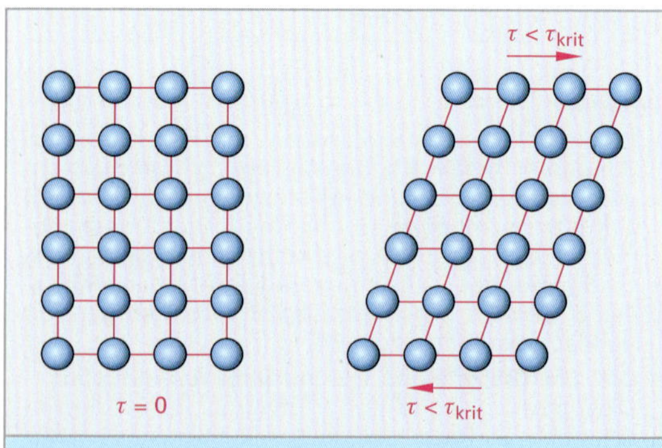

Bild 4: Elastische Gitterverformung

Kombination von Federn mit linearer Federkennlinie

Federn können in vielfältiger Weise kombiniert werden (**Tabelle 1**).

Bei **Parallelanordnung** erhöht sich die Federsteifigkeit c bzw. die Federrate R:

$$c_{ges} = c_1 + c_2 + c_3 + \ldots + c_n \quad \text{bzw.}$$
$$R_{ges} = R_1 + R_2 + R_3 + \ldots + R_n$$

Bei **Reihenanordnung** wird das Federpaket „weicher", es vermindert sich die Federsteifigkeit bzw. die Federrate

$$\frac{1}{c_{ges}} = \frac{1}{c_1} + \frac{1}{c_2} + \ldots \frac{1}{c_n} \quad \text{bzw.}$$
$$\frac{1}{R_{ges}} = \frac{1}{R_1} + \frac{1}{R} + \ldots \frac{1}{R_n}$$

Bei einer **gemischten Anordnung** ermittelt man die resultierende Federsteifigkeit bzw. Federrate der Teilschaltungen (**Bild 1**).

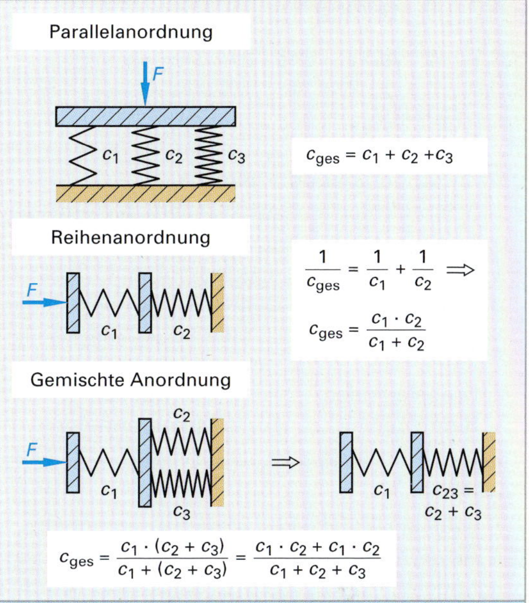

Bild 1: Kombination von Federn

Beispiel: Pneumatikzylinder

Ein einfach wirkender Pneumatikzylinder mit d = 100 mm wird an eine Druckluftversorgung mit einem Arbeitsdruck p = 5,4 bar angeschlossen (**Bild 2**). Der Zylinder besitzt für den Rückhub eine Druckfeder nach DIN 2098 – 3,2 x 40 x 125 mit der Federrate R = 3,03 N/mm (vergl. Tabellenbuch Metall „Schrauben-Druckfedern").

Wie groß ist die Hubkraft des Zylinders beim Ausfahren?

Lösung:

Zum Ausfahren muss die Druckkraft des Zylinders gegen die Rückstellkraft der Feder andrücken.

$$F_H = F_p - F_F$$

F_H Hubkraft
F_p Druckkraft
F_F Federkraft

mit

$$F_p = p \cdot S$$
$$F_F(s) = R \cdot s$$

p Arbeitsdruck
S Kolbenfläche
R Federrate
s Federweg (Hub)

Somit ergibt sich ein linearer Zusammenhang zwischen der Hubkraft und dem zurückgelegten Weg:

$$F_H(s) = p \cdot S - R \cdot s$$

Der Faktor $p \cdot A$ ist konstant mit

$$55\ \frac{\text{N}}{\text{cm}^2} \cdot \frac{(10\ \text{cm})^2 \cdot \pi}{4} = 4320\ \text{N}$$

$$F_H(s) = 4320\ \text{N} - 3{,}03\ \frac{\text{N}}{\text{mm}} \cdot s$$

Die Darstellung der Hubkraft kann als lineare Funktion erfolgen (**Bild 3**).

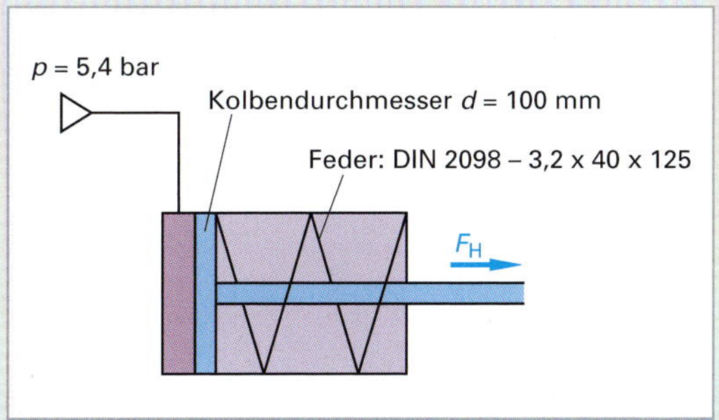

Bild 2: Pneumatikzylinder

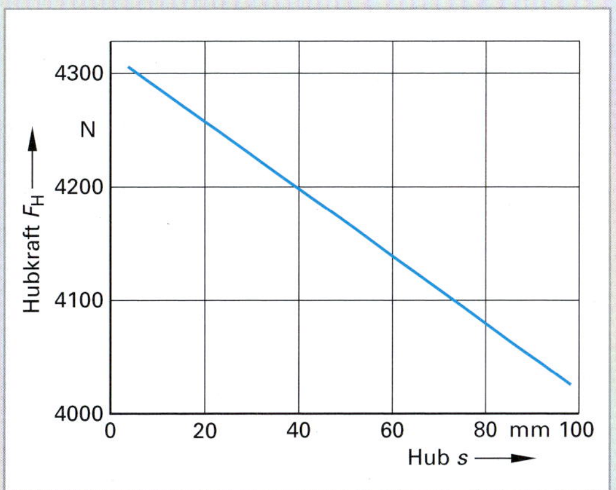

Bild 3: Lösung

3.6.2 Einteilung

Die Einteilung der Federn erfolgt:

- Nach Art der **Beanspruchung**:
  - Zugfeder,
  - Druckfeder,
  - Biegefeder,
  - Torsionsfeder.
- nach Art der **Bauform** (**Bild 1**):
  - Schraubenfeder als Druckfeder oder Zugfeder,
  - Spiralfeder,
  - Kegelfeder,
  - Drehfeder (Schenkelfeder),
  - Blattfeder, Parallel-Blattfeder, Blattpaketfeder,
  - Tellerfeder als Paketfeder oder als Säulenfeder,
  - Drehstabfeder,
  - Evolutfeder,
  - Ringfeder,
  - Membranfeder.
- nach Art des **Werkstoffs bzw. Wirkmediums**, z. B.:
  - Stahl,
  - sonstige Metalle und Metall-Legierungen,
  - Memory-Metalle,
  - Kunststoffe (Elastomere, Duromere, Thermoplaste, Schaumstoffe),
  - Gummi,
  - Keramik,
  - Luft, Gase.
- nach Art der **Verwendung**, z. B.:
  - Kupplungsfeder (**Bild 2**),
  - Rückholfeder,
  - Spannfeder,
  - Gelenkfeder,
  - Führungsfeder,
  - Dämpfungsfeder.
- nach Art der **Integration**:
  - Einzelnes Element,
  - Integralbauweise.

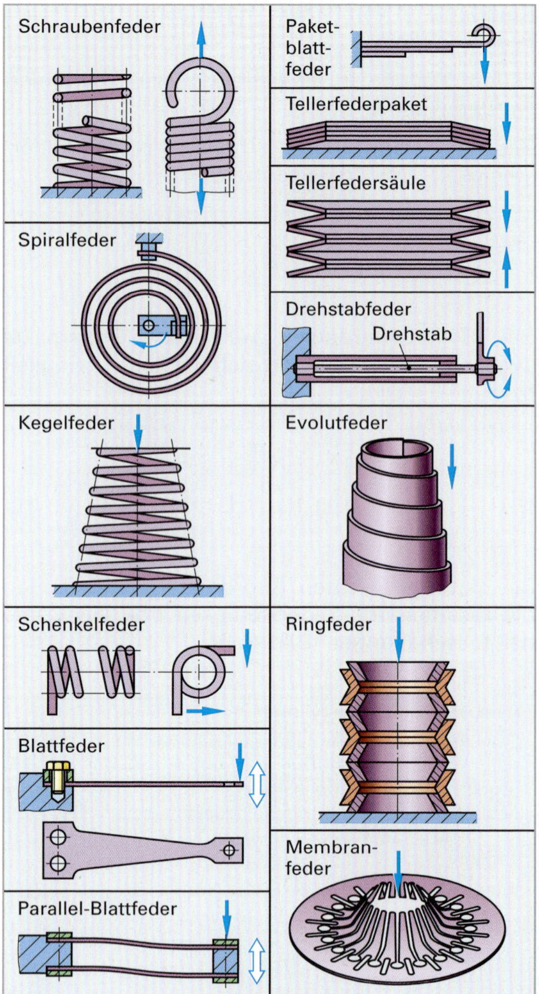

Bild 1: Bauformen für Stahlfedern

Normen für Stahlfedern

- **DIN EN 13906-1:** Zylindrische Schraubenfedern aus runden Drähten und Stäben – Berechnung und Konstruktion – Teil 1: Druckfedern
- **DIN EN 13906-2:** Zylindrische Schraubenfedern aus runden Drähten und Stäben – Berechnung und Konstruktion – Teil 2: Zugfedern
- **DIN 2095:** Zylindrische Schraubenfedern aus runden Drähten; Gütevorschriften für kaltgeformte Druckfedern
- **DIN 2096-1:** Zylindrische Schraubendruckfedern aus runden Drähten und Stäben; Güteanforderungen bei warmgeformten Druckfedern
- **DIN 2096-2:** Schraubenfedern aus runden Drähten und Stäben; Güteanforderungen für Großserienfertigung
- **DIN 2097:** Zylindrische Schraubenfedern aus runden Drähten; Gütevorschriften für kaltgeformte Zugfedern
- **DIN 2098-1:** Zylindrische Schraubenfedern aus runden Drähten; Baugrößen für kaltgeformte Druckfedern ab 0,5 mm Drahtdurchmesser
- **DIN 2194:** Zylindrische Schraubenfedern aus runden Drähten und Stäben; kaltgeformte Drehfedern (Schenkelfedern), Gütenorm
- **DIN EN 10270-1:** Stahldraht für Federn – Teil 1: Patentiert-gezogener unlegierter Federstahldraht
- **DIN EN 10270-2:** Stahldraht für Federn – Teil 2: Ölschlussvergüteter Federstahldraht-Norm
- **DIN EN 10270-3:** Stahldraht für Federn – Teil 3: Nichtrostender Federstahldraht-Norm
- **DIN 17221:** Warmgewalzte Stähle für vergütbare Federn – Technische Lieferbedingungen
- **DIN 2077:** Federstahl, rund, warmgewalzt; Maße, zulässige Maß- und Formabweichungen

3.6.3 Anwendung

Federn nutzt man im gespannten Betrieb zur **Krafterzeugung** oder zur **Speicherung von potenzieller Energie**. Der Wechsel von kinetischer Energie und potenzieller Federenergie dient der **Schwingungserzeugung**. Die Nachgiebigkeit der Federn verwendet man zum **Ausgleich von Lagetoleranzen**. In Verbindung mit Dämpfungselementen oder in der Nutzung der Federreibungskräfte dienen Federn der **Schwingungs- und Stoßdämpfung**.

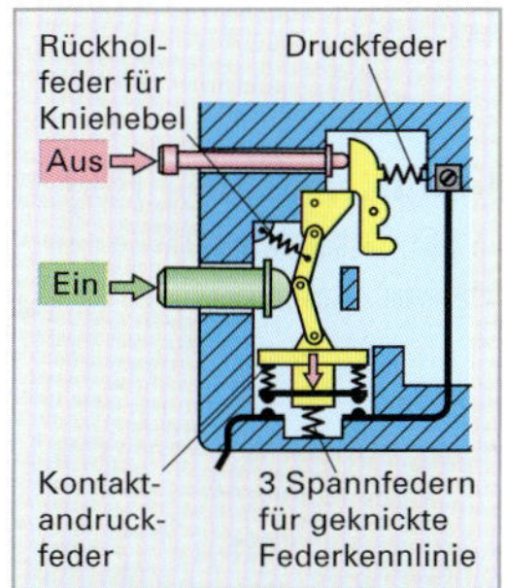

Bild 1: Spann- und Druckfedern bei einem Sicherungsautomaten

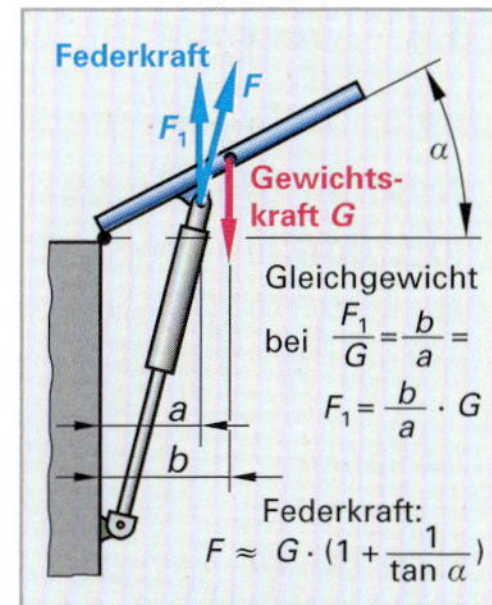

Bild 2: Gasdruckfeder zum Gewichtsausgleich bei einer Klappe

Bild 3: Unruh-Spiralfeder mit Unruhreif zur Zeitmessung

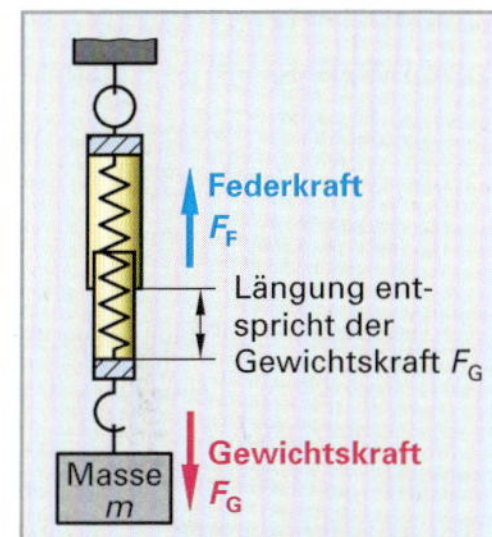

Bild 4: Federwaage zur Gewichtskraftmessung

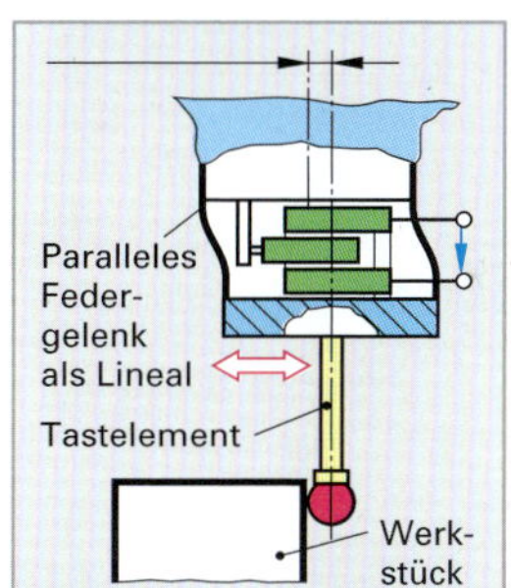

Bild 5: Linearführung in einem Messkopf

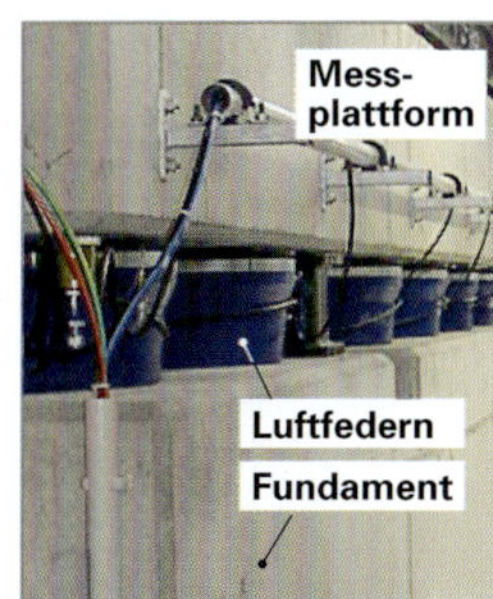

Bild 6: Schwingungstilgung bei Messmaschinenfundament

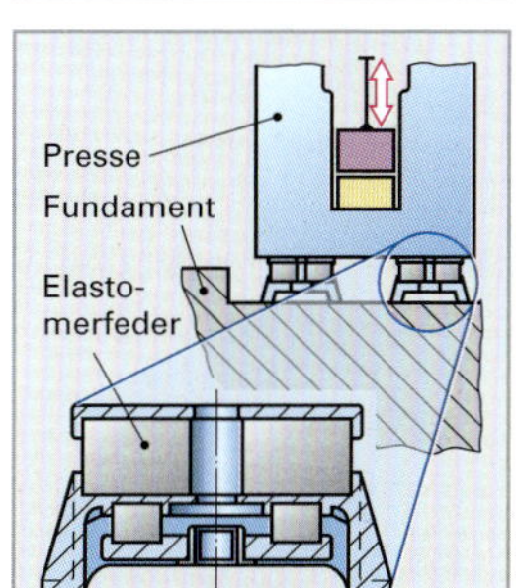

Bild 7: Schmiedehammer auf Elastomer-Feder-Lagern

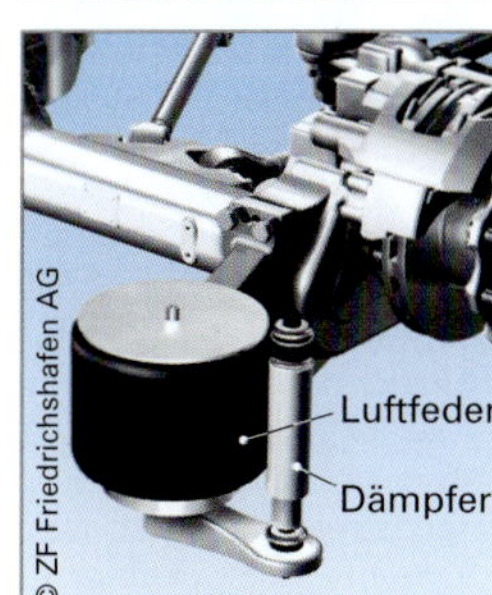

Bild 8: Feder-Dämpfer-Kombination bei Kfz

Geringe Auslösekraft. Durch das Spannen einer Feder kann man in Schließmechanismen mit geringer Auslösekraft eine kraftvolle Betätigung erreichen, z. B. bei Sicherungsautomaten (**Bild 1**).

Ausbalancieren. Federn nutzt man zum Ausbalancieren von Gewichtskräften, z. B. in Balancern oder zum leichten Öffnen einer Klappe (**Bild 2**).

Bremsenergie. Bei Bremsen nutzt man die potenzielle Spannenergie von Federn zum sicheren Bremsen bei Energieausfall bzw. bei Wegnahme der Gegenkraft. Ähnlich verfährt man bei Werkzeugspannsystemen zum sicheren Halten der Werkzeuge, auch bei Energieausfall.

Rückstellung. Einseitig betriebene Pneumatikzylinder kehren durch Federkraft in ihre Ausgangslage zurück, Ventile werden in der Mittelstellung gehalten und Ventilstößel werden satt an die Nockenwelle gedrückt.

Schwingungserzeugung. Den Wechsel von Spannen und Entspannen nutzt man bei mechanischen Uhrwerken (**Bild 3**) und bei Rüttlern zur Schwingungserzeugung.

Messtechnik. Bei Federwagen ermittelt man aus der Längung das Gewicht (**Bild 4**). Hier dienen die Federn zur Messung.

Kraftbegrenzung. Bei Rutschkupplungen nutzt man die Federkräfte zur Begrenzung von Drehmomenten bzw. von Kräften.

Linearführung. Parallel-Blattfedern dienen als Linearführung für kleine Verschiebewege (**Bild 5**).

Entkopplung von Vibrationen. Luftfedern (**Bild 6**) und Elastomerlager (**Bild 7**) verwendet man bei Maschinen zum Abkoppeln von Schwingungen und Vibrationen von und zu Gebäuden.

Schwingungstilgung und Stoßdämpfung. Federn in Verbindung mit Dämpfern (**Bild 8**) oder solche mit großen Reibungsverlusten, z. B. Ringfedern, dienen der Schwingungstilgung und Stoßdämpfung.

3.6.4 Technische Grundlagen

3.6.4.1 Schraubenfedern

Schraubendruckfedern nach DIN 2098 (**Bild 1**) sind zylinderförmige Bauteile mit plan anliegenden und plan angeschliffenen Stirnseiten für senkrechten Stand.

Der Federdraht wird bei Belastung auf Torsion belastet.

Schraubendruckfedern erzeugen unter Druckbelastung eine Kraft in axialer Zugrichtung. Der maximale Weg ist erreicht, wenn die Windungen aufeinanderstehen (Blocklage).

Schraubenzugfedern nach DIN 2097 (**Bild 2**) sind meist zylinderförmig. Der schraubenförmig gewickelte Draht ist so gewickelt, dass die Steigungshöhe der Drahtdicke entspricht. Die Ösen gibt es nach DIN 2097 in vielen Formen (**Bild 3**).

Unbelastet liegen die Wicklungen berührend aufeinander. Der Federdraht wird durch Torsion belastet. Die Stirnseiten von Zugfedern sind meist mit Ösen ausgestattet. Kaltgeformte Zugfedern werden mit einer inneren Vorspannung gewickelt. So beginnt eine Auslenkung erst bei Erreichen der Vorspannkraft F_0 (Bild 2).

Berechnung für Schraubendruckfedern und Schraubenzugfedern nach DIN 2089[1] für runden Drahtquerschnitt. Schubspannungen aus Querkraft und Normalspannungen werden nachfolgend vernachlässigt, ebenso die etwas erhöhte Randspannung am Innenrand der Feder. Für Überschlagrechnungen kann man mit einer Schubspannung von 500 N/mm² rechnen.

Nennschubspannung:

$$\tau = \frac{8}{\pi} \cdot \frac{D}{d^3} \cdot F = \frac{G}{\pi} \cdot \frac{d}{nD^2} \cdot s$$

Federweg:

$$s = \frac{8D^3 n}{Gd^4} \cdot F$$

Federrate:

$$R = \frac{\Delta F}{\Delta s} = \frac{Gd^4}{8D^3 n} \cdot F$$

τ Schubspannung
G Schubmodul
n Zahl der Windungen
D Federdurchmesser
d Drahtdurchmesser
F Federkraft
s Federweg
R Federrate

Drehfedern (Bild 3) unterscheiden sich nur wenig von Schraubenfedern. Ihre Aufgabe ist, ein Rückstellmoment zu entwickeln.

Sind beide Schenkel eingespannt, kann die Feder frei gelagert sein, sonst muss sie auf einem Dorn (ca. 10 % bis 20 % dünner als der Federinnendurchmesser) oder in einer Hülse (ca. 10 % bis 20 % weiter als der Federaußendurchmesser) geführt werden.

[1] Diese Norm ist zwischenzeitlich zurückgezogen.

Die Rückstellkraft F am Schenkelende ergibt sich aus dem Drehmoment M und dem Hebelarm R_H:

$$\frac{F \cdot R_H}{\alpha} = \frac{M}{\alpha} = \frac{M_n}{\alpha_n}$$

M Moment am Federende
F Kraft am Schenkelende
M_n Nennmoment
R_H Hebelarm Angriffspunkt
α Verdrehwinkel
α_n Nennverdrehwinkel

Stahlfedern werden aus Federstahl hergestellt mit besonderer Anforderung bezüglich einer glatten, kerbfreien und korrosionsfrei gehaltenen Oberfläche. Dies ist die Voraussetzung für eine hohe Zeit- und Langzeitfestigkeit.

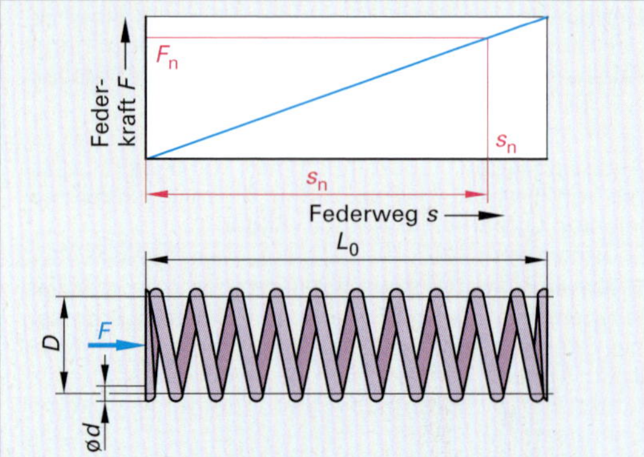

Bild 1: Schraubendruckfeder

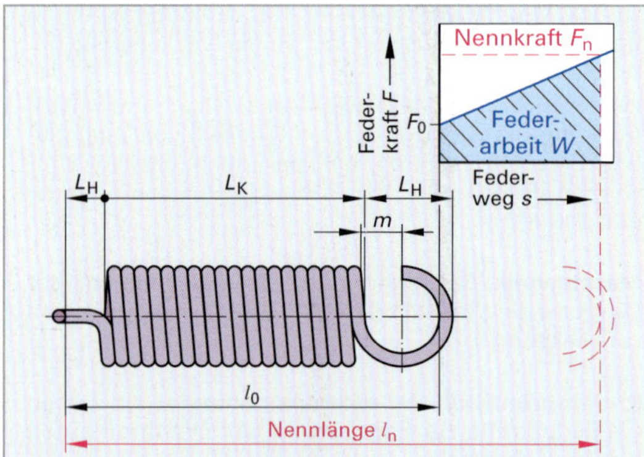

Bild 2: Schraubenzugfeder

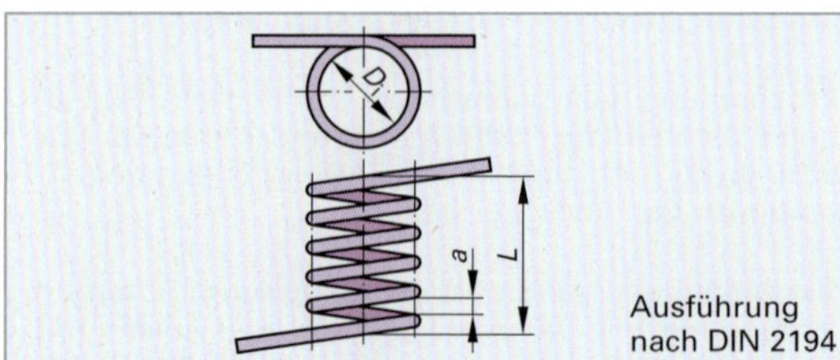

Bild 3: Drehfeder

3.6.4.2 Tellerfedern und Wellenfedern

Tellerfedern nach DIN 2093 sind kegelförmige Ringscheiben (**Bild 1**), welche in Achsrichtung belastet werden. Sie werden als Druckfedern für große Kräfte verwendet. Durch die nichtlineare Federkennlinie (**Bild 2**) erhält man in der Anordnung als Federsäule und Vorspannung eine ungefähr konstante Rückstellkraft über einen weiten Wegbereich.

Die Auflagen und die Führungselemente der Tellerfedern sollten einsatzgehärtet, glatt (evtl. geschliffen) sein.

Man unterscheidet nach dem Federweg-Scheibendicke-Verhältnis (**Tabelle 1**):

- Reihe A: $h_0/t \sim 0{,}4$ (harte Federn)
- Reihe B: $h_0/t \sim 0{,}75$ (mittelharte Federn)
- Reihe C: $h_0/t \sim 1{,}3$ (weiche Federn).

$$h_0 = H - t$$

h_0 max. Federweg
t Scheibendicke
H gesamte Federhöhe

Ein **Tellerfederpaket** ist die gleichsinnige Hintereinanderreihung mehrerer gleicher Tellerfedern (Bild 1). Die Rückstellkraft des Pakets ist die Summe der Rückstellkräfte der einzelnen Federn. Die Reibungskräfte sind erheblich und stark abhängig von der Schmierung. Federpakete bedürfen einer Wartung.

$$F_{ges} = F_E \cdot n$$
$$s_s = s$$

F_{ges} Gesamtrückstellkraft
F_E Einzelrückstellkraft
n Anzahl der Einzelfedern
s_s Federweg des Pakets
s Federweg der Einzelfeder

Bei der **Tellerfedersäule** werden die Einzeltellerfedern wechselseitig aneinandergereiht (Bild 1). Es addieren sich die Federwege der Einzeltellerfedern. Die Rückstellkraft ist im mittleren Lastbereich annähernd konstant.

$$F_{ges} = F_E$$
$$s_s = s \cdot i$$

F_{ges} Gesamtrückstellkraft
F_E Einzelrückstellkraft
i Anzahl der Einzelfedern
s_s Federweg der Säule
s Federweg der Einzelfeder

Flachdraht-Wellenfedern (Bild 3) bestehen aus gewellten Flachdrahtringen. Bei Belastung werden die Wellen zusammengedrückt. Zu Paketen übereinandergeschichtet benötigen sie im Vergleich zu Runddraht-Schraubenfedern bis zu 50 % weniger axialen Bauraum. Sie werden durch einen Dorn oder eine Bohrung geführt. Einlagig werden Wellenringe zum axialen Spielausgleich verwendet.

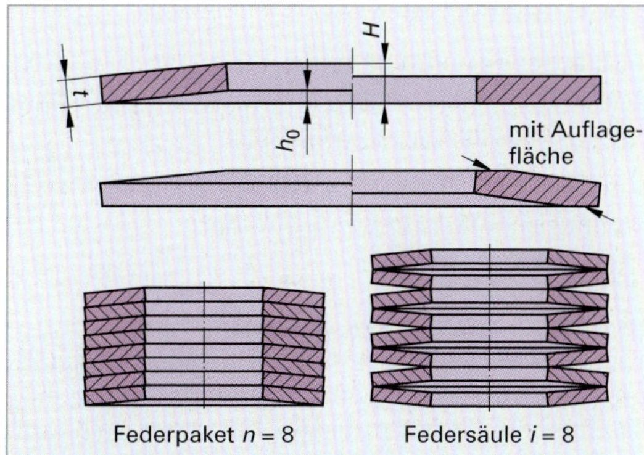

Bild 1: Tellerfedern

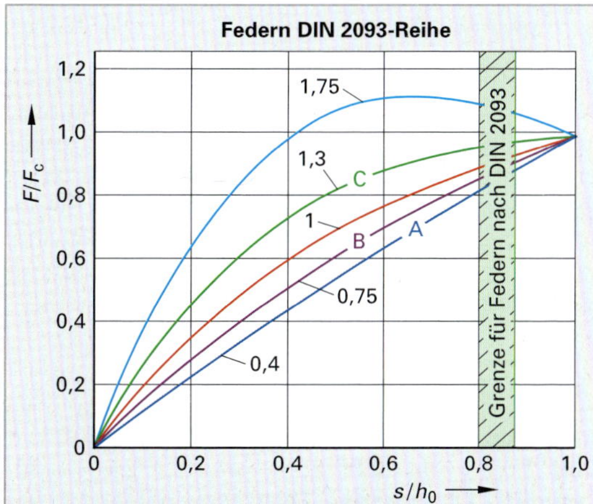

Bild 2: Kennlinien von Tellerfedern

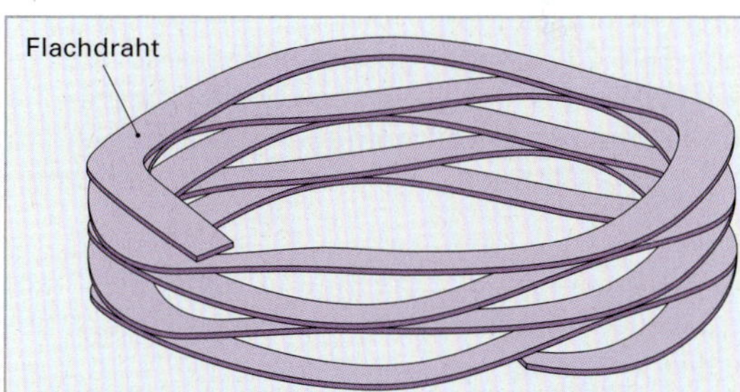

Bild 3: Wellenfeder

Tabelle 1: Tellerfedermaße nach DIN 2093

	$D_{min} \cdot t_{min}$	t < 1,25	1,25 < t < 6	6 < t < 14
Reihe	A hart	8 x 0,4 20 x 1,1	22,5 x 1,25 112 x 6	125 x 8 250 x 14
	B mittelhart	8 x 0,3 28 x 1	31,5 x 1,25 180 x 6	200 x 8 250 x 10
	C weich	8 x 0,2 40 x 1	45 x 1,25 200 x 5,5	225 x 6,5 250 x 7

3.6.4.3 Blattfedern

Bei Blattfedern unterscheidet man

- querkraftbelastete Einzelblattfedern (**Bild 1**) mit unterschiedlichen Blattformen,
- querkraftbelastete geschichtete Blattfedern,
- zylindrische Schraubendrehfedern,
- Spiralfedern.

Einzelblattfedern verwendet man häufig zum Andrücken von Hebeln, Stößeln, Klinken und Schaltkontakten, oft mit hoher Kraftwechselfrequenz. Die Einspannkanten müssen gerundet sein und mit Einlagen aus weicherem Metall oder Kunststoff versehen sein. Die Einspannkerbwirkung kann durch eine Dicken- und Breitenanpassung verringert werden.

Mehrblattfedern sind bauraumsparende flache Federn, z. B. zur Federung bei Kraftfahrzeugen. Zur Erhöhung der Biegesteifigkeit werden mehrere Blätter aufeinandergeschichtet und zwar in der Länge abgestuft, entsprechend dem Biegemomentverlauf. Die Einzelblätter reiben sich bei Belastung und bewirken damit eine Dämpfung von etwaigen Schwingungen.

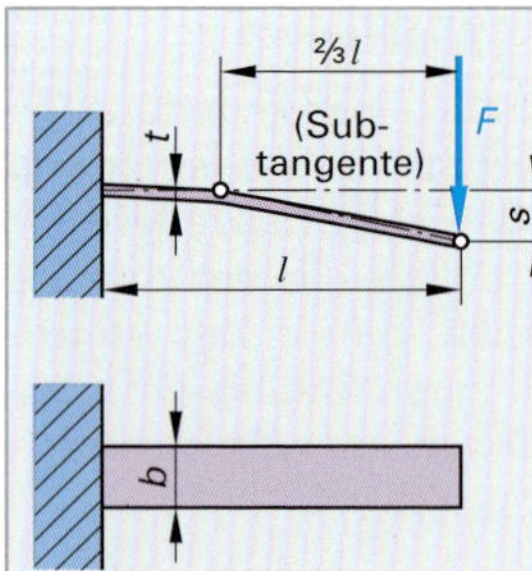

$$F_{zul} = \frac{bt^2}{6} \cdot \frac{\sigma_{b\,zul}}{l}$$

$$s = \frac{Fl^3}{3\,EI} = \frac{4Fl^3}{bt^3E}$$

$$s_{zul} = \frac{2l^2\,\sigma_{b\,zul}}{3tE}$$

$$c = \frac{F}{s} = \frac{bt^3E}{4\,l^3}$$

$$W = \frac{btl}{18E} \cdot \sigma_b{}^2$$

F Querkraft
b Federbreite
l Federlänge
$\sigma_{b\,zul}$ zulässige Biegespannung
E E-Modul
t Federdicke
c Federsteifigkeit (Federrate)
s Federweg
s_{zul} zulässiger Federweg
W Biegearbeit

Bild 1: Blattfeder

3.6.4.4 Drehstabfedern

Drehstabfedern haben meist runden Querschnitt (**Bild 2**). Es gibt aber auch geschichtete Rechteckfedern, ähnlich den Blattfederpaketen. Drehstabfedern benötigen eine große Einbaulänge. Ist diese gegeben, so sind sie ein preisgünstiges Konstruktionselement. Die Drehstabköpfe sind nach DIN 2091 genormt. Drehstäbe sind besonders kerbempfindlich und so muss der Oberfläche hohe Aufmerksamkeit entgegengebracht werden (z. B. Kugelstrahlen, Polieren, Schutzummantelung).

Für eine Überschlagberechnung kann bei Stahl τ_{tzul} = 700 N/mm^2 und für G = 78000 N/mm^2 angesetzt werden.

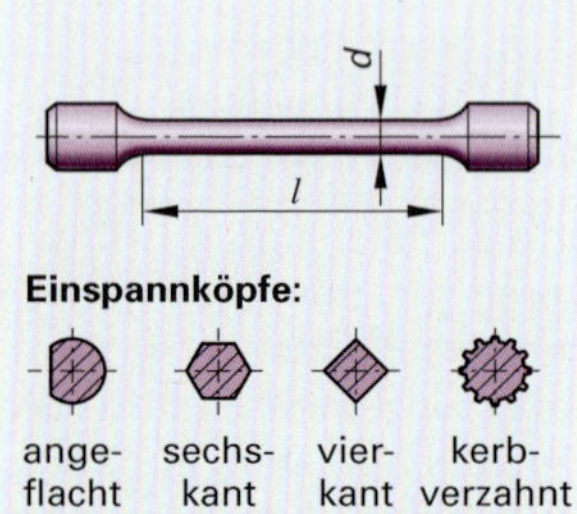

$$M_{t\,zul} = \frac{\pi d^3}{16} \cdot \tau_{t\,zul}$$

$$\varphi = \frac{M_t l}{I_p G} = \frac{32 M_t l}{\pi d^4 G}$$

$$\varphi_{zul} = \frac{2l\,\tau_{t\,zul}}{dG}$$

$$c_t = \frac{M_t}{\varphi} = \frac{\pi d^4 G}{32 l}$$

$$W = \frac{\pi d^2 l}{16G} \cdot \tau_t{}^2$$

M_t Torsionsmoment
$M_{t\,zul}$ zulässiges Torsionsmoment
φ Torsionswinkel
l federwirksame Länge (ohne Einspannverrundung)
d Durchmesser
G Schubmodul
τ_t Schubspannung (ohne Einspannverrundung)

Bild 2: Drehstabfeder

3.6.4.5 Spiralfedern

Beidseitig fest eingespannte Spiralfedern mit rechteckigem Querschnitt mit einem Federband nach DIN 8287 haben bei einer Einspannung nach **Bild 3** eine nahezu gleichbleibende Biegespannung über die gesamte Länge. Die Bauform ist eine archimedische Spirale. Das Drehmoment berechnet sich aus der Biegung. Anwendung finden Spiralfedern außer im Bereich klassischer mechanischer Uhrwerke häufig noch bei Messgeräten.

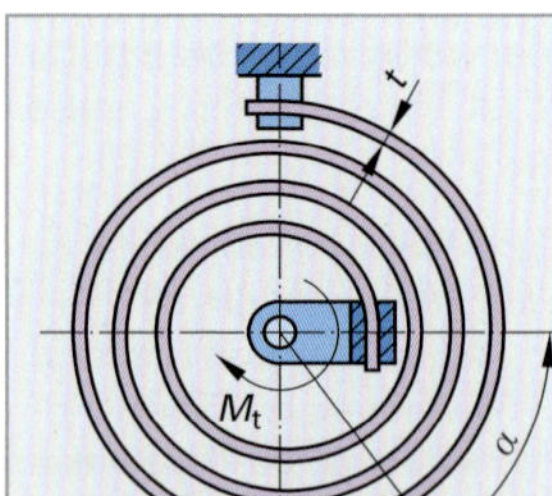

$$M_{t\,zul} = \frac{bt^2}{6} \cdot \sigma_{b\,zul}$$

$$\alpha = \frac{12\,M_t l}{bt^3E}$$

$$\alpha_{zul} = \frac{2l\,\sigma_{b\,zul}}{tE}$$

$$c_t = \frac{bt^3E}{12l} = \frac{\Delta M_t}{\Delta\alpha}$$

M_t Torsionsmoment
$M_{t\,zul}$ zulässiges Torsionsmoment
α Drehwinkel
α_{zul} zulässiger Drehwinkel
E E-Modul
b Federbreite
$\sigma_{b\,zul}$ zulässige Biegespannung
l Federlänge (abgewickelt)
c_t Drehsteifigkeit
t Federdicke

Bild 3: Spiralfeder

3.6.4.6 Ringfedern

Ringfedern bestehen aus Stahlringen mit doppelt konischen Wirkflächen (**Bild 1**). Bei Belastung weitet sich der Außenring und steht unter Zugspannung, während der Innenring zusammengedrückt wird und eine Druckspannung erfährt. Kennzeichnend für Ringfedern ist die relativ hohe Verlustenergie. So wird nur etwa $^1/_3$ der aufgenommenen Energie (Bild 1) wieder abgegeben.

Die hohe Verlustenergie zeichnet die Ringfedern als Schwingungstilger und Stoßdämpfer aus. So wendet man sie z. B. in den Puffern der Eisenbahnfahrzeuge und bei Pressen an. Bei Überlast fahren die Ringe auf Block.

3.6.4.7 Gasdruckfedern

Gasdruckfedern sind pneumatische Zylinder-Kolbensysteme (**Bild 2**). Zur Federkrafterzeugung werden unter Druck stehende Gase, meist Stickstoff, aber auch Luft genutzt. Durch das Einschieben des Kolbens nimmt die Druckkraft etwa um 20 % bis 40 % zu (**Bild 3**). Das ist von der Bauart abhängig (vom Verhältnis des Kolbenquerschnitts zum Stangenquerschnitt). Beim Ausschieben der Kolbenstange reduziert sich die Druckkraft um die Reibungskraft, vor allem verursacht durch die Kolbenstangenführung mit Dichtung. Die Gasdruckfeder kann gleichzeitig auch Dämpfer sein, so dass ein ergänzender Schwingungsdämpfer entfällt. Bei Wechselbelastung entsteht ein nicht unerheblicher Energieverlust durch Reibung.

Funktion und Aufbau. Der Gasdruck wirkt auf die Querschnittfläche des Kolbens. Der Kolben hat zum Austausch der Gasvolumen eine Bohrung, da die Kolbenfläche auf der Seite der Kolbenstange kleiner ist als auf der Gegenseite. Im unbelasteten Zustand ist die Kolbenstange immer ausgefahren. Durch Einschieben der Kolbenstange verringert sich das Gasvolumen im Zylinder und der Gasdruck steigt und die Kolbenstange zeigt eine zunehmend federnde Gegenkraft. Gasdruckfedern sind in sich geschlossene und wartungsfreie Systeme. Sie besitzen oft eine Endlagendämpfung mit Hydrauliköl. Dieses sorgt in der Endlage für ein sanftes Aufsetzen. Die Ein- und Ausfahrgeschwindigkeit und die Dämpfung werden durch die Kolbenbohrung bestimmt.

Durch das Einfahren des Kolbens verringert sich im Zylinder das Volumen um $\Delta V = V_0 - V_1$. Der Druck steigt um $\Delta p = p_1 - p_0$ an. Nach dem Gesetz von Boyle-Mariotte: $(p_0 \cdot V_0 = p_1 \cdot V_1)$ wird die Druckänderung im Zylinder:
$\Delta p = p_0 \cdot \Delta V/(V_0 - \Delta V)$

Die anfängliche Rückstellkraft ist:
$F_0 = p_0 \cdot \Delta A$, mit $A_D = A_K - A_S$ (Kolbenquerschnittfläche minus Stangenquerschnittfläche). Die Volumenänderung ist somit bei einem Einschiebeweg Δs: $\Delta V = A_D \cdot \Delta s$ und die Federkraftzunahme $\Delta F = \Delta p \cdot A_D$.

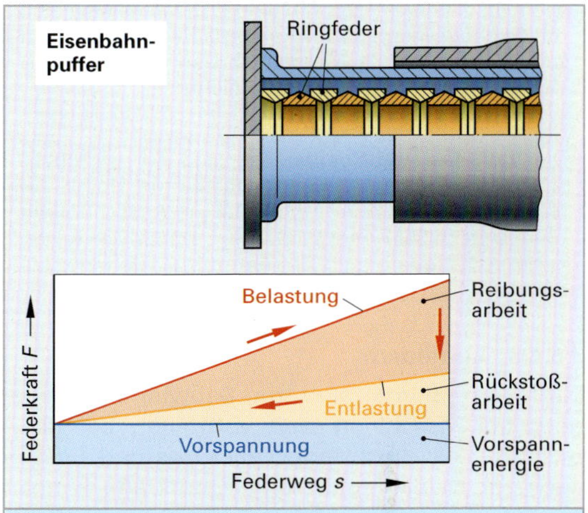

Bild 1: Ringfeder

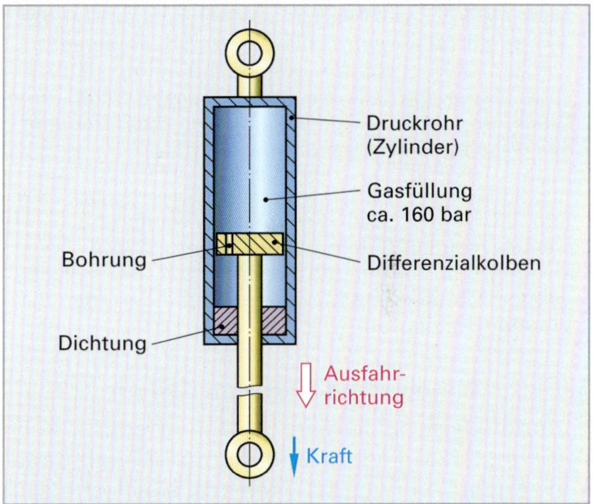

Bild 2: Aufbau einer Gasdruckfeder

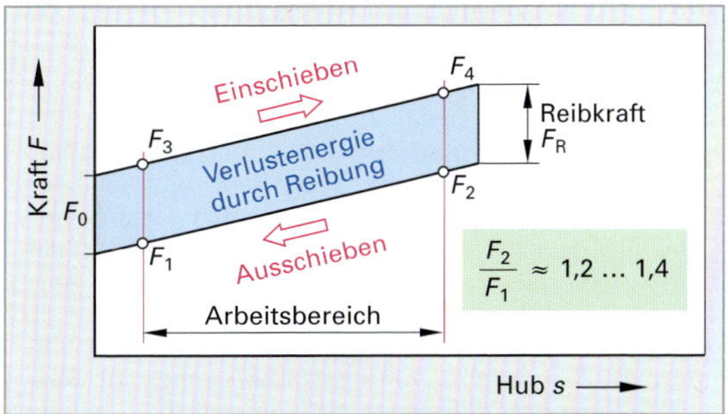

Bild 3: Kennlinie einer Gasdruckfeder

Anwendung. Gasdruckfedern verwendet man vor allem zum Gewichtsausgleich, z. B. bei Maschinen und bei Klappen bzw. bei Deckeln, z. B. beim Kofferraumdeckel.

Ein Gewichtsausgleich[1] durch Gasdruckfedern verursacht im Unterschied durch einen Gewichtsausgleich mit Gegengewichten kaum zusätzliche, nämlich auch zu beschleunigende Massen und so verschlechtert sich das dynamische Verhalten nicht.

Die **Bauarten** und Kenngrößen sind auf die unterschiedlichen Anwendungen abgestimmt durch die Nennlängen, Nennhub, Einschubkraft, Ausschubkraft (Bild 2, Seite 355) und Dämpfung. Durch die relativ hohe Verlustenergie erzielt man mit Gasfedern eine Schwingungstilgung und Stoßdämpfung.

3.6.4.8 Luftfedern

Luftfedern (**Bild 1**) sind zur Schwingungsisolierung bei Maschinen weit verbreitet, bei Pkws meist nur als Zusatzfeder, bei Lkws und Bussen auch zur Niveauregulierung. Querkräfte können Luftfedern nicht aufnehmen.

Die Federkraft bzw. die Federsteifigkeit der Rollbalgfedern **(Bild 2)** ist steuerbar bzw. einstellbar. Um das Niveau zu halten wird mit zunehmender Beladung Luft über einen Kompressor nachgepumpt (Druck: etwa 1 MPa). Die Federsteifigkeit ist proportional zum Druck. So kann auch Einfluss auf die Eigenfrequenz des Gesamtsystems genommen werden.

Zur Vibrations- und Schwingungsisolierung verwendet man Luftfedern bei der Lagerung von Messanlagen und von ganzen Messräumen. Bei schwingenden Motoren und Maschinen verhindert man die Vibrations-Emission.

3.6.4.9 Gummifedern, Elastomerfedern

Gummifedern, allgemein Elastomerfedern, auch faserverstärkte Federn und Gummi-Metall-Sandwich-Federn verwendet man als elastische Verbindungselemente, als Verbindungsgelenke und zur Isolierung von Schwingungen und Vibrationen. Zur mechanischen Ankopplung dienen Metallflächen (**Bild 3**), an die der Gummi innig verbunden vulkanisiert ist.

Die Beanspruchung großer Lasten ist bevorzugt eine Drucklast. Generell können diese Elemente auch auf Scherung und Zug beansprucht werden. Die Formen und Größen sind sehr variantenreich und können der Konstruktionsaufgabe angepasst werden. Zur Auswahlentscheidung und Lastberechnung stellen die Hersteller Tabellen bzw. Rechenprogramme zur Verfügung. Durch eine Gummi-Metall-Sandwich-Bauweise behindert man die Querdehnung und erhält so Gummielemente mit ausgeprägter Vorzugsrichtung.

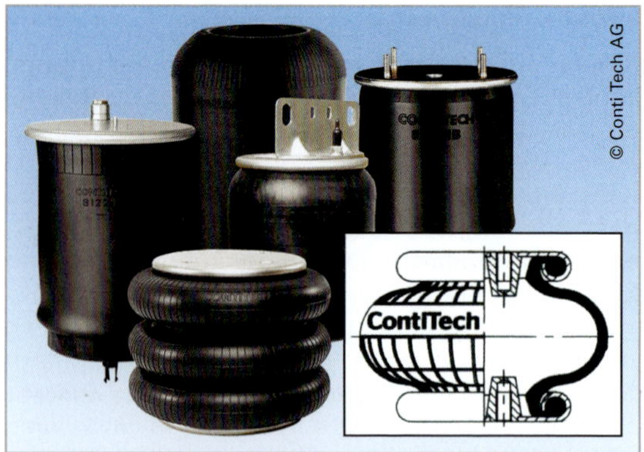

Bild 1: Luftfedern verschiedener Bauarten

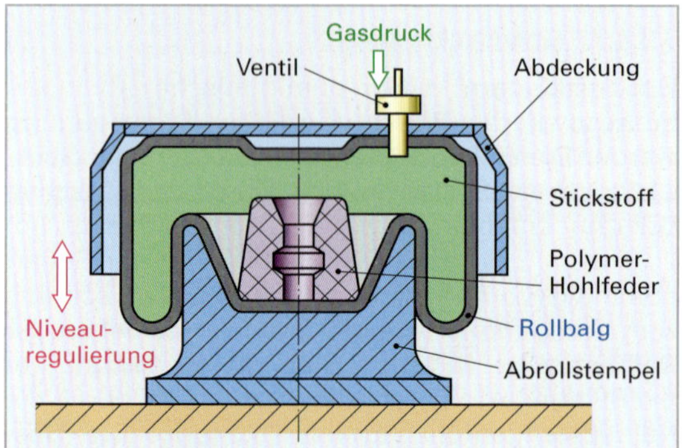

Bild 2: Luftfeder

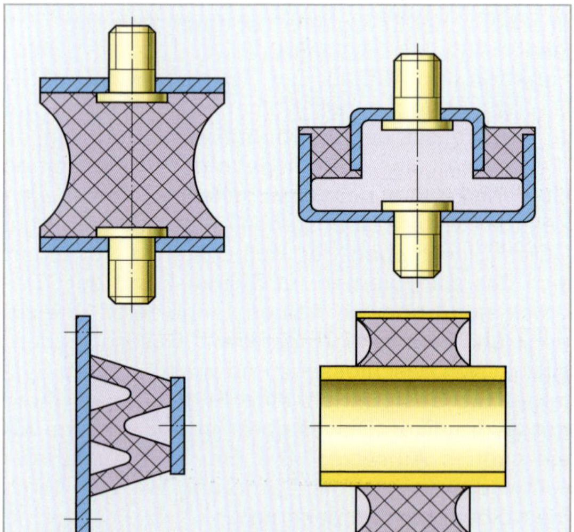

Bild 3: Gummifederbauarten (Auswahl)

[1] Bei großen Werkzeugmaschinen erfolgt der Gewichtsausgleich meist mit einem Hydraulikzylinder in Verbindung mit einem Hydraulik-Blasenspeicher und einer Konstantdruckregelung. Auch hier wird die Kompressibilität der Luft in physikalisch ähnlicher Weise genutzt wie bei den Gasdruckfedern.

Kunststoffe, verstärkt mit Glasfasern, Aramidfasern oder Kohlestofffasern ermöglichen eine relativ freie Gestaltung federnder Bauteile und finden Verwendung z. B. in Sportgeräten und im Flugzeugbau.

3.6.1.10 Memory-Metallfedern

Memory-Metalle (Formgedächtnis-Metalle, engl. shape memory alloys, SMA), z. B. CuZnAL-Legierung ändern in einem engen Temperaturbereich das Gefüge und damit die Elastizität. Federn aus Memory-Metallen haben z. B. im kalten Zustand (<70 °C) ein martensitisches Gefüge und super *elastische Eigenschaften* und im etwas erhöhten Temperaturbereich (>90 °C) ein austenitisches Gefüge mit hoher Steifigkeit (**Bild 1**).

So dehnt sich eine belastete Feder (**Bild 2**) im kalten Zustand und zieht sich im erwärmten Zustand zusammen (sie erinnert sich an ihre ureigene Form). Die Erwärmung kann z. B. mithilfe eines elektrischen Stroms durch die Feder erfolgen oder mit einer externen Wärmequelle.

Anwendung. Die Anwendung ist sehr vielseitig, z. B. als Aktor: mit einem Aktorgewicht von nur 5 g können Kräfte von 10 N bei einem Hub von 25 mm erzeugt werden (Bild 2). Memory-Metallfedern verwendet man z. B. als Stellklappenantriebe (temperaturgesteuert), als Verbindungsmuffen (geringe Fügekräfte bei Unterkühlung und hohe Haftkräfte bei Normaltemperatur). Es gibt Anwendungen im Bereich der Medizintechnik, z. B. für Stents und für Zahnspangen.

Die Superelastizität übertrifft die Elastizität konventioneller Metalle bis zum Zwanzigfachen aufgrund einer Phasenumwandlung innerhalb des Werkstoffes. Der Werkstoff hat in der Hochtemperaturphase austenitisches Gefüge und bildet sich unter äußeren Spannungen in Martensit um.

3.6.1.11 Integration einer Federfunktion

Die Integration einer federnden Wirkung in ein Bauteil oder Produkt sollte stets mit geringem Montageaufwand und wenigen Montageteilen erfolgen.

Beispiele sind: Sicherheitsnadeln, Klammern, Sicherungsringe, Schnapphaken (**Bild 3**). Besonders gilt dies bei der Miniaturisierung. So werden in sogenannten Nano-Greifern alle Elemente: Greifer, Greifer-Antrieb, Greifer-Rückstellfeder (als Mäander-Blattfeder) in einem Siliciumwafer als ein integriertes Bauteil in hohen Stückzahlen hergestellt (**Bild 4**).

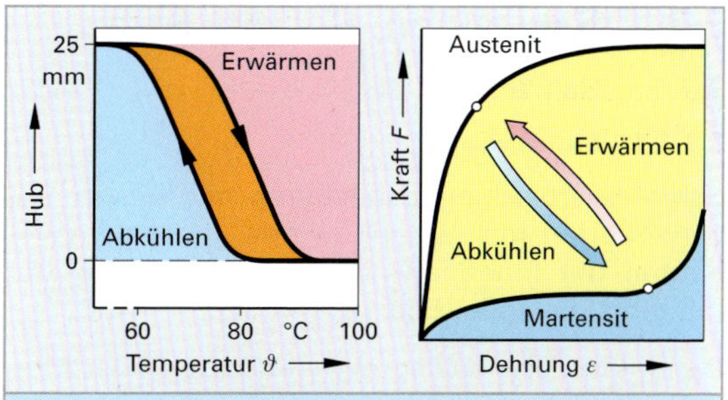

Bild 1: Phasenumwandlung bei einem Memory-Metall

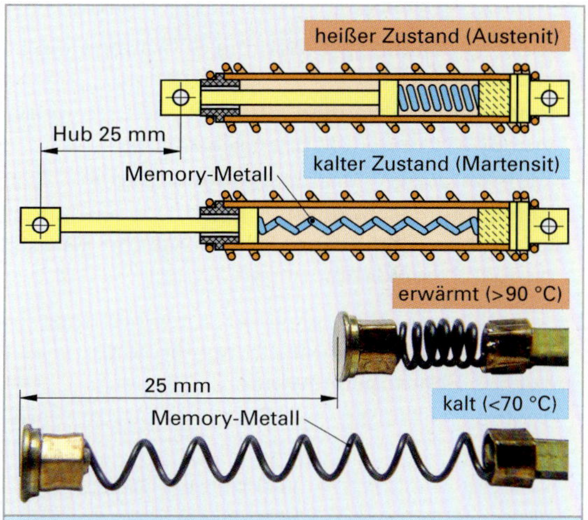

Bild 2: Memory-Metall-Feder als Aktor

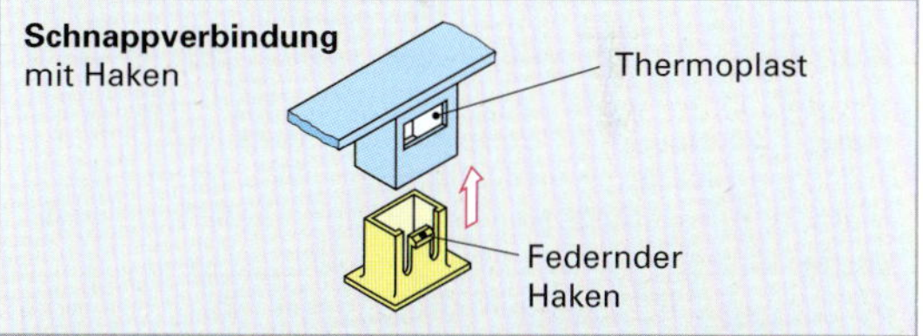

Bild 3: Thermoplastischer Schnappverschluss

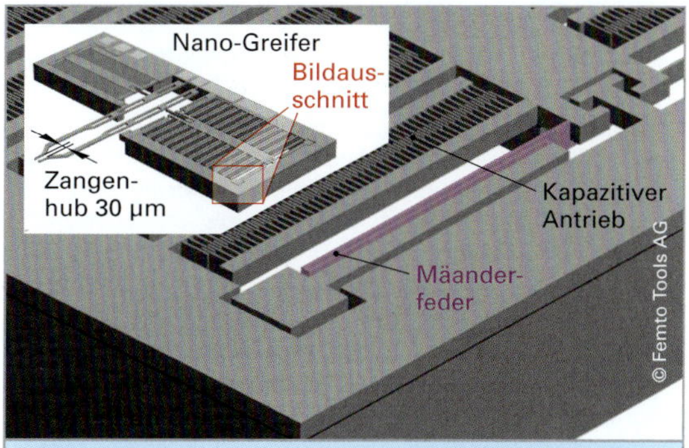

Bild 4: Silicium-Nanogreifer mit integrierter Mäander-Blattfeder

3.7 Schrauben, Bolzen, Stifte

3.7.1 Schrauben

3.7.1.1 Einführung

Schraubverbindungen bestehen aus einem Gewindebolzen mit Außengewinde und einem Außenteil mit Innengewinde bzw. Gewindemutter mit Innengewinde (**Bild 1**).

Durch eine Drehbewegung von Bolzen oder Mutter verschiebt sich die relative Lage des Gewindebolzens zur Gewindebohrung und bewirkt eine gewollte Bewegung oder ein gewolltes Verspannen.

Dementsprechend teilt man die Schrauben ein in die Hauptgruppen:

- **Bewegungsschrauben**[1] (**Bild 2**) zur Erzeugung von Bewegungen, z. B. an Maschinen
- **Stellschrauben** für Einstellungen (**Bild 3**)
- **Befestigungsschrauben** bzw. Verbindungsschrauben (**Bild 4**) zur Herstellung von Befestigungen bzw. Verbindungen.

Es gibt eine Vielzahl weiterer Anwendungen in z. T. sehr speziellen Ausführungsformen und mit speziellen Schraubengewinden, z. B.:

- Justageschrauben zur Einstellung von Parametern,
- Verschlussschrauben von Behältnissen,
- Verschraubungen für Foto-Objektive,
- Kabelverschraubungen.

Werkstoffe. Entsprechend der Vielfalt der Anwendungen und der Ausführungsformen gibt es einen weiten Bereich an verwendeten Werkstoffen. Infrage kommen hier prinzipiell alle festen Werkstoffe, also: Metalle, Kunststoffe, Keramiken und auch Faserwerkstoffe.

Oberflächen. Neben der Werkstoffart, die vor allem für die Festigkeit entscheidend ist, sind auch alle Techniken der Oberflächenbehandlung, wie z. B. das Härten und Vergüten sowie die Verfahren der Beschichtung, wie z. B. das Verzinken gegen Korrosion, ein wichtiges Kriterium für die Konstruktion oder die Auswahl von Schrauben.

Normen. Für die meisten Anwendungen von Schrauben gibt es genormte Ausführungen, so dass die Beschaffung, auch die Ersatzteilbeschaffung und die Anwendung der Montagewerkzeuge stark vereinfacht wird (**Tabelle 1**).

Dementsprechend werden Konstrukteure Schrauben meist als genormte Zukaufteile einsetzen oder sie sind gehalten, im Falle von Sonderkonstruktionen die Schrauben so zu gestalten, dass eine Montage und Demontage mit Standardwerkzeugen möglich ist.

[1] siehe Kapitel Getriebe

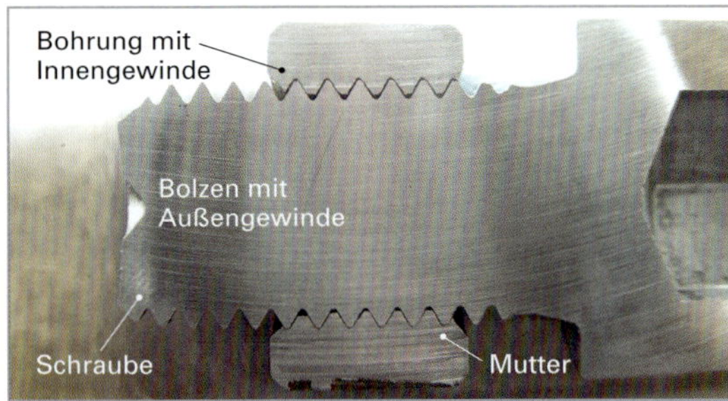

Bild 1: Schraube und Mutter im Querschnitt

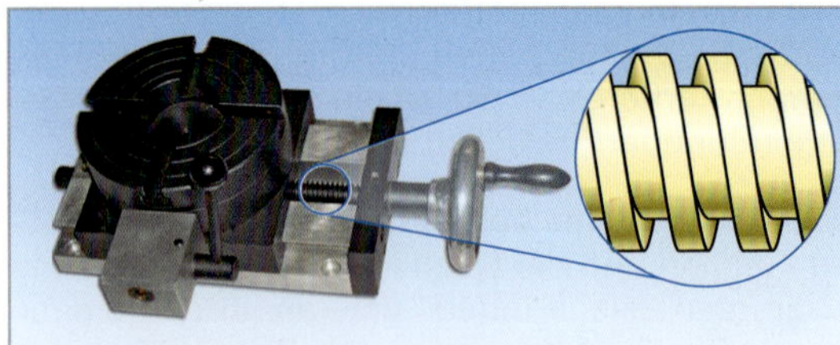

Bild 2: Trapezgewindespindel

Bild 3: Stellschraube an einem antiken Vaginal-Speculum, ca. 100 v. Chr.

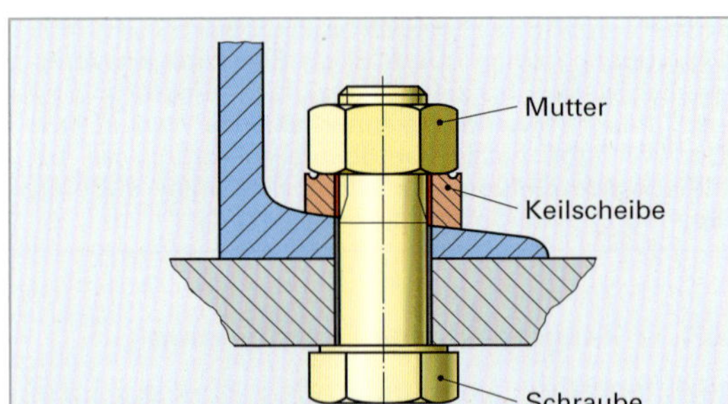

Bild 4: Befestigungsschraube

Tabelle 1: DIN 13, Nennmaße von Gewinden

DIN 13 – Teil 1 Metrisches ISO-Gewinde allgemeiner Anwendung · Nennmaße für Regelgewinde; Gewinde-Nenndurchmesser von 1 mm bis 68 mm

.
.
.

DIN 13 – Teil 52 Metrisches ISO-Gewinde allgemeiner Anwendung · Toleranzen und Profilabweichungen für mehrgängige Gewinde

3.7.1.2 Kenngrößen und Ausführungsformen

Die Anwendung einer Befestigungsschraube bestimmt ihre Ausführungsform in Bezug auf

- das Gewinde (**Bild 1**),
- den Schraubenschaft,
- den Schraubenkopf,
- die Schraubenmutter und etwaige
- Zusatzelemente, wie z. B. die Sicherungselemente.

Unter dem **Gewinde** versteht man eine Einkerbung, die in axialer Richtung in einer Schraubenlinie um einen Zylinder verläuft. Die Höhenzunahme in axialer Richtung pro Umdrehung wird als *Steigung* P bezeichnet.

Die Gewindearten sind in DIN 202 festgelegt. Die wichtigsten Gewinde sind die ISO-Gewinde, z. B. das Gewinde M 10. Es hat einen Gewinde-Nenndurchmesser von 10 mm. Weitere Maße leiten sich daraus ab **(Bild 2)**. Der Buchstabe M bedeutet, dass es ein metrisches Gewinde ist.

Man unterscheidet ferner bei ISO-Gewinden *Regelgewinde* und *Feingewinde* (Bild 1). Feingewinde haben kleinere Steigungen und größere Kerndurchmesser als die Regelgewinde. Man verwendet Feingewindeschrauben als Befestigungsschrauben, um z. B. auf eine anderweitige Sicherung verzichten zu können. Einstell- und Justageschrauben haben ebenfalls häufig ein Feingewinde.

Gewinde sind meist Rechtsgewinde. Es gibt aber auch Linksgewinde. Linksgewinde werden z. B. bei der Befestigung rechtsrotierender Scheiben verwendet oder in Spannschlössern **(Bild 3)**. Darüber hinaus gibt es weitere Gewindearten.

Schrauben unterscheiden sich vor allem in der Länge, im Nenndurchmesser, in der Kopfform und im Schaft:

- Sechskantschrauben,
- Passschrauben,
- Zylinderschrauben,
- Torx®-Schrauben,
- Stiftschrauben,
- Dehnschrauben,
- Gewindestifte (**Tabelle 1, Seite 360**).
- Stellschrauben mit unterschiedlichen Kopfformen.

Die wichtigsten Kenngrößen der Sechskantschrauben sind:

- Schaftdurchmesser,
- Schaftlänge,
- Gewindelänge.
- Schlüsselweite,
- Kopfhöhe,

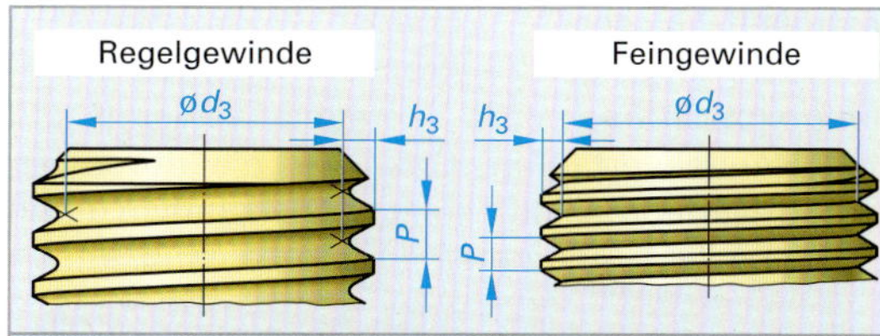

Bild 1: Regelgewinde und Feingewinde

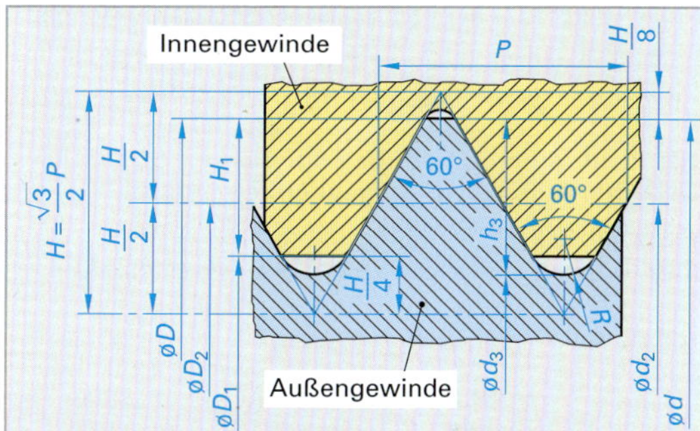

Gewinde-Nenndurchmesser	$d = D$
Steigung	P
Gewindetiefe des Außengewindes	$h_3 = 0{,}6134 \cdot P$
Gewindetiefe des Innengewindes	$H_1 = 0{,}5413 \cdot P$
Rundung	$R = 0{,}1443 \cdot P$
Flanken-ø	$d_2 = D_2 = d - 0{,}6495 \cdot P$
Kern-ø des Außengewindes	$d_3 = d - 1{,}2269 \cdot P$
Kern-ø des Innengewindes	$D_1 = d - 1{,}0825 \cdot P$
Flankenwinkel	$\beta = 60°$

$$H = \frac{\sqrt{3}}{2} P$$

Bild 2: Gewindemaße beim Regelgewinde

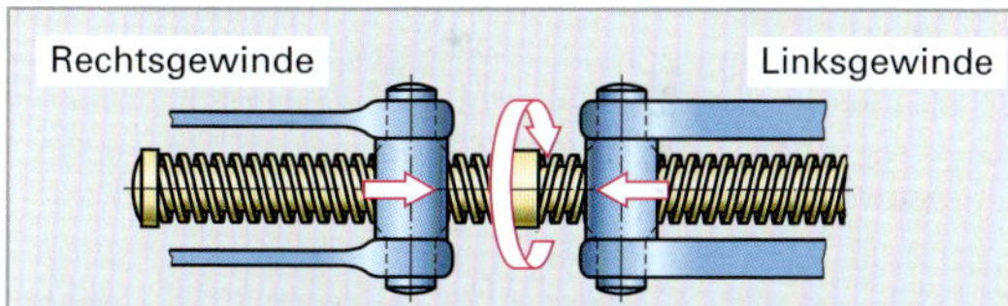

Bild 3: Spannschloss

Tabelle 1: Weitere Gewindearten (Beispiele)

Trapezgewinde, DIN 103	**E-Gewinde,** DIN 40400	**Withworth-Regelgewinde,** BS84
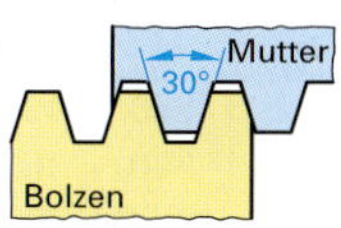	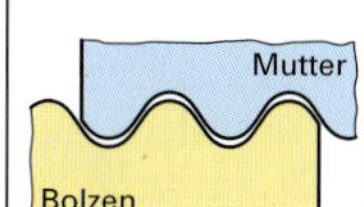	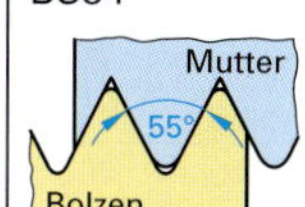
Amerik. Rohrgewinde	**Sägengewinde,** DIN 513	**Rundgewinde,** DIN 405
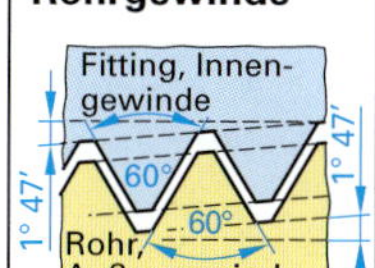	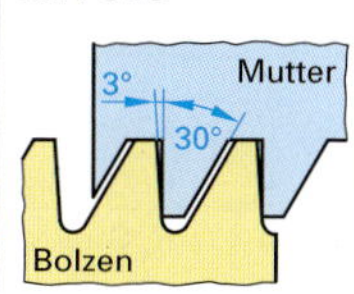	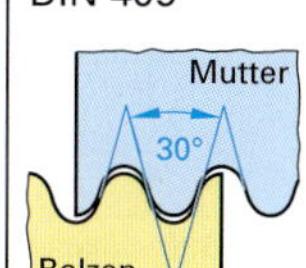

Festigkeitsklassen

Die Festigkeitseigenschaften der Schrauben bestimmen sich nach dem Schraubenwerkstoff und dem Herstellverfahren. Gewinde, die durch ein Umformverfahren hergestellt werden, haben durch geringere Kerbwirkung eine höhere Festigkeit.

Schrauben sind meist in Festigkeitsklassen nach DIN EN ISO 4759-1 (**Tabelle 2**) eingeteilt und durch einen Zahlencode, mit zwei Zahlen, getrennt durch einen Punkt (**Bild 1**) auf dem Schraubenkopf gekennzeichnet:

< 1. Zahl > . < 2. Zahl >
Beispiel: 10.9

Hieraus bestimmt man die Zugfestigkeit R_m und die Dehngrenze $R_{p0,2}$ nach folgender Beziehung:

Beispiel: 10.9

Zugfestigkeit: R_m in N/mm² = 100 · erste Zahl

$\Rightarrow$ R_m in N/mm² = 100 · 10 = 1000

Dehngrenze: $R_{p0,2}$ in N/mm² = 10 · erste Zahl · zweite Zahl

$\Rightarrow$ $R_{p0,2}$ in N/mm² = 10 · 10 · 9 = 900

Die Festigkeit bei nichtrostenden Schrauben wird nach ISO 3506 mit einem alphanumerischen Code angegeben:

< Buchstabe > < Ziffer > – < Zahl >
Beispiel: A2-70

Der Buchstabe bezeichnet die Werkstoffgruppe:
A = Austenitischer Stahl;
C = Martensitischer Stahl;
F = Ferritischer Stahl.

Die nachfolgende Ziffer kennzeichnet die Legierung:
1 = Automatenstahl mit Schwefelzusatz,
2 = Kaltstauchstahl mit Chrom und Nickel legiert,
3 = Kaltstauchstahl mit Chrom und Nickel legiert, stabilisiert mit Ti, Nb, Ta,
4 = Kaltstauchstahl mit Chrom, Nickel und Molybdän legiert.

Die Zahl nach dem Bindestrich benennt die Festigkeitsklasse, z. B. 50, 70 oder 80. Diese Zahlen geben 1/10 der Mindestzugfestigkeiten R_m an. So bedeutet 70 eine Mindestzugfestigkeit von 700 N/mm².

Für Muttern niedriger Bauart gibt man eine Prüflast an. Üblich sind die Angaben 025, 035 und 040. Dabei bedeutet z. B. 035 eine Prüflast von 350 N/mm².

Tabelle 2: Festigkeitsklassen

Klasse	R_m	R_e	A	Klasse	R_m	R_e	A
3.6	300	180	25	9.8	900	720	10
4.6	400	240	22	10.9	1000	900	9
4.8	400	320	14	12.9	1200	1080	8
5.6	500	300	20	A2-50	500	210	20
5.8	500	400	10	A2-70	700	450	13
6.8	600	480	8	A2-80	800	600	10
8.8	800	640	12	Nichtrostend; 50 = weich, 70 = kaltverfestigt, 80 = hochfest			

R_m Zugfesigkeit in N/mm R_e Streckgrenze in N/mm²
A Bruchdehnung in %

Tabelle 1: Schraubenarten, Auswahl

Sechskantschraube mit Schaft, DIN EN ISO 4014, häufigste Schraube im Maschinenbau

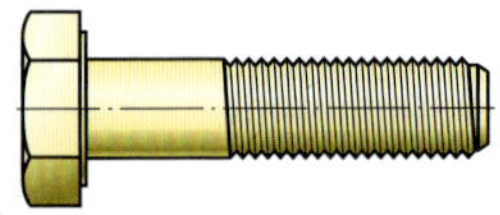

Passschraube, DIN 609, für Positionierung von Bauteilen, geeignet auch für die Querkraftübertragung

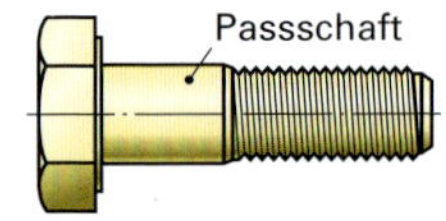

Sechskantschraube mit Gewinde bis zum Kopf, DIN EN ISO 4017, hohe Langzeitfestigkeit

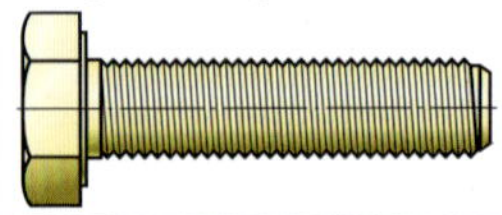

Zylinderschraube, DIN EN ISO 4762, geringer Raumbedarf, Innensechskant

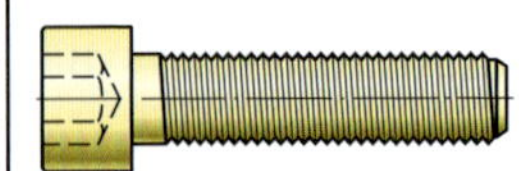

Dehnschraube, DIN EN ISO 24015, für schwellende und stoßartige Last

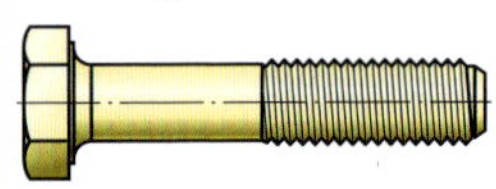

Torx®-Schraube, DIN EN ISO 14579, Innensechsrund, keine Rückschubkräfte

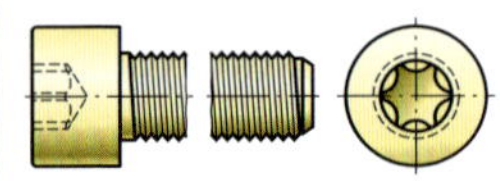

Stiftschraube, DIN 835, DIN 938, DIN 939, beidseitig mit Schraubengewinde

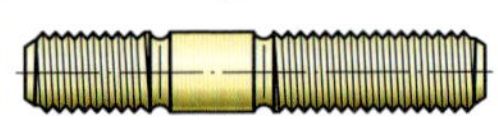

Gewindestift, DIN 553, für Sicherung auf Zug-Druck

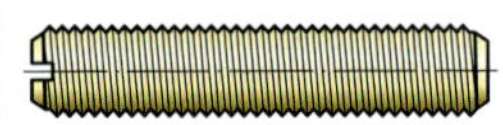

Sechskantschraube, Maße

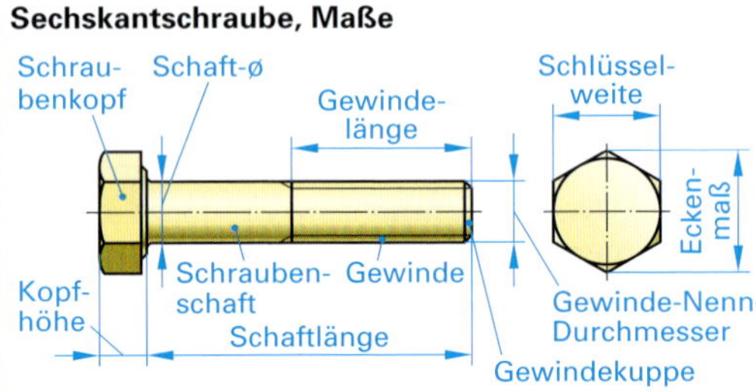

Bild 1: Festigkeitsangaben

Einschraubtiefen

Den Festigkeitsklassen entsprechend sind unterschiedliche Einschraubtiefen (**Bild 1**) zugeordnet. Sie hängen aber auch vom Werkstoff des Innengewindes ab (**Tabelle 1**).

Gewindeeinsätze

Bei Leichtmetallen und anderen Werkstoffen mit geringer Festigkeit können die Gewindegänge leicht ausreißen, insbesondere wenn die Schraubenverbindung auch öfters wiederholend gelöst und verschraubt wird.

Bei Werkstoffen mit geringer Festigkeit helfen selbstschneidende Gewindeeinsätze, meist aus Cu-Zn-Legierungen **(Bild 2)**. Diese haben ein scharfes Außengewinde und schneiden beim Eindrehen im weicheren Bauteilwerkstoff ihr Gewinde selbst. Für das Innengewinde können dann übliche Normschrauben in üblicher Anwendung verwendet werden.

Es gibt auch Gewindeeinsätze aus Draht (HeliCoil), schraubenförmig gewickelt, zum Eindrehen in eine Gewindebohrung **(Bild 3)**.

Mutter

Die Mutterhöhe und somit die Einschraubtiefe ist für Befestigungsschrauben abhängig vom Gewinde-Nenndurchmesser und beträgt typisch $0{,}8 \cdot d$ (d = Gewinde-Nenndurchmesser). Muttern gibt es in vielen Ausführungsformen (**Tabelle 2**).

Übliche Muttern sind:

- Sechskantmutter,
- Hutmutter,
- Kronenmutter,
- Rändelmutter,
- Flügelmutter,
- Ringmutter.

Die Festigkeitsklasse wird bei den Muttern in Form einer einzelnen Zahl angegeben. Die Mutterfestigkeitsklasse ist abhängig vom Werkstoff einschließlich der Legierungszusätze.

Festigkeitsklassen von Muttern sind: 4; 5; 6; 8; 9; 10; 12.

Diese Zahlen korrespondieren mit Schrauben der Festigkeitsklassen 4.8; 5.8; 6.8; 8.8; 9.8; 10.8; 12.8

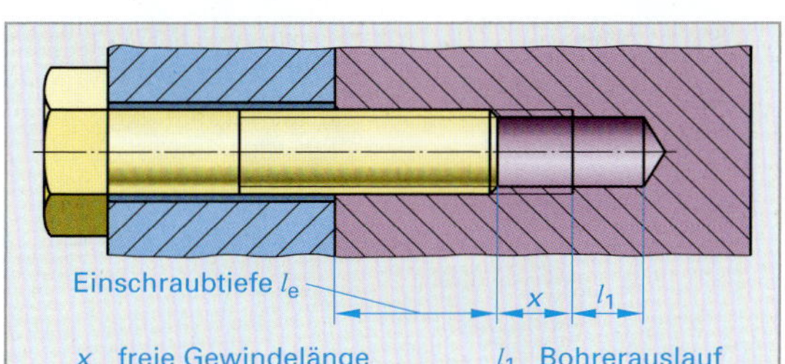

Bild 1: Einschraubtiefe

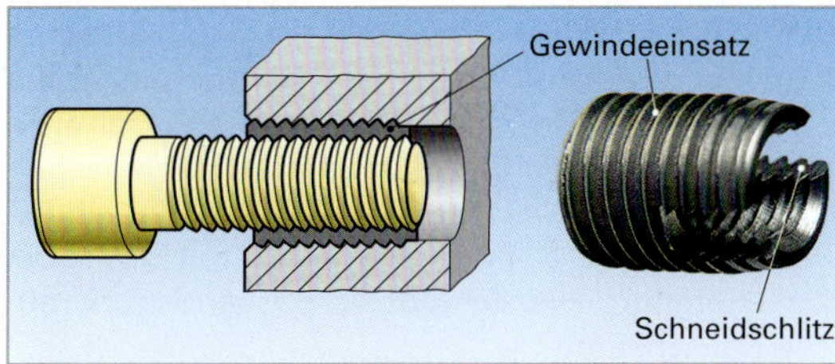

Bild 2: Selbstschneidender Gewindeeinsatz

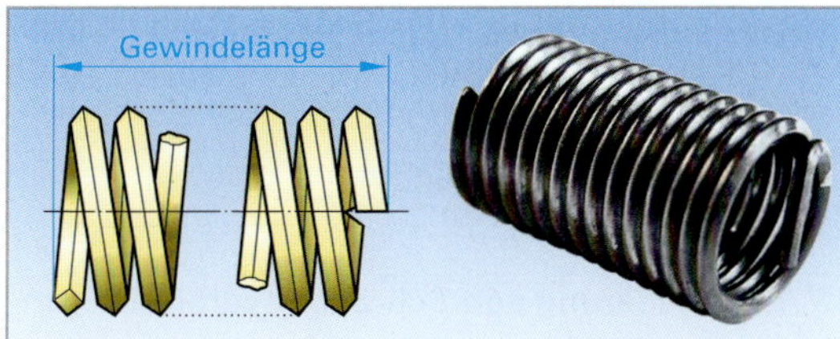

Bild 3: Heli-Coil

Tabelle 1: Einschraubtiefen

Festigkeitsklasse der Schraube		4.6	6.8	8.8	10.9
Werkstoff des Innengewindes		Einschraubtiefen			
Baustahl	$R_m < 800\ N/mm^2$	$0{,}8 \cdot d$	$1{,}2 \cdot d$	$1{,}2 \cdot d$	–
	$R_m > 800\ N/mm^2$	$0{,}8 \cdot d$	$1{,}2 \cdot d$	$1{,}0 \cdot d$	$1{,}0 \cdot d$
Gusseisenlegierungen		$1{,}3 \cdot d$	$1{,}5 \cdot d$	$1{,}5 \cdot d$	–
Al- Gusslegierungen		$1{,}6 \cdot d$	$2{,}2 \cdot d$	–	–
Al- Legierungen		$0{,}8 \cdot d$	$1{,}2 \cdot d$	$1{,}6 \cdot d$	–
d Gewindedurchmesser					

Tabelle 2: Muttern, Auswahl

Sechskantmutter, DIN EN ISO 4032, meist verwendet 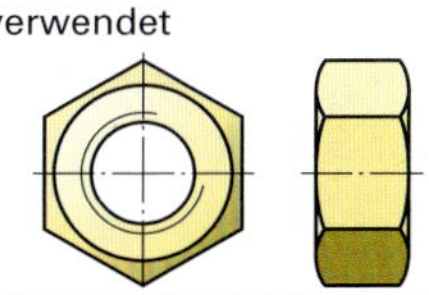	**Sechskantmutter mit Flansch.** DIN EN 1661, Unterlegscheiben entbehrlich 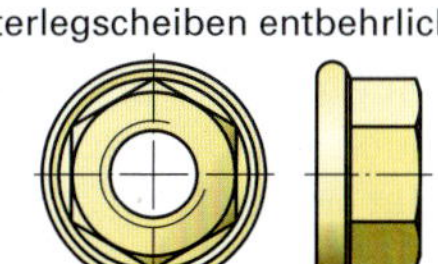
Hutmutter, DIN 1587, ästhetisch, verringert Mutter, Verletzungsgefahr 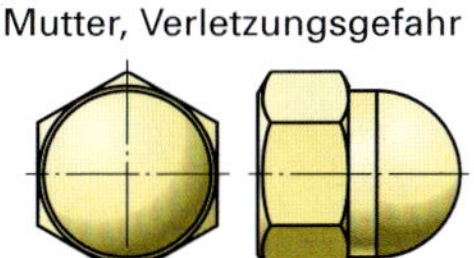	Rändelmutter, DIN 467, für Einstellverschraubungen. 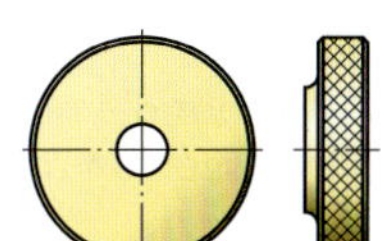
Flügelmutter, DIN 315, für Handverschraubungen. 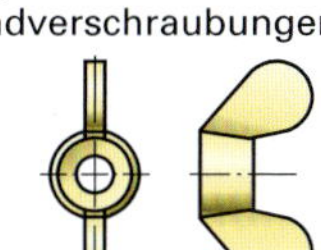	Ringmutter, DIN 582, dient als Transportöse 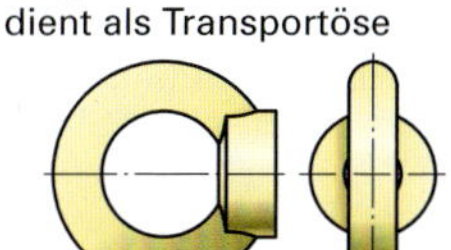

Unterlegscheiben

Neigt der Werkstoff unter den Schraubenköpfen bzw. unter den Muttern zum Setzen oder ist er in seiner Festigkeit gering, dann sind Unterlegscheiben erforderlich, Keilscheiben sind erforderlich bei Unebenheiten, z. B. bei Stahlträgern mit 8 %- bzw. 12 %-Neigung. Hierfür gibt es passend quadratische Keilscheiben.

Passschrauben nach DIN 7968 und Sechskantschrauben mit großen Schlüsselweiten werden meist in Verbindung mit Unterlegscheiben verwendet (**Bild 1**).

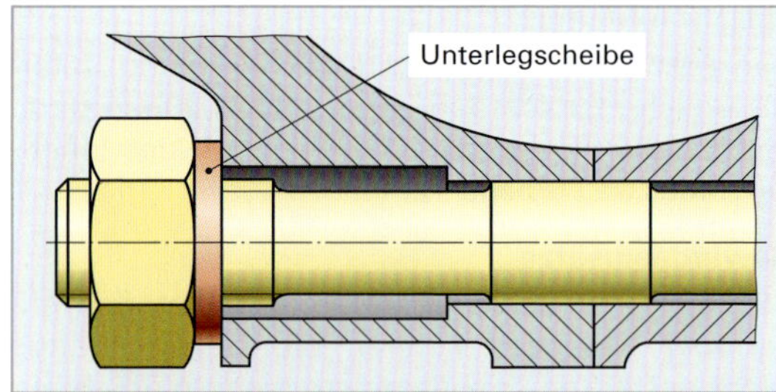

Bild 1: Unterlegscheibe bei einer Passdehnschraube

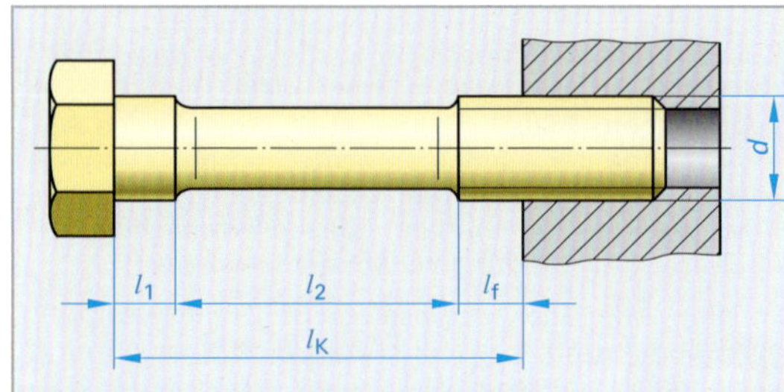

Bild 2: Dehnschraube

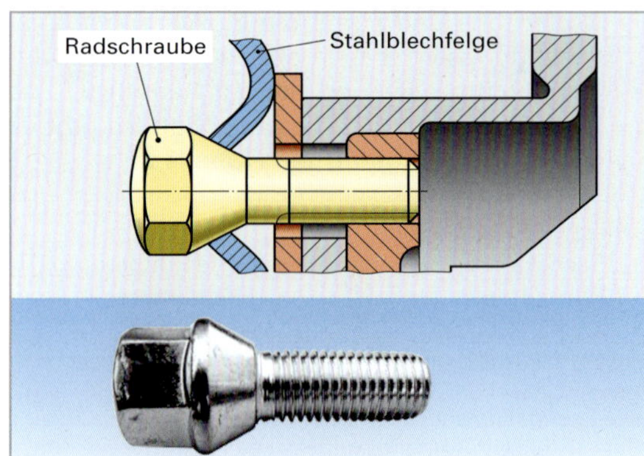

Bild 3: PKW-Radbefestigung

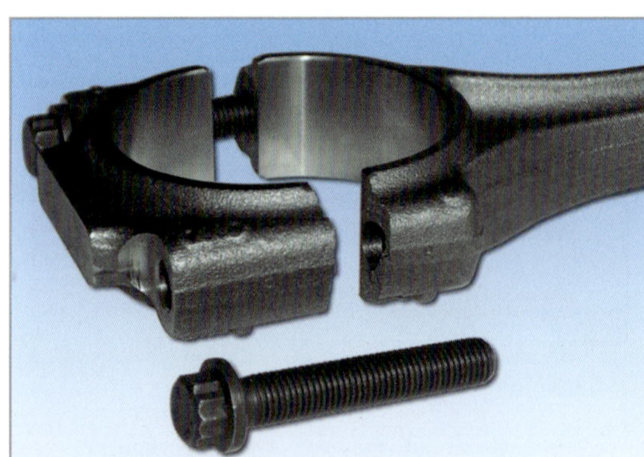
Bild 4: Verschraubung bei einem Pleuel

3.7.1.3 Sicherung von Schraubenverbindungen

Schraubenverbindungen erfüllen dann dauerhaft ihre Funktion, wenn die Vorspannkraft der Verbindung erhalten bleibt. Ein Vorspannkraftverlust von maximal 20 % gilt allgemein als zulässig. Das Sichern von Schraubenverbindungen dient dem Erhalt der Vorspannkraft, um das komplette Lösen einer Schraubenverbindung (Schraube oder Mutter) zu unterbinden.

Grundsätzlich sollten Schraubenverbindungen so gestaltet sein, dass die Verwendung einer Schraubensicherung nicht notwendig ist. Dazu muss beachtet werden:

- Es sollte eine sehr dehnfähige Schraube verwendet werden (**Bild 2**) oder ein dehnfähiger Flansch oder beides, wie z. B. bei der Befestigung von PKW-Rädern (**Bild 3**). Man erreicht die hohe Dehnfähigkeit durch Einsetzen einer Schraube mit großem Verhältnis von Klemmlänge l_k zu Durchmesser d: $l_k > 5 \cdot d$. Es kann auch ein Dehnschaft an der Schraube verwendet werden.
- Vermeiden von vielen verspannten Bauteilen. Jedes Bauteil, welches innerhalb einer Schraubenverbindung verklemmt wird, bildet einen zusätzlichen Setzbetrag.
- Verwendung von Schrauben mit der Festigkeitsklasse von mindestens 8.8.

Die Verschraubung eines Pleuels im Kfz-Motor geschieht z. B. ohne Sicherung. Die Schraube ist sehr schlank (großes Verhältnis $l_k : d$). Sie besitzt nur einen kurzen Dehnschaft und zusätzlich einen Flansch unter dem Kopf (keine Unterlegscheibe!, **Bild 4**).

Sind Schraubensicherungen erforderlich, so gibt es hierfür viele Möglichkeiten (**Tabelle 1**).

Eine **stoffschlüssige** Schraubensicherung mit mikroverkapseltem Kunststoff, bestehend aus Zwei-Komponenten-Material, wird häufig auch bei schwingender Last eingesetzt (**Bild 1**).

Kraftschlüssige Sicherungselemente lösen sich eventuell, so dass es zum Herausfallen eines Verbindungsbauteils kommt.

Formschlüssige Sicherungs-Verbindungen geben meistens so weit nach, dass die Vorspannkraft nicht mehr hinreichend gegeben ist.

Die beste formschlüssige Schraubensicherung ist eine Sperrzahnschraube, deren Zahnprofil sich in die Bauteiloberfläche eingräbt und in dieser formschlüssig gehalten wird. Beleg für diese Aussage liefert die Darstellung in **Bild 2**. Hier ist das Resultat eines Schwingversuchs mit unterschiedlich gesicherten Schraubenverbindungen dargestellt.

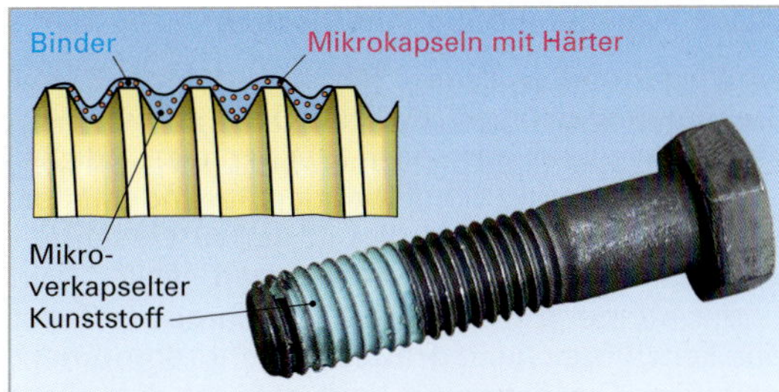

Bild 1: Stoffschlüssige Schraubensicherung

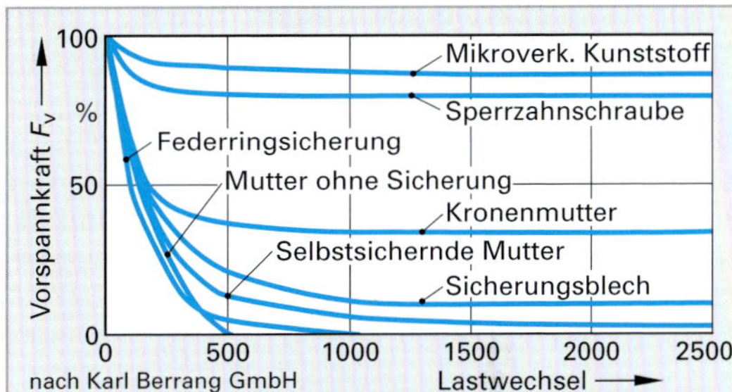

Bild 2: Schraubensicherung, Test durch Losdrehversuche

Tabelle 1: Schraubensicherungen

Stoffschluss	**Kraftschluss**
 Mikroverkapselter Kunststoff — Ein Zwei-Komponenten-Klebstoff, welcher zwischen Innen- und Außengewinde gebracht wird, sichert die Verbindung. Ist auch als Dichtung zu verwenden (nicht genormt).	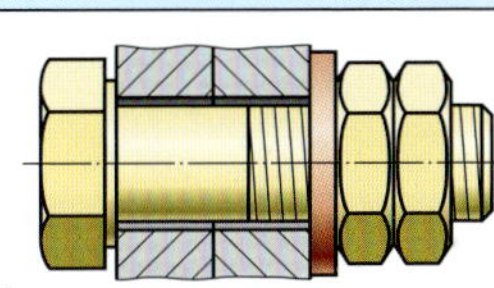 Kontermutter — Zwei Sechskantmuttern werden gegeneinander festgezogen, so dass eine Klemmung entsteht (DIN EN 24035).
Formschluss	
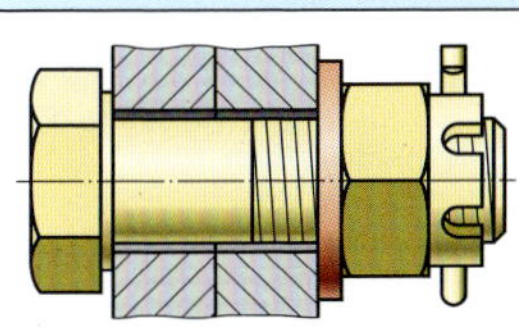 Kronenmutter mit Splint — Nach dem Eindrehen der Kronenmutter wird gemäß der Aussparung die Schraube quer durchgebohrt und mit Splint (z. B. DIN EN ISO 1234) versehen (DIN 935-1, DIN EN ISO 1234 (Splint)).	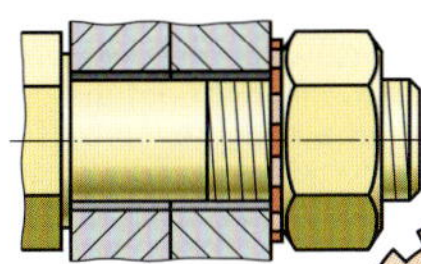  Zahnscheiben Fächerscheiben Federringe — Das spezielle Profil der Unterlegscheiben (z. B. DIN 6797) sorgt für eine Verklemmung (Verzahnung) zwischen Mutter und Bauteil.
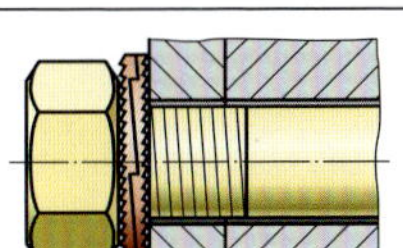 Keilscheibe (NordLock) — Die Zähne graben sich in eine weichere Bauteiloberfläche ein, wodurch ein Formschluss aufgrund der Oberflächenverformung entsteht (DIN 522).	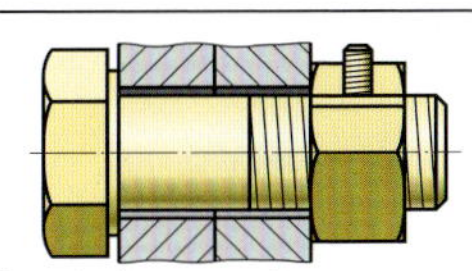 Querbohrung mit Stiftschraube — Die Mutter wird quer angebohrt und mit Innengewinde versehen. Gewindestift (z. B. DIN EN ISO 4026 oder 4027) wird gegen das Schraubengewinde gedreht.
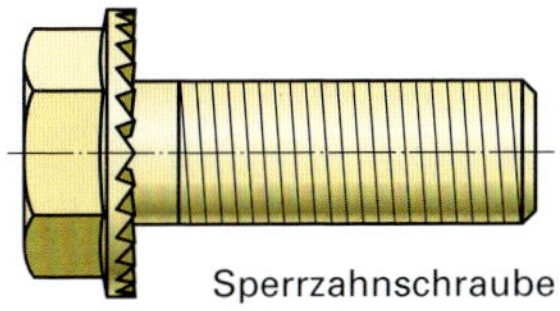 Sperrzahnschraube — Die Zähne graben sich in eine weichere Bauteiloberfläche ein, wodurch ein Formschluss aufgrund der Oberflächenverformung entsteht (DIN 522).	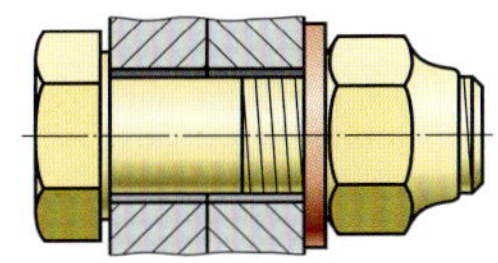 Selbstsichernde Mutter — Sechskantmutter mit nichtmetallischem (z. B. DIN EN ISO 7040) oder metallischem (z. B. DIN EN ISO 7719) Klemmeinsatz oberhalb des Sechskants (DIN EN ISO 7040 oder DIN EN ISO 7719).

3.7.1.4 Verschraubung von Blechen

Das Verschrauben zweier Bleche erfolgt z. B. mit Blechschrauben nach DIN EN ISO 1478. Die Blechschrauben gibt es mit Spitze (Suchspitze) und spezieller, scharfer und schneidender Gewindeausformung (**Bild 1**). Die Blechdicken der zu verschraubenden Bleche müssen zusammen dicker sein als die Steigung der gewählten Schraube. Sonst kann kein hinreichend großes Anziehdrehmoment entstehen. Die Schraube läuft leer. Ist dies nicht gegeben, muss das Kernloch aufgedornt oder als Kragen gezogen werden oder aber es muss eine Klemm-Mutter verwendet werden (Bild 1).

Gewindefurchende Schrauben nach DIN 7500 furchen beim Eindrehen spanlos ein Gewinde (**Bild 2**) durch plastische Verformung. Dieses Verfahren ist besonders für Leichtmetalle und Buntmetalle geeignet. Bei dem **Fließlochverfahren** (z. B. Flowform®) wird bei hoher Schraubendrehzahl das Blech erwärmt und ein metrisches Muttergewinde geformt (**Bild 3**).

Vor allem im Karosseriebau sind über Schraubverbindungen Bauteile an Blechen anzubringen. Hierzu werden entweder **Gewindebolzen** an die Bleche oder **Muttern** durch Schweißen, Kleben, Einpressen, Stanzen, Nieten oder Verhaken angebracht (**Tabelle 1**). Die Verfahren sind unterschiedlich gut geeignet hinsichtlich der Automatisierbarkeit und der Blechwerkstoffe. Bei Stahlblechen ist das Bolzenschweißen und das Anschweißen von Muttern mit Schweißbuckeln weit verbreitet.

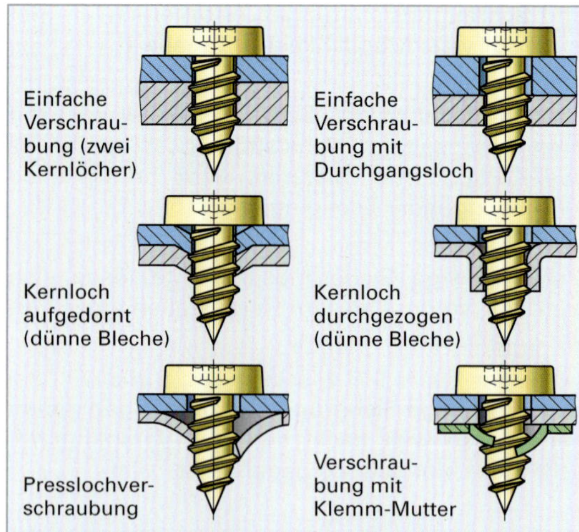

Bild 1: Verschraubung von Blechen

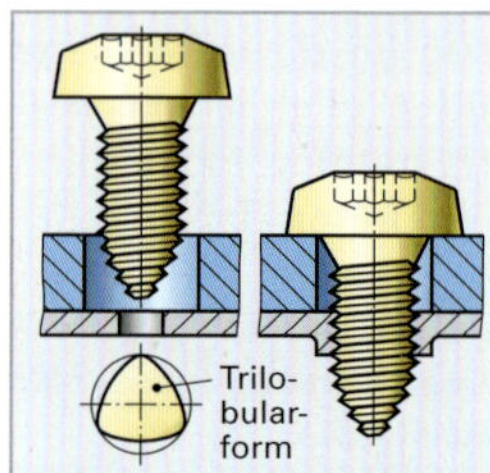

Bild 2: Gewindefurchende Verschraubung

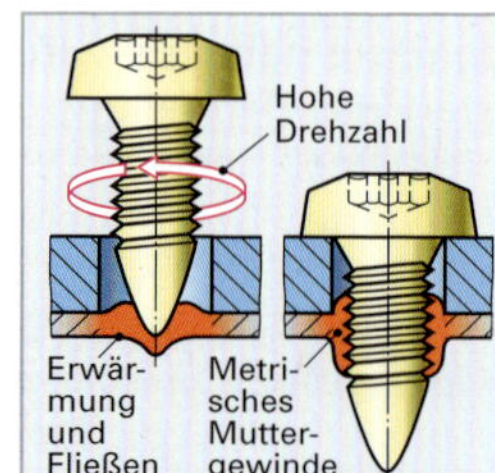

Bild 3: Fließlochverschraubung

Tabelle 1: Blechverschraubungen

Mit Bolzen		Mit Muttern	
Art	**Beschreibung**	**Art**	**Beschreibung**
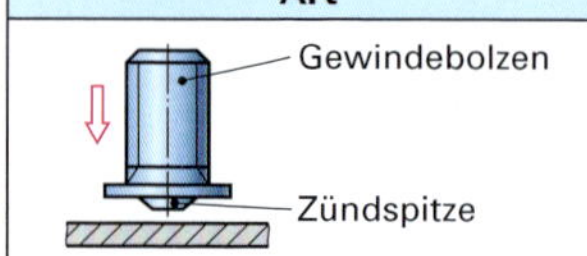 Bolzenschweißen	Der Gewindebolzen wird automatisiert zugeführt. Er ist mit einer Zündspitze für das Punktschweißen versehen. Zugänglichkeit ist nur von der Bolzenseite aus erforderlich.	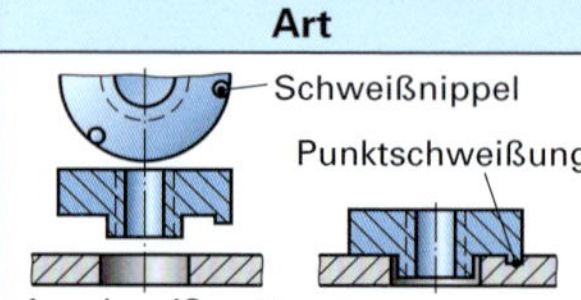 Anschweißmutter	An der Unterseite der Anschweißmutter befinden sich z. B. 3 Schweißnippel für das elektrische Punktschweißen.
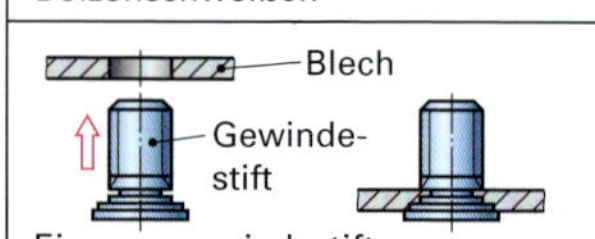 Einpressgewindestift	Anwendung bei Blechen aus Stahl, Messing, Kupfer, Aluminium und bei Kunststoffplatten. Gewindestifte mit Durchmesser: 2,5 mm bis 10 mm.	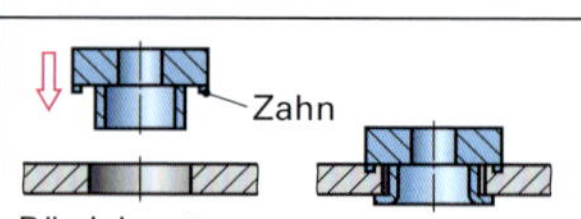 Bördelmutter	Bördelmuttern verwendet man bevorzugt bei sehr dünnen Blechen. Das Umbördeln erfolgt mit Schlag- oder Presswerkzeugen.
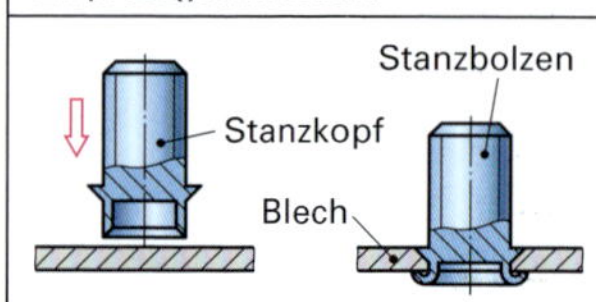 Stanzbolzen	Die Bolzen haben einen Stanzkopf, welcher nach dem Ausstanzen des Loches umgebördelt wird. Das Blech muss beidseitig zugänglich sein. Bolzendurchmesser: 5 mm bis 12 mm; Blechstärken: 2 mm bis 6 mm	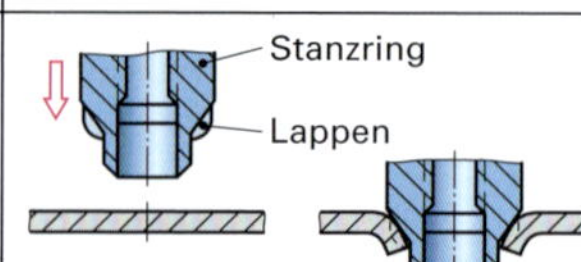 Stanzmutter	Die Mutter hat einen Stanzring. Zur Verdrehsicherung dienen seitlich angeprägte Lappen. Für Blechstärken bis ca. 2 mm.
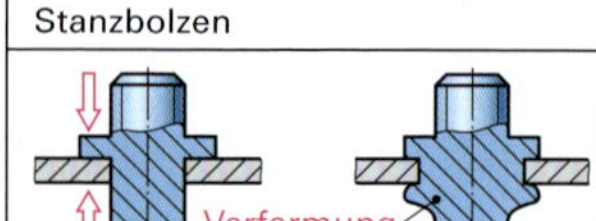 Nietgewindebolzen	Die Niete ist einseitig als Bolzen bzw. Gewindebolzen ausgeprägt.	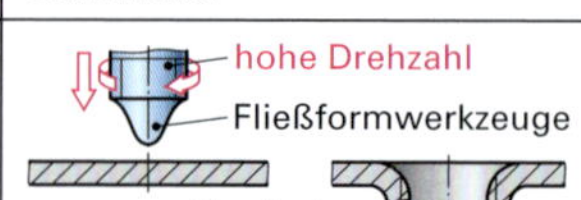 Blechdurchzugsgewinde	Mit einem schnell rotierenden Fließformwerkzeug wird das Blech bis zum Fließen erwärmt und dann wird das Gewinde eingedrückt.

3.7.1.5 Schraubenmontage

Schraubverbindungen sollten immer leicht zugänglich sein. Dies gilt auch für eine automatisierte Montage (**Bild 1**) mit kontrollierter Verschraubung und Protokollierung der Verschraubungsparameter. Hier ist stets eine Senkrechtmontage anzustreben und der Raum nach oben sollte kollisionsfrei sein.

Besonders geeignet für die automatisierte Verschraubung sind Zylinderschrauben mit Innensechskant nach DIN EN ISO 4762 (**Bild 2**) oder auch Zylinderschrauben mit Innensechsrund (Torx©) nach DIN EN ISO 14579.

Vorspannen. Zum Erreichen der richtigen Vorspannkraft beachtet man beim Anziehen der Schrauben:

- **Das Drehmoment**; z. B. mit Drehmomentschlüssel, sensorisch überwachtem Drehschrauber oder Drehimpulsschrauber,
- **den Drehwinkel**; hier wird die Längung der Schraube über den Drehwinkel und die Gewindesteigung erfasst,
- **die Streckgrenze**; hier wird sensorisch das Erreichen der Fließgrenze erfasst (die Anzugsmomentzunahme nimmt im Vergleich zur Drehwinkelzunahme ab). Die entstehende plastische Schraubenverformung gilt als vernachlässigbar.

Automatisch arbeitende Schrauber erfassen das Drehmoment, den aktuellen Drehwinkel und Berechnen das Erreichen der Streckgrenze. So ergibt sich der typische Ablauf für das Eindrehen und Anziehen einer Schraube nach **Bild 3**.

Der Verschraubungsvorgang kann detailliert programmiert werden, z. B. auch das *Löse-/Nachziehverfahren*, bei welchem erst die Schraube angezogen wird, dann definiert gelöst und wieder nachgezogen wird (**Bild 4**). Hierdurch vermindern sich die Nachsetzvorgänge.

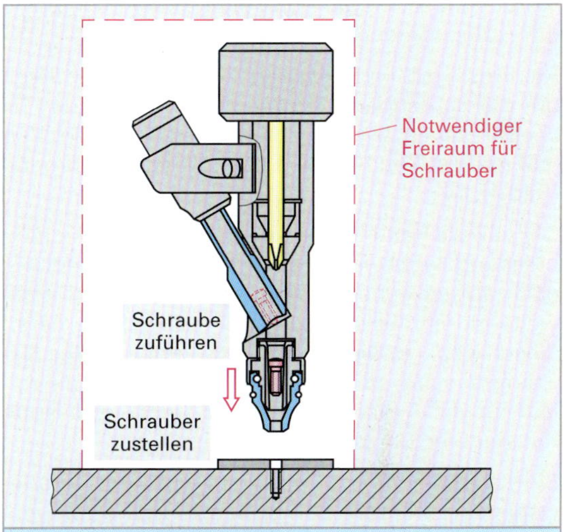

Bild 1: Automatisiertes Verschrauben

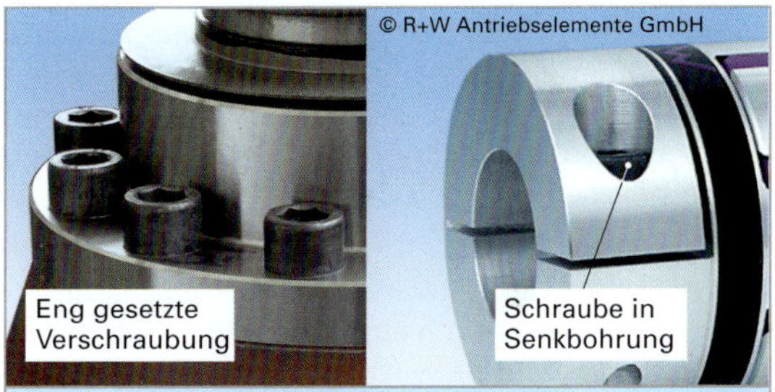

Bild 2: Verschraubung mit Innensechskantschrauben (Beispiele)

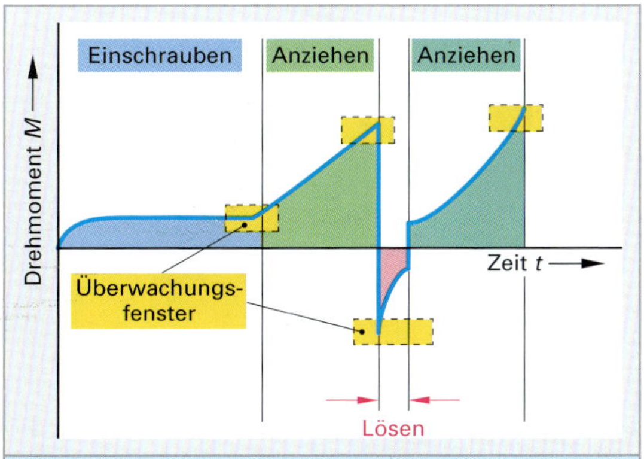

Bild 4: Löse- und Nachziehverfahren

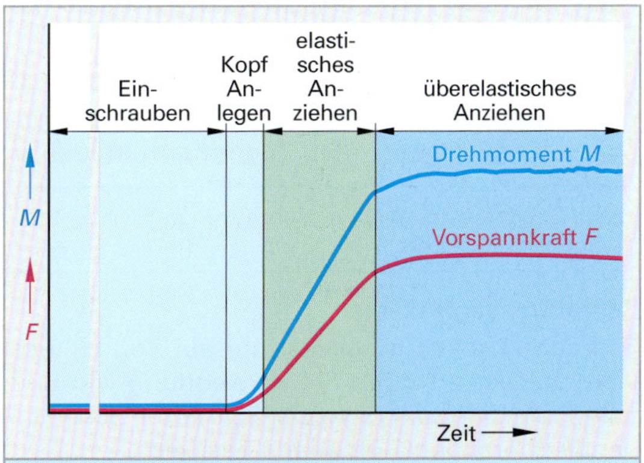

Bild 3: Phasen beim Schrauben

3.7.1.6 Festigkeitsgerechte Verschraubung

Kräfte und Verformungen

Dreht man die Mutter einer Schraubenverbindung (**Bild 1**), dann entsteht im Schraubenbolzen die Vorspannkraft F_V und eine gleich große Druckkraft in den Fügeteilen. Der Schraubenbolzen wird hierbei um die Länge f_s gedehnt und die Fügeteile um f_T zusammengepresst.

Die Presskraft im Fügespalt verteilt sich zentrisch um die Schraubenbohrung. Die entstehende Flächenpressung zwischen den Fügeteilen ist im Verlauf nach außen hin etwa cos-förmig abnehmend (Bild 1).

Der äußere Rand für eine noch merkliche Flächenpressung liegt etwa an einem Kegelrand unter 45° nach außen gehend, beginnend vom Schlüsselweitendurchmesser *s* der Schraube. Man nennt diesen Kegel *Rötscher*[1]-Kegel. Mittelt man die Flächenpressung, so erhält man einen kegeligen Verlauf für die Ausbreitung dieser Flächenpressung mit steilerer Flanke (Bild 1).

Sind z. B. bei Verschraubungen von Kesseln oder Gehäusen mehrere Schrauben in Reihe notwendig, so wählt man für die Verschraubung Abstände, die eine Überdeckung der aufeinanderfolgenden Flächenpressungen sicherstellen, z. B. im Abstand der Kegel (**Bild 2**). Man wählt den Abstand *a* etwa in der Größe der Klemmlänge l_k. Bei einer Balkenverschraubung oder Zylinderverschraubung sollte die Balkenbreite bzw. der Zylinderdurchmesser innerhalb des Verspannungskegels liegen.

Die Kräfte in den Gewindegängen einer Mutter verteilen sich nicht gleichmäßig (**Bild 3**). Das Gewinde in der Mutter wird durch die Zugkraft zusammengedrückt, gleichzeitig wird das Gewinde im Bolzen gedehnt. So kommt eine ungleiche Belastung der Gewindegänge zustande: Etwa die halbe Belastung nehmen die ersten zwei bis drei Gewindegänge auf.

Eine gleichmäßigere Lastverteilung erhält man mit Muttern mit eingedrückter Entlastungskerbe oder bei den sogenannten Zugmuttern (Bild 3).

> Die Gewindegänge einer Schraube werden unterschiedlich belastet.

Schraubenkopfauflage

Schrauben sollen möglichst nur auf Zug belastet werden. Dies erfordert die Verwendung von Bauteilen, die eine senkrecht zur Schraubenachse liegende Schraubenkopfauflage besitzen.

[1] nach Prof. *F. Rötscher*, RWTH Aachen, um 1930

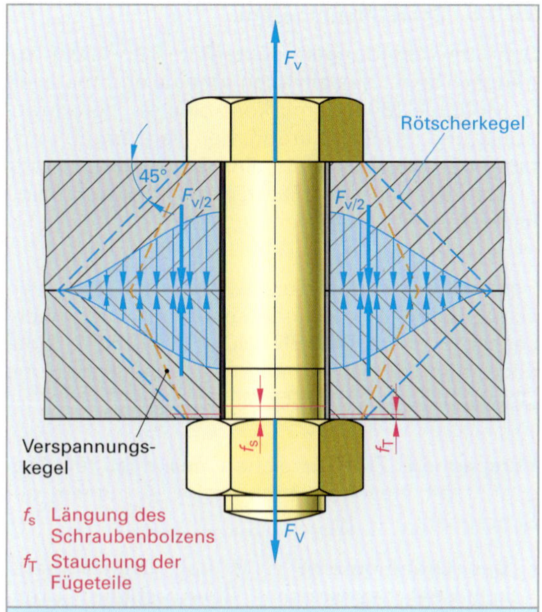

Bild 1: Die Vorspannkraft

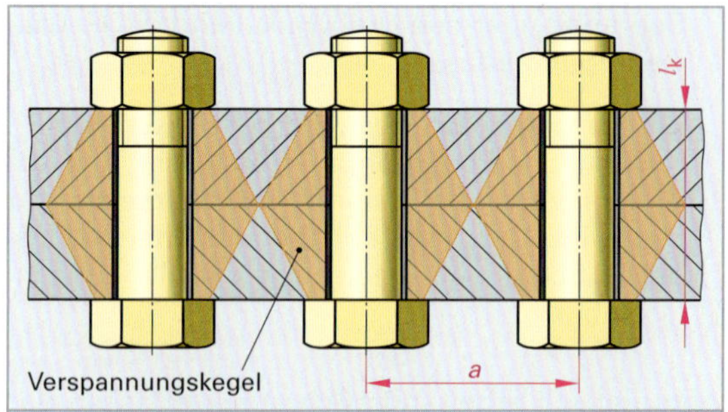

Bild 2: Verschraubung mit mehreren Schrauben

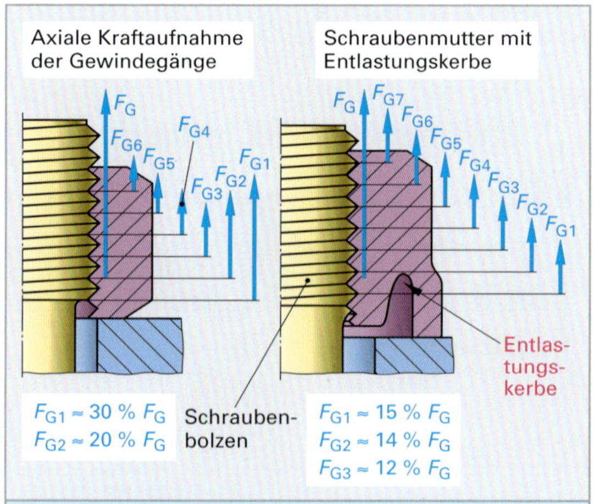

Bild 3: Kräfte im Gewinde einer Mutter

Bei Gussteilen wird die Schraubenauflage am besten als Auge vorgesehen und überfräst **(Bild 1)**. Ist die Auflagefläche zunächst schief zur Bohrung, z. B. bei der Verwendung von Halbzeugprofilen, so können senkrecht zur Schraubenmittellinie verlaufende Flächen eingefräst werden oder aber keilförmige Unterlegscheiben nach DIN 434 und DIN 435 verwendet werden **(Bild 2)**. Die aufzunehmenden Kräfte sollten die Schraube nicht durch ein Biegemoment belasten **(Bild 3)**.

Bei der Verschraubung von Rohrflanschen ist auf eine ausreichende Abstützung aufgrund verkürzter Hebelarme zu achten, andernfalls ist auch hierbei aufgrund der Verformung mit einer ungünstigen Biegebelastung zu rechnen. Bei Gussflanschen nach DIN EN 1092-1/ -2 und Vorschweißflanschen nach DIN 2630-2635 ist dies bereits vorgesehen. Die Bohrungen setzen direkt nach der Dichtleiste an (**Bild 4**).

Stoßartige und schlagartige Belastung. Bei der Verschraubung von Bauteilen, die sehr stoßartig gegeneinander belastet werden, verwendet man Dehnschrauben. Sie besitzen eine höhere Elastizität aufgrund ihrer Taillierung und Länge und können Stöße und Schläge dauerhaft ertragen.

Scherbelastung von Schrauben. Schrauben sollten, mit Ausnahme von Passschrauben (**Bild 5a**), nicht auf Scherung belastet werden. Die Kerbwirkung des Gewindes stellt eine extrem bruchgefährdete Stelle dar.

Der Passschaft einer Passschraube ist z. B. nach k6 toleriert. Beim Einschrauben in eine nach H7 tolerierte Bohrung entsteht eine Übergangspassung und eine Scherbelastung kann aufgenommen werden.

Anstelle von Passschrauben können bei auftretenden Scherbelastungen auch sehr kostengünstige Scherbuchsen (**Bild 5b**) angewendet werden. Die Scherbuchse, die jetzt die Schraubendurchgangsbohrung darstellt, nimmt die Scherbelastungen auf.

Lagepositionierung. Passschrauben **(Bild 5)** ermöglichen eine eindeutige Lagepositionierung.

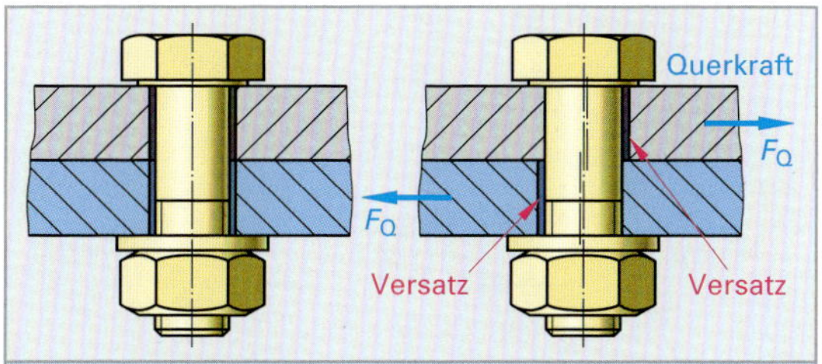

Bild 6: Fehlende Lagepositionierung

Mit einfachen Verschraubungen ist eine Lagepositionierung nicht möglich, da zwei verschraubte Bauteile nur aufgrund ihrer Reibung die Position halten und eine Bohrung immer größer zu wählen ist als der Nenndurchmesser der Schraube (**Bild 6**).

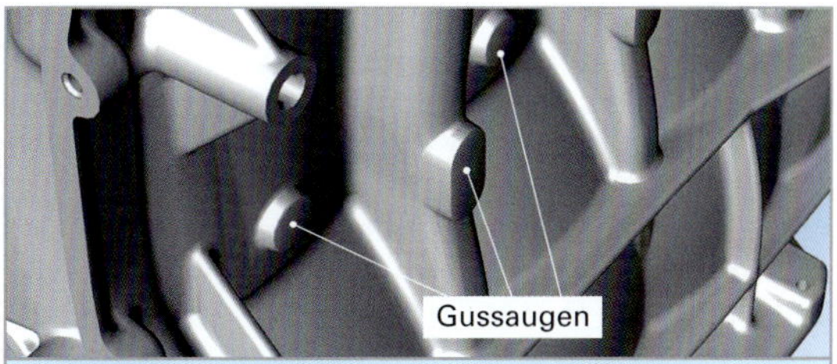

Bild 1: Gussaugen zur Schraubenauflage

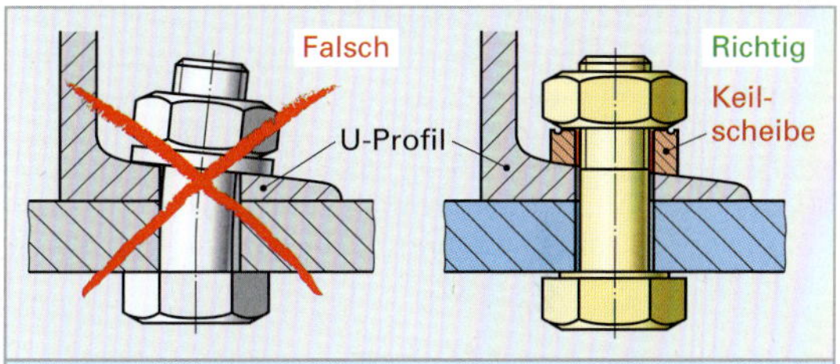

Bild 2: Keilscheiben zur Vermeidung von Verbiegungen

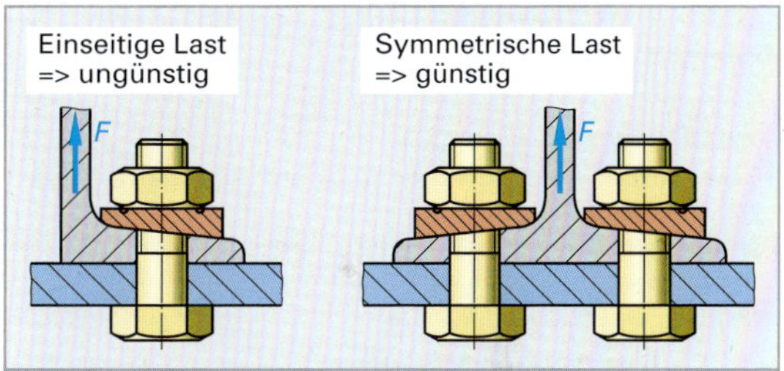

Bild 3: Einseitige Last/Symmetrische Last

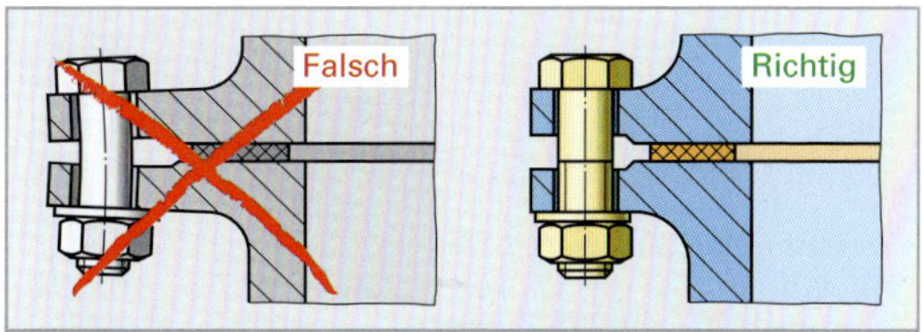

Bild 4: Verschraubung eines Rohrflansches

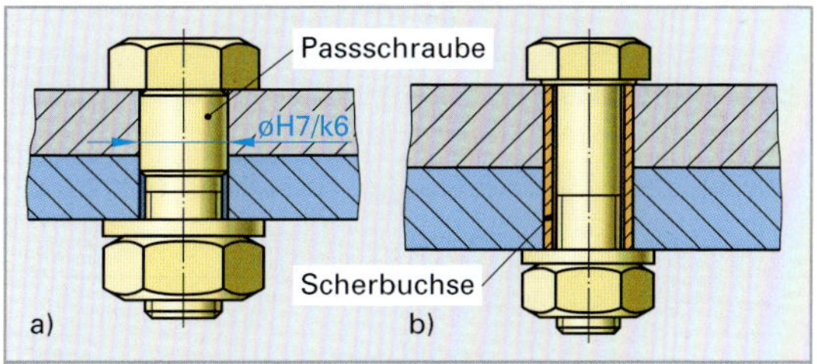

Bild 5: Passschraube und Scherbuchse

Bei hohen Kräften, die in Vorrichtungen und Werkzeugen auftreten, ist somit eine dauerhafte reproduzierbare Positionierung der zu bearbeitenden Werkstücke nicht möglich. Man muss zur Bauteilpositionierung Absätze, Einpässe oder Passstifte vorsehen **(Bild 1)**.

Verringerung der Zugbelastung. Die Fügestellen sollten so gestaltet werden, dass die hauptsächlichen Kräfte durch die Bauteile und nicht durch die Schrauben aufgenommen werden. So hat z. B. eine Pkw-Radfelge eine zentrierende Aufnahmebohrung auf einem Wellenzapfen und die Radschrauben fixieren in axialer Richtung **(Bild 2)**.

Bei der Verschraubung des Zahnrings auf einer Schneckenradnabe oder einer Kegelradnabe ist, abhängig von der Drehrichtung, eine Zugbelastung in der Verbindungsschraube zu erwarten. Durch Umsetzen des Naben-Einpasses auf die gegenüberliegende Seite **(Bild 3)** wird die Zugbelastung in den Verbindungsschrauben vermieden, da sich nun die beiden Bauteile (Zahnring und Nabe) aufeinanderpressen. Die Langzeitfestigkeit erhöht sich, da eine Betriebskraft fehlt.

3.7.1.7 Die Vorspannung

Damit eine Schraubenverbindung dauerhaft ihre Funktion erfüllen kann, muss sie stets unter Vorspannung sein.

Vorspannkraft

Beim Anziehen der Mutter mit dem Anzugsmoment M_A **(Bild 4)** wird der Schraubenschaft durch die Vorspannkraft F_V gedehnt. Diese Dehnung erscheint als Schraubenlängung f_S am überstehenden Gewinde (Bild 4).

Die Vorspannkraft F_V beträgt:

$$F_V = \frac{M_A \cdot 2 \cdot \pi}{P} \eta$$

F_V Vorspannkraft
M_A Anzugsmoment
P Steigung
η Wirkungsgrad

Den größten Einfluss auf den Wirkungsgrad hat das Schmiermittel **(Tabelle 1)**. Für genaue Angaben ist der Wirkungsgrad individuell zu bestimmen. Eine Variation der Gesamtreibzahl von $\Delta\eta \pm 0{,}01$ bedeutet eine Varianz bei der Vorspannkraft von $\Delta F_V \pm 6$ % bis 7 %. Im Automobilbau werden für wichtige Schraubenverbindungen Wirkungsgrade von $\eta = 0{,}08 \ldots 0{,}14$ verlangt.

Tabelle 1: Wirkungsgrad

Schmier-/Montagezustand	η
Schraube trocken verschraubt	0,16 ... 0,24
Schraube leicht geölt	0,10 ... 0,18
Schraube MoS_2 geschmiert	0,07 ... 0,12
Schraube mit mikroverkapseltem Kunststoff gesichert	0,12 ... 0,18

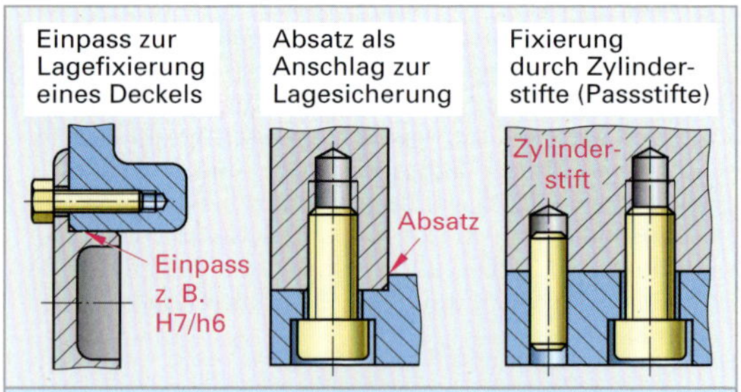

Bild 1: Gestaltung mit Bauteilpositionierung

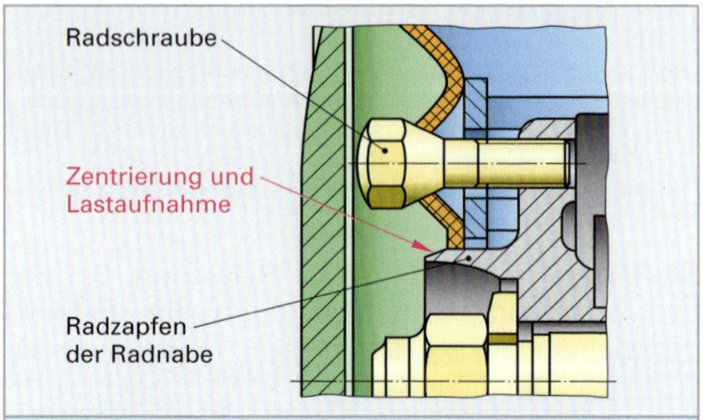

Bild 2: Hauptlast wird durch Radzapfen aufgenommen

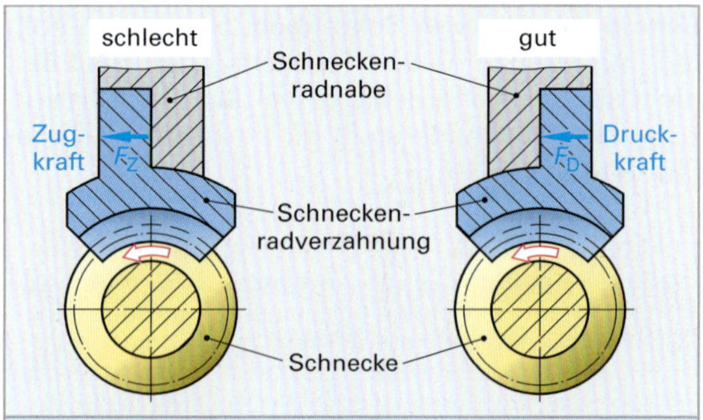

Bild 3: Gestaltung bei Vorliegen einer Hauptdrehrichtung

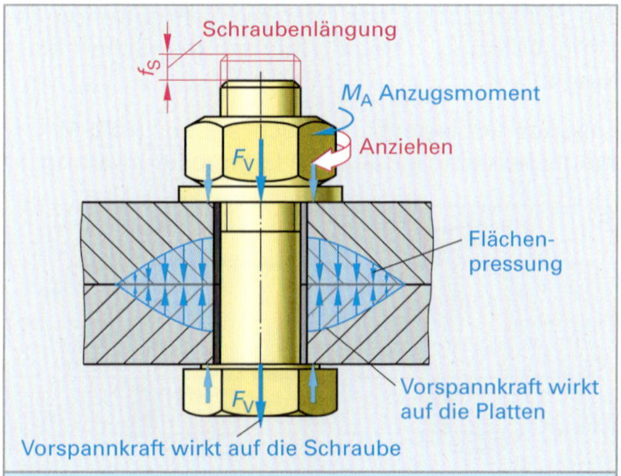

Bild 4: Schraubenlängung

Beispiel.
Es soll die Handkraft F_H mit einem Gabelschlüssel (l = 300 mm) ermittelt werden, wenn in einer Schraube M16 eine Vorspannkraft F_V = 13,5 kN herrschen soll und der Wirkungsgrad 0,2 beträgt.

Lösung:

$$M_A = F_H \cdot l_0$$

$$M_A = \frac{F_V \cdot P}{2 \cdot \pi \cdot \eta}$$

$$F_H \cdot l_0 = \frac{F_V \cdot P}{2 \cdot \pi \cdot \eta}$$

$$F_H = \frac{13500\ \text{N} \cdot 2\ \text{mm}}{2 \cdot \pi \cdot 0{,}2 \cdot 300\ \text{mm}} = 71{,}62\ \text{N}$$

Längung der Schraube. Im Vorspannungsschaubild **(Bild 1)** wird die Vorspannkraft über der Schraubenlängung aufgetragen (Hooke'sches Gesetz).

Stauchen der verschraubten Bauteile. Durch die Einwirkung der Vorspannkraft werden die verschraubten Bauteile gestaucht. Diese Stauchung vermindert die Längung der Schraube um den Betrag f_T.

Stellt man sich eine Schraube als unelastisches (unendlich steifes) Bauteil vor und die zu verschraubenden Bauteile als elastisch nachgebend, so kann man die Schraubenmutter entsprechend der Hook'schen Geraden um f_T weiterdrehen (**Bild 2**). Die Hook'sche Gerade ist hierbei bei ähnlichen Werkstoffen wesentlich steiler als die Hook'sche Gerade der Schraube (Bild 1), da hier der beteiligte Querschnitt wesentlich größer ist.

Überlagert man die beiden Vorgänge, nämlich die elastische Längung der Schraube mit der elastischen Stauchung der zu verschraubenden Bauteile, so wird deutlich, dass zum Erhalt der Schraubenvorspannkraft die Schraubenmutter um die Stauchung f_T weiter angezogen werden muss **(Bild 3)**. Dies geschieht unwillkürlich über das Anzugsmoment.

Bei einer Schraubenverbindung sind einige geometrische Größen zur Quantifizierung festigkeitsrelevanter Daten erforderlich, so z. B. der *Ersatzquerschnitt* A_{ers} des Hohlzylinders der verspannten Teile **(Bild 4)**. Dies ist aber kein mittels Messmittel erfassbarer Querschnitt. Es handelt sich dabei um den Bereich der verspannten Teile, die letztendlich die Stauchung durch die Vorspannkraft zulassen. Dieser Bereich ist abhängig vom Werkstoff und der Größe der Schraube. Es gilt näherungsweise:

$$A_{ers} = \frac{\pi}{4} \cdot \left[\left(d_a + \frac{l_K}{a}\right)^2 - D_B^{\,2}\right]$$

A_{ers} Ersatzquerschnitt
d_a Außendurchmesser der Schraubenauflage
l_K Klemmlänge
a Werkstoffquotient (**Tabelle 1**)
D_B Bohrungsdurchmesser

Tabelle 1: Werkstoffquotient *a*

Bauteilwerkstoff	Stahl	GJS, GJL	Al-Legierungen
a	10	8	6

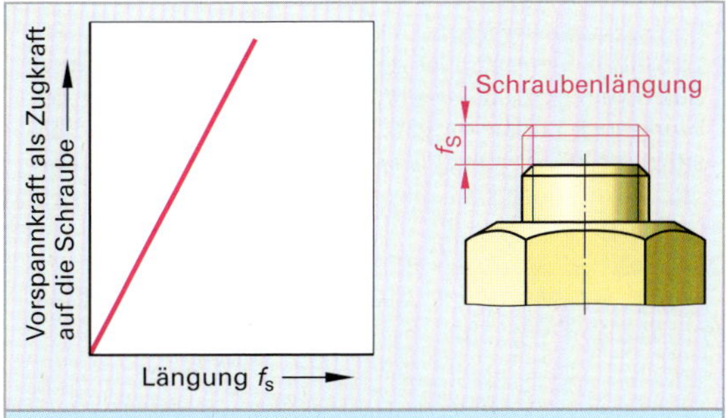

Bild 1: Längung der Schraube

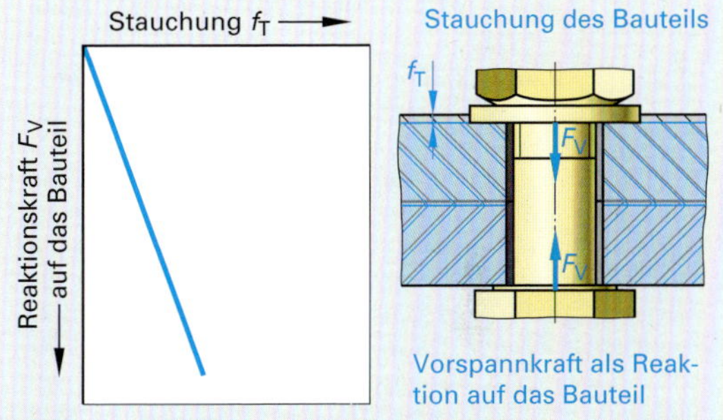

Bild 2: Stauchung der Bauteile

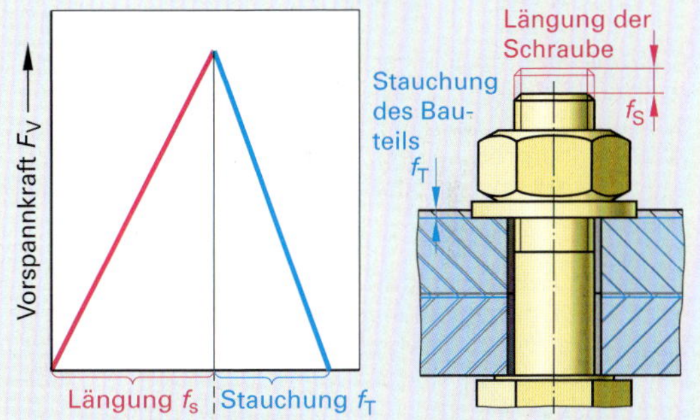

Bild 3: Überlagerung

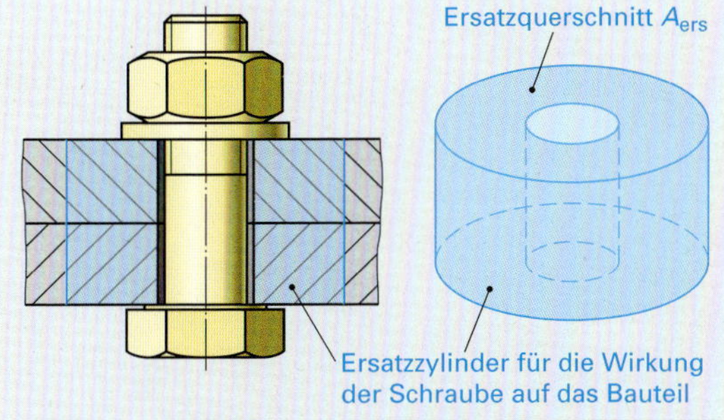

Bild 4: Ersatzquerschnitt

Spannungsquerschnitt. Maßgeblich für die Festigkeit einer Schraube ist der Spannungsquerschnitt S. S ist kein echter Querschnitt, der an der Schraube per Messgerät bestimmt werden kann. Er stellt einen Ersatzquerschnitt dar, der aus dem Flankendurchmesser d_2 und dem Kerndurchmesser d_3 **(Bild 1)** berechnet wird:

$$S = \frac{\pi}{4} \cdot \left(\frac{d_2 + d_3}{2}\right)^2$$

S Spannungsquerschnitt
d_2 Flankendurchmesser
d_3 Kerndurchmesser

Spannungsquerschnitte metrischer Regelgewinde (Auswahl)

	M1	M2,5	M6	M10	M16	M20
***S* in mm²**	0,46	3,39	20,1	58	157	245

Betriebskraft. Beim Einsatz von Schrauben als Befestigungs- oder Halteelement kommt im Betrieb zur Vorspannkraft die Betriebskraft hinzu. Z. B. erfährt die Schraube eines Behälterdeckels zusätzlich die Betriebskraft F_B **(Bild 2)**, wenn der Behälter einen Innendruck aufweist. Dabei wird die Schraube zusätzlich gelängt und die verschraubten Teile zusätzlich gestaucht. Entsprechend der verschiedenen Elastizitätseigenschaften teilen sich Schraubenlängung und Bauteilstauchung unterschiedlich auf. Somit erhält man im Vorspannungsschaubild die beiden Betriebskraftanteile F_{BS} und F_{BT} **(Bild 3)**.

Klemmkraft. Die jetzt noch für die eigentliche Halte- bzw. Befestigungsaufgabe wirkende Kraft ist die Klemmkraft F_{Kl} **(Bild 3)**. Sie ist maßgeblich für das Aufeinanderpressen der verschraubten Teile, also z. B. die Dichtkraft oder die Normalkraft (bei Reibung).

Gesamte Schraubenkraft. Die gesamte Schraubenkraft F_S ist die anteilige Summe aus Vorspannkraft, Klemmkraft und Betriebskraft. Sie dehnt zum einen die Schraube und staucht zum andern die verschraubten Teile. Diese gesamte Schraubenkraft F_S muss stets unter der Schraubendehngrenzkraft $F_{0,2}$ liegen **(Bild 4)**.

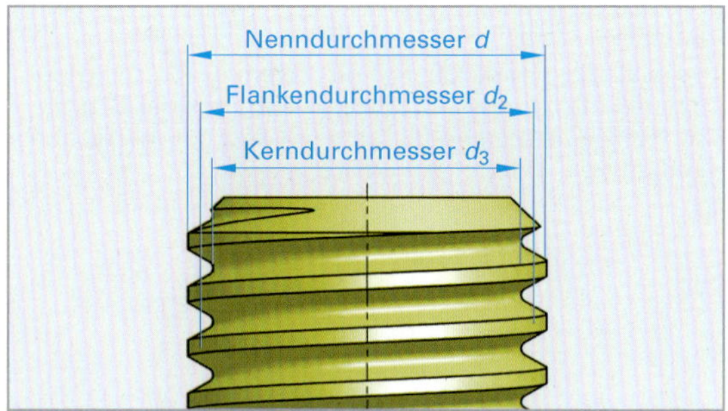

Bild 1: Gewindegrößen

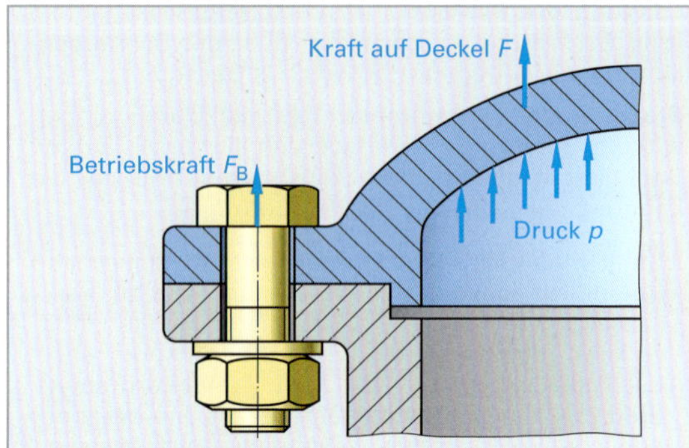

Bild 2: Betriebskraft

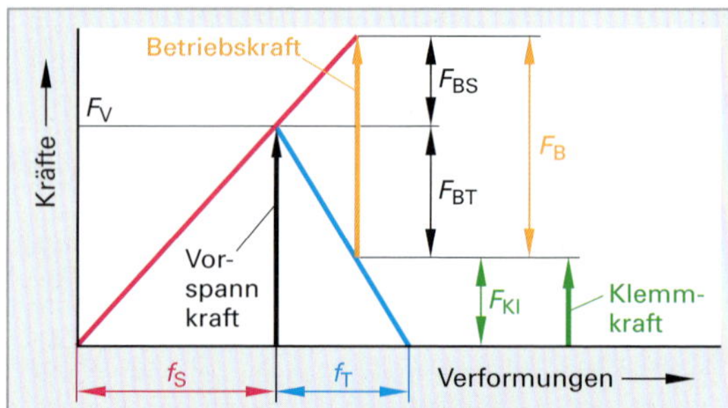

Bild 3: Vorspannungsschaubild mit Betriebskraft

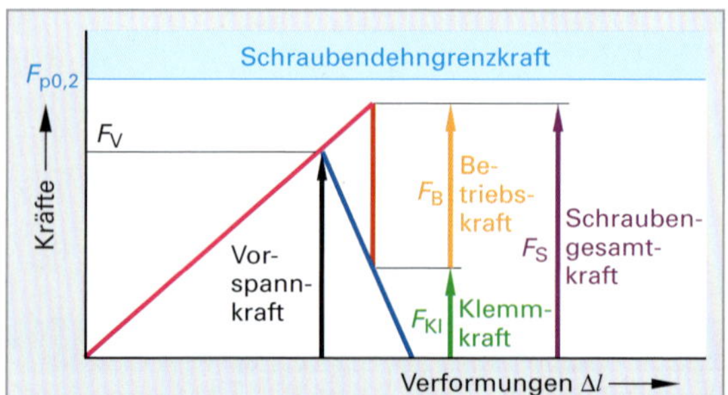

Bild 4: Gesamte Schraubenkraft

Berechnung der Betriebskraftanteile

Nachgiebigkeit

Diese stellt den Betrag dar, um den ein Bauteil bei der Zug- oder Druckbelastung von 1N nachgibt. Bei der Festigkeitsberechnung von Schraubenverbindungen ist die Nachgiebigkeit der verschraubten Bauteile und die der Schrauben selbst relevant Es gilt:

$$\delta = \frac{1}{C}$$

δ Nachgiebigkeit
C Federsteifigkeit

Federsteifigkeit der Bauteile

$$C_T = \frac{F_V}{f_T}$$

C_T Federsteifigkeit, Bauteil
F_V Vorspannkraft
f_T Verkürzung der Bauteile

Gemäß dem Hook'schen Gesetz lässt sich die Federsteifigkeit auch bestimmen mit:

$$C_T = \frac{E_T \cdot S_{ers}}{l_K}$$

E_T Elastizitätsmodul, Bauteilwerkstoff
S_{ers} Spannungsquerschnitt
l_K Klemmlänge der Verbindung

Federsteifigkeit der Schraube

Schaftschraube

$$C_S = \frac{F_V}{f_S}$$

C_S Federsteifigkeit, Schraube
F_V Vorspannkraft
f_S Verlängerung der Schraube

Nach dem **Hook'schen Gesetz** ergibt sich folgende Beziehung:

$$C_S = \frac{E_S \cdot S_S}{l_K}$$

E_S Elastizitätsmodul, Schraubenwerkstoff, meist Stahl
S_S Spannungsquerschnitt
l_K Klemmlänge der Verbindung

Dehnschraube (Bild 1)

$$C_S = \frac{E_S}{2\frac{l'}{S_S} + \frac{l_1}{S_1} + \frac{l_2}{S_2} + \ldots + \frac{l_g}{S_S}}$$

l_K Klemmlänge
l_g freie Gewindelänge
l' federnder Kopfanteil

$$l_K = l_1 + l_2 + \ldots + l_g$$

$$l' = 0{,}4 \cdot d$$

C_S Federsteifigkeit, Schraube
E_S E-Modul Schraubenwerkstoff
S_S Spannungsquerschnitt
$l_1, l_2, \ldots$ Einzellängen
$S_1, S_2, \ldots$ Einzelquerschnitte

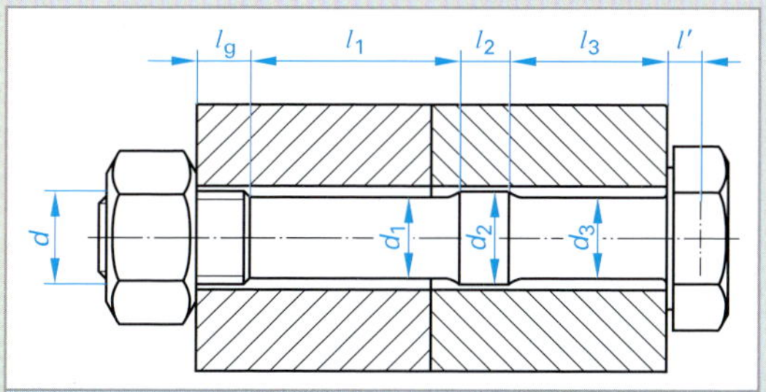

Bild 1: Dehnschraube bzw. Dünnschaftschraube

Betriebskraftanteile

Die Betriebskraft F_B ist unterteilbar in den Anteil der Schraube F_{BS} und den der Teile F_{BT}. Diese sind gemäß folgender Beziehungen bestimmbar:

$$F_{BS} = F_B \cdot \Phi$$

F_{BS} Betriebskraftanteil der Schraube
F_B Betriebskraft
Φ Kraftverhältnis

$$F_{BT} = F_B \cdot (1 - \Phi)$$

F_{BT} Betriebskraftanteil des Bauteils
F_B Betriebskraft
Φ Kraftverhältnis

Das Kraftverhältnis Φ ist demnach der Quotient aus Schraubenanteil der Betriebskraft und der Betriebskraft selbst. Vereinfacht ist er:

$$\Phi = n \cdot \frac{\delta_T}{\delta_S + \delta_T}$$

Φ Kraftverhältnis
δ_T Nachgiebigkeit Bauteil
δ_S Nachgiebigkeit Schraube
n Krafteinleitungsfaktor (Tabelle 1)

Der Krafteinleitungsfaktor hängt davon ab, wie weit der Kraftangriffspunkt zwischen zwei verschraubten Teilen von ihrer Trennfuge weg liegt (**Tabelle 1**). Oder ob die Krafteinleitung zentrisch erfolgt ($n = 1$).

Das Vorspannungsschaubild (**Bild 3, Seite 370**) liefert nun:

$$F_V = F_{Kl} + F_{BT}$$

F_V Vorspannkraft
F_{Kl} verbleibende Klemmkraft
F_{BT} Betriebskraftanteil Bauteil

Tabelle 1: Krafteinleitungsfaktor

$n = 1$	$n = 0{,}7$
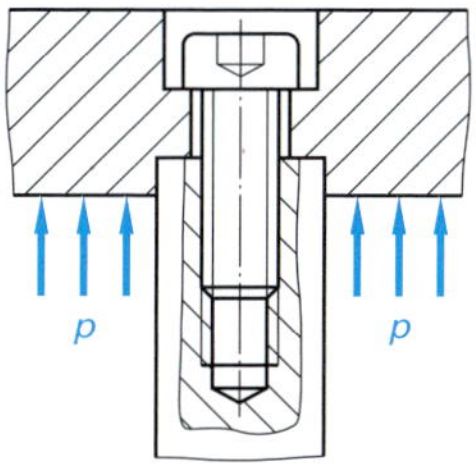	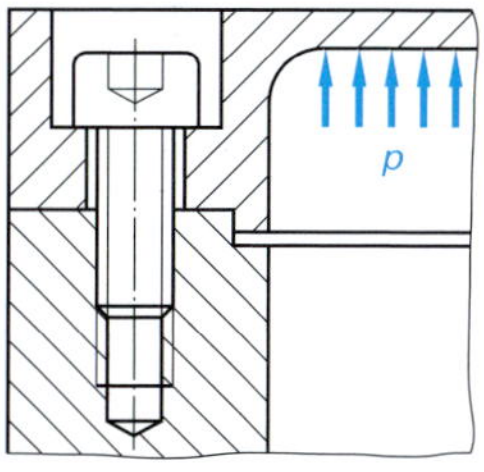
zentrisch	oberhalb Trennfuge
$n = 0{,}5$	$n = 0{,}3$
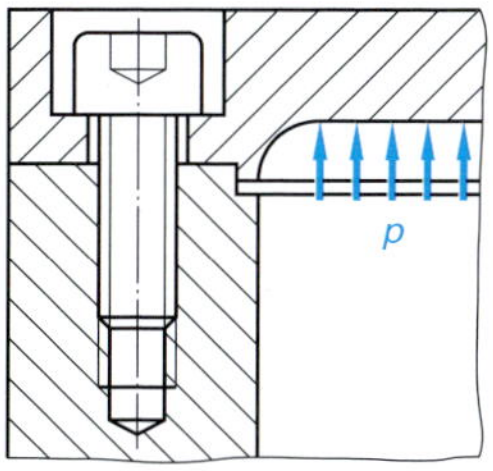	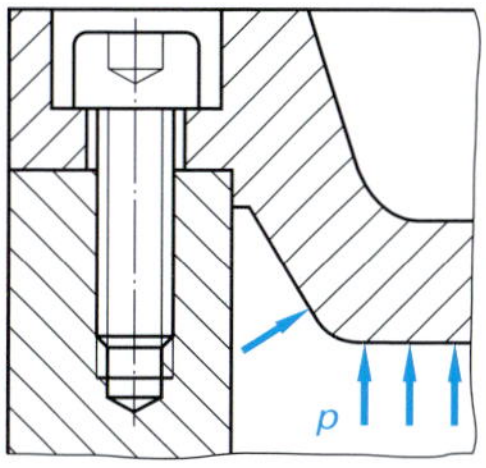
an Trennfuge	unterhalb Trennfuge

Setzkraftverlust F_Z. Durch Kriechvorgänge in Verbindung mit plastischen Verformungen, vor allem in den Bauteiloberflächen, beobachtet man ein sogenanntes Setzen, was einen kleinen Verlust an Vorspannkraft zur Folge hat **(Bild 1)**.

$$F_Z = \frac{f_Z}{\delta_S + \delta_T}$$

F_Z Setzkraftverlust
δ_T Nachgiebigkeit des Bauteils
δ_S Nachgiebigkeit der Schraube
f_Z Setzbetrag

Der Setzbetrag f_Z stellt eine von der Oberflächenrauhigkeit der verschraubten Bauteile abhängige Größe dar. Vereinfacht kann gesagt werden, dass eine raue Oberfläche ein größeres Eindringen ins Material erlaubt als eine glatte.

$f_Z = \Sigma f_i$, siehe nachfolgende Tabelle

Setzbeträge nach VDI Richtlinie 2230 (vereinfacht)

Oberflächenrauheit R_Z in µm	Richtwerte für Einzelsetzbeträge f_1		
	im Gewinde	Auflage	je innere Trennfuge
< 10	3	2,5	1,5
10 … 40	3	3	2
> 40	3	4	3

Vorspannungsschaubild. Dem kompletten Vorspannungsschaubild **(Bild 1)** sind nun sämtliche Informationen bezüglich der Vorspannkraft zu entnehmen. Sie summiert sich wie folgt auf:

$$F_V = F_{Kl} + F_B\,(1 - \Phi) + F_Z$$

F_V Vorspannkraft
F_{Kl} Klemmkraft
F_B Betriebskraft
Φ Kraftverhältnis
F_Z Setzkraftverlust

Montagevorspannkraft F_{VM}. Im tatsächlichen Montagezustand schwankt die Vorspannkraft aufgrund verschiedener Anziehmethoden, z. B. Handanziehen, drehmomentgesteuertes Anziehen.

Die Montagevorspannkraft ergibt sich aus:

$$F_{VM} = F_V \cdot k_A$$

F_{VM} Montagevorspannkraft
F_V Vorspannkraft
k_A Anziehfaktor aus Tabelle oben rechts

Als wesentliche Beziehung ergibt sich aus dem Vorspannungsschaubild die wichtigste Gleichung bei der Berechnung zur Langzeitfestigkeit belasteter Schrauben:

$$F_{VM} = k_A\,[F_{Kl} + F_B\,(1 - \Phi) + F_Z]$$

F_{VM} Montagevorspannkraft
F_{Kl} Klemmkraft
Φ Kraftverhältnis
k_A Anziehfaktor
F_B Betriebskraft
F_Z Setzkraftverlust

Diese Gleichung stellt die Addition sämtlicher Kräfte und Kraftanteile dar, die auf eine dauerhaft anhaltende Schraubenverbindung wirken.

Anziehfaktor.

Einen großen Einfluss hat die Anzugsart, ob eine Schraubenverbindung etwa mit Drehmomentschlüssel oder per Hand ohne Kontrolle angezogen wurde. Beispielsweise wurde nachgewiesen, dass per Hand „nach Gefühl“ angezogene Schraubenverbindungen meist mit drei- bis vierfach höherem Drehmoment angezogen waren, als es vorgegeben war.

Anziehfaktor k_A

Anzugsmethode	k_A
Genauestes Anziehverfahren, längen-, drehwinkel- oder streckgrenzgesteuert	1
Anziehen mit Drehmomentschlüssel oder Drehschrauber	1,2 ... 1,6
Anziehen mit Schlagschrauber	1,6 ... 2,5
Anziehen von Hand ohne Drehmomentkontrolle	3 ... 4

Ausnutzungsgrad einer Schraube.

Eine Schraube gilt dann als maximal ausgenutzt, wenn die Montagevorspannkraft gleich der Schraubenspannkraft F_{Sp} entspricht.

$$\nu = \frac{F_{Sp}}{F_{VM}}$$

ν Ausnutzungsgrad
F_{VM} Montagevorspannkraft
F_{Sp} Schraubenspannkraft

Als zulässige Schraubenspannkraft wird üblicherweise 90 % der Dehngrenzkraft bzw. Streckgrenzkraft der Schraube angenommen.

$$F_{Sp} = 0{,}9 \cdot F_{0,2}$$
$$F_{Sp} = 0{,}9 \cdot S_S \cdot R_{p0,2}$$

F_{Sp} Schraubenspannkraft in kN
$F_{0,2}$ Dehngrenzkraft
$R_{p0,2}$ 0,2%-Dehngrenze in N/mm²
S_S Spannungsquerschnitt nach DIN 13

In der Regel liegt der Wert der Montagevorspannkraft stets unter dem der Spannkraft. Somit sind Schrauben, deren Montagevorspannkraft die Spannkraft unterschreitet, mit einer Sicherheitsreserve eingesetzt.

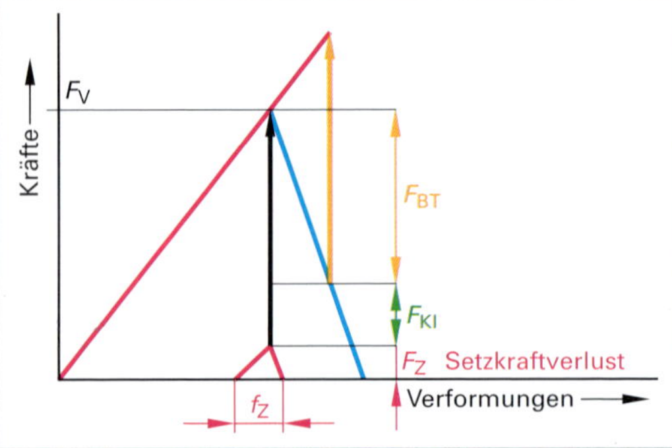

Bild 1: Vorspannungsschaubild mit Setzkraftverlust

Beispiel. Deckel und Gehäuse einer **Zahnradpumpe** sollen durch 8 Schrauben M8×40 DIN ISO 4762 öldicht verbunden werden. Die Pumpenteile werden aus EN GJS 500-7 (E = 120 000 N/mm²) hergestellt.

Weitere Angaben: $\delta_S = 7{,}18 \cdot 10^{-6}\,\frac{mm}{N}$;

$\delta_T = 1{,}49 \cdot 10^{-6}\,\frac{mm}{N}$

$\Phi = 0{,}086$

Zu bestimmen sind:

a) die auf den Deckel wirkende maximale Kraft F, wenn der Druck im Gehäuse auf $p_{max} = 30$ bar ansteigt.

b) die Betriebskraft pro Schraube.

c) die Montagevorspannkraft bei, mit Drehmomentschlüssel, angezogenen Schrauben, wenn beim Betriebsdruck noch eine Restklemmkraft von $F_{Kl} = 3$ kN / Schraube wirken soll.

d) die erforderliche Festigkeitsklasse der leicht geölten Schrauben

e) das am Drehmomentschlüssel einzustellende Anzugsmoment.

Lösung:

a) Auf den Deckel wirkende Kraft:

$$F = p \cdot S = 3{,}0\,\frac{N}{mm^2} \cdot \frac{(178\text{ mm})^2}{4}\,\pi = 74653{,}67\text{ N}$$

b) Alle 8 Schrauben müssen die auf den Deckel wirkende Kraft als Betriebskraft aufnehmen:

$$F_B = \frac{1}{8} \cdot F = \frac{1}{8} \cdot 8919{,}61\text{ N} = 1486{,}6\text{ N}$$

c) $F_{VM} = k_A \cdot [F_{Kl} + F_B \cdot (1 - \Phi) + F_Z]$

$k_A = 1{,}3$ (Drehmomentschlüssel)

$$F_Z = \frac{f_Z}{\delta_S + \delta_T}\,,$$

$f_Z = 11$ µm (bei üblicher Oberflächengüte von $R_Z 16$, bei gesenkten Bohrungen)

$\delta_S = 7{,}18 \cdot 10^{-6}\,\frac{mm}{N}$, $\delta_T = 1{,}49 \cdot 10^{-6}\,\frac{mm}{N}$

$$F_Z = \frac{11 \cdot 10^{-3}\text{ mm}}{(7{,}18 + 1{,}49) \cdot 10^{-6}\,\frac{mm}{N}} = 1268{,}7\text{ N}$$

$$F_{VM} = 1{,}3 \cdot [3000\text{ N} + 9331{,}71\text{ N} \cdot (1 - 0{,}086) + 1268{,}7\text{ N}]$$

$$F_{VM} = 16637{,}24\text{ N}$$

d) Bei voller Ausnutzung der Schraube entspricht die Montagevorspannkraft der Schraubenspannkraft.

$F_{VM} = F_{Sp} = 0{,}9 \cdot R_{p0,2} \cdot S_S$

Die Festigkeitsklasse ist mithilfe der Dehngrenze zu bestimmen.

$$R_{p0,2} = \frac{F_{VM}}{0{,}9 \cdot S_S} \cdot \frac{16637{,}24\text{ N}}{0{,}9 \cdot 36{,}6\text{ mm}^2} = 505{,}08\,\frac{N}{mm^2}$$

Gewählt wird eine Schraube mit 8.8 mit

$$R_{p0,2} = 640\,\frac{N}{mm^2}$$

e) $M_A = \frac{F_V \cdot P}{2 \cdot \pi \cdot \mu}$, $F_V = \frac{F_{VM}}{k_A} = \frac{16637{,}24\text{ N}}{1{,}3} = 12797{,}88\text{ N}$,

$P = 1{,}25$ mm, $\mu = 0{,}13$ (leicht geölt)

$$M_A = \frac{12797{,}88\text{ N} \cdot 1{,}25\text{ mm}}{2 \cdot \pi \cdot 0{,}13} = 19585{,}05\text{ Nmm} = 20\text{ Nm}$$

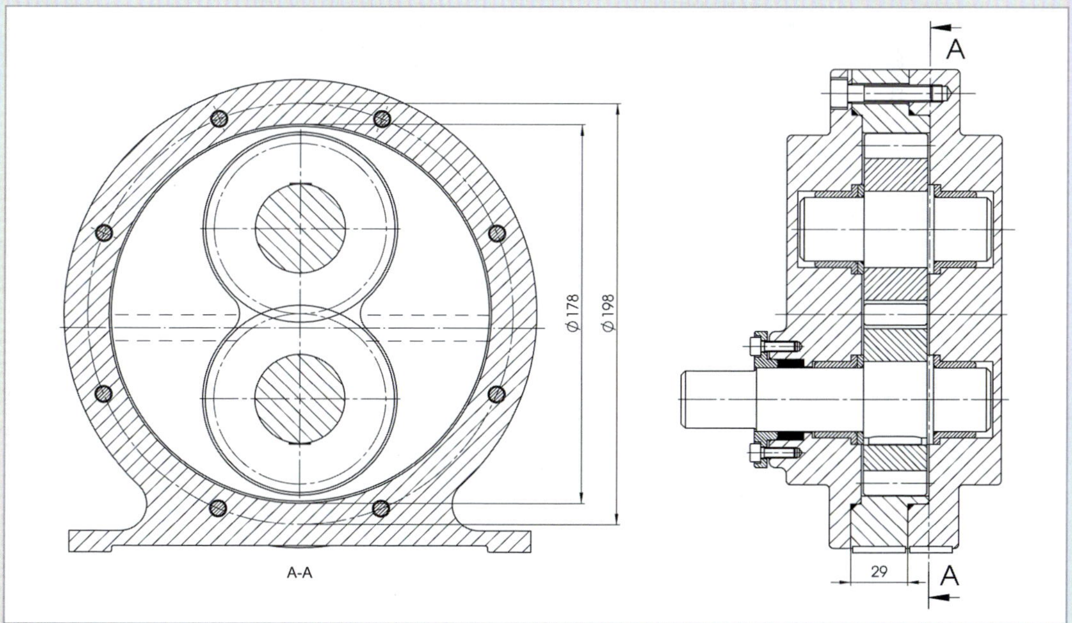

Bild 1: Zahnradpumpe

3.7.1.8 Dynamische Belastung

Häufig sind Schraubenverbindungen mit wechselnden Kräften, also dynamisch belastet.

Ausschlagskraft F_a

Hierbei steht die Betrachtung der Betriebskraft im Vordergrund. Diese tritt schwellend mit einer unteren Betriebskraft F_{BU} und einer oberen Betriebskraft bzw. einem maximalen Betriebskraftausschlag F_{BO} auf (**Bild 1**).

Diese beiden Betriebskraftausschläge ergeben die Ausschlagskraft F_a. Relevant ist hierbei der Schraubenanteil.

$$F_a = \Phi \frac{F_{BO} - F_{BU}}{2}$$

F_a Ausschlagskraft
F_{BO} oberer Betriebskraftausschlag
F_{BU} unterer Betriebskraftausschlag
Φ Kraftverhältnis

Sicherheit gegen Schwingbruch

Die Betrachtung der Sicherheit gegen Schwingbruch stellt die Ausschlagsspannung σ_a der Ausschlagsfestigkeit σ_A bei dynamisch beanspruchten Schraubenverbindungen gegenüber.

$$s_D = \frac{\sigma_A}{\sigma_a}$$

s_D Sicherheit gegen Schwingbruch
σ_A Ausschlagsfestigkeit
σ_a Ausschlagsspannung

Die Ausschlagsspannung ist abhängig von der Ausschlagskraft und dem Kernquerschnitt der Schraube.

$$\sigma_a = \frac{F_a}{S_3}$$

σ_a Ausschlagsspannung
F_a Ausschlagskraft
S_3 Kernquerschnitt

Die Ausschlagsfestigkeit einer Schraube hängt in nur geringem Maße von der Festigkeitsklasse ab. Die Haupteinflussgröße ist der Schraubendurchmesser und die Gewindeherstellungsart. Bei schlussgewalzten Gewinden erhöht sich die Ausschlagsfestigkeit.

Tabelle 1 liefert einige Anhaltswerte von Ausschlagsfestigkeiten gängiger Schrauben nach VDI-Richtlinie 2230[1].

[1] Die VDI-Richtlinie 2230 „Systematische Berechnung hochbeanspruchter Schraubenverbindungen – Zylindrische Einschraubenverbindungen" (171 Seiten) beschreibt umfassend die Situation bei Verschraubungen mit einer Schraube. Mehrschraubenverbindungen sind nur bedingt formelmäßig berechenbar. Hier ist die Anwendung der Finite Elemente Methoden (FEM) angebracht.

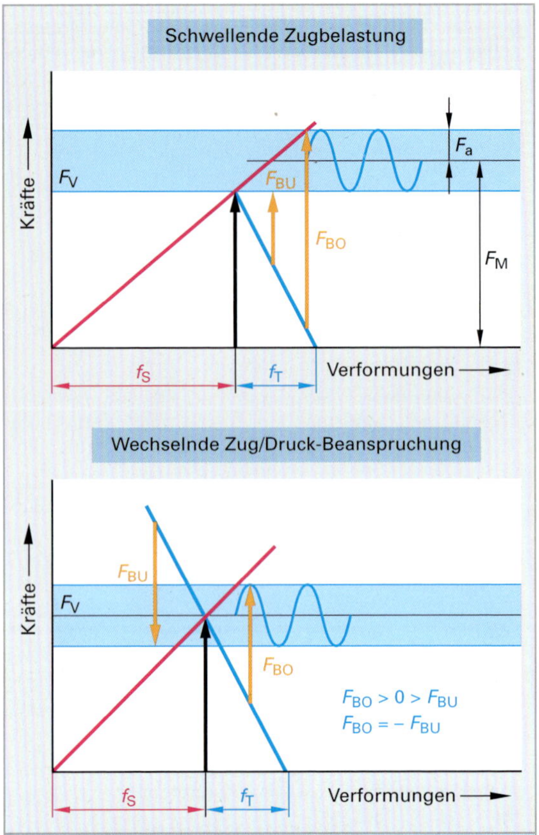

Bild 1: Dynamische Belastung

Tabelle 1: Ausschlagsfestigkeiten (Anhaltswerte)

	Ausschlagsfestigkeit σ_A in N/mm²	
	8.8 ... 12.9 schlussvergütet	8.8 ... 12.9 schlussgewalzt
<M8	60	100
M8	50	90
M10	50	90
M12	50	90
M14	40	70
M16	40	70
M20	40	70
>M20	35	60

In Tabelle 1 ist zu erkennen, dass durch ein abschließendes Schlusswalzverfahren bei der Schraubenherstellung die Ausschlagsfestigkeit (Dauerhaltbarkeit) einer Schraube gesteigert werden kann. Die mit zunehmendem Schraubendurchmesser sich verschlechternde Ausschlagsfestigkeit ist mit der zunehmenden Kerbwirkung durch das Gewinde und der abnehmenden Dehnfähigkeit zu erklären.

3.7.1.9 Scherbelastung von Passschrauben

Passschrauben (**Bild 1**) können mit ihrem Passschaft auf Scherung belastet werden.

Als Beziehung bei Scherbelastung ergibt sich für die Scherspannung:

$$\tau_a = \frac{F_Q}{S_P}$$

τ_a Schraubenscherspannung
F_Q Betriebsquerkraft
S_P Passschaftquerschnitt

Die für eine Schraube oder eine Schraubenverbindung zulässige Scherspannung hängt zunächst vom Belastungsfall ab. Gemäß **Tabelle 1** sind die zulässigen Scherspannungen in Abhängigkeit des Belastungsfalles und der Streckgrenze bzw. der Dehngrenze der Schraube (entsprechend ihrer Festigkeitsklasse) zu entnehmen.

Die Sicherheit gegen Scherbruch ist:

$$S_S = \frac{\tau_{a,zul}}{\tau_a}$$

S_S Sicherheit gegen Scherbruch
$\tau_{a,zul}$ Zulässige Scherspannung (Tab. 1)
τ_a Schraubenscherspannung

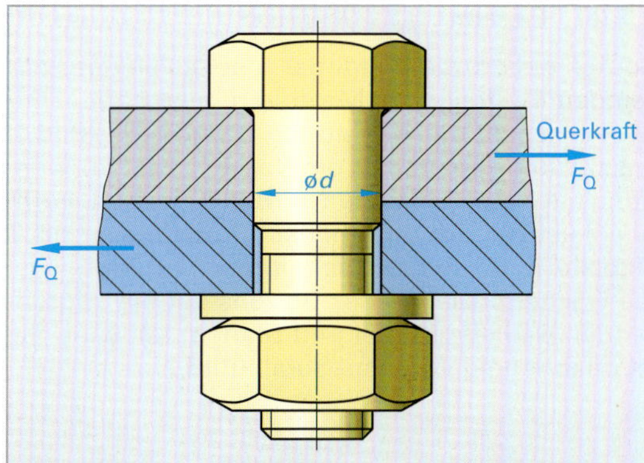

Bild 1: Auf Scherung belastete Schraubenverbindung

Tabelle 1: Zulässige Scherspannungen

	ruhend	schwellend	wechselnd
	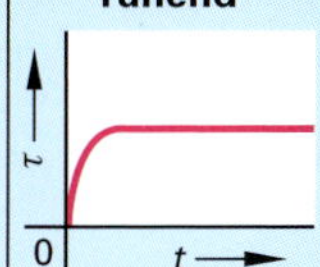	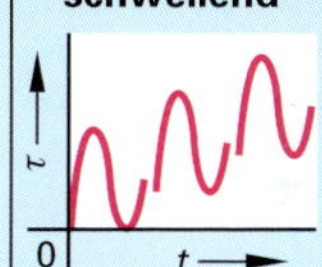	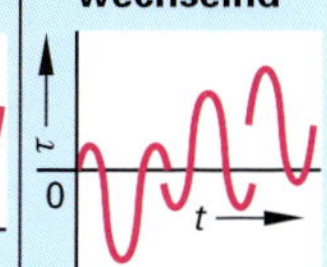
$\tau_{a,zul}$	$\approx 0{,}6\ R_e$	$\approx 0{,}5\ R_e$	$\approx 0{,}4\ R_e$

Beispiel

Als Verbindungselement zwischen einer Schneckenradverzahnung und der Schneckenradnabe sind $n = 4$ Passschrauben M10 – 8.8 nach DIN 609 (**Bild 2**) eingesetzt. Bei ruhender Drehmomentübertragung von $M = 5500$ Nm ist die Sicherheit gegen Scherbruch zu bestimmen. Der Teilkreisdurchmesser der Schraubenverbindung beträgt $D = 200$ mm.

Lösung:

Zunächst ist über die Betriebsquerkraft pro Schraube zu bestimmen:

$$F_Q = \frac{1}{n} \cdot \frac{2 \cdot M}{d} = \frac{2 \cdot 5500000\ \text{Nmm}}{4 \cdot 200\ \text{mm}} = 13750\ \text{N}$$

Die Scherspannung ist pro Schraube bei einem Passschaftdurchmesser von $d = 11$ mm:

$$\tau_a = \frac{F_Q}{S_p} = \frac{13750\ \text{N}}{95{,}03\ \text{mm}^2} = 144{,}69\ \frac{\text{N}}{\text{mm}^2}$$

Die Sicherheit gegen Scherbruch ist bei einer zulässigen Scherspannung von:

$$\tau_{a,\,zul} = 0{,}6 \cdot R_e = 0{,}6 \cdot 640\ \frac{\text{N}}{\text{mm}^2} = 384\ \frac{\text{N}}{\text{mm}^2}$$

$$S_S = \frac{\tau_{a,zul}}{\tau_a} = \frac{384}{144{,}69} = 2{,}65$$

Die Sicherheit ist als ausreichend anzusehen.

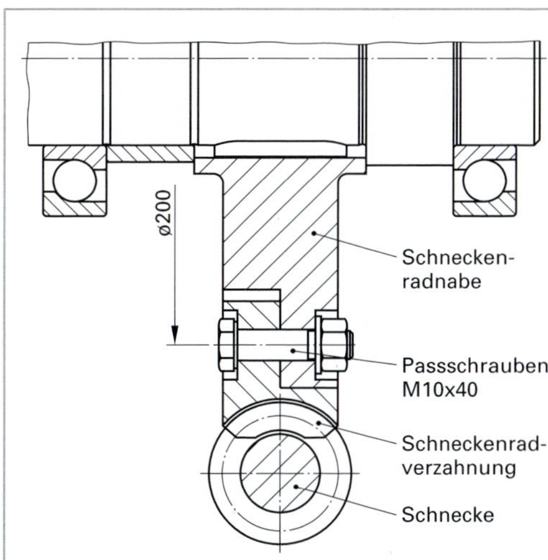

Bild 2: Schneckenradverschraubung

3.7.2 Bolzen

Bolzen haben die Aufgabe, eine gelenkige Verbindung herzustellen. Meist wird eine sogenannte zweischnittige Verbindung hergestellt **(Bild 1, links)**. Ein Sonderfall ist ein Bolzen in der Verwendung als Achse eines Rades **(Bild 1, rechts)**. Form und Auswahl der Bolzenausführungen sind groß **(Tabelle 1)**. Bei der zweischnittigen Verbindung ist die Flächenpressung des Bolzens auf die angrenzenden Bauteile (Gabel und Stange) relevant. Sie ist unabhängig vom Einbaufall **(Bild 2)**.

Bei einer gelenkigen zweischnittigen Verbindung muss wenigstens einer der Verbindungspartner – Gabel oder Stange mit einer losen Passung im Bolzen gefügt sein. Je nach Ausführung der Passungen zwischen Gabel und Stange ergibt sich eine andere Ausprägung des Biegemoments. Man unterscheidet drei Einbaufälle.

Einbaufall I (Tabelle 2). Der Bolzen sitzt lose – also mit Spielpassungen – sowohl in der Gabel als auch in der Stange. Das Biegemoment ist:

$$M_{b,max} = \frac{F \cdot (2a + b)}{8}$$

a Gabelbreite
b Stangenbreite

Einbaufall II (Tabelle 2). Der Bolzen sitzt fest mit Übermaßpassung in der Gabel und lose mit Spielpassung in der Stange. Das Biegemoment ist:

$$M_{b,max} = \frac{F \cdot b}{8}$$

Einbaufall III (Tabelle 2). Der Bolzen sitzt fest, mit Übermaßpassung in der Stange und lose, mit Spielpassung in der Gabel. Das Biegemoment ist:

$$M_{b,max} = \frac{F \cdot b}{4}$$

Für die Dimensionierung der die Bolzenlänge bestimmenden Gabelbreite *a* und Stangenbreite *b*, können die nachfolgenden Erfahrungswerte herangezogen werden.

Einbaufall	I	II	III
a/d	~ 0,6	~ 0,5	~ 0,6
b/d	~ 1,6	~ 1,6	~ 1

Tabelle 2: Einbauvarianten für Bolzen

Einbaufall I: Bolzen lose in Gabel und in Stange	**Einbaufall II:** Bolzen fest in Gabel und lose in Stange	**Einbaufall III:** Bolzen fest in Stange und lose in Gabel
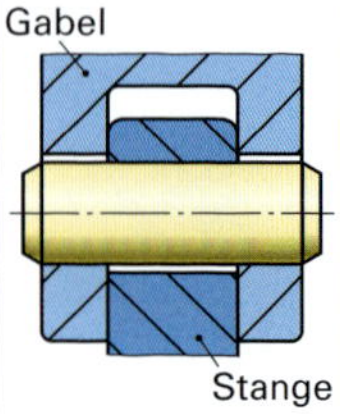	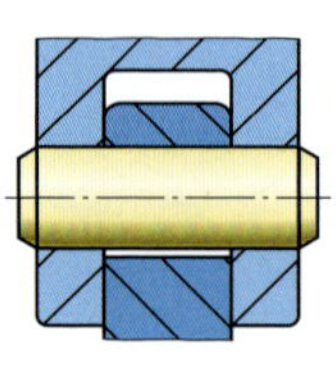	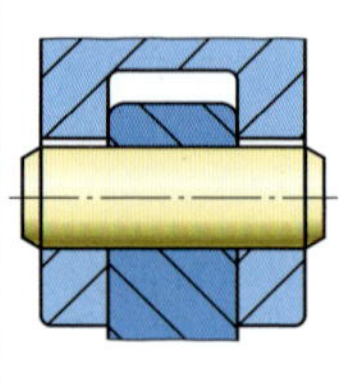

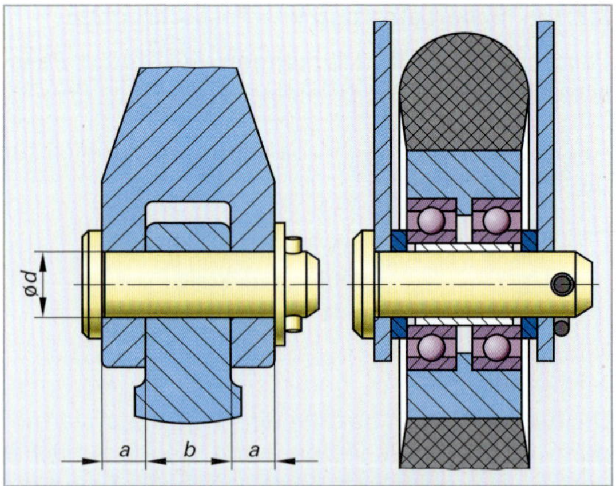

Bild 1: Bolzen als gelenkige Verbindung (links) und als Achse eines Rades (rechts)

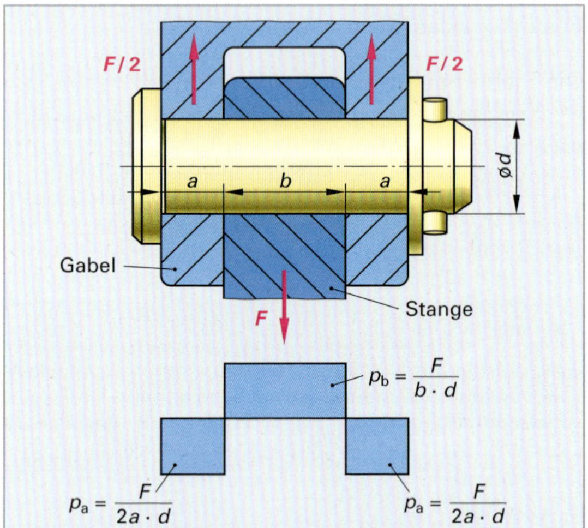

Bild 2: Flächenpressung bei zweischnittiger Verbindung

Tabelle 1: Ausführungen von Bolzen

Bolzen ohne Kopf DIN EN 22340		**Bolzen mit Kopf** DIN EN 22341	
Form A	**Form B**	**Form A**	**Form B**
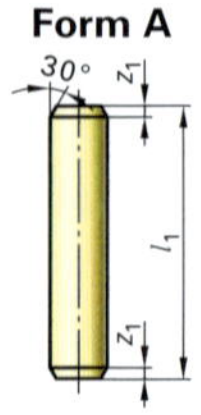	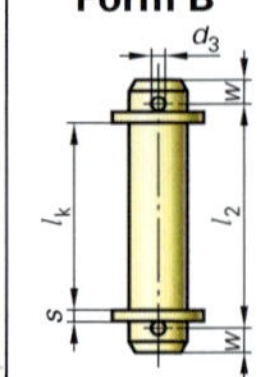	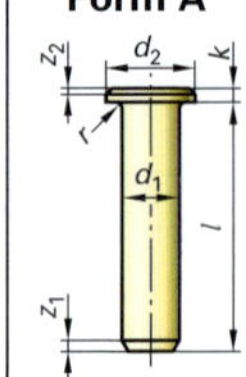	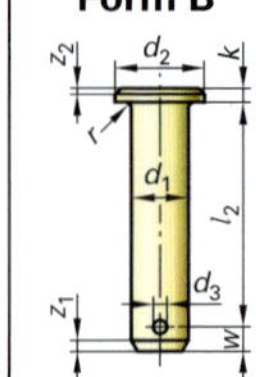
Blanke Ausführung	Mit Splintlöchern	Blanke Ausführung	Mit Splintlöchern
Bolzen mit Kopf, Gewindezapfen und Schlüsselweite am Kopf DIN 1445		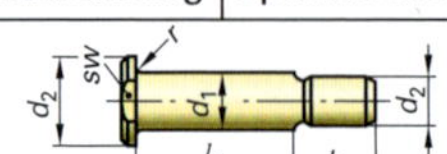	

Vordimensionierung von Bolzen

Relevant für die Vordimensionierung eines Bolzens sind die Querkraft sowie der Einbaufall der Konstruktion. Es gilt:

$$d = k \cdot \frac{k_A \cdot F_{nenn}}{\sigma_{b,\,zul}}$$

k Einbaufaktor
k_A Betriebsfaktor
F_{nenn} Nennkraft (Querkraft)
$\sigma_{b,\,zul}$ zulässige Biegespannung

Der Einbaufaktor k wird gemäß **Tabelle 1** gewählt. Der Betriebsfaktor k_A berücksichtigt die Betriebsbedingungen der Anwendung nach **Tabelle 2**. Die zulässige Biegespannung des Bolzens ist vom Belastungsfall der Anwendung abhängig. Zur Dimensionierung des Bolzens werden die Werte nach **Tabelle 3** herangezogen.

Festigkeitsnachweis von Bolzen

Nach der Vordimensionierung des Bolzens ist ein Festigkeitsnachweis zu führen. Dieser berücksichtigt dann die Festigkeit aller auf den Bolzen einwirkenden Belastungsarten nach Tabelle 3:

Biegung: Die vorhandene Biegespannung in Abhängigkeit des Biegemoments nach Einbaufall und des Bolzenquerschnitts bestimmt sich nach:

$$\sigma_b = k_A \cdot \frac{M_b}{W} \leq \sigma_{b,zul}$$

k_A Betriebsfaktor
M_b Biegemoment nach Einbaufall
W axiales Widerstandsmoment
$\sigma_{b,\,zul}$ zulässige Biegespannung

Scherung: Die Trennstellen zwischen Stange und Gabel am Bolzen sind Scherspannungen ausgesetzt und ebenfalls gefährdet. Bei zweischnittiger Verbindung gilt:

$$\tau_{a,max} = k_A \cdot \frac{F}{2S} \leq \tau_{a,zul}$$

k_A Betriebsfaktor
F Normalkraft
S Querschnittsfläche
$\tau_{a,\,zul}$ zulässige Scherspannung

Flächenpressung: Die am Bolzen angrenzenden Bauteile (Stange und Gabel) sind Flächenpressung ausgesetzt:

$$p_a = k_A \cdot \frac{F}{S_{proj}} \leq p_{a,zul}$$

k_A Betriebsfaktor
F Normalkraft
S_{proj} Querschnittsfläche
$p_{a,\,zul}$ zulässige Flächenpressung (Tabelle 3)

Tabelle 1: Einbaufaktor *k*

Einbaufall	I	II	III
Einbaufaktor *k*	1,6 … 1,9	1,1 … 1,4	1,1 … 1,2

Tabelle 2: Betriebsfaktor k_A

Betriebsart	Art der Stöße	k_A	Betriebsart	Art der Stöße	k_A
gleichförmige Bewegung	leicht	1,0 bis 1,2	oszillierende, stoßhafte Bewegung	stark	1,5 bis 2
gleichförmig, oszillierende Bewegung	mittel	1,2 bis 1,5	stark stoßhafte Beanspruchung	sehr stark	2 bis 3

Tabelle 3: Zulässige Belastungen bei der Bolzendimensionierung und beim Festigkeitsnachweis

Belastung	ruhend	schwellend	wechselnd
Zulässige Biegespannung $\sigma_{b,zul}$ in N/mm²	~ 0,3 R_m	~ 0,25 R_m	~ 0,15 R_m
Zulässige Scherspannung $\tau_{a,zul}$ in N/mm²	~ 0,2 R_m	~ 0,15 R_m	~ 0,1 R_m
Zulässige Flächenpressung bei nichtgleitenden Flächen p_{zul} in N/mm²	~ 0,35 R_m	~ 0,25 R_m	~ 0,15 R_m

Bei genormten nicht gehärteten Bolzen kann allgemein mit der Zugfestigkeit $\boldsymbol{R_m}$ **= 500 N/mm²** gerechnet werden. Bei der Flächenpressung ist der festigkeitsmäßig schwächste Werkstoff aus Bolzen, Gabel und Stange zu verwenden.

Übung: Der Auslegerarm des dargestellten Baggers soll mit Hydraulikzylindern bewegt werden. Die Zylinder sind jeweils an Schweißlaschen in den Arm eingebunden. Hierzu wird eine zweischnittige Bolzenverbindung hergestellt. Vorausgesetzt wird hier der Einbaufall I (Bolzen sitzt lose in Gabel und Stange). Exemplarisch soll für Zylinder 1 die Bolzenverbindung gestaltet werden. Die Abmessungen sowie die Belastungen sind dem Bild zu entnehmen.

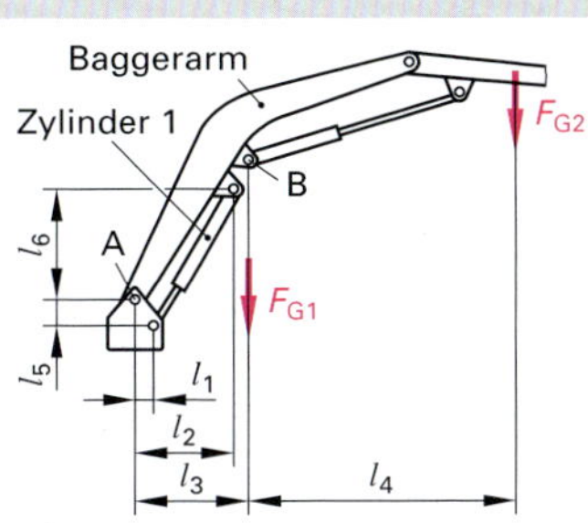

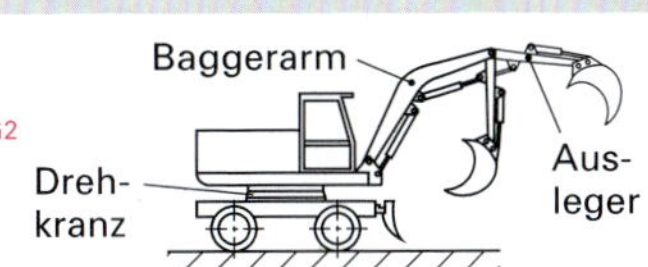

Daten:

l_1 =	600 mm	F_{G1} =	12 kN (Baggerarm)
l_2 =	2200 mm		
l_3 =	2600 mm	F_{G2} =	20 kN (Ausleger mit Schaufel und Last)
l_4 =	5000 mm		
l_5 =	500 mm		
l_6 =	2000 mm		

Lösung: Nach Freischneiden des Baggerarms und Aufstellen der Gleichgewichtsbedingungen bestimmt sich die Kolbenkraft in Zylinder 1 zu F_B = 236 kN.

Somit ist die Erstdimensionierung des Bolzens:

$$d = k \cdot \sqrt{\frac{k_A \cdot F_{nenn}}{\sigma_{b,zul}}}$$

k_A = 1,8 (stark stoßhaft) k = 1,8

F_{nenn} = 236 000 N

$\sigma_{b,zul} = 0{,}3 \cdot 500\ \text{N/mm}^2 = 150\ \text{N/mm}^2$

$$d = 1{,}8 \cdot \sqrt{\frac{1{,}8 \cdot 236\,000\ \text{N}}{150\ \frac{\text{N}}{\text{mm}^2}}} = 95{,}8\ \text{mm}$$

Es wird ein Bolzen mit ***d* = 100 mm** gewählt.

Die Stangen und Gabeldimensionen sind:

$a/d \sim 0{,}6 \rightarrow a = 60$ mm (Gabel)

$b/d \sim 1{,}6 \rightarrow b = 160$ mm (Stange)

Somit ergibt sich für das Biegemoment im Bolzen:

$$M_{b,max} = 236\,000\ \text{N} \cdot \frac{2 \cdot 60\ \text{mm} + 160\ \text{mm}}{8}$$

$$M_{b,max} = 8\,260\,000\ \text{Nmm}$$

Der Festigkeitsnachweis liefert ...

... für Biegung:

$$\sigma_b = 1{,}8 \cdot \frac{8\,260\,000\ \text{Nmm}}{100\,000\ \text{mm}^3} = 148\ \frac{\text{N}}{\text{mm}^2} < 150\ \frac{\text{N}}{\text{mm}^2}$$

... für Scherung:

$$\tau_{a,max} = 1{,}8 \cdot \frac{236\,000\ \text{N}}{2 \cdot 7854\ \text{mm}^2} = 27\ \frac{\text{N}}{\text{mm}^2} < 75\ \frac{\text{N}}{\text{mm}^2}$$

... für Flächenpressung (an der schmaleren Gabelfläche):

$$p_a = 1{,}8 \cdot \frac{236\,000\ \text{N}}{12\,000\ \text{mm}^2} = 35{,}4\ \frac{\text{N}}{\text{mm}^2} < 130\ \frac{\text{N}}{\text{mm}^2}$$

(für Schweißlaschen am Arm aus S235JR)

Der Festigkeitsnachweis zeigt, dass die Biegefestigkeit des Bolzens kritisch ist. Scherbelastung und Flächenpressung sind unkritisch. Abhilfe könnte eine Verschmälerung der Stangenbreite am Zylinder sein, da sich dadurch das Biegemoment verringert.

3.7.3 Stifte

Stifte sind relativ einfache Basiselemente. Sie dienen zum Positionieren, Zentrieren oder Lagesichern **(Bild 1)** sowie zum Mitnehmen oder Halten von Maschinenteilen (siehe Seite 290). Die zu übertragenden Belastungen in Form von quer angreifenden Kräften oder Drehmomenten sollten vorzugsweise stoßfrei sein. Die Formen der Stifte sind vielfältig. **Tabelle 1** zeigt eine Auswahl.

Zylinderstifte nach DIN EN ISO 2338 sind ungehärtet in den Maßtoleranzen h8 oder m6 erhältlich. Zylinderstifte nach DIN EN ISO 8734 sind gehärtet lediglich in der Maßtoleranz m6 erhältlich. Weitere Abwandlungen wie z. B. Zylinderstifte mit Innengewinde nach DIN EN ISO 8733 sind ebenfalls zu beziehen. Beim Fügen in eine Bohrung H7 entsteht somit eine vorgespannte Verbindung beim nach m6 tolerierten Stift bzw. eine geringe Spielpassung beim nach h8 tolerierten Stift.

Kegelstifte nach DIN EN 22339 sind ungehärtete kegelförmige Zapfen mit einer Steigung von 1:50. Der Nenndurchmesser bezieht sich auf das kleinere Ende und ist nach h10 toleriert. Die nötige kegelige Bohrungen müssen in einem Arbeitsgang sämtliche Teile nach der Vormontage gebohrt werden. Da an Montagearbeitsplätzen jedoch jegliche Spanerzeugung vermieden werden soll, verlieren Kegelstifte an Bedeutung. Mit den Möglichkeiten der numerisch gesteuerten Zerspanung wird meist auf Zylinderstifte oder Kerbstifte zurückgegriffen. In Service- und Wartungsbereichen halten sich Kegelstifte beharrlich.

Kerbstifte nach DIN EN ISO 8740 besitzen eine oder mehrere Längskerben an der Mantelfläche. Diese dienen zum einen zur Erhöhung der Festigkeit, wenn die Kerben etwas gewulstet sind. Die Kerben lassen bei der Montage in einem Sackloch die Luft entweichen.

Spannstifte (Spannhülsen), nach DIN EN ISO 13337 bestehen aus Federstahlhülsen (Ø von 2 mm bis 50 mm). Sie sind nicht so robust wie Kerbstifte, aber einfacher einzutreiben, zu lösen und sie können wiederverwendet werden.

Tabelle 1: Stifte (Auswahl)

Zylinderstift, DIN EN ISO 2338	**Kerbstift,** DIN EN ISO 8740
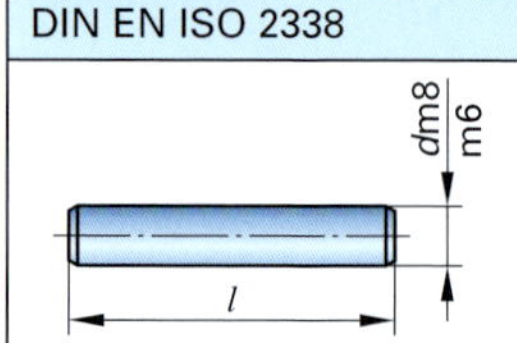	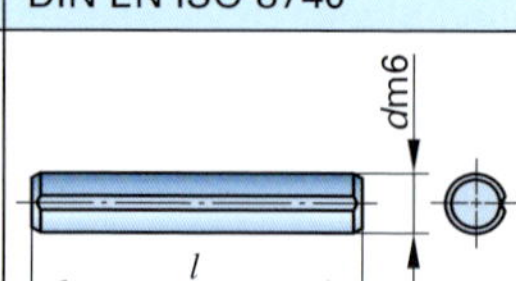
Kegelstift, DIN EN ISO 22339	**Spannstift,** ISO 8752
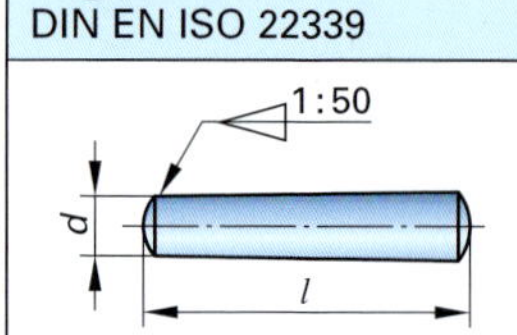	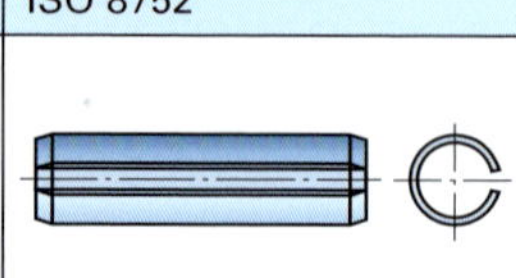

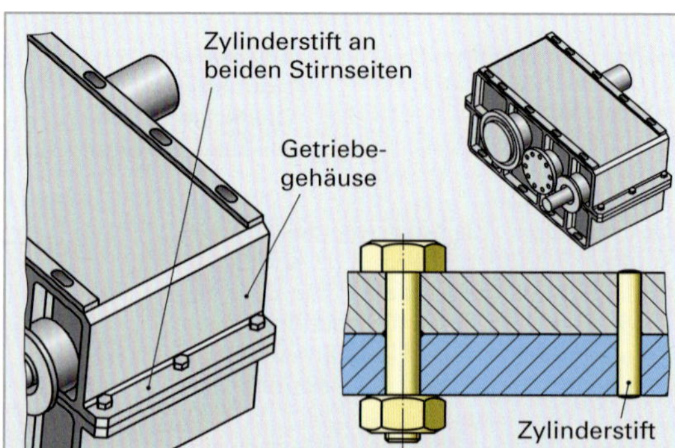

Zylinderstift zur Lagepositionierung der Getriebegehäusehälften (Zentrierstifte)

Bild 1: Zylinderstift zur Positionssicherung zweier Getriebegehäusehälften

3.8 Kupplungen

3.8.1 Allgemeines

Kupplungen haben die Aufgabe Rotationsenergie in Form von Drehmoment und Drehzahl zu übertragen oder zu begrenzen oder zu schalten (**Bild 1**). Mit Kupplungen kann man Aggregate vor Überlast, vor Stoßmomenten oder auch vor Überdrehzahlen schützen. Kupplungen verwendet man auch, um Wellen miteinander zu verbinden, die nicht exakt fluchten.

Die **nichtschaltenden Kupplungen** werden nach der Steifigkeit der Verbindung (starr, elastisch oder ausgleichend) und nach dem physikalischen Wirkprinzip der Übertragung (Formschluss, Kraftschluss) eingeteilt.

Die **schaltenden Kupplungen** unterscheidet man nach der Betätigungsart. Sie sind entweder *fremdbetätigt* oder *selbstbetätigt*. Außerdem unterscheidet man sie nach der Art der Schaltungstechnik.

Den schaltenden Kupplungen verwandt, z. T. auch baugleich sind die **Bremsen**. Bei den Bremsen ist der Abtrieb stillstehend. Die Aufgabe ist die Drehfrequenz einer Welle zu reduzieren und dabei die vorhandene kinetische Energie aufzunehmen bzw. in Wärme umzuwandeln und zwar ohne Schädigung der beteiligten Bauteile.

Haltebremsen haben die Aufgabe, eine Welle in einer aktuellen Drehlage zu „halten", d. h. zu fixieren, z. B. die Antriebswellen bei ausgeschalteten Robotern.

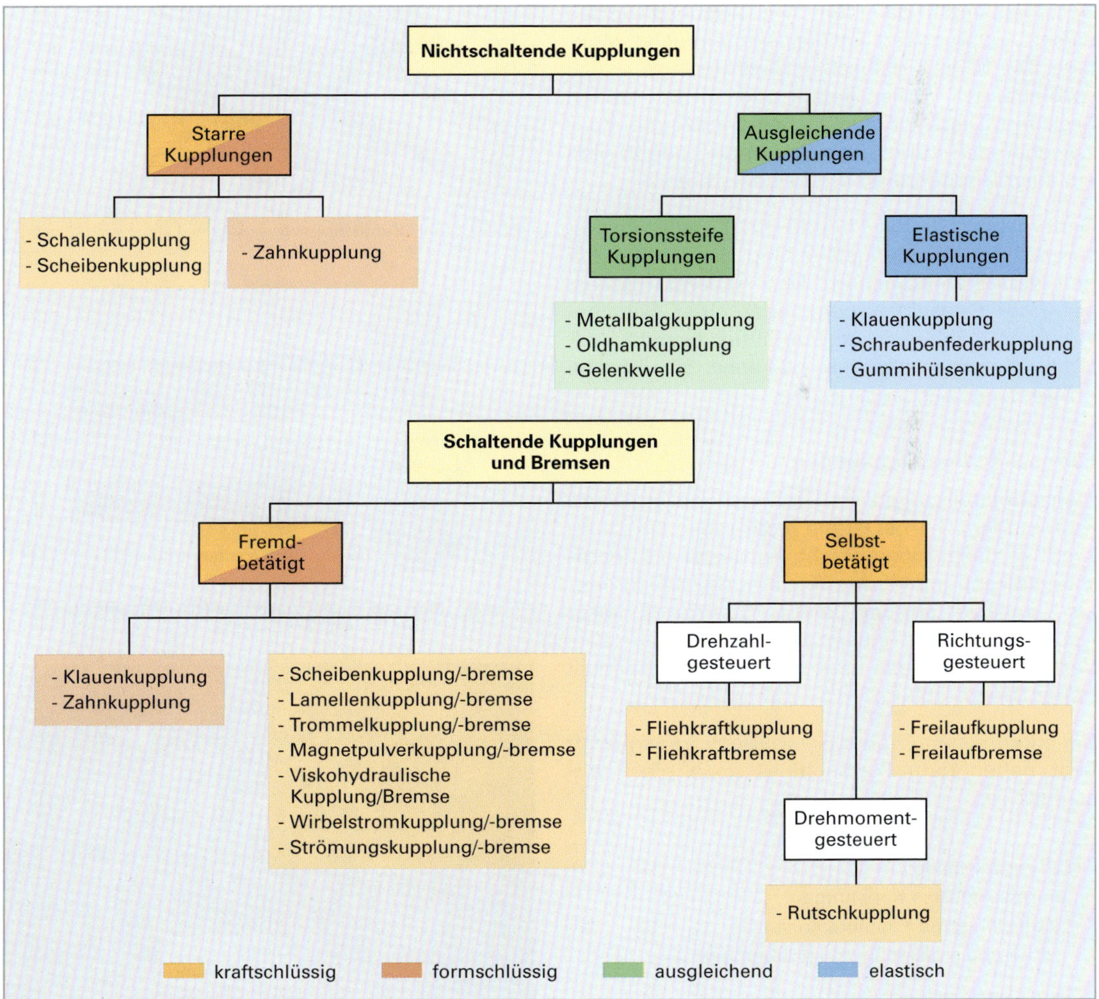

Bild 1: Übersicht Kupplungen

3.8.2 Nichtschaltende Kupplungen

3.8.2.1 Starre Kupplungen

Starre Kupplungen können nur verwendet werden, wenn die zu verbindenden Wellen fluchten.

Kraftschlüssige Kupplungen

Scheibenkupplungen (auch Flanschkupplungen genannt) nach DIN 116 (**Bild 1**) sind die einfachsten kraftschlüssigen Kupplungen. Die zu übertragenden Drehmomente können hoch sein. Die Kupplungsnaben werden mit einer Übergangspassung z. B. nach H7/k6 gefügt. Zur drehstarren Übertragung der Drehbewegungen werden Passfederverbindung nach DIN 6885 oder Keilverbindungen nach DIN 6886 eingesetzt.

Schalenkupplungen (**Bild 2**) verwendet man wie Scheibenkupplungen. Ein wesentlicher Vorteil dieser Kupplungsart ist die sehr einfache Montage. Die beiden Halbschalen werden um die zu verbindenden Wellen gelegt und mit Schrauben gesichert. Diese werden so fest angezogen, dass zwischen den Kupplungsschalen und den Wellen ein ausreichender Reibschluss entsteht.

Genormt sind in DIN 115 und DIN 116 die Abmessungen der Kupplungsteile und der Wellen mit den Nenndrehmomenten. Den Nabendurchmesser einer Flanschkupplung oder einer Schalenkupplung wählt man im Verhältnis zu dem Wellendurchmesser um das 1,8-Fache bis 2-Fache größer.

Formschlüssige Kupplungen

Planzahnkupplungen sind formschlüssige starre Kupplungen. Hierbei ist auf jeder Welle ein Zahnprofil stirnseitig angebracht, entweder als zentrische Verzahnung (*Hirth*[1]-Verzahnung, **Bild 3**) oder als Parallelverzahnung (**Bild 4**). Der Vorteil dieser Kupplungsart, die gleichzeitig eine Welle-Nabe-Verbindung darstellt, liegt in der Übertragbarkeit hoher Drehmomente.

Bei entsprechend hoher Schraubenvorspannkraft liegt neben dem Formschluss auch ein Kraftschluss vor.

> Man unterscheidet:
> - Formschlüssige Kupplungen,
> - kraftschlüssige Kupplungen sowie
> - form- und kraftschlüssige Kupplungen.

[1] *Albert Hirth* (1858 bis 1935), dt. Ingenieur und Erfinder

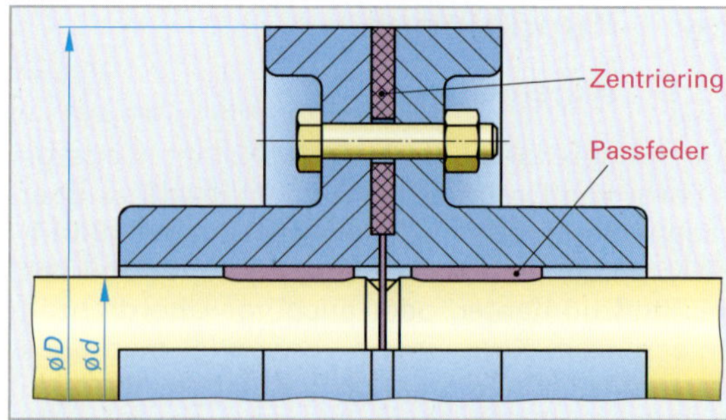

Bild 1: Scheibenkupplung, vgl. DIN 116

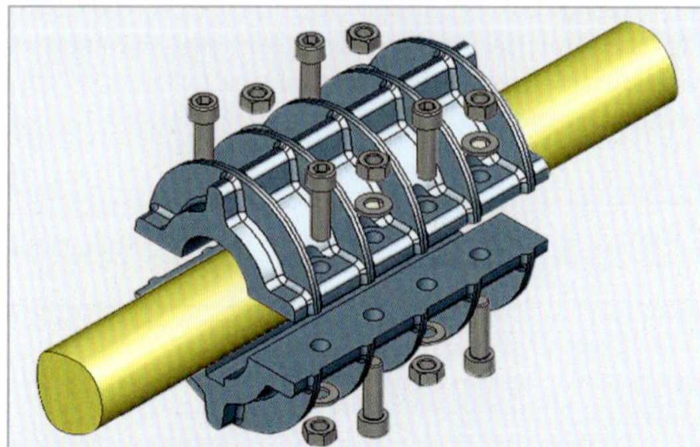

Bild 2: Schalenkupplung, vgl. DIN 115

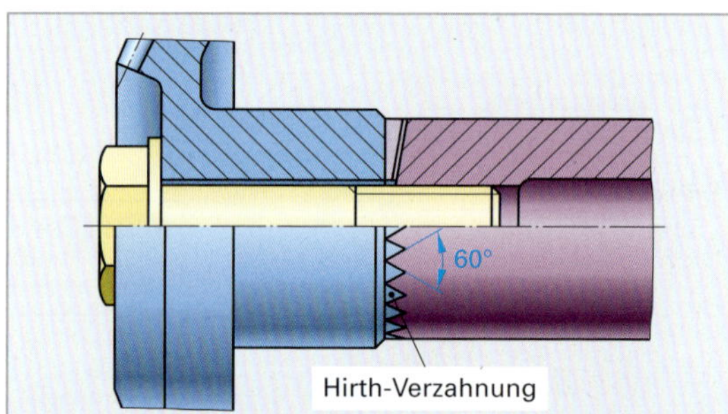

Bild 3: Planzahnkupplung mit Hirth-Verzahnung

Bild 4: Planzahnkupplung mit Parallelverzahnung

3.8.2.2 Ausgleichende Kupplungen

Mit elastisch nachgebenden Kupplungen können *axiale, radiale* und *angulare* Fluchtungsfehler (**Bild 1**) ausgeglichen werden. Solche elastische Verbindungen erzielt man z. B. mit Gummi-Metall-Elementen an den Koppelstellen zwischen Antrieb und Abtrieb (**Bild 2**). Die technischen Ausführungsformen sind vielfältig (siehe folgende Seiten).

Von Vorteil solchermaßen hergestellter Kupplungen ist, dass Stoßmomente, z. B. vom Abtrieb herkommend gedämpft und somit schonend auf den Antrieb rückwirken. Das ist vor allem von Bedeutung, wenn sich antriebsseitig noch Zahnradgetriebe befinden.

Von Nachteil ist der Verlust an Drehsteifigkeit mit vielfältigen Problemen bei präzise zu regelnden Antrieben, z. B. bei Vorschubantrieben von Werkzeugmaschinen. Hier ist für die Qualität einer Regelung und damit für die Qualität der Bearbeitung eine möglichst hohe Eigenfrequenz im Antriebsstrang anzustreben. Man erreicht dies am besten unter gänzlichem Verzicht auf Getriebe und auf Kupplungen, indem der Motorläufer (als Hohlläufer) direkt auf die Antriebsspindel nebst Winkelmesssystem aufgezogen wird.

Ist eine solche Lösung nicht möglich, so sind wohl ausgleichende, aber sehr *torsionssteife Kupplungen* anzuwenden, damit wenigstens in Drehrichtung der Wellen eine hohe Eigenfrequenz zustande kommt. Besonders drehsteife, aber ansonsten nachgiebige Kupplungen sind Kupplungen mit Wellenrohren als Bindeglieder zwischen Abtrieb und Antrieb **(Bild 2)**.

Winkelversatz. Ein Winkelversatz mit dem Beugungswinkel α beeinflusst die Abtriebsdrehzahl n_2 **(Bild 3)**. Diese erhöht sich und vermindert sich periodisch zweimal pro Umdrehung (doppelte Drehfrequenz der Drehzahl n_1).

Die Drehzahlschwankung beträgt:

$$\Delta n = \left(\frac{1}{\cos\alpha} - \cos\alpha\right) \cdot n_1.$$

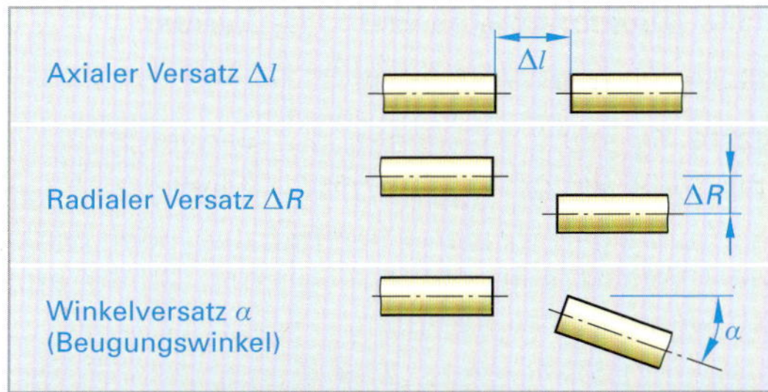

Bild 1: Fluchtungsversätze

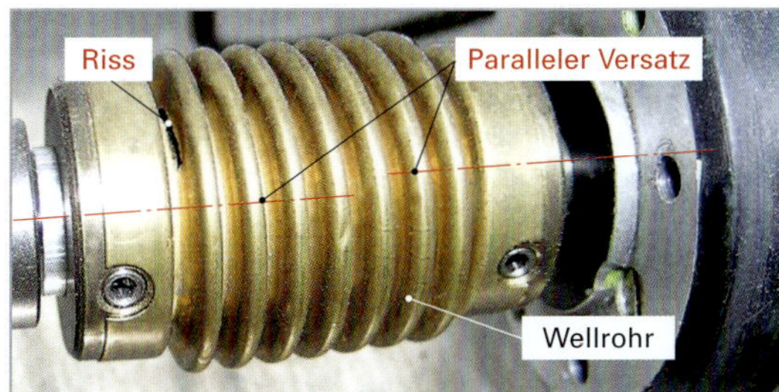

Bild 2: Drehsteife Kupplung (Beispiel)

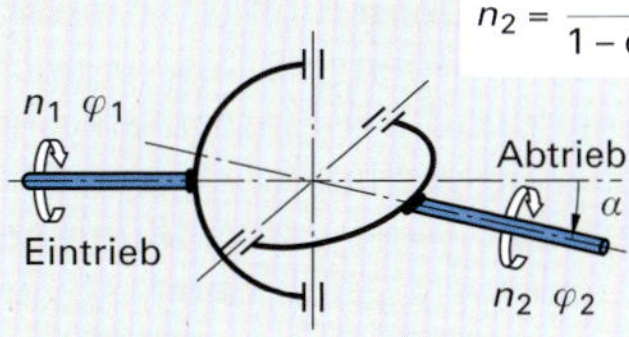

$$n_2 = \frac{\cos\alpha}{1 - \cos^2\varphi_1 \cdot \sin^2\alpha} \cdot n_1$$ [1)]

$$n_{2\,max} = \frac{n_1}{\cos\alpha}$$

$$n_{2\,max} = n_1 \cdot \cos\alpha$$

$$\Delta n = n_2 - n_1 = \left(\frac{1}{\cos\alpha} - \cos\alpha\right) \cdot n_1$$

n_1 Eintriebsdrehzahl φ_1 Eintriebsdrehwinkel
n_2 Abtriebsdrehzahl α Beugungswinkel

[1)] vgl. Siegfried Hildebrand: Feinmechanische Bauelemente, Carl Hanser Verlag, Seite 725

Bild 3: Wirkung des Winkelversatzes

Physikalische Grundlagen

Drehmoment und Leistung:

$$M = \frac{P}{\omega}$$

M Drehmoment
P Leistung
ω Winkelgeschwindigkeit

Massenträgheitsmoment eines homogenen Zylinders:

$$J = \frac{m \cdot r^2}{2}$$

J Massenträgheitsmoment
m Masse
r Radius auf Drehachse bezogen

Beschleunigungsmoment:

$$M_a = J \cdot \alpha$$

M_a Beschleunigungsmoment
J Massenträgheitsmoment
α Winkelbeschleunigung

Beispiel:
Eine Schwungscheibe mit dem Durchmesser d = 200 mm und der Masse von m = 5 kg soll aus dem Stand nach 1,5 Sekunden eine Drehzahl von 1200 1/min besitzen. Es ist das Beschleunigungsmoment M_a zu bestimmen.

Lösung:

$$\alpha = \frac{\Delta\omega}{\Delta t} = \frac{2 \cdot \pi \cdot 20\,\frac{1}{\text{s}}}{1{,}5\ \text{s}} = 83{,}77\,\frac{1}{\text{s}^2}$$

$$J = \frac{m \cdot r^2}{2} = \frac{5\ \text{kg} \cdot (0{,}1\ \text{m})^2}{2} = \frac{0{,}05\ \text{kgm}^2}{2} = 0{,}025\ \text{kgm}^2$$

$$M_a = J \cdot \alpha = 0{,}025\ \text{kgm}^2 \cdot 83{,}77\,\frac{1}{\text{s}} = 2{,}1\ \text{Nm}$$

Klauenkupplungen mit Elastomerkernen

Bei diesen Kupplungen stellen Klauen den Formschluss für die Drehmomentübertragung her **(Bild 1)**. Als Ausgleichskörper befinden sich zwischen den Klauen Elastomerelemente. Diese gleichen etwaigen axialen oder radialen oder winkligen Versatz aus und ermöglichen Stöße und Schwingungen zu dämpfen.

Die Elastomerkerne gibt es aneinanderhängend als Ringe mit unterschiedlichen Härtegraden, z. B. Shore-Härte 98ShA, Shore-Härte 64ShD, Shore-Härte 80ShA **(Tabelle 1)**. Dadurch kann man wechselweise die Drehfedersteife oder die Dämpfung erhöhen.

Die Drehfedersteife C_T ist dazu abhängig von der Kupplungsgröße bzw. dem Nennmoment der Kupplungen.

Je härter das Kernmaterial ist und je höher das Nennmoment ist, desto torsionssteifer ist der Antriebsstrang. Je geringer die Härte ist, umso stärker ist die Energieabsorption und damit die Dämpfung.

Spielfrei, zumindest spielarm sind Klauenkupplungen mit Elastomerkernen dadurch, dass die Zähne die Elastomerkerne beim Einbau vorspannen **(Bild 2)**. Klauenkupplungen gibt es je nach Ausformung der Klauen und der Elastomerkerne **durchschlagsicher** und sie verfügen so über eine „Notlaufeigenschaft", z. B. in der Verwendung bei Feuerlöschpumpen, oder sie sind **überlastwerfend**, z. B. für empfindliche Maschinen **(Bild 3)**.

Klauenkupplungen sind baugrößenabhängig in einem weiten Drehmoment-Nennbereich bis 70 000 Nm verfügbar. Der Wellendurchmesser liegt z. B. dementsprechend zwischen wenigen Millimetern und über 200 mm. Der zulässige Wellenversatz ist abhängig von der Baugröße und der Betriebsdrehzahl. Mit steigender Drehzahl sind geringere Wellenversatzwerte erlaubt.

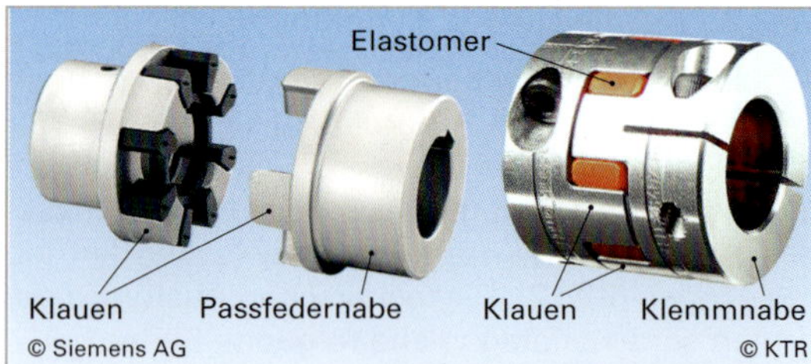

Bild 1: Klauenkupplungen mit Elastomerkern

Tabelle 1: Elastische Klauenkupplungen, Beispiel[1]

Elastomer-Zahnkranz aus PUR		

Härte in Shore-A (Sh)		
92ShA	98ShA	64ShA
Nennmoment T_{KN} in Nm, Beispiel Typgröße 625		
625	940	1175
Verdrehwinkel in Grad bei Nennmoment		
3,2°	3,2°	2,5°
Drehfedersteife C_T in Nm/rad bei Nennmoment		
97130	129510	151090
Dämpfungsleistung		
18 W	18 W	27 W

[1] ROTEX® – Typ 65, KTR Systems GmbH, Rheine

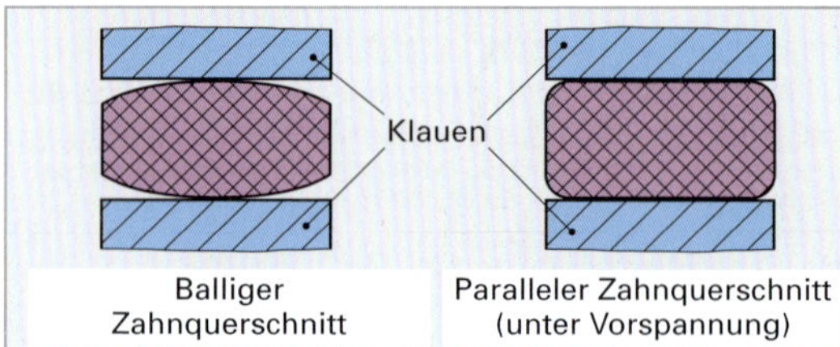

Bild 2: Spielfreiheit durch Vorspannung

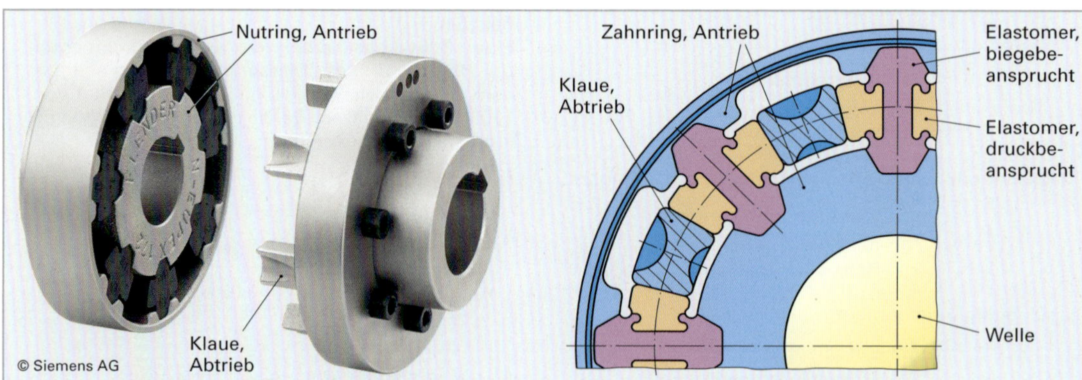

Bild 3: Überlastwerfende Klauenkupplung

Auslegung elastischer Klauenkupplungen[1]

Bei harmonischer Beanspruchung. Die an der Kupplung auftretenden Belastung durch Drehmomente, muss unterhalb des für die Kupplung bestehenden Nenndrehmomentes (Herstellerangabe) sein. Der Einfluss der Umgebungstemperatur ist hierbei zu berücksichtigen.

$$F_{KN} \geq F_N \cdot S_T$$

F_{KN} Kupplungsnennmoment
F_N Nennmoment Lastmaschine
S_T Temperaturfaktor (**Bild 1**)

Bei stoßartiger Beanspruchung. Neben dem Kupplungsnennmoment darf das zulässige maximale Kupplungsdrehmoment (Spitzenmoment), welches zur Aufnahme von Stößen relevant ist, ebenfalls nicht überschritten werden.

$$F_{K,max} \geq F_S \cdot S_z \cdot S_T$$

$F_{K,max}$ Kupplungsnennmoment
F_S Drehmomentspitze der Lastmaschine
S_z Anlauffaktor (**Bild 2**)
S_T Temperaturfaktor (Bild 1)

Die Drehmomentspitze der Abtriebsseite (Lastmaschine) ist vom antriebsseitigen Spitzendrehmoment, dem Stoßfaktor und dem Verhältnis der verbauten Trägheitsmomente abhängig.

$$F_S = F_{AS} \cdot \frac{S_A}{m+1}$$

F_S Drehmomentspitze der Lastmaschine
F_{AS} Spitzendrehmoment Antriebsseite
S_A Stoßfaktor (**Tabelle 1**)
m Verhältnis der Trägheitsmomente[2]

Um das Verhältnis der Trägheitsmomente zu bestimmen sind sämtliche Einzelträgheitsmomente sowohl der Kupplung als auch der Antriebsseite und der Lastseite zu berücksichtigen.

$$m = \frac{J_A + J_1}{J_L + J_2}$$

m Verhältnis der Trägheitsmomente
J_A Trägheitsmoment der Antriebsseite
J_L Trägheitsmoment der Abtriebsseite
J_1 Trägheitsmoment der antriebsseitigen Kupplungshälfte
J_2 Trägheitsmoment der abtriebsseitigen Kupplungshälfte

[1] vgl. DIN 740

[2] Die Trägheitsmomente der Kupplungshälften werden berücksichtigt.

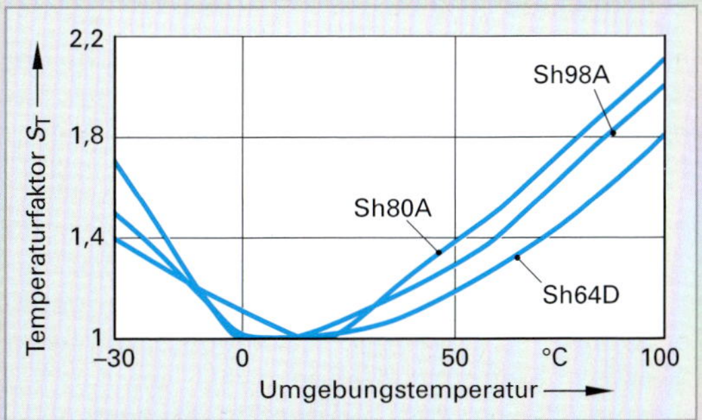

Bild 1: Temperaturfaktor

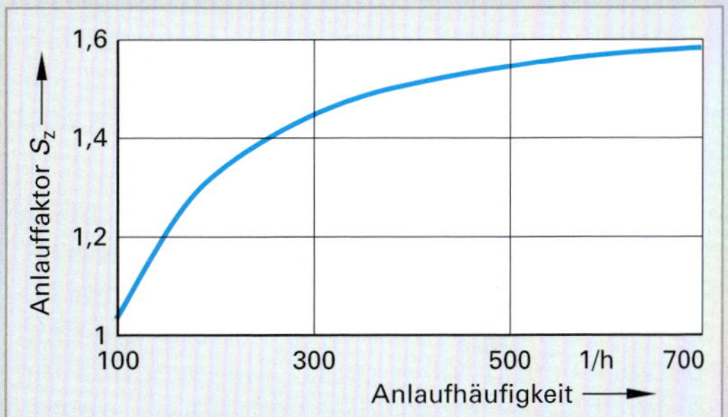

Bild 2: Anlauffaktor

Tabelle 1: Stoßfaktor bei schwingungsdämpfenden Kupplungen

Beanspruchung	S_A
Gleichförmige, harmonische Beanspruchung	1,0
Ungleichförmig, periodische Beanspruchung ohne extreme Stöße und Richtungsumkehr	1,8
Hohe Dynamik, nichtperiodisch, stoßartige Beanspruchung, häufige Richtungsumkehr	2,5

Beispiel:

Ein Antriebsstrang wird von einem 1,25-kW-Motor mit n = 1350 1/min bei Raumbedingungen angetrieben. Es ist das erforderliche Kupplungsnennmoment für eine Elastomerkupplung mit Sh98A-Elastomerkern zu bestimmen.

Lösung:

Ermittlung des Antriebsmoments

$$M_t = \frac{P}{\omega} = \frac{1250\ \text{W}}{2 \cdot \pi \cdot 22{,}5\ \frac{1}{\text{s}}} = 9{,}55\ \text{Nm}$$

Ermittlung des erforderlichen Kupplungsnennmoments

$$M_{KN} \geq M_N \cdot S_T = 9{,}55\ \text{Nm} \cdot 1{,}05 = 10{,}02\ \text{Nm}$$

Metallbalgkupplungen

Metallbalgkupplungen (**Bild 1**) eignen sich, neben dem Ausgleich von gering parallel versetzten Wellen, insbesondere zum Verbinden von Wellen mit Winkelversatz.

Metallbalgkupplungen haben eine sehr hohe Drehsteifigkeit. Der maximale Verdrehwinkel dieser Kupplungen wird z. B. mit 0,05°/Nm angegeben. Daher ist es möglich, Positionieraufgaben bzw. Wegmessungsaufgaben direkt am Antrieb durchzuführen, so dass auf den Einsatz kostspieliger Sensorik an der Abtriebsseite (Lastseite) verzichtet werden kann.

Die Metallbälge sind in der Regel aus Edelstahl. Die WNV wird meist als Klemmverbindung ausgeführt. Zur vereinfachten Montage gibt es auch Steckverbindungen (**Bild 2**).

Der Metallbalg überträgt Parallelversätze bis zu 0,35 mm und angulare Fluchtungsfehler bis zu 2°. Bei Metallbalgkupplungen mit einem übertragbaren Drehmoment bis zu 500 Nm erfolgt die Balg-Nabe-Verbindung über eine Klebeverbindung. Darüber hinaus muss die Verbindung mittels Schweißverbindung hergestellt werden. Ähnliche Eigenschaften wie Metallbalgkupplungen haben Federscheibenkupplungen (**Bild 3**).

Auslegung von Metallbalgkupplungen[1]

1. Auslegung nach dem Drehmoment. Bei gleichförmiger Drehmomentübertragung wird mit einem Sicherheitsfaktor von 1,5 gerechnet:

$$M_{KN} = 1{,}5\ M_{an}$$

M_{KN} Kupplungsnennmoment
M_{an} Nennmoment Antriebsseite

Das Antriebsmoment ist:

$$M_{an} = \frac{P_{an}}{\omega}$$

M_{an} Nennmoment Antriebsseite
P_{an} Antriebsleistung
ω Winkelgeschwindigkeit, Antriebsseite

Beispiel:

Ein Antriebsstrang wird mit einem 3,4-kW-Motor bei n = 1250 1/min Umdrehungen angetrieben. Es ist die zwischengeschaltete Kupplung bei gleichförmiger Drehmomentübertragung auszulegen.

$$M_{an} = \frac{P_{an}}{\omega} = \frac{3400\ \text{W}}{130{,}9\ \frac{1}{\text{s}}} = 26\ \text{Nm}$$

$$M_{KN} \geq 1{,}5 \cdot M_{an} = 1{,}5 \cdot 26\ \text{Nm} = 39\ \text{Nm}$$

Es wird eine Standard-Metallbalgkupplung mit dem Nenndrehmoment von 40 Nm ... 50 Nm eingesetzt.

[1] Berechnung nach *R+W Kupplungen, Klingenberg.*

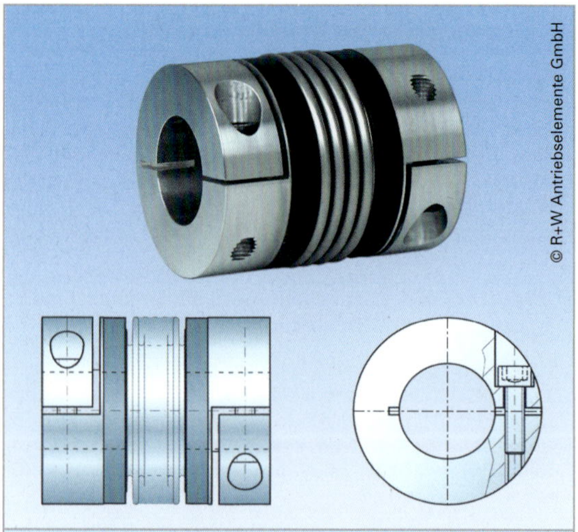

Bild 1: Metallbalgkupplungen

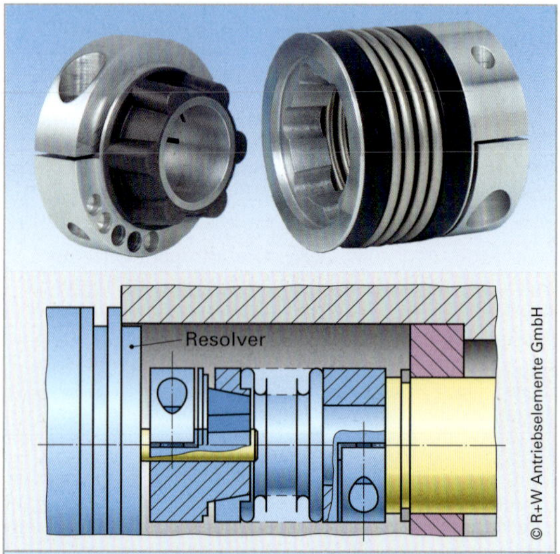

Bild 2: Steckbare Metallbalgkupplung

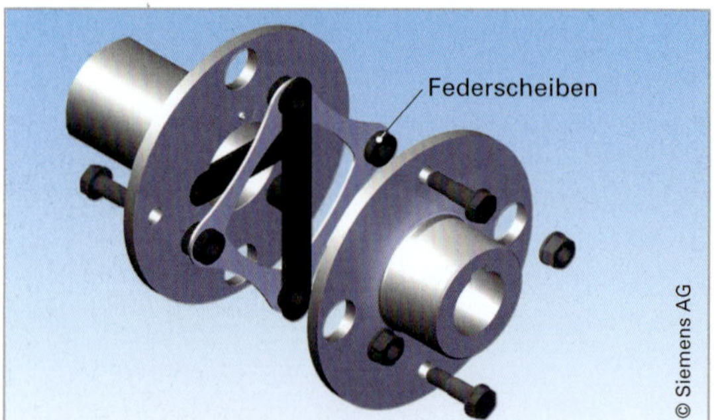

Bild 3: Federscheibenkupplung

2. Auslegung nach dem Beschleunigungsmoment. Bei hochdynamischen Antrieben erfolgt die Auslegung nach dem Beschleunigungsmoment.

Hierbei ist neben dem Spitzenmoment der Antriebsmaschine auch die Kenntnis der Trägheitsmomente von An- und Abtrieb erforderlich.

Eine wichtige Größe ist das Verhältnis q von Trägheitsmoment der Abtriebsseite zum Gesamtträgheitsmoment.

$$q = \frac{J_L}{J_L + J_A}$$

J_A Trägheitsmoment der Antriebsseite
J_L Trägheitsmoment der Abtriebsseite
q Trägheitsmomentverhältnis (antriebsseitig zu ges. Trägheitsmoment)

Das Kupplungsnennmoment ist:

$$M_{KN} \geq M_{AS} \cdot S_A \cdot q$$

M_{KN} Kupplungsnennmoment
M_{AS} Spitzenmoment der Antriebsseite
S_A Stoßfaktor nach **Tabelle 1**

3. Auslegung nach der Eigenschwingung. Ein Bauteil sollte nicht im Bereich seiner Eigenfrequenz angeregt werden. z. B. durch die Drehzahl des Antriebs. Die Eigenfrequenz f_0 eines Feder-Masse-Systems ist:

$$f_0 = \frac{1}{2\pi} \sqrt{\frac{c}{m}}$$

f_0 Eigenfrequenz
c Federsteifigkeit
m Masse

Die Erregerfrequenz f_{AN} eines Antriebs entspricht der Grundschwingung der Antriebsseite, also der Drehfrequenz (Drehzahl). Sie sollte immer stark von der Resonanzfrequenz des Antriebsstrangs in Verbindung abweichen. Die Resonanzfrequenz eines Systems kann mithilfe eines Ersatzsystems, einem Zwei-Massen-System (**Bild 1**), bestimmt werden:

$$f_R = \frac{1}{2\pi} \sqrt{c_T \cdot \frac{J_A + J_L}{J_A \cdot J_L}}$$

f_R Resonanzfrequenz
c_T Federsteifigkeit der Kupplung
J_A Trägheitsmoment der Antriebsseite
J_L Trägheitsmoment der Abtriebsseite

Bei komplexen Antriebssträngen werden die Eigenfrequenzen mithilfe einer dynamischen Simulation bestimmt.

Die Resonanzfrequenz sollte deutlich höher als die Drehfrequenz der Antriebsmaschine sein:

$$f_R \geq 2 \cdot f_{AN}$$

f_R Resonanzfrequenz des Systems
f_{AN} Erregerfrequenz des Antriebs

Tabelle 1: Stoßfaktor bei torsionssteifen Kupplungen

Beanspruchung	S_A
Gleichförmige, harmonische Beanspruchung	1
Ungleichförmig, periodische Beanspruchung	2
Nichtperiodische Beanspruchung, sehr häufige Richtungsumkehr	3 bis 4

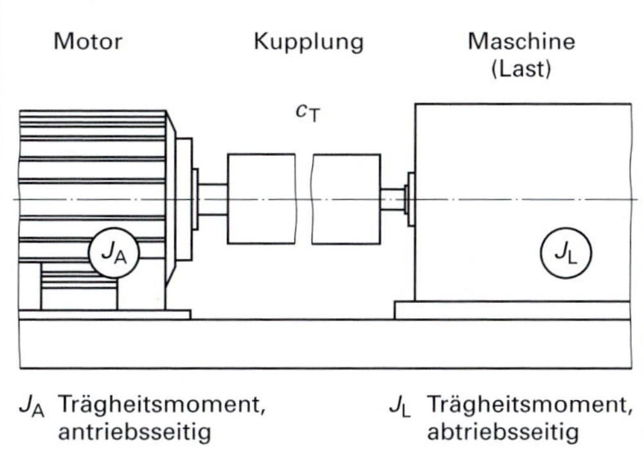

Bild 1: Zwei-Massen-System

Beispiel:

Es ist das erforderliche Kupplungsnennmoment für eine periodisch beanspruchte Metallbalgkupplung zu bestimmen.

Die Betriebsdaten liefern ein Spitzenmoment der Antriebsseite von 24 Nm und ein Trägheitsmomentenverhältnis von $q = 0{,}41$.

Lösung:

Ermittlung des Stoßfaktors

Ungleichförmige, periodische Beanspruchung

$\Rightarrow S_A = 2$

Ermittlung des erforderlichen Kupplungsmoments

$M_{KN} \geq M_{AS} \cdot S_A \cdot q$

$M_{KN} \geq 24\ \text{Nm} \cdot 2 \cdot 0{,}42$

$M_{KN} \geq 20{,}16\ \text{Nm}$

Es ist demnach eine Kupplung mit dem Mindestkupplungsnennmoment von $M_{KN} = 20$ Nm zu wählen.

Weitere elastische und ausgleichende Kupplungen

Schraubenfederkupplung. Eine Schraubenfederkupplung, meist bekannt als Cardeflex-Kupplung (**Bild 1**), besteht aus zwei Kupplungsnaben mit einer Stift-Federverbindung. Die Stifte sind lediglich mit den Feder-Führungskörpern in gleicher Anzahl an Antriebsnabe und Abtriebsnabe wechselseitig verbunden. Somit entsteht eine sehr stoßabsorbierende Verbindung zwischen zwei Wellen. Drehschwingungen werden durch Speicherung der Stoßenergie gemindert. Eingesetzt werden diese Schraubenfederkupplungen bei der Übertragung sehr stoßhaft auftretender Drehmomente. Schraubenfederkupplungen sind in der Lage, parallele und angulare Versätze auszugleichen. Daher kann bei mehrfachem Hintereinanderschalten dieser Kupplungen eine Welle mit elastischen Gelenkeigenschaften gestaltet werden.

Elastische Bolzenkupplung. Elastische Bolzenkupplungen (**Bild 2**) bestehen aus zwei Kupplungsflanschen, ähnlich wie bei den nach DIN 116 genormten Scheibenkupplungen. Jedoch greifen hierbei Bolzen von einem zum anderen Flansch. Die Besonderheit liegt in der Ummantelung jeweils einer Bolzenhälfte, um hierbei eine Drehelastizität zu realisieren. Die Elastomerhülsen können in unterschiedlichen Shorehärten ausgeführt sein, um eine ideale Anwendung zu realisieren.

Gummiwulstkupplung. Gummiwulstkupplungen (**Bild 3**) sind hochelastische Kupplungen, bei denen eine Gummiwulst kraftschlüssig oder stoffschlüssig mit den beiden Kupplungsnaben verbunden ist.

Gummi-Zwischenring-Kupplung. Gummi-Zwischenring-Kupplungen (**Bild 4**) bestehen aus zwei Kupplungsnaben, welche mittels eines, meist sechseckigen, Gummirings wechselseitig per Schrauben verbunden sind. Der hochelastische Gummi-Zwischenring enthält einvulkanisierte Blechhülsen, welche der Schraubenverbindung bei vorhandener Vorspannung die nötige Festigkeit verleihen.

Kreuzscheibenkupplung. Kreuzscheibenkupplungen (**Bild 5**), auch Oldhamkupplungen genannt, sind formschlüssige Ausgleichskupplungen, die bei parallelen Wellenversätzen eingesetzt werden. Sie bestehen aus zwei gleichen Kupplungsnaben, die stirnseitig mit einer Feder versehen sind. Dazwischen ist eine, meist aus Kunststoff gefertigte, Zwischenscheibe, die stirnseitig mit 90° versetzten Nuten versehen ist, in denen die Federn der Naben gleiten. Hiermit kann ein geringer paralleler Achsversatz ausgeglichen werden.

Bogenzahnkupplung. Bogenzahnkupplungen (**Bild 6**) sind „doppelkardanisch" arbeitende, formschlüssige Wellenkupplungen zum Ausgleich von radialen und winkligen Wellenverlagerungen. Die Kupplungsnaben, z. B. aus Stahl, sind mit einem außenverzahnten Bogenzahnprofil versehen. Dieses wird in das geradverzahnte Innenzahnprofil des meist aus Polyamid hergestellten Kupplungsrings gefügt.

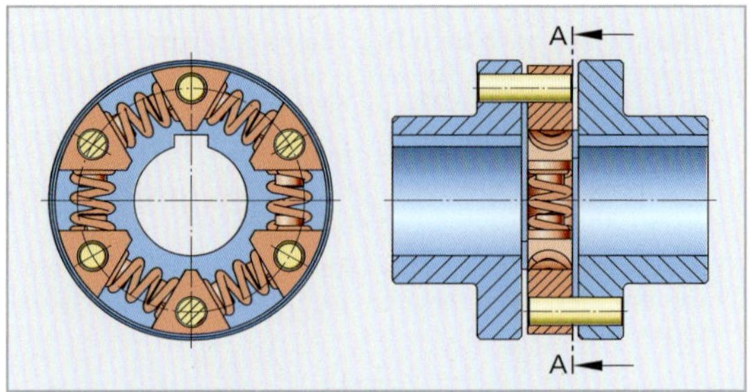

Bild 1: Schraubenfederkupplung

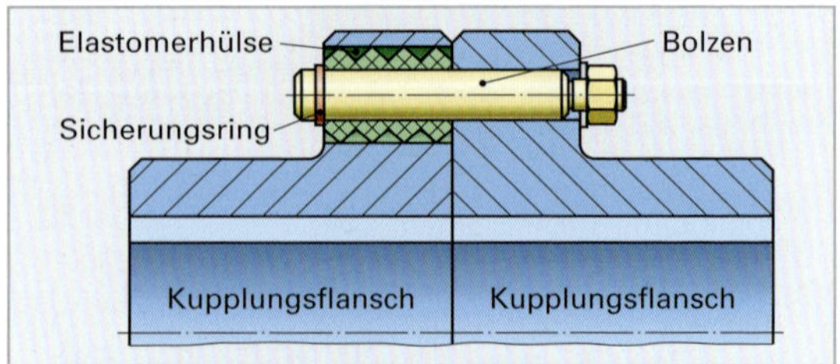

Bild 2: Elastische Bolzenkupplung

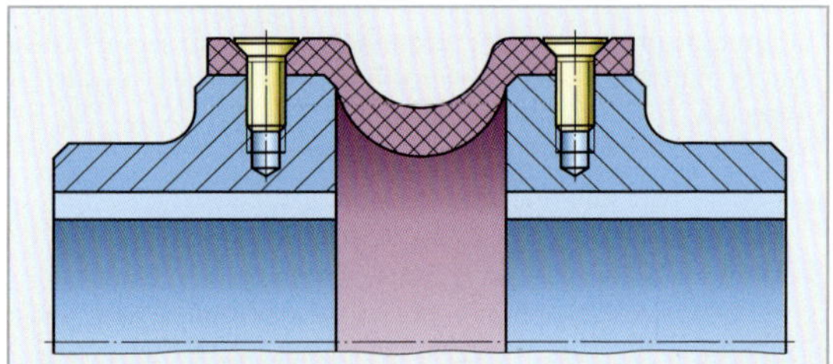

Bild 3: Gummiwulstkupplung

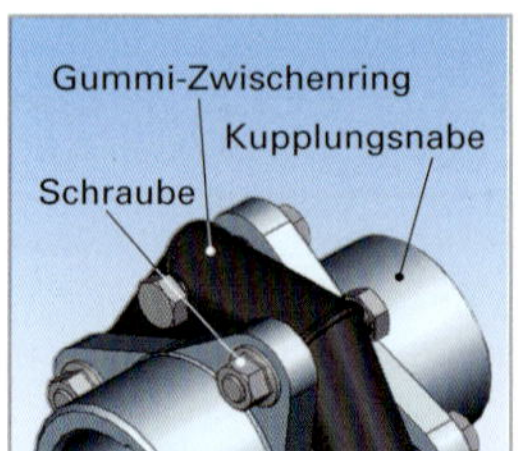

Bild 4: Gummi-Zwischenringkupplung

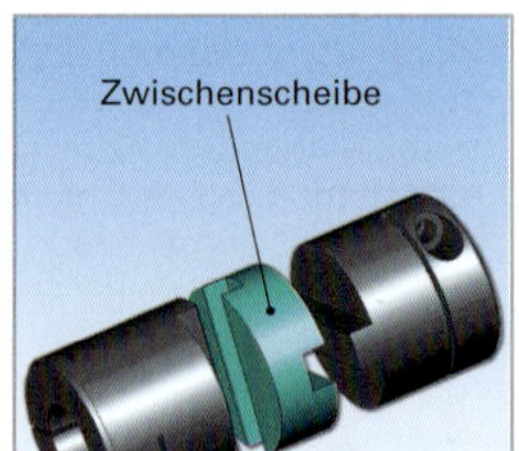

Bild 5: Oldham-Kupplung

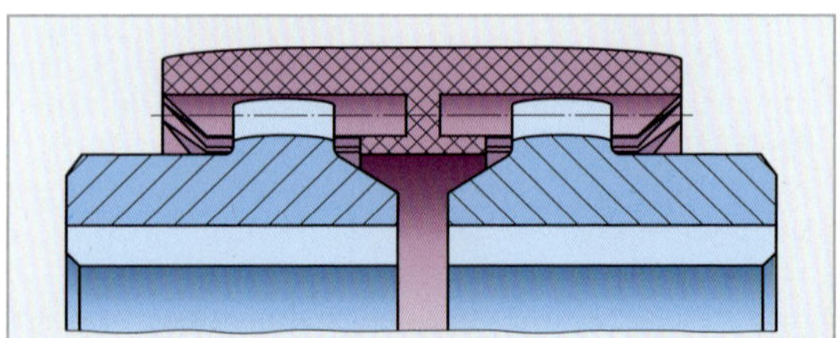

nach KTR Kupplungstechnik GmbH

Bild 6: Bogenzahnkupplung

Gelenkwellen

Gelenkwellen sind Kupplungen, welche zur Überbrückung großer Wellenabstände, z. B. bis 6 m und zum Ausgleich von Fluchtungsfehlern verwendet werden.

Kreuzgelenkwellen. Gelenkwellen bestehen meist aus zwei Kreuzgelenken, die jeweils nabenseitig angebracht sind (**Bild 1**).

Anwendung finden Kreuzgelenkwellen z. B. in der Fahrzeugtechnik, wo sie als Kardanwellen[1] bei heckgetriebenen Fahrzeugen das Getriebe mit dem Differential verbinden. Zum Ausgleich des Kardanfehlers, nämlich einer harmonischen Verzerrung der Drehgeschwindigkeit, sind stets zwei Kreuzgelenke erforderlich. Der Beugungswinkel beträgt bei Kardangelenken bis 45°.

Gleichlaufgelenkwellen. Gleichlaufgelenkwellen haben Topfgelenke und Kugelkäfige (**Bild 2**). Sie übertragen auch bei größeren Beugungswinkeln, z. B. bis 47° noch relativ gleichförmig. Man verwendet diese Gelenke z. B. im Kfz zwischen Ausgleichsgetriebe und Radnabe.

Sonderbauformen sind die Gelenkwellen nach **Bild 3**. Sie werden bei sehr weiten Wellenabständen, jedoch bei nur geringeren Fluchtungsversätzen eingesetzt. An die Enden des meist aus Aluminium, Stahl oder CFK gefertigten Zwischenrohrs sind Metallbalgnaben oder Klauenkörper mit Elastomerkernen angebracht.

Auslegung von Gelenkwellen. Neben dem zu übertragenden Drehmoment ist die biegekritische Drehzahl zu beachten. Gelenkwellen sollten höchstens im Bereich bis 80 % dieser biegekritischen Drehzahl betrieben werden. Das Diagramm in **Bild 4** gibt das Verhalten der Schwingungsamplituden im Verhältnis zur Drehzahl wieder. Ein Betrieb weit über der kritischen Drehzahl würde bedeuten, dass die kritische Drehzahl im Anlauf durchlaufen wird. Auch das sollte vermieden werden, da in dieser Durchlaufsituation die Gefahr des Aufschaukelns besteht.

[1] benannt nach *Gerolamo Cardano*, lat. *Hieronymus Cardano*, (1501 bis 1576), ital. Arzt, Philosoph und Mathematiker

Bei Gelenkwellen muss die biegekritische Drehzahl beachtet werden.

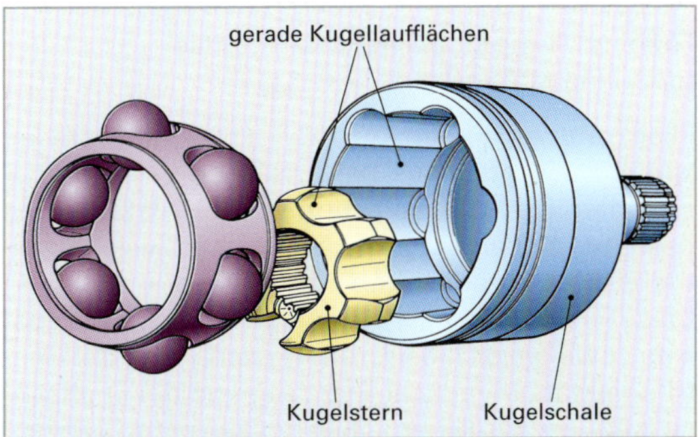

Bild 2: Gleichlaufgelenk (homokinetisches Gelenk)

Bild 3: Sonderbauformen von Gelenkwellen

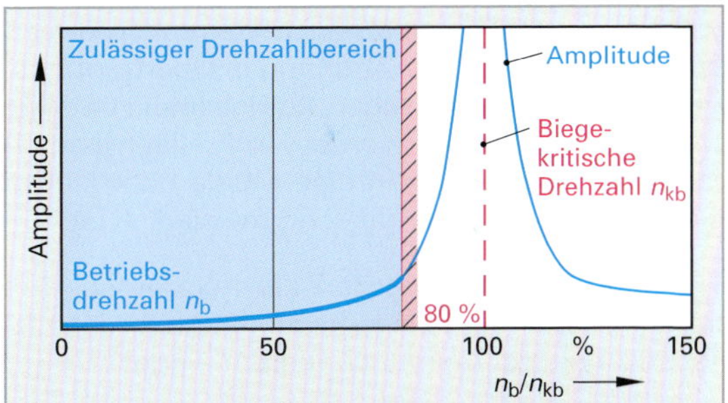

Bild 4: Zulässiger Drehzahlbereich

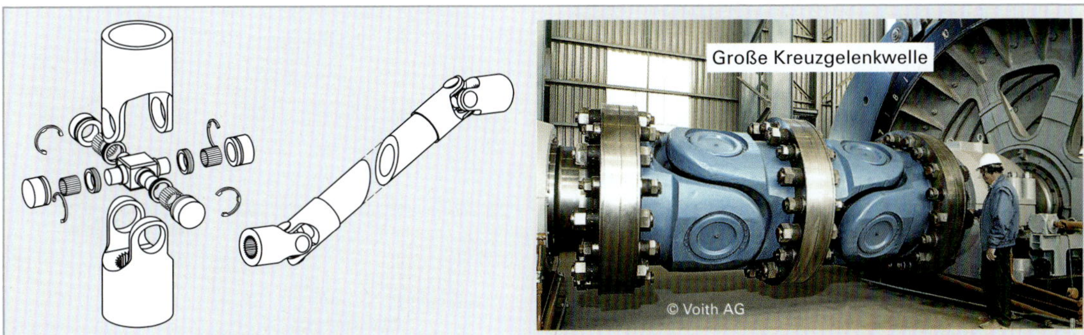

Bild 1: Kreuzgelenkwellen (Beispiele)

3.8.3 Schaltende Kupplungen und Bremsen

3.8.3.1 Selbsttätige Schaltkupplungen

Fliehkraftkupplung, Fliehkraftbremse (drehzahlbetätigt)

Fliehkraftkupplungen bzw. Fliehkraftbremsen kuppeln ein oder aus bei Erreichen einer vorbestimmten Drehzahl aufgrund von Fliehkräften. Sie bestehen aus einem Fliehkörperpaket, welches antriebsseitig an einer Nabe angebracht ist (**Bild 1**). Diese Fliehkörper mit Reibbelag des Fliehkörperpakets bewegen sich bei Drehung, aufgrund der Zentrifugalkraft, in radialer Richtung von der Drehachse weg. Bei Erreichen einer bestimmten Drehzahl kommen die Fliehkörper mit der abtriebsseitigen Nabe in Kontakt und stellen eine kraftschlüssige Verbindung zwischen Antrieb und Abtrieb her.

Ihren Einsatz finden Fliehkraftkupplungen z. B. in der Kraftfahrzeugtechnik in Automatikgetrieben, in Stufenlosgetrieben und in Kleinkrafträdern mit Stufenlosgetrieben.

Freilaufkupplung (drehrichtungsbetätigt)

Freilaufkupplungen (**Bild 2**) übertragen Drehmomente nur in einer Drehrichtung. In der anderen Richtung drehen sie lose durch. Als Sperrkörper werden sowohl Rollen als auch Klemmkörper verwendet (Bild 2), die bei Drehung in Übertragungsrichtung wie Keile zwischen Antriebsnabe und Abtriebsnabe geklemmt werden. In Freilaufrichtung fallen die Sperrkörper in eine Mulde oder stellen sich um, sodass kein Kraftschluss möglich ist.

Freilaufkupplungen werden als Rücklaufsperren in Pumpen, in der Fahrradtechnik und in der Kfz-Technik bei Drehmomentwandlern eingesetzt.

Drehmomentbetätigte Kupplung

Rutschkupplungen (**Bild 3, links**) stellen Welle-Nabe- oder Welle-Welle-Verbindungen dar, welche bei Überschreiten eines kritischen Drehmomentes durchrutschen und die Übertragung unterbrechen. Dieser sicherheitsrelevante Aspekt ist z. B. bei motorbetätigten Türen von Brennöfen oder bei Handwerkzeugen wie Ratschen von Bedeutung. Wichtig ist auch der Einsatz in Werkzeugmaschinen, wodurch bei Kollisionen kostenintensive Schäden ausgeschlossen werden. Hierfür werden neben den reibschlüssigen Rutschkupplungen auch formschlüssige Sicherheitskupplungen eingesetzt (**Bild 3, rechts**). Hier werden federbelastete Kugeln in Mulden gedrückt.

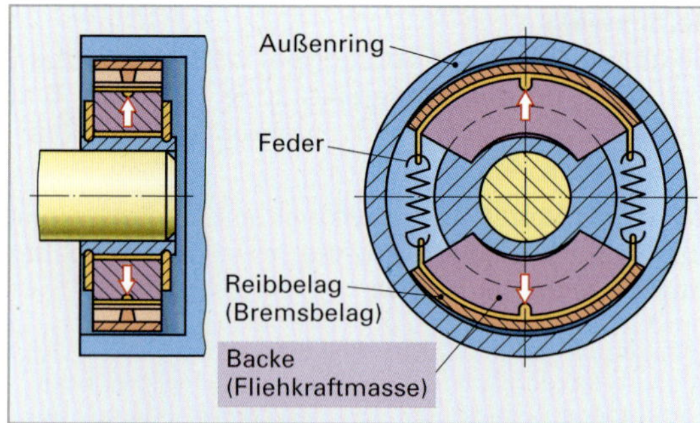

Bild 1: Fliehkraftkupplung, Fliehkraftbremse

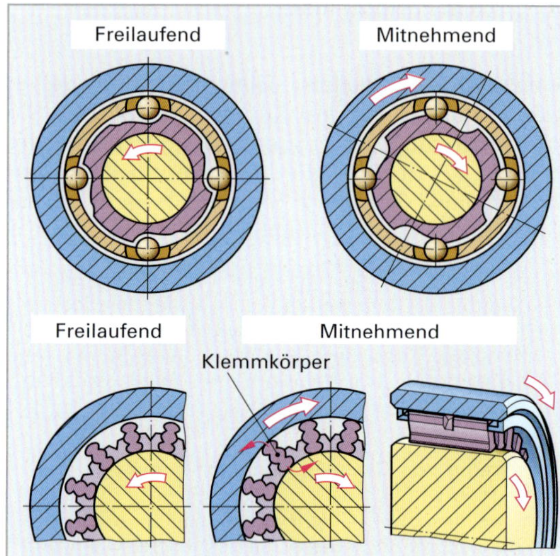

Bild 2: Freilaufkupplung und Sperrkörper

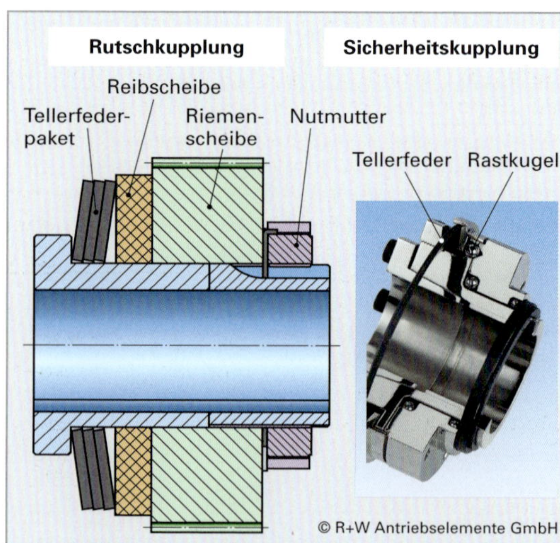

Bild 3: Rutschkupplung und Sicherheitskupplung

3.8.3.2 Fremdbetätigte Kupplungen

Der Schaltvorgang wird bei den fremdbetätigten Kupplungen mechanisch, elektromagnetisch, hydraulisch oder pneumatisch ausgelöst.

Häufig sind die Kupplungen bzw. Bremsen im nichtbetätigten Zustand über Federn oder durch Druckluftzylinder gekuppelt und werden durch das Schaltsignal gelöst, d. h. freigeschaltet bzw. „gelüftet".

Bremsen sind stets kraftschlüssig. Schaltkupplungen sind kraftschlüssig oder formschlüssig. Bei der Zahnkupplung **(Bild 1)** bildet die Stirnverzahnung einen Formschluss.

Bei den kraftschlüssigen Kupplungen unterscheidet man

- Einscheibenkupplungen,
- Zwei- und Mehrscheibenkupplungen,
- Lamellenkupplungen und
- etliche Sonderbauarten, z. B. Magnetpulverkupplungen, Wirbelstromkupplungen/-bremsen, Strömungskupplungen/-bremsen (siehe auch hydrodynamische Wandler), viskohydraulische Kupplungen und magnetorheologische[1] Kupplungen.

Bei einer elektromagnetisch betätigten **Einscheibenkupplung (Bild 2)** wird die Ankerscheibe durch den Elektromagneten auf die Reibscheibe gedrückt. Im nichtgeschalteten Zustand drücken Federn die Ankerscheibe zurück.

Lamellenkupplungen (Bild 3) haben ein Reibscheibenpaket (Lamellen). So verteilt sich die Abnutzung des Reibbelags in der Schlupfphase bzw. beim Bremsen auf eine große Reibfläche. Die Lamellen werden bei Betätigung der Kupplung bzw. Bremse zusammengepresst. Dies geschieht bei mechanischer Betätigung über Hebel und eine Schaltmuffe. Bei den elektromagnetischen Lamellenkupplungen/-bremsen wird das Lamellenpaket von einem Elektromagneten angezogen.

Lamellenkupplungen sind besonders geeignet, wenn unter Last geschaltet werden muss, da hier immer eine Schlupfphase vorkommt. **Bild 4** zeigt einen Ausschnitt aus einer großen Lamellenbremse. Zur Mitnahme der Lamellen mit den beiden Kupplungshälften haben diese im Wechsel eine Außenverzahnung und eine Innenverzahnung.

[1] Die Rheologie ist die Lehre vom Fließverhalten, griech. rhei = fließen und logos = Lehre, Wissenschaft.
Eine magnetorheologische Flüssigkeit (MRF) enthält feinste magnetisch polarisierbare Partikel. Durch Magnetisierung vermindert sich die Fließfähigkeit.

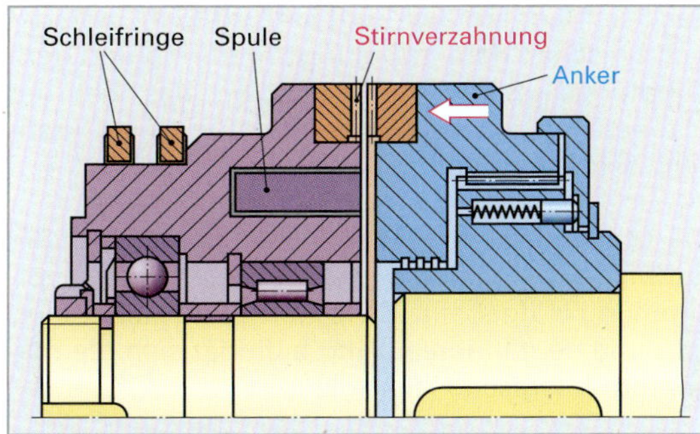

Bild 1: Zahnkupplung

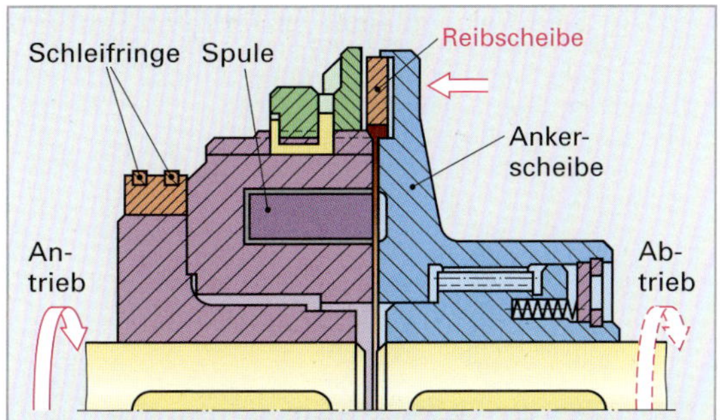

Bild 2: Einscheibenkupplung

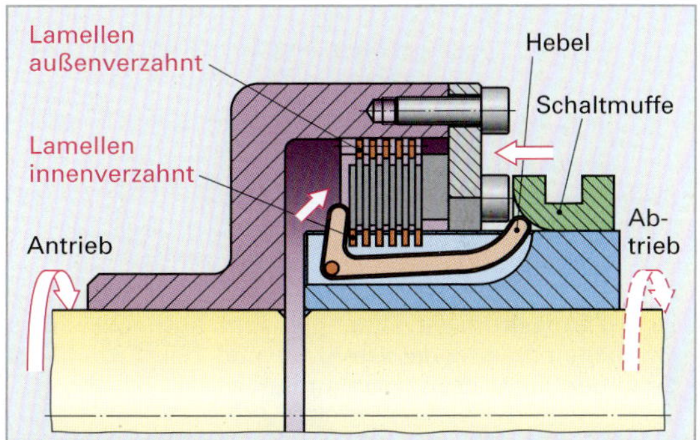

Bild 3: Lamellenkupplung

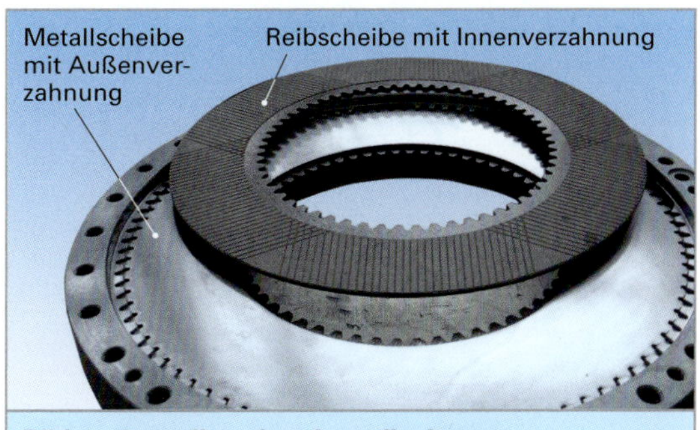

Bild 4: Lamellen einer Lamellenbremse

Bei der **Magnetpulverkupplung** (**Bild 1**) befindet sich zwischen dem Kupplungsinnenring und dem Kupplungsaußenring Eisenpulver, das bei der Magnetisierung zusammenfrittet und eine kraftschlüssige Verbindung herstellt.

Die **Magnetorheologische Fluid-Kupplung** (MRF-Kupplung) ist ähnlich wie eine Magnetpulverkupplung aufgebaut. Zwischen dem Außenlaufring und dem Innenlaufring befindet sich die magnetorheologische Flüssigkeit.

MRF ist eine Suspension von *Carbonyleisenpulver* (CIP) in synthetischen Ölen mit Partikelgrößen zwischen 0,1 µm und 10 µm. Durch einen magnetischen Fluss werden die Partikel polarisiert und ordnen sich zur Kraftübertragung in Kettenform entlang der magnetischen Flusslinien an: Die Scherung des Fluids wird behindert, die Viskosität nimmt zu.

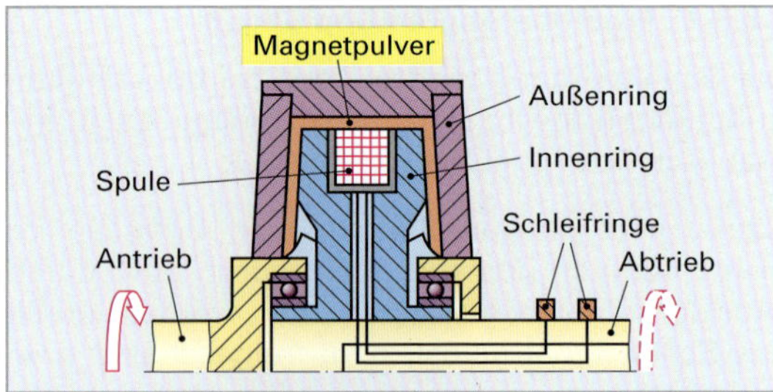

Bild 1: Magnetpulverkupplung

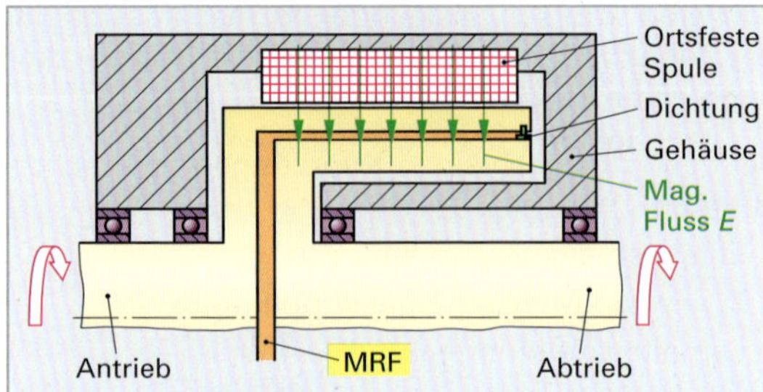

Bild 2: MRF-Kupplung

Berechnungen zum Reibbelag

Die vorrangige Frage beim Einsatz von Schaltkupplungen richtet sich nach der Haltbarkeit des Reibbelags. Die Lebensdauer ist:

$$L_h = \frac{V_B}{q \cdot \Phi}$$

L_h Lebensdauer des Kupplungsbelags in Betriebsstunden
V_B abtragbares Volumen des Kupplungsbelags
q spezifischer Verschleiß nach **Tabelle 1**
Φ Wärmestrom

Der Wärmestrom ist abhängig vom abtriebsseitigen Trägheitsmoment, der Drehzahl und der Anzahl der Schaltvorgänge. Er ist bestimmt mit:

$$\Phi = \pi \cdot M_R \cdot n \cdot \dot{z} \cdot t_a$$

Φ Wärmestrom
M_R zu übertragendes Reibmoment/Drehmoment
n Drehzahl
$\dot{z}$ Anzahl der Schaltvorgänge pro Sekunde
t_a Beschleunigungszeit

Das zu übertragende Reibmoment entspricht dem Drehmoment der Antriebsseite, welches von der Kupplung aufzunehmen und weiterzuleiten ist.

$$M_R = M_{an} = \frac{P_{an}}{2 \cdot \pi \cdot n}$$

M_R Reibmoment
M_{an} Antriebsdrehmoment
P Leistung
n Drehzahl

Tabelle 1: Spezifischer Verschleiß *q*

Reibpaarung	q in mm³/Nm
St, GS, GG auf Reibbelag (trocken)	0,00007
St, GS, GG auf Reibbelag (geölt)	0,00002
St auf St (trocken)	0,00001

Beispiel:

Die durchschnittliche Drehzahl eines Motors mit 40 kW beträgt 2000 1/min. Es wird 5 mal pro Minute geschaltet (Stadtverkehr).

Bestimmen Sie die Lebensdauer des Kupplungsbelags (Kreisring $D \times d = 240$ mm x 100 mm, $t = 3$ mm) in Stunden. $q = 0{,}000065$ mm³/Nm; Beschleunigungszeit $t_a = 2$ s

Lösung:

Bestimmung des Antriebsmoments:

$$M_{an} = M_R = \frac{P_{an}}{2 \cdot \pi \cdot n} = \frac{40000\ \text{W}}{2 \cdot \pi \cdot 33{,}33\ \frac{1}{\text{s}}}\ 190\ \text{Nm}$$

Bestimmung des Wärmestroms:

$$\Phi = \pi \cdot M_R \cdot n \cdot \dot{z} \cdot t_a$$
$$= \pi \cdot 190\ \text{Nm} \cdot 33{,}33\ \frac{1}{\text{s}} \cdot 0{,}0833\ \frac{1}{\text{s}} \cdot 2\ \text{s} = 3315{,}8\ \text{W}$$

Bestimmung der Lebensdauer:

$$L_h = \frac{V_B}{q \cdot \Phi} = \frac{3\ \text{mm} \cdot \frac{\pi}{4}\,[(240\ \text{mm}^2) - (100\ \text{mm}^2)]}{65 \cdot 10^{-6}\ \frac{\text{mm}^3}{\text{Nm}} \cdot 3315{,}8\ \text{W}} = 1530{,}5\ \text{h}$$

3.9 Getriebe

Getriebe benötigt man

- zum Wandeln von Drehzahlen und Drehwinkeln bzw. von Geschwindigkeiten und Wegen,
- zur Anpassung von Drehmomenten bzw. von Kräften,
- allgemein zur Umsetzung rotatorischer Bewegungen in translatorische Bewegungen und umgekehrt,
- zum Erzeugen räumlich komplexer Bewegungen sowie
- zur Wandlung von Trägheitsmomenten bzw. von trägen Massen (**Bild 1**).

Die wichtigsten Kenngrößen der Getriebe sind die **Übertragungsfunktionen**, meist vereinfacht ausgedrückt durch die Übersetzungsverhältnisse für

- Drehzahlen,
- Drehwinkel,
- Geschwindigkeiten,
- Wege und
- träge Massen.

Hinzu kommen die Nenngrößen, z. B. für Drehzahlen, die Wirkungsgrade, die Widerstandsmomente, die Nachgiebigkeiten und die Resonanzfrequenzen. Bei den Schaltgetrieben interessieren die Getriebestufungen und bei Getrieben mit kontinuierlicher Drehzahlverstellung die Stellbereiche und der Schlupf.

Weitere Eigenschaften sind, wie bei anderen Maschinenelementen auch, Lebensdauer, Art der Instandhaltung sowie die Umweltfaktoren, wie z. B. Emissionen hinsichtlich Lärm, Vibration und Wärme.

Die wichtigsten Getriebearten sind:

- Zugmittelgetriebe,
- Zahnradgetriebe,
- Reibradgetriebe,
- hydrodynamische Wandler und
- Koppelgetriebe bzw. Getriebe für ungleichförmige Bewegungen (**Bild 2**).

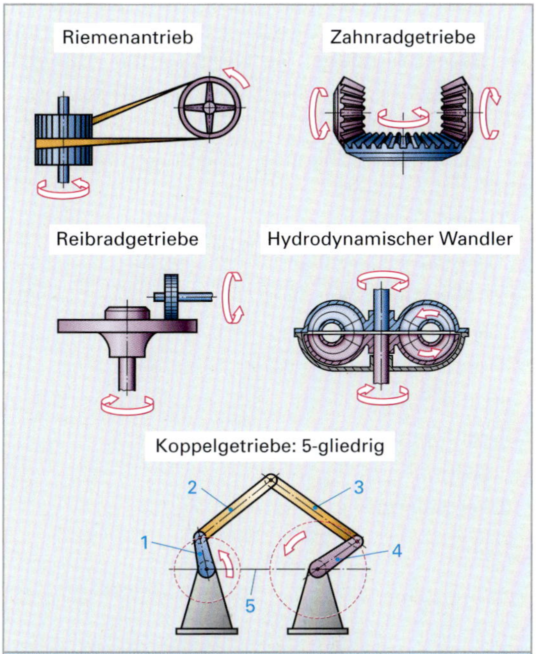

Bild 2: Getriebearten im Gerätebau

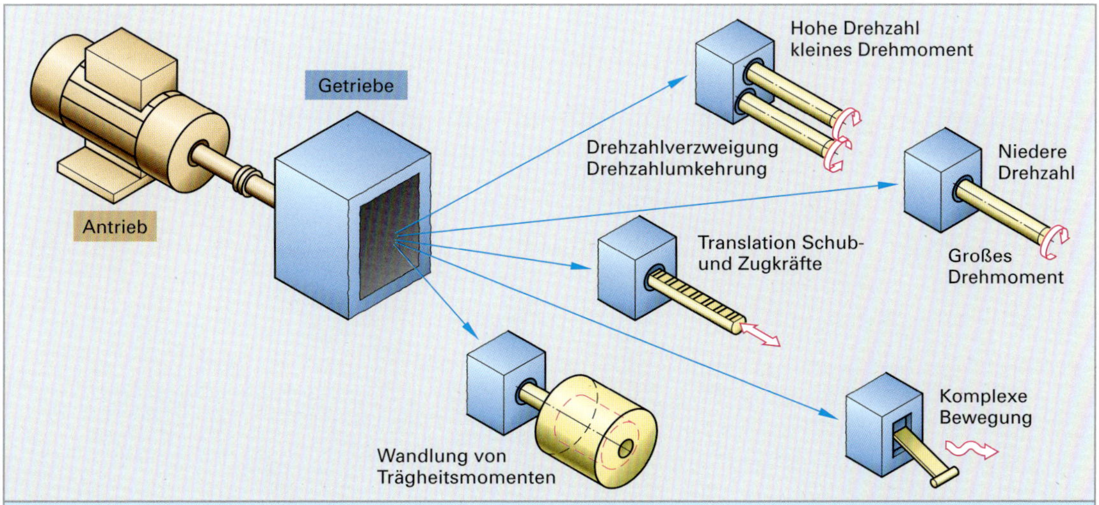

Bild 1: Anwendungen für Getriebe

3.9.1 Allgemeine kinematische Eigenschaften

Zur Beschreibung der Übertragungseigenschaften eines Getriebes stellt man meist das Verhältnis der Getriebeausgangsgröße (mit Index 2) zur Getriebeeingangsgröße (mit Index 1) in einer Relation dar.

Die Getriebeeingangsgröße (Index 1) wirkt „antriebsseitig", z. B. die Antriebsdrehzahl n_1. Die Getriebeausgangsgröße (Index 2) ist das Ergebnis der Getriebeaufgabe. Sie wirkt auf der Abtriebsseite, z. B. die Abtriebsdrehzahl n_2 (**Bild 1**).

Die wichtigsten Eingangs- und Ausgangsgrößen sind:

- Drehzahlen n_1, n_2
- Winkelgeschwindigkeiten ω_1, ω_2
- Winkel α_1, α_2
- Wege s_1, s_2
- Geschwindigkeiten v_1, v_2
- Kräfte F_1, F_2
- Drehmomente M_1, M_2
- Leistungen P_1, P_2
- Energien oder Arbeiten W_1, W_2.

Im Falle verlustfreier und schlupffreier Übertragung der Getriebeeingangsgrößen in die Getriebeausgangsgrößen kann man die Übertragungsfunktion anhand einfacher physikalischer Zusammenhänge darstellen (**Tabelle 1, Seite 393 und Tabelle 2, Seite 394**). Eine Normierung (dimensionsgleicher Bezug) der Übertragungsfunktion auf besondere Kennwerte, z. B. auf Maximalgrößen oder Nenngrößen (Index 0), ergibt eine „griffige" interpretierbare Formel mit einfach darstellbarem Funktionsdiagramm (**Bild 2**).

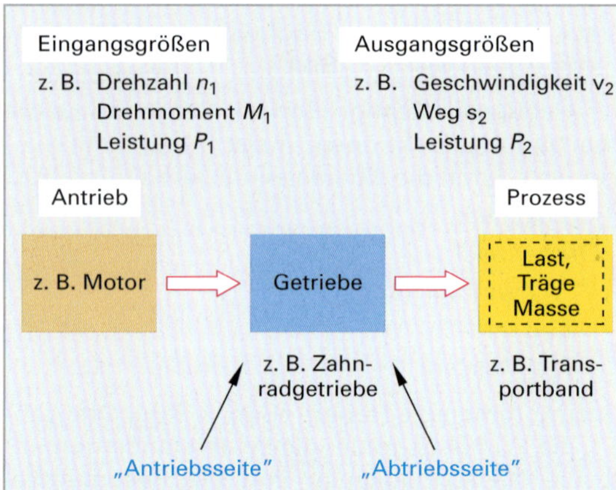

Bild 1: Das Getriebe im Antriebsstrang

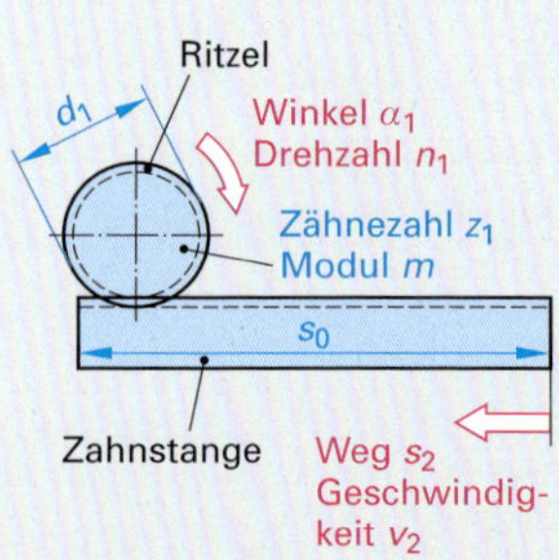

z. B. $m = 1{,}5$ mm
$z_1 = 80$
$s_0 = 800$ mm

$$\frac{\text{Winkel } \alpha_1}{2\pi} = \frac{\text{Weg } s_2}{\text{Umfang des Ritzels}}$$

$$\frac{\alpha_1}{2\pi} = \frac{s_2}{\pi \cdot d_1} \Rightarrow$$

$$s_2 = \frac{d_1}{2} \cdot \alpha_1$$

$$d_1 = z_1 \cdot m \Rightarrow$$

$$s_2 = \frac{z_1 \cdot m}{2} \cdot \alpha_1$$

$$s_2 = \frac{80 \cdot 1{,}5\text{ mm}}{2} \cdot \alpha_1$$

$$s_2 = 60\text{ mm} \cdot \alpha_1$$

Normierte Darstellung:
gewählt: $\alpha_0 = 2\pi \mathrel{\hat{=}} 360°$, s_0 (Bezugsgrößen)

$$\frac{s_2}{s_0} = \frac{z_1 \cdot m}{2 \cdot s_0} \cdot 2\pi \cdot \frac{\alpha_1}{360°} \Rightarrow$$

$$\frac{s_2}{s_0} = K_p \cdot \frac{\alpha_1}{360°}$$

K_p Proportionalbeiwert (Verstärkungsfaktor)

$$\text{mit } K_p = \frac{z_1 \cdot m \cdot \pi}{s_0}$$

$$K_p = \frac{80 \cdot 1{,}5\text{ mm} \cdot \pi}{200\text{ m}} = 1{,}885$$

$$\frac{s_2}{s_0} = 1{,}885 \cdot \frac{\alpha_1}{360°}$$

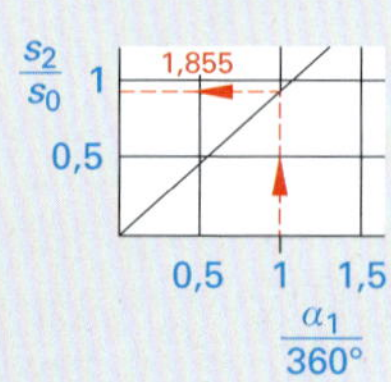

D. h. für den vollen Zahnstangenhub s_0 muss das Zahnrad etwas mehr als um 1 Umdrehung gedreht werden

Bild 2: Normierung und funktionale Darstellung

Tabelle 1: Kinematische Eigenschaften

<table>
<tr><th>Physikalische Anordnung</th><th>Mathematische Beziehungen</th><th>Bemerkungen</th></tr>
<tr>
<td>

Reibräder/Zahnräder

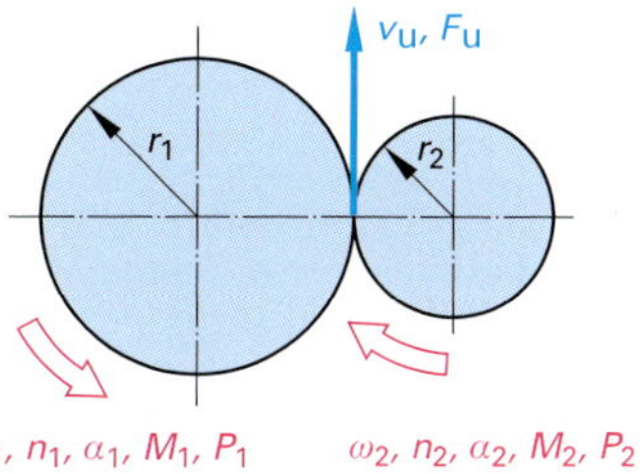

Eingangsgrößen:

Winkelgeschwindigkeit ω_1

Drehzahl n_1

Drehwinkel α_1

Drehmoment M_1

Leistung P_1

Ausgangsgrößen:

Winkelgeschwindigkeit ω_2

Drehzahl n_2

Drehwinkel α_2

Drehmoment M_2

Leistung P_2

</td>
<td>

Winkelgeschwindigkeit und Drehzahl:

Umfangsgeschwindigkeit v_u

$v_u = r_1 \cdot \omega_1 = r_2 \cdot \omega_2 \Rightarrow$

$\boxed{\omega_2 = \frac{r_1}{r_2} \cdot \omega_1}$ mit $\omega = 2\pi n \Rightarrow$

$\boxed{n_2 = \frac{r_1}{r_2} \cdot n_1}$

Drehwinkel:

Abgerollter Bogen (Winkel im Bogenmaß)

$U = \alpha_1 \cdot r_1 = \alpha_2 \cdot r_2 \Rightarrow$

$\boxed{\alpha_2 = \frac{r_1}{r_2} \cdot \alpha_1}$

Drehmoment:

Umfangskraft, bei Wirkungsgrad $\eta = 1$

$F_u = \frac{M_1}{r_1} = \frac{M_2}{r_2} \Rightarrow$

$\boxed{M_2 = \frac{r_2}{r_1} M_1}$

Leistung:

$P_1 = M_1 \cdot \omega_1$ mit: $\omega_1 = 2 \cdot \pi \cdot n_1$

$\boxed{P_1 = M_1 \cdot 2 \cdot \pi \cdot n_1}$

$P_2 = M_2 \cdot \omega_2$ mit: $\omega_2 = 2 \cdot \pi \cdot n_2$

$\boxed{P_2 = M_2 \cdot 2 \cdot \pi \cdot n_2}$

Wirkungsgrad:

$\boxed{\eta = \frac{P_2}{P_1} = \frac{M_2 \cdot \omega_2}{M_1 \cdot \omega_1}}$ mit: $\omega_2 = \frac{r_1}{r_2} \cdot \omega_1$

$\eta = \frac{M_2}{M_1} \cdot \frac{r_1}{r_2}$ bei Drehmomentübertragung ohne Schlupf.

</td>
<td>

Die Abtriebsdrehzahl und der Abtriebsdrehwinkel sind dem Verhältnis der Radien r_1/r_2 bzw. Durchmesser d_1/d_2 proportional.

Bei $r_1 > r_2$ tritt eine Drehzahlverstärkung ein.

Das Abtriebsdrehmoment ist umgekehrt proportional zu r_1/r_2, d. h. bei $r_1 > r_2$ tritt eine Drehmomentabschwächung ein.

Die übertragene Leistung ist bei einem Wirkungsgrad von $\eta = 1$ gleich der Eingangsleistung:

Abgeleitete Größen:

$\frac{d\alpha_2}{dt} = \omega_2 = \frac{r_1}{r_2} \cdot \omega_1 = \Rightarrow$

$\alpha_2 = \frac{r_1}{r_2} \int \omega_1 \cdot dt$

$\omega_2 = \frac{r_1}{r_2} \cdot \frac{d\alpha_1}{dt}$

Bei Zahnrädern mit Modul m

$d_1 = 2r_1 = m \cdot z_1$

$d_2 = 2r_2 = m \cdot z_2$

z_1 Zähnezahl von Zahnrad 1

z_2 Zähnezahl von Zahnrad 2

Zahlenwertgleichung:

$\boxed{P = \frac{M \cdot n}{9550} \text{ kW}}$

mit M in Nm und n in 1/min

Anstelle des Leistungsverhältnisses kann man zur Wirkungsgradermittlung auch das Verhältnis von abgegebener Arbeit zur aufgenommenen Arbeit ermitteln.

$\eta = \frac{W_2}{W_1}$

Bei konstanter Leistung ist

$W = P \cdot t$

</td>
</tr>
<tr>
<td>

Umschlingungstrieb

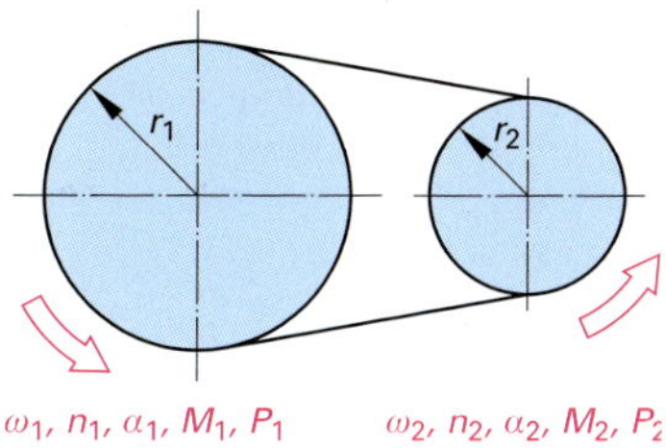

</td>
<td>

Beziehungen sind wie oben.
Der Drehsinn am Abtriebsrad ist wie am Antriebsrad.

</td>
<td>

Die Zugkraft im Zugmittel entspricht der Umfangskraft F_u des Reibradgetriebes.

</td>
</tr>
</table>

Tabelle 2: Kinematische Eigenschaften

Physikalische Anordnung	Mathematische Beziehungen	Bemerkungen
Reibrad-Schubstange/ Zahnrad-Zahnstange 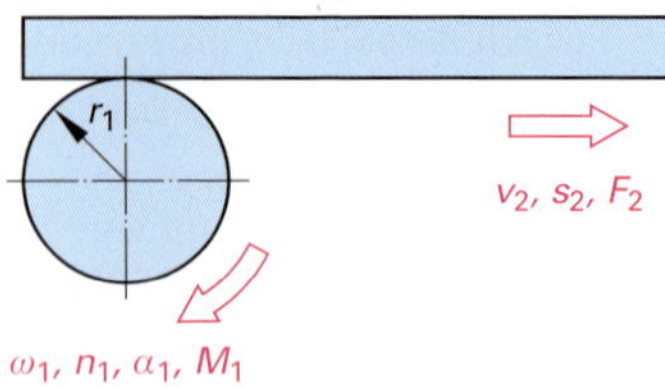 **Eingangsgrößen:** Winkelgeschwindigkeit ω_1 Drehzahl n_1 Drehwinkel α_1 Drehmoment M_1 **Ausgangsgrößen:** Geschwindigkeit v_2 Weg s_2 Kraft F_2	**Geschwindigkeit:** Umfangsgeschwindigkeit $v_u = r_1 \cdot \omega_1 = v_2 \Rightarrow$ $\boxed{v_2 = r_1 \cdot \omega_1}$ mit $\omega = 2\pi n \Rightarrow$ $\boxed{v_2 = r_1 \cdot 2\pi n_1}$ **Weg:** Abgerollter Bogen (Winkel im Bogenmaß) $U = \alpha_1 \cdot r_1 = s_2 \Rightarrow$ $\boxed{s_2 = r_1 \cdot \alpha_1}$ im Gradmaß: $s_2 = r_1 \cdot \frac{2\pi}{360°} \cdot \alpha_1$ **Schubkraft:** Umfangskraft am Rad $F_u = \frac{M_1}{r_1} = F_2$ $\boxed{F_2 = \frac{1}{r_1} \cdot M_1}$	Die Schubgeschwindigkeit ist der Drehzahl und dem Radradius bzw. Raddurchmesser proportional. Der Weg der Schubstange ist dem Raddrehwinkel und dem Radradius bzw. Raddurchmesser proportional. Die Schubkraft ist umso größer, je kleiner der Radradius ist. Diese Anordnung kann auch mit umgekehrter Wirkung betrieben werden: Schubstange ist Eingangselement und Rad ist Ausgangselement. In den Gleichungen sind die Indizes 2 mit 1 zu tauschen. Die Beziehungen gelten bei Betrieb mit Wirkungsgrad η = 1.
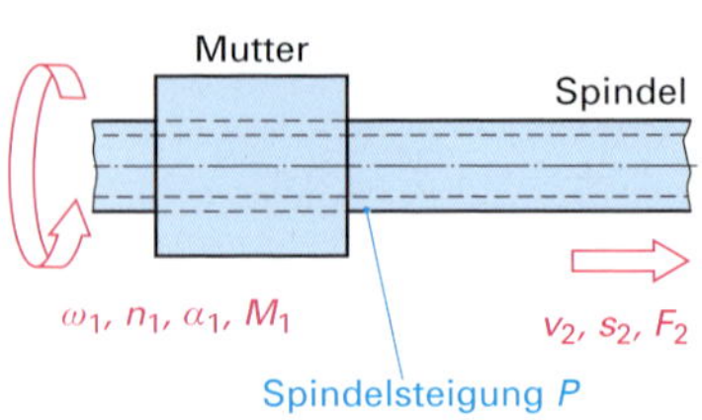 **Eingangsgrößen:** Winkelgeschwindigkeit ω_1 Drehzahl n_1 Drehwinkel α_1 **Ausgangsgrößen:** Geschwindigkeit v_2 Weg s_2 Kraft F_2	Steigung $P = \frac{\text{Weg } s_0}{\text{Umdrehung}}$ $\frac{P}{2\pi} = \frac{s_2}{\alpha_1} \Rightarrow$ Weg s_2 $\boxed{s_2 = \frac{P}{2\pi} \cdot \alpha_1}$ **Geschwindigkeit:** $v_2 = \frac{s_2}{\Delta t} = \frac{P}{2\pi} \cdot \frac{\alpha_1}{\Delta t} = \frac{P}{2\pi} \cdot \omega_1$ $= \frac{P}{2\pi} \cdot 2\pi n_1$ $\boxed{v_2 = P \cdot n_1}$ **Kraft:** bei (η = 1) $F_2 \cdot s_2 = M_1 \cdot \alpha_1 \Rightarrow$ $F_2 = \frac{\alpha_1}{s_2} \cdot M_1 = \frac{\alpha_1}{P/2\pi \cdot \alpha_1} M_1$ $\boxed{F_2 = \frac{2\pi}{P} \cdot M_1}$	Bei einer vollen Umdrehung der Spindelmutter wird die Spindel um die Steigung P verschoben. Zur Ermittlung der Vorschubgeschwindigkeit v_2 der Spindel bei angetriebener Spindelmutter erhält man bei n_1 (Umdrehungen pro Minute) einen Spindelweg von $n_1 \cdot P$ pro Minute. Bei vernachlässigbarer Reibung ist die Vorschubarbeit $F_2 \cdot s_2$ gleich Dreharbeit $M_1 \cdot \alpha_1$ der Spindelmutter. Dies gilt auch für eine Umdrehung, d. h. für $\alpha_1 = 2\pi$ und $s_2 = P$. Diese Gleichung ergibt sich aus $W_2 = W_1$ bei η = 1. $W_2 = F_2 \cdot s_2$, $W_1 = M_1 \cdot \omega_1$

Ermittlung und Transformation von Trägheitsmomenten

Das Trägheitsmoment (Massenträgheitsmoment) wird wirksam bei einer Änderung der Drehgeschwindigkeit eines Körpers und zwar bei dessen Beschleunigung oder Verzögerung. Kennzeichnend ist dabei die kinetische Energie W.

(Dreh-) Beschleunigungsmoment:

$$M_\alpha = J \cdot \alpha = J \cdot \frac{d\omega}{dt} = J \cdot 2\pi \cdot \frac{\Delta n}{\Delta t}$$

Kinetische Energie:

$$W = J \cdot \int_0^{\omega} \cdot \omega \, d\omega = \frac{1}{2} \cdot J \cdot \omega^2$$

Die kinetische Energie ist für ein Masseelement der Masse m_i mit Abstand r_i zum Drehpunkt und der Geschwindigkeit $v_i = r_i \cdot \omega$ **(Bild 1)**:

$$W_i = \frac{1}{2} J_i \cdot \omega_i^2 = \frac{1}{2} m_i \cdot v_i^2$$
$$\rightarrow J_i = m_i \cdot r_i^2$$

Für einen ganzen Körper mit i Masseelementen gilt:

$$J = \Sigma_0^i \cdot m_i \cdot r_i^2 \quad \text{bzw.} \quad J = \int_0^m r^2 \, dm$$

Beim Trägheitsmoment zählen Massen quadratisch stärker, je weiter diese vom Drehpunkt entfernt liegen.

Die Berechnung für einen werkstoffhomogenen Vollzylinder und für einen Hohlzylinder bei Drehung um deren Mittelpunktsachse ist in **Bild 2** dargestellt. Die Masse eines Vollzylinders nimmt mit dem Radiusquadrat zu und das Trägheitsmoment mit dem Produkt Masse mal Radiusquadrat. So ergibt sich eine Abhängigkeit mit der 4. Potenz.

Beim homogenen zylindrischen Körper, z. B. einer Welle wächst das Trägheitsmoment und damit das erforderliche Beschleunigungsmoment mit der 4. Potenz des Radius, d. h. zum Beschleunigen einer doppelt dicken Welle benötigt man das 16-fache Antriebsmoment.

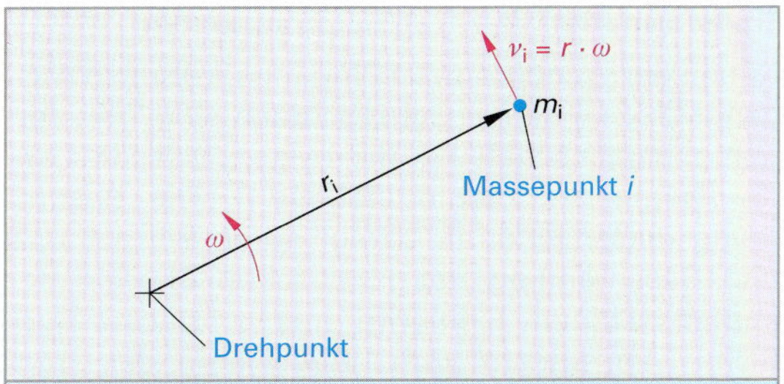

Bild 1: Kinetische Energie eines rotierenden Massepunktes

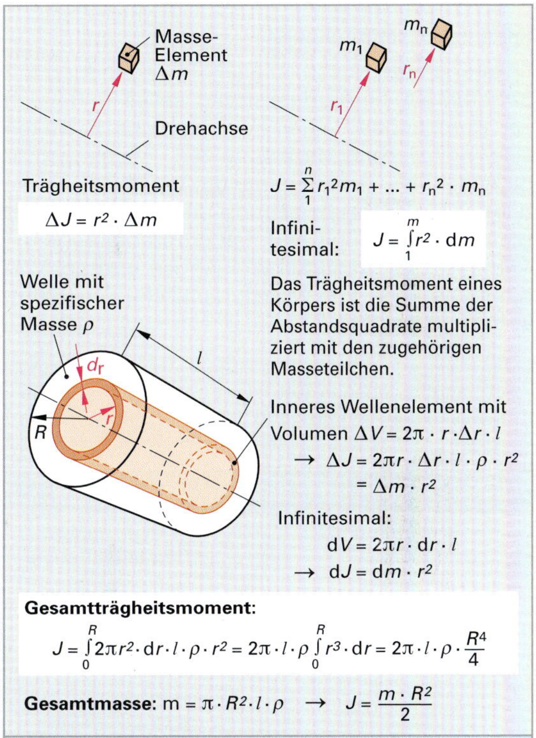

Bild 2: Trägheitsmoment eines Vollzylinders

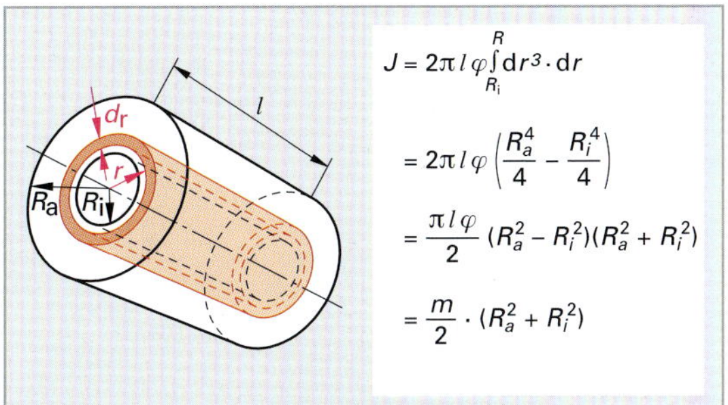

Bild 3: Trägheitsmoment eines Hohlzylinders

Transformation von Trägheitsmomenten

Neben der Wandlung von Eingangsgrößen in Ausgangsgrößen haben Getriebe auch eine Transformationseigenschaft für die trägen Massen bzw. die Trägheitsmomente (**Tabelle 1**). Die Bestimmung dieser Relation erfolgt durch Betrachtung und Beschreibung der kinetischen Energie der abtriebsseitigen Elemente aus antriebsseitiger Sicht. Man spricht vom „Reduzieren der Trägheitsmomente auf die Antriebsseite". Wichtig ist diese Eigenschaft z. B. bei Berechnungen von Zeitkonstanten und Beschleunigungsmomenten sowie bei Betrachtungen zum Ruckverhalten.

Spiel und Nachgiebigkeit

Spiel und/oder Nachgiebigkeit (in Verbindung mit Belastungen) im Antriebsstrang, sei es im Bereich der Kupplungen, Lager oder Getriebe bewirken eine *nichtlineare Verzerrung* der Ausgangsgröße gegenüber der Eingangsgröße (**Bild 1**). Diese zeigt sich als Abschwächung und als Phasenverschiebung und führt z. B. bei drehzahlgeregelten Antrieben häufig zu Schwingungen und bei Vorschubantrieben von Maschinentischen zu Bahnverzerrungen (Bild 1).

> Bei handbetriebenen Getrieben bemerkt man diese Eigenschaft als „toten Gang".

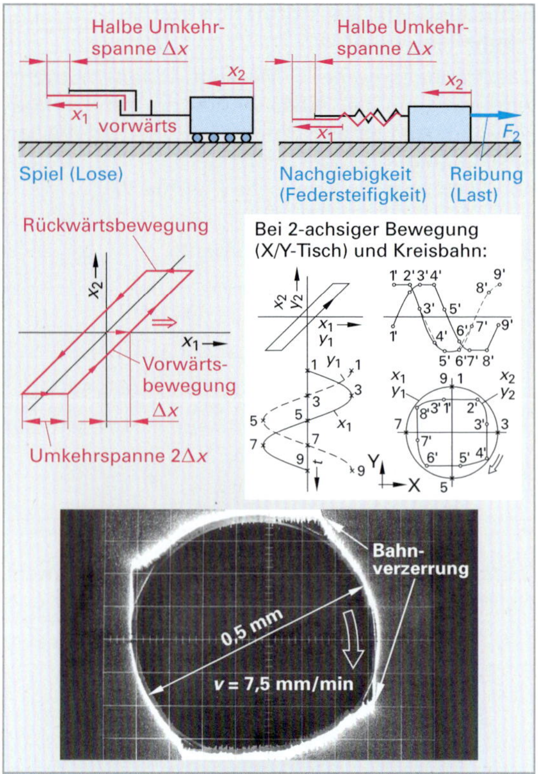

Bild 1: Spiel oder Nachgiebigkeit im Antriebsstrang

Tabelle 1: Reduzierung des Trägheitsmoments

Anordnung	Reduziertes Trägheitsmoment	Anordnung	Reduziertes Trägheitsmoment
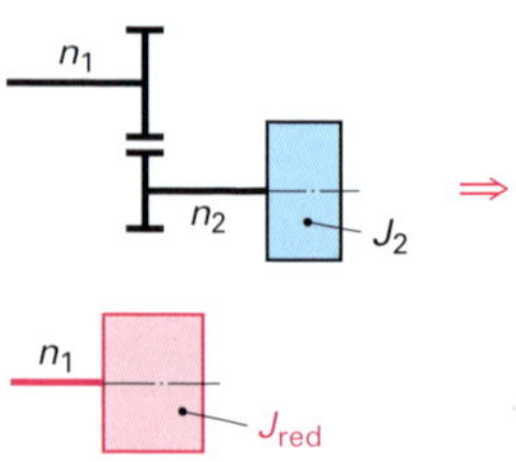	$\frac{1}{2} J_{red} \cdot \omega_1^2 = \frac{1}{2} J_2 \cdot \omega_2^2$ $\Rightarrow J_{red} = J_2 \cdot \frac{\omega_2^2}{\omega_1^2}$ $\omega = 2\pi n$ $J_{red} = J_2 \cdot \left(\frac{n_2}{n_1}\right)^2$	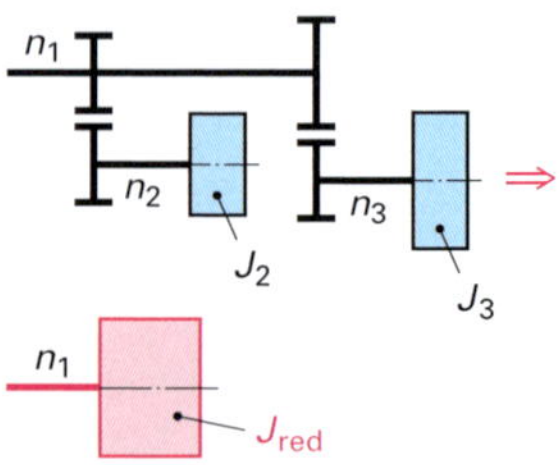	$J_{red} = \left(\frac{n_2}{n_1}\right)^2 \cdot J_2 + \left(\frac{n_3}{n_1}\right)^2 \cdot J_3$
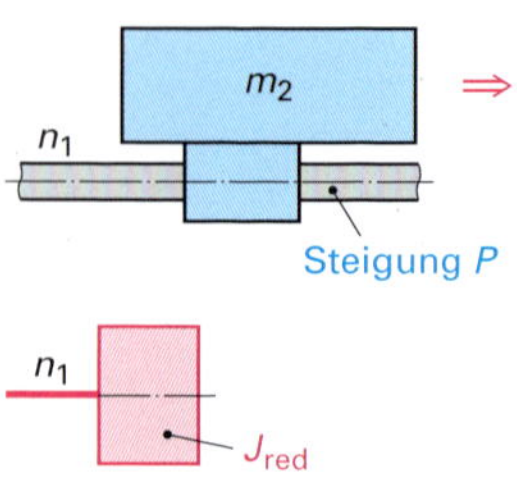	$\frac{1}{2} J_{red} \cdot \omega_1^2 = \frac{1}{2} m_2 \cdot v_2^2$ $J_{red} = m_2 \cdot \frac{v_2^2}{\omega_1^2}$ $v_2 = P \cdot n_1 = P \cdot \frac{\omega_1}{2\pi}$ $J_{red} = m_2 \cdot \frac{P^2}{4\pi^2}$	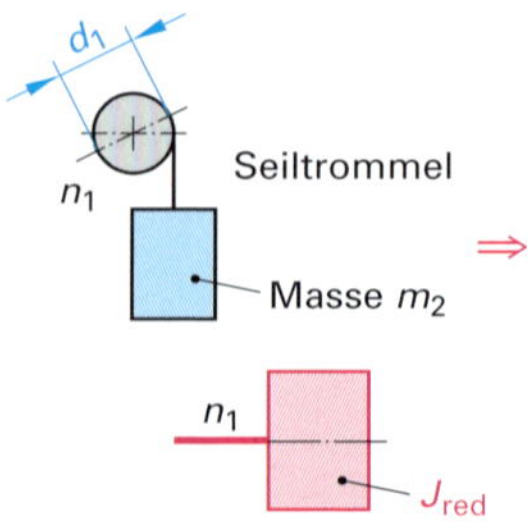	$\frac{1}{2} J_{red} \cdot \omega_1^2 = \frac{1}{2} m_2 \cdot v_2^2$ $v_2 = \frac{d_1}{2} \cdot \omega_1$ $J_{red} = m_2 \cdot \frac{\omega_1^2 \cdot d_1^2}{4 \cdot \omega_1^2}$ $J_{red} = m_2 \cdot \frac{d_1^2}{4}$

Die trägen Massen der Getriebeelemente, z. B. der Räder und Wellen sind entsprechend ihres Anteils an der kinetischen Energie hinzuzufügen.

3.9.2 Zugmittelgetriebe

3.9.2.1 Allgemeines

Als Zugmittel dienen Ketten oder Riemen (**Bild 1**). Bei den Ketten unterscheidet man

- Rollenketten (**Bild 2**),
- Gliederketten und
- Zahnketten.

Bei den Riemen unterscheidet man

- Flachriemen zur kraftschlüssigen Übertragung,
- Keilriemen zur kraftschlüssigen Übertragung,
- Zahnriemen zur formschlüssigen Übertragung (**Bild 3**).

Der Vorteil von Zugmittelgetrieben liegt im einfachen Aufbau mit der Möglichkeit der Variation des Abstandes von eintreibender zu abtreibender Welle. Große Distanzen zwischen Eintrieb und Abtrieb bei gleichzeitig schmalem Bauraum sind möglich.

Ebenso ist von Vorteil die einfache Möglichkeit der Umlenkung der Wirkungsrichtung (**Bild 4**). Die Räder können unterschiedliche Raumwinkel einnehmen und diese können sich auch im Betrieb ändern.

Auch zur Umsetzung von Drehbewegungen in translatorische Bewegungen, z. B. in Linearbewegungen können Zugmittelgetriebe einfach und kostengünstig eingesetzt werden (**Bild 5**).

Zugmittelgetriebe haben relativ geringe bewegte Massen und verursachen dadurch geringe Trägheitsmomente.

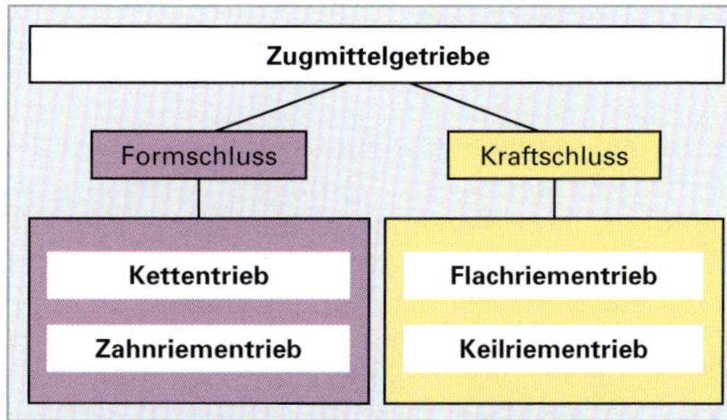

Bild 1: Einteilung der Zugmittelgetriebe

Bild 2: Kettentrieb (Beispiel)

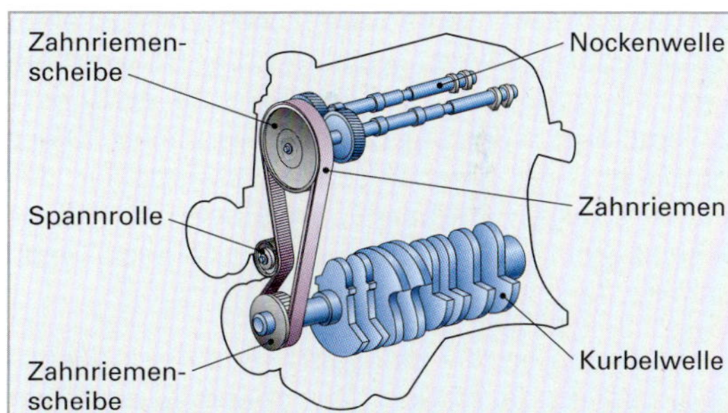

Bild 3: Zahnriementrieb

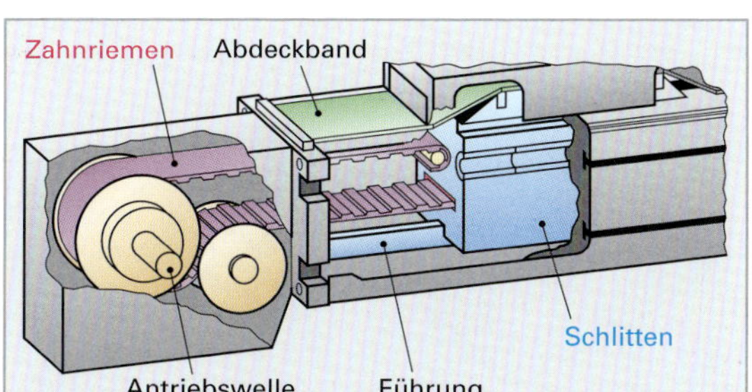

Bild 5: Umsetzung von Rotation in Translation

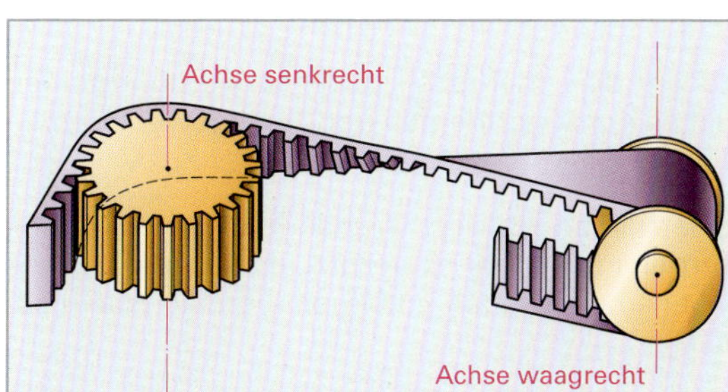

Bild 4: Umlenkung bei Zugmittelgetriebe (Beispiel)

3.9.2.2 Riementriebe

Flachriementriebe

Flachriemen sind Riemen mit rechteckigem Querschnitt bei hohem Verhältnis zwischen Riemenbreite und Riemendicke (**Bild 1**). Der für die Übersetzung relevante Nenndurchmesser ist der Außendurchmesser der Riemenscheibe.

Die Leistungsübertragung ist kraftschlüssig (**Bild 2**). Die Zuverlässigkeit der Übertragung ist von der Reibung zwischen Riemenscheibe und Flachriemen, aber vor allem von der Vorspannung des Flachriemens abhängig.

Die Anforderungen sind:

- Hohes Reibverhalten bei der Übertragung zwischen Flachriemen und Riemenrad (meist Stahl),
- hohe Zerreißfestigkeit aufgrund der Zugbelastung bei der Vorspannung,
- Unempfindlichkeit gegen betriebsbedingte Umwelteinflüsse wie z. B. Staub, Schmutz, Öl.

Aufbau der Flachriemen. Die Mehrschicht- bzw. Verbundriemen bestehen meist aus drei aufeinandergelegten Bändern unterschiedlicher Werkstoffe (**Bild 3**).

Die Laufschicht des Riemens, welche in direktem Kontakt zum Riemenrad steht, besteht aus einer Chromleder[1]-Schicht, welche gute Reibverhältnisse ermöglicht. Darauf kommt eine Zwischenschicht aus Kunststoff als Zugschicht. Diese ermöglicht die mechanische Beständigkeit des Riemens gegen Zugbeanspruchungen. Die dritte Schicht stellt eine Deckschicht aus einem Textilgewebe dar.

Bei Flachriemen, die beidseitig (**Bild 4**) eingesetzt sind, besteht die Deckschicht ebenfalls aus einer Chromlederschicht. Die Riemen werden meist beim Hersteller auf gewünschte Länge konfektioniert oder beim Anwender mit schräger Schäftung geschnitten und verklebt.

Neben den Mehrschicht- bzw. Verbundriemen gibt es Kunststoffriemen und Textilgeweberiemen (Bild 4).

Lederriemen (Bild 1), früher häufig verwendet, werden nicht mehr eingesetzt, da sie eine geringe Lebensdauer haben sowie eine starke Nachdehnung.

[1] Chromleder ist mit chromhaltigen Stoffen gegerbtes, wasserabweisendes Naturleder.

Bild 1: Historische Flachriementriebe mit Lederriemen

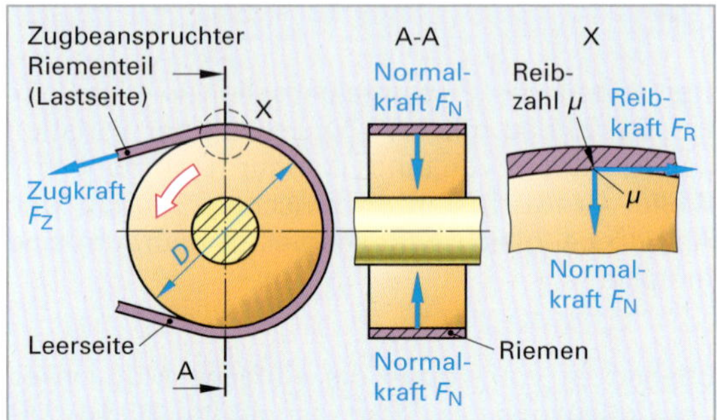

Bild 2: Kräfte beim Flachriemen

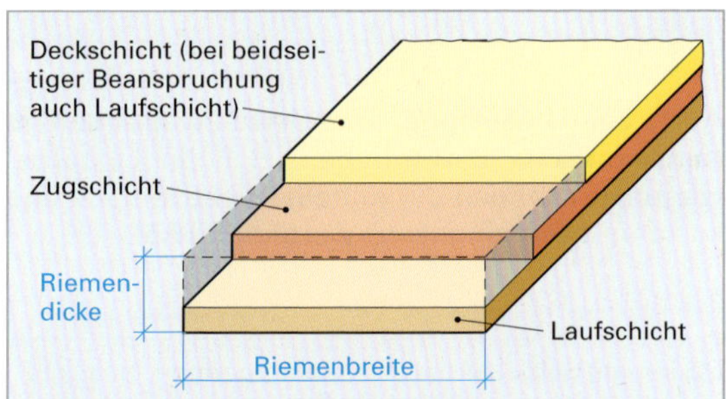

Bild 3: Aufbau eines Dreischichtflachriemens

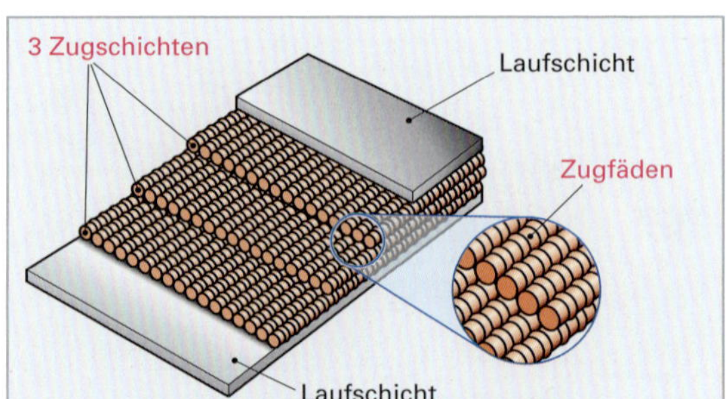

Bild 4: Aufbau eines Fünfschicht-Textilriemens

Keilriementriebe

Zur kraftschlüssigen Übertragung von Drehmomenten werden häufig Keilriemen eingesetzt. Diese, im Querschnitt trapezförmigen Riemen, ziehen sich durch die Vorspannung in die keilförmige Nut der Riemenscheibe und bewirken durch die Verpressung hohe Reibkräfte (**Bild 1**).

Die nötige Vorspannung kann bei Keilriementrieben, aufgrund der Keilwirkung zwischen Riemen und Scheibenprofil, geringer gewählt werden als bei Flachriemen.

Eine der wichtigsten Anwendungen von Keilriemen ist z. B. die Verbindung des Motors mit der Lichtmaschine im Kfz (**Bild 2**).

Der Nenndurchmesser der Riemenscheibe, der zur Übersetzungsberechnung maßgeblich ist, wird als Wirkdurchmesser (Bild 1) bezeichnet. Das Übersetzungsverhältnis ist:

$$i = \frac{d_{W2}}{d_{W1}}$$

i Übersetzungsverhältnis
d_{W1} Wirkdurchmesser Eintriebsrad
d_{W2} Wirkdurchmesser Abtriebsrad

Der Wirkdurchmesser befindet sich im Inneren des Keilriemenprofils und bestimmt sich mit:

$$d_W = d_a - 2 \cdot c$$

d_W Wirkdurchmesser
d_a Außendurchmesser
c Abstand d_W zu d_a (meist 2 ... 5 mm)

Aufbau von Keilriemen. Keilriemen liegen in verschiedenen Ausführungen vor (**Tabelle 1**).

Keilriemen bestehen aus einer Zugschicht, worin mehrere Lagen Kordfasern oder Polyesterfasern gewickelt sind. Diese Zugschicht ist von einem meist auf Kautschuk basierendem Kern umschlossen und letztendlich mit einer gummierten oder synthetischen Umhüllung versehen (Bild 1).

Tabelle 1: Keilriemenbauformen

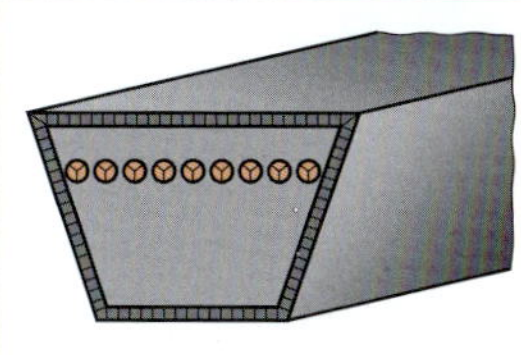	**Normalkeilriemen:** Häufigste Keilriemenbauform, hohes Leistungsspektrum möglich.
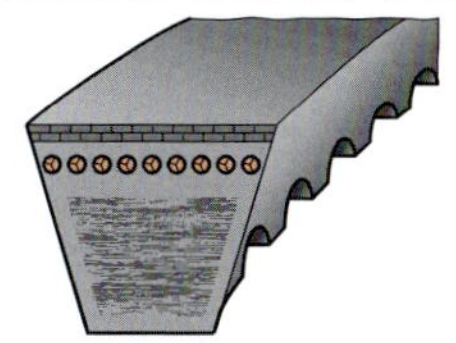	**Flankenoffener Keilriemen:** Hohe Leistungsübertragung durch weiche und damit hochreibende Flanken möglich.
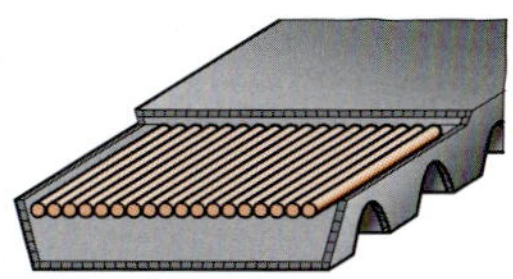	**Breitkeilriemen:** Einsatz in Drehzahlverstellgetrieben möglich. Durch Querverzahnung ist höhere Flexibilität möglich.
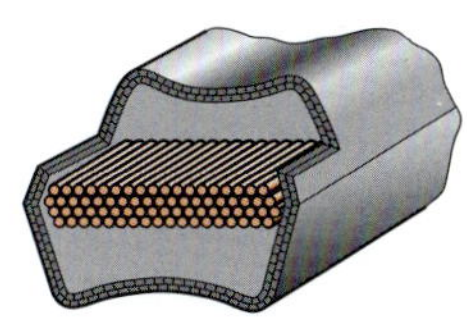	**Doppelkeilriemen:** Beidseitig belastbarer Keilriemen.
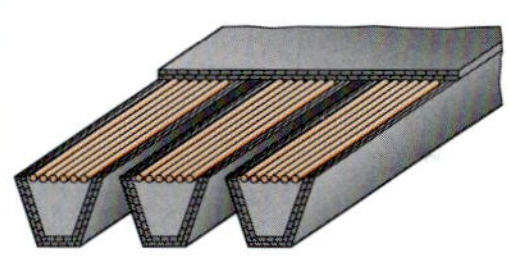	**Verbundkeilriemen:** Anwendung meistens bei großen Wellenabständen.
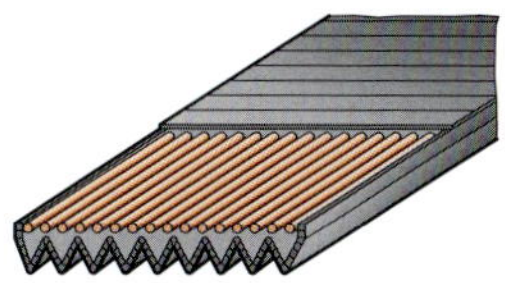	**Keilrippenriemen:** Geringes Dehnungsvermögen, bewirkt gleichmäßige Kraftverteilung, verbreitet in Kfz-Technik.

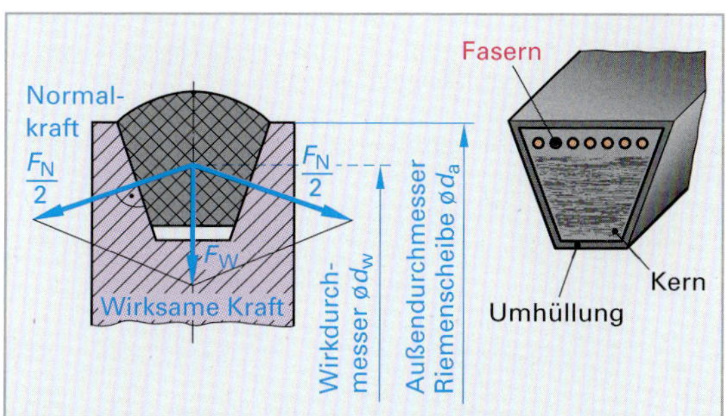

Bild 1: Keilriemen, Kräfte und Aufbau

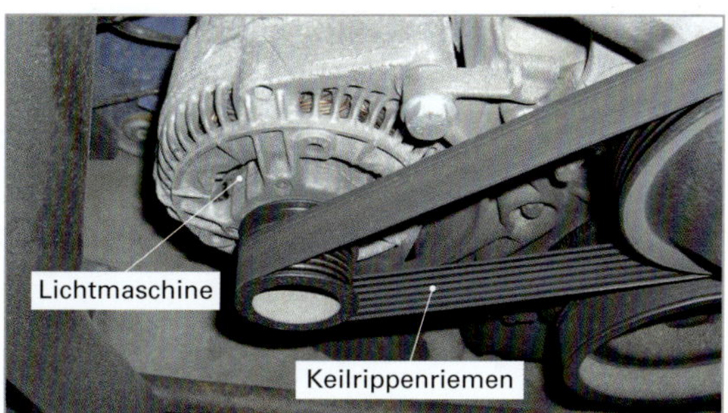

Bild 2: Keilriemen im Kfz

Zahnriementriebe

Zahnriemen, die auch als Synchronriemen bezeichnet werden, ermöglichen eine formschlüssige Drehmomentübertragung. Der Vorteil einer formschlüssigen Wirkweise liegt in der synchronen und damit schlupffrei[1] funktionierenden Übertragung. Häufig setzt man Zahnriemen auch ein, um zur besseren Nutzung des Einbauraumes den Antriebsstrang abzuwinkeln oder umzukehren (**Bild 1**).

Bild 1: Zahnriementrieb zur Umkehrung des Antriebsstrangs

Zahnriemen sind wichtige Antriebselemente beim Verbrennungsmotor, z. B. um die Nockenwelle anzutreiben. Auch in Werkzeugmaschinen sind Zahnriementriebe aufgrund der hohen Präzision bei gleichzeitig hoher Zugsteifigkeit z. B. zum Antrieb von Vorschubspindeln im Einsatz. Die antriebsseitige Riemenscheibe ist häufig mit einer Rutschkupplung oder Sicherheitskupplung verknüpft, um bei Auffahrblockaden den Maschinenschaden gering zu halten **(Bild 2)**.

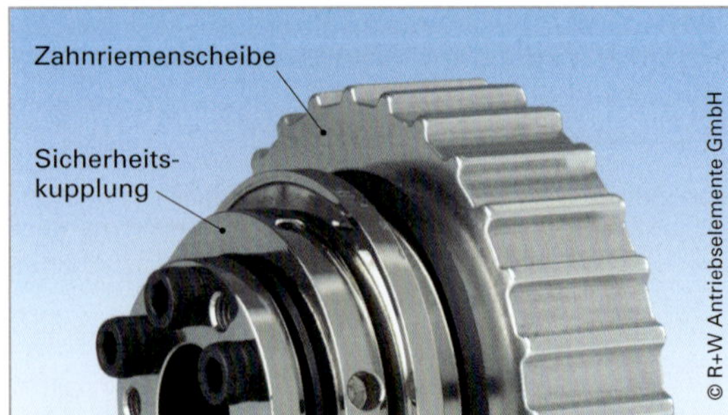

Bild 2: Zahnriemenscheibe mit Sicherheitskupplung

Aufbau der Zahnriemen. Zahnriemen haben in einem Elastomergemisch gelagerte Zugelemente aus gedrilltem Stahldraht (ähnlich einem Bowdenzug[2]) **(Bild 3)**. Die Zähne sind gemäß DIN 7721-1 als Trapezzahnprofil oder Halbrundzahnprofil einseitig oder beidseitig ausgebildet (Bild 2).

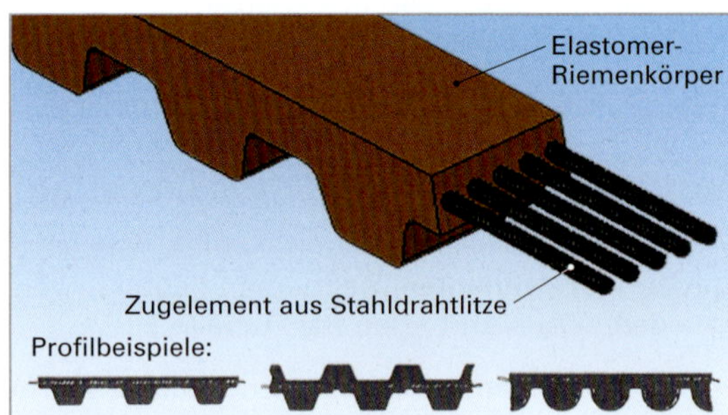

Bild 3: Aufbau eines Zahnriemens

> Mit Zahnriemen erzielt man, aufgrund der hohen Zugfestigkeit, hohe Eigenfrequenzen im Antriebsstrang.

[1] Schlupf: Bei kraftschlüssigen Bewegungsübertragungen wird das Zurückbleiben des angetriebenen Rades gegenüber dem treibenden Rad aufgrund von „Durchrutschvorgängen" als Schlupf bezeichnet.

[2] benannt nach *Frank Bowden* (1848 bis 1921), engl. Erfinder

Das Übersetzungsverhältnis des Zahnriementriebs ist als Quotient der Zähnezahlen der gepaarten Riemenräder zu verstehen.

$$i = \frac{z_2}{z_1}$$

i Übersetzungsverhältnis
z_1 Zähnezahl Eintriebsscheibe
z_2 Zähnezahl Abtriebsscheibe

Der Abstand von Zahnmitte zu Zahnmitte wird auf dem Riemen und auf der Riemenscheibe im Bogenmaß als Teilung p bezeichnet. Der Wirkdurchmesser der Riemenscheibe ergibt sich mit:

$$d_w = \frac{p \cdot z}{\pi}$$

d_w Wirkdurchmesser der Riemenscheibe
p Teilung
z Zähnezahl

Beispiel:

Die Nockenwelle eines Verbrennungsmotors soll gegenüber der Kurbelwelle mit einem Übersetzungsverhältnis von $i = 2$ angetrieben werden.

Bei einer Motordrehzahl von $n = 3600$ 1/min und einer Zähnezahl der Kurbelwellenzahnscheibe von $z_1 = 56$ ist die Zähnezahl der Nockenwellenscheibe sowie die Zahnriemengeschwindigkeit zu berechnen (d_{w1} = 125 mm).

$$i = \frac{z_2}{z_1} \Rightarrow z_2 = i \cdot z_1 = 2 \cdot 56 = 112$$

$$v = d_{w1} \cdot n_1 \cdot \pi = 125\ \text{mm} \cdot 3600 \frac{1}{\text{min}} \cdot \pi = 23{,}56 \frac{\text{m}}{\text{s}}$$

Kettentriebe

Kettentriebe werden eingesetzt, wenn besonders hohe Momente bei gleichzeitig großen zu überwindenden Wellenabständen zu übertragen sind, auch als Mehrfachketten z. B. für Leistungen bis über 500 kW.

Kettentriebe zeichnen sich durch hohe Zuverlässigkeiten aus, das gilt auch bei ungünstigsten Betriebsverhältnissen und Umgebungseinflüssen, wie z. B. bei Fahrzeugen und Landmaschinen (**Bild 1**). Da die Kette aus einzelnen starren Kettengliedern (Polygonen) besteht ist der Abrollvorgang insbesondere am kleinen Kettenrad nicht gleichförmig sondern rhythmisch verzerrt. Man kann sie daher nicht bei Werkzeugmaschinen im Vorschubantrieb verwenden.

Stahlgelenkketten sind in DIN 8194 beschrieben. Die wichtigsten Kettenarten (**Bild 2**) sind:

- Gallkette (DIN 8150/8151),
- Fleyerkette28 (DIN 8112),
- Zahnkette (DIN 8140),
- Buchsenkette,
- Rollenkette (DIN 8187).

Bevorzugte Zähnezahlen der Räder sind: 17, 19, 21, 23, 25, 38, 76, 95. Die Verzahnungen sind nach DIN 8196 genormt (**Bild 3**).

Am Kettenrad, insbesondere am kleinen Kettenrad, entsteht häufig merklicher Verschleiß. Zur Verschleißminderung werden die Kettenradzähne auch gehärtet. Kettenantriebe schmiert man mit Fett oder Öl oder man führt die Kette im Ölbad.

Bei der Anordnung der Kettenräder wählt man nach Möglichkeit den lastseitigen Kettenbereich (Lasttrum) oben, ansonsten sind Spannrollen (Bild 1) erforderlich, da eine durchhängende Kette schlecht im Anlauf zu führen ist.

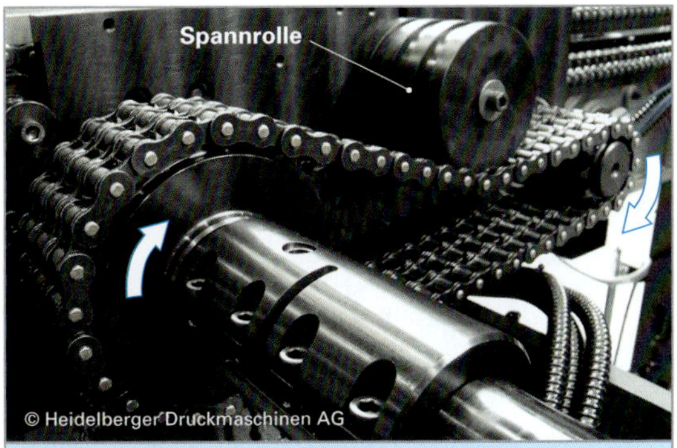

Bild 1: Kettentrieb bei einer Druckmaschine

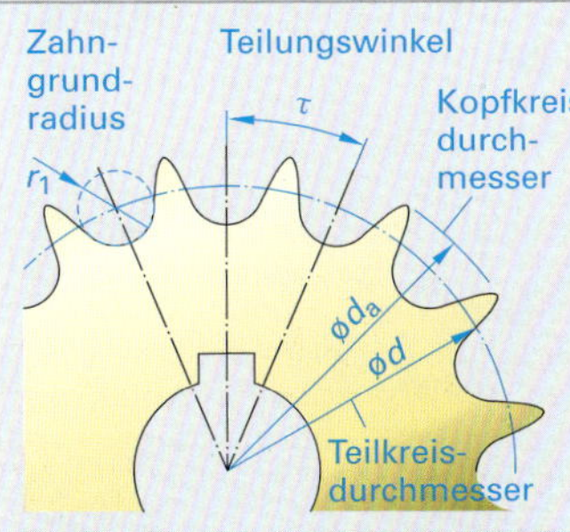

$$d = \frac{p}{\sin \tau/2}$$

d Teilkreisdurchmesser
τ Teilungswinkel
p Teilung
r_1 Zahngrundradius

$$d_a = d \cos \tau/2 + 0{,}8 r_1$$

Bild 3: Kettenrad nach DIN 8196

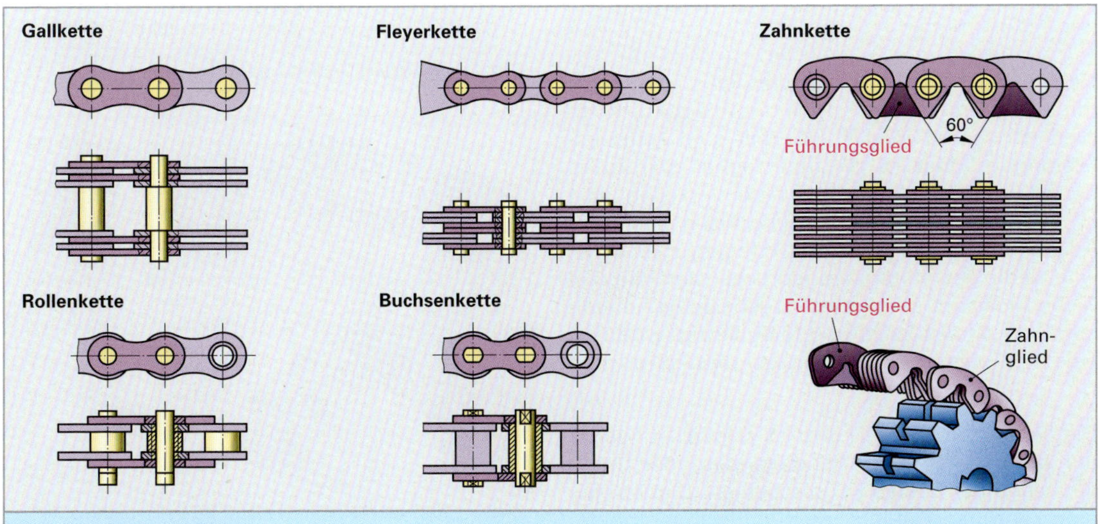

Bild 2: Arten von Ketten

3.9.3 Stufenlos verstellbare Getriebe

Die stufenlos verstellbaren Getriebe werden eingeteilt in

- Umschlingungsgetriebe,
- Reibradgetriebe,
- Wälzgetriebe und
- Hydrodynamische Wandler.

3.9.3.1 Umschlingungsgetriebe

Die Umschlingungsgetriebe bestehen aus zwei Scheiben, von denen sich mindestens eine aus zwei kegelförmigen Teilscheiben zusammensetzt (**Bild 1**). Diese kegelförmigen Scheibenteile lassen sich axial auf ihrer Welle verschieben, wodurch sich die Laufradien für die Keilriemen verstellen und so sich das Übersetzungsverhältnis verändert. Man erreicht einen Drehzahlstellbereich bzw. Drehmomentstellbereich von mehr als 1 : 3. Der Drehzahl/Drehmomentzusammenhang entspricht einer Hyperbel (**Bild 2**).

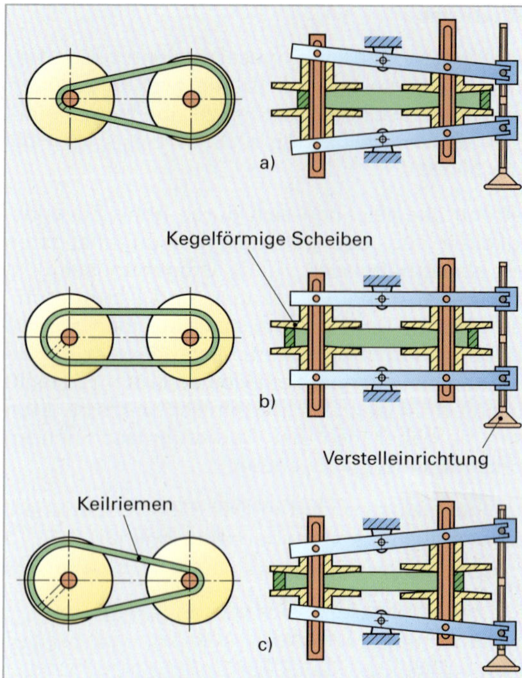

Bild 1: Verstellbares Umschlingungsgetriebe (Prinzip)

In Bild 1a sind die Kegelscheiben auseinandergezogen und die Seitenflächen des Keilriemens entlastet. Dadurch wandert der Keilriemen nach innen und bildet einen kleinen Laufradius. In gleichem Maße werden die Kegelscheiben der Abtriebsseite durch das Hebelsystem zusammengepresst. Der Keilriemen erhält dadurch eine Seitenkraft, die nach außen drückt und zu einem großen Laufradius führt. Durch andere Einstellungen des Hebelsystems, wie z. B. Bild 1b und Bild 1c werden andere Übersetzungsverhältnisse erzeugt.

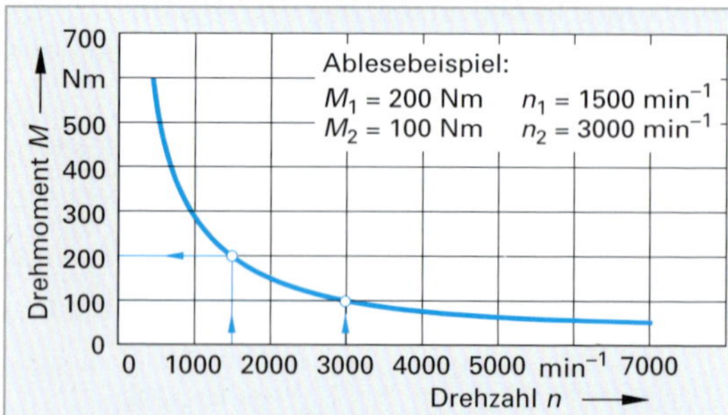

Bild 2: Drehzahl-Drehmoment-Kennlinie

Neben üblichen Keilriemen werden auch Ketten mit Zylinderrollen und Ketten mit Wiegedruckstücken verwendet (**Bild 3**). Hiermit sind Antriebsleistungen über 75 kW übertragbar. Die Zylinderrollen der Zylinderrollenkette verkeilen sich im Kegelrad beim Einlaufen und lösen sich beim Auslaufen. Bei der Kette mit Wiegedruckstücken sind es die gewölbten Wiegedruckbolzen, die den Reibschluss mit der glatten Kegelscheibe herstellen. Die Kette ist leicht und feingliedrig, wodurch eine hohe Kettengeschwindigkeit möglich wird.

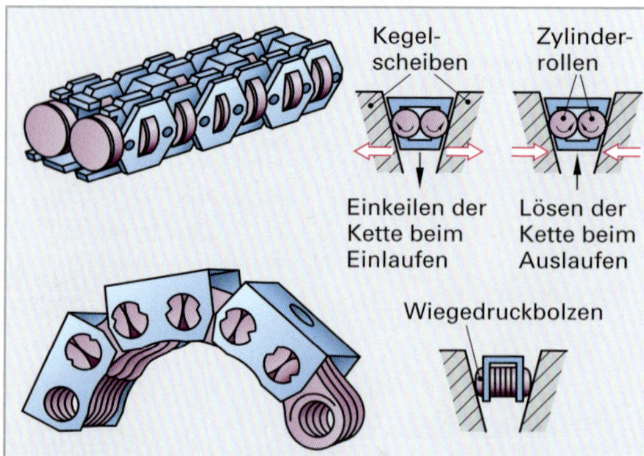

Bild 3: Zylinderrollenkette und Wiegedruckstück-Kette

Die Verstellung der Drehzahl erfolgt entweder durch Verstellen des Achsabstandes oder durch Verstellen der beiden Kegelscheiben. Die Verstellung kann handbetätigt, pneumatisch servobetätigt oder hydraulisch servobetätigt erfolgen.

3.9.3.2 Reibradgetriebe

Bei stufenlos stellbaren Reibradgetrieben wird das Drehmoment über zwei verstellbare Scheiben durch Reibung übertragen (**Bild 1**). Die Abtriebsdrehzahl wird z. B. über eine radial zur Drehachse verschiebbare Kegelscheibe dadurch geändert, dass der Berührkreis einen veränderten Durchmesser erhält.

Die Antriebswelle ist gegenüber der Reibachse geneigt, so dass die untere Mantelfläche des Kegelrades etwa parallel zum Reibrad verläuft. Der Anpressdruck des Reibrades wird der jeweiligen Drehmomentbelastung angepasst, um den Verschleiß möglichst gering zu halten. Dazu dient eine Anpresseinrichtung, die im Wesentlichen aus einer Andrückmuffe und einer Feder besteht. Die Drehzahl-Drehmoment-Kennlinie verläuft bei diesem Reibradgetriebe nahezu linear (**Bild 2**).

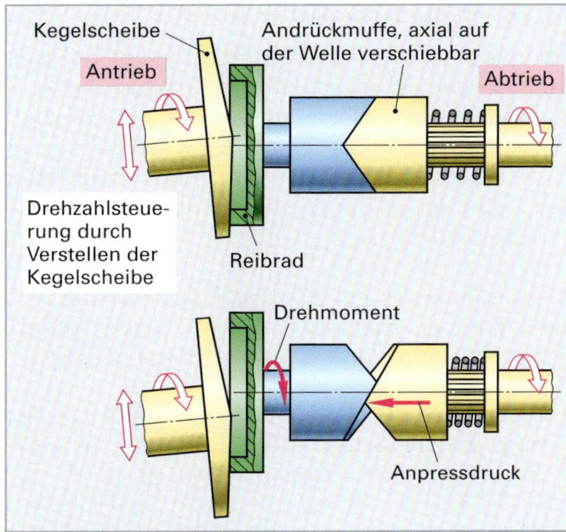

Bild 1: Reibradgetriebe

3.9.3.3 Wälzgetriebe

Bei verstellbaren Wälzgetrieben wird das Drehmoment über kugelförmige oder über kegelförmige oder über scheibenförmige Planeten-Wälzkörper übertragen (**Bild 3**).

Beim Planetenverstell-Getriebe (Bauart Lenze) werden die linsenförmigen Planetenscheiben an einer Seite vom Flansch der Antriebswelle und einem mitlaufenden Klemmring durch die Kraft einer Feder festgepresst und in Drehung versetzt.

Die Wellen der Planetenscheiben sind in Gleitschuhen in der Abtriebswelle gelagert und können zur Drehzahlverstellung radial verschoben werden. Über die rotierenden Planetenscheiben wird das Drehmoment auf die Abtriebswelle übertragen.

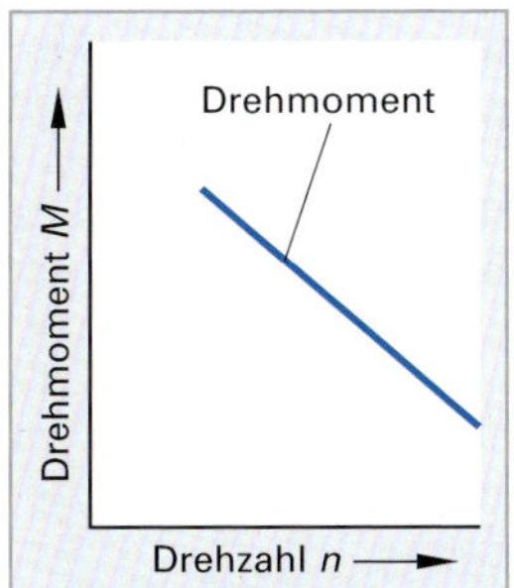

Bild 2: Kennlinie des Reibradgetriebes

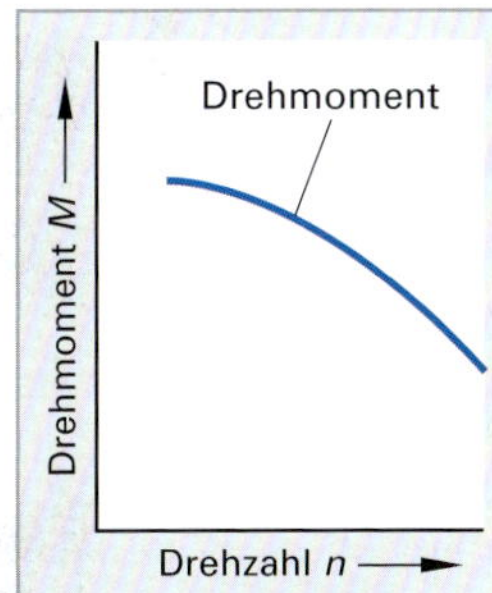

Bild 4: Kennlinie des Planeten-Verstellgetriebes

> Soll z. B. die Abtriebsdrehzahl erhöht werden, dann werden die Planetenscheiben über die Gleitschuhe nach innen zur Drehachse hin verschoben. Dies erfolgt durch Krafteinwirkung über die beiden Außenringe. Die Planetenscheiben wandern dabei aus dem Außenring heraus tiefer in die Flanschklemmung hinein und verkleinern ihren Abwälzradius. Dadurch rollen sie schneller auf dem Antriebsflansch und erhöhen die Drehzahl der Abtriebswelle.

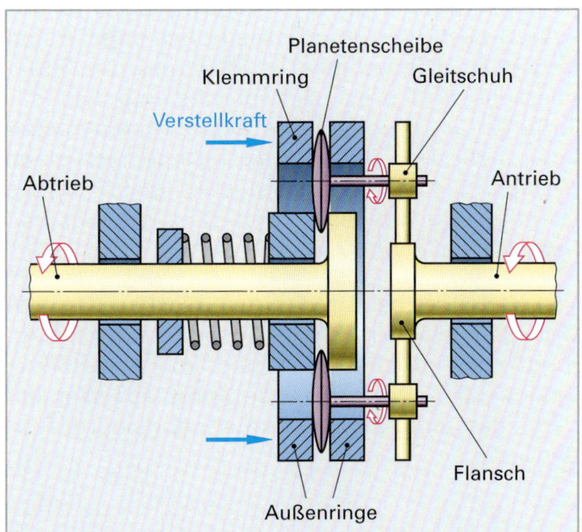

Bild 3: Planetenverstell-Getriebe (nach Lenze)

Die Drehzahl-Drehmoment-Kennlinie ist leicht gekrümmt (**Bild 4**). Der Drehzahlstellbereich liegt etwa bei 1:5.

3.9.3.4 Hydrodynamischer Wandler

Der hydrodynamische Wandler erzeugt bei kleinen Drehzahlen ein stark vergrößertes Drehmoment, bei etwa gleichbleibendem Antriebsmoment (**Bild 1**). Damit eignet sich ein solcher Wandler hervorragend bei Kraftfahrzeugen und passt den Drehmomentbedarf selbsttätig und stufenlos der Fahrsituation an.

Im Kraftfahrzeug mit Automatikgetriebe hat sich der *Föttinger*[1]-Wandler mit zentripedal durchströmter Turbine (Trilokwandler) durchgesetzt.

Aufgebaut ist der Wandler als eine hydraulische Pumpe und eine hydraulische Turbine in einer Einheit und in einem Gehäuse (**Bild 2**).

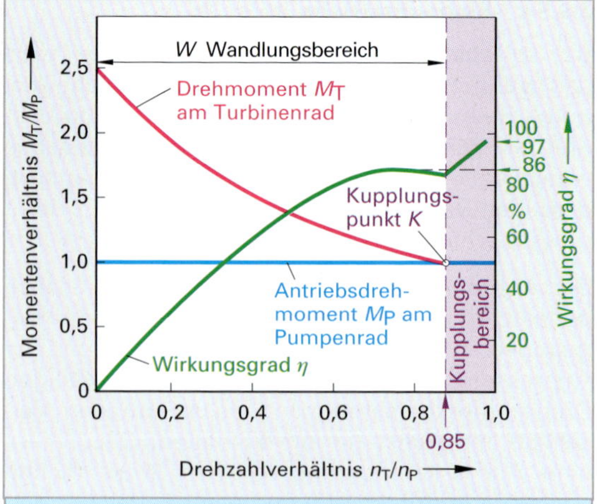

Bild 1: Kennlinien des hydrodynamischen Wandlers

Wirkungsweise

Bei noch stillstehendem Abtrieb strömt Öl vom Pumpenrad über das auch noch stillstehende und durch einen mechanischen Freilauf blockierte Leitrad zum Turbinenrad und gibt dort seine Energie ab bzw. erzeugt ein großes Drehmoment. Dieses Drehmoment ist aufgrund der Turbinenkonstruktion größer als das Antriebsmoment des Pumpenrads. Das Turbinenrad beginnt sich zu drehen (sofern das Widerstandsmoment des Abtriebs überschritten ist).

Mit zunehmender Drehzahl trifft der Ölstrom über die Leitschaufeln (**Bild 3**) unter geringerem Winkel auf das Turbinenrad. Die Drehmomentverstärkung wird geringer. Haben Turbinenrad und Pumpenrad etwa die gleiche Drehzahl, so wird das Leitrad auch von der Rückseite her angeströmt, erfährt ein Drehmoment in Richtung des Turbinenrades und dreht sich gleichsinnig wie das Turbinenrad. Es gibt keine Drehmomentverstärkung mehr. Das Turbinenrad hat nur noch einen geringen Schlupf (ca. 3 %) und ein gleich großes Drehmoment wie der Antrieb. Der Wirkungsgrad liegt jetzt bei etwa 97 %.

Von Vorteil ist beim hydrodynamischen Wandler vor allem die Verschleißfreiheit und die Dämpfung von Antriebsstößen und von Laststößen. Eingebaut in Kraftfahrzeuge sorgt der Wandler dafür, dass der Motor nicht mehr abgewürgt werden kann.

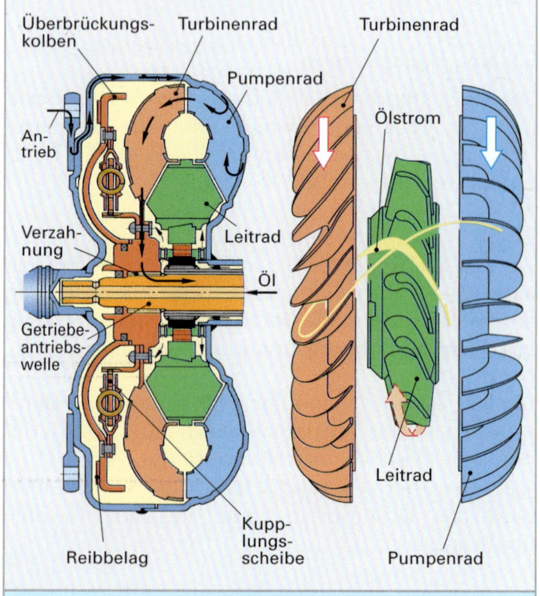

Bild 2: Aufbau des hydrodynamischen Wandlers

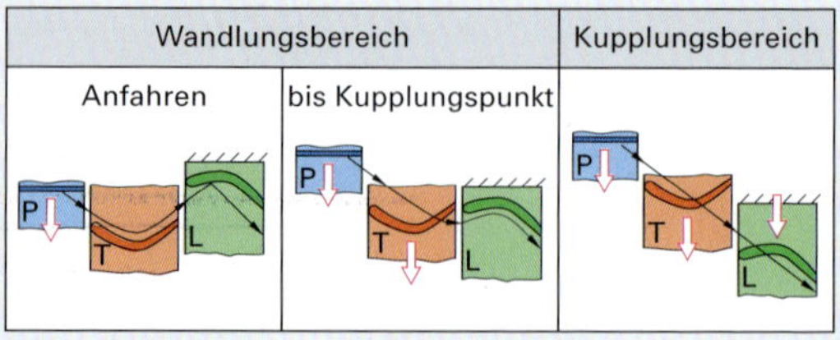

Bild 3: Strömungsverläufe

[1] *Hermann Föttinger*, Elektroingenieur, Erfinder und Professor an der Technischen Hochschule Berlin-Charlottenburg, 1877 bis 1945

3.9.4 Zahnräder und Zahnradgetriebe

Zahnradgetriebe gibt es mit Getriebestufen in unveränderlichen Übersetzungsverhältnissen und als Schaltgetriebe mit unterschiedlich wirksamen Getriebestufen. Die Übertragung der Drehmomente erfolgt formschlüssig durch das Ineinandergreifen von meist mehreren Zähnen. Die übertragbaren Leistungen reichen über 100 MW.

3.9.4.1 Zahnräder und Zahnradpaarungen

Nach Art der Zahnradpaarung unterscheidet man:

- Stirnräder als Außenradpaar,
- Stirnräder als Innenradpaar,
- Kegelradpaar,
- Schraubrad-Tellerradpaar und
- Schneckenradpaar (**Bild 1**).

Bei der Zahnung unterscheidet man neben vielfältigen Zahnformen nach geradverzahnt und nach schrägverzahnt (Bild 1). Die Verzahnung wird je nach Qualitätsanforderung gefräst, geschliffen, gegossen oder gewalzt. Bei historischen Zahnrädern wurden auch Einzelzähne aus Rundmaterial bzw. Draht montiert (Triebstockverzahnung, **Bild 2**).

3.9.4.2 Zahnradgeometrie geradverzahnter Stirnräder

Der Grundkörper eines geradverzahnten Stirnrades (**Bild 3**) ist ein Kreiszylinder. Die bestimmenden Größen für das Abwälzen der Zahnradpaare sind die Teilkreise (Wälzkreise).

Der Umfang U des Teilkreises ist:

$$U = \pi \cdot d$$

U Umfang des Teilkreises
d Durchmesser des Teilkreises

Der Abstand von einem Zahn zum nächsten Zahn ist die Zahnteilung p:

$$p = \frac{U}{z} = \frac{\pi}{z} \cdot d$$

p Zahnteilung
U Umfang des Teilkreises
z Zähnezahl

Der Teilkreisdurchmesser ist somit:

$$d = \frac{p}{\pi} \cdot z = m \cdot z$$

d Teilkreisdurchmesser
p Zahnteilung
z Zähnezahl
m Modul

Der Faktor p/π heißt **Modul** m:
(der Modul, pl. die Moduln)

$$m = \frac{p}{\pi}$$

m Modul
p Zahnteilung

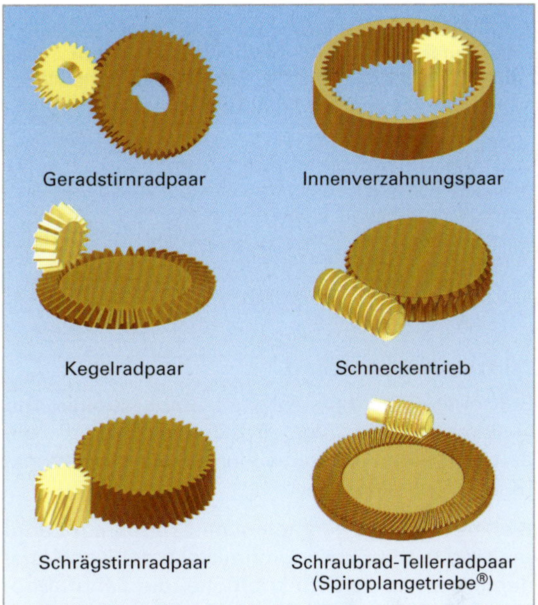

Bild 1: Zahnradpaarungen

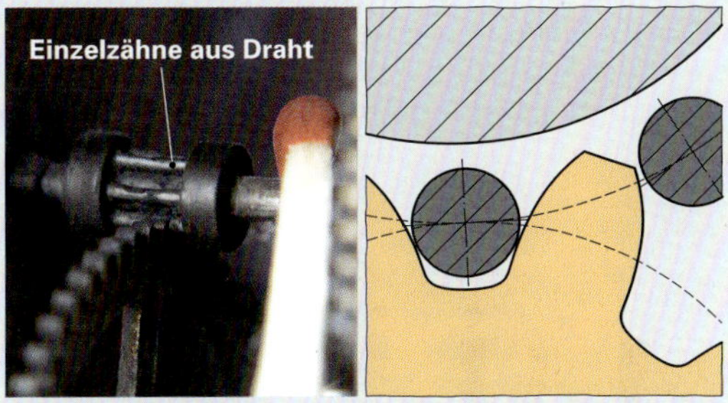

Bild 2: Historisches Zahnradgetriebe einer Schwarzwalduhr (Triebstockverzahnung) mit Einzelzähnen

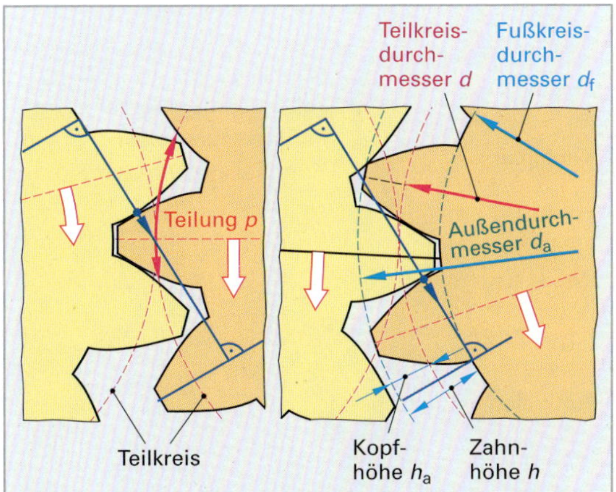

Bild 3: Geradverzahntes Stirnrad

Bei Verzahnungen müssen zum korrekten Ineinandergreifen der Zähne die Zahnabstände bzw. die Moduln gleich sein. Für die Wahl des Moduls gibt es nach DIN 780 Vorzugsreihen (**Tabelle 1**).

Im Angloamerikanischen wird anstelle des Moduls dessen Kehrwert (*Diametral Pitch*, mit der Einheit $inch^{-1}$) verwendet:

$$P_d = \frac{\pi}{p} = \frac{25{,}4}{m}$$

P_d Diametral Pitch in $inch^{-1}$
p Zahnteilung in inch
m Modul in mm

Tabelle 1: Moduln nach DIN 780 in mm

Reihe 1: (bevorzugt zu verwenden)			
0,05	0,06	0,08	0,1
0,12	0,16	0,2	0,25
0,3	0,4	0,5	0,6
0,7	0,8	0,9	1
1,25	1,5	2	2,5
3	4	5	6
8	10	12	16
20	25	32	40
50	60		
Reihe 2: (nur in Ausnahmen verwenden)			
0,055	0,07	0,09	0,11
0,14	0,18	0,22	0,28
0,35	0,45	0,55	0,65
0,75	0,85	0,95	1,125
1,375	1,75	2,25	2,75
3,5	4,5	5,5	7
9	11	14	18
22	28	36	45

Teilkreisdurchmesser *d*

Bei einem geradverzahnten Zahnradpaar mit Null-Verzahnung (vgl. Profilverschiebung) bilden die beiden Teilkreise einen Berührungspunkt (Bild 3, Seite 405).

Weitere wichtige geometrische Größen am Zahnrad sind der Fußkreisdurchmesser, der Kopfkreisdurchmesser, die Zahnkopfhöhe, die Zahnfußhöhe, die Zahnhöhe (Bild 3, Seite 405).

Die Teilung wird auf dem Teilkreis gemessen. Die Zahndicke und die Lückenweite werden ebenfalls auf dem Teilkreis gemessen. Bei der dargestellten Verzahnung sind Zahndicke und Lückenweite gleich groß. Ihre Summe ist die Teilung.

Es bestehen folgende Beziehungen:

Zahnkopfhöhe h_a:

$$h_a = m$$

Zahnfußhöhe h_f:

$$h_f = m + c$$

Zahnhöhe h:

$$h = h_a + h_f$$

Kopfspiel:

$$c = 0{,}167 \cdot m$$

Kopfkreisdurchmesser d_a:

$$d_a = d + 2h_a$$

Fußkreisdurchmesser d_f:

$$d_f = d - 2h_f$$

h_a Zahnkopfhöhe in mm
h_f Zahnfußhöhe in mm
h Zahnhöhe in mm
m Modul in mm
c Kopfspiel, meist $0{,}167 \cdot m$
d Teilkreisdurchmesser in mm
d_f Fußkreisdurchmesser in mm
d_a Kopfkreisdurchmesser in mm

Beispiel: Geradverzahnung

Von einem bei einer Wartung ausgebauten, sehr stark beschädigten Geradstirnrad sind lediglich noch die Zähnezahl mit $z = 82$ und der ungefähre Fußkreisdurchmesser $d_f = 236$ mm festzustellen. Das Kopfspiel wird mit $c = 0{,}167 \cdot m$ angenommen.

Zur Fertigung des Ersatzrades sind der Modul, der Teilkreisdurchmesser und der Kopfkreisdurchmesser zu bestimmen.

Lösung:

Bestimmung Modul:

$$2h_f = 2m + 2m \cdot 0{,}167 = m \cdot 2{,}33$$

$$d_f = d - 2h_f = m \cdot z - m \cdot 2{,}33$$

$$d_f = m \cdot (z - 2{,}33)$$

$$m = \frac{d_f}{z - 2{,}33} = \frac{236\ \text{mm}}{82 - 2{,}33} = 2{,}962\ \text{mm} \Rightarrow m = 3\ \text{mm}$$

Bestimmung Teilkreisdurchmesser:

$$d = z \cdot m = 82 \cdot 3\ \text{mm} \Rightarrow d = 246\ \text{mm}$$

Bestimmung Kopfkreisdurchmesser:

$$d_a = m \cdot (z + 2) = 3\ \text{mm} \cdot (82 + 2) \Rightarrow d_a = 252\ \text{mm}$$

Zahnformen

Bei der Form der Zahnflanken handelt es sich geometrisch meist um eine *Evolvente*[1] (Evolventenverzahnung). Eine Evolvente entsteht, wenn ein Faden, der um einen Zylinder gewickelt ist, abgewickelt und dabei an seinem Ende stramm gehalten wird (**Bild 1**). Die Bewegung des Fadenendes beschreibt die Evolventenform.

Die Breite eines Zahnes *s* bzw. die Weite einer Lücke *e* am Teilkreis entspricht der Hälfte der Teilung *p*.

$$e = s = \frac{p}{2}$$

- s Zahndicke
- e Zahnlückenbreite
- p Zahnteilung (Abstand von Zahn zu Zahn)

Verzahnungen mit anderen Formen sind u. a.

- die Zykloidenverzahnung,
- die Kreisbogenverzahnung,
- die Triebstockverzahnung,
- die Wildhaber-Novikov-Verzahnung.

[1] von lat. (linea) evolvens = herauswickelnde Linie, evolvere = herauswickeln

Die am Bezugsprofil vorhandenen Größen sind die Zahnteilung *p*, die Eingriffsteilung p_e und der Eingriffswinkel α. Der Eingriffswinkel α ist in DIN 867 mit $\alpha = \alpha_p = 20°$ genormt.

Weiterhin ergeben sich nach **Bild 2** und **3** folgende Zusammenhänge:

Grundkreisdurchmesser

$$d_b = d \cdot \cos \alpha$$

- d_b Grundkreisdurchmesser
- d Teilkreisdurchmesser
- α Eingriffswinkel

Grundkreisdurchmesser und Eingriffsteilung

$$p_b = \frac{d_b \cdot \pi}{z}$$

$$p_e = m \cdot \pi \cdot \cos \alpha$$

$$p_e = p_b = p \cdot \cos \alpha$$

- d_b Grundkreisdurchmesser
- α Eingriffswinkel
- p_e Eingriffsteilung
- p_b Grundkreisteilung
- p Teilung
- m Modul
- z Zähnezahl

Beispiel: Es sind der Grundkreisdurchmesser sowie die Grundkreisteilung eines Geradstirnrades mit $z = 72$ und $m = 4$ mm zu bestimmen.

Lösung:

$$d_b = d \cdot \cos \alpha = m \cdot z \cdot \cos \alpha = 4\ \text{mm} \cdot 72 \cdot \cos 20°$$

$$d_b = 270{,}63\ \text{mm}$$

$$p_b = p_e \frac{d_b \cdot \pi}{z} = \frac{270{,}63\ \text{mm} \cdot \pi}{72} = 11{,}81\ \text{mm}$$

Weitere spezielle Verzahnungen gibt es z. B. bei Zahnradpumpen. Es gibt auch Verzahnungen von exzentrischen Zahnrädern und bei unrunden Zahnrädern.

Eingriffswinkel und Grundkreis

Zur Fertigung eines Zahnrades wird z. B. ein Wälzfräser verwendet. Ein Wälzfräser hat ein Bezugsprofil nach **Bild 2**. Dieses Bezugsprofil erstellt beim Abwälzen auf dem Zahnradgrundkörper die evolventenförmige Zahnradgeometrie der Zahnflanken.

Durch den Abwälzvorgang des Wälzfräsers werden die im Bezugsprofil vorhandenen Geometrien auf das Zahnrad übertragen. Durch die Wälzbewegung des Fräsers und die Rotation des Zahnradkörpers bei der Fertigung sind die Bezugsprofilgeometrien in gekrümmter Form am Zahnradprofil vorhanden.

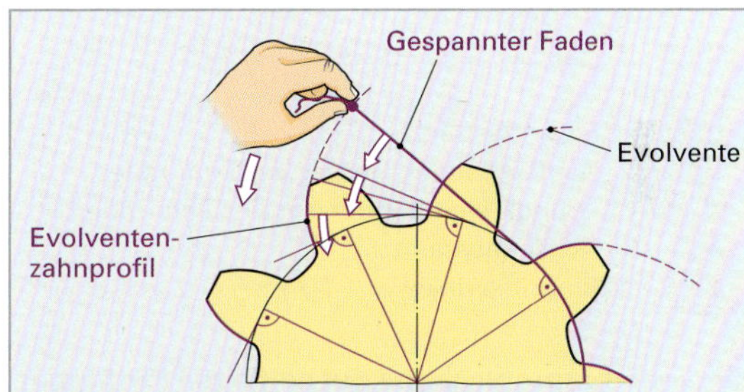

Bild 1: Evolventenform

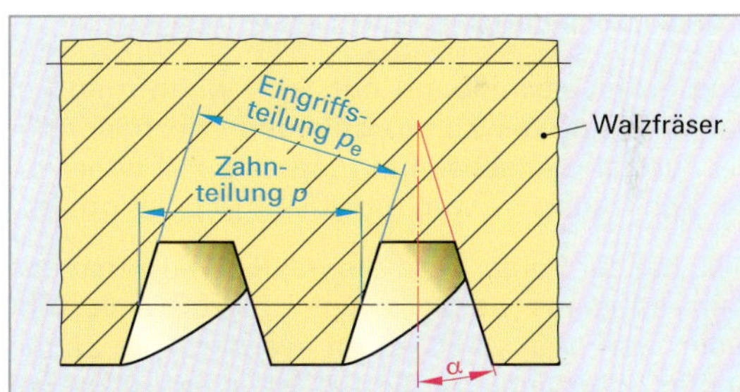

Bild 2: Wälzfräserbezugsprofil

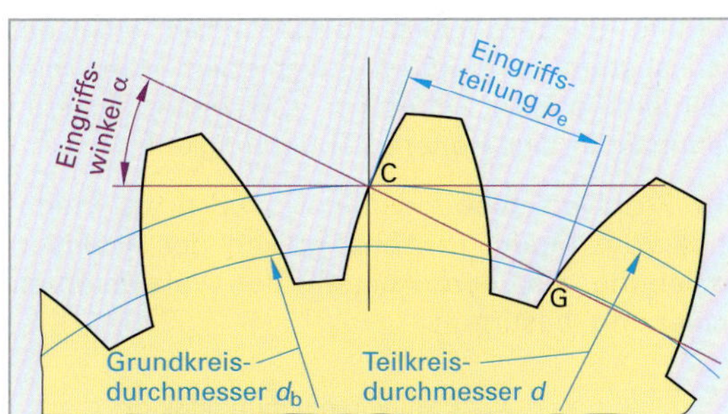

Bild 3: Grundkreis und Eingriffsteilung

Profilüberdeckung

Damit in Zahnradgetrieben eine ruckfreie Bewegungsübertragung vonstattengeht, muss mindestens ein Zahnpaar noch im Eingriff sein, bevor ein neues Zahnpaar in Eingriff kommt **(Bild 1)**. Man nennt dies Profilüberdeckung. Die Profilüberdeckung ist die gebrochene Zahl der Zahnpaare, die sich ständig im Eingriff befinden.

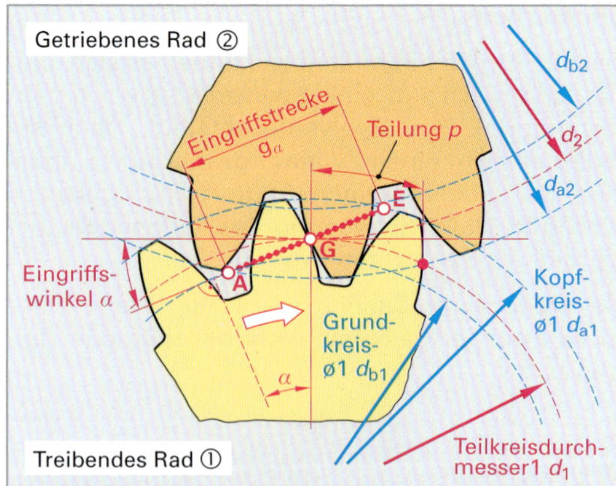

Bild 1: Profilüberdeckung

$$\varepsilon_\alpha = \frac{g_\alpha}{p_b}$$

ε_α Profilüberdeckung
g_α Eingriffsstrecke
p_b Grundkreisteilung

Die Eingriffsstrecke als Länge auf dem Teilkreis ist:

$$g_\alpha = \frac{1}{2} \cdot \left(\sqrt{d_{a1}^2 - d_{b1}^2} + \sqrt{d_{a2}^2 - d_{b2}^2}\right) - a \cdot \sin \alpha$$

g_α Eingriffsstrecke
d_{a1}, d_{a2} Kopfkreisdurchmesser der Zahnräder
d_{b1}, d_{b2} Grundkreisdurchmesser der Zahnräder
a Achsenabstand
α Eingriffswinkel (α = 20°)

Für einen harmonischen Lauf sollte die Profilüberdeckung $\varepsilon_\alpha \geq 1{,}3$ sein.

Profilverschiebung

Eine Profilverschiebung entsteht, wenn man bei der Fertigung der Zahnprofile den Wälzfräser näher zur Zahnradachse hin (negative PV) oder von der Zahnradachse weg (positive PV) positioniert.

Dies hat zur Folge, dass die beiden Teilkreise des Zahnradpaares (sie bleiben gleich groß) sich nicht mehr berühren. Außerdem werden die Zähne breiter oder schmaler **(Bild 2)**. Bei einem Zahnrad ohne Profilverschiebung spricht man von einem Null-Rad.

Mithilfe der Profilverschiebung lässt sich der Achsabstand geringfügig verschieben. Man erhält auch eine andere Zahnform, z. B. einen dickeren Zahnfuß für eine höhere Zähnefestigkeit.

Der Profilverschiebungsfaktor x wird als Vielfaches vom Modul in Abhängigkeit der Profilverschiebung, also dem Abstand der Wälzfräserverschiebung, bestimmt

$$x = \frac{V}{m}$$

x Profilverschiebungsfaktor
V Profilverschiebung
m Modul

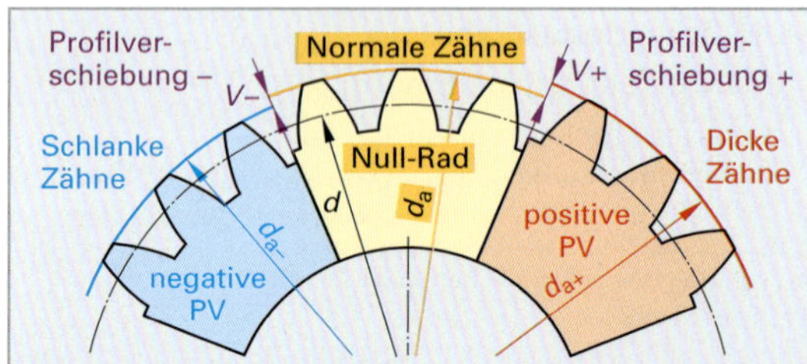

Bild 2: Profilverschiebung

Beispiel:

Ein Zahnradpaar mit dem Modul m = 2 mm und den Zähnezahlen z_1 = 24 und z_2 = 57 stellt eine Stufe eines mehrstufigen Getriebes dar. Es ist die Eingriffsstrecke zu bestimmen und Profilüberdeckung dieses Zahnradpaares zu überprüfen.

Lösung:

$d_1 = m \cdot z_1 = 2\text{ mm} \cdot 24 = 48\text{ mm}$

$d_2 = m \cdot z_2 = 2\text{ mm} \cdot 57 = 114\text{ mm}$

$d_{b1} = d_1 \cdot \cos\alpha = 48\text{ mm} \cdot \cos 20 = 45{,}11\text{ mm}$

$d_{b1} = d_1 \cdot \cos\alpha = 114\text{ mm} \cdot \cos 20 = 107{,}12\text{ mm}$

$d_{a1} = m \cdot (z_1 + 2) = 2\text{ mm} \cdot 26 = 52\text{ mm}$

$d_{a2} = m \cdot (z_2 + 2) = 2\text{ mm} \cdot 59 = 118\text{ mm}$

$a = \frac{z_1 + z_2}{2} \cdot m = \frac{24 + 57}{2} \cdot 2\text{ mm} = 81\text{ mm}$

$g_\alpha = \frac{1}{2} \cdot \left(\sqrt{d_{a1}^2 - d_{b1}^2} + \sqrt{d_{a2}^2 - d_{b2}^2}\right) - a \cdot \sin\alpha$

$g_\alpha = \frac{1}{2} \cdot \left(\sqrt{52^2 - 45{,}11^2} + \sqrt{118^2 - 107{,}12^2}\right)\text{ mm} - 81\text{ mm} \cdot \sin 20°$

$g_\alpha = \underline{\underline{9{,}977\text{ mm}}}$

$p_b = m \cdot \pi \cdot \cos\alpha = 2\text{ mm} \cdot \pi \cdot \cos 20° = 5{,}904$

$\varepsilon_\alpha = \frac{g_\alpha}{p_b} = \frac{9{,}977\text{ mm}}{5{,}904\text{ mm}} = \underline{\underline{1{,}689}} \Rightarrow$ ausreichend

3.9.4.3 Schrägverzahnungen

Bei schrägverzahnten Stirnrädern sind die Zähne schräg zur Zahnradachse unter dem Schrägungswinkel β angeordnet **(Bild 1)**.

Getriebe mit schrägverzahnten Stirnrädern zeichnen sich durch eine höhere Laufruhe aus als solche mit geradverzahnten Stirnrädern. Das liegt daran, dass der Eingriff auf mehrere Zähne verteilt ist. Daher eignen sich schrägverzahnte Stirnräder besser für hohe Drehzahlen und hohe Drehmomente. Durch die Schrägverzahnung erhält die Welle eine axiale Lastkomponente. Schrägverzahnungen haben, aufgrund der geringfügig vermehrten Reibungsverluste, einen geringeren Wirkungsgrad als Geradverzahnungen.

Die Fertigung der schrägverzahnten Stirnräder erfolgt ähnlich wie die Fertigung der geradverzahnten Stirnräder, jedoch mit dem Unterschied, dass die Werkzeuge (Wälzfräser) in einem anderen Neigungswinkel zum Zahnrad stehen.

Zahnräder mit Schrägverzahnung können nur dann gepaart werden, wenn neben den gleichen Moduln auch der negierte betragsgleiche Schrägungswinkel β für das zweite Zahnrad vorliegt.

$$\beta_1 = -\beta_2$$

β_1 Schrägungswinkel von Zahnrad 1
β_2 Schrägungswinkel von Zahnrad 2

Der Modul von Schrägverzahnungen (Index t) wird als Stirnmodul bezeichnet und ist abhängig vom Modul m gemäß DIN 780 und dem Schrägungswinkel β:

$$m_t = \frac{m}{\cos \beta}$$

m_t Stirnmodul
m Modul (Normalmodul)
β Schrägungswinkel

Auch die Teilung schrägverzahnter Stirnräder ist verändert:

$$p_t = \frac{p}{\cos \beta}$$

p_t Stirnteilung
p Teilung (Normalteilung)
β Schrägungswinkel

Weitere Kenngrößen sind der Teilkreisdurchmesser, die Zähnezahl und der Kopfkreisdurchmesser.

Bild 1: Schrägverzahnung

Beispiel:
Mit einem Wälzfräser m = 1,5 mm soll ein Schrägstirnrad mit $z = 38$ und $\beta = 15°$ gefertigt werden.
Es ist der Außendurchmesser des Zahnradrohlings zu bestimmen.
Lösung:

$$d_a = d + 2m = \frac{z \cdot m}{\cos \beta} + 2 \cdot m$$

$$d_a = \frac{38 \cdot 1{,}5 \text{ mm}}{\cos 15\,°} + 2 \cdot 1{,}5 \text{ mm}$$

$$d_a = 62{,}01 \text{ mm}$$

Der Rohling sollte einen Außendurchmesser von 62 mm haben.

Teilkreisdurchmesser d:

$$d = m_t \cdot z = \frac{z \cdot m}{\cos \beta}$$

d Teilkreisdurchmesser
m_t Stirnmodul
m Modul
z Zähnezahl
p_t Stirnteilung
β Schrägungswikel

Zähnezahl z:

$$z = \frac{d}{m_t} = \frac{\pi \cdot d}{p_t}$$

Kopfkreisdurchmesser d_a:

$$d_a = d + 2m$$

3.9.4.4 Schneckenverzahnungen

Schneckengetriebe **(Bild 1)** kommen dann zum Einsatz, wenn ein sehr hohes Übersetzungsverhältnis, z. B. bis $i = 100$ (ins Langsame) erreicht werden soll. Beim Schneckenantrieb kreuzen sich die gepaarten Wellen unter 90°. Schneckenwellen sind einer Trapezgewindespindel ähnlich. Schneckenräder ähneln Stirnrädern, allerdings meist mit einer konkaven Stirnseite. Bei den Paarungsarten unterscheidet man *Zylinderschneckenantriebe, Globoidschnecke*[1]*-Zylinderradantriebe* und *Globoidschneckenantriebe* **(Bild 2)**.

Schneckengetriebe sind meist selbsthemmend. Sie sind gekennzeichnet durch eine hohe Gleitreibung, dementsprechend besitzen sie ein gutes Dämpfungsverhalten, aber auch einen schlechten Wirkungsgrad. Anwendungen sind z. B. bei Kranen, Winden und Armaturen (Bild 1).

> Schneckengetriebe sind selbsthemmend und nur über die Schnecke eintreibbar.

[1] kugelförmig, von lat. globus = Kugel

Bei der Schnecke **(Bild 3)** ist der Modul:

$$m = \frac{p_x}{\pi}$$

m Modul
p_x axiale Teilung

Beim Schneckenrad ist der Modul:

$$m = \frac{p}{\pi}$$

m Modul
p Teilung

Beim Schneckenrad wird der Teilkreisdurchmesser bestimmt mit:

$$d = m \cdot z$$

d Teikreisdurchmesser
m Modul
z Zähnezahl des Schneckenrades

Die Zähnezahl der Schnecke wird als Gangzahl bezeichnet. Der Teilkreisdurchmesser der Schnecke stellt ihr Nennmaß dar.

Beispiel: Es ist die Axialteilung einer Schnecke mit dem Modul $m = 3{,}5$ mm sowie der Teilkreisdurchmesser des Schneckenrades bei $z = 42$ Zähnen zu ermitteln.

Lösung:

$p_x = m \cdot \pi = 3{,}5 \text{ mm} \cdot \pi = 10{,}995 \text{ mm}$

$d = m \cdot z = 3{,}5 \text{ mm} \cdot 42 = 147 \text{ mm}$

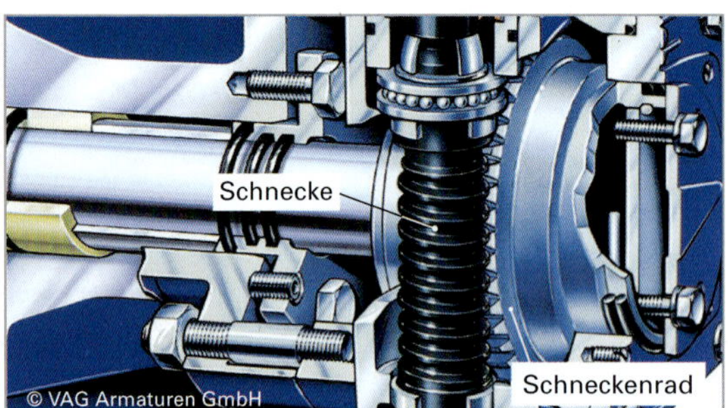

Bild 1: Schneckenantrieb in einer Wasserarmatur

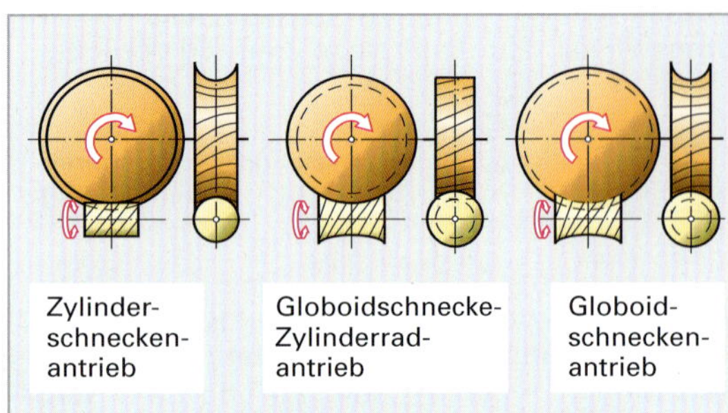

Bild 2: Schneckenradpaarungen

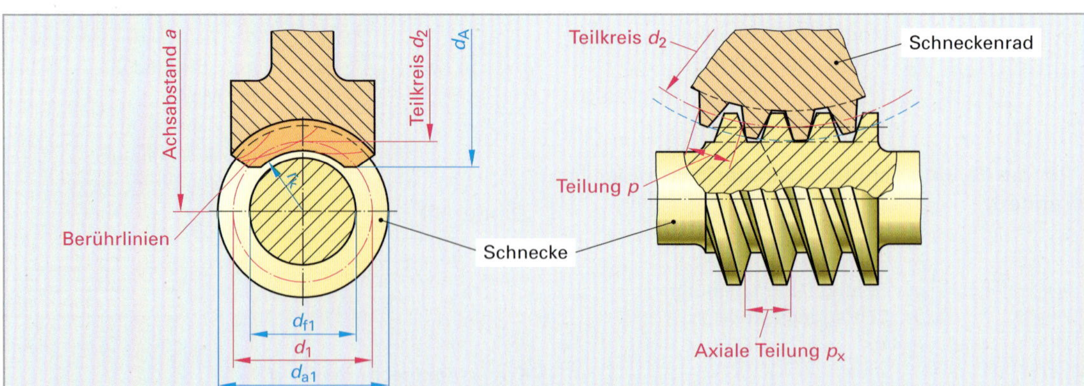

Bild 3: Geometrie eines Schneckenantriebs

3.9.4.5 Kegelradverzahnung

Kegelradpaarungen sind in erster Linie dazu da, um zwischen Antrieb und Abtrieb eine Richtungsänderung vorzunehmen, z. B. 90°. In Kegelgetrieben, die auch als Winkeltriebe bezeichnet werden, muss eines der beiden gepaarten Kegelräder als Freiendritzelwelle ausgeführt sein. Dies bedeutet, dass es nur einseitig, jedoch mit zwei Lagern, gelagert ist.

Eine wichtige Anwendung von Kegelradgetrieben ist das Differentialgetriebe in Kfz-Antrieben **(Bild 1)**. Hierbei wird bei einer Kurvenfahrt der Drehzahlunterschied zwischen kurveninnerem und kurvenäußerem Rad ausgeglichen.

Als Verzahnung von Kegelrädern verwendet man neben der Geradverzahnung auch die Schrägverzahnung oder eine Bogenverzahnung (Hypoidverzahnung[1]) **(Bild 2)**. Bei der Bogenverzahnung ist neben dem Winkelversatz der Wellen auch ein paralleler Versatz beider Wellen möglich (Bild 2).

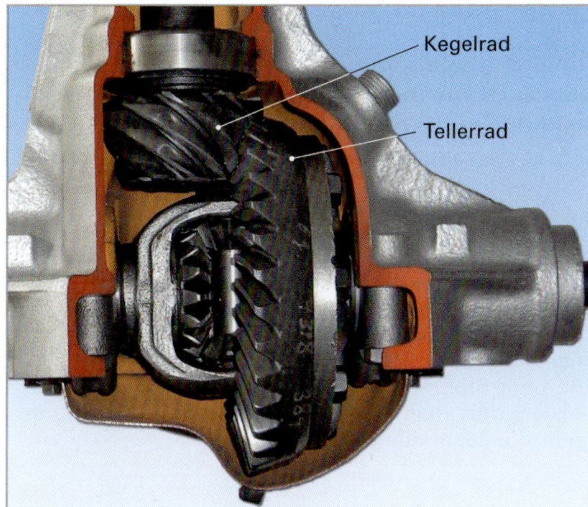

Bild 1: Differentialgetriebe

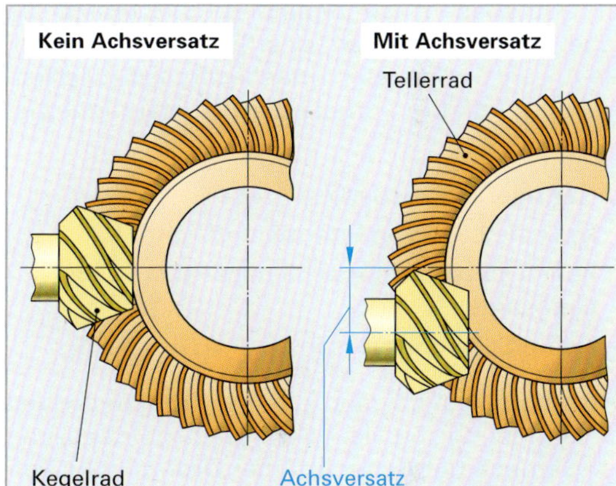

Bild 2: Bogenverzahnung

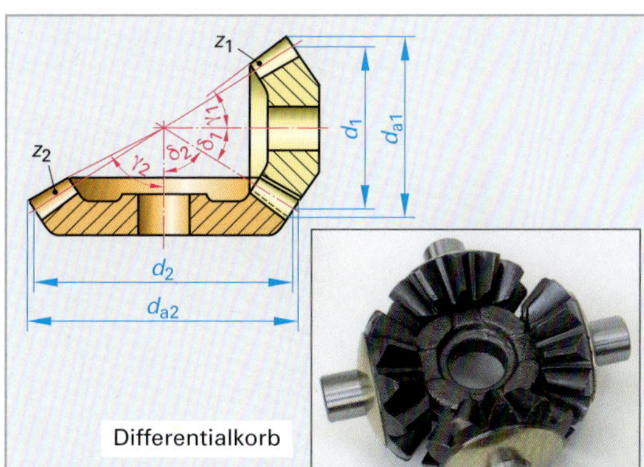

Bild 3: Kegelradverzahnung

Bei der Paarung von geradverzahnten und schrägverzahnten Kegelrädern müssen sich die Mittelachsen, die Kopfkegelachsen und die Teilkegelachsen in einem Punkt schneiden (**Bild 3**).

Teilkreisdurchmesser ist:

$$d = m \cdot z$$

d Teilkreisdurchmesser
m Modul
z Zähnezahl des Schneckerades

Der Kopfkreisdurchmesser ist:

$$d_a = d + 2 \cdot m \cdot \cos \delta$$

d_a Kopfkreisdurchmesser
d Teilkreisdurchmesser
δ Teilkegelwinkel
m Modul

Die Teilkegelwinkel beider Räder bestimmen sich mit:

$$\tan \delta_1 = \frac{d_1}{d_2} = \frac{z_1}{z_2}$$

$$\tan \delta_2 = \frac{d_2}{d_1} = \frac{z_2}{z_1}$$

δ_1, δ_2 Teilkegelwinkel
z_1, z_2 Zähnezahlen
d_1, d_2 Teilkreisdurchmesser

Beispiel:

Für den Rohling eines Kegelrades (z_1 = 18), welches mit einem zweiten Rad (z_2 = 28) gepaart werden soll, ist der Kopfkreisdurchmesser zu bestimmen. Der Modul beträgt m = 5 mm

Lösung:

$$\tan \delta_1 = \frac{z_1}{z_2} = \frac{18}{28} \Rightarrow \delta_1 = 32{,}735°$$

$$d_a = d + 2 \cdot m \cdot \cos \delta$$

$$d_a = (18 \cdot 5\ \text{mm}) + 2 \cdot 5\ \text{mm} \cdot \cos 32{,}735°$$

$$= 98{,}41\ \text{mm}$$

[1] Hypoid, verkürzte Ausdrucksweise für Hyperboloid. Ein Hyberboloid ist ein Körper, der durch Drehung aus einer Hyperbel erzeugt wird.

3.9.4.6 Innenverzahnung

Ein innenverzahntes Zahnrad **(Bild 1)** besteht aus einem Ringelement, welches in seiner Innenmantelfläche eine Geradverzahnung oder eine Schrägverzahnung aufweist. Solche innenverzahnten Hohlräder benötigt man z. B. bei Planetengetrieben.

Die Herstellung der Innenverzahnung ist meist kostspieliger als die Herstellung von Außenverzahnungen. Innenverzahnungen fertigt man z. B. durch Stoßen mit Stoßrädern bzw. durch Räumen mit Räumnadeln oder man fertigt, wie bei Innen-Zahnradpumpen, die Zahnräder durch Sintern.

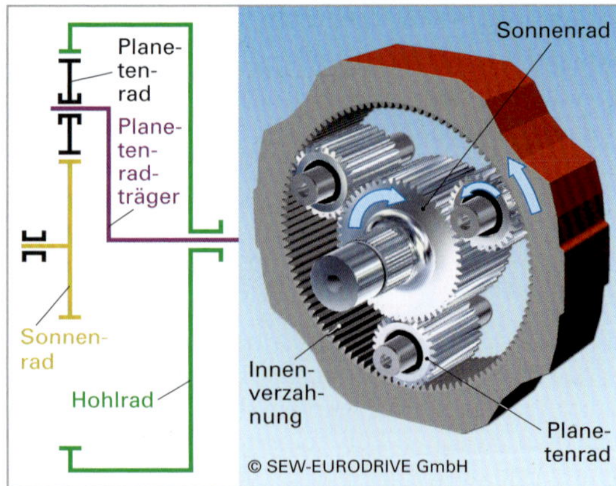

Bild 1: Innenverzahnung, Planetenradgetriebe

Planetenradgetriebe sind Umlaufrädergetriebe bei denen die Planetenzahnräder auf Kreisbahnen im Getriebegehäuse umlaufen. Sie umkreisen dabei ein zentrales Rad, das Sonnenrad (**Bild 2**). Die Anzahl der Planetenräder liegt meist zwischen drei und fünf. Die Vorteile der Planetenradgetriebe sind:

- Geringer Platzbedarf,
- koaxiale Lage von Eintrieb und Abtrieb,
- hohe Übersetzungsverhältnisse (bis 12 ins Langsame),
- kleine Schwungmassen.

Diese Vorteile nützt man z. B. bei Kraftfahrzeugen in Verbindung mit dem Ausgleichsgetriebe und bei Getriebemotoren mit hoher Drehzahlübersetzung (ins Langsame).

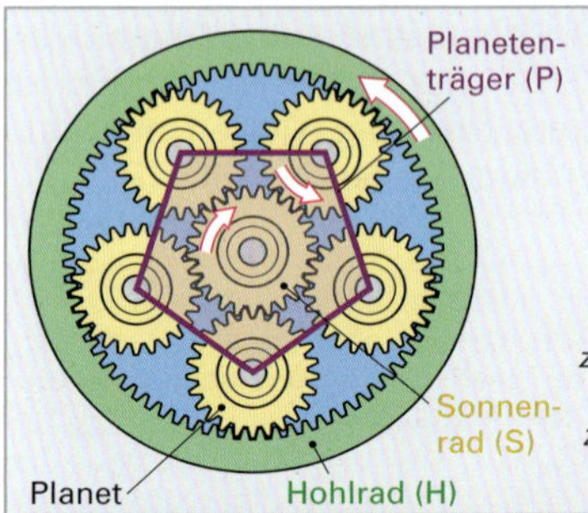

Standübersetzung

$$i_{12} = \frac{n_S - n_P}{n_H - n_P}$$

$$i_{12} = \frac{z_H}{z_S}$$

z_H Zähnezahl Hohlrad (negativ)

z_S Zähnezahl Sonnenrad

Antrieb/Abtrieb	P/S	S/P	H/P	P/H	S/H	H/S
Fixierung	H	H	S	S	P	P
Übersetzung i	$\frac{1}{1-i_{12}}$	$1-i_{12}$	$1-\frac{1}{i_{12}}$	$\frac{i_{12}}{i_{12}-1}$	i_{12}	$-\frac{1}{i_{12}}$

$z_{Hohlrad}$ ist eine negative Zählzahl!

Bild 2: Planetengetriebe mit fünf Planetenrädern

Der **Mechanismus von Antikythera** (um 70 v. Chr.), gefunden vor der gr. Insel Antikythera ist ein sehr komplexes Gerät mit umlaufenden Zahnrädern in mehreren Bewegungsebenen. Es zeigte einst astronomische Zusammenhänge an, u. a. die Bewegungen von Sonne, Mond und fünf Planeten sowie kalendarische Daten wie z. B. Finsternisse und Monate.

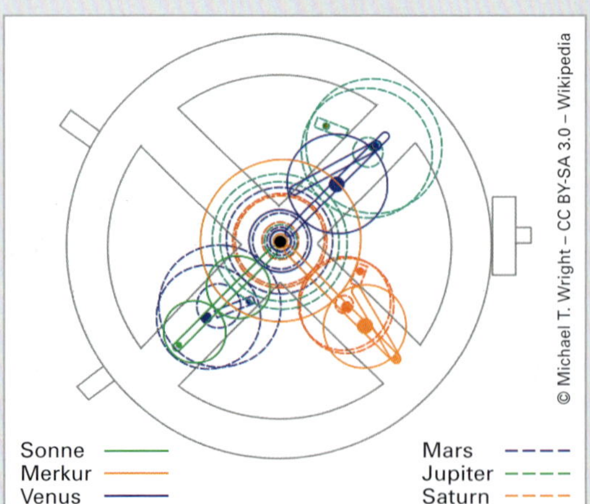

Zykloidengetriebe

Beim Zykloidengetriebe **(Bild 1)** wälzt sich die exzentrisch gelagerte, innere Wellenscheibe über eine Rollenunterstützung auf der Innenseite der äußeren Wellenscheibe ab. Die innere Scheibe führt bei der Drehbewegung eine *zykloidische*[1] Pendelbewegung aus. Da die innere Scheibe einen geringeren wirksamen Radius hat, entsteht eine Relativdrehzahl hoher Untersetzung zwischen i = 1 : 9 bis 1 : 71 bei *einstufigen* Getrieben. *Zweistufige* Getriebe ermöglichen Übersetzungsverhältnisse von 1 : 9 × 9 bis 1 : 71 × 71. Die Zykloidengetriebe zeichnen sich durch besonders hohe Belastbarkeit, Drehsteifigkeit, geringes Spiel und einen sehr hohen Wirkungsgrad (besser als 95 %) aus.

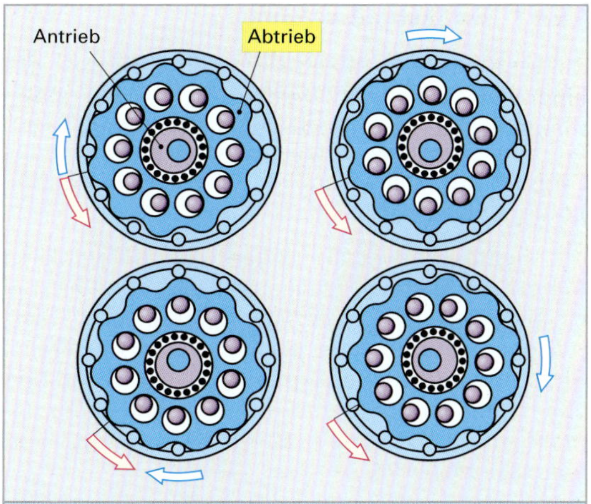

Bild 1: Zykloidengetriebe

Harmonic-Drive-Getriebe

Das Harmonic-Drive-Getriebe[2] **(Bild 2)** arbeitet mit ähnlichem Prinzip wie das Zykloidengetriebe und besteht aus einer ovalen Antriebsscheibe, die, über Kugeln geführt, eine flexible außenverzahnte Hülse (Flex Spline) in einen innenverzahnten feststehenden Ring presst (Bild 2). Durch die ovale Form der Antriebsscheibe (Wave Generator) berührt die flexible außenverzahnte Hülse den feststehenden innenverzahnten Ring nur an 2 gegenüberliegenden Punkten **(Bild 3)**. Die Zähnezahl der außenverzahnten Hülse ist z. B. um 2 Zähne kleiner als die Zähnezahl des innenverzahnten Außenrings.

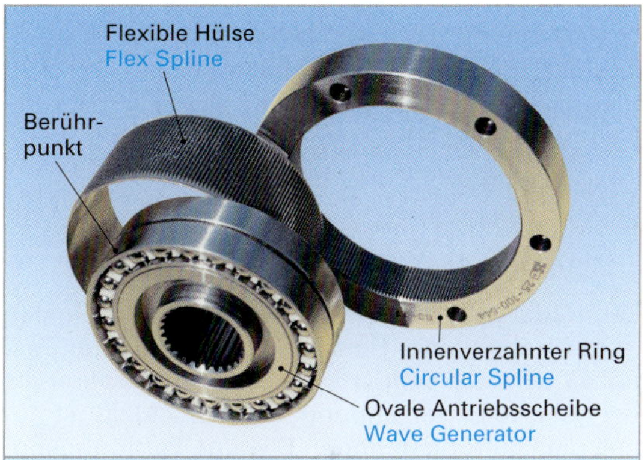

Bild 2: Harmonic-Drive-Getriebe

Beträgt die Zähnezahl der außenverzahnten Hülse z. B. 200 und die des innenverzahnten Außenrings 202, dann wird beim Abwälzen der Hülse auf dem Ring bei einer Umdrehung der ovalen Antriebsscheibe die Hülse um 2 Zähne, also um 1/100 einer Umdrehung, gedreht. Das Übersetzungsverhältnis beträgt also $i = 100$.

Harmonic-Drive-Getriebe sind sehr einfach aufgebaut, sind leicht, haben einen guten Wirkungsgrad (besser als 80 %), sind spielfrei und beanspruchen nur einen sehr kleinen Einbauraum.

Harmonic-Drive-Getriebe haben im Vergleich zu Zykloidengetrieben und zu Planetenradgetrieben meist eine geringere Steifigkeit. Zum Einsatz kommen sie bei Robotern zum Antrieb der Armgelenke und in vielen Bereichen der Medizintechnik. In Vollkunststoffausführung werden sie als Miniaturgetriebe in der Fahrzeugtechnik, z. B. zur Scheinwerfereinstellung und Spiegeleinstellung eingesetzt. **Bild 1, Seite 414** zeigt ein Einbaubeispiel für ein Harmonic-Drive-Getriebe.

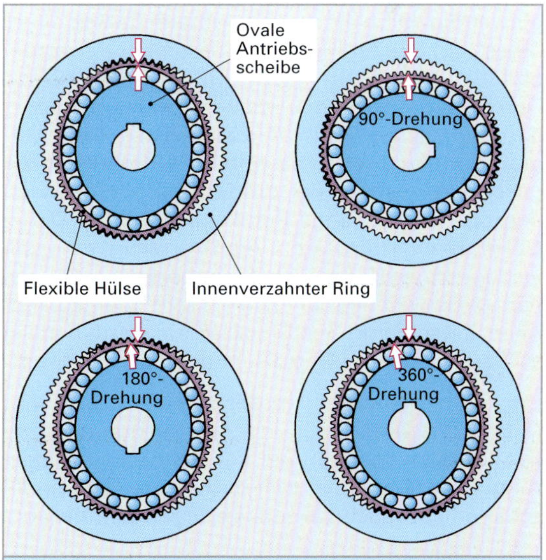

Bild 3: Wirkungsweise des Harmonic-Drive-Getriebes

---

[1] zykloidisch = periodisch wiederholen (griech. kyklos = Ring)
[2] Harmonic Drive Inc. = Firmenname

3.9.4.7 Schraubradverzahnung

Schraubrad-Tellerradverzahnungen[1] **(Bild 2)** ähneln den bogenverzahnten Kegelradverzahnungen. Jedoch stellen die Grundkörper einer Schraubrad-Schnecke bzw. eines Schraubrad-Tellerrades Zylinder und keine Kegelstümpfe dar. Die Zähne berühren sich nur in einem Punkt.

Mit Schraubradverzahnungen werden winklige Achsversätze von 90° realisiert. Der Vorteil hierbei ist ein möglicher zusätzlicher paralleler Versatz zwischen eintreibender und austreibender Welle. Schraubrad-Getriebe eignen sich zur Wandlung von relativ geringen Antriebsleistungen (Drehmoment: max. 100 Nm) z. B. für Übersetzungsverhältnisse bis $i = 75$.

3.9.4.8 Zahnradwerkstoffe und ihre Behandlung

Für Zahnräder verwendet man meist:

- Ungehärtete Vergütungsstähle,
- einsatzgehärtete Einsatzstähle,
- umlaufgehärtete Vergütungsstähle,
- Vergütungsstähle mit Einzelzahnhärtung,
- Nitrierstähle,
- carbonitrierte Stähle,
- nitrocarburierte Stähle.

Zahnräder aus ungehärtetem Stahl sind einfach in der Herstellung. Hinsichtlich äquivalenter Festigkeit wird das Getriebe größer und schwerer als bei gehärteter Verzahnung. Der Verschleiß ist höher, die Laufruhe geringer. Etwaige Fertigungsungenauigkeiten werden besser ausgeglichen.

Die Zahnradherstellung aus gehärteten Stählen ist aufwendig durch die meist erforderliche Schleifbearbeitung. Die Zahnflanken werden bei einsatzgehärteten Zahnrädern bis zur HRC 58 ... 62 gehärtet. Durch Flammhärtung oder auch durch Induktionshärtung werden Zahnkränze gehärtet. Der Wärmebehandlung muss besondere Aufmerksamkeit geschenkt werden. Bei großen Zahnrädern werden oft nur die Zähne induktionsgehärtet. Durch Gasnitrieren (Nitrocarburieren) erreicht man ein verzugsarmes Härten der Zahnoberfläche. Die gehärtete Schicht beträgt etwa 0,4 mm. Kleine Zahnräder, in häufig großen Stückzahlen, werden meist im Salzbad oder in Gasmischungen carbonitriert.

Die Schneckenräder werden meist aus Bronze (z. B. SnBz12) gefertigt und zwar wegen der starken Gleitbewegungen bei der Schneckenradpaarung. Bronze zeichnet sich durch gute Gleiteigenschaften aus, auch bei sehr geringer Schmierung.

[1] Schraubradverzahnungen sind auch bekannt unter der Firmenbezeichnung Spiroplan-Getriebe (SEW Eurodrive)

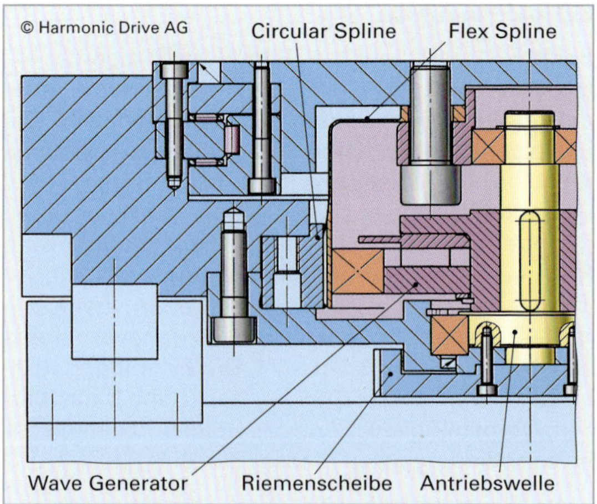

Bild 1: Einbaubeispiel für ein Harmonic-Drive-Getriebe

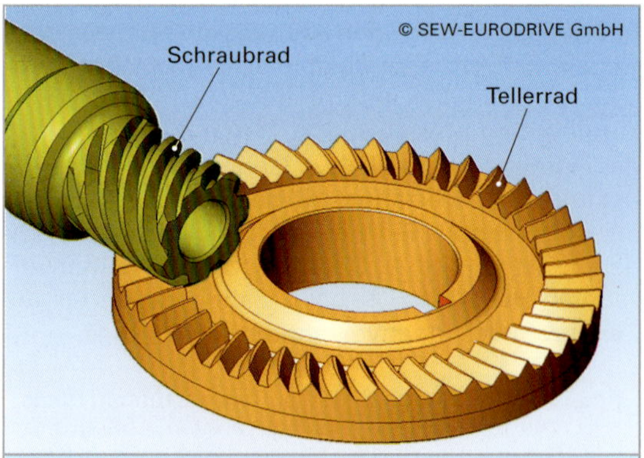

Bild 2: Schraubradverzahnung

Normen

- **DIN 867:** Bezugsprofile für Evolventenverzahnungen an Stirnrädern (Zylinderrädern) für den allgemeinen Maschinenbau und den Schwermaschinenbau
- **DIN 3960:** Begriffe und Bestimmungsgrößen für Stirnräder (Zylinderräder) und Stirnradpaare (Zylinderradpaare) mit Evolventenverzahnung
- **DIN 3960 Beiblatt 1:** Begriffe und Bestimmungsgrößen für Stirnräder (Zylinderräder) und Stirnradpaare (Zylinderradpaare) mit Evolventenverzahnung; Zusammenstellung der Gleichungen
- **DIN 3961:** Toleranzen für Stirnradverzahnungen; Grundlagen
- **DIN 3962-1 bis 3:** Toleranzen für Stirnradverzahnungen
- **DIN 3990-1 bis -43:** Tragfähigkeitsberechnung von Stirnrädern
- **DIN 3992:** Profilverschiebung bei Stirnrädern mit Außenverzahnung
- **DIN 21773:** Zahnräder – Zylinderräder und Zylinderradpaare mit Evolventenverzahnung – Prüfmaße für die Zahndicke

3.9.4.9 Belastungen am Zahnfuß und Modulauswahl

Mit der Umfangskraft F_U wird der Zahn des Zahnrads und damit der Zahnfuß belastet **(Bild 1)**. Der belastete Bereich im Zahnfuß hat näherungsweise eine Fläche mit den Abmaßen:

$$A_z \approx b \cdot \frac{p}{2} = b \cdot \frac{m \cdot \pi}{2}$$

b Zahnradbreite
p Zahnteilung
m Modul

Der Zahnfuß wird durch die Umfangskraft F_U mit dem Hebelarm m im Wesentlichen auf Biegung belastet.

$$\sigma = \frac{M_b}{W_a} \approx \frac{F_U \cdot 24}{b \cdot m \cdot \pi^2}$$

σ Biegespannung
M_b Biegemoment
F_U Umfangskraft
b Zahnbreite

Abschätzung:
Für eine Zahnradbreite von etwa $b = 10 \cdot m$:

$$\sigma \approx 0{,}48 \cdot \frac{M_t}{m^3 \cdot z}$$

$$\sigma \approx \frac{M_t}{2 \cdot m^3 \cdot z}$$

σ Biegespannung
M_t Drehmoment
F_U Umfangskraft

Mit Umstellung nach m und unter Berücksichtigung des Schrägungswinkels β bei Schrägstirnrädern folgt:

$$m_{entw} = \sqrt[3]{\frac{M_t \cdot \cos\beta}{z \cdot 2 \cdot \sigma_{FD}}}$$

m_{entw} Entwurfsmodul
M_t Drehmoment
β Schrägungswinkel
z Zähnezahl
σ_{FD} Biegespannung

Diese Gleichung dient dazu, den Modul je Getriebestufe bei einer Zahnradbreite von ca. $b = 10 \cdot m$ einzugrenzen (das darf nicht als Nachweis der Zahnfußfestigkeit im Sinne der DIN 3990 verstanden werden).

Übung: Es soll der Modul für die Endstufe eines dreistufigen geradverzahnten Stirnradgetriebes mit $z_6/z_5 = 91/23$ bestimmt werden. Das Bemessungsmoment des Getriebes ist $M = 12\,000$ Nm. Als Zahnradwerkstoff wird 20MoCr4 gewählt **(Tabelle 1)**.

Lösung:

$$m_{entw} = \sqrt[3]{\frac{M_t \cdot \cos\beta}{z \cdot 2 \cdot \sigma_{FD}}} = \sqrt[3]{\frac{12\,000\,000\ \text{Nmm} \cdot \cos 0}{91 \cdot 2 \cdot 700\ \text{N/mm}^2}}$$

$$m_{entw} = 4{,}55\ \text{mm}$$

Somit wird für das Getriebe ein Modul $m = 5$ mm nach DIN 780 an der Endstufe gewählt. Das Zahnrad sollte dann ca. 50 mm breit sein ($b = 10 \cdot m$).

Zur Ermittlung der Festigkeit muss ein Tragfähigkeitsnachweis nach DIN 3990 geführt werden.

Wälzgetriebe ohne Verzahnung

Entsprechend zu den Zahnradgetrieben als Wälzgetrieben mit *Formschluss* gibt es gleichermaßen Wälzgetriebe mit Radpaarungen auf der Basis eines *Kraftschlusses*: **Reibradgetriebe.** Von besonderem Vorteil ist der sehr geräuscharme, von Zahneingriffsfrequenzen nicht gestörte, gleichförmige Lauf.

Wegen des ungestörten gleichförmigen Abwälzens setzt man Stirnrad-Reibgetriebe und Planetenrad-Reibradgetriebe z. B. als Vorschubgetriebe bei Messmaschinen ein **(Bild 2)**.

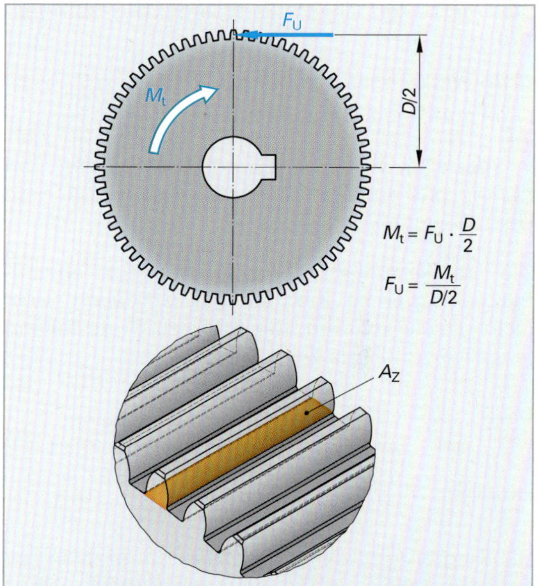

Bild 1: Umfangskraft am Zahnrad und Geometrie am Zahn

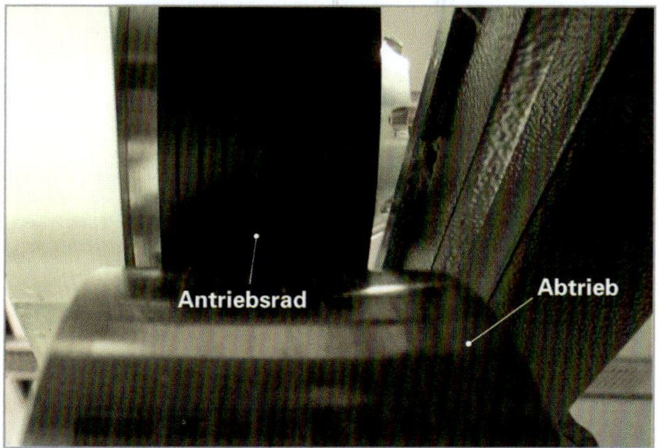

Bild 2: Reibradgetriebe bei einer Messmaschine

Tabelle 1: Biegefestigkeiten von Zahnradwerkstoffen (Erfahrungswerte)

Werkstoff	σ_{FD} in N/mm²	Werkstoff	σ_{FD} in N/mm²
EN-GJS-500-7	300	20MoCr4	700
16MnCr5	700	20MnCr5	720

3.9.4.10 Getriebestufung und Zähnezahlauswahl

Getriebe verwendet man zur Anpassung einer Motordrehzahl und eines Motordrehmoments an die Antriebsaufgabe. Daraus bestimmt sich die geforderte gesamte Getriebeübersetzung. Meist hat der Motor eine höhere Drehzahl und ein kleineres Drehmoment als gefordert. So ist mit einem Getriebe meist eine Drehzahluntersetzung zu leisten.

Die Übersetzungen (ins Langsame) pro Getriebestufe sind meist

- im Werkzeugmaschinenbau < 4 und
- im sonstigen Maschinenbau < 7.

In speziellen Fällen, z. B. bei Drehkränzen von Kranen sind aber davon abweichend weit höhere Übersetzungen (ins Langsame) üblich.

Die Übersetzungen der einzelnen Getriebestufen wählt man bei mehrstufigen Getrieben meist nicht gleich, sondern von Stufe zu Stufe fallend (etwa im Verhältnis $\varphi = 1{,}2$).

$$\varphi = \frac{i_1}{i_2} \approx 1{,}2$$

φ Übersetzungsabstufung
$i_{1,2..}$ Übersetzungsverhältnisse aufeinanderfolgender Getriebestufen

Die Eingrenzung der möglichen Zähnezahlen unterliegt praktischen Überlegungen. Zu viele Zähne an einem Zahnrad erfordern hohe Fertigungskosten und zu wenige Zähne wirken sich auf die Zahnfestigkeit negativ aus. Ein Zähnezahlbereich pro Zahnrad von z = 11 ... 118 ist daher üblich.

Weiterhin ist darauf zu achten, dass die Zähnezahlen gepaarter Räder teilerfremd sind. Dann ist gewährleistet, dass immer unterschiedliche Zahnpaare im Eingriff sind. Die Auswirkung von Fertigungstoleranzen wird dadurch minimiert.

Beispiel 1:

Es sind die geeigneten Zähnezahlen für zwei Zahnräder einer Getriebestufe bei einer Übersetzung von $i = 6{,}5$ zu bestimmen.

Lösung:

Zunächst wird für ein Rad die Zähnezahl festgelegt. Mit $z_1 = 17$ definiert man eine Primzahl als Zähnezahl für das kleinere der beiden Räder. Nun wird die zweite Zähnezahl berechnet.

$$z_2 = z_1 \cdot i = 17 \cdot 6{,}5 = 110{,}5 \Rightarrow 111$$

Beide Zahlen sind teilerfremd. Das Ergebnis ist zufriedenstellend.

Beispiel 2:

Eine Lastseite soll mit $n_{max} = 60$ 1/min angetrieben werden. Der Elektroantrieb liefert bei $P = 0{,}8$ kW eine Drehzahl von $n_{an} = 1400$ 1/min. Es sind die Zähnezahlen bei einem zweistufigen Getriebe festzulegen.

Lösung:

Gesamtübersetzung:

$$i_{ges} = \frac{n_{ein}}{n_{ab}} = \frac{1400}{60} = 23{,}33$$

Einzelübersetzungen:

$$i_{ges} = i_1 \cdot i_2 = i_2 \cdot i_2 \cdot 1{,}2 = i^2 \cdot 1{,}2 \Rightarrow$$

$$i_2 = \sqrt{\frac{i_{ges}}{1{,}2}} = \sqrt{\frac{23{,}33}{1{,}2}} = 4{,}41$$

daraus folgt:

$$i_1 = i_2 \cdot 1{,}2 = 4{,}41 \cdot 1{,}2 = 5{,}291$$

Legt man für das erste Zahnrad eine Zähnezahl von $z_1 = 14$ fest, so ergibt sich aufgrund des Übersetzungsverhältnisses i_1 eine Zähnezahl für das gepaarte zweite Rad von

$$z_2 = z_1 \cdot i_1 = 14 \cdot 5{,}29 = 74{,}06 \Rightarrow 74$$

Die Zahlen 14 für z_1 und 74 für z_2 besitzen außer 2 keinen gemeinsamen Teiler. Um den Achsabstand beider Paarungen bei einem 2-stufigen Getriebe gleich zu halten, sollte bei gleichem Modul aller Zahnräder die Summe der Zähnezahlen gepaarter Räder auch gleich sein. Wählt man für z_3 die Zähnezahl 16, so sollte z_4 gleich 72 sein.

$$z_4 = z_3 \cdot i_2 = 12 \cdot 4{,}41 = 70{,}56 \Rightarrow 72$$

Als Probe wird nun die Gesamtübersetzung aufgrund der ermittelten Zähnezahlen bestimmt.

$$i_{ges} = i_1 \cdot i_2 = \frac{z_2}{z_1} \cdot \frac{z_4}{z_3} = \frac{72}{14} \cdot \frac{72}{16} = 78$$

Die Drehzahlwandlung zwischen Eintrieb und Abtrieb ist somit:

$$n_{ab} = \frac{n_{ein}}{i_{ges}} = \frac{1400 \frac{1}{\text{min}}}{23{,}78} = 58{,}86 \frac{1}{\text{min}}$$

Es ist nun abzuwägen ob die erreichte Abtriebsdrehzahl ausreichend ist. Wenn nicht, besteht die Möglichkeit an den Zähnezahlen z_1 und z_3 Anpassungen vorzunehmen und diese neu anzusetzen.

3.9.4.11 Getriebeart und Konstruktion

Die unterschiedlichen Getriebearten mit gängigen Übersetzungen, Drehmomenten, Wirkungsgraden und Abtriebsdrehzahlen sind in **Tabelle 1** zusammengestellt.

Die Konstruktion eines Getriebes umfasst neben der Wahl und Auslegung der Zahnradpaarungen auch:

- Das Getriebegehäuse,
- die Wellen,
- die Lagerung/Schmierung,
- die Dichtungen.

Liegen die Getriebeart und die Getriebestufungen fest, so sind die Achsabstände zu bestimmen, die Lage und Anordnung der Bohrungen und schließlich das Gehäuse unter Beachtung der Montage.

Getriebegehäuse fertigt man oft als Graugussgehäuse mit dem Vorteil einer guten Bearbeitbarkeit.

Achsabstand. Der Abstand von Antriebswelle zu Abtriebswelle eines Zahnradpaares wird als Achsabstand bezeichnet.

Der Achsabstand zweier gepaarter Geradstirnräder ist:

$$a = \frac{z_1 + z_2}{2} \cdot m$$

a Achsenabstand in mm
z Zähnezahl
m Modul in mm

Der Achsabstand zweier gepaarter Schrägstirnräder ist:

$$a_t = \frac{z_1 + z_2}{2} \cdot m_t$$

a_t Schrägradachsabstand
z Zähnezahl
m_t Stirnmodul

Der Achsabstand einer Schneckenradstufe ist:

$$a = \frac{d_S + d_{SR}}{2}$$

a Achsenabstand Schneckenstufe
d_S Teilkreisdurchmesser Schnecke
d_{SR} Teilkreisdurchmesser Schneckenrad

Tabelle 1: Vergleich unterschiedlicher Getriebebauarten[1] (Beispiele)

Getriebetyp	Stirnrad	Planeten	Kegelrad	Schnecke	Schraube
Kraftfluss	geradlinig		rechtwinklig, winklig		
Max. Drehmoment in Nm	18 000	3200	50 000	4000	90
Stufenzahl	2/3	1/2	3*	2**	1
Max. Übersetzung pro Stufe	6,5	10	4,2	42	75
Min. Übersetzung pro Stufe	1,5	4	1,4	5,5	8,2
Typischer Wirkungsgrad pro Verzahnung	97 %	98 %	96 %	< 50 %	45 - 90% (*i*- und *n*-abhängig
Typische Antriebsleistung in kW	160	22	200	22	1,1
Kleinste Abtriebsdrehzahl [1/min]	0,05	14	0,11	0,13	18
Größte Abtriebsdrehzahl [1/min]	418	350	224	221	168

* nur eine Kegelradstufe sonst Stirnradstufen
** nur eine Schneckenradstufe, die zweite ist eine Stirnradstufe

[1] Standardgetriebe, SEW Eurodrive

Getriebewirkungsgrad. Der Wirkungsgrad ist das Verhältnis von Abtriebsleistung zu Antriebsleistung.

$$\eta_{ges} = \frac{P_{ab}}{P_{an}} = \frac{M_{ab} \cdot n_{ab}}{M_{an} \cdot n_{an}}$$

Mit $i = \frac{n_{an}}{n_{ab}}$ erhält man:

$$M_{ab} = \eta_{ges} \cdot M_{an} \cdot i$$

M_{ab} Abtriebsdrehmoment
M_{an} Antriebsdrehmoment
η_{ges} Gesamtwirkungsgrad
i Übersetzungsverhältnis

Die wesentlichen Einflussgrößen auf den Wirkungsgrad sind die Verzahnungen und die Lagerungen. So lässt sich der Wirkungsgrad eines Getriebes in drei Anteile untergliedern: Verzahnung, Lagerung und Dichtung.

Beispiel: Die Abtriebsdrehzahl eines Elektromotors soll von n = 1200 1/min auf n = 500 1/min herabgesetzt werden.

a) Es ist eine Zahnradpaarung zu wählen die dem Übersetzungsverhältnis entspricht. Das Antriebsrad soll 15 Zähne haben (z_1 = 15). Bestimmen Sie die Zähnezahl z_2.

b) Bei einem geradverzahnten Zahnradpaar mit m = 5 mm ist der Achsabstand zu bestimmen.

Lösung:

a) Zähnezahl z_2:

$$i = \frac{n_1}{n_2} = \frac{1200}{500} = 2{,}4 \qquad i = \frac{z_2}{z_1} \Rightarrow z_2 = i \cdot z_1$$

$$z_2 = i \cdot z_1 = 2{,}4 \cdot 15 = \mathbf{36}$$

b) Achsenstand a:

$$a = \frac{z_1 + z_2}{2} \cdot m = \frac{15 + 36}{2} \cdot 5\ \text{mm} = \mathbf{127{,}5\ mm}$$

Der Gesamtwirkungsgrad bestimmt sich nach **Tabelle 1** durch Multiplikation der Einzelanteile, sofern diese im Antriebsstrang aufeinanderfolgen.

$$\eta_{ges} = \eta_{zges} \cdot \eta_{Lges} \cdot \eta_{Dges}$$

η_{ges} Gesamtwirkungsgrad
η_{zges} Verzahnungsanteil
η_{Lges} Lagerungsanteil
η_{Dges} Dichtungsanteil

Zur Ermittlung des Gesamtwirkungsgrades multipliziert man die Einzelwirkungsgrade der Antriebsstufen, die im Antriebsstrang aufeinander folgen.

Tabelle 1: Verzahnungswirkungsgrade

Verzahnung	η_z
Gerad-Stirnradpaar	0,98 ... 0,99
Schräg-Stirnradpaar	0,97 ... 0,98
Kegelradpaar	0,96 ... 0,98
Spiroplan© (1-gängig)	0,5 ... 0,65
Spiroplan© (2-gängig)	0,55 ... 0,6
Schneckenverzahnungspaar (1-gängig)	0,5 ... 0,6
Schneckenverzahnungspaar (2-gängig)	0,6 ... 0,65
Schneckenverzahnungspaar (3-gängig)	0,7 ... 0,75
Lagerungsanteile	
$\eta_L = 0{,}99$	Lagerung einer Welle mit zwei Wälzlagern
$\eta_L = 0{,}98$	Lagerung einer Welle mit zwei Wälzlagern (angestellte Lagerung)
$\eta_L = 0{,}97$	Lagerung einer Welle mit zwei Gleitlagern
Dichtungsanteil	
$\eta_D = 0{,}98$	Dichtung einer Welle inkl. Schmierung

Beispiel: Winkelgetriebe

Es sollen der Gesamtwirkungsgrad und die Leistungs-, Drehmoment- und Drehzahlübertragung eines stationären Winkelgetriebes mit einer Kegelradstufe und drei Schrägzahnradstufen bestimmt werden.

Die Antriebsleistung des Getriebes beträgt P_{an} = 12 kW.

Die Antriebsdrehzahl beträgt n_{an} = 1350 1/min.

Das Gesamtübersetzungsverhältnis beträgt i_{ges} = 10,5 ins Langsame.

Es kann von einer Verzahnung mit gehärteten Zahnflanken ausgegangen werden. Die einzelnen Wellen sind wälzgelagert, Eingangswelle und Ausgangswelle sind mit Radialwellendichtringen abgedichtet.

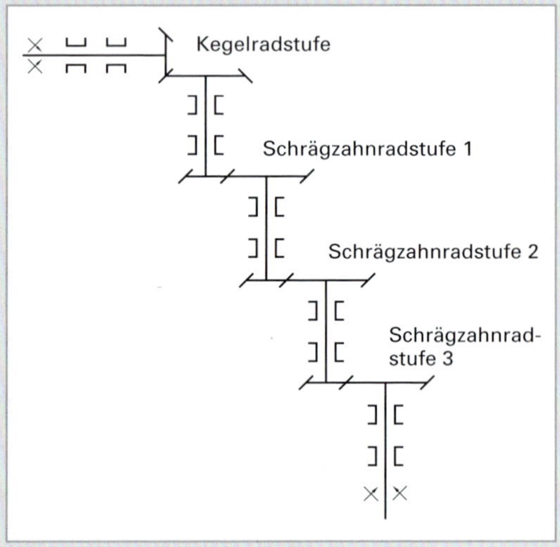

Lösung: Zunächst ist es hilfreich eine Strichskizze des Getriebes zu zeichnen, um die Verzahnungsstufen, die Dichtungen und die Wellenzahl deutlich zu machen.

Wirkungsgradanteile:

- **Verzahnung**
  Kegelradstufe
  $\eta_{z1} = 0{,}98$
  3 Schrägstirnradstufen
  $\eta_{z2} = 0{,}98,\quad \eta_{z3} = 0{,}98,\quad \eta_{z4} = 0{,}98,$
  $\eta_z = \eta_{z1} \cdot \eta_{z2} \cdot \eta_{z3} \cdot \eta_{z4} = 0{,}98^4 = 0{,}922$
- **Lagerung**
  Lagerung von fünf Wellen mit je zwei Wälzlagern
  $\eta_{Lges} = \eta_{Li}^{\,2} \cdot \eta_{La}^{\,3}$
  $= 0{,}98^2 \cdot 0{,}99^3 = 0{,}931$
- **Dichtung**
  Dichtung von zwei Wellen
  $\eta_{Dges} = \eta_{Di}^{\,2} = 0{,}98^2 = 0{,}960$

Gesamtwirkungsgrad:

$$\eta_{ges} = \eta_{zges} \cdot \eta_{Lges} \cdot \eta_{Dges} = 0{,}922 \cdot 0{,}931 \cdot 0{,}960 = 0{,}842$$

Antriebsdrehmoment:

$$M_{an} = \frac{P_{an}}{2 \cdot \pi \cdot n_{an}} = \frac{12\,000\ \text{W}}{2 \cdot \pi \cdot 22{,}5\ \frac{1}{\text{s}}} = 84{,}88\ \text{Nm}$$

Abtriebsdrehmoment:

$$M_{ab} = \eta_{ges} \cdot M_{an} \cdot i_{ges} = 0{,}842 \cdot 84{,}88\ \text{Nm} \cdot 10{,}5$$
$$M_{ab} = 750{,}42\ \text{Nm}$$

Abtriebsleistung:

$$P_{ab} = P_{an} \cdot \eta_{ges} = 12\ \text{kW} \cdot 0{,}842 = 10{,}212\ \text{kW}$$

Abtriebsdrehzahl:

$$n_{ab} = \frac{n_{an}}{i} = \frac{1350\ \frac{1}{\text{min}}}{10{,}5} = 128{,}57\ \frac{1}{\text{min}}$$

3.9.4.12 Schaltgetriebe

Schaltgetriebe benötigt man zur Drehzahlanpassung oder Drehmomentanpassung, wenn von Seiten des Motors dies nicht abgedeckt werden kann, z. B. beim Kraftfahrzeug.

Schieberadgetriebe (3-stufig) sind die einfachsten schaltbaren Zahnradgetriebe **(Bild 1)**. Hier werden auf einer Schaltwelle Schieberäder so verschoben, dass unterschiedliche Zahnradpaarungen mit den auf einer Vorgelegewelle platzierten Zahnrädern ermöglicht werden. Anwendungen für Schieberadgetriebe sind z. B. Drehmaschinen.

Schieberadgetriebe (8-stufig). Das Getriebe **(Bild 2)** ist symmetrisch aufgebaut. Die verschiebbaren Räder, in der Freilaufstellung dargestellt, können sowohl nach rechts wie auch nach links verschoben werden und greifen dann in die fest angeordneten Räder ein. So ergeben sich z. B. folgende Stufen:

- Vier Stufen ins Langsame: i_2 = 53:20 = **2,65**; i_2 = 50:25 = **2**; i_3 = 44:29 = **1,517**; i_4 = 39:34 = **1,147**;
- Vier Stufen ins Schnelle: i_5 = 34:39 = **0,871**; i_6 = 29: 44 = **0,659**; i_7 = 25:50 = **0,5**; i_8 = 20:53 = **0,377**.

Die Übersetzungen werden bei gestuften Getrieben meist nach einer geometrischen Stufung gewählt (nach einer Normzahlreihe, DIN 323). In diesem Beispiel ist der Stufensprung: $i_n/i_{n+1} \approx 1{,}3$.

Beim **Schaltmuffengetriebe (Bild 3)** sind alle Zahnradpaare stets im Eingriff und laufen permanent mit. Hierzu werden die Gangräder der Schaltwelle drehbar gelagert und nur das geschaltete Gangrad zur momentanen Kraftübertragung wird formschlüssig über eine Schaltmuffe mit der Schaltwelle verbunden. Schaltmuffengetriebe findet man bei Kraftfahrzeugen.

Ziehkeilgetriebe (Bild 4) werden als Schaltgetriebe aufgrund ihrer kompakten Bauweise z. B. für Krafträder verwendet.

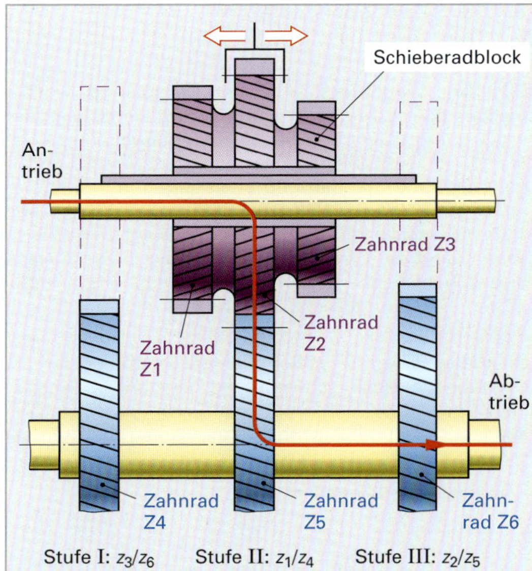

Bild 1: Schieberadgetriebe (3-stufig)

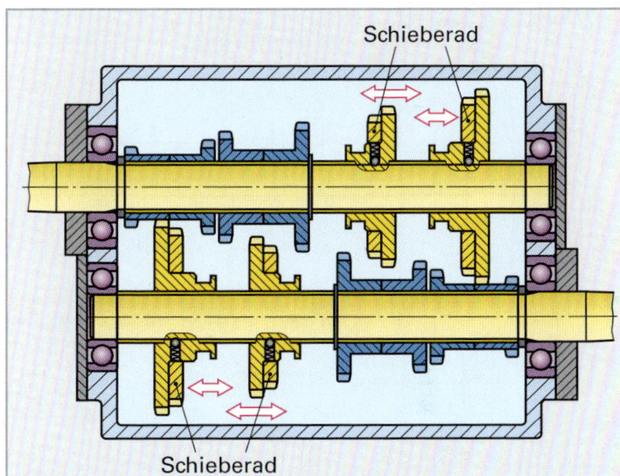

Bild 2: Schieberadgetriebe (8-stufig)

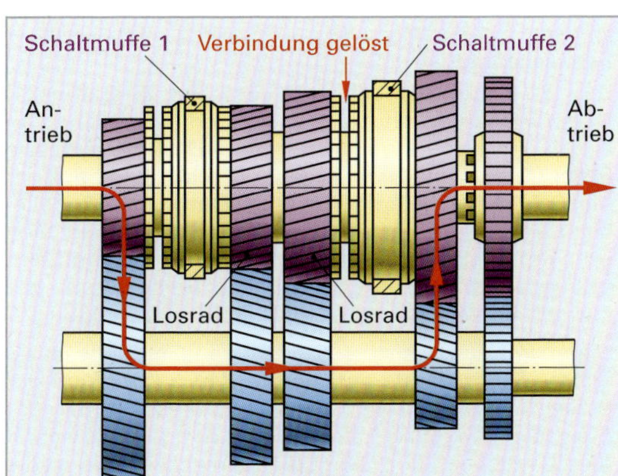

Bild 3: Schaltmuffengetriebe

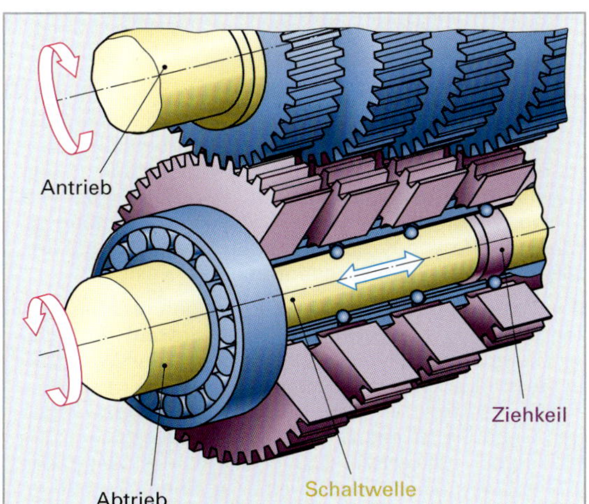

Bild 4: Ziehkeilgetriebe

3.9.4.13 Getriebebeispiele

Stirnradgetriebe

Das Industriegetriebe X3FS290 **(Beispiel 1)** ist ein mehrstufiges schrägverzahntes Stirnradgetriebe in der Ausführung als Großgetriebe in einem zweiteiligen Gehäuse. Die wesentlichen Unterschiede zwischen Großgetrieben und Standardgetrieben liegen in der Anordnung der Wellen. Während Standardgetriebewellen stets in räumlich kompaktester Anordnung im Gehäuse liegen, sind die Wellen eines Großgetriebes meistens in der Teilungsebene der zwei Gehäusehälften angeordnet. Standardgetriebe bestehen zumeist aus Monoblockgehäusen, also aus einteiligen Gehäusen.

Die Wellen sind mit Pendelrollenlagern, und bis auf die eintreibende Welle, schwimmend gelagert. So werden Fluchtungsfehler aufgrund von Fertigungstoleranzen ausgeglichen und Durchbiegungen unter Betriebslast gut aufgenommen. Wegen der schwimmenden Lagerung entfallen Wellen-Sicherungsringe. Dies verbessert deren Festigkeit. Die Lagerung der eintreibenden Welle ist in Fest-Los-Lager-Anordnung ausgeführt. Der Eintriebszapfen der Welle (im Bild unten dargestellt), kann wahlweise auch auf der gegenüberliegenden Seite liegen. Als Festlager wird stets das antriebsferne Lager verwendet, um damit das antriebsseitige Lager zu entlasten. So erhält man für beide eine ähnliche Lebensdauer.

Alternativ kann die Eintriebswelle auch als Kegelritzelwelle ausgeführt sein. In diesem Falle wird sie von links (A) angeordnet und in einem Kegelritzelgehäuse gelagert. Alle WNV sind formschlüssig mit Passfedern ausgeführt. Die Wellen werden aufgrund des wachsenden Drehmomentes in Richtung des Abtriebs immer dicker.

Beispiel 1: Stirnradgetriebe

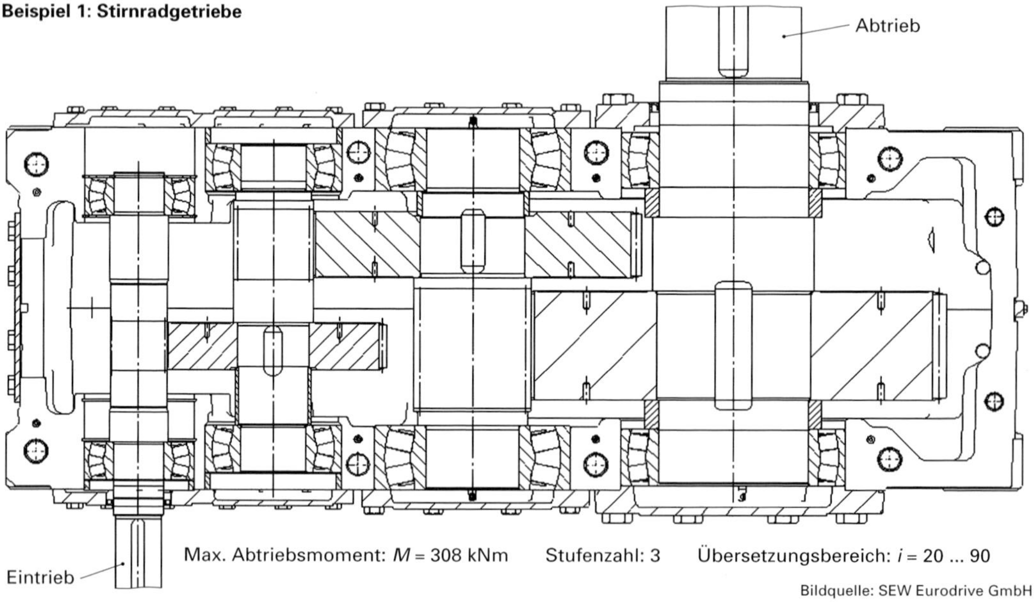

Max. Abtriebsmoment: M = 308 kNm Stufenzahl: 3 Übersetzungsbereich: i = 20 ... 90

Bildquelle: SEW Eurodrive GmbH

Schneckenradgetriebe

Das Schneckengetriebe S77 **(Beispiel 2, Seite 421)** ist ein Standardgetriebe zum direkten Anflanschen an einen Drehstromasynchron-Motor. Das eintreibende Ritzel (1) wird motorseitig eingebracht, da es auf der Motor-Läuferwelle aufgesteckt ist. Durch nahezu beliebigen Austausch der Verzahnteile der 1. Stufe ist eine sehr hohe Varianz an unterschiedlichen Gesamtübersetzungen möglich. Dies alles unter Beibehaltung der übrigen Bauteile (Wellen, Lager, Gehäuse, etc.).

Die erste Stufe des stets zweistufigen Getriebes ist als Schräg-Stirnradstufe ausgeführt. Rad 2 (2) ist auf der Schneckenwelle (3) aufgesteckt und diese ist mit dem Schneckenrad (4) im Eingriff. Bedingt durch die hohen Axialkräfte beim Eintrieb in die Schneckenwelle ist die Abtriebswelle mit Kegelrollenlagern angestellt und zur Erhöhung der Steifigkeit unter Vorspannung gelagert.

Zur exakten Positionierung des Schneckenrades über der Schnecke wird die Abtriebswelle ebenfalls angestellt gelagert. Diese Lagerung geschieht mit Rillenkugellagern. Die Feineinstellung, die aufgrund der Fertigungstoleranzen von Welle, Nabe und Lager nötig ist, wird mithilfe von Passscheiben in den Dicken 100 µm, 300 µm und 500 µm vorgenommen.

Das Schneckenrad ist zweiteilig ausgeführt. Der Verzahnungsring aus Bronze (SnBz4) wird auf die Nabe aus Guss aufgeschweißt. Da sich die beiden Werkstoffe nur sehr schwer verschweißen lassen, wird ein spezielles Elektrostrahl-Schweißverfahren angewendet. Das Gehäuse ist aus GJL-200 in Sandgusstechnik als Monoblock hergestellt. Dies bedeutet, dass sämtliche Wellenlagerungen des Getriebes in einem Bauteil angeordnet sind und die Gehäusesteifigkeit begünstigen.

Beispiel 2: Schneckenradgetriebe

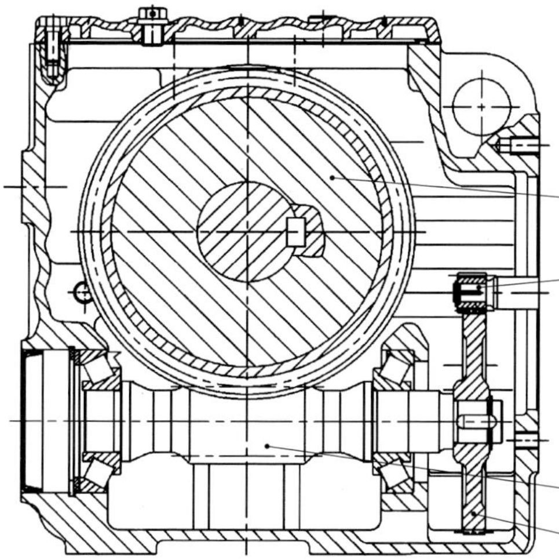

Max. Abtriebsmoment:
M = 1270 Nm

Stufenzahl: 2

Übersetzungsbereich:
i = 8,06 ... 256,47

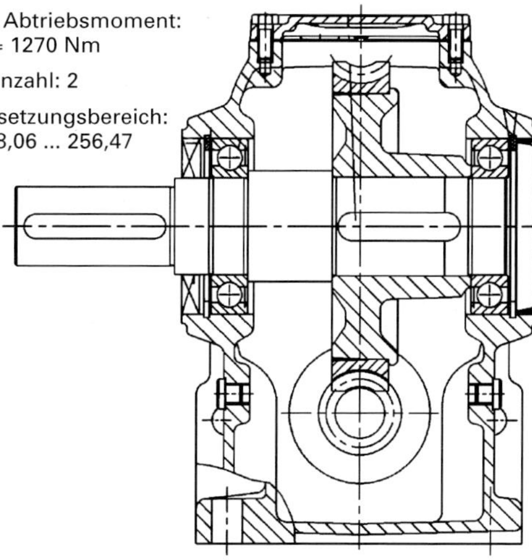

Bildquelle: SEW Eurodrive GmbH

PKW-Schaltgetriebe

Bei dem PKW-Schaltgetriebe **(Beispiel 3)** handelt es sich um ein einfach synchronisiertes, gleichachsiges *Schaltmuffengetriebe* für den Front-Längs-Einbau, d. h. die Getriebewellen liegen in Fahrtrichtung.

Das Getriebe besitzt 3 Schaltmuffen, welche jeweils mit zwei Schaltstellungen an den Gangrädern fixiert werden können. Der 4. Gang ist der sogenannte direkte Gang. Er ist nicht übersetzt. Die Drehbewegung wird durch Fixierung von Eintriebswelle und Hauptwelle direkt übertragen. Die Vorgelegewelle ist eine einteilige,

Beispiel 3: PKW-5-Gang-Schaltgetriebe

Tabelle 1: Gesamtübersetzung und Stufenzahl

Gang	1	2	3	4	5
i_{ges}	3,72	2,02	1,32	1	0,80
Anzahl Stufen	2	2	2	0	2

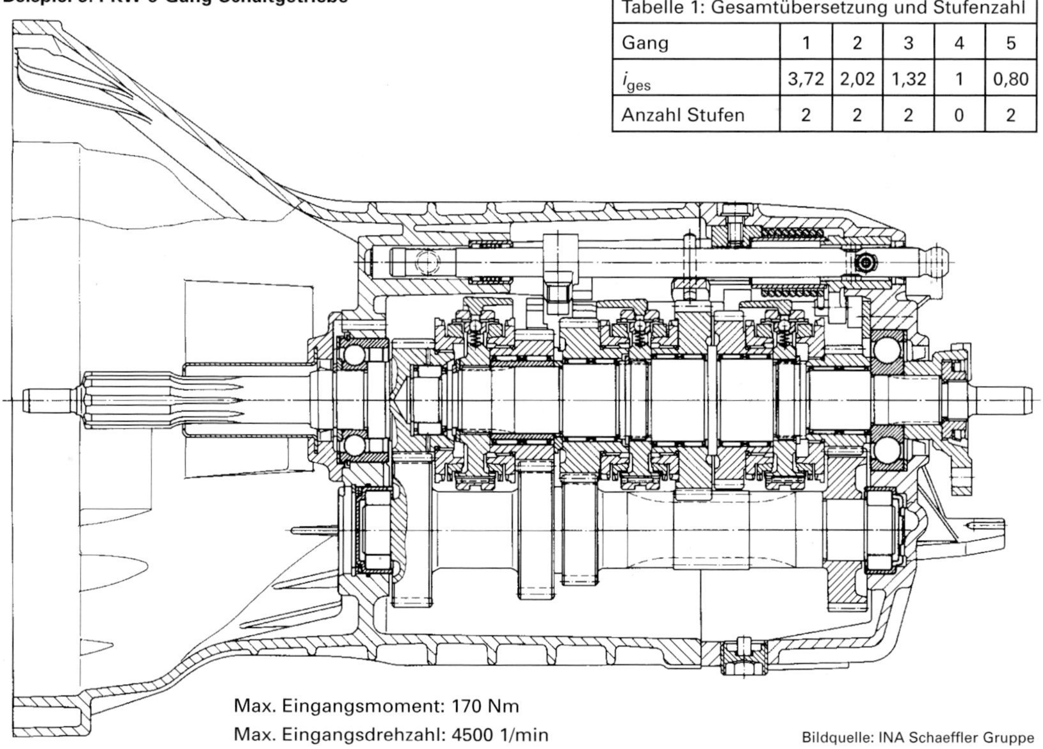

Max. Eingangsmoment: 170 Nm

Max. Eingangsdrehzahl: 4500 1/min

Bildquelle: INA Schaeffler Gruppe

geschmiedete Ritzelwelle. Die Gangräder sind auf der Hauptwelle drehbar gelagert und sind mit den Vorgelegeverzahnungen stets im Eingriff.

Durch Verschieben der Schaltmuffe wird die Ritzelwelle von einem Synchronkörper über den Synchronring gegen die konische Reibfläche des Gangrades bis über dessen Schaltverzahnung gedrückt. Sobald die Schaltmuffe am Gangrad ansteht ist Formschluss hergestellt und der Gang ist aktiv.

Die Lagerung der Hauptwelle ist abtriebsseitig mit einem Rillenkugellager als Festlager und antriebsseitig im Eintriebsritzel mit einem Zylinderrollenlager als Loslager gestaltet. Die Vorgelegewelle ist schwimmend mit Rollenbuchsen gelagert. Die Eintriebswelle ist mit einem kombinierten Rillenkugel-Zylinderrollenlager als Festlager gelagert. Das Gehäuse ist als Alu-Sandgussteil gefertigt.

Differentialgetriebe

Das Differentialgetriebe **(Beispiel 4)** des PKW-Hinterachsantriebs ist eine Kombination aus Winkelgetriebe und Ausgleichsgetriebe, welches im Differentialkorb untergebracht ist. Eine Kardanwelle, die von der fronteingebauten Motor-Getriebeeinheit die Eintriebsritzelwelle antreibt, wird mittels Flanschkupplung verbunden.

Die Ritzelwelle ist mit Kegelrollenlagern in O-Anordnung angestellt gelagert. Die angestellte Lagerung ist nötig, um einen optimalen Zahneingriff von Kegelritzel und Tellerrad des Winkelgetriebes zu erreichen. Zudem erhält die Ritzelwelle durch Vorspannung mit der Wellenmutter im Antriebsflansch eine hohe Steifigkeit. Der Differentialkorb, mit dem das Tellerrad fest verschraubt ist, ist ebenfalls angestellt und in X-Anordnung gelagert. Auch hier ist die axiale Einstellung nötig.

Die Lagerung der Kegelräder im Inneren des Differentialkorbs ist, getragen von einem Bolzen bzw. von einem Bund im Differentialkorb, einfach ausgeführt. Die Differentialräder führen nur geringe Drehbewegungen aus. Um deren Reibung klein zu halten, sind sie zwischen Rücken und Differentialkorb mit einfachen Kunststoffscheiben versehen.

Das Gehäuse ist als Monoblock in Alu-Sandguss-Bauweise hergestellt. Die Lager des Differentialkorbs werden mit Lagerschellen am Gehäuse gehalten. Verschlossen wird das Gehäuse mit einem Blech-Tiefzieh-Formteil.

Die Eintriebswelle und die beiden Abtriebswellen (nicht dargestellt) sind mit Radialwellendichtringen abgedichtet, da das Getriebe mit Öl befüllt ist.

Beispiel 4: Differentialgetriebe

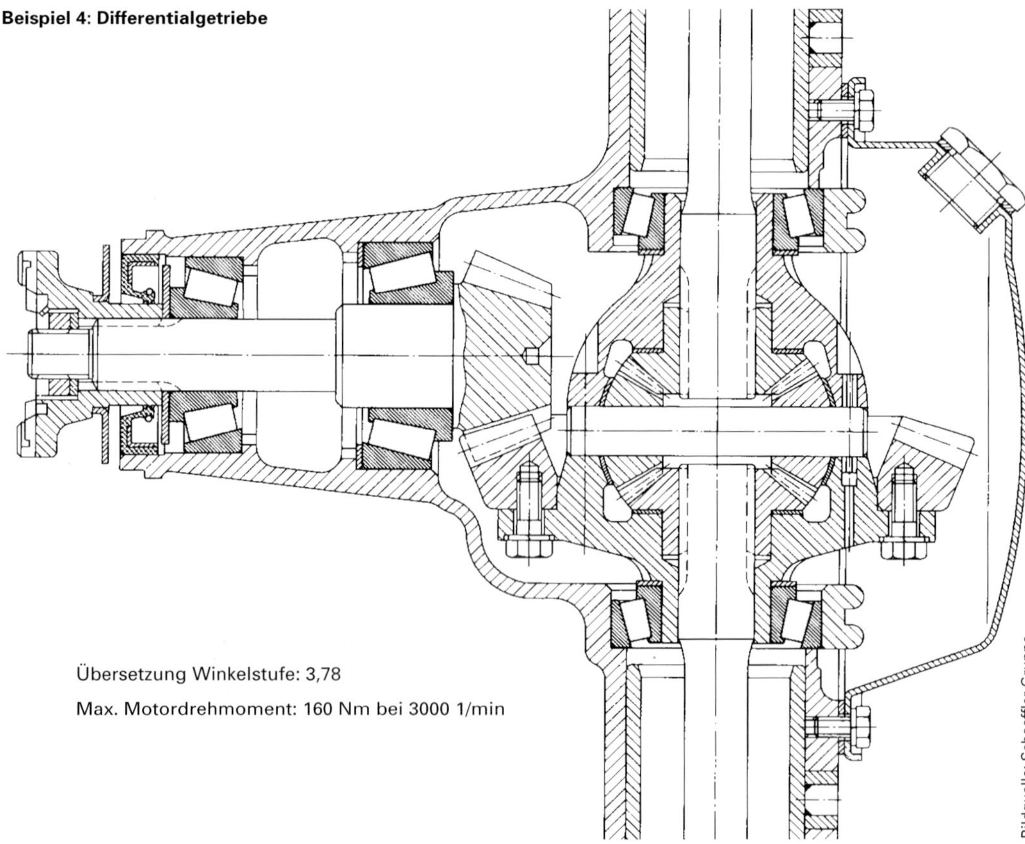

Übersetzung Winkelstufe: 3,78

Max. Motordrehmoment: 160 Nm bei 3000 1/min

Bildquelle: Schaeffler Gruppe

3.9.5 Getriebe mit ungleichförmigen Bewegungen

3.9.5.1 Kurbelgetriebe

Zu den ungleichförmig übersetzenden Getrieben gehören Kurbelgetriebe und Kurvengetriebe.

Kurbelgetriebe (Bild 1) bestehen meist aus einer Kurbelschwinge, bei welcher ein Getriebeglied als Kurbel angetrieben wird. Als Verbindungsglieder zwischen dem feststehenden Maschinengestell und der Kurbel dienen die Koppel und die Schwinge. Wenn ein Gelenk als Schubkurbel ausgebildet ist, heißt das Getriebe **Kurbelschleife** oder **Schubkurbel**. Bei zwei Schubgelenken wird es **Kreuzschubkurbel** genannt. Schubkurbelgetriebe werden meist als Kraftgetriebe zur Umwandlung von Dreh- in Längsbewegungen verwendet z. B. bei Senkrechtstoßmaschinen.

Statt der Kurbelgetriebe verwendet man bei schwierigen, mechanisch gesteuerten Bewegungsabläufen **Kurvengetriebe**. Diese bestehen aus einem sich drehenden Kurventräger und einem geradlinig geführten Abtriebsglied (Schubkurvengetriebe) oder aus einem Kurventräger und einem drehbar gelagerten Hebel (Kurvenschwinge). Der Kurventräger ist meist eine Scheibe oder eine Trommel. Zur Reibungsverminderung wird oft zwischen Kurventräger und Abtriebsglied eine Rolle eingebaut.

Bei den **Kurvenschwingen** unterscheidet man *ebene* und *räumliche* Getriebe.

Bei den ebenen Kurvenschwingen sind die Drehachsen der Kurvenscheiben und der Hebel parallel, bei den räumlichen Getrieben stehen sie senkrecht zueinander. Die Kurvenbahn wird bei den räumlichen Kurvenschwingen meist in die Mantelfläche einer Trommel gefräst **(Bild 2)**. Die Anpresskraft zwischen Rollen und Kurventräger kann kraft- oder formschlüssig aufgebracht werden. Der Formschluss wird bei ebenen Kurvengetrieben auf zwei verschiedene Arten erreicht. Im ersten Fall wird in die Kurvenscheibe eine nutenförmige Bahn gefräst, in der sich die einseitig gelagerte Rolle bewegt. Die Rolle besitzt aber dabei mindestens zwei Berührungspunkte, welche ein freies Abrollen durch Reibung erschweren. Eine zweite Möglichkeit um ein ebenes formschlüssiges Kurvengetriebe zu erreichen, ist die Verdopplung des Kurvengetriebes. Zwei Kurvenscheiben werden starr miteinander verbunden. Statt einer Rolle werden zwei verwendet, die auf einem Winkelhebel sitzen.

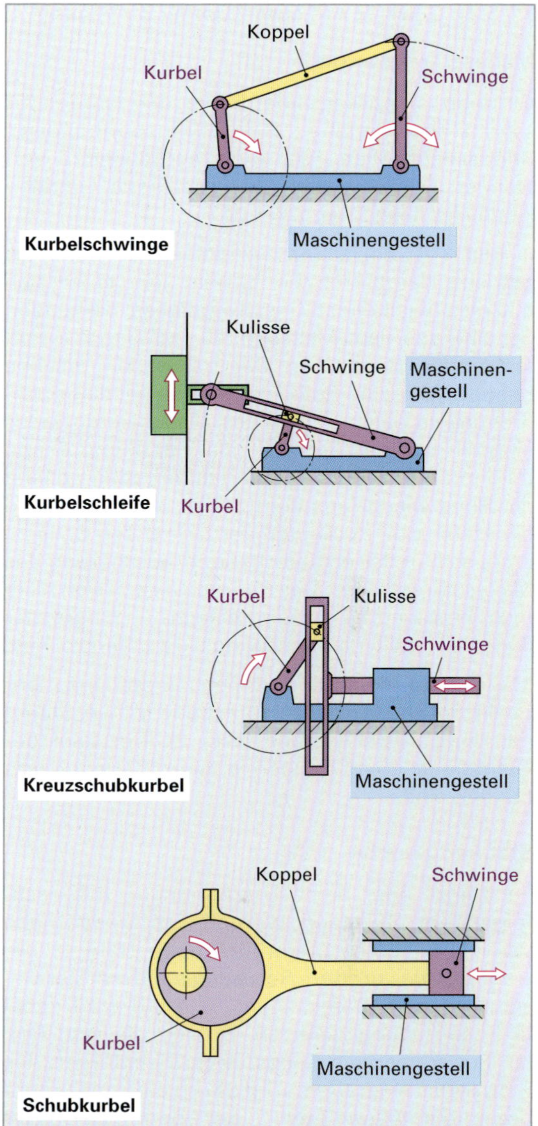

Bild 1: Kurbelgetriebe

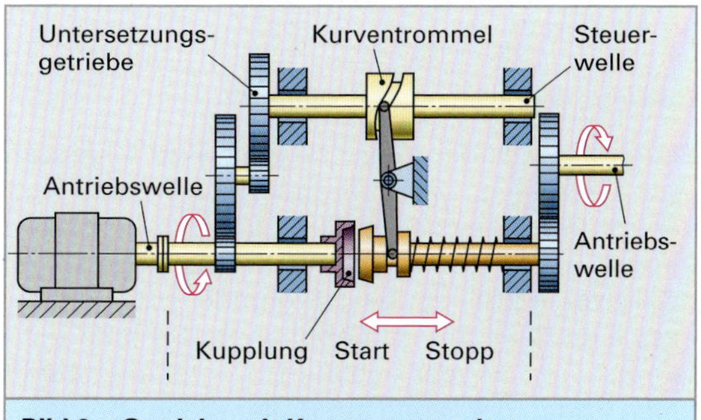

Bild 2: Getriebe mit Kurventrommel

3.9.5.2 Getriebe mit aussetzender Bewegung

Malteserkreuzgetriebe

Getriebe mit aussetzender Bewegung werden für schrittweise Antriebe z. B. von Transportbändern, Rundschalttischen oder Werkzeugrevolvern verwendet. Das bekannteste aussetzende Getriebe ist das Malteserkreuzgetriebe.

In **Bild 1** ist ein außenverzahntes Malteserkreuzgetriebe dargestellt. Es besteht aus einer sich mit gleichbleibender Geschwindigkeit drehenden Scheibe und dem Malteserkreuzrad, das vier Haltestationen besitzt. An der treibenden Scheibe befindet sich eine Rolle, die jeweils bei einer Umdrehung in einen Schlitz des Malteserkreuzrades eingreift und das Rad um eine Viertelumdrehung mitnimmt. Am Ende der Viertelumdrehung gleitet die Rolle wieder aus dem Schlitz des Rades und der kreisrunde Rückenteil der treibenden Scheibe dreht sich in der entsprechenden Aussparung des Malteserkreuzrades. Das Rad selbst kann sich nicht mehr bewegen, es ist bis zum nächsten Eingriff der Rolle verriegelt; die Bewegung wird unterbrochen.

Malteserkreuz-Getriebe können mit drei und mehr Schlitzen und damit entsprechend vielen Stationen ausgerüstet werden **(Bild 2)**. Der Lauf der Getriebe ist umso ruhiger, je mehr Stationen vorhanden sind.

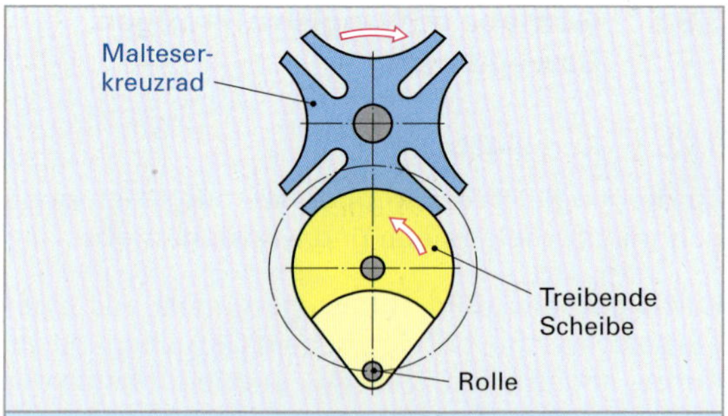

Bild 1: Malteserkreuzgetriebe (4 Stationen)

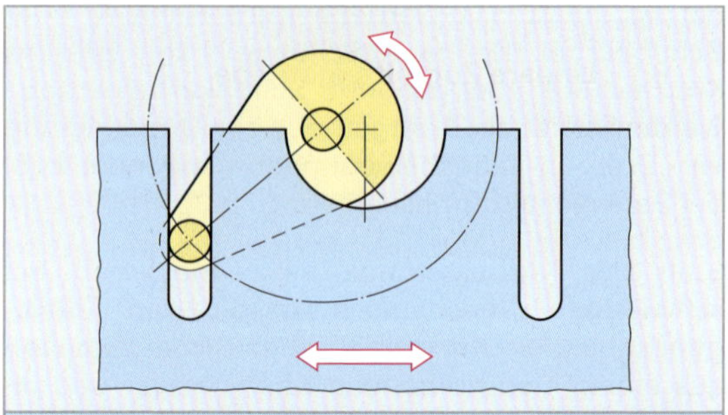

Bild 2: Malteserkreuzgetriebe mit unendlich vielen Stationen

Sternradgetriebe

Für ganze oder halbe Umdrehungen mit nachfolgendem Stillstand werden Sternradgetriebe verwendet. Beim Sternradgetriebe **(Bild 3)** bewegt sich das größere Rad mit gleichförmiger Geschwindigkeit. Das kleinere Sternrad wird dabei in Sperrstellung gehalten. Sobald die acht Rollen des treibenden Rades in die Zahnlücken des Sternrades eingreifen, wird es um eine ganze Umdrehung mitgenommen. In der übrigen Zeit bleibt das Sternrad stehen. Durch verschiedene Anordnung der Rollen und Zähne können sehr viele Kombinationen von Umlaufzeit zu Stillstandszeit erzielt werden.

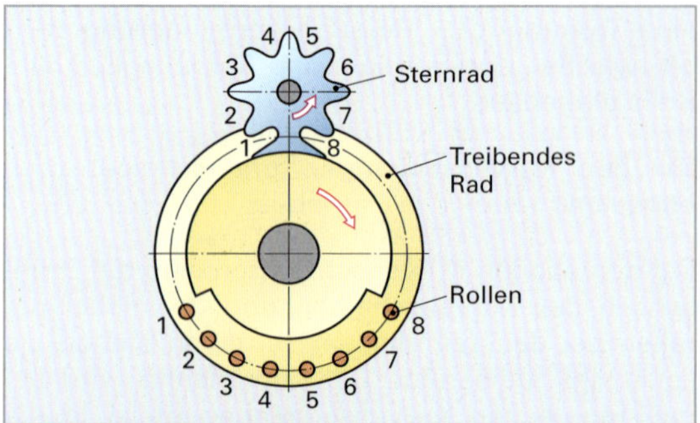

Bild 3: Sternradgetriebe

Getriebe mit kreuzenden Wellen

Beim aussetzenden Getriebe nach **Bild 4** kreuzen sich die Wellen. Das treibende Rad ist eine Kurventrommel, welche am Umfang eine Rippe mit trapezförmigem Querschnitt besitzt. Zwischen den zwei Rippenenden ist gerade soviel Platz, dass eine Rolle des getriebenen Rades hindurchfahren kann. Bewegt sich die Trommel mit den offenen Enden der Rippe am Rollenrad vorbei, wird es um einen Teilabschnitt mitgenommen.

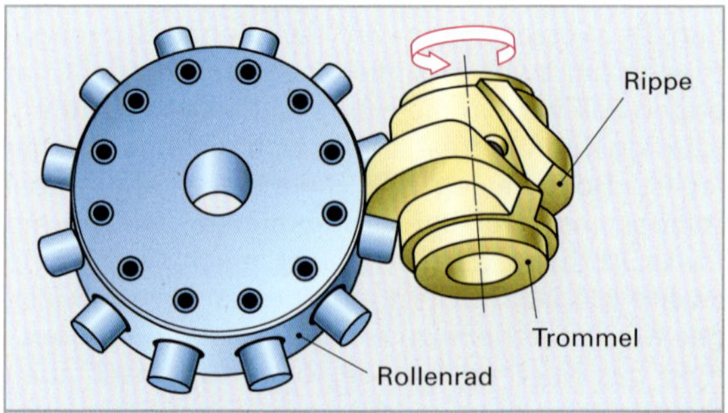

Bild 4: Aussetzendes Getriebe mit sich kreuzenden Wellen

3.9.6 Getriebe für Linearbewegungen

Zur Umsetzung von Drehbewegungen in translatorische Arbeitsbewegungen verwendet man prinzipiell dieselben Techniken wie bei den rotatorischen Getrieben **(Bild 1)**:

- Zugmittel (Seile, Bänder, Zahnriemen), gepaart mit Rädern,
- Zahnräder gepaart mit Zahnstangen,
- Schrauben (-spindeln) gepaart mit Schraubenmuttern,
- Schnecken, gepaart mit Schneckenzahnstangen,
- Triebstock und Ritzel.

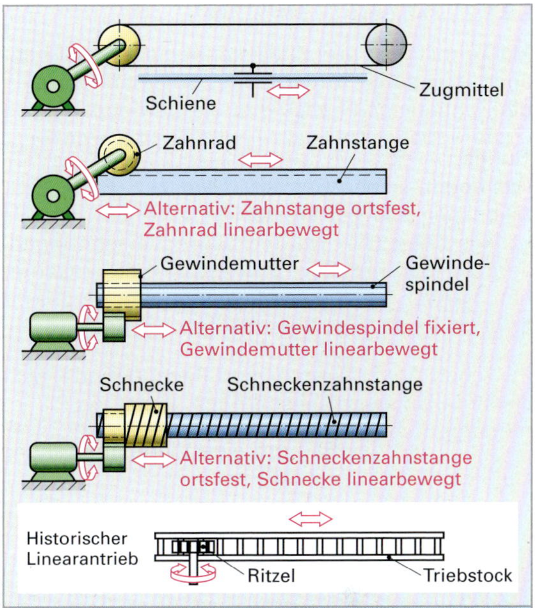

Bild 1: Getriebe für Linearbewegungen

3.9.6.1 Lineare Zugmittelgetriebe

Neben **Seilzügen** und **Ketten** kommen bei Maschinen und Anlagen vor allem **Zahnriemen (Bild 2)**, zur Anwendung. Der Zahnriemen umschlingt, über Leitrollen geführt, das Antriebsritzel zu etwa 300°. Auf diese Weise können in Verbindung mit Führungsschienen fast beliebig lange Lineareinheiten gebaut werden. Hohe Steifigkeiten und entsprechend hohe Messgenauigkeiten bei einer Wegmessung über das Antriebsritzel erreicht man mit „Breitzahnriemen" mit innerer Stahllitzenverstärkung.

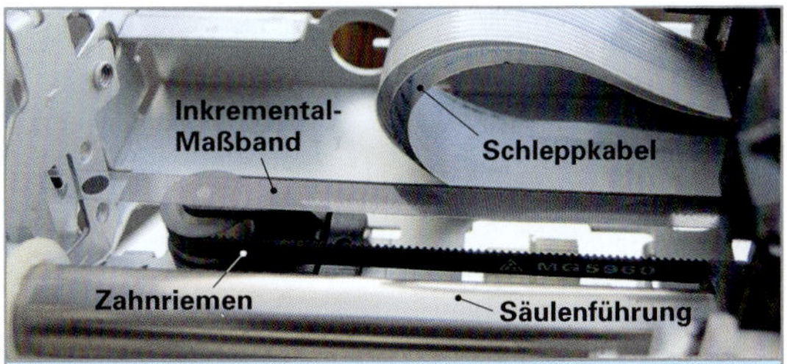

Bild 2: Zahnriementrieb im Gerätebau

Breite Flachriemen, welche auf Rollen zentrisch aufgerollt werden, kommen bei Schmiedehämmern zur Anwendung. Hier wird der Schmiedehammer (Bär) nach dem Fallen durch Aufwickeln hochgehoben **(Bild 3)**. Mit Bändern bzw. Gurten realisiert man vielfach Förderantriebe, z. B. die Doppelgurtförderer bei Montagesystemen.

Triebstockantriebe (**Bild 4**) sieht man häufig bei historischen Anlagen, wie z. B. bei Flusswehren. Ihre Fertigung ist relativ einfach: Flachmaterial ist nur zu bohren und mit Bolzen zu verbinden.

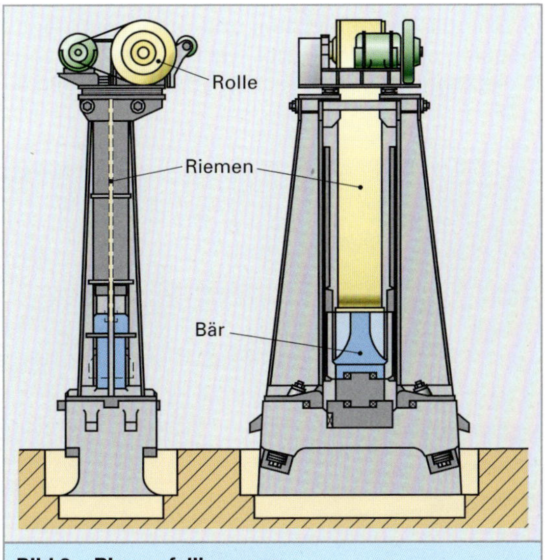

Bild 3: Riemenfallhammer

Bild 4: Triebstöcke an einem Wehr

3.9.6.2 Zahnstange-Ritzel-Trieb

Mit Zahnstange und Ritzel können sehr steif bauende und durch fortlaufendes Aneinandersetzen der Zahnstangen beliebig lange Getriebestrecken (Zahnradbahn, Kranbahn) hergestellt werden.

Wir finden solche Getriebe **(Bild 1)** z. B. als Präzisionsgetriebe bei Werkzeugmaschinen und als Lenkgetriebe. Hier werden Schrägverzahnungen, vergleichbar mit den schrägverzahnten Getrieben, verwendet. Sie ermöglichen eine geräuscharme gleichförmige Vorschubbewegung.

Zwischen Antriebsmotor und Ritzel befindet sich stets ein Untersetzungsgetriebe, meist ein Planetenradgetriebe.

Verfahren zum Beseitigen von Spiel

- Die klassische Variante ist ein **federverspanntes Doppelritzel (Bild 2)**. Das Antriebsritzel liegt dadurch stets beidseitig am Zahnprofil an. Nachteilig ist, dass die Federverspannung nachgiebig ist und so Einfluss auf die Dynamik des Linearantriebs nimmt.
- Beim **Doppelgetriebe (Bild 3)** erzielt man meist Spielfreiheit mit höherer Steifigkeit als mit Federverspannung.
- Das dynamisch günstigste Verfahren ist ein Antrieb über zwei regelungstechnisch verspannte Getriebe **(Bild 4)**. Übliche Servo-Antriebsverstärker, wie sie auch in Gantry-Achsen verwendet werden, sind regelungstechnisch hierfür ausgestattet.

Bei Zahnstangen-Ritzel-Getrieben sind auch unterschiedliche Zahnformen und Teilungsabstände möglich, sofern das Ritzel wie bei Lenkgetrieben in die Zahnstange elastisch gedrückt wird **(Bild 4)**.

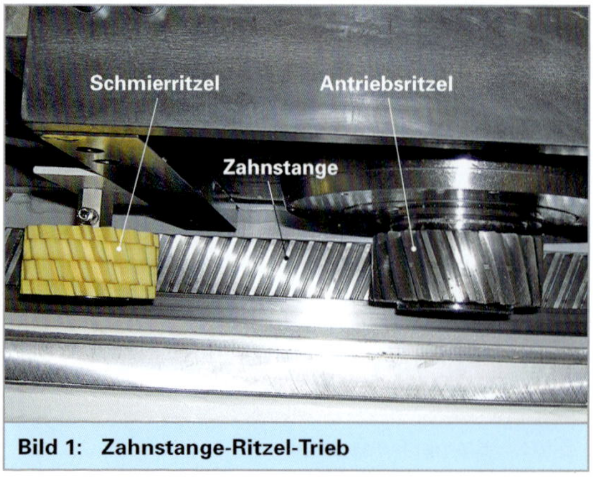

Bild 1: Zahnstange-Ritzel-Trieb

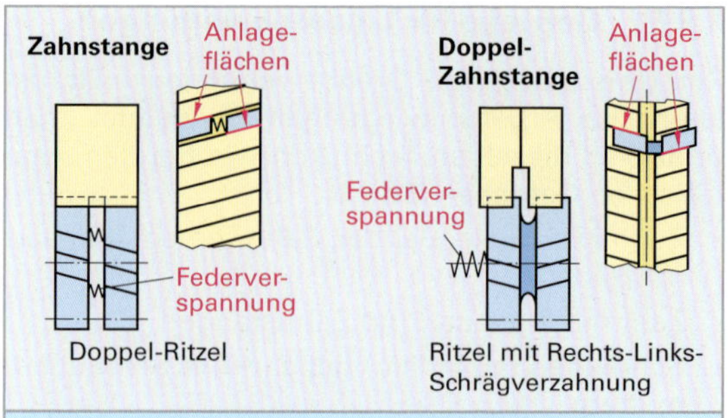

Bild 2: Federverspanntes Doppelritzel

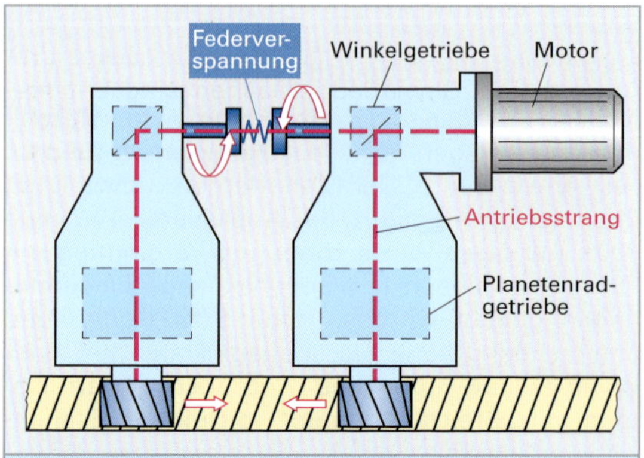

Bild 3: Federverspanntes Doppelgetriebe

Bild 4: Doppelantrieb

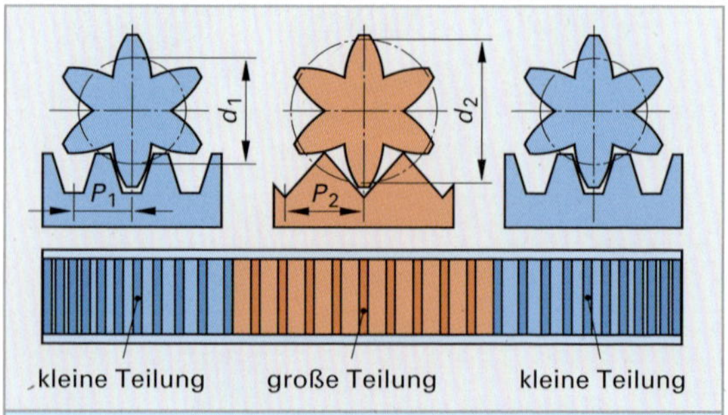

Bild 5: Zahnstangenantrieb für zentrisches Spannen

3.9.6.3 Gewindetrieb

Bewegungsschrauben für Linearbewegungen sind als Spindeln mit Trapezgewinde bei einfachen Maschinen und Gerätekomponenten, z. B. bei Schraubstöcken und zur Handverstellung an einfachen Werkzeugmaschinen üblich.

Kugelgewindetrieb (KGT)

Beim Kugelgewindetrieb liegt eine Wälzlagerung der Gewindemutter vor. Bei einer Relativbewegung zwischen Spindel und Spindelmutter rollen die Kugeln im Gewindegang. Am Ende der Mutter werden sie über ein Umlenkstück um einen Gewindegang oder über einen Rückkanal an den Gewindeanfang der Kugelmutter zurückgeführt **(Bild 1)**. Die Gewindeoberflächen sind entsprechend wie die Laufflächen bei Kugellagern gehärtet und geschliffen oder feingewalzt. Die Spindelsteigungen sind meist größer als 5 mm. So erreichen die Kugeln einen hinreichend großen Durchmesser, um die Flächenpressung in zulässigen Grenzen zu halten und nicht durch Oberflächenpitting das Getriebe zu gefährden.

Die erzielbare Steifigkeit wächst mit der Kugelgröße und der Zahl der Gewindegänge. Zur Dimensionierung sind bei NC-Werkzeugmaschinenantrieben stets die erzielbaren Steifigkeiten und nicht die möglichen statischen Übertragungskräfte maßgeblich. In Verbindung mit den anzutreibenden trägen Massen ergibt die Steifigkeit die relevante Antriebseigenfrequenz. Diese sollte möglichst hoch ausfallen. Es ist also eine möglichst hohe Steifigkeit (große Kugeln, großer Spindeldurchmesser) und eine geringe bewegte Masse anzustreben. Bei langen Verfahrwegen wird daher nicht die Spindel zur Vorschubbewegung mit ortsfestem Motor bewegt, sondern man treibt die Kugelmutter über einen mitbewegten Motor bei feststehender Spindel an **(Bild 2)**. Hierfür gibt es elektrische Hohlwellenmotoren mit integrierter Gewindemutter, so dass eine platzsparende einfache Konstruktion möglich ist.

Zur Vermeidung von Spiel und Verbesserung der Steifigkeit werden z. B. häufig geteilte Kugelmuttern verwendet und diese gegeneinander einstellbar verspannt **(Bild 3)**.

Kugelgewindetriebe für Werkzeugmaschinen werden meist nach dynamischen Gesichtspunkten dimensioniert, d. h. in Verbindung mit den zu bewegenden Massen werden möglichst hohe Eigenfrequenzen angestrebt.

Die Geometrie des Gewindetriebs ist durch die Maße d_0, P und D_w definiert **(Bild 4)**.

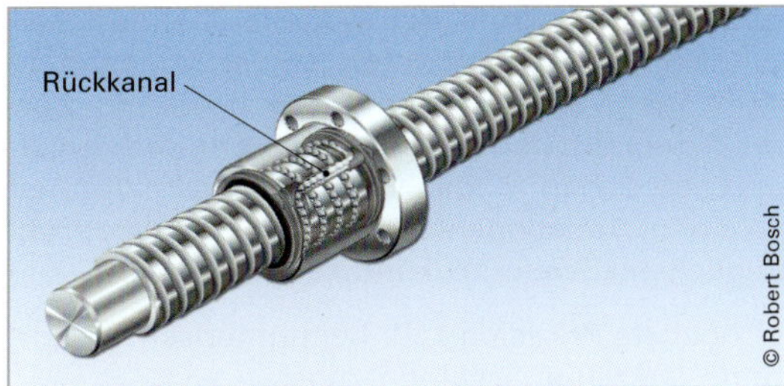

Bild 1: Kugelgewindetrieb

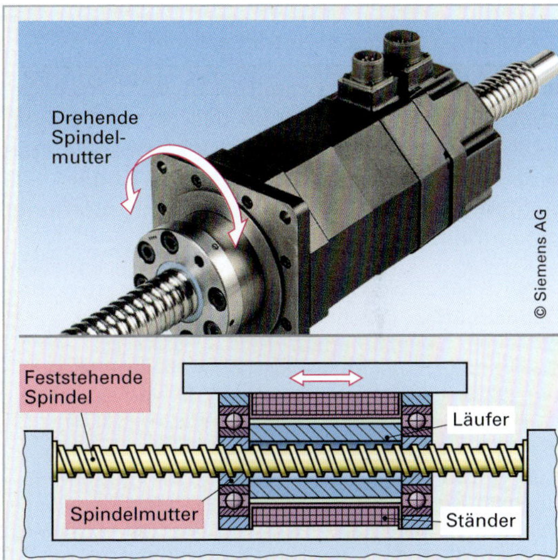

Bild 2: Hohlwellenantrieb für feststehende Spindel

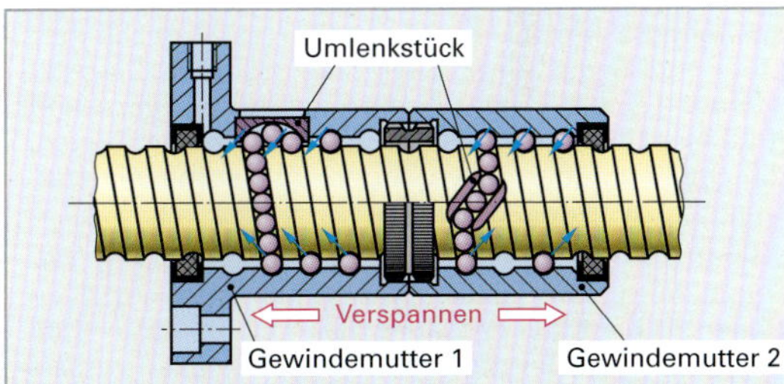

Bild 3: Verspannen der 2-teiligen Kugelgewindemutter

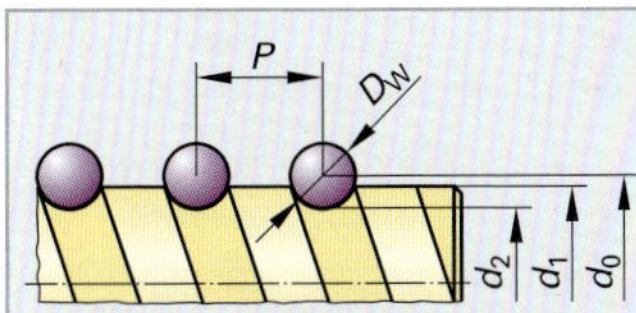

Bezeichnung: $d_0 \times P$ [R oder L] $\cdot D_W$

z. B. 32 × 10 R × 4,5 (d_0 = 32 mm, P = 10 mm, R = Rechtsgewinde, D_W = 4,5 mm)

d_0 Spindelnenndurchmesser (= Kugelmittendurchmesser)
d_1 Spindelaußendurchmesser
d_2 Spindelkerndurchmesser
D_W Kugeldurchmesser
P Steigung (Linearbewegung je Spindelumdrehung)
R Rechtsgewinde
L Linksgewinde

Bild 4: Geometrie

Das gängigste Profil der Kugellaufbahnen von Spindel und Spindelmutter ist der sogenannte Gotikbogen[1] **(Bild 1)**. Hier ist prinzipiell ein Vierpunktkontakt zwischen den Kugeln und den beiden Laufbahnen möglich. Im Gegensatz dazu ist bei einem kreisbogenförmigen Laufflächenprofil lediglich ein Zweipunktkontakt vorhanden.

Für höchste Präzision z. B. bei numerisch gesteuerten Werkzeugmaschinen, muss

1. Spiel vermieden werden,
2. hohe Steifigkeit vorliegen und
3. Leichtgängigkeit gegeben sein.

Der Forderung nach Spielfreiheit wird man generell durch ein Verspannen des Kugelgewindetriebs gerecht. Eine hohe Steifigkeit erhält man durch möglichst viele Tragstellen der Kugeln. Die Leichtgängigkeit leidet in allen Fällen unter einer Verspannung.

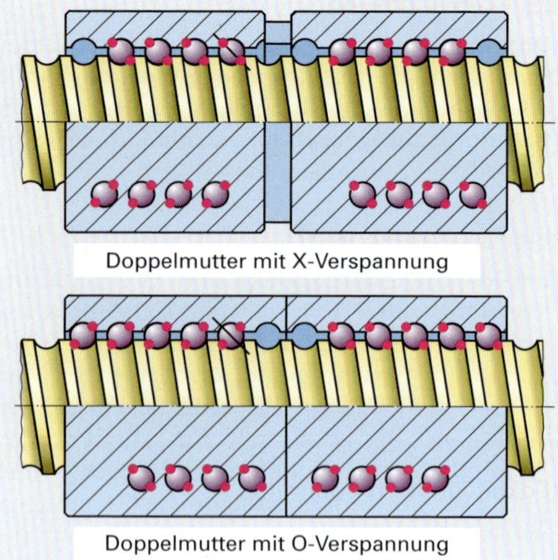

nach Kammerer Gewindetechnik GmbH

Bild 2: Doppelmutter

Doppelmutter. Durch Verwendung von zwei verspannten Spindelmuttern **(Bild 3, Seite 427)** wird Spielfreiheit erreicht. Hierbei kann man zwei Muttern axial zueinander verspannen (X-Verspannung) oder die Muttern können voneinander weg axial verspannt werden (O-Verspannung, **Bild 2**).

Kugelsortierung. Hierbei werden Kugeln mit geringfügigem Übermaß zwischen der Spindelmutter und der Spindel einsortiert **(Bild 3)**. Aufgrund des definierten Übermaßes und der Ausprägung der Laufbahnen als Gotikbogen entsteht unter elastischer Verformung im System Spindel/Spindelmutter ein Vierpunktkontakt.

Einstellbare Mutter. Eine einseitig axial geschlitzte Mutter wird mit einer quer angeordneten Einstellschraube ähnlich einer Klemmverbindung versehen **(Bild 4)**. Mit dieser Einstellschraube ist es möglich, die Spindelmutter zu verengen und somit ein Verspannen zu ermöglichen.

Geshiftete Mutter. Hierbei kommt das Prinzip der Doppelmutter bei einer einzelnen Spindelmutter zu tragen. In der Mitte der Mutter wird ein geringer Steigungsversatz ΔP hergestellt **(Bild 5)**. Dieser Versatz sorgt ähnlich wie bei der Doppelmutter für ein Verspannen der Kugeln.

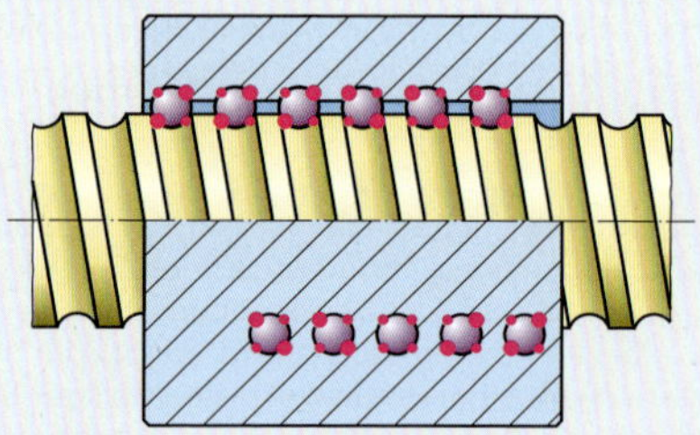

nach Kammerer Gewindetechnik GmbH

Bild 3: Kugelsortierung

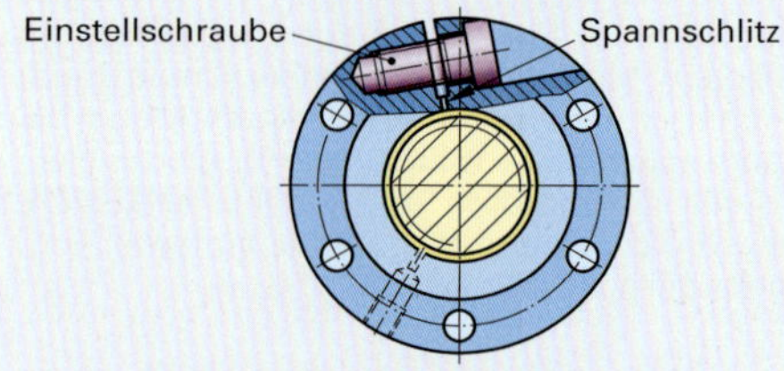

nach Bosch Rexroth AG

Bild 4: Einstellbare Mutter

[1] Gotikbogen: Form eines Spitzbogens, ein Stilelement der Gotik.

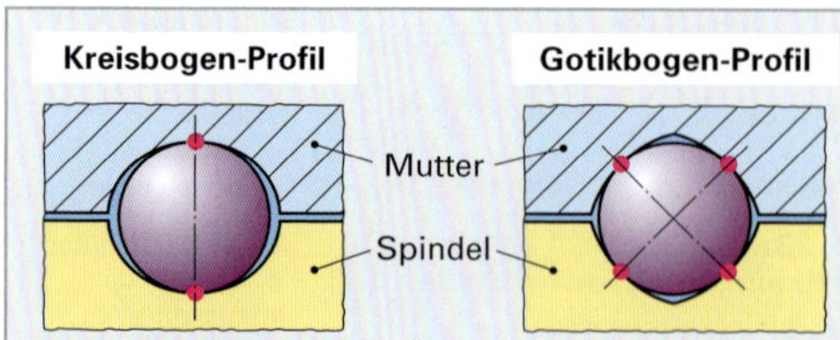

nach Bosch Rexroth AG

Bild 1: Gotikbogen und Kreisbogen

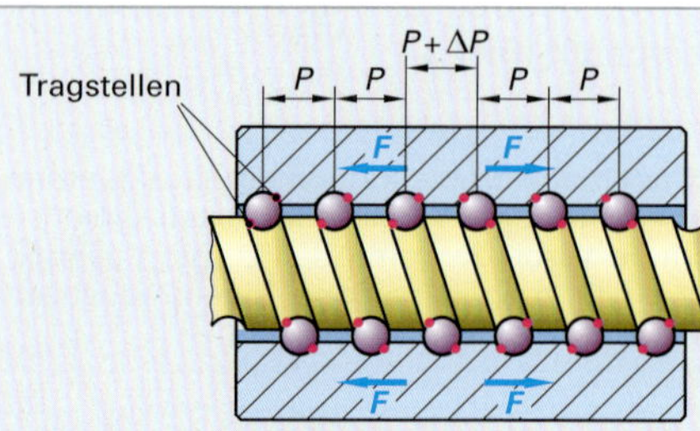

nach Bosch Rexroth AG

Bild 5: Geshiftete Mutter

Lagerungen der Spindelenden

Vorschubspindeln kann man mit Festlagerung (einseitiger oder zweiseitiger) oder mit Festlagerung und Loslagerung einbauen (**Bild 1**). Bei Werkzeugmaschinenvorschubantrieben stehen hohe Steifigkeit bzw. eine hohe 1. Resonanzfrequenz im Vordergrund der Dimensionierung. Da kommt nur eine beidseitige Festlagerung und vorgespannte Mutter infrage. Mit zunehmendem Abstand der Spindelmutter vom Spindellager nimmt die Spindelsteifigkeit ab (**Bild 2**). Dementsprechend verändert sich über die Spindellänge hinweg die Resonanzfrequenz. Bei einer beidseitigen Festlagerung erreicht die Steifigkeit an den Spindelenden die Höchstwerte und die geringste Steifigkeit ist in Spindelmitte.

Bei einseitiger Festlagerung ist am freien Spindelende oder beim Loslager die geringste Steifigkeit.

Die Gesamtsteifigkeit bei nur einem Festlager c_{ges} setzt sich aus der Reihenschaltung der Einzelsteifigkeiten c_{LagerL} (Lager links), $c_{SpindelL}$ (Spindel linksseitig), c_{Mutter} (Spindelmutter) zusammen. D. h. die Einzelsteifigkeiten vermindern die Gesamtsteifigkeit.

$$\frac{1}{c_{ges1}} = \frac{1}{c_{LagerL}} + \frac{1}{c_{SpindelL}} + \frac{1}{c_{Mutter}} \rightarrow c_{ges} =$$

$$\frac{c_{LagerL} \cdot c_{SpindelL} \cdot c_{Mutter}}{c_{LagerL} \cdot c_{SpindelL} + c_{SpindelL} \cdot c_{Mutter} + c_{LagerL} \cdot c_{Mutter}}$$

Bei einer zweiseitigen Festlagerung addiert sich im Sinne einer Parallelschaltung die rechtsseitige Steifigkeit zur linksseitigen Steifigkeit hinzu.

$$\frac{1}{c_{ges1}} = \frac{1}{c_{LagerL}} + \frac{1}{c_{SpindelL}} + \frac{1}{c_{Mutter}}$$

$$\frac{1}{c_{ges2}} = \frac{1}{c_{SpindelR}} + \frac{1}{c_{LagerR}} \rightarrow c_{ges} = c_{ges1} + c_{ges2}$$

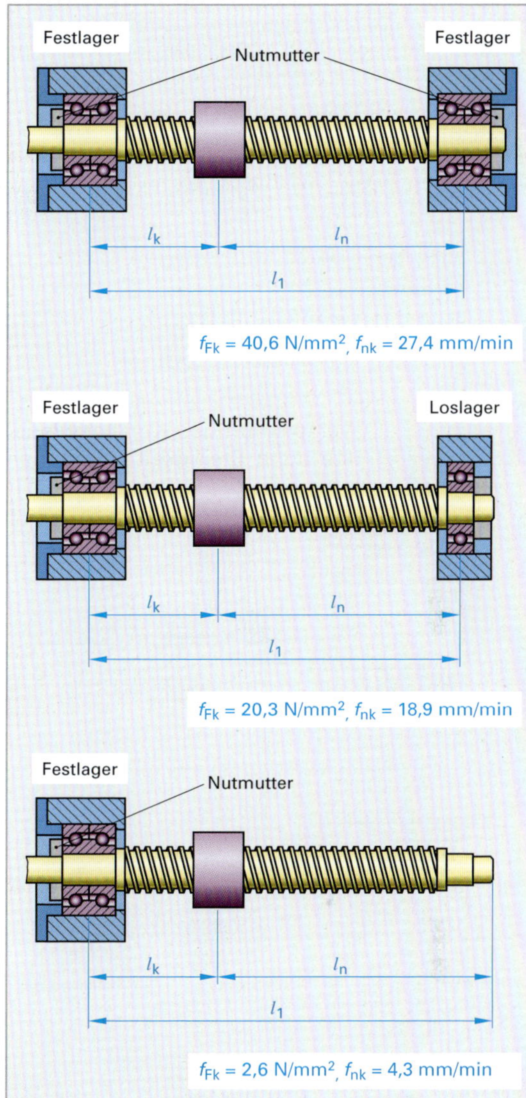

nach *Handbuch Lineartechnik*, Bosch Rexroth AG

Bild 1: Lageranordnungen

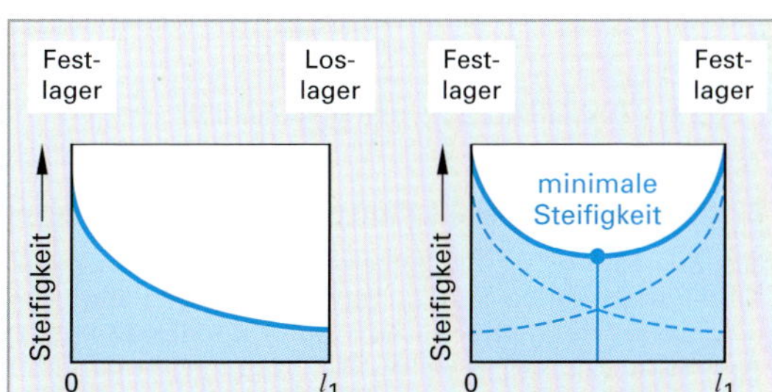

Bild 2: Steifigkeiten

Dimensionierung

Für hochdynamische Vorschubantriebe bei Werkzeugmaschinen ist eine höchstmögliche 1. Resonanzfrequenz maßgeblich. Diese Forderung führt üblicherweise zu einer nach Festigkeitsgesichtspunkten stark überdimensionierten Spindel-Lager-Auslegung. Die Optimierung ist sehr komplex. Dabei sind die zu bewegenden Massen (Maschinentisch + Werkstückmasse) und das Spindelträgheitsmoment zu beachten. Die Gewindesteigung ist an das Maximalmoment und den Drehzahlbereich des Motors anzupassen.

Für leichte, nicht hochdynamische Antriebe können Spindel und Lager (Bild 1, Seite 429) nach üblichen Festigkeitsregeln dimensioniert werden:

- Axiale Spindelbelastung durch Überprüfung auf Knickung[1]

$$F_{k\,zul} \leq \frac{1}{2} F_k = \frac{1}{2} f_{Fk} \cdot \frac{d^4}{l_k^2} \cdot 10^4$$

$F_{k\,zul}$ zulässige Knickkraft
F_k Knickkraft
f_{Fk} Beiwert in N/mm²
d / l_k Spindelkerndurchmesser/Knicklänge

- biegekritische Drehzahl[1]

$$n_{k\,zul} \leq 0{,}8 \cdot n_k = 0{,}8 \cdot f_{Fk} \cdot \frac{d}{l_n^2} \cdot 10^7$$

$n_{k\,zul}$ zulässige Betriebsdrehzahl,
n_k biegekritische Drehzahl
f_{nk} Beiwert in mm/min
d / l_n Spindelkerndurchmesser/kritische Spindellänge für vorgespannte Muttern

[1] nach *Handbuch Lineartechnik* Bosch Rexroth AG

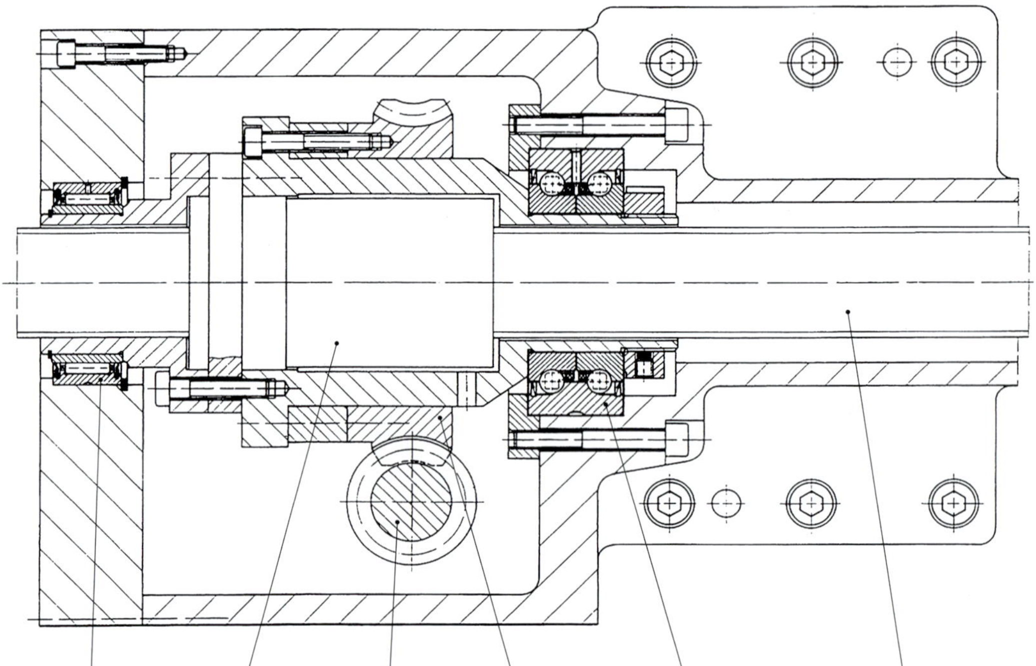

Bild 1: Zustellantrieb einer Flachschleifmaschine

Beispiel: Lagerung eines Kugelgewindetriebs bei einer Flachschleifmaschine

Die Zustellung der Schleifscheibe erfolgt über einen Kugelgewindetrieb mit angetriebener Spindelmutter und Schneckengetriebe. Auf der Spindelmutter sitzt das Schneckenrad **(Bild 1)**. Die Kugelgewindemutter ist mit einem zweireihigen Schrägkugellager in O-Anordnung vorgespannt und spielfrei als Festlagerstelle gelagert. Die Vorspannung wird durch eine Nutmutter nach DIN 981 realisiert. Als Loslagerung dient ein Nadellager der Baureihe NA nach DIN 617. Diese Getriebekonstruktion führt bei der ständig sich ändernden Zustellbewegung der Profilschleifscheiben zu höchster Präzision.

Mehrgängige Spindelantriebe
Im Bereich von Bewegungsschrauben mit hohen Geschwindigkeiten, z. B. für Transportaufgaben verwendet man mehrgängige Kugelgewindetriebe **(Bild 1)**. Bei Pressenantrieben mit gleichzeitig hohen Stoßbelastungen kommen großdimensionierte Dreifach- oder Vierfach-Trapezgewinde mit Gewindesteigungen von 12° bis 17° zum Einsatz **(Bild 2)**.

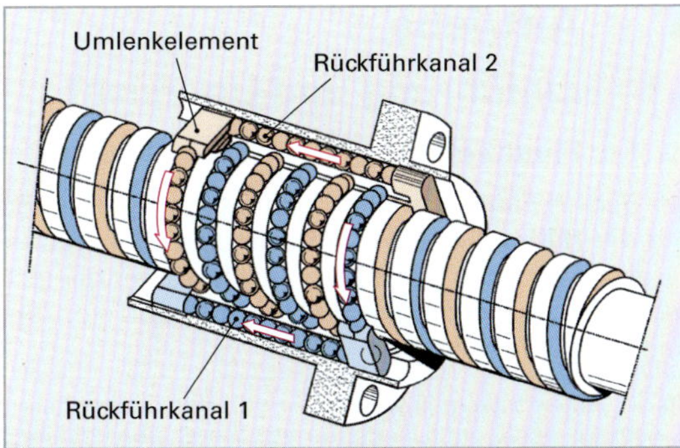

Bild 1: Zweigängiger Kugelgewindetrieb

3.9.6.4 Schnecken-Zahnstangen-Trieb

Alternativ zu den Zahnstangen-Ritzel-Getrieben verwendet man bei besonders hohen Ansprüchen an Steifigkeit auch den Schnecken-Zahnstangen-Trieb **(Bild 3)**. Der Aufbau entspricht dem rotatorischen Schneckenantrieb, nur dass anstelle der Verzahnung in einem Schneckenrad die Verzahnung in eine Schneckenzahnstange eingebracht ist. Diese Schneckenzahnstange ist gewöhnlich großvolumig dimensioniert.

Damit man bei diesem Getriebe geringe Reibungskräfte und einen hohen Wirkungsgrad erzielt, werden die Zahnflanken der Schnecke hydrostatisch geführt, d. h. in diese Flanken sind Taschen eingearbeitet und diese werden mit Drucköl aus Bohrungen der Schnecke versorgt. Die Konstruktion ist sehr aufwendig, da die Druckölversorgung über Düsen in der rotierenden Schnecke erfolgt und zwar so gesteuert, dass nur die im Eingriff mit der Schneckenzahnstange befindlichen Winkelsegmente des Schneckenrades an der Ölversorgung beteiligt sind. Bei z. B. 36 Düsen am Umfang eines Schneckenganges befinden sich etwa 8 Düsen (1/4) im Verzahnungsbereich der Schneckenzahnstange und so dürfen nur diese Öl führen. Über ein Drehschieberventil an der Schnecke oder durch eine elektronische Steuerung werden die jeweils freizuschaltenden Düsen mit Öl versorgt.

Hydrostatische Schnecken-Zahnstangen-Triebe verwendet man, wenn besonders große Massen mit hoher Präzision über weite Distanzen bewegt werden müssen, z. B. im Großwerkzeugmaschinenbau.

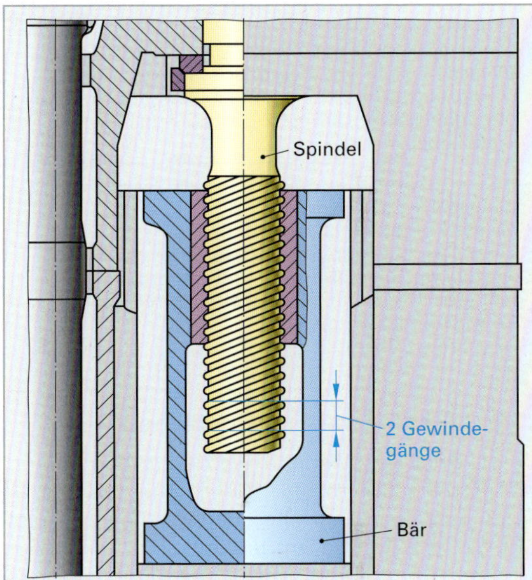

Bild 2: Mehrgängiger Spindelantrieb

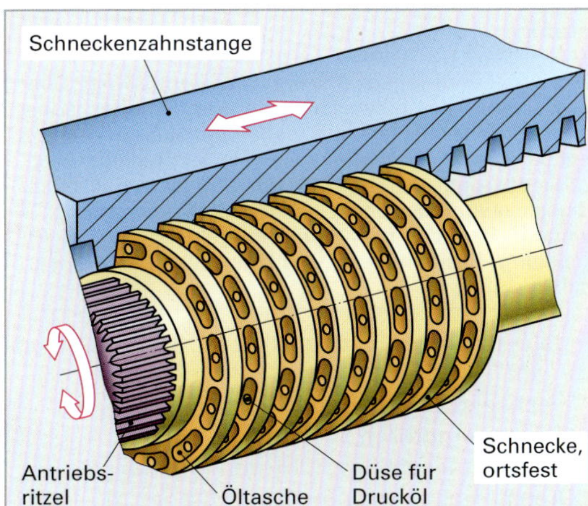

Bild 3: Hydrostatischer Schnecken-Zahnstangen-Trieb

Literatur

- **DIN 69051-1:** Werkzeugmaschinen; Kugelgewindetriebe; Begriffe, Bezeichnungssystem
- **DIN 69051-2:** Werkzeugmaschinen; Kugelgewindetriebe; Nenndurchmesser und Nennsteigungen
- **DIN 69051-3:** Werkzeugmaschinen; Kugelgewindetriebe; Abnahmebedingungen und Abnahmeprüfungen
- **DIN 69051-4:** Werkzeugmaschinen; Kugelgewindetriebe; Berechnung der statischen und dynamischen Tragzahl sowie der Lebensdauer
- **DIN 69051-5:** Werkzeugmaschinen; Kugelgewindetriebe; Anschlussmaße für Kugelgewindemuttern
- **DIN 69051-6:** Werkzeugmaschinen; Kugelgewindetriebe; Berechnung der statischen Steifigkeit
- **Bosch Rexroth AG:** Handbuch Lineartechnik,
- **Kammerer Gewindetechnik GmbH:** Präzisions-Gewindetechnik

4 Antriebe

4.1 Einführung und Übersicht

4.1.1 Fluidtechnik

Der Begriff Fluidtechnik beinhaltet die **Pneumatik** und die **Hydraulik**. Die Fluidtechnik wird in vielen Bereichen der Konstruktionstechnik eingesetzt und zwar zum Erzeugen von Kräften und von Bewegungen (**Tabelle 1**).

In der Antriebstechnik weist die Hydraulik die höchste Leistungsdichte auf. Die Pneumatik bietet eine kostengünstige effiziente Bauweise. Das Verhältnis der Leistungsgewichte von Hydromotor zu Elektromotor liegt bei etwa 1:10.

Eigenschaften der Pneumatik:
- Einfache lineare und rotatorische Bewegungen,
- überlastsicher, elastisch, Luft ist überall verfügbar,
- problemloser Einsatz in Ex-geschützten Räumen,
- hohe Lebensdauer.

Eigenschaften der Hydraulik:
- Große Kräfte, robust, langlebig,
- Überlastschutz durch Druckbegrenzungsventile
- Stufenlose Übersetzungen und Änderung der Antriebsgeschwindigkeiten, einfach regelbar,
- kleine Trägheitsmomente,
- exzellente Dynamik,
- genaues Positionieren möglich (0,001 mm).

Tabelle 1: Einsatzbereiche der Fluidtechnik

	Pneumatik	Hydraulik
Industrielle Produktion	Spannen, Bewegen, Greifen, Lackieren, Kühlen, Reinigen, Schraubtechnik, Messtechnik	Spannen, Pressen, Vorschubeinheiten
Baugewerbe	Druckluftschrauber, Nagler, Drucklufthammer	Baumaschinen, Hebebühnen
Bergbau	Drucklufthammer, Hebezeuge, Antriebe	Stempel
Chemische Industrie	Ferngesteuerte Ventile, Reinigen, Transport von Staub und Granulat	Maschinenanlagen, Pressen
Gesundheitswesen	Sterile Luft, Zahnarztbohrer, Ausblasen, Absaugen, Atemluftversorgung	
Hüttenwesen	Drucklufthammer, Hochofen, Blasen	Maschinen zum Bewegen
Kunststoffindustrie	Transport von Granulat, Ausblasen, Teile bewegen, Greifen, Heizen, Kühlen, Blasen	Spritzgussmaschinen, Umformpresen
Landwirtschaft	Transport von Schüttgütern	Mobilhydraulik
Nahrungsmittelindustrie	Transport von Schüttgütern	Pressen
Verkehrswesen	Luftfederung, Bremsen, Anlasser	Mobilhydraulik, Lenkungen, Bremsen
Sport, Musik	Schneekanone, Orgel, Blasinstrumente	Wagenheber

4.1.2 Elektrische Antriebstechnik

Die elektrischen Antriebe werden, wenn irgendwie möglich, bevorzugt. Elektrische Energieversorgung ist im industriellen Bereich die Voraussetzung für jede Art von Antrieb und so ist allgemein die direkte Energienutzung, ohne Umwandlungsaufwand und ohne Umwandlungsverluste, die günstigste Antriebstechnik. Besonders vorteilhaft ist dabei die Energiezuführung über elektrische Leitungen.

Die Ansteuerung elektrischer Motoren erfolgt über Steller, im einfachsten Fall sind dies Schalter, sonst elektronische Steller mit vielfältiger Einflussnahme auf das Antriebsverhalten, wie z. B. Sanftanlauf, Drehzahlsteuerung und Drehzahlregelung bzw. Geschwindigkeitssteuerung und Geschwindigkeitsregelung in weitem Bereich, Drehmomentregelung bzw. Kraftregelung, Positionierung von Drehachsen und Linearachsen.

Eingeteilt werden die elektrischen Antriebsmotoren in:
- Wechselstrommotoren (1-phasig)
- Universalmotoren
- Drehstromasynchronmotoren (3-phasig)
- Drehstromsynchronmotoren (3-phasig)
- Gleichstrommotoren
- Gleichstrom-Mikromotoren (**Tabelle 2**).

Tabelle 2: Elektrische Motoren

Art	Eigenschaften	Anwendung
Wechselstrommotor (1-phasig)	Die Drehzahl ist durch Wicklung und Frequenz vorgegeben. Man unterscheidet Kondensatormotor und Spaltpolmotor. Leistungen bis etwa 3 kW.	Haushaltsgeräte, Rollladenantriebe, Pumpenantriebe
Universalmotor (Gleich- und Wechselspannungsmotor)	Durch Steuerung der Anschlussspannung kann die Drehzahl im Bereich von etwa 1:5 gesteuert werden. Leistungen bis etwa 3 kW.	Handwerkzeuge, Staubsauger
Drehstromasynchron-Motor	Drehzahl durch Wicklung und Frequenz vorgegeben oder elektronische Steuerung und Regelung.	Üblicher Antrieb bei Maschinen und Anlagen: Pumpen, Förderanlagen, Hauptantriebe
Drehstromsynchronmotor	Hochgenaue und hochdynamische Drehzahlregelung	Vorschubantriebe, Positioniersysteme, Roboter
Gleichstrommotor	Reihenschlussmotor mit hohem Anzugsmoment, Nebenschlussmotor und Permanentmagnet-Motor zur Drehzahlregelung	Mobilbereich, z. B. Anlasser. Mit Permanentmagneten für Stellbewegungen aller Art, z. B. Fensterheber, Sitzverstellung
Gleichstrom-Mikromotor	Permanenterregung, günstig zur Drehzahlregelung durch Steuerung der Ankerspannung in weitem Drehzahlbereich.	Motoren für den Batteriebetrieb und Betrieb in Elektronikbaugruppen an Kleinspannung, Spielzeuge

4.2 Pneumatik

4.2.1 Drucklufterzeugung

Ein Verdichter erzeugt die Druckluft. Die Verdichterleistung wird als Volumenstrom[1] in Nm^3/h oder Nl/min angegeben. Diese Angaben beziehen sich auf das Ansaugvolumen atmosphärischer Luft und sind maßgebend für die Förderleistung. Der volumetrische Wirkungsgrad ist das Verhältnis von abgegebener zu angesogener Luft. Für den Gesamtwirkungsgrad muss der thermische Wirkungsgrad mit berücksichtigt werden. Zur Verbesserung des Gesamtwirkungsgrads nutzt man auch die Abwärme, die beim Verdichtungsprozess im Produktionsprozess entsteht.

Je nach notwendiger Menge und erforderlichem Druckbereich werden unterschiedliche Verdichterbauarten eingesetzt (**Bild 1**).

Bei großen Druckluftmengen werden mehrere Verdichter verwendet und bedarfsgerecht zugeschaltet. Man erreicht dadurch einen geringeren Energieverbrauch. Sind Drücke ab ca. 0,6 MPa notwendig, werden häufig zweistufige Verdichter eingesetzt. Weil hier der thermische Wirkungsgrad wesentlich besser ist, ergibt sich ein guter Gesamtwirkungsgrad (**Bild 2**).

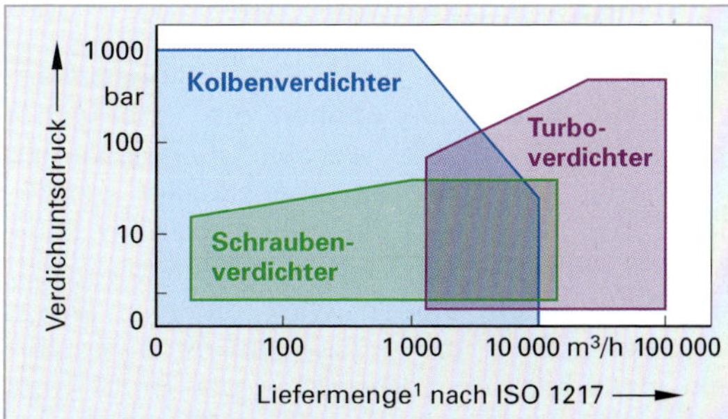

Bild 1: Einsatz von Verdichterarten

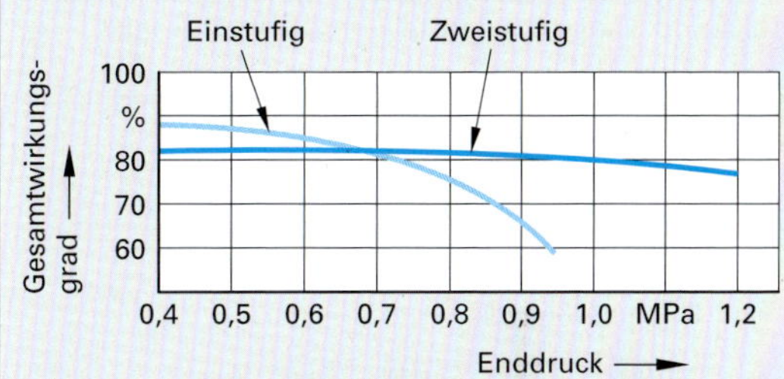

Bild 2: Gesamtwirkungsgrad von Verdichtern

Bild 3 zeigt eine kompakte Verdichterstation mit einem einstufigen Verdichter. Die Luft wird über die Ansaugfilter (1, 2) angesaugt. In den Schraubenverdichter (4) wird Öl eingespritzt (3). Über 5 und 6 wird das Öl wieder abgeschieden. Über das Rückschlagventil 7 wird ein Rückfluss der Luft verhindert. Pos. 8 ist ein Ölkühler, in Pos. 9 wird die abgehende Luft gekühlt. In Nachkühlern wird sie auf 10 °C...15 °C abgekühlt.

Nachfolgend außerhalb der Verdichteranlage erfolgt die Trocknung und die Vorfilterung der Druckluft. Pos. 10 und 11 beinhaltet die Ölsteuerung und Ölfilterung.

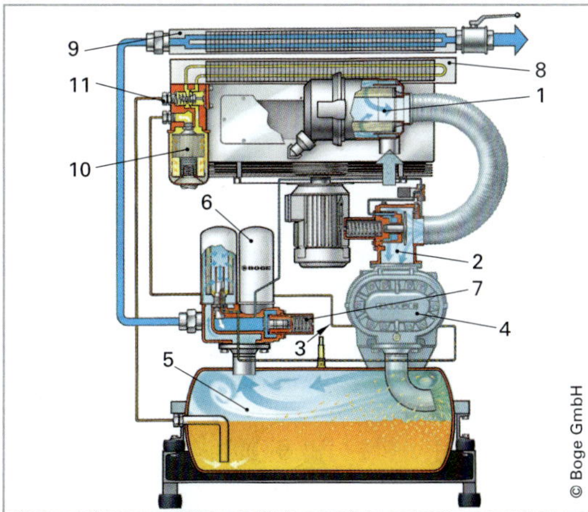

Bild 3: Drucklufterzeugung

Nach dem Druckluftbehälter wird ein Filter mit hoher Durchflusskapazität installiert. Dieser entfernt Verunreinigungen, Öldämpfe vom Verdichter und Restkondensat. Diese Filter besitzen eine schnell auswechselbare Filterpatrone. Je nach Anwendung sind verschiedene Reinheitsgrade erforderlich (**Tabelle 1**). Deshalb werden vor den Verbrauchern (Ventilen und Aktoren) zusätzlich zu den Standardfiltern auch Mikrofilter, Geruchsfilter und Absorptionstrockner eingebaut, so dass die geforderte Güteklasse erreicht wird.

Tabelle 1: Reinheit der Druckluft

Güteklasse	Partikelgröße und -konzentration		Restölgehalt	Drucktaupunkt
	Partikelgröße in Mikrometer	Konzentration in mg/m^3	Ölgehalt in mg/m^3	Drucktaupunkt in °C
1	0,1	0,1	0,01	– 70
2	1	1	0,1	– 40
3	5	5	1	– 20
4	15	8	5	3
5	40	10	25	7
6	--	--	--	10

[1] Normalvolumen: Nm^3 oder Nl (Normliter) bei 20 °C, 1000 mbar, 50 % rel. Feuchtigkeit

4.2.2 Druckluftnetz

Druckluftnetze werden als Ringleitungssystem aufgebaut (**Bild 1**). So können die Verbraucher von zwei Seiten gespeist werden. Über die Ventile kann jeder Strang einzeln abgeschaltet werden. Damit das Kondensat abgeleitet werden kann, müssen die Rohre mit Gefälle installiert werden. An den tiefsten Stellen wird das Kondensat abgeleitet. Die Rohre müssen so dimensioniert sein, dass bis zum Verbraucher der Druck max. 0,2 bar abfällt.

Zur Dimensionierung des Rohrdurchmessers kann folgende Näherungsformel verwendet werden:

$$D = \sqrt[5]{1600 \cdot \frac{\dot{V}^{1,85} \cdot L}{\Delta p \cdot p_{\text{Betr}} \cdot 10^{10}}}$$

Δp Druckverlust in bar
$\dot{V}$ Ansaugvolumenstrom in m^3/s
l Länge der Rohrleitung in m
D Innendurchmesser der Leitung in m
p_{Betr} Betriebsdruck in bar

Druckluftnetze müssen regelmäßig auf Leckagen überprüft werden. Druckluftleitungen, die bei jedem Arbeitshub neu befüllt werden, sollten so kurz wie möglich sein (Totraum).

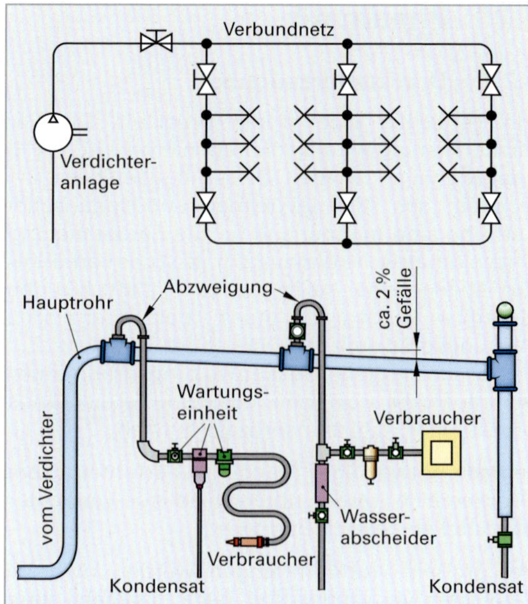

Bild 1: Aufbau Druckluftnetz

4.2.3 Ventile

Zur Steuerung der Richtung, der Durchflussmenge und des Druckes werden verschiedene Ventile verwendet (**Tabelle 1**). Die Ansteuerung der Wegeventile kann mechanisch, pneumatisch oder elektrisch erfolgen. Je nach Bauart beträgt die Schaltzeit zwischen 1 ms und 10 ms. Die Wegeventile sind für einige Millionen Schaltspiele ausgelegt. Für größere Steuerungen werden die Ventile in sogenannte Ventilinseln (**Bild 2**) zusammengefasst. Damit entfallen die pneumatischen und elektrischen Verbindungsleitungen der einzelnen Ventile. Die Ansteuerung erfolgt über ein Bussystem, z. B. PROFIBUS.

Zum Einstellen des Drucks sind bei einfachen Steuerungen mechanische Druckregelventile üblich. Der Volumenstrom und damit die Geschwindigkeit der Aktoren werden mit Stromventilen gedrosselt. Soll ein Zylinder sehr schnell ausfahren, dann lenkt man die Abluft nach dem Aktor mit einem Schnellentlüftungsventil direkt und damit widerstandslos ins Freie. Für einfache UND- bzw. ODER-Verknüpfungen werden Zweidruckventile bzw. Wechselventile verwendet.

Tabelle 1: Überblick Ventile

3/2-Wegeventil	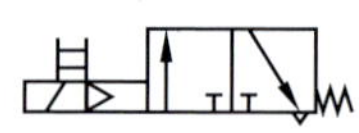	5/2-Wegeventil	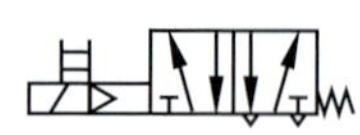
Druckregelventil	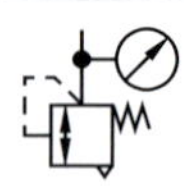	Drosselrückschlagventil	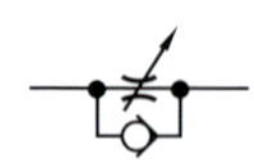
Rückschlagventil		Schnellentlüftungsventil	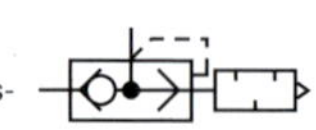
Zweidruckventil (UND)	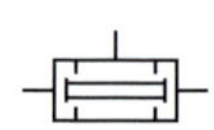	Wechselventil (ODER)	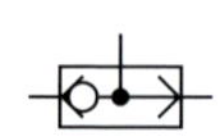

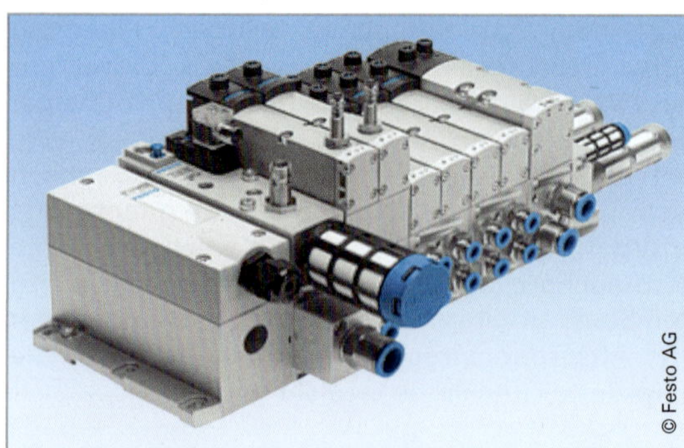

Bild 2: Ventilinsel

4.2.4 Aktoren

Pneumatik wird dort angewendet, wo kleine bis mittlere Kräfte und schnelle Bewegungen gefordert sind. Die Antriebe fahren meist von Endlage zu Endlage.

Tabelle 1 zeigt einen Überblick über pneumatische Aktoren. Wie schnell ein Antrieb seine Funktion ausführt, hängt von folgenden Faktoren ab:

- Spitzenluftverbrauch,
- Querschnittsfläche des Pneumatiksystems,
- Lastfaktor und kinetische Energie.

Der Lastfaktor ist das Verhältnis von benötigter Kraft zu theoretischer Kraft multipliziert mit 100. Er soll in der Regel 60 % ... 80 % betragen.

Einfachwirkender Zylinder. Die einfachwirkenden Zylinder werden häufig bei kurzen Hüben und in den Fällen, wo kleine Einfahrkräfte auftreten, verwendet. Die Rückhubkraft wird mittels Feder ausgeübt. Es wird allerdings wenig Energie eingespart, weil für die Federvorspannung beim Ausfahren ein höherer Druck notwendig ist.

Kraftberechnung:
Bei ruhendem Kolben ist die Kolbenkraft $F = A \cdot p \cdot 100 - F_F$ (Federkraft), wobei F = Kraft in N, A = Kolbenfläche in cm^2, p in MPa. Bei der Berechnung der Kraft während des Ausfahrens ist der Wirkungsgrad (η = 0,88) zu berücksichtigen.

Doppeltwirkender Zylinder. **Bild 1** zeigt den konstruktiven Aufbau eines Zylinders. Um die dynamische Energie abzufangen wird häufig eine Endlagendämpfung mit einstellbaren Drosseln verwendet.

Kraftberechnung:
Bei ruhendem Kolben ist $F = A \cdot p \cdot 100$, wenn auf der Kolbenstangenseite kein Druck anliegt. Bei der Berechnung der Kraft während des Ausfahrens ist der Wirkungsgrad (η = 0,88) zu berücksichtigen und auch der Druck zum Ausschieben der Luft auf der Kolbenstangenseite. Es ist noch die max. Querkraft an der Kolbenstange zu prüfen. In **Bild 2** werden beispielhaft die zulässigen Querkräfte bei Zylindern dargestellt.

Pneumatischer Muskel. Für kleine Hübe wird häufig der pneumatische Muskel verwendet. Wenn der Muskel mit Druck beaufschlagt wird, vergrößert sich der Durchmesser und der Muskel wird kürzer. **Tabelle 2** zeigt die Betriebsdaten.

Tabelle 1: Überblick pneumatische Aktoren

Einfach-wirkender Zylinder	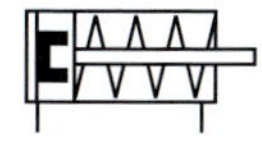	Einfach-wirkender Zylinder	
Doppelt-wirkender Zylinder	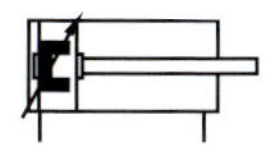	Kolben-stangenloser Zylinder	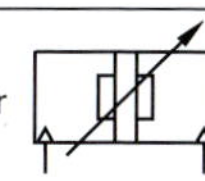
Schwenk-antrieb	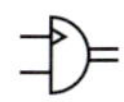	Motor	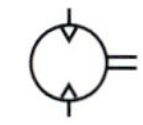
Muskel		Balg-zylinder	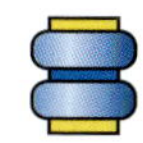

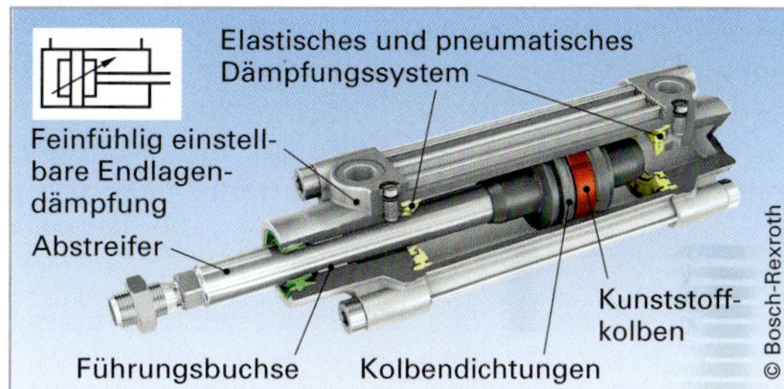

Bild 1: Doppeltwirkender Zylinder

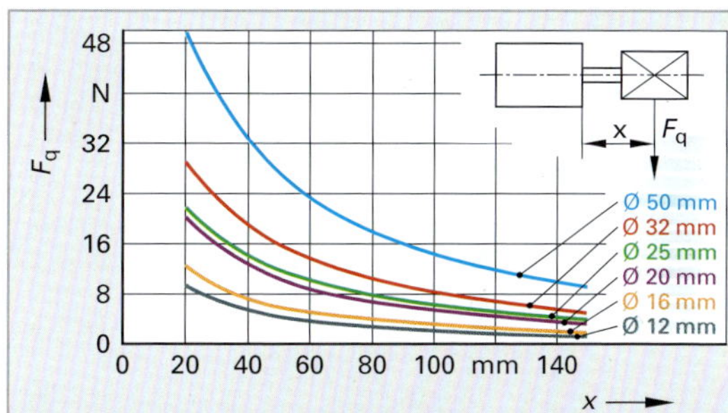

Bild 2: Zulässige Querkräfte bei Standardzylindern

Tabelle 2: Betriebsdaten eines pneumatischen Muskels

Baugröße	10	20
Funktionsweise	einfachwirkend	ziehend
Innen-ø in mm	10	20
Nennlänge in mm	40 ... 9000	60 ... 9000
Max. Zusatzlast, frei hängend in kg	30	80
Max. zulässige Vorreckung	3 % der Nennlänge	3 % der Nennlänge
Max. zulässige Kontraktion	25 % der Nennlänge	
Max. Hysterese	≤3 % der Nennlänge	≤2,5 % der Nennlänge
Wiederholgenauigkeit	≤1 % der Nennlänge	
Betriebsmedium	Druckluft nach ISO 8573-1:2010	

Druckluftmotoren. Druckluftmotoren sind robuste, überlastsichere und leistungsstarke Antrie-be mit sehr hoher Leistungsdichte. Typische Einsatzgebiete von Druckluftmotoren sind: Maschinenbau, Druckluftwerkzeuge, Papierindustrie, Lebensmittelindustrie, Medizintechnik, sowie in allen explosionsgeschützten Bereichen, wie z. B. im Bergbau.

Es gibt folgende Bauarten: Lamellenmotoren, Turbinenmotoren, Zahnradmotoren, Flügelzellenmotoren und Kolbenmotoren. Oft wird direkt an den Motor ein Planetengetriebe angeflanscht. Beim Radialkolbenmotor (**Bild 1**) wird der Kolbenhub über die Gehäusekurve angesteuert. Die Druckluftversorgung erfolgt über die Steuerwelle. Diese Bauart hat einen sehr hohen Wirkungsgrad. Druckluftmotoren haben einen hohen Luftdurchsatz. Es ist deshalb auf den richtigen Leitungsquerschnitt der Zuleitungen besonders zu achten.

Motorenauslegung. Der Motor arbeitet mit einer Druckdifferenz von etwa 0,6 MPa. Es ist dafür zu sorgen, dass eine ausreichende Luftmenge zur Verfügung steht. Das Drehmoment ändert sich etwa proportional zum Druck (**Bild 2**). Das ist ein wichtiges Kriterium für das Startmoment. Der Druckluftmotor hat einen optimalen Arbeitsbereich. Mithilfe des dem Motor nachgeschalteten Getriebes ist der optimale Arbeitsbereich anzustreben. Eine Drehzahleinstellung wird durch ein vorgeschaltetes Drosselventil oder durch elektronische Druckregler erreicht.

Berechnung der Motorenleistung:

$$P = \frac{M \cdot n}{9550}$$

P Leistung in kW
M Nenndrehmoment in Nm
n Nenndrehzahl in 1/min

Konstruktionsbeispiele zur Spanntechnik

Durch konstruktive Ergänzungen (**Bild 3**) können z. B. die Spannkräfte durch Kniehebel erhöht werden. Bei Mehrfachspannungen ist oft eine Hebelübersetzung sinnvoll. Muss ein sicheres Spannen auch bei Ausfall der Druckluft gewährleistet sein, so wird dies durch die Ansteuerung mithilfe eines entsperrbaren Rückschlagventils erreicht.

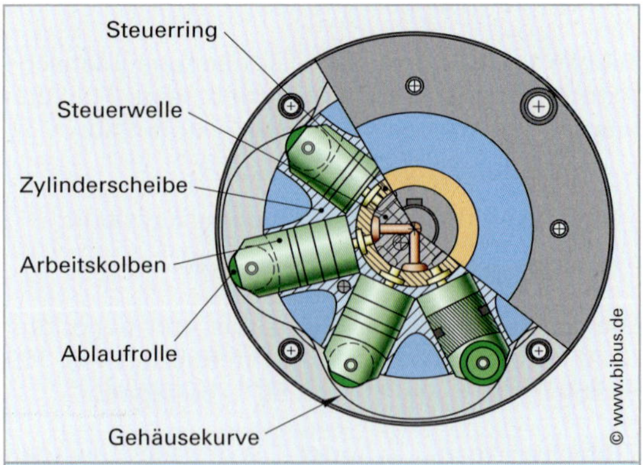

Bild 1: Radialkolbenmotor

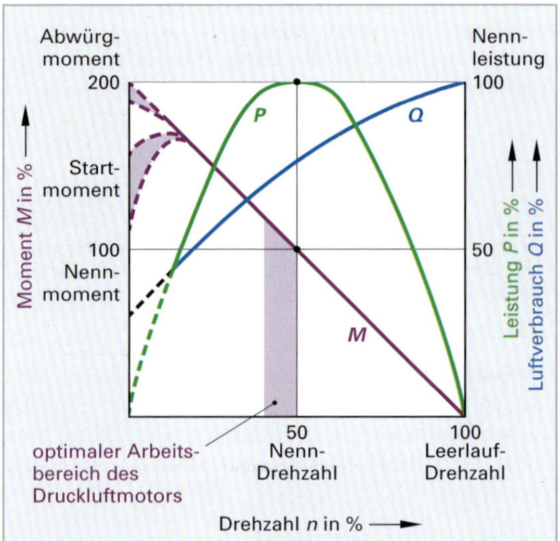

Bild 2: Kennlinie eines Druckluftmotors

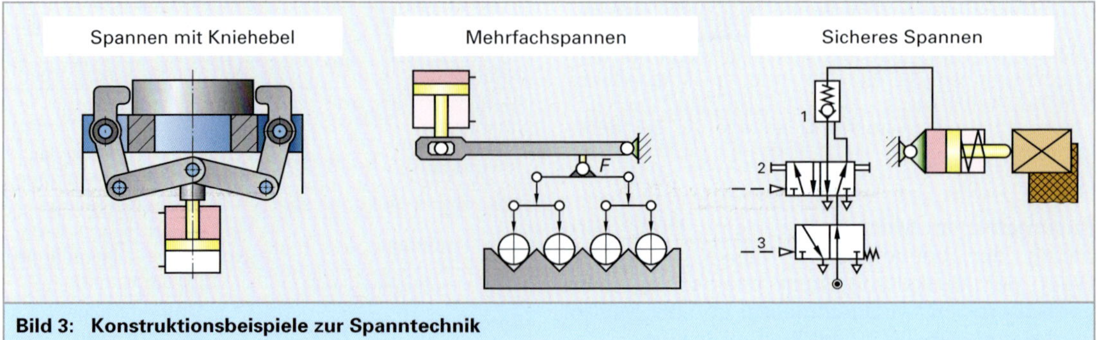

Bild 3: Konstruktionsbeispiele zur Spanntechnik

Beispiel: Sicherer Betrieb einer Pakethebeanlage

Die Steuerung muss für einen sicheren Betrieb über die Betriebsarten:

- Normalbetrieb,
- Einrichtebetrieb und
- Notfallbetrieb verfügen **(Bild 1)**.

Die Pakete müssen schonend behandelt werden. Es sind an der Anlage zwei Stellen, an denen Verletzungen denkbar sind. Deshalb muss die Anlage *kraftreduziert* und *geschwindigkeitsreduziert* gefahren werden können. Über einen NOT-AUS-Schalter muss die Anlage angehalten werden können. Die pneumatische Steuerung muss so angelegt sein, dass die notwendigen Sicherheitsfunktionen vorhanden sind. Hierzu hilft der in **Bild 2** dargestellte Ablaufplan. Nach der Risikoanalyse erfolgt die Risikobewertung und daraus die Maßnahmen bzw. die konstruktive Ausführung der Anlage. Dieser Prozess wird dokumentiert. **Bild 3** zeigt den ausgeführten Pneumatikschaltplan.

Folgende Maßnahmen werden vorgesehen:

1. Der Druck wird über ein Druckminderventil z. B. auf 5 bar reduziert (①, Bild 3). Es werden so übergroße Kräfte vermieden. Der Druck für den Rückhub wird mit dem Druckminderventil ② z. B. auf 1 bar eingestellt.
2. Die Geschwindigkeit des Kolbens wird mit Drosselrückschlagventilen ③ eingestellt. Damit wird sichergestellt, dass die Pakete auf der Plattform während des Bewegens liegen bleiben.
3. Im Falle von NOT-AUS soll der Kolben sicher stehen bleiben und nicht absinken. Über das Ventil –QM2 wird die Druckluft wegegeschaltet. Die entsperrbaren Rückschlagventile ④ halten den Kolben sicher auf Position. Auf der elektrischen Seite kommen ein *Sicherheitsschlagtaster* und ein *Sicherheitsschaltgerät* zum Einsatz.
4. Für den Fall, dass die Druckluftversorgung ausfällt, muss die Anlage in einen sicheren Zustand gefahren werden können. Mithilfe eines Druckluftspeichers ⑤ wird Druckluft zur Verfügung gestellt. Der Speicher muss so groß gewählt werden, dass mindestens 1 Hub möglich ist. Als Faustformel soll die Speichergröße dreimal größer sein als das Volumen des Zylinders. Ein Rückschlagventil sorgt dafür, dass die Luft nicht über das Ventil –QM1 entweicht.
5. Die Überwachung der Versorgung der Anlage mit Druckluft, z. B. min. 6 bar, erfolgt mithilfe des Druckschalters ⑥, Bild 3.
6. Die Steuerung geht auf Störung, wenn zu wenig Druck anliegt.

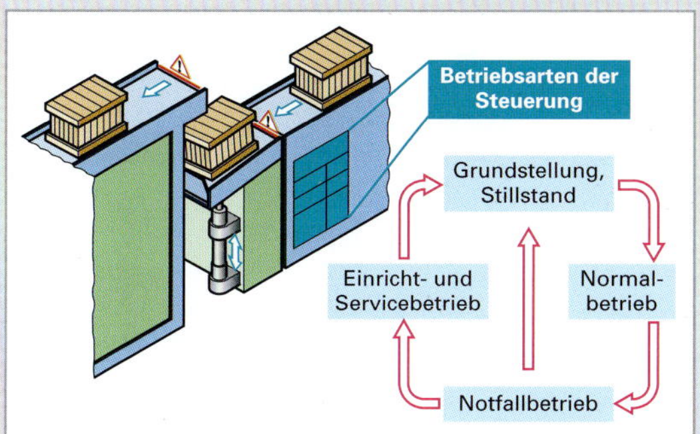

Bild 1: Pakethebeanlage

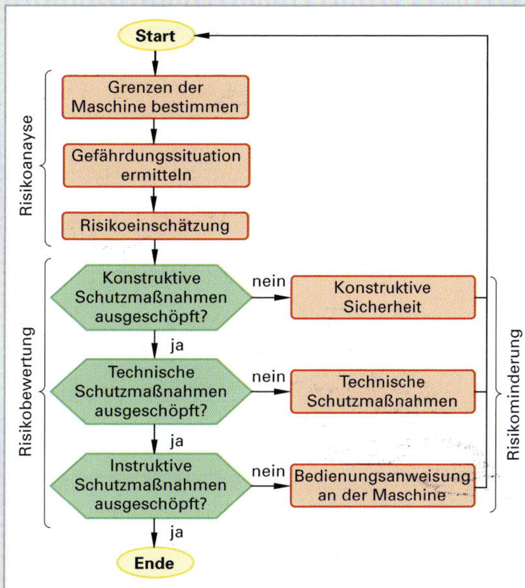

Bild 2: Sicherheitstechnischer Ablaufplan

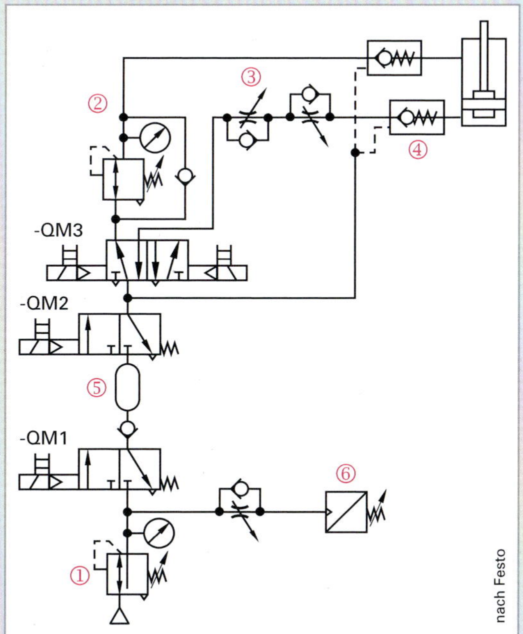

Bild 3: Pneumatikschaltplan

4.3 Hydraulische Anlagen

Je nach Einsatzgebiet wird in *Industriehydraulik* und *Mobilhydraulik* unterschieden. Die hydraulische Energie wird möglichst nahe an den Aktoren erzeugt. Die Stationen werden meist als eine Einheit aufgebaut (**Bild 1**).

Für einfache Anwendungen wird ein Drehstrom-Asynchronmotor mit einer Konstantpumpe verwendet. Die Anlage erzeugt daher einen konstanten Volumenstrom. Die nicht abgenommene Ölmenge wird über ein Druckbegrenzungsventil oder über eine Freischaltung in den Tank geführt. In der Regel wird nach der Pumpe zur Dämpfung der Pulse ein kleiner Druckspeicher eingebaut.

Benötigt man unterschiedliche Ölmengen, verwendet man einen Servomotor (**Bild 2**).

> Der Pumpenantrieb mit Servomotor sorgt für die notwendigen Drehmomente bei sehr kurzen Beschleunigungszeiten. Damit wird die Ölmengenregelung in den elektrischen Antrieb verlagert. Die Betriebskosten verringern sich dauerhaft. Es sind Energieeinsparungen bis zu 50 % möglich sowie ein reduzierter Wärmeeintrag ins Hydrauliköl von ebenfalls bis zu 60 %. Durch diese Wirkungsgradverbesserung können das Tankvolumen und der Kühlungsaufwand erheblich reduziert werden.

Meist sind die Hydraulikstationen als kompakte Einheiten transportabel aufgebaut (**Bild 3**).

Hydraulikflüssigkeiten

Folgende Anforderungen werden an Hydraulikflüssigkeiten (**Bild 4**) gestellt: gute Schmierfähigkeit, nicht aggressiv, konstante Viskosität, geringe Schaumneigung, gutes Wärmeleitvermögen, schwerentflammbar, hohe Lebensdauer, guter Korrosionsschutz, einfache Entsorgung.

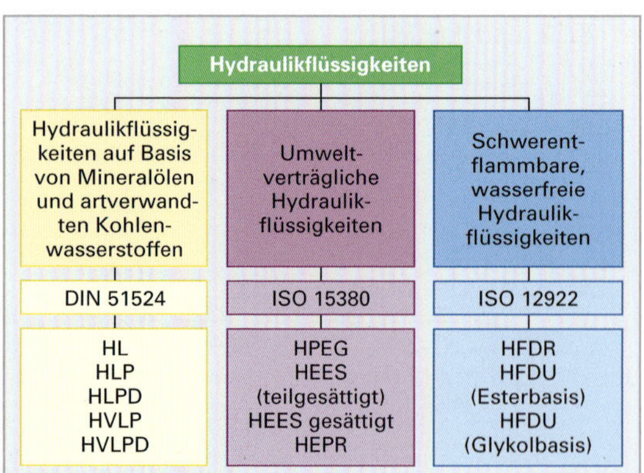

Bild 4: Hydraulikölsorten

Meist werden Flüssigkeiten auf Mineralölbasis mit Additiven verwendet und verbessern z. B. die Alterungsbeständigkeit, die Viskosität und den Korrosionsschutz. Besonders umweltfreundliche Öle auf pflanzlicher Basis werden z. B. in Landmaschinen und Baumaschinen verwendet.

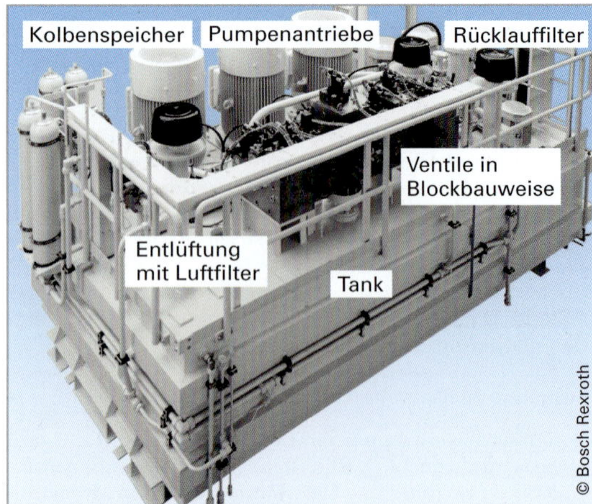

Bild 1: Hydraulische Erzeugerstation

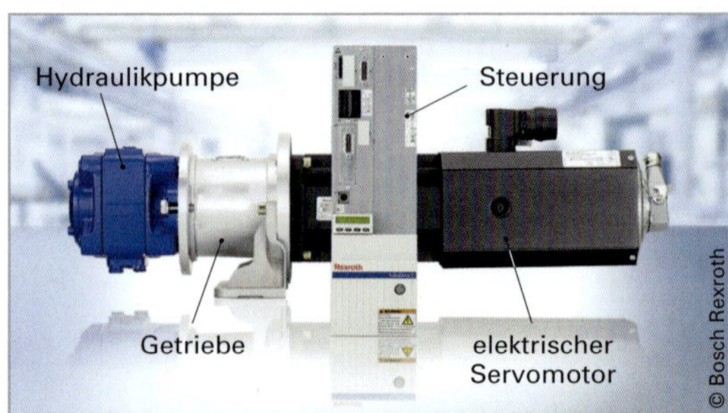

Bild 2: Drehzahlvariabler Pumpenantrieb

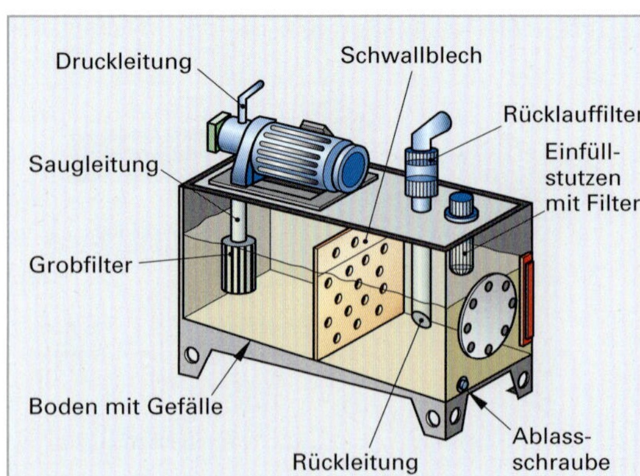

Bild 3: Hydraulikanlage

4.3.1 Physikalische Grundlagen

4.3.1.1 Hydrostatik

Wird eine ruhende Flüssigkeit mit einer Kolbenkraft beaufschlagt, dann entsteht ein Druck (**Bild 1**). Dieser Druck ist an jeder Stelle im System gleich groß.

$$p = \frac{F}{A}$$

p Druck
F Kraft
A Kolbenfläche

Die Einheit des Drucks ist bar oder Mega-Pascal (MPa): 1 bar = 10 N/cm² = 0,1 MPa. Bei kleinen Drücken verwendet man die Einheit Pascal (1 Pa = 1 N/m²), z. B. beim Luftdruck.

Bodendruck. Der Bodendruck ist:

$$p_{Boden} = \varrho \cdot g \cdot h$$

ϱ Dichte
g Erdbeschleunigung
h Höhe

Der Bodendruck ist unabhängig von der Bodenfläche. Er ist nur abhängig von der Höhe der Flüssigkeitssäule (Pascal'sches Paradoxon).

Druckausbreitung (Bild 2)

Wird eine ruhende Flüssigkeit in einem Zylinder mit der Fläche A_1 durch eine Kolbenkraft F_1 unter Druck gesetzt, breitet sich der Druck nach allen Seiten aus und erzeugt an einem anderen Zylinder mit der Fläche A_2 die Kraft F_2.

$$p = \frac{F_1}{A_1} = \frac{F_2}{A_2} \text{ oder } \frac{F_1}{F_2} = \frac{A_1}{A_2}$$

Druckübersetzung (Bild 3)

In der Anwendung hat die *Druckübersetzung* eine hohe Bedeutung, so z. B. zur Erzeugung der Schließkraft bei Spritzgießmaschinen, bei Pressen zur Erzeugung der Endkraft. Druckübersetzer beruhen auf dem Prinzip, dass der Kolben unterschiedliche Flächen aufweist. Mit diesen Kolben kann man die Drücke vergrößern oder verkleinern. Bei gleicher Kraft sind die Drücke im umgekehrten Verhältnis zu den Kolbenflächen. Es gilt:

$F_1 = p_1 \cdot A_1$ und $F_2 = p_2 \cdot A_2$ mit $F_1 = F_2 \Rightarrow$

$$p_2 = \frac{A_1}{A_2} \cdot p_1$$

p_2 Druck, ausgangsseitig
A_2 Kolbenfläche, ausgangsseitig
p_1 Druck, eingangsseitig
A_1 Kolbenfläche, eingangsseitig

[1] Hydraulik von griech. hydor = Wasser, Flüssigkeit. In seltenen Fällen, z. B. bei Schmiedepressen, wird auch Wasserhydraulik eingesetzt.

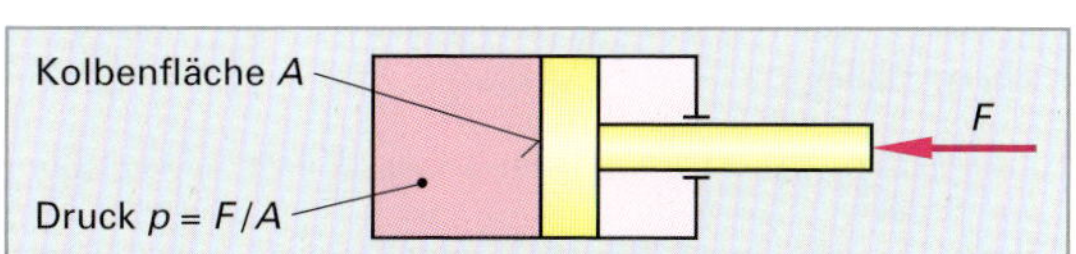

Bild 1: Hydraulischer Druck

Übung: Druckübersetzung

Der Druckübersetzer in **Bild 4** hat ein Übersetzungsverhältnis von 1:4. Am Anschluss A wird so viel Öl zufließen, bis der Arbeitskolben in Position ist. Am Anschluss B wird dann der Druckübersetzer beaufschlagt. Er wird mit einem Primärdruck (an B) von 100 bar betrieben.

Welche Kraft kann der Arbeitskolben aufbringen, wenn er einen Kolbendurchmesser von D = 100 mm hat?

Lösung:

$p_{sek} = 4 \cdot p_{prim} = 100 \text{ bar} \cdot 4 = 400 \text{ bar}$

$F = p \cdot A = 400 \frac{N}{cm^2} \cdot 78{,}5 \text{ cm}^2 = \mathbf{314\ kN}$

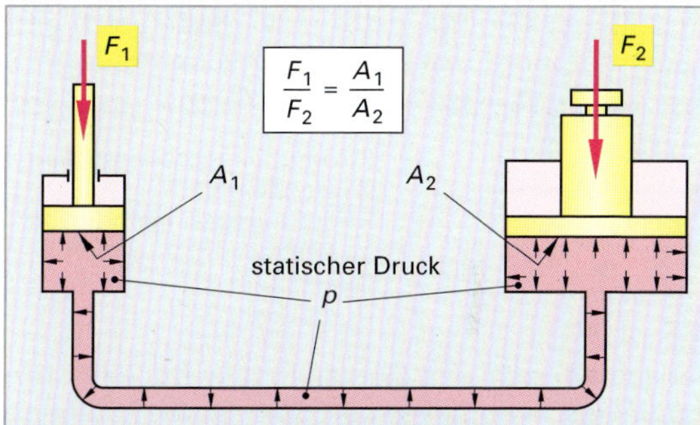

Bild 2: Bodendruck bei einem Tank

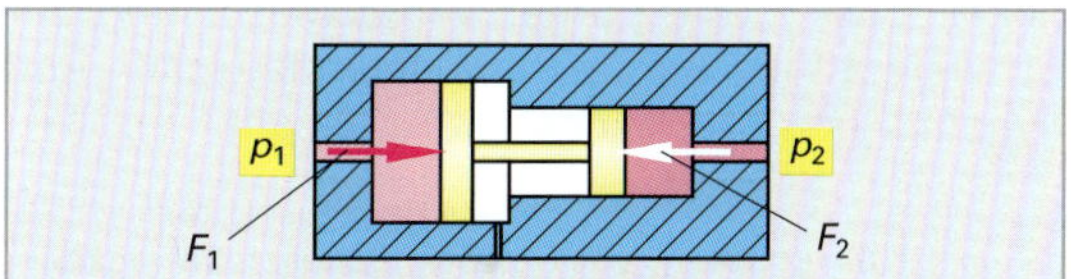

Bild 3: Prinzip der Druckübersetzung

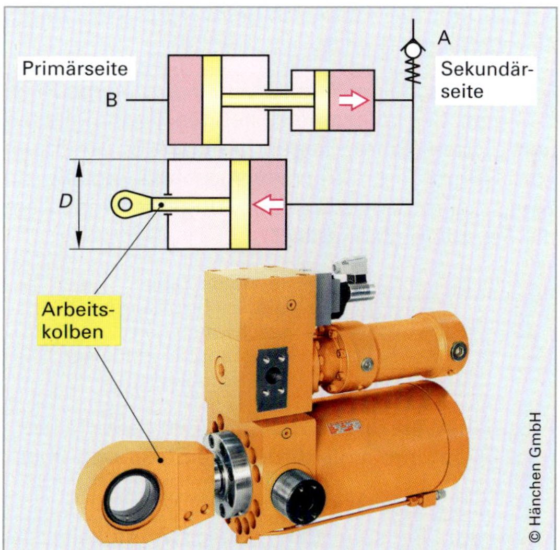

Bild 4: Druckübersetzung

4.3.1.2 Hydrodynamik

Flüssigkeiten strömen in einem Rohr nur, wenn eine Druckdifferenz vorhanden ist. In einem geschlossenen System ist der Volumenstrom konstant. Es gilt also:

$$Q = \frac{\Delta V}{\Delta t} = \frac{A \cdot \Delta l}{\Delta t}$$

$$Q = A \cdot v$$

Q Volumenstrom
ΔV Volumenelement
Δt Zeitabschnitt
A Querschnittsfläche
Δl Länge des Volumenelements
v Strömungsgeschwindigkeit

Die Flüssigkeit muss dort schneller fließen, wo der Querschnitt A kleiner ist (**Bild 1**). Die Geschwindigkeiten des Volumenstroms verhalten sich umgekehrt proportional zu den Querschnitten.
$Q_1 = v_1 \cdot A_1$, $Q_2 = v_2 \cdot A_2$ mit $Q_1 = Q_2 \Rightarrow$

$$\frac{v_1}{v_2} = \frac{A_2}{A_1}$$

v_1 Strömungsgeschwindigkeit im Querschnitt 1
v_2 Strömungsgeschwindigkeit im Querschnitt 2
A_1 Querschnitt 1
A_2 Querschnitt 2

Verkleinert sich der Querschnitt, wird die Strömungsgeschwindigkeit größer. Durch Reibung und die Beschleunigung des Mediums fällt der Druck in den Engstellen ab. Das Gesetz von *Bernoulli*[1] besagt, dass unter Vernachlässigung der Schwerkraft die Summe aus dem statischen und dynamischen Druck konstant ist. Es gilt:

$$\frac{1}{2} \varrho \, v^2 + p = \text{konst.}$$

ϱ Dichte der Flüssigkeit
v Strömungsgeschwindigkeit
p statische Druckdifferenz

Nach dem Satz der Energieerhaltung steigt die Temperatur des Mediums beim Durchfluss durch eine Engstelle (Bild 1).

Man unterscheidet *laminare* und *turbulente* Strömungen. Bei langsamen Fließgeschwindigkeiten und glatten Rohren liegen laminare Strömungen vor. Nimmt die Strömungsgeschwindigkeit zu, wird sie turbulent. Als Beurteilungskriterium dient die *Reynolds*[2]-Zahl (**Bild 2**):

$$Re = \frac{v_m \cdot d}{\nu}$$

Re Reynolds-Zahl
v_m mittlere Strömungsgeschwindigkeit
ν kinematische Zähigkeit
d Umströmungslänge

Ab einem Wert Re von 2300 bis 2800 geht die laminare Strömung in die turbulente Strömung über.

Kavitation. Bei sehr hohen Geschwindigkeiten ist der Druckniedergang so groß, dass die Flüssigkeit aufreißt. Es bilden sich kleine Dampfblasen.

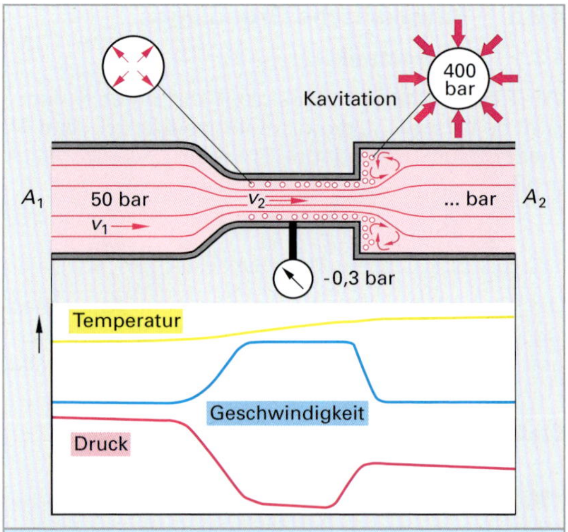

Bild 1: Volumenstrom bei einer Engstelle

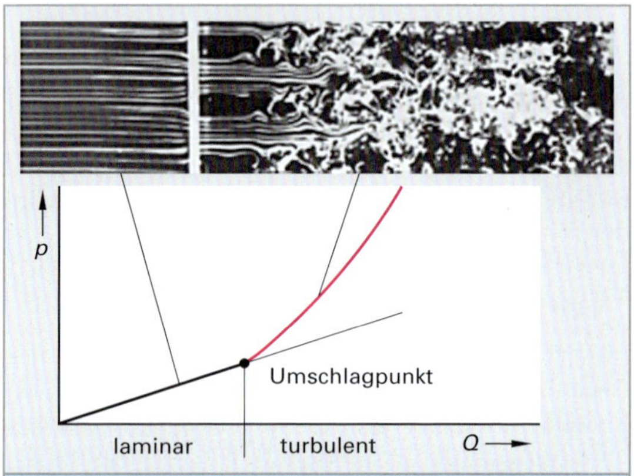

Bild 2: Laminare und turbulente Strömung

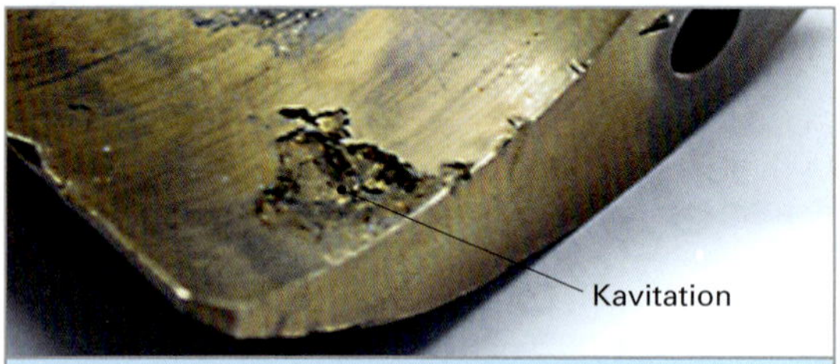

Bild 3: Kavitation an Innenzahnradpumpe

Diese wachsen schnell an, bis sie instabil werden und zusammenstürzen. Dies ruft an den angrenzenden Wänden eine Zerstörung (Kavitation[3]) hervor (**Bild 3**).

[1] *Bernoulli, Daniel* (1700 bis 1782), Physiker, Prof. in Petersburg und Basel

[2] *Reynolds, Osborne* (1842 bis 1912), engl. Physiker, stellte 1883 das nach ihm benannte hydrodynamische Ähnlichkeitsgesetz auf

[3] Kavitation = Aushöhlung von lat. cavus = hohl

4.3.2 Komponenten

Ölfilter

Das im Kreislauf befindliche Öl muss sauber gehalten werden. Während des Betriebs treten Verunreinigungen durch Abrieb an Dichtungen auf. An den Steuerkanten der Ventile können z. B. Metallteile durch Kavitation losgelöst werden. Bei den Zylindern und Motoren kann bei defekten Abstreifringen Schmutz in das System gelangen (**Bild 1**). Da in der Regel im Rücklauf oder im Bypass gefiltert wird, ist im Tank nur gereinigtes Öl. Hier ist beim Einfüllen von Öl und bei Wartungsarbeiten auf besondere Sauberkeit zu achten (**Bild 2**).

Rohrsystem

Zum Transport des Öls zu den Ventilen und den Aktoren werden bei festen Anlagen Rohre verwendet. Bei bewegten Komponenten verwendet man Hochdruckschläuche. Da die Schläuche einem Alterungsprozess unterliegen, müssen diese nach Vorschrift getauscht werden. Die Verbindungen erfolgen z. B. mit einer Schneidringverschraubung (**Bild 3**).

Diese Schneidringverschraubung ist auch unter der Firmenbezeichnung „Ermeto-Verschraubung" bekannt. Sie besteht aus dem Grundkörper (1), der Überwurfmutter (2), dem Schneidring (3) und dem anzuschließenden Rohr (4). Die Verbindung wird lose zusammengebaut, danach wird die Überwurfmutter angezogen. Hierbei wird der Schneidring in das Rohr gedrückt, das Rohr verformt sich, es entsteht eine dichte Kerbe.

Standardventile

In **Tabelle 1** werden häufig verwendete Ventile dargestellt.

Stromventile. In den Stromventilen wird hydraulische Energie in Wärme umgesetzt, dadurch werden z. B. Bewegungen verlangsamt. Bei den Stromregelventilen wird zusätzlich der Volumenstrom geregelt. Hierzu ist eine Druckdifferenz von ca. 10 bar notwendig.

Druckbegrenzungsventile. Diese lassen ab einem eingestellten Druck (Öffnungsdruck) Öl durch. Sie werden deshalb auch als Sicherheitsventile eingesetzt. Für große Volumenströme sind vorgesteuerte Druckbegrenzungsventile notwendig.

Wegeventile. Diese steuern den Volumenstrom. Es gibt sehr viele Varianten. Wenn eine Anlage bei einem Steuerungsausfall gestoppt werden muss, werden Ventile mit einer Fail-Save-Stellung verwendet.

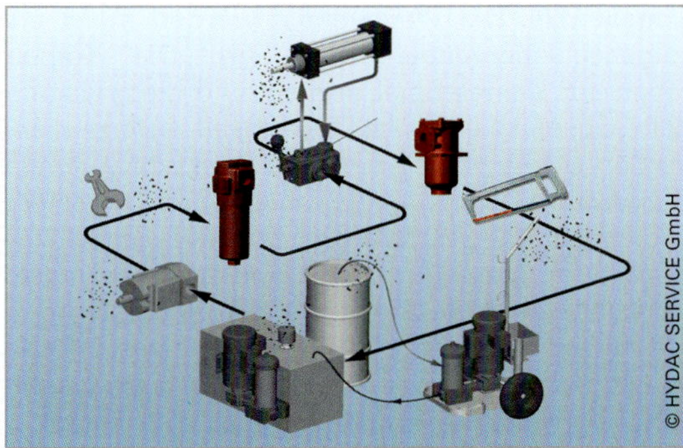

Bild 1: Schmutz im Hydraulikkreislauf

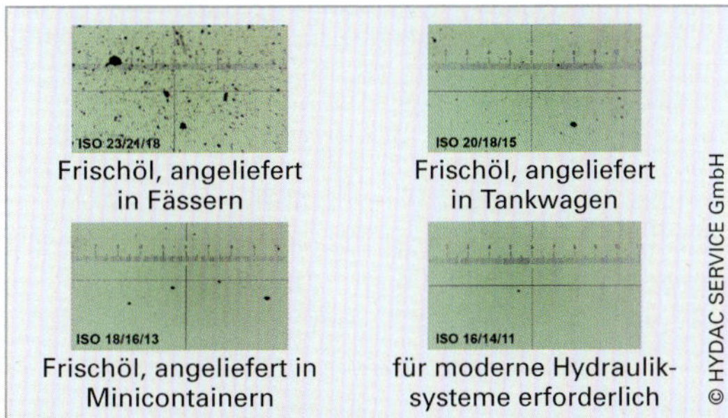

Bild 2: Ölverschmutzung

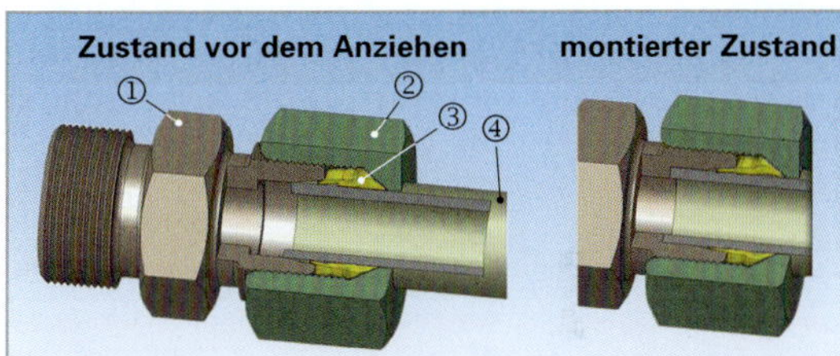

Bild 3: Schneidringverschraubung

Tabelle 1: Ventile

2-Wege Stromregelventil 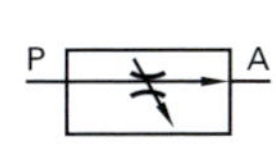	4/2-Wegeventil 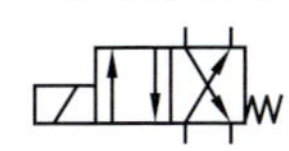
Stromventil 	4/3-Wegeventil 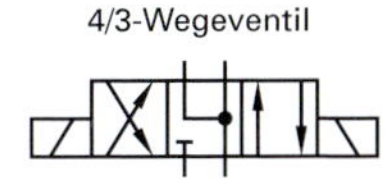
Druckbegrenzungsventil 	4/3-Wegeventil 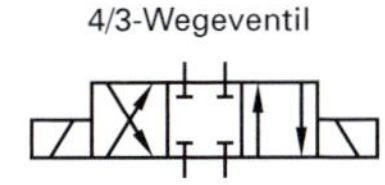
Rückschlagventil 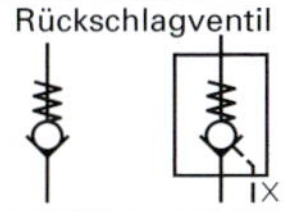	Regelventil mit Fail-Save-Stellung 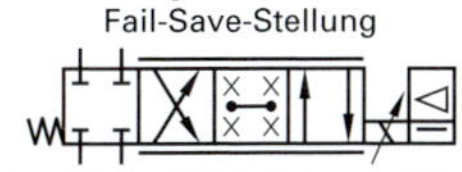

Wegeventile. Die Wegeventile werden meist als Kolbenschieberventile ausgeführt. Die Kolben haben ein kleines Spiel und so sind diese Ventile nicht absolut dicht. Ist Dichtigkeit erforderlich, werden zusätzlich entsperrbare Rückschlagventile mit verbaut. Da die Ventile meist federrückgestellt sind, wird im geschalteten Zustand Strom zur Magnetisierung verbraucht. Um diesen bei größeren Nennweiten wesentlich zu reduzieren, werden vorgesteuerte Ventile verwendet. Das große Hauptventil wird über ein kleines Magnetventil, auch Pilotventil genannt, hydraulisch geschaltet.

Bild 1 zeigt ein Schnittbild mit Positionsangaben. 1 Grundkörper des Hauptventils, 2 Steuerkolben des Hauptventils, 3 Rückholfedern in Mittelstellung, wenn kein Magnet bestromt ist, 4 Dichtscheibe, 5 Versorgungsleitung für das Pilotventil, 6 Taster für Handhilfsbetätigung, notwendig ist vorhandenes Drucköl über die Steuerleitung X, 7 Grundkörper des Pilotventils, 8 Steuerkolben des Pilotventils.

Aus dem Datenblatt des Ventils kann die Durchflusskennlinie **(Bild 2)** entnommen werden. Je kleiner der Durchflusswiderstand desto geringer sind die hydraulischen Verluste.

4.3.3 Aktoren

Zylinder. Zylinder wandeln hydraulische Energie in mechanische Energie um. Die maximal mögliche Kraft bei ruhendem Kolben berechnet sich wie folgt:

$$F = p \cdot A \cdot 0{,}1$$

F Kraft in kN,
p Druck in MPa,
A Kolbenfläche in cm²

Diese Berechnung gilt nur, wenn der Druck auf der Gegenseite gegen Null geht. Die Kolbenfläche A ist die jeweils wirksame Fläche, beim einfahrenden Kolben also die Kreisringfläche. Bei bewegtem Kolben muss ein Wirkungsgrad (ca. 0,9) berücksichtigt werden. Dieser ist von dem Widerstand der Dichtungen und vom Druck des abströmenden Öls abhängig.

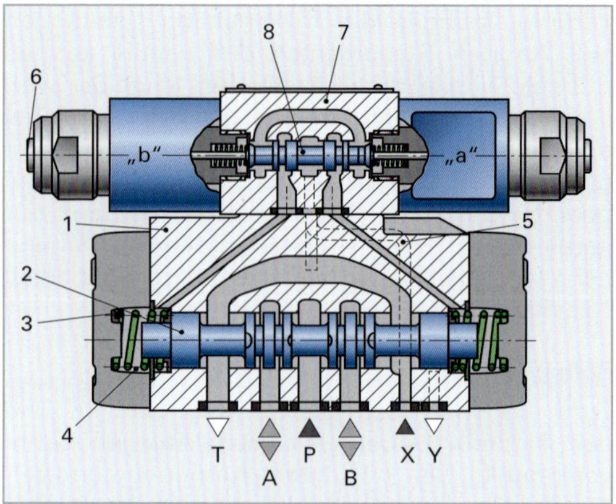

Bild 1: Vorgesteuertes 4/3-Wegeventil

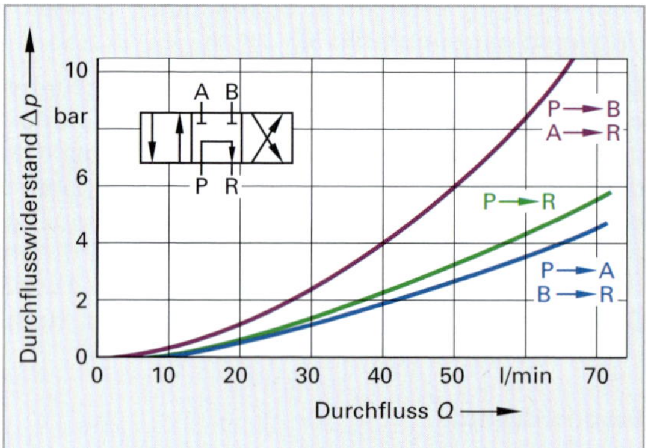

Bild 2: Durchflusskennlinie eines Wegeventils

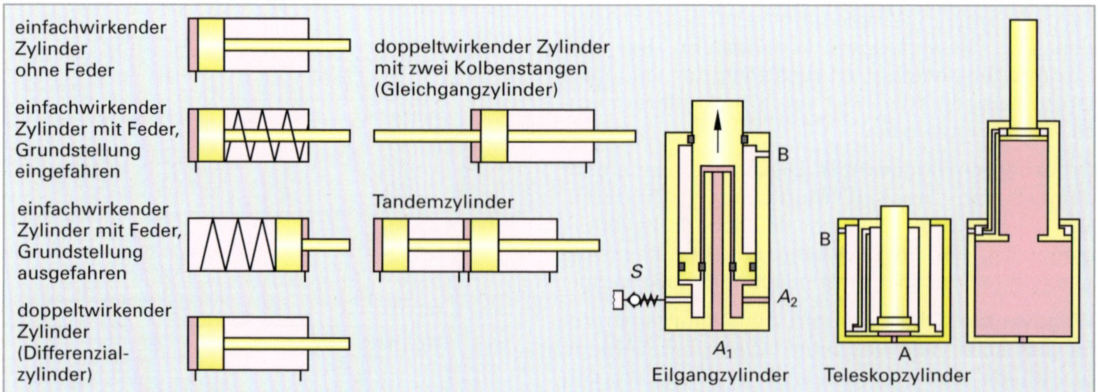

Bild 3: Zylinderbauarten

Bei den Zylindern gibt es unterschiedliche konstruktive Ausführungen (**Bild 3, Seite 442**). Ist die hydraulische Kraft nur von einer Seite notwendig, eignen sich *einfachwirkende Zylinder*. Beim *Differenzialzylinder* sind in beiden Arbeitsrichtungen die Kräfte und die Geschwindigkeiten entsprechend der beaufschlagten Flächen. Wird beim Eilgangzylinder A_1 angesteuert, so fährt der Kolben schnell aus, bei A_2 aufgrund der größeren Fläche langsam. Am Anschluss S wird das fehlende Öl nachgesaugt. Beim Anschluss B erfolgt das Einfahren des Kolbens. Wenn ein großer Hub bei abnehmender Last gegeben ist, kommen Teleskopzylinder zum Einsatz, z. B. bei Fahrzeugen mit Kipppritschen.

Es gibt unterschiedliche Befestigungsarten (**Bild 1**). Bei Zylindern mit großen Hublängen muss die Stabilität auf Knickung (nach *Euler*) nachgerechnet werden (**Tabelle 1**).

Knicklast:

$$K = \frac{(\pi^2 \cdot E \cdot J)}{s_K^2}$$

maximale Betriebslast:

$$F = \frac{K}{s}$$

E Elastizitätsmodul (2,1 · 10^5 für Stahl) in N/mm^2
J Trägheitsmoment für Kreisquerschnitt in mm^2
s_K freie Knicklänge. Für l wird die gesamte Länge des ausgefahrenen Zylinders eingesetzt.
s Sicherheit (3,5)

Zylindereinheit. Häufig wird direkt an den Zylinder das Wegeventil angebaut (**Bild 2**). Durch diese Bauweise wird erreicht, dass wenig Öl zwischen Ventil und Zylinder ist. In den Zylinder werden Drosselrückschlagventile sowie eine einstellbare Endlagendämpfung integriert. Eingebaute Näherungsschalter erfassen die Position an beiden Endlagen. Für Positionsregelungen erfasst ein berührungsloses absolutes Wegmesssystem die Kolbenposition.

Motoren. Neben den Konstantmotoren, z. B. Zahnradmotoren, werden häufig Verstellmotoren, wie z. B. Axialkolbenmotoren eingesetzt. Werden geringe oder hohe Drehfrequenzen gefordert, wird direkt an den Motor ein Getriebe angebaut (**Bild 3**). Axialkolbenmotoren sind für einen Drehfrequenzbereich von 0,1 bis 1000 1/min geeignet.

Berechnungsgrundlagen:

Abtriebsleistung

$$P = \frac{\Delta p \cdot Q \cdot \eta}{600} \text{ in kW}$$

Volumenstrom:

$$Q = \frac{V_g \cdot n}{1000 \cdot \eta_{vol}} \text{ in l/min}$$

Δp Differenz in bar
η Gesamtwirkungsgrad (0,8 ... 0,85)
V_g geometrisches Hubvolumen pro Umdrehung in cm^3
n Drehfrequenz in 1/min
η_{vol} volumetrischer Wirkungsgrad (0,9 ... 0,95)

Tabelle 1: Belastungsfälle nach *Euler*

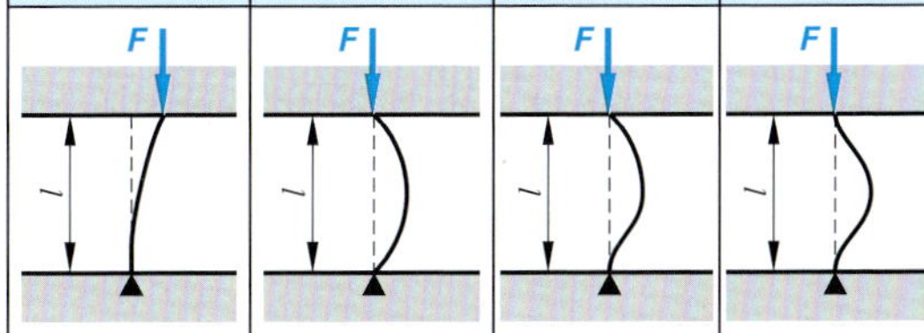

Fall 1	Fall 2	Fall 3	Fall 4
$s_K = 2 \cdot l$	$s_K = l$	$s_K = l/2$	$s_K = l/2$
Freie Knicklänge s_K			

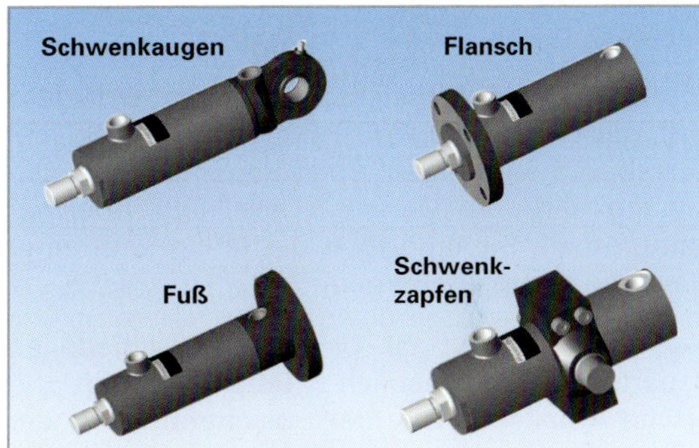

Bild 1: Befestigungsarten

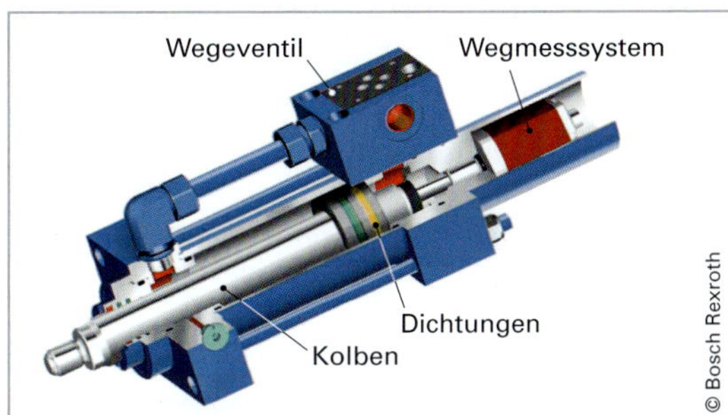

Bild 2: Zylindereinheit mit Wegeventil

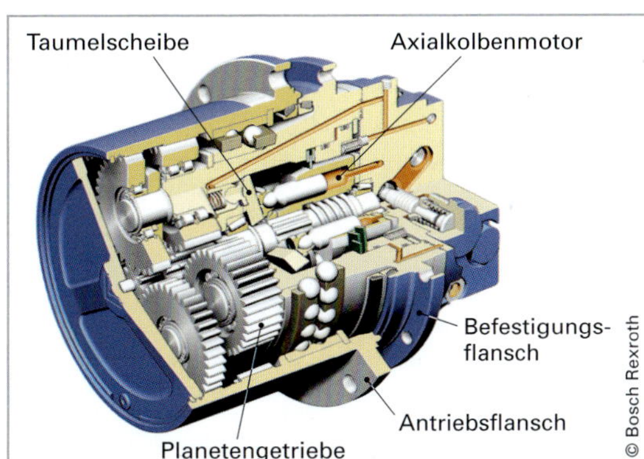

Bild 3: Axialkolbenmotor mit Getriebe

4.3.4 Hydrospeicher

Da Hydrauliköl kaum kompressibel ist und im Leitungssystem nur minimal Energie gespeichert wird, werden Speicher verschiedener Bauarten eingesetzt (**Bild 1**). In den hydropneumatischen Speichern wird die Kompressibilität der Gase, in der Regel Stickstoff, mit Nennvolumen V_N zur Energie und Flüssigkeitsspeicherung genutzt.

Speicher können folgende Funktionen erfüllen:

Energiespeicherung, Notbetrieb, z. B. bei Pressen, Kräfteausgleich, Leckölkompensation, Volumenkompensation, Stoßabsorption, Pulsationsdämpfung.

Oft kann man mit Speichern die Energieeffizienz hydraulischer Anlagen erhöhen, so z. B. bei Vorschub-Steuerungen mit Eilgang. Für den Eilgang wird die Ölmenge aus dem Speicher entnommen. So kann man die Anlage mit einer kleineren Pumpe betreiben.

Der Nutzungsgrad ist bei den verschiedenen Bauarten unterschiedlich. **Tabelle 1** zeigt typische Arbeitsbereiche der Speicherarten. In der technischen Ausführung werden Speicher oft in die Blockbauweise integriert (**Bild 2**). Alle Baugruppen werden an einem Block verbaut. Das Öl fließt über Bohrungen (Kanäle) zu den Bauelementen. Somit wird erreicht, dass wenig Öl im Kreislauf ist und keine Rohre und Verschraubungen notwendig sind.

Da in den Speichern Energie gespeichert ist, müssen Sicherheitsvorschriften berücksichtigt werden.

In Deutschland gilt: Ist der Druck [in bar] x Nennvolumen [in Liter] > 200, dann sind folgende Sicherheitsvorkehrungen zu treffen:

Manometer mit permanenter Druckanzeige, baumustergeprüftes Druckbegrenzungsventil, Absperreinrichtung, Ablasshahn, regelmäßige technische Prüfung.

Beispiel: Die verfügbare Ölmenge soll mittels Diagramm bei adiabater Verdichtung bestimmt werden **(Bild 3)**.

Daten:
- Speicher mit 0,5 l Nennvolumen,
- Vorspanndruck $p_0 = 10$ bar,
- kleinster Betriebsdruck $p_1 = 15$ bar,
- höchster Betriebsdruck $p_2 = 50$ bar.

Lösung: Linie (1) bei 10 bar einzeichnen, dann bei 15 bar und 50 bar spiegeln und Werte (%) ablesen.

Differenz= ca. 45 % von 0,5 Liter = **ca. 0,24 Liter**.

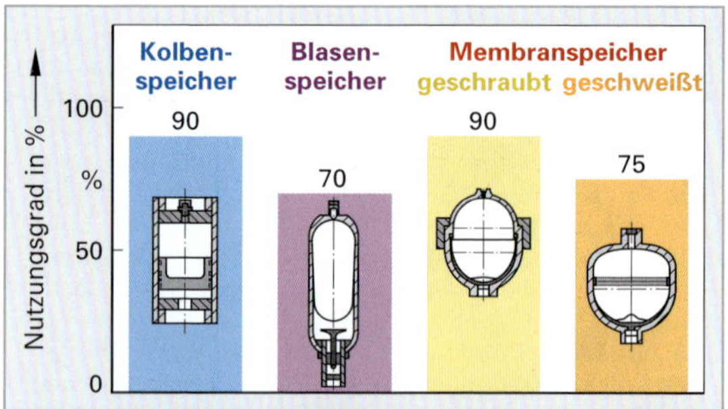

Bild 1: Speicherbauarten

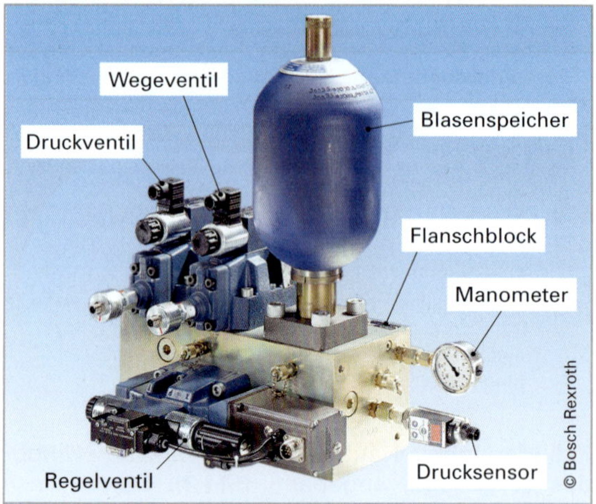

Bild 2: Speicher mit Steuerblock

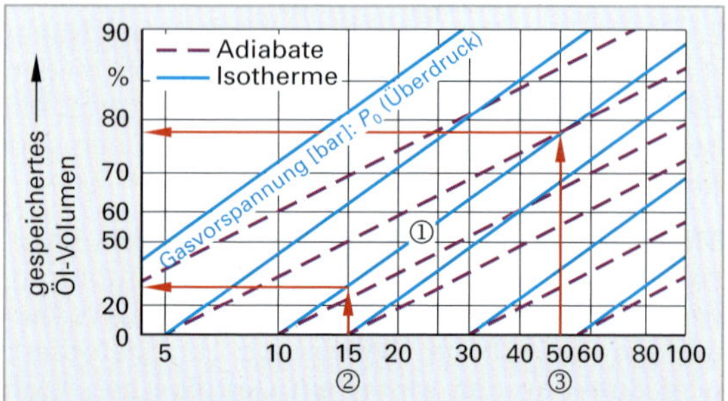

Bild 3: Druck-Volumenkennlinien von Hydrospeichern

Tabelle 1: Daten der Speicher

Kolben-speicher	Blasen-speicher	Membranspeicher geschraubt	Membranspeicher geschweißt
0,5 l ... 1200 l	0,2 l ... 450 l	0,1 l ... 10 l	0,2 l ... 2 l
800 bar	1000 bar	750 bar	250 bar
< 400 V_N	< 140 V_N	< 150 V_N	< 150 V_N
keine Einschränkung	p_2/p_0 = 4:1	p_2/p_0 = 10:1	p_2/p_0 = 8:1

4.4 Elektrische Antriebe

4.4.1 Rechnerische Grundlagen

Das Antriebsdrehmoment M_m an der Motorwelle ist bei stationärer (gleichbleibender) Belastung stets im Gleichgewicht mit dem zu überwindenden Widerstandsmoment bzw. Lastmoment M_w (**Bild 1**).

Bei stationärer Belastung gilt:

$$M_m = M_w$$

M_m Antriebsdrehmoment (Motormoment)
M_w Widerstandsmoment (Lastmoment)

Grundgleichung der Antriebstechnik

Bei dynamischer Belastung, wenn also der Motor mit einer Drehzahlveränderung beschleunigt oder verzögert, kommt ein Beschleunigungsmoment M_a hinzu:

$$M_m = M_w + M_a$$

M_a Beschleunigungsmoment

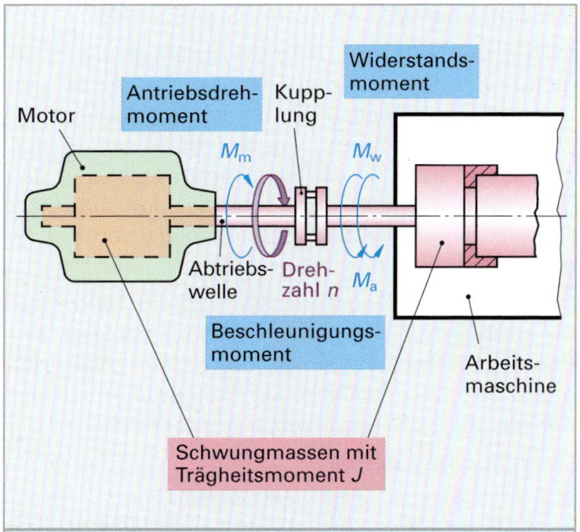

Bild 1: Drehmomente an der Motorwelle

Das Antriebsmoment M_m eines Motors ist dadurch gekennzeichnet, dass es allgemein mit zunehmender Drehzahl abnimmt und bei der Leerlaufdrehzahl n_0 den Wert Null ($M_m = 0$) erreicht (**Bild 2**). Dementsprechend ist bei geringer Drehzahl das Drehmoment groß und erreicht bei (gewaltsamer Belastung) im Motorstillstand ein Maximum (M_{st}). Wenn dieser Zusammenhang zwischen Motormoment und Drehzahl geradlinig ist, so sprechen wir von einer linearen Motorkennlinie. Eine solche Kennlinie liegt prinzipiell bei Gleichstrommotoren (fremderregter Gleichstrommotor) vor. Bei den Asynchronmotoren gibt es davon oft Abweichungen.

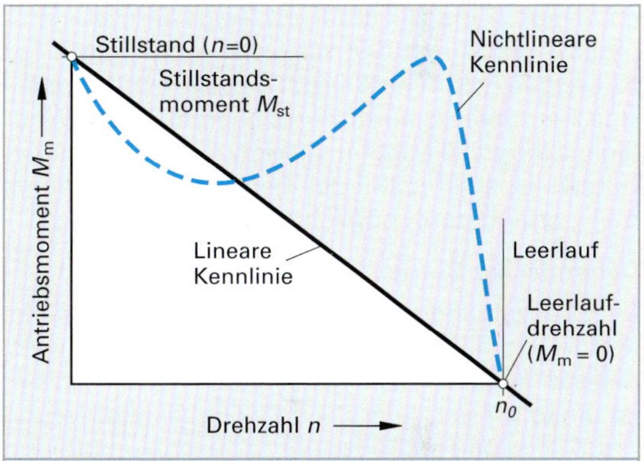

Bild 2: Kennlinie für das Antriebsdrehmoment

> Das Widerstandsmoment M_w ist häufig mit zunehmender Drehzahl auch zunehmend (**Bild 3**). Allgemein einsichtig ist: *je schneller man arbeitet, umso größer ist der Stress.*

Der lineare, d. h. proportionale Zusammenhang zwischen M_w und der Drehzahl n ist nur in seltenen Fällen gegeben, z. B. beim Antrieb von fluidtechnischen Anlagen, z. B. bei Vorschubantrieben mit hydrostatischer Lagerung.

Ist trockene Reibung vorliegend, dann ist das Widerstandsmoment weitgehend drehzahlunabhängig konstant. Liegt Rollreibung vor, dann ist das Widerstandsmoment zunehmend bei relativ geringem Anfangsmoment. Wird die Belastung durch Gleitlager oder Gleitführungen verursacht, so gibt es ein großes Losreißmoment bei der Drehzahl $n = 0$ infolge fehlenden Schmierfilms. Das Lastmoment nimmt steil ab, um dann wieder anzusteigen. Beim Antrieb von Propellern nimmt das Antriebsmoment mit zunehmender Drehzahl überproportional zu.

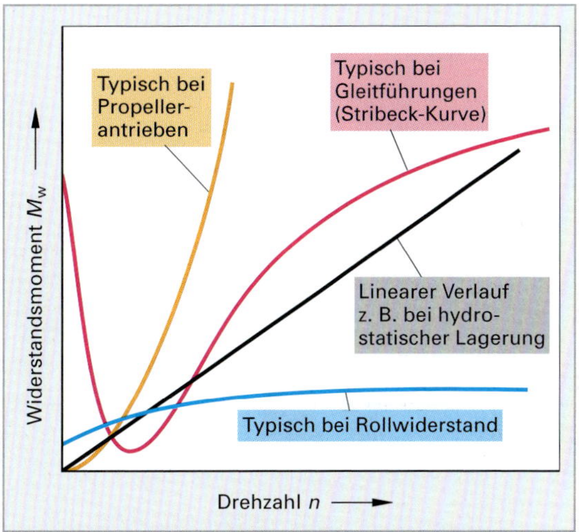

Bild 3: Widerstandsmomente

Der Betriebspunkt im stationären Betrieb

Es gilt $M_m = M_w$ ($M_a = 0$) und man ermittelt bei nichtlinearen Kennlinien den Betriebspunkt (Arbeitspunkt) grafisch, indem man die Kennlinie des Antriebsmoments und die Kennlinie des Widerstandsmoments in ein Diagramm zeichnet. Der Schnittpunkt beider Kennlinien ist der stationäre Betriebspunkt mit dem Betriebsdrehmoment M_b und der Betriebsdrehzahl n_b (**Bild 1**).

Im stationären Dauerbetrieb darf ein Motor nur bis zu diesem Betriebsdrehmoment belastet werden. Das Bemessungsmoment (früher: Nennmoment) M_N, das den Motor kennzeichnet, muss kleiner gleich dem Betriebsdrehmoment sein.

Im stationären Betrieb:

$$M_b \leqq M_N$$

M_b Betriebsmoment
M_N Bemessungsmoment (Nennmoment)

Bei elektrischen Motoren ist das Bemessungsmoment durch die maximal zulässige Betriebstemperatur und durch den maximal möglichen oder zulässigen Strom begrenzt. Da die maximal zulässige Betriebstemperatur erst nach etlichen Minuten bis hin zu 30 Minuten erreicht wird, ist ein kurzzeitiges Überschreiten des Bemessungsmoments meist erlaubt und möglich.

Dynamischer Betrieb

Bei Drehzahländerungen, z. B. beim Anlauf eines Motors, kommt ein Beschleunigungsmoment M_a belastend hinzu. Dieses Beschleunigungsmoment ist umso größer, je größer die Drehzahländerung pro Zeit ist und je größer die zu beschleunigenden Schwungmassen sind. Die Drehzahländerung pro Zeit wird durch die Winkelbeschleunigung ausgedrückt und die Schwungmasse durch das Trägheitsmoment J.

$$M_a = J \cdot \alpha = J \cdot \frac{d\omega}{dt} = J \cdot 2\pi \frac{\Delta n}{\Delta t}$$

J Trägheitsmoment
α Winkelbeschleunigung
ω Winkelgeschwindigkeit

Beim Trägkeitsmoment[1] zählen Massen quadratisch stärker, je weiter diese von dem Drehpunkt entfernt sind. Da bei Wellen die Massen mit dem Quadrat des Radius zunehmen und die Trägheitsmomente sich ebenfalls mit dem Radiusquadrat erhöhen, wächst das Trägheitsmoment mit der 4. Potenz des Wellenradius.

Der Anlaufvorgang

Es gilt (bei linearem Antriebsmoment):

$$M_m = M_w + M_a$$

M_m Motormoment
M_w Widerstandsmoment
M_a Beschleunigungsmoment

Und für den Anlauf ohne Last ($M_w = 0$) gilt:

$$M_m = M_a = J \cdot 2\pi \frac{dn}{dt}$$

J Trägheitsmoment
n Drehzahl
t Zeit

Lösung (**Bild 2**):

$$n = n_0 = (1 - e^{-t}/T_m)$$

$$T_m = J \cdot \frac{2\pi n_0}{M_{St}} = J \cdot 2\pi \cdot \frac{\Delta n}{\Delta m}$$

mit T_m mechanischer Zeitkonstante

Kennzeichnend für das Anlaufverhalten ist die mechanische Zeitkonstante T_m. Sie ist proportional zum Trägheitsmoment und umgekehrt proportional zur Kennliniensteigerung der Antriebskennlinie bzw. zum Verhältnis von verfügbarem Beschleunigungsmoment zur erreichbaren Enddrehzahl. D. h. je steiler die Antriebskennlinie ist und je geringer die Trägheitsmomente sind, umso reaktionsschneller ist ein Antrieb.

[1] vergl. S. 359

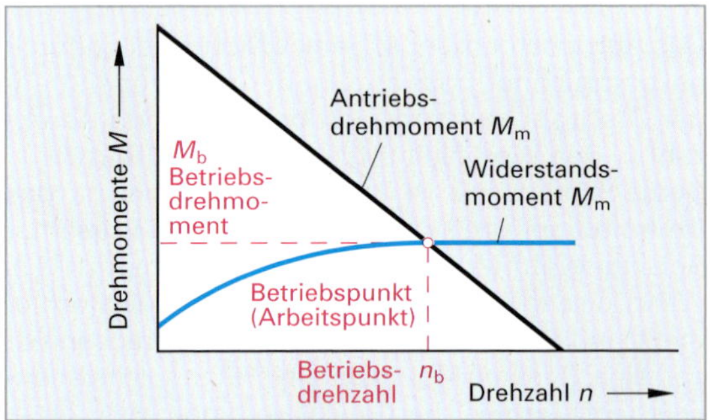

Bild 1: Der Betriebspunkt

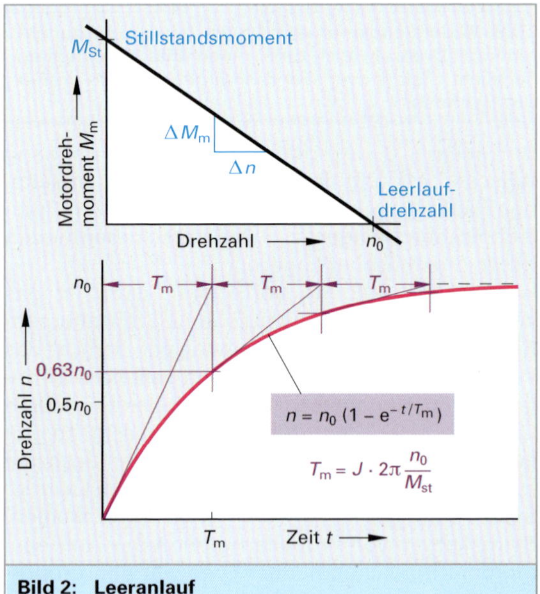

Bild 2: Leeranlauf

4.4.2 Erste Orientierung

Die Motorbasisentscheidung:

- Gleichstrommotor oder
- Wechselstrommotor oder
- Drehstrommotor als Asynchronmotor oder als Synchronmotor

orientiert sich zumeist an der verfügbaren elektrischen Energie und an der erforderlichen Leistung.

Bei der verfügbaren Energie unterscheidet man

- Drehstromnetz-Versorgung (**Bild 1**),
- Wechselstromnetz-Versorgung und die
- Gleichstromversorgung mit Batterien oder Akkumulatoren und die Netzteil-Gleichstromversorgung.

Die **Drehstromversorgung** ist die übliche Motorstromversorgung im industriellen Bereich ab Motorleistungen von etwa 0,5 kW bis zu Leistungen im mehrfachen Megawatt-Bereich (MW-Bereich).

Die **Wechselstromversorgung** ist dominant bei allen Haushaltsgeräten, bei elektrischen Handwerkzeugen und Gartengeräten bis zu Maximalleistungen von etwa 3,6 kW.

Die **Gleichstromversorgung** durch Batterien nutzt man bei Kleinstmotoren und Kleinmotoren im Bereich der Spielzeuge und Hygieneartikel, Medizingeräte, Labortechnik. Die Gleichstromversorgung mit Akkumulatoren, zunehmend mit Lithium-Ionen-Akkus, verwendet man z. B. für Werkzeuge, Motoranlasser, Fahrzeugantriebe, Lüfter. Die Netzteil-Gleichstromversorgung findet man bei Kleinmotoren vor allem im Zusammenhang mit elektronischen Geräten, z. B. für Lüfter.

Zur Projektierung eines Antriebs sind ausgehend von der vorgesehenen bzw. möglichen Art der Energieversorgung zu klären:

1. Lastdrehzahl, Lastmoment, mit/ohne Getriebe, Energierückspeisung,
2. Rotatorischer Antrieb/Linearantrieb,
3. Fahrkurve (Fahrdiagramm), Lastdiagramm
4. Anforderungen zur Drehzahlgenauigkeit oder Positioniergenauigkeit
5. Anforderungen zur Dynamik,
6. Umweltbedingungen (Aufstellungshöhe, Schutzart, Art der Kühlung, zulässige Erwärmung)
7. Zubehör: Haltebremse, Drehgeber, Temperaturgeber, Motorschutz
8. Auswahl des Motors,
9. Auswahl des Umrichters bzw. der Umrichter-Motorkombination.

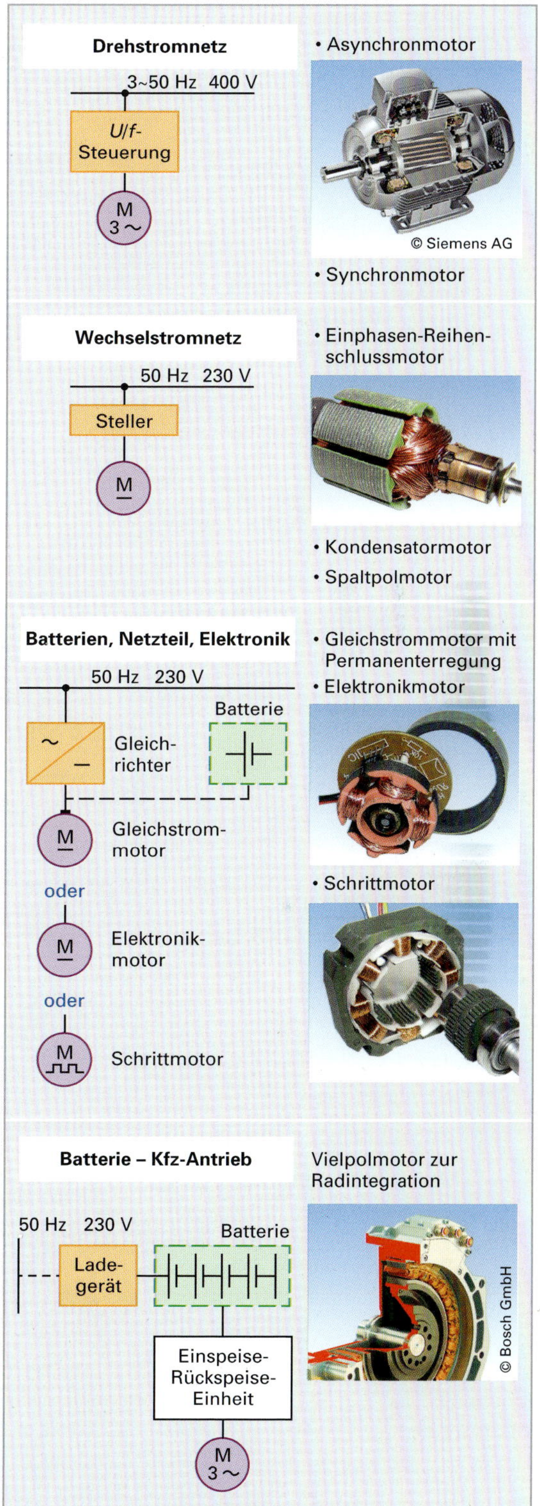

Bild 1: Stromversorgungsvarianten

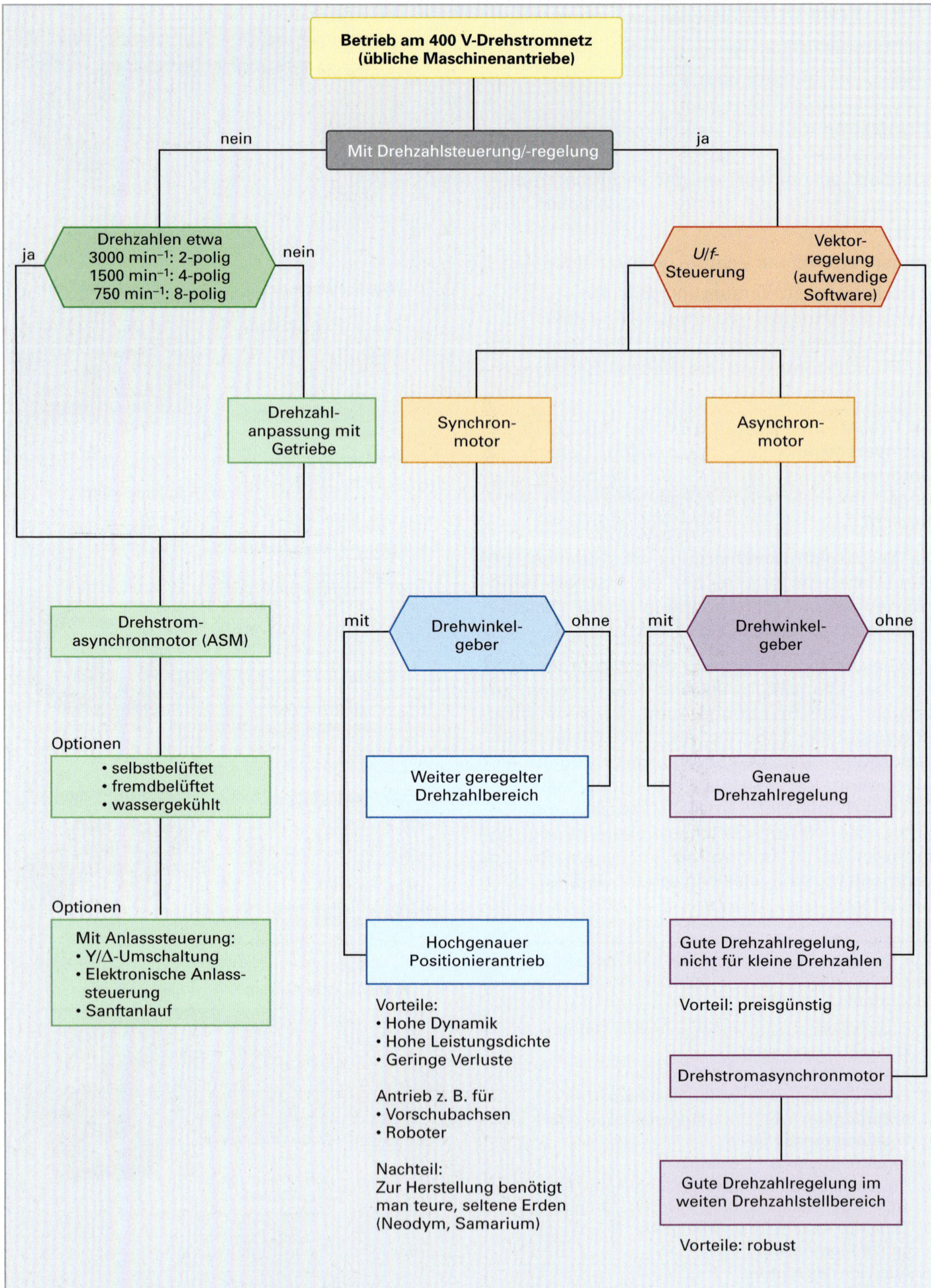

Bild 1: Auswahlschema für Drehstromantriebe

4.4.3 Drehstromantriebe am Drehstromnetz

4.4.3.1 Allgemeines

Die häufigste Antriebsart bei Industrieanlagen sind Drehstrom-Asynchronantriebe und Drehstrom-Synchronantriebe (**Bild 1, Seite 448**). Für Anwendungen mit konstanter Drehzahl werden der Robustheit und des günstigen Preises wegen die Drehstromasynchronmotoren bevorzugt. Der Leistungsbereich beginnt im Niederspannungsbereich (3 ~ 50 Hz 400 V) bei etwa 0,5 kW und reicht bis etwa 1 000 kW.

Die Drehzahlen liegen bei Drehstrom-Asynchronmotoren etwas unter den Drehfelddrehzahlen (Synchrondrehzahlen). Sie sind also *asynchron* zur Drehfelddrehzahl. Beim 50-Hz-Netz sind die Drehfelddrehzahlen 50 s^{-1}/p. Dabei ist p die Polpaarzahl der Motorwicklung. Üblich sind *Polpaarzahlen* p = 1, 2, 3, 4 bzw. Polzahlen $2p$ = 2, 4, 6, 8 (**Tabelle 1**). Man spricht z. B. von einer 4-poligen Maschine (p = 2). Sind kleinere Drehzahlen erforderlich, so werden Getriebe, meist Zahnradgetriebe, angebaut. Man spricht von *Getriebemotoren*.

Anlassschaltung. Schaltet man Drehstrom-Asynchronmotoren an das Stromnetz, so ist der kurzzeitige Anlaufstrom stark erhöht (3- bis 4-fach). Dies belastet das Stromnetz in besonderer Weise. Zur Abmilderung gibt es die Möglichkeit des *Leerlaufs* in der Sternschaltung (die Wicklungen bekommen nur eine Spannung von 3 ~ 50 Hz 230 V) und nach dem Anfahren wird umgeschaltet in den regulären Betrieb in Dreieckschaltung (die Wicklungen bekommen 3 ~ 50 Hz 400 V, **Bild 1**). Drehstrom-Asynchronmotoren erreichen im Leeranlauf innerhalb weniger Millisekunden, d. h. nach etwa ½ Umdrehung, die Betriebsdrehzahl. Zur Schonung der angetriebenen Mechanik ist dies oft nicht erwünscht. So werden mit elektronischen Anlassern Drehstrommotoren *sanft* angelassen. Man spricht von *Sanftanlauf*. Hierzu wird meist die Motorspannung erhöht.

Kühlung. Die Bemessungsleistung (Nennleistung) eines Motors bestimmt sich in der Hauptsache nach der zulässigen Wicklungsübertemperatur. Diese zulässige maximale Wicklungsübertemperatur richtet sich nach der Art der Wicklungsisolierung (Wärmeklasse, **Tabelle 2**). So ermöglichen Motoren gleicher Baugröße der Wärmeklasse F ca. 15 % höhere Leistung als bei Wärmeklasse E. Die Motorerwärmung ist abhängig von der erzeugten Verlustleistung und der Art der Kühlung.

Neuere Motoren gehören zur Isolierstoffklasse F mit einer Grenztemperatur von 155 °C.

Vorsicht: Verbrennungsgefahr beim Berühren des Motorgehäuses.

Die Verlustleistung ist besonders hoch, wenn ein Motor in kurzer Folge häufig ein- und ausgeschaltet wird, so dass er dazwischen nicht abkühlt (Aussetzbetrieb).

Bei der Kühlung unterscheidet man zwischen
- Selbstkühlung (ohne Kühleinrichtung)
- Eigenkühlung (durch Luft und mit auf der Motorwelle angetriebenem Lüfterrad),
- Fremdkühlung (mit Luft und zusätzlichem fremdangetriebenem Lüfter) und
- Wasserkühlung (**Bild 1, Seite 450**).

Die Nennleistung (Bemessungsleistung) eines Motors gilt üblicherweise für einen Betriebstemperaturbereich von – 15 °C bis + 40 °C . Bei der Luftkühlung reduziert sich die zulässige Motorleistung bei Aufstellungshöhen über 1000 m deutlich wegen der geringer werdenden Luftdichte.

Tabelle 1: Drehfelddrehzahlen in 1/min

Polzahl	2	4	6	8	12
50-Hz-Netz	3 000	1 500	1 000	750	500
60-Hz-Netz	3 600	1 700	1 200	900	600

Tabelle 2: Wärmeklassen

Wärmeklasse	DIN VDE © 530	Grenztemperatur	Maximale Übertemperatur
120	E	120 °C	70 K
130	B	130 °C	80 K
155	F	155 °C	105 K
180	H	180 °C	130 K

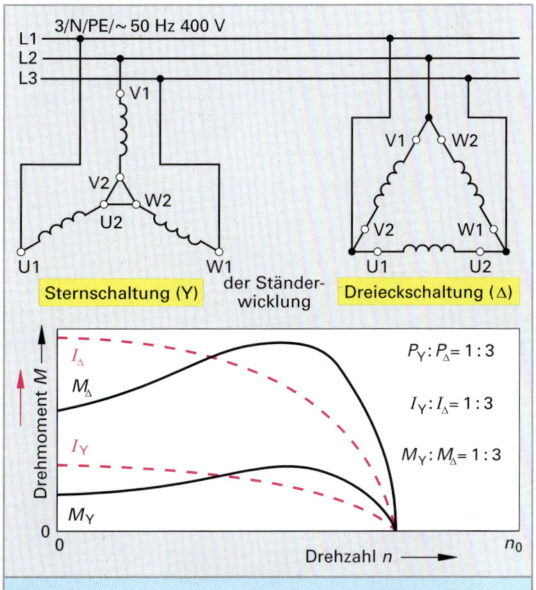

Bild 1: Sternschaltung und Dreieckschaltung

Fremdkühlung (Fremdbelüftung) ist erforderlich bei drehzahlgesteuerten Motoren, wenn diese bei vollem Moment in den unteren Drehzahlen laufen.

Zum Motorschutz wird meist die Wicklungstemperatur mit Sensoren überwacht. Bei wassergekühlten Motoren unterscheidet man solche mit geschlossenem Kühlkreislauf (unbedingt vorzuziehen) und Motoren mit offenem Kühlkreislauf. Das Kühlmittel ist genau spezifiziert.

Wasserkühlung ermöglicht eine etwa um das 2-Fache erhöhte Motorleistung gegenüber der Eigenkühlung bei gleicher Größe des Motorläufers.

Bauformen. Die elektrischen Maschinen sind unterschiedlich gestaltet, je nachdem sie aufgestellt, angebaut oder eingebaut werden **(Tabelle 1)**. Die Antriebsseite wird mit DE (Drive End, früher A-Seite) bezeichnet, die Gegenseite mit NDE (Non Drive End, früher B-Seite).

Getriebemotoren. Getriebemotoren sind meist Drehstrom-Asynchronmotoren (Kurzschlussläufermotoren), direkt über das Drehstromnetz betrieben, mit angebautem, stark übersetzendem Getriebe (ins Langsame). Der kompakte Aufbau vereinfacht den Einbau in Maschinen und Anlagen.

Die Getriebemotoren gibt es als Baukastenprodukte **(Bild 2)** mit unterschiedlichen Getriebearten, passend zu unterschiedlichen Anwendungen mit fein abgestuften Übersetzungen. Dem Anwender bietet sich somit die Möglichkeit, Motor und Getriebe bezüglich Nennleistung, Übersetzung und Anbauart **(Tabelle 2)** passend zu beziehen.

Tabelle 1: Motorbauformen, IM-Code, IEC 60034-7

Ohne Flansch		Mit Flansch		Mit Normalflansch	
IM B3	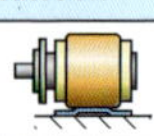	IM B5 Motorflansch	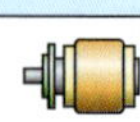	IM B14 Anlagenflansch	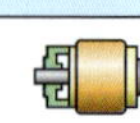
IM B6, IM B7, IM B8	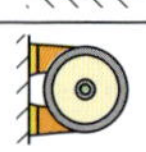	IM V1	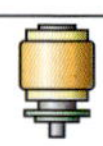	IM V19	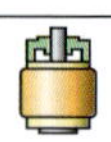
IM V6	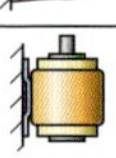	IM V3		IM V18	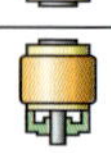
IM V5	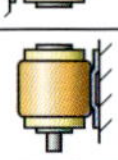	IM B35	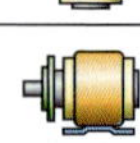	IM B34	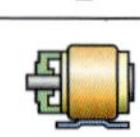

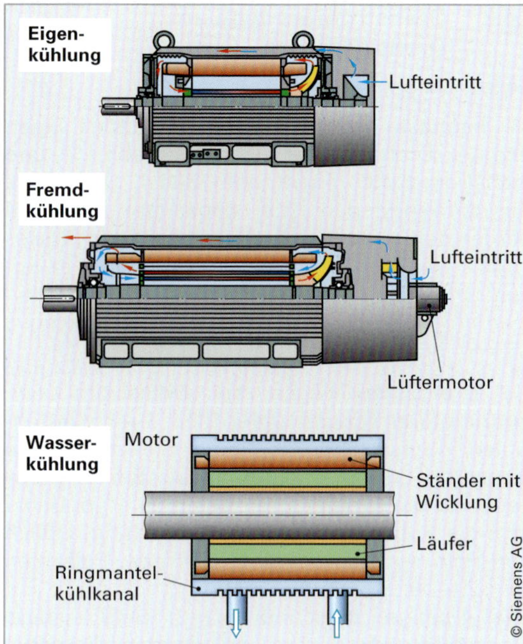

Bild 1: Kühlungsvarianten

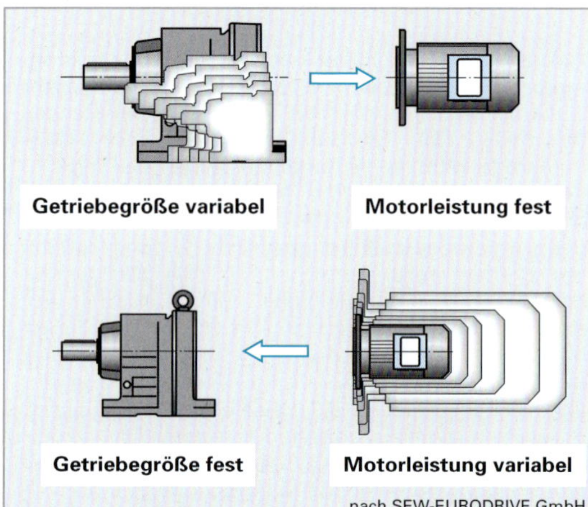

Bild 2: Baukastensystem

Tabelle 2: Getriebemotoren (SEW-EURODRIVE)

Geradliniger Energiefluss		Winkliger Energiefluss			
Stirnradgetriebe	Planetengetriebe	Kegelradgetriebe	Schneckengetriebe, schaltbar	Schneckengetriebe	Spiroplangetriebe

Beispiel: Achswickler für eine Papierrolle

Eine Papierrolle (Tambour[1], **Bild 1**) soll abgewickelt werden. Hierzu soll die massive Stahlwelle, auf der das Papier aufgewickelt ist, aus dem Stillstand in t = 5 s beschleunigt werden. Die Geschwindigkeit der abgewickelten Papierbahn soll danach bei v = 3 m/s gehalten werden.

Stahlwelle: d = 300 mm, l = 4500 mm, m = 2480 kg,
Papierrolle: d_a = 1800 mm, l = 4000 mm, m = 8140 kg.

Zur Lagerung der Welle werden Wälzlager verwendet. Der stationäre Leistungsanteil ist daher vernachlässigbar.

a) Es ist die dynamische Motorleistung zu bestimmen und ein geeigneter Kegelradgetriebemotor auszuwählen.

b) Es sind die Motordrehzahlen für die voll aufgewickelte sowie die vollständig abgewickelte Rolle zu bestimmen.

Lösung:

a) Das Gesamtträgheitsmoment ergibt sich aus der Addition des Wellenträgheitsmoments und des Papierträgheitsmoments. Die Trägheitsmomente der Wellenköpfe, des Getriebes und des Motors werden zunächst vernachlässigt.

$$P_{dyn} = M_a \cdot \Delta\omega,$$

$$M_a = J_{ges} \cdot \alpha,$$

$$\alpha = \frac{\Delta\omega}{\Delta t}$$

$$J_{ges} = J_{Welle} + J_{Papier}$$

$$J_{Welle} = \frac{1}{2}\, m \cdot r^2 = \frac{1}{2} \cdot 2480\ \text{kg} \cdot (0{,}15\text{m})^2 = 27{,}9\ \text{kgm}^2$$

$$J_{Papier} = \frac{1}{2}\, m \cdot (r_a^{\,2} + r_i^{\,2})$$

$$J_{Papier} = \frac{1}{2} \cdot 8140\ \text{kg} \cdot [(0{,}9\ \text{m})^2 + (0{,}15\ \text{m})^2] = 3388{,}3\ \text{kgm}^2$$

$$J_{ges} = 27{,}9\ \text{kgm}^2 + 3388{,}3\ \text{kgm}^2 = 3416{,}2\ \text{kgm}^2$$

$$\Delta\omega = 2\,\pi \cdot n = 2 \cdot \pi \cdot \frac{3\,\frac{\text{m}}{\text{s}}}{\pi \cdot 1{,}8\ \text{m}} = 3{,}33\,\frac{1}{\text{s}},$$

$$\alpha = 3{,}33\,\frac{\frac{1}{\text{s}}}{5\ \text{s}} = 0{,}67\,\frac{1}{\text{s}^2}$$

$$M_a = 3416{,}2\ \text{kgm}^2 \cdot 0{,}67\,\frac{1}{\text{s}^2} = 2277\ \text{Nm}$$

$$P_{dyn} = 2277\ \text{Nm} \cdot 3{,}33\,\frac{1}{\text{s}} = 7584\ \text{W} = 7{,}6\ \text{kW}$$

Berücksichtigung des Wirkungsgrades des Getriebewirkungsgrades: η_{getr} = 0,96 (Katalogangabe)

$$P_N \geq \frac{7{,}6\ \text{kW}}{0{,}96} = 7{,}9\ \text{kW}$$

Ein geeigneter Motor hat nach Katalog:
P_N = 9,2 kW, n_N = 2935 1/min, J_{Motor} = 0,05 kgm².

Das erforderliche Beschleunigungsmoment M_a = 2277 Nm wird als Getriebebemessungsmoment herangezogen und danach das Getriebe ausgesucht. Getriebeträgheitsmoment, motorseitig: $J_{Getriebe}$ = 0,06 kgm².

Überprüfung der Vereinfachungen: Die Trägheitsmomente von Motor, Getriebe und wohl auch der Wellenköpfe sind im Vergleich zum Gesamtträgheitsmoment, auf die Motorwelle mit i = 18,32 reduziert, unerheblich und somit vernachlässigbar:

$$\frac{J_{ges}}{i^2} = \frac{3416\ \text{kgm}^2}{365{,}6} = 9{,}35\ \text{kgm}^2.$$

b) Drehzahlen

Drehzahl der komplett abgewickelten Rolle (hohe Drehzahl):

$$n = \frac{v}{\pi \cdot d_i} = \frac{3\,\frac{\text{m}}{\text{s}}}{\pi \cdot 0{,}3\ \text{m}} = 318\,\frac{1}{\text{s}} = 191\,\frac{1}{\text{min}}$$

Der ausgewählte Motor wird mit einem Frequenzumrichter im oberen Drehzahlbereich mit ca. 3500 min⁻¹ betrieben. Es ergibt sich somit eine Getriebeübersetzung von:

$$i = \frac{n_1}{n_2} = \frac{n_N}{n_{Rolle}} = \frac{3500}{191} = 18{,}32$$

Zur Verfügung steht die Getriebeübersetzung 17,42. Drehzahl bei abgewickelter Rolle:

$$n_{mot} = n_{Rolle} \cdot i = 191\,\frac{1}{\text{min}} \cdot 17{,}42 = 3327{,}22\,\frac{1}{\text{min}}$$

Drehzahl der voll aufgewickelten Rolle:

$$n = \frac{3\,\frac{\text{m}}{\text{s}}}{\pi \cdot 1{,}8\ \text{m}} = 0{,}53\,\frac{1}{\text{s}} = 31{,}8\,\frac{1}{\text{min}}$$

$$n_{mot} = n_{Rolle} \cdot i = 31{,}8\,\frac{1}{\text{min}} \cdot 17{,}42 = 553{,}96\,\frac{1}{\text{min}}$$

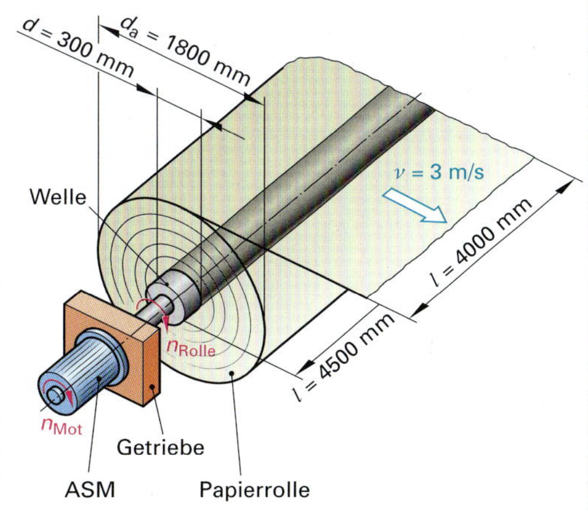

Bild 1: Aufbau des Tambourantriebes

[1] franz. tambour = Trommel

4.4.3.2 Drehstrom-Asynchronmotoren (ASM)

Drehstrom-Asynchronmotoren (ASM) sind meist Kurzschlussläufermotoren (**Bild 1**). Diese sind robust, wartungsfrei, relativ einfach herstellbar und daher auch günstig im Preis. Durch Induktion des rotierenden Drehfeldes entsteht im „Kurzschlusskäfig" (**Bild 2**) der Läuferstrom und dieser bewirkt das Motordrehmoment. Das Drehfeld im Ständer des Motors dreht mit der frequenzabhängigen und der polzahlabhängigen Drehfelddrehzahl (**Tabelle 1**). Man bezeichnet diese auch als Synchrondrehzahl n_s.

Schlupf und Nenndrehzahl

Der Drehstrom-Asynchronmotor läuft stets asynchron, nämlich langsamer als das Drehfeld. D. h. der Motor hat gegenüber dem Drehfeld einen Schlupf (Drehzahldifferenz). Nur durch diesen Schlupf entsteht im Läufer ein induzierter Strom, welcher Voraussetzung für ein Drehmoment ist. Je größer der Schlupf ist, umso größer ist dieser induzierte Strom (**Bild 3**). Das Drehmoment ist allerdings nur dem Läuferwirkstrom proportional und da die Phasenverschiebung des Läuferstroms drehzahlabhängig ist, ergibt sich ein stark nichtlinearer Drehmoment-Drehzahl-Zusammenhang (**Bild 2**). Der Schlupf ist bei Nennbetrieb sehr gering und so gibt die Drehfelddrehzahl eine Orientierung für die mögliche Motorbetriebsdrehzahl.

Die Nenndrehzahl des Asynchronmotors ist durch den Schlupf um etwa 5 % kleiner als die Drehfelddrehzahl beim 1-kW-Motor und nur um etwa 0,6 % kleiner als die Drehfelddrehzahl beim 100-kW-Motor.

Die im Leistungsschild (**Bild 4**) angegebene Leistung (Bemessungsleistung[1] = Nennleistung) ist die an der Abtriebswelle des Motors im Dauerbetrieb (S1) verfügbare mechanische Leistung unter Nennbedingungen:

$$P_N = M_N \cdot \omega_N = M_N \cdot 2\,\pi \cdot n_N$$

$$P_b = \cdot\, 2\,\pi \cdot n_b \leq P_N$$

$$M_b \leq M_N$$

$$N_b \leq n_N$$

P_N Nennleistung
M_N Nennmoment
M_b Betriebsmoment
n_N Nenndrehzahl
ω_N Nennwinkelgeschwindigkeit
n_b Betriebsdrehzahl

Zur Motordimensionierung benötigt man die erforderliche Motorbetriebsdrehzahl n_b und das erforderliche Motorbetriebsmoment M_b. Die Betriebsgrößen müssen kleiner als die Nenngrößen sein.

[1] In den deutschen Normen wurde der Begriff *Nenn...*, z. B. Nennleistung durch den Begriff *Bemessungs...*, z. B. Bemessungsleistung ersetzt. Die zugehörigen Indizes sind aber nach wie vor N, z. B. P_N für die Bemessungsleistung. In den Normungen der EU und den offiziellen deutschen Übersetzungen der EU wird jedoch der Begriff *Nenn...* verwendet.

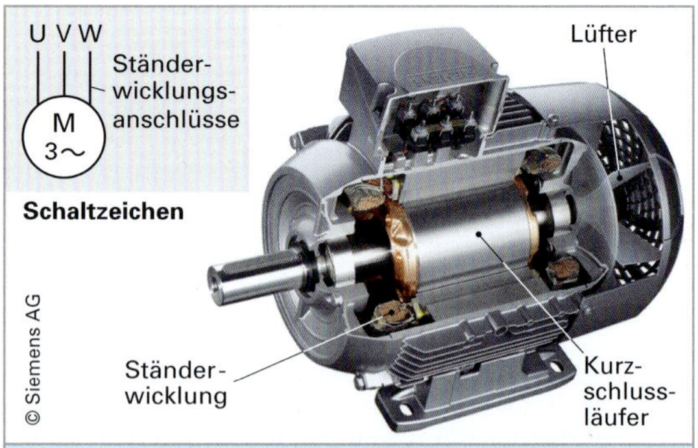

Bild 1: Drehstrom-Asynchronmotor (ASM)

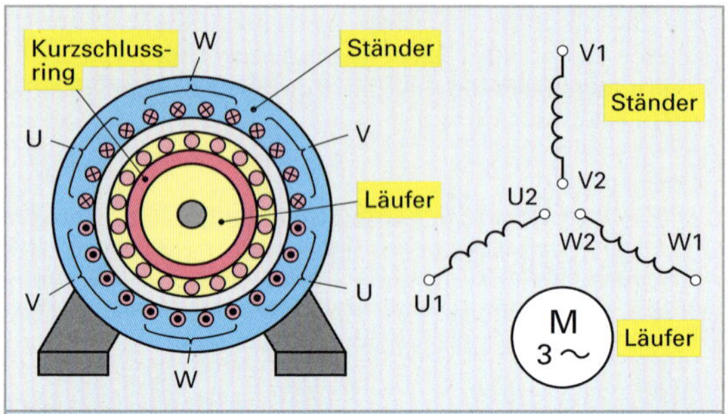

Bild 2: Aufbau des ASM

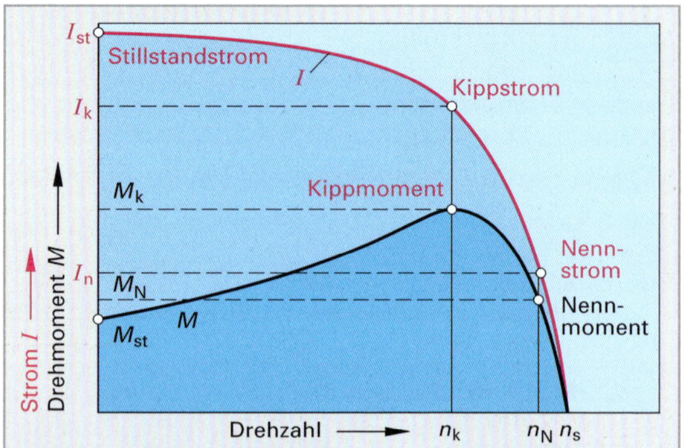

Bild 3: Strom und Drehmoment des ASM

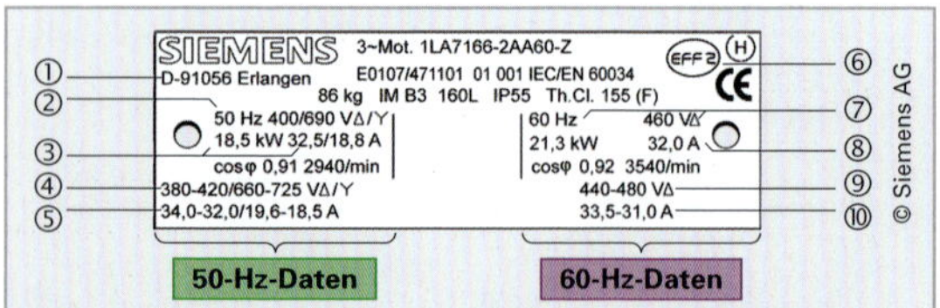

① Firmensitz
② Bemessungsspannung
③ Bemessungsstrom
④ Bemessungsspannungsbereich
⑤ Bemessungsstrombereich
⑥ Logo „Efficiency Class"
⑦ Bemessungsspannung
⑧ Bemessungsstrom
⑨ Bemessungsspannungsbereich
⑩ Bemessungsstrombereich

Bild 4: Typenschild eines ASM

Betriebsarten und Fahrprofile

Wird ein Motor anders als im Dauerbetrieb (S1, gleichbleibende Last und Drehzahl) genutzt, z. B. nur kurzzeitig, so kann man diesem Motor eine höhere Leistung abverlangen, da er sich in der kurzen Betriebszeit nicht bis zu seiner zulässigen Grenztemperatur ϑ_{zul} erwärmt.

Nach DIN EN 60 034 unterscheidet man insgesamt 10 Betriebsarten: S1 bis S10 (**Tabelle 1**).

> Beim **Dauerbetrieb S1** verbleibt der Motor eine lange Zeit im eingeschalteten Zustand. Ein thermischer Beharrungszustand wird erreicht. Bei Nennbelastung bleibt die Motortemperatur < ϑ_{zul}.
> Beim **Kurzzeitbetrieb S2** ist die Einschaltdauer kurz im Vergleich zur Pausendauer, so dass der Motor wieder auf Umgebungstemperatur abkühlen kann. Man darf ihn daher höher belasten als in der Betriebsart S1.
> Beim **Aussetzbetrieb S3** ist die Pausendauer relativ kurz. Ein Temperatureinfluss aufgrund der Beschleunigung träger Massen ist noch vernachlässigbar. Man bezieht zur Motorgrößenermittlung die Einschaltdauer auf die Spieldauer und unterscheidet die Fälle 15 %, 25 %, 40 % und 60 %.
> Beim **Aussetzbetrieb S4** sowie der weiteren Betriebsarten ist der Beschleunigungsvorgang mit einzubeziehen und das erfordert die Berechnung der effektiven Motorbelastung. Notwendig ist dies bei den Servoantrieben.

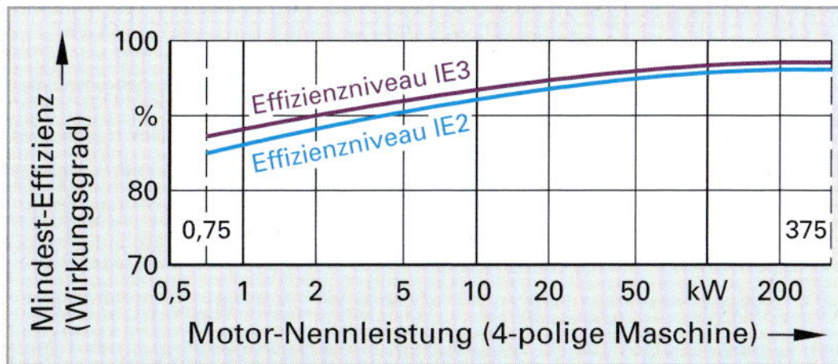

Bild 1: Mindestwirkungsgrade

Tabelle 1: Motorbetriebsarten

Leistungsverlauf Temperaturverlauf	Bemerkung
Dauerbetrieb S1 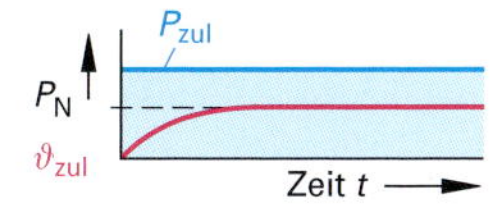	Der Motor wird mit der Bemessungsleistung P_N betrieben. Die zulässige Grenztemperatur wird nach einiger Zeit erreicht.
Kurzzeitbetrieb S2 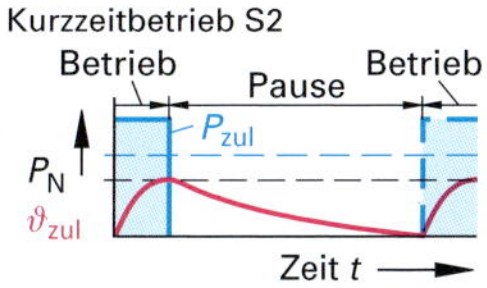	Der Motor wird kurzzeitig mit $P_{zul} > P_N$ betrieben. Ein erneuter Betrieb erfolgt erst nach Abkühlung.
Periodischer Aussetzbetrieb S3, S4[1], S5[2] 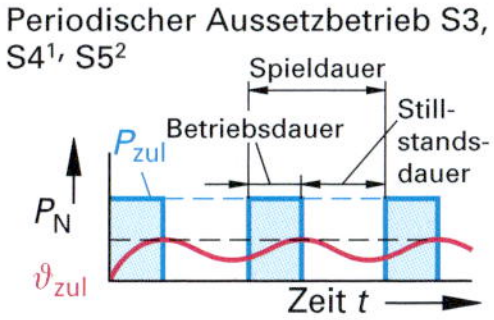	Der Motor wird kurzzeitig belastet, kühlt sich in der kurzen Pause nicht mehr ganz ab. $P_{zul} \approx P_N$ oder < P_N.
Unterbrochener periodischer Betrieb S6, S7[3], S8[4] 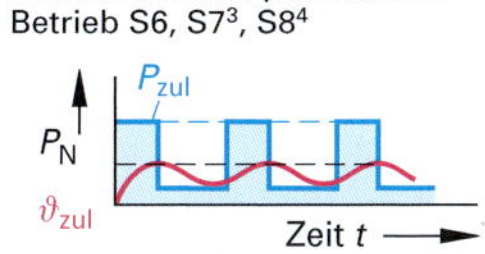	Der Motor läuft durch und kühlt in der Belastungspause besser ab als beim Aussetzbetrieb, da er belüftet wird. $P_{zul} > P_N$, auch $\approx P_N$, auch < P_N.
Betrieb mit nicht periodischer Last- und Drehzahländerung S9 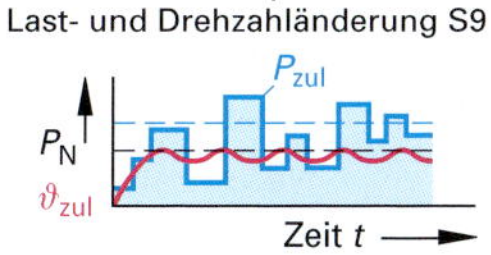	Der Motor wird nach einer bestimmten Gesetzmäßigkeit betrieben. Er ist so zu bemessen, dass seine durchschnittliche Verlustleistung kleiner als bei S1 bleibt.

[1] S4 Betriebsart wie bei S3, nur mit Beachtung der erhöhten Verlustleistung beim Anlauf. [2] S5 Betriebsart wie bei S4, nur mit Beachtung der Verlustleistung beim Bremsen. [3] S7 Betriebsart wie bei S6, nur mit Beachtung der erhöhten Verlustleistung beim Bremsen. [4] S8 Betriebsart wie bei S6. Die Verlustleistung muss für eine Spieldauer ermittelt werden und darf die Verlustleistung bei Nennbetrieb nicht überschreiten, S10 Betrieb mit einzelnen konstanten Belastungen.

4.4.3.3 Energieeffizienz

Die VERORDNUNG (EG) Nr. 640/2009[1] der Europäischen Union („Motorverordnung") schreibt seit 2009, mit Blick auf die umweltgerechte Gestaltung energiebetriebener Produkte, ein Mindest-Effizienzniveau[2] (Mindestwirkungsgrade) für Drehstrom-Asynchronmotoren (ASM) vor[3] (**Bild 1**).

Energiemanagementsysteme nach DIN EN 16 001 bzw. ISO 50001 sehen folgende Schritte zur Energieeinsparung vor:

- Aufnahme von einzelnen Verbrauchsdaten,
- Schaffung von Transparenz,
- Definition von Einsparpotential,
- Umsetzung von Einsparmaßnahmen.

> Generell werden drei Gruppen von Maßnahmen zur Energieeinsparung unterschieden:
> 1. **Wirkungsgrade erhöhen**, z. B. Verwendung von Direktantrieben statt mechanischer Übertragungsglieder,
> 2. **Leistungsbedarf senken**, z. B. Hubbewegung mit Gewichtsausgleich erleichtern,
> 3. **Nutzung freiwerdender Energie**, z. B. Rückspeisung von Bremsenergie und Nutzung von Energiespeichern.

[1] VERORDNUNG (EG) Nr. 640/2009 DER KOMMISSION, vom 22. Juli 2009, zur Durchführung der Richtlinie 2005/32/EG des Europäischen Parlaments und des Rates im Hinblick auf die Festlegung von Anforderungen an die umweltgerechte Gestaltung von Elektromotoren.

[2] „Nenn-Mindesteffizienz" (η) bezeichnet den Wirkungsgrad bei voller Nennlast und Nennspannung ohne Toleranzen.

[3] Zeitplan: 1. Ab 16. Juni 2011 müssen Motoren mindestens das Effizienzniveau **IE2** erreichen. 2. Ab 1. Januar 2015 gilt: Motoren mit einer Nennausgangsleistung von **7,5 kW – 375 kW** müssen entweder mindestens das Effizienzniveau **IE3** erreichen oder dem Effizienzniveau IE2 entsprechen und mit einer Drehzahlregelung ausgestattet sein. 3. Ab 1. Januar 2017 gilt: Alle Motoren mit einer Nennausgangsleistung von **0,75 kW – 375 kW** müssen entweder mindestens das Effizienzniveau **IE3** erreichen oder dem Effizienzniveau IE2 entsprechen und mit einer Drehzahlregelung ausgestattet sein.

4.4.4 Drehstromantriebe mit Umrichter

Umrichter erzeugen aus der Netzdrehstromspannung (3 AC 400 V) eine andere Drehstromspannung mit anderer Frequenz und zwar passend zu den Anforderungen des Motors hinsichtlich Drehmoment, Drehzahl, Drehwinkelbeschleunigung und Drehwinkellage (**Bild 1**). Im „Bremsbetrieb = Generatorbetrieb", d. h. bei Drehzahlreduzierungen wird kinetische Energie durch den Motor wieder in elektrische Energie zurückverwandelt. Diese Energie wird entweder in „Bremswiderständen" des Umrichters in Wärme umgewandelt oder aber in das Drehstromnetz zurückgespeist (Einspeise-Rückspeise-Umrichter).

Einspeise-Rückspeise-Umrichter sind in doppelter Weise von Vorteil:

1. Durch die Energierückspeisung wird elektrische Energie eingespart.
2. Durch die Rückspeisung reduziert sich die energieaufwendige Kühlung in Schaltschränken.

Bei Umrichtern unterscheidet man:

- **U/f-Steuerung**, ermöglicht eine einfache Drehzahlsteuerung meist in Kombination mit Drehstrom-Asynchronmotoren bei geringen Anforderungen an die Dynamik. Der Motor läuft eben mit anderen Drehzahlen entsprechend den unterschiedlichen Bedürfnissen. Anwendungen sind z. B. bei Lüftern, Pumpen, Gruppenantrieben von Textilmaschinen.
- **Vektorregelung**. Die Vektorregelung ermöglicht eine sehr genaue Drehmoment- und Drehzahlregelung. Anwendungen sind z. B. bei Werkzeugmaschinen als Hauptspindelantriebe mit Drehstrom-Asynchronmotoren. Man unterscheidet die Vektorregelung ohne (Drehlagen-)Geber für mittlere Anforderungen an die Motordynamik und mit (Drehlagen-)Geber für höchste Anforderungen an das abzugebende Drehmoment in Verbindung mit hoher Dynamik. Die Vektorregelung ist eine sehr komplexe Technologie. Sie bildet sich aber fast nur in der erforderlichen Software ab.
- **Servoregelung**. Die Servoregelung erfolgt fast immer in Verbindung mit einem Drehlagengeber und mit Drehstrom-Synchronmotoren. Die Drehstromsynchronmotoren (**Bild 2**) haben einen Motorläufer mit sehr starken Permanentmagneten, bestehend aus Legierungen mit Seltenen Erden (u. a. Samarium). Der Motor ist aufwendiger hinsichtlich Herstellung und Materialkosten als ein Drehstrom-Asynchronmotor.

Ablauf der Projektierung

Nach der Festlegung hinsichtlich der Art des Umrichters (U/f-Umrichter, Vektorregelung, Servoregelung) und der Art des Drehstrommotors (Asynchronmotor oder Synchronmotor) sind das Fahrprofil sowie die maximale Drehzahl, das maximale Drehmoment, gegebenenfalls auch das erforderliche Getriebe sowie die Zusatzkomponenten, z. B. Geber und Haltebremsen, zu ermitteln.

Bei den Servoantrieben ist zu entscheiden ob man **schnell laufende Normalläufermotoren**, (z. B. Bemessungsdrehzahl $n_N = 3000\ \text{min}^{-1}$), oft in Verbindung mit Untersetzungsgetrieben, einsetzt oder ob man **langsam laufende Torque[1]-Motoren** (z. B. Bemessungsdrehzahl $n_N = 30\ \text{min}^{-1}$) als Einbaumotoren ohne Getriebe verwendet.

Torque-Motoren sind vielpolige Langsamläufer, meist ohne Gehäuse zum Einbau. Man erspart sich ein Getriebe.

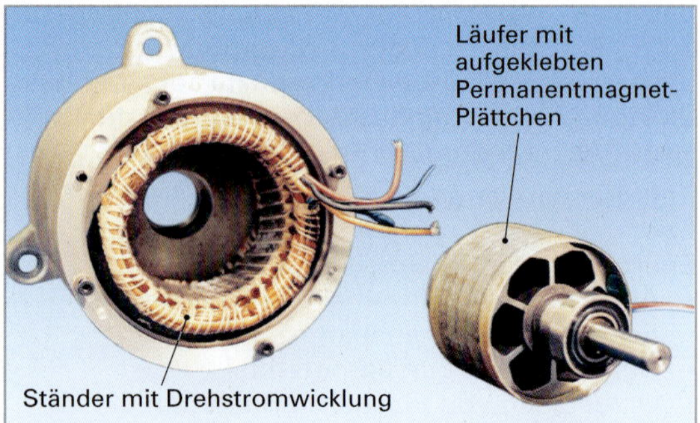

Bild 2: Servomotor

[1] engl. torque = Drehkraft, Drehmoment, hier in der Bedeutung Motoren mit besonders hohem Drehmoment und kleiner Drehzahl

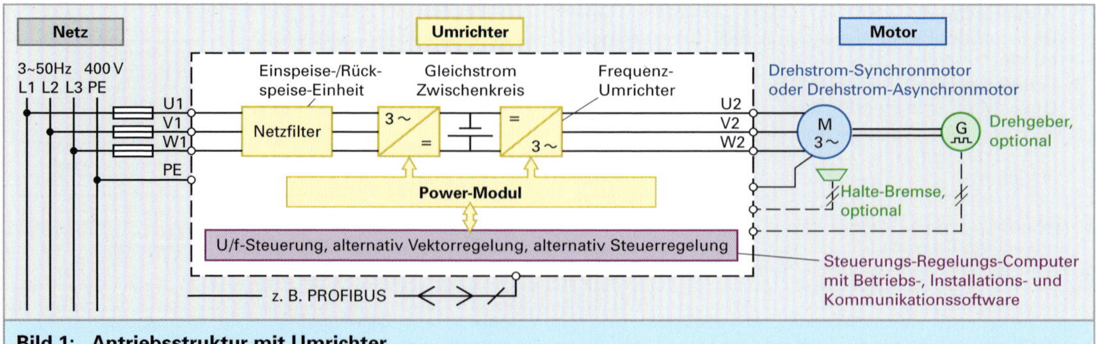

Bild 1: Antriebsstruktur mit Umrichter

Optimale Getriebeübersetzung bei einem Servoantrieb

Servoantriebe haben einen sehr weiten Drehzahlbereich mit fast konstantem Moment und können in diesem Bereich bis etwa zum 5-fachen Nennmoment kurzzeitig überlastet werden (**Bild 1**). So kann man die Getriebeübersetzung z. B. hinsichtlich einer günstigsten Dynamik definieren.

Der Motor-Getriebe-Auswahlvorgang läuft stets iterativ ab, da das Motorträgheitsmoment auch in die Rechnung mit eingeht.

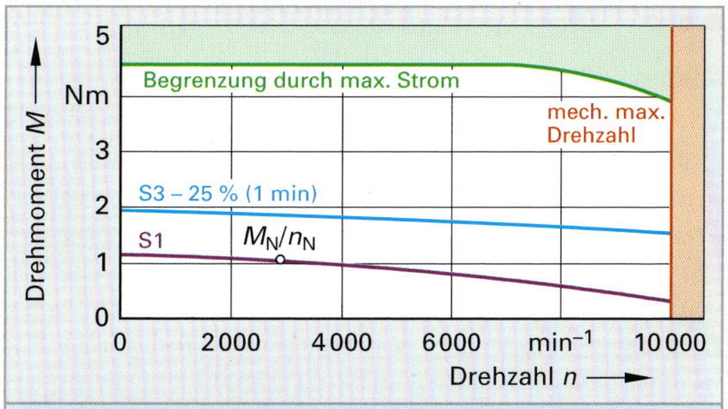

Bild 1: Grenzkurven für das Drehmoment bei Servomotoren

Aufgabe:

Zu ermitteln ist i_{opt} in Bezug auf eine größte Beschleunigung (kleinste mechanische Zeitkonstante), damit man beste Antriebsdynamik erhält. Es soll aber stets die Vorschubgeschwindigkeit $v_{max} = 0{,}5$ m/s erreicht werden. Vorschubantriebe werden meist auf beste Dynamik ausgelegt. Wegen der hohen Beschleunigungsmomente bleiben die Widerstandsmomente in der Rechnung meist unbeachtlich. Die Widerstandsmomente fallen überwiegend in den beschleunigungsarmen Fahrvorgängen an und können aus der stets verfügbaren Momentreserve erbracht werden.

Daten:

Motor: Motornennmoment $M_N = 1$ Nm, Motordrehzahl, in weitem Bereich möglich, n_0 bis 10 000 min^{-1}, Motorträgheitsmoment $J_{Mot} = 0{,}16 \cdot 10^{-3}$ kgm^2, Motorbremse $J_{Bremse} = 0{,}032 \cdot 10^{-3}$ kgm^2

Zahnriemengetriebe: Trägheitsmoment des Getrieberads auf der Motorseite $J_{Gmot} = 0{,}04 \cdot 10^{-3}$ kgm^2.

Das Trägheitsmoment für das Getrieberad auf der Spindelseite ist abhängig von der Übersetzung $i = n_{Mot}/n_{Spindel}$. Es wird zunächst in der gleichen Größe angenommen $J_{GSpindel} = 0{,}04 \cdot 10^{-3}$ kgm^2. Trägheitsmoment des Zahnriemens (motorseitig gerechnet) $J_{Zahnriemen} = 0{,}02 \cdot 10^{-3}$ kgm^2.

Spindel:

Steigung $P = 10$ mm,

Masse $m_{Spindel} = 10$ kg,

Durchmesser $D = 60$ mm.

Trägheitsmoment $J_{Spindel} = 1{,}5 \cdot 10^{-3}$ kgm^2.

Maschinentisch mit Werkstück: $m = 200$ kg

Beschleunigung:

$$\alpha = \frac{d\omega}{dt} = \frac{M_N}{J_{ges}} = \frac{2\pi \cdot n_{Mot}}{\Delta t}$$

$$\rightarrow \text{maximal} \rightarrow \Delta t = \frac{J_{ges}}{M_N} \cdot 2\pi \cdot n_{Mot} \rightarrow \text{minimal}$$

Das Gesamtträgheitsmoment setzt sich aus dem Anteil der Motorseite J_1 und dem auf die Motorseite mit dem um das Übersetzungsverhältnis i reduzierten Trägheitsmoments J_2/i^2 zusammen.

$J_2 = J_{Tischersatz} + J_{Spindel} + J_{GSpindel}$ mit

$$J_{Tischersatz} = \frac{m\,D^2}{8} = \frac{10\text{ kg} \cdot 0{,}04\text{ m}^2}{8} = 0{,}506 \cdot 10^{-3}\text{ kgm}^2$$

$$J_{Spindel} = \frac{m\,D^2}{8} = \frac{8\text{ kg} \cdot 0{,}06\text{ m}^2}{8} = 3{,}6 \cdot 10^{-3}\text{ kgm}^2$$

$$J_2 = (0{,}506 + 3{,}6 + 0{,}04) \cdot 10^{-3}\text{ kgm}^2$$

$$J_2 = (0{,}506 + 1{,}6 + 0{,}04)\ 10^{-3}\text{ kgm}^2 = 2{,}14 \cdot 10^{-3}\text{ kgm}^2$$

$$J_1 = J_{Mot} + J_{Bremse} + J_{GMot} + J_{Zahnriemen}$$

$$J_1 = (0{,}16 + 0{,}032 + 0{,}04 + 0{,}02) \cdot 10^{-3}\text{ kgm}^2$$

$$J_1 = 0{,}252 \cdot 10^{-3}\text{ kgm}^2$$

$$J_{ges} = J_1 + \frac{J_2}{i^2} \text{ mit } i = \frac{n_{Mot}}{n_{Spindel}},$$

$$v_{max} = n_{Spindel} \cdot P = n_{Mot} \cdot \frac{P}{i} \rightarrow n_{Mot} = \frac{v_{max}}{P} \cdot i$$

$$\Delta t = \frac{J_{ges}}{M_N} \cdot \frac{2 \cdot \pi \cdot v_{max}}{P}\, i = \left(J_1 \cdot i + \frac{J_2}{i}\right) \frac{2 \cdot \pi \cdot v_{max}}{M_N \cdot P}$$

$\rightarrow$ minimal für Min $\left(J_1 \cdot i + \frac{J_2}{i}\right)$, minimal für $J_1 \cdot i = \frac{J_2}{i}$ (**Bild 2**)

$$i_{opt} = \sqrt{\frac{J_2}{J_1}} = \sqrt{\frac{2{,}141}{0{,}252}} = 2{,}914$$

d. h. vom Motor aus gesehen eine Untersetzung von etwa 1:3

$$n_{Mot} = \frac{v_{max}}{P}\, i = \frac{0{,}5\text{ m/s}}{0{,}01\text{ m}} \cdot 2{,}914 = 145{,}7\text{ s}^{-1} = 8742\text{ min}^{-1}$$

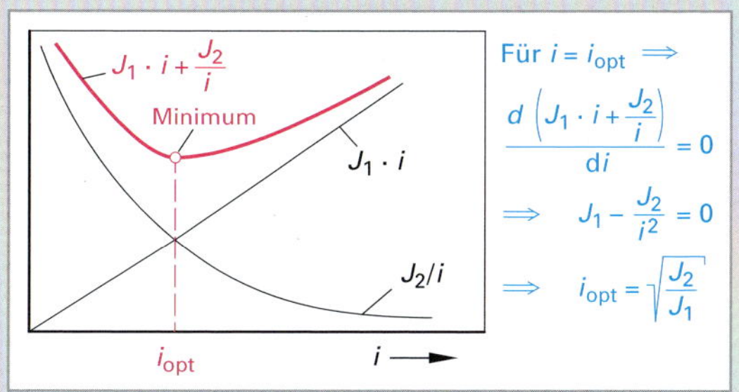

Bild 2: Optimale Getriebeübersetzung

4.4.5 Direktantriebe, Linearmotoren

Allgemeines

Von Direktantrieben spricht man, wenn der Antriebsmotor direkt, also ohne Getriebe die Endbewegung, z. B. die Maschinentischbewegung erzeugt. Zum Antrieb von Maschinenschlitten verwendet man Linearmotoren, zum Antrieb von Drehtischen und Rädern rotatorische Direktantriebe. Die Antriebe werden nur in Verbindung Umrichtern mit Positionsregelungen (Lageregelungen) verwendet.

Der Vorteil ist vor allem, dass die nachgebenden mechanischen Übertragungselemente, z. B. bei einem Werkzeugmaschinentisch entfallen (**Bild 1**). Dadurch erreicht man eine mehrfach höhere Grenzfrequenz als bei einem Antrieb mit rotatorischen Motoren. Der Wegfall der mechanischen Übertragungsglieder vereinfacht darüber hinaus die Maschinenkonstruktion und die Maschinenmontage erheblich.

Synchronantrieb. Der funktionale Aufbau dieser Motoren wie auch der zugehörigen Umrichter entspricht dem Synchronmotor mit Permanenterregung. An die Stelle der Dauermagnete des Läufers tritt hier die lineare **(Bild 2, rechts)** oder bogenförmige Ausdehnung **(Bild 3)** einer Folge von wechselnden Magnetpolen, zumeist im nicht bewegten Maschinenbett untergebracht. Die Ständerwicklung des üblichen Synchronmotors kann man sich ebenfalls linear abgewickelt vorstellen. Sie ist zumeist im beweglichen Schlittenteil der Maschine untergebracht. Der Maschinenschlitten muss daher mit einem Schleppkabel versorgt werden, ggf. auch mit Schleppleitungen für die Wasserkühlung. Die Magnetbahn muss vor etwaigen, magnetisierbaren Spänen oder Schmutzteilen geschützt sein.

Asynchronantrieb. Auch können lineare Asynchronmotoren in gleicher Weise wie die konventionellen Asynchronmotoren mit Kurzschlussläufern realisiert werden **(Bild 2, links)**. Sie werden auch mit Umrichtern in einer Lageregelung betrieben. Nicht unproblematisch ist die Herstellung einer „geblechten" linearen Statorbahn mit den eingegossenen Al-Kurzschlussstäben im Bett der Maschine, ggf. zusätzlich wassergekühlt. So sind lineare Asynchronmotoren eher selten.

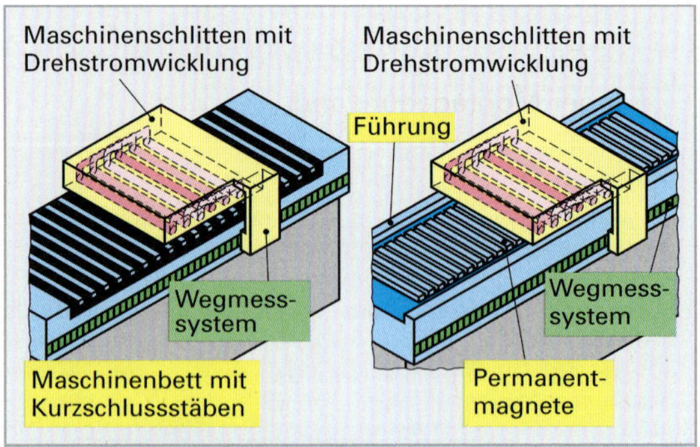

Bild 2: Linearer Direktantrieb (links asynchron, rechts synchron)

Bild 3: Servomotor

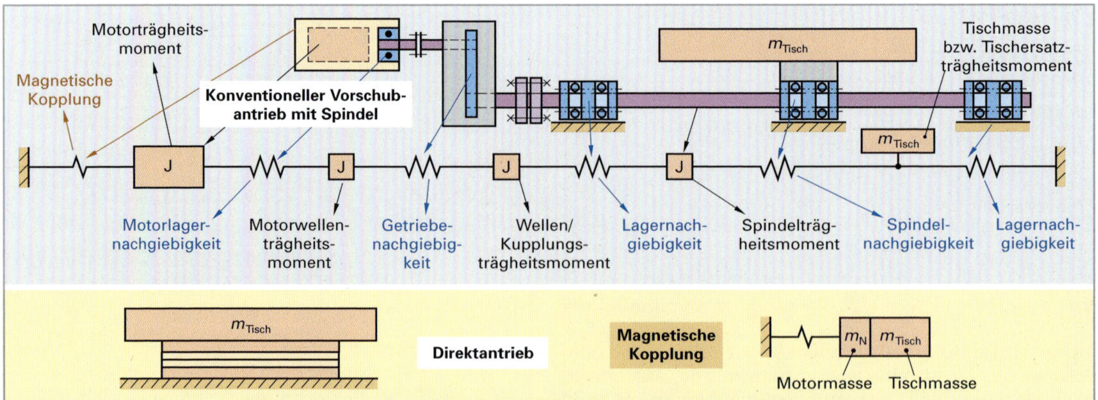

Bild 1: Feder-Massen-Ersatzbild für Spindelantrieb und für Direktantrieb

Beispiel: Elektrischer Vorschubantrieb mit Linearmotor

Beim Direktantrieb mit Linearmotor **(Bild 1)** entfallen die mechanischen Übertragungsglieder zur Vorschuberzeugung. Er ist direkt am beweglichen Maschinenschlitten befestigt und stützt sich magnetisch am Maschinenbett ab. Die Vorteile sind:

- weniger Bauteile,
- keine Nachgiebigkeit durch die mechanische Kraftübertragung,
- keine zusätzlichen Reibungsverluste,
- hohe Geschwindigkeiten (**Bild 2** und **Tabelle 1**),
- geringer Montageaufwand,
- bei kleinen Massen auch hohe Beschleunigungen und hohe K_v-Werte mit
  - hoher Positioniergenauigkeit und
  - hoher Bahntreue.

Der Linearantrieb ist von Vorteil, solange die zusätzlich zu beschleunigenden Massen in der Größe der Eigenmasse liegen und die Belastungen gering sind.

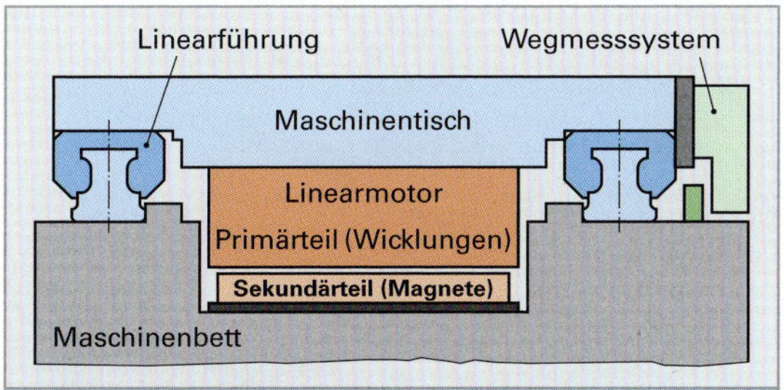

Bild 1: Direktantrieb beim Linearmotor

Tabelle 1: Typische Kenngrößen eines Linearmotors

Kenngröße	Selbstkühlung	Wasserkühlung
Nennspannung $U_{N3\sim}$	600 V	600 V
Bemessungsstrom I_N	11 A	22 A
Elektr. Bemessungsleistung P_{Nel}	11,418 kW	22,836 kW
Bemessungskraft F_N	0,800 kN	1,400 kN
Maximalkraft F_{max}	0,1900 kN	1,900 kN
Stillstandskraft F_{st}	0,600 kN	1,000 kN
max. Geschwindigkeit bei F_N	450 m/min	300 m/min
Masse, Primärteil m	21 kg	21 kg
Beschleunigung a_{max} bei Tischmasse: m_{Tisch} = 500 kg m_{Tisch} = 50 kg	3,646 m/s² 26,760 m/s²	3,646 m/s² 26,760 m/s²

Beispiel: Linearantrieb mit Selbstkühlung.

Es handelt sich um einen relativ großen Linearmotor **(Tabelle 1)**: Masse (bewegtes Primärteil) m_{mot} = 21 kg, zusätzlich ca. 8 kg nichtbewegtes Sekundärteil, Verfahrweg l = 1000 mm. Tischmasse m_T = 500 kg (alternativ 50 kg). In der Überschlagsrechnung werden Reibungskräfte vernachlässigt.

Bemessungskraft: 0,8 kN

Maximale Geschwindigkeit: 450 m/min.

Beschleunigung:

$$F_a = (m_{mot} + m_T) \cdot a \rightarrow a = \frac{F_a}{(m_{mot} + m_T)}$$

$F_a = F_{max}$ = 1900 N, m_{mot} = 21 kg, m_T = 500 kg

$$a = \frac{1900\ \text{N}}{521\ \text{kg}} = \mathbf{3{,}646\ m/s^2}$$

alternativ:

Tischmasse 50 kg $\rightarrow a = \frac{1900\ \text{N}}{71\ \text{kg}} = 26{,}760\ \text{m/s}^2$

Wie man aus den Beispielrechnungen **(Tabelle 1, Seite 458)** sieht, kommt der Linearmotor, auch mit aufwendiger Wasserkühlung, nicht an die Leistungen eines Kugelgewindetriebs (KGT) heran, wenn z. B. Tischmassen von 500 kg zu beschleunigen sind. Ausnahmen sind z. B. Hexapod-Maschinen **(Bild 3)** und Maschinen mit leichten Werkzeugen, z. B. Laserschneidanlagen.

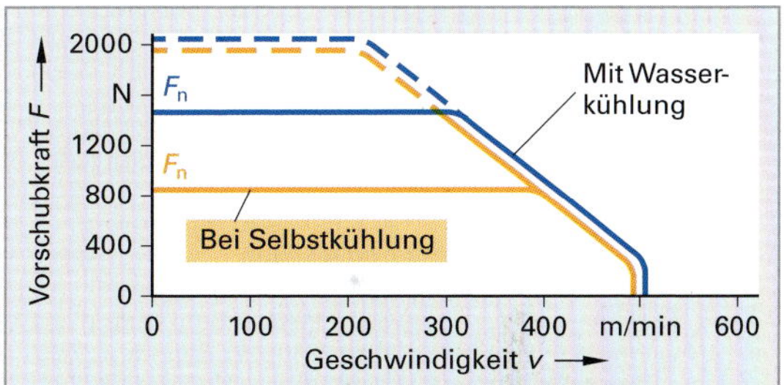

Bild 2: Motorkennlinien eines Linearantriebs

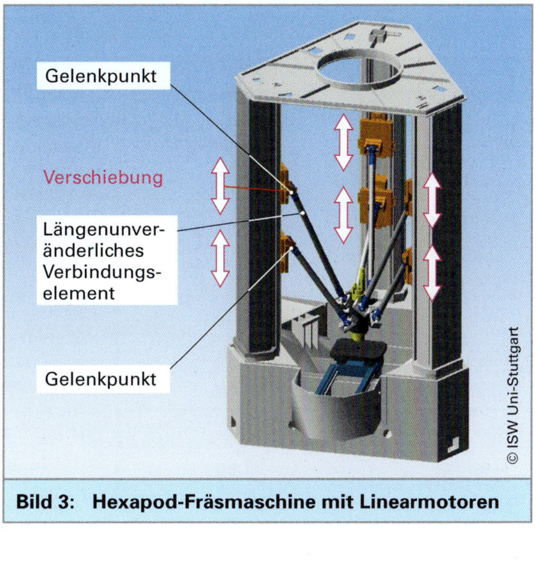

Bild 3: Hexapod-Fräsmaschine mit Linearmotoren

Vergleicht man den Linearantrieb (Tabelle 1, Seite 457) mit den rotatorischen Antrieben und KGT nach **Tabelle 1**, dann wird für etwa gleich große Motorleistungsklassen deutlich, dass die verfügbaren Prozesskräfte der rotatorischen Antriebe erheblich größer sind.

> Lineare Direktantriebe kommen günstigerweise bei geringen zu beschleunigenden Massen, relativ geringen Prozesskräften und bei gleichzeitiger Forderung nach hohen Geschwindigkeiten infrage.

Bei der Gesamtbewertung sind allerdings auch die Einbauverhältnisse, die Kosten (Sondereinzelkosten, Montage, Engineering, Wartung) und der technologische Nutzen (Genauigkeit, Dynamik) in Betracht zu ziehen. Durch die Kosten der Permanentmagnete werden große Fahrlängen teuer.

Der besondere Vorteil linearer Direktantriebe ist, dass mechanische Übertragungsglieder zwischen Motor und Maschinenschlitten fehlen und dass es dadurch keine Umkehrspanne gibt. Deutlich ersieht man das bei einem Kreisformtest **(Bild 1)**.

Direktantriebe können mit **Synchron-Segmentmotoren** sehr vorteilhaft bei Rundtischen bzw. großen Drehtellern sein, da hier bei großem Radius (Hebelarm) auch große Kräfte verfügbar werden und gleichzeitig träge Massen klein bleiben. So findet man z. B. direkt angetriebene Drehtische bei Verzahnungsmaschinen **(Bild 2)**.

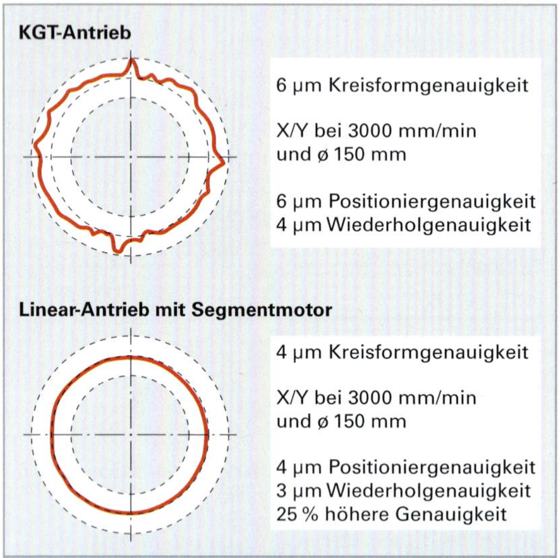

Bild 1: Kreisformtest (Beispiel)

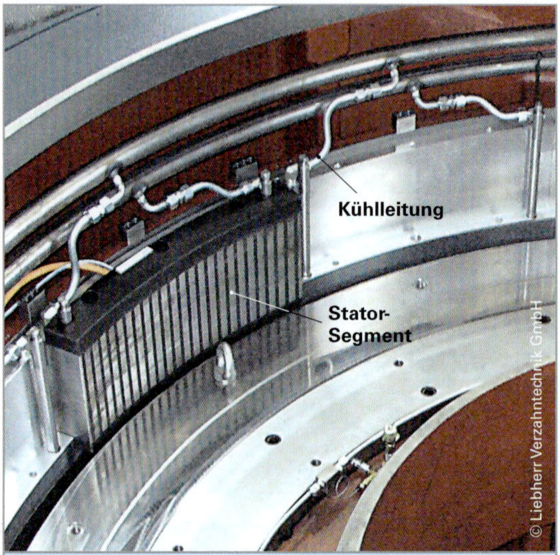

Bild 2: Direktantrieb (Stator) eines Drehtisches

Tabelle 1: Vergleich mit rotatorischen Spindelantrieben

Kenngrößen bei Selbstkühlung	**Motorvariante 1**	*Überschlagsrechnung für Translation mit:*	**Motorvariante 2**	$P = 20$ mm
Nennspannung $U_{N3\sim}$	600 V	*Spindelsteigung $P = 10$ mm* *Spindeldurchmesser $Ø = 40$ mm*	600 V	$Ø = 40$ mm $l = 1$ m $\eta = 100$ %
Bemessungsstrom I_N	7 A	*Spindellänge $l = 1$ m* *Wirkungsgrad $\eta = 100$ %*	11,5 A	$m_{Tisch} = 500$ kg
Elektr. Bemessungsleistung P_{Nel}	7,182 kW	*Tischmasse $m_{Tisch} = 500$ kg*	11,799 kW	
Bemessungsmoment M_N	6,5 Nm	→ Bemessungskraft F_N 4,084 kN	14 Nm	→ 4,398 kN
Maximalmoment M_{max}	65 Nm	→ Maximalkraft F_{max} 40,840 kN	108 Nm	→ 33,929 kN
Stillstandsmoment M_{st}	18 Nm	→ Stillstandskraft F_{st} 11,309 kN	30 Nm	→ 9,424 kN
max. Drehzahl v_{max}	6000 min^{-1}	→ max. Geschw. v_{max} 60 m/min	5000 min^{-1}	→ 100 m/min
Masse m	23 kg	→ max. Beschl. ($M_a = 5\ M_N$) 9,581 m/s^2	28,5 kg	→ 11,7 m/s^2
Trägheitsmoment J_{Mot}	$2{,}2 \cdot 10^{-3}$ kgm^2		28,5 kg → $10{,}4 \cdot 10^{-3}$ kgm^2	

4.4.6 Kleinmotoren

Elektrische Kleinmotoren, 0,15 W bis etwa 150 W Antriebsleistung, sind häufig Bestandteil z. B. in Spielzeugen, Kraftfahrzeugen, medizinischen Geräten. Zunehmend gibt es batteriebetriebene Handwerkzeuge, z. B. Schrauber, Schleifspindeln und Gartengeräte, z. B. Scheren mit Kleinmotoren. Die Stromversorgung erfolgt bei diesen Geräten über elektrische Batterien bzw. Akkumulatoren (Sekundärelemente). Durch die stets sich verbessernde Speicherfähigkeit der Sekundärelemente (**Bild 1**) werden netzunabhängig Geräte zunehmend mit Kleinmotoren ausgestattet.

Kleinmotoren werden oft mit Gleichstrom bei Spannungen < 50 V versorgt. Häufig verwendet man als Kleinmotoren auch konventionelle Gleichstrommotoren (DC-Motoren). Durch kleine kompakte elektronische Umrichter, häufig in den Motor integriert, können Kleinmotoren auch wie Drehstromsynchronmotoren, nämlich bürstenlos (BLDC-Motoren) aufgebaut sein, z. B. für Hochfrequenzspindeln. Dies ist sehr vorteilhaft, da die mechanische Kommutierung mit Bürsten entfällt, die Lebensdauer sich erhöht und Bürstenfeuer ausschließt.

Kleinmotoren werden oft mit **Kleinspannung** (< 50 V) betrieben und sind dadurch elektrisch ungefährlich (**Bild 2**).

Hohe Drehzahlen bis z. B. 100 000 min^{-1} erreicht man mit kleinen Drehstromsynchronmotoren.

Für **große Drehmomente** werden hochtourige Kleinmotoren mit Getrieben, z. B. Planetenradgetrieben (**Bild 3**), Harmonic-Drive-Getrieben oder mehrstufigen Stirnradgetrieben ausgestattet.

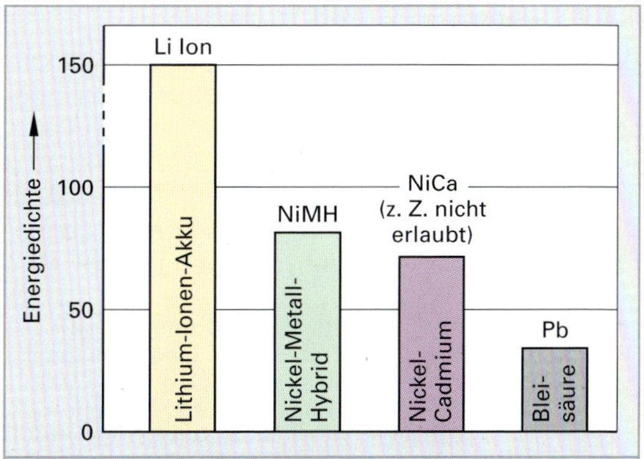

Bild 1: Energiedichte bei Akkumulatoren

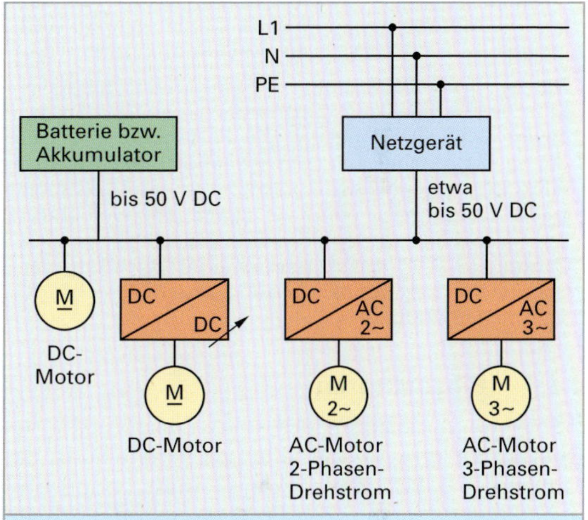

Bild 2: Betriebsvarianten

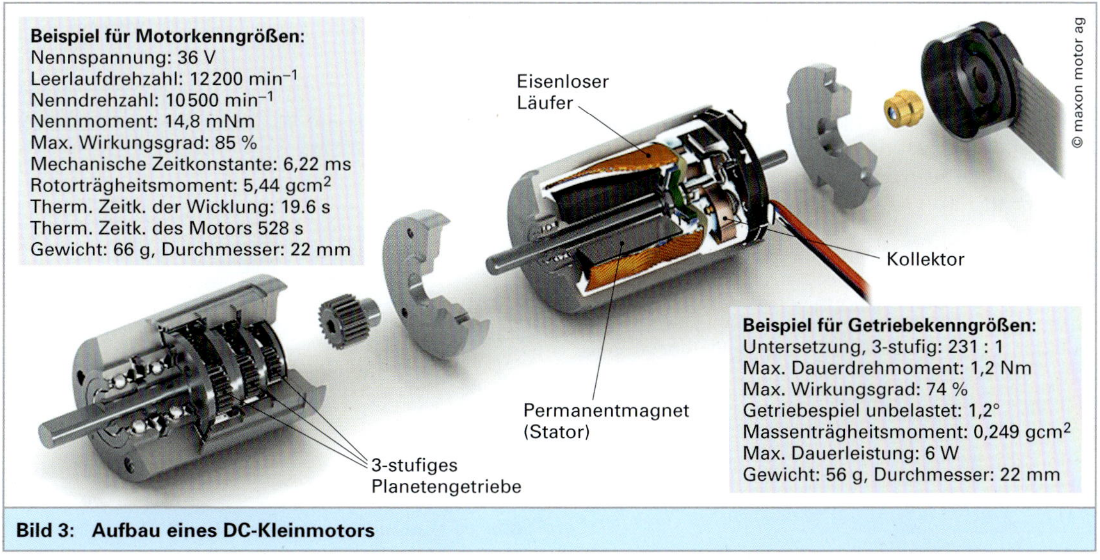

Bild 3: Aufbau eines DC-Kleinmotors

4.4.7 Schrittmotoren

Der Schrittmotor dreht sich mit jedem Ansteuerimpuls um einen kleinen *Winkelschritt*. Sie ermöglichen ein Positionieren ohne Wegmesssystem. Allerdings wird zur Kontrolle etwaiger, nicht ausgeführter Schritte häufig ein Weg-/Winkelmesssystem hinzugefügt. Dann aber hat man gegenüber üblichen Servoantrieben keinen Vorteil mehr.

Wirkungsweise. Werden die Spulen des Schrittmotors in der Reihenfolge 1, 2, 3, 1, 2... nacheinander von einem Strom durchflossen, stellt sich der Läufer mit seinen beiden Zähnen nacheinander in Richtung des magnetischen Feldes jeder Magnetspule **(Bild 1)**. Er dreht sich bei 3 Schritten um 180° bzw. bei 6 Schritten um eine ganze Umdrehung. Erregt man die Spulen in der Reihenfolge 1, 1+2, 2, 2+3, 3 usw., dann nimmt bei Doppelerregung von je 2 Spulen der Läufer eine Mittelstellung zwischen 2 Polen ein. Es sind jetzt für 1 Umdrehung 2 · 6 = 12 Schritte erforderlich.

Aufbau. Beim Schrittmotor im Foto von Bild 1, hat der Ständer 8 Wicklungen, die, jeweils gegenüberliegend erregt, 4 Phasen ergeben. Die Polschuhe sind wie der Läufer gezahnt. Der Läufer hat 50 Zähne am Umfang. Die Zahnung der Polschuhe ist von Polschuh zu Polschuh um 7,2° verdreht. Durch die Zweiteilung der Polschuhe mit einem Versatz der Zähne um eine Zahnbreite (3,6°) erhält man eine Verdoppelung der Schrittzahl, bei Doppelerregung ergeben sich 200 Schritte/Umdrehung.

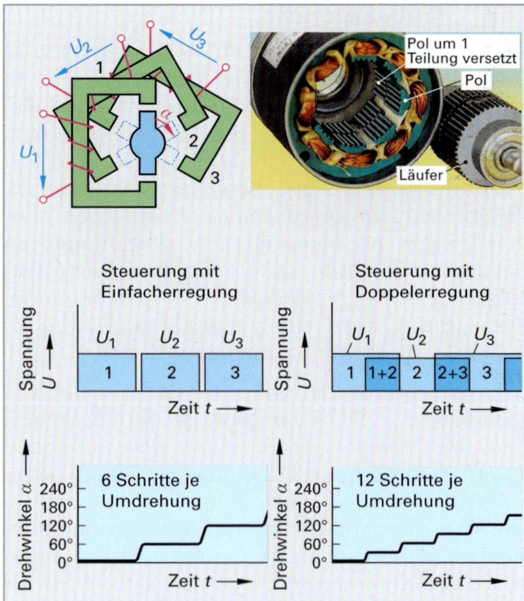

Bild 1: Prinzip und Aufbau eines Schrittmotors

4.4.8 Piezoaktoren

Piezoaktoren basieren auf dem Piezoeffekt[1]. Bei Quarzkristallen und speziellen polykristallinen Keramiken, z. B. PZT (Blei-Zirkon-Titanat), beobachtet man eine Kristallverformung *S*, wenn auf diese ein elektrisches Feld wirkt *E* **(Bild 2)**. Man unterscheidet, abhängig von der Feldrichtung (Polarisationsrichtung) und der Kristallorientierung, Verformungen nach dem *Longitudinaleffekt*, dem *Transversaleffekt* und dem *Schereffekt*. Die Verformungen sind umso stärker, je höher die elektrische Feldstärke bzw. angelegte Spannung ist und je größer die Kristallabmessungen sind. Um möglichst starke Wirkungen zu erzielen setzt man häufig mehrere Aktoren als Paket bzw. Stapel zusammen.

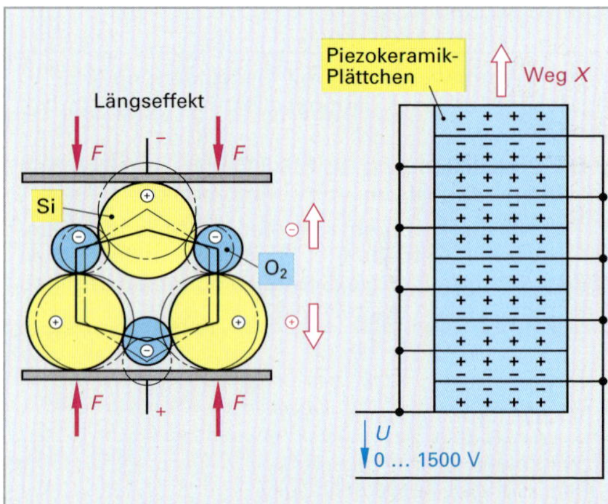

Bild 2: Prinzip und Aufbau eines Piezo-Stapelaktors

Die **Längung** bzw. Ausdehnung Δl ist beim Longitudinaleffekt proportional zur Basislänge l_0, zur Feldstärke E und zum Deformationskoeffizient d_{33} (in Längsrichtung) sowie zur Anzahl der Scheiben *n*. Mit der Längung geht gleichzeitig eine Querschnittsverminderung einher.

Für *eine* Scheibe gilt **(Bild 3)**:

$\Delta l = l_0 \cdot E \cdot d_{33}$ mit $E = \frac{U}{l_0}$

Für *n* Scheiben:

$\Delta l = n \cdot l_0 \cdot E \cdot d_{33}$

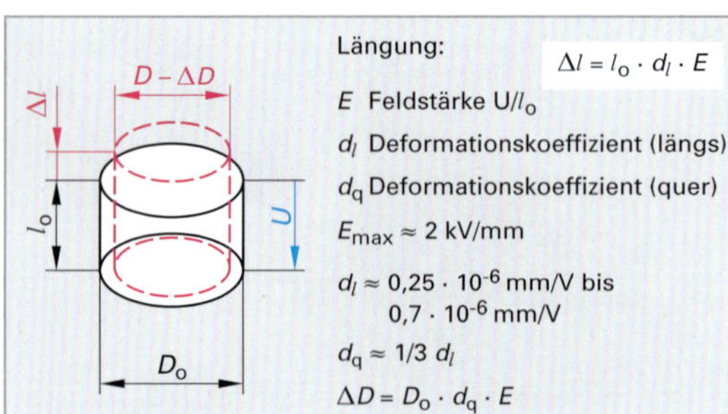

Bild 3: Longitudinaleffekt bei einer PZT-Scheibe

[1] von griech. piezein = drücken

Stapel-Aktoren sind die bekanntesten Piezo-Aktoren. Sie erzeugen bei hoher Eigensteifigkeit hohe Stellkräfte bei Stellhüben bis 0,5 mm. Sie sind meist durch ein Metallgehäuse geschützt und mit einer vorgespannten Feder versehen, um Zugbelastungen auszuschließen. Durch eine äußere Mechanik, z. B. mit Hebelgelenken, können Arbeitskräfte oder Aktorarbeitsbereiche **(Bild 1)** vergrößert werden.

Biege-Aktoren (Bild 2) erreichen relativ weite Bewegungsräume bei geringen Kräften. Sie sind bimorph, d. h. in Kombination PZT/PZT mit entgegengesetzter Polarisation oder in Kombination PZT/Metall, aufgebaut oder multimorph mit weiteren Schichten. Durch die Längung des PZT verbiegen sich die Streifen.

Beim **schreitenden Linearmotor (Bild 3)** bewegen im Wechsel jeweils zwei Beine mit Schuhen beidseitig einer Schiene durch Reibkraft diese vorwärts. Zur Vorwärtsbewegung verwendet man den Piezo-Schereffekt und für den Beinhub und das Klemmen der Schiene den Piezo-Longitudinaleffekt. Der Ablauf geschieht taktweise in schneller Folge. Die Rückstellung erfolgt durch Umpolen der Piezospannung. Auf Aktivphasen folgen im Wechsel Passivphasen. Die Wegauflösung liegt im Subnanobereich, die Verfahrlänge ist unbegrenzt. Die Verfahrgeschwindigkeit beträgt bis etwa 300 µm/s. Die Vorschubkräfte und die Haltekräfte liegen über 100 N. Im Ruhezustand ist der Antrieb selbsthemmend[1].

Für einen **rotatorischen Antrieb** setzt man die Schreitwerke an eine kreisrunde Scheibe.

Beim **Ultraschall-Linearmotor**[2] **(Bild 4)** wird eine piezoelektrische Platte mit einem Stoßdorn zu einer *unsymmetrischen* mechanischen Stehwelle mit über 100 kHz angeregt (Dauerschwingung bei der Resonanzfrequenz, Bild 3). Dabei erzeugt die Schwingbewegung des Stoßdorns neben einer Anpresskraftkomponente auch eine reibungsbedingte Vorschubkraft an der Vorschubstange. Beim Rückhub ist keine Reibung vorhanden, so dass sich die Vorschubstange stoßweise in kleinsten Hüben vorwärts bewegt. Durch Umschalten des Oszillators auf die andere Elektrode erhält die unsymmetrische stehende Welle die spiegelbildliche Form und die Vorschubbewegung kehrt sich um.

Technische Daten für Ultraschallmotoren sind z. B.: Haltekraft bis 15 N, Haltemomente bis 0,3 Nm.

Geschwindigkeit bis 500 mm/s, Positionierauflösung bis 2 nm. Auflösung des Wegmesssystems 1 nm[3].

Einen **rotatorischen Ultraschall-Antrieb** erhält man, wenn die Vorschubstange durch eine kreisrunde Scheibe oder einen kreisrunden Ring ersetzt wird.

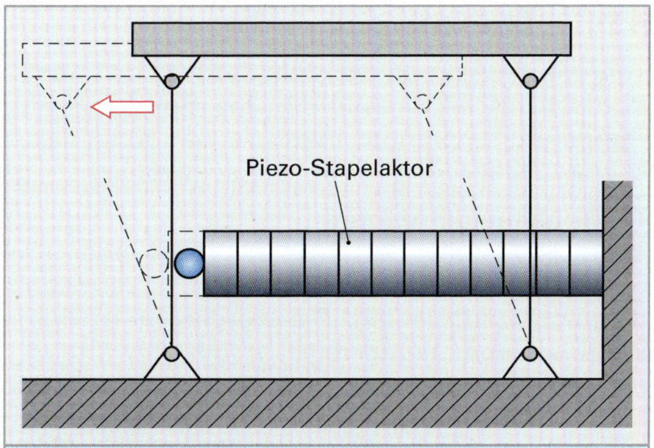

Bild 1: Stapelaktor mit Hebelübersetzung

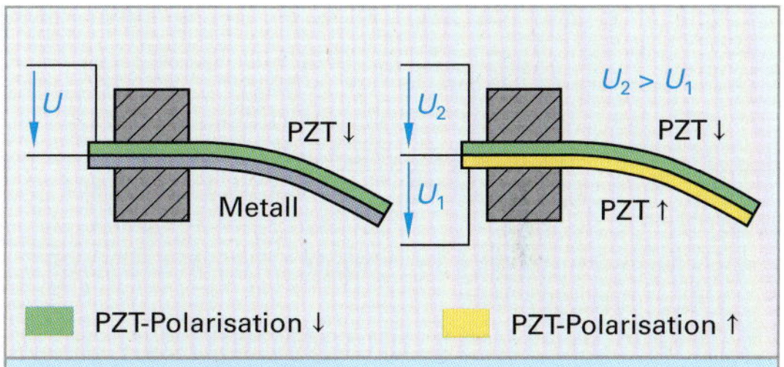

Bild 2: Biegeaktoren

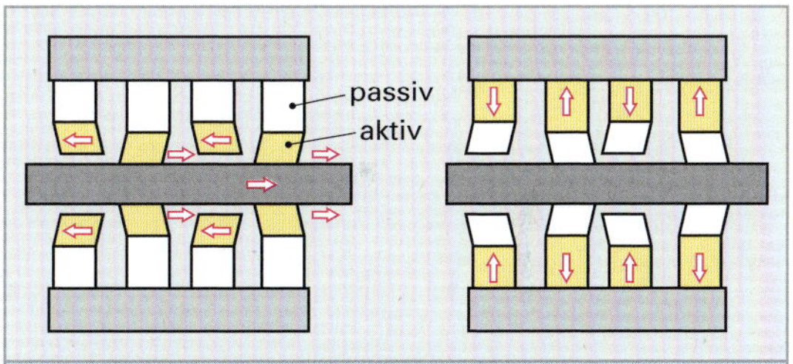

Bild 3: Schreitmotor mit Hub-Scher-Elementen

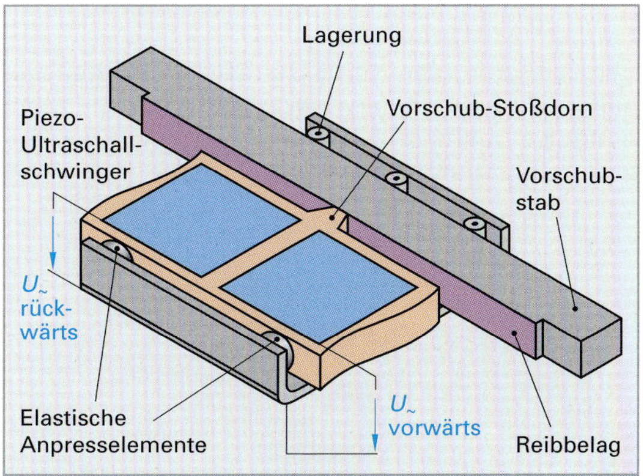

Bild 4: Prinzip eines Ultraschall-Linearmotors

---

[1] vgl. Motortype PiezoWalk® Schreitantriebe (PI)

[2] vgl. Patent EP 1 747 594 B1

[3] vgl. Mototype PILine® Ultraschall-Piezomotor (PI), Physik Instrumente GmbH & Co. KG, Karlsruhe

4.5 Thermische Aktoren

Thermische Aktoren wandeln thermische Energie in mechanische Energie um. Sie sind häufig für Temperaturregelungen in der Verwendung, da sie sowohl Steller als auch Sensor sein können.

Thermobimetall-Aktoren

Thermobimetalle bestehen aus zwei oder drei Schichten mit unterschiedlichen Wärmeausdehnungskoeffizienten. Sie werden meist durch Walzplattieren hergestellt. Durch Erwärmung, z. B. direkt durch einen elektrischen Strom, wie bei Motorschutzschaltern oder indirekt durch Wärmeleitung oder Wärmestrahlung, verursacht die unterschiedliche Ausdehnung eine Verkrümmung des Thermobimetalls. Die Thermobimetalle haben meist Dicken zwischen 0,08 mm bis 2 mm.

Die Thermobimetall-Aktoren können Schnappelemente sein oder eine kontinuierliche Ausbiegung haben **(Bild 1)**. Die Bimetalle haben meist Dicken zwischen 0,08 mm bis 2 mm. Die Bauformen **(Tabelle 1)** sind:

- Gerade oder U-förmige Streifen für nahezu geradlinige Bewegungen.
- Spiralen und Wendeln für Kreisbewegungen,
- Formstanzteile und Sprungelemente,
- Kreisförmige Scheiben für kleine geradlinige Bewegungen verbunden mit einer hohen Richtkraft.

Wegänderung oder Kraftwirkung am freien Ende des Thermobimetalls werden als Auslöseelemente (Sensoren) und als Stellglieder in Thermostaten, Schaltern sowie in Steuerungen und in Regelkreisen genutzt. Die Thermobimetallarten sind nach DIN 1715 bzw. nach ASTM Standard spezifiziert **(Tabelle 2)**. Die Werkstoffe sind meist Eisen-Nickel-Legierungen und Mangan-Kupfer-Nickel-Legierungen.

Thermobimetall-Sprungelemente erreichen bei einer Grenzverformung einen instabilen Spannungszustand und springen in eine entgegengesetzt gewölbte Form. Bei Abkühlung springt das Sprungelement mit deutlicher Hysterese in die Ausgangslage zurück.

Dehnstoff-Aktoren

Ein Kolben in einem mit Dehnstoff gefüllten Behälter wird durch die thermische Volumendehnung des Dehnstoffes ausgetrieben. Die Rückstellung erfolgt durch Federkraft.

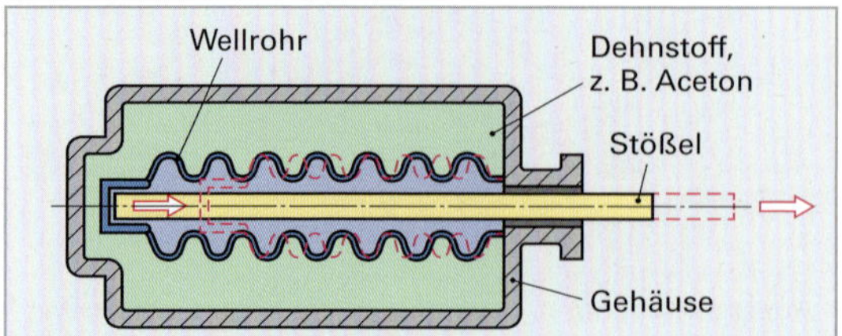

Bild 2: Dehnstoff-Thermostat

Als Dehnstoffe kommen z. B. Wachse, Silikonöle oder Aceton infrage. Üblich sind Dehnstoff-Aktoren bei Thermostatventilen an Heizkörpern **(Bild 2)**, bei Thermostat-Brausearmaturen und Fensterhebern bei Kleingewächshäusern.

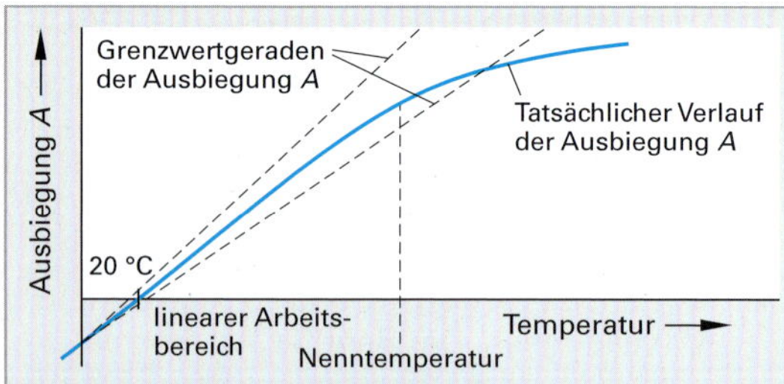

Bild 1: Ausbiegungskennlinie

Tabelle 1: Arten von Thermobimetall-Aktoren

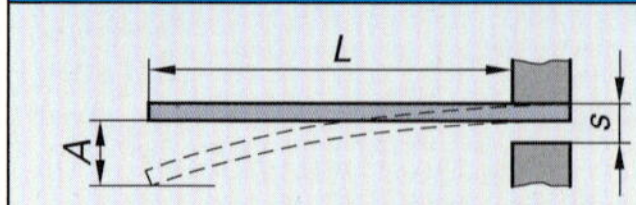	**Einseitig eingespannter Streifen** Ausbiegung: $A = \alpha \cdot \Delta T \cdot L^2/s$
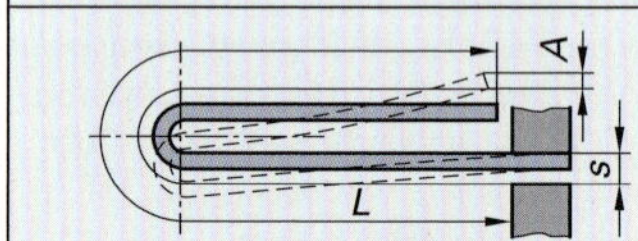	**U-förmiger Streifen** Ausbiegung: $A = \alpha \cdot \Delta T \cdot L^2/2s$
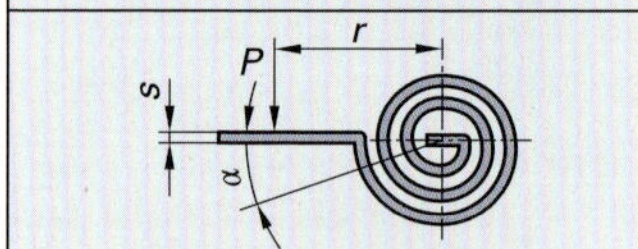	**Spirale** Drehwinkel α: $\alpha = \frac{360/\pi}{s} \cdot \alpha \cdot \Delta T \cdot L$
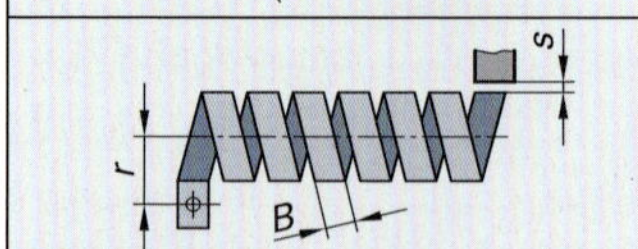	**Wendel** Drehwinkel α: $\alpha = \frac{360/\pi}{s} \cdot \alpha \cdot \Delta T \cdot L$
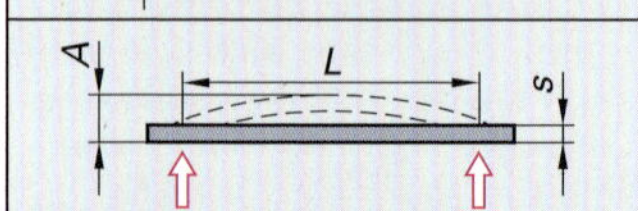	**Beidseitig gelagerter Streifen** Ausbiegung A: $A = \alpha \cdot \Delta T \cdot L^2/4s$
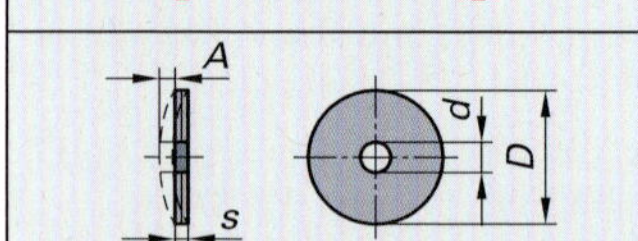	**Schnappscheibe** $A =$ $\alpha \cdot \Delta T \cdot (D^2 - d^2)/5s$

A: Ausbiegung in mm, α: Drehwinkel in Grad, ΔT: Temperaturdifferenz in K, α: spez. thermische Ausbiegung in 10^{-6}/K, s: Dicke in mm, L: freibewegliche Länge in mm

Tabelle 2: Werkstoffkennwerte, Beispiele

Thermobimetall	spez. Ausbiegung α in 10^{-6}/K	Anwendungsbereich in °C	Temperatur-Grenze in °C	Widerstand in μΩ/m
TB 20110	21,1	– 70 bis + 260	350	1,12
TB 1577	15,5	– 70 bis + 370	450	0,78
TB 1303	13,1	– 70 bis + 350	350	0,05
TB 1555	15	– 70 bis + 260	450	0,55

5 Computer und Konstruktion

5.1 CAD-Systeme

5.1.1 Entwicklung

Die ersten Ansätze in Richtung CAD wurden in den 1950er Jahren am MIT (Massachusetts Institute of Technology) in den USA gemacht. In den 1960er Jahren wurden die Entwicklungen der ersten kommerziellen CAD-Systeme von den Firmen GM (DAC-1), Renault (UNISURF) und Lockheed Aircraft (CADAM) begonnen. Der Begriff CAD entsteht.

Zunächst war **CAD** die Abkürzung für „**C**omputer **A**ids to **D**esign" (Computer*hilfen* für das Entwerfen). Es wurde aber bereits zum damaligen Zeitpunkt sehr schnell erkannt, dass „**C**omputer **A**ided **D**esign" (also „computer*gestütztes* Entwerfen") die Unterstützung des Konstruktionsprozesses durch den Computer besser beschreibt.

Die CAD-Systeme entwickelten sich zur heutigen Leistungsfähigkeit in dem Maße, wie sich Computer entwickelten. Diese sind geprägt durch das Ansteigen der Speichervolumina (**Bild 2**) und der Rechengeschwindigkeiten.

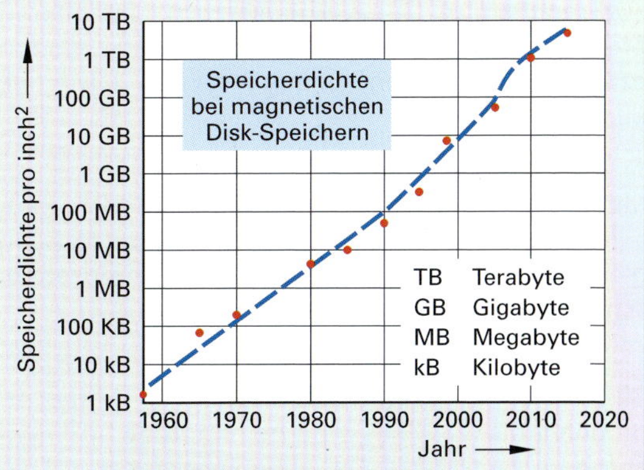

Bild 2: Zunahme der Speicherdichte

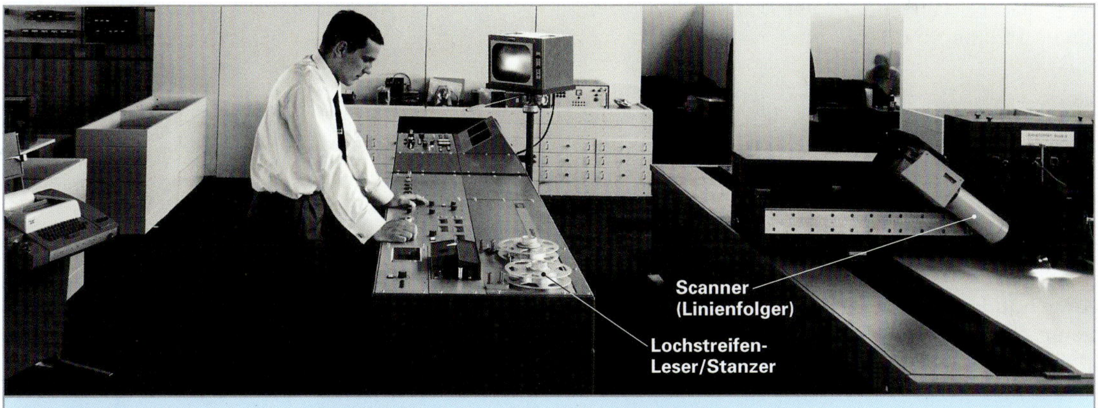

Bild 1: Numerisch gesteuerte Zeichenanlage, um 1970 (AEG-Telefunken)

1965 wurden bei Lockheed Aircraft (Flugzeugbau, USA) die ersten Anläufe für ein kommerzielles CAD-System zur Erstellung technischer Zeichnungen (2D) gestartet. Dieses System, CADAM (Computer Augmented Design And Manufacturing), basierend auf IBM-Großrechnern, speziellen Bildschirmen, und mit hohen Kosten verbunden, wurde später von IBM vermarktet und war, zumindest im Flugzeugbau, Marktführer bis in die 1980er Jahre. Es ist teilweise in dem CAD-System CATIA aufgegangen.

An der Universität Cambridge, England, wurden Ende der 1960er Jahre die ersten Forschungsarbeiten aufgenommen, die untersuchen sollten, ob es möglich ist, 3D-Grundkörper zu verwenden und diese zur Abbildung komplexerer Zusammenstellungen (z. B. Rohrleitungen im Chemieanlagenbau) zu nutzen. Aus diesen Arbeiten entstand das System PDMS (Plant Design Management System), das heute von der Fa. Aveva unter dem Namen VPD vermarktet wird.

Ebenfalls Ende der 1960er Jahre begann der französische Flugzeughersteller Avions Marcel Dassault (heute Dassault Aviation) ein Grafikprogramm zur Erstellung von Zeichnungen zu programmieren. Daraus entstand das Programm CATIA (Computer-Aided Three-Dimensional Interactive Application). Die *Mirage* war das erste Flugzeug, das damit entwickelt wurde. Damals benötigte so ein Programm noch die Leistung eines Großrechners. Ende der 1960er Jahre entwickelte in Deutschland das Unternehmen AEG-Telefunken die ersten CAD-Systeme mit numerisch gesteuerten Zeichenanlagen (**Bild 1**). Die Datenspeicherung erfolgte auf Lochstreifen.

Ende der 1970er Jahre wurden erste Kerne für die 3D-Modellierung entwickelt. Der erste kommerziell verfügbare 3D-Kern war *Romulus*, welcher 1982 auf den Markt kam. Die meisten 3D-CAD-Systeme verwenden heute 3D-Kerne der zweiten Generation wie *ACIS* (Dassault Systems) und *Parasolid* (Siemens) oder den Kern der dritten Generation *Granite* (Parametric Technology Corporation).

5.1.2 Der CAD-Arbeitsplatz

Ein typischer CAD-Arbeitsplatz ist ausgerüstet mit ein oder zwei Bildschirmen[1] **(Bild 1)** mit mindestens 21 Zoll Bildschirmdiagonale, einer Tastatur, Maus **(Bild 2)** und eventuell zusätzlich einem 3D-Eingabegerät (Spacemaus) zum einfacheren *Modelhandling* (Umgang mit den Konstruktionen bzw. Teilkonstruktionen, engl. model = Modell, Muster, Vorlage).

Mittels eines 3D-Eingabegeräts lassen sich Bauteile und Baugruppen in sechs Freiheitsgraden gleichzeitig in einer flüssigen Bewegung drehen, schwenken oder zoomen.

Zusammen mit einer herkömmlichen Maus ermöglicht die 3D-Maus eine beidhändige und synchrone Arbeitsweise. Dabei bedient eine Hand die 3D-Maus, um ein Modell zu positionieren oder sich in virtuellen Umgebungen zu bewegen, während die andere Hand an der Maus das Auswählen und Editieren übernimmt.

Das Tablett **(Bild 3)** erweitert die Bedienmöglichkeiten des CAD-Systems. Es bietet deutlich mehr Platz für die üblicherweise auf dem Bildschirm angeordneten Menüs und kann dadurch die Bedienfreundlichkeit erhöhen. Bei 3D-CAD-Systemen ist ein Tablett allerdings nicht mehr üblich. Tabletts finden heute immer häufiger im Designprozess Anwendung. Handskizzen werden dort digital gefertigt, um später daraus 3D-Geometrien zu erstellen.

Außer einer leistungsfähigen 3D-Grafikkarte und ausreichend Hauptspeicher (Memory[2]) werden keine besonderen Anforderungen an den verwendeten Computer gestellt. Zur Ausgabe der Zeichnungen dient ein Drucker (bis A3) oder ein Plotter (bis A0). Mit 3D-Druckern, z. B. als Personal-3D-Printer (Bild 4) können direkt aus den CAD-Volumenmodellen Anschauungsmodelle (Rapid Prototyping) oder sogar Endprodukte (Rapid Manufacturing) hergestellt werden. Für den Datenaustausch wird eine leistungsfähige Netzwerkanbindung benötigt.

[1] Die Bildschirmarbeitsverordnung bezüglich der Sicherheit und Gesundheitsschutz bei der Arbeit an Bildschirmgeräten (90/270/EWG) ist zu beachten. Wünschenswert ist ein in der Höhe verstellbarer Arbeitstisch.

[2] engl. memory = Gedächtnis

Bild 1: CAD-Arbeitsplatz (Beispiel)

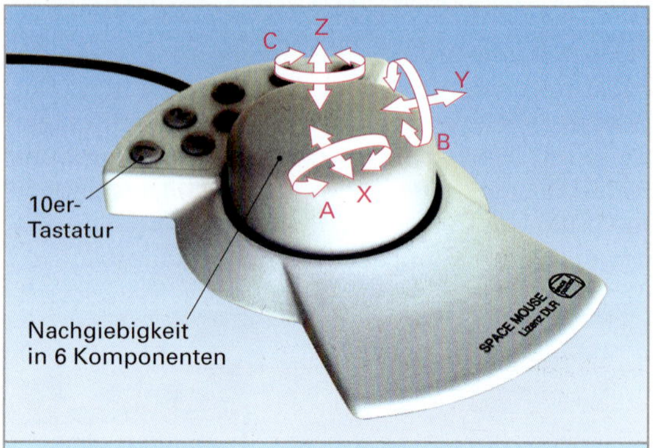

Bild 2: Space-Mouse (6D-Eingabegerät)

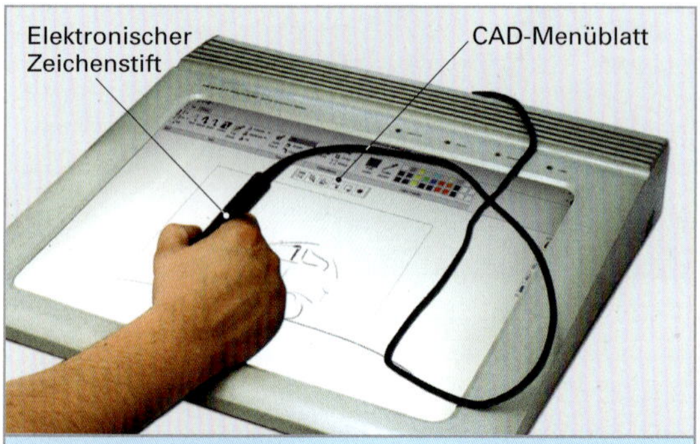

Bild 3: Grafik-Tablett

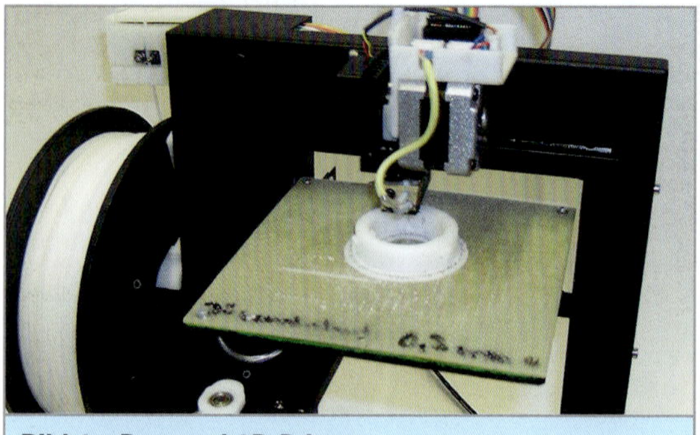

Bild 4: Personal-3D-Printer

5.1.3 Arten von CAD-Systemen

Je nach Anwendung werden verschiedene Typen von CAD-Systemen benützt:

- 2D-Systeme für die reine Zeichnungserstellung und
- 3D-Systeme, um möglichst viele Schritte der Prozesskette von der Produktidee bis zur Fertigung am Computer darzustellen (Simultaneous Engineering).

Bei **2D-Systemen** wird das Zeichenbrett durch den Bildschirm ersetzt, um Bauteile oder Baugruppen zweidimensional darzustellen. Viele Dinge werden nur symbolisch oder stark vereinfacht dargestellt. Es ist in der Regel nicht notwendig und auch nicht möglic, die Geometrie der Konstruktionen (Modelle) komplett zu beschreiben. Im Fertigungsprozess muss der Werker die Zeichnungsinformationen interpretieren und selbst ergänzen können. 2D-Systeme werden heute vor allem noch im Bereich der Architektur und Anlagenplanung eingesetzt.

Bei **3D-Systemen** steht das *Produktdatenmodell* im Zentrum. Eine exakte Beschreibung der Geometrie ist notwendig. Es wird verwendet, um alle produktrelevanten Informationen, beispielsweise Zeichnungen und Fertigungsabläufe auszuführen, wie z. B. die Erzeugung der NC-Bearbeitung oder die Bauteilberechnung. Eine Änderung des 3D-Modells hat eine automatische bzw. u. U. halbautomatische Änderung aller bauteilbezogenen Daten und Operationen zur Folge.

Es werden drei Klassen von 3D-Modellen unterschieden:

- Drahtmodelle (Linienmodelle),
- Flächenmodelle und
- Volumenmodelle **(Bild 1)**.

Bei 3D-CAD-Systemen haben sich die Volumenmodelle weitestgehend durchgesetzt.

CAD-Systeme der *zweiten Generation* arbeiten mit booleschen[1] Operationen: Soll z. B. eine Bohrung erzeugt werden, so muss zunächst ein Zylinder generiert und dann dieser Zylinder von der bestehenden Geometrie mittels boolescher Operation abgezogen werden **(Bild 2)**.

Man unterscheidet die Operationen: *Vereinigen, Differenz* und *Schnittmenge* **(Bild 3)**.

[1] *George Boole* (1815–1864), englischer Mathematiker, Logiker und Philosoph. Boole schuf 1847 den ersten algebraischen Logikkalkül und begründete damit die moderne mathematische Logik, die sich von der traditionellen philosophischen Logik durch eine konsequente Formalisierung unterscheidet. Er entwickelte u. a. ein Entscheidungsverfahren mit Formeln über eine disjunktive Normalform (ODER-Normalform). Aus Booles Logik wurde später die boolesche Algebra entwickelt.

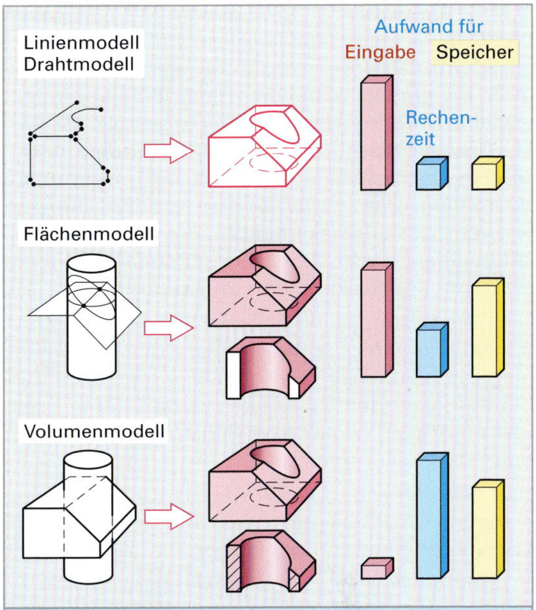

Bild 1: Modelltypen

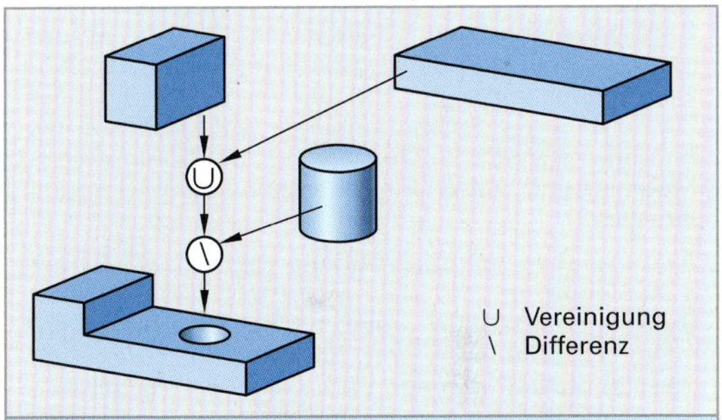

Bild 2: Boolesche Operation für eine Bohrung

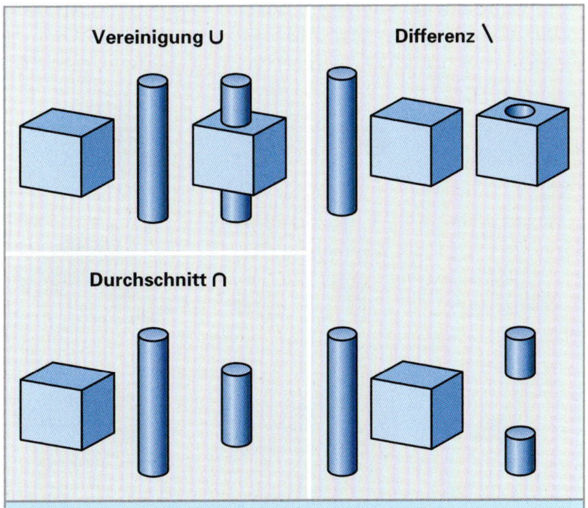

Bild 3: Boolesche Operationen

Die meisten CAD-Systeme der *dritten Generation* bauen die 3D-Modelle historisch auf, d. h. die Konstruktionselemente werden in der Reihenfolge ihrer Erzeugung generiert. Diese Erzeugungsgeschichte wird im *Modellbaum* dargestellt (**Bild 1**). Die Bauteile lassen sich sehr einfach durch Änderungen der Parameter der Konstruktionselemente bearbeiten. Damit sind Konstruktionen, die sich während des Entwicklungsprozess häufig ändern, sehr elegant darstellbar. Dies gilt ebenfalls für die effiziente Konstruktion von Bauteilfamilien.

Die CAD-Systeme sind orientiert an den Konstruktionselementen oder sie sind geometrieorientiert (explizite CAD-Systeme) oder beinhalten beides. Bei den expliziten Systemen werden direkt Lage, Richtung bzw. Winkel von Punkten oder Flächen oder Volumen modifiziert.

Das geometrische Modell der 3D-CAD-Daten basiert bei CAD-Systemen der dritten Generation auf einem Volumenmodell. Hier wird zwischen

- generativen,
- akkumulativen und
- hybriden

Volumenmodellen unterschieden (**Bild 2**).

Generative Volumenmodelle stellen den Körper aufgrund einer Erzeugungslogik, die mittels booleschen Operationen verknüpft wird, dar. Die Reihenfolge der Elemente in der Erzeugungslogik wirkt sich auf das Ergebnis aus. CSG (Constructive Solid Geometry) Modeller sind typisch für generative Volumenmodeller (**Bild 3**).

Akkumulative Volumenmodelle trennen die Erzeugungslogik von der geometrischen Datenstruktur. B-Rep-Modeller (**Bild 4**) sind typisch für akkumulative Volumenmodeller. Ein B-Rep-Modeller (Boundary Representation Modell) beschreibt die Geometrie aus Ecken, Kanten und Flächen sowie deren Zusammenhang.

Die meisten 3D-CAD-Systeme setzen **hybride Volumenmodelle** ein, also eine Mischung aus generativer und akkumulativer Erzeugungslogik.

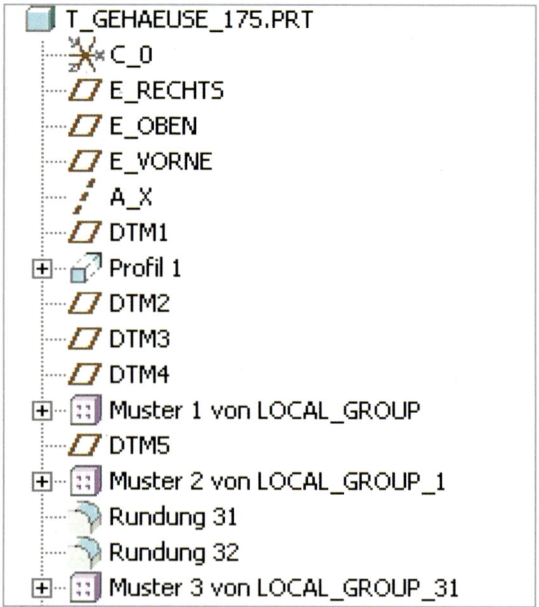

Bild 1: Modellbaum (Ausschnitt)

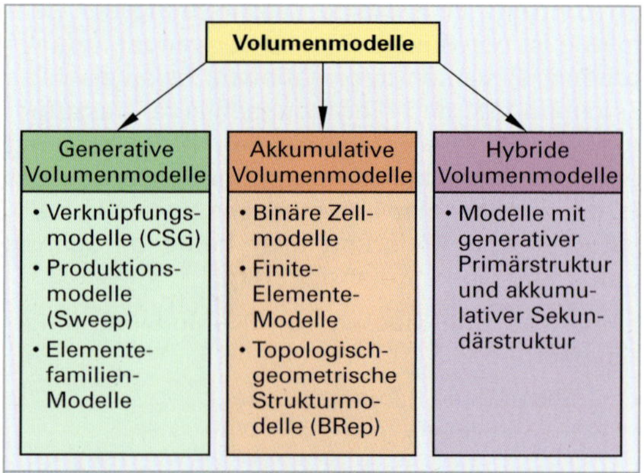

Bild 2: Volumenmodellarten

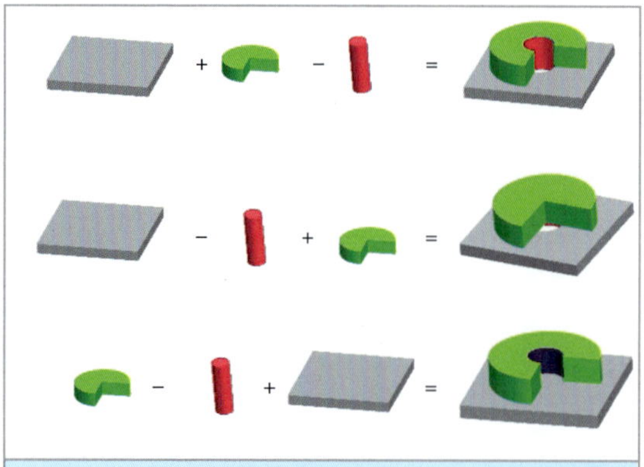

Bild 3: Einfluss der Reihenfolge bei CSG

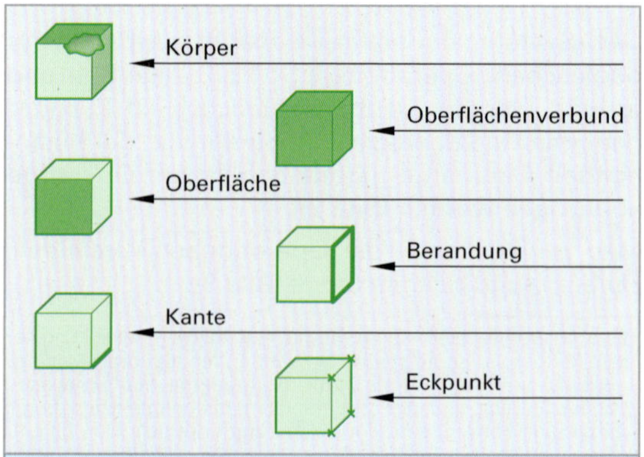

Bild 4: B-Rep-Modeller

5.1.4 Werkzeuge und Begriffe

Icon[1]. Die Bedienung eines CAD-Systems erfolgt üblicherweise über sogenannte Icons. Der Mausklick auf einen Icon ruft den zu diesem Symbol gehörigen Erzeugungsdialog auf **(Bild 1)**.

Einzelteile. Im CAD-System wird als Einzelteil bezeichnet, was sich zerstörungsfrei nicht weiter zerlegen lässt. Die Struktur eines Einzelteils, ein Teil wird oft auch mit dem englischen Begriff Part bezeichnet, wird aus Formelementen bzw. Konstruktionselementen aufgebaut **(Bild 2)**.

Konstruktionselemente (KE), Features[2]. In der VDI-Richtlinie 2218 ist der Begriff „Feature" definiert. Features sind informationstechnische Elemente, die Bereiche von einzelnen oder mehreren Produkten repräsentieren (Bild 2). Ein Feature kann als Zusammenfassung von Geometrieelementen aufgefasst werden, wobei diese Geometrieelemente eine „Semantik[3]" besitzen können. Features stellen produktbezogene Methoden zur Modellierung zur Verfügung. Die Feature-Technik geht also über die rein geometrischen Grundoperationen hinaus und stellt Objekte mit Methoden und Eigenschaften bereit, die die Realität widerspiegeln. Durch die Feature-Technologie können alle Lebenszyklus-relevante Daten eines Produktes oder Bauteiles bereitgestellt werden.

Beispiel: Eine Nut als CAD-Feature besteht aus mehreren Geometrieelementen und enthält die Information, wie die Bearbeitung zu erfolgen hat und welche Funktion die Nut später haben wird **(Bild 3)**.

[1] von griech. eikon = Bild, Sinnbild
[2] engl. feature = Merkmal, Haupteigenschaft
[3] Bedeutung von Zeichen, z. B. Bedeutung eines Wortes.

Neben einem Geometrie-Feature lässt sich einem Bauteil auch ein Feature mit qualitätsrelevanten Informationen (Oberflächengüte und Toleranz) zuweisen.

Mittels Features lassen sich auch Informationen festhalten, die am Ende des Lebenszyklus eines Bauelementes wichtig werden wie z. B. Hinweise zur Abnutzung, Demontage und Entsorgung.

Die Konstruktion in einem 3D-CAD-System basiert auf der Verwendung von Konstruktionselementen oder Features. Es gibt verschiedenartige Konstruktionselemente, dies sind Bezugselemente, skizzierte Elemente bzw. Grundelemente, Formelemente, die nur platziert und dimensioniert werden müssen (Pick-and-Place-Elemente) und Elemente, die bereits erzeugte Features vervielfachen, wie spiegeln, kopieren oder mustern.

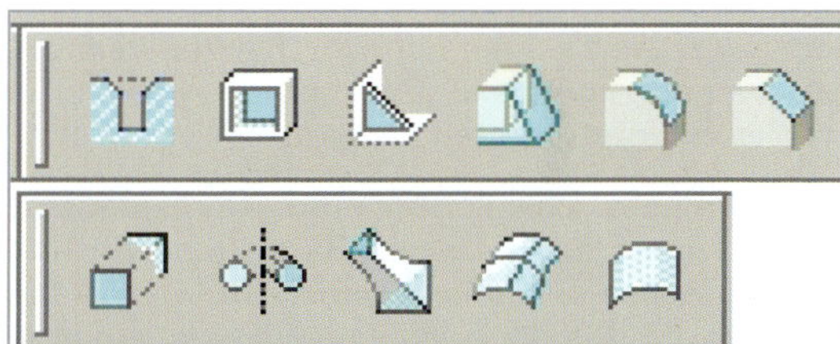

Bild 1: Beispiele für Icons

Bild 3: CAD-Feature für eine Nut

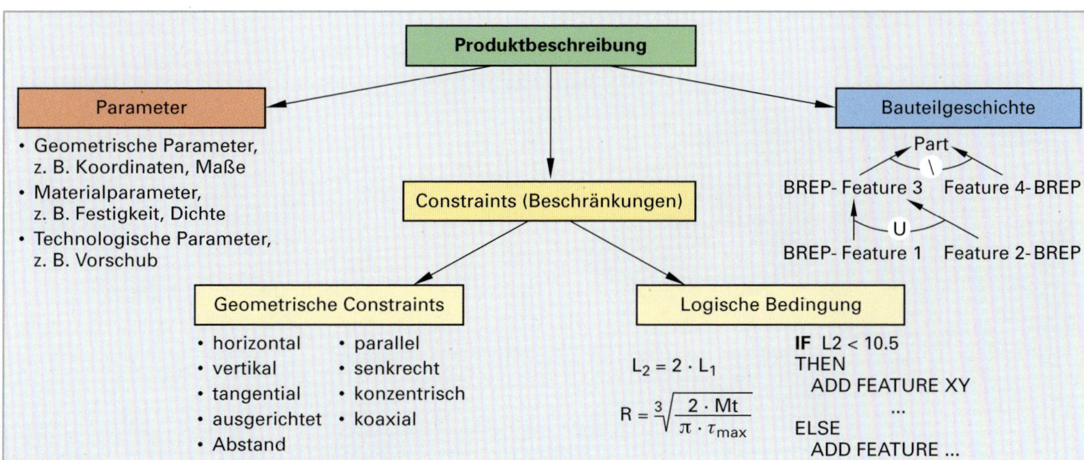

Bild 2: Produktbeschreibung mit Features

Grundfunktionen – Extrudieren, Rotieren. Bei skizzierten Konstruktionselementen entsteht aus einer zweidimensionalen Skizze durch Extrusion oder Rotation ein Volumenkörper. Weitere Grundelemente entstehen durch das Ziehen einer Skizze entlang einer (skizzierten) Kurve und das Verbinden mehrerer Skizzen zu einem Volumenkörper **(Bild 1)**.

Skizze. Die Grundelemente basieren auf einer 2-dimensionalen Skizze. Die Skizze wird im Skizzierer erstellt. Der Skizzierer stellt geometrische Grundelemente wie Linie, Kreis oder Kreisbogen zum Erstellen der Skizziergeometrie zur Verfügung.

Trimmfunktionen. Trimmfunktionen helfen bei der Erstellung der Skizze. Es können Linien, Bögen oder Kurven verkürzt oder verlängert werden, üblicherweise bis zum Schnittpunkt mit anderen graphischen Elementen.

Beim Skizzieren sollten einfache Skizzen verwendet werden, komplexe Geometrien werden in mehreren Einzelschritten erzeugt.

Formelemente. Beispiel für ein Formelement ist eine Bohrung, die auf einer Fläche platziert und auf eine Achse ausgerichtet oder zu zwei Kanten bemaßt wird **(Bild 2)**. Auch eine Rippe ist ein typisches Formelement.

Parametrik. Bei einem parametrischen CAD-System sind alle Maße jederzeit änderbar, so wird die Geometrie losgelöst von ihren Dimensionen **(Bild 3)**. Damit können die Dimensionen (Länge, Winkel, Position) von Bauteilen sehr schnell und elegant verändert werden.

Es muss allerdings bei der Bauteilkonstruktion beachtet werden, dass keine Geometrieelemente die Ausdehnung 0 erhalten können. Wird beispielsweise eine Welle als Rotationselement erzeugt, können zwei nebeneinanderliegende Wellenstücke nicht vom gleichen Durchmesser sein, wird die Welle mit extrudierten Elementen konstruiert, ist dies möglich.

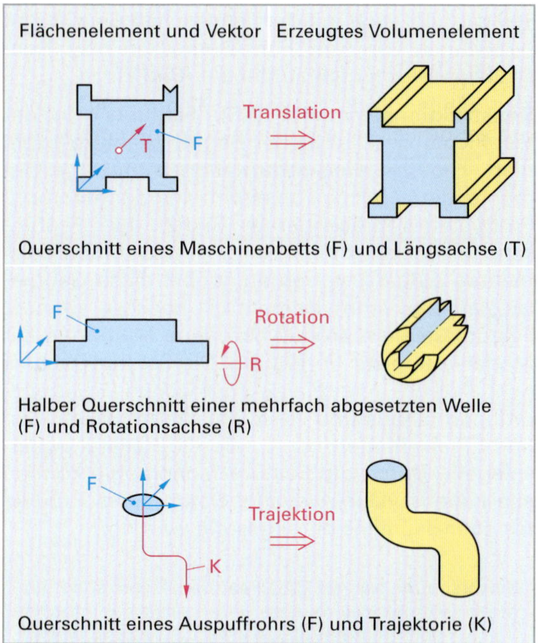

Bild 1: Grundfunktionen zum Erzeugen von Volumenkörpern (Beispiele)

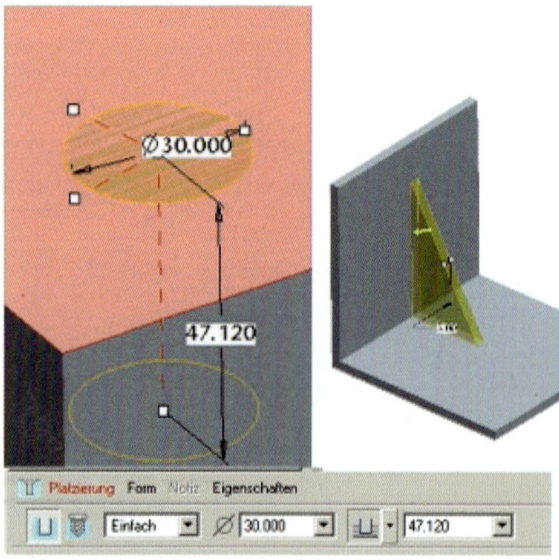

Bild 2: Beispiele für Formelemente

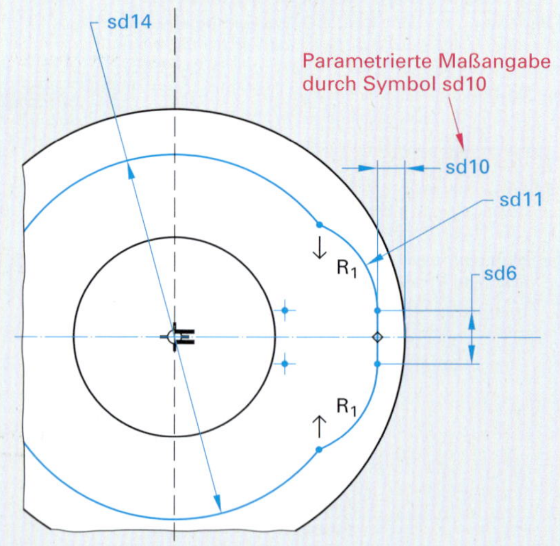

Bild 3: Parametrierte Konstruktion

Neben Maßen können auch geometrische oder topologische Bedingungen, sogenannte *Constraints*[1], wie *Senkrecht*, *Waagerecht*, *Tangential*, *gleiche Länge*, usw. erzeugt werden, um Lage und Form der Geometrie festzulegen.

Bei der Konstruktion kann eine identische 3D-Geometrie oft auf verschiedene Weise erzeugt werden. Wellenförmige Bauteile können mittels Extrusion oder durch Rotieren einer Skizze erstellt werden, i. d. R. empfiehlt es sich hier bzw. ist es einfacher, mit extrudierten Elementen zu arbeiten (**Bild 1**). Die Konstruktion wird dadurch flexibler und stabiler. Es ist beispielsweise möglich, zwei aneinanderliegende Wellenstücke mit einem gleichen Durchmesser zu generieren (gleiches Nennmaß, unterschiedliche Toleranz).

Bei der Erstellung von 3D-Geometrie kann als Hilfe für die Konstruktion versucht werden, sich an der späteren Fertigung des Bauteils zu orientieren. Wird beispielsweise ein Gussteil oder ein Schmiedeteil modelliert, so können die Bohrungen beim Erstellen der Skizze gleich mit erzeugt werden (**Bild 2**). Wird das Bauteil aus dem „Vollen gefertigt", werden z. B. Zapfen als separates Konstruktionselement erzeugt.

Varianten/Baureihen. Varianten sind Bauteile von gleicher Funktion und gleicher oder ähnlicher Gestalt, aber unterschiedlicher Größe (**Bild 3**). Typische Beispiele für Varianten sind genormte Bauteile wie Schrauben, Muttern oder Passfedern.

Parametrische CAD-Systeme eignen sich sehr gut, um Bauteilfamilien aufzubauen, da, bedingt durch die Parametrik, jedes Bauteil eine Variante darstellt. Variantenbauteile werden typischerweise aus Tabellen generiert. Dabei können sowohl die Maße als auch die Zahl der Konstruktionselemente variiert werden. Varianten können sowohl aus Bauteilen als auch aus Baugruppen erzeugt werden.

Komplexe Geometrie wird meist mithilfe von Freiformflächen konstruiert. Das Modell wird ganz oder teilweise aus Flächen aufgebaut und daraus dann ein Volumenkörper erzeugt (**Bild 4**).

[1] engl. constraint = Zwang, Beschränkung

Bei dünnwandigen Bauteilen wird die Außenfläche oder Innenfläche erzeugt und dann über „Aufdicken" daraus ein Volumenbauteil generiert (**Bild 5**).

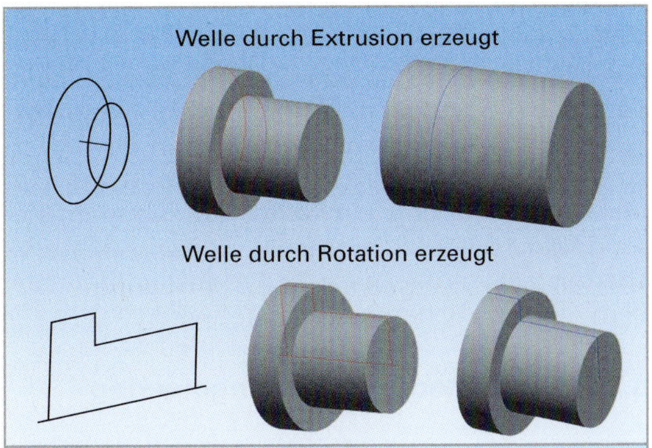

Bild 1: Erzeugen einer Welle

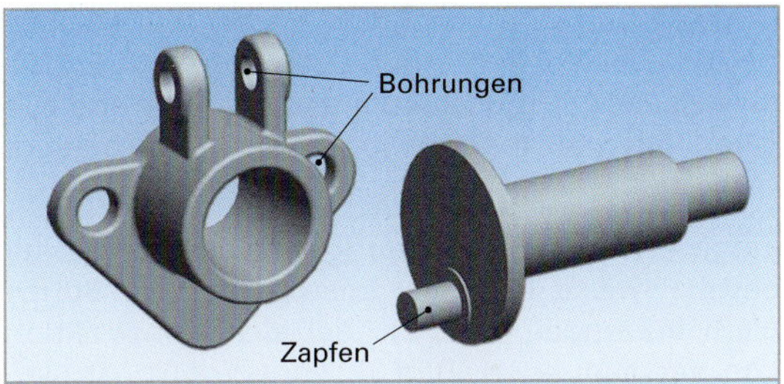

Bild 2: Orientierung an der späteren Fertigung

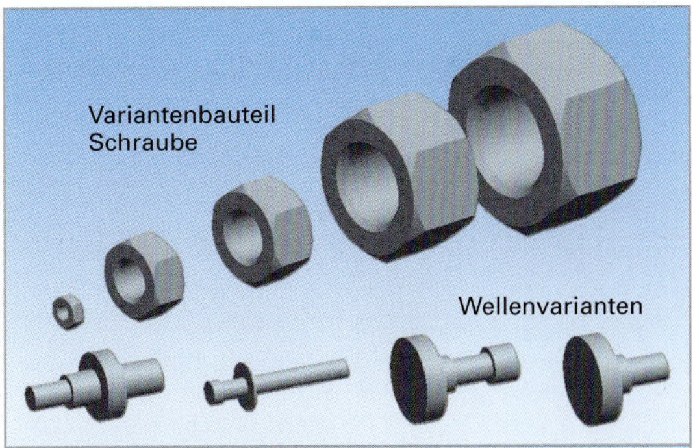

Bild 3: Baureihen (Beispiele)

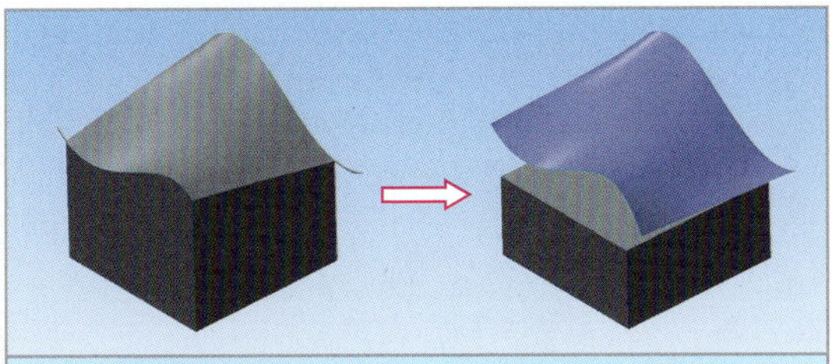

Bild 4: Volumenkörper aus Flächen

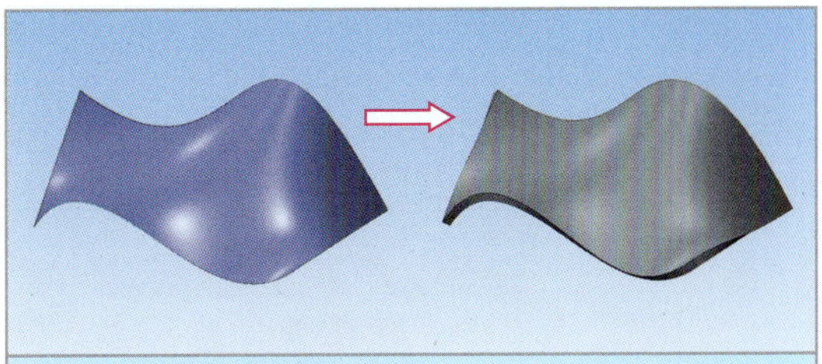

Bild 5: Fläche aufdicken

5.2 Konstruktionsautomatisierung

Konstruktionselemente bzw. Formelemente sowie Variantenbauteile stellen die erste Stufe der Konstruktionsautomatisierung dar. Kombiniert mit datenbankgestütztem Expertenwissen kann daraus ein System zur automatischen Konstruktion von Produkten entstehen. Neben der Unterstützung des Konstrukteurs kann die Konstruktionsautomatisierung ein Mittel zur Standardisierung von Konstruktionen sein. Es kann damit sichergestellt werden, dass ein Produkt immer nach dem gleichen Schema aufgebaut wird.

5.2.1 Knowledge Based Engineering[1] (KBE)

Bei wissensbasierter Konstruktion hilft ein *Expertensystem* dem Konstrukteur, die für seine Problemstellung beste Lösung zu finden. Ein solches System besteht aus einer Datenbank mit Expertenwissen, mit Entscheidungsstrukturen und mit einer Variantenkonstruktion, die daraus erzeugt wird **(Bild 1)**.

Eingesetzt werden derartige Expertensysteme beispielsweise bei der Konstruktion von Spritzgießwerkzeugen **(Bild 2)**, bei der Konstruktion von Verzahnungen **(Bild 3)**, von Profilkonstruktionen oder der Konstruktion und Auslegung von Gussteilen.

[1] engl. knowledge = Wissen, engineering = Ingenieurwesen, Konstruktion

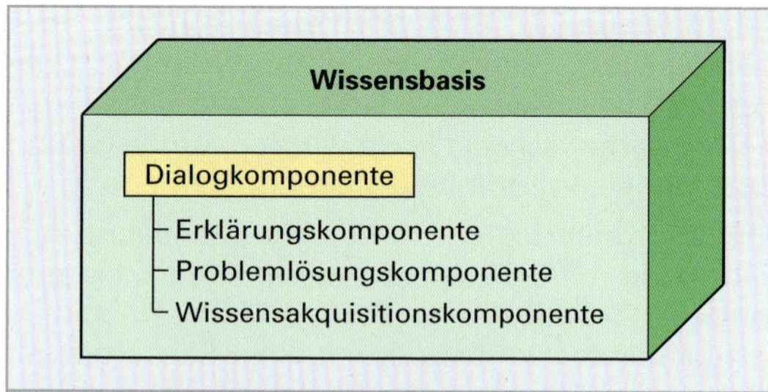

Bild 1: Struktur eines Expertensystems

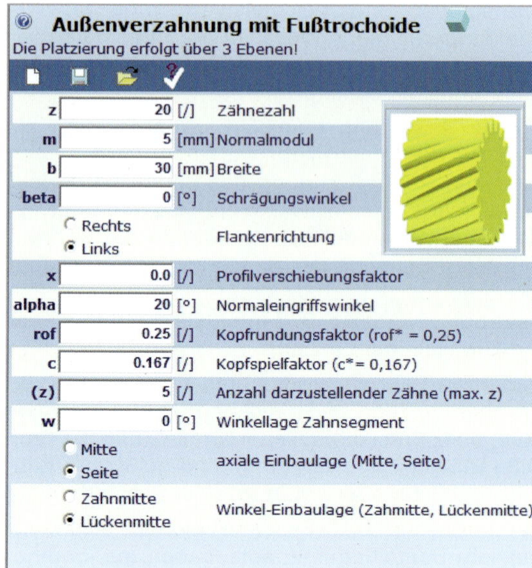

Bild 2: Konfigurator für Verzahnungen

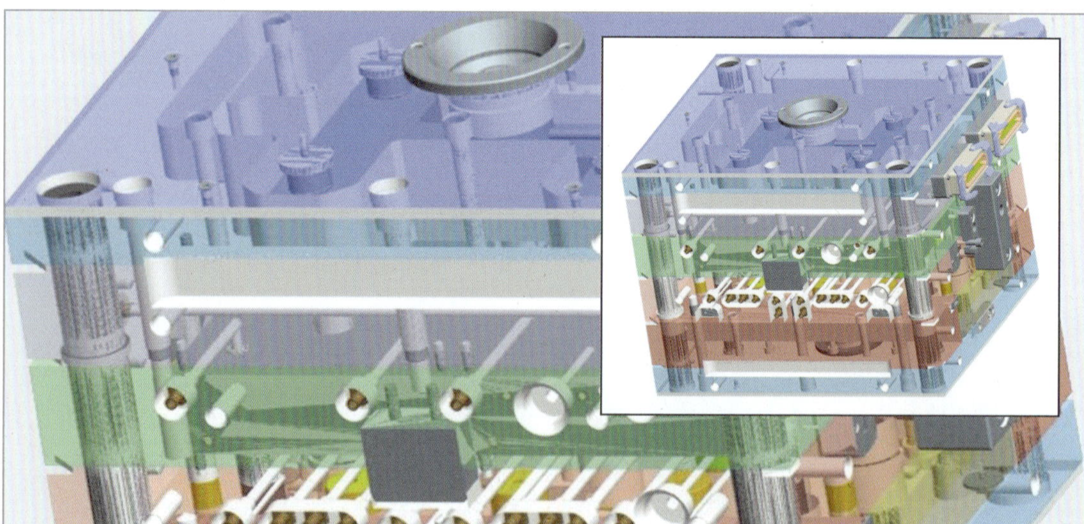

Bild 3: Spritzgießwerkzeug (Ausschnitt)

5.2.2 Eltern-Kind-Beziehungen

Bei CAD-Systemen, die mit Konstruktionelementen arbeiten, ergeben sich Beziehungen zwischen den einzelnen Konstruktionselementen (KE). Diese Beziehungen bilden Eltern-Kind-Beziehungen. Sie drücken die Referenzen zwischen den Modellobjekten aus **(Bild 1)**.

Eltern-Kind-Strukturen sind Grundvoraussetzung für eine sinnvolle parametrische Arbeitsweise. Sie erfordern vom Konstrukteur eine strukturierte und logische Arbeitsweise, da die Modelle sonst nicht oder nur sehr aufwendig veränderbar sind.

Eltern-Kind-Beziehungen können sowohl in einer Skizze, in Konstruktionselementen als auch in Baugruppen erzeugt werden.

Verwendet der Konstrukteur Eltern-Kind-Beziehungen, um Abhängigkeiten bzw. Konstruktionslogik in seine Bauteile und Baugruppen einzubauen, kann er damit sehr flexible und intelligente Konstruktionen aufbauen **(Bild 2)**.

Sowohl geometrische als auch maßliche Beziehungen können in Bauteilen, aber auch bauteilübergreifend in Baugruppen definiert werden **(Bild 3)**.

Der Eltern-Kind-Editor vereinfacht das Editieren von Eltern-Kind-Beziehungen (E-K-Beziehung).

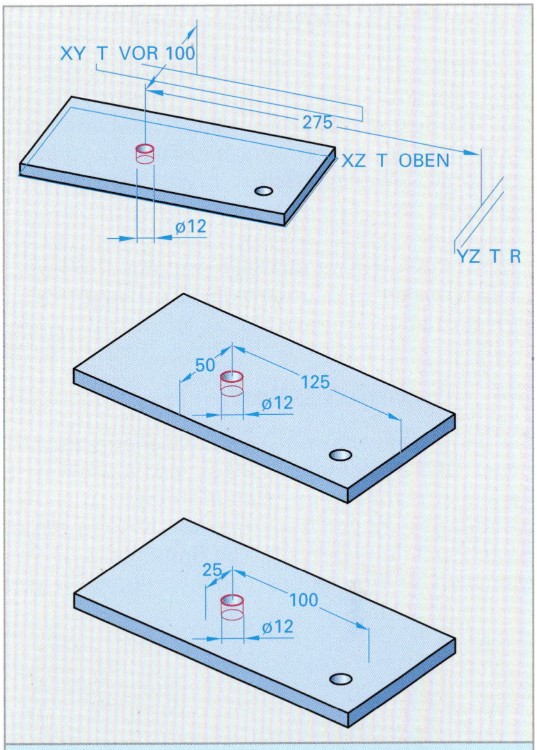

Bild 1: Referenzen zwischen Modellobjekten

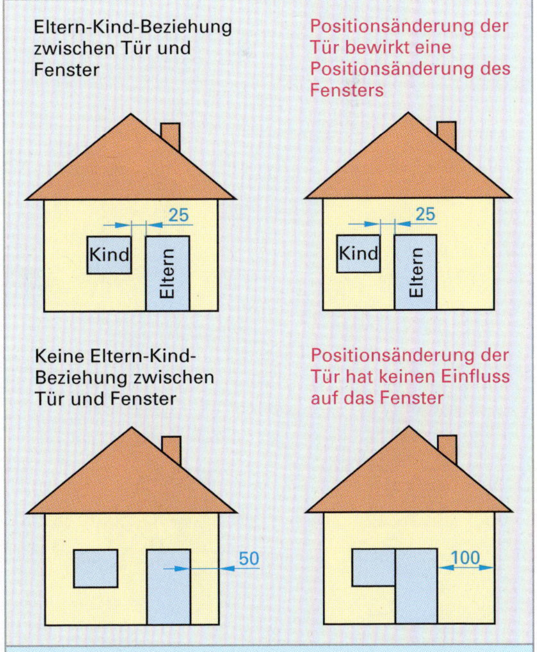

Bild 2: Eltern-Kind-Strukturen am Beispiel eines Hauses

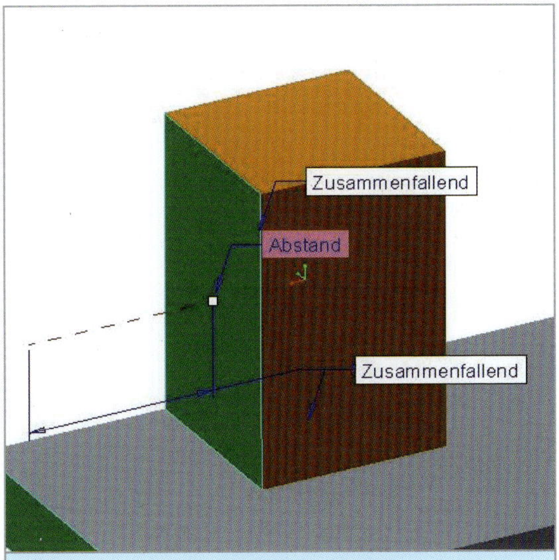

Bild 3: Beziehungen in der Baugruppe

5.3 Produktdatenmodell

Das 3D-Modell eines 3D-CAD-Systems, das so genannte Produktdatenmodell, enthält alle für den Produktlebenszyklus (**Bild 1**) notwendigen Informationen sowie Informationen zu dessen mechanischen, elektrischen bzw. elektronischen Eigenschaften.

Dem Produktdatenmodell wird ein Produktlebenszyklus zugeordnet, der alle Phasen des Produktlebens enthält.

5.4 Schnittstellen

Für den Austausch von Daten zwischen verschiedenen CAD-Systemen gibt es einige neutrale, d. h. herstellerunabhängige Datenformate. Die Anwendung reicht von traditionellen, zweidimensionalen Zeichnungen bis hin zu dreidimensionalen Modellen für Simulationen oder Fertigung. Dieser Datenaustausch ist notwendig, wenn unterschiedliche geometriedatenverarbeitende Systeme am Produktentstehungsprozess beteiligt sind. Unterschiedliche Systeme gibt es häufig innerhalb eines Unternehmens, aber regelmäßig zwischen den korrespondierenden Unternehmen, z. B. den Zulieferern und den Herstellern.

Datenaustausch erfolgt stets zwischen CAD-Systemen und den geometrieverarbeitenden Produktionssystemen (CAM) wie z. B. NC-Maschinen, Messmaschinen und Robotern sowie hin zu Präsentationssystemen, wie z. B. zu Virtuellen Environments (VE) **(Bild 1, Seite 473)**.

Verwendung finden die Austauschformate:

- **IGES** (**I**nitial **G**raphics **E**xchange **S**pecification),
- **VDA-FS** (**V**erband **d**er **A**utomobilindustrie – **F**lächen**s**chnittstelle) und
- **STEP** (**ST**andard for the **E**xchange of **P**roductmodel data).

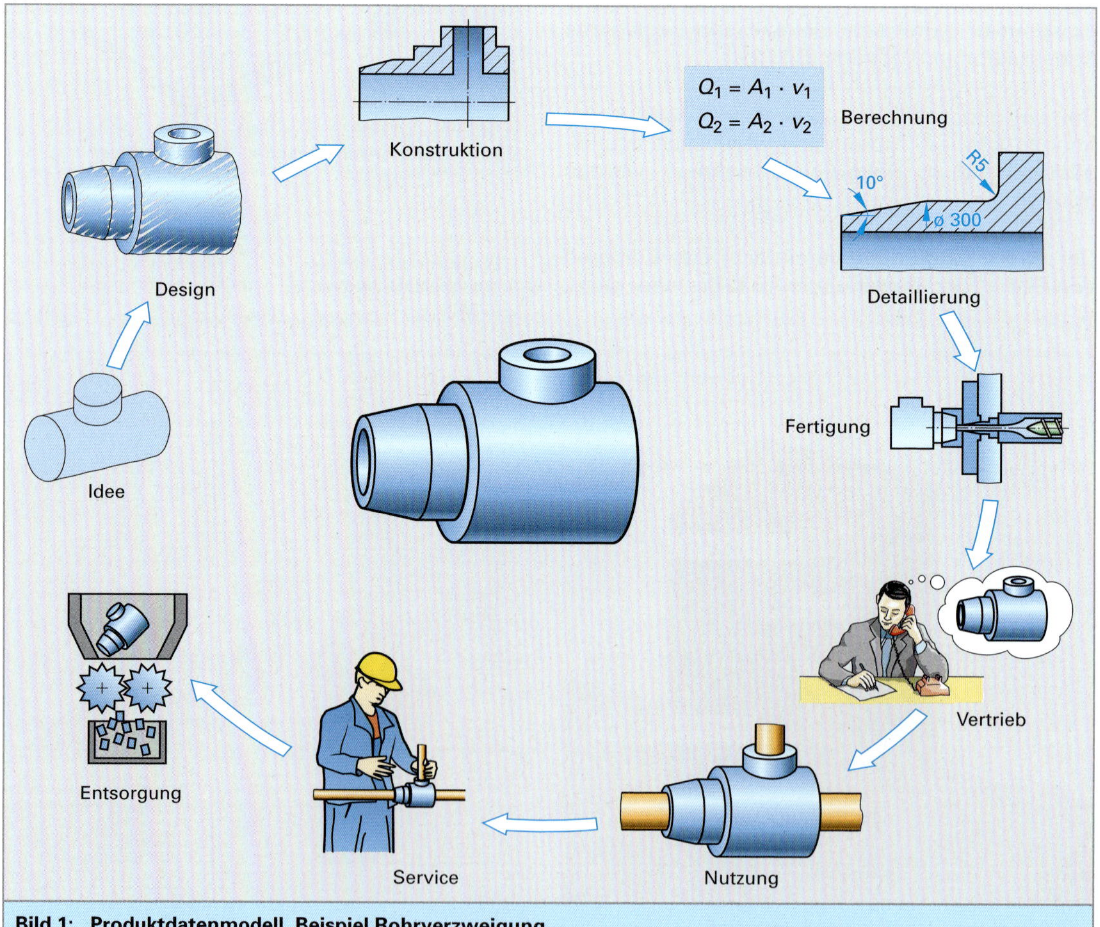

Bild 1: Produktdatenmodell, Beispiel Rohrverzweigung

Das STEP-Applikationsprotokoll beschreibt Kontext, Umfang und Informationen, die in den verschiedenen Phasen einer Produktentwicklung benötigt werden. Das STEP-Applikationsprotokoll 214 entstand beispielsweise auf Initiative der europäischen Automobilindustrie.

Das AP 214 enthält

- Produktstruktur (organisatorische Daten, Baugruppenstruktur, Stücklistendaten),
- Geometrie und Topologie (Kanten-, Flächen-, Volumenmodelle),
- Toleranzen,
- Oberflächeneigenschaften,
- Bauteil- und Baugruppenbeschreibungen in Form von Zeichnungen,
- Kinematik,
- Darstellung von Geometrie – Farbe, Linienstärke, schattierte Darstellungen
- Materialangaben.

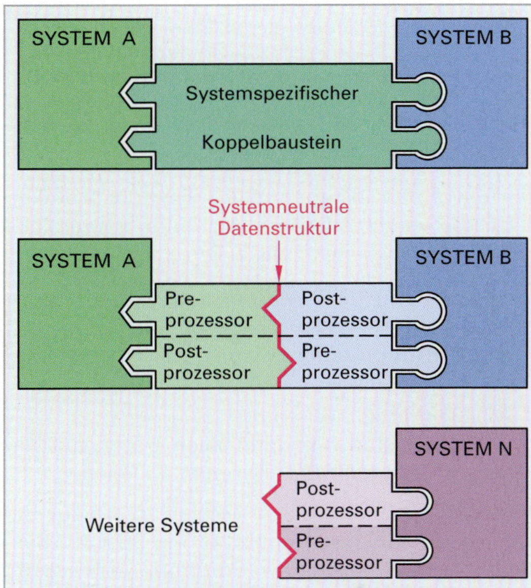

Bild 1: Datenaustausch

Während von einem System A ausgehend im 1:1-Kopplungs-Ansatz zum Datenaustausch mit allen N-1 Partnersystemen N-1 Koppelbausteine erforderlich sind, bedarf es mit standardisierten Datenstrukturen für das System A nur eines einzigen Pre-/Postprozessors. Der Vorteil, z. B. bei einer Systemänderung, ist offensichtlich. Nachteilig hingegen kann sich auswirken, dass eine zweimalige Datentransformation notwendig wird, die das Risiko von Transformationsfehlern erhöhen.

Für den Datenaustausch über *Schnittstellen* gibts es zwei verschiedene Lösungsansatze:

- Bei *Direktkonvertierung,* den sogenannten **1:1-Kopplungen (Bild 1)**, ist die Schnittstelle ganz spezifisch auf die Funktionalität der beiden zu verbindenden Teilsysteme ausgerichtet – und zwar nur auf diese beiden hin – mit dem Vorteil, dass im Kopplungsprogramm für die beiden Datenaustauschrichtungen auf die spezifischen Unterschiede der beiden Partnersysteme individuell eingegangen werden kann, jedoch mit dem Nachteil, dass etwa am Beispiel der CAD-Kopplung für N verschiedene CAD-Systeme N x (N-1) unterschiedliche Koppelbausteine verfügbar sein müssen.

- Die zweite Schnittstellenvariante geht davon aus, dass zu den beiden systemspezifischen Datenstrukturen der Partnersysteme zusätzlich eine **systemneutrale, standardisierte Datenstruktur** zwischengeschaltet wird **(Bild 2)**.

Im CAD/CAM-Bereich spricht man bei der Datentransformation gemäß der Übertragungsrichtung **von Prozessoren**[1] und von **Postprozessoren**[2].

[1] lat. pro = vor, vorhergehend;
[2] lat. post = hinter, nachfolgend

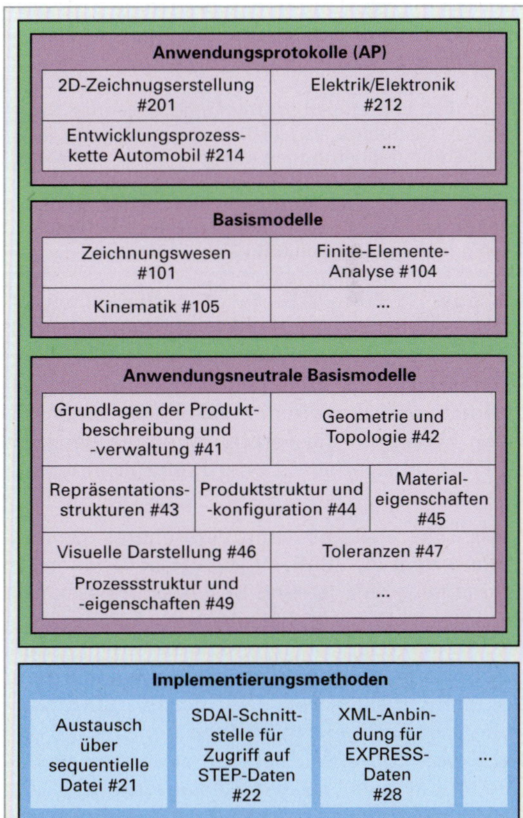

Bild 2: STEP-Architektur

STEP ist die modernste dieser Schnittstellenformate. Mit STEP können Produktdateninformationen des gesamten Lebenszyklus abgebildet werden **(Bild 1)**. STEP eignet sich für die verschiedenen Anwendungsbereiche bzw. -systeme wie beispielsweise CAD, CAM, PDM, DMU und CAE.

Hierfür werden so genannte Applikationsprotokolle für die verschiedensten Anwendungsbereiche zur Verfügung gestellt, wie z. B.:

- AP 203 (Luftfahrtindustrie),
- AP 212 (Elektroindustrie),
- AP 214 (Automobilindustrie),
- AP 218 (Schiffsbau),
- AP 236 (Möbelindustrie).

Viele CAD-Systeme können auch Daten auf der Basis von *Parasolid-Programmen* einlesen.

Parasolid. Parasolid ist ein Modellierkern zur Beschreibung von Volumenkörpern in 3D-CAD-Systemen (von *Unigraphics Solutions* entwickelt). Parasolid ist Bestandteil unterschiedlicher CAD-Systeme. Dadurch können diese CAD-Systeme Daten ohne Umwandlungen verwenden.

Der Nachteil der neutralen Schnittstellen ist, dass Informationen über den Modellaufbau (Konstruktionselemente) nicht übertragen werden.

Nach dem Importieren steht im empfangenden System die Geometrie als ein Block zur Verfügung. Bei der Geometrieübertragung können Fehler auftreten, d. h. Flächenübergänge sind nicht mehr tangentenstetig, Flächen sind nicht mehr richtig beschnitten, die Berandungen von Flächenstücken überlappen sich oder haben Lücken **(Bild 2)**.

STL. Das STL-Format (**S**urface**T**esselation**L**anguage) beschreibt die Oberfläche des Bauteils durch Dreiecke **(Bild 3, links)**. Diese Schnittstelle dient hauptsächlich der Bereitstellung geometrischer Informationen aus dreidimensionalen Datenmodellen heraus für die Fertigung mittels generativer Fertigungsverfahren oder Rapid Prototyping-Anlagen.

VRML. Ein weiteres sehr verbreitetes Schnittstellenformat ist VRML (**V**irtual **R**eality **M**odeling **L**anguage). VRML ist eine Beschreibungssprache für 3D-Szenen, deren Geometrie, Ausleuchtungen, Animationen und Interaktionsmöglichkeiten. VRML wurde ursprünglich als 3D-Standard für das Internet entwickelt. Die meisten 3D-Modellierungswerkzeuge ermöglichen den Import und den Export von VRML-Dateien, wodurch sich das Dateiformat auch als ein Austauschformat von 3D-Modellen etabliert hat. Auch hier wird die Geometrie polygonisiert, d. h. in ebene Flächen bzw. Volumenkörper zerlegt **(Bild 3, rechts)**.

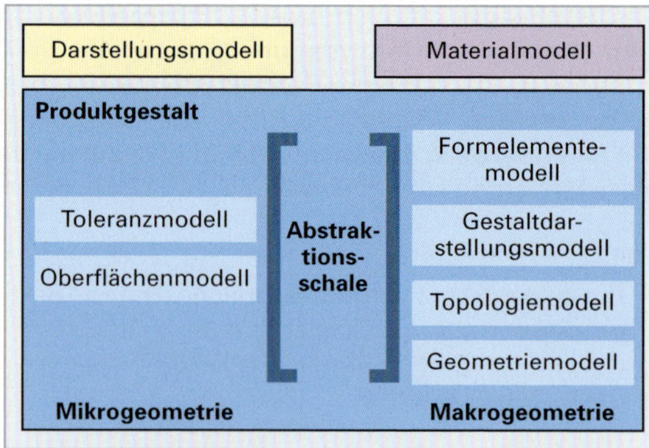

Bild 1: STEP-Struktur

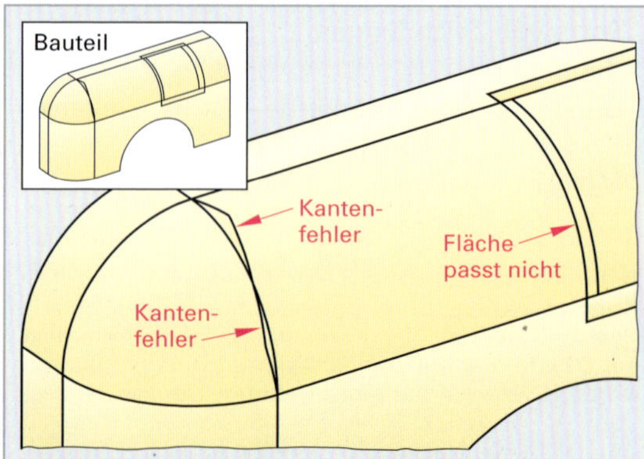

Bild 2: Typische Fehler beim Importieren

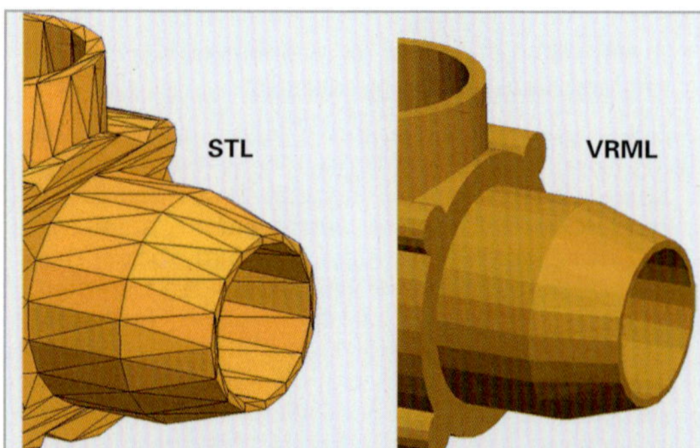

Bild 3: Modelldarstellung mit STL (links) und VRML (rechts)

DXF. Zum Austausch von Zeichnungen *von* und *nach* AutoCAD benutzt man das Austauschformat DXF. Durch die große Verbreitung von AutoCAD wurde DXF zu einem *de facto* Standard. DXF-Dateien sind *Standard-ASCII-Dateien* und daher einfach von anderen Software-Paketen einzulesen. Außerdem kann AutoCAD eine binäre Form der vollständigen DXF-Datei generieren bzw. einlesen. Diese Form benötigt weniger Speicherplatz und behält bei Gleitkommazahlen die volle Genauigkeit.

Mit dem Befehl DXFOUT wird aus einer vorliegenden AutoCAD-Zeichnung eine *Austauschdatei* erstellt. Hierbei wird über die Eingabe der Dezimalstellen der Parameter für die Genauigkeit der Gleitkommazahlen gesetzt. Durch die Auswahl von Elementen kann auch eine partielle DXF-Datei ausgegeben werden.

In umgekehrter Austauschrichtung wird mit dem Befehl DXFIN eine *Zeichnungsaustauschdatei* in eine AutoCAD-Zeichnung konvertiert[1]. Neben der Übertragung einer vollständigen Zeichnung, besteht auch die Möglichkeit, mittels partiellem DXFIN übertragene Elemente (Abschnitt ENTITIES) in einer aktuellen Zeichnung einzufügen. DXFIN gestattet auch eine Fehlerüberprüfung bzgl. der übertragenen Daten.

DXF-Dateiformat: Eine vollständige DXF-Datei enthält als eine speziell formatierte Textdatei mit einer vorgegebenen Gliederung die Abschnitte HEADER, TABLES, BLOCKS, ENTITIES und END OF FILE. Im Abschnitt **HEADER** sind die der Zeichnung zugeordneten Parameter (Variablen) aufgeführt (z. B. Farbe und geometrische Ausprägung von Bemaßungs- und Hilfslinien, Textparameter, Skalierungsfaktoren, Zeichnungsgrenzen in X/Y/Z usw.). Der Abschnitt **TABLES** enthält Definitionen benannter Funktionen (wie beispielsweise Linientyp-Tabelle, Layer-Tabelle, Bemaßungsstiltabelle, Benutzerkoordinatensystem-Tabelle). Der Abschnitt **ENTITIES** enthält die Zeichnungsobjekte einschließlich der Block-Referenzen, welche im Abschnitt **BLOCKS** definiert sind.

[1] lat. convertere = umwenden, tauschen, übertragen

JT

Das Datenformat **JT** (= Jupiter Tesselation), ursprünglich entwickelt von der Firma Unigraphics (Siemens), ist eine Technologie zur Erzeugung von Visualisierungsmodellen in einem kompakten, aber inhaltsreichen Datenformat. Bei dem Format JT handelt es sich um einen Quasistandard in der Automobil- und Luftfahrtindustrie für die Visualisierung von 3D-Geometrien, sowie deren Analyse und Optimierung.

JT kann über einen Translationsprozess aus vielen CAD-Systemen generiert werden. Das Datenmodell unterstützt unterschiedliche Formen von CAD-Geometrie. Sowohl einfache Dreiecksflächen als auch B-Rep-Geometrien werden unterstützt. Auch Struktur- und Metadaten (Zwischendaten) können von JT verarbeitet werden **(Bild 1)**.

JT-Dateielemente

- Product Structure – assembly, part, instance
- Facet – polygon, polygon set
- Lighting – light set, point light, infinite light
- Textures
- Precise Geometry and Topology – point, curve, surface, face, loop, edge, vertex
- Geometry Primitives – box, cylinder, pyramid, sphere
- Product Manufacturing Information (PMI) – FD&T, 3D annotations
- Attributes / Properties – text, integer, float, date, layers
- Meta data – property filters, transforms, bounding box definitions

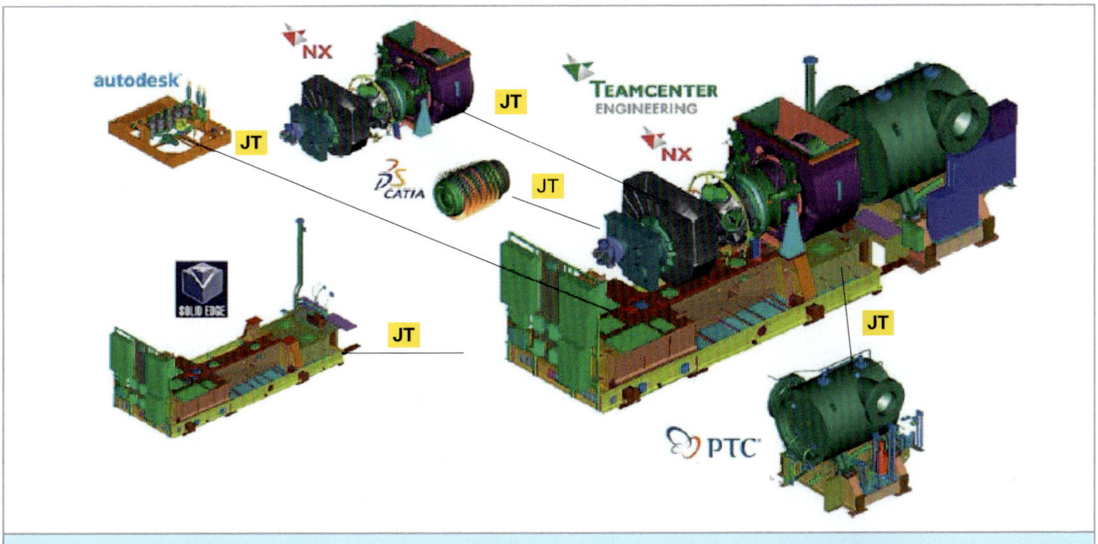

Bild 1: JT-Datenmodell

5.5 Baugruppe

Konstruktionen bzw. Produkte bestehen in der Regel meist aus mehreren Bauteilen, die zu einer Baugruppe gehören **(Bild 1)**. In der Baugruppe wird die Struktur des Produkts definiert.

Einzelteile **(Bild 2, links)** und Baugruppen, so genannte Unterbaugruppen, werden in der Baugruppe zum fertigen Produkt zusammengefügt **(Bild 2, rechts)**.

Die Produktmontage ist meist nach Unterbaugruppen und Baugruppen durch Vormontage mit abschließender Prüfung organisiert. Für die Produktmontage gibt es unterschiedliche Einbaubedingungen **(Tabelle 1)**.

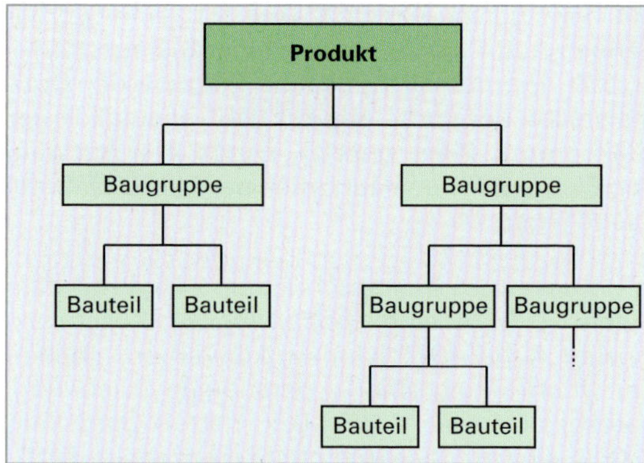

Bild 1: Produktgliederung

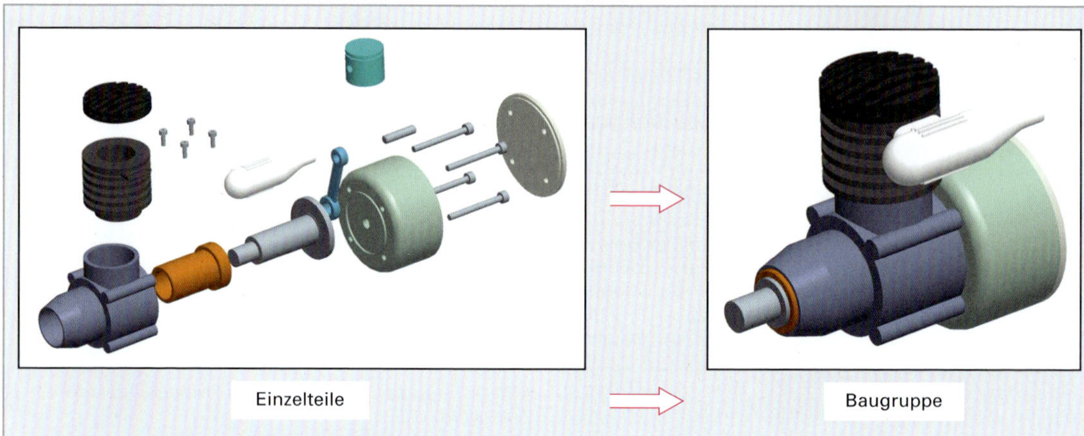

Bild 2: Von den Einzelteilen zum Produkt

Tabelle 1: Einbaubedingungen

Art	Erläuterung	Art	Erläuterung
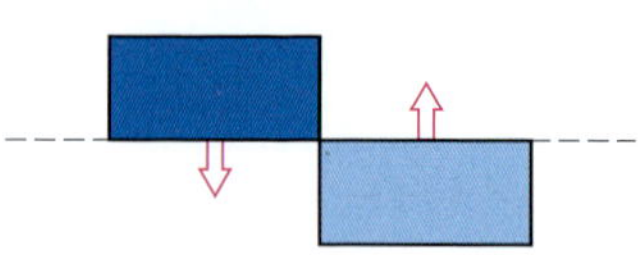	Zwei Flächen sind einander gegengerichtet	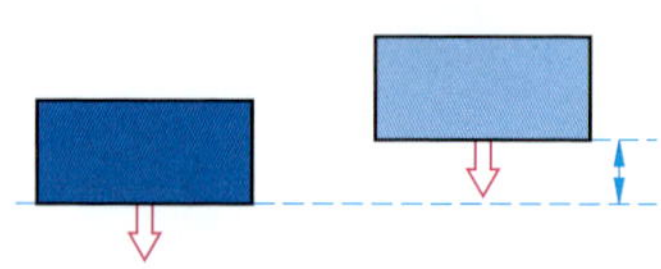	Zwei Flächen sind ausgerichtet zueinander mit Abstand
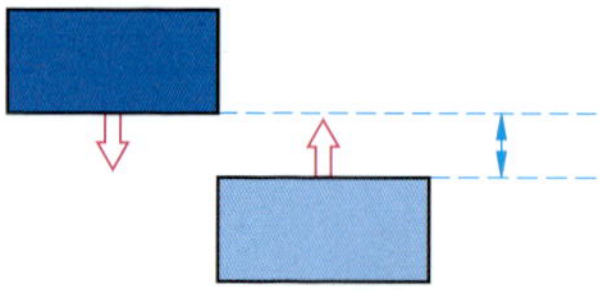	Zwei Flächen sind einander gegengerichtet mit Abstand	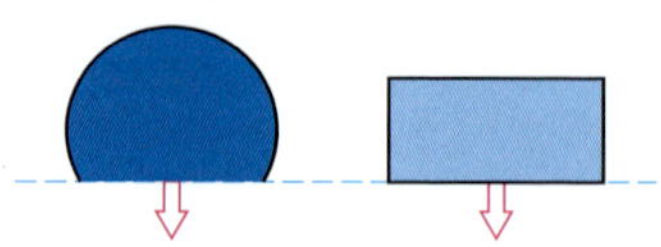	Zwei Flächen sind gleich orientiert
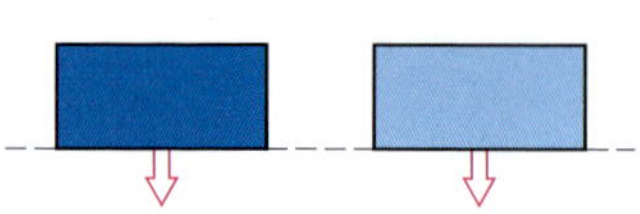	Zwei Flächen sind ausgerichtet zueinander	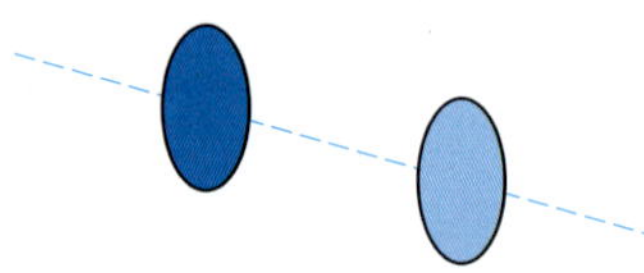	Eine Welle ist in eine Bohrung eingefügt

Die Positionierung der Komponenten erfolgt also entweder *absolut* über Koordinaten **(Bild 1)** oder *relativ* über Einbaubedingungen (i. d. R. sinnvoller). So wird z. B. eine Welle oder Schraube **(Bild 2)** in eine Bohrung eingefügt und an eine Fläche angelegt (gegengerichtet).

Bei zylindrischen Bauteilen genügen zwei Einbaubedingungen, die Drehlage kann, muss aber nicht zwingend definiert werden. Ebene Bauteile benötigen drei Einbaubedingungen, damit die Lage in alle drei Raumrichtungen definiert ist.

Bewegliche Bauteile können auch mit kinematischen Bedingungen eingebaut werden. Dadurch wird es möglich, die Baugruppe hinsichtlich ihres kinematischen Verhaltens zu untersuchen. Die Bewegung und Beschleunigung einzelner Bauteile oder Baugruppen kann analysiert werden, die einwirkenden Kräfte ermittelt und ggf. in eine weiterführende Simulation übernommen werden. Es kann ermittelt werden, ob bei der Bewegung der Bauteile des Produkts Kollisionen entstehen und welcher Bauraum zum Betrieb benötigt wird. Aus der Baugruppendefinition ergibt sich die zum Produkt gehörende Stückliste **(Bild 3)**.

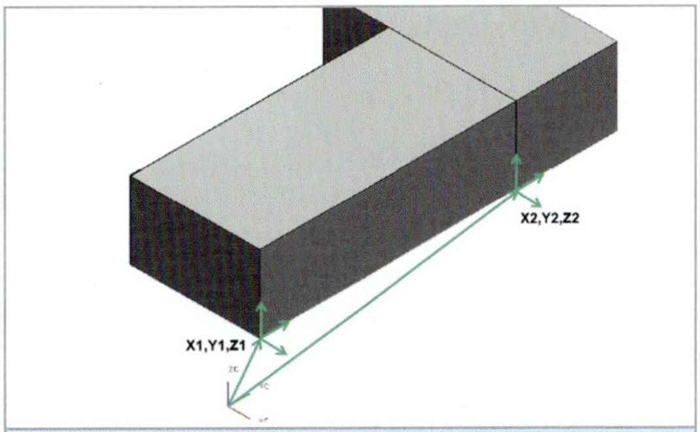

Bild 1: Positionierung mit absoluten Koordinaten

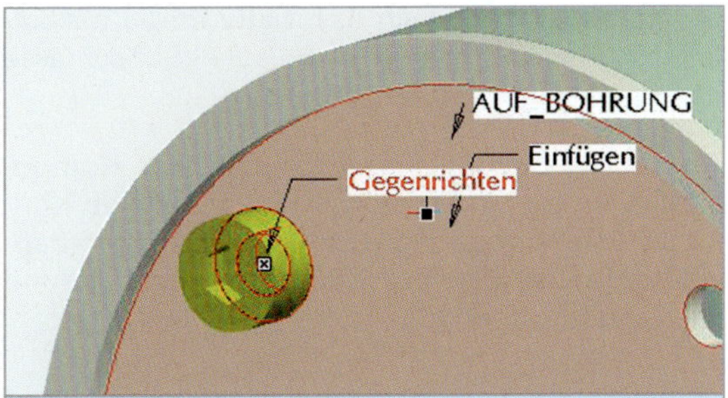

Bild 2: Positionierung mit relativen Koordinaten

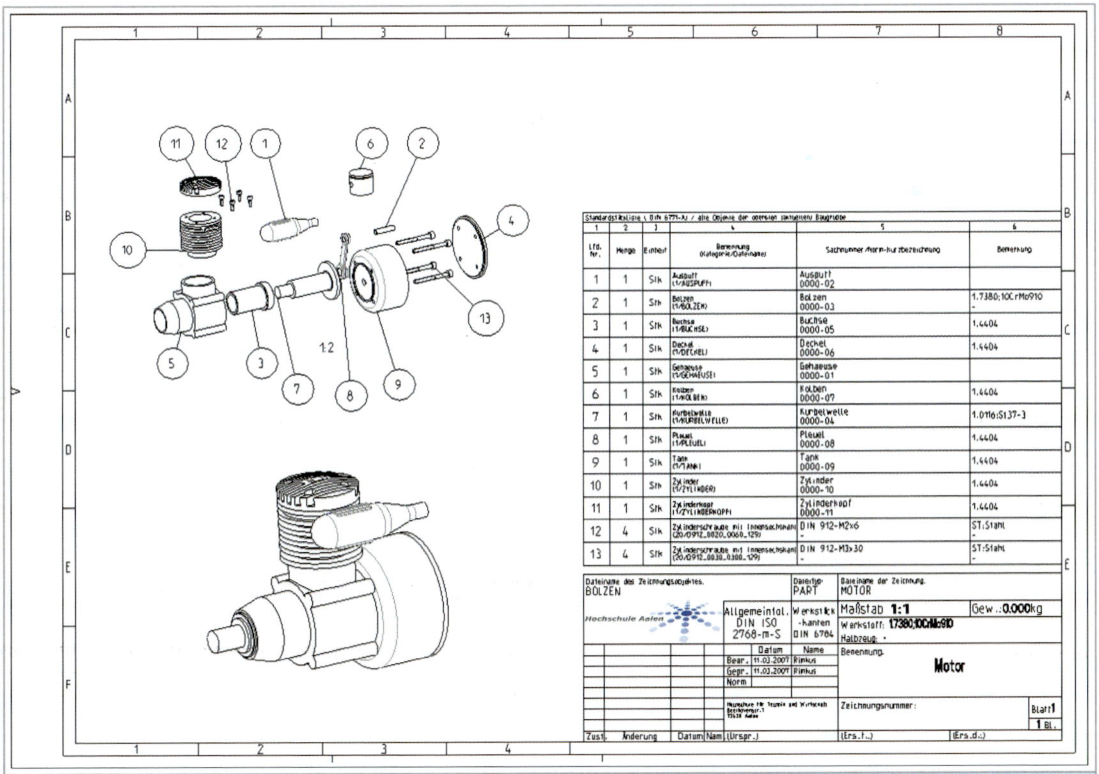

Bild 3: Bauteilzeichnung mit Stückliste

5.6 Top-Down und Bottom-Up

Bei einer Problemlösung kann man vom Allgemeinen, dem Ziel ausgehen und dann die Einzelheiten entwickeln (Top-Down-Methode) oder umgekehrt Teile zusammenfügen, um ein Ganzes zu erhalten (Bottom-Up-Methode, **Bild 1**). Die Top-Down-Konstruktionsmethode lehnt sich eng an den tatsächlichen Entwicklungsprozess an.

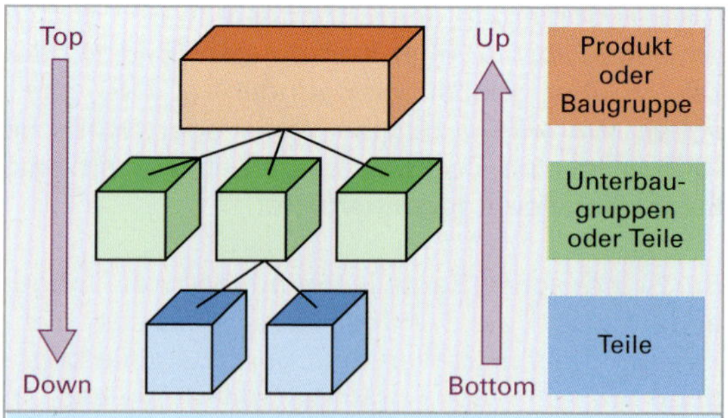

Bild 1: Top-Down und Bottom-Up

Die *Top-Down-Methode* startet mit einem Layout (Modell), das häufig eine einfache 2D-Skizze ist, in der die Hauptabmessungen und die grundlegenden Parameter definiert werden **(Bild 2)**. Die Geometrie wird danach assoziativ in die nächsttiefere Ebene, in der zum Beispiel Subsysteme dargestellt sind, kopiert.

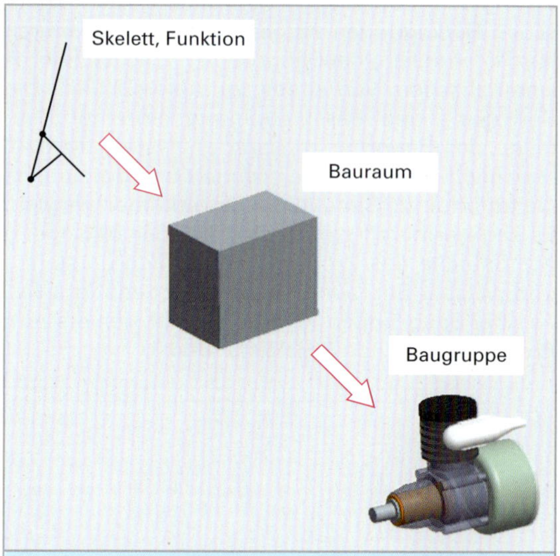

Bild 2: Top-Down-Methode

Ausgehend davon werden die einzelnen Komponenten weiter verfeinert. Bei der Top-Down-Konstruktionsmethode werden Referenzen oft bauteilübergreifend in der Baugruppe erzeugt und verwendet.

Top-Down
Es wird vom Groben ausgehend detailliert
- Idee für eine neues Produkt,
- Definition der Produkteigenschaften und Funktionen,
- Festlegen der Produktstruktur.

Bei der *Bottom-Up-Methode* startet der Konstruktionsprozess mittels Definition einzelner Komponenten als 3D-Modell. Diese werden dann in Unterbaugruppen virtuell zusammengeführt. Aus den Unterbaugruppen ergeben sich dann Baugruppen, bis ein fertiges Produkt zusammengesetzt ist **(Bild 3)**.

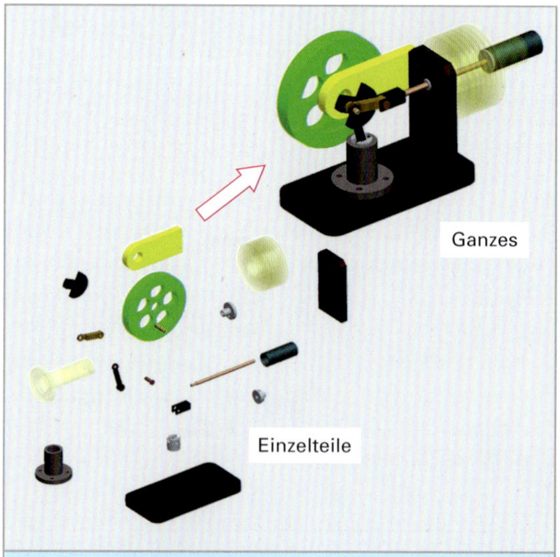

Bild 3: Bottom-Up-Methode

Nachteilig bei diesem Verfahren ist, dass sich Aktualisierungen komplex gestalten, da umliegende, zusammenhängende Einzelteile mit angepasst werden müssen. Diese Art der Konstruktion ist vor allem dann sinnvoll, wenn das zu konstruierende Bauteil bzw. Produkt ganz oder teilweise schon existiert.

Bottom-Up
Es wird vom Detail zum Ganzen modelliert
- Konstruktion der Einzelteile,
- Zusammenfügen der Einzelteile zur Baugruppe,
- Optimierung der Einzelteile.

5.7 Bionik

Alle Lebewesen, also Pflanzen, Tiere und die Menschen, haben im Laufe der Evolution neben vielen Fähigkeiten auch sehr angepasste und optimierte körperliche Formen entwickelt.

Der Leitgedanke der *Bionik* – einer Kombination der Begriffe Biologie und Technik – kann unter dem Motto „Lernen von der Natur“ zusammengefasst werden. Die Bionik beschäftigt sich mit den Erfindungen der belebten Natur und ihrer Umsetzung in technische Komponenten, Produkte und Systeme.

Da ist zunächst das „Nachempfinden“ oder „Abgucken“. Schon *Leonardo da Vinci* hat den Vogelflug analysiert und er versuchte seine Erkenntnisse auf Flugmaschinen zu übertragen. So gibt es auch heute noch vielfältige Versuche und Ansätze mit einem „Nachbau“, so z. B. können durch eine Oberflächenfeinstruktur, z. B. der Haut von Fischen ähnlich **(Bild 1)**, die Strömungsverluste und die Geräusche an umströmten Bauteilen reduziert werden.

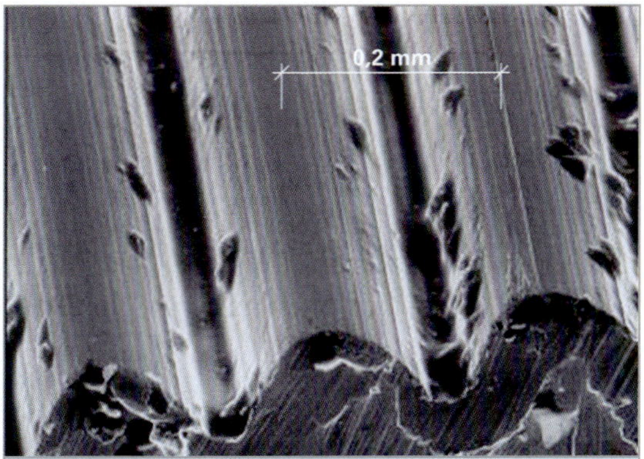

Bild 1: Technische Nachbildung der Haifischhaut für eine Turbinenschaufel

Blattoberflächen der Lotusblüte oder auch anderer Planzen, z. B. des Frauenmantels, sind wasserabstoßend und lassen Wasserperlen entstehen **(Bild 2)**.

Die Mikrostruktur der Blattoberfläche ist ursächlich hierfür. Mit winzigen Oberflächennoppen kann dieser Effekt auch auf technischen Oberflächen erzielt werden. Die abrollenden Wassertropfen nehmen Schmutzpartikel mit. So entsteht eine selbstreinigende Oberfläche.

Bild 2: Der Lotuseffekt

Ein anderer Ansatz ist, dass man die Evolution oder den natürlichen Wachstumsvorgang mit den kontinuierlichen Verbesserungen von Generation zu Generation bzw. unter Anpassung sich verändernder Einflussfaktoren in einer Computersimulation vorwegnimmt. Der natürliche Wachstumsvorgang oder die natürliche Entwicklung über viele Generationen hinweg wird im „Zeitraffer“ in wenigen Stunden oder Tagen mit dem Computern bewältigt. Durch wiederholende Veränderungen und einer Ergebnisbewertung tastet sich das Computerprogramm schrittweise an eine optimale Lösung heran.

In der Konstruktionstechnik unterscheidet man

- die Topologieoptimierung[1] und
- die Gestaltoptimierung.

[1] Topologie = Lehre von der Lage und der Anordnung geometrischer Gebilde im Raum; griech. topos = Ort, Gegend, logos = Lehre, Kunde

5.7.1 Topologieoptimierung

Bei der Topologieoptimierung wird z. B. ausgehend von einem Bauraum und einer äußeren Last die optimale Materialverteilung innerhalb des Bauraums ermittelt. Mittels der so genannten *Soft-Kill-Option* (SKO) wird das Material an den Stellen entfernt, an denen keine oder geringe mechanische Spannungen vorliegen **(Bild 1)**.

Die Prozesskette **(Bild 2)** beginnt mit der Festlegung des Bauraums und der für das Bauteil auftretenden Lastfälle. Die Topologieoptimierung kann dann hinsichtlich Steifigkeit (Verformungen) oder Festigkeit (Spannungen) erfolgen. Als Optimierungsziel wird eine Reduzierung des Volumens angegeben. Mit der Angabe von Nebenbedingungen können die auftretenden Verformungen oder Spannungen begrenzt werden. Auch Fertigungsrestriktionen (Schmiedeteil, Blechkonstruktion, symmetrisches Bauteil, ...) können noch festgelegt werden.

Nach dem Optimierungslauf erhält man einen Vorschlag für die Materialverteilung im Bauteil, dargestellt als *STL-Geometrie*[1]. Diese STL-Geometrie muss dann geglättet und in eine *CAD-Geometrie* rückgeführt werden. Abschließend erfolgt eine FEM-Nachrechnung dieser Geometrie. Eventuell auftretende Kerbspannungen werden mittels Formoptimierung minimiert.

[1] STL-Format: In der Additiven Fertigung wird die Modellgeometrie üblicherweise in das STL-Datenformat (Standard Triangulation Language, auch Standard Tessellation (Parkett) Language) überführt. Das STL-Format beschreibt die Oberfläche von 3D-Körpern mithilfe von Dreiecksfacetten.

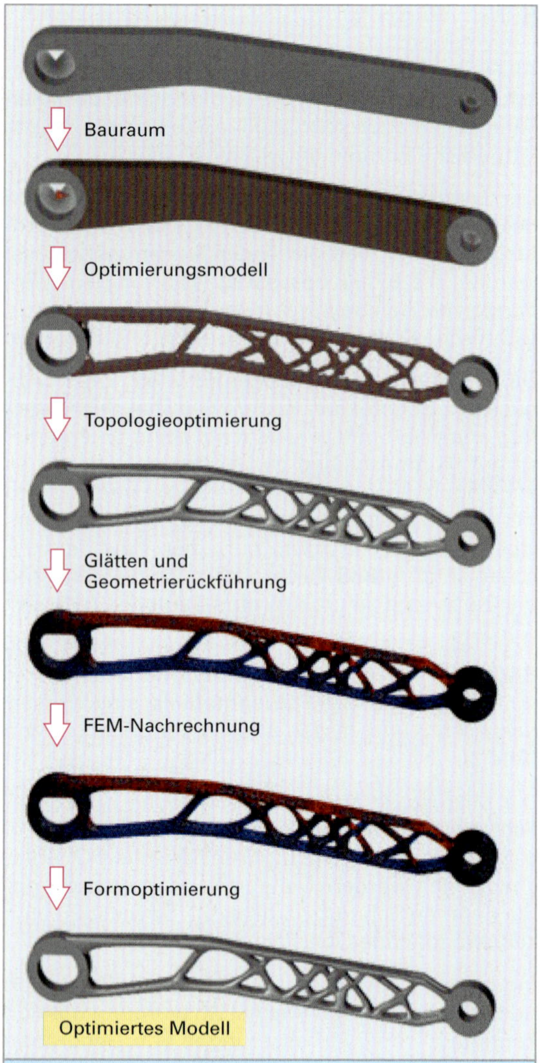

Bild 2: Prozesskette

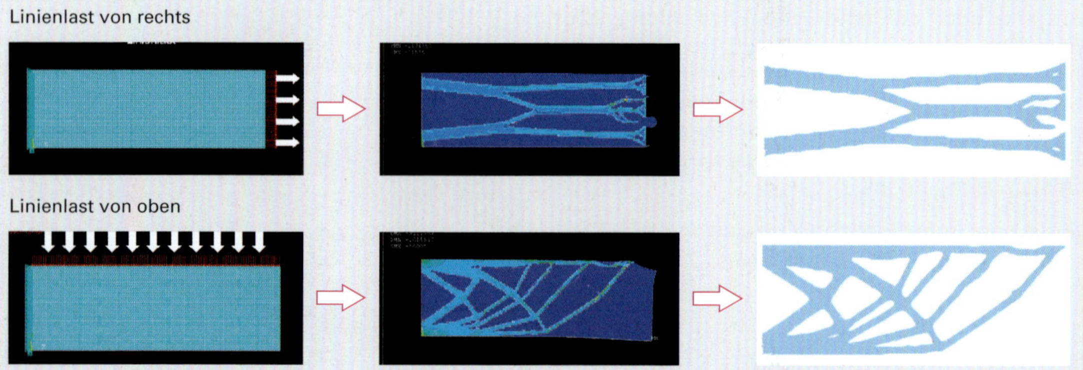

Bild 1: Topologieoptimierung

5.7.2 Gestaltoptimierung

Mithilfe der Gestaltoptimierung wird die Form eines Teilbereichs eines Bauteils optimiert, z. B. hinsichtlich der Spannungsverteilung bei einer Verrundung an einer durch Kerbspannungen gefährdeten Stelle **(Bild 1)**. Nach dem Vorbild der Natur, wie z. B. bei Bäumen **(Bild 2)** und Knochen **(Bild 3)**, wird an Stellen hoher Spannungen solange Material hinzugefügt bzw. es werden Knochenzellen (Trabekel) verkleinert und damit verstärkt, bis die Spannungsspitzen abgebaut sind.

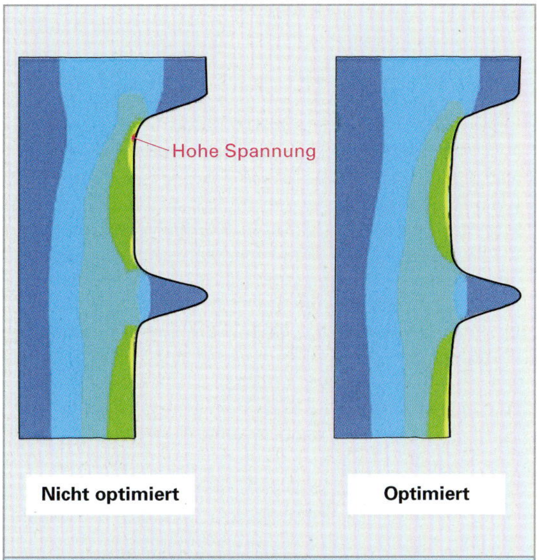

Bild 1: Gestaltoptimierung zur Verminderung von Kerbspannungen

Verborgene Gestaltungsgesetze der Natur

Prof. Dr. Claus Mattheck:

In den letzten zwei Jahrzehnten haben wir am Forschungszentrum Karlsruhe die biologischen Konstruktionen wie z. B. Bäume und Knochen untersucht, die in gnadenloser Evolution reiften oder vergingen. Die Erbarmungslosigkeit dieser Auslese für sich allein ist schon Grund genug, an ihr mechanisches Optimum zu glauben. Es wurden von uns Computermethoden geschaffen, die wie CAO (Computer Aided Optimization) das lastgesteuerte Wachstum der Bäume simulieren und lokale Spannungsspitzen, wie z. B. Kerbspannungen abbauen, die wie SKO (Soft Kill Option) die Fresszellen im Knochen kopieren, Faulpelze im Bauteil beseitigen und somit Leichtbau bewirken oder die wie CAIO (Computer Aided Internal Optimization) die Fasern in Fasernverbunden wie im Holz der Bäume entlang des Kraftflusses, also der Hauptzugspannungstrajektorien legen.

In „Design in der Natur – der Baum als Lehrmeister", Rombach Freiburg, wird ein langer Weg aus Naturbeobachtung und Computerempirie beschrieben.

Bild 2: Wurzelbildung bei Bäumen

Literatur

- ***Nachtigall W.:*** Bionik als Wissenschaft: Erkennen – Abstrahieren – Umsetzen, Springer 2010
- ***Blüchel K.:*** Bionik. Wie wir die geheimen Baupläne der Natur nutzen können, Goldmann 2006
- ***Cerman Z., Barthlot W. und Nieder J.:*** Erfindungen der Natur, Rowohlt 2005
- ***Kesel A.:*** Bionik, Fischer 2005
- ***Nachtigall W. und Blüchel K.:*** Das große Buch der Bionik. Neue Technologien nach dem Vorbild der Natur, DVA 2000
- ***Rossmann T. und Tropea C.:*** Bionik: Aktuelle Forschungsergebnisse in Natur-, Ingenieur- und Geisteswissenschaft, Springer 2004

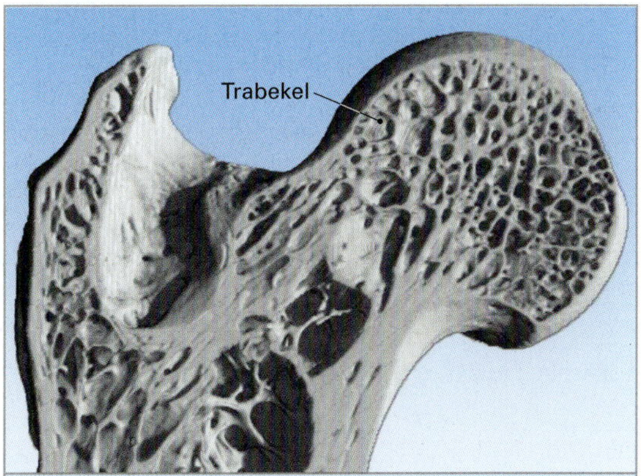

Bild 3: Knochenausbildung

Es suchen z. B. die Ingenieure bei Mercedes-Benz (Pressemeldung vom Juli 2009) gezielt in der Natur nach einem Vorbild, das nicht nur durch Details, sondern ganzheitlich in Form und Struktur den Vorstellungen von einem aerodynamischen, sicheren, komfortablen und umweltverträglichen Auto nahekommt. Gefunden haben sie dieses Vorbild im Kofferfisch **(Bild 1)**. Dieser Fisch, der in tropischen Gewässern lebt, hat trotz seines kantigen, würfelähnlichen Rumpfes hervorragende Strömungseigenschaften und stellt deshalb ein aerodynamisches Ideal dar. Mit einem Modellnachbau **(Bild 2)** des Kofferfisches erzielen die Ingenieure im Windkanal einen Luftwiderstandsbeiwert von nur $c_w = 0{,}06$.

Um dieses große Potenzial für die Automobilentwicklung zu nutzen, entwickelt man zunächst ein Automodell im Maßstab 1:4, dessen Form weitgehend dem Kofferfisch entspricht (Bild 2). Mit diesem Tonmodell wird bei Tests im Windkanal ein für die Automobiltechnik extrem niedriger Luftwiderstandsbeiwert von $c_w = 0{,}095$ gemessen. Das entspricht den Werten, die mit sogenannten Stromlinienkörpern ($c_w = 0{,}09$) und anderen aerodynamischen Idealformen erzielt werden.

Karosseriestruktur:
Bauprinzip der Natur für Steifigkeit und Leichtbau

In Zusammenarbeit mit Bionik-Experten hat die konzerneigene Forschung ein rechnergestütztes Verfahren entwickelt, um das Wachstumsprinzip der Natur auf die Automobiltechnik zu übertragen. Es basiert auf der SKO-Methode (Soft Kill Option): Karosserie- oder Fahrwerkskomponenten werden mittels Computersimulation so berechnet, dass der Werkstoff an Bereichen mit geringer Belastung dünner gestaltet und schließlich sogar völlig herausgeschnitten werden kann, während hoch beanspruchte Stellen gezielt verstärkt werden **(Bild 3)**.

Bei Anwendung der SKO-Methode auf die komplette Rohbaustruktur eines Fahrzeugs wird das Gewicht um rund 30 Prozent verringert. Die Reduzierung des Gewichts leistet damit einen wichtigen Beitrag zur weiteren Reduzierung des Kraftstoffverbrauchs.

Die Erkenntnisse dieser Untersuchungen nutzen die Wissenschaftler und Ingenieure bei der Entwicklung eines Kompaktfahrzeugs von 4,24 Meter Länge **(Bild 4)**. Es bietet Platz für vier Personen plus Gepäck und bietet hohe Qualitäten hinsichtlich Sicherheit, Komfort und Alltagstauglichkeit. Mit einem c_w-Wert von 0,19 zählt das Konzeptfahrzeug zu den strömungsgünstigsten Automobilen dieser Größenklasse: 20 % Kraftstoffersparnis und bis zu 80 % weniger Stickoxide.

Bild 1: Kofferfisch

Bild 2: Pkw-Modell

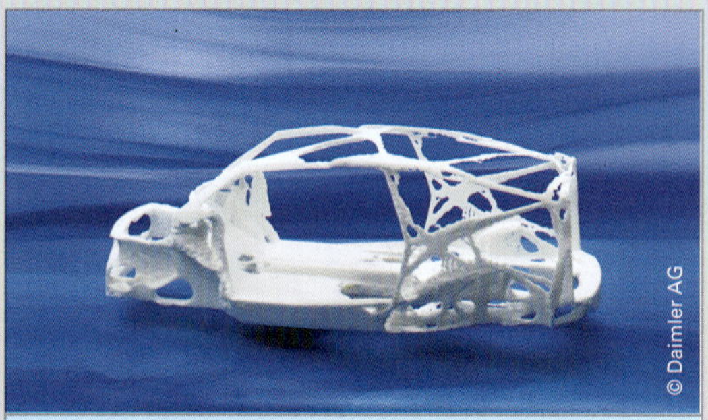

Bild 3: Strukturoptimierung

Bild 4: Kompaktwagen

5.8 Simulationswerkzeuge

Virtuelle Produkte, modelliert in einem 3D-CAD-System, können mithilfe von Simulationswerkzeugen visualisiert, analysiert und das Verhalten des Produkts kann simuliert werden.

Die im 3D-CAD-System erstellten Bauteile ermöglichen eine schnelle, einfache und effiziente Simulation des Bauteilverhaltens in vielerlei Hinsicht: Funktionalität der Kinematik, Festigkeit, Temperaturverhalten, Montagefähigkeit u. a. Die Simulation hilft die Entwicklungszeiten zu verkürzen, die Qualität zu verbessern und die Kosten zu senken.

Physikalische Eigenschaften

Das 3D-CAD-System ermöglicht die einfache Analyse des Bauteils bzw. der Baugruppe bezüglich der physikalischen Eigenschaften, wie z. B. Gewicht, Oberfläche, Schwerpunkt, Trägheitsmomente (**Bild 1**).

Auch die **Simulation des Bauteilverhaltens** bezüglich Verformungen und Spannungen unter Last, die Berechnung von Eigenfrequenzen oder unter Temperaturlast lässt sich einfach lösen.

Es gibt konstruktionsbegleitende Berechnungsprogramme, die vollständig in ein 3D-CAD-System integriert sind, und solche, die mit den *nativen* oder *importieren* CAD-Daten arbeiten **(Bild 2)**.

Bei der Bearbeitung der Simulationsaufgaben hilft ein „Assistent" **(Bild 3)** dem Konstrukteur und führt ihn zum gewünschten Berechnungsziel.

ACHTUNG! Um korrekte und aussagekräftige Berechnungen durchführen zu können, sind fundierte Kenntnisse der Technischen Mechanik und Festigkeitslehre sowie Grundlagenwissen über die Finite Elemente Analyse (FEM) unbedingt notwendig.

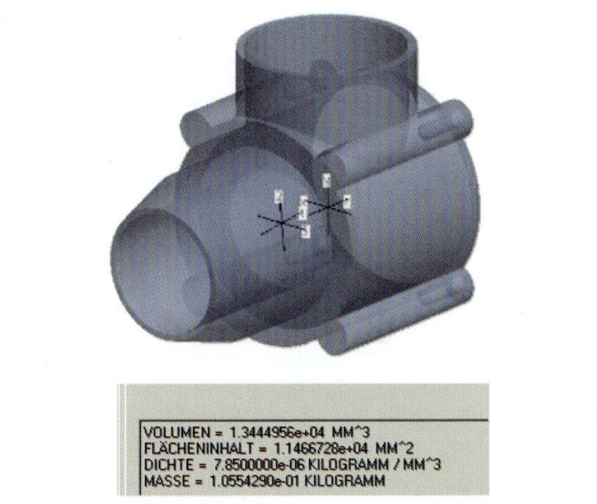

Bild 1: Darstellung physikalischer Eigenschaften (Auswahl)

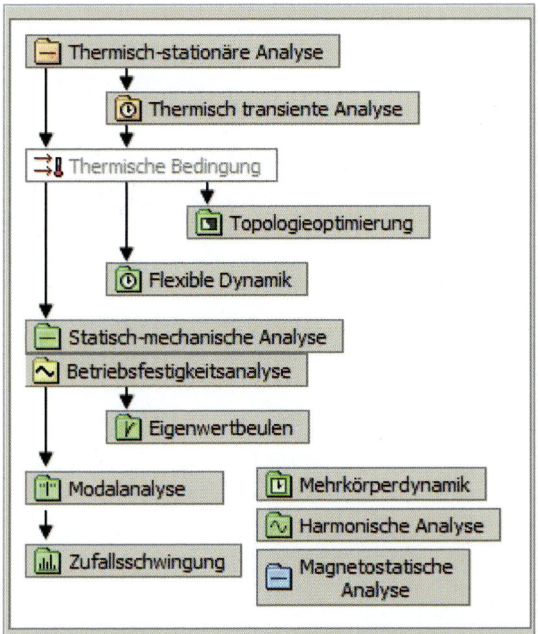

Bild 2: Erstellen von Analysen

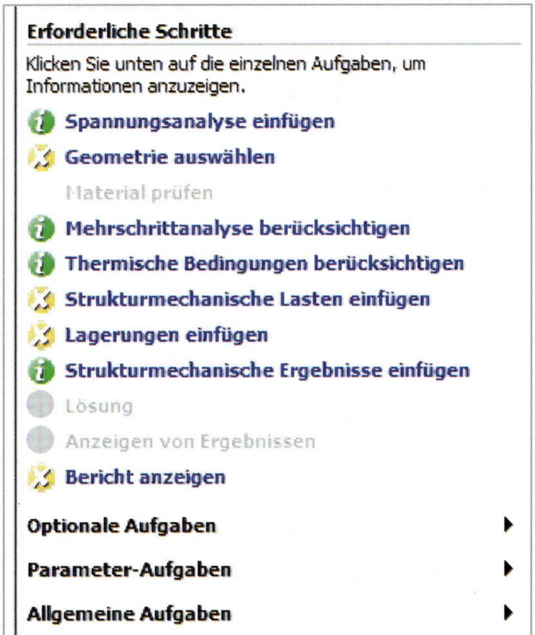

Bild 3: Assistent am Beispiel „Spannungsanalyse"

Die Programmbedienung ist sehr einfach und wird hervorragend unterstützt durch den Simulationsassistenten.

Sensitivitätsstudie

Es können sehr einfach Sensitivitätsstudien (was wäre wenn?) durchgeführt werden, beispielsweise „wie ändern sich die Spannungen und Verformungen in einem Pleuel, wenn die Breite des Stegs zwischen zwei Werten variiert wird" **(Bild 1)**.

Optimierung

Die Optimierung unterscheidet zwischen

- Parameteroptimierung und
- Topologieoptimierung (Strukturoptimierung).

Bei der **Parameteroptimierung** werden unter Vorgabe eines Ziels, beispielsweise Minimierung des Gewichts unter einer oder mehreren Nebenbedingungen, wie z. B. eine Begrenzung der maximalen Verformung **(Bild 2)**, mehrere geometrische Dimensionen variiert und versucht, das vorgegebene Ziel möglichst gut zu erreichen. Man sucht ein Minimum oder ein Maximum der Zielfunktion. Es gibt häufig ein Randminimum oder ein Randmaximum, d. h. der optimale Wert ist ein gerade noch zulässiger Wert.

Bei der **Topologieoptimierung** wird, bei gegebenen Lasten und Randbedingungen, eine günstigste Struktur gesucht, z. B. in einem vorgegebenen Bauraum wird versucht, die Materialverteilung so zu gestalten, dass die Spannungen minimiert werden. Dabei entstehen oft sehr abstrakte, zerklüftete Strukturen, die vom Konstrukteur in ein herstellbares Design übertragen werden müssen **(Bild 3)**.

> Die Topologieoptimierung wird in einem sehr frühen Stadium der Produktentwicklung eingesetzt, um dem Konstrukteur Hilfestellung bei dem Entwurf einer möglichst günstigen Struktur zu geben.

Im Konstruktionsprozess folgt nach einer Topologieoptimierung und der Umsetzung in eine herstellbare Geometrie die Parameteroptimierung.

Toleranzanalyse

Da im 3D-CAD-System das Bauteil mit seinen Maß- und Geometrietoleranzen beschrieben werden kann, ist es möglich, das Bauteil bzw. die Baugruppe bezüglich seiner Toleranzen zu analysieren und zu optimieren. Damit kann die Konstruktion bezüglich Qualität und Kosten optimiert werden.

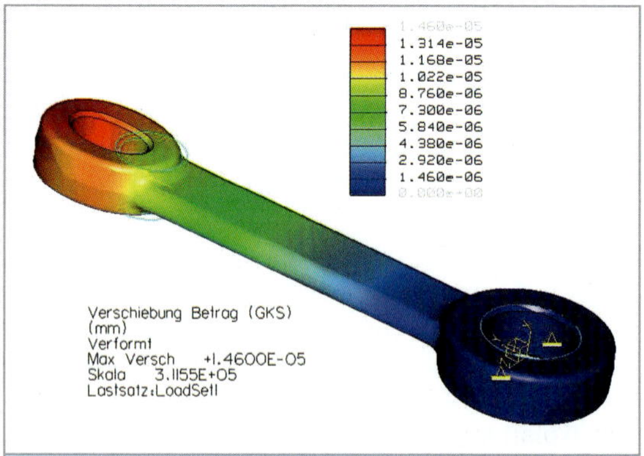

Bild 1: Deformationen bei einem Pleuel

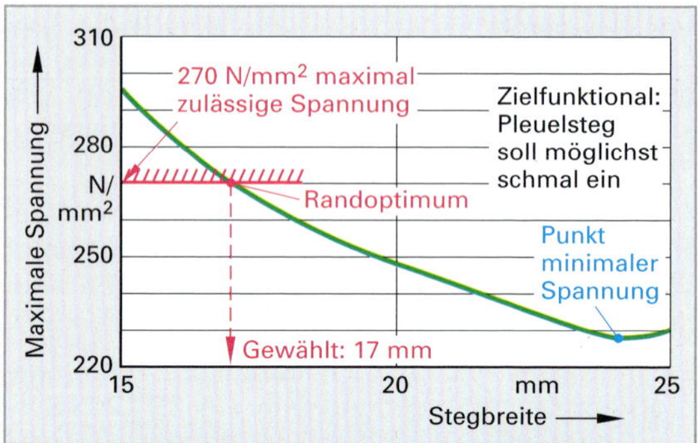

Bild 2: Parameteroptimierung

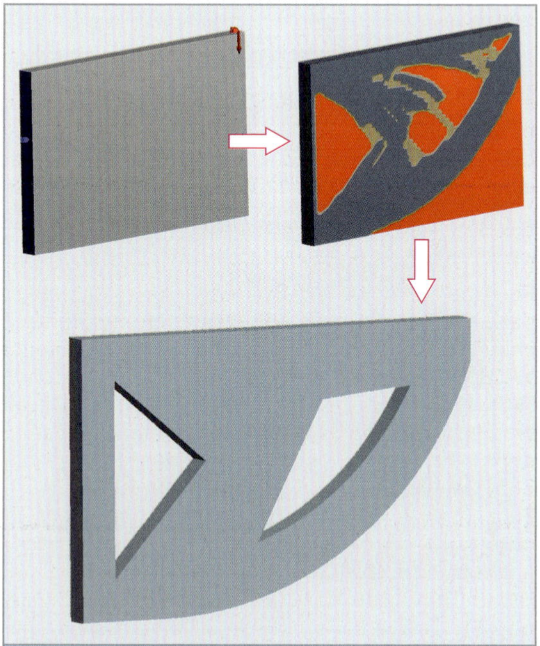

Bild 3: Topologieoptimierung für eine Konsole

5.9 Virtualisierung

Konstruktionen, Anlagen, ja ganze Fabriken werden digital dargestellt **(Bild 1)**. Meist erfolgt die Digitalisierung durch eine CAD-Konstruktion. Die Objekte sind also künstlicher Art. Man kann auch durch 3D-Scannen von natürlichen Objekten ein virtuelles Modell herstellen.

5.9.1 Stereoskopische Betrachtung

Die Betrachtung erfolgt heute meist noch am Bildschirm eines Computers oder an einer Leinwand mit einem Beamer. Besonders vorteilhaft für die Fabrikplanung und Arbeitsplatzgestaltung ist eine stereoskopische Darstellung.

Ein übliches Verfahren ist die Betrachtung von zwei auf eine Leinwand projizierten Bildern mit einer **Polarisationsbrille**. Dabei benützt man bei den zwei Projektoren und den zwei Brillengläsern jeweils zwei unterschiedliche Polarisationsfilter. So sieht man mit dem einen Auge das eine Bild und mit dem anderen Auge das andere Bild (Bild 1).

5.9.2 Virtual Reality mit VR-Brille

In der VR-Brille **(Bild 2)** befinden sich zwei Projektoren für die 3D-Grafiken, perspektivisch passend für das rechte und linke Auge. Die VR-Brille hat zusätzlich noch Sensoren zur Bewegungserfassung des Nutzers. So werden lineare und rotatorische Beschleunigungen mit Gyrometer erfasst und die Blickrichtung mit Magnetometer oder externer Kamera. Damit können die beiden Bildprojektionen passend zur Blickrichtung des Betrachters in schneller Folge, z. B. 120 Bilder/s berechnet und angezeigt werden. Der Blickwinkel mit über 180 Grad entspricht dem des menschlichen Auges und so nimmt man die virtuelle Umgebung beinahe wie die echte Welt wahr. Eine hohe Bildauflösung ist erforderlich, möglichst 1200×1800 Pixel pro Auge.

5.9.3 Virtual Environments (VE)

Die großflächige 3D-Projektion ermöglicht für Personen nicht nur ein Betrachten der räumlichen dargestellten Objekte, sondern auch ein „Eintauchen" (Immersion[1]) in die virtuell dargestellte Welt. Man spricht von virtuellen Umgebungen (Virtual Environments, VE). Vor der Projektionswand kann man nämlich in einer Tiefe, die in etwa der Wandhöhe entspricht, sich hineinstellen mit dem Gefühl, mit zur virtuellen Welt zu gehören.

Fügt man einer Projektionswand im Halbrund oder rundum weitere Projektionswände hinzu, so entsteht eine so genannte CAVE[2], z. B. eine Drei-Wand-CAVE (**Bild 3**). Mit vier Wänden, plus Decke, plus Fußboden kann man sogar eine rundum geschlossene Cave realisieren. Hier ist der Eindruck der Virtualisierung total.

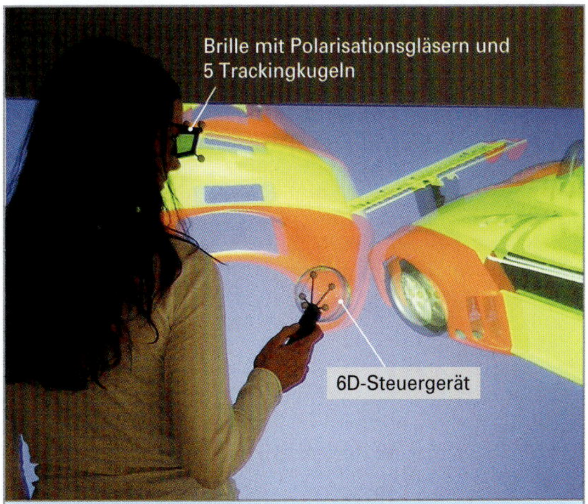

Bild 1: Stereoskopische Konstruktionsvisualisierung (Objekte erscheinen ohne Brille doppelt)

Bild 2: VR-Brille für räumliches Erleben

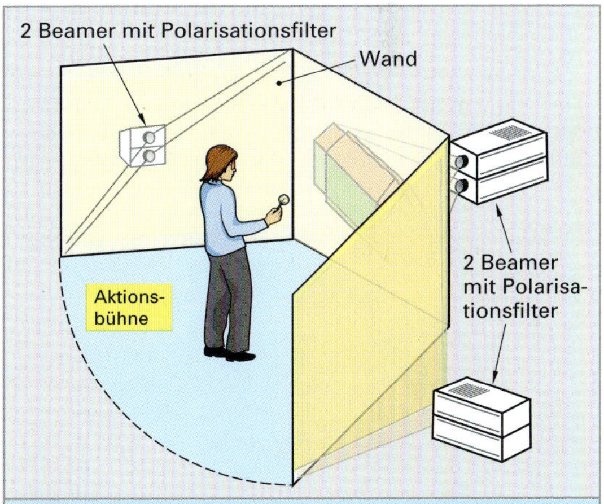

Bild 3: Drei-Wand-CAVE

Steigt man auf einen virtuellen Turm und blickt man in die Tiefe, so wird einem schwindelig.

[1] lat. immersio = eintauchen

[2] CAVE Kunstwort für engl. Cave Automatic Vitual Environment = Höhle mit automatisierter, virtueller Umgebung

Szenensteuerung

Zur Szenensteuerung werden günstigerweise kabellose Steuerungstechniken verwendet. Üblich sind Funksteuergeräte und optische Steuergeräte. Analog zur Computermaus mit einer Bewegung in einer Ebene für 2-dimensionale Signale, müssen hier mit einem räumlich operierenden Steuergerät 6-dimensionale Steuerfunktionen realisiert sein, nämlich für 3 Ortsdimensionen (X, Y, Z), um z. B. Objekte räumlich verschieben zu können, und für 3 Richtungsdimensionen (A, B, C), damit man z. B. Objekte drehen, schwenken und neigen kann **(Bild 1)**.

Bei den berührungslosen optischen Steuergeräten werden die Positionen von 5 kleinen Kugeln **(Bild 2)**, welche im Infrarot-Blitzlicht hell leuchten, durch Triangulation **(Bild 3)** erfasst.

Durch die Abbildung der, gegen den Hintergrund, hell reflektierenden Kugel in den beiden CCD-Kameras lassen sich die Winkel Alpha, Beta, Gamma eines Vermessungsdreiecks bestimmen. Der Basisabstand *l* der Kameras ist bekannt und so ist das Dreieck A1, B1 und C1 vollständig bestimmt und zwar auch in den räumlichen Neigungen, da die räumliche Anordnung der Kameras bekannt ist und die Kugel sich auf den CCD-Chips der Kameras in einer Ebene senkrecht dazu abbildet.

Damit man von dem 6D-Steuergerät nicht nur die Position bestimmen kann, sondern auch die räumliche Ausrichtung (Orientierung), müssen gleichzeitig mindestens von zwei weiteren Kugeln die Positionen erfasst werden.

Zur Identifizierung, welche Kugel nun welche ist, werden die Kugeln nicht in symmetrischem Abstand zueinander angeordnet und es werden statt der Mindestzahl von 3 Kugeln 5 Kugeln verwendet. Damit ist es möglich, diese zu identifizieren, auch wenn das Steuergerät z. B. „verkehrt" herum gehalten wird.

Bei einer Mehrwand-Cave werden mehr als 2 Kameras eingesetzt. So kann sich der Akteur in der Cave frei bewegen. Sein Steuergerät ist immer im Sichtbereich von zwei Kameras und wird somit in seiner Position und Orientierung erfasst **(Bild 4)**.

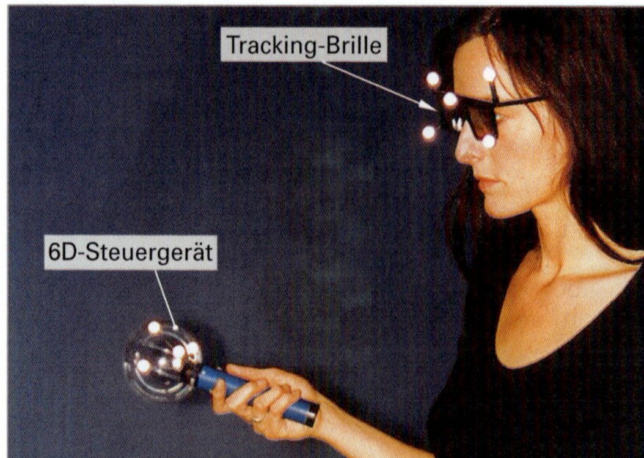

Bild 2: Steuergerät und Tracking-Brille mit Polarisationsgläsern

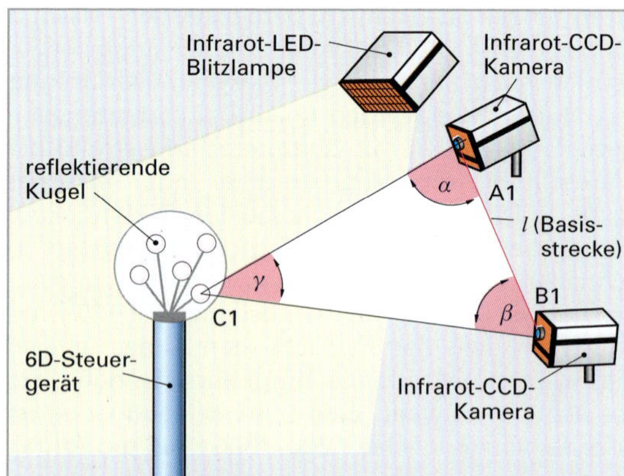

Bild 3: Triangulation mit Infrarotblitz und Infrarotkameras

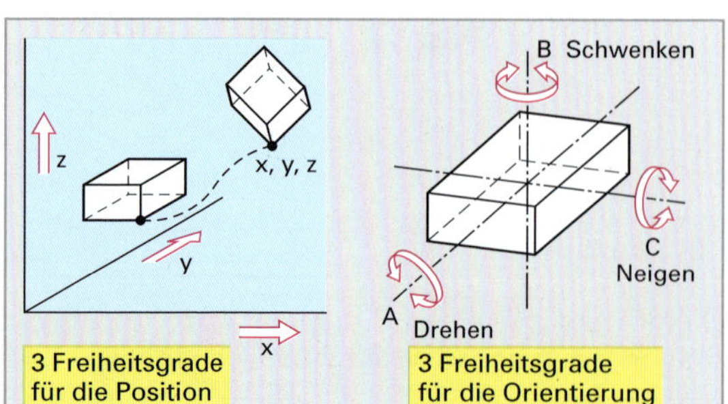

Bild 1: 6 Freiheitsgrade der Bewegung eines Objekts

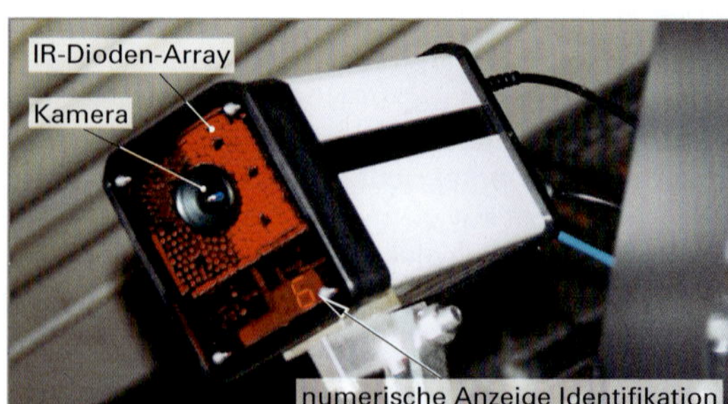

Bild 4: Kamera und Infrarotlampe für das Tracking

Mit dem Steuergerät kann man nun ähnlich wie mit einem Lichtzeiger Objekte „anklicken". Das VE-System projiziert hier virtuell einen räumlichen Strahl, der vom Steuergerät des Akteurs auszugehen scheint und entsprechend der Ausrichtung des Steuergeräts auf das anvisierte Objekt gerichtet wird **(Bild 1)**. Damit können nun diese Objekte z. B. wie im CAD angeklickt und manipuliert werden. Das Steuergerät hat dafür wie eine Computermaus zwei Tastschalter. Zur Manipulation werden räumliche Icons oder Befehlskugeln in die räumliche Szene virtuell eingestellt und können vom Akteur mit dem Steuergerät anvisiert und angeklickt werden.

Es gibt z. B. eine Funktion für das *Handling* von Baugruppen. Damit können Objekte entfernt, hinzugefügt, verschoben und verdreht werden (**Bild 2**). Mit der Schnittfunktion kann man einen Fächerstrahl erzeugen und damit Objekte schneiden. Man sieht diese im aktuell geschnittenen Querschnitt.

Die *Messfunktion* ermöglicht das räumliche vermessen zwischen anvisierten und angeklickten Raumpunkten.

Die *Annotationsfunktion* ermöglicht eine Art „Bekleckerung". Man kann damit schreiben, markieren, füllen, u. Ä. Mit der *Animationsfunktion* kann man ein Szenario in Bewegung versetzen; die Roboter bewegen sich und die Avatare (künstliche virtuelle Menschen) laufen und arbeiten.

Tracking

Zur vollkommenen Szenensteuerung müssen sich die Objekte bei Wechsel des Standorts und der Blickrichtung des Akteurs danach ausrichten. Steht z. B. ein Objekt scheinbar mitten im virtuellen Raum und der Akteur wechselt von der rechten Seite auf die linke Seite seinen Standort, so muss er das Objekt zunächst von der rechten Seite projiziert bekommen und danach von der linken Seite. Wenn er sich bückt, erblickt er es von unten und wenn er mit dem Kopf durch das Objekt hindurch geht, so sieht er es von innen **(Bild 3)**.

Zur laufenden Anpassung der Szenenprojektion an den aktuellen Standort und die aktuelle Blickrichtung müssen Standort und Blickrichtung des Akteurs laufend erfasst werden, d. h. er muss in seiner (Kopf-Bewegung) messtechnisch verfolgt werden. Dies geschieht durch das Tracking (Verfolgen) mithilfe einer Tracking-Brille (Bild 2, Seite 486). Die Tracking-Brille hat auch 5 Kugeln und diese werden ebenfalls durch eine optische Triangulationsmesstechnik laufend in der Position vermessen, wie dies beim Steuergerät der Fall ist. Die Kugeln reflektieren hell im Infrarotlicht. Für den Akteur ist dieses nicht sichtbar und somit auch nicht störend.

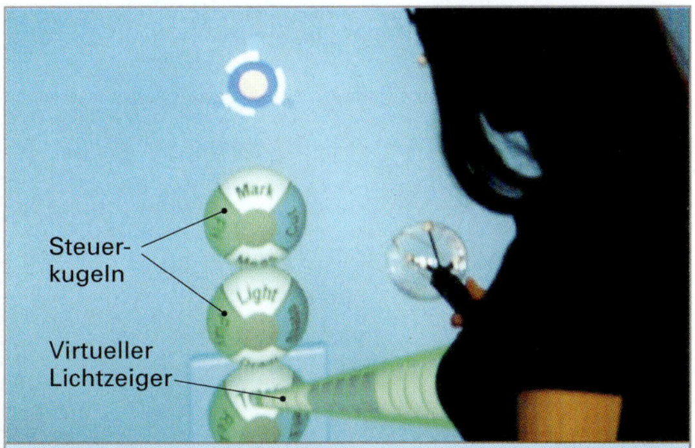

Bild 1: Anklicken von Steuermenüs auf Befehlskugeln

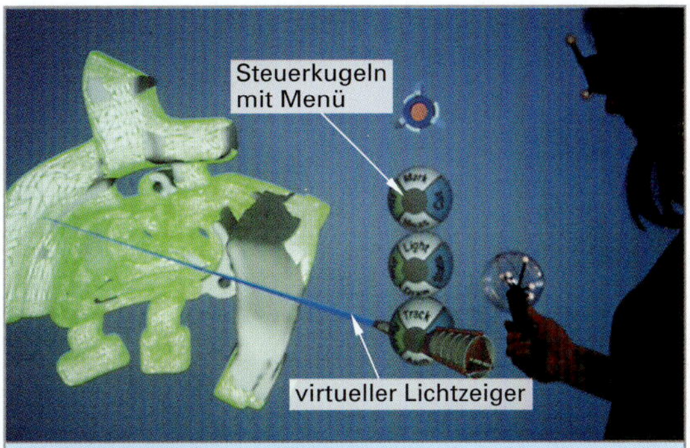

Bild 2: Handling von Objekten

Bild 3: Das Tracking

Augmented Reality und Mixed Reality

Augmented[1] Reality bedeutet erweiterte Realität und Mixed Reality gemischte Realität. Reale Szenen werden durch virtuelle Objekte erweitert bzw. virtuelle Objekte werden mit realen Elementen gemischt. Auf die Bühne eines VE-Systems kann man reale Objekte bringen und diese mit in die virtuelle Welt einbeziehen. Man mischt die reale Welt mit der virtuellen Welt. So kann man z. B. einen virtuellen Roboter an einem realen Werkstück programmieren (**Bild 1**).

Es geht auch umgekehrt. Man kann einen realen Roboter an einem virtuellen Werkstück durch Teach-in programmieren. Der Akteur sieht räumlich vor sich in natürlicher Größe das virtuelle Gebilde und das reale Objekt. Er kann um das reale Objekt herumgehen und die virtuelle Szene passt sich seinem Standortwechsel an.

5.9.4 Anwendung von VE-Systemen

Die VE-Systeme werden z. B. im Bereich der Neuentwicklung von Fahrzeugen eingesetzt. Der Designer erhält ein wirkliches Gefühl von dem real nicht vorhandenen Produkt. Er kann in das Fahrzeug einsteigen und sofern ihm ein realer Autositz auf die Aktionsbühne gestellt wird, kann er sitzend das noch nicht gebaute Fahrzeug in seiner inneren Räumlichkeit mit allen Bedienelementen „erleben" (**Bild 2**).

Fahrzeughersteller nutzen Augmented Reality zur beschleunigten Entwicklung (**Bild 3**). Mithilfe einer AR-Brille werden reale Geometrien, z. B. eine Karosserie, mit 3D-Modellen maßstabsgetreu überlagert. Per „Drag and Drop" holt man CAD-Dateien auf die AR-Brille und visualisiert sie durch Gestik in der realen Umgebung. Auch können Schnittbilder und Details einzelner Komponenten eingeblendet werden.

Weitere Anwendungsbeispiele sind:

Fabrikplaner können durch noch nicht gebaute Fabriken schreiten oder diese aus der Luft beobachten. Montagearbeiten können genau vorgeplant werden, einschließlich aller Handgriffe der Monteure. Monteure, also wirkliche Leute, können sich, bevor es die Montagearbeitsplätze gibt, mit den Montageaufgaben vertraut machen, bzw. man kann die Arbeitsplätze „erproben" bevor man sie aufbaut.

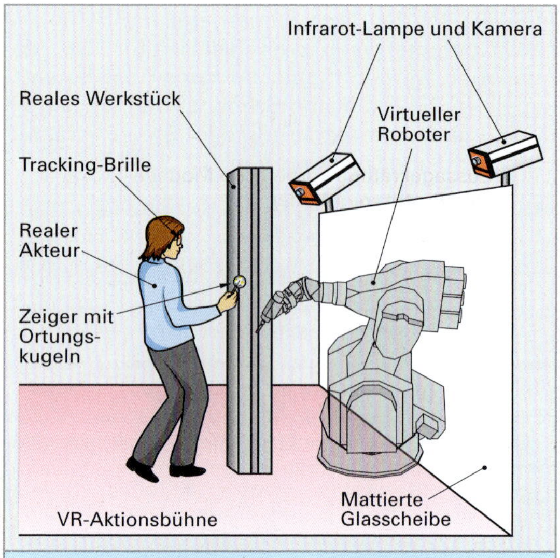

Bild 1: Mixed Reality mit virtuellem Roboter und realem Werkstück

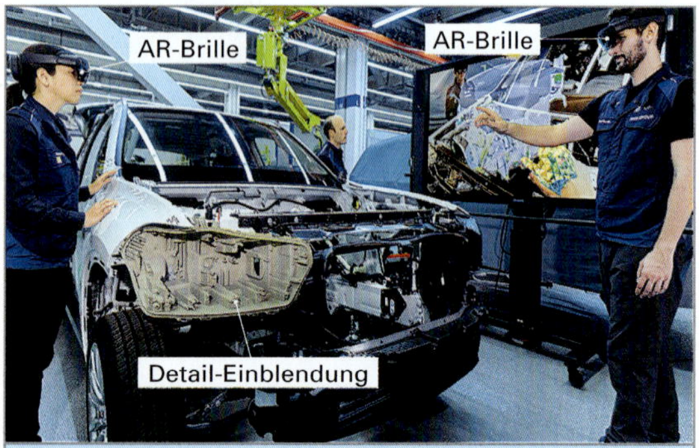

Bild 3: Augmented Reality in der Fahrzeugentwicklung

[1] engl. to augment = erweitern, vermehren

Bild 2: Test zur Fahrzeug-Ergonomie

5.10 3D-Druck – Additive Fertigung

Um im Wettbewerb Vorteile zu haben bzw. ihn bestehen zu können müssen neben virtuellen CAD-Modellen auch materialisierte Produktmuster schon am Beginn der Produktentstehungskette verfügbar sein.

Der 3D-Druck bzw. die Additive Fertigung ermöglichen die schnelle Umsetzung erster Entwicklungsergebnisse

- in aussagekräftige körperliche Modelle **(Rapid Prototyping)** oder
- in Endprodukte **(Rapid Manufacturing)** oder
- in (Form-)Werkzeuge **(Rapid Tooling)**.

Damit wird der gesamte Entwicklungsprozess beschleunigt und das Produkt kann schnell an die Erfordernisse des Markts angepasst werden **(Bild 1)**.

5.10.1 Körperliche Modelle (Rapid Prototyping)

Nach dem Verwendungszweck unterscheidet man folgende Modellarten **(Bild 2)**:

- Modelle zur Veranschaulichung und zur Kommunikation,
- Modelle zur Funktionsprüfung,
- Gießmodelle und Gießkerne.

Die **Konzeptmodelle** dienen der Orientierung im frühen Produktentwurf. Nur im Äußerlichen und meist in einer Verkleinerung entsprechen sie dem späteren Produkt. Sie werden bei Entwicklungsprojekten oder Präsentationen verwendet und erleichtern die Entscheidungsfindung. Beispiele sind Architekturmodelle und Fahrzeugmodelle.

Mit **Ergonomie-Modellen** können Testpersonen schnell herausfinden, ob die spätere Produktnutzung dem Menschen angepasst ist.

Designmodelle vermitteln den ersten Eindruck, ob ein Produkt hinsichtlich seiner Ästhetik beim Kunden ankommt.

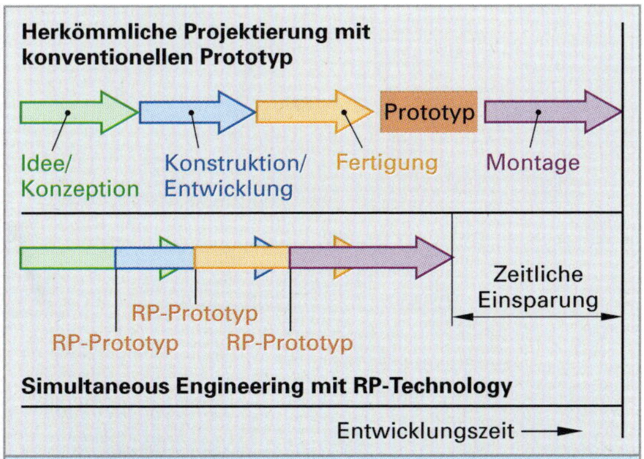

Bild 1: Der Prototyp in der Produktentstehung

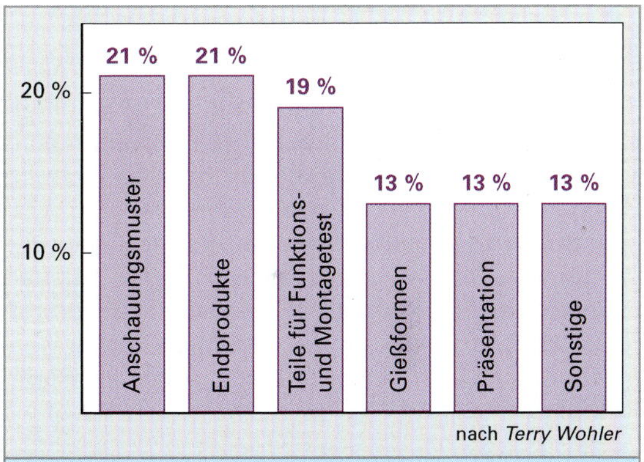

Bild 2: Einsatzgebiete für 3D-Druck

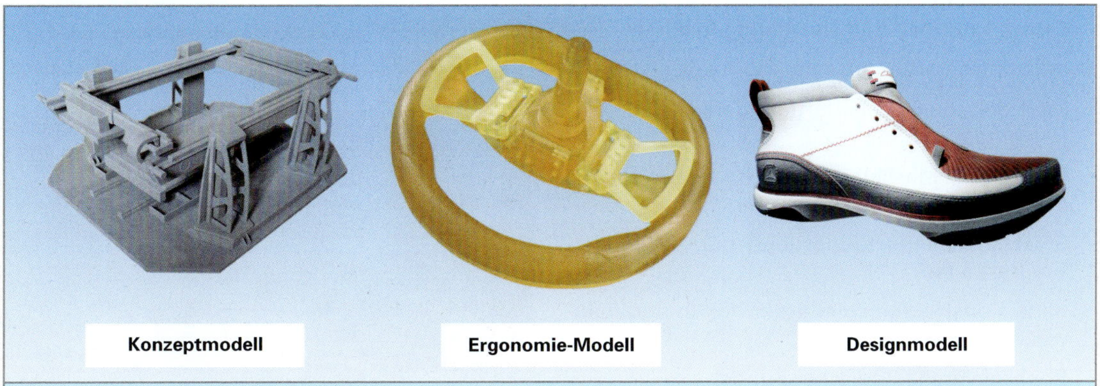

Bild 3: Modelle zur Veranschaulichung

Modelle zur Funktionsprüfung

Mit funktionalen Modellen können z. B. Strömungsvorgänge, Bewegungsverhalten oder Montierbarkeit überprüft werden **(Bild 1** und **Bild 2)**.

Als **Geometriemodelle** dienen sie z. B. zur Überprüfung der Passgenauigkeit und Einbaumöglichkeit oder zur aerodynamischen Optimierung im Windkanal.

Als **medizinische Rekonstruktionsmodelle** werden z. B. anhand von CT-Daten Körperteile nachgebildet und helfen dem Chirurgen zur Vorbereitung der Operation.

Als **Planungsmodelle** schaffen sie räumliche Eindrücke von Anlagen und Bauwerken.

Die **Funktionsmodelle** entsprechen in einzelnen Funktionen dem Produkt, z. B. bei Maschinen dem Bewegungsvorgang.

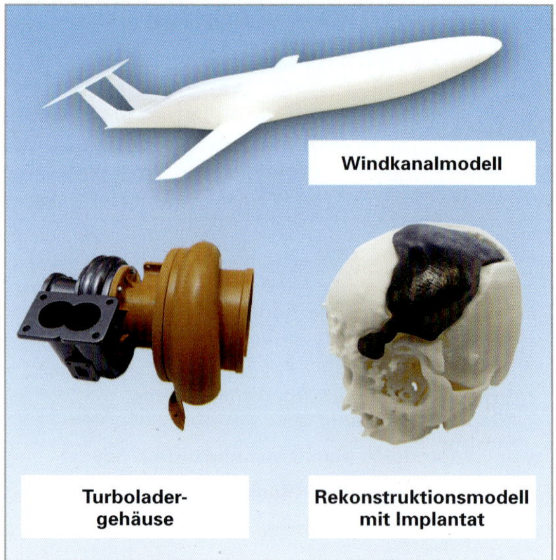

Bild 1: Modelle zur Funktionsüberprüfung

5.10.2 Endprodukte (Rapid Manufacturing)

Technische Prototypen und Endprodukte unterscheiden sich nur noch durch ihre Herstellungsart von den Serienteilen. Sie dienen zur Überprüfung des gesamten Entwicklungsergebnisses. Bei wirtschaftlichen Herstellungskosten können Bauteile so auch in kleinen und mittleren Serien für den Endverbraucher hergestellt werden. Die Herstellung von Endprodukten mit additiven Fertigungsverfahren (3D-Druck) bezeichnet man als **Rapid Manufacturing (Bild 3)**.

Rapid Manufacturing wird bevorzugt eingesetzt für:

- Kleinserien ohne Formenbau,
- Exklusive Kunst- und Designgegenstände,
- Individuelle ergonomische Produkte,
- Medizinische Einzelanfertigungen, z. B. Implantate, Prothesen,
- Bauteile für Maschinen und Sonderanwendungen (Digitale Ersatzteillager),
- Ersatzteile bei Restaurierungs- und Instandhaltungsarbeiten,
- neue Konstruktionsmethoden für Integralbauweisen und für Leichtbau,
- Replikate archäologischer Funde,
- Geographische Modelle.

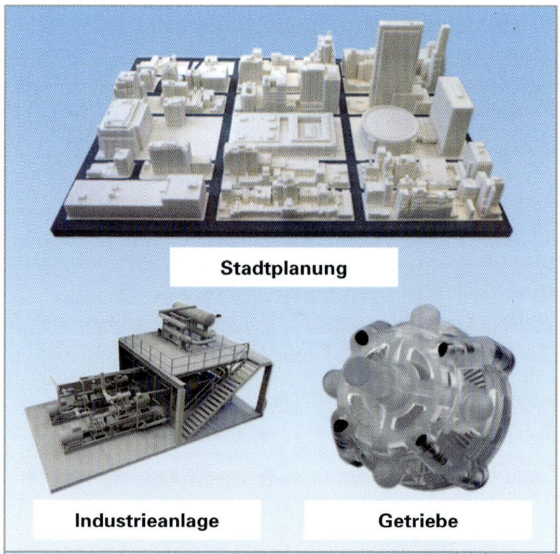

Bild 2: Modelle zur Funktionsüberprüfung und Planung

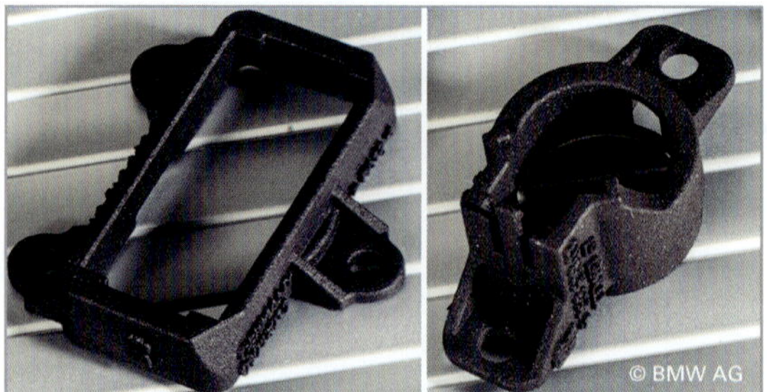

Bild 3: Serienbauteile (Beispiele)

5.10.3 Werkzeuge und Vorrichtungen (Rapid Tooling)

Hier werden vorwiegend Werkzeuge oder Formen der urformenden und umformenden Fertigungsverfahren hergestellt **(Bild 1)**.

Sie finden Verwendung als:

- Verlorene Modelle im Feingussverfahren,
- Verlorene Formen im Sandguss- und Feingussverfahren,
- Spritzgussformen (besonders mit konturnaher Kühlung),
- Tiefziehformen,
- Laminierformen,
- Modelle für Vakuumgießverfahren,
- Montage- oder Fertigungshilfen.

5.10.4 Innovation in der Konstruktionstechnik

Additive Fertigungsverfahren eignen sich nicht nur zur schnellen Herstellung von Modellen und Prototypen. Die Schichtbauweise ermöglicht die Herstellung von Bauteilen fast beliebiger Komplexität. Da gerade Gussteile nicht mehr an die Regeln des konventionellen Formenbaus gebunden sind, lassen sich problemlos Hinterschneidungen und beliebige Freiformflächen darstellen.

Sollen additiv erstellte Kunststoffbauteile direkt verwendet werden, lassen sich viele Funktionen integrieren (Integralbauweise, **Bild 2**) und damit diskrete Teile einsparen. So können abhängig vom Verfahren z. B. folgende Funktionen dargestellt werden:

Freibewegliche Welle-Nabe-Verbindungen, Zahnradantriebe, Schnappverschlüsse, Filmscharniere, Federn, Luftbälge.

Das Poly Jet Modeling (PJM) ermöglicht Bauteile mit partiell unterschiedlichen Eigenschaften herzustellen. Damit können bunte, teiltransparente und Teile mit abschnittsweise unterschiedlichen Härten in einem Bauteil dargestellt werden.

Der schichtweise Aufbau ermöglicht auch die Integration von Fluidkanälen, wie z. B. für pneumatische oder hydraulische Antriebe oder für Kühlmittel oder für Schmiermittel oder auch zur konturnahen Temperierung in Spritzgießwerkzeugen. Innenliegende Strukturen können gut, im Bauteil versteckt, auch zum Plagiatschutz dienen.

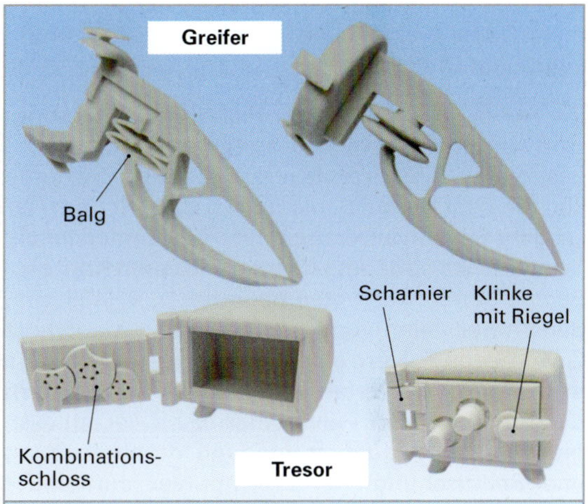

Bild 2: Integralbauweise

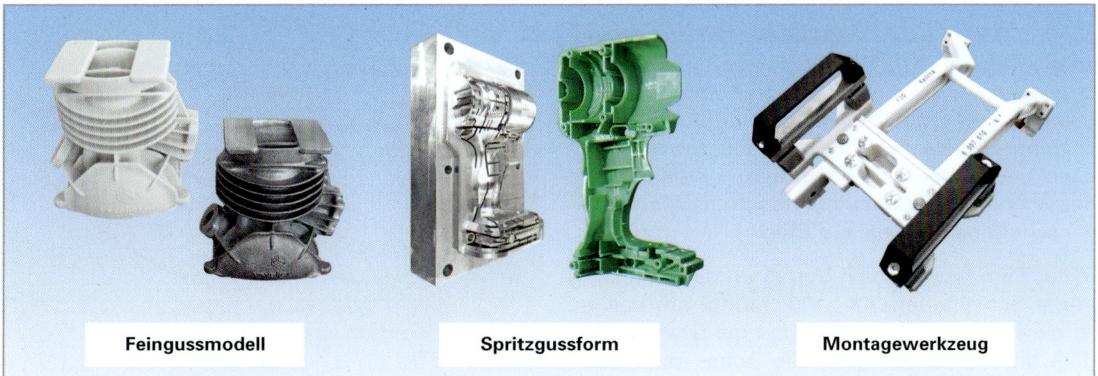

Bild 1: Werkzeuge: a) Feingussmodell, b) Spritzgussform, c) Montagewerkzeug

In allen Verfahren bieten sich dem Konstrukteur auch völlig neue Möglichkeiten hinsichtlich der Integration von Leichtbaustrukturen **(Bild 1)** oder von organischen Strukturen **(Bild 2)**. Die Bauteile lassen sich dann abhängig vom Bauraum und der verfahrensspezifischen Auflösung problemlos skalieren.

Regeln

Prinzipiell braucht der Konstrukteur bei Nutzung der Additiven Fertigungsverfahren keine besonderen fertigungsgerechten Regeln berücksichtigen. Bei der Anwendung und Auswahl sind jedoch die Eigenarten der verschiedenen Verfahren zu beachten.

Auflösung und Genauigkeit

Der Aufbau additiver Fertigungsanlagen setzt sich in der Regel aus einer horizontalen X-Y-Bauebene (= Baufeld) und der vertikalen Z-Achse zusammen. Dabei werden die Schichten in Z-Richtung aufgebaut **(Bild 3)**.

Die Auflösung in vertikaler Richtung (Z-Richtung) wird von der Dicke der aufgetragenen Schicht bestimmt. Flüssigkeitsverarbeitende Systeme können sehr dünne Schichten (z. B. 0,014 mm) erzeugen. Bei pulververarbeitenden Systemen ist die Schichtdicke abhängig von der mittleren Korngröße und damit nach unten begrenzt (z. B. 0,05 mm, Bild 2). Bei vielen Verfahren spielt damit auch die Qualität des Pulvers eine entscheidende Rolle. Da in thermischen Verfahren wie z. B. Lasersintern das ungebundene Pulver thermisch verschleißt, muss es zur Wiederverwendung durch Siebung und Beimischung von Frischpulver aufbereitet werden.

Die Auflösung in horizontaler Richtung (X-Y-Ebene) wird vom formgenerierenden Werkzeug und der Auflösung seines Positioniersystems bestimmt. Beim Einsatz von Laser- oder Elektronenstrahlen ist der Strahldurchmesser entscheidend (z. B. Laser- oder Elektronenstrahldurchmesser). Beim Einsatz von Druckköpfen oder Monitoren ist generell die Auflösung (z. B. 600 dpi) entscheidend, bei laminierenden Verfahren sind die Größe des Schneidwerkzeugs, aber auch die Materialeigenschaften entscheidend **(Bild 4)**.

In der Regel ist bei allen Verfahren die Auflösung in der Schichtebene (X-, Y-Richtung) am besten. Ist beim Bau von Krümmungen die Oberflächengüte entscheidend, sollte die Achse der Krümmung vertikal im Bauraum angeordnet werden, um einen Treppenstufeneffekt zu vermeiden.

Bild 1: Integrierte Leichtbaustruktur in einem Flügel

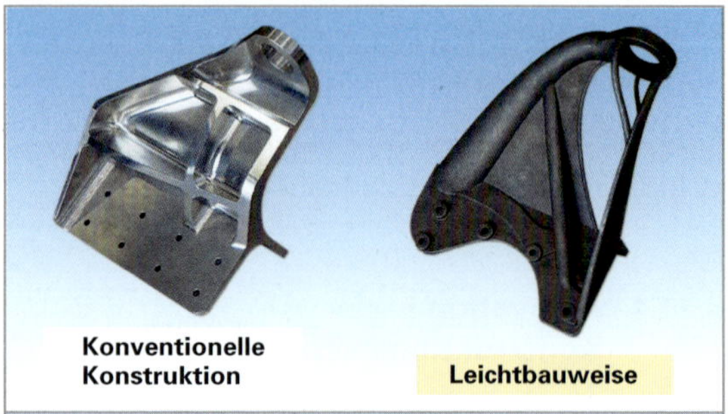

Bild 2: Leichtbauweise im Vergleich zu konventioneller Konstruktion

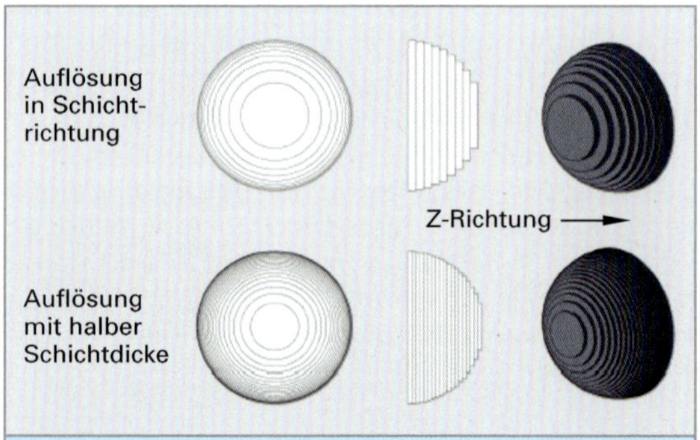

Bild 3: Auflösung in Bauteilen

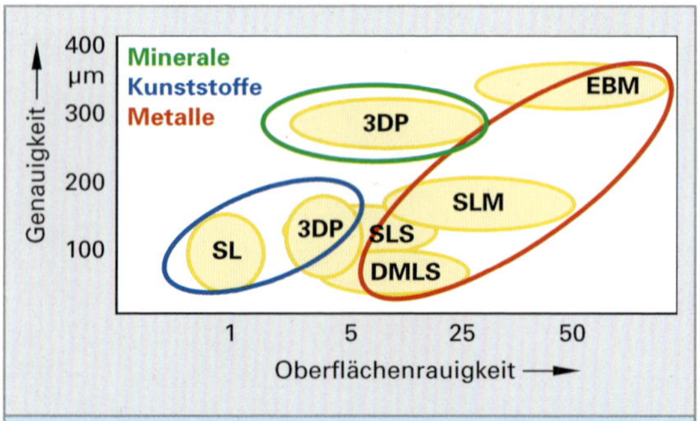

Bild 4: Genauigkeit

Formabweichungen und Spannungen

Formabweichungen entstehen zum Beispiel durch:

- Thermischen Verzug (Curling),
- Verzug/Schwindung durch Flüssigkeiten (Curling),
- Durchhängen/Absinken von Bauteilabschnitten.

Bei thermischem Verzug ist zu berücksichtigen, dass massive Bauteilabschnitte länger Wärme speichern als filigrane. Während des Abkühlens können bei solchen Übergängen Verzug und innere Spannung entstehen.

Bei der Konstruktion sollte deshalb auf einen thermosymmetrischen Aufbau geachtet werden. Das heißt große Querschnittsprünge im Bauteil sollten vermieden werden. Lange dünne Teile sollten in Schichtrichtung gebaut werden.

Ist das Material während des Bauens flüssig bzw. fließfähig, müssen die Bauteile mit **Stützstrukturen (Supports)** unterbaut werden. Dasselbe gilt für schwere Metallbauteile beim Stahlschmelzen. Abhängig vom jeweiligen Verfahren werden die Stützen in Gitterstrukturen aus dem gleichen oder einem weiteren gut lösbarem Baumaterial mitgebaut **(Bild 1)**.

Sind die Stützstrukturen aus dem gleichen Baumaterial, ist die Anbindung nur punktuell und wird nach dem Bauprozess durch Herausbrechen entfernt. Die Stützstrukturen werden in der Regel automatisch von einer Software erstellt.

Bei Verfahren, die mit einem weiteren gut lösbaren Stützmaterial arbeiten, kann das Bauteil flächig unterstützt werden. Da das Stützmaterial bzw. dessen Anbindung mit Lösungsmitteln aufgelöst wird, verbleiben keine Rückstände am Bauteil.

Festigkeit

Da die Bauteile Schicht für Schicht aufgebaut werden, verhält sich die Festigkeit **(Bild 2)** der Bauteile anisotrop.

Gerade bei **laminierenden Verfahren** ist die Festigkeit in der Schichtebene am besten.

Bei Verfahren, bei denen **Material verklebt** wird, z. B. 3D-Printing, werden höhere Festigkeiten erst durch **Infiltration** mit z. B. Epoxidharz oder Polyurethan erreicht.

Thermisch arbeitende Verfahren erreichen generell hohe Festigkeiten. Thermisch verarbeitete und **UV-gehärtete** Kunststoffbauteile erreichen hohe Festigkeiten am besten mit einer **Nachhärtung** in einem UV-Ofen.

Beim **Strahlschmelzen von Metallen** werden durch sehr gleichmäßige Gefüge sehr hohe Festigkeiten erreicht. Die Festigkeiten können diejenigen von z. B. Gussteilen übertreffen.

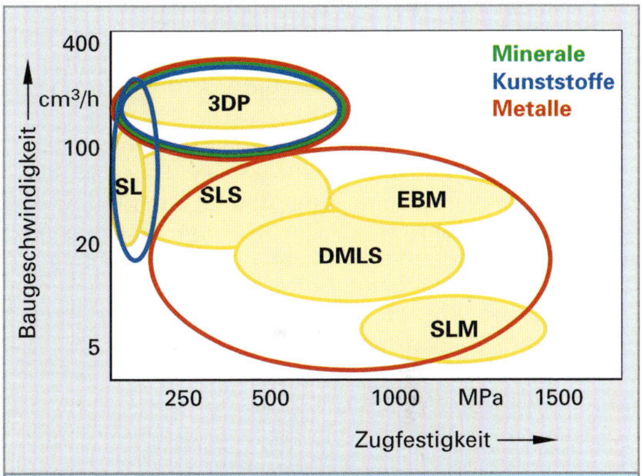

Bild 2: Bauzeiten und Zugfestigkeiten

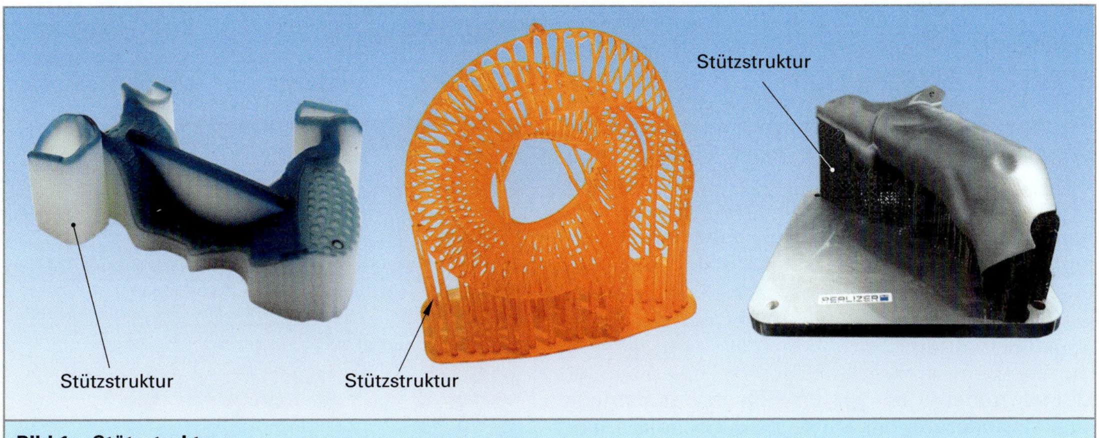

Bild 1: Stützstrukturen

Wirtschaftlichkeit

Je komplexer die Bauteilgeometrie und geringer die Losgröße eines Bauteils ist, umso besser ist es für ein Additives Fertigungsverfahren geeignet. Die Wirtschaftlichkeit einzelner Additiver Verfahren selbst ist neben den Bauzeiten (Bild 2, Seite 493) weitgehend von Materialkosten und Materialverbrauch abhängig. Deshalb ist bei indirekt aufbauenden Verfahren die Wiederverwertbarkeit der ungebundenen Materialien entscheidend und bei direkt aufbauenden Prozessen der Anteil an Stützmaterial.

Bei Verfahren, in denen Pulver verschmolzen wird, wird das gesamte Pulver vorgeheizt. Dadurch erleidet das ungebundene Pulver einen Verschleiß, der durch Aufbereitung und Beimischung von Frischpulver ausgeglichen werden muss. Pulver in kalt ablaufenden Verfahren wie z. B. im 3D-Druckverfahren erleidet keinen Verschleiß und ist somit vollständig recycelbar. Da die Pulverschichten vergleichsweise dick sind, kann bei pulververarbeitenden Systemen ein schneller Baufortschritt erreicht werden. Voluminöse Bauteile mit geringen Anforderungen an die Oberfläche sollten dicht gestapelt in Pulver verarbeitenden Systemen gebaut werden.

Verfahren mit Flüssigkeiten benötigen einen sehr großen Anteil an Stützstrukturen. Das Stützmaterial kann je nach Verfahren und Bauteil den Anteil an Baumaterial übertreffen. Die niedrige Schichtdicke in diesen Systemen ermöglicht eine hohe Auflösung, benötigt aber eine lange Aufbauzeit und mit der Entfernung von Stützstrukturen vergleichsweise lange Nachbearbeitung. Diese Systeme eignen sich besonders für kleine filigrane Bauteile mit hohem Anspruch an die Oberfläche **(Bild 1)**.

Nachbearbeitung

Bei indirekt aufbauenden Verfahren muss unbebautes Material entfernt werden.

Bei pulververarbeitenden Systemen müssen die Bauteile zunächst aus dem losen Pulver befreit werden (Entpacken). Restliches anhaftendes Pulver wird mit Bürsten, Pinseln oder Abblasen gereinigt (Finishing). Bei flüssigkeitsbasierten Verfahren müssen flüssige Materialreste auslaufen oder abgewaschen werden. Nach einer optionalen Nachhärtung im UV-Ofen werden die Stützstrukturen entfernt.

Oftmals verlangt der spätere Einsatz des Bauteils eine Veränderung der Materialeigenschaften. Poröse Bauteile aus pulverbasierten Verfahren können zur Steigerung der Festigkeit oder zur Änderung mechanischer Eigenschaften (z. B. Flexibilität) infiltriert werden.

Mit entsprechender Vorbehandlung können die meisten Bauteile galvanisch veredelt, z. B. verchromt oder lackiert werden.

Haltbarkeit

Thermisch gebundene Bauteile, z. B. LS oder FDM haben eine nahezu unbegrenzte Haltbarkeit auch in heißen Umgebungen (bis 200 °C). Papierteile neigen dazu, Wasser zu binden und zu quellen. UV-gehärtete Teile neigen zu Verzug und Schwindung. UV-gebundene Bauteile neigen zu Schwund und können porös werden. 3DP-Bauteile können infiltriert eine lange Haltbarkeit erreichen.

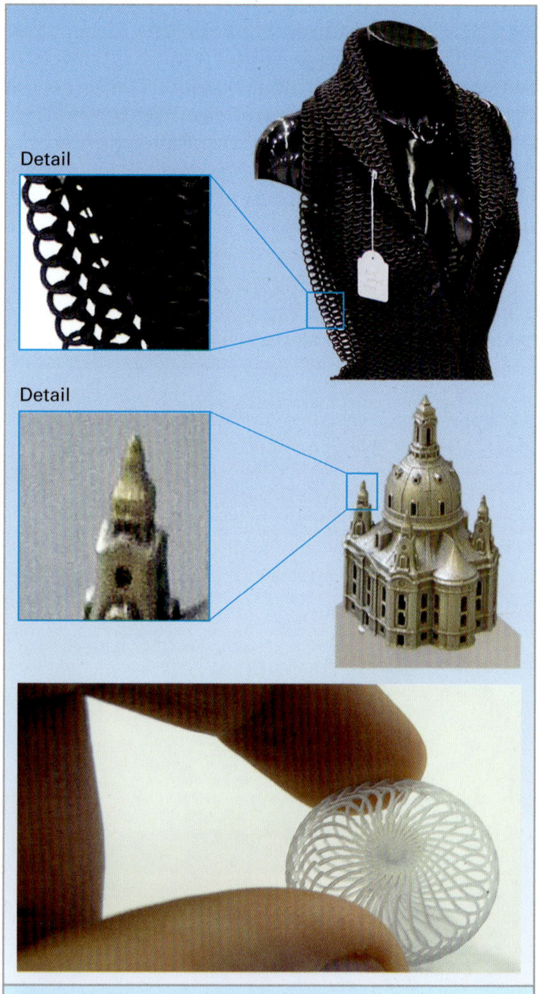

Bild 1: Beispiele für filigrane Teile

5.10.5 Additive Fertigungsverfahren

5.10.5.1 Allgemeines

Funktion

3D-Drucktechniken bzw. die additiven Verfahren erstellen werkzeuglos Bauteile aus formlosem Baumaterial wie z. B. Pulver oder Flüssigkeiten nach einem Schichtbauprinzip.

Hier werden die Bauteile unter Vorgabe von Geometriedaten entsprechend zum eingesetzten Verfahren, meist auf einer absenkbaren Bauplattform, Schicht für Schicht aufgebaut.

Der Überbegriff „Additive Fertigungsverfahren" fasst alle Verfahren zusammen, mit denen körperliche Teile im Sinne des Rapid Prototyping, des Rapid Tooling und des Rapid Manufacturing hergestellt werden können.

Prozesskette

Alle Schichtbauverfahren laufen in einer ähnlichen Prozesskette ab **(Bild 1)**.

1. Der Preprozess umfasst die Datenaufbereitung:
   - Umwandlung des CAD-Modells in ein STL-Format (VRML-Format),
   - Zerlegung des Modells in einzelne Schichtdaten (Slicen).
2. Im Bauprozess wird ja nach Art des Verfahrens das Bauteil Schicht für Schicht erstellt.
3. Der Postprozess ist abhängig vom Bauverfahren und umfasst z. B.:
   - Befreiung der Bauteile von formlosem Restmaterial oder Stützstrukturen,
   - optionale Nachhärtung,
   - optionale Nachbehandlung zur Änderung der physikalischen Eigenschaften, z. B. Infiltration,
   - Optional weitere Nachbehandlungen zur Änderung der Oberfläche (z. B. Lackieren, Verchromen, Schleifen, Polieren).

In der Datenaufbereitung wird ein 3D-CAD-Modell zunächst in das Schnittstellenformat STL- (Standard Triangulation Language) exportiert. Im STL-Format wird die Oberfläche mit Dreiecken dargestellt. Dabei wird jedes Dreieck mit Punktkoordinaten und einem Flächennormalvektor beschrieben. Die Größe und die Anzahl der Dreiecke richten sich nach dem Detailierungsgrad **(Bild 2)**.

Anschließend wird das STL-Modell mit einer speziellen Software in einem virtuellen Bauraum positioniert und in Schichten zerlegt (slicen, von engl. to slice in Scheiben schneiden). Die maschinentauglichen Schichtdaten umfassen mindestens Kontur und Schichtstärke jedes Bauteilquerschnitts.

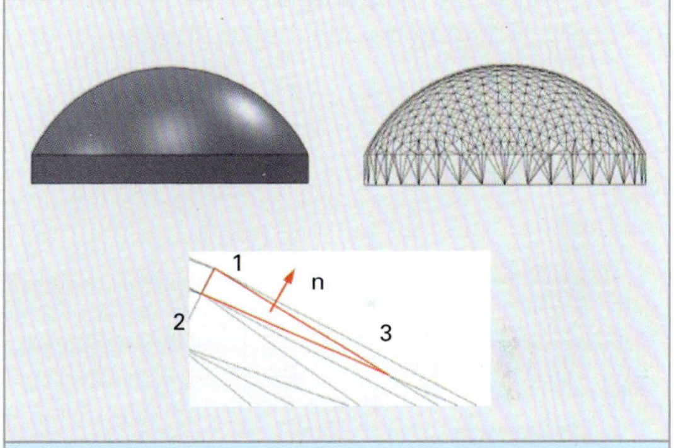

Bild 2: 3D-CAD-Darstellung und STL-Darstellung einer Kugelkalotte

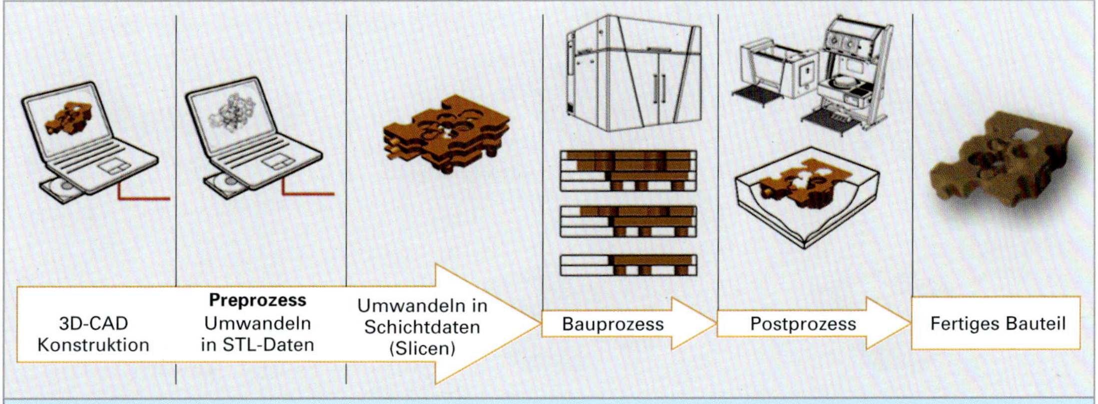

Bild 1: Die Prozesskette

5.10.5.2 Einteilung der Verfahren

Beim Schichtbauprinzip unterscheidet man drei Verfahrensgruppen **(Bild 1)**:

- Direkt aufbauende Verfahren,
- Indirekt aufbauende Verfahren,
- Laminierende Verfahren.

Bei den **direkt aufbauenden Verfahren wird** das Baumaterial mit jeder Schicht direkt und selektiv (nur an den vorgegebenen Stellen) aufgetragen und anschließend flächig verfestigt.

Das Baumaterial ist während des Auftrags flüssig bzw. fließfähig. Nach dem Auftrag härtet es durch thermische oder durch chemische Prozesse flächig aus. Üblicherweise benötigen die Bauteile **Stützstrukturen** (Supports), die verhindern, dass Modellabschnitte durchhängen. Für die Stützstrukturen wird in der Regel ein weiteres Baumaterial eingesetzt, das sich im Postprozess gut entfernen lässt.

Bei den **indirekt aufbauenden Verfahren** wird formloses Baumaterial flächig aufgetragen und anschließend selektiv verfestigt. Das Baumaterial kann sowohl flüssig als auch pulverförmig sein.

Flüssige Materialien benötigen Stützstrukturen. Die Stützstrukturen werden hier aus dem Baumaterial selbst erstellt. Zur selektiven Verfestigung bestehen die Möglichkeiten:

- Selektives Verschmelzen oder Sintern von Pulver mit energiereicher Strahlung,
- Selektives Verkleben von Pulver mit einem Binder,
- Selektives Polymerisieren eines photosensitiven Harzes mit UV-Strahlung.

Bei den **laminierenden Verfahren** werden wiederholt Schichten aus Folien oder Platten miteinander verklebt (laminiert). Aus den einzelnen Schichten wird jeweils der entsprechende Bauteilquerschnitt ausgeschnitten oder gefräst. Es kann deshalb prinzipiell auch als konturtrennendes Verfahren bezeichnet werden.

Die Einteilung der additiven Fertigungsverfahren kann auf sehr unterschiedliche Weisen erfolgen.

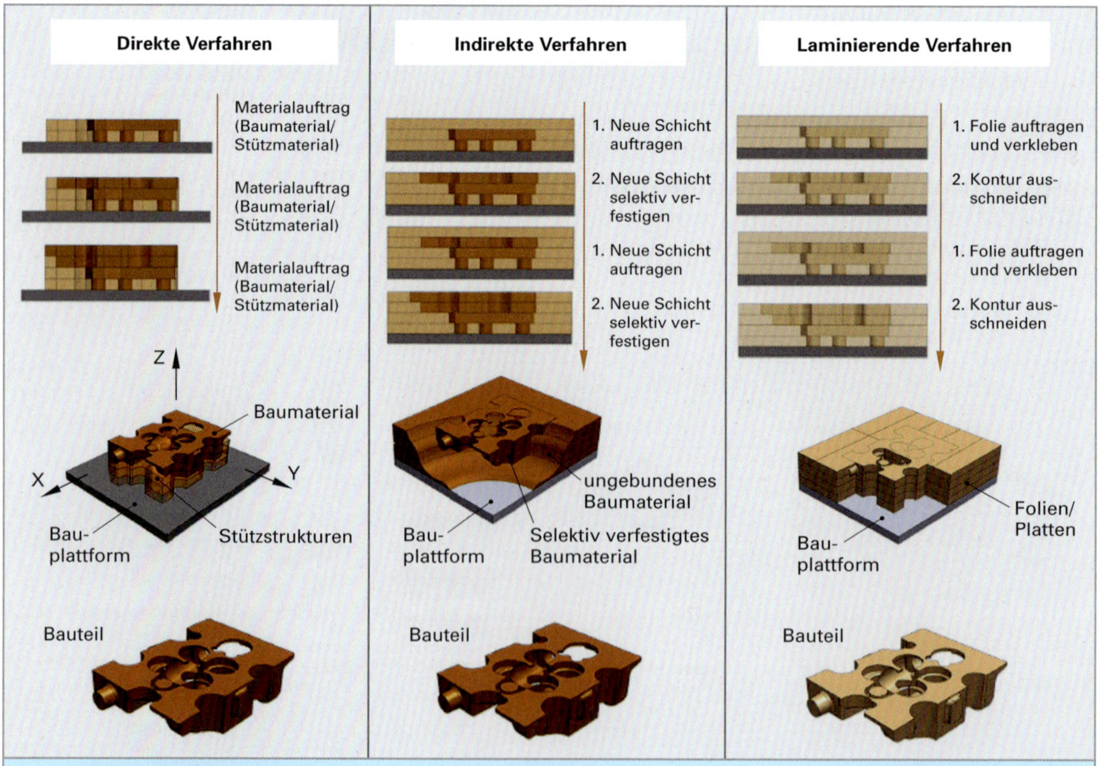

Bild 1: Einteilung der Verfahren

Man klassifiziert die Verfahren unter folgenden Gesichtspunkten nach:

- Materialurzustand (**Tabelle 1**),
- Fügeverfahren bzw. nach der Art wie das Baumaterial gebunden wird (**Tabelle 2**),
- Baumaterial (**Tabelle 3**).

Tabelle 1: Einteilung nach dem Urzustand des Baumaterials

Pulverförmig		**Fest**		**Flüssig**	
- Lasersintern	**(LS)**	- Laminated Object Modeling	**(LOM)**	- Stereolithographie	**(STL)**
- Selektives Laserschmelzen	**(SLM)**	- Layer Laminate Manufacturing	**(LLM)**	- Digital Light Processing	**(DLP)**
- Selektives Maskensintern	**(SMS)**	- Layer Milling Process	**(LMP)**	- Thermo Jet Modeling	**(TJM)**
- 3D-Printing	**(3DP)**	- Ultrasonic Additive Manufacturing	**(UAM)**	- Ballistic Particle Manufacturing	**(BPM)**
- Electro Beam Melting	**(EBM)**	- Cladding		- Poly Jet Modeling	**(PJM)**
- Cladding				- Multi Jet Modeling	**(MJM)**
				- Fused Deposition Modeling	**(FDM)**
		Bauteileigenschaften			
- Raue Oberflächen - Schichtdicken nach unten begrenzt - Infiltrierbar - Geringe Dichte - Materialkombinationen möglich - Viele Materialien möglich - Materialien sind lange haltbar - Prozess findet in einem Baubehälter statt - Bauteile müssen nach der Fertigstellung entpackt werden		- Stufige Oberflächen - Materialien sind lange haltbar - Schichtdicken nach unten begrenzt - Infiltrierbar - Viele Materialien möglich - Materialien sind lange haltbar - Hohe Festigkeiten quer zur Schichtrichtung		- Geringe Schichtdicken - Feine Oberflächen - Lange Bauzeiten - Materialien bedingt haltbar - Notwendigkeit von Stützstrukturen - Begrenzte Materialauswahl - Transparente Teile möglich - Nach Fertigstellung müssen die Stützstrukturen entfernt werden - UV-gehärtete Teile sind teilweise nur begrenzt haltbar	

Tabelle 2: Einteilung nach dem Fügeverfahren

Sintern/Schmelzen		**Polymerisieren** (Kleben)		**Verflüssigen** (Aufschmelzen)/ **Erstarren**	
- Lasersintern	**(LS)**	- Stereolithographie	**(STL)**	- Fused Deposition Modeling	**(FDM)**
- Selektives Laserschmelzen	**(SLM)**	- Digital Light Processing	**(DLP)**	- Thermo Jet Modeling	**(TJM)**
- Selektives Maskensintern	**(SMS)**	- Ballistic Particle Manufacturing	**(BPM)**	- Ballistic Particle Manufacturing	**(BPM)**
- Electro Beam Melting	**(EBM)**	- Poly Jet Modeling	**(PJM)**	- Multi Jet Modeling	**(MJM)**
- Cladding		- Multi Jet Modeling	**(MJM)**	- 3D-Printing (Wax-Printing)	**(3DP)**
		- 3D-Printing	**(3DP)**		
		- Layer Laminated Manufacturing	**(LLM)**		

Tabelle 3: Einteilung nach dem Baumaterial

Metall		**Organische Materialien** (Kunststoffe)		**Anorganische Materialien** (Keramik/Sand/Gips)	
- Lasersintern	**(LS)**	- Stereolithographie	**(STL)**	- Lasersintern	**(LS)**
- Selektives Laserschmelzen	**(SLM)**	- Digital Light Processing	**(DLP)**	- Selektives Maskensintern	**(SMS)**
- Selektives Maskensintern	**(SMS)**	- Thermo Jet Modeling	**(TJM)**	- 3D-Printing	**(3DP)**
- Electro Beam Melting	**(EBM)**	- Ballistic Particle Manufacturing	**(BPM)**	- Laminated Layer Modeling	**(LLM)**
- 3D-Printing	**(3DP)**	- Poly Jet Modeling	**(PJM)**		
- Layer Laminate Manufacturing	**(LLM)**	- Multi Jet Modeling	**(MJM)**		
- Cladding		- Selektives Lasersintern	**(SLS)**		
- Ultrasonic Additive Manufacturing	**(UAM)**	- Selektives Maskensintern	**(SMS)**		
		- 3D-Printing	**(3DP)**		
		- Layer Laminated Manufacturing	**(LLM)**		
		- Fused Deposition Modeling	**(FDM)**		

5.10.5.3 Prozesse und Verfahren

Strahlschmelzen (SLM)

Das Strahlschmelzen (Selective Laser Melting, SLM) ist ein thermisches Verfahren, bei dem auf einer absenkbaren Bauplattform Schichten aus Pulver aufgetragen werden. In jeder Schicht wird dann mit einem beweglichen Laserstrahl das lose Pulver selektiv zu einem Bauteilquerschnitt verschmolzen. Die Pulverkörner können dabei nur am Randbereich oder komplett verschmelzen. Während des Bauvorgangs werden die Bauteile durch das ungebundene Pulver gestützt. So können weitgehend ohne zusätzliches Stützmaterial (Stützstrukturen) dünnwandige, überhängende und gestapelte Teile erstellt werden **(Bild 1)**.

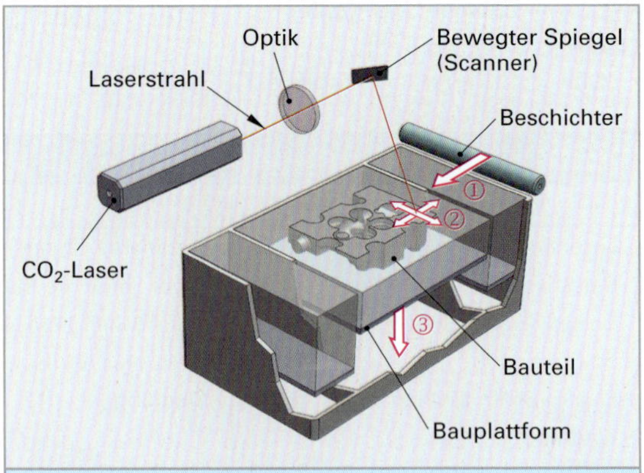

Bild 1: Strahlschmelzen

Strahlgeschmolzene Bauteile erreichen bei hoher Auflösung und Genauigkeit gleichzeitig sehr hohe Festigkeitswerte. Damit erfüllen sie die Ansprüche von hochbelasteten Maschinenteilen und medizinischen Implantaten.

Lasersintern (LS)

Beim Lasersintern **(Bild 2)** können sowohl Kunststoffe als auch hochlegierte Metalle verarbeitet werden. Bei der Verarbeitung von Metallen spricht man im Speziellen von Laser Cusing, Direktes Metall-Lasersintern (DMLS), Laser Forming oder Selelective Laser Melting (SLM).

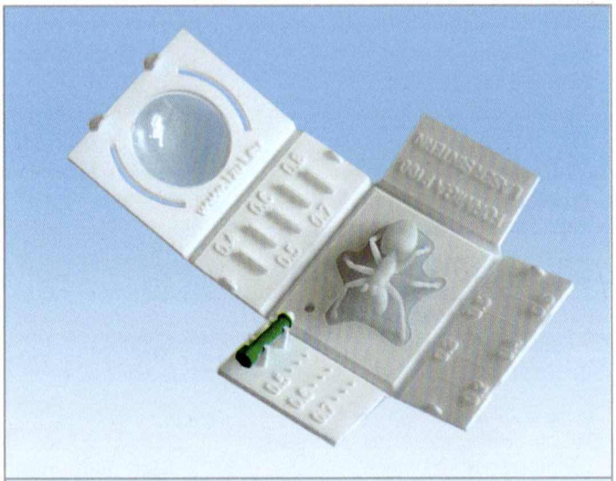

Bild 2: LS-Musterteil

Beim Lasersintern können auch kunststoffbeschichtete Gießereisande oder Keramik verarbeitet werden.

Elektrobeam-Melting (EBM)

Das Elektrobeam-Melting (EBM) ist ein Strahlschmelzverfahren, bei dem Metallpulver mit einem Elektronenstrahl geschmolzen wird.

Der Elektronenstrahl wird von einer Anode ausgestrahlt gebündelt und elektromagnetisch über das Baufeld gelenkt **(Bild 3)**. Da die Strahlablenkung ohne bewegliche Teile arbeitet, ist eine sehr hohe Prozessgeschwindigkeit möglich. Gleichzeitig ermöglicht der minimale Durchmesser des Elektronenstrahls eine hohe Auflösung. Die Prozesskammer befindet sich in einem Vakuum, dadurch werden eine nahezu 100 %ige Dichte und damit auch hohe Festigkeiten erreicht.

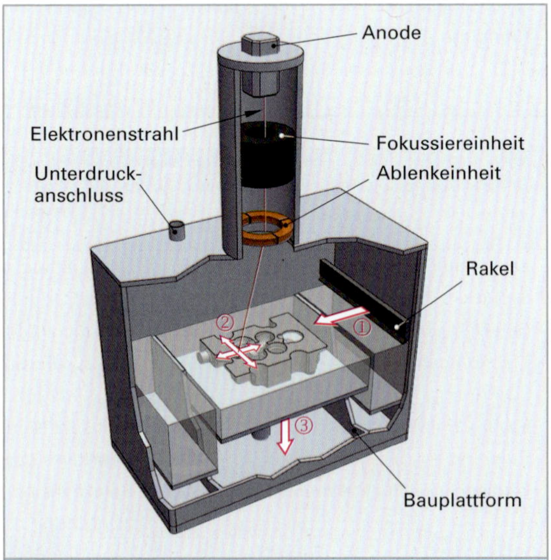

Bild 3: Elektrobeam-Melting

Im EBM-Verfahren lassen sich sehr viele und vor allem hochlegierte Metalle zu einem sehr gleichmäßigen Gefüge verarbeiten. Deshalb wird EBM besonders für Implantate in der Medizintechnik und für hochbeanspruchte Maschinenteile eingesetzt.

3D-Printing (3DP)

Beim 3D-Printing (3DP) werden auf einer absenkbaren Bauplattform Schichten aus losem Pulver aufgetragen, die jeweils selektiv zu Bauteilkonturen verklebt werden. Der Kleberauftrag erfolgt mittels eines Druckkopfes, der in Funktion und Aufbau einem Tintenstrahldruckkopf ähnelt **(Bild 1)**.

Da der Prozess bei Raumtemperatur abläuft, unterliegt das ungebundene Material keinem Verschleiß und kann zu 100 % wiederverwendet werden. 3D-Printing eignet sich für sehr große Bauräume und entsprechend großformatige Teilen **(Bild 2)**. Die Systeme ermöglichen derzeit ein Bauvolumen von 4 x 2 x 1 m. In bestimmten Verfahren lassen sich auch farbige Teile erstellen. Mit zunehmender Druckbreite der eingesetzten Druckköpfe können die Bauteilquerschnitte vergleichsweise schnell erstellt werden.

Im **3D-Druckverfahren** können besonders wirtschaftlich Kleinserien für Sandgussformen und verlorene Modelle für Feingussformen hergestellt werden. In den pulververarbeitenden 3D-Drucksystemen können prinzipiell alle pulverförmigen und gleichzeitig verklebbaren Materialien verarbeitet werden. Da die Pulverkörnchen miteinander verklebt werden, entspricht die Bauteilfestigkeit nicht der Festigkeit des Materials selbst, sondern der Klebeverbindung. Durch sekundäre Prozesse wie Infiltration oder Sintern kann die Festigkeit gesteigert werden. Mit manchen Infiltraten lassen sich auch besondere physikalische Eigenschaften anderer Materialien herstellen, wie z. B. Gummiähnlichkeit oder Flexibilität wie bei weichem Kunststoff.

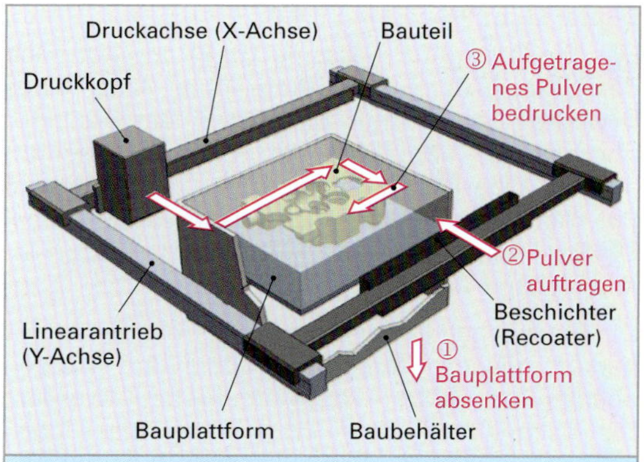

Bild 1: 3D-Printing

Bild 2: 3DP-Teil

Stereolithographie-Verfahren (SL)

Bei den Stereolithographie-Verfahren (SL) wird die Bauplattform schichtweise in einem Bad aus UV-reaktivem flüssigem Kunstharz (Monomer) abgesenkt. Mit einem geregelten UV-Laserstrahl wird an der obersten Schicht der entsprechende Bauteilquerschnitt polymerisiert (vernetzt) und damit gehärtet **(Bild 3)**.

Im STL-Verfahren werden sehr dünne Schichten und damit sehr feine Bauteiloberflächen erzeugt. Die Bauteile sind dabei von hoher Genauigkeit und hoher Festigkeit.

Da die Bauteile in der Flüssigkeit durchhängen könnten, werden Stützstrukturen in Form feiner Gitter oder Stäbchen mitgebaut. Die Bauteile der SL-Verfahrens sind mechanisch stabil und haben sehr gute Oberflächeneigenschaften. Das Verfahren ermöglicht auch die Herstellung farbloser, transparenter Bauteile. Durch die geringe Schichtdicke und das linienweise Scannen des Baufelds dauert die Herstellung vergleichsweise lange.

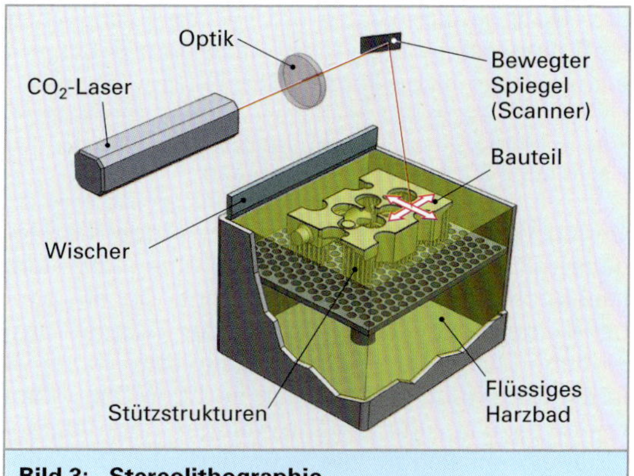

Bild 3: Stereolithographie

Digital Light Processing (DLP)

Das Digital Light Processing **(DLP)** arbeitet nach dem Prinzip der Stereolithographie. Anstatt des bewegten Laserstrahls bildet z. B. ein Projektor oberhalb des Baufelds den Bauteilquerschnitt auf der Oberfläche des flüssigen, UV-reaktiven Polymerharzes ab. Die Lichtquelle sendet dabei UV-Strahlen, die selektiv eine Polymerisation initiieren **(Bild 1)**.

Die Eigenschaften der Bauteile ähneln denen der herkömmlichen Stereolithographie und müssen ebenso mit Stützstrukturen aufgebaut werden. Die Nachbehandlungen erfolgen ebenfalls nach den Prinzipien der Stereolithographie. Für die DLP-Technik gibt es verschiedene Bauprinzipien. So können die Bauteile auf Plattformen entstehen, die schichtweise in einem Harzbad abgesenkt werden. Hier befindet sich ein Projektor ortsfest über dem Baufeld oder wird entlang eines Linearsystems über dem Baufeld verfahren.

In anderen Verfahren werden die Bauteile kopfüber generiert. Dabei haftet das Bauteil an der Unterseite einer Plattform, die schichtweise aus einem von unten belichteten Harzbad angehoben wird.

> Der Hauptvorteil der DLP-Verfahren liegt in der Kombination von flüssigem Baumaterial und der großflächigen bzw. ganzflächigen Belichtung mit hochauflösenden Monitoren. Dabei ermöglicht das flüssige Baumaterial die Herstellung sehr dünner Schichten und damit sehr hoher Auflösungen in vertikaler Richtung. Die hochauflösenden Monitore sorgen auch in horizontaler Richtung für eine hohe Auflösung.

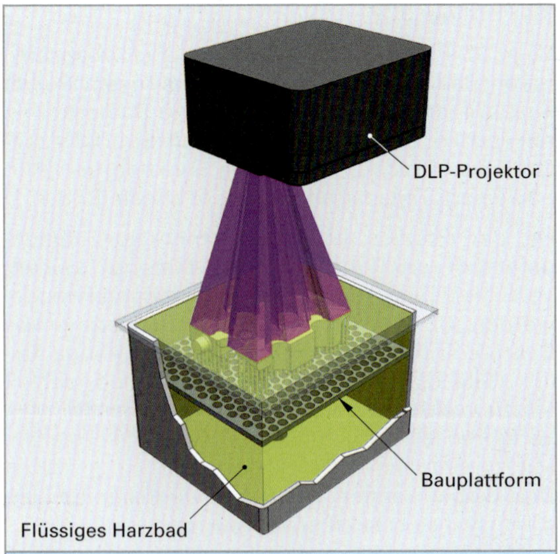

Bild 1: Prinzip des DLP-Verfahrens

Multi Jet Modeling (MJM)

Multi Jet Modeling (ähnlich Thermo Jet Modeling) ist ein direkt aufbauender Prozess. Dabei wird Schicht für Schicht ein thermisch verflüssigter Kunststoff oder Wachs mit einem Druckkopf auf eine absenkbare Bauplattform aufgetragen. Beim Auftreffen kühlt das Material ab und verfestigt. Optional kann auch ein UV-reaktiver Kunststoff eingesetzt werden, der nach dem Druck mit einer UV-Lampe aushärtet **(Bild 2)**.

> Beim MJM können sehr dünne Schichten und damit sehr feine Strukturen erstellt werden.

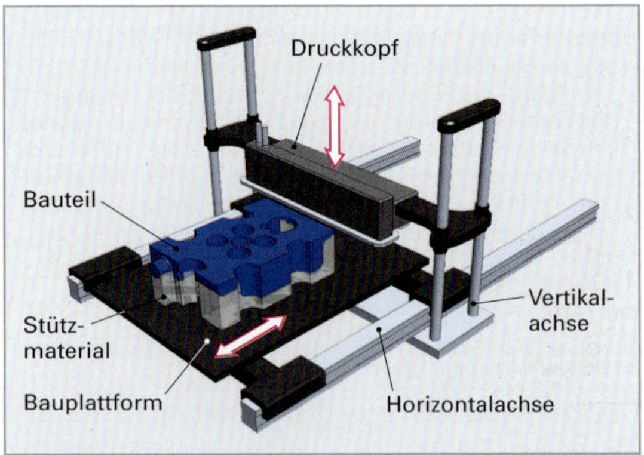

Bild 2: Prinzip des Multi Jet Modeling

Gegen Verformung des Bauteils werden die Modelle mit einer Stützstruktur aus einem zweiten, leicht lösbaren Material unterbaut. Da die Modelle eine feste Verbindung mit der Bauplattform eingehen, ist es möglich, die Bauplattform selbst in Druckrichtung zu bewegen und den Druckkopf relativ dazu anzuheben. Die Anlagen und das Material eignen sich für die Schmuck- und Dentalindustrie **(Bild 3)**.

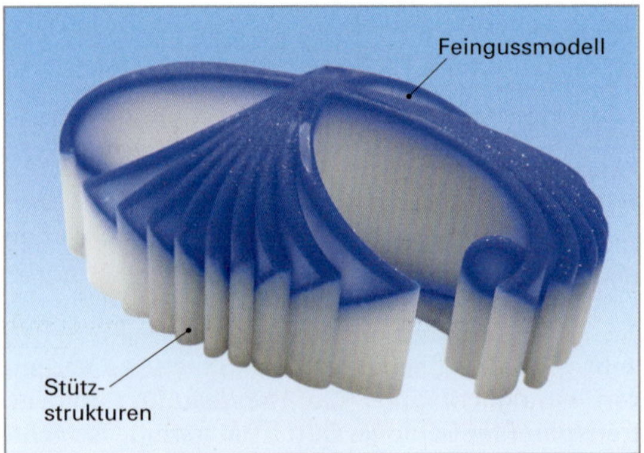

Bild 3: MJM-Teil (Feingussmodell für Schmuck)

Poly Jet Modeling (PJM)

Beim Poly Jet Modeling wird ein flüssiges, UV-reaktives Kunstharz direkt mit einem Druckkopf schichtweise verdruckt. Nach dem Auftreffen wird das Material sofort mit UV-Licht aushärtet und mit einer Walze nivelliert **(Bild 1)**.

Beim PJM können sehr dünne Schichten und damit sehr feine Strukturen erstellt werden. Gegen Verformung des Bauteils werden die Modelle mit einer Stützstruktur aus einem weiteren leicht lösbaren Material unterbaut.

Eine geschickte Dosierung zweier Materialien im Druckprozess ermöglicht auch die Herstellung von Bauteilen mit partiell unterschiedlichen Materialeigenschaften. So können sowohl teiltransparente Bauteile als auch Bauteile mit unterschiedlichen Shore-Härten erstellt werden.

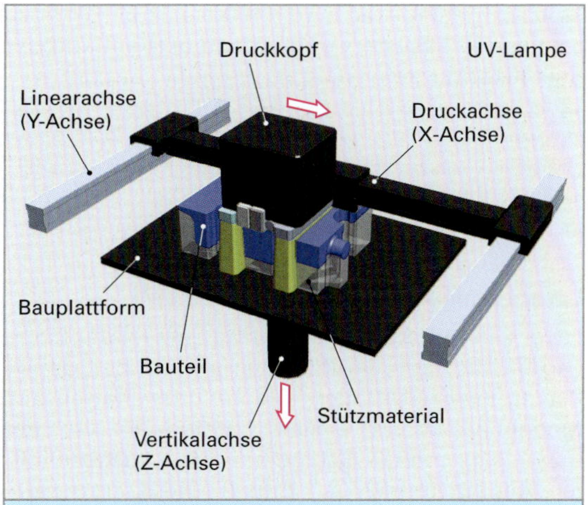

Bild 1: Poly Jet Modeling

3D-Wax-Printing

Beim 3D-Wax-Printing wird im Plottverfahren mit zwei Einzeldruckköpfen (jeweils für Bau- und Stützmaterial) thermisch verflüssigtes Wachs verdruckt. Beim Auftreffen kühlt das Material ab und verfestigt sofort. Da die Tröpfchen in einem ungünstigen Höhen-Breitenverhältnis erstarren, wird das frisch bedruckte Baufeld plangefräst. **(Bild 2)**.

3D-Wax-Printing-Verfahren können sehr dünne Schichten und damit sehr filigrane Feingussmodelle herstellen. Gegen Verformung des Bauteils werden die Modelle mit einer Stützstruktur aus einem weiteren leicht lösbaren Material unterbaut. Die Stützstrukturen haben einen niedrigeren Schmelzpunkt als das Baumaterial und werden z. B. in einem heißen Lösungsmittelbad entfernt.

Die erzeugten Teile eignen sich vor allem bei der Schmuckproduktion als verlorene Wachsmodelle im Feingussverfahren.

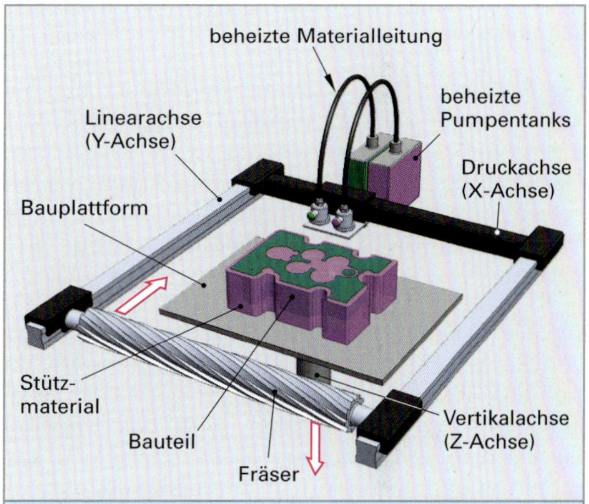

Bild 2: 3D-Waxing

Fused Deposition Modeling (FDM)

Beim Fused Deposition Modeling wird mit einer beheizten Düse kontinuierlich ein Kunststoffdraht aufgeschmolzen und schichtweise auf eine absenkbare Bauplattform aufgetragen **(Bild 3)**.

Um ein Durchhängen der Bauteile zu verhindern wird das Bauteil mit Stützstrukturen aus einem weiteren, leicht lösbaren Material aufgetragen.

Während des Bauprozesses werden die Düsen kontinuierlich über einen Drahtvorschub mit Material versorgt. Das System hat sowohl für Baumaterial als auch Stützmaterial eine separate Materialspule und Düse.

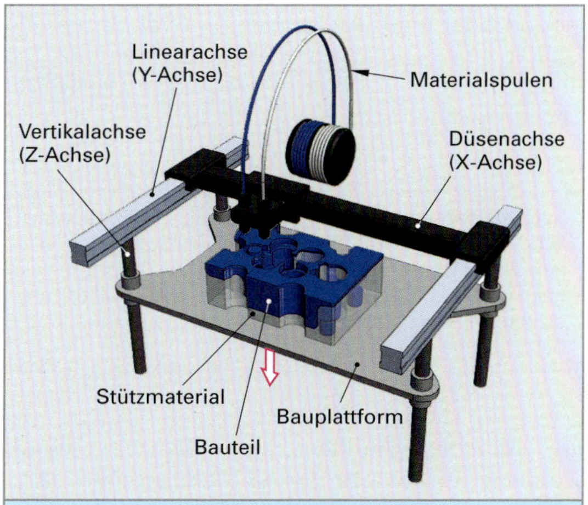

Bild 3: Fused Deposition Modeling

Zum Materialauftrag wird die Düse an einem horizontalen Achssystem vektorgesteuert entlang der Bauteilkontur geführt.

Mit FDM lassen sich hoch belastbare Kunststoffteile bauen **(Bild 1)**.

Layer Laminated Manufacturing (LLM)

Layer Laminated Manufacturing LLM ist der Oberbegriff für laminierende Verfahren, bei denen Papier, Kunststofffolien, Bleche oder Platten aus Modellbaumaterial einzeln miteinander verklebt (laminiert) und die Schichtkonturen ausgeschnitten werden **(Bild 2** und **Bild 3)**. Die Kontur kann mit Schleppmessern an einem horizontalen Achssystem (Schneidplotter) oder mit einem in der Laminatebene gesteuerten Laserstrahl herausgeschnitten werden.

Die Folienschichten können sowohl flächig als auch selektiv verklebt werden. Dabei erleichtert das selektive Verkleben das spätere Entpacken. Flächig verklebende Technologien können auch selektiv mit Trennstiften Antihaftmittel auftragen. Dazu werden Stifte unterschiedlicher Größe eingesetzt.

Die Herstellung filigraner Bauteilbereiche oder von Bauteil-Hinterschneidungen ist begrenzt, da sich das Restmaterial nur schwer entfernen lässt. Zur besseren Entfernbarkeit wird das Material bereits während des Bauprozesses in Blöcke geschnitten und nach Möglichkeit nicht verklebt.

Papierbauteile neigen zum Wasserbinden und zum Quellen. Die Bauteile müssen deshalb rasch lackiert oder infiltriert werden. Die Papiermodelle können so wie Holz weiter verarbeitet werden. Sie finden deshalb besonders Akzeptanz im konventionellen Formenbau.

Bei den papierverarbeitenden Verfahren ist es möglich vollfarbige Teile zu erstellen. Dazu werden die einzelnen Blätter im Bereich der Schichtkontur zunächst farbig bedruckt. Im Bauprozess werden sie schichtweise verklebt und entsprechend der Schichtdaten ausgeschnitten (**Bild 3**).

Im Ultrasonic Additive Manufacturing (UAM) werden schichtweise dünne Metallstreifen ultraschall-verschweißt und die Schichtkontur mit einem Hochgeschwindigkeitsfräser ausgefräst.

Bild 1: FDM-Teil

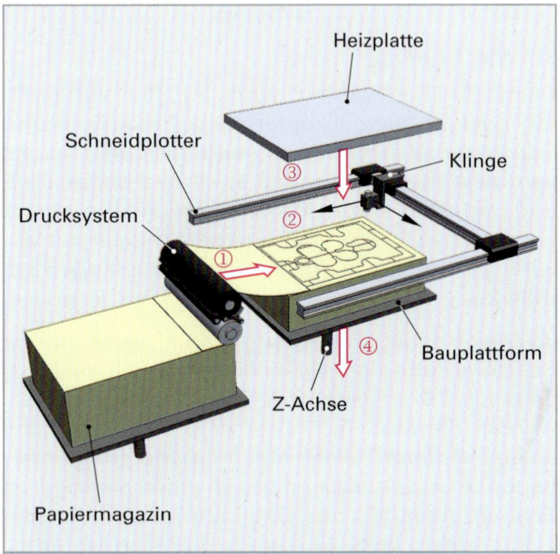

Bild 2: Laminated Layer Modeling-Prozess

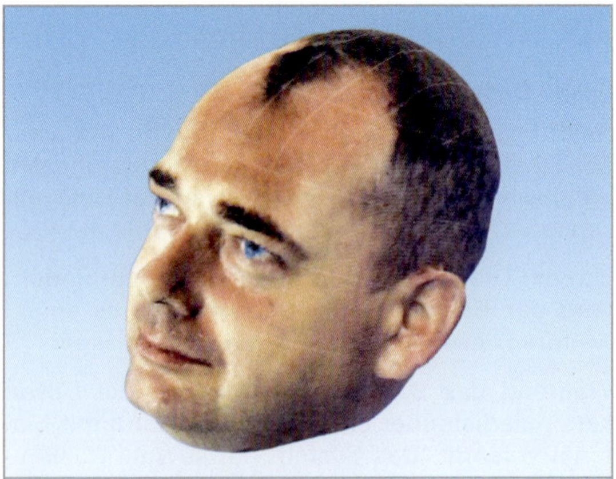

Bild 3: Farbige LLM-Replik

5.11 Produktdatenmanagement (PDM)

Wird ein CAD-System zur Konstruktion von Teilen und Produkten eingesetzt entstehen schnell viele Daten, die sinnvoll verwaltet werden müssen.

> Die PDM-Funktionalität konzentrierte sich auf die Konstruktion und Entwicklung. Kernfunktionen sind Stücklistenverwaltung, Dokumentenverwaltung, Statusnetze, Änderungs- und Freigabewesen.

Die während des Produktentwicklungsprozesses entstehenden Daten und Dokumente werden dezentral und unstrukturiert verwaltet. Konstrukteure verbringen deshalb zu viel Zeit mit der Suche nach relevanten Informationen. Prozesse wie z. B. Freigabe- und Änderungsabläufe sind stark papiergestützt und daher unflexibel und langwierig.

Konstrukteure und nachgelagerte Abteilungen arbeiten oft mit falschen, nicht mehr aktuellen Daten und Dokumenten. Für den Projektverantwortlichen ist es oft schwierig die Übersicht über den aktuellen Stand eines Entwicklungsprojekt zu geben. Dadurch können viele Projekte nicht im geplanten Zeit- und Kostenrahmen ausgeführt werden.

Produktentwicklung wird heute oft von weltweit verteilt arbeitenden Konstruktions- und Entwicklungsteams ausgeführt. Hier ist eine sinnvolle Daten- und Terminorganisation unbedingt notwendig. Mit PDM wird die Qualität erhöht und Zeit und Kosten werden vermindert. Mit dem Ziel eines durchgehenden Informationsflusses werden diese Vorteile an nachgelagerte, am Produktlebenszyklus beteiligte Organisationseinheiten weitergereicht. Ergebnis dieser Arbeitsweise ist die lückenlose Reproduzierbarkeit von Arbeitsständen eines Produkts.

Ein Produktdatenmanagement-System unterstützt die Produktentwicklung, Konstruktion und Fertigung sowohl firmenintern als auch mit Lieferanten und Kunden. Als technisches Datenbank- und Kommunikationssystem bildet es die Integrations- und Kommunikationsplattform für unterschiedliche CAx-Systeme, die während des gesamten Produktlebenszyklus eingesetzt werden **(Bild 1)**.

Ein PDM-System unterstützt die Erfassung, (wie z. B. Entwicklungs- und Produktionsfreigaben), sowie die Unterstützung bei der Zusammenstellung und die Übergabe von Daten zur Bearbeitung und zur Verwaltung der digitalen Produktbeschreibung sowie die Organisation der Abläufe innerhalb der industriellen Prozessketten. PDM-Systeme können nicht nur Stücklisten zusammenstellen, Daten ablegen oder Zeichnungen verwalten, sondern auch Prozesse und Zugriffsrechte bestimmen und festlegen. Dazu zählen die Verwaltung von Änderungen und von betriebsinternen Abläufen **(Bild 2)**.

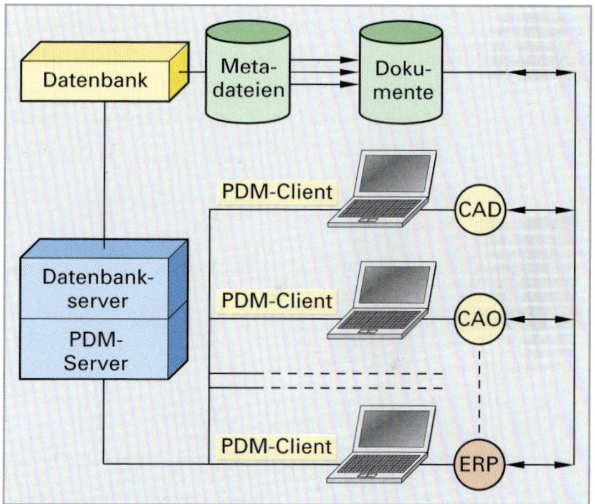

Bild 1: PDM als Datenbank- und Kommunikationssystem

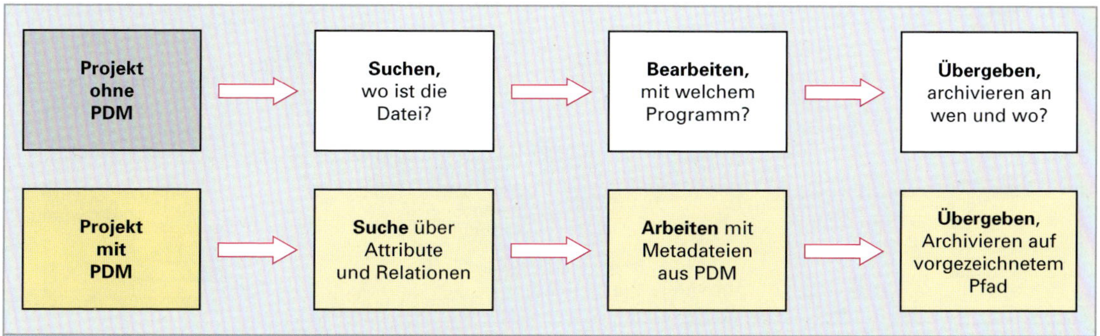

Bild 2: Aufgaben und Funktionen von PDM-Systemen

5.12 Product Lifecycle Management (PLM)

Die PDM-Funktionalität konzentriert sich auf die Konstruktion und Entwicklung. Kernfunktionen sind Stücklistenverwaltung, Dokumentenverwaltung, Statusnetze, Änderungs- und Freigabewesen. **PLM** berücksichtigt darüber hinaus auch nachgelagerte Phasen im Produktlebenszyklus (**Bild 1**). Um alle produkt-, prozess- und projektbezogenen Daten über den gesamten Produktlebenszyklus hinweg zu verwalten, werden außer den PDM-Kernfunktionen auch andere Komponenten integriert, wie beispielsweise Logistik, Kundenbeziehungen und Abrechnung.

Grundvoraussetzung für PLM ist ein funktionierendes PDM-System. Ein Produktlebenszyklus beschreibt den Kreislauf der aufeinanderfolgenden Produktlebensphasen.

Die Phasen stellen Prozesse dar, die einen Einfluss auf ein Produkt ausüben, wie z. B. die Konstruktion eines Produktes, die Festlegung der Arbeitsabläufe oder die Steuerung und Ausführung der Produktherstellung. Besondere Bedeutung im Produktentwicklungsprozess hat dabei die Konstruktion, weil während der Konstruktion wesentliche Merkmale eines Produktes (wie z. B. Kosten, Gewicht, Lebensdauer, etc.) durch die Produktgestaltung festgelegt werden.

PLM und CPS

Neue Produkte, die über **CPS-Technologien** Verfügen, bieten völlig neue Möglichkeiten der zeitnahen Rückführung der Informationen. Das Produkt wird selbst zum Bestandteil des PLM-Systems. Im PLM-System der **Industrie 4.0** gibt es ein *virtuelles Abbild* und es korrespondiert mit dem *realen Abbild* im Produkt. Diese zukünftigen Produkte nutzen die Möglichkeiten mobiler und intuitiver Informations- und Kommunikationstechnik. Sie haben ein Produktgedächtnis und können sich selbst steuern und z. B. auch den Weg durch die Fabrik suchen.

Ein Cyber-Physisches System (CPS) vernetzt mechanische und elektronische Komponenten bzw. deren Funktionen, z. B. mithilfe des Internets. Man spricht auch vom *Internet der Dinge*. Ziele sind *smarte* (= geschickte) Produkte und Produktionssysteme. Solche Produkte sind selbsterklärend, z. B. für den Kunden, selbstorganisierend, z. B. für die Wartung und sie sind dialogfähig, z. B. für erweiterte Nutzungen. Forciert wird die Entwicklung durch die Initiative Industrie 4.0 insbesondere im Hinblick auf Produktionssysteme (CPPS = Cyber-Physical Production Systems).

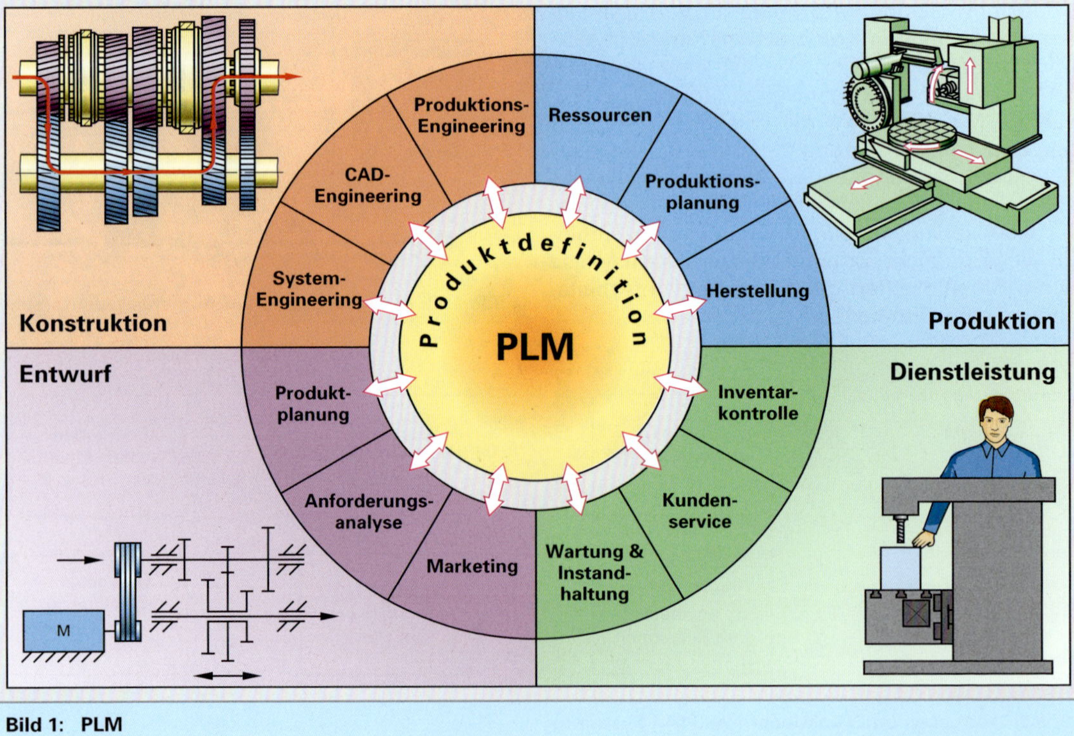

Bild 1: PLM

Anhang 1: Kleine Festigkeitslehre

1 Aufgaben und Ziele

Jedes Bauteil übernimmt entsprechend seiner Konstruktion eine technische Funktion. Das Bauteil soll über die vorgesehene Gebrauchsdauer zuverlässig und ohne Gefahren für die Umgebung und die handelnden Personen seine Aufgabe erfüllen. Dazu soll die Festigkeitslehre beitragen.

Jedes Bauteil hat eine vorbestimmte, äußere Belastung **(Kraft *F*)** aufzunehmen und zu übertragen **(Bild 1)**. Als Reaktion auf diese äußeren Kräfte entsteht in den Querschnittsbereichen des Bauteils eine innere **Spannung σ (*Sigma*)**. Diese Spannung ist umso größer, je größer die belastenden Kräfte sind und je kleiner der tragende Querschnitt S ist.

$$\sigma = F / S$$

σ	Spannung
F	Kraft (Last)
S	Querschnittsfläche

Die ertragbare Spannung im Querschnitt des Bauteils ist vom Werkstoff abhängig. Die Werkstoffprüfung liefert für verschiedene Belastungsfälle die entsprechenden Werkstoffkennwerte (K_w). Die Werkstoffkennwerte geben die Grenzen der Belastung in Form einer inneren Spannung an. Damit die tatsächlich im Bauteilquerschnitt wirkende Spannung nicht zum Versagen des Bauteils führt wird mit einem Sicherheitskennwert (ν, (griech. *Ny*) > 1) auf die zulässige Spannung σ_{zul} reduziert **(Bild 2)**.

$$\sigma_{zul} = K_w / \nu$$
$$\sigma < \sigma_{zul}$$

σ_{zul}	Zulässige Spannung
K_w	Werkstoffkennwert
ν	Sicherheitskennwert

Der Sicherheitskennwert gewährleistet, dass die innere Spannung mit einem Sicherheitsabstand unter der Versagensgrenze des Bauteils oder des Werkstoffs bleibt (**Bild 3**).

Die Festigkeitsbedingung ist:

$$F / S < K_w / \nu$$

F	Kraft
S	Querschnittsfläche
K_w	Werkstoffkennwert
ν	Sicherheitskennwert

Je nach gesuchter Kenngröße ergeben sich daraus folgende Grundaufgaben der Festigkeitslehre:

1. Zulässige äußere Kraft F
   → **Lastbegrenzung**
2. Geometrische Bauteilabmessungen S
   → **Dimensionierung**
3. Erforderlicher Werkstoffkennwert K_w
   → **Werkstoffbestimmung**
4. Vorhandener Sicherheitskennwert ν
   → **Sicherheitsanalyse**

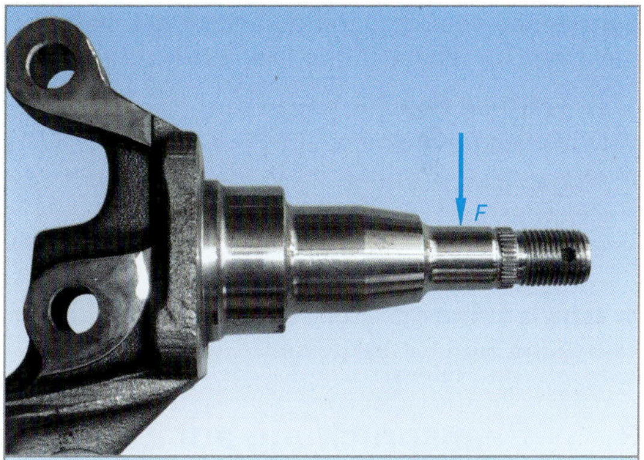

Bild 1: Achsschenkel einer Fahrzeugachse

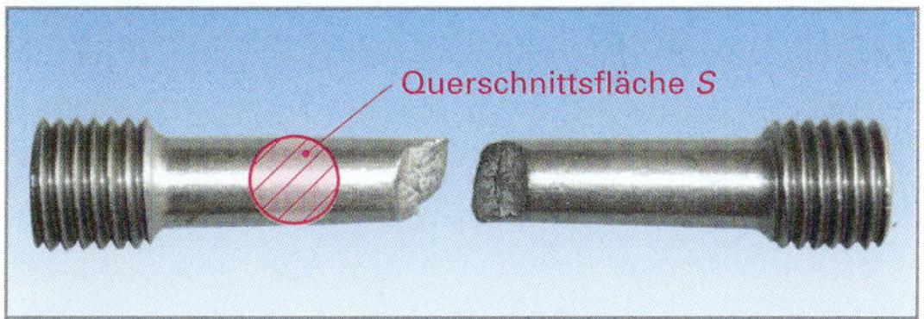

Bild 2: Bruch einer Zugstange aus Aluminium

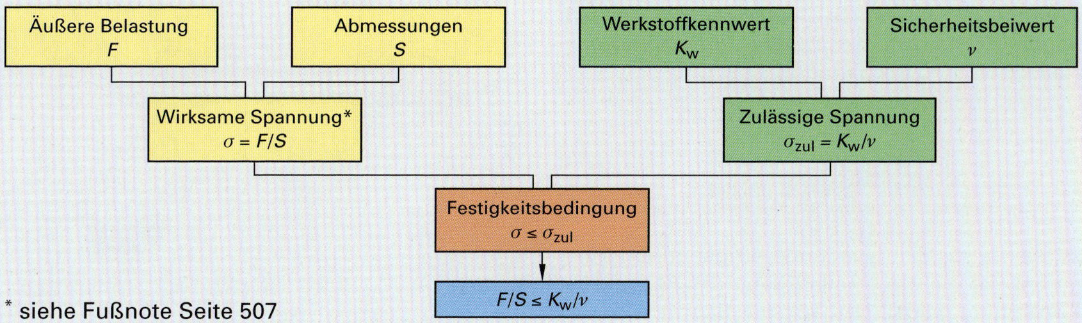

* siehe Fußnote Seite 507

Bild 3: Festigkeitsbedingung

Bei der Festigkeitsberechnung sind meistens zwei voneinander unabhängige Teilbereiche zu lösen:

a) die **tatsächlich wirkenden Spannungen** auf der Grundlage der äußeren Kräfte, unabhängig vom Werkstoff mithilfe der Erkenntnisse aus der technischen Mechanik und

b) die **zulässige Spannung** in Abhängigkeit der Werkstoffkennwerte und der geforderten Bauteilsicherheit mithilfe der Werkstoffkunde und der Materialprüfung bestimmen.

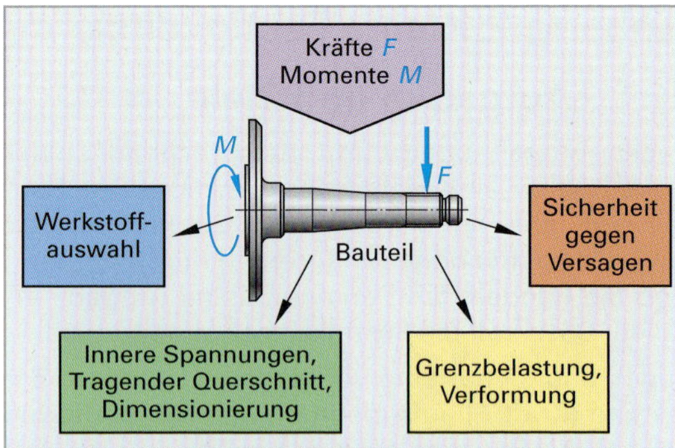

Bild 1: Kernaufgaben der Festigkeitslehre

Diese beiden Teilbereiche bilden die Kernaufgaben der Festigkeitslehre **(Bild 1)**.

2 Grundbelastungsfälle

Für die Festigkeitsberechnung ist es wichtig, die auftretenden äußeren Bauteilbelastungen auf elementare Grundbelastungsfälle zurückzuführen:

- Zugbeanspruchung,
- Druckbeanspruchung,
- Biegebeanspruchung,
- Schubbeanspruchung,
- Torsionsbeanspruchung.

In **Tabelle 1** sind die Grundbelastungsfälle für verschiedene Bauteile dargestellt.

Tabelle 1: Grundbelastungsfälle

Art	Beispiel
Zug	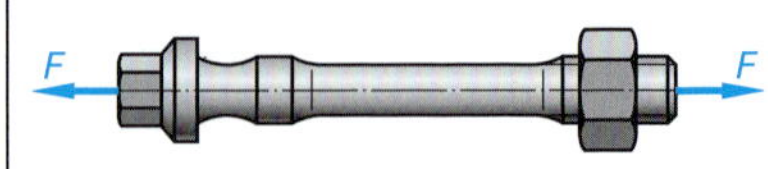
Druck	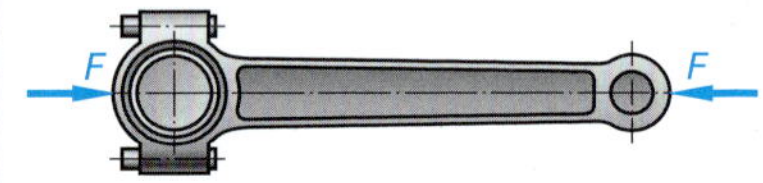
Biegung	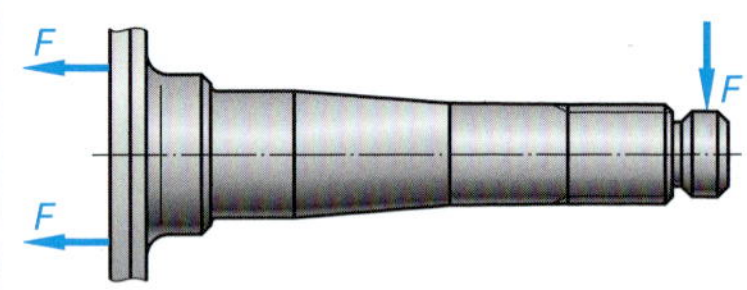
Schub (Scherung)	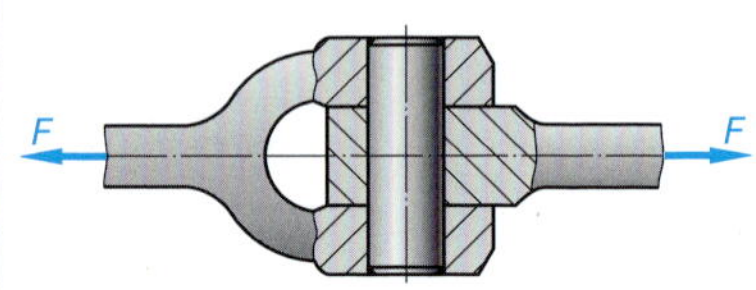
Torsion	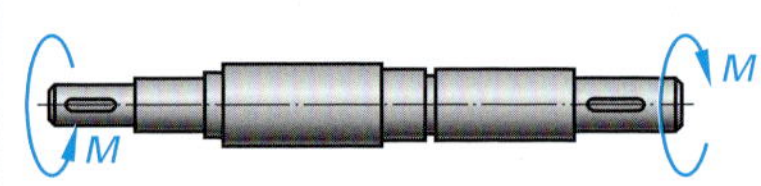

3 Beanspruchung auf Zug

3.1 Zugspannung

Wird ein Bauteil durch äußere Zugkräfte F belastet, so ergibt sich entsprechend der tragenden Querschnittsfläche S eine innere, über den Querschnitt gleichmäßig verteilte Werkstoffbeanspruchung **(Bild 2)**.

Um zu einer vom Querschnitt unabhängigen Beschreibung der inneren Belastung zu kommen, wird die äußere Kraft F auf die tragende Querschnittsfläche A bezogen. Diese Kraft pro Flächeneinheit (Kraftdichte) nennt man Zugspannung σ_z. Die Einheit der Zugspannung ist N/mm^2.

$$\sigma_z = F / S$$

σ_z Zugspannung
F Kraft
S Querschnittsfläche

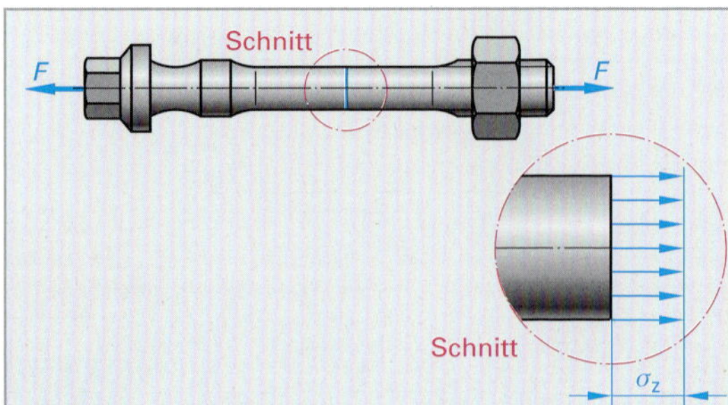

Bild 2: Stab unter Zugbelastung

Ist die tatsächlich wirkende Zugspannung bestimmt, ist die erste Teilaufgabe der Festigkeitsberechnung gelöst. Im nächsten Schritt wird das Verhalten des Werkstoffs unter Zugbelastung näher betrachtet.

3.2 Zugversuch

Das genormte Werkstoffprüfverfahren Zugversuch nach DIN EN ISO 6892-1:2017[1] ist ein grundlegender Versuch der Werkstoffprüfung. Bei diesem Versuch wird eine zylindrische oder flache Zugprobe mit genormten, geometrischen Abmessungen in einer Zugprüfmaschine bis zum Bauteilversagen durch Bruch gedehnt **(Bild 1)**. Die erforderliche Zugkraft F und die Verlängerung ΔL der Zugprobe wird gemessen und in einem Kraft-Verlängerungs-Diagramm dargestellt.

Das **Bild 2** zeigt ein solches Schaubild für einen unlegierten Baustahl. Im ersten, linearen Teil sind die Kraft F und die Verlängerung ΔL zueinander proportional. In diesem Bereich ist das Werkstoffverhalten elastisch, das heißt, wird die Belastung zurückgenommen, nimmt die Zugprobe wieder ihre Ursprungslänge an. Das Ende des elastischen Verformungsbereiches markiert die Streckgrenzenlast F_S. Dies ist zugleich der Übergang vom elastischen in den plastischen Verformungsbereich des Werkstoffs. Nimmt man nach Überschreiten dieser Grenzlast die äußere Belastung weg, so geht nur der elastische Verformungsanteil wieder zurück. Die Entlastungslinie ist eine Gerade, die parallel zur Anfangsgeraden verläuft.

Der plastische Verformungsanteil führt zu einer bleibenden Verlängerung des Zugstabes. Wird die Kraft weiter gesteigert, verfestigt sich das Werkstoffgefüge. Die Kraft-Verlängerungs-Kurve verläuft dabei immer flacher und erreicht schließlich einen maximalen Kraftwert F_{max}. Von dieser Höchstbelastung an wird sich der Querschnitt des Zugstabs an seiner schwächsten Stelle verringern. Der Stab „schnürt sich ein". Dadurch wird die ertragbare Last auf den Bauteilquerschnitt geringer und es erfolgt schließlich das Bauteilversagen durch Bruch.

Das Kraft-Verlängerungs-Diagramm zeigt die absoluten Ergebnisgrößen in Form von Kraft F in N und Verlängerung ΔL in mm. Es ist damit von den aktuellen Bauteilabmessungen der Zugprobe abhängig. Bezieht man die Kraft F auf den Anfangsquerschnitt S_o der Zugprobe und die Verlängerung ΔL auf die Ausgangsmesslänge L_o, so erhält man ein von den Bauteilabmessungen unabhängiges Spannungs-Dehnungs-Schaubild (Bild 3).

Zugspannung:

$$\sigma_z = F / S_o$$

σ_z	Zugspannung
F	Kraft
S_o	Querschnittsfläche

Dehnung:

$$\varepsilon = \Delta L / L_o \cdot 100\ \%$$

ε	Dehnung
ΔL	Verlängerung
L_o	Messlänge

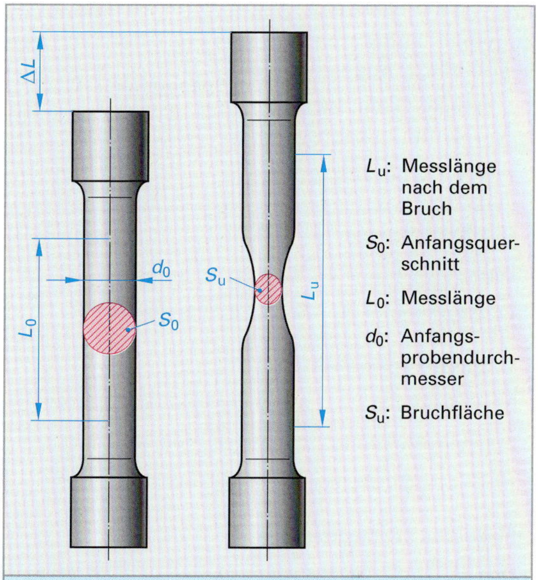

Bild 1: Zugproben

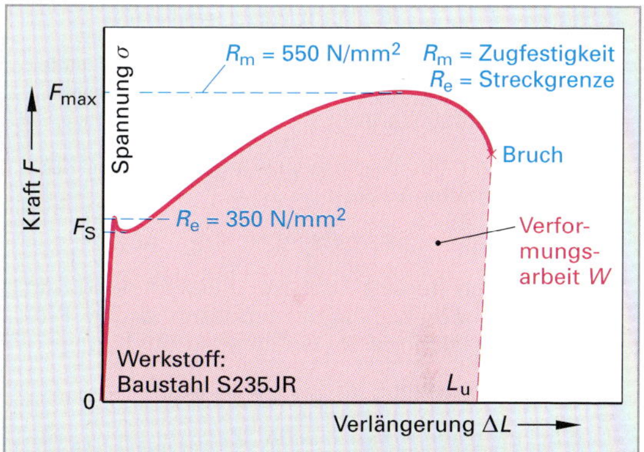

Bild 2: Kraft-Verlängerungs-Diagramm bzw. Spannungs-Dehnungs-Schaubild

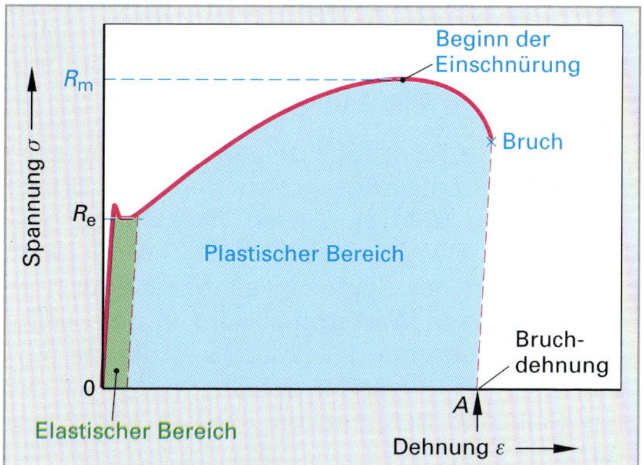

Bild 3: Verformungsbereiche

[1] Mit DIN EN ISO 6892-1:2017 gibt es einige **Änderungen in den Benennungen und bei den Formelzeichen**. Diese sind nun hier berücksichtigt: Das Formelzeichen für die Länge ist $\boldsymbol{L}$ (bisher l), für die Querschnittsfläche $\boldsymbol{S}$ (bisher A). Es wird ferner in DIN EN ISO 6892-1:2017 auf die internationale Normung verwiesen. Dort sind die Formelzeichen für die Dehnung e und für die Spannung R. Im deutschen **wissenschaftlichen Gebrauch** verbleibt es bei σ **(Sigma)** für die Spannung mit der Einheit MPa und bei ε **(Epsilon)** für die Dehnung mit der Einheit %.

Aus dem Spannungs- Dehnungs- Diagramm des Zugversuchs können folgende Werkstoffkennwerte **(Tabelle 1)** abgeleitet werden:

- Festigkeitskennwerte,
- Verformungskennwerte,
- elastische Kennwerte.

Festigkeitskennwerte

Zugfestigkeit: $R_m = F_{max} / S_o$, in N/mm²

Streckgrenze: $R_e = F_S / S_o$, in N/mm²

Verformungskennwerte:

Bruchdehnung: $A = \Delta l / L_o \cdot 100\ \%$, in %

Brucheinschnürung: $Z = \Delta S / S_o \cdot 100\ \%$, in %

($\Delta S = S_o - S_u$, S Querschnittsflächen)

Elastische Kennwerte

Den Proportionalitätsfaktor **(Bild 1)** für den elastischen Teil der Längsdehnung nennt man Elastizitätsmodul E:

E-Modul: σ / ε_l = konstant = E, in N/mm²

Für Stahl ε_l beträgt der E-Modul bei Raumtemperatur E = 200 000 N/mm² bis 210 000 N/mm², für Gusswerkstoffe E = 100 000 N/mm².

Ermittelt man die Durchmesseränderung der Zugprobe, so erhält man die

Querdehnung: $\varepsilon_q = \Delta d / d_o \cdot 100\ \%$, in %

Im elastischen Bereich sind die Längsdehnung und die Querdehnung zueinander proportional. Der Proportionalitätsfaktor heißt Querkontraktionszahl:

Querkontraktionszahl: $\mu = \varepsilon_q / \varepsilon_l$ = konstant

Es wird auch die *Poisson'sche*[1] *Zahl* $m = 1 / \mu$ verwendet. Für Stahl beträgt die Querkontraktionszahl $\mu = 0{,}3$, bzw. $m = 10 / 3$, für Gusswerkstoffe $\mu = 0{,}25$.

Der Stahl-Werkstoff S235 zählt zu den gut verformbaren Werkstoffen mit einer ausgeprägten Streckgrenze und einem großen plastischem Verformungsanteil (**Bild 1** und **Bild 2**).

Harte, spröde Werkstoffe zeigen im Zugversuch keine ausgeprägte Streckgrenze und keine Brucheinschnürung **(Bild 3)**. Diesen Werkstoffen fehlt der plastische Verformungsanteil. Sie versagen bei Erreichen der Zugfestigkeit ohne Einschnürung. Bei diesen Werkstoffen wird in der Festigkeitsberechnung mit der Ersatzstreckgrenze $R_{p0,2}$ gerechnet. Sie entspricht der Spannung, bei der eine bleibende Dehnung im Zugstab von 0,2 % auftritt.

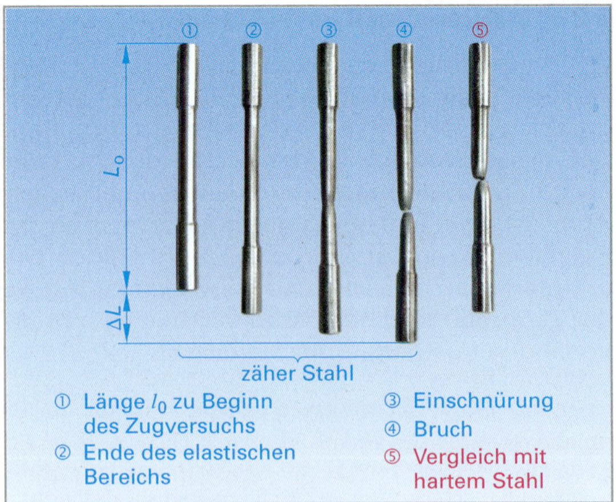

Bild 1: Phasen der Verformung

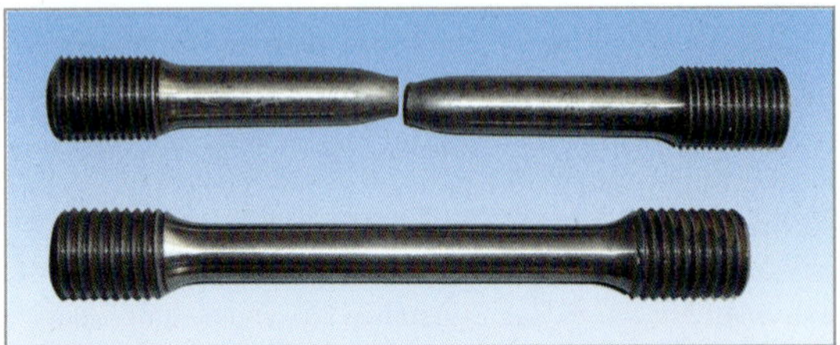

Bild 2: Zugproben aus Stahl, Verformungsbruch

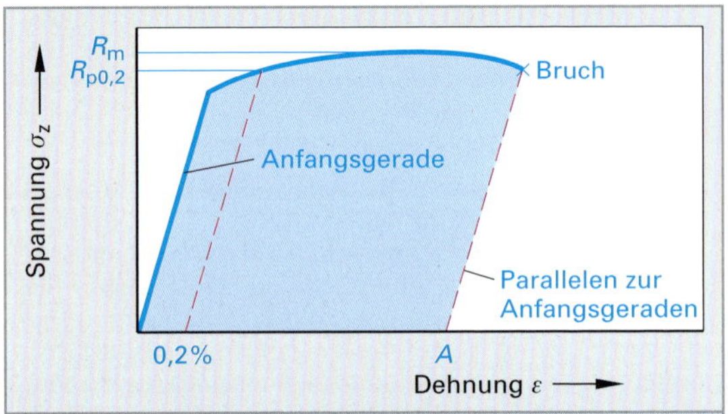

Bild 3: Ersatzstreckgrenze bei harten, spröden Werkstoffen

Tabelle 1: Kennwerte im Zugversuch

Zugprobe		Werkstoffkennwerte	
F	Zugkraft	ε	Dehnung
F_{max}	Höchstkraft	A	Bruchdehnung
L_o	Anfangsmesslänge	Z	Brucheinschnürung
L_u	Messlänge nach dem Bruch	σ_z	Zugspannung
		R_m	Zugfestigkeit
d_o	Anfangsdurchmesser der Probe	R_e	Streckgrenze
S_o	Anfangsquerschnitt der Probe	$R_{p0,2}$	Dehngrenze bei 0,2% bleibender Dehnung
S_u	kleinster Probenquerschnitt nach dem Bruch	E	Elastizitätsmodul

[1] *Siméon Denis Poisson*, franz. Physiker, 1781 bis 1840

3.3 Zulässige Zugspannung

Durch einen Sicherheitskennwert ν werden die Unsicherheiten aus der Festigkeitsberechnung ausgeglichen. Derartige Unsicherheiten liegen in auftretenden Belastungsschwankungen, in den Werkstoffkennwerten durch Gefügeinhomogenitäten oder Werkstofffehlern und in den idealisierten Annahmen aus der Spannungsberechnung.

Die Größe des Sicherheitskennwertes richtet sich nach der Anzahl und dem Einfluss der auszugleichenden Unsicherheiten. Daneben ist das mögliche Gefahrenpotenzial, das mit dem Erreichen bzw. Überschreiten der Grenzspannung und dem eventuellen Bauteilversagen verbunden ist, zu berücksichtigen. Für sicherheitsgefährdende Bauteile sind entsprechende Vorschriften zu beachten.

Legt man in der Festigkeitsberechnung das Bauteilversagen durch Bruch zugrunde, ist der Sicherheitskennwert umso höher anzusetzen, je geringer die Verformungsfähigkeit des Werkstoffs ist. Bei zähen, duktilen Werkstoffen kündigt sich ein Versagen durch eine erkennbare plastische Verformung an, während bei harten, spröden Werkstoffen der Bruch ohne vorausgehende Verformung eintritt. In **Tabelle 1** sind Richtwerte für Sicherheitskennwerte ν zusammengestellt.

Bei Bauteilen, bei denen als Bauteilversagen sowohl das Fließen (Rechnung gegen Streckgrenze R_e, $R_{p0,2}$) als auch durch Bruch (Rechnung gegen Zugfestigkeit R_m) betrachtet werden muss, ist der geringere Spannungswert als zulässige Spannung im Bauteilquerschnitt anzusetzen.

Versagen gegen Fließen des Werkstoffs:

$\sigma_{z,\,zul} = R_e / \nu_F$ oder $\sigma_{z,\,zul} = R_{p0,2} / \nu_F$

Versagen gegen Bruch:

$\sigma_{z,\,zul} = R_m / \nu_B$

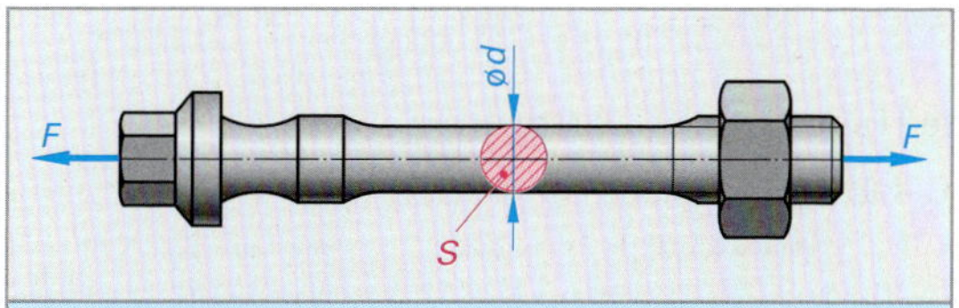

Bild 1: Zuganker

Damit sind die zwei wesentlichen Teilaufgaben der Festigkeitsberechnung gelöst:

a) Ermittlung der tatsächlich wirkenden Spannung und

b) Ermittlung der zulässigen Spannung

Die Aufgabe 1 zeigt die Festigkeitsberechnung an dem Beispiel eines unter statischer Zugbelastung stehenden zylindrischen Zugankers (**Bild 1**).

Aufgabe 1: Zuganker

Ein Zuganker mit Kreisquerschnitt aus dem Werkstoff C45E soll eine statische Zugkraft F_z = 28500 N aufnehmen.

a) Mit welchem Durchmesser ist der Zuganker auszuführen?

b) Wie groß ist die auftretende Dehnung in %?

c) Bei welcher Zugkraft ist mit einem Bruch zu rechnen?

Werkstoffkennwerte C45E:

R_e = 430 N/mm², R_m = 650 N/mm² bis 800 N/mm²

a) $\sigma = F/S \Rightarrow S = F/\sigma$

$S = F/R_e$ = 28500 N/430 N/mm² = 66,28 mm²

$S = d^2 \cdot \pi/4 \Rightarrow d = \sqrt{4 \cdot S/\pi} = \sqrt{4 \cdot 66{,}28\ \text{mm}^2/\pi}$

d = 9,19 mm gewählt ød = **10 mm**

b) $E = \sigma/\varepsilon \Rightarrow \varepsilon = \sigma/E = \sigma_{vorh}/E$

mit d = 10 mm, $\sigma_{vorh} = F/S$ = 28 500 N/78,54 mm²

σ_{vorh} = 362,87 N/mm²

ε = 362,87 N/mm²/210.000 N/mm² = 0,00173

Dehnung ε = **0,173 %**

c) $R_m = F_{max}/S \Rightarrow F_{max} = R_m \cdot S$

F_{max} = 650 N/mm² · 78,54 mm² = **51,05 kN**

Tabelle 1: Sicherheitskennwert

Werkstoff	Versagensart	Maßgebender Werkstoffkennwert	Sicherheitskennwert
zäh	Fließen	R_e ($R_{p0,2}$)	ν_F = 1,2 bis 2
	Bruch	R_m	ν_B = 2 bis 3
spröde	Bruch	R_m	ν_B = 4 bis 9

4 Beanspruchung auf Druck

4.1 Druckspannung

Die Ermittlung der Druckspannung erfolgt analog zur Zugspannung. Ausgehend von der Druckkraft F und dem tragenden Bauteilquerschnitt S ergibt sich die Druckspannung σ_d:

Druckspannung:

$$\sigma_d = F / S$$

σ_d Druckspannung
F Druckkraft
S Bauteilquerschnittsfläche

Im Unterschied zu der Zugspannung erhält die Druckspannung ein negatives Vorzeichen oder den Index d für Druck.

Für die Indizierung gilt allgemein:
Kleine Indices kennzeichnen die Beanspruchungsart, z. B. steht z für Zug, d für Druck und b für Biegung. Große Indices stehen für die Beanspruchungsgrenze, z. B. F für Fließgrenze oder Streckgrenze und B für Bruchgrenze.

4.2 Druckversuch

Zur Ermittlung der Werkstoffkennwerte unter Druckbelastung wird ein genormter Druckversuch durchgeführt. Dazu wird eine zylindrische Probe, deren Höhe h_o gleich dem Durchmesser d_o ist, zusammengedrückt **(Bild 1)**. Aus der Verringerung der Probenhöhe Δh und der dazu notwendigen Druckkraft lässt sich wie im Zugversuch ein Spannungs-Dehnungs-Diagramm ableiten.

Unter Druckbelastung verläuft die Spannungs-Dehnungs-Kurve zunächst wie im Zugversuch, allerdings mit negativem Vorzeichen. Sie beginnt mit einem steilen, linearen Anstieg bis zum Erreichen der Druckfließgrenze σ_{dF}, dem Ende des elastischen Verformungsbereiches. Die Streckgrenze R_e aus dem Zugversuch und die Druckfließgrenzenspannung σ_{dF} im Druckversuch sind vom Betrag her gleich groß **(Bild 2)**.

$$| \sigma_{dF} | = R_e$$

σ_{dF} Druckfließgrenzenspannung
R_e Streckgrenze

Im daran anschließenden Fließbereich weicht das Druckversuchsdiagramm, bedingt durch die Werkstoffstauchung und den immer größer werdenden Probendurchmesser, deutlich von dem des Zugversuchs ab. Bei zähen Werkstoffen wird die Probe dabei plattgedrückt, ohne dass ein Bruch eintritt. Bei solchen, plastisch verformbaren Werkstoffen lassen sich keine Druckfestigkeit σ_{dB} und Bruchdehnung feststellen.

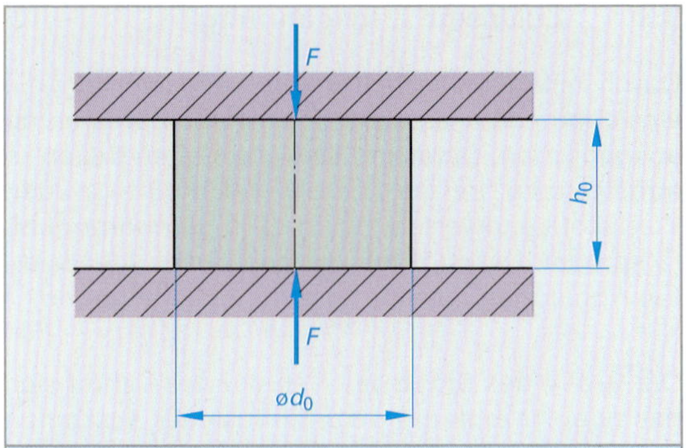

Bild 1: Druckprobe

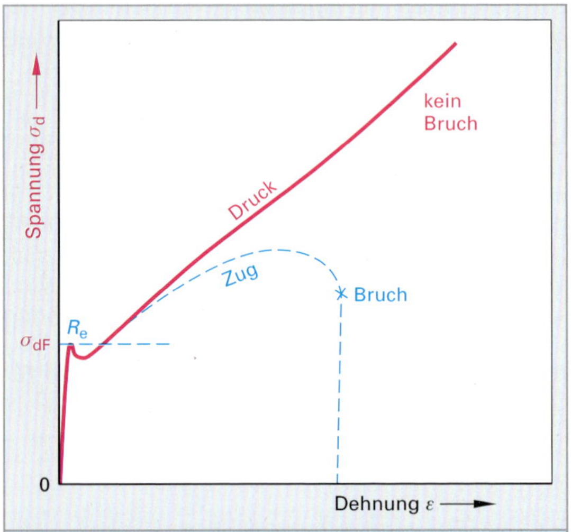

Bild 2: Spannungs-Dehnungs-Diagramm unter Druck-Beanspruchung

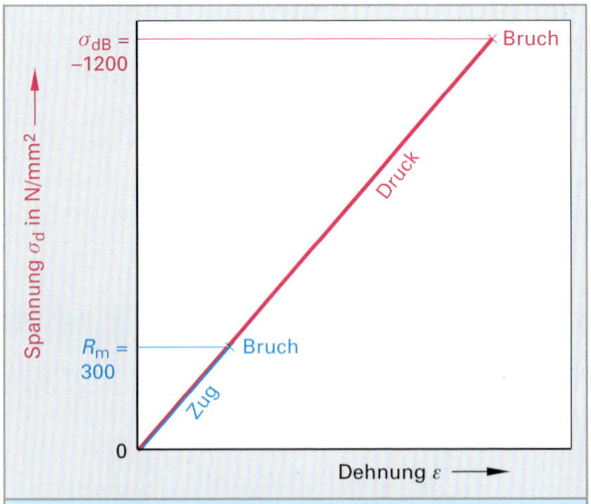

Bild 3: Spannungs-Dehnungs-Diagramm für Grauguss

Spröde Werkstoffe zeigen unter Druckbelastung bis zur Druckfließgrenze das gleiche lineare Verhalten (**Bild 3, Seite 510**). Die elastischen Kennwerte wie Elastizitätsmodul und Querdehnungszahl sind bei Zug- und Druckbelastung weitgehend identisch.

E-Modul:

$E_d = E_z$

E_d Elastizitätsmodul bei Druck
E_z Elastizitätsmodul bei Zug

Querdehnungszahl μ_d = Querkontraktionszahl μ_Z

Die Druckfestigkeit σ_{dB} ist bei diesen Werkstoffen wesentlich größer als die Zugfestigkeit R_m ($\sigma_{dB} \approx 3$ bis $4 \cdot R_m$). Die Druckprobe bricht nach der elastischen Stauchung durch Risse, die sich von den Randbereichen schräg nach innen ausbreiten. Treffen sich zwei Risse, bricht die Druckprobe entlang einer diagonalen Ebene auf (**Bild 1**).

4.3 Zulässige Druckspannung

Die Versagensart liegt bei zähen Werkstoffen beim Fließen des Werkstoffs (Rechnung gegen Druckfließgrenze σ_{dF}) und bei harten, spröden Werkstoffen beim Bruch des Bauteils (Rechnung gegen Druckfestigkeit σ_{dB}). Mit den ähnlichen Sicherheitskennwerten wie bei der Zugbelastung betragen die zulässigen Druckspannungen dann:

Versagen gegen Fließen:	Versagen gegen Bruch:
$\sigma_{d\,zul} = \sigma_{dF}/\nu_F$	$\sigma_{d\,zul} = \sigma_{dB}/\nu_B \approx 4 \cdot R_m/\nu_B$

4.4 Knickung

Druckbeanspruchte, schlanke Bauteile können bei einer bestimmten Knicklast durch Ausknicken versagen (**Bild 2**). Die Größe dieser Knicklast hängt zum einen von der geometrischen Form des druckbeaufschlagten Bauteils, d. h. von dessen Länge und des Querschnitts (Größe und Form) und zum anderen von den Einspannbedingungen der Stabenden, ab.

Man unterscheidet nach *Euler* vier Knickfälle (**Tabelle 1**). Die zugehörenden Knicklasten F_K sind jeweils unter dem betreffenden Knickfall angegeben. Im Faktor $E \cdot I/l^2$ steckt neben dem Elastizitätsmodul E die Geometrie des Stabes, ausgedrückt durch das Flächenmoment 2. Grades I in cm^4 und die Länge l. Die Knicklast ist umso größer, je größer der E-Modul, d. h. je steifer ein Werkstoff ist. Da die Stablänge im Quadrat eingeht, wirkt sie sich sehr stark auf die mögliche Knicklast aus.

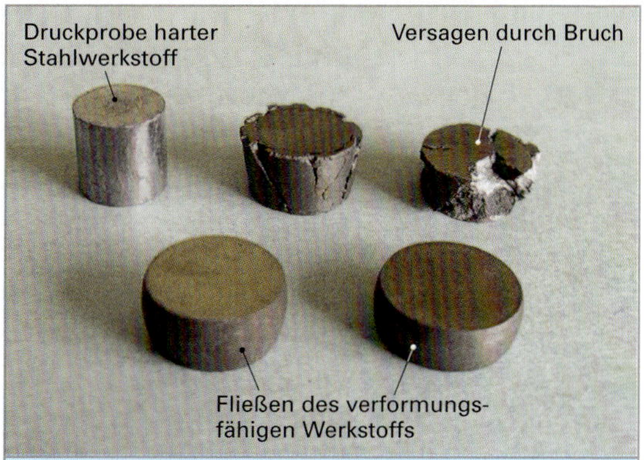

Bild 1: Bruch der Druckprobe

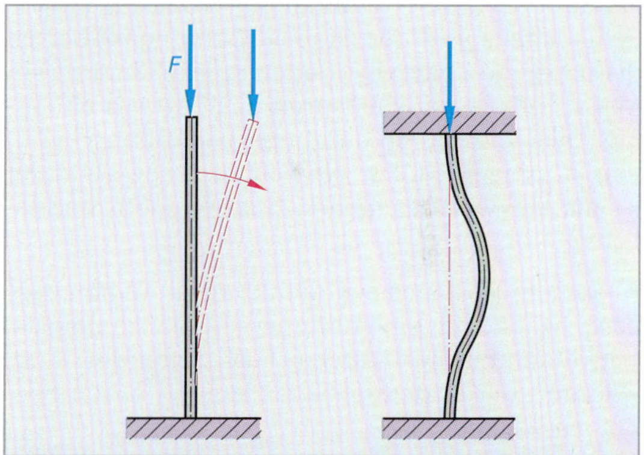

Bild 2: Ausknicken unter Druckbeanspruchung

Tabelle 1: Knickfälle nach *Euler*

Knickfall (nach *Euler*) ① bis ④	frei / eingespannt 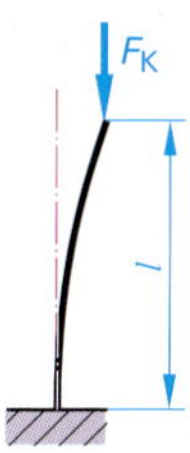 ①	gelenkig / gelenkig  ②	gelenkig / eingespannt  ③	eingespannt / eingespannt  ④
Knicklast F_K	$\frac{\pi^2}{4} \cdot \frac{E \cdot I}{l^2}$	$\pi^2 \cdot \frac{E \cdot I}{l^2}$	$2\pi^2 \cdot \frac{E \cdot I}{l^2}$	$4\pi^2 \cdot \frac{E \cdot I}{l^2}$

Um die Knicklast für die verschiedenen Knickfälle zu bestimmen, wird die Größe $E \cdot I/l^2$ jeweils mit einem unterschiedlich großen Zahlenwert multipliziert. Mit diesem Faktor werden die speziellen Einspannbedingungen der verschiedenen Knickfälle berücksichtigt. Vergleicht man die Knickfälle miteinander, so erkennt man, dass bei gleicher Stabgeometrie die Knicklast im Fall 4 16-mal so groß ist wie im Fall 1.

Die **Knickspannung** ist die Druckspannung im Augenblick des Ausknickens:

$$\sigma_K = F_K / S$$

σ_K Knickspannung
F_K Knicklast
S Querschnittsfläche

Um das Ausknicken zu verhindern, wird die **zulässige Knickspannung** σ_{Kzul} mit einem Sicherheitskennwert ν = 3 bis 5 bestimmt:

$$\sigma_{Kzul} = \sigma_K / \nu$$

σ_{Kzul} Zulässige Knickspannung
σ_K Knickspannung
ν Sicherheitskennwert

In **Bild 1** sind die zulässigen Spannungen für die Versagensarten Fließen und Knicken über den Schlankheitsgrad $\lambda = l \cdot \sqrt{S/I}$ für die vier Knickfälle dargestellt. Die zulässige Spannung gegen Fließen $\sigma_{dF\,zul}$ ist unabhängig vom jeweiligen Schlankheitsgrad des Stabes. Demgegenüber ist die zulässige Spannung gegen Knicken in großem Maße vom Schlankheitsgrad des Bauteils abhängig. Dies wird durch den hyperbelartigen Verlauf von σ_{Kzul} deutlich. Für die Festigkeitsberechnung ist die kleinere der beiden Spannungen maßgebend.

Allgemein lässt sich aus dem Diagramm ableiten, dass Stäbe mit einem hohen Schlankheitsgrad vorwiegend durch Ausknicken gefährdet sind, während dicke, gedrungene Bauteile durch Fließen versagen.

Für druckbelastete Bauteile sind grundsätzlich nachfolgende Spannungen zu untersuchen:

gegen Fließen: $\sigma_{dF\,zul} = \sigma_{dF} / \nu_F$

gegen Bruch: $\sigma_{dB\,zul} = \sigma_{dB} / \nu_B$

gegen Ausknicken: $\sigma_{Kzul} = \sigma_K / \nu_K$

Für die Lastbestimmung ist dann die kleinste zulässige Spannung maßgebend, da diese Versagensart als Erstes in Betracht kommt. Der Sicherheitskennwert ist bei auf Knickung belasteten Bauteilen vergleichsweise hoch anzusetzen, da bei diesem Instabilitätsvogang schon geringe Abweichungen die zulässige Last erheblich reduzieren können.

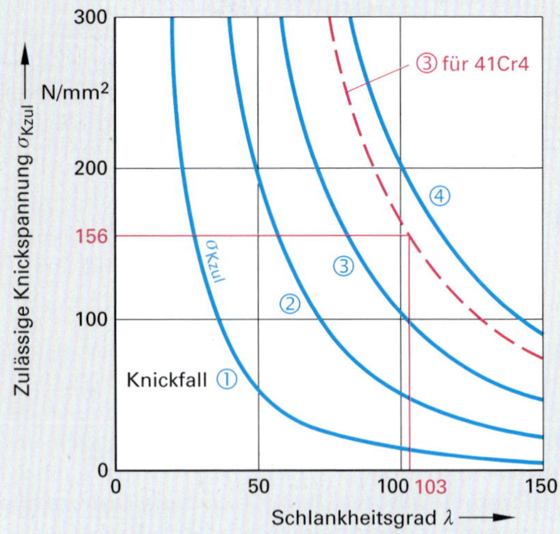

Bild 1: Zulässige Knickspannung für unlegierte Baustähle

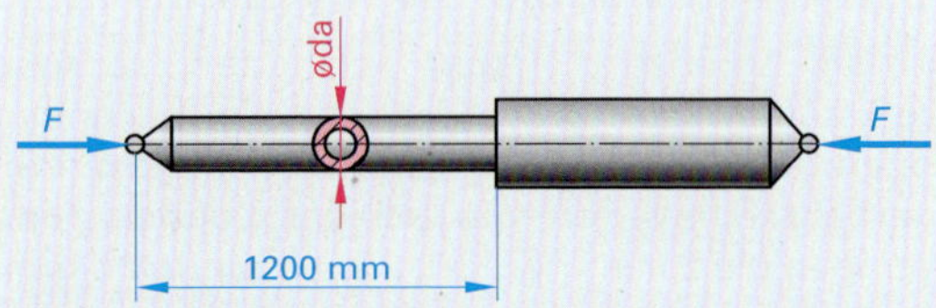

Bild 2: Kolbenstange

Aufgabe: Kolbenstange

Die Kolbenstange eines Hydraulikzylinders besteht aus Präzisionsstahlrohr.

Werkstoff 41Cr4, σ_{dF} = 800 N/mm²
Abmessungen øda = 40 mm x 8 mm Wanddicke
Querschnittsfläche S = 804,25 mm²

a) Wie groß ist die maximale Druckkraft F_{dmax} bei einer ν_F = 1,6-fachen Sicherheit gegen Fließen?

b) Es soll die zulässige Knicklast bei einer Sicherheit von ν_K = 2,5 ermittelt werden.

a) $\sigma_{dzul} = \sigma_{dF}/\nu_F$ = 800 N/mm²/1,6 = 500 N/mm²
$F_{max} = \sigma_{dzul} \cdot S$ = 500 N/mm² · 804,25 mm²
F_{max} = 402 123 N = **402 kN**

b) Knickfall 3
$F_K = 2 \cdot \pi^2 \cdot E \cdot I/l^2$
Flächenträgheitsmoment (siehe Seite 515)
$I = \pi\,(d_a^4 - d_i^4)/64$ = 109 377,7 mm⁴
$F_K = 2 \cdot \pi^2 \cdot$ 210 000 N/mm² · 109 377,7 mm⁴/ 1200² mm²
F_K = 314,86 kN
$F_{Kzul} = F_K/\nu_K$ = 314,86 kN/2,5
F_{Kzul} = **126 kN**, $\sigma_{Kzul} = F_{Kzul}/S$ = 156 N/mm²

4.5 Flächenpressung

Flächenpressung an ebenen Flächen

Wird eine Kraft F zwischen zwei Konstruktionsteilen über eine Berührungsfläche S übertragen, so wird in der Kontaktebene eine Druckspannung σ aufgebaut. Diese Druckspannung zwischen zwei sich berührenden, ebenen Bauteilenflächen wird als Flächenpressung σ_p bezeichnet **(Bild 1)**. Sie entspricht einer Druckspannung und wird analog zu dieser bestimmt.

$$\sigma_p = F / S$$

σ_p Flächenpressung
F Kraft
S Pressfläche

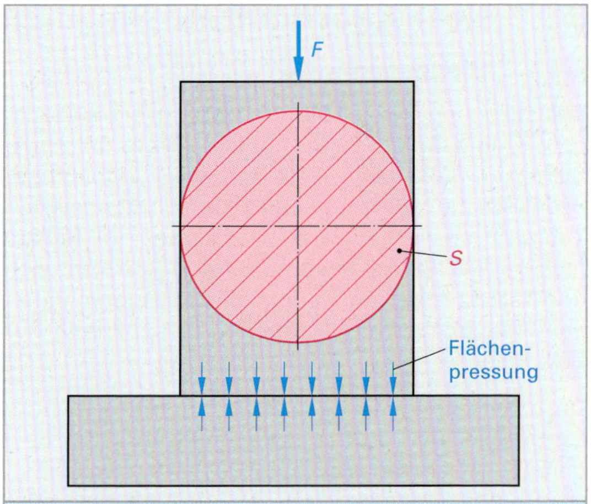

Bild 1: Flächenpressung an ebener Fläche

Flächenpressung an geneigten Flächen

Wird eine Kraft F zwischen zwei Konstruktionsteilen über eine geneigte Berührungsfläche S übertragen, so wird entsprechend der Neigung der Kontaktebene eine Druckspannung aufgebaut. Bedeutend für die Flächenpressung ist nur die senkrecht zur Fläche, in Normalenrichtung wirkende Kraftkomponenete der Kraft $F\perp$. Die parallel zur Kontaktebene verlaufende Kraftkomponente von $F\|$ bringt zur Flächenpressung keinen Beitrag **(Bild 2)**.

Bestimmt man die vorhandene Flächenpressung mit der projizierten Fläche S_{proj} kann mit der Kraft F gerechnet werden.

$$\sigma_p = F / S_{proj}$$

σ_p Flächenpressung
F Kraft
S_{proj} Projizierte Pressfläche

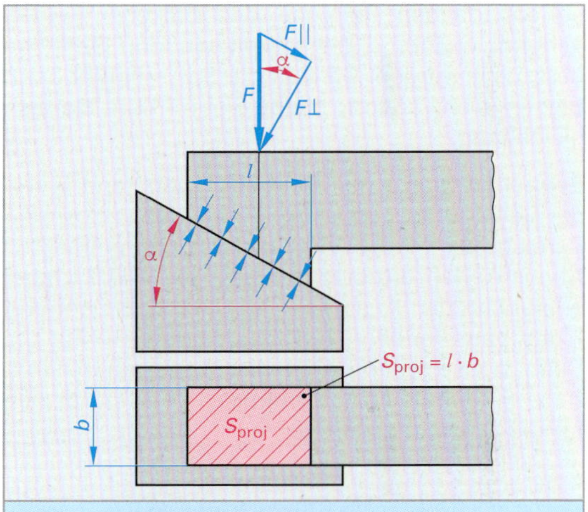

Bild 2: Flächenpressung an geneigter Fläche

Flächenpressung an gewölbten Flächen (Lochleibung)

Wie bei der Flächenpressung an geneigten Flächen ist an gewölbten oder zylindrischen Kontaktflächen nur die Kraftkomponente in Normalenrichtung von Bedeutung **(Bild 3)**. Man bestimmt mithilfe der projizierten Pressfläche S_{proj} und der Kraft F eine mittlere Flächenpressung σ_{pm}.

Mittlere Flächenpressung an gewölbten Flächen:

$$\sigma_{pm} = F / S_{proj}$$

σ_{pm} Mittlere Flächenpressung
F Kraft
S_{proj} Projizierte Pressfläche

Mittlere Flächenpressung an zylindrischen Flächen:

$$\sigma_{pm} = F / (d \cdot b)$$

σ_{pm} Mittlere Flächenpressung
F Kraft
d Durchmesser Achse
b Bauteildicke

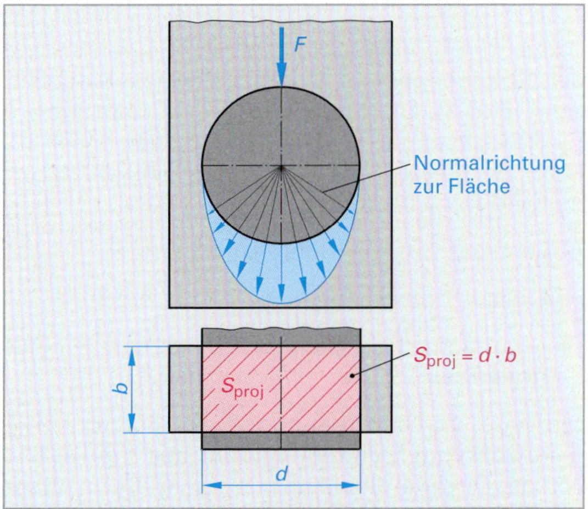

Bild 3: Flächenpressung an einer zylindrischen Fläche

5 Beanspruchung auf Biegung

5.1 Biegespannung

Belastet man einen Biegebalken mit rechteckigem Querschnitt mit äußeren Kräften, die senkrecht zur Balkenachse stehen, wird eine Biegebeanspruchung erzeugt **(Bild 1)**. Im unbelasteten Zustand ist die Länge aller „Fasern" im Balken gleich groß. Im belasteten Zustand verformt sich der Balken mit dem Radius *R*. Die Querschnittsbereiche bleiben dabei eben und senkrecht zur Balkenachse.

Dazu betrachten wir ein Balkenelement mit der Länge 2d*x* **(Bild 2)**. Die Querschnittbereiche I – I und II – II stellen sich entsprechend der Verformung des Balkens leicht schräg, bleiben aber eben und senkrecht zur Balkenachse. Die Balkenachse hat jetzt einen Radius *R* angenommen. Die außenliegenden Bereiche des Balkens werden gedehnt, während die innenliegenden Bereiche gestaucht werden. Da sich die Balkenlänge beim Biegen nicht ändert, bleibt der mittlere Bereich gleich lang.

Betrachtet man einen Bereich im Abstand y von der Balkenachse, so ist die Länge des verformten Bereichs $dx + \Delta dx$. Aufgrund der geometrischen Ähnlichkeiten ergibt sich: $\Delta dx / dx = y/R$. Dabei entspricht der Ausdruck $\Delta dx / dx$ der Dehnung ε des betreffenden Bereiches. Damit beträgt die Dehnungsverteilung über den Balkenquerschnitt $\varepsilon = y/R$. Mithilfe der Gleichung $\sigma = E \cdot \varepsilon$ ergibt sich für die Spannungsverteilung:

$$\sigma = \frac{E}{R} \cdot y$$

σ Biegespannung
E Elastizitätsmodul
R Biegeradius
y Abstand von Balkenachse

Diese Gleichung beschreibt einen linearen Verlauf der Spannungen im Querschnitt des Biegebalkens **(Bild 3)**. Die Spannung nimmt vom Wert 0 (Balkenachse) bis zu den Rändern hin linear zu. Beim Rechteckquerschnitt ergibt sich der Maximalwert mit $y = \pm h/2$.

Außenfaser, Zugspannung $\sigma_a = E \cdot h/2R$

Innenfaser, Druckspannung $\sigma_i = -E \cdot h/2R$

Die spannungslose Mittelachse bei $y = 0$ heißt **neutrale Faser**.

Die Verteilung der Spannung beim Biegen hängt demnach vom Elastizitätsmodul des Werkstoffs, von der Ortskoordinate des Querschnitts und über den Biegeradius von der Größe der Verformung ab. Man erhält eine Verformung nach **Bild 4**.

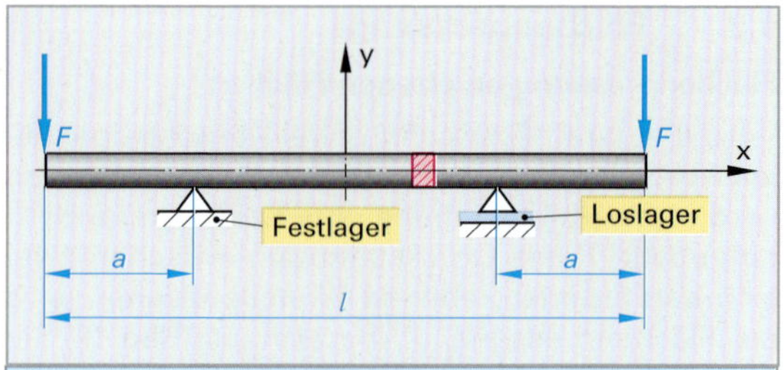

Bild 1: Biegebalken mit Rechteckquerschnitt

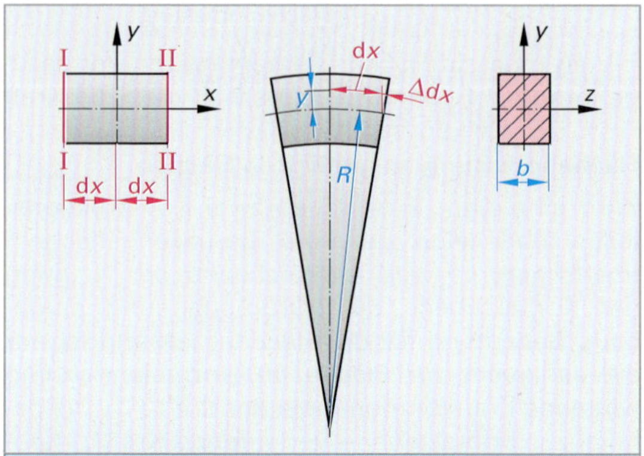

Bild 2: Balkenelement

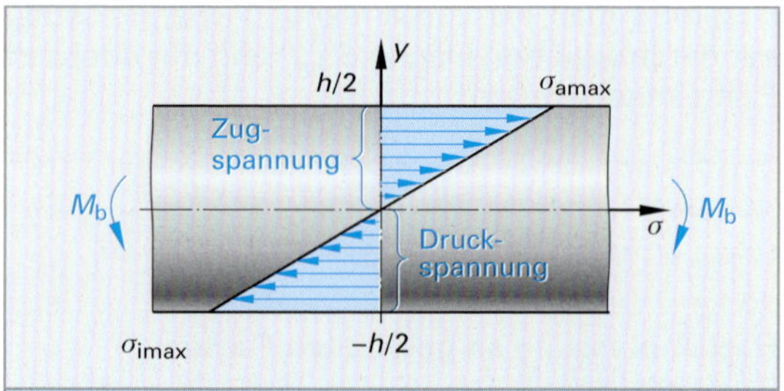

Bild 3: Spannungsverteilung im Biegebalken

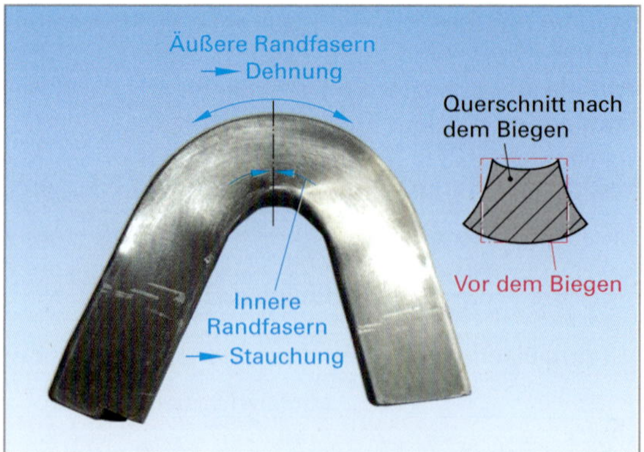

Bild 4: Verformungsbereiche beim Biegen

5.2 Biegemoment

Im oberen Teil des Balkens wirken Zugspannungen und im unteren Teil Druckspannungen. Sie versuchen die Querschnittsfläche um die z-Achse zu drehen **(Bild 1)**. Den Zusammenhang zwischen einer äußeren und einer inneren Spannung stellt das Gleichgewichtsaxiom her. Es fordert, dass nicht nur die Summe aller Kräfte, sondern auch die Summe aller Momente im Gleichgewicht sind. Das bedeutet, dass die Vektorsumme aller Momente in der Z-Ebene gleich Null ergibt, $\Sigma M_z = 0$.

Das Moment ist gleich Kraft mal Hebelarm. Multipliziert man ein Flächenelement dS mit der dazugehörenden Spannung $\sigma(y)$ erhält man die Kraft $F(y)$. Der Hebelarm dieser Kraft ist y, der senkrechte Abstand von der z-Achse. Damit erhält man $dM = \sigma(y) \cdot dS \cdot y$ **(Bild 2)**. Das Gesamtmoment M ergibt sich dann als Summe aller Spannungsanteile mit dem Integral über die Querschnittsfläche:

$$M = \int_S \sigma(y) \cdot y \cdot dS$$

- M Gesamtmoment
- σ Spannung
- y Hebelarmlänge
- S Querschnittsfläche

Mit der Gleichung für die Biegespannung $\sigma(y) = E/R \cdot y$ ergibt sich $M = E/R \cdot \int_S y^2 \, dS$.

Das Integral ist nur von der Form der Querschnittsfläche abhängig und wird als axiales Flächenträgheitsmoment 2. Ordnung bezeichnet.

$$\int_S y^2 \, dS = I_z$$

- I_z Flächenträgheitsmoment
- S Querschnittsfläche
- y Hebelarmlänge

Jeder Querschnitt besitzt bezüglich seiner Biegeachse ein ganz bestimmtes Flächenträgheitsmoment, das nicht nur von der Größe, sondern auch von der Form, d. h. von der Verteilung der Fläche, abhängt (**Tabelle 1**).

Für das Biegemoment gilt:

$$M_z = \frac{E}{R} \cdot I_z$$

- M_z Biegemoment
- E Elastizitätsmoment
- R Biegeradius
- I_z Flächenträgheitsmoment

Mit $\sigma(y) = E/R \cdot y$ lässt sich die Spannung bestimmen:

$$\sigma(y) = \frac{M}{I_z} \cdot y$$

- σ Spannung
- y Hebelarmlänge
- M Gesamtmoment
- I_z Flächenträgheitsmoment

Die Gleichung beschreibt eine linear über den Querschnitt verlaufende Spannungsverteilung. Für die Festigkeitsberechnung genügt es die größte auftretende Spannung zu kennen. Sie errechnet sich aus:

$$\sigma_{max} = \frac{M}{I_z} \cdot y_{max}$$

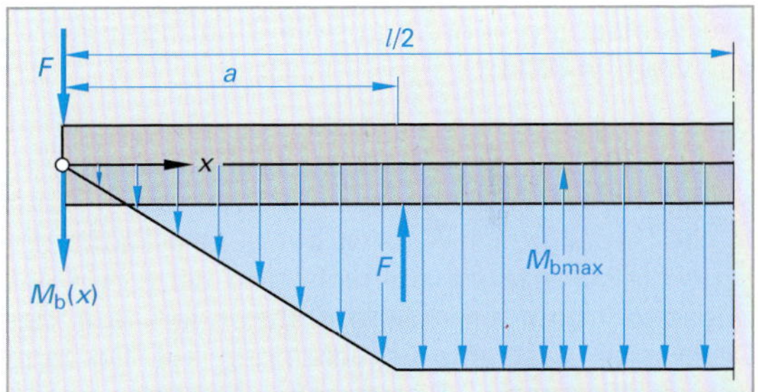

Bild 1: Momentenverlauf im Biegebalken

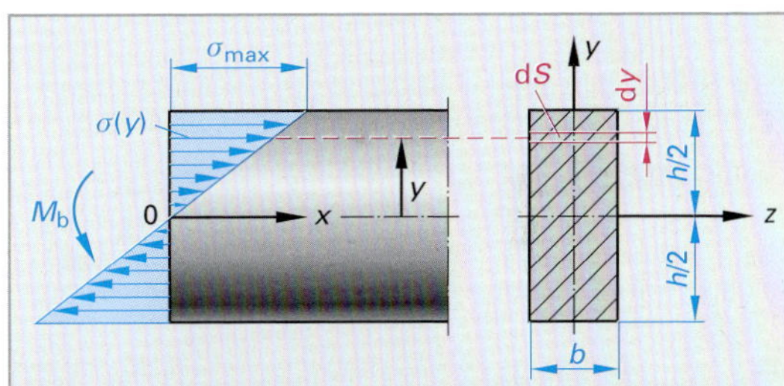

Bild 2: Bestimmung des inneren Moments

Tabelle 1: Flächenträgheitsmoment I und Widerstandsmoment W_b beim Biegen

Querschnittsform		Flächenträgheitsmoment	Widerstandsmoment
Rechteck-querschnitt	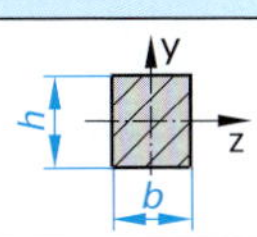	$I_Y = \frac{bh^3}{12}, \; I_Z = \frac{hb^3}{12}$	$W_{bx} = \frac{bh^2}{6}, \; W_{by} = \frac{hb^2}{6}$
Kreisquer-schnitt	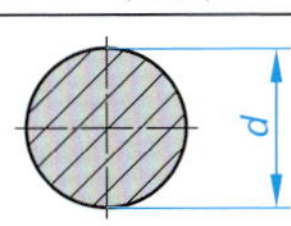	$I = \frac{\pi}{64} \cdot d^4$	$W_b = \frac{\pi}{32} \cdot d^3$
Kreisring-querschnitt	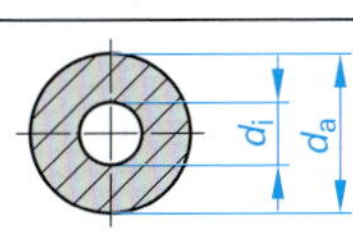	$I = \frac{\pi}{64} \cdot (d_a{}^4 - d_i{}^4)$	$W_b = \frac{\pi}{32} \cdot \left(\frac{d_a{}^4 - d_i{}^4}{d_a}\right)$

Da der maximale Randabstand y_{max} und das axiale Flächenträgheitsmoment I_z nur von der Form des Querschnitts abhängen, kann man diese beiden Größen zu dem axialen Widerstandsmoment W_b zusammenfassen **(Tabelle 1, Seite 515)**.

$$W_b = I_z / y_{max}$$

W_b Widerstandsmoment
I_z Flächenträgheitsmoment
y_{max} Maximaler Randabstand

Damit erhält man den max. Spannungswert σ_b:

$$\sigma_b = M_b / W_b$$

σ_b Biegespannung
M_b Biegemoment
W_b Axiales Widerstandsmoment

5.3 Zulässige Biegespannung

Die Erkenntnisse aus der Zugbelastung und der Druckbelastung können auf die Biegung übertragen werden **(Bild 1)**.

Beim Biegen eines Bauteils aus einem zähen Stahl wird der Werkstoff zu fließen beginnen, sobald in der Zugzone die maximale Spannung σ_b die Streckgrenze R_e bzw. in der Druckzone die Druckfließgrenze σ_{dF} überschritten wird. Auf der Zugseite treten plastische Dehnungen, auf der Druckseite plastische Stauchungen auf. Da zähe Werkstoffe unter Biegebeanspruchung meist nicht brechen, wird die Biegefestigkeit σ_{bB} nur für spröde Werkstoffe verwendet.

Für Stähle gilt: Biegefließgrenze σ_{bF} = Streckgrenze R_e. Für spröde Werkstoffe wie z. B. Gusseisen gilt:

Biegefestigkeit $\sigma_{bB}/R_m = 1{,}4$ bis 2,5.

Bei zähen Werkstoffen ist die Versagensart das Fließen, bei spröden Werkstoffen der Bruch. Die zulässige Grenzspannung wird mit dem Sicherheitskennwert ν bestimmt.

Zulässige Biegefließgrenze für zähe Werkstoffe:
$\sigma_{bF\,zul} = \sigma_{bF}/\nu_F = R_e/\nu_F$.

Zulässige Biegefestigkeit für spröde Werkstoffe:
$\sigma_{bB\,zul} = \sigma_{bB}/\nu_B = 1{,}4$ bis $2{,}5 \cdot R_m/\nu_B$.

Tabelle 1: Überblick Kennwerte Lastfall Biegen

Bezeichnung	Kennwert	Einheit
Biegemoment	M_b	Nmm
Axiales Trägheitsmoment	I	mm^4
Maximale Biegespannung	σ_{bmax}	N/mm^2
Widerstandsmoment	W_b	mm^3
Biegehauptgleichung	$\sigma_b = M_b / W_b$	N/mm^2
Zulässige Biegespannung	$\sigma_{bzul} = \sigma_{bB}/\nu_b$ $\sigma_{bzul} = \sigma_{bF}/\nu_F$	N/mm^2
Biegefestigkeit	σ_{bB}	N/mm^2
Biegefließgrenze	σ_{bF}	N/mm^2

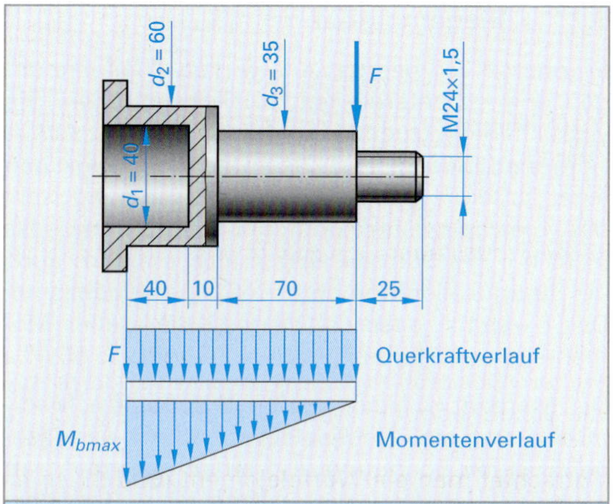

Bild 1: Achse

Aufgabe 1: Biegen

Eine Achse aus dem Werkstoff 16MnCr5 wird mit der Kraft $F = 25$ kN auf Biegung belastet.

a) Bestimmen Sie die maximale Biegespannung

b) Ist die Sicherheit gegen Fließen ausreichend?

c) Wie groß ist die Durchbiegung der Achse?

Werkstoff 16MnCr5, $\sigma_{bF} = 890\ N/mm^2$

a) Flächenträgheitsmomente:

$I_{z1} = \pi/64 \cdot (d_2^4 - d_1^4) = \pi/64 \cdot (60^4 - 40^4)$
$= 510\,508\ mm^4$

$I_{z2} = \pi/64 \cdot d_2^4 = \pi/64 \cdot 60^4 = 636\,172\ mm^4$

$I_{z3} = \pi/64 \cdot d_3^4 = \pi/64 \cdot 35^4 = 73\,661\ mm^4$

Biegespannungen:

$\sigma_{bmax} = M \cdot r / I_z = F \cdot l \cdot r / I_z$

$\sigma_{b1} = (F \cdot l_1 \cdot r_1)/I_{z1}$
$= 25\,000\ N \cdot 120\ mm \cdot 30\ mm / 510\,508\ mm^4$
$= 176{,}3\ N/mm^2$

$\sigma_{b2} = (F \cdot l_2 \cdot r_2)/I_{z2}$
$= 25\,000\ N \cdot 80\ mm \cdot 30\ mm / 636\,172\ mm^4$
$= 94{,}31\ N/mm^2$

$\sigma_{b3} = (F \cdot l_3 \cdot r_3)/I_{z3}$
$= 25\,000\ N \cdot 70\ mm \cdot 17{,}5\ mm / 73\,661\ mm^4$
$= \mathbf{415{,}75\ N/mm^2} = \sigma_{bmax}$

b) Sicherheit gegen Fließen des Werkstoffs

$\nu_F = \sigma_{bF}/\sigma_{bF\,max} = 890\ N/mm^2 / 415{,}75\ N/mm^2$
$= \mathbf{2{,}1}$ ausreichend

c) Durchbiegung f der Achse

$$f = \frac{F \cdot l^3}{3 \cdot E \cdot I_z} = \frac{F}{3 \cdot E} \cdot \left(\frac{l_1^3}{I_{z1}} + \frac{l_2^3}{I_{z2}} + \frac{l_3^3}{I_{z3}}\right)$$

$$= \frac{25\,000\ N}{3 \cdot 210\,000\ N/mm^2} \cdot \left(\frac{40^3}{510\,508} + \frac{10^3}{636\,172} + \frac{70^3}{73\,661}\right)$$

$= \mathbf{0{,}189\ mm}$

6 Beanspruchung auf Schub

6.1 Schubspannung

Wird bei gleicher Belastung F die Ausspannlänge l an der Achse **(Bild 1)** verringert, so reduzieren sich das maximale Biegemoment $M_{bmax} = F \cdot l$ und die Biegespannung $\sigma_b = M_{bmax}/W_b$. Die äußere Kraft F muss aber weiterhin in voller Höhe aufgenommen werden.

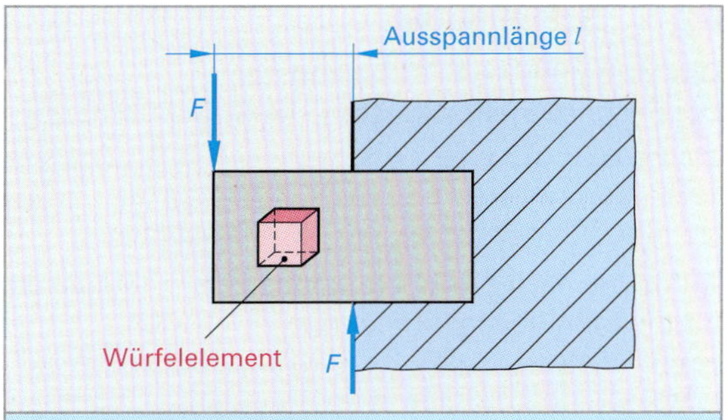

Bild 1 : Kurzer Balken

Hier tritt nun als Folge der äußeren Querkraft eine weitere Beanspruchungsart in den Vordergrund, die Schub- oder Scherbeanspruchung.

Betrachtet man ein Würfelelement **(Bild 2)**, so erkennt man die zu den Schnittflächen parallel wirkenden Elementkräfte f_1^* und f_2^*. Das Kräftepaar f_1, f_1^* entsteht aus den äußeren Kräften. Damit das betrachtete Würfelelement im Momentengleichgewicht bleibt, entstehen an der oberen und der unteren Schnittfläche ein entgegengerichtetes, vom Betrag her gleiches Kräftepaar f_2, f_2^*.

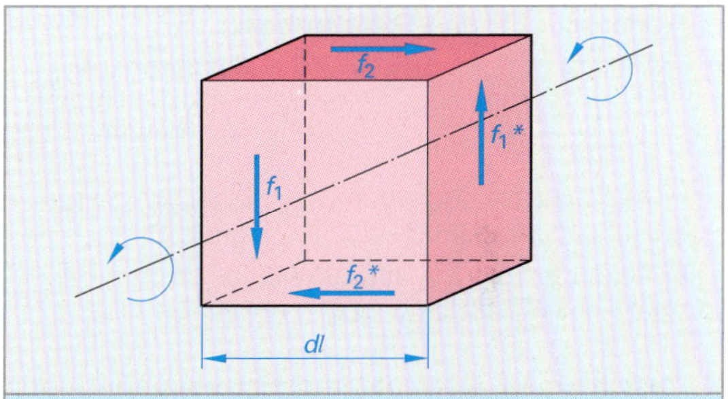

Bild 2: Würfelelement unter Schubbeanspruchung

Diese inneren Kräfte sind nicht wie bei der Zug- und Druckbelastung senkrecht zur Schnittfläche gerichtet, sondern greifen in ihrer Schnittfläche tangential an **(Bild 3)**.

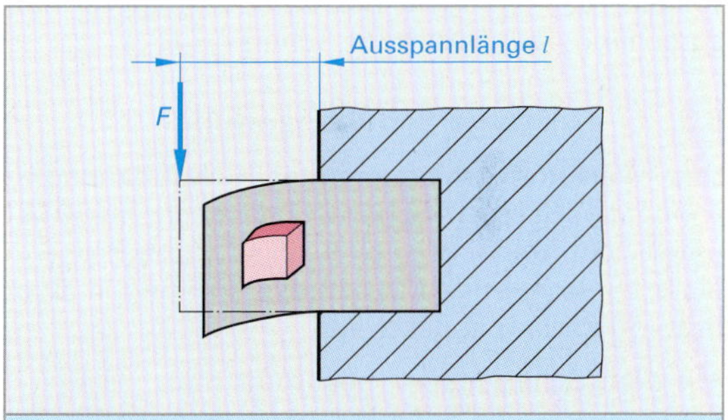

Bild 3: Verformung unter Schubbeanspruchung

Bezieht man diese Schubkraft auf die Querschnittsfläche, so erhält man die **Schubspannung** τ (Tau):

$$\tau = F/S$$

τ	Schubspannung
F	Schubkraft
S	Querschnittsfläche

Schubspannungen sind nicht wie Normalspannungen gleichmäßig über den gesamten Bauteilquerschnitt verteilt. Sie verschwinden in den Randzonen, da senkrecht zu einer lastfreien Oberfläche keine Spannungen auftreten können. Schubspannungen haben ihr Maximum im Innern des Bauteilquerschnitts. Die Gleichung $\tau = F/S$ gibt deshalb nur den Mittelwert, die mittlere Schubspannung an.

Die Schubspannungspaare f_1^* und f_2^* versuchen das Würfelelement rautenförmig zu verformen **(Bild 4)**. Diese von der Schubspannung erzeugte Winkeländerung γ nennt man **Schiebung**.

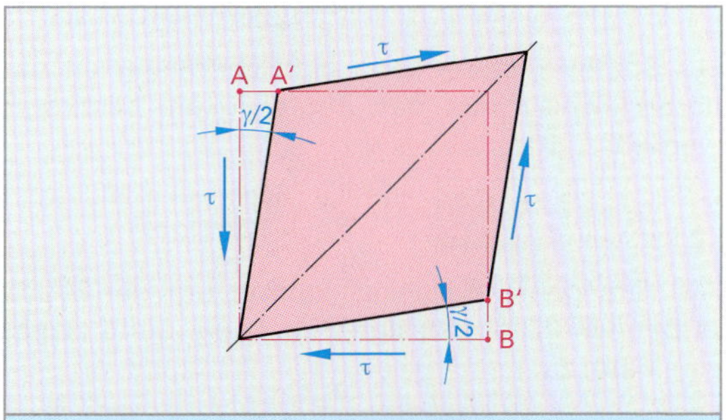

Bild 4: Winkeländerung „Schiebung"

Zwischen der Schubspannung und der Schiebung besteht im elastischen Verformungsbereich des Werkstoffs ein analoger Zusammenhang wie zwischen der Normalspannung und der Dehnung.

6.2 Schubmodul

Das Verhältnis von τ / γ ist konstant.
Der Proportionalitätsfaktor G heißt Schubmodul.

$$\tau / \gamma = \text{konstant} = G$$

τ Schubspannung
γ Schiebung
G Schubmodul

Aufgelöst nach τ erhält man das Elastizitätsgesetz für die Schubbeanspruchung:

$$\tau = G \cdot \gamma$$

Wie der Elastizitätsmodul E und die Querdehnungszahl μ ist der Schubmodul G eine elastische Werkstoffkonstante. Entsprechend ihrer Abhängigkeiten gilt für den Schubmodul:

$$G = \frac{E}{2\,(1 + \mu)}$$

G Schubmodul
E Elastizitätsmodul
μ Querdehnungszahl

Für Stahl mit E = 210.000 N/mm² und μ = 0,3 ergibt sich ein Schubmodul G = 80.800 N/mm².

Für Grauguss mit E = 100.000 N/mm² und μ = 0,25 ergibt sich ein Schubmodul G = 40.000 N/mm².

Vergleicht man Normal- und Schubspannungen miteinander, so erzeugen Normalspannungen Dehnungen (Längenänderungen) entsprechend dem Gesetz $\sigma = E \cdot \varepsilon$ und Schubspannungen erzeugen Schiebungen (Winkeländerungen) entsprechend dem Gesetz für Schub $\tau = G \cdot \gamma$.

6.3 Zulässige Schubspannung

Das Werkstoffverhalten unter Schubbeanspruchung wird in einem Scherversuch nach DIN 50141 untersucht. Dabei wird eine zylindrische Probe in einer zweischnittigen Laschenverbindung in einer Prüfvorrichtung abgeschert.

Mit dem Scherversuch bestimmt man als Werkstoffkennwert die Scherfestigkeit (Index a für Abscheren):

$$\tau_{aB} = F_{max} / S$$

τ_{aB} Scherfestigkeit
F_{max} Maximale Scherkraft
S Querschnittsfläche

Für Stahlwerkstoffe kann die Scherfestigkeit näherungsweise aus der Zugfestigkeit bestimmt werden:

$$\tau_{aB} \approx 0{,}7 \cdot R_m$$

τ_{aB} Scherfestigkeit
R_m Zugfestigkeit

Als Versagensmöglichkeit kommt nur der Bruch in Betracht. Die zulässige Schubspannung ergibt sich dann zu:

$$\tau_{aB\,zul} = \tau_{aB} / \nu_B$$

τ_{aBzul} Zulässige Schubspannung
ν_B Sicherheitskennwert (Bruch)

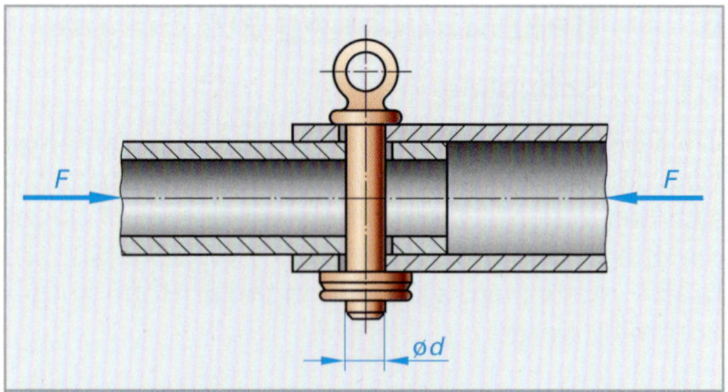

Bild 1: Zweischnittige Rohrstütze

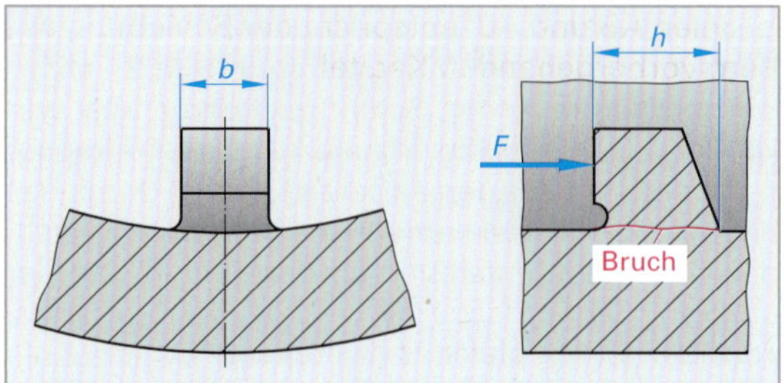

Bild 2: Nocken

Aufgabe 1: Rohrstütze (Bild 1)

Zur Verlängerung von druckbeanspruchten Rohrstützen werden Bolzen aus unlegiertem Stahl C22, (Scherfestigkeit τ_{aB} = 400 N/mm²) mit einem Durchmesser d = 15 mm verwendet.

Ist die Sicherheit gegen Abscheren der Bolzen ausreichend, wenn die Druckkraft auf die Stützen F_d = 55 kN beträgt?

Scherfläche $S = 2 \cdot d^2 \cdot \pi/4 = 2 \cdot 15^2\ \text{mm}^2 \cdot \pi/4$
$= 353{,}43\ \text{mm}^2$

$\tau_{avorh.} = F/S = 55\,000\ \text{N} / 353{,}43\ \text{mm}^2 = 155{,}62\ \text{N/mm}^2$

$\nu_a = \tau_{aB}/\tau_{avorh} = 400 / 155 =$ **2,57**, ausreichend

Aufgabe 2: Auflagenocken (Bild 2)

Zur Auflage eines Druckringes sind drei um jeweils 120° gegeneinander versetzte Nocken angegossen. Wie groß muss die Höhe h mindestens sein, wenn mit einer Auflagekraft von bis zu 2000 kN zu rechnen ist und eine Sicherheit gegen Bruch von 2,5 verlangt wird?

Werkstoff: EN-GJS-500, τ_{aB} = 500 N/mm²

$\tau_{azul} = F_{max}/S$

$\tau_{azul} = \tau_{aB}/\nu_B = 500\ \text{N/mm}^2 / 2{,}5 = 200\ \text{N/mm}^2$

$S = F_{max}/\tau_{azul} = 2.000.000\ \text{N} / 200\ \text{mm}^2$

$S = 10.000\ \text{N/mm}^2$

$S = 3 \cdot b \cdot h \Rightarrow h = A/3 \cdot b = 10.000\ \text{N/mm}^2 / 3 \cdot 80\ \text{mm}$

$h =$ **42 mm**

7 Beanspruchung auf Torsion

7.1 Torsionsspannung

Ein Dreh- oder Torsionsmoment[1] auf ein Bauteil **(Bild 1)** versucht radiale Querschnittsebenen gegeneinander zu verschieben. Dadurch entsteht in den Querschnittsebenen eine Beanspruchung auf Schub und damit entstehen Schubspannungen $\tau_t(r)$ **(Bild 2)**. Der Index t steht für Torsion.

Ein mit einem Torsionsmoment belastetes Wellenstück **(Bild 3)** mit der Länge dl wird um den Winkel dφ verdreht. Dabei verlagert sich der Punkt B nach B′. Der entstehende Winkel γ zwischen den Mantellinien AB und AB′ entspricht der Schiebung aus dem vorhergehenden Kapitel.

Aufgrund der geometrischen Abhängigkeiten gilt für d*s*, bei einem beliebigen Radius *r*:

$$ds = r \cdot d\varphi$$

ds	Bogenzuwachs
r	Betrachteter Radius
φ	Drehwinkel (im Bogenmaß)

Für kleine Verdrehwinkel gilt:

$$ds = dl \cdot \tan \gamma\,(r) \approx dl \cdot \gamma\,(r)$$

$$r \cdot d\varphi = dl \cdot \gamma\,(r)$$

ds	Bogenzuwachs
dl	Torsionslängenelement
γ	Torsion (Schiebung)
r	Betrachteter Radius

Integration über den ganzen Stab $r \int_0^{\varphi} d\varphi = \gamma\,(r) \int_0^{l} dl$ ergibt:

$$r \cdot \varphi = l \cdot \gamma\,(r)$$

Die Schiebungen $\gamma\,(r)$ und damit die Schubspannungen $\tau_t\,(r)$ sind proportional zu *r* und damit linear über den Querschnitt. An der Oberfläche des Bauteil ergibt sich für $r = R$ die maximale Schubspannung $\tau_{t\,max}$:

$$\tau_{t\,max} = G \cdot \gamma\,(R) = G \cdot \varphi \cdot R/l$$

$\tau_{t\,max}$	Maximale Schubspannung
G	Schubmodul
φ	Verdrehwinkel
R	Bauteilradius
l	Bauteillänge

Damit ergibt sich die Schiebung zu:

$$\gamma\,(r) = \varphi \cdot r/l$$

γ	Schiebung
r	Betrachteter Radius
φ	Verdrehwinkel
l	Bauteillänge

Die Schubspannungen verlaufen in Umfangsrichtung in konzentrischen Kreisen um die Mittelachse. Den in den Querschnittsebenen in Umfangsrichtung tangential auftretenden Schubspannungen sind Schubspannungen zugeordnet, die in Längsrichtung wirken. Die tangential und axial wirkenden Schubspannungen bewirken die Verformung, die bei der Verdrehung des Bauteils entsteht.

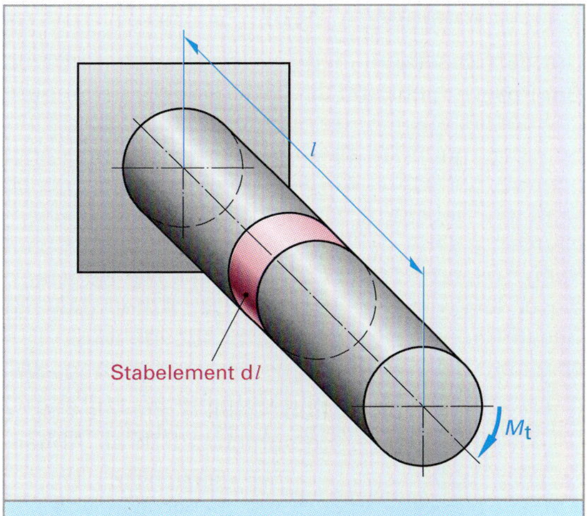

Bild 1: Stab unter Torsionsbeanspruchung

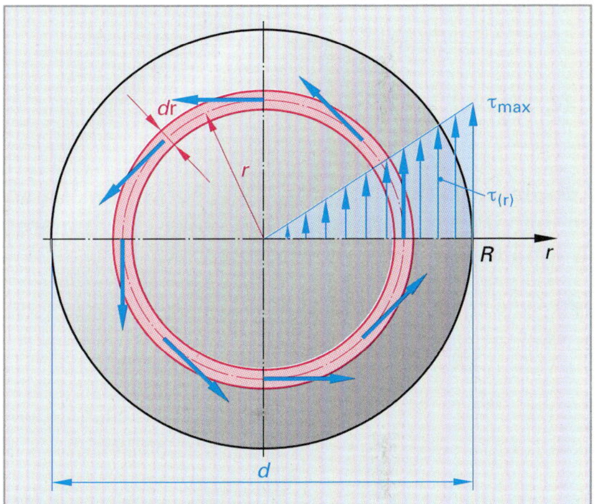

Bild 2: Radiale Spannungsverteilung

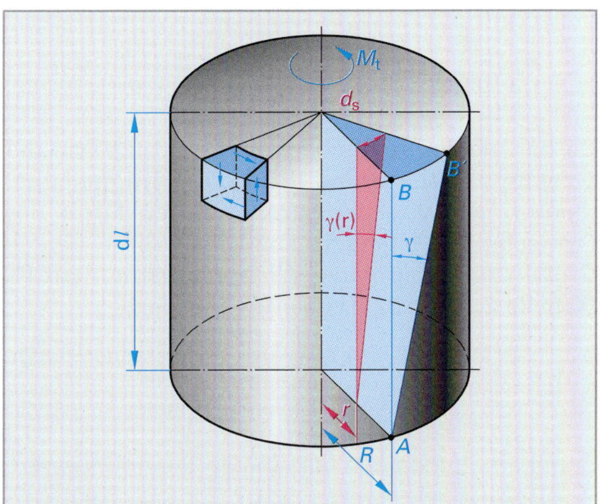

Bild 3: Verformung eines Stabelementes

[1] lat. torquere = verdrehen, verdrillen

7.2 Torsionsmoment

Um den Zusammenhang zwischen dem äußeren Torsionsmoment und den inneren Schubspannungen herzustellen, muss die Momentenwirkung der Schubspannungen als „inneres" Torsionsmoment genauer betrachtet werden. Das Moment ist gleich Kraft mal Hebelarm. Multipliziert man ein Flächenelement $\mathrm{d}S$ mit der dazugehörenden Schubspannung $\tau_t(r)$, erhält man die Kraft $F(r)$. Der Hebelarm dieser Kraft ist der Radius r. Der Anteil $\mathrm{d}M_t$ am Gesamtmoment M_t, den die Schubspannung $\tau_t(r)$ an einem beliebigen Radius r erzeugt, beträgt $\mathrm{d}M_t = \tau_t(r) \cdot \mathrm{d}S \cdot r$. Das Gesamtmoment M_t ergibt sich dann als Integral über die Querschnittsfläche:

$$M_t = \int_S \tau_t(r) \cdot \mathrm{d}S \cdot r$$

M_t Torsionsmoment
τ_t Schubspannung
r Betrachteter Radius
S Querschnittsfläche

Mit der Gleichung $\tau_t(r) = G \cdot \varphi \cdot r/l$ ergibt sich:

$$M_t = G \cdot \varphi / l \cdot \int_S r^2 \cdot \mathrm{d}S$$

Das Integral ist nur von der Form der Querschnittsfläche abhängig und wird als **polares Trägheitsmoment** I_p bezeichnet.

Mit $G \cdot \varphi / l = \tau_t / r$ ergibt sich:

$$M_t = \tau_t \cdot I_p / r$$

$$\tau_t(r) = \frac{M_t}{I_p} \cdot r$$

M_t Torsionsmoment
τ_t Schubspannung
I_p Polares Trägheitsmoment
r Betrachteter Radius

Der Maximalwert der linearen Spannungsverteilung ergibt sich bei zylindrischen Bauteilen für $r = r_{max} = d/2$ an der Oberfläche.

$$\tau_{max} = \tau_t(r_{max}) = \frac{M_t}{I_p} \cdot r_{max} = \tau_t(d/2) = \frac{M_t}{I_p} \cdot d/2$$

Da der maximale Randabstand r_{max} nur von der Schwerpunktachse und das polare Trägheitsmoment I_p nur von der geometrischen Form des Querschnitts abhängen, kann man diese beiden Größen zu dem **polaren Widerstandsmoment W_t** (**Tabelle 2, Seite 521**) zusammenfassen:

$$W_t = I_p / r_{max}$$

W_t Polares Widerstandsmoment
I_p Polares Trägheitsmoment
r_{max} Maximaler Radius

Damit erhält man den maximalen Spannungswert:

$$\tau_t = M_t / W_t$$

τ_t Schubspannung
M_t Torsionsmoment
W_t Polares Widerstandsmoment

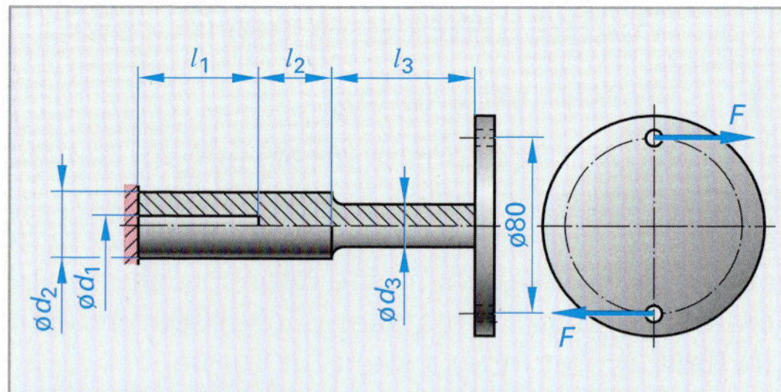

Bild 1: Torsionsstab

Aufgabe 1: Torsionsbeanspruchung

Ein zylindrischer Stab aus Vergütungsstahl 41Cr4 ist an einem Ende fest eingespannt (**Bild 1**). Am anderen Ende wird der Stab über einen Flansch mit zwei tangential angreifenden Kräften belastet.

a) Welche Kräfte sind nötig, um das Bauteil um 3° zu verdrehen?

b) Welche maximale Schubspannung τ_{max} tritt dabei auf? Ist sie zulässig?

Werkstoff 41Cr4: $\tau_{tF} = 560\ \mathrm{N/mm^2}$
$G = 80800\ \mathrm{N/mm^2}$

a) Torsionskraft

Verdrehwinkel:

$\varphi_{ges} = M_t / G \cdot (l_1/I_{p1} + l_2/I_{p2} + l_3/I_{p3})$

Torsionsmoment:

$M_t = \varphi_{ges} \cdot G / (l_1/I_{p1} + l_2/I_{p2} + l_3/I_{p3})$

Polare Trägheitsmomente:

$I_{p1} = \pi/32 \cdot (d_2^4 - d_1^4) = \pi/32 \cdot (30^4 - 10^4)\ \mathrm{mm^4}$

$I_{p1} = 78.539{,}8\ \mathrm{mm^4}$

$I_{p2} = \pi/32 \cdot d_2^4 = \pi/32 \cdot 30^4\ \mathrm{mm^4} = 79.521{,}56\ \mathrm{mm^4}$

$I_{p3} = \pi/32 \cdot d_3^4 = \pi/32 \cdot 20^4\ \mathrm{mm^4} = 15.707{,}96\ \mathrm{mm^4}$

Winkel 3° in rad: $3° \cdot 2 \cdot \pi/360° = 0{,}0524\ \mathrm{rad}$

$$M_t = \frac{0{,}0524 \cdot 80.800\ \mathrm{N/mm^2}}{\frac{65\ \mathrm{mm}}{78.539{,}8\ \mathrm{mm^4}} + \frac{35\ \mathrm{mm}}{79.521{,}56\ \mathrm{mm^4}} + \frac{80\ \mathrm{mm}}{15.707{,}96\ \mathrm{mm^4}}}$$

$M_t = 665.637{,}8\ \mathrm{Nmm}$

$M_t = 2 \cdot F \cdot r \Rightarrow F = M_t / 2 \cdot r$

Torsionskraft:

$F = 665.637{,}8\ \mathrm{Nmm} / 80\ \mathrm{mm}$ = **8320,47 N**

b) Maximale Torsionsspannung

$\tau_{t3} = M_t / W_t = M_t / (I_{p3}/r_3) = M_t \cdot r_3 / I_{p3}$

$\tau_{t3} = 665.637{,}8\ \mathrm{Nmm} \cdot 10\ \mathrm{mm} / 15.707{,}96\ \mathrm{mm^4}$

$\tau_{t3} = 423{,}76\ \mathrm{N/mm^2}$

$\nu_F = \tau_{tF} / \tau_{tFvorh} = 560\ \mathrm{N/mm^2} / 423{,}76\ \mathrm{N/mm^2}$ = **1,3**

Sicherheit gegen Fließen ist nicht ausreichend!

Der **Verdrehwinkel** φ lässt sich aus dem Torsionsmoment $M_t = G \cdot \varphi \cdot I_p / l$ ableiten zu:

$$\varphi = M_t \cdot l / (G \cdot I_p)$$

φ Verdrehwinkel
M_t Torsionsmoment
l Bauteillänge
G Schubmodul
I_p Polares Trägheitsmoment

7.3 Zulässige Torsionsspannung

Das Werkstoffverhalten unter Torsionsbelastung wird an zylindrischen Stäben in einem genormten Prüfverfahren untersucht. Aus dem Moment M_{tF} bei Fließbeginn bzw. dem höchsten ertragbaren Moment M_{tmax} bestimmt man die

$$\tau_{tF} = M_{tF} / W_t$$

$$\tau_{tB} = M_{tmax} / W_t$$

τ_{tF} Torsionsfließgrenze
τ_{tB} Torsionsfestigkeit

Näherungsweise kann mit folgenden Umrechnungsformeln gerechnet werden (**Tabelle 1**):

Für Stahl gilt: $\tau_{tF} \approx (0{,}58 \text{ bis } 0{,}6) \cdot R_e$

Für Stahl und Grauguss gilt: $\tau_{tB} \approx R_m$

Als Versagensart kommen bei zähen Werkstoffen das Fließen und der Bruch, bei spröden Werkstoffen der Bruch in Betracht.

Mit Sicherheitskennwerten von $\nu_F = 1{,}5$ gegen Fließen und $\nu_B = 2$ bis 4 gegen Bruch lassen sich die zulässigen Spannungen bestimmen:

Zulässige Torsionsfließgrenze $\tau_{tFzul} = \tau_{tF} / \nu_F$

Zulässige Torsionsfestigkeit $\tau_{tBzul} = \tau_{tB} / \nu_B$

Tabelle 1: Spannungen und Werkstoffkennwerte bei statischer Beanspruchung

Beanspruchungsart	Spannung	Werkstoffkennwert			
		Bezeichnung	Zeichen	Ersatzwert bei Stahl	Für Berechnung gegen
Zug	$\sigma = \frac{F}{S}$	Streckgrenze (Fließgrenze) 0,2-Dehngrenze Zugfestigkeit	σ_s (σ_F) $\sigma_{0,2}$ σ_B	R_e $R_{p0,2}$ R_m	Fließen Fließen Bruch
Druck[1]	$\sigma_d = \frac{F}{S}$	Druckfließgrenze (Stauchgrenze) 0,2-Stauchgrenze Druckfestigkeit	σ_{dF} $\sigma_{d0,2}$ σ_{dB}	$= R_e$ $\approx R_{p0,2}$ $\approx R_m$	Fließen Fließen Bruch
Biegung	$\sigma_b = \frac{M_b}{W_b}$	Biegefließgrenze 0,2-Biegedehngrenze Biegefestigkeit	σ_{bF} $\sigma_{b0,2}$ σ_{bB}	$= R_e$ $\approx R_{p0,2}$	Fließen Fließen Bruch
Torsion	$\tau_t = \frac{M_t}{W_t}$	Torsionsfließgrenze 0,4-Torsionsdehngrenze Torsionsfestigkeit	τ_{tF} $\tau_{t0,4}$ τ_{tB}	$\approx 0{,}6 \cdot R_e$ $\approx 0{,}6 \cdot R_{p0,2}$ $\approx R_m$	Fließen Fließen Bruch
Schub	$\tau = \frac{F}{S}$	Scherfestigkeit	τ_{aB}	(0,65 bis 0,75) R_m	Bruch

[1] Bei Druckbeanspruchung muss stets auch die Versagensmöglichkeit durch Knicken beachtet werden.

Tabelle 2: Trägheitsmomente und Widerstandsmomente bei Torsion

Querschnittsform		Polares Trägheitsmoment	Widerstandsmoment
Kreisquerschnitt	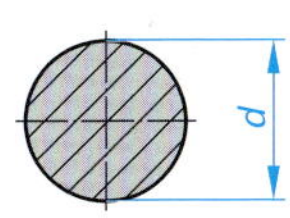	$I_p = \frac{\pi}{32} \cdot d^4$	$W_t = \frac{\pi}{16} \cdot d^3$
Kreisringquerschnitt	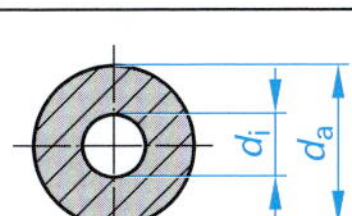	$I_p = \frac{\pi}{32} \cdot (d_a^4 - d_i^4)$	$W_t = \frac{\pi}{16} \cdot \left(\frac{d_a^4 - d_i^4}{d_a} \right)$

8 Dynamische Beanspruchung

8.1 Schwingende Beanspruchung

Im Gegensatz zu einer zeitunabhängigen, ruhenden, statischen Beanspruchung **(Bild 1)** tritt bei einer schwingenden Last die äußere Beanspruchung des Bauteils periodisch auf. Grundsätzlich kann bei allen Lastfällen eine zeitabhängige, pulsierende Krafteinwirkung erfolgen.

Bleibt die Lastamplitude (z. B. Spannungsamplitude oder Kraftamplitude oder Wegamplitude) unter der zulässigen Grenzlast L_G kann trotzdem nach einer gewissen Anzahl von Belastungen ein Schwingbruch eintreten. Die ertragbare Grenzlast hat sich im Laufe der Zeit verringert und ist damit von der Anzahl N der Schwingspiele abhängig. In diesem Zusammenhang spricht man auch von der Werkstoffermüdung **(Bild 2)**.

Die Abnahme der von der Schwingspielzahl N und von der Zeit abhängigen Grenzlast (Grenzspannung $\sigma_{zul}(t)$) muss bei der Festigkeitsberechnung berücksichtigt werden.

8.2 Ermittlung der Lastgrößen

Die von der Zeit t abhängige äußere Belastung durch Kräfte, Biegemomente oder Torsionsmomente kann durch eine Sinusfunktion graphisch dargestellt werden. Eine schwingende Last stellt eine Folge von Gleichgewichtszuständen zwischen äußerer Belastung und innerer Beanspruchung dar.

> Die Lastermittlung, z. B. die Spannungsermittlung im statischen Fall geht ebenfalls von Gleichgewichtzuständen zwischen äußeren und inneren Belastungen aus. Damit müssen die Gleichungen zur Ermittlung der Last aus dem statischen Bereich bei den verschiedenen Grundlastfällen auch im dynamischen Bereich Gültigkeit besitzen. Die innere Spannung ist der äußeren Belastung proportional. Damit kann der zeitliche Verlauf der äußeren Belastung und der inneren Spannung durch die gleiche Sinusschwingung dargestellt werden.

Die Höhe der Last, z. B. der Spannung ändert sich periodisch zwischen dem oberen Lasthorizont L_{a1} und dem unteren Lasthorizont L_{a2} **(Bild 3)**. Der Lastverlauf (Spannungsverlauf) entspricht einer Schwingung mit der Lastamplitude $L_a = (L_{a1} - L_{a2})/2$ um einen statischen Mittelwert der Last Lm. Die doppelte Lastamplitude $2L_a$ bezeichnet man als Schwingbreite der Last und einen vollständigen Durchlauf als Schwingspiel oder Lastspiel.

Abhängig von der Mittellast L_m unterscheidet man die Lastfälle **(Bild 4)**:

- Zug-Schwellbereich (L_{max} und L_{min} sind positiv),
- Wechselbereich (L_{max} und L_{min} haben unterschiedliche Vorzeichen),
- Druck-Schwellbereich (L_{max} und L_{min} sind negativ).

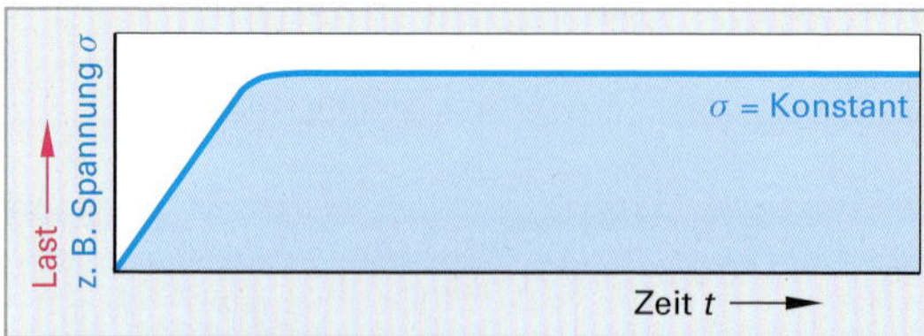

Bild 1: Zeitlicher Verlauf einer statischen Beanspruchung

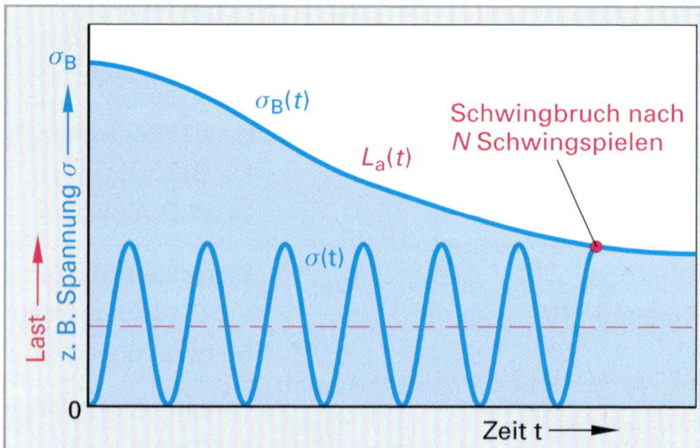

Bild 2: Zeitlicher Verlauf einer schwingendern Beanspruchung

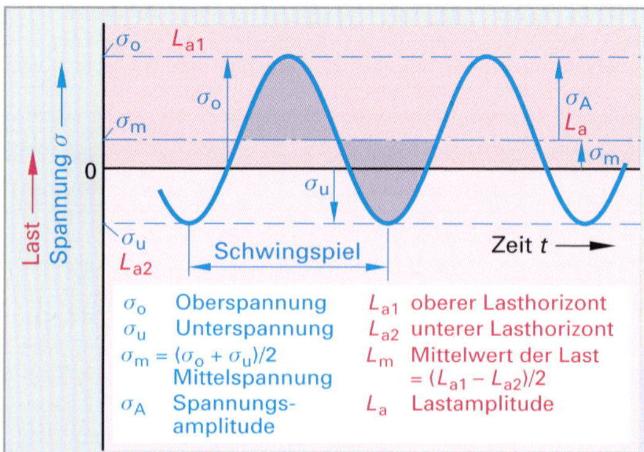

Bild 3: Lastgrößen (Spannungsgrößen) bei schwingender Last

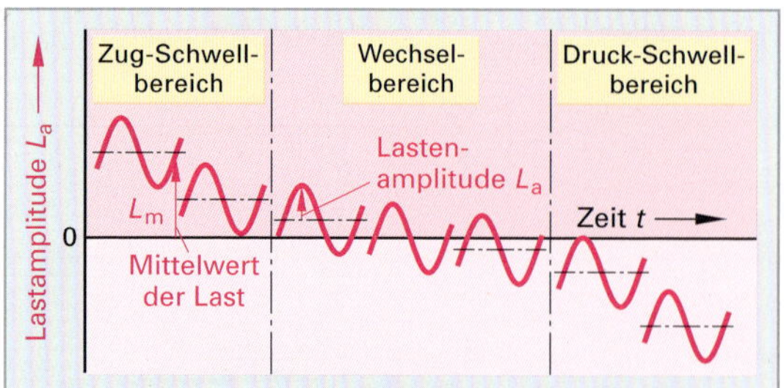

Bild 4: Einteilung der Lastkräfte

8.3 Zug-Druck-Wechselfestigkeit

In einem genormten Langzeitschwingversuch nach DIN 50100: 2016-12 wird die Schwingspielzahl N der ertragbaren Belastungen einer Probe ermittelt. Dabei wird ein zylindrischer Probestab so lange einer periodischen Last (meist Zug/Druck-Beanspruchung) ausgesetzt, bis er bricht.

Aus einer Reihe von Versuchen mit systematisch verringerter Lastamplitude L_a erhält man jeweils die Schwingspielzahl N der ertragbaren Last. Als Ergebnis erhält man die so genannte **Wöhlerlinie**[1] **(Bild 1)**.

Die Wöhlerlinie gibt für die jeweilige Lastamplitude L_a die Anzahl der ertragenen Lastspiele N bis zum Bruch der Probe an.

Bei einer Lastamplitude $L_a = \sigma_1$ bricht der Probestab durch Ermüdungsbruch bei N_1 Lastspielen, bei $L_a = \sigma_2$ nach N_2 Lastspielen usw. Der Schnittpunkt der Wöhlerlinie mit der Spannungsachse repräsentiert die Zugfestigkeit R_m des Werkstoffs bei statischer Last. Je geringer die Lastamplitude L_a wird, desto größer ist die Schwingspielzahl N der ertragbaren Lastspiele. Allmählich geht die Wöhlerlinie in einen waagerechten Verlauf über. Das bedeutet, dass unterhalb einer bestimmen Lastamplitude die Probe nicht mehr bricht. Diese Spannung kann beliebig oft ertragen werden. Sie ist für den Fall der reinen Zug/Druck- Wechselbeanspruchung die **Zug/Druck-Wechselfestigkeit** σ_{1zdW} des Werkstoffs.

Führt man die Ergebnisse des Dauerschwingversuchs in eine logarithmische Darstellung über, so erhält man die Wöhlerlinie durch Geradenstücke angenähert **(Bild 2)**. Man kann drei Bereiche unterscheiden:

- Kurzzeitfestigkeit (LCF, Low Cycle Fatigue),
- Zeitfestigkeit (HCF, High Cycle Fatigue),
- Langzeitfestigkeit (LLF, Long Life Fatigue).

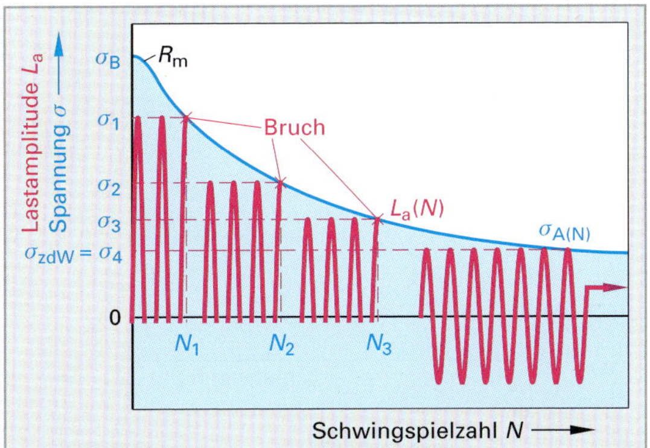

Bild 1: Bestimmung der Wöhlerlinie

Die Schwingspielzahl N der Lastspiele für die Langzeitfestigkeit hängt nur von der Werkstoffart ab, nicht aber von der Frequenz der Lastschwingung. Für Stähle liegt die Grenzschwingspielzahl N_G der ertragbaren Lastspiele bei $(2 \cdot 10^6$ bis $10 \cdot 10^6$. Die Zeitfestigkeit (HCF) beginnt bei etwa 10^4 Schwingspielen und reicht bis zur Knick-Schwingspielzahl NK.

Bei Lastamplituden unterhalb des Abknickpunktes im Bereich der Langzeitfestigkeit wird der weitere Verlauf der Wöhlerlinie in drei Typen unterschieden **(Bild 3)**:

Typ 1: horizontaler Verlauf der Wöhlerlinie mit ausgeprägter Langzeitfestigkeit, häufig bei kubisch-raumzentrierten Werkstoffen (z. B. ferritischer Stahl)

Typ 2: weiterer Abfall der Wöhlerlinie mit einer Geraden geringerer Neigung im Vergleich zum Zeitfestigkeitsbereich, häufig bei kubisch-flächenzentrierten Werkstoffen (z. B. austenitischer Stahl, Aluminium, Magnesium)

Typ 3: nach zunächst horizontalem Verlauf erfolgt ein weitere Abfall, dabei sind häufig Anrisse unterhalb der Oberfläche für den Ausfall verantwortlich (z. B. hochfeste Werkstoffe).

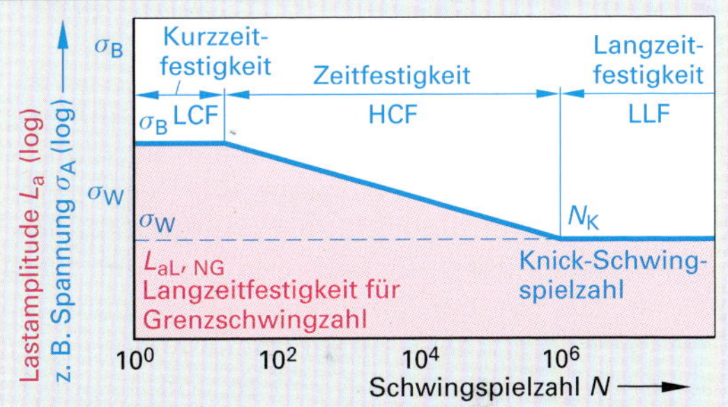

Bild 2: Wöhlerlinie

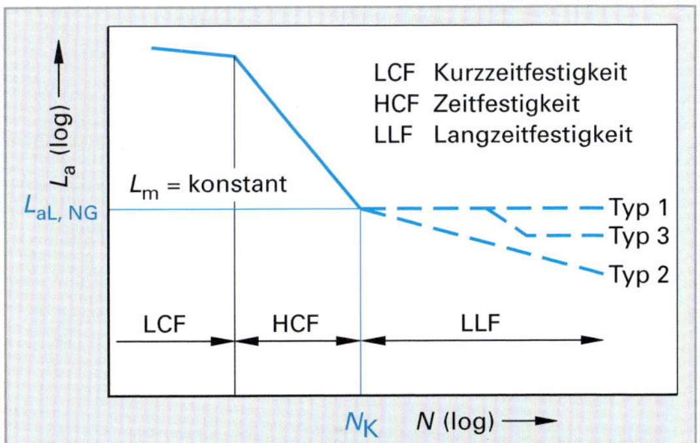

Bild 3: Schematische Darstellung der Wöhlerlinie

[1] Zu Ehren von *August Wöhler* (1819 bis 1914), der um 1870 erstmalig systematische Untersuchungen zum Zusammenhang zwischen Belastung und Bruchschwingspielzahl an Eisenbahnachsen durchführte, wird der Schwingversuch häufig Wöhlerversuch und die entsprechende Auswertung Wöhlerlinie genannt.

8.4 Langzeitfestigkeit

Die Wöhlerlinien werden meistens für eine reine Zug-Druckwechselbeanspruchung mit der Mittenspannung $\sigma_m = 0$ ermittelt. Der allgemeine Fall entsteht durch die Überlagerung einer statischen Mittelspannung σ_m mit einer periodischen Spannungsamplitude σ_A. Die unter einer bestimmten Mittelspannung σ_m dauernd ertragene Spannungsamplitude σ_A wird als **Langzeitfestigkeit σ_D** bezeichnet.

Um diese Abhängigkeiten zu bestimmen werden Langzeitschwingversuche durchgeführt. Dabei wird innerhalb einer Versuchsreihe die Mittelspannung konstant gehalten. Von Versuchsreihe zu Versuchsreihe wird die Mittelspannung dann systematisch abgestuft. Man erhält damit für verschiedene Mittelspannungen die jeweilige Dauerschwingfestigkeit. Die ermittelten Versuchsergebnisse bestehend aus der Mittelspannung σ_m und der Spannungsamplitude σ_A mit Oberspannung σ_o und Unterspannung σ_u werden in einem Dauerfestigkeitsschaubild nach *J. H. Smith*[1] **(Bild 1)** graphisch dargestellt.

Auf der Abszisse werden die Mittelspannung σ_m und auf der Ordinate die Oberspannung σ_o und die Unterspannung σ_u aufgetragen. Dadurch erhält man die Grenzlinien für die ertragbare σ_o und σ_u. Der Abstand von σ_o und σ_u zu der 45°- Geraden ist die bei der jeweiligen Mittelspannung ertragbare maximale Spannungsamplitude σ_A. Die Schnittpunkte der Grenzlinien von σ_o und σ_u mit der Ordinate bilden für $\sigma_m = 0$ die **Zug-Druck-Wechselfestigkeit σ_{zdW}** des Werkstoffs.

Bild 1 zeigt Beispiele für die ertragbare Schwingbeanspruchung bei niederer und bei hoher Mittenspannung.

Das Langzeitfestigkeitsschaubild lässt sich für Stähle auch aus den kennzeichnenden Werkstoffkennwerten mit deren Grenzlinien näherungsweise entwickeln.

In **Bild 2** sind die Streckgrenze R_e, die Zug-Druck-Wechselfestigkeit σ_{zdW} und die Schwellfestigkeit σ_{sch} für $\sigma_u = 0$ gegeben.

In **Bild 3** sind die Zugfestigkeit R_m, die Streckgrenze R_e und die Zug-Druck-Wechselfestigkeit σ_{zdW} gegeben.

Bild 4 zeigt ein für Grauguss entwickeltes Langzeitfestigkeitsschaubild.

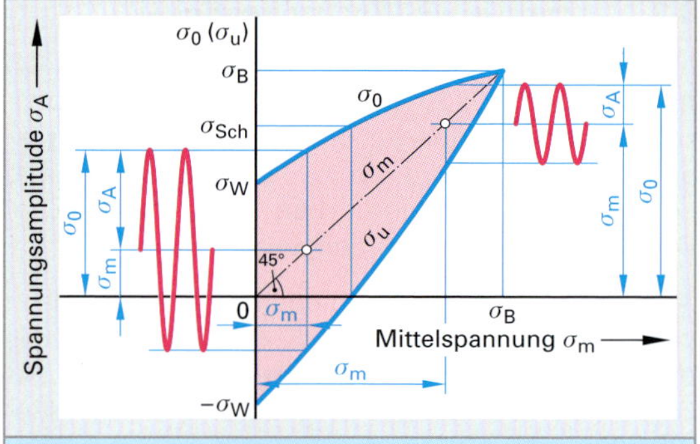

Bild 1: Langzeitfestigkeitsschaubild nach *Smith*

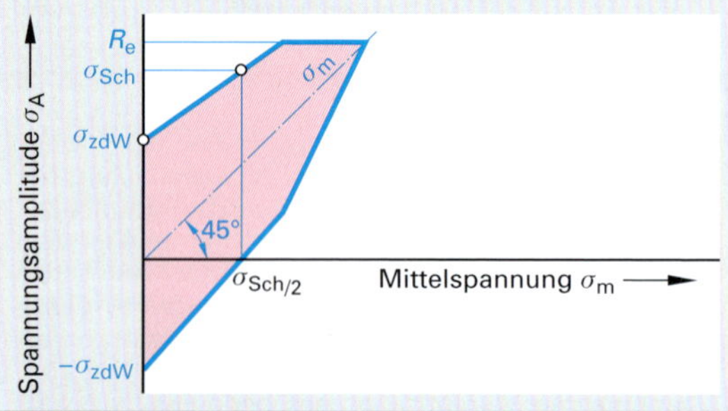

Bild 2: Näherungskonstruktion für Stahl mit R_e, σ_{zdw} und σ_{sch}

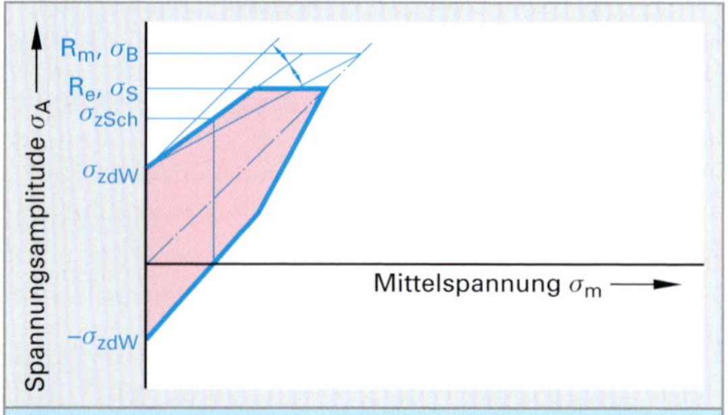

Bild 3: Näherungskonstruktion für Stahl mit R_m, R_e und σ_{zdW}

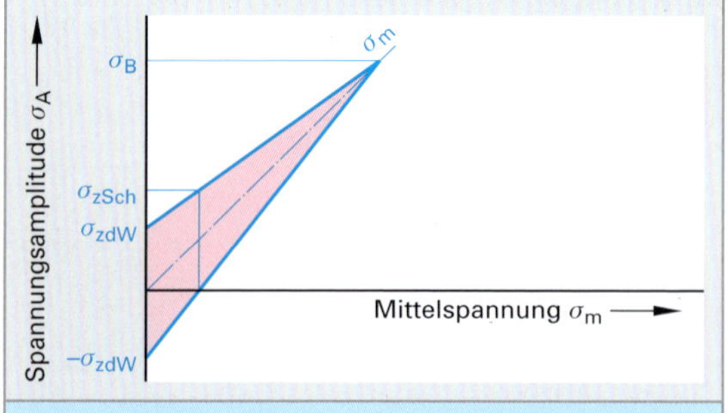

Bild 4: Näherungskonstruktion für Gusswerkstoffe

[1] *J. H. Smith*, veröffentlichte 1910 diesen Sachverhalt in *The Journal of the Iron and Steel Institute*, Vol. II, Seiten 246 bis 318.

In **Bild 1** ist die Zug-Druck-Wechselfestigkeit von Stahl in Abhängigkeit von der Zugfestigkeit und der Oberflächenbeschaffenheit dargestellt.

Die Oberflächengüte hat einen erheblichen Einfluss auf die Wechselfestigkeit, insbesondere bei hochfesten Stahlsorten. Oberflächenstörungen führen durch Kerbwirkungen zu lokalen Spannungsüberhöhungen. Da bei schwingender Beanspruchung die höchste Spannung an der Oberfläche des Bauteils auftritt, geht von dort auch der Schwingbruch mit einer Rissbildung aus. Sollen insbesondere hochfeste Stähle eine Schwingbeanspruchung aufnehmen, muss man für eine hohe Oberflächengüte, z. B. durch Polieren sorgen.

Auch Korrosionseinwirkungen durch ungünstige Umgebungsbedingungen (z. B. Salzwasser) bewirken eine Reduzierung der Langzeitfestigkeitswerte eines Werkstoffs **(Bild 2)**.

Häufig stehen für einen Werkstoff außer der Zugfestigkeit und der Streckgrenze keine weiteren Eigenschaftskennwerte zur Verfügung. Die Schwellfestigkeit und die Zug-Druck-Wechselfestigkeit lassen sich aber auch näherungsweise aus der Zugfestigkeit R_m bestimmen. In **Tabelle 1** sind die Umrechnungsfaktoren für verschiedene Beanspruchungsarten und Werkstoffe zusammengestellt. Die angegebenen Zahlenwerte sind für gute Oberflächenbeschaffenheit des Bauteils ausgelegt. Die kleineren Werte sind bei hoher Zugfestigkeit innerhalb der jeweiligen Werkstoffgruppe zu wählen, die größeren Werte für Werkstoffe mit geringerer Zugfestigkeit. Mit den berechneten Langzeitfestigkeitswerten lassen sich dann näherungsweise die Langzeitfestigkeitsschaubilder für Zug-, Druck-, Biege- und Torsionsbeanspruchung erstellen.

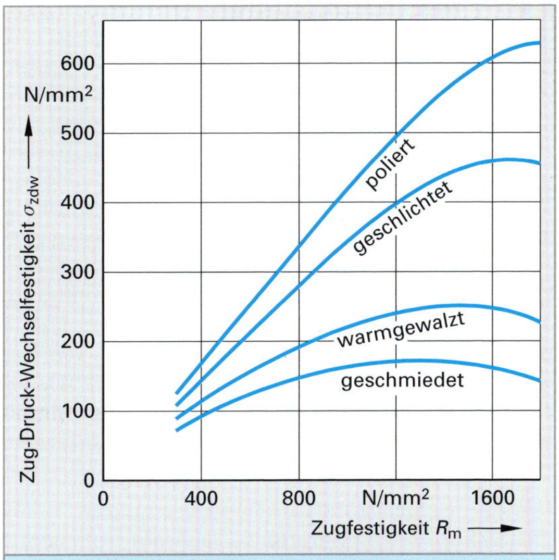

Bild 1: Zug-Druck-Wechselfestigkeit von Stahl in Abhängigkeit von Zugfestigkeit und Oberflächenbeschaffenheit

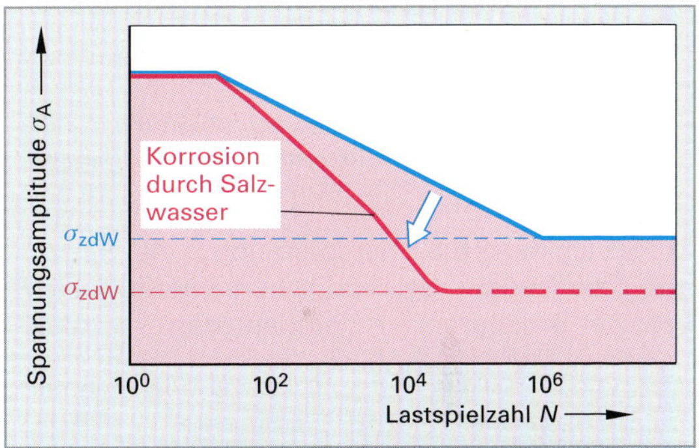

Bild 2: Einfluss der Korrosion durch Salzwasser auf die Zug-Druck-Wechselfestigkeit von Stahl

Tabelle 1: Werkstoffkennwerte für schwingende Beanspruchung

Werkstoffkennwerte		Näherungswerte des Verhältnisses Langzeitschwingfestigkeit / Zugfestigkeit		
Bezeichnung	**Kurzzeichen**	**Stahl**	**Gusseisen**	**Al-Legierungen**
Zugschwellfestigkeit	σ_{zsch}	0,5 bis 0,6	0,3 bis 0,4	0,45 bis 0,55
Zug-Druck-Wechselfestigkeit	σ_{zdW}	0,3 bis 0,45	0,2 bis 0,3	0,25 bis 0,35
Biegeschwellfestigkeit	σ_{bsch}	0,6 bis 0,7	0,4 bis 0,55	0,55 bis 0,6
Biegewechselfestigkeit	σ_{bW}	0,4 bis 0,55	0,3 bis 0,4	0,3 bis 0,5
Torsionsschwellfestigkeit	τ_{sch}	0,3 bis 0,4	0,4 bis 0,5	0,3 bis 0,35
Torsionswechselfestfestigkeit	τ_{w}	0,2 bis 0,35	0,25 bis 0,35	0,2 bis 0,3

8.5 Zulässige Spannung

Auf Langzeitschwingung belastete Bauteile versagen durch den Schwingungsbruch (Ermüdungsbruch, **Bild 1**). Er tritt nach einer bestimmten Anzahl von Lastspielen als Folge der inneren Zerrüttung des Werkstoffs ein. Durch die periodischen Wechselgleitungen der Gitterebenen im metallischen Werkstoffgefüge kommt es zur inneren Zerrüttung und zur Bildung von Mikrorissen an den kristallinen Korngrenzen. Diese Risse entstehen ausgehend von der höchstbelasteten Oberfläche und breiten sich dann in radialer Richtung in das Werkstoffinnere aus. Ist der tragende Restquerschnitt so klein geworden, dass er die Spannungsamplitude nicht mehr aufnehmen kann, kommt es zum spontanen Bruch.

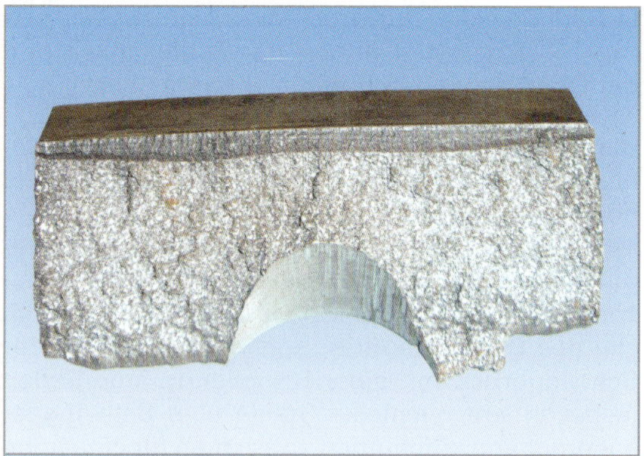

Bild 1: Ermüdungsbruch

Um den Schwingungsbruch zu vermeiden, muss die Spannungsamplitude σ_A auf ein zulässiges Maß σ_{Azul} begrenzt werden. Die zulässige Spannungsamplitude σ_{Azul} ergibt sich aus der ertragbaren Spannungsamplitude im Langzeitfestigkeitsschaubild mit dem Sicherheitskennwert ν_D (ν_D = 2 ... 3) gegen Schwingbruch.

$$\sigma_{Azul} = \sigma_A / \nu_D$$

- σ_{Azul} Zulässige Spannungsamplitude
- σ_A Spannungsamplitude
- ν_D Sicherheitskennwert gegen Schwingbruch

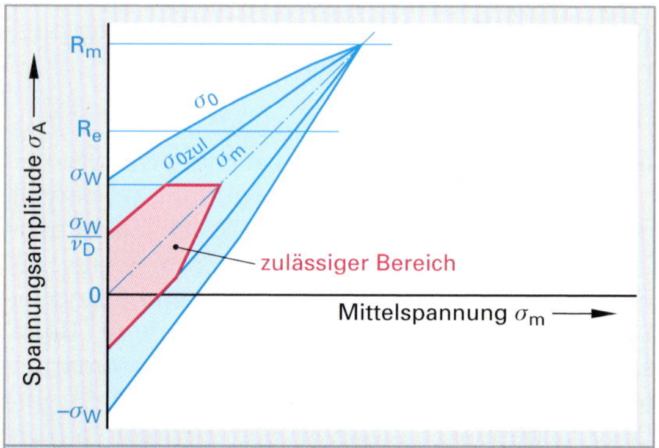

Bild 2: Langzeitfestigkeitsschaubild der zulässigen Spannungen

Zusätzlich muss die Oberspannung σ_o der Schwingung gegenüber der statischen Fließgrenze R_e bzw. der Bruchgrenze R_m eingeschränkt werden.

$$\sigma_{ozul} = R_e / \nu_F \text{ bzw.}$$
$$\sigma_{ozul} = R_m / \nu_B$$

- σ_{ozul} Zulässige Oberspannung
- R_e Fließgrenze
- R_m Bruchgrenze
- ν_B Sicherheitskennwert gegen Bruch

Bei der Festigkeitsberechnung eines auf Schwingung belasteten Bauteils ist also gegen die statischen Versagensarten Fließen bzw. Bruch und gegen den Schwingbruch zu rechnen.

Im Langzeitfestigkeitsschaubild lassen sich die zulässigen Spannungen anschaulich darstellen, indem man die Grenzspannungen durch die jeweiligen Sicherheitskennwerte dividiert **(Bild 2)**.

Damit kann man die zulässigen Spannungen in Abhängigkeit der Mittelspannung σ_m direkt aus dem Schaubild entnehmen **(Bild 3)**. Es wird besonders deutlich, dass bei kleinen bis mittleren Mittelspannungswerten die Festigkeitsberechnung gegen Schwingbruch, bei höheren Mittelspannungswerten die Berechnung gegen die statischen Versagensarten Fließen oder Bruch maßgebend sind.

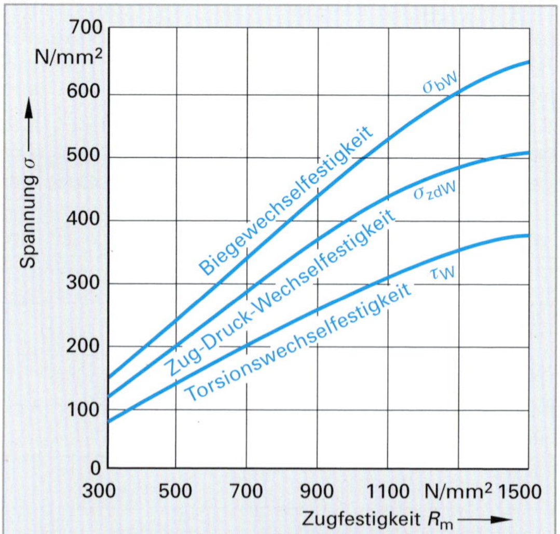

Bild 3: Wechselfestigkeiten von Stahl in Abhängigkeit von der Zugfestigkeit

9 Kerbwirkung

9.1 Spannungskonzentration

Oberflächenstörungen und Querschnittsveränderungen an Bauteilen in Form von Absätzen, Nuten, Einstichen und Bohrungen **(Bild 1** und **Bild 2)** bewirken, dass der innere Kraftfluss gestört, d. h. umgelenkt und verdichtet wird. Es entsteht an der Kerbstelle eine Kerbwirkung, eine Spannungskonzentration mit einer lokalen Spannungserhöhung. Dies wirkt sich auf das Festigkeitsverhalten eines Bauteils sowohl bei statischer als auch bei dynamischer Belastung aus.

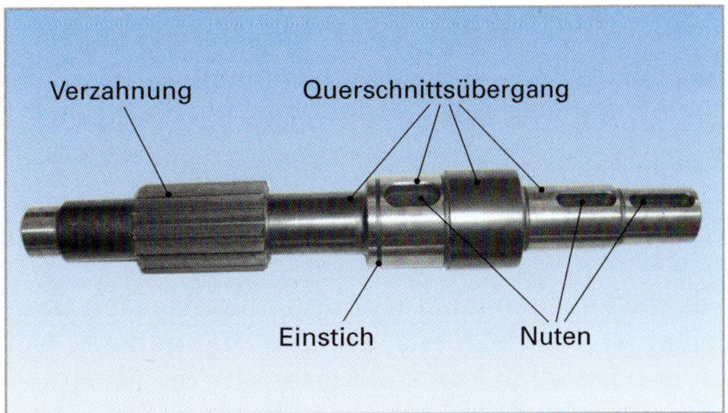

Bild 1: Welle mit Querschnittsübergängen, Einstichen und Nuten

9.2 Statische Beanspruchung

In symmetrischen Bauteilquerschnitten ergibt sich bei den Grundbelastungfällen als Reaktion auf äußere Belastungen ein linearer Spannungsverlauf. Die innere Spannung entsteht dabei entweder mit konstanter Größe gleichmäßig über den ganzen Bauteilquerschnitt verteilt (Zug-, Druck- und Schubspannung), oder sie nimmt ausgehend von einer unbelasteten „neutralen" Faser zu den Randfasern hin linear zu bzw. ab (Biegung, Torsion).

Diese konstante bzw. lineare Verteilung der Spannung stellt sich jedoch nicht mehr ein, wenn die Bauteilgeometrie durch konstruktive Kerben gestört ist. Wird durch eine oder mehrere Kerben der Kraftfluss im Bauteil unterbrochen, bildet sich im Kerbgrund ein vergleichsweise höherer Spannungszustand aus als dies im ungestörten Querschnitt der Fall ist.

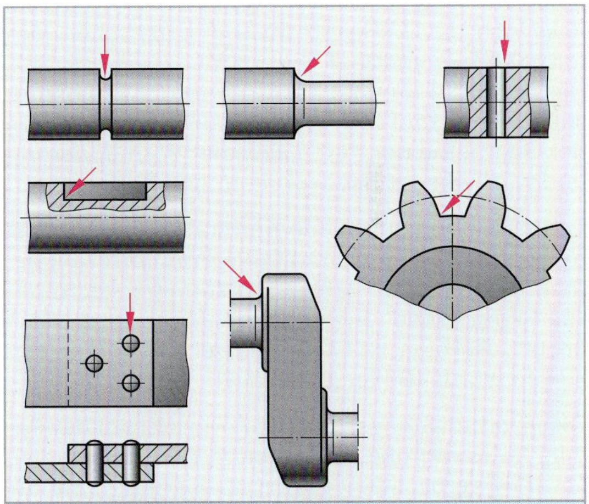

Bild 2: Beispiele für konstruktiv bedingte Kerbwirkung

Bild 3 zeigt diese Spannungsüberhöhung an einem doppelseitig gekerbten im Vergleich zu einem glatten Flachstab.

In beiden Fällen sind die äußere Zugkraft F und der Querschnitt S bzw. S_k gleich groß. Im ungekerbten Stab stellt sich eine gleichmäßige, über den Bauteilquerschnitt wirkende Spannung gemäß $\sigma = F/S$ ein. Im gekerbten Stab tritt jeweils im Kerbgrund eine Spannungsspitze σ_{max} auf. Die innerhalb des tragenden Querschnitts wirkende Spannung σ ist kleiner als die Nennspannung σ_n im ungekerbten Stab.

Da die äußere Kraft F und der tragende Querschnitt $S = S_k$ gleich groß sind, muss die nachfolgende Gleichgewichtsbedingung erfüllt sein:

$$\sigma_n = \int \sigma \, dS/S_k$$

σ_n Nennspannung
σ Spannung
S Querschnittsfläche (glatter Stab)
S_k Querschnittsfläche, Bauteil mit Kerbe

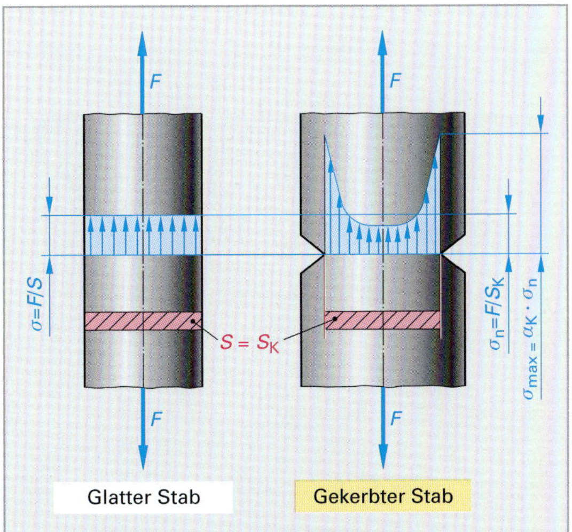

Bild 3: Spannungsverteilung unter Zugbelastung

9.3 Formzahl

Das Verhältnis von Maximalspannung σ_{max} zu Nennspannung σ_n bezeichnet man als Formzahl α_k.

$$\alpha_k = \sigma_{max} / \sigma_n$$

α_k	Formzahl
σ_{max}	Maximale Spannung
σ_n	Nennspannung

Für die Festigkeitsberechnung an gekerbten Bauteilen ist die Maximalspannung maßgebend. Mit einer bekannten Formzahl lässt sich die Maximalspannung im Kerbgrund bestimmen:

$$\sigma_{max} = \alpha_k \cdot \sigma_n$$

Voraussetzung zur Anwendung der Formzahl ist, dass sich der Werkstoff im rein elastischen Verformungszustand befindet, also $\sigma_{max} < R_e$ ist. Die Formzahl ist unabhängig von der Beanspruchungshöhe und vom Werkstoff. Sie hängt ab von der Geometrie der Kerbe bzw. der Formänderung und wird von der Beanspruchungsart bestimmt.

Für häufig vorkommende Kerbformen und Belastungsarten lassen sich mithilfe von Formzahldiagrammen die Formzahlen bestimmen. Als Nennspannung verwendet man die Spannung, die sich im ungekerbten Fall bei gleicher Belastung einstellen würde (**Bilder 1, 2** und **3**).

Den größten Einfluss auf die Formzahl hat der Radius im Kerbgrund. Bei kleinem Kerbradius, also scharfer Kerbe, steigt die Formzahl und damit die wirkende Maximalspannung stark an.

Gestaltungsregel: Querschnittsübergänge, Störungen und Richtungsänderungen der Kontur sind so „weich" wie möglich auszuführen (**Bild 4**).

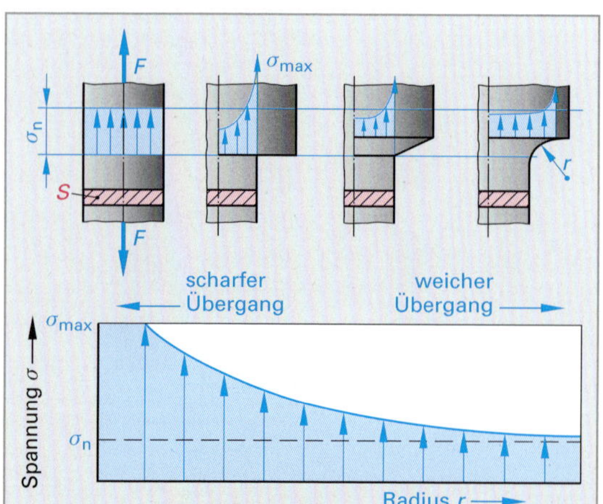

Bild 4: Weiche Querschnittsübergänge

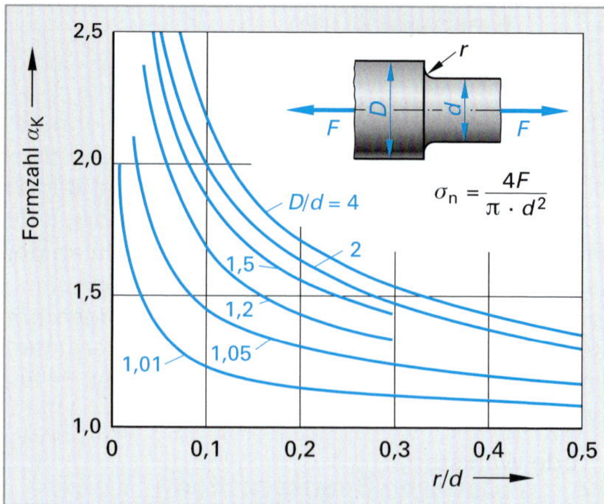

Bild 1: Formzahldiagramm für abgesetzten Rundstab bei Zugbeanspruchung

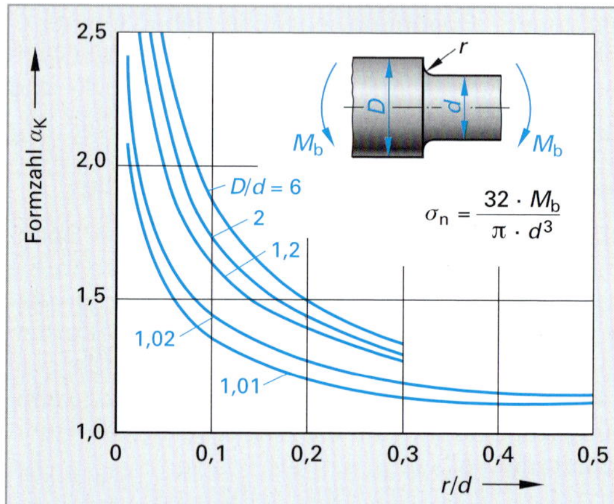

Bild 2: Formzahldiagramm für abgesetzten Rundstab bei Biegebeanspruchung

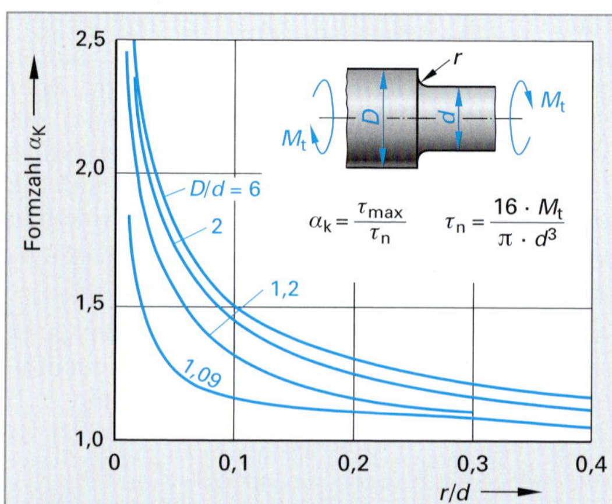

Bild 3: Formzahldiagramm für abgesetzten Rundstab bei Torsionsbeanspruchung

9.4 Festigkeitsverhalten unter Kerbwirkung

Spröde Werkstoffe

Spröde, harte Werkstoffe verhalten sich bis zum Bruch nahezu elastisch. Das bedeutet, das Bild der Spannungsverteilung im tragenden Querschnitt bleibt bis zum Bruch des Bauteils gleich. Erreicht die Spannungsüberhöhung im Kerbgrund die Zugfestigkeitsgrenze des Werkstoffs, bildet sich spontan ein Riss über die tragende Querschnittsfläche und es kommt zum Versagen durch Bruch.

Damit ergibt sich die Festigkeitsbedingung für spröde Werkstoffe:

$$\sigma_{max} \le \sigma_{zul}$$
$$\alpha_k \cdot \sigma_n \le R_m/\nu_B \Rightarrow \sigma_{n\,zul} \le R_m/(\alpha_k \cdot \nu_B)$$

Zähe Werkstoffe

Die Verteilung der Spannung im Bauteilquerschnitt zeigt im elastischen Verformungsbereich die durch die Formzahl α_k beschriebene Verteilung mit einer Spannungsspitze σ_{max} im Kerbgrund und der dazwischen wirkenden Nennspannung σ_n **(Bild 1)**. Die äußere Kraft F und die Dehnung ε_{max} sind proportional. Erreicht die Kerbspannung σ_{max}, mit der Streckgrenze R_e, die Elastizitätsgrenze des Werkstoffs, so beginnt dieser zu fließen. Dabei beträgt die Nennspannung $\sigma_n = R_e/\alpha_k$ und die Kraft bei Fließbeginn $F_F = \sigma_n \cdot S = R_e \cdot S/\alpha_k$. Die Fließlast F_F ist um den Faktor α_k geringer als bei einem ungekerbten Stab.

Der spannungsüberhöhte Bereich im Kerbgrund kann keine weitere Belastung aufnehmen, da die Fließgrenze $\sigma_{max} = R_e$ bereits überschritten wurde. Da der mittlere Querschnitt mit $\sigma_n < R_e$ noch überwiegend elastisch beansprucht wird, kann die Zugkraft weiter gesteigert werden. Im plastischen Verformungsbereich breitet sich das Fließen des Werkstoffs ausgehend vom Kerbgrund nach innen immer weiter aus. Der vollplastische Zustand ist erreicht, wenn die Spannung R_e im ganzen Querschnitt wirkt: $\sigma_{max} = R_e = \sigma_n$. Die Kraft F_{pl}, die jetzt vom gekerbten Stab aufgenommen wird, entspricht der Kraft F_F des ungekerbten Stabes bei Fließbeginn.

Durch die Stützwirkung des elastischen Kernbereichs kann die Belastung im gekerbten Stab über die Fließgrenze des Werkstoffs hinaus gesteigert werden, ohne dass es zu größeren plastischen Verformungen kommt. Diese Stützwirkung des elastischen Kernbereichs wird durch eine **Stützziffer n_{pl}** berücksichtigt:

$$n_{pl} = F_{pl}/F_F$$

n_{pl} Stützziffer
F_{pl} Kraft bei Kerbung
F_F Fließlast des ungekerbten Bauteils

Damit ergibt sich die Festigkeitsbedingung für zähe Werkstoffe:

$$\sigma_{max} \le \sigma_{zul}$$
$$\alpha_k \cdot \sigma_n \le n_{pl} \cdot R_e/\nu_F \Rightarrow \sigma_{n\,zul} \le n_{pl} \cdot R_e/(\alpha_k \cdot \nu_F)$$

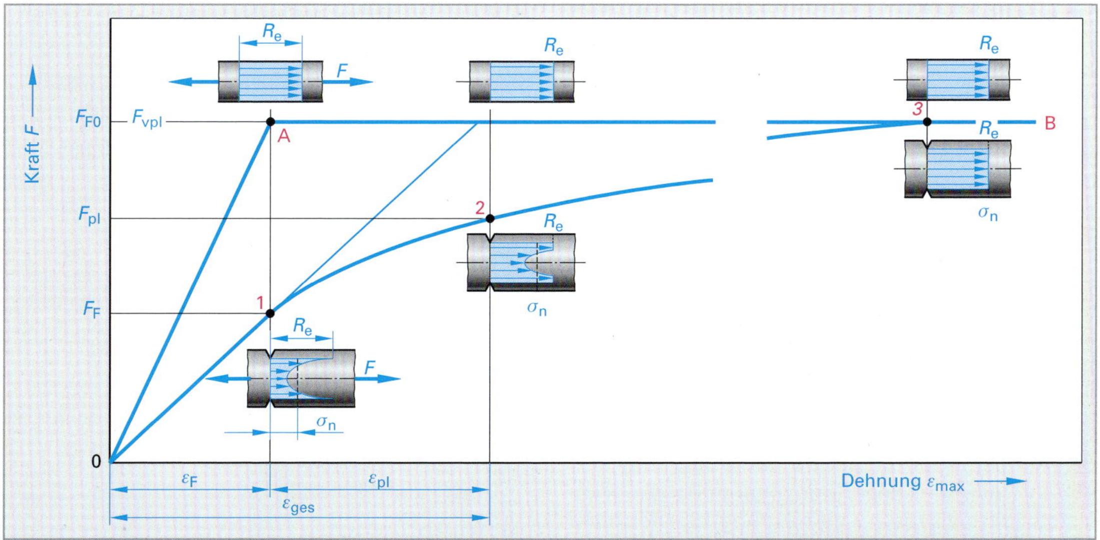

Bild 1: Fließkurve eines Flachstabes unter Zugbelastung

Für die Festigkeitsberechnung gegen Fließen ist bei gekerbten Bauteilen die mit der Stützziffer $n_{pl} > 1$ multiplizierte Streckgrenze maßgebend.

Die Stützziffer kann näherungsweise bestimmt werden:

$$n_{pl} \leq \sqrt{\varepsilon_{ges}/\varepsilon_F}$$

n_{pl} Stützziffer
ε_{ges} Gesamte Dehnung
ε_F Dehnung bei Fließbeginn

Dabei ist die Dehnung des Werkstoffs bei Fließbeginn $\varepsilon_F = R_e/E$ und die gesamte Dehnung $\varepsilon_{ges} = \varepsilon_F + \varepsilon_{pl}$. Für ferritisch-perlitische Stähle ist meist eine Gesamtdehnung von ε_{ges} = 0,5% und für austenitische Stähle ε_{ges} = 1% zulässig. Die Stützziffer muss außerdem folgende Bedingung erfüllen:

$$1 \leq n_{pl} \leq \alpha_k$$

n_{pl} Stützziffer
α_k Formzahl

Für die Festigkeitsberechnung gegen Bruch ist bei gekerbten Bauteilen die Kerbzugfestigkeit $\sigma_{Bk} = F_{max}/S_k$ maßgebend. Sie ist bei zähen Werkstoffen stets größer als die Zugfestigkeit R_m des ungekerbten Bauteils. Deshalb wird bei Berechnung gegen Bruch die Kerbwirkung nicht berücksichtigt. Die Festigkeitsbedingung gegen Bruch lautet bei gekerbten Bauteilen:

$$\sigma_{zul} \leq R_m/\nu_B$$

σ_{zul} Zulässige Spannung
R_m Zugfestigkeit
ν_B Sicherheitskennwert gegen Bruch

9.5 Kerbschlagbiegeversuch

Der Kerbschlagbiegeversuch ist wegen seiner kostengünstigen Probenfertigung und der einfachen Versuchsdurchführung das am häufigsten angewendete Verfahren zur Ermittlung der Werkstoffzähigkeit in Abhängigkeit von der Temperatur **(Bild 1)**. Von Nachteil ist, dass die ermittelten Kennwerte geometrieabhängig sind und nur qualitativ auf Bauteile desselben Werkstoffs übertragen werden können, einen Vergleich verschiedener Werkstoffe untereinander aber zulassen.

Bei Temperaturen oberhalb eines kritischen Wertes, Übergangstemperatur genannt, kommt es nach einer makroskopisch feststellbaren plastischen Verformung **(Zähbruch)** bei einer oberhalb der Fließgrenze liegenden Bruchspannung zum Bruch.

Bei Temperaturen unterhalb der Übergangstemperatur kommt es allerdings ohne makroskopisch feststellbare plastische Verformung (**Sprödbruch**) bei einer unterhalb der Fließgrenze liegenden Bruchspannung σ_f zum Bruch.

Bei den Werkstoffen, die in einem werkstoffspezifischen Temperaturbereich einen Übergang vom zähen zum spröden Bruchverhalten aufweisen, ergibt sich in Abhängigkeit von der Temperatur ein S-förmiger Verlauf der **Kerbschlagarbeit-Temperatur-Kurve (Bild 2)**.

Demnach erfordert das Verformen und Zerbrechen der Probe bei tiefen Temperaturen eine geringe, bei mittleren Temperaturen eine höhere und bei hohen Temperaturen eine hohe Kerbschlagarbeit.

Zusatzssymbole für die Kerbschlagarbeit:

1. Stelle: Kerbschlagarbeit in Joule

J	27 J	**K**	40 J	**L**	60 J

2. Stelle: Prüftemperatur für die Kerbschlagerprobung

R	+20 °C	**0**	0 °C	**2**	−20 °C
3	−30 °C	**4**	−40 °C	**5**	−50 °C

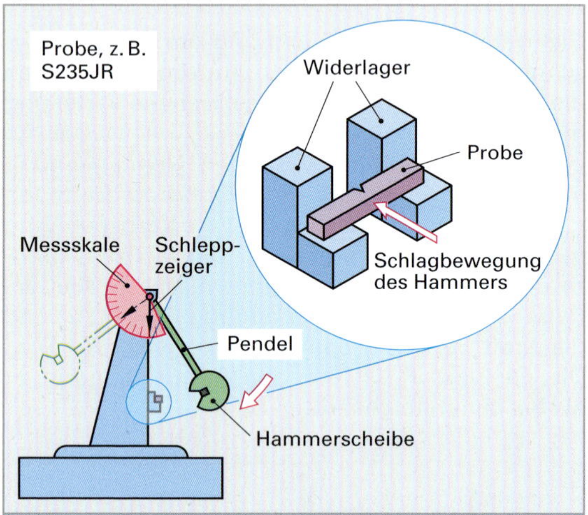

Bild 1: Versuchsanordnung und Versuchsdurchführung beim Kerbschlagbiegeversuch

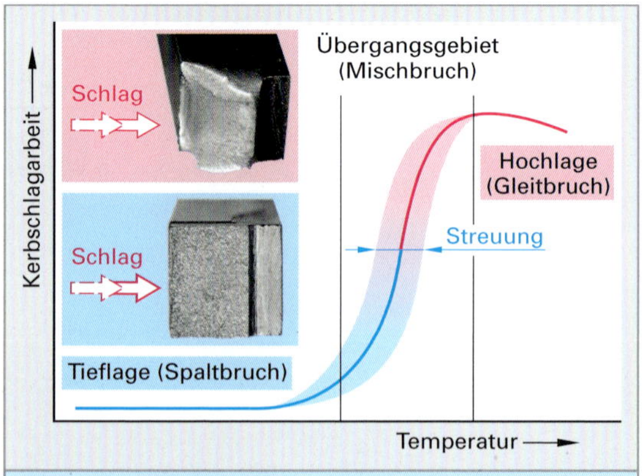

Bild 2: Kerbschlagarbeit

10 Wärmespannungen

10.1 Wärmeausdehnungskoeffizient

Die Ausdehnung von Werkstoffen bei Erwärmung wird quantitativ durch einen werkstoffspezifischen Wärmeausdehnungskoeffizienten α (Alpha) beschrieben (Längenausdehnungskoeffizient α_l in 1/°C, Volumenausdehnungskoeffizient α_V in 1/°C).

Für feste Stoffe gilt:

$$\alpha_V \approx 3 \cdot \alpha_l$$

- α_V Volumenausdehnungskoeffizient
- α_l Längenausdehnungskoeffizient

Erwärmt man ein Bauteil um die Temperatur $\Delta\vartheta$, stellt sich bei freier Verformungsmöglichkeit eine Längen- bzw. Volumenänderung ein **(Bilder 1** und **2)**:

$$\Delta l = l_o \cdot \alpha_l \cdot \Delta\vartheta$$

$$\Delta V = V_o \cdot \alpha_V \cdot \Delta\vartheta$$

- Δl Längenänderung
- l_o Ausgangslänge
- α_l Längenausdehnungskoeffizient
- ΔV Volumenänderung
- V_o Ausgangsvolumen
- α_V Volumenänderungskoeffizient
- $\Delta\vartheta$ Temperaturänderung

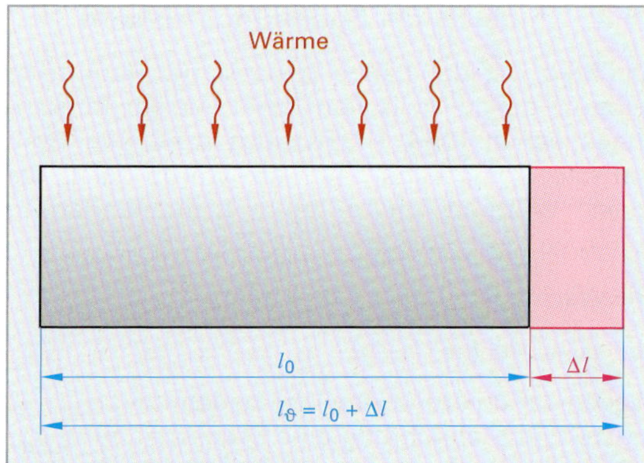

Bild 1: Längendehnung

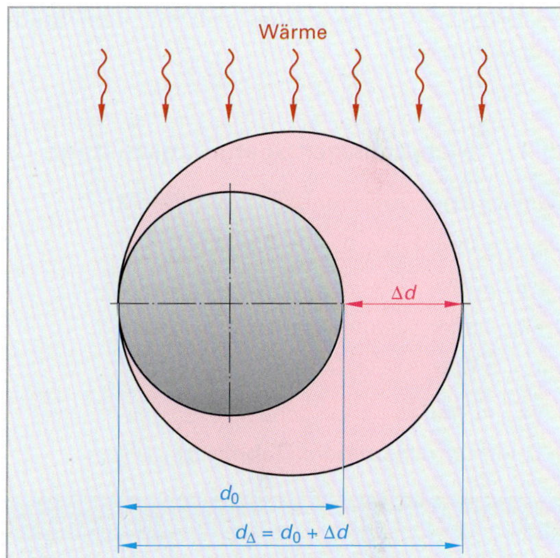

Bild 2: Durchmesseränderung

Wird die freie Ausdehnung bei Erwärmung oder die Kontraktion bei Abkühlung behindert, entstehen im Bauteil Wärmespannungen.

10.2 Wärmedehnung

Um das dreidimensionale Verhalten der Wärmedehnung näher zu untersuchen, betrachtet man ein würfelförmiges Element mit der Kantenlänge dl in einem x-y-z-Koordinatensystem **(Bild 3)**. Wird das Element um die Temperatur $\Delta\vartheta$ erwärmt, so vergrößert sich die Kantenlänge dl um den Betrag:

$$\Delta \mathrm{d}l = \mathrm{d}l \cdot \alpha_l \cdot \Delta\vartheta$$

Die Dehnungen in den drei Koordinatenrichtungen sind somit:

$$\Delta \mathrm{d}l / \mathrm{d}l = \varepsilon_{\vartheta x} = \varepsilon_{\vartheta y} = \varepsilon_{\vartheta z} = \alpha_l \cdot \Delta\vartheta$$

- dl Element-Kantenlänge
- Δdl Zuwachs der Element-Kantenlänge
- ε_ϑ Temperaturdehnung
- $\Delta\vartheta$ Temperaturänderung

Die Erwärmung bewirkt keine Gestaltsänderung, sondern nur eine Volumenänderung.

Bei der freien Wärmedehnung treten keine Wärmespannungen und keine Schubspannungen auf.

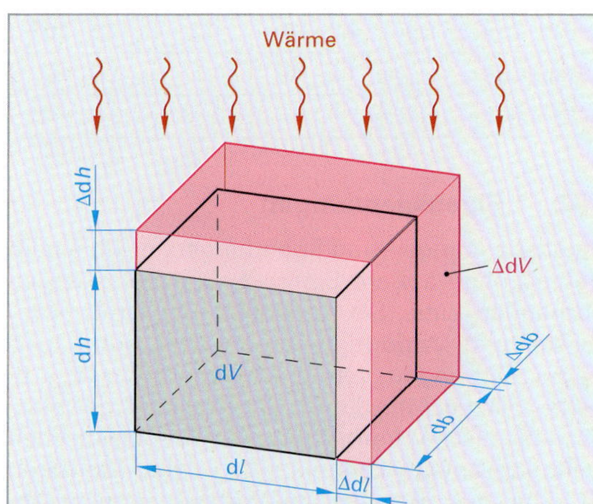

Bild 3: Volumenänderung

10.3 Einachsiger Spannungszustand

Ein Stab mit der Länge l_0 passt bei Raumtemperatur genau zwischen zwei starre Begrenzungsflächen **(Bild 1)**. Erwärmt man den Stab um die Temperatur $\Delta\vartheta$, so würde sich bei freier Wärmedehnung eine Längenänderung $\Delta l = l_o \cdot \alpha_l \cdot \Delta\vartheta$ einstellen.

Die Wärmedehnung ε_ϑ wäre dann:

$\varepsilon_\vartheta = \Delta l / l_o = \sigma / E = \alpha_l \cdot \Delta\vartheta$

Wegen der unterdrückten Wärmedehnung ($\varepsilon_{\vartheta x} = 0$) entsteht in Stabrichtung eine Druckspannung σ_{dx}, ($\sigma_y = \sigma_z = 0$):

$\sigma_{dx} = E \cdot \alpha_l \cdot \Delta\vartheta$

Die Druckkraft F_d berechnet sich mit dem Stabquerschnitt S zu:

$F_d = \sigma_d \cdot S$

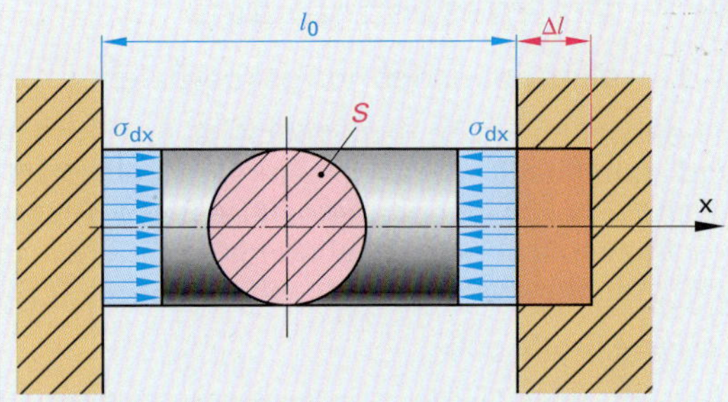

Bild 1: Einachsiger Spannungszustand

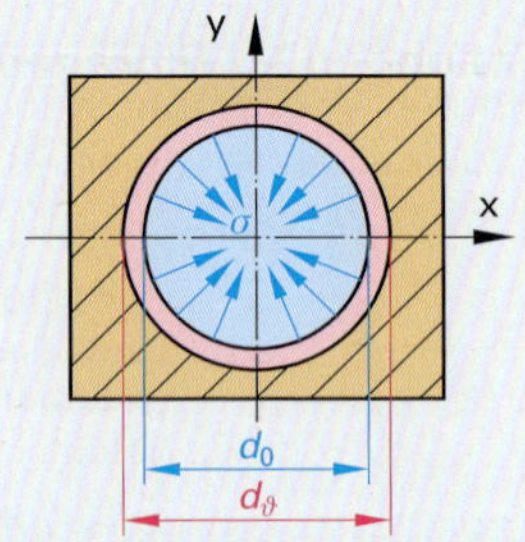

Bild 2: Kreisscheibe in starrer Einspannung

Aufgabe 1: Kreisscheibe

Eine Kreisscheibe (Bild 2) mit d_0 = 80 mm aus ferritischem Stahl ist bei Raumtemperatur in eine Bohrung eingepasst. Im Betriebszustand beträgt die Temperaturdifferenz 200 K.

a) Wie groß wäre der Durchmesser der Scheibe bei freier Wärmedehnung?

b) Wie groß ist die innere Wärmespannung im eingebauten Zustand bei Betriebstemperatur?

a) Durchmesser bei freier Wärmedehnung

$\Delta d = d_o \cdot \alpha_l \cdot \Delta\vartheta$

Δd = 80 mm · 12 · 10^{-6} · 200 K = 0,19 mm

$d\vartheta$ = 80 mm + 0,19 mm = **80,19 mm**

b) Wärmespannung bei zweiachsigem Spannungszustand

$\sigma_\vartheta = E \cdot \alpha_l \cdot \Delta\vartheta / (1 - \mu)$

σ_ϑ = 210.000 N/mm² · 12 · 10^{-6} 1/K · 200 K/(1 – 0,3)

σ_ϑ = **720 N/mm²**

10.4 Mehrachsiger Spannungszustand

Zweiachsiger Spannungszustand **(Bild 2)**:

Mit $\sigma_z = 0$ und $\sigma_x > 0$, $\sigma_y > 0$ gilt:

$\sigma = E \cdot \alpha_l \cdot \Delta\vartheta / (1 - \mu)$

Dreiachsiger Spannungszustand:

Mit $\sigma_x > 0$, $\sigma_y > 0$, $\sigma_z > 0$ gilt:

$\sigma = E \cdot \alpha_l \cdot \Delta\vartheta / (1 - 2\mu)$

μ, Querkontraktionszahl **(Tabelle 1)**

Tabelle 1: Werkstoffkennwerte

Werkstoff	*E* in N/mm²	μ	α in 1/K
Stahl, ferritisch	2,1 · 10^5	0,3	12 · 10^{-6}
Stahl, austenitisch	2,0 · 10^5	0,3	17,5 · 10^{-6}
Grauguss	1,2 · 10^5	0,27	11 · 10^{-6}
Aluminium	7,0 · 10^4	0,33	24 · 10^{-6}

10.5 Eigenspannungen

Eigenspannungen sind Spannungen, die in einem Bauteil ohne äußere Einflüsse und Belastungen vorhanden sind. Sie entstehen bei Urformprozessen und Umformprozessen oder durch partielles Einbringen von Wärmeenergie wie z. B. beim Schweißen durch ungleichmäßige elastisch-plastische Verformungen. Die elastischen Dehnungsanteile können sich in der atomaren Struktur des metallischen Werkstoffs nicht abbauen. Damit bleibt das Bauteil durch Eigenspannungen „innerlich verspannt". Da die Kraft- und Momentenwirkung der Eigenspannungen sich aufheben müssen, treten Eigenspannungen über den Bauteilquerschnitt immer in ungleichmäßigen Verteilungen auf, so dass sie im Kräfte- und Momentengleichgewicht sind. Bei mechanischer Bearbeitung oder bei Erwärmung des „verspannten" Bauteils bauen sich die Eigenspannungen ab, d. h. es kommt zu unkontrollierten Verformungen. Durch das Spannungsarmglühen können Eigenspannungen vor der Bearbeitung im Bauteil abgebaut werden.

11 Allgemeiner Spannungs- und Verformungszustand

Bei den Grundbelastungsfällen Zug, Druck, Biegung, Schub und Torsion wurden die Spannungen an achsparallelen oder Schnitten, die senkrecht zur Belastungsrichtung liegen, bestimmt. Entsprechend der speziellen Belastungsebene ergibt sich dann eine belastungstypische Spannungsverteilung über den Querschnitt. Abgeleitet von den Ergebnissen aus den Grundbelastungsfällen lassen sich Spannungs- und Verformungszustände an beliebigen Querschnitten eines Bauteils ermitteln.

11.1 Spannungen an schrägen Schnitten

Betrachtet man die Spannungsverteilung bei einem auf Zug belasteten Bauteil, so ergeben sich in der senkrecht zur Belastungsrichtung liegenden Schnittebene Normalspannungen. Die Richtung der Normalspannungen stimmt mit der Belastungsrichtung überein **(Bild 1)**.

Welche Spannungen sich in einem beliebigen Schnittwinkel φ zur Querschnittsebene ergeben ist in **Bild 2** dargestellt. Dabei wird die Zugkraft F aus Gleichgewichtsgründen in eine Komponente F_n senkrecht **(Normalkraft)** zur Schnittebene und in eine Komponente F_t parallel zur Schnittebene **(Tangentialkraft)** zerlegt.

Normalkraft:	$F_n = F \cdot \cos\varphi$
Tangentialkraft:	$F_t = F \cdot \sin\varphi$

Die Größe der Schnittfläche ändert sich entsprechend dem Schnittwinkel φ:

$$S(\varphi) = \frac{S_0}{\cos\varphi}$$

Damit lassen sich für den **einachsigen Spannungszustand** die Spannungen senkrecht zur Schnittfläche (Normalspannungen σ) und tangential zur Schnittfläche (Schubspannungen τ) bestimmen **(Bild 3)**:

Normalspannungen:

$$\sigma(\varphi) = \frac{F_{(n)}(\varphi)}{S(\varphi)} = \frac{F \cdot \cos\varphi}{\left(\dfrac{S_0}{\cos\varphi}\right)} = \frac{F}{S_0} \cdot \cos^2\varphi = \sigma_0 \cdot \cos^2\varphi$$

Schubspannungen:

$$\tau(\varphi) = \frac{F_t(\varphi)}{S(\varphi)} = \frac{F \cdot \sin\varphi}{\left(\dfrac{S_0}{\cos\varphi}\right)} = \frac{F}{S_0} \cdot \sin\varphi \cdot \cos\varphi = \frac{1}{2} \cdot \sigma_0 \cdot \sin 2\varphi$$

Die Spannungsverteilung ist mit einem Modell aus Gummi in **Bild 4** für verschiedene Winkel φ anschaulich dargestellt.

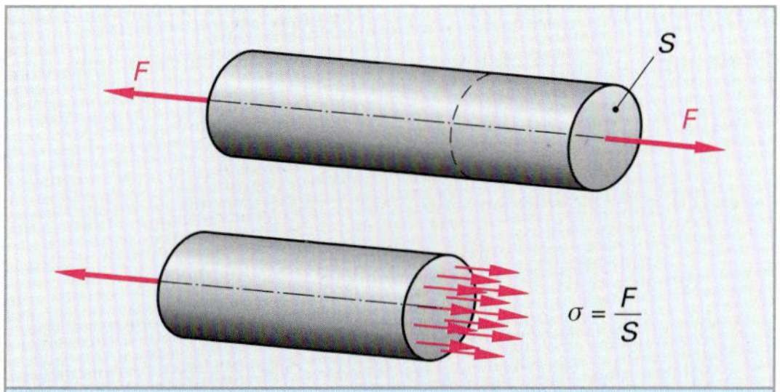

Bild 1: Spannungsverteilung unter Zugbelastung

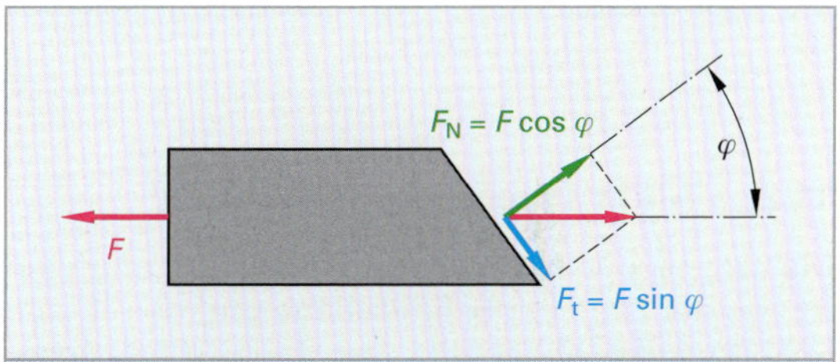

Bild 2: Kraftkomponenten am schrägen Schnitt

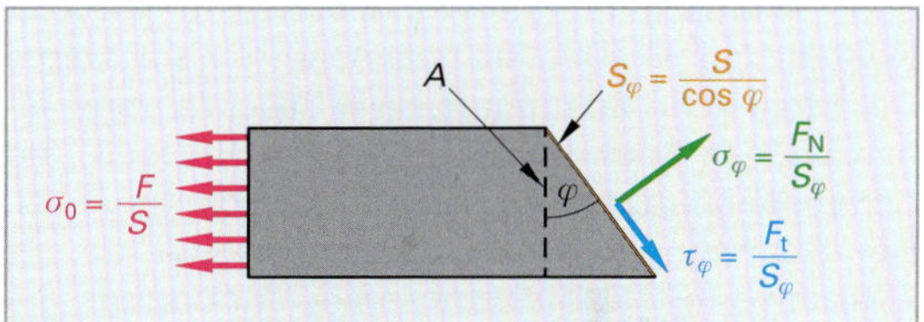

$$\sigma_\varphi = \frac{F\cos\varphi}{S/\cos\varphi} = \sigma_0\cos^2\varphi = \frac{\sigma_0}{2}(1+\cos 2\varphi)$$

$$\tau_\varphi = \frac{F\sin\varphi}{S/\cos\varphi} = \sigma_0\sin\varphi\cos\varphi = \frac{\sigma_0}{2}\sin 2\varphi$$

Bild 3: Normalspannung und Schubspannung am schrägen Schnitt

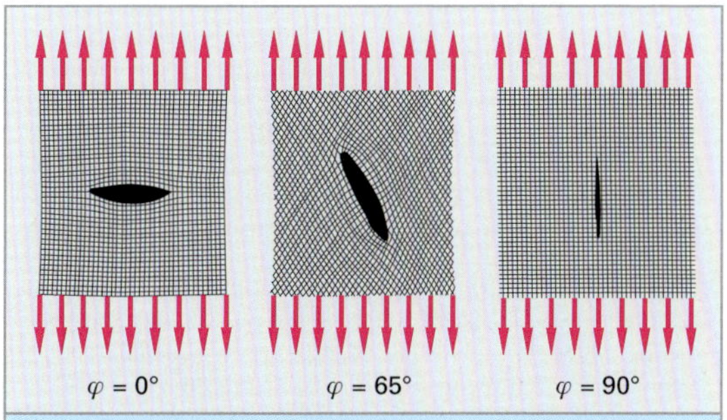

Bild 4: Spannungsverteilung bei verschiedenen Schnittwinkeln

Für den **zweiachsigen (ebenen) Spannungszustand** gelten die aus den Gleichgewichtsbedingungen abgeleiteten Gleichungen für die Normalspannungen $\sigma_1(\varphi)$, $\sigma_2(\varphi)$ und die Schubspannung $\tau_{12}(\varphi)$ bei einem beliebigen Schnittwinkel φ:

$$\sigma_1(\varphi) = \frac{1}{2}(\sigma_x + \sigma_y) + \frac{1}{2}(\sigma_x - \sigma_y) \cdot \cos 2\varphi + \tau_{xy} \cdot \sin 2\varphi$$

$$\sigma_2(\varphi) = \frac{1}{2}(\sigma_x + \sigma_y) - \frac{1}{2}(\sigma_x - \sigma_y) \cdot \cos 2\varphi - \tau_{xy} \cdot \sin 2\varphi$$

$$\tau_{12}(\varphi) = -\frac{1}{2}(\sigma_x - \sigma_y) \cdot \sin 2\varphi + \sigma_{xy} \cdot \cos 2\varphi$$

Die Summe der Spannungen im gedrehten System ist gleich der Summen der Spannungen im ungedrehten System **(Bild 1)**:

$$\sigma_1(\varphi) + \sigma_2(\varphi) = \sigma_x + \sigma_y$$

11.2 Mohr´scher Spannungskreis[1]

Die Größe der Normal- und Schubspannungen ist von der Lage der Schnittebene und damit vom Schnittwinkel abhängig. Der Mohr´sche Spannungskreis **(Bild 2)** ist ein geometrisches Verfahren zur Darstellung von Normalspannungen σ und Schubspannungen τ innerhalb eines von Kräften und Momenten belasteten Querschnitts. Der Mohr´sche Spannungskreis beschreibt für einen ebenen Spannungszustand die Normal- und Schubspannungen für beliebige Schnittwinkel. Der Spannungskreis liefert im Besonderen als Extremwerte die Hauptnormalspannungen, die Hauptschubspannungen und deren Richtungen.

Jeder Punkt des Mohr´schen Spannungskreises bildet ein Wertepaar $\sigma(\varphi)$ und $\tau(\varphi)$. Der Winkel φ erscheint in doppelter Größe als Mittelpunktswinkel von der positiven σ-Achse aus **(Bild 3)**. In den Schnittpunkten des Mohr´schen Spannungskreises mit der σ-Achse nehmen die Normalspannungen Extremwerte ($\sigma_1^* = \sigma_{max}$, $\sigma_2^* = \sigma_{min}$) an. In diesen Schnittpunkten sind die Schubspannungen $\tau_{xy} = 0$. Durch die beiden Hauptnormalspannungen (σ_1^*, σ_2^*) ist der Spannungskreis geometrisch bestimmt. Der Winkel zwischen den Hauptspannungen beträgt im Spannungskreis $2\varphi^* = 180°$. Damit stehen die Hauptspannungen immer in einem Winkel von $\varphi^* = 90°$ senkrecht zueinander. Die beiden Hauptschubspannungen $\pm\,\tau_{max}$ treten unter dem Winkel $\varphi^{**} = \pm\,45°$ auf. In den Hauptnormalspannungsebenen treten nur Normalspannungen und keine Schubspannungen auf. In den Hauptschubspannungsrichtungen treten neben den maximalen Schubspannungen $\pm\,\tau_{max}$ auch Normalspannungen $\sigma(\varphi^{**})$ auf **(Bild 4)**.

[1] *Christian Otto Mohr* 1835 bis 1918

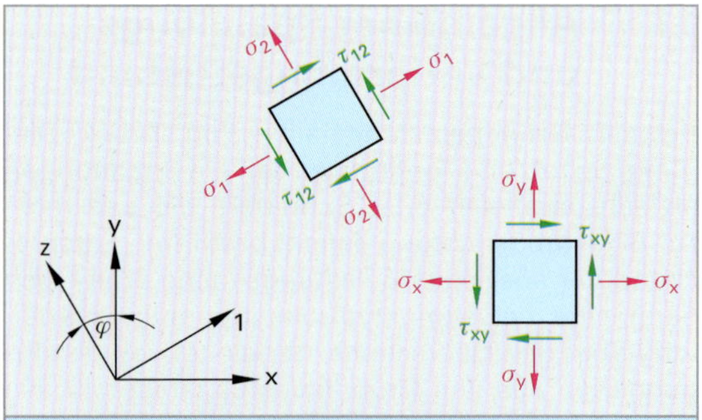

Bild 1: Zweiachsiger Spannungszustand

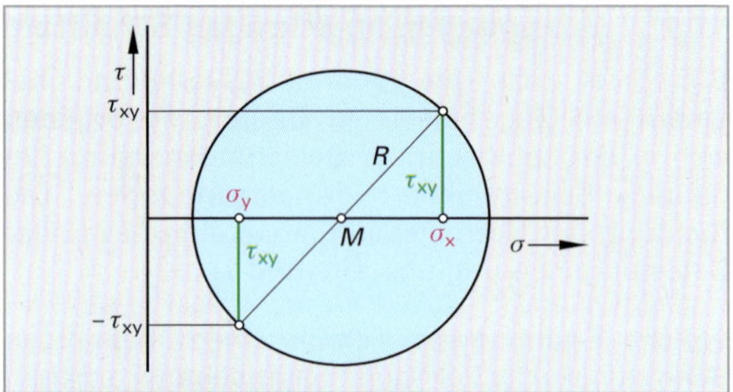

Bild 2: Normal- und Schubspannungen im Mohr´schen Spannungskreis

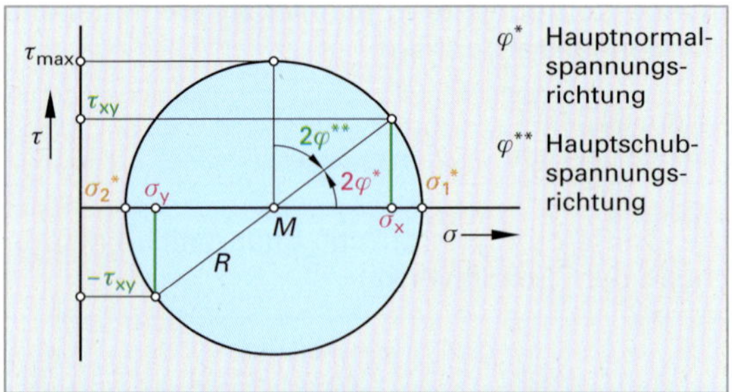

Bild 3: Hauptnormal- und Hauptschubspannungsrichtungen im Mohr´schen Spannungskreis

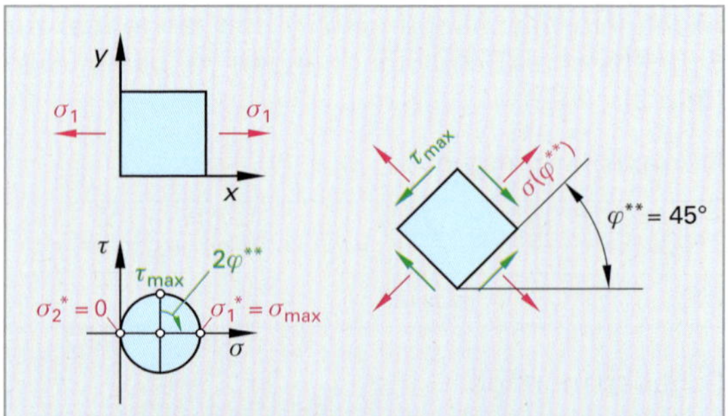

Bild 4: Lageplan für ein Volumenelement und Mohr´scher Spannungskreis für einachsige Zugbelastung

Für die Bestimmung der Hauptnormalspannungen und der zugehörenden Hauptnormalspannungswinkel gelten folgende Gleichungen:

$$\sigma_1^* = \sigma_{max} = \frac{1}{2}(\sigma_x + \sigma_y) + \sqrt{\left(\frac{1}{2}(\sigma_x - \sigma_y)\right)^2 + \tau_{xy}^2}$$

$$\sigma_2^* = \sigma_{min} = \frac{1}{2}(\sigma_x + \sigma_y) - \sqrt{\left(\frac{1}{2}(\sigma_x - \sigma_y)\right)^2 + \tau_{xy}^2}$$

$$\tan(2\varphi_1^*) = \frac{2 \cdot \tau_{xy}}{(\sigma_x - \sigma_y)}$$

φ_1^* gibt die Richtung von σ_1^* an. Die Richtung von σ_2^* ergibt sich aus $\varphi_2^* = \varphi_1^* + \pi/2$.

In der Gleichung für die Hauptnormalspannungen bildet der erste Teil den Kreismittelpunkt und der zweite Teil den Kreisradius des Mohr'schen Spannungskreises **(Bild 1)**.

$$\frac{\sigma_1^*}{\sigma_2^*} = \underbrace{\frac{1}{2}(\sigma_x + \sigma_y)}_{\text{Kreismittelpunkt } M} \pm \underbrace{\sqrt{\left(\frac{1}{2}(\sigma_x - \sigma_y)\right)^2 + \tau_{xy}^2}}_{\text{Kreisradius } R}$$

Im ebenen Spannungszustand lassen sich die maximalen Schubspannungen (Kreisradius R) und die Hauptschubspannungswinkel mit folgenden Gleichungen bestimmen:

$$\tau_{max} = \frac{1}{2}(\sigma_1^* - \sigma_2^*) = \sqrt{\left(\frac{1}{2}(\sigma_x - \sigma_y)\right)^2 + \tau_{xy}^2}$$

$$\tan(2\varphi_1^{**}) = -\frac{(\sigma_x - \sigma_y)}{(2 \cdot \tau_{xy})}$$

φ_1^{**} gibt die Richtung von τ_{xy} an. Die Richtung von $-\tau_{xy}$ ergibt sich aus $\varphi_2^{**} = \varphi_1^{**} - \pi/2$ **(Bild 2)**.

In **Bild 3** sind für verschiedene Belastungsfälle Mohr'sche Spannungskreise dargestellt.

Konstruktion des Mohr'schen Spannungskreises

- Rechnerische Bestimmung von τ_{xy}, σ_x und σ_y aus den Belastungsfällen
- σ, τ-Koordinatensystem zeichnen und vorzeichengerecht eintragen **(Bild 4)**
- an σ_x die Schubspannung τ_{xy} und an σ_y die Schubspannung $-\tau_{xy}$ eintragen
- Schnittpunkt der Verbindungslinie mit der σ-Achse bildet Mittelpunkt M des Kreises
- Spannungskreis zeichnen, Schnittpunkte mit der σ-Achse bilden die Hauptspannungen $\sigma_1^* = \sigma_{max}$ und $\sigma_2^* = \sigma_{min}$
- Eintragen der maximalen Schubspannung τ_{max}
- Hauptspannungswinkel $2\varphi^*$ und Hauptschubspannungswinkel $2\varphi_1^{**}$ eintragen
- auf dem Umfang des Kreises können für beliebige Schnittwinkel die Werte für σ und τ abgelesen werden.

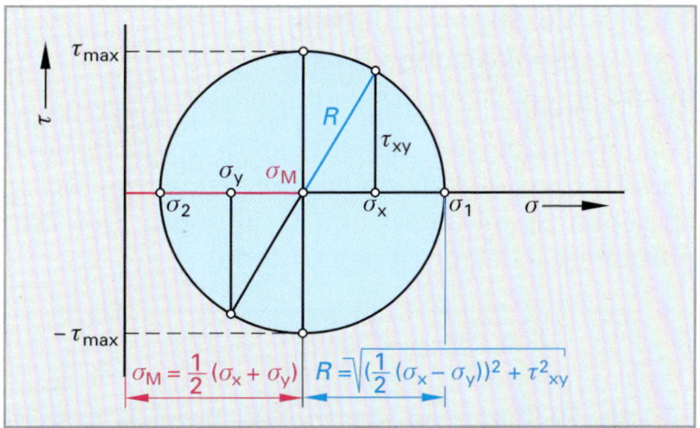

Bild 1: Mittelpunktsspannung σ_M und Kreisradius R

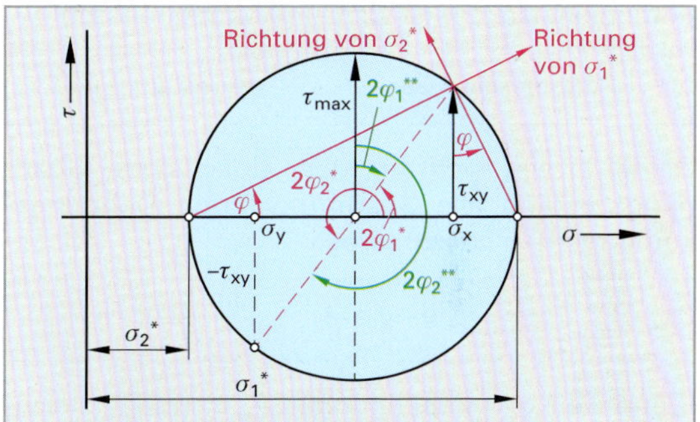

Bild 2: Mohr'scher Spannungskreis mit Hauptspannungsrichtungen

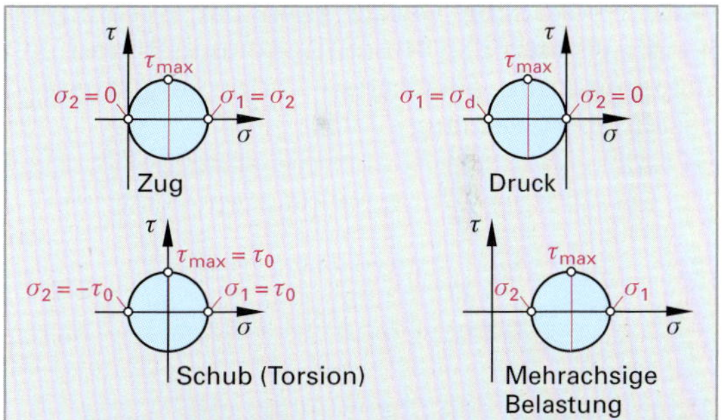

Bild 3: Mohr'sche Spannungskreise für verschiedene Belastungsfälle

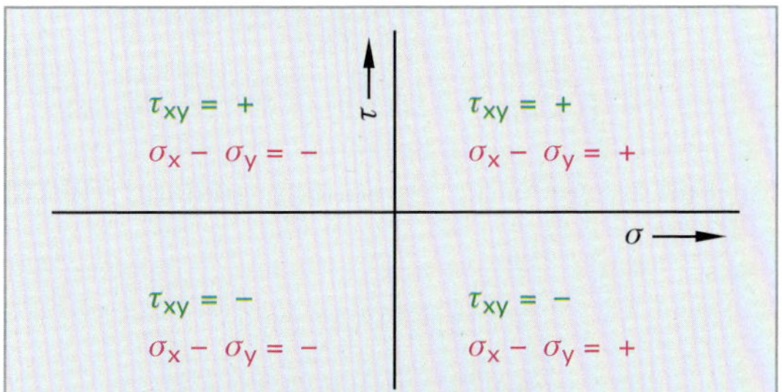

Bild 4: Lage der Normal- und Schubspannungen im σ, τ - Koordinatensystem

11.3 Verallgemeinertes Hooke´sches Gesetz

Die Zugbelastung **(Bild 1)** ist ein einachsiger Spannungszustand. Dabei besteht im elastischen Verformungsbereich ein linearer Zusammenhang zwischen Spannung σ und Dehnung ε. Der Proportionalitätsfaktor ist der E-Modul.

Hooke´sches Gesetz: $\sigma = E \cdot \varepsilon$

Für die Dehnung im elastischen Bereich besteht ebenfalls ein linearer Zusammenhang zwischen der Querdehnung ε_q und der Längsdehnung ε_l. Der Proportionalitätsfaktor ist die Querkontraktionszahl μ.

Poisson´sches Gesetz: $\frac{\varepsilon_q}{\varepsilon_l} = \text{konstant} = \mu$

Damit lassen sich für den einachsigen Spannungszustand alle Spannungs- und Dehnungskomponenten beschreiben:

$$\varepsilon_x = \frac{\sigma_x}{E} \qquad \varepsilon_y = -\mu \cdot \left(\frac{\sigma_x}{E}\right) \qquad \varepsilon_z = -\mu \cdot \left(\frac{\sigma_x}{E}\right)$$

Wenn die Normalspannungen σ_x, σ_y und σ_z gleichzeitig wirken, kann das Hooke´sche Gesetz auf einen dreiachsigen Spannungszustand verallgemeinert werden **(Bild 2)**. Durch das verallgemeinerte Hooke´sche Gesetz kann der Zusammenhang zwischen den Normalspannungen und den Dehnungen im elastischen Verformungszustand beschrieben werden:

$$\varepsilon_x = \left(\frac{1}{E}\right) \cdot [\sigma_x - \mu \cdot (\sigma_y + \sigma_z)]$$
$$\varepsilon_y = \left(\frac{1}{E}\right) \cdot [\sigma_y - \mu \cdot (\sigma_x + \sigma_z)]$$
$$\varepsilon_z = \left(\frac{1}{E}\right) \cdot [\sigma_z - \mu \cdot (\sigma_x + \sigma_y)]$$

Aufgelöst nach den Spannungen gilt:

$$\sigma_x = \frac{E}{(1+\mu)} \cdot \left[\varepsilon_x + \left(\frac{\mu}{(1-2\mu)}\right) \cdot \varepsilon_x + \varepsilon_y + \varepsilon_z\right]$$
$$\sigma_y = \frac{E}{(1+\mu)} \cdot \left[\varepsilon_y + \left(\frac{\mu}{(1-2\mu)}\right) \cdot \varepsilon_x + \varepsilon_y + \varepsilon_z\right]$$
$$\sigma_z = \frac{E}{(1+\mu)} \cdot \left[\varepsilon_z + \left(\frac{\mu}{(1-2\mu)}\right) \cdot \varepsilon_x + \varepsilon_y + \varepsilon_z\right]$$

Für den zweiachsigen Spannungszustand **(Bild 3)** gilt:

$$\varepsilon_x = \left(\frac{1}{E}\right) \cdot [\sigma_x - \mu \cdot \sigma_y]$$
$$\varepsilon_y = \left(\frac{1}{E}\right) \cdot [\sigma_y - \mu \cdot \sigma_x]$$
$$\varepsilon_z = \left(\frac{1}{E}\right) \cdot [-\mu \cdot (\sigma_x + \sigma_y)]$$

$$\sigma_x = \left(\frac{E}{(1-\mu^2)}\right) \cdot [\varepsilon_x + \mu \cdot \varepsilon_y]$$
$$\sigma_y = \left(\frac{E}{(1-\mu^2)}\right) \cdot [\varepsilon_y + \mu \cdot \varepsilon_x]$$
$$\sigma_z = 0$$

[1] *Sir Robert Hooke* 1676

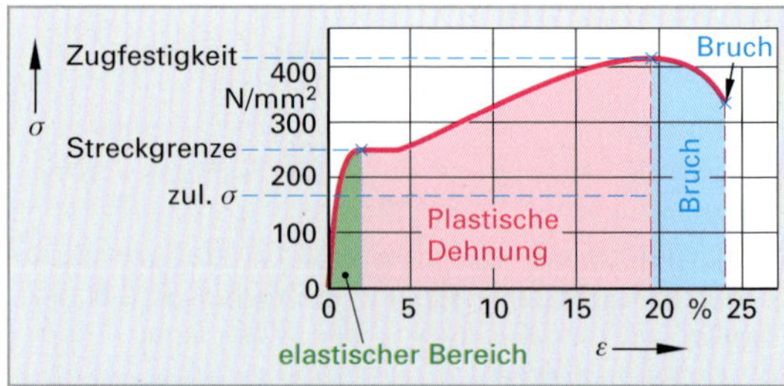

Bild 1: Verformungsbereiche im Zugversuch

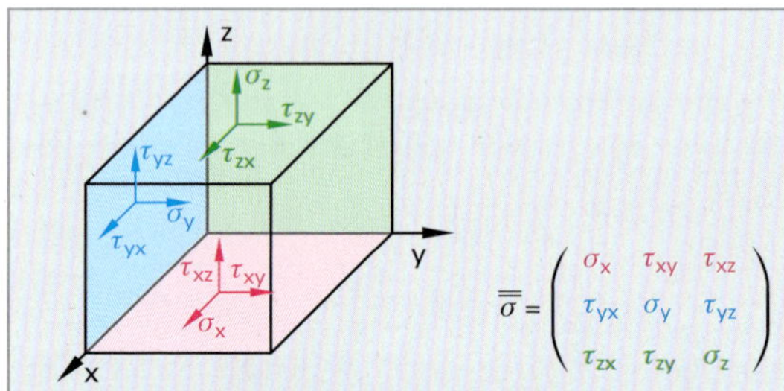

Bild 2: Spannungstensor im kartesischen Koordinatensystem

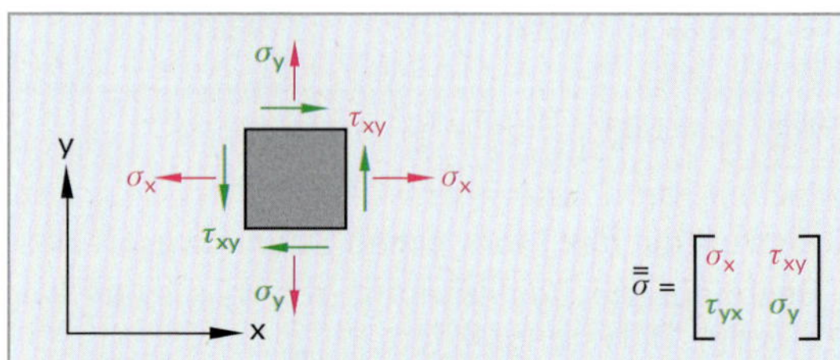

Bild 3: Ebener Spannungszustand

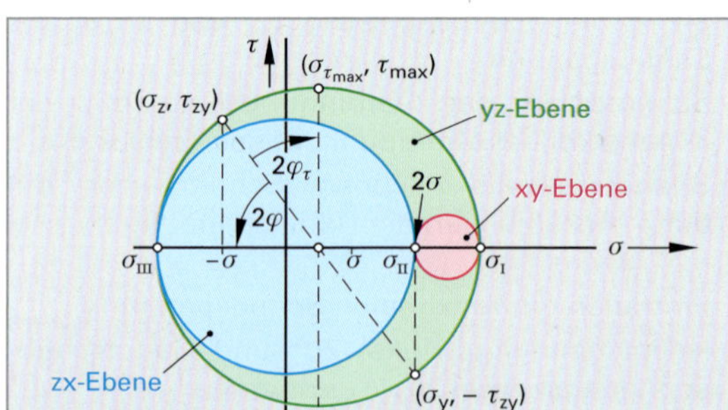

Bild 4: System von 3 Mohr´schen Spannungskreisen im dreidimensionalen Fall

Das verallgemeinerte Hooke´sche Gesetz erhält man durch Addition der Dehnungsanteile des jeweiligen einachsigen Spannungszustandes. Dieses Superpositionsprinzip ist nur dann zulässig, wenn ein linearer Zusammenhang zwischen Belastung und Verformung besteht. Diese Voraussetzung ist bei metallischen Werkstoffen im elastischen Verformungsbereich gegeben.

Die bisherigen Gleichungen gelten unter der Annahme, dass es sich bei den Spannungen σ_x, σ_y und σ_z um Hauptspannungen handelt. Das bedeutet, dass sie in Hauptschnitten wirken, die frei von Schubspannungen sind. Ist diese Annahme nicht erfüllt, gelten die Gleichungen für das verallgemeinerte Hooke´sche Gesetz weiterhin. Zusätzlich treten aber in den Schnittebenen Schubspannungen **(Bild 1)** auf, die an den Volumenelementen Schiebungen verursachen:

$$\tau_{xy} = \tau_{yx} \qquad \tau_{yz} = \tau_{zy} \qquad \tau_{zx} = \tau_{xz}$$

Der erste Index gibt die Richtung der Flächennormalen und damit die Lage der Schnittfläche an, der zweite Index die Richtung der Schubspannung.

Analog zum verallgemeinerten Hooke´schen Gesetz erhält man drei Gleichungen für den Zusammenhang zwischen den Schubspannungen τ, dem Schubmodul G und den Schiebungen γ:

$$\tau_{xy} = G \cdot \gamma_{xy} \qquad \tau_{yz} = G \cdot \gamma_{yz} \qquad \tau_{zx} = G \cdot \tau_{zx}$$

Es besteht keine gegenseitige Abhängigkeit zwischen dem verallgemeinerten Hooke´schen Gesetz und Elastizitätsgesetz für Schubbeanspruchung. Das bedeutet, dass Normalspannungen nur Dehnungen und Schubspannungen nur Schiebungen bewirken. Deshalb ist die getrennte Betrachtung der Wirkungen von Normal- und Schubspannungen zulässig.

Normalspannungen erzeugen Dehnungen und Schubspannungen erzeugen Schiebungen. Diese kinematischen Beziehungen werden unter dem Begriff **Verzerrungen** zusammengefasst, die aus Längen- und Winkeländerungen bestehen **(Bild 2)**.

Für den zweiachsigen (ebenen) Spannungszustand gelten analog die aus den Gleichgewichtsbedingungen abgeleiteten Gleichungen für die Normalspannungen $\sigma_1(\varphi)$, $\sigma_2(\varphi)$ und die Schubspannung $\tau_{12}(\varphi)$ bei einem beliebigen Schnittwinkel φ, ebenso für den Verzerrungszustand mit Dehnungen ε und Schiebungen γ.

$$\varepsilon_1(\varphi) = \frac{1}{2}(\varepsilon_x + \varepsilon_y) + \frac{1}{2}(\varepsilon_x - \varepsilon_y) \cdot \cos 2\varphi + \frac{1}{2}\gamma_{xy} \cdot \sin 2\varphi$$

$$\varepsilon_2(\varphi) = \frac{1}{2}(\varepsilon_x + \varepsilon_y) - \frac{1}{2}(\varepsilon_x - \varepsilon_y) \cdot \cos 2\varphi - \frac{1}{2}\gamma_{xy} \cdot \sin 2\varphi$$

$$\frac{1}{2}\gamma_{12}(\varphi) = -\frac{1}{2}(\varepsilon_x - \varepsilon_y) \cdot \sin 2\varphi + \frac{1}{2}\gamma_{xy} \cdot \cos 2\varphi$$

11.4 Festigkeitshypothesen

Bei einachsigen Spannungszuständen wie Zug, Druck oder Biegung kann der Festigkeitsnachweis des Bauteils mit der sich aus dem Belastungsfall ergebenden Spannung und dem Werkstoffkennwert geführt werden. Steht das Bauteil aber unter einem zwei- oder dreiachsigen Spannungszustand, wird mithilfe von Festigkeitshypothesen ein fiktiver, einachsiger Spannungswert ermittelt. Diese, meist aus den Hauptspannungen ermittelte **Vergleichsspannung** σ_V kann direkt mit der zulässigen Spannung des Werkstoffs σ_{zul} verglichen werden.

Die **Festigkeitsbedingung** bei mehrachsigem Spannungszustand lautet dann:

$$\sigma_v \leq \sigma_{zul}$$

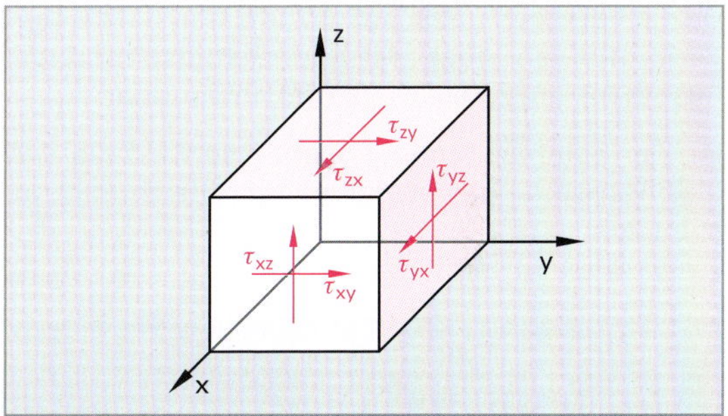

Bild 1: Volumenelement mit Schubspannungen

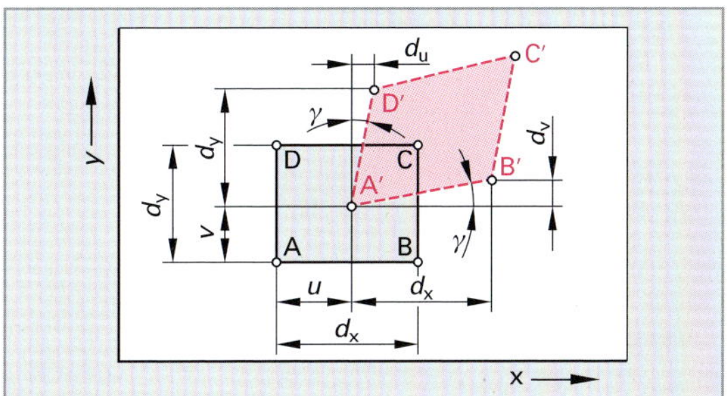

Schiebung: $\gamma_{xy} = \frac{\gamma_{xy}}{2} + \frac{\gamma'_{xy}}{2} = \frac{d_v}{d_x} = \frac{d_u}{d_y}$

Bild 2: Verzerrungszustand an einem Flächenelement

Da die Versagensart durch die Art der Beanspruchung (z. B. Biegung, Torsion) und dem zeitlichen Verlauf (statisch, schwingend) sowie durch die Werkstoffeigenschaften (zäh, spröde) bestimmt wird, ist der Anwendungsbereich der einzelnen Festigkeitshypothesen weitgehend festgelegt.

11.4.1 Normalspannungshypothese (NH)

Bei der Normalspannungshypothese ist für die Beanspruchung des Werkstoffs nur die betragsmäßig größte Normalspannung maßgebend. Im Mohr'schen Spannungskreis ist dies die Hauptspannung $\sigma_1{}^* = \sigma_{max}$. Sie wird bei spröden Werkstoffen angewendet.

$$\sigma_v \leq |\sigma|_{max}$$

$$\sigma_1{}^* = \sigma_{max} = \frac{1}{2}(\sigma_x + \sigma_y) + \sqrt{\left(\frac{1}{2}(\sigma_x - \sigma_y)\right)^2 + \tau_{xy}{}^2}$$

11.4.2 Schubspannungshypothese (SH)

Nach der Schubspannungshypothese ist für die Beanspruchung des Werkstoffs die größte Schubspannungsdifferenz maßgebend. Dies entspricht dem Durchmesser des Mohr'schen Spannungskreises.

Da die Versagensursache im Auftreten plastischer Verformungen liegt, ist die Schubspannungshypothese auf zähe Werkstoffe anwendbar.

Bei der Schubspannungshypothese wird die Vergleichsspannung mit folgender Gleichung bestimmt:

$$\sigma_v = 2 \cdot \tau_{max} = \sigma_1{}^* - \sigma_2{}^*$$

$$\sigma_v = \sqrt{(\sigma_x - \sigma_y)^2 + 4 \cdot \tau_{xy}{}^2}$$

11.4.3 Gestaltsänderungsenergiehypothese (GEH)

Bei der Gestaltsänderungsenergiehypothese geht man davon aus, dass jeder Werkstoff nur eine begrenzte Speicherfähigkeit für die zur Gestaltsänderung notwendige elastische Energie besitzt. Sobald das Speichervermögen erreicht ist, wird die geometrische Gestalt des Bauteils durch Schiebungen plastisch verformt. Bei der Gestaltsänderungsenergiehypothese liegt die Versagensursache, wie bei der Schubspannungshypothese, im Auftreten plastischer Verformungen. Sie kommt ebenfalls bei zähen, duktilen Werkstoffen zur Anwendung.

$$\sigma_v = \sqrt{\sigma_1{}^{*2} + \sigma_2{}^{*2} - \sigma_1\sigma_2}$$

$$\sigma_v = \sqrt{\sigma^2{}_x + \sigma^2{}_y - \sigma_x\sigma_y + 3\,\tau^2{}_{xy}}$$

Schubspannungshypothese und Gestaltsänderungsenergiehypothese gehen von ähnlichen Vorstellungen aus. Deshalb sind die Ergebnisse ähnlich. Vergleicht man die Vergleichsspannungen, liegt der Unterschied bei maximal 15 %, wobei $\sigma_v(SH) \geq \sigma_v(GEH)$.

Tabelle 1: Vergleichsspannungen nach NH, SH und GEH für zwei- und dreiachsigen Spannungszustand

	Vergleichsspannungen für Spannungszustände			
	dreiachsig	**zweiachsig**		
Festigkeitshypothese	$\sigma_1 \neq 0, \sigma_2 \neq 0, \sigma_3 \neq 0$	$\sigma_1 \neq 0, \sigma_2 \neq 0, \sigma_3 \neq 0$	$\sigma_x \neq 0, \sigma_y \neq 0, \tau_t \neq 0$	$\sigma_b \neq 0, \ \tau_t \neq 0$
Normalspannungshypothese	σ_1 (Zug) bzw. σ_2 (Druck)	σ_1	$\frac{1}{2}(\sigma_x + \sigma_y) + \frac{1}{2} \cdot \sqrt{(\sigma_x - \sigma_y)^2 + 4\tau_{xy}{}^2}$	$\frac{\sigma_b}{2} + \frac{1}{2}\sqrt{\sigma_b{}^2 + 4\tau_t{}^2}$
Schubspannungshypothese	$\sigma_1 - \sigma_3 = 2 \cdot \tau_{max}$	$\sigma_1 = 2 \cdot \tau_{max}$	$\sigma_v = \sqrt{(\sigma_x - \sigma_y)^2 + 4\,\tau_{xy}{}^2}$	$\sqrt{\sigma_b{}^2 + 4\tau_t{}^2}$
Gestaltsänderungshypothese	$\frac{1}{\sqrt{2}} \cdot \sqrt{(\sigma_1 - \sigma_2)^2 + (\sigma_2 - \sigma_3)^2 + (\sigma_3 - \sigma_1)^2}$	$\sqrt{\sigma_1{}^2 + \sigma_2{}^2 - \sigma_1\sigma_2}$	$\sqrt{\sigma_x{}^2 + \sigma_y{}^2 - \sigma_x\sigma_y + 3\tau_{xy}{}^2}$	$\sqrt{\sigma_b{}^2 + 3\tau_t{}^2}$

12 Aufgaben zur Festigkeitslehre[1]

Aufgabe 1: (statische Zugbeanspruchung)

Ein Tank ist an zwei kaltgewalzten Stahlbändern aus dem Werkstoff P235GH (R_m = 420 N/mm², R_e = 210 N/mm²) befestigt. Die Masse des leeren Tanks beträgt m = 1600 kg, die Masse des gefüllten Tanks beträgt m_{ges} = 3400 kg. Die Stahlbänder haben die Abmessungen 20 mm x 3 mm.

a) Bestimmen Sie die Spannungen in den Bändern bei leerem und bei vollem Tank.

b) Wie groß sind die Sicherheiten gegen Fließen und gegen Bruch?

c) Um welchen Betrag senkt sich der Tank im gefüllten Zustand ab, wenn die freie Länge der unbelasteten Bänder bei leerem Tank l_0 = 1200 mm beträgt?

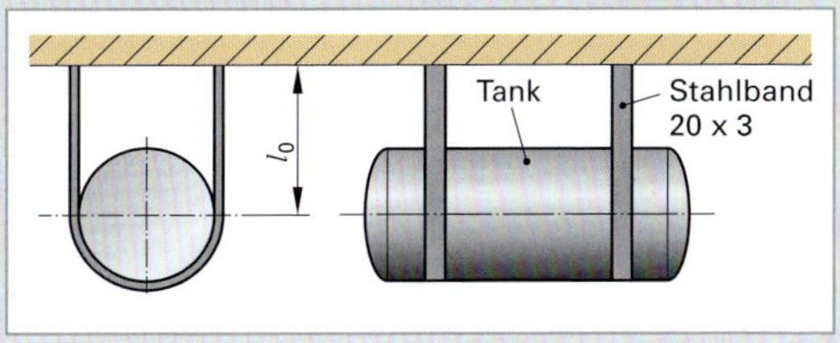

Aufgabe 2: (statische Zugbeanspruchung)

Ein Zuganker aus dem Werkstoff 1.0501 (C35, R_m = 520 N/mm², R_e = 270 N/mm²) wird durch eine statische Betriebskraft von F = 12500 N beansprucht.

a) Mit welchem Durchmesser ist der Zuganker bei 2-facher Sicherheit gegen Fließen auszuführen?

b) Wie groß ist die auftretende Dehnung?

c) Wie groß ist die Bruchkraft und die Sicherheit gegen Bruch?

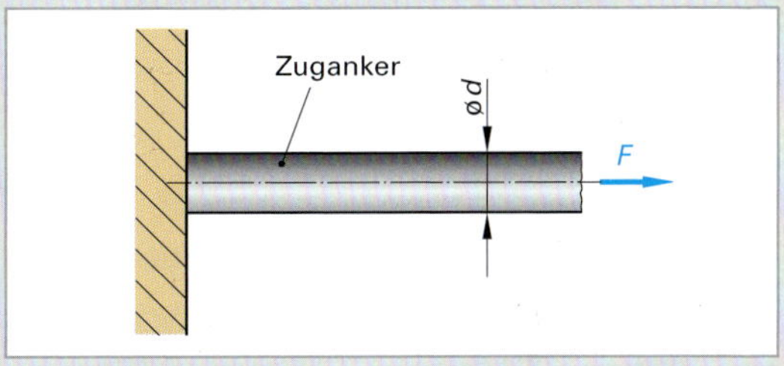

Aufgabe 3: (Druckbelastung, Knickung)

Ein Stahlrohr aus dem Werkstoff S235 mit den Abmessungen Ø D 60,3 x 5 (R_m = 370 N/mm², R_e = 235 N/mm²) wird statisch auf Druck belastet. Das Stahlrohr ist an beiden Enden fest eingespannt. Die freie Länge beträgt l = 3500 mm.

a) Wodurch könnte die Stütze versagen?

b) Welche Druckbelastung ist für das Rohr bei einer Sicherheit von ν_F = 1,5 gegen Fließen und bei Knickung mit ν_K = 4 zulässig? Welche Versagensart tritt früher ein?

c) Um welchen Betrag wird die Stütze bei der zulässigen Belastung gestaucht?

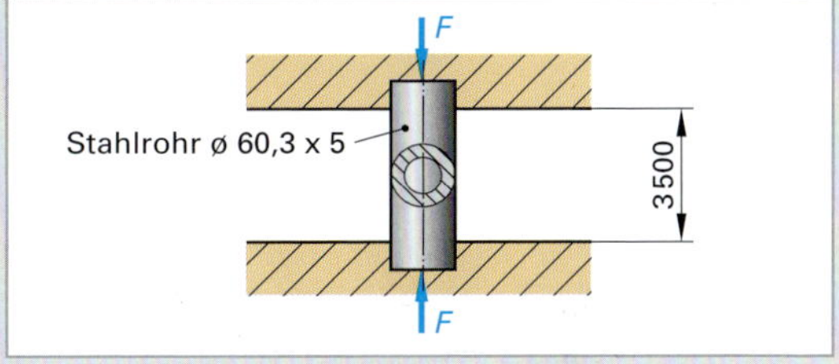

Aufgabe 4: (Biegung)

Ein Rohr mit den Abmessungen l = 2000 mm, ØD = 100 mm und Wandstärke t = 5 mm liegt an beiden Enden frei auf. Es wird durch eine Kraft F mittig belastet. Auf welchen maximalen Betrag ist die Durchbiegung f zu begrenzen, wenn als Rohrwerkstoffe EN-GJL-400 und S275JR verwendet werden?

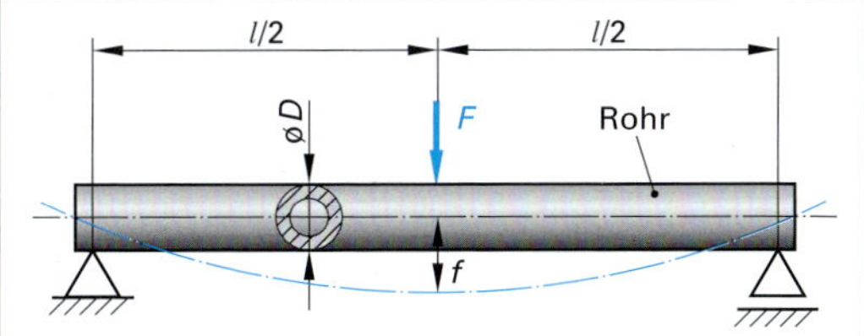

Aufgabe 5: (Torsion)

Ein Rohr aus S355JR mit den Abmessungen ØD = 42,4 mm und Wandstärke t = 4 mm wird durch ein Torsionsmoment M_t beansprucht.

a) Skizzieren Sie den Spannungsverlauf über den Querschnitt.

b) Welches maximale Torsionsmoment ist bei einer Sicherheit gegen Fließen ν_F = 1,5 zulässig?

c) Wie groß ist für die zulässige Schubspannung der Verdrehwinkel des Rohres?

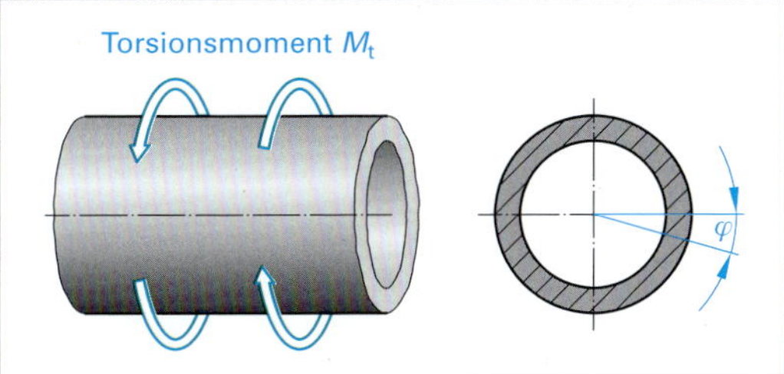

[1] Lösungen in der EUROPATHEK (siehe vordere Umschlaginnenseite)

Aufgabe 6: (Torsion, Schwingbruch)

Eine Torsionsfeder aus dem Federstahl 38 Si 7 (R_e = 1150 N/mm², R_m = 1300 bis 1600 N/mm²) ist als geschliffener Rundstab mit einem Durchmesser D = 20 mm und einer Länge l = 800 mm ausgeführt.

a) Welches statische Moment ist für den Federstab bei einer Sicherheit gegen Fließen ν_F = 1,5 zulässig?

b) Welches rein wechselndes Torsionsmoment ist bei einem Sicherheitskennwert gegen Schwingungsbruch ν_D = 2 für den Federstab zulässig?

c) Um welchen Winkel φ wird die Torsionsfeder in den Fällen a) und b) verdreht?

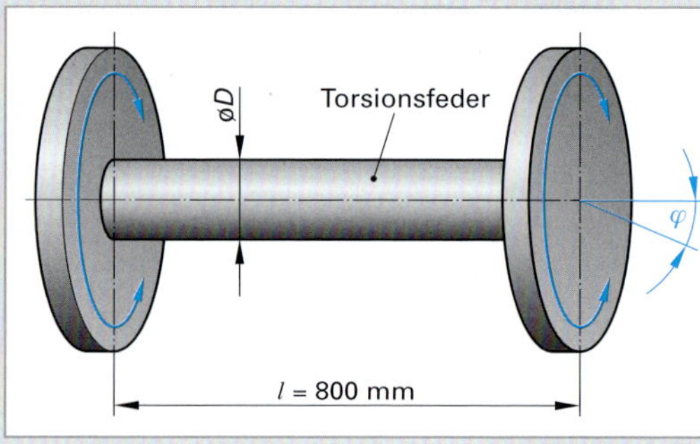

Aufgabe 7: (Langzeitfestigkeitsschaubild, Schwingbruch)

Ein Zuganker mit Durchmesser D = 16 mm aus S 355JR (R_m = 490 bis 630 N/mm², R_e = 330 N/mm²) steht unter einer statischen Vorlast von F_v = 15 kN. Zusätzlich wird er schwellend mit 30 kN auf Zug belastet.

a) Zeichnen Sie näherungsweise das Langzeitfestigkeitsschaubild.

b) Sind die erforderlichen Sicherheiten gegen Fließen ν_F = 1,4, gegen Bruch ν_B = 2,0 und gegen Schwingungsbruch ν_D = 1,6 gewährleistet?

c) Wie groß ist bei dieser statischen Mittelspannung σ_m die maximale Oberspannnung σ_o und die minimale Unterspannung σ_u? Sind dann die Sicherheiten aus b) noch gewährleistet?

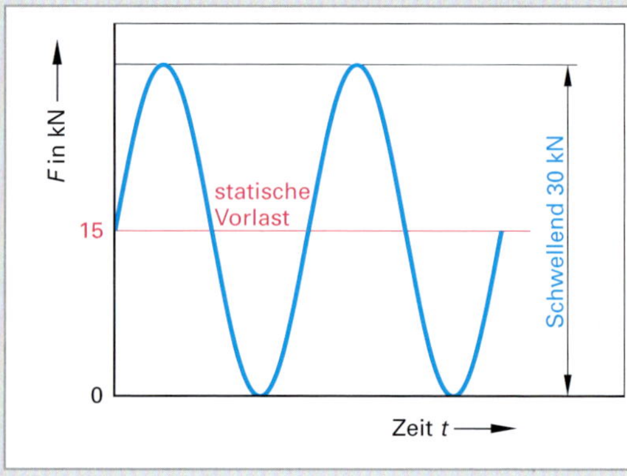

Aufgabe 8: (Zugschwellfestigkeit, Langzeitfestigkeitsschaubild)

Ein Rundstab mit dem Durchmesser D = 12 mm und geschlichteter Oberfläche besteht aus dem Werkstoff S355JR oder alternativ aus EN-GJL-400. Er unterliegt einer schwingenden Zug-Druck-Belastung.

a) Erstellen Sie für die beiden Werkstoffe jeweils ein Langzeitfestigkeitsschaubild durch Näherungskonstruktion.

b) Wie groß ist die jeweils höchste ertragbare Last mit einer statischen Vorlast F_v = 10 kN?

c) Wie groß sind die jeweiligen Oberspannungen σ_o und Unterspannungen σ_u?

d) Wie groß ist die jeweilige Zugschwellfestigkeit?

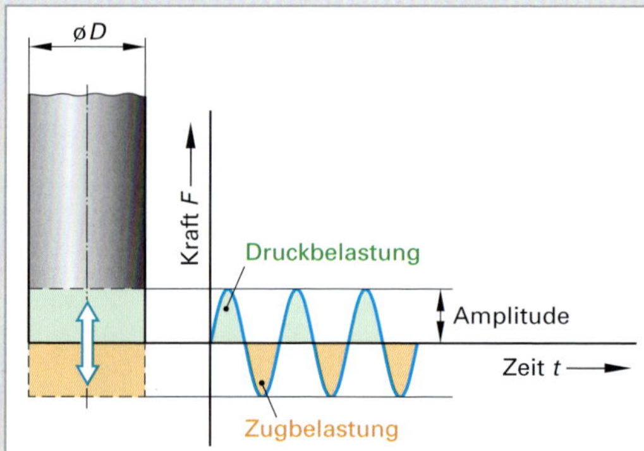

Aufgabe 9: (Druck-Zugschwellfestigkeit, Langzeitfestigkeitsschaubild)

Eine umlaufende Welle aus S355JR (R_e = 360 N/mm², R_m = 520 bis 620 N/mm²) mit polierter Oberfläche und dem Durchmesser D = 30 mm ist durch eine axial wirkende Zugkraft F_a = 85 KN statisch belastet.

Wie groß dürfen zwei zusätzliche Querkräfte F_q sein, die in einem Abstand von 80 mm zu den Lagern wirken, wenn ein Schwingbruch mit der Sicherheit ν_D = 2,5 vermieden werden soll? Zeichnen Sie dazu ein Langzeitfestigkeitsschaubild mit Näherungskonstruktion.

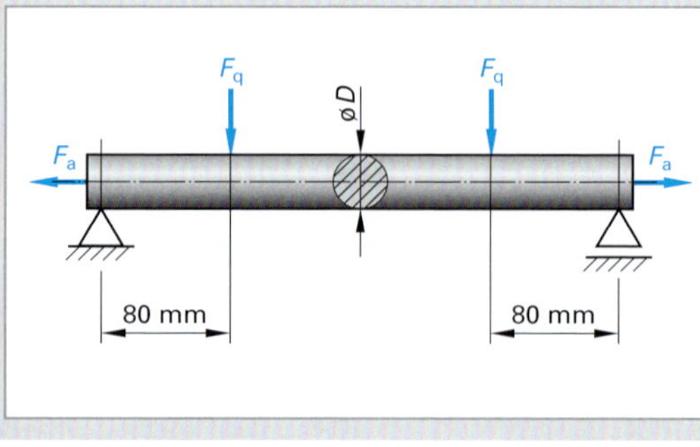

Aufgabe 10: (Normal- und Schubspannungen, Mohr'scher Spannungskreis)

Ein Stahlrohr mit einem Außendurchmesser $D = 100$ mm und einer Wandstärke von $t = 10$ mm wird durch die Zugkraft $F = 425$ kN und ein Torsionsmoment $M_t = 9250$ Nm statisch belastet.

a) Bestimmen Sie die auftretenden Normalspannungen und Schubspannungen.

b) Bestimmen Sie die maximalen Hauptspannungen.

c) Welches sind die Hauptspannungsrichtungen und die Hauptschubspannungsrichtungen?

d) Zeichen Sie den Mohr'schen Spannungskreis.

e) Wie groß sind die Hauptnormalspannungen in den Hauptschubspannungsrichtungen?

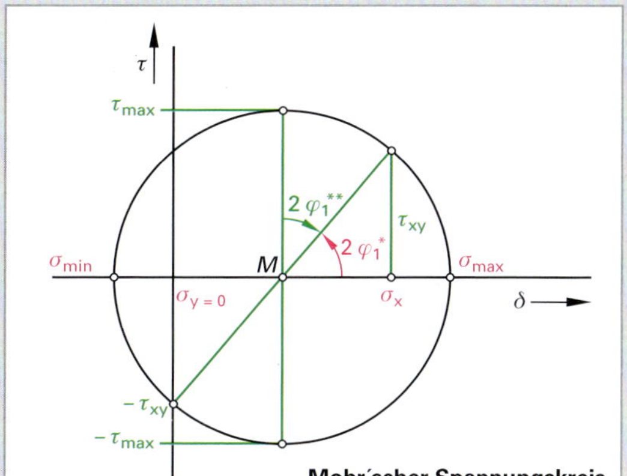

Mohr'scher Spannungskreis

Aufgabe 11: (Normal- und Schubspannungen, Mohr'scher Spannungskreis)

Ein Rundstab mit Durchmesser $D = 20$ mm ist durch eine Zugkraft $F = 26$ kN und ein Moment von $M_t = 85$ Nm statisch beansprucht.

a) Für die Oberfläche sind die Hauptspannungen und die Hauptschubspannungen zu ermitteln.

b) Welches sind die Hauptspannungsrichtungen und die Hauptschubspannungsrichtungen?

c) Zeichnen Sie den Lageplan für die Hauptspannungsrichtungen.

d) Zeichen Sie den Mohr'schen Spannungskreis.

e) Wie groß sind die Hauptnormalspannungen in den Hauptschubspannungsrichtungen?

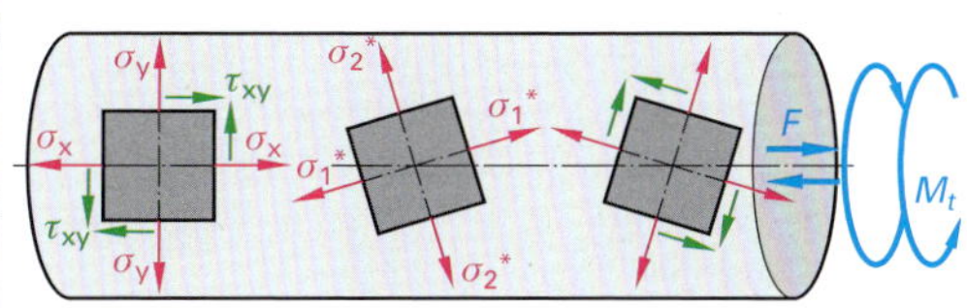

Aufgabe 12: (Normal- und Schubspannungen, Mohr'scher Spannungskreis)

Ein Rohr aus rostfreiem Edelstahl (DIN EN ISO 1127 – 101,60 x 4, Werkstoff X5CrNi18-8, R_m = 540 – 750 N/mm², R_e = 230 N/mm², Rohrlänge l = 1 m) steht unter einem statischen Innendruck von p_i = 200 bar (20 N/mm²). Zusätzlich wird das Rohr durch ein Torsionsmoment M_t = 1500 Nm belastet.

a) Bestimmen Sie die auftretenden Normalspannungen σ_x und σ_y und die Schubspannung τ_{xy}.

b) Bestimmen Sie die maximal auftretenden Hauptspannungen und die Hauptnormalspannungsrichtungen.

c) Bestimmen Sie die Hauptschubspannungsrichtungen und die maximal auftretenden Schubspannungen τ_{max}.

d) Zeichnen Sie den Mohr'schen Spannungskreis.

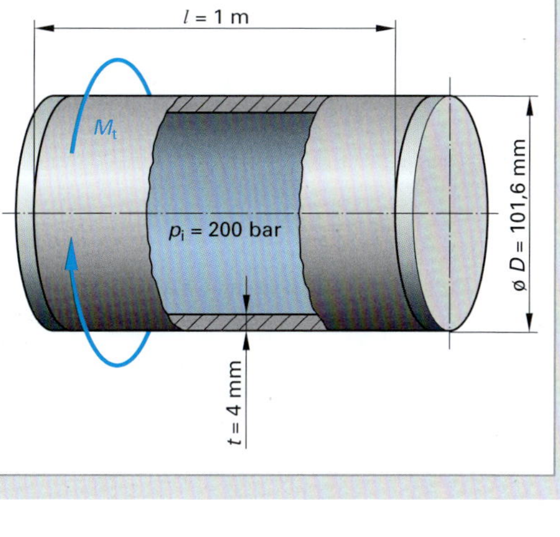

Aufgabe 13: (Allgemeines Hooke´sches Gesetz, Mohr´scher Spannungskreis)

Ein Bauteil aus Stahl mit einem kreisrunden Querschnitt mit Durchmesser $D = 20$ mm und einer Höhe $h = 12{,}5$ mm wird durch Kräfte F_x und F_y belastet. An der Oberfläche des Bauteils treten die Dehnungen

$\varepsilon_x = 0{,}0743$ % und $\varepsilon_y = 0{,}0124$ % auf.

a) Wie groß sind die Spannungen σ_x, σ_y und τ_{xy} im Bauteil sowie die einwirkenden Kräfte F_x und F_y?

b) Wie groß sind die Normalspannung $\sigma(\varphi)$ und die Schubspannung $\tau(\varphi)$ in Richtung der Querschnittsdiagonalen?

c) Zeichnen Sie den Mohr´schen Spannungskreis.

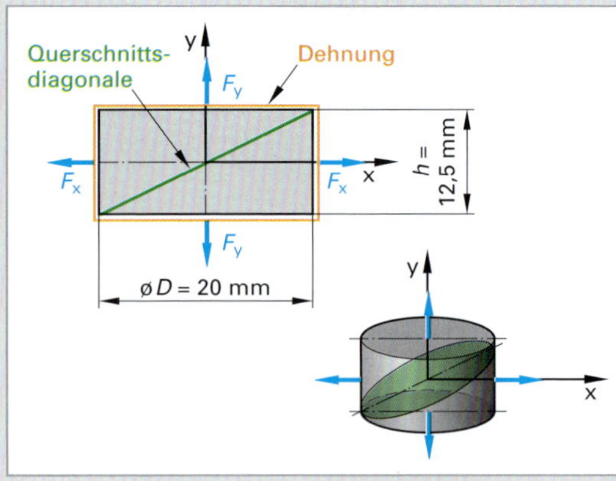

Aufgabe 14: (Kerbwirkung, Festigkeitshypothesen)

Eine Welle aus Vergütungsstahl 34 Cr 4 (R_e = 590 N/mm², R_m = 850 N/mm²) mit geschlichteter Oberfläche wird durch eine Zugkraft (F_z = 62 500 N), eine Biegekraft (F_b = 5 000 N) und ein Torsionsmoment M_t = 200 Nm belastet.

a) Bestimmen Sie in den Querschnitten I und II für jede Belastungsart die jeweiligen Spannungen und die Formzahlen.

b) Wie groß ist der Übergangsradius r für jede einzeln auftretende Belastungsart zu wählen?

c) Ist für jede Belastungsart die Sicherheit gegen Fließen des Werkstoffs (ν_F = 1,5) im Querschnittsübergang gewährleistet?

d) Bestimmen Sie die Vergleichsspannung σ_V mit der Schubspannungshypothese und mit der Gestaltsänderungshypothese. Ist die Sicherheit der Welle gegen Versagen gewährleistet?

e) Zeichnen Sie den Mohr´schen Spannungskreis.

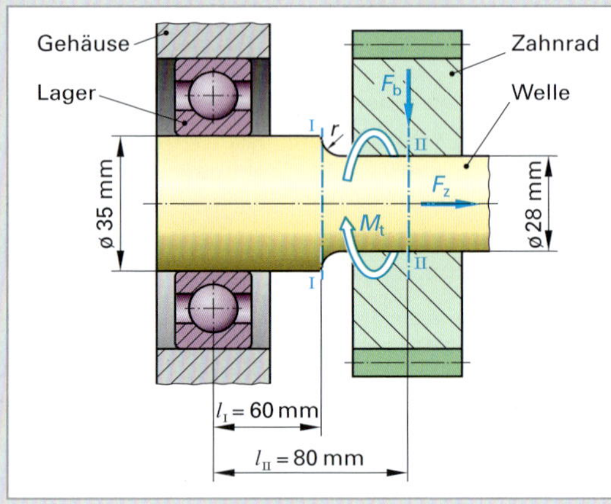

Aufgabe 15: (zweiachsiger Spannungszustand, Wöhlerlinie für schwellende Beanspruchung)

Eine Rohrleitung aus S235 JR mit einem Innendurchmesser d = 200 mm und einer Wanddicke t = 6 mm wird durch einen Innendruck p_i = 50 bar statisch oder schwellend beansprucht.

1. Statische Beanspruchung

a) Bestimmen Sie die Längsspannung und die Tangentialspannung in Umfangsrichtung in der Rohrwand.

b) Die Dehnungen in Längs- und Umfangsrichtung an der Außenoberfläche des Rohres.

c) Die Vergrößerung des Umfangs und des Außendurchmessers der Rohrleitung.

d) Die vorhandenen Sicherheiten gegen Versagen.

2. Schwellender Innendruck

a) Bestimmen Sie die Größe des zulässigen Schwelldruckes p_{sch} bei einer Sicherheit gegen Langzeitfestigkeit von ν_D = 2.

b) Bestimmen Sie die Größe des zulässigen Schwelldruckes, wenn die Rohrleitung mit der gleichen Sicherheit für 100 000 Lastspiele ausgelegt werden soll.

c) Bestimmen Sie die erforderliche Wanddicke, damit die Rohrleitung den schwellenden Innendruck von 50 bar bei der Sicherheit ν_D = 2 beliebig oft ertragen kann.

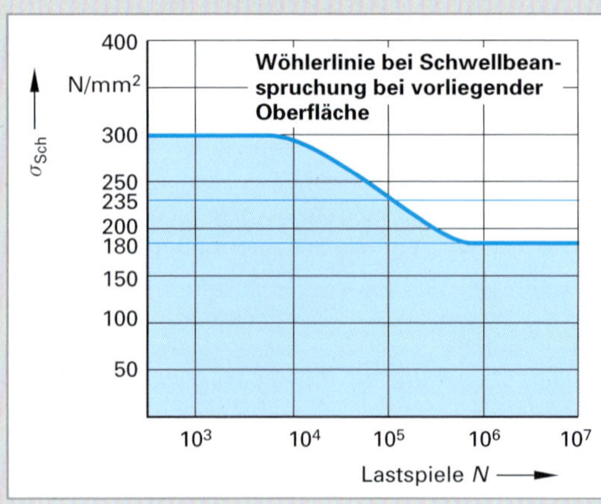

Anhang 2: Werkstoffvorauswahl

1 Vorbemerkungen

Die Konzeption eines Bauteils beginnt mit einer Zeichnung, die bis auf die Wanddicken alle Abmessungen enthält. Dem schließt sich die Analyse der Beanspruchungen des Bauteils an. Als stets vorhandene Beanspruchung des Bauteils ist dessen Gewichtskraft zu nennen. Ist sie wesentlich geringer als die außen angreifenden Kräfte, so wird sie oft vernachlässigt und es werden als Beanspruchungen nur die außen angreifenden Kräfte berücksichtigt. Kommen bei der Konzeption des Bauteils jedoch Leichtbauaspekte zum Tragen, so ist der Gewichtskraft selbst bei beherrschenden äußeren Kräften Aufmerksamkeit zu schenken. Als weitere Beanspruchung kann ein Wärmefeld hinzukommen, das die Temperatur des Bauteils bestimmt. Ein entscheidender Schritt, der sich der Festlegung der Beanspruchungen des Bauteils anschließt, ist die Wahl eines zweckdienlichen Werkstoffs. Dieser Schritt ist sehr entscheidend, denn erst er kann die Wanddicke unter Wahrung der zuvor genannten Beanspruchungen festschreiben (**Bild 1**).

Geometrisch komplex gestaltete Bauteile werden gedanklich in einfachere Substrukturen zerlegt und die Beanspruchungen ermittelt, die an den Schnittstellen in jede einzelne Substruktur eingeleitet werden. Dadurch ergeben sich übersichtlichere Beanspruchungsfälle, die Auslegungsaussagen mit erträglichem mathematischem Aufwand möglich machen. Im Beispielteil (siehe Zusatzmaterialien) werden exemplarisch häufig vorkommende Beanspruchungsfälle vorgestellt (**Bild 2**).

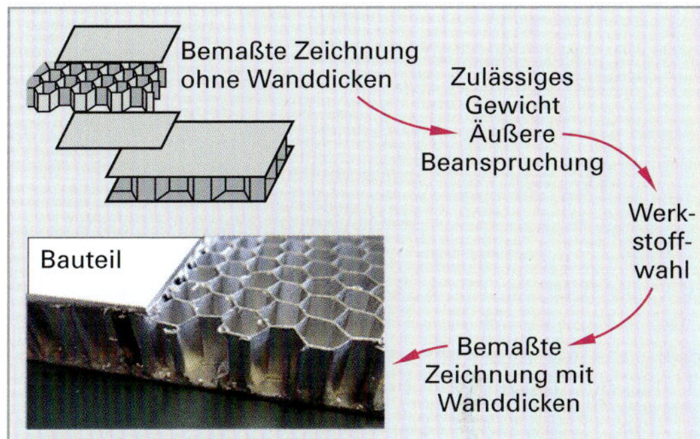

Bild 1: Vom Konzept zum Bauteil

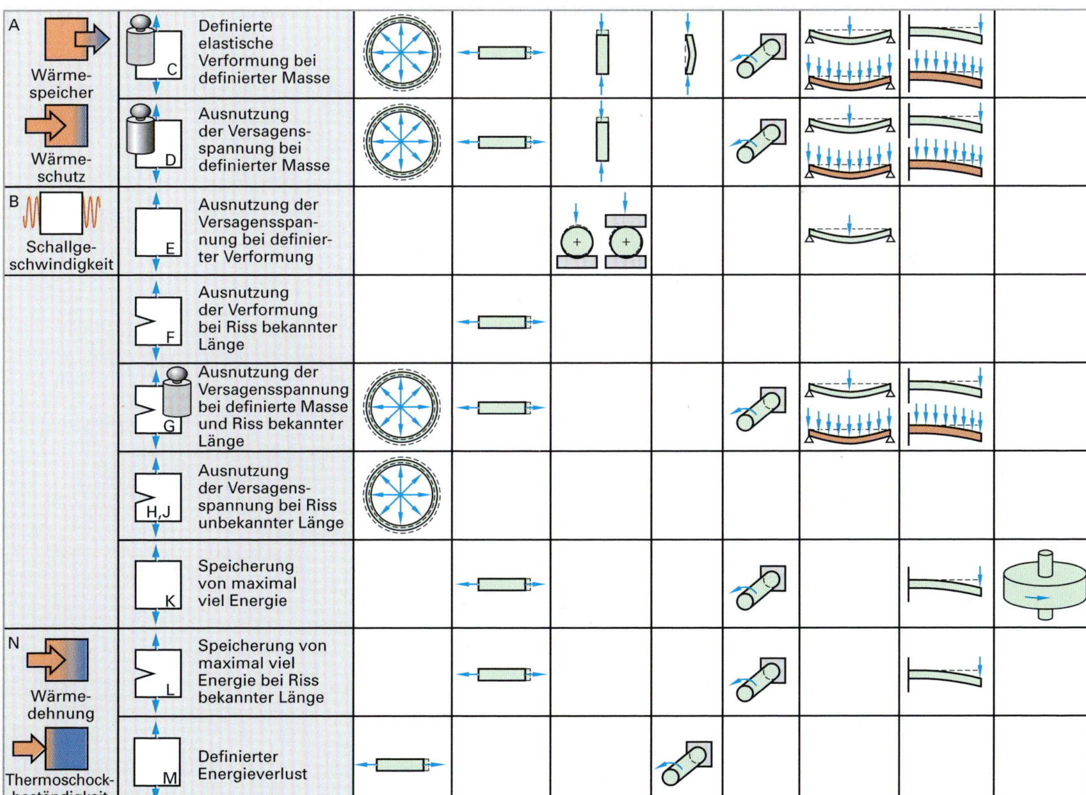

Bild 2: Häufig vorkommende Beanspruchungsfälle

Die Beanspruchungsfälle werden nach einem von *M. F. Ashby*[1] entwickelten Prinzip analysiert (**Bild 1**), was die zielgerichtete Werkstoffvorauswahl ermöglicht. Hierbei werden physikalische Zusammenhänge zwischen den Randbedingungen (RB_i) Gewichtskraft und äußere Beanspruchungen auf der einen und der Wanddicke (WD) des Bauteils auf der anderen Seite aufgestellt. Als verknüpfende Größen sind Eigenschaften (E_i) auszumachen, die alle werkstoffabhängig sind (**Schritt I**). Hierzu zählen als thermophysikalische Eigenschaften die Dichte, die Wärmeleitfähigkeit, die Temperaturleitfähigkeit und der Wärmeausdehnungskoeffizient und als mechanische Eigenschaften der Elastizitätsmodul, die Versagensspannung, die Bruchzähigkeit und der Verlustkoeffizient.

Nach dem Auflösen der Beziehungen aus Schritt I nach WD (**Schritt II**) und Gleichsetzen der entstehenden Terme können die Randbedingungen RB_i und die Eigenschaften E_i durch Äquivalenzumformungen jeweils zusammengefasst und mit der Größe S beschrieben werden (**Schritt III**). Anschließend wird der rechte Teil der Gleichung, die sich in Schritt III ergibt und nur Eigenschaften E_i enthält, entsprechend **Schritt IV** umgeformt und nach dem Logarithmieren auf die in **Schritt V** dargestellte Form gebracht. Die nun vorliegende Beziehung führt in einer log E_1-log E_2-Graphik zu einer Geradenschar mit einer Steigung, die sich aus den Exponenten x und y der Eigenschaften zu y/x berechnet.

In die log E_1-log E_2-Graphik sind in sich geschlossene Linienzüge eingetragen, innerhalb derer die E_1-E_2-Konfigurationen von Werkstoffen liegen, die wegen ihrer Eigenschaftsähnlichkeit zu einer Werkstofffamilie (WF_i) zusammengefasst werden. Zu beachten ist, dass nicht zwangsläufig jede E_1-E_2-Konfiguration innerhalb des in sich geschlossenen Kurvenzugs mit einem Werkstoff belegt ist! Zur Selektion der zielführenden Geraden aus der Geradenschar wählt man einen beliebigen E_2-Wert, setzt ihn zusammen mit dem S-Wert in die nach E_1 aufgelöste Beziehung aus **Schritt IV** ein und erhält den korrespondierenden E_1-Wert. Der frei gewählte E_2-Wert und der sich ergebende E_1-Wert führen zu einem Punkt in der log E_1-log E_2-Graphik, durch den die zielführende Gerade verläuft. Alle Werkstoffe, die auf dieser Geraden anzutreffen sind, erfüllen alle geforderten Randbedingungen. Wird nun der E_1- oder der E_2-Wert in die entsprechende Beziehung aus Schritt II eingesetzt, so ergibt sich unmittelbar die für die Auslegung noch ausstehende Wanddicke.

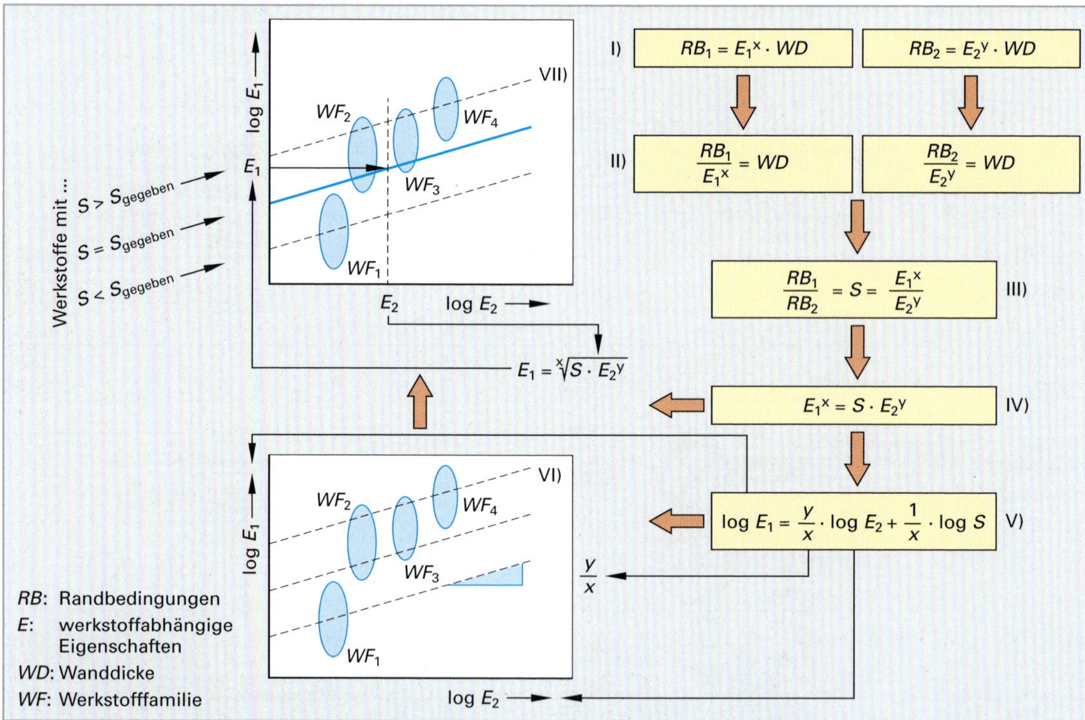

Bild 1: Prinzip der Werkstoffvorauswahl

---

[1] Cambridge University, Engineering Department, Cambridge, England

[2] Aluminiumlegierungen, Stähle, Oxide, Nitride, Thermoplaste, Gläser, ... bilden beispielsweise jeweils eine eigene Werkstofffamilie. Sie werden nachfolgend detailliert vorgestellt. Die Belegung der Fläche, innerhalb eines in sich geschlossenen Linienzugs mit E_1-E_2-Konfigurationen setzt den Aufbau und die Auswertung von Datenbanken voraus. Die Pflege der Datenbanken durch die Einarbeitung der Eigenschaften neu entwickelter Werkstoffe erhöht die E_1-E_2-Belegungsdichte, macht aber oftmals auch eine Erweiterung des Linienzugs erforderlich.

Die Werkstoffe, die zur Auslegung eines Bauteils zur Verfügung stehen, lassen sich zu sechs Werkstoffklassen zusammenfassen (**Bild 1**). Durch Unterteilung der Werkstoffklassen ergeben sich die in **Bild 2** aufgelisteten Werkstofffamilien.

Die Eigenschaften der Werkstoffe sind ein Resultat von Mechanismen, die auf atomarer Ebene ablaufen. Diese differieren, über das gesamte Werkstoffspektrum betrachtet, so stark, dass viele Eigenschaften einen über nahezu 5 Dekaden reichenden Wertebereich aufweisen. Innerhalb einer Werkstoffklasse ist der maximal mögliche Wertebereich aber schon deutlich kleiner, da die Mechanismen, die den Eigenschaften zugrunde liegen, ähnlicher sind. Nachfolgend soll in Erfahrung gebracht werden, warum die Werkstoffeigenschaften von Werkstoffklasse zu Werkstoffklasse so stark differieren.

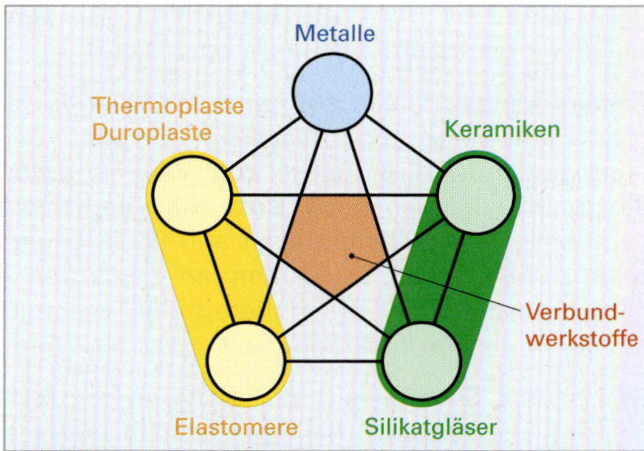

Bild 1: Die sechs Werkstoffklassen

Konstruktionsmetalle (1)
Aluminiumlegierung (Al), Kupferlegierungen (Cu), Bleilegierungen (Pb), Magnesiumlegierungen (Mg), Nickellegierungen (Ni), Stähle, Zinnlegierungen (Sn), Titanlegierungen (Ti), Wolframlegierungen (W), Zinklegierungen (Zn)

Konstruktionskeramik (2, hochfeste Feinkeramiken)
Aluminiumoxid (Al_2O_3), Diamant (C), SiAlON, Siliziumkarbid (SiC), Siliziumnitrid (Si_3N_4), Zirkonoxid (ZrO_2)

Poröse Keramik (3, niedrigfeste Grobkeramik)
Ziegel, Zement, Gesteine, Beton, Porzellan, Ton

Silikatgläser (4)
Borsilikatgläser (B-Glas), Natriumglas (Na-Glas), Siliziumoxid (SiO_2)

Konstruktionspolymere (5, Thermoplaste, Duroplaste)
Epoxy (EP), Melamin (MEL), Polycarbonat (PC), Polyester (PEST), Polyethylen, High-Density Polyethylen (HDPE), Low-Density Polyethylen (LDPE), Polyformaldehyd (PF), Polymethylmethacrylat (PMMA), Polypropylen (PP), Polytetrafluorethylen (PTFE), Polyvinylchlorid (PVC)

Elastomere (6)
Naturgummi, Hartbutylgummi, Polyurethan (PU), Silicongummi, Weichbutylgummi

Polymerschäume (7)
Kork, Polyester (PEST), Polystyrol (PS), Polyurethan (PU)

Hölzer (8)
Esche, Balsa, Fichte, Eiche, Kiefer

Bild 2: Die acht Werkstofffamilien innerhalb der sechs Werkstoffklassen

2 Wärmeleitfähigkeit – Temperaturleitfähigkeit

Wärme strömt längs eines Temperaturgefälles.

Die transportierte Wärmemenge Q, die in der Zeit t durch den Querschnitt A transportiert wird, bezeichnet man als Wärmefluss q:

$$q = \frac{Q}{A \cdot t} \tag{2.1}$$

Wärmeleitfähigkeit. Fließt in eine Platte der Dicke x auf der Vorderseite die gleiche Wärmemenge hinein wie auf der Rückseite hinaus (stationärer Zustand; **Bild 2.1**), so steigt mit zunehmender werkstoffspezifischer Wärmeleitfähigkeit λ und zunehmendem Temperaturgefälle $\Delta T/x$ die Intensität des Wärmeflusses.

Hierfür kann man eine Beziehung formulieren, die dem *1. Fick'schen Gesetz* der Diffusion vergleichbar ist:

$$q = \lambda \cdot \frac{\Delta T}{x} \tag{2.2}$$

Die transportierte Wärmemenge Q berechnet sich aus (2.1) und (2.2) zu

$$Q = A \cdot t \cdot \lambda \cdot \frac{\Delta T}{x} \tag{2.3}$$

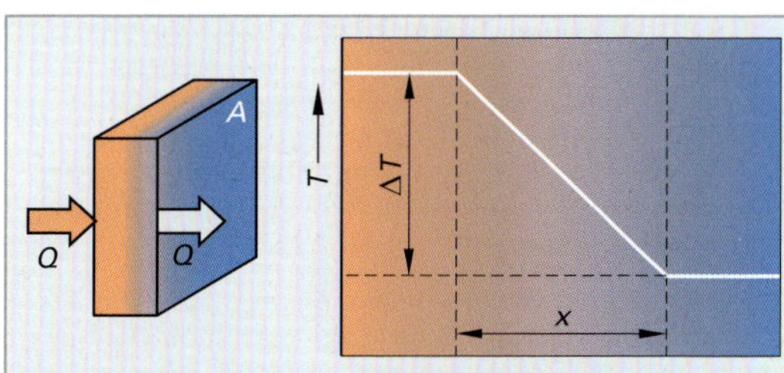

Bild 3: Stationärer Wärmefluss

Bild 1 zeigt die Wärmeleitfähigkeiten für verschiedene Werkstoffe bei Raumtemperatur.

Metalle: Metalle zeigen aufgrund der freien Elektronen eine sehr hohe Wärmeleitfähigkeit. Bei Reinmetallen ist die mittlere freie Weglänge der Elektronen sogar so groß, dass man bei ihnen die höchste Wärmeleitfähigkeit antrifft. In Legierungen werden die Elektronen an Legierungsatomen gestreut, was die mittlere freie Weglänge und damit die Wärmeleitfähigkeit etwas reduziert.

Bei Keramik, Silikatglas und Polymeren sind keine freien Elektronen vorhanden. Deshalb kann die Wärme hier allein durch elastische Gitterschwingungen (Phononen) geleitet werden.

Keramik: Zwischen ihren Bausteinen liegen die hochfeste Atombindung und die feste Ionenbindung vor, wodurch sich die Gitterschwingungen mit hoher Geschwindigkeit ausbreiten sollten. Allerdings werden die Gitterschwingungen bei polykristalliner Keramik an inneren und äußeren Grenzflächen gestreut, was die Ausbreitungsgeschwindigkeit der Gitterschwingungen hier reduziert. Letztendlich sind die Wärmeleitfähigkeiten polykristalliner Keramik geringer als bei Legierungen. Liegt jedoch ein keramischer Einkristall vor (beispielsweise Diamant) und ist die Temperatur hinreichend niedrig, so ist die Weglänge ungestörter Gitterschwingungen so groß, dass diese Werkstoffe eine den Reinmetallen vergleichbare Wärmeleitfähigkeit aufweisen.

Silikatglas: Zwischen den Bausteinen des Silikatglases liegen die hochfeste Atombindung und die feste Ionenbindung vor, wodurch sich die Gitterschwingungen mit hoher Geschwindigkeit ausbreiten sollten. Allerdings zeigt Silikatglas durchgehend eine amorphe Struktur, wodurch die Weglänge ungestörter Gitterschwingungen und damit die Wärmeleitfähigkeit kleiner sind als bei Keramik.

Polymere: Polymere bestehen aus Makromolekülen, innerhalb deren die hochfeste Atombindung angetroffen wird.

Bei den **amorphen Thermoplasten** sind die Makromoleküle aus entropischen Gründen durchgehend verknäuelt und verschlauft. Zwischen räumlich nahe beieinanderliegenden Makromolekülsegmenten sind bei Raumtemperatur Restvalenzbindungen anzutreffen, die thermisch induzierte Schwingungen der Makromoleküle behindern.

Bei den **teilkristallinen Thermoplasten** sind die Makromoleküle infolge ihres regelmäßigen Aufbaus über gewisse Strecken mäanderförmig gefaltet. Innerhalb dieser Kristallite bilden sich zwischen den Mäanderschleifen Restvalenzbindungen, die die thermisch induzierten Schwingungen der Makromoleküle innerhalb der Kristallite verhindern und wegen der kurzen Abstände der Bindungspartner im Vergleich zu den Restvalenzbindungen der amorphen Thermoplaste stark sind. Die Kristallite sind eingebettet in eine amorphe Masse, innerhalb der die Makromoleküle aus entropischen Gründen durchgehend verknäuelt und verschlauft vorliegen. Bei Raumtemperatur sind hier zwischen räumlich nahe beieinanderliegenden Makromolekülsegmenten Restvalenzbindungen anzutreffen, die thermisch induzierte Schwingungen der Makromoleküle behindern. Insgesamt ist die Wärmeleitfähigkeit größer als bei amorphen Thermoplasten.

Duroplaste weisen zwischen den Makromolekülen neben Restvalenzbindungen in großer Häufigkeit vernetzende hochfeste Atombindungen auf, weswegen ihre Wärmeleitfähigkeit der der teilkristallinen Thermoplaste vergleichbar ist.

Elastomere weisen zwischen den Makromolekülen keine Restvalenzbindungen und im Vergleich zu den Duroplasten in geringer Häufigkeit vernetzende hochfeste Atombindungen auf, wodurch deren Wärmeleitfähigkeit geringer als die der teilkristallinen Thermoplaste ist.

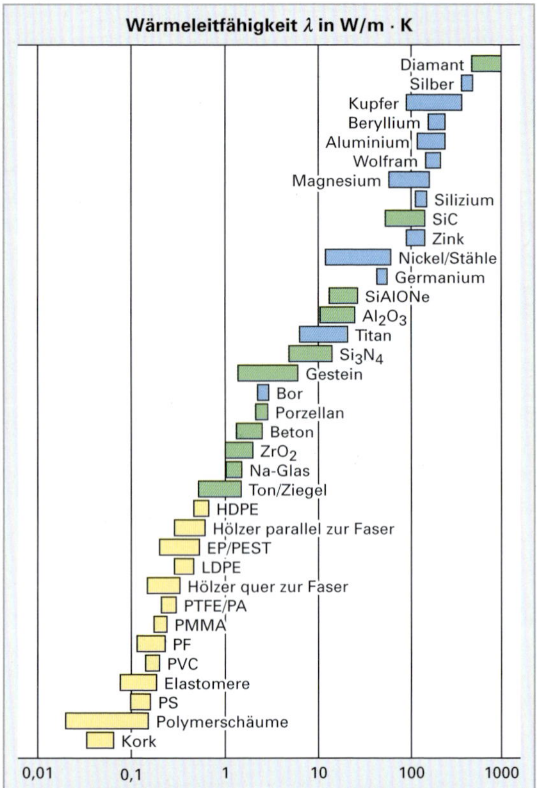

Bild 1: Bei Raumtemperatur ermittelte Wärmeleitfähigkeiten

Poröse Strukturen: Die geringste Wärmeleitfähigkeit zeigen wegen der gasigen Füllungen ihrer Zellen poröse Strukturen wie polymere Schäume, poröse Keramik (Feuerfestwerkstoffe und Ziegel) sowie Kork.

Temperaturleitfähigkeit

Wenn der Wärmezufluss in die Platte hinein dem Wärmeabfluss aus der Platte hinaus nicht entspricht, so ändert sich der Wärmeinhalt der Platte (instationärer Zustand).

Bild 1 zeigt dies für eine zuvor isotherme Platte der Dicke x, deren Temperatur auf der Vorderseite erhöht und auf der Rückseite konstant gehalten wird.

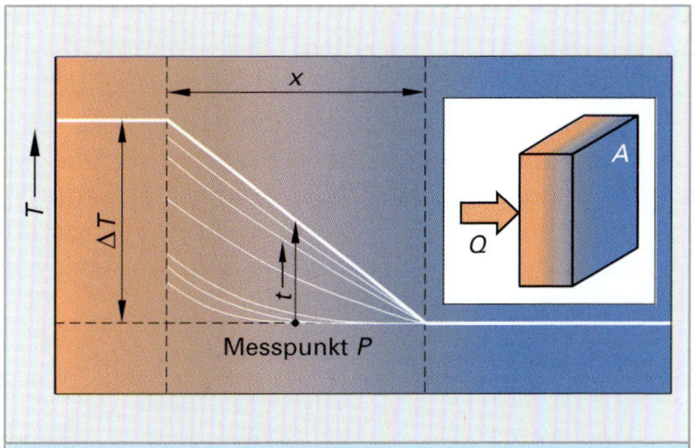

Bild 1: Instationärer Wärmefluss nach Temperaturerhöhung auf der Vorderseite einer Platte

An dem beliebigen Punkt P des Querschnitts ändert sich die Temperatur im Laufe der Zeit entsprechend der allgemeinen Wärmeleitungsgleichung

$$\frac{dT}{dt} = \frac{a \cdot d^2T}{dx^2} \quad (2.4)$$

Diese Beziehung ist dem 2. Fick´schen Gesetz der Diffusion vergleichbar. Die werkstoffspezifische Proportionalitätskonstante trägt die Bezeichnung Temperaturleitfähigkeit.

Bild 2 zeigt die Temperaturleitfähigkeiten, die für verschiedene Werkstoffe bei Raumtemperatur ermittelt wurden.

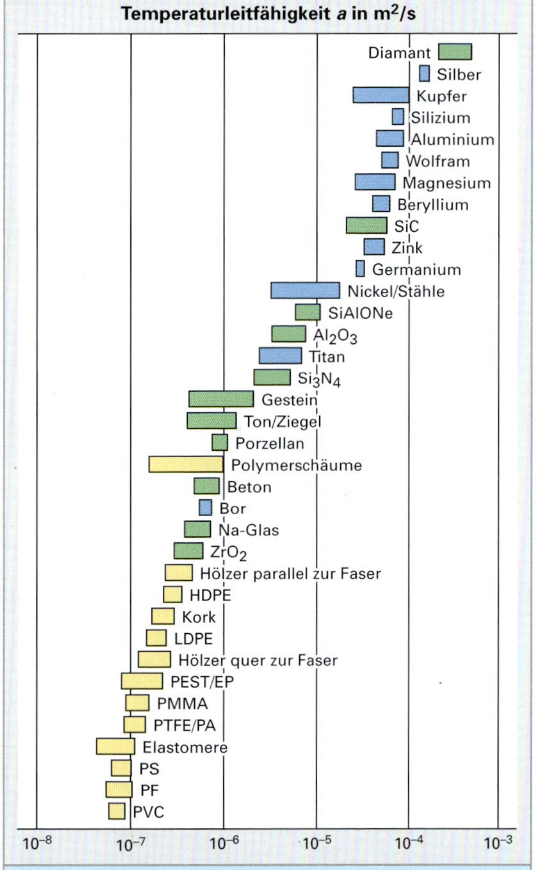

Bild 2: Bei Raumtemperatur ermittelte Temperaturleitfähigkeiten

Die Temperaturleitfähigkeit berechnet sich mit der Dichte ϱ, der Wärmekapazität c und der Wärmeleitfähigkeit λ des Werkstoffs zu

$$a = \frac{\lambda}{\varrho \cdot c} \quad (2.5)$$

Mit

$$S = \varrho \cdot c \quad (2.6)$$

lässt sich (2.5) auch schreiben als

$$S = \frac{\lambda}{a} \quad (2.7)$$

Dieser Zusammenhang führt in der in **Bild 1, Seite 548** dargestellten log λ-log a-Auftragung zu einer Kurvenschar mit der Steigung 1:

$$\log \lambda = \log a + \log S \quad (2.8)$$

und einem für die meisten Werkstoffe gültigen S-Wert von etwa $2 \cdot 10^6$ J/(m³ · K).

Für die Temperaturleitfähigkeiten nicht poröser Werkstoffe lassen sich analoge Aussagen machen wie für die Wärmeleitfähigkeit nicht poröser Werkstoffe.

Die größte Abweichung von der in **Bild 1** aufgezeigten Linearität zwischen Wärmeleitfähigkeit und Temperaturleitfähigkeit zeigen poröse Werkstoffe wie Polymerschäume, poröse Keramik (Ziegel und Feuerfestwerkstoffe) sowie Kork. Die gasige Füllung ihrer Zellen führt wegen der dadurch verringerten Masse und der daher geringeren Dichte und Wärmekapazität zu überproportional hohen Temperaturleitfähigkeiten.

Beispiele: Anhand der Wärmeleitfähigkeit und der Temperaturleitfähigkeit erfahren Sie in den Zusatzmaterialien den Weg der Auslegung einer Platte, die...

Beispiel A-1 als Wärmespeicher wirkt.

Beispiel A-2 als Wärmeschutz wirkt.

Beispiel N-1 eine definierte thermisch induzierte Dehnung aufweist.

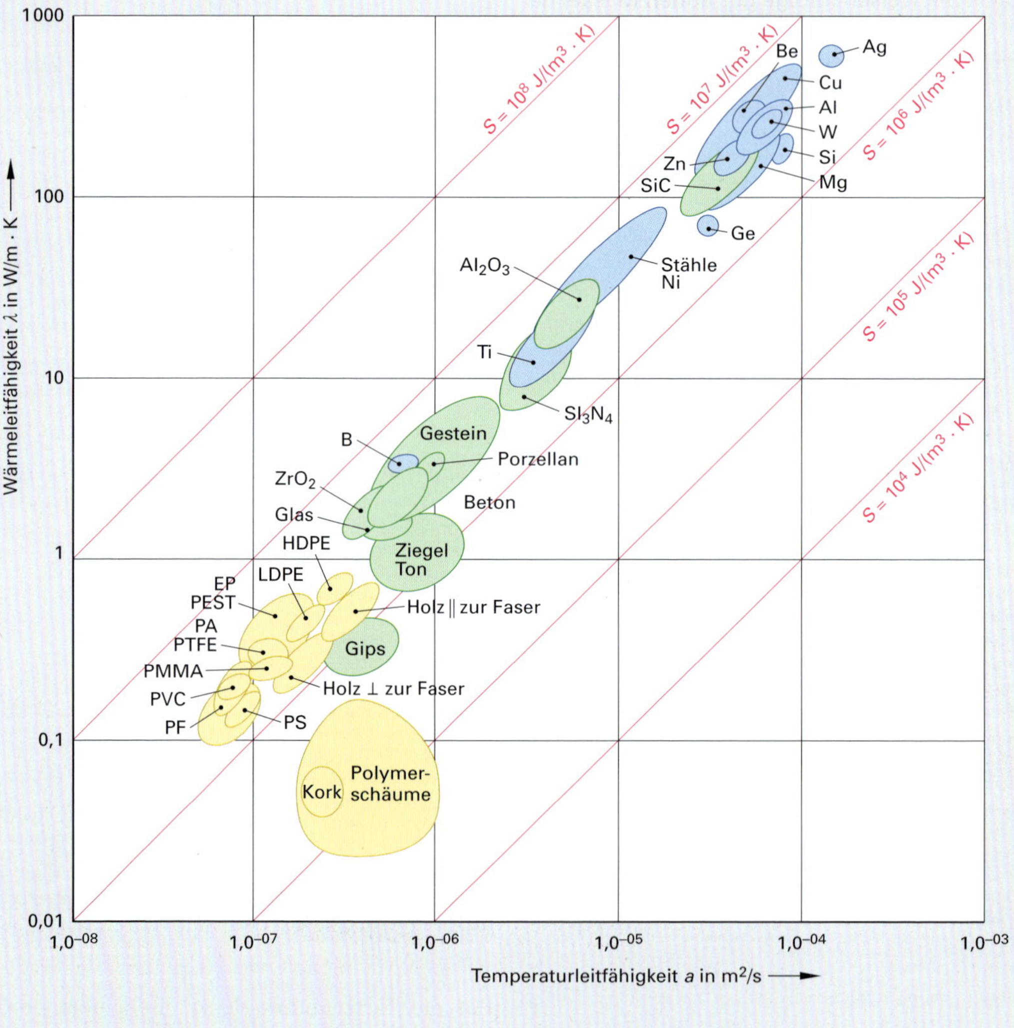

Bild 1: log λ-log a-Auftragung (nach [CES])

3 Dichte

Die Dichte der Werkstoffe wird von drei Charakteristika der Atome bzw. Ionen bestimmt, die sie aufbauen,

- der Masse der Atome bzw. Ionen (1 bis über 200 g/mol),
- dem Volumen der Atome bzw. Ionen (etwa $2 \cdot 10^{-29}$ bis $4 \cdot 10^{-29}$ m^3)
- der Packungsdichte der Atome oder Ionen (0,34 [offene Netzwerke wie beim Diamant] bis 0,74 [dichteste Kugelpackung])

Bild 1 zeigt die Dichte verschiedener Werkstoffe bei Raumtemperatur.

Metalle: Sie weisen infolge der hohen Masse, der hohen Volumina und der hohen Packungsdichte der Atome hohe Dichtewerte auf.

Keramik: Sie weisen infolge der niedrigeren Masse der Ionen, der niedrigen Volumina der Ionen und der hohen Packungsdichte der Ionen eine mittlere Dichte auf.

Polymere: Sie weisen infolge der geringen Masse der Atome, der geringen Volumina der Atome und der geringen Packungsdichte der Atome eine niedrige Dichte auf.

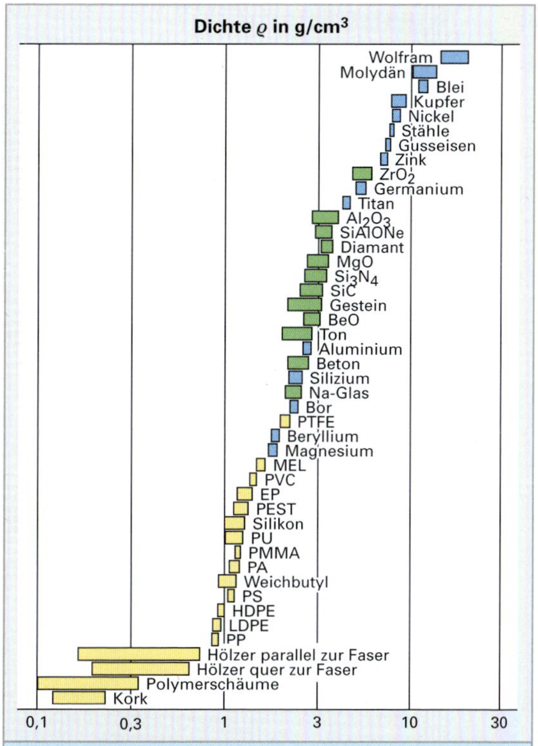

Bild 1: Bei Raumtemperatur ermittelte Dichten

Beispiele

Anhand der Dichte erfahren Sie in den Zusatzmaterialien den Weg der Auslegung ...

Beispiel B-1 ... einer Platte, die eine bestimmte Schallgeschwindigkeit aufweist.

... eines Bauteils, das eine definierte elastische Verformung und eine definierte Masse aufweist.

Beispiel C-1 Rohr unter Innendruck
Beispiel C-2 Stab unter Zugbeanspruchung
Beispiel C-3 Platte, die unterkritisch gestaucht wird
Beispiel C-4 Stab, der unterkritisch gestaucht wird
Beispiel C-5 Platte, die überkritisch gestaucht wird
Beispiel C-6 Stab, der überkritisch gestaucht wird
Beispiel C-7 Stab unter Torsion
Beispiel C-8 Balken quadratischen Querschnitts unter Biegung
Beispiel C-9 Balken kreisförmigen Querschnitts unter Biegung
Beispiel C-10 Platte unter Biegung
Beispiel C-11 Kragarm unter Biegung
Beispiel C-12 Kreisscheibe unter Druckdifferenz
Beispiel C-13 Kreisscheibe unter Eigengewicht
Beispiel C-14 Balken quadratischen Querschnitts unter Biegung
Beispiel C-15 Balken kreisförmigen Querschnitts unter Eigengewicht
Beispiel C-16 Platte unter Eigengewicht
Beispiel C-17 Kragarm unter Eigengewicht

... eines Bauteils, das unter Ausnutzung der Festigkeit eine definierte Masse aufweist.

Beispiel D-1 Rohr unter Innendruck
Beispiel D-2 Stab unter Zugbeanspruchung
Beispiel D-3 Platte, die unterkritisch gestaucht wird
Beispiel D-4 Stab, der unterkritisch gestaucht wird
Beispiel D-5 Stab unter Torsion
Beispiel D-6 Balkens quadratischen Querschnitts unter Biegung
Beispiel D-7 Balken kreisförmigen Querschnitts unter Biegung
Beispiel D-8 Platte unter Biegung
Beispiel D-9 Kragarm unter Biegung
Beispiel D-10 Balken quadratischen Querschnitts
Beispiel D-11 Balken kreisförmigen Querschnitts unter Eigengewicht
Beispiel D-12 Platte unter Eigengewicht
Beispiel D-13 Kragarm unter Eigengewicht

... eines Bauteils, das unter Ausnutzung der Versagensspannung beim Vorliegen eines Risses bekannter Länge eine definierte Masse aufweist.

Beispiel G-1 Rohr unter Innendruck
Beispiel G-2 Stab unter Zugbeanspruchung
Beispiel G-3 Platte unter Zugbeanspruchung
Beispiel G-4 Stab unter Torsion
Beispiel G-5 Platte unter Biegung
Beispiel G-6 Balken quadratischen Quer-schnitts
Beispiel G-7 Balken kreisförmigen Querschnitts unter Eigengewicht
Beispiel G-8 Kragarm unter Biegung
Beispiel G-9 Balken quadratischen Querschnitts unter Biegung
Beispiel G-10 Balken kreisförmigen Querschnitts unter Eigengewicht
Beispiel G-11 Platte unter Eigengewicht
Beispiel G-12 Kragarm unter Eigengewicht

4 Elastizitätsmodul

Bei isotropem Werkstoffzustand ist der Elastizitätsmodul E ein Maß für die elastische Verformung bei Zug- oder Druckbeanspruchung (**Bild 1**).

Für eine Scherung und eine Torsionsbeanspruchung lässt sich aus dem Elastizitätsmodul unter Verwendung der Poissonzahl ν der Schubmodul G berechnen. Für den Fall einer hydrostatischen Druckbeanspruchung lässt sich aus dem Elastizitätsmodul unter Verwendung der Poissonzahl ν der Kompressionsmodul K berechnen.

Mit $\nu = {}^1/_3$ ergibt sich als Näherungslösung für den Schubmodul G

$$G = 0{,}38 \cdot E \qquad (4.1)$$

bzw. für den Kompressionsmodul K

$$K = 0{,}83 \cdot E \qquad (4.2)$$

Eine Ausnahme stellen Elastomere dar, bei denen $G = {}^1/_3 \cdot E$ und $K >> E$ gilt.

Der Elastizitätsmodul von Festkörpern wird bestimmt von der Steifigkeit der Bindung zwischen benachbarten Bausteinen und der Häufigkeit der Bindungen pro Einheitsfläche eines Werkstoffquerschnitts. Eine Abschätzung des Elastizitätsmoduls entsprechend **Bild 2** führt mit der (Feder-) Steifigkeit D der einzelnen Bindung

- Atombindung (D_A = 20 N/m bis 200 N/m)
- Ionenbindung und Metallbindung ($D_{I/M}$ = 15 N/m bis 100 N/m)
- Restvalenzbindung: D_{RV} = 0,5 N/m bis 2 N/m)

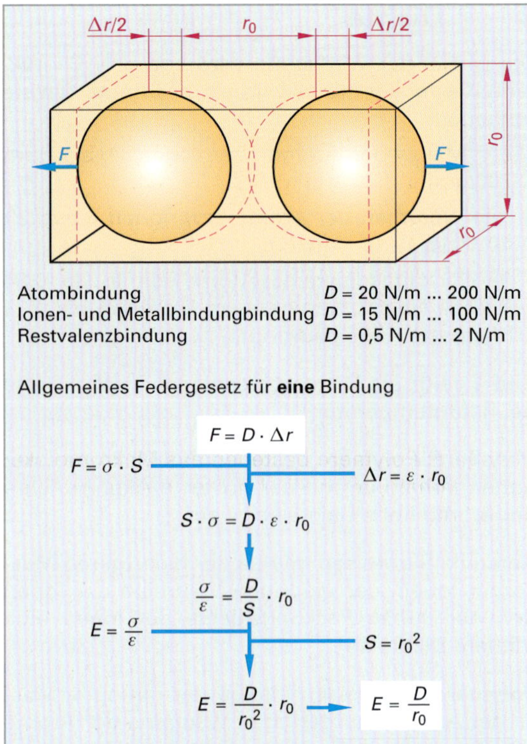

Bild 2: Abschätzung des Elastizitätsmoduls einer einzelnen Bindung

und dem Atomradius r_0 zu der Beziehung

$$E = \frac{D}{r_0} \qquad (4.3)$$

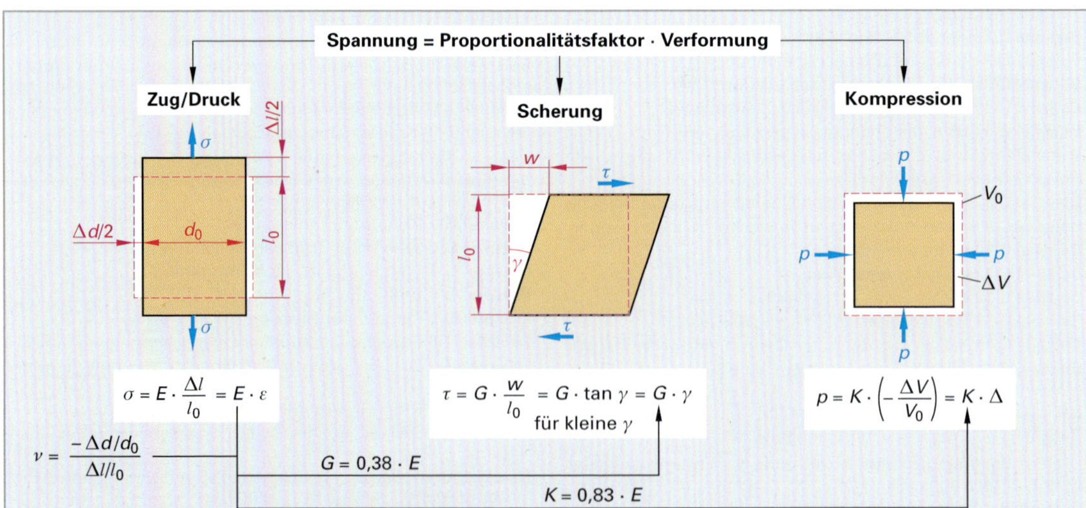

Bild 1: Elastisches Verhalten von Werkstoffen

Bild 1 zeigt die Größenordnung der für verschiedene Werkstoffe bei Raumtemperatur ermittelten Elastizitätsmoduli.

Keramik und Silikatglas: Keramik und Silikatglas weisen mit sehr großer Häufigkeit hochfeste Atombindungen und feste Ionenbindungen bei kleinem Atomdurchmesser und einer hohen Bindungshäufigkeit pro Einheitsfläche infolge des geringen Atomdurchmessers auf. Daher zeigen sie die höchsten Elastizitätsmoduli.

Metalle: Sie weisen mit der Metallbindung in sehr großer Häufigkeit feste Metallbindungen auf, weswegen die Elastizitätsmoduli der Metalle denen von Keramik und Silikatglas vergleichbar sind.

Polymere: Polymere bestehen aus Makromolekülen, innerhalb deren die hochfeste Atombindung angetroffen wird.

Bei den **amorphen Thermoplasten** sind die Makromoleküle aus entropischen Gründen durchgehend verknäuelt und verschlauft. Zwischen räumlich nahe beieinanderliegenden Makromolekülsegmenten sind bei Raumtemperatur Restvalenzbindungen anzutreffen, die thermisch induzierte Schwingungen der Makromoleküle behindern. Die vergleichsweise hohe Nachgiebigkeit der Verknäuelungen und Verschlaufungen sind ebenso wie die vergleichsweise geringe Häufigkeit von Bindungen zwischen den Makromolekülen für den vergleichsweise geringen Elastizitätsmodul der Polymere verantwortlich.

Bei den **teilkristallinen Thermoplasten** sind die Makromoleküle infolge ihres regelmäßigen Aufbaus über gewisse Strecken mäanderförmig gefaltet. Innerhalb dieser Kristallite bilden sich zwischen den Mäanderschleifen Restvalenzbindungen, die die thermisch induzierten Schwingungen der Makromoleküle innerhalb der Kristallite behindern und wegen der kurzen Abstände der Bindungspartner im Vergleich zu den Restvalenzbindungen der amorphen Thermoplaste stark sind. Die Kristallite sind eingebettet in eine amorphe Masse, die von den Makromolekülenden gebildet wird und innerhalb der die Makromolekülenden aus entropischen Gründen verknäuelt und verschlauft vorliegen. Bei Raumtemperatur sind hier selbst zwischen räumlich nahe beieinanderliegenden Makromolekülsegmenten Restvalenzbindungen anzutreffen, die thermisch induzierte Schwingungen der Makromoleküle behindern könnten. Insgesamt ist der Elastizitätsmodul der teilkristallinen Thermoplaste größer als der der amorphen Thermoplaste.

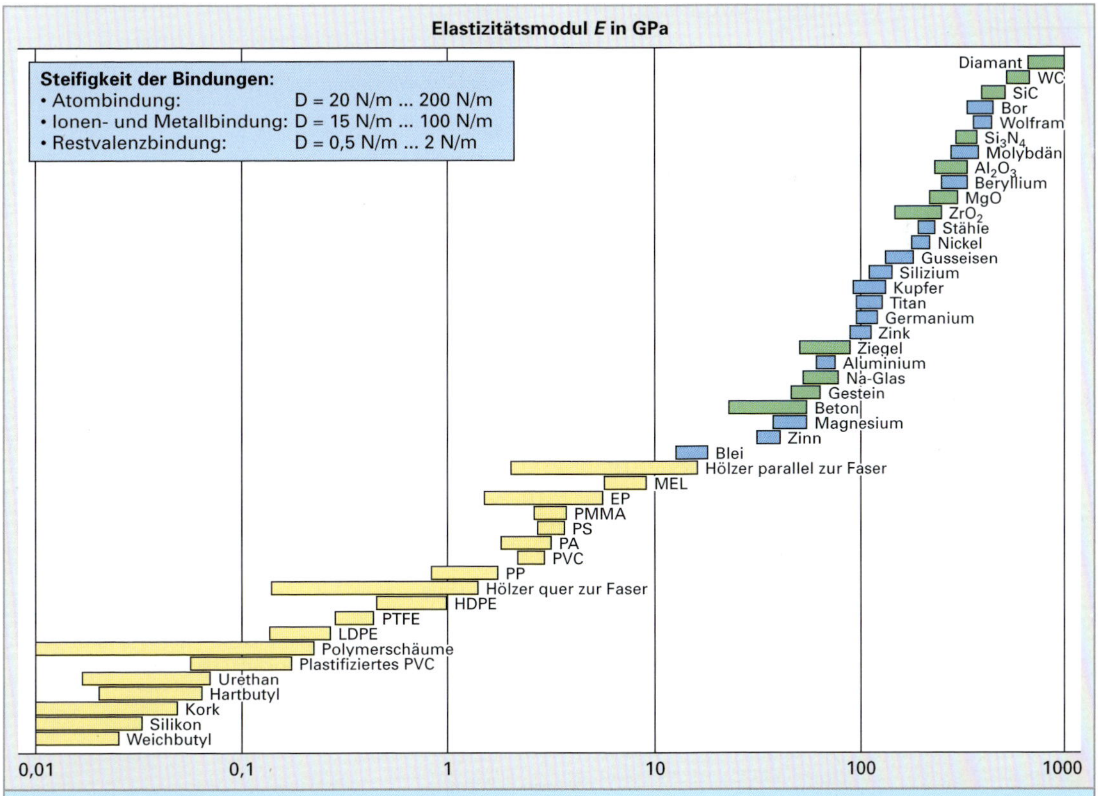

Bild 1: Bei Raumtemperatur ermittelte Elastizitätsmoduli

Duroplaste weisen zwischen den Makromolekülen neben Restvalenzbindungen in großer Häufigkeit vernetzende hochfeste Atombindungen auf, weswegen ihr Elastizitätsmodul größer als der der teilkristallinen Thermoplaste ist.

Die Untergrenze der Elastizitätsmoduli der Thermoplaste und Duroplaste lässt sich zu $E \approx 1$ GPa abschätzen, wenn in (4.3) die Bindungslänge $r_0 = 300 \cdot 10^{-12}$ m und die Steifigkeit einer Restvalenzbindung ($D = 0{,}5$ N/m) eingesetzt wird. Noch niedrigere Elastizitätsmoduli haben nur Elastomere sowie Schäume.

Elastomere weisen zwischen den Makromolekülen keine Restvalenzbindungen und im Vergleich zu den Duroplasten in geringer Häufigkeit vernetzende hochfeste Atombindungen auf. Letztere werden aber erst dann elastizitätsmodulanhebend, wenn die Makromoleküle weitestgehend gestreckt sind, was erst nach großer Verformung der Fall ist. Über weite Strecken der Verformung wirken allein die Makromolekülverknäuelungen und -verschlaufungen und führen zu einem Elastizitätsmodul, der geringer als der der amorphen Thermoplaste ist.

Poröse Strukturen: Die geringsten Elastizitätsmoduli zeigen poröse Strukturen wie polymere Schäume, poröse Keramik (Feuerfestwerkstoffe und Ziegel) sowie Kork. Ihre Zellwände verformen sich schon bei geringster Beanspruchung sehr stark.

Beispiele

Anhand des Elastizitätsmoduls erfahren Sie in den Zusatzmaterialien den Weg der Auslegung ...

Beispiel B-1 ... einer Platte, die eine bestimmte Schallgeschwindigkeit aufweist.

... eines Bauteils, das eine definierte elastischer Verformung und eine definierte Masse aufweist.

Beispiel C-1 Rohr unter Innendruck

Beispiel C-2 Stab unter Zugbeanspruchung

Beispiel C-3 Platte, die unterkritisch gestaucht wird

Beispiel C-4 Stab, der unterkritisch gestaucht wird

Beispiel C-5 Platte, die überkritisch gestaucht wird

Beispiel C-6 Stab, der überkritisch gestaucht wird

Beispiel C-7 Stab unter Torsion

Beispiel C-8 Balken quadratischen Querschnitts unter Biegung

Beispiel C-9 Balken kreisförmigen Querschnitts unter Biegung

Beispiel C-10 Platte unter Biegung

Beispiel C-11 Kragarm unter Biegung

Beispiel C-12 Kreisscheibe unter Druckdifferenz

Beispiel C-13 Kreisscheibe unter Eigengewicht

Beispiel C-14 Balken quadratischen Querschnitts unter Biegung

Beispiel C-15 Balken kreisförmigen Querschnitts unter Eigengewicht

Beispiel C-16 Platte unter Eigengewicht

Beispiel C-17 Kragarm unter Eigengewicht

... eines Bauteils, das unter Ausnutzung der Versagensspannung eine definierte elastische Verformung aufweist.

Beispiel E-1 Kreisscheibe unter Druckdifferenz

Beispiel E-2 Wälzlager

Beispiel E-3 Quetschdichtung

Beispiel E-4 Elastisches Gelenk

Beispiel F-1 ... eines Stabs unter Zugbeanspruchung, der bei einem Riss bekannter Länge die elastische Verformung ausnutzt.

Beispiel K-1 ... einer Feder, die maximal viel elastische Verformungsenergie pro Volumeneinheit speichert.

Beispiel L-1 ... einer Feder, die bei einem Riss bekannter Länge maximal viel elastische Verformungsenergie pro Volumeneinheit speichert.

Beispiel M-1 ... einer Feder, die einen definierten Verlust an elastischer Verformungsenergie pro Volumeneinheit zeigt.

Beispiel N-2 ... einer durchgehend erwärmten oder einer nur an einer ihrer Planflächen erwärmten Platte, die eine definierte Thermoschockbeständigkeit zeigt.

5 Versagensspannung

Metalle und Polymere zeigen mit zunehmender mechanischer Spannung nach dem Durchlaufen des elastischen Bereichs eine makroskopisch feststellbare plastische Verformung, die mit dem Bruch abschließt. Demhingegen kommt es bei Keramiken und Silikatglas nach dem Durchlaufen des elastischen Bereichs nicht zu einer makroskopisch feststellbaren plastischen Verformung, sondern unmittelbar zum Bruch. Die mechanische Spannung, mit deren Erreichen es

- bei **Metallen** und bei **Polymeren** zum Einsetzen einer makroskopisch feststellbaren plastischen Verformung
- bei **Keramiken** und bei **Silikatglas** unmittelbar zum Eintritt des Bruchs

kommt, wird, da ein Bauteil mit ihrem Erreichen im Sinne der Verwendbarkeit versagt, als Versagensspannung σ_v bezeichnet. **Bild 1** zeigt die für verschiedene Werkstoffe bei Raumtemperatur ermittelte Versagensspannung.

Keramik: Bei Keramik sind die in ihnen auftretenden hochfesten Atombindungen und Ionenbindungen lokalisiert. Zudem sind die positiv und negativ geladenen Bausteine periodisch angeordnet, was große Burgersvektoren zur Folge hat. Eine Versetzungsbewegung macht daher eine so hohe mechanische Spannung erforderlich, dass es, bei poröser Keramik zudem durch Kerbwirkung begünstigt, bei anliegender Zugspannung bereits vor Erreichen der Fließgrenze, mit deren Erreichen es zur makroskopisch feststellbaren plastischen Verformung käme, zum instabilen Risswachstum kommt. Der Bruch erfolgt also ohne makroskopisch feststellbare plastische Verformung bei einer Zugspannung, die unter der Fließgrenze liegt.

Im Gegensatz zu den Metallen und Polymeren ist die Versagensspannung bei Keramiken (und Silikatglas; s. u.) zudem von der Belastungsform abhängig: Wie **Bild 2** zeigt, ist die Versagensspannung, die im Druckversuch ermittelt wird, um den Faktor 10 bis 15 höher als im Zugversuch ($\sigma_v^d = 15 \cdot \sigma_v^z$). Da eine keramische Zugprobe oftmals schon beim Einspannen in die Prüfmaschine geschädigt und die nachfolgend im Zugversuch ermittelten Kennwerte von fragwürdiger Aussagekraft sind, wählt man als Ersatz für den Zugversuch in der Regel den Biegeversuch. Die Biegebruchfestigkeit entspricht nahezu der Versagensspannung, die im Zugversuch zu ermitteln wäre. **Bild 1** zeigt für Keramiken die Versagensspannung, einmal im Druckversuch (σ_v^d; hellgrün) und einmal im Biegeversuch (σ_v^b; dunkelgrün) ermittelt.

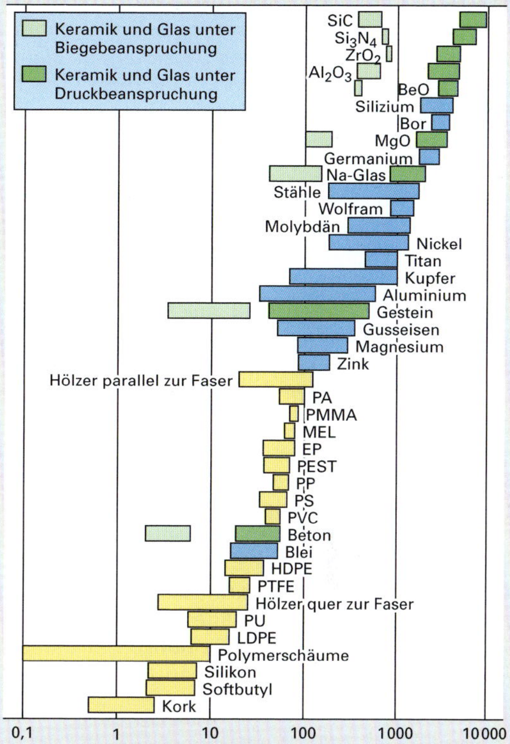

Bild 1: Bei Raumtemperatur ermittelte Versagensspannung

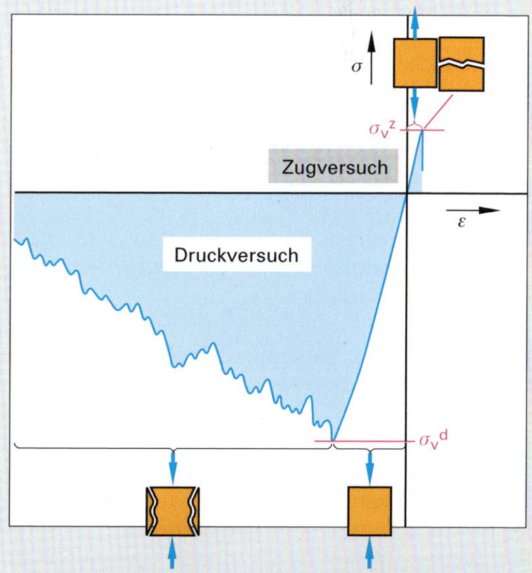

Bild 2: Spannungs-Dehnungs-Kurven für Keramik und Silikatglas beim Zugversuch und beim Druckversuch[1]

[1] Bennenungen siehe Fußnote Seite 507

Silikatglas: Bei Silikatglas sind gleichfalls hochfeste Atombindungen und Ionenbindungen vertreten. Die Versagensspannung wird aber vom Grad der Behinderung des Abscherens kleiner Molekülcluster im Netzwerk bestimmt. Da die Verformung das Aufbrechen starker Bindungen voraussetzt, ist die Versagensspannung der von Keramik vergleichbar. **Bild 1, Seite 553** zeigt für Silikatglas die Versagensspannung, einmal im Druckversuch ($\sigma_V{}^d$; hellgrün) und einmal im (Biegeversuch $\sigma_V{}^b$; dunkelgrün) ermittelt.

Metalle: Bei Metallen sind die festen Metallbindungen delokalisiert und die benachbarten Bausteine über weite räumliche Bereiche identisch, was bereits bei geringen mechanischen Spannungen eine Versetzungsbewegung erlaubt. Dadurch kommt es in der Regel schon bei geringer Spannung zu einer makroskopisch feststellbaren plastischen Verformung und – wenn überhaupt – erst bei einer höheren Spannung zum instabilen Risswachstum. Der Bruch erfolgt also nach makroskopisch feststellbarer plastischer Verformung. Bei Metallen gilt daher die mechanische Spannung als Versagensspannung, bei der sich eine plastische Verformung von 0,2 % einstellt: $\sigma_V{}^z = R_{p0,2}$ (**Bild 1**).

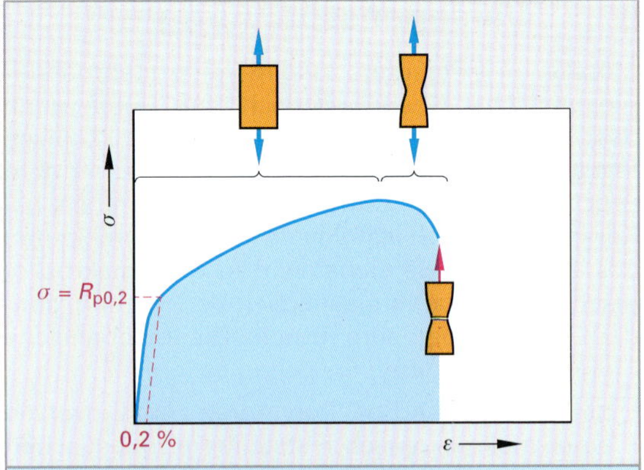

Bild 1: Typische Spannungs-Dehnungs-Kurve für Metalle, ermittelt im Zugversuch[1]

Polymere: Polymere bestehen aus Makromolekülen, innerhalb deren die hochfeste lokalisierte Atombindung angetroffen wird.

Bei den Thermoplasten und Duroplasten gilt die mechanische Spannung als Versagensspannung, bei der sich – vergleichbar den Metallen – eine deutlich wahrnehmbare plastische Verformung von beispielsweise 1 % einstellt ($\sigma_V{}^z = R_{p1,0}$). Bei Elastomeren gilt die Reißspannung als Versagensspannung.

Poröse Strukturen: Die geringsten Versagensspannungen zeigen poröse Strukturen wie polymere Schäume sowie Kork.

Die theoretische Versagensspannung wird von der Versagensspannung der Bindung zwischen den Atomen des Werkstoffs bestimmt. In Anknüpfung an Bild 2, Seite 550 lässt sich die Zugspannung, die zum Entfernen zweier benachbarter Atome aufzuwenden ist, bei bis zum Aufbrechen der Bindung rein elastischem Werkstoffverhalten über weite Strecken durch eine Sinusfunktion annähern **(Bild 1, Seite 550)**.

Bei den **amorphen Thermoplasten** sind die Makromoleküle aus entropischen Gründen durchgehend verknäuelt und verschlauft. Zwischen räumlich nahe beieinanderliegenden Makromolekülsegmenten sind bei Raumtemperatur Restvalenzbindungen anzutreffen, die thermisch induzierte Schwingungen der Makromoleküle verhindern. Die vergleichsweise hohe Nachgiebigkeit der Verknäuelungen und Verschlaufungen sind ebenso wie die vergleichsweise geringe Häufigkeit von Bindungen zwischen den Makromolekülen für die vergleichsweise geringen Versagensspannung der Polymere verantwortlich.

Bei den **teilkristallinen Thermoplasten** sind die Makromoleküle infolge ihres regelmäßigen Aufbaus über gewisse Strecken mäanderförmig gefaltet. Innerhalb dieser Kristallite bilden sich zwischen den Mäanderschleifen Restvalenzbindungen, die die thermisch induzierten Schwingungen der Makromoleküle innerhalb der Kristallite verhindern und wegen der kurzen Abstände der Bindungspartner im Vergleich zu den Restvalenzbindungen der amorphen Thermoplaste stark sind. Die Kristallite sind eingebettet in eine amorphe Masse, die von den Makromolekülenden gebildet wird und innerhalb der die Makromolekülenden aus entropischen Gründen verknäuelt und verschlauft vorliegen. Bei Raumtemperatur sind hier selbst zwischen räumlich nahe beieinanderliegenden Makromolekülsegmenten Restvalenzbindungen anzutreffen, die thermisch induzierte Schwingungen der Makromoleküle verhindern. Insgesamt ist die Versagensspannung der teilkristallinen Thermoplaste größer als die der amorphen Thermoplaste.

Duroplaste weisen zwischen den Makromolekülen neben Restvalenzbindungen in großer Häufigkeit vernetzende hochfeste Atombindungen auf, weswegen ihre Versagensspannung der der teilkristallinen Thermoplaste vergleichbar ist.

Elastomere weisen zwischen den Makromolekülen keine Restvalenzbindungen und im Vergleich zu den Duroplasten in geringer Häufigkeit vernetzende hochfeste Atombindungen auf, wodurch ihre Versagensspannung geringer als die der amorphen Thermoplaste ist.

[1] Bennenungen siehe Fußnote Seite 507

Spannung[1]:

$$\sigma = \sigma_{v,theor} \cdot \sin \frac{2 \cdot \pi \cdot x}{\lambda} \tag{5.1}$$

Da bei kleinen Auslenkungen x

$$\sin \frac{2 \cdot \pi \cdot x}{\lambda} = \frac{2 \cdot \pi \cdot x}{\lambda} \tag{5.2}$$

gilt, lässt sich für (5.1) schreiben

$$\sigma = \sigma_{v,theor} \cdot \frac{2 \cdot \pi \cdot x}{\lambda} \tag{5.3}$$

Unter Ansetzung des Hooke´schen Gesetzes folgt zudem

$$\sigma = E \cdot \varepsilon = E \cdot \frac{x}{r_0} \tag{5.4}$$

womit sich für (5.3) schreiben lässt

$$\sigma_{v,theor} = \frac{\lambda \cdot E}{2 \cdot \pi \cdot r_0} \tag{5.5}$$

Mit dem Aufbrechen der Bindung entsteht neue Oberfläche (zwei Bruchflächen!). Zu deren Schaffung ist Oberflächenenergie aufzubringen, die sich als Produkt aus der spezifischen Oberflächenenergie γ und der effektiven Bruchfläche (hier 2) ergibt. Sie wird der elastischen Verformungsenergie entnommen, die beim Aufbrechen der Bindung, die zwischen den Atomen herrschte, frei wird (Bild 1). (5.6)

$$\gamma \cdot 2 = \int_{x=0}^{x=\lambda/2} \left(\sigma_{v,theor} \cdot \sin \frac{2 \cdot \pi \cdot x}{\lambda}\right) dx = \frac{\lambda \cdot \sigma_{v,theor}}{\pi}$$

Werden (5.5) und (5.6) nach λ aufgelöst, gleichgesetzt und nach $\sigma_{v,theor}$ aufgelöst, so folgt

$$\sigma_{v,theor} = \sqrt{\frac{E \cdot \gamma}{r_0}} \tag{5.7}$$

Mit Werten für den Elastizitätsmodul E, die spezifische Oberflächenenergie γ und den Gitterparameter r_0, die für die als spröde bekannten keramischen Werkstoffe typisch sind (E = 250 GPa, $\gamma = 10^{-4}$ J/cm², $r_0 = 140 \cdot 10^{-12}$ m), lässt sich für $\sigma_{v,theor}$ angenähert schreiben

$$\sigma_{v,theor} = \frac{E}{6} \tag{5.8}$$

Durch Verknüpfung von (5.8) mit (5.3) ergibt sich die Durchmesserabhängigkeit und Elastizitätsmodulabhängigkeit der spezifischen Oberflächenenergie zu

$$\gamma = \frac{r_0 \cdot E}{36} \tag{5.9}$$

[1] siehe Fußnote Seite 507

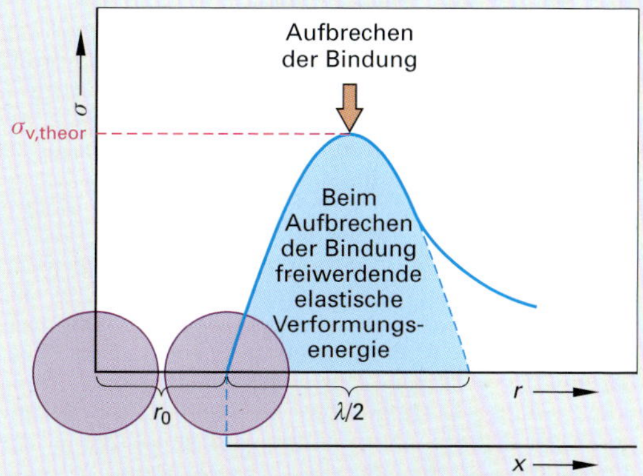

Bild 1: Zur Entfernung zweier benachbarter Atome aufzuwendende Zugspannung

Genauere Abschätzungen als die, die zu (5.1) führen, führen für die theoretische Versagensspannung zu

$$\sigma_{v,theor} = \frac{E}{10} \tag{5.10}$$

Um der genaueren Abschätzung gerecht zu werden, wird in (5.7) der Faktor x eingefügt:

$$\sigma_{v,theor} = \sqrt{x \cdot \frac{E \cdot \gamma}{r_0}} \tag{5.11}$$

und (5.11) mit (5.10) gleichgesetzt:

$$\sqrt{x \cdot \frac{E \cdot \gamma}{r_0}} = \frac{E}{10} \tag{5.12}$$

Mit bereits zuvor verwendeten Werten für den Elastizitätsmodul E, die spezifische Oberflächenenergie γ und den Gitterparameter r_0, die für Festkörper üblich sind (E = 250 GPa, $\gamma = 10^{-4}$ J/cm², $r_0 = 140 \cdot 10^{-12}$ m), lässt sich aus (5.12) x angenähert berechnen zu

$$x = \frac{E \cdot r_0}{100} \cdot \gamma = 0{,}35 \tag{5.13}$$

Mit x = 0,35 ergibt sich aus (5.13) für die Radienabhängigkeit der spezifischen Oberflächenenergie die allgemeine Beziehung

$$\gamma = \frac{r_0 \cdot E}{35} \tag{5.14}$$

(5.10) führt in der in **Bild 1, Seite 556** dargestellten log E-log $\sigma_{v,theor}$-Auftragung zu der zu

$$\log E = \log \sigma_{v,theor} + \log 10 \tag{5.15}$$

gehörenden, rot eingetragenen Kurve mit der Steigung 1.

Ihr kommen alle solche Werkstoffe nahe, die über die lokalisierte Atombindung verfügen (Keramiken, Glas und Polymere). Bei Keramiken und Glas kommt als Zusatzforderung hinzu, dass ihre Kennwerte nur dann der roten Linie nahe kommen, wenn sie auf Druck beansprucht werden, was herstellungsbedingte kerbwirksame Strukturen der Keramik und des Glases weniger versagensförderlich wirken lässt. Metalle liegen großteils deutlich oberhalb der roten Linie, da bei ihnen die Bindungen überwiegend delokalisiert sind (Ausnahmen: Übergangsmetalle wie B, Si und Ge, bei denen sich der delokalisierten Metallbindung die lokalisierte Atombindung zugesellt). Dies führt bei ihnen vor dem Eintritt des Bruchs zu einer mehr oder weniger ausgeprägten plastischen Verformung durch lokalisiertes Aufbrechen und Neuknüpfen von Bindungen durch bewegte Versetzungen. Nur die Elastomere und Polymerschäume überschreiten die rote Linie zu noch niedrigeren Elastizitätsmoduln hin. Bei Elastomeren hat dies seine Ursache darin, dass zwischen den Makromolekülen keine Restvalenzbindungen und im Vergleich zu den Duroplasten in geringer Häufigkeit vernetzende hochfeste Atombindungen vorliegen. Letztere wirken aber erst dann elastizitätsmodulanhebend, wenn die Makromoleküle weit genug gestreckt sind, was erst nach großer Verformung der Fall ist. Bis 1 % plastischer Dehnung wirken allein die Makromolekülverknäuelungen und Makromolekülverschlaufungen und führen zu einem Elastizitätsmodul, der geringer als der der amorphen Thermoplaste ist. Bei Polymerschäumen sind die Verbiegungen der Schaumzellwände für den abnorm niedrigen Elastizitätsmodul verantwortlich.

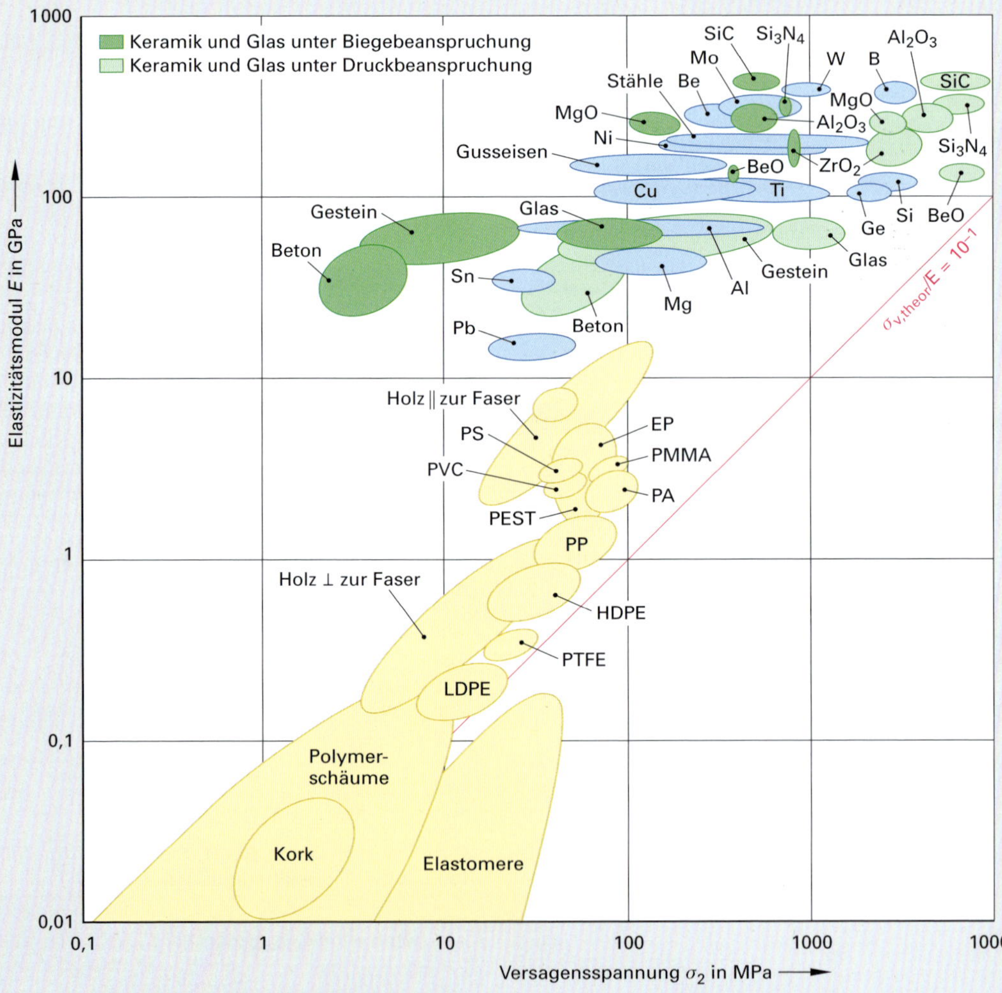

Bild 1: log E-log $\sigma_{v,theor}$-Auftragung (nach [CES])

Beispiele

Anhand der Versagensspannung erfahren Sie in den Zusatzmaterialien den Weg der Auslegung ...

... eines Bauteils, das bei definierter Masse die Versagensspannung ausnutzt.

Beispiel D-1 Rohr unter Innendruck

Beispiel D-2 Stab unter Zugbeanspruchung

Beispiel D-3 Platte, die unterkritisch gestaucht wird

Beispiel D-4 Stab, der unterkritisch gestaucht wird

Beispiel D-5 Stab unter Torsion

Beispiel D-6 Balken quadratischen Querschnitts unter Biegung

Beispiel D-7 Balken kreisförmigen Querschnitts unter Biegung

Beispiel D-8 Platte unter Biegung

Beispiel D-9 Kragarm unter Biegung

Beispiel D-10 Balken quadratischen Querschnitts unter Biegung

Beispiel D-11 Balken kreisförmigen Querschnitts unter Eigengewicht

Beispiel D-12 Platte unter Eigengewicht

Beispiel D-13 Kragarm unter Eigengewicht

... eines Bauteils, das unter Ausnutzung der Versagensspannung eine definierte elastische Verformung aufweist.

Beispiel E-1 Kreisscheibe unter Druckdifferenz

Beispiel E-2 Wälzlager

Beispiel E-3 Quetschdichtung

Beispiel E-4 Elastisches Gelenks

... eines Bauteils, das unter Ausnutzung der Versagensspannung beim Vorliegen eines Risses bekannter Länge eine definierte Masse aufweist.

Beispiel G-1 Rohr unter Innendruck

Beispiel G-2 Stab unter Zugbeanspruchung

Beispiel G-3 Platte unter Zugbeanspruchung

Beispiel G-4 Stab unter Torsion

Beispiel G-5 Platte unter Biegung

Beispiel G-6 Balken quadratischen Querschnitts unter Biegung

Beispiel G-7 Balken kreisförmigen Querschnitts unter Eigengewicht

Beispiel G-8 Kragarm unter Biegung

Beispiel G-9 Balken quadratischen Querschnitts unter Biegung

Beispiel G-10 Balken kreisförmigen Querschnitts unter Eigengewicht

Beispiel G-11 Platte unter Eigengewicht

Beispiel G-12 Kragarm unter Eigengewicht

Beispiel H-1 ... eines Kugelbehälters unter Innendruck, der bei zerstörungsfrei nachgewiesener Rissfreiheit die Versagensspannung ausnutzt.

Beispiel J-1 ... eines Kugelbehälters unter Innendruck, der bei zerstörungsfrei nicht nachweisbarer Rissfreiheit die Versagensspannung ausnutzt.

Beispiel K-1 ... eines Schwungrads, das maximal viel kinetische Energie pro Volumeneinheit bzw. pro Masseneinheit speichert.

6 Bruchzähigkeit

Die Erfahrung lehrt, dass, wenn der Widerstand eines Werkstoffs gegen plastische Verformung bereits groß ist, eine weitere Steigerung dieses Widerstandes kaum sinnvoll ist, da im Fall des Auftretens oder der Existenz von Rissen mit zunehmendem Widerstand eines Werkstoffs gegen plastische Verformung ein katastrophales Versagen durch instabiles Risswachstum immer wahrscheinlicher wird. Woran liegt das?

Risse haben in einem belasteten Bauteil vor der Rissspitze eine Spannungskonzentration zur Folge. Bei linear-elastischem Werkstoffverhalten hat der Spannungsverlauf vor der Rissspitze bei einem Riss mit dem endlichen Krümmungsradius ρ die in **Bild 1** qualitativ dargestellte Form (eine plastische Verformung ist bis zu höchsten Spannungen ausgeschlossen).

Für einen halbelliptischen Riss berechnet sich die an der Rissspitze maximale Zugspannung $\sigma_{y,max}$ zu

$$\sigma_{y,max} = \sigma \cdot 2 \cdot \sqrt{\frac{a}{\rho}} \tag{6.1}$$

während sich der Spannungsverlauf vor der Rissspitze in Abhängigkeit von r berechnet zu

$$\sigma_y = \frac{\sigma \cdot \sqrt{\pi \cdot a}}{\sqrt{2 \cdot \pi \cdot r}} \tag{6.2}$$

Der Zähler ist ein Maß für die Spannungskonzentration und wird als Spannungsintensitätsfaktor K_I bezeichnet („I" beschreibt den in Bild 1 dargestellten Fall, dass die außen angreifende Zugspannung senkrecht zur Rissflanke wirkt):

$$K_I = \sigma \cdot \sqrt{\pi \cdot a} \tag{6.3}$$

Wenn der Spannungsintensitätsfaktor infolge Steigerung der Spannung einen kritischen Wert erreicht, wird der Riss instabil und breitet sich mit der werkstoffspezifischen Schallgeschwindigkeit aus. Dieser kritische Wert wird als Bruchzähigkeit K_{Ic} bezeichnet:

$$K_{Ic} = \sigma_{krit} \cdot \sqrt{\pi \cdot a_{krit}} \tag{6.4}$$

Bild 2 zeigt die Größenordnung der für verschiedene Werkstoffe ermittelten Bruchzähigkeit. Bemerkenswert ist in Bild 2, dass die polymeren Werkstoffe eine ähnlich niedrige Bruchzähigkeit wie die keramischen Werkstoffe aufweisen. Bei keramischen Werkstoffen äußert sich dies in der allbekannten Sprödigkeit.

Bei polymeren Werkstoffen ist eine vergleichbare Sprödigkeit nicht anzutreffen. Vor der Auflösung dieses scheinbaren Widerspruchs soll das Kriterium für das Eintreten eines Sprödbruchs bei linear-elastischem Werkstoffverhalten hergeleitet werden. Griffith betrachtete dazu das Einsetzen des instabilen Risswachstums von der energetischen Seite. Dabei stellte er der Verformungsenergie

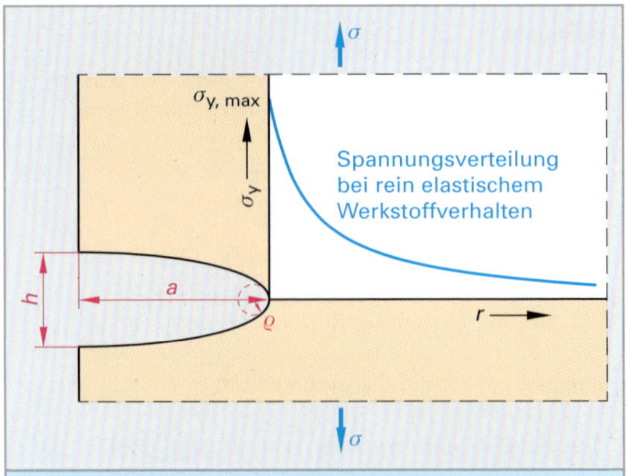

Bild 1: Spannungsverteilung vor einem endlich scharfen Riss bei rein elastischem Werkstoffverhalten

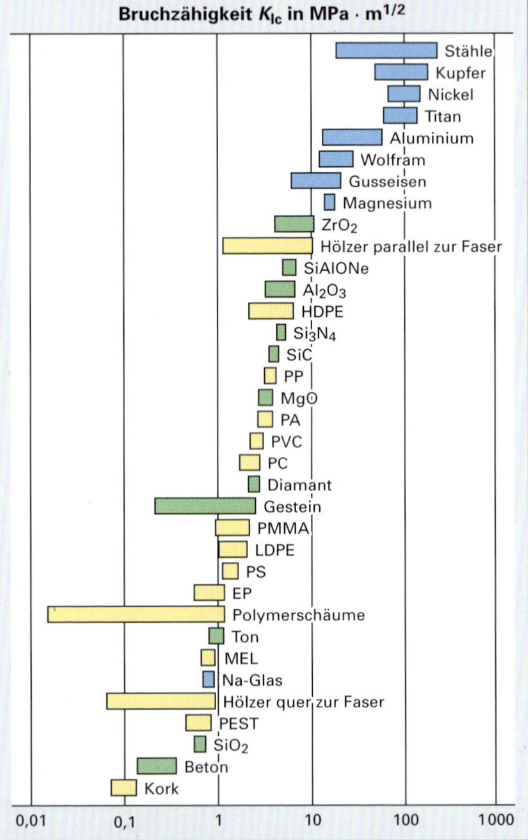

Bild 2: Bei Raumtemperatur ermittelte Bruchzähigkeiten

W_{eV}, die vor dem Risswachstum in den späteren Rissflankenvolumina gespeichert war und beim Risswachstum frei wird, die Oberflächenenergie W_O gegenüber, die zur Schaffung der Rissflanken beim Risswachstum aufzubringen ist. **Bild 1** zeigt dazu die r-Abhängigkeit von W_{eV} sowie W_O für eine Platte mit einem Innenriss der Länge $2 \cdot a$.

Die elastische Verformungsenergie W_{eV}, die im Werkstoff vor dem Einbringen eines Risses der Länge $2 \cdot a$ gespeichert ist und mit dem Risswachstum frei wird (daher negatives Vorzeichen!), lässt sich bei einem als elliptisch angenommenen Volumen V mit Durchmesser $2a$ und einer Plattendicke von „1"

$$V = \pi \cdot a \cdot a \cdot 1 = \pi \cdot a^2 \tag{6.5}$$

und der spezifischen elastischen Verformungsenergie $W_{eV}{}^*$

$$W_{eV}{}^* = -\frac{1}{2} \cdot \sigma \cdot \varepsilon \tag{6.6}$$

berechnen zu

$$W_{eV} = \pi \cdot a^2 \cdot \left(-\frac{1}{2} \cdot \sigma \cdot \varepsilon\right) = \frac{-\pi \cdot a^2 \cdot \sigma \cdot \varepsilon}{2} \qquad (6.7^1)$$

Unter Verwendung des Hooke'schen Gesetzes

$$\sigma = E \cdot \varepsilon \tag{6.8}$$

folgt daraus

$$W_{eV} = -\frac{\pi \cdot a^2 \cdot \sigma^2}{E} \tag{6.9}$$

Die Oberflächenenergie W_O, die mit dem Risswachstum zur Schaffung der Flanken des Risses der Länge $2 \cdot a$ aufzubringen ist (daher positives Vorzeichen!), berechnet sich bei einer Platte der Dicke „1" mit der spezifischen Oberflächenenergie γ zu

$$W_O = 2 \cdot (2 \cdot a \cdot 1) \cdot \gamma \tag{6.10}$$

Betrachtet sei nun der Fall, dass ein Riss um die infinitesimal kleine Strecke da wächst. Entspricht die elastische Energie, die beim Wachstum des Risses um da frei wird, der Oberflächenenergie, die zur Bildung der neu entstehenden Rissflanken aufzubringen ist, was bei $\sigma = \sigma_{krit}$ und $a = a_{krit}$ der Fall ist, so beginnt der Riss instabil zu wachsen (Bild 1). Das Kriterium für das Einsetzen eines instabilen Risswachstums lautet also

$$\frac{d|W_{eV}|}{da} = \frac{dW_O}{da} \tag{6.11}$$

Wird (6.11) auf (6.9) und (6.10) angewendet, so ergibt sich

$$\frac{2 \cdot \pi \cdot a_{krit} \cdot \sigma_{krit}{}^2}{E} = 4 \cdot \gamma \tag{6.12}$$

Wird (6.12) so umgeformt, dass die Werkstoffkennwerte auf derselben Seite der Gleichung stehen, so folgt

$$\sigma_{krit} \sqrt{\pi \cdot a_{krit}} = \sqrt{2 \cdot E \cdot \gamma} \tag{6.13}$$

und mit (6.4)

$$K_{Ic} = \sqrt{2 \cdot E \cdot \gamma} \tag{6.14}$$

Diese alleinige Abhängigkeit der Bruchzähigkeit vom Elastizitätsmodul E und der spezifischen Oberflächenenergie γ dokumentiert, dass die Bruchzähigkeit ein Werkstoffkennwert ist. Mit (5.14) lässt sich für (6.14) schreiben

$$K_{Ic} = E \cdot \sqrt{\frac{2 \cdot r_0}{30}} \tag{6.15}$$

bzw.

$$\frac{K_{Ic}}{E} = \sqrt{\frac{r_0}{15}} \tag{6.16}$$

Mit einem für keramische und polymere Werkstoffe typisch geringen r_0-Wert von $140 \cdot 10^{-12}$ m ergibt sich für (6.16)

$$\frac{K_{Ic}}{E} = 3 \cdot 10^{-6} \sqrt{m} \tag{6.17}$$

Wird (6.17) logarithmiert, so ergibt sich

$$\log K_{IC} = \log E + \log (3 \cdot 10^{-6} \sqrt{m}) \tag{6.18}$$

[1] Die zuvor gemachte Annahme, dass das entspannte Werkstoffvolumen eine Zylinderform aufweist, erwies sich bei genauerer Betrachtung als nicht haltbar. Das entspannte Volumen liegt danach um den Faktor 2 höher.

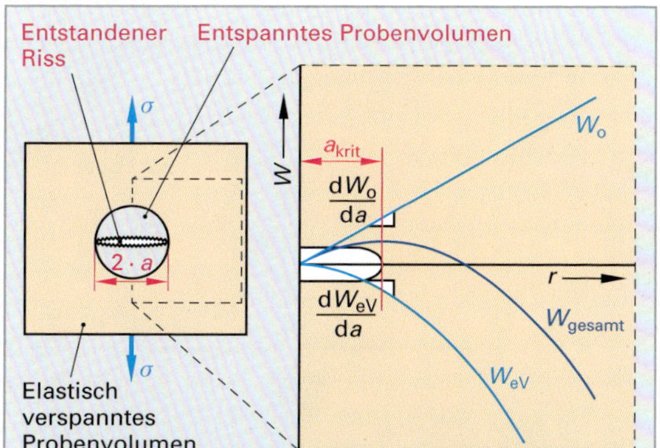

Bild 1: Beim Risswachstum freiwerdende elastische Verzerrungsenergie W_{eV} und zum Risswachstum aufzuwendende Oberflächenenergie W_O

In der log K_{Ic}-log E-Auftragung, die in **Bild 1** gezeigt ist, stellt diese Beziehung eine Gerade mit der Steigung 1 dar und ist als Schwelle für katastrophales Versagen bei linear-elastischem Werkstoffverhalten dargestellt.

Diese Schwelle wird nur bei Wirkung risswachstums-förderlicher Prozesse wie Korrosion und Ermüdung unterboten, ein katastrophales Versagen also immer weiter begünstigt. Dagegen wird diese Schwelle durch Prozesse überboten, die ihrerseits Energieverbraucher darstellen. Hierzu zählt bei monolithischen Werkstoffen die plastische Verformung des Werkstoffsvolumens, das der Rissspitze vorgelagert ist. Die plastische Verformung führt dort zum Spannungsspitzenabbau und zur Rissabstumpfung, zu Phänomenen also, die das katastrophale Versagen immer unwahrscheinlicher werden lassen.

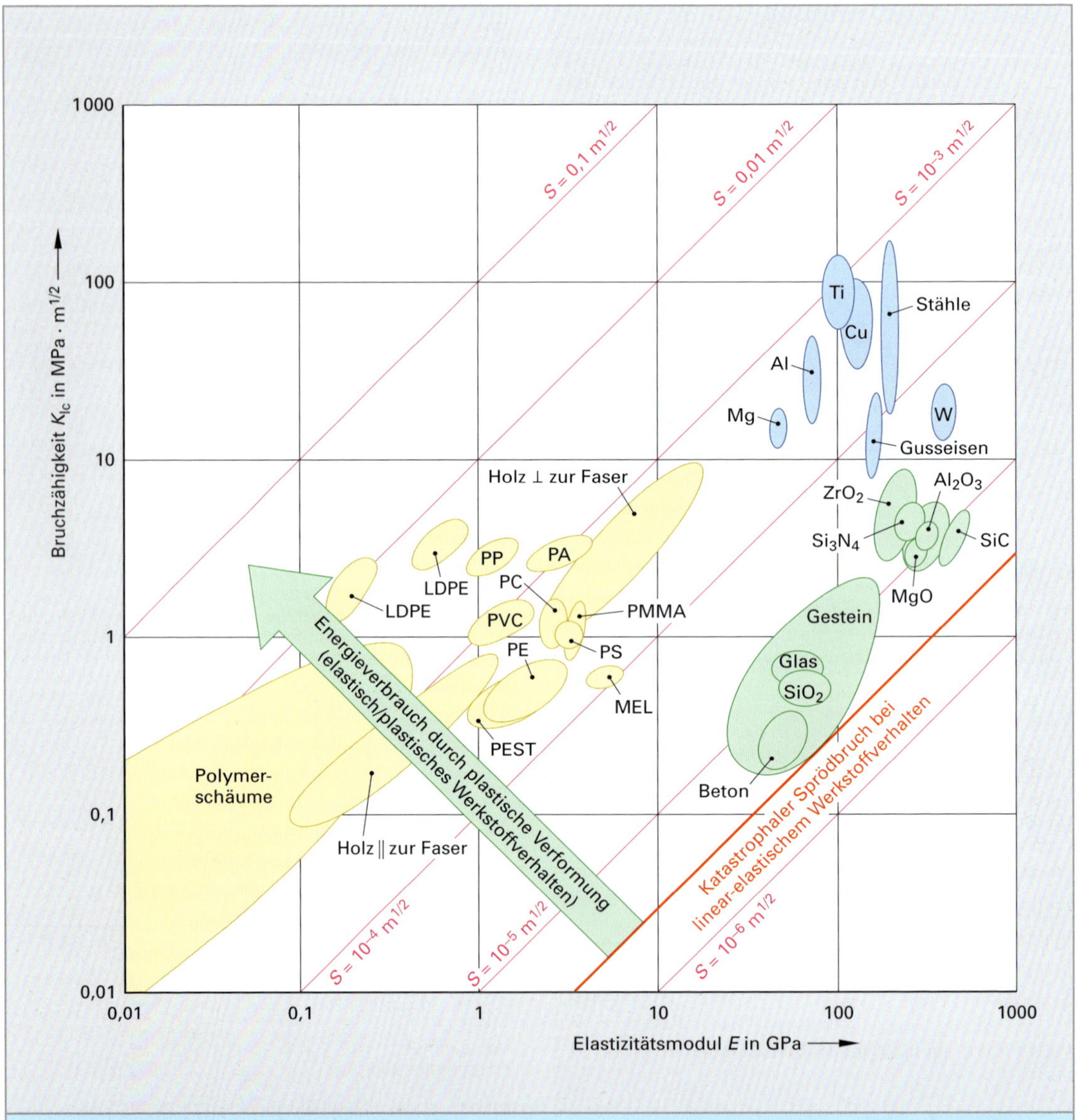

Bild 1: Werkstoffe mit nahezu linear-elastischem und mit deutlich elastisch/plastischem Werkstoffverhalten (nach [CES])

Betrachtet sei der Fall des elastisch/plastischen Werkstoffverhaltens, durch das vor der Rissspitze eine mehr oder weniger stark ausgeprägte plastische Zone und eine Rissabstumpfung zustande kommen. **Bild 1** verdeutlicht die Korrektur der Größe der plastischen Zone nach Irwin, der der Einfachheit halber ein elastisch/ideal-plastisches Werkstoffverhalten zugrunde liegt, bei dem die Spannungs-Dehnungs-Kurve also ab der Fließgrenze durch eine Horizontale angenähert wird.

Die Spannungsverteilung, die bei linear-elastischer Betrachtungsweise gewonnen wurde, wird bei Zugrundelegung eines elastisch/ideal-plastischen Werkstoffverhaltens bei der Fließgrenze $R_{p0,2}$ abgeschnitten (blau punktierte Kurve in Bild 1): Der Werkstoff kann keine Spannungen ertragen, die die Fließgrenze überschreiten. Nun entspricht die Erstreckung der plastischen Zone vor der Rissspitze in der extrapolierten Rissebene aber nicht r_{pl}, denn durch das Abschneiden geht die mit S_1 bezeichnete Fläche verloren, wodurch das Kräftegleichgewicht gestört ist. Um es wieder einzustellen, muss die blau punktierte Kurve so weit von der Rissspitze weg geschoben werden, bis die zuvor verloren gegangene Fläche A_1 der neu gewonnenen Fläche S_2 entspricht (gelb gestrichelte Kurve in Bild 1). Es lässt sich zeigen, dass die plastische Zone in der extrapolierten Rissebene nach der Korrektur eine Erstreckung von $2 \cdot r_{pl}$ aufweist. Irwin nahm die plastische Zone als kreisförmig an, wobei der Kreismittelpunkt in der extrapolierten Rissebene in r_{pl} liegt, d. h. die physikalische Rissspitze in einem Punkt berührt (Bild 1).

Das Zentrum des als kreisförmig angenommenen elastischen Spannungsfeldes ist durch die Korrektur so weit von der Rissspitze weg in eine Position geschoben worden, als ob es in einem ideal-elastischen Werkstoff zu einem Riss der Länge $a + r_{pl}$ gehört. Ist diese effektive Erstreckung der plastischen Zone in der extrapolierten Rissebene klein im Vergleich zu den Probenabmessungen, so kann der elastische Spannungszustand, der außerhalb der plastischen Zone herrscht, unter Ansetzung der Risslänge auch weiterhin mit den Formeln der linear-elastischen Betrachtungsweise beschrieben werden. Zum instabilen Risswachstum kommt es demnach, wenn die angreifende Zugspannung bei der Risslänge entsprechend (6.11) den kritischen Wert erreicht:

$$\sigma_{krit} = \sqrt{\frac{K_{Ic}^2}{\pi \cdot a}} \qquad (6.19)$$

Wird (6.19) unter Verwendung von $\sigma_{krit} = \sigma_v$ (= $R_{p0,2}$) und $a = S$ logarithmiert, so folgt

$$\log K_{Ic} = \log \sigma_v + \frac{1}{2} \cdot \log(\pi \cdot S) \qquad (6.20)$$

[1] *Irwin* und *McClintock* konnten später zeigen, dass die plastische Zone weder an der Probenoberfläche noch im Probeninnern kreisförmig ist und im Probeninnern infolge des dort dreidimensionalen Spannungszustandes in ihrer Erstreckung in der extrapolierten Rissebene deutlich kleiner als an der Probenoberfläche ist, wo ein zweidimensionaler Spannungszustand herrscht.

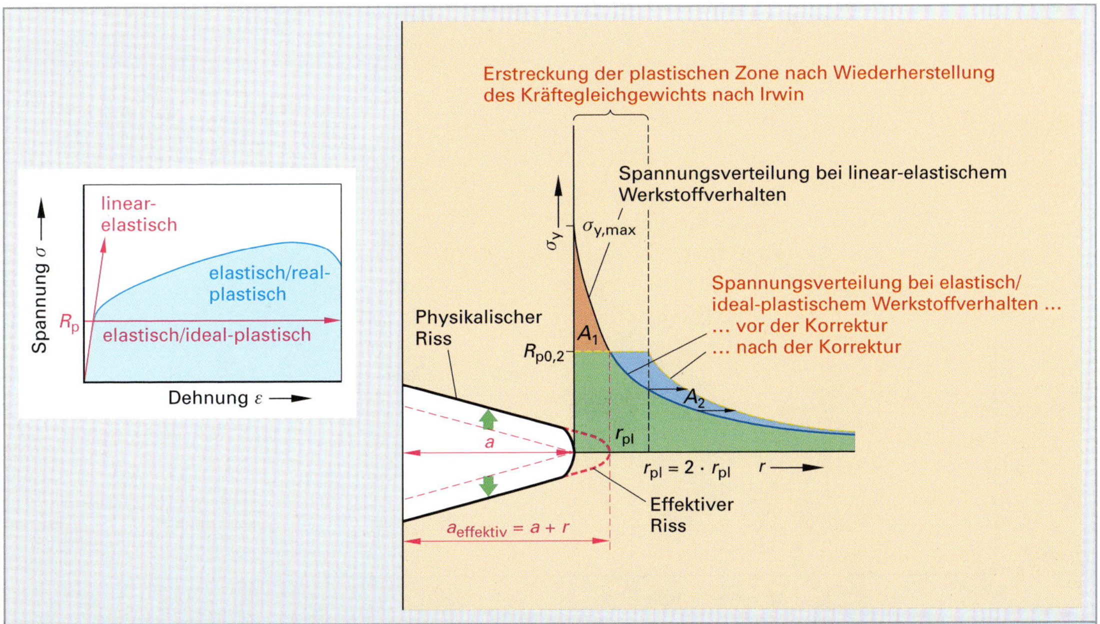

Bild 1: Zustandekommen einer plastischen Zone vor einem Riss und Korrektur der Risslänge zur weiteren Nutzung der linear-elastischen Betrachtungsweise

In einer log K_{Ic}-log σ_v-Auftragung führt dies zu Geraden mit der Steigung 1 (**Bild 1**). Man erkennt, dass die kritische effektive Risslänge in Abhängigkeit vom Werkstoff zwischen $6 \cdot 10^{-4}$ mm (spröde Werkstoffe wie Keramik, Silikatglas) und nahezu 50 mm (duktile Werkstoffe wie viele Metalle) variiert.

Abschließend soll die scheinbare Diskrepanz zwischen der niedrigen Bruchzähigkeit bei polymeren Werkstoffen und der in der Praxis nicht anzutreffenden Sprödigkeit aufgeklärt werden. Wie zuvor dargestellt wurde, geht dem instabilen Risswachstum in der Regel eine plastische Verformung des Werkstoffvolumens vor der Rissspitze voraus beziehungsweise begleitet dieses. Da jede plastische Verformung eine Energiebereitstellung voraussetzt, muss diese Energie zu der Energie hinzugerechnet werden, die zur Schaffung von Oberfläche aufzuwenden ist. Leider ist die Energie, die zur plastischen Verformung aufzubringen ist, aber nur ungenau zu quantifizieren. Aus diesem Grund schlug Irwin vor, den Energieverbrauch außer Acht zu lassen und als Kriterium für das Einsetzen des instabilen Risswachstums das Erreichen einer kritischen Energiefreisetzungsrate G_{Ic} (c = kritisch) zu verwenden. Sie ergibt sich wie folgt: In eine Platte der Dicke „1“, die von der Zugspannung σ beansprucht wird, wird entsprechend Bild 1, Seite 561 senkrecht zur Zugspannung σ ein Riss der Länge $2 \cdot a$ eingebracht, der über die Querschnittsfläche S (= $2 \cdot a \cdot 1$) eine Werkstofftrennung entstehen lässt.

Die elastische Verformungsenergie W_{eV}, die dabei freigesetzt wird, berechnet sich anhand (6.9) zu

$$W_{eV} = -\frac{\pi \cdot S^2 \cdot \sigma^2}{4 \cdot E} \qquad (6.21)$$

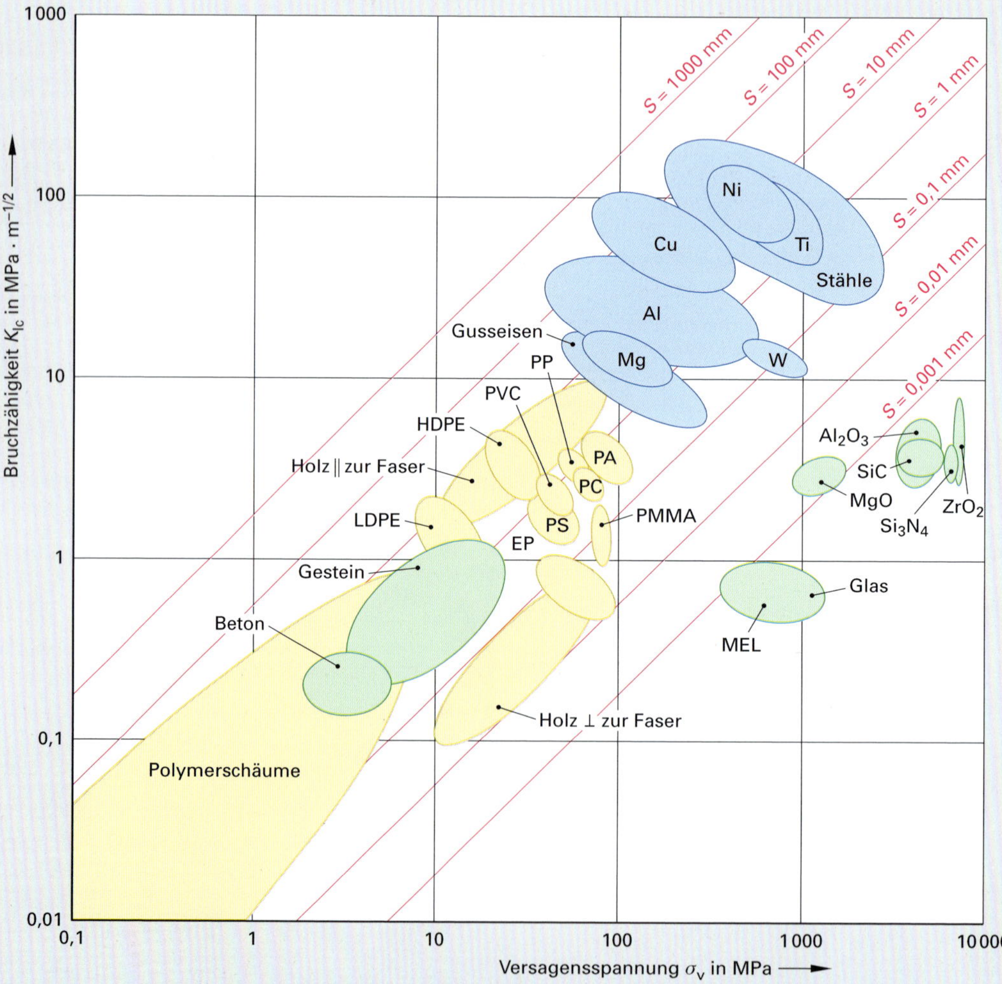

Bild 1: log K_{Ic}-log σ_v-Auftragung mit den kritischen effektiven Risslängen (nach [CES])

Betrachtet sei nun wieder der Fall, dass die Rissfläche um die infinitesimal kleine Fläche dS wächst. Die elastische Verformungsenergie dW_{eV}, die pro dS freigesetzt wird und als Energiefreisetzungsrate G_I bezeichnet wird, errechnet sich zu (6.22)

$$G_I = \frac{d|W_{eV}|}{dS} = \frac{\pi \cdot S \cdot \sigma^2}{2 \cdot E} = \frac{\pi \cdot a \cdot \sigma^2}{E} = \frac{1}{2}\,\frac{|d\,W_{eV}|}{da}$$

Mit

$$K_I^2 = \sigma^2 \cdot \pi \cdot a \qquad (6.23)$$

erhält man aus (6.22)

$$G_I = \frac{K_I^2}{E} \qquad (6.24)$$

Erreicht die Energiefreisetzungsrate den kritischen Wert G_{Ic} (c = kritisch)

$$G_{Ic} = \frac{K_{Ic}^2}{E} \qquad (6.25)$$

wofür sich mit (6.12) auch

$$G_{Ic} = 2 \cdot \gamma \qquad (6.26)$$

schreiben lässt, so beginnt der Riss instabil zu wachsen. Wird (6.25) mit $G_{Ic} = S$ logarithmiert, so folgt

$$\log K_{Ic} = \frac{1}{2} \cdot \log E + \frac{1}{2} \cdot \log S \qquad (6.27)$$

In einer log K_{Ic}-log E-Auftragung führt dies zu Geraden mit der Steigung 0,5 (**Bild 1**). Nun erkennt man, warum sich viele Polymere trotz einer den Keramiken vergleichbar geringen Bruchzähigkeit in der Praxis im Gegensatz zu diesen durch eine akzeptable plastische Verformbarkeit auszeichnen: Die für das Risswachstum kritische Energiefreisetzungsrate der Polymere ist erheblich größer als die der Keramiken.

Beispiele

Anhand der Bruchzähigkeit erfahren Sie in den Zusatzmaterialien den Weg der Auslegung ...

Beispiel F-1 ... eines Stabs unter Zugbeanspruchung, der, bei einem Riss bekannter Länge, die elastische Verformung ausnutzt.

... eines Bauteils, das unter Ausnutzung der Versagensspannung beim Vorliegen eines Risses bekannter Länge, eine definierte Masse aufweist.

Beispiel G-1 Rohr unter Innendruck

Beispiel G-2 Stab unter Zugbeanspruchung

Beispiel G-3 Platte unter Zugbeanspruchung

Beispiel G-4 Stab unter Torsion

Beispiel G-5 Platte unter Biegung

Beispiel G-6 Balken quadratischen Querschnitts unter Biegung

Beispiel G-7 Balken kreisförmigen Querschnitts unter Eigengewicht

Beispiel G-8 Kragarm unter Biegung

Beispiel G-9 Balken quadratischen Querschnitts unter Biegung

Beispiel G-10 Balken kreisförmigen Querschnitts unter Eigengewicht

Beispiel G-11 Platte unter Eigengewicht

Beispiel G-12 Kragarm unter Eigengewicht

Beispiel H-1 ... eines Kugelbehälters unter Innendruck, der bei zerstörungsfrei nachgewiesener Rissfreiheit die Versagensspannung ausnutzt.

Beispiel J-1 ... eines Kugelbehälters unter Innendruck, der bei zerstörungsfrei nicht nachweisbarer Rissfreiheit die Versagensspannung ausnutzt.

Beispiel L-1 ... einer Feder, die bei einem Riss bekannter Länge maximal viel elastische Verformungsenergie pro Volumeneinheit speichert.

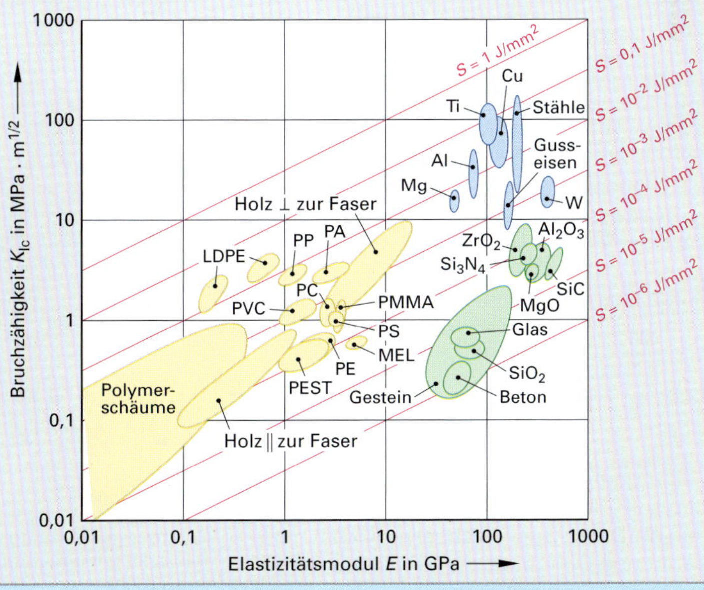

Bild 1: log K_{Ic}-log E-Auftragung mit Linien identischer kritischer Energiefreisetzungsrate

7 Verlustfaktor

Jeder Werkstoff verliert bei schwingender Verformung infolge innerer Reibungsprozesse Verformungsenergie, die in Form von Wärme dissipiert. Dadurch zeigt sich bei einem Bauteil nach einmal erfolgter Schwingungsanregung der Elongation $\varepsilon_{max,0}$ eine exponentiell abklingende Schwingungsamplitude, eine gedämpfte Schwingung also (**Bild 1**).

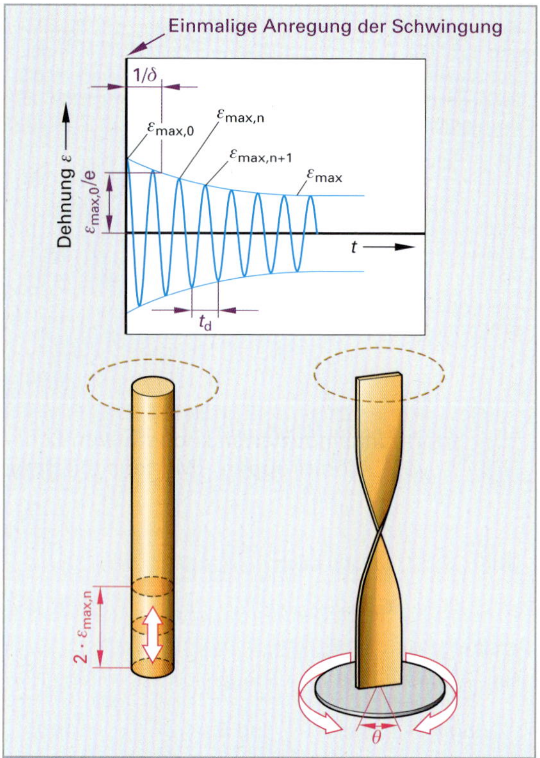

Bild 1: Gedämpfte Schwingung eines Bauteils nach einmaliger Anregung

Durch die anfangs einmalig eingebrachte Elongation $\varepsilon_{max,0}$ beinhaltet das Bauteil pro Volumeneinheit und Schwingungsperiode die Energie W_v, die sich mit dem Hooke'schen Gesetz berechnet zu

$$W_v = 2 \cdot \pi \cdot W_{max,0} = 2 \cdot \pi \cdot \frac{1}{2} \cdot \sigma_{max,0} \cdot \varepsilon_{max,0} = \pi \cdot E \cdot \varepsilon_{max,0}^2 \quad (7.1)$$

Mit der Verformungsenergie ΔW_v, die pro Volumeneinheit und Schwingungsperiode dissipiert, dem Elastizitätsmodul E und dem vorgegebenen $\varepsilon_{max,0}$-Wert wird das logarithmische Dekrement Λ berechnet, das das Verhältnis der positiven Amplituden zweier unmittelbar aufeinanderfolgender Schwingungen darstellt. Aus (7.2)

$$\Delta W_v = 2 \cdot W_{max,0} \cdot \Lambda = 2 \cdot \frac{1}{2} \cdot \sigma_{max,0} \cdot \varepsilon_{max,0} \cdot \Lambda = E \cdot \varepsilon_{max,0}^2 \cdot \Lambda$$

folgt

$$\Lambda = \frac{\Delta W_v}{E \cdot \varepsilon_{max,0}^2} = \ln \frac{\varepsilon_{max,n}}{\varepsilon_{max,n+1}} \quad (7.3)$$

Mit zunehmendem Elastizitätsmodul des Werkstoffs nähern sich bei konstantem $\varepsilon_{max,0}$ und ΔW_v die aufeinanderfolgenden Dehnungsamplituden immer mehr an. Das Verhältnis der pro Schwingungsperiode pro Volumeneinheit dissipierten Energie ΔW_v zu der als linear-elastisch angenommenen pro Volumeneinheit eingetragenen Energie W_v wird als Verlustfaktor η bezeichnet:

$$\eta = \frac{\textit{Pro Periode dissipierte Energie}}{\textit{Energie einer Periode}} = \frac{\Delta W_v}{W_v} \quad (7.4)$$

Damit sowie mit (7.3) lässt sich (7.4) schreiben als

$$\eta = \frac{\Lambda}{\pi} = \frac{\Delta W_v}{\pi \cdot E \cdot \varepsilon_{max,0}^2} \quad (7.5)$$

Bild 2 zeigt für eine gedämpfte Schwingung, die isotherm ablaufen soll, die bei einem Zugschwellversuch sowie einem Druck-Zug-Wechselversuch auftretende Spannungs-Dehnungs-Abhängigkeit mit den infolge innerer Reibungsprozesse dissipierten Energiebeiträgen.

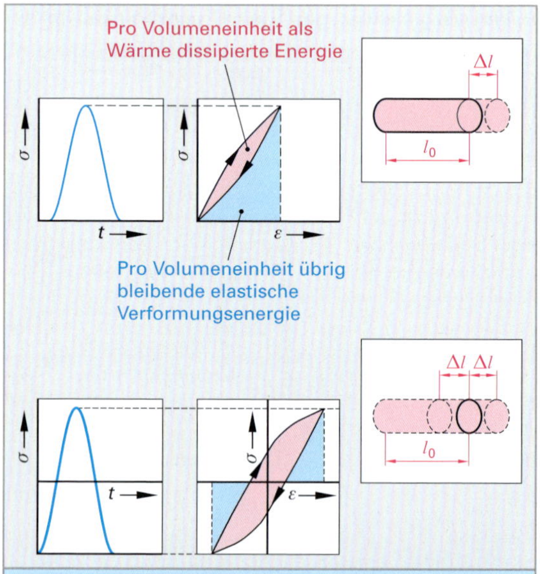

Bild 2: Spannungs-Dehnungs-Abhängigkeit bei Zugschwellbeanspruchung sowie einer Druck-Zug-Wechselbeanspruchung bei inneren Reibungsprozessen

Es ist zu unterscheiden zwischen Reibungsprozessen, die unabhängig sind von der Zeit, der Frequenz und der Temperatur und Reibungsprozessen, die abhängig sind von der Zeit, der Frequenz und der Temperatur:

Fall 1: Die inneren Reibungsprozesse sind zeitunabhängig und damit frequenzunabhängig sowie temperaturunabhängig. Dies ist der Fall bei **Metallen:** als Folge

- von Versetzungsbewegungen (sind erheblich in reinen und weichen Metallen und sind wesentlich weniger intensiv in hochfesten Metallen, die eine Mischkristallverfestigung und/oder Ausscheidungsverfestigung erfahren haben).
- von verformungsinduzierten kooperativen Scherungen von Atomgruppen (Martensitbildung, Zwillingsbildung).
- von reibender Relativbewegung innerer Oberflächen in faserverstärkten Metallen.

Keramik: als Folge

- von Versetzungsbewegungen (sind infolge Verankerung nahezu auszuschließen; d. h. nur äußerst geringe innere Reibung und damit Dämpfung).
- von reibender Relativbewegung innerer Oberflächen in poröser sowie faserverstärkter Keramik.

Polymeren: als Folge von reibender Relativbewegung innerer Oberflächen bei faserverstärkten Polymeren; Schäume zeigen zwar auch innere Oberflächen, die aber wegen der elliptischen bis kugelförmigen Form nur in den seltensten Fällen kontaktieren. Eine innere Reibung kann dadurch an diesen nicht kontaktierenden Stellen nicht zustande kommen. Im Gegenteil: Der Werkstoff, der vor der Schaffung der Porosität deren Volumen eingenommen hat, ist verdrängt worden, steht also für eine Schwingungsdämpfung nicht mehr zur Verfügung, was die Schwingungsdämpfung gegenüber einem massiven Polymer sogar noch verringert.

Fall 2: Die inneren Reibungsprozesse sind zeitabhängig und damit frequenzabhängig sowie temperaturabhängig, d. h. der Energieverlust und damit der Verlustfaktor sind in einem temperaturabhängigen Frequenzbereich maximal (**Bild 1**).

Die Höhe des Verlustfaktors ist **generell** von der Intensität der Thermoelastizität abhängig: Wird ein Bauteil elastisch gedehnt, so sinkt seine Temperatur in der Verformungszone geringfügig unter die Umgebungstemperatur ab. Kommt es zu einem Temperaturausgleich, so zeigt sich zeitverzögert eine zusätzliche Dehnung, die sich zur ersten addiert. Analog laufen die Prozesse in umgekehrter Richtung in der Phase der Druckbeanspruchung ab.

Metalle: von der Intensität der dehnungsinduzierten Diffusion von Atomen (= Snoek-Effekt) abhängig: Wird ein Bauteil gedehnt, so werden die spannungsgünstig orientierten Kanten der Elementarzellen gedehnt. Interstitiell gelöste Fremdatome können zeitverzögert auf diese Kanten springen und eine zusätzliche Dehnung hervorrufen, die sich zur ersten addiert. Analog laufen die Prozesse in umgekehrter Richtung in der Phase der Druckbeanspruchung ab.

Polymere:

- bei Thermoplasten abhängig von der Intensität der Streckung und Abgleitung der lastfrei verknäult vorliegenden Makromoleküle; teilkristalline Bereiche behindern diese Bewegungen der Makromoleküle.
- bei Elastomeren abhängig von der Intensität der Streckung der lastfrei verknäult vorliegenden und untereinander weitmaschig vernetzt vorliegenden Makromoleküle.

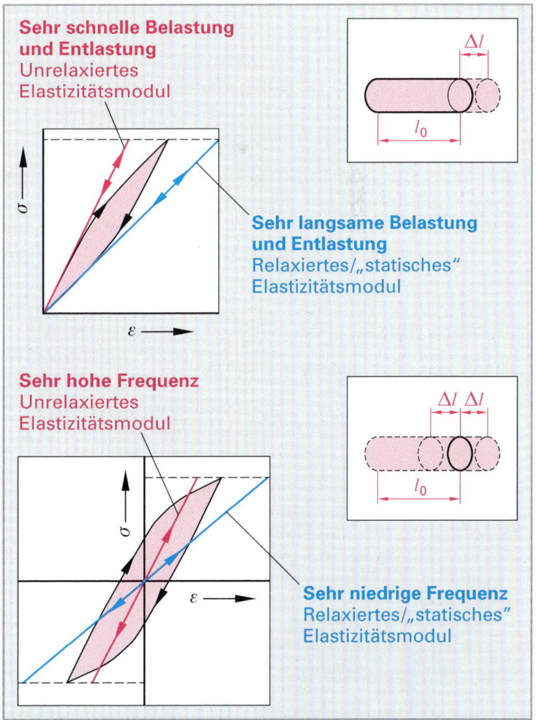

Bild 1: Spannungs-Dehnungs-Diagramme bei inneren Reibungsprozessen, die von der Zeit, der Frequenz und der Temperatur abhängig sind

Bild 1 zeigt die Größenordnung der für verschiedene Werkstoffe ermittelten Verlustfaktoren.

> **Beispiele:** Anhand des Verlustfaktors erfahren Sie in den Zusatzmaterialien den Weg der Auslegung ...
>
> **Beispiel M-1** ... einer Feder, die einen definierten Verlust an kinetischer Energie pro Volumeneinheit aufweist.

8 Linearer Wärmeausdehnungskoeffizient

Bei Erwärmung eines Werkstoffs werden die Oszillationen seiner Atome um ihre Gleichgewichtslage intensiver. Dabei treten beim Aufeinanderzuschwingen Abstoßungskräfte auf, die zu einem Auseinanderrücken der Mittelpunktslagen der Atome führen. Der Effekt ist nach außen als Wärmeausdehnung feststellbar.

> Ein Maß für die Wärmeausdehnung ist der lineare Wärmeausdehnungskoeffizient α
>
> $$\alpha = \frac{1}{l_0}\frac{dl}{dT} \tag{8.1}$$

Der lineare Wärmeausdehnungskoeffizient (wie auch der Elastizitätsmodul) wird bestimmt von der Steifigkeit der Bindungen zwischen den Bausteinen und der Häufigkeit der Bindungen pro Einheitsfläche eines Werkstoffquerschnitts. **Bild 2** zeigt die Größenordnung der für verschiedene Werkstoffe bei Raumtemperatur ermittelten linearen Wärmeausdehnungskoeffizienten.

Polymere: Bei den **teilkristallinen Thermoplasten** liegen zwischen den Makromolekülen die sehr schwachen Restvalenzbindungen vor. Zudem zeigen sie über große Volumina einen amorphen Aufbau.

> **Amorphe Thermoplaste** weisen zwischen den Makromolekülen durchgehend die sehr schwachen Restvalenzbindungen auf.
>
> **Elastomere** weisen nur in geringer Häufigkeit vernetzende hochfeste Atombindungen zwischen den Maromolekülen auf.
>
> **Duroplaste** weisen in großer Häufikeit vernetzende hochfeste Atombindungen zwschen den Makromolekülen auf, weswegen ihre Wärmeleitfähigkeit der der teilkristallinen Thermoplaste vegleichbar ist. Insgesamt ist die Häufigkeit der hochfesten Bindungen aber selbst bei den Duroplasten wesentlich geringer als bei den Metallen, weswegen die Polymere im Vergleich zu den Metallen einen großen linearen Wärmeausdehnungskoeffizienten zeigen.

Metalle: Sie weisen mit der Metallbindung in sehr großer Häufigkeit feste Metallbindungen auf, weswegen die Metalle einen kleineren linearen Wärmeausdehnungskoeffizienten als die Polymere aufweisen.

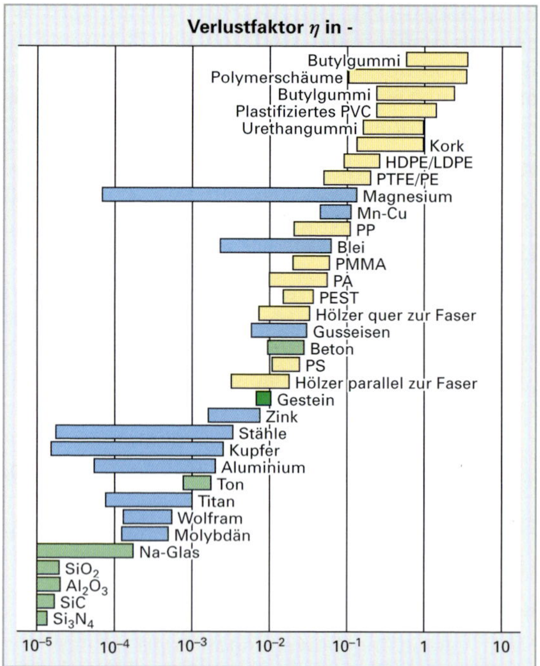

Bild 1: Bei Raumtemperatur ermittelte Verlustfaktoren

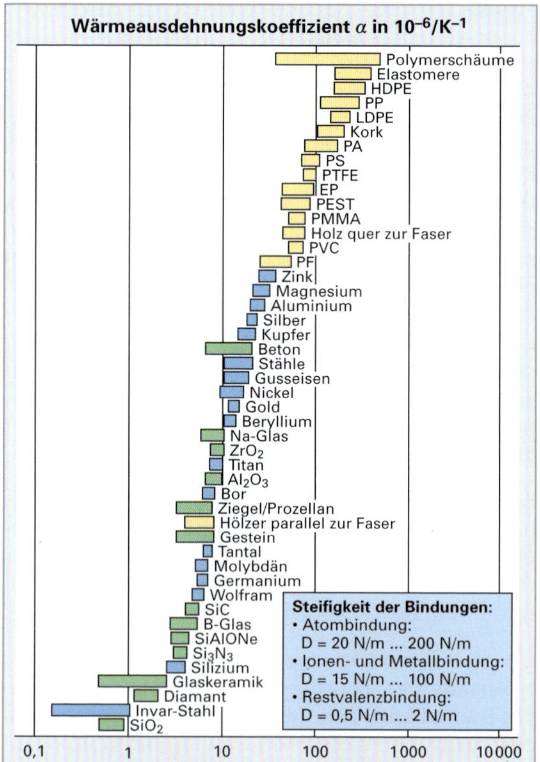

Bild 2: Bei Raumtemperatur ermittelte lineare Wärmeausdehnungskoeffizienten

Keramik, Silikatglas: Keramik und Silikatglas weisen mit sehr großer Häufigkeit hochfeste Atombindungen und feste Ionenbindungen auf. Daher zeigen sie den geringsten linearen Wärmeausdehnungskoeffizienten.

Der lineare Wärmeausdehnungskoeffizient α hängt dabei von der Dichte ϱ, der Wärmekapazität c und dem Elastizitätsmodul E des Wärme aufnehmenden Werkstoffs ab nach

$$\alpha = \frac{\varrho \cdot c}{3 \cdot E} \qquad (8.2)$$

Da für die meisten Werkstoffe $\varrho \cdot c = 2 \cdot 10^6$ J/(m³ · K) gilt, kann mit der Konstanten S (= $\varrho \cdot c / 3 = 6{,}6 \cdot 10^5$ J/(m³ · K) = 6,6 MPa/K) für (8.2) geschrieben werden

$$\alpha = S \cdot \frac{1}{E} \qquad (8.3)$$

Dieser Zusammenhang führt in der in **Bild 1** dargestellten log α-log E-Auftragung zu einer Kurvenschar mit der Steigung –1.

$$\log \alpha = \log S - \log E \qquad (8.4)$$

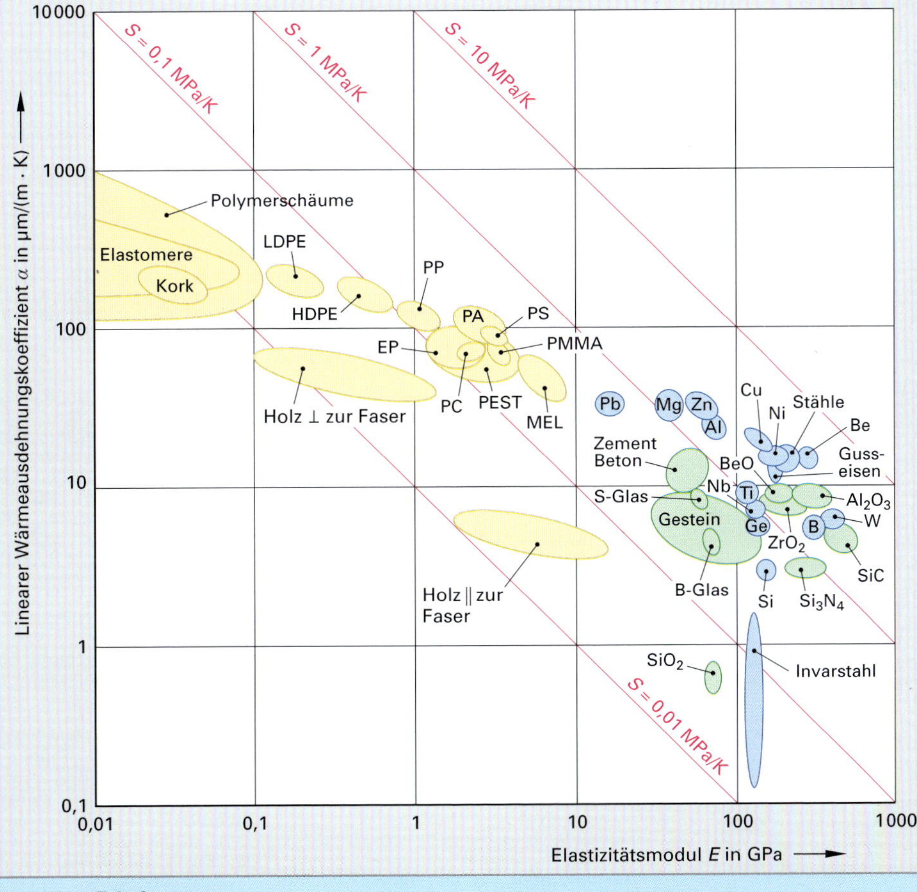

Bild 1: log α-log E-Auftragung

Beispiele: Anhand des linearen Wärmeausdehnungskoeffizienten erfahren Sie in den Zusatzmaterialien den Weg der Auslegung ...

Beispiel N-1 ... einer Platte, die eine definierte thermisch induzierte Dehnung aufweist.

Beispiel N-2 ... einer durchgehend erwärmten oder einer nur an einer ihrer Planflächen erwärmten Platte, die eine definierte Thermoschockbeständigkeit zeigt.

Weiterführende Literatur

[CES] Granta Design Limited **CES EduPack Software** Cambridge, UK (2004)

[ASH1] *Ashby, M. F.* **Materials Selection in Mechanical Design** Butterworth-Heinemann (1999)

Sachwortverzeichnis[1]

[1] Die Englischübersetzung ist kontextabhängig und darf nicht allgemeingültig verstanden werden. Sie gilt im Zusammenhang mit der angegebenen Seite.

Quellenverzeichnis

Die meisten Bilder und Tabellen entstanden auf der Basis von Entwürfen und Fotos der Autoren bzw. entstammen ihrem Arbeitsumfeld. Nachfolgend genannte Firmen und Institutionen[1] haben den Arbeitskreis aber in besonderer Weise mit Bauteilmustern, Druckschriften, Zeichnungen oder Fotos unterstützt; dafür bedankt sich der Arbeitskreis. Herausragend war die Unterstützung durch die Firma KESSLER+CO in Abtsgmünd. Fotos aus deren Fertigung begleiten das Buch durch fast alle Kapitel.

[1] Namen und Ortsangaben sind konform mit den Ursprungsangaben zum Zeitpunkt der Quellenbereitstellung

Alamy Stock Foto, CPA Media Pte Ltd, 412/4
Alfing, Aalen, 180/1/2, 182/1, 268/3
Arbeitskreis Fahradtechnik, Verlag Europa-Lehrmittel, Haan, 283/2, 285/2
Arbeitskreis Kfz, Verlag Europa-Lehrmittel, Haan, 404/1/2/3
ARBURG Holding GmbH + Co. KG, 208/4, 214/2/3
ARGE Metallguss, Aalen, 143/2, 234/1
Audi AG, Ingolstadt, 214/5
Axel Springer Syndication GmbH Ullstein Bild, Berlin, 272/2 © Ullsteinbild – Granger Collection, 295/1 © Ullsteinbild – Granger Collection, 358/3 © Ullsteinbild – NMSJ/ Science Museum
BASF-Gruppe, Ludwigshafen, 479/2
Blum-Novotest GmbH, Grünkraut-Gullen, 67/2
BMW AG, München, 488/3, 490/3
BOGE KOMPRESSOREN Otto Boge GmbH, Bielefeld, 433/3
Bosch-Rexroth AG, Lohr a. M., 426/4, 435/1, 438/1/2, 443/2/3, 444/2
bpk Bildagentur für Kunst, Kultur und Geschichte, Berlin, 12/1/2/3, 27/1, 237/1, 276/1, 431/1
Bundesverband der Deutschen Gießerei-Industrie, Düsseldorf, 228/4o
Burgmann Industries GmbH, Wolfratshausen, 344/2o
ContiTech AG, Hannover, 356/1
Daimler AG, Stuttgart, 124/1, 265/1, 398/1, 482/1/2/3/4
DITTER PLASTIC GmbH + Co KG, Haslach i. K., 214/1
Eagle Burgmann, 344/2o
Erlau AG, Aalen, 245/1
Fanke GmbH, Aalen, 328/4
Femto Tools AG, CH Buchs/ZH, 357/4
Festo AG & Co. KG, Esslingen, 434/2
Festo Didactic GmbH, Denkendorf, 344/3
Freudenberg Simrit, Weinheim, 341/3, 310/1/4
Fotolia Service, Berlin, 485/2
GILDEMEISTER AG, Bielefeld, 278/2
Hänchen GmbH, Ostfildern, 409/4
Heidelberger Druckmaschinen AG, Heidelberg, 401/1
HUMAN SOLUTIONS GmbH, Kaiserslautern, 238/1/2/3
HYDAC INTERNATIONAL GmbH, Sulzbach/Saar, 441/1/2
ISW Uni Stuttgart, 457/3
Kammerer Gewindetechnik GmbH, Hornberg-Niederwasser, 430/1
KESSLER+CO, Abtsgmünd, 182/2, 249/3, 275/1, 276/2/4
KS-Gleitlager GmbH, St Leon-Rot, 318/1, 319/1/2, 321/1/2
KTR Kupplungstechnik GmbH, Rheine, 382/1r, 362/T1
KUKA AG, Augsburg, 294/2u
Kuka Roboter GmbH, Augsburg, 177/1
LiebherrVerzahntechnik GmbH, Kempten, 458/2
MAHLE GmbH, Stuttgart, 279/1
MARPOSS ITALIA S.p.A, Bentifoglio (BO) 186/3
Mattke AG, Freiburg, 456/2
Maxon Motor AG, CH Sachseln, 459/3
MECOS TRAXLER AG, CH Winterthur, 325/1
Michael T. Wright – CC BY-SA 3.0, 412/3
Mössner KG, Eschach, 93/1, 152/1, 262/2
MPA, Stuttgart, 112/3, 117/4, 157/3, 248/3
MT Aerospace AG, Augsburg, 323/1
Polygona Präzisionsmechanik AG, CH Jona, 292/3
Porsche AG, Stuttgart, 273/1
R+W Antriebselemente GmbH, Klingenberg, 365/2l, 384/1o/2, 387/3, 400/2
RESINEX Germany GmbH, Zwingenberg, 206/1
Robert Bosch, Stuttgart, 233/1, 252/1, 268/1, 327/1-3-4, 427/1, 447/1ur
Roos&Kübler GmbH, Eislingen 136/2
SCHAEFFLER Gruppe, 308/4, 327/1-2, 331/4, 421u, 422
SEW-EURODRIVE GmbH & Co KG, Bruchsal, 412/1, 414/2, 420, 421o, 450/T2
SGL CARBON SE, Wiesbaden, 106/2
Siemens AG, München, 13/1, 131/1, 197/2/3, 276/3, 325/1, 382/1l/3l, 384/3, 427/2o, 447/1or, 450/1, 452/1
SKF GmbH, Schweinfurt, 296/1
Spieth Maschinenelemente GmbH & Co KG, Esslingen, 320/1
Step Tec, CH-Luterbach, 277/3
Still GmbH, Hamburg, 2771/1
TFC Germany, Bochum, 346/3
ThyssenKrupp, Düsseldorf, 330/2
VAG Armaturen GmbH, Mannheim, 344/1, 345/2, 410/1
Voith AG, Heidenheim, 387/1r
ZF Friedrichshafen AG, 351/8